J. von Staudingers
Kommentar zum Bürgerlichen Gesetzbuch
mit Einführungsgesetz und Nebengesetzen
Buch 2 · Recht der Schuldverhältnisse
§§ 557–580a; Anhang AGG
(Mietrecht 2 – Miethöhe und Beendigung des Mietverhältnisses)

Kommentatorinnen und Kommentatoren

Dr. Karl-Dieter Albrecht
Vorsitzender Richter am Bayerischen Verwaltungsgerichtshof a. D., München

Dr. Christoph Althammer
Professor an der Universität Regensburg

Dr. Georg Annuß, LL.M.
Rechtsanwalt in München, Außerplanmäßiger Professor an der Universität Regensburg

Dr. Christian Armbrüster
Professor an der Freien Universität Berlin, Richter am Kammergericht a. D.

Dr. Arnd Arnold
Professor an der Universität Trier, Dipl.-Volksw.

Dr. Markus Artz
Professor an der Universität Bielefeld

Dr. Marietta Auer, S.J.D.
Direktorin am Max-Planck-Institut für Europäische Rechtsgeschichte in Frankfurt a. M., Professorin an der Universität Gießen

Dr. Martin Avenarius
Professor an der Universität zu Köln

Dr. Ivo Bach
Professor an der Universität Göttingen

Dr. Christian Baldus
Professor an der Universität Heidelberg

Dr. Wolfgang Baumann
Rechtsanwalt und Notar a.D. in Wuppertal, Professor an der Bergischen Universität Wuppertal

Dr. Winfried Bausback
Professor a. D. an der Bergischen Universität Wuppertal, bayerischer Staatsminister der Justiz a. D., Mitglied des Bayerischen Landtags

Dr. Roland Michael Beckmann
Professor an der Universität des Saarlandes, Saarbrücken

Dr. Dr. h. c. Detlev W. Belling, M.C.L.
Professor an der Universität Potsdam

Dr. Andreas Bergmann
Professor an der Fernuniversität in Hagen

Dr. Falk Bernau
Richter am Bundesgerichtshof, Karlsruhe

Dr. Marcus Bieder
Professor an der Universität Osnabrück

Dr. Werner Bienwald
Professor an der Evangelischen Fachhochschule Hannover, Rechtsanwalt in Oldenburg

Dr. Tom Billing
Rechtsanwalt in Berlin

Dr. Eike Bleckwenn
Rechtsanwalt in Hannover

Dr. Reinhard Bork
Professor an der Universität Hamburg

Dr. Wolfgang Breyer
Rechtsanwalt in Stuttgart

Dr. Jan Busche
Professor an der Universität Düsseldorf

Dr. Georg Caspers
Professor an der Universität Erlangen-Nürnberg

Dr. Dr. h. c. Tiziana Chiusi
Professorin an der Universität des Saarlandes, Saarbrücken

Dr. Michael Coester, LL.M.
Professor an der Universität München

Dr. Dr. h. c. Dagmar Coester-Waltjen, LL.M.
Professorin an der Universität Göttingen

Dr. Thomas Diehn, LL.M.
Notar in Hamburg, Lehrbeauftragter an der Universität Hamburg

Dr. Katrin Dobler
Richterin am Oberlandesgericht Stuttgart

Dr. Heinrich Dörner
Professor an der Universität Münster

Dr. Werner Dürbeck
Richter am Oberlandesgericht Frankfurt a. M.

Dr. Anatol Dutta, M.Jur.
Professor an der Universität München

Dr. Christina Eberl-Borges
Professorin an der Universität Mainz

Dr. Dres. h. c. Werner F. Ebke, LL.M.
Professor an der Universität Heidelberg

Dr. Jan Eickelberg, LL.M.
Professor an der Hochschule für Wirtschaft und Recht, Berlin

Jost Emmerich
Richter am AG München

Dr. Volker Emmerich
Professor an der Universität Bayreuth, Richter am Oberlandesgericht Nürnberg a. D.

Dipl.-Kfm. Dr. Norbert Engel
Ministerialdirigent a. D., Rechtsanwalt in Erfurt

Dr. Cornelia Feldmann
Rechtsanwältin in Freiburg i. Br.

Dr. Matthias Fervers
Akad. Rat a. Z. an der Universität München

Dr. Timo Fest, LL.M.
Professor an der Universität zu Kiel

Dr. Karl-Heinz Fezer
Professor an der Universität Konstanz, Honorarprofessor an der Universität Leipzig, Richter am Oberlandesgericht Stuttgart a. D.

Dr. Philipp S. Fischinger, LL.M.
Professor an der Universität Mannheim

Dr. Holger Fleischer
Professor am Max-Planck-Institut für ausländisches und internationales Privatrecht, Hamburg

Dr. Robert Freitag, Maître en droit
Professor an der Universität Erlangen-Nürnberg

Dr. Jörg Fritzsche
Professor an der Universität Regensburg

Dr. Tobias Fröschle
Professor an der Universität Siegen

Dr. Susanne Lilian Gössl, LL.M.
Professorin an der Universität zu Kiel

Dr. Beate Gsell, Maître en droit
Professorin an der Universität München, Richterin am Oberlandesgericht München

Dr. Karl-Heinz Gursky
Professor an der Universität Osnabrück

Dr. Thomas Gutmann, M. A.
Professor an der Universität Münster

Dr. Martin Gutzeit
Professor an der Universität Gießen

Dr. Martin Häublein
Professor an der Universität Innsbruck

Dr. Johannes Hager
Professor an der Universität München

Dr. Felix Hartmann, LL.M.
Professor an der Freien Universität Berlin

Dr. Wolfgang Hau
Professor an der Universität München, Richter am Oberlandesgericht München

Dr. Rainer Hausmann
Professor an der Universität Konstanz

Dr. Stefan Heilmann
Vorsitzender Richter am Oberlandesgericht Frankfurt, Honorarprofessor an der Frankfurt University of Applied Sciences

Dr. Jan von Hein
Professor an der Universität Freiburg i. Br.

Dr. Christian Heinze
Professor an der Universität Heidelberg

Dr. Stefan Heinze
Notar in Köln

Dr. Tobias Helms
Professor an der Universität Marburg

Silas Hengstberger, LL.M.
Wiss. Mitarbeiter an der Universität Mannheim

Dr. Dr. h. c. mult. Dieter Henrich
Professor an der Universität Regensburg

Dr. Carsten Herresthal, LL.M.
Professor an der Universität Regensburg

Christian Hertel, LL.M.
Notar in Weilheim i. OB.

Dr. Stephanie Herzog
Rechtsanwältin in Würselen

Joseph Hönle
Notar in München

Dr. Ulrich Hönle
Notar in Waldmünchen

Dr. Clemens Höpfner
Professor an der Universität Münster

Dr. Bernd von Hoffmann †
Professor an der Universität Trier

Dr. Dr. h. c. Heinrich Honsell
Professor an der Universität Zürich, Honorarprofessor an der Universität Salzburg

Dr. Rainer Hüttemann
Professor an der Universität Bonn

Dr. Martin Illmer, M.Jur.
Richter am Landgericht Hamburg,
Privatdozent an der Bucerius Law School

Dr. Florian Jacoby
Professor an der Universität Bielefeld

Dr. Joachim Jickeli
Professor an der Universität zu Kiel

Dr. Dagmar Kaiser
Professorin an der Universität Mainz

Dr. Bernd Kannowski
Professor an der Universität Bayreuth

Dr. Rainer Kanzleiter
Notar a. D. in Ulm, Honorarprofessor
an der Universität Augsburg

Dr. Christoph A. Kern, LL.M.
Professor an der Universität Heidelberg

Dr. Steffen Kurth, LL.M.
Rechtsanwalt in Bielefeld

Dr. Sibylle Kessal-Wulf
Richterin des Bundesverfassungsgerichts,
Karlsruhe

Dr. Christian Kesseler
Notar in Düren, Honorarprofessor
an der Universität Trier

Dr. Fabian Klinck
Professor an der Universität Bochum

Dr. Frank Klinkhammer
Richter am Bundesgerichtshof, Karlsruhe,
Honorarprofessor an der Universität
Marburg

Dr. Steffen Klumpp
Professor an der Universität Erlangen-Nürnberg

Dr. Jürgen Kohler
Professor an der Universität Greifswald

Dr. Sebastian Kolbe
Professor an der Universität Bremen

Dr. Stefan Koos
Professor an der Universität
der Bundeswehr München

Dr. Rüdiger Krause
Professor an der Universität Göttingen

Dr. Heinrich Kreuzer
Notar in München

Dr. Lena Kunz, LL.M.
Akad. Mitarbeiterin an der Universität
Heidelberg

Dr. Clemens Latzel
Privatdozent an der Universität München

Dr. Arnold Lehmann-Richter
Professor an der Hochschule für Wirtschaft
und Recht Berlin

Dr. Saskia Lettmaier,
B.A., LL.M.
Professorin an der Universität zu Kiel,
Richterin am Schleswig-Holsteinischen
Oberlandesgericht in Schleswig

Stefan Leupertz
Richter a. D. am Bundesgerichtshof,
Honorarprofessor an der TU Dortmund

Dr. Johannes Liebrecht
Professor an der Universität Zürich

Dr. Martin Löhnig
Professor an der Universität Regensburg

Dr. Dirk Looschelders
Professor an der Universität Düsseldorf

Dr. Stephan Lorenz
Professor an der Universität München

Dr. Sigrid Lorz
Professorin an der Universität Greifswald

Dr. Katharina Lugani
Professorin an der Universität Düsseldorf

Dr. Robert Magnus
Professor an der Universität Bayreuth

Dr. Ulrich Magnus
Professor an der Universität Hamburg,
Affiliate des MPI für ausländisches und
internationales Privatrecht, Hamburg,
Richter am Hanseatischen Oberlandesgericht zu Hamburg a. D.

Dr. Peter Mankowski
Professor an der Universität Hamburg

Dr. Heinz-Peter Mansel
Professor an der Universität zu Köln

Dr. Peter Marburger †
Professor an der Universität Trier

Dr. Wolfgang Marotzke
Professor an der Universität Tübingen

Dr. Sebastian A. E. Martens
Professor an der Universität Passau

Dr. Dr. Dr. h. c. mult. Michael
Martinek, M.C.J.
Professor an der Universität
des Saarlandes, Saarbrücken, Honorarprofessor an der Universität Johannesburg,
Südafrika

Dr. Annemarie Matusche-Beckmann
Professorin an der Universität
des Saarlandes, Saarbrücken

Dr. Gerald Mäsch
Professor an der Universität Münster

Dr. Felix Maultzsch, LL.M.
Professor an der Universität Frankfurt a. M.

Dr. Jörg Mayer †
Honorarprofessor an der Universität
Erlangen-Nürnberg, Notar in Simbach
am Inn

Dr. Dr. Detlef Merten
Professor an der Deutschen Universität
für Verwaltungswissenschaften Speyer

Dr. Tanja Mešina
Staatsanwältin, Stuttgart

Dr. Rudolf Meyer-Pritzl
Professor an der Universität zu Kiel,
Richter am Schleswig-Holsteinischen
Oberlandesgericht in Schleswig

Dr. Morten Mittelstädt
Notar in Hamburg

Dr. Peter O. Mülbert
Professor an der Universität Mainz

Dr. Hans-Heinrich Nöll
Rechtsanwalt in Hamburg

Dr. Jürgen Oechsler
Professor an der Universität Mainz

Dr. Hartmut Oetker
Professor an der Universität zu Kiel,
Richter am Thüringer Oberlandesgericht
in Jena

Wolfgang Olshausen
Notar a. D. in Rain am Lech

Dr. Dirk Olzen
Professor an der Universität Düsseldorf

Dr. Sebastian Omlor, LL.M.,
LL.M.
Professor an der Universität Marburg

Dr. Gerhard Otte
Professor an der Universität Bielefeld

Dr. Frank Peters
Professor an der Universität Hamburg,
Richter am Hanseatischen Oberlandesgericht zu Hamburg a. D.

Dr. Christian Picker
Professor an der Universität Konstanz

Dr. Andreas Piekenbrock
Professor an der Universität Heidelberg

Dr. Jörg Pirrung †
Richter am Gericht erster Instanz
der Europäischen Gemeinschaften i. R.,
Honorarprofessor an der Universität Trier

Dr. Dr. h. c. Ulrich Preis
Professor an der Universität zu Köln

Dr. Maximilian Freiherr
von Proff zu Irnich
Notar in Köln

Dr. Thomas Raff
Notar in Ludwigshafen

Dr. Manfred Rapp
Notar a. D., Landsberg am Lech

Dr. Dr. h.c. Thomas Rauscher
Professor an der Universität Leipzig,
Professor h.c. an der Eötvös Loránd
Universität Budapest, Dipl.Math.

Dr. Peter Rawert, LL.M.
Notar in Hamburg, Honorarprofessor
an der Universität Kiel

Eckhard Rehme
Vorsitzender Richter am Oberlandesgericht Oldenburg i. R.

Dr. Wolfgang Reimann
Notar a. D., Honorarprofessor
an der Universität Regensburg

Dr. Tilman Repgen
Professor an der Universität Hamburg

Dr. Christoph Reymann,
LL.M. Eur.
Notar in Neustadt b. Coburg, Professor
an der Privaten Universität Liechtenstein

Dr. Reinhard Richardi
Professor an der Universität Regensburg,
Präsident a. D. des Kirchlichen Arbeitsgerichtshofs der Deutschen Bischofskonferenz, Bonn

Dr. Volker Rieble
Professor an der Universität München,
Direktor des Zentrums für Arbeitsbeziehungen und Arbeitsrecht

Dr. Daniel Rodi
Akad. Rat a. Z. an der Universität
Heidelberg

Dr. Anne Röthel
Professorin an der Bucerius Law School, Hamburg

Dr. Christian Rolfs
Professor an der Universität zu Köln

Dr. Dr. h.c. Herbert Roth
Professor an der Universität Regensburg

Dr. Ludwig Salgo
Apl. Professor an der Universität Frankfurt a. M.

Dr. Anne Sanders
Professorin an der Universität Bielefeld

Dr. Renate Schaub, LL.M.
Professorin an der Universität Bochum

Dr. Martin Josef Schermaier
Professor an der Universität Bonn

Dr. Gottfried Schiemann
Professor an der Universität Tübingen

Dr. Eberhard Schilken
Professor an der Universität Bonn

Dr. Martin Schmidt-Kessel
Professor an der Universität Bayreuth

Dr. Daniel Johannes Schneider
Notarassessor in Neustadt a. d. Weinstraße

Dr. Günther Schotten
Notar a. D. in Köln, Honorarprofessor an der Universität Bielefeld

Dr. Robert Schumacher, LL.M.
Notar in Köln

Dr. Roland Schwarze
Professor an der Universität Hannover

Dr. Andreas Schwennicke
Rechtsanwalt und Notar in Berlin

Dr. Maximilian Seibl, LL.M.
Oberregierungsrat im Bayerischen Staatsministerium für Gesundheit und Pflege, München

Dr. Stephan Serr
Notar in Ochsenfurt

Dr. Reinhard Singer
Professor an der Humboldt-Universität Berlin, vorm. Richter am Oberlandesgericht Rostock

Dr. Dr. h.c. Ulrich Spellenberg
Professor an der Universität Bayreuth

Dr. Sebastian Spiegelberger
Notar a. D. in Rosenheim

Dr. Ansgar Staudinger
Professor an der Universität Bielefeld

Dr. Björn Steinrötter
Professor an der Universität Potsdam

Dr. Malte Stieper
Professor an der Universität Halle-Wittenberg

Dr. Markus Stoffels
Professor an der Universität Heidelberg

Dr. Michael Stürner, M.Jur.
Professor an der Universität Konstanz, Richter am Oberlandesgericht Karlsruhe

Dr. Felipe Temming, LL.M.
Professor an der Universität Hannover

Burkhard Thiele
Präsident des Oberlandesgerichts Rostock a. D., Präsident des Landesverfassungsgerichts Mecklenburg-Vorpommern a. D.

Dr. Christoph Thole
Professor an der Universität zu Köln

Dr. Karsten Thorn
Professor an der Bucerius Law School, Hamburg

Dr. Gregor Thüsing, LL.M.
Professor an der Universität Bonn

Dr. Madeleine Tolani, LL.M.
Professorin an der Hochschule Wismar

Dr. Judith Ulshöfer
Notarassessorin in Ludwigshafen am Rhein

Dr. Barbara Veit
Professorin an der Universität Göttingen

Dr. Bea Verschraegen, LL.M., M.E.M.
Professorin an der Universität Wien, adjunct professor an der Universität Macao

Dr. Klaus Vieweg
Professor an der Universität Erlangen-Nürnberg

Dr. A. Olrik Vogel
Rechtsanwalt in München

Dr. Markus Voltz
Notar in Offenburg

Dr. Reinhard Voppel
Rechtsanwalt in Köln

Dr. Rolf Wagner
Professor an der Universität Potsdam, Ministerialrat im Bundesjustizministerium

Lucas Wartenburger
Notar in Rosenheim

Dr. Christoph Andreas Weber
Privatdozent an der Universität München

Dr. Johannes Weber, LL.M.
Notarassessor, Geschäftsführer des Deutschen Notarinstituts, Würzburg

Gerd Weinreich
Vorsitzender Richter am Oberlandesgericht Oldenburg a. D., Rechtsanwalt in Oldenburg

Dr. Matthias Wendland, LL.M.
Privatdozent an der Universität München

Dr. Domenik H. Wendt, LL.M.
Professor an der Frankfurt University of Applied Sciences

Dr. Olaf Werner
Professor an der Universität Jena, Richter am Thüringer Oberlandesgericht Jena a. D.

Dr. Daniel Wiegand, LL.M.
Rechtsanwalt in München

Dr. Wolfgang Wiegand
Professor an der Universität Bern

Dr. Peter Winkler von Mohrenfels
Professor an der Universität Rostock, Richter am Oberlandesgericht Rostock a. D.

Dr. Felix Wobst
Notarassessor

Dr. Hans Wolfsteiner
Notar a. D., Rechtsanwalt in München

Heinz Wöstmann
Richter am Bundesgerichtshof, Karlsruhe

Redaktorinnen und Redaktoren

Dr. Christian Baldus

Dr. Dr. h.c. mult. Christian von Bar, FBA

Dr. Michael Coester, LL.M.

Dr. Heinrich Dörner

Dr. Hans Christoph Grigoleit

Dr. Johannes Hager

Dr. Dr. h.c. mult. Dieter Henrich

Dr. Carsten Herresthal, LL.M.

Sebastian Herrler

Dr. Dagmar Kaiser

Dr. Dr. h.c. Manfred Löwisch

Dr. Ulrich Magnus

Dr. Peter Mankowski

Dr. Heinz-Peter Mansel

Dr. Peter O. Mülbert

Dr. Gerhard Otte

Dr. Lore Maria Peschel-Gutzeit

Dr. Manfred Rapp[*]

Dr. Peter Rawert, LL.M.

Dr. Volker Rieble

Dr. Christian Rolfs

Dr. Dr. h.c. Herbert Roth

Dr. Markus Stoffels

Dr. Wolfgang Wiegand

---

[*] Dr. Manfred Rapp ist seit dem Jahr 2006 ununterbrochen Redaktor der Bände zum Wohnungseigentumsgesetz. Aufgrund eines Fehlers des Verlags wurde Dr. Manfred Rapp von Januar 2018 bis Juni 2020 nicht im Redaktorenverzeichnis geführt. Der Verlag bittet Herrn Dr. Rapp dies zu entschuldigen.

J. von Staudingers
Kommentar zum Bürgerlichen Gesetzbuch
mit Einführungsgesetz und Nebengesetzen

Buch 2
Recht der Schuldverhältnisse
§§ 557–580a; Anhang AGG
(Miethöhe und Beendigung des Mietverhältnisses)

Neubearbeitung 2021
von
Markus Artz
Jost Emmerich
Volker Emmerich
Christian Rolfs

ottoschmidt – De Gruyter · Berlin

Die Kommentatorinnen und Kommentatoren

Neubearbeitung 2021
Vorbem zu § 535, §§ 535–541, 543–545, 548, 550–553, 555, 556d–g, 558–559d, 562–562d, 565–567b, 569, 578–579: Volker Emmerich
§§ 542, 546–547, 554, 563–564, 568, 570–577a, 580, 580a; Anh AGG: Christian Rolfs
§§ 549, 556, 556a, 556c, Anh A + B zu § 556c, § 560: Markus Artz
§§ 555a–f, 556b, 557–557b, 561: Jost Emmerich

Neubearbeitung 2018
Vorbem zu § 535, §§ 535–541, 543–545, 548, 550–554, 555–555f, 556d–g, 558–559b, 562–562d, 565–567b, 569, 578–579: Volker Emmerich
§§ 542, 546–547, 554a, 563–564, 568, 570–577a, 580, 580a; Anh AGG: Christian Rolfs
§§ 549, 556, 556a, 556c, Anh A + B zu § 556c, § 560: Markus Artz
§§ 556b, 557–557b, 561: Jost Emmerich

Neubearbeitung 2016
Vorbem zum MietNovG, §§ 556d–g: Volker Emmerich

Neubearbeitung 2014
Vorbem zu § 535, §§ 535–541, 543–545, 548, 550–554, 555–555f, 558, 558a–e, 559, 559a–b, 562–562d, 565–567b, 569, 578–579: Volker Emmerich
§§ 542, 546–547, 554a, 563–564, 568, 570–577a, 580, 580a; Anh AGG: Christian Rolfs
§§ 549, 556, 556a–c, Anh A + B zu § 556c, §§ 557–557b, 560, 561: Markus Artz
§§ 556b, 557–557b, 561: Birgit Weitemeyer

Neubearbeitung 2011
Vorbem zu § 535, §§ 535–541, 543–545, 548, 550–554, 555, 558–559b, 565–567b, 562–562d, 569, 578–579: Volker Emmerich
§§ 542, 546–547, 554a, 563–564, 568, 570–577a, 580, 580a; Anh AGG: Christian Rolfs
§§ 549, 556–557b, 560, 561; Anh zu §§ 556, 556a: Birgit Weitemeyer

Sachregister
Dr. Martina Schulz, Pohlheim

Zitierweise
Staudinger/J Emmerich (2021) § 557 Rn 1
Staudinger/Rolfs (2021) Anh: § 19 AGG Rn 1
Zitiert wird nach Paragraph bzw Artikel und Randnummer.

Hinweise
Das Abkürzungsverzeichnis befindet sich auf www.staudingerbgb.de.

Der **Stand der Bearbeitung** ist November 2020.

Am Ende eines jeden Bandes befindet sich eine Übersicht über den aktuellen Stand des „Gesamtwerk Staudinger".

Die Deutsche Nationalbibliothek verzeichnet diese Publikation in der Deutschen Nationalbibliografie; detaillierte bibliografische Daten sind im Internet über http://dnb.dnb.de abrufbar.

ISBN 978-3-8059-1321-8

© Copyright 2021 by Otto Schmidt Verlagskontor / Walter de Gruyter Verlag OHG, Berlin. – Printed in Germany.

Dieses Werk einschließlich aller seiner Teile ist urheberrechtlich geschützt. Jede Verwertung außerhalb der engen Grenzen des Urheberrechtsgesetzes ist ohne Zustimmung des Verlages unzulässig und strafbar. Das gilt insbesondere für Vervielfältigungen, Übersetzungen, Mikroverfilmungen und die Einspeicherung und Verarbeitung in elektronischen Systemen.

Satz: jürgen ullrich typosatz, Nördlingen.

Druck und Bindearbeiten: Hubert & Co., Göttingen.

Umschlaggestaltung: Bib Wies, München.

∞ Gedruckt auf säurefreiem Papier, das die DIN ISO 9706 über Haltbarkeit erfüllt.

Inhaltsübersicht

Seite[*]

Allgemeines Schrifttum IX

Buch 2 · Recht der Schuldverhältnisse

Abschnitt 8 · Einzelne Schuldverhältnisse
Titel 5 · Mietvertrag, Pachtvertrag

§§ 557–580a (Mietrecht 2)

Kapitel 2 · Die Miete
Unterkapitel 2 · Regelungen über die Miethöhe 1
Kapitel 3 · Pfandrecht des Vermieters 285
Kapitel 4 · Wechsel der Vertragsparteien 333
Kapitel 5 · Beendigung des Mietverhältnisses
Unterkapitel 1 · Allgemeine Vorschriften 495
Unterkapitel 2 · Mietverhältnisse auf unbestimmte Zeit 570
Unterkapitel 3 · Mietverhältnisse auf bestimmte Zeit 798
Unterkapitel 4 · Werkwohnungen 839
Kapitel 6 · Besonderheiten bei der Bildung von Wohnungseigentum
an vermieteten Wohnungen 874
Untertitel 3 · Mietverhältnisse über andere Sachen 930
Anhang zum Mietrecht: Allgemeines Gleichbehandlungsgesetz (AGG) 965

Sachregister 1009

---

[*] Zitiert wird nicht nach Seiten, sondern
nach Paragraph bzw Artikel und Randnummer;
siehe dazu auch „Zitierweise".

Allgemeines Schrifttum

ABRAMENKO, Das neue Mietrecht in der anwaltlichen Praxis (2013)
ANDRES/LEITHAUS, Insolvenzordnung (4. Aufl 2018)
BAMBERGER/ROTH/HAU/POSECK, Bürgerliches Gesetzbuch (4. Aufl 2019)
BAMBERGER/ROTH/HAU/POSECK, Beck'scher Online-Kommentar zum BGB (BeckOK)
BARTHELMESS, 2. Wohnraumkündigungsschutzgesetz und Miethöhegesetz (5. Aufl 1995)
BEIERLEIN/KINNE/KOCH/STECKMANN/ZIMMERMANN, Der Mietprozess (2006)
BEUERMANN/BLÜMMEL, Das neue Mietrecht 2001 (2001)
BLANK/BÖRSTINGHAUS, Miete (6. Aufl 2020)
BÖRSTINGHAUS, Münchener Prozessformularbuch Bd. 1: Mietrecht (6. Aufl 2020)
BÖRSTINGHAUS/EISENSCHMID, Arbeitskommentar Mietrechtsänderungsgesetz (2013)
dies, MietPrax Arbeitskommentar (Stand 2019)
BORK, Allgemeiner Teil des Bürgerlichen Gesetzbuchs (4. Aufl 2016)
BUB/TREIER, Handbuch der Geschäfts- und Wohnraummiete (5. Aufl 2019)
BURBULLA, Aktuelles Gewerberaummietrecht (3. Aufl 2017)
DÄUBLER/HJORT/SCHUBERT/WOLMERATH, Hand-kommentar Arbeitsrecht (HK-ArbR) (4. Aufl 2017)
EMMERICH/SONNENSCHEIN, Miete. Handkommentar (11. Aufl 2014)
ERMAN, Handkommentar zum Bürgerlichen Gesetzbuch (16. Aufl 2020)
Expertenkommission Wohnungspolitik, Wohnungspolitik auf dem Prüfstand (1995)
FITTING, Betriebsverfassungsgesetz (30. Aufl 2020)
FRANKEN/DAHL, Mietverhältnisse in der Insolvenz (2. Aufl 2006)
FRITZ, Gewerberaummietrecht (4. Aufl 2005)
GERBER/ECKERT/GÜNTER, Gewerbliches Miet- und Pachtrecht. Aktuelle Fragen (8. Aufl 2012)
GRAMLICH, Mietrecht (15. Aufl 2019)

GRUNDMANN, Mietrechtsreformgesetz (2001)
GSELL/KRÜGER/LORENZ/REYMANN, Beck'scher Online Großkommentar zum BGB (BeckOGK)
GUHLING/GÜNTER, Gewerberaummiete (2. Aufl 2019)
HAAS, Das neue Mietrecht – Mietrechtsreformgesetz (2001)
HANNEMANN/HORST, Das neue Mietrecht (2013)
HANNEMANN/WIEGNER, Münchener Anwaltshand-buch Mietrecht (5. Aufl 2019)
HANNEMANN/WIEK/EMMERT, Handbuch des Mietrechts (7. Aufl 2019)
HARZ/RIECKE/SCHMID, Handbuch des Fachanwalts Miet- und Wohnungseigentumsrecht (7. Aufl 2020)
HAUG, Miet- und Pachtvertragsrecht (2. Aufl 2002)
HERRLEIN/KANDELHARD, ZAP Praxiskommentar Mietrecht (4. Aufl 2010)
HERRLER, Münchener Vertragshandbuch, Bd. 5, Bürgerliches Recht (8. Aufl 2020)
HINZ/ORMANSCHICK/RIECKE, Das neue Mietrecht in der anwaltlichen Praxis (2001)
HORST, Praxis des Mietrechts. Wohnraum- und Geschäftsraummiete (2. Aufl 2009) JAUERNIG, Bürgerliches Gesetzbuch (17. Aufl 2018)
JOACHIM, Wohnraummietvertrag (2002)
KINDL/MELLER-HANNICH/WOLF, Handkommentar Zwangsvollstreckung (HK-ZV) (3. Aufl 2016)
KINNE ua, Miete und Mietprozessrecht (7. Aufl 2013)
KLEIN-BLENKERS/HEINEMANN/RING, Miete – WEG – Nachbarschaft (2. Aufl 2019)
KOSSMANN/MEYER-ABICH, Handbuch der Wohnraummiete (7. Aufl 2014)
LAMMEL, AnwaltKommentar Wohnraummietrecht (3. Aufl 2007)
LINDNER-FIGURA/OPRÉE/STELLMANN, Geschäftsraummiete (4. Aufl 2017)
LÜTZENKIRCHEN, Neue Mietrechtspraxis. Für Wohnraum- und sonstige Mietverhältnisse (2001)

ders, Mietrecht (2. Aufl 2015)
ders, Anwalts-Handbuch Mietrecht (6. Aufl 2018)
MUSIELAK/VOIT, Zivilprozessordnung (17. Aufl 2020)
NERLICH/RÖMERMANN, Insolvenzordnung (Stand April 2020)
NEUHAUS, Handbuch der Geschäftsraummiete (7. Aufl 2019)
PALANDT, Bürgerliches Gesetzbuch (79. Aufl 2020)
PASCHKE, Das Dauerschuldverhältnis der Wohnraummiete (1991)
PRÜTTING ua, BGB Kommentar (15. Aufl 2020)
RAUSCHER/KRÜGER, Münchener Kommentar zur Zivilprozessordnung (6. Aufl 2020)
RICHARDI, Betriebsverfassungsgesetz (16. Aufl 2018)
RIPS/EISENSCHMID, Neues Mietrecht (2001)
SÄCKER/RIXECKER/OETKER/LIMPERG, Münchener Kommentar zum Bürgerlichen Gesetzbuch (8. Aufl 2020)
SCHACH/SCHULTZ/SCHÜLLER, Beck'scher Online-Kommentar Mietrecht (BeckOK MietR) (Stand Au-gust 2020)
SCHADE/SCHUBART/KOHLENBACH, Wohn- und Mietrecht (Stand 2017)
SCHMID, Miete und Mietprozess. Handbuch für die anwaltliche und gerichtliche Praxis (4. Aufl 2004)
SCHMID/HARZ, Mietrecht (6. Aufl 2020)
SCHMIDT-FUTTERER, Mietrecht (14. Aufl 2019)
SCHULZE/DÖRNER/EBERT ua., Handkommentar Bürgerliches Gesetzbuch (HK-BGB) (10. Aufl 2019)
SOERGEL, BGB, Bd. 8: Schuldrecht 6 §§ 535–610 (13. Aufl 2007)
SPIELBAUER/SCHNEIDER, Mietrecht (2. Aufl 2018)
STABENTHEINER, Mietrecht in Europa (1996)
STERNEL, Mietrecht aktuell (4. Aufl 2009)
STERNS/STERNS-KOLBECK, Mietrechtsänderungsgesetz (2013)
THOMAS/PUTZO, Zivilprozessordnung (41. Aufl 2020)
ULMER/BRANDNER/HENSEN, AGB-Recht (12. Aufl 2016)
VORWERK/WOLF, Beck'scher Online-Kommentar Zivilprozessordnung (Stand September 2020)
WETEKAMP, Das neue Mietrecht 2001 (2001)
WOLF/ECKERT/GÜNTER, Handbuch des gewerblichen Miet-, Pacht- und Leasingrechts (11. Aufl 2013)
ZEIMES, Die Reform des Mietrechts – Kritische Auseinandersetzung mit formalen Reformbestrebungen und ausgewählten inhaltlichen Aspekten (2001)
ZÖLLER, Zivilprozessordnung (33. Aufl 2020).

Unterkapitel 2
Regelungen über die Miethöhe

§ 557
Mieterhöhungen nach Vereinbarung oder Gesetz

(1) Während des Mietverhältnisses können die Parteien eine Erhöhung der Miete vereinbaren.

(2) Künftige Änderungen der Miethöhe können die Vertragsparteien als Staffelmiete nach § 557a oder als Indexmiete nach § 557b vereinbaren.

(3) Im Übrigen kann der Vermieter Mieterhöhungen nur nach Maßgabe der §§ 558 bis 560 verlangen, soweit nicht eine Erhöhung durch Vereinbarung ausgeschlossen ist oder sich der Ausschluss aus den Umständen ergibt.

(4) Eine zum Nachteil des Mieters abweichende Vereinbarung ist unwirksam.

Materialien: Zu § 1 MHRG s STAUDINGER/EMMERICH (1997); zu § 10 MHRG s STAUDINGER/SONNENSCHEIN/WEITEMEYER (1997). Art 1 Mietrechtsreformgesetz vom 19. 6. 2001 (BGBl I 1149); Referentenentwurf NZM 2000, 415 ff u 612 ff = WuM 2000, 165 ff u 227 ff; Begr zum RegE BT-Drucks 14/4553, 37, 52 = NZM 2000, 802 ff u WuM 2000, 465 ff; Stellungnahme des BR BT-Drucks 14/4553, 87; Gegenäußerung der BReg BT-Drucks 14/4553, 100; Ausschussbericht BT-Drucks 14/5663, 80.

Schrifttum

ARTZ, Änderung des Mietvertrags durch konkludentes Verhalten, NZM 2005, 367 = ZMR 2006, 165
ders, Kappungsgrenzenberechnung nach Modernisierungszuschlagsabrede. „Rosinentheorie" im Recht der Mieterhöhung?, NZM 2004, 609
BÖRSTINGHAUS, Miethöhehandbuch (2. Aufl 2016)
ders, Flächenabweichungen in der Wohnraummiete (2012)
ders, Mieterhöhung im preisfreien Wohnungsbau, WuM 2011, 338
ders, Mieterhöhung bei Übersteigen der tatsächlichen von der im Mietvertrag vereinbarten Wohnfläche, NJW 2007, 2627
ders, Die Entwicklung des Mietpreisrechts in Deutschland, in: FS Bub (2007) 283
ders, Wohnflächenabweichung und Mieterhöhung, WuM 2009, 461
ders, Die Rechtsgeschichte des Miethöherechts seit 1917, WuM 2018, 610
ders/EISENSCHMID, Mietrechtsänderungsgesetz 2013 (2013)
BOTH, Stößt das Vergleichsmietensystem bei stagnierenden Mieten an seine Grenzen?, PiG 85 (2009) 73
BUB, Flächenabweichungen im Mietrecht, PiG 88 (2010) 45
DERLEDER, Mietrechtsreform im Rechtsausschuss, NZM 2001, 170
ders, Die Reform des Mietrechts – Aufgaben, Chancen und Kritik, ZRP 2000, 243
ders, Die Struktur halbzwingender Normen, Gedschr Sonnenschein (2003) 97

ders, Wiedervermietungsbegrenzung und Verfassungsrecht, WuM 2013, 383
EISENSCHMID, Miethöherecht der Mietrechtsreform, NZM 2001, 11
ders, Das Mietrechtsanpassungsgesetz (MietAnpG), WuM 2019, 225
V EMMERICH, Dissonante Begleitmusik zum In-Kraft-Treten des „neuen Mietrechts", NZM 2001, 777
ders, Flexibilisierung des Mietzinses bei der Wohn- und Geschäftsraummiete, NZM 2001, 690
Expertenkommission Wohnungspolitik, Wohnungspolitik auf dem Prüfstand (1995) = BT-Drucks 13/159, 3
FERVERS, Der Vermieter als Unternehmer, NZM 2018, 640
FESSLER, Die Zersplitterung der Regelungen über den geförderten Wohnbau nach der Föderalismusreform, WuM 2010, 267
ders/ROTH, Wirksamkeit einer Kostenmieterhöhung bei öffentlich gefördertem Wohnraum wegen unwirksamer Schönheitsreparaturklausel, WuM 2009, 560
FLEINDL, Modernisierung von Wohnraum und Mieterhöhung, NZM 2016, 65
ders, § 5 WiStG – Ein Fall für den Papierkorb? Die gesetzlichen Regelungen zur Begrenzung der Miethöhe, WuM 2013, 703
GSELL, Wohnraummietrecht als Verbraucherrecht, WuM 2014, 375
dies, Die gerechte Miete, WuM 2017, 305
HAU, Vertragsanpassung und Anpassungsvertrag (2003)
ders, Die einvernehmliche Anpassung des Mietzinses, in: ARTZ/BÖRSTINGHAUS (Hrsg), 10 Jahre Mietrechtsreform (2011) 631
ders, Verbraucherschützende Widerrufsrechte im Wohnraummietrecht, NZM 2015, 435
HINZ, Verbraucherverträge im Mietrecht, WuM 2016, 76
HÜGEMANN, Die Geschichte des öffentlichen und privaten Mietpreisrechts vom Ersten Weltkrieg bis zum Gesetz zur Regelung der Miethöhe von 1974 (1998)
KERNER, Wohnraumzwangswirtschaft in Deutschland: Anfänge, Entwicklung und Wirkung vom Ersten bis zum Zweiten Weltkrieg (1996)

KOFNER, Die Formation der deutschen Wohnungspolitik nach dem Zweiten Weltkrieg, DWW 2003, 246 u 284
KRAEMER, Mietfläche und Mietpreis. Zum negativen Rechtsentscheid des OLG Hamburg vom 5. Mai 2000, NZM 2000, 1121
KRAUTSCHNEIDER, Mieterhöhungen bei Genossenschaftswohnungen als Ausgleich für Mietminderungen, WuM 2006, 184
LINDNER, Die Auswirkungen der neuen Verbraucherschutzvorschriften im Mietrecht, ZMR 2015, 261
LUTZ, Der Mieterschutz der Nachkriegszeit. Einfluß des Mietrechts auf den Wohnungsbau (1998)
MEDIGER, Das neue (?) Widerrufsrecht des Mieters, NZM 2015, 185
OESTMANN, Erlaubnisnormen im Mietrecht. Ein Prinzipienbruch?, NZM 2003, 1
RIECKE, Mieterhöhungen während eines Räumungsprozesses, ZMR 2008, 543
ROTH, Weitergeltung vertraglicher Kostenmietklauseln bei Wegfall der Gemeinnützigkeit, NZM 1999, 688
M J SCHMID, Fatale Folgen einseitiger Erklärungen des Vermieters, GE 2011, 242
SCHUBERT, Vom preußischen Mietrecht zum Mietrecht des BGB, Gedschr Sonnenschein (2003) 11
SIMON, Das neue Mietrechtsreformgesetz als Beispiel kodifikatorischer Gesetzgebung, NZM 2001, 2
SÖFKER, Zum Gesetz über die Reform des Wohnungsbaurechts, WuM 2002, 291
SONNENSCHEIN, Die Geschichte des Wohnraummietrechts seit 1917, PiG 49 (1996) 7
ders, Überlegungen der Expertenkommission Wohnungspolitik zum Einfluß des Mietrechts auf den Wohnungsmarkt, ZMR 1996, 109
ders, Wohnraummiete. Eine Analyse des geltenden Rechts (1995) = BT-Drucks 13/159, 379 ff
ders/WEITEMEYER, Rückerstattung und Verjährung preisrechtswidriger Mietzahlungen, NJW 1993, 2201
STERNEL, Schlüssiges Verhalten im Mietrecht, in: FS Blank (2006) 421
TAVAKOLI, Mieterhöhung und Verbraucherwiderrufsrechte, VuR 2019, 203

WEITEMEYER, Das Gesetz zur Regelung der Miethöhe und die Vertragsfreiheit, NZM 2000, 313
dies, Das Mieterhöhungsverfahren nach künftigem Recht, NZM 2001, 563 = WuM 2001, 171

dies, Das soziale Mietrecht und die Finanzkrise, in: ARTZ/BÖRSTINGHAUS (Hrsg), 10 Jahre Mietrechtsreform (2011) 660.

Systematische Übersicht

I.	**Allgemeine Kennzeichnung**	
1.	Überblick	1
2.	Entstehung der Vorschrift	2
a)	System der Mieterhöhungen (Abs 2 und 3 HS 1)	2
b)	Einvernehmliche Mieterhöhung (Abs 1)	11
c)	Ausschluss der Mieterhöhung (Abs 3 HS 2)	12
d)	Abweichende Vereinbarungen (Abs 4)	13
3.	Zweck der Vorschrift	14
a)	System der Mieterhöhungen (Abs 2 und 3 HS 1)	14
b)	Einvernehmliche Mieterhöhung (Abs 1)	18
c)	Ausschluss der Mieterhöhung (Abs 3 HS 2)	19
d)	Abweichende Vereinbarungen (Abs 4)	20
4.	Sachlicher Anwendungsbereich	21
a)	Wohnraummietverhältnisse	21
b)	Preisgebundener Wohnraum	22
5.	Prozessuales	27
a)	Zuständigkeit	27
b)	Streitwert	28
6.	Übergangsregelung	30
II.	**Vertragliche Mieterhöhung (Abs 1)**	
1.	Voraussetzungen	31
a)	Überblick	31
b)	Änderungsvertrag, konkludente Zustimmung	32
c)	Umdeutung in einen Vertrag nach § 557 Abs 1	33
d)	Mieterhöhung	36
e)	Während des Bestehens des Mietverhältnisses	37
f)	Erhöhungsbetrag	38
2.	Widerrufsrecht bei bestimmten Verbraucherverträgen, §§ 312 ff	40
a)	Allgemeines	40
b)	Anwendungsbereich	41
c)	Außerhalb von Geschäftsräumen geschlossene Verträge	42
d)	Fernabsatzverträge	43
e)	Widerruf	44
3.	Rechtsfolgen der Vereinbarung	45
4.	Beweislast	46
III.	**Künftige Änderungen der Miethöhe (Abs 2)**	
1.	Allgemeines	47
2.	Abgrenzung zur einvernehmlichen Mieterhöhung nach Abs 1	48
3.	Wegfall der Geschäftsgrundlage	49
IV.	**Ausschluss der Mieterhöhung (Abs 3 HS 2)**	
1.	Vertraglicher Ausschluss	50
a)	Überblick	50
b)	Vereinbarung	51
c)	Inhalt	52
d)	Form	53
e)	Aufhebung	54
2.	Befristete Mietverhältnisse	55
a)	Überblick	55
b)	Verlängerungsklauseln	57
c)	Erhöhungsvorbehalt	60
d)	Unwirksame Mietanpassungsvereinbarungen	62
3.	Baukostenzuschüsse	64
4.	Weitere Einzelfälle	65
a)	Andere Abreden	65
b)	Mieterhöhung nach § 560	66
5.	Werkförderungsverträge	67
6.	Beweislast	68
7.	Ermäßigung der Miete	69
V.	**Abweichende Vereinbarungen (Abs 4)**	
1.	Allgemeines	70

a)	Zweck	70	d)	Mietanpassungsklauseln	76
b)	Nachteil für den Mieter	71	e)	Mieterhöhung nach § 559	77
c)	Zeitpunkt der Vereinbarung	72	f)	Mieterhöhung nach § 560	78
2.	Einzelne nachteilige Vereinbarungen	73	3.	Vorteilhafte Vereinbarungen	79
			4.	Rechtsfolgen	80
a)	Mieterhöhung nach § 558	73	a)	Unwirksamkeit	80
b)	Schiedsklausel	74	b)	Rückzahlung	81
c)	Ablauf der Preisbindung	75			

I. Allgemeine Kennzeichnung

1. Überblick

1 Die Vorschrift des § 557 BGB stellt in Abs 3 HS 1 den Grundsatz auf, dass der Vermieter Mieterhöhungen nur nach Maßgabe der §§ 558 bis 560 BGB verlangen kann. Damit wird das Prinzip der Vertragsfreiheit ebenso wie in anderen Bestimmungen des sozialen Mietrechts zum Schutz des Mieters eingeschränkt. Eine Ausnahme lässt Abs 1 für den Fall zu, dass der Mieter während des Bestehens des Mietverhältnisses einer Mieterhöhung zustimmt. Eine weitere Ausnahme findet sich in Abs 2, der die Vereinbarung einer Staffelmiete und einer Indexmiete nach §§ 557a, b BGB für zulässig erklärt. Abs 3 HS 2 stellt klar, dass die Parteien die Mieterhöhungsrechte der §§ 557a bis 560 BGB zugunsten des Mieters ausschließen können. Vereinbarungen, die zum Nachteil des Mieters von diesen Vorschriften abweichen, sind nach Abs 4 unwirksam.

2. Entstehung der Vorschrift

a) System der Mieterhöhungen (Abs 2 und 3 HS 1)

2 **aa)** Die Vorschriften über Mieterhöhungen im Wohnraummietrecht gehen zurück auf das **WKSchG I** (Gesetz über den Kündigungsschutz für Mietverhältnisse über Wohnraum) vom 25. 11. 1971 (BGBl I 1839; zu vorhergehenden Regelungen und weiteren Einzelheiten STAUDINGER/WEITEMEYER [2006] Rn 2). Die weitgehende Zwangsbewirtschaftung im Wohnungswesen der unmittelbaren Nachkriegszeit war Stück für Stück aufgehoben worden, sodass zwischen 1967 und 1968 für den größten Teil des Wohnungsbestandes die Mietpreisbindung entfallen war. Auch die Änderungskündigung zum Zweck der Mieterhöhung war nach den nunmehr nur noch geltenden Vorschriften des BGB möglich (BÖRSTINGHAUS WuM 2018, 610). Mit Art 1 § 1 Abs 4 WKSchG I wurden Kündigungen zum Zweck der Erhöhung des Mietzinses ausgeschlossen. Zum Ausgleich wurde in Art 1 § 3 WKSchG I die Möglichkeit zur Erhöhung der Miete auf die ortsübliche Vergleichsmiete geschaffen. Der Vermieter war auch berechtigt, Erhöhungen der Betriebskosten iS des § 27 der 1. Berechnungsverordnung (BV) vom 14. 12. 1970 (BGBl I 1682) durch einseitige schriftliche Erklärung anteilig auf den Mieter umzulegen (Art 1 § 3). Abweichende Vereinbarungen waren verboten (Art 1 § 4 Abs 1).

3 **bb)** Durch das **WKSchG II** (Zweites Gesetz über den Kündigungsschutz für Mietverhältnisse über Wohnraum – Zweites Wohnraumkündigungsschutzgesetz) vom 18. 12. 1974 (BGBl I 3603) wurden die befristet geltenden Regelungen des WKSchG I in veränderter Form in Dauerrecht verwandelt. Das WKSchG II enthielt in Art 3 das MHRG (Gesetz zur Regelung der Miethöhe), in dem die neugefassten Regelungen zur Mieterhöhung enthalten waren. Entsprechend § 557 Abs 2 und 3 BGB bestimmte § 1 S 2 MHRG, dass der Vermieter eine Erhöhung des Mietzinses nach Maßgabe der §§ 2 bis 7 MHRG verlangen kann. Nach § 10 Abs 1 MHRG waren Vereinbarungen, die zum Nachteil des Mieters von den Vorschriften des MHRG abweichen, unwirksam. Eine Ausnahme galt für den Fall, dass der Mieter während des Bestehens des Mietverhältnisses einer Mieterhöhung um einen bestimmten Betrag zugestimmt hatte. Änderungskündigungen zum Zwecke der Mieterhöhung und andere Arten von Vereinbarungen über Mieterhöhungen blieben ausgeschlossen.

cc) Als Reaktion auf den Rückgang des Mietwohnungsbaus, der wenigstens zum Teil auf die Beschränkung der Vermieterrechte durch das MHRG zurückgeführt wurde, wurde das MHRG von der neuen Bundesregierung durch das **Gesetz zur Erhöhung des Angebots an Mietwohnungen** vom 20. 12. 1982 (BGBl I 1912) in wichtigen Punkten geändert. Ziel der Änderungen des MHRG war es, dem Vermieter die Durchsetzung einer marktorientierten Miete nach Möglichkeit zu erleichtern (Begr zum RegE, BT-Drucks 9/2079). Nunmehr durften bei der Berechnung der ortsüblichen Vergleichsmiete nur noch Vereinbarungen der letzten drei Jahre herangezogen werden. Auf der anderen Seite wurde erstmals die sog **Kappungsgrenze** eingeführt, indem die Mieterhöhungen in einem Zeitraum von drei Jahren auf (seinerzeit) maximal 30 % des Ausgangsmiete beschränkt wurden (§ 2 Abs 1 Nr 3 MHRG). Durch Art 2 Nr 3a des Gesetzes wurde in § 10 Abs 2 MHRG die Möglichkeit einer **Staffelmiete** geschaffen (s § 557a Rn 2 ff). **4**

dd) Durch das **4. Mietrechtsänderungsgesetz** vom 21. 7. 1993 (BGBl I 1257) wurde das MHRG erneut in wesentlichen Punkten geändert. Hervorzuheben sind die Absenkung der Kappungsgrenze für die Masse der Mietwohnungen auf 20 % sowie die Wiederzulassung von **Wertsicherungsklauseln** durch § 10a MHRG (s § 557b Rn 2 ff). Die Absenkung der Kappungsgrenze wurde von der Bundesregierung damit begründet, die Mietpreisbildung solle zwar weiterhin grundsätzlich am Markt ausgerichtet bleiben; jedoch sei im oberen Bereich der Mietpreisskala eine Absenkung der Kappungsgrenze erforderlich, um vorübergehend besonders starke Mietsteigerungen zu begrenzen (Begr zum RegE BT-Drucks 12/3254, 11 ff, 29 f). **5**

ee) Das **Gesetz zur Neugliederung, Vereinfachung und Reform des Mietrechts** (Mietrechtsreformgesetz) vom 19. 6. 2001 (BGBl I 1149) fasste das private Wohnraummietrecht im BGB zusammen (Begr zum RegE BT-Drucks 14/4553, 1, 35). Das betrifft in erster Linie die Regelungen des MHRG über Mieterhöhungen, die als §§ 557 bis 561 BGB innerhalb des Unterkapitels 2 „Regelungen über die Miethöhe" in den Untertitel 2 „Mietverhältnisse über Wohnraum" und dort in das Kapitel 2 mit der Bezeichnung „Die Miete" übernommen worden sind. Das Mietrechtsreformgesetz ersetzte entsprechend dem überwiegenden allgemeinen Sprachgebrauch durchgängig die bisherige Bezeichnung mit „Mietzins" für die vom Mieter zu entrichtende Gegenleistung durch den Begriff „Miete". Inhaltlich sind die Regelungen zur Mieterhöhung im Wesentlichen unverändert in den §§ 558 ff, 559 ff und 560 BGB übernommen worden. **6**

ff) Mietrechtsreform von 2013

7 Durch das Gesetz über die energetische Modernisierung von vermietetem Wohnraum und über die vereinfachte Durchsetzung von Räumungstiteln (**Mietrechtsänderungsgesetz** – MietRÄndG) vom 11. 3. 2013 (BGBl I 434; Materialien s STAUDINGER/ EMMERICH [2021] Vorbem 16a zu § 535) wurden verschiedene Regelungen geschaffen und erweitert, die dem Vermieter energieeinsparende Modernisierungsmaßnahmen erleichtern sollen. Hierdurch sind an Stelle von § 554 BGB als Kapitel 1a mit der Überschrift „Erhaltungs- und Modernisierungsmaßnahmen" die §§ 555a bis 555 f BGB getreten. Nach § 536 Abs 1a BGB ist das Minderungsrecht des Mieters bei Belästigungen durch solche Maßnahmen eingeschränkt worden. Mit § 556c BGB wurde eine neue Vorschrift geschaffen, die dem Vermieter die Umlage der Kosten für ein Wärmecontracting erleichtern soll. Weitere Maßnahmen betreffen die Bekämpfung des sogenannten „Mietnomadentums" durch Änderungen der ZPO und Einführung von § 569 Abs 2a BGB.

gg) Mietrechtsnovellierungsgesetz 2015

8 Am 1. 6. 2015 ist das Gesetz zur Dämpfung des Mietanstiegs auf angespannten Wohnungsmärkten und zur Stärkung des Bestellerprinzips bei der Wohnungsvermittlung vom 21. 5. 2015 (BGBl I 610) in Kraft getreten (Mietrechtsnovellierungsgesetz – MietNovG; vgl BÖRSTINGHAUS NJW 2015, 1553). Mit dem Gesetz sind die §§ 556d bis 556g in das BGB eingefügt worden. Die §§ 557a und 557b BGB wurden geändert. Damit enthält das BGB erstmals Regelungen zur Begrenzung der Höhe der zulässigen Miete bei Neuvermietungen. Darüber hinaus wird durch den neuen § 557a Abs 4 BGB auch die Höhe der jeweiligen Staffeln einer Staffelmiete begrenzt. Im Anwendungsbereich der Neuregelung darf die Miete bei der Wiedervermietung nur 10 % über der ortsüblichen Vergleichsmiete liegen.

hh) Mietrechtsanpassungsgesetz 2018, kleinere Reformen 2019 und 2020

9 Die Regelungen zur Begrenzung der Höhe der zulässigen Miete bei Neuvermietungen wurden durch das am 1. 1. 2019 in Kraft getretene Mietrechtsanpassungsgesetz (MietAnpG -Gesetz zur Ergänzung der Regelungen über die zulässige Miethöhe bei Mietbeginn und zur Anpassung der Regelungen über die Modernisierung der Mietsache v 18. 12. 2018, BGBl I, 2648) durch zusätzliche Informationspflichten des Vermieters ergänzt. Zugleich wurde der Umlagesatz in § 559 Abs 1 BGB auf 8 % gesenkt und mit § 559c BGB ein vereinfachtes Verfahren für Mieterhöhungen aufgrund von Modernisierungsmaßnahmen eingeführt (ausf ARTZ/BÖRSTINGHAUS, NZM 2019, 12).

10 Nur wenig später hat der Gesetzgeber mit zwei weiteren Gesetzen Änderungen an den Regelungen zur Miethöhe und zur Mieterhöhung vorgenommen. Durch das Gesetz zur Verlängerung des Betrachtungszeitraums für die ortsübliche Vergleichsmiete vom 21. 12. 2019 (BGBl I 2911) wurde der Zeitraum von vier Jahren in § 558 Abs 2 BGB, der bestimmt, welche geänderten oder vereinbarten Mieten bei der Ermittlung der ortsüblichen Vergleichsmiete berücksichtigt werden, auf 6 Jahre verlängert. Weiter wurde durch das Gesetz zur Verlängerung und Verbesserung der Regelungen über die zulässige Miethöhe bei Mietbeginn v 19. 3. 2020 (BGBl I 540; SCHINDLER NZM 2020, 347) die Gültigkeit der §§ 556d bis 556g BGB bis zum Jahr 2025 verlängert und kleinere Änderungen an diesen Vorschriften vorgenommen.

b) Einvernehmliche Mieterhöhung (Abs 1)

Schon § 10 Abs 1 HS 2 MHRG enthielt eine Ausnahme für einvernehmliche Miet- **11** erhöhungen um einen bestimmten Betrag. Das Mietrechtsreformgesetz (s Rn 6) stellte diesen die Vertragsfreiheit betonenden Grundsatz an die Spitze der Vorschriften über Mieterhöhungen bei Wohnraummietverhältnissen. Entfallen ist die Einschränkung, dass die einvernehmliche Mieterhöhung nur um einen bestimmten Betrag vorgenommen werden darf (s Rn 38).

c) Ausschluss der Mieterhöhung (Abs 3 HS 2)

Vorläufer der gesetzlichen Regelung, wonach die Vertragsparteien einvernehmlich **12** das Recht zur Mieterhöhung ausschließen können, waren § 19 Abs 1 BMietG I sowie Art 1 § 1 Abs 2 WKSchG I (s Rn 2). Durch das WKSchG II (s Rn 3) wurde die Regelung unverändert als § 1 S 3 in das MHRG eingefügt. Das Mietrechtsreformgesetz (s Rn 6) übernahm die Bestimmung in Abs 3 HS 2 des § 557 BGB. Nicht übernommen wurde die Präzisierung in § 1 S 3 HS 2 MHRG, dass sich ein Ausschluss der Mieterhöhung insbesondere aus der Vereinbarung eines Mietverhältnisses auf bestimmte Zeit mit fester Miete ergibt.

d) Abweichende Vereinbarungen (Abs 4)

Die frühere Unabdingbarkeitsklausel des § 10 Abs 1 HS 1 MHRG war durch das **13** WKSchG II (s Rn 3) aus Art 1 § 4 Abs 1 WKSchG I (s Rn 2) übernommen worden. Diese Regelung bestimmte für alle Vorschriften des früheren MHRG über Mieterhöhungen bei preisfreien Wohnraummietverhältnissen, dass abweichende Vereinbarungen zum Nachteil des Mieters unwirksam waren. Das Mietrechtsreformgesetz (s Rn 6) gab diesen einheitlichen, vor (bzw nach) die Klammer gezogenen Grundsatz auf, sodass sich der Grundsatz der Unabdingbarkeit nun bei den einzelnen Vorschriften der §§ 557 bis 561 BGB findet (s aber Rn 20).

3. Zweck der Vorschrift

a) System der Mieterhöhungen (Abs 2 und 3 HS 1)

aa) Die sachliche Berechtigung und die Praktikabilität des Systems der Mieterhö- **14** hungen im Wohnraummietrecht sind ebenso umstritten wie ihre Auswirkungen namentlich auf den Mietwohnungsbau. Hauptziel des Gesetzgebers war die Wiedereinführung des Kündigungsschutzes für die Mieter (Art 1 § 1 WKSchG I, dann § 564b aF, jetzt §§ 573–573c BGB). Dieses Ziel ließ sich jedoch ohne gleichzeitige gesetzliche Regelung der Mieterhöhung nicht verwirklichen. Denn man kann die Kündigungsmöglichkeiten des Vermieters nur beschränken, wenn man ihm gleichzeitig die Möglichkeit eröffnet, auch ohne Kündigung in angemessenen Abständen die Miete zu erhöhen. Als Auswege aus diesem Dilemma boten sich die Einführung der Kostenmiete oder der Tabellenmiete sowie die Bindung der Mieterhöhungen an das Niveau der **ortsüblichen Vergleichsmiete** an. Der Gesetzgeber entschied sich für die zuletzt genannte Alternative, weil er der Meinung war, dass sie am ehesten mit marktwirtschaftlichen Grundsätzen vereinbar sei. Mit dem Anspruch auf Zustimmung zur Mieterhöhung stellt der Gesetzgeber dem Vermieter das Instrument eines **gesetzesgestützten Änderungsvertrags** zur Verfügung, um dem Mieter nicht die unbeschränkte Kontrolle über die Miethöhe während der Vertragslaufzeit zu überlassen (Hau, Vertragsanpassung und Anpassungsvertrag 245 ff, 265 f; zust MünchKomm/Artz Rn 43). Da der Mieter im Fall der Mieterhöhung nach den §§ 558 bis 559 BGB gem § 561

BGB ein Sonderkündigungsrecht hat, steht dem Vermieter hier lediglich ein Anpassungsbestimmungsrecht zu, während er bei der Erhöhung der Betriebskosten nach § 560 BGB mangels eines Kündigungsrechts des Mieters die Vertragsanpassung für die normale Vertragslaufzeit erzwingen kann (krit daher Hau aaO 267 ff). Während im Fall des § 558 BGB die Vertragsanpassung durch einen Anspruch auf Zustimmung ausgestaltet ist, beruht die Mieterhöhung nach den §§ 559, 560 BGB auf dem Modell des einseitigen Gestaltungsrechts des Vermieters. Die Ausgestaltung des *Anpassungsmodus* als Gestaltungsrecht begegnet keinen durchgreifenden Bedenken (Hau 291 ff, 300 ff), jedoch stellen diese Mieterhöhungsrechte *inhaltlich* einen Fremdkörper im Vergleichsmieteverfahren dar, weil sie auf einer Art Kostenmiete beruhen. Schon seit der Mietrechtsreform wird daher angeregt, dass die Mieterhöhung wegen Modernisierung entfällt und in der Mieterhöhung auf die ortsübliche Vergleichsmiete einer modernisierten Wohnung aufgeht (vgl Weitemeyer NZM 2001, 563, 569 f = WuM 2001, 171). Das Vergleichsmietenverfahren dagegen hat sich im Kern bewährt und wird in den inzwischen fast 50 Jahren seiner Geltung als Kompromiss zwischen den Interessen der Vermieter und der Mieter weitgehend akzeptiert (Begr zum RegE BT-Drucks 14/4553, 36).

15 bb) Kern der gesetzlichen Regelung über die Mieterhöhung ist die Begrenzung der Entgelte für Mietverhältnisse über Wohnraum durch § 558 Abs 1 S 1 BGB auf das Niveau der ortsüblichen Vergleichsmiete, ermittelt an Hand der Mieten für hinsichtlich des **Wohnwerts** vergleichbare Wohnungen. Der Gesetzgeber ist bei dieser Regelung davon ausgegangen, dass sich die Miete am Markt im Spiel von Angebot und Nachfrage in erster Linie nach dem Wohnwert richtet (Begr z RegE BT-Drucks 7/2011, 10). Diese Vorstellung trifft indessen häufig nicht zu. Dies wird vor allem daran deutlich, dass Wohnungen, die, gemessen an den Wohnwertmerkmalen des § 558 Abs 2 BGB, an sich „schlechter" als andere Wohnungen einzustufen sind, häufig tatsächlich teurer als die anderen „besseren" Wohnungen sind. In den Mietspiegeln äußert sich das namentlich in den immer wieder festzustellenden paradoxen Sprüngen. Dies liegt bspw an Teilmärkten für bestimmte sozial unterprivilegierte Mieter, denen der Zugang zum allgemeinen Wohnungsmarkt wegen ihrer besonderen Eigenschaften nicht möglich ist. Die Wohnwertmerkmale wie namentlich Alter, Lage und Ausstattung der Wohnungen vermögen tatsächlich nur in einem verhältnismäßig geringen Umfang die vorhandenen Mietpreisdifferenzen zu erklären, sodass auf dem Markt offenbar noch eine Vielzahl anderer Faktoren für die Mietpreisentwicklung wirksam sein muss.

16 cc) Auch die Vorstellung des Gesetzgebers, auf dem Mietwohnungsmarkt gebe es immer nur den einen Marktpreis, der sich im Spiel von Angebot und Nachfrage für vergleichbare Wohnungen herausbildet, und der, wie auch immer, mit zumutbarem Aufwand ermittelt werden kann, hat sich als brüchig erwiesen. Denn feststellen lässt sich immer nur eine oft erstaunlich große **Spanne**, innerhalb derer sich die am Markt jeweils erzielten und durchgesetzten Preise bewegen, wobei die genaue Festlegung im Einzelfall nicht zuletzt von den relativen Machtverhältnissen der Parteien und ihrem Verhandlungsgeschick abhängt. Der Vermieter ist nicht berechtigt, die Miete bis zum obersten Wert einer solchen Spanne zu erhöhen. Vielmehr bedarf es im Mieterhöhungsverfahren weiterer Konkretisierungen (BGH 29. 2. 2012 – VIII ZR 346/10, NJW 2012, 1351; s Staudinger/V Emmerich § 558 Rn 20).

dd) Der Gesetzgeber sieht einen Ausweg aus den angedeuteten Problemen vor **17** allem in der vermehrten Aufstellung von **Mietspiegeln** durch die Gemeinden (Bericht der Bundesregierung BT-Drucks 8/2610, 18 f; Begr zum RegE BT-Drucks 7/5160; Begr zum RegE BT-Drucks 9/2079, 8 f, 17). Mietspiegel führen auch zu einer erheblichen Vereinfachung der Gerichtsverfahren. Es darf aber nicht übersehen werden, dass die Aufstellung von Mietspiegeln mit so vielen nur schwer lösbaren Problemen belastet ist, dass sie häufig nur ein verhältnismäßig grobes Abbild der hochkomplexen Verhältnisse auf dem Wohnungsmarkt zu geben vermögen. Deswegen handelt es sich bei der ortsüblichen Vergleichsmiete in § 558 Abs 1 BGB nicht um eine feststehende Größe, die mittels empirisch-statistischer Verfahren wenigstens mit annähernder Genauigkeit ermittelt werden kann. Die ortsübliche Vergleichsmiete erweist sich vielmehr als normativer Begriff, weil in ihre Festlegung notwendigerweise auf allen Ebenen des Erkenntnisprozesses rechtliche Wertungen einfließen (Börstinghaus NZM 2000, 1087, 1089 f).

b) Einvernehmliche Mieterhöhung (Abs 1)

Die Vorschrift des Abs 1 stellt klar, dass freiwillige **Vereinbarungen** über Mieterhö- **18** hungen zulässig sind, auch wenn sie von den gesetzlichen Regelungen über Mieterhöhungen abweichen. Ein Verbot derartiger Vereinbarungen wurde nicht für sinnvoll gehalten, da es den Parteien möglich sei, den Mietvertrag einvernehmlich aufzuheben, ohne an die Kündigungsschutzvorschriften gebunden zu sein, um dann einen neuen Vertrag mit einer höheren Miete abzuschließen (Begr zum RegE BT-Drucks 7/2011, 13 f). Das Mietrechtsreformgesetz (s Rn 6) stellte den Grundsatz an die Spitze der Vorschriften über Mieterhöhungen bei Wohnraummietverhältnissen, um den Vorrang der Vertragsfreiheit stärker als bisher zu betonen (Begr zum RegE BT-Drucks 14/4553, 52). Mieterhöhungen sollen vorzugsweise von den Vertragsparteien einvernehmlich herbeigeführt werden, damit Streitigkeiten vermieden werden (Begr zum RegE aaO). Die gesetzliche Normierung einer solchen „Erlaubnisnorm" ist auf der Grundlage der Privatautonomie der Vertragsparteien an sich systemwidrig (Oestmann NZM 2003, 1, 3). Sie erscheint aber angesichts der zahlreichen zwingenden Vorschriften im Wohnraummietrecht als Klarstellung sinnvoll (MünchKomm/Artz Rn 27; Hau, 10 Jahre Mietrechtsreform 631, 633 f; Weitemeyer NZM 2001, 563, 565).

c) Ausschluss der Mieterhöhung (Abs 3 HS 2)

Die Vorschrift des § 557 Abs 3 HS 2 BGB stellt klar, dass die Parteien zugunsten des **19** Mieters die Mieterhöhungsrechte des Vermieters einschränken können. Nicht übernommen wurde durch das Mietrechtsreformgesetz die Präzisierung in dem früheren § 1 S 3 MHRG, dass sich ein Ausschluss der Mieterhöhung insbesondere aus der Vereinbarung eines Mietverhältnisses auf bestimmte Zeit mit festem Mietzins ergibt. Nach dem Willen des Gesetzgebers ist mit dieser Änderung keine inhaltliche Änderung verbunden, weil die frühere Bestimmung nur klarstellenden Charakter gehabt habe (Begr zum RegE BT-Drucks 14/4553, 52).

d) Abweichende Vereinbarungen (Abs 4)

Die Regelung des § 557 Abs 4 BGB macht eine Ausnahme vom Prinzip der Ver- **20** tragsfreiheit für Vereinbarungen, die zum Nachteil des Mieters von der Vorschrift des § 557 BGB abweichen. Es handelt sich um eine Schutzvorschrift für den Mieter. Die frühere Unabdingbarkeitsklausel des § 10 Abs 1 HS 1 MHRG bestimmte für alle Vorschriften des MHRG über Mieterhöhungen bei Wohnraum, dass abweichende

Vereinbarungen zum Nachteil des Mieters unwirksam waren. Das Mietrechtsreformgesetz gab diesen einheitlichen, vor (bzw hinter) die Klammer gezogenen Grundsatz auf und regelte den Grundsatz der Unabdingbarkeit bei den einzelnen Vorschriften der §§ 557 bis 561 BGB. Diese Regelungstechnik entspricht der bisherigen Handhabung im Wohnraummietrecht des BGB. Sie ist umständlicher und länger als die bisherige Regelung im MHRG. Nach Ansicht des Gesetzgebers schafft sie aber eine größere Übersichtlichkeit, Klarheit und Rechtssicherheit für die Anwender (Begr z RegE BT-Drucks 14/4553, 35). Abs 4 hat nur Bedeutung für die in § 557 Abs 1 bis 3 BGB enthaltenen Bestimmungen.

4. Sachlicher Anwendungsbereich

a) Wohnraummietverhältnisse

21 Die Vorschriften der §§ 557 bis 561 BGB gelten nach § 549 Abs 1 BGB nur für Wohnraummietverhältnisse (zum Begriff s § 549 Rn 13 ff) mit Ausnahme der in § 549 Abs 2 und 3 BGB vom sozialen Wohnraummietrecht weitgehend ausgenommenen Mietverhältnisse (hierzu § 549 Rn 22 ff).

b) Preisgebundener Wohnraum

22 Anders als in dem früheren § 10 Abs 3 Nr 1 MHRG wird die Anwendbarkeit der Miethöhevorschriften des BGB auf preisgebundenen Wohnraum nicht mehr ausgeschlossen. Soweit eine Preisbindung aufgrund der Vorschriften des sozialen Wohnungsbaus besteht, ergibt sich unmittelbar aus diesen Spezialvorschriften, dass und inwieweit andere Regelungen für die Mieterhöhung gelten (Begr zum RegE BT-Drucks 14/4553, 52). Die Anwendbarkeit der §§ 557 ff BGB ist daher den jeweiligen speziellen Vorschriften zur Wohnraumförderung zu entnehmen (s Rn 25 ff).

aa) Gesetzliche Preisbindung

23 Eine gesetzliche Mietpreisbindung besteht für bestimmte besonders geförderte so genannte „Sozialwohnungen" auf der Grundlage des Gesetzes zur Reform des Wohnungsbaurechts vom 13. 9. 2001 (BGBl I 2376) nach dem **Gesetz über die soziale Wohnraumförderung** (WoFG). Das Gesetz führte die früheren unterschiedlichen Regelungen über verschiedene Förderwege zusammen und gilt für alle Förderungen ab dem 1. 1. 2002. Nach § 28 Abs 3 WoFG sind auch für geförderte Wohnungen die Regelungen über Mieterhöhungen nach den §§ 557 ff BGB anwendbar. Zur Sicherung der mit der Förderung verfolgten Ziele sehen § 28 Abs 3 und 5 WoFG vor, dass der Vermieter keine höhere Miete als die in der Förderzusage bestimmte Miethöhe verlangen kann. Es handelt sich dabei um die Miete ohne Betriebskosten, für welche nach § 28 Abs 4 WoFG ebenfalls das Mietrecht des BGB und § 19 Abs 2 WoFG gelten (Söfker WuM 2002, 291, 294). Der Mieter kann sich bei der nur vertraglich zwischen Vermieter und Förderer geltenden Mietpreisbindung gem § 28 Abs 5 WoFG gegenüber dem Vermieter auf die Bestimmung der Förderzusage über die höchstzulässige Miete berufen (Söfker WuM 2002, 291, 293). Entgegenstehende mietvertragliche Vereinbarungen sind nach § 28 Abs 6 WoFG unwirksam.

24 Durch die **Föderalismusreform** wurde die soziale Wohnraumförderung auf die Länder übertragen, die nunmehr Einzelregelungen treffen können. Art 6 des Föderalismusreform-Begleitgesetzes vom 5. 9. 2006 sieht mit dem Gesetz zur Überleitung der Sozialen Wohnraumförderung auf die Länder (Wohnraumförderungs-Überlei-

tungsgesetz – WoFÜG) Übergangsregelungen vor (BGBl I 2098). Einige Länder haben eigene Gesetze erlassen, die teilweise das Bundesrecht überwiegend unverändert in Landesrecht überführen, teilweise aber auch andere Lösungen wählen, indem sie bspw die Kostenmieten in das Vergleichsmietensystem überführen (Fessler WuM 2010, 267, 269 ff; Überblick bei Börstinghaus, Miethöhehandbuch 25 ff).

bb) Vertragliche Preisbindung
Die Einordnung einer Wohnung in das zutreffende Mietpreissystem unterliegt nicht der Disposition der Parteien. Die rein vertragliche Vereinbarung der Mietparteien über die Wohnungspreisbindung mit Berechtigung des Vermieters zu einer einseitigen Erhöhung ist bei einer nicht geförderten und preisgebundenen Wohnung nach § 557 Abs 4 BGB unwirksam (BGH 7. 2. 2007 – VIII ZR 122/05, NZM 2007, 283). Die Bezeichnung als „Sozialwohnung" kann aber als Vereinbarung ausgelegt werden, dass eine Mieterhöhung nach den §§ 558 ff BGB gem § 557 Abs 3 BGB ausgeschlossen ist. Eine solche Vereinbarung ist, da für den Mieter nur günstig, wirksam (BGH 21. 1. 2004 – VIII ZR 115/03, NZM 2004, 378). Vertragliche Beschränkungen der Miethöhe erfolgen insbesondere durch Verträge zwischen Förderungsgeber und Förderungsnehmer im Rahmen des sog Dritten Förderweges im Sozialen Wohnungsbau. Häufig wird eine Ausgangsmiete oder Einstiegsmiete vereinbart, die in einem bestimmten Zeitraum nur bis zu einer festgelegten Grenze erhöht werden darf. Anwendbar ist das allgemeine Mieterhöhungsrecht der §§ 557 ff BGB (vgl LG München I 16. 5. 2012 – 14 S 27322/11, NZM 2012, 802). Der Vertrag mit der Förderzusage ist ein Vertrag zugunsten Dritter und kann gem § 557 Abs 3 HS 2 BGB einer Mieterhöhung entgegengehalten werden (s Rn 51). 25

cc) Mieterhöhung nach Ende der Preisbindung
Der Wegfall der Preisbindung führt nicht zu einer Änderung der Miethöhe, sofern nicht der Mietvertrag oder die gesetzlichen Regelungen eine Ermäßigung beim Wegfall der öffentlichen Bindung vorsehen. Der Mieter schuldet die Kostenmiete samt Zuschlägen nach § 26 NMV. Ab dem Wegfall der öffentlichen Bindung kann der Vermieter die Miete unter den Voraussetzungen der §§ 557 ff BGB erhöhen (BGH 16. 6. 2010 – VIII ZR 258/09, NJW 2011, 145). Das Verfahren einer Mieterhöhung nach diesen Vorschriften kann schon **während der Dauer der Preisbindung eingeleitet** werden, wenn der Vermieter damit die Erhöhung der Miete für die Zeit nach Beendigung der Preisbindung erreichen will (LG Hamburg WuM 1997, 562; MünchKomm/Artz Rn 54; Blank/Börstinghaus Vor §§ 557–557b Rn 17; einschr LG Berlin GE 2003, 592 m **abl** Anm Schach 558). Ist eine **Erhöhung der Miete** auf bestimmte Zeit **vertraglich ausgeschlossen**, kann der Vermieter ebenfalls schon vor Ablauf dieser Frist eine Mieterhöhung verlangen, die nach deren Ablauf wirksam werden soll (OLG Hamm NJW 1983, 829 = WuM 1982, 294; AG Frankfurt aM WuM 1991, 500). 26

5. Prozessuales

a) Zuständigkeit
Für Klagen aufgrund der §§ 558 bis 560 BGB ist sachlich und örtlich ausschließlich das Amtsgericht zuständig, in dessen Bezirk sich der Wohnraum befindet. Dies folgt aus § 29a Abs 1 ZPO und § 23 Nr 2 lit a GVG. Die in § 549 Abs 2 Nr 1 bis 3 BGB genannten Mietverhältnisse sind nach § 29a Abs 2 ZPO ausgenommen. Auf den Streitwert kommt es insofern nicht an. Für Fälle mit Auslandsberührung gelten seit 27

dem 1. 9. 2009 keine Besonderheiten mehr (zu § 119 GVG aF vgl BGH NZM 2003, 799 = WuM 2003, 634).

b) Streitwert

28 **aa)** Der **Gebührenstreitwert** bemisst sich nach § 41 Abs 5 GKG bei Ansprüchen auf Erhöhung der Miete für Wohnraum höchstens nach dem Jahresbetrag des zusätzlich geforderten Mietbetrages, bei geringerer Laufzeit des Mietverhältnisses nach einem entsprechend niedrigeren Betrag.

29 **bb)** Die Regelung des § 41 Abs 5 GKG gilt **nicht** entsprechend für den **Beschwerdewert** für Berufungen (600 € gem § 511 Abs 1 Nr 1 ZPO). Es gilt § 9 ZPO, sodass bei unbestimmter Laufzeit des Mietverhältnisses von dem **3,5-fachen jährlichen Differenzbetrag** auszugehen ist. Bereits ab einem Mieterhöhungsverlangen in Höhe von monatlich 14,29 € ist die Berufung zulässig. § 9 ZPO ist bei der Klage auf Zustimmung zur Mieterhöhung nach § 558 BGB analog anzuwenden, da nach dem System des Vergleichsmieteverfahrens nicht unmittelbar auf Zahlung, sondern auf Zustimmung zur Vertragsänderung zu klagen ist. Erhebt der Vermieter nur eine **Feststellungsklage**, ist nach allgemeinen Grundsätzen ein Abschlag von 20 % vom Streitwert vorzunehmen (BGH NZM 2004, 617 [LS]).

6. Übergangsregelung

30 Die Vorschrift des § 557 BGB ist nach Art 11 Mietrechtsreformgesetz (s Rn 6) seit dem 1. 9. 2001 anwendbar. Das bedeutet nach allgemeinen Grundsätzen, dass sämtliche Neuregelungen auf die zu diesem Zeitpunkt abgeschlossenen Mietverträge anzuwenden sind (Begr zum RegE BT-Drucks 14/4553, 75). Nach Art 2 Mietrechtsreformgesetz ist in Art 229 § 3 Abs 1 Nr 2 EGBGB für die am 1. 9. 2001 bestehenden Mietverhältnisse eine Übergangsregelung getroffen. Ein Mietverhältnis besteht in diesem Sinne, wenn der Vertrag geschlossen ist (Einzelheiten s Staudinger/Weitemeyer [2006] Rn 30).

II. Vertragliche Mieterhöhung (Abs 1)

1. Voraussetzungen

a) Überblick

31 Durch § 557 Abs 1 BGB hat der Gesetzgeber klargestellt, dass freiwillige Vereinbarungen über Mieterhöhungen abweichend von den gesetzlichen Vorschriften durch die Mietvertragsparteien getroffen werden können (zur Kritik an der Gesetzgebungstechnik s Rn 18). Das Gesetz geht davon aus, dass die Mieterhöhung durch einen Änderungsvertrag vereinbart wird. Sein Zustandekommen richtet sich grundsätzlich nach den allgemeinen Vorschriften der §§ 145 ff BGB. Dabei ist zu differenzieren: Die Parteien können sich **unabhängig von den Mieterhöhungsverfahren der §§ 558 ff BGB** einigen (s Rn 32). Der Mieter kann einem **Mieterhöhungsverlangen nach § 558 BGB zustimmen**, mit der Folge, dass die Parteien einen Änderungsvertrag schließen. Denn ein Erhöhungsverlangen enthält nach der Rechtsprechung des BGH unabhängig von der Wirksamkeit in der Regel einen wirksamen Antrag auf Vertragsänderung (s Rn 33 f; BGH 11. 12. 2019 – VIII ZR 234/18, NZM 2020, 322; BGH 29. 6. 2005 – VIII ZR 182/04, NZM 2005, 736; BGH 8. 10. 1997 – VIII ZR 373/96 Rn 28, NJW 1998, 445; Staudinger/

V Emmerich § 558b Rn 4 ff). Schließlich können die **einseitigen Erhöhungserklärungen** des Vermieters nach den §§ 559 und 560 BGB **im Einzelfall** so ausgelegt werden, dass darin zugleich ein Angebot auf Abschluss eines Änderungsvertrages liegt, das der Mieter annehmen kann (s Rn 35).

b) Änderungsvertrag, konkludente Zustimmung

Für den Abschluss eines Änderungsvertrags gelten die **allgemeinen Grundsätze**. Die **32** Parteien können sich **unabhängig von den Mieterhöhungsverfahren der §§ 558 ff BGB** auf eine höhere Miete unter den Voraussetzungen des § 557 Abs 1 BGB einigen. In diesem Fall gelten die §§ 145 ff BGB uneingeschränkt, ohne dass es auf die Sonderregelungen der §§ 558 ff BGB ankommt (Rn 31). Die Erklärungen können ausdrücklich oder **konkludent** abgegeben werden. Die Möglichkeit einer konkludenten Zustimmung zu einem Mieterhöhungsverlangen folgt schon daraus, dass das Gesetz in § 558b BGB für die Zustimmung kein Formerfordernis aufstellt (BGH 30. 1. 2018 – VIII ZB 74/16, NZM 2018, 279 Rn 16). Die Mietrechtsreform (s Rn 6) wollte das Konsensprinzip stärken. Die Parteien sollen nicht gezwungen sein, das formelle Verfahren der §§ 558 ff BGB einzuhalten. Das Erhöhungsverlangen selbst ist hingegen nach § 558a Abs 1 BGB in Textform zu erklären und zu begründen. Die Zustimmung des Mieters ist eine empfangsbedürftige Willenserklärung. Die Auslegung richtet sich nach den allgemeinen für Willenserklärungen geltenden Maßstäben. Entscheidend ist, ob ein Vermieter in Kenntnis seines Erhöhungsverlangens und der sonstigen Umstände aus dem Verhalten des Mieters den Schluss auf einen Rechtsbindungswillen und damit auf die Zustimmung zur Mieterhöhung ziehen kann (BGH 30. 1. 2018 – VIII ZB 74/16, NZM 2018, 279 Rn 20). An dem objektiven Tatbestand einer Willenserklärung des Mieters wird es regelmäßig fehlen, wenn der Vermieter die erhöhte Miete aufgrund einer Einziehungsermächtigung vom Bankkonto des Mieters einzieht und der Mieter darauf schweigt (Artz NZM 2005, 367, 369; Hau, Vertragsanpassung und Anpassungsvertrag 170; MünchKomm/Artz Rn 34; Schmidt-Futterer/Börstinghaus Rn 18). Der BGH hat wiederholt entschieden, dass eine **mehrmalige vorbehaltlose Zahlung** des erhöhten Mietzinses als schlüssig erklärte Zustimmung des Mieters gewertet werden kann, wenn dafür ein Tätigwerden des Mieters erforderlich war. Jedenfalls die dreimalige Zahlung ist in diesem Sinne ausreichend (BGH 30. 1. 2018 – VIII ZB 74/16, NZM 2018, 279 Rn 20; BGH 8. 10. 1997 – VIII ZR 373/96 Rn 28, NJW 1998, 445; vgl Staudinger/V Emmerich § 558b Rn 5). Richtigerweise kann bereits die einmalige vorbehaltlose Zahlung auf ein entsprechend klar erklärtes Angebot auf Änderung der Mietvereinbarung als Annahme gewertet werden (Artz NZM 2005, 367; Staudinger/V Emmerich § 558b Rn 6). Bei der bloß konkludenten Vereinbarung über die Miete bei einem Vertrag, der für längere Zeit als ein Jahr geschlossen wurde, wird nicht die Schriftform des § 550 BGB beachtet, mit der Folge, dass der gesamte Vertrag fortan auf unbestimmte Zeit läuft (BGH 25. 11. 2015 – XII ZR 114/14, NJW 2016, 311). Die Wirksamkeit einer konkludenten Zustimmung zu einem Mieterhöhungsverlangen scheitert nicht an einer Vereinbarung der Vertragsparteien, dass Änderungen und Ergänzungen des Mietvertrages schriftlich zu erfolgen haben. Einem vereinbarten Schriftformerfordernis kommt in der Regel rein deklaratorischer Charakter zu. Damit ist die nicht in der vereinbarten Form abgegebene Willenserklärung wirksam, aber der Vermieter kann einen Anspruch aus § 127 Abs 2 S 2 BGB auf Mitwirkung an einer der vereinbarten Form genügenden Urkunde verlangen (BGH 30. 1. 2018 – VIII ZB 74/16, NZM 2018, 279 Rn 17; vgl Staudinger/V Emmerich [2021] § 558a Rn 13).

c) Umdeutung in einen Vertrag nach § 557 Abs 1

33 aa) Ein Änderungsvertrag nach § 557 Abs 1 BGB kann nach hM auch dann zustande kommen, wenn sich der Vermieter mit seinem Antrag oder seinem Verlangen auf die Mieterhöhungsvorschriften der §§ 558 ff BGB beruft, die Voraussetzungen für eine Mieterhöhung nach diesen Vorschriften aber nicht vorliegen. Es stellen sich spezifische Auslegungsprobleme für das Verhalten des Mieters, der als Reaktion lediglich zahlt oder der einem unwirksamen Mieterhöhungsverlangen entweder nach §§ 558 ff BGB oder nach §§ 559 ff BGB bzw § 561 BGB zustimmt oder folgt. Die allgemeinen Vorschriften über den Vertragsschluss werden in diesen Fällen teilweise **von den Besonderheiten der §§ 558 ff BGB überlagert**. Wegen der besonderen Fristenregelung des § 558b Abs 2 BGB können die in einem Zustimmungsverlangen liegenden Vertragsangebote abweichend von § 147 BGB bis zum Ablauf der Überlegungsfrist und der Klagefrist des § 558b Abs 2 BGB (LG Berlin GE 1996, 263; GE 1996, 865) angenommen werden. In der Zustimmung des Mieters nach Ablauf der Frist ist nach § 150 Abs 2 BGB ein neuer Antrag zu sehen, den der Vermieter gem § 151 BGB annehmen kann. Aufgrund der Besonderheiten der §§ 558 ff BGB kann der Mieter der Mieterhöhung auch teilweise zustimmen, ohne dass dies nach § 150 Abs 2 BGB als Ablehnung, verbunden mit einem neuen Antrag, anzusehen wäre (s jetzt § 558b Abs 1 BGB; Staudinger/V Emmerich § 558b Rn 8 mwNw). Die Wartefrist des § 558 Abs 1 Abs 1 S 1 BGB wird allerdings erst ausgelöst, wenn die Klagefrist abläuft, ohne dass der Vermieter Klage auf Zustimmung zu der restlichen Mieterhöhung erhoben hat (s Staudinger/V Emmerich § 558 Rn 7 mwNw), das weitergehende Verlangen des Vermieters unbegründet oder unwirksam war oder der Vermieter mit der Teilzustimmung einverstanden war (s Rn 45). Eine teilweise Zustimmung ist auch bei den einseitigen Mieterhöhungserklärungen der §§ 559, 560 BGB möglich, sofern darin zugleich ein Vertragsangebot liegt (aM LG Görlitz WuM 2001, 28). Die teilweise Zustimmung kann auch als neues Angebot des Mieters anzusehen sein. Auch eine Zustimmung des Mieters unter Vorbehalt oder Bedingungen ist nach § 150 Abs 2 BGB eine Ablehnung des Angebots, verbunden mit einem neuen Antrag (LG Hamburg WuM 1987, 86).

34 Der Gesetzgeber hat die Mieterhöhung nach dem Vergleichsmieteverfahren in den §§ 558 ff BGB nicht als einseitiges Recht des Vermieters zur Erhöhung durch Gestaltungserklärung, sondern als Anspruch auf Zustimmung zu einem Änderungsvertrag ausgestaltet. **Das Mieterhöhungsverlangen nach § 558 BGB** des Vermieters stellt einen Antrag auf Abschluss eines Vertrages nach § 145 BGB dar. Auch wenn durch das Vergleichsmieteverfahren nach § 558 BGB ein gesetzesgestützter Vertragsschluss zustande kommt (s Rn 14), ändert dies nichts an der Einordnung als privatrechtlicher Vertrag und folglich an der Anwendung der allgemeinen Regeln der Rechtsgeschäftslehre. Nach ganz hM kann das auf die §§ 558 ff BGB gestützte Mieterhöhungsverlangen in einen Antrag des Vermieters auf Abschluss eines **Änderungsvertrages nach § 557 Abs 1 BGB umgedeutet** werden, wenn die formellen oder materiellen Voraussetzungen für einen Anspruch des Vermieters auf eine Zustimmung des Mieters nicht vorliegen. Der Wille des Vermieters, eine Mieterhöhung zu erreichen, kann vorausgesetzt werden. Problematisch ist die Auslegung des Verhaltens des Mieters, der ausdrücklich zustimmt oder auch nur den geforderten Betrag zahlt. Auch hier muss entscheidend sein, ob ein Vermieter in Kenntnis seines Erhöhungsverlangens und der sonstigen Umstände aus dem Verhalten des Mieters den Schluss auf einen Rechtsbindungswillen und damit auf die Zustimmung zur Mieterhöhung ziehen kann (vgl BGH 30. 1. 2018 – VIII ZB 74/16, NZM 2018, 279 Rn 20). Mit einer ausdrücklichen Zustimmung des Mieters kommt ein Änderungsvertrag zustande (BGH 11. 12. 2019 – VIII ZR 234/18, NZM 2020, 322; **aM** Artz NZM 2005, 367, 370 f; ders ZMR 2006, 165, 170). Fordert der Vermieter den Mieter ausdrücklich auf, dem Mieterhöhungsverlangen zuzustimmen, kann der Vermieter im Regelfall bereits in der exakten vorbehaltlosen einmaligen Zahlung der geforderten höheren Miete eine konkludente Vertragsannahme erblicken, zumal diese keiner besonderen Form bedarf. Er muss nicht davon ausgehen, der Mieter zahle nur, weil dieser glaube, ein wirksames Erhöhungsverlangen liege vor und er sei daher zur Zahlung verpflichtet. In vielen Fällen wird vielmehr der Mieter zahlen, weil er die höhere Miete für angemessen hält, weil er bereit ist, diese aufzubringen, und/oder weil er eine Auseinandersetzung vermeiden will. Es mag rechtspolitisch misslich sein, dass dem Mieter durch eine vorbehaltlose Zahlung die Überprüfung des Mieterhöhungsverlangens abgeschnitten wird (so Hau, 10 Jahre Mietrechtsreform 631, 639). Auf diesem Modell beruht jedoch die hohe Befriedungsfunktion des Mieterhöhungsverfahrens nach § 558 BGB (s Rn 14). Zudem hatte der Gesetzgeber gerade diese Rechtsfolge für die in den neuen Bundesländern gelegenen Wohnungen des Altbestandes sanktioniert. Seit dem MÜG von 1995 bestand die Sonderregelung des § 12 Abs 6 Nr 2 MHRG, dass eine zweimalige Mietzahlung oder eine zweimalige widerspruchslose Abbuchung als Zustimmung zur Mieterhöhung nach § 2 MHRG galt (LG Berlin NJW-RR 1997, 842; Einzelheiten s Staudinger/Sonnenschein/Weitemeyer [1997] § 10 MHRG Rn 30). Der Einwand des Mieters, er sei sich nicht bewusst gewesen, gesetzliche Schutzrechte einzubüßen, wenn das Angebot des Vermieters nicht mit den formellen und materiellen Voraussetzungen der §§ 558 ff BGB übereinstimmt, ist als Irrtum über die mittelbare Rechtsfolge ebenso unerheblich (LG Aachen WuM 1988, 280) wie die als Motivirrtum zu wertende Vorstellung, dass der Vermieter einen Anspruch auf Zustimmung habe (LG Berlin GE 1992, 207). Eine **Anfechtung** scheidet daher aus. Ein Fall des fehlenden Erklärungsbewusstseins, der nach hM zur Anfechtung analog § 119 BGB berechtigt, wenn wie in den vorstehenden Fällen regelmäßig der Mieter eine rechtsgeschäftliche Deutung seiner Erklärung nach Treu und Glauben hätte erkennen müssen (vgl Palandt/Ellenberger Einf v § 116 Rn 17 mwNw) liegt nur vor, wenn der Mieter die Vorstellung gehabt hat, bereits das Zustimmungsverlangen des Vermieters löse die Mieterhöhung aus, sodass seine Zahlung selbst keinerlei Erklärungswert habe (BGH 20. 7. 2005 – VIII ZR 199/04, NZM 2005, 735). Dies ist eine Frage des Einzelfalles. In der Entscheidung v 29. 6. 2005 (BGH 29. 6. 2005 – VIII ZR 182/04, NZM 2005, 736) geht der BGH recht großzügig von einem Angebot auf Abschluss eines Änderungsvertrags aus, da hierauf in dem streitbefangenen Schreiben nach der apodiktischen Feststellung der ortsüblichen Vergleichsmiete allein die Formulierung hindeutete „Um Dauerauftragsänderung bei Ihrem Bankinstitut wird hiermit gebeten" (krit auch Lammel WuM 2005, 701). Der Mieter kann einen Anspruch auf Anpassung der Miete nach den Grundsätzen des **Wegfalls der Geschäftsgrundlage**, § 313 Abs 1, 2 BGB, haben, wenn beide Parteien bei der Änderung der Miethöhe von einer zu großen Wohnfläche ausgegangen sind und die erhöhte Miete die ortsübliche Vergleichsmiete übersteigt (BGH 11. 12. 2019 – VIII ZR 234/18, NZM 2020, 322; BGH 7. 7. 2004 – VIII ZR 192/03, NJW 2004, 3115).

bb) Erklärt der Vermieter dagegen **einseitig** die Erhöhung der Miete nach den §§ 559 und 560 BGB, ist regelmäßig in der vorbehaltlosen Zahlung durch den Mieter keine Vertragsannahme zu sehen. Hier fehlt es meist schon an einem für einen

35

objektiven Empfänger erkennbaren Vertragsangebot des Vermieters. Auch ist nicht ersichtlich, dass der Mieter den Vertrag ändern und nicht nur dem vermeintlichen einseitigen Erhöhungsrecht des Vermieters Folge leisten wollte (Artz NZM 2005, 367, 370; Hau, 10 Jahre Mietrechtsreform 631, 637). Dies gilt selbst dann, wenn die erhöhte Miete über einen längeren Zeitraum gezahlt wird. Eine Umdeutung des einseitigen Erhöhungsverlangens kommt nicht in Betracht. Auch eine Verwirkung tritt durch eine längere vorbehaltlose Zahlung nicht ohne Weiteres ein (BGH 20. 7. 2005 – VIII ZR 199/04, NZM 2005, 735; Artz ZMR 2006, 165, 170).

Selbst wenn der Mieter eine **preisrechtlich überhöhte Miete**, die er für zulässig hält, während oder über die Dauer der Preisbindung hinaus zahlt, liegt darin nicht die Vereinbarung einer Mieterhöhung (LG Berlin GE 2009, 1319). Die Zahlung einer unwirksamen **Staffelmiete** ist keine Willenserklärung, weil der Mieter in diesem Fall regelmäßig davon ausgehen wird, ein Vertrag sei schon geschlossen (LG Berlin GE 1999, 1428; LG Kiel WuM 2000, 308; AG Neumünster WuM 2000, 611; **aM** LG Berlin GE 2002, 804). Die nachträgliche ausdrückliche Zustimmung des Mieters zu einer einzelnen Staffelmieterhöhung ist allerdings zulässig und bedarf während des Bestehens des Mietverhältnisses nach § 557 Abs 1 BGB nicht der Schriftform des § 557a Abs 1 BGB (**aM** LG Berlin GE 2003, 325). Auch eine unwirksame Erhöhung der **Indexmiete** nach § 557b BGB wird nicht durch vorbehaltlose Zahlung wirksam (**aM** OLG Karlsruhe NZM 2003, 513, 517 = NJW 2003, 2759 [LS] für Gewerbemiete).

d) Mieterhöhung

36 Die Vereinbarung muss eine Mieterhöhung betreffen. Hierfür kommen neben § 558 BGB, der schon gesetzlich eine Zustimmungserklärung des Mieters voraussetzt, die §§ 559 und 560 BGB in Betracht, die eine einseitige Mieterhöhung zulassen. Nach Sinn und Zweck der Ausnahmeregelung werden auch Vereinbarungen über die Wartefrist des § 558 Abs 1 S 1 BGB und über den Zeitpunkt des Wirkungseintritts einer Mieterhöhung erfasst, soweit sie sich auf eine konkrete einvernehmliche Mieterhöhung während des Bestehens des Mietverhältnisses beziehen und nicht für alle zukünftigen Erhöhungsverfahren gelten sollen (LG Hamburg NJW 1973, 1287). Denn wenn der Mieter schon hinsichtlich der Mieterhöhung als solcher auf den Schutz der §§ 557 ff BGB verzichten kann, besteht kein Grund, den damit unmittelbar zusammenhängenden Wirkungseintritt auszuklammern. Nicht unter den Begriff der Mieterhöhung fallen abweichende Vereinbarungen über Kündigungsvorschriften nach § 561 BGB und über Betriebskostenvorauszahlungen nach § 560 Abs 4 BGB. Solche Vereinbarungen sind, sofern sie nachteilig sind, selbst dann ausgeschlossen, wenn sie mit einer Mieterhöhung verbunden werden. Vertragsfreiheit besteht darüber hinaus, soweit es um eine **Senkung** der Miete oder um eine **Beschränkung** des Rechts des Vermieters zur Mieterhöhung geht, wie § 557 Abs 3 HS 2 BGB nochmals klarstellt (hierzu Rn 50 ff).

e) Während des Bestehens des Mietverhältnisses

37 Die Vereinbarung muss während des Bestehens des Mietverhältnisses getroffen werden. Damit sind alle abweichenden Vereinbarungen vor oder bei Abschluss des Mietvertrags, auch als Zusatzvereinbarung (BGH NZM 2004, 136 = WuM 2004, 29) ausgeschlossen. Nur so ist gewährleistet, dass sich der Mieter nicht einer entsprechenden Klausel unterwirft, um die Wohnung überhaupt vermietet zu bekommen (Begr zum RegE BT-Drucks 7/2011, 14). Auf den Zeitpunkt der Überlassung des Wohnraums kommt es nicht an (MünchKomm/Artz Rn 28; Schmidt-Futterer/Börstinghaus Rn 22). Da der Mieter einen durchsetzbaren Anspruch auf Überlassung hat, ist er nicht mehr der Gefahr ausgesetzt, sich einem Mieterhöhungsverlangen unterwerfen zu müssen. Allerdings kann eine Vereinbarung, die dem Vertragsschluss noch vor der Wohnraumüberlassung unmittelbar folgt, eine unzulässige Umgehung sein. Auch aufschiebend bedingte Mieterhöhungen bei Abschluss des Mietvertrags sind unwirksam. Der Grundstückserwerber kann vor Eintragung als Eigentümer ohne Verstoß gegen § 557 Abs 1 BGB bereits eine Vereinbarung mit dem Mieter treffen, da das Mietverhältnis, in das er eintritt, schon besteht. Nach § 557 Abs 1 BGB ist auch die Vereinbarung einer einmaligen zukünftigen Mieterhöhung zulässig, soweit dies nach Vertragsschluss geschieht (s Rn 48). Eine solche Vereinbarung ist aber noch nicht konkludent darin zu sehen, dass die Parteien wegen öffentlicher Förderung eine niedrigere Miete vereinbaren, sodass nach Wegfall der Förderung nicht die erhöhte Miete geschuldet wird (LG Berlin GE 2009, 1319; vgl BGH NZM 2004, 136).

f) Erhöhungsbetrag
aa) Die Parteien müssen anders als nach dem früheren § 10 Abs 1 MHRG nicht **38** mehr eine Mieterhöhung um einen bestimmten Betrag vereinbaren, der ohne fremde Hilfe und außerhalb des Mietvertrags liegender Umstände zu berechnen ist. Diese Einschränkung ist mit der Mietrechtsreform entfallen. Auch prozentuale Erhöhungen werden jetzt allgemein als zulässig erachtet (MünchKomm/Artz Rn 30; Schmidt-Futterer/Börstinghaus Rn 34). Die Lockerung wurde damit begründet, dass die gelegentlich vorkommenden Mieterhöhungen, die nicht in Geld erfolgen, sonst ausgeschlossen sein würden (Stellungnahme des BR BT-Drucks 14/4553, 87). Die Mieterhöhungsrechte des Vermieters sind auf andere als in Geld bestehende **Gegenleistungen** des Mieters, etwa **in Form von Dienst- oder Werkleistungen**, nicht zugeschnitten. Weder eine Einmalmiete noch Dienstleistungen des Mieters nach § 558 BGB können auf das Niveau der ortsüblichen „Vergleichsmiete" erhöht werden. Für diese Gegenleistungen hat der Gesetzgeber am Grundsatz der Vertragsfreiheit festgehalten, sodass hierüber einvernehmliche Vereinbarungen getroffen werden dürfen (Bsp bei Schmidt-Futterer/Börstinghaus Rn 37). Eine einseitige Änderung derartiger Sachmieten ist damit aber auch durch eine vorherige Vereinbarung im Mietvertrag nicht möglich, weil Abs 3 iVm der Unabdingbarkeitsklausel des Abs 4 für alle Arten von Mieterhöhungen im Wohnraummietrecht gilt.

bb) Schon nach der alten Rechtslage konnte die **genaue Bestimmung** der wie auch **39** immer gearteten Miete einer späteren Berechnung des Vermieters oder eines Dritten, wie etwa eines Sachverständigen oder eines Schiedsgutachters, nicht vorbehalten werden. Da in diesen Fällen die Bestimmung der erhöhten Miete der Vereinbarung durch den Mieter zumindest teilweise entzogen ist, sind derartige Klauseln unzulässig (MünchKomm/Artz Rn 30). Zugunsten des Mieters kann die Mieterhöhung jedenfalls von der Zustimmung eines Dritten, etwa bei einem Werkförderungsvertrag von der des Darlehensgebers, abhängig gemacht werden (LG Düsseldorf WuM 1981, 286). Unzulässig ist die Vereinbarung einer nicht näher bestimmten ortsüblichen Vergleichsmiete für einen späteren Zeitpunkt. Die vereinbarte Miethöhe muss zumindest bei Abschluss der Vereinbarung bestimmbar sein (Schmidt-Futterer/Börstinghaus Rn 35). Die vertragliche Bestimmung der **Ausgangsmiete** fällt nicht unter die Vorschrift des § 557 BGB, hier sind nur die Grenzen der § 138 BGB, § 5 WStrG und §§ 556d ff BGB zu beachten.

2. Widerrufsrecht bei bestimmten Verbraucherverträgen, §§ 312 ff

a) Allgemeines

40 Nach § 312g Abs 1 BGB steht dem Verbraucher bei außerhalb von Geschäftsräumen geschlossenen Verträgen und bei Fernabsatzverträgen ein Widerrufsrecht gemäß § 355 BGB zu. Die Vorschriften über Verbraucherverträge und besondere Betriebsformen in den §§ 312 bis 312k BGB sind auch auf Vereinbarungen der Mietvertragsparteien über die Miethöhe im laufenden Mietverhältnis anwendbar (HINZ WuM 2016, 77 [82]; HAU NZM 2015, 435 [439]). Die Vorschriften wurden durch das Gesetz zur Umsetzung der **Verbraucherrechterichtlinie** und zur Änderung des Gesetzes zur Regelung der Wohnungsvermittlung vom 20. 9. 2013 (BGBl I 3642) in das BGB eingefügt und sind am 13. 6. 2014 in Kraft getreten. Sie haben die bis dahin geltenden §§ 312 bis 312i BGB ersetzt. Der Gesetzgeber hatte die Richtlinie 2011/83/EU über die Rechte der Verbraucher bis Mitte Dezember 2013 in nationales Recht umzusetzen. In Art 3 Abs 3 lit f der Richtlinie wird die Vermietung von Wohnraum ausdrücklich vom Anwendungsbereich der Richtlinie ausgenommen. Nach dem Willen des Gesetzgebers sollten die Mieter durch die Umsetzung der Richtlinie nicht schlechter gestellt werden (BT-Drucks 17/12637, 48; HINZ WuM 2016, 77). Da schon die bisherigen Verbraucherschutzvorschriften auch für den Bereich der Wohnraummiete galten (vgl BGH 17. 5. 2017 – VIII ZR 29/16), wurde in § 312 Abs 4 BGB die – teilweise – Anwendbarkeit der Regelungen auf Wohnraummietverträge angeordnet (zur Rechtslage bis zum 12. 6. 2014 STAUDINGER/WEITEMEYER [2014] § 557 Rn 40 ff).

b) Anwendungsbereich

41 Sowohl die Regelungen über Außergeschäftsraumverträge als auch die über Fernabsatzverträge sind nach § 312 Abs 1 BGB nur für **Verbraucherverträge** im Sinne von § 310 Abs 3 BGB anwendbar, die eine entgeltliche Leistung des Unternehmers zum Gegenstand haben. Verbraucherverträge sind nach der Legaldefinition des § 310 Abs 3 BGB Verträge zwischen einem Unternehmer und einem Verbraucher. Die **Verbrauchereigenschaft** wird bei einem Mieter von Wohnraum regelmäßig vorliegen. Denn nach § 13 BGB ist jede natürliche Person Verbraucher, die ein Rechtsgeschäft zu Zwecken abschließt, die überwiegend weder ihrer gewerblichen noch ihrer selbständigen beruflichen Tätigkeit zugerechnet werden. Die Anmietung von Wohnraum erfolgt hingegen vorrangig zu Deckung des privaten Wohnbedarfs (HINZ WuM 2016, 77 [78]). Eine untergeordnete Nutzung für berufliche Zwecke schadet nicht (LINDNER ZMR 2015, 261 [262]). Die Rechtsprechung zu der Frage, ob der Vermieter als **Unternehmer** im Sinne von § 14 anzusehen ist, bietet ein uneinheitliches Bild (vgl FERVERS NZM 2018, 680; GSELL WuM 2014, 375 [378]). Entscheidend ist, ob der Vermieter nur im Rahmen der Verwaltung des eigenen Vermögens tätig wird. Dies ist nicht als gewerbliche und gleichfalls nicht als selbständige berufliche Tätigkeit einzustufen (STAUDINGER/FRITZSCHE [2018] § 14 Rn 53). Ob eine berufsmäßige Verwaltung eigenen Vermögens vorliegt mit der Folge, dass der Vermieter als Unternehmer anzusehen ist, hängt nach der Rechtsprechung des BGH von dem Umfang der mit der Vermögensverwaltung verbundenen Geschäfte und nicht von dem Wert und dem Umfang des Vermögens ab (BGH 3. 3. 2020 – XI ZR 461/18, WuM 2020, 781). Eine gewerbliche Tätigkeit liegt vor, wenn die Geschäfte einen planmäßigen Geschäftsbetrieb, wie etwa die Unterhaltung eines Büros oder einer Organisation erfordern (BGH 3. 3. 2020 – XI ZR 461/18, WuM 2020, 781; MEDIGER NZM 2015, 185 [187]; GSELL WuM 2014, 375 [378]). Der Vermieter, der über kein Büro verfügt, läuft deshalb nicht Gefahr, dass er

nur Außergeschäftsraumverträge abschließen kann. Denn es fehlt in der Regel schon an der Unternehmereigenschaft (Hau NZM 2015, 435 [441]). Bei einem Mietvertrag handelt es sich nach ganz hM um einen Vertrag, der eine **entgeltliche Leistung** (des Vermieters bzw Unternehmers) zum Gegenstand hat, wie von § 312 Abs 1 gefordert (vgl Hinz WuM 2016, 77 [78]; Lindner ZMR 2015, 261). Auch alle Vereinbarungen der Vertragsparteien während des laufenden Mietverhältnisses über die **Miethöhe** fallen in den Anwendungsbereich der §§ 312 BGB ff, sofern es sich um Verbraucherverträge handelt (Hau NZM 2015, 435 [439]; Hinz WuM 2016, 77 [82]). Aus dem Zusammenspiel der Sätze 1 und 2 in § 312 Abs 4 BGB und aus den Gesetzesmaterialien ergibt sich, dass sowohl der erstmalige Abschluss eines Mietvertrag (vgl § 312 Abs 4 S 2 BGB) als auch spätere Vereinbarungen im Rahmen des Mietverhältnisses von den Verbraucherschutzregelungen erfasst werden sollen (Hau NZM 2015, 435 [437]). In der Gesetzesbegründung ist die Konstellation der Vereinbarung einer Mieterhöhung bei einem unangemeldeten Besuch des Vermieters beim Mieter ausdrücklich als Anwendungsfall der Vorschriften genannt (BT-Drucks 17/12637, 48).

c) **Außerhalb von Geschäftsräumen geschlossene Verträge**

Situative Voraussetzung des Widerrufsrechts bei außerhalb von Geschäftsräumen geschlossenen Verträgen ist nach § 312b Abs 1 S 1 Nr 1 BGB, dass der Vertrag bei gleichzeitiger körperlicher Anwesenheit des Verbrauchers und des Unternehmers an einem Ort geschlossen wurde, der kein Geschäftsraum des Unternehmers ist. Dieser Voraussetzung ist in § 312 Abs 1 S 1 Nr 2 BGB der Fall gleichgestellt, dass der Verbraucher nur sein Angebot außerhalb von Geschäftsräumen abgibt und der Unternehmer später – auch innerhalb seiner Geschäftsräume – das Angebot annimmt. Die weiteren Anwendungsfälle in § 312 Abs 1 S 1 Nr 3 und 4 BGB dürften für Mieterhöhungen im laufenden Mietverhältnis keine Rolle spielen. Dem Unternehmer stehen nach § 312 Abs 1 S 2 BGB Personen gleich, die in seinem Namen oder Auftrag handeln. Der Gesetzgeber hat Gefahren für den Mieter als Verbraucher durch Überrumpelung und psychischen Druck auch für den Fall gesehen, dass der Vermieter den Mieter unangemeldet besucht und der Mieter einer nachträglichen Mieterhöhung zustimmt (BT-Drucks 17/12637, 48). Von § 312b Abs 1 S 1 Nr 1 BGB werden alle Konstellationen umfasst, die bis zum 12. 6. 2014 nach § 312 aF als Haustürgeschäfte galten. Ob die Erweiterung des Anwendungsbereichs für nachträgliche Vertragsänderungen eine Rolle spielen wird, ist fraglich und wird sich zeigen.

42

d) **Fernabsatzverträge**

Eine nachträgliche Mieterhöhung gilt nach § 312c Abs 1 BGB als Fernabsatzvertrag, wenn die Vertragsparteien für die Vertragsverhandlungen und den Vertragsschluss ausschließlich Fernkommunikationsmittel verwenden. § 312 Abs 2 BGB definiert den Begriff der Fernkommunikationsmittel. Ein Widerrufsrecht besteht damit immer dann, wenn eine Mieterhöhung per Brief, telefonisch oder auch per E-Mail vereinbart wird. Eine Ausnahme greift nach § 312c Abs 1 BGB, wenn der Vertragsschluss nicht im Rahmen eines für den Fernabsatz organisierten Vertriebs- oder Dienstleistungssystems erfolgt. Der Unternehmer ist für diesen Ausnahmetatbestand darlegungs- und beweispflichtig (BGH 17. 10. 2018 – VIII ZR 94/17, NJW 2019, 303; BT-Drucks 17/12637, 50). An das Vorliegen eines solchen Vertriebs- oder Dienstleistungssystems sind nach der Gesetzesbegründung keine hohen Anforderungen zu stellen (BT-Drucks 17/12637, 50). Der Umstand, dass das Schreiben des Vermieters individuell und nicht automatisiert

43

erstellt wird, steht der Annahme eines solchen Systems nicht entgegen (BGH 17. 10. 2018 – VIII ZR 94/17, NJW 2019, 303).

e) Widerruf

44 Der Verbraucher kann einen Außergeschäftsraumvertrag oder einen Fernabsatzvertrag widerrufen. § 312 Abs 1 BGB verweist für das Widerrufsrecht auf die allgemeinen Vorschriften über den Widerruf von Verbraucherverträgen in den §§ 355 BGB ff. Eine bestimmte Form schreibt das Gesetz für den Widerruf nicht vor. Der Mieter muss den Widerruf nicht schriftlich erklären. § 568 BGB gilt nicht entsprechend (Hau NZM 2015, 435 [442]). Die Widerrufsfrist beträgt 14 Tage und beginnt mit Vertragsschluss, § 355 Abs 2 BGB. Die Widerrufsfrist beginnt nach § 356 Abs 3 S 1 BGB jedoch nicht, bevor der Mieter nicht über sein Widerrufsrecht entsprechend Art 246a § 1 Abs 2 S 1 belehrt worden ist. Erfolgt keine Belehrung beträgt die Widerspruchsfrist maximal 12 Monate und 14 Tage nach Vertragsschluss, § 356 Abs 3 S 2 BGB. Durch den Widerruf wird nur der Vertrag über die Mieterhöhung unwirksam und nicht etwa der gesamte Mietvertrag (Hau NZM 2015, 435 [442]). Der Vermieter hat nach § 355 Abs 3 BGB die empfangene Leistung, also den Erhöhungsbetrag, unverzüglich an den Mieter zurückzuzahlen. Der Mieter hat hingegen nichts herauszugeben, da er ja als Gegenleistung für die Gebrauchsüberlassung die bisherige Miete bezahlt hat.

3. Rechtsfolgen der Vereinbarung

45 Eine Vereinbarung über eine Mieterhöhung, die zum Nachteil des Mieters von den §§ 558 ff BGB abweicht, ist entgegen § 558 Abs 6, § 558a Abs 5 BGB und § 558b Abs 4 BGB unter den Voraussetzungen des § 557 Abs 1 BGB dennoch wirksam. Eine Grenze bilden die Vorschriften des § 5 WiStG zur Mietpreisüberhöhung und des § 291 StGB zum Mietwucher iVm § 134 BGB. Die §§ 556d ff BGB über die Begrenzung der Wiedervermietungsmiete sind auf Mieterhöhungen im laufenden Mietverhältnis nicht anwendbar (Blank/Börstinghaus Rn 12). Wenn der Mieter einer Mieterhöhung auf der Grundlage einer zu hohen Quadratmeterzahl der Wohnung zugestimmt hat, sind eine nachträgliche Korrektur nach den Grundsätzen des Wegfalls der Geschäftsgrundlage (§ 313 BGB) und ein bereicherungsrechtlicher Ausgleich möglich (BGH 7. 7. 2004 – VIII ZR 192/03, NJW 2004, 3115 mwNw; Kraemer NZM 2000, 1121, 1124 mwNw). Darüber hinaus wirkt der nach Abs 1 geschlossene Änderungsvertrag auf die Vorschriften der §§ 558 ff BGB zurück. Im Anschluss an eine einvernehmliche Mieterhöhung ist ein Kündigungsrecht durch den Mieter nach § 561 BGB grundsätzlich nicht gegeben (zu Ausnahmen § 561 Rn 11). Auch einvernehmliche Mieterhöhungen bleiben bei der Berechnung der Kappungsgrenze gem § 558 Abs 3 BGB unberücksichtigt, wenn sie auf den in §§ 559, 560 BGB genannten Gründen beruhen (BGH NJW 2004, 2088 = NZM 2004, 456 = WuM 2004, 344 mAnm Glause 708 = ZMR 2004, 503; Staudinger/V Emmerich § 558 Rn 72). Ein Änderungsvertrag löst die einjährige Wartefrist des § 558 Abs 1 S 1 BGB aus. Bei teilweiser Zustimmung des Mieters (s Rn 33) kann dies aber nur gelten, wenn der Vermieter mit der Teilzustimmung einverstanden ist. Da die Teilzustimmung des Mieters bei einem Mieterhöhungsverlangen nach §§ 558, 558b Abs 1 BGB bereits zur Mieterhöhung führt, ohne dass nach § 150 Abs 2 BGB eine erneute Vertragsannahme des Vermieters notwendig ist (s Rn 33), würde dem Vermieter sonst unter Verstoß gegen die Vertragsfreiheit eine für ihn uU ungünstige Rechtsfolge aufgezwungen werden. Wird der Änderungsvertrag von den Parteien einvernehmlich aufgehoben, entfällt die Wartefrist wieder. Zu beachten sind die Rechtsfolgen eines Verstoßes gegen die Schriftform des § 550 BGB (s Rn 32) sowie die Anwendung von § 536b BGB auf nachträgliche Vereinbarungen über die Miethöhe (BGH 5. 11. 2014 – XII ZR 15/12, NJW 2015, 402).

4. Beweislast

Die Beweislast für einen Änderungsvertrag nach § 557 Abs 1 BGB trägt derjenige, der sich darauf beruft; dies wird meist der Vermieter sein. **46**

III. Künftige Änderungen der Miethöhe (Abs 2)

1. Allgemeines

Die Vorschrift des § 557 Abs 2 BGB schränkt die Vertragsfreiheit der Parteien dahingehend ein, dass künftige Änderungen der Miethöhe nur als Staffelmiete nach § 557a BGB oder als Indexmiete nach § 557b BGB vereinbart werden können. Diese Regelung entspricht der Rechtslage vor der Mietrechtsreform (s Rn 6). Unerheblich ist, ob die Vereinbarung bei Abschluss des Mietvertrags oder später erfolgt. **47**

2. Abgrenzung zur einvernehmlichen Mieterhöhung nach Abs 1

Darüber hinaus können sich die Parteien während des Bestehens des Mietverhältnisses nach Abs 1 jederzeit über eine Änderung der Miethöhe verständigen (s Rn 31 ff). Diese Vereinbarung betrifft genau genommen regelmäßig auch eine künftige Mieterhöhung, wenn ein bestimmtes Datum in der (nahen) Zukunft als Anfangstermin der erhöhten Miete vereinbart wird. Denn bei dem Änderungsvertrag nach Abs 1 bestimmen die Parteien auch den Beginn der Mieterhöhung (s Rn 36). Die Abgrenzung zu der Vereinbarung einer Staffelmiete mit ihren weiteren Voraussetzungen ist schwierig, da diese auch nur eine Staffel aufweisen kann (s § 557a Rn 12). Da eine einmalige Änderung nach Abs 1 zulässig ist, ist die Einschränkung in Abs 2 im Hinblick auf die Vertragsfreiheit so zu verstehen, dass unzulässig sind zum einen alle Vereinbarungen über eine oder mehrere künftige Mieterhöhungen, die bei *Abschluss des Mietvertrags* getroffen werden (Schmidt-Futterer/Börstinghaus Rn 22), sowie alles Vereinbarungen *während des Bestehens des Mietverhältnisses,* wenn die Vereinbarung mehr als eine Mieterhöhung betrifft, also allgemein das Verfahren einer unbestimmten Anzahl von Mieterhöhungen oder eine Staffelmiete, die mehr als zwei Staffeln umfasst (Schmidt-Futterer/Börstinghaus Rn 28). Der Wortlaut von Abs 2, der von „Änderungen" im Plural spricht, ist insofern wörtlich zu verstehen. Es kann dagegen nicht darauf ankommen, ob die einmalige Mieterhöhung, die während des Bestehens des Mietverhältnisses vereinbart wird, sofort oder demnächst fällig wird (so aber MünchKomm/Artz Rn 29; Schmidt-Futterer/Börstinghaus Rn 28), da es den Mieter weniger belastet, wenn die einvernehmliche Mieterhöhung, etwa wegen einer Modernisierungsmaßnahme, erst nach Abschluss der Arbeiten fällig werden soll und der Mieter sich darauf langfristig einstellen kann. **48**

3. Wegfall der Geschäftsgrundlage

Das Gesetz regelt abschließend die Voraussetzungen, unter denen bei Wohnraummietverhältnissen Mieterhöhungen möglich sind. Daneben ist für eine Erhöhung der **49**

Miete unter dem Gesichtspunkt des Wegfalls der Geschäftsgrundlage kein Raum (BGH NZM 2005, 144 = WuM 2005, 132 = ZMR 2005, 184; **aM** aber für verhinderte Mieterhöhungen nach den Grundmieteverordnungen und den §§ 11, 12 MHRG in den neuen Bundesländern BGH NZM 2005, 144 sowie für unwirksame Kostenmieten über Jahre hinweg max bis zur ortsüblichen Vergleichsmiete BGH NJW 2010, 1663 = WuM 2010, 299). Das gilt auch für die massenhaft aufgetretenen Fälle, dass die Überwälzung der Schönheitsreparaturen auf den Mieter sich als unwirksam erwiesen hat (BGH 9. 7. 2008 – VIII ZR 181/07, NJW 2008, 2840). Ist jedoch eine Kostenmiete vereinbart, darf der Vermieter einseitig einen Zuschlag für diesen Kostenblock erheben (BGH MDR 2010, 686 = DWW 2010, 278 mwNw; bestätigt durch BGH 13. 7. 2010 – VIII ZR 281/09; wN bei FESSLER/ROTH WuM 2009, 560 ff).

IV. Ausschluss der Mieterhöhung (Abs 3 HS 2)

1. Vertraglicher Ausschluss

a) Überblick

50 Nach § 557 Abs 3 BGB kann der Vermieter eine Mieterhöhung nach den §§ 557a bis 560 BGB nicht verlangen, wenn und solange dies durch Vereinbarung ausgeschlossen ist oder der Ausschluss sich aus den Umständen ergibt. Die Vorschrift stellt klar, dass es den Parteien auf dem Boden der Vertragsfreiheit freisteht, das Recht des Vermieters zur Erhöhung der Miete nach den §§ 557a BGB ff in beliebigem Umfang, ganz oder partiell (PALANDT/WEIDENKAFF Rn 6), auf Dauer oder zeitlich beschränkt vertraglich auszuschließen. Ob und in welchem Umfang die Parteien tatsächlich eine solche Ausschlussvereinbarung getroffen haben, ist daher allein eine Frage der Auslegung des jeweiligen Mietvertrages nach Maßgabe der §§ 133, 157 und 242 BGB, sodass sich dafür allgemeine Regeln nur beschränkt aufstellen lassen. Unter diesem Vorbehalt sind die folgenden Ausführungen zu lesen.

b) Vereinbarung

51 Da in der Frage, ob und in welchem Ausmaß das Recht des Vermieters zur Mieterhöhung beschränkt werden soll, Vertragsfreiheit besteht (s Rn 50), kann die Ausschlussvereinbarung in jeder beliebigen gesetzlich zulässigen Form getroffen werden. Sie kann insbesondere – so in der Regel – mit dem Mietvertrag verbunden werden oder selbständig sein. In beiden Fällen kann sie außerdem gleichermaßen bei Abschluss des Mietvertrages wie noch nachträglich getroffen werden. Sie kann weiter umfassend oder zeitlich oder sachlich beschränkt sein. Sie muss aber mit Rechtsbindungswillen erklärt und nicht etwa lediglich eine Mitteilung über die Ausgestaltung von Fördermaßnahmen sein (LG Berlin GE 1997, 617). Die Bezeichnung einer Wohnung im Vertrag als **Sozialwohnung**, ohne dass eine Förderung erfolgt ist, kann dahin ausgelegt werden, dass Mieterhöhungen nach den §§ 558 ff BGB ausgeschlossen sind (BGH 21. 1. 2004 – VIII ZR 115/03, NZM 2004, 378; LG Berlin 11. 10. 2017 – 65 S 502/16; zur Rückforderung der Miete s Rn 81). In diesen Fällen ist mangels gesetzlicher Preisvorschriften die Mieterhöhung nur nach den §§ 557 ff BGB zulässig, sodass die Kostenmiete lediglich die Höhe der Mieterhöhung begrenzt, die formellen und materiellen Voraussetzungen der §§ 557 ff BGB aber gleichwohl vorliegen müssen (BGH 7. 2. 2007 – VIII ZR 122/05, NZM 2007, 283; BLANK/BÖRSTINGHAUS, Miete Rn 15). Die Vereinbarung einer einseitigen Erhöhung der Miete auf die Kostenmiete ist bei Scheinsozialwohnungen auch nicht als für den Mieter vorteilhaft wirksam gem § 557 Abs 4 BGB, weil die Kostenmiete durchaus höher

als die ortsübliche Vergleichsmiete sein kann und dem Mieter die Vorteile des Vergleichsmietverfahrens genommen würden (BGH 7. 2. 2007 – VIII ZR 122/05, NZM 2007, 283).

Kostenmietklauseln in Mietverträgen der ehemaligen gemeinnützigen Wohnungsunternehmen sind ergänzend dahin auszulegen, dass die Vertragsparteien bei späterem Wegfall der Gemeinnützigkeit Mieterhöhungen nach § 558 BGB als zulässig vereinbart hätten (BGH 14. 6. 2006 – VIII ZR 128/05, WuM 2006, 520 mAnm Börstinghaus 501; WuM 2010, 430). Um eine Begrenzung der Miethöhe handelt es sich auch bei einem „vorläufigen Mietverzicht" im Mietvertrag infolge durch öffentliche Mittel geförderter Baumaßnahmen (BGH NZM 2004, 136 = NJW-RR 2004, 518 = WuM 2004, 29 = ZMR 2004, 174). **51a**

Auch in **Verträgen mit Dritten**, etwa in Vereinbarungen über die Förderung von Sozialwohnungen (VerfGH Berlin NZM 2001, 228 = WuM 2001, 12; LG Berlin GE 2000, 1540; zu der Wirkung von Fördermittelrichtlinien der Länder Gerster WuM 2005, 498 mwNw), ist eine Begrenzung der Mieterhöhung als Vertrag zugunsten des Mieters ohne Weiteres möglich, an die ein Erwerber der Wohnung aber nicht gebunden ist (BGH NJW 1998, 445 = WuM 1998, 100 unter Berufung auf Paschke/Oetker NJW 1986, 3174, 3176; LG Berlin GE 2002, 54 = WuM 2001, 612; vgl aber VerfGH Berlin NZM 2001, 228). Der Mieter kann sich nach § 566 BGB gegenüber dem Erwerber aber auf die Anrechnung von Fördermitteln berufen, wenn eine Beschränkung der Mieterhöhung in den Mietvertrag aufgenommen worden war (BGH 10. 9. 2003 – VIII ZR 58/03, NJW 2003, 3767). Die zwischenvermietende Gemeinde kann sich auf einen derartigen Vertrag zugunsten der Wohnungsmieter nicht berufen (OLG Dresden NZM 2006, 292). Keine vertragliche Einschränkung stellt die **interne Verwaltungsvorschrift** dar, die Miete bei Bundesbedienstetenwohnungen nur bis zur unteren Grenze der ortsüblichen Vergleichsmiete zu erhöhen. Sie muss im Mieterhöhungsverlangen nicht genannt werden (BayObLG NZM 2000, 488 = ZMR 2000, 445), kann aber die Mieterhöhung infolge einer Selbstbindung der Verwaltung begrenzen (BayObLG NZM 1999, 215 = NJW-RR 1999, 1100). Etwas anderes gilt, wenn im Mietvertrag auf die Fördervorschriften Bezug genommen wird (BGH 27. 5. 2009 – VIII ZR 180/08, NZM 2009, 734). **51b**

c) Inhalt

Wieweit im Einzelfall das Recht des Vermieters zur Mieterhöhung nach den §§ 557a ff BGB tatsächlich ausgeschlossen sein soll, richtet sich nach dem Gesagten (s Rn 50) gleichfalls allein nach den Abreden der Parteien. Der Ausschluss kann daher umfassend sein oder dem Umfang oder der Zeit nach beliebig beschränkt werden. So ist es zB möglich, vertraglich allein das Recht des Vermieters zur Mieterhöhung nach § 558 BGB auszuschließen, sodass Mieterhöhungen nach den §§ 559 und 560 BGB weiterhin möglich bleiben. Ebenso gut vorstellbar ist es aber auch, dass, etwa bei umfangreichen Modernisierungsarbeiten des Mieters, als Gegenleistung lediglich das Recht des Vermieters zur Erhöhung der Miete nach § 558 BGB ausgeschlossen wird. **52**

d) Form

Eine besondere Form ist für die Ausschlussvereinbarung nicht vorgeschrieben; eine Ausnahme gilt nur unter den Voraussetzungen des § 550 BGB, sofern die Ausschlussvereinbarung nach dem Willen der Parteien einen Bestandteil des Mietver- **53** trages bilden soll. Bei lediglich vertraglich vereinbarter Schriftform wird eine zusätzliche mündliche Ausschlussvereinbarung wohl stets wirksam sein. Für Formularverträge folgt das schon aus § 305b BGB. Für alle anderen Verträge ergibt es sich daraus, dass die Parteien eine Schriftformklausel jederzeit formlos ganz oder partiell wieder aufheben können (s Staudinger/V Emmerich [2021] § 550 Rn 66).

e) Aufhebung

54 Die Parteien können die Ausschlussvereinbarung nachträglich wieder ganz oder partiell aufheben (§ 311 Abs 1 BGB). Jedoch kommt eine derartige Abrede nicht schon dadurch zustande, dass der Mieter, wenn auch wiederholt, einzelnen Mieterhöhungen zustimmt. Aus Sicht des Vermieters liegt in der Zahlung im Regelfall keine konkludente Zustimmung zu einer Änderung des Mietvertrages und einer Aufhebung der Mietbegrenzung.

2. Befristete Mietverhältnisse

a) Überblick

55 Nach der Vorgängervorschrift des § 1 S 3 MHRG war eine Ausschlussvereinbarung „insbesondere" anzunehmen, wenn die Parteien ein Mietverhältnis auf bestimmte Zeit mit festem Mietzins vereinbart haben. Befristete Mietverträge galten danach als wichtigster **Beispielsfall** für eine Ausschlussvereinbarung. Die überwiegende Ansicht sprach der Vorschrift den Charakter einer **gesetzlichen Vermutung** zu, sodass allein die Vereinbarung eines Zeitmietvertrags zum Ausschluss des Mieterhöhungsrechts führte (Staudinger/Emmerich [1997] § 1 MHRG Rn 15 f). Der Gesetzgeber der Mietrechtsreform hat die Vermutungsregelung entfallen lassen. Die Streichung führe aber nicht zu einer inhaltlichen Änderung, weil die bisherige Vorschrift lediglich klarstellenden Charakter gehabt habe, indem sie den Zeitmietvertrag mit fester Miete als Beispiel für einen Ausschluss des Mieterhöhungsrechts anführte. Maßgebend seien allein die Umstände des Einzelfalls (Begr zum RegE BT-Drucks 14/4553, 52).

56 Die neue Vorschrift überlässt die Frage der **Auslegung** der vertraglichen Gestaltungen in stärkerem Maße der Rechtsprechung. Dies ist legitim, da es nicht Aufgabe eines Gesetzes sein kann, derartige Auslegungsfragen zu lösen (Simon NZM 2001, 2, 7 f). Die bisher durch Rechtsentscheide weitgehend geklärte Frage, dass die bloße Vereinbarung eines Zeitmietvertrags ohne Weiteres einen konkludenten Ausschluss des Mieterhöhungsrechts beinhaltet, ist damit allerdings wieder offen (MünchKomm/Artz Rn 49; Schmidt-Futterer/Börstinghaus Rn 49 ff). Dabei ist vor allem die Länge der Befristung für die Auslegung ausschlaggebend. Bei einem kurzfristigem Vertrag spricht mehr dafür, dass Mieterhöhungen ausgeschlossen sein sollen als bei einem längerfristigen Mietverhältnis, während nach anderer Auffassung ein Zeitmietvertrag weiterhin allgemein für den Ausschluss einer Mieterhöhung spricht (LG Berlin GE 2000, 1032; Derleder NZM 2001, 649, 655; MünchKomm/Artz Rn 49; Schmidt-Futterer/Börstinghaus Rn 51). Ergibt sich die Befristung des Vertrages hingegen aus einer gesetzlichen Regelung, zB aus § 574a BGB, so ist für die Annahme einer Ausschlussvereinbarung kein Raum (Blank PiG 40 [1993] 143, 148 f).

b) Verlängerungsklauseln

57 Bei befristeten Mietverträgen mit Verlängerungsklauseln (zur Zulässigkeit Staudinger/Rolfs § 575 Rn 11) gilt die Ausschlussvereinbarung (s Rn 56) grundsätzlich nur für die ursprünglich vorgesehene Vertragsdauer, hingegen im Zweifel nicht für den Verlängerungszeitraum, mag der Vertrag auf bestimmte oder unbestimmte Zeit verlängert werden (OLG Karlsruhe ZMR 1996, 80, 81 f = WuM 1996, 18). Indessen handelt es sich auch hierbei nur um eine Auslegungsregel, sodass abweichende Abreden der Parteien in Betracht kommen, etwa, wenn die Parteien von vornherein die Verlängerung des Vertrages für einen weiteren festen Zeitraum ins Auge gefasst haben.

Wenn wie im Regelfall (o Rn 57) die Ausschlussvereinbarung bei befristeten Mietverträgen den Verlängerungszeitraum nicht erfasst, stellt sich die weitere Frage, ob der Vermieter eine Erhöhung der Miete nach § 558 BGB schon vor Ablauf der ursprünglich vereinbarten festen Vertragsdauer für die Zeit danach verlangen kann oder ob er zur Stellung eines Mieterhöhungsverlangens erst nach Ablauf der festen Vertragszeit berechtigt ist. Überwiegend wurde bisher das Erstere angenommen, sodass dann die Fristen des § 558b Abs 1 und 2 BGB sofort, dh mit Zugang des Erhöhungsverlangens und noch vor Ablauf der festen Vertragsdauer, zu laufen beginnen (OLG Frankfurt ZMR 1983, 317, 318 = WuM 1983, 73; MünchKomm/Artz Rn 50). **58**

Für die Wartefrist des früheren § 2 Abs 1 Nr 1 MHRG (§ 558 Abs 1 S 1 BGB) hat der BGH freilich anders entschieden (BGHZ 123, 37 = NJW 1993, 2109 = LM Nr 7 zum MHRG mAnm Emmerich). Dies zwingt auch im vorliegenden Zusammenhang zu einer Überprüfung der bisher hM. In der Tat richtet sich die Frage, wann der Vermieter erstmals ein Mieterhöhungsverlangen stellen kann, hier ebenfalls allein nach den Abreden der Parteien, sodass notfalls im Wege der ergänzenden Vertragsauslegung festzustellen ist, ob die Parteien dem Vermieter die Möglichkeit einer Mieterhöhung sofort nach Ablauf der festen Vertragsdauer oder erst später nach Ablauf der Fristen des § 558b BGB eröffnen wollten. **59**

c) Erhöhungsvorbehalt

Bei befristeten Mietverträgen ergibt die Auslegung lediglich unter bestimmten Umständen (s Rn 56), dass dadurch Mieterhöhungen nach den §§ 557a ff BGB für die vereinbarte Vertragsdauer ausgeschlossen sein sollen. Die Parteien können aber auch ausdrücklich klarstellen, dass Mieterhöhungen nicht ausgeschlossen sein sollen, indem sie einen sogenannten **Mieterhöhungsvorbehalt** in den Vertrag hineinnehmen. Nach Wegfall der früheren gesetzlichen Regelvermutung in § 1 S 3 MHRG sind die Anforderungen an die Wirksamkeit eines Erhöhungsvorbehaltes gesunken und es kommt in dieser Hinsicht stärker auf die Umstände des Einzelfalls an. **60**

Nach der früheren Rechtslage war im Hinblick auf die gesetzliche Vermutung umstritten, ob zum Ausschluss des § 557 Abs 3 BGB ein **formularvertraglicher** Erhöhungsvorbehalt ausreicht oder ob hierfür in jedem Fall eine (ausdrückliche) Individualabrede erforderlich ist (vgl Staudinger/Emmerich [1997] § 1 MHRG Rn 22). Da § 557 Abs 3 BGB die Frage allein der vertraglichen Vereinbarung überlässt, kann der Erhöhungsvorbehalt jetzt auch formularvertraglich vereinbart werden. **61**

d) Unwirksame Mietanpassungsvereinbarungen

Auch aus anderen Abreden kann sich ergeben, dass dem Vermieter Mieterhöhungen – trotz der Vereinbarung einer festen Vertragsdauer – möglich sein sollen. Das wichtigste Beispiel ist die Vereinbarung einer **Indexmiete** nach § 557b BGB, und zwar **62** ohne Rücksicht auf ihre Wirksamkeit, da sich aus ihr selbst im Falle ihrer Unwirksamkeit doch der Wille der Parteien entnehmen lässt, dass dem Vermieter Mieterhöhungen möglich sein sollen (Begr zum RegE BT-Drucks 7/2011, 10). Nach hM ist eine Mieterhöhung nach dem Vergleichsmieteverfahren durch derartige unwirksame Klauseln grundsätzlich nicht ausgeschlossen (LG Berlin WuM 2001, 612; GE 2002, 468; LG Hamburg WuM 2000, 193; Mersson ZMR 2002, 732; MünchKomm/Artz Rn 52; Schmidt-Futterer/Börstinghaus Rn 58). § 557 Abs 1 BGB gebietet keine relative Unwirksamkeit der Anpassungsvereinbarung zugunsten des Mieters, da der Mieter nicht davor geschützt werden soll, dass ihm in Übereinstimmung mit den Vorschriften des Gesetzes die Zustimmung zu einer Mieterhöhung abverlangt wird. Auch die Berücksichtigung des hypothetischen Parteiwillens nach § 139 BGB wird regelmäßig zu keinem anderen Ergebnis führen.

63 Ergibt sich aus den Klauseln im **Einzelfall**, dass die Parteien zB wegen einer kurzen Vertragsdauer Mieterhöhungen nur in bestimmten Grenzen zulassen (LG Berlin WuM 1992, 198) oder eine längere, nicht durch besonders hohe Steigerungsraten erkaufte Stillhaltefrist vereinbaren wollten, kann die Auslegung ergeben, dass Mieterhöhungen begrenzt werden sollen (ebenso Schmidt-Futterer/Börstinghaus Rn 59). Dieser hypothetische Parteiwille kann nach § 139 BGB aufrechterhalten werden, ohne dass es darauf ankommt, ob sich die Mietanpassungsklausel in Teilklauseln trennen lässt. In der Rechtsprechung des BGH ist anerkannt, dass auch eine im ganzen unwirksame Klausel in entsprechender Anwendung des § 139 BGB durch eine andere, auf das zulässige Maß beschränkbare Regelung ersetzt werden kann (BGHZ 105, 213, 221 = NJW 1989, 834, 836; 107, 351, 355 = NJW 1989, 2681). Bei formularvertraglichen Klauseln gelten gem § 306 BGB teilweise andere Grundsätze.

3. Baukostenzuschüsse

64 Ein weiterer Umstand, aus dem sich je nach dem Willen der Parteien ein totaler oder partieller Ausschluss von Mieterhöhungen ergeben kann, ist die Vereinbarung von Baukostenzuschüssen oder vergleichbaren Finanzierungshilfen des Mieters. Die Rechtsprechung hatte unter der Geltung des BMietG I in der Vereinbarung eines anrechenbaren Baukostenzuschusses sowie in ähnlichen Abreden nicht mehr als ein bloßes Indiz für einen vertraglichen Ausschluss der Mieterhöhung gesehen, sodass immer noch weitere Umstände hinzukommen mussten, um einen konkludenten Ausschluss späterer Mieterhöhungen annehmen zu können. Maßgebend sollten vor allem die Höhe des Baukostenzuschusses, die Langfristigkeit eines Darlehens, seine etwaige Unverzinslichkeit und seine niedrige Amortisation sein (grdleg BGH NJW 1958, 586; NJW 1960, 382; NJW 1960 386 f; MDR 1969, 659; WPM 1978, 274, 275). Nach heutiger Rechtslage spricht einiges dafür, Baukostenzuschüsse und ähnlichen Abreden regelmäßig dahin auszulegen, dass Mieterhöhungen nach § 558 BGB ausgeschlossen sind, wenn und solange während des Anrechnungszeitraums eine ordentliche Kündigung des Vermieters ausgeschlossen ist. Anders verhält es sich, wenn zugleich eine Wertsicherungsklausel vereinbart worden ist (LG Berlin GE 1986, 501; s Rn 62).

4. Weitere Einzelfälle

65 a) Ein Ausschluss von Mieterhöhungen nach Abs 3 kann sich noch aus zahlreichen **anderen Abreden** der Parteien ergeben. Beispiele sind die ausdrückliche

Vereinbarung einer Festmiete (vgl aber BGH MDR 1964, 142), die Vereinbarung andersartiger Gegenleistungen des Mieters, bei denen eine Erhöhung aufgrund der §§ 558 ff BGB von vornherein ausscheidet (s Rn 38), sowie die Vereinbarung einer besonders niedrigen Miete **(Gefälligkeitsmiete)**, vorausgesetzt, dass die Parteien bewusst deutlich unter dem Marktpreis geblieben sind, etwa aufgrund familiärer oder freundschaftlicher Beziehungen oder bei Werkwohnungen, auch an ehemalige Mitarbeiter (BGH NJW 2004, 2751 = NZM 2004, 821 = WuM 2004, 549; BayObLG NZM 2001, 373; WuM 2001, 484). Je nach Lage des Einzelfalls kann daraus auch entnommen werden, dass die Mieterhöhung lediglich eingeschränkt in der Weise möglich ist, dass eine gegenüber der Vergleichsmiete im Verhältnis zur ursprünglichen Vergünstigung niedrigere Miethöhe einzuhalten ist (BGH NJW 2004, 2751; BayObLG NZM 2001, 373). Die frühere Rechtsprechung nahm teilweise einen Ausschluss von Mieterhöhungen an, wenn in dem Vertrag die **Wohnungsgröße niedriger**, als sie tatsächlich ist, festgesetzt wird (OLG Düsseldorf GE 2002, 1335; LG Berlin GE 2004, 482). In der Regel handelt es sich aber bei der Angabe der Wohnungsgröße in einem Mietvertrag um eine Beschaffenheitsvereinbarung. Bei einer Mieterhöhung nach § 558 BGB ist allein die tatsächliche Größe der vermieteten Wohnung maßgeblich (BGH 18. 11. 2015 – VIII ZR 266/14, NJW 2016, 239; Schmidt-Futterer/Börstinghaus Rn 56; s auch Staudinger/V Emmerich § 558 Rn 48 zur Vereinbarung überhöhter Wohnflächen).

Fraglich ist, ob der Gleichbehandlungsgrundsatz im Genossenschaftsrecht eine Mieterhöhung einer **Wohnungsbaugenossenschaft** ausschließt (hierzu Krautschneider WuM 2006, 184). Ein **Ausschluss des Kündigungsrechts** für eine bestimmte Zeit kann je nach Umständen des Einzelfalles eine Mieterhöhung ausschließen (vgl Schmidt-Futterer/Börstinghaus Rn 55; ders GE 2006, 898; Staudinger/Rolfs § 573c Rn 39 ff). Im **sozialen Wohnungsbau** ergibt sich aus § 28 Abs 3, 5, 6 WoFG, dass sich der Mieter gegenüber dem Vermieter auf die Bestimmung in der Förderzusage über die höchstzulässige Miete berufen kann (s Rn 24). 65a

b) Besonderheiten gelten für **die Mieterhöhung nach § 560 BGB**. Hier besteht bei der Vereinbarung einer Bruttomiete oder einer Teilinklusivmiete kein Erhöhungsrecht. Bei Vereinbarung von Nebenkostenpauschalen muss ein Erhöhungsvorbehalt vereinbart sein (s Staudinger/Artz § 560 Rn 12 ff). 66

5. Werkförderungsverträge

Ein Ausschluss des Vermieterrechts auf Mieterhöhung kann sich auch aus Verträgen mit Dritten zugunsten des Mieters nach § 328 Abs 1 BGB ergeben. Bedeutung hat das namentlich für Werkförderungsverträge mit dem Arbeitgeber des Mieters oder mit der öffentlichen Hand (Staudinger/V Emmerich [2021] Vorbem 44 f zu § 535), da in solchen Verträgen häufig Mieterhöhungen zum Schutze der Mieter ausgeschlossen oder von der Zustimmung des Darlehensgebers abhängig gemacht werden. Die Folge ist, dass der Vermieter, solange der Darlehensgeber nicht zugestimmt hat, die Miete nicht aufgrund der §§ 558 ff BGB gegenüber dem Mieter erhöhen kann. Dies gilt grundsätzlich für die gesamte Zeit, während derer dem Darlehensgeber ein Belegungs- oder Besetzungsrecht zusteht, und zwar selbst bei vorzeitiger Rückzahlung des Darlehens (OLG Hamm 14. 5. 1986 – 4 REMiet 2/85, WuM 1986, 169). Erlischt das Besetzungsrecht vor vollständiger Rückzahlung des Darlehens, so ändert dies gleich- 67 falls nichts an dem Fortbestand der mit der Darlehenshingabe verbundenen Ausschlussvereinbarung zugunsten des Mieters (OLG Hamm 14. 5. 1986 – 4 REMiet 2/85, WuM 1986, 169). Solange hiernach eine Mieterhöhung ausgeschlossen ist, ist ein gleichwohl gestelltes Erhöhungsverlangen des Vermieters gegenüber dem Mieter unwirksam (BGH NJW 1957, 1436; NJW 1960, 382; MDR 1968, 402; MDR 1969, 1002; MDR 1970, 411; OLG Hamm 14. 5. 1986 – 4 REMiet 2/85, WuM 1986, 169). Wenn jedoch ohne die Mieterhöhung die Wirtschaftlichkeit des Wohnraums gefährdet ist, kann der Darlehensgeber in Ausnahmefällen nach Treu und Glauben (§ 242 BGB) verpflichtet sein, der Mieterhöhung zuzustimmen (BGH NJW 1963, 2125 = MDR 1963, 1001).

6. Beweislast

68 Der Mieter trägt grundsätzlich die Beweislast, wenn er sich auf eine Ausschlussvereinbarung beruft (SCHMIDT-FUTTERER/BÖRSTINGHAUS Rn 59a). Stehen jedoch Umstände fest, aus denen im Regelfall der Abschluss einer Ausschlussvereinbarung zu folgern ist (s Rn 55 ff) oder hat der Mieter sie bewiesen, so trifft den Vermieter die Beweislast, wenn er das Gegenteil behauptet (BLANK PiG 40 [1994] 143, 156).

7. Ermäßigung der Miete

69 Durch Abreden nach § 557 Abs 3 BGB ist nur die Erhöhung der Miete, nicht jedoch eine Herabsetzung der Miete aufgrund des Gesetzes ausgeschlossen. Soweit also der Vermieter nach den §§ 556a Abs 2, 560 Abs 3 BGB zu einer Ermäßigung der Miete verpflichtet ist, hat es dabei sein Bewenden, selbst wenn Mieterhöhungen vertraglich ausgeschlossen sind.

V. Abweichende Vereinbarungen (Abs 4)

1. Allgemeines

a) Zweck

70 Vereinbarungen, die zum Nachteil des Mieters von § 557 BGB abweichen, sind nach Abs 4 unwirksam. Damit handelt es sich um eine halbzwingende Vorschrift (hierzu DERLEDER, in: Gedschr Sonnenschein 97). Während die Vorgängervorschrift des § 10 Abs 1 HS 1 MHRG die Unwirksamkeit nachteiliger Vereinbarungen für alle Mieterhöhungsrechte regelte, wird dies aus Gründen der besseren Verständlichkeit seit der Mietrechtsreform bei jeder der einzelnen Vorschriften der §§ 557a ff BGB wiederholt (s Rn 20). Da abweichende Vereinbarungen der einzelnen Mieterhöhungsrechte jedoch gemeinsame Fragen aufwerfen, wird dieser Fragenkreis insoweit ergänzend zu den einzelnen Erläuterungen im Folgenden im Zusammenhang behandelt.

b) Nachteil für den Mieter

71 Eine Vereinbarung ist für den Mieter nachteilig, wenn der Vermieter objektiv eine günstigere Rechtsstellung erhält, als sie ihm in formeller oder materieller Hinsicht durch das Gesetz eingeräumt wird (OLG Stuttgart WuM 1989, 552 = NJW-RR 1989, 1357). Dabei ist es nicht immer eindeutig festzustellen, wann der Mieter benachteiligt wird, etwa im Kündigungsrecht, wo der Mieter ein Interesse an einer langen Mietdauer ebenso wie an größerer Flexibilität haben kann (BLANK/BÖRSTINGHAUS, Miete Rn 23;

DERLEDER, in: Gedschr Sonnenschein 97). Im Mieterhöhungsrecht ist der Nachteil in der Regel einfacher zu bestimmen. Ist eine Klausel generell geeignet, die Rechtsstellung des Mieters zu verschlechtern, kommt es nicht darauf an, ob sich der Mieter im Einzelfall aufgrund der Klausel auch einmal besserstehen könnte (OLG Koblenz WuM 1981, 207; OLG Schleswig NJW 1981, 1964 = WuM 1981, 149; BLANK/BÖRSTINGHAUS, Miete Rn 23). Wirksam bleiben Klauseln, die zugunsten des Mieters von den Regelungen über die Mieterhöhung abweichen (s Rn 79) und solche, die einen anderen Regelungsbereich betreffen und daher mangels eines Konkurrenzverhältnisses **neutral** sind. So liegt in der Bevollmächtigung eines Mitmieters, Willenserklärungen des Vermieters und damit auch Mieterhöhungserklärungen mit Wirkung für und gegen alle Mitmieter entgegenzunehmen, kein Verstoß gegen zwingende Regelungen zur Mieterhöhung, weil hierbei Vorschriften des allgemeinen Zivilrechts über Zugang und Bevollmächtigung betroffen sind (KG WuM 1985, 12). Ebenfalls von den Unabdingbarkeitsklauseln der §§ 557 ff BGB unberührt sind inhaltlich damit übereinstimmende Klauseln, die allerdings insofern regelmäßig ohne Bedeutung sind, als die gleiche Rechtslage aufgrund des Gesetzes eintreten würde.

c) **Zeitpunkt der Vereinbarung**

Der Zeitpunkt, in dem eine für den Mieter nachteilige Vereinbarung getroffen wurde, ob vor oder nach Inkrafttreten des WKSchG II am 1. 1. 1975 oder der Vorläufernorm des § 4 Abs 1 WKSchG I am 26. 11. 1971, ist unerheblich (Einzelheiten STAUDINGER/WEITEMEYER [2006] Rn 72; BGH WPM 1977, 418, 419). Bei späteren Änderungen des MHRG, die Erleichterungen für Mieterhöhungen enthielten, war jeweils durch Auslegung zu ermitteln, inwieweit sie auf bestehende Verträge anzuwenden waren, falls es an ausdrücklichen Übergangsvorschriften fehlte (STAUDINGER/SONNENSCHEIN/WEITEMEYER [1997] § 10 MHRG Rn 43 zur Staffelmiete, § 10a MHRG Rn 6 zu Mietanpassungsklauseln). Für Vereinbarungen, die nach dem 1. 9. 2001 getroffen wurden, gilt § 557 Abs 4 BGB (zu den Übergangsregelungen s Rn 30). **72**

2. **Einzelne nachteilige Vereinbarungen**

a) **Mieterhöhung nach § 558**

Eine von der Mieterhöhung im Wege des Vergleichsmieteverfahrens nach § 558 BGB zum Nachteil des Mieters abweichende Vereinbarung ist ausgeschlossen (§ 558 Abs 6, § 558a Abs 5, § 558b Abs 4 BGB). Von dem Verbot werden Abreden erfasst, die die formellen oder materiellen Voraussetzungen für eine Mieterhöhung zum Nachteil des Mieters abändern (BGH 11. 12. 2019 – VIII ZR 234/18, NZM 2020, 322). Enthält ein Mietvertrag über Wohnraum eine Vereinbarung, nach der bei einer Nutzung zu anderen als Wohnzwecken ein vom Vermieter festzusetzender Zuschlag zu zahlen ist, liegt in der Abrede zugleich eine **Änderung der Rechtsnatur des Vertrags** für den Fall der anderweitigen Nutzung. Da der Vertrag anschließend nach § 549 Abs 1 BGB nicht mehr unter die §§ 557 ff BGB fällt, ist die Vereinbarung wirksam (BayObLG WuM 1986, 205 = NJW-RR 1986, 892). Eine als vorläufig vereinbarte Miete kann nicht aufgrund eines dem Vermieter vorbehaltenen **Leistungsbestimmungsrechts** einseitig heraufgesetzt werden (LG Karlsruhe WuM 1989, 335). Die in einem Mietvertrag über eine mit LAG-Mitteln geförderte Wohnung getroffene Vereinbarung, der Vermieter dürfe die Miete einseitig bis zur Höhe der jeweiligen Kostenmiete anheben, ist wegen Verstoßes gegen das auch für solche Wohnungen nach den §§ 558 ff BGB vorgeschriebene Verfahren unwirksam (AG Norderstedt WuM 1982, 157). **73**

Gleiches gilt für entsprechende Klauseln in Verträgen über sogenannte **Scheinsozialwohnungen**, bei denen mangels Erfüllung der gesetzlichen Voraussetzungen die Kostenmiete gesetzlich nicht angehoben werden darf. Auch die entsprechende vertragliche Vereinbarung zur einseitigen Mieterhöhung stellt einen Nachteil gegenüber dem Vergleichsmieteverfahren dar (BGH NZM 2007, 283 = ZMR 2007, 355; zur Unwirksamkeit nach § 307 Abs 2 Nr 1 BGH NZM 2009, 511 = WuM 2009, 354; zur Mieterhöhung s Rn 51). Unwirksam ist in einem befristeten Mietvertrag auch die Klausel, nach Ablauf des Mietverhältnisses eine neue Miethöhe auszuhandeln, weil dadurch § 558 BGB und § 575 Abs 1 BGB umgangen würden (vgl auch LG Hamburg WuM 2000, 193). Die einjährige **Wartefrist des § 558 Abs 1 S 1 BGB** darf nicht verkürzt werden. Das gilt auch für den Fall, dass durch den Eintritt eines weiteren Mieters in das Mietverhältnis die Wartefrist neu zu laufen beginnt (Staudinger/V Emmerich § 558 Rn 11). Die **Überlegungsfrist** des § 558b Abs 1 BGB kann weder einseitig durch den Vermieter noch durch Vereinbarung in der Weise verlängert werden, dass die sich daran anschließende Klagefrist ebenfalls zeitlich verschoben wird (LG Kiel WuM 1994, 547; LG München I WuM 1994, 383; MünchKomm/Artz Rn 60). Die Fristen des § 558b Abs 2 und 3 BGB dienen der Rechtssicherheit, sodass auch eine Verlängerung eine für den Mieter nachteilige Vereinbarung bedeuten würde. Dem Vermieter steht es aber frei, die **Klagefrist** im Einzelfall nicht auszuschöpfen und daher dem Mieter zuzusagen, nicht vor Ablauf einer längeren Frist als der des § 558b Abs 2 BGB Klage zu erheben. **Form und Inhalt des Erhöhungsverlangens** dürfen nicht zulasten des Mieters modifiziert werden. Das Erfordernis einer Zustimmung des Mieters darf nicht abbedungen werden, sodass durch einseitige Erklärung des Vermieters eine Mieterhöhung anders als in den Fällen der §§ 559 und 560 BGB nicht durchsetzbar ist. Auch die **Fälligkeit** der erhöhten Miete kann nicht entgegen § 558b Abs 1 BGB schon im Mietvertrag zum Nachteil des Mieters vorverlegt werden. Allerdings können die Parteien nachträglich und im Einzelfall nach § 557 Abs 1 BGB die Mieterhöhung zu einem früheren Zeitpunkt in Kraft treten lassen (Rn 31 ff). Die Parteien können über die Maßstäbe, nach denen die Wohnung in eine **Mietspiegeltabelle** einzugruppieren ist, nur für den Einzelfall einer beabsichtigten Mieterhöhung nach § 557 Abs 1 BGB eine verbindliche Regelung treffen. Eine solche Regelung ist bei nachfolgenden Mieterhöhungsverlangen wirkungslos (AG Hamburg WuM 2001, 287). Unzulässig ist die Vereinbarung einer überhöhten Quadratmeterzahl der Wohnung. Ist die Miete ermäßigt, weil der Mieter Hauswartsarbeiten übernommen hat, so ist zur Anhebung der Miethöhe das Verfahren nach den §§ 558 ff BGB einzuhalten, wenn die **Dienstleistungspflicht** endet. Dies gilt aber nicht bei einem einheitlichen Vertrag, wenn eine schon vorher bestimmte einheitliche Miete teilweise durch die Dienstleistungen entrichtet worden ist, sondern nur bei zwei getrennten Verträgen, wenn die Arbeiten zusätzlich vergütet werden (LG Mannheim WuM 1990, 220). Unwirksam ist ferner die Vereinbarung, dass im Falle des Einzugs einer weiteren Person ein bestimmter zusätzlicher Mietbetrag zu zahlen sei. Die Unwirksamkeit folgt schon aus § 553 Abs 3.

b) Schiedsklausel

74 Eine Schiedsgutachterklausel nach § 317 BGB ist für eine Mehrzahl von künftigen Mieterhöhungen (s Rn 48) unwirksam, wenn der Mieter dadurch im Voraus einer Leistungsbestimmung durch den Gutachter zustimmt (Schmidt-Futterer/Börstinghaus Rn 70).

c) Ablauf der Preisbindung

Soweit für preisgebundenen Wohnraum keine Sondervorschriften bestehen, kann **75** die während der Preisbindung zulässige Miete nach Ablauf der Preisbindung ausschließlich unter den Voraussetzungen der §§ 558 ff BGB erhöht werden. Sonst würden die abschließend geregelten Möglichkeiten zur Mieterhöhung beim preisfreien Wohnraum umgangen. Unwirksam ist die Vereinbarung in einem der Mietpreisbindung unterliegenden Vertrag, dass nach Ablauf der Preisbindung ein bestimmter höherer Betrag geschuldet sein soll (BGH NJW-RR 2004, 1017 = NZM 2004, 378 = WuM 2004, 282 = ZMR 2004, 408; NZM 2007, 283 = ZMR 2007, 355; s auch Rn 51a; LG Berlin 23. 1. 2006 – 67 S 335/05, MM 2008, 298). Diese Vereinbarungen können nur unter den Voraussetzungen des § 557a BGB als Staffelmiete aufrechterhalten werden (s § 557a Rn 8).

d) Mietanpassungsklauseln

Für Mietanpassungsklauseln ist neben dem Vergleichsmieteverfahren grundsätzlich **76** kein Raum. Ausnahmen gelten gem § 557a BGB für die Staffelmiete und gem § 557b BGB für die Indexmiete. Darüber hinaus sind nach §§ 557 Abs 4, 557a Abs 4 BGB und § 557b Abs 4 BGB unwirksam Spannungsklauseln (s § 557b Rn 18) und Leistungsvorbehalte (s § 557b Rn 17). Es kommt nicht darauf an, ob sich solche Klauseln im Einzelfall zugunsten des Mieters auswirken, weil sie zu einer unterhalb der Vergleichsmiete liegenden Miete führen würden. Maßgebend ist im Interesse der Rechtssicherheit eine generell-abstrakte Betrachtungsweise. Eine andere Frage ist es, ob die unwirksame Klausel daneben die Vereinbarung enthält, die Miete in dieser Höhe zu begrenzen. Ebenfalls unwirksam sind sog umgekehrte Staffelmietverträge, bei denen eine höhere Grundmiete vereinbart wird, von der im Laufe der Zeit abnehmende Abschläge vorgenommen werden, soweit diese Vereinbarungen nicht nach § 557a BGB (s § 557a Rn 23) zulässig sind.

e) Mieterhöhung nach § 559

Die Parteien können nicht zum Nachteil des Mieters von den Voraussetzungen der **77** §§ 559 ff BGB für Mieterhöhungen wegen Modernisierung abweichen. Es dürfen weder einzelne materielle noch formelle Voraussetzungen modifiziert werden. Die vor Beginn des Mietverhältnisses getroffene Vereinbarung, wonach der Mieter einen verlorenen Zuschuss zur Renovierung der Fenster und für den Einbau einer Heizung leisten soll, ist deshalb ebenso unwirksam wie ein einseitiges Leistungsbestimmungsrecht nach einer Modernisierung, das über die §§ 559 ff BGB hinausgeht. Da die Installation eines Breitbandkabelanschlusses nach hM eine Modernisierungsmaßnahme iS des § 559 BGB ist, ist eine vor der Installation des Anschlusses getroffene Vereinbarung, dass der Mieter die gesamten Kosten der Maßnahme in einem Betrag erstatten werde oder dass mehr als 8 vH der Kosten umgelegt werden, unwirksam. Gleiches gilt für eine Vereinbarung, dass der Vermieter aufgrund von vor Abschluss des Mietvertrages abgeschlossenen Modernisierungsmaßnahmen zur Mieterhöhung berechtigt ist.

f) Mieterhöhung nach § 560

Hinsichtlich der Mieterhöhung wegen gestiegener Betriebskosten siehe die Erläu- **78** terungen zu § 560 BGB.

3. Vorteilhafte Vereinbarungen

79 Vereinbarungen, die zum Vorteil für den Mieter von den Vorschriften der §§ 557 bis 560 BGB abweichen, sind zulässig. Vorteilhaft ist es für den Mieter, wenn vereinbart wird, die Mieterhöhung soll einen bestimmten oder bestimmbaren Betrag, der unter der Vergleichsmiete des § 558 BGB liegt, nicht überschreiten (s Rn 50 ff). Ebenso kann die Kappungsgrenze des § 558 Abs 3 BGB zugunsten des Mieters niedriger bemessen werden. Es ist möglich, die Wartefrist des § 558 Abs 1 S 1 BGB und die Überlegungsfrist des § 558b Abs 1 BGB zu verlängern oder die Mieterhöhung an die Zustimmung eines Dritten zu binden. Die Verlängerung der Überlegungsfrist hat jedoch nicht zur Folge, dass auch die Klagefrist des § 558b Abs 2 BGB nach hinten verschoben wird, da dies den Mieter benachteiligen würde. Die Parteien können gegenüber § 558a Abs 2 BGB eine größere Zahl als drei Vergleichsobjekte vorschreiben. Die Vereinbarung, dass die Parteien nach drei Jahren seit der letzten Vereinbarung über die Miete die Aufnahme von Verhandlungen über die Neufestsetzung der Miete verlangen können, ist vorteilhaft, weil sie sich gem § 557 Abs 1 BGB als Sperre für Mieterhöhungen nach § 558 BGB auswirkt. Vorteilhaft ist es, wenn die Mieterhöhung wegen baulicher Änderungen nach § 559 Abs 1 BGB unter der Grenze von 8 vH der aufgewendeten Kosten bleiben soll. Es ist ferner zulässig, den Wirkungseintritt der Mieterhöhung vertraglich über den gesetzlich vorgeschriebenen Zeitpunkt hinauszuschieben. Vorteilhaft sind auch Vereinbarungen über die Herabsetzung der Miete. Bei all diesen Vereinbarungen ist § 550 BGB zu beachten (Einzelheiten s STAUDINGER/V EMMERICH [2021] § 550).

4. Rechtsfolgen

a) Unwirksamkeit

80 Als Rechtsfolge bestimmen die jeweiligen Vorschriften zu den einzelnen Mieterhöhungsrechten der §§ 557a BGB ff die Unwirksamkeit einer zum Nachteil des Mieters hiervon abweichenden Vereinbarung. Damit ist Nichtigkeit von Anfang an gemeint. § 557 Abs 4 BGB ist ein Schutzgesetz zugunsten des Mieters. Ein Verstoß führt nur zur Unwirksamkeit der für den Mieter nachteiligen Vertragsbestimmung (BGH 12.11. 2003 – VIII ZR 41/03, NZM 2004, 136). Der Mietvertrag bleibt im übrigen von der Unwirksamkeit einer einzelnen Bestimmung grundsätzlich unberührt. Dies folgt daraus, dass nach dem Zweck der Verbotsnormen eine Vertragspartei vor nachteiligen Klauseln geschützt werden soll und § 139 BGB in diesem Fall restriktiv auszulegen ist. Der Mieterschutz wäre hinfällig, würde der Mieter insgesamt vertragslos gestellt, wenn er die Unwirksamkeit einzelner Klauseln geltend macht (BGH 12.11. 2003 – VIII ZR 41/03, NZM 2004, 136; MünchKomm/ARTZ Rn 57; zu § 10 MHRG: Ausschussbericht BT-Drucks IV/1323, 2; Ausschussbericht BT-Drucks IV/2195, 2). Daher ist auch nicht die gesamte Vereinbarung über die Höhe der Miete gem § 139 BGB nichtig, wenn einzelne Vereinbarungen unwirksam sind. Denn dies hätte zur Folge, dass der Vermieter unter Umgehung des § 558 BGB statt der Miete eine Nutzungsentschädigung in Höhe der ortsüblichen Vergleichsmiete erhielte. Der Vermieter wird auch bei einem befristeten Mietvertrag hierdurch nicht benachteiligt, wenn etwa eine Mietanpassungsklausel als unwirksam beurteilt wird. Denn der Mieter kann sich gegenüber einer dann an sich möglichen Mieterhöhung nach § 558 BGB grundsätzlich nicht auf unwirksame Mietanpassungsklauseln wie Staffel- oder Indexmieten berufen (s Rn 62 f).

b) Rückzahlung

Soweit der Mieter aufgrund einer unwirksamen Vereinbarung über die Miethöhe 81
oder einer nichtigen einseitigen Erhöhungserklärung nach den §§ 559 oder 560 BGB
eine erhöhte Miete gezahlt hat, ist der Vermieter nach den Vorschriften der §§ 812 ff
BGB über die ungerechtfertigte Bereicherung zur Rückzahlung verpflichtet (BGH
20. 7. 2005 – VIII ZR 199/04, NZM 2005, 735; NZM 2007, 283 = WuM 2007, 133). Nach einem
unwirksamen Mieterhöhungsverlangen bei preisgebundenem Wohnraum kann eine
Bereicherung ausgeschlossen sein, wenn die materiellen Voraussetzungen einer
Mieterhöhung vorliegen, es aber allein an den formellen Voraussetzungen fehlt,
weil der Vermieter einen **gesetzlichen Anspruch auf die Kostenmiete** hat (BGH
NJW 1982, 1587 = WuM 1981, 276 = ZMR 1981, 372; NJW 2004, 1598 = NZM 2004, 93, 95 =
WuM 2004, 25 = ZMR 2004, 103; LG Berlin GE 1997, 687; **aM** LG Berlin WuM 2000, 307; GE 2003,
957; allg zum Rückforderungsanspruch SONNENSCHEIN/WEITEMEYER NJW 1993, 2201). Zweifelhaft ist aber, ob eine vertragliche Vereinbarung, dass die Wohnung preisgebunden
ist, bei **Scheinsozialwohnungen** einer Rückforderung der in der Vergangenheit gezahlten Kostenmieterhöhungen entgegensteht (so LG Berlin GE 2004, 1299 = ZMR 2005,
125; Rev nicht angenommen BGH GE 2005, 1418). Der BGH hat inzwischen aber klargestellt, dass diese Einschränkung der bereicherungsrechtlichen Rückforderung allenfalls bei jahrelangen vorbehaltlos gezahlten Mieterhöhungsbeträgen nach Treu
und Glauben gem § 242 BGB ausgeschlossen sein kann (BGH NZM 2007, 283, 284 =
WuM 2007, 133, 135). Ansonsten ist eine Rückforderung nach Bereicherungsrecht
möglich. Nur **positive Kenntnis** des Mieters **vom Nichtbestehen** der Schuld, dh die
Kenntnis der Rechtslage, schließt nach § 814 BGB den Bereicherungsanspruch aus
(BGH 20. 7. 2005 – VIII ZR 199/04, NZM 2005, 735; zur Rückforderung bei Vorliegen von Mängeln
BGH 4. 9. 2018 – VIII ZR 100/18, NZM 2018, 1018). Zu beachten ist, dass eine vorbehaltlose
Zahlung der erhöhten Miete als konkludente Zustimmung zu einer nach Abs 1
zulässigen Mieterhöhung um einen bestimmten Betrag beurteilt werden kann
(Rn 33 f) und dann Rechtsgrund für die erhöhte Miete ist. Eine Verwirkung liegt
in der monate- oder jahrelangen vorbehaltlosen Zahlung dagegen nicht ohne ein
weiteres Umstandsmoment.

§ 557a
Staffelmiete

(1) Die Miete kann für bestimmte Zeiträume in unterschiedlicher Höhe schriftlich vereinbart werden; in der Vereinbarung ist die jeweilige Miete oder die jeweilige Erhöhung in einem Geldbetrag auszuweisen (Staffelmiete).

(2) Die Miete muss jeweils mindestens ein Jahr unverändert bleiben. Während der Laufzeit einer Staffelmiete ist eine Erhöhung nach den §§ 558 bis 559b ausgeschlossen.

(3) Das Kündigungsrecht des Mieters kann für höchstens vier Jahre seit Abschluss der Staffelmietvereinbarung ausgeschlossen werden. Die Kündigung ist frühestens zum Ablauf dieses Zeitraums zulässig.

(4) Die §§ 556d bis 556g sind auf jede Mietstaffel anzuwenden. Maßgeblich für die Berechnung der nach § 556d Absatz 1 zulässigen Höhe der zweiten und aller wei-

teren Mietstaffeln ist statt des Beginns des Mietverhältnisses der Zeitpunkt, zu dem die erste Miete der jeweiligen Mietstaffel fällig wird. Die in einer vorangegangenen Mietstaffel wirksam begründete Miethöhe bleibt erhalten.

(5) Eine zum Nachteil des Mieters abweichende Vereinbarung ist unwirksam.

Materialien: Zu § 10 MHRG s Staudinger/Sonnenschein/Weitemeyer (1997). Art 1 Mietrechtsreformgesetz vom 19. 6. 2001 (BGBl I 1149); Referentenentwurf NZM 2000, 415 ff u 612 ff = WuM 2000, 165 ff u 227 ff; Begr zum RegE BT-Drucks 14/4553, 37, 53 = NZM 2000, 802 ff u WuM 2000, 465 ff; Stellungnahme des BR BT-Drucks 14/4553, 87; Gegenäußerung der BReg BT-Drucks 14/4553, 100; Art 1 Mietrechtsnovellierungsgesetz vom 21. 5. 2015 (BGBl I 610); Begr zum RegE BT-Drucks 18/3121.

Schrifttum

Beisbart, Stellvertretung bei Abschluss von Mietverträgen und Schriftform, NZM 2004, 293
Beuermann, Kündigungsbeschränkungen für Wohnraummieter durch AGB und Individualvereinbarungen, GE 2013, 1564
ders, Kündigungsrecht des Mieters auch bei Staffelmiete nicht ausschließbar?, GE 2003, 929
Bohnert, Ordnungswidrige Staffel- und Indexmiete, JZ 1994, 605
Börstinghaus, Kündigungsrechtsausschlussvereinbarung in der Wohnraummiete, NJW 2009, 1391
ders, Mieterhöhung im preisfreien Wohnungsbau, WuM 2011, 338
Derleder, Befristeter Kündigungsverzicht und benigna interpretatio, NZM 2012, 147
ders, Der sicherste Weg der Vertragspraxis bei der Vereinbarung von Mietzeitbegrenzungen und Kündigungsausschlüssen, NZM 2001, 1025
Eisenschmid, Miethöherecht der Mietrechtsreform, NZM 2001, 11
Fleindl, § 5 WiStG – Ein Fall für den Papierkorb? Die gesetzlichen Regelungen zur Begrenzung der Miethöhe, WuM 2013, 703
Gather, Neuregelung des Zeitmietvertrages: Wegfall des einfachen Zeitmietverhältnisses und Kompensation durch Kündigungsausschluss, DWW 2011, 204
ders, Der neue Zeitmietvertrag als Danaergeschenk, GE 2002, 516
Gellwitzi, Mit welchen Fristen kann ein Zeitmietvertrag mit Verlängerungsklausel und mit eventueller Staffelmiete gekündigt werden?, WuM 2005, 575
Häublein, Zur Wirksamkeit eines formularmäßigen Kündigungsausschluss bei der Wohnraummiete, ZJS 2009, 723
Kinne, Neue Entwicklungen bei den überhöhten Mieten, GE 2000, 30
ders, Mietpreisüberhöhung (§ 5 WiStG) – alte Fragen, neue Antworten?, ZMR 1998, 473
ders, Schriftform – immer aktuell, GE 2006, 231
Kofner, Vergleichsmiete, Staffelmiete und Indexmiete im Vergleich, DWW 1998, 66
Lützenkirchen, Zwischen Mietende und Räumung hat der Vermieter Anspruch auf die Marktmiete, GE 2013, 1176
Mersson, Jahresfrist und Mieterwechsel bei der Staffelmiete, ZMR 2002, 732
Müther, Die Heilung unwirksamer Staffelmietvereinbarungen, WuM 1996, 391
Nies, Schrift- oder Textform im Mietrecht. Fallen für Vermieter, NZM 2001, 1071
O Schmidt, Die Zulässigkeit von Staffel- und Umsatzmieten im italienischen Mietrecht, ZMR 2002, 17
Schach, Die Schriftformfalle beim Mietvertrag, GE 2004, 1280
Schraufl, Schriftform bei GbR als Partei eines Langzeitmietvertrags, NZM 2005, 443
M Schultz, Gesetzliche Schriftform in der Geschäftsraummiete, in: FS Bub (2007) 377
Söfker, Zum Gesetz über die Reform des Wohnungsbaurechts, WuM 2002, 291
Theesfeld, Teilnichtigkeit einer Staffelmiet-

vereinbarung führt nicht zwangsläufig zu deren Gesamtnichtigkeit, WuM 2012, 259
WEITEMEYER, Die Auswirkungen der Rechtsprechung des BGH zur Gesellschaft bürgerlichen Rechts auf deren Vermieterstellung, ZMR 2004, 153
dies, Das Gesetz zur Regelung der Miethöhe und die Vertragsfreiheit, NZM 2000, 313
dies, Die Gesellschaft bürgerlichen Rechts als Vermieterin, in: Gedschr Sonnenschein (2002) 431
dies, Das Mieterhöhungsverfahren nach künftigem Recht, NZM 2001, 563 = WuM 2001, 171
dies, Die Schriftform bei der Vertretung einer Gesellschaft bürgerlichen Rechts, NZG 2006, 10

WIEK, Zur Auslegung eines befristeten formularmäßigen Kündigungsverzichts, WuM 2012, 100
ders, Die Berechnung der Vierjahresfrist für einen formularmäßigen Kündigungsausschluss, WuM 2010, 405
ders, Das Rätsel Schriftform bei der GbR – Anmerkung zu BGH GuT 2003, 209, GuT 2003, 207
ders, Zum einseitigen Kündigungsverzicht des Mieters bei Staffelmietvereinbarung, WuM 2009, 46.

Systematische Übersicht

I. Allgemeine Kennzeichnung	
1. Überblick	1
2. Entstehung der Vorschrift	2
a) Gesetz zur Erhöhung des Angebots an Mietwohnungen	2
b) MietRÄndG 4	3
c) Mietrechtsreformgesetz	4
d) Mietrechtsnovellierungsgesetz	4a
3. Zweck der Vorschrift	5
4. Sachlicher Anwendungsbereich	6
a) Wohnraummietverhältnisse	6
b) Preisgebundener Wohnraum	7
5. Übergangsregelung	9
II. Vereinbarung einer Staffelmiete (Abs 1, Abs 2 S 1)	
1. Allgemeines	10
2. Voraussetzungen	11
a) Gestaffelte Miethöhe	11
b) Begrenzung der Höhe der Staffelmiete	13
c) Erhöhungszeitraum	14
d) Vereinbarung	15
e) Form	16
III. Rechtsfolgen	
1. Mieterhöhung	17
2. Ausschluss anderweitiger Mieterhöhungen (Abs 2 S 2)	18
3. Beschränkung des Ausschlusses der Kündigung (Abs 3)	19
a) Allgemeines	19
b) Kündigungsbeschränkung	20
c) Frist	21
d) Zeitpunkt der Kündigung	22
IV. Abweichende Vereinbarungen (Abs 5)	23

I. Allgemeine Kennzeichnung

1. Überblick

Die Vorschrift des § 557a BGB erlaubt den Vertragsparteien als Ausnahme zum Verbot künftiger Mieterhöhungen gem § 557 Abs 2 BGB eine Staffelmiete, dh die schriftliche Vereinbarung unterschiedlicher Miethöhen für bestimmte Zeiträume. Voraussetzung ist nach Abs 1, dass die jeweilige Miete oder der Erhöhungsbetrag betragsmäßig ausgewiesen sind. Zudem muss die Miete gem Abs 2 mindestens ein Jahr unverändert bleiben. Nach Abs 3 sind bestimmte Einschränkungen des Kün- **1** digungsrechts des Mieters während der Laufzeit einer Staffelmietvereinbarung unwirksam. Durch Abs 4 sind die Regelungen über die Begrenzung der Wiedervermietungsmiete in den §§ 556d bis 556g BGB mit leichten Veränderungen auch auf Vereinbarungen einer Staffelmiete anwendbar. Abs 5 verbietet abweichende Vereinbarungen zu Lasten des Mieters.

2. Entstehung der Vorschrift

a) Gesetz zur Erhöhung des Angebots an Mietwohnungen

2 Noch beim Erlass des WKSchG II ist die Regelung trotz eines Vorschlags des Bundesrates aus Furcht vor erheblichen Mieterhöhungen zunächst unterblieben. Die Regelung über die Staffelmiete wurde erstmals durch Art 2 Nr 3a des Gesetzes zur Erhöhung des Angebots an Mietwohnungen vom 20. 12. 1982 (BGBl I 1912) als § 10 Abs 2 MHRG eingeführt.

b) MietRÄndG 4

3 Durch Art 1 Nr 5a MietRÄndG 4 vom 21. 7. 1993 (BGBl I 1257) wurde aus § 10 Abs 2 S 4 HS 2 ein eigenständiger S 5, nach dem es ausreichte, dass entweder der Betrag der Mieterhöhung oder die Höhe der jeweils zu zahlenden Miete betragsmäßig ausgewiesen ist.

c) Mietrechtsreformgesetz

4 Das Mietrechtsreformgesetz vom 19. 6. 2001 (BGBl I 1149) regelte die Staffelmiete in dem eigenständigen § 557a BGB. Die Voraussetzungen für die Vereinbarung einer gestaffelten Miete sind weitgehend unverändert geblieben. Entgegen der früheren Rechtslage ist die Staffelmietvereinbarung aber nicht mehr auf zehn Jahre beschränkt, sondern kann zeitlich unbeschränkt vereinbart werden. Damit sollte die Vertragsfreiheit der Parteien erweitert werden (Begr zum RegE BT-Drucks 14/4553, 53). Die Einschränkung erschien aus Gründen des Mieterschutzes nicht erforderlich, da der Mieter sich nach vier Jahren aus dem Mietverhältnis lösen kann.

d) Mietrechtsnovellierungsgesetz

4a Mit Einführung der Vorschriften über die Begrenzung der Wiedervermietungsmiete in den §§ 556d bis 556g BGB durch das Mietrechtsnovellierungsgesetz vom 21. 5. 2015 (BGBl I 610) ist § 557a BGB um den jetzigen Abs 4 erweitert worden. Damit wird die zulässige Höhe der einzelnen Mietstaffeln in den Gebieten, die von einer auf Grundlage von § 556g BGB erlassenen Rechtsverordnung erfasst werden, beschränkt und an die ortsübliche Vergleichsmiete geknüpft. Der bisherige Abs 4 wurde zu Abs 5.

3. Zweck der Vorschrift

5 Die Vereinbarung einer Staffelmiete stellt eine Ausnahme von dem Verbot der Vereinbarung künftiger Mieterhöhungen nach § 557 Abs 2 BGB dar. Zur Erleichterung von Investitionen im Wohnungsbau sollte für den Vermieter die Möglichkeit geschaffen werden, ohne die Unsicherheiten des Vergleichsmieteverfahrens regelmäßige Steigerungen der Miete zu vereinbaren (Begr zum Gesetzentw BT-Drucks 9/2079, 9). Vor einer zu hohen Staffelung der Miete ist der Mieter durch die Vorschriften gegen die Mietpreisüberhöhung nach § 5 WiStrG, den Mietwucher nach § 138 BGB und § 291 StGB und durch die Begrenzung der Wiedervermietungsmiete, Abs 4, geschützt. Die Möglichkeit der Kündigung, die nach Abs 3 in jedem Fall nach 4 Jahren zulässig ist, wird in den meisten Fällen kein gangbarer Ausweg für einen Mieter sein, der die Wohnung behalten will. Der Gesetzgeber überspannt aber nicht die Erwartung an die Eigenverantwortung der Mieter, wenn er davon ausgeht, dass sich der Mieter selbst vor übermäßigen Bindungen schützt, indem er die Vereinbarung von Staffelmieten für eine allzu ferne Zukunft ablehnt (WEITEMEYER NZM 2001, 563, 567 = WuM 2001, 171; krit DERLEDER NZM 2001, 170, 172). Gerade bei der Staffelmiete wird dem Mieter schon bei Vertragsschluss deutlich vor Augen geführt, welche Miete er in Zukunft schuldet. Durch die Angabe der Erhöhungsbeträge bzw der künftig geschuldeten Miete kann er die Entwicklung der Miethöhe bereits bei Vertragsschluss besser nachvollziehen als bei der Indexmiete.

4. Sachlicher Anwendungsbereich

a) Wohnraummietverhältnisse

Die Vorschrift des § 557a BGB gilt nach § 549 Abs 1 BGB **nur für Wohnraummiet-** **6** **verhältnisse** (zum Begriff s STAUDINGER/ARTZ [2021] § 549 Rn 13 ff) mit Ausnahme der in § 549 Abs 2 und 3 BGB vom sozialen Mietrecht weitgehend ausgenommenen Mietverhältnisse. Die Vereinbarung einer Staffelmiete ist auch bei Mietverhältnissen nach § 575 BGB zulässig, die auf bestimmte Zeit abgeschlossen werden. Dabei ist die Einschränkung des Kündigungsausschlusses nach § 557a Abs 3 BGB zu beachten. Durch das Mietrechtsanpassungsgesetz (MietAnpG) vom 18. 12. 2018 (BGBl I 2648) wurde der Vorschrift § 578 BGB ein neuer Abs 3 hinzugefügt. Damit gilt § 557a BGB auch für Mietverträge, die von juristischen Personen des öffentlichen Rechts oder anerkannten Trägern der **Wohlfahrtspflege** geschlossen werden, um die Räume Personen mit dringendem Wohnbedarf zu überlassen. In § 578 Abs 1 und Abs 2 wird nicht auf § 557a BGB verwiesen. Damit gilt die Vorschrift nicht für Verträge über Grundstücke und insbesondere auch nicht für **Geschäftsraummietverhältnisse**, bei denen die Vereinbarung einer Staffelmiete ohne Weiteres zulässig ist. Auch die Begrenzung des Kündigungsausschlusses auf vier Jahre ist bei gewerblichen Mietverhältnissen nicht erforderlich (BGH 27. 10. 2004 – XII ZR 175/02, NZM 2005, 63). Bei Mischmietverhältnissen kommt es darauf an, ob der Wohnanteil überwiegt (s STAUDINGER/ARTZ [2021] § 549 Rn 18). Der einheitliche Vertrag kann nicht aufgespalten werden und muss insgesamt nach Wohnraummietrecht behandelt werden, wenn diese Nutzungsart überwiegt (BGH 9. 7. 2014 – VIII ZR 376/13). Ist dies der Fall, muss auch die für den gewerblichen Teil isoliert vereinbarte Staffelmiete den Anforderungen des § 557a BGB entsprechen, insbesondere muss der gesamte Mietbetrag oder der gesamte Mehrbetrag aus gewerblicher und Wohnraummiete ausgewiesen sein (LG Berlin GE 2003, 425).

b) Preisgebundener Wohnraum

Nach der Umstellung der bisherigen Förderwege des sozialen Wohnungsbaus (s § 557 **7** Rn 23 ff) durch das am 1. 1. 2002 in seinen wesentlichen Teilen in Kraft getretene Gesetz zur Reform des Wohnungsbaurechts vom 13. 9. 2001 (BGBl I 2376) auf eine Förderung nach dem **Gesetz über die soziale Wohnraumförderung** (WoFG), sind für diese Wohnungen das allgemeine Wohnraummietrecht der §§ 535 ff BGB und gem § 28 Abs 3 WoFG insbesondere die Regelungen über Mieterhöhungen nach den §§ 557 ff BGB anwendbar. Mit dem Wohnraumförderungs-Überleitungsgesetz (Wo-

FÜG), das in Art 6 des Föderalismusbegleitgesetzes vom 5. 9. 2006 (BGBl I 2098) enthalten ist, wurde im Rahmen der **Föderalismusreform** die Gesetzgebungszuständigkeit für die Wohnraumförderung auf die Länder übertragen. Das WoFG behält in den Bundesländern nach Art 125a GG seine Geltung, solange nicht ein Bundesland eine abweichende Regelung erlässt. Soweit das WoFG anwendbar ist, kann auch eine Staffelmiete vereinbart werden (Söfker WuM 2002, 291, 295). Zur Sicherung der mit der Förderung verfolgten Ziele sieht § 28 Abs 3 und 5 WoFG vor, dass der Vermieter keine höhere Miete als die in der Förderzusage bestimmte Miethöhe verlangen kann. Der Mieter kann sich hierauf also unmittelbar berufen. Staffelmieten sind daher in den Grenzen des § 557a BGB mit den Begrenzungen der Preisbindung vereinbar, es sei denn, einzelne oder alle Staffeln liegen über der in der Förderzusage vereinbarten Miethöhe (MünchKomm/Artz Rn 4; Schmidt-Futterer/Börstinghaus Rn 11 ff).

8 Für die noch nach dem ursprünglichen Konzept des sozialen Wohnungsbaus durch die Begrenzung der Mieten auf die **Kostenmiete** begünstigten Mietverhältnisse wird die Vereinbarung einer Staffelmiete überwiegend für zulässig gehalten, da die Vorschriften über preisgebundenen Wohnraum kein Verbot einer Staffelmiete enthalten. Voraussetzung sei lediglich, dass die höchste Staffel die bei Vertragsschluss maßgebliche Kostenmiete nicht übersteigt. Übersteigt dagegen auch nur eine Staffel die erste maßgebliche Kostenmiete, wäre der Vermieter sonst ungerechtfertigt von dem besonderen Mieterhöhungsverfahren der Kostenmiete befreit (OLG Hamm WuM 1993, 108; Schmidt-Futterer/Börstinghaus Rn 12 ff; Bub/Treier/Paschke Rn III.A 57). Jedenfalls wenn auch nur einzelne Staffelbeträge die ursprüngliche Kostenmiete übersteigen, können die Parteien eine Staffelmiete erst für die Zeit nach dem Ende der Preisbindung vereinbaren, müssen aber für die Vereinbarung selbst diesen Zeitpunkt nicht abwarten (BGH 3. 12. 2003 – VIII ZR 157/03, NJW 2004, 511; krit Schmidt-Futterer/Börstinghaus Rn 16; MünchKomm/Artz Rn 4).

5. Übergangsregelung

9 Die Vorschrift des § 557a BGB ist nach Art 11 des Mietrechtsreformgesetzes (Rn 4) seit dem 1. 9. 2001 anwendbar. Sämtliche Neuregelungen sind grundsätzlich auf die zu diesem Zeitpunkt bereits abgeschlossenen Mietverträge anzuwenden (Begr zum RegE BT-Drucks 14/4553, 75). Für die Beurteilung, ob die Vereinbarungen wirksam sind, kommt es aber auf den Zeitpunkt ihres Abschlusses an. § 557a BGB ist auf alle Staffelmietvereinbarungen anwendbar, die nach dem 1. 9. 2001 getroffen worden sind. Vorher getroffene Vereinbarungen, die nach bisherigem Recht unwirksam waren, etwa wegen Überschreitung der Zehnjahresfrist, bleiben dies auch, soweit sie nicht nach § 141 BGB bestätigt oder neu abgeschlossen werden (BGH 3. 12. 2003 – VIII ZR 157/03, NJW 2004, 511; BGH 17. 12. 2008 – VIII ZR 23/08, NZM 2009, 154; Schmidt-Futterer/Börstinghaus Rn 6). Jedoch führt die Überschreitung der früheren Zehnjahresfrist nur zur Teil-Unwirksamkeit der Staffelmietvereinbarung über die zehn Jahre hinaus (BGH 17. 12. 2008 – VIII ZR 23/08, NZM 2009, 154; BGH 15. 2. 2012 – VIII ZR 197/11, NZM 2012, 416). Abs 4 ist auf nach Aufnahme der Gemeinde in eine Landesverordnung nach § 556d Abs 2 BGB geschlossene Mietverträge anwendbar, Art 229 § 35 Abs 1 EGBGB (s Rn 13a).

II. Vereinbarung einer Staffelmiete (Abs 1, Abs 2 S 1)

1. Allgemeines

Mit der Staffelmiete sollen Investitionsentscheidungen für den Wohnungsbau durch eine feste Kalkulation erleichtert werden (s Rn 5). Die Vorschrift birgt aber für die Mietvertragsparteien im Vergleich zu der nach § 558 BGB erreichbaren Höhe der Miete auch beträchtliche Risiken, weil beide Seiten an die vereinbarten Staffeln gebunden sind. Der BGH verneint selbst bei **Gewerberaummietverträgen** mit frei vereinbarten Staffelmieten eine Anpassung unter dem Gesichtspunkt der Störung der Geschäftsgrundlage (§ 313 BGB), wenn das allgemeine Mietniveau gegenüber der vereinbarten Staffelmiete gestiegen oder gesunken ist (BGH 8. 5. 2002 – XII ZR 8/00, NJW 2002, 2384; BGH 27. 10. 2004 – XII ZR 175/02; Börstinghaus NZM 2003, 829, 835). Denkbar ist dies nur bei Extremfällen, etwa bei einer erhöhten Geldentwertung oder der Existenzgefährdung für eine der Parteien bei einem sehr langfristigen Vertrag (Schmidt-Futterer/Börstinghaus Rn 83, 85).

2. Voraussetzungen

a) Gestaffelte Miethöhe

aa) Die Miete kann für bestimmte Zeiträume in unterschiedlicher Höhe vereinbart werden. Eine derart gestaffelte Miethöhe muss **betragsmäßig ausgewiesen** sein. Nach dem eindeutigen Wortlaut § 557 Abs 1 HS 2 BGB ist es nicht allein zulässig, die für jeden Zeitraum insgesamt zu zahlende Miete zu nennen. Auch die Angabe des jeweiligen Erhöhungsbetrags reicht aus. Die Erhöhungsbeträge müssen nicht gleich sein. Sowohl bei der Angabe der Miete als auch bei Angabe des Erhöhungsbetrages muss aus der Vereinbarung eindeutig hervorgehen, ab welchem Zeitpunkt die neue Miete gilt bzw ab welchem Zeitpunkt der Erhöhungsbetrag der bis dahin geschuldeten Miete hinzuzurechnen ist. Nicht ausreichend ist die Angabe der **Quadratmetermiete** bzw des Erhöhungsbetrages bezogen auf den Quadratmeter (LG Berlin 11. 11. 2008 – 65 S 37/08; Erman/Dickersbach Rn 4). Eine Staffelmietvereinbarung ist auch unwirksam, wenn und soweit die jeweilige Erhöhung der Miete in einem Zeitraum nur in einem **Prozentsatz** ausgewiesen ist (BGH 15. 2. 2012 – VIII ZR 197/11, NJW 2012, 1502). Der BGH hat bei einer Klausel, die zeitlich teilbar ist in einen gesetzesgemäßen und einen den Vorgaben des § 557a BGB widersprechenden Teil, § 139 BGB angewandt. Im konkreten Fall war nach Ansicht des BGH davon auszugehen, dass die Parteien die Staffelmietvereinbarung auch ohne den nichtigen Teil abgeschlossen hätten. Diese Auslegung lässt sich verallgemeinern, so dass, wenn man dieser Rechtsprechung folgt, bei zeitlich teilbaren Klauseln der Teil der Vereinbarung wirksam bleibt, der den Anforderungen des § 557a BGB genügt. Es kann nach Auffassung des BGH davon ausgegangen werden, dass die Staffelmiete mit dem Ausschluss des Vergleichsmietensystems und den festen Mietsteigerungen für beide Parteien eine ausgewogene Regelung darstellte, an der die Parteien daher auch bei bekannter Unwirksamkeit nach Ablauf der Dauer festgehalten hätten (BGH 15. 2. 2012 – VIII ZR 197/11, NJW 2012, 1502; **aM** Schmidt-Futterer/Börstinghaus Rn 37; MünchKomm/Artz Rn 18). Zulässig ist es, die Miethöhe **zusätzlich auf die ortsübliche Vergleichsmiete zu begrenzen** (BGH NZM 2009, 355 = WuM 2009, 237).

12 bb) Die **Vereinbarung eines einzigen Steigerungsbetrags** reicht aus (BGH 16. 11. 2005 – VIII ZR 218/04, NZM 2006, 12; MünchKomm/Artz Rn 1; Schmidt-Futterer-Börstinghaus Rn 45). Wird eine derartige Vereinbarung **während des Bestehens eines Mietverhältnisses** getroffen, handelt es sich allerdings bereits um eine einvernehmliche Mieterhöhung nach § 557 Abs 1 BGB, sodass diese Staffelung ohne die weiteren Beschränkungen des § 557a BGB vereinbart werden kann (Mersson ZMR 2002, 732 f; s § 557 Rn 48). Das setzt aber voraus, dass die Vereinbarung nur einen Steigerungsbetrag betrifft; wird zugleich eine neue Ausgangsmiete, auch eine gesunkene, sowie die weitere Staffel vereinbart, bleibt § 557a BGB anwendbar (vgl BGH 16. 11. 2005 – VIII ZR 218/04, NZM 2006, 12). Die einzelnen Beträge können unterschiedlich hoch sein. Die Vorschrift ist auf eine Staffelmiete zugeschnitten, die sich stufenweise erhöht. Eine gestaffelte **Senkung der Miete** wird nicht erfasst und ist ohne Weiteres als eine für den Mieter günstige Abweichung von den §§ 557 ff BGB zulässig (**aM** MünchKomm/Artz Rn 9). Hiervon zu unterscheiden ist die sog **umgekehrte Staffelmiete**, bei der eine höhere Ausgangsmiete vereinbart wird, von der wegen der Anrechnung von öffentlichen Fördermitteln mit der Zeit abnehmende Abschläge vorgenommen werden. Hier erhöht sich die Miete insgesamt, sodass § 557a BGB ohne Weiteres anwendbar ist, sodass derartige Vereinbarungen nur unter den Voraussetzungen des § 557a BGB zulässig sind, insbesondere bestimmte Mieten ausweisen müssen (Schmidt-Futterer/Börstinghaus Rn 20).

b) Begrenzung der Höhe der Staffelmiete
aa) Allgemeine Grenzen

13 Grundsätzlich bestehen die gleichen Grenzen wie bei der Vereinbarung der Miethöhe zu Beginn eines Mietverhältnisses ohne gleichzeitige Vereinbarung künftiger Änderungen der Miete. In diesem Rahmen können die Parteien jede Staffel frei vereinbaren. Die Vergleichsmiete bildet außerhalb des Anwendungsbereiches des Abs 4 (Rn 13a) keine Grenze für die **Höhe** der gestaffelten Miete. Eine Grenze ergibt sich nur durch die Verbote des Mietwuchers nach § 291 StGB und der **Mietpreisüberhöhung nach § 5 WiStG**. Wird bei einer festen Miete die Grenze des § 5 WiStG überschritten, ist die Vereinbarung über die Miethöhe nur in Höhe des übersteigenden Teils nichtig, also einschließlich eine Zuschlags von 20 % zur ortsüblichen Vergleichsmiete (BGH NJW 1984, 68; Fleindl WuM 2013, 703). Das Gleiche gilt für einen Staffelmietvertrag. Der Verstoß gegen § 5 WiStG führt zu einer Teilnichtigkeit der Mietpreisvereinbarung (BGH 28. 1. 2004 – VIII ZR 190/03, NJW 2004, 1740; MünchKomm/Artz Rn 10). Verstößt bereits die erste Staffel gegen die Wesentlichkeitsgrenze des § 5 WiStG, führt dies nicht zum Wegfall der zukünftigen Mietstaffeln, diese sind im Hinblick auf die ortsübliche Vergleichsmiete im Zeitpunkt des jeweils bestimmten Anfangstermins gesondert zu beurteilen (KG NJW-RR 2001, 871 = NZM 2001, 283 = WuM 2001, 184 = ZMR 2001, 453; OLG Hamburg NJW-RR 2000, 458 = NZM 2000, 233 = WuM 2000, 111 = ZMR 2000, 216 mwNw; Blank/Börstinghaus, Miete Rn 22; Emmerich NZM 2001, 690, 692; MünchKomm/Artz Rn 10). Durch einen nachträglichen Wegfall des Tatbestandsmerkmals des geringen Angebots an Mietwohnungen endet die Teilnichtigkeit hinsichtlich künftiger Mietansprüche nicht, denn es kommt auf die Zwangslage bei Abschluss der Vereinbarung an (OLG Hamburg NJW-RR 1999, 1610 = NZM 1999, 363 = WuM 1999, 209 = ZMR 1999, 329; LG Hamburg NZM 1998, 622 = WuM 1998, 40; Emmerich NZM 2001, 690, 692). Dagegen kann ein nachträgliches Absinken der ortsüblichen Vergleichsmiete nicht zur Unwirksamkeit einer späteren Mietstaffel führen, weil es in diesem Fall an der erforderlichen Kausalität der Mangellage für den früheren Vertragsschluss fehlt (KG NJW-RR 2001, 871 = NZM 2001, 283 = WuM 2001, 184 = ZMR 2001, 453; GE 2002, 51 = ZMR 2002, 116; LG Berlin GE 2003, 671, 672 f; Schmidt-Futterer/Börstinghaus Rn 81; **aM** LG Berlin ZMR 2001, 278; Emmerich NZM 2001, 690, 692; MünchKomm/Artz Rn 11).

bb) Begrenzung der Wiedervermietungsmiete, Abs 4

Nach Abs 4 sind die §§ 556d bis 556g BGB auf jede Staffel anzuwenden. Anders als bei einer Indexmiete, bei der nach § 557b Abs 4 BGB nur die Ausgangsmiete einer Beschränkung unterliegt, ist bei der Staffelmiete die Wirksamkeit jeder einzelnen Staffel gesondert zu beurteilen. Der Gesetzgeber will verhindern, dass durch die Vereinbarung von Staffelmieten § 556d BGB umgangen wird (Begr z GesE BT-Drucks 18/3121, 34). Abs 4 ist nach Art 229 § 35 Abs 1 EGBGB erst für Staffelmietvereinbarungen anwendbar, die nach Inkrafttreten einer aufgrund von § 556d Abs 2 BGB erlassenen Rechtsverordnung abgeschlossen werden. Bei zuvor abgeschlossenen Vereinbarungen genießen auch die zukünftigen Staffeln Bestandsschutz (Begr z GesE BT-Drucks 18/3121, 35). Während es für den Beginn der Anwendbarkeit auf den Zeitpunkt des Abschlusses der Staffelmietvereinbarung ankommt, richtet sich das Ende der Anwendbarkeit nach dem Zeitpunkt, zu dem die erste Miete einer Staffel fällig wird. Nach Art 229 § 35 Abs 2 EGBGB ist Abs 4 nicht mehr auf Staffeln anzuwenden, deren erste Miete zu einem Zeitpunkt fällig wird, in dem die Wohnung nicht mehr in den Anwendungsbereich einer Landesverordnung nach § 556d Abs 2 BGB fällt. Dies kann bspw darauf beruhen, dass diese außer Kraft getreten oder abgeändert worden ist (Begr z GesE BT-Drucks 18/3121, 35). Nach Abs 4 S 2 ist auch für die Berechnung der nach § 556d Abs 1 BGB zulässigen Miete auf den Zeitpunkt abzustellen, zu dem die erste Miete einer Staffel fällig wird. Die Staffelmiete, also sowohl die Ausgangsmiete als auch die jeweiligen Staffeln, dürfen die ortsübliche Vergleichsmiete zu diesem Zeitpunkt um nicht mehr als 10 % übersteigen. Abs 4 S 1 verweist für jede Staffel auf die §§ 556d bis 556g BGB. Damit ist nicht nur für jede Staffel neu die ortsübliche Vergleichsmiete zu berechnen. Es ist auch jeweils nach § 556e Abs 1 BGB die Vormiete und nach § 556e Abs 2 BGB eine Modernisierungsmaßnahme des Vermieters zu berücksichtigen. Die in § 556 f BGB enthaltenen Ausnahmen der Anwendbarkeit des § 556d BGB gelten entgegen dem missverständlichen Wortlaut für das Mietverhältnis insgesamt und nicht nur für die Ausgangsmiete (Lützenkirchen/Abramenko Rn 46g; **aA** Blank/Börstinghaus, Miete Rn 21).

13a

Die allgemeine Rechtsfolge eines Verstoßes gegen § 556d Abs 1 BGB ist nach § 556g Abs 1 S 2 BGB, dass die Vereinbarung über die Miethöhe unwirksam ist, soweit die zulässige Miete überschritten wird. Dies gilt aufgrund von Abs 4 S 1 für jede einzelne Staffel. Obwohl durch Abs 4 S 1 auch für jede Staffel auf § 556e BGB verwiesen wird, hielt der Gesetzgeber einen zusätzlichen Bestandsschutz für eine höhere Vormiete oder Modernisierung für erforderlich (Begr z GesE BT-Drucks 18/3121, 35). Deshalb bestimmt Abs 4 S 3, dass die in einer vorangegangenen Mietstaffel wirksam begründete Miethöhe wirksam bleibt. Die Miete kann damit durch Abs 4 nicht unter eine einmal wirksame Staffelhöhe fallen. Von Bedeutung ist dies nur, wenn die ortsübliche Miete sinken sollte.

13b

c) Erhöhungszeitraum

Die Miete muss nach § 557a Abs 2 S 1 BGB jeweils mindestens ein Jahr unverändert bleiben, damit der Mieter nicht kurzfristig ständigen Mieterhöhungen ausgesetzt ist.

14

Die Staffelmietvereinbarung ist insgesamt unwirksam, wenn kürzere Zeiträume als ein Jahr zwischen den einzelnen Staffeln vereinbart worden sind. Rechtsfolge der Unwirksamkeit ist, dass nur die Ausgangsmiete geschuldet ist und nicht etwa die ortsübliche Vergleichsmiete. Auch der Zeitraum zwischen Mietbeginn und erster Erhöhung muss mindestens ein Jahr betragen. Verschiebt sich der Mietbeginn, müssen die Mietstaffeln neu vereinbart werden, sonst ist die Staffelmietvereinbarung unwirksam. In solchen Fällen hat die Rechtsprechung gelegentlich zugunsten des Vermieters angenommen, dass es dem Mieter nach Treu und Glauben gem § 242 BGB verwehrt sein kann, sich auf die Unwirksamkeit zu berufen, etwa wenn sich der Mietvertragsbeginn nachträglich um einen kurzen Zeitraum verschoben hat und die Parteien die daraus erwachsenden Folgen für die Staffelmietvereinbarung übersehen haben (LG Hamburg NZM 1999, 957; LG Berlin GE 1995, 369; GE 2006, 453; AG Berlin-Lichtenberg GE 1997, 321; **aM** LG Berlin NZM 2002, 941).

14a Die **Erhöhungszeiträume** müssen bestimmt sein. Fraglich ist, ob nach dem Wegfall der Begrenzung der Staffelmietvereinbarung auf zehn Jahre (s Rn 4) dieses Erfordernis erfüllt ist, wenn das Ende der letzten Staffel nicht feststeht. Dies ist eine Frage der Auslegung, die auch dahin gehen kann, dass die Staffelmietvereinbarung bis zum Ende des Mietverhältnisses besteht und anderweitige Mieterhöhungen gem Abs 2 ausschließt (**aM** Mersson ZMR 2002, 732). Bei dem Eintritt eines Nachmieters in einen bestehenden Mietvertrag darf sich der neue Mieter nicht darauf berufen, dass für ihn seit seinem Eintritt uU eine kürzere Mietstaffel läuft als ein Jahr (Mersson ZMR 2002, 732, 733).

d) Vereinbarung

15 Die gestaffelte Miete kann bei Neuabschluss eines Mietvertrags vereinbart werden. In gleicher Weise steht es den Parteien frei, eine dahin gehende Vereinbarung später im Wege eines Änderungsvertrags zu treffen (s auch § 557 Rn 48). Unerheblich ist dabei, ob es sich um ein Mietverhältnis auf bestimmte oder unbestimmte Zeit handelt.

e) Form

16 Aus § 557a Abs 1 HS 1 BGB folgt, dass die Parteien eine Staffelmiete nur schriftlich vereinbaren können. Die Einhaltung der Schriftform ist Voraussetzung für die Wirksamkeit der Staffelmietvereinbarung. So lange das Mietverhältnis währt, sind beide Parteien an die Vereinbarung über die künftige Erhöhung der Miete gebunden. Durch das Erfordernis der Schriftform sollen die Parteien, insbesondere der Mieter vor einer unüberlegten, langfristigen Bindung gewarnt werden. Die Schriftform dient zugleich der Beweissicherung. Grundsätzlich ist für die Vereinbarung damit die Schriftform des § 126 BGB vorgeschrieben. Es gelten aber die von der Rechtsprechung für die Einhaltung der in § 550 Satz 1 BGB vorausgesetzten Schriftform entwickelten Grundsätze. Soweit ein Mietvertrag auf die Dauer von mehr als einem Jahr abgeschlossen wird, ergibt sich der Formzwang auch aus § 550 BGB (s Staudinger/V Emmerich [2021] § 550 Rn 48f). Aus § 550 BGB ist aber nicht zweifelsfrei zu entnehmen, dass die Staffelmietvereinbarung bei fehlender Schriftform unwirksam ist. Deshalb hat der Gesetzgeber das Schriftformerfordernis in § 557a Abs 1 BGB wiederholt (Begr zum Gesetzentw BT-Drucks 9/2079, 17). Dabei reicht es für die Wirksamkeit der Staffelmietvereinbarung aus, wenn diese der Schriftform entspricht. Sie kann selbst unabhängig von einem nach § 550 BGB der Schriftform bedürfenden

Mietvertrag ohne ausreichende Bezugnahme auf diesen Vertrag geschlossen werden. Das kann aber zur Folge haben, dass der gesamte Mietvertrag nicht mehr die Schriftform erfüllt und sich damit **nach § 550 BGB in ein unbefristetes Mietverhältnis umwandelt** (Nies NZM 2001, 1071). Die Schriftform kann nach § 126a BGB durch die **elektronische Form** ersetzt werden. Unter den Voraussetzungen der §§ 312 ff BGB ist die Vereinbarung widerruflich (s § 557 Rn 40 ff). Bei **Stellvertretung** einer Vertragspartei, insbesondere bei Personenmehrheiten und juristischen Personen, gelten die gleichen Grundsätze wie bei § 550 BGB (s Staudinger/V Emmerich [2021] § 550 Rn 16 ff).

III. Rechtsfolgen

1. Mieterhöhung

Nach Ablauf des jeweils bestimmten Zeitraums tritt die maßgebende Mieterhöhung aufgrund der vertraglichen Vereinbarung ein. Weitere Erklärungen der Parteien sind nicht erforderlich. Eine **Verwirkung** kommt in Betracht, wenn der Vermieter den erhöhten Betrag trotz im Voraus erteilter Einzugsermächtigung über längere Zeit hinweg nicht einzieht (LG München I WuM 2002, 517 = ZMR 2003, 431; Schmidt-Futterer/Börstinghaus Rn 58), der reine Zeitablauf reicht nach allgemeinen Grundsätzen nicht aus (KG WuM 2004, 348 = ZMR 2004, 577; LG Osnabrück WuM 2004, 368). Ist die Zeitspanne, für die eine gestaffelte Miete vereinbart worden ist, insgesamt abgelaufen, gilt die am Ende erreichte Miethöhe weiter, bis eine Mieterhöhung aufgrund der §§ 558 ff BGB vorgenommen oder eine neue Vereinbarung über eine Staffelmiete getroffen wird. Sind die Voraussetzungen für eine Staffelmietvereinbarung nicht erfüllt, kann die Unwirksamkeit der Vereinbarung nicht durch eine Bestätigung nach § 141 BGB behoben werden. Die Vertragsparteien können aber eine neue, die Voraussetzungen des § 557a BGB einhaltende Vereinbarung schließen, die für die Zukunft wirkt. Die **bloße Zahlung** des erhöhten Betrags kann nicht zur Wirksamkeit der Vereinbarung führen. In der Zahlung der erhöhten Miete kann auch **keine nachträgliche Zustimmung** zur Mieterhöhung um einen bestimmten Betrag nach § 557 BGB gesehen werden, weil der Mieter regelmäßig davon ausgeht, bereits aufgrund der Staffelmietvereinbarung zur Zahlung verpflichtet zu sein und daher objektiv nicht auf einen entsprechenden Rechtsbindungswillen zu schließen ist (s § 557 Rn 34).

2. Ausschluss anderweitiger Mieterhöhungen (Abs 2 S 2)

Gem § 557a Abs 2 S 2 BGB ist für die Dauer einer Staffelmietvereinbarung eine Erhöhung der Miete nach den §§ 558 bis 559b BGB ausgeschlossen. Eine Kombination der Staffelmiete mit diesen Formen der Mieterhöhung ist dem Vermieter verwehrt und macht die Staffelmietvereinbarung unwirksam. Zulässig ist nur eine Mieterhöhung wegen gestiegener Betriebskosten nach § 560 BGB (s aber Staudinger/Artz § 560 Rn 21). Soweit die Voraussetzungen der einjährigen Wartefrist des § 558 Abs 1 S 1 BGB nach Eintritt der letzten Erhöhungsstufe eingehalten werden, können das Vergleichsmieteverfahren auch schon vor dem Ende der Staffelmietzeit eingeleitet und die Fristen des § 558b Abs 1 und 2 BGB in Gang gesetzt werden. Eine Mieterhöhung nach § 559 BGB ist aber nur aufgrund von Modernisierungsmaßnahmen möglich, die nach Ablauf der Laufzeit der Staffelmieterhöhung durchgeführt wurden (LG Berlin 28. 2. 2018 – 65 S 225/17, WuM 2018, 363).

3. Beschränkung des Ausschlusses der Kündigung (Abs 3)

a) Allgemeines

19 Obwohl es unerheblich ist, ob das Mietverhältnis auf bestimmte oder unbestimmte Zeit eingegangen wird, geht der Gesetzgeber davon aus, dass die Vermieter zur Absicherung ihrer Kalkulation den Mietern Verträge vorlegen, in denen neben der Vereinbarung einer Staffelmiete das Kündigungsrecht des Mieters für längere Zeit ausgeschlossen ist. Unter Berücksichtigung der möglichen Zwangslage der Wohnungssuchenden beim Abschluss eines Mietvertrags ist deshalb bei der Vereinbarung einer Staffelmiete der Ausschluss des Kündigungsrechts des Mieters auf vier Jahre begrenzt worden (Begr zum Gesetzentw BT-Drucks 9/2079, 18). Die Vereinbarung einer Staffelmiete beinhaltet nicht zugleich den Abschluss eines Zeitmietvertrages oder die Vereinbarung eines Kündigungsausschlusses. Dies bedarf gesonderter, ausdrücklicher Vereinbarungen. § 557a Abs 3 BGB trifft nur eine Regelung für den Fall, dass eine gesonderte Vereinbarung über eine Beschränkung des Kündigungsrechts des Mieters getroffen wird.

b) Kündigungsbeschränkung

20 Unter den Voraussetzungen des § 575 Abs 1 BGB können die Vertragsparteien für das Mietverhältnis eine bestimmte Laufzeit vereinbaren. § 557a Abs 3 BGB schränkt die mögliche Höchstdauer der Laufzeit ein, wenn die Parteien eine Staffelmietvereinbarung treffen. Ein auf längere Zeit als vier Jahre **befristetes Mietverhältnis** verstößt in Verbindung mit einer Staffelmiete gegen § 557a Abs 3 BGB.

20a Das Kündigungsrecht des Mieters wird nicht nur durch den Abschluss eines Zeitmietvertrages nach § 575 BGB eingeschränkt. Die Parteien können auch für einen bestimmten Zeitraum nur das **Recht zur ordentlichen Kündigung** einer oder beider Parteien **ausschließen**, ohne eine Regelung zur Laufzeit des Mietverhältnisses zu treffen (ausf Staudinger/Rolfs § 573c Rn 39 ff). Das Gesetz unterscheidet zwischen der Zulässigkeit einer Kündigung und der einzuhaltenden Kündigungsfrist, sodass ein Kündigungsausschluss nicht gegen § 573c Abs 4 BGB verstößt (BGH 22. 12. 2003 – VIII ZR 81/03, NJW 2004, 1448). Ohne eine Staffelmiete können die Mietvertragsparteien **individualvertraglich** einen einseitigen Verzicht des Mieters auf das Kündigungsrecht für eine bestimmte Zeit, die auch den Zeitraum von vier Jahren überschreiten kann, vereinbaren (BGH 22. 12. 2003 – VIII ZR 81/03, NJW 2004, 1448). Diese Möglichkeit wird von § 557a Abs 3 BGB eingeschränkt, wenn die Parteien eine Staffelmietvereinbarung treffen (BGH 14. 6. 2006 – VIII ZR 257/04, NJW 2006, 2696). Der Ausschluss des Kündigungsrechts darf berechnet auf den Zeitraum vom Abschluss der Staffelmietvereinbarung, unabhängig davon, ob diese individualvertraglich oder formularmäßig gestaltet ist, bis zum ersten möglichen Wirksamwerden einer ordentlichen Kündigung nur vier Jahre betragen.

20b Der BGH hat die in § 557a Abs 3 BGB enthaltene Frist auch für die Beurteilung der Wirksamkeit **formularmäßig vereinbarter Kündigungsbeschränkungen** herangezogen. Die Regelung gebe einen Hinweis darauf, wo nach Auffassung des Gesetzgebers allgemein die zeitliche Grenze eines Kündigungsverzichts des Mieters zu ziehen ist

(BGH 6. 4. 2005 – VIII ZR 27/04, NJW 2005, 1574). Nach ständiger Rechtsprechung des BGH benachteiligt ein formularmäßiger Kündigungsverzicht den Mieter nur dann nicht unangemessen iSv § 307 Abs 1 S 1 BGB, wenn er nur das Recht zur ordentlichen Kündigung betrifft und im Gleichlauf mit § 557a Abs 3 BGB nur für vier Jahre vereinbart wird (BGH 23. 8. 2016 – VIII ZR 23/16, NZM 2017, 71; BGH 8. 12. 2010 – VIII ZR 86/10, NJW 2011, 597). Zudem ist der Mieter nach § 307 Abs 1 BGB unangemessen benachteiligt, wenn der Kündigungsausschluss **einseitig** nur für den Mieter gilt (BGH 19. 11. 2008 – VIII ZR 30/08, NJW 2009, 912; noch offen gelassen von BGH 23. 11. 2005 – VIII ZR 154/04, NJW 2006, 1056; Häublein ZMR 2004, 252, 254; Hinz WuM 2004, 126, 128). Wirksam ist eine solche Vereinbarung nur, wenn der den Mieter benachteiligende einseitige Kündigungsausschluss durch die Gewährung von Vorteilen ausgeglichen wird. Eine ausreichende Kompensation der Nachteile hat der BGH bei **gleichzeitiger Vereinbarung einer Staffelmiete** angenommen, da diese auch Vorteile für den Mieter biete (BGH 23. 11. 2005 – VIII ZR 154/04, NJW 2006, 1056; BGH 12. 11. 2008 – VIII ZR 270/07, NJW 2009, 353).

20c Der BGH nimmt Gesamtunwirksamkeit bei längeren Kündigungsausschlussfristen nur bei einem **Formularvertrag** an, während es bei einer individualvertraglichen Vereinbarung bei der bisher herrschenden Auffassung der Teilwirksamkeit bleibe. In einem Formularvertrag sei die gesamte Vereinbarung wegen des Verbots der geltungserhaltenden Reduktion unwirksam (BGH 3. 5. 2006 – VIII ZR 243/05, NJW 2006, 1059; NZM 2006, 579 = WuM 2006, 385; NJW 2006, 2697 = NZM 2006, 652 = ZMR 2006, 682 = WuM 2006, 445, 446; NJW 2011, 597 = NZM 2011, 150 = WuM 2011, 35 = ZMR 2011, 364; MünchKomm/Artz Rn 18). Für eine individuell ausgehandelte Kündigungsbeschränkung gelte die bisherige Rechtslage weiter, da Sinn und Zweck der Vorschrift nur ein Festhalten des Mieters an der Staffelmietvereinbarung für mehr als vier Jahre erfordern (BGH 14. 6. 2006 – VIII ZR 257/04, NJW 2006, 2696). Dem ist zuzustimmen, da im Interesse der Vertragsfreiheit die Vereinbarungen der Parteien nur insoweit beschränkt werden dürfen, wie dies vom Gesetzgeber für erforderlich angesehen worden ist. Schon nach altem Recht konnte die in § 10 Abs 2 S 5 MHRG enthaltene Vorgängerregelung nicht durch eine Verlängerungsklausel umgangen werden (vgl zur alten Rechtslage BGH 2. 6. 2004 – VIII ZR 316/03, NZM 2004, 736). Nunmehr sind Verlängerungsklauseln schon nach § 573c Abs 4 BGB unwirksam (Staudinger/Rolfs § 573c Rn 47).

c) Frist

21 Die Vierjahresfrist beginnt nach § 557a Abs 3 S 1 BGB mit dem Abschluss der Staffelmietvereinbarung und nicht mit dem Abschluss des Mietvertrags oder dem Beginn der Pflicht zur Zahlung der gestaffelten Miethöhe (Begr zum RegE BT-Drucks 14/4553; BGH NJW-RR 2006, 385 = NZM 2006, 579 = WuM 2006, 385; NJW 2006, 2697 = NZM 2006, 652 = ZMR 2006, 682 = WuM 2006, 445, 446 mAnm Wiek; zum alten Recht BGH NZM 2005, 782). Die Dauer der Frist beträgt **taggenau** vier Jahre, auch wenn das Fristende auf die Mitte des Monats fällt und die vertraglich erstmals zulässige Kündigung erst am Ende desselben Monats wirksam würde (BGH 3. 5. 2006 – VIII ZR 243/05, NJW 2006, 1059: Vertragsschluss 6. 9. 2003 – Bindung längstens bis 5. 9. 2007; NJW 2011, 597 = NZM 2011, 150 = WuM 2011, 35 = ZMR 2011, 364 Rn 14). Dies gilt nach § 557a Abs 3 BGB für alle Mietverhältnisse, also auch für Individualverträge (BGH 8. 12. 2010 – VIII ZR 86/10, NJW 2011, 597). Eine Überschreitung der Frist führt bei **formularvertraglich vereinbarten Klauseln** wegen des Verbots der geltungserhaltenden Reduktion zur vollständigen Unwirksamkeit der Vereinbarung eines Kündigungsausschlusses (BGH

23. 8. 2016 – VIII ZR 23/16, NZM 2017, 71; BGH 6. 4. 2005 – VIII ZR 27/04, NJW 2005, 1574; BGH 3. 5. 2006 – VIII ZR 243/05, NZM 2006, 579). Individualklauseln sind hingegen nur insoweit unwirksam, als die Kündigungsfrist über den Vierjahreszeitraum hinaus geht (BGH 8. 12. 2010 – VIII ZR 86/10, NJW 2011, 597). Die Regelung kann nach dem eindeutigen Wortlaut durch teleologische Reduktion dahingehend eingeschränkt werden, dass es auf den Beginn des früheren Wirkungszeitpunktes der ersten Mietstaffel ankommt, wenn eine Staffelmietvereinbarung **rückwirkend** getroffen wurde, weil Sinn und Zweck der Erhaltung der Kündigungsmöglichkeit, nämlich die Unsicherheit hinsichtlich der Prognose der zukünftigen Mietentwicklung, für den rückwirkenden Zeitraum nicht mehr besteht (LG Berlin ZMR 2003, 572; BLANK/BÖRSTINGHAUS, Miete Rn 17; MünchKomm/ARTZ Rn 17).

d) Zeitpunkt der Kündigung

22 Nach § 557a Abs 3 S 2 BGB ist die Kündigung frühestens zum Ablauf des Zeitraums von vier Jahren zulässig. Damit hebt das Gesetz klarstellend hervor, dass der Mieter bereits vorher unter Einhaltung der jeweiligen gesetzlichen Kündigungsfrist ordentlich kündigen kann, wenn der Zeitpunkt des Wirksamwerdens der Kündigung auf den Ablauf des Zeitraums von vier Jahren fällt (Begr zum RegE BT-Drucks 14/4553, 53). Eine Vertragsbestimmung, die die Kündigung erstmals „nach Ablauf" des Zeitraums von vier Jahren erlaubt, ist unwirksam. Denn sie stellt entgegen § 557a Abs 3 S 2 BGB auf die Erklärung der Kündigung ab und führt dazu, dass die Kündigungsbeschränkung den Zeitraum von vier Jahren überschreitet (BGH 23. 8. 2016 – VIII ZR 23/16, NZM 2017, 71; BGH 2. 3. 2011 – VIII ZR 163/10; BGH 8. 12. 2010 – VIII ZR 86/10, NJW 2011, 597). Die Vorschrift ändert nicht die reguläre Kündigungsfrist nach § 573c BGB, weil sie kein Sonderkündigungsrecht enthält.

IV. Abweichende Vereinbarungen (Abs 5)

23 Abweichende Vereinbarungen zu Lasten des Mieters sind nach Abs 5 unwirksam. Bereits § 557 Abs 2 BGB schreibt vor, dass künftige Änderungen der Miethöhe nur als Staffelmiete nach § 557a BGB oder als Indexmiete nach § 557b BGB vereinbart werden können. Damit sind grundsätzlich nicht nur andere Arten von Vereinbarungen über künftige Mietänderungen unzulässig, sondern auch die Abweichungen von den genannten Vorschriften (SCHMIDT-FUTTERER/BÖRSTINGHAUS Rn 86). Die Unwirksamkeit abweichender Vereinbarungen folgt damit schon aus § 557 Abs 2 BGB und § 557 Abs 4 BGB und zusätzlich auch aus § 557a Abs 5 BGB, wenn eine Staffelmiete vereinbart ist, die nicht den Voraussetzungen des § 557a BGB entspricht. Sog umgekehrte Staffelmietverträge, bei denen eine höhere Grundmiete vereinbart wird, von der im Laufe der Zeit abnehmende Abschläge vorgenommen werden, werden häufig im öffentlich geförderten sozialen Wohnungsbau vereinbart. Diese Klauseln können nach § 557a BGB wirksam sein, wenn die Beträge und Zeiträume bestimmt genug sind und die Besonderheiten der Preisbindung beachtet werden (s Rn 8). Die Vereinbarung, dass eine Staffelmiete nicht die Mieterhöhung nach den §§ 558 bis 559b BGB ausschließt, führt zur Gesamtnichtigkeit der Staffelmietvereinbarung (s Rn 18). Eine unwirksame Vereinbarung können die Parteien nach § 141 BGB bestätigen, sofern mit der Bestätigung die Vorgaben des § 557a BGB beachtet werden. Die aufgrund einer unwirksamen Staffelmietvereinbarung erfolgten Zahlungen kann der Mieter zurückverlangen, da die Vereinbarung nicht durch bloße Zahlung wirksam wird (vgl umfassend § 557 Rn 33 ff). Die Vereinbarung einer Abs 3 übersteigenden Bindung des Mieters an die Staffelmiete ist in Individualverträgen nur hinsichtlich des übersteigenden Zeitraums unwirksam, in Formularverträgen dagegen insgesamt nichtig (s Rn 20c).

§ 557b
Indexmiete

(1) Die Vertragsparteien können schriftlich vereinbaren, dass die Miete durch den vom Statistischen Bundesamt ermittelten Preisindex für die Lebenshaltung aller privaten Haushalte in Deutschland bestimmt wird (Indexmiete).

(2) Während der Geltung einer Indexmiete muss die Miete, von Erhöhungen nach den §§ 559 bis 560 abgesehen, jeweils mindestens ein Jahr unverändert bleiben. Eine Erhöhung nach § 559 kann nur verlangt werden, soweit der Vermieter bauliche Maßnahmen auf Grund von Umständen durchgeführt hat, die er nicht zu vertreten hat. Eine Erhöhung nach § 558 ist ausgeschlossen.

(3) Eine Änderung der Miete nach Absatz 1 muss durch Erklärung in Textform geltend gemacht werden. Dabei sind die eingetretene Änderung des Preisindexes sowie die jeweilige Miete oder die Erhöhung in einem Geldbetrag anzugeben. Die geänderte Miete ist mit Beginn des übernächsten Monats nach dem Zugang der Erklärung zu entrichten.

(4) Die §§ 556d bis 556g sind nur auf die Ausgangsmiete einer Indexmietvereinbarung anzuwenden.

(5) Eine zum Nachteil des Mieters abweichende Vereinbarung ist unwirksam.

Materialien: Art 1 Nr 6 MietRÄndG 4 vom 21. 7. 1993 (BGBl I 1257); Begr zum RegE BT-Drucks 12/3254, 8 f, 14 ff; Stellungnahme des BR BT-Drucks 12/3254, 33 f; Gegenäußerung der BReg BT-Drucks 12/3254, 44 f; Ausschussbericht BT-Drucks 12/5110, 17. Art 1 Mietrechtsreformgesetz vom 19. 6. 2001 (BGBl I 1149); Referentenentwurf NZM 2000, 415 ff u 612 ff = WuM 2000, 165 ff u 227 ff; Begr zum RegE BT-Drucks 14/4553, 37, 53 = NZM 2000, 802 ff u WuM 2000, 465 ff; Ausschussbericht BT-Drucks 14/5663, 80; Art 1 Mietrechtsnovellierungsgesetz vom 21. 5. 2015 (BGBl I 610); Begr zum RegE BT-Drucks 18/3121.

Schrifttum

AUFDERHAAR/JAEGER, Praxisrelevante Probleme beim Umgang mit Preisklauseln im Gewerberaummietrecht, NZM 2009, 564
BEUERMANN, Vergessene Überleitungsvorschriften im Mietrechtsreformgesetz, GE 2001, 902
BLOCHING/ORTLOF, Die Form der Mieterhöhung nach §§ 558 ff BGB – Genügt die übliche Schriftformklausel noch?, NZM 2012, 334
EISENSCHMID, Miethöherecht der Mietrechtsreform, NZM 2001, 11
V EMMERICH, Dissonante Begleitmusik zum In-Kraft-Treten des „neuen Mietrechts", NZM 2001, 777
ders, Flexibilisierung des Mietzinses bei der Wohn- und Geschäftsraummiete, NZM 2001, 690 = PiG 62 (2002) 6

GROTHE, Überproportional wirkende Indexmieten und § 557b BGB, NZM 2002, 54
HELLNER/ROUSSEAU, Preisklauseln in der Legal Due Diligence, NZM 2009, 301
HERRLEIN, Wertsicherung nach dem Preisklauselgesetz, Weimarer Immobilienrechtstage 2011, 171
JULI-HEPTNER, Die Entwicklung der Rechtsprechung zur Mieterhöhung nach den §§ 558–560 BGB, ZfIR 2009, 74
KLINGMÖLLER/WICHERT, Änderungen bei den Preisindizes des Statistischen Bundesamtes zum Januar 2003 und ihre Bedeutung für Wertsicherungsklauseln im Gewerberaummietrecht, ZMR 2003, 797
LÜTZENKIRCHEN, Probleme der Überleitungsvorschriften im neuen Miet- und Schuldrecht, PiG 65 (2002) 21
MANKOWSKI, Textform und Formerfordernisse im Miet- und Wohnungseigentumsrecht, ZMR 2002, 481
NEHLEP/HUPERZ, Die Entwicklung von Wertsicherungsklauseln im Mietrecht, ZfIR 2009, 126
RUFF, Vereinbarung einer Indexmiete im Wohnraummietrecht, WuM 2006, 543
M SCHULTZ, Stolperstein Wertsicherung, NZM 2008, 425
ders, Wertsicherung oder Renditesteigerung, Mietänderungsklauseln in der Geschäftsraummiete, in: FS Blank (2006) 397
USINGER, Zulässige und unzulässige Wertsicherungsklauseln in Gewerbemietverträgen, NZM 2009, 297
WEITEMEYER, Das Gesetz zur Regelung der Miethöhe und die Vertragsfreiheit, NZM 2000, 313
dies, Das Mieterhöhungsverfahren nach künftigem Recht, NZM 2001, 563 = WuM 2001, 171.

Systematische Übersicht

I.	**Allgemeine Kennzeichnung**	
1.	Überblick	1
2.	Entstehung der Vorschrift	2
a)	MietRÄndG 4	2
b)	EuroEG	3
c)	Mietrechtsreformgesetz	4
d)	Mietrechtsnovellierungsgesetz	5
3.	Zweck der Vorschrift	6
4.	Sachlicher Anwendungsbereich	7
a)	Wohnraummietverhältnis	7
b)	Preisgebundener Wohnraum	8
c)	Gewerbliches Mietverhältnis	9
5.	Übergangsregelung	10
a)	MietRÄndG 4	10
b)	EuroEG	11
c)	Mietrechtsreformgesetz	12
d)	Mietrechtsnovellierungsgesetz	12a
II.	**Indexmiete (Abs 1)**	
1.	Bedeutung der Vorschrift	13
2.	Vereinbarung	14
3.	Inhalt	15
a)	Begriff der Indexmiete	15
b)	Nicht erfasste Klauseln	17
c)	Voraussetzungen im Einzelnen	21
4.	Form	24
III.	**Änderung der Miete (Abs 3)**	
1.	Änderungserklärung	25
a)	Allgemeines	25
b)	Inhalt	26
c)	Form	27
2.	Wartefrist (Abs 2 S 1)	28
3.	Rechtsfolgen	30
a)	Wirkungseintritt der Mietänderung	30
b)	Höhe der Miete	31
c)	Kein Kündigungsrecht des Mieters	32
d)	Rückzahlung bei Unwirksamkeit	33
4.	Beendigung des Mietverhältnisses	34
IV.	**Verhältnis zu anderen Mieterhöhungsverfahren (Abs 2)**	
1.	Verhältnis zu § 558	35
2.	Verhältnis zu § 559	36
3.	Verhältnis zu § 560	37
4.	Einvernehmliche Mieterhöhung nach § 557 Abs 1	38
5.	Verhältnis zu § 557a	39

V.	**Begrenzung der Wiedervermietungsmiete (Abs 4)** _____ 39a		**VI.**	**Abweichende Vereinbarungen (Abs 5)** _____ 40

I. Allgemeine Kennzeichnung

1. Überblick

Als Ausnahme vom Verbot der Mietanpassungsklauseln gem § 557 Abs 3 BGB lässt **1** § 557 Abs 2 BGB die schriftliche Vereinbarung einer Indexmiete unter den Voraussetzungen des § 557b BGB zu. Die Vorschrift des § 557b Abs 1 BGB legt als einzigen zulässigen Maßstab für die Mieterhöhung den Preisindex für die Lebenshaltung aller privaten Haushalte in Deutschland fest. Während der Geltungsdauer einer Mietanpassungsvereinbarung sind Mieterhöhungen nach § 558 BGB ausgeschlossen, solche nach § 560 BGB zulässig und solche nach § 559 BGB nur, wenn der Vermieter den Grund der baulichen Maßnahme nicht zu vertreten hat (Abs 2). Die Miete wird gem Abs 3 S 1 durch Erklärung in Textform geändert. Auch der Mieter kann eine Änderung der Höhe der Miete verlangen, wenn der Preisindex für die Lebenshaltung sinkt. Die Regelungen über die Begrenzung der Wiedervermietungsmiete in den §§ 556d bis 556g BGB gelten nach Abs 4 auch für die Vereinbarung einer Indexmiete. Es wird aber nur die Höhe der Ausgangsmiete begrenzt. Die Vorschrift ist nach Abs 5 zu Lasten des Mieters nicht abdingbar.

2. Entstehung der Vorschrift

a) MietRÄndG 4

Die Vorgängervorschrift wurde durch Art 1 Nr 6 MietRÄndG 4 vom 21. 7. 1993 **2** (BGBl I 1257) als **§ 10a** in das **MHRG** eingefügt. Davor waren Wertsicherungsklauseln im Geltungsbereich des MHRG seit dem Inkrafttreten des WKSchG II vom 18. 12. 1974 (BGBl I 3603), das die Möglichkeiten zur Mieterhöhung abschließend regelte, ausgeschlossen. § 10a MHRG machte zunächst die Genehmigung der Vereinbarung durch die Deutsche Bundesbank nach § 3 Währungsgesetz (WährG) vom 20. 6. 1948 zur Wirksamkeitsvoraussetzung.

b) EuroEG

Durch Art 9 des Gesetzes zur Einführung des Euro vom 9. 6. 1998 (EuroEG [BGBl I **3** 1242]) wurde § 3 WährG zum 1. 1. 1999 aufgehoben. § 10a MHRG wurde durch Art 10 EuroEG in der Weise geändert, dass die bisherige, den Genehmigungsgrundsätzen der Deutschen Bundesbank entsprechende Rechtslage im Wesentlichen in den Text des **§ 10a MHRG** übernommen und eine Mindestlaufzeit des Mietvertrags vorgeschrieben wurde, weil im Wohnraummietrecht die freie Vereinbarkeit von Wertsicherungsklauseln als zu weitgehend angesehen wurde (Begr zum RegE BT-Drucks 13/9347, 55 f). Das Genehmigungserfordernis entfiel damit.

c) Mietrechtsreformgesetz

Die geltende Fassung beruht im Wesentlichen auf Art 1 des Mietrechtsreformgeset- **4** zes vom 19. 6. 2001 (BGBl I 1149). Seitdem ist nach Abs 1 nur noch der **Preisindex für die Lebenshaltungskosten** aller privaten Haushalte in Deutschland zugelassen, da das

Statistische Bundesamt die früher zulässigen weiteren Verbraucherpreisindizes für drei verschiedene Haushaltstypen nicht mehr ausweist. Im Änderungsschreiben muss nach § 557b Abs 3 S 2 BGB nunmehr nicht nur die eingetretene Indexsteigerung, sondern auch die geänderte Miete oder der Erhöhungsbetrag angegeben werden, damit der Mieter eine größere Rechtssicherheit genießt (Begr zum RegE BT-Drucks 14/4553, 53).

Die **Mindestlaufzeit** für die Indexmiete wurde aufgegeben. Vor dem Mietrechtsreformgesetz setzte die Vereinbarung einer Indexmiete voraus, dass der Vermieter für die Dauer von mindestens zehn Jahren auf das Recht zur ordentlichen Kündigung verzichtet hat oder der Mietvertrag für die Lebenszeit eines der Vertragspartner abgeschlossen worden ist. Dem Reformgesetzgeber erschien es ausreichend, nur den zulässigen Index gesetzlich festzuschreiben, um zu verhindern, dass auch spekulative Indizes zulässig gewesen wären und sich die Indexmieten zu weit von dem Vergleichsmietensystem entfernt hätten. Die bis dahin währungspolitisch begründete Beschränkung der Laufzeit einer Mietanpassungsvereinbarung erschien aus Gründen des Mieterschutzes nicht mehr erforderlich (Begr zum RegE BT-Drucks 14/4553, 53; Weitemeyer NZM 2001, 563, 567).

d) Mietrechtsnovellierungsgesetz

5 Durch das Mietrechtsnovellierungsgesetz vom 21. 5. 2015 (BGBl I 610) ist der bisherige Abs 4 in Abs 5 verschoben worden und der jetzige Abs 4 neu eingefügt worden. Damit gelten auch für die Indexmiete die allgemeinen Regelungen über die zulässige Miethöhe in Gebieten mit angespannten Wohnungsmärkten gem §§ 556d–556g BGB. Anders als bei der Staffelmiete gilt die Begrenzung der Wiedervermietungsmiete nur für die Ausgangsmiete und nicht auch für die späteren Mieterhöhungen. Der Gesetzgeber hielt eine Begrenzung der nachfolgenden Mieterhöhungen nicht für erforderlich, da der nach Abs 1 allein zulässige Maßstab für die Indexierung in den Jahren 2004 bis 2013 durchschnittlich jährlich nur um 1,67 % gestiegen sei und die Mieter außerdem weitgehend vor Mieterhöhungen nach den §§ 559 ff BGB geschützt seien (Begr z GesE BT-Drucks 18/3121, 35).

3. Zweck der Vorschrift

6 Die Regelung soll Mietern und Vermietern eine leichter handhabbare Alternative zum Mieterhöhungsverfahren nach § 558 BGB bieten. Der Gesetzgeber war der Ansicht, die Vereinbarung einer gestaffelten Miete, die ebenfalls als Alternative zum Vergleichsmietensystem gedacht war, habe nur begrenzte Bedeutung erlangt (Begr zum RegE BT-Drucks 12/3254, 8). Durch die Abkoppelung der Indexmiete von den früheren Genehmigungsklauseln der Deutschen Bundesbank sollte den Vertragsparteien größerer Gestaltungsspielraum gegeben werden (Begr zum RegE BT-Drucks 14/4553, 53).

4. Sachlicher Anwendungsbereich

a) Wohnraummietverhältnis

7 Die Vorschrift des § 557b BGB gilt nach § 549 Abs 1 BGB nur für Wohnraummietverhältnisse mit Ausnahme der in § 549 Abs 2 und 3 BGB vom sozialen Mietrecht weitgehend ausgenommenen Mietverhältnisse. Diese Wohnraummietverträge kön-

nen unter den gleichen Voraussetzungen wie gewerbliche Mietverhältnisse mit einer Wertsicherungsklausel versehen werden; die Einschränkung nach dem Preisklauselgesetz (s Rn 9) gelten auch hier.

b) Preisgebundener Wohnraum

Anders als noch in § 10 Abs 3 Nr 1 MHRG ist der preisgebundene Wohnraum von den Vorschriften über Mieterhöhungen nicht mehr ausgenommen. Gem § 28 Abs 3 WoFG gelten für Mieterhöhungen von preisgebundenem Wohnraum grundsätzlich die §§ 557 ff BGB. Damit kann auch eine Indexmiete vereinbart werden. Zur Sicherung der mit der Förderung verfolgten Ziele sehen § 28 Abs 3 und 5 WoFG vor, dass der Vermieter keine höhere Miete als die in der Förderzusage bestimmte Miethöhe verlangen kann. Die Mieterhöhung nach § 557b BGB ist in diesen Fällen also zusätzlich beschränkt. **8**

c) Gewerbliches Mietverhältnis

Die Vorschriften über Mieterhöhungen in den §§ 557 ff BGB gelten nur für Wohnraummietverhältnisse. Bei anderen Mietverhältnissen, insbesondere also bei Geschäftsraummietverhältnissen, richtet sich die Zulässigkeit von Wertanpassungsklauseln nach dem PrKG (Preisklauselgesetz – enthalten in Art 2 des zweiten Gesetzes zum Abbau bürokratischer Hemmnisse insbesondere in der mittelständischen Wirtschaft vom 7. 9. 2007, BGBl I 2246). Von dem in § 1 Abs 1 PrKG enthaltenen allgemeinen Verbot von Preisklauseln nimmt das Gesetz insbesondere Preisklauseln in Verträgen über wiederkehrende Zahlungen, die für die Dauer von mindestens zehn Jahren, § 3 Abs 1 Nr 1 d) PrKG, oder aufgrund von Verträgen zu erbringen sind, bei denen der Gläubiger für die Dauer von mindestens zehn Jahren auf das Recht zur ordentlichen Kündigung verzichtet oder der Schuldner das Recht hat, die Vertragsdauer auf mindestens zehn Jahre zu verlängern, § 3 Abs 1 Nr 1 e) PrKG (ausf BUB/TREIER/SCHULTZ, Hdb, Rn III 858 ff; GUHLING/GÜNTER/LEONHARD, Gewerberaummiete § 535 Rn 463 ff). Im Gewerbemietrecht ist damit in den meisten Fällen eine Genehmigung der Indexvereinbarung seit dem Inkrafttreten des PrKG am 14. 9. 2007 nicht mehr erforderlich. Ein Verstoß gegen das PrKG führt nicht unmittelbar zur Unwirksamkeit der Klausel. Die Unwirksamkeit tritt nach § 8 S 1 PrKG erst zum Zeitpunkt des rechtskräftig festgestellten Verstoßes gegen das Gesetz ein, sofern die Parteien nicht eine frühere Unwirksamkeit vereinbart haben. Durch das Inkrafttreten des Gesetzes wurden Wertsicherungsklauseln, die bisher noch nicht genehmigt waren, mit Wirkung für die Zukunft – durch einen rechtskräftig festgestellten Verstoß auflösend bedingt – wirksam (BGH 13. 11. 2013 – XII ZR 142/12, NJW 2014, 52). Haben die Parteien als Grundlage einen Index vereinbart, der nicht mehr ermittelt werden kann oder nach dem Preisklauselgesetz nicht mehr zulässig ist, ist der Vertrag gem §§ 133, 157 BGB in **ergänzender Vertragsauslegung** dahin auszulegen, dass ein entsprechender neuer, zulässiger Index gilt (BGH 4. 3. 2009 – XII ZR 141/07, NZM 2009, 398; BGH 7. 11. 2012 – XII ZR 41/11, NZM 2013, 148). **9**

In dem von dem PrKG gesteckten Rahmen bestehen für die Parteien eines gewerblichen Mietverhältnisses verschiedene Möglichkeiten eine Indexmiete zu gestalten (USINGER NZM 2009, 297; HELLNER/ROUSSEAU NZM 2009, 301; AUFDERHAAR/JAEGER NZM 2009, 564). Die Erhöhung kann wie bei § 557b BGB von einer Mitteilung einer Mietpartei abhängig gemacht werden. Es kann aber auch vereinbart werden, dass bei Vorliegen der Voraussetzungen die Mieterhöhung automatisch eintritt (sog Automatik- oder **9a**

Gleitklauseln) oder die Miethöhe von den Parteien ausgehandelt werden muss (sog Leistungsvorbehalt; Bub/Treier/Schultz, Hdb, Rn III 813).

5. Übergangsregelung

a) MietRÄndG 4

10 Indexklauseln konnten erst mit der Einfügung des § 10a in das MHRG ab dem 1. 9. 1993 wirksam vereinbart werden. Vorher getroffene Mietanpassungsvereinbarungen blieben nach dem früheren § 10 Abs 1 MHRG unwirksam.

b) EuroEG

11 Der § 10a MHRG trat in der Fassung des EuroEG (s Rn 3) am 1. 1. 1999 in Kraft. War die Genehmigung einer Mietanpassungsklausel bis zum 31. 12. 1998 von der Deutschen Bundesbank unanfechtbar abgelehnt worden, war die Klausel von Anfang an nichtig und blieb auch nach dem Wegfall des Genehmigungserfordernisses unwirksam (vgl Begr zum RegE BT-Drucks 13/9347, 55). War bereits eine Genehmigung erteilt worden, blieb die Mietanpassungsvereinbarung wirksam, § 8 S 1 PrKV. Vereinbarungen, die die Voraussetzungen des § 10a MHRG erfüllten, wurden auch ohne Genehmigung mit dem 1. 1. 1999 rückwirkend wirksam, solange die Genehmigung noch nicht unanfechtbar abgelehnt worden war (vgl Begr zum RegE BT-Drucks 13/9347, 55; Stellungnahme des BR BT-Drucks 13/9347, 62).

c) Mietrechtsreformgesetz

12 Die Vorschrift des § 557b BGB ist nach Art 11 des Mietrechtsreformgesetzes (s Rn 4) seit dem 1. 9. 2001 anwendbar. Sämtliche Neuregelungen sind auf die zu diesem Zeitpunkt abgeschlossenen Mietverträge anzuwenden (Begr zum RegE BT-Drucks 14/4553, 75). Nach den allgemeinen Grundsätzen zur Wirksamkeit von Rechtsgeschäften sind die Regelungen aber erst auf alle Indexvereinbarungen anwendbar, die ab dem 1. 9. 2001 getroffen worden sind (Schmidt-Futterer/Börstinghaus Rn 6). Vorher getroffene Vereinbarungen, die nach bisherigem Recht unwirksam waren, bleiben dies auch, soweit sie nicht nach § 141 BGB bestätigt werden. Nach bisherigem Recht zulässige Klauseln bleiben unverändert wirksam.

d) Mietrechtsnovellierungsgesetz

12a Das Mietrechtsnovellierungsgesetz ist am 1. 6. 2015 in Kraft getreten. Die Begrenzung der Wiedervermietungsmiete in Abs 4 gilt gemäß Art 229 § 35 Abs 1 EGBGB nicht für Mietverträge, die abgeschlossen worden sind, bevor die vertragsgegenständliche Mietwohnung in den Anwendungsbereich einer Rechtsverordnung nach § 556d Abs 2 BGB fällt. Der Gesetzgeber scheint bei der Formulierung der Übergangsvorschrift davon ausgegangen zu sein, dass Indexvereinbarungen nur im Mietvertrag selbst enthalten sind. Er hat scheinbar die Möglichkeit übersehen, dass eine Indexmiete erst nachträglich vereinbart wird (Schmidt-Futterer/Börstinghaus Rn 6a). Auch wenn der Wortlaut des Art 229 § 35 Abs 1 EGBGB zwischen Mietverträgen einerseits und Staffelmietvereinbarungen andererseits unterscheidet, ist die Vorschrift nach ihrem Sinn dahin auszulegen, dass mit Mietvertrag gerade die Vereinbarung der Indexmiete selbst und nicht die übrigen mietvertraglichen Regelungen gemeint sind.

II. Indexmiete (Abs 1)

1. Bedeutung der Vorschrift

Die ursprüngliche Regelung der Indexmiete in § 10a MHRG hatte wegen der erforderlichen zehnjährigen Bindung des Vermieters, die erst mit Inkrafttreten des § 557b BGB entfallen ist, keine große praktische Bedeutung erlangt. Eine Mietanpassungsvereinbarung nach § 557b BGB hat gegenüber dem Vergleichsmieteverfahren gem §§ 558 ff BGB verschiedene Vorteile. Vor allem ist das Prozedere der Mieterhöhung selbst sehr viel einfacher und bietet weniger Anlass für Auseinandersetzungen der Vertragsparteien und für Gerichtsverfahren. Aus wirtschaftlicher Sicht ist für den Vermieter auf lange Sicht das Vergleichsmieteverfahren günstiger, wenn – wie in den letzten Jahren – die Mietpreise weiterhin deutlich stärker steigen als der Preisindex für die Lebenshaltung. Eine Indexmiete erlaubt allerdings bei einer anfänglich über der Vergleichsmiete liegenden Miete die stetige Mieterhöhung in den ersten Jahren, während dies nach § 558 BGB nicht möglich wäre. Gegenüber der Staffelmiete ist es vorteilhaft, dass die künftige Miete nicht im Voraus bestimmt werden muss. Ein Nachteil der gegenwärtigen Regelung für den Vermieter liegt darin, dass Mieterhöhungen nach § 558 BGB ganz und nach § 559 BGB zum Teil ausgeschlossen sind (s Rn 35 ff).

13

2. Vereinbarung

Die Indexmiete kommt durch einen Vertrag zwischen Mieter und Vermieter nach den §§ 145 ff BGB zustande. Die Vereinbarung kann entweder als Teil eines neuen Mietvertrags abgeschlossen oder bei einem bestehenden Vertrag durch dessen Änderung getroffen werden. Unter den Voraussetzungen der §§ 312 ff BGB ist die Vereinbarung widerruflich (s § 557 Rn 40 ff). Bei einer nachträglichen Vereinbarung besteht keine Beschränkung durch die Frist des § 558 Abs 1 BGB (MünchKomm/Artz Rn 5).

14

3. Inhalt

a) Begriff der Indexmiete

aa) Eine Indexmiete ist nach der Legaldefinition des § 557b Abs 1 BGB eine vertragliche Klausel mit dem Inhalt, dass die Miete durch den vom Statistischen Bundesamt ermittelten **Preisindex für die Lebenshaltung aller privaten Haushalte** in Deutschland (= Verbraucherpreisindex für Deutschland – VPI) bestimmt wird (regelmäßige Veröffentlichungen in NJW, WuM und durch das Statistische Bundesamt, www.destatis.de). Allgemein werden derartige Klauseln auch als Wertsicherungs- oder Gleitklauseln bezeichnet. Zulässig sind nur sog **echte Gleitklauseln**, die die Miethöhe abhängig von einer Bezugsgröße bestimmen, ohne dass den Parteien im Einzelfall Verhandlungsspielraum verbleibt.

15

bb) Nach § 557b Abs 1 BGB ist eine Wertsicherungsklausel bei Wohnraummietverhältnissen nur wirksam, wenn der Index für die Lebenshaltung aller privaten Haushalte zugrunde gelegt wird. Nach § 10a MHRG konnten noch weitere Indexe gewählt werden (s Rn 4). Diese **früheren Bezugsgrößen** sind seit dem 1. 9. 2001 für Wohnraummietverhältnisse nicht mehr anwendbar (zur Übergangsregelung s Rn 12).

16

Eine Vereinbarung ist auch wirksam, wenn erst die Auslegung ergibt, dass der Verbraucherpreisindex gemeint ist. Der Index für die Lebenshaltung aller privaten Haushalte wird regelmäßig gemeint sein, wenn in Mietanpassungsvereinbarungen ungenau von dem Preisindex für die Lebenshaltung die Rede ist. Die Vereinbarung muss deshalb bestimmt genug sein. Die Bezugnahme auf andere Bezugsgrößen macht die Klausel unwirksam, Abs 5. Es darf etwa nicht auf den Mietpreisindex oder allgemein auf die Kaufkraft des Euro, auf die Entwicklung der wirtschaftlichen Verhältnisse, der Wirtschaftslage oder des Preisgefüges abgestellt werden. Nach dem **Wegfall eines bisher geführten**, noch nach altem Recht wirksam vereinbarten **Indexes** ist durch ergänzende Vertragsauslegung festzustellen, was die Parteien für diesen Fall vereinbart hätten. Im Zweifel werden sie weiterhin eine Indexvereinbarung getroffen haben wollen und es wird der ähnlichste Index weitergelten (BGH 4. 3. 2009 – XII ZR 141/07; BGH 7. 11. 2012 – XII ZR 41/11 jeweils für Gewerbemiete).

b) Nicht erfasste Klauseln

17 aa) Nicht von § 557b BGB umfasst und deshalb nach der Systematik des Gesetzes für Wohnraummietverhältnisse weiterhin gem § 557 Abs 2 BGB unwirksam sind **Leistungsvorbehalte**. Dabei handelt es sich um Abreden, nach denen die Miete nicht durch den Preisindex für die Lebenshaltung nach § 557b Abs 1 BGB bestimmt wird, sondern nach denen im Fall der Veränderung der Vergleichsgröße die Höhe der Leistung durch die Parteien oder Dritte mit einem gewissen Ermessensspielraum neu festgesetzt werden soll, ohne dass die Änderung der Vergleichsgröße automatisch die der Miete bewirkt (Bub/Treier/Schultz, Hdb, Rn III 813; zur begrifflichen Abgrenzung: BGH 28. 6. 1968 – V ZR 195/64). Der Gesetzgeber hielt Leistungsvorbehalte im Wohnraummietrecht für schwer umsetzbar und unpraktikabel (Begr zum RegE BT-Drucks 12/3254, 15) und hatte diese daher schon nach der Vorgängervorschrift ausgeschlossen. Zulässig sind nur solche Gleitklauseln, nach denen sich die Höhe der Miete ohne einen Verhandlungsspielraum mit der Änderung der von den Parteien gewählten Bezugsgröße verändern soll (Lützenkirchen/Dickersbach Rn 18).

18 bb) Ebenfalls unzulässig bleiben nach § 557 Abs 2 BGB alle anderen Wertsicherungsklauseln als die in § 557b BGB geregelte Indexmiete. Darunter fallen **Spannungsklauseln**, bei denen wesentlich gleichartige oder vergleichbare Leistungen verbunden werden (Schmidt-Futterer/Börstinghaus Rn 15; Bub/Treier/Schultz, Hdb, Rn III 847; anders § 1 Abs 2 Nr 2 Preisklauselgesetz für andere Mietverhältnisse). Um eine Spannungsklausel handelt es sich etwa, wenn auf ein bestimmtes Mietspiegelfeld des örtlichen Mietspiegels Bezug genommen wird. Grund für die Ablehnung derartiger Klauseln war, dass sie auf die vertragliche Vereinbarung der Vergleichsmiete als Änderungsmaßstab hinauslaufen und dadurch die Form- und Verfahrensvorschriften der §§ 558 ff BGB unterlaufen würden (Begr zum RegE BT-Drucks 12/3254, 15).

19 cc) Nicht zulässig sind gem §§ 557 Abs 2 BGB **Kostenelementeklauseln**, dh Vereinbarungen, die den Vermieter berechtigen, die Miete zu erhöhen, wenn sich der Preis der unmittelbar für die Herstellung und Unterhaltung des Mietobjekts maßgeblichen Faktoren ändert (Bub/Treier/Schultz, Hdb, Rn III 854; anders § 1 Abs 2 Nr 3 Preisklauselgesetz für andere Mietverhältnisse). Der Gesetzgeber wollte derartige Vereinbarungen ausschließen, weil damit steigende Verwaltungs- und Instandhaltungskosten an den Mieter weitergegeben werden könnten. Dies würde dem Gedanken der beim preisfreien Wohnungsbau erzielbaren Marktmiete widersprechen (Begr zum RegE BT-Drucks 12/3254, 15).

dd) Von der Vorschrift des § 557b BGB nicht erfasst sind **Aufwandsersatzregelungen**, wonach bei einem Untermietverhältnis der Hauptmieter eine zwischen ihm und dem Vermieter geschlossene Mietgleitklausel an seinen Untermieter unter denselben Voraussetzungen lediglich weitergibt. Nach der Systematik des Gesetzes müsste sie daher an sich nach § 557 Abs 2 BGB unwirksam sein. Es ist jedoch nicht einzusehen, warum eine solche Klausel anders zu behandeln sein soll als eine nur im Untermietvertrag geschlossene Indexierung oder eine vom Hauptmietvertrag abweichende Klausel, die beide für sich zulässig wären. Eine identische Indexklausel im Untermietvertrag ist daher in entsprechender Anwendung von § 557b BGB zulässig (V Emmerich NZM 2001, 690, 695; Schmidt-Futterer/Börstinghaus Rn 17). 20

c)   Voraussetzungen im Einzelnen

aa) Nach § 557b Abs 1 BGB muss die Vereinbarung dahin gehen, dass die **Miethöhe durch den Preisindex bestimmt** wird. In welcher Weise dies zu erfolgen hat, ist nicht ausdrücklich geregelt. Das Ausmaß der Mieterhöhung darf nicht über die prozentuale Indexänderung hinausgehen. Überproportional wirkende Klauseln sind unzulässig. Mietanpassungsklauseln sind nur wirksam, wenn sich das Steigen und Sinken des Wertmessers in gleichem Maße in einem Anstieg und einer Senkung der Miete auswirkte. Verboten ist zB die Gleichsetzung von Indexpunkten mit dem prozentualen Anstieg der Miete (Schmidt-Futterer/Börstinghaus Rn 20). Ein entsprechendes ausdrückliches Verbot fehlt in § 557b BGB. Da die Vorschrift aber im Grundsatz an die alte Regelung anknüpfen soll (Begr zum RegE BT-Drucks 14/4553, 53), ist davon auszugehen, dass derartige vertragliche Vereinbarungen wie schon unter Geltung der Vorgängervorschrift unwirksam sein sollen (Emmerich NZM 2001, 690, 694; Grothe NZM 2002, 54; Schmidt-Futterer/Börstinghaus Rn 20). Die Veränderung der Miethöhe ist nur iS des § 557b Abs 1 BGB von dem Preisindex bestimmt, wenn die Veränderung des Indices der der Miethöhe **direkt** entspricht. Möglich ist aber die Regelung, dass sich die Nettokaltmiete im gleichen prozentualen Verhältnis erhöht oder ermäßigt, wie sich der Preisindex in Punkten verändert hat, weil hier auf das Verhältnis abzustellen ist (LG Berlin, Urteil vom 25. 1. 2011 – 63 S 237/10). Nicht durch die Entwicklung des Indexes bestimmt ist die Miete, wenn sich aus einer Veränderung der Bezugsgröße lediglich ein Anspruch auf eine Einigung über die **Neufestsetzung** ergibt, wie dies im gewerblichen Mietrecht durch Leistungsvorbehalte üblich ist (s Rn 17). 21

bb) In der Indexvereinbarung muss vereinbart werden, welche **Veränderung der Bezugsgröße** eine Anpassung der Miethöhe ermöglicht. Anknüpfungspunkt sollte aus praktischen Gründen die **Nettokaltmiete** oder eine konstante Betriebskosten enthaltende Teilinklusivmiete sein. Fehlt eine dahingehende Vereinbarung, richtet sich diese im Zweifel nach der vereinbarten Mietstruktur (Lützenkirchen/Dickersbach Rn 18; Schmidt-Futterer/Börstinghaus Rn 12). Die Veränderung der Preisindizes lässt sich in Punkten (zB von 120 auf 132 um 12 Punkte) oder in Prozenten ausdrücken (im Beispiel = 10 vH). In der Mietanpassungsvereinbarung ist klarzustellen, welche Bezugsgröße gemeint ist. Es kann vereinbart werden, dass nicht jede Veränderung der Bezugsgröße ein Recht zur Mieterhöhung begründet. In diesem Fall sollte klargestellt werden, ob bei Überschreitung des Schwellenwertes eine Miet- 22 erhöhung im Verhältnis zur gesamten Erhöhung der Bezugsgröße möglich ist. Auch die zeitliche Bezugsgröße ist zu vereinbaren. Regelmäßig ergibt die Auslegung, dass die Bezugsgröße für den **Vergleichszeitraum** der jeweilige Monat zum Beginn des Mietverhältnisses ist. Sonst könnten sich Mieter oder Vermieter den jeweiligen günstigsten Vergleichsmonat innerhalb eines Jahres auswählen (LG Berlin 25. 1. 2011 – 63 S 237/10).

23 cc) Eine Indexklausel kann als Punkteregelung oder als Prozentregelung gestaltet werden. Bei einer **Punkteregelung** vereinbaren die Parteien, dass sich bei einer Veränderung des Index bspw um 10 Punkte die Miete im entsprechenden prozentualen Verhältnis verändert. Dabei muss zugleich ein Basisjahr festgelegt werden. Die Statistischen Ämter beziehen ihre Berechnungen auf **Basisjahre**, die etwa alle fünf Jahre wechseln. Ab dem 1. 1. 2003 ist der Preisindex auf das **Basisjahr 2000** umgestellt worden, seit dem 1. 1. 2008 auf das Basisjahr 2005, seit dem 1. 2. 2013 auf das Basisjahr 2010 und seit dem 1. 1. 2019 auf das Basisjahr 2015. Die erforderliche Umrechnung ist aufwendig (ausf BUB/TREIER/SCHULTZ, Hdb, Rn III 888; Informationen durch das Statistische Bundesamt unter www.destatis.de). Eine nachträgliche Umstellung auf das neue Basisjahr für die Zwischenzeit und eine darauf gestützte Mietänderung ist gem § 557b Abs 3 S 3 BGB ausgeschlossen, weil die Veränderung der Miete jeweils nur für die Zukunft durch ausdrückliche Erklärung der Vertragspartei eintritt. Eine **Prozentregelung** greift, wenn sich der Verbraucherpreisindex um eine bestimmte Prozentzahl verändert, und bestimmt eine Erhöhung oder Ermäßigung der Miete im entsprechenden prozentualen Verhältnis. Ein Basisjahr muss nicht angegeben werden und auch eine Umbasierung ist nicht erforderlich.

4. Form

24 Die Indexmietvereinbarung muss gem § 557b Abs 1 BGB schriftlich abgefasst sein. Wie auch bei § 550 BGB hat das Erfordernis der Schriftform eine Warnfunktion und eine Beweisfunktion (SCHMIDT-FUTTERER/BÖRSTINGHAUS Rn 21). Die Voraussetzungen für die Wahrung der Form sind die gleichen wie bei § 550 BGB und richten sich grundsätzlich nach § 126 BGB und § 126a BGB (wg weiterer Einzelheiten s Erläuterungen in STAUDINGER/V EMMERICH [2021] § 550 Rn 12 ff). Bloße Textform iSv § 126b BGB genügt nicht. Das Formerfordernis besteht für die Klausel unabhängig davon, ob der gesamte Vertrag kraft rechtsgeschäftlicher Vereinbarung oder gem § 550 BGB der Schriftform bedarf (MANKOWSKI ZMR 2002, 481).

III. Änderung der Miete (Abs 3)

1. Änderungserklärung

a) Allgemeines

25 Mieter oder Vermieter müssen nach § 557b Abs 3 S 1 BGB die Änderung der Miete durch Erklärung in Textform nach § 126b BGB geltend machen. Anders als bei nur für gewerbliche Mietverhältnisse zulässigen Automatikklauseln tritt die Erhöhung der Miete nicht von selbst mit der Änderung der in der Indexvereinbarung bestimmten Bezugsgröße ein. Aus Rücksicht auf den weniger erfahrenen Wohnraummieter sollte diesem die ständige Kontrolle der Entwicklung der Indizes erspart bleiben (Begr zum RegE BT-Drucks 12/3254, 15). Es handelt sich um eine **empfangsbedürftige**

Willenserklärung, die unmittelbar eine Änderung der Miethöhe herbeiführt, wenn sich die Bezugsgröße entsprechend der Vereinbarung verändert hat. Die Änderungserklärung wird gem § 130 Abs 1 BGB durch den Zugang beim Empfänger wirksam. Entsprechend der Entwicklung der Bezugsgröße kann sowohl der Vermieter als auch der Mieter eine Erhöhung oder eine Herabsetzung der Miete verlangen. Eine Senkung der Miete setzt nicht eine vorherige Erhöhung voraus. Die Parteien müssen von ihrem Mieterhöhungsrecht nicht Gebrauch machen. Möglich ist auch eine Mieterhöhung, die unterhalb der Veränderung der Bezugsgröße bleibt.

b) Inhalt

In der Änderungserklärung muss nach § 557b Abs 3 S 2 BGB ist die Änderung des Preisindexes und entweder der **Erhöhungsbetrag** oder die **erhöhten Miete** mitzuteilen. Der Mieter soll Klarheit und Sicherheit über seine Pflichten haben (Begr zum RegE BT-Drucks 14/4553, 53). Er soll mit diesen Angaben außerdem in die Lage versetzt werden, die Mieterhöhung nachzuvollziehen. Andere Angaben als die im Gesetz genannten können nicht verlangt werden. Die Vorschrift ist abschließend bezüglich des notwendigen Inhalts des Änderungsschreibens (BGH 22. 11. 2017 – VIII ZR 291/16, NJW 2018, 700). Die bloße Mitteilung des **Prozentsatzes**, um den sich der Index und die Miete verändert, ist einerseits nicht ausreichend (Lützenkirchen/Dickersbach Rn 57) und kann andererseits aber auch nicht über den Wortlaut des Gesetzes hinaus verlangt werden (BGH 22. 11. 2017 – VIII ZR 291/16, NJW 2018, 700). Der Gesetzgeber geht zu Recht davon aus, dass mit den in § 557b Abs 3 S 2 BGB geforderten Angaben der Mieter in die Lage versetzt wird, die Mieterhöhung rechnerisch nachzuvollziehen. Der Rechenweg muss nicht im Einzelnen in der Änderungserklärung dargestellt werden. Für die Mitteilung der eingetretenen Änderung des Preisindexes ist der Ausgangswert der Bezugsgröße zum Zeitpunkt des Beginns des Mietverhältnisses oder der letzten Anpassung und der aktuelle Wert der Bezugsgröße anzugeben (Lützenkirchen/Dickersbach Rn 57). Außerdem ist die bisherige Miete und die neue Miete oder der Erhöhungsbetrag anzugeben. Fehlen diese Angaben, ist die Änderungserklärung unwirksam. Ein Nachschieben von Gründen ist nicht möglich. Weitere Informationen, wie etwa die Berechnung der Änderung der Bezugsgröße, oder irgendeine Form der Beweisführung durch die Nennung der Quelle für die Veränderung des Wertmessers sind nicht vorgeschrieben (Lützenkirchen/Dickersbach Rn 58). Die Indextabellen müssen dem Schreiben nicht beigefügt werden. Rechenfehler machen die Erklärung unrichtig, aber nicht unwirksam. Der Vertragspartner schuldet dann nur die geänderte Miete in der richtigen, aus Gründen der Rechtssicherheit aber maximal in der geforderten Höhe. Ein häufiger Rechenfehler liegt in der Gleichsetzung der Änderung von Indexpunktzahlen und Prozentsätzen (zur Berechnung s Rn 22).

c) Form

Die Änderungserklärung bedarf gem § 557b Abs 3 S 1 BGB der **Textform**. Die Vorschrift verweist damit auf § 126b BGB. Die Erklärung kann bei Fertigung durch automatische Einrichtungen ohne eigenhändige Unterschrift abgegeben werden. Auch bei Verträgen, die nach § 550 S 1 BGB der Schriftform bedürfen, genügt die Textform. Nach dem Mietvertrag oder dem Gesetz vorgesehene einseitige Erklärungen einer Vertragspartei berühren nicht den Schutzzweck des § 550 S 1 BGB (BGH 11. 4. 2018 – XII ZR 43/17, NZM 2018, 515). Die Wirksamkeit einer Befristung des

Mietverhältnisses nach § 575 BGB oder eines längerfristigen Kündigungsverzichts bleibt bei einer Änderungserklärung in bloßer Textform erhalten.

2. Wartefrist (Abs 2 S 1)

28 Vor der ersten und jeder weiteren Änderung der Miete aufgrund der Indexklausel muss die Miete nach § 557b Abs 2 S 1 BGB mindestens ein Jahr unverändert gewesen sein. Ausnahmen bilden Mieterhöhungen nach den §§ 559 und 560 BGB (s Rn 36 f). Einvernehmliche Änderungen der Miete nach § 557 Abs 1 BGB lösen die Wartefrist dagegen aus (s Rn 38). Die Wartefrist ist eine gesetzliche Voraussetzung für die Wirksamkeit einer Änderungserklärung. Sie muss daher nicht vertraglich vereinbart werden. Die Parteien können sich auf eine längere als die einjährige Wartefrist einigen. Sie können auch länger als ein Jahr mit der Änderungserklärung warten, um etwa einen höheren Änderungsbetrag durchzusetzen (Begr zum RegE BT-Drucks 12/3254, 16). Ohne Hinzutreten weiterer Umstände liegt darin keine Verwirkung des Änderungsrechts. Ein solches Zuwarten mit der Änderungserklärung hat lediglich zur Folge, dass die jeweilige Vertragspartei auf einen Teil der Miete verzichtet, weil eine später abgegebene Änderungserklärung nicht zurückwirkt. Nur in Extremfällen kann es gegen Treu und Glauben verstoßen, jahrelang keine Änderungen vorzunehmen, um dann einen sehr hohen Betrag durchzusetzen (MünchKomm/Artz Rn 9). Entscheidungen aus dem Gewerberaummietrecht können hierzu nicht herangezogen werden, soweit sie sich auf Vereinbarungen beziehen, nach denen sich die Miete automatisch erhöht. Macht der Vermieter in diesen Fällen wiederholt von einer Anpassung der Miete keinen Gebrauch, kann bei Hinzutreten weiterer Umstandsmomente das **Erhöhungsrecht verwirkt** sein (OLG Celle 9. 5. 2001 – 2 U 236/00; OLG Düsseldorf NZM 2001, 892; Schmidt-Futterer/Börstinghaus Rn 47). Die Wartefrist beginnt mit der ersten Festsetzung der Miete bei Vertragsbeginn oder mit dem Wirksamwerden einer Änderung der Miethöhe während des Bestehens des Mietverhältnisses. Das einjährige Änderungsverbot gilt nicht nur für Mieterhöhungen durch den Vermieter (aM Blank WuM 1993, 503, 511), da auch eine Herabsetzung der Miete zu finanziellen Einschnitten führt, auf die sich der Vermieter rechtzeitig einstellen können muss. Hier können aber einvernehmlich andere Vereinbarungen getroffen werden (s Rn 40).

29 Die Wartefrist bei der Indexmiete ist als materielle Voraussetzung gestaltet. Die Änderungserklärung kann vor Ablauf der Frist zugehen. Entscheidend ist, dass die Änderung der Miete erst nach Ablauf der Frist eintreten soll (MünchKomm/Artz Rn 9). Nachdem der Gesetzgeber mit dem Mietrechtsreformgesetz die Rechtsprechung des BGH ausdrücklich in den Wortlaut des § 558 Abs 1 BGB übernommen hat (vgl Begr zum RegE BT-Drucks 14/4553, 54), eine entsprechende Regelung in § 557b BGB jedoch unterblieben ist, spricht für eine an § 558 BGB angelehnte Auslegung nichts mehr (MünchKomm/Artz Rn 9; Schmidt-Futterer/Börstinghaus Rn 34).

3. Rechtsfolgen

a) Wirkungseintritt der Mietänderung

30 Gem § 557b Abs 3 S 3 BGB ist die geänderte Miete vom Beginn des auf die Erklärung folgenden übernächsten Monats an zu zahlen. Diese Regelung soll es dem Mieter ermöglichen, die Mietzahlungen termingerecht zu erhöhen und insbesondere

Daueraufträge umzustellen (Begr zum RegE BT-Drucks 12/3254, 15). Fristbeginn ist der Zugang der Änderungserklärung (Schmidt-Futterer/Börstinghaus Rn 45). Die Frist verkürzt sich nicht gem § 193 BGB, wenn der letzte Tag vor Ablauf der Frist, die für eine Mieterhöhung zum übernächsten Monat notwendig wäre, kein Werktag ist (Schmidt-Futterer/Börstinghaus Rn 45; aM Palandt/Weidenkaff Rn 13), denn diese Vorschrift gilt nicht für den Beginn der Frist. Die Fälligkeit der dadurch erhöhten Miete richtet sich dann nach den Vereinbarungen der Parteien, hilfsweise nach § 556b Abs 1 BGB (Einzelheiten s dort). Fraglich ist, ob die Vertragsparteien ohne Weiteres einen längeren als den in Abs 3 S 2 festgelegten Zeitraum vereinbaren können oder der Erklärende einseitig eine längere Frist bestimmen kann, da die Vorschrift auch für den Anspruch des Mieters auf Senkung der Miete gilt und dann gegen § 557b Abs 4 BGB verstoßen würde. Bei zu kurz bemessener Frist in der Änderungserklärung gilt die gesetzliche Frist (Blank WuM 1993, 503, 510), es sei denn, die Erklärung geht vor Ablauf der Wartefrist des § 557b Abs 2 S 1 BGB zu (s Rn 29).

b) Höhe der Miete

31 Die Höhe der Miete richtet sich nach der Änderung der Bezugsgröße. Auch die indexierte Miete unterliegt den allgemeinen Begrenzungen der Miethöhe wie den Vorschriften über die Mietpreisüberhöhung nach § 5 WiStG und über den Mietwucher nach § 291 StGB (MünchKomm/Artz Rn 8; Schmidt-Futterer/Börstinghaus Rn 56). Zu einer überhöhten Miete kann es kommen, wenn die Bezugsgröße, also die Preise für die Lebenshaltung, stärker steigen als die Vergleichsmiete. Die Mietanpassungsvereinbarung als solche ist nicht deshalb nichtig, weil ihre Anwendung zu einer überhöhten Miete führen kann, da die Mieterhöhung erst durch die Erklärung einer der Vertragsparteien wirksam wird. Fraglich ist aber auch dann, wenn der Vermieter die Miete entsprechend der Änderung der Bezugsgröße durch Erklärung einseitig erhöht, ob der Tatbestand des § 5 WiStG erfüllt sein kann. Hierbei wird es an dem erforderlichen Kausalzusammenhang zwischen einem geringen Wohnungsangebot und der überhöhten Miete fehlen, weil die überhöhte Miete auf der Steigerung der Lebenshaltungskosten beruht und nicht auf einer Zwangslage im Zeitpunkt des Vertragsschlusses (Schmidt-Futterer/Börstinghaus Rn 56).

c) Kein Kündigungsrecht des Mieters

32 Wird die Miete aufgrund der Anpassungsvereinbarung erhöht, ist für den Mieter in § 561 BGB kein Sonderkündigungsrecht vorgesehen. Ist der Mietvertrag auf bestimmte Zeit geschlossen, hat der Mieter keine Möglichkeit, das Mietverhältnis einseitig zu beenden, wenn er die erhöhte Miete nicht mehr tragen kann. Zwar wurde in der Literatur zu der Vorgängervorschrift erwogen, dem Mieter nach vierjähriger Dauer der Indexmiete ein Sonderkündigungsrecht zu gewähren. Dem ist jedoch nicht zu folgen. Der Gesetzgeber des Mietrechtsreformgesetzes (s Rn 4) hat ein Sonderkündigungsrecht nach Vorbild von § 561 BGB nicht vorgesehen (Lützenkirchen/Dickersbach Rn 61; Eisenschmid NZM 2001, 11; Grothe NZM 2002, 54, 56; Münch Komm/Artz Rn 13). Der Wortlaut der Vorschrift ist auch eindeutig.

d) Rückzahlung bei Unwirksamkeit

33 Beruhen die erhöhten Mietzahlungen des Mieters auf einer unwirksamen Indexvereinbarung oder einer unwirksamen Geltendmachung der Erhöhung, ist der Mieter nach § 812 Abs 1 S 1 1. Fall BGB zur Rückforderung der geleisteten Beträge berechtigt (s § 557 Rn 81).

4. Beendigung des Mietverhältnisses

34 Nach der Beendigung des Mietverhältnisses verliert die Indexvereinbarung grundsätzlich ihre Geltung. Einigen sich die Parteien auf eine Fortsetzung des Mietvertrags, gilt sie nur weiter, wenn die Parteien sie ausdrücklich oder konkludent übernehmen (BGH NJW 1998, 2664, 2666 mwNw; Schmidt-Futterer/Börstinghaus Rn 55). Wurde das Mietverhältnis beendet, gibt der Mieter den Wohnraum aber nicht zurück, kann der Vermieter für die Dauer der Vorenthaltung nach § 546a Abs 1 BGB eine Entschädigung verlangen, die die vereinbarte Miete oder die Marktmiete umfasst. Der Vermieter darf nicht schlechter stehen als bei der Fortsetzung des Vertrags. Die Indexklausel gilt daher fort (Lützenkirchen/Dickersbach Rn 65; Schmidt-Futterer/Börstinghaus Rn 54, anders für den Fall, dass der Vermieter mit dem Gebrauch durch den Mieter einverstanden ist; Staudinger/Rolfs [2021] § 546a Rn 45 mwNw). Eine Fortsetzung des Gebrauchs nach Beendigung des Mietverhältnisses führt unter den Voraussetzungen des § 545 BGB dazu, dass das Mietverhältnis als auf unbestimmte Zeit verlängert gilt. Eine Indexklausel, die zeitlich nicht begrenzt war, gilt deshalb ebenfalls fort. Wird während des Bestehens eines Mietverhältnisses die Wirkung einer Kündigung einvernehmlich aufgehoben, bleibt es bei dem ursprünglichen Vertrag (BGH NJW 1998, 2664, 2666 mwNw), deshalb gilt die Indexklausel fort (Schmidt-Futterer/Börstinghaus Rn 55).

IV. Verhältnis zu anderen Mieterhöhungsverfahren (Abs 2)

1. Verhältnis zu § 558

35 Während der Geltungsdauer einer Indexklausel ist gem § 557b Abs 2 S 3 BGB eine Mieterhöhung nach § 558 BGB ausgeschlossen. Für die Mieterhöhung im Vergleichsmieteverfahren sah der Gesetzgeber neben der Indexklausel kein Bedürfnis (Begr zum RegE BT-Drucks 12/3254, 15). Der Ausschluss ist gesetzlich geregelt und muss nicht in die Mietanpassungsvereinbarung aufgenommen werden.

2. Verhältnis zu § 559

36 Der Vermieter kann gem § 557b Abs 2 S 2 BGB während der Dauer einer Indexvereinbarung eine Mieterhöhung wegen Modernisierung nach § 559 BGB nur verlangen, wenn er die Baumaßnahmen aus Gründen durchgeführt hat, die er nicht zu vertreten hatte. Darunter fallen verbindliche gesetzliche und behördliche Anordnungen zu baulichen Maßnahmen (Beispiele bei Staudinger/J Emmerich [2021] § 555b Rn 35 f). Diese Mieterhöhungen rechnen auch für die Wartefrist des Abs 2 S 1 nicht mit. Ebensowenig lösen alle anderen Fälle einer Mieterhöhung nach § 559 BGB, wenn sie vor Beginn der Geltungsdauer der Indexklausel noch wirksam verlangt werden konnten, die Wartefrist aus, weil in Abs 2 S 1 und S 2 zwischen der Wartefrist und der Zulässigkeit von Mieterhöhungen unterschieden wird (aM Schmidt-Futterer/Börstinghaus Rn 34 f). Die innere Berechtigung für die Privilegierung der Baumaßnahmen, die der Vermieter nicht zu vertreten hat, ist an sich mit dem Wegfall der zehnjährigen Bindung an die Indexmiete entfallen, da der Vermieter jetzt auch kürzere Laufzeiten vereinbaren darf, die er besser überblicken kann (Schmidt-Futterer/Börstinghaus Rn 39). Verlangt der Vermieter trotz des Bestehens einer Indexmiete eine Mieterhöhung wegen Modernisierung nach § 559 BGB, ist dieses Mieterhöhungsverlangen unwirksam und die bereits gezahlten Beträge können gem § 812 Abs 1 S 1 1. Fall BGB zurückgefordert werden (AG Hamburg ZMR 2006, 781). Die Indexmiete sperrt aber nicht die Pflicht des Mieters, eine Modernisierung zu dulden (BGH NZM 2014, 304 zu § 554 Abs 2 aF).

3. Verhältnis zu § 560

Durch die Vereinbarung der Indexmiete wird der Vermieter gem § 557b Abs 2 S 1 BGB nicht in seinem Recht beschränkt, Erhöhungen der Betriebskosten nach Maßgabe des § 560 Abs 1 BGB auf den Mieter umzulegen (vgl aber § 560 Rn 21). Gleiches gilt für das Recht zur Änderung der Vorauszahlungen auf die Betriebskosten nach § 560 Abs 4 BGB. **37**

4. Einvernehmliche Mieterhöhung nach § 557 Abs 1

Eine einvernehmliche Mieterhöhung nach § 557 Abs 1 BGB ist während der Dauer einer Mietanpassungsvereinbarung zulässig (Begr zum RegE BT-Drucks 12/3254, 15; LÜTZENKIRCHEN/DICKERSBACH Rn 47; BLANK WuM 1993, 503, 510). Der Gesetzgeber wollte damit vor allem für Modernisierungsmaßnahmen partnerschaftliche Lösungen zulassen (Begr zum RegE BT-Drucks 12/3254, 15). Entscheidend ist allein, ob der Mieter einer Mieterhöhung zustimmt. Ebenso wie bei § 558 BGB (s STAUDINGER/V EMMERICH § 558 Rn 7) lösen einvernehmliche Mieterhöhungen aber die Wartefrist des § 557b Abs 2 S 1 BGB aus. **38**

5. Verhältnis zu § 557a

Obwohl § 557b BGB die Staffelmiete des § 557a BGB nicht ausdrücklich nennt, entspricht es allgemeiner Auffassung, dass sich die Vereinbarung einer Staffelmiete und einer Indexklausel gegenseitig ausschließen (LÜTZENKIRCHEN/DICKERSBACH Rn 48). Eine indexierte Staffelmiete ist damit nicht zulässig. Möglich ist lediglich, beide Erhöhungsverfahren zeitlich nacheinander zu vereinbaren. **39**

V. Begrenzung der Wiedervermietungsmiete (Abs 4)

Für die im Mietvertrag vereinbarte Ausgangsmiete gelten die allgemeinen Regeln. Diese werden durch Abs 4 nicht modifiziert. Wird der Mietvertrag nach Erlass und Inkrafttreten einer Landesverordnung geschlossen, die die Mietwohnung erfasst, darf die Ausgangsmiete die ortsübliche Vergleichsmiete um nicht mehr als 10 % übersteigen, Art 229 § 35 Abs 1 EGBGB, § 556d Abs 1 BGB. Die Vereinbarung einer höheren Ausgangsmiete ist nur insoweit unzulässig, als diese Grenze überschritten wird, § 556g Abs 1 S 2 BGB. Die Ausgangsmiete, die im Laufe des Mietverhältnisses der Indexierung zugrunde zu legen ist, berechnet sich dann mit der ortsüblichen Vergleichsmiete zuzüglich 10 %. Die Mieterhöhungen nach dem Index des Statistischen Bundesamtes sind einer Überprüfung nach §§ 556d ff BGB entzogen, selbst wenn sie die Grenzen des § 556d Abs 1 BGB überschreiten sollten (LÜTZENKIRCHEN/ABRAMENKO Rn 66b). **39a**

VI. Abweichende Vereinbarungen (Abs 5)

40 Nach § 557b Abs 5 BGB sind Vereinbarungen, die zum Nachteil des Mieters von der Regelung des § 557b BGB abweichen, unwirksam. Unwirksam ist die Vereinbarung, dass die Mieterhöhung ohne Erhöhungserklärung eintritt (LG Berlin NZM 2002, 947; Blank/Börstinghaus Miete Rn 25). Unwirksam ist auch eine **Einseitigkeitsklausel**, nach der nur der Vermieter die Anpassung der Miete verlangen kann oder eine Anpassung etwa nur bei einer Erhöhung der Bezugsgröße erfolgen soll. Diese schon nach der bisherigen Rechtslage unwirksame Klausel weicht zu Lasten des Mieters von § 557b Abs 1 BGB ab (AG Neubrandenburg WuM 2010, 453; Emmerich NZM 2001, 690, 694), da die Vorschrift nicht auf die Erhöhung der Miete beschränkt ist (s Rn 21). Das Gleiche gilt für **Mindestklauseln**, die besagen, dass die Miete überhaupt nicht, nicht unter den Ausgangsbetrag oder nicht unter einen bestimmten anderen Betrag sinken soll, weil sowohl der Vermieter als auch der Mieter eine Anpassung verlangen können (Emmerich NZM 2001, 690, 694; Blank/Börstinghaus, Miete Rn 26: es liegen schon keine wirksamen Indexklauseln vor). Eine bei Gewerbemietverträgen gebräuchliche **indexierte Staffelmiete**, bei der die jeweils geschuldete Miete zusätzlich an die Entwicklung eines Wertmessers gebunden wird, ist unzulässig. Lediglich nacheinander dürfen Wertsicherungsklauseln und die Vereinbarung einer Staffelmiete kombiniert werden (s Rn 39). Für den Fall, dass der Mieter eine Senkung der Miete verlangen kann, wenn sich der Preisindex entsprechend verändert, können zu seinen Gunsten aber abweichende Vereinbarungen vom Verfahren des § 557b BGB getroffen werden.

§ 558
Mieterhöhung bis zur ortsüblichen Vergleichsmiete

(1) Der Vermieter kann die Zustimmung zu einer Erhöhung der Miete bis zur ortsüblichen Vergleichsmiete verlangen, wenn die Miete in dem Zeitpunkt, zu dem die Erhöhung eintreten soll, seit 15 Monaten unverändert ist. Das Mieterhöhungsverlangen kann frühestens ein Jahr nach der letzten Mieterhöhung geltend gemacht werden. Erhöhungen nach den §§ 559 bis 560 werden nicht berücksichtigt.

(2) Die ortsübliche Vergleichsmiete wird gebildet aus den üblichen Entgelten, die in der Gemeinde oder einer vergleichbaren Gemeinde für Wohnraum vergleichbarer Art, Größe, Ausstattung, Beschaffenheit und Lage einschließlich der energetischen Ausstattung und Beschaffenheit in den letzten sechs Jahren vereinbart oder, von Erhöhungen nach § 560 abgesehen, geändert worden sind. Ausgenommen ist Wohnraum, bei dem die Mieterhöhung durch Gesetz oder im Zusammenhang mit einer Förderzusage festgelegt worden ist.

(3) Bei Erhöhungen nach Absatz 1 darf sich die Miete innerhalb von drei Jahren, von Erhöhungen nach den §§ 559 bis 560 abgesehen, nicht um mehr als 20 vom Hundert erhöhen (Kappungsgrenze). Der Prozentsatz nach Satz 1 beträgt 15 vom Hundert, wenn die ausreichende Versorgung der Bevölkerung mit Mietwohnungen zu angemessenen Bedingungen in einer Gemeinde oder einem Teil einer Gemeinde besonders gefährdet ist und diese Gebiete nach Satz 3 bestimmt sind. Die Landes-

regierungen werden ermächtigt, diese Gebiete durch Rechtsverordnung für die Dauer von jeweils höchstens fünf Jahren bestimmen.

(4) Die Kappungsgrenze gilt nicht,

1. wenn eine Verpflichtung des Mieters zur Ausgleichszahlung nach den Vorschriften über den Abbau der Fehlsubventionierung im Wohnungswesen wegen des Wegfalls der öffentlichen Bindung erloschen ist und

2. soweit die Erhöhung den Betrag der zuletzt zu entrichtenden Ausgleichszahlung nicht übersteigt.

Der Vermieter kann vom Mieter frühestens vier Monate vor dem Wegfall der öffentlichen Bindung verlangen, ihm innerhalb eines Monats über die Verpflichtung zur Ausgleichszahlung und über deren Höhe Auskunft zu erteilen. Satz 1 gilt entsprechend, wenn die Verpflichtung des Mieters zur Leistung einer Ausgleichszahlung nach den §§ 34 bis 37 des Wohnraumförderungsgesetzes und den hierzu ergangenen bundesrechtlichen Vorschriften wegen Wegfalls der Mietbindung erloschen ist.

(5) Von dem Jahresbetrag, der sich bei einer Erhöhung auf die ortsübliche Vergleichsmiete ergäbe, sind Drittmittel im Sinne des § 559a abzuziehen, im Falle des § 559a Abs. 1 mit 8 Prozent des Zuschusses.

(6) Eine zum Nachteil des Mieters abweichende Vereinbarung ist unwirksam.

Materialien: Art 1 § 3 WKSchG I v 1971 (BGBl I 1839); Schriftlicher Bericht des Rechtsausschusses zum WKSchG I (BT-Drucks VI/2421); § 2 des Miethöheregelungsgesetzes (MHRG, BGBl 1974 I 3603); Begr d RegE des WKSchG II (BT-Drucks 7/2011 ff, 10 ff.); Gesetz zur Erhöhung des Angebots von Mietwohnungen v 1982 (BGBl I 1722); Begr d RegE (BT-Drucks 9/2073); 4. Mietrechtsänderungsgesetz v 1993 (BGBl I 1257); Begr d RegE (BT-Drucks 12/3854); Bericht des Rechtsausschusses (BT-Drucks 12/5110); Mietrechtsreformgesetz v 2001 (BGBl I 1149); Wohnraumförderungsgesetz von 13. 9. 2001 (BGBl I 2376); Begr zum RegE BT-Drucks 14/4553, 36, 53 f, 87, 100, Mietrechtsänderungsgesetz von 2013 (BGBl I 434); Begr d RegE (BT-Drucks 17/10485); Bericht des Rechtsausschusses (BT-Drucks 17/11894); Mietrechtsanpassungsgesetz von 2018 (BGBl I 2698); Begr d RegE (BT-Drucks 19/4672); Gesetz zur Verlängerung des Betrachtungszeitraums für die ortsübliche Vergleichsmiete von 2019 (BGBl I 2911); Begr d RegE (BT-Drucks 19/14.245).

Schrifttum

ARTZ, Kappungsgrenzenberechnung nach Modernisierungszuschlagsabrede, NZM 2004, 609
BLANK, Energetische Beschaffenheit als Kriterium der ortsüblichen Vergleichsmiete, WuM 2011, 195
ders, Spannen und Bandbreiten in der Rechtsprechung des BGH, ZMR 2013, 170
ders, Die ortsübliche Vergleichsmiete als Instrument zur Regulierung der Mietpreise, in: FS Börstinghaus (2020) 9
BÖRSTINGHAUS, Miethöhe-Handbuch (Hdb) (2. Aufl 2016)
ders, 25 Jahre ortsübliche Vergleichsmiete, NJW 1997, 977

ders, Zivilgericht und Mietspiegelakzeptanz, WuM 1997, 421

ders, Kürzungsbeträge bei Mieterhöhungen, MDR 1998, 933

ders, Der qualifizierte Mietspiegel, NZM 2000, 1087

ders, Einfamilienhäuser im „toten Winkel des Mietspiegels", NZM 2009, 115

ders, Mieterhöhung im preisfreien Wohnungsbau, WuM 2011, 338

ders, Die energetische Beschaffenheit als Kriterium, NZM 2011, 641

ders, Der Begriff der ortsüblichen Vergleichsmiete, WuM 2012, 244

ders, Abreden über Wohnwertmerkmale, NZM 2013, 1

ders, Die direkte und indirekte Begrenzung der ortsüblichen Vergleichsmiete, in: FS Eisenschmid (Beilage zu WuM 2016 H 7) 15

ders, Die Behandlung besonderer Mietpreisgestaltungen bei der Ermittlung der ortsüblichen Vergleichsmiete, WuM 2017, 549

ders, Zwischen Vertragsfreiheit und Mieterschutz, WuM 2018, 670

ders, Kritische Überlegungen zur Verlängerung des Betrachtungszeitraums bei der ortsüblichen Vergleichsmiete, NZM 2019, 841

ders, Neue Rechtsprechung des BGH zur Miethöhe, WuM 2020, 601

ders, Zu den Plänen für ein neues Mietspiegelrecht, NZM 2020, 965

BÖRSTINGHAUS/CLAR, Mietspiegel – Erstellung und Anwendung (2. Aufl 2013)

dies, Die ortsübliche Vergleichsmiete, NZM 2014, 889

BUB, Die Wohnraummiete als Vergleichsmiete, in: Grundsätze des Wohnraummietverhältnisses, PiG 10 (1983) 175

ders, Gerichtsverfahren und Wohnungsversorgung, in: Miete und Wohnversorgung, PiG 33 (1991) 137

ders, Mietspiegel – Anforderungen, Gesetzliche Regelungen, praktische Anwendung, in: Freiheit und Zwang bei der Wohnraummiete, PiG 49 (1996) 157

BUB/TREIER/SCHULTZ, Hdb Rn III 1022 ff

BÜHLER, Spannen und Bandbreiten in Mietspiegeln, NZM 2011, 729

DERLEDER, Vertragsfreiheit, Ertragsgewährleistungen und ihre Absicherung für den Wohnraumvermieter, NJW 1975, 1677

ders, Der Mietzins für nichtpreisgebundenen Wohnraum, in: Der Mietzins für Wohnraum unter besonderer Berücksichtigung des neuen Mietrechts, PiG 13 (1983) 11

ders, Strukturfragen der ortsüblichen Vergleichsmiete, WuM 1983, 211

ders, Von der Grundmiete zur Vergleichsmiete, in: Aktuelle Rechtsprobleme in den neuen Ländern, PiG 45 (1995) 77

ders, Wiedervermietungsbegrenzung und Verfassungsrecht, WuM 2013, 383

ders/SCHLEMMERMEYER, Sachverstand als Datenersatz?, WuM 1978, 225

DICKERSBACH, Mieterhöhung nach Wohnflächenvergrößerung, WuM 2010, 117

V EMMERICH, Die Anforderungen zur Erstellung und zur Anerkennung von Mietspiegeln im Widerstreit der Meinungen, in: EMMERICH ua, Mietpreisermittlung (1980) 46 ff

ders, Das gerichtliche Mieterhöhungsverfahren, in: Grundsätze des Wohnraummietverhältnisses, PiG 13 (1983) 51

ders, Vergleichsmiete und Kappungsgrenze, in: Der Mietzins als Gegenleistung, PiG 40 (1993) 23 = Wohnen 1993, 500

ders, Mietrechtliche Gesetzesänderungen in den letzten Jahren, in: Die Miete in der Rechtsordnung, PiG 43 (1994) 177 = Wohnen 1994, 491

ders, Auf dem Weg in den Sozialismus, in: FS Mestmäcker (1996) 989

ders, Die Zustimmung des Mieters zur Mietzinserhöhung nach § 2 MHRG, in: FS Lüke (1997) 65

GANTE, Markttransparenz durch Mietspiegel am Beispiel Nordrhein-Westfalen, NZM 2003, 929

GESTER, Zum Verhältnis zwischen Förderungsmittelrichtlinien der Länder und den Bestimmungen des BGB über Mieterhöhungen, WuM 2005, 498

GSELL, Die gerechte Miete, NZM 2017, 305

HAU, Vertragsanpassung und Anpassungsvertrag (2003)

HEUSCH, Mietpreisbegrenzungen und Eigentumsgarantie, NZM 2020, 357

HINCKELMANN, Die ortsübliche Miete (1999)

HÖGL, Zum Begriff der „üblichen Entgelte in der Gemeinde oder einer vergleichbaren Gemeinde für Wohnraum vergleichbarer Art, Größe, Ausstattung, Beschaffenheit und Lage gemäß § 558 BGB sowie zur Spannenbildung", WuM 2003, 372

Klinger/Storm, Die Verlängerung des Betrachtungszeitraums der ortsüblichen Vergleichsmiete, DWW 2020, 4

Kühling, Gentrifizierung: Wohnungspolitik ohne rechtsstaatliche Leitplanken?, NZM 2020, 521

C Kunze/R Tietzsch, Kürzungsbeträge – Nach wie vor aktuell, WuM 2003, 423

dies, Miethöhe und Mieterhöhung (2006)

Kunze/Tietzsch, Von der Vordergründigkeit des Gesetzes, in: Artz/Börstinghaus, 10 Jahre Mietrechtsreformgesetz (2011) 650

Lehmann-Richter, Haftung des Mieters bei Verzug mit der Zustimmung zu einer Mieterhöhung, NZM 2006, 849

ders, Die möblierte Wohnung, WuM 2018, 393

Löfflad, Mieterhöhungen bei Wohnraummietverhältnissen (2008)

vMalottki/Krapp/Vache, Außergesetzliche Mietpreisdeterminanten im Mietspiegel, WuM 2018, 665

P Meier, Zur Verzugshaftung des Mieters bei Mieterhöhungen nach § 2 MHRG, WuM 1990, 531

Müglich/Börstinghaus, Urheberschutz für Mietspiegel und seine mietrechtlichen Auswirkungen, NZM 1998, 353

Müther, Der Mietspiegel als Erkenntnismittel, WuM 1999, 311

ders, Vermieterwechsel, Klagebefugnis und Klagefrist, WuM 2001, 3

Osmer, Fehlerhafte Mietspiegel und § 5 WiStG, ZMR 1995, 53

Riedmaier, Das System der Vergleichsmiete in der neueren Rechtsprechung, ZMR 1987, 1; 1991, 5, 50

Schach, Drittmittelanrechnung, GE 2004, 278

M Schmid, Anspruch auf schriftliche Zustimmung zur Mieterhöhung?, ZMR 2007, 514

M Schultz, Erhöhung der Teilinklusivmiete, PiG 83 (2008) 39

Sternel, Das Verfahren in Mietsachen, in: Grundsätze des Wohnraummietverhältnisses, PiG 10 (1983) 127

ders, Das Mieterhöhungsverfahren für nicht preisgebundenen Wohnraum, in: Der Mietzins für Wohnraum unter besonderer Berücksichtigung des neuen Mietrechts, PiG 13 (1983) 31

ders, Mietpreisregelung und Wohnungsmarkt, in: Miete und Wohnversorgung, PiG 33 (1991) 33

Streyl, Mieterhöhung im Mischmietverhältnis, in: FS Börstinghaus (2020) 423

Thomma, Abschied vom herkömmlichen Vergleichsmietenbegriff?, WuM 2005, 496

ders, Neues zur ortsüblichen Vergleichsmiete, WuM 2006, 237

Walterscheidt, Der Mietspiegel, eine mitunter fehlerhafte Hilfe zur Mietzinsermittlung, NZG 1998, 990

Weitemeyer, Das Mieterhöhungsverfahren nach künftigem Recht, WuM 2001, 171 = NZM 2001, 563

dies, Die Reform des sozialen Mietrechts und die Finanzkrise, in: Artz/Börstinghaus, 10 Jahre Mietrechtsreformgesetz (2011) 660

Zehelein, Überprüfung landesrechtlicher Mietpreisverordnungen durch die Mietgerichte, NZM 2015, 761

ders, Keine Mitwirkung der Prozessparteien bei der Überprüfung landesgesetzlicher Mietpreisverordnungen durch die Instanzgerichte, NZM 2016, 666.

Ziebarth, Die Verfassungswidrigkeit anlassloser Mieterhöhungen nach § 558 BGB, WuM 2019, 481.

Systematische Übersicht

I.	Überblick	1
II.	Wartefrist	5
III.	Sperrfrist	
1.	Berechnung	7
2.	Teilzustimmung	9
3.	Mieterwechsel	11
4.	Ende der Preisbindung, Mietsenkungen	12
5.	Mieterhöhungen nach den §§ 559, 560	13

6.	Rechtsfolgen	15	**VII. Kürzungsbeträge**	
			1. Überblick	59
IV.	**Ausgangsmiete**	16	2. Voraussetzungen	62
			3. Berechnung, Dauer	65
V.	**Vergleichsmiete**		4. Mieterhöhungsverlangen	68
1.	Überblick, Definition	22		
2.	Nur übliche Entgelte	30	**VIII. Kappungsgrenze**	
3.	Aktualisierung des Vergleichs-mietenbegriff	32	1. Überblick	70
			2. Anwendungsbereich	72
4.	Fördertatbestände	38	3. Berechnung der Kappungsgrenze von 20 %	77
VI.	**Wohnwertmerkmale**		4. Kappungsgrenze von 15 %	82
1.	Überblick	40	5. Unanwendbarkeit der Kappungsgrenze (§ 558 Abs 4)	88
2.	Art	44		
3.	Größe	46		
4.	Ausstattung	50	6. Auskunftsanspruch	91
5.	Beschaffenheit, Mängel	52	7. Mieterhöhungsverlangen	93
6.	Lage	56		
7.	Gemeinde	57	**IX.** **Abweichende Vereinbarungen**	96

Alphabetische Übersicht

Abweichende Vereinbarungen	96 f	– Berechnung	71, 94
Aktualisierung des Vergleichsmietenbegriffs	30	– im Erhöhungsverlangen	93 ff
		Kürzungsbeträge	59 f
Anwendungsbereich	1		
Art des Wohnraums	45 f	Lage des Wohnraums	56
Ausgangsmiete	16		
Auskunftspflicht des Mieters	52	Mängel der Wohnung	54 f
Ausstattung des Wohnraums	50 ff	Marktmiete	18
		Miete	37 ff
Beschaffenheit	53	Mischungsverhältnis	37
Betrachtungszeitraum	32	Modernisierung	65
Einfamilienhäuser	41	Orientierungshilfe	28
Einzelvergleichsmiete	27		
		Schönheitsreparaturen	20
Fehlbelegungsabgabe	88 f	Sondermärkte	35, 44, 50
Fläche	46	Sperrfrist	7, 14
Flächendifferenz	47		
		Teilmärkte	26, 35
Gemeinden	57 f	Teilinklusivmiete	16 ff
Geschichte	1 ff	Teilzustimmung	9
Größe des Wohnraums	46 f		
		Vergleichsmiete	22 ff
Kappungsgrenze	70 ff	– Begriff	23 ff
– Anwendungsbereich	72	– Gemeinde	57 f
– Ausgangsmiete	71 f	– Marktmiete	24
– Ausnahmen	80, 88 f	– Stichtag	37

– Teilmärkte	26, 35	– Zweck	5
– vergleichbare Wohnungen	40 ff	Wohnfläche	46
– Wohnungen in Nachbargemeinden	58	Wohnwertmerkmale	26, 40 ff
– Wohnwertmerkmale	26 ff	– Art	41
Vergleichsmietensystem	2	– Ausstattung	50
		– Beschaffenheit	53
Wartefrist	5	– Größe	46
– Beendigung der Preisbindung	12	– Lage	56
– Beginn	7	– Mängel	54
– Berechnung	13		
– Mieterwechsel	11	Zuschläge zum Mietspiegel	42
– Mietsenkung	12	Zweck	2 f
– Teilzustimmung	9		

I. Überblick

Nach § 558 Abs 1 BGB kann der Vermieter von dem **Wohnraummieter** im jährlichen **1** Rhythmus unter bestimmten Voraussetzungen eine Vertragsänderung durch Zustimmung zu einer Erhöhung der Miete bis zur ortsüblichen Vergleichsmiete verlangen (sog **Vergleichsmietensystem**). Ausgenommen von dem Anwendungsbereich des § 558 BGB sind, von der gewerblichen Miete abgesehen, nur die in § 549 Abs 2 BGB aufgezählten Mietverhältnisse (s dazu STAUDINGER/ARTZ [2021] § 549 Rn 15 ff; BUB/TREIER/SCHULTZ, Hdb Rn III 981 ff; zu Mischmietverhältnissen s außerdem STAUDINGER/V EMMERICH [2021] Vorbem 33 zu § 535; STREYL, in: FS Börstinghaus [2020] 423).

Unmittelbarer Vorläufer des § 558 BGB war § 2 MHRG von 1974 (BGBl I 3603), der **2** seinerseits auf Art 1 § 3 WKSchG I von 1971 zurückging (BGBl I 1839; s BÖRSTINGHAUS, in: FS Eisenschmid [2016] 15 [Beilage zu WuM 2016 H 7]; ders WuM 2018, 670). Hintergrund der Regelung war die **Abschaffung der Änderungskündigung** des Vermieters durch das WKSchG I von 1971 (jetzt § 573 Abs 1 S 2 BGB). Da mit dieser Regelung jedoch *kein Mietpreisstopp* beabsichtigt war, musste eine andere Lösung gefunden werden, um dem Vermieter eine regelmäßige Anpassung der Miete an die wirtschaftliche Entwicklung zu ermöglichen. Unter den verschiedenen in Betracht kommenden Lösungen (Vergleichsmiete, Kostenmiete und Tabellenmiete) entschied man sich schließlich für das **Vergleichsmietensystem**, weil es immer noch die größte Marktnähe aufwies (s BÖRSTINGHAUS, Hdb Kap 1 Rn 41 ff; EMMERICH NZM 2001, 777, 779 ff). Dieses „quasi-marktwirtschaftliche" Konzept war jedoch von Anfang an nicht konsequent durchgeführt worden, weil das MHRG **zugleich Elemente der Kostenmiete**, insbesondere in Gestalt des § 3 MHRG aF (= § 559 BGB nF), enthielt. Hinzu kam später noch als weitere Durchbrechung des Vergleichsmietensystems die Einführung der **Kappungsgrenze** durch das Gesetz zur Erhöhung des Angebots von Mietwohnungen von 1982 (BGBl I 1912). Die Verfasser des Mietrechtsreformgesetzes von 2001 haben trotz der genannten Mängel an dem Konzept des MHRG festgehalten, weil sich das Vergleichsmietensystem bewährt habe. Ihre Hauptaufgabe sahen sie folgerichtig darin, die Institution des Mietspiegels als des „besten und verlässlichsten Instruments" zur Ermittlung der ortsüblichen Vergleichsmiete zu stärken. Ausdruck dieser Bemühungen ist die Einführung des neuen Instituts des **qualifizierten Mietspiegels** (§§ 558a Abs 3, 558d BGB). Die geltende Fassung des § 558 BGB beruht auf dem

Mietrechtsänderungsgesetz von 2013. Durch dieses Gesetz wurde der Abs 2 der Vorschrift um die Merkmale der energetischen Ausstattung und Beschaffenheit der Wohnung ergänzt; außerdem wurden in Abs 3 die Landesregierungen ermächtigt, nach dem Vorbild des § 577a Abs 2 in bestimmten Gebieten die Kappungsgrenze vorübergehend zum Schutze der Mieter gegen übermäßige Mietsteigerungen auf 15 % zu reduzieren. Ergänzt wird die gesetzliche Regelung seit 2015 durch die Einführung der so genannten **Mietpreisbremse** in den neuen §§ 556d ff. (Vorerst) letzte Änderung des § 558 ist die Verlängerung des Betrachtungszeitraums in § 558 Abs 2 S 1 von vier auf sechs Jahre Ende des Jahres 2019 mit Wirkung vom 1. 1. 2020 ab. Die Bundesregierung plant weitere Änderungen des §§ 558a ff in einem neuen Mietspiegelgesetz (s Börstinghaus NZM 2020, 965).

3 **Zweck** des § 558 BGB ist es in erster Linie, den Mieter vor „überhöhten" Mietforderungen des Vermieters zu schützen, die nur aufgrund einer Mangellage am Markt durchsetzbar wären, zugleich aber dem Vermieter einen „angemessenen" marktorientierten Ertrag zu garantieren (so zu Art 1 § 3 WKSchG I der Rechtsausschuss BT-Drucks VI/2421, 4; zu § 2 MHRG die Begr z RegE des WKSchG II BT-Drucks 7/2011, 8). Der Vermieter hat einen gesetzlich geschützten Anspruch auf die ortsübliche Miete, dessen Durchsetzung die Gerichte ebenso wie den gebotenen Mieterschutz gewährleisten müssen (BVerfGE 37, 132, 145, 148 = NJW 1974, 1499; BVerfGE 49, 244, 247 f, 250 f = NJW 1979, 31; BVerfGE 53, 352 = NJW 1980, 1617; BVerfGE 71, 230 = NJW 1986, 1669; BVerfGE 79, 80 = NJW 1989, 969; BayObLGZ 1981, 105 = NJW 1981, 1219; BayObLGZ 1981, 214 = NJW 1981, 2259). Dem Vermieter sollte dadurch ein Ausgleich für die ihm im Interesse des Mieterschutzes auferlegten Beschränkungen gewährt werden, um langfristig die Wirtschaftlichkeit des Hausbesitzes sicherzustellen (BGH 20. 6. 2007 – VIII ZR 303/06, NJW 2007, 2546 = NZM 2007, 639, 640 Rn 11 = WuM 2007, 452, 453; 18. 1. 2017 – VIII ZR 17/16 Rn 20, NZM 2017, 186 = WuM 2017, 134; kritisch zB wegen möglicher preistreibender Wirkungen des § 558 Ziebarth WuM 2019, 481).

4 § 558 BGB gibt dem Vermieter unter bestimmten Voraussetzungen (nur) einen **Anspruch** gegen den Mieter auf Zustimmung zu einer Vertragsänderung durch Anhebung der Miete bis zum Niveau der ortsüblichen Vergleichsmiete, sofern nicht die Parteien im Einzelfall ausdrücklich oder konkludent einen Ausschluss von Mieterhöhungen vereinbart haben (§§ 311 Abs 1 und 557 Abs 3 HS 2 BGB). Erste **Voraussetzung** des Anspruchs des Vermieters auf eine Vertragsänderung durch Mieterhöhung ist, dass die Miete seit fünfzehn Monaten unverändert geblieben ist (so genannte Wartefrist des § 558 Abs 1 S 1 BGB; s unten Rn 5) und dass der Vermieter mit seinem Erhöhungsverlangen die **Sperrfrist** des § 558 Abs 1 S 2 BGB eingehalten hat (s Rn 6 ff). Zweite Voraussetzung ist gemäß § 558 Abs 1 und 2 BGB, dass die vereinbarte Miete unter dem Niveau der ortsüblichen Vergleichsmiete liegt (u Rn 13 ff). Schließlich ist noch erforderlich, dass der Vermieter die 1982 eingeführte Kappungsgrenze des § 558 Abs 3 BGB beachtet (u Rn 44 ff). Das **Verfahren**, das der Vermieter einhalten muss, wenn er seinen Anspruch auf Anpassung der Miete an die ortsübliche Vergleichsmiete gegen den Willen des Mieters durchsetzen will, ist im Einzelnen in den §§ 558a bis 558e BGB geregelt. Unberührt bleibt das Recht der Parteien, **einvernehmlich** die Miete beliebig – in den Grenzen der verschiedenen Wucherverbote (§ 138; § 5 WiStG; § 291 StGB) – zu ändern (§§ 557 Abs 1, 311 Abs 1 BGB). In der überwiegenden Mehrzahl der Fälle wird in der Mietpraxis offenbar auch tatsächlich so verfahren.

II. Wartefrist

Nach Abs 1 S 1 des § 558 BGB kann der Vermieter von dem Mieter die Zustimmung zu einer Änderung des Vertrags durch Erhöhung der Miete nur verlangen, wenn die Miete in dem Zeitpunkt, zu dem die Erhöhung demnächst eintreten soll, **seit** (mindestens) **fünfzehn Monaten unverändert** ist (sog Wartefrist). Das Mieterhöhungsverlangen kann frühestens ein Jahr nach der letzten Mieterhöhung (zu dem soeben genannten Zeitpunkt) geltend gemacht werden (S 2 des § 558 Abs 1 BGB). Man spricht insoweit auch von einer von der Wartefrist zu unterscheidenden „**Sperrfrist**", nämlich für ein neues Mieterhöhungsverlangen (u Rn 7 ff). Das Mieterhöhungsverlangen löst eine weitere Frist von maximal drei Monaten aus, allgemein **Zustimmungs- oder Überlegungsfrist** genannt, mit deren Ablauf die vom Vermieter gewünschte Mieterhöhung fällig wird, sofern der Mieter der dazu erforderlichen Änderung des Mietvertrages zustimmt oder er dazu rechtskräftig verurteilt wird (§ 558b Abs 1 BGB; s § 558b Rn 11 ff). Die Sperrfrist von 12 Monaten und die Zustimmungs- oder Überlegungsfrist von idR, aber nicht notwendig drei Monaten ergeben zusammen im Regelfall die Wartefrist von 15 Monaten, die nach der gesetzlichen Regelung zwischen zwei Mieterhöhungen aufgrund des § 558 BGB liegen müssen (sofern nicht die Parteien etwas anderes vereinbaren, §§ 311 Abs 1, 557 Abs 1 BGB). 5

Die Wartefrist von 15 Monaten ist eine **Mindestfrist** ist, die auf jeden Fall zusätzlich zur Sperrfrist eingehalten werden muss, auch wenn die Verbindung von Sperrfrist und Zustimmungs- oder Überlegungsfrist eine frühere Fälligkeit der Mieterhöhung erlaubte, etwa, weil nach den Abreden der Parteien die letzte Mieterhöhung *während* eines Monats fällig wurde. (Nur) in diesen eigenartigen Fällen hat folglich die Wartefrist **eigenständige Bedeutung**, während sie sich im Regelfall aus einer einfachen Addition der Sperrfrist und der anschließenden Zustimmungs- oder Übergungsfrist ergibt (s zu diesen Fällen SCHMIDT-FUTTERER/BÖRSTINGHAUS Rn 8 ff). Die Wartefrist von fünfzehn Monaten wird nach § 558 Abs 1 S 1 BGB von dem Zeitpunkt ab **gerechnet**, zu dem die Miete zum letzten Mal **verändert** wurde. Frühestens 15 Monate später kann mit anderen Worten die nächste Mieterhöhung aufgrund des § 558 BGB wirksam werden (§ 558 Abs 1 S 1 BGB), und zwar aufgrund des Mieterhöhungsverlangens nach Ablauf der Sperrfrist *und* Ablauf der anschließenden Zustimmungsfrist (s Rn 7) – immer vorbehaltlich abweichender Vereinbarungen der Parteien aufgrund der §§ 311 Abs 1 und 557 Abs 1 BGB. 6

III. Sperrfrist

1. Berechnung

Nach § 558 Abs 1 S 2 BGB kann das Mieterhöhungsverlangen frühestens **ein Jahr nach Fälligkeit** der letzten Mieterhöhung geltend gemacht werden, wobei nach S 3 der Vorschrift Mieterhöhungen nach den §§ 559 bis 560 BGB, dh bei Modernisierungsmaßnahmen oder wegen einer Veränderung der Betriebskosten, unberücksichtigt bleiben (dazu u Rn 10 f). **Bezweckt** wird mit dieser Regelung, eine gewisse Kontinuität in die Mietentwicklung zu bringen und den Mieter vor allzu rasch aufeinanderfolgenden Mieterhöhungen zu schützen (OLG Oldenburg OLGZ 1981, 197 = WuM 1981, 83; WuM 1982, 105). Die Sperrfrist beginnt (ebenso wie die Wartefrist, Rn 5) mit der letzten Mieterhöhung (§ 558 Abs 1 S 2 BGB). **Fristbeginn** ist folglich entweder der **Abschluss** 7 des **Mietvertrags** (LG Görlitz WuM 1997, 378 f; AG Erfurt WuM 1995, 717), sofern nämlich seitdem die Miete nicht verändert wurde, oder sonst die erstmalige **Fälligkeit der letzten Mieterhöhung**, sei es durch Vereinbarung der Parteien, sei es nach § 558 BGB gemäß § 558b Abs 1, wobei es keine Rolle spielt, ob der Vermieter einen Anspruch auf eine Mieterhöhung hatte und ob das Mieterhöhungsverlangen wirksam war; es genügt vielmehr die bloße Tatsache der vereinbarten Mieterhöhung (BGH 28. 4. 2004 – VIII ZR 178/03, NJW-RR 2004, 945 = NZM 2004, 545 = WuM 2004, 345, 346 [r Sp u]; BayObLGZ 1989, 277, 280 = NJW-RR 1989, 1172; Blank/Börstinghaus Rn 11 ff). Einigen sich die Parteien auf eine **rückwirkende Mieterhöhung**, so läuft die Sperrfrist von dem rückdatierten Fälligkeitszeitpunkt ab (BGH 28. 4. 2004 – VIII ZR 178/03, NJW-RR 2004, 945 = NZM 2004, 545 = WuM 2004, 345, 346; Sternel, Mietrecht Rn III 608). Entsprechendes gilt im Falle der Vereinbarung einer **Staffel- oder Indexmiete** nach den §§ 557a und 557b: Immer ist Fristbeginn die Fälligkeit der letzten Mieterhöhung (BGH 28. 4. 2004 – VIII ZR 178/03, NJW-RR 2004, 945 = NZM 2004, 545 = WuM 2004, 345, 346; str). Im Falle einer **Nutzungserweiterung** ist nach dem Gesagten darauf abzustellen, ob zB hinsichtlich eines Stellplatzes, einer Garage oder eines Tiefgaragenplatzes ein neuer zweiter Mietvertrag abgeschlossen wird oder ob die Parteien den ursprünglichen Mietvertrag entsprechend durch dessen Erstreckung auf die neue Fläche ändern unter gleichzeitiger Erhöhung der Miete; nur im zweiten Fall wird infolge der einvernehmlichen Mieterhöhung eine neue Sperrfrist ausgelöst. Richtiger Meinung nach beruht ein **Untermietzuschlag** nach § 553 Abs 2 gleichfalls auf einer Vertragsänderung mit der Folge der Auslösung der Sperrfrist (alles str; anders zB LG München I WuM 1999, 575).

8 Die Sperrfrist wird nach den §§ 187, 188 und 193 BGB vom Zugang des neuen Mieterhöhungsverlangens ab rückwärts berechnet. Bei Zugang des neuen Mieterhöhungsverlangens bei dem Mieter muss maW „ein Jahr" seit Fälligkeit der letzten Mieterhöhung abgelaufen sein (§ 558 Abs 1 S 2 BGB). Daran schließt sich die Zustimmungs- oder Überlegungsfrist des § 558b BGB von maximal drei Monaten an. Beide Fristen zusammen ergeben idR, aber nicht immer und nicht notwendig die Wartefrist des § 558 Abs 1 S 1 BGB von 15 Monaten (s Rn 5), dies deshalb, weil die Zustimmungs- oder Überlegungsfrist nach § 558b Abs 1 BGB keine starre Frist von drei Monaten ist, sondern je nach den Umständen des Falles auch kürzer sein kann, nämlich mindestens zwei Monate plus einen Tag (s § 558b Rn 11). Den Parteien steht es frei, die Sperrfrist vertraglich zu verlängern, während eine **Verkürzung** unwirksam ist (§ 558 Abs 6 BGB; LG Hamburg WuM 1976, 187).

2. Teilzustimmung

9 Wenn der Mieter dem Mieterhöhungsverlangen des Vermieters vorprozessual nur teilweise zustimmt, muss man unterscheiden (s BeckOGK/Fleindl [1. 10. 2020] Rn 92.1 f; Kinne ZMR 2001, 775, 777; Schmidt-Futterer/Börstinghaus Rn 29 f): War das Mieterhöhungsverlangen des Vermieters **formell wirksam**, so hat der Vermieter jetzt die Wahl, ob er wegen des Restes, dem der Mieter nicht zugestimmt hat, die Zustimmungsklage erheben will (BGH 20. 1. 2010 – VIII ZR 141/09, WuM 2010, 161, 162 Rn 19 ff= NZM 2010, 436). Tut er dies nicht, so kommt eine entsprechende Vereinbarung der Parteien über die Teilerhöhung der Miete zustande (s § 558b Rn 8), sodass auch die **Sperrfrist ausgelöst** wird (BayObLGZ 1989, 277 = NJW-RR 1989, 1172; LG Mainz WuM 1992, 136; LG Mannheim ZMR 1994, 516 f; LG Berlin GE 1996, 1551; Sternel, Mietrecht Rn III 721). Erhebt er dagegen wegen des restlichen Betrages mit Erfolg Klage auf Zustimmung des Mieters zu der Mieterhöhung, so ist das Ergebnis letztlich wegen der durch § 558b Abs 1 angeordneten Rückwirkung des Urteils auf Zustimmung des Mieters (§ 894 ZPO) hinsichtlich der Fälligkeit der Mieterhöhung kein anderes.

War das Mieterhöhungsverlangen des Vermieters wegen Verstoßes gegen die §§ 558 bis 558e BGB **formell unwirksam**, so stellt die Teilzustimmung des Mieters lediglich einen **neuen Antrag** des Mieters im Sinne des § 150 Abs 2 BGB dar, sodass der Vermieter die Wahl hat, ob er den neuen Antrag annehmen oder ablehnen will (LG Mannheim ZMR 1994, 516 f; AG Hamburg NZM 1998, 574). Wenn er ablehnt, steht es ihm frei, das Mieterhöhungsverlangen (wirksam) zu wiederholen (§ 150 BGB). Nimmt er dagegen an, so kommt ein Änderungsvertrag mit dem vom Mieter vorgeschlagenen Inhalt zu Stande (§§ 311 Abs 1 und 557 Abs 1 BGB). Wegen des Restes kann der Vermieter auf Zustimmung klagen, wobei er die Mängel des ersten Mieterhöhungsverlangens noch während des Rechtsstreits gemäß § 558b Abs 3 S 1 korrigieren kann, ohne dass dem die Sperrfrist oder die Wartefrist entgegenstände (BGH 20. 1. 2010 – VIII ZR 141/09, WuM 2010, 161, 162 Tz 19 f = NZM 2010, 436; Börstinghaus WuM 2011, 838, 843; str; s dazu auch u § 558b Rn 8). **10**

3. Mieterwechsel

Bei Eintritt eines **neuen Mieters** in den Mietvertrag **an Stelle** des bisherigen Mieters läuft die letzte Sperrfrist wegen der Identität der beiden Mietverhältnisse grundsätzlich weiter; eine neue Sperrfrist beginnt mit Eintritt des neuen Mieters nur, wenn aus diesem Anlass zugleich die Miete erhöht wird (Blank/Börstinghaus Rn 14; Sternel, Mietrecht Rn III 608; **aM** LG Berlin GE 1997, 185; AG Frankfurt WuM 1982, 277). Ebenso zu behandeln sind die Fälle eines **gesetzlichen Mieterwechsels** nach § 563 (Blank/Börstinghaus Rn 14). Tritt dagegen ein **neuer** Mieter **neben** dem **bisherigen** in den Mietvertrag ein oder wird überhaupt mit einem neuen Mieter ein neuer Vertrag abgeschlossen, so beginnt auch die Sperrfrist erneut zu laufen. Bei dem **Ausscheiden eines** von mehreren **Mietern** aus dem Vertrag kommt es darauf an, ob der Mietvertrag mit dem oder den verbleibenden Mietern unverändert fortgesetzt wird. Nur wenn dies der Fall ist, beginnt keine neue Sperrfrist zu laufen. **11**

4. Ende der Preisbindung, Mietsenkungen

In den Fällen einer Beendigung der gesetzlichen Preisbindung aufgrund des WoBindG beginnt die Sperrfrist gleichfalls mit der **letzten Mieterhöhung** zu laufen, selbst wenn diese noch in die Zeit der gesetzlichen Preisbindung fällt. Anders verhält es sich nur, wenn es sich um eine Mieterhöhung im Sinne der §§ 559 und 560 BGB handelte (Rn 10 f; OLG Hamm ZMR 1994, 513, 514 = WuM 1994, 455; WuM 1995, 263 = ZMR 1995, 247; LG Berlin WuM 1989, 334 = ZMR 1989, 262; GE 2003, 592; LG Köln ZMR 1994, 569; LG Hagen WuM 1986, 139; LG Bonn WuM 1995, 113; Kinne ZMR 2001, 775, 777 ff). Unerheblich sind dagegen **Mietsenkungen**. Nach dem Zweck der ganzen Regelung ist hier kein Raum für die Auslösung der Sperr- und Wartefrist (Blank/Börstinghaus Rn 5, 17). **12**

5. Mieterhöhungen nach den §§ 559 bis 560

Nach § 558 Abs 1 S 3 BGB werden Mieterhöhungen nach den §§ 559 bis 560 aufgrund von Modernisierungsmaßnahmen oder wegen Veränderungen von Be- **13** triebskosten bei der Berechnung der Fristen des § 558 BGB *nicht* berücksichtigt. Mieterhöhungen nach den §§ 559 und 560 BGB unterscheiden sich von der Mieterhöhung nach § 558 BGB dadurch, dass es sich bei ihnen um **einseitige Mieterhöhungen** des Vermieters aufgrund entsprechender Gestaltungsrechte handelt, während § 558 BGB auf einen Änderungsvertrag im Sinne der §§ 311 Abs 1 und 557 Abs 1 BGB abzielt. Unklar ist zunächst die Rechtslage, die sich ergibt, wenn der Vermieter in den fraglichen Fällen auf ein ihm an sich mögliches einseitiges Vorgehen verzichtet und sich stattdessen mit dem Mieter auf eine Mieterhöhung, zB aus Anlass einer Modernisierung *einigt* (s § 555f Nr 3 BGB). Nach dem Wortlaut des § 558 Abs 1 S 3 BGB ist dann an sich kein Raum für die Anwendung der Sonderregelung des § 558 Abs 1 S 3 BGB. Der BGH tritt jedoch für eine **entsprechende Anwendung** der Vorschrift auf einverständlichen Mieterhöhungen ein, vorausgesetzt freilich, dass der Vermieter aufgrund der §§ 559 bis 560 BGB auch befugt gewesen wäre, einseitig vorzugehen (BGH 18. 4. 2007 – VIII ZR 285/06, NJW 2007, 3122 = NZM 2007, 727 f Rn 11 f, 15 ff = WuM 2007, 703; 19. 4. 2008 – VIII ZR 287/06, NJW 2008, 2031 = NZM 2008 die, 441, 442 Tz 10–13 = WuM 2008, 355; M Schultz PiG 83 [2008] 39, 46). Lagen dagegen zB die engen Voraussetzungen des § 560 für eine Erhöhung des Betriebskostenanteils an der Miete bei Vereinbarung einer **Teilinklusivmiete** nicht vor, so wird die Sperrfrist auch dann ausgelöst, wenn sich die Parteien aus Anlass der Steigerung der Betriebskosten über eine Mieterhöhung einigen (M Schultz PiG 83 [2008] 39, 46).

14 Zweifelhaft ist die Rechtslage ferner, wenn der Mieter eine gegen die §§ 559 bis 560 BGB verstoßende einseitige **Mieterhöhungserklärung** des Vermieters **hinnimmt** und daraufhin die erhöhte Miete zahlt, ohne dazu verpflichtet zu sein. Während es dann nach den einen bei der Anwendbarkeit des § 558 Abs 1 S 3 BGB verbleibt (Blank/Börstinghaus Rn 16; Schmidt-Futterer/Börstinghaus Rn 31–33), liegt nach überwiegender Meinung in diesem Fall ebenfalls eine **einverständliche (konkludente) Mieterhöhung** vor, die die beiden Fristen des § 558 Abs 1 BGB auslöst (LG Potsdam GE 2001, 61, 63; AG Nidda WuM 1994, 485 [beide zur Kappungsgrenze]; Sternel, Mietrecht Rn III 610 [S 884]). Obwohl der BGH deutlich zur Anwendbarkeit des § 558 Abs 1 S 3 tendiert (s BGH 18. 4. 2007 – VIII ZR 285/06, NJW 2007, 3123 = NZM 2007, 727, 728 Tz 18), ist hier doch in der Tat kein Raum für die Anwendung des § 558 Abs 1 S 3 BGB, weil das Verhalten des Mieters in den fraglichen Fällen nur als konkludente Zustimmung zu der verlangten Mieterhöhung gewertet werden kann – mit der Folge, dass die Fristen des § 558 Abs 1 BGB ausgelöst werden. Es macht keinen Sinn, zwischen der bloßen Hinnahme einer unwirksamen Mieterhöhung und der konkludenten Zustimmung zu unterscheiden.

6. Rechtsfolgen

15 Ein neues Mieterhöhungsverlangen kann nach § 558 Abs 1 S 2 BGB **frühestens ein Jahr nach** der letzten **Mieterhöhung**, dh nach dem Fälligkeitszeitpunkt der letzten Mieterhöhung (s oben Rn 6 ff) geltend gemacht werden. Ein vorzeitiges Erhöhungsverlangen ist **unwirksam** und löst auch nicht die Fristen des § 558b BGB aus, sodass eine nachfolgende Klage des Vermieters auf Zustimmung des Mieters als *unzulässig* abzuweisen ist. Das gilt selbst dann, wenn das Erhöhungsverlangen ausdrücklich erst für einen Zeitpunkt nach Ablauf der Wartefrist Gültigkeit haben sollte (BGHZ 123, 37, 41 ff = NJW 1993, 2109 mAnm Emmerich LM Nr 7 zu MiethöheregG; BGH 28. 4. 2004 – VIII

ZR 178/03, NJW-RR 2004, 945 = NZM 2004, 545 = WuM 2004, 345, 346 [l Sp unter II. 1a]). Jedoch dürfte hier § 558b Abs 3 S 1 BGB entsprechend anwendbar sein (s Palandt/Weidenkaff Rn 12). Im Mieterhöhungsverlangen braucht die Einhaltung der Sperrfrist nicht dargelegt zu werden. Bei einer Zustimmungsklage ist jedoch ein entsprechender Vortrag Voraussetzung der Schlüssigkeit der Klage.

IV. Ausgangsmiete

§ 558 Abs 1 S 1 BGB begründet unter bestimmten Voraussetzungen einen Anspruch **16** des Vermieters auf Zustimmung des Mieters zu einer Erhöhung der „Miete" bis zur ortsüblichen Vergleichsmiete. Die Ermittlung des Erhöhungsbetrages hat deshalb bei der **Feststellung der bisherigen „Miete"**, der sog Ausgangsmiete zu beginnen. Das ist der Betrag, auf den sich die Parteien als Gegenleistung nach § 535 Abs 2 BGB im Vertrag oder später geeinigt haben, wobei es sich – je nach den Abreden der Parteien – um eine Nettomiete, eine Teilinklusiv- oder eine Inklusivmiete (Bruttomiete) handeln kann (OLG Frankfurt NZM 2001, 418, 419 =WuM 2001, 231; AG Münster WuM 2016, 499). Bei Anwendung des § 558 BGB ist vor allem darauf zu achten, dass grundsätzlich **nur Gleiches mit Gleichem** verglichen werden kann. Haben die Parteien eine **Teilinklusivmiete** vereinbart, so ist daher diese vorrangig *insgesamt* nach § 558 BGB durch Vergleich mit der *ortsüblichen Teilinklusivmiete* zu erhöhen. Einer vorherigen Herausrechnung der Nebenkosten bedarf es dazu nicht (OLG Stuttgart NJW 1983, 2329 = ZMR 1983, 389 = WuM 1983, 285; WuM 1983, 311; WuM 1984, 121 = ZMR 1984, 282; WuM 1993, 29 = NJW-RR 1993, 389 = ZMR 1993, 112; OLG Hamm WuM 1984, 121 = ZMR 1984, 282). Nichts hindert aber den Vermieter an dem Vergleich der vereinbarten Teilinklusivmiete mit einer (höheren) ortsüblichen Nettomiete, weil der Mieter dadurch nur begünstigt werden kann (BGH 23. 4. 2008 – XII ZR 62/06, NJW 2008, 848 = NZM 2008, 124 Tz 11 = WuM 2007, 707). Umgekehrt kann aber eine vereinbarte **Nettomiete** nur mit Nettomieten verglichen werden (LG Berlin GE 1996, 57, 59; Beuermann NZM 1998, 598). *Nicht* möglich ist dagegen ein Vergleich von Nettomieten mit Teilinklusiv- oder Bruttomieten (LG Berlin GE 1997, 1467; LG Köln WuM 2001, 244), außer wenn sich die Parteien darüber verständigen (§§ 311 Abs 1, 557 BGB).

Aus dem Gesagten (o Rn 16) ergeben sich bei Vereinbarung einer Inklusiv- oder **17** **Teilinklusivmiete** häufig Schwierigkeiten, weil **Mietspiegel**, das am meisten verbreitete Mittel zur Begründung einer Mieterhöhung nach den §§ 558 und 558a, nur Nettomieten ausweisen. Will der Vermieter gleichwohl die Miete unter Berufung auf die Mietspiegelwerte erhöhen, so bleibt ihm in der Regel nichts anderes übrig, als die vereinbarte Teilinklusivmiete durch Ausscheidung des (geschätzten) Betriebskostenanteils an der Miete auf die (hypothetische) Netto- oder **Grundmiete** umzurechnen (s Rn 16). Dabei ist allein auf die **tatsächlichen aktuellen Betriebskosten** bei Abgabe des Mieterhöhungsverlangens abzustellen, die sich grundsätzlich aus der letzten Betriebskostenabrechnung vor Abgabe des Mieterhöhungsverlangens ergeben, wobei nicht zwischen verbrauchsabhängigen und -unabhängigen Betriebskosten unterschieden wird (BGH WuM 2006, 39, 40 Tz 15 ff = NZM 2006, 101; 12. 7. 2006 – VIII ZR 215/05, NJW-RR 2006, 1599 = NZM 2006, 864 Tz 14; 10. 10. 2007 – VIII ZR 131/06, WuM 2007, 707 = NJW 2008, 848 = NZM 2008, 124 Tz 9; ZMR 2009, 102; 26. 1. 2010 – VIII ZR 141/09, WuM 2010, 161 Tz 13 f = NZM 2010, 436; 5. 11. 2011 – VIII ZR 87/11, NZM 2012, 80 Tz 19 ff = WuM 2012, 27; M Schultz PiG 83 [2008] 39, 47 ff). Diese tatsächlichen Betriebskosten können dann aus der Teilinklusivmiete herausgerechnet oder der Nettomiete des Mietspiegels zugeschlagen werden, um die Vergleichbarkeit herzustellen (BGH 26. 1. 2010 – VIII ZR 141/09, WuM 2010, 161, 162 Tz 12 ff = NZM 2010, 436; AG Münster WuM 2016, 499). Hatten die Parteien unter Verstoß gegen die Heizkostenverordnung (§§ 2, 4 Abs 1 HeizkostenVO) eine **Bruttomiete** vereinbart, so ist darüber hinaus der herausgerechnete Warmwasser- und Heizkostenanteil fortan als *Vorauszahlung* auf die später abzurechnenden Heizungs- und Warmwasserkosten zu behandeln (s Rn 16; BGH 19. 7. 2006 – VIII ZR 212/05, NZM 2006, 652 = WuM 2006, 518, 520 Tz 19; LG Berlin GE 2009, 1499). Nur auf die verbleibende Teilinklusivmiete kann sodann § 558 BGB angewendet werden, entweder durch Vergleich mit der ortsüblichen Teilinklusivmiete (sofern bekannt) oder durch Herausrechnung auch der weiteren Betriebskosten und anschließendem Vergleich mit der ortsüblichen Nettomiete, wobei Betriebskosten unberücksichtigt bleiben, die wegen des Verstoßes gegen das Wirtschaftlichkeitsgebot nicht umlagefähig sind (AG Münster WuM 2016, 499, 500).

18 Die **Beweislast** für alle genannten Größen (s Rn 17) trägt der Vermieter, sodass in der **Zustimmungsklage** die zutreffende Darlegung der einzelnen Rechenschritte zur Schlüssigkeit der Klage gehört (BGH 12. 7. 2006 – VIII ZR 215/05, NZM 2006, 864 = NJW-RR 2006, 1599 = WuM 2006, 569; 26. 1. 2010 – VIII ZR 141/09, WuM 2010, 161, 162 Tz 12 ff = NZM 2010, 436; LG Berlin GE 2009, 716). Damit dürfen jedoch nicht die Anforderungen an die Begründung des **Mieterhöhungsverlangens** nach § 558a BGB verwechselt werden; dieses ist vielmehr schon dann ordnungsgemäß begründet, wenn der Vermieter hier auf pauschale oder Durchschnittswerte für die Betriebskosten abstellt, weil dem Mieter auch dann eine Nachprüfung möglich ist (so BGH 12. 1. 2006 – VIII ZR 215/05, NZM 2006, 864 = NJW-RR 2006, 1599 = WuM 2006, 569 Tz 13; 10. 10. 2007 – VIII ZR 131/06, WuM 2007, 707 =, NJW 2008, 848 = NZM 2008, 124 Tz 10; AG Münster WuM 2016, 499, 500). Fehlt es daran, so verbleibt dem Vermieter immer noch die Möglichkeit der **Nachbesserung** im Rechtsstreit aufgrund des § 558b Abs 3 (BGH 26. 1. 2010 – VIII ZR 141/09, WuM 2010, 161, 162 Tz 12 ff = NZM 2010, 436). Der Mieter hat ein **Einsichtsrecht** in die Unterlagen des Vermieters, um dessen Angaben über den Warmwasser- und Heizkostenanteil an der Miete nachprüfen zu können (LG Berlin GE 2006, 723, 725; 2009, 716).

19 Die geschilderte Aufspaltung der an sich vereinbarten Teilinklusivmiete in eine hypothetische Grundmiete und einen Betriebskostenanteil (o Rn 17) hat lediglich Bedeutung für die Begründung des Erhöhungsverlangens nach § 558a BGB. Ihr korrespondiert – anders als bei der (nicht zulässigen) Vereinbarung einer Bruttomiete (s Rn 14 am Ende) – *nicht* ein Anspruch des Vermieters auf eine **entsprechende Änderung des Mietvertrages** durch Umstellung der Teilinklusivmiete auf eine Nettomiete mit gesonderter Abrechnung aller Betriebskosten (OLG Hamburg WuM 1983, 49, 50; OLG Frankfurt NZM 2001, 418, 419 = ZMR 2001, 449; LG Berlin GE 2002, 737; AG Mainz NZM 2010, 238; AG Köln WM 2013, 490, 491 mA Börstinghaus 471). Die Folge ist, dass das Mieterhöhungsverlangen unwirksam ist, wenn der Vermieter mit dem Verlangen nach Zustimmung zur Mieterhöhung die *Forderung* nach einer Änderung der Mietstruktur verbindet; anders verhält es sich nur, wenn beide Forderungen eindeutig getrennt werden (s unten § 558a Rn 14). Lässt sich jedoch der Mieter darauf ein, insbesondere, indem er mehrfach widerspruchslos die geänderte Miete zahlt, so ist iZw infolgedessen – unabhängig von § 558 – der Mietvertrag entsprechend konkludent geändert worden (BGH 7. 7. 2010 – VIII ZR 321/09, NJW 2010, 2945 Tz 11 f = NZM 2010, 734). Dies gilt auch bei einer Mieterhöhung nach Wegfall der gesetzlichen **Preisbindung**: War unter ihrer Geltung eine Bruttomiete vereinbart, so hat es nach Aufhebung der

Preisbindung dabei gleichfalls sein Bewenden (LG Berlin GE 1991, 45, 47; LG Wiesbaden ZMR 2013, 892).

20 Keine Rolle spielt die **Höhe der Ausgangsmiete**. § 558 BGB gilt auch, wenn diese besonders *niedrig* war, außer wenn die Parteien ausdrücklich oder konkludent eine Ausschlussvereinbarung iSd § 557 Abs 3 BGB getroffen haben (BGH 20. 6. 2007 – VIII ZR 303/06, WuM 2007, 452 = NJW 2007, 2546 = NZM 2007, 639, 640 Tz 10, 13 ff). **Mieterhöhungen nach § 559 BGB** wegen Modernisierungsmaßnahmen des Vermieters bilden fortan einen Bestandteil der Ausgangsmiete und unterliegen anschließend zusammen mit der restlichen Miete *einheitlich* dem Vergleichsmietensystem der §§ 558 ff; ihre gesonderte Behandlung ist nicht möglich (§ 558 Abs 6 BGB; BGH 23. 4. 2008 – XII ZR 62/06, NJW 2008, 848 = NZM 2008, 124, 125 Tz 16). Weist der Vermieter gleichwohl die Mieterhöhung nach § 559 BGB gesondert in seinem Mieterhöhungsverlangen aus, so beeinträchtigt dies freilich nicht die formelle Wirksamkeit des Mieterhöhungsverlangens, sondern hat nur Auswirkungen auf die Begründetheit des Verlangens (BGH 23. 4. 2008 – XII ZR 62/06 NJW 2008, 848 = NZM 2008, 124, 125 Tz 18).

21 Wenn der Vermieter die **Schönheitsreparaturen** tragen muss, rechtfertigt dies keinen Zuschlag zu der ortsüblichen Netto- oder Teilinklusivmiete, selbst wenn bei deren Ermittlung nur Mietverträge mit der Pflicht des Mieters zur Tragung der Schönheitsreparaturen berücksichtigt worden sein sollten, weil die Tragung der Schönheitsreparaturen kein Wohnwertmerkmal iS des § 558 Abs 2 ist, vielmehr die Tragung der Schönheitsreparaturen durch den Vermieter lediglich der gesetzlichen Regelung des § 535 Abs 1 S 2 entspricht; es kommt hinzu, dass für die Berechnung derartiger Zuschläge alle Maßstäbe fehlen (s Rn 43; BGH 9. 11. 2011 – VIII ZR 87/11, NZM 2012, 80 Tz 21 = WuM 2012, 27, 29; LG Freiburg NZM 2015, 488, 489; AG Wiesbaden WuM 2011, 163; – anders eine verbreitete Meinung, zB OLG Koblenz NJW 1985, 333 = WuM 1985, 15; LG München I NZM 2002, 945; LG Berlin GE 2000, 472; LG Frankfurt NZM 2003, 974 f). Dasselbe gilt (erst recht), wenn die Verpflichtung des Vermieters zur Tragung der Schönheitsreparaturen letztlich darauf beruht, dass sich die formularvertragliche Abwälzung der Schönheitsreparaturen auf den Mieter nachträglich als unwirksam erwiesen hat (BGH 9. 7. 2008 – VIII ZR 181/07, BGHZ 177, 186, 189 ff. Rn 11 ff = NJW 2008, 2840). Aus vergleichbaren Erwägungen heraus scheidet umgekehrt aber auch ein **Abschlag** von der Vergleichsmiete zu Gunsten des Mieters bei Abwälzung der Kleinreparaturen auf den Mieter aus (LG Berlin GE 2009, 654).

V. Vergleichsmiete

1. Überblick, Definition

22 Der Vermieter kann von dem Mieter nach § 558 Abs 1 S 1 BGB die Zustimmung zu einer Erhöhung der Miete verlangen, wenn die vereinbarte Miete, die sog Ausgangsmiete (o Rn 16 ff), hinter der „ortsüblichen Vergleichsmiete" zurückbleibt. Die Definition der ortsüblichen Vergleichsmiete findet sich in § 558 Abs 2 S 1 BGB (u Rn 23 ff). Unter der ortsüblichen Vergleichsmiete sind danach die üblichen Entgelte (Plural!) zu verstehen, die in der Gemeinde oder in einer vergleichbaren Gemeinde für Wohnraum, der nach bestimmten Wohnwertmerkmalen vergleichbar ist, in den letzten sechs Jahren vereinbart oder, von Erhöhungen nach § 560 BGB abgesehen, geändert wurden. Die maßgeblichen Wohnwertmerkmale sind Art, Größe, Ausstattung, Beschaffenheit und Lage der verglichenen Wohnungen einschließlich (seit 2013) ihrer energetischen Ausstattung und Beschaffenheit (u Rn 40 ff). Unberücksichtigt bleibt jedoch nach S 2 des § 558 Abs 2 BGB Wohnraum, bei dem die Miethöhe durch Gesetz oder im Zusammenhang mit einer Förderzusage festgelegt wurde (u Rn 32). Bei der auf diese Weise definierten ortsüblichen Vergleichsmiete handelt es sich um einen **unbestimmten Rechtsbegriff**. Die Folge ist, dass die Höhe der Vergleichsmiete jeweils anhand verschiedener normativer Vorgaben aus den vorhandenen Marktdaten abgeleitet werden muss, sodass es sich dabei im Grunde um ein *theoretisches Konstrukt* handelt, dessen Berechnung Theorie und Praxis gleichermaßen mit einer Fülle ungelöster Probleme konfrontiert (s dazu zB Blank ZMR 2013, 170; Börstinghaus, Hdb Kap 11 Rn 35 ff; ders WuM 2011, 338; 2012, 244; 2020, 601; ders, in: FS Eisenschmid 15 [WuM 2016 H 7]; ders WuM 2017, 549; Börstinghaus/Clar NZM 2014, 889, 891; Bühler NZM 2011, 729; ders ZMR 2012, 531; Weitemeyer, in: 10 Jahre Mietrechtsreformgesetz [2011] 660). Die Situation ist insoweit durchaus vergleichbar mit derjenigen, die sich im Aktien- und Konzernrecht bei der Unternehmensbewertung aufgrund der vorherrschenden, (durchaus problematischen) fundamental-analytischen Methode der Wirtschaftsprüfer ergibt (s zB Emmerich AG 2019, 579).

23 Die ortsübliche Vergleichsmiete im Sinne des § 558 Abs 1 muss vor allem von der **Marktmiete** unterschieden werden. Unter der Marktmiete versteht man die Miete, die aktuell am Markt für eine bestimmte Wohnung erzielt werden kann. Der Unterschied zwischen Vergleichsmiete und Marktmiete ergibt sich vor allem daraus, dass der Gesetzgeber in § 558 Abs 2 BGB mit Bedacht gerade *nicht* auf die aktuelle Marktlage, sondern auf die **üblichen Entgelte aus einem bestimmten Zeitraum** abgestellt hat, so dass, kontinuierlich steigende Mieten unterstellt, in die Berechnung der Vergleichsmiete durchweg auch Mieten einfließen, die notwendigerweise *niedriger* als die heute am Markt tatsächlich erzielbaren Mieten sind. Der Abstand ist umso größer, je länger der zu berücksichtigende Vergleichszeitraum, der sogenannte Betrachtungszeitraum, ist und je stärker ältere Mieten gegenüber neueren bei der Ermittlung der Vergleichsmiete berücksichtigt werden (s unten Rn 36). Bei der ortsüblichen Vergleichsmiete handelt es sich deshalb im Gegensatz zur Marktmiete um eine nach bestimmten rechtlichen Vorgaben ermittelte **Durchschnittsmiete** für (nur) nach Wohnwertmerkmalen **vergleichbare Wohnungen** aus einem bestimmten Zeitraum und in einem bestimmten Gebiet.

24 Bei der Bildung der Durchschnittsmiete (s Rn 23) sind keineswegs sämtliche, am Markt vorfindlichen, häufig disparaten Mietentgelte zu berücksichtigen; vielmehr dürfen nach § 558 Abs 2 S 1 nur gerade die „üblichen Entgelte" für nach Wohnwertmerkmalen vergleichbare Wohnungen berücksichtigt werden (§ 558 Abs 2 S 1 BGB; s Rn 40 ff). Die Folge ist, dass das für die Ermittlung der Durchschnittsmiete zu berücksichtigende Datenmaterial in verschiedener Hinsicht durch Ausscheidung mehrerer Gruppen von (nicht repräsentativen) Wohnungen zu bereinigen ist. Die erste derartige Gruppe bilden die sogenannten **Ausreißermieten**, dh ungewöhnlich hohe oder niedrige Mieten, deren Bildung offenbar auf besonderen, für den Markt nicht repräsentativen (subjektiven) Faktoren beruht. In der Praxis wird dabei in der Regel nach der so genannten **Zweidrittel-Regel** verfahren; gemeint ist damit die Ausscheidung von je einem Sechstel der obersten und untersten Werte (BGH 29. 2. 2012 – VIII ZR 146/10, NJW 2012, 1351 = NZM 2012, 339 = WuM 2012, 281 Tz 18 ff; Blank ZMR 2013, 170, 173 f; Börstinghaus WuM 2012, 244, 248 f; Börstinghaus/Clar NZM 2014, 889,

896 ff). In der Wirkung durchaus vergleichbar ist die Eliminierung von 20% der oberhalb und unterhalb des arithmetischen Mittels der erhobenen Daten liegenden Werte (gebilligt durch BGH 29. 2. 2012 – VIII ZR 146/10, NJW 2012, 1351 = NZM 2012, 339 = WuM 2012, 281 Tz 20).

25 Auszuklammern sind weiter nach § 558 Abs 2 S 1 solche Bestandsmieten, bei denen innerhalb der letzten sechs Jahre die Miete lediglich **nach § 560 BGB** wegen einer Veränderung der Betriebskosten **geändert** wurde, ferner, weil nicht „üblich" und damit nicht repräsentativ, auf **Teil- und Sondermärkten** gezahlte Mieten sowie **einmalige Mieten** (Stichwort: Schlossmieten; s im Einzelnen u Rn 30 f). Auszuklammern sind ferner nach § 558 Abs 2 S 2 sämtliche Wohnungen, bei denen die Miethöhe durch Gesetz oder im Zusammenhang mit einer Förderzusage festgelegt wurde (so genannte **Fördertatbestände**, s Rn 32). Schließlich folgt noch aus § 558 Abs 2 S 2 BGB, dass bei der Ermittlung der ortsüblichen Vergleichsmiete nur solche Entgelte vergleichbarer Wohnungen berücksichtigt werden dürfen, die in den letzten sechs Jahren vereinbart oder, von Erhöhungen nach § 560 BGB abgesehen, geändert wurden (sog **Aktualisierung des Vergleichsmietenbegriffs**, Rn 30). Sehr wohl zu berücksichtigen sind jedoch auf der anderen Seite Staffel- und Indexmieten (§§ 557a und 557b BGB) sowie Mietsenkungen, weil und sofern sie zur Marktsituation gehören, die durch die Vergleichsmiete widergespiegelt werden soll. Die Folge der geschilderten „Aufbereitung" des Datenmaterials (zu der häufig bereits praktische Probleme bei der Datenerhebung zwingen, deren Kosten andernfalls unkalkulierbar würden) ist natürlich, dass es am Markt immer zahlreiche Wohnungen geben wird, deren „Marktwert" in der Vergleichsmiete und insbesondere in Mietspiegeln nicht widergespiegelt wird, – woraus sich erhebliche Probleme bei der Anwendung insbesondere des § 558 BGB und bei der des § 556d (Mietpreisbremse) auf solche Wohnungen ergeben. Wie hier zu verfahren ist, etwa durch „Korrektur" der ermittelten Durchschnittswerte mittels Zu- oder Abschlägen ist noch nicht endgültig geklärt (ausführlich zB BÖRSTINGHAUS WuM 2017, 549).

26 Anhand des auf die geschilderte Weise (s Rn 24 f) aufbereiteten Datenmaterials ist sodann die ortsübliche Vergleichsmiete (nur) für die jeweils erfassten Wohnungen zu ermitteln, genauer: zu berechnen. Bei der ortsüblichen Vergleichsmiete handelt es sich folglich um einen **Durchschnittswert**, idealerweise berechnet nach den Gesetzen der Statistik aufgrund der idR sehr unterschiedlichen Mieten für einen repräsentativen Querschnitt von nach Wohnwertmerkmalen vergleichbaren Wohnungen in derselben oder in einer vergleichbaren Gemeinde aus den letzten sechs Jahren (BGH 20. 4. 2005 – VIII ZR 110/04, NJW 2005, 2074 = NZM 2005, 498 = WuM 2005, 394, 395 [r Sp 4. Abs]; 6. 7. 2005 – VIII ZR 322/04, NZM 2005, 660 = NJW 2005, 2621 = WuM 2005, 516, 517;; 24. 4. 2019 – VIII ZR 62/18 Rn 20, NJW 2019, 3142 = NZM 2019, 469 = WuM 2019, 324; BVerfGE 37, 132, 143 = NJW 1974, 1499; BVerfGE 53, 352, 358 = NJW 1980, 1617). Dabei muss man sich von vornherein von der Vorstellung freimachen, es gebe am Markt für die nach Wohnwertmerkmalen vergleichbaren Wohnungen gewöhnlich nur *eine* ganz bestimmte Miete. Die am Markt gezahlten Mieten weisen vielmehr durchweg erhebliche Spannweiten auf, sodass mit hinreichender Sicherheit, wenn überhaupt, so **nur Mietspannen** ermittelt werden können (LG München I WuM 1996, 709 ff = NJW-MietR 1997, 123 ff; WuM 2002, 547, 548 = NZM 2002, 904; NZM 2003, 974; BÖRSTINGHAUS NZM 2003, 377, 384; THOMMA WuM 2005, 496).

27 Aus den Mietspannen ist schließlich noch in einem letzten Schritt die so genannte **Einzelvergleichsmiete** abzuleiten, die dann als Vergleichsmaßstab im Sinne des § 558 BGB, dh als die gesuchte konkrete ortsübliche Vergleichsmiete dient. Gemeint ist damit die „übliche" Miete für konkret vergleichbare Wohnungen innerhalb der im Mietspiegel ausgewiesenen Spanne. Das kann (ausnahmsweise) ein **Punktwert** sein; im Regelfall wird sich aber die konkrete Einzelvergleichsmiete innerhalb einer gewissen **Bandbreite** (nicht zu verwechseln mit der im Mietspiegel genannten Spanne) bewegen. Diese Bandbreite wird fixiert durch die **Üblichkeit**, dh die Verbreitung von Mieten (innerhalb der Spanne) für konkret vergleichbare Wohnungen, wobei offenbar die Vorstellung ist, dass die Bandbreite die große Mehrzahl (über 60%) der Mieten für Wohnungen der fraglichen Art umfassen muss, sofern das vorhandene Datenmaterial derartige Aussagen zulässt. Jede Miete *innerhalb der Bandbreite* ist dann die „übliche Miete" im Sinne des Gesetzes, sodass der Vermieter mit seinem Mieterhöhungsverlangen immer bis zum oberen Rand der *Bandbreite* (nicht der Spanne !) gehen darf (grdl BGH 29. 2. 2012 – VIII ZR 146/10, NJW 2012, 1351 = NZM 2012, 339 = WuM 2012, 281 sowie insbesondere noch BGH 20. 4. 2005 – VIII ZR 110/04, NJW 2005, 2074; 6. 7. 2005 – VIII ZR 322/04, NJW 2005, 2621; 4. 5. 2011 – VIII ZR 62/18, NJW 2011, 2284; 21. 11. 2012 – VIII ZR 46/12, NZM 2013, 138 = WuM 2013, 110 Tz 13; 19. 2. 2019 – VIII ZR 245/17 Rn 13, GE 2019, 377; 24. 4. 2019 – VIII ZR 62/18 Rn 56 ff, NJW 2019, 3142 = WuM 2019, 324, 329; LG Nürnberg-Fürth WuM 2018, 90; wegen der Einzelheiten s Blank ZMR 2013, 170; Börstinghaus WuM 2011, 338; 2012, 244; Bühler ZMR 2012, 531).

28 Die Ermittlung der letztlich maßgebenden Bandbreite der in Betracht kommenden Mieten (innerhalb der Mietspanne, Rn 27) setzt das Vorhandensein eines umfangreichen, wissenschaftlich aufbereiteten und repräsentativen Datenmaterials voraus. Fehlt es daran wie häufig, so bleibt als Ausweg gewöhnlich allein die von der Rechtsprechung durchweg gebilligte Einordnung der konkreten Wohnung innerhalb der (grob) durch bestimmte Wohnwertmerkmale definierten Spannen der Mietspiegel, insbesondere anhand der den Mietspiegeln von ihren Verfassern häufig beigegebenen so genannten **Orientierungshilfen** (BGH 20. 4. 2005 – VIII ZR 110/04, NJW 2005, 2074 = NZM 2005, 498 = WuM 2005, 394, 395; 6. 7. 2005 – VIII ZR 322/04, NZM 2005, 660 = NJW 2005, 2621 = WuM 2005, 516, 517 f; 19. 2. 2019 – VIII ZR 245/17 Rn 13, GE 2019, 377; 24. 4. 2019 – VIII ZR 62/18 Rn 56 ff, NJW 2019, 3142; LG Dortmund WuM 2005, 723, 725 f = NZM 2006, 134; LG Duisburg WuM 2008, 598, 599; LG Nürnberg-Fürth WuM 2018, 90). Die Orientierungshilfen werden zu diesem Zwecke als „von Fachleuten aufgestellte **Erfahrungssätze**" behandelt, die im Wege der freien Beweiswürdigung bei der ohnehin nach § 287 ZPO erforderlichen Schätzung der Einzelvergleichsmiete berücksichtigt werden könnten (KG WuM 2009, 407, 408; LG Berlin GE 2008, 1627; 2011, 411; 2012, 549; ZMR 2010, 37; GE 2010, 61; LG Duisburg WuM 2008, 598, 599; wohl auch KG NZM 2009, 594 = NJW-RR 2009, 1165 = WuM 2009, 409). Dies ist schon deshalb **problematisch**, weil es nicht zutrifft, dass die Orientierungshilfen „von Fachleuten aufgestellte Erfahrungssätze" seien (so LG Berlin GE 2008, 1627; 2011, 411; 2012, 549; ZMR 2010, 37; GE 2010, 61); sie werden vielmehr im besten Fall von den Verfassern der Mietspiegel frei geschätzt und im schlimmsten Fall von den an der Aufstellung der Mietspiegel beteiligten Verbänden nach dem Prinzip „do ut des" schlicht ausgehandelt (s LG Bonn WuM 2009, 466; Blümmel GE 2005, 625; Kinne GE 2008, 644; Thomma WuM 2005, 496). Helfen deshalb auch die so genannten Orientierungshilfen nicht weiter, so geht die Praxis häufig, wenn nicht regelmäßig, einfach von dem **Mittelwert der Spanne** aus – gleichsam als derjenigen Vergleichsmiete, die nach den Umständen immer noch am leichtesten mit zumutbarem Aufwand ermittelt werden kann (LG Dortmund WuM 2010, 633; 2015, 737, 738; LG Nürnberg-Fürth WuM 2018, 90).

Maßgebender Zeitpunkt ist der des Zugangs des Mieterhöhungsverlangens beim Mieter. Die für diesen Stichtag ermittelte Einzelvergleichsmiete ist folglich die für die fragliche Wohnung maßgebende und dem Mieterhöhungsverlangen zugrunde zu legende Vergleichsmiete im Sinne des § 558 BGB (s Rn 31, BGH 29. 2. 2012 – VIII ZR 146/10, NJW 2012, 1351 Tz 30 = NZM 2012, 339 = WuM 2012, 281; 15. 3. 2017 – VIII ZR 295/15 Rn 18, GE 2017, 471; BayObLGZ 1992, 314 = NJW-RR 1993, 202; OLG Stuttgart NJW-RR 1994, 334 = WuM 1994, 58). 29

2. Nur übliche Entgelte

In die Bildung der Durchschnittsmiete dürfen nach § 558 Abs 1 S 1 BGB nur „übliche Entgelte" einbezogen werden. *Keine* üblichen Entgelte im Sinne des § 558 Abs 2 S 1 BGB sind solche Mieten, die aufgrund besonderer Umstände Sondereinflüssen unterliegen und deshalb **nicht** als **repräsentativ** für das allgemeine Marktpreisniveau angesehen werden können (s Rn 24, Börstinghaus/Clar NZM 2014, 889, 896 ff). Dazu gehören zunächst die Mieten, die am Markt von besonders privilegierten oder besonders benachteiligten Mietergruppen gefordert und gezahlt werden. **Beispiele** für vor allem früher häufig am Markt **diskriminierte Mietergruppen** waren neben Ausländern noch die Angehörigen der früheren Stationierungskräfte (OLG Hamm WuM 1983, 78 = ZMR 1983, 207), Wohngemeinschaften (OLG Hamm WuM 1983, 108) sowie Studenten (LG Aachen ZMR 1983, 408). Überhöhte Mieten, die sich allein aus der Diskriminierung solcher Mietergruppen am Markt erklären, bleiben außer Betracht. Auch bei ihnen richtet sich vielmehr im Falle einer Mieterhöhung die maßgebliche Vergleichsgröße ausschließlich nach der entsprechend § 558 Abs 2 BGB ermittelten ortsüblichen Vergleichsmiete (BayObLGZ 1981, 105 = NJW 1981, 1219 = WuM 1981, 100; OLG Hamm WuM 1983, 78 = ZMR 1983, 207; WuM 1983, 108; LG Lübeck WuM 1995, 189, 192). 30

Unberücksichtigt bleiben ferner die auf sonstigen **Sonder- oder Teilmärkten** geforderten und gezahlten Preise. **Beispiele** sind Mieten für Misch- und für Untermietverhältnisse oder für möblierten Wohnraum, Heim- und Hotelmieten sowie vergleichbare Fälle (zu Ausreißermieten, dh zu offenkundig überteuerten „Wuchermieten" und zu extrem günstigen sog Freundschaftsmieten s schon o Rn 24). Das gesetzliche Vergleichsmietensystem kann ohnehin nur funktionieren, wenn es für die fragliche Wohnung überhaupt in der Gemeinde oder in Nachbargemeinden nach Wohnwertmerkmalen **vergleichbare Wohnungen in ausreichender Zahl**, dh einen „Markt" gibt, sodass sich im Spiel von Angebot und Nachfrage ein Marktpreisniveau herausbilden kann. Fehlt es hieran wie bei Wohnungen mit einmaligen Merkmalen wie zB **Schlosswohnungen** oder **repräsentativen Einfamilienhäusern**, so bleibt im Streitfall nichts anderes übrig als eine **freie Schätzung** der „Vergleichsmiete" unter Berücksichtigung möglichst vieler Faktoren (§ 287 ZPO; s unten Rn 40 sowie u § 558a Rn 20; AG Straubing WuM 1985, 326; AG Hamburg-Blankenese ZMR 1998, 568; 2003, 49; Börstinghaus/Clar NZM 2014, 889, 896 ff). 31

3. Aktualisierung des Vergleichsmietenbegriffs

Nach § 558 Abs 2 S 1 BGB sind bei der Ermittlung der Vergleichsmiete nur solche Entgelte vergleichbarer Wohnungen in derselben oder in einer vergleichbaren Ge- 32 meinde zu berücksichtigen, die in den letzten sechs Jahren vereinbart *oder,* von Erhöhungen nach § 560 BGB abgesehen, geändert wurden. Die geltende Fassung des § 558 Abs 2 S 1, in der auf einen Betrachtungszeitraum von sechs Jahren abgestellt wird, beruht auf dem Gesetz zur Verlängerung des Betrachtungszeitraums für die ortsübliche Vergleichsmiete von 2019, in Kraft getreten Anfang 2020. Ursprünglich umfasste der Betrachtungszeitraum den gesamten Zeitraum seit Inkrafttreten der Vorgängerregelung im Jahre 1971. Die Folge war ein erhebliches Gewicht aller Bestandsmietenänderungen, tendenziell mit der Wirkung eines deutlichen Drucks auf die Vergleichsmieten. Aus diesem Grunde wurde 1982 der Betrachtungszeitraum im Interesse der Förderung des Wohnungsbaus auf drei Jahre verkürzt und sodann im Jahre 1993 wieder auf vier Jahre verlängert, um das Mietpreisniveau erneut ein wenig abzusenken (s zB Börstinghaus NZM 2019, 841, 843). Derselbe **Zweck** wird jetzt mit der weiteren Verlängerung des Betrachtungszeitraums von vier auf sechs Jahre verfolgt (s die Begr z RegE BT-Drucks 19/14245), – wobei freilich durchaus zweifelhaft ist, ob tatsächlich, wie von der Bundesregierung angenommen (s die Begr BT-Drucks 19/14245, 16 ff), mit einer derartigen doch eher geringfügigen Gesetzesänderung ein spürbarer preisdämpfende Effekt erzielt werden kann (s die Kritik bei Börstinghaus NZM 2019, 841; Horst MDR 2020, 253; Klinger/Storm DWW 2020, 4).

33 Erhebliche Probleme infolge der Gesetzesänderung von 2019 ergeben sich daraus, dass alle Ende des Jahres 2019 in Gebrauch befindlichen einfachen und qualifizierten **Mietspiegel** (natürlich) auf der Fassung des § 558 Abs 2 S 1 von 1993 beruhen, dh auf einem Betrachtungszeitraum von vier Jahren aufbauen. Um zu verhindern, dass durch die Verlängerung des Betrachtungszeitraums auf sechs Jahre ab 2020 auf einen Schlag sämtliche im Gebrauch befindlichen Mietspiegel entwertet würden, sodass die Gemeinden mit erheblichen Kosten zur Ausstellung neuer Mietspiegel belastet würden, bestimmt die komplizierte **Übergangsregelung** in Art 229 § 50 EGBGB, dass die Ende des Jahres 2019 bestehenden *oder* bis Ende 2020 mit Stichtag vor dem 1. 3. 2020 neu erstellten Mietspiegel weiter verwendet werden dürfen und dass es insoweit dann auch bei der früheren Fassung des § 558 Abs 2 S 1 (mit einem Betrachtungszeitraum von vier Jahren) verbleibt – mit der eigenartigen Folge, dass jetzt nicht nur **zwei Fassungen** der Vorschrift, sondern auf zwei Erscheinungsformen von Mietspiegeln aufgrund unterschiedlicher Betrachtungszeiträume nebeneinander existieren (zur Kritik s Börstinghaus NZM 2019, 841, 845; Flatow NZM 2020 H 1 S V f; Horst MDR 2020, 253; Klinger/Storm DWW 2020, 4, 7).

34 Bei sämtlichen Änderungen des Betrachtungszeitraums in § 558 Abs 2 S 1 seit 1982 wurden wie selbstverständlich kontinuierlich *steigende* Mieten unterstellt. Denn nur unter dieser Voraussetzung trifft es zu, dass die jeweilige Vergleichsmiete umso niedriger sein wird, je größer das Gewicht der bei der Berechnung berücksichtigten Bestandsmieten ist (s Rn 25). In Regionen mit sinkenden Mieten (die es durchaus zB bei großem Leerstand gibt) hat die Aktualisierung des Vergleichsmietenbegriffs indessen die entgegengesetzte Wirkung; zumindest tendenziell wirkt hier die Verlängerung des Betrachtungszeitraums einem Sinken des Vergleichsmietenniveaus entgegen. Man darf bezweifeln, dass dies von den Gesetzesverfassern gewollt ist.

35 Der **Zeitpunkt**, von dem ab der Sechsjahreszeitraum des § 558 Abs 2 S 1 BGB rückwärts zu berechnen ist, ist der des Zugangs des Mieterhöhungsverlangens des Vermieters bei dem Mieter (s Rn 29; Börstinghaus WuM 2012, 244, 249). Bedeutsam ist das insbesondere für die Ermittlung der Vergleichsmiete durch einen **Sachverständigen** (vgl BayObLGZ 1992, 314 = NJW-RR 1993, 202; BLANK/BÖRSTINGHAUS Rn 38 ff). Bei dem wichtigsten Instrument zur Ermittlung von Vergleichsmieten, den **Mietspiegeln** des § 558c BGB, kann dagegen schon aus praktischen Gründen immer nur der Zeitpunkt der **Aufstellung** des Mietspiegels zugrunde gelegt werden. Kommt es in der Folgezeit zu substantiellen Änderungen des Mietpreisniveaus, so soll diese Entwicklung nach bisher hM durch Zu- oder Abschläge auf die Mietspiegelwerte berücksichtigt werden (sog **Stichtagsdifferenz**; s unten § 558a Rn 31).

Unterstellt man kontinuierlich steigende Mieten (s Rn 34), so wird die Vergleichsmiete, zumindest tendenziell, umso höher sein, je größer das Gewicht der berücksichtigten Neuabschlüsse, der sog **Neuvertragsmieten** ist, und umso niedriger, je stärker das Gewicht des älteren Datenmaterials, der sog **Bestandsmieten** ist. Daher rührt die Diskussion, in **welchem Verhältnis** das Datenmaterial aus den verschiedenen Jahren bei der Berechnung der Vergleichsmiete zu berücksichtigen ist, wobei es sowohl um das Verhältnis von Bestands- und Neuvertragsmieten als auch um das Verhältnis der Mieten aus den verschiedenen Jahren des Sechsjahreszeitraums geht. Im Schrifttum werden dazu neben stochastischen Verfahren vor allem eine gleichmäßige Berücksichtigung der Daten aus allen Jahren, eine Berücksichtigung der Mieten entsprechend ihrem Vorkommen am Markt oder (im Interesse einer Annäherung der Vergleichsmiete an die aktuelle Marktmiete) eine gleichrangige Berücksichtigung von Neuvertrags- und Bestandsmieten vorgeschlagen, und zwar gleichmäßig aus allen sechs Jahren oder verteilt auf den Sechsjahreszeitraum entsprechend ihrer Häufigkeit (die allein von dem bei der Datenerhebung verwandten Verfahren abhängt) (s BÖRSTINGHAUS WuM 2012, 244, 249 f; 2019, 841, 844). 36

In der **Rechtsprechung** ist bisher nur geklärt, dass jedenfalls eine *Parität* von Bestands- und Neuvertragsmieten ausscheidet, weil dadurch Neuabschlüsse überrepräsentiert würden; erforderlich sei vielmehr ein „**repräsentatives Verhältnis**" von Bestands- und Neuvertragsmieten im Sinne eines ausgewogenen Verhältnisses zwischen beiden Datengruppen (BGH 1. 10. 1997 – XII ZR 269/95, – LM Nr 34a zu § 319 BGB [Bl 2 f] = NZM 1998, 196, 197 [l Sp, beiläufig]; BayObLGZ 1981, 105 = NJW 1981, 1219; LG Frankfurt WuM 1991, 595 f; LG München I WuM 1992, 25, 27; LG Hamburg WuM 1996, 45, 47). Die Gerichte müssten deshalb auf ein angemessenes Verhältnis zwischen Bestandsmieten und Neuvertragsmieten achten, wogegen es zB verstoßen soll, wenn Neuvertragsmieten ohne Begründung lediglich mit 7, 5 % berücksichtigt werden oder wenn umgekehrt Änderungen von Bestandsmieten nur in ganz geringem Umfang in die Berechnung der Vergleichsmiete einbezogen werden (BGH 29. 2. 2012 – VIII ZR 346/10 Rn 31, NJW 2012, 1351 = NZM 2012, 339 = WuM 2012, 281; 29. 4. 2019 – VIII ZR 62/18 Rn 50, NJW 2019, 3142 = NZM 2019, 469 = WuM 2019, 324, 328). 36a

Das Gesetz stellt in § 558 Abs 2 S 1 auf die „üblichen" Entgelte ab. Dies bedeutet, dass bei der Ermittlung der Vergleichsmiete die **tatsächlichen Marktverhältnisse** jedenfalls im Vordergrund zu stehen haben. Die Rechtsprechung des BGH tendiert wie gezeigt (Rn 36a) gleichfalls deutlich dahin, auf das tatsächliche Vorkommen von Bestandsmieten und Neuvertragsmieten sowie auf deren Verhältnis abzustellen (ebenso BÖRSTINGHAUS NZM 2019, 841, 844 l. Sp.). Ergänzend zu berücksichtigen sind die lokalen Besonderheiten, etwa der Umstand, dass der betreffende Wohnungsmarkt durch eine besonders hohe oder besonders niedrige Fluktuation gekennzeich- 37 net ist, sodass es gerechtfertigt ist, Neuvertragsmieten stärker oder in geringerem Maße als üblich bei der Gewichtung zu berücksichtigen.

4. Fördertatbestände

38 Bei der Bildung der Durchschnittsmiete sind nach S 2 des § 558 Abs 2 BGB ferner Wohnungen auszuklammern, bei denen die Miethöhe durch Gesetz oder im Zusammenhang mit einer Förderzusage festgelegt wurde. Gemeint ist damit jede Erscheinungsform von Wohnraum, bei dem die Mietpreisbildung nicht nach den Gesetzen des Marktes, sondern nach anderen Regeln *unter staatlichem Einfluss* erfolgt (LG München I NZM 2012, 802, 803; Börstinghaus, in: FS Eisenschmid 15, 16 ff [WuM 2016 H 7]). Darunter fallen insbesondere Mieten, die einer gesetzlichen Preisbindung, zB aufgrund des **WoBindG**, unterliegen, sowie darüber hinaus **alle öffentlichen Fördertatbestände**, die zu Festlegungen der Miethöhe führen (s die Begr zum RegE BT-Drucks 14/4553, 54 [l Sp]; Blank/Börstinghaus Rn 42; Gerster WuM 2005, 498). Die wichtigsten Fälle sind die so genannten **Sozialwohnungen** des ersten und des zweiten Förderweges einschließlich der sog EOF-Wohnungen, die mit staatlichen Baudarlehen gefördert werden (§§ 24 ff, 88 ff II. WoBauG; LG München I NZM 2012, 802, 803), sowie Wohnungen, deren Mieten nach Modernisierungsmaßnahmen durch Vertrag oder Sanierungssatzungen begrenzt wurden (s § 142 BauGB; noch weitergehend LG München I WuM 1999, 465).

39 Wohnraum, bei dem die gesetzliche **Preisbindung** nach dem WoBindG **endet**, darf nur berücksichtigt werden, wenn nach Ablauf der Preisbindung die Miete vertraglich oder aufgrund des § 558 BGB oder des § 559 BGB innerhalb des Sechsjahreszeitraums geändert wurde. Zu den Fördertatbeständen gehören dagegen nicht Wohnungen, auf deren Preise der Gesetzgeber mittelbar durch unterschiedliche Regelungen einen Druck auszuüben versucht, insbesondere also nicht Wohnungen, bei denen bei einer Mieterhöhung die **Kappungsgrenze** des § 558 Abs 3 zur Anwendung kam, und auch nicht Wohnungen, bei denen die **Mietpreisbremse** des § 556d BGB eine weitere Anhebung der Miete verhindert hatte; diese Mieten gehören vielmehr ebenso zu dem Marktgeschehen wie die Mieten von Wohnungen, bei denen der Vermieter, zB ein Wohnungsunternehmen der öffentlichen Hand, aus **sozialpolitischen Gründen** lediglich Mieten verlangt, die weit hinter der aktuellen Marktmiete zurückbleiben (Börstinghaus, in: FS Eisenschmid 15, 16 ff mwNw [WuM 2016 H 7]).

VI. Wohnwertmerkmale

1. Überblick

40 Nach Abs 2 S 1 des § 558 BGB ist die **Vergleichbarkeit** der zu berücksichtigenden Wohnungen (o Rn 26 ff) grundsätzlich **allein an Hand der** sog **Wohnwertmerkmale** Art, Größe Ausstattung, Beschaffenheit und Lage einschließlich der energetischen Ausstattung und Beschaffenheit zu beurteilen. Andere Merkmale, mögen sie am Markt noch so hoch bewertet werden, dürfen grundsätzlich nicht berücksichtigt werden. Man spricht dann von **außergesetzlichen wohnwertrelevanten Merkmalen** oder auch von außergesetzlichen Mietpreisdeterminanten (ausführlich vMalottki/Krapp/Vache WuM 2018, 665). **Beispiele** sind nach den bisherigen Erfahrungen insbesondere die Dauer des Mietvertrages, persönliche Merkmale des Mieters wie Größe der Familie,

Staatsangehörigkeit und Beruf sowie etwa noch persönlichen Beziehungen zwischen den Parteien (Stichwort: Freundschaftsmiete), ebenso aber auch besondere Vertragsgestaltungen wie etwa Wohngemeinschaften, möblierte Wohnungen oder teilgewerbliche Nutzung der Wohnung. Das Ausmaß, in dem derartige außergesetzliche Merkmale neben den im Gesetz genannten Wohnwertmerkmalen einen Einfluss auf die Miethöhe haben, wird in der Literatur unterschiedlich beurteilt. In der Mietpraxis werden diese Merkmale mit Rücksicht auf den Wortlaut des § 558 Abs 2 S 1 in der Regel nicht berücksichtigt – mit der Folge, dass es bei der Aufstellung von Mietspiegeln zu nur schwer erklärlichen Mietsprüngen und Mietspannen kommen kann. Paradigma ist das immer wieder zu beobachtende Phänomen, dass Mieten in sogenannten schlechten Lagen durchaus auch über den Mieten in guten Lagen liegen können, wofür sehr unterschiedliche Gründe bis hin zu persönlichen Merkmalen der Mieter genannt werden.

Diese und andere Beobachtungen mahnen zur Vorsicht gegenüber noch so naheliegenden oder doch plausiblen „**Erfahrungssätzen**" über die Mietpreisbildung (BÖRSTINGHAUS NZM 2009, 115). So gibt es zB – entgegen dem BGH (17. 9. 2008 – VIII ZR 58/08, NJW-RR 2009, 86 = NZM 2009, 27 Tz 12 = WuM 2008, 729; ebenso AG Hamburg-Blankenese ZMR 2009, 767) – *keinen* Erfahrungssatz, dass „die **Miete für Einfamilienhäuser** im Regelfall über den Mieten für Wohnungen in Mehrfamilienhäusern" liege; das kann vielmehr im Einzelfall auch ganz anders sein, sodass es insbesondere unzulässig ist, von den Mietspiegelwerten für Wohnungen in Mehrfamilienhäusern auf die Miete für Einfamilienhäuser zu schließen (LG Krefeld NJW-RR 2008, 1044 = NZM 2008, 480 = WuM 2008, 232; BÖRSTINGHAUS NZM 2009, 115; ders WuM 2011, 338, 346; ders NZM 2019, 815, 816); vielmehr ist, wenn sich erweist, dass bestimmte Wohnungen wegen ihrer speziellen Merkmale auf besonderen Märkten angeboten und nachgefragt werden, – faute de mieux – mit frei geschätzten **Zu- oder Abschlägen** bei den Mietspiegelwerten zu arbeiten. Beispiele sind **möblierte** oder teilgewerblich genutzte Wohnungen (s Rn 48). Solcher Vorgehensweise steht wohl der grundsätzlich abschließende Charakter der Aufzählung der Wohnwertmerkmale in § 558 Abs 2 S 1 nicht generell entgegen (zur Begründung des Mieterhöhungsverlangens in diesen Fällen s § 558a Rn 20a). **41**

Man darf auch nicht übersehen, dass eine Wohnung nur selten einer anderen in jeder Hinsicht gleicht. Richtigerweise müsste man deshalb die Wohnungen am Markt nach einer kaum überschaubaren Vielzahl von Wohnwertmerkmalen (Parametern) einteilen. Es liegt indessen auf der Hand, dass dies schon aus praktischen Gründen ausgeschlossen ist. Deshalb muss man sich mit einer ganz **groben Einteilung** der Wohnungen nach wenigen als besonders wichtig angesehenen Merkmalen begnügen, wie die üblichen Mietspiegel zeigen. Unterschiede in den Einzelheiten spielen keine Rolle; die Vergleichbarkeit der Wohnungen nach den im Gesetz genannten Wohnwertmerkmalen ist vielmehr grundsätzlich bereits dann zu bejahen, wenn die Wohnungen hinsichtlich dieser Merkmale nur im Wesentlichen, dh im großen und ganzen **annähernd miteinander** vergleichbar sind, während größere Unterschiede gegebenenfalls durch frei zu schätzende **Zu- und Abschläge** auszugleichen sind (BGH 15. 1. 1964 – VIII ZR 61/63, LM Nr 6 zu § 24 BMietG I = NJW 1964, 656; OLG Köln WuM 1978, 76; LG Berlin ZMR 1995, 77, 78), jedenfalls wenn sie auf das Vorliegen eines besonderen Marktes hindeuten (Rn 41). **42**

43 § 558 Abs 2 BGB ist ebenso wie der ganze § 558 BGB zu Gunsten des Mieters **zwingend** (§ 558 Abs 6 BGB; u Rn 96). Durch den Mietvertrag können deshalb nicht einzelne Wohnwertmerkmale abweichend von der Wirklichkeit zum Nachteil des Mieters festgeschrieben werden, zB durch die Bestimmung, dass die Wohnung eine Größe haben solle, die über der tatsächlichen Größe liegt, oder dass die Wohnung trotz des Vorhandenseins von Einzelöfen als mit Zentralheizung ausgestattet gelten solle, weil dadurch für den Vermieter Spielräume für Mieterhöhungen über das Gesetz hinaus eröffnet würden (s Rn 48; BGH 18. 11. 2015 – VIII ZR 266/14, BGHZ 208, 18, 22 Rn 12 = NJW 2016, 139 = JuS 2016, 271; 24. 10. 2018 – VIII ZR 52/18 Rn 16, 21, NZM 2019, 142 = WuM 2018, 771; Börstinghaus/Clar NZM 2014, 889, 892 f; Börstinghaus NZM 2013, 1). Ebensowenig geht es an, in das System nachträglich **Kostenelemente** einzuführen, sodass der Vermieter, wenn er entsprechend dem Gesetz (§ 535 Abs 1 S 2 BGB) die Schönheitsreparaturen trägt, dafür nicht „zum Ausgleich" einen Aufschlag auf die Mietspiegelwerte mit der Begründung verlangen kann, in dem Mietspiegel seien allein Mieten aus Verträgen berücksichtigt worden, aufgrund derer der Mieter die Schönheitsreparaturen trage (s Rn 21). Unberührt bleibt die Möglichkeit abweichender Vereinbarungen in einem konkreten Einzelfall gemäß den §§ 311 und 557 (BGH 24. 10. 2018 – VIII ZR 52/18 Rn 22, NZM 2019, 142 = WuM 2018, 771).

2. Art

44 Unter der Art des Wohnraums versteht man die **Struktur des Hauses und des Wohnraums**. Gemeint sind Merkmale wie Altbau oder Neubau, Baujahr und Baualtersklasse, die Zahl der Räume, die Art des Hauses als Einfamilienhaus, Reihenhaus oder Mehrfamilienhaus oder die Eigenschaft des Wohnraums als Appartement, Keller- oder Dachgeschosswohnung. Die Einordnung ist häufig schwierig, etwa bei **renovierten** und **modernisierten** Wohnungen, bei denen die Rechtsprechung im Regelfall ausgesprochen zurückhaltend bei der Umqualifizierung, dh Höherstufung in eine andere Baualtersklasse ist (LG Bochum WuM 1987, 18, 19; LG Berlin NZM 1999, 172; LG München I ZMR 2012, 626; LG Frankfurt/M WuM 2012, 318; LG Potsdam ZMR 2014, 797, 798 f; AG Solingen ZMR 2011, 649; ebenso für Umwandlungsfälle LG Berlin WuM 2020, 796). *Nicht* hierher gehören dagegen die **Kosten** der Erbauung oder der Finanzierung eines Hauses, weil dadurch der Wohnwert nicht beeinflusst wird (Begr z RegE BT-Drucks 7/2011, 10; OLG Karlsruhe WuM 1982, 67, 68; LG Bonn WuM 1982, 22, 23; LG Lübeck WuM 1995, 189, 190).

45 Viele der genannten Strukturmerkmale haben am Markt nach den bisherigen Erfahrungen ein derartiges Gewicht, dass Wohnungen mit den jeweiligen Merkmalen einem *eigenen Markt* zuzuordnen sind, sodass sie im Rahmen des § 558 Abs 2 S 1 BGB mit Wohnungen mit anderen Strukturmerkmalen nicht verglichen werden dürfen. Derartige **Sondermärkte** bilden insbesondere Appartements, Wohnungen in Ein- und Zweifamilienhäusern (s Rn 42) sowie etwa das sog „betreute Wohnen" in Seniorenheimen (vgl für Seniorenheime AG Neuwied NZM 2004, 702). Nach hM ändert dies jedoch nichts daran, dass eine Mieterhöhung bei solchen Wohnungen durchaus auch mit den Mietspiegelwerten für normale Mietwohnungen begründet werden kann, weil die letzteren (angeblich) allemal niedriger als die „Vergleichsmiete" für die genannten besonderen Wohnungen sind (s oben Rn 38; u § 558a Rn 24; LG Mönchengladbach ZMR 1997, 600 = NZM 1997, 301; LG Hagen ZMR 1997, 474 = NJWE-MietR 1997, 246; LG Hamburg ZMR 2003, 491 f; 2003, 493; AG Hamburg-Blankenese ZMR 2003, 492; Isenmann WuM 1994, 448; Kniep NZM 2000, 166).

3. Größe

§ 558 Abs 2 S 1 BGB nennt unter den Wohnwertmerkmalen an zweiter Stelle die **46** „Größe" des Wohnraums, womit neben der **Zimmerzahl** vor allem die in Quadratmetern gemessene **Wohnfläche** der eigentlichen Wohnräume gemeint ist. In die Ermittlung der jeweiligen Vergleichsmiete sollen folglich nur Wohnungen eingehen, die nach den genannten Maßstäben ungefähr in dieselbe Größenordnung fallen, sodass insbesondere ein Vergleich kleiner mit sehr großen Wohnungen ausscheidet, einfach deshalb, weil sie auf unterschiedlichen Märkten angeboten und nachgefragt werden. Daraus hat sich die Frage ergeben, wie bei der Ermittlung der Größe einer Wohnung zu verfahren ist, insbesondere ob insoweit die frühere **DIN 283 oder** die Wohnflächenverordnung von 2003 **(WoFlV)** vorzuziehen ist. Dieselbe Diskussion findet sich bekanntlich bei § 536 Abs 1 und wird dort heute im Zweifel zugunsten der Anwendung der WoFlV entschieden (s STAUDINGER/V EMMERICH [2021] § 536 Rn 74; ebenso für § 558 zB LG Hamburg WuM 1996, 278; LG München I ZMR 2017, 401, 402; AG Hamburg ZMR 2019, 964; BeckOGK/FLEINDL [1. 10. 2020] Rn 29 [jedenfalls für alle Verträge ab Inkrafttreten der Verordnung, dh ab 2004]). Dieser Kontroverse liegt eine falsche Fragestellung zu Grunde. Denn es kommt allein darauf an, dass bei der Einteilung der Wohnungen nach Größenklassen insbesondere in einem Mietspiegel und bei der Ermittlung der Größe der einzelnen Wohnungen zur Berechnung der ortsüblichen Vergleichsmiete nach demselben Verfahren vorgegangen wird, gleichgültig nach welchem (Grundsatz der Methodeneinheit; ebenso AG Tiergarten GE 1988, 1001; HEIX WuM 2016, 263).

Schwierige Fragen ergeben sich, wenn die (gleichgültig wie ermittelte) **tatsächliche** **47** **Größe** einer Wohnung **von** der im **Mietvertrag** angegebenen Größe **abweicht**, weil sich dann die Frage stellt, welche Größe der Wohnung der Ermittlung der Vergleichsmiete zugrunde zu legen ist, die tatsächliche oder die im Vertrag angegebene Größe (s dazu BÖRSTINGHAUS/CLAR NZM 2014, 889, 892 ff; BÖRSTINGHAUS NJW 2006, 2627; ders WuM 2009, 461; ders WuM 2011, 338; ders NZM 2013, 1; BLANK PiG 83 [2008] 141, 149 f; CRAMER NZM 2017, 457, 464; HEIX WuM 2016, 263; WIEK WuM 2004, 487). Der **BGH** hatte hier ursprünglich eine Parallele zu der Problematik der Flächendifferenz bei § 536 BGB gezogen (s dazu STAUDINGER/V EMMERICH [2021] § 536 Rn 72) und daraus abgeleitet, dass **Differenzen unter 10%** (nach unten oder nach oben) grundsätzlich *irrelevant* seien, sodass auch im Rahmen des § 558 BGB dann weiter von der im Vertrag angegebenen, wenn auch falschen Größe auszugehen ist, während **Differenzen über 10%** zu einer Anpassung nach den Regeln über den Wegfall der Geschäftsgrundlage führen sollten (§ 313 BGB; BGH 7. 7. 2004 – VIII ZR 192/03, NJW 2004, 3115 = NZM 2004, 699 = WuM 2004, 485, 486 [l Sp unter 1]; 23. 5. 2007 – VIII ZR 138/06, NJW 2007, 2626 = NZM 2007, 594 f Tz 16 ff = WuM 2007, 450, 452; 8. 7. 2009 – VIII ZR 205/08, WuM 2009, 460, 461 Tz 10 = NZM 2009, 613 = NJW 2009, 2739).

Diese Praxis hat der BGH jedoch später mit Rücksicht auf § 558 Abs 6 wieder **48** *aufgegeben;* seitdem stellt er im Rahmen von § 558 Abs 1 allein auf die **objektive Wohnungsgröße** ab (BGH 18. 11. 2015 – VIII ZR 266/14, BGHZ 208, 18, 21, 23 Rn 10, 14 ff = NJW 2016, 139 = JuS 2016, 271; 31. 5. 2017 – VIII ZR 181/16, NZM 2017, 435 Rn 11 = WuM 2017, 404; 30. 5. 2018 – VIII ZR 220/17 Rn 18, NJW 2018, 2317 = NZM 2018, 671 = WuM 2018, 425; 17. 4. 2019 – VIII ZR 33/18 Rn 24, NJW 2019, 2464 = NZM 2019, 536 = WuM 2019, 319, 321; BeckOGK/ FLEINDL [1. 10. 2020] Rn 29.2). Für die früher favorisierte Anwendung der Regeln über den Wegfall der Geschäftsgrundlage (§ 313 BGB) sieht der BGH dagegen heute angesichts der abschließenden gesetzlichen Regelung des Fragenkreises in § 558 BGB keinen Raum mehr (BGH 18. 11. 2015 – VIII ZR 266/14, BGHZ 208, 18, 26 f Rn 23 ff; 30. 5. 2018 – VIII ZR 220/17 Rn 18, NJW 2018, 2317 = NZM 2018, 671 = WuM 2018, 425). Anders verhält es sich, falls sich die Parteien aufgrund der unrichtigen Größenangabe in dem Vertrag aufgrund eines Mieterhöhungsverlangens des Vermieters auf eine Mieterhöhung geeinigt hatten; diese ist zwar ohne Rücksicht auf die Regelung des § 558 grundsätzlich wirksam (§§ 311, 557 BGB). Indessen kann hier im Einzelfall durchaus eine Anwendung des § 313 in Betracht kommen, sofern sich ergibt, dass die vereinbarte Mieterhöhung über der nach § 558 höchstens zulässigen Mieterhöhung liegt (so BGH 7. 7. 2014 – VIII ZR 266/14, NJW 2014, 3115 = NZM 2014, 699 = WuM 2014, 435; 11. 12. 2019 – VIII ZR 234/18 Rn 19 ff, WuM 2020, 156 = NZM 2020, 322).

49 Dieselben Regeln dürften anzuwenden sein, wenn die Wohnfläche *nachträglich*, zB durch einen Anbau, **vergrößert oder** durch sonstige Maßnahmen wie etwa den Einbau eines Aufzugs **verkleinert** wird (s LG Berlin NZM 2002, 733 Nr 1; BLANK/BÖRSTINGHAUS Rn 87; DICKERSBACH WuM 2010, 117; BeckOGK/FLEINDL [1. 10. 2020] Rn 30). An der vereinbarten Miete ändert sich allein dadurch nur dann etwas, wenn die Parteien ausnahmsweise eine reine Quadratmetermiete vereinbart haben sollten. Bei späteren Mieterhöhungen auf der Grundlage des § 558 dürfte dagegen im Zweifel, zumindest im Wege der ergänzenden Vertragsauslegung, von der veränderten Wohnungsgröße auszugehen sein (alles str).

4. Ausstattung

50 § 558 Abs 2 S 1 BGB nennt als weiteres Wohnwertmerkmal, das bei der Vergleichbarkeit der Wohnungen zu berücksichtigen ist, neben Art und Größe des Wohnraums (s Rn 44 f) dessen Ausstattung. Man versteht darunter alles, was der Vermieter dem Mieter zur ständigen Benutzung ohne besonderes Entgelt zur Verfügung stellt. **Beispiele** sind neben der Heizung und sanitären Einrichtungen vor allem noch besondere Böden, eine Gemeinschaftsantenne, die Kücheneinrichtung, Raumteiler, besondere Isolierungen, Waschküchen, Keller und Speicher, Garagen und Stellplätze, Spielplätze und sonstige Gemeinschaftseinrichtungen sowie etwa noch Garderoben und Wandschränke (Bundesregierung, Hinweise zur Erstellung von Mietspiegeln [2002] unter 1. Teil I 4 [abgedruckt bei BÖRSTINGHAUS, Hdb 764, 771]; BayObLGZ 1981, 214 = NJW 1981, 2259 = WuM 1981, 208; LG Lübeck WuM 1995, 189, 191; BÖRSTINGHAUS WuM 2017, 549; BÖRSTINGHAUS, Hdb Kap 5 Rn 56 ff). Durch das Mietrechtsänderungsgesetz von 2013 ist noch die energetische Ausstattung und Beschaffenheit einer Wohnung hinzugekommen (dazu u Rn 55). Natürlich ist namentlich in einem Mietspiegel eine Differenzierung zwischen den erhobenen Wohnungen anhand aller genannten Ausstattungsmerkmale von vornherein ausgeschlossen. Im Vordergrund steht deshalb in der Praxis die Einteilung der Wohnungen nach der Art der Heizung und nach dem Vorhandensein und der Ausstattung mit sanitären Einrichtungen. Am wichtigsten ist die Unterscheidung zwischen **Einzelöfen und Sammelheizungen**; zur Sammelheizung werden dabei meistens auch die Nachtspeicherheizung sowie das Wärmecontracting gerechnet. Nicht weniger wichtig ist die Einteilung der Wohnungen nach dem Vorhandensein, der Größe und der Ausstattung der **sanitären Einrichtungen** wie insbesondere Bad und WC.

Zusätzliche Probleme tauchen auf, wenn Wohnungen mit einer **besonderen**, über das am Markt Übliche deutlich hinausgehen den **Ausstattung** nach der Verkehrsanschauung einem **eigenen Markt** zuzurechnen sind, sodass die fraglichen Wohnungen im Grunde mit den in dem Mietspiegel allein berücksichtigten Wohnungen ohne eine derartige Ausstattung nicht vergleichbar sind (s dazu insbesondere BÖRSTINGHAUS WuM 2017, 548). Ein viel diskutiertes Beispiel bilden **möblierte Wohnungen**, wobei hier noch erschwerend hinzukommt, dass es sehr unterschiedliche Grade der Möblierung einer Wohnung gibt, die daher im Markt ganz verschieden bewertet werden – von einer einfachen Einbauküche bis zur kompletten aufwendigen Möblierung mit alten Möbeln, etwa in repräsentativen Luxuswohnungen. Wie diese Fälle im Vergleichsmietensystem (das auf sie offenkundig nicht zugeschnitten ist) zu behandeln sind, ist offen (BÖRSTINGHAUS, Hdb Kap 6 Rn 129 ff; ders WuM 2017, 548, 556 f; LEHMANN-RICHTER WuM 2018, 393, 397 ff). Auszugehen ist davon, dass in Mietspiegeln – dem wichtigsten Instrument zur Ermittlung der ortsüblichen Vergleichsmiete – möblierte Wohnungen wohl ausnahmslos nicht berücksichtigt werden. Deshalb muss man in erster Linie danach unterscheiden, ob die fragliche Wohnung von den Beteiligten, den Mietern und Vermietern, einem **eigenen Markt** zugerechnet wird. Ist dies der Fall, so muss nach § 558 (eigentlich) die ortsübliche Miete gerade für möblierte Wohnungen der fraglichen Art ermittelt werden, wenn sich die Frage einer Mieterhöhung nach § 558 aufgrund eines entsprechenden Verlangens des Vermieters stellt. Dies dürfte freilich in aller Regel, wenn überhaupt, so nur mittels eines aufwendigen (und entsprechend teuren) Sachverständigengutachtens möglich sein, – weshalb die Gerichte nach Möglichkeit in solchen Fällen zu einer Schätzung der Miete aufgrund von Mietspiegeln (mit **Zuschlägen**) tendieren (§ 287 ZPO). Vertretbar ist das freilich nur, wenn die Möblierung der Wohnung derart ist, dass die Wohnung nach der Verkehrsanschauung noch keinem eigenen Markt zugehört (Stichwort: einfache Einbauküche). Für derartige Fälle wird in der Tat verbreitet eine Erhöhung der Mietspiegelwerte für im Übrigen vergleichbare Wohnungen durch frei geschätzte Zuschläge favorisiert (s unten § 558a Rn 30; LG Berlin 2003, 954; BLANK/BÖRSTINGHAUS Rn 25). Die **Berechnung** dieser Zuschläge bereitet freilich Schwierigkeiten. Üblicherweise wird von einer angemessenen Verzinsung der Anschaffungskosten für die Möbel in Verbindung mit marktüblichen Abschreibungen ausgegangen, wobei jedoch unterschiedliche Zinssätze zugrunde gelegt werden. 51

Stammt die **Ausstattung vom Mieter**, so ist sie *nicht* zugunsten des Vermieters zu berücksichtigen (BGH 7. 7. 2010 – VIII ZR 315/09, NZM 2010, 735 = WuM 2010, 569 Tz 12; 24. 10. 2018 – VIII ZR 52/18 Rn 17, NZM 2019, 142 = WuM 2018, 771; BayObLGZ 1981, 214 = NJW 1981, 2259 = WuM 1981, 208; enger LG Berlin ZMR 2020, 1024). Die Ausstattung ist auch dann nicht zu berücksichtigen, wenn der Mieter zum Einbau der Ausstattung aufgrund des Mietvertrages *verpflichtet* war, und ebensowenig, wenn der Mieter die Ausstattung, zB eine Küche, dem Vermieter abgekauft hat (AG Berlin-Lichtenberg GE 2019, 602) oder wenn es sich bei ihr der Sache nach um einen verlorenen Baukostenzuschuss handelte, der mittlerweile als abgewohnt gilt (BGH 7. 7. 2010 – VIII ZR 315/09, NZM 2010, 735 = WuM 2010, 569 Tz 14 ff, 16). An der Rechtslage ändert sich auch nichts bei einem späteren Wechsel des Vermieters (§ 566 BGB; LG Köln WuM 1985, 326; LG Berlin GE 2019, 599) oder bei einem Wechsel des Mieters im Wege des Erbgangs (LG Berlin GE 2011, 1022) oder durch Rechtsgeschäft, sofern der Nachmieter die Einbauten des Vormieters gegen eine Abstandszahlung übernommen hat (LG Hamburg WuM 1987, 126; 1990, 441). Abweichende Vereinbarungen sind nicht möglich (s Rn 49). Die 52

Rechtslage ist nur dann ausnahmsweise anders zu beurteilen, wenn der Vermieter dem Mieter die **Kosten** der Ausstattung **ersetzt** hat (BGH 7. 7. 2010 – VIII ZR 315/09, NZM 2010, 735 = WuM 2010, 569 Tz 12; 24. 10. 2018 – VIII ZR 52/18 Rn 17, NZM 2019, 142 = WuM 2018, 771).

5. Beschaffenheit, Mängel

53 Mit der Beschaffenheit der Wohnung, dem nächsten Wohnwertmerkmal, meint das Gesetz neben dem ganz im Vordergrund des Interesses stehenden **Baualter** einmal Zuschnitt, Zustand und Zahl der **Räume** einschließlich der mitvermieteten Hausteile, zum anderen Art und Gestaltung der ganzen **Umgebung** im weitesten Sinne. Weitere **Beispiele** für Beschaffenheitsmerkmale sind die Raumeinteilung, der Zustand von Fenstern und Böden sowie von Nebenräumen, Kellern, Bodenräumen und Treppenhäusern, das Vorhandensein einer Garage oder eines Gartens sowie der Erhaltungszustand der Fassade und des Dachs (Schmidt-Futterer/Börstinghaus Rn 77 ff; Sternel, Mietrecht Rn III 595 ff). Hinzugetreten sind später noch die **energetische Ausstattung** und Beschaffenheit des Wohnraums (dazu Rn 55). Überschneidungen mit anderen Wohnwertmerkmalen wie insbesondere der Größe oder der Ausstattung (s Rn 50) sind unvermeidlich, jedoch unschädlich (s Rn 43).

54 Weist die Wohnung **Mängel** auf, so ist die Miete für die Wohnung *unabhängig von § 558 BGB* nach § 536 BGB zu mindern (OLG Düsseldorf NJW-RR 1994, 399, 400). Für die Ermittlung der ortsüblichen Vergleichsmiete spielt dieser Umstand daher so lange *keine* Rolle, wie die Mängel **behebbar** sind **und** der Vermieter zu ihrer **Beseitigung verpflichtet** ist (§ 535 Abs 1 S 2 BGB; OLG Celle WuM 1982, 180; LG Mannheim WuM 1986, 223; LG Braunschweig WuM 1989, 578; LG Mönchengladbach ZMR 1997, 600 = NZM 1997, 301, 302; LG Berlin NZM 1999, 368, 369 f; Sternel, Mietrecht Rn III 598 f [S 875 f]). Der Mieter hat jedoch – entgegen einer verbreiteten Meinung (zB LG Berlin GE 2014, 1007; Börstinghaus, Hdb Kap 13 Rn 86; BeckOGK/Fleindl [1. 10. 2020] Rn 37) – bis zur Beseitigung der Mängel ein **Zurückbehaltungsrecht** nach § 273 BGB, das er auch dem Erhöhungsverlangen des Vermieters entgegensetzen kann, sodass er gegebenenfalls nur Zug um Zug gegen Beseitigung der Mängel zur Zustimmung zur Mieterhöhung zu verurteilen ist (§ 274 BGB; s unten § 558b Rn 8; ebenso LG Itzehoe WuM 1990, 157; AG Hamburg-Altona WuM 1991, 279; AG Schöneberg GE 1990, 769; Sternel, Mietrecht Rn III 724 f). Anders ist die Rechtslage dagegen, wenn es sich um **unbehebbare Mängel** oder um solche Mängel handelt, zu deren Beseitigung der Vermieter aus anderen Gründen (zB nach § 536b BGB) nicht verpflichtet ist. In derartigen Fällen bleibt nichts anderes übrig, als mit freigeschätzten **Abschlägen** zu arbeiten (LG Berlin GE 1990, 547). **Beispiele** für derartige unbehebbare Mängel sind unter Verstoß gegen das Bauordnungsrecht als Wohnungen genutzte Kellerräume (AG Moers WuM 2017, 717, ferner etwa erheblicher Fluglärm LG Wiesbaden WuM 1981, 164) sowie eine dauernde Beeinträchtigung des Mieters durch Gaststättenlärm (LG Saarbrücken WuM 1989, 578). Ist wegen solcher Mängel die Miete bereits gemindert worden, so muss dies proportional auch bei einer nachfolgenden Mieterhöhung berücksichtigt werden (AG Charlottenburg GE 1984, 539).

55 Durch das Mietrechtsänderungsgesetz von 2013 ist in § 558 Abs 2 S 1 BGB der Kreis der Wohnwertmerkmale um die **„energetische Ausstattung und Beschaffenheit"** des Wohnraums erweitert worden. Gemeint ist damit insbesondere die Art der Energieversorgung sowie die Qualität der Wärmedämmung (Begr von 2012, BT-Drucks 17/10 485,

14; ebenso schon früher die Begr zum RegE BT-Drucks 14/4553, 54 [l Sp u]; LG Hamburg NZM 2009, 857 = WuM 2009, 676; Börstinghaus WuM 2009, 631; 2011, 338, 341; ders NZM 2011, 641). In einigen Gemeinden ist auch tatsächlich bereits die energetische Ausstattung des Gebäudes oder der Wohnräume bei der Aufstellung von Mietspiegeln berücksichtigt worden, sofern ausnahmsweise das nötige statistische Material vorhanden war; für die Mehrzahl der Wohnungen trifft dies freilich nicht zu. Es kommt hinzu, dass nach den bisherigen Erfahrungen die energetische Ausstattung und Beschaffenheit einer Wohnung ohne spürbaren Einfluss auf die Miethöhe ist, sodass die praktische Bedeutung dieser Beschaffenheitsmerkmale ganz gering ist; in der Mietpraxis spielt es so gut wie keine Rolle (BeckOGK/Fleindl [1. 10. 2020] Rn 38 f).

6. Lage

Unter das Wohnwertmerkmal Lage fällt gleichermaßen die Lage in einem bestimmten Ortsteil wie die in demselben Haus (sofern nicht bereits zur Beschaffenheit gerechnet, Rn 54), sodass nur Wohnungen in gleichen oder doch in im Wesentlichen ähnlichen Wohngebieten und Gebäuden vergleichbar sind (vgl LG Hamburg WuM 1979, 60). Die Mietspiegel unterscheiden insofern idR zwischen schlechten, einfachen, mittleren und guten Wohnlagen, sofern es in einer Gemeinde tatsächlich so viele unterschiedliche Wohnlagen gibt und die nötigen Datenmengen zu einer differenzierten Erfassung der Wohnungen je nach Lage überhaupt zur Verfügung stehen, woran es offenbar häufig fehlt (s Börstinghaus/Clar NZM 2014, 889, 894 ff; ausf Bünnemeyer/Hebecker/Werling ZMR 2016, 96, 99 ff mwNw). Die genaue Abgrenzung und Unterscheidung der einzelnen Wohnlagen ist ausgesprochen schwierig, tatsächlich von zahlreichen, einem ständigen Wechsel unterworfenen Faktoren abhängig und deshalb oft umstritten. Die Vielzahl der hier oft ausschlaggebenden Faktoren kann nur im Einzelfall auf dem Weg über Zu- oder Abschläge berücksichtigt werden (§ 287 ZPO). Bei deren Bemessung ist davon auszugehen, dass offenbar die Lage einer Wohnung vielfach nur einen geringen Einfluss auf die Miethöhe hat (str, s Bünnemeyer/Hebecker/Werling ZMR 2016, 96 mit empirischem Material). 56

7. Gemeinde

Wohnungen, die hinsichtlich der genannten Merkmale (o Rn 40 ff) an sich miteinander vergleichbar sind, dürfen nach § 558 Abs 2 S 1 BGB bei dem Vergleich grundsätzlich doch nur berücksichtigt werden, wenn sie in **derselben** oder in einer **vergleichbaren** Gemeinde liegen. Ergänzend bestimmt die Vorschrift des § 558a Abs 4 S 2, dass unter bestimmten engen Voraussetzungen, namentlich bei Fehlen eines Mietspiegels, auch der Mietspiegel einer vergleichbaren Gemeinde zur Begründung eines Mieterhöhungsverlangens verwendet werden kann (s dazu § 558a Rn 33 f). Der Begriff der Gemeinde dürfte hier wohl iS der **politischen Gemeinde**, nicht iS eines einheitlichen Wohngebietes zu verstehen sein, weil bei solcher Auslegung die Abgrenzung der relevanten Fälle nur noch weiter erschwert würde (anders zB AG Bad Segeberg WuM 1994, 485). 57

Auf Wohnungen in **vergleichbaren Gemeinden**, wobei in erster Linie an Nachbargemeinden zu denken sein dürfte, ist nur abzustellen, wenn in derselben Gemeinde keine vergleichbaren Wohnungen zu finden sind. Dabei ist vorauszusetzen, dass die Wohnungsmärkte der beiden Gemeinden **im wesentlichen dieselben Merkmale** auf- 58 weisen (OLG Stuttgart OLGZ 1982, 255 = WuM 1982, 108; LG München II WuM 1986, 259; AG Warendorf WuM 1993, 455). Die Anforderungen der Rechtsprechung an die Vergleichbarkeit der Gemeinden sind (ebenso wie im Rahmen des § 558a Abs 4 S 2 BGB) hoch; maßgebend ist eine Gesamtbetrachtung aufgrund aller relevanten Kriterien, unter denen der Einwohnerzahl und der Zentralität eines Ortes besondere Bedeutung zukommt (s BGH 13. 11. 2013 – VIII ZR 413/12, NZM 2014, 236 Rn 11 f = WuM 2014, 31; 21. 8. 2019 – VIII ZR 255/18 Rn 16 ff, NZM 2019, 813 = WuM 2019, 650; Börstinghaus NZM 2019, 815).

VII. Kürzungsbeträge

1. Überblick

59 Nach § 558 Abs 5 sind von dem Jahresbetrag, der sich bei einer Erhöhung der Miete nach § 558 Abs 1 BGB auf die ortsübliche Vergleichsmiete ergäbe, Drittmittel im Sinne des § 559a BGB abzuziehen, im Falle des § 559a Abs 1 BGB mit 8% des Zuschusses nach Modernisierungsmaßnahmen iS des § 555b. Die geltende Fassung des § 558 Abs 5 beruht auf dem Mietrechtsanpassungsgesetz von 2018, durch das der frühere Kürzungsbetrag von 11% des Zuschusses in § 558 Abs 5 auf 8% abgesenkt wurde. Die neue Regelung gilt für sämtliche Mieterhöhungsverlangen, die dem Mieter nach dem 31. 12. 2018 zugegangen sind, während auf zuvor zugegangene Mieterhöhungsverlangen noch § 558 Abs 5 in der früheren Fassung (11% des Zuschusses) anzuwenden ist (s zB Beck-OGK/Fleindl [1. 4. 2020] Rn 99). Um die verwickelte Regelung des § 558 Abs 5 zu verstehen, muss man sich folgendes vergegenwärtigen: Nach Modernisierungsmaßnahmen iS des § 555b Nr 1 und Nr 3 bis Nr 6 hat der Vermieter die **Wahl**, ob er zum Zwecke der Mieterhöhung nach **§ 558 BGB oder** nach **§ 559 BGB** vorgehen will (s im Einzelnen unten § 559 Rn 7 – 9a). Wählt der Vermieter den Weg über **§ 559 BGB**, so werden Drittmittel zur Reduzierung der Modernisierungskosten bereits unmittelbar nach § 559a BGB berücksichtigt und mindern damit die mögliche Mieterhöhung durch Umlage der Modernisierungskosten auf den Mieter. Auf diese Weise wird sichergestellt, dass Mittel aus öffentlichen Haushalten zur Förderung des Mietwohnungsbaus letztlich nicht dem Vermieter, sondern dem *Mieter* zugutekommen (BGH 1. 4. 2009 – VIII ZR 179/08, NJW 2009, 1737 = NZM 2009, 393 Rn 13 = WuM 2009, 353; 27. 5. 2009 – VIII ZR 180/08, NZM 2009, 734 = WuM 2009, 463 = ZMR 2009, 833).

60 Vor diesem Hintergrund wird erkennbar, dass die Vorschrift des § 558 Abs 5 eine **Umgehung** der Regelung der §§ 559 BGB und 559a BGB verhindern soll, falls der Vermieter für eine Mieterhöhung – statt des Weges über § 559 – den über **§ 558 BGB** wählt. Dabei ist zu berücksichtigen, dass in diesem Fall dem Vermieter wiederum **zwei Wege** zur Mieterhöhung offenstehen: Der Vermieter kann einmal die Miete für die *nicht modernisierte* Wohnung nach § 558 BGB erhöhen und zugleich oder später die Kosten der Modernisierung nach § 559 BGB auf den Mieter umlegen (s § 559 Rn 9a). Dann gilt wieder unmittelbar § 559a. Die Vorschrift des § 558 Abs 5 bezieht sich deshalb allein auf den anderen Fall, gekennzeichnet dadurch, dass der Vermieter die Miete für die **modernisierte Wohnung** nach **§ 558 BGB** erhöht, indem er die modernisierte Wohnung mit anderen Wohnungen vergleicht, die in den maßgeblichen Wohnwertmerkmalen mit der modernisierten Wohnung übereinstimmen. Nur in diesem Fall ist also Raum für die Anwendung des § 558 Abs 5, der seinerseits wiederum auf § 559a BGB verweist, sodass in allen denkbaren Fällen die Anrechnung von Drittmitteln aus den genannten Gründen sichergestellt ist (s dazu unten § 559 Rn 7 f).

Nach § 559a Abs 1 gehören Kosten, die vom **Mieter** *oder* für diesen von einem **Dritten** übernommen oder die mit **Zuschüssen aus öffentlichen Haushalten** gedeckt werden, *nicht* zu den aufgewendeten Kosten im Sinne des § 559 BGB und müssen folglich, wenn der Vermieter nach *§ 558 BGB* vorgeht, ebenfalls durch *Kürzung des Erhöhungsbetrags* gemäß § 558 Abs 5 BGB berücksichtigt werden, damit sie letztlich dem Mieter zugutekommen, und zwar seit 2019 mit 8% des Zuschusses (§ 558 Abs 5 HS 2 BGB; s Rn 41). Werden die Kosten für die baulichen Maßnahmen des Vermieters ganz oder teilweise durch **zinsverbilligte oder zinslose** Darlehen aus öffentlichen Haushalten gedeckt, so verringert sich der nach § 558 BGB mögliche Erhöhungsbetrag um den Jahresbetrag der Zinsermäßigung (wie sie freilich heute in einer Umgebung, gekennzeichnet durch negative Zinsen, kaum mehr vorstellbar ist, § 559a Abs 2 BGB). Darlehen aus öffentlichen Haushalten stehen ferner **Darlehen des Mieters**, Mietvorauszahlungen, von Dritten für den Mieter erbrachte Leistungen sowie **Mittel der Finanzierungsinstitute des Bundes** und der Länder gleich (§ 559a Abs 3 BGB). Bei der **Verteilung** der Zuschüsse und Darlehen auf die einzelnen Wohnungen ist § 559a Abs 4 BGB zu beachten. Die Folge der danach erforderlichen Anrechnung von Zuschüssen der öffentlichen Hand sowie Dritter kann durchaus sein, dass auf diese Weise der ganze Erhöhungsbetrag wieder aufgezehrt wird (AG Hamburg WuM 1984, 283; AG Tiergarten GE 1989, 885). Verbleibt jedoch noch ein *Erhöhungsbetrag,* so soll nach hM erst auf diesen die **Kappungsgrenze** angewendet werden, um eine unverhältnismäßige Benachteiligung des Vermieters durch Kombination der Kürzungsbeträge und der Kappungsgrenze zu verhindern (s dagegen unten § 559 Rn 9 mwNw). Die ganze Regelung findet dagegen *keine* Anwendung, wenn es sich bei den öffentlichen Mitteln der Sache nach um für den Mieter bestimmte **Mietzuschüsse** handelt, die lediglich aus Gründen der Verfahrensvereinfachung direkt an den Vermieter ausgezahlt werden; werden diese Zuschüsse später gekürzt, so steigt entsprechend die Miete für den Mieter, und zwar ohne Rücksicht auf § 558 (BGH 13. 7. 2011 – VIII ZR 261/10, NZM 2011, 692 Rn 15 = WuM 2011, 516). **61**

2. Voraussetzungen

§ 558 Abs 5 BGB enthält eine **Rechtsgrundverweisung**, so dass, da § 559a BGB seinerseits unmittelbar auf § 559 BGB aufbaut, eine Anrechnung von Drittmitteln allein bei **Modernisierungsmaßnahmen** des Vermieters iSd § 555b BGB in Betracht kommt. Den Gegensatz bilden insbesondere Maßnahmen der Instandhaltung und Instandsetzung (§ 555a BGB). Daraus folgt zunächst, dass § 558 Abs 5 BGB *keine* Anwendung auf **Instandsetzungszuschüsse** findet, die ausschließlich dem *Vermieter* zugutekommen sollen (BGH 19. 1. 2011 – VIII ZR 87/10, WuM 2011, 110, 112 Tz 19 = NZM 2011, 309; 19. 1. 2011 – VIII ZR 12/10, GE 2011, 333 =WuM 2011, 165 Tz 17; LG Berlin GE 2002, 862; 2011, 886). § 559a BGB setzt ferner voraus, dass der **Vermieter** selbst der **Bauherr** ist, dass also er es ist, der die fragliche Maßnahme im eigenen Namen und auf eigene Rechnung durchführt (s § 559 Rn 10 ff). Eine Anwendung des § 558 Abs 5 BGB kommt daher nur in Betracht, wenn gerade der *Vermieter* als Bauherr die fraglichen Fördermittel, zB die öffentlichen Zuschüsse erhalten hat (KG NZM 1998, 107 = WuM 1997, 605, 606; Börstinghaus PiG 55 [1998] 209, 223 ff; ders PiG 70 [2005] 65, 83 ff)), und nicht **62** etwa der Mieter als Mietzuschuss (s Rn 60). Daraus folgt, dass im Falle der **Veräußerung** des Grundstücks den **Erwerber**, der in den Mietvertrag nach § 566 BGB eintritt, *keine* entsprechende *Kürzungspflicht* nach § 558 Abs 5 BGB trifft, weil er nicht Bauherr ist und auch keine öffentlichen Zuschüsse erhalten hat (BGH 8. 10. 1997 – VIII ZR 373/96, LM Nr 35 zu § 571 BGB [Bl 5] mAnm Emmerich = NJW 1998, 445 = NZM 1998, 102; 10. 9. 2003 – VIII ZR 58/03, NJW 2003, 3767 = WuM 2003, 694, 695 = NZM 2003, 973; LG Berlin WuM 2001, 612; GE 2003, 458; 2004, 300, 301). *Anders* verhält es sich nur, wenn der Vermieter und Veräußerer die Anrechnungspflicht auch im **Mietvertrag** übernommen hatte, weil sie dann nach § 566 Abs 1 BGB mit dem Vertrag auf den Erwerber übergeht (LG Berlin GE 2003, 591; 2011, 359). Auf **Erben** des Vermieters geht die Anrechnungspflicht gleichfalls nach § 1922 BGB über.

63 Wird die Wohnung nach ihrer Modernisierung **erneut vermietet**, so ist kein Raum mehr für eine erneute Anwendung des § 559 BGB, sodass bei der Berechnung der neuen Miete die Vorschriften des § 558 Abs 5, des § 559 und des § 559a BGB nicht mehr beachtet zu werden brauchen; denn dann geht es *nicht* mehr um eine *Mieterhöhung* im Bestand (die allein unter § 558 BGB fällt), sondern um einen **Neuabschluss**, für den freilich seit 2015 in bestimmten Gebieten die Mietpreisbremse aufgrund der §§ 556d ff zu beachten ist. Unklar ist die Rechtslage, wenn der Vermieter *nach* der Neuvermietung der Wohnung die Miete **nach § 558 BGB erhöhen** will, und zwar zu einem Zeitpunkt, zu dem die Anrechnungspflicht noch nicht erloschen ist (s Rn 65). Im Interesse eines weit gespannten Mieterschutzes wird dann vielfach angenommen, dass die Anrechnungspflicht wieder auflebt (KG GE 2002, 259; LG Berlin GE 2004, 297; 2004, 289; C Kunze/Tietzsch WuM 2003, 423).

64 In den **Richtlinien und Verordnungen** zur Durchführung der Förderprogramme der Länder und Gemeinden findet sich häufig die Bestimmung, dass sich Vermieter bei Inanspruchnahme der Fördermittel in unterschiedlichem Umfang verpflichten müssen, auf Mieterhöhungen nach der Modernisierung zu verzichten sowie bei dem Neuabschluss von Mietverträgen bestimmte Obergrenzen für die Miete einzuhalten. Das Verhältnis dieser Richtlinien und Verordnungen zu den §§ 558 Abs 5 und 5 (als Bundesrecht) ist umstritten (s im Einzelnen Gester WuM 2005, 498; C Kunze/Tietzsch WuM 2003, 423; Schach GE 2004, 278). Meistens wird ihnen, als vertraglichen Absprachen zwischen der Förderstelle und dem Vermieter, der **Vorrang** vor den §§ 559a und 558 Abs 5 BGB zugebilligt, und zwar nach § 328 BGB als **Verträge zu Gunsten des Mieters** (LG Berlin GE 1997, 239; 2000, 677; 2009, 1255; AG Pankow-Weißensee GE 2009, 1629; Gester WuM 2005, 498). Das ist richtig nur, wenn die genannten Richtlinien und Verordnungen über § 558 Abs 5 und § 559a BGB zu Gunsten des Mieters hinausgehen; bleiben sie dagegen hinter diesen Vorschriften zurück, so haben die letzteren als zwingendes Bundesrecht den Vorrang (str). Bei **Veräußerung** des Grundstücks kann sich der Mieter auf die Richtlinien dem Erwerber gegenüber zudem nur berufen, wenn sie zugleich Bestandteil des Mietvertrages sind (§ 566 Abs 1 BGB; BGH 10. 9. 2003 – VIII ZR 58/03, NJW 2003, 3767 = WuM 2003, 694, 695 [r Sp 1. Abs] = NZM 2003, 973; Börstinghaus PiG 70 [2005] 65, 85).

3. Berechnung, Dauer

65 Bei der Berechnung der Kürzung entsprechend § 559a Abs 2 und 3 BGB ist zwischen den einzelnen Erscheinungsformen der Fördermaßnahmen der öffentlichen

Hand zu unterscheiden. Im Vordergrund des Interesses stehen **Zinszuschüsse** iSd § 559a Abs 2 BGB. Hier muss zunächst berechnet werden, in welcher Höhe die verschiedenen Zuschüsse (früher als es noch Zinsen gab) jeweils (absolut gesehen) zu einer **Zinsersparnis** bei dem Vermieter führen. Der jährliche Betrag dieser Zinsersparnis ist sodann von dem nach § 558 BGB ermittelten jährlichen Erhöhungsbetrag **abzuziehen** (BGH 1. 4. 2009 – VIII ZR 179/08, NJW 2009, 1737 = NZM 2009, 393 Tz 13 = WuM 2009, 353; C Kunze/Tietzsch WuM 2003, 423, 425 f). Um den verbleibenden Betrag kann schließlich nur noch die Miete (unter Berücksichtigung der Kappungsgrenze, Rn 59) erhöht werden.

Von den Zinszuschüssen zu unterscheiden sind die sog **Aufwendungszuschüsse**, worunter man Zuschüsse der öffentlichen Hand zu den laufenden Kapital- und Bewirtschaftungskosten des Vermieters versteht (Börstinghaus, Hdb Kap 5 Rn 209 ff); hier wird der ersparte Betrag ebenfalls von dem jährlichen Erhöhungsbetrag nach § 558 BGB abgezogen, während bei **Aufwendungsdarlehen** die Zinsersparnis abzuziehen ist. Bei **Baukostenzuschüssen** ist schließlich von § 558 Abs 5 HS 2 auszugehen, nach dem in diesem Fall der jährliche Erhöhungsbetrag seit 2019 um 8 % des Zuschusses zu kürzen ist. **66**

Die **Dauer** der Anrechnung der Kürzungsbeträge beschränkt sich bei **Zinszuschüssen** auf die Dauer der staatlichen Förderung (s LG Berlin GE 2004, 297; 2004, 298; 2004, 298 f). Bei **Baukostenzuschüssen** beträgt der Anrechnungszeitraum grundsätzlich *zwölf Jahre* (BGH 25. 2. 2004 – VIII ZR 116/03, NZM 2004, 380 = ZMR 2004, 421 = WuM 2004, 283, 284 f; 1. 4. 2009 – VIII ZR 179/08, NJW 2009, 1737 = NZM 2009, 393 Tz 12 = WuM 2009, 353; 13. 6. 2012 – VIII ZR 310/11, NJW 2012, 3090 Tz 20 ff = NZM 2012, 857 = WuM 2012, 503, 505; dagegen zB Kunze/Tietzsch, in: 10 Jahre Mietrechtsreformgesetz [2011] 650, 652 f). Ebenso **bei anderen Förderprogrammen** (BGH 23. 6. 2004 – VIII ZR 282/03, WuM 2004, 484, 485 = NZM 2004, 655), jeweils gerechnet von der mittleren Bezugsfertigkeit des geförderten Objekts ab (BGH 13. 6. 2012 – VIII ZR 110/11, NJW 2012, 3090 Tz 20 ff = NZM 2012, 857 = WuM 2012, 503, 505: AG Neubrandenburg WuM 2017, 148). **67**

4. Mieterhöhungsverlangen

Um dem Mieter eine Nachprüfung der unter den Voraussetzungen des § 558 Abs 5 BGB gebotenen Kürzung der Mieterhöhung zu ermöglichen, muss die **Begründung** des Mieterhöhungsverlangens nach § 558a Abs 1 BGB auf die Kürzungsbeträge und die aus ihnen abgeleitete Minderung des Erhöhungsbetrages eingehen. Dazu muss der Vermieter im Einzelnen die Kürzungsbeträge und die zugrundeliegenden Berechnungspositionen darlegen, dh angeben, wann er welche Mittel zu welchem Zweck und gegebenenfalls zu welchem Zinssatz erhalten hat. Im Grunde muss damit die **gesamte Berechnung der Kürzungsbeträge offengelegt** werden (BGH 25. 2. 2004 – VIII ZR 116/03, NZM 2004, 380 = ZMR 2004, 421 = WuM 2004, 283, 284 [l Sp unter II 1]; 12. 5. 2004 – VIII ZR 234/03, NZM 2004, 581 = WuM 2004, 405 f; 12. 5. 2004 – VIII ZR 235/03, WuM 2004, 406, 407; 1. 4. 2009 – VIII ZR 179/08, NJW 2009, 1737 = NZM 2009, 373 Tz 10 = WuM 2009, 353; 19. 1. 2011 – VIII ZR 87/10, NZM 2011, 309 Tz 10 f = WuM 2011, 110, 112; 13. 6. 2012 – VIII ZR 310/11, NJW 2012, 3090 Tz 16 f = NZM 2012, 807 50 = WuM 2012, 503, 504; KG NZM 2002, 211; LG Berlin GE 2011, 1232; WuM 2012, 382; 2012, 622; WuM 2016, 105, 106; AG Berlin-Köpenick GE 2010, 1750; LG Görlitz ZMR 2009, 615, 616 = WuM 2008, 489). Das soll selbst dann gelten, wenn der Vermieter tatsächlich gar *keine* anrechenbaren Fördermittel *erhalten,* auf **68** solche aber in dem Mieterhöhungsverlangen hingewiesen hatte, weil dieses – ohne die genannten zusätzlichen Angaben – dann formell unwirksam sei (BGH 12. 5. 2004 – VIII ZR 284/03, NZM 2004, 581 = WuM 2004, 405 f; AG Berlin-Köpenick GE 2010, 1750).

69 Dieselben strengen Anforderungen an die Begründung des Mieterhöhungsverlangens gelten **während des gesamten Zeitraums**, in dem die Anrechnungspflicht besteht (s Rn 66; BGH 1. 4. 2009 – VIII ZR 179/08, NJW 2009, 1737 = NZM 2009, 373 Tz 13 f = WuM 2009, 353). Die besondere Begründungspflicht entfällt später auch nicht etwa deshalb, weil schon in einem vorausgegangenen Mieterhöhungsverlangen die Anrechnung der Kürzungsbeträge im Einzelnen erläutert worden war (BGH 1. 4. 2009 – VIII ZR 179/08, NJW 2009, 1737 = NZM 2009, 373 Tz 14 = WuM 2009, 353). Wenn aber die **Anrechnungsfrist** (s Rn 66) **abgelaufen** ist, brauchen die Fördermittel in dem Mietererhöhungsverlangen auch nicht mehr genannt zu werden (BGH 23. 6. 2004 – VIII ZR 232/03, NZM 2004, 655 = WuM 2004, 484, 485 [r Sp 5. Abs]; 13. 6. 2012 – VIII ZR 110/11, NJW 2012, 3090 = NZM 2012, 857; LG Berlin GE 2008, 733). Eine Mieterhöhung ist anschließend grundsätzlich wieder nur unter Beachtung der §§ 558 ff zulässig; abweichende Vereinbarungen sind nicht möglich (§ 558 Abs 6 BGB; LG Berlin GE 2009, 1319).

VIII. Kappungsgrenze

1. Überblick

70 Nach § 558 Abs 3 BGB darf sich bei einer Mieterhöhung aufgrund des § 558 Abs 1 BGB die Miete innerhalb von drei Jahren, von Mieterhöhungen nach dem §§ 559 bis 560 BGB abgesehen, grundsätzlich nicht um mehr als 20 % erhöhen (sog Kappungsgrenze, Rn 72 ff). Unter zusätzlichen Voraussetzungen wird die Kappungsgrenze seit Mai 2013 nach § 558 Abs 3 S 2 und S 3 auf 15 % reduziert (s Rn 82). Ausgenommen sind jedoch seit 1993 verschiedene in § 558 Abs 4 aufgezählte Fallgestaltungen, in denen die Kappungsgrenze keine Anwendung findet (s dazu Rn 71, 88 ff). Die Kappungsgrenze ist als **zweite Obergrenze** für zulässige Mieterhöhungen neben der ortsüblichen Vergleichsmiete (o Rn 22 ff) erst durch das Änderungsgesetz von 1982 mit Wirkung von 1. 1. 1983 ab eingeführt worden. Ihre Wirkung besteht darin, dass die **Mieterhöhung**, selbst wenn die Vergleichsmiete an sich höher ist, auf keinen Fall mehr als einen bestimmten Prozentsatz der Ausgangsmiete vor drei Jahren (ursprünglich 30 %, jetzt 20 % oder 15 %) betragen darf. **Zweck** der Regelung ist es zu verhindern, dass die Mieterhöhung in Fällen, in denen die vereinbarte Miete erheblich hinter der Vergleichsmiete zurückbleibt, ein „zu starkes Ausmaß" annimmt, wobei in erster Linie an das **Auslaufen** der gesetzlichen **Preisbindung** aufgrund des WoBindG gedacht ist (s Rn 76; Begr zum RegE BT-Drucks 9 [1982]/2079, 16; Begr zum RegE BT-Drucks 14/4553, 36, 53 f; ebenso zB BGH 17. 4. 2019 – VIII ZR 33/18 Rn 23, NJW 2019, 2464 = NZM 2019, 536 = WuM 2019, 319, 321). Das BVerfG hat die **Verfassungsmäßigkeit** der Regelung wiederholt bestätigt (BVerfGE 71, 230, 246 ff = NJW 1986, 1669; BVerfG WuM 1994, 139 = GE 1993, 977). Nichts anderes gilt nach Meinung des BGH für die Absenkung der Kappungsgrenze im Jahre 2001 von 30 % auf 20 % (BGH 28. 4. 2004 – VIII ZR 178/03, WuM 2004, 345, 348 = NZM 2004, 545) sowie für die nachfolgende erneute Absenkung der Kappungsgrenze in bestimmten Gebieten auf 15 % (BGH 4. 11. 2015 – VIII ZR 217/14, BGHZ 207, 246, 257, 260 ff. Rn 32, 38 ff = NJW 2016, 477 = NZM 2016, 82, 84 ff).

Nach § 558 Abs 4 BGB findet die Kappungsgrenze keine Anwendung, wenn der **71** Mieter aufgrund des **Abbaugesetzes** von 1981 (BGBl I 1058) zu **Ausgleichszahlungen**, häufig auch **Fehlbelegungsabgabe** genannt, verpflichtet ist und die Mieterhöhung den Betrag der zuletzt gezahlten Ausgleichszahlung nicht übersteigt (S 1 des § 558 Abs 4 BGB). Gleich steht der Wegfall einer Ausgleichszahlungspflicht bei geförderten Wohnungen aufgrund der §§ **34 ff** des Wohnraumförderungsgesetzes **(WoFG)** von 2001 (BGBl I 2376) im Falle einer sog Fehlförderung im Sinne des § 7 S 1 Nr 2 WoFG bei Erlöschen der Mietbindung nach § 37 Abs 1 WoFG (§ 558 Abs 4 S 3 BGB; wegen der Einzelheiten s unten Rn 88). **Zweck** dieser Regelungen ist es zu verhindern, dass bei preisgebundenem Wohnraum die Kappungsgrenze letztlich zu einer **Senkung der Mietbelastung** des Mieters führt, wenn nach Fortfall der Preisbindung aufgrund des WoBindG auch die Fehlbelegungsabgabe nicht mehr gezahlt werden muss und eine Mieterhöhung aufgrund des § 558 Abs 1 bei Berücksichtigung der Kappungsgrenze hinter der bisherigen Fehlbelegungsabgabe zurückbleibt (s den Bericht des Rechtsausschusses BT-Drucks 12/5110, 15 f).

2. Anwendungsbereich

Der Anwendungsbereich der Kappungsgrenze deckt sich nach § 558 Abs 3 BGB mit **72** dem des § 558 Abs 1. Das Gesetz bezieht sich in § 558 Abs 1 allein auf so genannte **Mieterhöhungen im Bestand**. Den Gegensatz bildet insbesondere der **Abschluss eines neuen Vertrages**, bei dem folglich kein Raum für die Anwendung der Kappungsgrenze ist (§ 557 Abs 1 BGB). Durch den formalen Abschluss eines neuen Mietvertrages innerhalb des Dreijahreszeitraums kann die Kappungsgrenze freilich nicht umgangen werden (AG Gelsenkirchen WuM 1986, 343). Da die Kappungsgrenze lediglich Mieterhöhungen aufgrund des § 558 Abs 1 begrenzt, findet sie **keine Anwendung** auf Mieterhöhungen, die nicht unter § 558 Abs 1 fallen, dh auf Mietverhältnisse nach § 549 Abs 2, ferner auf Mieterhöhungen nach § 557a und § 557b (so § 557 Abs 2 BGB) sowie schließlich auf alle Formen einer einverständlichen Mieterhöhung (§ 557 Abs 1 BGB). Die Kappungsgrenze greift dagegen auch ein, wenn sich der Vermieter, aus welchen Gründen immer, bislang mit einer **besonders niedrigen Miete** begnügt hatte und jetzt erstmals die Miete auf das Niveau der ortsüblichen Vergleichsmiete anheben will (BGH 20. 6. 2007 – VIII ZR 301/06, NJW 2007, 2546 Rn 14 = NZM 2007, 639, 640; 4. 11. 2015 – VIII ZR 217/14, BGHZ 207, 246, 253 Rn 20 = NJW 2016, 477 = NZM 2016, 82). Die Kappungsgrenze gilt ferner **für kurzfristige Mietverhältnisse**, dh für solche, die noch keine drei Jahre bestehen. In diesem Fall ist Ausgangsmiete für die Berechnung der Kappungsgrenze die vereinbarte ursprüngliche Miete (LG Berlin GE 2002, 1433).

Im Falle des **Wechsels des Vermieters** nach § 565 BGB oder § 566 BGB ist das **73** Mietverhältnis als *Einheit* anzusehen, sodass die Dreijahresfrist des § 558 Abs 3 BGB ohne Rücksicht auf den Vermieterwechsel zu berechnen ist (BLANK/BÖRSTINGHAUS Rn 67). Entsprechendes gilt auf der Seite des **Mieters** in den Fällen der §§ 563 bis 564. Im Falle des rechtsgeschäftlichen Wechsels einer Mietpartei, insbesondere also bei **Eintritt eines neuen Mieters** neben oder anstelle des bisherigen Mieters in den Vertrag, kommt es darauf an, ob die **Vertragskontinuität** erhalten bleibt (s STAUDINGER/V EMMERICH [2021] § 540 Rn 42 ff). Ist dies der Fall, so läuft auch die bisherige Dreijahresfrist für die Kappungsgrenze weiter (§ 558 Abs 3 BGB; ebenso BeckOGK/FLEINDL [1. 10. 2020] Rn 73).

74 Für **Mehrleistungen** kann der Vermieter ohne Rücksicht auf § 558 BGB ein zusätzliches Entgelt in Gestalt eines Zuschlags verlangen (LG Hamburg WuM 1989, 307). Daher wird häufig ein etwaiger **Untermietzuschlag** oder ein Zuschlag für die **Möblierung** oder die **teilgewerbliche Nutzung** der Räume auf die Kappungsgrenze nicht angerechnet (LG München I WuM 1999, 575). Richtig ist dies freilich nur, wenn die fraglichen Wohnungen keinen eigenen Markt bilden, sodass im Rahmen des § 558 – mangels einer Alternative – von der „Grundmiete" ohne Zuschläge auszugehen ist (s Rn 51); handelte es sich dagegen bei den betreffenden Wohnungen um einen eigenen Markt, so müsste auf sie im Rahmen des § 558 – eigentlich – auch bei einer Mieterhöhung die Kappungsgrenze angewandt werden, dies einer der zahlreichen Fälle, die die Grenzen des Vergleichsmietensystems deutlich machen. Die Kappungsgrenze ist außerdem anwendbar, wenn die Parteien, etwa aus Anlass der Gestattung der Untermiete oder der teilgewerblichen Nutzung eine Vertragsänderung vereinbaren, weil solche Mietänderung wie jede andere auch im Bestand auf die Kappungsgrenze innerhalb der Dreijahresfrist angerechnet wird.

75 Vergleichbare Regeln sind bei einer **Vergrößerung des Wohnraums** zu beachten: Handelt es sich um eine **Modernisierung** und geht der Vermieter nach § 559 BGB vor, so scheidet eine Anrechnung dieser Mieterhöhung auf die Kappungsgrenze bereits nach § 558 Abs 3 S 1 aus. Ebenso verhält es sich, wenn die Parteien sich darauf beschränken, eine zusätzliche Miete für den neuen Wohnraum zu vereinbaren, wozu sie nach § 557 Abs 1 BGB jederzeit in der Lage sind. Anders verhält er sich dagegen, wenn der Mietvertrag unverändert bleibt oder einverständlich die Miete insgesamt angehoben wird; derartige **Mieterhöhungen** sind in jedem Fall auf die Kappungsgrenze anzurechnen (LG Frankfurt ZMR 1997, 474 f), und zwar einfach deshalb, weil S 1 des § 558 Abs 3 BGB keine Ausnahme für derartige Fallgestaltungen vorsieht.

76 Besondere Bedeutung besitzt die Kappungsgrenze bei **Beendigung einer** gesetzlichen (oder vertraglichen) **Preisbindung** für die Wohnung (s zB BVerfGE 71, 230 = NJW 1986, 1669; BGH 28. 4. 2004 – VIII ZR 178/03, 2004, 945 = NZM 2004, 545 = WuM 2004, 345, 347 [r Sp unter 2a]; 16. 6. 2010 – VIII ZR 258/09, NZM 2010, 736 = WuM 2010, 490; BayObLGZ 1984, 4 = NJW 1984, 742). Das gilt auch bei vorzeitiger Rückzahlung des Darlehens. Ausgangsmiete ist in diesem Fall **die Kostenmiete**, die drei Jahre zuvor geschuldet wurde, nicht etwa die letzte Kostenmiete vor Beendigung der Preisbindung (BGH 16. 6. 2010 – VIII ZR 258/09, NZM 2010, 736 = WuM 2010, 490; LG Köln WuM 1996, 276; LG Hamburg WuM 1996, 277; LG Berlin GE 1996, 1371), und zwar einschließlich etwaiger Zuschläge zu der Kostenmiete nach dem WoBindG oder nach anderen gesetzlichen Vorschriften, die Bestandteil der Miete bei Ende der Preisbindung werden und auf die daher anschließend einheitlich bei einer späteren Mieterhöhung die Kappungsgrenze anzuwenden ist (BGH 16. 6. 2010 – VIII ZR 258/09, NZM 2010, 736 Tz 12 ff = WuM 2010, 490). Unberücksichtigt bei der Berechnung der Kappungsgrenze bleiben aber auch in diesem Fall den §§ 559 und 560 BGB entsprechende zwischenzeitliche Mieterhöhungen, selbst wenn sie noch während der Preisbindung erfolgt sind.

3. Berechnung der Kappungsgrenze von 20%

77 Die Kappungsgrenze beträgt nach § 558 Abs 3 S 1 BGB seit dem 1. 9. 2001 grundsätzlich 20% in drei Jahren, wobei jedoch von Mieterhöhungen nach den §§ 559 bis

560 BGB abgesehen wird. Dieser Betrag reduziert sich seit 2013 in bestimmten Gebieten vorübergehend unter zusätzlichen Voraussetzungen auf 15% (§ 558 Abs 3 S 2 und 3 BGB; s dazu im Einzelnen u Rn 82). Es ist folglich zu prüfen, wie hoch die **Miete vor drei Jahren** war (sog **Ausgangsmiete**; u Rn 78), da der Vermieter diese nur maximal um 15 oder 20% (der Ausgangsmiete) erhöhen darf, selbst wenn die Vergleichsmiete höher liegen sollte (sog **100+20/15-Regel**). Maßgebend für die Berechnung sind allein die objektiven Verhältnisse. **Unzutreffende Flächenangaben** im Mietvertrag bleiben daher unberücksichtigt. Für die Berechnung der Kappungsgrenze ist auch dann allein auf die **objektive** Wohnungsgröße abzustellen und die tatsächlich geltende Ausgangsmiete mit der Vergleichsmiete für die objektive Wohnungsgröße in Bezug zu setzen (s Rn 48; BGH 4. 11. 2015 – VIII ZR 217/14, BGHZ 207, 246, 253 Rn 20 = NJW 2016, 477 = NZM 2016, 82). **Maßgebender Zeitpunkt**, von dem ab die Dreijahresfrist zurückzurechnen, ist der des Wirksamwerdens des Erhöhungsverlangens nach § 558b Abs 1 BGB (OLG Celle NJW-RR 1996, 331 = WuM 1996, 86).

Ausgangsmiete ist grundsätzlich die Miete, die drei Jahre vor Wirksamwerdens des **78** Erhöhungsverlangens nach § 558b Abs 1 BGB (o Rn 77) tatsächlich gezahlt oder besser: *geschuldet* wurde (LG Hannover WuM 1990, 517; LG Berlin WuM 1998, 231). Verstieß die Mietpreisvereinbarung seinerzeit gegen ein gesetzliches Verbot, zB gegen eines der **Wucherverbote**, so ist Ausgangsmiete nicht die vom Mieter tatsächlich gezahlte, sondern nur die niedrigere **höchstzulässige** Miete. Ist es dagegen in der Zwischenzeit zu **Mietsenkungen** gekommen, in erster Linie aufgrund einer entsprechenden Vereinbarung der Parteien, so ist von der *niedrigsten Miete* auszugehen, die innerhalb des fraglichen Zeitraums von drei Jahren geschuldet war (Schmidt-Futterer/Börstinghaus Rn 169; Herrlein/Kandelhard/Both Rn 82). *Unberücksichtigt* bleibt jedoch eine etwaige **Mietminderung** nach § 536, weil sie an der Höhe der vereinbarten Miete an sich nichts ändert und nur Bestand hat, solange der Mangel nicht behoben ist (BGH 17. 4. 2019 – VIII ZR 33/18 Rn 20 ff, NJW 2019, 2464 = NZM 2019, 536 = WuM 2019, 319, 321). Dies gilt insbesondere auch bei erheblichen Flächenabweichungen ungeachtet des Umstandes, dass derartige Mängel möglicherweise gar nicht behebbar sind (BGH 17. 1. 2018 – VIII ZR 33/18 Rn 21, NJW 2019, 2464 = NZM 2019, 536 = WuM 2019, 319, 321). Abgrenzungsprobleme können sich hier ergeben, wenn sich die Parteien aus Anlass der vom Mieter gerügten Mängel auf eine Herabsetzung der Miete einigen. In diesem Fall hängt die Anwendung des § 558 Abs 3 davon ab, ob die Parteien die Miethöhe *endgültig oder nur vorübergehend* während der Dauer der Mängel geändert haben. Nur im ersten Fall ist Raum für die Anwendung der Kappungsgrenze (str).

20% oder 15% der Ausgangsmiete (o Rn 78) sind der dem Vermieter in drei Jahren **79** für § 558 BGB maximal zur Verfügung stehende **Erhöhungsspielraum** (Berechnungsbeispiele bei Schmidt-Futter/Börstinghaus Rn 160 ff; Sternel, Mietrecht Rn III 631). Hat der Vermieter diesen Erhöhungsspielraum schon ganz oder teilweise durch zwischenzeitliche andere Mieterhöhungen nach den §§ 557a, 557b und 558 BGB oder durch Vereinbarungen mit dem Mieter **ausgeschöpft**, so steht ihm jetzt nur noch ein entsprechend verminderter oder gar kein Erhöhungsspielraum mehr zur Verfügung. Das gilt auch bei Wohnungen, die früher der **Preisbindung** nach dem WoBindG unterlagen (o Rn 72, 76), da bei der Berechnung der Kappungsgrenze Mieterhöhungen innerhalb des Dreijahreszeitraums aufgrund dieses Gesetzes ebenfalls zu berücksichtigen sind (BGH 16. 6. 2010 – VIII ZR 208/09, NZM 2010, 736 Tz 13 = WuM 2010, 490; LG Berlin GE 1995, 117).

80 Ausgenommen sind gemäß § 558 Abs 3 BGB **Mieterhöhungen nach** den **§ 559** und **§ 560 BGB**, soweit sie in dem Dreijahreszeitraum angefallen sind, dagegen nicht frühere Erhöhungen nach den genannten Vorschriften, die in die Ausgangsmiete eingehen (LG Berlin NZM 1998, 509; AG Dortmund WuM 1984, 112; AG Hagen WuM 1990, 555; Börstinghaus, Hdb Kap 5 Rn 164 ff). Gleich stehen **einverständliche Mieterhöhungen**, die solchen **nach § 559** oder **§ 560 BGB** entsprechen, also etwa die Vereinbarung eines Mietzuschlags wegen einer zwischenzeitlichen Modernisierung. Das folgt aus der einfachen Überlegung, dass es mit Sinn und Zweck des Gesetzes unvereinbar wäre, den Vermieter zu einer Vorgehensweise nach den §§ 559 und 560 BGB zu zwingen, obwohl er sich mit dem Mieter einigen kann (§ 557 BGB), nur, um sich die Privilegierung von Mieterhöhungen nach den §§ 559 bis 560 BGB im Rahmen des § 558 Abs 3 BGB zu erhalten (BGH 28. 4. 2004 – VIII ZR 185/03, NJW 2004, 2088 = WuM 2004, 344, 345 = NZM 2004, 456; 17. 4. 2019 – VIII 33/18 Rn 20, NJW 2019, 2464 = NZM 2019, 536; ebenso die Rechtsprechung zu § 558 Abs 1 S 3, s oben Rn 10). Die genannten Mieterhöhungen werden bei der Berechnung des dem Vermieter zur Verfügung stehenden Erhöhungsspielraums *nicht berücksichtigt* und nach Abschluss der Rechenoperationen der Miete *wieder zugeschlagen* (Palandt/Weidenkaff Rn 20). Schwierigkeiten ergeben sich aus dieser Regelung, wenn der Vermieter nicht nach § 559 BGB, sondern **nach § 558 BGB vorgeht**, um eine Erhöhung der Miete auf das Niveau *modernisierter* Wohnungen zu erreichen. Zwischen beiden Vorgehensweisen hat der Vermieter nach einer Modernisierung bekanntlich die **Wahl** (s oben Rn 59). Auf die Rechtsfolgen sollte dies deshalb keine Auswirkungen haben, sodass es naheliegt, auch derartige einverständliche Mieterhöhungen auf der Grundlage des § 558 BGB nach Modernisierungen auf die Kappungsgrenze *nicht* anzurechnen.

81 § 558 Abs 3 BGB stellt *nicht* auf eine bestimmte Struktur der Mietvereinbarung ab. Es spielt deshalb keine Rolle, ob die Parteien eine **Netto- oder eine Teilinklusivmiete** vereinbart haben (BGH 19. 11. 2003 – VIII ZR 160/03, NJW 2004, 1380 = WuM 2004, 153, 154 = NZM 2004, 218; LG Berlin GE 2006, 391; AG Pinneberg ZMR 2004, 122; 2004, 123). In jedem Fall ist bei einer Mieterhöhung nach § 558 BGB die Kappungsgrenze anzuwenden (§ 558 Abs 3 BGB). Die notwendige Folge ist, dass bei der Erhöhung einer **Teilinklusivmiete** der Spielraum des Vermieters größer ist als bei der einer niedrigeren Nettomiete (LG Hanau NZM 2003, 267 f; LG Berlin GE 2006, 391; Schilling WuM 1994, 447; str). Nichts anderes gilt, wenn der Vermieter zur Ermittlung der Vergleichsmiete die jetzigen Betriebskosten aus der Inklusivmiete herausrechnet, da der von ihm herangezogene Mietspiegel nur Nettomieten ausweist (o Rn 16 f), und zwar deshalb, weil die fragliche Rechenoperation nichts an der vereinbarten Mietstruktur ändert (§ 311 Abs 1 BGB, str). Anders jedoch, wenn in der Zwischenzeit die **Mietstruktur** tatsächlich **vertraglich geändert** wurde, zB durch Übergang von der Inklusiv- oder Brutto- zur Nettomiete (Blank/Börstinghaus Rn 69).

4. Kappungsgrenze von 15%

82 Seit Mai 2013 ermäßigt sich aufgrund des § 558 Abs 3 S 2 und S 3 die Kappungsgrenze unter zwei Voraussetzungen auf **15%**. Erste Voraussetzung ist, dass die ausreichende Versorgung der Bevölkerung mit Mietwohnungen zu angemessenen

Bedingungen in einer Gemeinde oder einem Teil einer Gemeinde besonders gefährdet ist, zweite Voraussetzung, dass das fragliche Gebiet durch Rechtsverordnung einer Landesregierung aufgrund der Ermächtigung in S 3 des § 558 Abs 3 für die Dauer von jeweils höchstens fünf Jahren bestimmt wurde. Die Vorschrift ist erst während der Ausschussberatungen nach dem Vorbild des § 577a Abs 2 in das Gesetz eingefügt worden, sodass zur Auslegung des § 558 Abs 3 S 2 und 3 auf Literatur und Rechtsprechung zu § 577a Abs 2 zurückgegriffen werden kann (BGH 4. 11. 2015 – VIII ZR 217/14, BGHZ 207, 246, 270 Rn 64 = NJW 2016, 477 = NZM 2016, 82).

83 Eine durchaus vergleichbare Regelung findet sich seit 2015 in § 556d Abs 2 S 1, durch den die Landesregierungen ermächtigt werden, durch Rechtsverordnung die Gebiete mit angespannten Wohnungsmärkten für die Dauer von höchstens fünf Jahren zu bestimmen, in denen die **Mietpreisbremse** gelten soll. Die Definition der Gebiete mit angespannten Wohnungsmärkten in § 556d Abs 2 S 1 stimmt mit der Regelung in § 558 Abs 3 S 2 nahezu wörtlich überein, sodass die genannten Vorschriften, insbesondere also § 556d Abs 2 S 2 und § 558 Abs 3 S 2 nach Möglichkeit einheitlich ausgelegt werden sollten (ebenso zB ZEHELEIN NZM 2016, 96). Deshalb verdient die Aufzählung so genannter Indikatoren für Gebiete mit angespannten Wohnungsmärkten in § 556d Abs 2 S 3 Nr 1 bis Nr 4 auch im vorliegenden Zusammenhang Beachtung (s deshalb STAUDINGER/EMMERICH [2021] § 556d Rn 29–38).

84 Erste (und in der gerichtlichen Praxis wohl wichtigste) Voraussetzung für die Anwendung der abgesenkten Kappungsgrenze von 15 % ist der **Erlass einer entsprechenden Verordnung** durch die Landesregierung für die fragliche Gemeinde. Die Absenkung gilt erst von dem Zeitpunkt des Inkrafttretens der Verordnung ab (s im Einzelnen ARTZ/BÖRSTINGHAUS NZM 2013, 593) und nur für die in der Verordnung bestimmte **Dauer**, die maximal 5 Jahre betragen darf (§ 558 Abs 3 S 3 BGB), durchaus aber auch kürzer bemessen werden kann (vgl ARTZ/BÖRSTINGHAUS NZM 2013, 593; – eine Übersicht über die einschlägigen Verordnungen der Länder bei BeckOGK/FLEINDL [1. 10. 2020] Rn 80.1; Übersicht über die Gemeinden oder Gemeindeteile, in denen die Kappungsgrenze von 15 % Anwendung findet, zB in NZM 2015 H 15 S V sowie für NRW in NZM 2019 H 12 S V f). Nach §§ 558 Abs 2 S 2 darf eine Absenkungsverordnung nur ergehen, wenn die **ausreichende Versorgung der Bevölkerung** mit Mietwohnungen zu angemessenen Bedingungen in einer Gemeinde oder einem Teil einer Gemeinde besonders gefährdet ist. Kriterien für das Vorliegen eines in diesem Sinne **angespannten Wohnungsmarktes** finden sich in § 556d Abs 2 S 3 Nr 1 bis Nr 4 (dazu STAUDINGER/V EMMERICH [2021] § 556d Rn 34–38).

85 Die **Zuständigkeit für die Prüfung**, ob die genannten Voraussetzungen für den Erlass einer Absenkungsverordnung (s Rn 84) erfüllt sind, liegt bei den **ordentlichen Gerichten** im Wege der so genannten Inzidentprüfung (s schon STAUDINGER/V EMMERICH [2021] § 556d Rn 47; BVerfG 24. 6. 2015 – 1 BvR 1360/15, NJW 2015, 3024 Rn 11 = NZM 2015, 777, 778; 14. 4. 2016 – 1 BvR 143/16, NZM 2016, 578 Rn 14 = NJW 2016, 2872; BGH 4. 11. 2015 – VIII ZR 217/14, BGHZ 207, 246, 253 f Rn 20 ff = NJW 2016, 477 = NZM 2016, 82; LG Berlin WuM 2014, 554 = ZMR 2014, 885; LG München II DWW 2016, 258; ARTZ/BÖRSTINGHAUS NZM 2013, 593, 600 f; ZEHELEIN NZM 2015, 761; NZM 2016, 96; NZM 2016, 666). Ob daneben auf der Grundlage des § 47 Abs 1 Nr 2 VwGO ein Normenkontrollverfahren vor dem zuständigen OVG oder VGH möglich ist (wie zT angenommen wird), ist offen, aber wohl eher zu verneinen (s STAUDINGER/V EMMERICH [2021] § 556d Rn 43).

86 Materielle Voraussetzung für den Erlass einer Absenkungsverordnung ist nach § 558 Abs 3 S 3, dass die ausreichende **Versorgung der Bevölkerung mit Wohnraum** zu angemessenen Bedingungen in der Gemeinde oder einem Teil einer Gemeinde besonders gefährdet ist. Bei der Beurteilung der Frage, ob diese Voraussetzungen für den Erlass einer Verordnung erfüllt sind, wird den Landesregierungen allgemein ein **weites Ermessen** eingeräumt, sodass eine gerichtliche Kontrolle nur in engen Grenzen möglich ist (grundlegend BGH 4. 11. 2015 – VIII ZR 217/14, BGHZ 207, 246, 268 f Rn 59 ff = NJW 2016, 477 = NZM 2016, 82). Das gilt für alle Tatbestandsmerkmale des § 558 Abs 2 S 2, zunächst für die Frage der besonderen Gefährdung der **ausreichenden Versorgung** der Bevölkerung mit Wohnraum zu angemessenen Bedingungen, worunter ein annäherndes Gleichgewicht von Angebot und Nachfrage bei einem für durchschnittliche Arbeitnehmer erträglichen Preisniveau zu verstehen sein soll (so BGH 4. 11. 2015 – VIII ZR 217/14, BGHZ 207, 246, 273 f Rn 71 ff = NJW 2016, 477 = NZM 2016, 82). Es gilt ebenso für die Frage, ob die so verstandene Versorgung der Bevölkerung **besonders gefährdet** ist (ebenso wiederum BGH 4. 11. 2015 – VIII ZR 217/14, BGHZ 207, 246, 274 f Rn 73 ff = NJW 2016, 477 = NZM 2016, 82). Und nicht anders steht es schließlich mit der intrikaten Frage der Abgrenzung des **relevanten Marktes**, dh mit der Frage, ob der Geltungsbereich einer Absenkungsverordnung auf einzelne kritische *Teile einer Gemeinde* beschränkt werden soll, wie es tatsächlich teilweise geschehen ist (s ZEHELEIN NZM 2016, 96 mwNw), oder grundsätzlich wegen der unlösbaren Abgrenzungsprobleme auf das gesamte Gemeindegebiet erstreckt werden kann. Die Entscheidung darüber überlässt der BGH im Grunde den Landesregierungen (BGH 4. 11. 2015 – VIII ZR 217/14, BGHZ 207, 246, 275, 290 ff. Rn 76, 114 ff = NJW 2016, 477 = NZM 2016, 82).

87 Umso wichtiger ist es zu betonen, dass die ordnungsmäßige Ausübung des Ermessens der Landesregierungen bei dem Erlass von Absenkungsverordnungen eine entsprechende **Verfahrensgestaltung** voraussetzt, damit die ordentlichen Gerichte überhaupt in die Lage versetzt werden zu überprüfen, ob die Landesregierungen sachgerecht bei dem Verordnungserlass vorgegangen sind (s im Einzelnen STAUDINGER/V EMMERICH [2021] § 556d Rn 28, 39 ff). Unabdingbare Voraussetzung für den Erlass einer Absenkungsverordnung ist deshalb grundsätzlich eine vorausgehende **empirische Erhebung** über die Situation auf dem Wohnungsmarkt, um anhand einer Reihe spezifischer Faktoren oder Indikatoren iS des § 556d Abs 3 Nr 1 bis Nr 4 beurteilen zu können, ob die genannten Voraussetzungen überhaupt erfüllt sind, wobei zu beachten ist, dass eine *einfache* Gefährdung der ausreichenden Versorgung der Bevölkerung mit Wohnraum, etwa gemessen an bestimmten statistischen Werten nicht ausreicht, sondern qualitativ eine **besondere Gefährdung** erforderlich ist, die sich in einzelnen Beziehungen besonders negativ auswirkt (so BVerwG 12. 12. 1979 – 8 C 2/79, BVerwGE 59, 159 = NJW 1980, 1970; 11. 3. 1983 – 8 C 102/81, NJW 1983, 2893 f). Damit ist zugleich gesagt, dass ohne entsprechende **statistische Erhebungen** die Frage der ausreichenden Versorgung der Bevölkerung mit Wohnraum wohl kaum sachgemäß beantwortet werden kann. Von daher bestehen *erhebliche Bedenken* gegen zahlreiche Verordnungen, die von den Landesregierungen bereits ganz kurz nach Inkrafttreten des § 558 Abs 3 S 2 und 3 am 1. 5. 2013 erlassen worden sind (ebenso LÜTZENKIRCHEN/DICKERSBACH Rn 181 f; SCHACH GE 2013, 795; dagegen aber im Ergebnis BGH 4. 11. 2015 – VIII ZR 217/14, BGHZ 207, 246, 281 ff. Rn 88 ff = NJW 2016, 477 = NZM 2016, 82, der auf die Frage der Verfahrensgestaltung mit keinem Wort eingeht).

5. Unanwendbarkeit der Kappungsgrenze (§ 558 Abs 4)

Nach § 558 Abs 4 S 1 BGB ist die Regelung über die Kappungsgrenze (§ 558 Abs 3 BGB) nicht anwendbar, wenn eine Verpflichtung des Mieters zur Ausgleichszahlung nach den Vorschriften des Gesetzes zum Abbau der Fehlsubventionierung im Wohnungswesen von 1981 (BGBl I 1158), des sog **Abbaugesetzes**, wegen des Wegfalls der öffentlichen Bindung erloschen ist (Nr 1 des § 558 Abs 4 S 1 BGB) *und* soweit die Erhöhung den Betrag der zuletzt zu entrichtenden Ausgleichszahlung nicht übersteigt (Nr 2 des § 558 Abs 4 S 1 BGB). Eine Verpflichtung zur Zahlung einer Ausgleichsabgabe, der so genannten **Fehlbelegungsabgabe** entsteht, wenn das Einkommen eines Mieters nachträglich die Einkommensgrenzen für die Berechtigung zum Bezug einer Wohnung aus dem öffentlich geförderten Wohnungsbau überschreitet. Der Mieter verliert dann zwar nicht die Berechtigung zur weiteren Nutzung der Wohnung, muss aber eine Ausgleichsabgabe zahlen. Diese Verpflichtung endet jedoch ihrerseits nach § 1 des Abbaugesetzes, wenn die Eigenschaft der öffentlichen Förderung der Wohnung nach den §§ 15 bis 17 WoBindG endet (s § 7 Abs 1 Nr 1 AFWoG). Gleich steht gemäß § 558 Abs 4 S 3 seit 2002 der Fall, dass die Verpflichtung des Mieters zur Leistung einer Ausgleichszahlung nach den **§§ 34 bis 37** des **WoFG** wegen Wegfalls der Mietbindung erloschen ist.

88

Die Regelung des § 558 Abs 4 S 1 und 2 ist erst 1993 vom Rechtsausschuss in das Gesetz eingefügt worden, um zu verhindern, dass der **Wegfall der Fehlbelegungsabgabe** infolge des Auslaufens der Preisbindung am Ende aufgrund der Anwendung der Kappungsgrenze zu einer **Mietsenkung** führte (Bericht BT-Drucks 12/5110, 16 f; BGH 16. 6. 2010 – VIII ZR 258/09, NZM 2010, 736 = WuM 2010, 490 Tz 19). Zu diesem Ergebnis könnte es kommen, wenn der Abstand zwischen der maßgeblichen Kostenmiete und der Vergleichsmiete mehr als 20 % oder 15 % beträgt, weil dann bei Anwendung der Kappungsgrenze (§ 558 Abs 3 BGB) das Niveau der ortsüblichen Vergleichsmiete nicht erreicht werden könnte, sodass sich der Mieter jetzt *besser als zuvor* stände, *vorausgesetzt,* dass die Ausgleichszahlung *höher* als die bei Berücksichtigung der Kappungsgrenze mögliche Mieterhöhung war. Deshalb bleibt in diesem Fall die Kappungsgrenze außer Betracht (§ 558 Abs 4 S 1 BGB). Die Mieterhöhung ist maW bis zur Grenze der ortsüblichen Vergleichsmiete möglich, *soweit* sie die Ausgleichszahlung nicht übersteigt (BLANK/BÖRSTINGHAUS Rn 73 f; HERRLEIN/KANDELHARD/BOTH Rn 86 ff). Im Übrigen bleibt es bei der Kappungsgrenze.

89

§ 558 Abs 4 BGB bedeutet mithin, dass nach Beendigung der gesetzlichen Preisbindung aufgrund des WoBindG sowie aufgrund des WoFG der Vermieter die Miete ohne Rücksicht auf die Kappungsgrenze einmal oder mehrmals **bis zur Höhe der** bisherigen **Fehlbelegungsabgabe** des Mieters erhöhen kann, vorausgesetzt, dass die ortsübliche Vergleichsmiete mindestens ebenso hoch ist wie die vereinbarte Miete zuzüglich der Fehlbelegungsabgabe (AG Köln WuM 1996, 480; BLANK WuM 1993, 503, 505 f). Keine Rolle spielt, wann die Fehlbelegungsabgabe infolge der Beendigung der gesetzlichen Preisbindung weggefallen ist und welcher zeitliche Abstand zwischen diesem Zeitpunkt und dem Zeitpunkt des Zugangs des Mieterhöhungsverlangens besteht (AG Köln WuM 1996, 624; AG Krefeld NJW-RR 1997, 139; BLANK WuM 1993, 503, 505 f). **Übersteigt** dagegen der **Erhöhungsbetrag** aufgrund des § 558 Abs 1 BGB die **Fehlbelegungsabgabe**, so findet hinsichtlich der *Differenz* die **Kappungsgrenze** wieder Anwendung. Nach dem Gesamtzusammenhang der Regelung ist als Ausgangsmiete

90

dann die Kostenmiete ohne Fehlbelegungsabgabe der Berechnung der Kappungsgrenze zugrunde zu legen. Bis zur Höhe der Fehlbelegungsabgabe ist die Mieterhöhung also auf jeden Fall möglich (§ 558 Abs 4 BGB); wegen des weitergehenden Erhöhungsbetrags ist dagegen die Kappungsgrenze des § 558 Abs 3 BGB zu beachten.

6. Auskunftsanspruch

91 Um beurteilen zu können, ob nach Wegfall der Preisbindung aufgrund des WoBindG die Kappungsgrenze des § 558 Abs 3 BGB Anwendung findet (s Rn 88 f), muss der Vermieter wissen, ob und in welcher Höhe der Mieter eine Fehlbelegungsabgabe gezahlt hat. Deshalb bestimmt S 2 des § 558 Abs 4 BGB, dass der Mieter darüber dem Vermieter auf dessen Verlangen, das frühestens vier Monate vor dem Wegfall der Preisbindung gestellt werden kann, innerhalb eines Monats **Auskunft** erteilen muss (s Kinne ZMR 2001, 775, 779). **Formvorschriften** bestehen nicht; das Auskunftsverlangen kann daher auch mündlich gestellt, die Auskunft mündlich erteilt werden (Kinne ZMR 2001, 775, 779; **aM** Blank/Börstinghaus Rn 75). Ein verfrühtes Auskunftsverlangen ist unwirksam. In den Fällen der §§ 34–37 WoFG besteht dagegen *keine* Auskunftspflicht des Mieters, weil § 558 Abs 4 S 3 nicht auch auf § 558 Abs 4 S 2 Bezug nimmt. Die unnötig komplizierte Regelung, ein Muster staatlicher Preisregulierungen gegen den Markt, scheint insgesamt nur eine geringe praktische Bedeutung zu besitzen.

92 **Zweifelt** der **Vermieter** an der Richtigkeit und Vollständigkeit der vom Mieter erteilten Auskunft, so kann er *nur* nach § 260 BGB vorgehen. Eine **Auskunftsklage** kommt allein in Betracht, wenn der Mieter eine Auskunft ganz verweigert. Der Vermieter hat auch keinen Anspruch auf Vorlage von Belegen (BeckOGK/Fleindl [1. 10. 2020] Rn 87). Erhebt er keine Auskunftsklage, so kann außerdem nicht einfach zu seinen Gunsten die höchste mögliche Fehlbelegungsabgabe unterstellt werden, etwa, weil dem Vermieter eine Auskunftsklage nicht mehr zuzumuten sei (so aber LG Köln ZMR 1998, 783 f = WuM 2000, 255, 256; Palandt/Weidenkaff Rn 23). Es bleibt dann vielmehr, weil die Voraussetzungen des § 558 Abs 4 BGB nicht feststehen, bei der Anwendbarkeit des § 558 Abs 1–3 und damit bei der Maßgeblichkeit der Kappungsgrenze. Entsteht dem Vermieter infolge des Verhaltens des Mieters ein *Schaden,* so kann er vom Mieter **Schadensersatz** verlangen (§ 280 Abs 1 BGB; Blank WuM 1993, 503, 506; Kinne ZMR 2001, 775, 779).

7. Mieterhöhungsverlangen

93 Das Mieterhöhungsverlangen muss nach § 558a BGB begründet werden. Fraglich ist, ob sich die Begründung auf die Vergleichsmiete beschränken kann *oder* auch auf die Einhaltung der verschiedenen **Kappungsgrenzen erstrecken** muss. Überwiegend wird bisher das erstere angenommen, weil sich die vom Gesetz im Einzelnen aufgezählten Begründungsmittel (§ 558a Abs 2 BGB) allein auf die Vergleichsmiete und nicht auch auf die Kappungsgrenze beziehen (BayObLGZ 1988, 70, 74 = NJW-RR 1988, 721 = WuM 1988, 117; OLG Celle GE 1996, 119, 121; LG Saarbrücken WuM 1997, 626, 627; LG Berlin GE 2002, 331; 2002, 1433; – aM AG Stuttgart WuM 2013, 548, 549 f). Das gilt wohl auch, wenn der Vermieter von der Unanwendbarkeit der Kappungsgrenze nach § 558 Abs 4 BGB ausgeht (anders AG Idstein WuM 1997, 268). Jedoch gehört die Darlegung der Einhaltung der Kappungsgrenze zur **Schlüssigkeit** einer auf § 558 BGB gestützten Klage (OLG Koblenz WuM 1984, 47 = ZMR 1984, 140).

Eine **falsche Berechnung** der Kappungsgrenze durch den Vermieter hat nicht die Unwirksamkeit des Erhöhungsverlangens zur Folge, sondern bewirkt lediglich, dass dieses *im Ausmaß der Überschreitung* der Kappungsgrenze *unwirksam* ist, im Übrigen aber wirksam bleibt (OLG Celle GE 1996, 119, 121; LG Bonn WuM 1985, 311; LG Berlin GE 1996, 1429). Deshalb ist es auch ohne Einfluss auf die Wirksamkeit des Erhöhungsverlangens, wenn der Vermieter bei seiner Berechnung von einer **falschen Ausgangsmiete** ausgeht, über die die Parteien im Zeitpunkt eines weiteren Erhöhungsverlangens noch vor Gericht streiten (KG NZM 1998, 107, 108 = WuM 1997, 605). Den Mieter hindert nichts, dem Mieterhöhungsverlangen des Vermieters trotz eines Verstoßes gegen die Kappungsgrenze (§ 558 Abs 3 BGB) zuzustimmen (§§ 311 Abs 1, 557 Abs 1 BGB). In diesem Fall bleibt der „Verstoß" gegen § 558 Abs 3 BGB ohne Folgen.

94

Die Dreijahresfrist für die Berechnung der Kappungsgrenze (§ 558 Abs 3 BGB) ist keine zusätzliche Warte- oder Sperrfrist. Der Vermieter darf daher ein **Mieterhöhungsverlangen** bereits **vor Ablauf der Dreijahresfrist** für die Zeit nach deren Ablauf stellen, wodurch dann bereits der Lauf der Zustimmungsfrist ausgelöst wird (BayObLGZ 1988, 70, 75 f = NJW-RR 1988, 721). Die Folge ist, dass in diesem Fall die Miete sofort nach Ablauf der Dreijahresfrist in vollem Umfang erhöht werden kann.

95

IX. Abweichende Vereinbarungen

Nach § 558 Abs 6 BGB ist eine von den Abs 1 bis 5 des § 558 BGB zum Nachteil des Mieters abweichende Vereinbarung unwirksam. § 558 Abs 6 BGB wiederholt die Vorschrift des **§ 557 Abs 4 BGB** (s deshalb auch STAUDINGER/J EMMERICH § 557 Rn 70–81). § 558 Abs 6 BGB besagt, dass die Regeln über eine Mieterhöhung nach § 558 Abs 1 bis 5 weder durch Individualvereinbarung noch durch Formularvertrag zum Nachteil des Mieters abgeändert werden können. Eine zum Nachteil des Mieters **abweichende Vereinbarung** in diesem Sinne ist anzunehmen, wenn die Rechtslage des Mieters aufgrund der fraglichen Vereinbarung in einer beliebigen Beziehung negativ von der aufgrund des Gesetzes abweicht. Deshalb ist zB die Abrede unzulässig, dass der Vermieter die Miete ohne Rücksicht auf § 558 **einseitig erhöhen** kann (BGH 12. 11. 2003 – VIII ZR 41/03, WuM 2004, 29 = NZM 2004, 136). Dasselbe gilt für die Vereinbarung, dass der Vermieter die Miete (anstatt nach § 558 BGB) (nur) nach den Vorschriften über die gesetzliche Mietpreisbindung im sozialen Wohnungsbau, dh aufgrund des **WoBindG** erhöhen können soll, weil die Folge solcher Abrede ebenfalls ein Recht des Vermieters zur *einseitigen* Mieterhöhung entsprechend § 10 WoBindG wäre; dieser Nachteil kann dann auch nicht durch die möglichen Vorteile einer Beschränkung der Mieterhöhung entsprechend dem WoBindG aufgewogen werden (BGH 7. 2. 2007 – VIII ZR 122/05, NZM 2007, 283, 284 Tz 15–18 = WuM 2007, 133). Unwirksam ist ferner jede Form einer kontrafaktischen vertraglichen Fixierung von Ausstattungsmerkmalen zum Nachteil des Mieters (LG München I ZMR 2017, 401, 402; BÖRSTINGHAUS NZM 2013, 1, 5 f). Beispiele sind insbesondere die Festschreibung einer unrichtigen Wohnungsgröße im Mietvertrag (s oben Rn 47) oder etwa die mietvertragliche Bestimmung, dass sich die Wohnung in einer „guten Lage" im Sinne des Mietspiegels befinde, wenn dies tatsächlich nicht der Fall ist.

96

97 Eine Vereinbarung, die gegen die §§ 557 Abs 4 und 558 Abs 6 verstößt, ist unwirksam. Die Wirksamkeit des Mietvertrages im Übrigen wird jedoch durch die **Unwirksamkeit** einer derartigen Klausel nicht berührt (BGH 12. 11. 2003 – VIII ZR 41/03, WuM 2004, 29 = NZM 2004, 136). Unbedenklich sind dagegen vertragliche **Verbesserungen** der Rechtsstellung des Mieters bis hin zum Ausschluss jeder Mieterhöhung nach § 558 (§ 557 Abs 3 HS 2 BGB). **Beispiele** sind eine Vereinbarung, nach der die Kostenmiete (neben der Kappungsgrenze) eine *zusätzliche Schranke* für Mieterhöhungen nach § 558 BGB bilden soll (BGH 7. 2. 2007 – VIII ZR 122/05, NZM 2007, 283, 284 Tz 18 = WuM 2007, 133), die Bestimmung, dass die Miete immer einen bestimmten *Abstand* zur ortsüblichen Vergleichsmiete einhalten muss (BGH 27. 5. 2009 – VIII 180/08, WuM 2009, 463, 464 f Tz 11 ff = NZM 2009, 734), sowie Bezugnahme des Mietvertrages auf *Förderrichtlinien* der öffentlichen Hand, aus denen sich eine entsprechende Beschränkung der Miethöhe ergibt (AG Lichtenberg WuM 2009, 392 f).

§ 558a
Form und Begründung der Mieterhöhung

(1) Das Mieterhöhungsverlangen nach § 558 ist dem Mieter in Textform zu erklären und zu begründen.

(2) Zur Begründung kann insbesondere Bezug genommen werden auf

1. einen Mietspiegel (§§ 558c, 558d),

2. eine Auskunft aus einer Mietdatenbank (§ 558e),

3. ein mit Gründen versehenes Gutachten eines öffentlich bestellten und vereidigten Sachverständigen,

4. entsprechende Entgelte für einzelne vergleichbare Wohnungen; hierbei genügt die Benennung von drei Wohnungen.

(3) Enthält ein qualifizierter Mietspiegel (§ 558d Abs. 1), bei dem die Vorschrift des § 558d Abs. 2 eingehalten ist, Angaben für die Wohnung, so hat der Vermieter in seinem Mieterhöhungsverlangen diese Angaben auch dann mitzuteilen, wenn er die Mieterhöhung auf ein anderes Begründungsmittel nach Absatz 2 stützt.

(4) Bei der Bezugnahme auf einen Mietspiegel, der Spannen enthält, reicht es aus, wenn die verlangte Miete innerhalb der Spanne liegt. Ist in dem Zeitpunkt, in dem der Vermieter seine Erklärung abgibt, kein Mietspiegel vorhanden, bei dem § 558c Abs. 3 oder § 558d Abs. 2 eingehalten ist, so kann auch ein anderer, insbesondere ein veralteter Mietspiegel oder ein Mietspiegel einer vergleichbaren Gemeinde verwendet werden.

(5) Eine zum Nachteil des Mieters abweichende Vereinbarung ist unwirksam.

Materialien: MHRG § 2; Mietrechtsreformgesetz von 2001 (BGBl I 1149); Begr zum RegE BT-Drucks 14/4553, 36, 54 f; Stellungnahme des Bundesrats BT-Drucks 14/454553, 88; Stellungnahme des BReg das S 100; Ausschussbericht BT-Drucks 14/5663, 80.

Schrifttum

S o bei § 558 sowie
BLOCHING/ORTOLF, Die Form der Mieterhöhung, NZM 2012, 334
BÖRSTINGHAUS, Mieterhöhung im preisfreien Wohnraum, WuM 2011, 338
ders, Miethöhe-Handbuch (2. Aufl 2016) Kap 12 (S 403 ff)
ders/CLAR, Mietspiegel, Erstellung und Anwendung (2. Aufl 2013)
BUB/TREIER/SCHULTZ, Hdb Rn III 1135 ff

DIETRICH, Die Begründung der Mieterhöhungserklärung unter Bezug auf einen Mietspiegel, NJW 2012, 567
HORST, Der Mietspiegel als Begründungsmittel einer Mieterhöhung, MD R 2020, 253
ST M SCHMITT, Unzureichende Vergleichswohnungen bei Nichtanwendbarkeit des Mietspiegels, WuM 2016, 131
ZEHELEIN, Verdeckt, ermächtigt, konkludent handelnd – oder verboten?, NZM 2015, 31.

Systematische Übersicht

I. Überblick		1
II. Beteiligte		
1. Personenmehrheiten		5
3. Abtretung, Ermächtigung		9
III. Form		12
IV. Inhalt		
1. Antrag auf Vertragsänderung		14
2. Zeitpunkt		19
3. Keine Bindung		20
V. Begründung		21
VI. Mietspiegel		
1. Eignung zur Begründung des Mieterhöhungsverlangens		29
2. Bezugnahme		35
3. Zuschläge		43
4. Stichtagsdifferenz		45
5. Nachbargemeinden		47
VII. Sachverständigengutachten		
1. Überblick		51
2. Auswahl		53
3. Bezugnahme		55
4. Begründung		57
VIII. Vergleichsobjekte		
1. Überblick		65
2. Bezeichnung		67
3. Zahl		69
4. Vergleichbarkeit		71
IX. Mietdatenbank		75
X. Sonstige Begründungsmittel		76
XI. Qualifizierter Mietspiegel		
1. Hinweispflicht		79
2. Rechtsfolgen		84
XII. Abweichende Vereinbarungen		86

Alphabetische Übersicht

Abtretung	9
Abweichende Vereinbarungen	86
Antrag	4
Begründung	21 ff
– Mietdatenbank	75
– Mietspiegel	23, 29, 79 ff
– Qualifizierter Mietspiegel	79 f
– Sachverständigengutachten	51 f
– Sonstiges Begründungsmittel	75 ff

– Vergleichswohnungen	65 f	Sachverständiger	53
Beteiligte	6 ff	Sachverständigengutachten	51 ff
Beweis	23	– Auswahl des Sachverständigen	53
Bezugnahme auf Mietspiegel	39	– Begründung	57 ff
		– Besichtigung der Wohnung	60
Eheleute	8	– Bezugnahme	56
Einfamilienhäuser	31	– Kosten	64
Ermächtigung	11	Sonstiges Begründungsmittel	55, 75 f
Erwerber	9	Stichtagsdifferenz	45
Form	12	Textform	12
Gesellschaft	7	Umdeutung	15
Inhalt	14 ff	Veralteter Mitspiegel	46 f
		Veräußerung	9
Mehrere Beteiligte	6	Vergleichbare Gemeinden	47
Mietdatenbank	75	Vergleichbarkeit der Wohnungen	44 f
Mieterhöhungsverlangen	4, 12 ff	Vergleichswohnungen/Vergleichsobjekte	65 ff
Mietspiegel	29 ff	– Besichtigung	68
– Aktualität	46	– Bestandswohnungen	65, 70
– Bezugnahme	35	– Bezeichnung	67
– Mietspannen	42	– Vergleichbarkeit	71 f
– Qualifizierter	79	– Zahl	69
– Vermutung	79 f	Vollmacht	5, 6
– Zuschläge	43 ff	Vorverfahren	1 f, 4
Nachbargemeinden	47	Zuschläge	43 ff
		Zwangsverwaltung	9
Orientierungshilfe	42		
Qualifizierter Mietspiegel	2, 79 f		

I. Überblick

1 § 558a BGB (= § 2 Abs 2 und 6 MHRG) regelt **Form und Begründung des Mieterhöhungsverlangens** des Vermieters, das dieser an den Mieter richten muss, wenn er unter den Voraussetzungen des § 558 BGB die Verpflichtung des Mieters zur Zustimmung zu einer Anhebung der Miete auf das Niveau der ortsüblichen Vergleichsmiete auslösen möchte. Kommt der Mieter dieser Verpflichtung nach und stimmt der vom Vermieter geforderten Mieterhöhung zu, so wird der Mietvertrag entsprechend geändert (§§ 557 Abs 1, 558b Abs 1 und 311 Abs 1 BGB). Stimmt der Mieter dagegen nicht binnen der so genannten Zustimmungsfrist von zwei Monaten dem Mieterhöhungsverlangen zu, so bleibt dem Vermieter, wenn er an seinem Verlangen festhalten will, nichts anderes übrig, als binnen der sich anschließenden Klagefrist von drei Monaten Klage auf Zustimmung des Mieters zu erheben (§ 558b Abs 2 BGB; § 894 ZPO). Beide Fristen des § 558b Abs 2, die Zustimmungs- ebenso wie die sich anschließende Klagefrist, werden nur durch ein dem § 558a BGB entsprechendes, insbesondere ordnungsgemäß begründetes Mieterhöhungsverlangen ausgelöst (s § 558b Rn 8, 11 ff). Entspricht das Mieterhöhungsverlangen nicht dem § 558a, so beginnt weder die Zustimmungs- noch die Klagefrist zu laufen – mit der weiteren Folge, dass eine etwaige Klage des Vermieters auf Zustimmung des Mieters zu der gewünschten Mieterhöhung abzuweisen ist, weil der Klage keine Zustimmungsfrist vorausgegangen ist (§ 558b Abs 2 BGB), und zwar nicht als unzulässig (so die früher ganz hM), sondern als unbegründet (so jetzt BGH 29. 4. 2020 – VIII ZR 355/18 Rn 18 ff, NJW 2020, 1947 = WuM 2020, 429 = NZM 2020, 534, 536 ff).

Das Mieterhöhungsverlangen des Vermieters nach § 558 und § 558a BGB ist nichts anderes als ein (besonders formalisierter) **Antrag** iS des § 145 auf **Abschluss eines Änderungsvertrages** nach § 311 Abs 1 BGB und § 557 Abs 1 BGB (BGH 30. 1. 2018 – VIII ZR 74/16 Rn 11 f, NZM 2018, 279 = WuM 2018, 151, 152; BayObLGZ 1992, 314 = NJW-RR 1993, 202; Börstinghaus, Hdb Kap 12 Rn 4; Zehelein NZM 2015, 31, 38). Die Zustimmung des Mieters im Sinne des § 558b Abs 1 BGB stellt folgerichtig der Sache nach die **Annahme des Antrags** des Vermieters dar (§§ 145 ff, 311 Abs 1, 557 Abs 1 und § 558b Abs 1 BGB; s § 558b Rn 3; BGH 30. 1. 2018 – VIII ZR 74/16 Rn 12, NZM 2018, 279 = WuM 2018, 151, 152; zB Bühler NZM 2016, 443; Bloching/Ortolf NZM 2012, 334, 336 f). **2**

Wegen der vom Gesetz in § 558b BGB bereits an den bloßen Zugang des Mieterhöhungsverlangens geknüpften Rechtsfolgen ist es gerechtfertigt, auf das Mieterhöhungsverlangen (ebenso wie auf die Zustimmung des Mieters) **§ 174 BGB** entsprechend anzuwenden, sodass der Mieter das Erhöhungsverlangen binnen einer kurzen Frist von maximal ein bis zwei Wochen zurückweisen kann, wenn ein etwaiger Bevollmächtigter des Vermieters dabei nicht eine Vollmachtsurkunde vorlegt (OLG Hamm NJW 1982, 2076 = WuM 1982, 204 = ZMR 1982, 374; LG Karlsruhe WuM 1985, 320; LG München I WuM 1986, 259; AG Dortmund NZM 2016, 443; Bühler NZM 2016, 443; Kinne ZMR 2001, 775, 778). Die **Vollmacht** muss sich (auch) **auf Mieterhöhungen** nach § 558 BGB beziehen (LG München II ZMR 1987, 152), sodass eine bloße **Prozessvollmacht** dafür in der Regel ebensowenig ausreicht wie die typische Vollmacht eines Verwalters von Eigentumswohnungen (LG München I NZM 2004, 220; LG Karlsruhe WuM 1985, 320). **3**

Außerdem ist erforderlich, dass der Vertreter sein **Handeln als Vertreter** des Vermieters in dem Mieterhöhungsverlangen offenlegt (§ 164 Abs 2 BGB). Es genügt, wenn sich das Handeln als Vertreter des Vermieters aus den Umständen ergibt (§ 164 Abs 2 S 2 BGB), zB indem der Absender des Mieterhöhungsverlangens als „Hausverwaltung" auftritt, weil und sofern die Hausverwaltung nach den Umständen offenbar nur für den von ihr vertretenen Vermieter tätig wird (Rn 5; BGH 2. 4. 2014 – VIII ZR 231/13, NJW 2014, 1803 Rn 14 = NZM 2014, 431 = WuM 2014, 430; Zehelein NZM 2015, 31, 37 f). Die vom **Beklagten** in einem Mieterhöhungsrechtsstreit erteilte Prozessvollmacht umfasst in aller Regel die Befugnis des Anwalts, ein erneutes Erhöhungsverlangen entgegenzunehmen, wobei kein Raum für die Anwendung des § 174 BGB ist (BGH 18. 12. 2002 – VIII ZR 72/02, NJW 2003, 963 = NZM 2003, 229, 230 f). **4**

II. Beteiligte

1. Personenmehrheiten

5 Der Antrag auf Vertragsänderung in Form des Mieterhöhungsverlangens (§ 558a Abs 1 BGB; o Rn 3) muss vom Vermieter gegenüber dem Mieter als seinem Vertragspartner gestellt werden (§ 145 BGB). Der Antrag eines **Hausverwalters** genügt daher nur dann den Anforderungen des § 558a, wenn er erkennbar im Namen des Vermieters und nicht im eigenen Namen des Hausverwalters gestellt wird (§ 164 Abs 2 BGB; Rn 4; LG Berlin GE 2013, 689; 2013, 691). Sind an dem Mietvertrag auf einer oder beiden Seiten mehrere Personen beteiligt, so muss das Erhöhungsverlangen **von allen Vermietern** ausgehen (KG WuM 1997, 101, 103 = ZMR 1997, 139, 140; OLG Hamburg ZMR 2010, 109, 110; LG Marburg NZM 2003, 394) und **allen Mietern zugehen** (BGH 10. 9. 1997 – VIII AZR 1/97, BGHZ 136, 314, 323 = NJW 1997, 3437), es sei denn, einer der Vermieter oder Mieter sei von den anderen entsprechend bevollmächtigt worden. Die gegenseitige **Empfangsbevollmächtigung** der Mieter ist auch in einem Formularvertrag möglich (BGH 10. 9. 1997 – VIII AZR 1/97, BGHZ 136, 314, 324 f = NJW 1997, 3437; BeckOGK/Fleindl [1. 10. 2020] Rn 16). Selbst in diesem Fall muss jedoch das Erhöhungsverlangen immer noch tatsächlich an sämtliche Mieter, wenn auch durch einen von ihnen vertreten, gerichtet sein.

6 Ein an **nur einen** (von mehreren) **Mieter gerichtetes Erhöhungsverlangen** ist unwirksam, weil die Mieter die Zustimmung zu der Mieterhöhung als Gesamtschuldner, und zwar als unteilbare Leistung, schulden (§ 431 BGB; BGH 10. 9. 1997 – VIII AZR 1/97, BGHZ 136, 314, 324 f = NJW 1997, 3437; BayObLGZ 1983, 30 = WuM 1983, 107; KG WuM 1985, 12 = ZMR 1985, 22, 24; NJW-RR 1986, 439 = ZMR 1986, 117). Daraus wird vielfach der Schluss gezogen, dass die Mieter im Prozess **notwendige Streitgenossen** seien und deshalb gemeinsam verklagt werden müssten (BGH 3. 3. 2004 – VIII ZR 124/03, NJW 2004, 1797 = NZM 2004, 419 = WuM 2004, 280, 281 [l Sp unter II 1]), während eine Klage nur gegen einen einzelnen Mieter unzulässig sein soll (BGH 3. 3. 2004 – VIII ZR 124/03, NJW 2004, 1797 = NZM 2004, 419 = WuM 2004, 280, 281 [l Sp unter II 1]; KG NJW-RR 1986, 439 = ZMR 1986, 117; LG Kiel ZMR 1989, 429; dagegen zB BeckOGK/Fleindl [1. 10. 2020] Rn 16 ff). Dem kann nur mit der Einschränkung zugestimmt werden, dass diejenigen Mieter, die dem Mieterhöhungsverlangen des Vermieters *zugestimmt* haben, nicht mitverklagt werden müssen; für eine Klage gegen sie fehlt schlicht das Rechtsschutzbedürfnis, selbst wenn man mehrere Mieter als notwendige Streitgenossen ansehen wollte (s unten § 558b Rn 26; BeckOGK/Fleindl [1. 10. 2020] § 558b Rn 45.3). Lässt man entgegen der hM eine Klage gegen einzelne von mehreren Mietern zu, so gilt die Zustimmung der Mieter zu dem Mieterhöhungsverlangen des Vermieters erst als erteilt, wenn sämtliche Mieter rechtskräftig zur Zustimmung verurteilt sind (§ 894 ZPO) oder wenn sie zugestimmt haben.

7 Wenn **Vermieter eine Gesellschaft** ist, müssen die jeweiligen Vertretungsregelungen beachtet werden. Für rechtsfähige oder teilrechtsfähige Gesellschaften einschließlich der BGB-Außengesellschaft müssen daher die **vertretungsberechtigten Gesellschafter** als solche, dh in dieser Eigenschaft, tätig werden (§ 164 Abs 2 BGB; AG Königstein NJW 2001, 1357; AG Hamburg ZMR 2010, 108), und zwar in einer Weise, die ohne Weiteres die Identifizierung des Vertreters erlaubt (LG Berlin GE 2003, 1156, 1157; LG Hamburg ZMR 2004, 680 = NZM 2005, 255). Wird ein vertretungsberechtigter Gesellschafter nur im *eigenen* Namen tätig, so ist das Mieterhöhungsverlangen mangels wirksamer Vertretung der übrigen Gesellschafter unwirksam. Bei anderen Personengemeinschaften wie zB einer **Bruchteilsgemeinschaft oder** einer **Erbengemeinschaft** kommt nur eine **Bevollmächtigung** eines der Mitglieder oder eines Dritten im Einzelfall in Betracht (Schmidt-Futterer/Börstinghaus Vorbem 29 ff zu § 558). Ohne solche Bevollmächtigung müssen dagegen **alle Mitglieder** der Gemeinschaft **tätig** werden. Wird das Erhöhungsverlangen vom Vermieter zugleich im Namen von Personen gestellt, die tatsächlich gar nicht Vermieter sind, so ist es gleichfalls unwirksam (LG Berlin GE 1999, 1427 = ZMR 1999, 822). In den genannten Fällen kann der **Mangel** jedoch **geheilt** werden, wenn noch rechtzeitig vor Beginn der Fristen des § 558b BGB das Erhöhungsverlangen von den anderen Vermietern nachgeholt oder den anderen Mietern zugestellt wird (Sternel, Mietrecht Rn III 635). Kein Raum ist dagegen hier für die Anwendung der §§ 182 ff; eine nachträgliche Genehmigung ist nicht möglich (AG Stuttgart WuM 1973, 105).

Das Gesagte (o Rn 6) gilt grundsätzlich auch, wenn **Eheleute** Mieter sind (Börstinghaus, Hdb Kap 3 Rn 90; BeckOGK/Fleindl [1. 10. 2020] Rn 15 ff). Das Mieterhöhungsverlangen muss folglich **an beide gerichtet** werden. Daraus ergeben sich selbst nach dem endgültigen **Auszug eines Ehegatten** aus der Ehewohnung so lange keine Schwierigkeiten, wie sich die Eheleute gegenseitig Empfangsvollmacht erteilt haben und der ausgezogene Ehegatte diese nicht widerruft. Andernfalls muss, solange der ausgezogene Ehegatte nicht aus dem Vertrag entlassen worden ist, das Mieterhöhungsverlangen auch ihm gegenüber erklärt werden. Anders kann es sich nur um Einzelfall verhalten, sofern der in der Wohnung verbliebene Ehegatte **treuwidrig** handelte, wenn er sich darauf beruft, dass der andere Ehegatte bisher nicht wirksam aus dem Vertrag entlassen sei (BGH 3. 3. 2004 – VIII ZR 124/03, NJW 2004, 1797 = NZM 2004, 419= WuM 2004, 280, 281). **8**

2. Abtretung, Ermächtigung

Eine **Abtretung** des Vermieteranspruchs auf Zustimmung des Mieters zur Vertragsänderung durch Mieterhöhung ist nicht möglich, weil es sich dabei um ein bloßes unselbständiges Nebenrecht aus dem Vertrag handelt (KG GE 1990, 1257; WuM 1997, 101 = ZMR 1997, 139 = NJW-MietR 1997, 170; LG Hamburg WuM 1985, 310; LG München I WuM 1989, 282, 283; AG Charlottenburg GE 2000, 412). Der **Zessionar des Mietanspruchs** kann daher das Erhöhungsverlangen nur bei entsprechender Bevollmächtigung im Namen des Vermieters stellen (BGH 16. 9. 1964 – V ZR 132/62, LM Nr 4 zu § 1092 BGB = NJW 1964, 2296; KG GE 1990, 1257; WuM 1997, 101 = ZMR 1997, 139 = NJW-MietR 1997, 170; LG Augsburg WuM 1990, 225; LG Berlin NZM 2002, 780 = NJW-RR 2002, 1378; zur Frage der Ermächtigung des Zessionars s Rn 11). **9**

Im Falle der **Veräußerung des vermieteten Grundstücks** kann der Erwerber ein Erhöhungsverlangen im eigenen Namen erst **nach** seiner **Eintragung** im Grundbuch stellen, weil er gemäß § 566 Abs 1 BGB erst in diesem Augenblick in das Mietverhältnis eintritt (s unten § 566 Rn 45, 47; OLG Celle WuM 1984, 193, 194; LG München I WuM 1989, 282; AG Charlottenburg GE 2000, 412; Börstinghaus PiG 70 [2005] 65, 82 f). Unerheblich ist, ob dem Erwerber die Nutzungen des Grundstücks nach den Abreden der Parteien schon früher zustehen sollen (zur Frage der Ermächtigung des Erwerbers s Rn 11). Hat der Veräußerer das Erhöhungsverlangen noch vor dem Eigentumsübergang gestellt, so wirkt es indessen auch für den Erwerber, der in die dadurch geschaffene Rechts- **10** lage eintritt (§ 566 Abs 1 BGB; LG Kassel WuM 1996, 417 ff), sodass er gegebenenfalls auch die Zustimmungsklage erheben muss (Börstinghaus PiG 70 [2005] 65, 82 f), um nach Fälligkeit die erhöhte Miete verlangen zu können (Weitemeyer, in: FS Blank [2006] 445, 449). Dagegen bleibt der Veräußerer aktivlegitimiert, wenn es erst *während* des Rechtsstreits zum Eigentumsübergang kommt (so LG Köln NZM 2002, 288; Börstinghaus PiG 70 [2005] 65, 83). Sobald aber das **Eigentum übergegangen** ist, kann nur noch der Erwerber als neuer Vermieter eine Mieterhöhung aufgrund des § 558 BGB vom Mieter verlangen, während der Veräußerer fortan allein als Vertreter für den Erwerber tätig werden kann (o Rn 5; AG Hamburg WuM 1986, 139; AG Augsburg WuM 1990, 226). Entsprechendes gilt in den Fällen des **§ 567 BGB**, zB bei Eintritt eines Nießbrauchers in den Vertrag (LG Mannheim ZMR 1977, 284). Veräußert der Grundstückseigentümer einen **Miteigentumsanteil**, so folgt aus dem Gesagten, dass anschließend beide Miteigentümer zusammen ein Mieterhöhungsverlangen an den gemeinsamen Mieter richten müssen (LG Marburg NZM 2003, 394). Im Falle der **Zwangsverwaltung** ist schließlich allein der Verwalter befugt, eine Mieterhöhung zu verlangen (AG Dortmund WuM 1994, 546; Börstinghaus NZM 1999, 880, 883).

11 Aus der fehlenden Abtretbarkeit des Anspruchs des Vermieters auf Zustimmung des Mieters zur Mieterhöhung (o Rn 9) ist früher überwiegend der Schluss gezogen worden, dass auch die **Ermächtigung** eines Dritten, im Falle der Grundstücksveräußerung in erster Linie also des Erwerbers, zur Geltendmachung des Mieterhöhungsverlangens ausscheide, schon, um zu verhindern, dass sich der Mieter auf einmal mehreren „Vermietern" gegenübersehe, deren Innenverhältnis ihm notwendigerweise verborgen ist. Diese Auffassung hat indessen nicht die Billigung des **BGH** gefunden; nach dem der Veräußerer den Erwerber ohne Weiteres ermächtigen kann, auch schon vor seiner Eintragung im Grundbuch im eigenen Namen ein Mieterhöhungsverlangen an den Mieter zu richten; eine Offenlegung der Ermächtigung sei dafür nicht erforderlich (19. 3. 2014 – VIII ZR 203/13, NZM 2014, 385 Rn 16 ff = WuM 2014, 186 = ZMR 2014, 424; ebenso LG Berlin GE 2007, 1489; Kinne ZMR 2001, 775, 780). Noch offen ist, ob hier auch Raum für eine entsprechende Anwendung des § 174 BGB ist (BGH 19. 3. 2014 – VIII ZR 203/13, NZM 2014, 385 Rn 21 = WuM 2014, 186 = ZMR 2014, 424). Gegen eine Klage des Erwerbers in **Prozessstandschaft** für den Veräußerer hat der BGH jetzt offenbar gleichfalls keine Bedenken mehr (s BGH 13. 2. 2008 – VIII ZR 105/07, NJW 2008, 1218 Tz 13 = NZM 2008, 283 = WuM 2008, 219; BeckOGK/Fleindl [1. 10. 2020] Rn 13 f; Horst ZMR 2009, 655, 660). Die **Bedenken** wegen der damit verbundenen Verschlechterung der Rechtsstellung des Mieters wiegen aber nach wie vor so schwer, dass an der **Unzulässigkeit** solcher Ermächtigung Dritter zur Geltendmachung des Mieterhöhungsverlangens im eigenen Namen festgehalten werden sollte (s unten § 566 Rn 31; ebenso AG Charlottenburg GE 2000, 412; Schmidt-Futterer/Börstinghaus Vorbem 47 zu § 558; Zehelein NZM 2015, 31, 38 ff mwNw; dagegen zB BeckOGK/Fleindl [1. 10. 2020] Rn 13).

III. Form

12 Für das Mieterhöhungsverlangen des Vermieters genügt heute nach § 558a Abs 1 die bloße **Textform** iSd § 126b BGB. Dadurch soll, zumal bei Großvermietern, der Rechtsverkehr erleichtert, zugleich aber die nötige Information des Mieters sichergestellt werden (BGH 17. 10. 2018 – VIII ZR 94/17 Rn 53 f, NJW 2019, 363 = NZM 2018, 1011 = WuM 2018, 765, 770). Die Vorschrift des § 558a Abs 1 ändert freilich nichts an dem grundsätzlichen **Schriftformerfordernis des § 550 BGB** für langfristige Mietverträge, so dass, wenn sich der Vermieter bei einem Mieterhöhungsverlangen entsprechend § 558a Abs 1 BGB mit der bloßen Textform begnügt, die Gefahr besteht, dass sich der Mietvertrag gem § 550 S 1 BGB mangels Beachtung der Schriftform für diese wesentliche Vertragsänderung in einen kündbaren Vertrag auf unbestimmte Zeit verwandelt (dazu u § 558b Rn 7; BÖRSTINGHAUS, Hdb Kap 12 Rn 11). Das Formerfordernis erstreckt sich *nicht* auf die dem eigentlichen Erhöhungsverlangen als Anlagen beigefügten **Begründungsmittel** wie Mietspiegel, Sachverständigengutachten oder Aufzählung von Vergleichswohnungen (PALANDT/WEIDENKAFF Rn 4, im Anschluss an KG WuM 1984, 101 = ZMR 1984, 168; zur Form der Zustimmung des Mieters s unten § 558b Rn 7; M SCHMID ZMR 2007, 514). Handelt es sich bei dem Vermieter um eine juristische Person, so genügt als Bezeichnung des Absenders die Angabe des Namens oder der Firma der juristischen Person (BGH 1. 7. 2014 – VIII ZR 72/14, WuM 2014, 612 Rn 2).

Wenn der Mietvertrag für Vertragsänderungen Schriftform vorschreibt, muss unterschieden werden, ob die **Schriftformklausel** konstitutive oder deklaratorische Bedeutung haben soll (BLOCHING/ORTOLF NZM 2012, 334). Im Zweifel ist bei Mietverträgen – entgegen den §§ 125 S 2 und 154 Abs 2 BGB – von einer bloßen **deklaratorischen** Bedeutung der Klausel auszugehen (s STAUDINGER/V EMMERICH [2021] § 550 Rn 66 f), sodass sie im Ergebnis für das Mieterhöhungsverlangen des Vermieters ebenso wie für die Zustimmung des Mieters nach § 558b BGB ohne Bedeutung bleibt (§ 558b Rn 11; BGH 10. 11. 2010 – VIII ZR 300/09, NZM 2011, 117 Rn 14 = WuM 2011, 32; 30. 1. 2018 – VIII ZR 74/16 Rn 17, NZM 2018, 279 = WuM 2018, 151, 152; LG München I ZMR 2014, 462 [unter 2]); jede Partei kann jedoch – nach Änderung des Mietvertrages durch Zustimmung des Mieters zu der Mieterhöhung – eine Nachholung der Beurkundung erlangen (vgl § 127 Abs 2 S 2 BGB; offen gelassen in BGH 30. 1. 2018 – VIII ZR 74/16 Rn 17, NZM 2018, 279 = WuM 2018, 151, 152). Hatte die Klausel dagegen ausnahmsweise **konstitutive** Bedeutung, so dürfte, jedenfalls in aller Regel, im Ergebnis nichts anderes gelten, weil dann wohl grundsätzlich von einer konkludenten Abbedingung der Klausel durch die Parteien auszugehen sein wird (ebenso LG München I ZMR 2014, 462 [unter 2]; BÖRSTINGHAUS, Hdb Kap 12 Rn 10). 13

IV. Inhalt

1. Antrag auf Vertragsänderung

§ 558 BGB begründet unter bestimmten Voraussetzungen einen **Anspruch** des Vermieters auf Zustimmung des Mieters zu einer Vertragsänderung iS des § 311 Abs 1 BGB durch Erhöhung der Miete. Dieser Anspruch muss nach § 558a Abs 1 BGB dem Mieter gegenüber in Textform geltend gemacht und begründet werden (o Rn 12). Daraus folgt, dass das Erhöhungsverlangen – als Antrag auf Vertragsänderung (o Rn 2) – die gewünschte Vertragsänderung, dh vor allem die **Höhe** der neuen Miete oder den **Erhöhungsbetrag** genau bezeichnen und die **Aufforderung** an den Mieter enthalten muss, der gewünschten Vertragsänderung gemäß §§ 311 Abs 1 und 557 Abs 1 zuzustimmen (BGHZ 26, 310, 314 = NJW 1958, 586; BGH 10. 2. 1971 – VIII ZR 208/69, LM Nr 32 zu § 125 BGB = MDR 1971, 479; KG NZM 1998, 107 = WuM 1997, 605; LG Berlin GE 2007, 986, 987; BÖRSTINGHAUS, Hdb Kap 12 Rn 17 ff). Streiten die Parteien noch über eine **vorausgegangene Mieterhöhung**, so kann der Vermieter gleichwohl die seiner Meinung nach wirksame erste Mieterhöhung seinem erneuten Erhöhungsverlangen zugrunde legen, ohne dessen Unwirksamkeit befürchten zu müssen, wenn der Mieter 14 in dem Rechtsstreit über die vorausgegangene Mieterhöhung obsiegt (KG NZM 1998, 107 = WuM 1997, 605; LG Saarbrücken WuM 1997, 626; s Börstinghaus, Hdb Kap 12 Rn 18; Börstinghaus, in: Der Mietvertrag, PiG 55 [1998] 209, 222 f). Dies folgt einfach daraus, dass es sich bei der Angabe der Ausgangsmiete im Mieterhöhungsverlangen allein um eine Frage der *Begründetheit* des Mieterhöhungsverlangens handelt, nicht dagegen um eine Frage seiner formellen Ordnungsmäßigkeit.

15 Das Mieterhöhungsverlangen ist **bedingungsfeindlich** (s Riecke ZMR 2005, 369; 2008, 543). Unbedenklich sind jedoch Potestativ- und **Rechtsbedingungen**. So kann der Vermieter durchaus ein Mieterhöhungsverlangen an den Mieter für den Fall richten, dass sich eine von ihm zuvor ausgesprochene Kündigung oder ein vorausgegangenes anderes Mieterhöhungsverlangen im Rechtsstreit als unwirksam erweisen sollten (LG Berlin GE 2010, 271; Riecke ZMR 2005, 369; anders LG Hamburg ZMR 2005, 367). Das Mieterhöhungsverlangen ist (natürlich) nicht an bestimmte Formulierungen gebunden, sodass je nach den Umständen des Falles ein Erhöhungsverlangen auch in der **Klage auf Zustimmung** zu der zuvor (in unwirksamer Form) geforderten Mieterhöhung gesehen werden kann, vorausgesetzt, dass die Klageschrift zugleich eine wirksame materiell-rechtliche Willenserklärung in Gestalt eines den §§ 558 und 558a BGB entsprechenden Mieterhöhungsverlangens enthält (Börstinghaus, Hdb Kap 12 Rn 15). Von Fall zu Fall kann ein Mieterhöhungsverlangen außerdem in einem **Vergleichsvorschlag** oder in der Aufforderung zur Zahlung einer höheren Miete als bisher zu sehen sein (LG Flensburg WuM 1973, 46, 47; anders für eine bloße Vergleichskorrespondenz von Anwälten BGH 10. 2. 1973 – VIII ZR 208/69, LM Nr 32 zu § 125 BGB = MDR 1971, 479).

16 Im Einzelfall kann ferner die **Umdeutung** eines nichtigen in ein wirksames **Erhöhungsverlangen** in Betracht kommen (§ 140 BGB; LG Bremen WuM 1995, 397; Börstinghaus, Hdb Kap 12 Rn 17 ff). Auch hindert im Regelfall nichts die Umdeutung eines nichtigen, weil in einzelnen Beziehungen gegen die §§ 558 f BGB verstoßenden Erhöhungsverlangens in einen materiell-rechtlichen **Antrag** auf Abschluss eines Änderungsvertrages, dem der Mieter jederzeit ohne Rücksicht auf die §§ 558 ff BGB zustimmen kann (§§ 311 Abs 1, 557 Abs 1 BGB), insbesondere, indem er einfach die vom Vermieter gewünschte höhere Miete zahlt (s unten § 558b Rn 4 f). Ein bloßer Irrtum des Vermieters über die materiellen Voraussetzungen einer Mieterhöhung, zB eine unzutreffende Berechnung der zulässigen Mieterhöhung, ist gleichfalls grundsätzlich unschädlich.

17 Unter den Voraussetzungen des **§ 559** und des **§ 560 BGB** hat der Vermieter über § 558 BGB hinaus unter zusätzlichen Voraussetzungen ein **Recht zu einseitigen Mietänderungen**. Wegen der Unterschiede der dabei zu beachtenden Verfahren und wegen der verschiedenen Voraussetzungen einer Mieterhöhung nach § 558, nach § 559 und nach § 560 BGB ist infolgedessen für ein Mieterhöhungsverlangen nach § 558a BGB zu verlangen, dass zumindest der **Unterschied** zu den genannten anderen Möglichkeiten der Mietänderung (§§ 559, 560 BGB) deutlich zum Ausdruck kommt. Das Mieterhöhungsverlangen nach § 558a BGB ist daher unwirksam, wenn die vom Vermieter gewählte Formulierung bei dem Mieter den **Eindruck einer einseitigen Mietänderung** hervorrufen muss (AG Schöneberg GE 1988, 1001, 1003), und zwar einfach deshalb, weil dann in seiner Erklärung kein Antrag auf Vertragsänderung nach den §§ 558, 557 und 311 Abs 1 BGB gesehen werden kann (§§ 133, 157 BGB, s oben Rn 3).

Der Vermieter ist nicht gehindert, dem Mieter zugleich **andere Vertragsänderungen** 18
anzutragen; jedoch müssen dann beide Bestandteile des Mieterhöhungsverlangens
deutlich **getrennt** werden, da nach § 558 BGB ein Anspruch auf Vertragsänderung
nur hinsichtlich der Miete, *nicht* dagegen hinsichtlich anderer Vertragsbestandteile
besteht; andernfalls leidet das Mieterhöhungsverlangen an einem *formellen* Mangel,
der zu seiner Unwirksamkeit führt (BGH 7. 7. 2010 – VIII ZR 131/06, NJW 2010, 2945 Tz 11 =
NZM 2010, 734 = WuM 2010, 502; LG Berlin GE 2007, 986, 987; LG Itzehoe ZMR 2013, 286). Das
Gesagte hat vor allem Bedeutung, wenn der Vermieter mit der Mieterhöhung zugleich eine Änderung der Mietstruktur, insbesondere durch Übergang von der Brutto- zur Netto- oder Teilinklusivmiete anstrebt (s oben § 558 Rn 15; BGH 10. 10. 2007 – VIII
ZR 331/06, NJW 2008, 848 = NZM 2008, 124 Tz 13 = WuM 2007, 707), oder wenn er das
Mieterhöhungsverlangen mit einer Erhöhung der Vorauszahlungen oder der Pauschale für die Betriebskosten verbindet (LG Itzehoe ZMR 2013, 286). In derartigen
Fällen ist mithin der Regelung des § 558a Abs 1 nur genügt, wenn der Vermieter
in seiner Erklärung deutlich zwischen den verschiedenen Vertragsänderungen unterscheidet, sodass der Mieter ohne Weiteres in die Lage versetzt wird, allein der
nach § 558 geschuldeten Mieterhöhung unter Ablehnung der von ihm nicht geschuldeten Vertragsänderungen zuzustimmen. Davon zu unterscheiden ist der Fall, dass
der Vermieter in dem Mieterhöhungsverlangen erkennbar davon ausgeht, dass der
Mietvertrag bereits in der einen oder anderen Hinsicht tatsächlich geändert ist und er
jetzt nur diese bereits *erfolgte* Änderung seinem nachfolgenden Mieterhöhungsverlangen bei der Berechnung der neuen Miete zu Grunde legt (so BGH 7. 7. 2010 – VIII ZR
131/06, NJW 2010, 2945 Tz 11 = NZM 2010, 734 = WuM 2010, 502; LG Itzehoe ZMR 2013, 286).

2. Zeitpunkt

Der Zeitpunkt, zu dem die Vertragsänderung durch Erhöhung der Miete in Kraft 19
tritt, ergibt sich aus dem Gesetz (§ 558b Abs 1 BGB) und braucht deshalb in dem
Erhöhungsverlangen **nicht genannt** zu werden (OLG Koblenz WuM 1983, 132 = NJW 1983,
1861; BayObLG WuM 1984, 240, 241 = ZMR 1984, 356). Deshalb ist es auch unschädlich,
wenn der Vermieter einen **zu frühen Erhöhungszeitpunkt** nennt; es gilt dann einfach
der gesetzliche Erhöhungszeitpunkt (§ 558b Abs 1 BGB; OLG Hamm NJW 1983, 1861;
LG Berlin GE 1990, 545, 547). Nennt der Vermieter dagegen einen **späteren Zeitpunkt**, so
ist er hieran gebunden (OLG Hamm NJW 1983, 1861; LG Berlin GE 1990, 545, 547; Börstinghaus, Hdb Kap 12 Rn 21). Nur im Falle des Versuchs einer **rückwirkenden Mieterhöhung**
ist die Unwirksamkeit des Erhöhungsverlangens anzunehmen, weil dann für eine
Zustimmung des Mieters nach § 558b BGB kein Raum mehr ist (Schmidt-Futterer/
Börstinghaus Rn 18). Denn eine rückwirkende Mieterhöhung ist in keinem Fall geschuldet, sondern allein durch Vertrag aufgrund der §§ 311 Abs 1 und 557 möglich.

3. Keine Bindung

Das Gesetz billigt dem Mieter im Anschluss an das Erhöhungsverlangen des Ver- 20
mieters eine Überlegungs- oder Zustimmungsfrist von mindestens zwei Monaten zu
(§ 558b Abs 2 S 1 BGB). Daraus müsste an sich nach den §§ 145, 147 und 148 BGB
der Schluss zu ziehen sein, dass der Vermieter auch ebenso lange an seinen Antrag
gebunden ist. Insoweit überlagern jedoch die Besonderheiten des Mieterhöhungsverfahrens nach den §§ 558 ff die Regelung der §§ 145 bis 148 BGB. **Ausgeschlossen**
ist lediglich eine **nachträgliche Erhöhung** des Erhöhungsbetrages während der Zu-

stimmungsfrist (LG Stuttgart NJW 1974, 1252; Börstinghaus, Hdb Kap 12 Rn 25). Dagegen hindert den Vermieter nichts an der **Rücknahme** oder Ermäßigung des Erhöhungsverlangens, weil dadurch der Mieter nur begünstigt werden kann (Schmidt-Futterer/ Börstinghaus Rn 19–21; Palandt/Weidenkaff Rn 15; str). Von solcher Ermäßigung ist im Regelfall nach Treu und Glauben auch auszugehen, wenn der Vermieter nur einen Teil der von ihm ursprünglich verlangten Mieterhöhung einklagt (Börstinghaus, Hdb Kap 12 Rn 25). Dem Vermieter steht es außerdem frei, nach Rücknahme des Erhöhungsverlangens ein **neues** verändertes **Erhöhungsverlangen** an den Mieter zu richten, wodurch dann freilich erneut die Fristen des § 558b Abs 2 BGB ausgelöst werden.

V. Begründung

21 Das Mieterhöhungsverlangen iS des § 558 BGB muss (in Textform, s Rn 12) begründet werden (§ 558a Abs 1 BGB). Um dem Vermieter diese Begründung zu erleichtern, fügt das Gesetz in § 558a Abs 2 Nrn 1–4 BGB hinzu, dass dabei „insbesondere" auf Mietspiegel, Auskünfte aus einer Mietdatenbank, Sachverständigengutachten oder Vergleichswohnungen Bezug genommen werden kann. Vorbild dieser eigenartigen Regelung war § 2 Abs 2 S 2 – 4 MHRG aF, der seinerseits auf die §§ 18 und 24 BMietG I von 1955 sowie auf § 10 Abs 1 S 2 WoBindG zurückging.

22 Bereits mit den Vorschriften der §§ 18 und 24 **BMietG I von 1955** hatte der Gesetzgeber in erster Linie den **Zweck** verfolgt, dem **Mieter** eine **Nachprüfung** zu ermöglichen, ob das Erhöhungsverlangen des Vermieters berechtigt ist, damit er sich während der anschließenden Überlegungs- oder Zustimmungsfrist darüber schlüssig werden kann, wie er sich zu dem Verlangen des Vermieters stellen soll. Zugleich sollte der Vermieter durch den Begründungszwang davon abgehalten werden, ein Erhöhungsverlangen „ins Blaue hinein", dh willkürlich und ohne sachliche Rechtfertigung zu stellen. Man wollte damit letztlich erreichen, dass die Beziehungen der Parteien versachlicht und die Chance zu einer außergerichtlichen Einigung erhöht wird, um unnötige Prozesse nach Möglichkeit zu vermeiden (BGHZ 26, 310, 312 = NJW 1958, 586; BGH 25. 3. 1970 – VIII ZR 134/68, LM Nr 26/27 zu § 18 BMietG I [BMG] = NJW 1970, 1078; LM Nr 2 zu 24 BMietG I = NJW 1959, 1634; 15. 1. 1964 – VIII ZR 61/63, LM Nr 3 zu § 24 BMietG I = NJW 1960, 1248; LM Nr 6 zu § 24 BMietG I = NJW 1964, 656; WM 1978, 274, 2 75).

23 An diesem Verständnis des **Zweckes der Begründungspflicht** hat die Rechtsprechung auch unter dem MHRG und dem BGB bis heute festgehalten (s Börstinghaus, Hdb Kap 12 Rn 26 ff; ders WuM 2011, 338; Dietrich NJW 2012, 567; Sternel, Mietrecht Rn III 650 ff). Der Zweck der Begründungspflicht beschränkt sich daher nach wie vor darauf, dem Mieter **erste Hinweise auf** die **sachliche Berechtigung** des Erhöhungsverlangens des Vermieters zu geben, damit ihm während der anschließenden Überlegungs- oder Zustimmungsfrist des § 558b Abs 2 S 1 BGB eine **Nachprüfung der Berechtigung** oder besser: der Plausibilität des Vermieterverlangens möglich ist und er sich ein eigenes Bild von der Sachlage machen kann, um sich darüber schlüssig zu werden, ob er dem Verlangen des Vermieters als sachlich fundiert nachkommen soll, wobei keine übertriebenen Anforderungen gestellt werden dürfen. Die Begründung hat insbesondere nicht den Zweck, bereits einen Beweis für die Höhe der ortsüblichen Vergleichsmiete zu erbringen; es genügt vielmehr die Angabe von Tatsachen, aus denen der Vermieter die Berechtigung seines Mieterhöhungsverlangens herleitet

und die es dem Mieter folgerichtig ermöglichen, die Berechtigung dieses Verlangens wenigstens ansatzweise selbst zu überprüfen (BVerfGE 49, 244, 249 f = NJW 1979, 31; BGHZ 84, 392, 395 f = NJW 1982, 2867; BGHZ 89, 284, 291 ff = NJW 1984, 1032; BGH 18. 12. 2002 – VIII ZR 75/02, NJW 2003, 963 = NZM 2003, 229 usw bis BGH 12. 12. 2007 – VIII ZR 11/07, NJW 2008, 573 Tz 12 = NZM 2008, 164 = WuM 2008, 88; 7. 7. 2010 – VIII ZR 321/09, NJW 2010, 2945 = WuM 2010, 502 Tz 9 = NZM 2010, 734; 19. 5. 2010 – VIII ZR 122/09, WuM 2010, 504 = NZM 2010, 576 Tz 10 = NJW-RR 2010, 1162; 3. 7. 2013 – VIII ZR 263/12, ZMR 2013, 954 = NZM 2013, 612 Tz 24; 26. 4. 2016 – VIII ZR 54/15, WuM 2016, 502 Rn 5; 11. 7. 2018 – VIII ZR 190/17 Rn 16 f, WuM 2018, 507 = BeckRS 2018, 16 623; 11. 7. 2018 – VIII ZR 136/17 Rn 17 f, NJW 2018, 2792 = NZM 2018, 742; 17. 10. 2018 – VIII ZR 94/17 Rn 54 ff, NJW 2019, 303 = NZM 2018, 1011 = WuM 2018, 765; 21. 8. 2019 – VIII ZR 255/18 Rn 13 ff, NZM 2018, 813 = WuM 2018, 650; 16. 10. 2019 – VIII ZR 340/18 Rn 13 ff, NZM 2019, 852 = WuM 2019, 703; 18. 12. 2019 – VIII ZR 236/18 Rn 15 f, WuM 2020, 86; 29. 4. 2020 – VIII ZR 355/18 Rn 47 ff, NJW 2020, 1947 = WuM 2020, 439 = NZM 2020, 534).

Insgesamt sind somit die Anforderungen an eine dem Gesetz entsprechende Begründung des Mieterhöhungsverlangens nach § 558a Abs 1 eher gering, um dem Vermieter ein Mieterhöhungsverlangen nicht unnötig zu erschweren. Dies entspricht auch durchaus den Vorstellungen der Gesetzesverfasser, wie vor allem der Umstand verdeutlicht, dass nach der gesetzlichen Regelung (Nr 4 des § 558a Abs 1 BGB) bereits eine Begründung unter Hinweis auf lediglich drei Vergleichswohnungen ausreichend ist, obwohl feststeht, dass solche „Begründung" nahezu ohne Aussagekraft ist (s Rn 45; zust BGH 18. 12. 2019 – VIII ZR 232/18 Rn 19, 24, WuM 2020, 86). Es ist daher nur folgerichtig, wenn die Rechtsprechung eine dem § 558a entsprechende Begründung iVm der nachfolgenden Überlegungen- oder Zustimmungsfrist auch als ausreichend ansieht, um das Widerspruchsrecht des Mieters nach den §§ 312g Abs 1 und 355 bei Mieterhöhungen aufgrund des § 558 (als überflüssig) auszuschließen (s STAUDINGER/V EMMERICH [2021] Vorbem 103 zu § 535; BGH 17. 10. 2018 – VIII ZR 94/17 Rn 39, 49 ff, NJW 2019, 303 = NZM 2018, 1011 = WuM 2018, 765). Stets erforderlich ist aber eine Begründung für die geforderte **Mieterhöhung** selbst, insbesondere durch den Hinweis auf die ortsübliche Vergleichsmiete und deren Ermittlung. Bei Verwendung eines qualifizierten Mietspiegels zur Begründung des Mieterhöhungsverlangens ist zudem in jedem Fall zusätzlich **§ 558a Abs 3 BGB** zu beachten (u Rn 79 ff; BGH 12. 12. 2007 – VIII ZR 11/07, NJW 2008, 573 Tz 13 = NZM 2008, 164 = WuM 2008, 88; KERN NZM 2008, 712), sodass die dort geforderten Angaben über die Wohnung ebenfalls für die formelle Ordnungsmäßigkeit der Begründung des Mieterhöhungsverlangens erforderlich sind (s DIETRICH NJW 2012, 567, 568 f; zu der geplanten Änderung s BÖRSTINGHAUS NZM 2020, 965, 968). **24**

Falls die Begründung des Mieterhöhungsverlangens hinter dem Standard des § 558a Abs 1 zurückbleibt (Rn 19 f), fehlt es an einem ordnungsmäßigen Mieterhöhungsverlangen iSd § 558a BGB – mit der wichtigen Folge, dass durch das (mangelhafte) Mieterhöhungsverlangen die beiden Fristen des § 558b Abs 2 BGB, dh die Zustimmungs- und die Klagefrist nicht ausgelöst werden (s Rn 1), und der weiteren Folge, dass eine nachfolgende Klage auf Zustimmung des Mieters als unbegründet abzuweisen ist. So verhält es sich zB, wenn der Vermieter ganz auf eine **Begründung verzichtet**, ferner, wenn er lediglich eine solche „Begründung" gibt, die schon auf den ersten Blick kein Mieterhöhungsverlangen nach § 558 BGB zu rechtfertigen vermag, weil sie von **falschen Voraussetzungen** ausgeht, oder wenn die Begründung in zentralen Punkten unvollständig, unverständlich und **widersprüchlich** ist (BGH 21. 1. **25**

2004 – VIII ZR 115/03, NZM 2004, 380 = WuM 2004, 283, 284 [l Sp]; 16. 10. 2019 – VIII 346/18 Rn 16, NZM 2019, 852 = WuM 2019, 703; OLG Hamburg NJW-RR 2000, 1321).

26 **Beispiele** sind die Verwendung eines „uralten", nämlich 20 Jahre alten Mietspiegels zur „Begründung" eines Mieterhöhungsverlangens (BGH 16. 10. 2019 – VIII ZR 346/18 Rn 19, NZM 2019, 852 = WuM 2019, 703;) oder die Verwendung des Mietspiegels einer Nachbargemeinde, die bereits auf den ersten Blick in keiner Hinsicht mit der Gemeinde vergleichbar ist, in der die betreffende Wohnung liegt (BGH 21. 8. 2019 – VIII ZR 46/18 Rn 14 f, NZM 2019, 813 = WuM 2019, 680 -Fürth/Stein). Weitere hierher gehörige Beispiele sind die „Begründung" eines Mieterhöhungsverlangens durch Bezugnahme auf einen Mietspiegel, der auf die fragliche Wohnung überhaupt nicht anwendbar ist (LG München I NZM 2012, 802, 804 f), ferner bloße Hinweise auf allgemeine Preis- oder Kostensteigerungen, namentlich an Hand verschiedener Preisindices (LG Köln WuM 1974, 10; LG Gießen WuM 1975, 16), eine Begründung, die auf widersprüchlichen Zahlen und falschen tatsächlichen Angaben beruht (LG Berlin GE 2000, 473), sowie der bloße Hinweis auf Vermietungsanzeigen in der Tagespresse (LG Köln WuM 1974, 10), auf die Höhe der Sozialmieten (AG Lampertheim WuM 1973, 103) oder auf den zu erwartenden Finanzbedarf für Hauserneuerungen oder für Instandhaltungsarbeiten (AG Frankfurt WuM 1973, 217). Ebenso ist es zu beurteilen, wenn der Vermieter sein Erhöhungsverlangen mit schon auf den ersten Blick unzutreffenden Gutachten oder mit willkürlich gegriffenen Zahlen und Angaben zu „begründen" versucht (weitere Beispiele s unten Rn 30).

27 Von diesen formellen Mängeln, die nach dem Gesagten (s Rn 25 f) zur Unwirksamkeit des Mieterhöhungsverlangens wegen des Verstoßes gegen § 558a BGB führen, müssen „bloße" **inhaltliche Fehler** unterschieden werden, die lediglich zur Folge haben können, dass sich das Mieterhöhungsverlangen, wenn sich die inhaltlichen Mängel nicht beheben lassen, in dem gegebenenfalls nachfolgenden Rechtsstreit letztlich als **unbegründet** erweist (BGH 12. 11. 2003 – VIII ZR 52/03, NJW 2004, 1379 = NZM 2004, 219 = WuM 2004, 93, 94; 25. 2. 2004 – VIII ZR 116/03, NZM 2004, 380 = WuM 2004, 283, 284; 10. 10. 2007 – VIII ZR 331/06, NJW 2008, 848 Tz 9, 18 = NZM 2008, 124 = WuM 2007, 707). **Beispiele** für bloße inhaltliche Fehler (ohne Einfluss auf die formelle Wirksamkeit des Mieterhöhungsverlangens) sind eine **Überschreitung der Mietspannen** des Mietspiegels in dem Mieterhöhungsverlangen (BGH 12. 11. 2003 – VIII ZR 52/03, NJW 2004, 1379 = NZM 2004, 219 = WuM 2004, 93, 94; 25. 2. 2004 – VIII ZR 116/03, NZM 2004, 380 = WuM 2004, 283, 284), die fehlerhafte Aufgliederung einer Teilinklusivmiete zu dem Zweck, die vereinbarte Miete mit den in einem Mietspiegel ausgewiesenen Nettomieten vergleichbar zu machen (BGH 10. 10. 2007 – VIII ZR 131/06, NJW 2008, 848 Tz 10, 18 = NZM 2008, 124 = WuM 2007, 707), sowie Verstöße gegen § 2 HeizkostenVO (BGH 19. 7. 2006 – VIII ZR 212/05, NZM 2006, 652 = WuM 2006, 518, 519 f Tz 15 f).

28 **Tatsachen**, die dem Mieter **bekannt** oder für ihn **ohne Bedeutung** sind, brauchen grundsätzlich *nicht* mitgeteilt zu werden. Deshalb ist in aller Regel eine Begründung für die Einhaltung der **Warte- und** der **Sperrfrist** des § 558 Abs 1 BGB und der **Kappungsgrenze** des § 558 Abs 3 BGB entbehrlich (s oben § 558 Rn 93 ff; Börstinghaus, Hdb Kap 12 Rn 30 ff; Blank/Börstinghaus Rn 9). Anders verhält es sich dagegen im Falle der völligen Übergehung der **Kürzungsbeträge** in den Fällen des § 558 Abs 5 und des § 559a (s oben § 558 Rn 59 ff; BGH 25. 2. 2004 – VIII ZR 116/03, NZM 2004, 380 = WuM 2004, 283, 284 [l Sp]).

VI. Mietspiegel

1. Eignung zur Begründung des Mieterhöhungsverlangens

In dem Mieterhöhungsverlangen kann zur Begründung nach § 558a Abs 2 Nr 1 BGB insbesondere auf einen Mietspiegel, der den Anforderungen des § 558c oder des § 558d BGB genügt, dh entweder auf einen einfachen oder auf einen qualifizierten Mietspiegel Bezug genommen werden (zum Begriff s unten § 558c Rn 3 ff). Für den Zweck der Begründung des Mieterhöhungsverlangens stehen maW einfache und qualifizierte Mietspiegel gleich. Existiert jedoch für die betreffende Wohnung ein qualifizierter Mietspiegel im Sinne des § 558d Abs 1 und 2 BGB, so muss der Vermieter nach § 558a Abs 3 BGB in seinem Mieterhöhungsverlangen dem Mieter die Angaben des qualifizierten Mietspiegels über die Wohnung „auch" dann mitteilen, wenn er die Mieterhöhung auf ein anderes Begründungsmittel iSd § 558a Abs 2 BGB als gerade auf einen Mietspiegel stützt (§ 558a Abs 4 S 1 BGB, u Rn 81 ff). Das Gesetz fügt in § 558a Abs 4 S 1 hinzu, dass es für den Fall der Begründung des Mieterhöhungsverlangens mit einem Mietspiegel für den Zweck der Begründung des Mieterhöhungsverlangens ausreicht, wenn die verlangte Miete innerhalb der Spanne liegt, die der Mietspiegel für die betreffende Wohnung ausweist (s Rn 42). Außerdem kann der Vermieter, wenn bei Erklärung des Mieterhöhungsverlangens kein aktueller Mietspiegel im Sinne des § 558c Abs 3 oder des § 558d Abs 2 BGB vorliegt, nach § 558a Abs 4 S 2 BGB auch auf einen anderen, insbesondere auf einen veralteten Mietspiegel oder auf den Mietspiegel einer vergleichbaren Gemeinde Bezug nehmen (s Rn 47 f), beides freilich nur, wenn die verwandten anderen Mietspiegel nicht schon auf den ersten Blick als Begründungsmittel ungeeignet erscheinen, etwa weil es sich um einen uralten Mietspiegel oder um den Mietspiegel einer ganz anderen, nicht vergleichbaren Gemeinde handelt (Rn 47 f). **29**

Voraussetzung der **Eignung** eines Mietspiegels zur Begründung eines Erhöhungsverlangens nach § 558a Abs 2 Nr 1 BGB ist lediglich, dass er *äußerlich* den Anforderungen des § 558c BGB genügt, insbesondere von den in § 558c Abs 1 BGB genannten Stellen stammt. Ist dies der Fall, so beeinträchtigen **inhaltliche Mängel** oder Mängel bei der Aufstellung des Mietspiegels dessen Eignung als Begründungsmittel grundsätzlich nicht (§ 558a Abs 4 S 2 BGB; BGH 6. 7. 2011 – VIII ZR 337/10, NZM 2011, 747 Tz 7 = WuM 2011, 517). Als Begründungsmittel ist ein Mietspiegel vielmehr **nur ungeeignet** – mit der Folge der Unwirksamkeit des Erhöhungsverlangens wegen Verstoßes gegen § 558a BGB –, wenn er so **schwere Mängel** aufweist, dass er überhaupt nicht mehr als „Mietspiegel" im Sinne des § 558c BGB angesprochen werden kann. Ein Beispiel ist ein Mietspiegel, der *nicht* von den in § 558c Abs 1 BGB genannten Gebietskörperschaften und Verbänden, sondern zB von Maklern, Maklerverbänden oder Landkreisen oder nur von *einem* Verband der Mieter oder der Vermieter allein aufgestellt wurde (LG Essen WuM 1973, 24; AG Aachen WuM 1991, 277; AG Wipperfürth WuM 1992, 138; weitere Beispiele o Rn 25 f). **30**

Die Eignung eines Mietspiegels als Begründungsmittel im Sinne des § 558a Abs 2 Nr 1 BGB setzt ferner voraus, dass er überhaupt **verwertbare Aussagen für** die fragliche **Wohnung** enthält. Daran fehlt es vor allem, wenn sich der Mietspiegel selbst nur einen begrenzten **Anwendungsbereich** beilegt, zB seine Anwendbarkeit auf Einfamilienhäuser ausschließt, ferner, wenn das betreffende **Rasterfeld leer** ist **31** oder doch tatsächlich nur mit einer so geringen Zahl von Vergleichswohnungen belegt ist, dass die Aussage des Mietspiegels insoweit nicht mehr repräsentativ ist (LG München I NZM 2012, 802, 804 f).

32 Die Schließung solcher Lücken in Mietspiegeln im Wege der **Interpolation** verbietet sich, weil sich Marktpreise nicht nach derartigen logischen Operationen zu richten pflegen (s im Einzelnen o § 558 Rn 42; LG Berlin GE 2005, 675 f; 2008, 1492; LG Köln WuM 1994, 333; STERNEL, Mietrecht Rn III 664). Das ist wichtig insbesondere für Wohnungen in freistehenden **Einfamilienhäusern**, in Doppelhaushälften sowie für besonders große Wohnungen (deutlich über 140 m^2), weil derartige Wohnungen in Mietspiegeln nicht berücksichtigt zu werden pflegen (so zutreffend für besonders große Wohnungen LG Köln WuM 1994, 333; LG Frankfurt/M NZM 2012, 342, 343 = ZMR 2011, 943; AG München WuM 2016, 177; für Doppelhaushälften und Einfamilienhäuser LG Heidelberg ZMR 2012, 155, 356; LG Berlin NZM 2013, 143 f). Dasselbe gilt für „Wohnungen" in Räumen, die überhaupt nicht zum dauernden Aufenthalt von Menschen zugelassen sind (LG Frankfurt/M NZM 2012, 342, 343 = ZMR 2011, 943), sowie für **möblierte** Wohnungen oder **untervermietete Wohnungen**, jedenfalls, sofern sie auf besonderen Märkten angeboten und nachgefragt werden (s oben § 558 Rn 36 ff).

33 Zusätzliche Probleme ergeben sich daraus, dass Mietspiegel im Regelfall allein Aussagen über die Miete für Wohnungen enthalten, die sich in *größerer* Zahl am Markt befinden und für die deshalb Angaben über „Marktpreise" möglich sind. Dazu können zwar auch sog Adressenlagen gehören (LG Hamburg WuM 1990, 441), **nicht** jedoch besonders große Wohnungen, Einfamilienhäuser sowie sonstige **einmalige Wohnungen** wie Schloss- oder Luxuswohnungen (s oben § 558 Rn 38; AG Straubing WuM 1985, 326; AG Hamburg-Blankenese ZMR 1998, 568). Dieselbe Frage kann auch bei **Schlichtwohnungen** auftauchen, die in Mietspiegeln wegen ihrer (erfreulichen) Seltenheit nicht mehr berücksichtigt werden (s BGH 29. 4. 2020 – VIII ZR 355/18 Rn 54 ff, NZM 2020, 534, 539 f). Ob in derartigen Fällen für die Begründung eines Mieterhöhungsverlangens mit einem Mietspiegel überhaupt Raum ist, ist zweifelhaft. Die Frage wird vor allem an dem Beispiel von **Einfamilienhäusern** diskutiert. Die Rechtsprechung hat sich trotz der angedeuteten Probleme wiederholt *für* die Anwendbarkeit von Mietspiegeln als Begründungsmittel ausgesprochen, sofern sie wenigstens eine Orientierungshilfe zu geben vermögen, bei Schlichtwohnungen zB durch Abschläge auf die Mietspiegelwerte oder bei Einfamilienhäusern aufgrund eines schlichten Erstrechtschlusses, dh indem einfach unterstellt wurde, dass die Miete für Einfamilienhäuser in aller Regel *höher* als die in Mietspiegeln ausgewiesenen (durchschnittlichen) Vergleichsmieten für Wohnungen in Mehrfamilienhäusern sein werden, sodass auch ein Mieterhöhungsverlangen zumal für freistehende Einfamilienhäuser durchaus mit Mietspiegeln *begründet* werden könne, sofern nur der Vermieter mit seinem Erhöhungsverlangen nicht über die Mietspiegelwerte hinausgeht (so BGH 17. 9. 2008 – VIII ZR 58/08, NJW-RR 2009, 86 = NZM 2009, 27 Tz 12 = WuM 2008, 729; 26. 4. 2016 – VIII ZR 54/15, NJW 2016, 2565 = WuM 2016, 502 Rn 9, 12 = NZM 2016, 580; 29. 4. 2020 – VIII ZR 355/18 Rn 54 ff, NZM 2020, 534, 539 f; LG Berlin GE 2010, 985; ZMR 2011, 463, 464; AG Hamburg-Blankenese ZMR 2009, 767).

34 Tatsächlich ist jedoch an sich ein Schluss von Mietspiegelwerten auf die Miete für Einfamilienhäuser und sonstige besondere Wohnungen im Grunde nicht möglich (s § 558 Rn 41). Auf der anderen Seite muss man freilich hier auch bedenken, dass es im vorliegenden Zusammenhang allein um die Frage einer *formell* ordnungsmäßigen *Begründung* eines Mieterhöhungsverlangens gemäß der Vorschrift des § 558a Abs 1 geht; und für diesen beschränkten Zweck mag die auf einem freilich durchaus problematischen Erstrechtschluss beruhende Praxis angehen, sofern man sich nur immer klarmacht, dass damit über die *sachliche Berechtigung* des Mieterhöhungsverlangens des Vermieters noch nichts gesagt ist (ebenso im Ergebnis wohl BGH 26. 4. 2016 – VIII ZR 54/15, NJW 2016, 2565 = WuM 2016, 502 Rn 9, 12 = NZM 2016, 580; zust BeckOGK/FLEINDL [1. 10. 2020] Rn 37 ff mwNw; kritisch zB BÖRSTINGHAUS NZM 2016, 581). Die Begründung eines Mieterhöhungsverlangens mit einem Mietspiegel scheidet dagegen endgültig aus, wenn der Mietspiegel für die fragliche Wohnung (neudeutsch) einen sog Disclaimer enthält, dh selbst seine Anwendbarkeit auf Wohnungen der fraglichen Art ausschließt (ebenfalls str).

2. Bezugnahme

Zur Begründung des Mieterhöhungsverlangens mit einem Mietspiegel ist nach **35** § 558a Abs 2 Nr 1 BGB (nur) erforderlich, dass in dem Mieterhöhungsverlangen auf den Mietspiegel „Bezug genommen" wird. Daraus ergibt sich die Frage, ob in dem Mieterhöhungsverlangen – als „Bezugnahme" – ein bloßer Verweis auf einen anderweitig zugänglichen Mietspiegel genügt oder ob darüber hinaus die Beifügung des (vollständigen) Mietspiegels zu dem Mieterhöhungsverlangen erforderlich ist. Der BGH verfolgt in dieser Frage idR eine ausgesprochen großzügige Linie. Danach ist eine **Beifügung** des Mietspiegels (ausnahmsweise) nur erforderlich, wenn er nicht allgemein zugänglich ist, während bei **allgemein zugänglichen Mietspiegeln** auch die bloße **Bezugnahme** genügen soll. Wann ein Mietspiegel in diesem Sinne allgemein zugänglich ist, ist im Einzelnen umstritten. Nach Meinung der Rechtsprechung ist dies bereits der Fall, wenn der Mietspiegel zB im Amtsblatt der betreffenden Gemeinde (so zB BGH 12. 12. 2007 – VIII ZR 11/07, NJW 2008, 573 Tz 15 = NZM 2008, 164 = WuM 2008, 88; 6. 7. 2011 – VIII ZR 337/10, NZM 2011, 743 = WuM 2011, 517) oder im Internet veröffentlicht ist (so KG NZM 2010, 703 = GE 2009, 407). Als ausreichend wird es ferner angesehen, wenn der Vermieter dem Mieter die **Einsichtnahme** in den Mietspiegel in seinem „Kunden-Center" oder bei seinem Anwalt oder Steuerberater anbietet oder wenn der Mietspiegel bei den aufstellenden Interessenverbänden oder der Gemeinde gegen eine „geringe **Schutzgebühr**" von 3 bis 6 € bezogen werden kann, sofern die Adressen der zuständigen Stelle der Gemeinde oder der Verbände, bei denen der Mietspiegel bezogen werden kann, für jedermann leicht zugänglich sind (BGH 31. 8. 2010 – VIII ZR 131/09, WuM 2010, 693 Tz 2 = NZM 2011, 120; LG Freiburg NZM 2015, 488; LG Karlsruhe ZMR 2014, 989, 990; dagegen jedoch zutreffend für Schutzgebühren von 5 € oder 6,50 € AG Münster WuM 2018, 722; AG Stuttgart WuM 2018, 723; s Rn 26a).

Wenn es sich in dem genannten Sinn um einen allgemein zugänglichen Mietspiegel **36** handelt (Rn 35), soll es für eine ordnungsmäßige Begründung des Mieterhöhungsverlangens bereits genügen, wenn der Vermieter dem Mieter in dem Mieterhöhungsverlangen diejenigen Angaben mitteilt, die dem Mieter bei einem Mietspiegel in Tabellenform die **Einordnung** seiner Wohnung in ein Mietspiegelfeld ermöglichen. Die zusätzliche Angabe weiterer Einzelheiten und die Nennung der Mietspannen sollen dagegen entbehrlich sein, weil der Mieter die genannten Informationen anschließend selbst mühelos dem Mietspiegel entnehmen könne (so außerdem noch BGH 12. 12. 2007 – VIII ZR 11/07, NJW 2008, 573 = NZM 2008, 164 = WuM 2008, 88, 89 Tz 12, 15 f; 11. 3.

2009 – VIII ZR 316/07, WuM 2009, 239, 240 Tz 8 = ZMR 2009, 521; 11. 3. 2009 – VIII ZR 74/08, NJW 2009, 667 = NZM 2009, 395 = WuM 2009, 293; 28. 4. 2009 – VIII ZR 7/08, NZM 2009, 429 = WuM 2009, 352; 30. 9. 2009 – VIII ZR 276/08, NJW 2010, 275 = NZM 2010, 40 Nr 4 = WuM 2009, 747 f Tz 10 f; LG Hannover WuM 2013, 362; AG Hamburg-Blankenese ZMR 2016, 462, 463). Die Grenze des dem Mieter Zumutbaren soll dagegen überschritten sein, wenn in dem Mieterhöhungsverlangen des Vermieters nicht einmal Spannen genannt werden und diese aus dem Mietspiegel (auf den das Mieterhöhungsverlangen verweist) nur mittels schwieriger mathematischer Operationen ableitbar sind (LG Nürnberg-Fürth WuM 2015, 160).

37 Bei einem Mietspiegel in Tabellenform soll es ferner ausreichen, wenn der Vermieter in dem Erhöhungsverlangen seine Wohnung an Hand der Unterscheidungsmerkmale des Mietspiegels so **genau beschreibt**, dass der Mieter die betreffende Gruppe und Untergruppe des Mietspiegels auf Anhieb finden und daraus ablesen kann, ob das Verlangen des Vermieters berechtigt ist (BGH 12. 11. 2003 – VIII ZR 52/03, NJW 2004, 1379 = NZM 2004, 219 = WuM 2004, 93, 94 [l Sp 3. Abs]; 12. 12. 2007 – VIII ZR 11/07, NJW 2008, 573 = NZM 2008, 164 = WuM 2008, 88, 89 Tz 15; GE 2013, 1133 Tz 23; 3. 7. 2013 – VIII ZR 263/12, ZMR 2013, 954 = NZM 2013, 612 Tz 24). Auch darauf kann schließlich verzichtet werden, wenn dem Mieter die maßgeblichen Merkmale ohnehin **genau bekannt** sind oder wenn der Vermieter in dem Mietspiegel das maßgebliche Feld auf andere Weise deutlich **markiert**, jedenfalls, wenn der Mietspiegel anhand der Wohnwertmerkmale des § 558 BGB ausreichend differenziert ist, sodass der Hinweis auf ein Feld des Mietspiegels zugleich die nötigen Angaben zur Begründung des Mieterhöhungsverlangens nach § 558a Abs 1 BGB enthält (BGH 12. 12. 2007 – VIII ZR 11/07, NJW 2008, 573 = NZM 2008, 164 = WuM 2008, 88 mAnm Dietrich NJW 2012, 567, 569 f; 15. 11. 3. 2009 – VIII ZR 74/08, NZM 2009, 395 = WuM 2009, 293; 11. 3. 2009 – VIII ZR 316/07, WuM 2009, 239, 240 Tz 8 = ZMR 2009, 521; GE 2013, 1133 Tz 23).

38 Damit ist zugleich gesagt, dass bei einer weniger weitgehenden Ausdifferenzierung des Mietspiegels anhand der Wohnwertmerkmale zusätzliche Angaben in dem Mieterhöhungsverlangen für eine ordnungsmäßige Begründung im Sinne des § 558a BGB erforderlich sein können (LG Hannover WuM 2013, 362; Dietrich NJW 2012, 567, 569 f), so, wenn der Mietspiegel zB statt auf formale Kriterien wie Baualtersklasse und Ausstattung der Wohnungen auf schwierig nachzuvollziehende *wertende Kriterien* abstellt, sodass der Vermieter in diesem Fall in dem Mieterhöhungsverlangen zusätzlich im Einzelnen darlegen muss, warum er jeweils die fraglichen Kriterien bei seiner Wohnung als erfüllt ansieht (LG Stuttgart ZMR 2015, 450 = WuM 2016, 261).

39 Im **Schrifttum** ist die Berechtigung der geschilderten Praxis (s Rn 35 f) umstritten (zustimmend Kern NZM 2008, 712; kritisch Börstinghaus, Hdb Kap 12 Rn 134 ff; ders WuM 2011, 338, 344 f; Dietrich NJW 2012, 567; Reschke WuM 2008, 228 ff). Problematisch ist insbesondere, ob das bloße Angebot einer **Einsichtnahme** in den Mietspiegel in den Räumen des Vermieters oder bei einem Verband oder einem Rechtsanwalt dem Zweck des Begründungserfordernisses gerecht wird, dem Mieter ohne Weiteres in Ruhe und unbeeinflusst eine Nachprüfung der Berechtigung des Mieterhöhungsverlangens des Vermieters zu ermöglichen (s Rn 23); denn solche Nachprüfung ist in den genannten Fällen und insbesondere in den Räumen des Vermieters offenkundig nur sehr beschränkt möglich. Es dürfte auch wohl kaum zutreffen, dass ein lediglich im

Internet veröffentlichter Mietspiegel für jedermann ohne Weiteres zugänglich ist (Börstinghaus WuM 2011, 338, 344 f).

Es ist ferner nur schwer nachvollziehbar, dass es zulässig sein soll, von dem Mieter **40** noch eine „**Schutzgebühr**" zu verlangen, wenn er sich den Mietspiegel besorgen will, um die Berechtigung des Mieterhöhungsverlangens überprüfen zu können (so zB BGH 30. 9. 2009 – VIII ZR 276/08, WuM 2009, 747 = NJW 2010, 275 = NZM 2010, 40 Nr 4; dagegen zutreffend AG Münster WuM 2018, 722; AG Stuttgart WuM 2018, 723; Muth ZMR 2014, 990). Hintergrund ist der Umstand, dass Gemeinden und Verbände immer häufiger dazu übergehen, die von ihnen aufgestellten Mietspiegel nur noch gegen ein **Entgelt** abzugeben, dh schlicht: zu verkaufen, um die hohen Kosten der Aufstellung zu decken, zT auch unter Berufung auf ein (angebliches) Urheber- oder doch Datenschutzrecht der Aufsteller an dem Mietspiegel (s Emmert, in: 10 Jahre Mietrechtsreformgesetz [2011] 668 ff; Börstinghaus/Clar Mietspiegel Tz 440 ff; Müglich/Börstinghaus NZM 1998, 353). Die Annahme eines Urheberrechts an einem Mietspiegel liegt indessen fern. Wie immer jedoch diese Frage zu beurteilen sein mag, klar sollte sein, dass sie nicht „auf dem Rücken der Mieter" ausgetragen werden darf. Sofern die Aufsteller eines Mietspiegels, zu Recht oder zu Unrecht, für die Abgabe, dh für den Verkauf des Mietspiegels eine Gegenleistung fordern (dürfen), muss diese der *Vermieter* tragen, den die Kosten des Mieterhöhungsverlangen treffen (s dazu auch Rn 64), sodass er sich dann eben einen Mietspiegel besorgen und diesen anschließend dem Mieterhöhungsverfahren beifügen muss, damit der Mieter sich kostenlos informieren kann. Die abweichende Rechtsprechung verdient keine Zustimmung.

Ordnet der Vermieter die Wohnung falsch in das Rasterfeld des Mietspiegels ein, so **41** handelt es sich um einen bloßen **inhaltlichen Fehler**, der an der formellen Ordnungsmäßigkeit des Mieterhöhungsverlangens und damit an dessen Wirksamkeit nichts ändert (s Rn 23; BGH 12. 12. 2007 – VIII ZR 11/07, NJW 2008, 573 Tz 12 ff = NZM 2008, 164 = WuM 2008, 88, 89; 11. 3. 2009 – VIII ZR 74/08, WuM 2009, 239 Tz 8 = ZMR 2008, 521; kritisch Börstinghaus WuM 2011, 338, 346). Das gilt jedenfalls so lange, wie der Mieter den Fehler selbst unschwer zu erkennen vermag (LG Berlin ZMR 1990, 29; GE 1990, 1257, 1259; 2005, 307, 309). Anders dagegen, wenn der Mieter den Fehler nicht erkennen kann, weil er dann keine Möglichkeit zur Überprüfung des Mieterhöhungsverlangens besitzt, sodass es an einer ordnungsmäßigen Begründung im Sinne des § 558a Abs 1 BGB fehlt (LG Berlin GE 1990, 1257; 2007, 1635; ZMR 1998, 347; Börstinghaus WuM 2011, 338, 346), zB weil der Vermieter einen sanierten Altbau als „Neubau" einordnet (LG Berlin GE 2005, 305) oder aus einer bloßen energetischen Modernisierung der Wohnung die Befugnis zu deren Umqualifizierung ableiten will (AG Hamburg-Blankenese ZMR 2016, 462, 463 f). Eine **Überschreitung der Mietspanne** des Mietspiegels lässt dagegen die formelle Wirksamkeit des Mieterhöhungsverlangens unberührt: es fehlt dann lediglich eine Begründung hinsichtlich des Mieterhöhungsverlangens, *soweit* es über die Mietspanne hinausgeht, sodass es (nur) insoweit unbegründet ist (BG 12. 11. 2003 – VIII ZR 52/03, NJW 2004, 1379 = NZM 2004, 219 = WuM 2004, 93, 94).

Mietspiegel weisen in der Regel Mietspannen aus. Ist dies der Fall, so setzt die **42** Wirksamkeit des Erhöhungsverlangens keine weitere Begründung für die **Einordnung** der geforderten Miete **in die jeweiligen Spanne** voraus (§ 558a Abs 4 S 1 BGB). Der Vermieter kann – im Rahmen der Begründung – ohne Weiteres auch bis zur **Obergrenze** der Mietspanne gehen (LG Berlin GE 1989, 473, 475; 1989, 509; 1990, 255; LG

München I NZM 2003, 974). Dasselbe gilt, wenn sein Mieterhöhungsverlangen mit einem Sachverständigengutachten begründet wird, in dem Mietspannen ausgewiesen werden (BGH 21. 10. 2009 – VIII ZR 30/09, NJW 2010, 149 = WuM 2009, 746, 747 Tz 15 = NZM 2010, 122). Keine Rolle spielt, ob dem Mietspiegel **„Orientierungshilfen"** für die Einordnung der konkreten Miete innerhalb der jeweiligen Mietspanne beigefügt sind. Solche Orientierungshilfen haben keinen normativen Rang. Dies alles betrifft aber, wohlgemerkt, nur die Frage der **formellen Wirksamkeit** des Mieterhöhungsverlangens (s Rn 23). Davon zu trennen ist die Frage der **sachlichen Berechtigung** des Mieterhöhungsverlangens des Vermieters. Insoweit verlangt der BGH heute, wie bereits im Einzelnen ausgeführt (o § 558 Rn 28 f), einen **Einzelmietvergleich** innerhalb der in dem Mietspiegel ausgewiesenen Spannen, und zwar anhand der beigefügten Orientierungshilfen.

3. Zuschläge

43 Mietspiegel bilden immer nur Durchschnittsmieten für **gängige Wohnungen** ab, zB nur für Wohnungen in Mehrfamilienhäusern. Daraus ergeben sich bei der Anwendung von Mietspiegeln zur Begründung eines Mieterhöhungsverlangens Schwierigkeiten, wenn es sich um aus dem üblichen Rahmen herausfallende Wohnungen oder Vertragsgestaltungen handelt. Beispiele für **ungewöhnliche Wohnungen** sind besonders große Wohnungen (deutlich über 140 m^2), Wohnungen mit einer Luxusausstattung oder in einmaliger Lage sowie die bekannten Unikate wie Schlosswohnungen. Über derartige Wohnungen sagen (natürlich) Mietspiegel ebensowenig etwas aus wie über **besondere Vertragsgestaltungen**, für die als Paradigmata üblicherweise die Vermietung einer Wohnung in **möbliertem Zustand** gegen einen entsprechenden Aufschlag auf die Miete sowie die Vereinbarung von Zuschlägen für die Gestattung der **Untervermietung** (§ 553 Abs 2 BGB) oder der **teilgewerblichen Nutzung** genannt werden. Wie in diesen Fällen zu verfahren ist, ist offen (ausführlich Börstinghaus, Hdb Kap 12 Rn 154 ff; Schmidt-Futterer/Börstinghaus Rn 47–68; BeckOGK/Fleindl [1. 10. 2020] Rn 46 ff; Fleindl WuM 2018, 544). Richtigerweise wird man hier zu unterscheiden haben: Ergibt eine Marktanalyse, dass die fraglichen Wohnungen, zB besonders große Wohnungen, möblierte Wohnungen oder Wohnungen mit der Erlaubnis zur regelmäßigen Untervermietung oder zur teilgewerblichen Nutzung, (ausnahmsweise) auf **besonderen Märkten** nachgefragt und angeboten werden (gegen diese Möglichkeit offenbar generell Fleindl WuM 2018, 544, 548 f), so haben Mietspiegel (die sich niemals auf derartige Sondermärkte beziehen) naturgemäß keinerlei Aussagekraft und dürften deshalb – an sich – dann auch nicht als Mittel zur Begründung eines auf § 558 gestützten Mieterhöhungsverlangens gemäß § 558a Abs 1 Nr 1 verwandt werden, so dass – als Begründungsmittel – lediglich Gutachten von Sachverständigen oder vergleichbare Wohnungen verbleiben (Nr 3 und Nr 4 zu § 558a Abs 1 BGB) – ein durchaus angemessenes Ergebnis. Davon zu trennen ist die Frage, wie die Gerichte anschließend im Rahmen ihres Schätzungsermessens (§ 287 ZPO) bei der Ermittlung der Vergleichsmiete zu verfahren haben; und dabei mögen dann von Fall zu Fall durchaus auch Mietspiegel mit angemessenen Zuschlägen hilfreich sein.

44 Anders zu beurteilen ist die Rechtslage – unter dem Blickwinkel des § 558a Abs 1 –, wenn eine Marktanalyse ergibt, dass die genannten besonderen Wohnungen und Vertragsgestaltungen (s Rn 43) *nicht* auf *besonderen Märkten* angeboten und nachgefragt werden. In diesem Fall wird davon auszugehen sein, dass **besondere Aus-**

stattungsmerkmale einer Wohnung grundsätzlich nur im Rahmen der im Mietspiegel ausgewiesenen Mietspannen Berücksichtigung finden können (so jedenfalls die durchaus hM, zB AG Dortmund WuM 1999, 171; BLANK/BÖRSTINGHAUS Rn 20 ff; BeckOGK/FLEINDL [1. 10. 2020] Rn 46), während Zuschläge für **besondere Vertragsgestaltungen** *außerhalb* des Vergleichsmietsystems stehen und deshalb unbedenklich sind (§ 557 Abs 1 BGB; BayObLGZ 1986, 78 = NJW-RR 1986, 892; LG Berlin ZMR 1998, 165, 166). Will der Vermieter die Miete nach den §§ 558 ff erhöhen, so bereitet gleichwohl die Berücksichtigung dieser Zuschläge erhebliche Schwierigkeiten, da die Zuschläge Bestandteil der Miete werden, im Rahmen von Mietspiegeln aber (natürlich) nicht berücksichtigt sind. Deshalb bleibt hier nichts anderes übrig, als die genannten Zuschläge aus der Miete herauszurechnen, die verbleibende „Grundmiete" mit den Mietspiegelwerten zu vergleichen und die Zuschläge anschließend dem Erhöhungsbetrag wieder hinzuzurechnen (s BÖRSTINGHAUS, Hdb Kap 12 Rn 164 ff). In der Frage der **Höhe der Zuschläge** besteht – im Rahmen der Wucherverbote – Vertragsfreiheit (§§ 311 Abs 1, 557 Abs 1 BGB). Daran sollte man auch festhalten, wenn der Vermieter später die *Zuschläge* erhöhen will. Haben die Parteien vertraglich für diesen Fall nicht vorgesorgt, so kann der Vermieter eben nur die „Grundmiete" nach Maßgabe der §§ 558 ff erhöhen, während er an die Vereinbarung über die Höhe der Zuschläge gebunden bleibt (§ 573 Abs 1 BGB), solange nicht der Mieter in eine Änderung der Zuschläge einwilligt (§§ 311 Abs 1, 557 Abs 1 BGB).

4. Stichtagsdifferenz

45 Von einer Stichtagsdifferenz spricht man bei einer nachweislichen **Steigerung des Mietniveaus** zwischen dem Zeitpunkt, der der Aufstellung des Mietspiegels zugrunde liegt, und dem Zeitpunkt des Zugangs des Mieterhöhungsverlangens bei dem Mieter. In diesen Fällen stellen sich mehrere Fragen, zunächst die Frage der Berücksichtigung der Stichtagsdifferenz bei der Begründung des Mieterhöhungsverlangens mit einem Mietspiegel. Insoweit verwehrt es eine verbreitete Meinung dem Vermieter bisher, sein Mieterhöhungsverlangen gerade mit einem Mietspiegel in der Weise zu begründen, dass er zu den Mietspiegelwerten einen Zuschlag in Höhe der Stichtagsdifferenz hinzurechnet, weil dem Gesetz solche Begründung des Erhöhungsverlangens fremd sei (§ 558a Abs 2 BGB; s unten § 558c Rn 15, OLG Stuttgart OLGZ 1982, 255 = WuM 1982, 108; OLG Hamburg NJW 1983, 1803 = WuM 1983, 11; NJW 1983, 1805 = WuM 1983, 80; LG Stuttgart NJW-RR 1991, 1038; WuM 2018, 209 = ZMR 2018, 755; LG Frankenthal WuM 1991, 591; BeckOGK/FLEINDL [1. 10. 2020] Rn 46; STERNEL, Mietrecht Rn III 668). Unbenommen bleibt dem Vermieter aber (natürlich) die Verwendung eines der anderen Begründungsmittel des § 558a Abs 2, wobei insbesondere an die Begründung des Mieterhöhungsverlangens mit einem **Sachverständigengutachten** zu denken sein dürfte. Insgesamt erscheint diese restriktive Haltung der Praxis angesichts der heutigen Vorgehensweise bei der anschließenden Ermittlung der ortsüblichen Vergleichsmiete im Rechtsstreit (Rn 46) wenig angemessen (ebenso BeckOGK/FLEINDL [1. 10. 2020] Rn 46).

46 Liegt danach ein gesetzmäßig begründetes Mieterhöhungsverlangen vor, und zwar auch hinsichtlich der Stichtagsdifferenz (s Rn 45), so hindert die Gerichte gemäß § 287 ZPO im anschließenden **Rechtsstreit** nichts, die geforderte höhere Miete auch unter Hinweis auf den **Mietspiegel iVm Zuschlägen** wegen der zwischenzeitlichen Steigerung des Mietpreisniveaus gerade für die betreffenden Vergleichswohnungen zuzusprechen (BGH 15. 3. 2017 – VIII ZR 295/15 Rn 20 ff, NZM 2017, 321 = WuM 2017, 208 = GE 2017, 471; OLG Stuttgart WuM 1994, 58 = NJW-RR 1994, 334; OLG Hamm WuM 1996, 610 = NJW-RR 1997, 142; LG Koblenz WuM 1998, 692 [nur LS]; LG Berlin GE 2002, 192; WuM 2018, 209 = ZMR 2018, 755; Börstinghaus, Hdb Kap 12 Rn 173; Börstinghaus/Clar Mietspiegel Rn 493–495; Bub, in: Der Mietzins als Gegenleistung, PiG 40 [1993] 41, 56 f; Fleindl NZM 2017, 325; ders WuM 2018, 544, 550 f; – ebenso für den umgekehrten Fall der zwischenzeitlichen Absenkung des Mietniveaus AG Berlin-Mittel WuM 2020, 358; sehr kritisch dagegen LG Berlin ZMR 2020, 403). Die *Schätzung* der konkreten Stichtagsdifferenz hat sich freilich als ausgesprochen *schwierig* erwiesen. In Betracht kommen insbesondere die Verwendung eines aussagekräftigen Indexes, in erster Linie natürlich eines Indexes der Lebenshaltungskosten, oder – nach Erscheinen eines neuen Mietspiegels – die Wahl eines Mittelwertes im Wege der Interpolation zwischen den verschiedenen Mietspiegelwerten (so BGH 15. 3. 2017 – VIII ZR 295/15 Rn 26 ff, NZM 2017, 321 = WuM 2017, 208; AG Berlin-Mitte WuM 2020, 358; Börstinghaus/Clar Mietspiegel Rn 495; Börstinghaus, Hdb Kap 8 Rn 77). Hintergrund dieser Praxis ist letztlich die indizielle Wirkung, die von der Rechtsprechung selbst einfachen Mietspiegeln für die Höhe der ortsüblichen Vergleichsmiete zugebilligt wird (s unten § 558b Rn 30a). Für eine **Interpolation** zwischen den Angaben in einem alten und in einem neuen Mietspiegels ist freilich kein Raum, wenn sich die Struktur in den beiden aufeinanderfolgenden Mietspiegeln grundlegend unterscheidet, sodass die Angaben nicht mehr kompatibel sind (AG Stuttgart-Bad Cannstatt WuM 2018, 775), oder wenn die Mietspiegel tatsächlich im Rhythmus von zwei Jahren regelmäßig mit großem Aufwand an die zwischenzeitliche Entwicklung des Mietniveaus angepasst werden (so jedenfalls für Berlin LG Berlin WuM 2019, 704 = GE 2019, 1636).

5. Nachbargemeinden

47 Nach § 558a Abs 4 S 2 kann, wenn in einer Gemeinde bei Abgabe eines Mieterhöhungsverlangens kein Mietspiegel vorhanden ist, bei dem die Vorschriften des § 558c Abs 3 oder des § 558d Abs 2 über die regelmäßige Anpassung von Mietspiegeln in einem Rhythmus von zwei Jahren eingehalten wurden, als Begründung auch ein anderer Mietspiegel insbesondere ein inzwischen veralteter Mietspiegel oder der Mietspiegel einer Nachbargemeinde verwandt werden. Das Gesetz erfasst hier gleichermaßen den Fall, dass der in der Gemeinde in Kraft befindliche Mietspiegel inzwischen veraltet ist, wie den Fall, dass in der Gemeinde überhaupt kein Mietspiegel existiert (BGH 16. 6. 2010 – VIII ZR 99/09, NJW 2010, 2946 Tz 7 = NZM 2010, 665 = WuM 2010, 505). Gleich steht der Fall, dass der in der Gemeinde in Kraft befindliche Mietspiegel keine Aussagen über die fragliche Wohnung enthält (Stichwort: leeres Mietspiegelfeld; Börstinghaus, Hdb Kap 12 Rn 147 ff).

48 Da in mindestens der Hälfte der deutschen Gemeinden überhaupt kein Mietspiegel existiert (s Börstinghaus NZM 2019, 815), liegt es häufig nahe, zur Begründung eines Mieterhöhungsverlangens auf den Mietspiegel einer anderen **vergleichbaren Gemeinde**, insbesondere in der Nachbarschaft, zurückzugreifen, sodass die Frage, welche Gemeinden iSd § 558a Abs 4 S 2 vergleichbar sind, durchaus von praktischer Bedeutung ist. Dabei dürfte jedenfalls im Rahmen des § 555a Abs 4 S 2 ein großzügiger Maßstab anzulegen sein – anders als wohl bei der Parallelvorschrift des § 558 Abs 2 S 1, nach der zu Ermittlung der ortsüblichen Vergleichsmiete auch auf die üblichen Entgelte für nach Wohnwertmerkmalen vergleichbaren Wohnraum in einer

Nachbargemeinde zurückgegriffen werden kann (dazu oben § 558 Rn 37 f). Freilich dürfte es sich dabei im Ergebnis nur um unterschiedliche Akzentsetzungen handeln. In dem **Erhöhungsverlangen** braucht sich der Vermieter (noch) nicht zur Vergleichbarkeit der betreffenden Gemeinden zu äußern (OLG Stuttgart OLGZ 1982, 255 = WuM 1982, 108; LG Nürnberg-Fürth NJW-RR 1988, 400 = WuM 1988, 279; **aA** LG Düsseldorf WuM 2006, 100, 101; AG Leonberg WuM 2016, 628). Stellt sich jedoch heraus, dass die beiden Gemeinden tatsächlich überhaupt nicht vergleichbar sind, so fehlt es an einer ordnungsmäßigen Begründung des Mieterhöhungsverlangens, sodass eine nachfolgende Klage als unzulässig abzuweisen ist (zB BeckOGK/FLEINDL [1. 10. 2020] Rn 51, 53).

Der Begriff der **Gemeinde** ist hier im Sinne der politischen Gemeinde zu verstehen, **49** sodass es auf die (grobe) Vergleichbarkeit der Gemeinden insgesamt, nicht nur auf die Vergleichbarkeit einzelner Ortsteile ankommt. Hinzukommen muss noch (als ungeschriebenes Tatbestandsmerkmal), dass es sich um **aneinandergrenzende Nachbargemeinden** handelt, weil weiter entfernte Gemeinden wohl ausnahmslos zu einem anderen räumlichen Markt zählen dürften (str, s BÖRSTINGHAUS, Hdb Kap 12 Rn 149; ders WuM 2012, 338, 345; großzügiger LG Heidelberg WuM 2012, 205 = ZMR 2012, 355, 356; LG Itzehoe ZMR 2012, 566, 567 f; BeckOGK/FLEINDL [1. 10. 2020] Rn 52; nicht entschieden in BGH 16. 6. 2010 – VIII ZR 99/09, NJW 2010, 2946 Tz 7 = NZM 2010, 665 = WuM 2010, 505). Die Frage der **Vergleichbarkeit** von Nachbargemeinden lässt sich wohl nur auf der Grundlage einer **Gesamtbetrachtung** an Hand aller relevanten Kriterien beurteilen, unter denen der Einwohnerzahl und der Zentralität eines Ortes besondere Bedeutung zukommt (s BGH 13. 11. 2013 – VIII ZR 413/12, NZM 2014, 236 Rn 11 f = WuM 2014, 31; 21. 8. 2019 – VIII ZR 255/18 Rn 16 ff, NZM 2019, 813 = WuM 2019, 650; BÖRSTINGHAUS NZM 2019, 815). Maßgebend sind außerdem Kriterien wie die wirtschaftliche, kulturelle und soziale Infrastruktur, der Grad der Industrialisierung, die verkehrstechnische Erschließung (Stichworte: Autobahnanschluss, IC-Halt) und die Anbindung an Versorgungszentren (LG Heidelberg WuM 2012, 205 = ZMR 2012, 355, 356; LG Potsdam ZMR 2014, 797, 798; AG Fürstenfeldbruck NZM 2014, 352).

Insgesamt sollte es genügen, wenn die Gemeinden zumindest **in groben Zügen vergleichbar** sind (LG Itzehoe ZMR 2012, 566, 567 f; BÖRSTINGHAUS/CLAR Mietspiegel Tz 457 f). **50** Auch daran fehlt es jedoch, wenn die beiden Wohnungsmärkte schon auf den ersten Blick nicht miteinander vergleichbar sind, so, wenn zB der Mietspiegel für eine große und als Wohnort sehr begehrte Universitätsstadt wie Heidelberg, oder Nürnberg zur Begründung eines Mieterhöhungsverlangens in einer kleinen Nachbarstadt ohne eigenen Mietspiegel herangezogen wird (s schon § 558 Rn 57 f; BGH 13. 11. 2013 – VIII ZR 413/12, NZM 2014, 236 = WuM 2014, 33 = ZMR 2014, 268; 21. 8. 2019 – VIII ZR 255/18, NZM 2019, 813 = WuM 2019, 650 mAnm BÖRSTINGHAUS NZM 2019, 815; LG Heidelberg WuM 2012, 205 = ZMR 2012, 355, 356; ebenso für Potsdam LG Potsdam ZMR 2014, 797, 798, für Stuttgart AG Ludwigsburg WuM 2017, 640 sowie für Aschaffenburg AG Aschaffenburg WuM 2013, 673). Als vergleichbar wurden dagegen eingestuft die Orte Backnang und Schorndorf im Umkreis von Stuttgart (BGH 16. 6. 2010 – VIII ZR 99/09, NJW 2010, 2946 Tz 7 = NZM 2010, 665 = WuM 2010, 505), ferner die Orte Esslingen und Ostfildern (AG Esslingen WuM 2015, 161) sowie noch die Orte Norderstedt und Pinneberg in Schleswig Holstein (LG Itzehoe ZMR 2012, 566, 567), nicht dagegen die Städte Leonberg und Weil der Stadt (AG Leonberg WuM 2016, 628; weitere Beispiele s LG Köln NJW-RR 1992, 339; LG Mönchengladbach WuM 1993, 197 sowie bei BÖRSTINGHAUS, Hdb Kap 12 Rn 149 ff; SCHMIDT-FUTTERER/ BÖRSTINGHAUS Rn 46).

VII. Sachverständigengutachten

1. Überblick

51 Nach § 558a Abs 2 Nr 3 BGB kann der Vermieter zur Begründung des Mieterhöhungsverlangens ferner auf ein mit Gründen versehenes Gutachten eines öffentlich bestellten und vereidigten Sachverständigen Bezug nehmen. Der **Zweck** solcher Bezugnahme auf ein Sachverständigengutachten ist ebenso begrenzt wie der der Bezugnahme auf einen Mietspiegel. Mit einem Sachverständigengutachten wird maW ebenfalls lediglich bezweckt, dem Mieter das Mieterhöhungsverlangen des Vermieters, plausibel zu machen, dh ihm einen **ersten Hinweis** zu geben, dass die Forderung des Vermieters sachlich vertretbar ist (s oben Rn 21 ff; BVerfG NJW 1987, 313 = WuM 1986, 237; BGH 1. 2. 2016 – VIII ZR 69/15, NJW 2016, 1385 Rn 10 = NZM 2016, 354 = WuM 2016, 215). Wegen dieses begrenzten Zweckes darf ein Sachverständigengutachten nach § 558a Abs 2 Nr 3 nicht mit einem **gerichtlichen Gutachten** zur Ermittlung der ortsüblichen Vergleichsmiete verwechselt werden, für das ganz andere, wesentlich strengere Maßstäbe gelten (s im Einzelnen u § 558b Rn 31; Börstinghaus WuM 2012, 244, 248). Deshalb ist hier auch kein Raum für die Anwendung des § 406 ZPO, sodass der Mieter einen Sachverständigen *nicht* im Rahmen des durch das Mieterhöhungsverlangen ausgelösten „Vorverfahrens" **ablehnen** kann (Börstinghaus, Hdb Kap 112 Rn 199).

52 In der Praxis begegnen Sachverständigengutachten vor allem dort, wo noch keine Mietspiegel bestehen, wo diese veraltet sind oder wo sich der Streit der Parteien auf die zutreffende Einordnung der fraglichen Wohnung in die Mietspiegelspannen beschränkt (s AG Dortmund NJW-RR 1995, 971, 973), sowie noch bei solchen Wohnungen oder Häusern, auf die sich der Mietspiegel nicht bezieht (zB LG Berlin NZM 2013, 143). Kommt es zum **Rechtsstreit**, so hat das vom Vermieter zur Begründung seines Erhöhungsverlangens vorgelegte Sachverständigengutachten lediglich die Bedeutung eines **Parteigutachtens**, dessen Beweiswert vom Gericht frei zu würdigen ist (§ 286 ZPO; OLG Frankfurt WuM 1981, 273, 274; OLG Hamburg WuM 1983, 11; OLG Karlsruhe WuM 1982, 279; LG Berlin GE 1991, 1147).

2. Auswahl

53 Das Gesetz hebt in § 558a Abs 2 Nr 3 als Begründungsmittel lediglich Gutachten **öffentlich bestellter und vereidigter Sachverständiger** hervor. Das Gesetz verweist damit auf § 36 GewO, sodass ein Mieterhöhungsverlangen grundsätzlich nur mit Gutachten solcher Personen begründet werden kann, die nach § 36 Abs 1 GewO als Sachverständige bestellt und vereidigt sind. Gleich stehen Gutachten von Gutachterausschüssen, die auf gesetzlicher Grundlage beruhen. **Gutachten anderer Sachverständiger** sollen nach einer verbreiteten Meinung lediglich dort ausnahmsweise ausreichen, wo die nach Landesrecht für die öffentliche Bestellung von Sachverständigen zuständigen Industrie- und Handelskammern grundsätzlich *keine Sachverständigen* öffentlich *bestellen* und vereidigen, sondern sich darauf beschränken, lediglich im Einzelfall auf Anfrage jeweils geeignete Sachverständige zu benennen (OLG Hamburg WuM 1983, 256; 1984, 45 = ZMR 1984, 91; 159; offen gelassen aber in BGH 2. 11. 1983 – VIII AZR 9/83, LM Nr 4 zu § 2 MHRG = NJW 1984, 237; s unten Rn 55).

Der Sachverständige muss zudem für ein **Gebiet** bestellt sein, in das (unter anderem 54
auch) die Mietbewertung fällt. Dies bedeutet nicht, dass er ausdrücklich für die
Mietbewertung bestellt worden sein muss; es genügt vielmehr, dass zu seinem Tätigkeitsbereich (auch) die Mietbewertung gehört (BGHZ 83, 366, 369 ff = NJW 1982, 1701;
BayObLGZ 1987, 260 = NJW-RR 1987, 1302 = WuM 1987, 312). Beispiele sind insbesondere
Gutachten von Sachverständigen für Grundstücks- und Gebäudeschätzungen (BGHZ
83, 366, 369 ff = NJW 1982, 1701). Ebensowenig ist es erforderlich, dass der Sachverständige gerade von derjenigen Industrie- und Handelskammer bestellt wurde, in deren
Bezirk die fragliche Wohnung liegt (BayObLGZ 1987, 260 = NJW-RR 1987, 1302). Erfüllt
der Sachverständige alle genannten Voraussetzungen, so spielt es außerdem keine
Rolle, wenn er zugleich als Makler tätig sein sollte (OLG Oldenburg OLGZ 1981, 200 =
WuM 1981, 150).

Gutachten anderer Personen und Stellen als der öffentlich bestellten und vereidigten 55
Sachverständigen (o Rn 53) sowie Gutachten von Sachverständigen für andere Gebiete lehnen die Gerichte mit Rücksicht auf den Wortlaut des § 558a Abs 2 Nr 3
BGB in der Regel als Mittel zur Begründung von Erhöhungsverlangen ab. Beispiele
sind Gutachten von Haus- und Grundbesitzervereinen, Gutachten von Maklern oder
Architekten oder von Maklerverbänden, Gutachten oder Auskünfte amtlicher Stellen sowie Gutachten sonstiger Forschungsinstitute (OLG Oldenburg OLGZ 1981, 196 =
WuM 1981, 55; LG Berlin WuM 1982, 246; AG Aachen WuM 1991, 559). Diese Meinung ist
nicht haltbar, weil dabei übersehen wird, dass solche Gutachten und Auskünfte auf
jeden Fall **als sonstiges Begründungsmittel** in Betracht kommen (s unten Rn 76 f; AG
Kelheim NZM 1999, 309; STERNEL, Mietrecht Rn III 672). Dagegen wird vor allem eingewandt, allein Gutachten öffentlich bestellter oder vereidigter Sachverständigen gäben dem Mieter die nötige Garantie der Sachkunde und der Unabhängigkeit des
Sachverständigen, sodass sich das Gesetz in § 558a Abs 2 Nr 3 mit Bedacht auf
derartige Gutachten beschränkt habe (so insbesondere BeckOGK/FLEINDL [1. 10. 2020]
Rn 57.1). Dies ändert indessen nichts daran, dass die Aufzählung der Begründungsmittel in § 558a Abs 2 eben nicht abschließend ist und dass außerdem der Zweck des
Begründungsmittels ein ganz begrenzter ist, zu dessen Erfüllung von Fall zu Fall
durchaus auch andere Gutachten hinreichen können.

3. Bezugnahme

Das Gesetz verlangt an sich in § 558a Abs 2 Nr 3 BGB nur, dass in dem Erhöhungs- 56
verlangen auf das fragliche Sachverständigengutachten „Bezug genommen" wird.
Aus dem Zweck der Regelung, dem Mieter eine erste Überprüfung der Berechtigung der Forderung des Vermieters zu ermöglichen (s oben Rn 23), folgt jedoch, dass
das Gutachten dem Erhöhungsverlangen grundsätzlich **als Anlage beigefügt** werden
muss, und zwar in vollem Wortlaut, nicht nur in beliebigen Auszügen, weil anders
dem Mieter die Nachprüfung der Vermieterforderung nicht möglich ist; das bloße
Angebot der Einsichtnahme reicht nicht aus (OLG Braunschweig WuM 1982, 272; BLANK/
BÖRSTINGHAUS Rn 38). Eine andere Beurteilung kommt nur in Betracht, wenn der
Mieter aufgrund eines früheren Verfahrens **noch im Besitz** des Gutachtens ist (LG
München II WuM 1983, 147; LG Kiel WuM 1998, 228; AG Schöneberg NJW-RR 1997, 139; **aM** LG
Berlin WuM 1987, 265 = ZMR 1987, 310; STERNEL, Mietrecht Rn III 671), sofern das fragliche
Gutachten nicht inzwischen veraltet ist (s Rn 62 f).

4. Begründung

57 Das Gutachten muss nach § 558a Abs 2 Nr 3 BGB „mit Gründen versehen" sein. Das **Ausmaß der** deshalb gebotenen **Begründung** des Gutachtens richtet sich nach dem Zweck des Begründungserfordernisses (o Rn 23, 51). Folglich muss die Begründung des Gutachtens dem Mieter in einer für ihn nachvollziehbaren Weise Aufschluss über die Vergleichsmiete vermitteln, sodass ihm eine **erste Überprüfung der Berechtigung** oder Plausibilität des Vermieterverlangens nach einer Mieterhöhung möglich ist (BGH 1. 2. 2016 – VIII ZR 69/15, NJW 2016, 1385 Rn 10 = NZM 2016, 354 = WuM 2016, 215). Anders als ein gerichtliches Gutachten braucht das Sachverständigengutachten dagegen noch *keinen Beweis* zu erbringen; es genügt vielmehr vollauf, wenn es dem Mieter das Mieterhöhungsverlangen des Vermieters **plausibel macht**. Dazu muss das Gutachten Angaben über die Tatsachen enthalten, aus denen die geforderte Mieterhöhung hergeleitet wird, und zwar in einem Umfang, der es dem Mieter gestattet, der Berechtigung des Mieterhöhungsverlangens des Vermieters nachzugehen und die Berechtigung zumindest ansatzweise selbst zu überprüfen. Hierfür sind vor allem Angaben über das örtliche Preisgefüge sowie über die Einordnung der fraglichen Wohnung in dieses Gefüge erforderlich (BGH 1. 2. 2016 – VIII ZR 69/15, NJW 2016, 1385 Rn 10 = NZM 2016, 354 = WuM 2016, 215; 11. 7. 2018 – VIII ZR 190/17 Rn 16 ff, WuM 2018, 509 = BeckRS 2018, 16623; 11. 7. 2018 – VIII ZR 136/17 Rn 17 ff, NJW 2018, 2792 = NZM 2018, 742; LG München I ZMR 2018, 331, 332; AG Konstanz WuM 2020, 492). Genügt das Gutachten diesen Anforderungen, so stehen auch kleinere **Mängel** des Gutachtens seiner Verwertbarkeit als Begründungsmittel im Mieterhöhungsverfahren nach § 558a Abs 1 BGB nicht entgegen (BGH 1. 2. 2016 – VIII ZR 69/15, NJW 2016, 1385 Rn 14 = NZM 2016, 354 = WuM 2016, 215).

58 An die Begründung des Sachverständigengutachtens dürfen nach dem Gesagten (o Rn 57) **keine übertriebenen Anforderungen** gestellt werden (BVerfG NJW 1987, 313 =WuM 1986, 237); es genügt, wenn das Gutachten erkennen lässt, dass der Sachverständige von einem **zutreffenden Begriff** der ortsüblichen Vergleichsmiete ausgegangen ist, dass er ordentlich und gründlich unter Beachtung der Denkgesetze gearbeitet hat, **objektiv und neutral** vorgegangen ist und seinen spezifischen Sachverstand richtig angewandt hat, indem er versucht hat, die konkrete Wohnung unter Berücksichtigung ihrer Besonderheiten in das ihm bekannte örtliche Mietpreisgefüge einzuordnen. *Nicht* ausreichend ist dagegen die bloße Berufung des Sachverständigen auf seine Berufserfahrung; das Gutachten muss vielmehr **möglichst konkret** und aktuell sein, um eben dem Mieter eine, wenn auch beschränkte Nachprüfung zu ermöglichen (s oben Rn 57 sowie BVerfG NJW 1987, 313 =WuM 1986, 237; WuM 1986, 239; BGH 19. 5. 2010 – VIII ZR 122/09, NZM 2010, 576 = NJW-RR 2010, 1162 = WuM 2010, 504 Tz 10; OLG Frankfurt NJW 1981, 2820 = WuM 1981, 273; ZMR 1985, 232 = WuM 1985, 216; OLG Karlsruhe NJW 1983, 1863 = WuM 1982, 269).

59 An der Verwendbarkeit des Gutachtens als Begründungsmittel ändert es nichts, wenn die Beweisaufnahme im nachfolgenden Rechtsstreit zu einem anderen Ergebnis führt; die Zulässigkeit der Klage, die ein ordnungsmäßig begründetes Mieterhöhungsverlangen voraussetzt, wird dadurch nicht beeinträchtigt (s Rn 51; BVerfG NJW 1987, 313 = WuM 1986, 237; WuM 1986, 239). Es ist nur erforderlich, dass das Gutachten in sich **schlüssig und nachprüfbar** ist, wozu vor allem gehört, dass es von zutreffenden Tatsachen und von einem dem Gesetz (§ 558 BGB) entsprechenden Vergleichsmietenbegriff ausgeht (o Rn 58). Daraus wird mit Recht gefolgert, dass sich der Sachverständige in Gemeinden, in denen ein aktueller **Mietspiegel** existiert, grundsätzlich mit diesem auseinandersetzen muss, da im Regelfall nicht davon ausgegangen werden kann, dass der Sachverständige über ein umfangreicheres Datenmaterial als die Aufsteller von Mietspiegeln verfügt. Das Gutachten ist deshalb unverwertbar, wenn der Sachverständige ohne nachvollziehbare Begründung von dem Mietspiegel für die betreffende Gemeinde abweicht (LG Kiel WuM 1999, 292; LG Potsdam WuM 2004, 671, 672; LG Berlin WuM 2017, 144 = ZMR 2017, 477; enger OLG Frankfurt WM 1985, 216 = ZMR 1985, 232). **Anders** jedoch, wenn der Sachverständige mit Recht auf ihm bekannte Mängel bei der Aufstellung des Mietspiegels oder auf dessen mangelnde Aktualität hinweist (BÖRSTINGHAUS, Hdb Kap 12 Rn 203 f).

Aus dem Gesagten war früher vielfach der Schluss gezogen worden, dass der Sachverständige die betreffende Wohnung grundsätzlich **besichtigen** müsse, bevor er über ihre zutreffende Einordnung in das örtliche Mietpreisgefüge eine fundierte Aussage machen kann (s mwNw STAUDINGER/V EMMERICH [2018] Rn 41). Eine Ausnahme wurde lediglich dann angenommen, wenn es, zB in einer großen Wohnanlage, zahlreiche Wohnungen gleicher Art gibt und der Sachverständige eine andere entsprechende Wohnung bereits besichtigt hat (OLG Oldenburg OLGZ 1981, 200 = WuM 1981, 150; OLG Celle WuM 1982, 180; LG Hannover/BVerfG WuM 1981, 31 f). Derartige **Typ-Gutachten** spielten vor allem bei Plattenbauten in den neuen Bundesländern eine Rolle, in denen es durchweg eine große Zahl völlig identischer Wohnungen gibt (BÖRSTINGHAUS, Hdb Kap 12 Rn 205; ders WuM 2012, 338, 344). Dieses Gesetzesverständnis hat indessen nicht die Billigung des BGH gefunden. Danach ist es mit Rücksicht auf dem begrenzten Zweck eines Sachverständigengutachtens als bloßes Mittel zur Begründung des Mieterhöhungsverlangens des Vermieters nicht erforderlich, dass der Sachverständige die fragliche Wohnung vor Anfertigung des Gutachtens tatsächlich besichtigt hat, sofern das Gutachten nur die nötigen Angaben über die Einordnung der Wohnung in das örtliche Mietpreisgefüge enthält, die erforderlich sind, um dem Mieter eine erste Nachprüfung zu ermöglichen (BGH 11. 7. 2080 – VIII ZR 190/17, WuM 2018, 509; 11. 7. 2018 – VIII ZR 136/17, NJW 2018, 21792 = NZM 2018, 742 = ZMR 2019, 109). **60**

Der Sachverständige muss sich einen möglichst **repräsentativen Überblick über** den betreffenden **Wohnungsmarkt** verschaffen, weil er nur dann zu fundierten Aussagen über die Einordnung der fraglichen Wohnung in das örtliche Mietpreisgefüge fähig ist. Das Gesetz schreibt ihm indessen *nicht* eine bestimmte **Methode** oder doch Vorgehensweise vor. Die Art der Materialsammlung und das Verfahren bei der Materialauswertung sind dem Sachverständigen überlassen, sofern er nur eine **vertretbare Methode** zugrundelegt (BayObLGZ 1987, 260 = NJW-RR 1987, 1302 = WuM 1987, 312). Daraus wird überwiegend der Schluss gezogen, dass der Sachverständige in seinem Gutachten *nicht* bestimmte **Vergleichsobjekte** in identifizierbarer Weise oder allgemein zu bezeichnen braucht, sondern sich mit dem pauschalen Hinweis auf ihm bekannte Vergleichsobjekte und dafür gezahlte Mieten begnügen kann, sofern er nur angibt, dass ihm solche Wohnungen bekannt sind, wie er sie ermittelt hat, an Hand welcher Kriterien er die Vergleichbarkeit der Wohnungen beurteilt hat und wie danach die betreffende Wohnung in das allgemeine Mietpreisgefüge einzuordnen ist (BGH 1. 2. 2016 – VIII ZR 69/15, NJW 2016, 1385 Rn 15 = NZM 2016, 354 = WuM 2016, 215). Das gilt jedenfalls, wenn die Mieter der Vergleichswohnungen der Offenlegung **61** der Daten über ihre Wohnungen widersprochen haben (LG Berlin NZM 2013, 143, 144).

62 Das Gutachten muss von einem **zutreffenden Begriff** der ortsüblichen Vergleichsmiete ausgehen (o Rn 58). Daher können Gutachten, die sich in einer **bloßen Beschreibung** der Beschaffenheit der fraglichen Wohnung erschöpfen und daraus „Schlüsse" auf die dafür übliche oder gar angemessene Miete ziehen, ebensowenig akzeptiert werden wie Gutachten, die überwiegend auf **Kosten- oder Rentabilitätsgesichtspunkte** abstellen. Dasselbe gilt für „Gutachten", die aus dem Anstieg von Preisindices die Notwendigkeit von Mieterhöhungen herleiten oder sich ohne jede Begründung auf **summarische Schätzungen** beschränken (LG Itzehoe/BVerfG WuM 1986, 238 f; AG Konstanz WuM 2020, 492). Dagegen steht es der Verwertbarkeit des Gutachtens *nicht* entgegen, wenn die vom Sachverständigen benannten **Vergleichswohnungen größer oder kleiner** als die fragliche Wohnung sind, da der Sachverständige etwaige Unterschiede durch Zu- und Abschläge ausgleichen kann (so jedenfalls BVerfG NJW 1987, 313 = ZMR 1986, 272 = WuM 1986, 237; OLG Oldenburg OLGZ 1981, 194 = WuM 1981, 150 = ZMR 1981, 184; OLG Frankfurt NJW 1981, 2820 = WuM 1981, 273; OLG Karlsruhe NJW 1983, 1863 = WuM 1982, 269; WuM 1983, 133; LG Bonn NJW-RR 1993, 1037 = WuM 1993, 133; LG Gießen WuM 1994, 27, 28; str).

63 Das Gutachten muss ferner möglichst **aktuell** sein, schon, weil sich das Mietpreisgefüge am Markt ständig ändert. Umstritten ist, welche Konsequenzen sich daraus ergeben, dh von welchem **Alter** ab das Gutachten nicht mehr verwertbar ist. Im Schrifttum wird zum Teil § 558c Abs 3 BGB entsprechend angewandt und daraus eine Zweijahresfrist als Obergrenze abgeleitet (Börstinghaus, Hdb Kap 12 Rn 207 f). § 558c Abs 3 BGB hat jedoch vornehmlich fiskalische Gründe, sodass man richtigerweise davon ausgehen sollte, dass Gutachten, die älter als ungefähr **ein Jahr** sind, nicht mehr verwertet werden können (LG Berlin NZM 1998, 508 = WuM 1998, 222; AG Bonn WuM 1993, 66).

64 Die Begründung des Erhöhungsverlangens ist gemäß § 558a BGB **Sache des Vermieters**, sodass er auch die damit verbundenen **Kosten** einschließlich der Kosten eines Sachverständigengutachtens selbst tragen muss, und zwar selbst dann, wenn es anschließend zum Rechtsstreit kommt und der Vermieter gewinnt, weil es sich bei den Kosten des Erhöhungsverlangens *nicht* um die Kosten der unmittelbaren Vorbereitung des Rechtsstreits handelt (§ 91 ZPO; LG Bonn WuM 1985, 331; LG Köln WuM 1997, 269; LG Mainz NZM 2005, 15; Börstinghaus, Hdb Kap 12 Rn 210; G Meier ZMR 1984, 149; Sternel, Mietrecht Rn V 78).

VIII. Vergleichsobjekte

1. Überblick

65 Nach § 558a Abs 2 Nr 4 BGB kann der Vermieter das Mieterhöhungsverlangen ferner mittels Bezugnahme auf entsprechende Entgelte für einzelne vergleichbare Wohnungen begründen, wobei die Benennung dreier Wohnungen genügt. **Zweck** der Regelung ist es ebenso wie in den anderen Fällen des § 558a Abs 2 BGB lediglich, dem Mieter durch die Benennung einiger vergleichbarer Wohnungen *erste Hinweise* (nicht mehr) auf die Berechtigung des Mieterhöhungsverlangens des Ver-

mieters zu geben und ihn zugleich in die Lage zu versetzen, das Mieterhöhungsverlangen des Vermieters, insbesondere durch die Besichtigung der benannten Vergleichswohnungen, wenigstens ansatzweise auf seine Plausibilität zu überprüfen, während die bloße Benennung von lediglich drei beliebigen Vergleichswohnungen natürlich keinen Beweis für die Höhe der ortsüblichen Vergleichsmiete zu erbringen vermag (so BGH 8. 4. 2014 – VIII ZR 216/13, NZM 2014, 747 Rn 1, 3 = WuM 2014, 494; 18. 12. 2019 – VIII ZR 236/18 Rn 15, 30, WuM 2020, 86 = NZM 2020, 459).

Angesichts des begrenzten Zwecks der gesetzlichen Regelung (Rn 65) haben sich die Gerichte wiederholt dagegen gewandt, **übertriebene Anforderungen** an die Benennung von Vergleichswohnungen als Begründungsmittel zu stellen, um dem Vermieter die Durchsetzung seines Anspruchs auf die ortsübliche Vergleichsmiete nicht übermäßig zu erschweren (BVerfGE 37, 132, 142 ff = NJW 1974, 1499; BVerfGE 49, 244, 249 f = NJW 1979, 31; BVerfGE 53, 352 = NJW 1980, 1617; BGH 20. 9. 1982 – VIII ARZ 1/82, BGHZ 84, 392, 396 = NJW 1982, 2867; 18. 12. 2019 – VIII ZR 236/18 Rn 16, WuM 2020, 86 = NZM 2020, 459). So erklärt es sich letztlich auch, dass es heute bereits als ausreichend angesehen wird, wenn der Vermieter (lediglich) drei preisgebundene Wohnungen oder drei Wohnungen aus dem eigenen Bestand (sog Bestandswohnungen) als Begründung für sein Mieterhöhungsverlangen benennt (Rn 70), obwohl der Erkenntniswert solcher „Begründung" des Mieterhöhungsverlangens gegen Null tendiert (ebenso BGH 18. 12. 2019 – VIII ZR 236/18 Rn 22 ff, WuM 2020, 86 = NZM 2020, 459; OLG Karlsruhe NJW 1984, 2167 = WuM 1984, 188; kritisch BÖRSTINGHAUS, Hdb Kap 12 Rn 213; STERNEL, Mietrecht Rn III 688 ff). Bei der Betrachtung des § 558a Abs 2 muss man sich eben von der Vorstellung freimachen, die Begründung des Mieterhöhungsverlangens des Vermieters diene bereits, wenn auch nur ansatzweise, dem *Nachweis* der Höhe der ortsüblichen Vergleichsmiete. Davon kann angesichts der gesetzlichen Regelung offenbar keine Rede sein. Der Zweck der Begründung ist vielmehr, auch in den Augen der Gerichte, ein viel beschränkterer, nämlich allein, dem Mieter *Hinweise* für eine eigene Nachprüfung der Forderung des Vermieters zu geben, mehr nicht. Und dafür genügt eben auch die Benennung von drei preisgebundenen Vergleichswohnungen oder von Wohnungen aus dem eigenen Bestand des Vermieters.

2. Bezeichnung

Die für Begründungszwecke benannten Vergleichswohnungen müssen in dem Mieterhöhungsverlangen entsprechend dem Zweck der gesetzlichen Regelung so genau bezeichnet werden, dass der Mieter in die Lage versetzt wird, sie selbst unschwer **aufzufinden** und auf ihre Vergleichbarkeit zu **überprüfen** (BVerfGE 49, 244, 249 f = NJW 1979, 31; BVerfGE 53, 352 = NJW 1980, 1617; BVerfGE 79, 80 = NJW 1989, 969; BGH 20. 9. 1982 – VIII ARZ 1/82, BGHZ 84, 392, 395 ff = NJW 1982, 2867; 20. 9. 1982 – VIII ARZ 5/82, WuM 1982, 324; 8. 12. 2002 – VIII ZR 22/02, ZMR 2003, 406 = NJW 2003, 963 = NZM 2003, 229; 28. 3. 2012 – VIII ZR 79/11, NZM 2012, 415 Tz 14 = WuM 2012, 283). Dazu genügt grundsätzlich die Angabe der **Adresse**, des **Geschosses** und des **Quadratmeterpreises** der Vergleichswohnungen, während weitergehende Angaben, vor allem über die Namen der Vertragsparteien, über die Ausstattungsmerkmale oder über die Größe der Vergleichswohnungen, idR entbehrlich sind. Nur wenn es sich um ein Mehrfamilienhaus mit zahlreichen Wohnungen auf derselben Ebene handelt, wird man zusätzlich Angaben über den **Namen** des Mieters oder doch über die genaue **Lage** der Vergleichswohnung auf der betreffenden Ebene zu verlangen haben, damit der Mieter überhaupt in die Lage versetzt wird, die Angaben des Vermieters zu überprüfen (BGH 8. 12. 2002 – VIII ZR 22/02, ZMR 2003, 406 = NJW 2003, 963 = NZM 2003, 229 f; LG Berlin ZMR 1987, 22 = WuM 1987, 226; LG Wuppertal WuM 2017, 327, 328; AG Pinneberg ZMR 2003, 583, 584). Der bloße Hinweis auf mehrere Häuser, in denen sich (beliebige) Vergleichswohnungen befinden sollen, reicht nicht aus (LG Stade WuM 1988, 278). Keine Rolle spielt jedoch, ob die Mieter der Vergleichswohnungen überhaupt die **Besichtigung** durch den Mieter gestatten (OLG Schleswig NJW 1984, 245 = WuM 1984, 23; str). Das muss schon deshalb so sein, weil dem Gesetz eine Pflicht des Mieters, beliebigen Dritten die Besichtigung seiner Wohnung zu erlauben, fremd ist.

68 Erforderlich sind außerdem Angaben zur **Höhe der Miete** der Vergleichswohnungen und damit gegebenenfalls auch zur **Größe** dieser Wohnungen, wenn nur aufgrund der Kenntnis der Wohnungsgröße die letztlich entscheidende Quadratmetermiete ermittelt werden kann (Börstinghaus, Hdb Kap 12 Rn 236 ff). Sonstige Angaben zu den **Wohnwertmerkmalen** des § 558 Abs 2 BGB sind dagegen nur erforderlich, wenn die fraglichen Wohnungen erhebliche Unterschiede bei den einzelnen Wohnwertmerkmalen aufweisen und deren Kenntnis erforderlich ist, um die Vergleichbarkeit der Wohnungen beurteilen zu können (BVerfGE 79, 80 = NJW 1989, 969). Entbehrlich sind daher im Regelfall Angaben etwa über die Betriebskosten (BVerfG WuM 1982, 146) oder die Aufschlüsselung einer Bruttomiete in die Nettomiete und in die Betriebskosten (BVerfG NJW-RR 1993, 1485 = WuM 1994, 137).

3. Zahl

69 Nach § 558a Abs 2 Nr 4 BGB muss der Vermieter in dem Mieterhöhungsverlangen auf entsprechende Entgelte für mindestens drei vergleichbare Wohnungen als Begründung Bezug nehmen. Damit ist zweierlei gesagt, einmal, dass es mindestens *drei* Wohnungen sein müssen, und zum anderen, dass diese Wohnungen mit der Wohnung des Mieters vergleichbar sein müssen (dazu u Rn 71). Drei Wohnungen sind somit die **Mindestzahl** von Vergleichswohnungen, die der Vermieter nicht unterschreiten darf (BGH 28. 3. 2012 – VIII ZR 79/11, NZM 2012, 415 Tz 10 ff = WuM 2012, 263). Vermag er nicht wenigstens drei Vergleichswohnungen zu finden, so muss er sein Mieterhöhungsverlangen auf andere Weise begründen. Eine **Obergrenze** für die Zahl der zu benennenden Vergleichswohnungen gibt es dagegen nicht. Der Vermieter kann sich daher die erforderlichen Daten auch über eine **Datenzentrale** beschaffen (BGHZ 84, 392, 397 = NJW 1982, 2867; BayObLGZ 1991, 348 = NJW-RR 1992, 455 = WuM 1992, 52). Es spielt außerdem keine Rolle, ob die zusätzlich benannten Wohnungen tatsächlich alle ohne Ausnahme mit der Wohnung des Mieters vergleichbar sind; das Gesetz verlangt lediglich, dass unter den möglicherweise zahlreichen benannten Wohnungen **mindestens drei** mit der Wohnung des Mieters **vergleichbar** sind (BGH 28. 3. 2012 – VIII ZR 79/11, NZM 2012, 415 Rn 14 = WuM 2012, 263); mehr ist nicht erforderlich.

70 Der Vermieter kann sich in dem Mieterhöhungsverlangen darauf beschränken, als Vergleichsobjekte lediglich drei **Wohnungen aus** seinem **(eigenen) Bestand** zu benennen (BVerfG NJW 1993, 2039 = WuM 1994, 139; beiläufig BGH 19. 5. 2010 – VIII ZR 122/909, WuM 2010, 504 = NZM 2010, 576 Tz 12; str). Das gilt selbst dann, wenn die vom Vermieter benannten eigenen Wohnungen **im selben Haus** liegen (OLG Frankfurt WuM 1984, 123 = ZMR 1984, 250; OLG Karlsruhe NJW 1984, 2167 = WuM 1984, 188). Zulässig ist es deshalb auch, als Begründung **drei** Vergleichswohnungen **eines** einzigen **anderen** Vermieters zu benennen (BGHZ 84, 392, 399 f = NJW 1982, 2867; KG WuM 1984, 73). Bei der Benennung von Vergleichswohnungen muss der Vermieter jedoch immer zugleich den **Zweck** der Regelung im Auge behalten, dem Mieter sein Mieterhöhungsverlangen plausibel zu machen (s Rn 23). Deshalb fehlt es an einer ordnungsmäßigen Begründung des Erhöhungsverlangens, wenn sich der Vermieter darauf beschränkt, dem Mieter eine Liste mit einer Vielzahl schon auf den ersten Blick nicht vergleichbarer Wohnungen vorzulegen, weil kein Mieter damit etwas anfangen kann (BayObLGZ 1991, 348 = NJW-RR 1992, 455 = WuM 1992, 52).

4. Vergleichbarkeit

71 Unter den vom Vermieter benannten Wohnungen müssen nach § 558a Abs 2 Nr 4 BGB mindestens drei mit der Wohnung des Mieters „vergleichbar" sein (s Rn 69). Fehlt es daran, so liegt keine wirksame Begründung des Erhöhungsverlangens vor (BGH 28. 3. 2012 – VIII ZR 79/11, NZM 2012, 415 Tz 14 = WuM 2012, 263; Börstinghaus, Hdb Kap 12 Rn 223 ff; Sternel, Mietrecht Rn III 686 ff). Die Formulierung des Gesetzes in § 558a Abs 2 Nr 4 HS 1, die auf die Entgelte „für einzelne vergleichbare Wohnungen" abstellt, ist bisher vielfach als Verweis auf § 558 Abs 2 S 1 verstanden worden, sodass als vergleichbar iSd § 558a Abs 2 Nr 4 lediglich solche Wohnungen angesehen werden konnten, die mit der fraglichen Wohnung des Mieters nach **Wohnwertmerkmalen** (im großen und ganzen) übereinstimmen, in derselben Gemeinde liegen, keiner Preisbindung unterworfen sind und deren Miete in den letzten sechs Jahren vereinbart oder, von Erhöhungen nach § 559 bis § 560 BGB abgesehen, geändert worden sind (s Staudinger/V Emmerich [2018] Rn 50 mwNw). Diese Auffassung hat indessen *nicht* die Billigung der Rechtsprechung gefunden; entscheidend ist vielmehr nach Meinung insbesondere des BGH allein, ob die in dem Mieterhöhungsverlangen benannten Wohnungen entsprechend dem Zweck der Regelung (s Rn 65) dem Mieter erste Hinweise auf das örtliche Mietpreisgefüge zu geben vermögen, die es ihm erlauben, selbst weitere Informationen darüber einzuholen, wofür zB auch die Benennung preisgebundenen Wohnraums hinreichen soll (Rn 66; BGH 18. 12. 2019 – VIII ZR 236/18 Rn 20 ff, WuM 2020, 86 = NZM 2020, 459). Generell soll bei der Prüfung der Vergleichbarkeit der Wohnungen ein „großzügiger Maßstab" anzulegen sein, sodass es nicht etwa erforderlich ist, dass die verglichenen Wohnungen tatsächlich in den wesentlichen Wohnwertmerkmalen übereinstimmen (so BGH 8. 4. 2014 – VIII ZR 216/13, NZM 2014, 747 Rn 1 = WuM 2014, 494).

72 Es genügt daher, wenn die verglichenen Wohnungen im großen und ganzen, dh ungefähr vergleichbar sind, weil sie zum **selben Teilmarkt** gehören (BGH 8. 4. 2014 – VIII ZR 216/13, NZM 2014, 747 Rn 1, 3 = WuM 2014, 494; LG Berlin GE 2004, 1396; 2010, 985). Das Erhöhungsverlangen ist nur dann nicht ordnungsgemäß begründet (so dass eine nachfolgende Klage auf Zustimmung des Mieters als unbegründet abzuweisen ist), wenn die Wohnungen schon auf den ersten Blick nichts miteinander gemein haben, sondern offenbar **verschiedenen Teilmärkten** angehören (zB LG Gießen NZM 2013, 381; AG Nürtingen WuM 2019, 648; ausführlich Börstinghaus, Hdb Kap 12 Rn 223 ff; BeckOGK/Fleindl [1. 10. 2020] Rn 72). Leitlinie muss sein, dem Mieter auf der einen Seite so viele Informationen zu verschaffen, wie er benötigt, um sich selbst einen Überblick zu verschaffen, und auf der anderen Seite dem Vermieter nichts Unmögliches zuzumuten. Angaben zu den **Unterschieden** bei den Wohnwertmerkmalen sind in dem

Mieterhöhungsverlangen des Vermieters deshalb nur erforderlich, wenn die Unterschiede **evident** und so **gravierend** sind, dass ohne ihre Kenntnis die Benennung als Vergleichswohnungen für den Mieter ohne Aussagekraft ist, ja geradezu irreführend erscheinen muss (LG Zwickau GE 2012, 830).

73 **Wohnungen aus** einer **anderen Gemeinde** als der, in der die Wohnung des Mieters liegt, dürften als Vergleichswohnungen nur ausnahmsweise in Betracht kommen, sofern in der fraglichen Gemeinde überhaupt keine Vergleichswohnungen anzutreffen sind (LG München II WuM 1982, 131; AG Augsburg WuM 1990, 221; BeckOGK/Fleindl [1. 10. 2020] Rn 71). Die für die Vergleichswohnungen gezahlte **Miete** muss außerdem mindestens **ebenso hoch** wie die vom Vermieter in dem Erhöhungsverlangen *geforderte* Miete sein. Bleibt die Miete bei einer oder mehreren der genannten drei Vergleichswohnungen hinter der geforderten neuen Miete zurück, so ist in der Höhe der Differenz das Erhöhungsverlangen nicht ausreichend begründet (s OLG Karlsruhe WuM 1984, 21; BayObLG WuM 1984, 275 = ZMR 1984, 355; WuM 1984, 279 = ZMR 1985, 24; WuM 1984, 276; 1984, 277; 1984, 278; LG Berlin ZMR 2001, 349, 350 = NZM 2001, 1029). Unschädlich ist es dagegen, wenn bei einer größeren Zahl von Vergleichswohnungen als drei nur einzelne aus dem durch das Erhöhungsverlangen bestimmten Rahmen herausfallen, immer vorausgesetzt, dass **wenigstens drei** vergleichbare Wohnungen übrigbleiben, bei denen die Miete **mindestens ebenso hoch** wie die vom Vermieter geforderte Miete ist (BGH 23. 3. 2012 – VIII ZR 79/11, NZM 2012, 415 Tz 11 f = WuM 2012, 263).

74 **Beispiele**: Als **nicht vergleichbar** gelten Wohnungen sehr **unterschiedlicher Größe**, wobei verschiedene Maßstäbe Anwendung finden; meistens wird auf eine Differenz der Größe der Wohnungen von **25% und mehr** abgestellt, gemessen an der Größe der Wohnung des Mieters (LG Potsdam WuM in 2012, 103; AG Gummersbach WuM 1991, 49; AG Emmendingen WuM 1994, 546; AG Kandel WuM 2012, 102; AG Göttingen WuM 2012, 145; WuM 2012, 145 f; ausführlich Börstinghaus, Hdb Kap 12 Rn 228 f). Als nicht vergleichbar werden ferner in der Regel angesehen Wohnungen mit mehreren Zimmern und Einzimmer-Appartements (LG Heidelberg WuM 1982, 214; AG Köln WuM 1988, 60, 61 f), Einzimmer-Appartements und bloße Zimmer in Wohngemeinschaften (LG Gießen NZM 2013, 381), Wohnungen mit Bad und Heizung und solche ohne beides (AG Augsburg ZMR 2008, 212), überhaupt Wohnungen in guter und in ganz schlechter Lage (LG Kassel WuM 1984, 227; ebenso wohl BVerfGE 79, 80 = NJW 1989, 969 = WuM 1989, 62), normale Wohnungen und Dachgeschosswohnungen mit lauter Schrägen (AG Wolfenbüttel WuM 1986, 334; AG Nürtingen WuM 2019, 648; **aM** LG Hannover WuM 1992, 255), Mietwohnungen und ganz oder teilweise gewerblich genutzte Räume (LG Berlin GE 1995, 499; AG Heidelberg WuM 1992, 197) sowie Wohnungen, bei denen die Mieten erhebliche Differenzen aufweisen (LG Berlin GE 1988, 411; AG Nürtingen WuM 2019, 648) oder gegen § 5 WiStG verstoßen (AG Lüdenscheid WuM 1996, 772; **aM** LG Berlin NZM 1998, 232). Wohnungen, die der Vermieter selbst bewohnt, die nicht vermietet sind oder deren Miete doch erst in Zukunft fällig wird, können gleichfalls nicht zum Vergleich herangezogen werden (LG Berlin GE 1992, 101; WuM 2020, 795; AG Schöneberg GE 1997, 1475; LG Kiel WuM 1977, 36). Als **vergleichbar** wurden dagegen zB Einfamilienhäuser und Doppelhaushälften angesehen, weil sie zum selben Markt gehörten (LG Berlin GE 2004, 1396); ebenso schließlich große Altbauwohnungen mit und ohne zusätzliche Mansardenzimmer (BGH 8. 4. 2014 – VIII ZR 216/13, NZM 2014, 747 Rn 3 = WuM 2014, 494).

IX. Mietdatenbank

Seit 2001 nennt das Gesetz als weiteres Begründungsmittel in § 558a Abs 2 Nr 2 BGB noch die Auskunft einer Mietdatenbank iSd § 558e BGB. Praktische Bedeutung hat die Regelung nicht, da die einzige früher existierende Mietdatenbank in Hannover ihren Betrieb eingestellt hat, sodass sich hier weitere Ausführungen erübrigen (wegen der Einzelheiten s unten § 558e BGB). **75**

X. Sonstige Begründungsmittel

Bei den in § 558a Abs 2 Nrn 1 bis 4 aufgezählten Begründungsmitteln handelt es sich lediglich um **Beispiele**, wie aus der Formulierung des § 558a Abs 2 HS 1 BGB folgt („… insbesondere …"). Die Folge ist, dass der Vermieter das Mieterhöhungsverlangen auch auf **jede beliebige andere Weise** begründen kann, sofern nur die Angaben für den Mieter nachprüfbar und ihrer Art nach geeignet sind, das Erhöhungsverlangen *ebensogut* wie die im Gesetz genannten Begründungsmittel zu begründen (so schon die Begr zum RegE BT-Drucks 7/2011, 10). Dabei ist zu beachten, dass zumal der Erkenntniswert von Vergleichswohnungen gering ist (s oben Rn 65), sodass auch an die sonstigen Begründungsmittel keine übertriebenen Anforderungen gestellt werden dürfen; erforderlich ist lediglich, dass sie dem Mieter – entsprechend dem Zweck des Begründungserfordernisses (s oben Rn 23) – **erste verwertbare Hinweise auf** die **sachliche Berechtigung** des Mieterhöhungsverlangens des Vermieters geben und ihm zugleich dessen **Nachprüfung** auf seine Plausibilität erlauben (ebenso Börstinghaus, Hdb Kap 12 Rn 249 f). **76**

Unter den genannten Voraussetzungen (Rn 76) können deshalb **zB** als sonstiges Begründungsmittel anerkannt werden die Mietwertgutachten eines Gutachterausschusses aufgrund des Baugesetzbuches (LG München II ZMR 1994, 22) sowie Gutachten oder Urteile über vergleichbare Wohnungen (LG Nürnberg-Fürth NJW-RR 1991, 13 = WuM 1990, 518). Umstritten ist hingegen die Verwertbarkeit der Mietpreisübersichten der Finanzämter (dafür zB AG Büdingen WuM 1989, 81; **aM** LG Aurich WuM 1990, 222; LG Limburg WuM 1987, 29; Börstinghaus, Hdb Kap 12 Rn 250), der amtlichen Wohngeldstatistik (LG Hamburg MDR 1976, 934; WuM 1978, 134; 1978, 146 ff) sowie von Auskünften der Gemeinden (ablehnend Börstinghaus, Hdb Kap 12 Rn 250). Richtig ist, dass der Mieter alle genannten Angaben nicht nachprüfen kann; aber das ist bei den meisten Mietspiegeln auch nicht anders. Im Einzelfall kann es daher auch genügen, wenn die Ortsüblichkeit einer bestimmten Miete offenkundig ist und aus diesem Grund keines Beweises bedarf (LG Aurich WuM 1990, 222). Soweit danach sonstige Begründungsmittel zugelassen sind, müssen sie grundsätzlich dem Erhöhungsverlangen **beigefügt** werden, um dem Mieter eine Überprüfung zu ermöglichen, soweit sie nicht ausnahmsweise allgemein zugänglich sind (Börstinghaus, Hdb Kap 12 Rn 253). **77**

Skeptisch steht die Rechtsprechung idR der Eignung von **Gutachten sonstiger Stellen, Verbände oder Sachverständigen** als Begründungsmittel gegenüber. Diese grundsätzlich ablehnende Haltung der hM ist nicht gerechtfertigt (s Rn 55), sondern nur dann, wenn im Einzelfall tatsächlich die Sachkunde oder Unabhängigkeit der genannten Stellen, Verbände oder Sachverständigen zweifelhaft ist oder wenn ihre Materialauswahl einseitig oder undurchsichtig bleibt. In den meisten diskutierten Fällen verhält es sich freilich in der Tat offenbar so, sodass die praktische Bedeutung **78** der ganzen Kontroverse denkbar gering ist. Zu Recht werden insbesondere „Gutachten" von **Maklern** oder Maklerverbänden im Rahmen des § 558a BGB durchweg abgelehnt. Dasselbe gilt im Ergebnis für Daten von Internetportalen, weil deren Repräsentativität und Auswahl nicht überprüfbar sind (AG München WuM 2018, 773 = ZMR 2019, 43). Ungeeignet als sonstiges Begründungsmittel sind außerdem bloße **allgemeine Hinweise des Vermieters** auf einen Anstieg seiner Kosten, auf die Erhöhung der Lebenshaltungskosten, auf Rentabilitätsberechnungen oder auf sonstige Statistiken und Indices (s oben Rn 27; LG Köln WuM 1974, 10; LG Gießen WuM 1975, 16; LG Dortmund ZMR 1974, 338, 339; LG Gera WuM 2002, 497), und zwar einfach deshalb, weil alle diese Daten nichts über die Marktentwicklung bei Mieten aussagen.

XI. Qualifizierter Mietspiegel

1. Hinweispflicht

79 Nach § 558a Abs 3 BGB muss, wenn ein aktueller qualifizierter Mietspiegel im Sinne des § 558d Abs 1 und Abs 2 BGB Angaben für die betreffende Wohnung enthält, der Vermieter in seinem Mieterhöhungsverlagen diese Angaben dem Mieter auch dann mitteilen, wenn er die Mieterhöhung zulässigerweise auf ein *anderes* Begründungsmittel nach § 558a Abs 2 BGB stützt, zB auf das Gutachten eines Sachverständigen oder auf drei Vergleichswohnungen (zB LG München I WuM 2002, 427; s dazu im Einzelnen Börstinghaus/Clar Mietspiegel Tz 469 ff). Hintergrund dieser eigenartigen Regelung ist die den qualifizierten Mietspiegeln durch § 558d Abs 3 beigelegte **Vermutungswirkung** (s dazu § 558d Rn 14 ff). – Nach dem geplanten Mietspiegelgesetz (s § 558 Rn 2) soll § 558a Abs 3 dahin geändert werden, dass neben qualifizierten Mietspiegeln nur noch Sachverständigengutachten als Begründung zugelassen werden (krit Börstinghaus NZM 2020, 965, 968).

80 Zur **Begründung** für die Regelung des § 558a Abs 3 haben die Gesetzesverfasser 2001 ausgeführt, die Mitteilungspflicht des Vermieters diene dazu, das Mieterhöhungsverfahren „transparenter" zu machen. Dem Vermieter stehe es zwar nach wie vor frei, eine höhere Miete als im qualifizierten Mietspiegel ausgewiesen zu verlangen und deshalb sein Mieterhöhungsverlagen auf andere Begründungsmittel als gerade den qualifizierten Mietspiegel zu stützen. Er müsse in diesem Fall aber den Mieter auf den abweichenden Wert oder die abweichende Spanne aus dem qualifizierten Mietspiegel hinweisen, damit der Mieter prüfen könne, ob er die weitergehende Forderung des Vermieters für begründet erachte (Begr zum RegE BT-Drucks 14/4553, 55).

81 § 558a Abs 3 BGB erweitert im Ergebnis unter bestimmten Voraussetzungen die Begründungspflicht des Vermieters. Erste **Voraussetzung** ist, dass überhaupt ein aktueller **qualifizierter Mietspiegel** im Sinne des § 558d Abs 1 und 2 BGB für die betreffende Gemeinde existiert. Hinzukommen muss zweitens, dass der Mietspiegel auch tatsächlich **Angaben über die betreffende Wohnung** enthält, und zwar solche Angaben, die die Vermutungswirkung des § 558d Abs 3 BGB auslösen. Daran kann es – trotz des Vorliegens eines qualifizierten Mietspiegels für die betreffende Gemeinde – aus verschiedenen Gründen fehlen, zB weil das betreffende Rasterfeld des Mietspiegels leer ist, weil der Mietspiegel ohnehin keine Angaben über Wohnungen der fraglichen Art enthält oder weil das betreffende Rasterfeld nur mit so wenigen

Daten belegt ist, dass der qualifizierte Mietspiegel jedenfalls *insoweit* nicht den Anforderungen des § 558d Abs 1 BGB genügt (s Börstinghaus, Hdb Kap 12 Rn 176 ff; Börstinghaus/Clar Mietspiegel Tz 470).

Sind die Voraussetzungen des § 558a Abs 3 BGB (iVm § 558d Abs 1 und 2 BGB) erfüllt (s oben Rn 81), so hat der Vermieter in der Begründung seines Mieterhöhungsverlangens (§ 558a Abs 1 BGB) (nur) „diese Angaben", dh die **Angaben des qualifizierten Mietspiegels über die fragliche Wohnung**, dem Mieter mitzuteilen. Diese Angaben müssen aus sich heraus verständlich und lückenlos sein, dh dem Mieter ohne Weiteres eine Überprüfung ermöglichen, welche Aussagen der qualifizierte Mietspiel über seine Wohnung enthält, damit er, entsprechend dem Zweck der ganzen Regelung (o Rn 23), die Plausibilität der Vermieterforderung überprüfen kann (LG München I WuM 2002, 496, 497). Haben die Parteien eine Bruttomiete vereinbart, so muss deshalb, wenn der Mietspiegel wie üblich Nettomieten ausweist, in der Begründung des Mieterhöhungsverlangens auch der Betriebskostenanteil an der Miete mitgeteilt werden, um dem Mieter einen Vergleich der geforderten neuen Miete mit den Mietspiegelwerten zu ermöglichen (AG Berlin-Schöneberg GE 2013, 817). *Nicht* erforderlich ist dagegen eine Beifügung des gesamten qualifizierten Mietspiegels, wenn der Vermieter im Übrigen ein anderes Begründungsmittel in seinem Mieterhöhungsverlangen gewählt hat. **82**

Enthält der qualifizierte Mietspiegel eine Spanne, so genügt die **Mitteilung dieser Spanne**, während der bloße Hinweis auf das entsprechende Rasterfeld des Mietspiegels nicht genügt (Blank/Börstinghaus Rn 56; Börstinghaus/Clar Mietspiegel Tz 471); besondere Angaben über die Einordnung der Wohnung in die Spanne sind nicht erforderlich, selbst wenn der Vermieter bis an die Obergrenze der Spanne mit seinem Mieterhöhungsverlangen geht (§ 558a Abs 4 S 1 BGB). Ebensowenig muss der Vermieter den Mieter über die besondere Vermutungswirkung des qualifizierten Mietspiegels belehren, weil sich diese unmittelbar aus dem Gesetz (§ 558d Abs 3 BGB) ergibt. Der Vermieter ist auf der anderen Seite aber auch nicht gehindert, zusätzliche Ausführungen zu machen, zB über die (naheliegende) Frage, warum er in dem vorliegenden Fall die Angaben des qualifizierten Mietspiegels für seine Wohnung als nicht maßgeblich ansieht (Börstinghaus, Hdb Kap 12 Rn 179; Börstinghaus/Clar Mietspiegel Tz 472). **83**

2. Rechtsfolgen

Ein **Verstoß** des Vermieters gegen die besondere Mitteilungspflicht aus § 558a Abs 3 BGB, zu dem es vor allem dann kommen kann, wenn dem Vermieter nicht bekannt ist, dass es für die betreffende Gemeinde einen qualifizierten Mietspiegel gibt, führt zur **Unwirksamkeit** des Mieterhöhungsverlangens (LG München I WuM 2002, 427; 2002, 496, 479; Börstinghaus, Hdb Kap 12 Rn 180; Börstinghaus/Clar Mietspiegel Tz 473). Im Rechtsstreit kann der Vermieter dagegen vor allem **einwenden**, der fragliche Mietspiegel erfülle nicht die Voraussetzungen eines qualifizierten Mietspiegels iSd § 558d BGB (BGH 21. 11. 2012 – VIII ZR 46/12, WuM 2013, 110 = NJW 2013, 775 = NZM 2013, 138) oder er löse doch tatsächlich im vorliegenden Fall nicht die Vermutungswirkung des § 558d Abs 3 BGB aus, zB wegen zeitlicher Überholung (s § 558a Abs 3 BGB iVm § 558d Abs 2 BGB) oder weil das betreffende Mietspiegelfeld nicht mit einer ausreichenden Zahl von Stichproben belegt sei (s Rn 81; Börstinghaus, Hdb Kap 12 Rn 181 ff). **84**

85 Ein Verstoß gegen § 558a Abs 3 BGB kann jederzeit im Rechtsstreit durch **Nachholung** der erforderlichen Angaben geheilt werden (§ 558b Abs 3 BGB; LG München I WuM 2002, 427; Blank/Börstinghaus Rn 57; Börstinghaus/Clar Mietspiegel Tz 473). Auch enthält ein wegen des genannten Verstoßes unwirksames Erhöhungsverlangen immer noch einen wirksamen **Antrag** auf Abschluss eines Änderungsvertrages, dem der Mieter jederzeit ganz oder teilweise zustimmen kann mit der Folge, dass insoweit eine Einigung über die Mieterhöhung zustande kommt (§§ 311 Abs 1, 557 Abs 1 BGB).

XII. Abweichende Vereinbarungen

86 Nach § 558a Abs 5 BGB ist eine zum Nachteil des Mieters von § 558a Abs 1 bis 4 BGB abweichende Vereinbarung unwirksam. Die Vorschrift des § 558a BGB regelt (nur) die Form und die Begründung des Mieterhöhungsverlangens des Vermieters. Abs 5 des § 558a BGB wendet sich folglich allein gegen Vereinbarungen der Mietvertragsparteien, durch die im Voraus die Anforderungen an die **Form** oder die **Begründung** eines Mieterhöhungsverlangens gegenüber der gesetzlichen Regelung in § 558a Abs 1 bis 4 BGB zum Nachteil des Mieters **herabgesetzt** werden (während eine Verschärfung unbedenklich ist). **Beispiele** sind ein vertraglicher Verzicht auf die Begründung des Mieterhöhungsverlangens (§ 558a Abs 1 BGB), ein Verzicht auf die Berücksichtigung qualifizierter Mietspiegel (§ 558a Abs 3 BGB) oder die generelle Zulassung anderer Begründungsmittel über § 558a Abs 2 Nrn 1 bis 4 hinaus. Unberührt bleibt die Möglichkeit der Parteien, sich im Einzelfall auf eine Mieterhöhung zu einigen (§§ 557 Abs 1, 311 Abs 1 BGB). Außerdem kann für die Zustimmung des Mieters zu der Mieterhöhung iS des § 558b BGB Schriftform vorgeschrieben werden (s unten § 558b Rn 7).

§ 558b
Zustimmung zur Mieterhöhung

(1) Soweit der Mieter der Mieterhöhung zustimmt, schuldet er die erhöhte Miete mit Beginn des dritten Kalendermonats nach dem Zugang des Erhöhungsverlangens.

(2) Soweit der Mieter der Mieterhöhung nicht bis zum Ablauf des zweiten Kalendermonats nach dem Zugang des Verlangens zustimmt, kann der Vermieter auf Erteilung der Zustimmung klagen. Die Klage muss innerhalb von drei weiteren Monaten erhoben werden.

(3) Ist der Klage ein Erhöhungsverlangen vorausgegangen, das den Anforderungen des § 558a nicht entspricht, so kann es der Vermieter im Rechtsstreit nachholen oder die Mängel des Erhöhungsverlangens beheben. Dem Mieter steht auch in diesem Fall die Zustimmungsfrist nach Absatz 2 Satz 1 zu.

(4) Eine zum Nachteil des Mieters abweichende Vereinbarung ist unwirksam.

Materialien: MHRG § 2; Mietrechtsreformgesetz von 2001 (BGBl I 1149); Begr zum RegE BT-Drucks 14/4553, 55 f; Stellungnahme des Bundesrates BT-Drucks 14/4553, 88; Stellungnahme der BReg das, 100; Bericht des Rechtsausschusses BT-Drucks 14/5663, 80.

Schrifttum

ARTZ, Änderung des Mietvertrages durch konkludentes Verhalten, NZM 2005, 367 = WuM 2005, 215
BÖRSTINGHAUS, Handbuch (Hdb) Kap 13 (S 521 ff)
ders, Die Beweisaufnahme über die ortsübliche Vergleichsmiete, NJW 2013, 1767
BÖRSTINGHAUS/CLAR, Mietspiegel (2. Aufl 2013) Tz 474 ff (S 217 ff.)
BUB/TREIER/SCHULTZ, Hdb Rn III 1322 ff
CROMME/U KOCH, Mietspiegel in Deutschland (2006)
V EMMERICH, Das gerichtliche Mieterhöhungsverfahren, in: Der Mietzins für Wohnraum, PiG 13 (1983) 51
ders, Die Zustimmung des Mieters zur Mietzinserhöhung nach § 2 MHRG, in: FS Lüke (1997) 65
HAU, Vertragsanpassung und Anpassungsvertrag (2003)
HINZ, Das Mieterhöhungsverlangen im Prozess, NZM 2002, 633
LEHMANN/RICHTER, Haftung des Mieters bei Verzug mit der Zustimmung zu einem Mieterhöhungsverlangen, NZM 2006, 849
P MEIER, Zur Verzugshaftung des Mieters, WuM 1990, 531
R PASCHKE, Nachbesserung des Mieterhöhungsverlangens, NZM 2008, 705
dies, Nachholung des Mieterhöhungsverlangens im Zustimmungsprozess (2011) 679
M SCHMID, Anspruch auf schriftliche Zustimmung zu einer Mieterhöhung?, ZMR 2007, 514
THEESFELD, Konkludente Zustimmung zur Mieterhöhung durch Zahlung der erhöhten Miete, in: 10 Jahre Mietrechtsreformgesetz (2011) 656
TIMME, Verurteilung zur Zustimmung zur Mieterhöhung und Verzug des Mieters, NJW 2005, 2962.

Systematische Übersicht

I. Überblick	1	
II. Zustimmung des Mieters		
1. Rechtsnatur, konkludente Zustimmung	3	
2. Form	7	
3. Teilzustimmung; Bedingungen	8	
4. Wirksamkeit. Fälligkeit	9	
5. Verzug	10	
6. Zustimmungsfrist	11	
III. Zustimmungsklage		
1. Leistungsklage	15	
2. Zulässigkeit	16	
3. Klagefrist	17	
4. Heilung von Mängeln	19	
a) Überblick	19	
b) Nachholung	21	
c) Nachbesserung	24	
5. Antrag	25	
6. Beweislast	28	
7. Beweis	29	
8. Erledigung, Kosten	36	
9. Streitwert	37	

Alphabetische Übersicht

Beendigung des Rechtsstreits	33
Behebung von Mängeln	20 f, 24
Beweis	29
Beweislast	28
Erledigung	36
Fälligkeit	9
Form der Zustimmung	3 ff, 7
Heilung des Mangels	19 ff
Indizierung, Indizwirkung	30a

Klageänderung	23 f, 29	Zahlung der erhöhten Miete	5 f
Klageantrag	25	Zustimmung des Mieters	3 ff
Klageerhebung	13 f, 15 ff	– Annahme des Antrages des Vermieters	3
Klagefrist	17 f	– Form	3 ff
Konkludente Zustimmung	4 f	– Frist	11
Kosten	36	– konkludente	5
		– Rechtsnatur	3
Mietspiegel als Beweismittel	30	– Schriftform	7
		– Teilannahme	8
Nachholung des Mieterhöhungsverlangens	19 ff	– Wirksamkeit	9
		– Zahlung	5 f
		Zustimmungsfrist	11
Prozessvoraussetzung	13	– Bedeutung	12 ff
		– Entbehrlichkeit	14
Rechtsnatur der Zustimmung des Mieters	3	– Prozessvoraussetzung	13
		– Verlängerung	13
Sachverständigengutachten	31 f	Zustimmungsklage	15 ff
Schlüssigkeit der Klage	27	– Antrag	25
Schriftform	7	– Beendigung	33
Streitgenossen, notwendige	26	– Behebung von Mängeln	20 f, 24
Streitwert der Zustimmungsklage	36	– Beweis	29
Stufenklage	25	– Beweislast	28
		– Frist	17 f
Teilannahme, Teilzustimmung	8	– Fristwahrung	18
		– Klageänderung	23
Überlegungsfrist	11 ff	– Kosten	36
Unwirksames Mieterhöhungsverlangen	4	– Nachholung	19 ff
		– Parteien	26
Verweigerung der Mieterhöhung	14	– Schlüssigkeit	27
Verzug	10	– Streitwert	37
Verzugszinsen	10	– Verspätung	17
		– Zulässigkeit	16, 19
Wahrung der Klagefrist	18		
Wirksamkeit der Mieterhöhung	9		

I. Überblick

1 § 558b BGB regelt im Anschluss an § 2 Abs 3 und 4 MHRG aF die wichtigsten Fragen, die mit der Zustimmung des Mieters zu der vom Vermieter nach den §§ 558 und 558a BGB geforderten Mieterhöhung zusammenhängen. Abs 1 bestimmt zunächst den Zeitpunkt, zu dem die Vertragsänderung durch Erhöhung der Miete infolge der Zustimmung des Mieters zu dem Mieterhöhungsverlangen des Vermieters wirksam wird, sofern die Parteien nicht einen anderen Zeitpunkt vereinbart haben (§§ 311 Abs 1, 557 Abs 1 BGB). Abs 2 und Abs 3 des § 558b BGB ordnen dagegen das besondere Verfahren, das eingreift, wenn der Mieter dem Mieterhöhungsverlangen des Vermieters nicht zustimmt und der Vermieter deshalb seinen Anspruch auf Anpassung der Miete an die ortsübliche Vergleichsmiete (§ 558 BGB) gerichtlich durchsetzen will.

Das Verfahren ist durch zwei unmittelbar aufeinander folgende Fristen, die sog **Überlegungs-** oder **Zustimmungsfrist** von mindestens zwei Monaten (§ 558b Abs 2 S 1 BGB) und die anschließende **Klagefrist** von drei Monaten (§ 558b Abs 2 S 2 BGB), gekennzeichnet. Geht der Vermieter gerichtlich gegen den Mieter vor, so muss er unter Beachtung der beiden genannten Fristen Klage auf Zustimmung des Mieters zu seinem Mieterhöhungsverlangen erheben. Es handelt sich dabei um eine normale **Leistungsklage**, die nach **§ 894 ZPO** vollstreckt wird. In diesem Verfahren können nach § 558b Abs 3 BGB noch bestimmte Mängel des Mieterhöhungsverlangens durch dessen Nachholung oder Nachbesserung behoben werden. Die ganze Regelung ist zu Gunsten des Mieters zwingend (§ 558b Abs 4 BGB). 2

II. Die Zustimmung des Mieters

1. Rechtsnatur, konkludente Zustimmung

Nach § 558 Abs 1 BGB kann der Vermieter unter bestimmten Voraussetzungen von dem Mieter die Zustimmung zu einer Erhöhung der Miete bis zur ortsüblichen Vergleichsmiete verlangen, vorausgesetzt, dass er seinen Anspruch auf Zustimmung des Mieters zu der nötigen Vertragsänderung unter Beachtung des § 558a BGB geltend macht. Der Sache nach handelt es sich bei dem Mieterhöhungsverlangen des Vermieters um einen **Antrag** auf Abschluss eines Änderungsvertrages im Sinne der §§ 145, 311 Abs 1 und 557 Abs 1 BGB (s oben § 558a Rn 2), sodass auch die **Zustimmung** des Mieters zu dem Mieterhöhungsverlangen des Vermieters, um die es in § 558b BGB geht, nichts anderes als die **Annahme** dieses Antrags des Vermieters darstellt, mit deren Zugang beim Vermieter die gewünschte Vertragsänderung (ganz oder teilweise) zustande kommt (§§ 130, 146 f, 311 Abs 1, 557 Abs 1 BGB; so insbesondere BGH 30. 1. 2018 – VIII ZB 74/16 Rn 12, NZM 2018, 279 = WuM 2018, 151, 152; ebenso wohl schon BGH 10. 11. 2010 – VIII ZR 300/09, NZM 2011, 117 Nr 1 Tz 14 = WuM 2011, 32; 8. 6. 2011 – VIII ZR 204/10 Rn 8, NZM 2011, 112 = WuM 2011, 423, 424 Tz 8 = ZMR 2011, 790; OLG Frankfurt NZM 2001, 418, 419 = WuM 2001, 231; Bloching/Ortolf NZM 2012, 334, 137). 3

Für diese beiden Willenserklärungen gelten ohne Weiteres die **allgemeinen Regeln**, soweit nicht die §§ 558 ff Sonderregelungen enthalten (BGH 30. 1. 2018 – VIII ZB 74/16 Rn 11, NZM 2018, 279 = WuM 2018, 151; OLG Frankfurt NZM 2001, 418, 419 = WuM 2001, 231; Artz WuM 2005, 215 = NZM 2005, 367) wie zB die Vorschrift des § 558b („… soweit …") hinsichtlich der Möglichkeit einer Teilannahme des Antrags des Vermieters durch den Mieter (s unten Rn 8; zur Form s unten Rn 4, 7 ff). Wenn es sich bei dem Mietvertrag um einen **Verbrauchervertrag** iSd § 310 Abs 3 handelt, ist grundsätzlich auch Raum für das **Widerrufsrecht** des Mieters nach den §§ 312g Abs 1 und 355, außer wenn sich die Parteien bei der Mieterhöhung an das Verfahren nach den §§ 558a ff halten, weil dadurch der Mieter bereits ausreichend geschützt wird (s im Einzelnen mwNw Staudinger/V Emmerich [2021] Vorbem 105 zu § 535). Täuscht der Vermieter den Mieter bei Abschluss der Änderungsvereinbarung über die Miete (§ 558 BGB), zB über die Baualtersklasse der Wohnung, so kann der Mieter seine Zustimmung **anfechten** (§ 123 BGB) und gegebenenfalls außerdem **Schadensersatz** aus cic verlangen (§§ 241 Abs 2, 311 Abs 2, 280 Abs 1, 276 Abs 1 und 249 BGB; AG Hamburg-Wandsbek ZMR 2010, 47). 3a

Der Mieter kann dem Antrag des Vermieters auf Vertragsänderung durch Mieterhöhung **ausdrücklich oder konkludent** zustimmen, während das bloße Schweigen des 4

Mieters auf den Antrag des Vermieters hier ebensowenig wie sonst im Privatrecht als Zustimmung gewertet werden kann (§§ 145 ff, 311 Abs 1, 550, 557 Abs 1, 558b Abs 1 BGB; s im Einzelnen u Rn 5; zur Form s Rn 7 ff). Keine Rolle spielt, ob das Mieterhöhungsverlangen des Vermieters den §§ 558 und 558a BGB entspricht. Auch ein gegen diese Vorschriften verstoßendes und deshalb als solches **unwirksames Erhöhungsverlangen** enthält doch in aller Regel noch einen wirksamen **Antrag** auf Vertragsänderung, dem der Mieter zustimmen kann (§§ 145 ff, 311 Abs 1 BGB; BGH 8. 10. 1997 – VIII ZR 373/96, LM Nr 35 zu § 571 BGB [Bl 3 R] = NJW 1998, 445 = NZM 1998, 102; 29. 6. 2005 – VIII ZR 182/04, NZM 2005, 736 = WuM 2005, 518 = ZMR 2005, 847; 11. 12. 2019 – VIII ZR 234/18 Rn 15, NZM 2020, 322; – **aM** Artz NZM 2005, 367, 370 f; R Paschke NZM 2008, 705, 708 [l Sp]). Ob dies der Fall ist, ist allein eine Frage der Auslegung der Parteierklärungen im Einzelfall (BGH 29. 6. 2005 – VIII ZR 182/04, NZM 2005, 736 = WuM 2005, 518; KG ZMR 1982, 378; LG Mannheim ZMR 1994, 516, 517). Ist die Frage zu bejahen und ist infolgedessen zwischen den Parteien konkludent ein Änderungsvertrag zustande gekommen, so wird durch diese Vereinbarung freilich auch erneut die Sperr- und die Wartefrist ausgelöst (§ 558 Abs 1 S 1 BGB). Besonderheiten gelten lediglich bei einer bloßen Teilzustimmung des Mieters (s im Einzelnen schon o § 558 Rn 7 sowie u Rn 8).

5 Da eine bestimmte Form für die Zustimmung des Mieters zu dem Mieterhöhungsverlangen des Vermieters nicht vorgeschrieben ist, kann die Zustimmung idR **auch konkludent** erfolgen, wobei vor allem an die einmalige oder wiederholte **vorbehaltlose Zahlung** der geforderten höheren Miete durch den Mieter zu denken ist (BGH 8. 10. 1997 – VIII ZR 373/96, LM Nr 35 zu § 571 BGB [Bl 3 f] = NJW 1998, 445 = NZM 1998, 102; 29. 6. 2005 – VIII ZR 182/04, WuM 2005, 518 = NZM 2005, 736 = ZMR 2005, 847; 30. 1. 2018 – VIII ZB 74/16 Rn 11, NZM 2018, 279 = WuM 2018, 151, 152; Börstinghaus, Hdb Kap 13 Rn 29 ff; Schultz ZMR 1983, 289, 295; – **aM** Artz NZM 2005, 367, 370 f = WuM 2005, 215). Umstritten sind die **Voraussetzungen**, unter denen im Einzelfall ein Schluss von der Zahlung der geforderten höheren Miete auf die Zustimmung des Mieters zu dem Mieterhöhungsverlangen des Vermieters gerechtfertigt ist, insbesondere ob dafür bereits die **einmalige Zahlung** der erhöhten Miete genügt (so LG Berlin MDR 1982, 235; GE 1984, 179, 181; WuM 1985, 311; WuM 1989, 308; LG Kiel WuM 1993, 198; AG/LG München ZMR 2014, 460 f; AG Frankfurt ZMR 1989, 180) oder ob eine **mehrmalige vorbehaltlose Zahlung** der erhöhten Miete erforderlich ist, um auf eine konkludente Zustimmung des Mieters schließen zu können (LG Aachen WuM 1988, 280; LG Hannover WuM 1990, 222; LG Berlin WuM 1987, 266 = ZMR 1987, 309; ZMR 1987, 269 = WuM 1987, 158; GE 1992, 207; ZMR 1985, 387 = MDR 1985, 1030; ZMR 2001, 554; LG Wuppertal NJWE-MietR 1997, 266; wNw bei Börstinghaus, Hdb Kap 13 Rn 30 ff).

6 Richtiger Meinung nach sollte grundsätzlich **bereits** die **einmalige vorbehaltlose Zahlung** der erhöhten Miete seitens des Mieters ausreichen, um eine konkludente Zustimmung des Mieters annehmen zu können, jedenfalls, wenn der Mieter diese Zahlung *bewusst* in Kenntnis des Mieterhöhungsverlangens des Vermieters vornimmt (§§ 133, 157 BGB, Börstinghaus, Hdb Kap 13 Rn 30 ff; Blank/Börstinghaus Rn 9; V. Emmerich, in: FS Lüke [1997] 65, 68 f; BeckOGK/Fleindl [1. 10. 2020] Rn 21; Theesfeld, in: 10 Jahre Mietrechtsreformgesetz 656, 658; – offen gelassen in BGH 30. 1. 2018 – VIII ZB 74/16 Rn 11, NZM 2018, 279 = WuM 2018 151, 152). Dies wird besonders deutlich, wenn der Mieter einen Überweisungsauftrag mit der erhöhten Miete ausfüllt oder einen Dauerauftrag seiner Bank entsprechend ändert (so BGH 30. 1. 2018 – VIII ZB 74/16 Rn 11, NZM 2018, 279 = WuM 2018 151, 152; BeckOGK/Fleindl [1. 10. 2020] Rn 21). Anders jedoch,

wenn der Mieter **nur unter Vorbehalt zahlt** oder wenn er die weitere Zahlung der erhöhten Miete von **Bedingungen abhängig** macht, zB von der Beseitigung bestimmter Mängel, es sei denn, er lasse den Vorbehalt oder die Bedingung später ersichtlich wieder fallen, indem er einfach die erhöhte Miete ohne Einschränkung fortzahlt (Börstinghaus, Hdb Kap 13 Rn 35 f; LG Wuppertal NJWE-MietR 1997, 266).

Die Annahme einer konkludenten Zustimmung des Mieters durch Zahlung der erhöhten Miete scheidet ferner aus, wenn der Mieter das Schreiben des Vermieters als **Inanspruchnahme eines einseitigen Mieterhöhungsrechts** seitens des Vermieters verstehen musste und daraufhin zahlt, weil er zu Unrecht von einem derartigen Mieterhöhungsrecht des Vermieters ausgeht, da es dann aus der allein maßgeblichen Sicht des Mieters (§§ 133, 157 BGB) bereits an einem *Antrag* des Vermieters auf Vertragsänderung fehlt, den der Mieter annehmen könnte (s unten § 559b Rn 17; BGH 29. 6. 2005 – VIII ZR 182/04, WuM 2005, 518, 519 = NZM 2005, 736; OLG Hamburg ZMR 1985, 237 = WuM 1986, 82; LG Mannheim WuM 2004, 481, 482; Börstinghaus WuM 2005, 192). Ebenso ist es schließlich zu beurteilen, wenn der Vermieter die von ihm einseitig erhöhte Miete vertragswidrig **einfach abbucht**, selbst wenn sich der Mieter nicht sofort dagegen wehrt (LG Stuttgart NZM 2011, 854, 855 = ZMR 2012, 197; LG Göttingen WuM 1991, 280; Artz NZM 2005, 367, 369). Ebensowenig bindet den Mieter schließlich die einmal erklärte Zustimmung zu einer Mieterhöhung in späteren Fällen hinsichtlich der Einordnung seiner Wohnung in einen Mietspiegel (LG Essen WuM 1984, 110). 6a

2. Form

§ 558b BGB schreibt für die Zustimmung des Mieters keine besondere Form vor. Daraus wird zT der Schluss gezogen, die Vorschrift enthalte eine auch dem § 550 BGB vorgehende **Sonderregelung**, sodass in jedem Fall, auch bei langfristigen Verträgen im Sinne des § 550 BGB, eine formlose Zustimmung des Mieters ausreiche (AG Berlin-Schöneberg NJW-RR 2008, 1695 = NZM 2009, 123; AG Hannover ZMR 2010, 290; M Schmid ZMR 2007, 514; wohl auch LG Itzehoe WuM 2009, 741, 742). Dafür fehlt jede Begründung (zutreffend Bloching/Ortolf NZM 2012, 334). Richtig ist nur, dass bei den Zeitmietverträgen des § 550 im Falle einer formlosen Zustimmung des Mieters die Gefahr besteht, dass der Vertrag fortan auf unbestimmte Zeit läuft und jederzeit gekündigt werden kann (§ 550 S 1 BGB; s § 558a Rn 12). Aus den §§ 558 bis 558b iVm § 242 ergibt sich deshalb bei Zeitmietverträgen, richtig verstanden, zusätzlich ein **Anspruch des Vermieters** auf Erteilung der Zustimmung gerade in der jeweils erforderlichen Form (LG Wiesbaden WuM 2000, 195; LG Berlin GE 2007, 196; AG Schöneberg GE 1989, 249; Börstinghaus, Hdb Kap 13 Rn 22 ff; Blank/Börstinghaus Rn 8; BeckOGK/Fleindl [1. 10. 2020] Rn 15 f). 7

Handelt es sich bei dem Mietvertrag dagegen nicht um einen Zeitmietvertrag iSd § 550, so gilt selbst für Vertragsänderungen aufgrund der §§ 558 ff durch Erhöhung der Miete grundsätzlich **Formfreiheit**. Daran ändert im Ergebnis auch eine sog **Schriftformklausel** in dem Vertrag nichts, da derartige Klauseln grundsätzlich lediglich deklaratorische Bedeutung haben, sodass eine formlose Vertragsänderung immer möglich bleibt, zumal sich die Parteien ohnehin jederzeit einvernehmlich über Schriftformklauseln hinwegsetzen können (§ 311 Abs 1 BGB; s Staudinger/V Emmerich [2021] § 550 Rn 65, 68 ff; BGH 30. 1. 2018 – VIII ZB 74/16 Rn 17, NZM 2018, 279 = WuM 2018, 151, 152; BeckOGK/Fleindl [1. 10. 2020] Rn 17). An dem Ergebnis ändert es auch nichts, wenn 7a die Schriftformklausel ausnahmsweise konstitutive Bedeutung haben sollte oder wenn die Parteien eine **Schriftformheilungsklausel** oder eine doppelte Schriftformklausel in den Vertrag aufgenommen haben, weil die Abreden der Parteien, auch wenn sie formlos erfolgen, immer vorgehen, wie inzwischen durch die Rechtsprechung geklärt ist (§ 311 Abs 1; s oben Staudinger/V Emmerich [2021] § 550 Rn 68 ff mwNw). Es kann sich lediglich fragen, ob der Vermieter – jenseits des Anwendungsbereichs des § 550 – aufgrund der insoweit aufrechterhaltenen Schriftformklausel oder im Einzelfall nach § 242 zu Beweiszwecken eine **Beurkundung** der Vertragsänderung verlangen kann, wie vielfach angenommen wird (LG Berlin ZMR 2007, 196; GE 2008, 605; NJW-RR 2009, 1615; AG Schöneberg GE 1988, 893; 1988, 1055). Für eine derartige Annahme dürfte indessen nur in Ausnahmefällen widersprüchlichen Verhaltens des Mieters Raum sein.

3. Teilzustimmung, Bedingungen

8 Nach § 558b Abs 1 BGB schuldet der Mieter die erhöhte Miete, „soweit" er der Mieterhöhung zustimmt. Damit wird klargestellt, dass abweichend von § 150 Abs 2 BGB auch eine Teilannahme des Mieterhöhungsverlangens des Vermieters, dh eine **Teilzustimmung** möglich ist (ebenso schon BayObLGZ 1989, 277, 281 f = NJW-RR 1989, 1172 = WuM 1989, 484; BayObLGZ 1992, 314 = NJW-RR 1993, 202; OLG Karlsruhe WuM 1984, 21, 22; Börstinghaus, Hdb Kap 13 Rn 43; – zu den Auswirkungen einer derartigen Teilzustimmung des Mieters auf die Fristen der §§ 558 Abs 1 und 558b Abs 2 s schon o § 558 Rn 7). § 150 Abs 2 BGB wird jedoch nur insoweit verdrängt, wie § 558b Abs 1 BGB tatsächlich eine Sonderregelung enthält; im Übrigen bleibt § 150 Abs 2 BGB anwendbar. Wichtig ist dies insbesondere, wenn der Mieter seine Zustimmung von **Bedingungen**, zB von der Zustimmung des Vermieters zu weiteren Änderungen des Vertrags zu Gunsten des Mieters abhängig macht. Geht der Vermieter darauf ein, so wird der Vertrag entsprechend geändert; andernfalls stellt die Erklärung des Mieters die Ablehnung des Antrags des Vermieters auf Zustimmung zu der Mieterhöhung, verbunden mit einem **neuen Antrag**, dar (§ 150 Abs 2 BGB), sodass der Vermieter jetzt, wenn er an seinem Verlangen festhalten (und den Antrag des Mieters ablehnen) will, nach § 558b Abs 3 BGB Zustimmungsklage erheben muss. Wenn die Wohnung Mängel aufweist, hat der Mieter – entgegen einer verbreiteten Meinung – ein **Zurückbehaltungsrecht** nach § 274 (oder auch nach § 320 Abs 1 BGB), sodass er die Zustimmung zu der vom Vermieter verlangten Mieterhöhung bis zur Beseitigung der Mängel verweigern kann (s oben § 558 Rn 36 mwNw).

4. Wirksamkeit, Fälligkeit

9 Der Zeitpunkt, zu dem die Vertragsänderung durch Erhöhung der Miete in Kraft tritt, richtet sich in erster Linie nach den **Vereinbarungen** der Parteien (§§ 311 Abs 1, 557 Abs 1 BGB) und nur hilfsweise nach **§ 558b Abs 1**, nach dem der Mieter die erhöhte Miete von dem Beginn des dritten Kalendermonats ab schuldet, der auf den Zugang des Erhöhungsverlangens folgt, dh konkret: **vom Ende der Überlegungs- oder Zustimmungsfrist ab** (s § 558b Abs 2 S 1 BGB), sodass zwischen dem Zugang des Erhöhungsverlangens und der Wirksamkeit der Vertragsänderung idR mindestens zwei Monate liegen müssen (s Börstinghaus, Hdb Kap 13 Rn 91 ff; Sternel, Mietrecht Rn III 726). Keine Anwendung findet § 193 BGB, sodass die Wirksamkeit der Mieterhöhung in jedem Fall am ersten Tag des Monats eintritt, der auf den Ablauf der

Überlegungs- oder Zustimmungsfrist folgt, immer vorausgesetzt, dass die Parteien nichts anderes vereinbart haben (BÖRSTINGHAUS, Hdb Kap 13 Rn 94 f [S 559 f] mit Tabelle der Termine).

Der Vermieter ist nicht gehindert, eine Mieterhöhung erst zu einem **späteren** als dem **9a** im Gesetz für den Regelfall bestimmten **Zeitpunkt** (§ 558b Abs 1 BGB) zu verlangen (§ 311 Abs 1 BGB; BGH 8. 6. 2011 – VIII ZR 204/10, ZMR 2011, 790 =WuM 2011, 423 Tz 11 = ZMR 2011, 790 = NZM 2012, 112; 25. 9. 2013 – VIII ZR 280/12, WuM 2013, 737 = NZM 2013, 853 = NJW 2013, 3641 Rn 12). Bis zu diesem Zeitpunkt kann der Mieter dann auch von dem Sonderkündigungsrecht des § 561 Gebrauch (BGH 25. 9. 2013 – VIII ZR 280/12, WuM 2013, 737 = NZM 2013, 853 = NJW 2013, 3641 Rn 17 f). Lediglich die Bestimmung eines **früheren Zeitpunkts** als in § 558b Abs 1 genannt scheidet aus (§ 558b Abs 4 BGB), während eine entsprechende Vereinbarung der Parteien außerhalb des Rechtsstreits jederzeit möglich ist (§§ 311 Abs 1, 554 Abs 1 BGB).

Wird der Mieter auf **Klage** des Vermieters hin zur Zustimmung zur Mieterhöhung **9b** verurteilt, so muss sich grundsätzlich aus dem **Tenor** des Urteils ergeben, von wann ab die erhöhte Miete geschuldet wird; entsprechend ist bereits der **Antrag** des Vermieters zu formulieren (Formulierungsvorschläge für den Antrag des Vermieters bei STERNEL, Mietrecht Rn III 727). Nur wenn der Vermieter **keinen Antrag** stellt, ist auch keine entsprechende Verurteilung des Beklagten möglich (§ 308 ZPO). Es verbleibt dann bei der gesetzlichen Regelung des § **558b Abs 1**, sodass die Vertragsänderung, wie im Gesetz bestimmt, mit Beginn des dritten auf den Zugang des Mieterhöhungsverlangens des Vermieters folgenden Monats in Kraft tritt (BGH 8. 6. 2011 – VIII ZR 204/10, WuM 2011, 423, 424 Tz 8 ff = NZM 2012, 112 = ZMR 2011, 790).

Von der Frage der Wirksamkeit der Vertragsänderung durch Erhöhung der Miete **9c** aufgrund des § 558 BGB ist die Frage der **Fälligkeit** der erhöhten Miete zu trennen. Diese richtet sich wiederum vorrangig nach den **Abreden** der Parteien, hilfsweise nach § **556b Abs 1** (Begr zum RegE BT-Drucks 14/4553, 55 [r Sp u]; PALANDT/WEIDENKAFF Rn 17). Die Fälligkeit kann natürlich nicht vor der Wirksamkeit der Mieterhöhung, bei entsprechenden Abreden der Parteien aber durchaus auch danach eintreten. Dasselbe gilt kraft Gesetzes in den Fällen des § 579 BGB, während bei der Wohnraummiete (um die es hier allein geht) nach § 556b Abs 1 BGB beide Termine im Zweifel zusammenfallen werden. Kommt es zum **Rechtsstreit**, so setzt die Fälligkeit der erhöhten Miete zusätzlich die **Rechtskraft des Urteils** voraus, durch das der Mieter zur Zustimmung zu dem Mieterhöhungsverlangen des Vermieters verurteilt wird, weil vorher nicht feststeht, was der Mieter schuldet. Folglich kann der Mieter mit den *rückständigen* Beträgen *nicht* vorher in **Verzug** geraten (§ 286 Abs 1 und 4 BGB, Rn 10), sodass er für den vorausgehenden Zeitraum auch **keine Verzugszinsen** schuldet (s Rn 10a, BGH 4. 5. 2005 – VIII ZR 91/04, NJW 2005, 2310 = NZM 2005, 496 = WuM 2005, 396, 397 f; 4. 5. 2005 – VIII ZR 5/04, NZM 2005, 582 = WuM 2005, 458, 460; LG Duisburg NZM 1998, 764 = NJW-RR 1999, 12; P MEIER WuM 1990, 531, 533 f; STERNEL, Mietrecht Rn III 108, 726 [S 626, 942]).

5. Verzug

Im Falle einer längeren Dauer des Rechtsstreits kann die geschilderte, komplizierte **10** Regelung des § 558b Abs 1 BGB (s Rn 9 f) zur Folge haben, dass der Mieter im

Augenblick der Zustimmung oder Verurteilung infolge der dann möglicherweise zwischenzeitlich wirksam gewordenen Mieterhöhung bereits mit erheblichen Beträgen im Rückstand ist. Deshalb billigt das Gesetz in § 569 Abs 3 Nr 3 BGB dem Mieter eine zusätzliche **Schonfrist** von zwei Monaten ab Rechtskraft des Urteils zu, binnen derer (nur) eine *Kündigung* des Vermieters nach *§ 543 Abs 2 Nr 3 BGB* ausgeschlossen ist (s unten § 569 Rn 52). Davon zu trennen ist die Frage einer Kündigung des Vermieters nach den *§§ 543 Abs 1 und 573 Abs 2 Nr 1 BGB,* wenn der Mieter grundlos entgegen § 558 Abs 1 BGB seine Zustimmung zu der vom Vermieter verlangten Mieterhöhung verweigert, wobei jedoch die Wertungen des § 569 Abs 2 Nr 3 zu berücksichtigen sein dürften, sodass es sich dabei um ausgesprochene Ausnahmefälle handeln wird (s dazu o Staudinger/V Emmerich [2021] § 543 Rn 7a; Blank NZM 2007, 788, 794 = WuM 2007, 655; Börstinghaus NZM 2007, 788, 794). Eine andere Frage ist die Schadensersatzpflicht des Mieters in diesem Fall (s Rn 10a).

10a In der Frage, der **Haftung** des Mieters **wegen** eines etwaigen **Verzugs mit** der nach § 558 Abs 1 BGB geschuldeten **Zustimmung** zu dem Mieterhöhungsverlangen des Vermieters ist davon auszugehen, dass die Zustimmungspflicht des Mieters spätestens mit Ablauf der Überlegungs- oder Zustimmungsfrist **fällig** wird (§ 558b Abs 2 BGB), sodass der Mieter zu diesem Zeitpunkt ohne Weiteres mit der Erfüllung seiner Verpflichtung zur Zustimmung zu dem Mieterhöhungsverlangen des Vermieters in **Verzug** gerät, ohne dass es einer Mahnung bedürfte, sofern er die Verzögerung zu vertreten hat (§ 286 Abs 2 S 2 und Abs 4 BGB; LG Berlin ZMR 2020, 191, 192; Börstinghaus, Hdb Kap 13 Rn 98; Lehmann-Richter NZM 2006, 849 f: P Meyer WuM 1990, 531). Der Mieter ist folglich jetzt zum **Schadensersatz** verpflichtet (§ 280 Abs 2 BGB), vorausgesetzt, dass der Vermieter einen ihm entstandenen **Schaden** konkret nachzuweisen vermag (BGH 4. 5. 2005 – VIII ZR 94/04, NJW 2005, 2310 = NZM 2005, 496 = WuM 2005, 396, 397 f; 4. 5. 2005 – VIII ZR 5/04, NZM 2005, 582 = WuM 2005, 458, 460), wobei insbesondere an einen Zinsverlust oder an zusätzliche Rechtsverfolgungskosten zu denken ist (§§ 249, 252 BGB). Kein Raum ist dagegen hier für die Anwendung des § 288 BGB, weil es sich bei der Zustimmungspflicht des Mieters nicht um eine Geldschuld handelt (BGH 4. 5. 2005 – VIII ZR 94/04, NJW 2005, 2310 = NZM 2005, 496 = WuM 2005, 396, 397 f; 4. 5. 2005 – VIII ZR 5/04, NZM 2005, 582 = WuM 2005, 458, 460). Es darf bezweifelt werden, dass diese Regelung jemals praktische Bedeutung erlangen wird.

6. Zustimmungsfrist

11 Die Zustimmung des Mieters zu dem Mieterhöhungsverlangen des Vermieters im Sinne des § 558b Abs 1 BGB ist der Sache nach nichts anderes als die **Annahme des Antrags** des Vermieters auf Vertragsänderung durch Erhöhung der Miete im Sinne der §§ 145 ff, 311 Abs 1 und 557 Abs 1 BGB (s oben Rn 3). Abweichend von § 147 Abs 2 BGB hat das Gesetz dem Mieter jedoch für die Entscheidung, ob er den Antrag des Vermieters auf Vertragsänderung annehmen soll, durch § 558b Abs 2 S 1 BGB eine besondere **Frist** eingeräumt, um ihm die Möglichkeit zu eröffnen, sich über die Berechtigung des Mieterhöhungsverlangens des Vermieters anhand der von diesem gegebenen Begründung (§ 558a BGB) klar zu werden. Diese Frist, meistens **Zustimmungs-** oder auch **Überlegungsfrist** genannt (s § 558b Abs 3 S 2 BGB), beginnt mit **Zugang** des Mieterhöhungsverlangens des Vermieters beim Mieter und läuft danach gemäß § 558b Abs 2 S 1 BGB **bis zum Ablauf des zweiten**, dh des übernächsten **Kalendermonats**, wobei es bei einer Mehrheit von Mietern auf den Zugang bei dem letzten Mieter ankommt (s STERNEL, Mietrecht Rn III 702). Die Fristberechnung richtet sich im Einzelnen nach den §§ **187 ff**. Die Vorschrift des § **193 BGB** findet keine Anwendung (s Rn 9, str). Im äußersten Fall kann die Überlegungsfrist mithin fast drei Monate betragen, sofern dem Mieter das Erhöhungsverlangen schon zu Beginn eines Monats zugegangen ist (Beispiel: Zugang des Mieterhöhungsverlangens beim Mieter am 2. Januar, Fristende am 31. März). Die **Mindestdauer** der Frist beträgt in jedem Fall zwei volle Kalendermonate, sofern nämlich das Mieterhöhungsverlangen dem Mieter am letzten Tag eines Monats zugeht (zB: Zugang des Mieterhöhungsverlangens am 31. Januar; Fristende am 31. März; s BÖRSTINGHAUS, Hdb Kap 13 Rn 2 ff; BLANK/BÖRSTINGHAUS Rn 17 f).

An den Ablauf der Zustimmungsfrist knüpft das Gesetz in § 558b BGB **zwei Rechts-** **12** **folgen**, erstens die **Fälligkeit** des Anspruchs des Vermieters auf Zustimmung des Mieters zu der von ihm gewünschten Mieterhöhung (s Rn 10) sowie gegebenenfalls das Inkrafttreten der vom Vermieter gewünschten Vertragsänderung (s Rn 9 f, § 558b Abs 1 BGB), und zweitens den **Beginn der Klagefrist** von drei weiteren Monaten gemäß § 558b Abs 2 S 2 BGB (s unten Rn 13). Dagegen hat der Ablauf der Zustimmungsfrist (o Rn 11) für die Fähigkeit des Mieters, dem Mieterhöhungsverlangen des Vermieters zuzustimmen, keine unmittelbare Bedeutung, da eine Zustimmung des Mieters auch noch **während** der sich anschließenden **Klagefrist** bis zu deren Ablauf möglich ist, und zwar selbst dann noch, wenn der Mieter zuvor das Mieterhöhungsverlangen des Vermieters bereits abgelehnt hatte (LG Hannover WuM 1990, 222, 223; LG Berlin ZMR 1996, 267, 268; PALANDT/WEIDENKAFF Rn 5). Erhebt der Vermieter binnen der Klagefrist Klage auf Zustimmung des Mieters, so verlängert sich die Frist, binnen derer der Mieter den Antrag des Vermieters annehmen kann, nochmals bis zum **Abschluss des Rechtsstreits**. Der Rechtsstreit erledigt sich, sobald und *soweit* der Mieter dem Mieterhöhungsverlangen des Vermieters zustimmt. Kommt es dagegen nicht zur Klageerhebung, so hat die vom Mieter **nach Ablauf der Klagefrist** ausgesprochene Annahmeerklärung lediglich die Bedeutung eines neuen Antrags (§ 150 Abs 1 BGB), dem freilich der Vermieter in aller Regel zustimmen dürfte, wobei § 151 BGB zu beachten ist (s unten Rn 18). Die **Zustimmungsfrist** ist zu Gunsten des Mieters **zwingend** (§ 558b Abs 4 BGB), womit freilich (nur) gesagt ist, dass sie nicht im Voraus durch Vertrag verkürzt werden kann. Einer **vertraglichen Verlängerung** steht an sich nichts entgegen, weil dadurch der Mieter nur begünstigt werden kann. Solche Vereinbarung änderte jedoch nichts an der Regelung des § 558b Abs 2 S 1 BGB, da die Ordnung des gerichtlichen Verfahrens nicht zur Disposition der Parteien steht, sodass die gesetzliche **Klagefrist** auf jeden Fall **mit Ablauf der gesetzlichen Zustimmungsfrist** des § 558b Abs 2 S 1 BGB zu laufen beginnt (s LG München I WuM 1994, 383, 384; LG Kiel WuM 1994, 547; BÖRSTINGHAUS, Hdb Kap 13 Rn 6; BLANK/ BÖRSTINGHAUS Rn 18).

Die Überlegungs- oder Zustimmungsfrist hat nach dem Gesagten (s Rn 12) gleicher- **13** maßen materiellrechtliche wie **prozessuale Bedeutung**, weil erst nach ihrem Ablauf der Vermieter befugt ist, die Zustimmungsklage (binnen der weiteren Klagefrist) zu erheben. Eine vorher erhobene Klage ist unzulässig, sodass die Einhaltung der Zustimmungsfrist vor Klageerhebung eine **Prozessvoraussetzung** darstellt (BGH NZM 2004, 581 = WuM 2004, 405, 406; BayObLGZ 1982, 78, 83 ff = NJW 1982, 1292 = WuM 1982, 105, 107; BayObLGZ 1982, 173, 175 = WuM 1982, 154 = ZMR 1982, 132; V. EMMERICH, in: FS Lüke [1997] 65, 72 ff).

14 Etwas anderes gilt nur, wenn der Mieter schon vor Ablauf der Zustimmungsfrist jede **Mieterhöhung bestimmt und endgültig verweigert**, weil in derartigen Fällen das Festhalten an der vollen Zustimmungsfrist als Prozessvoraussetzung eine bloße Formalität wäre (KG OLGZ 1981, 83 = ZMR 1981, 158 = WuM 1981, 54; OLG Celle NJWE-MietR 1996, 76 = WuM 1996, 20, 21 = ZMR 1996, 206, 208; LG Mannheim NZM 1999, 957; Blank/Börstinghaus Rn 24; – **aM** Lehmann-Richter NZM 2006, 849, 850 [l Sp]; Sternel, Mietrecht Rn III 703). Ebenso zu beurteilen ist die Rechtslage, wenn der anwaltlich vertretene Mieter **während des Rechtsstreits** endgültig jede Mieterhöhung ablehnt, nachdem der Vermieter im Rechtsstreit ein wirksames Erhöhungsverlangen nachgeholt hatte (§ 558b Abs 3 BGB; OLG Celle WuM 1996, 20, 21 = ZMR 1996, 206, 208).

III. Zustimmungsklage

1. Leistungsklage

15 Wenn der Mieter dem Mieterhöhungsverlangen des Vermieters nicht binnen der Frist des § 558b Abs 2 S 1 BGB zustimmt, muss der Vermieter innerhalb der sich anschließenden Klagefrist des § 558b Abs 2 S 2 BGB Klage auf Zustimmung erheben, wenn er seinen Anspruch auf Mieterhöhung aus § 558 BGB aufgrund seines Mieterhöhungsverlangens gegen den Mieter durchsetzen will. Diese Klage ist eine normale **Leistungsklage**, gerichtet auf Abgabe einer Willenserklärung, sodass sich die **Vollstreckung** des Urteils nach § 894 ZPO richtet. Besonderheiten bestehen nicht. Die sachliche **Zuständigkeit** richtet sich nach § 29a Abs 1 ZPO, die örtliche nach § 23 Nr 2 lit a GVG. **Streitgegenstand** ist die Zustimmung des Mieters zur Erhöhung der Miete aus einem bestimmten Mietverhältnis um einen bestimmten Betrag zu einem bestimmten Zeitpunkt aufgrund des Mieterhöhungsverlangens des Klägers, sodass zB zwei Klagen auf Zustimmung des Mieters zur Erhöhung der Miete um einen bestimmten Betrag zu unterschiedlichen Zeitpunkten verschiedene Streitgegenstände haben, selbst wenn der Vermieter in beiden Verfahren die Erhöhung der Miete um denselben Betrag beantragt (LG Berlin ZMR 1985, 130; Palandt/Weidenkaff Rn 11).

2. Zulässigkeit

16 Die Zulässigkeit der Zustimmungsklage hat nur zur Voraussetzung, dass ihr ein **formell wirksames Erhöhungsverlangen** vorausgegangen ist, weil nur dadurch die Zustimmungs- und die Klagefrist des § 558b Abs 2 BGB ausgelöst werden, sowie, dass die Klage **während** der **Klagefrist** des § 558b Abs 2 S 2 BGB **erhoben** wird (u Rn 17 ff). Ob das Erhöhungsverlangen sachlich gerechtfertigt ist, spielt dagegen keine Rolle, sondern ist allein eine Frage der Begründetheit der Klage (s Rn 29; BGH NZM 2006, 652 = WuM 2006, 520 Tz 16 ff; BayObLG WuM 1985, 53, 54 = ZMR 1985, 100). § 558b BGB enthält auch keine Ausnahme von dem Grundsatz, dass es für die Zulässigkeit einer Klage ausreicht, wenn die **Prozessvoraussetzungen** (erst) im Augenblick der **letzten mündlichen Verhandlung** vorliegen, selbst wenn sie bei Klageerhebung noch nicht erfüllt waren. Folglich genügt es, wenn die Zustimmungsfrist erst in diesem Augenblick abgelaufen ist, sodass eine vorher erhobene Klage durch Fristablauf während des Rechtsstreits (nachträglich) zulässig wird (KG OLGZ 1981, 83 = WuM 1981, 54; BayObLGZ 1982, 78 = NJW 1982, 1292 = WuM 1982, 105, 107; BayObLGZ 1982, 173 = WuM 1982, 154 = ZMR 1982, 132; Sternel, Mietrecht Rn III 704).

3. Klagefrist

Die Klagefrist beträgt seit 2001 nach § 558b Abs 2 S 2 BGB **drei weitere Monate**. Die Frist beginnt am ersten Tag nach Ablauf der Überlegungs- oder Zustimmungsfrist (§ 187 Abs 2 BGB; s oben Rn 11) und endet drei Monate später (§§ 188 Abs 2, 3, 193, 558b Abs 3 S 2 BGB). Endet wie in der Regel die Zustimmungsfrist am Monatsende, so beginnt folglich die Klagefrist am ersten Tag des folgenden Monats und endet am letzten Tag des nachfolgenden dritten, dh des übernächsten Monats. § 193 BGB (der hier anders als in der Frage der Wirksamkeit der Mieterhöhung Anwendung findet, s Rn 9) kann jedoch zu einer Verschiebung des Fristbeginns und damit zu einer entsprechenden Verschiebung des Fristendes führen, insbesondere, wenn die Zustimmungsfrist an einem Sonnabend, Sonntag oder Feiertag endet. Ebenso möglich ist eine Verschiebung des Endes der Klagefrist, wenn der letzte Tag des übernächsten Monats (§ 558b Abs 2 S 2 BGB) auf einen der genannten Tage des § 193 fällt (BÖRSTINGHAUS, Hdb Kap 14 Rn 33 ff; BLANK/BÖRSTINGHAUS Rn 27; zweifelnd BeckOGK/FLEINDL [1. 10. 2020] Rn 33 f). 17

Die Klagefrist ist eine **Ausschlussfrist**, gegen deren Versäumung es keine Wiedereinsetzung in den vorigen Stand gibt (§ 233 ZPO); eine verspätete Klage ist daher als unbegründet, nicht etwa als unzulässig abzuweisen (so neuerdings BGH 29. 4. 2020 – VIII ZR 355/18 Rn 18 ff, NZM 2020, 534, 536 f; dazu BÖRSTINGHAUS NZM 2020, 541; anders die früher ganz hM, insbesondere Begr zum RegE BT-Drucks 14/4553, 56 [l Sp o]; LG Frankenthal NJW 1985, 273 = WuM 1985, 318; LG Berlin GE 1996, 1549; LG Hamburg ZMR 2009, 452, 453; 2010, 188;). Für eine entsprechende Anwendung des § 558b Abs 3 BGB ist hier kein Raum, sodass eine nachträgliche **Heilung** *dieses* Mangels *nicht* möglich ist, da sich § 558b Abs 3 BGB allein auf Verstöße gegen *§ 558a BGB* und nicht auch auf Verstöße gegen § 558b Abs 2 BGB bezieht (LG Frankenthal NJW 1985, 273 = WuM 1985, 318; LG Duisburg WuM 2005, 457). Für den Vermieter bedeutet dies keinen Nachteil, weil er nach Ablauf der Klagefrist jederzeit an den Mieter ein *neues* Erhöhungsverlangen richten kann, durch das dann freilich erneut die Zustimmungs- und die Klagefrist ausgelöst werden. Eine vertragliche **Verlängerung** der Klagefrist ist ebensowenig möglich wie eine Verlängerung der Zustimmungsfrist, da die Ordnung des gerichtlichen Verfahrens nicht zur Disposition der Parteien steht (s Rn 12; LG Kiel WuM 1994, 547). 17a

Die Klagefrist wird nur durch rechtzeitige **Erhebung der Klage** auf Zustimmung des Mieters vor Ablauf der Frist gewahrt. Erforderlich ist dafür grundsätzlich, dass die Klage dem Mieter vor Ablauf der Frist *zugestellt* wird (§ 253 Abs 1 ZPO). Erhebung der Klage durch Telefax oder Computerfax reicht aus (BGHZ 144, 160, 164 f = NJW 2000, 2340). Gemäß § 167 ZPO genügt es außerdem, wenn die Klage lediglich vor Fristablauf eingereicht wird, sofern nur die **Zustellung „demnächst"** erfolgt, vorausgesetzt, dass der Vermieter alles ihm Mögliche und Zumutbare getan hat, um eine alsbaldige Zustellung der Klage zu ermöglichen (ausführlich SCHMIDT-FUTTERER/BÖRSTINGHAUS Rn 85; BÖRSTINGHAUS, Hdb Kap 14 Rn 38). Daran fehlt es zB, wenn er nicht unverzüglich den angeforderten Gerichtskostenvorschuss einzahlt oder wenn seine Klageschrift so schwere Mängel aufweist, dass sie nicht zugestellt werden kann (LG Mannheim ZMR 1977, 285; LG Hannover WuM 1977, 100, 101; LG Hagen NJW 1977, 440; s RIECKE ZMR 2009, 453). Die Erhebung einer Zahlungs- oder Feststellungsklage reicht nicht aus. 18

4. Heilung von Mängeln

a) Überblick

19 Nach § 558b Abs 3 S 1 BGB kann der Vermieter, wenn der Klage ein Erhöhungsverlangen vorausgegangen ist, welches nicht den Anforderungen des *§ 558a BGB* entspricht, dieses im Rechtsstreit nachholen *oder* die Mängel des Erhöhungsverlangens beheben; auch in diesem Fall steht jedoch dem Mieter gemäß § 558b Abs 3 S 2 BGB die Zustimmungs- oder Überlegungsfrist des § 558b Abs 2 S 1 BGB von mindestens zwei Monaten zu. Hintergrund dieser Regelung ist der Umstand, dass **nur ein formell wirksames Erhöhungsverlangen**, dh ein solches, das dem § 558a BGB entspricht, die Zustimmungsfrist und damit letztlich auch die nachfolgende Klagefrist auslöst (§ 558b Abs 2 BGB). Dagegen beginnt weder die Zustimmungs- noch die Klagefrist zu laufen, wenn das Erhöhungsverlangen wegen eines Verstoßes gegen § 558a BGB unwirksam war, sodass eine gleichwohl erhobene Zustimmungsklage (mangels des in den §§ 558a und 558b Abs 2 BGB vorgeschriebenen „Vorverfahrens") unzulässig ist (o Rn 16 f). In diesem Fall kann der Mangel nach § 558b Abs 3 noch während des Rechtsstreits durch **Nachholung** eines wirksamen Erhöhungsverlangens *oder* durch Behebung des Mangels, dh durch **Nachbesserung** geheilt werden, um eine unnötige Vervielfältigung von Prozessen zu vermeiden. Voraussetzung ist, dass der Zustimmungsklage überhaupt ein, wenn auch unwirksames **Mieterhöhungsverlangen** vorausgegangen ist: Fehlt es daran, ist dem Mieter maW überhaupt kein Mieterhöhungsverlangen des Vermieters vor Klageerhebung zugegangen, so ist für die Anwendung des § 558b Abs 3 kein Raum (LG Berlin ZMR 2019, 761; Paschke, in: 10 Jahre Mietrechtsreformgesetz [2011] 679 680 f). **Kostennachteile** drohen dem Mieter von der Regelung *nicht,* weil er nach Behebung des Mangels durch den Vermieter den Antrag sofort anerkennen *oder* dem Mieterhöhungsverlangen zustimmen kann mit der Folge, dass dann der Vermieter die Kosten tragen muss (§§ 93, 91a ZPO; s unten Rn 33; Begr zum RegE BT-Drucks 14/4553, 56; KG WuM 1984, 101, 103 = GE 1984, 325; LG Augsburg WuM 1991, 597; Hinz NZM 2002, 633, 638 f; Paschke NZM 2008, 705, 709).

20 § 558b Abs 3 BGB ist *(nur)* anwendbar auf **formelle Mängel des Erhöhungsverlangens**, die sich aus einem Verstoß (nur) gegen § 558a BGB ergeben (LG Berlin ZMR 2019, 761; Paschke, in: 10 Jahre Mietrechtsreformgesetz [2011] 679 681). **Beispiele** sind die Nichtbeachtung der durch § 558a Abs 1 BGB vorgeschriebenen Form des Erhöhungsverlangens, das Fehlen einer Begründung, Verstöße der Begründung gegen die sich aus § 558a Abs 2 und 3 ergebenden Erfordernisse sowie die Überschreitung der Spannen des Mietspiegels (Paschke, in: 10 Jahre Mietrechtsreformgesetz [2011] 679 681). *Nicht* hierher gehören dagegen der mangelnde Zugang eines Mieterhöhungsverlangens des Vermieters (Rn 19) oder Verstöße gegen die **Sperrfrist** des § 558 Abs 1 S 2 BGB, da § 558b Abs 3 S 1 BGB nicht auf § 558 Bezug nimmt; k*eine* Anwendung findet § 558b Abs 3 BGB ferner auf die Versäumung der Klagefrist des § 558b Abs 2 S 2 BGB (s oben Rn 17; Paschke, in: 10 Jahre Mietrechtsreformgesetz [2011] 679 681).

b) Nachholung

21 Die Behebung etwaiger formeller Mängel des Mieterhöhungsverlangens (s oben Rn 20) ist zunächst dadurch möglich, dass der Vermieter ein wirksames Mieterhöhungsverlangen während des Rechtsstreits nachholt (§ 558b Abs 3 S 1 BGB). Das versteht sich an sich von selbst, da ein unwirksames Mieterhöhungsverlangen nicht die Sperrfrist des § 558 Abs 1 S 2 BGB auslöst, sodass ohnehin jederzeit ein neues

Mieterhöhungsverlangen möglich ist. Damit ist zugleich gesagt, dass in diesem Fall die erneute Vornahme eines wirksamen, insbesondere dem § 558a BGB entsprechenden Erhöhungsverlangens erforderlich ist. Der Vermieter muss also, wenn er (ausnahmsweise) diesen Weg wählt, ein **vollständiges, neues Erhöhungsverlangen** an den Mieter richten, das als solches, dh für sich *allein* den Anforderungen des § 558a BGB genügt (OLG Oldenburg NZM 2000, 31, 32; LG Köln ZMR 1996, 384 f; LG Lübeck WuM 2003, 324; LG Berlin GE 2010, 63; AG Solingen ZMR 2011, 549, 650). Auch eine *Bezugnahme* auf das erste unwirksame Erhöhungsverlangen, etwa hinsichtlich der Begründung, ist in diesem Fall *nicht* möglich (LG Dortmund WuM 1992, 197; 1992, 255).

Die Nachholung kann außerhalb des Rechtsstreits oder in diesem geschehen. Keine Besonderheiten gelten für ein nachgeholtes **außerprozessuales Erhöhungsverlangen**. Holt der Vermieter dagegen das Erhöhungsverlangen **im Rechtsstreit** nach, etwa in der Klageschrift oder durch Zustellung eines sonstigen Schriftsatzes, so genügt dies lediglich dann, wenn die Natur des Schriftsatzes als Nachholung des materiell-rechtlichen **Erhöhungsverlangens** eindeutig klargestellt wird (LG Mannheim WuM 1985, 320; LG Fulda NJW-RR 1988, 912; Paschke NZM 2008, 705). Für den Mieter muss mit anderen Worten ohne Weiteres erkennbar sein, dass ihn der Vermieter jetzt (erneut) unter Beachtung des § 558a BGB gemäß § 558 BGB auffordert, seinem Mieterhöhungsverlangen zuzustimmen. Hinsichtlich der Form genügt es, wenn dem Mieter lediglich eine Abschrift des Schriftsatzes mit dem neuen Mieterhöhungsverlangen zugeht (§ 558a Abs 1 BGB; zum Zugangserfordernis s Paschke, in: 10 Jahre Mietrechtsreformgesetz [2011] 679, 682). 22

Im Rechtsstreit stellt ein neues wirksames Erhöhungsverlangen an Stelle des ersten unwirksamen in aller Regel einen neuen Streitgegenstand, seine Einführung in den Prozess daher eine **Klageänderung** dar, die jedoch nach dem Zweck des § 558b Abs 3 BGB (o Rn 20) jedenfalls **im ersten Rechtszug** in aller Regel als sachdienlich zuzulassen sein dürfte (§§ 263, 267 ZPO; BGH 18. 12. 2002 – VIII ZR 72/02, NZM 2003, 229, 230 [r Sp 3. Abs] = NJW 2003, 963 = ZMR 2003, 406; LG Berlin GE 2010, 63; Paschke NZM 2008, 705, 706; Paschke, in: 10 Jahre Mietrechtsreformgesetz [2011] 679 683). Im **zweiten Rechtszug** ist die Nachholung des Mieterhöhungsverlangens gleichfalls möglich, soweit die darin liegende Klageänderung nach den §§ 531 Abs 2 und 533 ZPO zugelassen wird (BayObLGZ 1989, 277 = NJW-RR 1989, 1172 = ZMR 1989, 412; LG München I WuM 1994, 336; LG Berlin WuM 1998, 229, 230; Paschke NZM 2008, 705, 710). 23

c) Nachbesserung

Neben der Nachholung eines Mieterhöhungsverlangens während des Rechtsstreits (o Rn 21–23) ist seit 2001 auch die Behebung etwaiger Mängel des Erhöhungsverlangens noch im Rechtsstreit möglich. Gedacht ist dabei in erster Linie an die nachträgliche **Beseitigung von Mängeln der Form** oder der **Begründung** des Erhöhungsverlangens unter Verstoß gegen § 558a Abs 1 bis 3 (AG Hamburg ZMR 2010, 108, 109). **Beispiele** sind die Ergänzung der Begründung des Mieterhöhungsverlangens, die Nachholung einer fehlenden Unterschrift oder die Nachreichung eines nicht beigefügten Sachverständigengutachtens oder Mietspiegels (soweit erforderlich), die Nachholung des nach § 558a Abs 3 BGB erforderlichen Hinweises auf einen qualifizierten Mietspiegel sowie die nach § 558 Abs 5 erforderliche Berechnung und Erläuterung etwaiger Kürzungsbeträge (LG Berlin GE 2011, 1232, 1233; Begr z RegE BT-Drucks 14/4553, 56). Die Besonderheit dieser Nachbesserung besteht darin, dass durch 24 sie, wenn erst jetzt erstmals ein wirksames Erhöhungsverlangen vorliegt, die Überlegungs- oder **Zustimmungsfrist ausgelöst** wird (§ 558b Abs 3 S 2 BGB). Auch in diesem Fall liegt eine Klageänderung vor, weil sich der Streitgegenstand zumindest hinsichtlich des Zeitpunkts ändert, zudem die Mieterhöhung wirksam wird (§ 558b Abs 1 BGB; dafür Paschke NZM 2008, 705, 706; Palandt/Weidenkaff Rn 21; dagegen Hinz NZM 2002, 633, 635).

d) Hinweispflicht des Gerichts?

24a Erkennt das Gericht im Rechtsstreit die Heilungsmöglichkeit, so stellt sich die Frage, ob das Gericht den Kläger auf die Heilungsmöglichkeit hinweisen muss *oder* ob das Gericht befugt ist, ohne Rücksicht auf die Nachbesserungsmöglichkeit und den dadurch ausgelösten Lauf einer neuen Zustimmungsfrist die Klage sofort als unzulässig abzuweisen. Als Alternativen kommen je nach den Umständen des Falles (nach dem Hinweis aufgrund des § 139 ZPO) im Falle der Nachbesserung des Mieterhöhungsverlangens insbesondere in Betracht die Wiedereröffnung der mündlichen Verhandlung (§ 156 ZPO), die Einräumung einer Schriftsatzfrist gemäß § 139 Abs 5 ZPO sowie eine entsprechende Terminierung nach § 227 ZPO, sodass nach der Nachbesserung des Vermieters auch noch Zeit für den Ablauf der Zustimmungsfrist des Mieters ist (§ 558b Abs 3 S 2, s Hinz NZM 2002, 633; Paschke NZM 2008, 705; ausführlich Paschke, in: 10 Jahre Mietrechtsreformgesetz [2011] 679 683 ff). Die Frage war schon während der **Beratungen** des Mietrechtsreformgesetzes umstritten (s Bundesrat Stellungnahme BT-Drucks 14/4553, 88 [r Sp u]; Bundesregierung BT-Drucks 14/4553, 100 [r Sp o]; Rechtausschuss Bericht BT-Drucks 14/5663, 80 [r Sp o]) und ist dies bis heute geblieben.

24b Nach überwiegender Meinung besteht weder eine **Hinweispflicht** des Gerichts nach § 139 ZPO noch eine Pflicht zur Rücksichtnahme auf den Lauf der neuen Zustimmungsfrist bei der **Terminierung** nach § 227 ZPO; das Gericht kann vielmehr die **Klage** bei formellen Mängeln des Mieterhöhungsverlangens ohne Weiteres auch als **unzulässig abweisen**, vor allem wohl, weil man bei einer weitgespannten Hinweispflicht des Gerichts eine Gefahr für die Neutralität des Gerichts durch die einseitige Begünstigung des Vermieters sieht. Ausnahmen werden folgerichtig nur im Rahmen der allgemeinen Pflicht des Gerichts zu einem fairen Verfahren anerkannt (LG München I NJW-RR 2004, 523, 524 = NZM 2004, 420; AG Pinneberg ZMR 2003, 583, 584; AG Berlin-Charlottenburg GE 2004, 693; Blank/Börstinghaus Rn 39; BeckOGK/Fleindl [1. 10. 2020] Rn 49 f; Hinz NZM 2002, 633, 635 ff). Die Anerkennung einer **Hinweispflicht** des Gerichts nach § 139 ZPO setzt sich deshalb nur langsam durch (LG Berlin GE 2008, 995; Paschke NZM 2008, 705, 707 ff; Paschke, in: 10 Jahre Mietrechtsreformgesetz [2011] 679 683 ff; Palandt/Weidenkaff Rn 21), obwohl solche Vorgehensweise im Interesse einer Vermeidung einer unnötigen Verdoppelung von Prozessen nur begrüßt werden könnte.

5. Antrag

25 Die Klage auf Erteilung der Zustimmung des Mieters zu der vom Vermieter gewünschten Mieterhöhung ist eine **Leistungsklage**, gerichtet auf Abgabe einer Willenserklärung (o Rn 21). Die Vollstreckung eines der Klage stattgebenden Urteils richtet sich nach § 894 ZPO. Der Vermieter muss deshalb gemäß § 253 Abs 2 Nr 2 ZPO in der Klage **genau angeben**, auf welchen **Betrag** die Miete erhöht werden soll; er darf sich nicht darauf beschränken, lediglich die Erhöhung der Miete um einen

bestimmten Betrag zu beantragen (LG Berlin GE 2003, 669). Außerdem muss das **Mietverhältnis** identifiziert werden (BLANK/BÖRSTINGHAUS Rn 22 f). Der Vermieter sollte ferner grundsätzlich den **Zeitpunkt** angeben, von dem ab seiner Meinung nach die Mieterhöhung in Kraft treten soll; fehlt solche Angabe, so ist von § 558b Abs 1 BGB auszugehen (s Rn 9). Schließlich muss noch der **Grund** des Erhöhungsverlangens entsprechend den Merkmalen des § 558 BGB wenigstens in groben Zügen angegeben werden. Weitergehende Angaben sind zur Wahrung der Klagefrist durch die Klage nicht erforderlich (s LG Braunschweig MDR 1984, 1026 = WuM 1985, 318).

Fraglich ist die Zulässigkeit einer Verbindung der Zustimmungsklage mit der Zahlungsklage im Wege der **Stufenklage** (§ 254 ZPO). Der BGH hat die Frage bislang offen gelassen, die Zulässigkeit der Stufenklage aber jedenfalls im zweiten Rechtszug dann bejaht, wenn die Verurteilung des Mieters zur Zustimmung zu der vom Vermieter geforderten Mieterhöhung mittlerweile rechtskräftig geworden ist (BGH 4. 5. 2005 – VIII ZR 5/04, ZMR 2005, 697 = WuM 2005, 458, 459 = NZM 2005, 582). Jenseits dieses Sonderfalles überwiegt bisher die **Verneinung** der Zulässigkeit einer Stufenklage (LG Braunschweig ZMR 1973, 154, 155; BÖRSTINGHAUS NZM 1999, 881, 888; BÖRSTINGHAUS, Hdb Kap 14 Rn 20; ECKERT/RAUH ZMR 1999, 335 ff; – **aM** LG Duisburg ZMR 1999, 334 f = NZM 1998, 764; BURKHARDT JurBüro 1975, 561, 563). Die Gründe dürften in erster Linie prozessökonomischer Natur sein. **25a**

Sind auf einer oder beiden Seiten **mehrere Personen** an dem Vertrag beteiligt, so müssen sie grundsätzlich gemeinsam klagen oder verklagt werden, da sie aus Gründen des materiellen Rechts (§§ 535, 558 BGB) **notwendige Streitgenossen** sind (BÖRSTINGHAUS, Hdb Kap 14 Rn 5, 8 ff). Die Klage *nur eines* von mehreren *Vermietern* oder *gegen nur einen* von mehreren *Mietern* ist nach hM unzulässig und wahrt nicht die Klagefrist. Stimmen freilich von mehreren Mietern *einzelne* dem Mieterhöhungsverlangen des Vermieters ohne Einschränkung zu (§ 558b Abs 1 BGB), so genügt es, allein die *anderen* Mieter auf Zustimmung zu verklagen. Für eine Klage gegen die zustimmenden Mieter fehlt schlicht das Rechtsschutzbedürfnis (s § 558a Rn 6). **26**

Die Klage ist **schlüssig**, wenn der Vermieter substantiiert die Erfüllung der Tatbestandsmerkmale des § 558 BGB vorträgt (BVerfGE 53, 352 = NJW 1980, 1617). Dazu gehören die Einhaltung der Warte- und der Sperrfrist sowie der Kappungsgrenze, die Stellung eines wirksamen Erhöhungsverlangens, der Ablauf der Zustimmungsfrist und die Wahrung der Klagefrist sowie das Zurückbleiben der vereinbarten Miete hinter der ortsüblichen Vergleichsmiete (BÖRSTINGHAUS, Hdb Kap 14 Rn 27 ff). Für die Begründung im Einzelnen kann der Vermieter auf das beigefügte Erhöhungsverlangen Bezug nehmen (str, s STERNEL, Mietrecht Rn III 734 ff). **27**

6. Beweislast

Der **Vermieter** trägt die **Darlegungs- und Beweislast** für die Voraussetzungen des von ihm behaupteten Anspruchs auf Zustimmung des Mieters zu der gewünschten Vertragsänderung nach § 558 BGB. Das gilt gleichermaßen für die Zulässigkeitsvoraussetzungen der Klage (Wirksamkeit des Erhöhungsverlangens, Einhaltung der Zustimmungs- und der Klagefrist) wie für die Begründetheit des Anspruchs (Einhaltung der Warte- und der Sperrfrist und der Kappungsgrenze, Höhe der ortsüblichen Vergleichsmiete; Rn 27; zB BGH GE 2019, 525 Rn 14). Auch wenn der Mieter den **28**

Zugang des Erhöhungsverlangens bestreitet, trifft den Vermieter die Beweislast (BGHZ 70, 232, 234 = NJW 1978, 886 [für ein Bestätigungsschreiben]; BGHZ 101, 49, 54 f = NJW 1987, 2235). Lediglich, wenn der **Mieter** behauptet, er habe rechtzeitig, dh noch vor Klageerhebung dem Erhöhungsverlangen des Vermieters zugestimmt, verschiebt sich die Beweislast auf ihn.

7. Beweis

29 Der Streit der Parteien wird sich meistens um die Höhe der ortsüblichen Vergleichsmiete oder um die Einordnung der Wohnung in die Felder eines Mietspiegels drehen (s Börstinghaus/Clar Mietspiegel Tz 417). Der Vermieter darf dann seinen **Vortrag** zu diesen Punkten während des Rechtsstreits (selbstverständlich) in jeder Richtung **ergänzen**, vertiefen und berichtigen (s Rn 19). Er darf sich außerdem zum Beweis für seine Behauptungen auf **jedes zulässige Beweismittel** stützen, ohne hierbei an das für die Begründung des Erhöhungsverlangens gewählte Mittel (§ 558a Abs 2 BGB) gebunden zu sein. Eine Klageänderung liegt darin nicht, da der Streitgegenstand derselbe bleibt (BVerfGE 37, 123, 149 = NJW 1974, 1499; BVerfGE 53, 352 = NJW 1980, 1617; BGH 26. 4. 1960 – VIII ZR 71/59, LM Nr 3 zu § 24 BMietG I = NJW 1960, 1248; BayObLG WuM 1985, 53, 54 = ZMR 1985, 100; LG Dortmund WuM 2005, 723, 725; Börstinghaus, Hdb Kap 14 Rn 54 ff; Börstinghaus/Clar Mietspiegel Tz 475; BeckOGK/Fleindl [1. 10. 2020] Rn 52 ff).

30 Das Gericht ist bei der Auswahl seiner **Erkenntnisquellen** (im Rahmen des Beweismittelrechts der ZPO) frei und nicht etwa auf diejenigen Beweismittel beschränkt, auf die sich der Vermieter stützt (§ 286 ZPO; BVerfG WM 1992, 707, 708; BGH 21. 11. 2012 – VIII ZR 46/12, NJW 2013, 775 Tz 14 = NZM 2013, 138 = WuM 2013, 110; 3. 7. 2013 – VIII ZR 263/12, ZMR 2013, 954 = NZM 2013, 612, 614 Tz 28). In Betracht kommen danach als Beweismittel in erster Linie **Sachverständigengutachten** (s unten Rn 31). Derartige Gutachten sind indessen **teuer**, und zwar so teuer, dass die Kosten häufig in keinem Verhältnis zu dem Streitwert bei einer Mieterhöhung stehen. Deswegen, und weil Sachverständige oft mit der Aufgabe, die Höhe des Vergleichsmietenniveaus zu ermitteln, angesichts der bekannten Intransparenz der Wohnungsmärkte überfordert sind, hatten die Gerichte bereits vor Einführung des qualifizierten Mietspiegels mit seiner speziellen Vermutungswirkung (§ 558b Abs 3 BGB) deutlich **Mietspiegel** als „Erkenntnismittel" für die Höhe der ortsüblichen Vergleichsmiete gegenüber Sachverständigengutachten **bevorzugt** (s insbesondere KG NJW-RR 1992, 80 = ZMR 1991, 341; GE 1991, 341, 343; 1994, 991, 993; OLG Stuttgart WuM 1994, 436, 437; LG Berlin WuM 2019, 330, 331; Übersicht über die Rechtsprechung zu den einzelnen Mietspiegeln bei Börstinghaus/Clar Mietspiegel Rn 490 [S 225 ff]). Diese Praxis hatte auch wiederholt die Billigung des BVerfG (WM 1992, 707, 708; WuM 1991, 523; 1992, 48) und des BVerwG gefunden (BVerwGE 100, 262 = NJW 1996, 2046; BVerwG NJW 1999, 735, 737).

31 An dieser grundsätzlich positiven Bewertung einfacher Mietspiegel als Mittel zur Feststellung der ortsüblichen Vergleichsmiete haben die Gerichte auch nach Einführung der qualifizierten Mietspiegel durch die Mietrechtsreform von 2001 mit ihrer besonderen Vermutungswirkung aufgrund des § 558d Abs 3 festgehalten. Hintergrund ist die Überzeugung der Gerichte, dass selbst einfache Mietspiegel im Regelfall immer noch allen anderen Erkenntnisquellen einschließlich insbesondere der Sachverständigengutachten vorzuziehen seien, den Sachverständigengutachten schon mit Rücksicht auf die erheblichen Kosten der Einholung derartiger Gutachten

(kritisch mit Rücksicht auf die sehr unterschiedliche Qualität einfacher Mietspiegel BÖRSTINGHAUS/ CLAR NZM 2014, 889, 900 f). Zur Begründung weisen die Gerichte meistens darauf hin, dass die Mietspiegel durchweg auf einer breiteren wissenschaftlich aufgearbeiteten Datenbasis als etwaige Sachverständigengutachten beruhten. Der Sache nach bedeutet dies, dass einfache Mietspiegel als **Parteigutachten** behandelt werden, die – ebenso wie der gesamte Parteivortrag – frei zu würdigen sind, sodass Mietspiegel den Gerichten gemäß § 287 ZPO eine Schätzung der ortsüblichen Vergleichsmiete im Einzelfall erlauben (so zB KG GE 2009, 1044; NZM 2009, 544 = WuM 2009, 409; LG München II WuM 2003, 97; LG Nürnberg-Fürth WuM 2014, 146; 2015, 675 sowie in einer Vielzahl von Fällen das LG Berlin, und zwar auch zu den Mietspiegeln 2013, 2015 und 2017, zB LG Berlin GE 2003, 1020; NZM 2013, 380 = NJW 2013, 1825 = WuM 2013, 307 usw bis LG Berlin NZM 2015, 626 = WuM 2015, 504; WuM 2016, 670 ff; 2016, 676, 678; 2017, 536; NZM 2016, 855; WuM 2017, 144, 146 ff usw. bis zuletzt LG Berlin WuM 2018, 209 = ZMR 2018, 755; ZMR 2018, 758; WuM 2019, 330 = ZMR 2019, 677; WuM 2019, 448; – anders nur LG Berlin NZM 2019, 406 = GE 2019, 536; dazu sehr kritisch BÖRSTINGHAUS WuM 2019, 306; STREYL NZM 2019, 407).

Die geschilderte Praxis (Rn 30a) hat mittlerweile auch wiederholt die Billigung des **32 BGH** gefunden. Einfachen Mietspiegeln kommt danach grundsätzlich eine **Indizwirkung** zu; maßgebend sind jedoch stets die Umstände des Einzelfalls, insbesondere die Qualität der jeweiligen Datenstämme sowie das Gewicht etwaiger Einwände der Parteien gegen die Verwertbarkeit der Mietspiegel (s Rn 31; BGH 16. 6. 2010 – VIII ZR 99/09, WuM 2010, 505 Rn 12 ff = NJW 2010, 2946 = NZM 2010, 665; 21. 11. 2012 – VIII ZR 46/12, NJW 2013, 775 Rn 14 = NZM 2013, 138 = WuM 2013, 110; 15. 3. 2017 – VIII ZR 295/15 Rn 21 f, 26 f, WuM 2017, 208 = NZM 2017, 321 = WuM 2017, 208 = NZM 2017, 321 = GE 2017, 471, 474; 13. 2. 2019 – VIII ZR 245/17 Rn 17 f, NZM 2019, 250 = WuM 2019, 202 – Dresdner Mietspiegel von 2015). Erweisen sich die Einwände der Parteien gegen die Verwertbarkeit eines Mietspiegels wie im Regelfall als unbegründet, so muss als nächstes aufgrund des Mietspiegels die **Bandbreite** ermittelt werden, innerhalb derer sich die letztlich maßgebende konkrete **Einzelvergleichsmiete** bewegt (s oben § 558 Rn 28 f). Das Gericht kann dabei im Rahmen seines Schätzungsermessens aufgrund des § 287 ZPO auch von dem **Mittelwert der Spanne** ausgehen und aufgrund besonderer Qualitätsmerkmale der fraglichen Wohnung **Zu- oder Abschläge** vornehmen, um die Bandbreite der konkreten Einzelvergleichsmiete zu ermitteln, die der Vermieter dann auch voll ausschöpfen darf (BGH 29. 2. 2012 – VIII ZR 346/10, NJW 2012, 1351 Tz 27 f = NZM 2012, 339 = WuM 2012, 281; BÖRSTINGHAUS/CLAR Mietspiegel Rn 491; BÖRSTINGHAUS WuM 2012, 244, 247 f).

Anders verhält es sich nur, wenn es einer Partei (ausnahmsweise) gelingt, das **33** Vorliegen der Voraussetzungen für die Indiz- oder Vermutungswirkung eines einfachen oder qualifizierten Mietspiegels substantiiert (nicht bloß pauschal) zu bestreiten, indem sie gegen die Datenbasis des Mietspiegels oder deren wissenschaftliche Auswertung **begründete Einwände** vorbringt. Die **Beweislast** trägt jeweils diejenige Partei, die sich gegen die Indiz- oder Vermutungswirkung des Mietspiegels wendet. Erscheinen diese Einwände dem Gericht erheblich, so muss das Gericht ihnen nachgehen, sodass dann idR nicht ohne ein aufwendiges Sachverständigengutachten oder die Einholung amtlicher Auskünfte auszukommen ist (s im Einzelnen u § 558d Rn 15 f, 19; grdl BGH 21. 11. 2012 – VIII ZR 46/12, NJW 2013, 775 Rn 19 ff = NZM 2013, 138 = WuM 2013, 110; 6. 11. 2013 – VIII ZR 346/12, NJW 2014, 292 Rn 21 ff = NZM 2014, 24 = WuM 2014, 34; LG Berlin ZMR 2014, 729; NJW 2015, 3252 = NZM 2015, 659; NZM 2015, 626 = WuM 2015, 504; WuM 2015, 740).

34 Auf **Sachverständigengutachten** greifen die Gerichte demgegenüber in aller Regel nur zurück, wenn für die betreffende Wohnung kein aussagekräftiger Mietspiegel besteht, etwa, weil das maßgebliche Rasterfeld nicht mit einer genügenden Zahl repräsentativer Wohnungen belegt ist oder wenn die zugrunde gelegten Daten sich als unrichtig erweisen (ein Beispiel in LG Berlin NJW 2015, 3252 = NZM 2015, 659). Die Einholung eines Sachverständigengutachtens kann auch von Amts wegen geschehen; sie steht jedoch im Ermessen des Gerichts (§ 144 Abs 1 S 1 ZPO). Lehnt die beweispflichtige Partei die Einholung eines Gutachtens ab, so handelt das Gericht grundsätzlich nicht ermessensfehlerhaft, wenn es unter diesen Umständen auf die Einholung eines Gutachtens, zB über die Wohnungsgröße verzichtet (BGH 27. 2. 2019 – VIII ZR 255/17 Rn 17 ff, NZM 2019, 334 = WuM 2019, 254, 255 f). Beschränkt sich der Streit der Parteien auf die Frage, wie die fragliche Wohnung in den **Mietspiegel einzuordnen** ist, so kommt als Beweismittel neben einem Gutachten eines Sachverständigen ausnahmsweise auch die Einnahme des **Augenscheins** in Betracht (LG Hamburg WuM 1978, 146 f).

35 An gerichtliche Gutachten zur Ermittlung der ortsüblichen Vergleichsmiete sind *wesentlich strengere Anforderungen* als an Gutachten zur Begründung des Erhöhungsverlangens im Rahmen des § 558a Abs 2 Nr 3 BGB zu stellen (s dazu schon o § 558a Rn 61 sowie Börstinghaus, Hdb Kap 14 Rn 56 ff; ders WuM 2012, 244, 247 ff: Blank/Börstinghaus Rn 30 ff; Schmidt-Futterer/Börstinghaus Rn 101 ff; Sternel, Mietrecht Rn III 749 ff). Insbesondere ist erforderlich, dass das Gutachten „auf der Grundlage einer ausreichend großen repräsentativen Stichprobe vergleichbarer Wohnungen" beruht, dass das Datenmaterial nach wissenschaftlichen Grundsätzen aufbereitet und daraus die Bandbreite der ortsüblichen Miete abgeleitet wird (BGH 29. 2. 2012 – VIII ZR 146/12, NJW 2012, 1351 Rn 18 ff = NZM 2012, 339 = WuM 2012, 281; LG München I ZMR 2018, 331, 332). Der Sachverständige ist zwar in der Auswahl der Methoden frei, solange er dabei nur wissenschaftlich vorgeht, bleibt aber an die gesetzlichen Vorgaben gebunden, insbesondere hinsichtlich der Definition der ortsüblichen Vergleichsmiete in § 558 Abs 2 S 1 (BGH 24. 4. 2019 – VIII ZR 62/18 Rn 46 ff, NJW 2019, 3142 = NZM 2019, 469 = WuM 2019, 324, 328). Der Sachverständige muss außerdem die Tatsachen mitteilen, aus denen er seine Schlussfolgerungen abgeleitet hat, wozu aber nicht notwendig eine Besichtigung der fraglichen Wohnung gehört; ebensowenig muss er stets die Anschriften der von ihm zum Vergleich herangezogenen Wohnungen offenlegen (s oben § 558a Rn 62 f; BGH 24. 4. 2019 – VIII ZR 62/18 Rn 38 ff, NJW 2019, 3142 = NZM 2019, 469 = WuM 2019, 324, 328; LG München I ZMR 2018, 331, 332). Tatsächlich dürften indessen nur die wenigsten gerichtlichen Gutachten diesen strengen Anforderungen genügen (Börstinghaus WuM 2012, 244, 248).

8. Erledigung, Kosten

36 Der Mieter kann dem Antrag des Vermieters auf Änderung des Vertrags durch Erhöhung der Miete in jedem Stadium des Rechtsstreits mit der Folge zustimmen, dass sich der Rechtsstreit **erledigt**, sodass über die Kosten nach § 91a ZPO zu entscheiden ist (o Rn 20). Ebenso dürfte es grundsätzlich zu beurteilen sein, wenn der Mieter den Anspruch des Vermieters **anerkennt**, weil auch darin in aller Regel nichts anderes als die gewünschte Zustimmung zu der Vertragsänderung iS des § 558 Abs 1 BGB liegen wird (V. Emmerich, in: FS Lüke [1997] 65, 75 f; str). Bei der **Kostenentschei-**

dung ist der Gedanke des § 93 ZPO zu beachten. Folglich muss der Vermieter nach Zustimmung des Mieters die Kosten ganz oder überwiegend tragen, wenn der Mieter im Rechtsstreit dem Erhöhungsverlangen des Vermieters zustimmt, sobald dieser ein wirksames Erhöhungsverlangen nachgeholt hat oder erstmals die Höhe der Vergleichsmiete sonst plausibel belegt (s oben Rn 19 ff).

9. Streitwert

Der **Gebührenstreitwert** richtet sich nach **§ 41 Abs 5 S 1 GKG**, nach dem für die Streitwertberechnung der Jahresbetrag des zusätzlich geforderten Mietbetrags maßgebend ist (zB LG Berlin WuM 2012, 511 = NZM 2013, 233; Börstinghaus, Hdb Kap 14 Rn 126). Umstritten war lange Zeit, ob § 41 Abs 5 GKG entsprechend auch für den **Beschwerdewert** für Berufungen zu gelten hat, dh ob insoweit von § 3 ZPO oder von § 9 ZPO auszugehen ist. Legte man § 3 ZPO zugrunde, so wurde der Beschwerdewert im Regelfall – in sachlicher Übereinstimmung mit § 41 Abs 5 GKG – auf den einjährigen Differenzbetrag zwischen der bisherigen und der begehrten erhöhten Miete festgesetzt (so zB LG Bad Kreuznach WuM 1993, 469; LG Saarbrücken WuM 1998, 171; 1998, 234). Die Anwendung des § 9 ZPO führte dagegen meistens zu wesentlich höheren Streitwerten, wobei die Praxis überwiegend von dem **dreieinhalbfachen jährlichen Differenzbetrag** ausgeht (LG Aachen ZMR 1995, 161; LG Berlin GE 1994, 1447; 2007, 282; LG Hamburg WuM 1993, 134; LG Kiel ZMR 1994, 480; LG Nürnberg-Fürth WuM 1996, 158; LG Freiburg ZMR 2002, 667). Der zuletzt genannten Meinung haben sich später auch das BVerfG (NJW 1996, 1531 = WuM 1996, 321) und der BGH (28. 11. 2006 – VIII ZB 9/06, WuM 2007, 32 Tz 4 f = ZMR 2007, 102) angeschlossen, womit der Streit erledigt ist (Börstinghaus NZM 1999, 881, 888; Gärtner WuM 1997, 160). Niedrigere Beträge kommen nur noch bei inzwischen beendeten Mietverhältnissen sowie bei Zeitmietverträgen in Betracht, bei denen auf die restliche Vertragsdauer abzustellen ist (Börstinghaus, Hdb Kap 14 Rn 129).

§ 558c
Mietspiegel

(1) Ein Mietspiegel ist eine Übersicht über die ortsübliche Vergleichsmiete, soweit die Übersicht von der Gemeinde oder von Interessenvertretern der Vermieter und der Mieter gemeinsam erstellt oder anerkannt worden ist.

(2) Mietspiegel können für das Gebiet einer Gemeinde oder mehrerer Gemeinden oder für Teile von Gemeinden erstellt werden.

(3) Mietspiegel sollen im Abstand von zwei Jahren der Marktentwicklung angepasst werden.

(4) Gemeinden sollen Mietspiegel erstellen, wenn hierfür ein Bedürfnis besteht und dies mit einem vertretbaren Aufwand möglich ist. Die Mietspiegel und ihre Änderungen sollen veröffentlicht werden.

(5) Die Bundesregierung wird ermächtigt, durch Rechtsverordnung mit Zustimmung des Bundesrates Vorschriften über den näheren Inhalt und das Verfahren zur Aufstellung und Anpassung von Mietspiegeln zu erlassen.

Materialien: MHRG § 2; Mietrechtsreformgesetz von 2001 (BGBl I 1149); Begr zum RegE BT-Drucks 14/4553, 56 f.

Schrifttum

Bundesregierung, Antwort auf eine kleine Anfrage „Zum Innovationspotenzial von Mietspiegeln", B T-Drucks 19 (2019)/15613
Bundesministerium für Verkehr, Bau- und Wohnungswesen, Hinweise zur Aufstellung von Mietspiegeln (2002)
BLANK, Die Funktion des Mietspiegels, in: BLÜMMEL, Berliner Mietspiegel (1989) 51
ders, Mietspiegel und Mietdatenbank in: Neues Mietrecht, PiG 62 (2002) 17
BÖRSTINGHAUS, Miethöhe-Handbuch, Kap 12 Rn 38 ff, Kap 14 Rn 63 ff (S 423, 597 ff.)
ders, Mietspiegel und Beweislast, NZM 2002, 273
ders, Der qualifizierte Mietspiegel, NZM 2000, 1087
ders, Mietspiegel in den neuen Bundesländern ab 1. Juli 1999, NZM 1999, 433
ders, Zivilgericht und Mietspiegelakzeptanz, WuM 1997, 400
ders, Zu den Plänen für ein neues Mietspiegelrecht, NZM 2020, 965
ders/CLAR, Mietspiegel – Erstellung und Anwendung (2. Aufl 2013)
dies, Die Ermittlung der ortsüblichen Vergleichsmiete, NZM 2014, 889
U und C BÖRSTINGHAUS, Qualifizierte Mietspiegel in der Praxis, NZM 2003, 377
BRÜNING, Verwaltungsgerichtliche Kontrolle qualifizierter Mietspiegel, NZM 2003, 921 = WuM 2003, 303
BUB, Gesetzliche Vorgaben für den Mietspiegel, in: Der Mietzins als Gegenleistung, PiG 40 (1993) 41
ders, Mietspiegel, in: Freiheit und Zwang bei der Wohnraummiete, PiG 49 (1996) 157
BUB/TREIER/SCHULTZ, Hdb Rn III 1193 ff
CLAR, Tabellen- versus Regressionsmethode bei der Mietspiegelerstellung, WuM 1992, 662

ders, Mietspiegel in Deutschland 1995, WuM 1995, 252
V EMMERICH, Die Anforderungen zur Erstellung und zur Anerkennung von Mietpreisspiegeln, in: V EMMERICH ua, Mietpreisermittlung (1980) 46
ders, Vergleichsmiete und Kappungsgrenze, in: Der Mietzins als Gegenleistung, PiG 40 (1993) 23 = Wohnen 1993, 500
V EMMERICH/GATHER, Mietpreisermittlung (1980) 46
EMMERT, Urheber- und Datenschutzrechte bei qualifizierten Mietspiegeln, in: 10 Jahre Mietrechtsreformgesetz (2011) 668
FREUND/HILLA ua, Qualifizierte Mietspiegel: Verbreitung, Standardisierungsnotwendigkeiten und Qualitätsdefizite, WM 2013, 259
HAASE, Der Mietspiegel einer vergleichbaren Nachbargemeinde als Begründungsform, WuM 1993, 441
HORST, Mietspiegel als Begründungsmittel einer Mieterhöhung, MDR 2020, 259
P HUBER, Zur Notwendigkeit normkonkretisierender Verwaltungsvorschriften, ZMR 1992, 469
KNIEP/GROTZEL, Bemerkungen zum qualifizierten Mietspiegel, WuM 2008, 465
KRÄMER, Pro und contra, Die Erstellung von Mietspiegeln mittels Regressionsanalyse, WuM 1992, 172
LEUTNER, Wahlfreiheit oder Methodenzwang?, WuM 2019, 128
MERSSON, Einfacher und qualifizierter Mietspiegel im Mieterhöhungsprozess, ZMR 2002, 806
OBERHOFER/SCHMIDT, Das Mietspiegelproblem – eine unendliche Geschichte?, WuM 1993, 585

RIPS, Der qualifizierte Mietspiegel, WuM 2002, 415
B SCHMIDT, Zur Fortschreibung von qualifizierten Mietspiegeln per Index, WuM 2009, 23
WETEKAMP, Mietspiegel als gerichtliches Erkenntnismittel, NZM 2003, 184

WULLKOPF, Bedeutung des Mietspiegels, in: Freiheit und Zwang bei der Wohnraummiete, PiG 49 (1996) 121.

Systematische Übersicht

I. Überblick	1
II. Definition	3
III. Funktion	4
IV. Rechtsnatur, Anfechtung	6
V. Aufstellung	7
VI. Aufsteller	
1. Überblick	9
2. Gemeinden	11
3. Veröffentlichung	12
4. Verbände	13
5. Gebiet	14
VII. Fortschreibung	15
VIII. Beendigung	18

Alphabetische Übersicht

Anerkennung von Mietspiegeln	11, 13
Anfechtung von Mietspiegeln	6
Anpassung von Mietspiegeln	15
Aufsteller von Mietspiegeln	9 ff
Aufstellung von Mietspiegeln	7 f
Aushandlung von Mietspiegeln	13
Bedeutung von Mietspiegeln im Prozess	5, 18
Beendigung von Mietspiegeln	18 f
Begriff des Mietspiegels	3
Freibeweis	5, 18
Fortschreibung von Mietspiegeln	16
Gebiet	14
Gemeinden	9 ff, 14
Interessenvertreter der Mieter und Vermieter	9, 13, 16
Kartellrecht	13
Konkurrenz von Mietspiegeln	10
Mietspiegel	1 ff
– Anfechtung	6
– Anpassung	15
– Aufsteller	9
– Aufstellung	7 f
– Bedeutung im Prozess	5, 18
– Beendigung	18 f
– Begriff	3 ff
– Formen	1
– Fortschreibung	16 f
– Funktion	4 f
– Gebiet	14
– Rechtsnatur	6
– Veröffentlichung	12
– Voraussetzungen	3
Rechtsnatur von Mietspiegeln	6
Regressionsmethode	8
Tabellenform	8
Verbände	9, 13
Veröffentlichung von Mietspiegeln	12
Verpflichtung zur Aufstellung von Mietspiegeln	1, 11
Zweck	9

I. Überblick

1 § 558c BGB regelt im Anschluss an § 2 Abs 2 und 5 MHRG aF mit geringfügigen sachlichen Änderungen den Begriff, die Aufstellung und die Fortschreibung (Aktualisierung) von (einfachen) Mietspiegeln. Ein Mietspiegel ist danach eine **Übersicht über die ortsübliche Vergleichsmiete**, soweit die Übersicht von der Gemeinde *oder* von Interessenvertretern der Vermieter *und* der Mieter gemeinsam erstellt *oder* anerkannt worden ist. § 558c BGB muss vor allem im Zusammenhang mit § 558d BGB gesehen werden, aus dem sich ergibt, dass das Gesetz seit 2001 zwei Formen von Mietspiegeln, **einfache und qualifizierte**, unterscheidet. Qualifizierte Mietspiegel sind (einfache) Mietspiegel, die zusätzlich die Merkmale des § 558d BGB erfüllen. Mietspiegel können gemäß Abs 2 des § 558c BGB auch für mehrere Gemeinden oder für Teile von Gemeinden erstellt werden (s unten Rn 14). Nach Abs 3 der Vorschrift sollen Mietspiegel im Abstand von zwei Jahren der Marktentwicklung angepasst werden (s § 558d Abs 2; dazu u Rn 15). Von der Einführung einer *Verpflichtung* etwa der Gemeinden zur Aufstellung oder Anpassung von Mietspiegeln wurde jedoch bisher wegen der damit verbundenen hohen finanziellen Belastung zumal kleinerer Gemeinden abgesehen (s unten Rn 11). § 558d Abs 4 S 1 BGB beschränkt sich stattdessen auf die Bestimmung, dass Gemeinden Mietspiegel erstellen „sollen", wenn hierfür ein Bedürfnis besteht und dies mit einem vertretbaren Aufwand möglich ist. S 2 der Vorschrift fügt hinzu, dass Mietspiegel und ihre Änderungen veröffentlicht werden sollen (s unten Rn 12).

2 In § 558d Abs 5 BGB enthält das Gesetz eine Ermächtigung der Bundesregierung, durch **Rechtsverordnung** Vorschriften über den näheren Inhalt und das Verfahren zur Aufstellung und Anpassung von Mietspiegeln zu erlassen. Eine derartige Rechtsverordnung ist seit langem in Vorbereitung, aber bisher nicht ergangen. Ende des Jahres 2019 hat die Bundesregierung erneut die baldige Vorlage des Entwurfs eines Gesetzes oder einer Verordnung zur Reform des Mietspiegelrechts angekündigt, in dem unter anderem die Anforderungen an qualifizierte Mietspiegel durch Festlegung von Mindeststandards zusammen mit einer Reihe weiterer Fragen geregelt werden soll (BT-Drucks 19/15613 S 5; Börstinghaus NZM 2020, 965; Horst MDR 2020, 253, 255). Bislang hat sich die Bundesregierung darauf beschränkt, wiederholt durch Berichte, **Richtlinien oder Hinweise** zur Aufstellung von Mietspiegeln Stellung zu nehmen (s den Bericht BT-Drucks 7 [1976] 5160; BBauM, Fortschreibung der Hinweise für die Aufstellung von Mietspiegeln, WuM 1980, 165; Bundesministerium für Raumordnung, Bauwesen und Städtebau, Hinweise zur Aufstellung von Mietspiegeln [1997], alle abgedruckt in: Börstinghaus/Clar Mietspiegel S 335, 349 und 363). Eine aktualisierte Fassung dieser **Hinweise** ist im Herbst **2002** erschienen (Bundesministerium für Verkehr, Bau- und Wohnungswesen, Hinweise zur Erstellung von Mietspiegeln 2002, abgedruckt bei Börstinghaus/Clar Mietspiegel S 401 und Börstinghaus, Hdb S 764 ff). Eine erneute Aktualisierung ist für das Jahr 2021 geplant.

2a Ende des Jahres 2019 waren in rund 1000 Gemeinden Mietspiegel verfügbar; vielfach handelt es sich dabei freilich um Mietspiegel für mehrere Gemeinden oder Landkreise. Die meisten Mietspiegel sind einfache Mietspiegel; lediglich rund 150 Mietspiegel sind als qualifizierte (noch) anerkannt. In Großstädten mit mehr als 100 000 Einwohnern überwiegen heute dagegen deutlich qualifizierte Mietspiegel, von denen die meisten nach der Regressionsmethode aufgestellt sind (so Bundesregierung BT-Drucks 19/15613, 1 ff; zu der Situation in den vorausgegangenen Jahren s Börstinghaus/Clar

Mietspiegel 471 ff; BÖRSTINGHAUS, Hdb Kap 12 Rn 38; Übersicht in: BÖRSTINGHAUS, Hdb Kap 14 Rn 97 [S 612 ff]).

II. Definition

Die Definition des Mietspiegels ergibt sich aus § 558c Abs 1 BGB. Ein Mietspiegel ist danach eine Übersicht über die ortsübliche Vergleichsmiete im Sinne des § 558 Abs 2 S 1 und 2, *vorausgesetzt*, dass die Übersicht entweder von der Gemeinde *oder* von Interessenvertretern der Vermieter und der Mieter gemeinsam erstellt *oder* anerkannt wurde. Ein Mietspiegel iS der §§ 558 ff muss folglich (mindestens) zwei Voraussetzungen erfüllen: Es muss sich einmal um eine **Übersicht über** die ortsübliche **Vergleichsmiete** im Sinne des § 558 Abs 2 BGB handeln; diese Übersicht muss zum anderen **von einer Gemeinde oder von Interessenvertretern der Vermieter und der Mieter** gemeinsam entweder erstellt oder doch anerkannt worden sein. Damit ist zugleich gesagt, dass Mietpreisübersichten von **anderen Stellen oder Organisationen** wie insbesondere die Mietpreisübersichten der Finanzämter oder der Bauämter, mögen sie noch so zuverlässig sein, keine Mietspiegel im Sinne der §§ 558 ff darstellen und deshalb nicht als Begründungsmittel im Sinne des § 558a Abs 2 Nr 1 BGB in Betracht kommen (BÖRSTINGHAUS, Hdb Kap 12 Rn 52 f). Dadurch wird es jedoch (entgegen der hM) nicht ausgeschlossen, dass solche Mietpreisübersichten im Einzelfall als sonstiges Begründungsmittel iS des § 558a Abs 1 BGB taugen (s oben § 558a Rn 75 f). **3**

III. Funktion

Mietspiegel haben nach § 558a Abs 2 Nr 1 in erster Linie die Aufgabe, als Mittel zur **Begründung** für **Mieterhöhungsverlangen** des Vermieters zu dienen. Angesichts der geringen Anforderungen, die nach dem Zweck der ganzen Regelung an die Begründung des Mieterhöhungsverlangens des Vermieters üblicherweise gestellt werden (s oben § 558a Rn 21 ff), sind für diesen Zweck **alle Formen** von Mietspiegeln **geeignet**, die den Mindestanforderungen des § 558c Abs 1 BGB genügen (s Rn 3). Zu beachten ist, dass dazu nicht gehört, dass sie nach anerkannten wissenschaftlichen Grundsätzen erstellt sind; diese zusätzliche Voraussetzung müssen vielmehr (nur, vorerst noch) qualifizierte Mietspiegel iS des § 558d Abs 1 BGB erfüllen. **4**

Mietspiegel dienen ferner schon seit langem in Mieterhöhungsverfahren als **Mittel zur Feststellung der Vergleichsmiete**, obwohl einfache Mietspiegel keine Vermutungswirkung haben und auch nicht unter eines der Beweismittel der ZPO fallen. Gleichwohl ziehen die **Gerichte** Mietspiegel weithin jedem anderen Mittel zur Feststellung der Vergleichsmiete vor, gewöhnlich unter Berufung auf § 287 ZPO (s im Einzelnen schon o § 558b Rn 30 f und u § 558d Rn 22). Man spricht insoweit meistens von der **Indizwirkung** auch einfacher Mietspiegel (s § 558b Rn 31), wodurch aber – wohlgemerkt – andere Beweismittel zur Feststellung der ortsüblichen Vergleichsmiete, soweit vorhanden, nicht ausgeschlossen werden (BGH 15. 3. 2017 – VIII ZR 295/15 Rn 21, 26 f, WuM 2017, 208 = NZM 2017, 321 – Stichtagsdifferenz). Eine weitere Aufwertung hat die Bedeutung der Mietspiegel als Mittel zur Feststellung der ortsüblichen Vergleichsmiete im Jahre 2015 durch die Einführung der so genannten **Mietpreisbremse** erfahren, da nach § 556d BGB unter bestimmten zusätzlichen Voraussetzungen die Miete bei dem Abschluss eines neuen Wohnraummietvertrages die ortsübliche Vergleichsmiete nur **5** noch höchstens um 10% übersteigen darf (so genannte 100+10-Regel), wobei ebenfalls allgemein zur Ermittlung der Vergleichsmiete als Maßstab der zulässigen Höhe der Miete auf etwaige Mietspiegel verwiesen wird (s § 556d Rn 17 ff).

IV. Rechtsnatur, Anfechtung

6 Einfache Mietspiegel sind – rechtlich gesehen – nichts anderes als bloße Privat – oder **Parteigutachten**, die wie der gesamte Vortrag der Parteien frei zu würdigen sind (s § 558b Rn 30a; zB BeckOGK/FLEINDL [1. 10. 2020] Rn 3; zu den qualifizierten Mietspiegeln s § 558d Rn 9). Die Aufstellung von Mietspiegeln stellt daher selbst bei den Gemeinden lediglich eine schlichtverwaltende Tätigkeit dar. Für eine **Anfechtung** einfacher Mietspiegel vor den Verwaltungsgerichten ist daher *kein* Raum (BVerwG 26. 1. 1996 – 8 C 13/94, BVerwGE 100, 262 = NJW 1996, 2046 = JZ 1996, 904 mAnm P HUBER JZ 1996, 893; BVerfG NJW 1999, 735, 737; BayVGH ZMR 1994, 488; VG Gelsenkirchen NZM 1999, 381). Die **Überprüfung** ihrer Verwertbarkeit im Rechtsstreit, sei es als Begründungsmittel, sei es als Mittel zur Feststellung der ortsüblichen Vergleichsmiete, ist infolgedessen allein **Sache der ordentlichen Gerichte** im Mieterhöhungsverfahren nach den §§ 558 ff anhand der gesetzlichen Maßstäbe für die Aufstellung von Mietspiegeln (BGH 21. 11. 2012 – VIII ZR 46/12, NJW 2013, 775 Tz 18 ff = NZM 2013, 138 = WuM 2013, 110; BÖRSTINGHAUS/CLAR Mietspiegel Tz 75; BÖRSTINGHAUS, Hdb Kap 12 Rn 45).

V. Aufstellung

7 Das Gesetz unterscheidet in § 558c BGB die Erstellung (oder besser: Aufstellung) und die Anerkennung von Mietspiegeln. Unter der **Aufstellung** von Mietspiegeln versteht man die unterschiedlichen **Verfahren zur Anfertigung** von Mietspiegeln im Sinne des § 558c Abs 1 BGB, insbesondere also die Erhebung und Auswertung von Daten über die für Wohnungen mit bestimmten Wohnwertmerkmalen auf dem jeweils relevanten Markt gezahlten Mieten. Dem Gesetz lassen sich nur wenige Regeln über die dabei zu beachtenden Grundsätze entnehmen. § 558d Abs 1 BGB, nach dem Mietspiegel nach anerkannten wissenschaftlichen Grundsätzen zu erstellen sind, gilt ausschließlich für qualifizierte Mietspiegel, nicht dagegen für die hier allein interessierenden einfachen Mietspiegel. Für die einfachen Mietspiegel des § 558c Abs 1 BGB beschränkt sich das Gesetz im Grunde auf die Bestimmung, dass sie eine **Übersicht** über die ortsübliche Vergleichsmiete im Sinne des § 558 Abs 2 BGB enthalten müssen und von **Gemeinden oder von Interessenvertretern** der Vermieter und der Mieter gemeinsam entweder **erstellt** oder doch **anerkannt** worden sein müssen (s zB BÖRSTINGHAUS/CLAR Mietspiegel Tz 348–359). Eine bestimmte **Methode** für die Aufstellung einfacher Mietspiegel ist *nicht* vorgeschrieben; erforderlich ist vielmehr lediglich, dass bei der Aufstellung der Mietspiegel der Begriff der ortsüblichen Vergleichsmiete, wie er sich aus § 558 Abs 2 BGB ergibt, beachtet wird. Dazu gehört zB, dass in ihnen kein Wohnraum berücksichtigt wird, bei dem die Miethöhe durch Gesetz oder im Zusammenhang mit einer Förderzusage festgelegt wurde (§ 558 Abs 2 S 2 BGB). Sind diese Mindestanforderungen für die Aufstellung eines (einfachen) Mietspiegels erfüllt, so taugt der fragliche „Mietspiegel" jedenfalls als **Mittel zur Begründung** eines Mieterhöhungsverlangens nach § 558a Abs 2 Nr 1 BGB, gleichgültig, wie bei seiner Aufstellung im Einzelnen jeweils verfahren wurde. Seine Tauglichkeit als Begründungsmittel hängt insbesondere nicht davon ab, ob die seiner

Aufstellung zugrunde gelegten Daten repräsentativ sind und ihre Auswertung wissenschaftlichen Grundsätzen genügt (s § 558d Abs 1 BGB).

Die **Qualität** eines Mietspiegels, verstanden auch als Mittel zur Feststellung der ortsüblichen Vergleichsmieten, hängt letztlich von dem Umfang und der Repräsentativität des verwandten Datenmaterials sowie von der Vorgehensweise bei dessen Auswertung ab. Der Aufwand, der insoweit von den Aufstellern der Mietspiegel getrieben wird, weist eine große Spannweite auf. Die Folge ist, dass sich in der Praxis ganz **unterschiedliche Mietspiegel** finden – bis hin zu solchen, die von den Gemeinden mit den Interessenvertretern oder von diesen allein aufgrund weithin beliebigen Materials letztlich „ausgehandelt" wurden (s unten Rn 13; BÖRSTINGHAUS/CLAR Mietspiegel Tz 348 ff; BÖRSTINGHAUS, Hdb Kap 12 Rn 78 ff; ders NZM 2003, 377, 380 f; ders WuM 2019, 306). Soweit **repräsentative Erhebungen** vorliegen, wurden die Ergebnisse entweder in **Tabellenform** oder mittels der **Regressionsmethode** ausgewertet (s oben Rn 2a). Die Regressionsmethode soll es ermöglichen, aufgrund bestimmter mathematisch-statistischer Gesetzmäßigkeiten und angenommener Korrelationen zwischen den ermittelten Größen in jedem Einzelfall die Vergleichsmiete zu ermitteln. Unter Fachleuten ist umstritten, welche der beiden Methoden letztlich vorzugswürdig ist (s unten § 558d Rn 8; BÖRSTINGHAUS/CLAR Mietspiegel Tz 486; BÖRSTINGHAUS, Hdb Kap 12 Rn 114; ders NZM 2003, 377, 381 ff; LANGENBERG WuM 2001, 523, 524; LEUTERING WuM 2019, 128). Hier genügt die Feststellung, dass die Gerichte in aller Regel Tabellenmietspiegel ebenso wie Regressionsmietspiegel akzeptieren (s im Einzelnen u § 558d Rn 7; LG München II WuM 2003, 97 f; LG München I WuM 1992, 25; 1993, 451; NJW-RR 1993, 1427; LG Freiburg NZM 1998, 662; s KLEIN/MARTIN WuM 1994, 513; BLINKERT/HÖFFLEIN WuM 1994, 589; SCHIESSL WuM 1995, 18; – anders einmal LG München I WuM 1996, 709 ff).

VI. Aufsteller

1. Überblick

Das Gesetz lässt – als Begründungsmittel und als Basis für qualifizierte Mietspiegel (s §§ 558a Abs 2 Nr 1, 558d BGB) – nur Mietspiegel zu, die entweder von den Gemeinden *oder* von den Interessenvertretern der Vermieter *und* der Mieter gemeinsam entweder erstellt *oder* anerkannt worden sind (§ 558c Abs 1 BGB). Genau genommen kennt damit das Gesetz (mindestens) die folgenden **sechs Alternativen** für die Aufstellung von Mietspiegeln: (1.) Erstellung durch eine Gemeinde, (2.) Anerkennung eines von Dritten aufgestellten Mitspiegels durch eine Gemeinde, (3.) gemeinsame Erstellung durch Interessenvertreter der Vermieter und der Mieter sowie (4.) Anerkennung eines von beliebigen Dritten aufgestellten Mietspiegels durch die Interessenvertreter gemeinsam. Außerdem reicht es (5.) aus, wenn der von Interessenvertretern der Mieter oder der Vermieter aufgestellte Mietspiegel von Interessenvertretern der anderen Seite oder der Gemeinde anerkannt wird. Mit dem Gesetz dürfte es außerdem noch (6.) vereinbar sein, wenn eine Gemeinde zusammen mit den Interessenvertretern beider Seiten einen Mietspiegel erstellt oder gemeinsam einen solchen, der von einem beliebigen Dritten erstellt worden ist, anerkennt (s BLANK PiG 62 [2002] 17, 18; BÖRSTINGHAUS/CLAR Mietspiegel Tz 329 ff). **Zweck** der gesetzlichen Regelung ist es insgesamt, den Mietspiegeln iS des Gesetzes eine **möglichst große Akzeptanz** zu sichern Andere Übersichten über Mieten, zB die Mietpreisübersichten der Finanzämter sind dagegen keine Mietspiegel iS des Gesetzes (Börstinghaus/Clar Mietspiegel Tz 331).

10 Das Gesetz bevorzugt zwar seiner ganzen Anlage nach deutlich Mietspiegel von Gemeinden (s Rn 11), ohne dass deshalb doch von Gemeinden aufgestellten oder anerkannten Mietspiegeln rechtlich gesehen ein Vorrang vor anderen Mietspiegeln zukäme. Es ist deshalb durchaus vorstellbar, dass es in einer Gemeinde zu einer **Konkurrenz mehrerer Mietspiegel** kommt (Börstinghaus, Hdb Kap 12 Rn 54; ders NZM 1999, 113 f; Börstinghaus/Clar Mietspiegel Tz 333; Brüning NZM 2003, 921, 926 f), zB, wenn eine Gemeinde und die Interessenvertreter neben- oder nacheinander unterschiedliche Mietspiegel aufstellen oder anerkennen. In diesem Fall sind zwar *sämtliche* konkurrierenden Mietspiegel als **Begründungsmittel** geeignet (§§ 558a Abs 2 Nr 1, 558c Abs 1 BGB); in einem Rechtsstreit über die Berechtigung eines Mieterhöhungsverlangens dürfte ihnen dann jedoch **kein Erkenntniswert** mehr zukommen.

2. Gemeinden

11 Das Gesetz nennt in § 558c Abs 1 als ersten Fall die Ausstellung oder Anerkennung eines Mietspiegels durch eine Gemeinde. Gemeint ist damit die **politische Gemeinde** (Börstinghaus, Hdb Kap 12 Rn 55; Börstinghaus/Clar Mietspiegel Tz 334 ff). Der Regelfall dürfte die Anerkennung eines von einem Dritten, zB einem sozialwissenschaftlichen Forschungsinstitut, im Auftrag der Gemeinde erstellten Mietspiegels seitens der auftraggebenden Gemeinde sein (s § 558d Abs 1 BGB). Während die **Erstellung** oder Aufstellung eines Mietspiegels (durch eine Gemeinde oder durch einen Dritten) ein tatsächlicher Vorgang ist, bestehend aus der Sammlung und Auswertung von Daten, stellt die **Auftragserteilung** ebenso wie die **Anerkennung** einen rechtsgeschäftlichen Akt dar, der von dem nach der jeweiligen Kommunalverfassung zuständigen Vertretungsorgan der Gemeinde, idR wohl der **Bürgermeister** der Gemeinde, ausgehen muss. Ob das Vertretungsorgan der Gemeinde dazu der Zustimmung des **Gemeinderats** betraf, beurteilt sich allein nach Kommunalrecht und ist für die Anwendung des § 558c BGB ohne Belang (s Börstinghaus, Hdb Kap 12 Rn 58 f; Börstinghaus/Clar Mietspiegel Tz 336 ff). § 558c Abs 4 BGB fügt hinzu, dass Gemeinden Mietspiegeln erstellen „sollen", wenn hierfür ein Bedürfnis besteht und dies mit einem vertretbaren Aufwand möglich ist. Eine **Verpflichtung** zur Aufstellung von Mietspiegeln folgt daraus *nicht*, weil man die Belastung der Gemeinden mit den hohen Kosten für die Erstellung von Mietspiegeln nach anerkannten wissenschaftlichen Grundsätzen (bis zu 500000 € und mehr) fürchtete (s die Begr zum RegE BT-Drucks 14/4553, 57 [l Sp]).

3. Veröffentlichung

12 Nach § 558c Abs 4 S 2 BGB sollen Mietspiegel und ihre Änderungen veröffentlicht werden. § 2 Abs 5 S 5 MHRG aF hatte demgegenüber noch eine „öffentliche Bekanntmachung" verlangt. Durch die Änderung sollte klargestellt werden, dass **kein förmliches Veröffentlichungsverfahren** wie bei Rechtsnormen erforderlich ist (Begr zum RegE BT-Drucks 14/4553, 57 [l Sp]). Außer der Veröffentlichung im **Amtsblatt** der Gemeinde genügt daher auch ein Abdruck in der **Tagespresse**, die Einstellung ins **Internet** (s aber § 558a Rn 39) oder die **Verteilung** des Mietspiegels bei allen Mieter- und Vermieterhaushalten (Börstinghaus/Clar Mietspiegel Tz 346 f; Börstinghaus, Hdb

Kap 12 Rn 66). Die Veröffentlichung ist **keine Wirksamkeitsvoraussetzung** des Mietspiegels; ein gemeindlicher Mietspiegel tritt vielmehr „in Kraft", sobald er von dem Vertretungsorgan der Gemeinde festgestellt oder anerkannt ist. Solange ein Mietspiegel nicht veröffentlicht, dh nicht allgemein zugänglich ist, muss ihn der Vermieter, wenn er sein Mieterhöhungsverlangen mit solchem Mietspiegel begründen will, freilich dem **Mieterhöhungsverlangen beifügen** (§ 558a Abs 2 Nr 1 BGB; s oben § 558a Rn 35 f; zur Zulässigkeit einer sog „Schutzgebühr" s schon oben § 558a Rn 27).

4. Verbände

Als Aufsteller von Mietspiegeln kommen nach § 558c BGB ferner Interessenvertreter der Vermieter und der Mieter *gemeinsam* in Betracht. Auch bei ihnen genügt die gemeinsame Anerkennung eines von einem Dritten, zB einem Forschungsinstitut, aufgestellten Mietspiegels. Besondere **Anforderungen an** die **Größe und** die **Zahl** der mitwirkenden „Interessenvertreter der Vermieter und der Mieter", dh der Vermieter- oder Mieterverbände stellt das Gesetz *nicht* (BÖRSTINGHAUS, Hdb Kap 12 Rn 64; BÖRSTINGHAUS/CLAR Mietspiegel Tz 339 ff); insbesondere ist kein Raum für eine entsprechende Anwendung des § 8 Abs 3 Nr 2 UWG und des § 33 Abs 4 Nr 1 GWB, die die Voraussetzungen des Verbandsklagerechts im Wettbewerbsrecht regeln. Es genügt vielmehr, wenn nur überhaupt **irgendein Verband** jeder der **beiden Seiten** mitgewirkt hat, selbst wenn ein wesentlich größerer Verband seine Mitwirkung ablehnte (OLG Hamm WuM 1990, 538). Aber es muss sich doch immer um einen „Verband", dh um einen Zusammenschluss von mindestens zwei Mietern oder Vermietern handeln, während ein *einzelner* Vermieter, zB ein kommunaler Großvermieter, allein keinen Mietspiegel im Sinne des Gesetzes aufstellen oder anerkennen kann (BÖRSTINGHAUS/CLAR Mietspiegel Tz 343). Ein von Verbänden aufgestellter Mietspiegel ist ohne Rücksicht auf seine Veröffentlichung (o Rn 12) *existent,* sobald er von den Vertretern der Verbände gemeinsam anerkannt oder festgestellt ist (LG Essen ZMR 1996, 88 = NJW-RR 1996, 1416). **13**

Bei dieser „gemeinsamen **Feststellung oder Anerkennung**" eines Mietspiegels seitens der beteiligten Verbände dürfte es sich um einen vergleichsähnlichen, nicht geregelten **Feststellungsvertrag** handeln, auf den in einzelnen Beziehungen § 779 BGB entsprechend angewandt werden kann (zur Kündigung des Vertrags s unten Rn 16). Besonders deutlich ist dies bei den schon erwähnten **„ausgehandelten Mietspiegeln"** (s Rn 8). Ihre Zulässigkeit ist umstritten. Aber § 558c BGB steht nicht entgegen, jedenfalls soweit es sich um *einfache* Mietspiegel handelt (ebenso Stellungnahme des BRates BT-Drucks 14/4553, 89 f; BLANK PiG 62 [2002] 17, 19; BeckOGK/FLEINDL [1. 10. 2020] Rn 7; – **aM** AG Frankfurt NJW-RR 1989, 12 = WuM 1989, 25). Für eine Anwendung des **Kartellverbots** des § 1 GWB dürfte in aller Regel mangels Unternehmensqualität der beteiligten Verbände und ihrer Mitglieder, insbesondere also des Verbandes der Mieter kein Raum sein (str). Festzuhalten ist aber, dass den §§ 558a ff BGB keine weitere Freistellung vom Kartellverbot entnommen werden kann, sofern es sich einmal ausnahmsweise anders verhalten sollte, dh sofern Raum für die Anwendung des § 1 GWB ist (ebenfalls str). **13a**

5. Gebiet

Mietspiegel können nach § 558c Abs 2 BGB nicht nur für das gesamte Gebiet einer Gemeinde, sondern auch für das **Gebiet mehrerer Gemeinden** wie zB einen Land- **14** kreis, ebenso aber auch oder nur für **Teile von Gemeinden** erstellt werden. Durch die **Zusammenfassung mehrerer Gemeinden** in einem Mietspiegel soll es insbesondere ermöglicht werden, Gemeinden oder Gemeindeteile, die stark im Einzugsgebiet einer größeren Gemeinde liegen und mit dieser zusammen einen einheitlichen Wohnungsmarkt bilden, in einen gemeinsamen Mietspiegel einzubeziehen (Begr zum RegE BT-Drucks 14/4553, 56 [r Sp u]), während die Aufstellung von Mietspiegeln **nur für einzelne Gemeindeteile** unter Ausklammerung anderer vor allem bei Gemeinden mit einer inhomogenen Struktur in Betracht kommen dürfte.

15 Der zuletzt genannte Fall (Aufstellung für **Gemeindeteile**) hat bisher keine Bedeutung erlangt, schon weil die praktikable Abgrenzung der verschiedenen Teile einer Gemeinde unlösbare Probleme aufwirft (s ausführlich Börstinghaus/Clar NZM 2014, 889, 901). Eine gewisse Bedeutung besitzt bisher vielmehr allein die Aufstellung eines Mietspiegels für **mehrere Gemeinden** wie zB einen Landkreis. Voraussetzung ist, dass (ausnahmsweise) die betreffenden Gemeinden einen **einheitlichen Mietwohnungsmarkt** bilden. Zusätzliche Voraussetzung dürfte sein, dass die Gemeinden unmittelbar aneinandergrenzen. Die Regelung ist problematisch, weil sie nur schwer mit der Definition der ortsüblichen Vergleichsmiete in § 558 Abs 2 BGB zu vereinbaren ist, die auf die Durchschnittsmieten in *einer*, nicht in *mehreren* Gemeinden abstellt. Deshalb müssen auch in einem gemeinsamen Mietspiegel für mehrere Gemeinden die Vergleichsmieten wohl für jede Gemeinde **gesondert ausgewiesen** werden (Blank PiG 62 [2002] 17, 19).

VII. Fortschreibung

16 Mietspiegel können ihrer Aufgabe, als Begründungsmittel für Mieterhöhungsverlangen zu dienen (§ 558a Abs 2 Nr 1 BGB), nur erfüllen, wenn sie möglichst **aktuell** sind, dies deshalb, weil sich das Mietpreisgefüge im Zeitablauf ständig ändert. Deshalb bestimmt § 558c Abs 3 BGB, dass Mietspiegel im Abstand von zwei Jahren der Marktentwicklung angepasst werden „sollen". Eine Verpflichtung dazu besteht freilich nicht (s die Begr zum RegE BT-Drucks 14/4553, 56 [r Sp u]). Die **Anpassungsfrist** von zwei Jahren ist gleichfalls keine zwingende gesetzliche Vorgabe; maßgebend für den Zeitpunkt der Anpassung ist vielmehr allein die Entwicklung der Marktverhältnisse in Verbindung mit der dadurch bedingten Überholung des Mietspiegels (Börstinghaus/Clar Mietspiegel Tz 424). Für das bei der Anpassung des Mietspiegels an die Marktentwicklung zu beobachtenden **Verfahren** enthält das Gesetz gleichfalls keine Vorgaben, sodass der jeweilige Aufsteller des Mietspiegels in der Wahl der „Fortschreibungskriterien" frei ist (Begr zum RegE BT-Drucks 14/4553, 56 [r Sp u]). Als Fortschreibungsmittel kommen unter anderem **Stichproben** sowie die **Entwicklung des Preisindexes** für die Lebenshaltung aller privaten Haushalte in Betracht kommen (vgl § 558d Abs 2 S 2 BGB), daneben aber auch **andere geeignete Kriterien** (Börstinghaus/Clar Mietspiegel Tz 422 f; Blank/Börstinghaus Rn 18). – Im Zuge der geplanten Reform des Mietspiegelrechts soll die Anpassungsfrist auf **drei** Jahre verlängert werden (krit Börstinghaus NZM 2020, 965, 968 f).

17 Die Anpassung muss keineswegs mit Notwendigkeit von dem Aufsteller des Mietspiegels vorgenommen werden; erforderlich ist lediglich, dass es sich bei demjenigen, der die Anpassung vornimmt, entweder um eine Gemeinde oder um Interessenverbände der Mieter und Vermieter handelt, während ein einzelner Vermieter nicht einfach bei einem in seinen Augen überholten Mietspiegel bei der Begründung des Mieterhöhungsverlangens mit Zuschlägen zu den Mietspiegelwerten operieren kann (s schon o § 558a Rn 45; BÖRSTINGHAUS/CLAR Mietspiegel Tz 426). Unverkennbar ist, dass ein aufgrund beliebiger Kriterien „angepasster" oder „fortgeschriebener" Mietspiegel mit wachsendem Abstand von dem Zeitpunkt seiner Aufstellung immer mehr an Aussagekraft verliert, sodass über kurz oder lang eine **Neuaufstellung unausweichlich** wird, soll der Mietspiegel noch eine gewisse Aussagekraft über die örtliche Mietpreissituation besitzen (BÖRSTINGHAUS, Hdb Kap 12 Rn 90; ders NZM 2003, 377, 381 f; ebenso LG Hildesheim WuM 1987, 356; AG Frankfurt NJW-RR 1989, 12 = WuM 1989, 25; dagegen für bloße Fortschreibung LG Frankfurt NJW-RR 1989, 661 = WuM 1989, 148; LG Landshut WuM 1990, 223, 224).

VIII. Beendigung

Mietspiegel bleiben so lange „in Kraft", bis sie von den jeweiligen Aufstellern **18** zurückgezogen werden oder ein neuer Mietspiegel an ihre Stelle tritt (s Rn 17). Eine gesetzliche Regelung fehlt. Es genügt deshalb **jede Willenserklärung**, durch die das zuständige Vertretungsorgan des Aufstellers zu erkennen gibt, dass es fortan den Mietspiegel *nicht mehr „anerkennt"* (ebenso BeckOGK/FLEINDL [1. 10. 2020] Rn 15). Ist der Mietspiegel gemeinsam von den Interessenvertretern der Mieter und der Vermieter aufgestellt oder anerkannt worden, so müssen sie auch **gemeinsam** bei dem „Widerruf" des Mietspiegels tätig werden. Eine einseitige **Kündigungsmöglichkeit** für einen der beiden Verbände ist dem Gesetz fremd, da es sich bei der gemeinsamen Anerkennung oder Feststellung eines Mietspiegels um einen vergleichsähnlichen Vertrag handelt (s Rn 13a), den die Interessenvertreter folgerichtig auch nur gemeinsam aufheben können, wenn nichts anderes vereinbart ist (§ 311 Abs 1 BGB; BÖRSTINGHAUS, Hdb Kap 12 Rn 87).

Ein Mietspiegel verliert seine Gültigkeit, wenn von dem Aufsteller ein neuer Miet- **19** spiegel an Stelle des bisherigen aufgestellt oder anerkannt wird (§ 558c Abs 1 BGB; zur Konkurrenz von Mietspiegel vgl auch Rn 10). Daraus können sich Schwierigkeiten ergeben, wenn im Laufe des durch ein Mieterhöhungsverlangen ausgelösten Verfahrens nach § 558a BGB der **Mietspiegel wechselt**. Klar ist lediglich, dass in diesem Fall das Inkrafttreten eines neuen Mietspiegels *nach Zugang* des Mieterhöhungsverlangens bei dem Mieter nichts an der **Wirksamkeit** des mit dem alten, seinerzeit in Kraft befindlichen Mietspiegel begründeten **Mieterhöhungsverlangens** ändert (s BVerfG WuM 1992, 48; LG Hamburg WuM 1990, 310; LG Berlin GE 2004, 626). Gegen die Verwertbarkeit des neuen Mietspiegels im anschließenden Rechtsstreit als zusätzliches Erkenntnismittel bestehen gleichfalls keine Bedenken, sofern nur der neue Mietspiegel Aussagen für den fraglichen Zeitraum enthält, etwa, weil sein Datenmaterial diesen Zeitraum mitumfasst (§ 287 ZPO; LG Berlin GE 1993, 95; 1994, 1055; 1996, 1110; 2004, 626; LG Lübeck WuM 2001, 82, 83; AG Gelsenkirchen-Buer NZM 1998, 509 f = ZMR 1998, 236, 237; BÖRSTINGHAUS, Hdb Kap 12 Rn 88 f; STERNEL, Mietrecht Rn III 746; BÖRSTINGHAUS/CLAR Mietspiegel Tz 429). Wieder andere Fragen stellen sich, wenn kurz **vor Zugang** des Mieterhöhungsverlangens des Vermieters bei dem Mieter ein neuer Mietspiegel in Kraft tritt. Nach Meinung des BGH soll dies ebenfalls unschädlich sein (BGH 6. 7. 2011 – VIII ZR 334/10, NZM 2011, 743 Tz 7 = WuM 2011, 517; s dazu schon o § 558a Rn 30; dagegen zB BÖRSTINGHAUS/CLAR Mietspiegel Tz 420).

§ 558d
Qualifizierter Mietspiegel

(1) Ein qualifizierter Mietspiegel ist ein Mietspiegel, der nach anerkannten wissenschaftlichen Grundsätzen erstellt und von der Gemeinde oder von Interessenvertretern der Vermieter und der Mieter anerkannt worden ist.

(2) Der qualifizierte Mietspiegel ist im Abstand von zwei Jahren der Marktentwicklung anzupassen. Dabei kann eine Stichprobe oder die Entwicklung des vom Statistischen Bundesamt* ermittelten Preisindexes für die Lebenshaltung aller privaten Haushalte in Deutschland zugrunde gelegt werden. Nach vier Jahren ist der qualifizierte Mietspiegel neu zu erstellen.

(3) Ist die Vorschrift des Absatzes 2 eingehalten, so wird vermutet, dass die im qualifizierten Mietspiegel bezeichneten Entgelte die ortsübliche Vergleichsmiete wiedergeben.

Materialien: Mietrechtsreformgesetz von 2001 (BGBl I 1149); Begr zum RegE BT-Drucks 14/4553, 36, 58 f; Stellungnahme des Bundesrats BT-Drucks 14/4553, 88 ff; Stellungnahme der Bundesregierung das S 100; Ausschussbericht BT-Drucks 14/5663, 80.

Schrifttum

s o bei § 558c sowie
Börstinghaus, Hdb Kap 12 Rn 92 ff, Kap 14 Rn 63
ders, Das Berliner „Mietpreis-Quiz", NJW 2015, 3200
Börstinghaus/Clar, Mietspiegel (2. Aufl 2013) S 166
dies, Die Ermittlung der ortsüblichen Vergleichsmiete, NZM 2014, 889
Bruns/Paschedag/Kauermann, Anerkannte wissenschaftliche Grundsätze zur Erstellung qualifizierter Mietspiegel, ZMR 2016, 669
Bünnemeyer/Hebecker/Werling, Abgrenzung von Wohnlagen im qualifizierten Mietspiegel, ZMR 2016, 96
Cromm/Koch, Mietspiegel in Deutschland (2006)
Freund/Hilla, Qualifizierte Mietspiegel, WuM 2013, 259.

Systematische Übersicht

I. Überblick	1	
II. Voraussetzungen		
1. Einfache Mitspiegel	5	
2. Anerkannte wissenschaftliche Grundsätze	7	
3. Anerkennung	9	
III. Anpassung		
1. Überblick	10	
2. Fortschreibung	11	
3. Vierjahresfrist	13a	
IV. Vermutungswirkung		
1. Voraussetzungen	14	
2. Anwendungsbereich	16	
3. Rechtsfolgen	17	

---

* Im BGBl: „Bundesamtes" (wohl Redaktionsversehen).

Alphabetische Übersicht

Anerkannte wissenschaftliche Grundsätze	7
Anerkennung	9
Anfechtung	9
Anpassung von Mietspiegeln	10 f
Anwendungsbereich	20
Bedenken	4
Bedeutung	2
Beweislast	16 ff
Fortschreibung	11
Geschichte	2
Indexierung von Mietspiegeln	11
Kritik	4, 16 f
Konkurrierende Mietspiegel	9
Mietspiegel, einfacher	19
Mietspiegel, qualifizierter, s qualifizierter Mietspiegel	
Qualifizierter Mietspiegel	
– Anerkannte wissenschaftliche Grundsätze	7 f
– Anerkennung	9
– Anfechtung	9
– Aktualität	10 f
– Anpassung	10 f
– Fortschreibung	11
– Geschichte	2
– Problematik	4
– Vermutung	14 ff
– Voraussetzungen	5 ff
Stichprobe	12
Übergangsrecht	3
Vermutung	14 ff
Veröffentlichung	9
Voraussetzungen eines qualifizierten Mietspiegels	5 ff
Widersprüchliche Mietspiegel	9
Wissenschaftliche Grundsätze	7 f

I. Überblick

1 § 558d BGB regelt die Voraussetzungen und die wichtigsten Rechtsfolgen der so genannten qualifizierten Mietspiegel. Den Gegensatz bilden die einfachen Mietspiegel des § 558c BGB. Die Einführung qualifizierter Mietspiegel geht auf das Mietrechtsreformgesetz von 2001 zurück. Der Gesetzgeber hatte damit eine Anregung der Bund-Länder-Arbeitsgruppe „Mietrechtsvereinfachung" von 1996 aufgegriffen, freilich nur in modifizierter Form (wegen der Einzelheiten s BÖRSTINGHAUS/CLAR Mietspiegel Tz 361 ff).

2 Gemäß § 558d Abs 1 BGB ist ein qualifizierter Mietspiegel ein Mietspiegel im Sinne des § 558c BGB, der (zusätzlich) nach anerkannten wissenschaftlichen Grundsätzen erstellt und von der Gemeinde *oder* von Interessenvertretern der Vermieter und der Mieter (gemeinsam) anerkannt worden ist. Ein qualifizierter Mietspiegel ist im Abstand von zwei Jahren der Marktentwicklung anzupassen, wobei eine Stichprobe oder die Entwicklung des vom Statistischen Bundesamt ermittelten Preisindexes für die Lebenshaltung aller privaten Haushalte in Deutschland zugrunde gelegt werden kann (S 1 und 2 des § 558d Abs 2 BGB). Jedoch ist eine derartige Anpassung *nur einmal* erlaubt. Nach vier Jahren *muss* der qualifizierte Mietspiegel dagegen neu erstellt werden, um die Qualität seiner Daten zu sichern (§ 558d Abs 2 S 3 BGB).

Geschieht dies nicht, so verwandelt sich der qualifizierte Mietspiegel in einen einfachen zurück, wie es offenbar vielfach geschieht.

3 Im Schrifttum ist die Einführung qualifizierter Mietspiegel wegen der an sie geknüpften Rechtsfolgen (§§ 558a Abs 3, 558d Abs 3 BGB) seinerzeit auf verbreitete **Kritik** gestoßen (s Blank PiG 62 [2002] 17, 20 ff; Börstinghaus NZM 2000, 1087; 2003, 377; ders NJW 2015, 3200; Brüning NZM 2003, 921; Emmerich NZM 2001, 777, 780). Die **Bedenken** gründeten einmal auf den vielfältigen Manipulationsmöglichkeiten, die sich für die Gemeinden angesichts der Unschärfe des Vergleichsmietenbegriffs des § 558 Abs 2 BGB mit der Einführung qualifizierter Mitspiegel eröffnen (s unten Rn 5 ff), zum anderen auf den unklaren Voraussetzungen und der undeutlichen Reichweite der Vermutungswirkung des § 558d Abs 3 BGB (s im Einzelnen u Rn 13 ff).

4 Ende des Jahres 2019 wurden in Deutschland rund 150 qualifizierte Mietspiegel gezählt, die offenbar **große Unterschiede** aufweisen, insbesondere hinsichtlich der Gewichtung der einzelnen Wohnwertmerkmale des § 558 Abs 2, hinsichtlich der Aktualität und der Qualität des Datenmaterials, hinsichtlich der Methode der Auswertung des Datenmaterials, ferner hinsichtlich der Darstellung der ortsüblichen Vergleichsmiete, und zwar entweder in Tabellenform oder anhand der Regressionsmethode, sowie hinsichtlich der Dokumentation des Vorgehens bei der Aufstellung des Mietspiegels (s schon o § 558c Rn 2a mwNw; Börstinghaus, Hdb Kap 12 Rn 92 ff; Börstinghaus/Clar NZM 2014, 889, 898 ff; Freund/Hilla WuM 2013, 259). Die Bundesregierung beabsichtigt deshalb, in dem für die nächste Zukunft geplanten Gesetz oder in einer Verordnung über Mietspiegel die Anforderungen an qualifizierte Mietspiegel durch Festlegung von Mindeststandards zu konkretisieren (s BT-Drucks 19/15.613 S 5; Horst MDR 2020, 253, 255). Zugleich sind mehrere bedeutsame Änderungen § 558d BGB geplant (schon oben § 558 Rn 2; ausführlich Börstinghaus NZM 2020, 965, 969 f). Hervorzuheben sind folgende Punkte: In Abs 1 der Vorschrift soll der Hinweis auf „anerkannte" wissenschaftliche Grundsätze gestrichen werden, einfach deshalb, weil es solche Grundsätze nicht gibt. Außerdem soll fortan statt von der „Gemeinde" von der „nach Landesrecht zuständigen Behörde" die Rede sein. Weit wichtiger ist die Ergänzung des Abs 1 um zwei neue Sätze: In § 558d Abs 1 S 2 BGB soll bestimmt werden, dass ein Mietspiegel, der den Anforderungen der gleichzeitig geplanten Mietspiegelverordnung aufgrund des § 558c Abs 5 BGB entspricht, ohne weiteres als qualifizierter Mietspiegel gilt, sodass sich der Streit über diese Frage in Zukunft in die Auslegung der Mietspiegelverordnung verlagern wird. Zusätzlich soll eine weitere gesetzliche Vermutung in S 3 des § 558d BGB eingeführt werden, und zwar für das Vorliegen eines qualifizierten Mietspiegels unter der Voraussetzung, dass die nach Landesrecht zuständige Behörde, insbesondere also eine Gemeinde, sowie die Interessenvertreter der Mieter und der Vermieter den Mietspiegel als qualifizierten anerkannt haben. Gelingt insbesondere dem Vermieter nicht die Widerlegung dieser Vermutung, so ist dann Raum für die Anwendung der zweiten gesetzlichen Vermutung in § 558d Abs 3 BGB. Schließlich soll noch die Anpassungsfrist für qualifizierte Mietspiegel in § 558d Abs 2 BGB (zur Schonung der Finanzen der Gemeinden) auf drei Jahre verlängert werden. Hinzuweisen ist ferner noch darauf, dass ergänzend in den §§ 558f bis 558h BGB eine umfangreiche, komplizierte und sehr technische Regelung für die Aufstellung von qualifizierten Mietspiegeln geplant ist, deren Aufnahme in das BGB verwundern muss.

II. Voraussetzungen

1. Einfache Mietspiegel

Aus dem Zusammenhang der §§ 558d BGB und 558c BGB ergibt sich, dass ein Mietspiegel **drei Voraussetzungen** erfüllen muss, um als qualifizierter Mietspiegel im Sinne des Gesetzes zu gelten: Es muss sich erstens um einen **einfachen Mietspiegel** im Sinne des § 558c Abs 1 BGB handeln (s Rn 6). Hinzukommen muss zweitens, dass dieser Mietspiegel nach **anerkannten wissenschaftlichen Grundsätzen** erstellt wurde (§ 558d Abs 1 BGB; s dazu u Rn 7 f). Dritte Voraussetzung der Qualifizierung ist schließlich, dass der nach wissenschaftlichen Grundsätzen erstellte Mietspiegel (zusätzlich) von der Gemeinde *oder* von Interessenvertretern der Vermieter und der Mieter **anerkannt** wurde (s unten Rn 9). 5

Für eine Qualifizierung nach § 558d BGB kommen nach dem Gesagten (Rn 5) nur Mietspiegel in Betracht, die den **Anforderungen des § 558c BGB** an einfache Mietspiegel genügen (wegen der Einzelheiten s oben § 558c Rn 3, 7 ff). Dazu gehört vor allem, dass der Mietspiegel von einem zutreffenden, dh dem § 558 Abs 2 BGB entsprechenden Begriff der Vergleichsmiete ausgeht (dazu zB Börstinghaus NJW 2015, 3200, 3202 f) und dass er von der Gemeinde oder von den Interessenvertretern der Mieter und der Vermieter gemeinsam erstellt oder anerkannt wurde. 6

2. Anerkannte wissenschaftliche Grundsätze

Der dem § 558c BGB entsprechende Mietspiegel (s Rn 6) muss außerdem nach „anerkannten wissenschaftlichen Grundsätzen" erstellt worden sein, um als qualifizierter anerkannt werden zu können (§ 558d Abs 1 BGB). Dadurch soll gewährleistet werden, dass er ein möglichst realistisches Abbild des Wohnungsmarktes liefert (s die Begr zum RegE BT-Drucks 14/4553, 57 [r Sp]). Die Gesetzesverfasser haben hinzugefügt, dies könne nur durch **Ziehung einer repräsentativen Zufallsstichprobe**, und zwar möglichst durch eine Primärerhebung, aus der Grundgesamtheit erfolgen. Auf eine weitere Festlegung der Erstellungsmethode wurde jedoch verzichtet, da es mehrere von der Wissenschaft anerkannte Methoden wie die **Tabellenmethode** und die **Regressionsmethode** gebe; auf jeden Fall müsse aber die Anwendung der betreffenden **Methode** einschließlich der Datensammlung und -auswertung ausreichend **dokumentiert** werden, um ihre Nachprüfung zu ermöglichen (Begr zum RegE BT-Drucks 14/4553, 57; Stellungnahme der Bundesregierung BT-Drucks 14/4553, 100 [r Sp u]; Ausschussbericht BT-Drucks 14/5663, 80 [r Sp]). Ausführliche Hinweise zur Vorgehensweise bei der Aufstellung eines qualifizierten Mietspiegels finden sich in den von dem Bundesministerium für Verkehr herausgegebenen **Hinweisen zur Erstellung von Mietspiegeln** aus dem Jahr **2002** (abgedruckt zB bei Börstinghaus, Hdb S 764 ff; Börstinghaus/Clar Mietspiegel S 169, 401 ff), deren Aktualisierung gleichfalls vorgesehen ist (s Rn 4). 7

§ 558d Abs 1 BGB verlangt eine Aufstellung des Mietspiegels nach anerkannten wissenschaftlichen Grundsätzen. Neben der Rechtswissenschaft nimmt das Gesetz damit vor allem auf die in der **Statistik** anerkannten Grundsätze über die Anforderungen an die Repräsentativität der Datenerhebung und die Wissenschaftlichkeit der Datenauswertung Bezug. In der **Literatur** wird bezweifelt, ob es überhaupt der- 8 artige „anerkannte wissenschaftliche Grundsätze", wie sie das Gesetz in § 558d Abs 1 voraussetzt, gibt, insbesondere mit Rücksicht auf die bekannte Methodenvielfalt in den Sozialwissenschaften sowie wegen der Notwendigkeit der ergänzenden Beachtung der gesetzlichen Vorgaben aufgrund des § 558, – woraus sich zugleich die große Varianz bei den aktuellen qualifizierten Mietspiegeln erklärt (s Rn 4, s dazu im Einzelnen Börstinghaus, Hdb Kap 12 Rn 94 ff; ders NZM 2003, 377, 385 ff; ders WuM 2019, 306, 308; Börstinghaus/Clar Mietspiegel Tz 363 f; Bruns/Paschedag/Kauermann ZMR 2016, 669; BeckOGK/Fleindl [1. 10. 2020] Rn 8 ff; Freund/Hilla WuM 2013, 259). Einigkeit besteht jedoch über folgende **Mindestanforderungen** an die Aufstellung qualifizierter Mietspiegel (Börstinghaus, Hdb Kap 12 Rn 94 ff; Börstinghaus/Clar Mietspiegel Rn 369; dies NZM 2014, 889, 898 ff; Bruns/Paschedag/Kauermann ZMR 2016, 669; Bünnemeyer/Hebecker/Werling ZMR 2016, 96 ff; Freund/Hilla WuM 2013, 259): Der Mietspiegel muss von einem zutreffenden Begriff der ortsüblichen Vergleichsmiete iS des § 558 BGB ausgehen; das Datenmaterial muss möglichst aktuell und repräsentativ sein; die Auswertung des Datenmaterials muss außerdem wissenschaftlichen Grundsätzen entsprechen; und der Vorgang der Auswertung muss schließlich angemessen dokumentiert sein.

8a Hervorzuheben sind folgende Punkte: Bei der Auswertung des Datenmaterials konkurrieren heute insbesondere die **Tabellen- und die Regressionsmethode**, die offenbar beide ihre Vor- und Nachteile haben (s schon o § 558c Rn 8 sowie zB BeckOGK/Fleindl [1. 10. 2020] Rn 10 ff; Leutering WuM 2019, 128; für die Regressionsmethode zB ausführlich Bruns/Paschedag/Kauermann ZMR 2016, 669, 677 f). In jedem Fall muss die Auswertung der Daten den Grundsätzen der jeweils gewählten Methode entsprechen und damit nachprüfbar sein. Bei Wahl der Tabellenmethode muss zB jedes Feld mit **mindestens 30 Wohnungen** belegt sein. Fehlt es daran bei einzelnen Feldern, so stellt der Mietspiegel insoweit lediglich einen *einfachen* Mietspiegel im Sinne des § 558c BGB dar, dem insbesondere nicht die Vermutungswirkung des § 558d Abs 3 BGB zukommt (KG NZM 2009, 544 = WuM 2009, 409 = NJW-RR 2009, 1165; LG Berlin NJW 2015, 3252 = NZM 2015, 659). Um die Nachprüfung durch die ordentlichen Gerichte zu ermöglichen, müssen schließlich sämtliche Schritte zur Aufstellung des qualifizierten Mietspiegels in einer sorgfältigen **Dokumentation** erfasst und publiziert werden (s Rn 8b).

8b Bei der **Überprüfung** der Mietspiegel tendieren die Gerichte deutlich dazu, nach Möglichkeit die Mietspiegel als qualifizierte aufrechtzuerhalten, sofern sich aus der dem Mietspiegel beigefügten Dokumentation mit hinreichender Deutlichkeit eine wissenschaftlichen Standards entsprechende Vorgehensweise des Aufstellers des Mietspiegels bei der Datensammlung und Datenauswertung ergibt (so zB für München LG München I ZMR 2014, 364; für Dortmund LG Dortmund WuM 2015, 737). Großes Aufsehen hat vor allem die Auseinandersetzung in **Berlin** gefunden (dazu im Einzelnen Börstinghaus NJW 2015, 3200; ders WuM 2019, 306). Die Rechtsprechung der Berliner Gerichte ist uneinheitlich (gegen die Anerkennung des jeweiligen Mietspiegels als qualifizierter zB LG Berlin NJW 2015, 3252 = NZM 2015, 659; NZM 2019, 406; AG Charlottenburg WuM 2015, 361; – dafür aber LG Berlin WuM 2015, 740; GE 2015, 791); häufig lassen die Gerichte die Frage auch offen und begnügen sich mit der *Indizwirkung* des Mietspiegels, wenn er tatsächlich kein qualifizierter, sondern nur ein einfacher Mietspiegel sein sollte (so zB LG Berlin NZM 2015, 626 = WuM 2015, 504 und öfters; dagegen aber zB LG Berlin NZM 2019, 406; dazu wieder sehr kritisch Börstinghaus WuM 2019, 306; Streyl NZM 2019, 407).

3. Anerkennung

Die Erstellung eines Mietspiegels nach anerkannten wissenschaftlichen Grundsätzen (s oben Rn 7) genügt für die Qualifizierung des Mietspiegels allein noch *nicht;* es muss vielmehr (aus nur schwer nachvollziehbaren Gründen) noch hinzukommen, dass der so erstellte Mietspiegel von der Gemeinde *oder* von (irgendwelchen) Interessenvertretern der Vermieter und der Mieter auch anerkannt wurde. Es genügt die Anerkennung durch einzelne Interessenvertreter, dh Verbände; das Gesetz verlangt nicht, dass sämtliche Interessenvertreter zustimmen müssen (zumal dies ohnehin kaum zu erreichen sein dürfte; BeckOGK/Fleindl [1. 10. 2020] Rn 13). Gleichwohl kann die gesetzliche Regelung die (durchaus unerfreuliche) Konsequenz haben, dass es zur **Anerkennung unterschiedlicher Mietspiegel** als qualifizierter seitens einer Gemeinde *und* seitens der Interessenvertreter kommt mit der Folge wohl, dass dann, jedenfalls, soweit sich die Mietspiegel widersprechen, weder § 558a Abs 3 BGB noch § 558b Abs 3 BGB angewandt werden können (s schon o § 558c Rn 10). **9**

Die **Anerkennung** eines Mietspiegels als qualifizierter tritt neben die nach § 558c BGB erforderliche Anerkennung des Mietspiegels als einfacher und ist ebenso wie diese eine **Willenserklärung** der betreffenden Gemeinde oder der beteiligten Verbände, sodass für ihre Abgabe das jeweils **vertretungsberechtigte Organ** zuständig ist (AG Dortmund WuM 2003, 35 f; Börstinghaus NZM 2003, 377, 384 f; Börstinghaus/Clar Mietspiegel Tz 390 f). Wieweit dieser Erklärung bei den Gemeinden ein **Beschluss der Gemeindevertretung** vorausgehen muss, ist eine Frage der Kommunalverfassung (s AG Dortmund WuM 2003, 35 f; für die Notwendigkeit eines solchen Beschlusses Börstinghaus, Hdb Kap 12 Rn 122; ders NZM 2002, 273, 274; 2003, 377, 384; Börstinghaus/Clar Mietspiegel Tz 395). Obwohl das Gesetz dies nicht sagt, dürfte im vorliegenden Zusammenhang außerdem § 558c Abs 4 S 2 BGB entsprechend anzuwenden sein, sodass die Anerkennung eines Mietspiegels als qualifizierter zu veröffentlichen ist. Die **Veröffentlichung** muss hier außerdem als **Wirksamkeitsvoraussetzung** eingestuft werden, weil sich an die Qualifizierung eines Mietspiegels weitreichende Rechtsfolgen knüpfen (§§ 558a Abs 3, 558d Abs 3 BGB), die sich andernfalls nicht rechtfertigen ließen (ebenso MünchKomm/Artz Rn 3). Um die Aktualität des qualifizierten Mietspiegels zu gewährleisten, sollte die Anerkennung zudem möglichst kurzfristig auf den Stichtag der Datenerhebung folgen (s dazu BeckOGK/Fleindl [1. 10. 2020] Rn 15 f mit Beispielen). **9a**

Die an die Anerkennung eines qualifizierten Mietspiegels geknüpften Rechtsfolgen haben ferner Anlass zu der Frage gegeben, ob zumindest die Anerkennung eines Mietspiegels als qualifizierter durch eine *Gemeinde* **verwaltungsgerichtlich überprüft** werden kann, wobei dann als klagebefugt wohl jeder Vermieter oder Mieter von Wohnraum angesehen werden müsste (§ 42 VwGO; dafür LG Berlin GE 2004, 1296; MünchKomm/Artz Rn 3; Blank PiG 62 [2002] 17, 30; Brüning NZM 2003, 921, 927 ff = WuM 2003, 303; Hinz NZM 2001, 264, 269; Kniep/Gratzel WuM 2008, 645, 646; im Ergebnis wohl auch AG Dortmund WuM 2003, 35). Dem hat sich indessen die verwaltungsgerichtliche Rechtsprechung nicht angeschlossen (OVG Münster WuM 2006, 623; VG Minden ZMR 2004, 226, 227 f; s BeckOGK/Fleindl [1. 10. 2020] Rn 16). Deshalb bleibt nichts anderes übrig, als den gebotenen Rechtsschutz gegen qualifizierte Mietspiegel in Mieterhöhungsverfahren den **ordentlichen Gerichten** zu übertragen (so insbesondere BGH 21. 11. 2012 – VIII ZR 46/12, NJW 2013, 775 Tz 18 = NZM 2013, 138, 140 = WuM 2013, 110). Diese müssen folglich, wenn substantiierte Einwände gegen die Eigenschaft eines Mietspiegels als qualifizierter erhoben werden, **9b** den Einwänden im Rechtsstreit nachgehen, wenn es darauf, etwa für die Anwendung der Vermutung des § 558d Abs 3 BGB, ankommt (s dazu schon oben § 558b Rn 30a f; BGH 21. 11. 2012 – VIII ZR 46/12, NJW 2013, 775 Tz 13 ff = NZM 2013, 138, 140 = WuM 2013, 110; 6. 11. 2013 – VIII ZR 346/12, NJW 2014, 292 Rn 21 f = NZM 2014, 24 = WuM 2014, 34).

III. Anpassung

1. Überblick

10 Mietspiegel müssen, wenn sie ihre Funktionen erfüllen sollen, **möglichst aktuell** sein, weil sich das Mietpreisgefüge wie alle Marktverhältnisse im Laufe der Zeit ständig verändert. Deshalb sind Mietspiegel gemäß § 558d Abs 2 S 1 BGB im Abstand von zwei Jahren der Marktentwicklung anzupassen. Nach S 2 der Vorschrift kann dabei eine Stichprobe oder die Entwicklung des vom Statistischen Bundesamt ermittelten Preisindexes für die Lebenshaltung aller privaten Haushalte in Deutschland, dh des sog Verbraucherpreisindexes, zugrunde gelegt werden (s Rn 11 f). Eine derartige Fortschreibung des Mietspiegels ist indessen wegen ihrer Problematik **nur einmal** zulässig. Spätestens nach vier Jahren ist der qualifizierte Mietspiegel stattdessen komplett neu zu erstellen, um seine Aktualität und damit seine Qualität zu gewährleisten (S 3 des § 558d Abs 2 BGB; s Rn 13a). Von der Beachtung dieser Vorschriften hängt sowohl die Mitteilungspflicht des Vermieters im Mieterhöhungsverfahren (§ 558a Abs 3 BGB) als auch die Vermutungswirkung qualifizierter Mietspiegel ab (§ 558d Abs 3 BGB). § 558d Abs 2 BGB begründet zwar keine Pflicht zur Anpassung qualifizierter Mietspiegel. Wird indessen nur eine der beiden genannten Fristen nicht beachtet, so verliert der Mietspiegel seine Eigenschaft als qualifizierter Mietspiegel und wird wieder zum einfachen Mietspiegel (Begr zum RegE BT-Drucks 14/4553, 57 [r Sp u]).

2. Fortschreibung

11 Die (einmalige) Fortschreibung eines qualifizierten Mietspiegels nach zwei Jahren (§ 558d Abs 2 S 1 BGB) ist *nur auf zwei Wegen* möglich, einmal durch Zugrundelegung einer (wissenschaftlichen Grundsätzen entsprechenden) **Stichprobe**, zum anderen durch eine sog **Indexfortschreibung**, dh durch die Anpassung der Mietspiegelwerte (nach oben oder unten) an die zwischenzeitliche Entwicklung (allein) des vom Statistischen Bundesamt ermittelten Preisindexes für die Lebenshaltung aller privaten Haushalte in Deutschland, des so genannten Verbraucherpreisindexes (S 2 des § 558d Abs 2 BGB). Eine Fortschreibung auf anderem Wege, etwa unter Zugrundelegung eines Mietenindexes, ist nicht zulässig (s die Begr zum RegE BT-Drucks 14/4553, 57; Blank PiG 62 [2002] 17, 21; Börstinghaus/Clar Mietspiegel Tz 430). Mit der **Indexierung** des qualifizierten Mietspiegels wird vornehmlich bezweckt, das Niveau der ortsüblichen Miete nach zwei Jahren **entsprechend der Rate der allgemeinen Geldentwertung** zu erhöhen, um eine inflationsbedingte Senkung der Realmieten zu verhindern (Begr zum RegE BT-Drucks 14/4553, 57). Für eine Deflation gilt Entsprechendes – nur mit umgekehrten Vorzeichen.

11a Hinter der Regelung über die Indexfortschreibung (s Rn 11) steht offenbar die Vorstellung, dass sich das Mietpreisniveau in einer Gemeinde grundsätzlich parallel zu den allgemeinen Lebenshaltungskosten entwickelt. Tatsächlich kann indessen davon keine Rede sein; beide Größen sind vielmehr **nur schwach korreliert**, wie empirische

Untersuchungen gezeigt haben (s Börstinghaus NZM 2003, 377, 380 f; Börstinghaus/Clar Mietspiegel Tz 431; BeckOGK/Fleindl [1. 10. 2020] Rn 19; B Schmidt WuM 2009, 23), sodass eine Indexfortschreibung auf die Dauer zu einer Verzerrung des realen Mietniveaus führen muss. Die Regelung des § 558d Abs 2 S 2 BGB, die diese Zusammenhänge bewusst ausblendet, erscheint von daher gesehen durchaus **problematisch** (ebenso Börstinghaus, Hdb Kap 12 Rn 127; ders NZM 2003, 377, 380 f; BeckOGK/Fleindl [1. 10. 2020] Rn 19). Auch der **angepasste Mietspiegel** bedarf der **Anerkennung** durch die Gemeinde oder durch die Interessenvertreter der Vermieter und der Mieter gemeinsam, weil dies die Voraussetzung für seine Behandlung als qualifizierter Mietspiegel ist (§ 558d Abs 1 BGB; Börstinghaus, Hdb Kap 12 Rn 131; Börstinghaus/Clar Mietspiegel Tz 438).

Der zweite vom Gesetz eröffnete Weg zur Anpassung eines qualifizierten Mietspiegels an die zwischenzeitliche Preisentwicklung führt über eine neue **Stichprobe** (§ 558d Abs 2 S 2 BGB). Für diese Stichprobe sind nur wesentlich weniger Daten als für die Neuerstellung eines Mietspiegels erforderlich (Börstinghaus, Hdb Kap 12 Rn 130; Börstinghaus/Clar Mietspiegel Tz 435). Jedoch muss auch die Ziehung der Stichproben nach dem Zusammenhang der gesetzlichen Regelung wissenschaftlichen Grundsätzen genügen (s § 558d Abs 1 BGB) und deshalb möglichst **repräsentativ** sein, weil nur dann ermittelt werden kann, wie sich das Mietpreisniveau in den einzelnen Teilmärkten vermutlich entwickelt und möglicherweise verschoben hat. Die Anpassung erfolgt sodann **prozentual**; dh die Mietspiegelwerte werden um so viele Prozentpunkte erhöht oder herabgesetzt, wie sich die als Vergleichsgröße herangezogenen Werte verändert haben (Börstinghaus, Hdb Kap 12 Rn 130; Blank/Börstinghaus Rn 14; BeckOGK/Fleindl [1. 10. 2020] Rn 21). **12**

Das Gesetz sagt nicht, **von wann ab** die **Zweijahresfrist** des § 558d Abs 2 S 1 BGB zu rechnen ist. Die Frage ist infolgedessen umstritten (s Börstinghaus, Hdb Kap 12 Rn 131; Börstinghaus/Clar Mietspiegel Tz 430). In Betracht kommen der Zeitpunkt der letzten Datenerhebung für die Erstellung des qualifizierten Mietspiegels, der Zeitpunkt dessen Inkrafttretens, der Zeitpunkt der Veröffentlichung des qualifizierten Mietspiegels sowie der seiner Anerkennung durch die Gemeinde oder die Interessenvertreter nach § 558d Abs 1 (Börstinghaus, NZM 2003, 376, 383). Legt man den Akzent auf die Aktualität des Mietspiegels, so spricht zwar viel dafür, auf den Zeitpunkt der letzten Datenerhebung abzustellen. Aber dieser Zeitpunkt kann sehr lange zurückliegen und ist zudem oft nur schwer festzustellen, sodass aus praktischen Gründen auf den **Zeitpunkt der Anerkennung** abzustellen sein wird, weil erst mit dieser der Mietspiegel zum qualifizierten Mietspiegel wird, um dessen Aktualisierung es letztlich geht (Börstinghaus/Clar Mietspiegel Rn 437; BeckOGK/Fleindl [1. 10. 2020] Rn 20). **13**

3. Vierjahresfrist

Eine Anpassung des qualifizierten Mietspiegels durch seine Fortschreibung nach § 558d Abs 2 S 1 und 2 ist **nur einmal** zulässig (s Rn 10). Eine zweite Anpassung auf diesem Wege scheidet aus; stattdessen ist der qualifizierter Mietspiegel nach vier Jahren neu zu erstellen (§ 558d Abs 2 S 3 BGB), um seine Aktualität zu gewährleisten. Auch diese zweite Frist **beginnt** mit der **Anerkennung** des qualifizierten Mietspiegels (Börstinghaus, Hdb Kap 12 Rn 133; Börstinghaus/Clar Mietspiegel Tz 439). Beide Fristen, die Zweijahresfrist des § 558d Abs 2 S 1 BGB und die Vierjahresfrist des § 558d Abs 2 S 3 BGB müssen folglich beachtet werden, wenn der fragliche **13a**

Mietspiegel seine Qualität als qualifizierter behalten soll (s Rn 10). Für die neue Aufstellung des qualifizierten Mietspiegels nach vier Jahren aufgrund des § 558d Abs 2 S 3 BGB gilt wieder ohne Einschränkungen § 558d Abs 1 BGB (s Rn 5 ff).

IV. Vermutungswirkung

1. Voraussetzungen

14 Nach § 558d Abs 3 BGB wird von einem (aktuellen) qualifizierten Mietspiegel vermutet, dass die in ihm bezeichneten Entgelte die ortsübliche Vergleichsmiete wiedergeben. Diese Vermutungswirkung gilt, wie aus der Bezugnahme auf Abs 2 der Vorschrift in § 558d Abs 3 BGB folgt, nur für die **Dauer** von maximal vier Jahren, wobei sie in den letzten beiden Jahren zusätzlich von der Beachtung des § 558b Abs 2 BGB abhängt (dazu o Rn 10 ff, 13). Fristbeginn ist die Anerkennung des Mietspiegels als qualifizierter durch die Gemeinde oder die Interessenvertreter nach § 558d Abs 1 BGB (s oben Rn 13). Auf der Vermutungswirkung des § 558d Abs 3 BGB baut ihrerseits die **Mitteilungspflicht des Vermieters** im Mieterhöhungsverlangen nach § 558a Abs 3 BGB auf. Der Gesetzgeber von 2001 erhoffte sich von der Einführung des § 558d Abs 3 in erster Linie eine **Vereinfachung** der Mieterhöhungsverfahren (Begr zum RegE BT-Drucks 14/4553, 36 [l Sp]). Jedoch sollte für beide Parteien der **Beweis des Gegenteils** möglich bleiben, je nachdem, zu wessen Gunsten die Vermutung im Einzelfall streitet (Begr zum RegE BT-Drucks 14/4553, S 57 [r Sp u]).

15 Bei der Vermutung des § 558d Abs 3 BGB handelt es sich um eine **gesetzliche Tatsachenvermutung** im Sinne des § 292 ZPO (Blank PiG 62 [2002] 17, 24 ff; Börstinghaus, Hdb Kap 14 Rn 63 ff, 76; Börstinghaus/Clar Mietspiegel Tz 496 ff; Brüning NZM 2003, 921, 925; Langenberg WuM 2001, 523, 525). Nach dieser Vorschrift ist grundsätzlich der Beweis des Gegenteils zulässig, wenn das Gesetz für das Vorhandensein einer Tatsache eine Vermutung aufstellt. Dies bedeutet, dass derjenige, der sich auf die Vermutung berufen will, **(nur)** die sog **Ausgangstatsachen**, dh die Vermutungsbasis behaupten und gegebenenfalls **beweisen** muss, *sofern* der andere Teil das Vorliegen der Ausgangstatsachen substantiiert bestreitet und diese auch nicht offenkundig sind. Ist ihm aber dieser Beweis gelungen, so knüpft das Gesetz nunmehr zu seinen Gunsten an das Vorliegen der Ausgangstatsachen die **Vermutung des Vorhandenseins einer weiteren Tatsache**, sodass es insofern seitens der begünstigen Partei weder eines Vortrags noch gegebenenfalls des Beweises bedarf; vielmehr obliegt der **Gegenbeweis** jetzt der **anderen Partei**, wofür es nicht genügt, dass die Vermutungsbasis lediglich erschüttert wird, etwa durch den Hinweis auf einzelne methodische Fehler bei der Aufstellung des qualifizierten Mietspiegels; vielmehr ist der **volle Gegenbeweis** erforderlich, sodass das Gegenteil zur Überzeugung des Gerichts feststehen muss (LG Berlin ZMR 2019, 676, 677).

15a Das Gesagte (s Rn 15) bedeutet der Sache nach, dass die Anwendung der Vermutung voraussetzt, dass die Ausgangstatsachen und damit insbesondere das **Vorliegen eines qualifizierten Mietspiegels** tatsächlich **bewiesen** sind, sodass derjenige, gegen den die Vermutung streitet, im Mieterhöhungsverfahren zB der Mieter, sofern sich der Vermieter zur Begründung seines Mieterhöhungsverlangens auf einen qualifizierten Mietspiegel beruft, jederzeit substantiiert die **Ausgangstatsachen bestreiten** kann, wodurch dann der Vermieter insbesondere zu dem schwierigen **Vollbeweis** gezwungen wird, dass ein etwa vorliegender Mietspiegel tatsächlich sämtliche Voraussetzungen eines qualifizierten Mietspiegels nach § 558d Abs 1 erfüllt (grdl BGH 21.11. 2012 – VIII ZR 46/12, NJW 2013, 775 Tz 18 ff = NZM 2013, 138, 140 = WuM 2013, 110; BÖRSTINGHAUS/CLAR Mietspiegel Tz 504 ff). Dieser **Beweis** wird in erster Linie durch die Einholung amtlicher Auskünfte und, soweit es um die Einzelheiten des Verfahrens bei der Qualifizierung des Mietspiegels geht, auch durch Zeugenbeweis zu führen sein, während aufwendige und schwierige Sachverständigengutachten über die wissenschaftlichen Grundlagen des Mietspiegels nur in zweiter Linie in Betracht kommen dürften (ausführlich BeckOGK/FLEINDL [1.10.2020] Rn 32 ff mit Beispielen).

2. Anwendungsbereich

Der Anwendungsbereich der Vermutungswirkung des § 558d Abs 3 BGB beschränkt sich auf **Verfahren**, in denen der Vermieter **nach § 558** die Zustimmung zur Erhöhung der Miete bis zur ortsüblichen Vergleichsmiete verlangt. In anderen Verfahren ist für ihre Anwendung kein Raum. Wichtig ist das vor allem für Verfahren, in denen es um die Anwendung des § 5 **WiStG** geht. Für Strafverfahren versteht sich das ohnehin von selbst, gilt aber auch dann, wenn der Mieter unter Berufung auf § 812 Abs 1 S 1 Fall 1 iVm § 5 WiStG eine angeblich überhöhte Miete zurückverlangt (BÖRSTINGHAUS, Hdb Kap 14 Rn 64; BLANK/BÖRSTINGHAUS Rn 18; – aM BLANK PiG 62 [2002] 17, 24 f). Im Rahmen der Beweiswürdigung kann das Gericht hier aber gleichfalls qualifizierten Mietspiegeln ein besonderes Gewicht bei der Ermittlung der ortsüblichen Vergleichsmiete beilegen (§ 286 ZPO). **16**

3. Rechtsfolgen

Vermutet wird nach § 558d Abs 3 BGB, dass die im qualifizierten Mietspiegel bezeichneten Entgelte die **ortsübliche Vergleichsmiete** wiedergeben. Das Gesetz nimmt damit Bezug auf § 558 Abs 1 BGB, nach dem unter der (vermuteten) *ortsüblichen Vergleichsmiete* die üblichen Entgelte zu verstehen sind, die in der Gemeinde für nach Wohnwertmerkmalen vergleichbaren Wohnraum in den letzten sechs Jahren vereinbart oder geändert worden sind. Konkret gesprochen bedeutet dies, dass, wenn eine Wohnung bestimmte *Wohnwertmerkmale* aufweist, die denen entsprechen, auf die der qualifizierte Mietspiegel aufbaut, vermutet wird, dass in dieser Gemeinde für eine derartige Wohnung die in dem qualifizierten Mietspiegel genannten **Entgelte üblich** sind. Solange von der gesetzlichen Vermutung des § 558d Abs 3 auszugehen ist, ist mit anderen Worten kein Raum etwa für die Einholung eines Sachverständigengutachtens über die Höhe der ortsüblichen Vergleichsmieten; in Betracht kommt vielmehr lediglich der schwierige **Gegenbeweis**, dass die ortsübliche Vergleichsmiete eine andere als die in dem Mietspiegel genannte ist, zB wenn der Vermieter eine höhere als die im Mietspiegel genannte Miete verlangt (LG Berlin ZMR 2019, 676, 677 f). Da die Mietspiegel, sofern sie nicht nach der Regressionsmethode erstellt sind, idR **Mietspannen** ausweisen, wird vermutet, dass sich die Entgelte für derartige Wohnungen (irgendwo) **innerhalb dieser Spanne** bewegen (BÖRSTINGHAUS, Hdb Kap 14 Rn 74; BÖRSTINGHAUS/CLAR Mietspiegel Tz 505 ff). Weil jedoch damit den Parteien nur wenig geholfen ist, wurde ursprünglich zT angenommen haben, dass sich die Vermutung auf den **Mittelwert der Spanne** bezieht (AG Dortmund NZM 2005, 258). Diese Auffassung hat sich indessen, weil mit dem Wortlaut des Gesetzes unvereinbar, nicht durchgesetzt (BÖRSTINGHAUS, Hdb Kap 14 Rn 74; BÖRSTINGHAUS/CLAR Mietspiegel Tz 505 ff). **17**

18 Die genaue **Einordnung** der fraglichen Wohnung in die Spanne ist Sache des Gerichts im Wege der **Schätzung** nach § 287 Abs 2 ZPO. Der BGH versteht bekanntlich unter der ortsüblichen Vergleichsmiete für den Regelfall eine **Bandbreite** üblicher Mieten *innerhalb* der Spanne (s § 558 Rn 20 f), sodass es im Mieterhöhungsverfahren die Aufgabe der Gerichte bleibt, innerhalb der (allein vermuteten) Spanne (s Rn 17) die tatsächliche Bandbreite der Einzelvergleichsmiete im Wege der Schätzung nach § 287 ZPO zu ermitteln, – wobei die Vermutung des § 558d Abs 3 nicht weiterhilft.

18a Soweit die Mietspiegel sog **Orientierungshilfen** enthalten, die eine Einordnung der Miete innerhalb der Mietspannen erleichtern sollen, ist zu beachten, dass derartige Orientierungshilfen *nicht* an der *Vermutungswirkung* des § 558d Abs 3 BGB teilnehmen, schon deshalb nicht, weil sie üblicherweise einfach ausgehandelt werden (KG NZM 2009, 544 = NJW-RR 2009, 1165 = WuM 2009, 409; Börstinghaus, Hdb Kap 8 Rn 57; Börstinghaus/Clar Mietspiegel Tz 506; Blümmel GE 2005, 625; Thomma WuM 2005, 496). Dasselbe gilt für sonstige dem Mietspiegel beigefügte „**Erläuterungen**", in denen zB Zu- oder Abschläge von Mietspiegelwerten bei besonderen Vertragsgestaltungen vorgesehen sind (LG Bonn WuM 2009, 406, 60). Dies hindert die Gerichte indessen nicht, die genannten Orientierungshilfen sowie sonstige Erläuterungen zu den Mietspiegeln im Rahmen ihres Schätzungsermessens aufgrund des § 287 ZPO bei der Ermittlung der Vergleichsmiete zu berücksichtigen (KG NZM 2009, 544 = NJW-RR 2009, 1165 = WuM 2009, 409; LG Berlin WuM 2003, 499 = GE 2003, 1022 f; GE 2003, 1082; AG Dortmund NZM 2005, 258; Börstinghaus/Clar Mietspiegel Tz 506).

19 Die Partei, die sich gegen die gesetzliche Vermutung des § 558d Abs 3 BGB wendet, trägt nach § 292 ZPO die **volle Beweislast** (o Rn 15). Dies kommt insbesondere in Betracht, wenn der **Vermieter** bestreitet, dass der fragliche Mietspiegel, auf den sich der Mieter beruft, überhaupt die Voraussetzungen für einen qualifizierten Mietspiegel erfüllt, oder wenn er behauptet, die ortsübliche Vergleichsmiete sei höher als die im Mietspiegel ausgewiesene Miete. Nimmt dagegen der Vermieter den qualifizierten Mietspiegel hin und beruft er sich deshalb gerade auf § 558d Abs 3 BGB, um sein Mieterhöhungsverlangen zu begründen, so obliegt dann dem **Mieter** der **Gegenbeweis** (wegen der Einzelheiten s schon oben § 558b Rn 30 ff).

§ 558e
Mietdatenbank

Eine Mietdatenbank ist eine zur Ermittlung der ortsüblichen Vergleichsmiete fortlaufend geführte Sammlung von Mieten, die von der Gemeinde oder von Interessenvertretern der Vermieter und der Mieter gemeinsam geführt oder anerkannt wird und aus der Auskünfte gegeben werden, die für einzelne Wohnungen einen Schluss auf die ortsübliche Vergleichsmiete zulassen.

Materialien: Mietrechtsreformgesetz von 2001 (BGBl I 1149); Begr zum RegE BT-Drucks 14/4553, 58.

Schrifttum

Blank, Mietspiegel und Mietdatenbank, in: Neues Mietrecht, PiG 62 (2002) 17

Börstinghaus/Clar, Mietspiegel, Erstellung und Anwendung (2. Aufl 2013)

Stöver, Mietdatenbanken nach neuem Recht, WuM 2002, 65 = NZM 2002, 279

R Szameitat, Sackgasse Mietdatenbank? WuM 2002, 63.

Systematische Übersicht

I. Überblick _____ 1

II. Begriff _____ 4

III. Auskünfte _____ 6

I. Überblick

§ 558e BGB, der ohne Vorbild im MHRG ist, regelt die Anforderungen an sog Mietdatenbanken. Die Vorschrift muss im Zusammenhang mit § 558a Abs 2 Nr 2 BGB gesehen werden, nach dem zur **Begründung** eines Mieterhöhungsverlangens auch auf die Auskunft einer Mietdatenbank im Sinne des § 558e BGB Bezug genommen werden kann (s schon o § 558a Rn 53). Unter einer Mietdatenbank ist nach § 558e BGB eine zur Ermittlung der ortsüblichen Vergleichsmiete fortlaufend geführte Sammlung von Mieten zu verstehen, die von der Gemeinde oder von Interessenvertretern der Vermieter und Mieter gemeinsam geführt oder anerkannt wird und aus der Auskünfte gegeben werden, die ihrerseits für einzelne Wohnungen einen Schluss auf die ortsübliche Vergleichsmiete erlauben. **1**

Die Zulassung von Auskünften aus Mietdatenbanken als Begründungsmittel für Mieterhöhungsverlangen geht auf einen Vorschlag der Bund-Länder-Arbeitsgruppe „Mietrechtsvereinfachung" zurück, die den Vorteil solcher Einrichtungen vor allem in der hohen Aktualität ihrer Auskünfte über die Vergleichsmiete gesehen hatte (s den Bericht zur Neugliederung und Vereinfachung des Mietrechts [1997] S 139, 141). Das **Mietrechtsreformgesetz** von 2001 ist diesen Vorschlägen (zum Teil) gefolgt, um dem Fortschritt in der elektronischen Datenverarbeitung Rechnung zu tragen (s die Begr zum RegE BT-Drucks 14/4553, 36). **2**

Eine Mietdatenbank, wie sie dem Gesetzgeber bei § 558e BGB offenbar vorschwebte, existierte lediglich eine Zeitlang in **Hannover** (s Blank PiG 62 [2002] 17, 31 f; Börstinghaus, Hdb Kap 6 Rn 145; Szameitat WuM 2002, 63; Stöver WuM 2002, 65 = NZM 2002, 279), hat aber ihre Tätigkeit eingestellt, seit es einen Mietspiegel für Hannover und Umgebung gibt (Börstinghaus/Clar Mietspiegel Tz 357). Die Einrichtung neuer Mietdatenbanken ist offenbar an keinem Ort mehr geplant, sodass § 558e BGB heute **ohne praktische Bedeutung** ist. **3**

II. Begriff

Mietdatenbanken sind nach § 558e BGB (gewerbliche) Einrichtungen, **die** (möglichst viele) Daten zwecks Ermittlung der ortsüblichen Vergleichsmiete sammeln, diese Daten entsprechend den Vorgaben des § 558 Abs 2 BGB ordnen und struk- **4** turieren, dh entsprechend den Wohnwertmerkmalen gliedern, sowie schließlich durch die Ermittlung durchschnittlicher ortsüblicher Mieten auswerten. **Zweck** der Einrichtung muss gerade die Ermittlung der ortsüblichen Vergleichsmiete auf dem genannten Wege sein. Einrichtungen mit einer anderen Zwecksetzung wie zB die Dateien der Finanzämter oder von Maklern oder Verbänden scheiden als Mietdatenbanken aus (BÖRSTINGHAUS/CLAR Mietspiegel Tz 357). Ebensowenig bilden Anzeigen in der Tagespresse oder Eintragungen auf Internetportalen eine Mietdatenbank (AG München WuM 2018, 773 = ZMR 2019, 43, 44 – Immobilienscout 24).

5 Hinzukommen muss schließlich noch nach § 558e BGB, dass die Mietdatenbank gerade von einer Gemeinde oder von Interessenvertretern der Mieter *und* Vermieter gemeinsam geführt oder doch anerkannt wird. Ausreichend ist folglich auch die Führung der Mietdatenbank durch einen **Dritten**, insbesondere also durch ein gewerbliches Unternehmen, in Verbindung mit der Anerkennung durch die Gemeinde *oder* durch Interessenvertreter der Mieter und Vermieter gemeinsam.

III. Auskünfte

6 Sind die genannten Voraussetzungen (o Rn 4 f) erfüllt, so können Auskünfte der Mietdatenbank, die für einzelne Wohnungen einen Schluss auf die ortsübliche Vergleichsmiete zulassen, (nur) als **Begründungsmittel** nach § 558a Abs 2 Nr 2 BGB verwandt werden. In welcher Form diese Auskünfte gegeben werden, ist nicht geregelt (s oben § 558a Rn 53). In Betracht kommen in erster Linie anonymisierte oder identifizierbare Hinweise auf Vergleichswohnungen, die Nennung eines Mittelwerts der gespeicherten Mieten für vergleichbare Wohnungen oder eine aus diesem Datenmaterial abgeleitete Spanne, innerhalb derer sich dann (angeblich) die Miete für vergleichbare Wohnungen in der Gemeinde bewegen soll (BLANK PiG 62 [2002] 17, 32; BÖRSTINGHAUS NZM 2000, 583, 593; STÖVER WuM 2002, 65 = NZM 2002, 279, 283 f). In jedem Fall muss die **Auskunft** so gestaltet werden, dass sie im Sinne des § 558e BGB für einzelne Wohnungen einen Schluss auf die ortsübliche Vergleichsmiete zulässt.

§ 559
Mieterhöhung nach Modernisierungsmaßnahmen

(1) Hat der Vermieter Modernisierungsmaßnahmen im Sinne des § 555b Nummer 1, 3, 4, 5 oder 6 durchgeführt, so kann er die jährliche Miete um 8 Prozent der für die Wohnung aufgewendeten Kosten erhöhen.

(2) Kosten, die für Erhaltungsmaßnahmen erforderlich gewesen wären, gehören nicht zu den aufgewendeten Kosten nach Absatz 1; sie sind, soweit erforderlich, durch Schätzung zu ermitteln.

(3) Werden Modernisierungsmaßnahmen für mehrere Wohnungen durchgeführt, so sind die Kosten angemessen auf die einzelnen Wohnungen aufzuteilen.

(3a) Bei Erhöhungen der jährlichen Miete nach Absatz 1 darf sich die monatliche Miete innerhalb von sechs Jahren, von Erhöhungen nach § 558 oder § 560 abgesehen, nicht um mehr als 3 Euro je Quadratmeter Wohnfläche erhöhen. Beträgt die

monatliche Miete vor der Mieterhöhung weniger als 7 Euro pro Quadratmeter Wohnfläche, so darf sie sich abweichend von Satz 1 nicht um mehr als 2 Euro je Quadratmeter Wohnfläche erhöhen.

(4) Die Mieterhöhung ist ausgeschlossen, soweit sie auch unter Berücksichtigung der voraussichtlichen künftigen Betriebskosten für den Mieter eine Härte bedeuten würde, die auch unter Würdigung der berechtigten Interessen des Vermieters nicht zu rechtfertigen ist. Eine Abwägung nach Satz 1 findet nicht statt, wenn

1. die Mietsache lediglich in einen Zustand versetzt wurde, der allgemein üblich ist, oder

2. die Modernisierungsmaßnahme aufgrund von Umständen durchgeführt wurde, die der Vermieter nicht zu vertreten hatte.

(5) Umstände, die eine Härte nach Absatz 4 Satz 1 begründen, sind nur zu berücksichtigen, wenn sie nach § 555d Absatz 3 bis 5 rechtzeitig mitgeteilt worden sind. Die Bestimmungen über die Ausschlussfrist nach Satz 1 sind nicht anzuwenden, wenn die tatsächliche Mieterhöhung die angekündigte um mehr als 10 Prozent übersteigt.

(6) Eine zum Nachteil des Mieters abweichende Vereinbarung ist unwirksam.

Materialien: MHRG § 3; Mietrechtsreformgesetz von 2001 (BGBl I 1149); Begr zum RegE BT-Drucks 14/4553, 36, 58; § 559 BGB; Mietrechtsänderungsgesetz von 2013 (BGBl 2013 I 434); Begr zum RegE, BT-Drucks 17(2012)/10485; Ausschussbericht, BT-Drucks 17(2012)/11894; Mietrechtsanpassungsgesetz von 2018 (BGBl I 2648); Begr zum RegE BT-Drucks 19 (2018)/4672; Ausschussbericht BT-Drucks 19 (2018)/6153.

Schrifttum

ARTZ/BÖRSTINGHAUS, Das Mietrechtsanpassungsgesetz, NZM 2019, 12
BLANK, Mietrecht und Energieeffizienz, WuM 2008, 311
BÖRSTINGHAUS, Hdb, Kap 15 S 645
ders, Aktuelle Entwicklungen bei der Mieterhöhung, NZM 1999, 881
ders, Modernisierungsmieterhöhung nach den Reformen, in: Die Mietzahlung, PiG 97 (2014) 81
ders, Ungereimtheiten bei Geltendmachung wirtschaftlicher Härtegründe, NZM 2014, 689
ders, Auswirkungen der Modernisierung auf die Miete, in: Bauliche Maßnahmen in der Mietwohnung, PiG 105 (2017) 37
ders/EISENSCHMID/ESSER, Modernisierungshandbuch (2014)
D BOTH, Duldung und Mieterhöhung bei großflächiger Sanierung von Wohnungsbeständen, NZM 2001, 78
BUB/TREIER/SCHULTZ, Hdb Rn III 1454
DAVID/BUSSE, Erhaltung, Ersetzung und Modernisierung aus juristischer, technischer und empirischer Sicht, WuM 2020, 325
DERLEDER, Erhaltung Modernisierung und Umstrukturierung des Wohnungsbestandes, in: Erhaltung des Wohnungsbestandes durch Instandhaltung, Instandsetzung und bauliche Änderung, PiG 16 (1984) 1
EISENSCHMID, Das Mietrechtsanpassungsgesetz, WuM 2019, 225 1
V EMMERICH, Mieterschutz als Modernisierungshemmnis, in: Miete und Wohnversorgung, PiG 33 (1991) 55
B FLATOW, Die energetischen Anforderungen an das Wohnen heute und morgen, NZM 2008, 785

FLEINDL, Modernisierung von Wohnraum und Mieterhöhung, in: Auswirkungen gesellschaftlicher Änderungen auf das Mietrecht, PiG 99 (2015) 111 = NZM 2016, 65
GOLIASCH, Zur Mietzinserhöhung bei baulichen Veränderungen an denkmalgeschützten Wohngebäuden, ZMR 1992, 129
GUTEKUNST, Die Mieterhöhung nach Modernisierungen und anderen baulichen Änderungen in nicht preisgebundenen Wohnungen, PiG 16 (1984) 149
HANNEMANN, Auswirkungen einer fehlenden oder unzureichenden Modernisierungsankündigung auf die Mieterhöhung nach § 559 BGB, in: 10 Jahre Mietrechtsreformgesetz (2011) 687
HINZ, Modernisierungsmieterhöhung nach der Mietrechtsänderung, NZM 2013, 209
ders, Praktische Sicht auf das Mietrechtsanpassungsgesetz, ZMR 2019, 557, 645
KUMMER, Der Konflikt zwischen dem Gestaltungsrecht des Vermieters und dem Bestandsschutz des Mieters bei § 559 BGB, WuM 2020, 313
LANGENBERG, Mietzinserhöhung bei Modernisierung, in: Der Mietzins als Gegenleistung, PiG 40 (1993) 59
LEHMANN-RICHTER, Maßgebender Zeitpunkt für die Beurteilung des Härtegrundes „Mieterhöhung", WuM 2013, 541
MERSSON, Mieterhöhung bei Modernisierung, DWW 2009, 122
PFEIFFER, Kabelfernsehen und Neue Medien im Mietrecht, in: FS Blank (2006) 349
RAABE, Der finanzielle Härteeinwand, WuM 2020, 673
CHR RINGEL, Erneuerbaren Energien und Modernisierung, WuM 2009, 71
RÖDL/vRESTORFF, Das geltende Mietrecht – Vermieterbegünstigungsrecht, WuM 2020, 57
P SCHOLZ, Wohnraummodernisierung und Mieterhöhung, WuM 1995, 87
W SEITZ, Wie wirkt sich die Modernisierung von Heizungsanlagen durch den Vermieter oder Wärmelieferer auf den Mietzins aus?, ZMR 1993, 1
SONNENSCHEIN, Das Mieterhöhungsverlangen bei baulicher Änderung und Kapitalkostenerhöhung für nichtpreisgebundenen Wohnraum, in: Der Mietzins für Wohnraum unter besonderer Berücksichtigung des neuen Mietrechts, PiG 13 (1983) 65
STERNEL, Mietzinserhöhung bei Modernisierung, in: Miete und Wohneigentum in den neuen Bundesländern, PiG 41 (1993) 45
ders, Wohnraummodernisierung nach der Mietrechtsreform, NZM 2001, 1058 = in: Neues Mietrecht, PiG 62 (2002) 89
ders, Konsequenzen des Duldungsanspruchs für den Mieter, in: Energiewende, PiG 95 (2013) 15
K THOMSEN, Modernisierung von preisfreiem Wohnraum durch den Vermieter (1998)
UDE, Belastungen des Mieters durch bauliche Änderungen, in: Erhaltung des Wohnungsbestandes durch Instandhaltung, Instandsetzung und bauliche Änderung, PiG 16 (1984) 59
J WAGNER/HAPP, Das Mietrechtsanpassungsgesetz – Änderungen und Auswirkungen auf die Praxis, DWW 2019, 124
WEITEMEYER, Das Mieterhöhungsverfahren nach künftigem Recht, WuM 2001, 171 = NZM 2001, 563
WOLTER, Mietrechtlicher Bestandsschutz (1984).

Systematische Übersicht

I.	Überblick	1
II.	Anwendungsbereich	8
III.	Wahlrecht des Vermieters	9
IV.	Bauherr	14
V.	**Erhöhungsbetrag**	
	1. Überblick	23
	2. Jährliche Miete	25
	3. Berücksichtigungsfähige Kosten	26
	4. Finanzierungskosten, Mietausfall	32
	5. Aufwendungsersatz	33

VI.	Erhaltungsmaßnahmen (§ 559 Abs 2)	35	2. Nicht zu rechtfertigende Härte	55
			3. Ausnahmen	62
			a) Versetzung in einen allgemein üblichen Zustand	62
VII.	Wirtschaftlichkeitsgebot	40		
VIII.	Umlageschlüssel	42	b) Vom Vermieter nicht zu vertretende Umstände	68
			4. Ausschlussfrist	70
IX.	Kappungsgrenze	46		
X.	Härteklausel		XI. Abweichende Vereinbarungen	74
1.	Überblick, Fristen	51		

Alphabetische Übersicht

Abweichende Vereinbarungen	74 f	Finanzierungskosten	32
Anwendungsbereich	8		
Aufteilung der umlagefähigen Modernisierungskosten	42	Härteklausel	51
Aufwand, unnötiger	40	Instandsetzungsmaßnahmen	35
Bauherr	14 ff	Jährliche Miete	25
– Erschließungskosten	21		
– Mietermodernisierung	21	Kappungsgrenze	4, 46 f
Baukosten	26 ff		
Beweislast	38 f	Luxusmaßnahmen	56
Erhaltungsmaßnahmen	35 f	Mietermodernisierung	22
Erhöhungsbetrag	23 ff		
– Baukosten	26 ff	Nichtzuvertretende bauliche Maßnahmen	68
– Finanzierungskosten	32		
– Instandsetzungskosten	35 f	Umlageschlüssel	42
– Umlageschlüssel	46		
		Wirtschaftlichkeitsgebot	40 f

I. Überblick

§ 559 Abs 1 BGB idF von 2018 begründet ein **Recht des Vermieters zur einseitigen Mieterhöhung** (nur) bei Modernisierungsmaßnahmen im Sinne des § 555b Nr 1, 3, 4, 5 und 6 BGB, nicht also in den Fällen des § 555b Nr 2 und 7 BGB, und zwar durch die Bestimmung, dass der Vermieter in diesem Fall die jährliche Miete um 8 % der für die Wohnung aufgewandten Kosten erhöhen kann. Zu den für die Wohnung aufgewandten Kosten im Sinne des § 559 Abs 1 BGB gehören jedoch nicht die Kosten für Erhaltungsmaßnahmen, die gegebenenfalls zu schätzen sind (§ 559 Abs 2 BGB). Abs 3 der Vorschrift fügt hinzu, dass die Kosten angemessen auf die einzelnen Wohnungen aufzuteilen sind, wenn die Maßnahmen für mehrere Wohnungen durchgeführt wurden. Die mögliche Mieterhöhung wird außerdem der Höhe nach seit 2019 durch die im Jahr 2018 eingeführte Kappungsgrenze in § 559 Abs 3a begrenzt. § 559 Abs 4 S 1 BGB enthält den zweiten Teil der früher einheitlich in § 554

Abs 2 S 3 aF geregelten Härteklausel unter Beschränkung auf die finanziellen Auswirkungen der Modernisierungsmaßnahme in Gestalt der Erhöhung der Miete sowie gegebenenfalls der Betriebskosten, sofern nicht einer der beiden Ausnahmetatbestände des § 559 Abs 4 S 2 BGB eingreift (= § 554 Abs 2 S 4 aF). Abs 5 der Vorschrift überträgt schließlich noch die Regelung über die Ausschlussfrist für die Geltendmachung von Härtegründen in § 555 Abs 2–5 BGB auf den zweiten in § 559 Abs 4 BGB geregelten Teil der Härteklausel.

2 Die geltende Fassung des § 559 BGB beruht auf dem **Mietrechtsänderungsgesetz** von 2013 sowie dem **Mietrechtsanpassungsgesetz** von 2018. § 559 nF entspricht, von der Regelung des zweiten Teils der Härteklausel abgesehen (die sich früher in § 554 aF befand), im Kern dem früheren § 559 BGB, der seinerseits auf § 3 Abs 1 S 1 und 2 MHRG aF beruhte, ergänzt seit 2018 durch die schon länger geplante Einführung einer Kappungsgrenze in § 559 Abs 3a. Die restlichen Regelungen des früheren § 3 MHRG finden sich aus Gründen besserer Übersichtlichkeit in den verselbständigten Vorschriften der §§ 559a und 559b BGB, die gleichfalls durch das Mietrechtänderungsgesetz von 2013 in einzelnen Punkten geändert wurden, im Kern aber beibehalten worden sind.

3 Der Gesetzgeber hat bisher an dem Recht des Vermieters zur Mieterhöhung bei Modernisierungsmaßnahmen festgehalten, weil er einen **(finanziellen) Anreiz zur Durchführung von Wohnungsmodernisierungen** einschließlich neuerdings insbesondere der energetischen Modernisierungsmaßnahmen im Sinne des § 555b Nr 1 BGB für erforderlich hält (s die Begr zum RegE von 2001 BT-Drucks 14/4553, 36, 58; die Begründung zum RegE von 2012 BT-Drucks 17/10.485, 24 = NZM 2011, 424). Derartige Modernisierungsmaßnahmen mögen zwar im öffentlichen Interesse liegen (so die Begr zum RegE von 2001 BT-Drucks 14/4553, 58 [l Sp u]; ebenso zB BGH 28. 4. 2004 – VIII ZR 185/01, NJW 2004, 2088 = NZM 2004, 456 = WuM 2004, 344, 345; 19. 9. 2007 – VIII ZR 60/07, NJW 2007, 3565 Tz 15 = NZM 2007, 882 = WuM 2007, 630; Lützenkirchen/Dickersbach Rn 13; Schmidt-Futterer/Börstinghaus Rn 5 ff). Darüber darf man indessen nicht die **Problematik** der Regelung aus den Augen verlieren. Sie beruht vor allem darauf, dass die §§ 555b und 559 BGB im Zusammenwirken dem Vermieter das Recht verleihen, *entgegen § 311 Abs 1 BGB* den **Vertragsgegenstand** und mit diesem auch die **Miete** während des Laufs des Vertrages *einseitig* zum Nachteil des Mieters zu **ändern** (s schon Emmerich, PiG 33 [1991] 55 ff; Langenberg, PiG 40 [1993] 59, 61 ff; Rödl/vRestorff WuM 2020, 57, 58; Schmidt-Futterer/Börstinghaus Rn 2). Zugleich stellt die Regelung im Rahmen des Vergleichsmietensystems (§§ 558 ff BGB) einen **Systembruch** dar, weil hier im Grunde Elemente der Kostenmiete in die gesetzliche Regelung einfließen (LG Berlin WuM 2019, 205, 208 = ZMR 2019, 403 = GE 2019, 389, 390; Börstinghaus PiG 105 [2017], 37, 38; Weitemeyer WuM 2001, 171, 177 f = NZM 2001, 563). Deshalb sollte § 559 – entgegen einer verbreiteten Meinung – möglichst **restriktiv** ausgelegt werden (s § 559b Rn 20; ebenso LG Berlin WuM 2019, 205, 208 = ZMR 2019, 403 = GE 2019, 389, 390; Börstinghaus PiG 105 [2017] 37, 38; Börstinghaus, Hdb Kap 15 Rn 8; BeckOGK/Schindler [1. 10. 2020] Rn 10; Schmidt-Futterer/Börstinghaus Rn 2). Nach wie vor offen ist, ob von der Regelung des § 559 tatsächlich wie erhofft (oder befürchtet) Anreize für die Modernisierung von Wohnraum ausgehen (skeptisch zB Sternel PiG 62 [2002] 89, 125 ff = NZM 2001, 1058). Weit wie wichtiger dürfte in der Tat das allgemeine wirtschaftliche Umfeld sein. Darauf deutet nicht zuletzt die Beobachtung hin, dass die anhaltende Niedrigzinsphase zu einem spürbaren Anstieg der Wohnraummodernisierungen – mit entsprechenden problematischen Folgen für die Miethöhe – geführt hat (so auch die Begr von 2018, S 21 ff; der Ausschussbericht von 2018, S 21 f; Eisenschmidt WuM 2019, 225, 234 f).

Um hier gegenzusteuern, hatte die Bundesregierung bereits in der letzten Legislaturperiode von 2013 bis 2017 spürbare **Einschränkungen** bei der Regelung des § 559 geplant, zu denen es dann jedoch wegen der Uneinigkeit der Koalitionspartner nicht mehr gekommen war. Nach den Wahlen von 2017 wurden die Pläne zur Einschränkung des § 559 erneut aufgegriffen. Ergebnis ist das **Mietrechtsanpassungsgesetz** von 2018, durch das der Betrag, um den nach der Modernisierung von Wohnraum die Miete erhöht werden kann, (erneut) auf 8 % der aufgewandten Kosten reduziert wurde, und zwar – entgegen den ursprünglichen Plänen – generell und auf Dauer, verbunden mit der erstmaligen Einführung einer noch während der Beratungen des Gesetzes weiter verschärften Kappungsgrenze, die sich jetzt in Abs 3a der Vorschrift findet (s schon Staudinger/V Emmerich [2021] Vorbem 19 zu § 535, u Rn 46 ff, die Begr von 2018, S 23 ff; den Ausschussbericht, S 21 f). Die neuen Vorschriften sind am 1. 1. 2019 in Kraft getreten und sind seitdem auf sämtliche bestehenden und neuen Wohnraummietverhältnisse anzuwenden. Lediglich wenn dem Mieter die Ankündigung der Modernisierungsmaßnahmen gemäß § 555c Abs 1 bis zum 31. 12. 2018 zugegangen ist, verbleibt es bei der früheren, für den Vermieter günstigeren Rechtslage (Art 229 § 49 Abs 1 EGBGB; einschränkend für sehr frühe Modernisierungsankündigungen, mit denen Vermieter versuchen, sich die frühere günstige Rechtslage zu erhalten, OLG München 15. 10. 2019 – MK 1/19, WuM 2019, 624, 629 ff = NZM 2019, 933; dazu ausführlich Börstinghaus WuM 2019, 690; Kappus NZM 2019, 941).

Modernisierungsmaßnahmen werden häufig in die dem Mieter überlassene Wohnung eingreifen und beeinträchtigen dann, wenn auch nur vorübergehend, den ihm vom Vermieter geschuldeten vertragsgemäßen Gebrauch (§ 535 Abs 1 BGB). In derartigen Fällen stellt sich zunächst die Frage nach der **Duldungspflicht** des Mieters. Diese Frage beurteilt sich – unabhängig von § 559 – nach § 555d BGB sowie gegebenenfalls nach § 242 BGB. Davon zu trennen ist die Frage nach den Auswirkungen der Modernisierungsmaßnahme auf die Miethöhe. Es geht dabei einmal um das Recht des Mieters zur **Minderung** der Miete wegen der Beeinträchtigung seines vertragsgemäßen Gebrauchs durch die Modernisierungsmaßnahme gemäß § 536 Abs 1, wobei lediglich im Falle des § 555 Nr 1 das Minderungsrecht des Mieters vorübergehend ausgeschlossen ist (s Staudinger/V Emmerich [2021] § 536 Rn 13 ff). Es geht zum anderen um das Recht des Vermieters zur **Erhöhung** der Miete wegen der mit der Modernisierungsmaßnahme verbundenen Verbesserung der Mietsache für den Mieter. Nur damit beschäftigt sich § 559 BGB durch die Normierung der Voraussetzungen, unter denen aus Anlass der Modernisierungsmaßnahme der Vermieter einseitig die Miete erhöhen kann.

Unter der früheren Fassung der einschlägigen Vorschriften (§§ 555d und 559 BGB) war umstritten, ob das Recht des Vermieters zur Mieterhöhung die Pflicht des Mieters zur Duldung der Modernisierungsmaßnahme voraussetzte. Die überwiegende Meinung ging seinerzeit dahin, dass das Recht des Vermieters zur Mieterhöhung nach § 559 aF davon abhing, dass der Mieter *zur Duldung* der fraglichen Maßnahmen nach § 554 aF *verpflichtet* war, wozu für den Regelfall insbesondere gehörte, dass der Vermieter seiner Ankündigungspflicht (heute aus § 555c BGB) fristgerecht nachgekommen war (**Duldungstheorie**; OLG Hamm OLGZ 1981, 329 = NJW 1981, 1622 = WuM 1981, 129; OLG Karlsruhe NJW 1984, 62 = WuM 1983, 314, 315).

7 Diese Diskussion hat sich mittlerweile zumindest teilweise durch die Reform von 2013 erledigt, da aus § 559b folgt, dass der Vermieter die Miete bei Modernisierungsmaßnahmen iS des § 555b Nr 1 und Nr 3 bis Nr 6 BGB auch bei einem Verstoß gegen die *Ankündigungspflicht* aus § 555c BGB erhöhen kann, wenn auch mit Verzögerungen, obwohl der Mieter dann – mangels Fälligkeit der Duldungspflicht – an sich nicht zur Duldung der Modernisierungsmaßnahme verpflichtet war. Für den anderen hier relevanten Fall, den Verstoß der Maßnahmen gegen die *Härteklausel* des § 555d Abs 2 (bei dem die Duldungspflicht des Mieters gleichfalls entfällt), ist damit zwar noch nichts entschieden; gleichwohl folgert die überwiegende Meinung heute aus der partiellen **Entkoppelung** von Duldungspflicht und Mieterhöhung durch § 559b Abs 2 Nr 1, dass dasselbe auch in dem anderen relevanten Fall gelten müsse (so zB MünchKomm/Artz Rn 10; Bub/Treier/Schulze, Hdb Rn III 1473 ff; Schmidt-Futterer/Börstinghaus Rn 15; ders, Hdb Kap 15 Rn 16; Lützenkirchen/Dickersbach Rn 24 ff). Dies ist indessen keineswegs zwingend (deshalb aM BeckOGK/Schindler [1. 10. 2020] Rn 25). Es lässt sich allenfalls sagen, dass der Mieter wohl häufig treuwidrig, weil widersprüchlich handeln dürfte, wenn er einerseits seine fehlende Duldungspflicht (wegen des Verstoßes der Maßnahmen gegen die Härteklausel) nicht durchsetzt, andererseits aber später gerade deshalb eine Mieterhöhung ablehnt (§ 242).

II. Anwendungsbereich

8 § 559 BGB gilt im Gegensatz zu § 555d BGB allein für **Wohnraummietverhältnisse**, soweit nicht einer der Ausnahmetatbestände des § 549 Abs 2 und 3 BGB eingreift (s § 578 Abs 2 BGB). Keine Rolle spielt, ob der Vermieter die Modernisierungsmaßnahmen freiwillig oder aufgrund behördlicher Anordnung vorgenommen hat. Eine Anwendung des § 559 BGB ist jedoch **ausgeschlossen**, wenn die Parteien ausdrücklich oder konkludent etwas anderes vereinbart haben (§ 557 Abs 3 BGB). Dasselbe gilt unter den Voraussetzungen des § 557a Abs 2 S 3 BGB, dh bei Vereinbarung einer Staffelmiete, sowie nach § 557b Abs 2 S 2 BGB bei Vereinbarung einer Indexmiete, in diesem Fall freilich mit Ausnahme der Modernisierungsmaßnahmen nach § 555b Nr 6 BGB.

III. Wahlrecht des Vermieters

9 Nach der Durchführung von Modernisierungsmaßnahmen hat der Vermieter ein Wahlrecht (s schon o § 558 Rn 59 f). Er ist nicht etwa gezwungen, nach § 559 BGB vorzugehen, wenn er die Miete erhöhen will, sondern kann stattdessen auch, wie vor allem § 558 Abs 5 BGB zeigt, den **Weg über § 558 BGB** wählen (so schon der Rechtsausschuss BT-Drucks 7/2368, 4; zB OLG Hamm NJW-RR 1993, 399 = WuM 1993, 106 usw bis LG Berlin GE 2015, 1531; 2016, 105). Damit eröffnen sich für den Vermieter im Wesentlichen folgenden Möglichkeiten, um zu einer Mieterhöhung nach der Durchführung von Modernisierungsmaßnahmen zu gelangen (ausführlich Fleindl PiG 99 [2015] 112, 118, 122 ff = NZM 2016, 65; BeckOGK/Schindler [1. 10. 2020] Rn 20 ff): Er kann sich erstens darauf **beschränken**, die Miete nach Durchführung der Modernisierungsmaßnahmen aufgrund des **§ 559 BGB** zu erhöhen, wobei er dann lediglich die §§ 559a und 559b BGB zu beachten braucht. Er ist in diesem Fall nicht an die Obergrenze der ortsüblichen Vergleichsmiete gebunden. Obergrenzen für eine Mieterhöhung ergeben sich hier vielmehr allein aus den verschiedenen Wucherverboten des § 138 BGB, des § 5 WiStG und des § 291 StGB (ebenso OLG Karlsruhe NJW 1984, 62 = WuM 1983, 314; LG Berlin GE 1997, 1579, 1581; 1998, 42; LANGENBERG PiG 40 [1993] 59, 77).

Stattdessen kann der Vermieter zweitens, wenn die nach § 559 BGB erhöhte Miete (s Rn 9) immer noch hinter der ortsüblichen Vergleichsmiete für modernisierte Wohnungen zurückbleiben sollte, anschließend die Miete nach § **558 BGB** bis zur Höhe der ortsüblichen Miete für **vergleichbare modernisierte Wohnungen** erhöhen, und zwar in dem Verfahren nach den §§ 558a ff BGB; er muss dann freilich die Kappungsgrenze des § 558 Abs 3 sowie gegebenenfalls die Kürzungsbeträge aufgrund des § 558 Abs 5 beachten. Als vergleichbar iS des § 558 Abs 1 BGB sind dabei andere entsprechend modernisierte Wohnungen zu berücksichtigen, selbst wenn deren Miete gleichfalls zuvor nach § 559 BGB erhöht wurde (Bericht des Rechtsausschusses BT-Drucks 7/2368, 4; OLG Hamm NJW-RR 1993, 399 = WuM 1993, 106; LG Hamburg WuM 1989, 82; LG Essen WuM 1994, 217; MERSSON DWW 2009, 122, 129 f). **10**

Der Vermieter hat ferner drittens die Möglichkeit, sofort nach § 558 BGB vorzugehen und als Vergleichsmaßstab die Miete **für andere** ebenso **modernisierte Wohnungen** zu wählen. Jedoch hat es dann bei dieser Mieterhöhung sein Bewenden; eine anschließende nochmalige Erhöhung der schon erhöhten Miete durch Umlage der Modernisierungskosten nach § **559 BGB** ist **nicht möglich** (OLG Hamm NJW 1983, 289, 290 = ZMR 1983, 102; NJW-RR 1993, 399 = WuM 1993, 106; LG Berlin GE 2017, 592; AG Osnabrück ZMR 1989, 340 = WuM 1989, 635; AG Köln WuM 1990, 520; AG Dortmund WuM 1985, 339; – anders jetzt BGH 16. 12. 2020 – VIII ZR 367/18 Rn 20 ff für die Differenz zwischen der nach § 558 BGB möglichen Mieterhöhung und der weitergehenden Mieterhöhung, die nach § 559 BGB möglich ist). **11**

Der Vermieter muss dann freilich die **Kappungsgrenze** des § 558 Abs 3 beachten, wobei jedoch nach überwiegender Meinung zu seinen Gunsten die an sich nach § 559 BGB umlagefähigen **Modernisierungskosten unberücksichtigt** bleiben sollen. Zur Begründung wird meistens auf § 558 Abs 3 S 1 BGB verwiesen, nach dem bei einer Mieterhöhung gemäß § 558 BGB bei der Berechnung der Kappungsgrenze Mieterhöhungen nach den §§ 559 bis 560 BGB aus den letzten drei Jahren unberücksichtigt bleiben. Daraus wird der Schluss gezogen, aus Gründen der Gleichbehandlung müsse ebenso verfahren werden, wenn der Vermieter nach einer Modernisierungsmaßnahme direkt nach § 558 BGB vorgeht, sodass die Kappungsgrenze in beiden Fällen gleichermaßen von der Ausgangsmiete ohne den Modernisierungszuschlag nach § 559 BGB zu berechnen sei (OLG Hamm NJW-RR 1993, 399 = WuM 1993, 106; BÖRSTINGHAUS, Hdb Kap 15 Rn 17; SCHMIDT-FUTTERER/BÖRSTINGHAUS § 558 Rn 174; LÜTZENKIRCHEN-DICKERSBACH Rn 43). **12**

Zwingend ist dieser Schluss (s Rn 12) nicht (s § 558 Rn 60; FLEINDL PiG 99 [2015] 112, 119 ff = NZM 2016, 65). Die hM läuft darauf hinaus, dem Vermieter eine Kombination der beiden Mieterhöhungsverfahren nach § 558 und § 559 BGB zu ermöglichen. Das widerspricht indessen offenkundig der Systematik der gesetzlichen Regelung und ist auch nicht notwendig, da der Vermieter ohnehin, wie gezeigt, eine Vielzahl von Möglichkeiten besitzt, die Miete nach Modernisierungsmaßnahmen zu erhöhen. Denn er kann sich schließlich viertens auch noch bei einer Mieterhöhung nach § 558 **13**

BGB an der ortsüblichen Miete für andere **nicht modernisierte Wohnungen** orientieren und danach **zusätzlich** einen Modernisierungszuschlag nach **§ 559 BGB** verlangen, muss dies dann aber in der Mieterhöhungserklärung nach § 559b BGB deutlich zum Ausdruck bringen (OLG Hamm NJW 1983, 289, 290 = ZMR 1983, 102; NJW-RR 1993, 399 = WuM 1993, 106 = ZMR 1993, 161; LG Berlin GE 2015, 1531; 2017, 592; AG Schöneberg GE 1991, 577).

IV. Bauherr

14 Nach § 559 Abs 1 BGB kommt eine Mieterhöhung nur in Betracht, wenn es gerade der „Vermieter" war, der Modernisierungsmaßnahmen iS des § 555b Nr 1 und Nr 3 bis Nr 6 BGB „durchgeführt" hat. **Vermieter und Bauherr** müssen maW grundsätzlich **identisch** sein. Hierin liegt eine bewusste Abweichung von früheren, vergleichbaren, preisrechtlichen Vorschriften, die allein auf die *Pflicht* des Vermieters zur Tragung der Kosten der Modernisierungsmaßnahmen abgestellt hatten. Für eine Mieterhöhung nach § 559 BGB ist daher nur Raum, wenn die fraglichen Maßnahmen gerade vom **Vermieter** (allein oder zusammen mit Dritten; enger MERSSON DWW 2009, 122, 127 f) während der Mietzeit **im eigenen Namen und auf eigene Rechnung** in Auftrag gegeben worden waren, wobei es natürlich keinen Unterschied macht, ob er die Maßnahmen auch selbst durchführt oder von anderen für sich und auf seine Rechnung durchführen lässt, wie es bei Baumaßnahmen wohl die Regel sein dürfte (BGH 22. 2. 2006 – VIII ZR 362/04, ZMR 2006, 595 = NJW 2006, 2185, 2186 Tz 11 = NZM 2006, 534; BayObLGZ 1981, 214 = NJW 1981, 2259 = WuM 1981, 208; OLG Hamm NJW 1983, 2331 = WuM 1983, 287; BÖRSTINGHAUS Hdb Kap 15 Rn 19; ders PiG 70 [2005] 65, 85 f; SCHMIDT-FUTTERER/BÖRSTINGHAUS Rn 26 ff; SONNENSCHEIN PiG 13 [1983] 65, 71; LANGENBERG PiG 40 [1991] 59, 71 f; KINNE ZMR 2001, 868; 2003, 396, 397; STERNEL NZM 2001, 1058, 1065). Verstirbt der Vermieter vor oder nach Abschluss der baulichen Maßnahmen, so gehen seine Rechte aus § 559 BGB nach § 1922 BGB auf die **Erben** über (SCHMIDT-FUTTERER/BÖRSTINGHAUS Rn 32; LÜTZENKIRCHEN/DICKERSBACH Rn 55; BeckOGK/SCHINDLER [1. 10. 2020] Rn 37).

15 Probleme ergeben sich aus der geschilderten Rechtslage (s Rn 14) zunächst im Falle der **Veräußerung** des vermieteten Grundstücks *während oder nach* Abschluss der Modernisierungsmaßnahmen. Früher wurde in diesem Fall überwiegend angenommen, dass dann der **Erwerber**, sofern der Veräußerer die Miete nicht bereits erhöht hatte, trotz seines Eintritts in den Mietvertrag (§ 566 BGB) *nicht* zur Mieterhöhung nach § 559 BGB befugt sei, weil er nicht Auftraggeber der fraglichen Maßnahmen und deshalb auch *nicht Bauherr* im Sinne des § 559 BGB war (s LANGENBERG PiG 40 [1993] 59, 71; STERNEL PiG 41 [1993] 45, 48). Dagegen hat das **KG** in zwei Rechtsentscheiden aus dem Jahre 2000 dem **Erwerber** das Recht zugebilligt, selbst die Miete nach § 559 BGB zu erhöhen, gleichgültig, ob die Maßnahme **vor oder nach** seinem **Eintritt** in den Mietvertrag abgeschlossen wurden, und zwar mit der Begründung, entscheidend für die Anwendung des § 559 BGB sei nur, wer Eigentümer des durch die Modernisierungsmaßnahmen verbesserten Grundstücks sei (KG NZM 2000, 652 = NJW-RR 2000, 1177 = WuM 2000, 300; WuM 2000, 482 = ZMR 2000, 757 = NJW-RR 2001, 81).

16 Diese Meinung hat im Schrifttum mittlerweile überwiegend **Zustimmung** gefunden (BEUERMANN GE 1994, 733, 734; BÖRSTINGHAUS Hdb Kap 15 Rn 26; ders PiG 70 [2005] 65, 85 f; SCHMIDT-FUTTERER/BÖRSTINGHAUS Rn 32; LÜTZENKIRCHEN/DICKERSBACH Rn 53; KINNE ZMR 2001, 868; 2003, 396, 397; MERSSON DWW 2009, 122, 127; BeckOGK/SCHINDLER [1. 10. 2020]

Rn 35). *Anders* zu entscheiden ist dagegen, wenn der Grundstückserwerber noch **vor** seiner **Eintragung** im Grundbuch Modernisierungsarbeiten vornimmt, in diesem Fall, weil er in dem maßgebenden Zeitpunkt noch nicht Vermieter ist (§ 566 BGB; AG Hamburg WuM 1987, 30; 1987, 356; Langenberg PiG 40 [1993] 59, 71; BeckOGK/Schindler [1. 10. 2020] Rn 36; **aM** LG Düsseldorf WuM 1998, 231 f; Beuermann GE 1994, 733, 734; Börsinghaus Hdb Kap 15 Rn 27; Lützenkirchen/Dickersbach Rn 54; Mersson DWW 2009, 122, 126).

Dieselben Regeln (s Rn 15 f) gelten in den sog **Umwandlungsfällen**, dh bei Modernisierungsmaßnahmen *vor Umwandlung* einer Wohnung in eine Eigentumswohnung und deren Veräußerung (**aM** Langenberg PiG 40 [1993] 59, 71; Mersson DWW 2009, 122, 127; Sternel, Mietrecht Rn III 769). Der Erwerber kann folglich die Miete nach § 559 BGB erhöhen, obwohl er an sich nicht Bauherr ist. Ebenso wird entschieden, wenn der Erwerber in den von dem ehemaligen Vermieter abgeschlossenen Generalübernehmervertrag mit einem Dritten eintritt (KG KGR 2000, 380; Börsinghaus, Hdb Kap 15 Rn 24). Unklar ist die Rechtslage bei Arbeiten, die die **Wohnungseigentümergemeinschaft** (unter Einschluss des Vermieters) in Auftrag gegeben hatte. Trotz ihrer heute anerkannten partiellen Rechtsfähigkeit (§ 10 Abs 6 WEG) dürfte es hier aber bei der Anwendung des § 559 BGB bleiben (zweifelnd Börsinghaus, Hdb Kap 15 Rn 24 sowie BeckOGK/Schindler [1. 10. 2020] Rn 34), während bei Arbeiten, die der Verwalter im eigenen Namen in Auftrag gegeben hatte, für eine Anwendung des § 559 BGB kein Raum sein wird (Schmidt-Futterer/Börsinghaus Rn 30). 17

Unanwendbar ist die Vorschrift ferner, wenn die Modernisierungsmaßnahmen zB von einem **Wärmecontraktor** auf eigene Rechnung durchgeführt wurden, weil hier der Bauherr der Wärmecontraktor und eben nicht der Vermieter ist (BGH 22. 2. 2006 – VIII ZR 362/04, NJW 2006, 2185, 2186 Tz 11 = NZM 2006, 534). 18

Im Verhältnis zum **Untermieter** ist Vermieter **allein** der **Hauptmieter** und Untervermieter, sodass nach dem Gesagten (o Rn 14) nur von *diesem* durchgeführte Maßnahmen unter § 559 fallen, vorausgesetzt zudem, dass es sich nicht um einen Fall des § 549 Abs 2 Nr 2 handelt (Schmidt-Futterer/Börsinghaus Rn 28; Börsinghaus, Hdb Kap 15 Rn 22; Lützenkirchen/Dickersbach Rn 50; BeckOGK/Schindler [1. 10. 2020] Rn 30 f). Hat dagegen der **Hauptvermieter** die Modernisierungsmaßnahmen vorgenommen, so kann nur *er* die Miete (allein) im Verhältnis zum Hauptmieter nach § 559 BGB erhöhen. Im Verhältnis zwischen Hauptmieter und Untermieter kommt dann höchstens eine Mieterhöhung nach § 558 BGB in Betracht (Mersson DWW 2009, 122, 127; Sternel, Mietrecht Rn III 768). 19

Ebenso zu entscheiden ist im Grundsatz in den Fällen der **gewerblichen Zwischenvermietung**, wobei indessen zu beachten ist, dass das Hauptmietverhältnis hier ein gewerbliches Mietverhältnis darstellt, auf das § 559 BGB keine Anwendung findet (s Rn 8; Börsinghaus Hdb Kap 15 Rn 23; Lützenkirchen/Dickersbach Rn 51; Mersson DWW 2009, 122, 127; BeckOGK/Schindler [1. 10. 2020] Rn 32 f). Bei Modernisierungsmaßnahmen des gewerblichen Zwischenvermieters dürfte nach Beendigung der Zwischenvermietung wegen des Eintritts des Hauptvermieters in den Vertrag nach § 565 BGB ebenso wie in den Fällen des § 566 (s Rn 15) die Vorschrift des § 559 BGB durchaus anwendbar sein, nicht dagegen bei Modernisierungsmaßnahmen des Hauptvermieters vor Beendigung der Zwischenvermietung (Schmidt-Futterer/Börsinghaus Rn 29; BeckOGK/Schindler [1. 10. 2020] Rn 33). 20

21 § 559 BGB findet ferner **keine Anwendung**, wenn die fraglichen Maßnahmen **von Dritten**, wenn auch letztlich auf Kosten des Vermieters durchgeführt werden. Wichtig ist dies vor allem für die **Erschließungskosten**, die zwar letztlich der Vermieter zu tragen hat, die er aber nach dem Gesagten (o Rn 14) *nicht* nach § 559 BGB auf die Mieter weiter abwälzen kann (OLG Hamm WuM 1983, 287 = NJW 1983, 2331; LG Hildesheim WuM 1985, 340; LG Lübeck WuM 1981, 44; KINNE ZMR 2001, 868; 2003, 396, 397; BÖRSTINGHAUS, Hdb Kap 15 Rn 28; SCHMIDT-FUTTERER/BÖRSTINGHAUS Rn 34 f; BeckOGK/SCHINDLER [1. 10. 2020] Rn 39). Beispiele sind die Umstellung von Stadtgas auf Erdgas oder der Bau von Zufahrtsstraßen oder Entwässerungsanlagen (LG Lübeck WuM 1981, 44). *Anders* zu beurteilen sind lediglich **vom Vermieter** selbst in Auftrag gegebene **Anschlussarbeiten**, selbst wenn er nach öffentlichem Recht zur Vornahme der Arbeiten verpflichtet ist (s Rn 8; LG Wiesbaden WuM 1982, 77, 78; BÖRSTINGHAUS, Hdb Kap 15 Rn 29).

22 **Modernisierungsmaßnahmen des Mieters** kann der Vermieter nicht zum Anlass von Mieterhöhungen nach § 559 BGB nehmen (vgl § 559b Abs 1 BGB und dazu u § 559b Rn 5). Das gilt selbst dann, wenn der Vermieter dem Mieter die Kosten erstattet, weil er allein dadurch nicht zum Bauherrn wird (AG Gelsenkirchen ZMR 1987, 340; BÖRSTINGHAUS Hdb Kap 15 Rn 25; SCHMIDT-FUTTERER/BÖRSTINGHAUS Rn 31; STERNEL PiG 16 [1984] 105, 118 f). Die Frage ist freilich umstritten, weil es im Ergebnis keine Rolle spielen dürfe, ob der Vermieter beliebige Dritte wie einen Bauunternehmer oder eben den Mieter mit der Durchführung der Modernisierungsarbeiten beauftrage (deshalb für die Anwendung des § 559 hier LÜTZENKIRCHEN-DICKERSBACH Rn 57 ff; MERSSON DWW 2009, 122, 126.). Indessen macht es offenbar wenig Sinn, wenn man es dem Vermieter gestattete, von ihm dem Mieter ersetzte Kosten für Modernisierungsmaßnahmen anschließend dem Mieter wieder über § 559 BGB zu belasten. § 559 BGB ist dagegen der Tat anwendbar, wenn nach den vom Mieter durchgeführten Modernisierungsmaßnahmen der Vermieter weitere Maßnahmen ergreift, die ihrerseits unter § 555b BGB fallen.

V. Erhöhungsbetrag

1. Überblick

23 Nach § 559 Abs 1 BGB *kann* der Vermieter nach Durchführung der Modernisierungsmaßnahmen die jährliche Miete um 8 % (nur) der für die betreffende Wohnung aufgewandten Kosten erhöhen. Ausgenommen sind jedoch die Kosten, die (zum Zeitpunkt der Durchführung der Maßnahme ohnehin) für Erhaltungsmaßnahmen nach § 535 Abs 1 S 2 erforderlich gewesen wären (§ 559 Abs 2 BGB). Seit 2019 wird die mögliche Erhöhung der Miete außerdem durch die neue Kappungsgrenze des § 559 Abs 3a beschnitten (u Rn 46 ff). Sind die fraglichen Maßnahmen für mehrere Wohnungen durchgeführt worden, so sind die Kosten zuvor angemessen auf die einzelnen Wohnungen aufzuteilen (§ 559 Abs 2 BGB). In bestimmten Fällen sind jedoch die Kosten um verschiedene Kürzungsbeträge zu verringern (§ 559a BGB).

24 Diese pauschalisierte Regelung wurde gewählt, um dem Vermieter einen **Anreiz** zu geben, in die Wohnungsmodernisierung zu investieren (s Rn 3). Deshalb garantiert ihm das Gesetz im Rahmen des § 559 BGB auf jeden Fall eine **angemessene Verzinsung** des eingesetzten Kapitals. Die Folge ist, dass der Erhöhungsbetrag ein Teil der dem Vermieter geschuldeten Miete wird (BGH 10. 10. 2007 – VIII ZR 131/06, NJW 2008, 848 = NZM 2008, 124, 125 Rn 16 = WuM 2007, 707) und auch dann noch zu zahlen ist, wenn die Kosten der Modernisierung längst amortisiert sind. Die neue erhöhte Miete kann dann später nur noch einheitlich **nach § 558 BGB erhöht** werden. Abweichende Vereinbarungen, etwa in der Form, dass der Erhöhungsbetrag stets neben der Miete als Zuschlag zu zahlen ist, sind nicht möglich (§§ 558 Abs 6, 559 Abs 6 BGB; BGH 10. 10. 2007 – VIII ZR 131/06, NJW 2008, 848 = NZM 2008, 124, 125 Rn 16 = WuM 2007, 707).

2. Jährliche Miete

§ 559 Abs 1 BGB gestattet eine Erhöhung der „jährlichen Miete" um 8 %. Gemeint ist damit der **zwölffache Betrag der zuletzt aktuell gezahlten Monatsmiete**, *nicht* die *Summe* der in den letzten zwölf Monaten vor der Mieterhöhung nach § 559 BGB monatlich gezahlten Mieten. Beide Beträge können, müssen sich aber nicht decken; sie sind vielmehr unterschiedlich, wenn es in dem fraglichen Zeitraum zu Mieterhöhungen oder Mietsenkungen gekommen ist, etwa nach den §§ 558 oder 536 (Begr zum RegE BT-Drucks 14/4553, 58 [r Sp]; BÖRSTINGHAUS, Hdb Kap 15 Rn 79; SCHMIDT-FUTTERER/BÖRSTINGHAUS Rn 22 ff; MERSSON DWW 2009, 122 128; STERNEL PiG 41 [1993] 45, 62; LANGENBERG PiG 40 [1993] 59, 75; THOMSEN, Modernisierung 138 ff; früher str). 25

3. Berücksichtigungsfähige Kosten

Nach § 559 Abs 1 BGB kann die jährliche Miete (s Rn 25) um 8 % der (tatsächlich) für die betreffende Wohnung aufgewandten Kosten erhöht werden. Gemeint sind damit die **Baukosten einschließlich der Baunebenkosten**, und zwar in ihrer Gesamtheit (zur Abgrenzung s BÖRSTINGHAUS, Hdb Kap 15 Rn 51 ff; MERSSON DWW 2009, 122, 128 f; STERNEL, Mietrecht Rn III 784 ff; THOMSEN, Modernisierung 136 ff). Definitionen der beiden Begriffe Baukosten und Baunebenkosten finden sich (nur) für den preisgebundenen Wohnraum in den **§§ 5, 7 und 8 der II. BV** iVm der Anlage 1 zu § 5 Abs 5 der Verordnung. In dem hier allein interessierenden **preisfreien Wohnraum** kann nur mit Vorsicht auf diese gesetzlichen Definitionen zurückgegriffen werden, weil die mietpreisrechtlichen Vorschriften anderen Zwecken als § 559 BGB dienen (OLG Hamburg OLGZ 1981, 367 = NJW 1981, 2820 = WuM 1981, 152; BÖRSTINGHAUS, Hdb Kap 15 Rn 56). Insbesondere ist im Rahmen des § 559 BGB kein Raum für den Ansatz kalkulatorischer Kosten; maßgebend sind vielmehr allein die **tatsächlich** für die betreffende Wohnung **aufgewandten Bau- und Baunebenkosten**, die sich grundsätzlich aus einer Addition der Rechnungsbeträge der Bauhandwerker und des Architekten ergeben. Bei **unentgeltlich gewährten Leistungen des Mieters oder Dritter** kommt ein Ansatz fiktiver Kosten daher nicht in Betracht (OLG Hamburg OLGZ 1981, 367 = NJW 1981, 2820 = WuM 1981, 152; SCHMIDT-FUTTERER/BÖRSTINGHAUS Rn 74). **Rabatte** und Skonti, die der Vermieter erreicht hat, sind in Abzug zu bringen (BÖRSTINGHAUS, Hdb Kap 15 Rn 53; SCHMIDT-FUTTERER/BÖRSTINGHAUS Rn 56; BeckOGK/SCHINDLER [1. 10. 2020] Rn 59). Dasselbe gilt, wenn der Vermieter nachträglich unter Berufung auf Mängel der Werkleistungen eine *Minderung* des ihm in Rechnung gestellten Werklohns erreicht oder wenn er ausnahmsweise aus dem Verkauf ausgebauter alter Teile und Materialien noch einen Erlös zu erzielen vermag (MERSSON DWW 2009, 122, 126). 26

Maßgebend ist folglich nur, welche Kosten *tatsächlich* durch Ausführung der betreffenden Maßnahmen *entstanden* sind. Nicht erforderlich ist dagegen, dass der Vermieter die einzelnen Maßnahmen bereits **bezahlt** hat; es genügt vielmehr die Vorlage 27 der Rechnungen der einzelnen Handwerker, aus denen sich die Kosten ergeben (s § 559b Rn 5). Werden Dritte einschließlich zB des Mieters zu offenkundig **überhöhten Preisen** tätig, so ist nur der objektive Wert bei den Baukosten als Gegenleistung des Vermieters anzusetzen. Ungeschriebenes Tatbestandsmerkmal ist schließlich noch nach überwiegender Meinung, dass die vom Vermieter tatsächlich aufgewandten Kosten **notwendig** waren (sogenanntes **Wirtschaftlichkeitsgebot**, u Rn 40 f). *Nicht* zu berücksichtigen sind daher zB die Kosten, die durch die Beauftragung von **Schwarzarbeitern** entstehen (Schmidt-Futterer/Börstinghaus Rn 57; BeckOGK/Schindler [1. 10. 2020] Rn 61).

28 Zu den berücksichtigungsfähigen **Baunebenkosten** gehören alle Kosten, die in adäquatem Zusammenhang mit Modernisierungsmaßnahmen für die betreffende Wohnung stehen (Börstinghaus, Hdb Kap 15 Rn 60; Kinne ZMR 2003, 396, 397 f). **Beispiele** sind die Kosten einer behördlichen Genehmigung für die Durchführung der Maßnahmen, die **Architekten-, Ingenieur- und Statikerkosten**, vorausgesetzt, dass die Hinzuziehung eines Architekten, Ingenieurs oder Statikers nach Umfang und Schwierigkeit der Maßnahmen erforderlich war (LG Berlin GE 2007, 985, 986; AG Köln WuM 1990, 226; Börstinghaus PiG 105 [2017] 37, 43 f; BeckOGK/Schindler [1. 10. 2020] Rn 67 f), sowie die Kosten der Projektplanung.

29 Weitere **Beispiele** sind die Kosten der Baustelleneinrichtung, der Absperrung der Gehwege, der Abdeckung der Dachflächen, der Gitternetze sowie der Aufstellung eines Gerüstes oder der **Beseitigung von Schäden und Verunreinigungen**, die durch die Maßnahmen verursacht wurden (Börstinghaus, Hdb Kap 15 Rn 60; Schmidt-Futterer/Börstinghaus Rn 60 ff; Kinne ZMR 2003, 396, 397 f), selbst wenn es sich dabei um **Schönheitsreparaturen** handelt, die nach dem Mietvertrag an sich dem Mieter obliegen, außer wenn die Schönheitsreparaturen zufällig gerade bei Abschluss der Modernisierungsmaßnahmen (ebenfalls) fällig sein sollten (Börstinghaus, Hdb Kap 15 Rn 63; Schmidt-Futterer/Börstinghaus Rn 66; Börstinghaus PiG 105 [2017] 37, 45; BeckOGK/Schindler [1. 10. 2020] Rn 69 f). Im Falle des Anschlusses der Wohnung an ein Kabelfernsehnetz gehören hierher schließlich noch etwaige Anschlussgebühren des Betreibers sowie die gesamten Kosten der technischen Installation einschließlich der Kosten der ausgetauschten Kabel, Stecker, Verteiler usw (Pfeiffer, in: FS Blank 349, 365 f).

30 Bei einer Reihe von Kosten hängt die Einordnung als Bau- oder Baunebenkosten von den Umständen des Einzelfalles ab. Das gilt zunächst für **Eigenleistungen** des Vermieters (vgl § 9 der II. BV). Ihr Wert wird als Baukosten nur anerkannt, sofern der Vermieter fachmännisch vorgegangen ist, sodass durch seine Tätigkeit tatsächlich Kosten eingespart wurden (Börstinghaus, Hdb Kap 15 Rn 55; Lützenkirchen/Dickersbach Rn 87 f; BeckOGK/Schindler [1. 10. 2020] Rn 63; Sternel, Mietrecht Rn III 784). Unter dieser Voraussetzung können vom Vermieter für seine Leistungen die Kosten eines Handwerkers, freilich ohne Mehrwertsteuer, angesetzt werden (Börstinghaus, Hdb Kap 15 Rn 55; Schmidt-Futterer/Börstinghaus Rn 58).

31 *Nicht* dazu gehören dagegen die allgemeinen Kosten der **Vermögensverwaltung** einschließlich der Kosten zB für Besprechungen, Ausschreibungen oder die Überwachung der Baustelle, die der Vermieter immer selbst tragen muss (Mersson DWW 2009, 122, 128). Ebenso zu behandeln sind **Rechtsberatungskosten**, selbst wenn sie für die ordnungsmäßige Formulierung einer Modernisierungsankündigung nach § 555c

BGB erforderlich sein sollten, weil dies offenkundig keine für eine Wohnung aufgewandte Modernisierungskosten sind (anders Lützenkirchen/Dickersbach Rn 71 f). Dasselbe gilt schließlich noch für die Kosten der späteren Instandhaltung des neuen Zustandes (sog **Folgekosten**; Mersson DWW 2009, 122, 121).

4. Finanzierungskosten, Mietausfall

Den Gegensatz zu den Baukosten bilden die Finanzierungs- und Kapitalbeschaffungskosten des Vermieters; sie werden durch den pauschalen 8 %igen Aufschlag auf die jährliche Miete abgegolten, der dem Vermieter auch dann verbleibt, wenn die eigentlichen Baukosten längst durch die Mieterhöhung amortisiert sind (OLG Hamburg OLGZ 1981, 367 = NJW 1981, 2820; Börstinghaus, Hdb Kap 15 Rn 63 f; Mersson DWW 2009, 122, 128 f; Sternel, Mietrecht Rn III 785). Nicht zu berücksichtigen sind ferner ein etwaiger **Mietausfall**, den der Vermieter während der Durchführung der Maßnahmen erleidet, weil der Mieter die Minderung sonst auf dem Umweg über 559 BGB selbst bezahlen müsste (§ 536 BGB; Börstinghaus, Hdb Kap 15 Rn 62; BeckOGK/Schindler [1. 10. 2020] Rn 64; anders Schläger ZMR 2011, 623 f), sowie **Schadensersatzleistungen** des Vermieters aufgrund des § 536a BGB (Lützenkirchen/Dickersbach Rn 77). 32

5. Aufwendungsersatz

Nach § 555d Abs 6 iVm § 555a Abs 3 S 1 BGB hat der Vermieter Aufwendungen, die der Mieter infolge einer Modernisierungsmaßnahme machen muss, in angemessenem Umfang zu ersetzen (s oben § 555d Rn 18 ff). Beispiele für derartige Aufwendungen sind die Kosten für die Unterbringung des Mieters und seiner Angehörigen in einem Hotel während der Modernisierungsarbeiten sowie die Kosten für die Beseitigung von Schäden an Möbeln oder an der Dekoration, die auf die fraglichen Maßnahmen zurückgehen. Nach heute wohl überwiegender Meinung gehören auch derartige vom Vermieter dem Mieter ersetzte Aufwendungen zumindest teilweise zu den Kosten der Modernisierungsmaßnahme, die der Vermieter über § 559 BGB dann wieder auf den Mieter abwälzen kann. Zur Begründung wird meistens angeführt, auch bei derartigen Aufwendungen handele es sich um für die einzelne Wohnung aufgewandte Kosten iS des § 559 Abs 1, sodass es keinen Unterschied machen dürfe, ob der Vermieter mit den betreffenden Arbeiten beliebige Dritte oder eben den Mieter beauftrage (Börstinghaus, Hdb Kap 15 Rn 59; Schmidt-Futterer/Börstinghaus Rn 61 f;; Börstinghaus PiG 105 [2017] 37, 43 f; Lützenkirchen/Dickersbach Rn 78 f; Gutekunst PiG 16 [1984] 149, 158; Mersson DWW 2009, 122, 128; BeckOGK/Schindler [1. 10. 2020] Rn 65 f). 33

Diese Auffassung hat mittlerweile jedenfalls für **Dekorationsschäden** aus Anlass von Modernisierungsmaßnahmen des Vermieters die Billigung des BGH gefunden, weil es auf dasselbe hinauslaufe, ob der Vermieter die Schäden selbst beseitigt (so dass er Ersatz der aufgewandten Kosten verlangen könne) oder ob er dem Mieter die Kosten erstattet (BGH 30. 3. 2011 – VIII ZR 173/10, ZMR 2011, 622 = NJW 2011, 1499 Rn 15 f = NZM 2011, 358 = WuM 2011, 293; zust Disput NJW 2011, 3003; Schläger ZMR 2011, 623). Dem ist *nicht* zu folgen, weil nach § 559 Abs 2 BGB Kosten, die für *Erhaltungsmaßnahmen* erforderlich gewesen wären, nicht zu den Baukosten im Sinne des § 559 Abs 1 BGB gehören (s Rn 35; ebenso LG Berlin WuM 2019, 591, 592 = ZMR 2019, 948; Herrlein/ 34

KANDELHARD/BOTH § 559 Rn 115 f mwNw; HINZ NZM 2013, 209, 222; STERNEL, Mietrecht Rn III 785, ders PiG 41 [1993] 45, 61 f; THOMSEN, Modernisierung 136 f). Die Beseitigung von Dekorationsschäden gehört nun aber unbestreitbar zu den dem Vermieter nach § 535 Abs 1 S 2 obliegenden **Erhaltungskosten**, gleichgültig, ob der Mieter oder der Vermieter die Schönheitsreparaturen zu tragen hat (§ 535 Abs 1 S 2 BGB).

VI. Erhaltungsmaßnahmen (§ 559 Abs 2)

35 Nach § 559 Abs 2 BGB gehören Kosten, die für Erhaltungsmaßnahmen erforderlich gewesen wären, nicht zu den vom Vermieter für Modernisierungsmaßnahmen aufgewandten Kosten im Sinne des § 559 Abs 1 BGB; diese Kosten sind, soweit erforderlich, durch Schätzung zu ermitteln. Das Gesetz zieht mit dieser Regelung die gebotenen Folgerungen aus den §§ 535 Abs 1 S 2, 555a und 555b BGB. Nach § 535 Abs 1 S 2 BGB obliegt die Erhaltung der Mietsache in einem zum vertragsgemäßen Gebrauch geeigneten Zustand dem Vermieter, sodass er die Kosten von Erhaltungsmaßnahmen grundsätzlich selbst tragen muss, während er bei Modernisierungsmaßnahmen iSd § 555b Nr 1 und Nr 3 bis Nr 6 einen Teil der Kosten aufgrund des § 559 Abs 1 auf den Mieter umlegen kann. Daraus ergibt sich die Notwendigkeit einer rechnerischen **Trennung der Kosten** von Erhaltungs- und Modernisierungsmaßnahmen, wenn beides in *einer* baulichen Veränderung zusammentrifft. Man spricht dann von modernisierender Instandsetzung oder auch von einer Instand- oder **Instandsetzungsmodernisierung**. Paradigmata sind die Ersetzung alter, verrotteter Fenster durch eine moderne Isolierverglasung sowie die Ersetzung alter, nicht mehr funktionsfähiger Heizkessel durch moderne Niedrigtemperaturkessel. In diesen Fällen müssen somit die dem Vermieter entstandenen **Gesamtkosten**, notfalls im Wege der Schätzung (§ 287 Abs 2 ZPO), gemäß § 559 Abs 2 BGB auf die Modernisierungs- und die Instandsetzungsmaßnahmen **aufgeteilt** werden. Im Rahmen des § 559 BGB zu berücksichtigen ist **nur** der auf die **Modernisierungsmaßnahmen** entfallende Teil der Kosten, um zu verhindern, dass der Vermieter letztlich über § 559 BGB den ihm an sich obliegenden Erhaltungsaufwand durch die Verbindung mit Modernisierungsmaßnahmen auf den Mieter abwälzen kann.

36 Bei den Instandsetzungsmaßnahmen musste man nach bisher überwiegender Meinung im Rahmen des § 559 weiter danach unterscheiden, ob die Maßnahmen im Augenblick der Durchführung der Modernisierungsmaßnahme bereits **fällig** sind oder ob es sich um erst in der Zukunft vermutlich anfallenden **(fiktive)**, momentan aber noch nicht fällige Instandsetzungsmaßnahmen handelt. § 559 Abs 2 wurde allein auf die Kosten von **Instandsetzungsmaßnahmen** angewandt, die im Augenblick der Vornahme der Modernisierungsmaßnahmen bereits **fällig** waren, und zwar *einschließlich* der sog *Sowiesokosten,* dh solcher Kosten, die wie zB die Kosten eines Gerüstes, der Planen oder der Fangnetze bei Sanierung einer Fassade zwar nur einmal anfallen, aber auch bei Beschränkung der Maßnahmen auf eine bloße Instandsetzung angefallen wären (BGH 17. 5. 2001 – III ZR 283/00, LM Nr 13 zu § 3 VermG [Bl 2] = NZM 2001, 686 = WuM 2001, 398; OLG Hamm OLGZ 1981, 329 = NJW 1981, 1622 = WuM 1981, 129; OLG Hamburg WuM 1983, 13, 16 = ZMR 1981, 309; LG Görlitz WuM 1997, 228; LG Berlin GE 2003, 122, 123; 2013, 419; GE 2017, 592, 593; BÖRSTINGHAUS, Hdb Kap 15 Rn 67; SCHMIDT-FUTTERER/BÖRSTINGHAUS Rn 70; LÜTZENKIRCHEN/DICKERSBACH Rn 92; KINNE ZMR 2003, 396, 398; MERSSON DWW 2009, 122, 126; BeckOGK/SCHINDLER [1. 10. 2020] Rn 71). Anders beurteilt wurden dagegen bloße **fiktive zukünftige Reparaturkosten**: Sie standen nach überwiegender Meinung den

fälligen Reparaturkosten nicht gleich, sodass kein Raum für die Anwendung des § 559 *Abs 2* BGB war, wenn der Vermieter zwar alte, aber durchaus noch *brauchbare* Anlagen oder Einrichtungen durch *bessere* Anlagen oder Einrichtungen ersetzt, wenn er zB alte, aber noch brauchbare Fenster durch moderne isolierverglaste Fenster ersetzt. In diesem Fall schied maW ein Abzug der ersparten fiktiven, *zukünftigen* Reparaturkosten von den Gesamtkosten der Maßnahme aufgrund des § 559 Abs 2 aus (OLG Hamm OLGZ 1981, 329 = NJW 1981, 1622 = WuM 1981, 129; OLG Celle WuM 1981, 151; OLG Hamburg WuM 1983, 13, 16 = ZMR 1981, 309; Börstinghaus, Hdb Kap 15 Rn 69; Schmidt-Futterer/Börstinghaus Rn 72; Lützenkirchen/Dickersbach Rn 89 f; BeckOGK/Schindler [1. 10. 2020] Rn 72; Thomsen, Modernisierung 137 f).

Gegen diese Auffassung (Rn 36) war schon früh eingewandt worden, dass sie es dem Vermieter ermögliche, die Kosten für zukünftige Erhaltungsmaßnahmen, die an sich ihn als Vermieter treffen (§ 535 Abs 1 S 2 BGB), letztlich dadurch auf den Mieter abzuwälzen, dass er die in Zukunft anstehenden Reparaturmaßnahmen vorzieht und mit Modernisierungsmaßnahmen verbindet, um – entgegen dem Zweck des § 559 Abs 2 – die Kosten der Erhaltungsmaßnahmen zusammen mit den Modernisierungskosten nach § 559 auf den Mieter abwälzen zu können (s zB Emmerich PiG 33 [1991] 55, 69; Sternel, Mietrecht Rn III 788 f; ders PiG 41 [1993] 45, 61). Diese Auffassung hat nunmehr – letztlich aus denselben Erwägungen heraus – auch die Billigung des BGH gefunden (BGH 17. 6. 2020 – VIII ZR 81/19 Rn 37, 44 ff, WuM 2020, 493 = NZM 2020, 745). Von den Modernisierungskosten sind folglich fortan auch die geschätzten **Kosten** für erst **zukünftig fällig werdende Erhaltungsmaßnahmen** abzuziehen, wobei sich die Schätzung dieser Kosten an der üblichen Lebensdauer der fraglichen Gegenstände, zB der erneuerten Fenster, sowie an der bereits eingetretenen Abnutzung dieser Gegenstände zu orientieren hat (BGH 17. 6. 2020 – VIII ZR 81/19 Rn 45, WuM 2020, 493). 37

Der Vermieter, der die Miete nach Durchführung von Modernisierungsmaßnahmen gemäß § 559 BGB erhöhen will, trägt die **Beweislast** für alle Voraussetzungen, von denen das Gesetz in § 559 BGB die Mieterhöhung abhängig macht. Das gilt auch, wenn zwischen den Parteien streitig ist, ob im Rahmen des § 559 Abs 1 BGB bestimmte Positionen berücksichtigungsfähig sind (BGH 17. 6. 2020 – VIII ZR 81/19 Rn 29, WuM 2020, 493; LG Braunschweig WuM 1990, 158; AG Neunkirchen WuM 1991, 560; AG Neumünster WuM 1992, 258; Hinz NZM 2013, 209, 223; Sternel PiG 41 [1993] 45, 61). Der Vermieter muss folglich darlegen und gegebenenfalls beweisen, dass es sich bei den auf den Mieter umgelegten Kosten tatsächlich um solche für Modernisierungsmaßnahmen im Sinne des § 555b Nr 1 oder Nr 3 bis Nr 6 und nicht um solche für Erhaltungsmaßnahmen im Sinne der §§ 535 Abs 1 8 S 2 und 555a BGB handelt (§ 559 Abs 2 BGB). In den zahlreichen Grenzfällen, in denen letztlich unklar bleibt, ob eine bestimmte Baumaßnahme noch eine bloße Erhaltungsmaßnahme oder schon eine Modernisierungsmaßnahme darstellt, ist darauf abzustellen, worauf der **Schwerpunkt** der Maßnahmen liegt, dh ob die fragliche Maßnahme in erster Linie der Beseitigung von Mängeln (dann bloße Erhaltungsmaßnahme) oder schon der Modernisierung iS des § 555b BGB dient (zB AG München ZMR 2015, 943). Entsprechend ist die betreffende Maßnahme dann insgesamt einzuordnen; die in der Praxis in Zweifelsfällen beliebte quotale Aufteilung der Kosten widerspricht dem Gesetz (ebenso BeckOGK/Schindler [1. 10. 2020] Rn 31). 38

Erst wenn auf diese Weise die Baumaßnahme gedanklich in eine Erhaltungs- und 39 eine Modernisierungsmaßnahme aufgeteilt ist, können anschließend die als solche feststehenden **Gesamtkosten** auf die Kosten für eine Erhaltungsmaßnahme und eine Modernisierungsmaßnahme **aufgeteilt** werden. Soweit dem Vermieter möglich, muss er dabei die ersparten Erhaltungskosten nach den aktuellen Stundensätzen und Materialkosten berechnen. Mit Rücksicht darauf empfiehlt es sich, vor der Durchführung der Maßnahme einen **Kostenvoranschlag** für die Erhaltungsmaßnahmen einzuholen (Lützenkirchen/Dickersbach Rn 92 f). Die *Differenz* zwischen den konkret ermittelten Kosten der fiktiven isolierten Erhaltungsmaßnahme und den tatsächlichen Gesamtkosten sind dann die *Modernisierungskosten* iS des § 559 Abs 1 BGB. Lediglich dann, wenn auf dem geschilderten Weg mit zumutbarem Aufwand eine Berechnung und Aufschlüsselung der Kosten nicht möglich ist, bleibt Raum für eine **Schätzung**, wobei übertriebene Anforderungen fehl am Platze sind (§ 287 ZPO; § 559 Abs 2 BGB; s Hinz NZM 2013, 209, 223; Sternel PiG 62 [2002] 89, 120 f = NZM 2001, 1058; – dagegen für eine funktionale Aufteilung der Kosten je nach ihrem Beitrag zur Erhaltung und zur Modernisierung der Mietsache David/Bosse WuM 2020, 385, 393 ff). Ebenso wie bei § 287 ZPO scheidet aber eine Schätzung „ins Blaue hinein" aus; die Schätzung muss vielmehr auf möglichst konkreten Anknüpfungstatsachen beruhen (Schmidt-Futterer/Börstinghaus Rn 72).

VII. Wirtschaftlichkeitsgebot

40 Der Vermieter muss bei der Auswahl der Handwerker und Materialien wirtschaftlich vorgehen (s Rn 27). Dieses so genannte Wirtschaftlichkeitsgebot folgt aus der Verpflichtung des Vermieters, die nötige Rücksicht auf die Interessen des Mieters zu nehmen (§§ 241 Abs 2, 242 BGB). Der Vermieter muss deshalb jeden *„unnötigen, unzweckmäßigen oder überhöhten Aufwand"* vermeiden (so BGH 17. 12. 2008 – VIII ZR 84/08, NJW 2009, 839 Tz 19 = NZM 2009, 150 = WuM 2009, 124; LG Hamburg WuM 1986, 344; Mersson DWW 2009, 122, 125; Langenberg PiG 40 [1993] 59, 76; Sternel PiG 41 [1993] 45, 60). Ein **unnötiger Aufwand** verpflichtet ihn maW ebenso wie sonstige Maßnahmen, die zu **überflüssigen Kosten** führen, zum Schadensersatz, sodass er im Ergebnis diese Kosten nicht über § 559 BGB auf den Mieter abwälzen darf (§§ 280, 249 BGB; Lützenkirchen/Dickersbach Rn 80, ff; Schmidt-Futterer/Börstinghaus Rn 59). **Luxusmaßnahmen** erfüllen auch aus diesem Grunde nicht den Tatbestand des § 559 BGB (BeckOGK/Schindler [1. 10. 2020] Rn 47, 57). Bei Abschluss eines Fernwärmelieferungsvertrages darf der Vermieter außerdem nicht mit dem Lieferanten einen *Gewinnaufschlag* vereinbaren, der auf die Mieter umgelegt werden soll, schon, weil dann nicht die Voraussetzungen der §§ 559 ff erfüllt sind (Betrug gemäß § 263 StGB; so BGH 2. 4. 2008 – 5 StR 129/07, WuM 2008, 343 Tz 10 = NZM 2009, 152, 153 = NStZ-RR 2008, 246). Ebenso verhält es sich, wenn der Vermieter mit Handwerkern oder Lieferanten vorsätzlich zusammenwirkt, um überhöhte Kosten zu „produzieren", die sodann auf die Mieter abgewälzt werden sollen (sittenwidrige Kollusion nach den §§ 138 und 826 BGB, LG Berlin WuM 2019, 591 = ZMR 2019, 948).

41 Aus dem Gesagten darf *nicht* der Schluss gezogen werden, dass der Vermieter verpflichtet sei, immer die *billigste Lösung* zu wählen oder die Maßnahmen vorher auszuschreiben (LG Hamburg WuM 1986, 344). Er kann vielmehr durchaus **auch aufwendige Materialien oder Verfahren** wählen, sofern dies nur wirtschaftlich sinnvoll ist (vgl für die Wahl von Mahagoniholz LG Hamburg WuM 1986, 344). Der Vermieter verfügt insoweit über ein **weites Ermessen**, das nur in beschränktem Umfang von den Gerichten im Rahmen des § 559 BGB überprüft werden kann. Die Darlegungs- und **Beweislast** trägt (nur) insoweit der Mieter (Lützenkirchen/Dickersbach § 559 Rn 84; Schmidt-Futterer/Börstinghaus § 559 Rn 59; BeckOGK/Schindler [1. 10. 2020] Rn 57.1, 58).

VIII. Umlageschlüssel

Nach § 559 Abs 1 BGB darf die jährliche Miete nach Modernisierungsmaßnahmen nur um 8% der gerade für die betreffende Wohnung tatsächlich aufgewandten Modernisierungskosten erhöht werden und nicht etwa auch um 8% der für andere Wohnungen aufgewandten Kosten. Grundsätzlich müssen deshalb die **Kosten nach Wohnungen aufgeschlüsselt** werden. Das ist unproblematisch, wenn die Maßnahmen nur eine einzige oder mehrere getrennte Wohnungen betreffen. Indessen gibt es offenkundig auch Fälle, in denen von den Modernisierungsmaßnahmen von vornherein gleichzeitig **mehrere oder** auch **alle Wohnungen** eines Hauses **betroffen** werden. So verhält es sich zB bei dem Einbau einer zentralen Heizungs- oder Warmwasserversorgungsanlage, bei der Einrichtung von Kinderspiel- oder Parkplätzen, bei dem Einbau eines Fahrstuhls oder bei der Verbesserung der Wärmedämmung der Fassade. Für diesen Fall bestimmt § 559 Abs 3 BGB, dass die Kosten „angemessen" auf die einzelnen Wohnungen aufzuteilen sind. Der Vermieter muss die Aufteilung folglich **nach billigem Ermessen** vornehmen, das nur im Rahmen des § 315 BGB von den Gerichten überprüft werden kann. Der Vermieter verfügt insoweit über einen Ermessensspielraum, sodass jede Lösung mit dem Gesetz vereinbar ist, die sachlich vertretbar ist und billigem Ermessen entspricht (§§ 559 Abs 2, 315 Abs 3 S 1 BGB; zB BeckOGK/Schindler [1. 10. 2020] Rn 77 f). **42**

In der Mehrzahl der Fälle wird sich nach den §§ 559 Abs 2 und 315 Abs 3 S 1 BGB die Aufteilung der Kosten auf die einzelnen Wohnungen **nach** der **Wohnfläche** zu richten haben (LG Münster WuM 2010, 93; Börstinghaus, Hdb Kap 15 Rn 74; Schmidt-Futterer/Börstinghaus Rn 77; Lützenkirchen/Dickersbach Rn 98; Mersson DWW 2009, 122, 129; Thomsen, Modernisierung 141). Daraus können sich freilich Probleme ergeben, wenn die **tatsächliche Wohnungsgröße** von der im Vertrag angegebenen nach oben oder unten abweicht (s BeckOGK/Schindler [1. 10. 2020] Rn 79 ff). In diesen Fällen sollte im Interesse der gleichmäßigen Verteilung der Kosten auf die Mieter grundsätzlich von der tatsächlichen Wohnungsgröße ausgegangen werden, und zwar sowohl bei der Gesamtfläche der Wohnungen als auch bei der Fläche der betreffenden Wohnung. Eine Ausnahme ist wohl nur zu machen, wenn in der mietvertraglichen Angabe einer kleineren Wohnungsgröße als tatsächlich vorhanden zugleich eine Ausschlussvereinbarung im Sinne des § 557 Abs 3 gesehen werden kann. **43**

Anstelle der Wohnungsgröße kommen von Fall zu Fall **auch andere Kriterien** in Betracht, soweit sachlich vertretbar (s Rn 42). Zwar wird idR eine Aufteilung der Kosten nach **Köpfen** auszuscheiden haben; wohl aber ist in geeigneten Fällen eine Kostenverteilung nach der **Anzahl der Wohnungen** vorstellbar, etwa bei den Kosten für die Herstellung eines Kabelanschlusses (LG Frankfurt WuM 1983, 115; LG Stralsund WuM 1996, 229, 230; AG Celle WuM 1992, 379; AG Düsseldorf WuM 1994, 548) sowie überhaupt bei Maßnahmen, die den Wohnwert der einzelnen Wohnungen (ohne Rücksicht auf ihre Größe) gleichmäßig erhöhen wie zB die Anlage von Spielplätzen, Grünflächen oder Parkplätzen. Bei einer **Wärmedämmung** kann dagegen, muss aber nicht zwischen Innen- und Außenwohnungen differenziert werden (Lützenkirchen/Dickers- **44**

BACH Rn 98). Außerdem können durchaus die Kosten der Wärmedämmung eines *Dachs* allein den Dachgeschosswohnungen auferlegt werden, da nur diese von den fraglichen Maßnahmen profitieren (AG Münster WuM 1997, 498; BÖRSTINGHAUS, Hdb Kap 15 Rn 77; anders LG Münster WuM 2010, 93: Wohnfläche; ebenso BeckOGK/SCHINDLER [1. 10. 2020] Rn 78), ohne dass freilich eine Verpflichtung dazu bestände. Dagegen dürfte im Regelfall für die Belastung einer Wohnung im Dachgeschoss mit den Kosten der Dämmung der Fassade kein Raum sein, weil eine Dachgeschosswohnung davon nicht profitiert (so LG Berlin GE 2019, 1579). Bei der Modernisierung von **Fenstern** ist ferner eine Aufteilung der Kosten nach der Zahl der Fenster oder der Fensterfläche denkbar. Und bei dem Einbau eines **Fahrstuhls** kann der Vermieter die Kosten von unten nach oben staffeln, wiederum ohne freilich dazu verpflichtet zu sein (s dazu STAUDINGER/V EMMERICH [2021] § 535 Rn 13; BÖRSTINGHAUS, Hdb Kap 15 Rn 76; MERSSON DWW 2009, 122, 129). Lediglich Wohnungen, die über den Fahrstuhl überhaupt nicht erreichbar sind, dürfen nicht mit den Kosten des Einbaus belastet werden (§§ 559 Abs 2, 315 Abs 3 BGB; zu den Betriebskosten s oben STAUDINGER/V EMMERICH [2021] § 535 Rn 13 sowie BGH 8. 4. 2009 – VIII ZR 128/08, NJW 2009, 2058 = NZM 2009, 478, 479 Tz 13 ff).

45 Aus § 559 Abs 3 BGB folgt ferner, dass an den Modernisierungskosten grundsätzlich **alle** betroffenen Wohnungen **gleichmäßig beteiligt** werden müssen, dass die Kosten maW nicht etwa *nur* auf *einzelne* der betroffene Mieter unter Schonung der anderen umgelegt werden dürfen. Genauso wenig dürfen Kostenanteile, die von **zahlungsunfähigen Mietern** nicht zu erlangen sind, zusätzlich den anderen aufgebürdet werden. Ebenso steht es, wenn einzelne Mieter nicht belastet werden können oder dürfen, weil mit ihnen eine Ausschlussvereinbarung getroffen wurde (§ 557 Abs 3 BGB), weil die Räume leer stehen, weil es sich um Geschäftsräume handelt oder weil der Vermieter diese Räume selbst innehat, sodass der Vermieter dann die auf die betreffenden Räume entfallenden Kosten **selbst tragen** muss (BÖRSTINGHAUS, Hdb Kap 15 Rn 73; SCHMIDT-FUTTERER/BÖRSTINGHAUS Rn 76; BeckOGK/SCHINDLER [1. 10. 2020] Rn 78; STERNEL, Mietrecht Rn III 792; THOMSEN, Modernisierung 141).

IX. Kappungsgrenze

46 Obwohl schon lange geplant, ist doch erst durch das Mietrechtsanpassungsgesetz von 2018 in § 559 eine absolute Kappungsgrenze mit Wirkung vom 1. 1. 2019 ab eingeführt worden (s schon oben Rn 4). Abs 3a S 1 der Vorschrift bestimmt seitdem, dass sich die monatliche Miete durch eine Mieterhöhung aufgrund des § 559 Abs 1 grundsätzlich innerhalb von sechs Jahren, freilich von Mieterhöhungen nach § 558 und § 560 abgesehen, nicht um mehr als drei Euro je Quadratmeter erhöhen darf; außerdem reduziert sich der maximale Erhöhungsbetrag auf zwei Euro je Quadratmeter, wenn die monatliche Miete vor der Mieterhöhung weniger als sieben Euro pro Quadratmeter beträgt. Die Kappungsgrenze wurde eingeführt, um einkommensschwache Mieter vor übermäßigen Mieterhöhungen infolge von Modernisierungsmaßnahmen zu schützen (s die Begründung von 2018, 31; den Ausschussbericht von 2018, 22). Die Gesetzesverfasser haben dazu bemerkt, die Kappungsgrenze sei so gewählt worden, dass davon die meisten Modernisierungsmaßnahmen wohl nicht betroffen würden (s dazu auch ARTZ/BÖRSTINGHAUS NZM 2019, 12, 19). Die Kappungsgrenze gilt für sämtliche Mieterhöhungen wegen Modernisierungsmaßnahmen, sofern die Mitteilung nach § 555c Abs 1 S 1 dem Mieter nach dem 31. 12. 2018 zugegangen ist (Art 229 § 49 S 1 EGBGB; s dazu schon oben Rn 3a; wegen der Einzelheiten s ARTZ/

Börstinghaus NZM 2019, 12, 18 ff; Eisenschmid WuM 2019, 225, 235 ff; Bub/Treier/Schultz, Hdb Rn III 1568.1; J Wagner/Happ DWW 2019, 124).

Die Höhe der Kappungsgrenze hängt zunächst von der Höhe der Quadratmetermiete **47** für die Wohnung ab. Nach dem Willen der Gesetzesverfasser soll dabei an die Miete „ohne Berücksichtigung von Betriebskostenvorauszahlungen oder -pauschalen" anzuknüpfen sein (Begründung von 2018, S 31), während bei Teilinklusivmieten oder Bruttomieten von der vollen Miete auszugehen sein wird (Schmidt-Futterer/Börstinghaus Rn 87a; J Wagner/Happ DWW 2019, 124, 128 f). Der maximale Spielraum für Mieterhöhungen nach § 559 Abs 1 beträgt dann bei einer Quadratmetermiete ab 7 € in sechs Jahren 3 Euro sowie bei Mieten unter 7 Euro (bis 6,99 €) 2 Euro in 6 Jahren. Die Sechsjahresfrist wird gerechnet vom Wirksamwerden der Mieterhöhung aufgrund des § 559 Abs 1 ab; wenn die bisherige Mietzeit weniger als sechs Jahre beträgt, beginnt die Frist mit Abschluss des Mietvertrages (Bub/Treier/Schultz, Hdb Rn 1568.1).

Mieterhöhungen nach § 558 und § 560 bleiben unberücksichtigt (§ 559 Abs 3a S 1 **48** BGB). Deshalb kann es für den Vermieter interessant sein, die Miete zunächst nach § 558 auf mindestens 7 Euro je Quadratmeter zu erhöhen, um dergestalt in den Genuss der höheren Kappungsgrenze von 3 Euro pro Quadratmeter zu gelangen, – ebenso wie der Vermieter aber auch umgekehrt nach einer Mieterhöhung aufgrund des § 559 immer noch die Miete erneut nach § 558 erhöhen kann, wenn die ortsübliche Vergleichsmiete (für entsprechend modernisierte Wohnungen) höher als die „gedeckelte" Miete nach § 559 ist (dagegen insbesondere Eisenschmid WuM 2019, 225, 236). Keine Rolle spielt, ob der Vermieter die Miete einmal oder mehrmals nach § 559 innerhalb der Sechsjahresfrist erhöht; in jedem Fall greift die Kappungsgrenze von 2 oder 3 Euro pro Quadratmeter in sechs Jahren ein.

Konnte der Vermieter wegen der Kappungsgrenze binnen der Sechsjahresfrist nicht **49** die gesamten Modernisierungskosten nach § 559 Abs 1 auf den Mieter umlegen, so hindert ihn wohl nichts daran, nach Ablauf der Frist wegen der restlichen Modernisierungskosten erneut die Miete nach § 559 Abs 1 zu erhöhen (ebenso Schmidt-Futterer/Börstinghaus Rn 87a; MünchKomm/Artz Rn 25). Dies widerspricht nicht dem Zweck der Regelung (so aber Eisenschmid WuM 2019, 225, 238), weil sich durch solche Vorgehensweise des Vermieters entsprechend der Spielraum für weitere Mieterhöhungen nach weiteren Modernisierungsmaßnahmen verengt. Nicht zu leugnen ist jedoch, dass die Fülle von Möglichkeiten zu Mieterhöhungen, die das Nebeneinander von § 558 und § 559 dem Vermieter eröffnet, dem Vermieter die Möglichkeit zu strategischen Verhaltensweisen zum Nachteil des Mieters verschafft; und das entspricht nun in der Tat nicht mehr dem Zweck, der mit den Änderungen des § 559 seinerzeit verfolgt wurde. Indessen wird daran im Grunde nur (erneut) deutlich, wie verfehlt es ist, mit der Vorschrift des § 559 an einer im Grunde preisrechtlichen Vorschrift in einem marktwirtschaftlichen Umfeld festzuhalten. Die ersatzlose Streichung des § 559 ist überfällig (s schon oben Rn 3f).

Die Kappungsgrenze ist auch bei Erhöhungen im vereinfachten Verfahren nach **50** § 559c zu beachten, dürfte dort indessen nur selten relevant werden (Schmidt-Futterer/Börstinghaus Rn 87c). Sie findet ferner Anwendung in den Fällen des § 559 Abs 4 S 2 BGB; die Privilegierung dieser Sonderfälle von Modernisierungen ist nicht auf die Kappungsgrenze erstreckt worden (Bub/Treier/Schultz, Hdb Rn 1568.1). Da

§ 559 im Grunde eine (überholte) preisrechtlichen Vorschrift ist, führt ein Verstoß gegen die Kappungsgrenze lediglich dazu, dass die Mieterhöhungserklärung des Vermieters unwirksam ist, soweit die geforderte Miete die Kappungsgrenze überschreitet, im Übrigen aber wirksam bleibt (Schmidt-Futterer/Börstinghaus Rn 87c).

X. Härteklausel

1. Überblick, Fristen

51 Nach § 559 Abs 4 S 1 ist eine Mieterhöhung aufgrund des § 559 Abs 1 BGB ausgeschlossen, soweit sie auch unter Berücksichtigung der voraussichtlichen künftigen Betriebskosten für den Mieter eine **Härte** bedeutete, die auch unter Würdigung der berechtigten Interessen des Vermieters nicht zu rechtfertigen ist. Hintergrund der Regelung ist die für die Rechtslage seit 2013 kennzeichnende **Zweiteilung der Härtefallprüfung** aufgrund des § 555d Abs 2 und des § 559 Abs 4 BGB (Begründung von 2012, 21, 24): Während die so genannten **personalen Härtegründe** bereits *vorweg* bei der Prüfung der Frage berücksichtigt werden, ob der Mieter die fraglichen Modernisierungsmaßnahmen überhaupt dulden muss (§ 555d Abs 2 S 1 BGB; s dazu Staudinger/V Emmerich [2021] § 555d Rn 5 ff), wobei jedoch die nach § 559 Abs 1 BGB zu erwartende Mieterhöhung ebenso wie die voraussichtlichen künftigen Betriebskosten außer Betracht bleiben (§ 555d Abs 2 S 2 HS 1 BGB), werden die **wirtschaftlichen** oder besser: **finanziellen Härtegründe** heute erst *nach* der Durchführung der Modernisierungsmaßnahme geprüft. Liegen derartige Härtegründe vor, so muss der Mieter die Modernisierung folglich zwar dulden (§ 555d BGB), braucht aber keine oder doch nur eine partielle Mieterhöhung hinzunehmen (§ 559 Abs 4 S 1 BGB). **Zweck** der Härteklausel des § 559 Abs 4 S 1 BGB ist es in erster Linie, der Gefahr von **Luxusmodernisierungen** auf Kosten des Mieters zu begegnen (BGH 20. 7. 2005 – VIII ZR 253/04, NJW 2005, 2995, 2996 = NZM 2005, 697) sowie den Mieter in seinem Besitzrecht gegen **übermäßige Mieterhöhungen** infolge von Modernisierungsmaßnahmen zu schützen (so BGH 9. 10. 2019 – VIII ZR 21/19, WuM 2019, 706 Rn 27 f = NZM 2019, 928; Raabe WuM 2020, 673).

52 *Keine* Rolle spielt die *Art* der Modernisierungsmaßnahme des Vermieters. Der Mieter kann sich gegenüber *jeder* Modernisierungsmaßnahme iS der Nr 1 oder der Nr 3 bis Nr 6 des § 555b BGB auf wirtschaftliche oder finanzielle Härtegründe berufen. Für eine Sonderbehandlung der *energetischen* Modernisierung, etwa im Interesse des Klimaschutzes, fehlt jede Begründung (BGH 9. 10. 2019 – VIII ZR 21/19, WuM 2019, 706 Rn 34 = NZM 2019, 928; – anders im Anschluss an eine Bemerkung der Gesetzesverfasser in: Begr von 2012, 24 f [r Sp u]; zB Lützenkirchen/Dickersbach § 559 Rn 106 ff; Schmidt-Futterer/Börstinghaus § 559 Rn 100 f). Zu berücksichtigen sind vielmehr bei der stets erforderlichen Interessenabwägung allein auf der einen Seite das Interesse des Mieters an der Verhinderung einer unzumutbaren Belastung durch die Mieterhöhung infolge der Modernisierungsmaßnahme sowie auf der anderen Seite das Interesse des Vermieters an der Sicherung der Refinanzierung seiner Investition und an der Erzielung einer möglichst hohen Rendite aus der Investition. Maßgeblicher **Zeitpunkt** für die Interessenabwägung ist der des *Zugangs* der Mieterhöhungserklärung des Vermieters (§ 559b BGB) bei dem Mieter. Nur Härtegründe, die bis zu diesem Zeitpunkt vorlagen, können berücksichtigt werden (LG Berlin WuM 2019, 89 und 205 = ZMR 2019, 403; Börstinghaus, Hdb Kap 15 Rn 134; ders PiG 97 [2014] 81, 85 f; ders NZM 2014, 689, 693; Lehmann-Richter WuM 2013, 511, 513 f). Den damit für den Vermieter verbundenen Risiken und Unwägbarkeiten versucht das Gesetz durch die Regelung des § 555d Abs 3 S 1 BGB zu begegnen, wonach der Mieter auch die finanziellen oder wirtschaftlichen Härtegründe spätestens bis zum Ablauf eines Monats nach Zugang der Modernisierungsankündigung des Vermieters (§ 555c BGB) mitteilen muss (s STAUDINGER/J EMMERICH [2021] § 555b Rn 13 ff).

Die Härtefallprüfung nach § 559 Abs 4 S 1 BGB unterscheidet sich in mehreren Punkten signifikant von der Prüfung nach § 555d Abs 2 S 1 BGB. Hervorzuheben ist, dass im Rahmen des § 559 Abs 4 S 1 BGB die Interessen der Familie und der Haushaltsangehörigen des Mieters ebensowenig gesondert berücksichtigt werden wie die Interessen anderer Mieter oder die Belange des Klimaschutzes und der Energieeinsparung (s Rn 52; Begründung von 2012, 24 [r Sp 3. Abs]). Bei der Abwägung stehen sich jetzt vielmehr **allein** noch die (vorrangig finanziellen) **Interessen der Vertragsparteien** gegenüber. Zu beachten ist, dass die gesetzliche Regelung nicht auf dem Alles- oder Nichts Prinzip beruht (s § 559 Abs 4 S 1 BGB: „… soweit …"), sodass die Prüfung im Einzelfall auch ergeben kann, dass die Mieterhöhung dem Mieter **nur partiell** nicht zumutbar ist, im Übrigen aber von dem Mieter hingenommen werden muss. 53

Die Härteklausel findet ausnahmsweise **keine Anwendung** unter den Voraussetzungen des § 559 Abs 4 S 2 Nr 1 und Nr 2 BGB. Die Berücksichtigung finanzieller Härtegründe setzt außerdem voraus, dass die Gründe dem Vermieter binnen der **Ausschlussfrist** des § 555d Abs 3 BGB mitgeteilt worden sind (§ 559 Abs 3 S 1 BGB). Diese Regelung mit ihren zahlreichen Ausnahmen und Gegenausnahmen ist von einer nur noch schwer zu überbietenden Komplexität (s unten Rn 70 f sowie eingehend STAUDINGER/J EMMERICH [2021] § 555d Rn 13–15 mwNw). Hervorzuheben ist, dass die Ausschlussfristen der §§ 555d Abs 3 S 1 und 559 Abs 4 S 1 BGB richtiger Meinung nach vor allem in den folgenden Fällen keine Anwendung finden : 1. wenn den Mieter an der Fristversäumnis kein Verschulden trifft (mit Gegenausnahme in § 555d Abs 4 S 2 BGB), 2. wenn die Modernisierungsankündigung (§ 555c BGB) gegen § 555c Abs 2 BGB verstößt (ebenfalls mit Gegenausnahme in § 555d Abs 4 S 2 und Abs 5 S 2 BGB), 3. wenn die Modernisierungsankündigung gegen § 555c Abs 1 S 2 BGB verstößt, wenn der Vermieter zB überhaupt eine Ankündigung unterlässt oder die Ankündigung mangelhaft ist, sowie 4. wenn die tatsächliche Mieterhöhung die angekündigte um mehr als 10 % übersteigt (§ 559 Abs 5 S 2 BGB; s Rn 70 f). Für eine Anwendung des § 559 BGB ist ferner kein Raum, wenn der Vermieter von vornherein auf eine Mieterhöhung nach *§ 559 BGB* **verzichtet**; eine theoretisch dann immer noch mögliche Mieterhöhung nach § 558 BGB bleibt außer Betracht (BGH 24. 9. 2008 – VIII ZR 275/07, NJW 2008, 3630 = NZM 2008, 883, 885 Tz 33). 54

2. Nicht zu rechtfertigende Härte

Unter den Voraussetzungen des § 559 Abs 4 S 1 ist eine Mieterhöhung ausgeschlossen, *soweit* sie unter Berücksichtigung der voraussichtlichen künftigen Betriebskosten (nur) für den Mieter eine Härte bedeutete, die auch unter Würdigung der berechtigten Interessen des Vermieters nicht zu rechtfertigen ist, wenn, anders gewendet, die Abwägung der Interessen (allein) der Vertragsparteien ergibt, dass die Mieterhöhung für den Mieter – als nicht zu rechtfertigende und damit unerträgliche oder **übermäßige Härte** – ganz oder zumindest partiell **unzumutbar** ist (grdl BGH 9. 10. 2019 – VIII ZR 21/19, WuM 2019, 706 Rn 21 ff = NZM 2019, 928). Dies entspricht – unter 55

Beschränkung auf die Abwägung der Interessen der Vertragsparteien – der früheren Rechtslage (§ 554 Abs 2 S 2 und 3 BGB aF), sodass Literatur und Rechtsprechung zu der zuletzt genannten Vorschrift weiter verwendet werden können, zumal ohnehin mit der Zweiteilung der Härteprüfung keine sachliche Änderung bezweckt war (Begründung von 2012, 21, 24).

56 Die Vorschrift des § 559 Abs 4 S 1 macht die Prüfung erforderlich, **von welcher Grenze ab** die Mietbelastung infolge einer Modernisierung unter Berücksichtigung deren Auswirkungen auf die Betriebskosten für den Mieter **nicht mehr zumutbar** ist. Diese Prüfung hat sich als ausgesprochen schwierig erwiesen, da die Frage der finanziellen Zumutbarkeit einer Mieterhöhung je nach den Einkommens- *und* Vermögensverhältnissen des Mieters durchaus differenziert zu beurteilen sein kann. Maßgebend sind infolgedessen letztlich die **Umstände des Einzelfalls**, wobei je nach Fallgestaltung sehr unterschiedliche Faktoren Berücksichtigung finden können (s Rn 59; Börstinghaus Kap 15 Rn 129 ff; ders PiG 97 [2014] 81, 84 f; Raabe WuM 2020, 673, 675 ff; Schmidt-Futterer/Börstinghaus § 559 Rn 102 ff; Lützenkirchen/Dickersbach § 559 Rn 107 ff; BeckOGK/Schindler [1. 10. 2020] Rn 91 ff). Dementsprechend betont der BGH insbesondere die Notwendigkeit einer Abwägung der Interessen der beiden Beteiligten, des Mieters und des Vermieters, unter umfassender Berücksichtigung sämtlicher Umstände des Einzelfalls (BGH 9. 10. 2019 – VIII ZR 21/19, WuM 2019, 706 Rn 21–23 = NZM 2019, 928; LG Berlin WuM 2019, 89, 205).

57 Bei der Prüfung, ob die Mieterhöhung aufgrund des § 559 Abs 1 BGB eine nicht zu rechtfertigende Härte für den Mieter im Sinne des § 559 Abs 4 BGB bedeutete, ist von dem monatlichen **Nettoeinkommen** des Mieters einschließlich etwaiger Zulagen, weiterer Nebeneinnahmen sowie staatlicher Transferleistungen wie zB eines Pflegegeldes auszugehen (LG Berlin GE 1991, 573, 575; 1992, 37; 2005, 1491, 1493; 2016, 865; 2017, 532; WuM 2010, 88; WuM 2016, 424; WuM 2019, 84, 205.). Ob dabei auch das Einkommen der Familienangehörigen, die mit dem Mieter die Wohnung teilen, zu berücksichtigen ist, ist vom Gesetz nicht entschieden, dürfte aber wohl zu bejahen sein (Börstinghaus, Hdb Kap 15 Rn 129; Lützenkirchen/Dickersbach § 559 Rn 110 ff). Der Mieter kann dagegen nicht auf mögliche zusätzliche Einnahmequellen wie etwa eine Untervermietung einzelner Räume verwiesen werden, da sich aus § 559 keine Pflicht zur Erschließung von Nebeneinnahmen ableiten lässt (LG Berlin WuM 2019, 89, 205; Schmidt-Futterer/Börstinghaus § 559 Rn 106). Unberücksichtigt bleibt ferner spekulatives zukünftiges Vermögen, etwa aus einer Erbschaft (Börstinghaus PiG 97 [2014] 81, 84 f; BeckOGK/Schindler [1. 10. 2020] Rn 93); ebenso aber auf der anderen Seite auch die Belastung des Mieters aus Krediten einschließlich Konsumentenkrediten, weil zum allgemeinen Lebensrisiko gehörig, das nicht über § 559 Abs 4 auf den Vermieter verschoben werden darf (BeckOGK/Schindler [1. 10. 2020] Rn 96).

58 Das auf die geschilderte Weise (s Rn 57) ermittelte Einkommen des Mieters ist sodann in **Vergleich** zu setzen **mit** der zukünftigen **Bruttomiete** aufgrund der Modernisierungsmaßnahmen (§ 559 BGB), und zwar unter Berücksichtigung der positiven oder negativen Effekte der Modernisierungsmaßnahme auf die zukünftigen Betriebskosten (die freilich allenfalls vage geschätzt werden können), wobei auch berücksichtigt werden muss, ob der Mieter **Anspruch auf Wohngeld** hat, während es keine Rolle spielt, ob er diesen Anspruch tatsächlich geltend macht (BGHZ 117, 217, 221 = NJW 1992, 1386; KG WuM 1982, 293; GE 2007, 907, 908; LG Köln WuM 1992, 431; LG Berlin

GE 2002, 930, 931; 2005, 1491, 1493). Entscheidend ist, ob dem Mieter (nach seiner individuellen Situation) von seinem Einkommen so viel verbleibt, dass er im Wesentlichen an seinem **bisherigen Lebenszuschnitt festhalten** kann (KG GE 2007, 907, 908; LG Berlin WuM 2010, 88; 2019, 89, 205; Börstinghaus, Hdb Kap 15 Rn 130; ders PiG 97 [2014] 81, 85; Schmidt-Futterer/Börstinghaus § 559 Rn 104 ff; Lützenkirchen/Dickersbach § 559 Rn 116 ff), wobei auf den **Zeitpunkt** des Zugangs der Mieterhöhungserklärung des Vermieters bei dem Mieter abzustellen ist, während spätere Entwicklungen unberücksichtigt bleiben (Rn 52).

Die Aufrechterhaltung des bisherigen Lebenszuschnitts des Meters trotz Mieterhöhung und gegebenenfalls Erhöhung der Betriebskosten (s Rn 58) ist (natürlich) ein **Maßstab**, der im Einzelfall nur mit großen Schwierigkeiten konkretisiert werden kann, wobei sämtliche Umstände des Einzelfalls zu berücksichtigen sind, da es letztlich auf die jeweilige individuelle wirtschaftliche Situation des Mieters bei der Abwägung ankommt (BGH 9. 10. 2019 – VIII ZR 21/19 Rn 21 ff, WuM 2019, 706 = 2019, 928; LG Berlin WuM 2019, 89, 205; Raabe WuM 2020, 673, 675 ff). Von Fall zu Fall kann dabei zB auch die Frage eine Rolle spielen, ob nicht ohnehin die betreffende Wohnung für den Mieter mit Rücksicht auf seine finanzielle Situation „viel zu groß" und schon deshalb zu teuer ist (ausführlich BGH 9. 10. 2019 – VIII ZR 21/19 Rn 25 ff, WuM 2019, 706 = 2019, 928). 59

Im Rahmen der somit stets erforderlichen Abwägung können im Einzelfall mit unterschiedlichem Gewicht auch weitere **objektive Gesichtspunkte** zu berücksichtigen sein, wie sie von verschiedenen Gerichten in der bisherigen Rechtsprechung immer wieder formuliert wurden. Besonders hervorzuheben sind in diesem Zusammenhang die häufigen Versuche einzelner Gerichte, **objektive Grenzen für** die monatliche **Belastung** des Mieters zu entwickeln, bei deren Überschreitung die Pflicht des Mieters zur Duldung einer Mieterhöhung grundsätzlich entfallen sollte. Am häufigsten wurden dabei Sätze in einer Größenordnung von **25 bis 30 % des monatlichen Nettoeinkommens** des Mieters **als Obergrenze** für die gerade noch zumutbare Mietbelastung genannt (LG Hamburg WuM 1989, 179; LG Berlin ZMR 1985, 338; GE 2002, 930, 931; 2003, 1615, 1617; WuM 2010, 88; GE 2010, 912 f; LG Freiburg WuM 2012, 387 f; AG Hamburg WuM 2010, 32; D Beyer GE 2009, 944, 947; – dagegen aber LG Berlin GE 2011, 483; Raabe WuM 2020, 673, 674), während eine Belastung von **20 %** in der Regel als noch **tragbar** angesehen wurde (LG Frankfurt WuM 1986, 312, 313; LG Berlin GE 1990, 497). Stattdessen wird neuerdings auch gelegentlich an das **steuerliche Existenzminimum** von (momentan) monatlich rund 700 € als absolute Grenze für eine Mietbelastung infolge einer Modernisierung angeknüpft (§ 32a Abs 1 S 2 Nr 1 EStG; LG Berlin WuM 2016, 424; GE 2017, 532). Andere Gerichte stellten dagegen darauf ab, ob die Mieterhöhung aufgrund des § 559 Abs 1 zu einer **Verdoppelung oder Verdreifachung** der Miete oder zu einer Erhöhung der Miete auf einen Betrag führt, der die ortsübliche Vergleichsmiete um mehr als 20 % übersteigt (LG Braunschweig WuM 1982, 208; LG Essen WuM 1983, 139; AG Köln WuM 1984, 220). Tatsächlich können indessen alle diese „objektiven" Grenzen durchweg nur im Einzelfall als ein Umstand unter anderen bei der Abwägung der Interessen der Beteiligten Berücksichtigung finden, – sodass alles letztlich eine Frage des Einzelfalles ist. 60

Die **Beweislast** für die Umstände, die jeweils im Rahmen der Prüfung eines Härtefalles bei der Interessenabwägung zu berücksichtigen sind, trägt der Mieter, soweit 61 es um die Umstände geht, die das Vorliegen eines Härtefalles begründen sollen (LÜTZENKIRCHEN/DICKERSBACH § 559 Rn 118 f). Weist jedoch der Vermieter entgegen dem Vortrag des Mieters zur Höhe seines Nettoeinkommens auf **weiteres zusätzliches Einkommen** oder Vermögen des Mieters hin, so trägt insoweit zunächst der Vermieter die Darlegungslast; erweist sich der Vortrag des Vermieters als hinreichend substantiiert, so obliegt die Widerlegung des Vortrags nach den Regeln über die sekundäre Darlegungs- und Beweislast dem Mieter (LG Berlin WuM 2016, 424, 424). Ist schließlich unklar, ob ein Härtegrund bereits unter § 555d Abs 2 BGB oder erst unter § 559 Abs 4 S 1 BGB fällt, so dürfte im Zweifel von der Anwendung des § 559 Abs 4 BGB auszugehen sein, sodass die Duldungspflicht des Mieters nicht berührt wird (s dazu auch HINZ NZM 2013, 209, 223 f).

3. Versetzung in einen allgemein üblichen Zustand

62 Die Härtefallprüfung hinsichtlich der Mieterhöhung entfällt nach § 559 Abs 4 S 2 BGB in zwei Fällen, nämlich 1., wenn die Mietsache lediglich in einen Zustand versetzt wird, der allgemein üblich ist (Nr 1 des § 559 Abs 4 S 2 BGB), sowie 2., wenn die Modernisierungsmaßnahme aufgrund von Umständen durchgeführt wurde, die der Vermieter nicht zu vertreten hatte (Nr 2 des § 559 Abs 4 S 2; dazu unten Rn 68). Es handelt sich dabei um ausgesprochene Ausnahmetatbestände, in denen dem Mieter die Hinnahme auch teurer Modernisierungsmaßnahmen aus „übergeordneten Gesichtspunkten" zugemutet wird, sodass diese Tatbestände im Interesse des gleichrangigen Mieterschutzes ganz restriktiv zu interpretieren sind (ebenso LG Berlin GE 2017, 432, 433 f; Börstinghaus, Hdb Kap 15 Rn 146; HINZ NZM 2013, 209, 225; – anders zB unter Hinweis auf das EnEG SCHLÄGER ZMR 2009, 339, 341). Die **Beweislast** für das Vorliegen eines der beiden Ausnahmetatbestände trägt folgerichtig der Vermieter (BÖRSTINGHAUS, Hdb Kap 15 Rn 148).

63 Durch § 559 Abs 4 S 2 Nr 1 BGB (= § 554 Abs 2 aF) soll sichergestellt werden, dass dem Vermieter im Interesse seiner Wettbewerbsfähigkeit wohnungswirtschaftlich sinnvolle Modernisierungen, dh eine **Anpassung an den „gängigen Standard"**, selbst dann möglich bleiben, wenn sie mit einer erheblichen Mietsteigerung verbunden sind, die für den einzelnen Mieter nicht mehr tragbar ist (Begr von 1982, BT-Drucks 9/2079, 9).

64 Maßstab ist der Zustand der Mietsache unmittelbar vor Durchführung der Modernisierungsmaßnahme, und zwar einschließlich vom Mieter selbst rechtmäßig, dh mit Zustimmung des Vermieters durchgeführter Modernisierungsmaßnahmen (BGH 10. 10. 2012 – VIII ZR 24/12, WuM 2012, 677 Tz 8 ff = NZM 2013, 141 = ZMR 2012, 704; 10. 10. 2012 – VIII ZR 56/12, ZMR 2013, 180 = WuM 2012, 678 Tz 8 ff). Auf dieser Basis ist sodann zu prüfen, ob durch die fragliche Modernisierungsmaßnahme die Mietsache ein Stück *weiter als bisher* dem allgemein üblichen Zustand angenähert wurde, sodass sie marktgängig bleibt. Durch die Modernisierungsmaßnahme muss maW eine Verbesserung des wohnungswirtschaftlichen Zustandes eintreten; daran fehlt es zB, wenn nach einer vom Mieter zulässigerweise eingebauten Gasetagenheizung eine Zentralheizung vom Vermieter eingebaut wird; denn allein dadurch erhöht sich der Heizungskomfort für den Mieter nicht spürbar, sodass kein Raum für die Anwendung des Ausnahmetatbestandes des § 559 Abs 4 S 2 Nr 1 ist (BGH 10. 10. 2012 – VIII ZR 24/12, WuM 2012, 677 = NZM 2013, 141 = ZMR 2012, 704; 10. 10. 2012 – VIII ZR 56/12, ZMR 2013, 180 = WuM 2012, 678).

Der Begriff des allgemein üblichen Zustands wird von der Rechtsprechung **empirisch** 65 (dh: nicht normativ) **interpretiert** (BGHZ 117, 217, 223 ff = NJW 1992, 1386). Der **Maßstab** ist dem Zustand zu entnehmen, der bereits bei zwei Dritteln der Wohnungen derselben Baualtersklasse vergleichbarer Gebäude in derselben Region tatsächlich erreicht ist (BGHZ 117, 217, 223 ff = NJW 1992, 1386; BGH 9. 10. 2019 – VIII ZR 21/19 Rn 35, NZM 2019, 928 = WuM 2019, 206, 710; OLG Frankfurt WuM 1992, 421; LG Berlin GE 2007, 720 f; 2010, 908; 2012, 486; Börstinghaus, Hdb Kap 15 Rn 146; Hinz NZM 2013, 209, 225; BeckOGK/Schindler [1. 10. 2020] Rn 105; Sternel PiG 62 [2002] 89, 103 = NZM 2001, 1058). Ein vom Gesetzgeber nur *angestrebter,* tatsächlich indessen noch nicht allgemein durchgesetzter Zustand steht nicht gleich.

Besondere Schwierigkeiten bereitet bei dem üblichen Verständnis der Vorschrift die 66 zutreffende Abgrenzung der maßgeblichen **Region**, da die vom BGH wohl favorisierte Gleichsetzung der Region mit einem Bundesland zumindest bei den großen Flächenstaaten offenbar viel zu weit ist, auf der anderen Seite aber auch eine Beschränkung des Blickfeldes etwa auf das Gebiet einzelner Gemeinden ausscheidet, sodass hier wohl in erster Linie an Großstädte wie Berlin, Hamburg oder München sowie an *zusammenhängende Siedlungsräume* wie etwa das Ruhrgebiet oder Oberbayern zu denken ist (ebenso Börstinghaus, Hdb Kap 15 Rn 147; BeckOGK/Schindler [1. 10. 2020] Rn 105). **Statistisches Material** der vom BGH verlangten Art liegt freilich nur in ganz geringem Umfang vor, zB für **Berlin** (wNw bei Blank PiG 60 [2001] 79, 94; Schmidt-Futterer/Börstinghaus Rn 116; BeckOGK/Schindler [1. 10. 2020] Rn 105.1). Als allgemein üblich gelten danach **zB** bei Altbauwohnungen in Berlin ein Bad, ein Balkon sowie eine Sammelheizung (LG Berlin GE 1992, 1319 = WuM 1993, 186; GE 1995, 1013; ZMR 2012, 704, 705), nicht dagegen eine Isolierverglasung oder ein Fahrstuhl (Börstinghaus, Hdb Kap 15 Rn 147 mwNw; D Beyer GE 2009, 944, 947).

In den vielen Zweifelfällen, in denen es dagegen bisher an dem nötigen statistischen 67 Material fehlt, kommt als Beweismittel für den allgemein üblichen Zustand nur der Rückgriff auf Sachverständigengutachten in Betracht, während Mietspiegel keine Aussagen darüber enthalten, welche Ausstattung in welchen Gebäuden in einer bestimmten Region allgemein üblich ist (so BGH 9. 10. 2019 – VIII ZR 21/19 Rn 37, NZM 2019, 928 = WuM 2019, 706, 710). Helfen wie wohl häufig Sachverständigengutachten ebenfalls nicht weiter, so ist eben für die Anwendung des Ausnahmetatbestands des § 559 Abs 4 S 2 Nr 1 kein Raum, sodass es bei der Maßgeblichkeit der Regelung des § 559 Abs 4 S 1 BGB verbleibt (BGHZ 117, 217, 225 ff = NJW 1992, 1386).

4, Vom Vermieter nicht zu vertretende Umstände

Für die Anwendung der Härteklausel des § 559 Abs 4 S 1 BGB ist nach § 559 Abs 4 68 S 2 Nr 2 BGB ferner kein Raum, wenn die Modernisierungsmaßnahme aufgrund von Umständen durchgeführt wurde, die der Vermieter nicht zu vertreten hatte. Das Gesetz nimmt damit Bezug auf § 555b Nr 6 BGB, sodass wegen der Einzelheiten auf die Erläuterungen zu dieser Vorschrift verwiesen werden kann (s Staudinger/J Emmerich [2021] § 555b Rn 35–38). Gemeint sind Modernisierungsmaßnahmen, zu denen der Vermieter kraft Gesetzes verpflichtet ist. Paradigmata sind Nachrüstungspflichten aufgrund der **EnEV** (s insbesondere § 10 EnEV; Begründung von 2012, 25; BGH 9. 10. 2019 – VIII ZR 21/19 Rn 42, NZM 2019, 928 = WuM 2019, 706, 710; LG Berlin WuM 2019, 205, 206; Börstinghaus PiG 97 [2014] 81, 87; Lützenkirchen/Dickersbach § 559 Rn 125). Ein anderes

Beispiel sind Nachrüstungspflichten aufgrund eines bestandskräftigen behördlichen Bescheids, etwa des Schornsteinfegers (Börstinghaus, Hdb Kap 15 Rn 149). Davon zu unterscheiden sind Modernisierungsmaßnahmen, deren Vornahme dem Vermieter freisteht, bei deren Vornahme jedoch von ihm bestimmte gesetzliche Vorgaben zu beachten sind, etwa nach § 9 EnEV (sogenannte bedingt zwingende Anforderungen; BGH 9. 10. 2019 – VIII ZR 21/19 Rn 45, NZM 2019, 928 = WuM 2019, 706, 710). Dies folgt einfach aus der gebotenen restriktiven Auslegung des § 559 Abs 4 S 2 Nr 2 (Rn 37).

69 Die **Beweislast** für das Vorliegen dieses Ausnahmetatbestandes trägt der Vermieter. Die Zweiteilung der Härtefallprüfung durch ihre Aufteilung auf § 555d Abs 2 und § 559 Abs 4 BGB iVm der Beschränkung des Anwendungsbereichs der Ausnahme des § 559 Abs 4 S 2 Nr 2 BGB auf den zweiten Teil der Prüfung hat die eigenartigen Folge, dass sich der Mieter gegen Modernisierungsmaßnahmen aufgrund vom Vermieter nicht zu vertretender Umstände zwar auf persönliche Härtegründe nach § 555d Abs 4 BGB, nicht aber auf wirtschaftliche oder finanzielle Härtegründe berufen kann (kritisch Hinz NZM 2012, 777, 787).

5. Ausschlussfrist

70 § 559 Abs 5 S 1 BGB überträgt die Regelung des § 555d Abs 3–5 BGB über die Ausschlussfrist, binnen derer Härtegründe geltend gemacht werden müssen, auf die wirtschaftlichen oder finanziellen Härtegründe im Sinne des § 559 Abs 4 S 1 BGB; jedoch sind nach § 559 Abs 5 S 2 BGB die genannten Vorschriften über die Ausschlussfristen nicht anwendbar, wenn die tatsächliche Mieterhöhung aufgrund des § 559 BGB die zuvor angekündigte um mehr als 10% übersteigt (s dazu schon Rn 54 sowie Staudinger/J Emmerich [2021] § 555d Rn 13–17). Ergänzend ist zu bemerken: Ein auf die finanziellen Auswirkungen der Modernisierungsmaßnahme gestützter Härteeinwand (§ 559 Abs 4 BGB) ist danach grundsätzlich nur möglich ist, wenn der Mieter den Einwand dem Vermieter binnen der Ausschlussfrist von maximal **2 Monaten nach Zugang der ordnungsmäßigen Modernisierungsankündigung** gemäß § 555c BGB mitgeteilt hat (§ 555d Abs 3 und 4 S 1 iVm § 559 Abs 4 S 1 und 2 BGB).

71 Ausnahmen gelten jedoch in verschiedenen Fällen (s schon Rn 54), insbesondere wenn der Mieter ohne Verschulden an der Einhaltung der Ausschlussfrist gehindert war (§ 555d Abs 4 BGB), ferner bei einem Verstoß des Vermieters gegen seine Hinweispflicht aus § 555c Abs 2 BGB (§ 555d Abs 5 BGB, s unten Rn 72), weiter, wenn der Vermieter ganz auf eine Modernisierungsankündigung verzichtet oder wenn die Ankündigung inhaltlich gegen § 555c Abs 1 S 2 BGB verstößt, wenn zB Angaben über die Mieterhöhung fehlen oder falsch sind, sowie schließlich wenn die tatsächliche Mieterhöhung aufgrund des § 559 Abs 1 BGB die vom Vermieter nach § 555c Abs 1 Nr 3 BGB angekündigte Mieterhöhung um mehr als 10%, zB um 11% übersteigt (§ 559 Abs 5 S 2 BGB). In allen diesen Fällen ist der Mieter folglich für die Geltendmachung wirtschaftlicher oder finanzieller Härtegründe nach § 559 Abs 1 *nicht* an die Ausschlussfrist des § 559 Abs 5 S 1 iVm § 555d Abs 3 S 1 BGB gebunden, sondern kann solche Härtegründe auch *noch später* der vom Vermieter geforderten Mieterhöhung entgegensetzen.

72 Die Ausschlussfrist findet nach dem Gesagten (s Rn 71) insbesondere keine Anwendung, wenn der Vermieter gegen seine **Hinweispflicht** aus § 555c Abs 2 BGB verstoßen hat (§ 555d Abs 4 S 1 BGB). Jedoch sind wirtschaftliche oder finanzielle Härtegründe auch in diesem Fall nur zu berücksichtigen, wenn sie dem Vermieter wenigstens **bis zum Beginn** der Modernisierungsarbeiten mitgeteilt wurden (§ 555d Abs 5 S 2 iVm Abs 4 S 2 BGB). Damit soll dem Vermieter ermöglicht werden, sich rechtzeitig auf die neue Situation einzustellen und gegebenenfalls auf die Modernisierungsmaßnahme noch zu verzichten, wenn er keine Aussicht auf eine Mieterhöhung nach § 559 Abs 1 BGB hat.

Verstößt die Modernisierungsankündigung jedoch **gegen § 555c Abs 1 S 2 BGB**, so 73 läuft überhaupt keine Ausschlussfrist gegen den Mieter für die Erhebung des auf wirtschaftliche oder finanzielle Gründe gestützten Härteeinwands; für eine Anwendung des § 555c Abs 5 S 2 BGB ist hier kein Raum. Dasselbe gilt im Ergebnis, wenn der Vermieter ganz auf eine **Modernisierungsankündigung verzichtet** hat (s Börstinghaus, Hdb Kap 15 Rn 155 ff; ders NZM 2013, 449; ders PiG 97 [2014] 81, 88 f; Hinz NZM 2013, 209, 226). In diesen Fällen sind Einwände auch noch nach Abschluss der Arbeiten **während eines Rechtsstreits** möglich, weil eben keine Frist für die Erhebung der Einwände läuft (Schmidt-Futterer/Börstinghaus Rn 126; Hinz NZM 2013, 209, 226; str). Ebenso verhält es sich schließlich im Ergebnis nach § 559 Abs 5 S 2, wenn die tatsächliche Mieterhöhung die **angekündigte um mehr als 10%** übersteigt. Der Härteeinwand des Mieters kann dann auch noch im Rechtsstreit gegenüber der *gesamten* Mieterhöhung, nicht nur gegenüber dem 10% übersteigenden Teil der Mieterhöhung geltend gemacht werden (Schmidt-Futterer/Börstinghaus § 559 Rn 127; anders Lützenkirchen/Dickersbach § 559 Rn 126).

XI. Abweichende Vereinbarungen

Vereinbarungen, die zum Nachteil des Mieters von § 559 BGB abweichen, sind 74 unwirksam (§ 559 Abs 6 BGB). Unberührt bleiben jedoch die Vorschriften des § 311 Abs 1, des § 555f und des § 557 Abs 3, sodass für Abreden aus Anlass einzelner *konkreter* Modernisierungsmaßnahmen weiter Vertragsfreiheit besteht (s Rn 75), ebenso wie die Parteien jederzeit eine Mieterhöhung aus Anlass von Modernisierungsmaßnahmen vertraglich ganz oder teilweise ausschließen können (s Rn 76). Unter das Verbot abweichender Vereinbarungen durch § 559 Abs 6 fällt dagegen jede Vereinbarung, aufgrund derer der Vermieter unter gegenüber den §§ 559 bis 559e BGB **erleichterten Voraussetzungen** die Kosten von Modernisierungsmaßnahmen auf den Mieter abwälzen kann. Unzulässig sind danach insbesondere die Vereinbarung, dass auch Erhaltungsmaßnahmen im Sinne des § 555a BGB sowie Modernisierungsmaßnahmen nach der Nr 2 oder der Nr 7 des § 555b BGB zu einer Mieterhöhung berechtigen sollen, dass die Mieterhöhung mehr als 8% betragen darf, dass § 559a BGB keine Anwendung finden soll, dass der Mieter auf Härteeinwände verzichtet oder dass die Mieterhöhung bereits vor Durchführung der Maßnahmen möglich sein soll. Weitere **Beispiele** unzulässiger Vereinbarungen sind eine im Mietvertrag im Voraus erteilte Zustimmung des Mieters zu Mieterhöhungen im Falle einer Modernisierung (LG Berlin ZMR 1990, 180, 181), eine vertragliche Bestimmung, die dem Vermieter die Befugnis einräumt, die Miete gemäß § 315 (und nicht nach § 559 BGB) nach Durchführung von Modernisierungsmaßnahmen zu bestimmen (LG Karlsruhe WuM 1989, 335), die vertragliche Verpflichtung des Mieters, dem Vermieter auf einmal die gesamten Kosten der Modernisierungsmaßnahme zu erstatten (AG Köln WuM 1991, 159), die Vereinbarung, dass der Erhöhungsbetrag stets neben der Miete als Zuschlag zu zahlen ist (s Rn 23), sowie noch ein in den Kosten eines Wärmelieferungsvertrages versteckter Gewinnaufschlag für den Vermieter als Gegenleistung für den Vertragsabschluss mit dem Versorgungsunternehmen (s Rn 40).

75 § 559 Abs 5 BGB bedeutet jedoch, wie sich aus § 555f Nr 3 BGB ergibt, **keine Einschränkung der Vertragsfreiheit** der Parteien (§ 311 Abs 1 BGB; s Rn 74), sodass sich die Parteien jederzeit ohne Rücksicht auf § 559 BGB aus Anlass *konkreter* Modernisierungsmaßnahmen des Vermieters über eine **Mieterhöhung** beliebigen Ausmaßes verständigen können; Grenzen ziehen hier nur die verschiedenen Wucherverbote (§ 138 BGB, § 5 WiStG und § 291 StGB). Nichts hindert die Parteien außerdem, aus Anlass einer **geplanten** konkreten **Modernisierungsmaßnahme** bereits **im Voraus** Abreden über eine etwaige Mieterhöhung nach Durchführung der Maßnahmen zu treffen; das kann sogar schon im Mietvertrag geschehen (§ 555 f BGB; LG Berlin GE 1989, 885). Derartige Abreden sind jederzeit auch *konkludent* möglich. Jedoch reicht es für die Annahme einer konkludenten Abrede über eine Mieterhöhung aus Anlass einer konkreten Modernisierungsmaßnahme nicht aus, dass der Vermieter einseitig die Miete erhöht und der Mieter darauf hin, ohne zu widersprechen, die erhöhte Miete zahlt (s § 559b Rn 17; Schmidt-Futterer/Börstinghaus § 559 Rn 133; Lützenkirchen/Dickersbach § 559 § 557 Rn 32).

76 Zulässig sind ferner, wie sich aus § 557 Abs 3 ergibt, sogenannte **Ausschlussvereinbarung**. § 559 kann maW von den Parteien vertraglich ganz oder teilweise ausgeschlossen werden (s oben Staudinger/J Emmerich § 557 Rn 50 ff; Mersson DWW 2009, 122, 130). Das kann ausdrücklich oder konkludent geschehen (§§ 133, 157 BGB). Verpflichtet sich zB der Vermieter *bereits im Mietvertrag* zur Vornahme bestimmter Modernisierungsmaßnahmen, so wird im Zweifel anzunehmen sein, dass damit zugleich eine Mieterhöhung nach § 559 BGB ausgeschlossen wird, weil durch solche Vereinbarungen lediglich der vom Vermieter von Anfang an geschuldete vertragsgemäße Zustand der Mietsache festgelegt wird. Eine Ausschlussvereinbarung kann sich im Einzelfall ferner aus der Vereinbarung einer *Umsatzmiete* in Verbindung mit einer Mindestmiete (BGH 23. 5. 1969 – VIII ZR 162/67, LM Nr 23 zu § 18 BMietG I = NJW 1969, 1383) oder aus der Leistung hoher *Zuschüsse* des Mieters zu den Baukosten des Vermieters ergeben (§§ 133, 157 BGB). In der Vereinbarung eines Mietverhältnisses auf *bestimmte Zeit mit fester Miete* kann ebenfalls ein Ausschluss des Rechts des Vermieters zur Mieterhöhung nach § 559 BGB liegen; im Regelfall dürfte sich jedoch der Anwendungsbereich einer derartigen Ausschlussvereinbarung auf *§ 558 BGB* beschränken. Die Parteien können die Ausschlussvereinbarung ferner jederzeit wieder ausdrücklich oder konkludent, ganz oder teilweise, generell oder für den Einzelfall aufheben (§ 311 Abs 1 BGB; BGH 11. 11. 1962 – VIII ZR 85/61, LM Nr 10 zu § 18 BMietG I = NJW 1963, 205).

§ 559a
Anrechnung von Drittmitteln

(1) Kosten, die vom Mieter oder für diesen von einem Dritten übernommen oder die mit Zuschüssen aus öffentlichen Haushalten gedeckt werden, gehören nicht zu den aufgewendeten Kosten im Sinne des § 559.

(2) Werden die Kosten für die Modernisierungsmaßnahmen ganz oder teilweise durch zinsverbilligte oder zinslose Darlehen aus öffentlichen Haushalten gedeckt, so verringert sich der Erhöhungsbetrag nach § 559 um den Jahresbetrag der Zinsermäßigung. Dieser wird errechnet aus dem Unterschied zwischen dem ermäßigten Zinssatz und dem marktüblichen Zinssatz für den Ursprungsbetrag des Darlehens. Maßgebend ist der marktübliche Zinssatz für erstrangige Hypotheken zum Zeitpunkt der Beendigung der Modernisierungsmaßnahmen. Werden Zuschüsse oder Darlehen zur Deckung von laufenden Aufwendungen gewährt, so verringert sich der Erhöhungsbetrag um den Jahresbetrag des Zuschusses oder Darlehens.

(3) Ein Mieterdarlehen, eine Mietvorauszahlung oder eine von einem Dritten für den Mieter erbrachte Leistung für die Modernisierungsmaßnahmen stehen einem Darlehen aus öffentlichen Haushalten gleich. Mittel der Finanzierungsinstitute des Bundes oder eines Landes gelten als Mittel aus öffentlichen Haushalten.

(4) Kann nicht festgestellt werden, in welcher Höhe Zuschüsse oder Darlehen für die einzelnen Wohnungen gewährt worden sind, so sind sie nach dem Verhältnis der für die einzelnen Wohnungen aufgewendeten Kosten aufzuteilen.

(5) Eine zum Nachteil des Mieters abweichende Vereinbarung ist unwirksam.

Materialien: MHRG § 3; Mietrechtsreformgesetz von 2001 (BGBl I 1149); Begr zum RegE BT-Drucks 14/4553, 58; Mietrechtsänderungsgesetz von 2013 (BGBl I 434); Begr zum RegE BT-Drucks 17/10485, 25.

Schrifttum

BÖRSTINGHAUS, Hdb, Kap 15 Rn 83
ders, Kürzungsbeträge bei Mieterhöhungen im preisfreien Wohnungsbau, MDR 1998, 933
D BOTH, Duldung und Mieterhöhung bei großflächiger Sanierung von Wohnungsbeständen, NZM 2001, 78
BUB/TREIER/SCHULTZ, Hdb Rn III 1595
GESTER, Zum Verhältnis zwischen Fördermittelrichtlinien der Länder und den Bestimmungen des BGB bei Mieterhöhungen im preisfreien Wohnraum, WuM 2005, 499

KINNE, Aktuelle Probleme der Mieterhöhung nach Modernisierung, ZMR 2003, 396
C KUNZE/R TIETZSCH, Kürzungsbeträge – nach wie vor aktuell, WuM 2003, 423
WÜSTEFELD, Die Investitionszulage als Modernisierungszuschuss, WuM 2000, 283
THOMSEN, Modernisierung von preisfreiem Wohnraum durch den Vermieter (1998) 141.

Systematische Übersicht

I.	Überblick	1
II.	Anwendungsbereich	3
III.	Öffentliche Mittel	
	1. Zuschüsse	4
	2. Darlehen	7
	3. Aufwendungszuschüsse und Aufwendungsdarlehen	10

| IV. Mittel des Mieters und Dritter | 11 | VI. Dauer | 14 |
| V. Verteilung | 13 | VII. Abweichende Vereinbarungen | 15 |

I. Überblick

1 § 559a BGB regelt die Anrechnung von Drittmitteln im Falle einer Mieterhöhung nach § 559 (zu § 558 Abs 5 s unten Rn 2). Abs 1 des § 559a BGB bestimmt zunächst, dass Kosten, die vom Mieter oder für diesen von einem Dritten übernommen *oder* die mit Zuschüssen aus öffentlichen Haushalten gedeckt werden, nicht zu den aufgewendeten Kosten im Sinne des § 559 BGB gehören und deshalb keine Mieterhöhung nach § 559 BGB für Modernisierungsmaßnahmen iS des § 555b Nr 1 oder Nr 3 bis Nr 6 zu rechtfertigen vermögen. **Zweck** der Regelung ist es sicherzustellen, dass eine Verringerung der Kosten des Vermieters durch öffentliche oder private Zuschüsse oder Darlehen auch dem *Mieter* zugute kommt. Die Einzelheiten der Anrechnung zinsverbilligter oder zinsloser Darlehen aus öffentlichen Haushalten regelt Abs 2 des § 559a BGB. Abs 3 der Vorschrift fügt hinzu, dass Mieterdarlehen, Mietvorauszahlungen oder eine von einem Dritten für den Mieter erbrachte Leistung für Modernisierungsmaßnahmen sowie Mittel der Finanzierungsinstitute des Bundes oder eines Landes den Darlehen oder Mitteln aus öffentlichen Haushalten gleichstehen, dh ebenfalls zu einer Kürzung des nach § 559 Abs 1 berechneten Erhöhungsbetrages nach Maßgabe des § 559a Abs 2 BGB führen. **Praktische Bedeutung** hat die Regelung heute in erster Linie für die öffentlichen Zuschüsse der Länder und der Gemeinden, insbesondere in Berlin und in den neuen Bundesländern, durch die Modernisierungsmaßnahmen im Bestand angeregt und gefördert werden sollen.

2 Der Vermieter ist nach der Durchführung von Modernisierungsmaßnahmen iS des § 555b nicht gezwungen, bei einer Mieterhöhung gerade den Weg über § 559 BGB zu wählen (wobei er dann die Kürzungen nach § 559a BGB beachten muss); er kann stattdessen auch nach § 558 BGB vorgehen (s § 559 Rn 9 ff). Um zu verhindern, dass es dann auf diesem Weg zu einer Umgehung des § 559a BGB kommt, bestimmt **§ 558 Abs 5 BGB** ergänzend, dass von dem nach § 558 BGB errechneten Erhöhungsbetrag ebenfalls Drittmittel iSd § 559a BGB abzuziehen sind, und zwar im Falle des § 559a Abs 1 BGB in Höhe von 8% des Zuschusses (s dazu im Einzelnen § 558 Rn 59–67). Besonderheiten gelten, wenn die fragliche Wohnung in einem durch eine Rechtsverordnung bestimmten **Gebiet mit angespanntem Wohnungsmarkt** iS des § 556d Abs 2 liegt. In diesem Fall sind zusätzlich die §§ 556e Abs 2 und 556f S 2 BGB zu beachten. Während im Falle einer **umfassenden Modernisierung** bei Abschluss eines neuen Mietvertrages weiterhin keine Beschränkung der Miethöhe aufgrund der §§ 556d ff BGB (Stichwort: Mietpreisbremse) besteht (s 556 f S 2 BGB und dazu Staudinger/V Emmerich [2021] § 556f Rn 13 ff), finden bei **sonstigen Modernisierungsmaßnahmen** iS des § 555b BGB in den letzten drei Jahren vor Beginn des Mietverhältnisses nach § 556e Abs 2 die Vorschriften der §§ 559 und 559a BGB Anwendung, sodass in diesem Fall (erstmals) auch bei dem Neuabschluss eines Mietvertrages eine Anrechnung von Drittmitteln zu erfolgen hat (s im Einzelnen Staudinger/V Emmerich [2021] § 556e Rn 22 ff), die es sonst grundsätzlich nicht gibt (s Rn 3).

II. Anwendungsbereich

Aus dem Zusammenhang von § 559a BGB und § 559 BGB folgt zunächst, dass für die Anwendung des § 559a BGB nur Raum ist, wenn **zugleich** die **Voraussetzungen des § 559 BGB** vorliegen, insbesondere also, wenn es sich um *Modernisierungsmaßnahmen* des Vermieters als *Bauherrn* iS des § 555b handelt (s oben § 559 Rn 14 ff). Auf andere Maßnahmen sowie auf Baumaßnahmen anderer Personen findet die Vorschrift keine Anwendung. Probleme ergeben sich daraus vor allem in den Fällen der **Rechtsnachfolge** auf der Seite des Vermieters. Sie sind hier in derselben Weise wie bei § 558 BGB zu lösen. Den **Erwerber** eines Grundstücks trifft maW grundsätzlich *keine weitere Anrechnungspflicht mehr* (s im Einzelnen oben § 558 Rn 62; Börstinghaus, Hdb Kap 15 Rn 91). Aus § 566 folgt nichts anderes, weil der Erwerber nicht Bauherr ist und er auch keine Fördermittel erhalten hat. Anders aber, wenn der Erwerber die Fördermittel erhalten, oder wenn der Veräußerer mit dem Mieter eine Beschränkung der Miete mit Rücksicht auf die geförderten Modernisierungsmaßnahmen vereinbart hat, woran dann nach § 566 der Erwerber ebenfalls gebunden ist (Rn 15; BeckOGK/Schindler [1. 10. 2020] Rn 6). Anders auch im Falle der *Erbfolge* nach § 1922 BGB (Lützenkirchen/Dickersbach § 559a Rn 10). § 559a BGB betrifft außerdem **nur Mieterhöhungen im Bestand**. Auf die Vereinbarung der Miete bei Abschluss eines *neuen* Mietvertrages ist er nicht anwendbar; hier besteht vielmehr Vertragsfreiheit, sodass dann auch keine Anrechnungspflicht mehr besteht. Die Anrechnungspflicht **erlischt** vielmehr mit der Beendigung des Mietvertrages (s Börstinghaus, Hdb Kap 15 Rn 92). Ausnahmen gelten in Gebieten mit angespannten Wohnungsmärkten nach § 556e Abs 2 BGB (s Rn 2).

III. Öffentliche Mittel

1. Zuschüsse

Zuschüsse aus öffentlichen Haushalten gehören gemäß § 559a Abs 1 BGB *nicht* zu den aufgewendeten Kosten iSd § 559 BGB und dürfen deshalb *nicht* bei der Erhöhung der Miete nach § 559 Abs 1 BGB angesetzt und auf die Mieter *umgelegt* werden. Man versteht darunter Zuwendungen aus öffentlichen Kassen zur Deckung der Investitionskosten des Vermieters (BeckOGK/Schindler [1. 10. 2020] Rn 8). Daraus folgt, dass die Mittel dem Vermieter gerade zu dem **Zweck** gewährt werden müssen, die Kosten von Modernisierungsmaßnahmen im Sinne des § 555b BGB ganz oder teilweise zu decken. Bei Zuschüssen oder Darlehen mit anderer Zwecksetzung, etwa zur Finanzierung bloßer **Instandsetzungsmaßnahmen** besteht keine Anrechnungspflicht (LG Berlin GE 2002, 862). Die Zuschüsse können **vor oder nach Durchführung** der Modernisierungsmaßnahmen im Sinne des § 559 Abs 1 BGB bewilligt oder ausgezahlt werden, da § 559a Abs 1 BGB nicht zwischen diesen beiden Fallgestaltungen unterscheidet (Wüstefeld WuM 2000, 283; – **aM** D Both GE 2000, 102, 105 f; ders NZM 2001, 78, 84 f). Hierher gehören vor allem die Mittel aus Wohnungsbauförderungs- und Stadtsanierungsprogrammen (Schmidt-Futterer/Börstinghaus § 559a Rn 5; Börstinghaus, Hdb Kap 15 Rn 88).

Unklar ist oder besser: war früher die Behandlung von Zulagen zu Modernisierungsmaßnahmen nach dem **Investitionszulagengesetz** 1999 (BGBl 1997 I 2070; 1999 I 2612; s einerseits für die Anwendung des § 559a Wüstefeld WuM 2000, 283; andererseits dagegen

D Both GE 2000, 102, 105 f; ders NZM 2001, 78, 84 f; Schmidt-Futterer/Börstinghaus § 559a Rn 6; Lützenkirchen/Dickersbach § 559a Rn 13; BeckOGK/Schindler [1. 10. 2020] Rn 8.1). Da es sich hier um ein *steuerrechtliches* Instrument zur Investitionsförderung handelte, dürfte für eine Anwendung des zivilrechtlichen § 559a BGB daneben kein Raum gewesen sein. Dasselbe gilt für Entschädigungen nach § **177 Abs 4 BBauG** (Börstinghaus, Hdb Kap 15 Rn 89 f; Lützenkirchen/Dickersbach § 559a Rn 13 f; BeckOGK/Schindler [1. 10. 2020] Rn 8.2). Hinzukommen muss schließlich noch, dass die fraglichen Mittel gerade **aus öffentlichen Haushalten** stammen. Dies ist der Fall, wenn sie über den Haushalt einer Körperschaft oder Anstalt des öffentlichen Rechts zur Verfügung gestellt werden. Gleich stehen Mittel der **Finanzierungsinstitute** des Bundes oder eines Landes (§ 559a Abs 3 S 2 BGB), wobei hier in erster Linie an die Kreditanstalt für Wiederaufbau (KfW) sowie an die Landesbanken der Länder zu denken sein dürfte.

6 Öffentliche Zuschüsse in dem genannten Sinne (s Rn 4) gehören nach § 559b Abs 1 *nicht* zu den **aufgewendeten Kosten** im Sinne des § 559 Abs 1. Dies bedeutet, dass zunächst nach § 559 BGB iVm § 555b BGB ermittelt werden muss, wie hoch die berücksichtigungsfähigen Kosten der Modernisierungsmaßnahme sind. Von diesem Betrag sind anschließend die öffentlichen Zuschüsse abzuziehen. Nur der verbleibende Rest kann sodann noch nach § 559 Abs 1 auf den Mieter umgelegt werden.

2. Darlehen

7 Den Zuschüssen aus öffentlichen Haushalten stehen nach § 559a Abs 2 S 1 zinsverbilligte oder zinslose Darlehen aus öffentlichen Haushalten gleich. Was unter einem **Darlehen** zu verstehen ist, ergibt sich aus § 488 BGB. Erforderlich ist lediglich, dass das Darlehen aus dem Haushalt einer Körperschaft des öffentlichen Rechts, dh aus Mitteln des Bundes, eines Landes oder einer Gemeinde stammt, während es auf die Bewilligungsstelle nicht ankommt (Schmidt-Futterer/Börstinghaus § 559a Rn 12). Erforderlich ist ferner, dass das Darlehen dem Vermieter gerade zu dem **Zweck** gewährt wird, die Kosten einer Modernisierungsmaßnahme zu decken. Darlehen zu anderen Zwecken stehen nicht gleich. Unter den genannten Voraussetzungen hat die Darlehensgewährung seitens der öffentlichen Hand nach § 559a Abs 2 S 1 BGB zur Folge, dass sich der Erhöhungsbetrag nach § 559 BGB um den **Jahresbetrag der Zinsermäßigung** verringert. Die Einzelheiten der Berechnung des Kürzungsbetrages ergeben sich aus § 559a Abs 2 S 2 und S 3. Danach ist von dem gemäß § 559 Abs 1 BGB berechneten Erhöhungsbetrag der (absolute) Jahresbetrag der Zinsermäßigung abzuziehen, der sich für den Ursprungsbetrag des Darlehens aus dem Unterschied zwischen dem vereinbarten und dem (höheren) marktüblichen Zinssatz für erststellige Hypotheken zum Zeitpunkt der Beendigung der Maßnahme ergibt (zur praktischen Bedeutung s unten Rn 9).

8 **Maßstab** ist der marktübliche Zinssatz für erstrangige Hypotheken, und zwar (nur) zum Zeitpunkt der Beendigung der Modernisierungsmaßnahmen im Sinne des § 559 Abs 1 BGB (§ 559a Abs 2 S 3 BGB). Wegen der Einzelheiten der Berechnung kann ergänzend auf § **23a der II. BV** zurückgegriffen werden. Der nach Abzug des Kürzungsbetrages verbleibende **Rest** kann sodann auf den Mieter gemäß § 559 Abs 1 BGB umgelegt werden. Beträgt zB das Darlehen der öffentlichen Hand 10 000 €, so sind im Falle einer Zinsverbilligung um 5 % (= Differenz zwischen dem Markt- und dem Vertragszins, zB zwischen 9 und 4%) von dem jährlichen Erhöhungsvertrag absolut 500 € (= 5% von 10 000) abzuziehen. Hierbei bleibt es auch, wenn sich die Kapitalmarktzinsen im Laufe der Mietzeit ändern; maßgeblich ist vielmehr gemäß § 559a Abs 2 S 3 BGB allein die Zinsdifferenz *bei Berechnung* der Mieterhöhung (sog **Einfrierungsgrundsatz**; s BÖRSTINGHAUS, Hdb Kap 15 Rn 98–100; LÜTZENKIRCHEN/DICKERSBACH § 559a Rn 19; KINNE ZMR 2003, 396, 400; C KUNZE/R TIETZSCH WuM 2003, 423, 425 ff; BeckOGK/SCHINDLER [1. 10. 2020] Rn 18; THOMSEN, Modernisierung 142 f).

Anders verhält es sich nur, wenn sich die öffentlichen Zuschüsse oder die Zinsvergünstigungen ihrerseits ändern, sodass in diesem Fall die Kürzungsbeträge gegebenenfalls jährlich neu berechnet werden müssen; akut wird das vor allem in Fällen einer **degressiven Förderung** (BÖRSTINGHAUS, Hdb Kap 15 Rn 101; LÜTZENKIRCHEN/DICKERSBACH § 559a Rn 19; RUP ZMR 1977, 323; KUNZE/TIETZSCH WuM 2003, 423, 425 ff; BeckOGK/SCHINDLER [1. 10. 2020] Rn 19). Bei jährlich zB um einen Prozentpunkt steigenden Zinsen ist folglich Jahr für Jahr der entsprechend sinkende Kürzungsbetrag von dem nach § 559 BGB errechneten Erhöhungsbetrag abzuziehen, wobei maßgebend stets nur die **Differenz** zwischen dem marktüblichen Zinssatz **bei Beendigung** der Modernisierungsmaßnahmen und dem jeweiligen, kontinuierlich steigenden, vertraglichen Zinssatz ist, bis keine Verbilligung mehr vorliegt (BÖRSTINGHAUS, Hdb Kap 15 Rn 101). Die ganze überaus komplizierte Regelung, ein typisches Beispiel für die Folgen staatlicher Interventionen gegen den Markt, dürfte in der gegenwärtigen Niedrigzinsphase ohne jede praktische Bedeutung sein. (anders BeckOGK/SCHINDLER [1. 10. 2020] Rn 10). **9**

3. Aufwendungszuschüsse und Aufwendungsdarlehen

Ebenso wie bei Darlehen (s Rn 7 ff) ist zu verfahren, wenn Zuschüsse oder Darlehen ausnahmsweise zur Deckung der laufenden Aufwendungen, und zwar gerade infolge der Modernisierungsmaßnahme des Vermieters gewährt werden; der Erhöhungsbetrag verringert sich dann um den **(absoluten) Jahresbetrag** des Zuschusses oder der Zinsersparnis infolge des verbilligten Darlehens (§ 559a Abs 2 S 4 BGB; BÖRSTINGHAUS, Hdb Kap 15 Rn 102–105; LÜTZENKIRCHEN/DICKERSBACH § 559a Rn 20 f; BeckOGK/SCHINDLER [1. 10. 2020] Rn 20). Wegen der komplizierten Einzelheiten der Berechnung kann auf die entsprechend anwendbaren **§§ 18 ff der II. BV** zurückgegriffen werden, nach denen die laufenden Aufwendungen iSd § 559a Abs 2 S 4 BGB sowohl die Kapitalkosten als auch die Bewirtschaftungskosten des Vermieters umfassen, jedoch ohne die Eigenkapitalkosten, die im Rahmen der §§ 559 ff (anders als bei dem preisgebundenen Wohnraum) unberücksichtigt bleiben; zur Deckung dieser Kosten ist bereits der nach § 559 Abs 1 dem Vermieter zugebilligte Modernisierungszuschlag gedacht (BeckOGK/SCHINDLER [1. 10. 2020] Rn 20). **10**

IV. Mittel des Mieters oder Dritter

Nach § 559a Abs 1 BGB gehören zu den aufgewendeten Kosten des Vermieters im Sinne des § 559 ferner nicht solche Kosten, die vom Mieter oder für diesen von einem Dritten übernommen werden. Gedacht ist hier in erster Linie an die früher verbreiteten, aber heute wohl nur noch selten anzutreffenden **verlorenen Baukostenzuschüsse** sowie an gleichstehende Leistungen, die von Dritten wie zB von einem **Arbeitgeber** im Interesse des Mieters für die baulichen Maßnahmen des Vermieters **11** erbracht werden. Diese Mittel sind nach § 559a Abs 1 BGB von den Kosten der Modernisierungsmaßnahme vorweg abzuziehen, sodass nur der verbleibende Betrag nach § 559 Abs 1 BGB auf die Mieter umgelegt werden darf.

12 § 559a Abs 3 fügt hinzu, dass **Mieterdarlehen**, Mietvorauszahlungen und von Dritten für den Mieter erbrachte Leistungen (für die Zwecke der Anrechnung) Darlehen aus öffentlichen Haushalten gleichstehen, sodass sich ihre Anrechnung nach denselben Grundsätzen wie bei Darlehen aus öffentlichen Haushalten richtet (s deshalb im Einzelnen o Rn 10). *Nicht* hierher gehören dagegen Leistungen Dritter **für den Vermieter**: Unterstützen Dritte den Vermieter bei seinen Modernisierungsmaßnahmen, so löst dies keine Anrechnungspflicht des Vermieters aus. Ein **Beispiel** sind Zuschüsse von Energieversorgungsunternehmen für die Modernisierung der Heizungsanlage des Vermieters; sie sollen dem Vermieter und nicht dem Mieter zugutekommen und fallen deshalb nicht unter § 559a BGB (Lützenkirchen/Dickersbach § 559a Rn 24; Schmidt-Futterer/Börstinghaus § 559a Rn 9, 13).

V. Verteilung

13 Öffentliche Mittel werden regelmäßig für jede einzelne Wohnung gesondert bewilligt, sodass die Finanzierung für die einzelnen Wohnungen unterschiedlich ist. Die Folge ist, dass auch der Erhöhungsbetrag grundsätzlich **für jede Wohnung gesondert berechnet** werden muss (Börstinghaus, Hdb Kap 15 Rn 107; C Kunze/R Tietzsch WuM 2003, 423, 425; Sternel, Mietrecht Rn III 794). Lediglich dann, wenn sich nicht mehr ermitteln lässt, wie hoch die jeweiligen Darlehen und Zuschüsse für jede einzelne Wohnung sind, sind die Kürzungsbeträge gemäß **§ 559a Abs 4** BGB nach dem Verhältnis der für die einzelnen Wohnungen aufgewandten *Kosten* aufzuteilen. In diesem Falle ist daher für die Verteilung der Kürzungsbeträge derselbe Maßstab wie gemäß § 559 Abs 3 BGB bei der Aufteilung der Kosten selbst auf die einzelnen Wohnungen anzuwenden (s oben § 559 Rn 26 f). Andere Maßstäbe sind dadurch nicht prinzipiell ausgeschlossen (Schmidt-Futterer/Börstinghaus Rn 24). Für die Anwendung der §§ 315 und 316 BGB ist daneben kein Raum (§ 559a Abs 5 BGB).

VI. Dauer

14 Die Dauer der Anrechnung von Fördermitteln ist gesetzlich *nicht* geregelt (s im Einzelnen o § 558 Rn 66). Auszugehen ist davon, dass eine Anrechnungspflicht des Vermieters aus § 559a BGB grundsätzlich **nur bei** der **ersten Mieterhöhung** nach den Modernisierungsmaßnahmen im Sinne des § 559 Abs 1 BGB besteht, wobei es gleichbleibt, ob der Vermieter nach § 558 oder § 559 BGB vorgeht (§§ 558 Abs 5, 559a BGB; Börstinghaus, Hdb Kap 15 Rn 108). Läuft die Förderung aus, so kommt nicht etwa eine neue Mieterhöhung nach § 559 BGB in Betracht, wohl aber eine solche nach § 558 BGB, dies freilich nur unter den allgemeinen Voraussetzungen, nämlich, wenn die (nach § 559 BGB erhöhte Miete) hinter der ortsüblichen Vergleichsmiete zurückbleibt (Börstinghaus, Hdb Kap 15 Rn 109; Lützenkirchen/Dickersbach § 559a Rn 28). Veräußert der Vermieter das Grundstück, nachdem er Fördermittel erhalten hatte, oder endet der Mietvertrag, so erlischt auch die Anrechnungspflicht (s Rn 3).

VII. Abweichende Vereinbarungen

Nach § 559a Abs 5 sind Vereinbarungen unwirksam, die zum Nachteil des Mieters von § 559a Abs 1–4 abweichen. Die Vorschrift wiederholt im Grunde nur, was sich bereits aus § 557 Abs 3 und 4 ergibt. Jede Vereinbarung, durch die die Anrechnung von Drittmitteln im Voraus abweichend von § 559a BGB zum Nachteil des Mieters geregelt wird, ist daher unwirksam. Ein **Beispiel** ist die Vereinbarung einer weiteren Mieterhöhung nach § 559 BGB bei Wegfall der Förderung (s Rn 14). Unberührt bleiben die §§ 311 Abs 1, 557 Abs 1 und 555 f Nr 3 BGB, sodass sich die Parteien jederzeit aus Anlass einer konkreten Modernisierungsmaßnahme über die zukünftige Höhe der Miete unter Berücksichtigung oder Nichtberücksichtigung etwaiger Drittmittel einigen können (s Rn 3).

§ 559b
Geltendmachung der Erhöhung, Wirkung der Erhöhungserklärung

(1) Die Mieterhöhung nach § 559 ist dem Mieter in Textform zu erklären. Die Erklärung ist nur wirksam, wenn in ihr die Erhöhung aufgrund der entstandenen Kosten berechnet und entsprechend den Voraussetzungen der §§ 559 und 559a erläutert wird. § 555c Absatz 3 gilt entsprechend.

(2) Der Mieter schuldet die erhöhte Miete mit Beginn des dritten Monats nach dem Zugang der Erklärung. Die Frist verlängert sich um sechs Monate, wenn

1. der Vermieter dem Mieter die Modernisierungsmaßnahmen nicht nach den Vorschriften des § 555c Absatz 1 und 3 bis 5 angekündigt hat oder

2. die tatsächliche Mieterhöhung die angekündigte um mehr als 10 Prozent übersteigt.

(3) Eine zum Nachteil des Mieters abweichende Vereinbarung ist unwirksam.

Materialien: MHRG § 3; BGB § 559b, Mietrechtsreformgesetz von 2001 (BGBl I 1149); Begr zum RegE BT-Drucks 14/4553, 58 f; Mietrechtsänderungsgesetz von 2013 (BGBl I 434); Begr zum RegE BT-Drucks 17/10485, 25; Ausschussbericht BT-Drucks 17/11894, 33.

Schrifttum

S o bei § 559 sowie
Börstinghaus, Hdb Kap 16
ders, Die Einhaltung der Schriftform bei der Ausübung von Gestaltungsrechten, in: 10 Jahre Mietrechtsreformgesetz (2011) 377
Bub/Treier/Schultz, Hdb Rn III 1483
Derckx/Wolters, Rückforderungsansprüche nach § 812 BGB für Modernisierungszuschlag trotz vorbehaltloser Zahlung?, ZMR 1999, 733

Th Dittert, Eine Wärmebedarfsrechnung allein reicht nicht: Folgen des Rechtsentscheides des Kammergerichts zu § 3 MHRG, WuM 2001, 6
Gutekunst, Die Mieterhöhung nach Modernisierungen, in: Erhaltung des Wohnungsbestandes durch Instandhaltung, Instandsetzung und bauliche Änderung, PiG 16 (1984) 149
Hannemann, Auswirkungen einer fehlenden

oder unzureichenden Modernisierungsankündigung auf die Mieterhöhung nach § 559, in: 10 Jahre Mietrechtsreformgesetz (2011) 687
KINNE, Aktuelle Probleme der Mieterhöhung nach Modernisierung, ZMR 2003, 396
C KUNZE/R TIETZSCH, Kürzungsbeträge, WuM 2003, 423
LANGENBERG, Mietzinserhöhung bei Modernisierung, in: Der Mietzins als Gegenleistung, PiG 40 (1993) 59
MERSSON, Die Mieterhöhungserklärung bei Modernisierung nach §§ 559b BGB, DWW 2009, 206

SONNENSCHEIN, Das Mieterhöhungsverlangen bei baulicher Änderung, in: Der Mietzins für Wohnraum, PiG 13 (1983) 65
STERNEL, Mietzinserhöhung bei Modernisierung, in: Miete und Wohneigentum in den neuen Bundesländern, PiG 41 (1993) 45
ders, Wohnraummodernisierung nach der Mietrechtsreform, NZM 2001, 1058 = in: Neues Mietrecht, PiG 62 (2002) 89
THOMSEN, Modernisierung von preisfreiem Wohnraum durch den Vermieter (1998) 126.

Systematische Übersicht

I.	**Überblick**	1
II.	**Mieterhöhungserklärung**	
1.	Parteien	3
2.	Zeitpunkt	4
3.	Form	9
4.	Einsichtsrecht	12
5.	Inhalt	13
III.	**Begründung**	
1.	Überblick	14
2.	Berechnung	16
3.	Erläuterung	21
4.	Rechtsfolgen	27
IV.	**Zeitpunkt der Mieterhöhung**	
1.	Regelfall	29
2.	Mängel der Modernisierungsankündigung	32
V.	**Prozessuales**	38
VI.	**Abweichende Vereinbarungen**	42

Alphabetische Übersicht

Aufschlüsselung der Kosten — 16
Begründung der Mieterhöhungserklärung — 10 ff
– Berechnung — 16 f
– Erläuterung — 21 f
– Zweck — 14, 21
Berechnung der Mieterhöhung — 16
Beweislast — 38
Einsichtsrecht des Mieters — 11
Erhöhung der Miete — 29 f
Erläuterung der Mieterhöhungserklärung — 21 f
Form — 1 f, 9 f, 27
Geschichte — 1

Inhalt der Mieterhöhungserklärung — 13
Kürzungsbeträge — 16
Mieterhöhungserklärung — 3 ff
– Begründung — 14 ff
– Berechnung — 16 f
– Erläuterung — 21 f
– Form — 9 f
– Inhalt — 13
– Verstoß gegen Mitteilungspflicht — 32 ff
– Wirksamkeit der Mieterhöhung — 29 f
– Zeitpunkt — 4 f
Mitteilungspflicht des Vermieters — 32 ff
Nichtigkeit der Erklärung — 27, 33 f
Parteien — 3

Untertitel 2 · Wohnraum · Kapitel 2 · Die Miete
Unterkapitel 2 · Regelungen über die Miethöhe   **§ 559b**

Rechtsfolgen der Erklärung	27 f	Verstoß gegen Mitteilungspflicht	32 ff
Textform	1 f, 9 f	Wirksamkeit der Mieterhöhungserklärung	29 f
Unwirksamkeit der Mieterhöhung	32 ff	Zeitpunkt der Mieterhöhung	4 f, 27
Umdeutung	9, 28		

I. Überblick

§ 559b BGB (= § 3 Abs 3 und 4 MHRG aF) regelt die Geltendmachung der Miet- **1**
erhöhung nach Modernisierungsmaßnahmen durch den Vermieter aufgrund des
§ 559 BGB sowie den Zeitpunkt, zu dem die Mieterhöhung wirksam wird. Die
Mieterhöhungserklärung muss danach in Textform abgegeben werden (§ 559b Abs 1
S 1 BGB); außerdem muss in ihr die Erhöhung der Miete aufgrund der entstandenen
Kosten berechnet und entsprechend den Voraussetzungen der §§ 559 und 559a BGB
erläutert werden (S 2 des § 559b Abs 1 BGB), wobei die Vorschrift des § 555c Abs 3
entsprechend gilt (§ 559b Abs 1 S 3 BGB), nach der der Vermieter in bestimmten
Fällen hinsichtlich der energetischen Qualität von Bauteilen „auf allgemein aner-
kannte Pauschalwerte" Bezug nehmen kann.

Sind die genannten Voraussetzungen (s Rn 1) erfüllt, so tritt grundsätzlich mit Beginn **2**
des auf die Erklärung folgenden dritten Monats die erhöhte Miete an die Stelle der
bisherigen Miete (§ 559b Abs 2 S 1 BGB). Einer Zustimmung des Mieters bedarf es
dazu – anders als im Falle des § 558 – nicht. Die Frist, von der ab die erhöhte Miete
geschuldet wird, verlängert sich jedoch um weitere sechs Monate, wenn der Vermieter dem Mieter die zu erwartende Mieterhöhung nicht nach den Vorschriften des
§ 555c Abs 1 und Abs 3 bis 5 BGB angekündigt hat (Nr 1 des § 559b Abs 1 S 2 BGB)
oder wenn die tatsächliche Mieterhöhung mehr als 10% höher als die angekündigte
ist (§ 559b Abs 2 S 2 Nr 2 BGB). Die gesetzliche Regelung ist zugunsten des Mieters
zwingend (§ 559b Abs 3 BGB).

II. Mieterhöhungserklärung

1. Parteien

§ 559 Abs 1 BGB begründet (anders als insbesondere § 558 BGB) ein **Gestaltungs-** **3**
recht des Vermieters. Dieses wird nach S 1 des § 559b Abs 1 BGB vom Vermieter
durch Erklärung in Textform (§ 126b BGB; dazu Rn 9 ff) gegenüber dem Mieter ausgeübt. Die Erklärung muss folglich vom Vermieter ausgehen und an den oder die
Mieter gerichtet sein. Bei einer **Mehrheit von Beteiligten** muss sie von allen Vermietern im Augenblick der Mieterhöhungserklärung abgegeben werden und sämtlichen
Mietern in der vorgeschriebenen Form (§ 126b BGB) zugehen (§ 130 BGB; BÖRSTING-
HAUS, Hdb Kap 16 Rn 2 f; LÜTZENKIRCHEN/DICKERSBACH § 559b Rn 13; THOMSEN, Modernisierung
127). **Vertretung** ist möglich, wobei § 174 zu beachten ist. Im Falle der Zwangsverwaltung muss die Erklärung vom Verwalter ausgehen (BeckOGK/SCHINDLER [1. 10. 2020]
Rn 8 f). Eine gegenseitige **Empfangsbevollmächtigung** der Mieter in einem Formularvertrag ist gleichfalls möglich, wird sich aber im Zweifel nicht auf Fälle der Mieter-

höhung nach § 559 BGB erstrecken (LG Kiel WuM 1986, 371; LÜTZENKIRCHEN/DICKERSBACH § 559b Rn 14; STERNEL PiG 41 [1993] 45, 63 f).

2. Zeitpunkt

4 Ein Recht auf Mieterhöhung hat der Vermieter nach der gesetzlichen Regelung erst, wenn er die fraglichen Modernisierungsmaßnahmen „durchgeführt hat" (§ 559 Abs 1) und ihm die Kosten dafür (tatsächlich) „entstanden" sind. (so § 559b Abs 1 S 2). Erste Voraussetzung der Mieterhöhung nach § 559 BGB ist folglich, dass die Modernisierungsmaßnahmen **vollständig abgeschlossen** sind, sodass die **Wohnung** für den Mieter nach Abschluss der Maßnahmen **wieder** in vollem Umfang **nutzbar** ist (s § 13 Abs 4 WoBindG; BGH 17. 12. 2014 – VIII ZR 88/13, NJW 2015, 939 Rn 39 = NZM 2015, 198, 200 = WuM 2015, 165; LG Berlin ZMR 1990, 422; LG Karlsruhe WuM 2013, 680, 682; BÖRSTINGHAUS, Hdb Kap 16 Rn 37 ff; KINNE ZMR 2001, 868, 869; MERSSON DWW 2009, 206, 211 ff; BeckOGK/SCHINDLER [1. 10. 2020] Rn 14; STERNEL NZM 2001, 1058, 1065 = PiG 62 [2002] 89, 114 ff; THOMSEN, Modernisierung 128 f). Hinzukommen muss noch zweitens, dass die Kosten wegen der Modernisierungsmaßnahmen „entstanden", dh die Rechnungen der Handwerker zumindest fällig sind (§ 559b Abs 1 S 2, s Rn 7). Eine vorher abgegebene Erhöhungserklärung ist unwirksam, kann aber jederzeit nach Abschluss der Maßnahmen wiederholt werden (vgl BayObLG ZMR 1972, 26, 27 = WuM 1971, 151; OLG Hamburg WuM 1983, 13, 14; LG Berlin ZMR 1990, 422). Eine Mieterhöhung wegen Modernisierungsmaßnahmen kann somit nach § 559 Abs 1 BGB grundsätzlich *nicht* in mehreren Schritten entsprechend dem Baufortschritt (sog Teilmieterhöhung) vorgenommen werden. Die Mieterhöhung ist vielmehr *(erst) nach Abschluss* der Modernisierungsmaßnahmen insgesamt möglich. Lediglich dann, wenn die fragliche Maßnahme aus **mehreren selbständigen Gewerken** besteht oder der Vermieter die Modernisierung auf mehrere, tatsächlich trennbare Maßnahmen aufteilt, die der Mieter auch getrennt nutzen kann, sind mehrere getrennte Mieterhöhungserklärungen für die einzelnen Gewerke möglich (BGH 17. 12. 2014 – VIII ZR 88/13, NJW 2015, 939 Rn 39 = NZM 2015, 198, 200 = WuM 2015, 165; LG Berlin GE 2013, 747; 2015, 513; LÜTZENKIRCHEN/DICKERSBACH § 559b Rn 47). Ein Beispiel ist der Einbau einer Aufzugsanlage im Rahmen einer umfangreichen Gesamtsanierung eines Gebäudekomplexes.

5 Die Ablehnung von **Teilmieterhöhungen** (s Rn 4) kann freilich, zumal bei großen Modernisierungsmaßnahmen zur Folge haben, dass der Vermieter zB trotz hoher Abschlagzahlungen entsprechend dem Baufortschritt bis zum Abschluss sämtlicher Maßnahmen zuwarten muss, bis er die Miete nach § 559 BGB erhöhen kann. Deshalb wird zum Teil angenommen, dass der Vermieter die Miete dann nach § 559 BGB zunächst *vorläufig* auf der Basis der bereits feststehenden Kosten erhöhen könne, und zwar unter **Vorbehalt der Nachforderung** weiterer Beträge nach Bezahlung der nächsten Abschlagzahlung oder nach Vorlage der Schlussrechnung (LG Berlin GE 1989, 41; 2011, 951; LG Potsdam WuM 2001, 559; KINNE ZMR 2001, 868, 869; 2003, 396, 398; THOMSEN, Modernisierung S 129 f). Dabei wird jedoch übersehen, dass die Mieterhöhungserklärung als einseitige Gestaltungserklärung *bedingungsfeindlich* ist. Für den Regelfall ist deshalb daran festzuhalten, dass eine Mieterhöhungserklärung nach Durchführung der Modernisierungsmaßnahmen *erst* in Betracht kommt, **wenn** die **Gesamtkosten** (im wesentlichen) **feststehen** (AG Köpenick MM 1997, 410; AG Albstadt ZMR 1991, 484 = NJW-RR 1991, 1482; BÖRSTINGHAUS, Hdb Kap 16 Rn 39; LÜTZENKIRCHEN/

DICKERSBACH § 559b Rn 44–46; MERSSON DWW 2009, 206, 212; BeckOGK/SCHINDLER [1. 10. 2020] Rn 15; STERNEL PiG 41 [1993] 45, 63; ders NZM 2001, 1058, 1066 = PiG 62 [2002] 89, 115 ff).

Eine andere Frage ist, ob der Vermieter die (eine) Mieterhöhung, etwa bei umfangreichen Modernisierungsmaßnahmen, um den Mieter zu schonen, gegebenenfalls auch **gestaffelt in Etappen** vornehmen kann. Dies ist schon deshalb unbedenklich, weil der Vermieter auf eine Mieterhöhung nach § 559 BGB auch ganz oder teilweise verzichten kann und weil das Gesetz für die Mieterhöhung nach § 559 BGB ohnehin keine Frist vorschreibt (s Rn 6). Aber auch eine gestaffelte Mieterhöhung kann immer *nur in einer (einzigen) Erklärung nach Abschluss* der Maßnahmen, sobald die gesamten Kosten feststehen, vorgenommen werden; vorher oder in mehreren Erklärungen ist die Mieterhöhung nicht möglich (KINNE ZMR 2003, 396, 399 [l Sp]). 6

Keine Rolle spielt, ob die Gewerke bereits **bezahlt** sind. Das Gesetz verlangt in § 559 Abs 1 BGB lediglich die „Durchführung" der Maßnahmen sowie die Entstehung der Kosten, nicht aber ihre Bezahlung (o Rn 4). Es genügt deshalb, dass aufgrund der Vorlage der Rechnungen der Handwerker die **Gesamtkosten bereits feststehen**, zumal nur auf dieser Basis die Mieterhöhung nach den §§ 559 und 559a BGB überhaupt zutreffend berechnet werden kann (BGH 20. 3. 2012 – VIII ZR 294/11, NZM 2012, 832 Nr 2 Tz 2 = WuM 2012, 285; LG Berlin GE 2011, 951; 2011, 1161, 1162; BÖRSTINGHAUS, Hdb Kap 16 Rn 39; anders KINNE ZMR 2001, 868, 869). Nicht zu verkennen ist freilich, dass sich daraus für den Vermieter im Einzelfall erhebliche **Probleme** ergeben können, da zumal bei großen Modernisierungsmaßnahmen die Kosten endgültig oft erst lange Zeit nach Abschluss der Maßnahmen feststehen. 7

Nach Durchführung der Maßnahmen und Ermittlung der Kosten besteht grundsätzlich **keine Frist** für die Abgabe der Erhöhungserklärung. Wenn der Vermieter längere Zeit (mehrere Jahre) mit der Abgabe zuwartet, läuft er freilich Gefahr, sein Erhöhungsrecht zu **verwirken** (s LG Hamburg WuM 1989, 308; LG Stuttgart ZMR 1997, 29 Nr 8 [nur LS]; LG Berlin MM 1993, 218; KINNE ZMR 2001, 868, 869; 2003, 396, 398 f; THOMSEN, Modernisierung 130, 154 ff). Daran ist etwa zu denken, wenn der Vermieter von vornherein darauf verzichtet hat, die Modernisierungsmaßnahmen nach § 555c Abs 1 dem Mieter anzukündigen oder wenn er nach Durchführung der Maßnahmen die Miete (nur) aufgrund des § 558 erhöht, ohne auf die Möglichkeit einer weiteren Mieterhöhung nach § 559 auch nur hinzuweisen, sodass sich der Mieter nach einer (unterschiedlich bemessenen) Frist darauf einstellen durfte, nicht mehr weiter mit den Kosten der Modernisierung gemäß § 559 belastet zu werden (BeckOGK/SCHINDLER [1. 10. 2020] Rn 17). Indessen handelt es sich dabei um **Ausnahmefälle**, bei deren Annahme Zurückhaltung geboten ist, schon deshalb, weil die §§ 559 Abs 1 und 559b BGB gerade *keine* zeitliche Begrenzung für die Geltendmachung des Mieterhöhungsrechts des Vermieters vorsehen (LG Stuttgart ZMR 1997, 29 Nr 8 [nur LS]). 8

3. Form

Die Erhöhungserklärung des Vermieters nach § 559b Abs 1 S 1 ist eine einseitige empfangsbedürftige, rechtsgestaltende Willenserklärung (so BGH 21. 3. 2007 – XII ZR 176/04, NZM 2007, 514 Tz 11 = WuM 2007, 271 = ZMR 2007, 524), für die durch § 559b Abs 1 S 1 BGB **Textform** (§ 126b BGB) vorgeschrieben ist. Dies bedeutet, dass außer der Schriftform heute auch elektronische Formen der Übermittlung der Erhöhungser- 9 klärung dem gesetzlichen Formerfordernis genügen, sofern die Person des Erklärenden genannt und der Abschluss der Erklärung durch Nachbildung der Namensunterschrift oder anders erkennbar gemacht werden (§ 126b BGB). Die wichtigsten Erscheinungsformen sind Fax, Teletext und E-Mail (wegen der Einzelheiten s STAUDINGER/HERTEL [2017] § 126a Rn 39 ff; KINNE ZMR 2001, 868, 869; 2003, 396, 398). Wird die Form **nicht eingehalten**, so ist die Erhöhungserklärung unwirksam (§ 125 Abs 1 BGB; vgl Rn 20, 27; BGH 25. 3. 1970 – VIII ZR 134/68, LM Nr 26/27 zu § 18 BMietG I = NJW 1970, 1078 = MDR 1970, 672). Da es sich bei der Mieterhöhungserklärung um eine einseitige rechtsgestaltende Willenserklärung handelt, kann eine formnichtige Erhöhungserklärung auch grundsätzlich *nicht* in einen Antrag auf Abschluss eines Änderungsvertrages nach § 311 Abs 1 BGB **umgedeutet** werden (§ 140 BGB; s Rn 28 sowie insbesondere BGH 21. 3. 2007 – XII ZR 176/04, NZM 2007, 514 Tz 11 = WuM 2007, 271 = ZMR 2007, 524; SCHMIDT-FUTTERER/BÖRSTINGHAUS § 559b Rn 11). Selbst wenn der Mieter daraufhin mehrfach, auch über einen längeren Zeitraum hinweg, die vom Vermieter (unwirksam) geforderte höhere Miete zahlt, kommt allein dadurch noch nicht konkludent ein entsprechender Änderungsvertrag zu Stande; der Mieter kann vielmehr die grundlos gezahlte Miete kondizieren (§ 812 Abs 1 S 1 Fall 1 BGB; BGH 21. 3. 2007 – XII ZR 176/04, NZM 2007, 514 Tz 11 = WuM 2007, 271 = ZMR 2007, 524; str), soweit dem nicht im Einzelfall § 814 BGB entgegensteht (SCHMIDT-FUTTERER § 559b Rn 10). Eine **Nachbesserung** der mangelhaften Erhöhungserklärung scheidet gleichfalls aus (s Rn 27).

10 Das Formerfordernis gilt für die **gesamte Erhöhungserklärung** mitsamt ihrer Begründung (AG Greifswald WuM 1994, 379; AG Neustrelitz WuM 1992, 589; KINNE ZMR 2003, 396, 398; MERSSON DWW 2009, 206, 210). Alle Teile der Mieterhöhungserklärung einschließlich der Berechnung und der Erläuterung müssen folglich eine **Einheit** bilden. Die bloße **Bezugnahme** auf andere Schriftstücke wie insbesondere die Ankündigung nach § 555c BGB genügt *nicht* dem gesetzlichen Formerfordernis des § 559b Abs 1 BGB; solche **Schriftstücke** müssen vielmehr der Erhöhungserklärung in einer Weise **beigefügt** werden, dass sie als deren Teile erscheinen und von der Unterschrift des Vermieters gedeckt werden. Das kann einmal durch feste körperliche Verbindung, ebensogut aber auch durch bloße Bezugnahme im Text der Erhöhungserklärung geschehen, immer vorausgesetzt, dass sich die **Urkundeneinheit** aus den Umständen deutlich ergibt (s oben STAUDINGER/V EMMERICH [2021] § 550 Rn 27 ff; LG Berlin ZMR 1998, 775 = NJW-RR 1999, 809; LG Erfurt NZM 2000, 277, 278; KINNE ZMR 2001, 868, 869; MERSSON DWW 2009, 206, 210). Auch bei einer wirksamen Bezugnahme auf Anlagen muss aber die Erhöhungserklärung immer noch aus sich heraus verständlich bleiben und den Anforderungen des § 559b Abs 1 S 2 BGB genügen; der Vermieter kann den Mieter nicht statt einer eigenen Berechnung und Erläuterung der Mieterhöhung einfach auf ein Konvolut von Anlagen verweisen (MERSSON DWW 2009, 206, 210; BeckOGK/SCHINDLER [1. 10. 2020] Rn 11).

11 Die Textform genügt gemäß § 559b Abs 1 S 1 und § 126b BGB auch bei **langfristigen Mietverträgen**, da dem § 559b Abs 1 S 1 BGB insoweit der *Vorrang* vor § 550 BGB zugebilligt wird, dessen Anwendungsbereich sich auf *vertragliche* Änderungen des Mietvertrags beschränkt, während *einseitige* Änderungen aufgrund eines gesetzlichen Gestaltungsrechts nicht erfasst werden (s STAUDINGER/V EMMERICH [2021] § 550 Rn 10; BGH 5. 11. 2014 – XII ZR 115/12, BGHZ 203, 148 = NJW 2015, 402 = NZM 2015, 84; BÖRSTINGHAUS, Hdb Kap 16 Rn 5; BÖRSTINGHAUS, in: 10 Jahre Mietrechtsreformgesetz [2011] 377, 382 ff; LÜTZENKIRCHEN/DICKERSBACH § 559b Rn 11; ebenso im Ergebnis für die Ausübung einer

Verlängerungsoption). Auch **Schriftformklauseln** für Vertragsänderungen erfassen aus diesem Grund in aller Regel nicht den Fall des § 559 BGB iVm § 559b. Nichts hindert aber natürlich die Parteien, eine Schriftformklausel auf Mieterhöhungserklärungen des Vermieters nach § 559 BGB zu erstrecken, weil dadurch die Position des Mieters nur verbessert werden kann; § 559 Abs 3 greift nicht ein (LÜTZENKIRCHEN/ DICKERSBACH § 559b Rn 12).

4. Einsichtsrecht

Der Mieter hat analog § 259 BGB ein Recht auf Einsichtnahme in die Zahlungsbelege und sonstigen Unterlagen des Vermieters über die von diesem durchgeführten Modernisierungsmaßnahmen einschließlich der Verträge und gegebenenfalls der Ausschreibungsunterlagen (BÖRSTINGHAUS, Hdb Kap 16 Rn 18; LÜTZENKIRCHEN/DICKERSBACH Rn 28 f; BeckOGK/SCHINDLER [1. 10. 2020] Rn 12). Der Mieterhöhungserklärung des Vermieters brauchen dagegen die Zahlungsbelege und die sonstigen Unterlagen des Vermieters nicht beigefügt zu werden. Es genügt, wenn sie in der Berechnung aufgeführt werden, um dem Mieter die Ausübung seines Einsichtsrechts zu ermöglichen (LG Berlin GE 2007, 985; KINNE ZMR 2001, 868, 869; THOMSEN, Modernisierung 132, 152). In der Erhöhungserklärung muss die **Berechnung** ferner zumindest soweit **aufgeschlüsselt** und spezifiziert sein, dass sie an Hand der beim Vermieter befindlichen Belege überprüft werden kann (LG Hamburg WuM 1976, 236, 237). **Erfüllungsort** ist grundsätzlich der Wohnsitz des Vermieters (§ 269 BGB). Wenn der Wohnsitz des Vermieters jedoch weit von der Wohnung des Mieters entfernt ist, wird man von dem Ort der Wohnung als Erfüllungsort auszugehen haben (§ 242 BGB). Der Vermieter muss die Belege am Erfüllungsort **geordnet bereithalten**, um dem Mieter die Einsichtnahme zu ermöglichen. **Kopien** kann der Mieter nach Treu und Glauben nur in Ausnahmefällen auf eigene Kosten verlangen, wenn ihm anders eine Überprüfung nicht möglich ist (s BÖRSTINGHAUS, Hdb Kap 16 Rn 18; MERSSON DWW 2009, 206, 210). Verweigert der Vermieter die Herausgabe von Kopien, so wird dem Mieter im Schrifttum häufig ein **Schadensersatzanspruch** nach den §§ 241 Abs 2, 280 Abs 1 und 249 BGB auf Freistellung von der Verpflichtung zur Zahlung des *Modernisierungszuschlages* bis zur Herausgabe der Kopien zugebilligt (SCHMIDT-FUTTERER/ BÖRSTINGHAUS § 559b Rn 21; LÜTZENKIRCHEN/DICKERSBACH § 559b Rn 29; BeckOGK/SCHINDLER [1. 10. 2020] Rn 13). Stattdessen ist auch an ein **Zurückbehaltungsrecht** des Mieters an der *gesamten* Miete zu denken (§ 320 BGB).

5. Inhalt

Die Erklärung muss auf die *Erhöhung der Miete* wegen der Durchführung bestimmter Modernisierungsmaßnahmen gerichtet sein, den Willen des Vermieters erkennen lassen, fortan eine bestimmte höhere Miete als bisher zu fordern, und außerdem *begründet* sein, da nach § 559b Abs 1 S 2 BGB die Erhöhungserklärung nur wirksam ist, wenn in ihr die Mieterhöhung aufgrund der entstandenen Kosten berechnet und entsprechend den Voraussetzungen des §§ 559 und 559a BGB erläutert ist (u Rn 14 ff). Dazu gehört nicht zuletzt, dass in der Mieterhöhungserklärung auch der auf den einzelnen Mieter entfallende, monatliche Erhöhungsbetrag sowie vor allem die **gesamte neue Miete** in einer Summe genannt werden, schon, weil es sich bei § 559 BGB um ein Gestaltungsrecht des Vermieters handelt (BGH 21. 3. 2007 – XII ZR 176/04, NZM 2007, 514 Tz 11 = WuM 2007, 271), sodass es in der Natur der Sache liegt, dass in der Erklärung, mit der dieses Gestaltungsrecht ausgeübt wird, durch Angabe der neuen höheren Miete Klarheit über den zukünftigen Inhalt des Mietvertrags geschaffen wird (Börstinghaus, Hdb Kap 16 Rn 6; Thomsen, Modernisierung 132 f). Der Vermieter kann dem Mieter nicht einfach die Berechnung der neuen Miete aufgrund der mitgeteilten Zahlen überlassen, sondern muss die endgültige Miete selbst berechnen und genau in einer Summe als neue Miete benennen. Entbehrlich ist dagegen die **Angabe des Zeitpunktes**, zu dem die Mieterhöhung wirksam wird, weil sich dieser bereits aus dem Gesetz (§ 559b Abs 2 BGB) ergibt (s unten Rn 29 f).

III. Begründung

1. Überblick

14 Die Begründung des Erhöhungsverlangens setzt sich nach S 2 des § 559b Abs 1 BGB aus **zwei Bestandteilen** zusammen. Erster Bestandteil ist die **Berechnung** des auf die einzelne Wohnung entfallenden Erhöhungsbetrages aufgrund der dem Vermieter tatsächlich entstandenen Kosten (s unten Rn 16 ff), zweiter Bestandteil die **Erläuterung** „entsprechend den Voraussetzungen der §§ 559 und 559a" (s unten Rn 21 f). Seit 2013 fügt das Gesetz in § 559b Abs 1 S 3 hinzu, dass § 555c Abs 3 entsprechend gilt, nach dem der Vermieter in der Modernisierungsankündigung für eine Maßnahme nach § 555b Nr 1 und Nr 2 insbesondere hinsichtlich der energetischen Qualität von Bauteilen auf allgemein anerkannte Pauschalwerte Bezug nehmen kann (s Staudinger/ J Emmerich [2021] § 555c Rn 13). Welche Anforderungen sich aus dieser Gesetzeslage an die Begründung des Erhöhungsverlangens ergeben, wird unterschiedlich beantwortet (s zB Börstinghaus, Hdb Kap 16 Rn 11 ff; Lützenkirchen/Dickersbach § 559b Rn 17, 35 ff; Mersson DWW 2009, 206, 206 ff; BeckOGK/Schindler [1. 10. 2020] Rn 19 ff). Maßgebend ist der **Zweck** der Begründung, dem Mieter eine **Nachprüfung** der (einseitigen!) Mieterhöhung seitens des Vermieters auf ihre **Plausibilität** zu ermöglichen (BGHZ 150, 277, 283 ff = NJW 2002, 2036; BGH 12. 3. 2003 – VIII ZR 175/02, GE 2004, 831 = WuM 2004, 154, 155; 7. 1. 2004 – VIII ZR 156/03, NZM 2004, 252 = WuM 2004, 155, 156; 25. 1. 2006 – VIII ZR 47/05, NJW 2006, 1126 = NZM 2006, 221 = WuM 2006, 157; BGH 17. 12. 2014 – VIII ZR 88/13, NJW 2015, 939 Rn 29 = NZM 2015, 198, 200 = WuM 2015, 165; KG NJW-RR 2001, 588, 589 = NZM 2001, 104 = ZMR 2000, 760; AG Norderstedt ZMR 2015, 463), sodass es bereits genügt, wenn der Mieter den Grund der Mieterhöhung anhand der Erläuterungen des Vermieters überschlägig „als plausibel nachvollziehen kann" (so BGH 7. 1. 2004 – VIII ZR 156/03, WuM 2004, 155, 156 [unter II. 1a] = NJW-RR 2004, 658 = NZM 2004, 252; 25. 1. 2006 – VIII ZR 47/ 05, NJW 2006, 1126 = NZM 2006, 221 = WuM 2006, 157, 158 Tz 9; 26. 9. 2018 – VIII ZR 121/17 Rn 3 f, NZM 2018, 948 = WuM 2018, 726; LG Bremen WuM 2018, 365, 366; Lützenkirchen/ Dickersbach § 559b Rn 18 f).

15 Die Begründung muss umso ausführlicher sein, je umfangreicher die Modernisierungsmaßnahmen sind und je schwieriger ihre Auswirkungen für den Mieter zu beurteilen sind, während die Begründung umso knapper ausfallen kann, je mehr der Mieter bereits über Art und Ausmaß der Arbeiten informiert ist, etwa, weil sie in seiner Wohnung unter seinen Augen durchgeführt wurden oder weil der Mieter bereits in der Modernisierungsankündigung nach § 555c BGB sämtliche zur Beurteilung der Mieterhöhung erforderlichen Informationen erhalten hat (LG Berlin GE 2007, 1553, 1554). Dasselbe gilt, wenn der Modernisierungseffekt einer Maßnahme auf der Hand liegt, etwa bei der Dämmung einer alten ungedämmten Fassade. Generell gilt, dass § 559b BGB nicht in einer Weise ausgelegt werden darf, die letztlich **durch unerfüllbare Anforderungen** an die Berechnung und Erläuterung der Erhöhungserklärung auf einen **faktischen Investitionsstopp** hinausliefe, weil das mit dem Zweck der gesetzlichen Regelung unvereinbar wäre, Modernisierungsmaßnahmen nach Möglichkeit zu *fördern*. Im Übrigen bleibt zu beachten, dass sich die beiden Bestandteile der Begründung, dh die Berechnung der Mieterhöhung und die Erläuterung nicht streng trennen lassen; daher ist es unerheblich, ob die Erörterung bestimmter Punkte als Berechnung oder Erläuterung eingestuft wird, da das Gesetz beide Bestandteile der Begründung gleichbehandelt.

2. Berechnung

Nach § 559b Abs 1 S 2 BGB setzt die Wirksamkeit der Mieterhöhungserklärung aufgrund des § 559 Abs 1 BGB als erstes voraus, dass in ihr die vom Vermieter verlangte Erhöhung der Miete berechnet wird, und zwar gerade aufgrund der gesamten dem Vermieter tatsächlich entstandenen Bau- und Baunebenkosten abzüglich etwaiger darin enthaltener Kosten von Erhaltungsmaßnahmen (s oben § 559 Rn 27 ff) sowie etwaiger Drittmittel, um die der Erhöhungsbetrag nach § 559a BGB zu kürzen ist. Daraus folgt zunächst, dass die Berechnung des Erhöhungsbetrags von den **Gesamtkosten** der Modernisierungsmaßnahme ausgehen und diese sodann **auf die einzelnen**, durchgeführten **Maßnahmen aufteilen** muss. Bestehen die Modernisierungsmaßnahmen aus unterschiedlichen Gewerken wie zB Maurer-, Maler- oder Installationsarbeiten, so ist eine weitere Aufteilung der Kosten auf die einzelnen **Gewerke** nötig, weil anders dem Mieter dann selbst eine zumindest pauschale Überprüfung der Mieterhöhung nicht möglich sein dürfte (s oben Rn 14; LG Berlin ZMR 2001, 277; LG Görlitz WuM 2001, 613; LG Bremen WuM 2018, 365, 366; AG Norderstedt ZMR 2015, 463; Börstinghaus WuM 2020, 328 im Anschluss an LG Hamburg 17. 1. 2020 – 307 S 50/18; Kinne ZMR 2003, 396, 399). Es genügt aber, wenn die Gesamtkosten der einzelnen Gewerke genannt werden; eine weitere Aufschlüsselung der Erklärung auf die einzelnen **Rechnungen** der Handwerker ist im Regelfall unzumutbar und bringt auch dem Mieter keinen zusätzlichen Erkenntnisgewinn (Schmidt-Futterer/Börstinghaus Rn 17; Lützenkirchen/Dickersbach Rn 37; BeckOGK/Schindler [1. 10. 2020] Rn 20.1 mwNw). 16

Sind in den einzelnen Wohnungen unterschiedliche Maßnahmen oder Maßnahmen mit unterschiedlichen Kosten durchgeführt worden oder sind mit den Modernisierungsmaßnahmen Erhaltungsmaßnahmen verbunden, so müssen zusätzlich der **Verteilungsschlüssel** sowie diejenigen Beträge angegeben werden, die konkret auf die **Erhaltungsmaßnahmen** entfallen (s Rn 17); pauschale Abschläge von den Gesamtkosten reichen, weil nicht nachprüfbar, nicht aus. Aus allen genannten Posten ist schließlich der auf die einzelne Wohnung entfallende **Mieterhöhungsbetrag** in einer Weise abzuleiten, die für den Mieter (als Laien) **nachvollziehbar** (plausibel) ist (s oben Rn 14; OLG München NJW 1995, 465, 466; KG NZM 2002, 211; LG Görlitz WuM 1999, 44; 2001, 613; LG Gera WuM 2000, 24 f; 2000, 196; LG Rostock WuM 2000, 24; LG Berlin GE 2003, 122, 123; LG Halle ZMR 2003, 35 ff; LG Leipzig NZM 2002, 941 ff; AG Norderstedt ZMR 2015, 463; AG Aachen WuM 2018, 367; 2018, 368; Börstinghaus, Hdb Kap 16 Rn 11 ff; ders NZM 1999, 881, 888 f; Kinne ZMR 2003, 396, 399; Mersson DWW 2009, 206, 208 ff; Thomsen, Modernisierung, 131 ff). Von denselben Grundsätzen ließ sich der **BGH** bereits in seiner Rechtsprechung zu § 18 BMietG I, einem der Vorläufer des § 559b BGB, leiten (21. 12. 1960 – VIII ZR 227/59, LM Nr 8 zu § 18 BMietG I = MDR 1961, 316, 499 = JZ 1961, 295; 20. 10. 1963 – VIII 16a

ZR 68/62, LM Nr 13 zu § 18 BMietG I = MDR 1964, 142; 25. 3. 1970 – VIII ZR 134/68, LM Nr 26/27 zu § 18 BMietG I = NJW 1970, 1078 = MDR 1970, 672).

17 Eine zusätzliche Erörterung der **Finanzierung** der Maßnahmen ist (nur) erforderlich, wenn der Vermieter **Drittmittel** in Anspruch genommen hat, sodass eine Kürzung nach § 559a BGB in Betracht kommt, weil die Finanzierung allein Sache des Vermieters ist (KG NZM 2002, 211 = WuM 2002, 144). Andere Regeln gelten, wenn der Vermieter einen **Pauschalpreis** für die Einzelgewerke vereinbart hat, weil dann eine weitere Aufschlüsselung der Kosten nicht möglich ist; vielmehr genügt in diesem Fall die Angabe der Aufteilung der Gesamtkosten auf die einzelnen Wohnungen (LG Berlin GE 2009, 844; BeckOGK/Schindler [1. 10. 2020] Rn 21). Wenn zugleich **Erhaltungsmaßnahmen** im Sinne des § 555a BGB, insbesondere also **Instandsetzungsmaßnahmen** durchgeführt wurden, müssen die Kosten dieser Maßnahmen besonders hervorgehoben werden, damit der Mieter sie überprüfen kann (s schon ausführlich o § 559 Rn 36; BGH 17. 12. 2014 – VIII ZR 88/13, NJW 2015, 939 Rn 29 = NZM 2015, 198, 200 = WuM 2015, 165; LG Berlin GE 2003, 121, 123; LG Gera WuM 2000, 196; LG Halle ZMR 2003, 35 ff; LG Hamburg WuM 2000, 195, 196; LG Landau ZMR 2009, 211; Börstinghaus, Hdb Kap 16 Rn 13; Kinne ZMR 2003, 396, 399; Mersson DWW 2009, 206, 209). Mit einer Schätzung gemäß § 559 Abs 2 HS 2 darf sich der Vermieter nur begnügen, wenn eine weitere Aufschlüsselung der Kosten nicht möglich ist (BeckOGK/Schindler [1. 10. 2020] Rn 22.1). Jedoch sind entgegen einer verbreiteten Meinung keine **Vergleichsrechnungen** oder die ergänzende **Vorlage eines Kostenvoranschlages** nur für die (hypothetischen) Erhaltungsmaßnahmen erforderlich (s im Einzelnen o § 559 Rn 36; BGH 17. 12. 2014 – VIII ZR 88/13, NJW 2015, 939 Rn 30 = NZM 2015, 198, 200 = WuM 2015, 165); denn von dem Vermieter darf nichts verlangt werden, was entgegen dem Zweck der gesetzlichen Regelung die Durchführung der erwünschten Modernisierungsmaßnahmen übermäßig erschwerte (§ 275 Abs 2).

18 Auf keinen Fall genügen auf der anderen Seite pauschale Abschläge von den Gesamtkosten, weil nicht nachprüfbar. Lassen sich freilich die Maßnahmen rechnerisch nicht trennen, so muss auch die Angabe einer **Quote** genügen, die für die Instandsetzung von den Kosten abgezogen wurde (BGH 17. 12. 2014 – VIII ZR 88/13, NJW 2015, 939 Rn 30 f = NZM 2015, 198, 200 = WuM 2015, 165; AG Norderstedt ZMR 2015, 463; Börstinghaus, Hdb Kap 16 Rn 15; Mersson DWW 2009, 206, 209). Diese Quote muss vom Vermieter nicht weiter erläutert oder begründet werden (LG Berlin ZNR 2015, 633 = GE 2015 747; str, – anders zB AG Norderstedt ZMR 2015, 463). Die Richtigkeit der Quote ist nicht eine Frage der formellen Ordnungsmäßigkeit der Mieterhöhungserklärung im Sinne des § 559b, sondern deren sachlicher Richtigkeit und deshalb gegebenenfalls erst im Rechtsstreit über die Mieterhöhung zu überprüfen, wenn vom Mieter substantiell bestritten, wobei den Vermieter die Beweislast trifft (s unten Rn 38; LG Berlin ZMR 2014, 633 = GE 2014, 747; Lützenkirchen/Dickersbach § 559b Rn 2). Dasselbe gilt generell, wenn sich im Rechtsstreit die vom Vermieter vorgenommene Abgrenzung der Modernisierungsmaßnahmen und der Instandsetzungsmaßnahmen als unrichtig erweist oder wenn die Angaben des Vermieters über die mit bestimmten Maßnahmen verbundenen Energiespareffekte sich als unrichtig herausstellen (BGH 25. 9. 2018 – VIII ZR 121/17 Rn 3 f, NZM 2018, 948 = WuM 2018, 726). Lässt sich der Anteil der Kosten, der auf die verschiedenen Maßnahmen entfällt, nicht mehr feststellen, steht aber fest, dass zugleich Modernisierungs- und Erhaltungsmaßnahmen durchgeführt wurden, so müssen die Kostenanteile der verschiedenen Maßnahmen gegebenenfalls nach § 287

ZPO geschätzt werden, vorausgesetzt, dass dafür Anhaltspunkte vorliegen (BGH 17. 12. 2014 – VIII ZR 88/13, NJW 2015, 939 Rn 45 f = NZM 2015, 198, 200 = WuM 2015, 165).

Bei Modernisierungsmaßnahmen an **mehreren Häusern** müssen die Kosten grundsätzlich auf die einzelnen Gebäude so weit aufgeschlüsselt werden, dass die Mieterhöhung für die Mieter der einzelnen Gebäude nachvollziehbar wird (LG Mühlhausen WuM 1999, 466; LG Rostock WuM 2000, 24; LG Gera WuM 2000, 24, 25; LG Halle ZMR 2003, 35 ff). Die Folge kann freilich sein, dass bei umfangreichen **Totalsanierungen** oder **großen Umbauten**, etwa an ganzen Plattenbausiedlungen, die Berechnung und Erläuterung der Mieterhöhung bei den einzelnen Wohnungen einen Umfang annimmt, den kein Vermieter mehr mit zumutbarem Aufwand zu erfüllen vermag (LG Kiel WuM 2000, 613; LG Berlin GE 2003, 883; Börstinghaus NZM 1999, 881, 888 f; D Both NZM 2001, 78, 85; Mersson DWW 2009, 206, 208 f). Hier bleibt nichts anderes übrig, als die **Anforderungen** an die Berechnung und Erläuterung der Mieterhöhung **sachgerecht zu reduzieren** (s auch u Rn 21 f; Schmidt-Futterer/Börstinghaus § 559b Rn 16; Lützenkirchen/Dickersbach § 559b Rn 33a; Herrlein/Kandelhard/Both § 559b Rn 24–27). Kein vernünftiger Mieter kann in solchen Fällen von dem Vermieter eine ins Detail gehende Abrechnung aller Kosten erwarten; vielmehr müssen dann mehr oder weniger pauschale Angaben für seine Wohnung genügen (§§ 242, 275 Abs 2 BGB; Mersson DWW 2009, 206, 208 f). 19

Genügt die Berechnung der Mieterhöhung in der Erhöhungserklärung nicht den geschilderten Anforderungen (o Rn 16 – 19), so ist sie grundsätzlich **unwirksam** (§ 559b Abs 1 iVm § 125 Abs 1 BGB; s unten Rn 27). Es reicht nicht aus, wenn der Vermieter den Mieter darauf verweist, sich die jeweils relevanten Daten selbst erst aus einer Vielzahl von übersandten Unterlagen herauszusuchen (s Rn 10, OLG München NJW 1995, 465, 466; LG Berlin GE 1991, 629; LG Halle WuM 1997, 628), oder wenn er dem Mieter anbietet, **Einsicht** in die bei ihm verbliebenen Belege zu nehmen, im Übrigen aber auf eine weitere Begründung verzichtet. Auch eine **Heilung** von Mängeln der Mieterhöhungserklärung durch Nachholung der fehlenden Angaben im Rechtsstreit ist nicht möglich (s Rn 27). Unschädlich sind dagegen einzelne **Fehler** der Berechnung; sie können lediglich dazu führen, dass die Erhöhungserklärung unwirksam ist, *soweit* die Mängel reichen (§ 242 BGB; Schmidt-Futterer/Börstinghaus § 559b Rn 20; Lützenkirchen/Dickersbach § 559b Rn 37; Sternel, Mietrecht Rn III 806). 20

3. Erläuterung

Neben der Berechnung der Erhöhung (o Rn 16 ff) ist nach § 559b Abs 1 S 2 BGB als zweiter Bestandteil der Begründung eine „Erläuterung" der Mieterhöhung „entsprechend den Voraussetzungen der §§ 559 und 559a" erforderlich, wobei nach § 559b Abs 1 S 3 BGB in der Fassung von 2013 der § 555c Abs 3 BGB entsprechend gilt, sodass der Vermieter (nur) bei energetischen Modernisierungen im Sinne des § 555b Nr 1 BGB insbesondere hinsichtlich der energetischen Beschaffenheit von Bauteilen auf allgemein anerkannte Pauschalwerte Bezug nehmen kann (s schon Staudinger/J Emmerich [2021] § 555c Rn 19 sowie zB BeckOGK/Schindler [1. 10. 2020] Rn 27). „Erläuterung" meint der Sache nach dasselbe wie „Begründung". Die vom Gesetz in § 559b Abs 1 S 2 BGB geforderte Erläuterung der Mieterhöhungserklärung „entsprechend den Voraussetzungen der §§ 559 und 559a" hat folglich den **Zweck**, dem Mieter **plausibel** zu machen, wieso die einzelnen Maßnahmen des Vermieters überhaupt Modernisierungsmaßnahmen iS des § 555b Nr 1 und Nr 3 bis Nr 6 darstellen, 21 die eine Mieterhöhung nach § 559 BGB zu rechtfertigen vermögen, sowie, ob und gegebenenfalls in welcher Höhe Kürzungen des Erhöhungsbetrages nach § 559a BGB in Betracht kommen. Dazu müssen dem Mieter **konkrete Tatsachen** mitgeteilt werden, die es ihm erlauben, gedanklich das Vorliegen von Modernisierungsmaßnahmen sowie den gebotenen Abzug der Kosten von Erhaltungsmaßnahmen nachzuvollziehen.

21a Daraus folgt, dass insbesondere eine bloße Wiederholung des Gesetzestextes oder allgemeine Ausführungen über den Sinn von Modernisierungsmaßnahmen ohne konkreten Bezug auf die betreffende Wohnung nicht ausreichen; der Mieter muss vielmehr aufgrund der mitgeteilten konkreten Tatsachen in der Lage sein, sich ein **zutreffendes Bild** der Modernisierungsmaßnahme und insbesondere der mit ihr verbundenen Spareffekte oder Verbesserung der Wohnverhältnisse zu machen, sodass ihm insgesamt die vom Vermieter erklärte Mieterhöhung **plausibel**, dh **nachvollziehbar** und schlüssig erscheint. Die Konsequenz ist, dass der Vermieter grundsätzlich hinsichtlich jeder einzelnen Modernisierungsmaßnahme, derentwegen er eine Mieterhöhung verlangt, im Einzelnen darlegen muss, inwiefern die fragliche Maßnahme die Tatbestandsmerkmale des § 555b Nr 1 oder der Nr 3 bis Nr 6 des § 555b BGB erfüllt, inwiefern also durch sie zB der Gebrauchswert der Mietsache nachhaltig erhöht wird (BGH 7. 1. 2004 – VIII ZR 156/03, WuM 2004, 155, 156 [unter II 1a] = NZM 2004, 252; 26. 1. 2006 – VIII ZR 47/05, WuM 2006, 157, 158 Tz 9 = NJW 2006, 1126 = NZM 2006, 221; 12. 6./25. 9. 2018 – VIII ZR 121/17 Rn 14, 17 ff, WuM 2018, 728 = NZM 2018, 948; 20. 5. 2020 – VIII ZR 55/19 Rn 14 f, GE 2020, 921; LG Bremen WuM 2018, 365; 2020, 158; LG Berlin WuM 2018, 215; LG Hamburg WuM 2017, 641; AG Dortmund WuM 2009, 120, 122 f; Börstinghaus, Hdb Kap 16 Rn 19 ff; ders WuM 2020, 328; Kinne ZMR 2003, 396, 399; Lützenkirchen/Dickersbach § 559b Rn 19; Mersson DWW 2009, 206; BeckOGK/Schindler [1. 10. 2020] Rn 19 ff; Thomsen, Modernisierung 133 f).

22 Der **Umfang** und die Tiefe der nötigen Erläuterungen hängen von den Umständen ab, zB davon, was dem Mieter bereits bekannt ist, etwa aufgrund der Modernisierungsankündigung nach § 555c BGB oder infolge der Durchführung der Maßnahmen unter seinen Augen, weiter zB davon, ob das Vorliegen einer Modernisierungsmaßnahme offenkundig ist oder im Gegenteil nur sehr schwer beurteilt werden kann (zB LG Bremen WuM 2020, 159; BeckOGK/Schindler [1. 10. 2020] Rn 32 f; Schmidt-Futterer/ Börstinghaus Rn 25). Entscheidend ist letztlich immer, was *erforderlich* ist, um dem Mieter in der gegebenen Situation die Mieterhöhung wegen der Modernisierungsmaßnahme *plausibel,* dh verständlich und nachvollziehbar zu machen (Rn 21). Das bedeutet zB, dass in den Fällen einer **Instandsetzungsmodernisierung** nach den §§ 555a und 559 Abs 2 dem Mieter genau die Abgrenzung der verschiedenen Maßnahmen und ihre jeweiligen Kosten erläutert werden müssen (Börstinghaus, Hdb Kap 16 Rn 29; Lützenkirchen/Dickersbach Rn 31 ff; Mersson DWW 2009, 206, 207). Zwar dürfen diese Kosten gemäß § 559 Abs 2 HS 2 geschätzt werden, dies indessen nur, soweit erforderlich, dh nur, soweit nicht die Angabe konkreter Tatsachen, zumindest als Basis einer Schätzung, möglich ist (zB LG Hamburg WuM 2017, 641). Ist der Vermieter dagegen der Meinung, dass keine Erhaltungsmaßnahme vorliege, so braucht er auf diese Frage in der Erhöhungserklärung auch nicht einzugehen (Schmidt-Futterer/ Börstinghaus Rn 32; str). Nichts anderes gilt für etwaige **Kürzungsbeträge** nach § 559a; auch auf sie braucht nur eingegangen zu werden, wenn nach Meinung des Vermieters eine Kürzung überhaupt in Betracht kommt; ist dies jedoch der Fall, so sind auch

insoweit konkrete Angaben über die Kürzungsbeträge erforderlich. Betrifft die Maßnahme mehrere Wohnungen, so muss der Vermieter außerdem den **Verteilungsschlüssel** erläutern, dh für den Mieter nachvollziehbar begründen (§ 559 Abs 3 BGB; LG Bremen WuM 2020, 195; BÖRSTINGHAUS, Hdb Kap 16 Rn 30).

Der Vermieter muss nach dem Gesagten (s Rn 21 f) insbesondere begründen, **wieso** 23 die Modernisierungsmaßnahmen seiner Meinung nach zu einer **nachhaltigen Endenergie- oder Wassereinsparung** iS des § 555b Nr 1 und 3 (iV mit § 559 Abs 1 BGB) führen, sofern dies nicht ohne Weiteres ersichtlich ist (KG WuM 2006, 450; LG Berlin ZMR 2001, 277; LG Hamburg WuM 2009, 124; AG Dortmund WuM 2009, 120, 123; KINNE ZMR 2003, 396, 399; STERNEL NZM 2000, 1058, 1066 f). Geht es zB um Maßnahmen zur Einsparung von Endenergie durch die Ersetzung alter Fenster durch neue isolierverglaste Fenster, so stehen dem Vermieter grundsätzlich *zwei* **Wege** zur Begründung seiner Mieterhöhungserklärung offen: Er kann einmal den Spareffekt plausibel in Worten darlegen; oder er kann der Mieterhöhungserklärung eine Wärmebedarfsrechnung durch Gegenüberstellung des alten und des neuen Wärmedurchgangskoeffizienten beifügen (so zB BGH 25. 1. 2006 – VIII ZR 47/05, NJW 2006, 1126 Rn 9 = NZM 2006, 221 = WuM 2006, 157 usw bis zB AG Wedding GE 2014, 943; AG Köpenick WuM 2015, 509).

Entgegen einer verbreiteten Meinung (zB KG ZMR 2000, 760 = WuM 2000, 535 = NZM 24 2001, 144 = NJW-RR 2001, 588 f; LG Berlin ZMR 1999, 401; GE 2001, 58; ZMR 2001, 277; s DITTERT WuM 2001, 6; KINNE ZMR 2001, 868, 869; GRAMS/GROTH GE 2002, 510, 511 f) ist keineswegs in jedem Fall eine aufwendige **Wärmebedarfsrechnung** erforderlich; vielmehr genügt es auch, wenn der Vermieter **Tatsachen mitteilt**, aus denen sich als Folge der durchgeführten Maßnahmen eine **nachhaltige**, dh messbare und dauerhafte **Endenergie-** oder auch **Wassereinsparung** iS von § 555b Nr 1 oder Nr 3 ergibt (s STAUDINGER/J EMMERICH [2021] § 555b Rn 9 ff).

Ausreichend ist dafür bereits neben einer schlagwortartigen Bezeichnung der Maß- 25 nahme und einer Zuordnung zu den Positionen der Berechnung die Darlegung derjenigen **Tatsachen**, anhand derer **überschlägig beurteilt** werden kann, ob die fragliche Modernisierungsmaßnahme eine nachhaltige, dh dauerhafte und messbare Einsparung von Endenergie oder Wasser bewirkt, selbst wenn der Mieter, um dies zu beurteilen, genötigt sein sollte, sich sachkundigen Rats zu bedienen (BGHZ 150, 277, 283 ff = NJW 2002, 2036; BGH 7. 1. 2004 – VIII ZR 152/03, WuM 2004, 155, 156 [unter II 1a] = NZM 2004, 252; 12. 3. 2003 – VIII ZR 175/08, WuM 2004, 154, 155 = GE 2004, 831; 25. 1. 2006 – VIII ZR 42/05, NJW 2006, 1126 = WuM 2006, 157, 158 Tz 9 f = NZM 2006, 211; 12. 6./25. 9. 2018 – VIII ZR 121/17 Rn 17 ff, NZM 2018, 948 = WuM 2018, 723; KG WuM 2006, 450; LG Bremen WuM 2018, 365; 2019, 195; LG Berlin WuM 2018, 215; GE 2007, 1553, 1554; LG Hamburg WuM 2009, 124; AG Dortmund WuM 2009, 120, 123; BÖRSTINGHAUS, Hdb Kap 16 Rn 24 f; SCHMIDT-FUTTERER/ BÖRSTINGHAUS § 559b Rn 27 ff; BOTH NZM 2001, 78, 85; LÜTZENKIRCHEN/DICKERSBACH § 559b Rn 22 ff; MERSSON DWW 2009, 206, 207 f; BeckOGK/SCHINDLER [1. 10. 2020] Rn 26; STERNEL PiG 62 [2002] 89, 119 = NZM 2001, 1058, 1067).

Maßgebend sind die Umstände des Einzelfalls einschließlich des schon vorhandenen 26 Kenntnisstandes des Mieters. Je nachdem können die Anforderungen an die nötige Erläuterung erhöht oder reduziert sein. Waren zB auch **schon die bisherigen Fenster mit Isolierglas** versehen, so wird man auch Angaben über den neuen und den alten Wärmedurchgangskoeffizienten der Fenster zu verlangen haben, weil sonst der Mieter nicht zu erkennen vermag, worin überhaupt die Modernisierung liegen soll, für die er vom Vermieter erneut aufgrund des § 559 BGB in Anspruch genommen wird (BGH 25. 1. 2006 – VIII ZR 47/05, NJW 2006, 1126 Tz 10 = WuM 2006, 157, 158 = NZM 2006, 221; LG Berlin GE 2007, 1553). Entbehrlich ist dagegen eine zusätzliche **Wirtschaftlichkeitsberechnung** (BGHZ 150, 277, 284 f = NJW 2002, 2036; Lützenkirchen/Dickersbach § 559b Rn 20). Deshalb braucht auch *nicht* angegeben zu werden, **in welchem Ausmaß** die fraglichen Maßnahmen zB zur Einsparung von Endenergie oder Wasser oder zB zur Verbesserung des Schallschutzes beitragen; soweit den Mieter dies interessiert, muss er sich notfalls der Hilfe von Sachverständigen bedienen (so 7. 1. 2004 – VIII ZR 152/03, BGH WuM 2004, 155, 156 [r Sp 3. Abs] = NZM 2004, 252; Schmidt-Futterer/Börstinghaus § 559b Rn 28).

4. Rechtsfolgen

27 Bei der Regelung des § 559b Abs 1 BGB handelt es sich um eine **gesetzliche Formvorschrift**, sodass ein Verstoß gegen § 559b Abs 1 BGB die Mieterhöhungserklärung unwirksam macht (§ 125 Abs 1 BGB; s oben Rn 20). Anders als im Falle des § 558b Abs 3 BGB sieht das Gesetz hier auch **keine Heilungsmöglichkeit** vor, sodass die Nichtigkeit endgültig ist (BGH 25. 1. 2006 – VIII ZR 47/05, NJW 2006, 1126 = WuM 2006, 157, 158 Rn 11 = NZM 2006, 221; 17. 12. 2014 – VIII ZR 88/13, NJW 2015, 934 Rn 26 = NZM 2015, 193 = WuM 2015, 165; AG Köpenick WuM 2015, 508, 509; Börstinghaus, Hdb Kap 16 Rn 9; BeckOGK/Schindler [1. 10. 2020] Rn 36 f). Von der Korrektur kleiner Fehler abgesehen (o Rn 20), kann der Vermieter folglich nicht etwa in einem Rechtsstreit über die erhöhte Miete eine fehlende oder fehlerhafte Berechnung oder Erläuterung der Mieterhöhung einfach nachschieben, um der zunächst unwirksamen Erhöhungserklärung doch noch nachträglich zur Wirksamkeit zu verhelfen (s Rn 7); er muss vielmehr die **Erhöhungserklärung wiederholen**, wozu er jederzeit befugt ist, freilich mit der Wirkung, dass sich dadurch gegebenenfalls der Zeitpunkt, zu dem die Mieterhöhung in Kraft tritt, verschiebt (s § 559b Abs 2; BGH 25. 1. 2006 – VIII ZR 47/05, NJW 2006, 1126 = WuM 2006, 157, 158 Tz 11 = NZM 2006, 221; AG Wedding GE 2014, 943; AG Köpenick WuM 2015, 508). Wenn sich aber eine Mieterhöhungserklärung, die sich auf **mehrere** weitgehend selbstständige Gewerke bezieht, nur hinsichtlich einzelner Gewerke als unwirksam erweist, kann sie durchaus hinsichtlich der restlichen Gewerke **partiell** aufrechterhalten werden – entsprechend dem hypothetischen Willen des Vermieters (§ 139; BGH 17. 6. 2020 – VIII ZR 81/19 Rn 29 ff, WuM 2020, 493 = NZM 2020, 795).

28 Die Nichtigkeit der Mieterhöhungserklärung (o Rn 27) kann zur Folge haben, dass der Mieter die bereits gezahlte, erhöhte **Miete** wieder **zurückfordern** kann (§ 812 Abs 1 S 1 BGB; u Rn 38; LG Köln WuM 1985, 341; Kinne ZMR 2003, 396, 400; Mersson DWW 2009, 206, 214), soweit dem nicht im Einzelfall § 814 BGB entgegensteht, der aber positive Kenntnis des Mieters von der Nichtigkeit der Erhöhungserklärung voraussetzt (s LG Dresden WuM 1998, 216, 218). Zahlt der Mieter die erhöhte Miete zunächst, gegebenenfalls sogar über längere Zeit, **anstandslos**, so stellt sich ferner die Frage, ob dadurch konkludent zwischen den Parteien ein entsprechender **Änderungsvertrag** zustande gekommen ist (§§ 311 Abs 1, 555 f, 557 Abs 1 BGB; s dazu schon o Rn 79 sowie insbesondere Artz NZM 2005, 367, 370 f = WuM 2005, 215; Börstinghaus, Hdb Kap 16 Rn 8; Kinne ZMR 2003, 396, 400; Dercxk/K Wolbers ZMR 1999, 733; Mersson DWW 2009, 206, 214). Die Frage wurde früher vielfach bejaht (BGH 14. 11. 1962 – VIII ZR 85/61, LM Nr 10 zu § 18 BMietG I = NJW 1963, 205; WM 1964, 860 = JZ 1964, 557; OLG Hamburg WuM 1983, 13, 14; ZMR

1983, 25, 26 f; LG Leipzig ZMR 1999, 767, 768 f; GE 2001, 1671 f; LG Berlin GE 2004, 1593; Kinne ZMR 2003, 396, 400). Diese Auffassung ist indessen mittlerweile zu Recht weithin aufgegeben, da die Mieterhöhungserklärung, mit der der Vermieter ein (vermeintliches) *einseitiges* Gestaltungsrecht ausübt, grundsätzlich *nicht* in einen *Antrag* auf Abschluss eines Änderungsvertrages *umgedeutet* werden kann (s Rn 9; BGH 17. 1. 2004 – VIII ZR 152/03, WuM 2004, 155, 156 [r Sp unter II 3] = NZM 2004, 252; 21. 3. 2007 – XII ZR 176/04, NZM 2007, 514 Tz 11 = WuM 2007, 271; LG München I WuM 1992, 419; AG Dortmund WuM 2009, 120, 123; BeckOGK/Schindler [1. 10. 2020] Rn 38).

IV. Zeitpunkt der Mieterhöhung

1. Regelfall

Nach § 559b Abs 2 S 1 schuldet der Mieter die aufgrund des § 559 BGB erhöhte Miete vom Beginn des dritten Monats ab, der auf den Zugang der Mieterhöhungserklärung bei dem Mieter folgt. Das Gesetz zieht mit dieser Regelung die Folgerungen aus dem Umstand, dass § 559 BGB ein **Gestaltungsrecht** des Vermieters begründet, ausgeübt durch eine Mieterhöhungserklärung nach § 559b BGB. Durch eine wirksame Erhöhungserklärung aufgrund des § 559 BGB wird der Mietvertrag folglich entsprechend *geändert.* Der Mieter schuldet fortan aufgrund des Vertrages *einheitlich* die erhöhte Miete, und zwar auf Dauer. Es ist bei der Wohnraummiete nicht zulässig, den Modernisierungszuschlag aufgrund des § 559 BGB gesondert neben der bisherigen Miete als Zuschlag fortzuführen (§§ 558 Abs 6, 559 Abs 5 BGB). Die Miete kann fortan nur noch einheitlich nach § 558 BGB erhöht werden, wenn sie trotz des Modernisierungszuschlags nach § 559 BGB hinter der ortsüblichen Vergleichsmiete zurückbleibt (s oben § 559 Rn 7 ff; Börstinghaus, Hdb Kap 16 Rn 43 ff; Lüderitzen/Dickersbach § 559b Rn 62 f). Entsprechendes gilt im Falle einer Mietminderung aufgrund des § 536. 29

Die erhöhte Miete wird aufgrund des geänderten Mietvertrages von dem Beginn des auf die Erklärung folgenden dritten Monats an ohne Weiteres, dh allein aufgrund der Gestaltungserklärung des Vermieters geschuldet (§ 559b Abs 2 S 1 BGB). Maßgebend ist der Zugang des Erhöhungsverlangens beim Mieter (§ 130 BGB), im Falle einer Mehrheit von Mietern bei dem letzten Mieter (Börstinghaus, Hdb Kap 16 Rn 47). Geht das Erhöhungsverlangen dem Mieter im Januar zu, so wird folglich die Miete vom 1. April ab erhöht (s auch u Rn 32). Die **Fälligkeit** dieser erhöhten Miete richtet sich nach dem Vertrag, hilfsweise nach § 556b Abs 1 BGB. Bezahlt der Mieter die wirksam erhöhte Miete nicht oder nicht rechtzeitig, so ist, wenn der Vermieter deshalb nach § 543 Abs 2 Nr 3 kündigen will, die Mieterschutzvorschrift des **§ 569 Abs 3 Nr 3** zu beachten (s § 569 Rn 51 ff). Dem Schutz des Mieters dient ferner das **Sonderkündigungsrecht** des § 561 BGB. 30

Es ist allein Sache des Vermieters, zu entscheiden, ob, wann und in welcher Höhe er die Miete unter den Voraussetzungen der §§ 559 ff erhöht. Der Vermieter ist (natürlich) nicht gezwungen, die Miete zu erhöhen oder das gesetzliche Erhöhungspotenzial voll auszuschöpfen. Auch eine gestaffelte Mieterhöhung ist möglich, weil dadurch der Mieter nur begünstigt wird (§§ 559 Abs 6, 559b Abs 3 BGB). 31

2. Mängel der Modernisierungsankündigung

32 Nach S 2 des § 559b Abs 2 BGB verlängert sich die Frist des S 1 des § 559b BGB für das Inkrafttreten der Vertragsänderung aufgrund der Mieterhöhungserklärung des Vermieters nach § 559 Abs 1 BGB (oben Rn 30) in zwei Fällen um *weitere* sechs Monate auf insgesamt **neun Monate**, nämlich 1., wenn der Vermieter die Modernisierungsmaßnahmen nicht nach den Vorschriften des § 555c Abs 1 und Abs 3 bis 5 angekündigt hat (Nr 1 des § 559b Abs 2 S 2 BGB) sowie 2., wenn die tatsächliche Mieterhöhung die angekündigte um mehr als 10 % übersteigt (Nr 2 des § 559b Abs 2 S 2 BGB). Die Vorschrift geht auf das Mietrechtsänderungsgesetz von 2013 zurück. Zuvor hatte § 559b Abs 2 S 2 BGB in der Fassung von 2001 lediglich bestimmt, dass es zu einer Verschiebung des Inkrafttretens der Mieterhöhung um sechs Monate kommt, wenn der Vermieter dem Mieter die zu erwartende Erhöhung der Miete nicht nach § 554 Abs 3 S 1 BGB aF (= § 555c BGB) mitgeteilt hat *oder* wenn die tatsächliche Mieterhöhung mehr als 10 % höher als die mitgeteilte ist. Die Auslegung dieser Vorschrift war umstritten gewesen (s Hannemann, in: 10 Jahre Mietrechtsreformgesetz [2011] 687), obwohl bereits die Verfasser des Mietrechtsreformgesetzes von 2001 die Auffassung vertreten hatten, dass die Mitteilung nach § 554 Abs 3 BGB aF *keine Voraussetzung* für eine Mieterhöhung nach § 559 BGB sei, sofern nur der Mieter die Durchführung der Maßnahmen tatsächlich geduldet hatte (Begr BT-Drucks 14/4553, 58 f).

33 Dieses Verständnis der gesetzlichen Regelung, welches sich auch die vorausgegangene Rechtsprechung unter § 559b aF zu eigen gemacht hatte (BGH 19. 9. 2007 – VIII ZR 6/07, NJW 2007, 3565 Rn 11 f = WuM 2007, 630 = NZM 2007, 882; 2. 3. 2011 – VIII ZR 164/10, NJW 2011, 1220 Rn 10, 14 = NZM 2011, 359 = WuM 2011, 225, 226), ist durch das **Mietrechtsänderungsgesetz** von 2013 bestätigt worden. Die Gesetzesverfasser haben dazu bemerkt, die Nr 1 des § 559b Abs 2 S 2 BGB nF regele jetzt *alle Fälle,* in denen der Vermieter seiner Ankündigungspflicht nach § 555c BGB überhaupt *nicht* oder doch *nicht ordnungsgemäß* nachgekommen sei, und zwar einschließlich des Falles der fehlenden Mitteilung der zu erwartenden Mieterhöhung (Begründung von 2012, 25 [r Sp 2. Abs]). In den Ausschussberatungen wurde außerdem klargestellt, dass die Regelung nicht für Verstöße gegen die bloße Sollvorschrift des § 555c Abs 2 BGB über die Erforderlichkeit eines Hinweises auf den Härteeinwand nach § 555d Abs 3 S 1 BGB gilt, sodass durch derartige Verstöße nicht der Zeitpunkt des Inkrafttretens der Mieterhöhung hinausgeschoben werde (Ausschussbericht von 2012, 33 [„Zu Nr 10"]; Hinz NZM 2013, 209, 227); es entfällt dann vielmehr lediglich die Ausschlussfrist für die Erhebung des finanziellen oder wirtschaftlichen Härteeinwands (§ 559 Abs 5 S 1 BGB; s oben § 559 Rn 72).

34 § 559b Abs 2 S 2 Nr 1 BGB erfasst nach dem Gesagten (s Rn 33) **sämtliche Verstöße** des Vermieters gegen seine **Ankündigungspflicht** aufgrund des § 555c Abs 1 und Abs 3 bis 5 BGB. Die wichtigsten Fälle sind die **Unterlassung** einer Ankündigung insgesamt, die **Verspätung** einer Ankündigung oder der Beginn der Modernisierungsarbeiten noch vor Ablauf der Frist des § 555c Abs 1 sowie insbesondere **Mängel** der Ankündigung unter Verstoß gegen § 555c, wozu auch das Fehlen eines Hinweises auf die bevorstehende Mieterhöhung gehört (Börstinghaus, Hdb Kap 16 Rn 50 ff; BeckOGK/Schindler [1. 10. 2020] Rn 45 ff). In allen genannten Fällen beschränkt sich folglich die **Rechtsfolge** auf die **Verlängerung** der Frist des § 559b Abs 2 für das

Inkrafttreten der Mieterhöhung um **sechs Monat**e, gerechnet ab dem regelmäßigen Wirkungszeitpunkt der Mieterhöhung nach § 559b Abs 2 S 1, nicht etwa ab Zugang der Mieterhöhungserklärung beim Mieter, sodass die Mieterhöhung erst vom **9. Monat** nach Zugang der Erklärung ab wirkt (Börstinghaus, Hdb Kap 16 Rn 55 f). Ausgenommen sind lediglich die **Bagatellfälle** des § 555c Abs 4 BGB, bei denen ohnehin eine Modernisierungsankündigung entbehrlich ist (BeckOGK/Schindler [1. 10. 2020] Rn 48).

Zu einer Fristverlängerung um sechs Monate kommt es nach § 559b Abs 2 S 2 Nr 2 BGB ferner, wenn die tatsächliche **Mieterhöhung** die zuvor vom Vermieter **angekündigte** um **mehr als 10 %** übersteigt. Maßstab ist die nach § 555c Abs 1 Nr 3 BGB angekündigte neue Miete (einschließlich des Modernisierungszuschlags nach § 559 BGB) und nicht etwa die ursprüngliche Miete vor der Erhöhung infolge der Modernisierungsmaßnahme (Schmidt-Futterer/Börstinghaus § 559b Rn 57; BeckOGK/Schindler [1. 10. 2020] Rn 49). Führt der Vermieter **mehrere Modernisierungsmaßnahmen** gleichzeitig durch, so kommt es insoweit darauf an, ob er für die einzelnen Gewerke getrennt oder einheitlich nach § 555c und § 559 BGB vorgeht (Lüderitzen/Dickersbach § 559b Rn 63). Keinerlei Bedeutung hat die ganze komplizierte Regelung schließlich, wenn sich die Parteien aus Anlass einer Modernisierungsmaßnahme über eine beliebige Mieterhöhung einigen, wozu sie jederzeit in der Lage sind (§§ 311 Abs 1, 555 f und 557 Abs 1 BGB). **35**

An der Rechtslage ändert sich nichts, wenn sich der Mieter gegen die Modernisierungsmaßnahmen des Vermieters unter Berufung auf seine fehlende Duldungspflicht aus § 555d BGB **gewehrt** hatte, sei es, dass er den Maßnahmen ausdrücklich (mündlich oder schriftlich) **widersprochen** hatte, sei es, dass er, insbesondere bei Maßnahmen der sog Außenmodernisierung, zB an der Fassade, eine **einstweilige Verfügung** auf Unterlassung weiterer Arbeiten (s Staudinger/J Emmerich [2021] § 555d Rn 27 f) beantragt hatte (s KG NJW-RR 1992, 1362). In derartigen Fällen war früher überwiegend angenommen worden, dass die Modernisierungsmaßnahmen des Vermieters dem Mieter gegenüber **rechtswidrig** seien und blieben, sodass der Vermieter, wenn er trotzdem die Maßnahmen durchführt, zB die Fassade trotz des Widerspruchs des Mieters renovieren lässt, anschließend nicht nach § 559 BGB die Miete erhöhen könne (Hannemann, in: 10 Jahre Mietrechtsreformgesetz 687, 693 mwNw). Diese Auffassung lässt sich heute nicht mehr aufrechterhalten, da nach den §§ 559 bis 559b BGB die Befugnis des Vermieters zur Mieterhöhung nur noch davon abhängt, ob es sich tatsächlich um eine Modernisierungsmaßnahme nach § 555b Nr 1 oder Nr 3 bis Nr 6 BGB handelt, und die für den Zeitpunkt der Wirksamkeit der Mieterhöhung in § 559b Abs 2 BGB allein noch auf die Ordnungsmäßigkeit und Vollständigkeit der Modernisierungsankündigung nach § 555c BGB abstellt (Schmidt-Futterer/Börstinghaus Rn 58). **36**

§ 559 BGB enthält eine **abschließende Regelung** der Voraussetzungen, unter denen der Vermieter ausnahmsweise die Kosten einer Modernisierungsmaßnahme auf den Mieter abwälzen kann. Daneben ist für einen Rückgriff des Vermieters auf § 812 Abs 1 S 1 Fall 2 BGB **(Eingriffskondiktion)** *kein* Raum. Auch wenn, etwa wegen Mängeln der Mieterhöhungserklärung, eine Mieterhöhung nach den §§ 559 und 559b BGB ausscheidet, der Mieter aber gleichwohl die mit der Modernisierungsmaßnahme für ihn verbundenen Vorteile in Anspruch nimmt, zB den vom Vermieter trotz **37** seines Widerspruchs eingebauten Aufzug benutzt, steht dem Vermieter daher kein Bereicherungsanspruch zu (ebenso AG Dortmund WuM 2009, 120, 123; BÖRSTINGHAUS NZM 1999, 881, 889; HANNEMANN, in: 10 Jahre Mietrechtsreformgesetz 687, 689; – anders früher KG NJW-RR 1992, 1362, 1363 = ZMR 1992, 486 = WuM 1992, 514).

V. Prozessuales

38 § 559 Abs 1 begründet ein Gestaltungsrecht des Vermieters. Bestreitet der Mieter die Wirksamkeit der vom Vermieter erklärten Mieterhöhung, so kann der Vermieter folglich sofort auf Leistung klagen (s BÖRSTINGHAUS, Hdb Kap 17 Rn 3). An irgendwelche Fristen ist er insoweit nicht gebunden. Für eine Feststellungsklage des Vermieters ist daneben grundsätzlich kein Raum. Hinsichtlich der zukünftigen Miete kommt dagegen auch eine Klage auf zukünftige Leistung nach § 259 ZPO in Betracht (BÖRSTINGHAUS, Hdb Kap 17 Rn 4; LÜDERITZEN/DICKERSBACH § 559b Rn 73 f; BeckOGK/SCHINDLER [1. 10. 2020] § 559 Rn 119). Der Mieter kann demgegenüber positive oder negative Feststellungsklage erheben, insbesondere, wenn der Vermieter nach einer Mieterhöhungserklärung, deren Wirksamkeit der Mieter bestreitet, keine Leistungsklage erhebt, sondern zuwartet. Hat der Mieter zunächst die erhöhte Miete gezahlt, so kann er außerdem nach § 812 Abs 1 S 1 Fall 1 Leistungsklage auf Rückzahlung der grundlos geleisteten Beträge erheben (s Rn 17).

39 Die **Beweislast** für die Voraussetzungen des Erhöhungsrechts trifft im Rechtsstreit den **Vermieter** (s oben Rn 32; KG WuM 2006, 450; LG Bückeburg WuM 1992, 378; LG Braunschweig WuM 1990, 158; AG Wernigerode WuM 1995, 442; BÖRSTINGHAUS, Hdb Kap 17 Rn 8 ff). Das gilt auch für die Frage, ob es sich bei den Maßnahmen des Vermieters nicht in Wirklichkeit ganz oder teilweise um **Erhaltungsmaßnahmen** handelt, deren Kosten nicht nach § 559 Abs 2 auf den Mieter abgewälzt werden dürfen. Voraussetzung der Beweislast des Vermieters ist hier freilich ein *substantiiertes Bestreiten* des Mieters, insbesondere durch den Hinweis auf konkrete Mängel der Mietsache, die erst durch die fraglichen Maßnahmen des Vermieters beseitigt wurden (BÖRSTINGHAUS, Hdb Kap 17 Rn 9; LÜDERITZEN/DICKERSBACH § 559b Rn 38).

40 Wenn der Mieter behauptet, der Vermieter habe zu Unrecht entgegen § 559a BGB bestimmte **Kürzungsbeträge** nicht abgezogen, wird die Beweislast ebenfalls meistens dem Vermieter auferlegt (BÖRSTINGHAUS, Hdb Kap 17 Rn 10; BeckOGK/SCHINDLER [1. 10. 2020] § 559 Rn 117). Indessen erhebt der Mieter mit dem Hinweis auf § 559a BGB eine **Einwendung**, für die ihn die Beweislast trifft. Richtig ist freilich, dass der Mieter über anzurechnende Leistungen Dritter in der Regel keine Kenntnis haben wird, sodass insoweit den Vermieter eine sekundäre Darlegungs- und Beweislast trifft, sobald der Mieter substantiiert unter Hinweis auf § 559a BGB das Recht des Vermieters zur Mieterhöhung bestreitet.

41 Der **Gebührenstreitwert** für eine Zahlungsklage des Vermieters aufgrund des § 559 BGB richtet sich nach dem Klageantrag (BÖRSTINGHAUS, Hdb Kap 17 Rn 13). Dagegen wird bei einer positiven Feststellungsklage des Vermieters oder einer negativen Feststellungsklage des Mieters heute meistens § 41 Abs 5 S 1 GKG angewandt, sodass sich der Streitwert auf den Jahresbetrag der Mieterhöhung aufgrund des § 559 BGB beläuft (KG WuM 2014, 748; LG Berlin WuM 2015, 565; BeckOGK/SCHINDLER

[1. 10. 2020] § 559 Rn 121). Der **Rechtsmittelstreitwert** richtet sich dagegen nach § 9 ZPO (Börstinghaus, Hdb Kap 17 Rn 14, str).

VI. Abweichende Vereinbarungen

Nach § 559b Abs 3 sind von § 559b BGB zum Nachteil des Mieters abweichende Vereinbarungen unwirksam. Die Vorschrift wiederholt lediglich aus Gründen der Klarstellung, was sich bereits unmittelbar aus § 557 Abs 3 und 4 BGB ergibt. **Beispiele** für danach unwirksame Vereinbarungen sind eine von § 559b Abs 2 BGB zum Nachteil des Mieters abweichende Regelung des Zeitpunkts der Wirksamkeit der Mieterhöhung oder ein Verzicht des Mieters auf die Berechnung und Erläuterung der Mieterhöhung in der Erhöhungserklärung entgegen § 559b Abs 1 S 2 BGB. Zulässig sind dagegen Vereinbarungen, durch die die *Position des Mieters* gegenüber der gesetzlichen Regelung *verbessert* wird, zB eine Vereinbarung, dass eine Mieterhöhung nach § 559 BGB später als nach § 559b Abs 2 BGB an sich möglich wirksam werden soll. Unberührt bleiben außerdem die §§ 311 Abs 1, 557 Abs 1 und 555 f BGB, sodass sich die Parteien nach Abschluss des Mietvertrages aus Anlass einer konkreten Modernisierungsmaßnahme jederzeit über die Modalitäten und die Höhe einer Mieterhöhung einigen können. Die ganze gesetzliche Regelung betrifft allein *einseitige* Mieterhöhungen des Vermieters aus Anlass einer Modernisierungsmaßnahme. 42

§ 559c
Vereinfachtes Verfahren

(1) Übersteigen die für die Modernisierungsmaßnahme geltend gemachten Kosten für die Wohnung vor Abzug der Pauschale nach Satz 2 10 000 Euro nicht, so kann der Vermieter die Mieterhöhung nach einem vereinfachten Verfahren berechnen. Als Kosten, die für Erhaltungsmaßnahmen erforderlich gewesen wären (§ 559 Absatz 2), werden pauschal 30 Prozent der nach Satz 1 geltend gemachten Kosten abgezogen. § 559 Absatz 4 und § 559a Absatz 2 Satz 1 finden keine Anwendung.

(2) Hat der Vermieter die Miete in den letzten fünf Jahren bereits nach Absatz 1 oder nach § 559 erhöht, so mindern sich die Kosten die nach Absatz 1 Satz 1 für die weitere Modernisierungsmaßnahme geltend gemacht werden können, um die Kosten, die in diesen früheren Verfahren für Modernisierungsmaßnahmen geltend gemacht wurden.

(3) § 559b gilt für das vereinfachte Verfahren entsprechend. Der Vermieter muss in der Mieterhöhungserklärung angeben, dass er die Mieterhöhung nach dem vereinfachten Verfahren berechnet hat.

(4) Hat der Vermieter eine Mieterhöhung im vereinfachten Verfahren geltend gemacht, so kann er innerhalb von fünf Jahren nach Zugang der Mieterhöhungserklärung beim Mieter keine Mieterhöhung nach § 559 gelten. Dies gilt nicht

1. soweit der Vermieter in diesem Zeitraum Modernisierungsmaßnahmen aufgrund einer gesetzlichen Verpflichtung durchzuführen hat und er diese Verpflichtung bei Geltendmachung der Mieterhöhung im vereinfachten Verfahren nicht kannte oder kennen musste,

2. sofern seine Modernisierungsmaßnahme auf Grund eines Beschlusses von Wohnungseigentümern durchgeführt wird, der frühestens zwei Jahre nach Zugang der Mieterhöhungserklärung beim Mieter gefasst wurde.

(5) Für die Modernisierungserklärung, die zu einer Mieterhöhung nach dem vereinfachten Verfahren führen soll, gilt § 555c mit den Maßgaben, dass

1. der Vermieter in der Modernisierungsankündigung angeben muss, dass er von dem vereinfachten Verfahren Gebrauch macht,

2. es der Angabe der voraussichtlichen künftigen Betriebskosten nach § 555c Absatz 1 Satz 2 Nummer 2 nicht bedarf.

Materialien: Mietrechtsanpassungsgesetz von 2018, BGBl I 2648; Begründung zum Regierungsentwurf von 2018, BT-Drucks 19/4672, 21; Ausschussbericht von 2018, BT-Drucks 19/6153, 22.

Schrifttum

Artz/Börstinghaus Mietrechtsanpassungsgesetz, NZM 2019, 12
Bub/Treier/Schultz, Hdb Rn III 1528
Eisenschmid, Das Mietrechtsanpassungsgesetz, WuM 2019, 225
Mersson, Das vereinfachte Verfahren bei Modernisierungsmieterhöhungen, DWW 2019, 324

Selk, Das Mietrechtsanpassungsgesetz, NJW 2019, 329
J Wagner/Happ, Das Mietrechtsanpassungsgesetz, DWW 2019, 124.

Systematische Übersicht

I.	Überblick	1
II.	Anwendungsbereich	5
III.	Die einzelnen Modifikationen	7
IV.	Die Modernisierungsankündigung	11
V.	Die Mieterhöhungserklärung	13
VI.	Berechnung der Mieterhöhung	15
VII.	Sperrfrist	
	1. Keine weitere Mieterhöhung in fünf Jahren	18
	2. Mieterhöhung aufgrund gesetzlicher Verpflichtung	22
	3. Beschluss der Wohnungseigentümer	25
VIII.	Abweichende Vereinbarungen	26

Alphabetische Übersicht

Abweichende Vereinbarungen	26	Mieterhöhungserklärung	13
Anwendungsbereich	5	Modernisierung aufgrund gesetzlicher Verpflichtung	22
Berechnung der Mieterhöhung	15	Modernisierungsankündigung	11
Beschluss der Wohnungseigentümer	25	Mietrechtsanpassungsgesetz	13
Drittmittel	10	Sperrfrist	18
		– Ablauf der Frist	20
Erhaltungskosten	3, 6, 11	– Ausnahmen	22, 25
Erhaltungsmaßnahmen	5		
		Verpflichtung, gesetzliche	22
Fünfjahresfrist	17		
		Wohnungseigentümer	25
Härteeinwand	9		
		Zinsermäßigung	10, 15
Mieterhöhung	4, 15	Zweck	2

I. Überblick

Die Einführung eines „vereinfachten Verfahrens" für Mieterhöhungen nach Modernisierungsmaßnahmen zusätzlich zu dem „regulären" Verfahren aufgrund der §§ 559–559b geht auf Wünsche der Verbände der Vermieter zurück, die das **Mietrechtsanpassungsgesetz** von 2018 aufgegriffen hat. Die Regelung ist am 1. 1. 2019 in Kraft getreten. Sie gilt nach der **Übergangsvorschrift** des Art 229 § 49 Abs 1 S 3 EGBGB für alle Modernisierungsmaßnahmen aufgrund bestehender oder neu abgeschlossener Mietverträge, bei denen die Modernisierungsankündigung gemäß § 555c dem Mieter nach dem 31. 12. 2018 zugegangen ist. **1**

Zweck der Regelung ist es vor allem, Kleinvermieter zu politisch erwünschten Modernisierungsmaßnahmen, insbesondere mit dem Ziel der Energieeinsparung, zu ermuntern. Deshalb sollte ihnen ein vereinfachtes Verfahren für Mieterhöhungen aufgrund von Modernisierungsmaßnahmen zur Verfügung gestellt werden, da man von dem komplizierten regulären Verfahren aufgrund der §§ 559–559b eine abschreckende Wirkung jedenfalls bei Kleinvermietern befürchtete (Begründung von 2018, 21, 32 f). Da der Gesetzgeber jedoch zugleich bestrebt war, an dem gebotenen Mieterschutz soweit wie möglich festzuhalten, ist die Regelung, die deutlich Kompromisscharakter trägt, doch in mehrfacher Hinsicht wieder ausgesprochen kompliziert ausgefallen, sodass im Schrifttum mit guten Gründen bezweifelt wird, ob der Zweck einer Ermunterung von Kleinvermietern zu Modernisierungsmaßnahmen in nennenswertem Umfang erreicht werden kann (s MERSSON DWW 2019, 324; J. WAGNER/ HAPP DWW 2019, 124, 129). **2**

Die wichtigste Erleichterung, die § 559c für Vermieter durch eine Vereinfachung des Verfahrens bei Mieterhöhungen nach Modernisierungsmaßnahmen bringt, besteht darin, dass der durch § 559 Abs 4 vorgeschriebene **Abzug der Kosten für Erhaltungsmaßnahmen** von den umlegbaren Kosten der Modernisierungsmaßnahmen (dessen **3**

Berechnung häufig schwierig ist) durch einen **pauschalen Abschlag** iHv 30 % der aufgewandten Modernisierungskosten ersetzt wird (§ 559c Abs 1 S 2 BGB). Außerdem wird der wirtschaftliche oder finanzielle **Härteeinwand** gestrichen (§ 559c Abs 1 S 3 iVm § 559 Abs 4 BGB). Schließlich entfällt auch der sonst nötige Abzug der **Zinsermäßigung**, wenn die Kosten der Modernisierungsmaßnahme ganz oder teilweise durch zinsverbilligte oder zinslose Darlehen aus öffentlichen Haushalten gedeckt werden (§ 559c Abs 1 S 3 iVm § 559a Abs 2 S 1 bis S 3 BGB).

4 Die Erleichterungen, die § 559c für den Vermieter bei Mieterhöhungen nach Modernisierungsmaßnahmen bringt, haben (natürlich) ihren Preis. Dieser besteht vor allem in einer **Begrenzung des Investitionsvolumens** auf maximal 10 000 €, von denen nach einem pauschalen Abzug der Kosten für Erhaltungsmaßnahmen iHv 30 % der Kosten höchstens 7000 € auf den Mieter nach § 559 umgelegt werden können (§ 559c Abs 1 S 1 und S 2 BGB). Die im vereinfachten Verfahren mögliche Mieterhöhung beträgt somit im äußersten Fall pro Monat 46,67 € (= 560 : 12). Weitere **Beschränkungen** für die nach einer Modernisierung auf den Mieter umlegbaren Kosten ergeben sich aus § 559c Abs 2 und Abs 4 S 1 (unten Rn 15, 18 ff), wobei vor allem die Sperrfrist des § 559c Abs 4 S 1 vermutlich zumal professionelle Vermieter von dem Rückgriff auf das vereinfachte Verfahren abhalten dürften.

II. Anwendungsbereich

5 Der Anwendungsbereich der Vorschrift des § 559c beschränkt sich auf **Modernisierungsmaßnahmen**, bei denen die geltend gemachten Kosten für eine Wohnung vor Abzug der Pauschale für die Kosten von Erhaltungsmaßnahmen nicht die Grenze von 10 000 € übersteigen (§ 559c Abs 1 S 1 und S 2 BGB). Gemeint sind damit Modernisierungsmaßnahmen im Sinne des § 555b Nr 1 und Nr 3 bis Nr 6, wie sich aus dem Zusammenhang der Vorschrift mit § 559 Abs 1 ergibt. Den Gegensatz bilden reine **Erhaltungsmaßnahmen** im Sinne des § 555a, die folglich aus dem Anwendungsbereich der Vorschrift auszuklammern sind. Hat der Vermieter mehrere unterschiedliche Maßnahmen durchgeführt, so müssen nach dem Gesagten zunächst die reinen Erhaltungsmaßnahmen herausgerechnet werden; für sie hat § 559c keine Bedeutung, weil die Kosten dieser Maßnahmen der Vermieter nach § 535 Abs 1 S 2 tragen muss (Begründung S 32; Schmidt-Futterer/Börstinghaus Rn 6; BeckOGK/Englmann [1. 10. 2020] Rn 6 ff). Sehr wohl erstreckt sich dagegen der Anwendungsbereich der Vorschrift auf die verbreiteten **Instandsetzungsmodernisierungen**, wie sich unmittelbar aus § 559c Abs 1 S 2 ergibt. Paradigma ist die Ersetzung alter verrotteter Fenster durch eine moderne Isolierverglasung.

6 Die zweite Voraussetzung für die Anwendung des § 559c ist, dass die geltend gemachten Kosten für die Wohnung (brutto) nicht die **Grenze von 10 000 €** übersteigen (§ 559c Abs 1 S 1 BGB). Diese Vorschrift wird unterschiedlich interpretiert. Teilweise wird angenommen, dass durch sie der Anwendungsbereich des vereinfachten Verfahrens generell auf Modernisierungsmaßnahmen beschränkt wird, bei denen das Investitionsvolumen je Wohnung 10 000 € nicht übersteigt, sodass der Vermieter bei höheren Kosten ausnahmslos auf das reguläre Verfahren nach den §§ 559–559b verwiesen wäre (so BeckOGK/Englmann [1. 10. 2020] Rn 12 ff). Solche Auslegung ist jedoch nicht mit dem Wortlaut des Gesetzes vereinbar. § 559c Abs 1 S 1 stellt ausdrücklich auf die „geltend gemachten Kosten" der Modernisierung für eine Wohnung ab. Dies bedeutet, dass es dem Vermieter unbenommen ist, auch wenn höhere Kosten als 10 000 € entstanden sind, sich auf die Geltendmachung von höchstens 10 000 € (oder weniger) zu beschränken und dafür das vereinfachte Verfahren zu wählen; hinsichtlich der weiteren Kosten greift dann, richtig verstanden, die Sperrfrist des § 559c Abs 4 S 1 ein (ebenso SCHMIDT-FUTTERER/BÖRSTINGHAUS Rn 5 ff; Münch Komm/ARTZ Rn 2; MERSSON DWW 2019, 324, 325).

III. Die einzelnen Modifikationen

Kennzeichen des vereinfachten Verfahrens aufgrund des § 559c sind einige, bei Lichte besehen eher geringfügige Modifikationen des regulären Verfahrens bei Mieterhöhungen nach Modernisierungsmaßnahmen aufgrund der §§ 559–559b. Diese Modifikation ergeben sich im Einzelnen aus § 559c Abs 1 S 2, aus § 559c Abs 1 S 3 iVm § 559 Abs 4 und aus § 559c Abs 1 S 3 iVm § 559a Abs 1 S 2 bis S 3 (unten Rn 8 ff). 7

Gemäß § 559 Abs 2 gehören die **Kosten für Erhaltungsmaßnahmen** im Sinne des § 555a nicht zu den aufgewandten Kosten, die nach § 559 Abs 1 auf den Mieter partiell umgelegt werden können. Die deshalb nötige Herausrechnung der Erhaltungskosten aus dem gesamten Investitionsaufwand bereitet häufig Schwierigkeiten. Deshalb wird in dem vereinfachten Verfahren die Herausrechnung der (möglicherweise) ersparten Erhaltungskosten im Einzelfall durch einen generellen **pauschalen Abschlag** iHv 30 % der geltend gemachten Kosten, höchstens also 3000 € (= 30 % von 10 000 €) ersetzt, ganz gleich, ob überhaupt Erhaltungsmaßnahmen vom Vermieter durchgeführt wurden und welche Kosten dafür gegebenenfalls angefallen sind. Es handelt sich bei dem Abschlag um einen fiktiven Durchschnittswert, sodass die Regelung eine **unwiderlegliche Vermutung** darstellt mit der weiteren Folge, dass der Vermieter im Verfahren nicht einwenden kann, er habe tatsächlich gar keine Erhaltungsmaßnahmen vorgenommen (§ 559c Abs 1 S 2 BGB; SCHMIDT-FUTTERER/ BÖRSTINGHAUS Rn 13; BeckOGK/ENGLMANN [1. 10. 2020] Rn 18). 8

Die zweite Erleichterung, die das vereinfachte Verfahren für den Vermieter im Vergleich mit dem regulären Verfahren bei Mieterhöhungen nach Modernisierungsmaßnahmen bringt, ist die **Streichung des** wirtschaftlichen oder finanziellen **Härteeinwands** aufgrund des § 559 Abs 4 durch § 559c Abs 1 S 3. Dadurch soll für den Vermieter Investitionssicherheit geschaffen werden, da er im vereinfachten Verfahren – anders als im regulären Verfahren – nicht mehr zu befürchten brauche, letztlich doch keine Mieterhöhung durchsetzen zu können, weil sich der Mieter gegen die Mieterhöhung erfolgreich mit dem Härteeinwand wehrt (so die Begründung von 2018, 33). Folgerichtig entfällt insoweit auch die Notwendigkeit eines Hinweises nach § 555c Abs 2 und § 555d Abs 3 S 1. Unberührt bleiben die **anderen Härtegründe**, durch die bereits die Duldungspflicht des Mieters ausgeschlossen wird (§ 555d Abs 2; SCHMIDT-FUTTERER/BÖRSTINGHAUS Rn 16 ff; ARTZ/BÖRSTINGHAUS NZM 2019, 12, 20). 9

Die dritte Erleichterung, die die Wahl des vereinfachten Verfahrens im Vergleich mit dem regulären Verfahren für den Vermieter mit sich bringt, besteht gemäß § 559c Abs 1 S 3 in der Unanwendbarkeit der Vorschrift des § 559a Abs 2 S 1 – S 3, wonach der Jahresbetrag der **Zinsermäßigung** von den Modernisierungskosten abzuziehen ist, wenn die Kosten ganz oder teilweise durch zinsverbilligte oder zinslose Darlehen aus öffentlichen Kassen gedeckt werden (s § 559a Rn 7 ff). Auf die 10 anderen Drittmittel iSd § 559a Abs 1 und Abs 2 S 4 findet diese Regelung keine Anwendung; sie müssen daher auch im vereinfachten Verfahren von den geltend gemachten Kosten abgezogen werden (Schmidt-Futterer/Börstinghaus Rn 14; BeckOGK/Englmann [1. 10. 2020] Rn 20).

IV. Die Modernisierungsankündigung

11 Die Wahl des vereinfachten Verfahrens bringt für den Vermieter auch bei der Modernisierungsankündigung gemäß § 555c eine (geringfügige) Erleichterung, da nach § 559c Abs 5 Nr 2 in diesem Fall in der Modernisierungsankündigung (entgegen § 555c Abs 1 S 2 Nr 1 BGB) eine Angabe über die voraussichtlichen **künftigen Betriebskosten** entbehrlich ist. Der Grund hierfür ist, dass die Gesetzesverfasser bei Wahl des vereinfachten Verfahrens die Auswirkungen der Modernisierungsmaßnahme auf die Betriebskosten wegen des geringen Investitionsvolumens von höchstens 10 000 € für vernachlässigbar hielten (Begründung von 2018, 32). Außerdem entfällt dann in der Ankündigung der Hinweis auf die Möglichkeit des wirtschaftlichen Härteeinwands (s oben Rn 9). Freilich hat diese Erleichterung für den Vermieter ebenfalls ihren Preis. Er besteht diesmal in der Notwendigkeit, bereits in der Modernisierungsankündigung **anzugeben**, dass der Vermieter von dem **vereinfachten Verfahren** Gebrauch machen werde (§ 559c Abs 5 Nr 1 BGB), dies deshalb, weil die Gesetzesverfasser (allen Ernstes) der Auffassung waren, andernfalls könne der Mieter den Verzicht auf die Angabe über die zukünftigen Betriebskosten missverstehen (so die Begründung von 2018, 32).

12 Nicht geregelt ist die Frage, wie sich die Rechtslage gestaltet, wenn der Vermieter (entgegen § 559c Abs 5 Nr 1 BGB) in der Modernisierungsankündigung den **Hinweis** auf die Wahl des vereinfachten Verfahrens **weglässt**. Im Schrifttum werden vor allem zwei Lösungen diskutiert, einmal eine Fristverlängerung nach § 559b Abs 2 S 2 Nr 1 (so Bub/Treier/Schultz, Hdb Rn 1528.3; Eisenschmid WuM 2019, 225, 238; BeckOGK/Englmann [1. 10. 2020] Rn 43 f; wohl auch Mersson DWW 2019, 324), zum anderen die Unanwendbarkeit des § 559c Abs 1 S 3, sodass der Mieter dann den wirtschaftlichen Härteeinwand auch im vereinfachten Verfahren behält (so Artz/Börstinghaus NZM 2019, 12, 23; Schmidt-Futterer/Börstinghaus Rn 9). Am meisten spricht hier wohl für die zuerst genannte Lösung: Fehlt in der Modernisierungsankündigung ein Hinweis auf die Durchführung des vereinfachten Verfahrens, so erweckt sie den Eindruck einer Ankündigung der Mieterhöhung im **regulären Verfahren** nach den §§ 559 bis 559b – mit der Folge der zumindest entsprechenden Anwendbarkeit des § 559b Abs 2 S 2 Nr 1, weil die Ankündigung dann nicht dem Gesetz, nämlich dem § 559c Abs 5 Nr 1 entspricht.

V. Die Mieterhöhungserklärung

13 Die Vorschrift des § 559c Abs 3 S 1 bestimmt, dass § 559b für das vereinfachte Verfahren entsprechend gilt; S 2 der Vorschrift fügt hinzu, dass der Vermieter in der Mieterhöhungserklärung angeben muss, dass er die Mieterhöhung nach dem vereinfachten Verfahren, dh nach § 559c berechnet hat. Der somit entsprechend anwendbare § 559b regelt Inhalt und Wirkungen einer Mieterhöhungserklärung nach Modernisierungsmaßnahmen. Die Folge seiner entsprechenden Anwendbarkeit im vereinfachten Verfahren ist, dass hier die Mieterhöhung gleichfalls nicht kraft Gesetzes nach der Durchführung der Modernisierungsmaßnahme gleichsam von selbst eintritt, sondern nur, wenn der Vermieter die Mieterhöhung entsprechend den Vorschriften der §§ 559b und 559c geltend macht, wozu es insbesondere einer Gestaltungserklärung des Vermieters bedarf, in der die entstandenen Kosten berechnet und erläutert werden, sodass der Mieter die vom Vermieter erklärte Mieterhöhung als plausibel nachzuvollziehen vermag. Wegen der Einzelheiten kann auf die Erläuterungen zu § 559b verwiesen werden (s oben § 559b Rn 14 ff). Besonderheiten bestehen lediglich in wenigen Punkten (Rn 14).

Anders als im regulären Verfahren entfällt im vereinfachten Verfahren bei Instandsetzungsmodernisierungen die schwierige Herausrechnung der **Erhaltungskosten**; an deren Stelle tritt vielmehr die pauschale Kürzung der Kosten um 30 % nach § 559c Abs 1 S 2 (Begründung von 2018, 33). Um dies zu verdeutlichen, braucht der Vermieter in der Mieterhöhungserklärung lediglich anzugeben, dass er die Mieterhöhung im vereinfachten Verfahren berechnet hat (§ 559c Abs 3 S 2 BGB). Fehlt diese Erklärung (die nötig ist, um dem Mieter das Fehlen des Abzugs der Erhaltungskosten zu erklären), so ist wiederum offen, welche **Rechtsfolgen** eintreten. Klar ist lediglich, dass die Mieterhöhungserklärung als eine solche im vereinfachten Verfahren dann (wegen des Formmangels) unwirksam ist (§ 125 BGB; MünchKomm/Artz Rn 8; Schmidt-Futterer/Börstinghaus Rn 11; BeckOGK/Englmann [1. 10. 2020] Rn 27). Nichts hindert den Vermieter indessen, ins reguläre Verfahren zu wechseln, sodass die Mieterhöhungserklärung fortan allein nach § 559b zu beurteilen sein dürfte (im einzelnen str). 14

VI. Berechnung der Mieterhöhung

Das vereinfachte Verfahren modifiziert lediglich in einzelnen Beziehungen das reguläre Verfahren für Mieterhöhungen nach Modernisierungsmaßnahmen aufgrund der Vorschriften der §§ 559–559b. Ausgangspunkt bleibt somit immer die Regelung des § 559 Abs 1 mit der Folge, dass der Vermieter auch im vereinfachten Verfahren die jährliche Miete grundsätzlich um 8 % der aufgewandten Kosten pro Wohnung erhöhen kann (s im Einzelnen oben § 559 Rn 14 ff). Die erste Modifikation im vereinfachten Verfahren besteht darin, dass für **Erhaltungskosten pauschal** generell **30 % der Kosten abgezogen** werden (so § 559c Abs 1 S 2 BGB), sodass im vereinfachten Verfahren nie mehr (aber sehr wohl weniger) als **7000 €** von den für die einzelne Wohnung aufgewandten Kosten auf den Mieter umgelegt werden können. Das sind monatlich höchstens 46,67 € (s Rn 4). 15

Von den auf die einzelne Wohnung entfallenden aufgewandten Kosten sind außerdem ebenso wie im regulären Verfahren etwaige **Drittmittel** gemäß § 559a abzuziehen, freilich hier mit Ausnahme der **Zinsermäßigung** aufgrund zinsverbilligter oder zinsloser Darlehen, dies deshalb, weil die fraglichen Beträge bei dem geringen Investitionsvolumen von höchstens 10 000 € kaum ins Gewicht fallen dürften (§ 559c Abs 1 S 3 iVm § 559a Abs 2 S 1 bis S 3 BGB; Begründung von 2018, 33). Im Übrigen bleibt es dagegen bei der Regelung des § 559a, sodass insbesondere Kosten, die mit Zuschüssen aus öffentlichen Haushalten gedeckt werden, nicht auf den Mieter umgelegt werden dürfen (§ 559a Abs 1 BGB). 16

Eine weitere Besonderheit ergibt sich aus § 559c Abs 2, durch den verhindert werden soll, dass Vermieter auf dem Weg über das vereinfachte Verfahren einen zusätzlichen Spielraum für Mieterhöhungen bei Modernisierungsmaßnahmen gewinnen (so offen- 17 bar die Begründung von 2018, 33 „Zu Absatz 3"). Deshalb bestimmt das Gesetz in § 559c Abs 2, dass sämtliche Kosten von Modernisierungsmaßnahmen, die **in den letzten fünf Jahren vor Zugang** der Mieterhöhungserklärung im regulären oder im vereinfachten Verfahren **geltend gemacht** wurden, im laufenden vereinfachten Verfahren von den aufgewandten Kosten abgezogen werden müssen; lediglich der verbleibende Rest kann dann noch nach der Vorschrift des § 559c für eine Mieterhöhung verwandt werden. Wird durch die in den vorausgegangenen Verfahren geltend gemachten Kosten bereits der Betrag von (brutto) 10 000 € aufgebraucht, so steht fortan für weitere Modernisierungsmaßnahmen das vereinfachte Verfahren nicht mehr zur Verfügung (§ 559c Abs 2 BGB), – wohl aber das reguläre Verfahren nach den §§ 559–559b, auf das der Vermieter stets zurückgreifen kann (ebenso Artz/Börstinghaus NZM 2019, 12, 20; Schmidt-Futterer/Börstinghaus Rn 8; BeckOGK/Englmann [1. 10. 2020] Rn 22 f; Mersson DWW 2019, 324, 325).

VII. Sperrfrist

1. Keine weiteren Mieterhöhungen in fünf Jahren

18 Die letzte Besonderheit des vereinfachten Verfahrens stellt die Sperrfrist von fünf Jahren nach einer Mieterhöhung für weitere Mieterhöhungen im regulären Verfahren gemäß § 559c Abs 4 S 1 dar, von der es indessen verschiedene Ausnahmen gibt (unten Rn 21 f). Durch diese weitere Begrenzung von Mieterhöhungen sollen die Belastungen des Mieters in Grenzen gehalten werden (so die Begründung von 2018, S 33 u). Deshalb bestimmt das Gesetz in § 559c Abs 4 S 1, dass der Vermieter, wenn er eine Mieterhöhung im vereinfachten Verfahren geltend gemacht hat, **innerhalb der folgenden fünf Jahre** nach Zugang der Mieterhöhungserklärung bei dem Mieter *keine* weiteren Mieterhöhungen im regulären Verfahren nach § 559 geltend machen kann. Was dies konkret für weitere Mieterhöhungen bedeutet, ist offen und wird im Schrifttum unterschiedlich beurteilt (s Schmidt-Futterer/Börstinghaus Rn 19; BeckOGK/Englmann [1. 10. 2020] Rn 31 ff; Eisenschmid WuM 2019, 225, 239; Mersson DWW 2019, 324, 325). Man wird unterscheiden müssen:

19 Falls der Vermieter im vereinfachten Verfahren dem Betrag von **10 000 € ausgeschöpft** hat, ist nach dem Zweck der Regelung (Schutz des Mieters vor übermäßigen Belastungen) in den nächsten fünf Jahren keine weitere Mieterhöhung mehr möglich, und zwar – richtig verstanden – weder nach § 559 (so ausdrücklich § 559c Abs 4 S 1 BGB) noch nach § 559c (so auch die Begründung von 2018, 33 „Zu Absatz 4"; Bub/Treier/Schultz, Hdb Rn III 1528.3 [S 969]). Wenn der Vermieter dagegen zunächst nicht dem Betrag von 10 000 € im vereinfachten Verfahren ausgeschöpft hatte, bleiben weitere Mieterhöhungen im vereinfachten Verfahren bis zu dieser Obergrenze möglich.

20 Eine andere Frage ist, wie es **nach Ablauf der Sperrfrist** steht. Weder nach dem Wortlaut noch nach dem Zweck der Regelung des § 559c Abs 4 S 1 ist dann jedoch noch Raum für Beschränkungen von Mieterhöhungen aufgrund von Modernisierungsmaßnahmen, selbst wenn sie bereits vor Ablauf der Sperrfrist durchgeführt worden sein sollten, wobei der Vermieter wieder die Wahl zwischen dem regulären und dem vereinfachten Verfahren hat (alles str).

Unklar ist die Rechtslage ferner, wenn es während der Sperrfrist zu einem **Mieter-** 21
wechsel kommt. Indessen ist nach dem Zweck der Regelung kein Grund erkennbar, die Sperrfrist in den neuen Mietvertrag hinein zu erstrecken, sodass der Vermieter jetzt wieder in der Vorgehensweise nach Modernisierungsmaßnahmen frei ist (J Wagner/Happ DWW 2019, 124, 130). Unberührt bleiben schließlich generell Mieterhöhungen aufgrund des **§ 558 oder** des **§ 560**, für die die Sperrfrist des § 559c Abs 4 S 1 keine Bedeutung hat.

2. Modernisierungen aufgrund gesetzlicher Verpflichtung

Von der fünfjährigen Sperrfrist für weitere Mieterhöhungen nach einer Mieterhö- 22
hung im vereinfachten Verfahren (Rn 18 ff) gibt es verschiedene Ausnahmen. Die erste betrifft Modernisierungsmaßnahmen, die der Vermieter aufgrund einer gesetzlichen Verpflichtung durchzuführen hat, vorausgesetzt, dass er diese Verpflichtung bei der Mieterhöhung im vereinfachten Verfahren, durch die die Sperrfrist ausgelöst wurde, weder kannte noch kennen musste (zu der zweiten Ausnahme s unten Rn 25). Den Gegensatz bilden Modernisierungsmaßnahmen, zu denen der Vermieter zwar gesetzlich verpflichtet ist, die er aber nicht gerade innerhalb der Sperrfrist durchführen muss (so die Begründung von 2018, 33/34). Das ist wichtig, wenn Übergangsfristen für die Erfüllung der gesetzlichen Verpflichtung bestehen oder wenn die Verpflichtung zu der fraglichen Maßnahme von ihrerseits freiwilligen Handlungen des Vermieters wie zB der Vornahme bestimmter Reparaturen abhängig ist, Handlungen also, die der Vermieter durchaus auch erst nach Ablauf der Sperrfrist vornehmen kann (so Schmidt-Futterer/Börstinghaus Rn 23; BeckOGK/Englmann [1. 10. 2020] Rn 39).

Als **Beispiel** für die erste Ausnahme von der Sperrfrist aufgrund des § 559c Abs 4 S 2 23
Nr 1 werden meistens *sofort fällige Modernisierungspflichten* aufgrund der Energieeinsparverordnung (EnEV) genannt (Begründung von 2012, 34o). Der Vermieter kann sich indessen auf diese Ausnahme von der Sperrfrist nur berufen, wenn er seine Verpflichtung zu der fraglichen Maßnahme bei Geltendmachung der Mieterhöhung im vereinfachten Verfahren **weder kannte noch kennen musste**. Unklar ist, von wann ab der Vermieter eine auf ihn zukommende gesetzliche Verpflichtung in diesem Sinne kennen muss. Im Schrifttum werden unterschiedliche **Zeitpunkte** – von dem Vorliegen eines Referentenentwurfs bis zur Verkündung des Gesetzes – genannt (s MünchKomm/Artz Rn 11; Schmidt-Futterer/Börstinghaus Rn 22; BeckOGK/Englmann [1. 10. 2020] Rn 38 f). Maßgebend kann indessen nur das **Inkrafttreten** der gesetzlichen Verpflichtung sein, da sich der Vermieter vorher um die Verpflichtung nicht zu kümmern braucht. Sobald aber das betreffende Gesetz in Kraft getreten ist, muss der Vermieter es auch kennen, sodass bei einer anschließenden Modernisierung im vereinfachten Verfahren die Sperrfrist doch eingreift, entgegen einer verbreiteten Meinung jedoch nicht bereits früher.

Unklar ist ferner die Rechtslage **nach Ablauf der Sperrfrist**. Es findet sich gleicher- 24
maßen die Auffassung, dass Mieterhöhungen auch dann wegen vorausgegangener Modernisierungen weiter ausgeschlossen sind, wie die Auffassung, dass der Vermieter jetzt die Mieterhöhung nachholen kann. Für die zweite Auslegung der gesetzlichen Regelung spricht vor allem der Wortlaut des § 559c Abs 4 S 1, der auf die *Geltendmachung* der Mieterhöhung während der Sperrfrist abstellt (ebenso Artz/Börstinghaus NZM 2019, 12, 21; Schmidt-Futterer/Börstinghaus Rn 26; Bub/Treier/

Schultz, Hdb Rn III 1528.3 [S 970]; – anders zu dem durchaus vergleichbaren § 557a Abs 2 S 2 LG Berlin NZM 2018, 599 f; dagegen wieder Börstinghaus NZM 2018, 600).

3. Beschluss der Wohnungseigentümer

25 Die zweite Ausnahme von der fünfjährigen Sperrfrist für Mieterhöhungen nach § 559 aufgrund von Modernisierungsmaßnahmen nach Durchführung eines vereinfachten Verfahrens gemäß § 559c betrifft Modernisierungsmaßnahmen aufgrund eines Beschlusses der Wohnungseigentümer, der frühestens zwei Jahre nach Zugang der Mieterhöhungserklärung seitens eines vermietenden Wohnungseigentümers im vereinfachten Verfahren bei dem Mieter gefasst wurde (§ 559c Abs 4 S 2 Nr 29). Diese Ausnahme ist erst in den Ausschussberatungen in das Gesetz aus der Überlegung heraus eingefügt worden, unter den genannten Voraussetzungen müsse man für den Regelfall davon ausgehen, dass der vermietende Wohnungseigentümer bei der Entscheidung für das vereinfachte Verfahren anstelle des regulären Verfahrens noch nicht mit dem nachfolgenden Beschluss der anderen Wohnungseigentümer rechnen musste, sodass eine Sperrfrist für eine spätere Mieterhöhung nach § 559 für die Maßnahmen aufgrund des genannten Beschlusses nicht gerechtfertigt sei (so der Ausschussbericht von 2018, S 22 f). Die gesetzliche Regelung beruht mithin auf einer **typisierenden Betrachtungsweise**, sodass es hier auf die Kenntnis oder fahrlässiger Unkenntnis des vermietenden Wohnungseigentümers hinsichtlich des nachfolgenden Beschlusses der anderen Wohnungseigentümer ebensowenig wie auf eine etwaige spätere Anfechtung des Beschlusses ankommt (Artz/Börstinghaus NZM 2019, 12, 21; Eisenschmid WuM 2019, 225, 240; BeckOGK/Englmann [1. 10. 2020] Rn 40 f; wegen weiterer Einzelheiten s Staudinger/J Emmerich [2021] § 555a Rn 9a; Artz//Börstinghaus NZM 2019, 12, 21).

VIII. Abweichende Vereinbarung

26 In § 559c fehlt der sonst übliche Zusatz, dass Vereinbarungen, die zum Nachteil des Mieters von der gesetzlichen Regelung abweichen, unzulässig sind (s § 559 Abs 6 BGB). Eine derartige Bestimmung dürfte in der Tat entbehrlich sein, weil es sich bei § 559c um eine bloße Modifikation des § 559 handelt, sodass es bei der zuletzt genannten Vorschrift und damit auch bei § 559 Abs 6 verbleibt, soweit § 559c keine abweichende Regelung enthält. Im Übrigen versteht es sich von selbst, dass die Vorschrift des § 559c zugunsten des Mieters zwingend ist.

§ 559d
Pflichtverletzungen bei Ankündigung oder Durchführung einer baulichen Veränderung.

Es wird vermutet, dass der Vermieter seine Pflichten aus dem Schuldverhältnis verletzt hat, wenn

1. mit der baulichen Veränderung nicht innerhalb von zwölf Monaten nach deren angekündigtem Beginn oder, wenn Angaben hierzu nicht erfolgt sind, nach Zugang der Ankündigung der baulichen Veränderung begonnen wird,

2. in der Ankündigung nach § 555c Absatz 1 ein Betrag für die zu erwartende Mieterhöhung angegeben wird, durch den die monatliche Miete mindestens verdoppelt würde,

3. die baulichen Veränderungen in einer Weise durchgeführt wird, die geeignet ist, zu erheblichen, objektiv nicht notwendigen Belastungen des Mieters zu führen, oder

4. die Arbeiten nach Beginn der baulichen Veränderung mehr als zwölf Monate ruhen.

Diese Vermutung gilt nicht, wenn der Vermieter dargelegt, dass für das Verhalten im Einzelfall ein nachvollziehbarer objektiver Grund vorliegt.

Materialien: Mietrechtsanpassungsgesetz von 2018, BGBl I 2648; Begründung zum Regierungsentwurf von 2018, BT-Drucks 19/4672, 34.

Schrifttum

ARTZ/BÖRSTINGHAUS, Mietrechtsanpassungsgesetz, NZM 2019, 12
BLANK, Durchführung einer baulichen Veränderung in missbräuchlicher Weise, NZM 2019, 73
BÖRSTINGHAUS/KRUMM, Das „Herausmodernisieren" als neue Ordnungswidrigkeit im Referentenentwurf für ein „Mietrechtsanpassungsgesetz", NZM 2018, 633

EISENSCHMID, Das Mietrechtsanpassungsgesetz, WuM 2019, 225
LEHMANN-RICHTER, Schadensersatz wegen „Herausmodernisierens", WuM 2020, 258
SELK, Das Mietrechtsanpassungsgesetz, NJW 2019, 329
J WAGNER/HAPP, Das Mietrechtsanpassungsgesetz, DWW 2019, 124.

Systematische Übersicht

I. Überblick	1	
II. Anwendungsbereich	5	
III. Die Pflichtverletzung des Vermieters	6	
IV. Die einzelnen Tatbestände		
1. § 559d S 1 Nr 1		8
2. § 559d S 1 Nr 2		10
3. § 559d S 1 Nr 3		11
4. § 559d S 1 Nr 4		13
V. Rechtsfolgen		15

I. Überblick

§ 559d geht ebenso wie § 6 WiStG (s Rn 3) auf das Mietrechtsanpassungsgesetz von 2018 zurück. Mit der Vorschrift wird in erster Linie der Zweck verfolgt, die Vorgabe des Koalitionsvertrages von 2017 umzusetzen, Mieter durch die Gewährung eines Schadensersatzanspruchs gegen das gezielte „Herausmodernisieren" zu schützen (Begründung von 2018, S 34). Die Gesetzesverfasser hatten dabei verschiedene missbräuch- **1** liche, weil schikanöse Verhaltensweisen von Vermietern im Auge, die seinerzeit erhebliches Aufsehen erregt hatten, weil verbreitet vermutet wurde, dass bestimmte Vermieter auf ihre Mieter mit derartigen Verhaltensweisen einen Druck ausüben wollten, um sie zu veranlassen, ihrerseits zu kündigen oder doch in eine Vertragsaufhebung einzuwilligen (s dazu und zum folgenden zB BLANK NZM 2019, 73; SCHMIDT-FUTTERER/BÖRSTINGHAUS Rn 1 ff; BÖRSTINGHAUS/KRUMME NZM 2018, 633, 635 ff; LEHMANN-RICHTER WuM 2020, 258; BeckOGK/ENGLMANN [1. 10. 2020] Rn 3 ff; SCHENK NJW 2019, 329, 333 f).

2 Ursprünglich war beabsichtigt gewesen, speziell für die genannten Missbrauchsfälle eine neue Anspruchsgrundlage für Schadensersatzansprüche der Mieter zu schaffen, flankiert zudem durch den ebenfalls neuen Ordnungswidrigkeitentatbestand des § 6 WiStG. Die Einführung einer weiteren speziellen Anspruchsgrundlage für Ersatzansprüche von Mietern in Fällen des „Herausmodernisierens" erwies sich indessen schnell als überflüssig, da ohnehin feststeht, dass Mietern in den kritischen Fallgestaltungen Schadensersatzansprüche wegen einer Verletzung der Leistungstreuepflicht durch den Vermieter nach den §§ 241 Abs 2 und 280 Abs 1 sowie gegebenenfalls auch nach § 823 Abs 1 und Abs 2 iVm § 6 WiStG zustehen (BGH 30. 5. 2017 – VIII ZR 199/16 Rn 7 f, NJW 2017, 2907 = NZM 2017, 595; ausführlich LEHMANN-RICHTER WuM 2020, 258). Deshalb beschränkt sich jetzt das Gesetz in § 559d auf die Einführung einer gesetzlichen Vermutung (§ 292 ZPO) für das Vorliegen einer Pflichtverletzung des Vermieters in vier im Einzelnen umschriebenen Fällen der missbräuchlichen Ankündigung oder Durchführung einer baulichen Maßnahme (§ 559d S 1 Nr 1 bis Nr 4 BGB), sodass ein Mieter Schadensersatz verlangen kann, wenn einer der Vermutungstatbestände erfüllt ist (aufgrund der §§ 241 Abs 2, 280 Abs 1 und 535 Abs 1 iVm § 292 ZPO), sofern nicht dem Vermieter der Gegenbeweis gelingt, dass kein Missbrauch vorliegt, wie § 559d S 2 noch hinzugefügt. Systematisch gehörte deshalb § 559d richtigerweise in den Zusammenhang der §§ 535 und 536, während er mit den §§ 558 f und 559 f allenfalls ganz locker zusammenhängt (wegen der Einzelheiten s deshalb schon STAUDINGER/EMMERICH [2021] Vorbem 13 ff zu § 536).

3 Nach § 6 WiStG handelt ordnungswidrig, wer in der Absicht, einen Mieter von Wohnraum zur Kündigung oder zur Mitwirkung an der Aufhebung des Mietverhältnisses zu veranlassen, eine bauliche Veränderung in einer Weise durchführt oder durchführen lässt, die geeignet ist, zu erheblichen, objektiv nicht notwendigen Belastungen des Mieters zu führen. Diese Vorschrift, ein Schutzgesetz iSd § 823 Abs 2, wendet sich parallel insbesondere zu § 559d S 1 Nr 3 gleichfalls gegen besonders gravierende Formen des sogenannten „Herausmodernisierens" (Begründung von 2018, S 36 f). Im Schrifttum wird die Sinnfälligkeit der Vorschrift ebenso wie ihre Praktikabilität allgemein kritisch beurteilt; insbesondere der Nachweis einer Verdrängungsabsicht des Vermieters dürfte in der Tat in der Mehrzahl der Fälle Schwierigkeiten bereiten (s im Einzelnen ARTZ/BLANK NZM 2018, 12, 24; BLANK NZM 2019, 73; EISENSCHMID WuM 2019, 225, 241; SELK NJW 2019, 329, 334).

4 Die Vorschrift des § 559d ist (zusammen mit § 6 WiStG) am 1. 1. 2019 in Kraft getreten. Nach Art 229 § 49 Abs 1 S 3 EGBGB ist die Vorschrift nur auf ein Verhalten nach dem 31. 12. 2018 anzuwenden. Bei einem über den Jahreswechsel hinweg praktizierten pflichtwidrigen Verhalten des Vermieters ist folglich Raum für die Anwendung der Vermutungstatbestände des § 559d S 1 nur bei Verhaltensweisen aus der Zeit nach dem 31. 12. 2018, während bei vorausgegangenen Verhaltensweisen den Mieter weiter die volle Beweislast trifft (ebenso zB Schmidt-Futterer/Börstinghaus Rn 6, str).

II. Anwendungsbereich

Der Anwendungsbereich des § 559d beschränkt sich grundsätzlich auf Wohnraummietverhältnisse (s §§ 549, 578 BGB); lediglich in dem Sonderfall des § 578 Abs 3 werden auch gewerbliche Mietverhältnisse erfasst. Soweit danach § 559d auf Mietverhältnisse anwendbar ist, wendet sich die Vorschrift ganz allgemein gegen die Ankündigung oder Durchführung beliebiger baulicher Veränderungen während des Bestandes des Mietverhältnisses. Eine Beschränkung auf Modernisierungsmaßnahmen iSd § 555b besteht nicht und kann auch nicht aus der Bezugnahme auf § 555c Abs 1 in der Nr 2 des § 559d S 1 gefolgert werden; erfasst werden vielmehr gleichermaßen Modernisierungsmaßnahmen wie Erhaltungsmaßnahmen im Sinne des § 555a und sonstige bauliche Veränderungen, die – wie etwa bei weitgehenden Umgestaltungen der vermieteten Wohnung – für den Mieter besonders belastend sein können. Erforderlich ist lediglich ein Eingriff in die bauliche Substanz der Wohnung, des Gebäudes oder von Nachbargebäuden während des Bestandes des Mietverhältnisses. Sonstige Pflichtverletzungen des Vermieters wie zB wiederholte grundlose Kündigungen werden von § 559d nicht erfasst, selbst wenn mit ihnen gleichfalls das Ziel einer Verdrängung des Mieters verfolgt wird (s Staudinger/V Emmerich [2021] Vorbem 14a zu § 536; Blank NZM 2019, 73, 74; Schmidt-Futterer/Börstinghaus Rn 7; BeckOGK/Englmann [1. 10. 2020] Rn 8 ff).

5

III. Die Pflichtverletzung des Vermieters

Die Vorschrift des § 559d S 1 enthält eine gesetzliche Vermutung iSd § 292 ZPO. Vermutet wird das Vorliegen einer Pflichtverletzung des Vermieters iSd § 280 Abs 1 BGB, sofern einer der Vermutungstatbestände des § 559d S 1 Nr 1 bis Nr 4 erfüllt ist. Die Pflichtverletzung des Vermieters, die seine Ersatzpflicht nach § 280 Abs 1 begründet, besteht in der Verletzung seiner Leistungstreuepflicht, indem er durch treuwidriges Verhalten den Mieter an der Erreichung seines Vertragszwecks hindert, insbesondere indem er ihn durch derartige Verhaltensweisen zur Kündigung oder doch zur Einwilligung in eine Vertragsaufhebung veranlassen will (s im Einzelnen Staudinger/Emmerich [2021] Vorbem 14a zu § 536). Bei erheblichen Belastungen des Mieters durch die Durchführung der baulichen Veränderung im Sinne der Nr 3 des § 559d S 1 kann sich im Einzelfall die Ersatzpflicht des Vermieters auch aus § 823 Abs 2 iVm § 6 WiStG oder sogar aus § 823 Abs 1 unter dem Gesichtspunkt der Körperverletzung ergeben. Zu beachten ist, dass im Rahmen des § 6 WiStG kein Raum für eine Anwendung des § 559d S 1 ist.

6

Die wichtigsten hierher gehörigen Fallgruppen sind eine grundlose Rechtsanmaßung des Vermieters, insbesondere in Gestalt der Inanspruchnahme eines nicht bestehenden Kündigungsrechts oder eines Rechts zur Mieterhöhung, weiter die Vortäuschung einer tatsächlich nicht bestehenden Bauabsicht sowie eine Bauausführung unter Verletzung gesetzlicher Vorschriften zum Schaden des Mieters (s Staudinger/V Emmerich [2021] Vorbem 14a zu § 536; zB Lehmann-Richter WuM 2020, 258). Das Vorliegen einer derartigen Pflichtverletzung des Vermieters wird unter den Voraussetzungen des § 559d S 1 Nr 1 bis Nr 4 vermutet (s Rn 8 ff). Dadurch wird natürlich eine

7

Haftung des Vermieters auch in anderen Fällen des Herausmodernisierens nicht ausgeschlossen, nur dass dann den Mieter die volle Beweislast trifft.

IV. Die einzelnen Tatbestände

1. § 559d S 1 Nr 1

8 Nach der Nr 1 des § 559d S 1 wird eine Pflichtverletzung des Vermieters (s Rn 6 f) zunächst vermutet, wenn mit der baulichen Veränderung (s Rn 5) nicht innerhalb von zwölf Monaten nach deren angekündigtem Beginn (s für Modernisierungsmaßnahmen § 555c Abs 1 S 2 BGB), zB nach Zugang der Ankündigung von Instandsetzungs- oder Umbaumaßnahmen, begonnen wird. Hintergrund ist die Meinung der Gesetzesverfasser (s Begründung von 2018, S 34), dass dann die Vermutung naheliege, dass der Vermieter den Plan baulicher Veränderungen überhaupt nicht ernsthaft verfolge, sondern durch die Ankündigung nur den Mieter zur Aufgabe der Wohnung veranlassen wolle. Werden innerhalb der Frist einzelne bauliche Maßnahmen durchgeführt, so beginnt jeweils eine neue Frist, sofern es sich bei den Maßnahmen nicht um solche handelt, mit denen lediglich der Anschein eines Baubeginns erweckt werden soll; in diesem Fall bleibt es bei der Vermutung des § 559d S 1 Nr 1 schon hinsichtlich der ersten bei Vornahme dieser Maßnahmen laufenden Frist (ebenso SCHMIDT-FUTTERER/BÖRSTINGHAUS Rn 8).

9 Die Pflichtverletzung des Vermieters, an die das Gesetz in § 559d S 1 anknüpft, besteht in einem Verstoß des Vermieters gegen seine Leistungstreuepflicht aus § 241 Abs 2, indem der Vermieter durch seine Vorgehensweise ohne Not den Mieter in Ungewissheit und Zweifel über die weitere ordnungsmäßige Durchführung des Vertrags stürzt (s STAUDINGER/V EMMERICH [2021] Vorbem 14a zu § 536; kritisch zB LEHMANN-RICHTER WuM 2020, 258, 264). Die Vermutung, auf der das Gesetz in § 559d S 1 Nr 1 aufbaut, ist daher widerlegt, wenn der Vermieter nachvollziehbare Gründe für die anhaltende Verzögerung der Baumaßnahmen darzulegen und gegebenenfalls zu beweisen vermag (§ 559d S 2 BGB). Beispiele sind technische Schwierigkeiten, das Fehlen der nötigen Materialien oder von Unternehmen mit freien Kapazitäten, die Verzögerung von Genehmigungsverfahren, der Ausbruch von Unruhen oder einer Epidemie (Stichwort: Coronakrise) sowie auch eine gravierende Verschlechterung seiner Finanzlage (so Begründung von 2018, S 35 „Zu Satz 2").

2. § 559d S 1 Nr 2

10 Der zweite Vermutungstatbestand ist erfüllt, wenn in der Modernisierungsankündigung gemäß § 555c Abs 1 Nr 3 ein Betrag für die zu erwartende Mieterhöhung angegeben wird, nach dem die monatliche Miete infolge der Umlage der Modernisierungskosten aufgrund des § 559 mindestens verdoppelt wird, und zwar, weil bei Ankündigung einer derart erheblichen Mieterhöhung zu vermuten sei, dass der Vermieter seine Pflicht zur ordnungsmäßigen Ermittlung der erlaubten Mieterhöhung aufgrund einer Modernisierungsmaßnahme (§§ 559 f BGB) verletzt habe (so die Begründung von 2018, 34 „Zu Nr 2"). Diese Regelung muss vor dem Hintergrund der gleichzeitigen Einführung einer Kappungsgrenze in § 559 Abs 3a gesehen werden die überhaupt nur noch Mieterhöhungen von 2 oder 3 Euro je Quadratmeter Wohnfläche zulässt, sodass der Tatbestand der Nr 2 des § 559d S 1 bei sehr niedrigen

Freundschafts- oder Gefälligkeitsmieten im Falle von Modernisierungsmaßnahmen häufig erfüllt, dann aber auch meistens mit Rücksicht auf die unvermeidlichen Kosten widerlegt sein dürfte (§ 559d S 2; Schmidt-Futterer/Börstinghaus Rn 9; Beck-OGK/Englmann Rn 16).

3. § 559d S 1 Nr 3

Eine Pflichtverletzung des Vermieters wird ferner vermutet, wenn die bauliche Veränderung (Rn 5) in einer Weise durchgeführt wird, die geeignet ist, zu **erheblichen, objektiv nicht notwendigen Belastungen** des Mieters zu führen (§ 559d S 1 Nr 3 BGB). Handelt der Vermieter in der Absicht, den Mieter zur Kündigung oder zur Mitwirkung an der Vertragsaufhebung (§ 311 Abs 1 BGB) zu veranlassen, so ist zugleich der Tatbestand des § 6 WiStG, einer Ordnungswidrigkeit, erfüllt. Die Gesetzesverfasser hatten hier schikanöse Verhaltensweisen des Vermieters im Auge, die das „nach einem regulären Bauablauf Erforderliche deutlich übersteigen". Als **Beispiele** haben sie das langfristige, unnötige Verhängen der Fenster durch intransparente Planen, lärmintensive Maßnahmen zur Unzeit (am frühen Morgen oder späten Abend), die langfristige Blockade von Wasser, Gas oder Strom sowie das ebenfalls langfristige Aushängen der Haustür genannt (Begründung von 2018, 34/35 und 37 [6, Abs]). Die Gesetzesverfasser haben hinzugefügt, dass unter Belastungen des Mieters in diesem Zusammenhang die tatsächlichen Beeinträchtigungen des Mieters durch die fraglichen Baumaßnahmen zu verstehen seien (Begründung von 2018, S 37 [7. Abs]). Weitere Beispiele sind nach den bisherigen Erfahrungen ein vom Vermieter geduldetes rüpelhaftes Benehmen der Bauarbeiter sowie die Lagerung von Bauschutt (ausgerechnet) in der Wohnung oder im Zugangsbereich (Blank NZM 2019, 73, 74; Schmidt-Futterer/Börstinghaus Rn 10). 11

Hinzukommen muss noch gemäß § 559d S 1 Nr 3 in jedem Fall, dass die Belastungen des Mieters in Gestalt seiner tatsächlichen **Beeinträchtigungen** erheblich und objektiv nicht notwendig sind. Damit scheiden kurzfristige Belastungen ebenso wie technisch oder umständebedingte, nicht vermeidbare Belastungen für eine Anwendung des § 559d S 1 Nr 3 aus; dasselbe gilt für Belastungen, die vom Vermieter in die Zeit einer Abwesenheit des Mieters aus geschäftlichen Gründen oder aus Anlass einer Urlaubsreise gelegt werden (Schmidt-Futterer/Börstinghaus Rn 11). In zahlreichen Fällen dürfte sich die Frage der objektiven Notwendigkeit der fraglichen Belastungen nur durch Baufachleute sachgerecht beurteilen lassen. Erweisen sich danach die Belastungen als nur schwer vermeidbar, so ist für eine Anwendung der Vermutung des § 559d S 1 Nr 3 kein Raum mehr (§ 559d S 2 BGB). 12

4. § 559d S 1 Nr 4

Die Vermutung einer Pflichtverletzung des Vermieters bei einer baulichen Veränderung greift schließlich noch ein, wenn die Arbeiten nach ihrem Beginn mehr als zwölf Monate ruhen (sog **Baustillstand** nach der Nr 4 des § 559d S 1 BGB). Hintergrund dieses Vermutungstatbestandes ist die Annahme der Gesetzesverfasser, mit der langanhaltenden Unterbrechung einer Baumaßnahme werde häufig bezweckt, den Mieter zu einer Kündigung zu veranlassen, da für ihn in derartigen Fällen vielfach nicht abzusehen sei, wann die Nachteile der Baumaßnahme (endlich) endeten (Begründung von 2018, 35 „Zu Nr 4"). 13

14 Die **Frist** des Baustillstands von zwölf Monaten beginnt mit Ende der Arbeiten. Die **Beweislast** für diesen Zeitpunkt trifft den Mieter, wobei vor allem solche Fälle Schwierigkeiten bereiten dürften, die dadurch gekennzeichnet sind, dass die Arbeiten langsam „im Sande versickern". Werden die Bauarbeiten ernsthaft wieder aufgenommen, so beginnt eine neue einjährige Frist, außer wenn die „Wiederaufnahme" der Bauarbeiten offenbar nur zum Schein erfolgt, wofür aber ebenfalls der Mieter die Beweislast trägt (SCHMIDT-FUTTERER/BÖRSTINGHAUS Rn 13; BeckOGK/ENGLMANN [1. 10. 2020] Rn 20).

V. Rechtsfolgen

15 Gelingt dem Mieter der Beweis der einzelnen Vermutungstatbestände des § 559d S 1, der sogenannten Anknüpfungstatsachen, so wird vermutet, dass eine Pflichtverletzung des Vermieters iSd § 280 Abs 1 BGB vorliegt. Bis zum Beweis des Gegenteils durch den Vermieter nach § 559d S 2 ist dann insbesondere im Rechtsstreit von der Erfüllung des Tatbestands des § 280 Abs 1 BGB auszugehen (§ 292 S 1 ZPO), sodass der Vermieter schadensersatzpflichtig ist (ausführlich SCHMIDT-FUTTERER/BÖRSTINGHAUS Rn 14 ff). Daneben kommt in besonders gravierenden Fällen auch eine Ersatzpflicht des Vermieters nach § 823 Abs 1 oder § 823 Abs 2 iVm § 6 WiStG in Betracht (o Rn 7).

16 Ein ersatzfähiger Schaden des Mieters wird in erster Linie in Betracht kommen, wenn der Mieter durch das schikanöse Verhalten des Vermieters tatsächlich zur Kündigung des Mietvertrages oder zur Einwilligung in eine Vertragsaufhebung gemäß § 311 Abs 1 veranlasst wurde, wofür der Mieter die Beweislast trägt. Von Fall zu Fall können dann ersatzfähig sein die Kosten der Suche einer neuen Wohnung, die Kosten der Herrichtung der neuen Wohnung oder des Umzugs sowie gegebenenfalls sogar die Mietdifferenz (§§ 249, 252 BGB; o STAUDINGER/V EMMERICH [2021] Vorbem 14c zu § 536; BeckOGK/ENGLMANN [1. 10. 2020] Rn 28 ff; LEHMANN-RICHTER WuM 2020, 258, 265).

§ 560
Veränderungen von Betriebskosten

(1) Bei einer Betriebskostenpauschale ist der Vermieter berechtigt, Erhöhungen der Betriebskosten durch Erklärung in Textform anteilig auf den Mieter umzulegen, soweit dies im Mietvertrag vereinbart ist. Die Erklärung ist nur wirksam, wenn in ihr der Grund für die Umlage bezeichnet und erläutert wird.

(2) Der Mieter schuldet den auf ihn entfallenden Teil der Umlage mit Beginn des auf die Erklärung folgenden übernächsten Monats. Soweit die Erklärung darauf beruht, dass sich die Betriebskosten rückwirkend erhöht haben, wirkt sie auf den Zeitpunkt der Erhöhung der Betriebskosten, höchstens jedoch auf den Beginn des der Erklärung vorausgehenden Kalenderjahres zurück, sofern der Vermieter die Erklärung innerhalb von drei Monaten nach Kenntnis von der Erhöhung abgibt.

(3) Ermäßigen sich die Betriebskosten, so ist eine Betriebskostenpauschale vom Zeitpunkt der Ermäßigung an entsprechend herabzusetzen. Die Ermäßigung ist dem Mieter unverzüglich mitzuteilen.

(4) Sind Betriebskostenvorauszahlungen vereinbart worden, so kann jede Vertragspartei nach einer Abrechnung durch Erklärung in Textform eine Anpassung auf eine angemessene Höhe vornehmen.

(5) Bei Veränderungen von Betriebskosten ist der Grundsatz der Wirtschaftlichkeit zu beachten.

(6) Eine zum Nachteil des Mieters abweichende Vereinbarung ist unwirksam.

Materialien: Zu § 4 Abs 2 und 3 MHRG s STAUDINGER/SONNENSCHEIN/WEITEMEYER (1997). Art 1 Mietrechtsreformgesetz vom 19. 6. 2001 (BGBl I 1149); Referentenentwurf NZM 2000, 415 ff u 612 ff = WuM 2000, 165 ff u 227 ff; Begr zum RegE BT-Drucks 14/4553, 59 = NZM 2000, 802 ff u WuM 2000, 465 ff; Stellungnahme des BR BT-Drucks 14/4553, 90; Gegenäußerung der BReg BT-Drucks 14/4553, 101; Ausschussbericht BT-Drucks 14/5663, 80 f.

Schrifttum

Allgemeines Schrifttum zu Betriebskosten s bei § 556.
BLANK, Die Anpassungen der Betriebskostenvorauszahlungen, NZM 2012, 217
BLOCHING/ORTLOF, Die Form der Mieterhöhung nach §§ 558 ff BGB. Genügt die übliche Schriftformklausel noch?, NZM 2012, 334
BLÜMMEL, Nach der Explosion der Preise. Erhöhung der Vorschüsse für Heizung und Warmwasser, GE 2000, 1234
BÖRSTINGHAUS, Erhöhung der Betriebskostenvorauszahlungen, PiG 62 (2002) 201
ders, Mieterhöhungen wegen Betriebskostensteigerungen bei Inklusiv- und Teilinklusivmieten nach dem 4. Mietrechtsänderungsgesetz, ZMR 1994, 198
ders, Das Mietrechtsreformgesetz. Eine erste Stellungnahme aus der (gerichtlichen) Praxis, NZM 2000, 583
BÖSCHE, Die Übergangsregelungen des Mietrechtsreformgesetzes, WuM 2001, 367
BOTH, Die Anpassung von Betriebskostenvorauszahlungen, NZM 2009, 896
BUB, Die Erhöhung der Betriebskostenvorauszahlungen durch den Vermieter, NZM 2011, 644
CYMUTTA, Zur stillschweigenden Vertragsänderung bei jahrelanger Nichtvornahme einer Betriebskostenabrechnung, DWW 2008, 62
EISENHARDT, Die Angemessenheit der Anpassung von Betriebskostenvorauszahlungen gem § 560 Abs 4 BGB, WuM 2011, 200
V EMMERICH, Dissonante Begleitmusik zum In-Kraft-Treten des „neuen Mietrechts", NZM 2001, 777
FRANKE, Die Übergangsvorschriften des neuen Mietrechts (Art 299, § 3 EGBGB), ZMR 2001, 951
GATHER, Die rückwirkende Erhöhung und nachträgliche Einführung von Betriebskosten, DWW 2000, 299
ders, Mietstruktur und Betriebskostenvorauszahlung bei der Wohnraummiete, DWW 2012, 362
GELDMACHER, Vorauszahlungen auf die Nebenkosten. Schwerpunktfragen zum preisfreien Wohnraum, DWW 1997, 7
GEISSLER, „In Textform" – was ist das?, NZM 2001, 689
HÄHNCHEN, Das Gesetz zur Anpassung der Formvorschriften des Privatrechts und anderer Vorschriften an den modernen Rechtsgeschäftsverkehr, NJW 2001, 2831
HINZ, Außergerichtliche und prozessuale Dar-

legungspflichten bei Betriebskostenstreitigkeiten, NZM 2009, 97
JULI-HEPTNER, Die Entwicklung der Rechtsprechung zur Mieterhöhung nach den §§ 558–560 BGB, ZfIR 2009, 74
KINNE, Erhöhung der Betriebskostenpauschale, GE 2005, 1528
ders, Die Erhöhung der Bruttokaltmiete wegen gestiegener Betriebskosten, GE 1998, 282
LANGENBERG, Betriebskostenrecht der Wohnraummiete im BGB nF, NZM 2001, 783
LAMMEL, Zur Textform im (Wohnraum-)Mietrecht, ZMR 2002, 333
MANKOWSKI, Textform und Formerfordernisse im Miet- und Wohnungseigentumsrecht, ZMR 2002, 481
NIES, Fallstricke bei Abgabe von Willenserklärungen bei Personenmehrheit und Stellvertretung: Abmahnung, einseitige Willenserklärung, Mieterhöhung, NZM 1998, 221
M J SCHMID, Anpassung von Betriebskostenvorauszahlungen oder: Wenn der VIII. Zivilsenat des BGH glaubt, sein Rechtsprechung zu ändern, NZM 2012, 674
ders, Alles über Betriebskostenvorauszahlungen, GE 2012, 868
ders, Beweislastfragen in Mietnebenkostenprozessen, ZMR 2009, 335
ders, Mietrechtsreform. Anpassung der Mietnebenkostenvorauszahlungen, MDR 2001, 1021
ders, „Vorbereitungshandlungen" zur Herabsetzung der vereinbarten Betriebskostenpauschale, NZM 2012, 444
SONNENSCHEIN, Die Erhöhung der Vorauszahlungen auf Betriebskosten, NJW 1992, 265
STELLWAAG, Die Anpassung von Betriebskostenvorauszahlungen, ZMR 2011, 701
STERNEL, Probleme des neuen Mietrechts (Teil I), ZMR 2001, 937
WEITEMEYER, Die Auswirkungen der Rechtsprechung des BGH zur Gesellschaft bürgerlichen Rechts auf deren Vermieterstellung, ZMR 2004, 153
dies, Die Gesellschaft bürgerlichen Rechts als Vermieterin, in: Gedschr Sonnenschein (2002) 431
dies, Das Gesetz zur Regelung der Miethöhe und die Vertragsfreiheit, NZM 2000, 313
dies, Das Mieterhöhungsverfahren nach künftigem Recht, NZM 2001, 563 = WuM 2001, 171
dies, Die Schriftform bei der Vertretung einer Gesellschaft bürgerlichen Rechts, NZG 2006, 10

Systematische Übersicht

I.	**Allgemeine Kennzeichnung**		4.	Sachlicher Anwendungsbereich	9
1.	Überblick	1	5.	Übergangsregelung	10
2.	Entstehung der Vorschrift	2	**II.**	**Umlage erhöhter Betriebskosten (Abs 1 und 2)**	
a)	Umlage erhöhter Betriebskosten und Herabsetzung der Miete (Abs 1 bis 3)	2	1.	Vereinbarte Mietstruktur	11
b)	Anpassung der Vorauszahlungen (Abs 4)	3	2.	Vereinbarung	12a
			a)	Inklusivmiete	13
c)	Grundsatz der Wirtschaftlichkeit (Abs 5)	4	b)	Betriebskostenpauschale	15
3.	Zweck der Vorschrift	5	3.	Erhöhung der Betriebskosten	17
a)	Umlage erhöhter Betriebskosten (Abs 1 und 2)	5	a)	Begriff der Betriebskosten	17
			b)	Erhöhung des Gesamtbetrags der Betriebskosten	18
b)	Herabsetzung der Miete (Abs 3)	6	c)	Grund der Erhöhung der Betriebskosten	19
c)	Anpassung der Vorauszahlungen (Abs 4)	7	d)	Umlagemaßstab	20
d)	Grundsatz der Wirtschaftlichkeit (Abs 5)	8	e)	Verhältnis zu anderen Mieterhöhungen	21

4.	Geltendmachung der Umlage	22	a)	Zugang	41	
a)	Erklärung in Textform	22	b)	Zeitpunkt der Ermäßigung der Betriebskosten	42	
b)	Personenmehrheit	23				
c)	Inhalt der Erklärung	24	c)	Anspruch auf Rückzahlung von Betriebskosten	43	
d)	Verstoß gegen das Erläuterungserfordernis	25	5.	Verletzung der Pflicht zur Herabsetzung der Miete	44	
5.	Wirkungseintritt der Umlage (Abs 2)	26	a)	Erfüllungsanspruch	44	
a)	Fälligkeit	26	b)	Schadensersatzanspruch	45	
b)	Zukünftige Erhöhung	27				
c)	Rückwirkende Erhöhung	28	IV.	**Anpassung von Vorauszahlungen (Abs 4)**		
d)	Umfang der Erhöhung	33	1.	Allgemeines	46	
e)	Kündigungsrecht	34	2.	Abrechnung	47	
III.	**Herabsetzung der Miete bei Ermäßigung der Betriebskosten (Abs 3)**		3.	Erklärung	48	
			a)	Inhalt	49	
1.	Allgemeines	35	b)	Form	50	
2.	Ermäßigung der Betriebskosten	36	c)	Frist	51	
a)	Betriebskosten	36	4.	Angemessenheit	52	
b)	Ermäßigung	37	5.	Wirkungseintritt der Anpassung	53	
3.	Mitteilung der Ermäßigung	38	V.	**Grundsatz der Wirtschaftlichkeit (Abs 5)**	54	
a)	Ermäßigung	38				
b)	Frist	39				
c)	Form	40	VI.	**Abweichende Vereinbarungen (Abs 6)**	55	
4.	Wirkungseintritt der Herabsetzung der Miete	41				

I. Allgemeine Kennzeichnung

1. Überblick

Nach § 560 Abs 1 und 2 BGB steht dem Vermieter das Recht zu, Erhöhungen der Betriebskosten durch Erklärung in Textform anteilig auf den Mieter umzulegen. Hierin liegt eine Ausnahmeregelung von den gesetzlichen Beschränkungen der Mieterhöhung durch § 557 Abs 3 BGB. Voraussetzung ist, dass die Parteien eine Betriebskostenpauschale im Sinne des § 556 Abs 2 BGB sowie ein Erhöhungsrecht vereinbart haben. Die Zahlung erhöhter Mietnebenkosten kann nach Abs 2 S 2 in begrenztem Umfang auch rückwirkend verlangt werden. Ermäßigen sich die Betriebskosten, so muss der Vermieter die Miete gem Abs 3 entsprechend herabsetzen. Haben die Parteien nach § 556 Abs 2 BGB Vorauszahlungen und eine Nettomiete mit Abrechnung der tatsächlich entstandenen Kosten vereinbart oder hat der Vermieter dies nach § 556a Abs 2 BGB für bestimmte Betriebskosten einseitig festlegt, besteht für die Regelungen des § 560 Abs 1 BGB bis 3 kein Bedürfnis, weil alle Erhöhungen oder Ermäßigungen in die jährliche Abrechnung eingehen. Nach Abs 4 hat in diesem Fall aber jede Vertragspartei ein Gestaltungsrecht, nach einer Betriebskostenabrechnung die Höhe der Voraussetzungen anzupassen. Abs 5 verpflichtet zur Beachtung des Grundsatzes der Wirtschaftlichkeit. Nach Abs 6 sind zum Nachteil des Mieters abweichende Vereinbarungen unwirksam.

1

2. Entstehung der Vorschrift

a) Umlage erhöhter Betriebskosten und Herabsetzung der Miete (Abs 1 bis 3)

2 Die Bestimmungen des § 560 Abs 1 BGB bis 3 gehen zurück auf den früheren § 4 Abs 2 bis 4 MHRG (hierzu STAUDINGER/SONNENSCHEIN/WEITEMEYER [1997] § 4 MHRG Rn 2). Durch Art 1 Mietrechtsreformgesetz vom 19. 6. 2001 (BGBl I 1149) wurde die Mieterhöhung wegen gestiegener Betriebskosten und die Ermäßigung der Betriebskosten in eine gesonderte Vorschrift übernommen. Neu ist die Beschränkung der Mieterhöhung auf Betriebskostenpauschalen, während früher auch Inklusivmieten erhöht werden konnten (s Rn 13 f). Gegenüber der früheren Regelung muss jetzt nach Abs 1 S 1 HS 2 im Mietvertrag ausdrücklich vereinbart sein, dass eine Betriebskostenpauschale erhöht werden kann (s Rn 12). Eine Vereinfachung des Mieterhöhungsverfahrens bringt § 560 Abs 2 BGB, wonach die Fristen für die Mieterhöhung gegenüber dem früheren § 4 Abs 3 MHRG vereinheitlicht worden sind (Begr zum RegE BT-Drucks 14/4553, 59).

b) Anpassung der Vorauszahlungen (Abs 4)

3 In Abs 4 hat das Mietrechtsreformgesetz (Rn 2) erstmals ein gesetzliches Recht zur Anpassung der Vorauszahlungen geschaffen, während das Recht zur Erhöhung der Vorauszahlungen vorher vertraglich vereinbart worden sein musste. Der Mieter hatte allerdings schon immer einen Anspruch auf Senkung der Vorauszahlungen auf einen angemessenen Betrag.

c) Grundsatz der Wirtschaftlichkeit (Abs 5)

4 Bei den unter § 560 BGB fallenden Veränderungen von Betriebskosten ist nach Abs 5 ebenso wie nach § 556 Abs 3 S 1 2. HS der Grundsatz der Wirtschaftlichkeit zu beachten. Diese Regelung ist im Rechtsausschuss in die Vorschrift eingefügt worden (Ausschussbericht BT-Drucks 14/5663, 81). Eine Änderung der Rechtslage ist mit der Betonung dieses bereits vorher geltenden Grundsatzes nicht verbunden (Ausschussbericht BT-Drucks 14/5663, 81).

3. Zweck der Vorschrift

a) Umlage erhöhter Betriebskosten (Abs 1 und 2)

5 Die Regelung der Abs 1 und 2 ermöglicht eine einfache und praktikable Weitergabe von Kostensteigerungen, die schwer kalkulierbar sind und regelmäßig außerhalb der Einflusssphäre des Vermieters liegen. Der Vermieter soll abweichend von den einschränkenden Voraussetzungen des § 558 BGB, insbesondere dessen Abs 1 S 1, mehrere kurzfristig aufeinanderfolgende Steigerungen der Betriebskosten ohne zeitlichen Aufschub auf den Mieter abwälzen können. Die Zulässigkeit einer begrenzten rückwirkenden Erhöhung der Miete für Betriebskosten dient vor allem dem Zweck, mit Rückwirkung eintretende Grundsteuermehrbelastungen, die nach den §§ 16 bis 18, 25 Abs 3 GrStG in den Grenzen der vierjährigen Festsetzungsfrist des § 169 Abs 2 S 1 Nr 2 AO zulässig sind, überwälzbar zu machen (Unterrichtung über die Anrufung des Vermittlungsausschusses durch den BR BT-Drucks 7/1332, 3; StenBer, Bd 85, 4421 [A]). Nach § 560 Abs 1 S 1 BGB kann der Vermieter nur noch bei der Vereinbarung einer **Betriebskostenpauschale** erhöhte Betriebskosten auf den Mieter umlegen, soweit dies im Mietvertrag vereinbart ist. Bei **Bruttomietverträgen** oder bei **Teilinklusivmieten** ist die Mieterhöhung selbst dann nicht zulässig, wenn die Parteien ein solches Recht vereinbart haben. Mit der Regelung sollte der bislang in Rechtsprechung und Literatur bestehende Streit über den Anwendungsbereich des früheren § 4 Abs 2 MHRG entschieden werden, ob eine Bruttomiete oder eine Nettomiete mit Betriebskostenpauschale ohne einen ausdrücklichen Erhöhungsvorbehalt wegen gestiegener Betriebskosten erhöht werden kann (Begr zum RegE BT-Drucks 14/4553, 59). Die Beschränkung der Mieterhöhung auf Betriebskostenpauschalen wird damit begründet, dass dort wegen der gesonderten Ausweisung der Betriebskosten für den Mieter ein Kostenelement erkennbar sei und er zumindest ungefähr abschätzen könne, welchen Kostenanteil die Betriebskosten im Verhältnis zur Grundmiete ausmachten. Bei einer Bruttomiete habe er für eine entsprechende Kalkulation keinerlei Anhaltspunkte. In diesem Fall müsse der Vermieter die Miete nach dem Vergleichsmietenverfahren erhöhen (Begr zum RegE aaO; zur Kritik s Rn 13).

b) Herabsetzung der Miete (Abs 3)
Im Interesse des Mieters liegt die in Abs 3 geregelte Verpflichtung des Vermieters, 6 bei einer Ermäßigung der Betriebskosten die Miete entsprechend herabzusetzen. Dies kann praktisch werden, wenn der Vermieter eine kostenträchtige Leistung einstellt oder wenn sich eine Abgabe durch Änderung der Berechnungsart ermäßigt (Begr zum RegE BT-Drucks 7/2011, 13), aber auch, wenn der Mieter Betriebskosten einspart.

c) Anpassung der Vorauszahlungen (Abs 4)
In Abs 4 hat das Mietrechtsreformgesetz (Rn 2) erstmals ein gesetzliches Recht zur 7 Anpassung der Vorauszahlungen geschaffen. Bislang musste das Recht zur Erhöhung der Vorauszahlungen vertraglich vereinbart sein; der Mieter hatte allerdings schon immer einen Anspruch auf Senkung der Vorauszahlungen auf einen angemessenen Betrag. Durch die Neuregelung sollen beide Vertragsparteien das Recht erhalten, die Vorauszahlungen auf einen angemessenen Betrag anzupassen (Begr zum RegE BT-Drucks 14/4553, 59).

d) Grundsatz der Wirtschaftlichkeit (Abs 5)
Bei den unter § 560 BGB fallenden Veränderungen der Betriebskosten ist der 8 Grundsatz der Wirtschaftlichkeit zu beachten. Diese Regelung ist im Rechtsausschuss in die Vorschrift eingefügt worden. Damit soll vor dem Hintergrund der in letzter Zeit immer stärker steigenden Betriebskosten und zum Schutz der Umwelt durch einen sparsamen Umgang mit Energieressourcen klargestellt werden, dass der Vermieter bei der Bewirtschaftung den Grundsatz der Wirtschaftlichkeit zu beachten hat (Ausschussbericht BT-Drucks 14/5663, 79, 81).

4. Sachlicher Anwendungsbereich

Die Vorschrift ist nach § 549 Abs 1 BGB auf **Wohnraummietverhältnisse** (s § 549 9 Rn 13 ff) anwendbar, soweit diese nicht nach § 549 Abs 2 und 3 BGB (s § 549 Rn 22 ff) vom Anwendungsbereich des sozialen Mietrechts ausgenommen sind. Keine ausdrückliche Ausnahmeregelung besteht mehr für den vor dem Inkrafttreten des Mietrechtsreformgesetzes in § 10 Abs 3 Nr 1 MHRG von den Vorschriften über Mieterhöhungen und über die Berechnung und Umlegung der Betriebskosten ausgenommenen **preisgebundenen Wohnraum**. Soweit eine Preisbindung aufgrund der Vorschriften des sozialen Wohnungsbaus besteht, ergibt sich unmittelbar aus diesen

Spezialvorschriften, dass und inwieweit andere Regelungen für die Mieterhöhung gelten (Begr zum RegE BT-Drucks 14/4553, 52). Mit der Umstellung der Mietbindung im geförderten Wohnungsbau von der Kostenmiete auf vereinbarte Mietobergrenzen durch das WoFG vom 13. 9. 2001 (BGBl I 2376) gilt auch für diese Wohnungen das Mieterhöhungsrecht des BGB mit Sondervorschriften (s § 557 Rn 23 ff). Die Geltung der Vorschriften über die Umlage von Betriebskosten nach den §§ 556, 556a, 560 BGB ist in § 28 Abs 4 Nr 1 WoFG ausdrücklich angeordnet.

9a Für **Geschäftsraummietverhältnisse** gilt die Vorschrift des § 560 BGB nicht. Hier besteht im weiten Umfang Vertragsfreiheit, sodass für die Annahme, die Vereinbarung der Zahlung von Vorauszahlungen auf die Betriebskostenabrechnung begründe zugleich einen Anspruch auf Erhöhung der Vorauszahlungen (Börstinghaus PiG 62 [2002] 201, 205; Blümmel GE 2000, 1234; Kinne GE 1990, 1175), kein Raum ist (OLG Rostock DWW 2008, 220; LG Celle DWW 1996, 192; Blank/Börstinghaus, Miete Rn 29; Sonnenschein NJW 1992, 265). Bei Mietverhältnissen über Geschäftsräume ist eine Mehrbelastungsklausel (s Rn 12a) ohne die Einschränkungen der §§ 556, 560 BGB wirksam (OLG Frankfurt NZM 2000, 243 = NJW-RR 2000, 377 mwNw).

5. Übergangsregelung

10 Die Vorschrift des § 560 BGB ist nach Art 11 Mietrechtsreformgesetz (Rn 2) seit dem 1. 9. 2001 anwendbar. Das bedeutet nach allgemeinen Grundsätzen, dass sämtliche Neuregelungen auf die zu diesem Zeitpunkt **abgeschlossenen** Mietverträge anzuwenden sind (Begr zum RegE BT-Drucks 14/4553, 75; s § 549 Rn 10). Nach Art 2 Mietrechtsreformgesetz ist in Art 229 § 3 Abs 1 Nr 3 EGBGB für die am 1. 9. 2001 bestehenden Mietverhältnisse eine Übergangsregelung getroffen. Ein Mietverhältnis besteht im diesem Sinne, wenn der Vertrag geschlossen ist (s § 549 Rn 11). Im Fall einer vor dem 1. 9. 2001 zugegangenen Erklärung über eine Betriebskostenänderung ist § 4 Abs 2 bis 4 MHRG anzuwenden.

10a Außerdem sind nach Art 229 § 3 Abs 4 HS 1 EGBGB auch nach diesem Datum zugegangene Erklärungen zur Erhöhung der Betriebskosten bei Bruttomieten noch zulässig, wenn im Mietvertrag ein **Erhöhungsvorbehalt** vereinbart worden war, obwohl dies bei Inklusivmieten/Bruttokaltmieten nach dem neuen § 560 BGB nicht mehr vorgesehen ist (Rn 11 ff). Die Rechtmäßigkeit dieser Mieterhöhungen ist dann entsprechend dem neuen Recht nach § 560 Abs 1, 2, 5 und 6 BGB über Mieterhöhungen bei Betriebskostenpauschalen zu beurteilen. Die Vorschrift geht auf einen Vorschlag des Rechtsausschusses zurück. Hierdurch soll es ermöglicht werden, in Altverträgen die Erhöhung der Bruttomieten durchzusetzen, wenn dies in Form von Mehrbelastungsklauseln oder in anderer Weise vereinbart war (LG Berlin GE 2011, 1620; AG Köln WuM 2012, 57; AG Wedding GE 2012, 491; Bösche WuM 2001, 367, 370; Franke ZMR 2001, 951, 954). Damit sollen die Vermieter geschützt werden, die etwa für einen bestimmten Altbaubestand in Berlin wegen weitgehender Mietbindungen gezwungen waren, Bruttomietverträge abzuschließen (Ausschussbericht BT-Drucks 14/5663, 84), nachdem der Vorschlag des Bundesrats, in diesen Fällen eine Umstellung von einer Brutto- auf eine Nettomiete zu ermöglichen (Stellungnahme des BR BT-Drucks 14/4553, 95), nicht aufgegriffen worden ist (Gegenäußerung der BReg BT-Drucks 14/4553, 102). Das Gleiche gilt nach Art 229 § 3 Abs 4 HS 2 BGB für Ermäßigungen von Betriebskosten bei Bruttomieten.

II. Umlage erhöhter Betriebskosten (Abs 1 und 2)

1. Vereinbarte Mietstruktur

Die Regelungen des § 560 Abs 1 BGB und 2 gestatten dem Vermieter, erhöhte **11** Betriebskosten abweichend von dem in § 558 BGB vorgeschriebenen Vergleichsmieteverfahren durch einseitige Erklärung in Textform auf den Mieter umzulegen. Voraussetzung ist, dass die Parteien die separate Umlage aller oder einzelner Betriebskosten im Sinne einer **Betriebskostenpauschale** auf den Mieter vereinbart haben (§ 556 Abs 2 BGB). Soweit eine **Inklusiv-/Bruttomiete** vereinbart wird, ist eine Mieterhöhung nur nach § 558 BGB möglich (s Rn 13). Die Bestimmungen des § 560 Abs 1, 2 BGB greifen nicht ein, wenn der Mieter verpflichtet ist, die tatsächlich entstandenen Betriebskosten zu übernehmen, und eine Abrechnung nach § 566 Abs 3 BGB erfolgt. In diesem Fall ist ein Erhöhungsrecht des Vermieters überflüssig (OLG Karlsruhe WuM 1983, 257; LG Bochum WuM 1990, 522; AG Hamburg-Blankenese ZMR 2013, 359), es können dann nach Abs 4 die Betriebskostenvorauszahlungen angepasst werden (s Rn 46). Ob durch die jahrelange Abrechnung über Betriebskosten und Leistung von Vorauszahlungen die ursprüngliche Vereinbarung einer Betriebskostenpauschale oder einer Inklusivmiete stillschweigend geändert worden ist, ist eine Frage der Auslegung (BGH NZM 2000, 961 = GE 2000, 1614; LG Berlin GE 2008, 331, s auch § 556 Rn 61).

Andererseits setzt auch das Erhöhungsrecht nach § 560 Abs 1 und 2 BGB voraus, **12** dass es sich überhaupt um **umlegbare Betriebskosten** gem § 556 Abs 1 BGB handelt (BGH NJW 1993, 1061, 1062 = WuM 1993, 109; Einzelheiten s § 556 Rn 11 ff). Außerdem müssen genauso wie bei der Vereinbarung einer Abrechnung über die Betriebskosten nach § 556 Abs 3 BGB die von der Pauschale erfassten Betriebskosten hinreichend bestimmt festgelegt worden sein (Bamberger/Roth/Ehlert Rn 5; Blank/Börstinghaus, Miete Rn 3; Kossmann, Handbuch der Wohnraummiete § 163 Rn 6; Lammel, Wohnraummietrecht Rn 4; s § 556 Rn 50 ff). Das Recht zur Mieterhöhung nach § 560 Abs 1 und 2 BGB ist ein **Gestaltungsrecht**, dessen Ausübung unmittelbar zu einem Zahlungsanspruch des Vermieters führt. Eine Zustimmung des Mieters ist nicht erforderlich (LG Hamburg WuM 1973, 169, 171; LG Kiel WuM 1995, 546).

2. Vereinbarung

Das Recht des Vermieters zur Mieterhöhung nach § 560 Abs 1 und 2 BGB muss im **12a** Mietvertrag vereinbart sein. Da das Gesetz diesen Vorbehalt ausdrücklich zulässt, kann er auch **formularvertraglich** vereinbart werden (ebenso bereits OLG Karlsruhe NJW-RR 1993, 977 = WuM 1993, 257; Bub/Treier/vBrunn Rn III 42). Zu pauschal formulierte Erhöhungsvorbehalte **(Mehrbelastungsklauseln)** können jedoch aus mehreren Gründen unwirksam sein (Bsp aus BGH NJW 1993, 1061, 1062 = WuM 1993, 109: „Soweit zulässig, ist der Vermieter bei Erhöhung bzw Neueinführung von Betriebskosten berechtigt, den entsprechenden Mehrbetrag vom Zeitpunkt seiner Entstehung umzulegen"). Sie verstoßen gegen die im Einzelnen in § 560 Abs 2 BGB geregelten Voraussetzungen der rückwirkenden Erhöhung von Betriebskosten, wenn sie eine rückwirkende Umlage vom Zeitpunkt der Entstehung der Betriebskosten ohne weitere Einschränkungen zulassen (BGH NJW 1993, 1061, 1062 = WuM 1993, 109; NJW 2004, 1380 = NZM 2004, 218 = WuM 2004, 153 = ZMR 2004, 327; NJW-RR 2004, 586 = NZM 2004, 253 = ZMR 2004, 341; Parallelsache GE 2004,

229 = WuM 2004, 151; LG Hannover WuM 1988, 259; LG Limburg WuM 1999, 219; AG Charlottenburg MM 2005, 146; AG Hamburg-Blankenese ZMR 2013, 359 Rn 45 AG Köln WuM 1999, 486; AG Wetzlar WuM 2001, 30; Schmidt-Futterer/Langenberg Rn 14). Zudem muss sich aus der Erhöhungsklausel genau ergeben, dass sie sich auf die vom Mieter übernommenen Betriebskosten bezieht und nicht etwa auf Betriebskosten, die in der Grundmiete enthalten sind. Sonst verstößt die Klausel gegen das Transparenzgebot des § 307 Abs 1 S 2 BGB, § 9 AGBG aF (BGH NJW 1993, 1061, 1062 = WuM 1993, 109; NJW-RR 2004, 586 = NZM 2004, 253 = ZMR 2004, 341; Parallelsache GE 2004, 229 = WuM 2004, 151; LG Hamburg ZMR 1997, 358; s auch Rn 11). Schließlich setzt die Erhöhung voraus, dass die Kosten nach § 556 Abs 1 BGB grundsätzlich umlegbar sind. Ergibt sich dies nicht eindeutig aus der Klausel, ist sie auch deswegen unwirksam (BGH NJW-RR 2004, 586 = NZM 2004, 253 = ZMR 2004, 341; Parallelsache GE 2004, 229 = WuM 2004, 151; LG Hamburg ZMR 1997, 358; s auch Rn 11).

12b Dies gilt nicht nur für die Erhöhung bestehender, sondern auch für die **neuer Betriebskostenarten** (zur Frage, ob neue Betriebskosten als Modernisierungsfolgen ohne ausdrückliche Vereinbarung ihrer Überwälzung auf den Mieter umgelegt werden können, s § 556 Rn 64). Ohne eine vertragliche Vereinbarung sind neue Betriebskosten nicht umlegbar (**aM** AG Bielefeld NZM 2011, 775 = ZMR 2012, 448). Eine formularvertragliche Vorbehaltsklausel ist deshalb unwirksam, wenn sie dem Vermieter allgemein gestattet, neue Betriebskosten einzuführen. Die formularvertragliche Abwälzung neu entstandener Kosten soll zusätzlich voraussetzen, dass diese Kosten ohne den Willen des Vermieters entstanden sind oder ihre Neueinführung zur ordnungsgemäßen Erhaltung des Grundstücks zwingend geboten ist (AG Hamburg WuM 1987, 323; WuM 1989, 522). Sind einzelne Betriebskosten nach dem Mietvertrag dagegen ausdrücklich geschuldet, fallen sie zunächst aber nicht an, etwa weil ein Hausmeister erst später eingestellt wird oder Versicherungsverträge später abgeschlossen werden, sei lediglich erforderlich, dass ihre Neueinführung notwendig ist (LG Frankfurt aM WuM 1999, 46; LG Karlsruhe WuM 1992, 367; **aM** AG Neustadt/Weinstraße WuM 1999, 46 = ZMR 1997, 305). Der BGH hat dagegen die Erhöhung einer **Teilinklusivmiete** noch auf der Grundlage des früheren § 4 Abs 2 MHRG (s Rn 13) wegen des nachträglichen Einbaus eines Aufzugs ohne dahingehende Einschränkungen zugelassen (BGH NJW-RR 2004, 586 = NZM 2004, 253 = ZMR 2004, 341; Parallelsache GE 2004, 229 = WuM 2004, 151). Dem ist zuzustimmen, die Beachtung des allgemein geltenden Grundsatzes der Wirtschaftlichkeit (§ 560 Abs 5 BGB) sollte ausreichen (Schmidt-Futterer/Langenberg Rn 21). Bei neu zu errichtenden Räumen kann eine formularvertragliche Erhöhungsklausel unklar und nach §§ 305c Abs 1, 307 Abs 1 S 2 BGB unwirksam sein, wenn sich nicht feststellen lässt, ob bereits die erste Erhöhung der Grundsteuer bei Fertigstellung der Räume das Erhöhungsrecht auslöst (vgl OLG Hamm ZMR 1986, 198). In Sonderfällen kann der Mieter nach den Grundsätzen der Störung der Geschäftsgrundlage (§ 313 BGB) verpflichtet sein, die Kosten der Immissionsschutzmessung zu übernehmen, wenn er bisher die Wartungskosten einer andersartigen Heizungsanlage zu tragen hatte (AG Bochum DWW 1990, 24). Nicht erforderlich ist, dass die Vereinbarung ausschließlich bei **Abschluss des Mietvertrags** getroffen wird. Auch eine spätere einvernehmliche Änderung des Vertrags führt zu einer Regelung „im Mietvertrag" iS der Vorschrift. Das Erhöhungsrecht kann zu Gunsten des Mieters gem § 560 Abs 6 BGB **eingeschränkt** werden (s auch Rn 21, 55). Ist etwa eine Betriebskostenpauschale für verbrauchsabhängige Kosten vereinbart worden, kann die Auslegung ergeben, dass die Erhöhung der Pauschale nicht bei einer Steigerung des Verbrauchs, sondern erst bei einer Erhöhung der Preise zulässig ist (LG Berlin GE 1999, 1357 = NZM 2000, 333 = ZMR 1999, 556; AG Hamburg WuM 1985, 145; AG Michelstadt WuM 1978, 110; Barthelmess § 4 MHRG Rn 18; Sternel Rn III 811; aM AG Hamburg WuM 1981, 9, 10; Langenberg ZMR 1982, 65, 67; zur Wechselwirkung mit einem befristeten Mietverhältnis s § 557 Rn 55 ff).

a) Inklusivmiete
aa) Auf der Grundlage der Vorgängervorschrift des § 4 Abs 2 MHRG war es umstritten, ob eine **Brutto- bzw (Teil-)Inklusivmiete** (zum Begriff § 556 Rn 10) **ohne einen ausdrücklichen Erhöhungsvorbehalt** wegen gestiegener Betriebskosten erhöht werden konnte. Nach der Rspr zahlreicher Oberlandesgerichte ließ die Vereinbarung einer Bruttomiete darauf schließen, dass der Mieter nur diese pauschale Miete zahle und Mieterhöhungen nach dem früheren § 1 S 3 MHRG (§ 557 Abs 3 HS 2 BGB) damit konkludent ausgeschlossen seien (OLG Hamm WuM 1983, 311; NJW 1985, 2034 = WuM 1984, 121; NJW-RR 1993, 398 = WuM 1993, 29; NJW-RR 1998, 298 = NZM 1998, 70 = WuM 1997, 538 = ZMR 1997, 594; OLG Karlsruhe NJW 1981, 1051 = WuM 1981, 56; NJW-RR 1993, 977 = WuM 1993, 257; OLG Stuttgart NJW 1983, 2329 = WuM 1983, 285; OLG Zweibrücken NJW 1981, 1622 = WuM 1981, 153; LG Berlin WuM 1995, 717; GE 2004, 1593; LG Braunschweig WuM 1985, 373 [LS]; LG Karlsruhe WuM 1985, 328; LG Kiel WuM 1985, 64; LG Nürnberg-Fürth WuM 1983, 148; **aM** LG Frankfurt aM WuM 1985, 315; AG Neuss WuM 1983, 114; AG Schöneberg GE 1998, 359; LG Kiel WuM 1995, 546 nach Auslaufen der Preisbindung). Dass der Gesetzgeber diese Rechtsauffassung billigte, ergab sich aus dem früheren § 7 Abs 3 und 4 GVW (Gesetz zur dauerhaften Verbesserung der Wohnungssituation im Land Berlin vom 14. 7. 1987 [BGBl I 1625]), weil dort für ehemals preisgebundenen Berliner Wohnraum die Erhöhung der Inklusivmiete nach Wegfall der Preisbindung ausdrücklich zugelassen wurde, um den Folgen dieser Rspr zu entgehen (Staudinger/Sonnenschein/Weitemeyer [1997] § 4 MHRG Rn 87; zust OLG Hamm NJW-RR 1998, 298 = NZM 1998, 70, 71 = WuM 1997, 538, 539 mAnm Beuermann GE 1997, 1134). Der BGH hat diese Auffassung für **Altfälle** (s Rn 10) bestätigt (BGH NJW 2004, 1380 = NZM 2004, 218 = WuM 2004, 153 = ZMR 2004, 327; NJW-RR 2004, 586 = NZM 2004, 253 = ZMR 2004, 341; Parallelsache GE 2004, 229 = WuM 2004, 151). Allerdings schließe dies die Umlage **neu eingeführter Betriebskosten** nicht aus, da sie von der Teilinklusivabrede nicht erfasst und hierdurch demnach auch nicht ausgeschlossen sein könnten (BGH NJW 2004, 1380 = NZM 2004, 218 = WuM 2004, 153 = ZMR 2004, 327). Die im Schrifttum geäußerten Ansichten standen dagegen fast ausnahmslos auf dem Standpunkt, dass § 4 Abs 2 MHRG dem Vermieter gerade ohne jede Einschränkung ein gesetzliches Mieterhöhungsrecht gewähre (Schmidt-Futterer/Börstinghaus [7. Aufl 1999] § 4 MHRG Rn 19 ff mwNw; wNw bei Staudinger/Sonnenschein/Weitemeyer [1997] § 4 MHRG Rn 87).

Diese Streitfrage hat der Gesetzgeber des Mietrechtsreformgesetzes (Rn 2) für **Neufälle** beendet, indem der Vermieter nach § 560 Abs 1 S 1 BGB nur noch bei der Vereinbarung einer **Betriebskostenpauschale** erhöhte Betriebskosten auf den Mieter umlegen kann, soweit dies im Mietvertrag vereinbart ist (s Rn 12). Bei **Brutto- oder Teilinklusivmieten** ist diese Mieterhöhung selbst dann nicht mehr zulässig, wenn ein Erhöhungsrecht vereinbart war. Der Regierungsentwurf begründet die Beschränkung der Mieterhöhung auf Betriebskostenpauschalen damit, dass wegen der gesonderten Ausweisung der Betriebskosten für den Mieter ein Kostenelement erkennbar sei und er zumindest ungefähr abschätzen könne, welchen Kostenanteil die Betriebskosten im Verhältnis zur Grundmiete ausmachten. Bei einer Bruttomiete habe er für eine entsprechende Kalkulation keinerlei Anhaltspunkte. In diesem Fall müsse der Vermieter die Miete nach dem Vergleichsmietenverfahren erhöhen (Begr zum RegE BT-Drucks 14/4553, 59). Die Neuregelung schränkt die Privatautonomie über Gebühr ein (Derleder NZM 2001, 170, 173; Weitemeyer NZM 2001, 563, 571). Die Begründung, der Mieter habe für die Höhe einer möglichen Mieterhöhung bei einer Bruttomiete keinerlei Anhaltspunkte, vermag dies nicht zu rechtfertigen. Es sollte den Parteien überlassen bleiben, welche Form der Mietstruktur sie für richtig halten. Auch wenn der Trend zur Nettomiete mit Abrechnung über die Betriebskosten geht, erkennt auch der Gesetzgeber das Bedürfnis an, im Einzelfall eine Brutto- oder Teilinklusivmiete zu vereinbaren (Begr zum RegE BT-Drucks 14/4553, 50). So kann es sinnvoll sein, etwa bei einem befristeten Mietvertrag, aus Gründen der Vereinfachung auf die Abrechnung von Betriebskosten zu verzichten und eine Bruttomiete zu vereinbaren. Wählen die Parteien eine solche Mietstruktur, muss ihnen auch das Recht zu einer Mietanpassung zustehen. Dabei geht der Mieter nicht zwangsläufig das Risiko völlig unkalkulierbarer Kostensteigerungen ein. Es ist immerhin denkbar, dass er durch Nachfrage beim Vermieter weiß, in welcher Höhe Betriebskosten einkalkuliert sind. Bei reinen Brutto- oder bei Teilinklusivmieten ist die Erhöhung der Betriebskosten jetzt nur durch Anhebung mittels des Vergleichsmieteverfahrens möglich. Da die meisten Mietspiegel jedoch von Nettomieten ausgehen, erfordert dieses Vorgehen eine komplizierte Vergleichsrechnung (BGH NJW 2004, 1380 = NZM 2004, 218 = WuM 2004, 153 = ZMR 2004, 327; NJW-RR 2006, 227 = NZM 2006, 101 = WuM 2006, 39 = ZMR 2006, 110; GE 2006, 1162; NJW 2008, 848 = WuM 2007, 707; KG GE 2005, 180; LG Berlin GE 2006, 579; GE 2006, 1098; Schach GE 2006, 548; Paschke GE 2006, 550; wegen der Einzelheiten s Staudinger/V Emmerich § 558 Rn 13 f; zur Mieterhöhung bei einer gegen die HeizKV verstoßenden Bruttowarmmiete BGH NZM 2006, 652 = WuM 2006, 418).

14 bb) Nach dem früheren § 7 Abs 3 und 4 GVW war für **ehemals preisgebundenen Berliner Wohnraum** zwischen dem 1. 1. 1988 und dem 31. 12. 1994 die Erhöhung der Inklusivmiete nach Wegfall der Preisbindung ausdrücklich zugelassen (BGH NJW 2004, 1380 = NZM 2004, 218 = WuM 2004, 153 = ZMR 2004, 327; NJW-RR 2004, 586 = NZM 2004, 253 = ZMR 2004, 341; Emmerich/Sonnenschein, Miete [6. Aufl 1991] § 7 GWV Rn 6). Der BGH hat inzwischen die umstrittene Frage nach der Weitergeltung dieser Vorschrift dahingehend entschieden, dass die Regelung nach ihrem Auslaufen zum 31. 12. 1994 und nach Ablauf der Übergangsvorschrift nicht mehr anwendbar ist (BGH NJW-RR 2004, 586 = NZM 2004, 253 = ZMR 2004, 341; Parallelsache GE 2004, 229 = WuM 2004, 151; wegen der Einzelheiten s Staudinger/Weitemeyer [2006] Rn 14).

b) Betriebskostenpauschale

15 aa) Haben die Parteien eine Pauschale (zum Begriff und zur Abgrenzung zur Inklusivmiete sowie zu Vorauszahlungen s § 556 Rn 10, 67) für alle oder bestimmte Betriebskosten vereinbart, wurde überwiegend davon ausgegangen, dass mit der Übernahme dieses festen Betrags durch den Mieter alle Kosten abgegolten und künftige Erhöhungen ausgeschlossen seien (Staudinger/Weitemeyer [2003] Rn 15 mwNw). Diese Streitfrage hat der Gesetzgeber in § 560 Abs 1 S 1 BGB für **Neufälle** (s Rn 10) dahingehend entschieden, dass das **Erhöhungsrecht** im Mietvertrag vereinbart sein muss (zu den Anforderungen an die Vereinbarung s Rn 12). Fehlt ein Erhöhungsvorbehalt in **Altverträgen**, ist eine Betriebskostenerhöhung daher weiterhin unzulässig (Blank/Börstinghaus, Neues Mietrecht Rn 4).

bb) Die Vorauszahlungen auf Betriebskosten sind nach einer vereinzelt vertretenen Auffassung gem § 399 BGB zweckgebundene Leistungen und damit nicht abtretbar und nach § 851 Abs 1 ZPO nicht pfändbar. Denn sie sind nicht Bestandteil der Grundmiete, sondern werden für bestimmte Betriebskosten gezahlt und sind ausschließlich zur Abgeltung dieser Kosten bestimmt. Der Mieter würde sonst Gefahr laufen, trotz Zahlung der Betriebskostenvorschüsse nicht in den Genuss der Versorgungsleistungen zu gelangen, wenn der Vermieter die Vorauszahlungen nicht an die Versorgungsunternehmen weiterleiten kann, weil sie von seinen Gläubigern bereits gepfändet worden sind (s § 556 Rn 79). Dies trifft auf eine Betriebskostenpauschale nicht in vollem Umfang zu, weil der Vermieter diesen Betrag, soweit er zur Deckung der Betriebskosten nicht erforderlich ist, auch zu anderen Zwecken einsetzen kann. Nach § 851b ZPO ist aber bei Betriebskostenpauschalen die **Pfändung** insoweit aufzuheben, als diese Einkünfte für den Schuldner zur laufenden Unterhaltung des Grundstücks notwendig sind. Dies gilt auch für eine Brutto-/Inklusivmiete, bei der der Betriebskostenanteil nicht gesondert ausgeworfen ist (OLG Celle GE 1999, 1579 = NJW-RR 2000, 460 = ZMR 1999, 697 mAnm Lützenrath mwNw). Pfändungsschutz nach §§ 811, 850 ff ZPO besteht nicht (s § 556 Rn 79). 16

3. Erhöhung der Betriebskosten

a) Begriff der Betriebskosten

Der Begriff der Betriebskosten wird nach § 556 Abs 1 BGB (s dort Rn 11 ff) festgelegt. Nur die hiervon erfassten Kosten dürfen nach § 560 Abs 1 und 2 BGB erhöht werden (AG Schönberg NZM 2010, 473). Es können nur die Betriebskosten erhöht werden, zu deren Übernahme der Mieter sich verpflichtet hat (Blank/Börstinghaus, Neues Mietrecht Rn 6; Schmid s Rn 11). Auch neu hinzutretende Betriebskostenarten sind zu berücksichtigen, wenn der Mieter nach dem Mietvertrag verpflichtet ist, diese Kosten zu tragen (Bub/Treier/Schultz Rn III 645; MünchKomm/Schmid/Zehelein Rn 6; Schmid WuM 2001, 424, 425; s Rn 12). 17

b) Erhöhung des Gesamtbetrags der Betriebskosten

Es muss eine Erhöhung der Betriebskosten eingetreten sein. Dies ist der Fall, wenn die gesamten Betriebskosten gegenüber der Zeit des Vertragsschlusses oder der letzten Erhöhung gestiegen sind. Es kommt nicht auf die Erhöhung einer einzelnen Betriebskostenart, sondern auf den Gesamtbetrag an (Begr zum RegE BT-Drucks 7/2011, 13; BGH NJW 2012, 303 = NZM 2012, 20 = WuM 2011, 688 = ZMR 2012, 181; OLG Celle WuM 1990, 103, 109; LG Berlin MDR 1981, 849; LG Mannheim NJW-RR 1999, 884 = NZM 1999, 365; AG Charlottenburg GE 1990, 105; Bamberger/Roth/Ehlert Rn 8 f; Blank/Börstinghaus, Miete Rn 3, 5; Kossmann, Handbuch der Wohnraummiete § 163 Rn 10; Lammel, Wohnraummietrecht Rn 10; Schmid WuM 2001, 424, 425; Schmidt-Futterer/Langenberg Rn 19; Sternel Rn III 813). Dies hat den Vorteil, dass anderweitige Ermäßigungen zunächst unabhängig von dem Verfahren nach § 560 Abs 1 und 2 BGB unmittelbar verrechnet werden. Ist nur die Umlage einer oder einzelner Kostenarten vereinbart, kommt es auf die Erhöhung dieser Kosten an (Blank/Börstinghaus, Miete Rn 3; Palandt/Weidenkaff Rn 8). Maßgebend ist ein Vergleich zwischen der letzten Festlegung der Miete, dh der ursprünglichen oder einer späteren (§ 557 Abs 1 BGB) Vereinbarung oder einer einseitigen Erhöhung (AG Köln WuM 1987, 162), und dem Zeitpunkt der Erhöhungserklärung (MünchKomm/Schmid/Zehelein Rn 7). Umgelegt werden kann nur der Erhöhungsbetrag und nicht die gesamten an sich umlegbaren Betriebskosten, sonst 18 würde es sich um eine Übernahme der tatsächlichen Betriebskosten nach § 556 Abs 3 BGB handeln (LG Kiel WuM 1995, 546; MünchKomm/Schmid/Zehelein Rn 12). Der Vermieter kann abweichend von § 558 Abs 1 S 1 BGB mehrere kurzfristig aufeinanderfolgende Erhöhungen ohne zeitliche Verzögerung auf den Mieter überwälzen. Eine Frist zwischen den einzelnen Erhöhungen muss nicht eingehalten werden (Ausschussbericht BT-Drucks VI/2421, 4). Auch ist es unerheblich, wie sich die Betriebskosten zwischen den Vergleichsdaten entwickelt haben (Blank/Börstinghaus, Miete Rn 5). Etwas anderes gilt, soweit sich die Betriebskostenpauschale auf verbrauchsabhängige Kosten bezieht. Hier ist es erforderlich, dass feste zeitliche Bezugsgrößen für den Verbrauch gewählt wurden. Anders als bei der Abrechnung über Vorauszahlungen nach § 556 BGB können diese verbrauchsabhängigen Kosten aber durchaus in kürzeren Abständen abgelesen werden (aM Blank/Börstinghaus Miete Rn 7 die auf einen Jahresrhythmus abstellen).

c) Grund der Erhöhung der Betriebskosten

19 Der Grund für die Erhöhung der Betriebskosten ist regelmäßig unerheblich. Er kann auf äußeren Umständen oder auf einer Entschließung des Vermieters beruhen. Die Betriebskosten müssen nicht unvermeidbar sein. Aus Abs 5 ergibt sich aber eine Grenze durch den Grundsatz der Wirtschaftlichkeit (s Rn 54). Auf die Vorhersehbarkeit der Kosten kommt es ebenfalls nicht an. In Ausnahmefällen kann es jedoch nach Treu und Glauben geboten sein, auf zu erwartende erhebliche Erhöhungen der Betriebskosten kurz nach Abschluss des Mietvertrags bereits bei Vertragsschluss hinzuweisen (LG Berlin GE 1990, 1033; s § 556 Rn 74). Das Gesetz enthält keinen Anhaltspunkt dafür, dass nur die Kostensteigerungen, die auf der allgemeinen wirtschaftlichen Entwicklung beruhen, erfasst werden. Die durch den Wegfall einer Grundsteuervergünstigung eintretende Kostensteigerung ist deshalb umlegbar (BR BT-Drucks 7/1332, 3; Begr z RegE BT-Drucks 14/4553, 59; OLG Karlsruhe NJW 1981, 1051 = WuM 1981, 56; AG Leverkusen NJW-RR 1994, 400; Palandt/Weidenkaff Rn 8; aM AG Horb WuM 1979, 154; AG Karlsruhe-Durlach WuM 1979, 33, zur Rückwirkung in diesen Fällen s Rn 28 ff, § 556 Rn 54, 117, 133). Das Erhöhungsrecht bezieht sich nur auf bereits eingetretene Erhöhungen von Betriebskosten, nicht auf zu erwartende Steigerungen (Schmidt-Futterer/Langenberg Rn 21; Kinne GE 1998, 286; MünchKomm/Schmid/Zehelein Rn 5; aM Barthelmess § 4 MHRG Rn 21; zu Kostenerhöhungen bei der Vermietung von Eigentumswohnungen s MünchKomm/Schmid/Zehelein Rn 9).

d) Umlagemaßstab

20 Dem Vermieter ist nach § 560 Abs 1 S 1 BGB eine anteilige Umlage der Betriebskostenerhöhung auf den Mieter gestattet. Der Umlagemaßstab kann sich aus dem Gesetz, den vertraglichen Bestimmungen oder einem nach billigem Ermessen auszuübenden einseitigen Bestimmungsrecht des Vermieters nach §§ 315, 316 BGB ergeben. Obwohl auf § 556a BGB nicht verwiesen wird und diese Vorschrift unmittelbar nur den Abrechnungsmaßstab bei Betriebskosten regelt, sind die dort zum Umlagemaßstab getroffenen Regelungen (im Einzelnen s § 556a Rn 15 ff) für die Umlage nach § 560 Abs 1 BGB analog anwendbar (Bamberger/Roth/Ehlert Rn 12; Blank/Börstinghaus, Miete Rn 6; Lammel, Wohnraummietrecht Rn 16; MünchKomm/Schmid/Zehelein Rn 14; Palandt/Weidenkaff Rn 9; aM Schmidt-Futterer/Langenberg Rn 28: billiges Ermessen des Vermieters).

e) Verhältnis zu anderen Mieterhöhungen

Grundsätzlich können Mieterhöhungen nach § 560 Abs 1 BGB und nach anderen Vorschriften unabhängig voneinander geltend gemacht werden. Wenn die Miete gem § 558 BGB unter Einbeziehung des darin enthaltenen **Betriebskostenanteils** erhöht wurde, ist eine Erhöhung dieses Anteils nach § 560 Abs 1 BGB aber erst zulässig, wenn die Betriebskosten seit dem Wirkungseintritt der Mieterhöhung nach § 558 BGB weiter gestiegen sind (KG GE 1997, 1097 = NZM 1998, 68 = WuM 1997, 540; LG Berlin WuM 1995, 717; Bub/Treier/Schultz Rn III 647; Sternel Rn III 814). Bei einer **Staffelmiete** sind Mietsteigerungen nach § 560 Abs 1 BGB und die Erhöhungen der Mietstaffeln wegen des Umkehrschlusses zu § 557a Abs 2 S 2 BGB ebenfalls nebeneinander möglich (LG Berlin WuM 2002, 373). Jedoch decken bei Bruttomieten oder Bruttokaltmieten (s Rn 10, 13) die auf den Staffelstufen basierenden Erhöhungen das allgemeine Ansteigen der Betriebskosten bis zum Wirksamwerden der Erhöhungserklärung ab, weil durch die vorweggenommene Staffelung der Mieten ebenso wie bei § 558 BGB das ortsübliche Niveau der entsprechenden Brutto(kalt)mieten erreicht werden soll (LG Berlin WuM 2002, 373; AG Tempelhof-Kreuzberg GE 1999, 1288; AG Tiergarten GE 2007, 59). Dies soll zur Folge haben, dass während der Dauer einer Staffelmietvereinbarung nur Betriebskosten, die sich nach der letzten Staffelstufe erhöht haben, umlagefähig sind, und zwar sogar begrenzt bis zum Eintritt der nächsten Staffelstufe (LG Berlin WuM 2002, 373). Aus der gesetzlichen Regelung lässt sich diese Einschränkung jedoch nicht entnehmen, sondern es kommt allein darauf an, ob die Parteien im Einzelfall eine Beschränkung der Mieterhöhung nach § 557 Abs 3 BGB vereinbart haben. Davon wird man allerdings bei einer Staffelmiete, die auch Betriebskostenanteile enthält, ausgehen können.

4. Geltendmachung der Umlage

a) Erklärung in Textform

Die Umlage ist gem § 560 Abs 1 S 1 BGB durch Erklärung des Vermieters in Textform gegenüber dem Mieter geltend zu machen. Es handelt sich um eine **empfangsbedürftige Willenserklärung**, die dem gesetzlichen Formerfordernis des § 126b BGB genügen muss. Dazu ist neben der Verkörperung in einer Urkunde oder in anderer zur dauerhaften Wiedergabe in Schriftzeichen (Fax, E-Mail) geeigneter Weise erforderlich, dass die Person des Erklärenden genannt und der Abschluss der Erklärung durch Nachbildung der Namensunterschrift oder anders erkennbar gemacht wird (Einzelheiten s Geissler NZM 2001, 689; Hähnchen NJW 2001, 2831). Nach der **früheren Schriftform** musste die Unterschrift des Vermieters das gesamte Erhöhungsverlangen decken, dh wenn Berechnungen der Betriebskosten als **Anlagen** beigefügt waren, mussten sie mit der Erhöhungserklärung eine Urkundeneinheit bilden (LG Berlin WuM 1995, 717). Nach der neueren gefestigten Rechtsprechung des BGH zur gesetzlichen Schriftform ist die erforderliche Einheit der Urkunde bereits gewahrt, wenn die Zusammengehörigkeit einer aus mehreren Blättern bestehenden Urkunde entweder durch körperliche Verbindung oder sonst in geeigneter Weise erkennbar (fortlaufende Seitenzahlen, fortlaufende Nummerierung der einzelnen Bestimmungen, einheitliche graphische Gestaltung, inhaltlicher Zusammenhang des Textes oder vergleichbare Merkmale) gemacht worden ist (BGHZ 136, 357 = NJW 1998, 58 = NZM 1998, 25 = ZMR 1998, 12). Besteht die Urkunde aus einem Vertragstext mit Anlagen, so müssen die Anlagen in der Haupturkunde so genau bezeichnet werden, dass eine zweifelsfreie Zuordnung möglich ist (BGH NJW 2003, 1248 = NZM 2003, 281 = ZMR 2003,

337). Für einen **Altfall** der schriftlichen Mieterhöhung nach § 4 Abs 2 MHRG hat der BGH diese Voraussetzungen als erfüllt angesehen, wenn in dem Erhöhungsschreiben auf die Anlagen mit den Abrechnung der Betriebskosten aus mehreren Jahren hingewiesen wird und die mehrseitigen Anlagen selbst einen fortlaufenden Text enthielten (BGH NJW-RR 2004, 586 = NZM 2004, 253 = ZMR 2004, 341; Parallelsache GE 2004, 229 = WuM 2004, 151; NZM 2005, 61 = WuM 2004, 666 = ZMR 2004, 901 zur schriftlichen Betriebskostenerhöhung im preisgebundenen Wohnraum). Die Unterzeichnung der Anlagen ist dann nicht erforderlich (BGH NJW 2003, 1248; NZM 2005, 61 = WuM 2004, 666 = ZMR 2004, 901). Da bei der **Textform** die Schriftzeichen nicht mehr in einer Urkunde festgehalten werden müssen, dürften selbst diese gelockerten Voraussetzungen nicht mehr erforderlich sein, so wie es auch schon zu § 8 MHRG vertreten wurde (LG Berlin NJW-RR 1997, 1505; **aM** AG Schöneberg GE 1996, 1495 = NJWE-MietR 1997, 55), der durch die Textform abgelöst wurde. Die Meinungsbildung zur neuen Textform des § 126b BGB ist allerdings noch nicht abgeschlossen (vgl LG Potsdam WuM 2004, 671: keine Erkennbarkeit des Ausstellers in den Anlagen erforderlich; Geissler NZM 2001, 689; Hähnchen NJW 2001, 2381; Lammel ZMR 2002, 333; Mankowski ZMR 2002, 481; wg der Einzelheiten s die Erläuterungen zu § 126b). Einigen sich die Parteien gem § 557 Abs 1 BGB formlos auf eine Mieterhöhung anlässlich einer Erhöhung der Betriebskosten, kann dadurch die **Schriftform des § 550 BGB** verletzt sein kann (s § 557 Rn 32). Für die einseitige Erhöhung der Betriebskostenpauschale gilt dies aber nicht (Staudinger/V Emmerich [2018] § 550 Rn 29a).

b) Personenmehrheit

23 Die Erklärung muss bei einer **Mehrheit von Mietern** an alle Mieter gerichtet werden (OLG Celle OLGZ 1982, 254 = WuM 1982, 102; OLG Koblenz NJW 1984, 244 = WuM 1984, 18; LG Berlin GE 1997, 1227; AG München NZM 2003, 394). Dies gilt bei Ehegatten auch dann, wenn sie getrennt leben und einer von ihnen ohne einverständliche Aufhebung des mit ihm bestehenden Mietverhältnisses aus der Wohnung ausgezogen ist (BayObLG WuM 1983, 107). Stimmt nur der Vermieter der „Entlassung" des ausziehenden Teils aus dem Mietverhältnis zu, ist es dem verbleibenden Ehegatten gleichwohl nach Treu und Glauben verwehrt, sich gegen die Wirksamkeit der nur gegen ihn gerichteten Mieterhöhung zu wenden (BGH NJW 2004, 1797 = NZM 2004, 419 = WuM 2004, 280 = ZMR 2004, 492). Die **Bevollmächtigung mehrerer Mieter** zur Entgegennahme von Willenserklärungen untereinander ist auch in einem Formularvertrag wirksam (BGH NJW 1997, 3437 = NZM 1998, 22 = WuM 1997, 599 = ZMR 1998, 17; OLG Schleswig NJW 1983, 1862 = WuM 1983, 130: aber Widerruf durch Anzeige des Auszugs). Dies hat allerdings nur Bedeutung für den **Zugang** der Erklärung. Sie muss auch in diesem Fall an alle Mitmieter adressiert sein (AG München NZM 2003, 394). **Mehrere Vermieter** müssen die Mieterhöhung gemeinsam erklären (LG Marburg WuM 2001, 439 = NZM 2003, 394; Nies NZM 1998, 221). Ist Vermieterin eine rechtsfähige Gesellschaft bürgerlichen Rechts, muss diese die Erklärung abgeben (LG Berlin NJW-RR 2002, 1378 = NZM 2002, 780; AG Königstein NJW 2001, 1357 = NZM 2001, 421; AG Tiergarten GE 2002, 670; vgl auch BGH NZM 2002, 786 = NJW-RR 2002, 1377; **aM** KG GE 2001, 1131: auch Gesellschafter im eigenen Namen). Stellvertretung ist nach den allgemeinen Grundsätzen möglich. Zur Einhaltung der Schriftform des § 550 BGB ist allerdings erforderlich, dass die Stellvertretung selbst aus der Urkunde erkennbar ist. Dies bereitet bei **Personenmehrheiten** besondere Probleme (s Staudinger/J Emmerich § 557a Rn 16). Für die Textform dürfte dasselbe gelten, da auch hier der Erklärende genannt werden muss und es zum Schutz des Erklärungsempfängers erforderlich ist, dass eine Stellvertretung deutlich gemacht wird (so LG Berlin GE 2003, 1156; WuM 2003, 568; LG Hamburg NZM 2005, 255 = ZMR 2004, 680; WEITEMEYER ZMR 2004, 153, 164 f; dies, in: Gedschr Sonnenschein [2003] 431, 458; dies NZG 2006, 10). Es muss daher auch bei der Textform erkennbar sein, welche natürliche Person für eine juristische Person oder eine Personengesellschaft handelt (LG Berlin GE 2003, 1156; WuM 2003, 568; LG Hamburg NZM 2005, 255 = ZMR 2004, 680). Die Anforderungen, die der BGH hierbei an die Erkennbarkeit der Stellvertretung für Personenverbände stellt, gehen aber im Einzelnen zu weit (vgl STAUDINGER/J EMMERICH § 557a Rn 16).

c) **Inhalt der Erklärung**
Für den Inhalt der Erklärung verlangt § 560 Abs 1 S 2 BGB als **Wirksamkeitsvoraussetzung**, dass der **Grund** für die Umlage bezeichnet und **erläutert** wird. Damit soll dem Mieter die Erhöhung der Miete in verständlicher Weise begründet werden, um ihm eine Nachprüfung zu ermöglichen. Die Erklärung muss enthalten die Zusammenstellung der Gesamtkosten, die Veränderung als Differenz zwischen früheren und neuen Kosten (LG Berlin MDR 1981, 849; GE 1990, 1033; LG Kiel WuM 1995, 546; LG Köln WuM 1982, 301) und die Angabe und Erläuterung der Verteilungsschlüssel wie in einer Betriebskostenabrechnung (VerfGH Berlin WuM 2006, 300 = ZMR 2006, 593; LG Kiel WuM 1995, 546; AG Charlottenburg MM 2013, Nr 12, 29; AG Wedding GE 2012, 491; BAMBERGER/ROTH/EHLERT Rn 16; BLANK/BÖRSTINGHAUS, Miete Rn 8; KOSSMANN, Handbuch der Wohnraummiete § 165 Rn 1 ff; LAMMEL, Wohnraummietrecht Rn 17, 20; SCHMIDT-FUTTERER/LANGENBERG Rn 26), wenn der Vermieter nicht den bisherigen Maßstab anwendet. Die Angabe eines bestimmten Prozentsatzes des genannten Gesamtbetrags reicht aus (Begr zum RegE BT-Drucks 7/2011, 12). Auch der **Grund für die erhöhte Umlage** ist unter Hinweis etwa auf eine die Kostensteigerung verursachende Stelle wie die Gemeinde oder die Stadtwerke und das Datum des Gebührenbescheids oder der Rechnung zu bezeichnen (LG Berlin WuM 1995, 717; GE 1999, 575 = ZMR 1999, 401; AG Wuppertal WuM 1980, 138 [LS]), die einzelnen Rechnungen müssen aber nicht angegeben werden (BLANK/BÖRSTINGHAUS Rn 12; MünchKomm/SCHMID/ZEHELEIN Rn 15). Die Erhöhung der Betriebskosten muss für den Mieter nachprüfbar sein (AG Hagen WuM 1980, 18; AG München WuM 1977, 171; AG Münster WuM 1980, 256 [LS]; AG Osnabrück WuM 1973, 216; AG Wuppertal WuM 1979, 128). Werden zwei widersprüchliche Berechnungen mitgeteilt, ist die Erklärung formell unwirksam (LG Berlin GE 1990, 1033). Eine bloße Aufstellung der vom Vermieter nunmehr zu zahlenden Kosten ist unzureichend (vgl AG Bochum WuM 1973, 49; AG Köln WuM 1978, 110).

24

Befinden sich Wohn- und Gewerberäume in einer **Wirtschaftseinheit**, kann es erforderlich sein, den Verteilungsmaßstab zu erläutern (VerfGH Berlin WuM 2006, 300 = ZMR 2006, 593 mwNw; AG Charlottenburg GE 1995, 571; **aM** LG Berlin GE 1999, 1127; s § 556a Rn 27 f). Der Zeitpunkt, von dem an der Vermieter die erhöhte Miete verlangt, muss nicht angegeben werden, soweit sich der **Zeitpunkt der Erhöhung** unmittelbar aus § 560 Abs 2 S 1 BGB ergibt (vgl OLG Koblenz NJW 1983, 1861 = WuM 1983, 132 zu § 2 MHRG). Eine rückwirkende Erhöhung nach Abs 2 S 2 setzt hingegen zur näheren Bestimmung entsprechende Angaben voraus. Um dem Mieter die Nachprüfung zu ermöglichen, ist ihm Einsicht in die Belege (s § 556 Rn 112 ff) zu gestatten (BLANK/BÖRSTINGHAUS, Miete Rn 10; LAMMEL, Wohnraummietrecht Rn 26).

24a

d) **Verstoß gegen das Erläuterungserfordernis**
Ein Verstoß gegen § 560 Abs 1 S 2 BGB macht die Erhöhungserklärung des Ver-

25

mieters unwirksam (AG Wedding GE 2012, 491; Blank/Börstinghaus Rn 8 ff). Schreib- oder Rechenfehler beeinträchtigen die Wirksamkeit des gesamten Erhöhungsverlangens nicht, wenn sie vom Mieter ohne Weiteres korrigierbar sind. Im Übrigen berühren sie die Wirksamkeit des Erhöhungsverlangens hinsichtlich des richtigen Teils nicht (LG Berlin GE 1995, 941; Barthelmess § 4 MHRG Rn 29; s § 556 Rn 82 ff u 121). Die rügelose Zahlung eines rechtswidrig angeforderten Erhöhungsbetrags führt nicht zu einer Vereinbarung über die Mieterhöhung (LG Itzehoe WuM 1980, 60; s Staudinger/J Emmerich § 557 Rn 33 ff; Staudinger/V Emmerich [2018] § 556 Rn 61 ff; aM LG Berlin GE 1995, 941; GE 2004, 1593). Ein Verstoß gegen die Erläuterungspflicht kann Schadensersatzansprüche des Mieters wegen seiner Rechtsberatungskosten auslösen (AG Hannover WuM 1985, 122). Der Mieter kann die auf ein formell unwirksames Erhöhungsverlangen hin geleisteten Zahlungen nach § 812 Abs 1 S 1 Fall 1 BGB herausverlangen (s Staudinger/V Emmerich [2018] § 556 Rn 111 u Staudinger/J Emmerich § 557 Rn 81; vgl OLG Karlsruhe WuM 1986, 166). Wird die Einsichtnahme in die Belege verweigert, steht dem Mieter anders als bei der Abrechnung nach § 556 Abs 3 BGB (s Staudinger/V Emmerich [2018] Rn 123) nur ein Zurückbehaltungsrecht hinsichtlich des erhöhten Betrags zu, das die Wirksamkeit und Fälligkeit der Erhöhung unberührt lässt (Beuermann § 4 MHRG Rn 78).

5. Wirkungseintritt der Umlage (Abs 2)

a) Fälligkeit

26 Die Gestaltungserklärung, mit welcher der Vermieter eine Umlegung erhöhter Betriebskosten geltend macht, wird gem § 130 Abs 1 BGB mit dem **Zugang** beim Mieter wirksam. Bei einer Mehrheit von Mietern (Rn 23) muss die Erklärung allen Mietern zugehen. Davon zu unterscheiden ist der Zeitpunkt, von dem an die erhöhte Umlage fällig wird. Hierbei unterscheidet das Gesetz zwischen zukünftiger (Rn 27) und rückwirkender (Rn 28) Erhöhung der Betriebskosten. Die Umlage ist mangels abweichender Vereinbarung jeweils mit der Miete fällig.

b) Zukünftige Erhöhung

27 Bei einer zukünftigen Erhöhung schuldet der Mieter den auf ihn entfallenden Teil der Umlage gem § 560 Abs 2 S 1 BGB mit Beginn des auf die Erklärung folgenden übernächsten Monats an. Die frühere Differenzierung danach, ob die Erklärung vor oder nach dem Fünfzehnten eines Monats abgegeben wurde, wurde durch das Mietrechtsreformgesetz aus Gründen der Vereinfachung aufgegeben (Begr zum RegE BT-Drucks 14/4553, 59). Eine Vereinbarung, dass der Zeitpunkt der Entstehung der höheren Betriebskosten maßgebend sein soll, ist nach § 560 Abs 6 BGB unwirksam (OLG Celle WuM 1990, 103, 108; OLG Frankfurt WuM 1992, 57, 62; LG Berlin GE 1996, 1247; AG Bremerhaven WuM 1987, 227; s Rn 12). Eine Mieterhöhung ist auch nach Jahren noch möglich und ist ohne Vorliegen eines weiteren Umstandsmoments auch nicht verwirkt (LG Berlin GE 1999, 111). Sie kann aber mit Ausnahme der rückwirkenden Erhöhung nach Abs 2 S 2 nur für die Zukunft geltend gemacht werden.

c) Rückwirkende Erhöhung

28 Bei einer rückwirkenden Erhöhung der Betriebskosten, wie sie vor allem bei der **Grundsteuer** eintreten kann, lässt Abs 2 S 2 in begrenztem Umfang eine rückwirkende Überwälzung der Betriebskostenerhöhungen zu. Die Regelung ist nicht auf die Erhöhung der Vorauszahlungen im Fall der Abrechnung über die tatsächlichen

Betriebskosten nach Abs 4 anwendbar (s Rn 46). Rückwirkend kann der Vermieter die Erhöhung aber nicht mehr geltend machen, wenn der Mietvertrag beendet ist (LG Frankfurt aM NZM 2002, 336; AG Hannover MDR 1988, 676; Schmidt-Futterer/Langenberg Rn 35). Ebensowenig können Betriebskosten für einen Zeitraum erhöht werden, in dem das Mietverhältnis noch nicht bestanden hat. Insofern gilt auch hier das **Leistungsprinzip** (s § 556 Rn 117; OLG Frankfurt NZM 2000, 243 zur Gewerbemiete; Blank/Börstinghaus, Miete Rn 12).

aa) Die Betriebskosten müssen sich **rückwirkend** erhöht haben (AG Kiel WuM 1980, 207 [LS]). Die Erhöhung muss zu einer Zeit eingetreten sein, die vor der jeweiligen Geltendmachung des dritten Leistungserbringers gegenüber dem Vermieter liegt (vgl Hermsdörfer ZMR 1986, 390). Der Vermieter kann also nicht einfach im Nachhinein erhöhte Betriebskosten umlegen (AG Charlottenburg GE 1995, 571; aM AG Charlottenburg GE 1990, 105).   **29**

bb) Der Vermieter muss seine Erklärung **innerhalb von drei Monaten nach Kenntnis** von der Erhöhung abgeben. Entgegen dem missverständlichen Gesetzeswortlaut kommt es nicht auf die Abgabe der Erklärung, sondern auf deren **Zugang** bei Mieter an, weil nur dann dessen Rechte gewahrt sind (Schmidt-Futterer/Langenberg Rn 36; aM MünchKomm/Schmid/Zehelein Rn 20). Die Dreimonatsfrist beginnt mit der positiven Kenntnis des Vermieters von der Erhöhung. Hierfür trifft ihn die Beweislast (LG Bonn WuM 1985, 373 [LS]). Es kommt auf die Kenntnis von einer Erhöhung des Gesamtbetrags der Betriebskosten an, nicht der einzelnen Position (AG Charlottenburg GE 1990, 105). Dies gilt allerdings nur, wenn der einzelne Erhöhungsbetrag wegen einer gleichzeitigen Senkung einer anderen Betriebskostenart nicht zu einer Erhöhung der gesamten Betriebskosten führt. Der Vermieter kann daher nicht bis zum Ablauf einer Abrechnungsperiode warten und die gesamten erhöhten Betriebskosten rückwirkend umlegen (aM AG Charlottenburg GE 1990, 105). Ermäßigen sich die Betriebskosten gegenüber einer Erhöhung zeitlich versetzt, bleibt dem Vermieter nichts anderes übrig, als die Umlage jeweils zu erhöhen oder nach Abs 3 zu senken. Wird die Erhöhung der Betriebskosten durch einen **Bescheid** geltend gemacht, ist die Kenntnis dieses Verwaltungsakts entscheidend (Begr z RegE BT-Drucks 14/4553, 59; OLG Frankfurt ZMR 1983, 374, 376; Blank/Börstinghaus, Miete Rn 11; Schmidt-Futterer/Langenberg Rn 34). Legt der Vermieter gegen einen Gebührenbescheid Rechtsmittel ein, kommt es für die Kenntnis auf den Bescheid oder das Urteil an, durch den die Erhöhung endgültig festgelegt wird (LG München I DWW 1978, 99 mAnm Glock/Bub; Schmidt-Futterer/Langenberg Rn 34). Unerheblich ist, ob der Vermieter schon vorher mit einer Erhöhung rechnete oder rechnen musste (Begr z RegE BT-Drucks 14/4553, 59; AG Solingen WuM 1978, 112; aM LG Berlin GE 1990, 1033). Vertraglich können die Parteien die Frist des § 560 Abs 2 S 2 BGB zu Lasten des Vermieters verkürzen (vgl LG Hannover WuM 1984, 335).   **30**

cc) Die Rückwirkung der Umlage erstreckt sich auf den **Zeitraum**, für den der Vermieter die erhöhte Belastung rückwirkend zu tragen hat. Begrenzt ist dieser Zeitraum auf den Beginn des der Erklärung des Vermieters vorausgehenden Kalenderjahres. Entscheidend ist der Zugang der Erhöhungserklärung beim Mieter. Die Umlegung kann daher ausgeschlossen sein, wenn ein Gebühren- oder Steuerbescheid eine Erhöhung der Betriebskosten rückwirkend für mehr als zwei Jahre bewirkt (anders OLG Frankfurt ZMR 1983, 374 für Gewerbemiete).   **31**

32 dd) Nach der **Beendigung des Mietverhältnisses** ist eine rückwirkend erhöhte Umlage auf den früheren Mieter ausgeschlossen, da der Mietvertrag als Grundlage für eine auf § 560 Abs 1 BGB und 2 gestützte einseitige Änderung weggefallen ist (vgl AG Gelsenkirchen WuM 1981, 138). Der neue Mieter kann ebenfalls nicht mit Betriebskosten belastet werden, die auf eine Zeit vor dem Abschluss *seines* Mietvertrags entfallen, sofern nicht eine entsprechende Vereinbarung getroffen wurde oder der neue Mieter Rechtsnachfolger des früheren ist.

d) Umfang der Erhöhung

33 Der Vermieter ist bei seinem Erhöhungsverlangen grundsätzlich nicht an die Obergrenze der ortsüblichen Vergleichsmiete gebunden. Die Grenze des § 291 StGB ist dagegen einzuhalten. Die Mieterhöhung nach § 560 Abs 1 und 2 BGB wird auch begrenzt durch § 5 WiStG, wonach die Miete die ortsüblichen Entgelte nicht um mehr als 20 vH übersteigen darf (vgl OLG Karlsruhe WuM 1983, 314 zu § 3 MHRG; **aM** OLG Hamm NJW 1983, 1915 = WuM 1983, 18 zu § 5 MHRG). Zwar sind nach dem in § 5 Abs 2 WiStG eingefügten S 2 solche Entgelte nicht unangemessen hoch, die zur Deckung der laufenden Aufwendungen des Vermieters erforderlich sind. Dies gilt aber nur, wenn das Entgelt insgesamt nicht in einem auffälligen Missverhältnis zu der Leistung des Vermieters steht, wovon man bei etwa 50 vH über der ortsüblichen Vergleichsmiete ausgehen kann. Eine Differenzierung danach, wie die Miete berechnet wird und auf welchen Gründen die Miethöhe beruht, nimmt die Vorschrift nicht vor. Daher ist § 5 WiStG bei einer Überschreitung der ortsüblichen Vergleichsmiete um 20 vH nur dann nicht erfüllt, wenn der Vermieter einwenden kann, die gesamte Miete sei zur Deckung seiner Aufwendungen erforderlich (vgl OLG Karlsruhe WuM 1983, 314). Es reicht nicht aus, dass lediglich der Erhöhungsbetrag durch laufende Aufwendungen gedeckt ist.

e) Kündigungsrecht

34 Der Mieter hat gegenüber einer Umlegung erhöhter Betriebskosten kein Kündigungsrecht nach § 561 BGB, da § 560 BGB in dieser Vorschrift nicht aufgeführt ist (s Staudinger/J Emmerich § 561 Rn 8).

III. Herabsetzung der Miete bei Ermäßigung der Betriebskosten (Abs 3)

1. Allgemeines

35 Die Regelung des § 560 Abs 3 BGB verpflichtet den Vermieter, bei einer Ermäßigung der Betriebskosten die Miete von diesem Zeitpunkt ab entsprechend herabzusetzen und die Ermäßigung dem Mieter unverzüglich mitzuteilen. Dieser Anspruch des Mieters greift nur in den Fällen ein, in denen der Mieter die Betriebskosten mit einem festen Betrag durch eine **Betriebskostenpauschale** übernommen hat. Die Miete wird nicht kraft Gesetzes gesenkt. Es bedarf einer Gestaltungserklärung des Vermieters (Barthelmess § 4 MHRG Rn 40; Sternel Rn III 825), auf die der Mieter einen klagbaren Anspruch hat (Rn 44). Da die frühere Regelung des § 4 Abs 4 MHRG nur von der Ermäßigung des „Mietzinses" sprach, war es unsicher, ob der Mieter eine Ermäßigung nur bei der Inklusivmiete oder auch bei einer Betriebskostenpauschale verlangen konnte (so AG Bersenbrück NJW-RR 1996, 656), weil es bei der Vereinbarung von Pauschalen gerade nicht auf den tatsächlichen Verbrauch oder die tatsächlich angefallenen Kosten ankommt. Nach anderer Auffassung setzte das

Recht zur Senkung der Betriebskosten voraus, dass durch eine vorangegangene Erhöhungserklärung des Vermieters oder durch eine Vereinbarung einer bestimmten Betriebskostenpauschale geklärt worden ist, welche Betriebskosten Teil dieser Abrechnung waren. Dazu sollte die Erläuterung der Höhe des Betriebskostenanteils in einer vorangegangenen Mieterhöhung nach § 2 MHRG nicht ausreichen (LG Berlin GE 2004, 1396). Nach Abs 3 hat der Mieter jetzt ausdrücklich das Recht auf Anpassung bei der Betriebskostenpauschale, wenn sich die Betriebskosten gegenüber der Höhe bei Abschluss des Mietvertrags ermäßigen. Die vom LG Berlin aufgeworfene Frage ist nach dem neuen Recht aufgrund der konkreten Vertragsgestaltung zu lösen. Die Vereinbarung, dass der Mieter eine Betriebskostenpauschale zahlt, ist nur wirksam, wenn die davon umfassten Betriebskosten genauer eingegrenzt sind (s § 556 Rn 50). Diese Vereinbarung ist dann Grundlage für die Höhe der Senkung der Betriebskosten. Problematisch ist, dass das Recht des Mieters auf Senkung der Pauschale keine vertragliche Vereinbarung voraussetzt, der Vermieter aber die Betriebskostenpauschale nur nach einem entsprechenden Vorbehalt im Mietvertrag wieder erhöhen kann (Haas Rn 3).

2. Ermäßigung der Betriebskosten

a) Betriebskosten
Der Begriff der Betriebskosten wird nach § 556 Abs 1 BGB festgelegt (s Staudinger/Artz [2018] § 556 Rn 11 ff). **36**

b) Ermäßigung
Nach § 560 Abs 3 S 1 BGB muss eine Ermäßigung der Betriebskosten eingetreten sein. Dies ist der Fall, wenn die gesamten Betriebskosten gegenüber der Zeit des Vertragsabschlusses oder einer späteren Neufestsetzung nach § 560 Abs 1 und 2 BGB gesunken sind. Entscheidend ist der Gesamtbetrag, nicht die einzelne Betriebskostenart (Begr zum RegE BT-Drucks 7/2011, 13; Blank/Börstinghaus, Miete Rn 13; Schmidt-Futterer/Langenberg Rn 40; Sternel Rn III 825). Nur so ist gewährleistet, dass anderweitige Erhöhungen, die der Vermieter noch nicht nach Abs 1 überwälzt hat, zunächst verrechnet werden (Rn 18). Da es sich um eine Pauschale handelt, ist der Vermieter aber nicht verpflichtet, diese stets dann zu ermäßigen, wenn und soweit sie zur Kostendeckung nicht mehr erforderlich ist (aM Sternel ZMR 2001, 937, 943). Unerheblich ist im Gegensatz zu der früheren Regelung in § 5 Abs 3 MHRG wegen gestiegener Kapitalkosten, ob die Miete zuvor nach Abs 1 wegen gestiegener Betriebskosten erhöht worden ist (zum alten Recht Staudinger/Sonnenschein/Weitemeyer [1997] § 4 MHRG Rn 108 mwNw; zum neuen Recht Blank/Börstinghaus, Miete Rn 14; Schmidt-Futterer/Langenberg Rn 37 ff; Herrlein/Kandelhard/Both Rn 16; Sternel ZMR 2001, 937, 943). Der Umlagemaßstab für die Ermäßigung bei einer Mehrzahl von Mietparteien entspricht den bei einer Erhöhung anzuwendenden Grundsätzen (Rn 20). **37**

3. Mitteilung der Ermäßigung

a) Ermäßigung
Nach § 560 Abs 3 S 2 BGB ist die Ermäßigung dem Mieter unverzüglich mitzuteilen. Der Wortlaut der Vorschrift lässt offen, ob damit die Ermäßigung der Betriebskosten, die für den Vermieter eingetreten ist, oder die anteilige Herabsetzung der Miete gegenüber dem Mieter gemeint ist. Obwohl das Wort „Ermäßigung" in Abs 3 S 1 **38**

nur in Zusammenhang mit den Betriebskosten auf Seiten des Vermieters verwendet wird, während hinsichtlich der Miete von Herabsetzen die Rede ist, wird die Mitteilung des S 2 allgemein mit der **Herabsetzungserklärung** gleichgestellt (Barthelmess § 4 MHRG Rn 41; Bub/Treier/Schultz Rn III 656; Schmidt-Futterer/Langenberg Rn 41; Sternel Rn III 826). Dem ist zu folgen, da eine isolierte Mitteilung der Betriebskostenermäßigung ohne entsprechende Herabsetzung der Miete unpraktisch und vom Zweck der Regelung her überflüssig ist.

b) Frist

39 Die Herabsetzung der Miete ist dem Mieter gegenüber unverzüglich, dh nach § 121 Abs 1 S 1 BGB ohne schuldhaftes Zögern, mitzuteilen, nachdem der Vermieter von der Ermäßigung der Betriebskosten Kenntnis erlangt hat. Auch nach Ablauf dieser Frist kann und muss der Vermieter jedoch die Miete bei einer Ermäßigung der Betriebskosten herabsetzen, der Mieter kann dies verlangen. Anders als nach Abs 2 S 2 ist die Ermäßigungspflicht zeitlich unbegrenzt und wirkt auch zurück (LG Mannheim NJW-RR 1999, 884 = NZM 1999, 365).

c) Form

40 Eine Begründung und eine besondere Form sind für die Erklärung nicht vorgeschrieben.

4. Wirkungseintritt der Herabsetzung der Miete

a) Zugang

41 Die Herabsetzung der Miete beruht auf einer empfangsbedürftigen Willenserklärung des Vermieters, der Mitteilung des Abs 3 S 2. Diese Erklärung wird nach § 130 Abs 1 BGB mit dem Zugang beim Mieter wirksam.

b) Zeitpunkt der Ermäßigung der Betriebskosten

42 Davon zu unterscheiden ist der Zeitpunkt, zu dem die Miete herabgesetzt wird. § 560 Abs 3 S 1 BGB verpflichtet den Vermieter, die Miete vom Zeitpunkt der Ermäßigung der Betriebskosten ab, also auch entsprechend rückwirkend herabzusetzen (LG Berlin GE 2004, 1396; AG Schöneberg MM 2004, 222). Diese Rückwirkung tritt nicht kraft Gesetzes ein, sondern setzt eine darauf gerichtete Willenserklärung des Vermieters voraus (BayObLG NJW-RR 1996, 207; Herrlein/Kandelhard/Both Rn 16; **aM** AG Schöneberg MM 2004, 222; Barthelmess § 4 MHRG Rn 46). Gibt der Vermieter ausdrücklich ein von dem Eintritt der Ermäßigung der Betriebskosten abweichendes, späteres Datum an, ist zunächst nur dieses maßgebend. Allerdings ist der weitergehende Anspruch des Mieters dann nicht vollständig erfüllt iS des § 362 BGB.

c) Anspruch auf Rückzahlung von Betriebskosten

43 Der Mieter hat gem § 812 Abs 1 S 2 Fall 1 BGB einen Bereicherungsanspruch auf Rückzahlung der zuviel entrichteten Betriebskosten, sobald die Miete durch die Gestaltungserklärung des Vermieters rückwirkend herabgesetzt worden ist. Der Anspruch kann sich nach § 818 Abs 1 BGB auf die gezogenen Nutzungen erstrecken. Eine Berufung auf den Wegfall der Bereicherung nach § 818 Abs 3 BGB scheidet bei Kenntnis des Vermieters von der Betriebskostenermäßigung und seiner Pflicht aus § 560 Abs 3 BGB in entsprechender Anwendung der §§ 818 Abs 4, 819 BGB aus, auch wenn der Rechtsgrund für die höheren Zahlungen des Mieters an sich noch besteht, solange eine Herabsetzungserklärung des Vermieters nicht wirksam geworden ist. § 820 Abs 1 S 2 BGB kommt nur in Betracht, wenn die Herabsetzung der Miete wegen Betriebskostensenkung nach dem Inhalt des jeweiligen Mietvertrags von den Parteien als möglich angesehen wurde. Daneben hat der Mieter einen vertraglichen Anspruch auf Rückzahlung zuviel entrichteter Betriebskosten.

5. Verletzung der Pflicht zur Herabsetzung der Miete

a) Erfüllungsanspruch

Der Mieter hat nach § 560 Abs 3 S 1 BGB einen Anspruch gegen den Vermieter, eine auf die Herabsetzung der Miete gerichtete Willenserklärung abzugeben. Hierfür spricht der Wortlaut des Gesetzes. Wenn die Miete „herabzusetzen" ist, ist eine Tätigkeit des Vermieters erforderlich. Der Mieter kann im Wege der **Leistungsklage** auf Herabsetzung der Pauschale klagen (BLANK/BÖRSTINGHAUS, Miete Rn 15). Zu umständlich ist es, den Mieter auf eine Klage auf Abgabe einer auf Herabsetzung der Miete gerichtete Willenserklärung zu verweisen (aM BAMBERGER/ROTH/EHLERT Rn 17, 34). Zur Realisierung seiner Rechte ist dem Mieter ein auf § 242 BGB zu stützender **Auskunftsanspruch** einzuräumen, an den sich ein Recht auf **Einsicht in die Belege** des Vermieters knüpft (BARTHELMESS § 4 MHRG Rn 47; HERRLEIN/KANDELHARD/BOTH Rn 17; SCHMIDT-FUTTERER/LANGENBERG Rn 41). Der Auskunftsanspruch besteht nur, wenn sich Anhaltspunkte für eine Ermäßigung der Betriebskosten ergeben, weil der Vermieter gerade nicht zu einer Abrechnung verpflichtet ist (BGH NJW 2012, 303 = NZM 2012, 20 = WuM 2011, 688 = ZMR 2012, 181; BLANK/BÖRSTINGHAUS, Miete Rn 16; HERRLEIN/KANDELHARD/BOTH aaO; SCHMIDT-FUTTERER/LANGENBERG Rn 124; **aM** BLANK/BÖRSTINGHAUS Rn 18; BÖRSTINGHAUS NZM 2000, 583; MünchKomm/SCHMID/ZEHELEIN Rn 26: in regelmäßigen Abständen). **44**

b) Schadensersatzanspruch

Im Schrifttum wird zT vertreten, der Vermieter mache sich wegen positiver Vertragsverletzung (§ 280 Abs 1 BGB) schadensersatzpflichtig, wenn er die Herabsetzung nicht unverzüglich erkläre (BARTHELMESS § 4 MHRG Rn 48; BLANK/BÖRSTINGHAUS, Miete Rn 15). Diese Auffassung muss allerdings erläutern, warum sie das Subsidiaritätsverhältnis zwischen positiver Vertragsverletzung und Verzug außer Betracht lassen darf (vgl BGHZ 11, 80, 83 = NJW 1954, 229). Entsteht dem Mieter durch die verzögerte Erfüllung des Herabsetzungsanspruchs ein Schaden, handelt es sich um einen Verzögerungsschaden, der unter den Voraussetzungen des Schuldnerverzugs nach §§ 282 Abs 2, 286 BGB vom Vermieter zu ersetzen ist. Dies setzt gem § 286 Abs 1 S 1 BGB eine Mahnung durch den Mieter voraus. Es ist allerdings misslich, dass der Mieter den Vermieter praktisch nicht durch Mahnung in Verzug setzen kann, solange er von der Ermäßigung der Betriebskosten nichts erfahren hat. Daher ist dem Mieter entsprechen dem § 536c BGB zugrundeliegenden Rechtsgedanken bei der Verzögerung von spontan zu erfüllenden Warn- und Aufklärungspflichten ein Anspruch auf Schadensersatz aus positiver Vertragsverletzung zu gewähren (vgl RGZ 68, 192, 194; BGHZ 47, 312 = NJW 1967, 1805). Sieht man nach § 286 Abs 2 Nr 4 BGB die Mahnung in diesem Fall aus besonderen Gründen für entbehrlich an, kommt auch ein Verzugseintritt ohne Mahnung in Betracht, sodass der speziellere § 282 BGB der allgemeinen Pflichtverletzung nach § 280 Abs 1 BGB vorgeht. **45**

IV. Anpassung der Vorauszahlungen (Abs 4)

1. Allgemeines

46 Erweist sich der für abzurechnende Betriebskosten vereinbarte Vorauszahlungsbetrag als zu niedrig, hatte der Vermieter nach der Rechtslage vor der Mietrechtsreform ohne vertraglichen Vorbehalt **kein einseitiges Erhöhungsrecht**, weder aus dem früheren § 4 Abs 2 MHRG noch aus ergänzender Vertragsauslegung (s § 556 Rn 76), während der Mieter die Senkung der Vorauszahlungen verlangen konnte (s Staudinger/Sonnenschein/Weitemeyer [1997] § 4 MHRG Rn 47). Auch wenn die Erhöhung der Betriebskosten Folge einer vom Mieter nach § 554 BGB zu duldenden Modernisierungsmaßnahme ist, hatte der Vermieter keinen Anspruch auf die Erhöhung der Vorauszahlungen (**aM** LG Berlin WuM 1992, 444; AG Hamburg WuM 2000, 82; s § 556 Rn 64). Erst die Mietrechtsreform (s Rn 2) hat in § 560 Abs 4 BGB das gesetzliche Recht geschaffen, die Vorauszahlungen nach Vornahme der Betriebskostenabrechnung angemessen zu erhöhen (Begr zum RegE BT-Drucks 14/4553, 59). Auf die zu einem entsprechenden vertraglichen Erhöhungsrecht entwickelten Voraussetzungen kann bei der Auslegung des § 560 Abs 4 BGB zurückgegriffen werden. Das Recht zur Anpassung der Vorauszahlungen setzt aber weiterhin voraus, dass überhaupt Vorauszahlungen vereinbart sind (Blank/Börstinghaus, Miete Rn 18; Schmid MDR 2001, 1021). Die Vorschrift gibt also **kein Recht auf Einführung von Vorauszahlungen**. Haben die Parteien zur Umlage der Betriebskosten zum Teil eine Inklusivmiete vereinbart und zum Teil Vorauszahlungen **(Teilinklusivmiete)**, besteht das Erhöhungsrecht nach Abs 4 nur für die gesondert ausgewiesenen Betriebskosten (BGH NZM 2004, 253 = ZMR 2004, 341). Wurden für Heiz- und sonstige Betriebskosten verschiedene Vorauszahlungen vereinbart, können diese auch zu unterschiedlichen Zeitpunkten mit gesonderter Abrechnung erhöht werden (LG Duisburg WuM 2006, 199).

2. Abrechnung

47 Voraussetzung für die Anpassung der Vorauszahlungen ist, dass eine Abrechnung über Betriebskosten nach § 556 Abs 3 BGB vorausgegangen ist. Anders als nach der bisherigen Rechtslage (vgl AG Ludwigshafen ZMR 1980, 180) kann daher wegen § 560 Abs 6 BGB nicht mehr im Voraus vereinbart werden, dass der Vermieter in der laufenden Abrechnungsperiode einen außerordentlichen Vorschuss auf die Heizkosten verlangen kann, wenn die Heizölpreise so weit steigen, dass sie durch die bisherigen Vorschüsse nicht gedeckt sind, falls nicht die Voraussetzungen des § 557 Abs 1 BGB vorliegen (s Rn 55). Erstellt der Vermieter die Abrechnung trotz Fälligkeit nicht, kann der **Mieter** die Vorauszahlungen seinerseits nicht ändern (AG Charlottenburg MM 2005, 146). Er kann aber vom Vermieter die Vornahme der Abrechnung verlangen, die Zahlung rückständiger Vorauszahlungen aus der vergangenen Abrechnungsperiode verweigern und die Vorauszahlungen der laufenden Abrechnungsperiode zurückbehalten (s § 556 Rn 135 ff). Bloße Einwände gegen die Betriebskostenabrechnung rechtfertigen keine Senkung der Vorauszahlungen. Der Mieter muss vielmehr die sich hieraus ergebende Überzahlung darlegen. Sofern der Mieter jedoch die inhaltlichen Fehler einer Abrechnung konkret beanstandet und das zutreffende Abrechnungsergebnis selbst errechnet, kann er auch zu seinen Gunsten eine Anpassung der Vorauszahlungen vornehmen (BGH NJW 2013, 1595 = NZM 2013, 357 = WuM 2013, 235 = ZMR 2013, 422; LG Berlin GE 2008, 331).

Damit der **Vermieter** auf der Grundlage seiner Abrechnung eine Erhöhung der Vorauszahlungen verlangen kann, muss diese **formell wirksam** und **inhaltlich korrekt** sein (BGH NJ 2012, 469; NJW 2012, 2186 = NZM 2012, 455 = WuM 2012, 321 = ZMR 2012, 683; GE 2012, 1554 = WuM 2012, 681 = ZMR 2013, 101 unter Aufgabe früherer Rspr, die nur auf die formelle Wirksamkeit abgestellt hatte: BGH NZM 2008, 121; v 25. 11. 2009 VIII ZR 323/08, Miet-Prax-AK § 556 Nr 46, Rn 16; NZM 2010, 315 = WuM 2010, 156 Rn 16; NJW 2011, 145 = NZM 2010, 736 = GE 2010, 1051 = WuM 2010, 490 Rn 26; ebenso LG Berlin WuM 2012, 275 jedenfalls für evident falsche Abrechnung; AG Tiergarten WuM 2012, 618). Der BGH begründet seine Änderung der Rechtsauffassung mit dem grundrechtlich geschützten Besitzrecht des Mieters an der Wohnung als dem Mittelpunkt seiner privaten Existenz (BVerfGE 89, 1, 5 ff; BVerfG NJW 2000, 2658, 2659; NZM 2004, 186). Könnte der Vermieter auf der Grundlage unrichtiger Abrechnungen zunächst eine Erhöhung der Vorauszahlungen verlangen, könnte sich bis zur Klärung der materiellen Richtigkeit ein kündigungsrelevanter Mietrückstand aufbauen. Die frühere Überlegung, dass über die Höhe der Vorauszahlungen endgültig erst nach der nachfolgenden Abrechnung entschieden werden könne, müsse dahinter zurücktreten. Dem ist zuzustimmen, denn aus einer inhaltlich falschen Abrechnung kann keine „angemessene" Anpassung der Vorauszahlungen folgen (Beyer, 10 Jahre Mietrechtsreform 698, 704).

47a

Außerdem muss die Abrechnung **zu Nachforderungen führen** (BGH NJW 2012, 2186 = NZM 2012, 455 = WuM 2012, 321 = ZMR 2012, 683), wobei ein **abstrakter Sicherheitsaufschlag** für prognostizierte Preissteigerungen nicht zulässig ist, allerdings bereits absehbare Kostensteigerungen berücksichtigt werden können (BGH NJ 2012, 469; NJW 2011, 3642 = NZM 2011, 880 = WuM 2011, 686 = ZMR 2012, 90 mwNw; NJW 2012, 2186 = NZM 2012, 455 = WuM 2012, 321 = ZMR 2012, 683 Rn 15; NJ 2012, 469; LG Itzehoe ZMR 2013, 285; AG Dortmund WuM 2013, 359; Beyer, 10 Jahre Mietrechtsreform 698, 706). Macht der Mieter nach der vom Vermieter erstellten Abrechnung eine Ermäßigung der Vorauszahlungen geltend, kommt es dagegen nur darauf an, ob die Vorauszahlungen dadurch angemessen werden (s Rn 52).

47b

Aus dem Zweck der Norm, für beide Seiten das Recht auf angemessene Vorauszahlungen zu ermöglichen, muss eine **aktuelle Abrechnung** über den letzten Abrechnungszeitraum als Grundlage für die Anpassung der Vorauszahlungen erstellt werden (LG Berlin NZM 2004, 339; AG Hamburg-Harburg ZMR 2006, 784; AG Hamburg-Bergedorf aaO; Beyer, 10 Jahre Mietrechtsreform 698, 700; Blank/Börstinghaus, Miete Rn 22; **aM** Schmid MDR 2001, 1021; MünchKomm/Schmidt Rn 30; Derckx NZM 2004, 321, 324 f). Damit sind zugleich nach § 556 Abs 3 S 3 BGB verfristete Abrechnungen keine Grundlage für eine Erhöhung der Vorauszahlungen (LG Berlin NZM 2004, 339). Der BGH hat die Streitfrage im Sinne der **aM** entschieden, da ein Ausschluss des Erhöhungsrechts in § 560 Abs 4 BGB nicht vorgesehen sei und der Mieter vor einer verspäteten Abrechnung über die Betriebskosten durch den Ausschluss von Nachforderungen nach § 556 Abs 3 S 3 BGB sowie das Zurückbehaltungsrecht an den laufenden Betriebskostenvorauszahlungen geschützt sei. Maßgebend sei daher die **letzte vorliegende Abrechnung** (BGH NJW 2011, 145 = NZM 2010, 736 = GE 2010, 1051 = WuM 2010, 490; NJW 2011, 2350 = NZM 2011, 544 = WuM 2011, 424 = ZMR 2011, 789; NJW 2011, 3642 = NZM 2011, 880 = WuM 2011, 686 = ZMR 2012, 90; LG Berlin GE 2009, 1556 = ZMR 2010, 115; MünchKomm/

47c

SCHMID/ZEHELEIN Rn 30). Hierbei verkennt der Senat jedoch, dass der Vermieter es hiernach in der Hand hätte, den Ausschluss von Nachforderungen bei Versäumung der Abrechnungsfrist gem § 556 Abs 3 S 3 BGB dadurch auszugleichen, dass er auf der Grundlage einer verfristeten Abrechnung die laufenden Voraussetzungen erhöht. Rechnet er über diese nicht ab, wäre der Mieter gezwungen, den Vermieter auf Abrechnung über diese Voraussetzungen zu verklagen und würde in die Klägerrolle geraten, obwohl § 556 Abs 3 S 3 BGB dem Mieter dies nicht auferlegt.

3. Erklärung

48 Die Anpassung der Vorauszahlungen erfolgt durch eine empfangsbedürftige Willenserklärung durch den Vermieter oder den Mieter. Es handelt sich um eine **Gestaltungserklärung**, mit deren Zugang bei der anderen Partei nach § 130 Abs 1 BGB die Erklärung wirksam wird. Geben Mieter und Vermieter kurz hintereinander einander widerstreitende Erklärungen ab, ist diejenige wirksam, die zu angemessenen Vorauszahlungen führt, auf die Reihenfolge kommt es insofern nicht an (Münch Komm/SCHMID/ZEHELEIN Rn 33; aM SCHMIDT-FUTTERER/LANGENBERG Rn 60). Das Erfordernis, die Vorauszahlungen „nach" einer Abrechnung zu erhöhen, ordnet aber keine zeitliche Reihenfolge in der Weise an, dass das Erhöhungserklärung erst nach dem Zugang der Abrechnung zugehen müsste, wenige Tage Überschneidung sind unschädlich (LG Berlin GE 2011, 612).

a) Inhalt

49 In der Erklärung muss angegeben werden, dass eine Erhöhung oder Ermäßigung der Vorauszahlungen um einen bestimmten Betrag verlangt wird. Weiterhin muss der Zeitpunkt bestimmt werden, von dem an die geänderten Vorauszahlungen zu zahlen sind, weil das Gesetz insofern keine Regelung trifft (s Rn 53). Eine weitere Erläuterungspflicht sieht das Gesetz nicht vor (MünchKomm/SCHMID/ZEHELEIN Rn 34; SCHMID MDR 2001, 1021, 1022; aM AG Köln WuM 1994, 612; SCHMIDT-FUTTERER/LANGENBERG Rn 46). Es ist ausreichend, dass eine formell ordnungsgemäße Abrechnung (s Rn 47) vorliegt, weil sich hieraus alle notwendigen Informationen ergeben (AG Mannheim 27. 2. 2008 – 8 C 552/06).

b) Form

50 Die Erklärung erfolgt in der Textform des § 126b BGB (s Rn 22 sowie die Erläuterungen zu § 126b).

c) Frist

51 Der Vermieter muss dem Mieter nicht innerhalb von drei Monaten nach Kenntnis die Erhöhung der Vorauszahlungen mitteilen, wie es nach Abs 2 S 2 für rückwirkende Erhöhungen von Betriebskostenpauschalen vorgeschrieben ist, weil der Mieter bei einer Abrechnung nach dem tatsächlichen Verbrauch mit Schwankungen bei den Betriebskosten rechnet (so zur alten Rechtslage LG Bochum MDR 1990, 1016).

4. Angemessenheit

52 Die Höhe der geänderten Vorauszahlungen muss angemessen sein. Hierbei kann nach der Rechtsprechung des BGH kein pauschaler **Sicherheitszuschlag** einkalkuliert werden, sondern nur bereits absehbare Kostensteigerungen berücksichtigt werden

(Rn 47b). Eine Erhöhung der Betriebskosten ist nicht Voraussetzung. Die Vorschrift erlaubt auch eine Erhöhung zu niedrig kalkulierter Vorauszahlungen (Haas Rn 9; aM MünchKomm/Schmid/Zehelein Rn 31; Schmid MDR 2001, 1021, 1022). Bei der Berechnung kommen zwei Möglichkeiten in Betracht. Der Umfang der Erhöhung kann so bestimmt werden, dass die Vorauszahlungen während eines laufenden Abrechnungszeitraums nur um etwa ein Zwölftel des sich aus der letzten Abrechnung ergebenden Jahresfehlbetrags ansteigen dürfen oder dass der Fehlbetrag anteilig auf die restlichen Monate zu verteilen ist (Blümmel GE 2000, 1234, 1235 mwNw; Sonnenschein NJW 1992, 265, 273 zum vertraglichen Erhöhungsrecht). Im letzteren Fall würde eine Pflicht zur Herabsetzung der Vorauszahlungen zu Beginn des nächsten Abrechnungszeitraums aus dem Merkmal der Angemessenheit heraus bestehen. Für diese Möglichkeit spricht der Zweck der Vorauszahlungen, den Vermieter von seiner Vorleistungspflicht zu befreien (Sonnenschein NJW 1992, 265, 273). Nach der neuen Rechtslage, die eine vorherige Abrechnung fordert, auf deren Grundlage die zukünftigen Vorauszahlungen zu erhöhen sind, ist diese Form der Berechnung jedoch nicht mehr zulässig. Der Mehrbetrag ist durch zwölf zu teilen (Börstinghaus PiG 62 [2002] 201, 208; Langenberg, Betriebskostenrecht E Rn 39; MünchKomm/Schmid/Zehelein Rn 39; Schmid MDR 2001, 1021, 1023). Ist der Betrag unangemessen hoch, wird er auf die angemessene Höhe begrenzt (Schmid MDR 2001, 1021, 1022).

5. Wirkungseintritt der Anpassung

Im Gesetz ist nicht geregelt, ab welchem Zeitpunkt die veränderte Vorauszahlung zu leisten ist. Die Bestimmung dieses Zeitpunktes bleibt damit ebenfalls der Gestaltungserklärung der Mietvertragspartei überlassen. Da eine Abrechnung vorangehen muss, ist es anders als nach der bisherigen Rechtslage nicht mehr möglich, dass die Vorauszahlungen rückwirkend zum Beginn des Abrechnungszeitraums erhöht und dann in einem Betrag nachgefordert werden. Diese Abrechnungsweise konnte auf der Grundlage des früheren vertraglichen Erhöhungsrechts frei vereinbart werden (hierzu Sonnenschein NJW 1992, 265, 273). Aus dem gleichen Grund kann keine rückwirkende Erhöhung der Vorauszahlungen für einen vorangegangenen Abrechnungszeitraum vereinbart werden, über den noch nicht abgerechnet worden ist. Aus dem Erfordernis einer vorangehenden Abrechnung kann entnommen werden, dass die Erhöhung **nur für die Zukunft** zulässig ist (BGH NJW 2011, 2350 = NZM 2011, 544 = WuM 2011, 424 = ZMR 2011, 789 mwNw; Langenberg NZM 2001, 793; Schmid ZMR 2001, 766; ders MDR 2001, 1021, 1022; Sternel ZMR 2001, 937, 938; so zur früheren Rechtslage Sonnenschein NJW 1992, 265, 273; aM AG Frankfurt aM WuM 1980, 207 [LS]). Damit mildert der BGH seine Rechtsprechung etwas ab, dass auch auf der Grundlage älterer Abrechnungen die Vorauszahlungen erhöht werden können (Rn 47c). Ist in der Erklärung ein Fälligkeitstermin nicht bestimmt, tritt die Fälligkeit nach § 271 BGB im Zweifel sofort nach Wirksamwerden, also gem § 130 Abs 1 BGB nach dem **Zugang** beim Mieter ein. Dabei wird die Auslegung der Umstände gem § 271 BGB in der Regel ergeben, dass der nächste Fälligkeitstermin der Miete bzw der Vorauszahlungen ausschlaggebend ist (AG Mannheim 27. 2. 2008 – 8 C 552/06; Blank/Börstinghaus, Miete Rn 23; Haas Rn 10; MünchKomm/Schmid/Zehelein Rn 35). Die analoge Anwendung der Vorschrift des § 560 Abs 2 S 1 BGB zum Fälligkeitszeitpunkt ist abzulehnen (Bamberger/Roth/ Ehlert Rn 26; Blank/Börstinghaus, Miete Rn 8; Schmidt-Futterer/Langenberg Rn 53; aM AG Köln ZMR 2004, 920; Lammel, Wohnraummietrecht Rn 36). Auch eine Überlegungs- oder Prüfungsfrist (s § 556 Rn 122) wird dem Mieter nicht zugebilligt (AG Mannheim

27. 2. 2008 – 8 C 552/06). Die Rechtsfolge besteht darin, dass dem Mieter wegen Zahlungsrückständen aus einer Erhöhung der Betriebskosten wegen Zahlungsverzugs gem § 543 Abs 1 S 1 BGB gekündigt werden kann. Auch verweigert der BGH dem Mieter den Rückgriff auf die **Kündigungssperrfrist** des § 569 Abs 3 Nr 3 BGB ein (BGH NJW 2012, 3089 = NZM 2012, 676 = WuM 2012, 497 = ZMR 2012, 853; Sternel WuM 2009, 699, 704; **aM** noch LG Hamburg 30. 8. 2007 – 307 S 43/07; LG Berlin ZMR 1989, 305; Hinz NZM 2010, 57, 67). Nach Auffassung des BGH greift die Norm im Rahmen der Erhöhung der Betriebskosten nach § 560 BGB nicht ein, weil die Vorschrift nur bei Kündigungen mit vorangegangener Zahlungsklage einschlägig sei und sich auf die während der Klagedauer aufgelaufenen Rückstände beziehe. Der Vermieter sei aber im Rahmen des § 560 BGB nicht gezwungen, Klage auf Zustimmung oder Zahlung zu erheben, zumal § 569 Abs 3 Nr 3 BGB Ausnahmecharakter habe.

V. Grundsatz der Wirtschaftlichkeit (Abs 5)

54 Bei den in § 560 geregelten Veränderungen von Betriebskosten ist nach § 560 Abs 5 BGB der Grundsatz der Wirtschaftlichkeit zu beachten. Diese Regelung ist durch das Mietrechtsreformgesetz (s Rn 2) im Rechtsausschuss in die Vorschrift eingefügt worden. Damit sollte der auch bisher schon geltende Grundsatz, dass Kosten für überflüssige oder unangemessen aufwendige Maßnahmen oder für solche, die durch eine Vernachlässigung der Mietsache verursacht wurden, nicht auf den Mieter umgelegt werden können, betont werden (Ausschussbericht BT-Drucks 14/5663, 81). Die zu der früheren Rechtslage ergangenen Entscheidungen können daher für die Auslegung dieses Grundsatzes weiterhin herangezogen werden ebenso wie die sich hieraus ergebende Einschränkung auch für Altverträge gilt (AG Köln WuM 2006, 568). Insbesondere sollte durch die klarstellende Aufnahme des Grundsatzes in § 556 BGB und § 560 BGB eine Änderung der bisherigen Rechtslage auch insofern nicht verbunden sein, als der Grundsatz der Wirtschaftlichkeit weiterhin auch für diejenigen Rechtsvorschriften gilt, bei denen er bislang ungeschrieben angewandt wurde (Ausschussbericht BT-Drucks 14/5663, 79). Der Vermieter ist deshalb umfassend gehalten, bei der erstmaligen Entstehung von Betriebskosten, bei der laufenden Bewirtschaftung des Gebäudes, bei der Umlage auf die einzelnen Mieter und bei der Erhöhung von Betriebskosten angemessen zu wirtschaften (Langenberg, Betriebskostenrecht H Rn 9 ff; Einzelheiten bei Staudinger/Artz [2018] § 556 Rn 89 ff).

VI. Abweichende Vereinbarungen (Abs 6)

55 Eine Vereinbarung, die zu Lasten des Mieters von den Bestimmungen des § 560 BGB abweicht, ist nach Abs 6 unwirksam. Nichtig ist insbesondere die Vereinbarung, dass der Zeitpunkt der Entstehung der höheren Betriebskosten entgegen Abs 2 S 2 für die Mieterhöhung maßgebend sein soll (Rn 30). Ebensowenig darf entgegen Abs 2 vereinbart werden, dass erhöhte Betriebskosten ohne ein Erhöhungsverlangen geschuldet werden (OLG Frankfurt WuM 1992, 57, 62). Wirksam sind nachträgliche einvernehmliche Umstellungen der Mietstruktur, etwa von einer Inklusivmiete auf eine Nettomiete nebst Umlage der Betriebskosten, auch wenn damit, wie meist, eine Mieterhöhung verbunden ist, wenn die Voraussetzungen des § 557 Abs 1 BGB vorliegen (**aM** Eisenschmid WuM 1995, 363, 374). Zugunsten des Mieters kann von den Vorschriften des § 560 BGB abgewichen werden. So kann die Frist des § 560 Abs 2 S 2 BGB für die rückwirkende Geltendmachung gestiegener Betriebskosten zugunsten des Mieters verkürzt werden (vgl LG Hannover WuM 1984, 335). Das Recht zur Erhöhung der Vorauszahlungen kann ausgeschlossen oder beschränkt werden (Sсhmid MDR 2001, 1021). Rechnet der Vermieter über Vorauszahlungen jahrelang nicht ab, sind damit aber weder die zukünftige Abrechnung über die Betriebskosten (s Staudinger/Artz [2018] § 556 Rn 139) noch die Erhöhung der Vorauszahlungen konkludent ausgeschlossen oder verwirkt (LG Berlin GE 2009, 1556 = ZMR 2010, 115). Es kann nicht vereinbart werden, dass Vorauszahlungen abweichend von Abs 4 im laufenden Wirtschaftsjahr angepasst werden dürfen, weil die Vorauszahlungen grundsätzlich eine Belastung für den Mieter darstellen, auch wenn sie sich im Einzelfall ermäßigen könnten (Blank/Börstinghaus, Miete Rn 8; Kossmann, Handbuch der Wohnraummiete § 165 Rn 1 ff; Lammel, Wohnraummietrecht Rn 43; Sternel ZMR 2001, 937, 938; aM Langenberg, Betriebskostenrecht E Rn 27; Schmidt-Futterer/Langenberg Rn 49 ff).

§ 561
Sonderkündigungsrecht des Mieters nach Mieterhöhung

(1) Macht der Vermieter eine Mieterhöhung nach § 558 oder § 559 geltend, so kann der Mieter bis zum Ablauf des zweiten Monats nach dem Zugang der Erklärung des Vermieters das Mietverhältnis außerordentlich zum Ablauf des übernächsten Monats kündigen. Kündigt der Mieter, so tritt die Mieterhöhung nicht ein.

(2) Eine zum Nachteil des Mieters abweichende Vereinbarung ist unwirksam.

Materialien: WKSchG II Art 3 § 9 MHRG; Begr zum RegE BT-Drucks 7/2011, 13; Ausschussbericht BT-Drucks 7/2629; BT-Drucks 7/2638, 5. Vgl Art 1 § 3 Abs 5 WKSchG I vom 25. 11. 1971 (BGBl I 1839); Ausschussbericht BT-Drucks VI/2421, 4 (zu Art 2 § 2 Abs 5). Art 1 Mietrechtsreformgesetz vom 19. 6. 2001 (BGBl I 1149); Referentenentwurf NZM 2000, 415 ff u 612 ff = WuM 2000, 165 ff u 227 ff; Begr zum RegE BT-Drucks 14/4553, 59 f = NZM 2000, 802 ff u WuM 2000, 465 ff.

Schrifttum

Hau, Vertragsanpassung und Anpassungsvertrag (2003) 245
Nies, Fallstricke bei der Ausübung des Sonderkündigungsrechts des Mieters gemäß § 9 I MHRG und bei fristloser bzw fristgerechter Kündigung des Vermieters wegen Mietzinsrückstands, NZM 1998, 398
Schmid, § 9 Abs 2 MHG und die Möglichkeiten seiner entsprechenden Anwendung, WuM 1982, 199

Scholz, Wohnraummodernisierung und Mieterhöhung. Teil 2: Die Mieterhöhungen; Sonderkündigungsrechte des Mieters, WuM 1995, 87, 94
Weitemeyer, Das Mieterhöhungsverfahren nach künftigem Recht, NZM 2001, 563 = WuM 2001, 171.

Systematische Übersicht

I.	**Allgemeine Kennzeichnung**		2.	Entstehung der Vorschrift 2
1.	Überblick	1	a)	WKSchG I, II 2

b) Mietrechtsreformgesetz	3	3. Rechtsfolgen ... 20
3. Zweck der Vorschrift	4	a) Beendigung des Mietverhältnisses ... 20
4. Sachlicher Anwendungsbereich	5	b) Nichteintritt der Mieterhöhung ... 21
5. Übergangsregelung	6	c) Verhältnis zu anderen Kündigungsrechten des Mieters ... 22
II. Kündigungsrecht des Mieters (Abs 1)		d) Vorenthaltung des Wohnraums und Fortsetzung des Gebrauchs ... 23
1. Bedeutung	7	
2. Voraussetzungen	8	**III. Abweichende Vereinbarungen (Abs 2)** ... 25
a) Geltendmachung einer Mieterhöhung	8	
b) Ausschluss der Kündigung	11	
c) Sonstige Kündigungsvoraussetzungen	12	

I. Allgemeine Kennzeichnung

1. Überblick

1 Die Vorschrift räumt dem Mieter in Abs 1 ein vorzeitiges Kündigungsrecht gegenüber einer auf die Bestimmungen der §§ 558 oder 559 BGB gestützten Mieterhöhung des Vermieters ein. Es handelt sich um eine außerordentliche befristete Kündigung, für die abweichend von § 573c BGB besondere Kündigungsfristen gelten. Kündigt der Mieter, so tritt die Mieterhöhung nicht ein, auch wenn der Kündigungstermin erst nach dem an sich vorgesehenen Wirkungseintritt der Mieterhöhung liegt. Abs 2 verbietet abweichende Vereinbarungen zu Lasten des Mieters.

2. Entstehung der Vorschrift

2 **a)** Das außerordentliche Kündigungsrecht des Mieters war im **WKSchG I** vom 25. 11. 1971 (BGBl I 1839) nicht enthalten. Nach Art 1 § 3 Abs 4 dieses Gesetzes wurde die Mieterhöhung erst wirksam, wenn seit der freiwilligen oder gerichtlich erzwungenen Zustimmung des Mieters die für das Mietverhältnis nach § 565 Abs 2 BGB aF jeweils maßgebende Kündigungsfrist abgelaufen war. Gem § 565 Abs 2 S 2 BGB aF konnte sich dadurch der Eintritt der Mieterhöhung bis zu einem Jahr verzögern. Die jetzige Regelung geht auf § 9 Abs 1 MHRG in der Fassung durch das **WKSchG II** vom 18. 12. 1974 (BGBl I 3603), § 11 WoBindG sowie die früheren § 32 Abs 4 StädtebauförG und § 20 BMietG I zurück. Sie koppelt den Eintritt der Mieterhöhung nicht an den Ablauf einer Kündigungsfrist, sondern räumt dem Mieter besondere Kündigungsfristen ein und lässt die Mieterhöhung mit der Ausübung des Kündigungsrechts hinfällig werden.

3 **b)** Das Sonderkündigungsrecht des Mieters nach einem Mieterhöhungsverlangen des Vermieters ist durch das **Mietrechtsreformgesetz** vom 19. 6. 2001 (BGBl I 1149) aus § 9 Abs 1 MHRG inhaltlich nahezu unverändert übernommen worden. Die bisher unterschiedlich langen Überlegungs- und Kündigungsfristen wurden vereinheitlicht. Es wurde klargestellt, dass das Sonderkündigungsrecht nicht von der Wirksamkeit des Mieterhöhungsverlangens abhängt (Begr zum RegE BT-Drucks 14/4553, 59). Die bisher in § 9 Abs 2 MHRG geregelte Schutzvorschrift vor fristlosen Kündigungen für den Mieter ist in § 569 Abs 3 Nr 3 BGB im Zusammenhang mit den Kündigungsrechten (Erläuterungen s dort) unverändert übernommen worden.

3. Zweck der Vorschrift

Da § 11 WoBindG dem Mieter preisgebundenen Wohnraums ein vorzeitiges Kündigungsrecht gegenüber einer Mieterhöhungserklärung des Vermieters gibt, wurde eine solche Vorschrift auch bei Mieterhöhungen im preisfreien Wohnraummietrecht nach der Vorgängervorschrift im MHRG für angemessen gehalten (Begr zum RgE BT-Drucks 7/2011, 13 [zu Art 3 § 7]). Durch das Sonderkündigungsrecht wird dem Mieter die letzte Entscheidung darüber gelassen, ob der Vermieter sein Vertragsanpassungsrecht aus § 558 BGB und § 559 BGB durchsetzen kann. Aus diesem Grund kann man bei den Rechten aus §§ 558, 559 BGB von Anpassungsbestimmungsrechten im Gegensatz zu einem Anpassungserzwingungsrecht wie etwa bei § 560 BGB sprechen, wo ein Sonderkündigungsrecht nicht vorgesehen ist (Hau, Vertragsanpassung und Anpassungsvertrag [2003] 245 ff; MünchKomm/Artz Rn 1). Praktische Bedeutung hat das Sonderkündigungsrecht nach der Verkürzung der Kündigungsfristen für den Mieter durch das Mietrechtsreformgesetz noch bei einem qualifizierten Zeitmietvertrag und bei einem vereinbarten Ausschluss der Kündigung.

4. Sachlicher Anwendungsbereich

Die Vorschrift ist nach § 549 Abs 1 BGB auf **Wohnraummietverhältnisse** (s § 549 Rn 13 ff) anwendbar, soweit diese nicht nach § 549 Abs 2 und 3 BGB vom Anwendungsbereich des sozialen Mietrechts ausgenommen sind. Keine ausdrückliche Ausnahmeregelung besteht mehr für den vor dem Inkrafttreten des Mietrechtsreformgesetzes in § 10 Abs 3 Nr 1 MHRG von den Vorschriften über Mieterhöhungen ausgenommenen **preisgebundenen Wohnraum**. Soweit eine Preisbindung aufgrund der Vorschriften des sozialen Wohnungsbaus besteht, ergibt sich unmittelbar aus diesen Spezialvorschriften, dass und inwieweit andere Regelungen für die Mieterhöhung gelten (Begr zum RegE BT-Drucks 14/4553, 52). Dies gilt insbesondere für den preisgebundenen Wohnraum, der noch unter die entsprechende Regelung in § 11 WoBindG (s Rn 4) fällt. Mit der Umstellung der Mietbindung im geförderten Wohnungsbau von der Kostenmiete auf vereinbarte Mietobergrenzen durch das WoFG vom 13. 9. 2001 (BGBl I 2376) gilt auch für diese Wohnungen das Mieterhöhungsrecht des BGB mit Sondervorschriften (s § 557 Rn 23 ff). Für **Geschäftsraummietverhältnisse** gilt die Vorschrift des § 561 BGB nicht.

5. Übergangsregelung

Die Vorschrift des § 561 BGB ist nach Art 11 Mietrechtsreformgesetz (Rn 2) seit dem 1. 9. 2001 anwendbar. Das bedeutet nach allgemeinen Grundsätzen, dass sämtliche Neuregelungen auf die zu diesem Zeitpunkt abgeschlossenen Mietverträge anzuwenden sind (Begr zum RegE BT-Drucks 14/4553, 75; s Staudinger/Artz [2021] § 549 Rn 10). Nach Art 2 Mietrechtsreformgesetz ist in Art 229 § 3 Abs 1 Nr 1 EGBGB für die am 1. 9. 2001 bestehenden Mietverhältnisse eine Übergangsregelung getroffen. Ein Mietverhältnis besteht in diesem Sinne, wenn der Vertrag geschlossen ist (s Staudinger/Artz [2021] § 549 Rn 11). Im Fall einer vor dem 1. 9. 2001 zugegangenen Kündigung des Mieters ist § 9 Abs 1 MHRG mit der früheren Fristenregelung in der bis zu diesem Zeitpunkt geltenden Fassung anzuwenden.

II. Kündigungsrecht des Mieters (Abs 1)

1. Bedeutung

7 Das Kündigungsrecht des Mieters nach Abs 1 hat in der gerichtlichen Praxis keine große Bedeutung erlangt. Ist das Angebot an Wohnraum knapp, wird der Mieter kaum von dem vorzeitigen Kündigungsrecht Gebrauch machen. Anders sieht es aus, wenn der Wohnungsmarkt ganz oder in einzelnen Teilmärkten ausgeglichen ist. Bei langfristigen Mietverhältnissen oder solchen mit einer langen Kündigungsfrist bietet das Kündigungsrecht des § 561 Abs 1 BGB dem Mieter die Möglichkeit, sich frühzeitig aus dem Mietverhältnis zu lösen. Die Vorschrift gilt nämlich für befristete und unbefristete Mietverhältnisse in gleicher Weise (Schmidt-Futterer/Börstinghaus Rn 10; Lützenkirchen/Dickersbach Rn 7).

2. Voraussetzungen

a) Geltendmachung einer Mieterhöhung

8 aa) Der Vermieter muss eine **Mieterhöhung nach § 558 BGB oder nach § 559 BGB** geltend machen. Die Vorschrift ist auf Mieterhöhungen nach § 558 BGB im Wege des Vergleichsmieteverfahrens und nach § 559 BGB wegen Modernisierung anwendbar. Ausgenommen vom vorzeitigen Kündigungsrecht ist die **Mieterhöhung nach § 560 BGB** wegen erhöhter Betriebskosten. Die Gesetzesbegründung geht davon aus, dass sich der Mieter diesen Kostenerhöhungen, die in aller Regel im Gegensatz zu Erhöhungen wegen baulicher Änderungen oder gestiegener Kapitalkosten unabhängig vom einzelnen Mietobjekt regional auftreten, nicht durch einen Umzug entziehen kann (Begr zum RegE BT-Drucks 7/2011, 13 [zu Art 3 § 7]). Diese generalisierende Begründung ist zweifelhaft (krit auch Schmidt-Futterer/Börstinghaus Rn 19 f). Die Ausnahme steht auch nicht in Einklang mit § 11 WoBindG, der die Einschränkung des Kündigungsrechts bei Betriebskostensteigerungen für preisgebundenen Wohnraum nicht kennt. Für die Erhöhung der **Staffelmiete** nach § 557a BGB gilt ausschließlich § 557a Abs 3 BGB, der den Ausschluss des ordentlichen Kündigungsrechts des Mieters über eine Dauer von vier Jahren verbietet. Auf die Erhöhung einer **Indexmiete** nach § 557b BGB findet die Vorschrift keine Anwendung (s § 557b Rn 32). Bei einer **einvernehmlichen Mieterhöhung** nach § 557 Abs 1 BGB gilt das Sonderkündigungsrecht ebenfalls nicht (Schmidt-Futterer/Börstinghaus Rn 11). Für die Abgrenzung ist darauf abzustellen, ob der Vermieter aus der Sicht eines objektiven Empfängers ein Angebot zur Vertragsänderung macht, das der Mieter annehmen oder ablehnen kann, oder ob er seinen Anspruch nach § 558 BGB oder sein Gestaltungsrecht nach § 559 BGB geltend macht (Lützenkirchen/Dickersbach Rn 13; Schmidt-Futterer/Börstinghaus Rn 11).

9 bb) Das Kündigungsrecht setzt voraus, dass der Vermieter eine Mieterhöhung **geltend macht**. Durch die Änderung des Wortlauts gegenüber der Vorgängervorschrift des § 9 Abs 1 MHRG wurde damit die Streitfrage, ob das Kündigungsrecht ein wirksames Mieterhöhungsverlangen oder eine wirksame Mieterhöhungserklärung voraussetzt, im Sinne der bisher herrschenden Meinung entschieden (Begr zum

RegE BT-Drucks 14/4553, 59). Die ließ es ausreichen, dass der Vermieter eine Mieterhöhung tatsächlich verlangt, sodass es auf die formelle oder materielle Wirksamkeit der Erklärung nicht ankam (Staudinger/Weitemeyer [2003] Rn 9 mwNw). Die gesetzliche Regelung ist deshalb angebracht, weil es dem Mieter idR nicht möglich ist, die Wirksamkeit eines Mieterhöhungsverlangens innerhalb angemessener Zeit gerichtlich überprüfen zu lassen. Er wäre zu einer vorsorglichen Kündigung gezwungen, deren Wirksamkeit ihrerseits in der Schwebe bliebe und häufig nicht einmal bis zum Ablauf der Kündigungsfrist und dem an sich gebotenen Auszug des Mieters zu klären wäre. Diese Rechtsunsicherheit ist für den Mieter unzumutbar (Weitemeyer NZM 2001, 563, 572 = WuM 2001, 171). Daher kann auch ein mündliches Mieterhöhungsverlangen oder eines ohne die erforderliche Begründung das Sonderkündigungsrecht auslösen (Lützenkirchen/Dickersbach Rn 12; Schmidt-Futterer/Börsinghaus Rn 16). Angesichts des eindeutigen Wortlauts und der Gesetzesbegründung ist es nicht erforderlich, dass ein dem äußeren Anschein nach wirksames Erhöhungsverlangen vorliegt (so aber Bamberger/Roth/Ehlert Rn 6). Auch der rechtsunkundige Mieter soll geschützt werden. In eindeutigen Fällen wird man einem missbräuchlichen Verhalten des Mieters, etwa wenn er kündigt, obwohl er weiß, dass das Mieterhöhungsverlangen unwirksam ist, gem § 242 BGB mit den Grundsätzen über die unzulässige Rechtsausübung begegnen können (MünchKomm/Artz Rn 4; Schmidt-Futterer/Börsinghaus Rn 17; einschränkend Lützenkirchen/Dickersbach Rn 12). Der Umfang der Mieterhöhung ist für das Kündigungsrecht unerheblich.

cc) Das Kündigungsrecht des Mieters entsteht frühestens mit **Zugang** einer entsprechenden Mieterhöhungserklärung des Vermieters nach § 130 Abs 1 BGB. Eine vorzeitig auf bloßen Verdacht hin abgegebene Kündigungserklärung ist wirkungslos. Die bloße **Ankündigung** einer Mieterhöhung nach § 558 BGB oder § 559 BGB löst ebenso wie das Angebot auf Vertragsanpassung nach § 557 Abs 1 BGB kein Sonderkündigungsrecht aus. § 561 BGB ist auch nicht entsprechend anzuwenden, da der Mieter in diesen Situationen nicht schutzbedürftig ist (Lützenkirchen/Dickersbach Rn 13). **10**

b) **Ausschluss der Kündigung**
Ein Ausschluss des Kündigungsrechts ist anzunehmen, wenn der Mieter einem Mieterhöhungsverlangen des Vermieters nach § 558b Abs 1 BGB oder § 557 Abs 1 BGB zustimmt. Entscheidend für den Ausschluss des Kündigungsrechts ist das aus § 242 BGB herzuleitende Verbot widersprüchlichen Verhaltens, sodass der Mieter an seine Zustimmung zur Mieterhöhung gebunden bleibt (Schmidt-Futterer/Börsinghaus Rn 21 f; Lützenkirchen/Dickersbach Rn 28). Allerdings kann seine Kündigungserklärung ggf in eine ordentliche Kündigung umgedeutet werden. Hat der Mieter zunächst gekündigt, erklärt er sich dann aber mit der Mieterhöhung einverstanden, können die Parteien den Eintritt der Rechtsfolgen der wirksam gewordenen Kündigung – also Beendigung des Mietverhältnisses und Wegfall der Mieterhöhung – nur einvernehmlich durch Vertrag beseitigen, was aber auch konkludent erfolgen kann (Schmidt-Futterer/Börsinghaus Rn 27; Lützenkirchen/Dickersbach Rn 26). Dies gilt auch hinsichtlich des ursprünglich vorgesehenen Zeitpunktes für die Mieterhöhung. Gehen die Zustimmung zur Mieterhöhung und die Kündigung nach § 561 Abs 1 BGB dem Vermieter gleichzeitig zu, sind beide Erklärungen wirksam. Es steht dem Mieter im Rahmen der nach § 557 Abs 1 BGB gewährten Privatautonomie frei, ein Angebot zur Erhöhung der Miete bis zum Ende des Mietverhältnisses abzugeben **11**

und dennoch das Sonderkündigungsrecht in Anspruch zu nehmen. Ein solches Verhalten ist nicht per se widersprüchlich und unwirksam, weil der Mieter aus Entgegenkommen bereit sein kann, bis zum Ablauf der Kündigungsfrist die erhöhte Miete zu zahlen. Stimmt der Mieter einer Mieterhöhung zum Teil zu, erhält der Vermieter sein Verlangen auf Mieterhöhung aber in vollem Umfang aufrecht, kann der Mieter uneingeschränkt nach § 561 Abs 1 BGB kündigen. Hierdurch wird nur der Teil der Mieterhöhung nach § 561 Abs 1 S 2 BGB unwirksam, dem der Mieter nicht zugestimmt hat (Schmidt-Futterer/Börstinghaus Rn 21).

c) Sonstige Kündigungsvoraussetzungen

12 aa) Ein bestimmter **Inhalt** ist für die Kündigungserklärung des Mieters nicht vorgeschrieben. Er braucht weder einen Kündigungsgrund (MünchKomm/Artz Rn 5; Schmidt-Futterer/Börstinghaus Rn 33) noch einen Kündigungstermin anzugeben, da sich die Fristen aus dem Gesetz ergeben. Die Angabe der Kündigungsgründe war in § 564a Abs 1 S 2 BGB aF nur als Sollvorschrift vorgesehen (Staudinger/Sonnenschein [1997] § 564a Rn 22 ff) und ist mit der neuen Fassung in § 568 Abs 1 BGB entfallen. Auch andere Vorschriften, die bei der Kündigung die Angabe von Gründen vorschreiben, sind nicht einschlägig: Die Vorschrift des § 569 Abs 4 BGB betrifft nur die außerordentliche fristlose Kündigung aus wichtigem Grund. Die Kündigung nach § 561 BGB ist zwar außerordentlich, aber fristgemäß. Die Angabe eines Kündigungsgrundes folgt auch nicht aus § 573d BGB iVm § 573 Abs 3 BGB. Hieraus ergibt sich zwar eine Begründungspflicht für die außerordentlichen Kündigungen mit gesetzlicher Frist, die Vorschrift ist aber auf die an verschiedenen Stellen im Gesetz verstreuten außerordentlichen Kündigungen zugeschnitten, bei denen die Formulierung „mit gesetzlicher Frist" gewählt wurde. Die Sonderkündigung nach § 561 BGB ist demgegenüber eine außerordentliche, fristgemäße Kündigung mit einer eigenen Kündigungsfrist (Lützenkirchen/Dickersbach Rn 9; Schmidt-Futterer/Börstinghaus Rn 33).

13 bb) Wegen der Einheitlichkeit des Mietverhältnisses können mehrere Mieter nur gemeinsam kündigen (s Staudinger/Rolfs [2021] § 542 Rn 8, 12). Bei **Personenmehrheit** auf der Vermieterseite muss die Kündigung gegenüber allen Vermietern erklärt werden (Staudinger/Rolfs [2021] § 542 Rn 8 ff).

14 cc) Die Kündigungserklärung des Mieters bedarf nach § 568 Abs 1 BGB der **Schriftform**. Der Mieter muss das Kündigungsschreiben nach § 126 BGB grundsätzlich eigenhändig durch Namensunterschrift unterzeichnen (Staudinger/Rolfs § 568 Rn 12 ff). Bei Stellvertretung ist § 174 BGB zu beachten.

15 dd) Die **Fristen** für eine Kündigung sind hinsichtlich der einzelnen Mieterhöhungserklärungen durch die Mietrechtsreform vereinheitlicht worden. Dabei ist zwischen der Überlegungsfrist zur Ausübung der Kündigung und der eigentlichen Kündigungsfrist bis zum Eintritt der Kündigungswirkungen (s Rn 20) zu unterscheiden. Die **Überlegungsfrist** für den Mieter beträgt einheitlich, unabhängig von der Art der Mieterhöhung, mindestens zwei und höchstens drei Monate. Verlangt der Vermieter eine Mieterhöhung nach § 558 BGB oder § 559 BGB, kann der Mieter bis zum Ablauf des zweiten Monats, der auf den **Zugang** des Erhöhungsverlangens folgt, für den Ablauf des übernächsten Monats kündigen. Daraus ergibt sich, dass dem Mieter die Überlegungsfrist des § 561 Abs 1 S 1 BGB von mindestens zwei Monaten zur Ausübung der Kündigung erhalten bleibt. Innerhalb dieser Frist kann der Mieter überlegen, ob er dem Mieterhöhungsverlangen zustimmt oder nach § 561 BGB kündigt. Da es für die Überlegungsfrist auf den Ablauf von zwei **Kalendermonaten** ankommt, verlängert sich diese Frist entsprechend auf bis zu fast drei Monate, wenn das Mieterhöhungsverlangen im Laufe eines Monats zugeht. Auf ein zB am 10. 2. zugegangenes Mieterhöhungsverlangen muss die Kündigungserklärung dem Vermieter spätestens am 30. 4. zugehen. Die Kündigungsfrist selbst beträgt nochmals mindestens zwei Monate bis zum Ablauf des übernächsten Monats, dh bis zum 30. 6. in dem Beispiel, sodass insgesamt mindestens eine Frist von vier Monaten besteht.

16 Wenn das nach § 558 BGB gestellte Mieterhöhungsverlangen dem Mieter vor **Ablauf der einjährigen Sperrfrist** des § 558 Abs 1 S 1 BGB zugeht, fragt sich, bis wann der Mieter sein Sonderkündigungsrecht ausgeübt haben muss. Der BGH beurteilte **ein vorzeitiges Erhöhungsverlangen** wegen des systematischen Zusammenhangs des § 558 BGB früher als unwirksam (BGHZ 123, 37 = NJW 1993, 2109; s STAUDINGER/V EMMERICH § 558 Rn 12). Der Mieter konnte gleichwohl innerhalb der Frist des § 561 Abs 1 S 1 BGB kündigen, weil auch ein unwirksames Mieterhöhungsverlangen das Kündigungsrecht des Mieters nach § 561 Abs 1 BGB auslöst (s Rn 9). Nunmehr hat sich der BGH der gegenteiligen Ansicht angeschlossen, wonach ein vorzeitiges Mieterhöhungsverlangen wirksam ist, wenn der Vermieter als *Zeitpunkt für den Eintritt der Mieterhöhung* die zutreffenden Fristen einhält. In diesem Fall beginnt der Lauf der Frist nach § 561 BGB nicht mit dem Zugang der Mieterhöhung. Vielmehr ist die Kündigung möglich bis zum Ablauf der Frist, bis zu dem die ursprüngliche Miete zu zahlen ist (BGH 25. 9. 2013 – VIII ZR 280/12, NJW 2013, 3641). § 558b Abs 1 BGB und § 561 Abs 1 BGB seien aufeinander abgestimmte Vorschriften, aus denen sich ergebe, dass der Mieter das Sonderkündigungsrecht bis unmittelbar vor dem Zeitpunkt des Eintritts der Mieterhöhung wahrnehmen könne, sodass der Mietvertrag erst zwei Monate später endet, ohne dass sich die Miete erhöht.

17 α) Die **Berechnung der Fristen** richtet sich nach den Auslegungsvorschriften der §§ 187 ff BGB (s auch STAUDINGER/J EMMERICH [2021] § 556b Rn 14 sowie SCHMIDT-FUTTERER/BÖRSTINGHAUS Rn 39 f).

18 β) Für ein **Fristversäumnis** bei Ausübung des Kündigungsrechts kommt es nicht darauf an, ob der Mieter ohne sein Verschulden verhindert war zu kündigen. Eine Wiedereinsetzung in den vorigen Stand ist nicht vorgesehen (MünchKomm/ARTZ Rn 7; SCHMIDT-FUTTERER/BÖRSTINGHAUS Rn 43). Der Mieter bleibt auf ein etwaiges ordentliches Kündigungsrecht angewiesen. Es spielt nach dem eindeutigen Gesetzeswortlaut keine Rolle, ob der Mieter zunächst den Ausgang eines Rechtsstreits um die Mieterhöhung abgewartet hat. Eine Verlängerung der Frist zur Ausübung des vorzeitigen Kündigungsrechts ist für diesen Fall anders als nach der Regelung des früheren § 20 Abs 3 BMietG I nicht vorgesehen. Diese Vorschrift ermöglichte es dem Mieter, der den Genehmigungsbescheid der Preisbehörde angefochten oder sonst die Zulässigkeit einer Mieterhöhung bestritten hatte, innerhalb eines Monats von dem Zeitpunkt an, in dem der Bescheid unanfechtbar geworden oder in dem der Streit über die Zulässigkeit der Mieterhöhung auf andere Weise behoben war, das Mietverhältnis zu kündigen. Für eine entsprechende Anwendung auf die jetzige

Gesetzeslage fehlt es jedoch an einer Gesetzeslücke (Staudinger/Weitemeyer [2014] Rn 18 mwNw).

19 γ) Der Mieter kann sich nicht mit einer durch die Wirksamkeit der Mieterhöhung bedingten Kündigung schützen, da eine solche **Bedingung** mit der Kündigung als einseitigem Gestaltungsrecht unvereinbar ist (MünchKomm/Artz Rn 4; Schmidt-Futterer/Börstinghaus Rn 32; Lützenkirchen/Dickersbach Rn 10). Der Mieter kann die Wirksamkeit der Kündigung, die nach dem Gesetz von der Rechtsgültigkeit des Erhöhungsverlangens gerade unabhängig ist (Rn 9), nicht rechtsgeschäftlich an die Gültigkeit des Mieterhöhungsverlangens binden.

3. Rechtsfolgen

a) Beendigung des Mietverhältnisses

20 Die Vorschrift des § 561 BGB räumt dem Mieter gegenüber dem Verlangen des Vermieters nach Erhöhung der Miete ein Recht zur außerordentlichen befristeten Kündigung des Mietverhältnisses ein. Die **Kündigungsfrist** richtet sich nicht nach § 573c BGB, da § 561 Abs 1 BGB insoweit eine Sonderregelung enthält. Kündigt der Mieter, endet das Mietverhältnis gem § 561 Abs 1 BGB mit Ablauf des übernächsten Monats. Damit ist der Ablauf des zweiten vollen Kalendermonats nach dem letztmöglichen Kündigungstag gemeint, nicht nach dem Zugang der Kündigungserklärung beim Vermieter (Begr z RegE BT-Drucks 14/4553, 60; MünchKomm/Artz Rn 8; Schmidt-Futterer/Börstinghaus Rn 41). Die Kündigungsfrist beträgt also mindestens zwei Kalendermonate. Die Kündigungsfrist kann dementsprechend je nach Kündigungstag länger sein (Rn 15).

b) Nichteintritt der Mieterhöhung

21 Neben der Beendigung des Mietverhältnisses bewirkt die Kündigung des Mieters nach Abs 1 S 2, dass die Mieterhöhung nicht eintritt. Dies ist insoweit bedeutsam, als die Mieterhöhung an sich vor dem sich aus § 561 Abs 1 BGB ergebenden Kündigungstermin eintreten würde. Der Mieter, der sich von dem Mietverhältnis lösen will, soll auch nicht mehr vorübergehend mit der Mieterhöhung belastet werden. Bei einer Mieterhöhung nach den §§ 558, 559 BGB stimmen der Kündigungstermin nach § 561 Abs 1 S 2 BGB und der Zeitpunkt einer gerichtlich erzwungenen Erhöhung nicht überein, da die Mieterhöhung nach den §§ 558b Abs 1, 559b Abs 2 BGB an sich mit Beginn des dritten Monats nach dem Zugang des Erhöhungsverlangens eintritt. Die Mieterhöhung tritt auch dann nicht ein, wenn sich der Mieter nicht ausdrücklich auf sein vorzeitiges Kündigungsrecht aus § 561 BGB beruft, weil er zur Angabe eines bestimmten Kündigungsgrundes nicht gezwungen ist (Rn 12). Beruft er sich jedoch ausdrücklich auf andere Gründe und kündigt deshalb sogar zu einem anderen Termin, als der in § 561 BGB vorgesehene ist, so handelt es sich nicht um eine vorzeitige Kündigung iS dieser Vorschrift. Die Mieterhöhung tritt dann zum gesetzlich vorgesehenen Zeitpunkt ein (Schmidt-Futterer/Börstinghaus Rn 46).

c) Verhältnis zu anderen Kündigungsrechten des Mieters

22 Der Mieter kann die Kündigung nach § 561 BGB unabhängig von sonstigen Kündigungsrechten erklären, zB gem § 555e BGB nach der Ankündigung einer Modernisierung. Eine auf andere Gründe gestützte Kündigung, die das Mietverhältnis vorher oder gleichzeitig beendet, bleibt unberührt, wenn der Mieter später von seinem

Sonderkündigungsrecht aus § 561 BGB Gebrauch macht. Die Kündigung nach § 561 BGB bewirkt in diesem Fall aber, dass für den Rest der Mietzeit die Mieterhöhung nicht eintritt (AG Frankfurt aM WuM 1989, 580; Schmidt-Futterer/Börstinghaus Rn 25). Zwar geht die Kündigung nach § 561 BGB ins Leere, wenn sie das Mietverhältnis gleichzeitig oder später beenden würde. § 561 Abs 1 S 2 BGB ist in diesem Fall aber entsprechend anzuwenden, sodass die Miete auch für die Zwischenzeit nicht erhöht wird (AG Frankfurt aM WuM 1989, 580). Diese Möglichkeit ist für den Mieter auch deswegen bedeutsam, weil die anderweitige Beendigung des Mietverhältnisses durch Kündigung des Vermieters oder Mieters den Eintritt einer Mieterhöhung nach § 558 BGB oder § 559 BGB nicht verhindert (LG Hamburg ZMR 2010, 363). Gemessen am Zweck dieser Vorschrift, den Mieter bis zum alsbaldigen Ende des Mietverhältnisses vor einer Mieterhöhung zu schützen, ist die Interessenlage nämlich dieselbe, wenn der Mieter bereits vorher aus anderem Grund gekündigt hat. Die Anwendung des § 561 Abs 1 S 2 BGB setzt in diesem Fall voraus, dass der Mieter sich auf sein Sonderkündigungsrecht aus § 561 BGB beruft, aber nicht dass er erneut nach § 561 BGB kündigt (AG Frankfurt aM WuM 1989, 580; Schmidt-Futterer/Börstinghaus Rn 25, 47). Wurde das Mietverhältnis vorher mit einer noch nicht abgelaufenen längeren Kündigungsfrist gekündigt, kann der Mieter unter den Voraussetzungen des § 561 BGB erneut kündigen und das Mietverhältnis früher beenden (Schmidt-Futterer/Börstinghaus Rn 48).

d) Vorenthaltung des Wohnraums und Fortsetzung des Gebrauchs

aa) Hat der Mieter das Mietverhältnis wirksam gekündigt, gibt er den Wohnraum 23 nach Beendigung des Mietverhältnisses aber nicht zurück, so kann der Vermieter für die Dauer der **Vorenthaltung** nach § 546a BGB eine Entschädigung verlangen, die die vereinbarte Miete oder die Marktmiete umfasst. Da die Mieterhöhung infolge der Kündigung nach § 561 Abs 1 S 2 BGB nicht wirksam geworden ist (Rn 21), ist die vereinbarte Miete nur der frühere Betrag (MünchKomm/Artz Rn 11). Über die Marktmiete kann der Vermieter jedoch in der Regel wirtschaftlich das gleiche Ergebnis wie bei Fortbestand einer Mieterhöhung nach § 558 BGB erzielen.

bb) Eine **Fortsetzung des Gebrauchs** nach Beendigung des Mietverhältnisses führt 24 unter den Voraussetzungen des § 545 BGB dazu, dass das Mietverhältnis als auf unbestimmte Zeit verlängert gilt. Es bleibt aber bei der früheren Miethöhe, da der Nichteintritt der Mieterhöhung infolge der Kündigung nach § 561 Abs 1 S 2 BGB (Rn 21) durch die Fortsetzung des Gebrauchs nicht hinfällig wird (MünchKomm/Artz Rn 11; Schmidt-Futterer/Börstinghaus Rn 49). Allerdings tritt demzufolge auch die Sperrfrist des § 558b Abs 3 S 2 BGB nicht ein, sodass der Vermieter die Mieterhöhung erneut verlangen kann. Damit ist zwar eine gewisse Verzögerung verbunden, die jedoch dem Gesetz entspricht. Im Schrifttum wird demgegenüber zT eine restriktive Auslegung empfohlen. Der Mieter müsse bei einer Fortsetzung des Gebrauchs wegen widersprüchlichen Verhaltens die früher verlangte Mieterhöhung sofort mit der Vertragsverlängerung gegen sich gelten lassen (Barthelmess § 9 MHRG Rn 22; Sternel Rn III 864). Die Fortsetzung des Gebrauchs kann indessen auf den verschiedenartigsten Gründen beruhen (Schmidt-Futterer/Börstinghaus Rn 50). Treuwidrigkeit und damit der Eintritt der Mieterhöhung zum gesetzlich vorgesehenen Zeitpunkt sind auf die Fälle zu beschränken, in denen der Mieter schon bei der Kündigung die Absicht hat, nach Beendigung des Vertrags den Gebrauch fortzusetzen.

III. Abweichende Vereinbarungen (Abs 2)

25 Das Kündigungsrecht des Mieters aus § 561 BGB kann vertraglich weder aufgehoben noch beschränkt werden. Die Parteien können nicht im Voraus vereinbaren, dass die Mieterhöhung trotz der Kündigung für die restliche Vertragszeit eintreten soll. Der Mieter kann dem Erhöhungsverlangen jedoch nachträglich zustimmen und dennoch nach § 561 BGB kündigen (Rn 11). Die Kündigungsfrist des Abs 1 S 1 kann nicht verkürzt werden, weil es sich für den Mieter nachteilig auswirken kann, wenn er die Wohnung kurzfristig räumen muss.

Kapitel 3
Pfandrecht des Vermieters

§ 562
Umfang des Vermieterpfandrechts

(1) Der Vermieter hat für seine Forderungen aus dem Mietverhältnis ein Pfandrecht an den eingebrachten Sachen des Mieters. Es erstreckt sich nicht auf die Sachen, die der Pfändung nicht unterliegen.

(2) Für künftige Entschädigungsforderungen und für die Miete für eine spätere Zeit als das laufende und das folgende Mietjahr kann das Pfandrecht nicht geltend gemacht werden.

Materialien: E I § 521; III § 501; III § 552; BGB § 559; Mietrechtsreformgesetz von 2001 (BGBl I 1149); Mot II 402 ff; Prot II 194 ff; Begr z RegE BT-Drucks 14/4553, 60.

Schrifttum

ALEXANDER, Gesetzliche Pfandrechte an beweglichen Sachen, JuS 2014, 1
BECHTLOFF, Gesetzliche Verwertungsrechte (2003)
BERGMANN, Die „abnorme Natur" des Vermieterpfandrechts, ZMR 2018, 553
BRONSCH, Das Vermieterpfandrecht am Kraftfahrzeug, ZMR 1970, 1
BRUNS, Gegenwartsprobleme des Vermieterpfandrechts, NZM 2019, 46
BUB/TREIER/VON DER OSTEN/SCHÜLLER, Hdb Rn III 2176 ff
ECKERT, Das Vermieterpfandrecht im Konkurs des Mieters, ZIP 1984, 663
EHRICKE, Zum Entstehen eines Vermieterpfandrechts in der Insolvenz des Mieters, in: FS Gerhardt (2004) 191
ders, Das Erlöschen des Vermieterpfandrechts bei Gewerberaummietverhältnissen im Eröffnungsverfahren, insbesondere durch einen Räumungsverkauf, KTS 2004, 321
H EMMERICH, Pfandrechtskonkurrenzen (1909)
V EMMERICH, Miete und Zwangsmaßnahmen, in: Verwendung und Verwaltung der Mieterleistungen durch den Vermieter, PiG 28 (1988) 145
EUSANI, Die Geltendmachung des Vermieterpfandrechts für künftige Miete, WE 2009, 76
FEHRENBACH, Vermieterpfandrecht und gutgläubig lastenfreier Erwerb, NZM 2012, 1
G FISCHER, Vorrang des Vermieterpfandrechts vor dem Sicherungseigentum?, JuS 1993, 542
B FLATOW, Räumungsvollstreckung ohne Räumung?, NJW 2006, 1396
GELDMACHER, Mietsicherheiten, in: GUHLING/GÜNTER Anhang zu den §§ 562 bis zu 562d (S 936 ff)
GNAMM, Zusammentreffen von Sicherungsübereignung und Vermieterpfandrecht, NJW 1992, 2806
HENNRICHS, Raumsicherungsübereignung und Vermieterpfandrecht, Betrieb 1993, 1707
HORST, Die Insolvenz des Mieters, ZMR 2007, 167
ders, Absicherung der Ansprüche der Vertragsparteien in der Gewerberaummiete, NZM 2018, 889

Keinert/Oppelt, Das Vermieterpfandrecht, ZMR 2016, 598
Knütel, Aus den Anfängen des Vermieterpfandrechts, in: FS Gerhardt (2004) 457
Mitlehner, Anfechtungsrecht bei Absonderungsrechten an Mietforderungen und wegen Mietforderungen, ZIP 2007, 804
Nicolai, Vermieterpfandrecht und (Raum)-Sicherungsübereignung, JZ 1996, 219
Paschke, Vermieterpfandrecht, GE 2006, 420
Priebe, Mietverhältnisse in der Insolvenz des Mieters, NZM 2010, 801
Raiser, Dingliche Anwartschaften (1961)
G Reinicke, Gesetzliche Pfandrechte und Hypotheken am Anwartschaftsrecht aus bedingter Übereignung (1970)
P Scholz, Das Vermieterpfandrecht und seine Verwertung in der mietrechtlichen Praxis, ZMR 2010, 1
St Schreiber/Latinovic, Abschied vom Vermieterpfandrecht?, NZM 2001, 410
Schuschke, Die Berliner Räumung bei der Vollstreckung aus einem Zuschlagbeschluss, NZM 2011, 685
Siber, Das gesetzliche Pfandrecht des Vermieters, des Verpächters und des Gastwirts (1900)
Vortmann, Raumsicherungsübereignung und Vermieterpfandrecht, ZIP 1988, 626
J Wasmuth, Bemerkungen zur Haftung des Vermieters wegen unberechtigter Ausübung des Vermieterpfandrechts, ZMR 1989, 42
Weber/Rauscher, Die Kollision von Vermieterpfandrecht und Sicherungsübereignung im Konkurs des Mieters, NJW 1988, 1571.

Systematische Übersicht

I.	**Überblick**	1
II.	**Rechtsnatur**	
1.	Gesetzliches besitzloses Pfandrecht	3
2.	Rang	4
3.	Befugnisse des Vermieters	5
4.	Verwertung	7
5.	Insolvenz des Mieters	7a
III.	**Voraussetzungen**	
1.	Gegenstand	8
2.	Einbringung	10
3.	Eigentum des Mieters	15
4.	Sachen Dritter	19
5.	Lastenfreier Erwerb Dritter?	21
6.	Unpfändbare Sachen	22
IV.	**Gesicherte Forderungen**	
1.	Forderungen aus dem Mitverhältnis	25
2.	Nicht künftige Entschädigungsforderungen	29
3.	Nicht künftige Mietforderungen	33
V.	**Rechtsnachfolge**	35
VI.	**Pfändungspfandrecht**	36
VII.	**Haftung**	37
VIII.	**Abweichende Vereinbarungen**	38
IX.	**Beweislast**	39

Alphabetische Übersicht

Abtretung	35
Abweichende Vereinbarungen	38
Anwartschaftsrecht	15 f
Anwendungsbereich	2
Aufklärungspflicht	36
Bedingter Eigentumserwerb	15 f
Befriedigung des Vermieters	7
Befugnisse des Vermieters	5 ff
– Besitz	6 f
– Verwertung	7
Berliner Modell	6
Besitz des Vermieters	6 f
Beweislast	23, 39 f
Eigentum des Mieters	15
Eigentumsvorbehalt	15 f
Einbringung von Sachen	10 ff
– Begriff	10
– Einstellung	11

Untertitel 2 · Wohnraum
Kapitel 3 · Pfandrecht des Vermieters § 562

- Geschäftsfähigkeit — 10
- Kraftfahrzeuge — 11
- Mieterwechsel — 14
- Realakt — 10
- Zeitpunkt — 13

Einstellung von Sachen — 11
Entschädigungsforderung — 27, 39 f
Erwerb, gutgläubiger, des Pfandrechts — 3, 21

Fahrnismiete — 2
Forderungen aus dem Mietverhältnis — 25 ff
- Abgrenzung — 26 ff
- Abtretung der Forderungen — 35
- Baukostenzuschuss — 27
- Begriff — 26 f
- Beispiele — 27 f
- Darlehnsforderung — 27
- enge Auslegung — 26
- Entschädigungsforderungen — 27, 29 f
- Ersatzansprüche des Vermieters — 26
- gemischte Verträge — 28
- Kautionsanspruch — 27
- künftige Mietforderungen — 33 ff
- Kosten des Vermieters — 26
- Mietforderung — 26, 33 f
- Mietrückstände — 33
- Nebenkosten — 27
- Vertragsverbindungen — 28

Gegenstand — 6 ff
- Anwartschaftsrecht — 15 f
- Austauschpfändung — 23
- Briefe — 9
- Eigentum des Mieters — 15
- Einbringung — 101
- Eigentumsvorbehalt — 15 f
- eingebrachte Sachen — 10 ff
- Geld — 8
- Gesamthandseigentum — 18
- Hausrat — 22
- Inhaberpapiere — 8
- Kraftfahrzeuge — 11 f
- Mieteigentumsanteil — 18
- Mieterwechsel — 14
- pfändbare Sachen — 22 ff
- Sachen Dritter — 15, 19
- Sachen mit Affektionswert — 9
- Sachen des Vermieters — 20
- Sicherungsübereignung — 16 f

- Sparbuch — 8
- unpfändbare Sachen — 22 ff, 36
- Untermiete — 19
- Warenlager — 12
- Wertpapiere — 8

Geltendmachung — 31
Gemischte Verträge — 28
Geschichte — 1
Gesellschaften — 18
Gesetzliches Pfandrecht — 3
Gesicherte Forderungen — 25 ff
Gutgläubiger Erwerb — 3, 21

Haftung des Vermieters — 37

Inhaberpapiere — 8
Insolvenz des Mieters — 7a

Kraftfahrzeuge — 11
Künftige Entschädigungsforderungen — 29 ff
- Begriff — 30
- Beispiele — 32
- Geltendmachung — 31
Künftige Mietforderungen — 33 ff

Mieterwechsel — 14
Mietforderung — 25 f
Mietrückstände — 25 f
Miteigentum — 18

Pfändbare Sachen — 22 ff
Pfandrecht, gesetzliches — 3 f
Pfändungsrecht — 36
Pferdeeinstellvertrag — 28

Rang — 4
Räumungsvollstreckung — 6

Sachen Dritter — 15 ff
Sachen des Mieters — 15, 19
Sachen des Vermieters — 20
Sicherungsübereignung — 16 f, 36
Sparbuch — 8

Tresore — 2

Unpfändbare Sachen — 22 ff
Untermiete — 19

Verwertung der Sachen	7	Veräußerung der Sache	35
Voraussetzungen des Pfandrechts	8 ff	Verträge, gemischte	28
– abweichende Vereinbarungen	38	Vorerbe	18
– Eigentum des Mieters	15 ff	Vorzeitiger Einzug	13
– Einbringung von Sachen	10 ff		
– Forderungen aus dem Mietverhältnis	25 ff	Warenlager	12
– Geschäftsfähigkeit des Mieters	10	Wechsel	8
– gutgläubiger Erwerb	3	Wegnahmerecht des Mieters	5
– Mieterwechsel	14	Wertpapiere	8
– Rang	4		
– pfändbare Sachen	22 ff	Zeitpunkt der Einbringung	13
– Sachen Dritter	15, 19	Zurückbehaltungsrecht des Vermieters	24
– Warenlager	12		

I. Überblick

1 Die §§ 562 bis 562d BGB (= §§ 559 bis 563 aF) regeln das **Vermieterpfandrecht**. Nach § 562 Abs 1 S 1 BGB hat der Vermieter für seine Forderungen aus dem Mietverhältnis ein Pfandrecht an den eingebrachten Sachen (nur) des Mieters. Ausgenommen sind Sachen, die der Pfändung nicht unterliegen (§ 562 Abs 1 S 2 BGB). Das Pfandrecht kann nicht für künftige Entschädigungsforderungen und auch nicht für die Miete für einen späteren Zeitraum als das laufende und das folgende Mietjahr geltend gemacht werden (§ 562 Abs 2 BGB). Über die **praktische Bedeutung** des Vermieterpfandrechts werden unterschiedliche Angaben gemacht. Soweit ersichtlich, besitzt es nach wie vor eine gewisse Bedeutung bei der **gewerblichen Miete** (s § 578 BGB), während seine Bedeutung bei der **Wohnraummiete** offenbar nur noch gering ist, vor allem wegen der Verbreitung des Eigentumsvorbehalts, wegen der ständigen Ausdehnung des Kreises der unpfändbaren Sachen sowie wegen der schwierigen Verwertung des Pfandrechts (St Schreiber/Latinovic NZM 2000, 410). Infolgedessen ist hier das Vermieterpfandrecht mittlerweile weitgehend durch die Mietsicherheiten des § 551 BGB, vor allem also durch die Kaution des Mieters verdrängt worden. Bei der gewerblichen Miete treten gleichfalls zunehmend andere Mietsicherheiten bis hin zu Bürgschaften und Patronatserklärungen neben oder an die Stelle des herkömmlichen Vermieterpfandrechts (Überblick zB bei Guhling/Günter/Geldmacher Anhang zu §§ 562–562b [S 996 ff]; Horst NZM 2018, 889, 893 ff).

2 Bei der **Fahrnismiete** kennt das Gesetz *keine* vergleichbare Sicherung des Vermieters, zB durch ein Pfandrecht an (anderen) Sachen des Mieters. Fahrnismiete ist zB auch die Schiffsmiete (BGH WM 1986, 26) oder die Vermietung von Räumen in beweglichen Sachen (s unten § 578 Rn 6), sodass etwa der Vermieter einer Gastwirtschaft in einem Schiff kein Pfandrecht an dem vom Mieter eingebrachten Inventar erwirbt (OLG Kiel OLGE 12, 69 = SeuffA Bd 61 [1906] Nr 78 S 136). Die Vermietung von Tresoren oder Schrankfächern ist gleichfalls keine Grundstücksmiete iS des § 578 BGB (s Staudinger/V Emmerich [2021] Vorbem 81 zu § 535), sodass den Banken kein Pfandrecht nach § 562 BGB an dem Tresorinhalt zusteht (Prost JW 1934, 965 f).

II. Rechtsnatur

1. Gesetzliches besitzloses Pfandrecht

Das Vermieterpfandrecht ist ein gesetzliches besitzloses Pfandrecht (ebenso § 588 BGB für die Landpacht), auf das nach **§ 1257 BGB** grundsätzlich die Vorschriften über das durch Rechtsgeschäft bestellte Pfandrecht entsprechende Anwendung finden (§§ 1204–1256 BGB). Ausgenommen sind lediglich die Vorschriften über die rechtsgeschäftliche Bestellung des Pfandrechts (§§ 1204–1208 BGB) sowie diejenigen Vorschriften, die unmittelbaren Besitz des Pfandgläubigers voraussetzen. Insbesondere gibt es **keinen gutgläubigen Erwerb** des Vermieterpfandrechts an nicht dem Mieter gehörenden Sachen (s Rn 19; Mot II 404 f; BGHZ 34, 153, 154 = NJW 1961, 502; 15. 10. 2014 – XII ZR 163/12, BGHZ 202, 354, 360 Rn 19; OLG Düsseldorf ZMR 1999, 474, 478). **Anwendbar** sind dagegen zB § 1209 BGB (s unten Rn 4) und § 1217 BGB (s unten Rn 6a, 37), weiter die §§ 1222, 1227 bis 1250 BGB (mit Ausnahme des § 1232 S 1 BGB) sowie die §§ 1252, 1255 und 1256 BGB (s unten Rn 5 ff). Strafrechtlich wird das Vermieterpfandrecht durch § 289 StGB geschützt, der als Schutzgesetz anerkannt ist (§ 823 Abs 2 BGB; s unten § 562b Rn 2; BayObLGSt 1981, 50 = NJW 1981, 1745, 1746). 3

2. Rang

Der Rang des Vermieterpfandrechts richtet sich gemäß § 1209 BGB nach dem Zeitpunkt seiner Entstehung (BGH 18. 12. 1956 – VIII ZR 24/56, LM § 559 BGB Nr 1 = WM 1957, 168 = ZMR 1957, 143; 20. 3. 1986 – IX ZR 42/85, LM § 559 BGB Nr 6 = NJW 1986, 2426; KG JW 1931, 2378; OLG Frankfurt DGVZ 1975, 23). Maßgeblicher Zeitpunkt ist folglich der der **Einbringung der Sachen** (s Rn 10 ff), auch soweit das Pfandrecht des Vermieters künftige Forderungen aus dem Mietvertrag sichert; wichtig ist das vor allem in der Insolvenz des Mieters (s Rn 7a; BGH 14. 12. 2006 – IX ZR 102/03, BGHZ 170, 196, 200 Tz 11 = NJW 2007, 1588; 15. 10. 2014 – XII ZR 163/12, BGHZ 202, 354, 360 Rn 19 = NJW 2014, 3775; kritisch MITLEHNER ZIP 2007, 804). Daraus folgt insbesondere, dass das Vermieterpfandrecht dem später entstandenen **Wegnahmerecht** des Mieters aufgrund des § 539 Abs 2 BGB vorgeht (BGHZ 101, 37, 44 ff = NJW 1987, 2861; WEIMAR ZMR 1967, 196). Das Gesagte gilt auch im Falle der **Veräußerung** des Grundstücks (§ 566 BGB; s Rn 14, 35; BGH 15. 10. 2014 – XII ZR 163/12, BGHZ 202, 354, 350 ff= NJW 2014, 3775). Wenn ein Dritter das Pfandrecht des Vermieters teilweise durch Bezahlung eines Teils der Mietrückstände **ablöst** (vgl § 1249 BGB), geht zwar gemäß § 268 Abs 3 BGB mit der Mietforderung nach § 1250 Abs 1 S 1 BGB auch das Pfandrecht auf den Dritten über (s Rn 35). Entsprechend § 268 Abs 3 S 2 BGB hat jedoch das übergegangene Pfandrecht den Nachrang gegenüber dem beim Vermieter verbliebenen Pfandrecht (OLG Celle NJW 1968, 1139 f mAnm BRONSCH NJW 1968, 1936; str). 4

3. Befugnisse des Vermieters

Der Vermieter hat an den eingebrachten Sachen des Mieters, obwohl ihm ein Pfandrecht zusteht, grundsätzlich **keinen Besitz** (s Rn 3). Vor allem daraus erklären sich die besonderen Rechte, die ihm die Vorschrift des 562b BGB zum **Schutz seines Rechts** einräumt, aufgrund derer er sich unter zusätzlichen Voraussetzungen gegen die Entfernung der seinem Pfandrecht unterliegenden Sachen wehren und diese notfalls sogar in Besitz nehmen kann (s im Einzelnen u § 562b Rn 2 f). Gegenüber Dritten 5 kommt dem Vermieter zudem zur Verteidigung seines Pfandrechts die für seinen Mieter streitende Eigentumsvermutung nach § **1006 BGB** zugute (BGH 3. 3. 2017 – V ZR 268/15 Rn 10 ff, NZM 2017, 479 = WuM 2017, 330; str s Rn 40).

6 Hat der Vermieter die Sachen des Mieters in **Besitz** genommen, so muss er sie sorgfältig verwahren (§ 1215 BGB; s Rn 7; BGH 17. 11. 2005 – I ZR 45/05, WuM 2006, 50, 51 Tz 15 = NJW 2006, 848 = NZM 2006, 149; OLG Düsseldorf ZMR 1984, 383; LG Lübeck NZM 2010, 439). Zugleich entfällt die Räumungspflicht des Mieters (§ 546 BGB). Auch für eine Anwendung des § 546a BGB (Vorenthaltung der Sache) ist in diesem Fall kein Raum mehr (OLG Hamburg NJW-RR 1990, 86 = ZMR 1990, 8 = WuM 1990, 77; KG OLGR 2005, 528 = NZM 2005, 422 = WuM 2005, 348; ZMR 2013, 328; OLG Rostock WuM 2007, 509; OLG Düsseldorf OLGR 2006, 140 = DWW 2006, 158; Bruns NZM 2019, 46, 53; – str, anders zB KG ZMR 2016, 939 = GE 2017, 352).

6a Nach Besitzerlangung (Rn 6) muss der Vermieter binnen angemessener Frist zur **Verwertung** der Sachen schreiten, widrigenfalls er sich ersatzpflichtig macht (Guhling/Günter/Geldmacher § 562 Rn 115). Will der Vermieter dies nicht, so muss er die Sachen nach Ablauf der für eine Verwertung in Betracht kommenden Frist zurückgeben (Rn 6; LG Mannheim WuM 1978, 141, 142). Nutzen darf der Vermieter dagegen die Sachen nur, falls die Parteien eine entsprechende Vereinbarung getroffen haben, sodass sich das Vermieterpfandrecht in ein **Nutzungspfand** nach den §§ 1213 und 1214 BGB verwandelt. So zB, wenn der Mieter dem Vermieter vorübergehend die Nutzung des Inventars einräumt, weil er die Miete nicht mehr bezahlen kann. Der Vermieter ist in diesem Fall erst dann zur Rückgabe des ihm überlassenen Inventars verpflichtet, wenn der Mieter die rückständige Miete bezahlt hat (BGH 17. 11. 2005 – I ZR 45/05, WuM 2006, 50, 51 Tz 15 = NJW 2006, 848 = NZM 2006, 149; OLG Düsseldorf MDR 1989, 546; Bruns NZM 2019, 46, 53). *Nutzt* der Vermieter dagegen die seinem Pfandrecht unterliegenden Sachen ohne Absprache mit dem Mieter, so kann sich der Mieter dagegen nach § 1217 BGB wehren (Rn 3; OLG Dresden 13. 2. 2019 – 5 U 1366/18, ZMR 2019, 484). Die zu Unrecht bezogenen Nutzungen muss er analog § 816 Abs 1 BGB oder (so die hM) nach den Regeln über die Geschäftsführung ohne Auftrag herausgeben (§§ 677 oder 687 Abs 2 S 1, 681 S 2, 667 BGB; BGH 17. 9. 2014 – XII ZR 140/12, NJW 2014, 3570 Rn 16, 19 = NZM 2014, 865, 866 f im Anschluss an RGZ 105, 408; s dazu unten Rn 37).

6b Die geschilderte Rechtslage (s Rn 6 f) hatten sich Vermieter eine Zeitlang im Rahmen der Räumungsvollstreckung zunutze gemacht, indem sie pauschal an sämtlichen Sachen des Mieters ein Vermieterpfandrecht in Anspruch nahmen, um den mit der Fortschaffung und Verwahrung der Sachen des Mieters verbundenen Problemen im Rahmen der Räumungsvollstreckung nach § 885 ZPO zu begegnen. Die Zulässigkeit dieses so genannten **Berliner Modells** war schließlich vom BGH bejaht worden (BGH 17. 11. 2005 – I ZR 45/05, NJW 2006, 848 = NZM 2006, 149 = WuM 2006, 50; 10. 8. 2006 – I ZR 135/05, NJW 2006, 3273 = WuM 2006, 580; 16. 7. 2009 – I ZR 80/05, NJW-RR 2009, 1384 = NZM 2009, 660 Tz 8 ff = WuM 2010, 98; 2. 3. 2017 – I ZB 66/16 Rn 10 ff, NZM 2017, 473). Im Anschluss an diese Rechtsprechung lässt die ZPO seit 2013 ausdrücklich einen auf Herausgabe *allein* der gemieteten *Räume* beschränkten Vollstreckungsauftrag zu (§ 885a Abs 1 ZPO). Der Geltendmachung des Vermieterpfandrechts an den Sachen des Mieters bedarf es dazu jetzt nicht mehr. Geht der Gläubiger auf diese Weise vor, so ist es dann allein seine Sache, wie er mit den in seinen Räumen befindlichen Sachen des Mieters verfährt (wegen der Einzelheiten s Staudinger/Rolfs [2021] § 546 Rn 65 ff).

4. Verwertung

Die Befriedigung des Vermieters aus den ihm haftenden Sachen des Mieters richtet 7
sich nach den §§ 1228 ff BGB und erfolgt daher (nach Pfandreife) grundsätzlich
durch privatrechtlichen **Verkauf** (LG Mannheim ZMR 1973, 48 = WuM 1972, 200; WuM 1978,
141 f; ausführlich Bruns NZM 2019, 46, 53 ff; Keinert/Oppelt ZMR 2016, 589, 593). Ein besonderer Titel ist dafür nicht erforderlich, wohl aber **Besitz** des Vermieters, sodass
der Vermieter, wenn der Mieter ihm die Sachen nicht freiwillig herausgibt, von dem
Mieter zunächst **Herausgabe der Sachen** zum Zwecke des Verkaufs verlangen muss
(§ 1231 BGB; OLG Frankfurt MDR 1975, 228; Mittelstein, Miete 421; Schmidt-Futterer/
Lammel § 562 Rn 48 ff). Die Vollstreckung des Herausgabeurteils richtet sich nach den
§§ 883 und 886 ZPO. Die Verwertung erfolgt durch Verkauf der Sachen im Wege
öffentlicher Versteigerung durch den Gerichtsvollzieher (§§ 1228 Abs 1, 1233 Abs 1,
1235 Abs 1 und 383 Abs 3 S 1 BGB; Bruns NZM 2019, 46, 53). Stattdessen kann der
Vermieter auch gemäß § 1233 Abs 2 BGB **Klage auf Duldung der Pfandverwertung**
erheben und nach Erlangung eines Titels zum Verkauf der seinem Pfandrecht unterliegenden Mietersachen gemäß den §§ 1233 Abs 1 und 1234 ff BGB schreiten
oder den Verkauf nach den Vorschriften der ZPO über den Verkauf gepfändeter
Sachen bewirken lassen (s §§ 814, 816 ff und 825 ZPO).

5. Insolvenz des Mieters

In der Insolvenz des Mieters begründet das Vermieterpfandrecht nach § 50 Abs 1 7a
InsO ein **Recht auf abgesonderte Befriedigung**, sofern das Pfandrecht bereits **vor
Eröffnung** des Verfahrens entstanden war, wobei es auf den Zeitpunkt der Einbringung der Sachen des Mieters ankommt (s Rn 4; Bruns NZM 2019, 46, 57 f; Priebe NZM
2011, 801, 803, 805). Eine Einbringung von Sachen *nach* Eröffnung des Verfahrens,
durch den Verwalter führt zwar gleichfalls zur Entstehung eines Pfandrechts, sichert
indessen dann nur noch Masseschulden des Mieters aus dem fortbestehenden Mietverhältnis (so jetzt BGH 6. 12. 2017 – XII ZR 95/16 Rn 12, BGHZ 217, 92, 96 = NJW 2018, 1083;
str, s Bruns NZM 2019, 46, 57; Ehricke, in: FS Gerhardt 191, 194 ff; ders KTS 2004, 321, 325 ff;
Keinert/Oppelt ZMR 2016, 589, 593). Zu beachten bleibt die zusätzliche **Beschränkung**,
die sich für die Geltendmachung des Pfandrechts für rückständige Mietforderungen
aus **§ 50 Abs 2 InsO** ergibt (s § 562d Rn 1, 4). Nicht weniger bedeutsam ist die Ausklammerung aller unpfändbaren Sachen durch **§ 562 Abs 1 S 2 BGB**. Der Vermieter
kann deshalb, um Klarheit über den Umfang seines Pfandrechts zu erhalten, von
dem Verwalter **Auskunft** über die seinem Pfandrecht tatsächlich unterliegenden
Sachen des Mieters verlangen (BGH 4. 12. 2003 – IX ZR 222/02, NJW-RR 2004, 772 =
NZM 2004, 224, 225; OLG Dresden NZM 2012, 84 = ZMR 2012; Bruns NZM 2019, 46, 48; Priebe
NZM 2011, 801, 805).

Die freihändige **Verwertung** der dem Vermieterpfandrecht unterliegenden Sachen ist 7b
nach Eröffnung des Verfahrens **Sache des Verwalters** (§ 166 Abs 1 InsO; s schon RGZ
84, 68, 69 f; BGH 9. 10. 2014 – IX ZR 69/14, NJW 2015, 162 Rn 18 = NZM 2015, 51; Priebe NZM
2011, 801, 803, 805). Für eine Anwendung der §§ 562a und 562b BGB ist dabei ebenso
wie in der Einzelvollstreckung kein Raum, sodass der Vermieter der Verwertung
und der dazu erforderlichen Entfernung der Sachen des Mieters nicht widersprechen
kann (s § 562a Rn 9, § 562b Rn 23 und § 562d Rn 4). Der Vermieter wird durch sein Recht
auf abgesonderte Befriedigung geschützt (§ 50 Abs 1 InsO; oben Rn 7a). Das Pfand-

recht setzt sich an dem vom Verwalter erzielten **Erlös** fort, solange dieser noch unterscheidbar in der Masse vorhanden ist; andernfalls erwirbt der Vermieter ein **Ersatzabsonderungsrecht**, das nach § 56 Abs 1 Nr 3 InsO eine Masseschuld begründet (RGZ 84, 68, 69 f; BGH 6. 12. 2017 – XII ZR 95/16 Rn 7, BGHZ 217, 92, 94 = NJW 2018, 1083; 12. 7. 2001 – IX 374/98, NZI 2001, 548 = WM 2001, 1628; 18. 5. 1995 – IX ZR 189/94, LM Nr 23/24 zu § 37 KO [Bl 8] = NJW 1995, 2783, 2787 [insoweit nicht in BGHZ 130, 38 abgedruckt]; OLG Hamm OLGE 17 [1908 II], 3, 4; OLG Hamburg OLGE 21 [1910 II], 203 f; OLG Düsseldorf NZM 2000, 336, 337 = NZI 2000, 82; LG Mannheim ZIP 2003, 2374; Ehricke KTS 2004, 321, 325, 337; Bruns NZM 2019, 46, 57; Priebe NZM 2011, 801, 805). Der Erlös gebührt vorrangig dem Vermieter, soweit seine Mietforderungen durch das Pfandrecht gesichert waren. Jedoch zieht der Verwalter vorweg 9% nebst Mehrwertsteuer für die Kosten der Verwertung ab (§§ 170, 171 InsO). Ein dann etwa noch verbleibender Betrag fällt in die Masse. § 366 Abs 1 BGB findet dabei keine Anwendung, sodass dem Verwalter kein Recht zur Tilgungsbestimmung zusteht; die Reihenfolge der aus dem Erlös getilgten Forderungen richtet sich vielmehr allein nach den §§ 366 Abs 2 und 367 Abs 1 BGB (BGH 9. 10. 2014 – IX ZR 69/14, NJW 2015, 162 Rn 19 ff = NZM 2015, 51, 52 f; Keinert/Oppelt ZMR 2016, 589, 597). Der Verwalter kann jedoch, statt nach § 166 InsO vorzugehen, die Verwertung auch dem Pfandgläubiger überlassen; in diesem Fall ist § 170 Abs 2 InsO zu beachten (s Bruns NZM 2019, 46, 58).

III. Voraussetzungen

1. Gegenstand

8 Dem Vermieterpfandrecht unterliegen nach § 562 Abs 1 S 1 BGB allein die (eingebrachten pfändbaren) Sachen gerade des Mieters, nicht dagegen Sachen Dritter und auch *nicht* Forderungen und sonstige *Rechte* einschließlich zB etwaiger Versicherungsansprüche, die an die Stelle vernichteter eingebrachter Sachen getreten sind (RG GE 1934, 730). Sachen sind nur körperliche Gegenstände im Sinne der §§ 90 und 90a BGB. Bei **Wertpapieren** und ähnlichen Urkunden kommt es darauf an, ob sie einen eigenen Vermögenswert besitzen (Bruns NZM 2019, 46, 47; str). Deshalb erwirbt der Vermieter *kein* Pfandrecht an auf den Namen lautenden Schuldurkunden einschließlich der **Legitimationspapiere**, soweit in ihnen ein bestimmter Gläubiger genannt ist; die wichtigsten Beispiele sind gemäß § 808 BGB **Sparbücher**, auf den Namen lautende Hypothekenbriefe und Lebensversicherungspolicen, bei denen durchweg die Forderung im Vordergrund steht (RGZ 10, 40; 20, 133, 135; 29, 297, 301; Mittelstein, Miete 540; Siber, Pfandrecht 14; anders zT Bruns NZM 2019, 46, 47). **Inhaberpapiere** werden dagegen wie bewegliche Sachen behandelt und unterliegen daher dem Vermieterpfandrecht (§ 1293 BGB). Gleich zu behandeln sind die indossablen Papiere, vor allem also **Wechsel** und Schecks (§ 1292 BGB; Mittelstein, Miete 540). Dasselbe gilt für **Geld** (RG SeuffBl 68 [1903] 244). Aus sozialen Gründen ist bei Geld jedoch § 811 Nr 3 und Nr 8 ZPO entsprechend anzuwenden (analog § 562 Abs 1 S 2 BGB).

9 Die **Verbindung** der Sachen mit dem Grundstück hindert die Entstehung des Pfandrechts nicht, solange der Mieter Eigentümer der Sachen bleibt (§ 95 Abs 2 BGB). Daher unterliegt dem Verpächterpfandrecht zB auch ein von dem Pächter auf dem Grundstück errichtetes Gewächshaus (RG WarnR 1920 Nr 184 S 227, 228). Dasselbe gilt für die Einrichtungen des Mieters. Lediglich Sachen, die wie zB Briefe, Andenken oder Familienfotos keinen Vermögens-, sondern nur einen **Affektions- oder Beweiswert** für den Mieter besitzen, sind nicht Gegenstand des Vermieterpfandrechts (Bruns NZM 2019, 46, 47).

2. Einbringung

Weitere Voraussetzung für die Entstehung eines Vermieterpfandrechts an Sachen **10** des Mieters ist nach § 562 Abs 1 S 1 BGB, dass die fraglichen Sachen vom Mieter „eingebracht" wurden. Durch das Erfordernis der Einbringung der Sachen soll das Vermieterpfandrecht auf solche Sachen des Mieters beschränkt werden, die in einem sachlichen Zusammenhang mit seinem Mietgebrauch stehen (s unten Rn 13). Unter einer Einbringung von Sachen im Sinne des § 562 Abs 1 S 1 BGB versteht man daher – im Gegensatz zur bloßen vorübergehenden Einstellung von Sachen (s Rn 13) – üblicherweise das **willentliche und wissentliche Hineinschaffen der Sachen** durch den Mieter in den durch das Mietverhältnis vermittelten Machtbereich des Vermieters (RGZ 132, 116, 118; BGH 6. 12. 2017 – XII ZR 15/16 Rn 4, BGHZ 217, 92, 95 = NJW 2018, 1083 = JuS 2018, 383; OLG Braunschweig OLGZ 1980, 239, 240; OLG Düsseldorf ZMR 1999, 474, 475; OLG Frankfurt ZMR 2006, 609; OLG Dresden NZM 2012, 84, 89 = ZMR 2012, 268; Bruns NZM 2019, 46, 49; Ehricke, in: FS Gerhardt 191, 193 ff; ders KTS 2004, 321, 324 f; Mittelstein, Miete 534 ff). Mit der Einbringung entsteht das Vermieterpfandrecht, sodass sich der **Rang** des Rechts nach dem Zeitpunkt der Einbringung richtet (s Rn 4; BGH 14. 12. 2006 – IX ZR 102/03, BGHZ 170, 196, 200 Rn 11 = NJW 2007, 1588). Die Einbringung ist **Realakt**. Sie setzt nicht den Willen des Mieters voraus, an den Sachen, die er einbringt, ein Pfandrecht des Vermieters zu begründen. Daher sind etwaige **Willensmängel** des Mieters unbeachtlich (Palandt/Weidenkaff § 562 Rn 6). Nach überwiegender Meinung ist noch nicht einmal **Geschäftsfähigkeit** des Mieters erforderlich (Bruns NZM 2019, 46, 49; Ehricke, in: FS Gerhardt 191, 193 ff; ders KTS 2004, 321, 324 f; Sternel, Mietrecht Rn III 263). Dem ist nur für den Fall beschränkter Geschäftsfähigkeit zuzustimmen (Blank/Börstinghaus § 562 Rn 9; Mittelstein, Miete 535), während **geschäftsunfähige** Mieter nur mit Einwilligung ihrer gesetzlichen Vertreter wirksam Sachen einbringen können.

Grundsätzlich ist die Einbringung nur **während des Laufs** eines Mietvertrages mög- **11** lich (BGH 15. 10. 2014 – XII ZR 163/12, BGHZ 202, 354, 361 Rn 24= NJW 2014, 3775; str, **aM** zB Ehricke, in: FS Gerhardt 191, 193 mwNw). Wenn aber dem Mieter aufgrund des Vertrages gestattet ist, schon **vorzeitig einzuziehen,** so sind die aufgrund dieser Befugnis in die Räume verbrachten Sachen ebenfalls als eingebracht iS des § 562 BGB anzusehen (KG OLGE 33, 321, 322 f). *Anders* dagegen, wenn der Mieter nur einstweilen bereits einzelne Sachen in den Räumen abstellen darf (u Rn 13). **Nach Beendigung** des Mietverhältnisses kann das Pfandrecht *nicht mehr* entstehen, selbst wenn jetzt noch, zB während des Rechtsstreits über die Herausgabe der vom Vermieter zurückbehaltenen Sachen, die Voraussetzungen des Pfandrechts (etwa durch Eigentumserwerb des Mieters oder durch Wegfall der Unpfändbarkeit) eintreten (OLG München MDR 1953, 551 Nr 408; **aM** Bruns NZM 2019, 46, 49; Ehricke, in: FS Gerhardt 191, 193).

Sachen, die der Mieter vom Vormieter oder vom Vermieter erworben hat, gelten **12** selbst dann als eingebracht, wenn sie sich **bei Vertragsbeginn** bereits **auf dem Grundstück** befinden (BGHZ 202, 354, 360 Rn 19 = NZW 2014, 3775; Bruns NZM 2019, 46, 49). Bei Miete eines Grundstückes mit Gleisanschluss sind daher auch die Bahnanlagen eingebracht, sofern sie nur im Eigentum des Mieters stehen (RG JW 1895, 230 Nr 25; Kuhlenbeck JW 1902, 553, 556). Eingebracht sind ferner solche Sachen, die bestimmungsgemäß von vornherein nur zu vorübergehenden Zwecken in den Räumen verbleiben (s oben Rn 11). Daher haftet auch das **Warenlager** eines Kaufmannes dem Vermieter (Palandt/Weidenkaff § 562 Rn 6). Außerdem spielt es keine Rolle, ob die Sache erst in den Mieträumen **hergestellt** worden ist (RGZ 132, 116, 118 f). Werden schließlich die **Räume** in einem Haus aufgrund mehrerer Verträge **gesondert vermietet**, so sichert das Pfandrecht immer nur die Forderungen des Vermieters wegen der Vermietung derjenigen Räume, in die die betreffenden Sachen gerade eingebracht worden sind (RG Gruchot 26 [1882] 997, 998 [für das preußische Recht]; JW 1906, 224 f Nr 7; OLG Hamburg OLGE 38, 92 = SeuffA 73 [1918] Nr 157 S 258, 259; Bruns NZM 2019, 46, 49; Mittelstein, Miete 536 f).

13 Die Einbringung muss von der **bloßen vorübergehenden Einstellung** von Sachen unterschieden werden, bei der gerade derjenige Zusammenhang mit dem Mietverhältnis fehlt, der durch das besondere Erfordernis der Einbringung der Sachen gewahrt werden soll (o Rn 10). Die vorübergehende Verbringung einzelner Sachen auf das gemietete Grundstück *ohne Zusammenhang mit dem Mietverhältnis* begründet deshalb nach hM kein Pfandrecht des Vermieters (s OLG Düsseldorf ZMR 2000, 518, 521; Ehricke, in: FS Gerhardt 191, 199 ff; Mittelstein, Miete 537 f). Anders verhält es sich dagegen, wenn der vorübergehende Verbleib der fraglichen Sache auf dem Grundstück der ordnungsmäßigen Nutzung der Mietsache entspricht; Paradigma sind Kraftfahrzeuge, deren Unterbringung auf dem Mietgrundstück dessen bestimmungsgemäßer Nutzung entspricht, insbesondere wenn sich auf dem Grundstück ein Stellplatz oder eine Garage befindet (grundlegend BGH 6. 12. 2017 – XII ZR 95/16 Rn 11, BGHZ 217, 92, 95 = NJW 2018, 1083). Dasselbe gilt für sämtliche anderen Sachen, die wie zB **Arbeitsgeräte**, Fahrräder oder Kinderwagen im Zusammenhang mit dem vertragsgemäßen Gebrauch auf dem Grundstück abgestellt werden (OLG Düsseldorf ZMR 2000, 518, 521; OLG Frankfurt ZMR 2006, 609; LG Neuruppin NZM 2000, 962). Voraussetzung ist freilich immer, dass der Abstellplatz mitvermietet ist; andernfalls ist für die Anwendung des § 562 BGB kein Raum (Bronsch ZMR 1970, 1). Sachen, die sich auf Grundstücksteilen befinden, die nicht mitvermietet sind, können nicht als eingebracht behandelt werden (RG Gruchot 26 [1882] 997, 998). Als nicht eingebracht (i S d § 562 BGB) werden nach dem Gesagten zB **Ansichts- oder Probesendungen** angesehen, sodass sie folglich nicht dem Vermieterpfandrecht unterliegen, selbst wenn an ihnen bereits Eigentum des Mieters besteht (gegen diese in der Tat nur schwer nachzuvollziehende Unterscheidung Bruns NZM 2019, 46, 49). Ebenso wird verbreitet für die **Tageskasse** des Mieters entschieden, weil eben das Geld in der Tageskasse immer nur ganz vorübergehend auf dem Grundstück verbleiben soll (OLG Braunschweig OLGZ 1980, 239, 240; Ehricke, in: FS Gerhardt 191, 200 f); auf jeden Fall dürfte aber bei der Tageskasse in aller Regel die Ausnahme des § 562a S 2 BGB eingreifen (s unten § 562a Rn 18).

14 Bei **Mieterwechsel** wird überwiegend angenommen, dass die noch von dem alten Mieter eingebrachten Sachen nicht für die Schulden des neuen Mieters haften (OLG Hamburg OLGE 7, 462, 463). Das ist unproblematisch, wenn die Parteien den alten Vertrag aufheben und der Vermieter sodann einen neuen Vertrag mit dem Nachfolger abschließt. Aber auch, wenn der neue Mieter in den Vertrag als **Rechtsnachfolger** des ersten Mieters eintritt, kann nichts anderes gelten, da dann ebenfalls grundsätzlich keiner der beiden Mieter für die Schulden des anderen haftet (s oben

STAUDINGER/V EMMERICH [2021] § 540 Rn 44). Anders verhält es sich nur, wenn der neue Mieter **neben dem bisherigen** in den Mietvertrag eintritt, weil beide Mieter in diesem Fall im Zweifel Gesamtschuldner werden (§ 427 BGB) mit der Folge, dass die von dem alten Mieter eingebrachten Sachen gleichfalls weiter für die Vermieterforderungen haften (BGH 15. 2. 1995 – XII ZR 260/93, LM Nr 9 zu § 559 BGB [Bl 2 R] = NJW 1995, 1350). Entsprechendes gilt schließlich, wenn der Nachfolger die Mietschulden seines Vorgängers übernimmt: Hier haften die vom Nachfolger eingebrachten Sachen auch für die übernommenen Schulden (BGH 31. 5. 1965 – VIII ZR 302/68, LM Nr 3 zu § 559 BGB [Bl 4 R] = NJW 1965, 1475). Im Falle des Wechsels des Vermieters infolge der **Veräußerung** des Grundstücks ist § 566 BGB zu beachten mit der Folge, dass der Erwerber neben dem Veräußerer ein eigenes Pfandrecht an den eingebrachten Sachen erwirbt, dessen Rang sich ebenfalls nach dem Zeitpunkt der Einbringung der Sachen (s Rn 4, 17, 35), nicht etwa nach dem des Eigentumserwerbs richtet, sodass beide Pfandrechte, das des Veräußerers und das des Erwerbers *denselben Rang* haben (s § 566 Rn 5 f; grdl BGH 15. 10. 2014 – XII ZR 163/12, BGHZ 202, 354, 360 Rn 21 ff = NJW 2014, 3775; BRUNS NZM 2019, 46, 49).

3. Eigentum des Mieters

Das Vermieterpfandrecht entsteht nach § 562 Abs 1 BGB nur an (eingebrachten und pfändbaren) Sachen gerade des Mieters. Die Sachen müssen maW im **Eigentum des Mieters** stehen. Kein Pfandrecht entsteht dagegen an Sachen **Dritter**, selbst wenn es sich um Angehörige des Mieters handelt, solange die Angehörigen nur nicht selbst Parteien des Mietvertrages sind (s unten Rn 19). Bei einem Streit mit Dritten über sein Pfandrecht ist der Vermieter beweispflichtig, und zwar insbesondere auch hinsichtlich des Eigentums des Mieters an den fraglichen Sachen (Rn 39). Auf § 1006 BGB kann sich der Vermieter dabei nicht berufen (s Rn 40). Um dem Vermieter den schwierigen Beweis des Eigentums des Mieters zu erleichtern, ist anzunehmen, dass er von dem Mieter nach Treu und Glauben **Auskunft** über die Eigentumsverhältnisse verlangen kann, da dem Vermieter anders vielfach eine Verteidigung seines Pfandrechts an Sachen im Besitz des Mieters gegen Dritte nicht möglich sein dürfte (§ 242; s unten Rn 36; OLG Frankfurt ZMR 2012, 943, 944; BRUNS NZM 2019, 46, 48; GUHLING/GÜNTHER/ GELDMACHER Rn 99). **15**

Es genügt, wenn der Mieter lediglich **Miteigentümer** ist. Das Pfandrecht entsteht dann entsprechend § 1258 BGB an dem Miteigentumsanteil des Mieters (BLANK/ BÖRSTINGHAUS § 562 Rn 14). Eigentümer ist ferner auch der **Vorerbe**, sodass vom Vorerben als Mieter eingebrachte Nachlassgegenstände dem Vermieterpfandrecht unterliegen (RGZ 80, 30, 33; OLG Frankfurt OLGE 33, 151 = SeuffA Bd 71 [1916] Nr 206 S 352, 353 f). Den Mieter hindert als Eigentümer außerdem nichts, dem Vermieter noch zusätzlich ein **vertragliches Pfandrecht** (§§ 1204 ff BGB) zu bestellen; beide Pfandrechte stehen dann selbständig nebeneinander (RG Gruchot Bd 49 [1905] 840, 841). **15a**

Hat der Mieter lediglich **auflösend bedingtes Eigentum** erworben, so ist § 161 Abs 2 BGB entsprechend anzuwenden mit der Folge, dass das Pfandrecht mit Bedingungseintritt erlischt (H EMMERICH, Pfandrechtskonkurrenzen 53; NIENDORFF, Mietrecht 397; PALANDT/WEIDENKAFF § 562 Rn 7; – aM MITTELSTEIN, Miete 543). Anders dagegen, wenn der Mieter **aufschiebend bedingtes Eigentum** erworben hat (Paradigma: Eigentumsvorbehalt): In diesem Fall ist er bei Einbringung zwar noch nicht Eigentümer, sodass an **15b** der (vorerst) noch fremden Sache bei Einbringung kein Pfandrecht des Vermieters entstehen kann. Die Rechtsprechung billigt dem Vermieter indessen zum Ausgleich ein Pfandrecht an dem **Anwartschaftsrecht** des Mieters zu. Die praktische Bedeutung dieses „Pfandrechts" erschöpft sich freilich darin, dass der Vermieter durch Zahlung des Restpreises auch gegen den Widerspruch des Mieters (§ 267 Abs 2 BGB) den Bedingungseintritt herbeiführen kann, wodurch er dann ein Pfandrecht an der Sache erwirbt, und zwar *mit Vorrang* vor in der Zwischenzeit begründeten Pfändungspfandrechten Dritter (BGHZ 35, 85, 88 f = NJW 1961, 1349; BGHZ 117, 200, 205 f = NJW 1992, 1156; BGH 31. 5. 1965 – VIII ZR 362/63, LM Nr 3 zu § 559 BGB = NJW 1965, 1475; WM 1965, 1079, 1081; OLG Düsseldorf NZM 1998, 237 = NJW-RR 1998, 559; KG GE 2000, 675; Bruns NZM 2019, 46, 48; Guhling/Günter/Geldmacher Rn 66). Umstritten ist die Rechtslage in der **Insolvenz des Mieters**, wenn der Verwalter die Erfüllung des Vertrages gemäß § 103 InsO wählt. Überwiegend wird verneint, dass der Vermieter dann bei Bedingungseintritt nach Insolvenzeröffnung noch ein Vermieterpfandrecht und damit ein Absonderungsrecht erwerben kann, insbesondere unter Hinweis auf § 91 InsO (so Guhling/Günter/Geldmacher Rn 66a mwNw; anders zB Ehricke, in: FS Gerhardt 191, 203 ff). **Überträgt** der Mieter sein **Anwartschaftsrecht** noch vor Bedingungseintritt auf einen Dritten, so erwirbt dieser bei Bedingungseintritt das Eigentum an der Sache zwar unmittelbar von dem Veräußerer, jedoch *belastet* mit dem in der Zwischenzeit begründeten *Vermieterpfandrecht* (BGHZ 35, 85, 88 ff = NJW 1961, 1349; BGHZ 117, 200, 205 = NJW 1992, 1156; BGH 31. 5. 1965 – VIII ZR 362/63, LM Nr 3 zu § 559 BGB = NJW 1965, 1475; WM 1965, 1079, 1081).

16 Zusätzliche Fragen stellen sich, wenn das Vermieterpfandrecht mit einer **Sicherungsübereignung**, etwa des Warenlagers eines Kaufmanns zu Gunsten einer Bank, zusammentrifft (s hierzu Eckert ZIP 1984, 663; Ehricke, in: FS Gerhardt 191, 205 ff; Fischer JuS 1993, 542; Gnamm NJW 1992, 2806; Hennrichs Betrieb 1993, 1707; Nicolai JZ 1996, 219; Vortmann ZIP 1988, 626; Weber/Rauscher NJW 1988, 1571). Man muss hier verschiedene Fallgestaltungen unterscheiden: Unproblematisch ist die Rechtslage lediglich dann, wenn **die Sicherungsübereignung** der fraglichen, dem Mieter gehörenden oder von ihm unter Eigentumsvorbehalt erworbenen Gegenstände bereits **vor** ihrer **Einbringung** in die vermieteten Räume erfolgte. Da der Mieter dann bei Einbringung der Sachen in die Räume das Eigentum oder Anwartschaftsrecht bereits wieder verloren hatte, gebührt in diesem Fall dem Sicherungseigentümer der Vorrang vor dem Vermieter (Fischer JuS 1993, 542; Weber/Rauscher NJW 1988, 1571; ebenso offenbar BGH 15. 10. 2014 – XII ZR 163/12, BGHZ 202, 354, 364 f Rn 31 = NJW 2014, 3775; offen gelassen aber in BGHZ 117, 200, 207 = NJW 1992, 1156).

17 Anders zu beurteilen ist die Rechtslage dagegen, wenn die im Eigentum des Mieters stehenden oder von ihm unter Eigentumsvorbehalt erworbenen Sachen erst **nach** ihrer **Einbringung** in die vermieteten Räume an einen Dritten zur Sicherheit **übereignet** werden. Denn hier kann der Dritte, wie gezeigt (o Rn 15a), nur ein mit dem Vermieterpfandrecht belastetes Sicherungseigentum erwerben (BGH 15. 10. 2014 – XII ZR 163/12, BGHZ 202, 354, 360 Rn 20 = NJW 2014, 3775; OLG Düsseldorf NZM 1998, 237 = NJW-RR 1998, 559; ZMR 1999, 474, 479; OLG Naumburg JW 1930, 2998 f). Daran ändert sich nach Meinung des BGH selbst durch eine zwischenzeitliche **Veräußerung** des Grundstücks nichts, da sich der Rang des Pfandrechts des in den Vertrag nach § 566 BGB eintretenden Erwerbers ebenfalls nach dem Zeitpunkt der *Einbringung* der Sachen (s Rn 4) und nicht etwa nach dem Zeitpunkt seines Eigentumserwerbs und des damit verbundenen Eintritts in den Mietvertrag richte; eine Sicherungsübereignung in der Zeit zwischen Abschluss des Mietvertrages und Veräußerung des Grundstücks ändere deshalb nichts mehr an dem *Vorrang* auch des Pfandrechts des Erwerbers vor zwischenzeitlichen Sicherungsübereignungen (BGH 15. 10. 2014 – XII ZR 163/12, BGHZ 202, 354, 359 ff. Rn 18 ff, besonders 361 Rn 22 f = NJW 2014, 3775). Der Sache nach behandelt der BGH damit den Erwerber als *Rechtsnachfolger* des Veräußerers – trotz abweichenden Ausgangspunkts (s oben Rn 14 und unten § 566 Rn 5 f).

Ebenso ist die Rechtslage zu beurteilen, wenn die Sache erst **später hergestellt** wird, **17a** da sie dann im Augenblick ihrer Fertigstellung und Übereignung ebenfalls bereits vom Vermieterpfandrecht erfasst wird (RG WarnR 1920 Nr 184 S 227, 228 f). Diesem Fall hat die Rechtsprechung später auch den verbreiteten Fall der **Sicherungsübereignung eines Warenlagers mit wechselndem Bestand** gleichgestellt, obwohl hier auf den ersten Blick bei nachträglich eingebrachten Waren Sicherungsübereignung und Entstehung des Vermieterpfandrechts zusammenfallen. Während im Schrifttum deshalb verbreitet **Gleichrangigkeit** beider Sicherungsrechte angenommen wird (FISCHER JuS 1983, 542, 544 f; HANNEMANN/WIEK/EMMERT, Hdb § 16 Rn 9; WEBER/RAUSCHER NJW 1988, 1571, 1572 f; wieder anders GNAMM NJW 1992, 2806 f), hat sich der **BGH** auch für diese Fallgestaltung für einen generellen **Vorrang des Vermieterpfandrechts** vor dem gleichzeitig entstehenden Sicherungseigentum eines Dritten entschieden, vor allem, um eine „Aushöhlung" des Vermieterpfandrechts durch die um sich greifende Sicherungsübereignung ganzer Warenlager zu verhindern (BGHZ 117, 200, 207 = NJW 1992, 1156; OLG Düsseldorf NZM 1998, 237 = NJW-RR 1998, 559; KG GE 2000, 675, 676; OLG Stuttgart NZM 2012, 76; EHRICKE, in: FS Gerhardt 191, 205 f).

Ist eine **OHG oder KG** Mieterin, so haften dem Vermieter wegen der weitgehenden **18** Verselbständigung dieser Gesellschaften (§§ 124, 161 HGB) allein die zum Gesellschaftsvermögen gehörenden, von der Gesellschaft eingebrachten Sachen, nicht dagegen die Sachen der persönlich haftenden Gesellschafter; denn diese Sachen sind keine der Gesellschaft gehörenden und von dieser eingebrachten Sachen – ungeachtet der persönlichen Haftung der Gesellschafter, die von der Gesellschaft unterschieden werden müssen (BRUNS NZM 2019, 46, 48; GUHLING/GÜNTER/GELDMACHER Rn 60). Ebenso wird man heute bei der **BGB-Außengesellschaft** wegen ihrer weitgehenden Annährung an die OHG zu entscheiden haben (aM BLANK/BÖRSTINGHAUS § 562 Rn 14). Anders ist die Rechtslage dagegen, wenn **nur einzelne Mitglieder** einer Gesamthandsgemeinschaft den Mietvertrag abgeschlossen haben, zB nur einzelne Gesellschafter oder Miterben. In diesem Fall erstreckt sich das Pfandrecht weder auf die Gegenstände, die zum Gesamthandsvermögen gehören, noch auf den Anteil der Mieter an der Gemeinschaft, da er ein bloßes Recht ist (RG JW 1937, 613, 614 Nr 3; PALANDT/ WEIDENKAFF § 562 Rn 7).

4. Sachen Dritter

Sachen Dritter haften dem Vermieter nach § 562 Abs 1 S 1 BGB in keinem Fall **19** (Mot II 404 f; Prot II 205). Auch ein gutgläubiger Erwerb des Pfandrechts an Sachen Dritter scheidet aus (s Rn 3). Der Vermieter erwirbt insbesondere **kein Pfandrecht** an den **Sachen** der **Angehörigen** des Mieters, solange diese nicht ebenfalls Vertragsparteien sind. Anders deshalb, wenn Ehegatten gemeinsam eine Wohnung mieten, wobei dann auch die Vermutung des § 1362 BGB zu beachten ist (s oben Rn 15; ebenso schon die Mot II 404 f; OLG Düsseldorf DWW 1987, 330). Anders auch, wenn zwischen den Ehegatten Gütergemeinschaft vereinbart ist und der verwaltende Ehegatte oder beide zusammen den Mietvertrag abgeschlossen haben (§§ 1437 f BGB; Prot II 205). Die Sachen des **Untermieters** sind im Verhältnis zum Hauptvermieter Sachen Dritter und unterliegen deshalb ebenfalls nicht dem Vermieterpfandrecht. An dieser Rechtslage ändert sich selbst dann nichts, wenn zur Umgehung des Vermieterpfandrechts eine vermögenslose Person als Mieter vorgeschoben wird (OLG Hamburg DR 1939, 1381; OLG Düsseldorf DWW 1987, 330; Guhling/Günter/Geldmacher Rn 55 ff).

20 Mieterfremde Sachen sind auch solche, die der Mieter **dem Vermieter** vor Einbringung **übereignet** hat, sodass an derartigen, dem Vermieter selbst gehörigen Sachen kein Pfandrecht begründet wird, da ein Pfandrecht an eigenen Sachen grundsätzlich nicht möglich ist (§ 1256 Abs 1 S 1 BGB); bei *nachträglicher* Übereignung geht das Pfandrecht folgerichtig in aller Regel unter (s aber für Ausnahmen § 1256 Abs 2 BGB; RG WarnR 1927 Nr 102). Dasselbe gilt, wenn einem Dritten, der vom Mieter mit dem Pfandrecht belastetes Eigentum an eingebrachten Sachen erworben hatte, nachträglich vom Vermieter die Mietforderung abgetreten wird, da mit dieser auch das Pfandrecht auf ihn übergeht (§ 401 Abs 1 BGB; BGHZ 27, 227, 233 = NJW 1958, 1282).

5. Lastenfreier Erwerb Dritter?

21 An Sachen, die mit einem Vermieterpfandrecht belastet sind, ist zwar nach § 936 Abs 1 BGB an sich ein gutgläubiger lastenfreier Erwerb Dritter möglich. Jedoch handelt nach hM grundsätzlich **grob fahrlässig**, wer sich auf einem gemieteten Grundstück in Kenntnis des Bestehens eines Mietvertrages bewegliche Sachen übereignen lässt, ohne sich bei dem Vermieter nach dessen Pfandrecht zu erkundigen (§§ 936 Abs 2, 932 Abs 2 BGB; RG JW 1937, 613 Nr 3; BGH WM 1965, 701, 704; NJW 1972 43, 44 [insoweit in BGHZ 57, 166 nicht abgedruckt]; 3. 2. 2011 – IX ZR 132/10, NZM 2011, 275 Nr 2; OLG Jena GE 2006, 383, 385; – dagegen ausführlich Fehrenbach [NZM 2012, 12] unter zutreffendem Hinweis auf die erhebliche Belastung des Rechtsverkehrs durch diese Praxis; ebenso Bruns NZM 2019, 46, 50). Bei dem Erwerb durch Besitzkonstitut (§ 931 BGB) muss außerdem die Übergabe der fraglichen Sachen hinzukommen (§§ 936 Abs 1 S 2, 933 BGB; BGH 20. 6. 2005 – II ZR 189/03, NZM 2005, 665 = NJW-RR 2005, 1328). Wer eine mit einem Vermieterpfandrecht belastete Sache erworben hat, darf einer Pfändung der Sache durch den Vermieter wegen Mietrückständen nicht nach **§ 771 ZPO** widersprechen, weil er die Verwertung der Sache durch den Vermieter nach materiellem Recht dulden muss (s unten Rn 36; RG JW 1934, 1484 Nr 4 = WarnR 1934 Nr 51 S 110, 111 f; OLG Naumburg JW 1930, 2998 f).

6. Unpfändbare Sachen

22 Unpfändbaren Sachen des Mieters unterliegen aus sozialen Gründen (Mot II 405) nicht dem Vermieterpfandrecht (§ 562 Abs 1 S 2 BGB). Welche Sachen dies sind, ergibt sich in erster Linie aus **§ 811** und **§ 811c ZPO** (Haase JR 1971, 323). Ob auch der in **§ 812 ZPO** genannte Hausrat dazu gehört, ist streitig, nach dem Zweck des § 562 Abs 1 S 2 BGB aber wohl zu bejahen (LG Köln ZMR 1964, 364; AG Köln WuM 1989, 296; Blank/Börstinghaus Rn 27; Guhling/Günter/Geldmacher Rn 19). Bei der **Wohnraummiete** sind somit dem Vermieterpfandrecht insbesondere nicht Radio, Fernsehgerät, Kühlschrank und Waschmaschine des Mieters unterworfen (LG Berlin NJW-RR 1992,

1038). Bei der **Geschäftsraummiete** sind dagegen vor allem die halbfertigen, noch nicht zum Verkauf bestimmten Waren unpfändbar, während die bereits zum Verkauf bestimmten fertigen Waren gepfändet werden können (§ 811 Nr 5 ZPO) und deshalb auch dem Vermieterpfandrecht unterliegen. Eine **Austauschpfändung analog § 811a ZPO** kommt nicht in Betracht, weil das hierfür vorgesehene gerichtliche Verfahren nicht auf das Vermieterpfandrecht übertragen werden kann (LG Aurich NJW 1954, 1606 f). Ebensowenig anwendbar ist im vorliegenden Zusammenhang § 865 ZPO. Auch für die Anwendung des Übermaßverbotes des **§ 803 Abs 1 S 2 ZPO** ist hier kein Raum, weil § 562a S 2 Fall 2 BGB eine spezielle Regelung enthält (KG ZMR 2016, 939 = GE 2017, 352; Palandt/Weidenkaff § 562 Rn 17).

Gegenstände, die zunächst unpfändbar waren, sind von dem Augenblick an dem 23 Pfandrecht unterworfen, in dem die **Unpfändbarkeit** *(während* des Mietverhältnisses, nicht danach) **entfällt** (OLG München MDR 1953, 551 Nr 408). Maßgebender **Zeitpunkt** für die Beurteilung der Unpfändbarkeit ist der der Geltendmachung des Pfandrechts (OLG München MDR 1953, 551 Nr 408; OLG Jena GE 2006, 383; Bruns NZM 2019, 46, 48). Ein Streit über die Unpfändbarkeit eines Gegenstandes und damit über den Bestand des Vermieterpfandrechts kann nur durch **Klage**, *nicht* im Verfahren des *§ 766 ZPO* ausgetragen werden (RG WarnR 1921 Nr 28 S 32; OLG Frankfurt MDR 1979, 316 Nr 65 = BB 1979, 136 f). Die Beweislast für die Unpfändbarkeit bestimmter Gegenstände trägt der Mieter (u Rn 39).

Dem Mieter steht es frei, dem Vermieter einzelne an sich unpfändbare Sachen 24 **rechtsgeschäftlich zu verpfänden**, wozu jedoch grundsätzlich die Übergabe der fraglichen Sachen an den Vermieter erforderlich ist (§ 1205 BGB). In der Praxis wird deshalb gelegentlich versucht, die Verpfändung durch die Begründung eines **rechtsgeschäftlichen Zurückbehaltungsrechts** an einzelnen Sachen zu ersetzen. Trotz Billigung durch die ältere Rechtsprechung (RGSt 35, 150; 37, 118, 123 ff) ist indessen dieser Versuch zur Umgehung des zwingenden § 562 Abs 1 S 2 BGB zum Scheitern verurteilt, da der Vermieter durch solche Abrede weder den Besitz der Sachen noch ein Recht zu ihrer Verwertung erlangen kann, sodass die Abrede ohne Sinn ist (LG Berlin GE 2011, 1310).

IV. Gesicherte Forderungen

1. Forderungen aus dem Mietverhältnis

Der Kreis der gesicherten Forderungen beschränkt sich nach § 562 Abs 1 S 1 aus 25 kredit- und sozialpolitischen Erwägungen auf Forderungen des Vermieters gerade „aus dem Mietverhältnis" (s unten Rn 26 ff). Sonstige Forderungen des Vermieters werden durch das Pfandrecht nicht gesichert. Wegen des mieterschützenden Zwecks dieser Regelung darf der Kreis der danach allein gesicherten Forderungen aus dem Mietverhältnis grundsätzlich auch nicht erweiternd, sondern muss **restriktiv ausgelegt** werden, schon, um eine unvertretbare Beschränkung der wirtschaftlichen Bewegungsfreiheit des Mieters und eine übermäßige Benachteiligung der übrigen Gläubiger zu vermeiden (BGHZ 60, 22, 24 = NJW 1973, 238; BGH 8. 3. 1972 – VIII ZR 183/70, LM Nr 51 zu § 535 BGB = NJW 1972, 721; OLG Hamm NJW-RR 1994, 655, 656; OLG Düsseldorf ZMR 2000, 518, 520 f; Bruns NZM 2019, 52; Mittelstein, Miete 549 ff). Zwischen Geldforderungen und Ansprüchen auf Vornahme einer Handlung, zB auf Durchführung der **Schön-**

heitsreparaturen wird dabei nicht unterschieden, vorausgesetzt, dass der Anspruch auf Vornahme einer Handlung in eine Geldforderung übergehen kann (s §§ 1257, 1228 Abs 2 S 2 BGB; Guhling/Günter/Geldmacher Rn 76).

26 Forderungen aus dem Mietverhältnis sind nur solche, die sich aus dem Wesen des Mietverhältnisses als einer entgeltlichen Gebrauchsüberlassung ergeben (BGHZ 60, 22, 25 = NJW 1973, 238), insbesondere also die **Mietforderung**, die Forderungen wegen der **Betriebskosten** (s § 556 BGB) sowie etwaige **Ersatzansprüche** des Vermieters wegen einer Beschädigung der Mietsache oder einer Verletzung der Anzeige- oder Rückgabepflicht durch den Mieter (BGHZ 60, 22, 24 f = NJW 1973, 238; OLG Hamm NJW-RR 1994, 655, 656; OLG Düsseldorf ZMR 2000, 518, 520 f). Außerdem sind noch gemäß § 1210 BGB gesichert die Ansprüche des Vermieters auf **Zinsen** oder auf eine Vertragsstrafe (str) sowie die sog **Nebenkosten** des Vermieters als Pfandgläubiger einschließlich der Kosten der Rechtsverfolgung und der Kosten des Pfandverkaufs (§ 1210 Abs 2 BGB), wozu zB auch die Kosten eines Kündigungsprozesses und der anschließenden Zwangsvollstreckung gehören (Guhling/Günter/Geldmacher Rn 77; Schmidt-Futterer/Lammel § 562 Rn 37 ff).

27 **Beispiele** für gesicherte Forderungen sind der Anspruch des Vermieters auf Bezahlung der Kosten von Heizung oder Müllabfuhr (BGHZ 60, 22, 25 = NJW 1973, 238) sowie der Anspruch auf Leistung von Baukostenzuschüssen (BGHZ 60, 22, 25 f = NJW 1973, 238), ferner seine Ansprüche aus § 546a BGB oder eine Mietausfallforderung, etwa im Falle vorzeitiger Kündigung oder Vertragsaufhebung (RG Recht 1909 Nr 1985; BGH 8. 3. 1972 – VIII ZR 183/70, LM Nr 51 zu § 535 BGB = NJW 1972, 721; weitere Beispiele bei Bruns NZM 2019, 46, 52; Guhling/Günter/Geldmacher Rn 77). § 562 ist ferner anwendbar, wenn der Mieter die Schulden des Vormieters als eigene übernimmt, nicht dagegen im Falle einer bloßen Erfüllungsübernahme (BGH 8. 3. 1972 – VIII ZR 183/70, LM Nr 51 zu § 535 BGB [Bl 4 R] = WM 1965, 701; Guhling/Günter/Geldmacher Rn 79). Umstritten ist die Behandlung der Forderung des Vermieters auf Zahlung einer **Kaution** (s § 551 BGB), weil häufig die Sicherungsabrede von dem Mietvertrag getrennt wird. Tatsächlich dürfte indessen für solche (künstliche) Trennung nur selten Raum sein, sodass zumindest in einer Vielzahl von Fällen letztlich kein Weg an § 562 BGB vorbeiführt (Bruns NZM 2019, 46, 52; ebenso wohl LG Regensburg NJW-RR 1992, 717, 718). *Nicht* gesichert ist dagegen in der Tat der Anspruch des Vermieters auf Rückzahlung eines dem Mieter nur im Zusammenhang mit dem Mietvertrag gegebenen **Darlehens** (BGHZ 60, 22, 26 = NJW 1973, 238; BGH 19. 12. 2013 – IX ZR 127/11, NJW 2014, 1239 Rn 14 = NZM 2014, 393, 394). Dasselbe gilt für Forderungen des Vermieters oder Verpächters aus einem neben dem Mietvertrag stehenden **Bierlieferungsvertrag** sowie zB noch für die Kosten der Rechtsverfolgung des Vermieters gegen einen Mietbürgen (RG JW 1905, 19 Nr 16; Recht 1909 Nr 3332).

28 Bei **Vertragsverbindungen** werden nur die Forderungen aus dem Mietvertrag gesichert (s Rn 27; BGHZ 60, 22, 26 ff = NJW 1973, 238). Bei **gemischten Verträgen** kommt es darauf an, ob das *mietvertragliche* Element im Vordergrund steht (Bruns NZM 2019, 46, 48 f). Das ist zB anzunehmen, wenn der Zimmervermieter zusätzlich die Reinigung oder die Verpflegung des Mieters übernimmt und für alle diese Leistungen eine einheitliche Miete vereinbart wird (BGHZ 60, 22, 25 = NJW 1973, 238). Anders dagegen, wenn diese Leistungen eigenständig neben die Raumüberlassung treten; dann besteht das Pfandrecht des Vermieters nur für den der Miete entsprechenden Teil der

Vergütung (MITTELSTEIN, Miete 550). Umstritten ist, welche Folgerungen sich daraus für die Verträge über die Unterbringung von Pferden, die so genannten **Pferdeeinstellverträge**, ergeben. Obwohl solche Verträge gleichermaßen Elemente der Verwahrung und der Miete enthalten (s STAUDINGER/V EMMERICH [2021] Vorbem 43 zu § 535), dürften doch auf sie die §§ 562 ff BGB zur Sicherung der Stallbetreiber wegen ihrer Forderungen gegen die Einsteller der Pferde *anwendbar* sein (HÄUBLEIN NJW 2009, 2982, 2986; anders die wohl überwiegende Meinung, zB OLG Brandenburg NJW-RR 2006, 1558; BRUNS NZM 2019, 46, 49). Reine Miete sind schließlich die Verträge über die entgeltliche Überlassung einer **Pferdebox**, sodass hier an dem Pfandrecht des Vermieters an dem eingestellten Pferd des Mieters kein Zweifel bestehen kann (GUHLING/GÜNTER/GELDMACHER Rn 78).

2. Nicht künftige Entschädigungsforderungen

Für zwei Gruppen von Forderungen des Vermieters aus dem Mietverhältnis kann **29** nach § 562 Abs 2 BGB, wiederum in erster Linie, um eine übermäßige Sicherung des Gläubigers zu verhindern, unter bestimmten Voraussetzungen das Vermieterpfandrecht nicht „geltend gemacht" werden kann. Es sind dies einmal künftige Entschädigungsforderungen (u Rn 30 ff), zum anderen Mietforderungen für eine spätere Zeit als das laufende und das folgende Mietjahr (dazu u Rn 33 f). Das Gesetz beschränkt sich zwar in beiden Fällen auf die Anordnung, dass das Pfandrecht „nicht geltend gemacht werden" kann. Sinnvollerweise kann damit aber nur gemeint sein, dass insoweit **kein Pfandrecht** des Vermieters entsteht (ROQUETTE § 559 Rn 17; anders eine verbreitete Meinung, zB GUHLING/GÜNTER/GELDMACHER Rn 82 mwNw). Es ist nicht erkennbar, welchen Sinn die Annahme eines Rechts haben sollte, das tatsächlich in keiner Weise geltend gemacht werden kann und das auch keine rangwahrende Funktion hat (so aber BLANK/BÖRSTINGHAUS § 562 Rn 29).

Zukünftige Entschädigungsforderungen sind solche Ersatzansprüche des Vermieters, **30** namentlich wegen einer Beschädigung der Mietsache oder wegen einer vorzeitigen Auflösung des Vertrages, die jetzt, dh im Augenblick ihrer Geltendmachung (s Rn 31), noch *nicht liquide* sind, sodass sie noch nicht mit Erfolg eingeklagt werden können, auch nicht im Wege der Feststellungsklage, weil ihre Entstehung noch von zukünftigen ungewissen Ereignissen abhängt. Der Begriff wird üblicherweise – zum Schutze des Mieters – *weit* ausgelegt (Beispiele s unten Rn 32). Den Gegensatz bilden **gegenwärtige Entschädigungsforderungen**, dh solche, die in dem fraglichen Zeitpunkt der Geltendmachung (u Rn 31) bereits mit Erfolg *eingeklagt* werden könnten, und sei es auch nur durch Feststellungsklage. *Nicht* ausreichend ist, dass der Anspruchsgrund, zB durch eine Beschädigung der Mietsache, bereits vorliegt; vielmehr muss hinzukommen, dass bei Geltendmachung auch schon feststeht, ob und gegebenenfalls welcher *Schaden* dem Vermieter entstanden ist (RGZ 54, 301, 302; 142, 201, 205 f; RG JW 1934, 403, 404; BGH 5. 3. 1972 – VIII ZR 183/70, LM Nr 51 zu § 535 BGB [Bl 2 R] = NJW 1972, 721 = WM 1972, 776; OLG Hamm NJW-RR 1994, 655, 656; OLG Düsseldorf NZM 1998, 237 = ZMR 2000, 518, 520; MITTELSTEIN, Miete 552 f).

Maßgeblicher Zeitpunkt für die **Abgrenzung** zwischen gegenwärtigen und zukünfti- **31** gen Entschädigungsforderungen ist der der **Geltendmachung** des Pfandrechts (OLG Hamm NJW-RR 1994, 655, 656; OLG Düsseldorf NZM 1998, 237, 238 = ZMR 2000, 518, 520). Entscheidend ist daher, ob in diesem Zeitpunkt mit Aussicht auf Erfolg *zumindest* eine *Feststellungsklage* erhoben werden könnte. Für die Geltendmachung ist keine gerichtliche Geltendmachung nötig; vielmehr genügt jeder Vorgang, durch den der Vermieter sein gesetzliches Pfandrecht zur Geltung bringt. **Beispiele** sind die Verhinderung der Entfernung, die Inbesitznahme sowie die Erhebung der Klage auf Herausgabe der Sache oder auf vorzugsweise Befriedigung aufgrund des § 805 ZPO (RGZ 54, 301, 303; RG JW 1934, 403, 404; BGH 5. 3. 1972 – VIII ZR 183/70, LM Nr 51 zu § 535 BGB = NJW 1972, 721; BeckOGK/Reuschle [1. 10. 2020] Rn 15; Guhling/Günter/Geldmacher Rn 84), nicht dagegen idR die Pfändung der Sachen (u Rn 36). Der Vermieter wird durch diese Regelung *nicht* gehindert, für später entstandene Entschädigungsforderungen sein Pfandrecht später erneut geltend zu machen (BGH 5. 3. 1972 – VIII ZR 183/70, LM Nr 51 zu §§ 535 ff BGB = NJW 1972, 721; OLG Düsseldorf NZM 1998, 237, 238 = ZMR 2000, 518, 520), nur, dass dann zwischenzeitlich begründete Pfändungspfandrechte Dritter den Vorrang haben. Außerdem kann das Pfandrecht jetzt nicht mehr entstehen, wenn der Mietvertrag inzwischen beendet ist, wenn die fraglichen Sachen zwischenzeitlich von dem Grundstück entfernt wurden (§ 562a S 1 BGB; s OLG Düsseldorf NZM 1998, 237, 238 = ZMR 2000, 518, 520) oder wenn der Mieter inzwischen in Insolvenz gefallen ist (s Rn 7a).

32 Beispiele für *zukünftige* Entschädigungsforderungen iS des § 562 Abs 2 BGB, also solche, die im Augenblick der Geltendmachung des Pfandrechts noch *nicht* eingeklagt werden können (s oben Rn 30 f), sind je nach den Umständen des Falles idR Ansprüche des Vermieters wegen einer Vorenthaltung der Sache (§ 546a BGB; OLG Düsseldorf NZM 1998, 237 = ZMR 2000, 518, 520), Schadensersatzansprüche wegen einer Beschädigung der Mietsache, die im Augenblick der Höhe nach noch nicht beziffert werden können (OLG Düsseldorf NZM 1998, 237 = ZMR 2000, 518, 520), insbesondere, weil im Augenblick noch nicht feststeht, ob und zu welchen Bedingungen die Sache anderweitig vermietet werden kann (RGZ 142, 201), weiter Forderungen wegen einer mangelhaften Instandhaltung der Sache, die erst geltend gemacht werden können, wenn der Mieter auch bei Ablauf der Mietzeit seine Instandhaltungspflicht nicht erfüllt hat (RG JW 1909, 657, 658), Forderungen wegen einer Kündigung durch den Insolvenzverwalter (RG JW 1909, 424, 425), ferner Forderungen auf Ersatz eines etwaigen Pachtausfalles nach einverständlicher Aufhebung des Vertrages (RG Recht 1909 Nr 1985; BGH 8. 3. 1972 – VIII ZR 183/70, LM Nr 51 zu § 535 BGB = NJW 1972, 721) oder auf Ersatz des Mietausfalles bei fristloser Kündigung wegen eines vom Mieter zu vertretenden Grundes (BGH 8. 3. 1972 – VIII ZR 183/70, LM Nr 51 zu § 535 BGB = NJW 1972, 721; OLG Düsseldorf NZM 1998, 237 = ZMR 2000, 518, 520) sowie schließlich betagte und befristete Ersatzansprüche.

3. Nicht künftige Mietforderungen

33 Das Pfandrecht kann nach § 562 Abs 2 BGB ferner nicht für Mietforderungen für eine spätere Zeit als das laufende und das folgende Mietjahr geltend gemacht werden. Dies bedeutet positiv gewendet, dass das Vermieterpfandrecht sowohl alle Mietrückstände (s aber Rn 7a) als auch die Mietforderungen für das laufende und das folgende Mietjahr sichert. Maßgebender Zeitpunkt für die Abgrenzung zwischen den Rückständen und den zukünftigen Mietforderungen ist wiederum der der **Geltendmachung** des Pfandrechts (s oben Rn 31). Auf diesen Zeitpunkt kommt es auch im Falle der **Pfändung** der Mietersachen durch andere Gläubiger des Mieters an. Für die Berechnung des Zeitraumes, auf den sich das Vermieterpfandrecht erstreckt, ist mithin in einem solchen Falle nicht die Pfändung, sondern die Geltendmachung des Pfandrechts durch den Vermieter maßgebend. Dieser Zeitpunkt kann jedenfalls nicht früher als der Zeitpunkt liegen, in dem der Vermieter erstmals von der Pfändung des dritten Gläubigers Kenntnis erlangt hat (RGZ 54, 301, 303; KG OLGE 11 [1905 II] 143).

Keine Rolle für die Abgrenzung zwischen den Mietrückständen und den zukünftigen Mietforderungen spielt das Kalenderjahr, da das Gesetz ausdrücklich auf das **Mietjahr** abstellt (BLANK/BÖRSTINGHAUS § 562 Rn 30; GUHLING/GÜNTER/GELDMACHER Rn 90). Das *erste* Mietjahr beginnt mit dem Tag des Beginns des Mietverhältnisses, jedes *spätere* mit den diesem Tage entsprechenden Tagen der folgenden Jahre (§ 188 Abs 2 BGB; NIENDORFF, Mietrecht 400 f). Bei **auf unbestimmte Zeit** abgeschlossenen Verträgen wird die Geltendmachung des Pfandrechts häufig zusätzlich auf den Zeitraum bis zur nächsten zulässigen ordentlichen Kündigung beschränkt (MITTELSTEIN, Miete 554; NIENDORFF, Mietrecht 400 f). Indessen zwingt der Wortlaut des Gesetzes nicht zu solcher Einschränkung der Vermieterrechte (OLG Hamburg OLGE 3[1901 II] 236; 20 [1910 I] 110; GUHLING/GÜNTER/GELDMACHER Rn 92 S). Für Mietverträge mit **Verlängerungsklauseln** folgt daraus, dass das Vermieterpfandrecht in dem genannten Umfang auch die Forderungen des Vermieters auf die Miete für den Verlängerungszeitraum nach Unterlassung der Kündigung sichert. 34

V. Rechtsnachfolge

Im Falle der **Veräußerung** des Grundstücks ist § 566 BGB zu beachten (s Rn 4, 17, 35). Soweit die Sachen des Mieters dem *Veräußerer* noch für schon entstandene und noch nicht befriedigte Ansprüche aus dem Mietverhältnis haften, bleibt das Pfandrecht des Veräußerers bestehen. Der Erwerber erlangt zusätzlich für seine Forderungen aus dem Mietverhältnis ein weiteres Pfandrecht, dessen Rang sich gleichfalls nach dem Zeitpunkt der *Einbringung* der Sachen und nicht etwa nach dem Zeitpunkt seines Eigentumserwerbs richtet, sodass beide Pfandrechte *denselben Rang* haben (s auch unten § 566 Rn 53; insbesondere BGH 15. 10. 2014 – XII ZR 163/12, BGHZ 202, 354, 360 Rn 21 ff = NJW 2014, 3775; GUHLING/GÜNTHER/GELDMACHER Rn 107). Im Falle einer **Abtretung der Vermieteransprüche** gelten die §§ 401, 1250 Abs 1 S 1 und 1257 BGB, sodass mit der abgetretenen Forderung auch das dafür bestehende Vermieterpfandrecht auf den Zessionar übergeht (s Rn 4; WEIMAR ZMR 1964). 35

VI. Pfändungspfandrecht

Das Vermieterpfandrecht kann mit einem Pfändungspfandrecht des Vermieters zusammentreffen. Das Pfändungspfandrecht steht dann **selbständig neben** dem **Vermieterpfandrecht** und richtet sich ausschließlich nach der ZPO, sodass sich der Vermieter hier alle Einwendungen des Mieters entgegenhalten lassen muss, die dem Schuldner gegen die Zwangsvollstreckung zustehen (KG OLGE 22, 250; OLG Hamburg OLGE 22, 251; OLG Naumburg JW 1930, 2998 f; OLG Frankfurt MDR 1975, 228 Nr 43). In der Regel kann deshalb die Pfändung nicht zugleich als Geltendmachung des Vermieterpfandrechts (o Rn 31) oder als Widerspruch gegen die Entfernung der eingebrachten Sachen aufgefasst werden (MITTELSTEIN, Miete 391 ff mwNw; s OLG Naumburg JW 1930, 2998 f). Ausnahmen sind freilich denkbar (s unten § 562a Rn 14). 36

36a Hat der Vermieter **unpfändbare Sachen** beim Mieter gepfändet und nimmt er an diesen Sachen zugleich ein Vermieterpfandrecht in Anspruch, so kann das Prozeßgericht einheitlich über den Bestand des Pfandrechts entscheiden; ein gesondertes Verfahren nach § 766 ZPO ist daneben entbehrlich (RG WarnR 1921 Nr 28 S 32). Der Pfändung kann an sich ein **Sicherungseigentümer** nach § 771 ZPO widersprechen; der Vermieter kann sich demgegenüber jedoch auf ein vorrangiges Vermieterpfandrecht berufen (s oben Rn 16 f, 21; OLG Naumburg JW 1930, 2998 f; KG OLGE 11, 311 f; Guhling/Günther/Geldmacher Rn 132).

36b Im Falle der **Pfändung** einer dem Vermieterpfandrecht unterliegenden Sache **durch** einen **Dritten** gilt § 805 ZPO; der Vermieter ist folglich auf die Klage auf vorzugsweise Befriedigung aus dem Erlös beschränkt, wobei hinsichtlich der Geltendmachung des Pfandrechts für Mietrückstände die Beschränkungen des § 562d BGB zu beachten sind (s im Einzelnen unten § 562a Rn 6-8, 21 sowie § 562d Rn 2 f). Der Mieter ist dem Vermieter auf Befragen zur **Aufklärung** verpflichtet, ob ein Gläubiger eingebrachte Sachen gepfändet hat. Unterlässt er die Mitteilung, so haftet er dem Vermieter für den daraus entstehenden Schaden (§§ 241 Abs 2, 280 Abs 1 BGB; s oben Rn 15). Von sich aus dürfte der Mieter dagegen nach Treu und Glauben nicht verpflichtet sein, den Vermieter über Pfändungen Dritter zu informieren (Guhling/Günther/Geldmacher Rn 138; str). Entsprechende vertragliche Regelungen sind jedoch möglich und insbesondere bei der gewerblichen Miete durchaus sinnvoll.

VII. Haftung

37 Übt der Vermieter schuldhaft ein **unbegründetes Pfandrecht** an eingebrachten Sachen des Mieters oder Dritter aus, so macht er sich **ersatzpflichtig**, und zwar gleichermaßen aus Delikt (§ 823 Abs 1 BGB) wie aus Vertrag (§§ 241 Abs 2, 280 BGB; OLG Marienwerder OLGE 27, 157, 158; OLG Frankfurt WuM 1979, 191 = MDR 1979, 316 Nr 65; NJW-RR 1996, 585; J Wasmuth ZMR 1989, 42). Der Vermieter handelt jedoch nicht ohne Weiteres schuldhaft, wenn er unpfändbare Sachen oder Sachen Dritter ohne genauere Prüfung aufgrund seines vermeintlichen Pfandrechtes zurückhält (§ 276 Abs 1 BGB; s unten § 562b Rn 9). Wenn der Vermieter die seinem Pfandrecht unterliegenden Sachen des Mieters nach ihrer Inbesitznahme ohne entsprechende Vereinbarung mit dem Mieter und damit zu Unrecht **nutzt**, hat der Mieter die Rechte aus § 1217 BGB (s oben Rn 6a; OLG Dresden 13. 2. 2019 – 5 U 1366/18, ZMR 2019, 484, 485). Außerdem kann der Mieter dann vom Vermieter die **Herausgabe** der zu Unrecht gezogenen **Nutzungen** verlangen. Die Rechtsprechung stützt heute diesen Anspruch des Mieters meistens auf die Regeln über die Geschäftsführung ohne Auftrag (s Rn 6a; insbesondere BGH 17. 9. 2014 – XII ZR 140/12, NJW 2014, 370 Rn 16, 19). Vorzugswürdig ist demgegenüber die entsprechende Anwendung des § 816 Abs 1 S 1 BGB (s OLG Frankfurt WuM 1979, 191 = MDR 1979, 316 Nr 65; NJW-RR 1996, 585). Aus dem entsprechend anwendbaren § 1214 Abs 2 BGB ist zugleich zu folgern, dass die gezogenen Nutzungen auf die noch offenen Mietforderungen zu verrechnen sind (OLG Frankfurt WuM 1979, 191 = MDR 1979, 316 Nr 65; NJW-RR 1996, 585; – **aM** OLG Düsseldorf MDR 1989, 546 Nr 58).

VIII. Abweichende Vereinbarungen

Mit Rücksicht auf seinen Zweck (o Rn 1) kann bei der **Wohnraummiete** durch Formularvertrag das Vermieterpfandrecht *nicht* über den Rahmen des § 562 BGB hinaus erweitert werden (§ 307 BGB). Keinen Bedenken begegnet dagegen ein vertraglicher Ausschluss oder eine vertragliche Beschränkung des Vermieterpfandrechts, weil dadurch der Mieter nur begünstigt werden kann (RGZ 141, 99, 102). Für den nachträglichen **Verzicht** des Vermieters auf das schon entstandene Pfandrecht gilt § 1255 BGB. Der Mieter kann außerdem einzelne an sich unpfändbare Sachen nach den §§ 1204 ff BGB an den Vermieter verpfänden, wozu jedoch Übergabe erforderlich ist (s Rn 24). Bei der **gewerblichen Miete** dürfte es außerdem möglich sein, das Vermieterpfandrecht in einzelnen Beziehungen über den engen Rahmen des § 562 BGB hinaus zu erweitern, freilich auch wohl nur durch Individualvereinbarung, nicht durch Formularvertrag (§§ 307, 310 Abs 1 S 2 BGB). **38**

IX. Beweislast

Die Beweislast für die Entstehung des Pfandrechts trifft den **Vermieter**, wenn er ein Pfandrecht an Sachen des Mieters in Anspruch nimmt. Dazu gehört gegebenenfalls auch der Beweis. dass die Sachen dem Mieter gehören (BGH 20. 3. 1986 – IX ZR 42/85, LM Nr 6 zu § 559 BGB = NJW 1986, 2426 = ZMR 1986, 232, 233 ff; KG NZM 2005, 422 = WuM 2005, 348, 349; OLG Köln ZMR 1984, 281 = ZIP 1984, 89; OLG Düsseldorf DWW 1987, 330; MITTELSTEIN, Miete 545 f). Die Aufstellung einer **Vermutung**, dass die eingebrachten Sachen als solche des Mieters gelten, ist bei den Beratungen des § 562 BGB ausdrücklich abgelehnt worden (Prot II 205 f). Bestreitet jedoch der Mieter sein Eigentum an solchen Sachen, die er bisher ständig wie eigene benutzt hat, so muss er im Einzelnen darlegen, aus welchen Gründen er gleichwohl kein Eigentum an diesen Sachen hat (BLANK/BÖRSTINGHAUS Rn 51; MITTELSTEIN, Miete 545 f; SIBER, Pfandrecht 65; im Ergebnis wohl auch GUHLING/GÜNTHER/GELDMACHER Rn 96 ff; noch weitergehend RGZ 146, 334; KG HRR 1935 Nr 1449). Außerdem obliegt dem Mieter die Beweislast für die **Unpfändbarkeit** einzelner vom Vermieter aufgrund seines Pfandrechts in Anspruch genommenen Sachen (s oben Rn 23; BGH 20. 3. 1986 – IX ZR 42/85, LM § 559 BGB Nr 6 = NJW 1986, 2426). **39**

Die Vermutung des **§ 1006 BGB** kommt dem Vermieter nicht zugute (str, s oben Rn 5, 15; KG HRR 1935 Nr 1449; MITTELSTEIN, Miete 545 f). Sobald der Vermieter die Sache aufgrund seines Sperrrechts (§ 562b BGB) in **Besitz** genommen hat, ist es **Sache eines Dritten**, der aufgrund seines angeblichen Eigentums Herausgabe der Sache vom Vermieter verlangt, sein Eigentum zu beweisen (KG OLGE 36, 60; MITTELSTEIN, Miete 546 Fn 48). Behauptet er einen Verzicht des Vermieters auf sein Pfandrecht, so trägt er auch dafür die Beweislast (BGH 20. 6. 2005 – II ZR 189/03, NZM 2005, 665 = NJW-RR 2005, 1328). Außerdem kann der Vermieter dann vom Mieter nach Treu und Glauben Auskunft über die Eigentumsverhältnisse verlangen (s Rn 15). **40**

§ 562a
Erlöschen des Vermieterpfandrechts

Das Pfandrecht des Vermieters erlischt mit der Entfernung der Sachen von dem Grundstück, außer wenn diese ohne Wissen oder unter Widerspruch des Vermieters erfolgt. Der Vermieter kann nicht widersprechen, wenn sie den gewöhnlichen Lebensverhältnissen entspricht oder wenn die zurückbleibenden Sachen zur Sicherung des Vermieters offenbar ausreichen.

Materialien: E I § 521; II § 502; III § 553; BGB § 560; Mot II 407 f; Prot II 207 f; Mietrechtsreformgesetz von 2001 (BGBl I 1149); Begr zum RegE BT-Drucks 14/4553, 60.

Schrifttum

S bei § 562 sowie
BERGMANN, Die „abnorme Natur" des Vermieterpfandrechts und die vorübergehende Entfernung eingebrachter Sachen, ZMR 2018, 553
BRUNS, Gegenwartsprobleme des Vermieterpfandrechts, NZM 2019, 46
BUB/TREIER/VON DER OSTEN/SCHÜLLER, Hdb Rn III 2228 ff
EHRICKE, Das Erlöschen des Vermieterpfandrechts bei Gewerberaummietverhältnissen im Eröffnungsverfahren, insbesondere durch einen Räumungsverkauf, KTS 2004, 321
KOHL, Zum Erlöschen des Vermieterpfandrechts an Kraftfahrzeugen, NJW 1971, 1733
NOACK, Schutz des Vermieterpfandrechts in der Zwangsvollstreckung, JurBüro 1975, 1303
TRENCK-HINTERBERGER, Der Begriff der „Entfernung" iS des § 560 BGB, ZMR 1971, 329
WEIMAR, Das Erlöschen des Vermieterpfandrechts bei genügender Sicherheit des Vermieters, ZMR 1972, 4
ders, Erlischt das Vermieterpfandrecht bei vorübergehender Entfernung eingebrachter Kraftfahrzeuge?, ZMR 1972, 295
WERNER, Das Erlöschen des Vermieterpfandrechts, JR 1972, 235.

Systematische Übersicht

I. Überblick	1	2. Widerspruch ... 13
II. Entfernung	3	V. Ausschlusstatbestände
		1. Überblick ... 15
III. Zwangsvollstreckung		2. Gewöhnliche Lebensverhältnisse, regelmäßiger Geschäftsbetrieb ... 17
1. § 805 ZPO	6	3. Verweisungsrecht ... 20
2. Insolvenz des Mieters	9	
IV. Sperrrecht		VI. Beweislast ... 22
1. Entfernung ohne Wissen des Vermieters	10	

Alphabetische Übersicht

Annahmeverzug des Vermieters	15	Insolvenz des Mieters	9, 19
Anschlusspfändung	6 f	Kenntnis des Vermieters	11 ff
Ausschluss des Widerspruchsrechts	15 ff	Klage auf vorzugsweise Befriedigung	6 f, 21, 23
– Annahmeverzug des Vermieters	15	Kraftfahrzeuge	5, 17
– Entfernung durch den Gerichtsvollzieher	15		
– Entfernung durch den Insolvenzverwalter	15	Lebensverhältnisse, gewöhnliche, des Mieters	17 f
– Entfernung entsprechend den gewöhnlichen Lebensverhältnissen	17 f		
– Entfernung im regelmäßigen Betrieb des Geschäfts des Mieters	1, 15, 18 f	Pfändung durch Dritte	21
– Maßgebender Zeitpunkt	6		
– Verweisungsrecht	20 f	Regelmäßiger Betrieb des Geschäfts des Mieters	1, 15, 18 f
Betrieb des Geschäfts des Mieters	1, 15, 18 f	Sicherung des Vermieters durch zurückbleibende Sachen	20 f
Beweislast	22 f	Sperrrecht	10 ff
Entfernung der Sachen	3 ff	– Ausschluss	15 ff
– Begriff	3	– Beteiligte	14
– Gerichtsvollzieher	6 f, 15	– Form	14
– Geschäftsfähigkeit des Vermieters	11, 14	– Grenzen	15 ff
– Insolvenzverwalter	9, 15, 19	– Pfändung	14
– Kraftfahrzeuge	5, 35, 38	– Zeitpunkt	16
– ohne Wissen des Vermieters	11 f	Tilgung	2
– Sperrrecht	10 ff		
– vorübergehende Entfernung	5	Verweisungsrecht	8, 20 f
– Widerspruch des Vermieters	13 f	Vorübergehende Entfernung	5
Erlöschensgründe	2	Vorzugsweise Befriedigung	6 f, 21
– Entfernung der Sachen	3 ff		
– Tilgung der Vermieterforderung	2	Widerspruch	13 ff
Gerichtsvollzieher	6, 15	Wissen des Vermieters	11 ff
Geschichte	1		
Gewöhnliche Lebensverhältnisse des Mieters	17 f	Zweck	1 f

I. Überblick

§ 562a S 1 BGB (= § 560 aF) regelt einen besonderen **Erlöschensgrund** für das Vermieterpfandrecht durch die Bestimmung, dass dieses grundsätzlich mit der Entfernung der Sachen von dem (vermieteten) Grundstück erlischt, außer wenn die Entfernung ohne Wissen oder unter Widerspruch des Vermieters erfolgt (s Rn 3, 10 ff; sog Sperr- oder Widerspruchsrecht des Vermieters). Jedoch kann der Vermieter nach S 2 der Vorschrift, um eine übermäßige Belastung des Mieters durch das Sperrrecht des Vermieters zu verhindern, nicht widersprechen, wenn die Entfernung den gewöhnlichen Lebensverhältnissen entspricht *oder* wenn die zurückbleibenden Sachen zur

1

Sicherung des Vermieters offenbar ausreichen (s Rn 15 ff). Leitend für die gesetzliche Regelung in § 562a BGB war vor allem die **Rücksichtnahme auf** die legitimen **Interessen des Mieters**, dessen Position durch das Vermieterpfandrecht nicht unnötig eingeschränkt werden sollte (BGH 14. 11. 1962 – VIII ZR 37/61, LM Nr 2 zu § 560 BGB = NJW 1963, 147).

2 § 562a S 1 BGB lässt die **allgemeinen**, für alle Pfandrechte geltenden **Erlöschensgründe** unberührt (§ 1257 BGB; Ehricke KTS 2004, 321, 323 ff). Hervorzuheben sind die Fälle des § 1242 Abs 2 S 1 BGB (rechtmäßige Veräußerung des Pfandes), des § 1250 BGB (Übertragung der Forderung ohne Pfandrecht), des § 1255 BGB (Aufhebung des Pfandrechts durch Erklärung des Pfandgläubigers) sowie des § 1256 BGB (Konfusion). Auch § 1252 BGB, nach dem das Pfandrecht **mit** der gesicherten **Forderung erlischt**, findet Anwendung; Voraussetzung ist jedoch, dass feststeht, dass für den Vermieter aus dem Mietverhältnis überhaupt *keine* Forderungen mehr entstehen können (s § 562 Abs 2 BGB). Wenn der Vermieter aufgrund einer Einzugsermächtigung des Mieters die Mietraten jeweils bei dem Mieter abbucht, muss deshalb noch hinzukommen, dass das Widerspruchsrecht des Mieters erloschen ist, weil vorher keine endgültige Tilgung vorliegt (LG Regensburg WM 1992, 1678 = ZBB 1993, 170; Häuser ZBB 1993, 178). Weitere Erlöschensgründe sind der gutgläubige lastenfreie Erwerb der dem Pfandrecht unterliegenden Sachen durch einen Dritten nach § **936 BGB** (s dazu o § 562 Rn 3) sowie die Entfernung von Sachen aufgrund **Hoheitsrechts**, insbesondere durch den Gerichtsvollzieher oder den Insolvenzverwalter (s Rn 6, 9).

II. Entfernung

3 Nach § 562a S 1 BGB erlischt das Pfandrecht des Vermieters grundsätzlich mit der „Entfernung der Sachen von dem (vermieteten) Grundstück". Bei der Entfernung handelt es sich um das Gegenstück zur Einbringung der Sachen, durch die nach § 562 Abs 1 S 1 BGB das Pfandrecht des Vermieters begründet wird (s dazu § 562 Rn 10 ff). Wie diese bildet sie daher einen bloßen **Realakt**, sodass dafür nach hM **jede willentliche Wegschaffung** der eingebrachten Sachen durch den Mieter oder einen Dritten, und sei es ein Dieb, von dem vermieteten Grundstück genügt (RGZ 71, 418, 419; LG Mannheim ZIP 2003, 2374; Ehricke KTS 2004, 321, 324 ff; Guhling//Günter/Geldmacher Rn 7), während nach anderen nur die Entfernung gerade durch den Mieter zum Erlöschen des Pfandrechts für (Bruns NZM 2019, 46, 51 mwNw). Geschäftsfähigkeit des Mieters ist nicht erforderlich (s Mittelstein, Miete 68 ff). Auch eine Anfechtung wegen Willensmängeln kommt nicht in Betracht (Ehricke KTS 2004, 321, 324 ff).

4 Nach § 562a S 1 BGB muss die Entfernung „von dem **Grundstück**" erfolgen. Nach durchaus hM ist mit dieser Formulierung das gesamte Grundstück des Vermieters, ob insgesamt oder nur teilweise vermietet, gemeint, sodass das Pfandrecht nicht erlischt, solange sich die fraglichen Sachen noch überhaupt auf dem Grundstück, zB auf einem Parkplatz oder in einem Garten befinden, mögen diese nun mitvermietet sein oder nicht (so schon die Prot II 207 f; RGSt 10, 321; Bruns NZM 2019, 46, 51; Erman/Lützenkirchen § 562a Rn 3; Guhling/Günter/Geldmacher Rn 11; Schmidt-Futterer/Lammel § 562a Rn 10; Palandt/Weidenkaff § 562a Rn 4). Gegen dieses Gesetzesverständnis spricht indessen, dass die Vorschriften der §§ 562 ff BGB über das (viel zu weitgehende) Vermieterpfandrecht einschließlich namentlich des besonders problematischen Sperrrechts des Vermieters zum Schutze des Mieters möglichst **restriktiv** aus-

gelegt werden sollten. Daher ist anzunehmen, dass das Gesetz mit der (ungenauen) Formulierung „Grundstück" tatsächlich (nur) die **Mietsache** einschließlich der **mitvermieteten** Gebäude- und **Grundstücksteile** meint. Das Vermieterpfandrecht erlischt folglich bereits, wenn die dem Pfandrecht unterliegenden Sachen aus den vermieteten Räumen oder mitvermieteten Gebäudeteilen entfernt werden, selbst wenn sie sich noch auf dem Grundstück des Vermieters befinden, diese Teile des Grundstücks jedoch wie etwa ein Garten, ein privater Parkplatz oder Geschäftsräume *nicht* mitvermietet sind (BLANK/BÖRSTINGHAUS § 562a Rn 3; ROQUETTE § 560 Rn 5; vermittelnd MITTELSTEIN, Miete 567 f).

Buchstäblich seit Inkrafttreten des BGB wird ferner darüber diskutiert, wie sich die Rechtslage bei einer bloßen **vorübergehenden Entfernung** der Sachen aus den vermieteten Räumen oder von dem vermieteten Grundstück gestaltet. Paradigmata sind seit jeher die Ausfahrt mit dem auf dem vermieteten Grundstück abgestellten **Kraftfahrzeug** sowie die vorübergehende Verbringung von Mietersachen zu einem Dritten, etwa, um sie reparieren zu lassen. Während nach den einen in solchen Fällen das Vermieterpfandrecht *fortbesteht* (so LG Neuruppin NZM 2000, 92; SCHOPP NJW 1971, 1141; WEIMAR ZMR 1972, 295, 296), geht es nach inzwischen durchaus hM mit jeder Entfernung der Sachen unter, wird jedoch auch mit ihrer Rückkehr, zB mit der Einfahrt des Fahrzeugs in die Garage, erneut begründet (OLG Karlsruhe NJW 1971, 624 f; OLG Hamm MDR 1981, 407; MünchKomm/ARTZ Rn 5; BRONSCH ZMR 1970, 1 f; KOHL NJW 1971, 1733; MITTELSTEIN, Miete 568 f; NOACK JurBüro 1975, 1305, 1306; STERNEL, Mietrecht Rn III 265; TRENK-HINTENBERGER ZMR 1971, 329). An dieser Stelle ist schon immer aus praktischen Gründen die zweite (herrschende) Meinung favorisiert worden, weil operationale Kriterien zur Unterscheidung einer bloß vorübergehenden und einer dauernden Entfernung der Sachen von dem vermieteten Grundstück fehlen – mit der Folge freilich, dass in der Zwischenzeit begründete **Pfandrechte Dritter**, zB des Werkunternehmers nach § 647 BGB, dem Vermieterpfandrecht vorgehen. Dieser Meinung hat sich mittlerweile mit ausführlicher Begründung auch der **BGH** angeschlossen, – womit der Streit eigentlich erledigt sein sollte (BGH 6. 12. 2017 – XII ZR 95/16 Rn 20 ff, 26, BGHZ 217, 92, 100 ff, 102 = NJW 2018, 1083; zustimmend zB BERGMANN ZMR 2018, 553; EMMERICH JuS 2018, 383; SCHWEITZER NZM 2018, 206; ablehnend aber nach wie vor BRUNS NZM 2019, 46, 51).

III. Zwangsvollstreckung

1. § 805 ZPO

Die Vorschrift des § 562a BGB hat offenkundig, jedenfalls in erster Linie, den Privatrechtsverkehr im Auge. Daher rührt die Diskussion über ihre Anwendbarkeit auf eine Entfernung von Mietersachen durch **Hoheitsakt**, insbesondere also in der Zwangsvollstreckung. Eine gesetzliche Sonderregelung hat dieser Fragenkreis für die **Einzelvollstreckung** in § 805 ZPO gefunden, nach dem der Vermieter einer Pfändung von Mietersachen durch Dritte zwar nicht widersprechen kann, jedoch zum Ausgleich einen **Anspruch auf vorzugsweise Befriedigung** aus dem Erlös der Sache erhält (s dazu schon oben § 562 Rn 36b, zur Rechtslage in der Insolvenz des Mieters s unten Rn 6). Die Interpretation des § 805 ZPO ist umstritten. Verbreitet wird diese Vorschrift dahin verstanden, dass bei der Pfändung der Sache das **Pfandrecht** des Vermieters (als Grundlage seines Anspruchs auf vorzugsweise Befriedigung) **bestehen**

bleibt, obwohl die Pfändung zur Folge hat, dass der Mieter grundsätzlich den Besitz an den fraglichen Sachen verliert (§ 808 Abs 1 ZPO), sodass an sich nach § 562a S 1 BGB die Pfändung zum Erlöschen des Pfandrechts führen müsste (für den Fortbestand des Pfandrechts insbesondere KG OLGE 11 [1905 II] 311 f; OLG Celle OLGE 19 [1909 II], 3; OLG Naumburg JW 1930, 2998, 2999 Nr 31; OLG Breslau Recht 1906 Nr 922; OLG Frankfurt MDR 1975, 226; Bruns NZM 2019, 46, 51; Guhling/Günter/Geldmacher Rn 30 ff; Schmidt-Futterer/ Lammel § 562a Rn 6; Noack JurBüro 1975, 1305; H Emmerich, Pfandrechtskonkurrenzen 463; Mittelstein, Miete 566 f, 599 f; Siber, Pfandrecht 81). Zwingend ist solche Auslegung freilich nicht. Mit § 805 Abs 1 ZPO ist vielmehr durchaus auch die Auslegung vereinbar, dass zwar das Pfandrecht des Vermieters gemäß § 562a BGB erlischt (weshalb der Vermieter der Pfändung nach § 805 Abs 1 HS 1 ZPO abweichend von § 562a S 1 BGB und § 562b Abs 1 BGB auch nicht widersprechen kann), dass ihm aber zum Ausgleich ein **Absonderungsrecht** an dem Erlös (genauso wie in der Insolvenz des Mieters gemäß § 50 InsO) zusteht. Deshalb ist entsprechend § 562a S 1 BGB an der Auffassung festzuhalten, dass mit der Entfernung von Sachen des Mieters durch den Gerichtsvollzieher das **Vermieterpfandrecht erlischt**, und zwar, ohne dass der Vermieter der Entfernung widersprechen könnte (s unten § 562d Rn 2; so auch zB KG OLGE 19 [1909 II] 2 f; 27 [1913 II], 175, 176; OLG Kiel OLGE 7 [1903 II], 463; Münch Komm/Artz Rn 8; Blank/Börstinghaus Rn 4; Bamberger/Roth/Ehlert Rn 4c; Sternel, Mietrecht Rn III 267; ebenso im Ergebnis BGHZ 27, 227, 231 = NJW 1958, 1282; BGH 20. 3. 1986 – IX ZR 42/85, LM § 559 BGB Nr 6 = NJW 1986, 2426 = WM 1986, 720 = ZMR 1986, 232). Der Schutz des Vermieters wird ausreichend durch **§ 805 ZPO** gewährleistet, beschränkt freilich durch § 562d BGB (s unten § 562d Rn 2).

7 Eine Klage auf vorzugsweise Befriedigung nach § 805 ZPO ist – als Rechtsmittel in der Zwangsvollstreckung – nur solange zulässig, wie die Zwangsvollstreckung noch andauert. Endet die Vollstreckung, insbesondere durch Verwertung der gepfändeten Sachen und Befriedigung des pfändenden Gläubigers, so ist auch für eine Klage auf vorzugsweise Befriedigung nach § 805 ZPO kein Raum mehr. Gegen dieses Risiko kann sich der Vermieter indessen ohne Weiteres durch eine **Anschlusspfändung** (§ 826 ZPO) schützen. Deshalb trifft es auch nicht zu, dass die hier vertretene Meinung den Vermieter bei einem Erlöschen des Pfändungspfandrechts, etwa infolge der Befriedigung des Gläubigers oder infolge dessen Verzichts, schutzlos lasse (so zB Guhling/Günter/Geldmacher Rn 31). Die Anschlusspfändung sichert ihm vielmehr sein Verwertungsrecht. Zu beachten bleibt, dass § 805 ZPO nur für die Zwangsvollstreckung **wegen Geldforderungen** gilt, wie sich aus seiner Stellung hinter § 803 ZPO ergibt. Keine Bedeutung hat die Vorschrift dagegen für die **Herausgabevollstreckung** nach § 883 ZPO, sodass der Vermieter in dieser einer Entfernung von Mietersachen durch den Gerichtsvollzieher widersprechen kann (§ 562a S 1 BGB; Guhling/Günter/Geldmacher Rn 36; Kiefe DJZ 1903, 175; Noack JurBüro 1975, 1305). Notfalls muss der Vermieter Drittwiderspruchsklage nach § 771 ZPO erheben.

8 Gegenüber der Klage des Vermieters aus § 805 ZPO steht auch dem Pfändungsgläubiger das **Verweisungsrecht des § 562a S 2 BGB** zu (s unten Rn 21). Der Vermieter kann dem Pfändungsgläubiger diese Einrede jedoch dadurch aus der Hand schlagen, dass er hinsichtlich der zurückgebliebenen Sachen auf sein Pfandrecht verzichtet (§ 1255 Abs 1 BGB; BGHZ 27, 227, 234 f = NJW 1958, 1282). Gleich steht der Fall, dass der Vermieter inzwischen das Eigentum an den verbliebenen Sachen erworben hat (§ 1256 Abs 1 BGB; BGHZ 27, 227, 234 f = NJW 1958, 1282). Schwierige Fragen ergeben sich aus dieser Rechtslage, wenn von mehreren Gläubigern des Mieters **unterschiedliche Mietersachen gepfändet** werden und sich der Vermieter entscheiden muss, gegenüber welchem Gläubiger er seinen Anspruch auf vorzugsweise Befriedigung geltend machen soll (§ 805 ZPO). Dem **Prioritätsgrundsatz** (§ 804 Abs 3 ZPO) dürfte es hier am meisten entsprechen, dass jener Pfändungsgläubiger die Verweisungseinrede des § 562 S 2 BGB hat, der nachzuweisen vermag, dass im Augenblick seiner Pfändung die verbliebenen Sachen zur Sicherung des Vermieters offenbar noch ausreichten (Erman/Lützenkirchen Rn 5 Abs 1; Mittelstein, Miete 606; Niendorff, Mietrecht 425; offen gelassen in BGHZ 27, 227, 234 = NJW 1958, 1282). Einen Anspruch auf vorzugsweise Befriedigung aus dem Erlös hat der Vermieter dann folglich gemäß § 805 ZPO nur gegen die anderen „nachrangigen" Pfändungsgläubiger.

2. Insolvenz des Mieters

In der **Eröffnungsphase** des Insolvenzverfahrens bleibt es bei der Anwendbarkeit des § 562a S 1 BGB, sodass eine Entfernung von Mietersachen von dem Mietgrundstück grundsätzlich zum Erlöschen des Vermieterpfandrechts führt, sofern nicht einer der Ausnahmefälle des § 562a S 1 HS 2 BGB vorliegt. So verhält es sich in der Regel, wenn der (starke) vorläufige Insolvenzverwalter den Geschäftsbetrieb des Mieters und Schuldners fortführt und in diesem Rahmen Waren des Mieters veräußert (s unten Rn 19; BGH 6. 12. 2017 – XII ZR 95/16 Rn 15, BGHZ 217, 92, 97; Guhling/Günter/Geldmacher Rn 38 ff), während eine Entfernung der Sachen durch den Mieter selbst jetzt – zum Schutze des Vermieters in der Insolvenz des Mieters – nicht mehr das Erlöschen des Pfandrechts nach sich zieht (Ehricke KTS 2004, 321, 325, 329 ff). Bei einer vom Insolvenzverwalter nach **Eröffnung** des Verfahrens verfügten **Entfernung** von Sachen *erlischt* ebenfalls das Vermieterpfandrecht an den Sachen des Mieters und Schuldners nach § 562a S 1 BGB, ohne dass der Vermieter widersprechen könnte (s Rn 19; MünchKomm/Artz Rn 8; Bamberger/Roth/Ehlert Rn 4c; Ehricke KTS 2004, 321, 325, 329 ff). Der Erlös fällt in die Masse (Guhling/Günter/Geldmacher Rn 40; zur Insolvenz des Mieters s im Übrigen schon oben § 560 Rn 7a f).

9

IV. Sperrrecht

1. Entfernung ohne Wissen des Vermieters

Nach § 562a S 1 HS 2 BGB bewirkt die Entfernung der Sachen (ausnahmsweise) nicht das Erlöschen des Vermieterpfandrechts, wenn die Entfernung ohne Wissen des Vermieters *oder* unter dessen Widerspruch erfolgt (zum Widerspruchsrecht des Vermieters s im Einzelnen unten Rn 13 f). Dahinter steht die Überlegung, dass man für den Regelfall von einem Verzicht des Vermieters auf sein Pfandrecht ausgehen kann, wenn die Mietersachen **unter seinen Augen** aus den gemieteten Räumen **entfernt** werden, ohne dass der Vermieter dagegen etwas unternimmt. Diese Annahme ist jedoch nicht mehr gerechtfertigt, wenn die Entfernung ohne Wissen des Vermieters oder unter dessen Widerspruch erfolgt; deshalb ordnet das Gesetz für diesen Fall in § 562b S 1 HS 2 BGB den Fortbestand des Pfandrechts an (s Mot II 407 f). Heimlichkeit der Entfernung ist dafür nicht erforderlich (Prot II 207 f gegen E I § 521), sofern nur eben der Vermieter selbst von der Entfernung nichts erfährt oder er ihr widerspricht (Werner JR 1972, 235).

10

11 Maßgeblicher **Zeitpunkt** für die Kenntnis des Vermieters ist der der Entfernung der Sachen (OLG Frankfurt ZMR 2006, 609, 610). Auch ein beschränkt Geschäftsfähiger kann diese Kenntnis erlangen, nicht jedoch ein geschäftsunfähiger Vermieter. Bei einer **Mehrzahl von Vermietern** ist schon die Kenntnis eines einzigen von ihnen schädlich (Bruns NZM 2019, 46, 51). Grob fahrlässige Unkenntnis steht nicht gleich und lässt daher das Pfandrecht unberührt (Schmidt-Futter/Lammel Rn 23; Palandt/Weidenkaff Rn 7).

12 Das Pfandrecht erlischt auch, wenn die Entfernung zwar ohne Wissen des Vermieters erfolgt, der Vermieter aber (im Falle der Kenntnis) der **Entfernung** nach § 562a S 2 BGB **nicht widersprechen könnte** (so BGHZ 120, 368, 375 = NJW 1993, 1791; Bruns NZM 2019, 46, 51; Ehricke KTS 2004, 321, 337; Kohl NJW 1971, 1733, 1734; Trenk-Hinterberger JR 1973, 139; Weimar ZMR 1972, 4; **aM** Werner JR 1972, 235), dies deshalb, weil die Rechtslage bei Entfernung der Sachen ohne Kenntnis des Vermieters nicht gut anders sein kann, als wenn er von der Entfernung Kenntnis hätte, er jedoch nicht widersprechen könnte. Bei Entfernung der Sachen ohne Kenntnis des Vermieters bleibt das Pfandrecht maW nur bestehen, wenn den Vermieter außerdem **keine Duldungspflicht** nach § 562a S 2 BGB trifft.

2. Widerspruch

13 Erlangt der Vermieter von der Entfernung der Sachen des Mieters Kenntnis, so kann er sich sein Pfandrecht nur dadurch erhalten, dass er der Entfernung (sofort) widerspricht (§ 562a S 1 BGB). Das **Sperr- oder Widerspruchsrecht** des Vermieters erstreckt sich auf sämtliche Sachen des Mieters, die nach § 562 BGB dem Vermieterpfandrecht unterliegen, einschließlich derjenigen, an denen dem Mieter lediglich ein Anwartschaftsrecht zusteht (BGHZ 35, 85, 94 = NJW 1961, 1349). Der Widerspruch ist jedoch nach § 242 BGB zur Rechtswahrung nur entbehrlich, wenn die Ausübung des Widerspruchsrechts nach den Umständen sinnlos oder **unzumutbar** ist, zB gegenüber einem Räuber, sodass dann das Pfandrecht trotz Entfernung der Sachen bestehen bleibt (Blank/Börstinghaus Rn 8; Guhling/Günter/Geldmacher Rn 21).

14 Für den Widerspruch ist *keine* bestimmte **Form** vorgeschrieben. Er kann sich deshalb auch aus den Umständen ergeben (Ehricke KTS 2004, 321, 326 f; Guhling/Günter/Geldmacher Rn 21), sodass unter besonderen Umständen (ausnahmsweise) sogar in der vorherigen **Pfändung** der Sachen seitens des Vermieters dessen Widerspruch gegen eine nachfolgende Entfernung der Sachen zu sehen sein kann (s oben § 562 Rn 36b; OLG Hamburg OLGE 22 [1911 I], 251; OLG Frankfurt MDR 1975, 228; Guhling/Günter/Geldmacher Rn 19). Der Widerspruch muss sich immer auf einen bestimmten (konkreten) Entfernungsfall beziehen, sodass er grundsätzlich **unmittelbar vor oder während der Entfernung** erklärt werden muss. Ein *im Voraus*, zB im Mietvertrag erklärter allgemeiner Widerspruch ist ebenso wirkungslos wie die Erklärung erst *nach Entfernung* der Sachen (s § 562b BGB; Ehricke KTS 2004, 321, 326 f; Sternel, Mietrecht Rn III 264). Der Widerspruch muss außerdem **vom Vermieter** ausgehen und setzt als rechtsgeschäftsähnliche Handlung zumindest beschränkte Geschäftsfähigkeit des Vermieters voraus. Bei einer **Entfernung der Sachen durch Dritte** muss der Widerspruch wegen seines rechtswahrenden Charakters gleichermaßen gegenüber dem Dritten wie gegenüber dem Mieter erklärt werden (Schmidt-Futterer/Lammel Rn 26), während nach anderen der Widerspruch nur gegenüber dem Mieter oder nur gegenüber dem

Dritten erhoben werden kann (so Bruns NZM 2019, 46, 52; Guhling/Günter/Geldmacher Rn 2o; Roquette § 560 Rn 10).

V. Ausschlusstatbestände

1. Überblick

Das Gesetz hat dem Widerspruchs- oder Sperrrecht des Vermieters durch § 562a S 2 BGB verhältnismäßig **enge Grenzen** gezogen, um den Mieter in seinen Lebensverhältnissen nicht übermäßig zu behindern (s Rn 1). Der Vermieter darf der Entfernung deshalb nicht widersprechen, wenn sie den gewöhnlichen Lebensverhältnissen des Mieters entspricht (s unten Rn 17 ff) *oder* wenn die zurückbleibenden Sachen zu seiner Sicherung offenbar ausreichen (sog Verweisungsrecht; s unten Rn 20 f). In den genannten Fällen ist der Widerspruch des Vermieters gegen die Entfernung der Sachen von dem Grundstück *unbeachtlich* und hindert nach § 562a S 1 BGB nicht das Erlöschen des Pfandrechts mit Entfernung der Sachen (RGZ 71, 418, 419; 74, 247, 248). Der Vermieter hat außerdem kein Widerspruchsrecht, wenn er sich in **Annahmeverzug** befindet (Blank/Börstinghaus § 562a Rn 13; Mittelstein, Miete 571) ferner, wenn die Entfernung durch den **Gerichtsvollzieher** oder den Insolvenzverwalter vorgenommen wird (o Rn 6–9) sowie generell, wenn die Entfernung in Vollzug eines Hoheitsaktes erfolgt (Guhling/Günter/Geldmacher Rn 20). **15**

Der **maßgebliche Zeitpunkt**, in dem die Voraussetzungen des S 2 des § 562a BGB vorliegen müssen, wenn das Widerspruchsrecht des Vermieters entfallen soll, ist der der **Entfernung** der Sachen. Sind Sachen des Mieters weggeschafft worden, ohne dass das Vermieterpfandrecht erloschen ist, so hat eine spätere Verminderung der Vermieterforderung nicht zur Folge, dass der Vermieter den jetzt zu seiner Deckung nicht mehr erforderlichen Teil der Mietersachen freigeben muss (KG OLGE 20 [1910 I] 189, 190). Umgekehrt kann der Vermieter aber auch sein Widerspruchsrecht nicht damit begründen, dass er ein besonderes Interesse daran hat, gerade aus den weggeschafften Sachen befriedigt zu werden, sofern die verbliebenen Sachen zu seiner Sicherung vollauf ausreichen (§ 562a S 2 Fall 2 BGB; KG OLGE 27 [1913 II], 175, 176). **16**

2. Gewöhnliche Lebensverhältnisse, regelmäßiger Geschäftsbetrieb

Der erste Fall, in dem nach § 562a S 2 BGB das Widerspruchs- oder Sperrrecht des Vermieters entfällt, ist gegeben, wenn die Entfernung der Sachen den gewöhnlichen Lebensverhältnissen des Mieters entspricht. Hinter dieser Regelung steht die Erwägung, dass jeder Vermieter beim Abschluss eines Mietvertrages mit derartigen Vorgängen rechnen muss, sodass er sich mit ihnen durch den Vertragsabschluss **konkludent einverstanden** erklärt. Paradigmata sind die Mitnahme von Reiseutensilien bei Antritt einer Reise sowie die Verbringung reparaturbedürftiger Sachen in eine Werkstatt (Mot II 408). Weitere hierher gehörende **Beispiele** sind die Benutzung von Fahrzeugen (s oben Rn 5) sowie der Austausch abgenutzter oder die Veräußerung entbehrlich gewordener Sachen, *nicht* jedoch die Versteigerung des gesamten Hausrates oder das Fortschaffen der wertvollsten Möbel durch den Mieter morgens um fünf Uhr (RG Recht 1909 Nr 1672). Dasselbe gilt generell bei einem Umzug des Mieters (s unten Rn 19). **17**

18 Das Gesetz nannte bis 2001 in § 560 S 2 BGB aF als weiteren Fall, in dem dem Vermieter kein Widerspruchsrecht zustehen sollte, die **Entfernung** von Mietersachen **im regelmäßigen Betrieb** des Geschäfts des Mieters. Nach Meinung der Gesetzesverfasser muss der Fall der regelmäßigen oder auch betriebsüblichen Entfernung jetzt im Rahmen der *„gewöhnlichen Lebensverhältnisse"* eines Gewerbetreibenden berücksichtigt werden (so die Begr zum RegE BT-Drucks 14/4553, 40 [l Sp u]). Dem hat sich die allgemeine Meinung mittlerweile angeschlossen (so BGH 6. 12. 2017 – XII ZR 95/16 Rn 15, BGHZ 217, 92, 97 = NJW 2018, 1083; OLG Dresden NZM 2012, 84, 89 = ZMR 2012, 268; Bruns NZM 2019, 46, 52; Ehricke KTS 2004, 321, 327 ff; Guhling/Günter/Geldmacher Rn 23). Dahinter steht die Überlegung, dass bei einem Gewerbetreibenden die im regelmäßigen Betrieb seines Geschäfts entfernten Sachen in der Regel alsbald wieder ersetzt werden, sodass sich durch ihre Entfernung im Ergebnis an der Sicherheit des Vermieters nichts ändert (BGH 14. 11. 1962 – VIII ZR 37/61, LM Nr 2 zu § 560 BGB = NJW 1963, 147; OLG Dresden NZM 2012, 84, 89 = ZMR 2012, 268; LG Mannheim ZIP 2003, 2374 f; Ehricke KTS 2004, 321, 328 ff). Deshalb führen nur solche **Vorgänge**, die normalerweise zu dem **fortbestehenden Geschäftsbetrieb** des Mieters gehören, zum Erlöschen des Vermieterpfandrechts, sofern sie mit einer Entfernung der Sachen von dem vermieteten Grundstück verbunden sind, *nicht* dagegen Vorgänge, die aus dem üblichen Rahmen herausfallen und im Ergebnis eine Verringerung der Vermietersicherheit nach sich ziehen, insbesondere, weil der **Betrieb** in der einen oder anderen Form **stillgelegt** wird, sodass der Vermieter nicht mehr mit einem Ersatz der entfernten Sachen durch andere rechnen kann (OLG Dresden NZM 2012, 84, 89 = ZMR 2012, 268; Ehricke KTS 2004, 321, 328 ff; Guhling/Günter/Geldmacher Rn 26 ff).

19 Zum ordnungsmäßigen Geschäftsbetrieb gehören danach – unter der Voraussetzung, dass der Betrieb *nicht* stillgelegt, sondern fortgeführt wird – die regelmäßige **Veräußerung** von Waren, die **Ablieferung** der auf dem Grundstück hergestellten Produkte, die tägliche Entfernung der Tageskasse (OLG Braunschweig OLGZ 1980, 239 = MDR 1980, 203; LG Mannheim ZIP 2003, 2374, 2375; s aber auch schon o § 562 Rn 13), die regelmäßige **Ausfahrt** der **Geschäftsfahrzeuge** (s Rn 5; BGH 6. 12. 2017 – XII ZR 95/16 Rn 15, BGHZ 217, 92, 97 = NJW 2018, 1083; OLG Hamm MDR 1981, 407), die Verbringung reparaturbedürftiger Sachen in eine Werkstatt sowie bei einem Landwirt die Aberntung und **der Verkauf** der reifen **Feldfrüchte** (BGHZ 120, 368, 370 ff = NJW 1993, 1791; BGH 19. 12. 2013 – IX ZR 127/11, NJW 2014, 1239 Rn 12 = NZM 2014, 393; LG Braunschweig AgrarR 1992, 175; Ehricke KTS 2004, 321, 328 ff). Auch ein **üblicher Saisonschlussverkauf** fällt nach dem Gesagten (o Rn 18) noch unter die Ausnahme des § 562a S 2 BGB, *nicht* mehr dagegen ein **Räumungsverkauf** (OLG Dresden NZM 2012, 84, 89 = ZMR 2012, 268; LG Regensburg NJW-RR 1992, 717, 718; Fehrenbach NZM 2012, 1, 2) und ebensowenig eine Entfernung sämtlicher verwertbaren Sachen des Mieters durch dessen Gläubiger, weil die Folge ist, dass das Geschäft des Mieters zum Erliegen kommt (BGH 14. 11. 1962 – VIII ZR 37/61, LM Nr 2 zu § 560 BGB = NJW 1963, 147; OLG Köln ZIP 1984, 89, 90; OLG Düsseldorf NZM 2000, 336, 337 = NZI 2000, 82 f). Bei einem **Umzug** des Mieters mit seinem Geschäft kann gleichfalls nicht mehr von einer Entfernung der Sachen im regelmäßigen Geschäftsbetrieb die Rede sein (s Rn 18). Bei einer Veräußerung von Waren durch den **Insolvenzverwalter** im Rahmen der Fortführung des Geschäfts besteht dagegen kein Widerspruchsrecht (s Rn 9), sodass die Folge in jedem Fall ein Erlöschen des Vermieterpfandrechts ist (OLG Dresden NZM 2012, 84, 89 = ZMR 2012, 268; Fehrenbach NZM 2012, 1, 2; LG Mannheim ZIP 2003, 2374 f; Ehricke KTS 2004, 321, 329 ff).

3. Verweisungsrecht

20 Der Vermieter kann nach § 562a S 2 Fall 2 BGB der Entfernung von Mietersachen ferner nicht widersprechen, wenn die zurückbleibenden Sachen zu seiner Sicherung offenbar ausreichen (sog Verweisungsrecht oder Verweisungseinrede; s dazu Prot II 207 f; WEIMAR ZMR 1972, 4). Dieser Fall ist nur gegeben, wenn die verbleibenden Sachen einen solchen Wert besitzen, dass auch *ohne genauere Prüfung* oder Schätzung *klar* ist, dass der Vermieter durch sie noch ausreichend gesichert ist (RGZ 71, 418, 420; RG JW 1909, 657; WarnR 1913 Nr 359 S 423 = SeuffA 69 [1914] Nr 5 S 10; HRR 1928 Nr 827; KG OLGE 16 [1908 I] 431, 432; OLG Dresden NZM 2012, 84, 90 = ZMR 2012, 268; KG ZMR 2016, 939, 940 = GE 2017, 352). Hieran fehlt es bereits, wenn das Eigentum des Mieters an den zurückgebliebenen Sachen zweifelhaft ist (RG HRR 1928 Nr 827; OLG Breslau JW 1930, 3244 = HRR 1930 Nr 284; OLG Dresden NZM 2012, 84, 90 = ZMR 2012, 268; HOLZINGER BayZ 1929, 89). Der Mieter muss sich auf diese Einrede berufen und dabei die Sachen präzisieren, auf die er den Vermieter verweisen möchte (OLG Dresden NZM 2012, 84, 90 = ZMR 2012, 268; KG ZMR 2016, 939, 940= GE 2017, 352; BRUNS NZM 2019, 46, 52; GUHLING/GÜNTER/GELDMACHER Rn 29). Missachtet der Vermieter in grober Weise das Verweisungsrecht des Mieters bei Inanspruchnahme seines Vermieterpfandrechts an bestimmten Sachen des Mieters, so kann der Mieter, der dadurch in seinem Geschäftsbetrieb grundlos behindert wird, gegebenenfalls aus wichtigem Grunde fristlos nach § 543 Abs 1 BGB kündigen (OLG Frankfurt ZMR 2012, 943, 945; GUHLING/GÜNTER/GELDMACHER Rn 29a).

21 Das Verweisungsrecht steht nicht nur dem Mieter persönlich, sondern **auch Dritten** und insbesondere den **Gläubigern** des Mieters zu (s oben Rn 18). Ein Dritter, der zB ihm vom Mieter zur Sicherheit übereignete Sachen entfernen will, kann daher den Vermieter ebenso auf die zurückgebliebenen Sachen verweisen wie ein Gläubiger, der Sachen des Mieters gepfändet hat, sodass der Vermieter dann kein Recht auf vorzugsweise Befriedigung nach § 805 ZPO hat (s im Einzelnen o Rn 8; RGZ 71, 418, 419; BGHZ 27, 227, 230 f = NJW 1958, 1282; BGH 20. 3. 1986 – IX ZR 42/85, LM Nr 6 zu § 559 BGB [Bl 2] = NJW 1986, 2426, 2427= ZMR 1986, 232; KG OLGE 19, 2 f; OLG Braunschweig OLGE 20, 111 f; MITTELSTEIN, Miete 605 f; SCHMIDT-FUTTERER/LAMMEL Rn 19; zur Beweislast s Rn 23).

VI. Beweislast

22 Das Erlöschen des Vermieterpfandrechts durch die Entfernung der Sachen ist der Regeltatbestand, von dem das Gesetz ausgeht. Deshalb trifft den Mieter die Beweislast für die Entfernung der Sachen, den Vermieter dagegen für das Vorliegen eines der Ausnahmetatbestände des § 562a S 1 BGB (Entfernung ohne sein Wissen oder unter seinem Widerspruch; so schon Mot II 407 f; AG Köln WuM 1985, 123). Gelingt dem Vermieter dieser Beweis, so ist es wiederum Sache des Mieters oder eines Dritten, darzulegen und ggf zu beweisen, dass einer der Fälle des § 562a S 2 BGB vorliegt (BLANK/BÖRSTINGHAUS § 562a Rn 20 f; MITTELSTEIN, Miete S 573).

23 Von diesen Grundsätzen ist auch im Falle des **§ 805 ZPO** auszugehen. Verlangt der **Vermieter** unter Berufung auf sein Pfandrecht vorzugsweise Befriedigung, so obliegt ihm die Beweislast für die Entstehung seines Pfandrechts und für die Forderungen, derentwegen er vorzugsweise Befriedigung verlangt (BGH 20. 3. 1986 – IX ZR 42/85, LM Nr 6 zu § 559 BGB = NJW 1986, 2426, 2427= ZMR 1986, 232; BLANK/BÖRSTINGHAUS Rn 21).

Dagegen trifft den Pfändungsgläubiger die Beweislast, wenn er einwendet, das Vermieterpfandrecht sei nachträglich, zB wegen Erfüllung der gesicherten Mietforderung, erloschen oder wenn er sich auf das Verweisungsrecht beruft (Rn 21; BGH 20. 3. 1986 – IX ZR 42/85, LM Nr 6 zu § 559 BGB [Bl 3] = NJW 1986, 2426, 2427= ZMR 1986, 232).

§ 562b
Selbsthilferecht, Herausgabeanspruch

(1) Der Vermieter darf die Entfernung der Sachen, die seinem Pfandrecht unterliegen, auch ohne Anrufen des Gerichts verhindern, soweit er berechtigt ist, der Entfernung zu widersprechen. Wenn der Mieter auszieht, darf der Vermieter diese Sachen in seinen Besitz nehmen.

(2) Sind die Sachen ohne Wissen oder unter Widerspruch des Vermieters entfernt worden, so kann er die Herausgabe zum Zwecke der Zurückschaffung auf das Grundstück und, wenn der Mieter ausgezogen ist, die Überlassung des Besitzes verlangen. Das Pfandrecht erlischt mit dem Ablauf eines Monats, nachdem der Vermieter von der Entfernung der Sachen Kenntnis erlangt hat, wenn er diesen Anspruch nicht vorher gerichtlich geltend gemacht hat.

Materialien: E I § 521; II § 503; III § 554; BGB § 561; Mietrechtsreformgesetz von 2001 (BGBl I 1149); Mot II 409 f; Prot II 208 f.

Schrifttum

BRUNS, Gegenwartsprobleme des Vermieterpfandrechts, NZM 2019, 46
BUB/TREIER/VON DER OSTEN/SCHÜLLER, Hdb Rn III 2260 ff
EHRICKE, Das Erlöschen des Vermieterpfandrechts bei Gewerberaummietverhältnissen im Eröffnungsverfahren, insbesondere durch einen Räumungsverkauf, KTS 2004, 321

LASSEN, Rechtliche Natur und Inhalt des in § 561 Abs 2 BGB dem Vermieter gegebenen Anspruches auf Herausgabe zum Zwecke der Zurückschaffung, ArchBürgR 30 (1907) 263
METZGES, Das Vermieterpfandrecht gegenüber der Zwangsvollstreckung, Gruchot 49 (1905) 495.

Systematische Übersicht

I. Überblick, Zweck, Grenzen	1	
		3. Frist ... 17
II. Selbsthilferecht (Abs 1)		a) Beginn ... 17
1. Entfernung einzelner Sachen	5	b) Gerichtliche Geltendmachung ... 19
2. Auszug des Mieters	10	c) Rechtsfolgen ... 21
III. Herausgabeanspruch (Abs 2)		IV. Rechtslage in der Zwangsvollstreckung ... 22
1. Voraussetzungen	12	
2. Herausgabe	15	V. Beweislast ... 24

Alphabetische Übersicht

Abweichende Vereinbarungen	17
Auskunftsanspruch des Vermieters	14, 18, 20
Ausschlussfrist	17
Auszug des Mieters	10 ff, 16
Besitzrecht des Vermieters	7, 10 f
Beweislast	24
Durchsetzung der Vermieterrechte	3
Einstweilige Verfügung	3, 20
Entfernung einzelner Sachen	17 ff
Frist	17 f
Geltendmachung	19 ff
Gerichtsvollzieher	22
Geschichte	1
Gewaltanwendung	7, 9
Herausgabe	15 ff
Herausgabeanspruch des Vermieters	12 ff
– Auskunftsanspruch	13, 18
– Anspruchsgegner	13 f
– Auszug des Mieters	10 ff, 16
– Berechtigter	13
– Beteiligte	13 f
– Beweislast	24 f
– Gegenstand	12
– Geltendmachung	19 f
– Herausgabe	15 f
– Inhalt des Anspruchs	15 ff
– Klagefrist	17 f
– Rechtsnatur	12
– Pfändung der Sachen	22
– Veräußerung des Grundstücks	13
– Voraussetzungen	12 ff
– Zurückschaffung der Sachen	15 f
Insolvenz des Mieters	23
Klage auf vorzugsweise Befriedigung	22
Klagefrist	17 f
– Ausschlussfrist	17
– Beginn	17
– Geltendmachung	19 f
– Klage auf vorzugsweise Befriedigung	22
– Pfändung	20
– Rechtsfolgen	21
– Schadensersatzpflicht	21, 22
– Wegnahme durch den Insolvenzverwalter	23
Kritik	1, 4
Nacheile	8
Pfändung	22
Selbsthilferecht	4 ff
– Auszug des Mieters	10 ff
– Besitzrecht	7, 10 f
– Beweislast	24
– Dauer	8, 10
– Erweiterung durch Vertrag	1, 17
– Entfernung einzelner Sachen	17 ff
– Gegenstand	5 f
– Gewaltanwendung	7, 9
– Grenzen	4
– Mittel	9 ff
– Nacheile	8
– Widerstand des Mieters	9
Schadensersatzanspruch des Vermieters	11, 21
Verhältnismäßigkeitsgrundsatz	4, 9
Vermieterrechte	2 ff, 9, 12
– allgemeine Vermieterrechte	2 ff
– einstweilige Verfügung	3
– Grenzen	4
– Herausgabeanspruch	2, 12 ff
– Klage	17 f
– Schadensersatzansprüche	11, 21, 22
– Selbsthilferecht	4 ff
– Unterlassungsanspruch	3
– Verpflichteter	13
– Verwahrungspflicht	11
Zurückschaffung der Sachen	15 f
Zwangsvollstreckung	15, 22 f

I. Überblick, Zweck, Grenzen

1 Das Gesetz verleiht dem Vermieter zum Schutze seines Pfandrechts in § 562b BGB (= § 561 aF) ein von den engen Voraussetzungen des allgemeinen Selbsthilferechts (§§ 229 f BGB) grundsätzlich unabhängiges, **außerordentliches Selbsthilferecht**. Der Vermieter darf danach die Entfernung der Sachen des Mieters, die seinem Pfandrecht unterliegen, auch ohne Anrufung des Gerichts verhindern, soweit er nach § 562a BGB berechtigt ist, der Entfernung zu widersprechen (S 1 des § 562b Abs 1 BGB). Sobald der Mieter auszieht, darf er diese Sachen außerdem in seinen Besitz nehmen (S 2 des § 562b Abs 1 BGB). Sind die Sachen ohne sein Wissen oder unter seinem Widerspruch entfernt worden, so kann er überdies die Herausgabe der Sachen binnen einer Frist von einem Monat verlangen (§ 562b Abs 2 BGB). **Zweck** der Vorschrift war es, den Vermieter in die Lage zu versetzen, sich gegen das besonders gefürchtete „Rücken" des Mieters zu schützen (Mot II 409; Prot II 208 f; s unten Rn 5). Tatsächlich ist die Vorschrift dafür jedoch **entbehrlich**, da bereits die allgemeinen, dem Vermieter als Pfandgläubiger zustehenden Rechtsbehelfe zur Erreichung dieses Zwecks vollauf ausreichen (s unten Rn 2 f). Deshalb ist es *unverständlich*, dass die Vorschrift, die einen sachlich durch nichts zu rechtfertigenden **Fremdkörper** in unserer Rechtsordnung darstellt, durch das Mietrechtsreformgesetz von 2001 nicht ersatzlos gestrichen wurde (ebenso Blank/Börstinghaus Rn 1; Sternel, Mietrecht Rn III 268; MünchKomm/Artz Rn 3; ähnlich OLG Düsseldorf ZMR 1983, 376, 277; ebenso jedenfalls im Ergebnis Bruns NZM 2019, 46, 55; ganz anders dagegen Guhling/Günter/Geldmacher Rn 2; Bub/Treier/von der Osten/Schüller, Hdb Rn III 2261). § 562b BGB ist dementsprechend betont **restriktiv** zu interpretieren. Eine **vertragliche Erweiterung** des Selbsthilferechts des Vermieters verbietet sich unter diesen Umständen von selbst (§ 138 BGB; OLG München WuM 1989, 128, 132; OLG Düsseldorf 11. 2. 2014 – 10 U. 14/14; Guhling/Günter/Geldmacher Rn 3 S).

2 Der Vermieter ist bereits als **Pfandgläubiger** nach den §§ 1227, 823 und 816 BGB umfassend gegen Beeinträchtigungen seines Pfandrechts geschützt (o § 562 Rn 5; zB Bub/Treier/von der Osten/Schüller, Hdb Rn III 2257 f). Denn nach § 1227 BGB stehen ihm die Ansprüche aus den §§ 985 und 1004 BGB zu, sodass er gegebenenfalls von dem Mieter **Unterlassung** der Entfernung der seinem Pfandrecht unterliegenden Sachen (AG Baden-Baden WuM 1985, 123) sowie von jedem Dritten, der seinem Pfandrecht unterliegende Mietersachen in Besitz hat, deren **Herausgabe** an den Mieter und nach dessen Auszug an sich selbst verlangen kann (u Rn 12 ff). Außerdem genießt er den Schutz des § 823 BGB, weil sein Pfandrecht ein sonstiges Recht iS des § 823 Abs 1 BGB ist und weil § 289 StGB, der die sog Pfandkehr verbietet, ein Schutzgesetz iS des § 823 Abs 2 BGB darstellt (s oben § 562 Rn 3). Im Falle einer **Veräußerung** der seinem Pfandrecht unterliegenden Sachen stehen dem Vermieter ferner nach § 816 Abs 1 BGB Ansprüche auf den Erlös zu.

3 Sämtliche genannten Ansprüche des Vermieters (o Rn 2) können zudem notfalls durch **einstweilige Verfügung** gesichert werden, wobei an die Bezeichnung der dem Vermieterpfandrecht unterliegenden Sachen keine übertriebenen Anforderungen gestellt werden dürfen (§ 925 ZPO; AG Baden-Baden WuM 1985, 123). Als **Verfügungsgrund** reicht es in der Regel bereits aus, wenn der Auszug des Mieters konkret droht (OLG Köln ZIP 1984, 89, 90; OLG Celle NJW-RR 1987, 447, 448; OLG Stuttgart NJW-RR 1997, 521; OLG Hamm NZM 2001, 623; OLG Rostock WuM 2004, 471, 472; LG Berlin

GE 2005, 238; c17 ff; Guhling/Günter/Geldmacher Rn 17 ff; Sternel, Mietrecht Rn III 270). Zur Vorbereitung des Antrags auf Erlass einer einstweiligen Verfügung und einer nachfolgenden Klage werden dem Vermieter ferner **Auskunftsansprüche**, und zwar nicht nur gegen den Vermieter, sondern auch gegen Dritte, die im Besitz der dem Pfandrecht unterliegenden Sachen sind, zugebilligt (s Rn 14, 18, 20). Neben diesem beeindruckenden Strauß von Rechtsschutzmöglichkeiten erweist sich § 562b BGB in der Tat als schlicht *überflüssig* – und nachgerade schädlich, weil für Selbsthilferechte kein Raum sein darf, wo gerichtlicher Rechtsschutz zur Verfügung steht.

Das Selbsthilferecht des Vermieters aus § 562b Abs 1 BGB trägt nach dem Gesagten **Ausnahmecharakter** (o Rn 1 ff), sodass der **Verhältnismäßigkeitsgrundsatz** hier in voller Strenge gilt. Der Vermieter darf deshalb von dem Selbsthilferecht niemals einen weitergehenden Gebrauch machen als zur Abwendung der Gefahr **unbedingt erforderlich** (§ 230 Abs 1 BGB). Der Vermieter darf insbesondere nicht mehr Sachen des Mieters in Anspruch nehmen als zu seiner Sicherung unerlässlich (vgl § 562a S 2 BGB). Außerdem muss er immer das schonendste Mittel wählen (OLG Düsseldorf ZMR 1983, 376, 377; OLG München WuM 1989, 128, 132 = NJW-RR 1989, 1499; OLG Karlsruhe NZM 2005, 542; Blank/Börstinghaus Rn 12; Schmidt-Futterer/Lammel Rn 15; Guhling/Günter/Geldmacher Rn 3, 8; BeckOGK/Reuschle [1. 10. 2020] [1. 10. 2020] Rn 1, 4; Sternel, Mietrecht Rn III 269). Die Anwendung von **Gewalt** gegen Personen ist ihm grundsätzlich verwehrt (wegen etwaiger Ausnahmen s unten Rn 9). Jede schuldhafte Überschreitung der eng zu interpretierenden Grenzen des Selbsthilferechts macht den Vermieter **ersatzpflichtig** (§§ 280 Abs 1, 823 BGB; s oben § 562 Rn 37 und unten Rn 9). 4

II. Selbsthilferecht (Abs 1)

1. Entfernung einzelner Sachen

Der Umfang des Selbsthilferechts des Vermieters ist nach § 562b Abs 1 BGB unterschiedlich je nachdem, ob sich der Mieter darauf beschränkt, nur einzelne dem Pfandrecht unterliegende Sachen zu entfernen, oder ob er ganz auszieht. Im ersten Fall darf der Vermieter nach S 1 des § 562b Abs 1 BGB nur die Entfernung verhindern (u Rn 7 ff), während er im zweiten Fall nach S 2 der Vorschrift weitergehend berechtigt ist, die Sachen des Mieters in Besitz zu nehmen (u Rn 10 ff). 5

Das Selbsthilferecht des Vermieters nach § 562b Abs 1 S 1 BGB besteht nur hinsichtlich solcher Sachen, die seinem Pfandrecht unterliegen *und* deren Entfernung er widersprechen darf. Das Gesetz verweist damit auf die §§ 562 und 562a S 2 BGB. Nur **soweit** der Vermieter nach diesen Vorschriften ein **Pfandrecht** in Anspruch nehmen kann, steht ihm maW auch ein Selbsthilferecht aufgrund des § 562b BGB zu (OLG Düsseldorf ZMR 1983, 376, 377), sodass dem Vermieter insbesondere kein Selbsthilferecht bei der Entfernung von Sachen Dritter (s § 562 Abs 1 S 1 BGB), bei der Entfernung unpfändbarer Sachen (§ 562 Abs 1 S 2 BGB) sowie bei einer Entfernung von Mietersachen entsprechend den gewöhnlichen Lebensverhältnissen (§ 562a S 2 BGB) zusteht. 6

Hinzukommen muss, dass der Vermieter nach § 562a BGB ein **Widerspruchs- oder Sperrrecht** gegen die Entfernung der seinem Pfandrecht unterliegenden Sachen hat (Rn 6). **Ziel** der Maßnahmen des Vermieters darf es nur sein sicherzustellen, dass die 7 betreffenden Sachen auf dem vermieteten Grundstück oder in den vermieteten Räumen verbleiben. Ein Recht, die Sachen selbst in Besitz zu nehmen, hat der Vermieter hier nicht, da auch das Sperrrecht aus § 562a BGB dem Vermieter **kein Besitzrecht** verleiht (OLG Düsseldorf ZMR 1983, 376, 377). Der Vermieter darf daher nach § 562b Abs 1 BGB den Mieter **nicht auf Dauer** von dem Besitz der fraglichen Sachen ausschließen (OLG Düsseldorf ZMR 1983, 376, 377; Guhling/Günter/Geldmacher Rn 9).

8 Die Dauer des Selbsthilferechts des Vermieters beschränkt sich nach dem Wortlaut des Gesetzes auf die **Zeitspanne der Entfernung** der seinem Pfandrecht unterliegenden Sachen des Mieters von dem Mietgrundstück. Das Recht **entsteht** daher erst, wenn der Mieter tatsächlich mit der Entfernung der dem Vermieterpfandrecht unterliegenden Sachen **begonnen** hat; die bloße Absicht des Mieters hierzu genügt nicht. Nicht ausreichend ist es insbesondere, wenn der Mieter lediglich einen Räumungsverkauf ankündigt (OLG Düsseldorf ZMR 1983, 376, 377; OLG Celle ZMR 1994, 163, 164 = DWW 1994, 117; OLG Koblenz NZM 2005, 784 = NJW-RR 2005, 1174; LG Freiburg WuM 1997, 113, 114). Das Selbsthilferecht darf außerdem nur **so lange** ausgeübt werden, wie sich die Sachen **noch im Machtbereich** des Vermieters, dh genauer: auf den vermieteten und mitvermieteten Flächen befinden. Sobald die Sachen diese Grenzen überschritten haben, **erlischt** das Recht (u Rn 12 ff). Ein Recht zur **Nacheile** kann sich für den Vermieter nur unter engen Voraussetzungen aus § **229 BGB** ergeben. Davon abgesehen hat der Vermieter jetzt nur noch die Befugnisse des § 562b Abs 2 BGB (Bruns NZM 2019, 46, 55; Guhling/Günter/Geldmacher Rn 13 f; Schmidt-Futterer/Lammel Rn 16; Mittelstein, Miete 577; Weimar ZMR 1960, 259, 260).

9 Welche **Mittel** der Vermieter zur Verhinderung der Entfernung anwenden darf, sagt das Gesetz nicht. Maßgebend kann analog § 230 Abs 1 BGB nur der eng erstandene Verhältnismäßigkeitsgrundsatz sein (o Rn 4), sodass sich der Vermieter zunächst darauf beschränken muss, der **Entfernung** zu **widersprechen** (§ 562a S 1 BGB; OLG München NJW-RR 1989, 1499 = WuM 1989, 128, 132; OLG Karlsruhe NZM 2005, 542). Bestreitet der Mieter das Pfandrecht des Vermieters, so muss der Vermieter dem Bestreiten nachgehen. Erst wenn danach kein begründeter Zweifel an seinem Pfandrecht besteht, darf er nunmehr, wenn der Mieter oder ein Dritter gleichwohl mit der Entfernung fortfahren, diese Personen an der Entfernung, zB durch die **Versperrung** der Ausfahrt, durch das **Verschließen** von Türen, durch das **Auswechseln von Schlössern** oder durch ähnliche Maßnahmen hindern (OLG Karlsruhe NZM 2005, 542; OLG Koblenz NJW-RR 2005, 1174 = NZM 2005, 784; KG ZMR 2016, 774, 775; LG Regensburg WM 1992, 1678 = ZBB 1993, 170; LG Berlin GE 2013, 418; noch weitergehend zu Unrecht Bruns NZM 2019, 46, 55). Hilft auch dies nichts, so darf er den genannten Personen die **Sachen abnehmen** (OLG München WuM 1989, 128, 132 = NJW-RR 1989, 1499), wogegen sich diese nicht wehren dürfen, da der Vermieter, jedenfalls nach hM, nicht rechtswidrig handelt (§ 227 BGB).

9a Wehren sich der Mieter oder auch Dritte dagegen, dass der Vermieter ihnen aufgrund des § 562b Abs 1 S 1 BGB seinem Pfandrecht unterliegende Sachen abnehmen will, um deren rechtswidrige Entfernung zu verhindern (s Rn 9), so soll der Vermieter nach der (durchaus problematischen) hM jetzt, freilich nur in engsten Grenzen, seinerseits zur **Gewaltanwendung** befugt sein (RG DJZ 1905, 555; JW 1908, 581 Nr 48; Mittelstein, Miete 576 f; Niendorff, Mietrecht 410; Palandt/Weidenkaff Rn 6). Gewalt gegen unbeteiligte Dritte scheidet dagegen aus (RG Recht 1915 Nr 1534). Überschreitet der Vermieter schuldhaft die geschilderten engen Grenzen seines Selbsthilferechts (o Rn 4 ff), so handelt er rechtswidrig und macht sich aus Vertrag ebenso wie aus Delikt (§ 823 BGB) **ersatzpflichtig** und gegebenenfalls sogar strafbar (§§ 223, 240, 253 StGB; Rn 4, Schmidt-Futterer/Lammel Rn 21; Sternel, Mietrecht Rn III 269). Außerdem **verliert** er den Anspruch auf die **Miete**, wenn er unter Überschreitung seines Selbsthilferechts und damit rechtswidrig den Mieter zB durch Versperren der Türen oder durch Auswechslung der Schlösser, an dem Mietgebrauch hindert (§§ 320, 536 BGB; OLG Karlsruhe NZM 2005, 542); stattdessen hat der Mieter jetzt das Kündigungsrecht des § 543 Abs 2 Nr 1 BGB.

2. Auszug des Mieters

Beschränkt sich der Mieter nicht darauf, lediglich einzelne Sachen von dem Grundstück oder aus den Räumen zu entfernen (s oben Rn 7 ff), sondern zieht er insgesamt aus, so hat eine bloße Verhinderung der Entfernung einzelner Sachen keinen Sinn mehr. Deshalb gibt das Gesetz dem Vermieter in § 562b Abs 1 S 2 BGB in diesem Fall das weitere Recht, die Sachen des Mieters in **Besitz** zu nehmen. *Nach* dem Auszug des Mieters hat er dagegen gemäß § 562b Abs 2 S 1 BGB nur noch das Recht, die Überlassung des Besitzes zu verlangen (s Rn 12 f). Unter dem **Auszug** des Mieters ist hier im Gegensatz zur bloßen Entfernung einzelner dem Vermieterpfandrecht unterliegender Sachen (s Rn 7 f) die endgültige **Aufgabe des Besitzes** an dem gemieteten Grundstück oder den gemieteten Räumen durch den Mieter insgesamt zu verstehen. Der Mieter muss, damit das Selbsthilferecht des Vermieters eingreifen kann, mit dieser Besitzaufgabe bereits tatsächlich **begonnen** haben (s oben Rn 8; OLG München WuM 1989, 128, 132 = NJW-RR 1989, 1499; LG Hamburg WuM 1977, 256 f = ZMR 1978, 20, 21). Gibt der Mieter wegen des Widerstandes des Vermieters seinen Plan wieder auf, so erlischt auch das Selbsthilferecht des Vermieters. Ebenso verhält es sich im Ergebnis, wie aus § 562b Abs 2 S 1 BGB zu folgern ist, sobald der Mieter endgültig ausgezogen *ist,* weil der Vermieter dann nämlich nur noch die Überlassung des Besitzes verlangen kann. Zeitlich beschränkt sich somit sein Selbsthilferecht auf die **Phase des tatsächlichen Auszugs** des Mieters. Diese Phase ist (spätestens) beendet, sobald die letzten Sachen des Mieters die Grundstücksgrenze überschritten haben (s Rn 11; weitergehend zu Unrecht Bruns NZM 2019, 46, 55). Danach greift nur noch § 562b Abs 2 S 1 BGB ein.

Wenn der Vermieter die Sachen des Mieters in Besitz nimmt, so erlangt er dieselbe **Rechtsstellung** wie der Inhaber eines rechtsgeschäftlich bestellten **Faustpfandrechts**, sodass er jetzt zur **Verwahrung** der Sachen verpflichtet ist (§ 1215 BGB; s schon oben § 562 Rn 6; RG JW 1932, 42; BGH 20. 6. 2005 – II ZR 189/03, NZM 2005, 665 = NJW-RR 2005, 1328); außerdem kann er fortan nach den Vorschriften über die Geschäftsführung ohne Auftrag **Verwendungsersatz** verlangen (§ 1216 S 1 BGB iVm §§ 677 ff BGB). Gleichwohl wird er, wenn er die Sachen in seinen Räumen verwahrt, im Regelfall **kein Lagergeld** fordern können, weil die Voraussetzungen der §§ 677, 683, 670 BGB mangels Fremdgeschäftsführungswillens des Vermieters nicht erfüllt sind (aM Blank/Börstinghaus § 562b Rn 6). Wenn er die Sachen stattdessen in den Mieträumen verwahrt, kann er sich außerdem nicht darauf berufen, dass der Mieter ihm die Räume vorenthalte, sodass ihm auch **kein Entschädigungsanspruch** aus § 546a BGB zusteht (s oben § 562 Rn 6; LG Mannheim WuM 1978, 141, 142; Sternel, Mietrecht Rn III 270). Schadensersatzansprüche des Vermieters, etwa wegen der entgangenen Miete, können sich nur im Einzelfall aus Verzug des Mieters ergeben (§§ 535, 280 Abs 2, 286 BGB).

III. Herausgabeanspruch (Abs 2)

1. Voraussetzungen

12 Nach § 562b Abs 2 BGB kann der Vermieter (nur) während eines Zeitraums von einem Monat nach Erlangung der Kenntnis von der Entfernung der seinem Pfandrecht unterliegenden Sachen deren Herausgabe zwecks Zurückschaffung auf das Grundstück oder, wenn der Mieter inzwischen ausgezogen ist, die Überlassung des Besitzes verlangen; versäumt er diese Frist, so erlischt das Pfandrecht. Hintergrund dieser Regelung ist der Umstand, dass das Selbsthilferecht des Vermieters aus § 562b Abs 1 BGB endet, sobald die vom Mieter entfernten Sachen die Grenzen des vermieteten Grundstücks, dh genauer: der vermieteten Räume und der mitvermieteten Grundstücksteile überschritten haben, sowie außerdem im Falle des Auszugs des Mieters mit dessen Beendigung (s oben Rn 8, 10 und § 562a Rn 4). Von diesem Zeitpunkt ab kann der Vermieter gemäß § 562b Abs 2 BGB nur noch Herausgabe der Sachen verlangen, *sofern* die Sachen ohne sein Wissen oder unter seinem Widerspruch von dem Grundstück entfernt wurden, weil in diesem Fall nach § 562a S 1 BGB sein Pfandrecht fortbesteht, aus dem sich die Befugnisse des § 562b Abs 2 BGB ableiten. Denn das Vermieterpfandrecht genießt als gesetzliches Pfandrecht gemäß § 1257 BGB den Schutz der §§ 1227, 985 und 1004 BGB (s oben Rn 2), sodass der Vermieter **von jedem**, der zu Unrecht seinem Pfandrecht unterliegende Sachen des Mieters in Besitz hat, **Herausgabe** verlangen kann (§ 985 BGB). § 562b Abs 2 BGB modifiziert diesen Herausgabeanspruch lediglich in einzelnen Beziehungen, sodass es sich dabei um einen **dinglichen**, auf dem Pfandrecht beruhenden **Herausgabeanspruch** handelt (Bruns NZM 2019, 46, 56; Hellwig Recht 1903, 69, 170; Lassen ArchBürgR 30 [1906] 263, 266; Mittelstein, Miete 583; Niendorff, Mietrecht 413).

13 Anspruchsberechtigt ist der Vermieter. Bei einer Veräußerung des Grundstücks ist das nach § 566 BGB der **Erwerber**, auf den der schon für den Veräußerer entstandene Herausgabeanspruch übergeht (Niendorff, Mietrecht 414). Hat der Vermieter dagegen die Mietforderung an einen Dritten abgetreten, so steht der Herausgabeanspruch diesem Dritten, dem **Zessionar** zu, der mit der Mietforderung das Pfandrecht erworben hat (§ 1250 Abs 1 S 1 BGB; Bruns NZM 2019, 46, 56; Blank/Börstinghaus Rn 20). **Anspruchsgegner** ist, da es sich um einen dinglichen Anspruch handelt (o Rn 12), **jeder** unmittelbare oder mittelbare **Besitzer** der Sache, also nicht nur der Mieter, sondern auch sonstige Dritte (KG OLGE 27, 156, 157; OLG Hamburg OLGE 22, 251; HansGZ 1927 Beibl 161, 162).

14 Zur Vorbereitung der Klage hat der Vermieter ferner einen **Auskunftsanspruch** (OLG Rostock WuM 2004, 471, 472; OLG Brandenburg GE 2007, 1316; LG Mannheim WuM 1978, 92), ebenfalls nicht nur gegen den Mieter, sondern zB auch gegen einen Dritten, der die Sache entfernt hat (§ 242 BGB; Blank/Börstinghaus Rn 19, 21; Guhling/Günter/Geldmacher Rn 26). Die Klage auf Auskunft kann mit der Herausgabeklage im Wege der **Stufenklage** nach § 254 ZPO verbunden werden (Blank/Börstinghaus Rn 24; Schmidt-Futterer/Lammel Rn 24). Jedoch wird eine Durchsetzung des Aus-

kunftsanspruchs im Wege der **einstweiligen Verfügung** vielfach abgelehnt, weil mit solcher Verfügung das Ergebnis vorweggenommen würde; neuerdings mehren sich freilich die abweichenden Stimmen, in erster Linie unter Hinweis auf die kurze Ausschlussfrist des § 562b Abs 2 S 2 BGB (so OLG Rostock WuM 2004, 471, 472; BLANK/BÖRSTINGHAUS Rn 21; BRUNS NZM 2019, 46, 56; GUHLING/GÜNTER/GELDMACHER Rn 26).

2. Herausgabe

Der Anspruch des Vermieters geht auf Herausgabe der seinem Pfandrecht unterliegenden Sachen, wobei danach unterschieden wird, ob der Mieter bereits ausgezogen ist oder nicht. Ist der Mieter (noch) **nicht ausgezogen**, so kann der Vermieter nach § 562b Abs 2 S 1 Fall 1 BGB nur Herausgabe der Sache zum Zwecke der **Zurückschaffung** der Sachen **in das Grundstück** oder in die Mieträume verlangen. Der Besitzer ist folglich in diesem Fall zur Herausgabe an den Vermieter zum Zwecke der Zurückschaffung in das Grundstück zu verurteilen (s BLANK/BÖRSTINGHAUS Rn 21–23; GUHLING/GÜNTER/GELDMACHER Rn 21; PALANDT/WEIDENKAFF Rn 10). Die Zurückschaffung selbst ist Sache des Vermieters. Das Herausgabeurteil wird nach **§ 883 ZPO** dadurch vollstreckt, dass der Gerichtsvollzieher die Sachen dem Besitzer wegnimmt und dem Vermieter zwecks Zurückschaffung übergibt (BRUNS NZM 2019, 46, 56); jedoch sollte es auch zugelassen werden, dass der Gerichtsvollzieher selbst, im Auftrag des Vermieters, die Sachen auf das Grundstück zurückschafft (SCHMIDT-FUTTERER/LAMMEL Rn 26). Sind die Sachen sehr weit von dem Grundstück entfernt, so kann dies zur Undurchführbarkeit der Zwangsvollstreckung führen. In diesem Falle bleibt dem Vermieter nichts anderes übrig, als Pfandreife abzuwarten und sich dann sofort aus den Sachen zu befriedigen (MITTELSTEIN, Miete 584 f; ROQUETTE § 561 Rn 21 ff). **15**

Sobald der Mieter **ausgezogen** ist, hat es keinen Sinn mehr, die Sachen auf das Grundstück oder in die Mieträume zurückzuschaffen, um den früheren Zustand wiederherzustellen. Deshalb kann der Vermieter jetzt **Herausgabe an sich** verlangen (§ 562b Abs 2 S 1 Fall 2 BGB). Der Vermieter erlangt dadurch dieselbe Rechtsstellung wie der Inhaber eines rechtsgeschäftlich bestellten **Faustpfandrechts** (o Rn 11). Probleme ergeben sich hier insbesondere, wenn der Mieter erst **nach Erlass** des auf Herausgabe zum Zwecke der Zurückschaffung lautenden Urteils (s oben Rn 15) **auszieht**. Teilweise wird dann wegen des geänderten Streitgegenstands eine neue Klage verlangt (so NIENDORFF, Mietrecht 420). Man darf sich indessen fragen, ob solche Verdoppelung der Klage wirklich notwendig ist. Es dürften wohl keine Bedenken dagegen bestehen, dass der Vermieter in diesem besonderen Fall die Sachen nach Herausgabe selbst in Besitz nimmt, weil ihre Zurückschaffung in die Mieträume jetzt keinen Sinn mehr hätte (BLANK/BÖRSTINGHAUS § 562b Rn 25; GUHLING/GÜNTER/GELDMACHER Rn 26; MITTELSTEIN, Miete 585; ROQUETTE § 561 Rn 24). **16**

Der Klärung bedarf außerdem die Frage, ob der Anspruch des Vermieters aus § 562b Abs 2 S 1 BGB auf Zurückschaffung (s Rn 15) oder Besitzüberlassung (s Rn 16) mit dem Antrag auf Erlass einer **einstweiligen Verfügung** verfolgt werden kann. Das Problem rührt daher, dass hier die Verfügung bei Erfolg des Antrags zur endgültigen Erfüllung des Anspruchs führen kann (deshalb ablehnend OLG Brandenburg GE 2007, 1316, 1317; GUHLING/GÜNTER/GELDMACHER Rn 21: Nur Herausgabe an einen Sequester). Gleichwohl **16a** wird die Frage wohl überwiegend jedenfalls bei besonderer Dringlichkeit des Antrags bejaht (Blank/Börstinghaus § 562b Rn 19; Schmidt-Futterer/Lammel § 562b Rn 32; s auch Rn 19).

3. Frist

a) Beginn

17 Im Interesse der Rechtssicherheit und zum Schutze späterer Vermieter (Prot II 209) ist in § 562b Abs 2 S 2 BGB bestimmt, dass das Pfandrecht erlischt, wenn der Vermieter den Herausgabeanspruch nicht binnen eines Monats, nachdem er von der Entfernung der Sachen Kenntnis erlangt hat, gerichtlich geltend macht. Diese Frist ist eine materiell-rechtliche **Ausschlussfrist**, deren Ablauf das Pfandrecht zum Erlöschen bringt. Die Vorschriften über die Verjährung finden keine Anwendung (KG OLGE 27, 156, 157). Die Berechnung der Frist richtet sich nach den §§ 187 Abs 1, 188 Abs 2 BGB. Eine vertragliche Verlängerung der Frist ist nicht möglich (Mittelstein, Miete 585 f; Palandt/Weidenkaff Rn 13). Die Frist *beginnt* nicht schon mit der Entfernung der Sachen und daher auch nicht bereits mit dem etwaigen Widerspruch des Vermieters, sondern erst an dem Tag, an dem der Vermieter von der Entfernung bestimmter Sachen oder dem Auszug des Mieters positive **Kenntnis** erlangt (Bruns NZM 2019, 46, 52). Grob fahrlässige Unkenntnis steht nicht gleich.

18 Da das Gesetz in § 562b Abs 2 S 2 BGB nur auf die **Kenntnis** des Vermieters **von der Entfernung** der Sachen abstellt, ist der Fristbeginn unabhängig davon, ob der Vermieter weiß, wo sich die Sachen befinden und wer jetzt in ihrem Besitz ist. Selbst wenn ihm diese Umstände unbekannt sind, sodass er keine Klage auf Herausgabe erheben kann, läuft die Ausschlussfrist von einem Monat (OLG Hamburg OLGE 22, 251). Notfalls muss der Vermieter rechtzeitig Auskunftsklage erheben, die im Wege der Stufenklage mit der Herausgabeklage verbunden werden kann (s Rn 13, 20; OLG Rostock WuM 2004, 471, 472).

b) Gerichtliche Geltendmachung

19 Zur Wahrung der Frist ist nach § 562b Abs 2 S 2 BGB „gerichtliche Geltendmachung" des Herausgabeanspruchs (gegen den Besitzer, oben Rn 13) innerhalb der Ausschlussfrist von einem Monat (o Rn 17) erforderlich. Dafür genügt jedes Verhalten des Vermieters, durch das er sein Pfandrecht vor Gericht „zur Geltung bringt", dh jede Handlung des Vermieters, mit der er seinen **Willen** zur Aufrechterhaltung und Verfolgung seines Rechts deutlich **nach außen betätigt**, und zwar vor Gericht, dh **in einem gerichtlichen Verfahren**. Eine Erhebung der Klage auf Herausgabe ist dafür nicht unbedingt erforderlich (KG OLGE 27, 156, 157; JW 1933, 921 Nr 7; Bruns NZM 2019, 46, 56; Guhling/Günter/Geldmacher Rn 32; Schmidt-Futterer/Lammel § 562b Rn 32 f; enger Blank/Börstinghaus § 562b Rn 28; Mittelstein, Miete 586 f).

20 Beispiele einer gerichtlichen Geltendmachung des Anspruchs des Vermieters auf Zurückschaffung oder Herausgabe der fraglichen Sachen sind neben der Klageerhebung der Antrag auf Erlass einer **einstweiligen Verfügung** auf Zurückschaffung der Sachen (s Rn 16a; KG OLGE 20, 189, 190; 27, 156, 157; OLG Rostock WuM 2004, 471) oder auf Auskunft sowie der Widerspruch gegen eine einstweilige Verfügung, durch die dem Vermieter (nach § 562a S 2 BGB) die Duldung der Wegschaffung aufgegeben wurde (KG OLGE 27, 156, 157). In den zahlreichen Zweifelsfällen sollte nach dem Zweck der

Regelung großzügig verfahren werden. Ausreichend sind daher auch die Einreichung des Antrags auf Hinterlegung des Erlöses (§ 805 Abs 4 ZPO) beim Vollstreckungsgericht (s unten Rn 22; KG JW 1933, 921 Nr 7; Palandt/Weidenkaff § 562b Rn 13; – aM Schmidt-Futterer/Lammel § 562b Rn 33), ferner der Antrag des Vermieters auf Abweisung der Klage des Mieters auf Duldung der Entfernung nach § 562a S 2 BGB (Blank/Börstinghaus Rn 29; – aA Schmidt-Futterer/Lammel Rn 33) sowie sogar die Erhebung der **Auskunftsklage** (o Rn 14; Guhling/Günter/Geldmacher Rn 31), obwohl der Wortlaut des § 562b Abs 2 S 2 BGB vielleicht dagegen spricht, da dem Vermieter andernfalls nichts anderes übrigbleibt, als zunächst binnen der Monatsfrist Klage gegen den Mieter zu erheben, notfalls im Wege öffentlicher Zustellung (s Blank/Börstinghaus Rn 28). *Nicht* ausreichend ist dagegen die bloße **Pfändung** der Sachen des Mieters wegen einer Mietforderung, weil Vermieterpfandrecht und Pfändungspfandrecht nebeneinander bestehen können (s § 562 Rn 36; OLG Hamburg OLGE 22, 251; OLG Düsseldorf OLGE 17, 5; OLG Frankfurt Recht 1910 Nr 3746; Hugo Emmerich, Pfandrechtskonkurrenzen 462; **aM** KG OLGE 11, 311, 313). Ebensowenig wahrt eine Klage gegen einen früheren Besitzer die Klagefrist des § 562b Abs 2 S 2 BGB gegenüber dem jetzigen Besitzer (OLG Hamburg HansGZ 1927 Beiblatt 161, 162).

c) **Rechtsfolgen**

Nach hM führt zwar die Versäumung der Monatsfrist des § 562b Abs 2 S 2 BGB zum Erlöschen des Pfandrechts gegenüber jedermann; unberührt bleiben sollen jedoch **Schadensersatz- und Bereicherungsansprüche** des Vermieters gegen den Mieter oder Dritte wegen einer rechtswidrigen und gegebenenfalls schuldhaften Verletzung des (früheren) Pfandrechts (s oben Rn 2 f; RGZ 98, 345, 347; 119, 265; BGH ZMR 1965, 375, 379; Guhling/Günter/Geldmacher Rn 28; Mittelstein, Miete 590 f; Palandt/Weidenkaff § 562b Rn 14; Roquette § 561 Rn 39). Diese Meinung kann *keine Billigung* finden, weil sie zur Folge hätte, dass die Ausschlussfrist jede Bedeutung einbüßte (Blank/Börstinghaus § 562b Rn 29; Bruns NZM 2019, 46, 56; Schmidt-Futterer/Lammel § 562b Rn 35; Sternel, Mietrecht Rn III 272; gegen einen Bereicherungsanspruch des Vermieters auch OLG Hamburg HansGZ 1927 Beiblatt 161, 162). Deshalb erlöschen mit Ablauf der Monatsfrist des § 562b Abs 2 S 2 BGB auch etwaige Schadensersatz- und Bereicherungsansprüche des Vermieters.

IV. **Rechtslage in der Zwangsvollstreckung**

§ 562b BGB ist ebensowenig wie § 562a BGB auf die Entfernung der Mietersachen durch **Hoheitsakt** anwendbar. Die Vorschrift gilt deshalb insbesondere nicht für die **Pfändung** und Verwertung der Mietersachen durch die Gläubiger des Mieters (s schon o § 562a Rn 6 sowie u § 562d Rn 2). Der Vermieter ist in diesem Fall vielmehr auf die **Klage auf vorzugsweise Befriedigung** aus § 805 ZPO verwiesen, die *nicht* an die Ausschlussfrist des § 562a Abs 2 S 2 BGB gebunden ist (s auch o Rn 20; OLG Hamburg OLGE 9, 298; KG OLGE 11, 311, 312; OLG Celle OLGE 19, 3 f; Lippmann SeuffBl 72 [1907] 761; Metzges Gruchot 49 [1905] 495, 505; Mittelstein, Miete 602 ff; Siber, Pfandrecht 82 f; – **aM** KG OLGE 5, 370); maßgebend sind vielmehr allein die Vorschriften der ZPO, sodass die Klage **bis** zur **Beendigung der Zwangsvollstreckung** durch Auskehrung des Erlöses an den Gläubiger zulässig ist (Brückner Recht 1905, 180, 181). Nach diesem Zeitpunkt stehen dem Vermieter nur noch Bereicherungs- und Schadensersatzansprüche gegen den pfändenden Gläubiger zu (§§ 812 Abs 1 S 1, 823 Abs 1 BGB; s oben Rn 2 f; u § 562c Rn 1 ff).

23 Auf die Wegnahme der Mietersachen durch den **Insolvenzverwalter** ist § 562b BGB gleichfalls nicht anwendbar (RG LZ 1914, 1045 f; OLG Celle OLGE 19, 3; OLG Hamburg OLGE 21, 203, 204; Bruns NZM 2019, 46, 56; zur Rechtslage bei Eröffnung des Verfahrens s ausführlich Guhling/Günter/Geldmacher Rn 33 f). Der Verwalter muss jedoch das **Absonderungsrecht** des Vermieters aus § 50 InsO von Amts wegen berücksichtigen (s § 562 Rn 7a; Ehricke KTS 2004, 321, 331 ff). Voraussetzung ist eine Anmeldung des Rechts durch den Vermieter (KG OLG 27, 155, 156; s schon o § 562a Rn 9, 15, 19 sowie u § 562d Rn 4).

V. Beweislast

24 Besteht Streit über den Bestand und den Umfang des Selbsthilferechts des Vermieters aus § 562b Abs 1 BGB, so obliegt dem **Vermieter** die Beweislast für die **Voraussetzungen** des von ihm in Anspruch genommenen Rechts. Das gilt auch für den Bestand seines Pfandrechts (s § 562 Rn 39). Macht der Vermieter den **Herausgabeanspruch** aus § 562b Abs 2 BGB geltend, so muss er beweisen, dass ihm ein Pfandrecht an den fraglichen Sachen zusteht und dass sich der Beklagte bei Klageerhebung in deren Besitz befunden hat (Blank/Börstinghaus § 562b Rn 31; Mittelstein, Miete 588 f). Wenn feststeht, dass die Sachen mit Wissen des Vermieters entfernt worden sind, muss dieser ferner seinen Widerspruch beweisen. Demgegenüber kann der **Beklagte** einwenden, dass der Vermieter kein Recht zum Widerspruch hatte (§ 562a S 2 BGB) oder dass er schon länger als einen Monat vor Klageerhebung Kenntnis von der Entfernung erlangt hatte (§ 562b Abs 2 S 2 BGB); dann ist es wiederum Sache des **Vermieters**, die rechtzeitige Klageerhebung nachzuweisen.

§ 562c
Abwendung des Pfandrechts durch Sicherheitsleistung

Der Mieter kann die Geltendmachung des Pfandrechts des Vermieters durch Sicherheitsleistung abwenden. Er kann jede einzelne Sache dadurch von dem Pfandrecht befreien, dass er in Höhe ihres Wertes Sicherheit leistet.

Materialien: E I § 521 Abs 4; II § 504; III § 555;
BGB § 562; Mietrechtsreformgesetz von 2001
(BGBl I 1149); Mot II 407; Prot II 209 f.

Schrifttum

S o bei § 562.

Systematische Übersicht

I. Überblick 1	III. Befreiung einzelner Sachen (§ 562c S 2) 6
II. Abwendung der Geltendmachung des Pfandrechts (§ 562c S 1) 3	IV. Sicherheitsleistung 7

Untertitel 2 · Wohnraum
Kapitel 3 · Pfandrecht des Vermieters § 562c

I. Überblick

§ 562c BGB regelt die **Abwendung** des Vermieterpfandrechts durch Sicherheitsleistung seitens des Mieters (oder eines Dritten, s Rn 3a). Die Abwendung ist danach **auf zwei** verschiedenen **Wegen** möglich. Der Mieter kann einmal, wenn der Vermieter sein Pfandrecht an Sachen des Mieters geltend macht, den Zugriff des Vermieters durch Sicherheitsleistung in Höhe der geltend gemachten *Forderung* des Vermieters abwenden (S 1 des § 562c BGB; s unten Rn 3 f). Zum anderen kann der Mieter gemäß § 562c S 2 BGB aber auch unabhängig davon jede einzelne Sache dadurch von dem Vermieterpfandrecht befreien, dass er in Höhe des Wertes der fraglichen *Sache* dem Vermieter Sicherheit leistet (sogenanntes **Befreiungsrecht**, s unten Rn 5). Die Sicherheitsleistung selbst richtet sich in beiden Fällen nach den §§ 232 bis 240 BGB (s unten Rn 6). Von beiden Befugnissen kann der Mieter jederzeit während des Mietverhältnisses Gebrauch machen (Siber, Pfandrecht 84 ff). **1**

Praktische Bedeutung hat das Abwendungsrecht des Mieters nur bei der gewerblichen Raummiete und hier vor allem bei Auszug des Mieters, wenn zwischen den Vertragsparteien noch Streit über die Berechtigung einzelner vom Vermieter erhobener Forderungen besteht (Guhling/Günther/Geldmacher Rn 2a; Schmidt-Futterer/Lammel § 562c Rn 1). Die Regelung ist **zwingend**. Eine vertragliche Abänderung zum Nachteil des Mieters ist nicht möglich (Sternel, Mietrecht Rn III 275; Schmidt-Futterer/Lammel § 562c Rn 1), wohl aber naturgemäß jede Abweichung zugunsten des Mieters (Guhling/Günther/Geldmacher Rn 3). **2**

II. Abwendung der Geltendmachung des Pfandrechts (§ 562c S 1)

Nach § 562c S 1 BGB kann der Mieter zunächst die Geltendmachung des Vermieterpfandrechts *insgesamt* (und nicht nur hinsichtlich einzelner Gegenstände) durch Sicherheitsleistung iS der §§ 232 ff BGB abwenden (zur Sicherheitsleistung s unten Rn 6 ff). Das Gesetz sagt zwar nicht, in welcher **Höhe** der Mieter Sicherheit leisten muss; da indessen dem Vermieter ein Pfandrecht nur zusteht, soweit er überhaupt eine Forderung aus dem Mietvertrag gegen den Mieter hat (§§ 562 Abs 1 S 1, 1252 BGB), richtet sich die Höhe der nötigen Sicherheitsleistung nach der **Höhe der Forderung** des Vermieters aus dem Mietvertrag gegen den Mieter; andere Forderungen werden durch das Vermieterpfandrecht nicht gesichert (§ 562 Rn 26) und dürfen deshalb bei der Berechnung der Sicherheitsleistung nicht berücksichtigt werden (Bruns NZM 2019, 46, 58; BeckOGK/Reuschle [1. 10. 2020] Rn 6; Schmidt-Futterer/Lammel § 562c Rn 8).). **Obergrenze** ist der Gesamtwert der dem Vermieterpfandrecht unterliegenden Sachen des Mieters (Rn 5). Wenn der Mieter im Unklaren über die Höhe der Forderung des Gläubigers ist, kann er nach Treu und Glauben vom Vermieter darüber **Auskunft** verlangen (§§ 242, 260; Guhling/Günter/Geldmacher Rn 6a). **3**

Über den Wortlaut des Gesetzes hinaus wird die Befugnis zur Abwendung der Geltendmachung des Vermieterpfandrechts durch Sicherheitsleistung (§ 562c S 1 BGB) überwiegend **auch Dritten** zugebilligt, die durch die Ausübung des Vermieterpfandrechts in ihren Rechten beeinträchtigt werden können wie zB Pfändungsgläubiger oder Sicherungseigentümer, vorausgesetzt, dass das Vermieterpfandrecht ihrem Recht vorgeht (BGH 29. 6. 1971 – VI ZR 255/69, WM 1971, 1086, 1088 = BB 1971, 1123 = **3a**

BeckRS 1971, 00125; Guhling/Günther/Geldmacher Rn 16; Schmidt-Futterer/Lammel § 562c Rn 2; aM BeckOGK/Reuschle [1. 10. 2020] Rn 3; Hugo Emmerich, Pfandrechtskonkurrenzen [1909] 174 ff). Die Ausübung des Abwendungsrechtes durch diese Personen setzt freilich voraus, dass ihnen überhaupt bekannt ist, wegen welcher Forderungen und in welcher Höhe der Vermieter sein Pfandrecht ausüben will. Deshalb ist der Vermieter ihnen gleichfalls zur **Auskunft** über die genannten Umstände verpflichtet (§ 242 BGB; BGH 29. 6. 1971 – VI ZR 255/69, WM 1971, 1086, 1088 = BB 1971, 1123 = BeckRS 1971, 00125). Unterlässt er trotz Aufforderung die gewünschte Mitteilung, so kann er sich später nicht mehr auf sein Pfandrecht berufen (§§ 249, 280 Abs 1 BGB; BGH 29. 6. 1971 – VI ZR 255/69, WM 1971, 1086, 1088 = BB 1971, 1123 = BeckRS 1971, 00125).

4 Die Abwendungsbefugnis des § 562c S 1 BGB (s Rn 3, 3a) entsteht, sobald der Vermieter sein Pfandrecht geltend macht. Eine gerichtliche **Geltendmachung** ist dafür hier – anders als in § 562b Abs 2 S 2 BGB – nicht erforderlich. Der Begriff ist deshalb im vorliegenden Zusammenhang ebenso weit wie in § 562 Abs 2 BGB zu verstehen (s oben § 562 Rn 31 f). **Beispiele** sind der Widerspruch des Vermieters gegen die Entfernung der Sachen (§ 562a S 1 HS 2 BGB), die Ausübung des Selbsthilferechts des Vermieters aufgrund des § 562b Abs 1 BGB sowie das Verlangen auf Herausgabe der Sachen zwecks ihrer Verwertung (§§ 1228, 1231 S 1, 1257 BGB; BeckOGK/Reuschle [1. 10. 2020] Rn 4; Roquette § 562 Rn 7).

4a Die **Wirkung** der Sicherheitsleistung besteht darin, dass das Pfandrecht nicht mehr geltend gemacht werden kann (S 1 des § 562c BGB). Die Folge ist eine **Ausübungssperre** für die Rechte des Vermieters aus den §§ 562a S 1 und 562b Abs 1 BGB, und zwar auch hinsichtlich später vom Mieter eingebrachter Sachen, vorausgesetzt, dass die Sicherheitsleistung des Mieters die Forderungen des Vermieters in voller Höhe abdeckt (Guhling/Günter/Geldmacher Rn 8). Der Sache nach ist damit richtiger Meinung nach gemeint, dass das **Pfandrecht erlischt** (s Hugo Emmerich, Pfandrechtskonkurrenzen 466; aM Schmidt-Futterer/Lammel § 562c Rn 10).

5 Auch wenn der **Wert aller** vom Mieter eingebrachten **Sachen** hinter der Höhe der Forderung des Vermieters zurückbleibt, genügt eine Sicherheitsleistung in Höhe lediglich des Wertes der **Sachen** (str). Das folgt aus § 562c S 2 BGB, da der Mieter nach dieser Vorschrift *jede* einzelne Sache und damit auch *alle* Sachen zusammen durch Sicherheitsleistung (nur) in Höhe ihres Wertes vom Pfandrecht befreien kann (s unten Rn 6 sowie Guhling/Günter/Geldmacher Rn 7; Mittelstein, Miete 563; BeckOGK/Reuschle [1. 10. 2020] Rn 7; Schmidt-Futterer/Lammel § 562c Rn 8). Dies bedeutet freilich zugleich, dass das Pfandrecht des Vermieters an vom Mieter *später* eingebrachten Sachen wieder entsteht, wenn die geleistete Sicherheit die (jetzigen) Forderungen des Vermieters nicht voll abdeckt (Guhling/Günter/Geldmacher Rn 7; Schmidt-Futterer/Lammel § 562c Rn 9). Davon zu trennen ist der (eigenartige) Fall, dass nach der Sicherheitsleistung des Mieters der Wert der vom Mieter bei Sicherheitsleistung eingebrachten Sachen unter den Wert der Forderungen des Vermieters absinkt. Nach überwiegender Meinung verliert dann die Sicherheitsleistung ihre Sperrwirkung, sodass das Vermieterpfandrecht wieder ausgeübt werden kann, während für die Anwendung des § 240 BGB (s Rn 8) daneben kein Raum und auch kein Bedürfnis ist (Guhling/Günter/Geldmacher Rn 9; BeckOGK/Reuschle [1. 10. 2020] Rn 9).

III. Befreiung einzelner Sachen (§ 562c S 2)

Der Mieter kann nach § 562c S 2 BGB unabhängig von dem Abwendungsrecht durch Sicherheitsleistung in Höhe der Vermieterforderung (oben Rn 3 f) jede einzelne Sache und damit auch *alle* Sachen zusammen dadurch von dem Vermieterpfandrecht befreien, dass er in Höhe ihres Wertes Sicherheit leistet. Gemeint ist damit der **Verkehrswert** der Sachen, dessen Beweis im Streitfall dem Mieter obliegt (Guhling/Günter/Geldmacher Rn 10). Die Wirkung der Sicherheitsleistung besteht gemäß § 562c S 2 BGB in dem **(endgültigen) Erlöschen** des Pfandrechts an dem fraglichen Gegenstand oder auch an allen Sachen des Mieters (Guhling/Günter/Geldmacher Rn 11; BeckOGK/Reuschle [1. 10. 2020] Rn 10). Sinkt der Wert der vom Pfandrecht befreiten Sachen des Mieters unter die Höhe der Vermieterforderungen ab, so ist § 240 BGB zu beachten: Der Vermieter erwirbt einen Anspruch auf Ergänzung oder auf Leistung einer anderen Sicherheit (Rn 8). Davon zu trennen ist der Fall, dass der Vermieter später weitere Forderungen gegen den Mieter erwirbt. In diesem Fall entsteht ein neues Vermieterpfandrecht lediglich dann, wenn der Mieter später **andere Sachen** einbringt (s unten Rn 7). Diese Sachen können nach § 562c S 2 BGB nur durch erneute Sicherheitsleistung in Höhe ihres Wertes von dem Pfandrecht befreit werden (Guhling/Günter/Geldmacher Rn 11 f; Beck OGK/Reuschle [1. 10. 2020] Rn 10; Sternel, Mietrecht Rn III 275; str). 6

IV. Sicherheitsleistung

Die Art der Sicherheitsleistung richtet sich nach den **§§ 232 bis 240 BGB**. Als Sicherheit kommen daher insbesondere in Betracht die Hinterlegung von Geld oder Wertpapieren, die Verpfändung beweglicher Sachen sowie die Bestellung von **Hypotheken** an in- oder ausländischen Grundstücken. § 232 Abs 1 BGB lässt zwar nur die Bestellung von Hypotheken an *inländischen* Grundstücken als Sicherheitsleistung zu; diese Beschränkung dürfte jedoch mit dem AEUV unvereinbar sein (Staudinger/Repgen [2019] § 232 Rn 10 Abs 1). Es genügt auch eine Sicherungshypothek; § 238 Abs 2 BGB steht nicht entgegen (Staudinger/Repgen [2019] § 232 Rn 10 Abs 2). Die Sicherheit kann ferner unter den Voraussetzungen der §§ 232 Abs 2, 239 BGB durch die Stellung eines tauglichen **Bürgen** geleistet werden (Prot II 209 f). 7

Gleichgültig ist, von wem die Sicherheit geleistet wird. Das kann anstelle des Mieters **auch** ein **Dritter** sein (KG GE 1928, 986). Wird die vom Mieter zur Befreiung einzelner Sachen nach § 562c S 2 BGB geleistete **Sicherheit** ohne Verschulden des Mieters **unzureichend**, so muss sie ergänzt werden; oder es muss eine anderweitige Sicherheit geleistet werden (§ 240 BGB), während das Pfandrecht des Vermieters an den (endgültig) befreiten Sachen nicht wieder auflebt, und zwar auch dann nicht, wenn der Mieter die Ergänzung oder die anderweitige Sicherheitsleistung unterlässt, da das Gesetz diese Rechtsfolge nicht vorsieht (Mittelstein, Miete 564). 8

§ 562d
Pfändung durch Dritte

Wird eine Sache, die dem Pfandrecht des Vermieters unterliegt, für einen anderen Gläubiger gepfändet, so kann diesem gegenüber das Pfandrecht nicht wegen der

§ 562d

Miete für eine frühere Zeit als das letzte Jahr vor der Pfändung geltend gemacht werden.

Materialien: E I § 521 Abs 5; II § 505; III § 557; BGB § 563; Mot II 407; Prot II 195, 200.

Schrifttum

ALEXANDER, Gesetzliche Pfandrechte an beweglichen Sachen, JuS 2014, 1
BRUNS, Gegenwartsprobleme des Vermieterpfandrechts, NZG 2019, 46
V EMMERICH, Miete und Zwangsmaßnahmen, in: Verwendung und Verwaltung der Mieterleistungen, PiG 28 (1988) 145

OERTMANN, Die Frage der Bereicherungshaftung des Vollstreckungsgläubigers bei Pfändung fremder Sachen, AcP 96 (1905) 1
REICHEL, Die Zwangsüberweisung gepfändeter Fahrnis an den Gläubiger (§ 825 ZPO), JherJb 53 (1908) 108.

Systematische Übersicht

I.	Überblick _____ 1	III.	Insolvenz des Mieters _____ 4
II.	Pfändung durch andere Gläubiger __ 2		

I. Überblick

1 § 562d BGB regelt aus der Fülle möglicher Konkurrenzen zwischen dem Vermieterpfandrecht und anderen Pfandrechten lediglich den *einen* Fall der Pfändung der dem Vermieterpfandrecht unterliegenden Sachen des Mieters durch Dritte (s die Überschrift des § 562d BGB), sodass mit dem Vermieterpfandrecht ein *nachträglich* begründetes **Pfändungspfandrecht** eines anderen Gläubigers des Mieters zusammentrifft. Für diesen Fall bestimmt § 562d BGB, dass das Vermieterpfandrecht wegen etwaiger Mietrückstände des Mieters lediglich in beschränktem Umfang geltend gemacht werden kann (u Rn 2 ff). Eine entsprechende Vorschrift findet sich für die **Insolvenz** des Mieters in **§ 50 Abs 2 InsO**, nach dem auch in der Insolvenz des Mieters das gesetzliche Pfandrecht des Vermieters nicht wegen der Miete für eine frühere Zeit als die letzten 12 Monate vor der Eröffnung des Verfahrens sowie wegen der Entschädigung, die wegen der Kündigung des Verwalters zu zahlen ist, geltend gemacht werden kann (s dazu schon o § 562 Rn 7a und u Rn 4). Die übrigen Konkurrenzfälle sind nach dem auch hier maßgeblichen **Prioritätsprinzip** zu lösen (§§ 1257, 1209 BGB).

II. Pfändung durch andere Gläubiger

2 Gegen eine Pfändung der dem Vermieterpfandrecht unterliegenden Mietersachen durch andere Gläubiger des Mieters kann sich der Vermieter grundsätzlich *nicht* wehren (s oben § 562a Rn 6 f, 15, § 562b Rn 22 f). Anders verhält es sich nur, wenn der Vermieter die Mietersachen aufgrund seines Pfandrechts ausnahmsweise, etwa nach § 562b Abs 1 S 2 oder Abs 2 S 1 BGB, in *Besitz* genommen hat (§§ 809, 766 ZPO).

Von diesem Sonderfall abgesehen, hat er im Falle einer Pfändung der Mietersachen durch Dritte weder das Widerspruchsrecht des § 562a S 1 BGB noch das Selbsthilferecht des § 562b Abs 1 BGB. An die Stelle dieser Befugnisse tritt vielmehr sein **Recht auf vorzugsweise Befriedigung** aus dem Erlös der Sachen (§ 805 ZPO), freilich beschränkt durch § 562d BGB, soweit es um *Mietrückstände* geht: Für diese kann das Vermieterpfandrecht zum Schutz der anderen Gläubiger des Mieters lediglich **für das letzte Jahr vor der Pfändung** geltend gemacht werden. Maßgebender Zeitpunkt ist der der Pfändung (§ 808 ZPO; RGZ 34, 100, 102). Der Anspruch auf vorzugsweise Befriedigung aus dem Erlös der Sachen besteht dagegen nicht für ältere Rückstände (RGZ 34, 100, 102). Die Berechnung der Rückstände für das letzte Jahr richtet sich nach hM nach der vereinbarten Zahlungsweise. Ist monatliche Zahlung vereinbart, so kommt es auf die Rückstände aus den letzten zwölf Monaten an, während eine taggenaue Abrechnung nicht stattfinden soll (so zB GUHLING/GÜNTER/GELDMACHER Rn 9); mit dem Wortlaut des Gesetzes ist freilich ohne Weiteres auch die Notwendigkeit einer taggenauen Abrechnung vereinbar. Keine Rolle spielt jedoch, ob die Rückstände schon fällig sind (§ 805 Abs 1 S 2 ZPO; MITTELSTEIN, Miete 600 f; NIENDORFF, Mietrecht 423).

Die **Klage** auf vorzugsweise Befriedigung aus § 805 ZPO ist als Rechtsbehelf in der Zwangsvollstreckung nur in der **Zeitspanne** zwischen Beginn der Zwangsvollstreckung durch Pfändung der Mietersachen und Beendigung der Zwangsvollstreckung durch Auskehrung des Erlöses an den Pfändungsgläubiger **zulässig**. In dem Rechtsstreit kann der beklagte Pfändungsgläubiger sämtliche **Einwendungen** geltend machen, die seinem Schuldner, dem Mieter gegen das Vermieterpfandrecht zustehen, und zwar einschließlich des Verweisungsrechts des § 562a S 2 Fall 2 BGB. Die Zwangsvollstreckung wird ohne Rücksicht auf die Erhebung der Klage auf vorzugsweise Befriedigung fortgesetzt. Um zu verhindern, dass es deshalb schließlich zur Auszahlung des Erlöses an den Pfändungsgläubiger kommt, ist es üblich, die Klage auf vorzugsweise Befriedigung mit dem Antrag auf vorläufigen Rechtsschutz durch Erlass einer **Hinterlegungsanordnung** aufgrund der §§ 805 Abs 4 und 769 ZPO zu verbinden (BRUNS NZM 2019, 46, 54; GUHLING/GÜNTER/GELDMACHER Rn 8). Für die Vollziehung der Hinterlegungsanordnung gilt § 775 Nr 2 ZPO entsprechend. Hat die Klage auf vorzugsweise Befriedigung aufgrund des § 805 ZPO Erfolg, so händigt der Gerichtsvollzieher dem Vermieter den Reinerlös aus (so § 119 Abs 4 S 1 GVGA; BRUNS NZM 2019, 46, 54). Wird die Klage dagegen nicht rechtzeitig erhoben (wozu es leicht kommen kann, weil der Mieter ohne entsprechende Vereinbarung nicht verpflichtet ist, den Vermieter über Pfändungen zu informieren), so ist der Vermieter auf materiell-rechtliche Rechtsbehelfe aus den §§ **812 und 823 BGB** gegen den Pfändungsgläubiger angewiesen, an den (zu Unrecht) der gesamte Erlös ausgekehrt wurde (SCHMIDT-FUTTERER/LAMMEL § 562d Rn 8; PALANDT/WEIDENKAFF § 562d Rn 4).

2a

Der Anwendungsbereich der durch § 562d BGB angeordneten Begrenzung der Vermieterrechte beschränkt sich auf **Mietrückstände**. Gemeint sind damit nur die laufenden, periodisch wiederkehrenden Zahlungen des Mieters einschließlich der Betriebskostenvorauszahlungen und etwaiger Zuschläge (BLANK/BÖRSTINGHAUS § 562d Rn 2; GUHLING/GÜNTER/GELDMACHER Rn 9 f). Hinsichtlich aller **anderen Forderungen** des Vermieters aus dem **Mietvertrag** bestehen *keine* Beschränkungen. Beispiele sind Entschädigungsansprüche, die Miete für das laufende und das folgende Mietjahr (s § 562 Abs 2 BGB) sowie ein Saldo aus der Betriebskostenabrechnung. Für diese

3

Ansprüche kann maW das Recht auf vorzugsweise Befriedigung nach § 805 ZPO vom Vermieter *in vollem Umfang* geltend gemacht werden. Maßgebender **Zeitpunkt** ist insoweit nicht der der Pfändung, sondern der der Geltendmachung des Pfandrechts (KG OLGE 11, 143, 144; Mittelstein, Miete 600 f; Schmidt-Futterer/Lammel § 562d Rn 10). Das gilt auch bei auf unbestimmte Zeit abgeschlossenen Mietverträgen (OLG Hamburg SeuffA 57 [1902] Nr 33; str). Verbleibt aus dem Erlös nach Befriedigung der vorgehenden Ansprüche des Vermieters und der Ansprüche des Pfändungsgläubigers ein **Rest**, so hat der Vermieter auch hierauf wegen seiner weiter zurückliegenden Mietforderungen einen Anspruch, weil sein Pfandrecht insoweit fortbesteht (Guhling/Günter/Geldmacher Rn 11; Schmidt-Futterer/Lammel § 562d Rn 11).

III. Insolvenz des Mieters

4 In der Insolvenz des Mieters verwandelt sich das Vermieterpfandrecht in ein **Recht auf abgesonderte Befriedigung** aus dem Erlös der Sachen (§§ 50 Abs 2, 166 ff. InsO; wegen der Einzelheiten s schon oben § 562a Rn 7a). Folglich ist hier ebensowenig wie in der Einzelvollstreckung Raum für die Anwendung der §§ 562a und 562b BGB; vielmehr kann und muss der Insolvenzverwalter die Sachen des Mieters verwerten (§ 166 InsO). Der Vermieter ist dann auf seinen Anspruch auf abgesonderte Befriedigung aus dem Erlös beschränkt. Bestreitet der Verwalter das Recht des Vermieters, so muss der Vermieter gegen den Verwalter Klage auf abgesonderte Befriedigung aus dem Erlös der vom Insolvenzverwalter zu verwertenden Sachen erheben (KG OLGE 27, 155, 156). Die Beweislast trägt dann der Vermieter.

Kapitel 4
Wechsel der Vertragsparteien

§ 563
Eintrittsrecht bei Tod des Mieters

(1) Der Ehegatte oder Lebenspartner, der mit dem Mieter einen gemeinsamen Haushalt führt, tritt mit dem Tod des Mieters in das Mietverhältnis ein.

(2) Leben in dem gemeinsamen Haushalt Kinder des Mieters, treten diese mit dem Tod des Mieters in das Mietverhältnis ein, wenn nicht der Ehegatte oder Lebenspartner eintritt. Andere Familienangehörige, die mit dem Mieter einen gemeinsamen Haushalt führen, treten mit dem Tod des Mieters in das Mietverhältnis ein, wenn nicht der Ehegatte oder der Lebenspartner eintritt. Dasselbe gilt für Personen, die mit dem Mieter einen auf Dauer angelegten gemeinsamen Haushalt führen.

(3) Erklären eingetretene Personen im Sinne des Absatzes 1 oder 2 innerhalb eines Monats, nachdem sie vom Tod des Mieters Kenntnis erlangt haben, dem Vermieter, dass sie das Mietverhältnis nicht fortsetzen wollen, gilt der Eintritt als nicht erfolgt. Für geschäftsunfähige oder in der Geschäftsfähigkeit beschränkte Personen gilt § 210 entsprechend. Sind mehrere Personen in das Mietverhältnis eingetreten, so kann jeder die Erklärung für sich abgeben.

(4) Der Vermieter kann das Mietverhältnis innerhalb eines Monats, nachdem er von dem endgültigen Eintritt in das Mietverhältnis Kenntnis erlangt hat, außerordentlich mit der gesetzlichen Frist kündigen, wenn in der Person des Eingetretenen ein wichtiger Grund vorliegt.

(5) Eine abweichende Vereinbarung zum Nachteil des Mieters oder solcher Personen, die nach Absatz 1 oder 2 eintrittsberechtigt sind, ist unwirksam.

Materialien: BT-Drucks III/1234, 22, 74; BT-Drucks III/1850, *zu* BT-Drucks III/1850, 9; BT-Drucks IV/806, 12; BT-Drucks IV/2195, *zu* BT-Drucks IV/2195, 6; BT-Drucks 14/3751, 43 ff; BT-Drucks 14/4553, 60; BT-Drucks 14/5663, 81; BT-Drucks 18/5901, 22.

Schrifttum

ACHENBACH, Doppelt genäht hält besser, oder: Was wollen die Mietrechtsreformer mit den Regelungen zur Rechtsnachfolge in die Mieterstellung?, NZM 2000, 741
BOSCH, Bundesverfassungsgericht und nichteheliche Lebensgemeinschaft: Gleichbehandlung von Ehe und nichtehelichem Zusammenleben? Bemerkungen zum Beschluss vom 3. 4. 1990 (FamRZ 1990, 727 = NJW 1990, 1593), FamRZ 1991, 1
BUTENBERG, Der Tod des Mieters – mögliche rechtliche Konsequenzen, ZMR 2015, 189
GATHER, Die Beendigung des Wohnraummietvertrages in der höchst- und obergerichtlichen Rechtsprechung, DWW 1991, 162
ders, Der Tod des Mieters bei gemeinschaft-

licher Miete. Ehegatte setzt Vertrag fort, GE 2000, 715
ders, Zeitmietvertrag, Tod des Mieters und Eintrittsrecht Dritter in den Wohnraummietvertrag, NZM 2001, 57
HARTMANN, Tod des „Mieters", DWW 1997, 118
HEINZ, Mieteintritt des nichtehelichen Lebenspartners? – Der grundrechtliche Ehe- und Familienbegriff bei der Auslegung mietrechtlicher Vorschriften, JR 1994, 89
HINKELMANN, Problemfälle zum Sonderkündigungsrecht gegenüber Erben (§ 573d BGB), NZM 2002, 378
HINZ, Wechsel des Vertragspartners auf der Mieterseite, ZMR 2002, 640
JACOBS/STÜBER, Eintritt des gleichgeschlechtlichen Lebenspartners in den Mietvertrag eines Verstorbenen, NZM 1998, 796
JENDREK, Der Übergang von Mietwohnungen im Todesfall nach der Mietrechtsreform, ZEV 2002, 60
KINNE, Der Mieter ist gestorben – Was nun?, GE 2011, 1660
LÖHNIG, Veränderungen im Recht der Wohnraummiete durch das Lebenspartnerschaftsgesetz, FamRZ 2001, 891

LÜTZENKIRCHEN, Die Kündigung aus wichtigem Grund im Sinne von § 569a Abs 5 BGB, WuM 1990, 413
ders, Die analog § 569a Abs 2 Satz 1 BGB eintrittsberechtigten Lebenspartner, WuM 1993, 373
MEYER, Mietrechtsverhältnisse von Partnerschaften, NZM 2001, 829
PORER, Das Rechtsinstitut der Sonderrechtsnachfolge im Mietrecht, NZM 2005, 488
vRENESSE, Ein rechtliches Dach für Wohn- und Lebensgemeinschaften!, ZRP 1996, 212
SONNENSCHEIN, Kündigung und Rechtsnachfolge, ZMR 1992, 417
ders, Kündigungsprobleme bei Rechtsnachfolge, in: PiG Bd 37 (1993) 95
STERNEL, Der Tod des Mieters, ZMR 2004, 713
STINTZING, Das Eintrittsrecht des nichtehelichen Lebenspartners gem § 569a II BGB – BGH, NJW 1993, 999, JuS 1994, 550
STREYL, Mietermehrheiten, NZM 2011, 377
WENZEL, Die Sondererbfolge in das Mietverhältnis gemäß § 569a BGB, ZMR 1993, 489
WLECKE, Bestandsschutz an der gemieteten Ehewohnung (1995)
WOTTE/UNGERER, Wenn der (Ver-)Mieter einsam stirbt, NZM 2012, 412.

Systematische Übersicht

I.	**Allgemeine Kennzeichnung**	
1.	Überblick	1
2.	Entstehung der Vorschrift	2
3.	Zweck der Vorschrift	3
II.	**Voraussetzungen des Eintritts (Abs 1 und 2)**	
1.	Allgemeine Voraussetzungen	4
a)	Mietverhältnis	4
b)	Tod des Mieters	5
c)	Mehrere Mieter	7
2.	Besondere Voraussetzungen	13
a)	Eintritt des Ehegatten oder Lebenspartners in das Mietverhältnis (Abs 1)	13
b)	Eintritt der Kinder in das Mietverhältnis (Abs 2 S 1)	18
c)	Eintritt anderer Familienangehöriger (Abs 2 S 2)	21
d)	Eintritt sonstiger Personen (Abs 2 S 3)	25
III.	**Rechtsfolgen**	
1.	Allgemeines	31
2.	Eintritt des Ehegatten oder Lebenspartners in das Mietverhältnis (Abs 1)	34
3.	Eintritt der Kinder in das Mietverhältnis (Abs 2 S 1)	36
4.	Eintritt anderer Familienangehöriger und sonstiger Personen	37
5.	Ablehnungsrecht der in Abs 1 und 2 genannten Personen (Abs 3)	38
a)	Allgemeines	38
b)	Ablehnungsfrist	39
c)	Geschäftsunfähige und beschränkt Geschäftsfähige	44

d)	Teilbarkeit des Ablehnungsrechts (Abs 3 S 3)	46	
6.	Kündigungsrecht des Vermieters (Abs 4)	47	
a)	Allgemeines	47	
b)	Erfordernis des wichtigen Grundes	48	
c)	Sonstige Voraussetzungen	53	

d) Kündigung mit der gesetzlichen Frist	54
e) Anwendung der Sozialklausel	56
IV. Unabdingbarkeit und abweichende Vereinbarungen (Abs 5)	57
V. Sonstige Rechtsfolgen	58

Alphabetische Übersicht

Ablehnungsfrist	39 ff
Ablehnungsrecht	38, 46
Abweichende Vereinbarungen	57
Beschränkt Geschäftsfähige	44 f
Ehegatte	13 ff, 34
Entstehung der Vorschrift	2
Familienangehörige	21 ff, 37
Gemeinsamer Haushalt	15 ff, 19 f, 24, 28
Geschäftsunfähige	44 f
Gleichgeschlechtliche Gemeinschaft	27
Haushalt, gemeinsamer	15 ff, 19 f, 24, 28
Kinder	18, 36
Kündigungsfrist	54 f
Kündigungsgrund	53
Kündigungsrecht	47
Lebensgemeinschaft, nichteheliche	25 ff
Lebenspartner	14, 35
Mehrere Eintretende	51
Mehrheit von Mietern	7 ff, 34, 52
Mitmieter	7 ff, 34, 52
Nichteheliche Lebensgemeinschaft	25 ff
Öffentlich geförderter Wohnraum	56
Personengesellschaft als Mieter	12
Pflegekinder	23
Sonderrechtsnachfolge	31
Sonstige Personen	25, 37
Sozialklausel	54
Tod des Mieters	5 f
Vorkaufsrecht	58
Werkdienstwohnungen	4
Werkmietwohnungen	4
Wichtiger Grund	48
Wohngemeinschaft	27, 30
Wohnraum	4
Zweck der Vorschrift	3

I. Allgemeine Kennzeichnung

1. Überblick

Nach den allgemeinen erbrechtlichen Bestimmungen geht ein Mietverhältnis beim **1** Tode des Mieters im Wege der **Gesamtrechtsnachfolge** auf den Erben über (§ 1922 Abs 1 BGB, § 1967 BGB). Die Gesamtrechtsnachfolge tritt allerdings nur ein, wenn keine **Sonderrechtsnachfolge** (BT-Drucks 14/4553, 60) der in §§ 563, 563a BGB genannten Personen stattfindet. Zu dieser Sonderrechtsnachfolge sind der Ehegatte, der Lebenspartner, die Kinder, sonstige Familienangehörige und weitere dem Mieter nahe stehende Personen berufen. Zusätzliche Voraussetzung ist, dass diese Personen mit dem Mieter einen gemeinsamen Haushalt geführt haben müssen. Bei einem gemeinschaftlichen Mietverhältnis ist die Sonderregelung des § 563a BGB zu beachten. Die genannten Haushaltsangehörigen können den Eintritt in das Mietverhältnis nach § 563 Abs 3 BGB innerhalb eines Monats ablehnen. Es handelt sich also gesetzestechnisch eigentlich nicht um ein „Eintrittsrecht", da sich der Eintritt automatisch vollzieht (BT-Drucks 14/4553, 61). Es besteht nur ein Ablehnungsrecht hinsichtlich des Eintritts. Nach § 563 Abs 4 BGB hat der Vermieter im Falle des Eintritts von Personen nach den Abs 1 und 2 ein Recht zur außerordentlichen Kündigung mit der gesetzlichen Frist, sofern in der Person des Eintretenden ein wichtiger Grund vorliegt. Abs 5 erklärt eine abweichende Vereinbarung zuungunsten der in Abs 1 und 2 genannten Personen für unwirksam.

2. Entstehung der Vorschrift

2 Der Bestandsschutz für Mietverhältnisse zugunsten von dem Mieter nahe stehenden Haushaltsangehörigen geht auf das **MietSchG vom 1. 6. 1923** (RGBl I 353) zurück. Nachdem die Vorschrift, die das Eintrittsrecht zunächst auch von der Stellung als Erbe abhängig machte, zwischenzeitlich aufgehoben und danach mehrfach geändert wurde, sind die Regelungen der früheren §§ 569a, 569b BGB erst durch Art I Nr 22 MietRÄndG 2 vom 14. 7. 1964 (BGBl I 457) in das BGB aufgenommen worden. Die Regelung ist bis zum Jahre 2001 unverändert geblieben. Durch das **Gesetz zur Beendigung der Diskriminierung gleichgeschlechtlicher Gemeinschaften** vom 16. 2. 2001 (BGBl I 266) haben die Vorschriften der damaligen §§ 569 ff BGB gewichtige Änderungen erfahren: Zum einen werden seit dem 1. 8. 2001 Lebenspartner iSd § 1 LPartG und nichteheliche Lebensgemeinschaften von den Regelungen erfasst, zum anderen wurde die Vorschrift im Bereich der Familienangehörigen weiter ausdifferenziert (Meyer NZM 2001, 829, 830; Schach GE 2002, 313, 314). Das MietRRG vom 19. 6. 2001 (BGBl I 1149) hat an dieser Regelung inhaltlich nichts geändert, aus systematischen Gründen haben die Regelungen zum Wechsel der Vertragsparteien jetzt in den §§ 563 ff BGB ihren Platz. Mit dem **Gesetz zur Bereinigung des Rechts der Lebenspartner** (vom 20. 11. 2015, BGBl I 2010) ist § 563 BGB dann umgestaltet worden: Die Ungleichbehandlung von Lebens- gegenüber Ehepartnern in Abs 2 wurde bereinigt, indem Abs 2 S 1 um die Lebenspartner ergänzt und die diese betreffende Sonderregelung in Abs 2 S 2 gestrichen wurde. Redaktionell angepasst wurde auch Abs 1, der nunmehr nur noch aus einem – auch Lebenspartner einschließenden – Satz besteht.

3. Zweck der Vorschrift

3 Die Vorschrift dient entsprechend den Zielen des sozialen Mietrechts dem **Bestandsschutz von Mietverhältnissen über Wohnraum**. Dieser Bestandsschutz soll dem Ehegatten und sonstigen mit dem verstorbenen Mieter persönlich eng verbundenen Personen unabhängig davon zugutekommen, ob sie dessen Erben sind (Soergel/Heintzmann Rn 1). Entscheidend ist nur, dass der Mieter mit ihnen in dem Wohnraum einen gemeinsamen Haushalt geführt hatte. Diese Personen sind in besonderer Weise schutzbedürftig, weil die gemeinsame Wohnung für sie den Mittelpunkt der Lebensführung bildet (BT-Drucks 14/4553, 60). Der dadurch bedingte Schutz wirkt sich in doppelter Weise aus. Im Verhältnis zum Vermieter wird ihnen das Recht zugestanden, das Mietverhältnis fortzusetzen und damit den Wohnraum zu behalten,

auch wenn sie kraft Erbrechts hierzu nicht berufen sind. Die Ausweitung des begünstigten Personenkreises (oben Rn 2) führt zu einer Benachteiligung des Vermieters, der in aller Regel auf längere Dauer von der Verfügung über seine Wohnung ausgeschlossen wird (Drasdo NZM 2001, 13, 14; Emmerich NZM 2001, 777, 783). Die in der Vorschrift genannten Personen sind wegen der engen persönlichen und wirtschaftlichen Beziehungen zu dem verstorbenen Mieter einem etwaigen Erben gegenüber bevorrechtigt, in das Mietverhältnis einzutreten (Schmidt-Futterer/Streyl Rn 1).

II. Voraussetzungen des Eintritts (Abs 1 und 2)

1. Allgemeine Voraussetzungen

a) Mietverhältnis

Entsprechend seiner systematischen Stellung im Untertitel 2 muss es sich um einen **Mietvertrag über Wohnraum** handeln. Ein bereits beendetes Mietverhältnis, aus dem sich nur noch Abwicklungspflichten ergeben, begründet kein Eintrittsrecht (BGH 30. 4. 2020 – I ZB 61/19, NJW 2020, 3376; Gather GE 2000, 310). Es kann sich um ein Mietverhältnis auf bestimmte oder auf unbestimmte Zeit handeln (Erman/Lützenkirchen Rn 5; Lützenkirchen/Lützenkirchen Rn 18; MünchKomm/Häublein Rn 4). Es kann auch eine auflösende Bedingung vereinbart sein. Dies gilt wegen § 572 Abs 2 BGB selbst dann, wenn das Mietverhältnis durch den Tod des Mieters auflösend bedingt ist (Sternel ZMR 2004, 713, 714). Der Wohnraum kann unmöbliert oder möbliert vermietet sein, auch Einliegerwohnraum iS des § 549 Abs 2 Nr 2 BGB wird erfasst (Blank/Börstinghaus/Blank/Börstinghaus Rn 1; Erman/Lützenkirchen Rn 1). Das Mietverhältnis kann auf Dauer oder zu nur vorübergehendem Gebrauch abgeschlossen sein (Butenberg ZMR 2015, 189, 190). Die weitere Voraussetzung einer gemeinsamen Haushaltsführung ist bei vorübergehendem Gebrauch nicht ausgeschlossen. Freilich kommt dann ein Eintritt der in § 563 Abs 2 S 3 BGB genannten Personen nicht in Betracht. Die Regelung gilt sowohl für Werkwohnungen iS des § 576 BGB als auch für Werkdienstwohnungen (§ 576b BGB), soweit es sich nach den Vorschriften über die Miete richtet, ob das Rechtsverhältnis hinsichtlich des Wohnraums beendet ist (vgl § 576b Rn 16 ff). Ein Mietverhältnis, das vor dem 3. 10. 1990 in der **ehemaligen DDR** geschlossen worden ist, richtet sich gemäß Art 232 § 2 EGBGB von diesem Zeitpunkt an grundsätzlich nach den Vorschriften des BGB. Ist der Mieter erst später gestorben, bedarf es deshalb nicht mehr der schriftlichen Erklärung, die nach § 125 Abs 1 S 2 ZGB-DDR für den Eintritt der Familienangehörigen erforderlich war (AG Berlin-Mitte GE 1995, 1349).

b) Tod des Mieters

Der **Mieter** muss gestorben sein. Die Todesursache ist unerheblich, sodass die Vorschrift auch beim Selbstmord des Mieters eingreift (BGH NJW-RR 1991, 75; Erman/Lützenkirchen § 564 Rn 4). Gleichbedeutend mit dem Tod ist die Todeserklärung eines Verschollenen, da sie nach § 9 Abs 1 VerschG eine Todesvermutung begründet (MünchKomm/Häublein Rn 6). Die Verschollenheit des Mieters allein reicht nicht aus, da für ihn nach § 10 VerschG eine Lebensvermutung gilt, solange er nicht für tot erklärt worden ist. Da es sich bei dieser Vorschrift um eine eng auszulegende Ausnahmeregelung handelt, die im Hinblick auf die kraft Gesetzes eintretende Sonderrechtsnachfolge auf den Fall des Todes des Mieters zugeschnitten ist, ist eine analoge Anwendung in anderen Fällen nicht möglich (OLG Düsseldorf NZM 2001, 669;

LG Bonn WuM 1985, 374 [LS]; LG Hildesheim ZMR 2000, 679; Schmidt-Futterer/Streyl Rn 9; H P Westermann, Die Rechtslage der Familienwohnung 18; Wlecke 43 ff; aM AG Altötting NJW-RR 1997, 1098).

6 Die Regelung des § 563 BGB ist auch nicht anwendbar, wenn alleiniger Mieter eine **juristische Person** ist, die infolge einer Auflösung oder Gesamtrechtsnachfolge untergeht. Die Beendigung einer juristischen Person ist dem Tod einer natürlichen Person nicht gleichzustellen (OLG Braunschweig NZM 1999, 1054; Blank/Börstinghaus/Blank/Börstinghaus § 564 Rn 6; vgl auch Kossmann/Meyer-Abich § 16 Rn 5). Insoweit kommt wegen der andersartigen Interessenlage auch keine entsprechende Anwendung in Betracht, selbst wenn der Inhaber der Wohnung, zB ein Gesellschafter der juristischen Person, durch deren Untergang seine Wohnung verliert (vgl § 580 Rn 7).

c) Mehrere Mieter

7 Haben mehrere Mieter den Vertrag abgeschlossen und stirbt einer von ihnen, so gilt § 563a BGB für die Fortsetzung des Mietverhältnisses, sofern es sich bei den anderen Mietern um nahe stehende Personen nach § 563 BGB handelt (§ 563a Abs 1 BGB). Dabei besteht zu der früheren Regelung des § 569b BGB der Unterschied, dass dort nur der Ehegatte das Mietverhältnis fortsetzen konnte. Inzwischen sind es alle in § 563 BGB genannten Personen. Dies führt im Vergleich zu der früheren Regelung zu einer Einschränkung des Eintrittsrechts nach § 563 BGB. Im Einzelnen sind hierbei **verschiedene Fallgestaltungen** zu unterscheiden:

8 aa) War **nur eine Person iS des § 563 BGB Mitmieter** neben dem Verstorbenen, wird das Mietverhältnis nach § 563a Abs 1 BGB auch dann ausschließlich mit ihr fortgesetzt, wenn andere Personen iS des § 563 Abs 1, 2 BGB in der Wohnung leben. Seit der Neuregelung ergibt sich dies zwar nicht mehr aus dem generellen Vorrang des Ehegatten, der systematische Zusammenhang sowie der Zweck weisen § 563a BGB jedoch den Charakter einer Sonderregelung zu (Palandt/Weidenkaff § 563a Rn 3; aM Löhnig FamRZ 2001, 891, 894; Schmidt-Futterer/Streyl Rn 21). § 563a BGB hätte nämlich keinen Sinn, wenn das Eintrittsrecht nach § 563 BGB durch diese Vorschrift nicht ausgeschlossen wäre, da in beiden Vorschriften jeweils dieselben Personen genannt sind und auch die alleinige Anwendung des § 563 BGB schon zu einem Ausschluss des Erben führen würde (Sonnenschein WuM 2000, 387, 405).

9 § 563a BGB dient damit dem Schutz des Mitmieters, dem eine alleinige Fortsetzung des Mietverhältnisses – oder allenfalls mit anderen Mitmietern gemeinsam – ermöglicht wird. Der **Vorrang des § 563a BGB** führt demnach dazu, dass im Rahmen dieser Vorschrift die differenzierte Reihenfolge des § 563 Abs 1, 2 BGB keine Bedeutung hat. Daher kann auch ein sonstiger Familienangehöriger, der Mitmieter ist, den Ehegatten des Verstorbenen vom Eintritt nach § 563 BGB ausschließen. Die Stellung der Familienangehörigen, die nicht Mitmieter sind, wird demnach durch die Erweiterung des Personenkreises in § 563a BGB erheblich verschlechtert (Sonnenschein WuM 2000, 387, 405). Dies ist zwar angesichts des gebotenen Schutzes der engsten Familienangehörigen bedauerlich, zumal durch § 563 BGB gerade diejenigen nahe stehenden Personen geschützt werden sollen, die nicht Parteien des Mietverhältnisses sind (Börstinghaus NZM 2000, 583, 594; Löhnig FamRZ 2001, 891, 894; Sonnenschein WuM 2000, 387, 405). Daher wird diese Regelung im Hinblick auf den durch Art 6 Abs 1 GG gebotenen Schutz der Familie für verfassungsrechtlich bedenklich gehalten (SONNENSCHEIN WuM 2000, 387, 405). Im Ergebnis dürfte die Vorschrift aber verfassungsgemäß sein, da ein Eintrittsrecht in das Mietverhältnis verfassungsrechtlich nicht zwingend erforderlich ist und die Regelungen die Familie noch immer mehr schützen als belasten. Außerdem ist dem Gesetzgeber eine gewisse Einschätzungsprärogative zuzugestehen. Vor dem Hintergrund, dass es ein berechtigtes Anliegen ist, den Mitmieter des verstorbenen Mieters in besonderem Maße zu schützen, führt die gesetzliche Regelung jedenfalls nicht zu einer willkürlichen Benachteiligung von Ehe und Familie. Da der Gesetzgeber diese Konsequenz der Ausweitung des durch § 563a BGB begünstigten Personenkreises jedoch offenbar nicht gesehen hat und durch die Änderung lediglich die Fortsetzung des Mietverhältnisses durch den Erben verhindern wollte (BT-Drucks 14/3751, 44), wäre es wünschenswert, wenn der Gesetzgeber noch einmal nachbesserte, zumal der von ihm verfolgte Zweck durch § 563 BGB ebenso erreicht wird. § 563a BGB greift auch dann als eine verdrängende Sonderregelung ein, wenn mehrere Personen iS des § 563 Abs 1, 2 BGB die Wohnung gemietet haben (aM ERMAN/LÜTZENKIRCHEN Rn 4). Die Eintrittsreihenfolge des § 563 BGB hat auch hier keine Bedeutung, da § 563a Abs 1 BGB einzelne Mieter nicht privilegiert.

bb) Ist eine beliebige **andere Person, die nicht unter § 563 BGB fällt**, Mitmieter, **10** steht dem Ehegatten, Lebenspartner oder sonstigen Personen, die dem Mieter im Sinne des § 563 Abs 1, 2 BGB nahe standen, ein Eintrittsrecht zu (OLG Karlsruhe NJW 1990, 581; BUB/TREIER/LANDWEHR Rn II 2650 f; MünchKomm/HÄUBLEIN Rn 8). Die gleiche Problematik wurde zu § 19 MietSchG erörtert (OLG Braunschweig NJW 1959, 152; BETTERMANN, Kommentar zum Mieterschutzgesetz [1950 ff] § 19 Rn 7; KIEFERSAUER/GLASER, Grundstücksmiete [10. Aufl 1965] MietSchG § 19 Rn 3). Der Schutz dieser Personen ist unabhängig davon geboten, ob der verstorbene Mieter allein oder neben anderen Personen Mietpartei war. Der Wortlaut des § 563 Abs 1 BGB, der vom „Tod des Mieters" spricht, schließt nicht aus, dass noch weitere Mieter vorhanden sind. Auf die Zahl der anderen Personen und deren Rechtsnatur kommt es nicht an, sodass Mitmieter neben der gestorbenen natürlichen Person auch eine juristische Person sein kann.

cc) Sind eine Person im Sinne des § 563 Abs 1 und 2 BGB **und eine andere Person** **11** Mitmieter, steht der Person im Sinne des § 563 BGB ein Eintrittsrecht hinsichtlich des Anteils des verstorbenen Mieters zu (BLANK/BÖRSTINGHAUS/BLANK/BÖRSTINGHAUS § 563a Rn 3). § 563a BGB greift nicht ein, da diese Vorschrift davon ausgeht, dass nur besonders nahe stehende Personen den Mietvertrag abgeschlossen haben.

dd) Aus den gleichen Gründen ist § 563 BGB anwendbar, wenn der Wohnraum **12** von einer **Personengesellschaft** gemietet und von einem **Gesellschafter bewohnt worden war, der gestorben ist** (aM LÜTZENKIRCHEN/LÜTZENKIRCHEN Rn 22). Es kann sich hierbei sowohl um eine OHG oder KG als auch um eine Gesellschaft bürgerlichen Rechts handeln. Es kommt nicht darauf an, ob die Personengesellschaft beim Tod des Gesellschafters wegen einer von § 131 Abs 3 S 1 Nr 1 HGB abweichenden Vereinbarung oder nach § 727 Abs 1 BGB aufgelöst wird, oder ob sie fortbesteht. Der notwendige Schutz der in § 563 BGB erwähnten Personen des verstorbenen Gesellschafters ist hiervon unabhängig. Anders kann nur bei Personengesellschaften zu entscheiden sein, die als **Publikumsgesellschaften** ihrer Struktur nach Kapitalgesellschaften angenähert sind (MünchKomm/HÄUBLEIN Rn 7).

2. Besondere Voraussetzungen

a) Eintritt des Ehegatten oder Lebenspartners in das Mietverhältnis (Abs 1)

13 § 563 Abs 1 BGB regelt das Eintrittsrecht des Ehegatten oder Lebenspartners des verstorbenen Mieters. Wer **Ehegatte** ist, richtet sich nach den Vorschriften des Eherechts. Diese Eigenschaft beginnt mit der standesamtlichen **Eheschließung** nach den §§ 1310 ff. Sie endet mit der **Scheidung** (§§ 1564 ff BGB; §§ 111 ff, 121 ff, 133 ff FamFG) oder der Aufhebung (§§ 1313 ff BGB; §§ 111 ff, 121 ff, 132 FamFG) der Ehe. Bis zum Zeitpunkt der Rechtskraft des Urteils bleibt § 563 BGB anwendbar und wird auch durch ein schwebendes Verfahren nicht ausgeschlossen, weil das Scheidungs- bzw Aufhebungsurteil die Ehe nur für die Zukunft aufzuheben vermag (Schmid/Harz/Stangl Rn 2).

14 Nach § 563 Abs 1 BGB ist auch der **Lebenspartner** zum Eintritt in das Mietverhältnis berechtigt (Meyer NZM 2001, 829, 830). Diese Vorschrift wurde bereits zum 1. 8. 2001 durch das Gesetz zur Beendigung der Diskriminierung gleichgeschlechtlicher Gemeinschaften (vom 16. 2. 2001, BGBl I 266) in den damaligen § 569 BGB eingefügt; 2015 wurde dann – lediglich redaktionell – der allein Lebenspartner betreffende S 2 aufgehoben und inhaltlich in S 1 integriert. Damit hat das Gesetz die früher herrschende gegenteilige Auffassung (BGH 13. 1. 1993 – VIII ARZ 6/92, BGHZ 121, 116, 124 = NJW 1993, 999; LG Kiel 22. 1. 1998 – 8 S 282/97, NZM 1998, 327; **aM** Jacobs/Stüber NZM 1998, 796 ff) korrigiert. Seit dem 1. 10. 2017 können neue Lebenspartnerschaften nicht mehr begründet werden (§ 1 Satz 1 LPartG). Stattdessen steht gleichgeschlechtlichen Paaren nunmehr die Ehe offen (§ 1353 Abs 1 BGB). Lebenspartner sind berechtigt, aber nicht verpflichtet, ihre Beziehung in eine Ehe zu überführen (§ 20a LPartG).

15 Der verstorbene Mieter muss mit dem Ehegatten oder Lebenspartner in dem Wohnraum einen **gemeinsamen Haushalt** geführt haben. Dies setzt voraus, dass der Wohnraum für den Verstorbenen und den Ehegatten oder Lebenspartner den **Mittelpunkt der gemeinsamen Lebens- und Wirtschaftsführung** gebildet hat (LG Düsseldorf WuM 1987, 225; Bub/Treier/Landwehr Rn II 2651; Erman/Lützenkirchen Rn 6 f; Palandt/Weidenkaff Rn 11; Soergel/Heintzmann Rn 6; **aM** BeckOK MietR/Theesfeld [1. 8. 2020] Rn 25 ff; Blank/Börstinghaus/Blank/Börstinghaus Rn 6). Anders als bei Eheleuten (§ 1553 BGB) geht das Gesetz bei Lebenspartnern in § 2 LPartG nicht ohne Weiteres von der Führung eines gemeinsamen Haushaltes aus. Dies bedeutet, dass im Fall der Lebenspartnerschaft intensiver als bei der Ehe zu prüfen ist, ob tatsächlich ein gemeinsamer Haushalt der Lebenspartner vorliegt. Eine bestimmte Dauer des gemeinsamen Zusammenlebens ist hierfür allerdings nicht erforderlich (vgl LG Heidelberg 25. 11. 2013 – 5 S 33/13, NZM 2014, 468); ein „gemeinsamer Haushalt" kann beispielsweise auch dann angenommen werden, wenn ein Ehegatte nur kurze Zeit nach der Hochzeit und der Begründung des gemeinsamen Haushalts verstirbt. Wurde die Wohnung von den Ehegatten oder Lebenspartner aber nur für vereinzelte Wochenendbesuche oÄ genutzt und hatten sie ihren Lebensmittelpunkt an völlig anderer Stelle, kann der Wohnung das Element des „gemeinsamen Haushalts" fehlen (AG Hamburg-St Georg 31. 3. 2015 – 922 C 245/13, ZMR 2015, 937). Anders als bei der Scheidung einer Ehe nach § 1565 BGB oder der Aufhebung der Lebenspartnerschaft nach § 15 LPartG kommt es für § 563 BGB entscheidend auf die häusliche, nicht auf die persönliche und geistige Gemeinschaft der Ehegatten oder Lebenspartner an. Ist die Ehe oder Lebenspartnerschaft insoweit gescheitert, wird die häusliche Gemein-

schaft aber aufrechterhalten, bleibt § 563 BGB anwendbar, da diese Vorschrift kein nachträgliches Ersatzscheidungsrecht darstellt. Eine gemeinsame Wirtschaftsführung ist auch gegeben, wenn nur einer der Ehegatten oder Lebenspartner Einkünfte erzielt. Unerheblich ist, ob der überlebende Ehegatte oder Lebenspartner von dem Verstorbenen Unterhalt bezogen hat.

Eine **vorübergehende Trennung**, etwa aus beruflichen Gründen, hebt den gemein- 16 samen Haushalt idR nicht auf (Gather GE 2000, 310; Hinz ZMR 2002, 640, 641; Schmid/Harz/Stangl Rn 3). Das Gleiche gilt, wenn die Ehegatten oder Lebenspartner sich aufgrund zwingender äußerer Umstände für eine nicht ohne Weiteres absehbare Zeit räumlich getrennt leben, sofern sie die Absicht haben, die eheliche bzw lebenspartnerschaftliche Verbindung in dem noch möglichen Rahmen aufrechtzuerhalten und nach dem Fortfall des Hindernisses die volle eheliche bzw lebenspartnerschaftliche Gemeinschaft wiederherzustellen. Deshalb kann selbst bei einer schweren Erkrankung (LG Kiel WuM 1992, 692), Verbüßung einer lebenslangen Freiheitsstrafe (Blank/Börstinghaus/Blank/Börstinghaus Rn 7; Prütting ua/Riecke Rn 10; Klein-Blenkers ua/Hinz Rn 7; **aM** Lützenkirchen/Lützenkirchen Rn 55) oder Verschollenheit eines Ehegatten oder Lebenspartners noch ein gemeinsamer Haushalt anzunehmen sein. Diese Annahme wird nicht dadurch beeinträchtigt, dass der Ehegatte oder Lebenspartner außerhalb des Hauses stirbt (LG Kiel WuM 1992, 692). Auch in diesen Fällen ist es geboten, dem überlebenden Ehegatten oder Lebenspartner die Wohnung zu erhalten. Die Ehegatten oder Lebenspartner können aber bei einer zunächst nur als vorübergehend beabsichtigten Trennung den gemeinsamen Haushalt dadurch aufgeben, dass sie die gemeinsame Lebens- und Wirtschaftsführung einstellen, wie es etwa bei einer „probeweisen" Trennung nach ehelichen bzw lebenspartnerschaftlichen Streitigkeiten der Fall sein kann (Schmid/Harz/Stangl Rn 3; **aM** Prütting ua/Riecke Rn 11). Entscheidendes Indiz ist, ob der ausziehende Ehegatte oder Lebenspartner einen neuen, eigenen Haushalt begründet.

Durch eine **dauernde Trennung** der Eheleute oder Lebenspartner wird der gemein- 17 same Haushalt aufgegeben. Nicht erforderlich ist, dass Scheidungs- bzw Aufhebungsklage erhoben wird. Auch wenn die Ehegatten oder Lebenspartner räumlich getrennt dieselbe Wohnung beibehalten, kann der gemeinsame Haushalt aufgehoben sein (Blank/Börstinghaus/Blank/Börstinghaus Rn 3; Bub/Treier/Landwehr Rn II 2658; Kinne ua/Kinne Rn 9; Soergel/Heintzmann Rn 6). Dabei handelt es sich um einen tatsächlichen Zustand, der auch innerhalb einer Wohnung bestehen kann. Dies wird für die Aufhebung der häuslichen Gemeinschaft im Scheidungsrecht durch § 1567 Abs 1 S 2 BGB (für Lebenspartner iVm § 15 Abs 5 S 2 LPartG) ausdrücklich anerkannt. Die Ehegatten oder Lebenspartner leben getrennt, wenn kein gemeinsamer Haushalt mehr geführt wird und sich ein gelegentliches Zusammentreffen nur als räumliches Nebeneinander ohne persönliche Beziehung darstellt. Unverkennbar können durch den Ausschluss des Eintrittsrechts Härten auftreten, wenn in der Wohnung zwei getrennte Haushalte geführt werden, da der überlebende Ehegatte oder Lebenspartner dort nach wie vor seinen Lebensmittelpunkt hat. Das Gesetz gibt indessen bei einer dauernden Trennung für einen Schutz des überlebenden Ehegatten oder Lebenspartners ebenso wie im Fall der Scheidung bzw Aufhebung der Partnerschaft keine Handhabe. Es stellt entscheidend darauf ab, dass ein gemeinsamer Haushalt geführt worden ist. Dies ist mehr als eine gemeinsame Nutzung der Wohnung durch die Eheleute oder Lebenspartner (BLANK/BÖRSTINGHAUS/BLANK/ BÖRSTINGHAUS Rn 10).

b) Eintritt der Kinder in das Mietverhältnis (Abs 2 S 1)

18 Die Kinder des Mieters sind seit dem Jahr 2001 ebenfalls als eigenständiger eintrittsberechtigter Personenkreis in § 563 BGB aufgenommen. Zuvor waren sie lediglich als Familienangehörige von der Regelung erfasst. Kinder des Mieters sind die **leiblichen ehelichen und nichtehelichen Kinder**, sowie die nach §§ 1741 ff, 1767 ff BGB **angenommenen Kinder** (PRÜTTING ua/RIECKE Rn 14; SCHMID/HARZ/STANGL Rn 14; KLEIN-BLENKERS ua/HINZ Rn 16). Dies gilt jeweils ohne Rücksicht auf das Alter oder die Volljährigkeit. Pflegekinder sind dagegen keine Kinder im Sinne der Vorschrift, sie zählen aber zu den „anderen Familienangehörigen" iS von Abs 2 S 2 (unten Rn 22). **Stiefkinder** sind mit dem Mieter zwar nur verschwägert (§ 1590 BGB), sollen aber angesichts ihres hohen Interesses an der fortgeführten Nutzung der Familienwohnung den direkten Abkömmlingen bzw angenommenen Kindern gleichgestellt sein (BLANK/BÖRSTINGHAUS/BLANK/BÖRSTINGHAUS Rn 44; SCHMIDT-FUTTERER/STREYL Rn 32; im Ergebnis auch SPIELBAUER/SCHNEIDER/KRENEK Rn 31). Gegen eine solche Ausweitung spricht jedoch der klare Wortlaut der Vorschrift, wonach es sich um Kinder *des* Mieters handeln muss. Als solche sind sie indes nicht einzuordnen, da sie mit dem Mieter lediglich verschwägert (§ 1590 BGB) sind und mithin (nur) zum Kreis der Familienangehörigen zählen (unten Rn 22; BeckOGK/WENDTLAND [1. 7. 2020] Rn 19 f; LÜTZENKIRCHEN/LÜTZENKIRCHEN Rn 28). Anderes gilt allein im Fall der Stiefkindadoption.

19 Die Kinder müssen **im Haushalt des Mieters leben**, dh sie müssen hier ihren Lebensmittelpunkt haben. Insoweit gilt das Gleiche wie für Ehegatten (vgl Rn 15 ff). Auch hier kommt es entscheidend auf die häusliche Gemeinschaft an. Anders als andere Familienangehörige (Abs 2 S 2) brauchen sie aber keinen „gemeinsamen Haushalt" mit dem Mieter geführt zu haben. Es genügt, dass sie im Haushalt des verstorbenen Mieters gelebt haben (BGH 10. 12. 2014 – VIII ZR 25/14, NJW 2015, 473). Ein solcher Fall ist sogar dann angenommen worden, wenn das Kind im Haushalt des Verstorbenen zur Untermiete wohnte (LG Berlin 8. 2. 2017 – 65 S 411/15, WuM 2017, 149), nicht jedoch, wenn das Kind sein verstorbenes Elternteil bis zu dessen Tod in der Wohnung intensiv gepflegt und dementsprechend häufig dort war und ggf auch übernachtet, aber seine eigene Wohnung behalten hat (AG München 27. 6. 2018 – 452 C 17000/17, ZMR 2020, 41). Heiratet ein Kind des Mieters und bleibt es in der Wohnung, wird dadurch das Eintrittsrecht nicht ausgeschlossen. Anders ist es, wenn der Mieter schon seit Jahren in einem Altersheim gelebt hat. Dann hat er mit seiner Tochter, die in der Mietwohnung geblieben ist, keinen gemeinsamen Haushalt mehr geführt (AG Hannover WuM 1981, U 4).

20 Missverständlich an der geltenden Regelung ist, dass das Gesetz in § 563 Abs 2 S 1 BGB davon ausgeht, dass die Kinder in der „gemeinsamen" Wohnung leben. Dass neben dem Mieter und seinen Kindern eine dritte Person in dem Haushalt leben muss, kann aber nicht Voraussetzung für das Eintrittsrecht der Kinder sein (LÖHNIG FamRZ 2001, 891, 892). Vielmehr treten diese ohne Rücksicht darauf ein. § 563 Abs 2 S 1 BGB ist daher folgendermaßen zu lesen: „Leben in dem Haushalt des Mieters auch Kinder des Mieters, treten diese mit dem Tod des Mieters in das Mietverhältnis ein, wenn nicht der Ehegatte eintritt" (SCHMID/HARZ/STANGL Rn 15).

c) Eintritt anderer Familienangehöriger (Abs 2 S 2)

Das Recht zum Eintritt in das Mietverhältnis wird in § 563 Abs 2 S 2 BGB auf einen **21** oder mehrere andere **Familienangehörige** erstreckt, mit denen der verstorbene Mieter in dem Wohnraum einen gemeinsamen Haushalt geführt hatte.

Das BGB enthält keine Begriffsbestimmung der Familienangehörigen. Von der **22** Familie oder den Familienangehörigen ist an vielen Stellen des Gesetzes die Rede (V Schmid 68 ff). Der Personenkreis bildet keine feststehende Größe, sondern ist von Norm zu Norm zweckbezogen zu bestimmen (Gernhuber FamRZ 1981, 721, 725; Hinz ZMR 2002, 640, 641 f). Im Allgemeinen wird der **Begriff** dem Zweck des § 563 BGB folgend **sehr weit interpretiert** (BGHZ 121, 116, 119 = NJW 1993, 999; Erman/Lützenkirchen Rn 13; MünchKomm/Häublein Rn 13; Palandt/Weidenkaff Rn 14; Schmidt-Futterer/Streyl Rn 33). Dies ist gerechtfertigt durch das Ziel der Vorschrift, die Wohnung als Mittelpunkt der Lebens- und Wirtschaftsführung einer in besonderer Weise verbundenen Personengruppe zu erhalten. Dementsprechend umfasst der Begriff der anderen Familienangehörigen iS des § 563 BGB in erster Linie Verwandte und Verschwägerte, ohne dass es auf einen bestimmten Grad der Verwandtschaft oder Schwägerschaft ankommt (LG Heidelberg 25. 11. 2013 – 5 S 33/13, NZM 2014, 468: Enkel).

Darüber hinaus werden häufig auch **Pflegekinder** zu den Familienangehörigen ge- **23** zählt (BGHZ 121, 116, 119 = NJW 1993, 999; OLG Saarbrücken NJW 1990, 1760; LG Hannover ZMR 1961, 267; MünchKomm/Häublein Rn 13; Soergel/Heintzmann Rn 9). Auch in anderen Rechtsbereichen werden Pflegekinder als Familienangehörige erfasst. Auch wenn jedes Gesetz entsprechend seiner eigenen Sachgesetzlichkeit und Zielrichtung auszulegen ist, sollte diese Gleichstellung mit leiblichen oder adoptierten Kindern im Mietrecht nicht unberücksichtigt bleiben. Auch vom Zweck des § 563 BGB her ist es gerechtfertigt, ein in die Familie des Mieters aufgenommenes Pflegekind zwar nicht als „Kind" (vgl Rn 18; aM Blank/Börstinghaus/Blank/Börstinghaus Rn 44), so doch als Familienangehörigen einzuordnen, um ihm die Wohnung als Lebensmittelpunkt zu erhalten (aM Lützenkirchen/Lützenkirchen Rn 29: allenfalls Person iSv Abs 2 S 3). Deshalb kann das Eintrittsrecht nicht auf Minderjährige begrenzt werden. Dies bedeutet freilich nicht, dass umgekehrt fremde Pflegepersonen des Mieters, die er wegen seiner eigenen Hilfsbedürftigkeit in den Haushalt aufgenommen hatte, in das Mietverhältnis eintreten.

Das Eintrittsrecht steht den Familienangehörigen zu, mit denen der Mieter in dem **24** Wohnraum einen **gemeinsamen Haushalt** geführt hat. Insoweit gelten im Wesentlichen die gleichen Grundsätze wie für die Haushaltszugehörigkeit des Ehegatten, Lebenspartners (vgl Rn 15 ff) oder der Kinder (vgl Rn 19). Demnach kommt es entscheidend auf die gemeinsame Lebens- und Wirtschaftsführung an (LG Heidelberg WuM 2014, 37). Unerheblich ist, ob der Familienangehörige Mieter einer anderen Wohnung ist, dort aber nicht mehr seinen Lebensmittelpunkt hat, weil er von seinem Ehegatten getrennt lebt (LG Köln WuM 1994, 23). Nimmt der Mieter einen Familienangehörigen in die Wohnung auf, indem er mit diesem ein Untermietverhältnis begründet, so kann ein solches Anzeichen gegen eine gemeinsame Lebens- und Wirtschaftsführung sprechen (LG Düsseldorf WuM 1978, 225). Allein ausschlaggebend kann dies aber nicht sein, da es ganz auf die Umstände des Einzelfalls ankommt, zumal die zu zahlende Untermiete einen Beitrag zur gemeinsam zu tragenden Belastung durch die Miete darstellen kann. Auch die Heirat eines Familienangehörigen bedeutet nicht ohne Weiteres die Aufgabe des gemeinsamen Haushalts, da es allein auf die tatsächlichen Verhältnisse, nämlich die gemeinsame Wirtschaftsführung in einem gemeinsamen Haushalt, ankommt. Bei schwerer Erkrankung, Aufenthalt im Krankenhaus und anschließender Verlegung in ein Pflegeheim kann noch ein gemeinsamer Haushalt anzunehmen sein (LG Kiel WuM 1992, 692). Dasselbe gilt, wenn der Familienangehörige erst kurz vor dem Tod des Mieters in dessen Wohnung gezogen ist, um dessen Pflege zu übernehmen; hier steht einem „gemeinsamen Haushalt" nicht einmal entgegen, dass der Einzug erst erfolgte, als der Mieter bereits im Krankenhaus lag, wenn die Erwartung bestand, dass er – pflegebedürftig, aber lebend – wieder in die Wohnung zurückkehren wird (AG Hamburg 20. 5. 2016 – 25a C 315/15, ZMR 2016, 458). Ein jahrelanger Aufenthalt des Mieters in einem Altersheim führt hingegen zur Beendigung des gemeinsamen Haushalts. Vorauszusetzen ist aber, dass aufseiten des Mieters nicht der Wille bestand, in die Wohnung zurückzukehren, weil der Aufenthalt im Altersheim sonst als nur vorübergehende Aufhebung der gemeinsamen Lebens- und Wirtschaftsführung zu beurteilen sein könnte.

d) Eintritt sonstiger Personen (Abs 2 S 3)

25 **aa)** Durch das Gesetz zur Beendigung der Diskriminierung gleichgeschlechtlicher Gemeinschaften vom 16. 2. 2001 (BGBl I 266) hat der Gesetzgeber den **eintrittsberechtigten Personenkreis wesentlich erweitert**, indem jetzt zusätzlich Personen, die weder Familienangehörige, noch Ehe- oder Lebenspartner sind, in das Mietverhältnis eintreten können (kritisch EMMERICH NZM 2001, 777, 782 f; HINZ WuM 2000, 455, 460). Dadurch haben sich vielfältige Streitfragen, vor allem in Bezug auf Verlobte und nichteheliche Lebensgemeinschaften (vgl zuletzt noch LG Wiesbaden NZM 2000, 28), erledigt (vgl BGH 31. 1. 2018 – VIII ZR 105/17, BGHZ 217, 263, 269 f = NJW 2018, 2397). Zugleich hat der Gesetzgeber damit deutlich gemacht, dass Partner einer nichtehelichen Lebensgemeinschaft grundsätzlich keine Familienangehörigen sind. Denn diese treten nun eindeutig nach Abs 2 S 3 in das Mietverhältnis ein, wenn die übrigen Voraussetzungen der Vorschrift erfüllt sind. Dagegen tritt der Verlobte, mit dem der Verstorbene bereits einen gemeinsamen Haushalt geführt hat, nach S 2 in das Mietverhältnis ein. Denn angesichts seiner rechtlichen Ausgestaltung mit einzelnen Pflichten ist das Verlöbnis ein familienrechtliches Gemeinschaftsverhältnis (SCHMIDT-FUTTERER/STREYL Rn 33; SOERGEL/HEINTZMANN Rn 9). Die Unterscheidung ist aber ohne Relevanz, da zwischen dem Eintritt nach S 2 und dem nach S 3 kein Unterschied besteht.

26 **bb)** Voraussetzung für einen Eintritt in das Mietverhältnis ist, dass die Person mit dem Mieter einen **auf Dauer angelegten gemeinsamen Haushalt** geführt hat. Eine analoge Anwendung der Vorschrift auf Personen, die zwar in der gleichen Wohnung wie der verstorbene Mieter gelebt, mit ihm aber keinen gemeinsamen Haushalt geführt haben, kommt nicht in Betracht (BeckOK/HERRMANN [1. 8. 2020] Rn 10; aM BLANK/BÖRSTINGHAUS/BLANK/BÖRSTINGHAUS Rn 75; HINKELMANN NZM 2002, 378, 379).

27 Von der Regelung werden **sämtliche Beziehungen zwischen Personen** erfasst, ein irgendwie gearteter sexueller Hintergrund ist nicht erforderlich (AG Tempelhof-Kreuzberg 11. 12. 2017 – 7 C 39/17, GE 2018, 827; ERMAN/LÜTZENKIRCHEN Rn 14; PRÜTTING ua/RIECKE Rn 17; SCHMID/HARZ/STANGL Rn 18). Die Vorschrift ist also nicht nur auf die nichteheliche Lebensgemeinschaft, sondern auch auf gleichgeschlechtliche Gemeinschaften

außerhalb einer Lebenspartnerschaft und grundsätzlich auch auf Wohngemeinschaften anwendbar (zum Merkmal „auf Dauer angelegt" vgl unten Rn 30). Nach der Regierungsbegründung (BT-Drucks 14/4553, 61) sollte allerdings die Rechtsprechung des BGH zur nichtehelichen Lebensgemeinschaft (BGHZ 121, 116, 119 ff = NJW 1993, 999) Maßstab sein. Ausdrücklich zitiert die Entwurfsbegründung den BGH, wonach ein auf Dauer angelegter, gemeinsamer Haushalt bestehe, „wenn zwischen den Partnern eine Lebensgemeinschaft besteht, die … keine weiteren Bindungen gleicher Art zuläßt" (BGHZ 121, 116, 124 = NJW 1993, 999). Im nächsten Satz (BT-Drucks 14/4553, 61) wird dann erläutert, dass mit dem Gesetz auch „das dauerhafte Zusammenleben alter Menschen als Alternative zum Alters- oder Pflegeheim, die ihr gegenseitiges Füreinandereinstehen zum Beispiel durch gegenseitige Vollmachten dokumentieren" geschützt werden sollen. Dies passt offensichtlich nicht mit dem vorher postulierten Kriterium zusammen, wonach die Beziehung keine weiteren Bindungen gleicher Art zulassen darf, denn bei dem Zusammenschluss älterer Menschen muss es sich ja eben nicht um eine reine Zweierbeziehung handeln. Da es aber richtig ist, derartige Beziehungen ebenfalls nach § 563 Abs 2 S 3 BGB zu schützen, kann es nicht darauf ankommen, ob die Beziehung zwischen dem Mieter und der nahe stehenden Person Bindungen gleicher Art zulässt (LG Berlin 17. 12. 2015 – 67 S 390/15, WuM 2016, 107; **aM** LG München I 11. 2. 2004 – 14 S 18177/03, NZM 2005, 336).

cc) Es muss weiterhin ein gemeinsamer Haushalt bestehen. Insoweit existiert kein **28** Unterschied zu dem gemeinsamen Haushalt von Familienangehörigen (vgl Rn 24). Hierbei ist die Rechtspraxis in weiten Teilen darauf angewiesen, **Indizien für oder gegen den gemeinsamen Haushalt** zu finden, wobei die Beweislast jeweils derjenige trägt, der den Eintritt nach § 563 BGB behauptet. Kriterien können sein: Die gemeinsame Übernahme von den Haushalt betreffenden Pflichten wie Reinigung, tägliches Einkaufen, Nahrungszubereitung, Anschaffung von größeren Haushaltsgegenständen, Versorgung und Pflege in Krankheitsfällen, ferner die gemeinsame Versorgung von Kindern oder anderen Angehörigen, Verfügungsbefugnis über das Einkommen und Vermögensgegenstände des jeweils anderen, gemeinsame Freizeitgestaltung (AG Charlottenburg 2. 10. 2018 – 224 C 207/18, GE 2018, 1284). Gegen einen gemeinsamen Haushalt kann sprechen, dass nicht alle Sachen aus der alten Wohnung entfernt wurden und diese auch noch unterhalten wird (LG Frankfurt aM WuM 1998, 666), oder dass zunächst ein Untermietverhältnis vereinbart wurde (LG Frankfurt aM WuM 1998, 666). Für einen gemeinsamen Haushalt kann es jedoch sprechen, dass die Person, ohne ein (Unter-)Mietverhältnis begründet zu haben, an diesem Ort polizeilich gemeldet ist.

Der gemeinsame Haushalt muss **„auf Dauer angelegt"** sein, er darf also nicht seiner **29** Natur nach nur vorübergehend sein. Bis zur Reform des Jahres 2001 wurde eine für das Eintrittsrecht genügende nichteheliche Lebensgemeinschaft erst angenommen, wenn die Partnerschaft schon mindestens zwei bis drei Jahre Bestand hatte, es sei denn, besondere Umstände sprachen für eine frühere Anerkennung, wie zB der gemeinsame Erwerb eines Hausgrundstücks (OLG Köln NJW-RR 2000, 371; vgl auch BSG SozR 3-4100 § 119 Nr 15; BSGE 90, 90, 100 f; **aM** LG Hamburg WuM 1997, 221). Andere Stimmen bejahten auch früher schon eine nichteheliche Lebensgemeinschaft bereits dann, wenn diese „auf Dauer angelegt" war, wobei es danach eben nicht auf eine Mindestzeit ankam (LG Hamburg WuM 1997, 221). Die gesetzliche Regelung entspricht heute der letzteren Ansicht. Es ist allein maßgeblich, wie lange der gemeinsame

Haushalt nach der Vorstellung des Mieters und der anderen Personen bestehen sollte. Dadurch kann ein gemeinsamer Haushalt **schon mit seiner Gründung „auf Dauer angelegt"** sein und im Extremfall der nichteheliche Lebenspartner nach einem Tag gemeinsamen Wohnens und dem Tod des Mieters in den Mietvertrag eintreten (LG Berlin GE 2006, 1616; Blank/Börstinghaus/Blank/Börstinghaus Rn 50; MünchKomm/Häublein Rn 14; Schmidt-Futterer/Streyl Rn 37). Doch auch hier ist die Praxis auf Indizien angewiesen. Für einen auf Dauer angelegten gemeinsamen Haushalt sprechen beispielsweise gemeinsame Freizeit- und Urlaubsplanung (LG Frankfurt aM WuM 1998, 666). Gegen eine solche Nähebeziehung kann sprechen, dass kein Überblick über die Freizeitaktivitäten des anderen besteht (LG Frankfurt aM WuM 1998, 666) oder dass der Mieter die Schlüssel für ein Sicherheitsschloss der Wohnungstür zurückbehalten hatte und schon einige Zeit tot in der Wohnung lag, ohne dass der angebliche Partner die Wohnung aufgesucht hat (LG Frankfurt aM WuM 1998, 666).

30 **Wohngemeinschaften** sind in aller Regel nicht „auf Dauer angelegt", da eine derart enge Beziehung der Personen, wie es bei einer nichtehelichen Lebensgemeinschaft der Fall ist, normalerweise nicht vorliegt. Daher ist hier zu differenzieren: Bei einer Wohngemeinschaft, die zB gegründet wird, um während des Studiums preiswerten Wohnraum und Anschluss an Kommilitonen zu bekommen, fehlt es an diesem Merkmal. Dagegen gibt es in zunehmendem Maße auch Wohngemeinschaften älterer Menschen, die eine gemeinsame Wohnung unterhalten, um im Alter nicht isoliert zu sein und um sich gegenseitig helfen zu können. Derartige Wohngemeinschaften sind auf Dauer angelegt und fallen daher unter § 563 Abs 2 S 3 BGB (BT-Drucks 14/4553, 61; Erman/Lützenkirchen Rn 14; Grundmann NJW 2001, 2497, 2502; **aM** LG München I NZM 2005, 336).

III. Rechtsfolgen

1. Allgemeines

31 Die in § 563 Abs 1, 2 BGB genannten Personen treten mit dem Tode des Mieters in das Mietverhältnis über den Wohnraum ein. Es handelt sich um eine **Sonderrechtsnachfolge kraft Gesetzes** (BGHZ 36, 265, 268 = NJW 1962, 487; Blank/Börstinghaus/Blank/Börstinghaus Rn 21; Erman/Lützenkirchen Rn 15; Hk-BGB/Scheuch §§ 563–564 Rn 2; MünchKomm/Häublein Rn 18; Palandt/Weidenkaff Rn 1; Prütting ua/Riecke Rn 2; Soergel/Heintzmann Rn 11), nicht um eine Sondererbfolge (**aM** Bellinger 83 ff, 100; Wenzel ZMR 1993, 489, 490). Diese Sonderrechtsnachfolge tritt unabhängig von der etwaigen Stellung des Eintretenden als Erbe ein. Durch den Eintritt entsteht kein gesetzliches Mietverhältnis. Der Eintretende tritt grundsätzlich **in vollem Umfang in die Rechtsstellung des bisherigen Mieters** ein (BGH 31. 1. 2018 – VIII ZR 105/17, BGHZ 217, 263, 283 ff = NJW 2018, 2397: Erlaubnis zur Untervermietung; AG Hannover WuM 2011, 563: Anspruch auf Rückzahlung der Kaution). Das frühere Mietverhältnis wird also im Übrigen unverändert fortgesetzt. Daher werden bei der Berechnung von Fristen, die an die Dauer des Mietverhältnisses anknüpfen (zB § 573c Abs 1 S 2, § 577a Abs 1, 2 BGB), die Zeiten der Überlassung an den verstorbenen Mieter und den Sonderrechtsnachfolger zusammengerechnet (BGH NJW 2003, 3265; OLG Stuttgart NJW 1984, 875). Der Eingetretene ist Schuldner der Verbindlichkeiten, die nach seinem Eintritt entstehen. Wegen der unveränderten Fortsetzung des Mietverhältnisses kann der Vermieter den Eintritt nicht zum Anlass für neue Vertragsbedingungen nehmen. Täuscht

der Vermieter den Eingetretenen über dessen Eintritt und bietet er ihm einen neuen Vertrag mit einer höheren Miete an, so stellt dies eine Pflichtverletzung dar, sodass der eingetretene Mieter den gezahlten Differenzbetrag später als Schadensersatz nach § 280 Abs 1 BGB zurückverlangen kann (AG Frankfurt aM NZM 1999, 370). **Nicht von § 563 BGB erfasst** werden Mietverhältnisse über andere Gegenstände als Wohnraum, etwa einen in einem eigenständigen Vertrag vom Vermieter angemieteten Stellplatz oder eine Garage (BGH 15. 1. 2020 – XII ZR 46/19, NZM 2020, 503; dort zugleich zu einem gleichwohl möglichen konkludenten Abschluss eines neuen Mietvertrages zwischen dem Ehegatten des verstorbenen Mieters und dem Vermieter; zur Selbständigkeit derartiger Mietverhältnisse gegenüber dem Wohnraummietvertrag STAUDINGER/ROLFS [2021] § 542 Rn 96); ebensowenig die Vertragsbeziehungen des verstorbenen Mieters zu Dritten, auch wenn sie – wie etwa Versorgungsverträge über Wasser, Abwasser, Wärme oder Energie – in engem Zusammenhang mit dem Mietverhältnis stehen (SCHMID/HARZ/STANGL Rn 10).

War das **Mietverhältnis im Zeitpunkt des Todes des Mieters bereits gekündigt**, wegen des Laufs der Kündigungsfrist aber noch nicht beendet, oder hatten die Parteien eine Aufhebung des Vertrags zu einem zukünftigen Zeitpunkt vereinbart, steht einem Eintritt des Haushaltsangehörigen für die restliche Vertragszeit nichts im Wege (BeckOGK/WENDTLAND [1. 7. 2020] Rn 35; BLANK/BÖRSTINGHAUS/BLANK/BÖRSTINGHAUS Rn 17; aM BUTENBERG ZMR 2015, 189, 190). Er kann deshalb unter den Voraussetzungen der §§ 574 ff BGB der Kündigung widersprechen. Ist das Mietverhältnis beim Tod des Mieters bereits beendet, scheidet ein Eintritt aus (vgl Rn 4). 32

Eine Einschränkung von der unveränderten Fortsetzung des Mietverhältnisses ist aber zu machen, wenn es **auf die Lebenszeit des verstorbenen Mieters** abgeschlossen war. In diesem Fall wird das Mietverhältnis nur auf unbestimmte Zeit fortgesetzt, weil es sich sonst verewigen würde (BLANK/BÖRSTINGHAUS/BLANK/BÖRSTINGHAUS Rn 19; STAUDINGER/ROLFS [2021] § 542 Rn 141). 33

2. Eintritt des Ehegatten oder Lebenspartners in das Mietverhältnis (Abs 1)

Der eingetretene Ehegatte wird entweder Alleinmieter oder Mitmieter, wenn neben dem verstorbenen Mieter bereits eine andere Person Mitmieter war, sofern nicht § 563a BGB zugunsten eines haushaltsangehörigen Mitmieters eingreift (vgl Rn 8 f). Die Sonderrechtsnachfolge des Ehegatten oder Lebenspartners tritt unabhängig von seiner etwaigen Stellung als Erbe ein. Sie schließt zugleich die Gesamtrechtsnachfolge eines (sonstigen) Erben und das Eintrittsrecht anderer Familienangehöriger aus. 34

Durch das **Gesetz zur Bereinigung des Rechts der Lebenspartner** (vom 20. 11. 2015, BGBl I 2010) wurde die frühere Ungleichbehandlung von Ehegatten und Lebenspartnern in Abs 2 beendet. Nunmehr wird sowohl dem Ehegatten als auch dem Lebenspartner des verstorbenen Mieters ein vorrangiges Eintrittsrecht gegenüber anderen Eintrittsberechtigten zugestanden. Danach treten andere Familienangehörige und dauerhafte Haushaltsangehörige, gleichrangig mit Kindern des Mieters, in das Mietverhältnis ein. Damit wird zum einen eine Gleichbehandlung von Ehegatten und Lebenspartnern geschaffen, denn Lebenspartnern stand bislang nur ein gleichrangiges Eintrittsrecht mit den Kindern des Mieters zu. Zum anderen wurde die seit 2001 35 existierende Schlechterstellung von Kindern des Ehegatten gegenüber Kindern des Lebenspartners bereinigt. Die Neuregelung schafft eine Gleichbehandlung von Kindern von Ehegatten und von Lebenspartnern, die mit dem verstorbenen Mieter in einem gemeinsamen Haushalt gelebt haben (BT-Drucks 18/5901, 22). Die amtliche Begründung betont zudem, dass mit der Novellierung die Interessen des Vermieters besser berücksichtigt würden. Die Neuregelung vereinfache die Rangfolge der eintrittsberechtigten Personen und schaffe so Rechtssicherheit. Fallgestaltungen, bei denen mehrere Personen gemeinsam eintrittsberechtigt sind, würden durch die Neuregelung verringert (BT-Drucks 18/5901, 22).

3. Eintritt der Kinder in das Mietverhältnis (Abs 2 S 1)

36 Der Eintritt der Kinder in das Mietverhältnis kann nur dadurch ausgeschlossen sein, dass der Ehegatte oder Lebenspartner nach Abs 1 eintritt. Auch hierbei handelt es sich um eine Sonderrechtsnachfolge kraft Gesetzes, die das Mietverhältnis im Übrigen unberührt lässt (vgl Rn 31). War das Mietverhältnis auf die Lebenszeit des verstorbenen Mieters abgeschlossen, wird es allerdings in ein Mietverhältnis auf unbestimmte Zeit umgewandelt (oben Rn 33; STAUDINGER/ROLFS [2021] § 542 Rn 141 ff). Die **Rechtsnachfolge wirkt auf den Zeitpunkt des Todes zurück**, auch wenn zuvor der Ehegatte oder Lebenspartner eingetreten war und erst später wirksam abgelehnt hat. Treten mehrere Kinder in das Mietverhältnis ein, so werden die Eintretenden zu gleichen Teilen Gesamtschuldner und Gesamthandgläubiger iS der §§ 421, 432 BGB (vgl § 563b Rn 4 ff).

4. Eintritt anderer Familienangehöriger und sonstiger Personen

37 Der Eintritt der Familienmitglieder und sonstigen Personen steht unter dem Vorbehalt des Eintritts des Ehegatten oder des Lebenspartners, § 563 Abs 2 S 2 und 3 BGB. Für den Hauptanwendungsfall des Abs 2 S 3, die nichteheliche Lebensgemeinschaft (vgl BGH 31. 1. 2018 – VIII ZR 105/17, BGHZ 217, 263, 269 = NJW 2018, 2397), ist die Verweisung des Abs 2 S 3 auf Abs 2 S 2 HS 2 etwas missverständlich, da kaum ein auf Dauer angelegter gemeinsamer Haushalt denkbar ist, in dem auch der Ehegatte bzw Lebenspartner wohnt (HERRLEIN/KANDELHARD/KANDELHARD/SCHNEIDER Rn 15). Daher ist diese Verweisung nur in den Fällen sinnvoll, in denen zB ältere Ehepaare sich entschließen, verwitwete Familienangehörige in den gemeinsamen Haushalt aufzunehmen (HERRLEIN/KANDELHARD/KANDELHARD/SCHNEIDER Rn 15). Ist kein Ehegatte oder Lebenspartner vorhanden, treten die in S 2 und 3 genannten Personen neben den Kindern in das Mietverhältnis ein (BGH 31. 1. 2018 – VIII ZR 105/17, BGHZ 217, 263, 270 = NJW 2018, 2397). Für die Rechtsbeziehungen gegenüber dem Vermieter gilt das oben (vgl Rn 36) Gesagte.

5. Ablehnungsrecht der in Abs 1 und 2 genannten Personen (Abs 3)

a) Allgemeines

38 Das Gesetz verfolgt das Prinzip, dass **niemandem eine Rechtsstellung gegen seinen Willen aufgedrängt wird**. Daher kann jede Person iS des § 563 Abs 1 und 2 BGB innerhalb eines Monats, nachdem sie von dem Tod des Mieters Kenntnis erlangt hat, dem Vermieter gegenüber erklären, dass sie das Mietverhältnis nicht fortsetzen will. Die Ablehnung ist eine **einseitige, empfangsbedürftige Willenserklärung**, die dem

Vermieter nach den §§ 130 ff zugehen muss. Sie ist nicht nach § 568 Abs 1 BGB formbedürftig (BeckOGK/Wendtland [1. 7. 2020] Rn 38; BeckOK MietR/Theesfeld [1. 8. 2020] Rn 33; Schmid/Harz/Stangl Rn 20; Schmidt-Futterer/Streyl Rn 57). Es handelt sich nämlich bei dieser Erklärung nicht um eine Kündigung, da sie Rückwirkung entfaltet und es somit nie zu einem Eintritt kommt (Blank/Börstinghaus/Blank/Börstinghaus Rn 56; Erman/Lützenkirchen Rn 16). Eine solche Erklärung des Ehegatten oder Lebenspartners macht gleichzeitig den Weg frei für einen Eintritt sämtlicher in § 563 Abs 2 BGB genannten Personen. Ist der Ehegatte (§ 1931 BGB) oder Lebenspartner (§ 10 LPartG) zugleich Erbe, so kann er sich dem Mietverhältnis letztlich nur durch außerordentliche Kündigung mit der gesetzlichen Frist nach § 564 S 2 BGB (vgl dort Rn 8 ff) oder durch Ausschlagung der Erbschaft nach § 1945 BGB entziehen, da ihm die Erklärung nach § 562 Abs 3 BGB allein dann nicht hilft. Der Vermieter kann hingegen außerordentlich mit der gesetzlichen Frist kündigen, § 563 Abs 4 BGB (vgl Rn 47 ff).

b) Ablehnungsfrist
Die Ablehnungsfrist beträgt **einen Monat**. Sie beginnt frühestens mit dem Zeitpunkt, in dem die eintrittsberechtigte Person vom Tod des Mieters Kenntnis erlangt hat. Vermutungen oder Gerüchte reichen nicht aus (Blank/Börstinghaus/Blank/Börstinghaus Rn 53; Hinz ZMR 2002, 640, 643; Kinne ua/Kinne Rn 15; Lützenkirchen, Neue Mietrechtspraxis Rn 665). Eine Erkundigungspflicht besteht nicht, da das Gesetz nicht auf die Möglichkeit einer Kenntnisnahme abstellt (Schmid/Harz/Stangl Rn 21; Sternel ZMR 2004, 713, 717). Auf die Kenntnis des Ablehnungsrechts kommt es nicht an. Im Falle der Todeserklärung beginnt die Frist nicht vor der Rechtskraft des entsprechenden Beschlusses, frühestens aber mit dessen Kenntnisnahme durch die eintrittsberechtigte Person. Öffentliche Zustellung des Beschlusses ist hierfür kein Ersatz. Die Frist ist nach den §§ 186 ff BGB zu berechnen. Ist die eintrittsberechtigte Person geschäftsunfähig oder in der Geschäftsfähigkeit beschränkt, ohne einen gesetzlichen Vertreter zu haben, gilt nach § 563 Abs 3 S 2 BGB die Regelung des § 210 BGB entsprechend (vgl Rn 44 f). Da jeder Einzelne nach Abs 3 S 3 für sich ablehnungsberechtigt ist (vgl Rn 46), kann bei mehreren Eintrittsberechtigten ein unterschiedlicher Fristablauf eintreten, wenn sie zu verschiedenen Zeitpunkten Kenntnis vom Tode des Mieters erlangt haben.

39

Problematisch ist der Fall, dass der **Ehegatte oder Lebenspartner erst kurz vor Ablauf der Monatsfrist eine Erklärung nach Abs 3 S 1 abgibt** und dadurch andere Personen in das Mietverhältnis eintreten. Der Wortlaut des Gesetzes spricht dafür, dass dann auch für die Erklärung der anderen Personen einheitlich die Monatsfrist gilt, sodass sich die Frist für diese Personen erheblich verkürzen kann, wenn nämlich die bevorrechtigte Person ihre Frist für die Ablehnung ausreizt. Im Extremfall kann der Eintritt sogar nach dem Fristablauf liegen, wenn nämlich der Ehegatte oder Lebenspartner erst später als die andere Person vom Tod des Mieters erfährt oder selbst geschäftsunfähig ist, § 563 Abs 3 S 2, § 210 BGB. Eine im Schrifttum vertretene Ansicht verlangt aus diesem Grund, dass nachrangige Eintrittsberechtigte vorsorglich ihre Ablehnung für den Fall erklären, dass die bevorrechtigte Person den Eintritt ablehne (Burkhardt BB 1964, 771, 776). Dagegen soll nach hM die Frist erst beginnen, wenn der Familienangehörige Kenntnis vom Tode des Mieters und von der Ablehnungserklärung des Ehegatten erlangt hat (BeckOGK/Wendtland [1. 7. 2020]

40

Rn 41; ERMAN/LÜTZENKIRCHEN Rn 17; MünchKomm/HÄUBLEIN Rn 25; PALANDT/WEIDENKAFF Rn 20).

41 Für die Mindermeinung spricht zwar der Wortlaut des Gesetzes, der hinsichtlich des Fristbeginns bei nachrangig eintrittsberechtigten Familienangehörigen nicht gegenüber der für Ehegatten maßgebenden Regelung differenziert. Auch aus der entsprechenden Anwendung des § 210 BGB lässt sich kein anderes Ergebnis herleiten, da die nachrangigen Familienangehörigen nicht daran gehindert sind, den Eintritt vorsorglich abzulehnen. Gleichwohl ist der hM zu folgen, weil dem BGB das Prinzip zu Grunde liegt, dass ein Recht spätestens dann auszuschlagen ist, wenn es in der Person des Berechtigten entstanden ist. So beginnt etwa die Frist für die Ausschlagung der Erbschaft nach § 1944 Abs 2 BGB mit dem Zeitpunkt, in dem der Erbe von dem Anfall und dem Grund der Berufung Kenntnis erlangt hat. Der Rechtsgedanke dieser Vorschrift ist entsprechend anwendbar, da § 563 Abs 3 S 1 BGB eine Form der Rechtsnachfolge darstellt, die dem Verhältnis nachrangiger Erben vergleichbar ist. Auf dieser Grundlage ist die hM dahin gehend zu präzisieren, dass es für die nachrangigen Eintrittsberechtigten nicht nur auf die Kenntnis der Ablehnungserklärung durch den Bevorrechtigten ankommt. Die Frist beginnt vielmehr frühestens in dem Zeitpunkt, in dem die Ablehnungserklärung des Ehegatten bzw Lebenspartners durch Zugang beim Vermieter wirksam geworden ist und damit der Eintritt der nachrangigen Personen stattgefunden hat (ERMAN/LÜTZENKIRCHEN Rn 17).

42 Wird die **Ablehnungsfrist versäumt**, kann die eingetretene Person ihren Eintritt in das Mietverhältnis nicht wegen Rechtsunkenntnis anfechten, da ein Irrtum hinsichtlich der gesetzlichen Sonderrechtsnachfolge keinen Anfechtungsgrund iS der §§ 119 ff BGB abgibt (SCHMIDT-FUTTERER/STREYL Rn 61). Auch eine Wiedereinsetzung in den vorigen Stand kommt nicht in Betracht (SCHMID/HARZ/STANGL Rn 21). Teilweise wird aber eine analoge Anwendung der Anfechtungsregeln bei Fristversäumung der erbrechtlichen Ausschlagungsfrist (§ 1954 BGB) in Betracht gezogen (LAMMEL ZMR 1/2004, VII, VIII). Dem Mieter steht jedenfalls kein Recht zur außerordentlichen befristeten Kündigung nach § 564 S 2 BGB zu, selbst wenn er zugleich Erbe des Mieters ist (BUB/TREIER/LANDWEHR Rn II 2651). Dieses Kündigungsrecht setzt voraus, dass nicht schon ein Eintritt in das Mietverhältnis stattgefunden hat. Er kann sich von dem Mietverhältnis nur in der gleichen Weise lösen, wie es dem verstorbenen Mieter möglich gewesen wäre.

43 Die fristgerechte Ablehnungserklärung hat nach Abs 3 S 1 die **Wirkung**, dass ein Eintritt in das Mietverhältnis als nicht erfolgt gilt. Damit wird die bereits vollzogene **Sonderrechtsnachfolge rückwirkend (ex tunc) beseitigt** (BeckOK/HERRMANN [1. 8. 2020] Rn 18 f; SOERGEL/HEINTZMANN Rn 12). Die in der Person des Ablehnenden begründeten Rechte und Pflichten aus dem Mietverhältnis erlöschen mit Rückwirkung auf den Zeitpunkt, in dem der Mieter gestorben ist. Damit wird ein Eintrittsrecht anderer Personen nach Abs 2 oder eine Gesamtrechtsnachfolge etwaiger Erben nach § 564 S 1 BGB ermöglicht. Das Mietverhältnis wird nach § 564 S 1 BGB erst dann mit dem Erben fortgesetzt, wenn sämtliche Personen, die nach Abs 1 und 2 in Betracht kommen, den Eintritt fristgerecht abgelehnt haben. Zwischen dem Vermieter und der ablehnenden Person kann sich ein bereicherungsrechtlicher Ausgleichsanspruch aus § 812 Abs 1 S 1 Alt 1 BGB wegen der nunmehr rechtsgrundlosen Nutzung der Wohnung seit dem Tode des Mieters ergeben (STERNEL ZMR 2004, 713, 717; **aM** LÜTZEN-

KIRCHEN/LÜTZENKIRCHEN Rn 101). Der eintretende Familienangehörige oder sonst der Erbe kann nach § 285 BGB die Abtretung dieses Anspruchs verlangen. Ein unmittelbarer Bereicherungsausgleich zwischen dem Ehegatten und dem Familienangehörigen oder Erben kommt wegen des Vorrangs der Leistungskondiktion des Vermieters nicht in Betracht.

c) Geschäftsunfähige und beschränkt Geschäftsfähige

§ 563 Abs 3 S 2 BGB verweist für geschäftsunfähige oder in der Geschäftsfähigkeit beschränkte Personen auf § 210 BGB. Die entsprechende Anwendung dieser Norm soll bewirken, dass Geschäftsunfähige oder beschränkt Geschäftsfähige vor einem endgültigen Eintritt in das Mietverhältnis, der ja auch mit Pflichten verbunden ist, geschützt werden (BLANK/BÖRSTINGHAUS/BLANK/BÖRSTINGHAUS Rn 52). Durch die Geschäftsunfähigkeit bzw beschränkte Geschäftsfähigkeit des Eintretenden wird **der Fristablauf gehemmt**. Die Frist wird nach § 210 Abs 1 S 2 BGB nicht vor Ablauf eines Monats vollendet, nachdem der Ehegatte unbeschränkt geschäftsfähig geworden ist oder der Mangel der Vertretung aufgehört hat. Der in § 210 Abs 1 S 1 BGB vorgesehene Aufschub der Vollendung der Frist um sechs Monate greift nicht ein, da die Ablehnungsfrist des § 563 Abs 3 S 1 BGB nur einen Monat beträgt.

44

Die im Gesetz vorgesehene **entsprechende Anwendung des § 210 BGB ist** im Grunde **überflüssig**. Die Kenntnis vom Tod des Mieters setzt eine Ausschlussfrist für die Abgabe der Ablehnungserklärung in Gang. Es kommt deshalb nur auf die Kenntnis desjenigen an, der die Willenserklärung abzugeben hat. Dies ist der Vertreter, solange die eintrittsberechtigte Person nicht selbst unbeschränkt geschäftsfähig ist. Insoweit hat § 166 Abs 1 BGB entsprechend zu gelten. In diesen Fällen beginnt die Ausschlussfrist also keineswegs immer in dem Zeitpunkt, in dem der Mangel der Vertretung aufgehört hat, selbst wenn der Geschäftsunfähige oder beschränkt Geschäftsfähige vom Tod des Mieters schon vorher erfahren hat. Entscheidend ist die Kenntnis des gesetzlichen Vertreters. Wird die eintrittsberechtigte Person unbeschränkt geschäftsfähig, so ist der spätere Zeitpunkt auch bei vorheriger Kenntnis entscheidend. Dass § 210 BGB entsprechend angewendet werden soll, kann schließlich nicht dahin gehend interpretiert werden, der Schwebezustand solle nach Fortfall des Vertretungshindernisses endgültig beendet werden. Denn dieser Schwebezustand besteht generell so lange, wie die zur Ablehnung befugte Person keine Kenntnis vom Tode des Mieters hat. Die Anwendung des § 210 BGB hat auch in den Fällen, in denen für eine erwachsene Person ein Betreuer nach den §§ 1896 ff BGB bestellt wurde, keine Bedeutung. Denn Personen, die unter Betreuung stehen, sind nach der gesetzlichen Regelung weiterhin unbeschränkt geschäftsfähig, solange sie nicht geschäftsunfähig sind. Daher ist auf diesen Personenkreis § 210 BGB ebenfalls nicht anwendbar.

45

d) Teilbarkeit des Ablehnungsrechts (Abs 3 S 3)

Den eintrittsberechtigten Personen steht das Recht zu, den Eintritt in das Mietverhältnis abzulehnen. Nach S 3 kann jede Person den Eintritt für sich ablehnen, das Recht muss also nicht gemeinsam ausgeübt werden. Die Frist des Abs 3 S 1 gilt damit auch für jeden Eintrittsberechtigten unabhängig von den anderen Eintrittsberechtigten besonders.

46

6. Kündigungsrecht des Vermieters (Abs 4)

a) Allgemeines

47 Dem Vermieter steht nach § 563 Abs 4 BGB ein Recht zur außerordentlichen Kündigung mit der gesetzlichen Frist nach § 573d BGB zu, wenn in der Person des Eingetretenen ein wichtiger Grund vorliegt. Das nach wie vor umstrittene **Erfordernis des wichtigen Grundes** (vgl Rn 48) wurde damit beibehalten. Im Gegensatz dazu wurde eine einmonatige Überlegungsfrist für eine außerordentliche Kündigung des Vermieters mit der gesetzlichen Frist neu eingeführt und stattdessen auf die Formulierung, die Kündigung könne „nur für den ersten Termin erfolgen, für den sie zulässig ist" (§ 569a Abs 5 S 1 HS 2 BGB aF) verzichtet, da die frühere Regelung im Einzelfall zu sehr kurzen Fristen (BT-Drucks 14/4553, 61) oder Problemen bei der Berechnung des Kündigungszeitpunktes (Alexander NZM 1998, 253 ff) führen konnte. Die Vorschrift findet im Falle der **Scheidung von Ehegatten** entsprechende Anwendung, wenn derjenige Ehegatte, dem die Wohnung überlassen wird, nicht (alleiniger) Mieter der Ehewohnung war, § 1568a Abs 3 S 2 BGB (dazu Staudinger/Weinreich [2018] § 1568a Rn 75).

b) Erfordernis des wichtigen Grundes

48 Der Begriff des **wichtigen Grundes** ist **nicht** in jedem Fall mit solchen Umständen gleichzusetzen, die an sich zur **fristlosen Kündigung** berechtigen würden (BGH 31. 1. 2018 – VIII ZR 105/17, BGHZ 217, 263, 275 = NJW 2018, 2397). Damit wäre das Recht zur außerordentlichen befristeten Kündigung aus Abs 4 für den Vermieter im Grunde überflüssig und hätte nur insofern Bedeutung, als es gegenüber einer ordentlichen Kündigung die vertraglich oder gesetzlich nach § 573c BGB längere Kündigungsfrist abkürzen würde. Zu Recht wird deshalb auf eine gewisse **Systemwidrigkeit** der Regelung hingewiesen (MünchKomm/Häublein Rn 26). Dieser Mangel lässt sich nicht dadurch beheben, dass der wichtige Grund mit einem berechtigten Interesse iS des § 573 Abs 1 S 1 BGB gleichgesetzt wird. Dies hätte nur einen neuen Systembruch zu Folge. Ob ein wichtiger Grund vorliegt, kann sachgerecht nur entsprechend den zu § 553 BGB für den Fall der Untervermietung entwickelten Grundsätzen beurteilt werden (OLG Karlsruhe WuM 1984, 43; LG Nürnberg-Fürth WuM 1985, 228; Blank/Börstinghaus/Blank/Börstinghaus Rn 64; Bub/Treier/Landwehr Rn II 2662; Erman/Lützenkirchen Rn 20; Gather GE 2000, 310, 311; Lützenkirchen WuM 1990, 413). Jedenfalls muss dieser Grund so beschaffen sein, dass er dem Vermieter die Fortsetzung des Mietverhältnisses auf Grund von Umständen unzumutbar macht, die in der Person des Eingetretenen liegen (BGH 10. 4. 2013 – VIII ZR 213/12, NJW 2013, 1806; BGH 31. 1. 2018 – VIII ZR 105/17, BGHZ 217, 263, 273 = NJW 2018, 2397). Es kommt entscheidend darauf an, ob es dem Vermieter aufgrund der Umstände des Einzelfalls zugemutet werden kann, das Mietverhältnis mit dem Eingetretenen fortzusetzen (BeckOK MietR/Theesfeld [1. 8. 2020] Rn 49a; Schmidt-Futterer/Gather Rn 69).

49 **Im Einzelnen** kann ein wichtiger Grund anzunehmen sein, wenn der Eingetretene dem Vermieter den Tod des Mieters über einen längeren Zeitraum verschwiegen hat (AG München 18. 8. 2016 – 432 C 9516/16, WuM 2017, 282), er mit dem Vermieter oder anderen Mietern persönlich verfeindet ist (Prütting ua/Riecke Rn 29; Schmid/Harz/Stangl Rn 25) oder wenn die Gefahr besteht, dass diese Personen durch persönliche Eigenschaften, den Beruf oder die Lebensweise des Eingetretenen beeinträchtigt werden. So können die Dinge liegen, wenn der Mieter zehn bis zwölf Schülern an drei Tagen in der Woche in der Wohnung Gitarrenunterricht erteilt (BGH 10. 4. 2013 – VIII ZR 213/12, NJW 2013, 1806). Anders als bei der Untervermietung (STAUDINGER/ V EMMERICH [2021] § 540 Rn 24 ff) stellt die Zahlungsunfähigkeit des Eingetretenen im Rahmen des § 563 Abs 4 BGB regelmäßig einen wichtigen Grund dar (BeckOK/ HERRMANN [1. 8. 2020] Rn 21; ERMAN/LÜTZENKIRCHEN Rn 20; KOSSMANN/MEYER-ABICH § 16 Rn 35; SCHMIDT-FUTTERER/STREYL Rn 69), weil hier kein Hauptmieter vorhanden ist, der für die Miete haftet. Erforderlich ist allerdings, dass die **finanzielle Leistungsunfähigkeit** des Mieters bei dessen Eintritt bereits feststeht, weil er beispielsweise bereits mit der Miete in Rückstand geraten ist. Dass die Leistungsfähigkeit wegen seines geringen Einkommens oder aus anderen Gründen lediglich „gefährdet" erscheint, genügt demgegenüber nicht, solange keine auf objektiven Umständen beruhenden konkreten Anhaltspunkte den Schluss zulassen, dass fällige Mietzahlungen alsbald ausbleiben werden (BGH 31. 1. 2018 – VIII ZR 105/17, BGHZ 217, 263, 277 f = NJW 2018, 2397; **aM** AG München 18. 8. 2016 – 432 C 9516/16, WuM 2017, 282). Dabei ist zu berücksichtigen, dass für nach dem SGB II Leistungsberechtigte das JobCenter die Kosten einer angemessenen Unterkunft übernimmt (§ 22 SGB II) (BGH 31. 1. 2018 – VIII ZR 105/17, BGHZ 217, 263, 283 = NJW 2018, 2397). Ist der Eingetretene aber beispielsweise von Sozialleistungen abhängig und übernimmt der Sozialleistungsträger die Kosten der Miete nicht, berechtigt dies den Vermieter zur außerordentlichen Kündigung nach Abs 4 (AG Frankenthal 16. 8. 2017 – 3a C 103/17, ZMR 2018, 423). Zu den in der Person liegenden Gründen zählt ferner, wenn die Wohnberechtigung für die öffentlich geförderte Wohnung fehlt (LG Koblenz 2. 12. 1986 – 6 S 276/86, WuM 1987, 201). Treten mehrere Mieter in das Mietverhältnis ein, schulden sie die Miete als Gesamtschuldner, sodass die Leistungsunfähigkeit (nur) Einzelner unbeachtlich ist (BGH 31. 1. 2018 – VIII ZR 105/17, BGHZ 217, 263, 273 = NJW 2018, 2397).

Eine durch den Tod des bisherigen Mieters verursachte Unterbelegung ist **kein** **50** **wichtiger Grund**, da sie nicht von der Person des Eingetretenen, sondern von der Größe der Wohnung abhängt. Die Unterbelegung rechtfertigt deshalb grundsätzlich auch keine Kündigung aus § 573 Abs 2 BGB (OLG Karlsruhe WuM 1984, 43). Insoweit müssen besondere Gründe hinzutreten, etwa fehlende Mitgliedschaft bei einer Genossenschaftswohnung und dringenderer Wohnbedarf bei einem Genossen (OLG Stuttgart WuM 1991, 379; LG Köln WuM 1994, 23). Ebensowenig ist ein wichtiger Grund gegeben, wenn der Eingetretene durch den Eintritt in das Mietverhältnis überversorgt wird, weil er noch eine zweite Wohnung innehat (**aM** LG Nürnberg-Fürth WuM 1985, 228; offen gelassen von LG Köln WuM 1994, 23). Es muss dem Eingetretenen überlassen bleiben, sich die passende Wohnung auszuwählen, zumal er aufgrund des gemeinsamen Haushaltes mit dem verstorbenen Mieter in der übernommenen Wohnung bereits seinen Lebensmittelpunkt hatte. Bei zwei Genossenschaftswohnungen kann jedoch die genossenschaftliche Treuepflicht gebieten, eine Wohnung aufzugeben. Aber auch diese Entscheidung muss dem Eingetretenen überlassen bleiben (**aM** LÜTZENKIRCHEN WuM 1990, 413). Dass der eintretende Mieter drogenabhängig ist und bereits zu einer Strafhaft verurteilt wurde, rechtfertigt die Kündigung ebenfalls nicht, wenn er bereits mehrere Jahre in der Wohnung gelebt hat und sich in die dortige Gemeinschaft beanstandungsfrei eingefügt hatte (BGH WuM 2010, 431). Im Übrigen kann es sich um Gründe handeln, die von geringerem Gewicht sind, als sie eine fristlose Kündigung voraussetzt. Damit ist allerdings nicht ausgeschlossen, dass die Kündigung des § 563 Abs 4 BGB auf solche Gründe gestützt wird, die an sich eine fristlose Kündigung rechtfertigen. Dies ist bedeutsam für die Frage, ob die Sozialklausel des § 574 BGB anzuwenden ist (vgl Rn 56).

51 Treten **mehrere Personen** in das Mietverhältnis ein, wird dem Vermieter nach hM ein Kündigungsrecht zugebilligt, auch wenn nur bei einem von ihnen ein wichtiger Grund vorliegt (BGH 31. 1. 2018 – VIII ZR 105/17, BGHZ 217, 263, 273 = NJW 2018, 2397; Bub/Treier/Landwehr Rn II 2662; Burkhardt WuM 1964, 161, 162; Erman/Lützenkirchen Rn 21; Kinne ua/Kinne Rn 23; Kossmann/Meyer-Abich § 16 Rn 34; MünchKomm/Häublein Rn 29; Palandt/Weidenkaff Rn 23; Schmid/Harz/Stangl Rn 26; differenzierend Blank/Börstinghaus/Blank/Börstinghaus Rn 67; **aM** Sternel ZMR 2004, 713, 717). Zur Begründung wird auf die besondere Gemeinschaft der Eingetretenen hingewiesen, die sich gegenseitig die in der Person des anderen begründeten Umstände zurechnen lassen müssten (Burkhardt WuM 1964, 161, 162). Zwar habe der BGH im Falle der Insolvenz eines einzelnen Mitmieters ein Kündigungsrecht des Vermieters aus § 109 Abs 1 S 1 InsO abgelehnt (BGHZ 26, 102, 104 ff = NJW 1958, 421 zum damaligen § 19 KO), der Unterschied zu § 563 BGB bestehe aber darin, dass sich der Vermieter hier die eingetretenen Mieter nicht ausgesucht habe. Beide Argumente sind nicht zwingend, da mehrere Familienangehörige zwar Gesamtschuldner hinsichtlich der Verbindlichkeiten aus dem Mietverhältnis sind, aber keine „Haftungsgemeinschaft" hinsichtlich der in ihrer Person begründeten Umstände bilden. Dass eine getrennte Beurteilung möglich ist, zeigt sich auch daran, dass hinsichtlich des Eintrittsrechts keine Gemeinschaft vorliegt, weil jeder Familienangehörige nach Abs 3 S 3 für sich die Ablehnung erklären kann (vgl Rn 47). Darüber hinaus kann sich der Vermieter auch bei einer Erbfolge des verstorbenen Mieters seinen neuen Vertragspartner nicht aussuchen. Gleichwohl ist der hM im Ergebnis zu folgen. Entscheidend hierfür ist, dass der Vermieter bei einer Fortsetzung des Mietverhältnisses mit dem Erben nach § 564 S 2 BGB ein Recht zur außerordentlichen befristeten Kündigung hat, ohne dass es auf einen wichtigen Grund oder eine Mehrheit von Erben ankommt. Der Vermieter braucht sich in keinem Fall einen unliebsamen Mieter aufdrängen zu lassen. Da dieses Kündigungsrecht durch den vorrangigen Eintritt von Familienangehörigen ausgeschlossen wird, kann der Vermieter grundsätzlich (vgl Rn 52) nicht dadurch schlechter gestellt werden, dass nur in der Person eines von mehreren eingetretenen Familienangehörigen ein wichtiger Grund vorliegt (BGH 31. 1. 2018 – VIII ZR 105/17, BGHZ 217, 263, 273 = NJW 2018, 2397).

52 Das Kündigungsrecht ist ausgeschlossen, wenn ein Haushaltsangehöriger, in dessen Person ein wichtiger Grund gegeben ist, in ein bereits **zwischen mehreren Personen bestehendes Mietverhältnis** eintritt. Es ist nicht ohne Weiteres möglich, ein mit mehreren Mietern bestehendes Mietverhältnis durch Kündigung nur mit Wirkung gegenüber einem neu eingetretenen Mieter zu beenden (BGHZ 26, 102, 104 = NJW 1958, 421). Der frühere Mitmieter des Verstorbenen kann in seinen Rechten nicht durch die Sonderrechtsnachfolge aus § 563 BGB beeinträchtigt werden. Die Kündigung des gesamten Mietverhältnisses scheidet deshalb grundsätzlich aus. Eine Ausnahme ist nur dann zuzulassen, wenn vertraglich ein solches Kündigungsrecht vereinbart worden ist, das der Mitmieter und ebenso der eingetretene Familienangehörige gegen sich gelten lassen müssen (OLG Karlsruhe NJW 1990, 581).

c) Sonstige Voraussetzungen

Für die Kündigung durch den Vermieter gelten die **allgemeinen Vorschriften** des Mietrechts. Die Kündigung ist bei mehreren eingetretenen Personen jedem Beteiligten gegenüber zu erklären (Staudinger/Rolfs [2021] § 542 Rn 8 ff); sie kann aber nur einheitlich gegenüber allen Mietern erfolgen (Staudinger/Rolfs [2021] § 542 Rn 8 ff), selbst wenn der Vermieter nur in Bezug auf Einzelne die Fortsetzung aus wichtigem Grund ablehnt (BGH 31. 1. 2018 – VIII ZR 105/17, BGHZ 217, 263, 271 = NJW 2018, 2397; Blank/Börstinghaus/Blank/Börstinghaus Rn 63; Schmidt-Futterer/Streyl Rn 70). Der Vermieter ist aber frei darin, mit einem oder einzelnen von ihnen anschließend einen neuen Mietvertrag abzuschließen (Schmid/Harz/Stangl Rn 24). Die Kündigungserklärung hat die Voraussetzungen des § 573d Abs 1 BGB iVm §§ 573, 573a BGB zu erfüllen. Damit ist der frühere Streit, ob die Kündigungsgründe noch zu prüfen sind (vgl BGHZ 135, 86, 89 = NJW 1997, 1695; kritisch Draber NZM 1998, 417, 419), für diesen Bereich obsolet geworden (Achenbach NZM 2000, 741; Palandt/Weidenkaff Rn 24; Schmid/Harz/Stangl Rn 27). Eine beabsichtigte umfassende Sanierung der Mietwohnung nach dem Tod des Mieters reicht nicht aus, um ein berechtigtes Interesse zu begründen (LG Berlin GE 1999, 1429). Die Kündigungserklärung muss nach § 568 BGB schriftlich erfolgen (Blank/Börstinghaus/Blank/Börstinghaus Rn 68; MünchKomm/Häublein Rn 31), sie bedarf auch der Begründung nach § 573 Abs 3 S 1 BGB oder des Hinweises gemäß § 573a Abs 3 BGB.

53

d) Kündigung mit der gesetzlichen Frist

Der Vermieter kann das Mietverhältnis unter Einhaltung der **gesetzlichen Frist** kündigen. Diese Frist ergibt sich aus § 573d Abs 2 BGB. Die Kündigung muss spätestens am dritten Werktag eines Kalendermonats für den Ablauf des übernächsten Monats wirksam werden. Bei Wohnungen nach § 549 Abs 2 S 2 BGB ist die Kündigung abweichend davon bis zum 15. zum Ende des jeweiligen Monats zulässig.

54

Die Kündigung des Vermieters muss nach § 563 Abs 4 BGB innerhalb **eines Monats nach Kenntniserlangung** von dem endgültigen Eintritt in das Mietverhältnis erfolgen. Dies setzt voraus, dass der Vermieter vom Tod des Mieters erfahren hat (AG München 18. 8. 2016 – 432 C 9516/16, WuM 2017, 282), er die Person des Sonderrechtsnachfolgers kennt und die Ablehnungsfrist nach § 563 Abs 3 S 1 BGB abgelaufen ist. Denn im Gegensatz zu der früheren Rechtslage ist nun die Kenntnis von dem „endgültigen Eintritt" in das Mietverhältnis erforderlich. Dieser liegt aber erst vor, nachdem die Frist für die Ablehnung abgelaufen ist (**aM** BT-Drucks 14/4553, 61, die davon ausgeht, dass die Frist nach Abs 4 „spätestens" mit Ablauf der Frist nach Abs 3 beginnt). Insgesamt hat der Vermieter damit mindestens zwei Monate Zeit.

55

e) Anwendung der Sozialklausel

Auf die außerordentliche Kündigung mit der gesetzlichen Frist ist die Sozialklausel der §§ 574 ff BGB, § 549 Abs 2 BGB entsprechend anzuwenden, obwohl die entsprechende Verweisung in dem früheren § 569a Abs 5 BGB inzwischen weggefallen ist. Denn diese Vorschrift hatte nur klarstellende Funktion. Auch dass § 573d BGB nicht auf § 574 BGB verweist, spricht nicht dagegen, da sich die Anwendung der §§ 574 ff BGB schon aus der systematischen Stellung der Vorschriften ergibt (Blank/Börstinghaus/Blank/Börstinghaus Rn 70; Kinne ua/Kinne Rn 27).

56

IV. Unabdingbarkeit und abweichende Vereinbarungen (Abs 5)

57 Nach der Neuregelung des § 563 BGB ist die Vorschrift gemäß Abs 5 zugunsten des Mieters und der eintrittsberechtigten Personen nach Abs 1 und 2 zwingend. Das Eintrittsrecht kann damit nicht etwa auf bestimmte Personen beschränkt werden. Eine Vereinbarung, nach der das Mietverhältnis mit dem Tode des Mieters enden soll, ist unwirksam, wenn damit das Eintrittsrecht ausgeschlossen würde (LG Frankfurt aM WuM 1990, 82; MünchKomm/Häublein Rn 32; Sternel ZMR 2004, 713, 714). **Zugunsten des Mieters** oder der Eintrittsberechtigten können also unbeschränkt **abweichende Vereinbarungen** getroffen werden. So kann die Frist für die Ablehnung nach Abs 3 verlängert werden, nicht aber die Frist für die Erklärung der Kündigung des Vermieters nach Abs 4, die nur verkürzt werden kann. Hinsichtlich der Sozialklausel sind die zwingenden Vorschriften der §§ 574 ff BGB einzuhalten. Das Gleiche gilt für die §§ 542, 568, 549 Abs 2 und 3 BGB, §§ 573, 573a, 573b, 577a BGB.

V. Sonstige Rechtsfolgen

58 Das Eintrittsrecht der in § 563 Abs 1 u 2 BGB genannten Personen ist Anknüpfungspunkt für weitere gesetzliche Regelungen. Eine **öffentlich geförderte Wohnung** darf nach § 4 Abs 2 WoBindG einem Wohnungssuchenden nur zum Gebrauch überlassen werden, wenn er seine Wohnberechtigung durch eine entsprechende Bescheinigung nachweist. Wenn der Inhaber der Wohnberechtigungsbescheinigung verstorben ist, darf die Wohnung nach § 4 Abs 7 WoBindG haushaltszugehörigen Personen, die nach § 563 Abs 1 bis 3 BGB in das Mietverhältnis eingetreten sind, und dem Ehegatten bzw Lebenspartner auch ohne Übergabe einer solchen Bescheinigung überlassen werden (dazu Lützenkirchen/Lützenkirchen Rn 35 ff). In § 577 Abs 4 BGB wird der **Übergang des Vorkaufsrechts** auf die Haushaltsangehörigen des verstorbenen Mieters geregelt (vgl § 577 Rn 74 ff). Das Vorkaufsrecht ist als Gestaltungsrecht grundsätzlich nicht übertragbar, um den Verpflichteten vor einem ihm nicht genehmen Wechsel in der Person des Berechtigten zu schützen. Das Vorkaufsrecht steht somit nur demjenigen zu, der die Wohnung im Zeitpunkt der Umwandlung gemietet hatte. Stirbt dieser Mieter, geht das Vorkaufsrecht jedoch nach § 577 Abs 4 BGB auf denjenigen über, der das Mietverhältnis nach § 563 Abs 1 oder 2 BGB fortsetzt. Damit wird dem besonderen Schutzbedürfnis dieser Personen auch insoweit Rechnung getragen.

§ 563a
Fortsetzung mit überlebenden Mietern

(1) Sind mehrere Personen im Sinne des § 563 gemeinsam Mieter, so wird das Mietverhältnis beim Tod eines Mieters mit den überlebenden Mietern fortgesetzt.

(2) Die überlebenden Mieter können das Mietverhältnis innerhalb eines Monats, nachdem sie vom Tod des Mieters Kenntnis erlangt haben, außerordentlich mit der gesetzlichen Frist kündigen.

(3) Eine abweichende Vereinbarung zum Nachteil der Mieter ist unwirksam.

Materialien: BT-Drucks III/1234, 22, 74; BT-Drucks III/1850, *zu* BT-Drucks III/1850, 9; BT-Drucks IV/806, 12; BT-Drucks IV/2195, *zu* BT-Drucks IV/2195, 6; BT-Drucks 14/3751, 43 ff; BT-Drucks 14/4553, 62.

Schrifttum

Vgl zu § 563.

Systematische Übersicht

I.	**Allgemeine Kennzeichnung**	**III.**	**Rechtsfolgen**
1.	Überblick 1	1.	Fortsetzung des Mietverhältnisses ... 9
2.	Entstehung der Vorschrift 2	2.	Kündigungsrecht des überlebenden
3.	Zweck der Vorschrift 3		Mieters (Abs 2) 12
II.	**Voraussetzungen (Abs 1)** 4	**IV.**	**Abweichende Vereinbarungen** ... 15

Alphabetische Übersicht

Abweichende Vereinbarungen	15	Mitmieter	5 ff, 10 f
Entstehung der Vorschrift	2	Personenkreis	4
Gemeinsamer Haushalt	8	Rechtsfolgen	9 ff
Gemeinschaftliche Ausübung des Kündigungsrechts	13	Sonderrechtsnachfolge	9
Gemeinschaftliches Mietverhältnis ...	5 ff, 10 f	Tod des Mieters	8
Haushalt, gemeinsamer	8	Überlebender Mieter	10
Kenntnis vom Tod des Mieters	12	Zweck der Vorschrift	3
Kündigungsfrist	12		
Kündigungsrecht			
– des Mieters	12		
– kein Kündigungsrecht des Vermieters ...	14		

I. Allgemeine Kennzeichnung

1. Überblick

Nach den **allgemeinen erbrechtlichen Bestimmungen** der § 1922 Abs 1 BGB, § 1967 **1** BGB geht ein Mietverhältnis beim Tode des Mieters im Wege der Gesamtrechtsnachfolge auf den Erben über. Dies gilt grundsätzlich auch für den Anteil an einem Mietverhältnis, wenn der Verstorbene neben anderen Personen Mitmieter war. Demgegenüber ergibt sich aus § 563a Abs 1 BGB eine Sonderrechtsnachfolge der überlebenden Personen iS des § 563 Abs 1 oder 2 BGB in den Anteil des Verstorbenen, wenn die Personen gemeinschaftlich mit dem Mieter Wohnraum gemietet und darin einen gemeinsamen Haushalt geführt haben. Der überlebende Mieter hat ein Recht zur außerordentlichen befristeten Kündigung des ganzen Mietverhältnisses.

2. Entstehung der Vorschrift

2 Die Vorschrift geht auf **§ 19 MietSchG vom 1. 6. 1923** (RGBl I 353) zurück. Diese Bestimmung regelte die Nachfolge in das Mietverhältnis in einer anderen rechtlichen Konstruktion als die §§ 563, 563a BGB und unterschied nicht danach, ob die eintrittsberechtigte Person bereits Mitmieter war oder nicht. Eintrittsberechtigt war nur der überlebende Ehegatte. Nach mehreren Änderungen ist die Vorschrift durch Art I Nr 22 MietRÄndG 2 vom 14. 7. 1964 (BGBl I 457) als § 569a BGB in das BGB aufgenommen und bis ins Jahr 2001 nicht geändert worden. Durch Art 2 des Gesetzes zur Beendigung der Diskriminierung gleichgeschlechtlicher Gemeinschaften vom 16. 2. 2001 (BGBl I 266) wurde der bis dahin auf den Ehegatten beschränkte Personenkreis zum 1. 8. 2001 wesentlich erweitert (vgl § 563 Rn 2), sodass jetzt alle Mitmieter, die zugleich Haushaltsangehörige iS des § 563 BGB sind, begünstigt werden. Durch das MietRRG vom 19. 6. 2001 erfolgte mit Ausnahme der Einfügung des Abs 3 keine inhaltliche Änderung mehr; seitdem findet sich die Regelung aber in § 563a BGB.

3. Zweck der Vorschrift

3 Die Vorschrift dient entsprechend den **Zielen des sozialen Mietrechts dem Bestandsschutz von Mietverhältnissen über Wohnraum**. Die dem verstorbenen Mieter iSd § 563 Abs 1, 2 BGB nahe stehende Person soll die Wohnung unabhängig davon allein erhalten bleiben, ob sie Erbe des Verstorbenen ist oder nicht. Aufgrund der Sonderrechtsnachfolge werden etwaige Erben verdrängt (vgl § 563 Rn 3). Ebenso wird die Sonderrechtsnachfolge etwaiger anderer Familienangehöriger aus § 563 BGB ausgeschlossen, da § 563a BGB als Sonderregelung vorgeht (vgl § 563 Rn 8 f). Die Erweiterung des geschützten Personenkreises soll Wertungswidersprüchen vorbeugen, die ohne die Erweiterung entstehen könnten: Denn sonst könnte ein Familienangehöriger, der kein Mieter ist, ohne den Erben das Mietverhältnis fortsetzen, während der Erbe in das Mietverhältnis eintreten würde, wenn der Familienangehörige Mitmieter wäre (BT-Drucks 14/4553, 62). Außerdem entstünden Probleme, wenn Partner einer nichtehelichen Lebensgemeinschaft die Wohnung gemeinsam gemietet haben (LG Wiesbaden NJW-RR 2000, 151; Gather GE 2000, 715). Gleichzeitig verschlechtert sich aber die Position nahe stehender Personen, die keine Mitmieter sind (vgl § 563 Rn 8 f).

II. Voraussetzungen (Abs 1)

4 Personen iS des § 563 BGB müssen **Wohnraum** (BeckOK/Herrmann [1. 8. 2020] Rn 2; BeckOK MietR/Theesfeld [1. 8. 2020] Rn 1; Blank/Börstinghaus/Blank/Börstinghaus Rn 1) gemeinschaftlich gemietet haben. Hinsichtlich des Wohnraums gilt das zu § 563 Gesagte entsprechend (vgl § 563 Rn 4). Die Regelung des § 563a BGB geht davon aus, dass **ausschließlich Personen iS des § 563 BGB Mitmieter** sind. Dies ergibt sich aus der Formulierung des S 1, dass das Mietverhältnis „mit den überlebenden Mietern fortgesetzt" wird. Auch wenn der Wortlaut diese Auslegung nicht zwingend gebietet, spricht hierfür der systematische Zusammenhang zwischen § 563 BGB und § 563a BGB. Ist neben den Personen nach § 563 Abs 1 und 2 BGB noch eine weitere Person Mitmieter, steht der überlebenden Person nach § 563 Abs 1 und 2 BGB ein Eintrittsrecht in den Anteil des Verstorbenen zu (vgl § 563 Rn 11).

Ein **gemeinschaftliches Mietverhältnis** zwischen Personen iS des § 563 Abs 1, 2 BGB **5** liegt vor, wenn beide als Mitmieter desselben Wohnraums berechtigt und verpflichtet sind. Dies setzt voraus, dass beide den Mietvertrag als Partei auf der Mieterseite abgeschlossen haben (BeckOK MietR/THEESFELD [1. 8. 2020] Rn 3 f; BLANK/BÖRSTINGHAUS/ BLANK/BÖRSTINGHAUS Rn 4; KINNE ua/KINNE Rn 3; SCHMIDT-FUTTERER/STREYL Rn 5). Die eine Person darf nicht nur als Dritter iS des § 328 BGB aus dem Vertrag berechtigt sein. Unzureichend ist es, wenn der Überlebende als Bürge oder aus einem sonstigen Verpflichtungsgrund für die Mietverbindlichkeiten haftet, ohne dass ihm zugleich die Rechte aus dem Vertrag zustehen. Allein die Unterschrift unter den Mietvertrag macht eine Person nicht ohne Weiteres zur Vertragspartei, wenn am Beginn der Vertragsurkunde nur der Andere als Mieter genannt ist. Ebensowenig ist die Annahme gerechtfertigt, dass eine im Rubrum aufgeführte Person, die die Urkunde nicht unterschrieben hat, im Zweifel nicht Partei geworden ist. Es kommt ganz auf die Umstände des Einzelfalls an, zumal in solchen Divergenzfällen häufig eine Bevollmächtigung vorliegen wird. Die berechtigte Person braucht den Mietvertrag nicht von Anfang an mit abgeschlossen zu haben, sondern kann auch später im Wege der Vertragsänderung eingetreten sein. Allein durch die Aufnahme in die gemieteten Räume wird sie nicht Vertragspartei, selbst wenn der Vermieter nicht widerspricht (SCHMID/HARZ/STANGL Rn 3). Nach den Umständen des Einzelfalls kann in dem Verhalten der Parteien ein Beitritt zu dem Mietverhältnis durch stillschweigende Vertragsänderung liegen.

Nach § 100 Abs 3 **ZGB-DDR** waren beide Ehegatten Mieter einer Wohnung, auch **6** wenn nur ein Ehegatte den Vertrag abgeschlossen hatte. Es machte keinen Unterschied, ob nach dem Vertragsschluss zunächst eine Person Alleinmieter war und der Ehegatte nach der Heirat zuzog oder ob ein Ehegatte den Vertrag abschloss und beide gleichzeitig einzogen. Die Geltung des BGB in den neuen Bundesländern nach Art 232 § 2 Abs 1 EGBGB hat an dieser Parteistellung, die kraft des früheren Gesetzes erworben worden ist, nichts geändert (LG Görlitz WuM 1995, 649; KreisG Cottbus WuM 1993, 665).

Der Eintritt einer Person iS des § 563 Abs 1, 2 BGB als weiterer Mieter in einen **7** bereits bestehenden, schriftlich **auf längere Zeit als ein Jahr abgeschlossenen Mietvertrag** bedarf nach § 550 S 1 BGB der **Schriftform**. Doch kann insoweit auf der Grundlage des § 550 S 2 BGB durch formlosen Beitritt ein gemeinschaftliches Mietverhältnis begründet werden (BGHZ 65, 49, 51 ff = NJW 1975, 1353), da § 563a BGB nicht voraussetzt, dass die Rechte und Pflichten der Mieter aus dem Mietvertrag identisch sind. Wenn der Überlebende nicht Partei des Mietvertrags ist, kommt ein Eintrittsrecht aus § 563 Abs 1, 2 BGB in Betracht (vgl § 563 Rn 13 ff).

Hinsichtlich des Todes des Mieters und des Erfordernisses des gemeinsamen Haus- **8** halts gilt das zu § 563 BGB Gesagte (vgl § 563 Rn 5, 15 ff, 19, 25, 28). Ist der Mietvertrag bereits vor dem Tod eines Mitmieters durch (ggf außerordentliche) Kündigung beendet worden, besteht schon kein Mietverhältnis und folglich erst recht kein gemeinschaftliches Mietverhältnis mehr (BGH 30. 4. 2020 – I ZB 61/19, NJW 2020, 3376).

III. Rechtsfolgen

1. Fortsetzung des Mietverhältnisses

9 Das Mietverhältnis wird nach § 563a Abs 1 BGB mit dem überlebenden Mieter fortgesetzt. Hierdurch wird klargestellt, dass diese Person in ihrer Rechtsstellung als Mitmieter durch den Tod des anderen Mieters nicht beeinträchtigt wird. Darüber hinaus führt die Vorschrift materiell zu einer **Sonderrechtsnachfolge kraft Gesetzes** in den Anteil des verstorbenen Mieters an dem Mietverhältnis (vgl § 563 Rn 31).

10 Der überlebende Mieter wird unabhängig von evtl vorhandenen weiteren Personen nach § 563 BGB alleiniger Mieter, bei mehreren überlebenden Mietern, die Haushaltsangehörige iS des § 563 BGB sind, werden diese gemeinsam Mieter. Im Übrigen wird das Mietverhältnis **grundsätzlich mit unverändertem Inhalt fortgesetzt**. Dies schließt nicht aus, weiterhin zwischen den verschiedenen Anteilen zu **unterscheiden**, wenn hinsichtlich der früheren Mitmieter unterschiedliche Rechte und Pflichten bestanden haben. Solche Unterschiede können sich aus den vertraglichen Vereinbarungen ergeben, indem das Mietverhältnis etwa an die Lebenszeit eines der Mieter gebunden war (AG Bruchsal WuM 1983, 142) oder indem zwischen dem Vermieter und einzelnen Mietern gesonderte Vereinbarungen außerhalb des Mietverhältnisses, etwa über Dienstleistungspflichten, getroffen worden waren (Blank/Börstinghaus/Blank/Börstinghaus Rn 8; Schmid/Harz/Stangl Rn 5). Ist dieser Mieter gestorben, so wird das Mietverhältnis mit den überlebenden Mietern nur auf unbestimmte Zeit fortgesetzt, weil dies ihrer vorherigen Rechtsstellung entspricht (vgl § 563 Rn 33). Weitere Unterschiede ergeben sich aus dem Gesetz, wie etwa die Geltung des § 550 S 2 BGB für einen Vertragsanteil zeigt, der durch formlosen Beitritt zu einem der Schriftform unterliegenden Mietvertrag entstanden ist (BGHZ 65, 49, 51 ff = NJW 1975, 1353). Die Dauer der Überlassung des Wohnraums, die nach § 573c Abs 1 S 2 BGB für die Frist einer späteren Kündigung durch den Vermieter maßgebend ist, wird nach der längsten Besitzzeit berechnet, sodass dem überlebenden Mieter die Gesamtzeit zugutekommt (vgl BGH NJW 2003, 3265). Die Sonderrechtsnachfolge der Person nach § 563 Abs 1, 2 BGB tritt unabhängig davon ein, ob sie gleichzeitig Erbe des Verstorbenen ist.

11 Ist ausschließlich eine nicht in Abs 1 erwähnte Person Mitmieter und ist kein Haushaltsangehöriger iS des § 563 Abs 1, 2 BGB vorhanden, setzt der Erbe das Mietverhältnis des Erblassers mit dem auf diesen entfallenden Anteil fort, §§ 1922, 1967 Abs 1, § 564 S 1 BGB. Der Erbe hat dann **Anspruch auf Einräumung des entsprechenden Anteils** an der Wohnung. Erbe und Mitmieter können sich aber auch auf eine alleinige Fortsetzung des Mietverhältnisses mit Letzterem einigen. Dafür ist jedoch eine einverständliche Vertragsänderung mit dem Vermieter Voraussetzung (Blank/Börstinghaus/Blank/Börstinghaus Rn 3).

2. Kündigungsrecht des überlebenden Mieters (Abs 2)

12 a) Den **überlebenden Mietern** steht nach § 563a Abs 2 BGB ein Recht zur außerordentlichen Kündigung mit der gesetzlichen Frist zu, und zwar auch und

gerade dann, wenn das Mietverhältnis für eine bestimmte Zeit eingegangen (§ 575 BGB) oder ein Kündigungsausschluss vereinbart war (Schmid/Harz/Stangl Rn 6). Eines (weitergehenden) Kündigungsgrundes bedarf es nicht (BeckOK MietR/Theesfeld [1. 8. 2020] Rn 14; Blank/Börstinghaus/Blank/Börstinghaus Rn 9; Schmidt-Futterer/Streyl Rn 11). Dieses Kündigungsrecht ist mit den häufig grundlegenden Umstellungen im Haushalt zu rechtfertigen, die es notwendig machen können, das Mietverhältnis alsbald zu lösen. Hierbei ist die **gesetzliche Kündigungsfrist** einzuhalten, die sich aus § 573d Abs 1, 2 BGB ergibt (vgl § 573d Rn 4 ff, 12). Sie beträgt drei Monate abzüglich der Karenzzeit von drei Werktagen. Die Kündigung kann nach § 563a Abs 2 BGB nur innerhalb eines Monats nach Kenntnis vom Tod des Mieters erfolgen. Diese Bestimmungen stimmen mit den in § 563 Abs 4, § 564 S 2 BGB getroffenen Regelungen überein. Die dortigen Ausführungen gelten somit entsprechend (vgl § 563 Rn 47 ff, § 564 Rn 8 ff). Die Kündigung bedarf keiner Begründung. Eine fehlerhafte Begründung ist daher unschädlich (AG Wetzlar ZMR 2010, 375). Da die Kündigung nicht auf den Zeitpunkt des Todes des verstorbenen Mieters zurückwirkt, scheidet eine ersatzweise Nachfolge kraft Erbrechts aus, wenn der überlebende Mieter zugleich Erbe ist. Das Mietverhältnis ist endgültig beendet.

Die überlebenden Mieter müssen das **Kündigungsrecht gemeinsam ausüben**. Dies geht zwar entgegen der Gesetzesbegründung (BT-Drucks 14/4553, 62) nicht aus dem Wortlaut der Vorschrift hervor (Achenbach NZM 2000, 741, 742). Die Pflicht zur gemeinsamen Ausübung des Kündigungsrechts ergibt sich vielmehr aus allgemeinen schuldrechtlichen Erwägungen, nach denen mehrere vertraglich Verpflichtete ein Kündigungsrecht nur gemeinsam ausüben können (Achenbach NZM 2000, 741, 742; Blank/Börstinghaus/Blank/Börstinghaus Rn 9; Schmid/Harz/Stangl Rn 8; offen lassend Herrlein/Kandelhard/Kandelhard Rn 5). Die **Frist beginnt** dann erst mit der Kenntnis des letzten Mieters vom Tod des Mitmieters, da jedem Mitmieter die Überlegungsfrist zugestanden werden muss (Erman/Lützenkirchen Rn 3). Die überlebenden Mieter müssen sich dann innerhalb der Frist des Abs 2 darüber einigen, ob eine Kündigung erklärt werden soll oder nicht. 13

b) Dem **Vermieter** steht im Rahmen des § 563a Abs 2 BGB **kein außerordentliches Kündigungsrecht** zu (Kossmann/Meyer-Abich § 17 Rn 5; MünchKomm/Häublein Rn 17; Schmid/Harz/Stangl Rn 9). Dies ist sachgerecht, da der Vermieter hier – anders als bei § 563 BGB – den Überlebenden durch den Abschluss des gemeinschaftlichen Vertrags als Mietpartei akzeptiert hat. Das Recht des Vermieters zur außerordentlichen Kündigung aus § 564 BGB besteht in diesen Fällen nicht. Ihm bleibt grundsätzlich nur der Weg einer ordentlichen Kündigung mit den sich aus § 573c BGB ergebenden Fristen, sofern es sich um ein unbefristetes Mietverhältnis handelt. Für die ordentliche Kündigung ist ein berechtigtes Interesse des Vermieters an der Beendigung des Mietverhältnisses iS des § 573 Abs 2 BGB erforderlich. 14

IV. Abweichende Vereinbarungen

Nach Abs 3 ist eine abweichende Vereinbarung **zum Nachteil der Mieter unwirksam**. Die Vorschrift ist einer den Parteien geeignet erscheinenden abweichenden Regelung nicht zugänglich. Wegen der zwingenden Vorschriften über den Bestandsschutz ist es beispielsweise ausgeschlossen, das Mietverhältnis für den Fall des Todes eines 15

Mieters insgesamt für beendet zu erklären, es sei denn, der Mieter hat gerade hieran ein besonderes Interesse, das dann auch im Einzelnen dokumentiert wird (HERRLEIN/KANDELHARD/KANDELHARD Rn 7). Uneingeschränkt möglich sind dagegen Vereinbarungen zugunsten der Mieter, wie etwa die vertragliche Verlängerung der Monatsfrist in Abs 2.

§ 563b
Haftung bei Eintritt oder Fortsetzung

(1) Die Personen, die nach § 563 in das Mietverhältnis eingetreten sind oder mit denen es nach § 563a fortgesetzt wird, haften neben dem Erben für die bis zum Tod des Mieters entstandenen Verbindlichkeiten als Gesamtschuldner. Im Verhältnis zu diesen Personen haftet der Erbe allein, soweit nichts anderes bestimmt ist.

(2) Hat der Mieter die Miete für einen nach seinem Tod liegenden Zeitraum im Voraus entrichtet, sind die Personen, die nach § 563 in das Mietverhältnis eingetreten sind oder mit denen es nach § 563a fortgesetzt wird, verpflichtet, dem Erben dasjenige herauszugeben, was sie infolge der Vorausentrichtung der Miete ersparen oder erlangen.

(3) Der Vermieter kann, falls der verstorbene Mieter keine Sicherheit geleistet hat, von den Personen, die nach § 563 in das Mietverhältnis eingetreten sind oder mit denen es nach § 563a fortgesetzt wird, nach Maßgabe des § 551 eine Sicherheitsleistung verlangen.

Materialien: BT-Drucks 14/4553, 62.

Schrifttum

Vgl zu § 563.

Systematische Übersicht

I.	**Allgemeine Kennzeichnung**		2.	Haftung des Erben im Innenverhältnis (Abs 1 S 2) ... 9
1.	Überblick ... 1			
2.	Entstehung der Vorschrift ... 2			
3.	Zweck der Vorschrift ... 3	**III.**	**Ausgleich von Mietvorauszahlungen (Abs 2)** ... 13	
II.	**Haftung der eintretenden Personen für Erblasserschulden (Abs 1)**		**IV.**	**Leistung einer Sicherheit (Abs 3)** ... 20
1.	Haftung gegenüber dem Vermieter (Abs 1 S 1) ... 4	**V.**	**Abweichende Vereinbarungen** ... 21	

Alphabetische Übersicht

Ablehnung nach § 563 ... 16		Abweichende Vereinbarungen ... 21	
Ablehnungsfrist des § 563 Abs 3 S 1 ... 8		Andere Bestimmung der Haftung ... 9	

Ausgleich von Mietvorauszahlungen	13 ff	Haftung	
		– des Eintretenden	4
Doppelstellung als Sonderrechtsnachfolger		– des Erben	6, 9
und Erbe	10	Haftungsbeschränkungen	19
Eintretender	4	Mehrere Sonderrechtsnachfolger	10 ff
Entstehung der Vorschrift	2	Mietvorauszahlungen	14
Erbrechtliche Haftungsbeschränkungen	19		
		Sicherheitsleistung	20
Fälligkeit	17	Sonderrechtsnachfolge	4, 10 ff
Forderungen	5		
		Verbindlichkeiten	5
Gegenstand der Herausgabepflicht	17 f	Verpflichtung zur Herausgabe	15
Gesamtschuldnerschaft	4		
		Zweck der Vorschrift	3

I. Allgemeine Kennzeichnung

1. Überblick

§ 563b BGB regelt die **haftungsrechtlichen Folgen** des Eintritts in das Mietverhältnis 1
nach § 563 Abs 1, 2 BGB oder der Fortsetzung nach § 563a Abs 1 BGB (BT-Drucks
14/4553, 62). Für die nach §§ 563, 563a BGB eintrittsberechtigten Personen können
sich Verbindlichkeiten gegenüber dem Vermieter ergeben, für die sie allein (Abs 3)
oder gemeinsam mit den Erben haften (Abs 1). Außerdem können sie den Erben
gegenüber zur Herausgabe der Miete verpflichtet sein, die der Erblasser vor seinem
Tod für die Zeit danach im Voraus entrichtet hat (Abs 2).

2. Entstehung der Vorschrift

Die Regelungen über die Haftung der eintrittsberechtigten Personen fanden sich bis 2
zum 31. 7. 2001 in § 569a Abs 2 S 5, Abs 3, 4 BGB aF (zur Entstehung vgl daher auch § 563
Rn 2). Durch das Gesetz zur Beendigung der Diskriminierung gleichgeschlechtlicher
Gemeinschaften vom 16. 2. 2001 (BGBl I 266) wurden die Regelungen zum 1. 8. 2001
in einer Vorschrift (§ 569b BGB aF) zusammengefasst. Durch das MietRRG vom
19. 6. 2001 (BGBl I 1149) erhielt die Vorschrift zum 1. 9. 2001 in § 563b BGB ihren
Platz.

3. Zweck der Vorschrift

Die Haftung derjenigen Personen, die nach § 563 Abs 1, 2 BGB in das Mietver- 3
hältnis eingetreten sind oder mit denen das Mietverhältnis nach § 563a BGB fortgesetzt wurde, bedurfte einer besonderen Regelung, da die **Haftung für mietvertragliche Altverbindlichkeiten früher nicht einheitlich beantwortet** wurde. Denn einerseits
konnte die Haftung eine logische Konsequenz aus der in §§ 563, 563a BGB angeordneten Vertragsübernahme sein (Herrlein/Kandelhard/Kandelhard Rn 2), andererseits hatte der BGH im Jahre 1962 eine solche Haftung abgelehnt (BGHZ 36,
265, 268 ff = NJW 1962, 487). Daher ist diese ausdrückliche Klarstellung zu begrüßen

(Sonnenschein WuM 2000, 387, 405). Die Haftung des Erben ergibt sich eigentlich schon aus §§ 1922, 1967 Abs 1 BGB. Dennoch stellt die Vorschrift klar, dass der Erbe nicht aufgrund des Eintritts anderer Personen in das Mietverhältnis von den Mietverbindlichkeiten befreit ist. Die Haftung gegenüber dem Erben für im Voraus entrichtete Miete musste ebenfalls geregelt werden, da sich die Personen, die nach § 563 BGB in das Mietverhältnis eintreten oder es nach § 563a BGB fortsetzen, gegenüber dem Vermieter auf die Mietvorauszahlungen berufen können. Andererseits treffen die Verbindlichkeiten aus dem Mietverhältnis primär den Erben (Abs 1 S 2), sodass es sachgerecht ist, dass ihm im Ergebnis auch die Mietvorauszahlungen zugutekommen.

II. Haftung der eintretenden Personen für Erblasserschulden (Abs 1)

1. Haftung gegenüber dem Vermieter (Abs 1 S 1)

4 Die gesetzliche Sonderrechtsnachfolge der in § 563 Abs 1 und 2 BGB, § 563a BGB genannten Personen hat nach den allgemeinen Vorschriften zur Folge, dass der Eintretende als Schuldner für die Verbindlichkeiten aus dem Mietverhältnis einzustehen hat, die vom Zeitpunkt der Rechtsnachfolge an entstehen (vgl § 563 Rn 31). Abs 1 S 1 ordnet darüber hinaus eine **gesamtschuldnerische Haftung** dieser Personen neben dem Erben für die bis zum Tode des Mieters entstandenen Verbindlichkeiten an (BeckOK MietR/Theesfeld [1. 8. 2020] Rn 1; Blank/Börstinghaus/Blank/Börstinghaus Rn 2; Erman/Lützenkirchen Rn 2; Schmidt-Futterer/Streyl Rn 4).

5 Die Vorschrift regelt darüber hinaus eine Haftung für die vor dem Tod des Mieters entstandenen Verbindlichkeiten. Dem Vermieter werden damit neben dem Erben noch weitere Schuldner dieser Verbindlichkeiten zur Seite gestellt (vgl Rn 6). Die Haftung erstreckt sich auf die bis zum Tode des Mieters entstandenen **Verbindlichkeiten aus dem Mietverhältnis**. Hierzu gehören nicht nur rückständige Mieten, sondern auch sonstige Forderungen wie Umlagen, **Betriebskosten**, vom Mieter übernommene Schönheitsreparaturen und Schadensersatzforderungen, die noch nicht erfüllt sind (BeckOK MietR/Theesfeld [1. 8. 2020] Rn 2; Kinne ua/Kinne Rn 2; Schmid/Harz/Riecke Rn 9; Schmidt-Futterer/Streyl Rn 5). Da die Verbindlichkeit auf dem Mietverhältnis beruhen muss, kommt als Gläubiger idR nur der Vermieter in Betracht. Der Eintretende haftet aus § 563b BGB nicht für Schulden, die sich aus Verträgen des verstorbenen Mieters mit Dritten, zB über Strom- oder Wärmelieferung, Renovierung der Wohnung und sonstigen Reparaturen ergeben (Schmid/Harz/Riecke Rn 11). Eine Haftung gegenüber Dritten besteht nur, wenn der Vermieter seine Forderung nach § 398 BGB abgetreten hat oder wenn der Dritte nach den Grundsätzen des Vertrags mit Schutzwirkung zugunsten Dritter selbst unmittelbar aus dem Mietvertrag berechtigt ist.

6 Der Vermieter kann gemäß § 421 BGB jeden der Schuldner nach seiner Wahl ganz oder zum Teil in Anspruch nehmen (Blank/Börstinghaus/Blank/Börstinghaus Rn 3). Nach Abs 1 S 2 haftet allerdings im **Innenverhältnis** zwischen den Personen nach §§ 563, 563a BGB einerseits und dem Erben andererseits der Letztere allein (Blank/Börstinghaus/Blank/Börstinghaus Rn 4; Klein-Blenkers ua/Hinz Rn 6). Dies beruht auf dem Gesichtspunkt, dass es sich um eine Erblasserschuld handelt, die letztlich den Erben allein treffen soll. Wer als Sonderrechtsnachfolger den Vermieter befriedigt

hat, kann deshalb nach § 426 Abs 2 BGB Ausgleich von dem Erben verlangen. Dies schließt nicht aus, dass auch zwischen mehreren eingetretenen Familienangehörigen ein Ausgleich stattfinden kann, da sie nach § 421 Abs 1 BGB im Verhältnis zueinander als Gesamtschuldner zu gleichen Anteilen verpflichtet sind. Ein **interner Ausgleich** unter mehreren Sonderrechtsnachfolgern ist vor allem bedeutsam, wenn der Ausgleichsanspruch gegen den Erben nicht durchzusetzen ist. Bei dem internen Ausgleich zwischen mehreren Sonderrechtsnachfolgern muss sich der einzelne ausgleichsberechtigte Gesamtschuldner aber die auf ihn selbst entfallende Quote anrechnen lassen.

Die Haftung aus Abs 1 S 1 ist davon abhängig, dass der **Eintritt in das Mietverhältnis** 7 oder eine Fortsetzung nach § 563a BGB stattgefunden hat (BLANK/BÖRSTINGHAUS/ BLANK/BÖRSTINGHAUS Rn 7). Für den Fall der Fortsetzung des Mietverhältnisses nach § 563a BGB ist die Anordnung der gesamtschuldnerischen Haftung in der Regel entbehrlich, da diese sich für den Mitmieter schon aus § 427 BGB ergibt, sofern nichts anderes vereinbart ist. Ist zwischen den Parteien keine gesamtschuldnerische Haftung vereinbart, entsteht diese auch nicht mit dem Tod eines Mieters, da § 563b BGB dann ebenfalls zulässigerweise abbedungen ist (PALANDT/WEIDENKAFF Rn 1; zur Abdingbarkeit der Vorschrift unten Rn 21).

Der Vermieter kann den Sonderrechtsnachfolger schon **vor Ablauf der Ablehnungs-** 8 **frist des § 563 Abs 3 S 1 BGB in Anspruch nehmen**, da der Eintritt ja zunächst einmal mit dem Tod des Mieters erfolgt. Im Einzelfall kann dem Eingetretenen aber eine auf § 242 BGB zu stützende Einrede zustehen, wenn die Ablehnung so gut wie sicher bevorsteht und der Vermieter den empfangenen Betrag alsbald nach § 812 Abs 1 S 1 Alt 1 BGB zurückzahlen müsste („dolo agit, qui petit, quod statim rediturus est"; **aM** LÜTZENKIRCHEN/LÜTZENKIRCHEN Rn 24). Auf der anderen Seite wird die Haftung nicht dadurch ausgeschlossen, dass der Vermieter von seinem Recht zur außerordentlichen befristeten Kündigung nach § 563 Abs 4 BGB Gebrauch macht, da eine Kündigung das Mietverhältnis mit dem Eingetretenen nicht rückwirkend beendet. Die Inanspruchnahme kann aber nach § 242 BGB im Einzelfall vor allem nach Ausspruch der Kündigung und wenn ebenso solvente Personen eingetreten sind, treuwidrig sein.

2. Haftung des Erben im Innenverhältnis (Abs 1 S 2)

§ 563b Abs 1 S 2 BGB hat zur Folge, dass **der Erbe im Innenverhältnis mit den in** 9 **§§ 563, 563a BGB genannten Personen allein haftet** (BLANK/BÖRSTINGHAUS/BLANK/ BÖRSTINGHAUS Rn 4; KLEIN-BLENKERS ua/HINZ Rn 6). Dies bedeutet aber nicht, dass der Erbe die gesamten Mietverbindlichkeiten aus der Zeit vor dem Erbfall zu begleichen hat. Wegen der Verpflichtung der Gesamtschuldner zu gleichen Teilen müssen nämlich die Mieter, mit denen das Mietverhältnis nach § 563a BGB fortgesetzt wurde, den auf sie entfallenden Anteil selbst tragen. Daher ist zunächst immer zu fragen, welchen Anteil der Erblasser im Innenverhältnis der Mieter übernehmen sollte. Der Erbe schuldet den sich daraus ergebenden Betrag. Die volle Ausgleichspflicht trifft den Erben also nur, wenn der Erblasser im Innenverhältnis der Mieter allein für die Mietverbindlichkeiten aufkommen sollte. Der Erbe haftet damit im Innenverhältnis nur für die Verbindlichkeiten, die auf den Anteil des Verstorbenen entfallen. Es kann auch sein, dass der Erbe im Innenverhältnis gar nicht haftet. Denn

§ 563b Abs 1 S 2 HS 2 BGB stellt die alleinige Haftung ausdrücklich unter den Vorbehalt der anderweitigen Bestimmung. Somit ist eine Haftung des Erben dann ausgeschlossen, wenn der Erblasser im Innenverhältnis der Mitmieter nach § 563a BGB ganz von der Haftung freigestellt war (Gather NZM 2001, 57, 60; Sonnenschein WuM 2000, 387, 405).

10 Der Rückgriff eines Sonderrechtsnachfolgers gegen den Erben hat nicht zur Voraussetzung, dass er selbst kein Erbe ist. Abs 1 S 2 stellt nur auf die Eigenschaft als Sonderrechtsnachfolger, nicht aber auf die Erbenqualität ab. Ist von mehreren Miterben nur einer nach § 563 BGB in das Mietverhältnis eingetreten oder hat es nach § 563a BGB fortgesetzt und wird dieser von dem Vermieter in Anspruch genommen, so kann er gegen seine Miterben im Regresswege vorgehen. Dabei ist seine **Doppelstellung als Sonderrechtsnachfolger und als Miterbe** zu berücksichtigen (Schmid/Harz/Riecke Rn 16). Er kann deshalb nach § 426 BGB von jedem seiner Miterben die der Erbenhaftung des Einzelnen entsprechende Quote oder auch den vollen Betrag abzüglich des auf seinen eigenen Bruchteil entfallenden Betrages verlangen (vgl RG 5. 3. 1936 – IV 243/35, RGZ 150, 344, 347 f). Hierbei handelt es sich um den normalen Ausgleich unter Miterben, die als Gesamtschuldner nach § 2058 BGB in Anspruch genommen worden sind.

11 Ist **von mehreren Personen nach §§ 563, 563a BGB nur einer zugleich Miterbe**, so kann er aufgrund des Abs 1 S 2 von den anderen Familienangehörigen sofort voll auf Ausgleich in Anspruch genommen werden, ohne dass diese sich als ausgleichsberechtigte Gesamtschuldner die eigene Haftungsquote anzurechnen lassen brauchen. Der in Anspruch genommene Erbe kann dann von seinen Miterben wiederum Ausgleich nach den zuvor genannten Grundsätzen verlangen. Entsprechendes gilt, wenn mehrere Miterben neben anderen Personen in das Mietverhältnis eingetreten sind.

12 Wenn **alle Sonderrechtsnachfolger zugleich Miterben** sind, ist der interne Ausgleich, für den an sich gleiche Anteile maßgebend wären, aufgrund der rechtlichen Doppelstellung sofort nur unter Berücksichtigung der erbrechtlichen Haftungsquoten möglich. Dabei macht es keinen Unterschied, ob die Gesamtheit der Sonderrechtsnachfolger mit der Miterbengemeinschaft identisch ist oder ob weitere Miterben vorhanden sind. Der Ausgleich kann allerdings durch erbrechtliche Haftungsbeschränkungen beeinträchtigt werden. Will der nur beschränkt haftende Erbe vermeiden, als Sonderrechtsnachfolger aus § 563b Abs 1 S 2 BGB voll in Anspruch genommen zu werden, darf er nicht nach § 563 Abs 1, 2 BGB eintreten. Die Haftung ist nur beschränkt, wenn er das Mietverhältnis nach § 564 BGB ausschließlich als Erbe fortsetzt.

III. Ausgleich von Mietvorauszahlungen (Abs 2)

13 1. Der Eintritt von Personen nach § 563 BGB oder die Fortsetzung mit Personen nach § 563a BGB ändert nichts an der **Identität des Mietverhältnisses**. Hat der Mieter die Miete für einen nach seinem Tode liegenden Zeitpunkt im Voraus entrichtet, so ist die Vorauszahlung auf die späteren Mietraten des Eingetretenen anzurechnen und vermindert dessen eigene Belastung. Da einerseits Erblasserschulden, die sich aus dem Mietverhältnis ergeben, nach Abs 1 S 1 primär den Eingetretenen, letztlich

aber den Erben treffen (vgl Rn 9 ff), ist es folgerichtig, dass frühere Mietvorauszahlungen den Eingetretenen zwar im Verhältnis zum Vermieter entlasten, im Endergebnis aber dem Erben zugutekommen (BLANK/BÖRSTINGHAUS/BLANK/BÖRSTINGHAUS Rn 9; KLEIN-BLENKERS ua/HINZ Rn 8). Abs 2 schreibt deshalb vor, dass die in §§ 563, 563a BGB genannten Personen dem Erben dasjenige herauszugeben haben, was sie infolge der Vorausentrichtung der Miete ersparen oder erlangen.

2. Es muss eine **Mietvorauszahlung** des verstorbenen Mieters vorliegen, die im Zeitpunkt seines Todes noch nicht abgewohnt ist. Der Begriff der Mietvorauszahlung entspricht dem des § 547 BGB (SCHMIDT-FUTTERER/STREYL Rn 17; dazu STAUDINGER/ROLFS [2021] § 547 Rn 4 ff). Es kommt nicht darauf an, ob die einzelnen Mietraten nach den Parteivereinbarungen schon im Voraus oder erst jeweils bei Fälligkeit getilgt sein sollen (s aber Rn 17) und ob sie ganz oder nur teilweise getilgt werden. Auch in einer einmaligen Geldleistung für die gesamte Mietzeit kann eine Mietvorauszahlung liegen (STAUDINGER/ROLFS [2021] § 547 Rn 5; KLEIN-BLENKERS ua/HINZ Rn 8; LÜTZENKIRCHEN/LÜTZENKIRCHEN Rn 38; **aM** BLANK/BÖRSTINGHAUS/BLANK/BÖRSTINGHAUS Rn 11). Das Gleiche gilt, falls die Parteien die Zahlung laufender Mietraten und die Leistung eines einmaligen Kapitalbetrags vereinbart haben, sofern sie durch eine Verrechnungsabrede die Abwohnbarkeit des Kapitalbetrags geregelt und damit die Beziehung zur Miete hergestellt haben. Eine solche Vereinbarung kann stillschweigend getroffen werden. Auf dieser Grundlage können Mieterdarlehen, **Baukostenzuschüsse** (BLANK/BÖRSTINGHAUS/BLANK/BÖRSTINGHAUS Rn 12; KOSSMANN/MEYER-ABICH § 18 Rn 13; LÜTZENKIRCHEN/LÜTZENKIRCHEN Rn 39) und dgl als Mietvorauszahlungen zu beurteilen sein. Die Vorschrift erfasst nicht nur die reine Miete, sondern das gesamte Entgelt, das der Mieter als Gegenleistung für den Gebrauch der Mietsache im Voraus an den Vermieter entrichtet hat. Hierzu gehören zB Umlagen und sonstige Nebenkosten für besondere Leistungen des Vermieters. Verlorene Baukostenzuschüsse und sonstige Zahlungen des verstorbenen Mieters, die in keiner rechtlichen Beziehung zur Miete stehen, sind demgegenüber keine Mietvorauszahlungen und müssen unmittelbar zwischen dem Vermieter und dem Erben ausgeglichen werden. Das Gleiche gilt für Vorauszahlungen aufgrund von Verträgen mit Dritten, wie zB über Versorgungsleistungen, in die die Personen nach §§ 563, 563a BGB nicht aufgrund dieser Vorschriften eintreten. Insoweit kann für diese Personen eine Ausgleichspflicht nur nach den Bereicherungsvorschriften der §§ 812 ff BGB entstehen.

Die **Verpflichtung zur Herausgabe** trifft denjenigen, der in das Mietverhältnis eingetreten ist oder mit dem es fortgesetzt wird (ERMAN/LÜTZENKIRCHEN Rn 3). Mehrere Pflichtige haften entsprechend Abs 1 S 1 als **Gesamtschuldner** (BeckOK/HERRMANN [1. 8. 2020] Rn 4). Zu beachten ist, dass ähnlich wie bei der Schuldenhaftung nach Abs 1 S 1 im Fall der Fortsetzung des Mietverhältnisses zuerst der Anteil des Verstorbenen an der Vorauszahlung zu berechnen ist. In der Regel ist davon auszugehen, dass eine Mietvorauszahlung beiden Mietern gleichmäßig zugutekommen soll. Für einen Anspruch des Erben in voller Höhe kommt es auch nicht allein darauf an, ob die Mietvorauszahlung ausschließlich aus dem Vermögen des Verstorbenen stammt. Damit kann eine Schenkung oder die Leistung von Unterhalt beabsichtigt gewesen sein. Entscheidend ist, ob die Mietvorauszahlung nach den ausdrücklich oder stillschweigend getroffenen Abreden im Innenverhältnis nur dem verstorbenen Mieter zugutekommen sollte (SIEGELMANN BlGBW 1965, 127, 128).

16 Treten Kinder, Familienangehörige oder sonstige Personen erst **nach einer Ablehnung** durch den Ehegatten bzw den Lebenspartner in das Mietverhältnis ein, haften sie gleichwohl in vollem Umfang, weil ihr Eintritt auf den Zeitpunkt des Todes des Mieters zurückbezogen wird und auch die Mietvorauszahlung von Anfang an verrechnet wird. Ist der Ehegatte oder Lebenspartner vor seiner Ablehnung schon in Anspruch genommen worden, kann er von dem Empfänger einen Bereicherungsausgleich nach § 812 Abs 1 S 1 Alt 1 BGB verlangen. Gläubiger des Anspruchs aus § 563b Abs 2 BGB ist der Erbe oder eine Mehrheit von Erben. Ist der Eingetretene zugleich Erbe, besteht die Verpflichtung auch dann, wenn noch weitere Miterben vorhanden sind. Allerdings kann der Eingetretene idR den auf ihn entfallenden Anteil abziehen. Die Herausgabepflicht besteht ferner im Verhältnis mehrerer Personen iS der §§ 563, 563a BGB zueinander, wenn nicht alle zugleich Miterben sind oder wenn die Erbquoten gegenüber den bei der Sonderrechtsnachfolge des §§ 563, 563a BGB grundsätzlich gleichen Anteilen unterschiedlich sind.

17 Herauszugeben ist zum einen **die Ersparnis des Eingetretenen**. Sie besteht darin, dass er wegen der Vorauszahlung keine oder nur geringere eigene Mietraten an den jeweiligen Fälligkeitstagen zu entrichten braucht. Daraus folgt, dass die Ersparnis nicht ohne Weiteres von Anfang an mit dem vollen Betrag der Mietvorauszahlung gleichzusetzen ist. Der Anspruch des Erben entsteht jeweils erst an dem einzelnen Fälligkeitstag in der Höhe, in der durch Verrechnung der Mietvorauszahlung die Ersparnis des Sonderrechtsnachfolgers eingetreten ist. Nur in dieser Weise wäre die Vorauszahlung dem Erben zugute gekommen, wenn er das Mietverhältnis selbst fortgesetzt hätte. Eine solche Beurteilung setzt aber voraus, dass die einzelne Mietrate nach den Parteivereinbarungen jeweils erst bei Fälligkeit durch Verrechnung getilgt sein soll. Wenn die Miete nach dem Vertrag dagegen sofort in voller Höhe der Vorauszahlung für einen bestimmten Zeitraum getilgt wird, erspart der Eingetretene als Sonderrechtsnachfolger sofort den vollen Betrag der noch nicht abgewohnten Vorauszahlung. In diesem Fall hat er dem Erben den gesamten Restbetrag auf einmal herauszugeben (aM BLANK/BÖRSTINGHAUS/BLANK/BÖRSTINGHAUS Rn 10 f).

18 3. Zum anderen haben die in §§ 563, 563a BGB genannten Personen **das Erlangte herauszugeben**. Aufgrund der Sonderrechtsnachfolge in das Mietverhältnis unter Ausschluss des Erben stehen diesen Personen auch die Ansprüche aus § 547 BGB hinsichtlich des noch nicht abgewohnten Teils einer Mietvorauszahlung zu, wenn das Mietverhältnis später beendet wird (BLANK/BÖRSTINGHAUS/BLANK/BÖRSTINGHAUS Rn 13 f). Diese Ansprüche haben sie dem Erben abzutreten oder die darauf erbrachten Leistungen des Vermieters herauszugeben. Da der Anspruch des Erben aus § 563b Abs 2 BGB kein Bereicherungsanspruch ist, kann sich der Eingetretene gegenüber dem Erben nicht nach § 818 Abs 3 BGB auf einen Wegfall der Bereicherung berufen, auch wenn sein Anspruch gegen den Vermieter aufgrund des § 547 Abs 1 S 2 BGB nach den Vorschriften über die ungerechtfertigte Bereicherung zu beurteilen sein sollte (SCHMID/STANGL Rn 21). Der Anspruch des Erben entsteht wie der zu Grunde liegende Anspruch des Eingetretenen aus § 547 Abs 1 S 2 BGB mit der Beendigung des Mietverhältnisses und ist sofort fällig (STAUDINGER/ROLFS [2021] § 547 Rn 23; aM SCHMID/HARZ/RIECKE Rn 23).

19 4. Die Verpflichtung zur Herausgabe an den Erben besteht selbst dann, wenn aufgrund **erbrechtlicher Haftungsbeschränkungen** ein Rückgriff für Erblasserschulden aus dem Mietverhältnis nach Abs 1 S 2 nicht durchzusetzen ist. Haftung und Anspruch des Erben aus Abs 1 S 2 und Abs 2 stehen nach dem Gesetz nicht in einem Abhängigkeitsverhältnis. Da es sich um Nachlassschulden und Nachlassforderungen handelt, kommt allenfalls eine Aufrechnung durch den Eingetretenen gegen den Anspruch aus Abs 2 in Betracht. Dabei sind die Beschränkungen des § 96 InsO zu beachten.

IV. Leistung einer Sicherheit (Abs 3)

§ 563b Abs 3 BGB trägt dem Umstand Rechnung, dass sich durch den Tod des **20** Mieters die Interessen des Vermieters in wirtschaftlicher Hinsicht geändert haben können (BT-Drucks 14/4553, 62; GRUNDMANN NJW 2001, 2497, 2502). Der Vermieter kann jetzt die Leistung einer Sicherheit von den Haushaltsangehörigen nach §§ 563, 563a BGB verlangen, falls mit dem verstorbenen Mieter keine Mietsicherheit vereinbart war. Wie sich aus der systematischen Stellung des § 563b BGB ergibt, besteht dieser Anspruch jedoch trotz der für den Vermieter vergleichbaren Interessenlage nicht, wenn das Mietverhältnis nach § 564 BGB mit dem oder den Erben fortgesetzt wird (BeckOK MietR/THEESFELD [1. 8. 2020] Rn 15; HINZ ZMR 2002, 640, 645; PRÜTTING ua/RIECKE Rn 12; SCHMID/HARZ/RIECKE Rn 31). War zwar eine Mietsicherheit vereinbart, hatte der Mieter diese aber vor seinem Tod nicht oder nicht vollständig geleistet, so richtet sich diese Verbindlichkeit nicht nach Abs 3, sondern nach Abs 1. **Der Anspruch aus Abs 3 trägt den** durch den Tod des Mieters **veränderten Umständen Rechnung**, die es für den Vermieter erforderlich erscheinen lassen, nun auf einer Sicherheit nach § 551 BGB zu bestehen. Er hat damit einen Anspruch gegen die Haushaltsangehörigen (§§ 563, 563a BGB) auf Abschluss einer entsprechenden Vereinbarung nach § 311 Abs 1 BGB (PALANDT/WEIDENKAFF Rn 4; **aM** BeckOK/HERRMANN [1. 8. 2020] Rn 5; Münch Komm/HÄUBLEIN Rn 16; SPIELBAUER/SCHNEIDER/KRENEK Rn 19). Der Inhalt des Vertrages muss § 551 BGB entsprechen, sodass der Vermieter beispielsweise die Sicherheit nur in drei gleichen monatlichen Teilzahlungen verlangen kann (GATHER NZM 2001, 57, 60). Können die Parteien keine Einigung über die Sicherheit erzielen, so kann der Vermieter ein Urteil nach § 315 Abs 3 BGB erwirken (ERMAN/LÜTZENKIRCHEN Rn 4; GELDMACHER DWW 2002, 182, 190; PALANDT/WEIDENKAFF Rn 4; **aM** BLANK/BÖRSTINGHAUS/BLANK/BÖRSTINGHAUS Rn 19). Mehrere Personen haften auch hier entsprechend Abs 1 S 1 als Gesamtschuldner (GATHER NZM 2001, 57, 60; HERRLEIN/KANDELHARD/KANDELHARD Rn 6). Eine **Frist** für die Geltendmachung des Anspruchs gibt es nicht, sodass der Vermieter grundsätzlich während der gesamten Mietzeit den Anspruch erheben kann. Die Bedeutung dieser Vorschrift ist gering, weil in der Praxis in aller Regel die Leistung einer Kaution schon bei Abschluss des Mietvertrages und damit mit dem Erblasser vereinbart wird.

V. Abweichende Vereinbarungen

Die Vorschrift ist im Gegensatz zu den §§ 563, 563a BGB grundsätzlich **abdingbar**. **21** Dies geht aus Abs 1 S 2 explizit hervor, sodass es hier ohne Weiteres zu einer für die Haushaltsangehörigen schlechteren Abweichung kommen kann (BeckOK/HERRMANN [1. 8. 2020] Rn 6; LÜTZENKIRCHEN/LÜTZENKIRCHEN Rn 11 ff; SCHMIDT-FUTTERER/STREYL Rn 35). Dies liegt daran, dass eine alleinige Haftung des Erben im Innenverhältnis nicht in jedem Fall sachgerecht ist (BT-Drucks 14/4553, 62). Da es im Übrigen um die Haftung der Personen nach §§ 563, 563a BGB geht, kommen allerdings hier normalerweise für die Haushaltsangehörigen günstigere Vereinbarungen in Betracht. Wenn Mitmieter iS des § 563a BGB aufgrund der vertraglichen Vereinbarung nicht gesamtschuldnerisch haften, so liegt darin gleichzeitig die Vereinbarung, dass dies nach dem Tod eines Mitmieters im Rahmen des § 563b BGB auch nicht der Fall sein soll. Daher ist mit einer solchen Klausel auch gleichzeitig § 563b BGB zulässigerweise abbedungen (vgl Rn 7). Abs 3 ist im Rahmen von § 551 BGB abdingbar (Blank/Börstinghaus/Blank/Börstinghaus Rn 27).

§ 564
Fortsetzung des Mietverhältnisses mit dem Erben, außerordentliche Kündigung

Treten beim Tod des Mieters keine Personen im Sinne des § 563 in das Mietverhältnis ein oder wird es nicht mit ihnen nach § 563a fortgesetzt, so wird es mit dem Erben fortgesetzt. In diesem Fall ist sowohl der Erbe als auch der Vermieter berechtigt, das Mietverhältnis innerhalb eines Monats außerordentlich mit der gesetzlichen Frist zu kündigen, nachdem sie vom Tod des Mieters und davon Kenntnis erlangt haben, dass ein Eintritt in das Mietverhältnis oder dessen Fortsetzung nicht erfolgt sind.

Materialien: E I § 526; II § 510; III § 562; Mot II 416; Prot II 218 ff; Jakobs/Schubert SchR II 556; BT-Drucks III/1234, 22, 74; BT-Drucks III/1850, *zu* BT-Drucks III/1850, 9; BT-Drucks IV/806, 12; BT-Drucks IV/2195, *zu* BT-Drucks IV/2195, 6; BT-Drucks 14/4553, 62.

Schrifttum

Alexander, Die Kündigungsterminbestimmung nach § 569 I 2 BGB, NZM 1998, 253
Eckert, Kündigung des Mietverhältnisses mit mehreren Mietern, in: Gedschr Sonnenschein (2002) 313
Hinkelmann, Problemfälle zum Sonderkündigungsrecht gegenüber Erben (§ 573d BGB), NZM 2002, 378
Jendrek, Der Übergang von Mietwohnungen im Todesfall nach der Mietrechtsreform, ZEV 2002, 60
Sonnenschein, Kündigung und Rechtsnachfolge, ZMR 1992, 417
ders, Kündigungsprobleme bei Rechtsnachfolge, in: PiG, Bd 37 (1993) 95
Sternel, Der Tod des Mieters, ZMR 2004, 713
Streyl, Mietermehrheiten, NZM 2011, 377.

Systematische Übersicht

I.	**Allgemeine Kennzeichnung**	
1.	Überblick	1
2.	Entstehung der Vorschrift	2
3.	Zweck der Vorschrift	3
II.	**Fortsetzung des Mietverhältnisses mit dem Erben (S 1)**	
1.	Voraussetzungen	4
2.	Rechtsfolgen	7
III.	**Kündigung des Mietverhältnisses (S 2)**	
1.	Allgemeines	8
2.	Kündigung des Erben	9
3.	Kündigung des Vermieters	14
4.	Kündigungsfrist und Kündigungstermin	17
IV.	**Abweichende Vereinbarungen**	
1.	Subsidiaritätsklausel (S 1)	22
2.	Kündigungsrecht nach S 2	23

Untertitel 2 · Wohnraum
Kapitel 4 · Wechsel der Vertragsparteien   § 564

Alphabetische Übersicht

Abweichende Vereinbarungen	22 ff	Mehrere Mieter	6
– Kündigungsrecht	23 ff	Mehrere Vermieter	14
– Subsidiaritätsklausel	22	Mietverhältnis	4
Annahme der Erbschaft	19	Miterbengemeinschaft	7
Ausübung des Kündigungsrechts	12	Mitmieter	6
Entstehung der Vorschrift	2	Nachlassverwalter	11, 20
Erbe	5		
		Sozialklausel	16
Formularvereinbarungen	24 f		
		Testamentsvollstrecker	11, 20
Kündigungsfrist	8, 17 ff	Tod	
Kündigungsgrund	15	– des Mieters	4, 21
Kündigungsrecht	8	– des Vermieters	4
– des Erben	9 ff		
– des Vermieters	14 ff	Verhältnis zu §§ 563, 563a BGB	1, 5, 13
Legitimation des Erben	9 f	Zweck der Vorschrift	3

I. Allgemeine Kennzeichnung

1. Überblick

Der Tod des Mieters beendet das Mietverhältnis nicht ohne Weiteres. Vielmehr **tritt** **1** **der Erbe im Wege der Gesamtrechtsnachfolge** nach den § 1922 Abs 1, § 1967 Abs 1 BGB **in die Rechte und Pflichten des Mieters ein** (HERRLEIN/KANDELHARD/KANDELHARD Rn 1). In § 564 S 2 BGB wird dem Erben und dem Vermieter jedoch ein Recht zur außerordentlichen Kündigung mit der gesetzlichen Frist nach § 573d BGB eingeräumt. Die Kündigung ist nur innerhalb eines Monats nach Kenntnis vom Tod des Mieters und der Tatsache, dass kein Eintritt nach § 563 BGB und keine Fortsetzung nach § 563a BGB erfolgt ist, möglich. Die Vorschriften der §§ 563, 563a BGB haben nach § 564 S 1 BGB Vorrang, sodass es zu keiner Fortsetzung des Mietverhältnisses mit dem Erben kommt, wenn Haushaltsangehörige in das Mietverhältnis nach § 563 BGB eintreten oder es nach § 563a BGB fortsetzen. Hat eine der Parteien vor dem Tode des Mieters eine Kündigung ausgesprochen, deren Frist noch läuft, kann die Beendigung des Mietverhältnisses nicht einseitig durch einen Widerruf, sondern nur einvernehmlich verhindert werden (SONNENSCHEIN ZMR 1992, 417, 418).

2. Entstehung der Vorschrift

Die Vorschrift des § 569 BGB aF bestand nach Inkrafttreten des BGB zunächst nur **2** aus dem jetzigen S 2. Art I Nr 21 MietRÄndG 2 vom 14. 7. 1964 (BGBl I 457) hat im Zusammenhang mit der Aufnahme der früheren §§ 569, 569a BGB (die den heutigen §§ 563 bis 563b BGB entsprechen) die Ausnahmeregelung des früheren § 569 Abs 2 BGB (und heutigen S 1) eingefügt. Durch Gesetz vom 16. 2. 2001 (BGBl I 266) wurde die Vorschrift zum 1. 8. 2001 bereits in der heutigen Form in § 569c Abs 1

BGB aufgenommen. § 569c Abs 2 BGB verwies dabei für Mietverträge über andere Sachen als über Wohnraum lediglich auf § 569c Abs 1 S 2 BGB, der dem heutigen § 564 S 2 BGB entspricht. Das MietRRG vom 19. 6. 2001 (BGBl I 1149) änderte die Vorschrift wiederum, indem es aufgrund der neuen Systematik die Vorschrift des § 569c BGB für die Wohnraummiete in § 564 BGB, für Mietverträge über andere Sachen in § 580 BGB aufgliederte (vgl auch § 580 Rn 2).

3. Zweck der Vorschrift

3 Im gemeinen Recht blieb der Tod des Mieters ohne Einfluss auf den Bestand des Mietverhältnisses, während andere Rechtsordnungen des 19. Jh der Miete einen mehr persönlichen Charakter beilegten. **§ 564 BGB trägt diesem persönlichen Element Rechnung.** Der Tod des Mieters, dessen Person für den Vermieter häufig von wesentlicher Bedeutung ist, verändert die Verhältnisse regelmäßig so einschneidend, dass das Mietverhältnis hiervon nicht unbeeinflusst bleiben kann. Für den Erben des Mieters besteht oft kein Bedürfnis, das Mietverhältnis fortzusetzen, weil die Mietsache für ihn überflüssig ist. Denn in aller Regel hat er zuvor nicht in der Wohnung gewohnt (sonst wäre ja normalerweise § 563 BGB oder § 563a BGB einschlägig). Aus diesen Gründen räumt die Vorschrift beiden Seiten ein außerordentliches Kündigungsrecht ein (Mot II 416; Prot II 220; BGH 25. 9. 2019 – VIII ZR 122/18, NZM 2020, 461). Dieses Recht begünstigt nicht nur den Erben des Mieters, sondern besteht auch im Interesse des Vermieters (OLG Hamburg OLGE 7, 464). Die Subsidiaritätsklausel des § 564 S 1 BGB berücksichtigt die abweichende Regelung der §§ 563, 563a BGB beim Eintrittsrecht der Haushaltsangehörigen und macht die Rangfolge für die Rechtsnachfolge deutlich.

II. Fortsetzung des Mietverhältnisses mit dem Erben (S 1)

1. Voraussetzungen

4 Zwischen dem Erblasser als Mieter und dem Vermieter muss ein **Mietverhältnis über Wohnraum** bestanden haben (vgl § 563 Rn 4). Für Mietverhältnisse über andere Sachen gilt allein § 580 BGB (vgl Rn 3 sowie § 580 Rn 5). Der **Mieter muss gestorben sein** (vgl § 563 Rn 5). Auch hier ist eine analoge Anwendung auf andere Fälle nicht möglich (vgl § 563 Rn 5). Der Tod des Vermieters begründet dagegen kein Recht zur außerordentlichen Kündigung, hier treten die Erben ohne Weiteres in die Rechtsstellung des Vermieters ein (ERMAN/LÜTZENKIRCHEN Rn 4; SCHMIDT-FUTTERER/STREYL Rn 1).

5 Das Mietverhältnis wird nach § 564 S 1 BGB mit dem Erben fortgesetzt, wenn keine Haushaltsangehörigen in das Mietverhältnis nach § 563 Abs 1, 2 BGB eintreten und auch niemand das Mietverhältnis nach § 563a BGB fortsetzt. Die Vorschrift ist danach immer dann anwendbar, wenn **keine eintrittsberechtigten Haushaltsangehörigen nach § 563 BGB vorhanden sind** oder diese Personen von ihrem **Ablehnungsrecht Gebrauch machen**, oder wenn es keine Personen gibt, mit denen das Mietverhältnis nach § 563a BGB fortgesetzt wird (BeckOK MietR/THEESFELD [1. 8. 2020] Rn 2; BLANK/BÖRSTINGHAUS/BLANK/BÖRSTINGHAUS Rn 3; PALANDT/WEIDENKAFF Rn 4; KLEIN-BLENKERS ua/HINZ Rn 4). Im Grunde hätte es des § 564 S 1 BGB nicht bedurft, da schon nach §§ 1922, 1967 Abs 1 BGB klar ist, dass der Erbe das Mietverhältnis fortsetzt

(Blank/Börstinghaus/Blank/Börstinghaus Rn 1). Dagegen spricht auch nicht § 563 Abs 3 BGB, denn nach dieser Vorschrift wird durch die Ablehnung des Eintrittsberechtigten der Eintritt rückwirkend beseitigt, sodass dadurch wieder Raum für die Erbfolge entsteht und der Erbe mit dem Tod des Mieters in das Mietverhältnis eintritt. Andererseits wird durch § 564 S 1 BGB noch einmal klargestellt, dass die Fortsetzung des Mietverhältnisses mit den Erben nur dann in Betracht kommt, wenn kein Fall der §§ 563, 563a BGB vorliegt (BT-Drucks 14/4553, 62). Die Vorschrift ist tatbestandlich nicht erfüllt, wenn eine Sonderrechtsnachfolge durch Eintritt des Ehegatten oder eines Familienangehörigen stattgefunden, der Vermieter das Mietverhältnis aber nach § 563 Abs 4 BGB oder der Mitmieter nach § 563a Abs 2 BGB gekündigt hat, da die Kündigung nur eine Wirkung für die Zukunft hat und an dem Eintritt bzw der Fortsetzung des Mietverhältnisses nichts mehr ändert. Eine erbrechtliche Nachfolge kann dann nicht mehr eingreifen.

Haben mehrere Mieter, die nicht unter §§ 563, 563a BGB fallen, den Vertrag abgeschlossen und stirbt einer von ihnen, steht nach verbreiteter Auffassung grundsätzlich weder dem Vermieter noch dem Erben ein Kündigungsrecht zu, da das **Mietverhältnis unteilbar** ist und nur von allen oder gegenüber allen anderen Beteiligten gekündigt werden kann (OLG Naumburg NZM 2002, 166; **aM** Behrens 261 ff; Blank/Börstinghaus/Blank/Börstinghaus Rn 11; Soergel/Heintzmann Rn 3 f). Wegen der Unteilbarkeit der Leistungen des Vermieters kann die Kündigung nicht nach § 425 BGB auf das Verhältnis zwischen dem Erben des verstorbenen Mitmieters und dem Vermieter beschränkt werden. Der Wortlaut der Vorschrift lässt es auch nicht zu, danach zu differenzieren, ob dem Vermieter durch die Erbfolge neue Benutzer der Wohnung aufgezwungen werden, was ein Kündigungsrecht begründen würde, oder ob nur der überlebende Mitmieter die Wohnung beibehält, was das Kündigungsrecht ausschließen würde. Ebensowenig kann die Frage allein nach den Grundsätzen des § 313 BGB über eine Störung der Geschäftsgrundlage entschieden werden, da dies für die verbliebenen Vertragsteile zu einer erheblichen Rechtsunsicherheit führen würde. Haben die Parteien jedoch entsprechende Vereinbarungen getroffen, kann die Vorschrift auch beim Tod eines von mehreren Mitmietern angewendet werden. Dies ist zum einen der Fall, wenn im Mietvertrag vereinbart worden ist, dass der Erbe eines Mieters mit Wirkung für und gegen den überlebenden Mitmieter eine außerordentliche Kündigung mit der gesetzlichen Frist aussprechen kann (RG 19. 6. 1917 – III 25/17, RGZ 90, 328, 330 f; OLG Hamburg JW 1938, 3038; OLG Karlsruhe WuM 1989, 610; Erman/Lützenkirchen Rn 8 f). Zum anderen können die Parteien ein solches Recht auch dem Vermieter für den Fall des Todes eines der Mitmieter vertraglich zugestehen. Zu beachten ist aber, dass es sich in jedem Fall um eine vom Tatbestand des § 564 BGB abweichende Vereinbarung handelt (vgl Rn 23), die nicht allein aus den Umständen des Falles geschlossen werden darf oder auf Billigkeitserwägungen zu stützen ist. Es bedarf vielmehr eindeutiger Anhaltspunkte im Vertrag.

2. Rechtsfolgen

Die Rechtsfolgen bestehen zunächst in einer Fortsetzung des Mietverhältnisses mit dem Erben. Die **Fortsetzung** nach S 1 HS 3 bedeutet, dass der Erbe oder mehrere Erben, die eine Miterbengemeinschaft bilden, im Wege der Gesamtrechtsnachfolge in alle Rechte und Pflichten aus dem Mietverhältnis eintreten (MünchKomm/Häublein

Rn 6). Die Fortsetzung beginnt mit dem Tode des Mieters, da der vorherige Eintritt von Sonderrechtsnachfolgern durch die Ablehnung rückwirkend beseitigt wird. Falls die in § 563 BGB genannten Personen nämlich schon Leistungen an den Vermieter erbracht haben, können sie diese nach der Ablehnung nach § 812 Abs 1 S 1 Alt 1 BGB herausverlangen. In diesem Fall kann der Vermieter dann gegen den Erben vorgehen. Der Erbe haftet für alle Verbindlichkeiten aus dem Mietverhältnis. Allerdings handelt es sich bei den nach dem Erbfall fällig gewordenen Mieten und ggf den Kosten der Räumung jedenfalls dann um reine **Nachlassverbindlichkeiten**, wenn das Mietverhältnis innerhalb der in Abs 2 bestimmten Frist beendet wird (BGH 23. 1. 2013 – VIII ZR 68/12, NJW 2013, 933; BGH 26. 9. 2013 – IX ZR 3/13, NJW 2014, 389; BGH 25. 9. 2019 – VIII ZR 122/18, NZM 2020, 461). Der Erbe kann seine Haftung dann nach den erbrechtlichen Bestimmungen auf den Nachlass beschränken und haftet mit seinem übrigen Privatvermögen nicht. Aber selbst dann, wenn der Erbe das Kündigungsrecht nicht ausübt, bleiben die nach Ablauf der Frist des § 564 Satz 2 BGB entstandenen Forderungen reine Nachlassverbindlichkeiten (§ 1967 BGB) und werden **nicht zu Nachlasserbenschulden oder Eigenverbindlichkeiten des Erben**, da er lediglich von einem ihm zustehenden Recht keinen Gebrauch macht (BGH 25. 9. 2019 – VIII ZR 122/18, NZM 2020, 461; BGH 25. 9. 2019 – VIII ZR 138/18, BGHZ 223, 191, 196 ff = NZFam 2019, 955; **aM** Sick ZErb 2010, 325, 329; Schmidt ZErb 2013, 321, 323). Erst dann, wenn der Erbe nach wirksamer Beendigung des Mietverhältnisses die Wohnung nicht räumt, haftet er für die Nutzungsentschädigung (§ 546a BGB) und die Kosten der Räumung (§ 546 BGB) auch persönlich. Denn dann unterlässt er eine Handlung, zu der er rechtlich verpflichtet wäre (BGH 25. 9. 2019 – VIII ZR 122/18, NZM 2020, 461; BGH 25. 9. 2019 – VIII ZR 138/18, BGHZ 223, 191, 202 = NZFam 2019, 955).

III. Kündigung des Mietverhältnisses (S 2)

1. Allgemeines

8 Nach S 2 steht sowohl dem Erben als auch dem Vermieter ein **Recht zur außerordentlichen Kündigung mit der gesetzlichen Frist** zu. Dieses Kündigungsrecht hat praktische Bedeutung, wenn ein befristetes Mietverhältnis noch längere Zeit über den Tod des Mieters hinaus andauert, wenn bei einem unbefristeten Mietverhältnis die ordentliche Kündigung nach dem Vertrag für eine gewisse Zeit ausgeschlossen ist (vgl § 573d Rn 5; Blank/Börstinghaus/Blank/Börstinghaus Rn 32; Klein-Blenkers ua/ Hinz Rn 6) oder wenn vertraglich oder nach dem Gesetz wie in § 573c Abs 1 S 2 BGB für den Vermieter eine längere als die normale gesetzliche Kündigungsfrist maßgebend ist (BGH 25. 9. 2019 – VIII ZR 122/18, NZM 2020, 461). Im Übrigen gelten die allgemeinen Vorschriften über die Kündigung eines Mietverhältnisses (vgl § 563 Rn 47 ff). Bei der Kündigung ist die Form des § 568 BGB (BeckOGK/Wendtland [1. 7. 2020] Rn 17; Schmidt-Futterer/Streyl Rn 7; Klein-Blenkers ua/Hinz Rn 12) und die gesetzliche Frist einzuhalten, die sich aus § 573d Abs 1, 2 BGB ergibt (vgl § 573d Rn 4 ff, 12). Sie beträgt drei Monate abzüglich der Karenzzeit von drei Werktagen, mit Ausnahme der in § 549 Abs 2 Nr 2 BGB genannten Wohnungen, für die die kürzere Frist des § 573d Abs 2 S 2 HS 2 BGB gilt. Die Kündigung kann nur innerhalb eines Monats nach Kenntnis von dem Tod des Mieters und davon, dass ein Eintritt in das Mietverhältnis (§ 563 Abs 1, 2 BGB) oder eine Fortsetzung (§ 563a Abs 1 BGB) nicht stattgefunden hat, erfolgen. Die Vorschrift entspricht damit den in § 563 Abs 3 S 1, § 563a Abs 2 BGB getroffenen Regelungen. Die dortigen Ausführungen gelten entsprechend (vgl

§ 563 Rn 55, § 563a Rn 12). Hinsichtlich der Geltung der allgemeinen mietrechtlichen Vorschriften über die Kündigung vgl Rn 16.

2. Kündigung des Erben

Das Recht zur außerordentlichen befristeten Kündigung des Mietverhältnisses steht dem Erben des Mieters zu. Wer Erbe ist, richtet sich nach den §§ 1922 ff BGB. Entscheidend ist die **materielle Erbberechtigung**. Das Mietrecht sieht ganz allgemein nicht vor, dass sich der Erbe bei Rechtsgeschäften mit dem Vermieter als Rechtsnachfolger des Mieters legitimieren muss. Eine solche Legitimation ist auch nicht für einseitige Rechtsgeschäfte wie die Kündigung aus § 564 S 2 BGB vorgeschrieben (KG JW 1918, 517; MünchKomm/Häublein Rn 10; Palandt/Weidenkaff Rn 8; Schmidt-Futterer/Streyl Rn 9). **9**

Die Legitimation spielt nur insofern eine Rolle, als ein **Scheinerbe**, für den unrichtigerweise ein Erbschein ausgestellt ist, das Mietverhältnis aufgrund des § 2367 BGB mit Wirkung für und gegen den wahren Erben kündigen kann (Wiegand JuS 1976, 283, 284). Dabei kommt es nach § 2366 BGB nur darauf an, dass der Vermieter hinsichtlich der Unrichtigkeit des Erbscheins nicht bösgläubig ist. Der Erbschein muss ihm aber nicht vorgelegt worden sein, er braucht dessen Existenz nicht einmal zu kennen (BeckOGK/Wendtland [1. 7. 2020] Rn 17; Blank/Börstinghaus/Blank/Börstinghaus Rn 35). **10**

Ist Nachlassverwaltung oder Testamentsvollstreckung angeordnet, steht das Kündigungsrecht nicht dem Erben, sondern nur dem **Nachlassverwalter oder Testamentsvollstrecker** zu. Es handelt sich nicht um ein höchstpersönliches Recht des Erben, sondern fällt in die Zuständigkeit des Verwalters und ist damit der Verfügungsbefugnis des Erben nach den § 1984 Abs 1 S 1, § 2211 Abs 1 BGB entzogen (RG 21. 6. 1910 – III 390/09, RGZ 74, 35, 36 f; Blank/Börstinghaus/Blank/Börstinghaus Rn 39; Erman/Lützenkirchen Rn 7; Klein-Blenkers ua/Hinz Rn 10; Palandt/Weidenkaff Rn 7; **aM** OLG Augsburg OLGE 17, 14). Bei Nachlassinsolvenz (§§ 315 ff InsO) ist nach § 80 Abs 1 InsO allein der Insolvenzverwalter zur Kündigung befugt. **11**

Hat der Mieter mehrere Erben hinterlassen, kann das Recht zur außerordentlichen Kündigung nach allgemeinen Grundsätzen (vgl § 563a Rn 13) und insbesondere wegen § 2040 BGB **nur von allen Erben gemeinsam ausgeübt werden** (BeckOK MietR/Theesfeld [1. 8. 2020] Rn 20; Erman/Lützenkirchen Rn 7; Palandt/Weidenkaff Rn 6; Schmidt-Futterer/Streyl Rn 8; **aM** BGH LM Nr 1 zu § 2038 BGB). Dies bedeutet aber nicht, dass die Erben gleichzeitig oder sogar in einem einheitlichen Rechtsakt kündigen müssen. Es genügt, wenn sie einen Miterben bevollmächtigen oder im Voraus in dessen Kündigung einwilligen. Bei vollmachtlosem Handeln eines Miterben gilt § 180 BGB. Im Übrigen ist eine rückwirkende Genehmigung nicht möglich, da die Kündigung als einseitiges Rechtsgeschäft keinen Schwebezustand verträgt. **12**

Hervorzuheben ist, dass das Kündigungsrecht des § 564 S 2 BGB dem Erben auch dann zusteht, wenn er zuvor als Haushaltsangehöriger in das Mietverhältnis eingetreten war, den Eintritt aber fristgerecht abgelehnt hatte. Dies ergibt sich aus der **Doppelstellung als Erbe und Eintrittsberechtigter** iS des § 563 Abs 1 oder 2 BGB. Das Kündigungsrecht ist dagegen ausgeschlossen, wenn der Eintritt nach § 563 Abs 1 **13** oder 2 BGB endgültig vollzogen ist. Damit ist der Tatbestand des § 564 S 1 BGB nicht erfüllt, der aufgrund des systematischen Zusammenhangs auch in S 2 vorausgesetzt wird. Dies gilt für den Erben und den Vermieter in gleicher Weise. Eine vor Ablauf der Frist des § 563 Abs 3 BGB auf S 2 gestützte Kündigung des Erben, der zugleich eintrittsberechtigt ist, kann als Ablehnungserklärung und zugleich als außerordentliche Kündigung mit der gesetzlichen Frist gedeutet werden, wenn der Erbe den Wohnraum erkennbar noch eine beschränkte Zeit für die Dauer der Kündigungsfrist behalten will.

3. Kündigung des Vermieters

14 In gleicher Weise wie dem Erben steht dem **Vermieter ein Recht zur außerordentlichen Kündigung mit der gesetzlichen Frist** zu. Handelt es sich um mehrere Vermieter, können sie von ihrem Kündigungsrecht nur einheitlich Gebrauch machen (Staudinger/Rolfs [2021] § 542 Rn 9). Die Kündigung muss gegenüber dem Erben erklärt werden (OLG Hamm WuM 1981, 263), soweit nicht eine andere Person empfangszuständig ist (vgl Rn 11); bei einer Mehrheit von Erben muss die Kündigung grundsätzlich gegenüber jedem von ihnen erklärt werden (BGH 10. 12. 2014 – VIII ZR 25/14, NJW 2015, 473). Anders können die Dinge aber liegen, wenn mietvertraglich vereinbart ist, dass mehrere Mitmieter einander für den Empfang von mietverhältnisbezogenen Erklärungen bevollmächtigen und nur einer der Miterben dem Vermieter den Erbfall angezeigt hat (LG Berlin 25. 3. 2019 – 64 S 218/18, WuM 2019, 656). Unter den Voraussetzungen der §§ 2366, 2367 BGB kann die Kündigung durch Erklärung gegenüber einem Scheinerben mit Wirkung für und gegen den wahren Erben wirksam werden. Handelt es sich um mehrere Erben, muss der Vermieter allen gegenüber kündigen. Dies gilt auch, wenn nur einer der Miterben die Mietsache in Gebrauch genommen hat, zB die Wohnung des Erblassers bezogen hat. Die Kündigung gegenüber sämtlichen Miterben wird nicht dadurch entbehrlich, dass diese sich im Wege der **Erbauseinandersetzung** geeinigt haben, ein Miterbe solle allein aus dem Mietverhältnis berechtigt sein (**aM** OLG München HRR 1940, Nr 1299). Darin liegt eine Vertragsübernahme, die nur wirksam wird, wenn alle Beteiligten zustimmen. Solange der Vermieter einem Mieterwechsel nicht zustimmt, bleiben die anderen Miterben ihm gegenüber Vertragspartei. Die Einwilligung kann schon im Voraus bei Abschluss des Mietvertrags erklärt werden. Die allen Miterben gegenüber erforderliche Kündigung kann nur bei einer Empfangsvollmacht nach § 164 Abs 3 BGB an den einzelnen Miterben gerichtet werden. Allerdings kann eine Erbauseinandersetzung in der Weise auszulegen sein, dass damit eine Empfangsvollmacht des Miterben verbunden ist, der die Mietsache allein übernehmen sollte.

15 Eine **vor Ablauf der Ablehnungsfrist** ausgesprochene Kündigung des Vermieters kann nur auf § 563 Abs 4 BGB gestützt werden und bedarf daher eines wichtigen Grundes, solange der Eintritt aufgrund des § 563 Abs 1 oder 2 BGB noch fortbesteht (vgl § 563 Rn 48 ff). Lehnt der Berechtigte anschließend ab und wird das Mietverhältnis daraufhin mit ihm in seiner Eigenschaft als Erbe fortgesetzt, so kann die Erklärung des Vermieters bei einem entsprechend erkennbaren Willen unabhängig vom Vorliegen eines wichtigen Grundes als Kündigung iS des § 564 S 2 BGB aufrechterhalten werden. Sie wirkt zu demselben Termin, da der Eintritt nach § 563 Abs 3 BGB rückwirkend als nicht erfolgt gilt. Die Kündigungsfrist ist deshalb nicht erst vom Zeitpunkt der Ablehnung an zu berechnen.

Bei der Kündigung durch den Vermieter ist die **Anwendung der §§ 573 ff BGB** nach **16**
§ 573d Abs 1 BGB, § 575a Abs 1 BGB **ausgeschlossen** (BeckOK/HERRMANN [1. 8. 2020]
Rn 3; BLANK/BÖRSTINGHAUS/BLANK/BÖRSTINGHAUS Rn 43; HERRLEIN/KANDELHARD/KANDELHARD Rn 3; KLEIN-BLENKERS ua/HINZ Rn 13). Diese seit 1. 8. 2001 geltende Rechtslage
(Gesetz vom 16. 2. 2001, BGBl I 266) steht im Gegensatz zur früher hM (BGHZ 135, 86,
90 ff = NJW 1997, 1695; vgl zur Kritik an der früheren Rechtslage WETEKAMP NZM 1999, 485, 488).
Die **Sozialklausel** (§§ 574 bis 574c, § 575a Abs 2 BGB) **gilt aber** (BLANK/BÖRSTINGHAUS/
BLANK/BÖRSTINGHAUS Rn 45; KINNE ua/KINNE Rn 5; KOSSMANN/MEYER-ABICH § 19 Rn 18;
SCHMIDT-FUTTERER/STREYL Rn 6). Dies ergibt sich aus der systematischen Stellung der
§§ 574 ff BGB und aus der eindeutigen Verweisung des § 575a Abs 2 BGB. Letztere
Verweisung gilt zwar nur für Mietverhältnisse auf bestimmte Zeit, jedoch bestünde
für eine Anwendung der Sozialklausel allein auf Zeitmietverhältnisse kein sachlicher
Grund. Die gesetzliche Neuregelung ist sinnvoll, da der Erbe, der bisher nicht in der
Wohnung gewohnt hat, kein Bedürfnis hat, vor einer Kündigung geschützt zu werden (BT-Drucks 14/4553, 62). Problematisch sind jedoch die Fälle, in denen der Erbe
bisher in der Wohnung gewohnt hat, ohne zu den in §§ 563, 563a BGB genannten
Personen zu gehören. Jedoch ist einerseits durch die Anwendung der Sozialklausel
sichergestellt, dass der Erbe in Ausnahmefällen in der Wohnung verbleiben kann,
andererseits ist der Anwendungsbereich solcher Fälle angesichts der tatbestandlichen Weite der §§ 563, 563a BGB ohnehin gering.

4. Kündigungsfrist und Kündigungstermin

Erbe und Vermieter sind berechtigt, das Mietverhältnis unter Einhaltung der gesetzlichen Frist zu kündigen. Diese Frist ergibt sich aus § 573d Abs 1, 2 BGB (vgl **17**
§ 573d Rn 4 ff, 12; BeckOK/HERRMANN [1. 8. 2020] Rn 6). Sie gilt für beide Seiten in gleicher
Weise. Treten mehrere Personen in Erbengemeinschaft in das Mietverhältnis ein,
sind die Voraussetzungen zu beachten, unter denen eine Willenserklärung von
mehreren Personen abgegeben werden kann bzw ihnen zugeht (STAUDINGER/ROLFS
[2021] § 542 Rn 8 ff, Rn 39 ff).

Der Vermieter ist nicht gezwungen, dem Erben gegenüber schon vor der Ablehnung **18**
durch etwaige eintrittsberechtigte Personen **vorsorglich zu kündigen**, selbst wenn der
Erbe zugleich eintrittsberechtigt ist. Denn die Monatsfrist beginnt erst mit der
Kenntnis von dem Umstand, dass niemand in das Mietverhältnis eingetreten ist oder
es fortgesetzt hat. Das Gleiche gilt umgekehrt für den Erben. Die Frist beträgt daher
vom Tod des Mieters an mindestens zwei Monate. Da die Kündigung das Mietverhältnis erst zum Kündigungstermin beendet, bleibt die Haftung des Erben für die bis
dahin entstandenen Mietverbindlichkeiten unberührt. Ausgeschlossen ist das außerordentliche Kündigungsrecht für beide Seiten, wenn der Erbe ein bereits mit einem
früheren Mitmieter des Erblassers bestehendes Mietverhältnis fortsetzt und keine
abweichenden Vereinbarungen getroffen sind (oben Rn 14).

Die Kündigungsfrist ist nicht von der **Annahme der Erbschaft** abhängig. Dies ist für **19**
die Erbberechtigung und damit für das Recht zur außerordentlichen Kündigung
nicht entscheidend. Die Annahme hat nur zur Folge, dass das Recht zur Ausschlagung der Erbschaft nach § 1943 BGB verloren geht und der vorläufige Erbschaftserwerb in einen endgültigen umgewandelt wird. Die Kündigung ist schon dem vorläufigen Erben möglich, ohne dass er dadurch eine Annahme der Erbschaft erklären

würde, wie sich aus § 1959 Abs 2 BGB ergibt (Erman/Lützenkirchen Rn 10). Ebenso kann der Vermieter gegenüber dem vorläufigen Erben kündigen. Die Wirkung der Kündigung wird nach § 1959 Abs 2 und 3 BGB durch eine spätere Ausschlagung der Erbschaft nicht in jedem Fall beeinträchtigt. Vor der Annahme der Erbschaft kann der Vermieter einen Anspruch gegen den vorläufigen Erben nach § 1958 BGB nicht gerichtlich geltend machen. Ebensowenig kann er durch öffentliche Zustellung nach § 132 Abs 2 BGB gegenüber dem noch unbekannten Erben kündigen, weil dies den Rechtsschutz des Erben aufheben würde (aM Stellwaag ZMR 1989, 407).

20 Besonderheiten gelten für die Monatsfrist bei **Testamentsvollstreckung und Nachlassverwaltung**. Ist eine Testamentsvollstreckung angeordnet und erstreckt sie sich auf das Mietverhältnis, so kann nur der Testamentsvollstrecker kündigen. Dies ist ihm aufgrund des § 2202 Abs 1 BGB erst nach der Annahme des Amtes möglich (Prütting ua/Riecke Rn 7; Schmid/Harz/Riecke Rn 15). Auf eine vorherige Testamentseröffnung kommt es nicht an (RG 21. 6. 1910 – III 390/09, RGZ 74, 35, 37). Der Erbe kann auch vor der Annahme des Amtes durch den Testamentsvollstrecker nicht kündigen, da seine Verfügungsbefugnis schon vom Erbfall an beschränkt ist (BGHZ 25, 275, 282 = NJW 1957, 1916). Die Beschränkungen des Erben aufgrund der Nachlassverwaltung treten nach § 1984 Abs 1 S 1 BGB dagegen erst mit deren Anordnung ein. Soweit dem Erben die Verwaltungsbefugnis durch Testamentsvollstreckung oder Nachlassverwaltung entzogen ist, kann der Vermieter gegenüber dem Verwalter kündigen. Dies bedeutet nicht, dass der Vermieter frühestens erst nach Annahme des Amtes durch den Testamentsvollstrecker oder Nachlassverwalter zu kündigen braucht. Die Empfangszuständigkeit des Erben für die Entgegennahme einer Kündigung wird durch Nachlassverwaltung oder Testamentsvollstreckung nicht beeinträchtigt, da der Erbe hierbei keine Verfügung trifft. Konsequenterweise kann dann aber die Widerspruchsfrist des § 574b Abs 2 BGB entsprechend § 211 BGB erst zu laufen beginnen, wenn der Testamentsvollstrecker sein Amt angenommen hat. Dies gilt nicht für die Nachlassverwaltung, da der Erbe vor deren Anordnung noch selbst verfügungsbefugt ist.

21 Stirbt der Mieter nach Abschluss des Mietvertrags, aber **vor Beginn der Mietzeit**, so ist es nach Sinn und Zweck des § 564 S 2 BGB geboten, die außerordentliche Kündigung sofort zuzulassen. Deshalb kann der Kündigungstermin schon vor Beginn der Mietzeit liegen (KG OLGE 20, 191; Blank/Börstinghaus/Blank/Börstinghaus Rn 50). Entscheidend ist nur, dass die vertragliche Bindung bereits besteht und deshalb eine Lösung im Wege der außerordentlichen Kündigung notwendig ist. Es ist nicht geboten, die Kündigungsfrist erst von dem vorgesehenen Beginn des Mietverhältnisses an zu berechnen. Haben die Parteien hierüber keine Vereinbarung getroffen, kann die Kündigungsfrist mit dem Zugang der Kündigungserklärung beginnen. Damit wird dem Zweck der Frist genügt, dem anderen Vertragsteil für die Suche eines neuen Vertragspartners ausreichend Zeit zu lassen (BGHZ 73, 350, 353 = NJW 1979, 1288).

IV. Abweichende Vereinbarungen

1. Subsidiaritätsklausel (S 1)

22 Die Subsidiaritätsklausel des S 1 ist insoweit **zwingender Natur**, als dies nach § 563 Abs 5, § 563a Abs 3 BGB für die dortigen Bestimmungen gilt (vgl § 563 Rn 57, § 563a

Rn 15). Hierdurch wird insbesondere eine vertragliche Erweiterung des Kündigungsrechts bei mehreren Mietern im Verhältnis zu eintrittsberechtigten Personen ausgeschlossen.

2. Kündigungsrecht nach S 2

Nach nahezu einhelliger Meinung ist die Regelung des S 2 dispositiv (RG 21. 6. 1910 – III 390/09, RGZ 74, 35, 37; OLG Hamburg OLGE 7, 464; OLG Hamburg OLGE 11, 314; BeckOK/ HERRMANN [1. 8. 2020] Rn 8; BeckOK MietR/THEESFELD [1. 8. 2020] Rn 26; PALANDT/WEIDENKAFF Rn 3; SPIELBAUER/SCHNEIDER/KRENEK Rn 24). Sie steht im Interesse beider Parteien und ist deshalb jedenfalls abweichenden **Individualvereinbarungen** zugänglich. Dies gilt auch zulasten des Erben, da hierdurch keine unverzichtbaren Schutzrechte des sozialen Mietrechts betroffen werden und der Erbe in vollem Umfang in die Rechtsstellung des Erblassers eintritt. Er unterliegt damit denselben vertraglichen Bindungen. Die Parteien können das außerordentliche Kündigungsrecht ganz oder für einen Vertragsteil ausschließen. Sie können es auch abweichend von S 2 regeln. Dabei können sie die Voraussetzungen für die eine oder für beide Parteien erleichtern oder verschärfen. Sie können auch eine andere Kündigungsfrist bestimmen, soweit hierzu im Rahmen des § 573d Abs 1, 2 BGB Raum ist (vgl § 573d Rn 7). Eine abweichende Vereinbarung muss sich eindeutig aus dem Mietvertrag ergeben (OLG Dresden OLGE 17, 13; OLG Stuttgart Recht 1908, Nr 1535). **23**

Umstritten ist die Rechtslage bei abweichenden **formularmäßigen Vereinbarungen**. Ein Teil des Schrifttums hält S 2 auch durch einen Formularmietvertrag für abdingbar. Ein Verstoß gegen § 307 Abs 2 Nr 1, Abs 1 BGB sei nicht anzunehmen, da die Regelung nicht zum Leitbild der Miete gehöre (BLANK/BÖRSTINGHAUS/BLANK/BÖRSTINGHAUS Rn 55; BUB/TREIER/BUB Rn II 1705). Dies wird allerdings insoweit eingeschränkt, als eine Klausel für unzulässig gehalten wird, durch die der Verwender von AGB das außerordentliche Kündigungsrecht des Vertragsgegners abbedingt, sein eigenes jedoch unberührt lässt (BUB/TREIER/BUB Rn II 1706; LÜTZENKIRCHEN/LÜTZENKIRCHEN Rn 11). Überwiegend wird indessen angenommen, das Kündigungsrecht sei für beide Vertragsteile grundsätzlich nicht formularmäßig abdingbar, weil es den beim Tode des Mieters besonders tief greifenden Veränderungen des Dauerschuldverhältnisses Rechnung trage und damit dem **gesetzlichen Leitbild der Miete** zuzurechnen sei (LG Frankfurt aM WuM 1990, 82; BeckOGK/WENDTLAND [1. 7. 2020] Rn 22; BUB/TREIER/FLEINDL Rn IV 455; MünchKomm/HÄUBLEIN Rn 25; SPIELBAUER/SCHNEIDER/KRENEK Rn 25). **24**

Es handelt sich um eine Frage der Wertung, die in vertretbarer Weise durchaus unterschiedlich beurteilt werden kann. Schon in dem Formular zu einem einheitlichen Mietvertrag, das der Centralverband der Haus- und Grundbesitzervereine Deutschlands im Jahre 1899 noch vor dem Inkrafttreten des BGB entwickelt hatte, war die Kündigungsfrist für den Erben bis zum Ablauf des dem Tode des Mieters folgenden Halbjahres verlängert, während das Kündigungsrecht des Vermieters zu dem früheren gesetzlichen Termin unberührt blieb (abgedr bei BRÜCKNER, Die Miete von Wohnungen und anderen Räumen [2. Aufl 1902] 200 u SONNENSCHEIN, in: PiG 49 [1996] 7, 31). Später wurden derart einseitig belastende Vertragsbestimmungen zu den missbilligten Klauseln gerechnet. In § 19 Abs 1 S 1 MietSchG vom 1. 6. 1923 (RGBl I 353) wurden Bestimmungen des Mietvertrags, die dem Kündigungsrecht aus § 564 S 2 BGB entgegenstanden, generell ausgeschlossen. Vor allem an langfristigen Zeitmiet- **25** verträgen wird deutlich, dass eine Fortführung des Mietverhältnisses wegen der normalerweise bestehenden personenbezogenen Bindung der Parteien (OLG Hamburg NJW 1984, 60) nach dem Tode des Mieters für beide Vertragsteile zu einer unangemessenen Belastung und damit zu einer Benachteiligung iS des § 307 Abs 2 Nr 1, Abs 1 BGB führen kann. Die wirtschaftlichen Belastungen sind für die Erben des Mieters unabsehbar, insbesondere wenn sie keinen Bedarf an der Mietsache haben. In gleicher Weise kann für den Vermieter die Grundlage für eine weitere Fortführung des Mietverhältnisses entfallen. Es spricht deshalb mehr dafür, nicht nur die einseitige formularmäßige Änderung, sondern die Einschränkung und den Ausschluss des Kündigungsrechts für beide Vertragsteile als nach § 307 Abs 2 Nr 1, Abs 1 BGB unzulässig zu beurteilen.

§ 565
Gewerbliche Weitervermietung

(1) Soll der Mieter nach dem Mietvertrag den gemieteten Wohnraum gewerblich einem Dritten zu Wohnzwecken weitervermieten, so tritt der Vermieter bei der Beendigung des Mietverhältnisses in die Rechte und Pflichten aus dem Mietverhältnis zwischen dem Mieter und dem Dritten ein. Schließt der Vermieter erneut einen Mietvertrag zur gewerblichen Weitervermietung ab, so tritt der Mieter anstelle der bisherigen Vertragspartei in die Rechte und Pflichten aus dem Mietverhältnis mit dem Dritten ein.

(2) Die §§ 566a bis 566e gelten entsprechend.

(3) Eine zum Nachteil des Dritten abweichende Vereinbarung ist unwirksam.

Materialien: § 549a BGB; 4. Mietrechtsänderungsgesetz vom 21. 7. 1973 (BGBl I 1257); Mietrechtsreformgesetz von 2001 (BGBl I 1149).

Schrifttum

S STAUDINGER/V EMMERICH (2018) § 540 sowie
BARTSCH, Probleme der Zwischenmietverhältnisse über Wohnraum, ZMR 1983, 256
BUNN, Das Vertragsverhältnis des Untermieters nach Beendigung des gewerblichen Hauptmietverhältnisses, WuM 1988, 386
BRUNNER/JUNG, Lückenloser Mieterschutz, ZMR 1992, 117
CREZELIUS, Untermiete und Mieterschutz, JZ 1984, 70
DERLEDER, Die Rechtsstellung des Wohnraummieters bei Vermögensverfall des Zwischenvermieters, ZIP 1988, 415

ders, Der Kündigungsschutz des Wohnraummieters bei Einschaltung eines Zwischenvermieters, WuM 1991, 641
ders, Die Betriebskostenabrechnung bei Eigentümer- und Vermieterwechsel, NZM 2009, 8
ders, Einschaltung eines „altruistischen" Zwischenmieters: Gewerbliche Weitervermietung oder (eher) „klassische" Untermiete?, NZM 2016, 670
ders/BARTELS, Der Vermieterwechsel bei der Wohnraummiete, JZ 1997, 981
FRITZ, Gewerbliche Zwischenvermietung – Probleme der Untervermietung, WuM 1991, 13

GÄRTNER, Wohnungsmietrechtlicher Bestandsschutz auf dem Weg zu einem dinglichen Recht?, JZ 1994, 440
GATHER, Beendigung des Hauptmietverhältnisses bei gewerblicher Zwischenvermietung, in: Beendigung des Mietverhältnisses, PiG 26 (1987) 149
ders, Der Wechsel des Vermieters, in: FS Bärmann und Weitnauer (1990) 319 = DWW 1992, 37
ders, Der Wechsel der Vertragsparteien bei der Zwischenvermietung, in: Der Mieterwechsel, PiG 52 (1997) 93
St GREGOR, Die Raummiete im Gefüge des Mietrechts, WuM 2008, 435
HARSCH, Gewerbliche Zwischenvermietung, MDR 2018, 569
HÄUBLEIN, Analogie zu mietrechtlichen Vorschriften, WuM 2010, 391
HORNIG, Kündigungsschutz des Untermieters bei gewerblicher Zwischenvermietung, ZMR 1992, 224

KUNZE, Die gewerbliche Weitervermietung, NZM 2012, 740
MATHIES, Mieterschutz und gewerbliche Zwischenvermietung, NJW 1988, 1631
vMORGEN, Mieterschutz um jeden Preis?, JZ 1989, 725
NASSALL, Kündigungsschutz zwischen Vermieter und Untermieter?, MDR 1983, 9
ders, Zum Einwand des Rechtsmißbrauchs beim Räumungsverlangen nach § 556 Abs 3 BGB, ZMR 1984, 182
PAULY, Der Schutz des Untermieters bei der nichtgewerblichen Zwischenvermietung, ZMR 1997, 275
REINELT, Der Räumungsschutz des gutgläubigen Untermieters, NJW 1984, 2869
SCHEFFLER, Räumungsklage bei gewerblicher Zwischenvermietung, NJW 1992, 477
SCHÜREN, Gewerbliche Zwischenvermietung und Bestandsschutz, JZ 1992, 79.

Systematische Übersicht

I.	Überblick	1
II.	Voraussetzungen	
1.	Hauptmietvertrag	4
2.	Untermietvertrag	10
III.	Rechtsfolgen	
1.	Grundgedanken, rechtliche Konstruktion	11
2.	Ende des Hauptmietvertrages	16
3.	Neuer Zwischenvermieter	17
IV.	Entsprechende Anwendung der §§ 566a bis 566e	
1.	Überblick	18
2.	§ 566a	20
3.	§§ 566b bis 566d	21
4.	§ 566e	22
V.	Abweichende Vereinbarungen	23

Alphabetische Übersicht

Abschluss mit einem neuen Zwischenvermieter	17
Abweichende Vereinbarungen	23
Anwendungsbereich	4 ff
Anzeige der Beendigung des Hauptmietvertrages	15, 22
Aufrechnung des Untermieters	21
Beendigung des Hauptmietvertrages	16 f
Eintritt einer neuen Partei	11 ff
Gemeinnützige Organisationen	6 f
Geschichte	1
Gewerbliche Weitervermietung	6 f
Heimverträge	3
Karitative Organisationen	6 f
Kaution	17

Rechtsfolgen	11 ff	Weitervermietung, gewerbliche	6 f
		Wohnraummietvertrag	9
Sicherheitsleistung	17		
		Zweck	1
Untermietvertrag, neuer	10, 17	– gewerblicher	6 f
		– des Hauptmietvertrages	3
Vorausverfügungen	21	Zwischenvermieter, neuer	17

I. Überblick

1 § 565 BGB regelt aus dem Problemkreis der Untermiete (§§ 540 und 553 BGB) ergänzend verschiedene Aspekte der gewerblichen Weiter- oder Zwischenvermietung, freilich allein für zwei Fälle, nämlich einmal für den Fall der Beendigung des Hauptmietvertrages sowie zum anderen für den Fall der Auswechslung des gewerblichen Zwischenvermieters (s Rn 4 ff). Die Rechtsfolge besteht in diesen Fällen in dem Eintritt des bisherigen Hauptvermieters oder des neuen Zwischenvermieters (des Hauptmieters) in den Mietvertrag mit dem Dritten, dem Untermieter (s Rn 11 ff). Wegen der vom Gesetzgeber angenommenen Parallele zu § 566 finden auf die beiden genannten Fälle außerdem die Vorschriften der §§ 566a bis 566e BGB entsprechende Anwendung (§ 565 Abs 2 BGB, s Rn 13 ff). Die ganze Regelung ist zum Schutze des Untermieters zwingend (§ 565 Abs 3 BGB). Zur (schwankenden) **Terminologie** ist noch vorweg zu bemerken, dass das Gesetz in § 565 BGB durchweg den Hauptvermieter als „Vermieter", den Hauptmieter und Zwischenvermieter (auch Zwischenmieter genannt) als „Mieter" und den Untermieter als „Dritten" bezeichnet.

2 § 565 BGB entspricht mit geringfügigen redaktionellen Änderungen dem **§ 549a aF**, der erst durch das 4. Mietrechtsänderungsgesetz vom 21. 7. 1993 (BGBl I 1257) auf Vorschlag des Bundesrats in das Gesetz eingefügt worden war (s BT-Drucks 12 [1993] 3254, 36 f, 47). Hintergrund der Regelung ist der Umstand, dass die Rechtsstellung des Untermieters im Verhältnis zum Hauptvermieter, mit dem ihn keine vertraglichen Beziehungen verbinden, idR ausgesprochen schwach ist, wie sich vor allem darin äußert, dass er sein Besitzrecht mit Beendigung des Hauptmietvertrages (an dem er nicht beteiligt ist) verliert, selbst wenn der Untermietvertrag fortbesteht (so § 546 Abs 2 BGB; s dazu im Einzelnen oben STAUDINGER/V EMMERICH [2021] § 540 Rn 29). Dieser Umstand hatte, nicht zuletzt im Gefolge der Verbreitung der so genannten Bauherrenmodelle, zu einer ausgebreiteten Diskussion über die Frage geführt, ob und unter welchen Voraussetzungen ein **Bestandsschutz zu Gunsten des Untermieters** auch bei Beendigung des Hauptmietvertrages geboten und möglich ist (s dazu schon STAUDINGER/ V EMMERICH [2021] § 540 Rn 34–36).

3 Das **BVerfG** hatte solchen Bestandsschutz für den Untermieter (abweichend von § 546 Abs 2 BGB) allein in den Fällen der gewerblichen Zwischenvermietung für geboten erachtet (BVerfGE 84, 197, 199 ff). Mit § 549a BGB von 1993 sollte nur diese Rechtsprechung im BGB verankert werden (s auch SCHILLING/MEYER ZMR 1994, 496, 502). Damit wurde in erster Linie der **Zweck** verfolgt, nach Möglichkeit die Entstehung eines vertragslosen Zustandes zwischen dem Hauptvermieter (dem „Vermieter") und dem Untermieter (dem „Dritten" iS des § 565) zu vermeiden (BayObLGZ

1995, 289 = NJW-RR 1996, 76 = WuM 1995, 645, 648). Mit Wirkung vom 1. 9. 2001 ab ist der neue § 565 BGB in allen bestehenden und neuen Mietverhältnissen an die Stelle des § 549a BGB aF getreten. Die Problematik der Regelung beruht vor allem auf der Beschränkung des Anwendungsbereichs des § 565 BGB auf Fälle gerade der gewerblichen Zwischenvermietung, wodurch naturgemäß erhebliche Abgrenzungsprobleme aufgeworfen werden, zumal in der Mietvertragspraxis ständig neue eigenartige Vertragskonstruktionen auftauchen, bei denen sich die Frage nach einer entsprechenden Anwendung des § 565 BGB stellt (unten Rn 8), Ein kleiner Ausschnitt aus dem Spektrum dieser Fälle hat seit 2019 eine Regelung in § 578 Abs 3 BGB gefunden (dazu unten § 578 Rn 15 ff).

II. Voraussetzungen

1. Hauptmietvertrag

Ein Bestandsschutz zu Gunsten des Untermieters in den Fällen der gewerblichen **4** Zwischenvermietung setzt nach § 565 Abs 1 S 1 BGB dreierlei voraus, nämlich 1. einen Mietvertrag zwischen dem Hauptvermieter und dem Zwischenvermieter (oder „Hauptmieter") über zu Wohnzwecken geeignete Räume, 2. eine Einigung der Parteien dieses Vertrages, dh des Hauptvermieters und des Zwischenvermieters darüber, dass die fraglichen Räume „gewerblich" zu Wohnzwecken weiter- oder besser: untervermietet werden sollen, sowie 3. den Abschluss eines entsprechenden Untermietvertrages zu Wohnzwecken zwischen dem Zwischenvermieter oder Hauptmieter und einem (privaten) Untermieter. Unter den genannten Voraussetzungen ist die Vorschrift auch auf mehrfach gestufte Untermietverträge sowie auf Pachtverträge anwendbar (§ 581 Abs 2 BGB, SCHMIDT-FUTTERER/BLANK § 565 Rn 5). Daraus folgt, dass man angesichts der gesetzlichen Regelung in § 565 Abs 1 BGB sorgfältig zwischen den Anforderungen an den Hauptmietvertrag zwischen dem Hauptvermieter und dem Zwischenvermieter, dem „Mieter" iSd § 565 Abs 1 BGB, auf der einen Seite und den Anforderungen an den Untermietvertrag zwischen dem Hauptmieter und dem Untermieter, dem Dritten nach der Terminologie des Gesetzes in § 565 BGB zu unterscheiden hat. Während es sich bei dem **Hauptmietvertrag** zwischen Hauptvermieter und Zwischenvermieter gemäß § 565 Abs 1 S 1 HS 1 BGB um einen Mietvertrag über Wohnraum handeln muss, aufgrund dessen der Zwischenvermieter den angemieteten Wohnraum gewerblich gerade zu Wohnzwecken weitervermieten soll, muss es sich bei dem anschließenden **Untermietvertrag** zwischen dem Zwischenvermieter und dem Dritten, dem Untermieter um ein Wohnraummietverhältnis (im Gegensatz zu gewerblichen Mietverhältnissen) handeln. Für beide Verträge werden die Konsequenzen aus dem Gesagten kontrovers diskutiert, wobei freilich das Schwergewicht der Diskussion deutlich bei dem Hauptmietvertrag liegt (zu dem Untermietvertrag s unten Rn 10).

Aus § 565 Abs 1 S 1 HS 1 BGB ist der Schluss zu ziehen, dass der **Zweck** des **5** Hauptmietvertrages zwischen dem Hauptvermieter und dem Zwischenvermieter, dem „Mieter" iSd § 565 Abs 1 BGB, gerade darin bestehen muss, den angemieteten Wohnraum zu Wohnzwecken (iS des § 549 BGB) weiter zu vermieten, und zwar „gewerblich". Besondere **Formerfordernisse** bestehen für diese Zweckabrede – von den Fällen des § 550 BGB abgesehen – nicht, sodass es genügt, wenn sich der fragliche Zweck **konkludent** aus dem Vertrag ergibt. Ebensowenig ist erforderlich, dass der Zweck von Anfang an vereinbart ist; erforderlich ist lediglich, dass **im Augenblick** der Untervermietung der Zweck des Hauptmietvertrages in der gewerblichen Weitervermietung der Räume zu Wohnzwecken besteht (BGH 20. 1. 2016 – VIII ZR 311/14, NJW 2016, 1086 Rn 26 ff = NZM 2016, 256, 258 = WuM 2016, 221; dazu zB Emmerich JuS 2016, 648). Verträge mit diesem Zweck (gewerbliche Weitervermietung zu Wohnzwecken) sind keine Wohnraummietverträge, sondern **gewerbliche Mietverträge** (s Staudinger/V Emmerich [2021] Vorbem 29 ff zu § 535). Unanwendbar ist § 565 BGB dagegen, wenn in dem Hauptmietvertrag **andere Zwecke** festgelegt sind (BGH 20. 1. 2016 – VIII ZR 311/14, NJW 2016, 1086 Rn 26 ff = NZM 2016, 256, 258 = WuM 2016, 221 = JuS 2016, 648). So verhält es sich insbesondere, wenn dem „Mieter" (dem Zwischenvermieter) die Untervermietung freigestellt ist, wenn der Mieter zB wählen kann, ob er die Räume selbst nutzen oder weiter vermieten will (LG Aachen ZMR 2016, 543), ebenso wenn die *Unter*vermietung zu gewerblichen Zwecken (und nicht zu Wohnzwecken iS des § 565 BGB) erfolgen darf, sowie insbesondere, wenn der Mieter selbst nicht zu gewerblichen Zwecken handelt (u Rn 6 ff).

6 Die Vorschrift des § 565 Abs 1 ist nach dem Wortlaut des Gesetzes entsprechend den Vorgaben des BVerfG nur anwendbar, wenn nach dem Inhalt des Hauptmietvertrages (s Rn 5) der „Mieter", dh der Hauptmieter oder Zwischenvermieter bei der Weitervermietung gerade **„gewerblich"** (und nicht zu anderen Zwecken) handeln soll. Gewerbliches Handeln setzt nach überwiegender Meinung grundsätzlich eine **geschäftsmäßige, auf Dauer gerichtete Tätigkeit** durch das **Angebot** von wirtschaftlich werthaften Leistungen, hier durch das Angebot des Abschlusses von Wohnraummietverträgen **am Markt** voraus (vgl zB für die §§ 13 und 14 BGH 25. 3. 2015 – VIII ZR 243/13, BGHZ 204, 325, 341 Rn 50 = NJW 2015, 3228; zu § 565 BGH 1. 7. 1996 – VIII ZR 278/95, BGHZ 133, 142, 148 = NJW 1996, 2862; 20. 1. 2016 – VIII ZR 311/14, NJW 2016, 1086 Rn 23 = NZM 2016, 256, 258 = WuM 2016, 221; ausführlich zB Kunze NZM 2012, 740, 745 ff). Umstritten ist, ob zusätzlich eine **Gewinnerzielungsabsicht** iSd vorrangigen Verfolgung eigener wirtschaftlicher Interessen erforderlich ist. Die Frage stellt sich vor allem bei Zwischenvermietern, die Wohnungen am Markt satzungsgemäß vorwiegend **zu gemeinnützigen, mildtätigen, karitativen oder fürsorgerischen Zwecken** anmieten. Hält man (mit der hM) an der Notwendigkeit einer Gewinnerzielungsabsicht als Voraussetzung für gewerbliches Handeln bei dem Hauptmieter oder Zwischenvermieter fest, so ist in den genannten Fällen wohl in aller Regel kein Raum für eine Anwendung des § 565 BGB, weil in ihnen bei dem Hauptmieter und Zwischenvermieter andere Zwecke durchaus im Vordergrund stehen. Einen Ausweg weist hier seit 2019 vor allem die neue Vorschrift des **§ 578 Abs 3 BGB**, mit der gerade bezweckt wird, Lücken in dem Mieterschutz infolge der üblichen restriktiven Auslegung des § 565 Abs 1 BGB zu schließen (s im Einzelnen u § 578 Rn 15 ff).

7 Die Rechtsprechung hält bisher daran fest, dass gewerbsmäßiges Handeln iSd § 565 Abs 1 S 1 BGB eine **Gewinnerzielungsabsicht**, verstanden als vorrangige Verfolgung eigener wirtschaftlicher Interessen voraussetzt während für eine Anwendung der Vorschrift des § 565 BGB grundsätzlich kein Raum sein soll, wenn der Zwischenvermieter primär andere Zwecke, insbesondere **gemeinnützige, karitative, mildtätige oder fürsorgerische Zwecke** verfolgt (so BGH 1. 7. 1996 – VIII 278/95, BGHZ 133, 142, 148 ff = NJW 1996, 2862; 30. 4. 2003 – VIII ZR 162/02 [unter II 1] NJW 2003, 3054 = NZM 2003, 759; 20. 1. 2016 – VIII ZR 311/14, NJW 2016, 1086 Rn 23 ff = NZM 2016, 256, 258 = WuM 2016, 221 [mAnm, Emmerich JuS 2016, 648]; 17. 1. 2018 – VIII ZR 241/16 Rn 20, 22 f, NZM 2018, 281 = WuM 2018,

161; ebenso schon BayObLGZ 1995, 256 = NJW-RR 1996, 73 = WuM 1995, 638, 640 f; BayObLGZ 1995, 282 = NJW-RR 1996, 71 = WuM 1995, 642, 644 f; KG NZM 2013, 313 f = ZMR 2013, 108; GE 2014, 934 = MDR 2014, 645; – anders nur LG Berlin GE 1993, 45; LG Duisburg ZMR 1997, 355 = NJW-RR 1997, 1169). Jedoch besteht bei den Gerichten unverkennbar die Tendenz, das Erfordernis der vorrangigen Verfolgung eigener wirtschaftlicher Interessen bei der Weitervermietung von Wohnraum von Fall zu Fall **weit** auszulegen. So wird es zB als ausreichend angesehen, wenn ein **Arbeitgeber** Wohnungen am Markt anmietet, um sie anschließend an seine Arbeitnehmer zu dem Zweck weiterzuvermieten, diese an sein Unternehmen zu binden, weil der Arbeitgeber damit die Förderung des eigenen Unternehmens und damit die Verfolgung wirtschaftlicher Interessen bezweckt (BGH 17. 1. 2018 – VIII ZR 241/16 Rn 23, 25 f, NZM 2018, 281 = WuM 2018, 161, 163; ebenso schon im Wesentlichen BayObLGZ 1995, 289 = NJW-RR 1996, 76 = WuM 1995, 645, 647 f; OLG Frankfurt ZMR 2017, 40). Die Rechtsprechung ist jedoch nicht einheitlich (s Rn 8). Ein Gegenbeispiel ist die Anmietung von Wohnungen durch eine Mietergenossenschaft zwecks verbilligter Weitervermietung an ihre Mitglieder (BGH 20. 1. 2016 – VIII ZR 311/14, NJW 2016, 1086 Rn 32 ff = NZM 2016, 256, 258 = WuM 2016, 221; dazu zB Emmerich JuS 2016, 648). Im Schrifttum ist das Meinungsbild vergleichbar: Zwar grundsätzlich keine unmittelbare Anwendung des § 565 BGB, wenn der Hauptmieter und Zwischenvermieter ohne Gewinnerzielungsabsicht handelt, wohl aber von Fall zu Fall eine entsprechende Anwendung, wobei freilich die Akzente durchaus unterschiedlich gesetzt werden (vgl zB sehr großzügig BeckOGK/Först [1. 4. 2020] Rn 19 ff, 23 ff; dagegen wesentlich restriktiver Guhling/Günter/Guhling Rn 12 ff, 16 ff).

Vor allem was die **entsprechende Anwendung** des § 565 auf vergleichbaren Fallgestaltungen angeht, ist die Rechtsprechung nach wie vor ausgesprochen zurückhaltend (s BeckOGK/Först [1. 4. 2020] Rn 23, 31 ff; Guhling/Günter/Guhling Rn 16 ff). Es geht dabei einmal um die eigentlich problematischen Fälle, in denen der Zwischenvermieter in erster Linie altruistische Zwecke im Gegensatz zu eigenen wirtschaftlichen Interessen verfolgt, zum anderen um eine Reihe eigenartiger Fallgestaltungen, bei denen sich wohl vor allem die Frage stellt, wie **Umgehungen** der gesetzlichen Regelung verhindert werden können (Rn 9). Bei der ersten Fallgruppe der Verfolgung **altruistischer**, dh gemeinnütziger, mildtätiger, karitativer oder fürsorgerische **Zwecke** durch den Zwischenvermieter überwiegt bisher in Literatur und Rechtsprechung für den Regelfall die Ablehnung einer entsprechenden Anwendung des § 565 BGB, wofür in erster Linie die Erwägung maßgebend sein dürfte, dass in diesen Fällen die Interessenlage eine völlig andere als bei den in § 565 BGB geregelten Fällen der gewerblichen Zwischenvermietung ist, da bei einer Anwendung dieser Vorschrift auf altruistisch handelnde Zwischenvermieter dem Hauptvermieter die Gefahr droht, auf dem Weg über den Eintritt in die Mietverträge mit den Dritten nach § 565 Abs 1 BGB schließlich mit Mietern konfrontiert zu werden mit denen er in Wirklichkeit unter keinen Umständen zu einem Vertragsschluss bereit gewesen wäre (Stichwort: besonderes Näheverhältnis zwischen dem Zwischenvermieter und dem Untermieter; so BeckOGK/ Först [1. 4. 2020] Rn 25; Guhling/Günter/Guhling Rn 18; Franke/Geldmacher ZMR 1993, 548, 554; Müller/Walther/Krenek § 565 Rn 7; Gather, in: Der Mieterwechsel, PiG 52 [1997] 93, 104 f; Lützenkirchen § 565 Rn 15 f; Bamberger/Roth/Herrmann § 565 Rn 5 f; Palandt/ Weidenkaff § 565 Rn 2). Aber auch wenn man dies zugibt, bleibt es dabei, dass es Fallgestaltungen gibt, in denen schon mit Rücksicht auf Art 3 Abs 1 GG in der Regel eine **entsprechende Anwendung** des § 565 BGB geboten ist, weil bei dem Hauptvermieter dieselbe Interessenlage wie bei sonstigen Vermietern vorliegt und weil der

8

Dritte, der Untermieter, ebenso schutzbedürftig wie sonstige Wohnraummieter ist (Beuermann GE 1993, 1068, 1075; Blank WuM 1993, 574; Blank/Börstinghaus § 565 Rn 15 ff; Derleder NZM 2016, 670; Kunze NZM 2012, 740, 747 ff; Schmidt-Futterer/Blank § 565 Rn 9, 14 ff; St Gregor WuM 2008, 435, 437 f; Pauly ZMR 1997, 275, 277 f). So verhält es sich etwa, wenn ein gemeinnütziger Verein, dessen Zweck in der Förderung künstlerischer Berufe besteht, Künstlern verbilligte Wohnungen verschafft (BGH 30. 4. 2003 – VIII ZR 162/02, NJW 2003, 3054 = NZM 2003, 759 = WuM 2003, 563; wegen weiterer vergleichbarer Fälle s BeckOGK/Först [1. 4. 2020] Rn 32).

9 Von den Fällen, in denen der Zwischenvermieter vorwiegend altruistische (mildtätige) Zwecke verfolgt (Rn 8), sind die Fälle zu unterscheiden, in denen eine entsprechende Anwendung der Vorschrift des § 565 BGB geboten erscheint, um andernfalls naheliegende Konstruktionen zur **Umgehung der gesetzlichen Regelung** – durch mehr oder weniger kollusives Verhalten der Beteiligten – zu verhindern, in erster Linie dadurch gekennzeichnet, dass in einen Wohnraummietvertrag beliebige Dritte als Zwischenvermieter nur zu dem Zweck eingeschoben werden, dem (Unter-)Mieter den Schutz des sozialen Wohnraummietrechts zu nehmen (Schmidt-Futterer/Blank § 565 Rn 16 f; BeckOGK/Först [1. 4. 2020] Rn 31 ff; Gather PiG 52 [1997] 93, 104 f). Entsprechendes sollte gelten, wenn die ursprünglich geplante gewerbliche Zwischenvermietung scheitert, weil nur so die Entstehung eines vertragslosen Zustandes zwischen dem Vermieter und dem Dritten, dem der Wohnraum bereits überlassen wurde, verhindert werden kann (LG Duisburg ZMR 1997, 81, 82 = NJW-RR 1997, 712).

2. Untermietvertrag

10 Bei dem Vertrag zwischen dem gewerblich handelnden Zwischenvermieter (dazu oben Rn 5 ff) und dem Dritten, dem Untermieter, muss es sich, damit § 565 BGB angewandt werden kann, um einen Vertrag über Wohnraum „zu Wohnzwecken", dh um einen **Wohnraummietvertrag** im Gegensatz zu einem gewerblichen Mietvertrag handeln (zur Abgrenzung s Staudinger/Emmerich [2021] Vorbem 29 ff zu § 535). Trägt der Untermietvertrag allein oder vorwiegend gewerblichen Charakter, so ist kein Raum für eine Anwendung des § 565 BGB (und damit für einen Schutz des Untermieters; ebenso zB Derleder NZM 2009, 8, 12; Gregor WuM 2008, 435, 437 f). Ein Beispiel ist die tageweise Überlassung von Zimmern in einem Wohnheim an Obdachlose gegen Übernahme der täglichen Kosten durch eine Behörde, weil es sich dabei der Sache nach um gewerbliche Zimmervermietung handelt (so KG 20. 8. 2018 – 8 U 118/17, NZM 2019, 43; s auch Staudinger/Emmerich [2021] Vorbem 30 zu § 535). Bei **gemischten Verträgen** kommt es darauf an, ob die mietvertraglichen Elemente überwiegen. Bei Heimverträgen dürfte dies häufig zu verneinen sein, sodass § 565 BGB auf sie nicht angewandt werden kann, selbst wenn das Heim in gemieteten Räumen betrieben wird (s Staudinger/Emmerich [2021] Vorbem 69 f zu § 535; Drasdo NZM 2008, 665, 674). Ebenso ist es schließlich zu beurteilen, wenn zwischen dem (gewerblichen) „Zwischenvermieter" und dem Dritten gar *kein* Wohnraummietvertrag besteht. Wird dem Dritten der Wohnraum zB als Sachleistung für Asylbewerber, überlassen, so findet § 565 BGB keine Anwendung (BGH 3. 2. 1999 – XII ZR 308/96, NZM 1999, 219 Nr 3 [nur Ls] = BeckRS 1999, 30045530; Guhling/Günter/Guhling Rn 11).

III. Rechtsfolgen

1. Grundgedanken, rechtliche Konstruktion

Das Gesetz ordnet in § 565 Abs 1 S 1 und S 2 BGB in zwei Fällen den Eintritt einer neuen Vertragspartei in den Wohnraummietvertrag mit dem Dritten, dem Untermieter an. Diese beiden Fälle sind 1. die Beendigung des Hauptmietvertrages (zwischen Hauptvermieter und gewerblichem Zwischenvermieter) ohne erneute Einschaltung eines derartigen Zwischenvermieters (§ 565a Abs 1 S 1 BGB; s unten Rn 11) und 2. die erneute Einschaltung eines gewerblichen Zwischenvermieters nach Beendigung des ersten Hauptmietvertrages (§ 565 Abs 1 S 2 BGB; s unten Rn 12). Während in dem zuerst genannten Fall der Hauptvermieter in den Untermietvertrag als neuer Vermieter eintritt, ist dies im zweiten Fall der neue gewerbliche Zwischenvermieter. **11**

Als **Vorbild** für die Regelung des § 565 Abs 1 BGB hat **§ 566 BGB** gedient (s BT-Drucks 12 [1993]/3254, 37). § 566 BGB wird überwiegend als gesetzliche Anordnung des Eintritts des Erwerbers in das Mietverhältnis für die Dauer seines Eigentums interpretiert. Es wird maW so angesehen, als ob in dem Augenblick des Eigentumsübergangs ein neues Mietverhältnis in der Person des Erwerbers entsteht, freilich mit dem Inhalt des Mietverhältnisses mit dem Veräußerer (s § 566 Rn 4). Diese so genannte **Novationslösung** wird – trotz des von § 566 Abs 1 BGB abweichenden Wortlauts des § 565 Abs 1 BGB – im Schrifttum auch für § 565 BGB favorisiert – mit der Folge vor allem, dass es in den beiden Fällen des § 565 Abs 1 BGB (entsprechend dem Vorbild des § 566 BGB) im Augenblick des Eintritts einer neuen Vertragspartei in den bisherigen Untermietvertrag – das kann der bisherige Hauptvermieter oder der neue gewerbliche Zwischenvermieter sein – zu einer **Zäsur** in dem Mietverhältnis kommt (s Rn 14; so zB Blank/Börstinghaus § 565 Rn 19 f; Schmidt-Futterer/Blank § 565 Rn 18 f; BeckOGK/Först [1. 4. 2020] Rn 42; Guhling/Günter/Guhling Rn 25 f; Lützenkirchen § 565 Rn 23 f; Gather PiG 52 [1997] 93, 99 f; MünchKomm/Häublein § 565 Rn 14 ff; Bamberger/Roth/Herrmann § 565 Rn 9 f; Kunze NZM 2012, 740, 750 f). Nur vereinzelt finden sich ebenso wie bei § 566 Abs 1 BGB (s § 566 Rn 5) abweichende Stimmen, die § 565 Abs 1 BGB im Sinne eines **gesetzlich angeordneten Übergangs des Mietverhältnisses** entweder auf den bisherigen Hauptvermieter oder auf den neuen Zwischenvermieter interpretieren, – woraus dann der weitere Schluss abgeleitet wird, dass der Eintritt einer neuen Mietvertragspartei bei § 565 BGB – anders als nach hM bei § 566 Abs 1 BGB – *nicht* zu einer *Zäsur* in dem Mietverhältnis führe, dass sich vielmehr fortan alle Rechte und Pflichten der Parteien ohne Rücksicht auf den Zeitpunkt ihrer Entstehung auf die neuen Vertragsparteien konzentrierten (so insbesondere LG Darmstadt WuM 2003, 31; Derleder/Bartels JZ 1997, 981, 985 ff; Derleder NZM 2009, 8, 12). Der BGH hat bisher offen gelassen, ob dem zu folgen ist (BGH 9. 3. 2005 – VIII ZR 394/03, NJW 2005, 2552, 2553 [l Sp] = WuM 2005, 401 = NZM 2005, 538). **12**

Folgt man – trotz der auf der Hand liegenden Bedenken – auch bei § 565 Abs 1 BGB der überwiegend vertretenen Novationslösung (s Rn 12), so bedeutet dies, dass mit dem Eintritt einer neuen Partei in den Fällen des § 565 BGB der Sache nach ebenso wie bei § 566 BGB ein **neuer Mietvertrag kraft Gesetzes** zwischen dem Hauptvermieter *oder* dem neuen gewerblichen Zwischenvermieter auf der einen Seite und dem Untermieter auf der anderen Seite zustande kommt, freilich **mit demselben** **13**

Inhalt wie der frühere Untermietvertrag (Blank WuM 1993, 574). Da der Eintritt der genannten Personen in den (bisherigen) Untermietvertrag auf Gesetz (§ 565 Abs 1 BGB) beruht, ist der Eintritt **unabhängig von** einer **Zustimmung** des bisherigen Untermieters. Sein (Unter-)Mietvertrag mit dem bisherigen Zwischenvermieter endet folglich kraft Gesetzes und wird durch den neuen Mietvertrag mit dem bisherigen Hauptvermieter oder dem neuen Zwischenvermieter ersetzt (s Bamberger/Roth/Herrmann § 565 Rn 9 f).

14 Die von der hM favorisierte Novationslösung (s Rn 13) hat zur weiteren Folge, dass es hier – ebenso wie bei § 566 Abs 1 BGB – im Augenblick des Eintritts der neuen Vertragspartei, dh im Falle des § 565 Abs 1 S 1 BGB bei Beendigung des Hauptmietvertrages und im Falle des § 565 Abs 1 S 2 BGB bei Eintritt des neuen Zwischenvermieters, zu einer **Zäsur** in den vertraglichen Beziehungen der Beteiligten kommt, sodass insbesondere sämtliche schon vorher begründeten Rechte und Pflichten aus dem Mietverhältnis weiterhin zwischen den bisherigen Parteien abzuwickeln sind (Kunze NZM 2012, 740, 750 f mwNw; offen gelassen in BGH 9. 3. 2005 – VIII ZR 394/03, NJW 2005, 2552, 2553 [l Sp] = WuM 2005, 401 = NZM 2005, 538). Insbesondere richten sich schon **entstandene Schadensersatzansprüche** des Untermieters weiter gegen die bisherige Vertragspartei, der auch allein die **Ansprüche** auf Mietrückstände zustehen (offen gelassen in BGH 9. 3. 2005 – VIII ZR 394/03, NJW 2005, 2552, 2553 [l Sp] = WuM 2005, 401 = NZM 2005, 538). Für die Abrechnung über die **Betriebskosten** gilt ebenfalls dasselbe wie bei § 566 BGB (s § 566 Rn 55; anders Derleder NZM 2009, 8, 12). Bei einer **Mieterhöhung** durch den neuen Vermieter bleibt ferner nach § 558 BGB die Kappungsgrenze anwendbar (AG Lüdinghausen WuM 1994, 279). Die neue Partei tritt dagegen **nicht** in Rechte und Pflichten aus **zusätzlichen Abreden** der Parteien ein, die nur wirtschaftlich, nicht aber rechtlich mit dem Mietvertrag verbunden sind (Gather PiG 52 [1997] 93, 100 f; Schmidt-Futterer/Blank § 565 Rn 24). Obwohl vom Gesetz nicht ausdrücklich gesagt, ist auch die umstrittene Frage des Beginns der **Verjährung** der beiderseitigen Ansprüche (§ 548 Abs 1 und 2 BGB) ebenso wie im Anwendungsbereich des § 566 BGB zu beurteilen (str, s oben Staudinger/V Emmerich [2021] § 548 Rn 37).

15 Es liegt auf der Hand, dass der bisherige Untermieter über den Wechsel seines Vertragspartners nach § 565 Abs 1 BGB informiert werden muss. Zwar ist (erstaunlicherweise) seine **Information** durch den Haupt- oder Zwischenvermieter gesetzlich nicht vorgesehen; nach Treu und Glauben ist aber der neue (Unter-)Vermieter als verpflichtet anzusehen, den Untermieter umgehend über die neue Rechtslage zu informieren, widrigenfalls er sich ersatzpflichtig macht (§§ 241 Abs 2, 242 und 280 Abs 1 BGB). Wegen der Wirkungen der somit grundsätzlich immer erforderlichen Anzeige des Vermieterwechsels ist im Übrigen § 566e BGB (iVm § 565 Abs 2 BGB) zu beachten (s unten Rn 16). Aus denselben Erwägungen heraus wird häufig auch dem Hauptvermieter gegen den Zwischenvermieter ein Anspruch auf **Auskunft** über die Person des Untermieters und über den Inhalt des mit diesem abgeschlossenen Vertrages zugebilligt (Blank/Börstinghaus § 565 Rn 21; BeckOGK/Först [1. 4. 2020] Rn 46; Guhling/Günter/Guhling Rn 28).

2. Ende des Hauptmietvertrages

16 Der erste Fall, in dem es nach § 565 Abs 1 S 1 BGB zu dem Eintritt einer neuen Vertragspartei in den (bisherigen) Untermietvertrag auf der Seite des (Unter-)Vermieters kommt, ist der, dass bei der gewerblichen Weiter- oder Zwischenvermietung der Hauptmietvertrag zwischen dem Vermieter und dem gewerblichen Zwischenvermieter endet. *Keine* Rolle spielt, aus welchem **Grund** es zur Beendigung des Hauptmietvertrages kommt. § 565 BGB gilt daher zB auch bei einer Kündigung des Hauptmietvertrages nach § 57a ZVG (LG Berlin GE 2009, 910), bei einer Kündigung des Insolvenzverwalters über das Vermögen des Zwischenvermieters nach § 109 InsO (BLANK/BÖRSTINGHAUS § 565 Rn 20) sowie schließlich bei Abschluss eines Aufhebungsvertrages zwischen dem Hauptvermieter und dem gewerblichen Zwischenvermieter (GATHER PiG 52 [1997] 93, 98). Die Parteien können nichts Anderes vereinbaren (§ 565 Abs 3 BGB); vielmehr kommt es in jedem Fall unter den genannten Voraussetzungen zum **Eintritt des Hauptvermieters** in den bisherigen Untermietvertrag, der sich damit kraft Gesetzes in einen normalen Mietvertrag verwandelt (wegen der Einzelheiten s Rn 12 f). Dieser Vorgang kann sich auch mehrfach während des Bestandes des Untermietvertrages wiederholen (s auch unten Rn 17).

3. Neuer Zwischenvermieter

Der zweite Fall, in dem § 565 Abs 1 S 2 BGB einen Wechsel der Vertragspartei auf der Seite des Vermieters anordnet, ist der, dass der Hauptvermieter (nach Ausscheiden des ersten Zwischenvermieters) erneut einen Mietvertrag mit einem gewerblichen Zwischenvermieter abschließt. Das kann ein neuer Zwischenvermieter oder der bisherige sein (PALANDT/WEIDENKAFF Rn 7). In jedem Fall entsteht mit Abschluss des neuen Hauptmietvertrages zwischen Hauptvermieter und neuem (zweitem) gewerblichen Zwischenvermieter **zugleich** ein **neuer Untermietvertrag** zwischen dem neuen Zwischenvermieter und dem Dritten, dem (bisherigen) Untermieter, freilich mit demselben Inhalt wie der bisherige Vertrag, während der erste Untermietvertrag kraft Gesetzes sein Ende findet (o Rn 13). Liegt zwischen der Beendigung des ersten Hauptmietvertrages und dem Abschluss eines neuen Hauptmietvertrages mit einem neuen (zweiten) gewerblichen Zwischenvermieter eine Zeitspanne, so kommt es infolgedessen zu einem **mehrfachen Wechsel des Vermieters**: Zunächst tritt gemäß S 1 des § 565 Abs 1 BGB der Hauptvermieter in den Mietvertrag ein, bis er durch den neuen Zwischenvermieter abgelöst wird. Ein vertragsloser Zustand zwischen Hauptvermieter und (früherem) Untermieter, den der Gesetzgeber gerade vermeiden wollte (o Rn 1), entsteht daher in keinem Fall (BLANK WuM 1993, 574).

IV. Entsprechende Anwendung der §§ 566a bis 566e

1. Überblick

Gemäß § 565 Abs 2 BGB gelten die §§ 566a bis 566e BGB in den beiden Fällen des § 565 Abs 1 BGB (s Rn 16 f) entsprechend. Der Bundesrat hatte hierin die gebotene Folgerung aus dem Umstand gesehen, dass Vorbild der gesetzlichen Regelung § 566 BGB ist (BT-Drucks 12 [1993] 3254, 37). Bei der entsprechenden Anwendung der §§ 566a bis 566e BGB ist zu beachten, dass die **Terminologie** in den §§ 566a bis 566e BGB von der des § 565 BGB abweicht – mit der Folge, dass in den §§ 566a bis 566e BGB im Rahmen ihrer entsprechenden Anwendbarkeit nach § 565 Abs 2 BGB an die Stelle des „Erwerbers" jeweils der *Haupt*vermieter oder der *neue* gewerbliche Zwischenvermieter tritt (§ 565 Abs 1 S 1 und 2 BGB; o Rn 16 f), während dem „Vermieter" in den §§ 566a bis 566e BGB im Rahmen des § 565 BGB der *frühere* gewerbliche

Zwischenvermieter entspricht. Der „Mieter" in den §§ 566a bis 566e BGB ist dagegen der „Dritte", dh der Untermieter in § 565 BGB. Ferner bleibt zu beachten, dass, soweit die §§ 566a bis 566e BGB auf den **Zeitpunkt** der Veräußerung, dh des Eigentumsübergangs abstellen, stattdessen im Falle des § 565 Abs 1 S 1 BGB der Zeitpunkt der Beendigung des Hauptmietvertrages (o Rn 16) und im Falle des § 565 Abs 1 S 2 BGB der Zeitpunkt des Abschlusses eines neuen Hauptmietvertrages mit dem zweiten gewerblichen Zwischenvermieter maßgebend sind (o Rn 17).

19 *Nicht* erwähnt ist in § 565 Abs 2 BGB die Vorschrift des **§ 566 Abs 2 BGB** über die nur beschränkte Haftung des Vermieters als Bürge im Falle der Veräußerung des Grundstücks (§ 566 Rn 59 ff). Deshalb ist umstritten, ob § 566 Abs 2 BGB ebenfalls im Rahmen des § 565 BGB entsprechend angewandt werden kann (dafür Bamberger/ Roth/Herrmann § 565 Rn 10, 12; dagegen Guhling/Günter/Guhling Rn 43; MünchKomm/ Häublein § 565 Rn 18). *Dafür* spricht vor allem die vom Gesetzgeber betonte Parallele zu § 566 BGB (s Rn 9).

2. § 566a

20 § 565 Abs 2 BGB regelt in Verbindung mit § 566a BGB den Fall, dass der Untermieter an den (ersten) Zwischenvermieter eine **Sicherheit** geleistet hatte. Nach **§ 566a S 1 BGB** tritt in diesem Fall der Hauptvermieter bzw der neue Zwischenvermieter (§ 565 Abs 1 S 1 und 2 BGB) in die durch die Sicherheit begründeten Rechte und Pflichten ein (s unten § 566a Rn 8 ff). Hatte der erste Zwischenvermieter die Sicherheit bereits ganz oder teilweise in Anspruch genommen, so kann folglich der nach § 565 Abs 1 BGB eintretende Vermieter oder Zwischenvermieter die **Wiederauffüllung** der Sicherheit, insbesondere also die Nachzahlung einer Barkaution verlangen. Der Zwischenvermieter bleibt außerdem befugt, mit eigenen Forderungen gegen den Rückzahlungsanspruch des Untermieters aufzurechnen, selbst wenn er zuvor dem Hauptvermieter die Aushändigung der Kaution an den Untermieter zugesagt haben sollten (so BeckOGK/Först [1. 4. 2020] Rn 47 unter Hinweis auf AG Mannheim BeckRS 2008, 23249). Anwendbar ist ferner **§ 566a S 2 BGB**, nach dem der Untermieter die Sicherheit in jedem Fall von dem eintretenden Vermieter oder Zwischenvermieter und hilfsweise von dem ersten Zwischenvermieter **zurückverlangen** kann (s unten § 566a Rn 14 ff; LG Berlin GE 2009, 910). Das Gesetz hat damit eine alte Streitfrage unter der Geltung des früheren § 549a BGB aF geklärt (zur früheren Rechtslage Staudinger/V Emmerich [2014] § 565 Rn 14).

3. §§ 566b bis 566d

21 Entsprechend anwendbar sind außerdem gemäß § 565 Abs 2 BGB die §§ 566b bis 566d BGB (s Derleder/Bartels JZ 1997, 981, 987; Gather PiG 52 [1997] 93, 101 f). Im Einzelnen regelt **§ 566b BGB** in Verbindung mit § 565 Abs 2 BGB die Wirksamkeit von **Vorausverfügungen** des ersten Zwischenvermieters über die Miete für den Zeitraum nach Eintritt des Hauptvermieters oder des neuen Zwischenvermieters in den (Unter-)Mietvertrag. Die davon zu unterscheidende Frage der Wirksamkeit von **Rechtsgeschäften** zwischen (erstem) Zwischenvermieter und Untermieter einschließlich der Tilgung der Miete hat ihre Regelung dagegen in **§ 566c BGB** gefunden. **§ 566d BGB** betrifft schließlich die Frage, unter welchen Voraussetzungen der Untermieter mit Forderungen gegen den ersten Zwischenvermieter gegen seinen neuen

Vermieter (den Hauptvermieter oder den neuen gewerblichen Zwischenvermieter) **aufrechnen** kann. Wegen der Einzelheiten ist auf die Erläuterungen zu den genannten Vorschriften zu verweisen.

4. § 566e

§ 565 Abs 2 BGB verweist schließlich noch auf § 566e BGB, der die Wirkung einer **Anzeige** des Eigentumsübergangs durch den Vermieter im Falle des § 566 BGB regelt (s dazu schon oben Rn 15). Auf § 565 BGB übertragen, hat das Gesetz hier folglich Fälle im Auge, die dadurch gekennzeichnet sind, dass der erste gewerbliche **Zwischenvermieter** dem Untermieter das **Ende des Hauptmietvertrages anzeigt** mit der Folge, dass entweder der Hauptvermieter oder der neue Zwischenvermieter in den (Unter-)Mietvertrag eintritt. Der Untermieter kann dann auf diese Mitteilung vertrauen und mit befreiender Wirkung an den ihm bezeichneten neuen Vertragspartner zahlen, selbst wenn dieser tatsächlich *nicht* in den Vertrag eingetreten sein sollte (s unten § 566e Rn 4 ff; SCHMIDT-FUTTERER/BLANK § 565 Rn 62 f). § 566e BGB ist entsprechend anzuwenden, wenn es zwar nach § 565 Abs 1 BGB zu dem Eintritt eines neuen Vertragspartners gekommen ist, in der Anzeige des ersten Zwischenvermieters aber ein falscher neuer Vertragspartner, zB anstelle des neuen Zwischenvermieters der Hauptvermieter, bezeichnet wurde (DERLEDER/BARTELS JZ 1997, 981, 986 f).

22

V. Abweichende Vereinbarungen

Nach § 565 Abs 3 BGB ist eine zum Nachteil des Dritten, dh des Untermieters von § 565 BGB abweichende Vereinbarung unwirksam. Durch Vereinbarung zwischen **Hauptvermieter und** gewerblichem **Zwischenvermieter** kann daher im Falle der Beendigung des Hauptmietvertrages der Eintritt des Hauptvermieters oder des neuen gewerblichen Zwischenvermieters in den (Unter-)Mietvertrag zum Nachteil des Untermieters nicht verhindert werden. Ebensowenig sind in dem **Untermietvertrag** Vereinbarungen möglich, durch die der Untermieter unmittelbar oder mittelbar um die Vorteile der gesetzlichen Regelung in § 565 BGB gebracht werden soll. **Beispiele** sind eine Vereinbarung, dass der Untermietvertrag *auflösend bedingt* durch den Bestand des Hauptmietvertrages ist (s § 572 Abs 2 BGB), die Abrede, dass der Untermietvertrag *nur für die Zeit* des Bestandes des Hauptmietvertrages gelten soll (§ 575 BGB) oder der Verzicht des Untermieters auf den Schutz des § 566a BGB bei Eintritt des Vermieters oder eines neuen Zwischenvermieters (LG Darmstadt WuM 2003, 31). Auch **zusätzliche Kündigungsrechte** für den Zwischenvermieter bei Beendigung des Hauptmietvertrages widersprechen dem § 565 Abs 3 BGB. Vereinbarungen, durch die die Rechtsstellung des Untermieters **verbessert** wird, bleiben dagegen möglich (LG Darmstadt WuM 2003, 31).

23

§ 566
Kauf bricht nicht Miete

(1) Wird der vermietete Wohnraum nach der Überlassung an den Mieter von dem Vermieter an einen Dritten veräußert, so tritt der Erwerber anstelle des Vermieters in die sich während der Dauer seines Eigentums aus dem Mietverhältnis ergebenden Rechte und Pflichten ein.

§ 566

(2) Erfüllt der Erwerber die Pflichten nicht, so haftet der Vermieter für den von dem Erwerber zu ersetzenden Schaden wie ein Bürge, der auf die Einrede der Vorausklage verzichtet hat. Erlangt der Mieter von dem Übergang des Eigentums durch Mitteilung des Vermieters Kenntnis, so wird der Vermieter von der Haftung befreit, wenn nicht der Mieter das Mietverhältnis zum ersten Termin kündigt, zu dem die Kündigung zulässig ist.

Materialien: E I § 509; II § 563; III 564; BGB § 571; Mot II 380 ff; Prot III 134 ff; Mietrechtsreformgesetz von 2001 (BGBl I 1149); Begr z RegE BT-Drucks 14/4553, 63.

Schrifttum

Börsinghaus, Der Wechsel des Vermieters, in: Mietparteien und ihr Wechsel, PiG 70 (2005) 65 = NZM 2004, 481
Bub/Treier/Landwehr, Hdb Rn II 2669
Canaris, Die Verdinglichung obligatorischer Rechte, in: FS Flume I (1978) 371
Crome, Die juristische Natur der Miete nach dem deutschen BGB, JherJb 37 (1897) 1
Derleder, Der „mitgekaufte" Mieter, NJW 2008, 1189
ders, Die Betriebskostenabrechnung bei Eigentümer- und Vermieterwechsel, Zwangs- und Insolvenzverwaltung, NZM 2009, 8
Derleder/Bartels, Der Vermieterwechsel bei der Wohnraummiete, JZ 1997, 981
Dörner, Dynamische Relativität (1985)
Dötsch, Anfechtung eines Mietvertrages in Veräußerungssachverhalten, ZMR 2011, 257
ders, Mietvorauszahlungen in Veräußerungskonstellationen, NZM 2012, 296
Dulckeit, Die Verdinglichung obligatorischer Rechte (1951)
Eckert, Veräußerung des Mietgrundstücks ohne Vermieterwechsel, in: FS Blank (2006) 129
Eisenhardt, Verfassungskonforme Anwendung von § 571 BGB, WuM 1999, 20
Eisenhardt, Eigentümerwechsel in der Zeit zwischen Mietvertragsende und Rückgabe der Mietsache – keine Regelungslücken, WuM 2020, 398
V Emmerich, Gesetzliche Nachfolge bei der Grundstücksveräußerung, in: Rechtsnachfolge im Mietverhältnis, PiG 37 (1993) 35 = Wohnen 1993, 16

ders, Der Mieter als Eigentümer von Gerichts wegen, in: FS Gitter (1995) 241
ders, Miete und Zwangsmaßnahmen, in: Verwendung und Verwaltung der Mieterleistungen durch den Vermieter, PiG 28 (1988) 145
ders, Gestaltungsrechte und § 566 BGB, in: 10 Jahre Mietrechtsreformgesetz (2011) 722
ders, Miete und Nießbrauch, in: 10 Jahre Mietrechtsreformgesetz (2011) 729
Finger, Die Sperrwirkung der Vormerkung (§ 883 Abs 2 BGB) gegenüber nachträglicher Vermietung, JR 1974, 8
Fricke, Zur Übertragbarkeit des Rechts zur Wohnungskündigung bei einem Grundstückskauf, ZMR 1979, 65
Frenz, Kauf bricht nicht Miete, MittRheinNotarkammer 1991, 165
Gather, Die Rechtslage beim Wechsel des Vermieters, in: FS Bärmann und Weitnauer (1990) 295 = DWW 1992, 37
Gellwitzki, Der Mängelbeseitigungsanspruch und das Leistungsverweigerungsrecht des Mieters bei Mietende und bei Vermieterwechsel, WuM 2006, 126
Genius, Der Bestandsschutz des Mietverhältnisses in seiner historischen Entwicklung bis zu den Naturrechtskodifikationen (1972)
Greiner, Die Reichweite des § 571 BGB bei Veräußerung einer Eigentumswohnung, ZMR 1999, 365
Grotterhorst/Burbulla, Zur Anwendbarkeit des § 566 BGB bei Vermietung durch Nichteigentümer, NZM 2006, 246

GSCHNITZER, Miete vom Nichtberechtigten, AcP 123 (1925) 43

GÜNTER, Fehlende Identität von Eigentümer- und Vermieterstellung, WuM 2013, 264

HARKE, Veräußerungskette, ZMR 2002, 481

HATTENHAUER, Bricht Miete Kauf?, in: Gedschr Sonnenschein (2003) 153 = NZM 2003, 666

HENSELER, Rückgabe und Herausgabe der Mietsache, ZMR 1964, 36

HESSE, Die rechtliche Natur der Miete (1902)

HORST, Immobilienverkauf – mietrechtliche Auswirkungen, ZMR 2009, 655

JACOBY, Der Begriff der „Überlassung" eines Mietraumes nach Reichsrecht, SeuffBl 72 (1907) 813, 1034

JÜTTNER, Zur Geschichte des Grundsatzes „Kauf bricht nicht Miete" (1960)

KOBAN, Die gesetzliche Bürgschaft der §§ 571 und 1251 BGB (1905)

J KOCH/RUDZIO, Die Anwendbarkeit des § 566 BGB bei der Veräußerung einer vom Nichteigentümer vermieteten Immobilie, ZfIR 2007, 437

KÜHN, Widerspruchsrecht des Mieters?, NZM 2009, 4

KÜHNE, Versprechen und Gegenstand, AcP 140 (1935) 1

LATTINOVIC/QUENNET, Abdingbarkeit von § 566 Abs 1 BGB, NZM 2009, 843

LEO, Die bürgengleiche Schadenshaftung des Vermieters im Veräußerungsfalle, NZM 2006, 244

LEO/GÖTZ, Ende des Mietverhältnisses und stillschweigende Verlängerung, NZM 2019, 601

LÖNING, Die Grundstücksmiete als dingliches Recht (1930)

NEUMANN, Ansprüche des Mieters hinsichtlich der Betriebskostenvorauszahlungen bei Eigentumswechsel, WM 2012, 3

OTTE, Die dingliche Rechtsstellung des Mieters nach ALR und BGB, in: FS Wieacker (1978) 463

ders, Vermietung als Verfügung, in: Gedschr Sonnenschein (2003) 181

M PASCHKE/H OETKER, Zur Dogmatik des Sukzessionsschutzes im Wohnraummietrecht, NJW 1986, 3174

PICKER, Der Anspruch auf Verwendungsersatz und das Prinzip „Kauf bricht nicht Miete", NJW 1982, 8

RAAPE, Gebrauchs- und Besitzüberlassung, JherJb 71 (1922) 97

J REISMANN, Die Mietwohnung in der Zwangsverwaltung, WuM 1998, 387

RIPS, Unternehmens- und Wohnungsverkäufe – rechtliche und wirtschaftliche Folgen, WuM 2006, 227

G SCHOLZ, Der Grundstückskäufer vor Eigentumsübergang, ZMR 1988, 285

ders, Kündigung nach Vermieterwechsel, WuM 1983, 279

SCHÖN, Zur Analogiefähigkeit des § 571 BGB, JZ 2001, 119

SICK, Wechsel im Gesellschafterbestand der BGB-Gesellschaft, ZMR 2011, 438

SONNENSCHEIN, Kündigung und Rechtsnachfolge, ZMR 1992, 417

ders, Kündigungsprobleme bei der Rechtsnachfolge, in: Rechtsnachfolge im Mietverhältnis, PiG 37 (1993) 95

SÖLLNER, Mietvertragliche Sachmängelhaftung des Grundstückserwerbers gegenüber Dritten, JuS 1970, 159

SPÄTH, Welche Rechte und Pflichten übernimmt ein Erwerber, der Eigentum an einer vermieteten Einzelhandel-Immobilie erwirbt?, ZMR 2013, 405

vSTEBUT, Der soziale Schutz als Regelungsproblem des Vertragsrechts (1982)

STREYL, Zur analogen Anwendung des § 566 BGB auf den Eigentumsübergang gem § 2 BImAG, ZMR 2008, 602

ders, Zum Identitätserfordernis in § 566 BGB, WuM 2008, 579

ders, Kauf bricht nicht Miete, NZM 2010, 343

TERNER, Auseinandersetzung bricht nicht Miete?, RNotZ 2019, 382

WACKE, Miete und Pacht vom Nießbraucher und Vorerben sowie vom Nichtberechtigten, in: FS Gernhuber (1993) 489

WEITEMEYER, Vermietung von Eigentumswohnungen, NZM 1998, 169

dies, Neues zum Eintritt des Wohnungseigentümers in das Mietverhältnis, NZM 1999, 111

dies, Der Eintritt des Erwerbers in das Mietverhältnis nach § 566 BGB – ein Rechtsinstitut auf dem Weg zum Sukzessionsschutz, in: FS Blank (2006) 445

WIELING, Die Grundstücksmiete als dingliches Recht, in: Gedschr Sonnenschein (2003) 201
WOLTER, Mietrechtlicher Bestandsschutz (1984)
ZEHELEIN, Verdeckt, ermächtigt, konkludent handelnd, NZM 2015, 31.

Systematische Übersicht

I.	Geschichte	1
II.	Grundgedanken	4
III.	**Anwendungsbereich**	
1.	Überblick	8
2.	Verträge über Grundstücksteile, Ausbeutungsverträge, Optionen	9
3.	Gestattungsverträge, Untermiete, Vorverträge	10
4.	Erbbaurecht	12
5.	Nießbrauch	13
6.	Wohnungsrecht	16
7.	Wohnungseigentum	17
8.	Zwangsversteigerung	20
9.	Zwangsverwaltung	21
10.	Entsprechende Anwendung	24
11.	Gesetzlicher Erwerb	26
IV.	**Eigentum des Veräußerers**	
1.	Identitätserfordernis	27
2.	Miteigentum	30
3.	Hausverwalter, Treuhänder	32
4.	Veräußerungsketten	33
5.	Mehrzahl von Erwerbern	34
V.	**Veräußerung**	
1.	Nur rechtsgeschäftliche Übertragung des Eigentums	38
2.	Bestand der Miete	43
3.	Rechtslage vor Eigentumsübergang	45
VI.	**Überlassung**	
1.	Überblick	49
2.	Voraussetzungen	51
VII.	**Eintritt in die Vermieterstellung**	
1.	Rechte und Pflichten aus dem Mietverhältnis	54
2.	Rechte und Verpflichtungen gegenüber Dritten	59
3.	Anfechtung	60
4.	Kündigung des Mieters	62
5.	Kündigung des Vermieters	64
6.	Vermieteransprüche	69
VIII.	**Insbesondere Vermieterpflichten**	
1.	Fälligkeitsprinzip	73
2.	Aufwendungs- und Schadensersatzansprüche	77
IX.	**Betriebskostenabrechnung**	
1.	Eigentumsübergang nach Ablauf der Abrechnungsfrist	80
2.	Übergang des Eigentums während der Abrechnungsfrist	81
3.	Übergang des Eigentums während einer Abrechnungsperiode	82
4.	Zwangsverwaltung, Zwangsversteigerung	83
X.	Abreden über die Vertragsbeendigung	85
XI.	Abweichende Vereinbarungen	86
XII.	**Bürghaftung des Vermieters**	
1.	Voraussetzungen	88
2.	Haftungsbefreiung durch Mitteilung	91
XIII.	Prozessuales	93

Alphabetische Übersicht

Abweichende Vereinbarungen	86
Aneignung	24 f
Anfängliche Mängel	78
Anfechtung	67
Anwendungsbereich	8 ff
– Aneignung	24
– Ausbeutungsverträge	9
– Außenwände	9
– Automatenaufstellverträge	10
– Enteignung	26

Untertitel 2 · Wohnraum
Kapitel 4 · Wechsel der Vertragsparteien   § 566

– entsprechende Anwendung   24 f
– Erbbaurecht   12
– Gestattungsverträge   10
– Grundstücksteile   9
– Hausverwalter   32
– Leihe   26
– Miteigentum   30
– Nießbrauch   13 f
– Platzmiete   10
– Realteilung   32
– Umgehungsgeschäfte   7
– Untermiete   10
– Wohnungseigentum   17
– Wohnungsrecht   15 f
– Zwangsversteigerung   18
– Zwangsverwaltung   21
Automatenaufstellvertrag   10

Bedingung, auflösende   85
Besitz des Mieters   45
Betriebskostenabrechnung   77
Bürgenhaftung des Veräußerers   88 ff
  s Haftung des Vermieters

Eigentum des Veräußerers   27 ff
Eigentumsübergang   45
Eintritt in die Vermieterpflichten   73
– Abreden über Vertragsbeendigung   84
– Ansprüche des Mieters   78
– Aufwendungsersatz   77
– durch Rechtsgeschäft   46
– Fälligkeitsprinzip   73
– Optionen   85
– Verpflichtungen des Vermieters gegen-
  über Dritten   56
– Vorvertrag   76
Eintritt in die Vermieterrechte   54 ff
– Kündigung   61
– Sicherheiten   56 f
– Vertragsänderungen   55
Enteignung   26
Entsprechende Anwendung   24 f
Erbbaurecht   12 f
Erbfolge   27, 41

Fälligkeitsprinzip   73

Gemischte Verträge   24
Geschichte   2

Gesellschaften   26, 41
Grundstücksmiete   8 ff
Grundstücksteile   9
Gutgläubiger Erwerb   6

Haftung des Vermieters   88 f
– abweichende Vereinbarungen   89
– Befreiung des Vermieters   91
– Bürgenhaftung   90
– Mitteilung des Vermieters   91 f
Kündigung des Mieters   61
Kündigungsbeschränkungen   59, 71
Kündigungslagen   67

Leihe   26

Mietsicherheiten   56 f
Miteigentümer   30

Nießbrauch   13 f
Novationslösung   4

Platzmiete   10
Prozessuales   93

Realteilung   34
Rechtsgeschäftlicher Übergang   46
Rechtslage vor Eigentumsübergang   45

Teilung des Grundstücks   34

Übergabe der Sache   44 f
Überlassung der Sache   49 ff
– Teilübergabe   53
– Übergabe   51
– Untermiete   52
– Wandflächen   53
– Wohnungen   53
Umwandlung von Gesellschaften   41 f
Umwandlungsfälle   64
Untermiete   10, 70

Veräußerung des Grundstücks   38 ff
– Abwicklungsverhältnis   43
– Grundgeschäft   38
– Nichtigkeit   40
– Rechtslage von Eigentumsübergang   45 ff
– Teilung des Grundstücks   36

– Übergabe	44, 51	Wohnungsrecht	15 f
Veräußerungsketten	33	Zwangsversteigerung	26
Vermieterpflichten	73 f	Zwangsverwaltung	21 f, 71
Wegnahmerecht	77	Zweck	3
Wohnungseigentum	17 f, 36		

I. Geschichte

1 § 566 Abs 1 BGB bestimmt (iVm § 578 Abs 1 und Abs 2 S 1 BGB), dass im Falle der Veräußerung des vermieteten Grundstücks nach dessen Überlassung an den Mieter der Erwerber anstelle des Vermieters in die sich während der Dauer seines Eigentums aus dem Mietverhältnis ergebenden Rechte und Pflichten eintritt. § 566 BGB entspricht dem § 571 aF, mit dem sich das BGB schließlich für den Grundsatz „**Kauf bricht nicht Miete**" (s die Überschrift des § 566 BGB) und gegen den gemeinrechtlichen Grundsatz „Kauf bricht Miete" entschieden hatte.

2 Vor Inkrafttreten des BGB herrschte in der Frage des Mieterschutzes bei Veräußerung des Grundstücks in Deutschland eine vielbeklagte **Rechtszersplitterung** (vgl Mot II 381 ff; EMMERICH, in: Rechtsnachfolge im Mietverhältnis, PiG 37 [1993] 35, 37; GENIUS, Bestandsschutz; BeckOGK/HARKE [1. 10. 2020] Rn 2 ff; HATTENHAUER, in: Gedschr Sonnenschein 153, bes 174 ff = NZM 2003, 666; JÜTTNER, Geschichte; LÖNING, Grundstücksmiete 76 ff; STREYL NZM 2010, 343; MITTELSTEIN, Miete 648 ff; WEITEMEYER, in: FS Blank 445; WOLTER, Bestandsschutz 69, 95 ff). Während das **gemeine Recht** der Rechtsparömie „Kauf bricht Miete" folgte, beruhten vor allem das **preußische** und das **französische Recht** auf dem entgegengesetzten Prinzip „Kauf bricht nicht Miete" (ALR I 21 §§ 358 ff; C civ Art 1743 ff; Badisches Landrecht S 1743 ff; RGZ 59, 177, 186 f; LÖNING, Grundstücksmiete 88 ff). Einen vermittelnden Standpunkt nahmen das **österreichische, schweizerische, sächsische und bayerische Recht** ein. Nach diesen Rechten trat der Erwerber zwar zunächst in einen von dem Veräußerer abgeschlossenen Mietvertrag ein, erlangte jedoch ein Sonderkündigungsrecht, sodass er den Vertrag sofort mit der gesetzlichen Kündigungsfrist kündigen konnte. Auf denselben Standpunkt hatte sich zunächst der **erste Entwurf** (E I) gestellt (Mot II 383 ff; vgl § 57 ZVG). Diese Lösung war jedoch in der Öffentlichkeit allgemein auf derart heftige Kritik gestoßen (vgl WOLTER, Bestandsschutz 96 f), dass die **zweite Kommission** alsbald, wenn auch unter Betonung des Ausnahmecharakters der Regelung, zu dem Prinzip „Kauf bricht nicht Miete" überging (BÖRSTINGHAUS, in: Mietparteien und ihr Wechsel, PiG 70 [2005] 65, 66 f = NZM 2004, 481 mwNw; STREYL NZM 2010, 343). Zugleich wurde die gesetzliche Regelung um die früheren §§ 572 bis 579 BGB (= §§ 566a bis 567b idF von 2001) erweitert, die die Konsequenzen aus dem Übergang zu dem Prinzip „Kauf bricht nicht Miete" in verschiedenen Beziehungen regeln. § 566 BGB hat seinerseits als Vorbild für den neuen § 565 BGB gedient (s dazu oben § 565 Rn 8 f).

3 Aus der Entstehungsgeschichte (o Rn 2) folgt, dass mit der Regelung der §§ 566 bis 567b BGB in erster Linie ein **Schutz des Mieters** gegen seine vorzeitige „Austreibung" infolge einer Veräußerung des vermieteten Grundstücks bezweckt ist, wobei für die Gesetzesverfasser freilich – anders als heute – weniger die Interessen der Wohnraummieter als die der gewerblichen Mieter und der landwirtschaftlichen

Pächter im Vordergrund standen (Mot II 383 f; Prot II 137 f). Der Mieter soll maW dagegen geschützt werden, dass er infolge der Veräußerung des Grundstücks ohne sein Zutun auf einmal mit einem Vermieter konfrontiert wird, der nicht mehr Eigentümer ist, und mit einem neuen Eigentümer, der nicht Vermieter ist, sodass er diesem gegenüber kein Besitzrecht hat (BGHZ 138, 82, 86 = NJW 1998, 1220, 1221; BGH 9. 7. 2008 – VIII ZR 280/07, NJW 2008, 2773 Tz 10 = NZM 2008, 726 = WuM 2008, 562). Die Vorschriften der §§ 566 ff BGB sind daher durchgängig als ausgesprochene **Mieterschutzbestimmungen** anzusehen und müssen ohne Ausnahme in diesem Lichte gesehen und interpretiert werden (BGHZ 107, 315, 119 f = NJW 1989, 2053; BGHZ 141, 160, 167 = NJW 1999, 1857; BGHZ 141, 239, 247 f = NJW 1999, 2177; BGH 12. 7. 2017 – XII ZR 26/16 Rn 29, BGHZ 215, 236, 244 = NZM 2017, 847; BGH 2. 7. 2003 – XII ZR 34/02, NJW 2003, 2987 = NZM 2003, 716, 717 [unter 3a] = ZMR 2003, 732; vStebut, Schutz 150 ff; Streyl NZM 2010, 343, 345). Über den Interessen der Mieter dürfen indessen die legitimen Interessen insbesondere der **Grundstückserwerber** nicht gänzlich aus dem Blickfeld geraten, die sich aufgrund der Regelung des § 566 BGB möglicherweise unerwartet mit erheblichen Belastungen in Gestalt langfristiger Mietverträge konfrontiert sehen (so BGH 4. 9. 2019 – XII ZR 52/18 Rn 35 f, BGHZ 223, 106, 119 f = NZM 2019, 941). Die Vorschrift des § 566 BGB hat insgesamt **Ausnahmecharakter** (s Rn 4), sodass bei ihrer entsprechenden Anwendung auf andere, möglicherweise vergleichbare Fallgestaltungen Zurückhaltung geboten ist (so BGH 12. 7. 2017 – XII ZR 26/16 Rn 30 ff, BGHZ 215, 236, 245 f = NZM 2017, 847; BeckOGK/Harke [1. 10. 2020] Rn 8 f; s unten Rn 24 f).

II. Grundgedanken

Schuldrechtliche Verträge wie Miet- und Pachtverträge äußern an sich Wirkungen **4** allein zwischen den Vertragsparteien (vgl die klassische Formulierung in Art 1134 Abs 1 C civ; Staudinger/Emmerich [2021] Vorbem 21 zu § 535). Von dieser so genannten Relativität der Schuldverhältnisse bringt die Vorschrift des § 566 BGB speziell für Miet- und Pachtverträge eine bemerkenswerte Ausnahme, indem er die Wirkungen eines Mietvertrages unter bestimmten, Voraussetzungen auf den Grundstückserwerber erstreckt. Die zu Grunde liegende **rechtliche Konstruktion** ist umstritten (s Dörner, Relativität 357 ff; Dulckeit, Verdinglichung; Emmerich PiG 37 [1993] 35, 38 f; ders, in: 10 Jahre Mietrechtsreformgesetz 722, 723 f; Löning, Grundstücksmiete 161 ff; Mittelstein, Miete 664 ff; Streyl NZM 2010, 343, 345; Weitemeyer, in: FS Blank 445). Nach überwiegender Meinung, die sich auf entsprechende Bemerkungen der Gesetzesverfasser stützen kann (Prot II 239; s oben Rn 2), ordnet § 566 BGB lediglich aus Erwägungen des Mieterschutzes (s oben Rn 3) den Eintritt des Erwerbers in das Mietverhältnis für die Dauer seines Eigentums an Stelle des Veräußerers an. Es soll sich dabei *nicht* um einen Fall der *Rechtsnachfolge* handeln; vielmehr soll es so anzusehen sein, als ob im Augenblick des Eigentumsübergangs in der Person des Erwerbers **kraft Gesetzes** ein **neues Mietverhältnis** entsteht, freilich mit demselben Inhalt wie mit dem Veräußerer, während das Mietverhältnis mit dem Veräußerer kraft Gesetzes erlischt (sog **Novationslösung**, RGZ 59, 177, 188 usw bis RGZ 103, 166, 167; BGHZ 53, 174, 179 = NJW 1970, 752; BGHZ 166, 125, 130 Tz 14 f = NJW 2006, 1800, 1801; 15. 10. 2014 – XII ZR 163/12, BGHZ 204, 354, 360 Rn 21 = NJW 2014, 3775; 2. 7. 2017 – XII ZR 26/16 Rn 15, BGHZ 215, 236, 240 = NZM 3017, 847; 4. 9. 2019 – XII ZR 25/18 Rn 24, BGHZ 223, 106, 114 = NZM 2019, 941 [mAnm Emmerich JuS 2020, 268]; BGH 25. 5. 2008 – VIII ZR 133/07, NJW 2008, 2256 Tz 17 = NZM 2008, 519 = WuM 2008, 402, 403; 25. 7. 2012 – XII ZR 22/11, NJW 2012, 3032 Tz 25 = NZM 2012, 681 = WuM 2012, 560, 562; 23. 2. 2012 – IX ZR 29/11, NJW 2012, 1881 Tz 17 = NZM 2012, 638 = WuM 2012, 325, 127;

3. 12. 2014 – VIII ZR 224/13, NZM 2015, 79 Rn 41 = Wu M 2015, 80; 27. 4. 2016 – VIII ZR 323/14, NZM 2016, 467 Rn 20 f = WuM 2016, 341; ebenso zB Medicus JuS 1974, 612, 615, 617; Mittelstein, Miete 654 ff; Sonnenschein, in: Rechtsnachfolge im Mietverhältnis, PiG 37 [1993] 95, 120). Die Rechtsprechung hat hieraus vor allem den Schluss gezogen, dass in den Fällen des § 566 BGB – mangels Rechtsnachfolge – *kein Raum* für eine entsprechende Anwendung der Schuldnerschutzvorschriften der *§§ 404 ff BGB* sei (BGHZ 166, 125, 130 Tz 15 = NJW 2006, 1800, 1801; BGH 30. 5. 1962 – VIII ZR 173/61, LM Nr 7 zu § 566 BGB [Bl 3] = NJW 1962, 1388). In Ausnahmefällen greifen indessen auch die Gerichte auf eine **Analogie zu den §§ 412 und 407 Abs 1 BGB** zurück, wenn sie dafür nach den Umständen des Falles eine Notwendigkeit sehen (BGH 28. 11. 2001 – XII ZR 197/99, NJW-RR 2002, 730 = NZM 2002, 291 [unter 2a]; 23. 2. 2012 – IX ZR 29/11, NJW 2012, 1881 Tz 16 ff = WuM 2012, 325 = NZM 2012, 638).

5 Als Alternative zu der eigenartigen Novationslösung (s Rn 4) wird im Schrifttum vielfach ein Verständnis des § 566 BGB als **Ausdruck eines** auch sonst vorkommenden **Sukzessionsschutzes**, im Grunde im Anschluss an die Zessionslösung des preußischen Rechts, favorisiert (so schon früher Leonhard, Schuldrecht II 170 ff; jetzt wieder Derleder/Bartels JZ 1997, 981, 983 f; Dörner, Relativität 357 ff; Dötsch ZMR 2011, 257, 258 f; ders NZM 2012, 296, 297; Emmerich PiG 37 [1993] 35, 38 f; Gellwitzki WuM 2006, 126, 129 f; Streyl NZM 2010, 343, 346 ff; Weitemeyer, in: FS Blank 445, 453 ff; – vermittelnd BeckOGK/ Harke [1. 10. 2020] Rn 7.1, 40 ff; Guhling/Günter/Burbulla Rn 2). In der Tat dürfte es am meisten der natürlichen Auffassung (und § 412 BGB) entsprechen, die Regelung des § 566 BGB ebenso wie zB die des § 613a BGB als gesetzlich angeordneten **Übergang des Mietverhältnisses** von dem Veräußerer auf den Erwerber zu interpretieren, freilich zeitlich beschränkt auf die Dauer seines Eigentums (s § 566 Abs 1 BGB). In dieselbe Richtung weist die Regelung der §§ 566c und 566d BGB, die unmittelbar an die §§ 407 und 406 BGB anknüpfen (s dazu u § 566c Rn 1 und 566d Rn 1). Dies erlaubt in geeigneten Fällen den **Rückgriff auf die §§ 404 ff BGB**, um den gebotenen umfassenden Mieterschutz gegen die für ihn mit dem Übergang des Mietverhältnisses auf den Grundstückserwerber verbundenen Gefahren auch jenseits der gesetzlich geregelten Fälle der §§ 566 ff BGB sicherzustellen (s Emmerich, in: 10 Jahre Mietrechtsreformgesetz 722, 723; BeckOGK/Harke [1. 10. 2020] Rn 41; Streyl NZM 2010, 343, 348, 354 f).

6 Im Schrifttum findet sich stattdessen nach wie vor auch häufig die Interpretation des § 566 BGB als Ausdruck einer zunehmenden **Verdinglichung der Miete** (Börstinghaus PiG 70 [2005] 65, 66 f = NZM 2004, 481; Canaris, in: FS Flume I [1978] 371, 392 ff; Dulckeit, Verdinglichung 20, 64 ff; Otte, in: FS Wieacker [1978] 464; Löning, Grundstücksmiete 161 ff; Wacke, in: FS Gernhuber [1993] 489, 516 ff; Wieling, in: Gedschr Sonnenschein 201, 212 ff). Folgerichtig müsste man dann wohl auch die Vermietung eines Grundstücks als **Verfügung** werten und sogar die Möglichkeit eines **gutgläubigen Erwerbs** des Mietrechts vom Nichteigentümer nach den §§ 893 und 2367 BGB bejahen (so auch in der Tat Canaris, in: FS Flume I, 371, 392 ff; Kühne AcP 140 [1935] 1, 50 f; Otte, in: FS Wieacker 463, 472 f; ders, in: Gedschr Sonnenschein 181, 187 ff; Raape JherJb 71 [1922] 97, 180 f; Wacke, in: FS Gernhuber 489, 516 ff; Wieling, in: GS Sonnenschein 201, 217). Dieses Ergebnis ist indessen schon wegen der damit verbundenen Belastungen für den wirklichen Eigentümer schlicht inakzeptabel und zeigt, dass das BGB seinerzeit gut beraten war, den Mietvertrag wie geschehen als bloßen schuldrechtlichen Vertrag zu konzipieren (ebenso RGZ 106, 109, 111 f; 124, 325, 327; KG JW 1929, 2893, 2894 Nr 6; s Emmerich, in: FS Gitter

[1995] 241, 247 f; wie hier auch HKK/Oestmann §§ 535–580a Rn 35 ff). Nach Bestellung einer **Vormerkung** ist daher auch *kein* Raum für eine Anwendung des § 883 Abs 2 BGB auf die Vermietung eines Grundstücks (BGHZ 13, 1, 3 ff = NJW 1954, 953; BGH 31. 5. 1974 – V ZR 190/72, LM Nr 13 zu § 883 BGB = MDR 1974, 919; **aM** Wieling, in: Gedschr Sonnenschein 201, 216 f).

Der durch § 566 BGB angeordnete Eintritt in über das erworbene Grundstück abgeschlossene Mietverträge kann für den Erwerber im Einzelfall **lästig** sein. Deshalb finden sich in der Praxis immer wieder Versuche, bei Grundstücksveräußerungen der Anwendung des § 566 BGB durch zum Teil abenteuerlich anmutende Konstruktionen zu entgehen. In derartigen **Umgehungsfällen** sollte man nicht zögern, § 566 BGB entsprechend anzuwenden. Ein Beispiel ist die Ersetzung der rechtsgeschäftlichen Veräußerung des Grundstücks durch den **Erwerb in der Zwangsversteigerung**, weil der Ersteher in diesem Fall aufgrund des § 57a ZVG ein außerordentliches Kündigungsrecht mit gesetzlicher Frist erlangt. Ganz zu Recht hat die Rechtsprechung daher wiederholt darauf gerichtete Abreden des früheren Eigentümers und des Erstehers in der Zwangsversteigerung als **sittenwidrig** qualifiziert, weil und sofern mit ihnen in erster Linie der Zweck verfolgt wird, den mit § 566 BGB intendierten Mieterschutz zu umgehen (§ 138 Abs 1 BGB). Dasselbe sollte gelten, wenn die Zwangsversteigerung von dem Ersteher ausschließlich zu dem Zweck betrieben wird, dem Mieter kündigen zu können (RG JW 1927, 1407 = LZ 1927, 448 = SeuffA 81 Nr 133; BGH 17. 5. 1978 – VIII ZR 48/77, LM Nr 213 zu § 242 [Cd] BGB = MDR 1979, 51 = WuM 1978, 164 f; KG OLGZ 1973, 1, 5). Ein weiteres hierher gehörendes Beispiel ist die Veräußerung des Grundstücks unter Vorbehalt des Nießbrauchs, nur zu dem Zweck, bei dem von vornherein ins Auge gefassten Erlöschen des Nießbrauchs nach § 1056 Abs 2 BGB eine Kündigungsmöglichkeit zu erlangen (s unten Rn 14).

III. Anwendungsbereich

1. Überblick

Der unmittelbare Anwendungsbereich des § 566 BGB ergibt sich aus den §§ 549, 566 Abs 1, 567, 578, 578a Abs 1, 581 Abs 2 und 593b BGB. Er umfasst danach insbesondere die Vermietung und Verpachtung von Räumen, Grundstücken und eingetragenen Schiffen (BGH 26. 3. 1976 – V ZR 152/74, LM Nr 2 zu § 69 KO = NJW 1976, 2264 f). Gleich stehen Verträge über bloße Grundstücksteile und in der Regel Ausbeutungsverträge über Bodenschätze (u Rn 9), nicht dagegen bloße Gestattungsverträge oder Untermietverträge (u Rn 10). § 566 BGB gilt ferner entsprechend für die Veräußerung und Belastung von in die Luftfahrzeugrolle eingetragenen Flugzeugen (§ 98 Abs 2 des Gesetzes über Rechte an Luftfahrzeugen von 1959 [BGBl I 57]), von Eigenjagdbezirken (§ 14 BJagdG) und von Fischereirechten (vgl Art 69 EGBGB iVm den landesrechtlichen Ausführungsvorschriften). In einer Reihe weiterer Fälle ist § 566 BGB außerdem entsprechend anwendbar (u Rn 12 ff). Diese Fälle lassen sich in **zwei Fallgruppen** einteilen: Bei der einen Gruppe steht genau wie bei § 566 BGB der **Schutz des Mieters** gegen eine nachträgliche Veränderung auf der Vermieterseite im Vordergrund. Bei der anderen Fallgruppe ging es dem Gesetzgeber dagegen in erster Linie gerade um einen **Schutz des Grundstückserwerbers oder Eigentümers** gegen eine ungewollte Belastung mit Mietverträgen, sodass den Genannten – trotz des grundsätzlichen Übergangs des Mietverhältnisses – ein **Sonderkündigungsrecht** zugebilligt wurde; besonders deutlich ist diese Zielrichtung des Gesetzes in den §§ 1056 und 2135 BGB sowie in § 57a ZVG. Ob darüber hinaus auch noch in anderen Fällen Raum für eine entsprechende Anwendung des § 566 BGB ist, ist umstritten (u Rn 19 f).

2. Verträge über Grundstücksteile, Ausbeutungsverträge, Optionen

9   Gegenstand eines Mietvertrages können auch Sachteile sein wie zB **Außenwände oder Dächer** von Gebäuden zur Anbringung von Reklameschriften oder Automaten (s Staudinger/V Emmerich [2021] § 535 Rn 2 und § 578 Rn 2 f). Da es sich dabei um die Vermietung von **Grundstücksteilen** handelt, ist § 566 BGB bei einer Veräußerung des betreffenden Grundstückes anwendbar (OLG München NJW 1972, 1995 f; NJW-RR 1992, 270; OLG Hamm MDR 1976, 143 f; Weimar MDR 1960, 195; ders Betr 1972, 1957; - aM LG Düsseldorf NJW 1965, 160 = ZMR 1965, 116). Um Grundstücksmiete handelt es sich außerdem bei der **Vermietung von Räumen in Gebäuden**, die lediglich wegen § 95 BGB als bewegliche Sachen behandelt werden, *nicht* jedoch bei der Vermietung von Räumen in schon ihrer Natur nach beweglichen Sachen wie zB von Kajüten in **Schiffen** (OLG Kiel OLGE 12, 69, 70 = SeuffA Bd 61 [1906] Nr 78 S 136; LG Bochum ZMR 1975, 334; s unten § 578 Rn 6). Grundstückspacht sind ferner idR Verträge über die **Ausbeutung von Bodenschätzen**, sofern das Schwergewicht des Vertrages auf der Fruchtgewinnung durch den Berechtigten liegt (s BGH 15. 12. 1999 - V ZR 448/98, LM Nr 28 zu § 198 BGB = NZM 2000, 240; 10. 11. 1999 - XII ZR 24/97, LM Nr 3 zu § 584b BGB = NJW-RR 2000, 302; s auch u Rn 36). **Beispiele** sind Verträge über die Ausbeutung von *Kies* (RGZ 94, 279, 280; RG JW 1919, 674, 675; BGH 10. 11. 1999 - XII ZR 24/97, LM Nr 3 zu § 584b BGB = NJW-RR 2000, 302; 27. 9. 1951 - V ZR 5/50, LM Nr 2 zu § 581 BGB = BB 1951, 974; 26. 4. 1995 - XII ZR 105/93, NJW 1985, 1025 = WM 1985, 419 [insoweit nicht in BGHZ 93, 142, 144 abgedruckt]), von *Bims* (BGH 26. 4. 1995 - XII ZR 105/93, LM Nr 25 zu § 198 [Bl 1 R] = NJW 1995, 2548; 15. 12. 1999 - V ZR 448/98, LM Nr 28 zu § 198 BGB = NZM 2000, 240) oder von *Kohle* (RG JW 1919, 379 Nr 6) sowie Verträge über die Durchführung von *Erdölbohrungen* (BayObLGZ 1910, 280, 286). Auf alle genannten Verträge findet daher § 566 BGB über § 581 Abs 2 BGB Anwendung, wenn das ausgebeutete Grundstück veräußert wird. § 566 BGB wird ferner zT entsprechend auf **Optionsverträge** angewandt, die dem Berechtigten die Befugnis verleihen, durch eine einseitige Erklärung einen Mietvertrag zwischen den Beteiligten zu begründen, und zwar mit der Begründung, dass sie in ihren Wirkungen bedingten Mietverträgen nahekämen, auf die § 566 BGB unstreitig Anwendung findet, wenn das Grundstück schon vor Bedingungseintritt und entsprechend vor Ausübung des Optionsrechts veräußert wird (s Staudinger/Emmerich [2021] Vorbem 153 zu 535, unten Rn 84 f; OLG Saarbrücken ZMR 2016, 371, 372 f).

3. Gestattungsverträge, Untermiete, Vorverträge

10   Grundstücksmiete im Sinne der §§ 566 BGB und 578 BGB liegt *nicht* vor, wenn der Schwerpunkt des Vertragsverhältnisses nicht in der Überlassung eines Grundstücks zum Gebrauch, sondern in der **Gestattung** des Betriebs eines **Gewerbes** in den Räumen eines anderen besteht (s unten § 578 Rn 4). § 566 BGB findet daher *keine* Anwendung auf die typischen **Automatenaufstellverträge** (s Staudinger/Emmerich [2021] Vorbem 55 ff zu 535; BeckOGK/Harke [1. 10. 2020] Rn 13.1; BGHZ 47, 202, 204 = NJW 1967, 1414; BGH 17. 7. 2002 - XII ZR 86/01, NJW 2002, 3322, 3323 = NZM 2002, 924), auf die Gestattung des Betriebes einer Wechselstube oder einer Buchhandlung in **Bahnhofs-**

räumen oder in einer **Hotelhalle** (RGZ 108, 369; RG JW 1924, 1962; Gruchot 68 [1927] Nr 14 S 310, 311: BGHZ 47, 202, 204 = NJW 1967, 1414; BGH 15. 10. 1954 – ZR 42/54, LM Nr 11 zu § 581 BGB = JZ 1955, 47; 17. 7. 2002 – XII ZR 86/01, NJW 2002, 3322, 3323 = NZM 2002, 924), auf die Überlassung eines Platzes in einer **Markthalle** zum Ausschank von Getränken (BGH 20. 11. 1967 – VIII ZR 32/65, LM Nr 31 zu § 581 BGB [Bl 3] = MDR 1968, 233 = Warn 1967 Nr 250, S 564), auf Verträge, durch die ein Grundstückseigentümer einem Unternehmen das ausschließliche Recht einräumt, auf dem Grundstück eine **Breitbandkabelanlage** zu errichten, zu unterhalten und mit den Wohnungseigentümern Einzelanschlussverträge abzuschließen (BGH 17. 7. 2002 – XII ZR 86/01, NJW 2002, 3322, 3323 = NZM 2002, 924), sowie auf einen Vertrag, durch den ein Golfklub einem Unternehmen gestattet, auf seinem Gelände ausschließlich Entfernungstafeln mit Werbetexten aufzustellen (BGH 26. 1. 1994 – XII ZR 93/92, LM Nr 34 zu § 399 BGB [Bl 2 R] = NJW-RR 1994, 558). *Umstritten* war früher die Behandlung der Verträge mit der Post über die Anbringung sog **Kabelverzweiger**. Entgegen einer verbreiteten Meinung (KG ArchPF 1967, 319; OLG Hamburg ArchPF 1961, 257; 1965, 272) konnten sie nicht als Grundstücksmiete im Sinne der §§ 566, 578 BGB angesehen werden, da die Post keine Gegenleistungspflicht übernimmt (s Rn 24 f; so jetzt auch BGH 8. 5. 2015 – V ZR 62/14, NZM 2015, 592 Rn 18 = NJW-RR 2015, 1939; OLG Düsseldorf MDR 1976, 142; OLG Brandenburg NZM 2001, 444; KG GE 2002, 1059; LG Frankfurt NJW 1985, 1228). Seit 2007 ordnet jedoch **§ 45a Abs 4 TKG** die entsprechende Anwendung des § 566 BGB auf Verträge dieser Art an (s Rn 34 und dazu BGH 8. 5. 2015 – V ZR 62/14, NZM 2015, 592 Rn 8 ff = NJW-RR 2015, 1039).

§ 566 BGB findet ferner keine Anwendung auf **Untermietverträge** bei einem Wechsel des *Hauptmieters* und Untervermieters (BGHZ 107, 315, 319 ff = NJW 1989, 2053; 12. 7. 2017 – XII ZR 26/16 Rn 46, BGHZ 215, 236, 248 f = NZM 2016, 847). Deshalb enthält das Gesetz jetzt für einen Teil dieser Fälle eine Sonderregelung in § 565 BGB. Bei einem Wechsel des *Hauptvermieters* und Eigentümers infolge der Veräußerung des Grundstücks wird der Untermietvertrag nicht berührt wird, während der Hauptmieter und Untervermieter durch § 566 BGB geschützt wird (BGH 22. 10. 2003 – XII ZR 119/02, NZM 2004, 300 = NJW-RR 2004, 657; LG Frankfurt/M ZMR 2013, 114, 115 f; GÜNTER WuM 2013, 264, 270 [r Sp o]; zur Anwendung des § 566 bei Übergabe der Mietsache nach dem Willen der Mietvertragsparteien unmittelbar an den Untermieter s Rn 52). (Noch) keine Mietverträge sind schließlich bloße **Vorverträge** zu Mietverträgen, sodass nach hM kein Raum für eine Anwendung des § 566 BGB bei Veräußerung des Grundstücks noch vor Abschluss des Hauptmietvertrages ist (s STAUDINGER/EMMERICH [2021] Vorbem 141 f zu § 535; BGH 7. 10. 1953 – VI ZR 26/53, LM Nr 1 zu § 566 BGB = NJW 1954, 71; 26. 2. 1962 – VIII ZR 206/60, LM Nr 6 zu § 566 BGB = MDR 1962, 474 = ZMR 1962, 177; 30. 5. 1962 – VIII ZR 173/61, LM Nr 7 zu § 566 BGB = NJW 1962, 1388).

4. Erbbaurecht

Bei dem Erbbaurecht muss man die Beziehungen zwischen dem Erbbauberechtigten und einem Mieter oder Pächter von den Beziehungen des Erbbauberechtigten zu dem Grundstückseigentümer unterscheiden. Die **Veräußerung des Grundstücks** nach Bestellung eines Erbbaurechts an dem Grundstück berührt den Mieter, der vom Erbbauberechtigten gemietet hat, grundsätzlich nicht (OLG Celle WuM 1984, 193, 194 = ZMR 1985, 18, 19). § 566 BGB kann auch nicht auf das Verhältnis zwischen dem Grundstückseigentümer und dem Erbbauberechtigten angewandt werden, sodass ein **Grundstückserwerber** nicht entsprechend § 566 BGB in etwaige obligatorische

Abreden zwischen dem Grundstücksveräußerer und dem Erbbauberechtigten eintritt (s unten Rn 26; BGH 19. 11. 1971 – V ZR 88/69, LM Nr 18 zu § 571 BGB = NJW 1972, 198; 24. 1. 1992 – V ZR 267/90, LM Nr 9 zu § 289 BGB = NJW-RR 1992, 591). Die §§ 566 ff BGB sind dagegen anwendbar, wenn der *Erbbauberechtigte,* der das Grundstück vermietet oder verpachtet hatte, sein Recht, also das **Erbbaurecht, veräußert** oder dieses **erlischt** (§§ 11, 30, 38 ErbbauRG); dasselbe gilt für die Versteigerung des Erbbaurechts (BGHZ 138, 82 = NJW 1998, 1220 f [unter 3a]; BGH 20. 11. 1967 – VIII ZR 99/65, LM Nr 31 zu § 581 BGB = MDR 1968, 233 = Warn 1967 Nr 250 S 564; 24. 1. 1992 – V ZR 267/90, LM Nr 9 zu § 289 BGB = NJW-RR 1992, 591; WM 1960, 1125, 1126; OLG Brandenburg ZMR 2007, 778, 779). Die Auswirkungen der Bestellung eines Erbbaurechts auf einen *zuvor* schon vom *Eigentümer* abgeschlossenen Mietvertrag beurteilen sich dagegen nach § 567 S 1 BGB (s unten § 567 Rn 5).

5. Nießbrauch

13 Der Nießbraucher ist berechtigt, das Grundstück zu vermieten oder zu verpachten (Staudinger/Heinze [2017] § 1030 Rn 52 und § 1056 Rn 1). Daraus können sich Probleme insbesondere bei Übertragung oder Erlöschen des Nießbrauchs ergeben (s dazu Emmerich, in: 10 Jahre Mietrechtsreformgesetz 729). Eine **Übertragung des Nießbrauchs** ist freilich nur unter den engen Voraussetzungen des § 1059a BGB möglich. Wird der Nießbrauch danach (ausnahmsweise) wirksam auf einen Dritten übertragen, so richtet sich der Eintritt des Dritten, des Erwerbers des Nießbrauchs, in den bereits abgeschlossenen Mietvertrag nach **§ 1059d BGB**, nach dem auf diesen Fall die §§ 566 bis 566e, 567a und 567b BGB entsprechend anzuwenden sind. Diese Regelung gilt entsprechend, wenn der Mietvertrag bereits zuvor von dem Eigentümer abgeschlossen worden war und der Nießbraucher selbst erst mit Erwerb seines Rechts nach § 567 S 1 BGB in den Mietvertrag eingetreten war (§ 567 Rn 8 ff, § 567b Rn 2; LG Verden NJW-RR 2009, 1095; Emmerich, in: 10 Jahre Mietrechtsreformgesetz 729, 730; Staudinger/Heinze [2017] § 1059d Rn 4). Die Auswirkungen des **Erlöschens des Nießbrauchs** auf einen zuvor noch vom Nießbraucher abgeschlossenen Mietvertrag beurteilen sich dagegen nach **§ 1056 BGB** (Emmerich, in: 10 Jahre Mietrechtsreformgesetz 729, 730). Nach Abs 1 dieser Vorschrift finden nach Beendigung des Nießbrauchs, wenn der Nießbraucher das Grundstück über die Dauer des Nießbrauchs hinaus vermietet oder verpachtet hatte, die §§ 566 bis 566e BGB (mit Ausnahme des § 566b Abs 2 BGB) sowie § 567 BGB entsprechende Anwendung. Der *Eigentümer tritt* folglich nach § 566 Abs 1 BGB grundsätzlich in den *Mietvertrag* ein (BGH 20. 10. 2010 – XII ZR 25/09, NJW 2011, 61 = NZM 2011, 73 Tz 12; – anders wohl für das Immobilienleasing KG WM 2017, 2075, 2077 ff). **Vorausverfügungen** des Nießbrauchers über die Miete für die Zeit nach Beendigung des Nießbrauchs sind jedoch dem Eigentümer gegenüber zu dessen Schutz nur in den engen Grenzen des § 566b Abs 1 BGB wirksam (s unten § 566b Rn 2). Außerdem hat das Gesetz dem Eigentümer zu seinem Schutz gegen auf ihn übergehende, möglicherweise langfristige Miet- oder Pachtverträge in § 1056 Abs 2 S 1 BGB ein **Sonderkündigungsrecht** unter Einhaltung der gesetzlichen Kündigungsfrist zugebilligt (dazu Rn 14). § 1056 BGB wird entsprechend angewandt, wenn der Nießbrauch (als nachrangig) in der Zwangsversteigerung durch den Zuschlag erlischt (Staudinger/Heinze [2017] § 1056 Rn 25; Erman/Michalski § 1056 Rn 3), während, wenn der Nießbrauch bestehen bleibt, die Zwangsversteigerung ohne Einfluss auf den Mietvertrag ist.

Voraussetzung der Anwendung der §§ 1056 und 566 BGB ist in den genannten **14** Fällen (s Rn 13), dass der Nießbrauch bei Mietvertragsabschluss (noch) wirksam bestand (RGZ 106, 109, 114; OLG Köln NJW 1968, 2148) und dass dem Mieter das Grundstück bereits vor dem etwaigen Erlöschen des Nießbrauchs übergeben worden war (BGHZ 109, 111, 113 = NJW 1990, 443). Keine Rolle spielt dagegen, ob bereits bei Vertragsabschluss abzusehen war, dass die Miete oder die Pacht länger als der Nießbrauch dauern wird (OLG Naumburg HRR 1936 Nr 723). Vergleichbare Regelungen enthalten **§ 2135 BGB** für den Eintritt des Nacherbfalles und **§ 30 ErbbauRG** für das Erlöschen des Erbbaurechts (s oben Rn 12; zur Rechtslage bei Erlöschen eines Wohnungsrechts und vergleichbarer Rechtsinstitute s unten § 567 Rn 7). Das **Sonderkündigungsrecht** des Grundstückseigentümers aufgrund des § 1056 Abs 2 S 1 BGB besteht auch bei befristeten Mietverträgen oder wenn die ordentliche Kündigung sonst vertraglich erschwert oder ausgeschlossen ist (BGH 12. 10. 2011 – VIII ZR 50/11, NZM 2012, 558 = WuM 2011, 690 Rn 12; 1. 7. 2015 – VIII ZR 278/13, NJW 2015, 2650 Rn 24 = NZM 2015, 658 = WuM 2015, 555; AG Stuttgart ZMR 1973, 152). Die **Kündigungsfrist** ist die gesetzliche, nicht eine etwaige längere, vertragliche Kündigungsfrist. Bei Wohnraummietverhältnissen müssen jedoch zusätzlich die §§ 568 und 573 BGB beachtet werden, sodass bei **Wohnraummietverträgen** eine Kündigung nur in Betracht kommt, wenn der Eigentümer (im Falle des § 1056 Abs 2 BGB) oder der Nacherbe (im Falle des § 2135 BGB) ein berechtigtes Interesse an der Kündigung iS des § 573 BGB hat; außerdem muss bei der Kündigung das Begründungserfordernis des § 573 Abs 3 BGB beachtet werden (LG Münster WuM 1996, 37; AG Fürth WuM 2001, 599, 601). Die Kündigung ist erst **nach Erlöschen** des Nießbrauchs möglich. Eine vorher ausgesprochene Kündigung ist unwirksam (RGZ 106, 109, 114).

Das Kündigungsrecht bei Ende des Nießbrauchs steht allein dem Eigentümer zu, **15** *nicht* auch einem späteren *Grundstückserwerber* (BGH 27. 11. 2009 – Lw ZR 12/08, NZG 2010, 314 = NZM 2010, 474; 1. 7. 2015 – VIII ZR 278/13, NJW 2015, 2650 Rn 24 = NZM 2015, 658 = WuM 2015, 555; Rn 13 ff). Wenn freilich der Eigentümer dem vom Nießbraucher abgeschlossenen Mietvertrag beigetreten war oder wenn er zugleich alleiniger **Erbe** des Nießbrauchers ist, steht auch ihm das Sonderkündigungsrecht des § 1056 Abs 2 BGB **nicht** zu, weil er dann außerdem noch als Partei oder als Erbe an den Mietvertrag gebunden ist (BGHZ 109, 111, 113 ff = NJW 1990, 443; BGH 20. 10. 2010 – XII ZR 205/09, NJW 2011, 61 Rn 14 ff = NZM 2011, 73; 12. 10. 2011 – VIII ZR 50/11, NZM 2012, 558 = WuM 2011, 690 Rn 13; 1. 7. 2015 – VIII ZR 278/13, NJW 2015, 2650 Rn 25 f = NZM 2015, 658 = WuM 2015, 555; Emmerich, in: 10 Jahre Mietrechtsreformgesetz 729, 730 f; – aM Wacke, in: FS Gernhuber 489, 522 ff). Entsprechendes gilt für den **Nacherben**: Auch er kann – abweichend von § 2158 BGB – nicht kündigen, wenn er zB dem Abschluss des Mietvertrages durch den Vorerben zugestimmt hatte oder wenn er doch nach § 2120 S 1 BGB zur Zustimmung verpflichtet gewesen wäre, weil der Abschluss eines langfristigen oder unkündbaren Mietvertrages zur ordnungsmäßigen Verwaltung des Nachlasses (ausnahmsweise) erforderlich war (BGH 1. 7. 2015 – VIII ZR 278/13, NJW 2015, 2650 Rn 26 = NZM 2015, 658 = WuM 2015, 555). Dagegen bleibt es bei dem Kündigungsrecht des § 1056 Abs 2 BGB, wenn zu den Eigentümern noch weitere Personen gehören (BGH 20. 10. 2010 – XII ZR 205/09, NJW 2011, 61 Rn 17 f = NZM 2011, 73). Wieder anders zu beurteilen ist schließlich die Rechtslage wenn sich der Eigentümer und Vermieter bei der Veräußerung des Grundstücks den **Nießbrauch vorbehält**, später aber auf diesen verzichtet: Entsprechend § 1056 Abs 1 BGB bleibt er dann zwar Vermieter, kann aber, da er auch früher schon Vermieter war, nicht nach § 1056 Abs 2 BGB kündigen (OLG Koblenz NZM 2002, 293; o Rn 7).

6. Wohnungsrecht

16 § 566 BGB gilt *nicht* für das Verhältnis zwischen dem Eigentümer und dem Inhaber eines Wohnungsrechts (s STAUDINGER/EMMERICH [2021] Vorbem 48 f zu § 535; BGH 10. 5. 1968 – V ZR 221/64, LM Nr 20 zu § 398 BGB [Bl 2 f] = WM 1968, 775). Folglich tritt der Grundstückserwerber in obligatorische Abreden zwischen dem Veräußerer und dem Wohnungsberechtigten nicht ein, sodass er sich einen etwaigen Anspruch des Veräußerers gegen den Wohnungsberechtigten auf ein Entgelt zusätzlich abtreten lassen muss (s unten Rn 27; RG HRR 1929 Nr 907; BGH 10. 5. 1968 – V ZR 221/64, LM Nr 20 zu § 398 BGB = WM 1968, 775; WM 1965, 649, 651 f = WarnR 1965 Nr 82 S 153; HÄGELE Rpfleger 1973, 349, 352). Auf die **Bestellung** eines Wohnrechts *nach Abschluss* eines Mietvertrages über dieselben Räume ist dagegen **§ 567 S 1 BGB**, in Ausnahmefällen auch § 567 S 2 BGB anwendbar (s § 567 Rn 6 f).

7. Wohnungseigentum

17 Der Wohnungseigentümer kann – als Eigentümer – seine Wohnung vermieten oder verpachten (§ 13 Abs 1 WEG). Im Falle der nachfolgenden Veräußerung der Wohnung findet § 566 BGB unmittelbar Anwendung, sodass der Erwerber der vermieteten Eigentumswohnung in den Mietvertrag eintritt. Probleme ergeben sich daraus nur, wenn an mitvermieteten Räumen oder Gebäudeteilen **gemeinschaftliches Eigentum** der Wohnungseigentümer besteht, wie es nicht nur für die Treppen und Zugänge, sondern häufig auch für den Garten, für Kellerräume und für Garagenplätze zutrifft. Für diesen Fall ist in der Rechtsprechung früher wiederholt aus § 566 BGB der Schluss gezogen worden, dass dann nicht nur der Erwerber der Wohnung, sondern *auch die anderen Wohnungseigentümer* als Eigentümer der mitvermieteten Teile und Räume in den Mietvertrag eintreten (KG OLGZ 1994, 20, 21 f = WuM 1993, 423; OLG Hamburg WuM 1996, 637 = ZMR 1996, 614; OLG Celle WuM 1996, 222; LG Berlin GE 1997, 745 = WuM 1997, 330; WEITEMEYER NZM 1998, 169, 172 ff; 1999, 111). Die Konsequenzen dieser Meinung sind freilich ausgesprochen misslich, weshalb der **BGH** hier eine Einschränkung des § 566 BGB für geboten hält, sodass **alleiniger Vermieter** der **Erwerber der Eigentumswohnung** wird, während die anderen Wohnungseigentümer nicht in den Mietvertrag eintreten (BGHZ 141, 239, 247 f = NJW 1999, 2177; BGH 8. 5. 2015 – V ZR 62/14, NZM 2015, 592 Rn 9 ff = NJW-RR 2015, 1039; LG Bonn ZMR 2000, 830, 831; EMMERICH JuS 1999, 1231; SCHMIDT-FUTTERER/GATHER Rn 35; GREINER ZMR 2000, 832; PALANDT/WEIDENKAFF Rn 8; ebenso die Begr zum RegE BT-Drucks 14/4553, 63 [l Sp]). Nachteile sind für den Mieter mit dieser Auslegung nicht verbunden, weil er gegenüber den anderen Wohnungseigentümern hinsichtlich der mitvermieteten Räume und Gebäudeteile ein *Besitzrecht* hat (§ 986 BGB) und weil er sich wegen etwaiger *Mängel* der genannten Räume und Gebäudeteile an seinen (alleinigen) Vermieter halten kann (BGHZ 141, 239, 248 = NJW 1999, 2177).

18 Wieder anders ist die Rechtslage, wenn an den mitvermieteten Räumen selbständiges **Sondereigentum Dritter** besteht, weil dann diese Dritten ebenfalls nach § 566 BGB in den Mietvertrag eintreten, zusammen mit dem Erwerber der Eigentumswohnung (BGH 28. 9. 2005 – VIII ZR 399/03, NJW 2005, 3781 = NZM 2005, 941 [Parkplatz]; LG

Berlin GE 2000, 603; LG Hamburg NZM 2000, 656 f; aM LG Bonn ZMR 2000, 830, 831; Palandt/ Weidenkaff § 566 Rn 8; s auch u Rn 30). Dagegen genügt eine bloße **Gebrauchsregelung** (§ 15 WEG), auch wenn sie in der Einräumung eines Sondernutzungsrechts an mitvermieteten Räumen oder Grundstücksteilen wie zB einem Gartenanteil an andere Wohnungseigentümer besteht, nicht für eine ergänzende Anwendung des **§ 567 BGB**, weil es sich dabei nicht um ein dingliches Recht handelt (LG Stuttgart WuM 1988, 404, 405; aM LG Hamburg WuM 1997, 47; Sternel MDR 1997, 315, 316). Der Inhaber des Sondernutzungsrechts tritt folglich nicht neben dem Wohnungserwerber in den Mietvertrag ein (str; s auch u § 567 Rn 2 f).

Besonderheiten gelten bei **Begründung von Wohnungseigentum nach § 3 WEG.** Nach Meinung des BGH ist hier mangels Veräußerung (verstanden im Sinne des Wechsels des Eigentümers) kein Raum für die Anwendung des § 566 BGB, wenn die Bruchteilseigentümer eines Grundstücks, die dieses vermietet haben, nachträglich Wohnungseigentum an den einzelnen bereits vermieteten Wohnungen begründen, da es hier nicht zu einem Wechsel der Eigentümer der Wohnungen kommt (BGHZ 126, 357, 363 ff = NJW 1994, 2542, 2543; Blank/Börstinghaus Rn 30; Schmidt-Futterer/Gather Rn 34). § 566 BGB wird dagegen angewandt, wenn ein **Hausgrundstück gemäß § 8 WEG aufgeteilt** und das jeweilige Wohnungseigentum sodann an verschiedene Personen veräußert wird oder wenn das Grundstück an mehrere Erwerber unter Begründung von Teileigentum für die Erwerber veräußert wird (OLG Celle OLGR 1998, 269; wegen weiterer Fälle s ausführlich Staudinger/Rolfs § 577a Rn 12–17). 19

8. Zwangsversteigerung

Für den Erwerb in der Zwangsversteigerung verweist § 57 ZVG auf die §§ 566, 566a, 566b Abs 1 sowie 566e und 566d BGB mit den sich aus § 57a und § 57b ZVG ergebenden Modifikationen (dazu ausführlich Guhling/Günter/Hintzen, §§ 57, 57a ZVG [S 1451 ff]). Der Ersteher oder Erwerber des Grundstücks tritt danach zwar in das Mietverhältnis ein, kann dieses jedoch **vorzeitig** mit gesetzlicher Frist nach § 57a S 1 ZVG **kündigen**. Handelt es sich um **Wohnraummietverhältnisse**, so unterliegt freilich das Kündigungsrecht des Erstehens zusätzlich den Beschränkungen, die sich aus den Mieterschutzvorschriften der **§§ 568 und 573 BGB** ergeben (BGHZ 84, 90, 100 ff = NJW 1982, 1696; OLG Hamm ZMR 1994, 512, 513; s Emmerich PiG 28 [1988] 145, 151 f). Ebenso ist die Rechtslage bei einer Veräußerung des vermieteten Grundstücks durch den **Insolvenzverwalter** (§ 111 InsO). Lediglich bei einer Zwangsversteigerung zum Zwecke der Aufhebung der Gemeinschaft entfällt das besondere Kündigungsrecht des Erwerbers (§ 183 ZVG). 20

9. Zwangsverwaltung

Wenn für das vermietete Grundstück Zwangsverwaltung angeordnet wird, ist der Zwangsverwalter an von dem Eigentümer und Schuldner abgeschlossene Miet- und Pachtverträge nur gebunden, wenn das Grundstück dem Mieter bei Eröffnung des Verfahrens bereits *überlassen* war (BGH 26. 3. 2005 – IX ZR 419/00, NZM 2005, 700 = WuM 2005, 597; 3. 5. 2006 – VIII ZR 168/05, NZM 2006, 581, 582 Tz 11 f = WuM 2006, 402; s Drasdo NZM 2018, 6; Emmerich PiG 28 [1988] 145, 153 f; Guhling/Günter/Hintzen, § 152 ZVG [S 1468 ff; J Reismann WuM 1998, 387). Andere schuldrechtliche Verhältnisse, aufgrund derer ein Dritter das Grundstück besitzt, stehen nicht gleich, sodass der Zwangs- 21 verwalter in diese Verhältnisse auch nicht einzutreten braucht (BGH 15. 5. 2013 – XII ZR 115/11, BGHZ 197, 235, 239 f = NJW 2013, 1881 Rn 16 im Anschluss an BGH 29. 6. 2001 – V ZR 215/00, LM Nr 22 zu § 986 BGB [Bl 2 R] = NJW 2001, 2885).

22 Bei einem Miet- oder Pachtvertrag erlangt somit der Verwalter **sämtliche Rechte und Pflichten des Vermieters oder Verpächters** (insbesondere BGH 21. 11. 2018 – XII ZR 78/17 Rn 16, BGHZ 220, 235, 239 = NJW 2019, 990; dazu zB Emmerich JuS 2019, 389). Er muss insbesondere die Miete einschließlich etwaiger Rückstände und der Vorauszahlungen auf die Betriebskosten einziehen (LG Potsdam GE 2013, 875, 876 f) sowie über die Betriebskosten abrechnen (s unten Rn 83 f); er kann außerdem den Mietvertrag **kündigen**, von dem Mieter die Herausgabe der Mietsache verlangen und diese anschließend selbst nutzen oder erneut vermieten (BAG 18. 8. 2011 – 8 AZR 230/10, NZM 2012, 384 Tz 30 ff). Hatte der Mieter das Grundstück weitervermietet, so ist der Verwalter nach Kündigung des Hauptmietvertrages ferner befugt, von dem Untermieter die Herausgabe des Grundstücks nach § 546 Abs 2 BGB zu fordern oder mit diesem einen neuen Mietvertrag abzuschließen (OLG Düsseldorf ZMR 2012, 436 f). Er ist außerdem befugt, den Mietvertrag zu ändern, sofern dies einer ordnungsmäßigen Verwaltung entspricht. Auf der anderen Seite ist er zugleich der richtige Adressat für die Ausübung sämtlicher Mieterrechte einschließlich der Kündigung des Vertrages oder der Ausübung einer Verlängerungsoption (BGH 21. 11. 2018 – XII ZR 78/17 Rn 16, BGHZ 220, 235, 239 = NJW 2019, 990; 20. 5. 1992 – XII ZR 77/91, NJW 1992, 3041 [unter 1]). Die Beschlagnahme erfasst auch eine etwaige **Kaution** des Mieters; hat der Mieter diese noch nicht geleistet, so muss sie vom Verwalter eingefordert werden (s im Einzelnen unten § 566a Rn 5 f).

23 Wenn das Grundstück während der Zwangsverwaltung **versteigert** wird, tritt der Erwerber, der sogenannte Ersteher in den Mietvertrag in der Gestalt ein, die er während der Zwangsverwaltung aufgrund der Maßnahmen des Verwalters angenommen hat, während ihm die Mieteinnahmen ab Zuschlag gebühren (BGH 11. 10. 2007 – IX ZR 156/06, NZM 2008, 100 Tz 13 f = NJW-RR 2008, 323 = WuM 2007, 698, 699). Schließt der Verwalter **neue Mietverträge** über das Grundstück ab, so tritt nach Aufhebung der Zwangsverwaltung der Eigentümer seinerseits in diese ein (LG Berlin WuM 1992, 9; Emmerich PiG 28 [1988] 145, 153 f). Besonderheiten gelten, wenn der Schuldner zur Zeit der Beschlagnahmung des Grundstücks auf diesem wohnt, weil ihm dann nach § 149 Abs 1 ZVG die für seinen Hausstand unentbehrlichen Räume zu belassen sind; Voraussetzung dieser sozialpolitisch begründeten Vergünstigung ist, dass der Schuldner als Eigentümer und Eigenbesitzer das Grundstück nutzt, sodass insbesondere kein Raum mehr für die Anwendung des § 149 Abs 1 ZVG ist, wenn das Grundstück an einen Dritten vermietet wird (BGH 16. 5. 2013 – IX ZR 224/12, WuM 2013, 627 Rn 10 f, 17 = NZM 2014, 194; 21. 4. 2016 – IX ZR 72/14, NZM 2016, 888 Rn 10 f).

10. Entsprechende Anwendung

24 § 566 BGB ist eine Ausnahmevorschrift, bei deren entsprechenden Anwendung in weiteren, auf den ersten Blick vielleicht vergleichbaren Fallgestaltungen Zurückhaltung geboten ist (s schon o Rn 3). Die Anwendung des § 566 BGB auf **gemischte Verträge** kommt deshalb nur in Betracht, wenn sie überwiegend Grundstücksmiete sind (BGH 17. 7. 2002 – XII ZR 86/01, NJW 2002, 3322, 3323 [l Sp 3. Abs] = NZM 2002, 924 = ZMR

2002, 905). § 566 BGB wird aus diesem Grund häufig *nicht* auf Verträge über **Dienstwohnungen** angewandt, weil diese Verträge in erster Linie Dienstverträge sind (Mittelstein, Miete 650; aM AG Schöneberg WuM 1979, 150; Schön JZ 2001, 119). Aus ähnlichen Erwägungen wird bei der **Vermietung möblierter Zimmer** gleichfalls vielfach die Anwendbarkeit des § 566 BGB verneint. Dasselbe gilt schließlich für **Heimverträge**, sofern bei ihnen die dienstvertraglichen Elemente überwiegen (s Staudinger/V Emmerich [2021] Vorbem 69 zu § 535; BGH 14. 10. 1981 – VIII ZR 331/80, LM Nr 26 zu § 571 BGB = NJW 1982, 221). § 566 BGB findet ferner keine Anwendung auf die **Leihe** (BGHZ 125, 293, 301 = NJW 1994, 3156; BGH 8. 1. 1964 – V ZR 93/63, LM Nr 7 zu § 571 BGB = NJW 1964, 765; OLG Köln NJW-RR 2000, 152, 153 = ZMR 1999, 758; OLG Düsseldorf ZMR 1989, 19; KG GE 2002, 1059; Streyl ZMR 2008, 602, 603; kritisch Schön JZ 2001, 119; s schon Rn 10), selbst wenn sich die Leihe unmittelbar an einen Mietvertrag anschließt (RG LZ 1921, 413 Nr 4), sowie auf die Überlassung einer Wohnung durch einen Ehemann an seine Frau als Teil des **Unterhalts** (BGH 8. 1. 1964 – V ZR 93/63, LM Nr 7 zu § 571 BGB = NJW 1964, 765; OLG München WuM 2001, 283, 284).

§ 566 BGB gilt auch nicht, wenn während eines Scheidungsverfahrens ein Ehegatte dem anderen in seinem Haus vorübergehend einzelne Räume überlässt (BGH 8. 1. 1964 – V ZR 93/63, LM Nr 7 zu § 571 BGB = NJW 1964, 765; OLG München WuM 2001, 283, 284); § 566 BGB ist hier erst anwendbar, wenn nach der Scheidung aufgrund der §§ 1568a und 1568b BGB ein Mietverhältnis festgesetzt wird (OLG München WuM 2001, 283, 284). Unanwendbar ist § 566 BGB ferner auf **Abreden** zwischen dem Grundstückseigentümer und einem **dinglich Berechtigten** oder dem **Besitzer**, sofern diese Abreden *nicht* die Voraussetzungen des *§ 566 BGB* erfüllen (s oben Rn 12, 16; BGH 29. 6. 2001 – V ZR 215/00, LM Nr 22 zu § 986 BGB = NJW 2001, 2885), sowie auf die vom Eigentümer übernommene Verpflichtung zur **Bestellung eines dinglichen Dauerwohnrechts** (BGH 26. 3. 1976 – V ZR 152/74, LM Nr 2 zu § 69 KO = NJW 1976, 2264). § 566 BGB gilt schließlich nicht für einfache **Patentlizenzverträge** (BGHZ 83, 251, 257 f = NJW 1983, 1790). Auf der anderen Seite zeigen aber auch die zahlreichen Fälle, in denen bereits im Gesetz eine entsprechende Anwendung der Vorschrift des § 566 BGB auf andere vergleichbare Fallgestaltungen angeordnet ist (s Rn 8 ff; BGH 12. 7. 2017 – XII ZR 26/16 Rn 31, BGHZ 215, 236, 245 = NZM 2017, 847), dass in geeigneten Fällen auch jenseits der gesetzlich geregelten Fälle eine entsprechende Anwendung des § 566 BGB nicht von vornherein ausgeschlossen ist. Ein Beispiel ist die Veräußerung von Grundstücken durch Hausverwalter aufgrund einer entsprechenden Ermächtigung des Eigentümers (s Rn 32; Emmerich JuS 2017, 1213).

11. Gesetzlicher Erwerb

§ 566 Abs 1 BGB regelt nur den Fall der **Veräußerung** des Grundstücks durch dessen Eigentümer. Darunter fällt unmittelbar nur die *rechtsgeschäftliche* Übertragung des Eigentums an einem Grundstück auf einen neuen Eigentümer (s Rn 39), sodass sich in Fällen des **gesetzlichen Eigentumserwerbs** nur von Fall zu Fall die Frage einer entsprechenden Anwendung des § 566 BGB stellen kann (s Streyl ZMR 2008, 602). Die Rechtsprechung verfuhr in dieser Frage früher ausgesprochen **restriktiv**. Meistens wurde eine entsprechende Anwendbarkeit des § 566 BGB auf andere vergleichbare Fälle mit Rücksicht auf den Ausnahmecharakter der Vorschrift abgelehnt (BGHZ 107, 315, 319 = NJW 1989, 2053; BGH 8. 1. 1964 – V ZR 93/63, LM Nr 7 zu § 571 = NJW 1964, 765; 14. 10. 1981 – VIII ZR 331/80, LM Nr 26 zu § 571 BGB = NJW 1982, 221; 29. 6.

2001 – V ZR 215/00, LM Nr 22 zu § 986 BGB = NJW 2001, 2885; OLG Brandenburg ZMR 2003, 830, 831; kritisch Schön JZ 2001, 119). Ausnahmen bildeten lediglich die Fälle der **Aufgabe und Aneignung** (§ 928 BGB) sowie der **Rückerstattung** eines Grundstücks aufgrund der alliierten Rückerstattungsgesetze (vgl auch § 17 Vermögensgesetz; RGZ 103, 166, 167 f; BGHZ 11, 27, 34 f = NJW 1954, 266; BGHZ 107, 315, 320 = NJW 1989, 2053; OLG Hamm SeuffA Bd 76 [1921] Nr 79 S 125 f; OLG Rostock OLGE 27, 160 f; Mittelstein, Miete 659 f). Anders entschieden wurde dagegen für den Eigentumserwerb nach öffentlichem Recht, insbesondere also für die **Enteignung** (BayObLGZ 1992, 187 = NJW-RR 1992, 1166 = WuM 1992, 424) sowie für die Besitzeinweisung im Enteignungsverfahren (OLG Bamberg NJW 1970, 2108, 2109; LG Berlin GE 1984, 867, 869). Diese restriktive Linie hat der **BGH** mittlerweile offenbar **aufgegeben**. Mit der Begründung, dass auch bei einem Eigentumswechsel kraft Gesetzes der Grundgedanke des § 566 BGB (s Rn 3) dessen Anwendbarkeit zum Schutze des Mieters erfordere, hat er zB auf den gesetzlichen Erwerb des Eigentums an Grundstücken des Bundes durch die Bundesanstalt für Immobilienaufgaben (BImA) aufgrund des Gesetzes vom 9. 12. 2004 (BGBl I 3235) § 566 BGB entsprechend angewandt (so ganz allgemein BGH 9. 7. 2008 – VIII ZR 280/07, NJW 2008, 2773 Tz 10 f = NZM 2008, 726 = WuM 2008, 562; 10. 3. 2009 – VIII ZR 265/08, NZM 2009, 513 Tz 1 = NJW-RR 2009, 948 = WuM 2009, 357; s Guhling/Günther/Burbulla Rn 23; Streyl ZMR 2008, 602). Ebenso zu beurteilen ist der Eigentumsübergang durch Umlegungsbeschluss (LG Münster WuM 1979, 221; zu Gesellschaften als Vermieter s schon Staudinger/V Emmerich [2021] § 540 Rn 59).

IV. Eigentum des Veräußerers

1. Identitätserfordernis

27 § 566 Abs 1 BGB regelt den Fall, dass der „vermietete Wohnraum" oder genauer: das vermietete Grundstück (nach dessen Überlassung an den Mieter) gerade „von dem Vermieter an einen Dritten veräußert" wird. Die Anwendung des Gesetzes setzt folglich **Identität zwischen Vermieter und Veräußerer** voraus. Hinzu kommen muss außerdem, dass der Vermieter und Veräußerer **zugleich der Eigentümer** des Grundstücks ist, dass maW **Identität** auch **zwischen Veräußerer, Vermieter und Eigentümer** besteht, dies deshalb, weil Veräußerung im BGB rechtsgeschäftliche Eigentumsübertragung bedeutet (u Rn 38 ff) und das Eigentum grundsätzlich nur der Eigentümer übertragen kann (BGH 12. 3. 2003 – XII ZR 18/00, BGHZ 154, 171, 175 = NJW 2003, 2158; 17. 7. 2017 – XII ZR 26/16 Rn 15 ff, BGHZ 215, 236, 240 ff = NZM 2017, 847; BGH 3. 7. 1971 – VIII ZR 6/73, LM Nr 22 zu § 571 BGB = NJW 1974, 551; 22. 10. 2003 – XII ZR 119/02, NZM 2004, 300 = NJW 2004, 657; 20. 1. 2010 – VIII ZR 84/09, WuM 2010, 365 Tz 15 = NZM 2010, 471 = NJW-RR 2010, 1095; 23. 11. 2011 – VII ZR 74/11, NZM 2012, 150 Tz 12 = WuM 2012, 31; BayObLGZ 1981, 343 = NJW 1982, 451; OLG Saarbrücken ZMR 2016, 371; Guhling/Günther/Burbulla Rn 45 ff; Eckert, in: FS Blank [2006] 129, 131 ff; Harke ZMR 2002, 490; Horst ZMR 2009, 655; Streyl WuM 2008, 579; Luckey GE 2001, 909; str). **Erbfolge** auf der Seite des Vermieters beeinträchtigt die nötige Identität zwischen Vermieter, Grundstückseigentümer und Veräußerer nicht (BayObLGZ 1981, 343 = NJW 1982, 451). Die nötige Identität ist zB auch gegeben, wenn der **Käufer** eines Grundstücks dieses nach Eigentumserwerb vermietet, sodann aber wirksam zurücktritt (§ 437 Nr 2 BGB), sodass der Verkäufer dann an den von dem Käufer bereits abgeschlossenen Mietvertrag gebunden bleibt (OLG Celle NZM 2000, 93; Eckert, in: FS Blank 129, 132; str). Das Identitätserfordernis gilt freilich nicht ausnahmslos, sondern wird wachsendem Maße, vornehmlich aus Billigkeitserwägungen, durch Ausnahmen durchbrochen.

Das Gesetz sagt nicht, zu welchem **Zeitpunkt** das Identitätserfordernis (Rn 27) **28** erfüllt sein muss. Früher wurde wohl überwiegend angenommen, dass dieses Erfordernis **bereits bei Abschluss** des Mietvertrages gegeben sein müsse, weil nur dann das Vertrauen des Mieters auf Fortbestand des Mietvertrages trotz späterer Veräußerung des Grundstücks schutzwürdig sei (OLG Köln ZMR 2001, 967; LG Stendal GE 2001, 925; Börstinghaus PiG 70 [2005] 65, 69; Luckey GE 2001, 909). Nach der heute hM genügt dagegen **Eigentum** des Vermieters **im Augenblick der Veräußerung** des Grundstücks (OLG Düsseldorf ZMR 2013, 276; Eckert, in: FS Blank [2006] 129, 131 f; Grooterhorst/Burbulla NZM 2006, 246, 248 f; Guhling/Günther/Burbulla Rn 49 ff). Für diese Entscheidung dürften in erster Linie Erwägungen des Mieterschutzes maßgebend sein.

Das Identitätserfordernis kann in bestimmten Fallgruppen zu wenig befriedigenden **29** Ergebnissen führen (s insbesondere Eckert, in: FS Blank [2006] 129; Günter WuM 2013, 284; Harke ZMR 2002, 490; Streyl WuM 2008, 579). Es leuchtet zwar auf der einen Seite ein, dass kein Raum für die Anwendung des § 566 BGB ist, wenn ein **Leasingnehmer** (der nicht Eigentümer des Grundstücks ist) das Grundstück vermietet und anschließend dieses an den Leasinggeber zurückgibt (Eckert, in: FS Blank 129, 132). Weniger überzeugend ist die Betonung des strengen Identitätserfordernisses dagegen bereits, wenn Grundstückseigentümer eine **GmbH** ist, der Mietvertrag aber von einer Schwestergesellschaft desselben Gesellschafterkreises oder von dem alleinigen Gesellschaftergeschäftsführer im eigenen Namen abgeschlossen wurde (gegen eine Anwendung des § 566 auch in diesem Fall BGH 22. 10. 2003 – XII ZR 119/02, NZM 2004, 300 = NJW-RR 2004, 657; LG Frankfurt WuM 1999, 42; zustimmend Guhling/Günther/Burbulla Rn 47). Ebenso kritisch zu sehen ist die Ablehnung einer Anwendung des § 566 BGB, wenn in einem bestehenden Mietvertrag an die Stelle mehrerer vermietender Eigentümer mit Einverständnis des Mieters aus steuerlichen Gründen eine von den Eigentümern gebildete KG als Vermieterin tritt, sofern später die Eigentümer (die jetzt nicht mehr Vermieter sind) das Grundstück veräußern (gegen eine Anwendbarkeit des § 566 auch dann zB OLG Brandenburg ZMR 2003, 830 f). In diesen und anderen vergleichbaren Fällen ist daher zu prüfen, ob nicht im Einzelfall gemäß § 242 BGB wegen der engen Interessenverknüpfung zwischen allen Beteiligten Ausnahmen von dem strengen Identitätserfordernis geboten sind (s Rn 30 ff; grdl BGH 12. 7. 2017 – XII ZR 26/16 Rn 30 ff, BGHZ 215, 236, 242 ff = NZM 2017, 847; dazu zB Emmerich JuS 2017, 1213; ebenso schon BGH 9. 4. 2008 – XII ZR 74/11, NJW 2008, 2181 Tz 22 = NZM 2008, 484, 485 = ZMR 2008, 701; Günter WuM 2013, 264). Für die erwähnten **GmbH-Fälle** dürften die Voraussetzungen einer Analogie danach – entgegen der hM – wohl zu bejahen sein (Eisenhardt WuM 1999, 20), ebenso wie wenn bei **Personengesellschaften** Vermieter und Eigentümer auseinanderfallen, wenn zB eine BGB-Gesellschaft oder eine OHG ein Grundstück vermietet oder verpachtet, das den Gesellschaftern (und nicht der Gesellschaft) gehört und das Grundstück später von den Gesellschaftern veräußert wird (OLG Saarbrücken ZMR 2016, 371; LG Berlin ZMR 2014, 636 = GE 2014, 874; anders zB OLG Brandenburg ZMR 2003, 830 f).

2. Miteigentum

30 § 566 BGB gilt auch für die Übertragung von Miteigentum. Im Einzelnen hat man vor allem die folgenden Fallgestaltungen zu unterscheiden: Unproblematisch ist die Anwendung der Vorschrift zunächst, wenn die (alle) vermietenden Miteigentümer später *gemeinsam* das Grundstück an einen Dritten veräußern, der somit in den Mietvertrag eintreten muss. Veräußert dagegen lediglich einer der Miteigentümer seinen **Anteil**, so tritt der neue Miteigentümer neben den anderen Miteigentümern in den Mietvertrag als Gesamtschuldner ein (BGH 25. 4. 2018 – VIII ZR 176/17 Rn 34 ff, NJW 2018, 2472 = NZM 2018, 558 = WuM 2018, 352, 355 f). Es muss sich jedoch stets um die Veräußerung eines Miteigentumsanteils an einen „**Dritten**", also an eine Person handeln, die nicht schon zuvor Miteigentümer und Vermieter war. Für eine Anwendung des § 566 BGB ist kein Raum, wenn zB der eine von zwei Miteigentümern seinen Anteil an den anderen Miteigentümer veräußert, sodass dieser Alleineigentümer wird. Die Folge ist freilich, dass dann mangels Anwendbarkeit des § 566 BGB die beiden früheren Miteigentümer weiter Vermieter bleiben; der Veräußerer kann trotz Verlusts seines Miteigentumsanteils aus dem Mietvertrag nur aufgrund eines Vertrages mit den beiden anderen Beteiligten ausscheiden (§ 311 Abs 1 BGB; so BGH 9. 1. 2019 – VIII ZR 26/17 Rn 10 f, NZM 2019, 208 = GE 2019, 263; KG MDR 2019, 155 = DNotZ 2019, 104 = GE 2018, 1458; ebenso Gutzeit JuS 2019, 584; BeckOGK/Harke [1. 10. 2020] Rn 34 f; Terner RNotZ 2019, 382; Zschieschack NZM 2019, 209).

31 Kein Raum für eine Anwendung des § 566 BGB ist ferner, wenn der oder die Vermieter des Grundstücks *nicht identisch* mit den Miteigentümern sind, wenn zB **nur einer** von mehreren Miteigentümern das Grundstück **vermietet** hatte, aber alle Miteigentümer zusammen sodann das Grundstück veräußern. Eine Anwendung des § 566 BGB scheitert auch hier an der fehlenden Identität von Vermieter und Veräußerer (BGH 3. 7. 1974 – VIII ZR 6/73, LM Nr 22 zu § 571 BGB = NJW 1974, 551; OLG Karlsruhe OLGZ 1981, 207 = NJW 1981, 1278 = WuM 1981, 179; OLG Düsseldorf ZMR 2008, 787). Anders ist jedoch zu entscheiden (§ 242 BGB), wenn die **anderen** Miteigentümer dem Abschluss des Mietvertrages mit dem Mieter zuvor **zugestimmt** hatten (OLG Karlsruhe OLGZ 1981, 207 = NJW 1981, 1278 = WuM 1981, 179; OLG Saarbrücken ZMR 2016, 371; Börstinghaus PiG 70 [2005] 65, 69 f; Eckert, in: FS Blank 129, 132 f; Streyl WuM 2008, 579, 580). Ebenso wohl, wenn zwar mehrere Personen Vermieter sind, aber **nicht alle** zu dem Kreis der **Miteigentümer** gehören, wozu es vor allem kommen kann, wenn einer der vermietenden Miteigentümer aus der Eigentümergemeinschaft ausscheidet und später die verbliebenen Miteigentümer das Grundstück veräußern (OLG Saarbrücken ZMR 2016, 371; LG Landshut-Tiengen WuM 1993, 56; Streyl WuM 2008, 579, 581; **aM** LG Berlin GE 1998, 553).

3. Hausverwalter, Treuhänder

32 Die Vorschrift des § 566 BGB ist nach heute durchaus hM ferner entsprechend anwendbar bei Abschluss des Mietvertrages durch einen Hausverwalter oder durch einen Treuhänder zwar im eigenen Namen, aber mit Billigung des Eigentümers. Obwohl es in derartigen Fällen an sich an der nötigen Identität von Vermieter, Eigentümer und Veräußerer fehlt, ist doch in ihnen „zum Schutze des Mieters" Raum für eine **analoge Anwendung** des § 566 BGB. Ein Grundstückserwerber muss insbesondere dann in den vom Hausverwalter im eigenen Namen, aber für Rechnung des früheren Grundstückseigentümers abgeschlossenen Mietvertrag eintreten, falls der Verwalter oder Treuhänder mit Zustimmung und im alleinigen wirtschaftlichen Interesse des Eigentümers handelt und der Vermieter kein eigenes Interesse an dem Fortbestand des Mietvertrages hat (so BGH 12. 7. 2017 – XII ZR 26/16 Rn 26 ff, BGHZ 215, 236, 243 ff = NZM 2017, 847; dazu zB Emmerich JuS 2017, 1213; ebenso schon OLG Celle ZMR 2000, 284, 285; OLG Saarbrücken ZMR 2016, 371; Eckert, in: FS Blank 129, 132 f; Günter WuM 2013, 264, 268 ff; Streyl WuM 2008, 579, 580 f; Grotterhorst/Burbulla NZM 2006, 246; vgl auch BGH 22. 10. 2003 – XII ZR 113/02, NZM 2004, 300 = NJW-RR 2004, 657).

4. Veräußerungsketten

Probleme können außerdem bei so genannten Veräußerungsketten entstehen. Sind alle Zwischenerwerber im Grundbuch eingetragen worden, so steht der Anwendung des § 566 BGB nichts im Wege, wenn der erste Veräußerer zugleich der Vermieter und der Eigentümer des Grundstücks gewesen war (OLG Saarbrücken ZMR 2016, 371). Die Anwendbarkeit des § 566 BGB ist dagegen in der Tat zweifelhaft, wenn das Grundstück *ohne Zwischeneintragung* der verschiedenen Veräußerer weiterveräußert wird und einer von ihnen den Mietvertrag abgeschlossen hatte. Da es hier an der Identität von Vermieter, Veräußerer und Eigentümer fehlt, wird vielfach eine Anwendung des § 566 BGB abgelehnt. und zwar selbst dann, wenn für den oder die Zwischenerwerber eine *Auflassungsvormerkung* im Grundbuch eingetragen war (BGH 12. 3. 2003 – XII ZR 18/00, BGHZ 154, 171 = NJW 2003, 2158 = NZM 2003, 476, 477 [unter II 1a]; Guhling/Günter/Burbulla Rn 54; **aA** Harke ZMR 2003, 490, 494; Streyl WuM 2008, 579, 581; Marquardt ZMR 1989, 84). Anders sollte aber auf jeden Fall entschieden werden, wenn der noch im Grundbuch eingetragene Eigentümer mit der Vermietung durch einen der Zwischenerwerber *einverstanden* war (Streyl WuM 2008, 579, 581 f; Günter WuM 2013, 264, 270). **33**

5. Mehrzahl von Erwerbern

Die Regelung des § 566 BGB kann in verschiedenen Fallgestaltungen dazu führen, dass es zu einer Vermehrung der Zahl der Vermieter kommt. In derartigen Fällen ist vor allem der Grundsatz der **Einheit des Mietverhältnisses** zu beachten, der verhindern soll, dass jederzeit mögliche Veränderungen auf der Vermieterseite eine Verschlechterung der Rechtsposition des Mieters nach sich ziehen. Im Einzelnen hat man insbesondere die folgenden Fallgestaltungen zu unterscheiden: Bei **Realteilung** des vermieteten Grundstücks und anschließender Veräußerung der neuen Einzelgrundstücke an unterschiedliche Personen werden die Erwerber der einzelnen Grundstücke als Vermieter Gesamtschuldner und Gesamtgläubiger im Sinne des § 432 BGB (RGZ 124, 195, 198 f; BGH 24. 1. 1973 – VIII ZR 163/71, LM Nr 2 zu § 427 BGB = NJW 1973, 455; 28. 9. 2005 – VIII ZR 399/03, NJW 2005, 3781 = NZM 2005, 941 = WuM 2005, 790; 8. 5. 2015 – V ZR 262/14, NZM 2015, 592, 594 Rn 25 = NJW-RR 2015, 1039; 27. 4. 2016 – VIII ZR 123/14, NZM 2016, 467 Rn 16 = WuM 2016, 341; BayObLGZ 1990, 329 = NJW-RR 1991, 651 = WuM 1991, 78; OLG Celle WuM 1996, 222 = NJWE-MietR 1996, 27, 28; KG NZM 2012, 304; Greiner ZMR 2000, 832). **34**

Keine Rolle spielt die **zeitliche Abfolge** der Veräußerungen; auch wenn die Veräußerung der Grundstücksteile an unterschiedliche Erwerber zu verschiedenen Zeitpunkten nacheinander vorgenommen wird, treten die Erwerber (nacheinander) ge- **35** meinsam in den weiter eine Einheit bildenden Mietvertrag ein (BGH 8. 5. 2015 – V ZR 262/14, NZM 2015, 592, 594 Rn 25 = NJW-RR 2015, 1039). Die verschiedenen Vermieter bilden dann eine **Bruchteilsgemeinschaft** (BGH 28. 9. 2005 – VIII ZR 399/03, NJW 2005, 3781 = NZM 2005, 941 = WuM 2005, 790, 791; 8. 5. 2015 – V ZR 262/14, NZM 2015, 592, 594 Rn 25 = NJW-RR 2015, 1039) und können nur zusammen kündigen (BGH 26. 4. 2012 – V ZR 276/11, WuM 2012, 314 = ZMR 2012, 692 Tz 17; 30. 10. 2013 – X ZR 113/12, BGHZ 198, 337, 341 = NJW 2014, 536 Rn 15 f = NZM 2014, 130). Das gilt auch, wenn in der **Zwangsversteigerung** lediglich ein Teil des Grundstücks versteigert wird; der Ersteher erlangt dann jedoch das besondere Kündigungsrecht nach § 57a ZVG (BGH 30. 10. 2013 – X ZR 113/12, BGHZ 198, 337, 341 Rn 15 f). Soweit § 566 BGB durch § 45a TKG für entsprechend anwendbar erklärt ist, ist die Rechtslage ebenso zu beurteilen (s schon Rn 10; insbesondere BGH 8. 5. 2015 – V ZR 262/14, NZM 2015, 592, 594 Rn 26 = NJW-RR 2015, 1039).

36 Von dem Fall der Realteilung (Rn 34 f) ist der Fall der **Veräußerung** des einen vermieteten Grundstücks **an mehrere Personen** zu unterscheiden. Ohne Rücksicht auf das Innenverhältnis der Erwerber – häufig wohl eine BGB-Innengesellschaft – treten in diesem Fall die verschiedenen Erwerber gleichfalls **gesamtschuldnerisch** in den Mietvertrag als Vermieter ein (OLG Celle WuM 1996, 222 = NJWE-MietR 1996, 27, 28; LG Hamburg WuM 1988, 127; 1994, 539 f; LG Wuppertal WuM 1996, 621; AG Pinneberg ZMR 2002, 835, 836; MITTELSTEIN, Miete 662 f; STERNEL, Mietrecht Rn I 48 f; ZIMMERMANN, Rechtswirkungen 20 ff). Von dem Grundsatz der Einheit des Mietverhältnisses ist nach heute hM ferner auszugehen, wenn der Vermieter *zwei* rechtlich selbständige **Grundstücke** durch einen einheitlichen Vertrag **vermietet** hatte und sodann die beiden Grundstücke an *verschiedene* Personen veräußert. Zwar wurde hier früher vielfach angenommen, dass *zwei* selbständige Mietverhältnisse mit den beiden neuen Grundstückseigentümern entstehen (zB KG HRR 1932 Nr 110; MITTELSTEIN, Miete 662 f). Diese sogenannte Spaltungstheorie stößt indessen heute aus Gründen des Mieterschutzes überwiegend auf Ablehnung (zB BLANK/BÖRSTINGHAUS Rn 29; STERNEL, Mietrecht Rn I 49 mwNw). In der Tat kann nur auf dem Boden der **Einheitstheorie** der Mieter gegen eine Verschlechterung seiner Rechtsposition durch Vorgänge auf der Vermieterseite geschützt werden, auf die er keinen Einfluss hat. Die Folge ist vor allem, dass der Vertrag nur einheitlich von beiden Vermietern gekündigt werden kann.

37 Voraussetzung für die Anwendung der Einheitstheorie in dem zuletzt genannten Fall (Rn 36) ist freilich, dass dem Mieter tatsächlich die verschiedenen, später an unterschiedliche Personen veräußerten Grundstücke **vermietet** worden sind. War ihm dagegen lediglich die **Mitbenutzung** der fraglichen, rechtlich selbstständigen Grundstücke, etwa als Zufahrt oder als Parkfläche gestattet, so ist für eine Anwendung der Vorschrift des § 566 BGB kein Raum, wenn das vermietete Grundstück und die anderen, vom Mieter aufgrund einer Gestattung des Vermieters mitbenutzten Grundstücke an unterschiedliche Personen, etwa in der Insolvenz des Vermieters, veräußert werden, sodass die Erwerber der vom Mieter mitbenutzten Grundstücke nicht als weitere Vermieter in den Mietvertrag einzutreten brauchen. Verliert der Mieter infolgedessen die Möglichkeit zur Mitbenutzung der fraglichen Grundstücke, so ist er auf Ersatzansprüche gegen seinen Vermieter angewiesen (§§ 535 Abs 1 und 280 Abs 1 BGB; so BGH 4. 9. 2019 – XII ZR 52/18 Rn 23 ff, BGHZ 223, 106, 113 f = NZM 2019, 941; dazu zB EMMERICH JuS 2020, 268).

V. Veräußerung

1. Nur rechtsgeschäftliche Übertragung des Eigentums

§ 566 Abs 1 BGB macht den „Übergang" des Mietverhältnisses auf den Erwerber **38** von der „Veräußerung" des Grundstücks durch den Vermieter (und Eigentümer) an einen „Dritten" nach Überlassung des Grundstücks an den Mieter abhängig. Mit „Veräußerung" meint das Gesetz in § 566 Abs 1 BGB die rechtsgeschäftliche Übertragung des Eigentums an dem vermieteten Grundstück an Dritte. Den Gegensatz bilden der gesetzliche Erwerb und der Erwerb im Wege der Gesamtrechtsnachfolge. In diesen Fällen ist für eine unmittelbare Anwendung des § 566 BGB – mangels einer rechtsgeschäftlichen Veräußerung des vermieteten Grundstücks – kein Raum, sodass sich nur im Einzelfall – vornehmlich unter Mieterschutzgesichtspunkten – die Frage einer entsprechenden Anwendung der Vorschrift stellen kann (zum gesetzlichen Erwerb s schon oben Rn 26; zur Gesamtrechtsnachfolge s unten Rn 41 f).

Der maßgebliche **Zeitpunkt** für den Eintritt der Rechtsfolgen des § 566 Abs 1 BGB **39** ist der des Übergangs des Eigentums an dem Grundstück auf den Erwerber durch Auflassung und Eintragung im Grundbuch (§§ 873, 925 BGB). Der Erwerber tritt erst in dem Augenblick in den vom Veräußerer abgeschlossenen Mietvertrag ein, in dem er das Eigentum an dem vermieteten Grundstück durch seine Eintragung im Grundbuch erwirbt. Der bloße Abschluss eines Grundgeschäfts, die Übertragung des Eigenbesitzes oder die Eintragung einer Vormerkung für den Erwerber reichen dagegen für den „Übergang" des Mietvertrages auf den Erwerber nach § 566 Abs 1 BGB – mangels Eigentumserwerbs – *nicht* aus (RGZ 84, 409, 411; BGH 28. 6. 1961 – VIII ZR 46/60, LM Nr 4 zu § 571 BGB = ZMR 1961, 327; 29. 10. 1988 – VIII ZR 22/88, LM Nr 30 zu § 571 BGB = NJW 1989, 451 = ZMR 1989, 57; OLG Düsseldorf ZMR 1993, 15; OLG Celle NZM 2000, 93; statt aller Bub/Treier/Landwehr, Hdb Rn II 2646). *Keine* Rolle spielt, welches **Grundgeschäft** der Eigentumsübertragung zugrunde liegt. In Betracht kommen insbesondere Kauf, Schenkung, Tausch, Vermächtnis oder Einbringung in eine Gesellschaft, aber auch sonstige Verträge beliebiger Art, sofern sie nur auf die Übertragung des Eigentums gerichtet sind (LG Berlin ZMR 1998, 704; Mittelstein, Miete 659; Sternel, Mietrecht Rn I 54).

Bei **Nichtigkeit** der Eigentumsübertragung tritt der Dritte nicht in die Rechte und **40** Pflichten aus dem Mietverhältnis ein; Vermieter bleibt vielmehr der Veräußerer aufgrund seines fortbestehenden Eigentums (Mittelstein, Miete 660 f; Niendorff, Mietrecht 306 f). Dies gilt mit Rücksicht auf § 142 BGB auch bei wirksamer **Anfechtung** der Übereignung; doch wird der Mieter hier analog § 566e BGB in der Zwischenzeit bis zur Anfechtung der Übereignung den Erwerber als Eigentümer behandeln und deshalb mit befreiender Wirkung an ihn zahlen dürfen (Bub/Treier/Landwehr, Hdb Rn II 2658; Niendorff, Mietrecht 307). Die bloße **Anfechtung des Grundgeschäfts** ändert dagegen nichts an dem Übergang des Eigentums und damit an dem Eintritt des Erwerbers. Dasselbe gilt im Falle des **Rücktritts** von Grundgeschäft. Bis zur Rückübereignung bleibt der Erwerber Eigentümer und Vermieter (Roquette § 571 Rn 42; Bub/Treier/Landwehr, Hdb Rn II 2658). Hatte der Erwerber in der Zwischenzeit, noch vor Erklärung der Anfechtung des Grundgeschäfts oder des Rücktritts von diesem, das Grundstück seinerseits vermietet, so gilt § 566 BGB (s Rn 27).

41 Kein Raum für eine Anwendung des § 566 BGB ist grundsätzlich, wenn das Gesetz **Gesamtrechtsnachfolge** angeordnet hat, weil es dann an einer rechtsgeschäftlichen Veräußerung des Grundbesitzes iSd § 566 Abs 1 BGB fehlt (Rn 38). Wichtigster Fall ist die **Erbfolge**, da der Erbe ohnehin kraft Gesetzes in alle Rechtsverhältnisse des Erblassers einschließlich der von ihm abgeschlossenen Mietverträge eintritt (§ 1922 Abs 1 BGB). Ebenso zu behandeln sind die zahlreichen Fälle, in denen insbesondere das **Gesellschaftsrecht** Gesamtrechtsnachfolge anordnet (ausführlich Bub/Treier/Landwehr, Hdb Rn II 2632 ff; Guhling/Günter/Reich/Wilk, Vor § 535 Rn 205 ff; Schmidt-Futterer/Streyl Rn 33). Die Einzelheiten gehören in die Darstellungen des Gesellschaftsrechts. Hier ist nur kurz auf die **Umwandlungsfälle** einzugehen:

42 Das UmwG ordnet in den verschiedenen Fällen der Umwandlung, dh bei Verschmelzung, Spaltung, Vermögensübertragung und Formwechsel (§ 1 Abs 2 UmwG) durchweg Gesamtrechtsnachfolge der neuen Rechtsträger an (zB §§ 20, 131 UmwG), sodass daneben eine Anwendung des § 566 BGB wohl entbehrlich und im Grunde – mangels rechtsgeschäftlicher Veräußerung des Grundstücks – auch gar nicht möglich ist (Bub/Treier/Landwehr, Hdb Rn II 2639 f; Schmidt-Futterer/Streyl Rn 33; ebenso im Ergebnis für Umwandlungen auf der Mieterseite BGH 26. 4. 2002 – LwZR 20/01, BGHZ 150, 365 = NJW 2002, 2168 = NZM 2002, 660). Zweifelhaft ist die Rechtslage lediglich in den Fällen der **Spaltung**, dh bei Aufspaltung, Abspaltung oder Ausgliederung (§§ 1 Abs 1 Nr 2, 123 ff. UmwG), weil hier Missbrauchsgefahren in Gestalt der Zuordnung des Eigentums am vermieteten Grundstück und des Mietvertrages an verschiedene Rechtsträger gesehen werden. Freilich wird der Mieter in derartigen Fällen schon durch die Haftung der bisherigen Rechtsträger nach § 133 UmwG geschützt, sodass es nach der Rechtsprechung daneben keines Rückgriffs auf § 566 BGB bedarf (LG Berlin WuM 2018, 652 = GE 2018, 1068; Schmidt-Futterer/Streyl Rn 33). Nach anderen soll sich dagegen hier ein effektiver Mieterschutz nur durch eine analoge Anwendung des § 566 BGB, durch ein außerordentliches Kündigungsrecht des Mieters nach § 543 Abs 1 BGB oder durch ein auf § 242 BGB gestütztes Zustimmungsrecht des Mieters erreichen lassen (Guhling/Günter/Reich/Wilk, Vor § 535 Rn 215 ff; Guhling/Günter/Burbulla Rn 32 f). Zwingend geboten ist dieser zusätzliche Mieterschutz angesichts des umfassenden Gläubigerschutzes bereits durch das UmwG freilich wohl kaum.

2. Bestand der Miete

43 Die Anwendung des § 566 Abs 1 BGB setzt einen beim Übergang des Eigentums (s Rn 38) noch **gültigen Mietvertrag** voraus (BGH 4. 4. 2007 – VIII ZR 219/06, NJW 2007, 1818 Tz 8 = NZM 2007, 441 = WuM 2007, 267). Ist der Mietvertrag von Anfang an **nichtig** oder wirksam angefochten, so kommt es nicht zum Eintritt des Grundstückserwerbers in den (nichtigen) Mietvertrag (Palandt/Weidenkaff Rn 14). Besonderheiten gelten, wenn der Mietvertrag bereits **vor** dem **Eigentumsübergang**, zB infolge einer *Kündigung* des Veräußerers, sein **Ende** gefunden hatte. Aus praktischen Gründen wird hier vielfach angenommen, dass der Erwerber dann in das bei Eigentumsübergang bestehende **Abwicklungsverhältnis eintritt**, sodass er die Nutzungsentschädigung (§ 546a Abs 1 BGB) sowie bei Verzug des Mieters mit der Räumung außerdem Schadensersatz verlangen kann (§§ 546a Abs 2, 280 Abs 2 und 286 BGB), sofern sich der Mieter bei Übergang des Eigentums noch im **Besitz** der Mietsache befindet, nicht dagegen, wenn der Mieter den Besitz der Mietsache in diesem Augenblick bereits aufgegeben hatte (s Rn 44; BGHZ 72, 147, 149 f = NJW 1978, 2148; BGH 4. 4. 2007 – VIII ZR 219/06, NJW 2007, 1818 Tz 9 = NZM 2007, 441 = WuM 2007, 267; Blank/Börstinghaus Rn 13; Horst ZMR 2009, 655, 661; aM OLG Düsseldorf NJW-RR 1994, 1101). Folgerichtig müsste man dann hier an sich auch § 545 BGB zulasten des Erwerbers anwenden, wodurch dieser indessen – entgegen seinen Erwartungen – erheblich belastet werden kann (deshalb ablehnend zB Leo/Götz NZM 2019, 601, 603 f; Eisenhardt WuM 2020, 398).

Für die Anwendung des § 566 BGB ist ferner Raum, wenn der Mietvertrag zwar **44** nach den Abreden zwischen Veräußerer und Mieter erst zu einem Zeitpunkt nach Eigentumsübergang beginnen sollte, das Grundstück oder die Wohnung dem Mieter aber schon **vor Übergang** des Eigentums **übergeben** worden ist, sodass er das Grundstück oder die Räume zunächst nur aufgrund eines vorläufigen mietrechtlichen Verhältnisses besitzt (BGHZ 42, 333, 340 = NJW 1964, 1851; BGHZ 62, 297, 301 = MDR 1974, 916). Dasselbe gilt (erst recht), wenn die alten Mietvertragsparteien den Vertrag **verlängern** und das Grundstück sodann, dh nach Abschluss des Verlängerungsvertrages, aber *vor* Beginn des Verlängerungszeitraumes veräußert wird (BGHZ 42, 333, 336 f = NJW 1964, 1851; Mittelstein, Miete 653).

3. Rechtslage vor Eigentumsübergang

Solange der Erwerber nicht durch seine Eintragung im Grundbuch Eigentümer **45** geworden ist, bleibt der Veräußerer Vermieter (o Rn 38). Daraus ergeben sich Schwierigkeiten, wenn das Grundstück dem Erwerber bereits **vor** seiner **Eintragung** im Grundbuch **übergeben** wird, sodass auf ihn im Regelfall nach § 446 S 2 BGB auch die Nutzungen und Lasten des Grundstücks übergehen. Gleichwohl ist in diesem Zeitraum eine Anwendung des § 566 BGB noch *nicht* möglich (BGH 2. 7. 2003 – XII ZR 34/02, NJW 2003, 2987 = NZM 2003, 716 = ZMR 2003, 732). Die Parteien können zwar (mit Zustimmung des Mieters) jederzeit etwas anderes vereinbaren (Eckert, in: FS Blank [2006] 129, 134, 142 f). Solange dies aber nicht geschehen ist, bleibt es dabei, dass der **Veräußerer weiter Vermieter** ist, sodass der Mieter die Miete grundsätzlich nur an ihn (und nicht etwa an den Erwerber) mit befreiender Wirkung zahlen kann. Allein der bisherige Vermieter kann außerdem eine Mieterhöhung, zB nach § 558 BGB, verlangen (s unten Rn 44) oder von dem Mieter aufgrund des § 555d BGB die Duldung von Modernisierungsmaßnahmen fordern (s Rn 44). Außerdem ist nach wie vor allein der Veräußerer zur **Kündigung** des Vertrags berechtigt, während eine bereits vom Erwerber ausgesprochene Kündigung unwirksam ist und auch nicht durch dessen späteren Eigentumserwerb geheilt wird (OLG Hamm NJW-RR 1993, 273; LG Hamburg NJW-RR 1993, 145 = WuM 1993, 48; LG Augsburg NJW-RR 1992, 520; LG Berlin ZMR 1996, 325, 326; s Kinne GE 1993, 880; 1997, 1288; Scholz ZMR 1988, 285), – all dies aber immer nur vorbehaltlich abweichender Abreden der Parteien (s Rn 46 f).

Um den geschilderten Schwierigkeiten (o Rn 45) zu begegnen, können die Parteien **46** jederzeit einen vorzeitigen rechtsgeschäftlichen Übergang des Mietverhältnisses auf den Erwerber vereinbaren, entweder durch dreiseitigen Vertrag unter Beteiligung des Mieters oder durch Vertrag zwischen Veräußerer und Erwerber mit Zustimmung des Mieters, während ein Vertrag allein zwischen Veräußerer und Erwerber in keinem Fall ausreicht, selbst wenn die Beteiligten den Mieter über ihren Vertrag informieren (Staudinger/V Emmerich [2021] § 540 Rn 55 f; OLG Celle NZM 2000, 93 f; Eckert, in: FS Blank 129, 134, 142 f). Die danach immer erforderliche **Zustimmung des**

Mieters ist jederzeit auch formlos möglich und kann deshalb von Fall zu Fall sogar in der freiwilligen Zahlung der Miete an den Erwerber gesehen werden (RG HRR 1931 Nr 495; LG Berlin GE 2013, 268; LG Hamburg WuM 1993, 48; LG Duisburg WuM 2004, 331), vorausgesetzt freilich, dass sich der Mieter bei der Zahlung überhaupt der Notwendigkeit seiner Zustimmung bewusst war, weil andernfalls eine konkludente Zustimmung nicht angenommen werden kann (Eckert, in: FS Blank 129, 136). Im Einzelfall kann in der Übertragung des Eigenbesitzes auf den Erwerber ferner eine **Abtretung der Mietansprüche** liegen, die gleichfalls jederzeit möglich ist; § 399 BGB steht nicht entgegen (Staudinger/V Emmerich [2021] § 535 Rn 84; BGH 2. 7. 2003 – XII ZR 34/02, NJW 2003, 2987 = NZM 2003, 716, 717 = ZMR 2003, 732; OLG Düsseldorf WuM 1993, 343; WuM 1994, 477, 478; 2. 2. 2017 – 24 U 103/16, WuM 2017, 718). Jedoch kommt hier alles auf die Umstände des Falles an (§§ 133, 157 BGB).

47 Der Ausweg über eine Abtretung der Vermieteransprüche (s Rn 46) versagt bei der **Kündigung**, weil es sich bei der Kündigung nicht um ein selbstständig übertragbares Recht im Sinne des § 413 BGB, sondern um ein unselbstständiges Gestaltungsrecht handelt, das nicht abtretbar ist (Staudinger/Rolfs [2021] § 542 Rn 18; LG Kiel WuM 1992, 128; LG Augsburg NJW-RR 1992, 520; LG Berlin ZMR 1996, 325, 326; Eckert, in: FS Blank 129, 142 f; Horst ZMR 2009, 655, 656). Der Erwerber kann daher (an sich) den Mietvertrag nicht aus eigenem Recht vor seiner Eintragung im Grundbuch kündigen. Jedoch lässt die Rechtsprechung, wohl analog § 185 BGB, eine **Ermächtigung** des Erwerbers zur Ausübung des Kündigungsrechts des Veräußerers im eigenen Namen zu (s oben Staudinger/Rolfs [2021] § 542 Rn 19; BGH 10. 12. 1997 – XII ZR 119/96, LM Nr 43 zu § 185 BGB [Bl 3] = NJW 1998, 896 = NZM 1998, 146; 11. 9. 2002 – XII ZR 187/00, NJW 2002, 3389, 3391 = NZM 2002, 950 = WuM 2002, 601; 9. 3. 2014 – VIII ZR 203/13, NZM 2014, 285 Rn 14 = WuM 2014, 286 = ZMR 2014, 424; KG WuM 2008, 153, 154 = ZMR 2008, 365; Eckert, in: FS Blank 129, 142 f; Horst ZMR 2009, 655, 656, 660). Nach wirksamer Kündigung kann der Erwerber dann außerdem vom Mieter **Herausgabe** der Mietsache verlangen, da der Herausgabeanspruch im Gegensatz zum Kündigungsrecht selbständig abtretbar ist (BGH 11. 9. 2002 – XII ZR 187/00, LM Nr 43 zu § 185 BGB [Bl 3 R] = NJW 1998, 896 = NZM 1998, 146; OLG Köln ZMR 2001, 967, 968). Eine Umgehung des § 566 BGB liegt darin nicht, weil der Mieter sämtliche Rechte aus dem Mietvertrag gegenüber dem Veräußerer und Vermieter behält, solange der Erwerber nicht nach § 566 BGB endgültig in den Mietvertrag eingetreten ist (zur Rechtslage nach Übergang des Eigentums s Rn 64 ff).

48 Der Vermieter kann den Erwerber nach Meinung des BGH außerdem schon vor dessen Eintragung im Grundbuch ermächtigen, **Modernisierungsmaßnahmen** im eigenen Namen anzukündigen und vom Mieter Duldung zu verlangen, im Rechtsstreit gegebenenfalls im Wege der gewillkürten Prozessstandschaft (s § 555d Rn 4; BGH 13. 2. 2008 – VIII ZR 105/07, NJW 2008, 1218 Tz 13, 26 ff = NZM 2008, 283 = WuM 2008, 219; Horst ZMR 2009, 655, 660). Dies dürfte insbesondere anzunehmen sein, wenn der Veräußerer mit dem Erwerber vereinbart, dass sofort auf ihn „alle Rechte und Pflichten aus dem Mietvertrag" übergehen sollen (BGH 11. 9. 2002 – XII ZR 187/00, NJW 2002, 3389, 3391 = NZM 2002, 950, 952 [unter II 6]). Außerdem soll der Vermieter den Erwerber auch zu einem **Mieterhöhungsverlangen** aufgrund des § 558 BGB ermächtigen können (so BGH 19. 3. 2014 – VIII ZR 203/13, NZM 2014, 285 Rn 16 = WuM 2014, 286 = ZMR 2014, 424; – zweifelhaft, s im Einzelnen o § 558a Rn 10; ausführlich Zehelein NZM 2015, 31, 38 ff).

VI. Überlassung

1. Überblick

Der Eintritt des Grundstückserwerbers in den Mietvertrag setzt nach § 566 Abs 1 BGB ferner voraus, dass die Veräußerung erst „nach Überlassung (des Grundstücks) an den Mieter" erfolgt. Die **Veräußerung**, verstanden im Sinne der rechtsgeschäftlichen Übertragung des Eigentums an dem vermieteten Grundstück auf einen Dritten (s Rn 38), muss maW der **Überlassung** des Grundstücks an den Mieter zeitlich **nachfolgen**, wenn § 566 Abs 1 BGB anwendbar sein soll. Veräußert der Vermieter das Grundstück an einen Dritten dagegen schon **vor** dessen **Überlassung** an den Mieter, so kommt ein Eintritt des Erwerbers in den Mietvertrag nur unter den zusätzlichen Voraussetzungen des § 567a BGB in Betracht. Durch diese Regelung sollte erreicht werden, dass der Erwerber idR bereits an der Besitzlage ohne Weiteres abzulesen vermag, in welche Mietverhältnisse er eintreten muss, sodass der Besitz des Mieters hier ausnahmsweise dieselbe **Publizitätsfunktion** übernimmt, die sonst dem Grundbuch zukommt (BGH 11. 12. 2014 – IX ZR 87/14, BGHZ 204, 1, 10 Rn 26 = NJW 2015, 624; 4. 4. 2007 – VIII ZR 219/06, NJW 2007, 1818 Tz 7 = NZM 2007, 441 = WuM 2007, 267; 5. 4. 2016 – VIII ZR 31/15, WuM 2016, 364 Rn 6; ebenso zB BeckOGK/Harke [1. 10. 2020] Rn 29). **49**

Zwischen den verschiedenen Zeitpunkten, auf die die gesetzliche Regelung abstellt – Abschluss des Mietvertrages, Überlassung des Grundstücks an den Mieter und Veräußerung des vermieteten Grundstücks – kann viel Zeit vergehen, sodass es leicht geschehen kann, dass der Mieter den **Besitz** schon vor Eintragung des Erwerbers im Grundbuch **wieder aufgegeben** hat. In diesem Fall ist *kein Raum* für die Anwendung des § 566 BGB, weil weder der Zweck der gesetzlichen Regelung noch praktische Gründe es rechtfertigten, den Erwerber in einen trotz des Auszugs des Mieters fortbestehenden Mietvertrag eintreten zu lassen (BGH 11. 12. 2014 – IX ZR 87/14, BGHZ 204, 1, 10 Rn 26 f = NJW 2015, 624; 4. 9. 2019 – XII ZR 52/18 Rn 29 f, BGHZ 222 = NZM 2019, 941; 4. 4. 2007 – VIII 219/06, NJW 2007, 1818 Rn 9 = NZM 2007, 441 = WuM 2007, 267; 16. 12. 2009 – VIII ZR 313/08, NJW 2010, 1068 = WuM 2010, 165, 167 Rn 21; OLG Köln ZMR 2003, 186, 188; Sternel, Mietrecht Rn I 52; Eckert, in: FS Blank 129, 143 f; BeckOGK/Harke [1. 10. 2020] Rn 30; – anders früher Mittelstein, Miete 654). Keine Rolle spielt, aus welchem Grund der Mieter den Besitz an der Mietsache vor Übergang des Eigentums auf den Erwerber aufgegeben hatte. Auch wenn dies aufgrund einer Kündigung wegen eines vorgetäuschten Eigenbedarfs des Vermieters und Veräußerers geschehen war, ist kein Raum mehr für eine Anwendung des § 566 BGB (BGH 11. 12. 2014 – IX ZR 87/14, BGHZ 204, 1, 10 Rn 26 f = NJW 2015, 624). Anders beurteilt wird freilich überwiegend die Rechtslage, wenn sich der Mieter trotz der Beendigung des Mietverhältnisses noch im Besitz der Mietsache befindet: Kommt es jetzt zur Veräußerung des Grundstücks, so soll der Erwerber „aus praktischen Gründen" doch in das Abwicklungsverhältnis eintreten (dazu s oben Rn 43). **50**

2. Voraussetzungen

Der Begriff der **Überlassung** ist in § 566 Abs 1 BGB derselbe wie in § 535 Abs 1 S 2 BGB (wegen der Einzelheiten s deshalb o Staudinger/V Emmerich [2021] § 535 Rn 14 ff; zB BGHZ 65, 137, 139 ff = NJW 1976, 105; BGH 19. 10. 1983 – VIII ZR 159/82, LM Nr 4 zu § 57c **51**

ZVG = MDR 1984, 575 = WM 1983, 1364; 2. 11. 1988 – VIII ZR 7/88, LM Nr 31 zu § 571 BGB = NJW-RR 1989, 77 = WuM 1989, 140). Was zur Überlassung der Mietsache an den Mieter erforderlich ist, richtet sich folglich in erster Linie nach den Abreden der Parteien sowie ergänzend nach der Verkehrssitte und der Natur des einzelnen Rechtsverhältnisses. Im Regelfall ist dazu die **Übergabe** der Mietsache an den Mieter durch Verschaffung des unmittelbaren Besitzes erforderlich (RG Gruchot Bd 67 [1925] 303, 305; BGH 11. 12. 2014 – IX ZR 87/14, BGHZ 204, 1, 9 Rn 26 = NJW 2015, 624; 5. 4. 2016 – VIII ZR 31/15, WuM 2016, 364 Rn 5 f; OLG Karlsruhe ZMR 1988, 257, 258; OLG Köln ZMR 2003, 186, 187 f), nicht jedoch, dass der Mieter die Besitzerlangung auch noch zusätzlich durch Einzäunung oder Beschilderung des Grundstücks oder auf andere Weise kenntlich macht (OLG Köln ZMR 2003, 186, 187 f).

52 Soll der Mieter nur vorübergehend eine Sache im Besitz des Vermieters benutzen dürfen, so genügt der Vermieter seiner Überlassungspflicht bereits dadurch, dass er dem Mieter die **Sache** in einer Weise **zugänglich macht**, die es diesem erlaubt, zu den vereinbarten Zeiten den festgelegten Gebrauch von der Sache zu machen (s unten Rn 53; BGHZ 65, 137, 139 ff = NJW 1976, 105; BGH 4. 9. 2019 – XII ZR 52/18 Rn 29 f, BGHZ 222 = NZM 2019, 941; BGH 20. 11. 1967 – VIII ZR 92/65, LM Nr 31 zu § 581 BGB = MDR 1968, 233 = Warn 1967, Nr 250 S 564; 1. 2. 1989 – VIII ZR 126/88, LM Nr 120 zu § 535 = NJW-RR 1989, 589; OLG Karlsruhe ZMR 1988, 257, 258). Als Überlassung reicht danach zB zwar die Übergabe der Sache an den **Untermieter** aus, wenn sich die Parteien darüber einig sind, dass sich unmittelbar an den Untermietvertrag ein Mietvertrag zwischen ihnen anschließen soll (BGH 2. 11. 1988 – VIII ZR 7/88, LM Nr 31 zu § 571 BGB = NJW-RR 1989, 77 = WuM 1989, 140). Nicht ausreichend ist dagegen die bloße Gestattung der **Mitbenutzung** weiterer Grundstücke des Vermieters wie zB der Zufahrt oder des Eingangsbereichs. An diesen üblicherweise als „mitvermietet" bezeichneten Gemeinschaftsflächen erlangt der Mieter keinen Besitz (s oben § 535 Rn 7 ff). Der Erwerb derartiger bloß mitvermieteter Flächen führt daher nicht zum Eintritt in den Mietvertrag, wenn zugleich das vermietete Grundstück an andere Erwerber veräußert wird (s oben § 535 Rn 8; BGH 4. 9. 2019 – XII ZR 52/18 Rn 23 ff, 29 f, BGHZ 223, 106, 113, 115 f = NZM 2019, 941; dazu zB EMMERICH JuS 2020, 268). Eine **einseitige Besitzergreifung** des Mieters führt gleichfalls nicht zur Überlassung im Sinne des § 566 BGB. Ebensowenig kann umgekehrt der Vermieter dem Mieter gegen dessen Willen die Sache aufzwingen (KG OLGE 11 [1905 II] 144; STERNEL, Mietrecht Rn I 52). Für die Anwendung des § 566 BGB ist insbesondere kein Raum, wenn sich der Mieter hinsichtlich der Überlassung der Mietsache in **Annahmeverzug** befindet (SCHMIDT-FUTTERER/SREYL § 566 Rn 39). Es reicht auch nicht aus, wenn der Mieter lediglich versucht, seinen Anspruch auf die Überlassung der Sache (§ 535 Abs 1 S 1 BGB) gegen den Vermieter gerichtlich oder außergerichtlich durchzusetzen; solange dem Mieter die Sache daraufhin nicht vom Vermieter überlassen wurde, bleibt es bei der Unanwendbarkeit des § 566 BGB (BGH 5. 4. 2016 – VIII ZR 31/15, WuM 2016, 364 Rn 6 = NZM 2016, 675).

53 Beispiele: Bei der **Wohnraummiete** genügt für die Überlassung die Entgegennahme der Schlüssel; es kommt nicht darauf an, ob der Mieter tatsächlich in die Wohnung einzieht (STERNEL, Mietrecht Rn I 52). Bei der Vermietung von **Wand- und Dachflächen** (o Rn 9) reicht es für die Überlassung ferner aus, wenn der Vermieter dem Mieter die Flächen zugänglich macht; eine Besitzübertragung ist dafür nicht erforderlich und hier idR auch gar nicht möglich (OLG Hamm MDR 1976, 143, 144). Bei Verträgen über die Ausbeutung von **Bodenschätzen** wie Kohle, Öl oder Kies (s oben Rn 9) ist § 566

BGB anwendbar, sobald der Mieter oder Pächter mit den ersten Bohrungen auf dem Grundstück begonnen hat (RGZ 94, 279, 289 f; BayObLGZ 1910, 280, 286, 288; **aM** RG JW 1919, 379 Nr 6; offen gelassen für die Verlegung eines Postkabels in BGH WarnR 1972 Nr 284 S 803). Wird die Sache dem Mieter schließlich **nur teilweise überlassen**, so kommt es darauf an, ob ihm die wesentlichen Teile des vermieteten Grundstücks oder die wesentlichen vermieteten Räume übergeben wurden; die Zurückbehaltung einzelner Nebenräume ist unschädlich (Roquette § 571 Rn 9; Mittelstein, Miete 655).

VII. Eintritt in die Vermieterstellung

1. Rechte und Pflichten aus dem Mietverhältnis

Unter den Voraussetzungen des § 566 Abs 1 BGB tritt der Grundstückserwerber im Augenblick seines Eigentumserwerbs anstelle des Vermieters in die sich während der Dauer seines Eigentums aus dem Mietverhältnis ergebenden Rechte und Pflichten ein. Grundlage des „Mietverhältnisses" ist der Mietvertrag zwischen Vermieter und Mieter. Allein die gerade auf dem Mietvertrag beruhenden Rechte und Pflichten des Vermieters gehen folglich auf den Erwerber über, nicht dagegen Rechte und Pflichten des Vermieters aus sonstigen Rechtsbeziehungen der Parteien des Mietvertrages. Aus dieser Gesetzeslage ergeben sich naturgemäß erheblichen Abgrenzungsschwierigkeiten, die buchstäblich seit Inkrafttreten der gesetzlichen Regelung im Mittelpunkt der Auseinandersetzungen um § 566 BGB (= § 571 BGB aF) stehen. **54**

Auszugehen ist davon, dass mit § 566 BGB in erster Linie ein Schutz des Mieters dagegen bezweckt wird, dass seine Rechtsstellung aufgrund des Mietvertrages mit dem Vermieter durch die Veräußerung der Mietsache (an der er nicht beteiligt ist) verschlechtert wird (s oben Rn 3 f). Daraus folgt, dass der Erwerber den Mietvertrag in der Fassung gegen sich gelten lassen muss, die der Vertrag **im Augenblick des Übergangs** des Eigentums auf ihn hat. Oder anders gewendet: Sämtliche **Vertragsänderungen und -ergänzungen** aus der vorausgegangenen Zeit zwischen Abschluss des Mietvertrages und Übergang des Eigentums wirken (in den Grenzen der §§ 566a bis 566c BGB) auch gegen den Erwerber (s unten § 566b Rn 10, 13 f; zB Guhling/Günther/Burbulla Rn 65), während *nach* Eigentumsübergang Vertragsänderungen und -ergänzungen wirksam nur noch mit ihm, nicht mehr dagegen mit dem Veräußerer vereinbart werden können (BGH 6. 7. 1966 – VIII ZR 169/64, LM Nr 33 zu § 535 BGB [Bl 3 R] = NJW 1966, 1703). Handelt es sich um einen langfristigen Mietvertrag, für den das **Schriftformerfordernis** des § 550 BGB gilt, so genügt es, wenn der Änderungsvertrag mit dem Erwerber auf den ursprünglichen Mietvertrag mit dem Veräußerer Bezug nimmt, um das Schriftformerfordernis zu wahren; eine feste körperliche Verbindung beider Urkunden ist nicht erforderlich (BGH 17. 9. 1997 – XII ZR 296/95, LM Nr 31a zu § 566 BGB = NJW 1998, 62; Börstinghaus PiG 70 [2005] 65, 74). **55**

Den Gegensatz zu den mietvertraglichen Rechten und Pflichten, in die der Grundstückserwerber gemäß § 566 Abs 1 BGB eintreten muss (s Rn 55), bilden Rechte und Pflichten des Vermieters aus **sonstigen Abreden** der Parteien, die, auch wenn sie noch so eng mit dem Mietvertrag wirtschaftlich verbunden sind, *nicht* auf den Erwerber übergehen (RGZ 71, 404, 408; BGHZ 141, 160, 166 f = NJW 1999, 1857; BGH 2. 2. 2006 – IX ZR 67/02, BGHZ 166, 125, 130 f Tz 15 = NJW 2006, 1800; 3. 5. 2000 – XII ZR 92/98, LM Nr 41 zu **56**

§ 571 BGB = NJW 2000, 2346 = NZM 2000, 711; 25. 7. 2012 – XII ZR 22/11, NJW 2012, 3032 Tz 25 f = NZM 2012, 681 = WuM 2012, 560, 562; Emmerich PiG 37 [1993] 35, 42 ff; Derleder/Bartels JZ 1997, 981, 984). Zu dem „Mietvertrag" in diesem Sinne rechnen zwar auch „Zusatzvereinbarungen", die in einem „unlösbaren Zusammenhang" mit dem Mietvertrag stehen, nicht dagegen Vereinbarungen, die lediglich aus *Anlass* des Mietvertrages getroffen wurden oder in einem *bloßen wirtschaftlichen Zusammenhang* mit dem Mietvertrag stehen (so BGH 2. 2. 2006 – IX ZR 67/02, BGHZ 166, 125, 130 f Tz 15 = NJW 2006, 1800). Die **Abgrenzung** bereitet häufig Schwierigkeiten. Die Rechtsprechung stellt meistens darauf ab, ob es sich um sog **typische Mietvertragsklauseln** handelt, um Klauseln also, die „als *mietrechtliche* zu qualifizieren sind *oder* die *in untrennbarem Zusammenhang* mit dem Mietvertrag stehen" (so BGH 25. 7. 2012 – XII ZR 22/11, NJW 2012, 3032 Rn 26 = NZM 2012, 681 = WuM 2012, 560, 562; 3. 12. 2014 – VIII ZR 224/13, NZM 2015, 79, 82 Rn 42 = WuM 2015, 80; 12. 10. 2016 – XII ZR 9/15, NJW 2017, 254 Rn 18 ff = NZM 2017, 35; OLG Jena 31. 8. 2019 – 4 U 858/18, NZM 2019, 824, 825; ausführlich Guhling/Günther/Burbulla Rn 65 ff; ebenso zB Schweitzer NZM 2017, 17; Streyl NJW 2017, 256; kritisch zB BeckOGK/Harke [1. 10. 2020] Rn 43 f), wozu insbesondere die Abreden hinsichtlich des Gegenstandes des Vertrages, hinsichtlich der Miete sowie hinsichtlich der Überlassung und Rückgabe der Sache gezählt werden (RGZ 71, 404, 408; RG SeuffA 61 [1906] Nr 104 S 183, 184 = JW 1906, 58 Nr 10; BGHZ 141, 160, 166 = NJW 1999, 1857; OLG Düsseldorf NZM 2008, 893, 894). Den Gegensatz bilden zB Verpflichtungen des Vermieters aus einem Gesellschaftsvertrag, etwa zur unentgeltlichen Überlassung des Grundstücks als Kapitaleinlage während einer Krise (BGH 2. 2. 2006 – IX ZR 67/02, BGHZ 166, 125, 131= NJW 2006, 1800), ein dem Mieter eingeräumtes Ankaufsrecht (BGH 12. 10. 2016 – XII ZR 9/15, NJW 2017, 254 = NZM 2017, 35) oder die Verpflichtung des Vermieters zu Abstandszahlungen an den Mieter als Gegenleistung für die Bereitschaft zu einer vorzeitigen Auflösung des Vertrages (BGH 28. 6. 1961 – VIII ZR 46/60, LM Nr 4 zu § 571 BGB = MDR 1961, 930 = ZMR 1961, 327; OLG Jena 31. 8. 2019 – 4 U 858/18, NZM 2019, 824, 825). Zur Begründung stellt der BGH in erster Linie auf die Notwendigkeit einer restriktiven Auslegung der Ausnahmevorschrift des § 566 BGB ab, die eine Ausdehnung des Anwendungsbereichs der Vorschrift über den genannten Bereich hinaus verbiete (BGH 12. 10. 2016 – XII ZR 9/15 Rn 21 ff, NJW 2017, 254 = NZM 2017, 35).

57 Hinter der geschilderten Rechtsprechung (s Rn 56) steht das Bestreben der Gerichte, den Erwerber dagegen zu schützen, dass er auf dem Weg über § 566 Abs 1 BGB mietvertragliche Verpflichtungen des Vermieters übernehmen muss, mit denen er bei dem Grundstückserwerb „beim besten Willen" nicht zu rechnen brauchte. Dieses Bestreben ist sicher berechtigt, auf dem von den Gerichten eingeschlagenen Weg indessen nicht zu erreichen. Nach der gesetzlichen Regelung muss der Erwerber vielmehr zum Schutze des Mieters in den Mietvertrag eintreten, so wie er sich bis zum Augenblick des Eigentumserwerbs entwickelt hat, und zwar einschließlich etwaiger Änderungen und Ergänzungen des Vertrages in der Zeit zwischen Abschluss des Vertrages und Übergang des Eigentums (s Rn 55). Um dem Erwerber daraus resultierende „unliebsame Überraschungen" zu ersparen, hat das Gesetz den Eintritt des Erwerbers in den Vertrag an die vorausgegangene **Überlassung** des Grundstücks an den Mieter geknüpft, um ihn zu warnen, sodass es jetzt seine Sache ist, sich sorgfältig über die Rechtslage zu informieren. Genau um ihm dies zu ermöglichen, hat das Gesetz außerdem für langfristige Mietverträge in § 550 S 1 BGB **Schriftform** vorgeschrieben. Reicht dies alles nicht aus, so steht dem Erwerber außerdem gegen den Vermieter nach Treu und Glauben ein **Auskunftsanspruch** zu (zB LG Dortmund WuM 2019, 384 f). Damit ist ausreichend dafür Vorsorge getroffen, dass der Erwerber sich jederzeit umfassend über den Stand des Mietvertrages bei Eigentumserwerb zu informieren vermag – mit der weiteren Folge, dass kein Anlass und auch keine Notwendigkeit zu einem weiteren Schutz des Erwerbers gegen überraschende Klauseln mithilfe gänzlich unbestimmter Kriterien für die Abgrenzung der übergehenden Rechte (und Pflichten) zu erkennen ist (ebenso zB BeckOGK/HARKE [1. 10. 2020] Rn 43 ff, 45). Maßgebend kann vielmehr nur sein, dass § 566 Abs 1 BGB ganz allgemein den Eintritt des Erwerbers in die sich während der Dauer seines Eigentums aus dem (jeweiligen) „Mietverhältnis" ergebenden Rechte und Verpflichtungen anordnet, sodass es entsprechend § 311 Abs 1 BGB allein darauf ankommt, ob die fraglichen Rechte und Pflichten nach dem Willen der Parteien **auf dem Miet- oder Pachtvertrag** (s § 581 Abs 1 BGB) *oder* auf einem *anderen,* rechtlich davon getrennten *Vertrag* zwischen den Parteien beruhen, ob maW die fraglichen Abreden nach dem Willen der Parteien einen **Bestandteil des Mietvertrages** bilden oder nicht (EMMERICH PiG 37 [1993] 35, 42 f; BeckOGK/HARKE [1. 10. 2020] Rn 45; **aM** PASCHKE/OETKER NJW 1986, 3174; dagegen zutreffend RIEBANDT-KORFMACHER WuM 1986, 127, 128).

Im Regelfall dürften danach **zB**, eben als Bestandteile des Mietvertrages, auf den **58** Erwerber übergehen eine Abrede über die **Verrechnung eines Mieterdarlehens** mit der Miete (RGZ 71, 404, 409 f; RG JW 1939, 286, 287 Nr 14; LG Berlin GE 2003, 591), die Verpflichtung des Mieters zur Durchführung von **Schönheitsreparaturen** oder sonstigen Reparaturen sowie zur Bezahlung der Betriebskosten (MITTELSTEIN, Miete 671 f), Abreden über den **Ersatz von Aufwendungen** des Mieters auf die Mietsache, zB in Gestalt der vom Mieter durchgeführten Schönheitsreparaturen (BGH 3. 12. 2014 – VIII ZR 224/13, NZM 2015, 79, 82 Rn 42 = WuM 2015, 80), Abreden über **Kündigungsbeschränkungen**, zB der Ausschluss des Kündigungsrechts des Vermieters wegen Eigenbedarfs und zwar grundsätzlich selbst dann, wenn der auf die Kündigung verzichtende Vermieter in der fraglichen Klausel namentlich genannt ist (BGH 16. 10. 2013 – VIII ZR 57/13 Rn 13, WuM 2013, 739 = ZMR 2014, 195; LG Berlin GE 2020, 991, 992; AG Bremen WuM 2015, 171, 173), sowie eine im Mietvertrag enthaltene **Schiedsklausel** (BGH 3. 5. 2000 – XII ZR 92/98, LM Nr 41 zu § 571 BGB = NJW 2000, 2346 = NZM 2000, 711; 12. 10. 2016 – XII ZR 9/15, NJW 2017, 254 Rn 18 ff = NZM 2017, 35). Entgegen der früheren Rechtsprechung (BGHZ 141, 160, 166 = NJW 1999, 1857) ist auch die vom Mieter übernommene Verpflichtung zur Leistung einer Sicherheit oder **Kaution** grundsätzlich als mietvertragliche zu qualifizieren, sodass der Anspruch auf die noch nicht erbrachte Sicherheitsleistung gegebenenfalls auf den Erwerber übergeht (s Rn 69 f, § 566a Rn 4; BGH 25. 7. 2012 – XII ZR 22/11, NJW 2012, 3032 Tz 28 f = NZM 2012, 681 = WuM 2012, 560, 562; im Ergebnis auch LG Kiel NZM 2013, 231 = ZMR 2013, 195). Bei **Konkurrenzverboten** zu Lasten des Mieters für die Zeit nach Vertragsbeendigung sollte der Übergang der Rechte aus dem Konkurrenzverbot auf den Erwerber gleichfalls allein davon abhängig gemacht werden, ob die betreffende Abrede einen *Bestandteil* des Mietvertrages bildet oder *selbständig* neben dem Mietvertrag steht (s einerseits RG SeuffA 61 [1906] Nr 104 S 183, 184 f = JW 1906, 58 Nr 10; andererseits OLG Celle NJW-RR 1990, 974 = ZMR 1990, 414, 415; wegen der Konsequenzen des Gesagten für die verschiedenen **Mieterhöhungsverfahren** nach den §§ 558 und 559 ff s oben Rn 45 sowie § 558 Rn 42, § 558a Rn 9 f und § 559 Rn 11 f).

2. Rechte und Verpflichtungen gegenüber Dritten

59 Rechte und Verpflichtungen des Vermieters gegenüber *Dritten* aus Verträgen (nicht mit dem Mieter, sondern) mit Dritten gehen *nicht* auf den Erwerber über, selbst wenn sie sich auf den Mietvertrag beziehen (s unten Rn 73 f; LG Frankfurt/M ZMR 2013, 114). Der Erwerber tritt daher zB nicht in Kündigungsbeschränkungen oder Preisbindungen zu Gunsten des Mieters ein, die in **Darlehensverträgen** enthalten sind, die der Vermieter **mit Dritten** abgeschlossen hat (BGHZ 48, 244, 246 f = NJW 1967, 2258; BGHZ 141, 160, 169 = NJW 1999, 1857; BGH 9. 10. 1997 – VIII ZR 373/96, LM Nr 35 zu § 571 BGB = NZM 2018, 102 = NJW 1998, 445). Das ist wichtig vor allem im Rahmen der §§ 558 Abs 5 und 559a BGB bei der Förderung von **Modernisierungsmaßnahmen** durch Drittmittel (wegen der Einzelheiten s oben § 558 Rn 41 ff, § 559 Rn 11; BÖRSTINGHAUS PiG 70 [2005] 65, 83 ff). Ebensowenig ist der Erwerber an ein **Belegungsrecht** Dritter aufgrund eines Werkförderungsvertrages des Vermieters mit dem Dritten gebunden (SÖLLNER JZ 1968, 183). Ein weiteres Beispiel sind Abreden zwischen dem Hauptvermieter und dem **Untermieter** für den Fall der Beendigung des Hauptmietvertrages, in die folglich ein etwaiger Grundstückserwerber ebenfalls nicht einzutreten braucht (LG Frankfurt/M ZMR 2013, 114). Auch für **Sicherheiten**, die von einem Dritten für den Mieter gestellt werden, hat § 566 BGB keine Bedeutung (BGHZ 141, 160, 168 f = NJW 1999, 1857). Denn bei allen diesen Vereinbarungen handelt es sich nicht um einen Mietvertrag mit einem Mieter, worauf § 566 BGB allein abstellt, sondern um Verträge mit sonstigen, dh vom Mieter verschiedenen Dritten.

3. Anfechtung

60 Die Anwendung des § 566 BGB bereitet vor allem dann erhebliche Schwierigkeiten, wenn eine der Parteien ein Gestaltungsrecht, zB ein Anfechtungs- oder Kündigungsrecht erlangt, dieses Recht vor Übergang des Eigentums auf den Erwerber des Grundstücks jedoch nicht mehr ausgeübt hatte. Dann ist – bei dem üblichen Verständnis des § 566 Abs 1 BGB – offen, ob und gegebenenfalls von wem und gegenüber wem das Recht noch ausgeübt werden kann, ob insbesondere eine Anfechtung des Mietvertrages nach § 119 BGB oder nach § 123 BGB vom Mieter gegenüber dem Vermieter oder gegenüber dem Erwerber oder auf der anderen Seite auch nach Übergang des Eigentums noch vom Vermieter oder jetzt von dem Erwerber gegenüber dem Mieter erklärt werden muss (zu den einzelnen Fällen s schon STAUDINGER/EMMERICH [2021] Vorbem 104 ff zu § 535). Der Fragenkreis ist umstritten. Bei der Lösung der einzelnen Fallgestaltungen spielen konstruktive Erwägungen nur eine untergeordnete Rolle. Im Vordergrund stehen rechtspraktische Überlegungen vor dem Hintergrund des mit der gesetzlichen Regelung in erster Linie bezweckten Schutzes des Mieters gegen eine nachteilige Veränderung seiner Rechtsposition durch die Veräußerung des vermieteten Grundstücks, auf die er keinen Einfluss hat (s Rn 3 ff), wobei hier von der Vorstellung ausgegangen wird, dass die Vorschrift des § 566 BGB letztlich einen gesetzlichen Übergang des Mietverhältnisses auf den Erwerber anordnet, sodass gemäß § 412 BGB ergänzend ein Rückgriff auf die §§ 404 ff BGB möglich ist. Dies bedeutet:

61 Soweit es um die **Anfechtung** seitens **des Mieters** geht, bleibt *Anfechtungsgegner* des Mieters und damit gegebenenfalls auch ersatzpflichtig ebenso wie bei § 404 BGB gem § 143 Abs 2 BGB der ursprüngliche *Vermieter* (LG Frankfurt WuM 1980, 11 f; ebenso zu § 404 BGH 16. 10. 1985 – VIII ZR 287/84, LM Nr 23 zu § 404 [Bl 2] = NJW 1986, 919; 23. 3. 2004 – XI ZR 14/03, NJW-RR 2004, 1347, 1348 = ZIP 2004, 1547). Nur wenn der Vermieter für den Mieter nicht mehr auffindbar ist, kann der Mieter die Einrede der Anfechtbarkeit auch dem Erwerber entgegenhalten (OLG Brandenburg NJW-RR 1998, 1584). Entfällt infolge der Anfechtung des Mieters rückwirkend der Mietvertrag (§§ 119, 123, 142 BGB), so gilt notwendig dasselbe für den Eintritt des Erwerbers (Blank/Börstinghaus Rn 46; Emmerich, in: 10 Jahre Mietrechtsreformgesetz 722, 724; Guhling/Günter/Burbulla Rn 117; Sternel, Mietrecht Rn I 61; aM Dötsch ZMR 2011, 257, 263; BeckOGK/Harke [1. 10. 2020] Rn 59). Wenn dagegen der **Vermieter** den Vertrag anfechten konnte, ist es nach Eintritt des Erwerbers nicht mehr interessengerecht, dem Vermieter oder dem Erwerber jeweils allein die Entscheidung über die Beseitigung des Vertrages zu überlassen. Vermieter und Erwerber können daher fortan *nur noch zusammen* anfechten (Guhling/Günter/Burbulla Rn 119; Emmerich, in: 10 Jahre Mietrechtsreformgesetz 722, 724 f; Mittelstein, Miete 657), dies vor allem deshalb, weil man auch die Rückwirkungen der Anfechtung des Mietvertrages auf das Verhältnis zwischen Vermieter und Erwerber berücksichtigen muss, welches bei der heute überwiegend vertretenen Zubilligung des Anfechtungsrechts allein an den Erwerber zu Unrecht völlig ausgeblendet wird (so aber Dötsch ZMR 2011, 257, 262 f; Blank/Börstinghaus Rn 45; Dörner, Relativität 366 f; BeckOGK/Harke [1. 10. 2020] Rn 59).

4. Kündigung des Mieters

Es versteht sich von selbst, dass der Mieter nach Übergang des Eigentums grundsätzlich nur noch gegenüber dem Erwerber – als seinem neuen Vertragspartner – kündigen kann. Um eine Verschlechterung der Rechtsstellung des Mieters durch die Veräußerung des vermieteten Grundstücks zu verhindern – dies der Zweck der gesetzlichen Regelung –, sind indessen hier wiederum ergänzend insbesondere die §§ 407 und 409 BGB anzuwenden (s schon oben Rn 42). Die Folge ist, dass, wenn der Mieter von der Veräußerung des Mietgrundstücks *nichts erfährt,* der Erwerber nach Treu und Glauben (analog § 407 BGB) eine noch *nach* der *Veräußerung* **gegenüber dem Vermieter ausgesprochene Kündigung** gegen sich gelten lassen muss (ebenso BGH 23. 2. 2012 – IX ZR 29/11, NJW 2012, 1881 Tz 15 ff = NZM 2012, 638 = WuM 2012, 325, 327; LG Duisburg NJW-RR 1997, 1171 = ZMR 1997, 356, 357; BeckOGK/Harke [1. 10. 2020] Rn 60; Mittelstein, Miete 677 f, 687 f; Sonnenschein PiG 37 [1993] 95, 12 = ZMR 1992, 423; Sternel, Mietrecht Rn I 62). Außerdem ist zum Schutze des Mieters hier Raum für die Anwendung des § 409 BGB, falls der Vermieter dem Mieter den Eigentumswechsel **angezeigt** hatte, obwohl dieser tatsächlich noch gar nicht stattgefunden hatte, und der Mieter darauf hin gegenüber dem *Erwerber* als seinem vermeintlichen neuen Vermieter kündigt (vgl auch u § 566e Rn 5; LG Baden-Baden WuM 1988, 402; Dörner, Relativität 372; Mittelstein, Miete 677; Sonnenschein PiG 37 [1993] 95, 121 = ZMR 1992, 423). Die Kündigung wirkt maW gegen den Vermieter und Veräußerer.

62

Besonderheiten gelten, falls der **Mieter** gegenüber dem Vermieter bereits ein **außerordentliches Kündigungsrecht**, etwa aufgrund der §§ 543 und 569 BGB **erworben**, dieses indessen noch *nicht* ausgeübt hatte. Hier ist, um eine Verschlechterung der Rechtslage des Mieters durch die Veräußerung des Grundstücks zu verhindern, darauf abzustellen, ob die Kündigungsvoraussetzungen jetzt bei Ausspruch der Kündigung *nach* der Veräußerung gegenüber dem Erwerber noch erfüllt sind, ob der Kündigungsgrund maW trotz des Übergangs des Eigentums *fortwirkt,* wobei

63

auch das Verhalten des Erwerbers berücksichtigt werden kann. Im Einzelnen ist insbesondere zwischen **personenbezogenen** Gründen wie zB Beleidigungen des Mieters durch den Vermieter und **sachbezogenen Gründen** wie Sach- und Rechtsmängeln zu unterscheiden (s Blank/Börstinghaus Rn 59; Emmerich, in: 10 Jahre Mietrechtsreformgesetz 722, 725; BeckOGK/Harke [1. 10. 2020] Rn 61; Sonnenschein PiG 37 [1993] 95, 121 f = ZMR 1992, 423). Das Kündigungsrecht aus den §§ 543 Abs 2 Nr 1 und 569 Abs 1 BGB wird danach in der Regel dem Mieter gegenüber dem Erwerber erhalten bleiben, während es für die Kündigung nach § 569 Abs 2 BGB darauf ankommt, ob der Erwerber ebenfalls einen Kündigungsgrund gesetzt hat. Eine vom Mieter dem Vermieter bereits gesetzte **Abhilfefrist** läuft weiter (§ 543 Abs 3 S 1 BGB).

5. Kündigung des Vermieters

64 Es bedarf keiner weiteren Begründung, dass vor dem Übergang des Eigentums allein der Vermieter und danach nur der Erwerber – als neuer Vermieter aufgrund des § 566 Abs 1 BGB – gegenüber dem Mieter kündigen können, sofern sie einen Kündigungsgrund besitzen. Jedoch kann, wie bereits ausgeführt (oben Rn 47), der Vermieter den Erwerber auch schon vor Übergang des Eigentums **ermächtigen**, ein dem Vermieter zustehendes Kündigungsrecht im eigenen Namen gegenüber dem Mieter auszuüben und gegebenenfalls anschließend vom Mieter Herausgabe der Mietsache zu verlangen. Hatte dagegen noch der Vermieter *vor* Eigentumsübergang wirksam (fristlos oder mit Frist) **gekündigt**, so hat es dabei grundsätzlich sein Bewenden (LG München I WuM 1983, 262, 264 f; LG Frankenthal WuM 1991, 350 f; LG Berlin GE 1999, 110). Der Erwerber tritt in das durch die Kündigung umgestaltete Mietverhältnis ein und ist, wenn die *Kündigungsfrist* bei Eigentumsübergang bereits *abgelaufen* war, auf die Abwicklungsansprüche aus den §§ 546 und 546a BGB beschränkt (o Rn 43 sowie u Rn 72; zB Emmerich, in: 10 Jahre Mietrechtsreformgesetz 722, 725; Guhling/Günter/Burbulla Rn 115).

65 In **Umwandlungsfällen** läuft die Wartefrist des § 577a BGB ab der ersten Veräußerung. Veräußert der Erwerber die Eigentumswohnung weiter, so tritt der Erwerber in diese Position ein, sodass zu seinen Gunsten die Wartefrist weiterläuft (BayObLGZ 1981, 343 = WuM 1982, 46, 47). Die **Kündigungsvoraussetzungen** richten sich nach dem Übergang des Eigentums gleichfalls nach dem *ursprünglichen* Mietvertrag (in den der Erwerber eintritt). Galten zB für den Vermieter wegen der Dauer des Mietverhältnisses aufgrund des § 573c Abs 1 S 2 BGB besonders *lange Kündigungsfristen,* so muss auch der Erwerber diese Kündigungsfristen einhalten. Denn der Erwerber muss den Mietvertrag in der Gestalt hinnehmen, in dem er sich bei seinem Eintritt in den Vertrag infolge des Übergangs des Eigentums befindet (BGH 15. 10. 2014 – XII ZR 163/12, BGHZ 204, 354, 359 Rn 16 = NJW 2014, 3775).

66 Besonderheiten gelten in den sogenannten **Kündigungslagen**. Im Einzelnen geht es hier um zwei verschiedene Fallgestaltungen. Die erste ist dadurch gekennzeichnet, dass der Vermieter von seinem Kündigungsrecht vor Übergang des Eigentums noch **Gebrauch gemacht** hatte, bei Übergang des Eigentums jedoch die **Kündigungsfrist** noch nicht abgelaufen war. Im Regelfall hat dies auf die Wirksamkeit der Kündigung keinen Einfluss (Rn 64). Anders kann es sich indessen verhalten, wenn die Wirksamkeit der Kündigung wie insbesondere gemäß § 573 BGB von dem *Fortbestand* eines **berechtigten Interesses** auf der Seite des kündigenden Vermieters abhängig ist.

Hier wird es sich häufig so verhalten, dass das berechtigte Interesse des Vermieters an der Vertragsbeendigung entfällt, so insbesondere, wenn der **Eigenbedarf**, auf den die Kündigung gestützt war, in der Person des Erwerbers nicht mehr vorliegt (s unten § 573 Rn 87 ff). Die Kündigung verliert in diesem Fall ihre Wirkung (OLG Hamm NJW-RR 1992, 1164 = WuM 1992, 460; LG Frankenthal WuM 1991, 350, 351; LG Aachen WuM 1990, 27 f; BÖRSTINGHAUS PiG 70 [2005] 65, 88 f; DERLEDER NJW 2008, 1189, 1191; ders/BARTELS JZ 1997, 981, 984; EMMERICH, in: 10 Jahre Mietrechtsreformgesetz 722, 726; BeckOGK/HARKE [1. 10. 2020] Rn 62.1; HORST ZMR 2009, 655, 660; SONNENSCHEIN PiG 37 [1993] 95, 123 = ZMR 1992, 424; STERNEL, Mietrecht Rn I 62; WEITEMEYER, in: FS Blank [2006] 445, 450). Anders lediglich, wenn der **Eigenbedarf** trotz Veräußerung des Grundstücks ausnahmsweise **fortbesteht**, weil sich zB der Veräußerer ein Wohnrecht vorbehalten hat oder weil das Grundstück gerade an diejenigen Angehörigen veräußert wird, für die die Räume nach der Kündigung ohnehin bestimmt waren: In diesem Fall bleibt die Kündigung ausnahmsweise wirksam (OLG Hamm NJW-RR 1992, 1164 = WuM 1992, 460; LG Frankenthal WuM 1991, 350, 351). Entsprechendes gilt für die **Verwertungskündigung** nach § 573 Abs 2 Nr 3 BGB (s BÖRSTINGHAUS PiG 70 [2005] 65, 88 f; SONNENSCHEIN PiG 37 [1993] 95, 125 = ZMR 1992, 424 f).

Wieder andere Fragen stellen sich in **Kündigungslagen**. Von einer solchen spricht **67** man, wenn ein Kündigungsrecht für den Vermieter bereits *vor* Eigentumsübergang **begründet** war, der Vermieter von dem Kündigungsrecht aber **keinen Gebrauch** mehr gemacht hatte. In diesen Fällen ist davon auszugehen, dass bereits vollwirksam entstandene Kündigungsrechte als Gestaltungsrechte grundsätzlich *nicht* nach § 566 Abs 1 BGB auf den Erwerber **übergehen** (s oben STAUDINGER/ROLFS [2021] § 542 Rn 17; BÖRSTINGHAUS PiG 70 [2005] 65, 87 f; GUHLING/GÜNTER/BURBULLA Rn 113; DÖRNER, Relativität 366 f; EMMERICH, in: 10 Jahre Mietrechtsreformgesetz 722, 727; MITTELSTEIN, Miete 676 f; SONNENSCHEIN PiG 37 [1993] 95, 125 f; STERNEL, Mietrecht Rn I 62). War der Mieter zB bereits gegenüber dem Vermieter mit zwei Mietraten in **Verzug** geraten, so kann der Erwerber nach Eigentumsübergang das sich daraus ergebende Kündigungsrecht (§§ 543 Abs 2 Nr 3, 569 Abs 3 BGB) nicht mehr ausüben; das **Kündigungsrecht erlischt** vielmehr, wenn es nicht rechtzeitig vor der Veräußerung ausgeübt wurde (KG OLGE 7, 466 f; BLANK/BÖRSTINGHAUS Rn 56; GUHLING/GÜNTER/BURBULLA Rn 113; BeckOGK/HARKE [1. 10. 2020] Rn 62; aM DÖRNER, Relativität 366 f). Denn der Veräußerer kann nicht mehr kündigen, weil er nicht mehr Vermieter ist (MITTELSTEIN, Miete 676 f). Und der Erwerber kann nicht kündigen, weil in seiner Person – mangels einer Vertragsverletzung des Mieters ihm gegenüber – kein Kündigungsrecht begründet wurde. Anders dagegen natürlich, wenn der Kündigungsgrund **fortbesteht**, wenn der Mieter zB den vertragswidrigen Gebrauch, aufgrund dessen der Veräußerer ihm kündigen konnte (aber nicht mehr gekündigt hat, § 543 Abs 2 Nr 2 BGB), auch nach dem Eigentumsübergang fortsetzt; in diesem Fall kann auch der Erwerber kündigen (EMMERICH, in: 10 Jahre Mietrechtsreformgesetz 722, 727).

Wieder andere Überlegungen sind geboten, wenn der Kündigungsgrund, zB der **68** Zahlungsverzug (§ 543 Abs 2 Nr 3 BGB) oder die ständige unpünktliche Zahlung (§ 543 Abs 1 BGB), teilweise gegenüber dem **Veräußerer**, teilweise aber gegenüber dem **Erwerber** verwirklicht wurde, indem der Mieter zB, nachdem er bereits mit einer Mietrate gegenüber dem Veräußerer in Verzug war, mit einer zweiten gegenüber dem Erwerber in Verzug gerät (s § 543 Abs 2 Nr 3 BGB) oder seine unpünktliche vertragswidrige Zahlungsweise unbeeindruckt gegenüber dem Erwerber fortsetzt (§ 543 Abs 1 BGB). In derartigen Fällen hilft allein das Verständnis des § 566 BGB als Fall einer gesetzlich angeordneten Rechtsnachfolge in das Mietverhältnis weiter, da nur dieses Verständnis es erlaubt, das Mietverhältnis als das, was es ist, nämlich als **Einheit in der Zeit** zu behandeln, sodass der zT gegenüber dem Veräußerer, zT aber gegenüber dem Erwerber verwirklichte Kündigungsgrund – als *ein* Kündigungsgrund verstanden – die fristlose Kündigung des Erwerbers zu rechtfertigen vermag (Guhling/Günther/Burbulla Rn 43; Sonnenschein PiG 37 [1993] 95, 126 f = ZMR 1992, 425; anders zB Derleder NJW 2008, 1189, 1191). Entgegen einer verbreiteten Meinung (LG Berlin GE 2005, 487, 489; Horst ZMR 2009, 655, 660; Sonnenschein PiG 37 [1993] 95, 126) setzt dann die Kündigung des Erwerbers wegen Zahlungsverzugs nach § 543 Abs 2 Nr 3 BGB auch *nicht* die Abtretung der rückständigen ersten Rate an den Erwerber voraus (OLG Hamm NJW-RR 1993, 273, 274; KG GE 2009, 1554; LG Duisburg ZMR 1988, 99, 100; Börstinghaus, PiG 70 [2005] 65, 87 f; BeckOGK/Harke [1. 10. 2020] Rn 62).

6. Vermieteransprüche

69 Mit dem Eigentumswechsel tritt in dem Mietverhältnis als Dauerschuldverhältnis in den Augen der Gerichte entsprechend der von ihnen favorisierten Novationslösung (s Rn 4, 5) eine **Zäsur** ein. Alle schon *vorher* begründeten und *fälligen Ansprüche* verbleiben bei dem bisherigen Vermieter (sog **Fälligkeitsprinzip** oder Fälligkeitstheorie; s auch Rn 73 f). Sie gehen nicht etwa nach § 566 BGB auf den Erwerber über, sondern können nach wie vor von dem bisherigen Vermieter geltend gemacht werden, während *nach* dem Eigentumswechsel entstehende und *fällig* werdende Ansprüche aus dem Mietverhältnis (allein) dem *Erwerber* zustehen (s unten Rn 77; BGHZ 72, 147, 149 f = NJW 1978, 2148; BGH 15. 10. 2014 – XII ZR 163/12, BGHZ 204, 354, 358 Rn 13 = NJW 2014, 3775; 19. 10. 1988 – VIII ZR 22/88, LM Nr 30 zu § 571 BGB = NJW 1989, 451; 19. 9. 2000 – III ZR 211/99, LM Nr 5 zu § 16 VermG [Bl 2] = NZM 2001, 158; 3. 12. 2003 – VIII ZR 168/03, NJW 2004, 851 = WuM 2004, 94 = NZM 2004, 188; 29. 9. 2004 – XII ZR 148/03, NJW-RR 2005, 96 = NZM 2005, 17; 4. 4. 2007 – VIII ZR 219/06, NJW 2007, 1818 Tz 13 = NZM 2007, 441 = WuM 2007, 267, 268; 28. 5. 2008 – VIII ZR 133/07, NJW 2008, 2256 Tz 17 = NZM 2008, 519 = WuM 2008, 402, 403; 25. 7. 2012 – XII ZR 22/11, NJW 2012, 3032 Tz 32 f = NZM 2012, 681 = WuM 2012, 560, 562; Horst ZMR 2009, 655, 659; Sternel, Mietrecht Rn I 59; – **aM** früher Mittelstein, Miete 675). Das Fälligkeitsprinzip hat aber, wohl gemerkt, allein die Aufgabe, etwaige Ansprüche aus dem Mietvertrag gegen den Mieter je nach ihrer Fälligkeit zwischen den Beteiligten, dh zwischen dem Vermieter und dem Erwerber zu verteilen; dagegen richtet sich der Inhalt der Ansprüche in jedem Fall allein nach dem Mietvertrag mit dem Vermieter; hinsichtlich des **Inhalts** oder der **Voraussetzungen** solcher Ansprüche treten maW keine Veränderungen zum Nachteil des Mieters durch die Veräußerung des Grundstücks ein, sodass es zB für Fristen, die ab Vertragsbeginn laufen, stets nur auf den Zeitpunkt des Abschlusses des ursprünglichen Mietvertrages mit dem Vermieter und Veräußerer ankommt (s Rn 68; BGH 15. 10. 2014 – XII ZR 163/12, BGHZ 204, 354, 359 Rn 15 ff = NJW 2014, 3775).

70 Bei dem **Vermieter** und Veräußerer verbleiben somit, weil in seiner Person bereits begründet und vor Übergang des Eigentums fällig geworden, **Schadensersatzansprüche** wegen Zahlungsverzugs des Mieters noch in der Zeit vor Übergang des Eigentums (BGH 19. 2. 1964 – VIII ZR 273/62, LM Nr 1 zu Mietvertrag, Deutscher Einheits- = MDR 1964, 411 = NJW 1964, 1024) oder wegen unterlassener Schönheitsreparaturen (BGH 19. 10. 1988 – VIII ZR 22/88, LM Nr 30 zu § 571 BGB = NJW 1989, 451 = ZMR 1989, 57), sonstige fällige Ersatzansprüche, wobei grundsätzlich darauf abzustellen ist, wann der Schaden entstanden ist, weil damit Schadensersatzansprüche auch fällig werden (s unten Rn 78; LG Berlin GE 1990, 823; 1991, 1041), fällige Ansprüche auf Nachzahlung von **Betriebskosten** (s unten Rn 77, 80) sowie fällige Ansprüche auf die Beseitigung von Einbauten (LG Berlin GE 1990, 823). Besonderheiten gelten dagegen für Ansprüche, die wie zB der Anspruch auf eine Sicherheitsleistung oder **Kaution** nicht nach dem Fälligkeitsprinzip eindeutig dem Vermieter oder dem Erwerber zugeordnet werden können, sodass bei ihnen nicht ohne eine sachgerechte Aufteilung des Anspruchs zwischen den Beteiligten auszukommen ist (s dazu unten § 566a Rn 4; BGH 25. 7. 2012 – XII ZR 22/11, NJW 2012, 3032 Tz 34 ff = NZM 2012, 681 = WuM 2012, 560, 562).

Die **Mietforderungen** werden entsprechend ihrer Fälligkeit zwischen dem ursprünglichen Vermieter und dem Erwerber aufgeteilt, wobei sich die Fälligkeit der Forderungen ebenfalls allein nach dem ursprünglichen **Mietvertrag** richtet (s Rn 68, 69; OLG Hamm NJW-RR 1994, 711 f; BLANK/BÖRSTINGHAUS § 566 Rn 65; GUHLING/GÜNTHER/BURBULLA Rn 77 f; BeckOGK/HARKE [1. 10. 2020] Rn 49 f; SCHENKEL NZM 1999, 5; STERNEL, Mietrecht Rn I 59). War die Miete für einen Zeitraum nach Eigentumsübertragung bereits vor diesem Zeitpunkt fällig, so steht der Anspruch im Verhältnis zum Mieter dem Vermieter zu. Dasselbe gilt im umgekehrten Fall, wenn die nach Eigentumsübertragung fällig gewordene Mietrate auch die Miete für einen vor Eigentumsübergang liegenden Zeitraum umfasst (KG OLGE 11 [1905 II] 144, 145; NIENDORFF, Mietrecht 308). Gleich stehen etwaige Vorauszahlungen auf Betriebskosten (s unten Rn 77; SCHENKEL NZM 1999, 5). Bei **Vorausverfügungen** des Vermieters über die Miete sind jedoch zum Schutze des Erwerbers die §§ 566b ff BGB und insbesondere **§ 566c BGB** zu beachten. 71

Hatte der Vermieter den Mietvertrag wirksam gekündigt, so entsteht der **Herausgabeanspruch** (§ 546 BGB), wenn die Kündigungsfrist bei Eigentumsübergang noch *läuft*, in der Person des Erwerbers (s oben Rn 64 f; BGHZ 72, 147, 149 f = NJW 1978, 2148). War hingegen bei Eigentumsübergang die Kündigungsfrist bereits **abgelaufen** oder hatte der Vermieter wirksam fristlos gekündigt, so tritt der Erwerber in das dann bestehende **Abwicklungsverhältnis** ein (vorausgesetzt, dass der Mieter bei Übergang des Eigentums noch im Besitz der Mietsache ist), sodass der Erwerber die Ansprüche aus § 546a BGB und aus Verzug erwirbt, soweit sie auf die Zeit nach Eigentumsübergang entfallen (o Rn 43, 64; BGHZ 72, 147, 148 f = NJW 1978, 2148). Daraus ist der Schluss zu ziehen, dass in diesen Fällen der Herausgabeanspruch (§ 546 BGB) nach dem Eigentumsübergang dem **Erwerber** zusteht. Jedoch kann der Erwerber den Vermieter nach hM **ermächtigen**, für ihn weiter den Herausgabeanspruch gegen den Mieter zu verfolgen (BGHZ 72, 147, 148 f = NJW 1978, 2148; LG Darmstadt NJW 1963, 909, 910; – aM HENSELER ZMR 1964, 36, 38 f; ROQUETTE NJW 1962, 1551). 72

VIII. Insbesondere Vermieterpflichten

1. Fälligkeitsprinzip

Da der Erwerber an Stelle des Veräußerers in den Mietvertrag als neuer Vermieter eintritt, treffen ihn nach § 566 Abs 1 BGB auch die Pflichten des Vermieters aus dem Mietvertrag. Die **Abgrenzung** zwischen den Pflichten, die den Vermieter treffen, und denjenigen, die fortan dem Erwerber obliegen, richtet sich gemäß dem Fälligkeits- 73 prinzip (s Rn 69) allein danach, ob die fraglichen Ansprüche des Mieters im Augenblick des Eigentumsübergangs bereits *entstanden und fällig* waren. Die **vor** Eigentumsübergang entstandenen und **fälligen Ansprüche** muss weiter der bisherige Vermieter erfüllen, während die **später** entstehenden und **fällig werdenden** Ansprüche den Erwerber treffen (BGH 14. 9. 2000 – III ZR 211/99, LM Nr 5 zu § 16 VermG [Bl 2 f] = NZM 2001, 158; 12. 9. 1991 – XII ZR 17/90, LM Nr 5 zu § 76 VVG = NJW 1991, 3031; 3. 12. 2003 – VIII ZR 168/03, NJW 2004, 851 = NZM 2004, 188 = WuM 2004, 94; 29. 9. 2004 – XII ZR 148/02, NJW-RR 2005, 96 = NZM 2005, 17; 9. 2. 2005 – VIII ZR 22/04, NJW 2005, 1187 = NZM 2005, 253 = WuM 2005, 200, 201 [l Sp o]; 19. 6. 2006 – VIII ZR 284/05, NZM 2006, 696 = WuM 2006, 435; 28. 5. 2008 – VIII ZR 133/07, NJW 2008, 2256 Tz 17 = NZM 2008, 519 = WuM 2008, 402, 403; GE 2015, 115 Rn 42). Gleich stehen bedingte Ansprüche, wenn die **Bedingung** erst nach Eigentumsübergang eintritt (Palandt/Weidenkaff Rn 17).

74 Daraus ergibt sich vor allem die Pflicht des Erwerbers, gemäß § 535 Abs 1 BGB vom Augenblick seines Eigentumserwerbs ab dem Mieter den **vertragsgemäßen Gebrauch** der vermieteten Sache zu gewähren (RGZ 119, 353, 355; RG HRR 1933 Nr 1312; ausführlich Guhling/Günter/Burbulla Rn 68 ff). Für Verstöße gegen diese Pflicht haftet er wie jeder andere Vermieter ohne Rücksicht darauf, ob er die auf ihn übergehenden Pflichten *kannte* (BGH 19. 6. 2006 – VIII ZR 284/05, NZM 2006, 696 = WuM 2006, 435 f; Sternel, Mietrecht Rn I 65). Lediglich im Einzelfall ist es denkbar, dass der Erwerber nach Treu und Glauben eine Auslegung des Vertrages nicht gegen sich gelten zu lassen braucht, die er beim besten Willen nicht erkennen konnte, weil sie sich nur aus den besonderen Umständen bei Vertragsabschluss ergab (BGH WM 1960, 1125, 1128; 1965, 680, 681).

75 Es muss sich aber immer um Pflichten des Vermieters gerade (nur) aus dem **Mietvertrag** handeln; n*icht* gebunden ist der Erwerber dagegen an Pflichten des ersten Vermieters, die sich **aus anderen Verträgen** der Parteien **oder** aus Verträgen **mit Dritten** ergeben (s oben Rn 59). Bei **Werkswohnungen** ist der Erwerber daher zB nicht an Verpflichtungen des Veräußerers gebunden, die ihre Grundlage letztlich in dem *Arbeitsverhältnis* und nicht in dem Mietverhältnis haben wie zB ein Verzicht des Vermieters in seiner Eigenschaft als Arbeitgeber auf die Umlage von Betriebskosten als zusätzliche freiwillige Sozialleistung zu Gunsten seiner Arbeitnehmer und Mieter (LG Wiesbaden ZMR 2002, 278 f).

76 Den Erwerber trifft ab Fälligkeit insbesondere die Pflicht zur **Mängelbeseitigung** (§ 535 Abs 1 S 2 BGB), sodass der Mieter ein *Zurückbehaltungsrecht* wegen nicht beseitigter Mängel (§ 320 BGB) fortan nur noch gegen den Erwerber hat (s oben Staudinger/V Emmerich [2021] § 536 Rn 103), während er dem Anspruch des Vermieters auf Zahlung rückständiger Miete jetzt, jedenfalls nach hM, kein Zurückbehaltungsrecht mehr wegen fortbestehender Mängel entgegensetzen kann. Weitere hierher gehörige **Beispiele** für „übergehende" Pflichten sind die Haftung für das Fehlen zugesicherter Eigenschaften (§ 536 Abs 2 BGB; Prot II 140; ausführlich Guhling/Günther/Burbulla Rn 66 ff), Pflichten, die sich aus der Ausübung eines **Gestaltungsrechts** des Mieters ergeben (BGH 15. 11. 1965 – VIII ZR 288/63, LM Nr 1 zu § 578 BGB = WM 1966, 96 = MDR 1966, 229 = Warn 1965 Nr 240), ferner die Zusage des Vermieters, dem Mieter für die Zeit nach Übergang des Eigentums **Konkurrenz** auf demselben Grundstück fernzuhalten (RGZ 119, 353, 355 f; OLG Koblenz NZM 2008, 405) oder einen Teil der **Heizungskosten** zu tragen (AG Hamburg WuM 1977, 230), sowie seine Verpflichtung, bei Vertragsende das **Inventar** gegen angemessene Entschädigung zu übernehmen (RG JW 1905, 487 Nr 5; BGH 21. 9. 1965 – V ZR 65/63, LM Nr 9 zu § 571 BGB = NJW 1965, 2198) oder eine **Mietvorauszahlung** nach § 547 BGB zurückzuzahlen (BGHZ 16, 31, 36 = NJW 1955, 302; BGHZ 53, 35, 38 = NJW 1970, 93). Der Erwerber ist außerdem an eine von dem Veräußerer erklärte **Erlaubnis der Untervermietung** für den Einzelfall oder generell gebunden (KG OLGE 20, 192, 193). Dagegen kann der Erwerber die bloße **Gestattung eines vertragswidrigen Gebrauchs** des Mieters im Einzelfall für die Zukunft widerrufen, solange die Parteien nicht den Mietvertrag entsprechend geändert haben (Mittelstein, Miete 673; Sternel, Mietrecht Rn I 65). Den Erwerber treffen auch die Pflichten aus sonstigen mündlichen **Nebenabreden**, selbst wenn diese zur Folge haben, dass der Vertrag infolgedessen nicht mehr dem Formerfordernis des § 550 S 1 BGB genügt und deshalb mit der gesetzlichen Frist kündbar ist (§ 550 S 2 BGB). Ausgenommen sind lediglich die Pflichten aufgrund von Schriftform- oder **Schriftformheilungsklauseln**, weil eine Bindung des Erwerbers an derartige Abreden mit dem Zweck des Schriftformerfordernisses des § 550 BGB schlicht unvereinbar wäre, zumal solche Klauseln heute ohnehin durchgängig als unwirksam angesehen werden (s oben § 550 Rn 65 ff).

2. Aufwendungs- und Schadensersatzansprüche

Aufwendungsersatzansprüche aufgrund des § 536a Abs 2 und des § 539 BGB richten sich gegen denjenigen, der im Augenblick der Vornahme der Aufwendungen Vermieter ist, vorausgesetzt, dass die Ansprüche in diesem Augenblick auch *fällig* wurden (s oben Staudinger/V Emmerich [2021] § 539 Rn 8, § 548 Rn 34, 37; BGH 19. 3. 1965 – V ZR 268/62, LM Nr 8 zu § 558 BGB = NJW 1965, 1225; 14. 10. 1987 – VIII ZR 246/86, LM Nr 29 zu § 571 BGB [Bl 2] = NJW 1988, 705; OLG Brandenburg ZMR 2003, 909, 910; Derleder/Bartels JZ 1997, 981). Treffen die Ansprüchen danach den Vermieter und Veräußerer, so beginnt die kurze **Verjährungsfrist** des § 548 Abs 2 BGB für die Ersatzansprüche des Mieters spätestens in dem Augenblick zu laufen, in dem er von dem Eigentumsübergang (und damit der Beendigung seines Mietverhältnisses mit dem Vermieter) Kenntnis erlangt (s oben Staudinger/V Emmerich [2021] § 548 Rn 3). Anders dagegen, wenn nach den Abreden der Parteien die Fälligkeit des Ersatzanspruchs auf den Zeitpunkt des Vertragsendes *hinausgeschoben* ist. Unter dieser Voraussetzung beginnt die Verjährung auch erst entsprechend später zu laufen (BGH 14. 10. 1987 – VIII ZR 246/86, LM Nr 29 zu § 571 BGB [Bl 1 R f] = NJW 1988, 705 = WuM 1988, 16; Sternel, Mietrecht Rn I 69). Hat der Mieter die Mietsache noch vor Eigentumsübergang mit **Einrichtungen** versehen, so kann er sein Trennungsrecht ohne Rücksicht auf den Eigentumsübergang jederzeit weiter ausüben, während sich sein Wegnahmerecht bei Vertragsende ohnehin in aller Regel erst gegen den Erwerber richten wird (s Staudinger/V Emmerich [2021] § 539 Rn 35). **77**

Bei **Schadensersatzansprüchen** des Mieters kommt es nach dem Fälligkeitsprinzip gleichfalls allein darauf an, **wann** der Anspruch **fällig** geworden ist. Grundsätzlich tritt bei Schadensersatzansprüchen Fälligkeit im Augenblick des Schadenseintritts ein (§ 271 BGB). Folglich richten sich etwaige Schadensersatzansprüche des Mieters gegen den **Veräußerer**, wenn sein Schaden während dessen Eigentums entstanden ist, jedoch gegen den **Erwerber**, wenn sein Schaden ganz *oder* doch *teilweise* in die Zeit des Erwerbers fällt, selbst wenn die Schadensursache noch aus der Zeit vor Eigentumsübergang stammt (BGH 9. 2. 2005 – VIII ZR 222/04, NJW 2005, 1187 = NZM 2005, **78**

253 = WuM 2005, 201, 202; KG ZMR 2010, 183; Blank/Börstinghaus Rn 70; Guhling/Günter/ Burbulla Rn 72; BeckOGK/Harke [1. 10. 2020] Rn 54 ff; Derleder NJW 2008, 1189, 1190; ders/ Bartels JZ 1997, 981, 985; Horst ZMR 2009, 655, 659; Streyl NZM 2010, 343, 349; Weitemeyer, in: FS Blank 445, 448 f). Hatte der Vermieter den Mieter bei Vertragsabschluss **arglistig getäuscht**, so kann der Mieter folglich nach Eigentumsübergang weiterhin allein vom bisherigen Vermieter, nicht vom Erwerber Schadensersatz verlangen, sofern der Schaden des Mieters bereits mit Abschluss des Mietvertrages eingetreten war (s oben Rn 60; LG Frankfurt WuM 1980, 11; Mittelstein, Miete 674; **aM** Ronimi WuM 1980, 1). Falls der Schaden erst **nach Übergang** des Eigentums auf den Erwerber eintritt, während die Schadensursache schon zuvor gelegt wurde, reicht es außerdem aus, dass der *Vermieter* und Veräußerer den Schaden zu vertreten hat (so KG ZMR 2010, 183; Streyl NZM 2010, 343, 349); es muss nicht etwa noch hinzukommen, dass auch den Erwerber ein Verschulden trifft. Bei **Verzug** des Vermieters mit der **Beseitigung von Mängeln** im Augenblick des Eigentumsübergangs kann der Mieter folglich vom **Erwerber**, nicht vom Veräußerer Schadensersatz verlangen, sofern der Schaden erst *nach* Eigentumsübergang eintritt (BGH 9. 2. 2005 – VIII ZR 222/04, NJW 2005, 1187 = NZM 2005, 253 = WuM 2005, 201, 202 [l Sp]; KG ZMR 2010, 183; Derleder NJW 2008, 1189, 1190; Guhling/ Günter/Burbulla Rn 72; Horst ZMR 2009, 655, 659); außerdem kann der Mieter jetzt, dh nach Eigentumsübergang gegen den Erwerber nach § 536a Abs 2 Nr 1 BGB vorgehen und von ihm gegebenenfalls einen **Vorschuss** auf die Mängelbeseitigungskosten verlangen (BGH 9. 2. 2005 – VIII ZR 222/04, NJW 2005, 1187 = NZM 2005, 253 = WuM 2005, 201, 202; LG Berlin NJW-RR 1990, 23; Sternel, Mietrecht Rn I 68).

79 Bei **anfänglichen Mängeln**, für die die Garantiehaftung des Vermieters aufgrund des § 536a Abs 1 BGB eingreift, kommt es gleichfalls allein darauf an, *wann* der *Schaden* eingetreten ist. Gegebenenfalls haftet daher *auch* der *Erwerber* für Schäden infolge anfänglicher Mängel ohne Verschulden, da der Mieter der Vorteile der Garantiehaftung des Vermieters für anfängliche Mängel nicht durch die Grundstücksveräußerung verlustig gehen darf (s oben Staudinger/V Emmerich [2021] § 536a Rn 5; BGHZ 49, 350, 352 = NJW 1968, 885; BGH Warn 1972 Nr 284 S 803, 804; LG Berlin GE 1992, 677; Mittelstein, Miete 674). Der Augenblick des Eigentumswechsels steht dagegen nicht dem Abschluss eines neuen Vertrags gleich, sodass erst in diesem Augenblick bestehende Mängel *keine neue Garantiehaftung* des Erwerbers auslösen (BeckOGK/Harke [1. 10. 2020] Rn 56; Mittelstein, Miete 674).

IX. Betriebskostenabrechnung

1. Eigentumsübergang nach Ablauf der Abrechnungsfrist

80 Besondere Schwierigkeiten bereitet die Betriebskostenabrechnung im Falle des Eigentumswechsels. Das Problem rührt vor allem daher, dass sich das Fälligkeitsprinzip (o Rn 69 ff) hier mit Rücksicht auf Erwägungen der Praktikabilität nicht streng durchführen lässt. Im Einzelnen hat man vor allem die folgenden Fallgruppen zu unterscheiden (wegen weiterer Fallgruppen s zB Neumann WuM 2012, 3 ff): Denkbar ist es zunächst, dass bei Eigentumsübergang (§ 566 Abs 1 BGB) sowohl der **Abrechnungszeitraum** als auch die sich anschließende **Abrechnungsfrist** bereits abgelaufen waren. In diesem Fall besteht offensichtlich kein Anlass, den Erwerber an der Abwicklung des Verhältnisses zu beteiligen. Noch offene Ansprüche des Mieters auf Rückzahlung überzahlter Betriebskostenvorauszahlungen oder des Vermieters auf Nachzah-

lung von Betriebskosten sind vor Eigentumsübergang fällig geworden und müssen deshalb allein zwischen dem Mieter und dem Vermieter und Veräußerer ausgeglichen werden (Derleder NZM 2009, 8, 10 f; Guhling/Günther/Burbulla Rn 88; Horst ZMR 2009, 655, 658; Weitemeyer, in: FS Blank [2006] 445, 451). Die Folge ist freilich, dass der Mieter gegenüber dem Erwerber weder ein Zurückbehaltungsrecht erlangt noch eine *Aufrechnungsmöglichkeit* mit etwaigen Erstattungsansprüchen hat. Deshalb ist zu erwägen, dem Mieter hier von Fall zu Fall durch eine entsprechende Anwendung der §§ 406 und 412 BGB zu helfen (s Derleder NZM 2009, 8, 10 f; Neumann WuM 2012, 3 ff).

2. Übergang des Eigentums während der Abrechnungsfrist

Die zweite Fallgruppe ist dadurch gekennzeichnet, dass zwar der Abrechnungszeitraum bereits *vor* Eigentumsübergang sein Ende gefunden hatte, die **Abrechnungsfrist** (nach § 556 Abs 3 S 1 BGB grundsätzlich ein Jahr) bei Eigentumsübergang aber noch **nicht beendet** war, sondern erst während des Eigentums des Erwerbers abläuft. In diesem Fall bleibt es nach hM Sache des **Vermieters**, mit dem Mieter **abzurechnen**, etwaige Nachzahlungen einzufordern und Überschüsse herauszuzahlen. Das gilt gleichermaßen für die Wohnraummiete wie für die gewerbliche Miete (BGH 14. 9. 2000 – III ZR 211, 99, LM Nr 5 zu § 16 VermG [Bl 2 R f] = NZM 2001, 158; 3. 12. 2003 – VIII ZR 168/03, NJW 2004, 851 = NZM 2004, 188 = WuM 2004, 94; 29. 9. 2004 – XII ZR 148/02, NJW-RR 2005, 96 = NZM 2005, 17; 4. 4. 2007 – VIII ZR 219/06, NJW 2007, 1818 = NZM 2007, 441 = WuM 2007, 267, 268 Tz 13; Derleder NJW 2008, 1189, 1191; ders NZM 2009, 8, 9 f; Guhling/Günter/Burbulla Rn 88; BeckOGK/Harke [1. 10. 2020] Rn 51; Horst ZMR 2009, 655, 658; Langenberg NZM 1999, 52, 58 f; Weitemeyer, in: FS Blank 445, 450 f). Unter Berufung auf ein eng verstandenes Fälligkeitsprinzip (s Rn 63, 73 f) wird dagegen zT die Auffassung vertreten, in diesem Fall richte sich der Anspruch des Mieters auf Abrechnung über die Betriebskosten ebenso wie ein etwaiger daraus resultierender Rückzahlungsanspruch **gegen** den **Erwerber**, weil beide Ansprüche erst mit Ablauf des Abrechnungszeitraums und damit *nach* Eigentumsübergang fällig würden (OLG Naumburg NZM 1998, 806; Müller/Walther/Krenek § 566 Rn 46 [2. Abs]; Schenkel NZM 1999, 5, 6 f). Diese Auffassung ist indessen ausgesprochen unpraktisch. Der nötige Schutz des Mieters kann wieder über eine entsprechende Anwendung der §§ 406 und 412 BGB bewerkstelligt werden.

3. Übergang des Eigentums während einer Abrechnungsperiode

Wenn der Eigentumsübergang während einer Abrechnungsperiode eintritt, müssen nicht etwa jeweils Veräußerer und Erwerber mit dem Mieter für die Zeit ihres Eigentums abrechnen, schon, weil dies praktisch gar nicht möglich ist (so aber [beiläufig] OLG Düsseldorf NJW-RR 1994, 1101, 1102 = ZMR 1994, 364 = WuM 1994, 477, 478). Vielmehr trifft die **Abrechnungspflicht** hier einheitlich (allein) **den Erwerber**, mit dem sich deshalb der Mieter auch wegen etwaiger Überzahlungen oder Nachzahlungen auseinandersetzen muss; rechnet der Erwerber nicht fristgerecht ab, so erhält der Mieter außerdem ihm gegenüber ein **Zurückbehaltungsrecht** hinsichtlich weiterer Vorauszahlungen, – auch dies letztlich ein Ausdruck der Betrachtung des Mietverhältnisses als Einheit in der Zeit (BGH 14. 9. 2000 – III ZR 211/99, LM Nr 5 zu § 16 VermG [Bl 2 R f] = NZM 2001, 158; AG Coesfeld WuM 1992, 379; AG Hamburg WuM 1992, 380; Börstinghaus PiG 70 [2005] 65; Derleder NJW 2008, 1189, 1191 f; Guhling/Günter/Burbulla

Rn 88; Langenberg NZM 1999, 52, 58; Neumann WuM 2012, 3, 4, 6 f; Schenkel NZM 1999, 5; Schultz ZMR 1990, 219, 220).

4. Zwangsverwaltung, Zwangsversteigerung

83 Der **Zwangsverwalter** muss unter den Voraussetzungen des § 152 ZVG (s oben Rn 21 f) auch über die Betriebskosten abrechnen, und zwar nicht nur für die Zeit der Beschlagnahme, sondern auch für die Zeit vor Anordnung der Zwangsverwaltung. Das gilt selbst dann, wenn die Abrechnungsperiode bei Beschlagnahme zwar bereits abgelaufen, vom Schuldner, dem Vermieter, aber noch nicht über die Betriebskosten abgerechnet worden war. Lag dagegen bei Beschlagnahme die Abrechnung bereits vor, so muss der Zwangsverwalter die sich daraus ergebenden Forderungen auf Nachschüsse einziehen, ebenso aber auch etwaige Guthaben an den Mieter auszahlen (zB BGH 26. 3. 2003 – VIII ZR 133/02, NZM 2003, 473 = WuM 2003, 390 = ZMR 2003, 568; 3. 5. 2006 – VIII ZR 168/05, NZM 2006, 581 = WuM 2006, 402 f Rn 6, 10 ff; LG Potsdam GE 2013, 875, 877 f; Derleder NJW 2008, 1189, 1192; ders NZM 2009, 8, 13; 13, Drasdo NZM 2018, 6, 12 f; Guhling/Günter/Hintzen § 152 ZVG Rn 58 ff [S 1482 ff]). Der Verwalter bleibt schließlich zur Abrechnung über eine vor Beendigung seines Amtes abgeschlossene Abrechnungsperiode verpflichtet (LG Potsdam WuM 2001, 289; AG Köln WuM 2013, 109, 110). Er ist in diesem Rahmen befugt, vom Schuldner (dem Vermieter) noch vor Anordnung der Zwangsverwaltung vereinnahmte Vorauszahlungen des Mieters herauszufordern, um sie gegebenenfalls nach Abrechnung dem Mieter erstatten zu können (BGH 11. 10. 2007 – IX ZR 156/06, NZM 2008, 100 Tz 18 = WuM 2007, 698; LG Potsdam GE 2013, 875, 877 f).

84 Vereinnahmt der Verwalter nach dem Zuschlag an einen Dritten noch **Vorauszahlungen** des Mieters bis zu dem Zeitpunkt der Aufhebung der Zwangsverwaltung, so darf er die erhaltenen Vorauszahlungen zwar immer noch mit den Betriebskosten verrechnen; reichen die Vorauszahlungen jedoch nicht zur Deckung der Betriebskosten aus, so hat der Verwalter jetzt nicht mehr einen Anspruch auf Aufwendungsersatz gegen den Ersteher (BGH 17. 11. 2011 – V ZR 34/11, NZM 2012, 325 Tz 13 ff = NZI 2012, 255). Verbleibende Guthaben muss er an den Erwerber, den sogenannten Ersteher, abführen, weil jetzt diesen die Abrechnungspflicht trifft (BGH 11. 10. 2007 – IX ZR 156/06, NZM 2008, 100 Tz 14 ff = WuM 2007, 698; 17. 11. 2011 – V ZR 34/11 Tz 15, NZM 2012, 325 = NZI 2012, 255; LG Potsdam GE 2013, 875, 877 f). Der Verwalter darf die Vorauszahlungen des oder der Mieter zu keinem Zeitpunkt für die Bezahlung der Gläubiger verwenden, da es sich um treuhänderisch gebundene Leistungen des oder der Mieter handelt (BGH 11. 10. 2007 – IX ZR 156/06, NZM 2008, 100 Rn 21 = WuM 2007, 698). Keine Besonderheiten gelten hinsichtlich der Abrechnung über die Betriebskosten im Falle der **Zwangsversteigerung** (s dazu oben Rn 23). Den Ersteher trifft keine weitergehende Abrechnungspflicht als sonst den Erwerber (BGH 11. 10. 2007 – IX ZR 156/06 Rn 13 ff, NZM 2008, 100 = NJW-RR 2008, 323 = WuM 2007, 698, 699; Derleder NZM 2009, 8, 12 f).

X. Abreden über die Vertragsbeendigung

85 Der Erwerber muss mietvertragliche Abreden über die Vertragsbeendigung ebenso wie alle sonstigen Bestandteile des Mietvertrages (o Rn 56 ff) gegen sich gelten lassen, und zwar in der Fassung, die sie im Augenblick des Übergangs des Eigentums auf

den Erwerber haben (LG Hagen NJW 1960, 1468 f; Börstinghaus PiG 70 [2005] 65, 74 f). Das gilt insbesondere für eine **Befristung** des Vertrages, und für vertragliche **Kündigungsbeschränkungen** (AG München WuM 1996, 38), ebenso aber auch für **Verlängerungsoptionen** sowie für Anmiet- und **Vormietrechte** mit dem Zweck der Verlängerung des Vertrages (RGZ 103, 349, 351; RG Gruchot 58 [1914] 945, 946; BGHZ 55, 71, 73 ff = NJW 1971, 422; KG OLGE 13, 379 ff; Guhling/Günter/Burbulla Rn 89 ff; zu anderen Optionen s oben Rn 9). Vielfach handelt es sich hier um Klauseln, durch die mächtige Mieter wie etwa Supermarktketten versuchen, ihre Position nach allen Richtungen abzusichern und durch die etwaige Grundstückserwerber, die in die daraus resultierenden Verpflichtungen nach § 566 Abs 1 BGB eintreten müssen, erheblich belastet werden können, sodass man von Fall zu Fall durchaus zweifeln kann, ob derartige Klausel in Mieterformularverträgen stets mit den §§ 307 und 310 Abs 1 BGB vereinbar sind (s Rn 86 f). Weitere Beispiele sind Nachfolgeklauseln (BGHZ 48, 244, 248 = NJW 1967, 2258), sonstige **Gestaltungsrechte** und aufschiebende **Bedingungen** (BGH WM 1995, 2115) sowie die Abrede, dass der Vermieter bei Vertragsende ein vom Mieter errichtetes Gebäude gegen eine Entschädigung übernehmen muss (Söllner JZ 1969, 634 f; wegen Baukostenzuschüssen und Mietvorauszahlungen s Staudinger/Rolfs [2021] § 547 Rn 36 ff; zu auflösenden Bedingungen s unten Rn 87).

XI. Abweichende Vereinbarungen

§ 566 BGB ist nicht zwingend, sodass selbst bei der Wohnraummiete grundsätzlich **86** abweichende Vereinbarungen möglich sind (RG BayZ 1926, 190; LG Berlin GE 1989, 409), freilich nur durch Individualvereinbarung, wobei zu beachten ist, dass hier idR *drei* Personen, der Vermieter, der Erwerber *und* der Mieter betroffen sind, sodass (nur) **alle drei Beteiligten zusammen** etwas anderes als in § 566 Abs 1 BGB bestimmt vereinbaren können (§ 311 Abs 1 BGB), zB, dass der Erwerber bereits mit Abschluss des Kaufvertrages (und nicht erst mit Übergang des Eigentums, wie es § 566 Abs 1 BGB an sich vorsieht) in den Mietvertrag eintreten soll (s im Einzelnen o Rn 46 f), dass der Vermieter möblierter Zimmer auch nach Veräußerung des Grundstücks Vermieter bleiben soll, sodass sich die bisherigen Mietverträge über die Zimmer in Untermietverträge verwandeln (RG BayZ 1926, 190; KG OLGE 45, 149 = JW 1925, 2266, 2267), oder dass der Erwerber den Vertrag vollständig übernimmt (s Staudinger/ V Emmerich [2021] § 540 Rn 56; Derleder/Bartels JZ 1997, 981). Das alles gilt freilich grundsätzlich nur für **Individualvereinbarungen**, während in **Formularverträgen** von § 566 BGB abweichende Bestimmungen im Regelfall nicht möglich sind, einmal, weil der Grundsatz „Kauf bricht nicht Miete" zum gesetzlichen Leitbild der Miete gehört (BeckOGK/Harke [1. 10. 2020] Rn 66 ff; Horst ZMR 2009, 655, 657; Palandt/Weidenkaff Rn 5; Sternel, Mietrecht Rn I 73; str), zum anderen, weil durch Formularverträge des Vermieters die immer zusätzlich erforderliche Zustimmung des Erwerbers ohnehin nicht ersetzt werden kann. Daran scheitert insbesondere jeder Versuch, durch bloßen Vertrag zwischen **Veräußerer und Erwerber** die Anwendung des § 566 Abs 1 BGB auszuschließen oder zum Nachteil des Mieters abzuändern, da dies in jedem Fall ein unzulässiger Vertrag zu Lasten des Mieters wäre (s Rn 46 f; LG Köln WuM 1995, 151; AG Pinneberg ZMR 2002, 835, 836; Börstinghaus PiG 70 [2005] 65, 72).

Anders zu beurteilen ist dagegen wohl im Regelfall eine Vereinbarung durch die **87** Vermieter und Mieter **ohne** Mitwirkung des **Erwerbers** für ihre Beziehungen die Anwendung des **§ 566 BGB ausschließen** mit der Folge, dass im Falle der Grundstücksveräußerung der Erwerber nicht in den Mietvertrag eintritt (so zB Palandt/ Weidenkaff § 566 Rn 5; BeckOGK/Harke [1. 10. 2020] Rn 66 f; **aA** Blank/Börstinghaus § 566 Rn 83). Eine derartige Vereinbarung kann eine unterschiedliche Bedeutung haben. Meistens dürfte damit bezweckt sein, den Bestand des Mietvertrages an den Fortbestand des Eigentums des Veräußerers zu binden. Der Sache nach handelt es sich dann um die Vereinbarung einer **auflösenden Bedingung**, die bei der **gewerblichen Miete** jedenfalls als Individualvereinbarung, aber auch formularvertraglich als vom Mieter gestellte Bedingung zulässig ist, da den gewerblichen Mieter nichts hindert, einseitig auf den Schutz des § 566 BGB zu verzichten (ebenso BeckOGK/Harke [1. 10. 2020] Rn 67). Bei der **Wohnraummiete** ist dagegen zusätzlich § 572 Abs 2 BGB zu beachten. Die Folge ist, dass sich der Vermieter zwar gegenüber dem Mieter *nicht* auf die auflösende Bedingung berufen kann, sodass der Mietvertrag fortbesteht und der Erwerber in diesen eintritt, während der Mieter sich jederzeit auf den Standpunkt der auflösenden Bedingung stellen und dadurch seinerseits den Eintritt des Erwerbers verhindern kann (Blank/Börstinghaus § 566 Rn 83; Sternel, Mietrecht Rn I 73).

XII. Bürgenhaftung des Vermieters

1. Voraussetzungen

88 Nach § 566 Abs 1 S 1 BGB haftet der Erwerber wie ein selbstschuldnerischer Bürge für den Schaden des Mieters, wenn der Erwerber „die Pflichten" nicht erfüllt. Gemeint sind die sich für den Erwerber aufgrund des § 566 Abs 1 BGB während der Dauer seines Eigentums *aus dem Mietvertrag ergebenden Pflichten.* Hintergrund der Regelung ist der Umstand, dass der Vermieter mit dem Eigentumsübergang aus dem Mietverhältnis ausscheidet, sodass der Mieter von ihm keine Erfüllung mehr verlangen kann (RGZ 102, 177, 178; BGHZ 51, 273, 274 f = NJW 1969, 417), wodurch die **Gefahr** begründet wird, dass dem Mieter ohne seine Mitwirkung an Stelle eines zahlungsfähigen ein zahlungsunfähiger oder zahlungsunwilliger Vertragspartner in Gestalt des Erwerbers aufgedrängt wird. Um den Mieter dagegen zu schützen, bestimmt S 1 des § 566 Abs 2 BGB, dass der (frühere) **Vermieter** (nur) für Schadensersatzansprüche gegen den Erwerber wegen der Verletzung der auf ihn nach § 566 Abs 1 BGB übergegangenen mietvertraglichen Pflichten wie ein selbstschuldnerischer **Bürge haftet** (Prot II 143). Der Vermieter kann sich jedoch durch Mitteilung von dem Eigentumsübergang (nur) für die Zukunft von dieser Haftung befreien (§ 566 Abs 2 S 2 BGB), weshalb die **praktische Bedeutung** der Vermieterhaftung nach § 566 Abs 2 BGB gering ist (zu Recht kritisch Sternel, Mietrecht Rn I 72). Für den Fall der Weiterveräußerung der Sache findet sich eine vergleichbare Regelung in § 567b S 2 BGB (s unten § 567b Rn 7 f).

89 Der **Vermieter** haftet nach § 566 Abs 2 S 1 BGB wie ein selbstschuldnerischer Bürge, dh als Gesamtschuldner neben dem Erwerber (§ 773 Abs 1 Nr 1 BGB), wenn der **Erwerber** die auf ihn nach § 566 Abs 1 BGB übergegangenen mietvertraglichen Verpflichtungen gegenüber dem Mieter nicht erfüllt und diesem deshalb zum **Schadensersatz** verpflichtet ist (s Rn 78). Keine Rolle spielt, ob der Ersatzanspruch des Mieters gegen den Erwerber auf Naturalrestitution oder auf Geldersatz gerichtet ist, während die bürgenähnliche Haftung des Vermieters in aller Regel in einer Geldleistung bestehen wird (zB Guhling/Günter/Burbulla Rn 124) Dagegen scheidet nach

Sinn und Zweck der gesetzlichen Regelung eine bürgenähnliche Haftung des Erwerbers aus, wenn dieser Pflichten verletzt, die sich erst aus von ihm mit dem Mieter nach Übergang des Eigentums vereinbarten Vertragsänderungen ergeben. Dieselbe Haftung greift ein, wenn der Erwerber schon kraft Gesetzes, zB aufgrund der §§ 536a Abs 2 und 539 BGB, oder aufgrund des Vertrages zu einer **Geldleistung** wie insbesondere Aufwendungsersatz verpflichtet ist (BGHZ 51, 273, 274 f = NJW 1969, 417; Söllner JZ 1969, 634, 635). Es muss sich jedoch in beiden Fällen um vertragliche Ansprüche des Mieters gegen den Erwerber handeln. Für **Deliktsansprüche** des Mieters gegen den Erwerber haftet der Vermieter nach § 566 Abs 2 S 1 BGB ebensowenig wie für Ansprüche aus Gefährdungshaftung (BeckOGK/Harke [1. 10. 2020] Rn 77; Roquette § 571 Rn 37; Sternel, Mietrecht Rn I 71).

§ 566 Abs 2 BGB ist **nicht zwingend**, sodass dem Vermieter die bürgenähnliche **90** Haftung schon im voraus im Mietvertrag erlassen werden kann (Bub/Treier/Landwehr, Hdb Rn II 2742). In **Formularverträgen** kann jedoch nicht zum Nachteil des Mieters von § 566 Abs 2 BGB abgewichen werden (BeckOGK/Harke [1. 10. 2020] Rn 82; Horst ZMR 2009, 655, 657; anders zB Guhling/Günter/Burbulla Rn 128). Denn § 566 BGB gehört insgesamt, also einschließlich der Regelung in Abs 2 zum gesetzlichen Leitbild der Miete.

2. Haftungsbefreiung durch Mitteilung

Nach S 2 des § 566 Abs 2 BGB wird der Vermieter von seiner bürgenähnlichen **91** Haftung (o Rn 88 f) befreit, wenn der Mieter von dem Eigentumsübergang gerade durch eine Mitteilung des Vermieters Kenntnis erlangt *und* daraufhin *nicht* das Mietverhältnis für den ersten zulässigen Termin kündigt. Die **Mitteilung** des Vermieters ist eine rechtsgeschäftsähnliche Handlung, die keinen Rechtsfolgewillen voraussetzt und keinen Hinweis auf ihre Konsequenzen zu enthalten braucht. Besondere Vorschriften hinsichtlich des Inhalts oder der **Form** der Mitteilung bestehen nicht (Blank/Börstinghaus Rn 78 f; Söllner JZ 1969, 1634 f). Auch eine **Frist** ist für die Mitteilung nicht bestimmt (Mittelstein, Miete 697). Erforderlich ist lediglich, dass die Mitteilung **nach Eigentumsübergang** erfolgt; eine vorherige Mitteilung ist wirkungslos (großzügiger für den Fall der zutreffenden Mitteilung des bevorstehenden Termins des Eigentumsübergangs BeckOGK/Harke [1. 10. 2020] Rn 80). Die Mitteilung kann auch durch Übersendung eines Schriftsatzes von einem Rechtsanwalt an einen anderen erfolgen (BGHZ 45, 11, 12 ff = NJW 1966, 590; enger Sternel, Mietrecht Rn I 72).

Nach der Mitteilung muss sich der Mieter entscheiden, ob er das Mietverhältnis zum **92** nächsten möglichen ordentlichen Kündigungstermin kündigen will. § 566 Abs 2 S 2 BGB begründet nicht etwa ein zusätzliches Kündigungsrecht des Mieters, sondern geht von der **ordentlichen Kündigungsmöglichkeit** mit gesetzlicher Frist aus, sodass eine Haftungsbefreiung des Vermieters ausscheidet, wenn der Mietvertrag auf eine bestimmte Zeit fest abgeschlossen ist (Sternel, Mietrecht Rn I 72). **Kündigt** der **Mieter** gegenüber dem Erwerber, so hat dies freilich nicht etwa die Folge, dass rückwirkend die bürgenähnliche Haftung des Vermieters entfiele; sie bleibt vielmehr bis zum Ablauf der Kündigungsfrist und damit bis zur Beendigung des Mietvertrages bestehen. Nicht anders ist die Rechtslage im Ergebnis freilich auch, wenn der Mieter von einer **Kündigung absieht**, da dann die bürgenähnliche Haftung des Vermieters ebenfalls erst mit dem Zeitpunkt erlischt, zu dem der Mieter frühestens ordentlich zu kündigen in der Lage war (MITTELSTEIN, Miete 698; STERNEL, Mietrecht Rn I 72; ROQUETTE § 571 Rn 40). Entsprechend dem Zweck der Regelung endet die bürgenähnliche Haftung des Vermieters ferner, wenn nach Übergang des Eigentums die Laufzeit des Mietvertrages durch eine Vereinbarung des Erwerbers mit dem Mieter oder durch die Ausübung einer Verlängerungsoption seitens des Mieters ausgedehnt wird (GUHLING/GÜNTER/BURBULLA Rn 127).

XIII. Prozessuales

93 Ist streitig, ob der Erwerber des Grundstücks in den Mietvertrag eingetreten ist, so muss derjenige die Voraussetzungen für den Eintritt des Grundstückserwerbers **beweisen**, der sich auf den Eintritt des Erwerbers beruft. Wenn dies der Erwerber ist, muss er den lückenlosen Nachweis für seinen Eigentumserwerb vom Vermieter erbringen (LG Berlin GE 1984, 867). In Rechtsstreitigkeiten zwischen dem Vermieter und dem Mieter gilt das vermietete Grundstück als **im Streit befangene Sache** iS der §§ 265 und 325 ZPO (HORST ZMR 2009, 655, 661). Eine Veräußerung des vermieteten Grundstücks *während* des Mietprozesses hat deshalb auf den Prozess keinen Einfluss (§ 265 Abs 2 ZPO). Das rechtskräftige Urteil wirkt auch gegen den Erwerber (RGZ 55, 293, 294; 102, 177, 179 ff; BGH WM 1965, 680).

94 Der Veräußerer kann folglich **Aktivprozesse** gegen den Mieter trotz Veräußerung des Grundstücks *während* des Rechtsstreits fortführen, wobei zu beachten ist, dass ein etwaiges Zurückbehaltungsrecht des Mieters wegen Mängeln der Mietsache infolge der Veräußerung des Grundstücks wegfällt (s Rn 70), während sich eine **Klage des Mieters** auf Mängelbeseitigung durch den Übergang des Eigentums auf den Erwerber und dessen Eintritt in das Mietverhältnis erledigt (HORST ZMR 2009, 655, 661; aM LG Bonn ZMR 2013, 534, 535). Dagegen ist der Ersteher eines Grundstückes, das nach vorausgegangener **Zwangsverwaltung** zwangsversteigert wird, kein Rechtsnachfolger des früheren Zwangsverwalters (BGH 27. 1. 1954 – VI ZR 257/52, LM Nr 2 zu § 265 ZPO = ZMR 1954, 172).

§ 566a
Mietsicherheit

Hat der Mieter des veräußerten Wohnraums dem Vermieter für die Erfüllung seiner Pflichten Sicherheit geleistet, so tritt der Erwerber in die dadurch begründeten Rechte und Pflichten ein. Kann bei Beendigung des Mietverhältnisses der Mieter die Sicherheit von dem Erwerber nicht erlangen, so ist der Vermieter weiterhin zur Rückgewähr verpflichtet.

Materialien: E II § 564; III § 565; BGB § 572; Prot II 260 ff; Mietrechtsreformgesetz von 2001 (BGBl I 1149); Begr z RegE BT-Drucks 14/4553, 63, 90, 101; Bericht des Rechtsausschusses BT-Drucks 14/5663, 176.

Schrifttum

Börstinghaus, Der Wechsel des Vermieters, in: Mietparteien und ihr Wechsel, PiG 70 (2005) 65 = NZM 2004, 481
Bub/Treier/Landwehr, Hdb Rn II 2723
Derleder, Die Neuregelung der Mietsicherheiten und ihre Rechtsfolgen, WuM 2002, 239
ders, Der „mitgekaufte" Mieter, NJW 2008, 1189
Drasdo, Mieterbelange in der Zwangsverwaltung, NZM 2018, 6
Eckert, Bedeutung der Mietrechtsreform für die gewerbliche Miete, NZM 2001, 409
Eisenschmid, Abwicklung des Mietverhältnisses bei Ende der Mietzeit, in: Beendigung des Mietverhältnisses, PiG 26 (1987) 73 = WuM 1987, 243
V Emmerich, Miete und Zwangsmaßnahmen, in: Verwendung und Verwaltung der Mieterleistungen durch den Vermieter, PiG 28 (1988) 145
Feuerlein, Das Schicksal der Kaution bei Veräußerung der Wohnung und Beendigung des Mietverhältnisses vor Eintragung des Erwerbers im Grundbuch, WuM 2005, 79
Franke, Die Übergangsvorschriften, ZMR 2001, 951
Horst, Immobilienverkauf – mietrechtliche Auswirkungen, ZMR 2009, 655
Jacoby, Kaution bei Eigentümerwechsel, Zwangsverwaltung und Insolvenz, ZMR 2015, 1
Kandelhard, Das Schicksal der Mietsicherheit bei Vertragsübernahme, NZM 2001, 696
Kinne, Kaution und Zwangsvollstreckung, GE 2006, 433

Kraemer, Kaution und Mietbürgschaft nach der Mietrechtsreform, in: Neues Mietrecht, PiG 62 (2002) 213 = NZM 2001, 737
Lebek, Forthaftung des Veräußerers eines Mietobjektes für an den Erwerber ausgehändigte Mietsicherheiten, NZM 2000, 1200
Milger, Miete und Kaution in der Zwangsverwaltung, NJW 2011, 1249
Noltin, Teleologische Reduktion des § 566a BGB in der Insolvenz des Vermieters, NZI 2007, 149
Patzer, Kaution und Mietvorauszahlung bei Zwangsversteigerung und Konkurs des Vermieters, DWW 1975, 157
J Reismann, Die Mietwohnung in der Zwangsverwaltung, WuM 1998, 387
Rödding, Die Barkaution im Miet- und Pachtrecht, BB 1968, 934
Schmid, Zum Kautionsübergang, DWW 1997, 209
Schopp, Die Kaution in der Geschäftsraummiete und -pacht, ZMR 1969, 1
Sick, Aufrechnung mit dem Kautionsrückzahlungsanspruch gegen Mietforderungen des Alteigentümers?, ZMR 2011, 269
Slomian, Mietsicherheit und Zwangsverwaltung, in: 10 Jahre Mietrechtsreformgesetz (2011) 468
Stückmann, Die Barkaution nach Übertragung des Eigentums, ZMR 1972, 328
Weimar, Rechtsfragen zur Mietkaution, Betrieb 1976, 1212.

Systematische Übersicht

I.	Überblick, Geschichte	1
II.	**Anwendungsbereich**	
1.	Miete und Pacht	6
2.	Zwangsverwaltung	8
3.	Zwangsversteigerung	13
4.	Insolvenz des Vermieters	14
III.	**Eintritt in die Vermieterrechte**	
1.	Anspruch auf die Sicherheitsleistung	16
2.	Übergang der Rechte an der Sicherheitsleistung	18
3.	Herausgabeanspruch des Mieters	25
IV.	**Eintritt in die Vermieterpflichten**	
1.	Rückgewährpflicht des Erwerbers	27
2.	Subsidiäre Forthaftung des Vermieters	32
3.	Innenverhältnis	35
4.	Abweichende Vereinbarungen	36
V.	**Beweislast**	37

§ 566a

Alphabetische Übersicht

Abweichende Vereinbarungen	36	Innenverhältnis Veräußerer/Erwerber	35
Anspruch auf Leistung der Sicherheit	16	Insolvenz des Vermieters	14
Anwendungsbereich	6		
Auskunftsanspruch des Mieters	26	Pfandrecht	18
Beweislast	37	Rückgewähranspruch des Mieters	27 ff
		Rückgewährpflicht des Erwerbers	27 ff
Eintritt des Erwerbers		– des Insolvenzverwalters	14
– in die Pflichten des Vermieters	27 ff	– des Veräußerers	32
– in die Rechte des Vermieters	16 ff	– des Zwangsverwalters	8
– Rückgewährpflicht	27 ff	Subsidiarität der Haftung des Veräußerers	32
Forthaftung des Veräußerers	32		
		Übergangsrecht	2
Geschichte	1 f		
		Zwangsversteigerung	13
Herausgabeanspruch des Mieters	25	Zwangsverwaltung	8 f

I. Überblick, Geschichte

1 § 566a BGB regelt das Schicksal einer vom Mieter dem Vermieter schon geleisteten Sicherheit im Falle der Veräußerung des Grundstücks. Nach S 1 der Vorschrift tritt der Erwerber, wenn der Mieter dem (ersten) Vermieter für die Erfüllung seiner Verpflichtungen Sicherheit *geleistet hat,* kraft Gesetzes in die dadurch begründeten Rechte und Pflichten ein. S 2 der Vorschrift fügt hinzu, dass der Vermieter weiterhin zur Rückgewähr der Sicherheit verpflichtet bleibt, wenn bei Beendigung des Mietverhältnisses der Mieter die Sicherheit von dem Erwerber nicht zu erlangen vermag. **Vorläufer** des § 566a BGB war **§ 572 BGB aF** (s dazu zuletzt Sick ZMR 2011, 269, 271 f). Nach dieser Vorschrift trat der Erwerber zwar in die Rechte aus einer Sicherheitsleistung des Mieters ein; zur Rückgewähr der Sicherheit war er indessen nur verpflichtet, wenn sie ihm ausgehändigt wurde oder wenn er dem Vermieter gegenüber die Verpflichtung zur Rückgewähr übernommen hatte. § 566a BGB geht insoweit über § 572 BGB aF hinaus, als sich heute der Eintritt des Erwerbers nach Sicherheitsleistung auch auf die damit verbundenen *Pflichten* erstreckt, wodurch insgesamt der Schutz des Mieters nach Leistung einer Sicherheit erheblich verstärkt wurde (s Rn 4 und Jakoby ZMR 2015, 1).

2 § 566a BGB ist **am 1. 9. 2001** an die Stelle des früheren § 572 BGB getreten. Übergangsvorschriften fehlen zwar; daraus darf indessen nicht die uneingeschränkte Anwendbarkeit des neuen Rechts auf bereits vor dem 1. 9. 2001 abgeschlossene Erwerbsvorgänge gefolgert werden, weil die (bedenkliche) Folge wäre, dass sich die Beteiligten auf einmal einer neuen Rechtslage gegenübersähen, mit der sie unter keinen Umständen rechnen und die sie daher auch nicht berücksichtigen konnten. Deshalb verbleibt es (analog Art 229 § 3 EGBGB) in den so genannten **Altfällen**, in denen der Erwerbsvorgang bereits vor dem 1. 9. 2001 *abgeschlossen* war, bei der Anwendung des **§ 572 BGB aF** (BGH 9. 3. 2005 – VIII ZR 381/03, WuM 2005, 404, 405 = NJW-

RR 2005, 1032; 20. 9. 2005 – VIII ZR 372/04, WuM 2005, 718 = NZM 2005, 907; 16. 11. 2005 – XII ZR 124/03, NZM 2006, 179 = NJW-RR 2006, 443; 24. 6. 2009 – XII ZR 145/07, NJW-RR 2009, 1164 f Tz 11 ff = NZM 2009, 615; 1. 6. 2011 – VIII ZR 104/10, NZM 2012, 81 Tz 8 = WuM 2011, 472). Dasselbe gilt bei einem Erwerb in der Zwangsversteigerung vor dem 1. 9. 2001 (s Rn 13; BGH 28. 9. 2005 – VIII ZR 372/04, NZM 2005, 907 = WuM 2057, 718 [unter II 1] = ZMR 2006, 31). Ebenso ist ferner zu entscheiden, wenn zwar das **Grundgeschäft**, insbesondere also der Kaufvertrag über das vermietete Grundstück, noch **vor dem 1. 9. 2001** abgeschlossen worden war, die Eintragung des Erwerbers aber erst *nach* diesem Termin erfolgte (BGH 24. 6. 2009 – XII ZR 145/07, NJW-RR 2009, 1164, 1165 Tz 12 f = NZM 2009, 615). Inzwischen dürften sich diese Übergangsfälle freilich im Wesentlichen erledigt haben; sie werden hier nur noch der Vollständigkeit halber erwähnt (vgl auch Rn 3).

Die **Beweislast** für die Aushändigung der Sicherheit an den Erwerber in *Altfällen* trägt der Mieter (BGH 28. 9. 2005 – VIII ZR 372/04, NZM 2005, 907 = WuM 2005, 718, 719). Als eine Aushändigung der Sicherheit ist es auch anzusehen, wenn die Kaution nach den Abreden zwischen Veräußerer und Erwerber mit dem Kaufpreis verrechnet werden sollte (Horst ZMR 2009, 655, 658). Dagegen ist das neue Recht, d.h. **§ 566a BGB** auch auf Altverträge anwendbar, wenn sowohl die Beendigung des Mietverhältnisses als auch der Eigentumsübergang *nach* dem 31. 8. 2001 liegen (Börstinghaus PiG 70 [2005] 65, 76). Das gilt auch bei **Veräußerungsketten**, wenn ein Teil der Erwerbsvorgänge vor und ein weiterer Teil nach dem 1. 9. 2001 liegt, sodass dann auf die Erwerbsvorgänge nach dem 1. 9. 2001 der neue § 566a BGB Anwendung findet (BGH 1. 6. 2011 – VIII RR 304/10, NZM 2012, 81 Tz 9 f = WuM 2011, 472 = ZMR 2011, 785; kritisch Bister NZM 2012, 446). **3**

Nach einer verbreiteten Meinung soll hinter der Sonderregelung für Mietsicherheiten in § 566a BGB neben § 566 BGB der Gedanke stehen, dass Abreden über eine Mietsicherheit häufig oder sogar regelmäßig **keinen Bestandteil des Mietvertrages** bildeten, sodass sie folgerichtig im Falle der Veräußerung des Grundstücks *nicht* nach § 566 Abs 1 BGB mit dem Mietvertrag auf den Erwerber übergingen (BGHZ 141, 160, 166 = NJW 1999, 1857; LG Kiel NZM 2013, 2311, 232 f = ZMR 2013, 195; Börstinghaus PiG 70 [2005] 65, 75; Guhling/Günter/Burbulla Rn 1 f). Dies trifft indessen nur zu, wenn die Abrede über die Mietsicherheit **mit** einem **Dritten** getroffen wird wie insbesondere im Falle der Bürgschaft eines Dritten für die Mietschulden des Mieters. Wenn dagegen die Sicherheitsleistung mit dem *Mieter* vereinbart wird, wird sie in aller Regel durchaus einen **Bestandteil des Mietvertrages** bilden, sodass dann ohne Weiteres auch § 566 Abs 1 BGB anwendbar ist (ebenso BGH 4. 4. 2007 – VIII ZR 219/06, NJW 2007, 1818 Rn 11 = NZM 2007, 441 = WuM 2007, 267 f). Die eigenständige Bedeutung der Vorschrift des § 566a BGB ist infolgedessen gering (ebenso BeckOGK/Harke [1. 10. 2020] Rn 3 f). Sie beschränkt sich im Wesentlichen auf die Wirkung gegen Dritte, die für den Mieter eine Sicherheit geleistet haben, insbesondere also auf Mietbürgen, sowie auf die gegenüber § 566 Abs 2 BGB erweiterte Haftung des Vermieters für die Rückgewähr der Sicherheit bei Vertragsende. **4**

Aus dem Gesagten (Rn 4) folgt ebenso wie aus dem unmittelbaren Zusammenhang des § 566a BGB mit dem vorausgehenden § 566 BGB, dass § 566a BGB nur Anwendung findet, wenn es überhaupt aufgrund des § 566 BGB zu einem **Eintritt des Erwerbers** in den Mietvertrag kommt. Keine Rolle spielt dagegen die Zahl der **5**

Veräußerungen. Im Falle von **Veräußerungsketten** haftet jeder Erwerber nach § 566a BGB (BGH 1. 6. 2011 – VIII ZR 304/10, NZM 2012, 81 Tz 10 = WuM 2011, 472 = ZMR 2011, 785; Birter NZM 2012, 446). Anders dagegen, wenn das Grundstück bereits *vor* Überlassung an den Mieter veräußert wird (s § 567a BGB) oder wenn das Mietverhältnis *endet*, bevor der Erwerber im Grundbuch eingetragen wird (s dazu Feuerlein WuM 2005, 79). Eine Ausnahme gilt hier nur, wenn sich der Mieter bei Übergang des Eigentums auf den Erwerber noch im Besitz des Grundstücks befindet, weil der Erwerber in diesem Fall in das fortbestehende **Abwicklungsverhältnis** eintritt (§ 566 Rn 61, 71), sodass es auch bei der Anwendbarkeit des § 566a BGB – trotz zB der Kündigung des Mietvertrages – auf den Erwerber verbleibt (LG Berlin GE 2006, 1429; Horst ZMR 2009, 655, 657). Sobald aber der Mieter den **Besitz** an der Mietsache nach Vertragsende **aufgegeben** hat, ist kein Raum mehr für die Anwendung des § 566a BGB (§ 566 Rn 61, 71; BGH 4. 4. 2007 – VIII ZR 219/06, NJW 2007, 1818 Tz 9 ff = NZM 2007, 441 = WuM 2007, 267). Die Folge ist, dass den Erwerber dann grundsätzlich auch *keine* Haftung für die Rückgewähr der Sicherheitsleistung nach § 566a BGB trifft – außer unter den engen Voraussetzungen des § 567a BGB. Im Falle der Weiterveräußerung des Grundstücks ist außerdem § 567b BGB zu beachten.

II. Anwendungsbereich

1. Miete und Pacht

6 § 566a BGB gilt für die **Wohnraummiete** iSd § 549 BGB, für die **sonstige Grundstücks- und Raummiete** (§ 578 Abs 1 BGB) sowie für Pachtverträge einschließlich der landwirtschaftlichen Pacht und der Jagdpacht (§§ 581 Abs 2 und 593b BGB). Weitere Anwendungsfälle sind der Nießbrauch (§§ 1056 Abs 1 und 1059b BGB), die Nacherbfolge (§ 2135 BGB), Miet- und Pachtverträge über im Schiffsregister eingetragene Schiffe (§ 578a Abs 1 BGB) sowie Wohn- und Betreuungsverträge (§ 5 Abs 2 WBVG). Weitere Anwendungsfälle der Vorschrift bestehen schließlich in der Zwangsversteigerung und der Zwangsverwaltung sowie bei Insolvenz des Vermieters (Rn 8 f, 13). Die Vorschrift ist schließlich entsprechend anwendbar in den Fällen des **§ 565 BGB** (s dazu o § 565 Rn 14).

7 *Keine* Anwendung findet § 566a BGB auf bloße **Guthaben des Mieters**, zB aufgrund der Abrechnung über Betriebskosten für frühere Zahlungsperioden (OLG Düsseldorf NJW-RR 1994, 1101, 1102 = WuM 1994, 477 = ZMR 1994, 364). Aus dem Zusammenhang des § 566a BGB mit § 566 BGB ist der weitere Schluss zu ziehen, dass § 566a BGB grundsätzlich auch nicht auf Fälle eines **rechtsgeschäftlichen Vermieterwechsels** anzuwenden ist (AG Oldenburg WuM 1988, 267; Guhling/Günter/Burbulla Rn 7; – aM LG/AG Düsseldorf WuM 1989, 568; Kandelhard NZM 2001, 696, 703). Abweichende Abreden, dh der Eintritt des Erwerbers in die Sicherungsvereinbarung mit Zustimmung des Sicherungsgebers, sind freilich möglich und können sich von Fall zu Fall auch im Wege ergänzender Vertragsauslegung aus den dreiseitigen Absprachen ergeben, die durchweg einer Vertragsübernahme zugrunde liegen (Kandelhard NZM 2001, 696, 700 ff).

2. Zwangsverwaltung

8 Nach Anordnung der Zwangsverwaltung auf Antrag eines Gläubigers ist der Verwalter verpflichtet, alle Rechte und Pflichten des Vermieters aus dem Mietvertrag zwar im eigenen Namen, aber letztlich für Rechnung des Vermieters auszuüben (s § 566 Rn 27 f; BGH 9. 3. 2005 – VIII ZR 330/03, NJW-RR 2005, 129 = WuM 2005, 460, 461 ff = ZMR 2005, 603; 25. 5. 2005 – VIII ZR 301/03, NZM 2006, 312 = WuM 2005, 463; 23. 6. 2005 – IX ZR 119/00, NZM 2005, 700 = WuM 2005, 597). Der Verwalter tritt daher auch in die Rechte und Pflichten des Vermieters aus der Abrede über die **Sicherheitsleistung** ein (wegen der Einzelheiten s Drasdo NZM 2018, 6; Guhling/Günter/Hintzen § 152 ZVG Rn 67 ff [S 1484 ff]). Hervorzuheben ist die Pflicht zur **getrennten Anlage** der Sicherheitsleistung nach § 551 Abs 3 S 3 BGB, der der Verwalter selbst dann noch nachkommen muss, wenn der Vermieter dies bisher nicht getan hatte (LG Lüneburg ZMR 2009, 687; Blank/Börstinghaus § 566a Rn 24; Jacoby ZMR 2015, 1, 2 f). Verstößt der Verwalter gegen die Pflicht zur getrennten oder verzinslichen Anlage der Kaution (§ 551 Abs 3 S 1 und 3 BGB), so macht er sich ersatzpflichtig (AG Erfurt WuM 2012, 376, 377).

Sofern der Mieter die Sicherheit, insbesondere die Barkaution noch *nicht* geleistet hat, ist es Aufgabe des Verwalters, diesen **Anspruch** gegen den Mieter geltend zu machen und anschließend für die ordnungsmäßige, dh dem § 551 BGB entsprechende **Anlage** der Sicherheit zu sorgen (BGH 9. 3. 2005 – VIII ZR 130/03, WuM 2005, 460, 462 [r Sp unter 4b] = NJW-RR 2005, 1029 = ZMR 2005, 603; AG Erfurt WuM 2012, 376, 377). Befindet sich die Sicherheitsleistung noch im Vermögen des Vermieters, so muss der Verwalter von dem **Vermieter** ihre **Herausgabe** nach § 152 ZVG verlangen und sie anschließend nach § 551 BGB verzinslich anlegen (LG Köln WuM 1990, 500, 501 = NJW-RR 1991, 80; Drasdo NZM 2018, 6, 7; Jacoby ZMR 2015, 1, 3 f). Daneben kann nach überwiegender Meinung der **Mieter ebenfalls** vom Vermieter die Aushändigung der Kaution an den Verwalter verlangen (BGH 11. 10. 2007 – IX ZR 155/06, ZMR 2008, 323 = NZM 2008, 100 Tz 19 = WuM 2007, 698; LG Köln WuM 1990, 427; AG Neukölln GE 1989, 497; AG Düsseldorf WuM 1992, 432 = ZMR 1992, 549; AG Erfurt WuM 2012, 376, 377). Hatte der Vermieter die Sicherheitsleistung und insbesondere die vom Mieter gestellte Barkaution bereits zu Recht ganz oder teilweise in Anspruch genommen, so kann und muss der Verwalter außerdem im Rahmen seiner Verwaltungspflicht die **Wiederauffüllung** der Sicherheit fordern. **9**

Der Mieter ist befugt, durch **Zurückbehaltung der Miete** die ordnungsmäßige Anlage einer Barkaution durch den Verwalter zu erzwingen. Früher ist dies zwar vielfach mit der Begründung verneint worden, die Zubilligung eines derartigen Zurückbehaltungsrechts an den Mieter laufe auf eine gegen die §§ 1125 und 392 BGB verstoßende Aufrechnung hinaus (LG Mannheim WuM 1991, 79). Diese Argumentation lässt sich indessen heute angesichts der Betonung der Mieterrechte in § 152 Abs 2 ZVG nicht mehr aufrechterhalten (LG Lüneburg ZMR 2009, 687 f; Jacoby ZMR 2015, 1, 2; Drasdo NZM 2018, 6, 7 f; Guhling/Günter/Hintzen § 152 ZVG Rn 69; Milger NJW 2011, 1249; dies NJW 1253, 1254). Während des Bestandes des Mietvertrages scheitert eine **Aufrechnung** des Mieters mit seinem Rückgewähranspruch hinsichtlich der Kaution gegen Mietforderungen des Verwalters freilich idR bereits an der mangelnden Fälligkeit des Rückgewähranspruchs (s Staudinger/V Emmerich [2021] § 551 Rn 27). Nach Vertragsende und Ablauf der Abrechnungsfrist sind außerdem § 392 BGB sowie § 1125 BGB zu beachten (Staudinger/V Emmerich [2021] § 551 Rn 30 f; BGH WM 1978, 1326, 1327; LG Berlin NJW 1978, 1633; Blank/Börstinghaus § 566a Rn 26). Unbeschränkt möglich ist die Aufrechnung des Mieters gegen einen etwaigen **Schadensersatzanspruch** des Zwangsverwalters wegen unterlassener Schönheitsreparaturen (LG Stuttgart NJW 1977, 1885). **10**

11 **Endet** das Mietverhältnis noch während der Zwangsverwaltung des Grundstücks, so ist der Verwalter nach der Rechtsprechung des BGH gemäß § 566a S 1 BGB iVm § 152 Abs 2 ZVG zur **Rückgewähr** der Sicherheit verpflichtet, selbst wenn er sie vom Vermieter *nicht* ausgehändigt erhalten hat, vorausgesetzt lediglich, dass der Mietvertrag bei Anordnung der Zwangsverwaltung noch bestand (BGH 16. 7. 2003 – VIII ZR 11/03, NJW 2003, 3342 = NZM 2003, 849, 850 = WuM 2003, 630; 9. 3. 2005 – VIII ZR 381/03, WuM 2005, 404 = NJW-RR 2005, 1032 = ZMR 2005, 686; 9. 3. 2005 – VIII ZR 330/03, NJW-RR 2005, 1029 = WuM 2005, 460, 461 = ZMR 2005, 603; 26. 6. 2005 – VIII ZR 301/03, NZM 2006, 212 = WuM 2005, 463; 11. 10. 2007 – IX ZR 156/06, NJW-RR 2008 123 = NZM 2008, 100 Tz 19 = WuM 2007, 698; Milger NJW 2011, 1249, 1251 ff). Im Schrifttum wird diese den Mieter besonders begünstigende Rechtsprechung vielfach wegen des offenkundigen Wertungswiderspruchs zu der Rechtslage in der Insolvenz des Vermieters (s Rn 14 f) sowie wegen der problematischen Vereinbarkeit mit den §§ 392, 1124 Abs 2 und 1125 BGB kritisiert (s Drasdo NZM 2018, 6, 7 f; Guhling/Günter/Hintzen § 152 ZVG Rn 68, 70; ausführlich Slomian, in: 10 Jahre Mietrechtsreformgesetz 471, 475 f mwNw). Verfügt der Zwangsverwalter nicht über die nötigen Mittel zur Rückzahlung der Kaution, so kann er von dem Gläubiger, der die Zwangsvollstreckung betreibt, einen entsprechenden Vorschuss verlangen (§ 788 ZPO), – weshalb die Gläubiger häufig, sobald dies droht, den Antrag auf Anordnung der Zwangsverwaltung zurückziehen (Drasdo NZM 2018, 6, 7 f).

12 Der **Verwalter haftet** für den Rückgewähranspruch des Mieters nur mit dem verwalteten Vermögen (OLG Hamburg WuM 2002, 29 f = NJW-RR 2002, 878; **aM** LG Köln WuM 1990, 500, 501 f = NJW-RR 1991, 80; LG Mannheim NZG 2000, 656 = WuM 1999, 459). Der Mieter kann von dem Verwalter außerdem **Auskunft** hinsichtlich der aus der Sicherheit gezogenen Zinsen verlangen (BGH 25. 5. 2005 – VIII ZR 301/03, WuM 2005, 463 [r Sp unter 4 Abs 2] = NZM 2006, 312). Gerichtlich in Anspruch genommen werden kann der Verwalter nur, solange nicht die Zwangsverwaltung wieder aufgehoben ist (BGH 26. 6. 2005 – VIII ZR 101/03, WuM 2005, 463 = NZM 2006, 312; 9. 6. 2010 – VIII ZR 189/09, WuM 2010, 518 Tz 11 = NZM 2010, 698).

3. Zwangsversteigerung

13 In der Zwangsversteigerung findet nach § 57 ZVG der § 566a BGB entsprechende Anwendung (dazu s Guhling/Günter/Hintzen §§ 57, 57a ZVG Rn 23 ff [S 1457]). Der Ersteher tritt folglich in alle **Rechte** aus der Sicherheitsleistung ein. Er kann insbesondere von dem Vermieter und Schuldner die Herausgabe der Sicherheitsleistung verlangen; denselben Anspruch hat der Mieter gegen den letzteren (Blank/Börstinghaus Rn 30). Endet der Mietvertrag, so ist der Ersteher nach Ablauf der Abrechnungs- und Prüfungsfrist zur **Rückgewähr** der Sicherheit, insbesondere zur Rückzahlung der Kaution verpflichtet. Wenn der frühere Vermieter die Kaution entgegen § 551 BGB nicht von seinem Vermögen getrennt angelegt hatte und später insolvent geworden ist, trägt der Ersteher das Insolvenzrisiko (BGH 28. 9. 2005 – VIII ZR 372/04, NZM 2005, 907 = WuM 2005, 718 = ZMR 2008, 31; 7. 3. 2012 – XII ZR 13/10, NJW 2012, 1353 Tz 6 ff = NZM 2012, 344 = WuM 2012, 278; AG Erfurt WuM 2012, 209, 210). Im Falle der Verpfändung eines Sparguthabens muss der Ersteher folglich auch die zur Pfandfreigabe erforderlichen Erklärungen abgeben (AG Erfurt WuM 2012, 209, 210). Neben dem Ersteher haftet subsidiär der Vermieter und Schuldner für die Rückgewähr der Sicherheit (Derleder WuM 2002, 239, 244).

4. Insolvenz des Vermieters

In der Insolvenz des Vermieters besteht der Mietvertrag nach § 108 Abs 1 S 1 InsO **14** fort, sodass der Insolvenzverwalter zur Erfüllung des Mietvertrages verpflichtet bleibt (s oben STAUDINGER/V EMMERICH [2021] § 535 Rn 90), jedenfalls, wenn die Mietsache dem Mieter bei Eröffnung des Verfahrens bereits übergeben war (s GUHLING/GÜNTER/DAHL/LINNENBRINK § 108 InsO Rn 1 [S 1385 f]). § 566a BGB findet keine Anwendung, weil es nicht zu einem Übergang des Eigentums kommt, vielmehr lediglich die Verwaltungsbefugnis hinsichtlich des vermieteten Grundstücks auf den Insolvenzverwalter übergeht (s BLANK/BÖRSTINGHAUS Rn 27–29; SCHMIDT-FUTTERER/STREYL Rn 44 f). War die Sicherheit vom Mieter bei Eröffnung des Verfahrens noch **nicht geleistet**, so muss sie jetzt folglich vom Verwalter eingefordert und gemäß § 551 Abs 3 BGB angelegt werden.

Im Falle der **Beendigung** des Mietverhältnisses kommt es darauf an, ob die vom **15** Mieter geleistete Sicherheit und insbesondere die (in der Praxis vorherrschende) Barkaution entsprechend § 551 BGB vom Vermieter, von seinem Vermögen **getrennt**, bei einer Bank auf einem treuhänderischen Konto angelegt wurde. Ist dies der Fall, so hat der Mieter nach § 47 InsO ein **Aussonderungsrecht** (s oben STAUDINGER/V EMMERICH [2021] § 551 Rn 20; BGH 20. 11. 2007 – IX ZR 132/06, NJW 2008, 1152 Tz 6, 8 = NZM 2008, 203 = WuM 2008, 149; LG Berlin GE 2006, 1481); jedoch kann der Verwalter mit noch offenen Forderungen aus dem Mietverhältnis gegen den Anspruch des Mieters auf Rückzahlung der Kaution aufrechnen. Anders ist die Rechtslage, wenn der Vermieter unter Verstoß gegen § 551 Abs 3 BGB die Kaution **nicht** von seinem Vermögen **getrennt** auf einem Treuhandkonto **angelegt** hatte (s im Einzelnen o STAUDINGER/V EMMERICH [2021] § 551 Rn 18 ff). Zwar erlangt der Mieter dann einen Schadensersatzanspruch gegen den Vermieter; jedoch stellt dieser eine bloße, meistens wertlose **Insolvenzforderungen** dar; ein Aussonderungsrecht besteht dagegen jetzt nicht mehr (STAUDINGER/V EMMERICH [2018] § 551 Rn 20; BGH 20. 11. 2007 – IX ZR 132/06, NJW 2008, 1152 Tz 7 f = NZM 2008, 203 = WuM 2008, 149; LG Berlin GE 2006, 1481; DRASDO NZM 2018, 6, 8 f; JACOBY ZMR 2015, 1, 3 f; MILGER NJW 2011, 1249, 1255), sodass durch die Insolvenzeröffnung die Rechtsstellung des Mieters entgegen dem Zweck der gesetzlichen Regelung in den §§ 566 und 566a BGB und im Widerspruch zu der Rechtslage in der Zwangsverwaltung (s Rn 11 f) deutlich verschlechtert wird (kritisch deshalb JACOBY ZMR 2015, 1, 3 f). Für eine Anwendung des § 566a BGB ist erst Raum, wenn der Insolvenzverwalter das Grundstück gemäß § 111 InsO **veräußert** (BGH 7. 3. 2012 – XII ZR 13/10 Rn 8, NJW 2012, 1353 = NZM 2012, 344 = WuM 2012, 378; GUHLING/GÜNTER/DAHL/LINNENBRINK § 111 InsO Rn 9 [S 1415 f]).

III. Eintritt in die Vermieterrechte

1. Anspruch auf die Sicherheitsleistung

Die Anwendung des § 566a BGB setzt voraus, dass der Mieter die Sicherheit bereits **16** *vor* Übergang des Eigentums auf den Erwerber und damit vor dessen Eintritt in den Mietvertrag *geleistet hat.* Damit stellt sich die Frage, wie die Rechtslage zu beurteilen ist, wenn die Sicherheitsleistung vertragswidrig vor Eigentumsübergang **nicht erfolgt** ist. Teilweise wird der Anspruch auf Sicherheitsleistung dann zwischen Veräußerer und Erwerber nach dem **Fälligkeitsprinzip** aufgeteilt, sodass der Anspruch auf die

Sicherheitsleistung bei dem Veräußerer verbliebe, wenn und soweit dieser noch fällige Ansprüche gegen den Mieter hat, wegen derer er sich aus der Sicherheit befriedigen könnte (s OLG Hamburg NJWE-MietR 1997, 296 = WuM 1997, 375 = ZMR 1997, 415; Lützenkirchen WuM 1998, 187, 190; Herrlein/Kandelhard § 566a Rn 4; Müller/Walther/Krenek § 566a Rn 4). Die überwiegende Meinung billigt dagegen den Anspruch auf die Sicherheitsleistung sowie den Anspruch auf Wiederauffüllung der Sicherheitsleistung (nach deren Inanspruchnahme noch durch den Veräußerer vor Eigentumsübergang) **in voller Höhe** dem **Erwerber** zu, zum Teil unter Berufung auf § 566 BGB, zum Teil gemäß § 566a BGB; dies soll auch gelten, wenn die Sicherungsabrede zwar rechtlich keinen Bestandteil des Mietvertrages bildet, indessen wirtschaftlich und rechtlich eng mit diesem zusammenhängt (LG Kiel NZM 2013, 231 ff = ZMR 2013, 195; AG Köln WuM 1981, 18; Blank/Börstinghaus § 566a Rn 33; Derleder NJW 2008, 1189, 1192; Guhling/Günter/Burbulla Rn 9; BeckOGK/Harke [1. 10. 2020] Rn 7; Lützenkirchen § 566a Rn 46; Schmidt-Futterer/Streyl § 566a Rn 10; Kraemer NZM 2001, 736, 742; Mittelstein, Miete 678 f; Sternel, Mietrecht Rn III 235; ebenso jedenfalls für den Fall, dass der Veräußerer *keine* Ansprüche mehr gegen den Mieter hat, BGH 25. 7. 2012 – XII ZR 22/11, NJW 2012, 3032 Rn 28 ff = NZM 2012, 681, 683 = WuM 2012, 560).

17 In der Tat ist für den Regelfall von dem **Übergang des Anspruchs** auf die Sicherheitsleistung nach *§ 566 BGB* (als Bestandteil des Mietvertrages) auf den Erwerber auszugehen, und zwar in voller Höhe, schon deshalb, weil der Erwerber nach § 566a BGB auch in voller Höhe zur Rückgewähr der Sicherheitsleistung, insbesondere also zur Rückzahlung einer etwaigen Kaution verpflichtet ist (s schon o § 566 Rn 57, 69). Selbst wenn der Veräußerer noch Ansprüche gegen den Mieter haben sollte, gilt nichts anderes; seine Rechtsstellung wird durch den Übergang des bloßen Anspruchs auf die Sicherheitsleistung auf den Erwerber nicht tangiert, da es für ihn im Ergebnis keinen Unterschied bedeutet, ob er den Anspruch auf Sicherheitsleistung oder seine angeblich noch offenen Ansprüche aus dem Mietvertrag gegen den Mieter verfolgt (zutreffend LG Kiel NZM 2013, 231 ff = ZMR 2013, 195).

2. Übergang der Rechte an der Sicherheitsleistung

18 Nach § 566a S 1 BGB tritt der Erwerber, wenn der Mieter noch vor Übergang des Eigentums an dem Mietgrundstück auf den Erwerber für die Erfüllung seiner Pflichten aus dem Mietvertrag eine Sicherheit geleistet hat, kraft Gesetzes in die dadurch begründeten Rechte und Pflichten des Vermieters ein. Dadurch sollte die Rechtsstellung des Mieters verbessert werden (Begr z RegE BT-Drucks 14/4553, 53, 90 f, 101; den Ausschussbericht BT-Drucks 14/5663, 81).

19 Der Übergang der Rechte aus der bereits geleisteten Sicherheit auf den Erwerber beruht auf Gesetz (S 1 des § 566a BGB) und bedarf deshalb grundsätzlich nicht der Zustimmung oder Mitwirkung des Mieters (BGH 7. 12. 2011 – VIII ZR 206/10, NZM 2012, 303 Tz 12 = WuM 2012, 21 = ZMR 2012, 258; AG Esslingen WuM 2017, 642, 643). Vermieter und Erwerber können nichts Anderes vereinbaren, weil dies ein Vertrag zulasten Dritter, nämlich des Mieters wäre. Dies gilt insbesondere für den vom Gesetz angeordneten Übergang der Sicherheit auf den Erwerber (AG Esslingen WuM 2017, 642, 643; BeckOGK/ Harke [1. 10. 2020] Rn 11).

Welche **Rechte** jeweils kraft Gesetzes auf den Erwerber übergehen, richtet sich im **20** Einzelnen nach der Art der bestellten Sicherheit, wobei es keine Rolle spielt, ob die Sicherheit vom Mieter oder von einem Dritten geleistet wurde (OLG Königsberg OLGE 23, 40; LG Wuppertal WuM 2015, 731, 732 = ZMR 2016, 116; Derleder WuM 2002, 239, 243 f). Eindeutig ist die Rechtslage insoweit freilich lediglich bei **akzessorischen Sicherheiten** wie Bürgschaften und Pfandrechten (zB BeckOGK/Harke [1. 10. 2020] Rn 8). Hatte der Mieter einen **Bürgen** gestellt, so erlangt der Erwerber folglich an Stelle des Vermieters die Rechte gegen den Bürgen aus der Bürgschaft (RG WarnR 1913 Nr 286 S 337, 338; BGHZ 95, 88, 97 f = NJW 1985, 2528; BGH 29. 11. 1981 – VIII ZR 199/80, NJW 1982, 875 = WM 1982, 148 [insoweit nicht in BGHZ 82, 323 abgedruckt]; KG OLGE 25, 20, 21), während der *Veräußerer* den Bürgen wegen noch offener Forderungen gegen den Mieter fortan nicht mehr in Anspruch nehmen kann (Rn 17; LG Bonn NJW-RR 1994, 1357 = MDR 1994, 1116). Bei einer **Verpfändung** von Sachen oder Forderungen tritt der Erwerber gleichfalls im Augenblick des Eigentumsübergangs in die Rechte des Pfandgläubigers ein (LG Wuppertal WuM 2015, 731, 732 = ZMR 2016, 116; Roquette § 572 Rn 13 ff). Zugleich erwirbt er nach § 952 BGB das Eigentum an einem etwaigen **Sparbuch**. Ebenso ist die Rechtslage bei der Verpfändung von **Wertpapieren** (LG Wuppertal WuM 2015, 731, 732 = ZMR 2016, 116; Blank/Börstinghaus § 566a Rn 10).

Zweifelhaft ist dagegen die Rechtslage bei nicht akzessorischen Sicherheiten. Para- **21** digmata sind eine (naturgemäß ganz seltene) **Sicherungsübereignung** oder ein **Treuhandkonto**, auf dem eine Barkaution als Sicherheit angelegt ist (s § 551 Abs 3 S 3 BGB). Überwiegend wird angenommen, dass auch derartige Sicherheiten im Falle des § 566a BGB kraft Gesetzes auf den Erwerber übergehen sodass der Erwerber zB kraft Gesetzes Eigentümer der zur Sicherheit übereigneten Sache wird (LG Wuppertal WuM 2015, 731, 732 = ZMR 2016, 116; Blank/Börstinghaus § 566a Rn 11) und dass bei einem Treuhandkonto die Berechtigung aus dem Konto auf den Erwerber übergeht, weil allein diese Lösung dem mieterschützenden Zweck der ganzen Regelung entspreche (OLG Düsseldorf NJW-RR 1997, 1170 = WuM 1997, 264; LG Wuppertal WuM 2015, 731, 732 = ZMR 2016, 116; Kraemer NZM 2001, 736, 742; Müller/Walther/Krenek § 566a Rn 8; Sternel, Mietrecht Rn III 235). Dagegen wird jedoch eingewandt, dass die Vorschrift des § 566a BGB allein schuldrechtliche Bedeutung habe, sodass sie nicht die in den genannten Fällen zusätzlich für den Rechtsübergang erforderlichen Verfügungen ersetzen könne (s §§ 398, 929 f; insbesondere BeckOGK/Harke [1. 10. 2020] Rn 9; wieder anders Guhling/Günter/Burbulla Rn 11 f: Parallele zur Novationslösung wie bei § 566).

Die Regelung des § 566a BGB verfolgt betont mieterschützende Zwecke (Rn 1 f). In **22** diesem Lichte muss daher die ganze Regelung interpretiert werden. Dann aber ist in der Tat – mit der hM – davon auszugehen, dass es, wo immer rechtlich möglich, zu einem automatischen Übergang der Rechte und Pflichten hinsichtlich der vom Mieter bereits geleisteten Sicherheit auf den Erwerber kommt, also insbesondere auch bei Anlage der Sicherheit auf einem **Treuhandkonto** (Rn 21). Anders ist die Rechtslage lediglich in den Fällen zu beurteilen, in denen aus rechtlichen Gründen ein Übergang der Rechte und Pflichten ohne **Mitwirkung des Mieters** nicht möglich ist, So verhält es sich insbesondere, wenn der Mieter dem Vermieter (wie offenbar häufig bei der gewerblichen Miete) eine **Barkaution zur freien Verfügung** geleistet oder wenn der Vermieter bei der Wohnraummiete unter Verstoß gegen § 551 Abs 3 S 3 BGB die Barkaution **nicht getrennt** von seinem Vermögen angelegt hatte. In diesen Fällen ist ebenso wie zB bei der Verpfändung eines Bankguthabens (s dazu

BGH 7. 12. 2011 – VIII ZR 206/10 Rn 13 ff, NZM 2012, 303 = WuM 2012, 21 = ZMR 2012, 258) für einen Rechtsübergang kraft Gesetzes nach § 566a BGB offenbar kein Raum. Deshalb ist hier anzunehmen, dass der Erwerber – analog § 566a BGB – stattdessen einen **Anspruch auf Auszahlung** des vom Mieter geleisteten Betrages gegen den Vermieter und Veräußerer erlangt (RGZ 53, 247, 249; RG JW 1905, 80 Nr 18 = Gruchot 49, 908, 909; OLG Hamburg MDR 1970, 1015 Nr 57; OLG Düsseldorf MDR 1983, 405; OLG Köln ZMR 2013, 438 f; LG Wuppertal WuM 2015, 731, 732 = ZMR 2016, 116; Sick ZMR 2011, 269, 271), und zwar nebst Zinsen (Ausschussbericht BT-Drucks 14/5663, 81; AG Pinneberg WuM 1981, 21). Da der Erwerber zugleich in die Pflichten aus der Sicherungsabrede eintritt (§ 566a S 1 BGB), macht er sich zudem schadensersatzpflichtig, wenn er sich trotz des dahingehenden Verlangens des Mieters oder des Vermieters weigert, die Sicherheit zu übernehmen (§ 280 Abs 1 BGB; Sternel, Mietrecht Rn III 236; **aM** AG Danneberg WuM 1996, 702, 703).

23 Soweit der Erwerber **Eigentümer** der Sicherheit wird (s Rn 21 f), kann er nach § 985 BGB vom Vermieter Herausgabe der Sicherheit verlangen, wobei für Urkunden wie Sparbücher § 952 BGB zu beachten ist. Wird er **Pfandgläubiger**, so ergibt sich sein Herausgabeanspruch aus § 1251 Abs 1 BGB. Daneben kommen vertragliche Herausgabeansprüche des Erwerbers gegen den Vermieter in Betracht (RGZ 53, 247, 249; RG JW 1905, 80 Nr 18 = Gruchot 49, 908, 909; OLG Hamburg MDR 1970, 1015 Nr 57; LG Bonn NZM 2005, 782). Dagegen hat der Erwerber in diesem Fall **keinen** eigenen **Anspruch** auf Sicherheitsleistung mehr **gegen** den **Mieter** (§ 362 BGB), und zwar selbst dann nicht, wenn der Erwerber vom Vermieter die Sicherheit nicht mehr erlangen kann, weil diesem die Herausgabe *unmöglich* geworden ist, etwa, weil mittlerweile das Insolvenzverfahren über sein Vermögen eröffnet wurde (BGH 7. 12. 2011 – VIII ZR 206/10, NZM 2012, 303 Rn 12 = WuM 2012, 21 = ZMR 2012, 258).

24 Der Vermieter und Veräußerer kann die Herausgabe der Sicherheit nur **verweigern**, wenn er noch eigene offene Forderungen aus dem Mietverhältnis gegen den Mieter hat und er sich derentwegen aus der Sicherheit befriedigen will (OLG Frankfurt NJW-RR 1987, 786; OLG Karlsruhe NJW-RR 1989, 267 = WuM 1989, 63; Mittelstein, Miete 680; Sternel, Mietrecht Rn III 235). Für den Erwerber ist dies nicht nachteilig, weil er (nach Inanspruchnahme der Sicherheit durch den Veräußerer) immer noch während des bestehenden Mietverhältnisses den **Anspruch auf Wiederauffüllung** der Sicherheit gegen den Mieter hat (Börstinghaus PiG 70 [2005] 65, 77).

3. Herausgabeanspruch des Mieters

25 Bereits unter dem früheren Recht wurde dem Mieter überwiegend aus dem Mietvertrag ein **Anspruch gegen** den **Vermieter** auf Aushändigung der geleisteten Sicherheit an den **Erwerber** zugebilligt (Prot I 262; OLG Karlsruhe NJW-RR 1989, 267 = WuM 1989, 63; OLG Frankfurt NJW-RR 1991, 1416 = WuM 1991, 484; LG Köln WuM 1987, 351; LG Hannover WuM 1989, 75; LG Düsseldorf WuM 1992, 542; Mittelstein, Miete 680; Schopp ZMR 1969, 1, 8; Sternel, Mietrecht Rn III 236). Daran ist auch unter § 566a BGB festzuhalten (ebenso zB Blank/Börstinghaus § 566a Rn 6; BeckOGK/Harke [1. 10. 2020] Rn 11; Schmidt-Futterer/Streyl § 566a Rn 21; anders dagegen Börstinghaus PiG 70 [2005] 65, 79; Derleder WuM 2002, 239, 243; ebenso schon Stückmann ZMR 1972, 328), weil der Mieter schon mit Rücksicht auf § 566a S 1 BGB nach wie vor ein dringendes Interesse daran hat, dass der Erwerber die Sicherheit tatsächlich erlangt (§§ 157, 242 BGB). Besonders deut-

lich ist dies bei einer dem Vermieter zur freien Verfügung überlassenen Barkaution sowie hinsichtlich der Urkunden über die Sicherheit, wobei insbesondere an Sparbücher zu denken ist (Schmidt-Futterer/Streyl § 566a Rn 21).

Der Anspruch des Mieters gegen den Vermieter auf Aushändigung der Sicherheit an den Erwerber in den genannten Fällen (Rn 25) ist, jedenfalls nach der wohl hM, zu **verneinen**, sofern der Vermieter noch **offene Forderungen** gegen den Mieter aus dem Mietverhältnis hat, derentwegen er die Sicherheit in Anspruch nehmen will (OLG Karlsruhe NJW-RR 1989, 267 = WuM 1989, 63; Palandt/Weidenkaff § 566a Rn 4). Nach Treu und Glauben kann der Mieter außerdem gleichermaßen von dem Veräußerer wie von dem Erwerber **Auskunft** über das Schicksal der Kaution verlangen, um beurteilen zu können, gegen wen er gegebenenfalls vorgehen muss (AG Pinneberg WuM 1999, 337; Blank/Börstinghaus § 566a Rn 12). 26

IV. Eintritt in die Vermieterpflichten

1. Rückgewährpflicht des Erwerbers

Mit Erwerb des Eigentums an dem Grundstück tritt der Erwerber nach Leistung der Sicherheit an den Vermieter aufgrund des § 566a S 1 BGB auch in die durch die Sicherheitsleistung begründeten **Pflichten** ein (anders früher § 572 S 1 BGB aF). Es geht dabei einmal um die Pflichten hinsichtlich der **Anlage** und Verwaltung der Sicherheitsleistung, die sich bei der Wohnraummiete insbesondere aus § 551 BGB ergeben (zu Grenzen im Einzelfall bei Zahlungsverzug des Mieters s LG Berlin WuM 2014, 282 = GE 2014, 524), zum anderen um die ganz im Mittelpunkt der Diskussion stehende **Rückgewährpflicht** hinsichtlich der Sicherheit nach Vertragsende und Ablauf der Abrechnungsperiode. 27

Mit Leistung der Sicherheit erwirbt der Mieter einen Rückgewähranspruch gegen den Vermieter, aufschiebend bedingt durch das Vertragsende und den Ablauf der sich anschließenden unterschiedlich bemessenen Abrechnungsfrist (s Staudinger/V Emmerich [2021] § 551 Rn 25, 29 ff). Wird das Grundstück in der Zwischenzeit veräußert, so trifft nach Eigentumsübergang die **Rückgewährpflicht** nach § 566a S 1 BGB in erster Linie den **Erwerber**. Soweit die Abrede über die Sicherheitsleistung wie im Regelfall einen Bestandteil des Mietvertrages bildet, folgt dasselbe bereits unmittelbar aus § 566 Abs 1 BGB. Die in § 566a S 2 BGB angeordnete subsidiäre **Forthaftung des Vermieters** und Veräußerers ist der Sache nach lediglich eine Modifikation seiner sich bereits aus § 566 Abs 2 BGB ergebenden Bürgenhaftung. 28

Voraussetzung der Haftung des Erwerbers und der Forthaftung des Vermieters ist, dass überhaupt noch eine **Rückgewährpflicht** besteht. Daran fehlt es insbesondere, sobald einer der Beteiligten die Sicherheitsleistung, zB eine Kaution, in Anspruch genommen hat und die Sicherheit bisher nicht wieder aufgefüllt wurde (s Staudinger/V Emmerich [2021] § 551 Rn 27). Dasselbe gilt auch, wenn der Veräußerer noch *nach Eigentumsübergang* die bei ihm verbliebene Sicherheitsleistung des Mieters wegen restlicher Ansprüche gegen diesen verwertet (s Rn 31; OLG Frankfurt GE 2011, 885). Wiederauffüllung der Sicherheit kann in diesem Fall aufgrund des Mietvertrages und der gegebenenfalls mit ihm unmittelbar verbundenen Sicherungsabrede nur der Erwerber verlangen. 29

30 Die Art der nach dem Gesagten (s Rn 29) in erster Linie vom Erwerber geschuldeten **Rückgewähr** richtet sich nach der Art der Sicherheit; die Rückgewährpflicht des Erwerbers hat deshalb je nach der Art der Sicherheit ein durchaus unterschiedliches Gewicht. So erlöschen zB **Bürgschaften** Dritter wegen ihrer Akzessorietät ohne Weiteres, sobald feststeht, dass der Veräußerer und der Erwerber keine Ansprüche gegen den Mieter mehr haben (Horst ZMR 2009, 655, 657); der Rückgewähranspruch des Mieters aus § 566 BGB beschränkt sich dann auf eine etwaige Bürgschaftsurkunde (§ 766 BGB). Ist eine **Kaution**, wie durch § 551 Abs 3 S 1 BGB vorgeschrieben, insolvenzsicher, dh insbesondere auf einem Treuhandkonto angelegt, so reduziert sich eine etwaige Rückgewährpflicht des Erwerbers auf eine Freigabeerklärung gegenüber der Bank (Horst ZMR 2009, 655, 657). Der eigentliche **Anwendungsbereich** der Rückgewährpflicht des Erwerbers sind daher die Leistung einer Kaution in dessen Vermögen sowie die Verpfändung von Spargutthaben oder Wertpapieren. Folgerichtig war auch die frühere Regelung des § 572 S 2 BGB aF in erster Linie auf diese bei der Landpacht früher verbreiteten Abreden zugeschnitten (RG WarnR 1913 Nr 286 S 337, 338).

31 In den genannten Fällen (o Rn 30) ist der Erwerber heute generell zur Rückgewähr der Sicherheit verpflichtet, auch wenn sie ihm vom Veräußerer und Vermieter *nicht ausgehändigt* wurde, und zwar bei einer Barkaution einschließlich der darauf entfallenden **Zinsen** (s oben Rn 1 f; Ausschussbericht BT-Drucks 14/5663, 81 [r Sp]; Blank/Börstinghaus Rn 12; Horst ZMR 2009, 655, 657; Kraemer NZM 2001, 736, 742). Anders nur, wenn der Veräußerer oder der Erwerber die Sicherheit bereits ganz oder teilweise in Anspruch genommen und keiner bisher die Wiederauffüllung der Sicherheit verlangt hatte (vgl § 417 Abs 1 S 1 BGB; s oben Rn 28, OLG Frankfurt GE 2011, 885).

2. Subsidiäre Forthaftung des Vermieters

32 Nach § 566a S 2 BGB ist der Vermieter (ebenfalls) zur Rückgewähr der Sicherheit verpflichtet, *wenn* der Mieter bei Beendigung des Mietverhältnisses die Sicherheit von dem Erwerber nicht zu erlangen vermag. Mit § 566a S 2 BGB sollte zum Ausdruck gebracht werden, dass der Veräußerer nicht gleichrangig neben dem Erwerber, sondern nur **subsidiär** hinter diesem haftet (ebenso schon zum früheren Recht RG JW 1905, 80 Nr 18 = Gruchot 49, 908; BGHZ 141, 160, 164 ff = NJW 1990, 1857, str). Wegen der Ausgestaltung der subsidiären Haftung des Vermieters wird allgemein die Vorschrift des § 773 BGB über die subsidiäre Bürgenhaftung entsprechend angewandt (zB Guhling/Günter/Burbulla Rn 14; BeckOGK/Harke [1. 10. 2020] Rn 13).

33 Der Mieter muss sich daher **zunächst an** den **Erwerber** mit der Forderung auf Rückgewähr seiner Sicherheitsleistung wenden, solange dies nicht aussichtslos erscheint. **Aussichtslosigkeit** der Rechtsverfolgung ist insbesondere anzunehmen, wenn der Erwerber insolvent ist (§ 773 Abs 1 Nr 3 BGB), wenn eine Zwangsvollstreckung gegen ihn keinen Erfolg mehr verspricht, weil zB die Zwangsverwaltung über seinen Grundbesitz angeordnet oder seine Konten gepfändet sind (§ 773 Abs 1 Nr 4 BGB), oder wenn sonst die Rechtsverfolgung gegen ihn wesentlich erschwert ist (§ 773 Abs 1 Nr 2 BGB), etwa, weil er unbekannten Orts verzogen ist oder weil er ernstlich und endgültig die Erfüllung verweigert (so schon zum alten Recht BGHZ 141, 160, 169 = NJW 1999, 1857 = NZM 1999, 496, 498; ebenso jetzt für § 566a BGH 23. 1. 2013 – VIII ZR 14/12, NZM 2013, 230 Rn 19 = WuM 2013, 172; Börstinghaus PiG 70 [2005] 65, 78; Derleder WuM 2002, 239, 243; Müller/Walther/Krenek Rn 10). Gleich steht die bloße Unterlassung jeder Reaktion des Erwerbers auf die Forderung des Mieters zur Rückgewähr der Sicherheit ebenso wie jede sonstige Ungewissheit über die Leistungsbereitschaft des Erwerbers, da § 566a S 2 BGB gerade in diesen Fällen dem Mieter eine möglicherweise sinnlose Klageerhebung ersparen soll (Guhling/Günter/Burbulla Rn 13). In Zweifelsfällen wird der Mieter nach Sinn und Zweck der Regelung folglich **zunächst** den **Erwerber** in Anspruch zu nehmen haben (Guhling/Günter/Burbulla Rn 15).

Der **Veräußerer** wird **frei**, sobald der Erwerber den Rückgewähranspruch des Mieters *erfüllt* oder wirksam mit eigenen Ansprüchen aus dem Mietverhältnis gegen diesen *aufgerechnet* hat. Dagegen kann der Mieter während des Bestandes des Mietvertrages nicht mit seinem noch nicht fälligen Rückgewähranspruch gegen den Vermieter gegen Restforderungen des Vermieters aus dem Mietvertrag aufrechnen (s BGHZ 141, 160, 161 f = NJW 1999, 1857; **aM** Sick ZMR 2011, 269, 273 f). 34

3. Innenverhältnis

Nicht geregelt ist in § 566a BGB das Innenverhältnis zwischen Veräußerer und Erwerber. Es richtet sich daher allein nach den Abreden der Parteien (Lammel Rn 22). Aus der Subsidiarität der Forthaftung des Vermieters (§ 566a S 2 BGB) ist dabei der Schluss zu ziehen, dass der Vermieter, wenn er vom Mieter auf Rückgewähr der Sicherheit in Anspruch genommen wird, mangels abweichender Abreden der Parteien einen **Ausgleichsanspruch** gegen den Erwerber erlangt, vorausgesetzt, dass er die Sicherheit dem Erwerber ausgehändigt hatte (vgl § 572 S 2 BGB aF), wozu nur erforderlich ist, dass der Erwerber in irgendeiner Form über die Sicherheit verfügen konnte. Das kann auch im Wege der *Aufrechnung* geschehen. Für eine Anwendung des § 426 BGB ist dagegen hier kein Raum, weil Vermieter und Erwerber infolge der Subsidiarität der Vermieterhaftung hinter, nicht neben der Haftung des Erwerbers nicht als Gesamtschuldner angesehen werden können (Guhling/Günter/Burbulla Rn 16; Müller/Walther/Krenek Rn 9 2. Abs). 35

4. Abweichende Vereinbarungen

§ 566a BGB ist **nicht zwingend**, sodass abweichende Vereinbarungen möglich sind, zum Nachteil des Mieters indessen nur mit dessen Mitwirkung (§ 311 Abs 1 BGB; zB BeckOGK/Harke [1. 10. 2020] Rn 14 ff). Ein Ausschluss der Forthaftung des Vermieters durch bloße Vereinbarung zwischen Vermieter und Erwerber ist nicht möglich. Dagegen kann der Mieter durch Vereinbarung mit dem Veräußerer ohne Weiteres auf dessen Forthaftung verzichten (§ 367 BGB). Das kann ausdrücklich oder konkludent geschehen; eine besondere Form ist für den Verzicht nicht vorgeschrieben. Jedoch ist bei der Annahme eines Verzichts des Mieters wie stets in derartigen Fällen Zurückhaltung geboten. Für die Annahme eines **Verzichts** genügt insbesondere nicht die bloße, nach den Umständen des Einzelfalls erforderliche oder sonst von den Beteiligten gewünschte Zustimmung des Mieters zur Übertragung etwa einer Barkaution auf den Erwerber; erforderlich ist vielmehr grundsätzlich eine **eindeutige individualvertragliche Regelung** des Fragenkreises, während für eine formularvertragliche Regelung hier kein Raum ist, weil sie im Widerspruch zu dem Zweck der mieterschützenden Regelung des § 566a S 2 BGB stände (BGH 7. 11. 2011 – VIII ZR 206/10, NZM 2012, 303 Rn 16 = WuM 2012, 21; 23. 1. 2013 – VIII ZR 14/12, NZM 2013, 230 36

Rn 17 f = WuM 2013, 172; Derleder WuM 2002, 239, 243 f; Horst ZMR 2009, 655, 657; BeckOGK/Harke [1. 10. 2020] Rn 15; anders zuletzt OLG Düsseldorf WuM 2002, 556).

V. Beweislast

37 Wenn der Erwerber vom Mieter **Leistung der Sicherheit** verlangt, muss er behaupten und beweisen, dass der Mieter aufgrund des Mietvertrages zur Leistung einer Sicherheit verpflichtet ist. Dagegen ist es Sache des Mieters, die bereits erfolgte Sicherheitsleistung zu beweisen (§ 362 BGB). Gelingt dem Mieter dieser Beweis, so muss der Erwerber beweisen, dass er oder der Vermieter die schon geleistete Sicherheit für eigene noch offene Ansprüche in Anspruch genommen haben und dass die Sicherheit bisher nicht wieder aufgefüllt wurde.

38 Wenn der Mieter **vom Erwerber Rückgewähr** der geleisteten Sicherheit verlangt, muss er nach § 566a S 1 BGB lediglich beweisen, dass er eine Sicherheit an den Vermieter oder den Erwerber geleistet hat, während es Sache des Erwerbers ist, zu behaupten und gegebenenfalls zu beweisen, dass der Vermieter die Sicherheit bereits ganz oder teilweise in Anspruch genommen hatte oder dass er noch offene Gegenansprüche hat (Lammel § 566a Rn 30 f). Will der Mieter schließlich nach § 566a S 2 BGB **gegen** den **Vermieter vorgehen**, so muss er behaupten und gegebenenfalls beweisen, dass er die Sicherheit von dem Erwerber nicht mehr zu erlangen vermag. An diesen Beweis dürfen, um die Rechtsverfolgung des Mieters nicht entgegen Sinn und Zweck des Gesetzes unnötig zu erschweren, keine übertriebenen Anforderungen gestellt werden. Es genügt, wenn der Mieter vorträgt, dass er den Erwerber vergeblich in Anspruch genommen hat oder dass die Voraussetzungen des analog anwendbaren § 773 BGB vorliegen. Wenn der Vermieter einwendet, der Erwerber habe die Sicherheit durch Verrechnung mit Mietforderungen in Anspruch genommen, trägt er dafür die Beweislast (§ 362 BGB; BGH 23. 1. 2013 – VIII ZR 14/12, NZM 2013, 230 Rn 20 = WuM 2013, 172).

§ 566b
Vorausverfügung über die Miete

(1) Hat der Vermieter vor dem Übergang des Eigentums über die Miete verfügt, die auf die Zeit der Berechtigung des Erwerbers entfällt, so ist die Verfügung wirksam, soweit sie sich auf die Miete für den zur Zeit des Eigentumsübergangs laufenden Kalendermonat bezieht. Geht das Eigentum nach dem 15. Tag des Monats über, so ist die Verfügung auch wirksam, soweit sie sich auf die Miete für den folgenden Kalendermonat bezieht.

(2) Eine Verfügung über die Miete für eine spätere Zeit muss der Erwerber gegen sich gelten lassen, wenn er sie zur Zeit des Übergangs des Eigentums kennt.

Materialien: E II § 565; III § 566; BGB § 573; Reichsgesetz vom 8. 6. 1915 (RGBl 1915, 327); Notverordnung vom 8. 12. 1931 (RGBl I 699, 710); Verordnung vom 26. 5. 1933 (RGBl I 302); Gesetz zur Wiederherstellung der Gesetzeseinheit vom 5. 3. 1953 (BGBl I 33); BGB § 573; Mietrechtsreformgesetz von 2001 (BGBl I 1149); Prot II 144 ff.

Schrifttum

Bub/Treier/Lüke, Hdb Rn X 233 ff
Dedek, Zum Anwendungsbereich des § 574 BGB, ZMR 1998, 679
Dörner, Dynamische Relativität (1985)
Dötsch, Baukostenzuschuss und Mietvorauszahlungen, NZM 2012, 296
Emmerich, Miete und Zwangsmaßnahmen, in: Verwendung und Verwaltung der Mieterleistungen durch den Vermieter, PiG 28 (1988) 145
ders, Gesetzliche Nachfolge bei Grundstücksveräußerung, in: Rechtsnachfolge im Mietverhältnis, PiG 37 (1993) 35
ders, Vorausverfügungen des Vermieters, NZM 1999, 49
Frenz, Kauf bricht nicht Miete, Mitteilungen der Rheinischen Notarkammer 1991, 165
Hallbauer, Die Verfügungsbeschränkung bei Pacht- und Mietzinsen, JW 1915, 880, 1111, 1160
Patzer, Kaution und Mietvorauszahlung bei Zwangsversteigerung und Konkurs des Vermieters, DWW 1975, 157
Schön, Zur Analogiefähigkeit des § 571 BGB, JZ 2001, 119
Schönleber, Veräußerungssichere Mietzinsvorauszahlung, NZM 1998, 430
Streyl, Kauf bricht nicht Miete, NZM 2010, 343.

Systematische Übersicht

I. Überblick, Zweck	1	
II. Anwendungsbereich		
1. Nur Vorausverfügungen über die Miete	4	
2. Entsprechende Anwendbarkeit	5	
III. Zwangsversteigerung	8	
IV. Zwangsverwaltung		
1. Vorausverfügungen des Vermieters	13	
2. Vorausverfügungen des Verwalters	16	
V. Insolvenz	17	
VI. Vorausverfügungen	20	
VII. Wirksamkeit		
1. Regelfall (§ 566b Abs 1)	32	
2. Kenntnis des Erwerbers (§ 566b Abs 2)	35	
VIII. Abweichende Vereinbarungen	36	
IX. Beweislast	37	

Alphabetische Übersicht

Abtretung	20 f
Abweichende Vereinbarungen	36
Anwendungsbereich	4
– Insolvenz	17
– Nacherbfolge	7
– Nebenrechte	4
– Nießbrauch	5
– Pfändung	26 f
– Teilungsversteigerung	11
– Verpfändung	28
– Zwangsversteigerung	8 f
– Zwangsverwaltung	13 f
Aufrechnung des Mieters	20
– des Vermieters	26
Baukostenzuschüsse	14, 19, 24
Beweislast	37
Einmalmiete	14, 23 f
Formularverträge	36
Geschichte	1
Gesellschaft	7
Insolvenz	17 f
Kenntnis des Erwerbers	35
Mietvorauszahlungen	14, 19

Nebenrechte	7	– Verfügungen über Nebenrechte	7
Nacherbfolge	7	– Wirksamkeit	32 ff
Nießbrauch	5		
		Wirksamkeit der Vorausverfügungen	32 ff
Pfändung	26	– Jahresmiete	33
		– Kenntnis des Erwerbers	35
Teilungsversteigerung	11	– Konfusion	34
		– Quartalsmiete	35
Umgehungsgeschäfte	34	– Umgehungsgeschäfte	34
Vorausverfügungen	20 ff	Zwangsversteigerung	8 f
– Baukostenzuschüsse	14, 19	Zwangsverwaltung	13 f
– Begriff	20 ff	Zweck	2 f
– Pfändung	26		

I. Überblick, Zweck

1 § 566b BGB regelt für den Fall der Veräußerung des Grundstücks iS des § 566 Abs 1 BGB die Wirksamkeit von Vorausverfügungen des Vermieters über die Miete aus der Zeit vor Übergang des Eigentums an dem Grundstück auf den Erwerber. Solche Vorausverfügungen sind grundsätzlich (nur) wirksam für den bei Eigentumsübergang laufenden Monat sowie bei Eigentumsübergang nach dem fünfzehnten Tag des Monats auch für den folgenden Kalendermonat, während Vorausverfügungen für einen späteren Zeitraum unwirksam sind (§ 566b Abs 1 S 1 und 2 BGB). Anders verhält es sich nur, wenn der Erwerber zur Zeit des Übergangs des Eigentums die Vorausverfügungen (positiv) kennt (§ 566b Abs 2 BGB). Diese eigenartige Regelung war nötig geworden, nachdem sich die zweite Kommission unter dem Druck der Öffentlichkeit – widerwillig – entschlossen hatte, zu dem Prinzip „Kauf bricht nicht Miete" überzugehen, da sich nunmehr die zusätzliche Frage stellte, was mit etwaigen Vorausverfügungen des Vermieters über die Miete geschehen sollte (s Prot II 144 ff; Emmerich NZM 1999, 49 f; Streyl NZM 2010, 343, 350 ff). § 566b BGB wird deshalb ergänzt durch besondere Vorschriften über Rechtsgeschäfte, die zwischen Mieter und Vermieter über die Mietforderungen vor Veräußerung des Grundstücks vorgenommen wurden (§ 566c BGB), sowie über die Aufrechnung des Mieters (§ 566d BGB).

2 Vergleichbare Regelungen mit entsprechender Zielsetzung finden sich an zahlreichen weiteren Stellen der Rechtsordnung. Hervorzuheben sind die §§ 1124 und 1125 BGB sowie § 57b ZVG und § 110 InsO, aus denen sich insgesamt der **Grundgedanke** ableiten lässt, dass die Wirksamkeit von Vorausverfügungen über die Miete unter dem Vorbehalt einer späteren Veräußerung der Mietsache steht (BGH 9. 6. 2005 – IX ZR 160/04, BGHZ 163, 201, 204 f = NZM 2005, 915 = NJW-RR 2005, 1466). Dadurch soll in erster Linie ein **Schutz des Mieters** gegen eine Doppelzahlung sowie ein **Schutz des Grundstückserwerbers** gegen den Verlust der auf die Zeit seines Eigentums entfallenden Mietansprüche erreicht werden (Prot II 146 f; BGH 9. 6. 2005 – IX ZR 160/04, BGHZ 163, 201, 204 f = NZM 2005, 915 = NJW-RR 2005, 1466; BGH 2. 5. 2007 – XII ZR 150/06, NJW 2007, 2919 Tz 27 = NZM 2007, 562, 563 = WuM 2007, 467).

Die Frage nach der Wirksamkeit von Vorausverfügungen ist deshalb so schwierig zu beantworten, weil sich in derartigen Fällen häufig die Interessen des Vermieters, des Erwerbers, des Mieters und des Dritten, zu dessen Gunsten seitens des Vermieters über die Miete verfügt wurde, in nur schwer zu vereinbarender Weise gegenüberstehen. **Zweck** der gesetzlichen Regelung in den §§ 566b bis 566d BGB ist folgerichtig in erster Linie ein gerechter Ausgleich der Interessen der genannten Beteiligten (Prot II 146 f). Verbreitet wird dabei heute der **Schutz des Erwerbers** – im Anschluss an einige Bemerkungen der Gesetzesverfasser (Prot II 146 f) – betont in den Vordergrund gerückt (so zB Dötsch NZM 2012, 296; Streyl NZM 2010, 343, 350 ff; Schmidt-Futterer/Streyl § 566b Rn 7 ff; differenzierend jedoch BeckOGK/Harke [1. 10. 2020] Rn 3–5). Ein umfassender Schutz des Erwerbers geht indessen mit Notwendigkeit *auf Kosten des Schutzes des Mieters,* der letztlich nur über eine sachgerechte Abgrenzung des Anwendungsbereichs der sich vielfältig überschneidenden Vorschriften der §§ 566b bis 566d BGB zu erreichen ist (s im Einzelnen u Rn 10 ff).

II. Anwendungsbereich

1. Nur Vorausverfügungen über die Miete

§ 566b BGB baut auf § 566 BGB auf, sodass sich sein unmittelbarer Anwendungsbereich grundsätzlich mit dem des **§ 566 BGB** deckt (s oben § 566 Rn 8 ff). Hinzukommen muss außerdem eine Verfügung des Vermieters gerade über die *Mietforderung* noch vor Übergang des Eigentums auf den Erwerber, sodass der Vermieter als Berechtigter verfügt hatte. Keine Anwendung findet die Vorschrift dagegen bei Verfügungen über das Grundstück, zB bei Bestellung eines **Nießbrauchs** an dem Grundstück. War das Grundstück bei der Bestellung des Nießbrauchs bereits vermietet, so richtet sich der Eintritt des Nießbrauchers in den Mietvertrag nach § 567 (§ 567 Rn 8 ff; RGZ 68, 10, 12 f; 81, 146, 149; RG JW 1908, 135, 136; KG OLGE 14, 129 f; zu Vorausverfügungen des Eigentümers s § 567 Rn 14). Unanwendbar ist § 566b BGB ferner bei Verfügungen über **Nebenrechte**, zB bei einem Verzicht des Vermieters auf eine Bürgschaft. Solche Verfügungen sind immer wirksam gegenüber dem Erwerber (RGZ 151, 379). Unanwendbar ist § 566b BGB schließlich bei Verfügungen über **Anteile an** einer **Gesellschaft**, die Grundstücke verwaltet, weil der Erwerber infolgedessen in die Gesellschaft eintritt, sodass er sich – als Gesellschafter – Vorausverfügungen der Gesellschaft über Mietforderungen in vollem Umfang entgegenhalten lassen muss (s oben Staudinger/V Emmerich [2021] § 540 Rn 51; BGHZ 140, 175, 182 f = NJW 1999, 715, 717; BGHZ 146, 341, 345 = NJW 2001, 1056).

2. Entsprechende Anwendbarkeit

§ 566b BGB ist ebenso wie § 566 BGB ganz oder partiell in zahlreichen Fällen entsprechend anwendbar (s Roquette nach § 575 Rn 1 ff). Hervorzuheben sind die Fälle der §§ 565, 1056 und 2135 BGB sowie etwa noch des § 14 BJG von 1961 für die Veräußerung eines Eigenjagdbezirks. Aus § 1056 Abs 1 BGB, der (nur) auf Abs 1 des § 566b BGB verweist, folgt, dass **Vorausverfügungen des Nießbrauchers**, der ein Grundstück über die Dauer des Nießbrauchs hinaus vermietet hat, gegenüber dem Eigentümer, der in den Mietvertrag eintreten muss (s § 566 Rn 13), nur wirksam sind, soweit sie sich auf den laufenden oder gegebenenfalls noch auf den nächsten Monat beziehen (§ 567 Rn 15; BGH 9. 6. 2005 – IX ZR 160/04, BGHZ 163, 201, 205 ff = NZM 2005, 915 = NJW-RR 2005, 1466).

6 Vorausverfügungen des Nießbrauchers für eine spätere Zeit sind dagegen generell unwirksam, und zwar – mangels Anwendbarkeit des § 566b Abs 2 BGB – auch bei Kenntnis des Eigentümers von den Vorausverfügungen (STAUDINGER/HEINZE [2017] § 1056 Rn 10). Dasselbe gilt, wenn der Nießbrauch nach § 875 BGB aufgehoben wird (STAUDINGER/HEINZE [2017] § 1056 Rn 12). Die Folge ist zB, dass, wenn das vom Nießbraucher vermietete Grundstück unter gleichzeitiger Löschung des Nießbrauchs veräußert wird, sich die Wirksamkeit von Vorausverfügungen des Nießbrauchers ebenfalls nach § 566b Abs 1 BGB richtet (BGHZ 53, 174, 179 f = NJW 1970, 752; OLG Düsseldorf OLGE 20, 120, 121). Veräußert der Eigentümer anschließend, dh nach Beendigung des Nießbrauchs das vermietete Grundstück weiter, so gilt **§ 567b BGB**, der seinerseits wiederum auf § 566 Abs 1 BGB sowie auf die §§ 566a BGB bis 567a BGB verweist (s § 567b Rn 2; STAUDINGER/HEINZE [2017] § 1056 Rn 14).

7 Die Vorschrift des § 1056 BGB (dazu Rn 5) findet ihrerseits gemäß § 2135 BGB entsprechende Anwendung im Falle des Eintritts der **Nacherbfolge**, wenn der Vorerbe das Grundstück über die Zeit der Vorerbfolge hinaus vermietet oder verpachtet und sodann über die Miete für die Zeit nach Beendigung der Vorerbschaft verfügt hatte. Solche **Vorausverfügungen** sind folglich ebenfalls nur für den laufenden und gegebenenfalls noch für den folgenden Monat dem Nacherben gegenüber wirksam, im Übrigen jedoch unwirksam, und zwar selbst bei Kenntnis des Nacherben von den Vorausverfügungen, weil § 566b Abs 2 BGB hier keine Anwendung findet. Anders verhält es sich nur bei Zustimmung des Nacherben zu den Vorausverfügungen des Vorerben (BGHZ 163, 201, 204 ff = NJW-RR 2005, 1466).

III. Zwangsversteigerung

8 Die Frage nach dem Schicksal etwaiger Vorausverfügungen des Vermieters in der nachfolgenden Zwangsversteigerung gegen den Vermieter und Grundstückseigentümer beurteilt sich in erster Linie nach den §§ 56 bis 57b ZVG. Nach **§ 56 S 2 ZVG** gebühren die **Nutzungen** des Grundstücks von dem *Zuschlag* an dem **Ersteher** in der Zwangsversteigerung, während die Nutzungen für den vorausgehenden Zeitraum dem Vollstreckungsschuldner, dh dem Vermieter zustehen. Zu den Nutzungen iS des § 56 S 2 ZVG gehören auch die **Miete** und die Pacht (OLG Celle ZMR 1978, 342 Nr 24), sodass Miete und Pacht dem Ersteher ebenfalls erst vom Zuschlag an gebühren, während der Schuldner über sie vor Zuschlag noch verfügen kann. Die Wirksamkeit solcher **Vorausverfügungen** des Vermieters und Schuldners in dem Zwangsversteigerungsverfahren beurteilt sich in diesem Fall gemäß § 57 ZVG nach den §§ 566b S 1, 566c und 566d BGB, jedoch mit der Maßgabe, dass hier an die Stelle des Eigentumsübergangs als des maßgeblichen Zeitpunkts der der **Beschlagnahme** des Grundstücks tritt (§ 57b Abs 1 S 1 ZVG), wobei die Beschlagnahme dem Mieter als *bekannt* gilt, sobald ihm der Anordnungsbeschluss zugestellt ist (§ 57b Abs 1 S 2 ZVG). Die Zustellung an den Untermieter steht nicht gleich (LG Berlin GE 1994, 705, 707).

9 Daraus folgt, dass Vorausverfügungen des Schuldners, des Vermieters grundsätzlich nur für den bei der **Beschlagnahme laufenden Monat** sowie bei einer Beschlagnahme

nach dem fünfzehnten Tag eines Monats auch für den folgenden Monat wirksam sind (Guhling/Günter/Heintzen § 57b ZVG Rn 14 ff [S 1464]; Mittelstein, Miete 719 f), sodass Vorausverfügungen heute den Ersteher in aller Regel nicht mehr belasten werden, da das Verfahren stets länger als zwei Monate dauert (Blank/Börstinghaus Rn 9).

§ 566b BGB ist auch im Falle der Zwangsversteigerung zum Zwecke der **Aufhebung** **einer Gemeinschaft** anwendbar (§§ 180 Abs 1, 57 ZVG; Mittelstein, Miete 726). Unanwendbar ist hier lediglich mit Rücksicht auf den anderen Zweck des Verfahrens die den Ersteher in der Vollstreckungsversteigerung zusätzlich begünstigende Vorschrift des § 57b ZVG (§ 183 ZVG; s Stöver, ZVG § 183 Rn 2.2 f). 10

Eine **Ausnahme** von der grundsätzlichen Unwirksamkeit von Vorausverfügungen gegenüber dem Ersteher in der Zwangsversteigerung wird für **Baukostenzuschüsse** und gleichstehende **Mieterleistungen** gemacht, die vereinbarungsgemäß **auf die Miete** zu verrechnen sind. Voraussetzung der Wirksamkeit gegenüber dem Ersteher ist im Einzelnen, dass die Leistungen des Mieters auf dem Mietvertrag beruhen, dass sie vereinbarungsgemäß mit der Miete zu verrechnen sind und dass sie vom Mieter aus eigenen Mitteln aufgebracht werden, ferner, dass die Leistungen des Mieters zum Auf- oder Ausbau des Mietgrundstücks bestimmt sind und auch tatsächlich dafür verwandt werden, sowie schließlich, dass die fraglichen Leistungen den Wert des Grundstücks erhöhen und die Wertsteigerung dem Ersteher noch zugutekommt. Sind diese Voraussetzungen erfüllt, so ist die Abrede über die **Anrechnung** der Mieterleistungen **auf die Miete** – abweichend von § 566c BGB – auch gegenüber dem Ersteher wirksam (insbesondere BGH 25. 11. 1958 – VIII ZR 151/57, LM Nr 3 zu § 57b ZVG = NJW 1959, 380; 11. 3. 1970 – VIII ZR 96/68, LM Nr 2 zu 557a BGB = NJW 1970, 1124; 15. 2. 2012 – VIII ZR 166/10, NZM 2012, 301 Tz 10 ff, 17 = WuM 2012, 210; 28. 2. 2012 – VIII ZR 124/11, WuM 2012, 311, 312 Tz 7 = [auszugsweise] NZM 2012, 303; Guhling/Günter/Hintzen § 57b ZVG Rn 17 ff). Die genannten Voraussetzungen für die Wirksamkeit von Abreden über Baukostenzuschüsse gegenüber dem Ersteher sind jedoch nicht erfüllt, wenn die auf das Grundstück verwandten Mittel bei „wirtschaftlicher Betrachtungsweise" im Ergebnis nicht vom Mieter, sondern von einem Dritten stammen (BGH 15. 2. 2012 – VIII ZR 166/10, NZM 2012, 301, 302 Tz 17 = WuM 2012, 207) oder wenn der Mieter in dem Mietvertrag nachträglich teilweise die Tilgung der Finanzierungskosten des Vermieters gegenüber einer Bank übernimmt (OLG Frankfurt ZMR 2012, 698, 699). 11

Die geschilderte Praxis, die ihren Grund letztlich in der Kapitalknappheit der Nachkriegszeit fand, konnte früher auch auf die Kündigungsbeschränkung des § 57c ZVG aF gestützt werden. Diese Vorschrift ist indessen im Jahre 2007 ersatzlos gestrichen worden. Deshalb ist heute streitig, ob an der bisherigen Rechtsprechung. noch festgehalten werden kann (verneinend zB Dötsch NZM 2012, 296; Lützenkirchen Rn 18; Streyl NZM 2010, 343, 353). Vom BGH wird die Frage bisher offenbar bejaht (BGH 15. 2. 2012 – VIII ZR 166/10, NZM 2012, 301 Tz 10 ff, 17 = WuM 2012, 210; 28. 2. 2012 – VIII ZR 124/11, WuM 2012, 311, 312 Tz 7 = [auszugsweise] NZM 2012, 303). Die Folge ist freilich die Anwendbarkeit des § 547 BGB im Falle der Kündigung des Erstehers – mit oft erheblichen finanziellen Konsequenzen für diesen (s Guhling/Günter/Hintzen § 57b ZVG Rn 17, 21). 12

IV. Zwangsverwaltung

1. Vorausverfügungen des Vermieters

13 In der Zwangsverwaltung muss man zwischen Vorausverfügungen des Vermieters und Schuldners aus der Zeit vor Anordnung der Zwangsverwaltung (§ 146 ZVG) und solchen des Verwalters aus der Folgezeit unterscheiden, weil die Zwangsverwaltung im Gegensatz zur Zwangsversteigerung auch die Miete oder Pacht erfasst (§§ 148 Abs 1 S 1, 21 Abs 2 ZVG). Bei Vorausverfügungen des **Vermieters** aus der **Zeit vor Anordnung** der Zwangsverwaltung kommt es weiter darauf an, ob das Verfahren (wie in der Mehrzahl der Fälle) von einem Grundpfandgläubiger oder von einem anderen Gläubiger betrieben wird. Im ersten Fall, dh sofern das Verfahren von einem **Grundpfandgläubiger** betrieben wird, richtet sich die Wirksamkeit von Vorausverfügungen des Schuldners und Vermieters nicht nach den §§ 57 und 57b ZVG, die allein für die Zwangsversteigerung gelten, sondern nach den §§ **1124** und **1125** BGB (BGH 30. 4. 2014 – VIII ZR 103/13, BGHZ 201, 91, 96 Rn 17 = NJW 2014, 2720; 23. 7. 2003 – XII ZR 16/00, NJW-RR 2003, 1308 = NZM 2003, 871 = WuM 2003, 510, 511; 25. 4. 2007 – VIII ZR 234/06, NJW 2007, 2919 Tz 21 = NZM 2007, 562 = WuM 2007, 467; 11. 10. 2011 – VIII ZR 103/11, WuM 2012, 112 Tz 2; Mittelstein, Miete 747 f; Blank/Börstinghaus Rn 6).

14 Die Regelung des § 1124 Abs 1 und 2 BGB entspricht im Kern der des § 566b Abs 1 BGB, sodass beide Vorschriften grundsätzlich gleich auszulegen sind (BGH 25. 4. 2007 – VIII ZR 234/06, NJW 2007, 2919 Tz 27 = NZM 2007, 562 = WuM 2007, 467). Auch der **Begriff** der Vorausverfügungen ist in § 1124 Abs 1 BGB derselbe wie in § 566b BGB (s deshalb u Rn 20 ff sowie BGH 23. 7. 2003 – XII ZR 16/00, NJW-RR 2003, 1308 = NZM 2003, 871 = WuM 2003, 510, 511 f; 25. 4. 2007 – VIII ZR 234/06, NJW 2007, 2919 Tz 22 ff = NZM 2007, 562 = WuM 2007, 467; 11. 10. 2011 – VIII 103/11, WuM 2012, 112 Rn 3; Staudinger/Wolfsteiner [2019] § 1124 Rn 9 ff). Haben Vermieter und Mieter im ursprünglichen Mietvertrag eine **Einmalmiete** vereinbart, so hat es dabei folglich auch nach Anordnung der Zwangsverwaltung sein Bewenden, sodass der Verwalter vom Mieter keine Miete mehr verlangen kann (BGH 25. 4. 2007 – VIII ZR 234/06, NJW 2007, 2919 Tz 22 ff = NZM 2007, 562 = WuM 2007, 467; 11. 10. 2011 – VIII 103/11, WuM 2012, 112 Tz 3 f; s unten Rn 23; Guhling/Günter/Hintzen § 152 ZVG Rn 71). Ebenso ist es zu beurteilen, wenn in dem Mietvertrag die Verpflichtung des Mieters zur Zahlung von Miete von vornherein wieder abbedungen wird, sodass es sich in Wirklichkeit um einen **Leihvertrag** handelt (OLG Düsseldorf ZMR 2004, 257). Nichts anderes gilt schließlich im Ergebnis auch bei einer Beschränkung der Haftung einer Gesellschaft als Mieterin auf das Gesellschaftsvermögen unter Ausschluss der persönlichen Haftung der Gesellschafter (s Rn 7; BGH 23. 7. 2003 – XII ZR 16/00, NJW-RR 2003, 1308 = NZM 2003, 871 = WuM 2003, 510, 511 f): In jedem Fall behalten die fraglichen Abreden ihrer Wirksamkeit auch nach Anordnung der Zwangsverwaltung über das vermietete Grundstück. Zum Schutze des Mieters wird hier ferner dieselbe Ausnahme wie bei § 57b ZVG von der grundsätzlichen Unwirksamkeit von Vorausverfügungen nach § 1124 Abs 2 für **Baukostenzuschüsse** und gleichstehende Mieterleistungen angenommen (o Rn 11 f; zB BGH 15. 2. 2012 – VIII ZR 166/10, NZM 2012, 301 Rn 10 ff = WuM 2012, 210; Emmerich PiG 28 [1988] 145, 153; Guhling/Günter/Hintzen § 152 ZVG Rn 71; Sternel, Mietrecht Rn III 164).

15 Wenn das Verfahren von einem **anderen Gläubiger** betrieben wird (der nicht Grundpfandgläubiger ist), ist der Verwalter an **Vorausverfügungen** des Vermieters gebunden (STERNEL, Mietrecht Rn III 82; BLANK/BÖRSTINGHAUS § 566b Rn 7). Denn insoweit gelten keine mit den §§ 566b und 1124 Abs 2 BGB vergleichbaren Beschränkungen für die Wirksamkeit von Vorausverfügungen des Vermieters.

2. Vorausverfügungen des Verwalters

Das ZVG beschränkt nicht die Befugnis des Verwalters zu Rechtsgeschäften über die Miete oder den Pachtzins (§ 57b Abs 3 ZVG). Sie behalten daher nach Aufhebung des Verfahrens ihre Gültigkeit gegenüber dem Vermieter. Kommt es dagegen noch während der Zwangsverwaltung zur **Zwangsversteigerung** des Grundstücks, so richtet sich die Wirksamkeit von Vorausverfügungen des Verwalters allein nach den §§ 566b und 566c BGB (§ 57b Abs 1 S 1 ZVG; RG JW 1933, 1658; OLG Hamburg OLGE 20, 193; EMMERICH PiG 28 [1988] 145, 154). Das gilt selbst dann, wenn der Mietvertrag gleichfalls erst vom Verwalter abgeschlossen wurde (OLG Hamburg OLGE 20, 193). Maßgebender Zeitpunkt ist dabei nicht der der Beschlagnahme, sondern der des Zuschlags (OLG München BayZ 1907, 22; STÖVER, ZVG § 57b Rn 9). **16**

V. Insolvenz

In der Insolvenz des Vermieters sind **Vorausverfügungen des Vermieters** nach § 110 Abs 1 InsO (in Übereinstimmung mit § 566b Abs 1 BGB) grundsätzlich (nur) für den bei Insolvenzeröffnung laufenden Monat sowie bei einer Insolvenzeröffnung nach dem fünfzehnten Tag eines Monats auch für den folgenden Kalendermonat wirksam. § 110 Abs 2 S 1 InsO fügt hinzu, dass eine Verfügung im Sinne des § 110 Abs 1 InsO insbesondere die Einziehung der Miete ist; nach S 2 dieser Vorschrift steht einer rechtsgeschäftlichen Verfügung eine Verfügung im Wege der Zwangsvollstreckung gleich (s EMMERICH PiG 28 [1988] 145, 156; BLANK/BÖRSTINGHAUS § 566b Rn 8; GUHLING/GÜNTER/DAHL/LANGENBRINK § 110 InsO Rn 5 ff [S 1405 f]; MITTELSTEIN, Miete 762 ff; SIEGELMANN KTS 1968, 213). **17**

Vorausverfügungen für einen **späteren Zeitraum** bleiben ohne Wirkung gegen die Masse, sodass der Mieter gegebenenfalls nochmals zahlen muss. Sein Bereicherungsanspruch gegen den Vermieter ist dann bloße Insolvenzforderung (GUHLING/GÜNTER/DAHL/LANGENBRINK § 110 InsO Rn 10; MITTELSTEIN, Miete 762). Bezweckt wird damit die Gleichbehandlung der Insolvenzgläubiger und die Erhaltung der Masse, in diesem Fall zum Nachteil des Zessionars, zu dessen Gunsten über die Miete im Voraus verfügt wurde, sodass im Ergebnis der „Zessionar das Nachsehen hat" (so BGH 9. 6. 2005 – IX ZR 166/04, BGHZ 163, 201, 206 = NJW-RR 2005, 1466). **18**

Der Insolvenzverwalter darf das Grundstück **vermieten oder verpachten**, sodass von ihm abgeschlossene Verträge nach Beendigung der Insolvenz den Schuldner binden (§ 80 InsO; MITTELSTEIN, Miete 765). Der Verwalter ist außerdem berechtigt, über die Miete und die Pacht im Voraus zu verfügen. Die Wirksamkeit derartiger **Vorausverfügungen des Verwalters** gegenüber einem etwaigen Grundstückserwerber richtet sich (über § 57 ZVG) allein nach **§ 566b Abs 1 BGB**, während § 566b Abs 2 BGB keine Anwendung findet (BGH WM 1962, 901, 903; EMMERICH PiG 28 [1988] 145, 157; PATZER DWW 1975, 157, 158; LAMMEL Rn 24). Ebensowenig gilt hier § 566c BGB, sodass **nur Baukostenzuschüsse** über den Rahmen des § 566b Abs 1 BGB hinaus nach der Rechtsprechung des BGH unter denselben Voraussetzungen wie in der Zwangsver- **19** waltung (s oben Rn 11) gegen den Erwerber wirken. Im Schrifttum wird diese Praxis vielfach als grundlose Bevorzugung des Mieters in der Insolvenz des Vermieters kritisiert (s Guhling/Günter/Dahl/Langenbrink § 110 InsO Rn 9a mwNw; ebenso AG Dortmund NZI 2017, 897).

VI. Vorausverfügungen

20 § 566b BGB regelt die Wirksamkeit von „Vorausverfügungen über die Miete" (s die Überschrift der Vorschrift). Das Gesetz meint damit, wie Abs 1 S 1 der Vorschrift zeigt, Verfügungen des Vermieters aus der Zeit vor Übergang des Eigentums auf den Erwerber über diejenige Miete, die auf die Zeit des Eigentums des Erwerbers entfällt. Welche Rechtsgeschäfte damit gemeint sind, ist im Einzelnen umstritten, weil sich die Abgrenzung des Anwendungsbereichs des § 566b BGB von dem des § 566 BGB sowie von dem der §§ 566c und 566d BGB als ausgesprochen schwierig erwiesen hat, zumal angesichts der unterschiedlichen Vorstellungen über die primäre Schutzrichtung der gesetzlichen Regelung (s Rn 1; s einerseits Emmerich NZM 1999, 49; andererseits Dedek ZMR 1998, 679; Dötsch NZM 2012, 296; BeckOGK/Harke [1. 10. 2020] § 566c Rn 7 ff; Streyl NZM 2010, 343, 350 ff). Kern der Auseinandersetzung sind vor allem auf die Miete bezügliche Vereinbarungen zwischen Vermieter und Mieter wie die Stundung, die Herabsetzung oder der Erlass der Miete im Einzelfall oder generell. Solche Vereinbarungen können (als Vertragsänderung) dem § 566 BGB, ebenso aber auch § 566b und § 566c BGB zugeordnet werden. Zusätzliche Probleme wirft die Pfändung der Forderung des Vermieters auf die Miete auf.

21 Im neueren Schrifttum wächst ebenso wie in der Rechtsprechung die Tendenz, als Zweck der gesetzlichen Regelung bei § 566b BGB ebenso wie im Rahmen der §§ 1124 und 1125 BGB den **Schutz des Erwerbers** gegen den Verlust der auf die Zeit seines Eigentums entfallenden Miete in den Vordergrund zu rücken (s schon Rn 3) und deshalb den Begriff der Vorausverfügungen möglichst *weit* zu fassen, weil nur auf diese Weise der gebotene Schutz des Erwerbers gegen ihn beeinträchtigende Vorausverfügungen des Veräußerers sichergestellt werden könne (Dötsch NZM 2012, 296; BeckOGK/Harke [1. 10. 2020] § 566c Rn 7 ff; Lützenkirchen § 566b Rn 16 ff; Schmidt-Futterer/Streyl § 566b Rn 7 ff; Streyl NZM 2010, 343, 350 ff). Auch die Rechtsprechung betont heute durchweg die Notwendigkeit eines besonderen Schutzes des Erwerbers und tendiert deshalb in den fraglichen Fällen zu einer weiten Fassung des Begriffs der Vorausverfügungen in § 566b BGB (s Rn 23 f, insbesondere BGH 30. 4. 2014 – VIII ZR 103/13 Rn 18–21, BGHZ 201, 91, 96 f = NJW 2014, 2720).

22 Das **RG** hatte ursprünglich danach unterschieden, ob die fragliche Abrede bereits bei Abschluss des Mietvertrages oder erst später während des Laufs des Vertrages getroffen wurde: Nach § 566 BGB (= § 571 aF) wurden Verfügungen über die Miete gemäß dem **ursprünglichen Mietvertrag** behandelt. Beispiele waren die Vereinbarung der Zahlung der Miete durch eine einmalige Leistung im Voraus (sogenannte **Einmalmiete**) oder durch mehrere große Raten bereits in der Zeitspanne vor der Veräußerung sowie die Abrede der Verrechnung der Mietforderung gegen eine Forderung des Mieters auf Zahlung von Darlehenszinsen (RGZ 94, 279, 281; 127, 116, 117; 136, 407, 413 ff; 144, 194, 196 f; RG JW 1919, 674, 676; 1939, 286, 287). **Nachträgliche Vertragsänderungen** mit Bezug auf die Miete wurden dagegen schon früh meistens als Vorausverfügungen iS des § 566b BGB oder des § 566c BGB eingestuft, so zB eine

(nachträgliche) Senkung der Miete (KG DR 1942, 1094 Nr 4) oder eine (nachträgliche) Abrede, nach der die Miete insgesamt vorauszuzahlen ist (RG JW 1933, 1658 f; KG JW 1936, 1465). In wieder anderen Entscheidungen wurde schließlich darauf abgestellt, **ob die Miete nach periodischen Zeitabschnitten berechnet** wurde (s KG JW 1936, 3132 f; 1938, 46, 47). Damit war im Kern bereits die Lösung vorgezeichnet, der dann später auch der BGH meistens gefolgt ist (u Rn 23).

Der **BGH** stellt für die Abgrenzung des § 566 BGB sowie des § 566b BGB und des § 566c BGB heute in der Mehrzahl der Entscheidungen darauf ab, **wie die Miete berechnet** wird. Geschieht dies **nach periodischen Zeitabschnitten**, so soll jede Vereinbarung über eine Vorauszahlung, auch wenn sie schon im *ursprünglichen* Mietvertrag enthalten ist, als Vorausverfügung iS des § 566c BGB durch Rechtsgeschäft zwischen Vermieter und Mieter zu behandeln sein, während Abreden über eine **Einmalmiete** (mangels „Periodizität" der Mietberechnung) ihre Wirksamkeit gegenüber dem Erwerber behalten sollen, auf jeden Fall, wenn sie bereits im *ursprünglichen* Mietvertrag enthalten und der Vertrag auf die *Lebensdauer* des Mieters abgeschlossen ist, weil dann nämlich eine Umrechnung der Miete auf periodische Zeitabschnitte nicht möglich sei, während bei Abschluss des Vertrages auf eine feste Dauer solche Umrechnung als möglich angesehen wird, sodass dann auch Vereinbarungen über eine Einmalmiete heute meistens unter § 566b BGB subsumiert werden (BGH 7. 9. 1962 – VIII ZR 98/61, BGHZ 37, 346, 351 ff = NJW 1962, 1860; BGHZ 137, 106, 111 ff = NJW 1998, 595; 30. 4. 2014 – VIII ZR 103/13, BGHZ 201, 91, 96 Rn 18 f = NJW 2014, 2720; 30. 11. 1966 – VIII ZR 145/65, LM Nr 2 zu § 574 BGB = NJW 1967, 555; 23. 7. 2003 – XII ZR 16/00, NJW-RR 2003, 1308 = NZM 2003, 871 = WuM 2003, 510, 511 f [unter 3b]; 25. 4. 2007 – VIII ZR 234/06, NJW 2007, 2919 Tz 23 f = NZM 2007, 562 = WuM 2007, 467; 15. 2. 2012 – VIII ZR 166/10, NZM 2012, 301 Tz 10 ff = WuM 2012, 210; 11. 10. 2011 – VIII ZR 103/11, WuM 2012, 112 Tz 2 ff = [auszugsweise] NZM 2012, 303; OLG Frankfurt ZMR 2012 698, 699; zustimmend Dedek ZMR 1998, 679, 681 f; Dötsch NZM 2012, 296; Guhling/Günter/Hintzen Rn 15, § 566c Rn 13; Streyl NZM 2012, 343, 350 ff). 23

Abweichend behandelt werden insbesondere **Baukostenzuschüsse** sowie diejenigen Mietvorauszahlungen, die zum Aufbau des Grundstücks verwendet wurden: Wenn und soweit diese Leistungen auch dem Erwerber zugute kommen, muss er die diesbezüglichen Abreden gegen sich gelten lassen (s schon o Rn 11 f sowie zB BGHZ 6, 202, 206 f = NJW 1952, 867; BGHZ 15, 296, 303 f = NJW 1955, 301; BGHZ 16, 31, 35; 37 = NJW 1955, 302; BGHZ 37, 346, 349 f = NJW 1962, 1860; BGH 25. 11. 1958 – VIII ZR 151/57, LM Nr 3 zu § 57b ZVG = NJW 1959, 380; 11. 3. 1970 – VIII ZR 96/68, LM Nr 2 zu § 557a BGB = NJW 1970, 1124; 10. 11. 2011 – VII ZB 32/11, WuM 2012, 113; 28. 2. 2012 – VIII ZR 124/11, WuM 2012, 311 Tz 7 ff = [auszugsweise] NZM 2012, 303; OLG Düsseldorf NJW-RR 1994, 1234, 1235 f). 24

Die geschilderte Rechtsprechung des BGH (s Rn 23 f) vermag schon deshalb nicht zu überzeugen, weil sie mit der Betonung der *Periodizität* der Mietforderung letztlich auf ein Kriterium abgestellt, das der gesetzlichen Regelung fremd ist (s Emmerich NZM 1999, 49, 51 f; ebenso BeckOGK/Harke [1. 10. 2020] § 566c Rn 10; Sternel, Mietrecht Rn III 159 f; Lammel § 566c Rn 14 f; Palandt/Weidenkaff § 566b Rn 2, 4; kritisch auch Schönleber NZM 1998, 430; dagegen wie der BGH Guhling/Günter/Burbulla Rn 15 und § 566c Rn 13; Dedek ZMR 1998, 679, 681 f; Dötsch NZM 2012, 296; Streyl NZM 2010, 343, 350 ff; Schmidt-Futterer/Streyl § 566b Rn 7 ff). Außerdem ist zu bedenken, dass in den kritischen Fällen (s Rn 20), insbesondere also bei nachträglicher Vereinbarung einer Einmal- 25 zahlung, der Mieter – auf der Basis der Rechtsprechung (s Rn 23) – Gefahr läuft, die Miete gegebenenfalls über lange Zeit hinweg (wegen der Unwirksamkeit der Vorausverfügung des Vermieters nach § 566b BGB) **nochmals zahlen** zu müssen, sodass er dann auf Bereicherungs- oder Ersatzansprüche gegen den Vermieter oder gegen den begünstigten Dritten angewiesen ist (§§ 280 Abs 1 und 812 Abs 1 S 1 Fall 1 BGB; so in der Tat Streyl NZM 2010, 343, 350 ff), ein Ergebnis, das mit dem **primär mieterschützenden Zweck** der gesetzlichen Regelung in den §§ 566 ff nur schwer in Einklang zu bringen ist, weil es offenbar keine praktikable Lösung darstellt, insbesondere den Wohnraummieter, wenn er die Miete nochmals an den Erwerber zahlen muss, auf Schadenersatz- oder Bereicherungsansprüche gegen andere Beteiligte zu verweisen, deren Durchsetzbarkeit zudem häufig zweifelhaft sein wird.

26 Deshalb ist nach einer anderen Lösung der Problematik der Vorausverfügungen des Vermieters Ausschau zu halten, bei der dem mieterschützenden Zweck der gesetzlichen Regelung ein größeres Gewicht als bei der von der überwiegenden Meinung bisher favorisierten Lösung beigemessen wird (s schon Emmerich PiG 37 [1993] 35, 43). Solche Lösung ist durchaus möglich, sofern man nur bereit ist, die Frage der Wirksamkeit von Vertragsänderungen (entgegen der hM nicht mehr nach § 566b BGB, sondern) allein nach **§ 566 BGB** zu beurteilen; sie binden deshalb den in den Vertrag eintretenden Erwerber des Grundstücks *in jedem Fall*, dh selbst dann, wenn die Vertragsänderung die Miete betrifft (s schon o § 566 Rn 55 und u Rn 29 f; zustimmend zB Guhling/Günter/Burbulla § 566c Rn 11; dagegen ausführlich unter Berufung auf den erwerberschützenden Zweck der Regelung BeckOGK/Harke [1. 10. 2020] § 566c Rn 7 ff). **§ 566c BGB** erfasst demgegenüber allein solche Rechtsgeschäfte zwischen den Mietvertragsparteien mit Bezug auf die Mietforderung, die *nicht zugleich* eine über den Einzelfall hinausgehende (dauernde) **Vertragsänderung** enthalten, worauf vor allem der vom Gesetz besonders hervorgehobene Fall der Entrichtung der Miete, dh der Erfüllung hinweist. Für die **Aufrechnung** des *Mieters* bringt § 566d BGB eine weitere Sondervorschrift, deren Zweck darin besteht, dem Mieter etwaige bei Eigentumsübergang bestehende Aufrechnungslagen nach Möglichkeit zu erhalten.

27 Folgt man dem, so bleiben als **Anwendungsbereich des § 566b BGB** lediglich **einseitige Verfügungen** des **Vermieters** über die Mietforderung vor Eigentumsübergang, deren Wirkungen zumindest teilweise in die Zeit nach Eigentumsübergang reichen, wie zB die Aufrechnung des *Vermieters* mit der Mietforderung gegen sonstige Forderungen des Mieters, ferner Verfügungen des Vermieters über die Miete **durch Vertrag mit Dritten**, namentlich also die Abtretung oder Verpfändung der Mietforderung, sowie deren **Pfändung** seitens Dritter (s Rn 28, ebenso zB Bub/Treier/Lüke, Hdb Rn X 239 ff; BeckOGK/Harke [1. 10. 2020] Rn 8; Bamberger/Roth/Herrmann § 566b Rn 5; Herrlein/Kandelhard § 566b Rn 2; Müller/Walther/Krenek § 566b Rn 3 ff; Palandt/Weidenkaff § 566b Rn 2, 4; Sternel, Mietrecht Rn III 76 ff; **aM** Blank/Börstinghaus § 566b Rn 3 f; Dötsch NZM 2012, 296; Lützenkirchen § 566b Rn 16 ff; Schmidt-Futterer/Streyl § 566b Rn 7 ff; Streyl NZM 2010, 343, 350 ff; Mittelstein, Miete 684; Roquette § 573 Rn 4).

28 Die wichtigsten **Anwendungsfälle des § 566b BGB** sind nach dem Gesagten (o Rn 27) auf der einen Seite die **Aufrechnung** des Vermieters mit der Mietforderung gegen Forderungen des Mieters (§ 387 BGB), zum anderen Verfügungen des Vermieters über die Mietforderung zugunsten Dritter durch ihre **Abtretung** oder **Verpfändung** (§§ 398, 1273, 1279 ff BGB). Gleich steht die **Pfändung** der Mietforderung durch

Dritte (RGZ 58, 181; 59, 177, 179 ff; 64, 415, 418; 76, 116, 118; KG OLGE 7, 469 f; OLG Dresden AnnSächOLG 36 [1915] 291, 292; OLG Braunschweig OLGE 17, 17; OLG Hamm NJW-RR 1994, 711; BLANK/BÖRSTINGHAUS Rn 3; GUHLING/GÜNTER/BURBULLA Rn 14; STERNEL, Mietrecht Rn III 87). Folglich ist die Pfändung der künftigen Mietforderungen auch gegenüber einem Ersteher des Grundstücks in der Zwangsversteigerung unter den Voraussetzungen des § 566b BGB nach den §§ 57 und 57b ZVG wirksam (RGZ 64, 415, 418 ff). Demgegenüber ist in der Rechtsprechung (zu Unrecht) § 566b BGB häufig auch auf die **Stundung**, den **Erlass** oder die **Herabsetzung** der Miete während des laufenden Vertrages angewandt worden (so zB RGZ 76, 116, 118; OLG Frankfurt ZMR 2012, 698, 699; ROQUETTE § 573 Rn 4 ff). Selbst die einverständliche **Aufhebung** des Vertrages gegen Zahlung eines Teiles der restlichen Miete wird gelegentlich als Vorausverfügung behandelt, sofern der Vermieter dem Mieter zugleich gestattet, einen Teil der Räume „unentgeltlich" weiter zu benutzen (KG JW 1936, 1465 Nr 35 = HRR 1936 Nr 799; OLG Frankfurt ZMR 2012, 698, 699). Richtigerweise sind indessen die zuletzt genannten Fälle *allein* nach § 566 Abs 1 BGB oder § 566c BGB zu beurteilen.

Die unterschiedlichen Auffassungen über die Abgrenzung des Anwendungsbereichs des § 566 BGB von dem der §§ 566b und 566c BGB wirken sich vor allem bei der Beurteilung **auf die Miete bezüglicher Vertragsänderungen** aus (s schon o § 566 Rn 55). Nach der hier vertretenen Auffassung (o Rn 26) muss der Erwerber gemäß § 566 Abs 1 BGB den Mietvertrag immer in derjenigen Fassung gegen sich gelten lassen, die der Vertrag **im Augenblick des Eigentumsübergangs** hat, und sei es auch aufgrund späterer Vertragsänderungen. Mit solchen Vertragsänderungen kann und muss der Erwerber stets rechnen. Notfalls muss er sich erkundigen. Sein Vertrauen auf den unveränderten Fortbestand des ursprünglichen, ihm gegebenenfalls vom Vermieter vorgelegten Mietvertrages ist *nicht* schutzwürdig. Insbesondere **nachträgliche Verrechnungsabreden** zwischen den Mietvertragsparteien wirken daher gegen den Erwerber, *sofern* sie nur *Bestandteil des Mietvertrages* werden und eine über den geregelten Einzelfall hinausgehende, dh *auf Dauer* angelegte Bedeutung haben (EMMERICH NZM 1999, 49, 50 f; BUB/TREIER/LÜKE, Hdb Rn X 239 ff; STERNEL, Mietrecht Rn III 76; PALANDT/WEIDENKAFF § 566b Rn 2, § 566c Rn 2, 4; **aM** DEDEK ZMR 1998, 679, 680 f; DÖTSCH NZM 2012, 296; LÜTZENKIRCHEN § 566b Rn 6 ff; STREYL NZM 2010, 343, 352 f; SCHMIDT-FUTTERER/STREYL § 566b Rn 7 ff). **29**

Von den genannten Abreden (Rn 29) zu unterscheiden sind **sonstige Abreden** der Vertragsparteien **über die Miete**, die *nicht* zugleich eine dauernde Vertragsänderung enthalten. Solche Abreden, die, wie besonderer Hervorhebung bedarf, nicht unter § 566 Abs 1 BGB fallen, wirken gegen den Erwerber nur in den Grenzen des **§ 566c BGB** (s unten § 566c Rn 2). Dies alles ergibt sich im Grunde aus der einfachen Überlegung, dass § 566 Abs 1 BGB nicht den Eintritt des Erwerbers in den ursprünglichen, möglicherweise schon lange überholten Mietvertrag, sondern *in den im Augenblick des Eigentumsübergangs bestehenden Mietvertrag* anordnet – einschließlich sämtlicher zwischenzeitlichen Änderungen. **30**

§ 566b BGB betrifft nur Verfügungen des Vermieters aus der Zeit **vor Übergang des Eigentums** an dem Grundstück durch Auflassung und Eintragung ins Grundbuch (§§ 873, 925 BGB). Keine Rolle spielt, ob die Verfügung vor Abschluss des Grundgeschäftes oder in der Zeit zwischen Abschluss des Grundgeschäftes und Eigentumsübergang getroffen wurde. Unanwendbar ist § 566b BGB dagegen auf Ver- **31** fügungen des Vermieters in der Zeit **nach Eigentumsübergang**. Sie sind als Verfügungen eines Nichtberechtigten grundsätzlich *unwirksam,* es sei denn, es lägen die Voraussetzungen des § 566c BGB vor (Mittelstein, Miete 685; Niendorff, Mietrecht 317).

VII. Wirksamkeit

1. Regelfall (§ 566b Abs 1)

32 Vorausverfügungen (iS des § 566b BGB, s oben Rn 20 ff) behalten nach § 566b Abs 1 S 1 BGB im Falle der Veräußerung des Grundstücks trotz des Übergangs des Eigentums und des Mietvertrages auf den Erwerber (§ 566 Abs 1 BGB) ihre Wirksamkeit grundsätzlich nur für den zur Zeit des Eigentumsüberganges laufenden Kalendermonat (s unten Rn 33). Lediglich wenn das Eigentum nach dem 15. Tag dieses Monats übergeht, ist die Verfügung auch für den nachfolgenden Kalendermonat wirksam (S 2 des § 566b Abs 1 BGB). Weitergehende Wirkungen gegenüber dem Erwerber haben Vorausverfügungen allein dann, wenn sie der Erwerber bei Eigentumsübergang (positiv) gekannt hat (§ 566b Abs 2 BGB; dazu s unten Rn 35). Dagegen beurteilt sich nach § 407 BGB, ob der Mieter, der in Unkenntnis einer wirksamen Abtretung der Mietforderung seitens des Vermieters an den **Grundstückserwerber zahlt**, hierdurch frei wird; ist der Mieter gutgläubig, sodass er frei wird, so kann der Zessionar nach § 816 Abs 2 BGB gegen den Erwerber vorgehen (KG OLGE 34, 99). Die Mietforderung erlischt schließlich durch Vereinigung von Recht und Pflicht, wenn gerade der **Mieter** das Grundstück **erwirbt**. Damit verlieren auch alle Vorausverfügungen unabhängig von § 566b BGB ihre Wirkung (§ 1252 BGB; OLG München OLGE 33, 318 f; KG OLGE 13, 318; OLG Celle OLGE 17, 20; Niendorff, Mietrecht 317).

33 In § 566b BGB geht der Gesetzgeber offenkundig von dem Regelfall aus, dass die Miete nach Monaten berechnet wird. Werden der Berechnung der Miete ausnahmsweise andere Zeitabschnitte, zB Quartale oder Jahre, zugrunde gelegt, so muss die **Quartals- oder Jahresmiete** auf Monate umgerechnet werden, damit auf die dann entstehenden Teilbeträge § 566b BGB entsprechend angewandt werden kann (OLG Hamm NJW-RR 1989, 1421; MünchKomm/Häublein § 566b Rn 13). Soweit die Vorausverfügung in derartigen Fällen durch § 566b Abs 1 BGB gedeckt ist, ist sie **teilweise** wirksam, hinsichtlich des Restes dagegen unwirksam.

34 Geschäfte zur **Umgehung** des § 566b BGB sind unwirksam, sofern mit ihnen bezweckt wird, den durch § 566b BGB auch intendierten Schutz des Dritten zu beseitigen, zugunsten dessen der Vermieter über die Mietforderung verfügt hat. Deshalb ändern an der Wirksamkeit von Vorausverfügungen (im Rahmen des § 566b BGB) spätere Verträge zwischen dem Erwerber und dem Mieter über eine Neubegründung des Mietverhältnisses oder über eine Änderung der Mietforderung nichts, wenn tatsächlich das Mietverhältnis unverändert fortgesetzt wird (OLG Dresden AnnSächsOLG 36 [1915] 291, 293 f; OLG München OLGE 20, 194 f; OLG Rostock OLGE 27, 160, 161; Mittelstein, Miete 720).

2. Kenntnis des Erwerbers (§ 566b Abs 2)

Nach § 566b Abs 2 BGB bleiben Vorausverfügungen des Vermieters über die Miete (ausnahmsweise) dann wirksam, wenn der Erwerber die Vorausverfügung zur Zeit des Eigentumsüberganges kannte. Gleich steht der Fall, dass der Erwerber später der Verfügung zustimmt (s Rn 36). **Zweck** des § 566b Abs 2 BGB ist es, den Beteiligten einen Weg zu eröffnen, ihre Rechte aufgrund einer Vorausverfügung über die Miete durch rechtzeitige Mitteilung der Vorausverfügung an den Erwerber vor Eigentumsübergang zu wahren (Prot II 146). Unerheblich ist, von wem die Mitteilung ausgeht. Gleich steht eine Kenntnis des Erwerbers aus anderen Quellen. Erforderlich ist lediglich **positive Kenntnis** des Erwerbers von der Vorausverfügung; bloßes Kennenmüssen genügt nicht. 35

VIII. Abweichende Vereinbarungen

§ 566b BGB ist **nicht zwingend**. Jedoch kann in die Rechte Dritter nicht ohne deren Zustimmung eingegriffen werden, während bei einem Zusammenwirken aller Beteiligten keine Bedenken gegen Abweichungen von § 566b BGB bestehen. Dies bedeutet, dass Vorausverfügungen mit **Zustimmung des Erwerbers** durchaus auch eine über den engen Rahmen des § 566b Abs 1 S 1 BGB hinausgehende Wirkung verliehen werden kann (§ 566b Abs 2 BGB; BGH 8. 5. 1996 – XII ZR 214/94, NJW-RR 1996, 1230 = ZMR 1997, 282). Soll dagegen die Wirkung von Vorausverfügungen noch über den Rahmen des § 566b Abs 1 BGB hinaus eingeschränkt werden, so bedarf es hierzu der Zustimmung des Drittberechtigten, zB des Zessionars, sowie des Mieters. Abweichungen von § 566b BGB durch **Vermieterformularverträge** sind nicht möglich (§ 307 BGB; Sternel, Mietrecht Rn III 80). 36

IX. Beweislast

Die Beweislast trägt, wer sich auf die Wirksamkeit einer Vorausverfügung beruft. Daher trifft die Beweislast für die rechtzeitige Kenntnis des Erwerbers (§ 566b Abs 2 BGB) entweder den Dritten, zu dessen Gunsten die Vorausverfügung erfolgt ist, oder den Mieter, sofern dieser die Wirksamkeit der Vorausverfügung behauptet (ausführlich BeckOGK/Harke [1. 10. 2020] Rn 14; Mittelstein, Miete 686). 37

§ 566c
Vereinbarung zwischen Mieter und Vermieter über die Miete

Ein Rechtsgeschäft, das zwischen dem Mieter und dem Vermieter über die Mietforderung vorgenommen wird, insbesondere die Entrichtung der Miete, ist dem Erwerber gegenüber wirksam, soweit es sich nicht auf die Miete für eine spätere Zeit als den Kalendermonat bezieht, in welchem der Mieter von dem Übergang des Eigentums Kenntnis erlangt. Erlangt der Mieter die Kenntnis nach dem 15. Tag des Monats, so ist das Rechtsgeschäft auch wirksam, soweit es sich auf die Miete für den folgenden Kalendermonat bezieht. Ein Rechtsgeschäft, das nach dem Übergang des Eigentums vorgenommen wird, ist jedoch unwirksam, wenn der Mieter bei der Vornahme des Rechtsgeschäfts von dem Übergang des Eigentums Kenntnis hat.

§ 566c

Materialien: E II § 565; III § 567; BGB § 574; Mietrechtsreformgesetz 2001 (BGBl I, 1149); Prot II 147.

Schrifttum

S bei § 566b.

Systematische Übersicht

I.	Überblick, Zweck	1
II.	Anwendungsbereich	3
III.	Rechtsgeschäfte über die Miete	4
IV.	Wirksamkeit	
1.	Rechtsgeschäfte aus der Zeit vor Eigentumsübergang	9
2.	Rechtsgeschäfte aus der Zeit nach Eigentumsübergang	13
V.	**Kenntnis des Mieters**	14
VI.	**Beweislast**	15
VII.	**Abweichende Vereinbarungen**	16

I. Überblick, Zweck

1 § 566c BGB regelt die Wirksamkeit von Rechtsgeschäften zwischen Mieter und Vermieter über die Mietforderung im Falle der Veräußerung des Grundstücks. Das Gesetz unterscheidet insoweit zwischen Rechtsgeschäften aus der Zeit vor Eigentumsübergang und solchen aus der Folgezeit. Rechtsgeschäfte zwischen dem Mieter und dem Vermieter über die Mietforderung einschließlich insbesondere der Entrichtung der Miete aus der Zeit *vor Übergang* des Eigentums sind dem Erwerber gegenüber *wirksam* sind, soweit sie sich nicht auf eine spätere Zeit als den Kalendermonat beziehen, in dem der Mieter von dem Übergang des Eigentums Kenntnis erlangt. Bei Kenntniserlangung nach dem fünfzehnten Tag des Monats ist das fragliche Geschäft auch für den folgenden Kalendermonat wirksam (S 2 des § 556c BGB). Rechtsgeschäfte aus der Zeit *nach Übergang* des Eigentums sind dagegen von Anfang an dem Erwerber gegenüber unwirksam, wenn der Mieter bei ihrer Vornahme Kenntnis von dem Eigentumsübergang hatte (S 3 des § 566c BGB), bei Gutgläubigkeit des Mieters dagegen zunächst ebenfalls weiter wirksam, bis der Mieter bösgläubig wird (s Rn 6 f).

2 § 566c BGB ist dem § 407 BGB nachgebildet (s Prot II 147). **Zweck** der Vorschrift ist deshalb nicht nur, wie heute vielfach angenommen, der **Schutz des Erwerbers** gegen den Verlust der auf die Zeit seines Eigentums entfallenden Mietforderungen (so Dedek ZMR 1998, 679, 681; BeckOGK/Harke [1. 10. 2020] Rn 4; Streyl NZM 2010, 343, 350, 353 f), sondern in gleichem Maße der **Schutz des Mieters**, der an der Veräußerung des vermieteten Grundstücks nicht beteiligt ist und davon möglicherweise auch nichts erfährt. Die verbreitete Betonung eines Vorrangs des Erwerberschutzes bei der Anwendung des § 566 BGB und des § 566c BGB kann in verschiedenen kritischen Fallgestaltungen zu einer massiven Beeinträchtigung der Mieterinteressen führen, die mit dem primär mieterschützenden Zweck der ganzen Regelung unvereinbar ist (s schon o § 566b Rn 25). Bei der Regelung der §§ 566 ff BGB, die überhaupt erst auf Druck der Öffentlichkeit zum Schutze der Mieter gegen ihre „Austreibung" im Falle der Veräußerung des Mietgrundstücks in das Gesetz aufgenommen wurde, stand immer der **Mieterschutz** im Vordergrund, sodass dieser jetzt nicht über eine grundlose Ausdehnung des Anwendungsbereichs ausgerechnet des § 566c BGB auf Kosten desjenigen der zentralen Norm des § 566 BGB buchstäblichen in sein Gegenteil verkehrt werden darf (ganz anders zB BeckOGK/HARKE [1. 10. 2020] Rn 7, 10 ff).

II. Anwendungsbereich

§ 566c BGB baut unmittelbar auf den §§ 566 und 566b BGB auf. Der Anwendungsbereich des § 566c BGB beschränkt sich deshalb gleichfalls im Wesentlichen, aber nicht ausschließlich auf **Wohnraummietverhältnisse**. Wegen der Einzelheiten kann auf die Ausführungen zu § 566 BGB (dort Rn 8 ff) und zu § 566b BGB (dort Rn 4 ff) verwiesen werden. Schwierigkeiten bereitet insbesondere die Abgrenzung des Anwendungsbereichs des § 566c BGB von dem des § 566 BGB und des § 566b BGB (s dazu Rn 4 ff). 3

III. Rechtsgeschäfte über die Miete

§ 566c BGB regelt die Wirksamkeit von Rechtsgeschäften zwischen Vermieter und Mieter über die Miete einschließlich insbesondere der Entrichtung der Miete im Falle der Veräußerung des Mietgrundstücks. Der Anwendungsbereich der Vorschrift überschneidet sich infolgedessen notwendigerweise insbesondere mit dem des § 566 BGB. Denn unter den weiten Begriff einer Vereinbarung zwischen Vermieter und Mieter über die Miete (so die Überschrift des § 566c BGB) bzw eines Rechtsgeschäfts „zwischen dem Mieter und dem Vermieter über die Mietforderung" (so § 566c HS 1 BGB) lassen sich unbedenklich sämtliche auf die Mieter bezüglichen **Vertragsänderungen** iSd § 566 BGB subsumieren, sodass schon auf den ersten Blick gleichermaßen der Anwendungsbereich des § 566 BGB wie der des § 566c BGB eröffnet ist. Wendet man deshalb auf Vertragsänderungen in erster Linie (nicht den § 566c BGB, sondern) vorrangig die Grundnorm des § 566 BGB an, so muss der Erwerber ohne Rücksicht auf § 566c BGB etwaige nachträgliche Vertragsänderungen gegen sich gelten lassen, da er stets in den Mietvertrag in der Fassung eintritt, die der Vertrag gerade bei Übergang des Eigentums angenommen hat. Für einen Schutz des Erwerbers, namentlich bei Vereinbarungen über Vorauszahlungen, über eine Ersetzung der Miete durch eine einmalige Zahlung oder über eine Reduzierung der Miete nach Maßgabe des § 566c BGB bleibt dann kein Raum mehr, immer vorausgesetzt, dass es sich tatsächlich um Vertragsänderungen handelt, die zugleich unter § 566 BGB fallen. 4

Wie die hier auftauchenden **Konkurrenzfragen** zu lösen sind, ist Gegenstand einer ausgebreiteten Diskussion (s schon o § 566b Rn 20 ff). Das neuere Schrifttum tendiert überwiegend – unter Betonung des *Erwerberschutzes* als des primären Zwecks der Vorschrift (s Rn 2) – zu einer *weiten* Auslegung des § 566c BGB durch dessen Anwendung auf sämtliche *Vereinbarungen* zwischen den Mietvertragsparteien über die Miete *mit Zukunftswirkung*, dh für die Zeit nach Eigentumsübergang (DEDEK ZMR 1998, 679, 680 ff; DÖTSCH NZM 2012, 296; MünchKomm/HÄUBLEIN § 566c Rn 7–11; STREYL NZM 2010, 343, 352 ff; BeckOGK/HARKE [1. 10. 2020] Rn 7 ff), wobei freilich auch innerhalb der 5

Vertreter dieser für einen Vorrang des § 566c BGB vor § 566 BGB eintretenden Meinung die Behandlung der kritischen Grenzfälle der Einmalmiete oder der Baukostenzuschüsse umstritten geblieben ist (s Rn 8).

6 Wie bereits im Einzelnen ausgeführt (s Rn 2 sowie ausführlich o § 566b Rn 20 ff), lässt sich die überwiegende Meinung, die den Erwerberschutz in den Vordergrund rückt (Rn 5), nur schwer mit dem gebotenen umfassenden **Mieterschutz** in Einklang bringen. Der Anwendungsbereich des § 566c BGB beschränkt sich vielmehr, wenn man zugleich den Grundsatz des § 566 Abs 1 BGB ins Auge fasst, auf solche Rechtsgeschäfte zwischen den Mietvertragsparteien über die Mietforderung, die **nicht zugleich** eine über den Einzelfall hinausgehende, dh auf Dauer berechnete **Vertragsänderung** enthalten (ebenso BGH 28. 11. 2001 – XII ZR 197/99, NZM 2002, 291 = NJW-RR 2002, 730; 23. 2. 2012 – IX ZR 29/11, NJW 2012, 1881 Rn 14 = NZM 2012, 638 = WuM 2012, 325, 327; Blank/Börstinghaus § 566c Rn 1; Herrlein/Kandelhard § 566c Rn 2; Müller/Walther/Krenek § 566c Rn 3 f; Palandt/Weidenkaff § 566c Rn 2, 4; Sternel, Mietrecht Rn III 79). Unter § 566c BGB fallen dementsprechend außer der vom Gesetz selbst hervorgehobenen Entrichtung der Miete (im Einzelfall) (vgl § 110 Abs 2 S 1 InsO) einschließlich insbesondere etwaiger Vorauszahlungen auf die Miete für die Zeit nach Eigentumsübergang (BGH 6. 7. 1966 – VIII ZR 169/64, LM Nr 33 zu § 535 BGB = NJW 1966, 1703), **zB** noch der **Erlass** der Mietforderung im Einzelfall (im Gegensatz zu deren genereller Herabsetzung durch Vertragsänderung für einen längeren Zeitraum; vgl OLG Düsseldorf ZMR 2004, 257), weiter die **Stundung** der Mietforderung im Einzelfall, die Annahme einer anderen Leistung an Erfüllungs Statt oder erfüllungshalber, die Umwandlung der Mietforderung sowie der **Aufrechnungsvertrag** (BGH 6. 7. 1966 – VIII ZR 169/64, LM Nr 33 zu § 535 BGB = NJW 1966, 1703; OLG Hamburg OLGE 34, 207, 208; OLG Celle ZMR 1978, 342 Nr 24; OLG Düsseldorf ZMR 1972, 376; LG Berlin GE 2008, 1428; Mittelstein, Miete 687 ff; Sternel, Mietrecht Rn III 79).

7 **Unanwendbar** ist § 566b BGB dagegen nach dem Gesagten (s Rn 6) auf einseitige Erklärungen des *Mieters,* insbesondere, wenn sie eine auf Dauer angelegte Vertragsänderung oder Vertragsbeendigung zur Folge haben. Beispiele sind insbesondere die **Kündigung** des Mieters (BGH 23. 2. 2012 – IX ZR 29/11, NJW 2012, 1881 Rn 14 = NZM 2012, 638 = WuM 2012, 325, 327; s oben § 566 Rn 62 ff; – **aM** LG Duisburg NJW-RR 1997, 1171 = ZMR 1997, 356, 357; Mittelstein, Miete 677 f, 688), ferner etwa die Enthaftungserklärung des Insolvenzverwalters in der Insolvenz des Mieters nach § 109 InsO (BGH 23. 2. 2012 – IX ZR 29/11, NJW 2012, 1881 Rn 14 = NZM 2012, 638 = WuM 2012, 325, 327) sowie die Ausübung eines **Optionsrechtes** durch den Mieter (§ 407 BGB; s oben § 566 Rn 5, § 566b Rn 26, 32; BGH 28. 11. 2001 – XII ZR 197/99, NJW-RR 2002, 730 = NZM 2002, 291).

8 Einen kritischen Grenzfall bilden vertragsmäßige **Vorauszahlungen** der gesamten Miete oder eines erheblichen Teils der Miete. In der Mehrzahl der Fälle tendiert hier heute eine verbreitete Meinung unter Führung der Rechtsprechung zur Annahme einer Vorausverfügung iS des § 566b BGB (s § 566b Rn 23), nach Meinung des BGH freilich nur, wenn die Miete nach periodischen Zeitabschnitten bemessen wird (s § 566b Rn 23 mwNw; gegen dieses eigenartige Kriterium auch zB BeckOGK/Harke [1. 10. 2020] Rn 10). Tatsächlich kommt es indessen nach der gesetzlichen Regelung (§§ 566 und 566b sowie 566c BGB) allein darauf an, ob durch die fraglichen Abreden der Parteien der *Vertrag geändert* wurde. Ist dies der Fall, so ist nicht § 566b BGB oder § 566c BGB, sondern allein § 566 Abs 1 BGB anzuwenden (s oben § 566b Rn 20 ff, 26 f;

aM DEDEK ZMR 1998, 679, 681 f; BeckOGK/HARKE [1. 10. 2020] Rn 7 ff, 10 ff; STREYL NZM 2010, 343, 352 ff), sodass die Abreden gegen den Erwerber wirken, der gemäß § 566 BGB den Mietvertrag immer in der Fassung hinnehmen muss, den er bei *Eigentumsübergang* hat. Auch der nachträgliche generelle „**Verzicht**" des Vermieters auf die Miete, sodass sich der Mietvertrag fortan in einen „Leihvertrag" verwandelt, bindet daher – als Vertragsänderung – den Erwerber nach § 566 BGB (OLG Düsseldorf ZMR 2004, 257).

IV. Wirksamkeit

1. Rechtsgeschäfte aus der Zeit vor Eigentumsübergang

In der Frage, welche Rechtsgeschäfte zwischen Mieter und Vermieter über die Mietforderung gegenüber dem Grundstückserwerber wirksam sind, unterscheidet § 566c BGB zwischen Rechtsgeschäften aus der Zeit vor Eigentumsübergang auf den Erwerber (S 1 und 2 der Vorschrift) und Rechtsgeschäften aus der Zeit nach Eigentumsübergang (S 3 des § 566c BGB). Entscheidend ist letztlich immer der Zeitpunkt, zu dem der Mieter von dem Übergang des Eigentums positive Kenntnis erlangt. **9**

Bei Rechtsgeschäften im Sinne des § 566c BGB zwischen Vermieter und Mieter (s oben Rn 3 ff) aus der Zeit **vor Eigentumsübergang** richtet sich die Wirksamkeit allein nach den Sätzen 1 und 2 der Vorschrift. Solche Rechtsgeschäfte bleiben auch *nach* Eigentumsübergang **wirksam, solange** der Mieter **keine Kenntnis** von dem Übergang des Eigentums auf den Erwerber erlangt. Ihre Wirksamkeit **endet** erst mit Ablauf des Monats, in dem der Mieter *bis* zum fünfzehnten Tag des Monats positive Kenntnis von dem Eigentumsübergang erhält (zu den Anforderungen s unten Rn 14). Vom nächsten Monat an sind die fraglichen Rechtsgeschäfte dann *relativ*, dh nur **gegenüber** dem **Erwerber unwirksam**, sodass er vom Mieter erneut die Zahlung der Miete verlangen kann, während die Wirksamkeit des Rechtsgeschäfts gegenüber dem Vermieter und Veräußerer nicht berührt wird. Dies folgt daraus, dass das Gesetz in § 566c BGB ausdrücklich nur die Wirksamkeit der fraglichen Rechtsgeschäfte „gegenüber dem Erwerber" (s S 1 des § 566c BGB) beschränkt, im Übrigen also unberührt lässt. Die Folge ist, dass der Vermieter dem Mieter zum **Schadensersatz** verpflichtet ist, wenn die gesetzliche Regelung des § 566c BGB zur Folge hat, dass er im Ergebnis die Miete zweimal zahlen muss (§§ 280, 276 BGB; STREYL NZM 2010, 343, 354 f). Zu denken ist hier in erster Linie an Ersatzansprüche des Mieters aus den §§ 311 Abs 2 und 280 Abs 1 BGB. Außerdem kommen Bereicherungsansprüche des Mieters in Betracht (§ 812 Abs 1 S 1 Fall 1 BGB; s im Einzelnen GUHLING/GÜNTER/BURBULLA Rn 19 f). **10**

Erlangt der Mieter die **Kenntnis** von dem Eigentumsübergang erst **nach dem fünfzehnten Tag** eines Monats, so bleibt das Rechtsgeschäft dem Erwerber gegenüber nach § 566c S 2 BGB auch für den folgenden Monat wirksam. Erst vom übernächsten Monat an kann der Erwerber daher in diesem Fall von dem Mieter die Zahlung der Miete verlangen. Im Übrigen gilt dasselbe wie im ersten Fall (o Rn 10). **11**

Weitergehende Wirkungen gegenüber dem Erwerber haben die fraglichen Rechtsgeschäfte zwischen Vermieter und Mieter in beiden Fällen nur, wenn sie der Erwerber (dem gegenüber sie relativ unwirksam sind, s Rn 10) **genehmigt** (GUHLING/GÜNTER/ **12**

Burbulla Rn 16) oder wenn sie der Erwerber bei Übergang des Eigentums **kennt** (entsprechend § 566b Abs 2 BGB; BeckOGK/Harke [1. 10. 2020] Rn 14). Denn im Falle der Kenntnis des Erwerbers von dem Rechtsgeschäft zwischen Mieter und Vermieter bei Eigentumsübergang ist der Erwerber nicht mehr schutzwürdiger als der Mieter; unbenommen bleiben aber in jedem Fall Rückgriffsansprüche des Erwerbers gegen den Vermieter (Guhling/Günter/Burbulla Rn 18).

2. Rechtsgeschäfte aus der Zeit nach Eigentumsübergang

13 Wird das Rechtsgeschäft erst nach Eigentumsübergang zwischen dem jetzt gar nicht mehr berechtigten Vermieter und dem Mieter vorgenommen, so kommt es gemäß § 566c S 3 BGB für die Wirksamkeit zunächst darauf an, ob der Mieter *bei Vornahme* des Rechtsgeschäfts **Kenntnis** von dem Eigentumsübergang hatte oder nicht. War dies der Fall, so bedarf der Mieter keines Schutzes, sodass das fragliche Rechtsgeschäft von Anfang an unwirksam ist (§ 566c S 3 BGB). Andernfalls gilt die Regelung der Sätze 1 und 2 der Vorschrift. Dies bedeutet, dass das Rechtsgeschäft bis zu dem Monat wirksam bleibt, in dem der Mieter **Kenntnis** von dem Eigentumsübergang erlangt (S 1 des § 566c BGB; s oben Rn 10), bei Kenntniserlangung erst nach dem fünfzehnten Tag des Monats auch noch für den nächsten Monat (S 2 der Vorschrift; s oben Rn 11).

V. Kenntnis des Mieters

14 Dem Mieter schadet in den genannten Fällen nach § 566c S 1 bis 3 BGB (o Rn 10-12) jeweils nur **positive Kenntnis** von dem Eigentumsübergang und dem damit verbundenen Eintritt des Erwerbers in den Mietvertrag. Grobe Fahrlässigkeit steht nicht gleich. Ebensowenig reichen bloße Zweifel des Mieters an der fortbestehenden Berechtigung seines Vermieters aus, zumal den Mieter keine Informationspflicht trifft (LG Berlin GE 1996, 927). Aus welcher **Quelle** der Mieter die Kenntnis von dem Eigentumsübergang erlangt hat, ist unerheblich (Mittelstein, Miete 689). In erster Linie ist hier natürlich an eine **Mitteilung des Vermieters** nach Eigentumsübergang zu denken, während eine vorherige Mitteilung wirkungslos ist (AG Schöneberg GE 1992, 727; Sternel, Mietrecht Rn III 79). Eine **Mitteilung des Erwerbers** reicht jedoch ebenfalls aus, um dem Mieter die erforderliche Kenntnis zu verschaffen, sofern nicht bei dem Mieter begründete Zweifel an der Richtigkeit der Mitteilung verbleiben (s RG JW 1905, 641 f; LG Berlin GE 1996, 927; AG Schöneberg GE 1992, 727). Die bloße Kenntnis vom Abschluss des der Veräußerung zugrundeliegenden Kausalgeschäftes steht nicht gleich, weil daraus nicht ohne Weiteres auf den Eigentumsübergang geschlossen werden kann (LG Berlin WuM 1992, 439; Roquette § 574 Rn 5).

VI. Beweislast

15 Wenn der Erwerber mit Rücksicht auf die Kenntnis des Mieters von dem Eigentumsübergang die Unwirksamkeit eines Rechtsgeschäfts zwischen Mieter und Vermieter behauptet und dementsprechend insbesondere erneut Zahlung der Miete von dem Mieter verlangt, trifft ihn die Beweislast für die Kenntnis des Mieters von dem Eigentumsübergang (LG Berlin GE 1996, 927; Mittelstein, Miete 689 f; Schmidt-Futterer/Gather Rn 9).

VII. Abweichende Vereinbarungen

Für eine vertragliche Abänderung des § 566c BGB gilt dasselbe wie bei § 566b BGB **16** (s deshalb o § 566b Rn 36). Von § 566c BGB abweichende Individualvereinbarungen sind grundsätzlich möglich, zum Nachteil Dritter indessen nur mit deren Zustimmung (§ 311 Abs 1 BGB), während durch **Formularverträge** generell nicht von § 566c BGB zum Nachteil des Mieters oder Dritter abgewichen werden kann (§ 307 BGB).

§ 566d
Aufrechnung durch den Mieter

Soweit die Entrichtung der Miete an den Vermieter nach § 566c dem Erwerber gegenüber wirksam ist, kann der Mieter gegen die Mietforderung des Erwerbers eine ihm gegen den Vermieter zustehende Forderung aufrechnen. Die Aufrechnung ist ausgeschlossen, wenn der Mieter die Gegenforderung erworben hat, nachdem er von dem Übergang des Eigentums Kenntnis erlangt hat, oder wenn die Gegenforderung erst nach der Erlangung der Kenntnis und später als die Miete fällig geworden ist.

Materialien: E II § 567; III § 568; BGB § 575; Mietrechtsreformgesetz von 2001 (BGBl I 1149); Prot II 147.

Systematische Übersicht

		Rn				Rn
I.	Überblick	1	2.	Fälligkeit der Gegenforderung nach Eigentumsübergang		11
II.	Anwendungsbereich	3	V.	Abweichende Vereinbarungen		13
III.	Aufrechnung des Mieters gegenüber dem Erwerber	6	VI.	Beweislast		14
IV.	Ausschlusstatbestände					
1.	Erwerb der Gegenforderung nach Eigentumsübergang	9				

I. Überblick

§ 566d BGB regelt die Frage, unter welchen Voraussetzungen der Mieter im Falle **1** der Grundstücksveräußerung gegen Mietforderungen des *Erwerbers* noch mit Forderungen gegen seinen ersten Vermieter, den Veräußerer, aufrechnen kann. Die Regelung knüpft unmittelbar an § 566c BGB an und ist dem § 406 BGB nachgebildet (s Prot II 147). **Zweck** der Vorschrift ist es in erster Linie, dem Mieter eine einmal erworbene **Aufrechnungslage** selbst dann zu **erhalten**, wenn er noch vor Erklärung der Aufrechnung Kenntnis von dem Eigentumsübergang erlangt, sodass ihm nach § 566c S 3 BGB eine Aufrechnung an sich *nicht* mehr möglich wäre.

2 Nach S 3 des § 566c BGB ist ein Rechtsgeschäft des Mieters über die Mietforderung nach Eigentumsübergang unwirksam, wenn der Mieter bei Vornahme des Rechtsgeschäfts (hier der Aufrechnung) von dem Eigentumsübergang Kenntnis hat (s § 566c Rn 13). Hiervon macht § 566d S 1 BGB (iVm § 566c S 1 und 2 BGB) eine **Ausnahme**, indem er bestimmt, dass der Mieter gegen die Mietforderung des *Erwerbers* – abweichend von § 566c S 3 BGB – auch noch *nach Kenntniserlangung* weiterhin mit Forderungen gegen den *Vermieter* aufrechnen kann, freilich nur gegen solche Mietforderungen, die aus der Zeit bis zu dem Monat stammen, in dem er von dem Eigentumsübergang Kenntnis erlangt hat; erhält er die Kenntnis erst in der zweiten Monatshälfte, so kann er darüber hinaus auch noch gegen die Mietforderung des Erwerbers für den folgenden Monat aufrechnen. Entscheidend ist also immer, ob für den Mieter bereits **vor Kenntniserlangung** eine als solche schutzwürdige **Aufrechnungslage** bestanden hatte.

II. Anwendungsbereich

3 § 566d BGB baut ebenso wie §§ 566b und § 566c BGB auf § 566 BGB auf. Sein Anwendungsbereich deckt sich daher mit dem der genannten Vorschriften (s oben § 566b Rn 2 ff, § 566c Rn 3 f). Entsprechend anwendbar ist die Vorschrift außerdem in den Fällen des § 565 BGB, des § 57 ZVG und des § 14 Abs 1 BJagdG. In der **Zwangsversteigerung** tritt jedoch nach § 57b Abs 1 ZVG in § 566d BGB an die Stelle der Kenntnis des Mieters vom Eigentumsübergang seine Kenntnis von der Beschlagnahme des Grundstücks (Guhling/Günther/Burbulla Rn 2; Schmidt-Futterer/Streyl § 566d Rn 7).

4 In der **Zwangsverwaltung** ist kein Raum für die Anwendung des § 566b BGB. An dessen Stelle tritt die Regelung des § 1125 BGB oder des § 406 BGB je nachdem, ob das Verfahren von einem Grundpfandgläubiger oder einem sonstigen Gläubiger betrieben wird, während in der **Insolvenz** des Vermieters § 566d BGB durch § 110 Abs 3 InsO ersetzt wird (s oben § 566b Rn 4 ff; Blank/Börstinghaus § 566d Rn 8–11; Guhling/Günther/Burbulla Rn 6 f; Schmidt-Futterer/Streyl § 566d Rn 8 f).

5 *Nicht* unter § 566d BGB fällt die Berufung auf eine **Minderung** der Miete nach § 536 Abs 1 BGB sowie die Ausübung eines **Zurückbehaltungsrechtes** (§§ 273, 320 BGB). Inwieweit der Mieter zur Geltendmachung dieser Rechte gegenüber dem Erwerber berechtigt ist, beurteilt sich allein nach § 566 Abs 1 BGB (Guhling/Günther/Burbulla Rn 11; BeckOGK/Harke [1. 10. 2020] Rn 5).

III. Aufrechnung des Mieters gegenüber dem Erwerber

6 § 566d BGB regelt die Aufrechnung des Mieters (nur) gegen Mietforderungen des *Erwerbers* aus der Zeit nach dessen Eintritt in den Mietvertrag infolge des Eigentumsübergangs aufgrund des § 566 BGB, und zwar mit Forderungen des Mieters gegen den *Vermieter* und Veräußerer. An sich fehlt es insoweit an der **Gegenseitigkeit** der Forderungen als Voraussetzung einer Aufrechnung nach § 387 BGB. Hiervon macht § 566d BGB im Interesse des Mieterschutzes bei Eigentumsübergang eine

Ausnahme (STAUDINGER/GURSKY [2016] § 387 Rn 59). Denn für den Zeitraum seiner Gutgläubigkeit, in dem er nach § 566c BGB noch mit befreiender Wirkung gegenüber dem Erwerber für den laufenden oder für den nachfolgenden Monat an den Vermieter leisten könnte, kann der Mieter gegen die Mietforderung des *Erwerbers* auch noch mit beliebigen eigenen Forderungen gegen den *Vermieter* aufrechnen, selbst wenn er inzwischen von dem Eigentumsübergang erfahren hat und insoweit bösgläubig geworden ist.

Die Forderung gegen den Vermieter, mit der der Mieter aufrechnet, die sog **Aktiv- oder Gegenforderungen**, braucht nicht auf dem Mietverhältnis zu beruhen (LG Berlin WuM 1992, 439). Ihr Rechtsgrund bleibt gleich. Dagegen muss es sich bei der **Passivforderung**, dh bei der Forderung des Erwerbers, gegen die der Mieter aufrechnen will, um eine **Mietforderung des Erwerbers** aus dem Mietverhältnis handeln; gegen andere Forderungen des Erwerbers eröffnet § 566d BGB keine zusätzliche Aufrechnungsmöglichkeit. Die Aufrechnung muss gegenüber dem Erwerber erklärt werden, nicht gegenüber dem Vermieter (LAMMEL § 566d Rn 8; str). 7

§ 566d BGB wirkt nur zu Gunsten des Mieters, nicht zu Gunsten des Erwerbers, sodass dieser nicht etwa unter den Voraussetzungen des § 566d BGB ebenfalls gegen beliebige Mieterforderungen aufrechnen könnte (LAMMEL § 566d Rn 3). § 566d BGB hat schließlich keine Bedeutung für **Aufrechnungsvereinbarungen** zwischen **Mieter und Vermieter**; deren Wirksamkeit richtet sich vielmehr allein nach § 566c BGB (BECKOGK/HARKE [1. 10. 2020] Rn 5; STAUDINGER/GURSKY [2016] § 387 Rn 59). Aufrechnungsvereinbarungen zwischen **Mieter** und **Erwerber** unterliegen dagegen keiner besonderen Regelung, weil der Mieter insoweit keines Schutzes bedarf (§ 311 Abs 1 BGB). 8

IV. Ausschlussstatbestände

1. Erwerb der Gegenforderung nach Eigentumsübergang

§ 566d BGB setzt voraus, dass – abgesehen von der Gegenseitigkeit – alle Voraussetzungen der Aufrechnung nach § 387 BGB vorliegen. Eine Aufrechnung ist daher auch nach § 566d BGB nicht möglich, wenn sie durch den **Mietvertrag** wirksam **ausgeschlossen** ist (s §§ 309 Nr 3, 566b Abs 2 BGB; BECKOGK/HARKE [1. 10. 2020] Rn 7). Für eine Aufrechnung des Mieters ist ferner von vornherein kein Raum, wenn wie etwa im Falle der Einmalmiete überhaupt keine Mietforderung bei Übergang des Eigentums mehr offen ist (zB GUHLING/GÜNTER/BURBULLA Rn 12). 9

Die Aufrechnung ist durch § 566d S 2 BGB in Anlehnung an § 406 BGB außerdem in zwei weiteren Fällen unter zusätzlichen Voraussetzungen ausgeschlossen, in denen der Mieter nicht schutzwürdig erscheint. Der erste Ausschlusstatbestand betrifft den eigenartigen Fall, dass der Mieter **nach** dem **Eigentumsübergang** eine **Forderung gegen den Vermieter erworben** hat, zB durch Abtretung seitens eines Dritten. In diesem Fall hängt seine Befugnis zur Aufrechnung mit der erworbenen Gegenforderung, der so genannten Aktivforderung, gegenüber dem Erwerber gemäß § 566d S 2 BGB davon ab, ob er bei dem Erwerb der Gegenforderung gutgläubig war, sowie ferner noch davon, wann seine Gegenforderung fällig wird. Er kann aufrechnen, wenn er bei dem Erwerb der Forderung von dem Eigentumsübergang **keine positive** 10

Kenntnis hatte *und* außerdem die erworbene Forderung spätestens im selben Augenblick wie die Mietforderung *fällig* wird. Die Mitteilung von dem Abschluss des Grundgeschäftes steht nicht gleich, sodass sie an der Aufrechnungsmöglichkeit des Mieters unter den genannten Voraussetzungen nichts ändert (LG Berlin WuM 1992, 439). Fehlt dagegen eine der genannten Voraussetzungen, so ist die Aufrechnungslage des Mieters nicht mehr schutzwürdig, weil er dann an sich die *vorher* fällige Mietforderung des Erwerbers bereits bezahlt haben musste, bevor er zur Aufrechnung in der Lage war.

2. Fälligkeit der Gegenforderung nach Eigentumsübergang

11   Der zweite in § 566d S 2 BGB geregelte Ausschlusstatbestand ist dadurch gekennzeichnet, dass die Gegenforderung des Mieters gegen den Vermieter möglicherweise bei Eigentumsübergang dem Grunde nach bereits begründet, aber eben noch **nicht fällig** war. Mit solchen Forderungen kann der Mieter immer noch gegenüber späteren Mietforderungen des Erwerbers aufrechnen, sofern die Gegenforderung des Mieters, die so genannte Aktivforderung, nur **nicht später als** die **Mietforderung** des Erwerbers **fällig** wird. Es genügt, wenn die beiden sich gegenüberstehenden Forderungen des Mieters und des Erwerbers gleichzeitig fällig werden (LG Stuttgart NJW 1977, 1885 f).

12   Die Regelung hat ihren Grund darin, dass der Mieter, wenn seine Gegenforderung *nach* der Mietforderung fällig wird, letztlich *nicht mehr schutzwürdig* ist, weil er hier ebenfalls verpflichtet war, die Miete zu bezahlen, bevor er überhaupt aufrechnen konnte (vgl für § 406 BGB BGHZ 19, 153, 159 = NJW 1956, 257; BGHZ 56, 111, 114 f = NJW 1971, 1270; BGHZ 58, 327, 329 f = NJW 1972, 1193; BGHZ 63, 338, 342 = NJW 1975, 1022; BGH 9. 4. 1990 – II ZR 1/89, LM Nr 18 zu § 406 BGB = NJW 1990, 2544; 844; 22. 12. 1995 – V ZR 52/95, LM Nr 91 zu § 387 BGB = NJW 1996, 1056, 1057 f).

V. Abweichende Vereinbarungen

13   § 566d BGB ist an sich nicht zwingend, sodass die Vorschrift grundsätzlich durch Vertrag abgeändert werden kann. Aber ein Eingriff in Rechte Dritter, entweder des Mieters bei einer Beschränkung des Aufrechnungsrechts des Mieters gegenüber § 566d BGB oder in die Rechte des Erwerbers bei einer Erweiterung des Aufrechnungsrechts des Mieters gegenüber § 566d, bedarf in jedem Fall der Zustimmung des betroffenen Dritten (§ 311 Abs 1 BGB), sodass tatsächlich für vertragliche Abweichungen von § 566d BGB nur wenig Raum bleibt (BeckOGK/Harke [1. 10. 2020] Rn 7). Möglich ist dagegen jederzeit ein Aufrechnungsvertrag zwischen den jeweils Betroffenen (§ 311 Abs 1 BGB).

VI. Beweislast

14   Der Erwerber, der mit Rücksicht auf die Kenntnis des Mieters die Unwirksamkeit der Aufrechnung behauptet, trägt die Beweislast für die Kenntnis des Mieters. Dagegen ist es Sache des Mieters, die übrigen Voraussetzungen seiner Aufrechnungsbefugnis zu beweisen.

§ 566e
Mitteilung des Eigentumsübergangs durch den Vermieter

(1) Teilt der Vermieter dem Mieter mit, dass er das Eigentum an dem vermieteten Wohnraum auf einen Dritten übertragen hat, so muss er in Ansehung der Mietforderung dem Mieter gegenüber die mitgeteilte Übertragung gegen sich gelten lassen, auch wenn sie nicht erfolgt oder nicht wirksam ist.

(2) Die Mitteilung kann nur mit Zustimmung desjenigen zurückgenommen werden, der als der neue Eigentümer bezeichnet worden ist.

Materialien: E II § 568; III § 569; BGB § 576; Mietrechtsreformgesetz von 2001 (BGBl I 1149); Prot II 147; Begr z RegE BT-Drucks 14/4553, 63.

Schrifttum

CANARIS, Die Vertrauenshaftung im deutschen Privatrecht (1971)
DÖRNER, Dynamische Relativität (1985).

Systematische Übersicht

I.	Überblick	1	IV. Rücknahme	7
II.	Mitteilung	2	V. Abweichende Vereinbarungen	9
III.	Wirkungen	4	VI. Beweislast	10

I. Überblick

§ 566e BGB regelt die Wirkungen einer unzutreffenden Mitteilung des Vermieters **1** über den Eigentumsübergang. Vorbild der Regelung war § 409 BGB (s Prot II 147). **Bezweckt** wird mit ihr, den Mieter, der gewöhnlich keinen Einblick in die Beziehungen zwischen dem Vermieter und einem Grundstückserwerber hat, in seinem **Vertrauen auf** eine **Mitteilung** des Vermieters über den erfolgten Eigentumsübergang zu schützen (CANARIS, Vertrauenshaftung 451 ff; NÖRR/SCHEYHING/PÖGGELER, Sukzessionen [2. Aufl 1999] § 7 IV 1 [S 93]). Deshalb bestimmt das Gesetz in § 566e Abs 1 BGB, dass der Vermieter in Ansehung der Mietforderung dem Mieter gegenüber die mitgeteilte Übertragung des Eigentums auf einen Dritten gegen sich gelten lassen muss, auch wenn sie nicht erfolgt oder nicht wirksam ist. Abs 2 der Vorschrift fügt hinzu, dass die Mitteilung nur mit Zustimmung desjenigen zurückgenommen werden kann, der in ihr als der neue Eigentümer bezeichnet worden ist. Inhaltlich deckt sich die gesetzliche Regelung in § 566e BGB im Wesentlichen, wenn nicht vollständig mit der Regelung der §§ 409, 412 BGB (s zB BeckOGK/HARKE [1. 10. 2020] Rn 2, 5).

1a Der **Anwendungsbereich** des § 566e BGB deckt sich mit dem des § 566 BGB (s deshalb o § 566 Rn 8 ff). § 566e BGB ist entsprechend anwendbar in den Fällen der §§ 565, 567, 1056 und 2135 BGB, des § 37 WEG, des § 30 ErbbauRG und des § 14 BJagdG, unanwendbar dagegen – mangels einer Verweisung – in der Zwangsversteigerung und der Zwangsverwaltung (Guhling/Günter/Burbulla Rn 3 Abs 2). Praktische Bedeutung hat die Vorschrift lediglich in dem seltenen Fall, dass es entgegen der Mitteilung tatsächlich *nicht* zu einem Eigentumsübergang gekommen ist, weil andernfalls unmittelbar § 566 BGB eingreift (BGHZ 56, 339, 349 = NJW 1971, 1938; BGHZ 64, 117, 119 ff = NJW 1975, 1160).

II. Mitteilung

2 Die Mitteilung muss, um die geschilderten Wirkungen (s Rn 1) auszulösen, nach § 566e Abs 1 BGB gerade vom **Vermieter** ausgegangen sein. Die Mitteilung eines Dritten genügt nur, wenn er vom Vermieter zur Erstattung der Mitteilung bevollmächtigt war. Das gilt auch für den **Erwerber** (Dörner, Relativität 372). Der Mieter ist auf eine Mitteilung des vom Vermieter nicht bevollmächtigten Erwerbers hin auch nicht etwa verpflichtet, nunmehr das Grundbuch einzusehen; vielmehr kann er vom Erwerber den **Nachweis seines Eigentumserwerbs** durch die Vorlage eines Grundbuchauszuges verlangen (LG Kaiserslautern WuM 1985, 229). Kommt der Erwerber diesem Verlangen nach, so findet zum Schutze des Mieters § **893 BGB** entsprechende Anwendung, sodass er fortan mit befreiender Wirkung an den Erwerber zahlen kann (Prot II 147; AG Gelsenkirchen ZMR 2012, 359; Blank/Börstinghaus Rn 5; Guhling/Günter/Burbulla Rn 4; BeckOGK/Harke [1. 10. 2020] Rn 6; Mittelstein, Miete 694; **aM** Staudinger/Picker [2019] § 893 Rn 7 mwNw). Legt der Erwerber keinen Grundbuchauszug vor, so kommt der Mieter, wenn er deshalb eine Zahlung der Miete an den Erwerber ablehnt, diesem gegenüber – angesichts der von ihm nicht zu vertretenden Ungewissheit über den Gläubiger – nicht in Verzug (§ 286 Abs 4 BGB; AG Gelsenkirchen ZMR 2012, 359).

3 Die Mitteilung ist eine bloße Rechtshandlung, keine Willenserklärung, weil sie keinen Rechtsfolgewillen voraussetzt. Sie wird jedoch – als so genannte **geschäftsähnliche Handlung** – in allen wesentlichen Beziehungen ebenso wie eine Willenserklärung behandelt (Blank/Börstinghaus § 566e Rn 3; Guhling/Günter/Burbulla Rn 5; BeckOGK/Harke [1. 10. 2020] Rn 6; Schmidt-Futterer/Streyl § 566e Rn 9); insbesondere setzt sie *Geschäftsfähigkeit* des Vermieters voraus (Weimar ZMR 1963, 2, 3) und wird erst mit Zugang beim Mieter wirksam (§ 130 BGB). Eine **Anfechtung** der Anzeige ist möglich. Sie hat die Wirkung, dass der zugunsten des Mieters begründete Rechtsschein rückwirkend (§ 142 Abs 1 BGB) beseitigt wird; der Mieter ist dann auf die Ersatzpflicht des Vermieters aus § 122 BGB beschränkt (Canaris, Vertrauenshaftung 451 ff; Mittelstein, Miete 693; Weimar ZMR 1963, 2, 3; **aM** Guhling/Günter/Burbulla Rn 6; Roquette § 576 Rn 9). **Inhaltlich** muss sich die Mitteilung gemäß § 566e Abs 1 BGB auf die *bereits erfolgte Übertragung* des Eigentums an den genau bezeichneten Erwerber beziehen. Die bloße Mitteilung des Abschlusses eines Kausalgeschäftes genügt nicht. Eine besondere **Form** ist für die Mitteilung nicht vorgeschrieben, sodass sie auch konkludent erfolgen kann.

III. Wirkungen

Nach § 566e Abs 1 BGB beschränkt sich die Wirkung der Mitteilung darauf, dass der Mieter den Erwerber hinsichtlich der Zahlung der Miete als seinen neuen Gläubiger behandeln *kann* (nicht muss; s unten Rn 6). Der Mieter ist folglich **berechtigt** (nicht etwa verpflichtet), sich auf die Mitteilung zu verlassen und mit befreiender Wirkung an den Erwerber zu zahlen, ihm gegenüber aufzurechnen oder mit ihm einen Erlass zu vereinbaren (s unten Rn 5; Guhling/Günter/Burbulla Rn 8; Schmidt-Futterer/Streyl § 566e Rn 10; Roquette § 576 Rn 5; Lammel § 566e Rn 15). Nach überwiegender Meinung ist § 566e Abs 1 BGB auch anwendbar, wenn dem **Mieter die Unrichtigkeit** der Mitteilung **bekannt** ist; eine Ausnahme wird nur in Fällen des § 826 BGB erwogen (RGZ 126, 183, 185; RG JW 1926, 2529, 2530; LG Baden-Baden WuM 1988, 402, 403; Guhling/Günter/Burbulla Rn 9; BeckOGK/Harke [1. 10. 2020] Rn 7; Dörner, Relativität 373; Schmidt-Futterer/Streyl § 566e Rn 12; Mittelstein, Miete 693; einschränkend BGH WM 1955, 830; offen gelassen in BGHZ 56, 339, 348 = NJW 1971, 1938; **aM** Blank/Börstinghaus § 566e Rn 1; Lammel § 566e Rn 13; Weimar ZMR 1963, 2, 3). Für die Richtigkeit der überwiegend vertretenen Meinung spricht insbesondere die Regelung des § 566e Abs 2 BGB, die anderenfalls wohl entbehrlich wäre. **4**

§ 556e Abs 1 BGB beschränkt die Wirkung der Mitteilung auf die **Bezahlung** der Mietforderung. Gleich stehen eine Aufrechnung des Mieters gegenüber dem Erwerber, die Vereinbarung eines Erlasses (o Rn 4) sowie die **Kündigung** des Mieters gegenüber dem Scheinerwerber (§ 566 Rn 62; wohl auch BGH 23. 2. 2012 – IX ZR 29/11, NJW 2012, 1881 Tz 14 f = WuM 2012, 325, 307 20 = NZM 2012, 638; s dazu schon o § 566c Rn 3 f). Hinsichtlich der sonstigen Rechte und Pflichten der Parteien aus dem Vertrag äußert die Mitteilung keine Wirkungen (anders in Ausnahmefällen nach § 242 BGB OLG Köln ZMR 2013, 884, 886). Daraus folgt vor allem, dass der Mieter sich bei der Vereinbarung von **Vertragsänderungen** *nicht* auf die Mitteilung verlassen kann. Ist die Mitteilung unrichtig, so ist eine mit dem Scheinerwerber vereinbarte Änderung des Vertrags dem Vermieter gegenüber unwirksam (Schmidt-Futterer/Streyl § 566e Rn 11; **aM** Dörner, Relativität 372). **5**

§ 566e Abs 1 BGB bezweckt nur den Schutz des Mieters, sodass der Mieter **nicht gezwungen** ist, sich auf § 566e BGB zu berufen. Ist ihm bekannt, dass das Eigentum tatsächlich nicht übergegangen ist, so kann er auch auf den Schutz des § 566e BGB verzichten und weiterhin mit befreiender Wirkung an den Vermieter als den eigentlich Berechtigten leisten (BGHZ 64, 117, 118 ff = NJW 1975, 1160; KG OLGE 18, 7; BeckOGK/Harke [1. 10. 2020] Rn 9; s auch u Rn 9). Denn die wirkliche Rechtslage geht immer vor. **6**

IV. Rücknahme

Nach § 566e Abs 2 BGB kann der Vermieter die Mitteilung nur mit Zustimmung desjenigen zurücknehmen, den er in der Mitteilung als den neuen Eigentümer bezeichnet hat. Die Zustimmung kann nach § 182 Abs 1 BGB gegenüber dem Vermieter oder gegenüber dem Mieter erklärt werden; anwendbar ist ferner § 182 Abs 3 BGB iVm § 111 S 2 und S 3 BGB (s dazu BeckOGK/Harke [1. 10. 2020] Rn 8), Die **Zustimmung** des Scheinerwerbers ist eine einseitige empfangsbedürftige Willenserklärung, für die keine besondere Form vorgeschrieben ist, sodass sie auch konklu- **7** dent erfolgen kann (KG OLGE 18, 7). Der Scheinerwerber ist bei fehlendem Eigentumserwerb und daraus resultierender Unrichtigkeit der Mitteilung zur Erteilung der Zustimmung **verpflichtet** (§ 812 Abs 1 S 1 Fall 2 BGB, Schmidt-Futterer/Streyl § 566e Rn 14; Lammel § 566e Rn 19). Es handelt sich um einen Fall der Nichtleistungskondiktion, weil die an den Mieter gerichtete Mitteilung des Vermieters keine Leistung des Vermieters an den Scheinerwerber darstellt.

8 Solange dem Mieter vom Vermieter die Zustimmung des Dritten zur Rücknahme der Mitteilung (s oben Rn 7) nicht nachgewiesen worden ist, *kann* er (ohne freilich dazu verpflichtet zu sein, s Rn 6) die Mitteilung weiter als wirksam behandeln und mit befreiender Wirkung an den als neuen Eigentümer bezeichneten Dritten leisten (§ 566e Abs 1 BGB). Dem Nachweis der Zustimmung des Dritten steht der Nachweis von Tatsachen, aus denen sich die Pflicht des Dritten zur Zustimmung ergibt, nicht gleich (s Rn 9; RG JW 1926, 2529, 2530).

V. Abweichende Vereinbarungen

9 Die Vorschrift des § 566e BGB ist nicht zwingend; von der gesetzlichen Regelung abweichende Vereinbarungen insbesondere zwischen Vermieter und Erwerber zum Nachteil des Mieters sind jedoch ohne dessen Zustimmung nicht möglich (§ 311 Abs 1 BGB; Guhling/Günter/Burbulla Rn 10).

VI. Beweislast

10 Wenn der Mieter trotz der Mitteilung des Vermieters den Eigentumserwerb seines angeblichen neuen Vermieters bestreitet, trifft nicht den Mieter die Beweislast; vielmehr muss der **Erwerber** den Eigentumsübergang auf ihn beweisen (LG Kaiserslautern WuM 1985, 229; Schmidt-Futterer/Streyl § 566e Rn 15; Mittelstein, Miete 694 Fn 83). Dagegen trägt der **Mieter** die Beweislast für das Vorliegen einer wirksamen Mitteilung, wenn er sich auf § 566e Abs 1 BGB beruft. Behauptet der Vermieter demgegenüber, er habe mit Zustimmung des Erwerbers die Mitteilung zurückgenommen (§ 566e Abs 2 BGB), so muss der **Vermieter** die Zustimmung des Dritten beweisen (s Rn 8; RG JW 1926, 2529, 2530; BeckOGK/Harke [1. 10. 2020] Rn 11; Lammel § 566e Rn 23).

§ 567
Belastung des Wohnraums durch den Vermieter

Wird der vermietete Wohnraum nach der Überlassung an den Mieter von dem Vermieter mit dem Recht eines Dritten belastet, so sind die §§ 566 bis 566e entsprechend anzuwenden, wenn durch die Ausübung des Rechts dem Mieter der vertragsgemäße Gebrauch entzogen wird. Wird der Mieter durch die Ausübung des Rechts in dem vertragsgemäßen Gebrauch beschränkt, so ist der Dritte dem Mieter gegenüber verpflichtet, die Ausübung zu unterlassen, soweit sie den vertragsgemäßen Gebrauch beeinträchtigen würde.

Materialien: E I § 510; II § 569; III § 570; BGB § 577; Mietrechtsreformgesetz von 2001 (BGBl I 1149); Mot II 386 f; Prot II 159 ff.

Schrifttum

S bei § 566 sowie
DAMMERTZ, Wohnungsrecht und Dauerwohnrecht (1970)
DULCKEIT, Die Verdinglichung obligatorischer Rechte (1951)
V EMMERICH, Miete und Nießbrauch, in: 10 Jahre Mietrechtsreformgesetz (2011) 729
BUB/TREIER/J EMMERICH, Hdb Rn II 724 ff

KOLLHOSSER, Dingliches Wohnrecht und unberechtigte Vermietung, BB 1973, 820
LÖNING, Die Grundstücksmiete als dingliches Recht (1930)
STERNEL, Übergang des Mietverhältnisses bei Begründung und Veräußerung von Wohnungseigentum, MDR 1997, 315.

Systematische Übersicht

I.	Überblick	1
II.	Anwendungsbereich	4
III.	Erbbaurecht	6
IV.	Wohnungsrecht	8
V.	Nießbrauch	
1.	Überblick	12
2.	Eintritt des Nießbrauchers in den Mietvertrag	13
3.	Verdrängung des Eigentümers	17
4.	Vorbehalt des Nießbrauchs	20
5.	Vorausverfügungen	22
6.	Erlöschen des Nießbrauchs	25
VI.	Dienstbarkeiten	27
VII.	Abweichende Vereinbarungen, Beweislast	31

Alphabetische Übersicht

Abweichende Vereinbarungen	31
Anwendungsbereich	4 f
Beweislast	32
Dauernutzungsrecht	1
Dauerwohnrecht	11
Dienstbarkeiten	27 f
– kein Eintritt des Berechtigten	29
– Unterlassungsanspruch des Mieters	28
Erbbraurecht	4
Erlöschen des Rechts	11, 25
Geschichte	1
Grundpfandrechte	4
Kündigung	17
Nießbrauch	12 ff
– Eintritt des Nießbrauchers	13
– Erlöschen	25
– Kündigung	17
– Mietanspruch	16
– Mieterhöhung	17
– Sicherungsnießbrauch	12
– Verdrängung des Eigentümers	17 f
– Vertragsänderung	18
– Vorausverfügungen des Nießbrauchers	23
– Vorbehalt des Nießbrauchs	20
Obligatorische Rechte	2
Sondernutzungsrecht	5

Unterlassungsanspruch	28	Wohnungserbbaurecht	4, 11
		Wohnungsrecht	8
Verdrängung des Eigentümers	17	– Einritt des Berechtigten	8
Vertragsänderungen	18	– Erlöschen	11
Vorausverfügungen des Nießbrauchers	23	– partielles Wohnungsrecht	10, 27
– des Vermieters	22		
Vorbehalt des Nießbrauchs	20	Zweck	1

I. Überblick

1 § 567 BGB regelt iVm § 578 BGB die Auswirkungen einer *Belastung* des vermieteten Grundstücks (das Gesetz spricht ungenau von einer Belastung des vermieteten „Wohnraums") auf zuvor vom Eigentümer abgeschlossene Mietverträge. Er zieht damit die Konsequenzen aus dem von der zweiten Kommission unter dem Druck der Öffentlichkeit (widerwillig) beschlossenen Übergang zu dem Grundsatz „Kauf bricht nicht Miete" (s oben § 566 Rn 1 ff). Die Lösung besteht für den Regelfall in der entsprechenden Anwendung der §§ 566 bis 566e BGB auf die Bestellung dinglicher Rechte, sofern durch die Ausübung des fraglichen Rechts dem Mieter der **vertragsgemäße Gebrauch entzogen** würde *und* sofern dem Mieter das Grundstück vor Bestellung des dinglichen Rechts **bereits überlassen** war (§ 567 S 1 BGB). Der Sache nach wird damit der Miete unter den in § 567 S 1 BGB genannten Voraussetzungen der **Vorrang** (nur) vor nachträglich bestellten *dinglichen Rechten* zugebilligt (Emmerich, in: 10 Jahre Mietrechtsreformgesetz 729 f).

2 Ein Mietvertrag ist dagegen ohne Wirkung gegenüber dem dinglich Berechtigten, insbesondere gegenüber einem Nießbraucher, wenn die *Bestellung* des Rechts dem Abschluss des Mietvertrages *vorausgeht* (s Rn 13; zur Rechtslage bei Abschluss des Mietvertrages durch den Nießbraucher s schon o § 566 Rn 13 f). Ebenso verhält es sich grundsätzlich, wenn das dingliche Recht noch *vor Überlassung* des Grundstücks an den Mieter bestellt wird; eine andere Beurteilung kommt hier nur unter den engen Voraussetzungen des § 567a BGB in Betracht (s § 567a Rn 3 ff).

3 Eine wieder andere Lösung greift schließlich ein, wenn der Mieter durch die Ausübung des dinglichen Rechts lediglich in seinem **vertragsgemäßen Gebrauch beschränkt** würde. In diesem Fall ist der dinglich Berechtigte nach § 567 S 2 BGB dem Mieter gegenüber verpflichtet, die Ausübung seines Rechts zu unterlassen, soweit sie den vertragsgemäßen Gebrauch des Mieters beeinträchtigte. Durch die Regelung des § 567 S 2 BGB wollte der Gesetzgeber in erster Linie Schikanen des Vermieters gegenüber dem Mieter vorbeugen (Prot II 162; Dulckeit, Verdinglichung 20 ff; Löning, Grundstücksmiete 179 ff).

II. Anwendungsbereich

4 Der Anwendungsbereich der §§ 567 und 578 BGB beschränkt sich auf die Belastung des Grundstücks mit dinglichen Rechten im Gegensatz zu bloßen obligatorischen Nutzungsrechten (s Rn 5). **Dingliche Rechte**, durch deren Ausübung dem Mieter im Sinne des **§ 567 S 1 BGB** der vertragsgemäße Gebrauch entzogen würde, sind aus dem BGB vor allem der Nießbrauch des § 1030 BGB (s Rn 12 ff) und das Wohnungsrecht des § 1093 BGB (s Rn 8), weiter das Erbbaurecht nach dem ErbbauRG (s Rn 6 f) sowie aus dem WEG das Dauerwohnrecht, das Dauernutzungsrecht (§ 31 WEG) und das Wohnungserbbaurecht (§ 30 WEG) sowie noch Sondernutzungsrechte einzelner Wohnungseigentümer (u Rn 5). Hinzu kommen nach Landesrecht schließlich die früheren Altenteilsrechte (s Prot II 161). *Nicht* hierher gehören dagegen **Grundpfandrechte**, da die Bestellung solcher Rechte ohne Einfluss auf vom Grundstückseigentümer abgeschlossene Mietverträge ist (s §§ 1123 ff BGB; Blank/Börstinghaus § 567 Rn 3; S Guhling/Günter/Burbulla Rn 11; Schmidt-Futterer/Streyl § 567 Rn 12). Unter **§ 567 S 2 BGB** fällt schließlich in erster Linie die Bestellung von Grunddienstbarkeiten (§§ 1018 ff BGB) und beschränkten persönlichen Dienstbarkeiten (§§ 1090 ff BGB), soweit nicht wie bei den meisten Wohnungsrechten bereits § 567 S 1 BGB eingreift (s Rn 8).

Keine Anwendung finden die §§ 567 und 578 BGB auf die Bestellung **obligatorischer** 5 **Nutzungsrechte** an dem vermieteten Grundstück (s Rn 4; BFHE 138, 242, 244; 156, 403, 405 f = NJW 1989, 3175; Schmidt-Futterer/Streyl § 567 Rn 8). Kollidierende obligatorische Nutzungsrechte haben grundsätzlich *denselben* Rang; Paradigma ist die Doppelmiete. Die dafür entwickelten Regeln (o Staudinger/V Emmerich [2021] § 536 Rn 47 f) gelten entsprechend in anderen Kollisionsfällen. Nach überwiegender Meinung gehören indessen **Sondernutzungsrechte** einzelner Wohnungseigentümer an mitvermieteten Räumen oder Grundstücksteilen wie beispielshalber Stellplätzen – trotz ihrer umstrittenen Rechtsnatur – nicht zu den bloßen obligatorischen Nutzungsrechten, sondern sind im Ergebnis ebenso wie dingliche Rechte entweder unmittelbar oder doch entsprechend § 567 S 1 BGB zu behandeln (§§ 10, 15 WEG, so insbesondere BGH 1. 4. 2019 – XII ZR 40/19 Rn 12, WuM 2020, 79, 80 im Anschluss an BGH 28. 9. 2005 – VIII ZR 399/03 Rn 8 f, NJW 2009, 3781 = NZM 2005, 941 = WuM 2005, 790, 791; Guhling/Günter/Burbulla Rn 7; BeckOGK/Harke [1. 10. 2020] Rn 7; Schmidt-Futterer/Streyl § 567 Rn 8).

III. Erbbaurecht

Bei dem Erbbaurecht sind im vorliegenden Zusammenhang verschiedene Fallgestal- 6 tungen zu unterscheiden. In Betracht kommt zunächst die Vermietung des Grundstücks durch den **Erbbauberechtigten** in Verbindung mit der anschließenden Veräußerung oder dem Erlöschen des Erbbaurechts (s zB Bub/Treier/J Emmerich, Hdb Rn II 724 ff). Dieser Fall, dh die Veräußerung oder das Erlöschen des Erbbaurechts *nach* Vermietung des Grundstücks durch den Erbbauberechtigten, fällt unmittelbar unter § 566 Abs 1 BGB (s §§ 11, 30 und 38 ErbbauRG; o § 566 Rn 12 und u § 567b Rn 2). Von der Anwendung des § 567 S 1 BGB ist dagegen bei **Bestellung** des Erbbaurechts **nach Vermietung und Überlassung** des Grundstücks an den Mieter durch den Eigentümer auszugehen. Hier gilt, dass die Bestellung eines Erbbaurechts der Veräußerung eines Grundstücks so nahe steht, dass die §§ 566 bis 566e BGB nach § 567 S 1 BGB auf diesen Vorgang grundsätzlich ohne Modifikationen angewandt werden können (BGH 20. 11. 1967 – VIII ZR 92/65, LM Nr 31 zu § 581 BGB [Bl 2 R f] = MDR 1968, 233 = Warn 1967 Nr 250 S 564; Mittelstein, Miete 702). Der Erbbauberechtigte tritt folglich mit Entstehung seines Rechts durch Eintragung im Grundbuch in den Mietvertrag ein (OLG Hamm BlGBW 1982, 235, 236). Nach **Erlöschen** des Erbbaurechts fällt der Mietvertrag an den Eigentümer zurück; die §§ 566, 566a BGB und 566b BGB gelten entsprechend (s unten Staudinger/Rapp [2017] § 30 ErbbauRG Rn 1 ff und § 33 ErbbauRG Rn 15; Guhling/Günter/Burbulla Rn 16; BeckOGK/Harke [1. 10. 2020] Rn 8).

7 Von der Veräußerung des Erbbaurechts muss schließlich noch die **Veräußerung des Grundstücks** durch den Eigentümer unterschieden werden. In diesem Fall ist davon auszugehen, dass die Veräußerung des Grundstücks nach Bestellung eines Erbbaurechts an dem Grundstück den Mieter, der vom *Erbbauberechtigten* gemietet hat, grundsätzlich nicht berührt (s § 566 Rn 12; OLG Celle WuM 1984, 193, 194 = ZMR 1985, 18, 19).

IV. Wohnungsrecht

8 Das Wohnungsrecht des § 1093 BGB kann in unterschiedlichen Formen mit der Miete zusammentreffen (s STAUDINGER/V EMMERICH [2021] Vorbem 48 ff zu § 535 und § 566 Rn 16). Zunächst ist es vorstellbar, dass *gleichzeitig* mit der Vermietung eines Grundstücks ein Wohnungsrecht an diesem zu Gunsten des *Mieters* bestellt wird (s zu diesem Fall STAUDINGER/V EMMERICH [2021] Vorbem 49 f zu § 535). Als weitere Variante kommt in Betracht, dass **nach Vermietung** und Überlassung des Grundstücks an den Mieter der Eigentümer und Vermieter an dem Grundstück einem *Dritten* ein Wohnungsrecht bestellt. In diesem Fall ist grundsätzlich von § 567 S 1 BGB auszugehen, sodass der Mieter den Vorrang hat (s Rn 9). Schließlich ist noch vorstellbar, dass der Eigentümer **nach Bestellung** eines Wohnungsrechts das Grundstück an einen Dritten **vermietet**. Da der Vermieter in diesem Fall indessen in aller Regel nicht in der Lage sein dürfte, den Mietvertrag noch zu erfüllen, handelt es sich hier um den Fall eines anfänglichen Rechtsmangels, der unter die §§ 536 Abs 3 und 536a Abs 1 BGB fällt (s STAUDINGER/V EMMERICH [2021] § 536 Rn 45).

9 Bei **nachträglicher Bestellung** eines Wohnungsrechtes an den dem Mieter vermieteten *und* bereits überlassenen Räumen tritt der Wohnungsberechtigte grundsätzlich in den Mietvertrag ein (§ 567 S 1 iVm § 566 Abs 1 BGB; s schon o Rn 8), wodurch zugleich der Eigentümer aus der Vermieterstellung verdrängt wird, jedenfalls sofern das Wohnungsrecht im Wesentlichen *dieselben Räume* wie der Mietvertrag umfasst (BGHZ 59, 51, 53 f = NJW 1972, 1416; AG Hamburg WuM 1997, 330; **aM** KOLLHOSSER BB 1973, 820; MITTELSTEIN, Miete 705). Erstreckt sich das Wohnungsrecht dagegen nur auf einen **Teil der vermieteten Räume**, so wird vielfach eine Parallele zu dem Fall der nachträglichen Realteilung des vermieteten Grundstücks gezogen – mit der Folge, dass der Eigentümer und der Wohnungsberechtigte nebeneinander als Vermieter in den Mietvertrag eintreten (§ 567 S 1 BGB; GUHLING/GÜNTER/BURBULLA Rn 10; BeckOGK/HARKE [1. 10. 2020] Rn 7). Näher liegt jedoch die Anwendung des § 567 **S 2 BGB** (s unten Rn 27; LG Bremen WuM 1990, 514; BLANK/BÖRSTINGHAUS § 567 Rn 12; offen gelassen in BGHZ 59, 51, 54 f = NJW 1972, 1416). Soweit der Wohnungsberechtigte danach in den Mietvertrag eintritt, gebührt ihm auch die *Miete,* selbst wenn ihm die Überlassung der Räume an Dritte nicht gestattet war (BGHZ 59, 51, 53 f = NJW 1972, 1416).

10 *Keine* Bedeutung haben schließlich die §§ 566 und 567 BGB für das Verhältnis zwischen dem **Grundstückseigentümer** und dem **Wohnungsberechtigten** im Falle der Veräußerung oder weiteren Belastung des fraglichen Grundstücks (s § 566 Rn 16). Die Auswirkungen dieser Vorgänge richten sich vielmehr nach den Regeln über die Kollision dinglicher Rechte, dh in erster Linie nach dem Prioritätsgrundsatz.

11 Auch der **Wohnungsberechtigte** kann – bei entsprechender Gestattung – die Räume **vermieten** (s § 1092 Abs 1 S 2 BGB). Erlischt sodann das Wohnungsrecht, so endet auch der Mietvertrag, da § 1093 Abs 1 S 2 BGB nicht auf § 1056 BGB verweist (s oben § 566 Rn 14). Anders verhält es sich jedoch, wenn der Mietvertrag bereits *vor* Bestellung des Wohnungsrechts abgeschlossen worden war. In diesem Fall war nämlich zunächst für die Dauer seines Rechts der Wohnungsberechtigte nach den §§ 567 S 1 und 566 Abs 1 BGB in den Mietvertrag eingetreten (s Rn 10), sodass bei Erlöschen des Rechts der Mietvertrag an den Eigentümer zurückfällt. Auf diesen Fall sind die §§ 566, 566a und 566b ff BGB entsprechend anzuwenden. Dasselbe gilt für die Fälle des Erlöschens eines **Wohnungserbbaurechts** (§ 30 WEG), eines **Dauerwohnrechts** und eines Dauernutzungsrechts (§ 31 WEG; s oben § 566 Rn 17; BeckOGK/ Harke [1. 10. 2020] Rn 7; Schmidt-Futterer/Streyl § 567 Rn 23).

V. Nießbrauch

1. Überblick

Der praktisch bedeutsamste Anwendungsfall des § 567 BGB ist das – wohl meistens steuerlich bedingte – Zusammentreffen von Nießbrauch und Miete. Hier müssen von vornherein verschiedene Fallgestaltungen unterschieden, da letztlich nur ein Teil der relevanten Fälle von § 567 S 1 BGB erfasst wird. Unmittelbar einschlägig ist § 567 S 1 BGB im Grunde nur, wenn der Vermieter an dem bereits dem Mieter *überlassenen* Grundstück **(nachträglich)** einem Dritten einen Nießbrauch bestellt (s dazu Rn 13 f). Davon zu trennen ist der Fall, dass die Nießbrauchbestellung der Vermietung des Grundstücks **vorausgeht**. In diesem Fall ist der Mietvertrag ohne Wirkung gegenüber dem Nießbraucher, sodass dieser von dem Mieter Räumung verlangen kann (KG LZ 1917, 1011 Nr 15), während der Mieter auf die Rechte aus den §§ 536 Abs 3 und 536a Abs 1 BGB wegen eines Rechtsmangels beschränkt ist (s schon Rn 8 und Staudinger/V Emmerich [2021] § 536 Rn 78 ff). Wieder anders ist die Rechtslage, wenn der **Nießbraucher selbst** das Grundstück vermietet oder verpachtet, wozu er jederzeit in der Lage ist (vgl §§ 1030 und 1056 BGB). Probleme können sich in diesem Fall vor allem bei Beendigung oder Übertragung des Nießbrauchs ergeben, weshalb das Gesetz für diese Fälle in den §§ 1056 und 1059d BGB Vorsorge getroffen hat (s dazu schon o § 566 Rn 13 f). 12

2. Eintritt des Nießbrauchers in den Mietvertrag

Im Falle der **Bestellung** eines Nießbrauchs an dem **vermieteten Grundstück** nach dessen Überlassung an den Mieter tritt der Nießbraucher gemäß § 567 S 1 BGB in Verbindung mit § 566 Abs 1 BGB in den Mietvertrag mit der Entstehung seines Rechts durch Eintragung ins Grundbuch an Stelle des Eigentümers ein, und zwar ohne Rücksicht auf die Abreden zwischen dem Grundstückseigentümer und dem Nießbraucher und auch ohne Rücksicht darauf, ob dieser von seinem Recht überhaupt Gebrauch macht (OLG Hamm BlGBW 1982, 235, 236; LG Mannheim ZMR 1977, 284, 285; LG Nürnberg-Fürth Rechtspfleger 1991, 148 f; LG Verden NJW-RR 2009, 1095; AG Hamburg WuM 1997, 330, 331). 13

Der **Eintritt** des Nießbrauchers vollzieht sich **kraft Gesetzes**. Selbst bei Minderjährigkeit des Nießbrauchers bedarf deshalb dessen Eintritt in den Mietvertrag *nicht* der Genehmigung des Vormundschaftsgerichts (BGH 27. 10. 1982 – V ZR 177/81, LM Nr 27 zu § 571 BGB = NJW 1983, 1780 = ZMR 1983, 202; Schmidt-Futterer/Streyl § 567 Rn 15). Bei 14

Nichtigkeit des Nießbrauchs kommt dagegen ein Eintritt des vermeintlichen Nießbrauchers in den Mietvertrag nicht in Betracht. Dasselbe gilt, solange der Berechtigte lediglich einen schuldrechtlichen Anspruch auf Nießbrauchbestellung hat (OLG Köln NJW 1968, 2148; LG Mannheim ZMR 1977, 284 f).

15 Unerheblich ist das der Nießbrauchbestellung zugrundeliegende **Kausalverhältnis**. Selbst wenn der Nießbrauch nur zu Sicherungszwecken bestellt wurde, bleibt es doch bei der Regelung der §§ 567 S 1 und 566 Abs 1 BGB (OLG Dresden SächsArch 2 [1907] 563, 564; BLANK/BÖRSTINGHAUS § 567 Rn 5). Wird der Nießbrauch zugunsten **mehrerer Personen** bestellt, so treten sie zusammen als Vermieter in den Mietvertrag ein (s Rn 17; LG Verden NJW-RR 2009, 1095). Bestellt dagegen der Eigentümer und Vermieter mehreren Personen *nacheinander* einen Nießbrauch an dem vermieteten Grundstück, so geht der Mietvertrag nur auf den ersten und damit *vorrangigen* Nießbraucher über, während auf das Verhältnis des Mieters zu den nachrangigen Nießbrauchern § 567 S 2 BGB entsprechend anzuwenden ist (s Rn 30).

16 Als neuer Vermieter ist der Nießbraucher zur Erfüllung des Vertrages durch Gebrauchsüberlassung und Erhaltung der Sache verpflichtet (§§ 567 S 1, 535 BGB; OLG Hamburg OLGE 33, 304, 305; LG Verden NJW-RR 2009, 1095; MITTELSTEIN, Miete 704 f; BUB/TREIER/J EMMERICH, Hdb Rn II 714 ff). Zum Ausgleich gebührt ihm die **Miete** vom Augenblick der Nießbrauchbestellung ab (RGZ 68, 10, 13; 80, 311, 316; 81, 146, 149; 94, 279, 281 f; 124, 325, 329; RG JW 1908, 135 f; WarnR 1911 Nr 19 S 25; BGH 19. 10. 1957 – VIII ZR 276/56, LM Nr 14 zu § 535 BGB = NJW 1958, 380 f; OLG Hamburg OLGE 33, 319, 320; MITTELSTEIN, Miete 703 f).

3. Verdrängung des Eigentümers

17 Die eigenartige Regelung des § 567 S 1 BGB wirft vor allem die Frage auf, ob durch den Eintritt des Nießbrauchers in den Mietvertrag der Eigentümer verdrängt wird oder ob er gewisse Mitwirkungsrechte behält (vgl MITTELSTEIN, Miete 704 ff). Auszugehen ist davon, dass die §§ 566 und 567 BGB in erster Linie den Schutz des Mieters und nicht den des Eigentümers bezwecken. Daraus ist der Schluss zu ziehen, dass der Eintritt des Nießbrauchers in den Mietvertrag an Stelle des Vermieters zu dessen nicht nur partieller, wie vielfach angenommen, sondern vollständiger **Verdrängung aus dem Vertrag** führt (BLANK/BÖRSTINGHAUS § 567 Rn 7; SCHMIDT-FUTTERER/STREYL § 567 Rn 14; MünchKomm/HÄUBLEIN § 567 Rn 5; ebenso offenbar BGH 10. 12. 1957 – VIII ZR 276/56, LM Nr 14 zu § 535 BGB = NJW 1958, 380 = WM 1958, 399 = ZMR 1958, 152; str). Aus diesem Grund kann auch nur der Nießbraucher (nach Begründung seines Rechts durch Einigung und Eintragung) eine **Erhöhung der Miete** nach § 558 BGB verlangen (s LG Mannheim ZMR 1977, 284; LG Verden NJW-RR 2009, 1095). Sind mehrere Nießbraucher gleichrangig in den Mietvertrag eingetreten (s Rn 15), so können folglich nur alle zusammen eine Mieterhöhung nach § 558 BGB fordern (s oben § 558a Rn 6; LG Verden NJW-RR 2009, 1095). Außerdem kann nur der Nießbraucher oder der Mieter (ohne Mitwirkung des Vermieters) den Mietvertrag **kündigen** (NIENDORFF, Mietrecht 323), ebenso wie allein der Nießbraucher nach Kündigung vom Mieter Räumung verlangen kann.

18 Nießbraucher und Mieter sind allein für die **Aufhebung** oder die **Änderung** des Vertrages zuständig (GUHLING/GÜNTER/BURBULLA Rn 14; BeckOGK/HARKE [1. 10. 2020]

Rn 5; Schmidt-Futterer/Streyl § 567 Rn 14; **aM** Mittelstein, Miete 705), letzteres auch mit Wirkung für die Zeit nach Beendigung des Nießbrauchs, sodass der Eigentümer dann nur in den entsprechend abgeänderten Mietvertrag nach § 566 Abs 1 BGB iVm § 1056 BGB wieder eintreten kann (MünchKomm/Häublein § 567 Rn 5; Schmidt-Futterer/Streyl § 567 Rn 14; **aM** OLG Celle OLGE 33, 320; Mittelstein, Miete 705). Denn der Mietvertrag geht nach § 566 Abs 1 BGB nur in derjenigen Fassung auf einen Dritten, insbesondere also den neuen Eigentümer oder den Nießbraucher über, den er in dem jeweils maßgeblichen Augenblick – hier also nach § 1056 Abs 1 BGB bei Beendigung des Nießbrauchs – gerade hat.

Die **Rechtsstellung des Eigentümers** beschränkt sich fortan auf seine bürgenähnliche Haftung aufgrund des **§ 566 Abs 2 BGB** (Guhling/Günter/Burbulla Rn 15). Jedoch kommt hier eine Befreiung von dieser Haftung aufgrund des § 566 Abs 2 S 2 BGB nicht in Betracht, da nach Erlöschen des Nießbrauchs der Mietvertrag an den Eigentümer zurückfällt (Blank/Börstinghaus Rn 7; Lammel § 567 Rn 17; Mittelstein, Miete 705; **aM** MünchKomm/Häublein § 567 Rn 6). **19**

4. Vorbehalt des Nießbrauchs

Wenn der Eigentümer nach Vermietung des Grundstücks und nach dessen Überlassung an den Mieter das Grundstück veräußert und sich zugleich den Nießbrauch vorbehält, tritt keine Änderung in der Rechtslage ein, da der frühere Eigentümer jetzt *als Nießbraucher* Vermieter bleibt (BGH 27. 10. 1982 – V ZR 177/81, LM Nr 27 zu § 571 BGB = NJW 1983, 1780; 7. 9. 2005 – VIII ZR 24/05 Rn 13, NZM 2006, 11, 12 = WuM 2005, 769, 770 = ZMR 2006, 26; BFHE 138, 242, 243; 156, 403, 405 f = NJW 1989, 3175, 3176; OLG Frankfurt ZMR 1986, 356; DNotZ 2008, 846; OLG Düsseldorf ZMR 2003, 570; ZMR 2009, 844 = GE 2009, 906; LG Verden NJW-RR 2009, 1095 = NZM 2010, 360; LG Baden-Baden WuM 1993, 357; AG Dortmund NZM 1998, 511; AG München ZMR 2019, 351; Guhling/Günter/Burbulla Rn 12; BeckOGK/Harke [1. 10. 2020] Rn 6; Gehse DNotZ 2009, 160; MünchKomm/Häublein § 567 Rn 6; Blank/Börstinghaus § 567 Rn 8; Schmidt-Futterer/Streyl § 567 Rn 15). Dies gilt auch bei Minderjährigkeit des Nießbrauchers (o Rn 13). **20**

Im Schrifttum wird diskutiert, ob im Falle der Veräußerung eines Grundstücks unter Vorbehalt des Nießbrauchs der Erwerber nicht zumindest für eine juristische Sekunde Vermieter wird, bevor das Mietverhältnis wieder auf den Veräußerer und jetzigen Nießbraucher übergeht. Die Frage hat Bedeutung für die bürgenähnliche Haftung des Nießbrauches nach § 566 Abs 2 BGB und für seine Haftung auf Rückgewähr der Kaution aufgrund des § 566a S 2 BGB. Obwohl dadurch die Position des Mieters weiter verstärkt wurde, ist doch zu bedenken, dass von derartigen logischen Operationen wie der Vorstellung einer juristischen Sekunde schwerlich derart weitgehende Rechtsfolgen abhängig gemacht werden können (ebenso BGH 27. 10. 1982 – V ZR 177/81, LM Nr 27 zu § 571 BGB = NJW 1983, 1780; Guhling/Günter/Burbulla Rn 17; BeckOGK/Harke [1. 10. 2020] Rn 6; im Ergebnis auch Schmidt-Futterer/Streyl § 567 Rn 15). Wird der Nießbrauch **zugleich für** einen **Dritten**, zB für den Ehegatten des Veräußerers vorbehalten, so tritt dieser Dritte neben dem Veräußerer ebenfalls in den Mietvertrag ein, sodass ihn fortan gleichfalls die Rechte und Pflichten aus dem Mietvertrag treffen (s Rn 11; LG Verden NJW-RR 2009, 1095 = NZM 2010, 360). Erst wenn der bei der Veräußerung des Grundstücks vorbehaltene Nießbrauch des Veräußerers erlischt, fällt analog § 1056 BGB der Mietvertrag dann an den Grundstücks- **21** erwerber, der folgerichtig auch das Sonderkündigungsrecht des § 1056 Abs 2 erwirbt (s oben § 566 Rn 13 ff; AG München ZMR 2019, 351; Roquette § 577 Rn 6; teilweise aM LG Bochum ZMR 1952, 38).

5. Vorausverfügungen

22 In der Frage der Wirksamkeit von Vorausverfügungen muss man zwischen Vorausverfügungen des Eigentümers für die Zeit nach Bestellung des Nießbrauchs und Vorausverfügungen des Nießbrauchers für die Zeit nach Beendigung des Nießbrauchs und Eintritt des Eigentümers in den Mietvertrag unterscheiden. Was zunächst die Vorausverfügungen des **Eigentümers und Vermieters** für die Zeit nach Bestellung des Nießbrauchs angeht, so richtet sich deren Wirksamkeit nach § 567 S 1 iVm § 566b BGB (s dazu schon o § 566b Rn 2; RGZ 94, 279, 281 f; RG WarnR 1911 Nr 19 S 25; OLG Hamburg HansGZ 1916 Beibl 268; OLG Dresden OLGE 8, 399 f; KG OLGE 14, 131; Mittelstein, Miete 704; zu Vorausverfügungen des Nießbrauchers s unten Rn 23). Weitergehende Vorausverfügungen des Vermieters sind dagegen als Verfügungen eines Nichtberechtigten unwirksam (OLG Hamburg OLGE 33, 319, 320). Außerdem kann der Nießbraucher, wenn jetzt noch die Mietforderungen durch Gläubiger des Vermieters gepfändet werden, nach § 771 ZPO intervenieren (OLG Dresden SächsArch 2 [1907] 563, 564; 3 [1908] 168, 169; 3, 584 f; Mittelstein, Miete 704). Eine Ausnahme gilt nur bei einer **Pfändung** der Mietforderungen durch einen *vorgehenden* Hypothekengläubiger (RGZ 81, 146, 149 f; Mittelstein, Miete 704).

23 Von den Vorausverfügungen des Vermieters über die Miete für die Zeit nach Bestellung des Nießbrauchs (dazu o Rn 22) müssen Vorausverfügungen des **Nießbrauchers** über die Miete für die Zeit **nach Beendigung** des Nießbrauchs und Eintritt des Eigentümers in den Mietvertrag unterschieden werden (s dazu schon ausführlich § 566b Rn 2 f). Auszugehen ist davon, dass der Nießbraucher ohne Weiteres über die Mietforderungen, die auf die **Zeit seines Rechtes** entfallen, durch Abtretung oder Verpfändung verfügen kann; auch eine Pfändung der Mietforderungen durch Gläubiger des Nießbrauchers ist während dieser Zeit möglich (RG JW 1912, 870 Nr 29). Im Rahmen des § 1124 BGB sind derartige Verfügungen des Nießbrauchers auch gegenüber einem vorrangigen Hypothekengläubiger wirksam (OLG Dresden SächsArch 3 [1908] 584 f; s RGZ 80, 311, 316 f).

24 Soweit sich dagegen die Verfügungen des Nießbrauchers auf die **Zeit nach Erlöschen** seines Rechts erstrecken, beurteilt sich ihre Wirksamkeit (nur) nach **§ 566b Abs 1 BGB**, und zwar ohne Rücksicht darauf, ob der Mietvertrag erst vom Nießbraucher abgeschlossen wurde (§ 1056 Abs 1 BGB) oder ob der Nießbraucher in einen zuvor schon vom Eigentümer abgeschlossenen Mietvertrag aufgrund der §§ 567 und 566 Abs 1 BGB eingetreten war, der nach Beendigung des Nießbrauchs an den Eigentümer zurückfällt (s Rn 25 f); dasselbe gilt schließlich für Pfändungen der Mietforderungen gegenüber dem Nießbraucher (OLG Dresden SeuffA 65 [1910] Nr 92 S 185, 186 ff; wegen der Einzelheiten s oben § 566b Rn 2 f).

6. Erlöschen des Nießbrauchs

25 Für den Fall, dass der Nießbrauch erlischt, ordnet **§ 1056 Abs 1 BGB** die entsprechende Anwendung der §§ 566, 566a BGB und 566b Abs 1 sowie der §§ 566c BGB bis 566e BGB und 567b BGB an. Dies bedeutet, dass nach Erlöschen des Nießbrauchs der **Eigentümer** anstelle des Nießbrauchers in den Mietvertrag eintreten muss (§ 1056 Abs 1 iVm § 566 Abs 1 BGB), jedoch zu seinem Schutz ein **Sonderkündigungsrecht** erhält (§ 1056 Abs 2 BGB; wegen der Einzelheiten s oben § 566 Rn 13 f). Die Wirksamkeit von Vorausverfügungen des Nießbrauchers richtet sich außerdem (nur) nach § 566b Abs 1 BGB (s Rn 22 und § 566b Rn 2).

Nach dem Wortlaut des § 1056 Abs 1 BGB gilt das Gesagte (Rn 25) zwar nur, wenn **26** es gerade der Nießbraucher gewesen war, der das Grundstück vermietet hatte. Nichts anderes kann jedoch gelten, wenn der Mietvertrag zunächst vom *Eigentümer* abgeschlossen worden war und der Nießbraucher erst anschließend aufgrund der §§ 567 und 566 Abs 1 BGB in den Mietvertrag eingetreten war. Erlischt in diesem Fall der Nießbrauch vor Ablauf des Mietvertrages, so fällt der Vertrag an den Eigentümer zurück; die §§ 566a bis 566e BGB sind entsprechend anzuwenden (KG OLGE 39, 240, 241; STAUDINGER/HEINZE [2017] § 1056 Rn 11, 21; LÖNING, Grundstücksmiete 178 f; MITTELSTEIN, Miete 705; SCHMIDT-FUTTERER/STREYL § 567 Rn 21).

VI. Dienstbarkeiten

Nach § 567 S 2 BGB ist ein Dritter, wenn der Mieter durch die Ausübung des Rechts **27** des Dritten in dem vertragsgemäßen Gebrauch beschränkt wird, dem Mieter gegenüber zur Unterlassung der Ausübung seines Rechts verpflichtet, soweit die Rechtsausübung den vertragsgemäßen Gebrauch des Mieters beeinträchtigte. Voraussetzung ist, wie sich aus der Bezugnahme von S 2 des § 567 BGB auf S 1 der Vorschrift und damit auf § 566 Abs 1 BGB ergibt, dass die Vermietung des Grundstücks der Bestellung des Rechts des Dritten vorausgegangen ist und dass dem Mieter das Grundstück bei Bestellung des Rechts des Dritten bereits überlassen war (zB BECK-OGK/HARKE [1. 10. 2020] Rn 9). Sind diese Voraussetzungen erfüllt, so geht das Recht des Mieters auf ungestörte Ausübung des vertragsgemäßen Gebrauchs dem Recht des Dritten vor (§ 567 S 2 BGB). Die Gesetzesverfasser hatten bei dieser eigenartigen Regelung in erster Linie den Fall im Auge, dass das Grundstück nach seiner Vermietung und Überlassung an den Mieter mit einer **Grunddienstbarkeit** oder einer **beschränkten persönlichen Dienstbarkeit** belastet wird, durch deren Ausübung das Gebrauchsrecht des Mieters zwar nicht völlig aufgehoben, jedoch beeinträchtigt würde. **Beispiele** sind die Bestellung eines Wohnungsrechts nur an einem Teil der Wohnung (str; s oben Rn 10; anders die wohl hM), Rechte auf Mitbenutzung eines vermieteten Gartens, Wegegerechtigkeiten, Weidegerechtigkeiten an einer verpachteten Wiese oder eine Wassergerechtigkeit an einer verpachteten Mühle (Prot II 162) sowie noch Überfahrrechte, Rechte zur Verlegung von Leitungen und Rechte auf Entnahme von Wasser oder Bodenbestandteilen (BLANK/BÖRSTINGHAUS § 567 Rn 12).

Soweit die Ausübung eines der genannten Rechte (s Rn 27), zB die Mitbenutzung des **28** vermieteten Gartens seitens eines Dritten, den vertragsgemäßen Gebrauch des Mieters an dem Garten beeinträchtigte, kann der **Mieter** nach § 567 S 2 BGB von dem Dienstbarkeitsberechtigten, dem „Dritten" **Unterlassung** der Ausübung seines Rechtes verlangen und diesen Anspruch notfalls auch durch Klage durchsetzen; der Anspruch verjährt nach den §§ 195 und 199 BGB (s zB GUHLING/GÜNTER/BURBULLA Rn 20). Der Mieter hat seinerseits gegenüber dem Unterlassungsanspruch des Berechtigten eine persönliche **Einrede** (§§ 1004 Abs 2, 1027, 1090 Abs 2 BGB; LG

Bremen WuM 1990, 514; Blank/Börstinghaus § 567 Rn 12; Mittelstein, Miete 706; Schmidt-Futterer/Streyl § 567 Rn 17). Außerdem kann er nach § 535 Abs 1 BGB vom Vermieter **Beseitigung der Störung** verlangen (Mittelstein, Miete 706; Niendorff, Mietrecht 323; Schmidt-Futterer/Streyl § 567 Rn 18). Weitere Rechte des Mieters ergeben sich insbesondere aus den §§ 536 Abs 3, 536a Abs 1 und 543 Abs 2 Nr 1 BGB, da es sich hier um einen nachträglichen **Rechtsmangel** handelt (ausführlich Guhling/Günter/Burbulla Rn 20).

29 § 567 S 2 BGB bedeutet *nicht*, dass der aus der Dienstbarkeit Berechtigte in den Mietvertrag eintritt (LG Bremen WuM 1990, 514; LG Nürnberg-Fürth Rechtspfleger 1991, 148 f). Er muss vielmehr lediglich das vorgehende Gebrauchsrecht des Mieters respektieren (o Rn 28). Auch die Mietforderung steht ihm nicht zu. Ebensowenig kann er den Mietvertrag kündigen (Niendorff, Mietrecht 323 f). Soweit infolgedessen die Ausübung des ihm zustehenden Rechts unmöglich oder doch beeinträchtigt wird, muss er sich aufgrund seines Kausalverhältnisses an den Vermieter und Eigentümer halten (Niendorff, Mietrecht 323 f).

30 § 567 S 2 BGB gilt entsprechend, wenn an die Stelle einer Grunddienstbarkeit eine **andere** tritt oder wenn der Mieter gleichzeitig durch **mehrere Dienstbarkeiten** in dem vertragsgemäßen Gebrauch gestört wird (Löning, Grundstücksmiete 184 ff). Die Vorschrift ist außerdem anwendbar, wenn der Vermieter nacheinander **verschiedenen Personen** einen **Nießbrauch** bestellt. Dann tritt nur der erste Nießbraucher in den Mietvertrag ein, während der Mieter gegen den zweiten oder dritten Nießbraucher durch § 567 S 2 BGB geschützt ist (s Rn 15; Löning, Grundstücksmiete 184 ff). Keine Anwendung findet die Vorschrift dagegen, wenn der Eigentümer des *herrschenden* Grundstücks, das an einen Dritten vermietet war, auf die Dienstbarkeit verzichtet. Selbst wenn dadurch das Gebrauchsrecht des Mieters beeinträchtigt wird, tritt der Eigentümer des mit der Dienstbarkeit belasteten Grundstücks nicht in den Mietvertrag ein (Mittelstein, Miete 707; Roquette NJW 1957, 1440; **aM** LG Gießen NJW 1957, 466).

VII. Abweichende Vereinbarungen, Beweislast

31 § 567 BGB ist ebensowenig wie § 566 BGB zwingendes Recht. Die Vorschrift kann daher, freilich nur mit Zustimmung des Mieters, bei Bestellung eines dinglichen Rechtes durch Individualvereinbarung (nicht durch Formularvertrag, § 307 BGB) **abbedungen** werden (Palandt/Weidenkaff § 567 Rn 1).

32 Die **Beweislast** ist hier ebenso wie bei § 566 BGB zu verteilen (s oben § 566 Rn 91). Verlangt der Mieter zB unter Berufung auf § 567 S 2 von einem Dritten Unterlassung der Ausübung einer Dienstbarkeit, so trägt er die Beweislast für sämtliche Voraussetzungen des Anspruchs, dh für den Abschluss des Mietvertrages und für die Überlassung des Grundstücks vor Bestellung des Rechts sowie für die Beeinträchtigung seines Rechtes auf vertragsgemäßen Gebrauch durch die Ausübung der Dienstbarkeit (zB Guhling/Günter/Burbulla Rn 22).

§ 567a
Veräußerung oder Belastung vor der Überlassung des Wohnraums

Hat vor der Überlassung des vermieteten Wohnraums an den Mieter der Vermieter den Wohnraum an einen Dritten veräußert oder mit einem Recht belastet, durch dessen Ausübung der vertragsgemäße Gebrauch dem Mieter entzogen oder beschränkt wird, so gilt das Gleiche wie in den Fällen des § 566 Abs. 1 und des § 567, wenn der Erwerber dem Vermieter gegenüber die Erfüllung der sich aus dem Mietverhältnis ergebenden Pflichten übernommen hat.

Materialien: E I § 512; II § 570; III § 571; Mot II 391 ff; Prot II 162 f; BGB § 578; Mietrechtsreformgesetz von 2001 (BGBl I 1149).

Schrifttum

ECKERT, Veräußerung des Mietgrundstücks ohne Vermieterwechsel, in: FS Blank (2006) 129
LÖNING, Die Grundstücksmiete als dingliches Recht (1930).

Systematische Übersicht

I.	Geschichte, Zweck	1	IV. Rechtsfolgen	10
II.	Anwendungsbereich	2	V. Rechtslage ohne Erfüllungsübernahme	14
III.	Erfüllungsübernahme	4	VI. Beweislast	16

I. Geschichte, Zweck

Die Vorschrift des § 567a BGB eröffnet den Parteien bei einem Vertrag über die Veräußerung oder die Belastung eines Grundstücks über die Regelung der §§ 566 Abs 1 und 567 BGB hinaus einen Weg zur „Überleitung" von Mietverhältnissen auf den Grundstückserwerber oder den sonstigen Berechtigten. Während nach den §§ 566 Abs 1 und 567 BGB die Anwendung des Grundsatzes „Kauf bricht nicht Miete" bei Veräußerung oder Belastung des Grundstücks grundsätzlich dessen *vorherige Überlassung* an den Mieter voraussetzt (s § 566 Rn 52 ff und § 567 Rn 5), begnügt sich das Gesetz unter den Voraussetzungen des § 567a BGB für die Überleitung des Mietverhältnisses mit einer Erfüllungsübernahme des Grundstückserwerbers oder des sonstigen Berechtigten. Hintergrund der eigenartigen Regelung ist der Umstand, dass der Vermieter bei einer Veräußerung oder Belastung des Grundstücks nach Abschluss eines Mietvertrages, aber noch *vor* Überlassung des Grundstücks an den Mieter mit erheblichen Haftungsrisiken rechnen müsste, wenn der Mieter keinen Schutz gegen eine Erfüllungsverweigerung seitens des Erwerbers besäße. Deshalb wurde dem Vermieter mit § 567a BGB (= § 578 von 1900) bereits im ersten Entwurf

1

des BGB ein einfacher Weg eröffnet, im Falle der Veräußerung oder Belastung des Grundstücks der drohenden Haftung durch die Vereinbarung einer **Erfüllungsübernahme** mit dem Erwerber zu entgehen (Mot II 391 ff.). Obwohl die zweite Kommission später zu dem Prinzip „Kauf bricht nicht Miete" (s § 566 nF = § 571 aF) überging, hielt sie doch an der Vorschrift für die von den §§ 566 und 567 BGB nicht erfassten Fälle fest (Prot II 162 f). **Praktische Bedeutung** scheint § 567a BGB vor allem bei der Veräußerung bereits vermieteter Gebäude noch während der Planungs- oder Bauphase zu haben (Eckert, in: FS Blank 129, 138 ff).

II. Anwendungsbereich

2   § 567a BGB spricht ebenso wie die §§ 566 und 567 BGB ungenau von der Veräußerung oder Belastung „des Wohnraums". Gemeint ist, wie aus § 578 BGB zu folgern ist, die Veräußerung oder Belastung des Grundstücks, auf dem sich die fraglichen Räume befinden. Erfasst wird **jede Form der Veräußerung** oder Belastung des Grundstücks im Sinne der §§ 566 und 567 BGB (s oben § 566 Rn 38 ff, § 567 Rn 2 f).

3   § 567a BGB gilt für die Wohnraummiete, für die sonstige Grundstücks- und Raummiete (§ 578 Abs 1 BGB) sowie für Pacht- und Landpachtverhältnisse (§§ 581 Abs 2, 593b BGB). Die Vorschrift ist entsprechend anwendbar bei Übertragung eines Nießbrauchs (§ 1059d BGB; anders freilich für den Fall der Beendigung des Nießbrauchs § 1056 BGB) sowie bei Veräußerung eines Eigenjagdbezirks (§ 14 Abs 1 S 1 BJagdG; vgl außerdem § 30 ErbbauRG und § 31 WEG). *Keine* Anwendung findet § 567a BGB dagegen in der **Insolvenz** des Vermieters (ebenso § 11 Abs 3 des Investitionsvorranggesetzes). In § 57 ZVG fehlt gleichfalls ein Verweis auf § 567a BGB, weil in der **Zwangsversteigerung** in der Regel kein Raum für eine Übernahmevereinbarung mit dem Ersteher sein dürfte (so Guhling/Günter/Burbulla Rn 7; BeckOGK/Harke [1. 10. 2020] Rn 4; Schmidt-Futterer/Streyl Rn 3). Dadurch würde freilich eine entsprechende Anwendung des § 567a BGB bei einer einseitigen Übernahmeerklärung des Erstehers nicht notwendig ausgeschlossen, für die in der Tat verschiedentlich ein Bedürfnis gesehen wird. Jedoch hat sich diese Meinung mit Rücksicht auf das Erfordernis einer Übernahme*vereinbarung* in § 567a BGB letztlich nicht durchzusetzen vermocht. Es kommt hinzu, dass den Ersteher nichts hindert, mit dem Mieter, wenn ihm dies geboten erscheint, seinen Eintritt in den Mietvertrag zu vereinbaren; dies kann jederzeit auch konkludent geschehen (s aber § 550 BGB).

III. Erfüllungsübernahme

4   Die in § 567a BGB getroffene Regelung unterscheidet sich von der der §§ 566 Abs 1 und 567 BGB allein durch den Verzicht auf das Erfordernis der **Überlassung** des Grundstücks an den Mieter vor Veräußerung oder Belastung des Grundstücks (s §§ 566 Abs 1 und 567 S 1 BGB; § 566 Rn 49 ff, § 567 Rn 5) sowie durch die Ersetzung dieses Erfordernisses durch das andere Erfordernis der Vereinbarung einer Erfüllungsübernahme zwischen Vermieter und Erwerber. Von diesen Unterschieden abgesehen gilt für § 567a BGB im Kern dasselbe wie für die §§ 566 und 567 BGB. Insbesondere bleibt es auch hier ebenso wie bei den §§ 566 und 567 BGB bei dem so genannten **Identitätserfordernis** (s § 566 Rn 27 ff). Der Eintritt des Erwerbers oder des sonstigen Berechtigten in den Mietvertrag setzt maW als erstes voraus, dass der Eigentümer, der über das Grundstück im Wege der Veräußerung oder Belastung

verfügt, *zugleich* der Vermieter ist (BGH 12. 3. 2003 – XII ZR 18/00, BGHZ 154, 171, 175 = NJW 2003, 2158).

Hinzukommen muss noch, dass der Erwerber (oder der sonstige Berechtigte) dem Vermieter gegenüber durch **Vertrag** (nicht bloß einseitig) die Erfüllung der sich aus dem Mietverhältnis ergebenden Verpflichtungen übernommen hat (§ 567a BGB). Die Erfüllungsübernahme braucht nicht schon in dem der Veräußerung oder Belastung zugrundeliegenden Kausalgeschäft vereinbart zu werden, sondern kann diesem Vertrag *auch nachfolgen* (STERNEL, Mietrecht Rn I 56). Selbst **nach Eigentumsübergang** bzw nach Bestellung des dinglichen Rechts kann die Erfüllungsübernahme immer noch bis zur Überlassung der Mietsache an den Mieter vereinbart werden (BLANK/BÖRSTINGHAUS § 567a Rn 7; GUHLING/GÜNTER/BURBULLA Rn 9; BECKOGK/HARKE [1. 10. 2020] Rn 5; STERNEL, Mietrecht Rn I 56; **aM** LAMMEL § 567a Rn 7, 12; MITTELSTEIN, Miete 709; SCHMIDT-FUTTERER/STREYL Rn 9). Der Erwerber tritt in diesem Fall rückwirkend in den noch nicht durch Überlassung der Mietsache vollzogenen Mietvertrag ein (BLANK/BÖRSTINGHAUS § 567a Rn 7; ECKERT, in: FS Blank 129, 138). 5

Die **Reihenfolge** von Veräußerung, Vermietung und Erfüllungsübernahme bleibt gleich, da das Gesetz lediglich verlangt, dass die Veräußerung oder Belastung des Grundstücks ebenso wie dessen Vermietung noch **vor der Überlassung** des Grundstücks an den Mieter erfolgt sind (§ 567a BGB). Folgt die Veräußerung oder Belastung des Grundstücks dagegen dessen Vermietung und Überlassung *nach,* so gelten unmittelbar die §§ 566 und 567 BGB, gleichgültig, ob der Erwerber die Erfüllung der Mietverträge übernommen hatte oder nicht und ob er von der Existenz der Mietverträge überhaupt wusste. 6

Eine besondere **Form** ist für die Erfüllungsübernahme seitens des Grundstückserwerbers (oder des sonstigen Berechtigten) in § 567a BGB nicht vorgeschrieben, sodass sie grundsätzlich auch **konkludent** erfolgen kann (GUHLING/GÜNTER/BURBULLA Rn 11; BECKOGK/HARKE [1. 10. 2020] Rn 5; BLANK/BÖRSTINGHAUS § 567a Rn 8; SCHMIDT-FUTTERER/STREYL § 567a Rn 8). Bei der Annahme einer **konkludenten Erfüllungsübernahme** sollte im Interesse des Mieterschutzes großzügig verfahren werden (ebenso BLANK/BÖRSTINGHAUS § 567a Rn 6; anders ECKERT, in: FS Blank 129, 138 ff; SCHMIDT-FUTTERER/STREYL § 567a Rn 6, 8). Daher genügt für die Anwendung des § 567a BGB jede Erklärung, mit der der Erwerber seine Bereitschaft zum Eintritt in etwa bestehende Mietverträge zum Ausdruck bringt, zB die Entgegennahme der Mieterlisten oder die Vereinbarung in dem Grundstückskaufvertrag, dass die Rechte und Pflichten aus *Mietverträgen* auf den Käufer übergehen sollen (BGH 15. 11. 1965 – VIII ZR 288/63, LM Nr 1 zu § 578 BGB = WM 1966, 96 = MDR 1966, 229 = Warn 1965 Nr 240; BECKOGK/HARKE [1. 10. 2020] Rn 5). *Nicht* ausreichend ist dagegen eine bloße **partielle Übernahme** der Vermieterpflichten; sie löst nicht die Rechtsfolgen des § 567a BGB aus, sondern fällt unter die allgemeinen Vorschriften der §§ 328 f, 415 f BGB. Ebensowenig genügt die bloße, in der Vertragspraxis übliche Vereinbarung des Übergangs von Nutzen und Lasten des Grundstücks zu einem bestimmten Zeitpunkt auf den Erwerber (BECKOGK/HARKE [1. 10. 2020] Rn 5). 7

Im Schrifttum wird diskutiert, ob zumindest bei langfristigen Mietverträgen die Erfüllungsübernahme der **Form des § 550 BGB** bedarf. Für eine entsprechende Anwendung dieser Vorschrift spricht zwar der Umstand, dass heute auf den ver- 8 traglichen *Mieterwechsel* allgemein § 550 BGB entsprechend angewandt wird (s oben § 540 Rn 44; ECKERT, in: FS Blank 129, 139). Ausschlaggebend sollten jedoch mit Rücksicht auf Sinn und Zweck der Regelung (o Rn 1) vorrangig Überlegungen des Mieterschutzes sein. Aus diesem Grund sollte an der grundsätzlichen Formfreiheit für die Erfüllungsübernahme festgehalten werden (s Rn 7). Einer **Anzeige** der Erfüllungsübernahme an den Mieter bedarf es gleichfalls nicht (STERNEL, Mietrecht Rn I 56). Ebenso entbehrlich ist – abweichend von § 415 Abs 1 S 1 BGB – die **Zustimmung** des Mieters. Vor allem darauf beruht die eigenständige Bedeutung der Vorschrift des § 567a BGB (s Rn 10).

9 Bis zum Augenblick des Eigentumsübergangs oder der Bestellung des dinglichen Rechts kann die Erfüllungsübernahme durch Vertrag zwischen Vermieter und Erwerber auch wieder **aufgehoben** werden (SCHMIDT-FUTTERER/STREYL § 567a Rn 10; MITTELSTEIN, Miete 709 f). Erst danach ist für einen Aufhebungsvertrag auch schon vor Überlassung des Grundstücks die Zustimmung des Mieters erforderlich, weil ihm nicht gegen seinen Willen die durch die Erfüllungsübernahme schon erlangte Rechtsstellung wieder genommen werden kann (NIENDORFF, Mietrecht 325). Unberührt bleibt die Möglichkeit einer Anfechtung der Erfüllungsübernahme durch den Erwerber etwa nach § 119 Abs 1 BGB, zB, wenn er von einem gesetzlichen Übergang der Mietverhältnisse ausgeht, sodass es ihm an dem nötigen Erklärungsbewusstsein fehlt (so zB MünchKomm/HÄUBLEIN Rn 4; BECKOGK/HARKE [1. 10. 2020] Rn 5).

IV. Rechtsfolgen

10 Die Rechtsfolgen der Erfüllungsübernahme ergeben sich nach § 567a BGB aus § 566 Abs 1 BGB und aus § 567 BGB bei Berücksichtigung des Umstandes, dass im Falle des § 567a BGB in dem Tatbestand des § 566 Abs 1 BGB und des § 567 BGB an die Stelle der Überlassung des Besitzes an den Mieter die wirksame Vereinbarung einer Erfüllungsübernahme zwischen dem Vermieter und dem Erwerber (oder dem sonstigen Berechtigten) tritt. Dies bedeutet, dass die Erfüllungsübernahme in erster Linie zur Folge hat, dass der Erwerber im **Augenblick des Eigentumsübergangs** sowie die sonstigen Berechtigten im Augenblick der Entstehung ihres Rechtes durch Eintragung im Grundbuch ebenso wie in den Fällen der §§ 566 Abs 1 und 567 S 1 BGB ohne Weiteres **kraft Gesetzes**, dh auch ohne Zustimmung des Mieters, in die in diesem Augenblick bestehenden Mietverträge eintreten (s BLANK/BÖRSTINGHAUS § 567a Rn 9; GUHLING/GÜNTER/BURBULLA Rn 13; BECKOGK/HARKE [1. 10. 2020] Rn 6; MünchKomm/ HÄUBLEIN Rn 7; ECKERT, in: FS Blank 129, 131; LÖNING, Grundstücksmiete 169 ff; SCHMIDT-FUTTERER/STREYL § 567a Rn 11).

11 Keine Rolle spielt, ob der Erwerber die Mietverhältnisse überhaupt **kannte** (BGH 15. 11. 1965 – VIII ZR 188/63, LM Nr 1 zu § 578 BGB = Warn 1965 Nr 240 = WM 1966, 96 = MDR 1966, 229). Er muss vielmehr die bestehenden Mietverhältnisse mit dem Inhalt hinnehmen, den sie im Augenblick des Eigentumserwerbs oder der Bestellung des dinglichen Rechts gerade haben, sodass auch etwaige zwischenzeitliche **Änderungen** des Mietvertrages in der Zeit bis zum Übergang des Eigentums (oder der Entstehung des belastenden Rechts) gegen den Erwerber wirken (BECKOGK/HARKE [1. 10. 2020] Rn 6; TAUBER Gruchot 49 [1905] 228, 259 f). Dasselbe gilt für Verpflichtungen des Vermieters, die sich aus der Ausübung eines vertraglichen Gestaltungsrechtes seitens des Mieters ergeben (BGH 15. 11. 1965 – VIII ZR 188/63, LM Nr 1 zu § 578 BGB = Warn

1965 Nr 240 = WM 1966, 96 = MDR 1966, 229), sofern nur in diesem Augenblick der Mietvertrag noch wirksam ist (KG OLGE 11, 144 f).

Der Erfüllungsanspruch des Mieters richtet sich von dem genannten Zeitpunkt ab (o Rn 10) nur noch gegen den Erwerber oder gegen den sonstigen Berechtigten. Zum Ausgleich stehen den Genannten die **Mietforderungen** zu (KG OLGE 11, 144). Für Vorausverfügungen des Eigentümers über die Miete gelten die §§ 566b bis 566d BGB, für Sicherheitsleistungen des Mieters § 566a BGB (Eckert, in: FS Blank 129, 131). Der bisherige Vermieter scheidet dagegen aus dem Mietverhältnis aus. Unberührt davon bleibt seine bürgenähnliche **Haftung** aufgrund des § 566 Abs 2 BGB (OLG Köln OLGR 1992, 153). 12

§ 567a BGB verweist auch auf **§ 567 S 2 BGB**. Deshalb kommt bei der Bestellung von **Grunddienstbarkeiten** oder beschränkten persönlichen Dienstbarkeiten ebenfalls eine Erfüllungsübernahme in Betracht. Sie hat hier zur Folge, dass der Berechtigte **keinen Unterlassungsanspruch** gegen den Mieter hat, soweit sich der Mieter im Rahmen des vertragsgemäßen Gebrauchs hält. 13

V. Rechtslage ohne Erfüllungsübernahme

Ohne Erfüllungsübernahme iS des § 567a BGB gilt in den von § 567a BGB geregelten Fällen (s oben Rn 3) der Satz „**Kauf bricht Miete**". Der Erwerber tritt folglich *nicht* in *vertragliche Beziehungen* zum Mieter; vielmehr kann der Erwerber von dem Mieter, wenn der letztere nachträglich den Besitz des Grundstücks erlangen sollte, Räumung verlangen (Eckert, in: FS Blank 129, 131). Behandelt dagegen der Erwerber den Mieter tatsächlich als solchen, nimmt er insbesondere die Zahlung der Miete seitens des Mieters entgegen, so hindert nichts die Annahme eines konkludent abgeschlossenen Mietvertrages (s Rn 7; anders Eckert, in: FS Blank 129, 139). 14

Zum **Schadensersatz** ist der Erwerber grundsätzlich dem Mieter mangels vertraglicher Beziehungen allein unter den engen Voraussetzungen des § 826 BGB verpflichtet (OLG Celle SeuffA 56 [1901] Nr 147 S 263, 264). Der Mieter muss sich stattdessen an seinen Vermieter halten, von dem er wegen des Vorliegens eines nachträglichen Rechtsmangels nach den §§ 536 Abs 3 und 536a Abs 1 BGB Schadensersatz verlangen kann (OLG Köln OLGR 1992, 153; anders Schmidt-Futterer/Streyl § 567a Rn 12: Schadensersatzpflicht des Vermieters nach den §§ 280, 283 mangels Übergabe der Mietsache). Außerdem kann der Mieter nach § 543 Abs 2 Nr 1 BGB kündigen. Daneben dürften vielfach Ersatzansprüche aus cic gegeben sein (§ 311 Abs 2 BGB). 15

VI. Beweislast

Die Beweislast für die Veräußerung oder Belastung des Grundstücks sowie für die Erfüllungsübernahme trifft denjenigen, der Rechte aus § 567a BGB herleiten will. Dies ist der Erwerber, wenn er von dem Mieter Zahlung der Miete verlangt, dagegen der Mieter, falls er von dem Erwerber Erfüllung des Mietvertrages oder Schadensersatz wegen Vertragsverletzungen fordert (zB BeckOGK/Harke [1. 10. 2020] Rn 7). 16

§ 567b
Weiterveräußerung oder Belastung durch Erwerber

Wird der vermietete Wohnraum von dem Erwerber weiterveräußert oder belastet, so sind § 566 Abs. 1 und die §§ 566a bis 567a entsprechend anzuwenden. Erfüllt der neue Erwerber die sich aus dem Mietverhältnis ergebenden Pflichten nicht, so haftet der Vermieter dem Mieter nach § 566 Abs. 2.

Materialien: E II § 571; III § 572; BGB § 579; Mietrechtsreformgesetz von 2001 (BGBl I 1149); Prot II 174.

Systematische Übersicht

I. Überblick _____ 1	III. Haftung des Vermieters _____ 7
II. Eintritt des Zweiterwerbers in den Mietvertrag _____ 3	

I. Überblick

1 § 567b S 1 BGB regelt im Anschluss an die §§ 566 und 567 BGB die Weiterveräußerung oder Belastung des vermieteten Grundstücks durch den *ersten Erwerber,* um möglichen Zweifeln über die Rechtslage vorzubeugen (Prot II 174). Zu diesem Zweck bestimmt S 1 der Vorschrift, dass, wenn der Grundstückserwerber das Grundstück weiterveräußert oder belastet, § 566 Abs 1 BGB und die §§ 566a bis 567a BGB „entsprechend" anzuwenden sind, sodass insbesondere ein Zweiterwerber ebenfalls (anstelle des ersten Erwerbers) in den Mietvertrag eintritt (Rn 3). An sich versteht sich das von selbst, weil der erste Erwerber mit seinem Eintritt in den Mietvertrag aufgrund des § 566 Abs 1 BGB bereits zum „Vermieter" geworden war – mit der Folge, dass mit der erneuten Veräußerung des Grundstücks dann an dessen Stelle – wiederum nach § 566 Abs 1 BGB – der Zweiterwerber tritt. Die eigenständige Bedeutung der Vorschrift des § 567b BGB ergibt sich erst aus S 2 der Vorschrift, nach dem bei Nichterfüllung der sich aus dem Mietverhältnis ergebenden Pflichten durch den Zweiterwerber die bürgenähnliche Haftung aus § 566 Abs 2 BGB den (ersten) Vermieter trifft. Die **praktische Bedeutung** der Vorschrift scheint gering zu sein. Anwendungsfälle sind in erster Linie im Bauträgergeschäft vorstellbar, in dem es häufig bereits in der Planungs- oder Bauphase zu einer wiederholten Veräußerung des bereits vermieteten Grundstücks kommt (s § 567a Rn 1).

2 Die Vorschrift des § 567b BGB gilt auch für die sonstige Grundstücks- und Raummiete (§ 578 Abs 1 BGB). Die Vorschrift ist außerdem auf Pacht- und Landpachtverhältnisse anwendbar (§§ 581 Abs 2, 593b BGB). Entsprechend anwendbar ist § 567b BGB ferner auf die Jagdpacht (§ 14 BJagdG). Weitere Anwendungsfälle ergeben sich aus § 578a Abs 1, 1056 Abs 1, 1059d und aus § 2135 BGB sowie schließlich aus § 11 Abs 3 des Investitionsvorranggesetzes. Keine Bedenken beste-

hen außerdem gegen eine entsprechende Anwendung des § 567b BGB in Fällen einer weiteren Veräußerung oder Belastung des Grundstücks (sogenannte **Kettenveräußerung**, Guhling/Günter/Burbulla Rn 5). Dagegen fehlt ein Verweis auf § 567b BGB für die **Zwangsversteigerung** in § 57 ZVG sowie in § 37 WEG für die Fälle des Heimfalls eines Dauerwohn- oder Dauernutzungsrechts (BeckOGK/Harke [1. 10. 2020] Rn 3).

II. Eintritt des Zweiterwerbers in den Mietvertrag

Nach § 567b S 1 BGB gelten die §§ 566 Abs 1 und 566a bis 567a BGB entsprechend, 3 wenn das vermietete Grundstück von dem Erwerber weiterveräußert oder belastet wird. Paradigma ist der Fall, dass ein vermietetes und dem Mieter bereits überlassenes Grundstück *zweimal* nacheinander veräußert wird. In diesem Fall treten folglich nacheinander zunächst der erste Erwerber und sodann der zweite Erwerber jeweils für die Dauer ihres Eigentums in den Mietvertrag ein, während der erste Erwerber aus dem Mietvertrag wieder ausscheidet (BGH 2. 11. 1988 – VIII ZR 7/88, LM Nr 31 zu § 571 BGB = NJW-RR 1989, 77 = WM 1989, 153, 154).

Eigentlich ergibt sich dies bereits unmittelbar aus der Vorschrift des § 566 Abs 1 4 BGB, sodass § 567b S 1 BGB insoweit lediglich klarstellende Bedeutung hat (s Rn 1). Nichts anderes gilt, wenn der erste Erwerber ein **Erbbaurecht** oder einen **Nießbrauch** bestellt (§ 567b S 1; § 567 S 1 BGB). Ungeregelt, aber genauso zu behandeln, ist der Fall, dass nachträglich der Erbbauberechtigte oder der Nießbraucher, die nach § 567 BGB in den Mietvertrag eingetreten sind, ihr Recht, soweit möglich, veräußern oder belasten (s für das Erbbaurecht o § 567 Rn 6, für den Nießbrauch o § 566 Rn 13 und § 567 Rn 12 ff). Ebenso ist die Rechtslage schließlich zu beurteilen, wenn nach Erlöschen des Nießbrauchs und Rückfall des Mietvertrags an den Eigentümer (§ 1056 Abs 1 BGB) dieser das Grundstück weiterveräußert oder wieder belastet (s oben § 566b Rn 2).

Nach § 566a BGB in Verbindung mit den §§ 567b und 578 Abs 1 BGB tritt der 5 zweite Erwerber mit Eigentumserwerb außerdem in die Rechte und Pflichten ein, die sich aus einer vom Mieter geleisteten **Sicherheit** ergeben, wobei es gleich bleibt, ob der Mieter die Sicherheit dem ersten Vermieter oder dem Ersterwerber geleistet hatte. Folglich kann der *zweite* Erwerber von dem ersten Erwerber die Aushändigung einer schon geleisteten Sicherheit verlangen. In jedem Fall haftet er auf die **Rückgewähr** der Sicherheit nach § 566a S 2 BGB; subsidiär haften neben ihm der erste Vermieter und der Ersterwerber.

§ 567b S 1 BGB verweist für die Fälle der Weiterveräußerung des vermieteten 6 Grundstücks (s Rn 3 f) auch auf die §§ 566b bis 566d BGB, die die Wirksamkeit von **Vorausverfügungen** des Veräußerers regeln. Das Gesetz erfasst hier insbesondere Fälle, die dadurch gekennzeichnet sind, dass der erste Erwerber des Grundstücks noch vor dessen Weiterveräußerung über die Miete für die Zeit nach Übergang des Eigentums auf den zweiten Erwerber verfügt hat. Die Wirksamkeit solcher Vorausverfügungen des *ersten* Erwerbers richtet sich folglich nach den §§ 566b bis 566d BGB. Zu diesem Zweck muss in den genannten Vorschriften an die Stelle des Vermieters der erste Erwerber und an die Stelle des Erwerbers der zweite Erwerber gesetzt werden. Mit dieser Maßgabe sind die genannten Vorschriften auch bei Vorausverfügungen des ersten Erwerbers anwendbar.

III. Haftung des Vermieters

7 Nach § 567b S 2 BGB haftet der erste Vermieter und Veräußerer dem Mieter bürgenähnlich gemäß § 566 Abs 2 BGB, wenn der neue, dh der *zweite* Erwerber die sich für ihn aus dem übergegangenen Mietverhältnis ergebenden Pflichten nicht erfüllt. Zum Verständnis dieser Vorschrift muss man sich vergegenwärtigen, dass S 1 des § 567b BGB allein auf § 566 *Abs 1* BGB, *nicht* dagegen auch auf *Abs 2* dieser Vorschrift verweist, der die bürgenähnliche Haftung des Vermieters im Falle der Veräußerung des Grundstücks regelt. Daraus folgt, dass den *ersten* Erwerber, den sog **Zwischenerwerber** im Falle der Weiterveräußerung des Grundstücks *nicht* die bürgenähnliche Haftung aus § 566 Abs 2 BGB trifft, wenn der nächste (zweite) Erwerber gegen die sich für ihn aus dem Mietverhältnis ergebenden Pflichten verstößt. Um zu verhindern, dass der Mieter infolgedessen des Schutzes des § 566 Abs 2 BGB verlustig geht, bestimmt daher § 567b S 2 BGB, dass die Haftung nach § 566 Abs 2 BGB stattdessen weiterhin den **ersten Vermieter** und Veräußerer, d.h. den ursprünglichen Vertragspartner des Mieters trifft (Schmidt-Futterer/Streyl § 567b Rn 7). Vor allem auf dieser Rechtsfolge beruht die eigenständige Bedeutung des § 567b BGB, der im Übrigen lediglich wiederholt, was sich bereits unmittelbar aus den Vorschriften des § 566 BGB und des § 567 BGB ergibt (s Rn 1).

8 Die geschilderte Regelung des § 567b S 2 BGB (s Rn 7) ist *nicht unproblematisch*, weil zu beachten bleibt, dass sich der erste Vermieter und Veräußerer unter den Voraussetzungen des § 566 Abs 2 S 2 BGB von seiner bürgenähnlichen Haftung wieder befreien kann. Daraus ergibt sich die Frage, wie die Rechtslage zu beurteilen ist, wenn anschließend das Grundstück weiterveräußert wird, weil dann unklar ist, welchen Beteiligten fortan die bürgenähnliche Haftung des Veräußerers aus § 566 Abs 2 BGB trifft. Gelegentlich wird hier ein **Wiederaufleben der Haftung** des ersten Veräußerers und Vermieters befürwortet (so Roquette § 579 Rn 7). Für diese Annahme bietet indessen das Gesetz keine Grundlage; die Folge wäre zudem eine schwer erträgliche Endloshaftung des ersten Vermieters und Veräußerers (Lammel § 567b Rn 15). Will man deshalb nicht generell die Forthaftung irgendeines der Beteiligten in diesem Sonderfall verneinen (so Mittelstein, Miete 711), so bleibt nichts anderes übrig, als anzunehmen, dass dann eben – über den Wortlaut des Gesetzes hinaus – der **jeweiligen Veräußerer** die bürgenähnliche Haftung des Vermieters tragen muss (Guhling/Günter/Burbulla Rn 7; BeckOGK/Harke [1. 10. 2020] Rn 4; Leonhard, Schuldrecht B 169; Palandt/Weidenkaff § 567b Rn 2; Schmidt-Futterer/Streyl § 567b Rn 7).

Kapitel 5
Beendigung des Mietverhältnisses
Unterkapitel 1
Allgemeine Vorschriften

§ 568
Form und Inhalt der Kündigung

(1) Die Kündigung des Mietverhältnisses bedarf der schriftlichen Form.

(2) Der Vermieter soll den Mieter auf die Möglichkeit, die Form und die Frist des Widerspruchs nach den §§ 574 bis 574b rechtzeitig hinweisen.

Materialien: BT-Drucks IV/1323, *zu* BT-Drucks IV/1323, 3; BT-Drucks V/1743, 3, 4; BT-Drucks V/2317, *zu* BT-Drucks V/2317, 4 f; BT-Drucks VI/1549, 6 f; BT-Drucks VI/2421, 2; BT-Drucks 11/6508, 17, 25; BT-Drucks 11/6540, 3; BT-Drucks 11/6636, 17, 33; BT-Drucks 14/4553, 63 f; BT-Drucks 14/5663, 24.

Schrifttum

BARON, Zur Frage, wann in der Erhebung einer Räumungsklage zugleich eine materiell-rechtliche Kündigungserklärung erblickt werden kann, ZMR 1998, 683
EBNET, Die Entwicklung des Telefax-Rechts seit 1992, JZ 1996, 507
ders, Rechtsprobleme bei der Verwendung von Telefax, NJW 1992, 2985
ECKERT/SCALIA, Formwahrung durch Telefax, DStR 1996, 1608
EINSELE, Die neuen Formvorschriften im Mietrecht, in: Gedschr Sonnenschein (2002) 117
FLATOW, Typische Fehler bei der Kündigungserklärung, NZM 2004, 281
GATHER, Die Neuregelungen des Wohnungsbau-Erleichterungsgesetzes, DWW 1990, 190
HÄHNCHEN, Das Gesetz zur Anpassung der Formvorschriften des Privatrechts und anderer Vorschriften an den modernen Rechtsgeschäftsverkehr, NJW 2001, 2831
HEUN, Elektronisch erstellte oder übermittelte Dokumente und Schriftform, CR 1995, 2
OTTO, Das WohnungsbauerleichterungsG: Die Änderungen zum 1. 6. 1990, GE 1990, 514
RAMBACH, Zweifelsfragen zur Belehrungspflicht des Vermieters bei Beendigung von Zeitmietverhältnissen, WuM 1991, 323
ROSSNAGEL, Das neue Recht elektronischer Signaturen, NJW 2001, 1817
SCHÜRMANN, Wohnraumkündigung per Telefax – formungültig und dennoch fristwahrend, NJW 1992, 3005
SONNENSCHEIN, Kündigungsschutz als Vermietungshemmnis, in: PiG Bd 33 (1991) 95
ders, Die Stellung des Vermieters im System des Kündigungsschutzes, ZfgWBay 1990, 513.

Systematische Übersicht

I.	Allgemeine Kennzeichnung	
1.	Überblick	1
2.	Entstehung der Vorschrift	2
3.	Zweck der Vorschrift	4

II.	Schriftliche Kündigung (Abs 1)	
1.	Voraussetzungen	6
a)	Mietverhältnis über Wohnraum	6
b)	Kündigung	9
c)	Schriftliche Form	12
2.	Rechtsfolgen	23

III. Hinweis auf das Widerspruchsrecht nach §§ 574 bis 574b (Abs 2)	
1. Voraussetzungen	26
2. Rechtsfolgen	32

IV. Abweichende Vereinbarungen	33

Alphabetische Übersicht

Abweichende Vereinbarungen	33	– Einliegerwohnraum	26
Anfechtung des Mietvertrags	11	– Geschäftsraum	6
Aufhebungsvertrag	11, 25	– Grundstück	6
		– Mischmietverhältnis	7
Beendigung durch Zeitablauf	27	– Untermiete	8
		– Wohnraum	6
Elektronische Form	16, 22	– zu nur vorübergehendem Gebrauch	26
E-Mail	16		
Entstehung der Vorschrift	2	Namensunterschrift	14 f
Hinweis auf den Widerspruch	26	Protokoll	17, 21
– Form u Frist des Widerspruchs	29		
– Kündigung	27	Qualifizierte Signatur	16
– Möglichkeit des Widerspruchs	28		
– Rechtsfolgen	32	Räumungsrechtsstreit	5, 32
– Rechtzeitigkeit	30 f	Rücktritt vom Mietvertrag	11
– Voraussetzungen	26		
		Schriftform der Kündigungserklärung	6
Kündigung	9	– Rechtsfolgen	23 ff
– Arten	10	– Voraussetzungen	6 ff
– außerordentliche befristete	27	Signatur	16
– durch schlüssiges Verhalten	21	Stellvertreter	18 ff
– durch Stellvertreter	18 ff		
– Gründe	3	Unabdingbarkeit	33 f
– ordentliche	27	Untermiete	8
– Schriftform	6 ff	Urkunde	13
– Widerspruch	5, 26		
Kündigungsgründe	3	Verlängerungsklausel	10
Mietrechtsreform	3	Widerspruch gegen die Kündigung	5, 26
Mietverhältnis			
– bewegliche Sache	6	Zweck der Vorschrift	4

I. Allgemeine Kennzeichnung

1. Überblick

1 Die Vorschrift regelt als **Teil des sozialen Mietrechts** (Schmidt-Futterer/Blank Rn 3; Spielbauer/Schneider/Ettl Rn 3) Einzelfragen der Kündigung eines Mietverhältnisses über Wohnraum. Für die ordentliche und die außerordentliche Kündigung wird in Abs 1 die schriftliche Form vorgeschrieben. Darüber hinaus soll der Vermieter den

Mieter nach Abs 2 auf den nach § 574 BGB möglichen Widerspruch gegen die Kündigung hinweisen. Dies betrifft allerdings nur die ordentliche und die außerordentliche befristete Kündigung des Vermieters, weil in den übrigen Fällen (insbesondere also bei der außerordentlichen fristlosen Kündigung, vgl § 574 Abs 1 S 2 BGB) kein Widerspruchsrecht des Mieters besteht.

2. Entstehung der Vorschrift

Die Vorschrift ist durch Art I Nr 5 MietRÄndG 1 vom 29. 7. 1963 (BGBl I 505) als § 564a BGB in das BGB aufgenommen worden und geht auf einen Vorschlag des Rechtsausschusses des Deutschen Bundestags zurück (BT-Drucks IV/1323, 4). Sie umfasste zunächst nur das Erfordernis der Schriftform für die Kündigung eines Mietverhältnisses über Wohnraum und stellte zugleich einige Ausnahmetatbestände für Mietverhältnisse zu nur vorübergehendem Gebrauch und über möblierten Einliegerwohnraum auf. 1967 fügte Art I Nr 6 des MietRÄndG 3 vom 21. 12. 1967 (BGBl I 1248) als Abs 2 und 3 die Bestimmungen ein, dass der Vermieter den Mieter über das Widerspruchsrecht belehren und ihm auf Verlangen über die Gründe der Kündigung unverzüglich Auskunft erteilen soll. Die bereits vorher aufgestellten Ausnahmetatbestände wurden als Abs 4 angefügt und betrafen damit auch die neuen Bestimmungen. Art 1 Nr 2 des MRVerbG vom 4. 11. 1971 (BGBl I 1745) übernahm die in dem gleichzeitig aufgehobenen Abs 3 enthaltene Regelung der Auskunft über die Kündigungsgründe in § 564a Abs 1 S 2 BGB, indem die Auskunftserteilung als Sollvorschrift unabhängig von einem dahin gehenden Verlangen des Mieters festgelegt wurde. Die gleiche Regelung des Auskunftsverlangens war durch Art I Nr 2 MietRÄndG 3 (vgl Rn 2) als S 2 an § 556a Abs 5 BGB aF angefügt worden. Die Ausnahmetatbestände wurden vom früheren Abs 4 zu Abs 3. Im Zusammenhang mit der Erweiterung der Ausnahmen vom Kündigungsschutz in § 564b Abs 7 BGB und § 556a Abs 8 BGB aF erhielt § 564a Abs 3 BGB durch Art 3 Nr 2 WoBauErlG vom 17. 5. 1990 (BGBl I 926) eine neue Fassung.

Durch das **MietRRG vom 19. 6. 2001** (BGBl I 1149) hat die Vorschrift mit Wirkung zum 1. 9. 2001 ihre heutige Fassung erhalten. Der frühere Abs 1 S 2 über die Obliegenheit des Vermieters, dem Mieter die Kündigungsgründe zu benennen, wurde gestrichen. An seine Stelle sind die Bestimmungen des § 573 Abs 3 BGB, § 569 Abs 5 BGB und § 573d Abs 1 BGB über die Pflicht des Vermieters getreten, die Kündigungsgründe in dem Kündigungsschreiben anzugeben (s STAUDINGER/V EMMERICH § 569 Rn 57 ff). Zugleich wurden die früheren Ausnahmen vom Geltungsbereich (§ 564a Abs 3 BGB aF) modifiziert und in § 549 Abs 2 BGB verortet (vgl BT-Drucks 14/4553, 63 f).

3. Zweck der Vorschrift

Das Erfordernis der Schriftform für die Kündigung eines Mietverhältnisses über Wohnraum in § 568 Abs 1 BGB ist im Rahmen der Verbesserung des sozialen Mietrechts aufgestellt worden. Hierdurch soll vor allem mündlichen Kündigungen, die nur aus einer augenblicklichen Gefühlsreaktion heraus erklärt werden, die Wirksamkeit versagt bleiben (**Übereilungsschutz**). Im Übrigen verfolgt § 568 BGB, wie die meisten Vorschriften, die einen Formzwang begründen, eine **Klarstellungs- und Beweisfunktion** (BeckOK/WÖSTMANN [1. 8. 2020] Rn 2; BeckOK MietR/R SCHULTZ [1. 8. 2020]

Rn 4; Herrlein/Kandelhard/Kandelhard Rn 1; Schmid/Harz/Gahn Rn 2; Schmidt-Futterer/Blank Rn 6). Mit dem Formzwang für die Kündigung soll schließlich dem Umstand entsprochen werden, dass auch der Widerspruch des Mieters gegen die Kündigung aufgrund der Sozialklausel des § 574 Abs 1 BGB der Schriftform bedarf (§ 574b Abs 1 S 1 BGB; Ausschussbericht, zu BT-Drucks IV/1323, 3).

5 Die Regelung des Abs 2 hinsichtlich des Hinweises auf die Widerspruchsmöglichkeit ist zusammen mit § 574b Abs 2 BGB (seinerzeit § 556a Abs 6 BGB) durch das MietRÄndG 3 (vgl Rn 2) getroffen worden. In der Praxis hatte sich gezeigt, dass Mieter vielfach aus Rechtsunkenntnis keinen Gebrauch von ihrem Widerspruchsrecht gegenüber einer Kündigung machten. Häufig waren es gerade Mieter aus den Bevölkerungskreisen, die Hilfe benötigten. Deshalb soll der Mieter den Widerspruch noch im ersten Termin des Räumungsrechtsstreits erklären können, wenn er nicht rechtzeitig vor Ablauf der Widerspruchsfrist auf die Möglichkeit sowie Form und Frist des Widerspruchs hingewiesen worden ist (BT-Drucks V/1743, 3). Dabei wurde bewusst davon abgesehen, einen Hinweis nur dann als ausreichend anzusehen, wenn er schon bei der Kündigung (so Begr zum Entw des BR BT-Drucks V/1743, 3) oder spätestens einen Monat vor Ablauf der Widerspruchsfrist erklärt wurde (so Stellungnahme der BReg zum Entw des BR BT-Drucks V/1743, 4). Um Schwierigkeiten bei der Berechnung der Frist zu vermeiden, soll es genügen, wenn der Hinweis rechtzeitig vor Ablauf der Widerspruchsfrist erteilt wird (Ausschussbericht, zu BT-Drucks V/2317, 4 f).

II. Schriftliche Kündigung (Abs 1)

1. Voraussetzungen

a) Mietverhältnis über Wohnraum

6 Nach § 568 Abs 1 BGB bedarf die Kündigung eines Mietverhältnisses über Wohnraum der schriftlichen Form. Ob es sich um ein Mietverhältnis über Wohnraum handelt, richtet sich danach, ob Vertragsgegenstand Räume sind, die nach dem von den Parteien **vertraglich vereinbarten Zweck zum Wohnen bestimmt** sind (Staudinger/V Emmerich [2021] Vorbem 24 zu § 535; zu einer Ferienwohnung AG Bad Oeynhausen ZMR 2005, 541). Unerheblich ist, ob der Wohnraum dauerhaft oder nur zum vorübergehenden Gebrauch, leer oder möbliert (Sonnenschein NZM 2000, 1, 6) vermietet wird, da § 549 Abs 2 BGB für die dort genannten Wohnräume nur die Geltung von § 568 Abs 2 BGB, nicht aber von Abs 1 ausschließt (vgl BeckOK MietR/R Schultz [1. 8. 2020] Rn 2; Blank/Börstinghaus/Blank/Börstinghaus § 549 Rn 28). Dauernutzungsverträge mit Wohnungsbaugenossenschaften begründen ein Mietverhältnis über Wohnraum.

7 Bei einem **Mischmietverhältnis** kommt es darauf an, ob der von den Parteien gewollte Schwerpunkt der Nutzung auf dem Wohnen liegt (OLG Rostock NZM 2001, 46; OLG Düsseldorf GE 2006, 647; Staudinger/V Emmerich [2021] Vorbem 27 zu § 535). Dies ist etwa bei einem einheitlichen Mietvertrag über Wohnraum nebst Garage der Fall. Wenn der Mieter von Wohnraum nachträglich eine Garage von demselben Vermieter hinzumietet, ist dieser Vertrag als einfache Raummiete nach § 580a Abs 1 BGB selbständig und formlos kündbar, wenn die Garage bei rechtlicher und wirtschaftlicher Betrachtungsweise nicht in den bereits früher abgeschlossenen Wohnraummietvertrag einbezogen worden ist (LG Mannheim WuM 1974, 73; s Staudinger/Rolfs

[2021] § 542 Rn 96). Liegt ein Mischvertrag vor, der sich aus Elementen verschiedener Vertragstypen zusammensetzt, hängt die Anwendbarkeit des § 568 Abs 1 BGB davon ab, inwieweit im Einzelfall die mietrechtlichen Kündigungsvorschriften für Wohnraum eingreifen (vgl BGHZ 73, 350, 351 = NJW 1979, 1288; BGH WuM 1981, 42; BGH NJW 1982, 221; BGH NJW 1989, 1673).

Die Vorschrift gilt auch für ein **Untermietverhältnis**, wenn der Vertragszweck im Wohnen des Mieters besteht. Im Hauptmietverhältnis kann es sich hingegen bei derart gestuften Mietverhältnissen mit dem Ziel gewerblicher oder sonstiger Zwischenvermietung um Geschäftsraummiete handeln, die nach dem Gesetz formlos gekündigt werden kann. Ebenso werden die reine Grundstücksmiete sowie die Miete beweglicher Sachen nicht von § 568 Abs 1 BGB erfasst. **8**

b) Kündigung
Dem Formzwang des Abs 1 unterliegt die Kündigung des Mietverhältnisses. Da das Gesetz in Abs 1 anders als in Abs 2 keine bestimmte Partei benennt, gilt die Vorschrift **für beide Vertragsteile** in gleicher Weise (LG Wuppertal WuM 2005, 585; AG Dortmund WuM 1972, 80; AG Gifhorn WuM 1992, 250; AG Münster WuM 1970, 165; ERMAN/LÜTZENKIRCHEN Rn 3; MünchKomm/HÄUBLEIN Rn 3). **9**

Der Formzwang umfasst **alle Arten der Kündigung**, gilt also für die ordentliche Kündigung ebenso wie für die außerordentliche befristete oder fristlose Kündigung (STAUDINGER/ROLFS [2021] § 542 Rn 107 ff). Es kommt deshalb nicht darauf an, ob das Mietverhältnis auf unbestimmte oder auf bestimmte Zeit abgeschlossen ist, da auch das befristete Mietverhältnis außerordentlich gekündigt werden kann. Bei einem auf bestimmte Zeit eingegangenen Mietverhältnis mit Verlängerungsklausel (STAUDINGER/ROLFS [2021] § 542 Rn 152 f) muss die Verlängerung durch die Erklärung einer der Parteien innerhalb einer vertraglich bestimmten Zeit vor Ablauf des Mietverhältnisses abgelehnt werden. Da ein solches Mietverhältnis nach § 542 BGB gekündigt werden muss, ergibt sich hieraus, dass § 568 BGB unmittelbar anwendbar ist, auch wenn die Vorschrift in § 575a Abs 1 BGB nicht erwähnt ist (HANNEMANN NZM 1999, 585, 586). Will eine Partei den Kündigungstermin vorverlegen, der sich aus einer von ihr oder dem anderen Vertragsteil bereits ausgesprochenen Kündigung ergibt, so ist eine erneute Kündigungserklärung erforderlich. Sie bedarf ebenfalls der Schriftform (LG Frankfurt aM ZMR 1971, 88). **10**

Der Formzwang des Abs 1 erstreckt sich **nicht** auf **andere Arten der Beendigung eines Mietverhältnisses** durch rechtsgeschäftliche Erklärungen wie Rücktritt (BeckOGK/GEIB [1. 7. 2020] Rn 13; STAUDINGER/ROLFS [2021] § 542 Rn 196 ff), Anfechtung (SCHMID/HARZ/GAHN Rn 8; STAUDINGER/ROLFS [2021] § 542 Rn 201 ff) und Mietaufhebungsvertrag (LG Aachen WuM 1993, 734; BeckOGK/GEIB [1. 7. 2020] Rn 13; BeckOK MietR/R SCHULTZ [1. 8. 2020] Rn 3; SCHMIDT-FUTTERER/BLANK Rn 7; STAUDINGER/ROLFS [2021] § 542 Rn 174 ff; **aM** AG Köln WuM 1993, 119). Nicht zu verkennen ist allerdings, dass der Zweck der Vorschrift, die Parteien vor einer unbedachten Beendigung des Mietverhältnisses zu schützen (vgl Rn 4), auch insoweit eingreifen kann. Der eindeutige Gesetzeswortlaut bildet jedoch eine Grenze für eine dahin gehende Auslegung. Es besteht auch kein Anlass, den Aufhebungsvertrag als Umgehungsgeschäft für nichtig zu erklären. **11**

c) Schriftliche Form

12 Die schriftliche Form ist nach § 126 Abs 1 BGB gewahrt, wenn die Kündigungserklärung in einer **Urkunde** enthalten und diese Urkunde von dem Kündigenden eigenhändig durch **Namensunterschrift** oder mittels notariell beglaubigten Handzeichens unterzeichnet ist. Stehen auf Vermieterseite mehrere Personen, müssen alle die Kündigung unterzeichnen (näher STAUDINGER/ROLFS [2021] § 542 Rn 8 ff). Über die Willenserklärung, das Mietverhältnis durch Kündigung beenden zu wollen, hinaus braucht die Urkunde keine weiteren Erklärungen zu beinhalten. Deswegen ist auch die Angabe der Kündigungsfrist oder des Kündigungstermins entbehrlich. Diesbezüglich fehlerhafte oder unvollständige Angaben haben die Unwirksamkeit der Kündigung nicht zur Folge (PALANDT/WEIDENKAFF Rn 4; PRÜTTING ua/ELZER Rn 4). Die Begründung der Kündigung ist nur in den gesetzlich besonders geregelten Fällen erforderlich.

13 aa) Aus dieser Regelung ergibt sich zunächst, dass die Erklärung, mit der eine Partei das Mietverhältnis kündigt, in einer **Urkunde** enthalten sein muss. Eine Urkunde ist ein geschriebener Text auf einer festen Unterlage, die geeignet ist, die Schriftzeichen festzuhalten, und die in aller Regel, aber nicht notwendigerweise, aus Papier besteht. Der geschriebene Text muss den Kündigungswillen zum Inhalt haben. Für diesen Teil der Urkunde ist keine spezifische Schriftform vorgeschrieben, sodass der Text handschriftlich, maschinenschriftlich, vorgedruckt oder auch vorgedruckt mit hand- oder maschinenschriftlichen Ergänzungen sein kann. Das Wort „Kündigung" braucht in der schriftlichen Erklärung nicht verwendet zu werden. Es genügt, wenn darin **eindeutig zum Ausdruck kommt, dass der Erklärende das Mietverhältnis beenden will**. Damit stellt sich allerdings ein Qualifikationsproblem, wenn die Erklärung als formfreie Anfechtungs- oder Rücktrittserklärung oder als formbedürftige Kündigungserklärung beurteilt werden kann (vgl Rn 11). Falls Anfechtung oder Rücktritt durchgreift und sich aus dem Willen des Erklärenden keine eindeutigen Anhaltspunkte dafür ergeben, dass er nur den Weg der Kündigung wählt, ist für einen Formzwang kein Raum. Das gleiche Ergebnis lässt sich in derartigen Fällen über eine Umdeutung nach § 140 BGB erzielen.

14 Die Urkunde muss von dem Kündigenden **eigenhändig durch Namensunterschrift** oder mittels notariell beglaubigten Handzeichens **unterzeichnet** sein. Die Unterzeichnung muss den Text **in räumlicher Hinsicht abschließen**, um als Unterschrift zu gelten und damit den Inhalt abzudecken (RG 7. 2. 1925 – IV 485/24, RGZ 110, 166, 168; BGHZ 113, 48, 51 ff = NJW 1991, 487; BeckOK/WÖSTMANN [1. 8. 2020] Rn 4; KLEIN-BLENKERS ua/HINZ Rn 8; LÜTZENKIRCHEN/LÜTZENKIRCHEN Rn 17). Fehlt die Unterschrift, wird sie nicht durch die Unterschrift auf einer beigefügten Vollmachtsurkunde ersetzt (AG Friedberg/Hessen WuM 1993, 48). Die zeitliche Reihenfolge von Text und Unterschrift ist für die Formgültigkeit ohne Belang (Mot I 185). Die Unterschrift mit dem Familiennamen, wenigstens mit dem Teil eines Doppelnamens, oder bei Kaufleuten mit der Firma muss ein individueller Schriftzug sein, der sich – ohne lesbar sein zu müssen – als Wiedergabe eines Namens darstellt und die Absicht einer vollen Unterschriftsleistung erkennen lässt. Das handschriftliche Gebilde muss von individuellem Gepräge sein und charakteristische Merkmale aufweisen, welche die Identität dessen, von dem es stammt, ausreichend kennzeichnen (BGH NJW 1997, 3380; BLANK/BÖRSTINGHAUS/BLANK/BÖRSTINGHAUS Rn 7; KLEIN-BLENKERS ua/HINZ Rn 8; **aM**, aber zu streng, AG Dortmund NZM 2000, 32). Außerdem muss die Unterschrift vom Aussteller der Urkunde grundsätzlich eigenhändig geleistet werden. Dies bedeutet zum einen, dass sich der Kündigende einer anderen Person als mechanischer Schreibhilfe nur bedienen kann, wenn sie den Aussteller lediglich unterstützt und der Schriftzug von seinem Willen bestätigt wird (BGH NJW 1981, 1900; BayObLG DNotZ 1986, 299; Klein-Blenkers ua/Hinz Rn 8; aM Lützenkirchen/Lützenkirchen Rn 15). Zum anderen folgt daraus, dass die Kündigungsurkunde, die als verkörperte Willenserklärung dem anderen Vertragsteil zugeht, die eigenhändige Unterschrift des Kündigenden tragen muss (BayObLG NJW 1981, 2197).

Eine **mechanisch hergestellte**, insbesondere aufgedruckte oder durch Faksimilestempel geleistete **Unterschrift reicht** deshalb **nicht aus** (AG Dortmund ZMR 1967, 15; Flatow NZM 2004, 281, 283; Klein-Blenkers ua/Hinz Rn 8). Das Gleiche gilt für ein Telegramm (AG Siegburg WuM 1993, 674; Soergel/Heintzmann Rn 4) oder Fernschreiben, selbst wenn das Aufgabeformular des Telegramms handschriftlich unterzeichnet ist (BGHZ 24, 297, 300 ff = NJW 1957, 1275). Ein **Telefax** gibt zwar das Bild der Unterschrift wieder, ist aber nichts anderes als eine auf elektronischem Wege mechanisierte Vervielfältigung der Originalunterschrift und genügt deshalb nicht der Schriftform der Kündigungserklärung, weil die Echtheit der Unterschrift nicht gesichert ist (BGHZ 121, 224, 229 ff = NJW 1993, 1126; BGH NJW 1997, 3169; BGH NJW 2006, 2482; BeckOK/Wöstmann [1. 8. 2020] Rn 4; Blank/Börstinghaus/Blank/Börstinghaus Rn 11; Eckert/Scalia DStR 1996, 1608, 1609; aM AG Hannover WuM 2000, 412; AG Köln WuM 1992, 194). Die Grundsätze, die zu prozessrechtlichen Erklärungen durch Telefax entwickelt worden sind (RG 15. 5. 1936 – 2/36/V 62/35, RGZ 151, 82, 86; GmSOGB BGHZ 75, 340, 349 = NJW 1980, 172; BGHZ 87, 63, 64 f = NJW 1983, 1498; GmSOGB BGHZ 144, 160, 162 ff = NJW 2000, 2340), lassen sich wegen des andersartigen Gesetzeszwecks nicht auf materiell-rechtliche Willenserklärungen übertragen (BGHZ 121, 224, 229 = NJW 1993, 1126 mAnm Vollkommer/Gleussner JZ 1993, 1007; BGH NJW 2006, 2482; OLG Düsseldorf ZMR 2004, 508; OLG Frankfurt NJW 1991, 2154; OLG Hamm NJW 1991, 1185; OLG Köln NZM 2006, 464; Ebnet NJW 1992, 2985, 2989; Heun CR 1995, 2, 4; aM OLG Düsseldorf NJW 1992, 1050; AG Schöneberg WuM 1985, 286). Der Vorschlag, den Zugang einer Kündigung durch Telefax wenigstens als fristwahrend anzuerkennen, wenn die formgültige Erklärung erst nach Ablauf der Kündigungsfrist zugeht (Ebnet JZ 1996, 507, 513; Schürmann NJW 1992, 3005, 3006 f), steht nicht im Einklang mit dem Gesetz, da es die Rechtsfigur der „aufgespaltenen Erklärung" nicht gibt (Schmidt-Futterer/Blank Rn 13).

bb) Die schriftliche Form kann nach § 126 Abs 3 BGB, § 126a BGB durch die **elektronische Form** ersetzt werden (Horst Rn 1627; Kossmann/Meyer-Abich § 87 Rn 14; Klein-Blenkers ua/Hinz Rn 14; Lützenkirchen/Lützenkirchen Rn 23). Zu diesem Zwecke muss der Aussteller der Erklärung seinen Namen hinzufügen und das elektronische Dokument mit einer qualifizierten elektronischen Signatur nach dem SigG versehen. Dabei handelt es sich um Daten in elektronischer Form, die anderen elektronischen Daten beigefügt oder logisch mit ihnen verknüpft sind und die zur Authentifizierung dienen (vgl § 2 Nr 1 SigG). „Qualifiziert" iS des Gesetzes ist die Signatur nur, wenn sie ausschließlich dem Inhaber des Signaturschlüssels zugeordnet ist, seine Identifizierung ermöglicht, mit Mitteln erzeugt wird, die der Schlüsselinhaber unter seiner alleinigen Kontrolle halten kann, mit den Daten, auf die sie sich bezieht, so verknüpft wird, dass eine nachträgliche Veränderung erkannt werden kann, auf einem im Zeitpunkt ihrer Erzeugung gültigen qualifizierten Zertifikat beruht und mit einer Signaturerstellungseinrichtung erzeugt wird (Einzelheiten bei

Einsele, in: Gedschr Sonnenschein [2002] 117, 129 ff; Hähnchen NJW 2001, 2831 ff; Rossnagel NJW 2001, 1817 ff). Obwohl sich dies aus § 126a BGB nicht ausdrücklich ergibt, soll die Verwendung der elektronischen Form davon abhängig sein, dass der andere Teil (der Erklärungsempfänger) damit **einverstanden** ist (BT-Drucks 14/4987, 41; Palandt/ Ellenberger § 126a Rn 6; Staudinger/Hertel [2017] § 126a Rn 39). Zwar mag bezweifelt werden, ob dies in dieser Allgemeinheit zutreffend ist; richtig ist jedenfalls, dass der Erklärungsempfänger durch Einrichtung und Unterhaltung einer E-Mail-Adresse zumindest sein grundsätzliches Einverständnis in die Übermittlung elektronischer Daten erklärt haben muss. Die Hinzufügung des Namens muss – anders als eine herkömmliche Unterschrift – nicht notwendig am Ende des Dokuments, sie kann auch am Beginn oder sonst an hervorgehobener Stelle im Text erfolgen.

17 cc) Ein Ersatz der schriftlichen Form ist nach § 126 Abs 4 BGB auch durch die **notarielle Beurkundung** möglich. Dies wird bei der Kündigung eines Mietverhältnisses im Allgemeinen nicht vorkommen. Die notarielle Beurkundung wird jedoch nach § 127a BGB bei einem gerichtlichen Vergleich durch die Aufnahme der Erklärungen in ein nach den Vorschriften der ZPO errichtetes Protokoll ersetzt. Es genügt nicht, dass die Kündigung im Verhandlungstermin nur zu Protokoll erklärt wird (LG Berlin ZMR 1982, 238; AG Braunschweig WuM 1990, 153; AG Münster WuM 1987, 273 [LS]; BeckOK/ Wöstmann [1. 8. 2020] Rn 7).

18 dd) Das Erfordernis der Schriftform muss auch bei der **Kündigung durch einen Stellvertreter** erfüllt sein. Die Erteilung einer dahin gehenden Vollmacht ist nach § 167 Abs 2 BGB grundsätzlich nicht formbedürftig (LG Wiesbaden WuM 1967, 184; Palandt/Weidenkaff Rn 7; Schmidt-Futterer/Blank Rn 14; **aM** AG Frankfurt aM ZMR 1969, 86). Ob die Vollmacht wirksam erteilt war oder nicht, ist keine Frage der Schriftform, sondern des Zustandekommens des Vertrages (BGH NJW 2007, 3346; KG ZMR 2007, 962; dazu Lehmann-Richter ZMR 2007, 940 ff). Eine unwiderrufliche Vollmacht zur Kündigung unterliegt dagegen dem Formzwang des § 568 Abs 1 BGB, da sie ähnlich wie beim Kauf und Verkauf eines Grundstücks nach § 311b Abs 1 BGB den Vollmachtgeber endgültig bindet (vgl RG 20. 3. 1925 – VI 440/24, RGZ 110, 319, 320 ff; OLG Karlsruhe NJW-RR 1986, 100). Eine abweichende Ansicht will die unwiderrufliche Vollmacht formfrei zulassen, weil die Schriftform nicht nur vor übereilten Kündigungen schützen solle, sondern auch der Beweissicherung diene (Pergande § 564a Anm 3). Diese Argumentation kann nicht überzeugen, da der Zweck der Beweissicherung nicht die Formfreiheit begründen kann, wenn die Warnfunktion nur durch den Formzwang zu erreichen ist. Für weitere Einschränkungen der Formfreiheit einer Vollmacht besteht auch aus Gründen der Rechtssicherheit kein Anlass (**aM** AG Frankfurt aM ZMR 1969, 86).

19 Neben der erteilten Vertretungsmacht setzt die Wirksamkeit einer Kündigung für und gegen den Vertretenen nach § 164 Abs 1 BGB voraus, dass **der Vertreter in fremdem Namen handelt**. Dabei macht es keinen Unterschied, ob der Vertreter ausdrücklich im Namen des Vertretenen handelt oder ob sich dies nur aus den Umständen ergibt. Bei der Würdigung dieser Umstände können allerdings die bei der Begründung des Mietverhältnisses, insbesondere im Rahmen des § 550 BGB, zu stellenden Anforderungen (vgl BGH NZM 2003, 801; Staudinger/V Emmerich [2021] § 550 Rn 12 f) nicht unbesehen auf § 568 BGB übertragen werden, weil bei der Kündigung des Mietverhältnisses kein Zweifel über den Vertragspartner besteht und aus der

Erklärung lediglich hervorgehen muss, dass der Unterzeichner dessen Vertreter ist. Gleichwohl ist das Offenkundigkeitsprinzip natürlich auch dann zu wahren, wenn Vertreter und Vertretener namensgleich sind (AG Bergisch-Gladbach WuM 1990, 345). Ist dieses Erfordernis erfüllt, kann der Vertreter die Kündigung mit dem eigenen Namen unterschreiben (LG Wiesbaden WuM 1967, 184). Er kann die Unterschrift auch mit dem Namen des Vertretenen leisten (RG 27. 6. 1910 – VI 297/08, RGZ 74, 69, 70 ff; AG Bergisch-Gladbach WuM 1990, 345; **aM** Holzhauer, Die eigenhändige Unterschrift [1973] 135 ff, 205). In beiden Fällen ist das Erfordernis der Schriftform erfüllt.

Der Schutz des Kündigungsempfängers wird dadurch gewährleistet, dass die Kündigung durch einen Bevollmächtigten nach § 174 S 1 BGB unwirksam ist, wenn der Bevollmächtigte keine Vollmachtsurkunde vorlegt und der Empfänger die **Kündigung** aus diesem Grunde **unverzüglich zurückweist** (LG Wiesbaden ZMR 1972, 81; Erman/Lützenkirchen Rn 4; s Staudinger/Rolfs [2021] § 542 Rn 27). In diesem Fall lässt auch die nachfolgende Aufforderung, die bei dem Bevollmächtigten vorliegende Vollmachtsurkunde einzusehen, die Kündigung nicht wirksam werden (LG Mannheim WuM 1976, 207). Vorzulegen ist das Original der Vollmachtsurkunde. Eine beglaubigte Abschrift (BGH NJW 1981, 1210), eine Fotokopie (AG Friedberg/Hessen WuM 1985, 267) oder ein Telefax der Urkunde (LG Berlin NJWE-MietR 1996, 220; vgl OLG Hamm CR 1992, 276) sind unzureichend. Die Zurückweisung der Kündigung ist aber nach § 174 S 2 BGB ausgeschlossen, wenn der Vollmachtgeber den Kündigungsempfänger von der Bevollmächtigung in Kenntnis gesetzt hatte. Hierfür ist keine Form vorgeschrieben. Die Vertretungsbefugnis selbst braucht nicht unmittelbar aus der schriftlichen Kündigung ersichtlich zu sein, da das Gesetz dies nicht verlangt. Ein Formmangel der Kündigungserklärung wird nicht durch eine schriftliche Vollmachtsurkunde ersetzt (AG Bonn WuM 1989, 380; AG Friedberg/Hessen WuM 1993, 48).

20

d) Durch das Erfordernis der Schriftform ist die Kündigung von Wohnraum durch **schlüssiges Verhalten** grundsätzlich ausgeschlossen. Die Kündigung allein durch Auszug aus der Wohnung ist deshalb nicht wirksam, auch wenn hierfür ein wichtiger Grund vorliegt (AG Coesfeld WuM 1986, 326). Nur wenn die Erklärung des Kündigenden die Form der §§ 126, 126a BGB wahrt, kann sie wirksam werden. Vor allem bei schriftlicher Klageerhebung (Baron ZMR 1998, 683) und ähnlichen Rechtsakten ist es ausnahmsweise möglich, die Form zu erfüllen, soweit die Erklärung dem Kündigungsempfänger zugeht. Der andere Teil muss **eindeutig erkennen** können, dass neben der Klageerhebung etc als **Prozesshandlung** eine Kündigung als **materiell-rechtliche Willenserklärung** abgegeben werden soll. Beide Erklärungen fallen nicht notwendig zusammen (BGH NJW-RR 1997, 203; BayObLG NJW 1981, 2197; OLG Hamm NJW-RR 1993, 273; LG Hamburg MDR 1974, 584; LG Wuppertal 10. 12. 2015 – 9 S 128/15, WuM 2016, 489; Kossmann/Meyer-Abich § 87 Rn 13). Unabhängig von der Klageerhebung kann ein weiteres Vorbringen in dem Rechtsstreit eine Kündigung darstellen, wenn mit hinreichender Deutlichkeit der Wille des Klägers erkennbar ist, die Prozesshandlung solle nicht nur der Durchsetzung einer bereits außerprozessual erklärten Kündigung dienen, sondern daneben auch eine materiell-rechtliche Willenserklärung enthalten (BGH NJW 2003, 3265; siehe auch Staudinger/Rolfs [2021] § 542 Rn 74).

21

Die Form kann künftig durch **schriftsätzliche Erklärungen** weithin nur noch dann gewahrt werden, wenn der Kündigende eine natürliche oder juristische Person des Privatrechts ist und er nicht anwaltlich vertreten ist. Vom 1. 1. 2022 an müssen

22

nämlich Rechtsanwälte, Behörden, juristische Personen des öffentlichen Rechts einschließlich der von ihr zur Erfüllung ihrer öffentlichen Aufgaben gebildeten Zusammenschlüsse sowie diejenigen vertretungsberechtigten Personen, denen das besondere elektronische Anwaltspostfach (beA, § 31a BRAO) zur Verfügung steht, vorbereitende Schriftsätze und deren Anlagen sowie schriftlich einzureichende Anträge und Erklärungen **elektronisch einreichen** (§ 130d ZPO). Mit dem elektronischen Dokument ist zwar die dem Gericht gegenüber gehörige Form gewahrt (§ 130a ZPO), nicht aber gegenüber dem Kündigungsgegner. Denn die Übersendung einer Schriftsatzkündigung an das elektronische Gerichts- und Verwaltungspostfach **(EGVP)** wird den Erfordernissen des § 126a BGB und damit des § 568 BGB nicht gerecht (AG Wiesbaden 12. 3. 2013 – 92 C 4021/12, ZMR 2013, 642). In einem Schriftsatz enthaltene Kündigungen können daher ab 2022 die Form des § 568 Abs 1 BGB nur noch dann wahren, wenn der Schriftsatz von einer Person stammt, die nicht von § 130d ZPO erfasst wird, denn nur dann kann er (wirksam) klassisch auf Papier verfasst sein.

22a Um den Formzwang zu erfüllen, ist zudem die **Zustellung einer vom Erklärenden unterzeichneten Abschrift des Schriftsatzes** erforderlich. Die Zustellung einer beglaubigten Abschrift genügt nicht (BGH WuM 1987, 209). Ebensowenig reicht die formlose Übermittlung eines Schriftsatzdoppels aus (LG Aachen WuM 1982, 139 [LS]). Empfohlen wird, den entsprechenden Schriftsatz nicht nur dem Bevollmächtigten des Prozessgegners, sondern auch diesem persönlich zuzustellen. Die Aufnahme der Kündigungserklärung in ein gerichtliches Protokoll ersetzt die Schriftform nur bei einem gerichtlichen Vergleich (vgl Rn 17). Wird über eine außergerichtliche Verhandlung der Parteien von dem Kündigungsempfänger ein Protokoll aufgesetzt, das die Kündigungserklärung des anderen Teils wiedergibt und von diesem unterzeichnet wird, so ist die Schriftform gewahrt, weil damit auch der Kündigende Aussteller der Urkunde ist (vgl RG 4. 5. 1911 – VI 143/10, RGZ 76, 191, 193 f).

2. Rechtsfolgen

23 a) Das Erfordernis der schriftlichen Form ist Voraussetzung für die Wirksamkeit der Kündigung eines Mietverhältnisses über Wohnraum. Ein Verstoß gegen den gesetzlichen Formzwang macht die Kündigung nach § 125 S 1 BGB nichtig (Blank/Börstinghaus/Blank/Börstinghaus Rn 4; Prütting ua/Elzer Rn 6). Die **Nichtigkeit** ist unheilbar. Die Kündigung muss unter Einhaltung etwaiger Kündigungsfristen wiederholt werden (Erman/Lützenkirchen Rn 6; Klein-Blenkers ua/Hinz Rn 15).

24 Ein **Formmangel** kann aufgrund des § 242 BGB **nach Treu und Glauben ausnahmsweise unbeachtlich** sein (vgl BGHZ 26, 142, 151 f = NJW 1958, 217; BGH NJW-RR 1987, 42; BAG AP Nr 141 zu § 626 BGB = NZA 1998, 420; BAG AP Nr 1 zu § 623 BGB = NZA 2005, 162; BAG AP Nr 221 zu § 626 BGB = NZA 2009, 840; BeckOK/Wöstmann [1. 8. 2020] Rn 14; Klein-Blenkers ua/Hinz Rn 15; Prütting ua/Elzer Rn 6). Dies gilt etwa, wenn der Kündigungsempfänger in Kenntnis der Rechtslage den Kündigenden arglistig davon abgehalten hat, die schriftliche Form zu wahren, oder wenn er die mündlich ausgesprochene Kündigung schriftlich bestätigt hat, sich später aber auf den Formmangel beruft (AG Gifhorn WuM 1992, 250; Klein-Blenkers ua/Hinz Rn 15). Ebenso können die Dinge liegen, wenn der Mieter selbst gekündigt hat und ausgezogen ist, sich dann aber später auf die Formunwirksamkeit seiner Kündigung beruft. Im Auszug des Mieters ist zwar eine schlüssige, aber wegen eines Mangels der Form nichtige Kündigungserklärung zu sehen. Dieser Formmangel kann nicht allein deshalb für unbeachtlich erklärt werden, weil der Vermieter schon durch andere Umstände von dem Willen des Mieters Kenntnis erlangt hat, das Mietverhältnis fristlos zu beenden (aM AG Coesfeld WuM 1986, 326). Allein aufgrund der Kenntnis des Willens, den Vertrag zu beenden, kann kein treuwidriges Verhalten angenommen werden, wenn sich der Vermieter auf den Formmangel beruft. Die Vorschrift des § 568 BGB nimmt bewusst in Kauf, dass auch unstreitig im Ernst – aber eben nur mündlich – abgegebene Kündigungserklärungen wirkungslos sind. Dann aber kann die Berufung auf die fehlende Schriftform nicht allein mit der Begründung, die Beendigungserklärung sei ernsthaft gemeint gewesen, für treuwidrig erklärt werden (vgl BAG AP Nr 1 zu § 623 BGB = NZA 2005, 162; zu großzügig daher LG Wuppertal WuM 2005, 585).

b) Ist der Kündigungsempfänger trotz eines Formmangels der Kündigung mit der Beendigung des Mietverhältnisses einverstanden, kann ein **Mietaufhebungsvertrag** zustande kommen, der formlos wirksam ist (AG Gifhorn WuM 1992, 250; ERMAN/LÜTZENKIRCHEN Rn 6; näher STAUDINGER/ROLFS [2021] § 542 Rn 122; aM HERRLEIN/KANDELHARD/KANDELHARD Rn 6). Dies setzt voraus, dass der Kündigungsempfänger bei seinem Einverständnis das Bewusstsein hat, eine rechtsgeschäftliche Erklärung abzugeben (PRÜTTING ua/ELZER Rn 6; SCHMID/HARZ/GAHN Rn 20; SOERGEL/HEINTZMANN Rn 5). Beugt er sich der wegen Formmangels nichtigen Kündigung lediglich in der irrigen Annahme, diese sei wirksam, so wird er in aller Regel keine Vertragserklärung abgeben wollen. An der Möglichkeit, auf eine formunwirksame Kündigung durch Einverständnis formlos einen Aufhebungsvertrag zustande zu bringen, zeigen sich die Grenzen einer Verwirklichung des mit § 568 Abs 1 BGB verfolgten Ziels, die Parteien vor einer unbedachten Beendigung des Mietverhältnisses zu schützen (vgl Rn 4, 11).

III. Hinweis auf das Widerspruchsrecht nach §§ 574 bis 574b (Abs 2)

1. Voraussetzungen

a) Nach § 568 Abs 2 BGB soll der Vermieter von Wohnraum den Mieter auf die Möglichkeit des Widerspruchs nach den §§ 574 bis 574b BGB sowie auf die Form und die Frist des Widerspruchs rechtzeitig hinweisen. Die Vorschrift findet keine Anwendung bei der Vermietung des in § 549 Abs 2 BGB bezeichneten Wohnraums (Wohnraum zum vorübergehenden Gebrauch, möblierte Einliegerwohnung, zweckgebundener Wohnraum für Personen mit dringendem Wohnungsbedarf; vgl SCHMIDT-FUTTERER/BLANK Rn 22; STAUDINGER/ARTZ [2021] § 549 Rn 22 ff). Der Hinweis braucht nicht schon in dem Kündigungsschreiben enthalten zu sein, sondern muss nur rechtzeitig erfolgen. Der Gesetzgeber hat davon abgesehen, den Hinweis an eine bestimmte Frist zu binden. Bei der Schaffung des früheren § 564a Abs 2 BGB waren Bedenken gegen die gesamte Regelung erhoben worden, weil eine Vertragspartei verpflichtet werde, gegen ihr eigenes Interesse den Vertragspartner über dessen Rechte zu belehren, und weil nicht anerkannt werden könne, dass Vermieter regelmäßig rechtskundiger seien als Mieter. Diese Bedenken sind zu Recht zurückgewiesen worden, weil es nicht darum geht, den Vermieter zu einem Verhalten zu verpflichten, das seinen eigenen Interessen zuwiderläuft, und ihm bei einem Verstoß entscheidende Rechtsnachteile aufzuerlegen. Die Kündigung bleibt vielmehr auch dann wirksam, wenn die Belehrung unterblieben ist (Ausschussbericht, *zu* BT-Drucks V/2317,

4 f; AG Stolberg MDR 1969, 846; Klein-Blenkers ua/Hinz Rn 18; kritisch Honsell AcP 186 [1986] 115, 153). Lediglich die Widerspruchsfrist wird verlängert. Dies hätte der Gesetzgeber auch unabhängig von der Hinweispflicht festlegen können.

27 b) Die Vorschrift betrifft nur den Hinweis auf den Widerspruch im Anschluss an eine **Kündigung** des Mietverhältnisses. Hiervon werden die **ordentliche und die außerordentliche befristete Kündigung erfasst**, da sich nur insoweit ein Widerspruchsrecht ergeben kann. Die Vorschrift gilt **nicht für die außerordentliche fristlose Kündigung**, bei der ein Widerspruch nach § 574 Abs 1 S 2 BGB ausgeschlossen ist. Da dieser Ausschluss auch eingreift, wenn der Vermieter stattdessen den Weg der ordentlichen Kündigung wählt (vgl § 574 Rn 20), kann in diesem Fall von der Hinweispflicht abgesehen werden. Die früher umstrittene Frage, ob die Hinweispflicht auch bei Ablauf des einfachen Zeitmietverhältnisses zu erfolgen hat (so OLG Hamm WuM 1991, 423; LG Düsseldorf WuM 1992, 371; LG Hildesheim WuM 1990, 209; AG Köln WuM 1990, 210; Bub/Treier/Fleindl Rn IV 523) oder nicht (AG München DWW 1978, 150; Huber DWW 1988, 36), ist seit dem Inkrafttreten des MietRRG weitgehend überholt, da § 575 BGB nur noch den qualifizierten Zeitmietvertrag zulässt und eine Anwendung der Sozialklausel bei Fristablauf nicht mehr vorsieht.

28 c) Ein **Hinweis auf die Möglichkeit des Widerspruchs** wird gegeben, wenn der Vermieter den Mieter darüber unterrichtet, dass er der Kündigung widersprechen und eine Fortsetzung verlangen kann. Dabei brauchen nicht die Worte des Gesetzes verwendet zu werden. Es genügt, dass der Mieter über seine Rechte aus den §§ 574 bis 574b BGB aufgeklärt wird. Handelt es sich um eine Mehrheit von Mietern, braucht aber nicht darauf hingewiesen zu werden, dass der Widerspruch von allen Beteiligten zu erheben ist (Klein-Blenkers ua/Hinz Rn 19; **aM** AG Bergheim WuM 1996, 415). Ebensowenig braucht der Mieter über die weiteren einzelnen Voraussetzungen für eine Fortsetzung des Mietverhältnisses belehrt zu werden. Bleibt ihm etwas unklar, so ist es seine Sache, sich deshalb nicht von der Erhebung des Widerspruchs abhalten zu lassen, sondern Rechtsrat einzuholen. Im Gesetz ist – anders als im Schrifttum – von einer Belehrung nicht die Rede. Der vom Gesetz verlangte Hinweis darf allerdings nicht unvollständig oder falsch sein. Es ist ausreichend, wenn der Vermieter in seinem Kündigungsschreiben auf den auf der Rückseite abgedruckten Wortlaut der §§ 574 bis 574b BGB hinweist (LG Rottweil ZMR 1980, 183 mit kritischer Anm Glaser). Der bloße rückseitige Abdruck genügt nicht, weil dabei die Gefahr besteht, dass der Mieter dies übersieht.

29 d) Ein **Hinweis auf Form und Frist des Widerspruchs** ist erteilt, wenn der Mieter darauf aufmerksam gemacht wird, dass der Widerspruch nach § 574b Abs 1 S 1 BGB der schriftlichen Form bedarf und dass die Erklärung nach § 574b Abs 2 BGB spätestens zwei Monate vor der Beendigung des Mietverhältnisses dem Vermieter gegenüber zu erklären ist. Neben dem allgemeinen Hinweis auf § 574 BGB brauchen die einzelnen Bestimmungen dieser Norm aber nicht so genau bezeichnet zu werden.

30 e) Der Hinweis soll so **rechtzeitig** erteilt werden, dass der Mieter für einen etwaigen Widerspruch die Frist von zwei Monaten vor Beendigung des Mietverhältnisses aus § 574b Abs 2 BGB wahren kann. Der Hinweis braucht also nicht schon im Kündigungsschreiben enthalten zu sein (OLG Hamm WuM 1991, 423; Jauernig/Teich-

MANN Rn 2; KLEIN-BLENKERS ua/HINZ Rn 20), und unterliegt deshalb nicht dem Erfordernis der Schriftform nach § 568 Abs 1 BGB (ERMAN/LÜTZENKIRCHEN Rn 8; HERRLEIN/KANDELHARD/KANDELHARD Rn 8; KLEIN-BLENKERS ua/HINZ Rn 20). Ein mündlicher Hinweis genügt, hat allerdings ein Beweisrisiko für den Vermieter zur Folge. Der Vermieter kann die Kündigung und den Hinweis auf den Widerspruch auch miteinander verbinden.

Über die Rechtzeitigkeit des Hinweises finden sich im Gesetz und in den Materialien keine näheren Angaben. Damit stellt sich die Frage, ob ein Hinweis etwa **am letzten Tag der Widerspruchsfrist** rechtzeitig ist oder ob dem Mieter eine angemessene Bedenkzeit bleiben muss. Wenn § 574b Abs 2 S 2 BGB den Widerspruch noch im ersten Termin des Räumungsrechtsstreits für zulässig erklärt, offenbar im Hinblick auf eine richterliche Aufklärung, so zeigt dies die Erwartung des Gesetzgebers, dass sich der Mieter auch ohne weitere Bedenkzeit entschließen soll, den Widerspruch zu erheben. Dabei ist zu berücksichtigen, dass sich der Mieter vor Gericht durch seinen Anwalt oder durch den Richter über die Erfolgsaussichten eines Widerspruchs beraten lassen kann. Der Mieter geht zwar durch die außerprozessuale Erhebung eines Widerspruchs noch kein unmittelbares Prozessrisiko ein. Ihm muss jedoch genügend Zeit verbleiben, Rechtsrat einzuholen, zu überlegen, den Widerspruch schriftlich abzufassen und ihn an den Vermieter zu übermitteln (BUB/TREIER/FLEINDL Rn IV 35; KLEIN-BLENKERS ua/HINZ Rn 21; SCHMIDT-FUTTERER/BLANK Rn 25; SOERGEL/HEINTZMANN Rn 7). Sofern dies nicht gewährleistet ist, weil der Hinweis erst kurz vor Ablauf der Widerspruchsfrist erteilt wird, ist er nicht rechtzeitig. Der Hinweis kann auch nicht im Voraus erteilt werden, etwa schon im Mietvertrag (KOSSMANN/MEYER-ABICH § 87 Rn 21; LÜTZENKIRCHEN/LÜTZENKIRCHEN Rn 35; SCHMID/HARZ/GAHN Rn 25; SCHMIDT-FUTTERER/BLANK Rn 25; PRÜTTING ua/ELZER Rn 9) oder vor Ausspruch der Kündigung (AG Hamburg-Altona MDR 1971, 138), sofern die Kündigung nicht gleichzeitig angekündigt wird und ein **enger zeitlicher Zusammenhang** gewahrt ist. Sonst würde ein Hinweis der Schutzfunktion des § 568 Abs 2 BGB, den Mieter auf seine Rechte besonders aufmerksam zu machen, nicht gerecht.

2. Rechtsfolgen

In § 568 Abs 2 BGB ist keine Rechtsfolge für den Fall vorgesehen, dass der Vermieter den Hinweis nicht oder nicht rechtzeitig erteilt. Es handelt sich lediglich um eine **Obliegenheit, deren Verletzung die Wirksamkeit der Kündigung nicht beeinträchtigt** (BECKER AcP 188 [1988] 24, 38 Fn 42; KINNE ua/SCHACH Rn 2; SCHMIDT-FUTTERER/BLANK Rn 24; zweifelnd HERRLEIN/KANDELHARD/KANDELHARD Rn 8). Die Rechtsfolge besteht nach § 574b Abs 2 S 2 BGB darin, dass der Mieter für die Erhebung des Widerspruchs nicht an die Frist von zwei Monaten vor Beendigung des Mietverhältnisses gebunden ist, sondern den Widerspruch noch im ersten Termin des Räumungsrechtsstreits erklären kann (vgl § 574b Rn 12 ff). Dies dient dem Schutz des rechtsunkundigen Mieters. Das Widerspruchsrecht darf in einem solchen Fall nicht durch eine Räumungsklage verkürzt werden, die noch vor Ablauf der Kündigungsfrist und sogar der Widerspruchsfrist erhoben wird. Eine solche Klage ist aufgrund der mündlichen Verhandlung, zu deren Termin der Widerspruch noch nicht erklärt zu werden brauchte, abzuweisen (LG Kempten WuM 1993, 45).

IV. Abweichende Vereinbarungen

33 Im Gegensatz zu anderen Schutzvorschriften über Wohnraummietverhältnisse enthält § 568 BGB keinen ausdrücklichen Hinweis auf die zwingende Natur seiner Regelung. Gleichwohl ist allgemein anerkannt, dass die Parteien **keine von Abs 1 abweichenden Vereinbarungen** treffen können (BeckOK/Wöstmann [1. 8. 2020] Rn 16; Blank/Börstinghaus/Blank/Börstinghaus Rn 3; Erman/Lützenkirchen Rn 1; Klein-Blenkers ua/Hinz Rn 22; MünchKomm/Häublein Rn 13; Schmidt-Futterer/Blank Rn 5; Spielbauer/Schneider/Ettl Rn 12; Weimar WuM 1969, 177, 178). Gesetzliche Formvorschriften sind zwingend, sodass auch im Zuge der Mietrechtsreform 2001 ein ausdrücklicher Hinweis zu Recht für entbehrlich gehalten wurde (BT-Drucks 14/4553, 64). In Formularverträgen darf die Kündigungserklärung schon wegen § 309 Nr 13 lit b und c nicht an eine strengere Form als die Textform oder an besondere Zugangserfordernisse gebunden werden (vgl OLG Naumburg WuM 2000, 117). Ob eine Individualvereinbarung zulässig ist, die die Kündigung an strengere Voraussetzungen als diejenigen des § 568 Abs 1 BGB bindet, erscheint wegen des sozialen Charakters des Wohnraummietrechts eher zweifelhaft (so auch Palandt/Weidenkaff Rn 3). Sie bedarf ohnehin der Auslegung und kann im Zweifel so zu interpretieren sein, dass die über die Schriftform hinausreichenden Anforderungen (zB eingeschriebener Brief) nur Beweisfunktion haben, nicht aber konstitutiv sein sollen (RG 23. 9. 1911 – V 590/10, RGZ 77, 70, 70; BGH NJW-RR 1996, 866; BGH NJW 2004, 1320; BGH NJW 2013, 1082; OLG Dresden 22. 2. 2017 – 5 U 961/16, NZM 2017, 442; OLG Frankfurt NZM 1999, 419; MünchKomm/Häublein Rn 13).

34 Die Pflicht zur Belehrung über das Widerspruchsrecht **(Abs 2)** ist **mittelbar einseitig zwingend**, weil von der in § 574b Abs 2 S 2 BGB angeordneten Rechtsfolge nicht zum Nachteil des Mieters durch Vereinbarung abgewichen werden kann (§ 574b Abs 3 BGB). Abweichungen zugunsten des Mieters sind demgegenüber möglich (Klein-Blenkers ua/Hinz Rn 22). So können auch Mietverhältnisse über Wohnraum, die unter den Ausnahmetatbestand des § 549 Abs 2 BGB fallen, durch Parteivereinbarung der Regelung des Abs 2 unterstellt werden.

§ 569
Außerordentliche fristlose Kündigung aus wichtigem Grund

(1) Ein wichtiger Grund im Sinne des § 543 Abs. 1 liegt für den Mieter auch vor, wenn der gemietete Wohnraum so beschaffen ist, dass eine Benutzung mit einer erheblichen Gefährdung der Gesundheit verbunden ist. Dies gilt auch, wenn der Mieter die Gefahr bringende Beschaffenheit bei Vertragsschluss gekannt oder darauf verzichtet hat, die ihm wegen dieser Beschaffenheit zustehenden Rechte geltend zu machen.

(2) Ein wichtiger Grund im Sinne des § 543 Abs. 1 liegt ferner vor, wenn eine Vertragspartei den Hausfrieden nachhaltig stört, sodass dem Kündigenden unter Berücksichtigung aller Umstände des Einzelfalls, insbesondere eines Verschuldens der Vertragsparteien, und unter Abwägung der beiderseitigen Interessen die Fortsetzung des Mietverhältnisses bis zum Ablauf der Kündigungsfrist oder bis zur sonstigen Beendigung des Mietverhältnisses nicht zugemutet werden kann.

(2a) Ein wichtiger Grund im Sinne des § 543 Absatz 1 liegt ferner vor, wenn der Mieter mit einer Sicherheitsleistung nach § 551 in Höhe eines Betrages in Verzug ist, der der zweifachen Monatsmiete entspricht. Die als Pauschale oder als Vorauszahlung ausgewiesenen Betriebskosten sind bei der Berechnung der Monatsmiete nach Satz 1 nicht zu berücksichtigen. Einer Abhilfefrist oder einer Abmahnung nach § 543 Absatz 3 Satz 1 bedarf es nicht. Absatz 3 Nummer 2 Satz 1 sowie § 543 Absatz 2 Satz 2 sind entsprechend anzuwenden.

(3) Ergänzend zu § 543 Abs. 2 Satz 1 Nr. 3 gilt:

1. Im Falle des § 543 Abs. 2 Satz 1 Nr. 3 Buchstabe a ist der rückständige Teil der Miete nur dann als nicht unerheblich anzusehen, wenn er die Miete für einen Monat übersteigt. Dies gilt nicht, wenn der Wohnraum nur zum vorübergehenden Gebrauch vermietet ist.

2. Die Kündigung wird auch dann unwirksam, wenn der Vermieter spätestens bis zum Ablauf von zwei Monaten nach Eintritt der Rechtshängigkeit des Räumungsanspruchs hinsichtlich der fälligen Miete und der fälligen Entschädigung nach § 546a Abs. 1 befriedigt wird oder sich eine öffentliche Stelle zur Befriedigung verpflichtet. Dies gilt nicht, wenn der Kündigung vor nicht länger als zwei Jahren bereits eine nach Satz 1 unwirksam gewordene Kündigung vorausgegangen ist.

3. Ist der Mieter rechtskräftig zur Zahlung einer erhöhten Miete nach den §§ 558 bis 560 verurteilt worden, so kann der Vermieter das Mietverhältnis wegen Zahlungsverzugs des Mieters nicht vor Ablauf von zwei Monaten nach rechtskräftiger Verurteilung kündigen, wenn nicht die Voraussetzungen der außerordentlichen fristlosen Kündigung schon wegen der bisher geschuldeten Miete erfüllt sind.

(4) Der zur Kündigung führende wichtige Grund ist in dem Kündigungsschreiben anzugeben.

(5) Eine Vereinbarung, die zum Nachteil des Mieters von den Absätzen 1 bis 3 dieser Vorschrift oder von § 543 abweicht, ist unwirksam. Ferner ist eine Vereinbarung unwirksam, nach der der Vermieter berechtigt sein soll, aus anderen als den im Gesetz zugelassenen Gründen außerordentlich fristlos zu kündigen.

Materialien: BGB §§ 554, 554b; MHRG § 9; Mietrechtsreformgesetz von 2001 (BGBl I 1149); Begr z RegE BT-Drucks 14/4553, 64, 101; Stellungnahme des Bundesrates BT-Drucks 14/4553, 91; Ausschussbericht BT-Drucks 14/5663, 81 f; Mietrechtsänderungsgesetz von 2013 (BGBl I 434); Begr z RegE, BT-Drucks 17/10485, 25.

Systematische Übersicht

I.	Überblick		1
II.	Kündigung wegen Gesundheitsgefährdung		
	1.	Zweck	3

2.	Geschützte Räume	8	4. Ausnahmen	72
3.	Erhebliche Gefährdung der Gesundheit	11	5. Konkurrenzen	73
a)	Voraussetzungen	11	**V. Erheblichkeit des Rückstandes bei der Kündigung wegen Zahlungsverzugs**	74
b)	Objektiver Maßstab?	15		
c)	Beschaffenheit der Räume	17		
4.	Beispiele, Fallgruppen	19		
5.	Fristsetzung, Abmahnung	23	**VI. Nachholrecht des Mieters**	
6.	Frist, Verwirkung	25	1. Anwendungsbereich	79
7.	Form, Begründung	27	2. Schonfrist	82
8.	Kenntnis, Verschulden des Mieters	29	3. Befriedigung des Vermieters	84
9.	Anzeigepflicht	31	4. Rechtsfolgen	91
10.	Abweichende Vereinbarungen	32	5. Öffentliche Stelle	95
11.	Beweislast	33	6. Ausnahme	100

III. Kündigung wegen nachhaltiger Störung des Hausfriedens

VII. Sperrfrist nach Mieterhöhungen (§ 569 Abs 3 Nr 3)

1.	Überblick, Geschichte	34	1. Zweck	103
2.	Anwendungsbereich	37	2. Mieterhöhung nach §§ 558, 558b	104
3.	Konkurrenzen	38	3. Mieterhöhung nach §§ 559, 560	106
4.	Hausfrieden	40	4. Entsprechende Anwendung in anderen Fällen?	108
5.	Nachhaltigkeit der Störung, Verschulden	44	5. Rechtsfolgen	110
6.	Erfüllungsgehilfen	46	**VIII. Begründung der Kündigung**	
7.	Beispiele, insbesondere Beleidigungen	47	1. Zweck, Anwendungsbereich	113
8.	Tätlichkeiten	52	2. Umfang der Begründung	115
9.	Lärm, sonstige Belästigungen	54	3. Insbesondere Zahlungsverzug	119
10.	Treuepflichtverletzungen	56	4. Form	123
11.	Gegenbeispiele	58	5. Rechtsfolgen	124
12.	Fristsetzung, Kündigung	59	6. Abdingbarkeit?	126

IV. Kautionsverzug

1.	Überblick	63	**IX. Abweichende Vereinbarungen**	127
2.	Anwendungsbereich	65	**X. Prozessuales**	132
3.	Voraussetzungen	67		

Alphabetische Übersicht

Abmahnung		25	Erfüllungsverweigerung	56
Begründung der Kündigung		27, 113 ff	Gesundheitsgefährdung	3 ff
– abweichende Vereinbarungen		126 f	– Abweichende Vereinbarungen	32
– Anwendungsbereich		114	– Angehörige	4, 25
– Nachschieben von Gründen		124 f	– Anzeigepflicht	31
– Rechtsfolgen		123 ff	– Beispiele	19
– Umfang		116 ff	– Beschaffenheit	17
Belästigungen		48 ff	– Beweislast	32
Beleidigung		48	– Gefährdung der Gesundheit	19 ff

– Geschützte Räume	8	– Berechnung	100
– Gesundheitsgefahren	7 ff	– öffentliche Stelle	94
– Konkurrenzen	5 ff	– Verpflichtung einer öffentlichen Stelle	95 ff
– Kündigung	25 ff	Sperrfrist nach Mieterhöhung	102 ff
– Zugänge	21	– Anwendungsbereich	104 f
– Zweck	4	– Beginn	108
		– Rechtsfolgen	110 f
Hausfrieden	40 ff	Störung des Hausfriedens	34 ff
		– Anwendungsbereich	47
Kautionsverzug	63 ff	– Begriff	36, 40 f
Kündigungserklärung	23 ff, 58	– Beispiele	47 ff
– Abmahnung	25	– Belästigungen	48 ff
– Begründung	113 ff	– Beleidigungen	48
– Form	123 ff	– Nachhaltigkeit der Störung	44
		– Tätlichkeiten	52
Lärm	54	– Treuepflichtverletzungen	56 ff
		Strafanzeigen	51
Nachhaltigkeit	26		
Nachholfrist	79 ff	Tätlichkeiten	52
Nachholrecht	79 ff	Täuschungsversuche	56
		Treuepflichtverletzungen	56 ff
Öffentliche Stelle	94 f		
		Übernahmeerklärung des Sozialamtes	97 f
Prozessuales	132 f		
		Verpflichtung einer öffentlichen Stelle	94 ff
Rechtsweg	97		
Rückstand erheblicher	74	Zahlungsverzug	63 ff
		– Erheblichkeit des Rückstands	74
Schonfrist nach Kündigung	79 ff	– Schonfrist	79 f
– Anwendungsbereich	80, 101	– Sperrfrist nach Mieterhöhung	103 ff
– Befriedigung des Gläubigers	84	– Verpflichtung einer öffentlichen Stelle	94 f
– Beginn	82	– vorübergehender Gebrauch	74

I. Überblick

Die Vorschrift des § 569 BGB enthält verschiedene Anpassungen der allgemeinen **1** Regelung des § 543 BGB über die außerordentliche fristlose Kündigung eines Mietverhältnisses aus wichtigem Grunde insbesondere an die Besonderheiten von Wohnraummietverhältnissen (vgl außerdem § 578 Abs 2 BGB für die sonstige Raummiete). Vorläufer der Vorschrift, die auf das Mietrechtsreformgesetz von 2001 (BGBl I 1149) zurückgeht, waren die §§ 544, 554, 554a und 554b BGB aF sowie § 9 MHRG aF. Die geltende Fassung der Vorschrift beruht auf dem Mietrechtsänderungsgesetz von 2013 (BGBl I 434), durch das § 569 BGB um einen Abs 2a zur Regelung des so genannten Kautionsverzuges ergänzt wurde. Die Abs 1 und 2 des § 569 BGB gelten auch für Pacht- und Landpachtverhältnisse (§§ 581 Abs 2, 594e Abs 1 BGB; s OLG Celle MDR 1964, 924 = NdsRpfl 1964, 154).

§ 569 BGB regelt in Abs 1 zunächst (in Übereinstimmung mit § 544 BGB aF) die **2** außerordentliche fristlose Kündigung wegen einer erheblichen **Gefährdung der Gesundheit** des Mieters (s Rn 3 ff), während § 569 Abs 2 BGB in Gestalt der nachhaltigen **Störung des Hausfriedens** (nur) den wichtigsten Anwendungsfall des § 554a BGB aF übernimmt (s Rn 34 ff). Der neue Abs 2a von 2013 regelt erstmals „ausdrücklich und abschließend" das Kündigungsrecht des Vermieters bei einem Verzug des Mieters bereits mit der Sicherheitsleistung nach Abschluss des Mietvertrages, den so genannten **Kautionsverzug** (Begr von 2012, 24 [r Sp u]; Rn 63 ff). § 569 Abs 3 BGB enthält ferner (im Anschluss an § 554 Abs 2 BGB aF und an § 9 MHRG aF) verschiedene Ergänzungen zu der Regelung der **Kündigung wegen Zahlungsverzugs** (§ 543 Abs 2 S 1 Nr 3 BGB; s Rn 74 ff). Eine weitere Neuerung bringt § 569 Abs 4 BGB durch die Bestimmung, dass in der fristlosen Kündigung, für die jetzt Schriftform vorgeschrieben ist (§ 568 Abs 1 BGB), der **Kündigungsgrund** anzugeben ist (s Rn 113 ff).

II. Kündigung wegen Gesundheitsgefährdung

1. Zweck

3 Nach § 569 Abs 1 S 1 BGB liegt ein zur fristlosen Kündigung berechtigender wichtiger Grund im Sinne des § 543 Abs 1 BGB für den Mieter auch vor, wenn der gemietete Wohnraum so beschaffen ist, dass seine Benutzung mit einer erheblichen Gefährdung der Gesundheit verbunden ist (s Rn 8 ff). Der Mieter kann in diesem Fall nach S 2 der Vorschrift selbst dann fristlos kündigen, wenn er die gefahrbringende Beschaffenheit des Wohnraums bei Vertragsabschluss gekannt oder darauf verzichtet hatte, die ihm wegen dieser Beschaffenheit zustehenden Rechte geltend zu machen (s Rn 29). Die Vorschrift gilt auch für die sonstige Raummiete, wenn die betreffenden Räume zum Aufenthalt von Menschen bestimmt sind (§ 578 Abs 2 S 3 BGB; Rn 5), sowie für Pacht- und Landpachtverhältnisse (§§ 581 Abs 2, 594e Abs 1 BGB). **Vorbild** der Regelung war **§ 544 BGB aF**, der durch § 569 Abs 1 BGB ohne sachliche Änderungen in das neue Mietrecht übernommen werden sollte (Begr zum RegE BT-Drucks 14/4553, 64 [l Sp]).

4 § 544 BGB aF war seinerzeit erst von der 2. Kommission in das Gesetz eingefügt und sodann vom Reichstag noch erweitert worden, um mit den Mitteln des Zivilrechts einen **Beitrag zu** der dringend erforderlichen **Verbesserung der Wohnverhältnisse** namentlich der Arbeitnehmer zu leisten. Außerdem versprach man sich von der bloßen Existenz der Vorschrift einen gewissen Druck auf die Vermieter, die Wohnungen besser zu gestalten (Prot II 232; ebenso BGHZ 29, 289, 294 f = NJW 1959, 1425; BGH 17. 12. 2003 – XII ZR 308/00, BGHZ 157, 233, 237, 239 = NJW 2004, 848 = NZM 2004, 222). **Zweck** der Regelung ist folglich in erster Linie der im öffentlichen Interesse liegende **Schutz der** allgemeinen **Volksgesundheit** (BGH 17. 12. 2003 – XII ZR 308/00, BGHZ 157, 233, 239 = NJW 2004, 848; U Schumacher WuM 2004, 311 f). Geschützt werden aus diesem Grunde auch nicht nur der Mieter, sondern ebenso seine **Angehörigen und Arbeitnehmer** (BGH 17. 12. 2003 – XII ZR 308/00, BGHZ 157, 233, 238 = NJW 2004, 848; Franke ZMR 1999, 83, 87).

5 § 569 Abs 1 BGB soll den **Mieter** aus den genannten Gründen (o Rn 4) **privilegieren**, und zwar – nicht zuletzt im öffentlichen Interesse – durch die Erleichterung der fristlosen Kündigung aus wichtigem Grunde gegenüber den sonst geltenden Regeln, insbesondere aufgrund des § 543 BGB (OLG Brandenburg ZMR 2014, 719; U Schumacher WuM 2004, 311 ff; Selk/Hankammer NZM 2008, 65). Die **anderen** dem Mieter wegen des mangelhaften Zustandes der ihm vermieteten Räume zustehenden **Rechte** bleiben **unberührt** (Kern NZM 2007, 634, 637). Das gilt insbesondere für den Erfüllungsanspruch (§ 535 BGB), für die Gewährleistungsrechte (§§ 536, 536a BGB) sowie für die Kündigung nach § 543 BGB (OLG Brandenburg ZMR 2014, 719, 720).

Trotz Kündigung kann der Mieter daher weiterhin für die Vergangenheit **Minderung** geltend machen (§ 536 BGB) und **Schadensersatz** verlangen (s Staudinger/V Emmerich [2021] § 536a Rn 14, 19; LG Saarbrücken WuM 1982, 187; 1991, 91; NZM 1999, 411). Sein Ersatzanspruch umfasst in diesem Fall auch die ihm erst durch die Kündigung entstandenen Kosten, zB die Kosten des Umzugs in eine teurere Ersatzwohnung (LG Mannheim MDR 1969, 313 f = WuM 1969, 41; LG Saarbrücken WuM 1991, 91). 6

In der **Verzögerung einer** an sich möglichen **Kündigung** nach § 569 Abs 1 BGB kann auch nicht – anders als vielfach früher analog § 536b BGB (= § 539 BGB aF) – ein Ausschlussgrund gesehen werden (s Staudinger/V Emmerich [2021] § 536 Rn 70; OLG Brandenburg ZMR 2009, 190, 191). Ebensowenig geht es an, in solchem Fall generell von einer Verwirkung des Minderungsrechts des Mieters auszugehen (ebenso zB BeckOGK/Geib [1. 10. 2020] Rn 24; anders Kern NZM 2007, 634, 637); in einer grundlosen Verzögerung der Kündigung kann vielmehr lediglich je nach den Umständen des Falles ein **mitwirkendes Verschulden** des Mieters zu sehen sein (§ 254 BGB; RG WarnR 1916 Nr 133 S 213 f; Recht 1912 Nr 3050; Palandt/Weidenkaff Rn 7). 7

2. Geschützte Räume

Der Mieter kann nach § 569 Abs 1 S 1 BGB iVm § 578 Abs 2 S 3 BGB nur dann fristlos kündigen, wenn gerade ein Wohnraum oder ein anderer zum Aufenthalt von Menschen bestimmter Raum von gesundheitsgefährdender Beschaffenheit ist. Ob ein derartiger Raum vorliegt, beurteilt sich allein nach der **vertraglichen Zweckbestimmung** des Raumes, nicht nach seiner tatsächlichen Nutzung (s Staudinger/V Emmerich [2021] Vorbem 26 ff zu § 535). Wohnräume iS des § 569 Abs 1 BGB liegen folglich (nur) vor, wenn die betreffenden Räume gerade zu Wohnzwecken vermietet sind. Um einen **anderen zum Aufenthalt von Menschen bestimmten Raum** iS des § 578 Abs 2 S 3 BGB handelt es sich dagegen, wenn darin nach dem Vertrag wenigstens vorübergehend Menschen verweilen sollen (OLG Koblenz NJW-RR 1992, 1228; KG GE 2004, 47; Franke ZMR 1999, 83, 87). Dafür genügt ein Aufenthalt von mehreren Stunden, nicht jedoch ein bloßes kurzfristiges Betreten des Raumes. 8

Da durch § 569 Abs 1 BGB auch die Angehörigen und Angestellten des Mieters geschützt werden (o Rn 4), reicht es aus, wenn der Raum lediglich zum vorübergehenden **Aufenthalt der Angehörigen oder Angestellten** bestimmt ist (vgl auch BGH 17. 12. 2003 – XII ZR 308/00, BGHZ 157, 233, 238 [3. Abs] = NJW 2004, 848). Im Falle der **Untermiete** kann schließlich mit Rücksicht auf den weitgespannten Zweck der Vorschrift (o Rn 4) im Falle der gesundheitsgefährdenden Beschaffenheit der untervermieteten Räume nicht nur der Untermieter gegenüber dem Hauptmieter (seinem Vermieter), sondern auch dieser (als Mieter) gegenüber dem Hauptvermieter kündigen (BGHZ 157, 233, 237 ff = NJW 2004, 848; **aM** Blank NZM 2004, 249; s dazu schon o Staudinger/V Emmerich [2021] § 540 Rn 25). 9

10 Geschützt sind nach dem Gesagten (s Rn 8) **zB** neben Wohnräumen **auch gewerblich genutzte Räume** (OLG Koblenz NJW-RR 1992, 1228; KG GE 2004, 47) wie Büros, Lager (KG GE 2004, 47: Möbellager), Werkstätten, Fabrikhallen, Spülküchen, Bier- und Weinkeller (LG Berlin GE 1988, 733; Franke ZMR 1999, 83, 87), Säle, Krankenräume, Wartezimmer, Tresorräume einer Bank mit Publikumsverkehr (RG Recht 1911 Nr 1909), außerdem Viehställe, in denen ständig gearbeitet wird (OLG Koblenz NJW-RR 1992, 1228), sowie Heizungskeller (OLG Koblenz NJW-RR 1992, 1228). *Nicht* hierher gehören dagegen bloße Verschläge in Kellern oder auf Böden, weil sie nicht zum Verweilen von Menschen bestimmt sind (Franke ZMR 1999, 83, 87; **aM** Harsch WuM 1989, 162), und zwar auch nicht, wenn zweckwidrig in derartigen Räumen Menschen untergebracht werden (BeckOGK/Geib [1. 10. 2020] Rn 6), ebenso schließlich zB noch Kühlräume.

3. Erhebliche Gefährdung der Gesundheit

a) Voraussetzungen

11 Nach § 569 Abs 1 S 1 BGB liegt ein wichtiger Grund im Sinne des § 543 BGB bereits dann vor, wenn die genannten Räume (o Rn 8 f) so beschaffen sind, dass ihre Benutzung mit einer erheblichen „Gefährdung" der Gesundheit des Mieters oder der anderen geschützten Personen (o Rn 4) verbunden ist. Eine **Gesundheitsschädigung** braucht noch **nicht** eingetreten zu sein (LG Saarbrücken WuM 1991, 91, 92; LG Lübeck NZM 1998, 190 = ZMR 1998, 433). Für die Anwendung des § 569 Abs 1 BGB genügt es vielmehr, wenn nach dem gegenwärtigen Stand der medizinischen Wissenschaft (u Rn 8) **ernsthaft**, dh unter Anlegung eines objektiven Maßstabs (u Rn 15), **zu besorgen** ist, dass mit der Benutzung der Räume in absehbarer Zeit für die geschützten Personen (o Rn 4) eine erhebliche Gesundheitsgefährdung im Sinne der **Beeinträchtigung ihres körperlichen Wohlbefindens** mit Krankheitswert verbunden ist (s KG ZMR 2004, 513; OLG Brandenburg ZMR 2009, 190, 191; NZM 2013, 151, 152: ZMR 2014, 719; LG Lübeck ZMR 2002, 431, 432; Franke ZMR 1999, 83, 88 f; Selk/Hankammer NZM 2008, 65; U Schumacher WuM 2004, 311, 315). Die so verstandene Gesundheitsgefährdung muss außerdem **konkret**, dh **naheliegend** sein, während die bloße entfernte Möglichkeit einer Gesundheitsbeschädigung *keine* Kündigung nach § 569 Abs 1 BGB rechtfertigt (RGZ 88, 168; RG WarnR 1911 Nr 323 S 360; KG JW 1930, 2975; OLG Brandenburg NZM 2013, 151, 152; ZMR 2014, 719). Ebensowenig reichen ein bloßes vorübergehendes **Unbehagen** aus (RGZ 51, 210, 211 f; RG WarnR 1911 Nr 323, S 360; JW 1912, 288 Nr 9; OLG Brandenburg NZM 2013, 151, 152; LG Lübeck ZMR 2002, 431, 432), bloße vorübergehende Störungen (RG Recht 1912 Nr 991; Franke ZMR 1999, 83, 88), bloße Unbequemlichkeiten oder ein geringer Komfort, solange noch kein Mangel vorliegt (§§ 536 Abs 1, 543 Abs 2 Nr 1 BGB; Blank/Börstinghaus Rn 10).

12 Nicht erforderlich ist, dass dem Mieter gerade wegen der erheblichen Gesundheitsgefährdung die **Fortsetzung** des Mietverhältnisses unter *Abwägung* der beiderseitigen Interessen **nicht mehr zuzumuten** ist. Dafür spricht zwar der Verweis auf § 543 Abs 1 S 2 in § 569 Abs 1 S 1 BGB, dagegen jedoch die Formulierung des § 569 Abs 1 S 1 BGB, dass bereits die erhebliche Gesundheitsgefährdung *allein*, dh als solche einen wichtigen Grund im Sinne des § 543 Abs 1 BGB darstellt. In dieselbe Richtung weist die Überlegung, dass unter den genannten Voraussetzungen dem Mieter wohl *generell* die Fortsetzung des Mietverhältnisses nicht mehr zumutbar sein dürfte (ebenso die Begr z RegE BT-Drucks 14/4553, 64).

Maßgeblicher **Zeitpunkt** für die Beurteilung der Frage, ob eine erhebliche Gesundheitsgefährdung in dem genannten Sinne (o Rn 11) vorliegt, ist der des Zugangs der Kündigung des Mieters beim Vermieter (§ 130 BGB). Auszugehen ist daher von den in diesem Augenblick **auf dem Gebiet der Gesundheitslehre herrschenden Anschauungen** (RG WarnR 1911 Nr 323, S 360 f; KG ZMR 2004, 513; LG Lübeck ZMR 1998, 433, 434 = NZM 1998, 190). 13

Die nach § 569 Abs 1 BGB dem Mieter und den sonstigen geschützten Personen bei Zugang der Kündigung (Rn 13) drohenden Gesundheitsgefahren müssen nach § 569 Abs 1 S 1 BGB außerdem erheblich, dh **nicht nur ganz geringfügig** sein, wenn sie eine fristlose Kündigung des Mieters rechtfertigen sollen. Nach einer verbreiteten Meinung scheidet deshalb eine fristlose Kündigung des Mieters – mangels Erheblichkeit der Gefahr – aus, wenn der Umstand, von dem die Gefahr ausgeht, **leicht**, dh vor allem **kurzfristig zu beheben** ist, vorausgesetzt freilich, dass der Vermieter auch tatsächlich auf eine Abmahnung oder Fristsetzung hin (s unten Rn 23) zur sofortigen Abhilfe bereit ist; andernfalls verbleibt es bei dem Kündigungsrecht des Mieters nach § 569 Abs 1 BGB (RGZ 88, 168, 169; OLG Celle MDR 1964, 924 = NdsRpfl 1964, 154, 155; OLG Koblenz NJW-RR 1992, 1228; OLG Düsseldorf WuM 2002, 267; OLG Hamburg WuM 2003, 144, 145; KG GE 2004, 47, 48; OLG Hamm NJW-RR 2005, 134, 135; OLG Naumburg WuM 2004, 144, 145; OLG Brandenburg ZMR 2009, 190, 191; LG Lübeck NZM 1998, 190 = ZMR 1998, 433). Ein dem Mieter noch *zumutbarer Zeitaufwand* für die Beseitigung des gefahrdrohenden Zustandes soll zB selbst bei einem Umzug für wenige Tage in ein Hotel anzunehmen sein (OLG Hamm NJW-RR 2005, 134, 135). Ebenso soll es zu beurteilen sein, wenn die Beseitigung des gefahrdrohenden Zustandes zwar einen erheblichen Aufwand des Vermieters erfordert, die Gefahr aber **erst in einer absehbaren Zukunft** droht, sodass in der Zwischenzeit genügend Zeit für die Beseitigung des fraglichen Mangels bleibt (OLG Naumburg WuM 2004, 144, 145 für eine erst in den Sommermonaten drohende Überhitzung der Räume). 14

b) Objektiver Maßstab?

Da der Zweck des § 569 Abs 1 BGB zumindest auch in dem im öffentlichen Interesse liegenden Schutz der allgemeinen Volksgesundheit gesehen wird (s Rn 4), wird traditionell bei der Beurteilung der Gesundheitsgefahr von einem **objektiven Maßstab** ausgegangen (OLG Brandenburg ZMR 2009, 190, 191; NZM 2013, 151, 162; ZMR 2014, 719 f; 2017, 387, 388; LG Berlin ZMR 2002, 752), sodass bei der Beurteilung des gesundheitsgefährdenden Zustandes von Räumen *nicht* auf eine etwaige besondere Empfindlichkeit des *einzelnen Mieters* abzustellen ist; maßgebend sollen vielmehr die **allgemeinen gesundheitlichen Anforderungen** sein (KG DR 1939, 642; OLG Brandenburg ZMR 2014, 719; LG Saarbrücken WuM 1982, 187; LG Berlin NZM 1999, 614 = ZMR 1999, 27; ZMR 2002, 752; Mittelstein, Miete 337 f; Franke ZMR 1999, 83, 88). Das ist wichtig vor allem für die Beurteilung der Gesundheitsgefahren, die von **Raum- oder Umweltgiften** ausgehen, sodass in diesen Fällen in erster Linie auf gesicherte Erfahrungswerte über die noch hinzunehmenden **Grenzwerte** zurückzugreifen ist (s im Einzelnen u Rn 19 f). 15

Die hM zieht aus der objektiven Interpretation des Begriffs der erheblichen Gesundheitsgefährdung (Rn 15) den weiteren Schluss, dass die **individuellen Verhältnisse der einzelnen Mieter** in diesem Rahmen *keine* Berücksichtigung finden dürften, während die Berücksichtigung der besonderen Verhältnisse des einzelnen Mietobjekts sowie 16 die **einzelner Mieterkreise** unbedenklich sein soll. Deshalb komme es hier auch darauf an, ob die Räume zum dauernden oder nur zum vorübergehenden Aufenthalt von Menschen bestimmt sind, sowie ob es sich um **ältere oder jüngere Mieter** oder um Mieter **mit oder ohne Kinder** handelt (LG Mannheim WuM 1977, 140 f [Kleinkinder]; LG Lübeck ZMR 1998, 433, 434 = NZM 1998, 190 [Säuglinge, Kleinkinder oder alte Menschen]; ZMR 2002, 431, 432; LG Berlin ZMR 2002, 752; Blank/Börstinghaus Rn 10; BeckOGK/Geib Rn 10). Diese unnötig restriktive Praxis vermag nicht zu überzeugen. Keine Rolle spielt dagegen in der Tat, ob der Vermieter die Störung zu **vertreten** hat (AG Bremerhaven WuM 1975, 147, 148; unstr).

c) Beschaffenheit der Räume

17 § 569 Abs 1 BGB stellt auf die gesundheitsgefährdende und deshalb gefahrbringende „Beschaffenheit" der geschützten Räume ab (s S 2 der Vorschrift). Seine Anwendung setzt mithin ferner voraus, dass die Gesundheitsgefährdung ihre **Ursache** gerade in einer den fraglichen Räumen **anhaftenden, dauernden Eigenschaft** hat (OLG Koblenz NJW-RR 1989, 1247 = WuM 1989, 509 = ZMR 1989, 376; LG Berlin GE 1999, 1426). Dadurch wird es zwar nicht ausgeschlossen, § 569 BGB ausnahmsweise auch anzuwenden, wenn die Gesundheitsgefährdung erst durch Einwirkungen von außen begründet wird, wenn sie zB auf Störungen durch andere Mieter oder durch Dritte beruht (RG JW 1906, 713 Nr 9; Niendorff, Mietrecht 171 f; dagegen mit guten Gründen BeckOGK/Geib [1. 10. 2020] Rn 16 f), dies jedoch nur, wenn die **von Dritten ausgehenden Störungen** so schwerwiegend und andauernd sind, dass sie **bereits** als **Mangel** der Räume selbst im Sinne des § 536 BGB zu qualifizieren sind, weil sie nur dann zur „Beschaffenheit" der Räume selbst gezählt werden können. Bedrohungen des Mieters durch Dritte oder auch Überfälle auf den Mieter werden daher nur selten unter § 569 Abs 1 BGB zu subsumieren sein (OLG Koblenz NJW-RR 1989, 1247 = WuM 1989, 509 = ZMR 1989, 376; LG Berlin GE 1999, 1426).

18 § 569 Abs 1 S 1 BGB stellt seinem Wortlaut nach darauf ab, ob der gemietete Wohnraum, dh die gesamte Wohnung von gesundheitsgefährdender Beschaffenheit ist. Haftet die gesundheitsgefährdende Eigenschaft dagegen **nur einzelnen Räumen** einer Wohnung an, so kommt es darauf an, ob dadurch bereits die Benutzbarkeit der Wohnung *insgesamt* wesentlich beeinträchtigt wird (LG Berlin GE 1988, 733; AG Köln WuM 1987, 120, 121). Sind die betroffenen Räume nur von untergeordneter Bedeutung, wird maW die Benutzbarkeit der **Wohnung nicht wesentlich beeinträchtigt**, so ist für eine Anwendung des § 569 Abs 1 BGB kein Raum (OLG Celle NdsRpfl 1964, 154, 155 = MDR 1964, 924; OLG Hamburg OLGE 33, 305; Mittelstein, Miete 339; großzügiger BeckOGK/Geib [1. 10. 2020] Rn 18). Ist zB in einer großen Wohnung nur ein einziger kleiner Raum mit Schimmelpilz befallen, so rechtfertigt dies grundsätzlich noch keine fristlose Kündigung nach § 569 Abs 1 BGB (LG Berlin GE 2005, 57). Eine **Teilkündigung** nur der betroffenen Räume scheidet auf jeden Fall aus (ebenso für die Pacht OLG Celle NdsRpfl 1964, 154, 155 = MDR 1964, 924).

4. Beispiele, Fallgruppen

19 § 569 Abs 1 S 1 BGB setzt voraus, dass die Benutzung der gemieteten Räume für den Mieter Gesundheitsgefahren mit Krankheitswert konkret befürchten lässt (s Rn 11 f, zB OLG Brandenburg NZM 2013, 151, 152 [l Sp u]; Harsch WuM 1989, 162, 163; Franke ZMR 1999, 83, 88). In der umfangreichen Praxis zu § 569 Abs 1 BGB hat sich

eine Reihe von Fallgruppen herausgebildet, in denen offenbar besonders häufig derartige Gefahren den Mietern drohen. Im Mittelpunkt des Interesses steht heute – nicht anders als bei § 536 Abs 1 BGB – die Fallgruppe, die vor allem durch den Befall von Räumen mit **Schimmelpilz** oder Schwarzstaubablagerungen, sogenanntes **Fogging** gekennzeichnet ist. Wegen der meisten Einzelheiten kann insoweit bereits auf die Ausführungen zu § 536 BGB verwiesen werden (s oben § 536 Rn 32 ff sowie ergänzend zB BeckOGK/Geib [1. 10. 2020] Rn 11; Guhling/Günter/Alberts Rn 19). Festzuhalten ist, dass die Erscheinungsformen, die Ursachen, die Folgen und die Gefahren von Schimmelpilz ebenso wie von Fogging nach wie vor weithin ungeklärt und entsprechend umstritten sind. Dies ist der Grund, weshalb sich der BGH im Jahre 2007 auf den Standpunkt gestellt hat, dass sich die Frage der Gesundheitsgefährdung infolge des Auftretens von Schimmelpilz in einer Wohnung (bisher) nicht allgemein beantworten lasse und deshalb in vielen Fällen nur durch ein **medizinisches Sachverständigen-Gutachten** geklärt werden könne (BGH 18. 4. 2007 – VIII ZR 182/06, NJW 2007, 2177 Rn 30 = NZM 2007, 439 = WuM 2007, 319, 322; ebenso OLG Brandenburg ZMR 2014, 719), während ein Teil des Schrifttums auf dem Standpunkt beharrt, dass das Auftreten von Schimmelpilz in einer Wohnung eigentlich *immer gefährlich* sei und deshalb grundsätzlich eine fristlose Kündigung des Mieters nach § 569 Abs 1 BGB zu rechtfertigen vermöge (Selk/Hankammer NZM 2008, 65; Streyl WuM 2007, 365, beide unter Berufung auf: Bundesumweltamt, Schimmelpilz-Leitfaden und Schimmelpilzsanierungs-Leitfaden).

Die Anwendbarkeit des § 569 Abs 1 BGB steht heute jedenfalls bei großflächiger **19a** Schimmelpilzbildung in einzelnen Räumen außer Frage (insbesondere BGHZ 157, 233 = NJW 2004, 848; KG ZMR 2004, 513; OLG Braunschweig ZMR 2014, 719; 2017, 387; LG Berlin GE 2009, 845 usw bis AG Saarbrücken WuM 2017, 634; Schläger ZMR 2002, 85, 92; Selk/Hankammer NZM 2008, 65; Streyl WuM 2007, 365; ebenso für Schwarzstaubablagerungen LG Ellwangen WuM 2001, 544, 545). Als nicht ausreichend wurden dagegen zB eingestuft der bloße Befall eines einzigen kleinen Raums in einer großen Wohnung mit Schimmelpilz (LG Berlin GE 2005, 37), bloße Spuren von Schimmelpilz ohne den Nachweis konkreter Gesundheitsgefahren für die Benutzer der Räume (OLG Brandenburg ZMR 2014, 719) sowie die geringe Feuchtigkeit eines Kellers (AG Zehlendorf WuM 1973, 93, 44; s auch KG ZMR 2004, 513 = GE 2004, 688, 689) oder eines Lagers, das nur gelegentlich von Menschen betreten wird (OLG Düsseldorf ZMR 1987, 263).

Eine Kündigung des Mieters aufgrund des § 569 Abs 1 BGB kommt ferner bei einer **20** gefährlichen **Summierung von Raumgiften**, insbesondere bei einer übermäßigen Formaldehyd-Konzentration in der Luft in Betracht, jedenfalls bei einer deutlichen **Überschreitung der** nach der Gefahrstoffverordnung von 1986 (BGBl I 1470) **festgelegten Grenzwerte** (Schläger ZMR 1998, 435; 2002, 85, 93 f; aus der uneinheitlichen Rechtsprechung s zB LG München I NJW-RR 1991, 975 = WuM 1991, 584; LG Lübeck NZM 1998, 190 = ZMR 1998, 433; AG Köln NJW-RR 1987, 972 = WuM 1987, 120; AG Erfurt WuM 2001, 23; AG Trier WuM 2001, 486). Gleich steht die Überschreitung sonstiger mittlerweile gesicherter Erfahrungswerte, ohne dass damit in anderen Fällen von vornherein kein Raum für eine Anwendung des § 569 Abs 1 BGB wäre, sofern sich eine ernste Gesundheitsgefährdung der Mieter nicht ausschließen lässt. Ein Beispiel ist die Belastung der Raumluft mit dem gefährlichen DDT (OLG Braunschweig ZMR 2017, 387, 388). § 569 Abs 1 BGB ist außerdem (natürlich) anwendbar, wenn das **Leben** des Mieters akut **bedroht** ist, etwa wegen Einsturzgefahr (OLG Koblenz NJW-RR 1992, 1228; KG JW 1930,

2975). Weitere **Beispiele** sind die Unbewohnbarkeit einer Wohnung nach einem Hochwasser (AG Regensburg WuM 1988, 361; AG Köln WuM 1997, 261), ein erhebliches Auftreten von **Ungeziefer** oder **Mäusen** (LG Berlin GE 1997, 689; AG Brandenburg WuM 2001, 605), der Befall der Wohnung mit Kakerlaken (LG Freiburg WuM 1986, 246), ein wiederholter **Ausfall der Heizung** wegen Ölmangels (AG Friedberg WuM 1980, 113; AG Waldbröhl WuM 1986, 337), der Ausfall **der Brandschutzeinrichtungen** in einem Möbellager (KG GE 2004, 47, 48), Öldämpfe in einer Wohnung (LG Flensburg WuM 2003, 328), in Ausnahmefällen auch schwere Mängel der Elektroinstallation (s OLG Hamm NJW-RR 2005, 134, 135), außerdem die Öffnung der Zwischendecke zum Dach hin, sodass im Winter Kälte und Feuchtigkeit eindringen können (AG Schöneberg ZMR 2000, 101, 102), sommerliche **Raumtemperaturen** von **über 35 Grad** über längere Zeit hinweg (OLG Düsseldorf ZMR 1998, 622 = NZM 1998, 915; OLG Naumburg WuM 2003, 144, 145; NJW-RR 2004, 299 Nr 8; wegen niedrigerer Temperaturen s unten Rn 22) sowie das dauernde Eindringen **unerträglicher Gerüche oder Gase** (RGZ 88, 168; RG JW 1912, 288; LG Mannheim MDR 1969, 313 = WuM 1969, 41).

21 Der Mieter kann außerdem nach § 569 Abs 1 BGB fristlos kündigen, wenn die **Zugänge**, zB die Treppen oder Fußböden, von gefährlicher, **nicht verkehrssicherer Beschaffenheit** sind, wenn etwa bei einer Galerie ein Geländer fehlt, sodass jederzeit die Gefahr schwerer Stürze besteht (RG Gruchot 60 [1916] 664 = SeuffA 71 [1916] Nr 229 II S 400; OLG Brandenburg ZMR 2009, 190, 191). Dasselbe gilt bei **übermäßigem Lärm** der Mitmieter, zB eines im selben Haus untergebrachten Hotels (BGHZ 29, 289, 294 ff = NJW 1959, 1425; AG Köln WuM 1998, 21) oder von Maschinen eines anderen Mieters (RG JW 1906, 713). Weitere Beispiele sind die **fehlende Zufuhr von Licht und Luft** (RG WarnR 1911 Nr 323 S 360 f) oder der erhebliche Befall der Räume mit Schwamm (RG Recht 1919 Nr 1382).

22 Als **nicht ausreichend** wurden dagegen je nach den Umständen des Falles eingestuft leicht zu behebende Mängel der Elektroinstallation (OLG Hamm NJW-RR 2005, 134, 135), ein bloßer Feuchtigkeitsfleck (LG Aachen ZMR 1997, 25, 26; LG Berlin GE 2002, 532), das gelegentliche Absinken der Temperaturen in den Räumen auf 16 bis 17 Grad (OLG Düsseldorf NZM 2001, 1125, 1126 = ZMR 2002, 46, 47), die bauordnungswidrige Höhe der Räume (AG Köln WuM 1988, 265), die vorübergehende Beschränkung der Lichtzufuhr durch ein Baugerüst (LG Berlin ZMR 1986, 54, 55), die bloße Verwendung von Bleirohren, solange keine akute Gesundheitsgefahr besteht (AG Frankfurt NJW-RR 1988, 908), sowie die geringfügige Überschreitung der zulässigen **Temperatur** von 26° in Arbeitsräumen (OLG Brandenburg NZM 2013, 151, 152); die abweichenden Bestimmungen der Arbeitsstättenverordnung binden lediglich arbeitsrechtlich den Arbeitgeber und haben keine Bedeutung für die Auslegung des § 569 Abs 1 BGB (s Staudinger/V Emmerich [2021] § 536 Rn 14).

5. Fristsetzung, Abmahnung

23 Bei der Kündigung wegen der gesundheitsgefährdenden Beschaffenheit der Mieträume handelt es sich, wie das Gesetz in § 569 Abs 1 S 1 HS 1 BGB hervorhebt, um einen Anwendungsfall des § 543 Abs 1 BGB. Daraus ergibt sich die Frage, ob die Kündigung gem § 543 Abs 3 BGB grundsätzlich eine vorherige Fristsetzung oder Abmahnung voraussetzt. Dafür spricht, dass ein gesundheitsgefährdender Zustand der Mieträume wohl ausnahmslos gegen die §§ 535 Abs 1 und 536 Abs 1 BGB verstößt und deshalb durchweg eine schwere **Pflichtverletzung** des Vermieters im Sinne des § 543 Abs 3 S 1 BGB enthält (so insbesondere BGH 18. 4. 2007 – VIII ZR 182/06, NJW 2007, 2177 Tz 12 = NZM 2007, 439 = WuM 2007, 319, 320). Daraus wird verbreitet der Schluss gezogen, ohne Anzeige des Mangels (s dazu Rn 31) und ohne **Fristsetzung oder Abmahnung** könne der Mieter auch in den Fällen des § 569 Abs 1 BGB nicht fristlos kündigen, sofern nicht einer der Ausnahmefälle des § 543 Abs 3 S 2 BGB vorliege, wobei insbesondere an die Nr 2 des § 543 Abs 3 S 2 BGB (Rechtfertigung der sofortigen Kündigung des Mieters aus besonderen Gründen aufgrund einer Interessenabwägung) zu denken sei (so BGH 18. 4. 2007 – VIII ZR 182/06, NJW 2007, 2177 Tz 12 ff = NZM 2007, 439 = WuM 2007, 319, 320; 13. 4. 2010 – VIII ZR 206/09, NZM 2011, 32 =WuM 2010, 352 Tz 3; OLG Braunschweig GE 2016, 193; OLG Brandenburg ZMR 2017, 387, 388; LG Stendal ZMR 2005, 624 = NZM 2005, 783; Guhling/Günter/Alberts Rn 17 f; BeckOGK/Geib [1. 10. 2020] Rn 20).

Anders wurde jedoch die Rechtslage durchweg unter dem früheren Rechtszustand 24 (§§ 542, 544 BGB aF) beurteilt, da § 544 BGB aF als sozialpolitisch motivierte Ausnahme von § 542 BGB aF (= § 543 Abs 2 Nr 1 BGB nF) eingestuft wurde (RG SeuffA 71 [1916] Nr 229 II S 400 = Gruchot 60 [1916] 664; BGHZ 29, 289, 295 = NJW 1959, 1425). Eine Fristsetzung wurde deshalb lediglich bei binnen kurzer Zeit leicht zu behebenden Mängeln als erforderlich angesehen, weil in solchen Fällen dem Vermieter Gelegenheit zur Mängelbeseitigung gegeben werden müsse (§§ 242, 542 aF; OLG Düsseldorf ZMR 2002, 512, 513). Entgegen der überwiegenden Meinung (Rn 23) sollte an diesem Gesetzesverständnis nach Möglichkeit im Interesse des Mieterschutzes auch unter dem geltenden Recht festgehalten werden, dies schon deshalb, weil die Gesetzesverfasser 2001 mit § 569 Abs 1 BGB keine Änderung der Rechtslage bezweckt hatten (s Rn 3; ebenso OLG Naumburg WuM 2003, 144, 145; OLG Hamm NJW-RR 2005, 134, 135; KG GE 2004, 47, 48; Kern NZM 2007, 434 ff; U Schumacher WuM 2004, 311, 312 f).

6. Frist, Verwirkung

Der Mieter muss nicht sofort nach Auftreten des gesundheitsgefährdenden Zustan- 25 des kündigen, sondern kann auch eine angemessene **Überlegungsfrist** in Anspruch nehmen (LG Lübeck ZMR 2001, 282). § 314 Abs 3 BGB findet mit Rücksicht auf den Zweck der Regelung (s Rn 4) *keine* Anwendung (BGH 13. 7. 2016 – VIII ZR 296/15, WuM 2016, 616 Rn 18 ff). Ebensowenig braucht er fristlos zu kündigen, sondern kann die Kündigung auch **mit** einer **Frist** aussprechen (OLG Brandenburg ZMR 2009, 190, 191; Franke ZMR 1999, 83, 89).

Umstritten ist, ob der Mieter das Kündigungsrecht **verwirken** kann, wenn er mit der 26 Kündigung wegen des gesundheitsgefährdenden Zustandes der Räume längere Zeit zuwartet (s ausführlich Kern NZM 2007, 634, 637). Überwiegend wird die Frage heute mit Rücksicht darauf **verneint**, dass das Kündigungsrecht aus § 569 Abs 1 BGB in erster Linie im öffentlichen Interesse eingeführt wurde (s oben Rn 5 f; LG Paderborn WuM 1998, 21; LG Lübeck ZMR 2001, 282; LG Duisburg NZM 2002, 214 Nr 6; Blank/Börstinghaus Rn 19; U Schumacher WuM 2004, 311, 313; Guhling/Günther/Alberts Rn 15; BeckOGK/Geib [1. 10. 2020] Rn 24; anders freilich wohl BGH 13. 4. 2010 – VIII ZR 206/09, NZM 2011, 32 = WuM 2010, 352 Tz 2, 5; ebenso LG Berlin GE 1990, 541; 2005, 57).

7. Form, Begründung

27 Bei der **Wohnraummiete** bedarf die Kündigung des Mieters der Schriftform (§ 568 Abs 1 BGB) und muss begründet werden (§ 569 Abs 4 BGB; s unten Rn 113 ff). Die **Begründung** muss wenigstens erkennen lassen, *welche* Gesundheitsgefahren nach Meinung des Mieters bestehen *und* dass er seine Kündigung darauf stützt (BGH 22. 6. 2005 – VIII ZR 326/04, WuM 2005, 584, 585 [r Sp u]; Börstinghaus, in: FS Derleder [2005] 205, 218; B Flatow NZM 2004, 281, 288 [l Sp]).

28 Für den Regelfall ist damit bei der Wohnraummiete eine **konkludente Kündigung** ausgeschlossen. Nur in Ausnahmefällen wird man annehmen können, der Vermieter könne sich nach Treu und Glauben nicht auf den Formverstoß berufen (§ 242 BGB); solche Annahme kann zB gerechtfertigt sein, wenn der Mieter bei besonders schweren, unmittelbar drohenden Gefahren für Leib und Leben sofort auszieht und damit konkludent die Kündigung erklärt (B Flatow NZM 2004, 281, 288 [l Sp]). Für die **sonstige Raummiete** gelten diese Regeln nicht (§ 578 Abs 2 S 2 BGB).

8. Kenntnis, Verschulden des Mieters

29 Nach § 569 Abs 1 S 2 BGB kann der Mieter wegen der gesundheitsgefährdenden Beschaffenheit der vermieteten Räume selbst dann kündigen, wenn er diesen Mangel bei Abschluss des Vertrages **gekannt** oder auf die Geltendmachung der ihm wegen dieser Beschaffenheit zustehenden Rechte verzichtet hat (s unten Rn 32). § 536b BGB findet folglich keine Anwendung (anders für einen etwaigen Schadensersatzanspruch des Mieters LG Saarbrücken NZM 1999, 411 f; zu § 536c s Rn 31).

30 Nach hM entfällt dagegen das Kündigungsrecht des Mieters, wenn der Mieter den gesundheitsgefährdenden Zustand der geschützten Räume **selbst schuldhaft herbeigeführt** hat (RGZ 51, 210, 212; BGHZ 157, 233, 240 = NJW 2004, 848; OLG Hamburg JW 1916, 1293; LG Mannheim DWW 1978, 72; LG Ellwangen WuM 2001, 544, 545; Blank/Börstinghaus Rn 17; Guhling/Günther/Alberts Rn 13 f; BeckOGK/Geib [1. 10. 2020] Rn 23; Franke ZMR 1999, 83, 89; Roquette § 544 Rn 11). Dies ist *nicht unproblematisch,* weil man auch dem schuldhaft handelnden Mieter schwerlich zumuten kann, in einer gesundheitsgefährdenden Wohnung zu bleiben, solange er über keinen angemessenen Ersatzwohnraum verfügt. Grundsätzlich sollte daher selbst in derartigen Fällen an dem zwingenden Kündigungsrecht des § 569 BGB festgehalten werden; als Sanktion reicht vollauf die **Schadensersatzpflicht des Mieters** (§ 280 Abs 1 BGB; Langenberg PiG 35 [1992] 95, 100; Harsch WuM 1989, 162, 163; U Schumacher WuM 2004, 311, 313; Weimar ZMR 1960, 226 f).

9. Anzeigepflicht

31 Ein gesundheitsgefährdender Zustand der vermieteten Räume stellt häufig (nicht notwendig) zugleich einen **Mangel** der Räume iSd § 536 Abs 1 BGB dar (s Rn 23), sodass sich dann die weitere Frage nach der Anwendbarkeit des § 536c BGB über die **Anzeigepflicht** des Mieters stellt. Seinem Wortlaut nach enthält § 569 Abs 1 BGB keine Ausnahme von § 536c BGB (Mittelstein, Miete 335 f). Gleichwohl wird vielfach eine Anzeigepflicht des Mieters in den Fällen des § 569 Abs 1 BGB **verneint**, um dem Mieter eine sofortige Lösung von dem Vertrag zu ermöglichen (so LG Duisburg

NZM 2002, 214 Nr 6). In der Tat wäre der andernfalls bei einem Verstoß gegen die Anzeigepflicht den Mieter drohende Rechtsverlust nach § 536c Abs 2 BGB mit dem auf eine Privilegierung des Mieters gerichteten Zweck des § 569 Abs 1 BGB unvereinbar (OLG Brandenburg ZMR 2009, 190, 191). Eine Ausnahme kommt allenfalls in Betracht, wenn sich der Mangel erst langsam entwickelt; nur für derartige Fälle behält die Anzeigepflicht ihren Sinn (OLG Hamburg OLGE 2, 382).

10. Abweichende Vereinbarungen

§ 569 Abs 1 BGB ist bei der Wohnraummiete zu Gunsten des Mieters **zwingend** (§ 569 Abs 5 S 1 BGB). Dasselbe wird man auch ohne ausdrückliche gesetzliche Anordnung für die sonstige Raummiete anzunehmen haben (§ 578 Abs 2 S 3 BGB). Jede Vereinbarung, durch die das Kündigungsrecht entgegen dem Gesetz **ausgeschlossen oder beschränkt** wird, ist daher nichtig (BGHZ 29, 289, 295 f = NJW 1959, 1425). Das gilt auch für einen im Voraus erklärten Verzicht des Mieters auf die Rückzahlung eines verlorenen Baukostenzuschusses für den Fall der Kündigung nach § 569 Abs 1 BGB (BGHZ 29, 289, 295 f = NJW 1959, 1425). Aus denselben Erwägungen heraus wird man in den Fällen des § 569 Abs 1 BGB einen vertraglichen **Ausschluss des Schadensersatzanspruches** des Mieters aus § 536a BGB ebenfalls als unwirksam zu behandeln haben (U Schumacher WuM 2004, 311, 312 [l Sp]). 32

11. Beweislast

Die Beweislast für die Voraussetzungen des § 569 Abs 1 BGB trägt der **Mieter** (LG Waldshut-Tiengen WuM 1989, 175; Franke ZMR 1999, 83, 89; Harsch WuM 1989, 162, 164; Blank/Börstinghaus Rn 20; Schmidt-Futterer/Blank Rn 15; U Schumacher WuM 2004, 311, 315). Wendet man entgegen der hier vertretenen Auffassung (s Rn 24) auch den § 543 Abs 3 BGB im Rahmen des § 569 Abs 1 BGB an, so muss der Mieter außerdem die Beweislast für das Vorliegen eines der Ausnahmetatbestände des § 543 Abs 3 S 2 BGB tragen, in denen eine Fristsetzung oder Abmahnung entbehrlich ist (so in der Tat BGH 18. 4. 2007 – VIII ZR 182/06, NJW 2007, 2177 Tz 14 = NZM 2007, 439 = WuM 2007, 319, 320). **Beweiserleichterungen** zu Gunsten des Mieters kommen von Fall zu Fall bei Belastung der Räume mit Umweltgiften in Betracht, jedenfalls, wenn sich nach den Umständen eine Gesundheitsgefährdung nicht ausschließen lässt (U Schumacher WuM 2004, 311, 315). Dagegen hat der **Vermieter** die Umstände zu beweisen, aus denen sich ausnahmsweise ein Ausschluss des Kündigungsrechts ergibt (LG Ellwangen WuM 2001, 544, 545; Harsch WuM 1989, 162, 164). 33

III. Kündigung wegen nachhaltiger Störung des Hausfriedens*

1. Überblick, Geschichte

Nach § 569 Abs 2 BGB liegt bei der Wohnraummiete ebenso wie bei der sonstigen Raummiete (§ 578 Abs 2 S 1 BGB; s Rn 37) ein wichtiger Grund im Sinne des § 543 34

---

* **Schrifttum:** S Staudinger/V Emmerich (2021) § 543 sowie Horst, „High Noon" im Mietrecht, DWW 2011, 322; Kinne, Wohnraumkündigung wegen Vertragsverletzung des Mieters, ZMR 2001, 251, 317; Kraemer, Die Kündigung aus wichtigem Grund, WuM 2001, 163 = DWW 2001, 110 = NZM 2001, 553; Michalski, Recht zur fristlosen Kündigung bei

Abs 1 BGB ferner vor, wenn eine Vertragspartei – das kann der Mieter wie der Vermieter sein – den Hausfrieden nachhaltig stört, sodass dem Kündigenden unter Berücksichtigung aller Umstände des Einzelfalls, insbesondere eines Verschuldens der (dh beider) Vertragsparteien und unter Abwägung der beiderseitigen Interessen die Fortsetzung des Mietverhältnisses bis zum Ablauf der Kündigungsfrist oder bis zur sonstigen Beendigung des Mietverhältnisses nicht zugemutet werden kann. § 569 Abs 2 BGB wiederholt insoweit § 543 Abs 1 S 2 BGB, wodurch klargestellt werden sollte, dass die nachhaltige Störung des Hausfriedens *allein* als Kündigungsgrund nicht ausreicht, vielmehr zusätzlich immer noch die Voraussetzungen des § 543 Abs 1 S 2 und Abs 3 BGB erfüllt sein müssen (Rechtsausschuss BT-Drucks 14/5663, 81 f).

35 **Vorläufer** des § 569 Abs 2 BGB war der durch das 1. Mietrechtsänderungsgesetz von 1963 (BGBl I 505) in das Gesetz eingefügte § 554a BGB aF. Diese Vorschrift hatte freilich noch einen wesentlich weiteren Anwendungsbereich als der jetzige § 569 Abs 2 BGB, da nach § 554a BGB aF die nachhaltige Störung des Hausfriedens nur ein Beispielsfall für den allgemeinen Kündigungsgrund der schuldhaften Vertragsverletzung gewesen war, während § 569 Abs 2 BGB diesen Fall als einzigen Kündigungsgrund beibehalten hat, sodass heute in den anderen Fällen, die früher ebenfalls unter § 554a BGB aF subsumiert wurden, nur noch im Einzelfall der Rückgriff auf die Generalklausel des § 543 Abs 1 BGB bleibt (s für die ständige unpünktliche Zahlung des Mieters schon STAUDINGER/V EMMERICH [2021] § 543 Rn 68 ff).

36 § 569 Abs 2 BGB muss im Zusammenhang mit **§ 573 Abs 2 Nr 1** BGB gesehen werden, nach dem bereits die *ordentliche* Kündigung des Vermieters bei der Wohnraummiete voraussetzt, dass der Mieter seine vertraglichen Pflichten schuldhaft nicht unerheblich verletzt hat (s dazu u STAUDINGER/ROLFS § 573 Rn 30–62). Daraus ergibt sich ebenso wie aus der Bezugnahme auf § 543 Abs 1 BGB in § 569 Abs 2 BGB, dass unter diese Vorschrift allein **besonders schwerwiegende Vertragsverletzungen**, und zwar gerade in Gestalt einer nachhaltigen Störung des Hausfriedens subsumiert werden können (s Rn 26; KG ZMR 2004, 261, 262). Bereits der Anwendungsbereich des § 554a BGB aF, des Vorläufers des § 569 Abs 2 BGB war aus diesem Grund durchweg auf Fallgestaltungen beschränkt worden, in denen die Vertragsverletzung (worauf § 554a BGB aF in erster Linie abgestellt hatte) derart schwerwiegend gewesen war, dass sie der betroffenen Partei die Fortsetzung des Vertragsverhältnisses, und sei es auch nur bis zum Ablauf der ordentlichen Kündigungsfrist oder bis zum sonstigen Vertragsende, objektiv unzumutbar machte, wobei gewöhnlich der **Maßstab** eines vernünftigen Durchschnittsbetrachters, der die Besonderheiten von Mietverhältnissen kennt, angelegt wurde (BGHZ 118, 351, 355 = NJW 1992, 2628, 2629; BGH 6. 2. 1974 – VIII ZR 239/72, LM Nr 4 zu § 554a BGB = ZMR 1974, 375, 377 = WM 1974, 345; KINNE ZMR 2001, 251, 317). Auf diese Weise sollte vor allem eine Umgehung der engen Voraussetzungen der anderen Kündigungsgründe unter vorschnellem Rückgriff auf die Generalklausel des § 554a BGB aF verhindert werden (OLG Hamburg WuM 2003, 90, 91 [l Sp 4. Abs]). Hieran hat sich unter § 569 Abs 2 BGB nichts geändert.

---

vorausgegangener unwirksamer Kündigung durch den Vermieter, ZMR 1996, 364; MÜLLER, Der vertragsmäßige Gebrauch der Mietsache bei der Vermietung von Räumen zu Wohnzwecken, ZMR 1970, 289; WOLTER, Mietrechtlicher Bestandsschutz (1984).

2. Anwendungsbereich

Der Anwendungsbereich des § 569 Abs 2 BGB beschränkt sich auf die **Wohnraum-** **37** **miete sowie die sonstige Raummiete** im Gegensatz zur reinen Grundstücksmiete und zur Fahrnismiete (§ 578 Abs 2 S 1 BGB). Wird die Vermietung eines Grundstücks mit der Vermietung von Räumen verbunden, so kommt es darauf an, worauf nach den Abreden der Parteien das Schwergewicht liegt; § 569 Abs 2 BGB ist nur anwendbar, wenn für die Parteien die Raummiete im Vordergrund steht (BLANK/ BÖRSTINGHAUS Rn 21; GUHLING/GÜNTER/ALBERTS Rn 30; ROQUETTE § 554a Rn 6).

3. Konkurrenzen

Diejenige Partei, die wegen einer schuldhaften Störung des Hausfriedens durch die **38** andere Partei den Mietvertrag nach § 569 Abs 2 BGB fristlos kündigt, kann von der anderen wegen der Vertragsverletzung zusätzlich auch **Schadensersatz** verlangen, und zwar insbesondere für die Schäden, die erst durch die Kündigung entstehen (§§ 280 Abs 1, 249, 252, 314 Abs 4 BGB; BGH 6. 2. 1974 – VIII ZR 239/72, LM Nr 4 zu § 554a BGB = ZMR 1974, 375; 11. 7. 1979 – VIII ZR 183/78, LM Nr 70 zu § 535 BGB = ZMR 1979, 351; 15. 3. 2000 – XII ZR 81/97, LM Nr 55 zu § 249 [Ha] BGB = NJW 2000, 2342, 2343). Der fristlos kündigende **Mieter** kann daher zB Ersatz der **Umzugskosten**, Ersatz der Kosten für die Herrichtung der Ersatzräume sowie Ersatz einer etwaigen Mietdifferenz verlangen, wenn er jetzt eine höhere Miete als bisher zahlen muss (BGH 6. 2. 1974 – VIII ZR 239/72, LM Nr 4 zu § 554a BGB = ZMR 1974, 375; 15. 3. 2000 – XII ZR 81/97, LM Nr 55 zu § 249 [Ha] BGB = NJW 2000, 2342, 2343 f). Einen Anspruch auf **Aufwendungsersatz** nach **§ 284 BGB** für seine frustrierten Aufwendungen für die Erlangung und Einrichtung der gekündigten Wohnung steht ihm dagegen neben dem Schadensersatz (§ 280 Abs 1 BGB) nur unter den zusätzlichen Voraussetzungen des § 282 BGB zu, die hier freilich itR vorliegen dürften (s STAUDINGER/V EMMERICH [2021] Vorbem 14 zu § 536). Der kündigende **Vermieter** kann dagegen vor allem Ersatz der ihm **entgehenden Miete**, freilich immer nur zu den einzelnen Fälligkeitsterminen, fordern (§§ 280 Abs 1, 252 BGB; BGH 11. 7. 1979 – VIII ZR 183/78, LM Nr 70 zu § 535 = WuM 1979, 236 = ZMR 1979, 351, 352; AG Hamburg-Wandsbeck WuM 1989, 283 f).

§ 569 Abs 2 BGB hat **keinen Vorrang** vor anderen Kündigungstatbeständen. Sind **39** neben § 569 Abs 2 BGB zugleich andere Kündigungstatbestände erfüllt, wobei insbesondere an die §§ 543 und 573 BGB zu denken ist, so hindert den Vermieter oder den Mieter nichts, zusätzlich oder allein nach diesen anderen Vorschriften vorzugehen. Lediglich § 314 *Abs 1* BGB ist subsidiär gegenüber § 569 Abs 2 BGB (BGH 13. 7. 2016 – VIII ZR 296/15, NJW 2016, 3720 = WuM 2016, 616 = NZM 2016, 791; s zu dieser Frage schon o STAUDINGER/V EMMERICH [2021] § 543 Rn 2, 12, 90 ff). Stützt der Vermieter die Kündigung gleichzeitig oder nacheinander auf verschiedene Tatbestände, zB der Reihe nach auf § 543 Abs 1, auf § 569 Abs 2 BGB sowie auf § 573 Abs 2 Nr 1 BGB, so stellt sich die Frage, ob, wenn er unter Berufung auf die verschiedenen Kündigungen von dem Mieter Räumung verlangt, nur ein **Streitgegenstand** oder mehrere Streitgegenstände, also eine Klagehäufung anzunehmen sind (dazu ausführlich FLEINDL ZMR 2020, 1). Hier dürfte im Zweifel davon auszugehen sein, dass der Vermieter seinen Räumungsanspruch stets vorrangig auf diejenige Kündigung stützen wird, die unter den gegebenen Umständen am schnellsten zum Erfolg führt, während die anderen Kündigungsgründe nur hilfsweise geltend gemacht sind (so zB AG München ZMR 2020, 417; anders zB AG Koblenz WuM 2018, 795; FLEINDL ZMR 2020, 1 ff, alle mwNw).

4. Hausfrieden

40 Das Gesetz wendet sich in § 569 Abs 2 BGB gegen die nachhaltige Störung des Hausfriedens durch eine Partei. Unter dem Hausfrieden versteht man die selbstverständlichen **Gebote gegenseitiger Rücksichtnahme**, die das Zusammenleben mehrerer Personen in einem Haus überhaupt erst erträglich machen; jede Partei muss sich deshalb bei der Ausübung ihrer mietvertraglichen Rechte so verhalten, dass keiner der anderen Beteiligten *mehr als unvermeidlich gestört* wird. Zur Präzisierung der Gebote gegenseitiger Rücksichtnahme wird traditionell in erster Linie auf eine etwaige **Hausordnung** zurückgegriffen (s Rn 47), vorausgesetzt, dass sie wirksam in den einzelnen Mietvertrag einbezogen wurde und zB Regeln über die von den Mietern zu beachtenden Ruhezeiten enthält (s oben Vorbem 167 ff zu § 535; BeckOGK/ GEIB [1. 10. 2020] Rn 30). Jenseits dieser Fälle sind die nötigen Maßstäbe zur Bestimmung der Gebote gegenseitiger Rücksichtnahme in erster Linie der **Verkehrssitte** und den Grundsätzen von **Treu und Glauben** zu entnehmen (§§ 137 und 242 BGB). Der Tatbestand des § 569 Abs 2 BGB ist erfüllt, sobald eine Mietpartei die Gebote gegenseitiger Rücksichtnahme **schwerwiegend verletzt** (§§ 241 Abs 2, 242, 535 BGB; BGH 18. 2. 2015 – VIII ZR 186/14, NJW 2015, 1239 Rn 13 = NZM 2015, 302, 303 = WuM 2015, 289 – Düsseldorfer Raucher; KG ZMR 2004, 261, 262; LG Berlin WuM 2003, 208, 209; LG Lüneburg WuM 2005, 586 f; LG München I NZM 2013, 25 ff; LG Köln ZMR 2016, 705; LG Düsseldorf WuM 2016, 679, 680 [Rauchen] usw bis AG München ZMR 2018, 603; AG Berlin-Schöneberg GE 2019, 969; KRAEMER WuM 2001, 163, 170 f).

41 Für eine Anwendung des § 569 Abs 2 BGB ist kein Raum, wenn die anderen Beteiligten mit der „Störung" im Einzelfall oder generell **einverstanden** sind, zB mit den unvermeidlichen Störungen aus Anlass einer im Voraus angekündigten Familienfeier. § 569 Abs 2 BGB gibt dem Vermieter auch kein Recht zur Kontrolle des Verhaltens des Mieters „in seinen vier Wänden" (AG München ZMR 2009, 378, 379 mAnm KLIMESCH). § 569 Abs 2 BGB wird vielmehr erst anwendbar, wenn die Auswirkungen des Verhaltens des Mieters die **Grenzen seiner Wohnung überschreiten**, indem in die Rechte des Vermieters oder in den vertragsgemäßen Gebrauch anderer Mieter eingegriffen wird (§§ 242, 535, 569 Abs 2, 578 Abs 2 S 1 BGB). **Unbedenklich** sind danach zB das Aufhängen von Bildern des Teufels, Hitlers oder Stalins in der Wohnung (AG München ZMR 2009, 378, 379), der übermäßige Alkoholgenuss des Mieters in der Wohnung (KLIMESCH ZMR 2009, 379) sowie die Überfüllung der Wohnung mit Abfall, solange davon der Mietsache oder Mitmietern keine Schäden drohen (AG München NZM 2003, 475; KLIMESCH ZMR 2009, 379). Anders dagegen, sobald durch das fragliche Verhalten des Mieters zugleich andere Mieter im vertragsgemäßen Gebrauch beeinträchtigt werden. Ein **Indiz** für das Vorliegen eines Kündigungsgrundes ist deshalb in allen kritischen Fällen ein **Minderungsrecht anderer Mieter** infolge des vertragswidrigen Verhaltens eines Mieters desselben Hauses.

42 Geht die **Störung von mehreren Mietern** aus wie zB bei lautstarken Streitigkeiten zwischen Mietern und ihren Angehörigen, so darf der Vermieter im Rahmen des § 569 Abs 2 BGB nicht willkürlich einen Mieter herausgreifen und nur ihm kündigen; er muss vielmehr die Mieter bei der Anwendung des § 569 Abs 2 BGB nach

Möglichkeit **gleich behandeln** (§§ 241 Abs 2, 242 BGB). In erster Linie ist folglich demjenigen Mieter zu kündigen, den die *Hauptverantwortung* an der Störung trifft (vgl LG Duisburg WuM 1975, 209; AG Köln WuM 1994, 207 f).

Wieder andere Regeln gelten, wenn die **Störung** des Hausfriedens **nur von einem aus** 43 einer **Mehrzahl** von Mietern *derselben* Wohnung ausgeht: In diesem Fall kann wegen der Einheitlichkeit des Mietverhältnisses nicht allein gegenüber dem störenden Mieter, sondern muss **einheitlich gegenüber allen** Mietvertragsparteien gekündigt werden (s STAUDINGER/V EMMERICH [2021] Vorbem 117 zu § 535; ECKERT, in: Gedschr Sonnenschein [2002] 313, 314). Das Kündigungsrecht des Vermieters erlischt indessen nach § 242 BGB, wenn der störende Mieter nach der Kündigung freiwillig auszieht, sodass weitere Störungen nicht mehr zu besorgen sind (BLANK/BÖRSTINGHAUS Rn 25).

5. Nachhaltigkeit der Störung, Verschulden

Die Störung des Hausfriedens durch eine Vertragspartei muss außerdem nach § 569 44 Abs 2 BGB „nachhaltig" sein, wenn sie eine Kündigung rechtfertigen soll. Damit wird zum Ausdruck gebracht, dass die Störung in den Fällen des § 569 Abs 2 BGB **schwerwiegend und andauernd** sein muss (s schon Rn 40), während bloße **geringfügige Störungen** oder **kurze und einmalige Störungen** im Regelfall zur Rechtfertigung einer fristlosen Kündigung *nicht* ausreichen, vorausgesetzt freilich, dass keine Wiederholung droht (KG ZMR 2004, 261, 262; OLG Düsseldorf ZMR 2013, 706 = DWW 2014, 61; GE 2015, 726; LG Lüneburg WuM 2005, 586, 587; LG München I NZM 2013, 25, 26: AG München WoM 2018, 83, 85; KRAEMER WuM 2001, 163, 171; ebenso schon BGH 6. 2. 1974 – VIII ZR 239/72, LM Nr 4 zu § 554a BGB = ZMR 1974, 375, 377 = WM 1974, 345; LG Mannheim WuM 1974, 175 f; AG München WuM 2018, 83, 85). Anders natürlich bei besonders schwerwiegenden, wenn auch einmaligen Vorfällen wie zB im Falle der Bedrohung des Vermieters oder der Mitmieter mit der Anwendung von körperlicher Gewalt (LG München I NZM 2013, 25, 26).

Zu den bei der Kündigung wegen Unzumutbarkeit der Vertragsfortsetzung zu be- 45 rücksichtigenden Umständen gehört nach § 569 Abs 2 BGB „insbesondere" ein „Verschulden der Vertragsparteien". Mit dieser Formulierung sollte zum Ausdruck gebracht werden, dass heute – anders als nach dem früheren Rechtszustand – ein **Verschulden** des Kündigungsgegners zwar die regelmäßige, aber *keine* notwendige Voraussetzung für eine fristlose Kündigung nach § 569 Abs 2 BGB mehr ist (Ausschussbericht BT-Drucks 14/5663, 82 [l Sp 2. Abs]). Damit ist zweierlei gesagt: Im **Regelfall** wird eine fristlose Kündigung nach § 569 Abs 2 BGB wegen nachhaltiger Störung des Hausfriedens nur in Betracht kommen, wenn der Kündigungsgegner die Störung im Sinne der §§ 276 bis 278 BGB zu vertreten hat. In **Ausnahmefällen**, gekennzeichnet durch eine besondere Schwere oder Dauer der Störung des Hausfriedens, ist jedoch eine fristlose Kündigung **auch gegenüber schuldunfähigen**, insbesondere geisteskranken **Personen** möglich (Ausschussbericht BT-Drucks 14/5663, 82 [l Sp 2. Abs]; s dazu schon o STAUDINGER/V EMMERICH [2021] § 543 Rn 6a f).

6. Erfüllungsgehilfen

Jede Partei muss im Rahmen des § 569 Abs 2 BGB auch für schuldhafte und nach- 46 haltige Störungen des Hausfriedens durch ihre Erfüllungsgehilfen einstehen (§§ 278,

540 Abs 2 BGB). Als Erfüllungsgehilfen des Mieters werden in Bezug auf die Einhaltung des Hausfriedens üblicherweise lediglich Personen angesehen, die zur **Hausgemeinschaft des Mieters** gehören oder doch in besonders enger Beziehung zu ihr stehen, in erster Linie also die **Angehörigen des Mieters**, der Ehegatte auch während eines Scheidungsverfahrens (AG Köln WuM 1976, 233; AG Helmstedt WuM 1989, 569), weiter zB die erwachsenen Söhne des Mieters (LG Köln ZMR 1977, 332, 333) sowie Hausangestellte und Untermieter (§ 540 Abs 2 BGB; LG Bamberg WuM 1974, 197, 199), *nicht* dagegen bloße **Besucher**, selbst wenn sie wiederholt bei dem Mieter übernachten (LG Berlin/AG Neukölln GE 2013, 750). Der Mieter schafft aber gegebenenfalls selbst einen Kündigungsgrund, wenn er gegen nachhaltige Störungen des Hausfriedens durch Besucher nicht einschreitet, obwohl ihm dies möglich und zumutbar ist (s unten Rn 52, 58). Bei der sonstigen Raummiete sind Erfüllungsgehilfen des Mieters vor allem seine in den Räumen tätigen **Arbeitnehmer**. Erfüllungsgehilfen des Vermieters sind dagegen in erster Linie sein **Hausverwalter**, gleichstehende Personen sowie die von ihm beauftragten **Handwerker**, seine Angehörigen indessen nur, wenn der Vermieter im selben Haus wohnt. Mieter können daher zB nach § 569 Abs 2 BGB kündigen, falls die vom Vermieter beauftragten Handwerker Reparaturen ohne Not erst spät abends oder sogar zur Nachtzeit durchführen und dadurch die Nachtruhe der Mieter grundlos erheblich stören.

7. Beispiele, insbesondere Beleidigungen

47 Den gleichsam klassischen Anwendungsfall einer nachhaltigen Störung des Hausfriedens bilden schwerwiegende Verletzungen der Hausordnung in Mehrfamilienhäusern (s oben Rn 40). Außerdem gehören aus dem umfangreichen Fallmaterial zu § 554a BGB aF hierher noch die meisten Fälle der Belästigung der anderen Partei insbesondere durch Beleidigungen oder Tätlichkeiten (u Rn 48, 52 ff), ferner die zahlreichen Fälle, die üblicherweise unter dem Stichwort der Treuepflichtverletzung zusammengefasst werden (u Rn 56 f), sowie noch einige andere Fallgestaltungen (wegen weiterer Beispiele s schon o STAUDINGER/V EMMERICH [2021] § 543 Rn 7–11).

48 Beleidigungen der anderen Vertragspartei oder dieser nahestehender Personen bildeten bereits den Schwerpunkt der Praxis zu § 554a BGB aF. In der Praxis zu § 543 Abs 1 BGB stehen gleichfalls deutlich schwerwiegende Beleidigungen des anderen Teils im Mittelpunkt des Interesses. Die Ausführungen dazu gelten sinngemäß auch im vorliegenden Zusammenhang, zumal ohnehin im Wohnraummietrecht meistens die §§ 543 Abs 1 und 569 Abs 2 BGB nebeneinander angewandt zu werden pflegen (s deshalb auch STAUDINGER/V EMMERICH [2021] § 543 Rn 8, 10).

49 Der Tatbestand des § 569 Abs 2 BGB wird in der Regel als erfüllt angesehen, wenn der eine Teil den anderen sowie die diesem nahestehenden Personen einschließlich der Mitarbeiter und Geschäftspartner in schwerwiegender und nicht zu entschuldigender Weise beleidigt. In besonderem Maße gilt dies bei **wiederholten** schweren **Beleidigungen** (OLG München ZMR 1996, 557, 558; LG München I WuM 2018, 47; LG Berlin GE 1991, 151; WuM 1987, 56; LG Köln WuM 1993, 349; AG/LG Stuttgart WuM 1997, 492; AG Borken WuM 2000, 189; AG München WuM 2018, 83, 85 = ZMR 2018, 358; BIERBAUM/STÖCKEL GE 1999, 1162). Gleich stehen die öffentliche **Anprangerung** des Vermieters durch die Anbringung eines Transparents an der Außenseite des Hauses (LG München I WuM 1983, 263 f) sowie Beleidigungen des Hausverwalters (LG Berlin WuM 1987, 56; AG

Gelsenkirchen-Buer ZMR 1998, 353 f) oder anderer **Mitarbeiter** des Vermieters, auch wenn die Beleidigungen von den Kindern des Mieters ausgehen (AG Tempelhof-Kreuzberg GE 2010, 697), sowie schwere Beleidigungen der **Mitmieter** (LG Köln ZMR 2016, 705). **Kein Raum** für eine Anwendung des § 569 Abs 2 BGB ist dagegen nach einer verbreiteten Meinung (mangels Nachhaltigkeit der Störung) **bei einmaligen Beleidigungen**, Ausrutschern und selbst scharfen Bemerkungen im Rahmen einer beiderseits erregt geführten Auseinandersetzung. Ebenso steht es (diesmal mangels überwiegenden Verschuldens des Kündigungsgegners), wenn der andere Teil die fraglichen Bemerkungen geradezu **provoziert** hat (zB LG Offenburg WuM 1986, 250; LG Berlin GE 1990, 357; LG Münster WuM 1991, 688; LG Aachen WuM 2002, 427; AG Hamburg WuM 1994, 382; AG Potsdam WuM 1994, 527 f) oder wenn der Kündigungsgegner krankheitsbedingt **psychisch** besonders **labil** oder verringert schuldfähig ist (AG Köln WuM 2006, 522 f).

Ebenso wie Beleidigungen sind die **üble Nachrede** und die **Verleumdung** des anderen 50
Teils durch die Verbreitung ehrenrühriger Tatsachen über ihn zu behandeln. Selbst wenn diese Tatsachen zutreffen, kann ihre Verbreitung eine fristlose Kündigung rechtfertigen, wenn die Verbreitung **ohne rechtfertigenden Anlass** und nur zum Schaden des anderen Teils erfolgt. Dasselbe gilt bei der **Erhebung vorsätzlich falscher Vorwürfe** gegen *andere Mieter* (LG Kaiserslautern WuM 1983, 262). In allen diesen Beziehungen spielt es bei der stets erforderlichen Interessenabwägung auch eine große Rolle, ob der Täter fahrlässig oder vorsätzlich gehandelt hat. Je schwerer seine Schuld wiegt, umso eher ist ein Kündigungsgrund anzunehmen.

Besonderheiten gelten für **Strafanzeigen**. Da Strafanzeigen ein gerichtliches Verfahren auslösen, in dem der Schutz des Betroffenen Aufgabe der Staatsanwaltschaft und 51
des Gerichts ist, kommt eine Anwendung des § 569 Abs 2 BGB hier nur in Betracht, wenn der die Anzeige erstattende Teil geradezu **unredlich** handelt oder wenn er doch **leichtfertig** „ins Blaue hinein" schwerwiegende Vorwürfe gegen den anderen Teil oder dessen Angehörige erhebt, sonst aber grundsätzlich nicht (BVerfG WuM 2002, 22, 23 = NZM 2002, 61; LG Frankfurt WuM 1989, 619; NJW-RR 1994, 143; AG/LG Bonn WuM 1998, 486, 488; LG Wiesbaden WuM 1995, 707 f; LG Frankfurt/O WuM 2013, 355, 356; AG Warendorf WuM 2001, 337, 339; AG München ZMR 2015, 941; 2016, 969; AG Hamburg ZMR 2016, 630). Noch engere Grenzen für die Anwendung des § 569 Abs 2 BGB gelten bei beleidigenden oder ehrenrührigen Äußerungen **im Rahmen laufender gerichtlicher Verfahren**, da es in derartigen Verfahren jeder Partei gestattet sein muss, alles vorzutragen, was sie für erforderlich hält, um ihren Rechtsstandpunkt zu wahren, solange sie nicht geradezu unredlich handelt (sogenanntes **Verfahrensprivileg**, OLG München NJWE-MietR 1996, 270; LG Berlin WM 2013, 354).

8. Tätlichkeiten

Schwerer noch als Beleidigungen (o Rn 48 f) wiegen Tätlichkeiten gegen den anderen 52
Vertragsteil, gegen dessen Angehörigen oder gegen dessen Mitarbeiter. Derartige Tätlichkeiten rechtfertigen in aller Regel eine fristlose Kündigung nach § 543 Abs 1 BGB oder nach § 569 Abs 2 BGB, und zwar grundsätzlich ohne vorherige Abmahnung nach § 543 Abs 3 BGB (s Rn 59 f), außer wenn es sich um vergleichsweise harmlose, einmalige Vorfälle handelt, deren Wiederholung nicht zu besorgen ist (LG Berlin GE 2001, 1673; 2008, 1052; LG Hamburg ZMR 2009, 450; LG München I NZM 2013,

25, 26). Das gilt insbesondere auch für Tätlichkeiten gegen die **Mitarbeiter des Vermieters** (LG Berlin GE 2008, 871), gegen den **Hausverwalter** (LG Köln WuM 1981, 233; LG Berlin GE 2000, 539; 2014, 465) oder gegen **Mitmieter**, sodass die Polizei eingreifen muss (LG Hamburg WuM 2005, 768 f = NZM 2006, 377; AG München ZMR 2016, 552), zB das Einschlagen der Wohnungstür von Mitmietern mit einem Hammer (AG Melsungen WuM 2018, 87). Gleich stehen schließlich noch Tätlichkeiten gegen unerwünschte Besucher (**aM** LG Bonn WuM 1994, 73 f).

53 Ausreichend ist bereits die „bloße" **Drohung mit Gewaltanwendung** (LG Berlin GE 1991, 933; LG München I NZM 2013, 25; ZMR 2018, 47, 48), grundsätzlich selbst dann, wenn der Mieter geisteskrank sein sollte (LG Heidelberg NZM 2011, 693), außer wenn die Drohung offenkundig nicht ernst gemeint ist (LG Berlin GE 2000, 541, 542). Der Vermieter kann daher zB fristlos kündigen, wenn er oder der Hausverwalter vom Mieter mit einer Pistole, mit einem Messer, mit Geiselnahme oder mit Brandstiftung bedroht wird (LG Mannheim ZMR 1977, 80; AG Warendorf WuM 1996, 412; AG Köln WuM 2000, 356), wenn der Mieter die vom Vermieter als Zeugen in einem Mietrechtsstreit benannten Mitmieter mit Gewaltanwendung bedroht (LG München I NZM 2013, 25), wenn die Angehörigen des Mieters die Hausbewohner terrorisieren (LG Köln ZMR 1977, 323 f) oder wenn der Mieter versucht, das Haus in die Luft zu sprengen (AG Helmstedt ZMR 1988, 148 = WuM 1989, 569). Anders nur in Notwehrsituationen, wenn sich der Mieter zB mit angemessener Gewaltanwendung dagegen zur Wehr setzt, dass der Vermieter ohne Erlaubnis in seine Wohnung eindringt (§ 227 BGB; BGH 4. 6. 2014 – VIII ZR 289/13, NJW 2014, 2566 Rn 13 = NZM 2014, 635 = WuM 2014, 495; LG Mannheim WuM 1978, 68). In derartigen Fällen steht das Kündigungsrecht nicht dem Vermieter, sondern dem Mieter zu (LG Berlin NZM 2000, 543; LG Düsseldorf WuM 1999, 333; AG Traunstein NZM 2000, 961 [„Fensterln"]).

9. Lärm, sonstige Belästigungen

54 Schwerwiegende und anhaltende Belästigungen des anderen Teils durch **Lärm** können gleichfalls unter § 569 Abs 2 BGB fallen (Müller/Walther/Kellendorfer Rn 26). Beispiele sind insbesondere die *wiederholte Störung* der Mitmieter zur Nachtzeit durch grundlose Lärmentwicklung (AG Köln WuM 1977, 29; AG Ebersberg WuM 1980, 235 [ständiges lautes Zuschlagen von Türen in der Nacht]; LG Köln ZMR 2016, 705; AG Lichtenberg GE 2014, 877; AG Tempelhof-Kreuzberg WuM 2016, 27), in gravierenden Fällen auch, wenn die Störungen von psychisch kranken Mietern ausgehen (zB AG Tempelhof-Kreuzberg WuM 2016, 27; Jahreis WuM 2016, 22), sowie die Störung des Vermieters durch den vom Mieter verbotenerweise gehaltenen Hund (AG Potsdam NZM 2002, 735; AG Frankfurt WuM 1978, 127). **Einmalige Vorfälle** reichen jedoch für eine fristlose Kündigung (mangels „Nachhaltigkeit" der Störung) ebensowenig aus wie eine geringfügige Überschreitung der Grenzen des Erlaubten durch den Mieter, zB durch Kinderlärm (LG Lübeck WuM 1989, 627; AG Kiel WuM 1989, 570; AG Bochum WuM 1989, 626 f; AG Darmstadt WuM 1985, 264).

55 Weitere hierher gehörende Beispiele sind die Verursachung eines unerträglichen, insbesondere nach außen dringenden **Gestanks** in der Wohnung, zB durch die **Vermüllung** der Wohnung (AG Münster/W WuM 2011, 372; AG Wetzlar GE 2013, 1007 ff = NZM 2014, 238; AG Lichtenberg GE 2014, 877) oder durch die **Haltung einer Vielzahl von Tieren** (LG Berlin NJW-RR 1997, 395; AG Neustadt a RbG WuM 1998, 666 = NZM 1999, 308, 309

[Haltung von 28 Tieren in der Wohnung]; LG Hamburg WuM 1988, 18), weiter übermäßiges **Rauchen** in der Wohnung, ohne dass der rauchende Mieter einfache, zumutbare Maßnahmen ergreift, um die Belästigung des Vermieters oder der Mitmieter zu reduzieren (s oben STAUDINGER/V EMMERICH [2021] § 538 Rn 3a; BGH 18. 2. 2015 – VIII ZR 186/14, NJW 2015, 1231 Rn 13, 16 = NZM 2015, 302 – Düsseldorfer Raucher; 16. 1. 2015 – V ZR 114/14, NJW 2015, 2023 = NZM 2015, 448 = WuM 2015, 308 – Rauchen auf dem Balkon; LG Düsseldorf ZMR 2014, 888), ferner die Verschmutzung des Gebäudes durch das ständige Füttern von **Tauben** entgegen der Aufforderung des Vermieters (AG Nürnberg WuM 2017, 150), weiter **wiederholte schwere Wasserschäden** in einer Wohnung (LG Berlin GE 1988, 145; AG Görlitz WuM 1994, 668), außerdem die unberechtigte Nutzung des Gartens durch einen Mieter (AG Steinfurt WuM 1987, 260), das ständige unberechtigte **Parken** auf dem Grundstück des Vermieters (AG Lörrach WuM 1989, 180), die vertragswidrige Nutzung einer Garage als Kraftfahrzeugwerkstätte (LG Berlin GE 1991, 1253) sowie schließlich unberechtigter Waffenbesitz (LG Berlin GE 1993, 207). Denn in allen diesen Fällen ist der „Frieden" in einem Haus massiv und nachhaltig, dh auf Dauer gestört.

10. Treuepflichtverletzungen

Der Hausfrieden kann ferner dadurch gestört werden, dass eine Partei schwerwiegend gegen ihre sog **Leistungstreuepflicht** verstößt und dadurch das Zusammenleben der Parteien in einem Haus auf Dauer erheblich erschwert (s § 241 Abs 2 BGB; s STAUDINGER/V EMMERICH [2021] § 543 Rn 7a). Die wichtigste Erscheinungsform ist die grundlose **Erfüllungsverweigerung** einer Partei (BGH 11. 9. 1979 – VIII ZR 183, 78, LM Nr 70 zu § 535 = ZMR 1979, 351 = WuM 1979, 236; OLG Köln NJW-RR 1987, 593, 594), zB auf der Seite des **Vermieters** die Weigerung, die Pflicht zur Mängelbeseitigung zu erfüllen (OLG Frankfurt WuM 1980, 133), sowie auf der Seite des **Mieters** die beharrliche Weigerung, mit dem Hausverwalter zusammenzuarbeiten (LG Göttingen WuM 1980, 19) oder einem Urteil auf Vornahme der Schönheitsreparaturen nachzukommen (AG Wedding GE 1992, 729) sowie zB noch die unsachliche Abqualifizierung der Wohnung gegenüber Kaufinteressenten zum Schaden des Vermieters (LG Hannover WuM 1995, 538). **56**

Gleich stehen **Täuschungsversuche** einer Partei (s schon oben STAUDINGER/V EMMERICH [2021] § 543 Rn 7 und Rn 9 mit Beispielen; OLG Hamburg ZMR 1997, 352 = WuM 1997, 216; OLG Frankfurt BB 1978, 577 f; LG Nürnberg-Fürth NZM 2000, 384; EMMERICH PiG 55 [1998] 39, 52 f = NZM 1998, 692), zB die mehrfache **Übervorteilung** des Mieters durch den Vermieter bei den **Betriebskosten** (LG Gießen WuM 1996, 767 f) oder auf der Seite des Mieters ein **Stromdiebstahl** zu Lasten des Vermieters (LG Köln NJW-RR 1994, 909; AG Potsdam WuM 1995, 40; AG Neukölln GE 1995, 501; LG Berlin GE 2014, 1653) sowie die vertragswidrige heimliche Beschäftigung von Prostituierten in einer Diskothek (BGH 10. 9. 1997 – XII ZR 222/95, LM Nr 16 zu § 553 = NJW 1998, 374 = NZM 1998, 33). Der Vermieter hat außerdem zB ein Kündigungsrecht bei **Unterstützung von Hausbesetzern** durch den Mieter (AG Wedding und AG Frankfurt WuM 1981, 210 f) sowie bei dem Handel mit oder der Aufbewahrung von **Rauschgift** in der Wohnung (LG Ravensburg WuM 2001, 608; AG Pinneberg NZM 2003, 533 = NJW-RR 2003, 944). **57**

11. Gegenbeispiele

Mangels Nachhaltigkeit der Störung bilden grundsätzlich **keinen Kündigungsgrund** für den Vermieter das einmalige eigenmächtige Betreten der Wohnung seitens des **58**

Mieters nach seinem Auszug (LG Lüneburg WuM 2005, 586, 587), die einmalige Verweigerung der Besichtigung der Wohnung durch Kaufinteressenten (AG Erkelenz WuM 1986, 251) oder deren Information über die mangelnde Auszugsbereitschaft des Mieters (AG Gummersbach WuM 1982, 209), ferner Tätlichkeiten gegen Mieter eines *anderen* Hauses (s LG Paderborn WuM 1992, 191), Störungen durch *Kinder,* wenn die Eltern ihrer Aufsichtspflicht nachgekommen sind (LG Lüneburg WuM 1995, 706; LG Bad Kreuznach WuM 2003, 328), ein lauter Ehekrach (LG Gießen WuM 1976, 12 f; AG Friedberg WuM 1978, 30), nacktes Sonnenbaden im Garten (AG Merzig GE 2014, 593) sowie schließlich noch eine Schlägerei zwischen zwei Besuchern (AG Hagen WuM 1979, 15).

12. Fristsetzung, Kündigung

59 Das Gesetz verweist in § 569 Abs 2 BGB (mit § 543 Abs 1 BGB) nach hM zugleich auch auf den mit § 543 Abs 1 BGB unmittelbar zusammenhängenden Abs 3 des § 543 BGB, sodass eine fristlose Kündigung wegen nachhaltiger Störung des Hausfriedens nach § 569 Abs 2 BGB grundsätzlich den erfolglosen Ablauf einer zur Abhilfe bestimmten angemessenen **Frist oder** eine erfolglose **Abmahnung** voraussetzt, dies deshalb weil nachhaltige Störungen des Hausfriedens wohl immer *zugleich* eine Pflichtverletzung im Sinne des § 543 Abs 3 BGB darstellen. Eine Kündigung nach § 569 Abs 2 BGB kommt folglich idR nur in Betracht, wenn die Fristsetzung oder Abmahnung **erfolglos** war, dh die nachhaltige Störung des Hausfriedens auch nach Fristsetzung oder Abmahnung fortgesetzt wurde (zB LG Berlin WuM 2003, 208, 209; Guhling/Günter/Alberts Rn 40; Bub/Treier/Fleindl, Hdb Rn IV 394, 405; BeckOGK/Geib [1. 10. 2020] Rn 43).

60 Eine **Ausnahme** von dem Erfordernis vorheriger Fristsetzung oder Abmahnung (Rn 59) kommt nur unter den Voraussetzungen des § 543 Abs 3 S 2 Nrn 1 und 2 BGB in Betracht, insbesondere also wenn die Vertrauensgrundlage zwischen den Parteien so schwerwiegend erschüttert ist, dass sie auch durch eine erfolgreiche Abmahnung nicht wiederhergestellt werden kann (LG München I NZM 2013, 25, 26; LG Berlin GE 2008, 1052; s dazu o Staudinger/V Emmerich [2021] § 543 Rn 79 ff). Vor allem bei Störungen des Hausfriedens durch schwere Beleidigungen oder Tätlichkeiten wird es sich in der Regel so verhalten (Guhling/Günter/Alberts Rn 41; Bub/Treier/Fleindl, Hdb Rn IV 405).

61 Die Kündigung ist **wirksam,** wenn bei Zugang der Kündigungserklärung die Voraussetzungen des § 569 Abs 2 BGB erfüllt sind (§ 130 BGB). Ein **späteres Wohlverhalten** des Kündigungsgegners ist grundsätzlich ohne Bedeutung; das wirksam beendete Mietverhältnis lebt dadurch nicht etwa wieder auf, selbst wenn der Vermieter in der Zwischenzeit noch keine Räumungsklage erhoben hatte (BGH 23. 9. 1987 – VIII ZR 265/86, LM Nr 42 zu § 242 [Cd] BGB = NJW-RR 1988, 77 = ZMR 1988, 16; LG Heidelberg NZM 2011, 693, 694). Hinsichtlich der **Form** und der **Begründung** der Kündigung sind die §§ 568 Abs 1 und 569 Abs 4 BGB zu beachten (u Rn 113, 123 ff).

62 Eine besondere **Frist** ist für die Ausübung des Kündigungsrechts nicht vorgeschrieben. § 314 Abs 3 BGB findet nach Meinung des BGH keine, auch keine entsprechende Anwendung (s oben Staudinger/V Emmerich [2021] § 543 Rn 2, 12, 90 ff; BGH 13. 7. 2016 – VIII ZR 296/15, NJW 2016, 3720 = NZM 2016, 791 = WuM 2016, 616 = JuS 2017, 69). Die Kündigung darf freilich auch nicht **unangemessen verzögert** werden, da andernfalls bereits aus dem eigenen Verhalten des Kündigungsberechtigten folgt, dass ihm die Fortsetzung des Vertrages trotz der Vertragsverletzung zuzumuten ist. Drei bis vier Monate nach der Vertragsverletzung ist die Kündigung deshalb häufig verspätet, das Kündigungsrecht daher **verwirkt** (§ 242 BGB; BGH 23. 3. 1983 – VIII ZR 336/81, WM 1983, 660, 661 [6 Monate]; 23. 9. 1987 – VIII ZR 265/86, LM Nr 42 zu § 242 [Cd] BGB = NJW-RR 1988, 77 = ZMR 1988, 16; OLG München ZMR 1996, 487, 490; GE 2001, 768; OLG Köln ZMR 2000, 459, 461; LG Berlin WuM 2003, 208, 210).

IV. Kautionsverzug

1. Überblick

Durch das Mietrechtsänderungsgesetz von 2013 ist in § 569 BGB ein neuer Abs 2a eingefügt worden, der das außerordentliche Kündigungsrecht des Vermieters bei Verzug des Mieters mit der Leistung einer Sicherheit iS des § 551 BGB regelt. Nach S 1 der Vorschrift liegt ein wichtiger Grund im Sinne des § 543 Abs 1 ferner vor, wenn der Mieter mit einer Sicherheitsleistung nach § 551 BGB in Höhe eines Betrages in Verzug ist, der der zweifachen Monatsmiete entspricht, wobei nach § 569 Abs 2a S 2 BGB die als Pauschale oder als Vorauszahlungen ausgewiesenen Betriebskosten bei der Berechnung der Monatsmiete nicht zu berücksichtigen sind (s Rn 67 f). S 3 der Vorschrift fügt hinzu, dass es für die Kündigung weder einer Abhilfefrist noch einer Abmahnung nach § 543 Abs 3 S 1 BGB bedarf. Jedoch finden zum Schutze des Mieters nach § 569 Abs 2a S 4 BGB das Nachhol- oder Nachholungsrecht des § 569 Abs 3 Nr 2 BGB sowie der Kündigungsausschluss des § 543 Abs 2 S 2 BGB bei Befriedigung des Vermieters vor Zugang der Kündigung bei dem Mieter entsprechende Anwendung (s Rn 72 f).

63

Durch § 569 Abs 2a BGB sollte die zuvor hinsichtlich des Kündigungsrechts des Vermieters bei Kautionsverzug bestehende *Rechtsunsicherheit beseitigt* werden (s STAUDINGER/V EMMERICH [2021] § 543 Rn 70); zugleich sollte dem Vermieter eine *bessere Handhabe* als bisher gegen Mieter verliehen werden, die sich bereits bei Mietbeginn ihren vertraglichen Zahlungspflichten entziehen (Begr zum RegE, BT-Drucks 17[2012]/10485, 25 [r Sp u]). Die Vorschrift gilt nur für Mietverträge, die ab Inkrafttreten des Mietrechtsänderungsgesetzes am 1. 5. 2013 abgeschlossen werden (Art 229 § 29 Abs 2 EGBGB). Für **Altverträge** verbleibt es somit bei der (umstrittenen) Anwendbarkeit des § 543 Abs 1 BGB im Falle des Kautionsverzuges des Mieters (SCHMIDT-FUTTERER/BLANK Rn 32k). Die Vorschrift des § 569 Abs 2a BGB wird im Schrifttum vielfach **kritisiert**, insbesondere wegen ihres unklaren Anwendungsbereichs (s Rn 65) sowie wegen der rigorosen Strenge, mit der allein bei der Wohnraummiete die Frage des Kautionsverzuges behandelt wird (s mwNw KARABULUT WuM 2014, 186, 189 f).

64

2. Anwendungsbereich

Der Anwendungsbereich des § 569 Abs 2a BGB beschränkt sich auf **Wohnraummietverträge** (s § 578 Abs 2 S 1 BGB). Keine Anwendung findet die Vorschrift dagegen auf die gewerbliche Miete. Die eigenartige Folge ist, dass bei der Geschäftsraummiete der Kautionsverzug des Mieters vom Gesetz deutlich *großzügiger* als bei der Wohnraummiete behandelt wird, weil bei der Geschäftsraummiete ein Kautionsverzug nur im Einzelfall unter zusätzlichen Voraussetzungen zur Anwendung des

65

§ 543 Abs 1 BGB führen kann (s oben Staudinger/V Emmerich [2021] § 543 Rn 70 mwNw; Häublein PiG 97 [2014] 35, 57 f). Die Vorschrift erfasst außerdem nur den Fall, dass der Mieter gerade mit einer Sicherheitsleistung iS des § 551 BGB in Höhe eines Betrages in Verzug ist, der der *zweifachen* Monatsmiete entspricht, wobei als Pauschale oder als Vorauszahlungen ausgewiesene Betriebskosten bei der Berechnung der Monatsmiete nicht zu berücksichtigen sind (§ 569 Abs 2 S 1 und 2 BGB).

66 Da § 569 Abs 2a BGB offenkundig an die Vorschrift des § 551 Abs 2 BGB idF von 2013 anknüpft, die allein für die Barkaution gilt, nicht dagegen für sonstige Sicherheitsleistungen wie etwa die Bürgschaft eines Dritten, wird vielfach angenommen, dass sich der Anwendungsbereich des § 569 Abs 2a BGB ebenfalls auf **Barkautionen** beschränkt (Schmidt-Futterer/Blank Rn 32c; J Emmerich WuM 2013, 323, 325; Karabulut WuM 2014, 186, 191; Wiek WuM 2013, 195, 198; anders zB BeckOGK/Geib [1. 10. 2020] Rn 50; Lützenkirchen Rn 79, 82 und 85). Zwingend ist solches Verständnis des § 569 Abs 2a BGB zwar nicht; für die Richtigkeit dieser Interpretation spricht indessen, dass § 569 Abs 2a BGB eine durchaus problematische Sonderregelung zum Nachteil ausgerechnet des Wohnraummieters darstellt (s schon o Rn 64), deren Anwendungsbereich daher nach Möglichkeit *beschränkt* werden sollte. Bei einem Verzug des Wohnraummieters mit einer **anderen Sicherheitsleistung**, zB mit der Beibringung der Bürgschaft eines Dritten, kommt zumindest in gravierenden Fällen immer noch ein Rückgriff auf die andere Generalklausel des § 543 Abs 1 BGB in Betracht. Möglich bleibt außerdem auf jeden Fall die Anwendung des § 573 Abs 2 Nr 1 BGB (Rn 73).

3. Voraussetzungen

67 Das besondere Kündigungsrecht des Vermieters aufgrund des § 569 Abs 2a BGB setzt vor allem voraus, dass der Mieter mit der Leistung einer Sicherheit in Höhe eines Betrages in **Verzug** ist, der der zweifachen Monatsmiete entspricht, wobei als Pauschale oder als Vorauszahlung ausgewiesene Betriebskosten bei der Berechnung der Monatsmiete nicht zu berücksichtigen sind (S 2 des § 569 Abs 2a BGB), sodass auf die **Nettomiete** abzustellen ist. Haben die Parteien eine **Teilinklusivmiete** vereinbart (unter Ausschluss der Heizkosten), so ist stattdessen von dieser Teilinklusivmiete auszugehen. Maßgebend für die Anwendung des § 569 Abs 2a BGB ist dann der zweifache monatliche Betrag der Teilinklusivmiete.

68 Die Voraussetzungen des **Verzugs** ergeben sich im Einzelnen aus § 286 BGB. Die **Fälligkeit** der einzelnen Teilzahlungen der Barkaution richtet sich nach § 551 Abs 2 S 2 und 3 BGB (s dazu o Staudinger/V Emmerich [2021] § 551 Rn 12 ff), sodass eine Mahnung des Vermieters als Voraussetzung des Verzuges im Regelfall entbehrlich ist (§ 286 Abs 2 Nr 1 BGB; Lützenkirchen Rn 88). Anders nur bei Fehlen einer Regelung der Fälligkeit hinsichtlich der ersten bei Übergabe der Wohnung zu zahlenden Rate (Lützenkirchen Rn 89; Wiek WuM 2013, 195, 197; **aA** offenbar Hinz NZM 2012, 777, 788).

69 Im Ergebnis setzt somit das Kündigungsrecht des Vermieters nach § 569 Abs 2a BGB lediglich voraus, dass bei Fälligkeit der zweiten Mietrate nach § 556b Abs 1 BGB der Rückstand der Barkaution **zwei Netto- oder Teilinklusivmieten** beträgt (§§ 551 Abs 2 S 3, 569 Abs 2a S 1 und 2 BGB). Ist der **Rückstand geringer**, so entsteht das Kündigungsrecht des Vermieters aus § 569 Abs 2a BGB erst später,

nämlich dann, wenn der Rückstand bei Fälligkeit einer Mietrate mindestens zwei Netto- oder Teilinklusivmieten erreicht (J EMMERICH WuM 2013, 323; SCHMIDT-FUTTERER/ BLANK Rn 32b). Vorher scheidet jedenfalls eine fristlose Kündigung des Vermieters nach § 569 Abs 2a BGB oder auch nach § 543 Abs 1 BGB aus. Offen ist, ob in diesem Zeitraum ein Rückgriff auf § 573 Abs 2 Nr 1 BGB möglich bleibt, jedenfalls, wenn der Rückstand mindestens eine Monatsmiete erreicht (so HÄUBLEIN PiG 97 [2014] 35, 56). Ist die vereinbarte Höhe der **Barkaution** ohnehin **niedriger** als der Betrag von zwei Monatsmieten, so hat der Vermieter kein Kündigungsrecht bei Zahlungsverzug des Mieters nach § 569 Abs 2a BGB (J EMMERICH WuM 2013, 323; SCHMIDT-FUTTERER/ BLANK Rn 32b; WIEK WuM 2013, 195, 198), wohl aber möglicherweise nach anderen Vorschriften, wobei in erster Linie an § 573 Abs 2 Nr 1 BGB zu denken sein dürfte (s Rn 66, 73; so zB KARABULUT WuM 2014, 186, 188).

Nach überwiegender Meinung kann der Vermieter auch während des Bestandes des Mietverhältnisses wegen offener Forderungen gegen den Mieter im Wege der Aufrechnung auf die Kaution zugreifen und anschließend von dem Mieter **Wiederauffüllung** der Kaution verlangen (s STAUDINGER/V EMMERICH [2021] § 551 Rn 26 f). Kommt der Mieter daraufhin mit der Zahlung eines Betrages in **Verzug**, der zwei Monatsmieten entspricht, so kann der Vermieter an sich nach § 569 Abs 2a S 1 BGB kündigen. Nach den Vorstellungen der Gesetzesverfasser soll indessen § 569 Abs 2a BGB auf den fraglichen Fall keine Anwendung finden (Begr von 2012, 25 [r Sp u]). Obwohl diese Auffassung im Gesetzestext keinen Ausdruck gefunden hat, wird sie doch im Schrifttum vielfach mit Rücksicht auf den Zweck und die Problematik der Regelung (s Rn 64) gebilligt (SCHMIDT-FUTTERER/BLANK Rn 32 f; KARABULUT WuM 2014, 186, 188; WIEK WuM 2013, 195, 199; anders zB BeckOGK/GEIB [1. 10. 2020] Rn 50). Kommt der Mieter **auch** mit der Zahlung der **Miete** in Verzug, so richtet sich das Kündigungsrecht des Vermieters *insoweit* weiterhin allein nach § 543 Abs 2 Nr 3 BGB. Die beiden Vorschriften, § 569 Abs 2a BGB und § 543 Abs 2 Nr 3 BGB, sind in diesem Fall *nebeneinander* anwendbar. Eine Addition der Rückstände auf die Miete und auf die Kaution findet nicht statt (SCHMIDT-FUTTERER/BLANK Rn 32e; LÜTZENKIRCHEN Rn 76).

70

Die Kündigung setzt **keine Abmahnung** oder Fristsetzung voraus (§ 569 Abs 2 S 3 BGB, Rn 63), muss aber nach § 569 Abs 4 BGB begründet werden. Für die **Begründung** reicht es aus, dass in dem Kündigungsschreiben (§ 568 Abs 1 BGB) der Kautionsverzug als Kündigungsgrund genannt und der Rückstand beziffert wird. Eine **Frist** besteht für die Kündigung nicht, da nach Meinung des BGH § 314 Abs 3 BGB hier keine Anwendung findet, sodass sich immer nur im Einzelfall die Frage stellen kann, ob der Vermieter sein Kündigungsrecht durch übermäßig langes Zuwarten **verwirkt** hat (§ 242 BGB; BGH 13. 7. 2016 – VIII ZR 296/15, NJW 2016, 3720 = NZM 2016, 791 = WuM 2016, 616 = JuS 2017, 69).

71

4. Ausnahmen

Die Kündigung des Vermieters wegen Kautionsverzugs des Mieters ist gemäß § 569 Abs 2a S 4 iVm § 543 Abs 2 S 2 BGB und § 569 Abs 3 Nr 2 S 1 BGB in zwei Fällen ausgeschlossen. Der erste Fall liegt nach § 543 Abs 2 S 2 BGB vor, wenn der Vermieter „vorher", dh noch **vor Zugang** der Kündigung des Vermieters bei dem Mieter, wegen des Rückstandes auf die Sicherheitsleistung befriedigt wird; erforderlich ist hier die **vollständige Befriedigung** des Vermieters hinsichtlich aller Rückstände, auch

72

hinsichtlich etwaiger Rückstände auf die Miete durch Zahlung, durch Aufrechnung oder durch Leistung an Erfüllung statt (s STAUDINGER/V EMMERICH [2021] § 543 Rn 64; J EMMERICH WuM 2013, 323, 326; LÜTZENKIRCHEN Rn 91). Die Kündigung wird ferner *nachträglich* unwirksam, wenn der Mieter oder eine öffentliche Stelle von dem **Nachhol- oder Nachholungsrecht** des § 569 Abs 3 Nr 2 BGB in Bezug auf die rückständige Kaution Gebrauch macht, indem der rückständige Kautionsbetrag bis zum Ablauf von zwei Monaten nach Rechtshängigkeit des Räumungsanspruchs noch bezahlt wird (s unten Rn 79 ff; LÜTZENKIRCHEN Rn 91 f).

5. Konkurrenzen

73 Nach dem Willen der Gesetzesverfasser soll § 569 Abs 2a BGB eine „abschließende" Regelung der Kündigung des Vermieters aus wichtigem Grund wegen Kautionsverzugs enthalten (Begr von 2012, 25 [r Sp u]). Daraus wird verbreitet der Schluss gezogen, dass § 569 Abs 2a BGB für seinen Anwendungsbereich die Generalklausel des § 543 Abs 1 BGB verdränge (J EMMERICH WuM 2013, 323; BeckOGK/GEIB [1. 10. 2020] Rn 49; HINZ NZM 2012, 777, 789; WIEK WuM 2013, 195, 199 f; anders LÜTZENKIRCHEN Rn 75). Möglich bleibt aber immer ebenso wie in vergleichbaren Fällen eine **ordentliche Kündigung** nach § 573 Abs 2 Nr 1 BGB (LÜTZENKIRCHEN Rn 78; kritisch SCHMIDT-FUTTERER/BLANK Rn 32i). Unberührt bleiben außerdem **Schadensersatzansprüche** des Vermieters wegen des Zahlungsverzugs des Mieters (§§ 314 Abs 4, 280 Abs 2 und 286 BGB; s STAUDINGER/V EMMERICH [2021] § 543 Rn 45 ff).

V. Erheblichkeit des Rückstandes bei der Kündigung wegen Zahlungsverzugs

74 § 569 Abs 3 Nrn 1 bis 3 BGB regelt (im Anschluss an § 554 Abs 2 aF und § 9 MHRG aF) verschiedene Fragen, die insbesondere bei der **Wohnraummiete** (§ 549 Abs 1 bis 3 BGB) mit der Kündigung des Vermieters wegen Zahlungsverzugs des Mieters nach § 543 Abs 2 Nr 3 BGB zusammenhängen. Auf die sonstige Raummiete findet diese Regelung grundsätzlich keine, auch keine entsprechende Anwendung (s § 578 Abs 2 BGB), weil es sich bei § 569 Abs 3 BGB um eine ausgesprochene **Mieterschutzvorschrift** handelt (Ausnahme in § 578 Abs 3 S 1 BGB von 2019, s Rn 80).

75 § 569 Abs 3 Nr 1 BGB bestimmt zunächst, dass der **rückständige Teil** der Miete iSd § 543 Abs 2 S 1 Nr 3 lit a BGB grundsätzlich nur dann als nicht unerheblich anzusehen ist, wenn er die Miete für einen Monat übersteigt (s Rn 76 ff). In der Nr 2 des § 569 Abs 3 BGB folgt eine Regelung des eigenartigen **Nachholrechts** des Mieters (häufig auch Nachholungsrecht genannt), dessen Kern die so genannte **Schonfrist** bildet, binnen derer der Mieter noch nach der Kündigung wegen Zahlungsverzugs seine Mietschulden mit der Folge begleichen kann, dass die Kündigung (wieder) unwirksam wird. Die Schonfrist beträgt seit 2001 zwei Monate nach Rechtshängigkeit des Räumungsanspruchs (s Rn 79 ff). Die Nr 3 des § 569 Abs 3 BGB regelt schließlich nach dem Vorbild des § 9 Abs 2 MHRG aF die so genannte **Sperrfrist** nach Mieterhöhungen aufgrund der §§ 558 bis 560 BGB, binnen derer der Vermieter nicht wegen eines Zahlungsverzugs des Mieters kündigen kann (s Rn 103 ff).

76 Nach § 543 Abs 2 Nr 3 lit a BGB kann der Vermieter wegen eines Zahlungsverzugs des Mieters fristlos kündigen, wenn der Mieter für zwei aufeinander folgende Termine mit der Entrichtung der Miete oder eines „nicht unerheblichen Teils" der

Miete in Verzug ist. Ergänzend hierzu bestimmt § 569 Abs 3 Nr 1 S 1 BGB (nur) für die Wohnraummiete iS des § 549 BGB, dass der **rückständige Teil** der Miete nur dann als nicht unerheblich anzusehen ist, **wenn er die Miete für einen Monat übersteigt**. Entscheidend ist die *Gesamthöhe* der Rückstände (s STAUDINGER/V EMMERICH [2021] § 543 Rn 52). Die Anwendung des § 569 Abs 3 S 1 Nr 1 BGB bereitet insbesondere Schwierigkeiten, wenn sich die **Höhe** der Miete in der Referenzperiode **ändert**, zB infolge einer Mieterhöhung bei Vereinbarung einer Indexmiete oder Staffelmiete (§§ 557a, 557b BGB) oder als Folge einer Minderung der Miete wegen des Auftretens eines Mangels (§ 536; s dazu zB BEUERMANN GE 2010, 590; 2011, 172; BLANK WuM 2017, 647; R BREITHOLD ZMR 2017, 788; M SCHWAB NZM 2019, 36, 39 f mwNw). Dieselbe Frage stellt sich im Rahmen des § 543 Abs 2 S 1 Nr 3 lit b BGB, wonach der Vermieter fristlos kündigen kann, wenn der Mieter in einem Zeitraum, der sich über mehr als zwei Termine erstreckt, mit der Entrichtung der Miete in Höhe eines Betrages in Verzug ist, der die Miete für zwei Monate erreicht.

In den genannten Fällen (Rn 76) werden bei Änderungen der Miete in der Referenzperiode unterschiedliche Lösungen für die Berechnung des kritischen Rückstandes erwogen. Wohl überwiegend wird auf die **Höhe** der Miete **bei Zugang** der Kündigung abgestellt (s oben § 543 Rn 52a, insbesondere LG Osnabrück WuM 1988, 288; AG Lübeck WuM 2017, 200 = ZMR 2017, 405; BLANK/BÖRSTINGHAUS Rn 40). Nach anderen soll dagegen auf die höchste Miete innerhalb der Referenzperiode (so M SCHWAB NZM 2019, 36, 39 f) oder auf einen Durchschnittswert aus den Verzugsquoten an den einzelnen Terminen innerhalb der Referenzperiode abgestellt werden (so R BREITHOLD ZMR 2017, 788, 790 f). Zusätzlich umstritten ist die Behandlung einer etwaigen **Minderung** einzelner Mieten wegen Mängeln innerhalb der Referenzperiode aufgrund des § 536 BGB, die nach Meinung des BGH bei der Berechnung der Rückstände offenbar unberücksichtigt bleiben soll (BGH 27. 9. 2017 – VIII ZR 193/16 Rn 19, NZM 2018, 26 = WuM 2017, 644). Dem Gesetz kann eine Lösung der Frage nicht entnommen werden. Maßgebend sollten deshalb allein Erwägungen der Praktikabilität der Rechtsanwendung sein. Solche Erwägungen sprechen aber deutlich für die bisher schon von der überwiegenden Meinung favorisierte Maßgeblichkeit der Miethöhe bei **Zugang der Kündigung**, da dieser Betrag für die Parteien immer noch am leichtesten zu ermitteln ist, und zwar einschließlich etwaiger Vorauszahlungen auf die Betriebskosten oder Betriebskostenpauschalen (so BVerfG WuM 1992, 668; LG Osnabrück WuM 1988, 268) und – entgegen dem BGH – unter Berücksichtigung einer etwaigen zwischenzeitlichen Minderung der Miete wegen Mängeln, weil der Mieter mit den infolge der Minderung nicht mehr geschuldeten Beträgen gar nicht in Verzug geraten kann (§ 286; zutreffend BLANK WuM 2017, 647, 648).

76a

Die Vorschrift des § 569 Abs 3 Nr 1 BGB ist **zwingend** (§ 569 Abs 5 S 1 BGB). An der Maßgeblichkeit der Regelung ändert es daher auch nichts, wenn die Parteien eine andere als eine monatliche Mietzahlung vereinbart haben. Ist zB eine **wöchentliche Mietzahlung** vereinbart, so ist doch für die Höhe der Rückstände von § 569 Abs 3 Nr 1 BGB auszugehen, während bei **vierteljährlicher** oder **jährlicher Mietzahlung** für eine Kündigung wegen Zahlungsverzugs ohnehin immer der Verzug mit zwei Terminen abgewartet werden muss, mit dem dann durchweg auch ohne Weiteres die Voraussetzungen des § 569 Abs 3 Nr 1 BGB erfüllt sein dürften (BVerfG/LG Wuppertal WuM 1992, 668).

77

78 Keine Anwendung findet die Regelung des § 569 Abs 3 S 1 Nr 1 BGB (Rn 76 f) nach S 2 der Vorschrift lediglich dann, wenn der Wohnraum nur **zum vorübergehendem Gebrauch** vermietet ist. Der Begriff der Vermietung lediglich zu vorübergehendem Gebrauch dürfte hier ebenso wie in § 549 Abs 2 Nr 1 BGB zu verstehen sein. Maßgebend ist folglich allein der vertragliche **Zweck** der Gebrauchsüberlassung, sodass darauf abzustellen ist, ob die Parteien von vornherein nur eine begrenzte Dauer der Gebrauchsüberlassung ins Auge gefasst haben (s oben STAUDINGER/ARTZ [2021] § 549 Rn 22 ff). **Beispiele** sind die Miete von Räumen für die Dauer einer Veranstaltung, eines Lehrgangs oder eines Auslandsaufenthalts. Bei solchen Mietverhältnissen kann folglich ausnahmsweise auch ein Rückstand, der *nicht* die Miete für einen Monat übersteigt, eine fristlose Kündigung nach § 543 Abs 2 Nr 3 BGB lit a rechtfertigen. Für den Regelfall dürfte aber auch hier von dem Maßstab des § 569 Abs 3 Nr 1 S 1 BGB auszugehen sein (s schon o STAUDINGER/V EMMERICH [2021] § 543 Rn 52).

VI. Nachholrecht des Mieters

1. Anwendungsbereich

79 Das Gesetz bestimmt in § 569 Abs 3 Nr 2 S 1 BGB, um die einschneidenden Wirkungen einer fristlosen Kündigung wegen Zahlungsverzugs für den Mieter nach Möglichkeit abzumildern, dass (nur) bei der Wohnraummiete die Kündigung unwirksam wird, wenn der Vermieter spätestens bis zum Ablauf einer **Schonfrist** von zwei Monaten *nach* Eintritt der Rechtshängigkeit des Räumungsanspruchs hinsichtlich der fälligen Miete und der fälligen Entschädigung nach § 546a Abs 1 BGB befriedigt wird *oder* eine öffentliche Stelle sich zur Befriedigung verpflichtet (zur Verpflichtung der öffentlichen Stelle s Rn 95 ff). Die Rechtswohltat dieses sog **Nachholrechts** (oder auch **Nachholungsrechts**) kommt dem Mieter jedoch nach Satz 2 des § 569 Abs 3 Nr 2 BGB nicht zugute, wenn der Kündigung vor nicht länger als zwei Jahren bereits eine andere ebenfalls nach S 1 des § 569 Abs 3 Nr 2 BGB unwirksame Kündigung vorausgegangen ist (dazu Rn 100 f). Vorbild der Regelung war § 3 Abs 3 MSchG von 1942. Für die Anwendung der Regelung ist kein Raum mehr, wenn der Mieter bereits *ausgezogen* ist, da jetzt gegen ihn eine Räumungsklage (von der ab die Frist berechnet wird) nicht mehr erhoben werden kann (BeckOGK/GEIB [1. 10. 2020] Rn 60; R SCHNEIDER NJW 1965, 140).

80 Der Anwendungsbereich des Nachholrechts des Mieters beschränkt sich grundsätzlich auf die **Wohnraummiete** (§ 578 Abs 2 BGB). Auf die **gewerbliche Miete** findet das Nachholrecht keine, auch keine entsprechende Anwendung (BGH 23. 9. 1987 – VIII ZR 265/86, LM Nr 42 zu § 242 [Cc] BGB = NJW-RR 1988, 77; OLG Stuttgart NJW-RR 1991, 1487 = WuM 1991, 526; OLG Karlsruhe NJW-RR 1993, 79 = WuM 1992, 517; LG Berlin GE 1995, 367, 369). Eine Ausnahme bilden allein die eigenartigen Fälle des § 578 Abs 3 S 1 BGB von 2018 (s dazu u § 578 Rn 15 ff). Bei der Wohnraummiete beschränkt sich der Anwendungsbereich des § 559 Abs 3 Nr 2 BGB entsprechend dem Einleitungssatz des § 569 Abs 3 BGB außerdem streng auf die Kündigung des Vermieters wegen **Zahlungsverzugs** des Mieters gemäß **§ 543 Abs 2 S 1 Nr 3 BGB**. Für eine **entsprechende Anwendung** der Vorschrift jenseits der geregelten Fälle ist nach überwiegender Meinung *kein* Raum. Das gilt gleichermaßen für die Kündigung des Vermieters nach § 543 Abs 1 BGB wegen **ständiger unpünktlicher Zahlungsweise** wie insbesondere für die

ordentliche Kündigung nach § 573 Abs 2 Nr 1 BGB wegen schuldhafter Vertragsverletzung durch unregelmäßige oder unpünktliche Zahlung des Wohnraummieters (s unten § 573 Rn 38; BGH 10. 10. 2012 – VIII ZR 107/12, BGHZ 195, 64, 71 f Rn 28 f = NJW 2013, 159 = NZM 2013, 20; 16. 2. 2005 – VIII ZR 6/04, NZM 2005, 334 = ZMR 2005, 336 = WuM 2005, 250; 11. 1. 2006 – VIII ZR 364/04, NJW 2006, 1585 = NZM 2006, 338 = WuM 2006, 193, 195 Tz 20; 25. 10. 2006 – VIII ZR 102/06, NJW 2007, 428 Tz 11 = NZM 2007, 35 = WuM 2007, 24; 28. 11. 2007 – VIII ZR 145/07, NJW 2008, 508 Tz 19 = NZM 2008, 121 = WuM 2008, 31, 33; 1. 7. 2015 – VIII ZR 278/11, NJW 2015, 2650 Rn 22 = NZM 2015, 658 = WuM 2015, 555; 20. 7. 2016 – VIII ZR 238/15, WuM 2016, 682 Rn 8: 1. 7. 2020 – VIII ZR 323/18 Rn 25, 33, NZM 2020, 836; anders zB mit ausführlicher Begründung insbesondere LG Berlin WuM 2020, 281, wonach bei einer Schonfristzahlung auch für eine ordentliche Kündigung wegen Zahlungsverzugs kein Raum mehr sein soll).

Die wichtigste Folge der geschilderten restriktiven Handhabung der gesetzlichen Regelung in § 569 Abs 3 Nr 2 BGB (Rn 80) ist, dass in der heutigen Mietpraxis eine Kündigung wegen Zahlungsverzugs häufig – zusätzlich zu § 543 Abs 2 Nr 3 BGB – hilfsweise auf § 573 Abs 2 Nr 1 BGB gestützt wird, so dass, falls sich die Kündigung aufgrund des § 543 Abs 2 Nr 3 BGB, zB wegen einer rechtzeitigen Schonfristzahlung des Mieters als unwirksam erweist, immer noch Raum für die Prüfung einer ordentlichen Kündigung nach § 573 Abs 2 Nr 1 BGB bleibt (insbesondere BGH 19. 9. 2018 – VIII ZR 231/17, BGHZ 220, 1 = NJW 2018, 3517; s im Einzelnen unten Rn 93). Dadurch wird es jedoch nicht ausgeschlossen, zumindest im Einzelfall die Berufung auf die hilfsweise erklärte ordentliche Kündigung trotz rechtzeitiger Schonfristzahlung des Mieters als **treuwidrig** zu behandeln (§ 242; BGH 19. 9. 2018 – VIII ZR 231/17, BGHZ 220, 1 Rn 43 = NJW 2018, 3517; 6. 10. 2015 – VIII ZR 321/14, WuM 2016, 225; LG Berlin NZM 2014, 862 = WuM 2014, 676; Kappus NJW 2018, 3522). Im **Schrifttum** ist die restriktive Handhabung des § 569 Abs 3 Nr 2 S 1 BGB durch die Rechtsprechung umstritten (zust zB J Meyer ZMR 2019, 175; BeckOGK/Geib [1. 10. 2020] Rn 53; Schuschke, in: 10 Jahre Mietrechtsreformgesetz 735, 736, 739 f; Wetekamp, in: FS Blank 459, 469, 472 – **aM** insbesondere Blank WuM 2006, 252; ders WuM 2008, 91; ders NZM 2013, 104; ders, in: 10 Jahre Mietrechtsreformgesetz 257, 263 ff; Häublein ZMR 2005, 1, 7 f; Zehelein WuM 2013, 46). Verschiedene Initiativen zur Änderung der gesetzlichen Regelungen blieben bisher erfolglos.

81

2. Schonfrist

Die Frist, binnen derer dem Mieter ein Nachholrecht zusteht, endet nach § 569 Abs 3 Nr 2 S 1 BGB „spätestens" zwei Monaten nach Eintritt der Rechtshängigkeit des Räumungsanspruchs des Vermieters. Über den **Beginn** der Schonfrist ist damit nichts gesagt. Er fällt folglich mit dem Wirksamwerden der Kündigung durch deren **Zugang** beim Mieter zusammen. Das Gesetz bestimmt lediglich, dass die *letzten* zwei Monate der Schonfrist (die daher ohne Weiteres auch länger als zwei Monate dauern kann) **mit Rechtshängigkeit** des Räumungsanspruchs des Vermieters durch Zustellung einer ordnungsgemäßen Räumungsklage **beginnen** (§ 253 ZPO; Wetekamp, in: FS Blank 459, 459, 461). Bei einer **Mehrheit von Mietern** kommt es auf die Zustellung der Klage an den letzten Mieter an (AG Hamburg WuM 1985, 263 f; Wetekamp, in: FS Blank 459, 461). Wird der Räumungsanspruch erst im Laufe des Rechtsstreits durch **Klageänderung** auf eine Kündigung wegen Zahlungsverzugs des Mieters gestützt, so läuft die Frist ab Zustellung des Schriftsatzes, der die Klageänderung enthält (LG Gießen ZMR 1994, 332, 333). Die Schonfrist beträgt **zwei Monate** von diesem Zeitpunkt ab. Ihre **Berechnung** richtet sich nach den §§ 187, 188 und 193 BGB. Keine Rolle spielt für den

82

Fristbeginn, ob der Mieter überhaupt Kenntnis von der Zustellung der Räumungsklage erhalten hat (BeckOGK/Geib [1. 10. 2020] Rn 60, str).

83 Da die Schonfrist bereits mit Zugang der Kündigung beim Mieter beginnt (Rn 82), kommt diesem die Rechtswohltat des § 569 Abs 3 Nr 2 S 1 BGB auch zugute, wenn er (oder eine öffentliche Stelle) den Vermieter nicht erst *nach* Rechtshängigkeit, sondern bereits in der vorausgehenden **Zeitspanne zwischen Kündigung und Rechtshängigkeit** des Räumungsanspruchs befriedigt (Begr zum RegE BT-Drucks 14/4553, 64 [r Sp o]; KG WuM 1984, 93; LG Stuttgart ZMR 1985, 128; LG Detmold WuM 2006, 527; Blank/Börstinghaus Rn 44; Schuschke, in: 10 Jahre Mietrechtsreformgesetz 735, 741). Hatte der Vermieter bereits Klage erhoben, war aber die Klage noch nicht zugestellt, als er befriedigt wurde, so bleibt ihm nichts anderes übrig, als die Klage zurückzunehmen (s Rn 135; Schuschke, in: 10 Jahre Mietrechtsreformgesetz 735, 741). Die Folge dieser Regelung ist, dass durch eine Befriedigung des Gläubigers in der fraglichen Zeitspanne gleichfalls die einmalige Heilungsmöglichkeit binnen zweier Jahre nach § 569 Abs 3 Nr 2 S 2 BGB verbraucht wird (KG WuM 1984, 93; LG Detmold WuM 2006, 527; s unten Rn 100 f). Im Rechtsstreit braucht das Gericht den Mieter grundsätzlich nicht auf den Lauf der Schonfrist hinzuweisen; es ist auch nicht gehindert, bereits während des Laufs der Schonfrist ein Versäumnisurteil zu erlassen (s unten Rn 133).

3. Befriedigung des Vermieters

84 Die Unwirksamkeit der Kündigung aufgrund einer rechtzeitigen Befriedigung des Vermieters setzt (nur) voraus, dass der Vermieter binnen der Schonfrist (o Rn 82) **hinsichtlich aller** bis zum Augenblick der Befriedigung aufgelaufenen **Rückstände an Miete** (und an Nutzungsentschädigung nach § 546a Abs 1 BGB) befriedigt wird (BGH 26. 7. 2004 – VIII ZB 44/03, WuM 2004, 547, 549 [r Sp o] = NJW-RR 2005, 217; zur Nutzungsentschädigung s noch u Rn 91). Der Anwendung des § 569 Abs 3 Nr 2 S 1 BGB steht es nicht entgegen, wenn der Mieter die rückständige Miete **in** verschiedenen **Teilleistungen** tilgt; § 266 BGB findet insoweit keine Anwendung. Eine Heilung tritt dagegen nicht ein, wenn noch **Rückstände** offenbleiben, mögen sie auch für sich genommen geringfügig sein (BGH 26. 7. 2004 – VIII ZR 44/03, WuM 2004, 547, 549 [r Sp o] = NJW-RR 2005, 217; LG Hamburg WuM 2001, 80; Schuschke, in: 10 Jahre Mietrechtsreformgesetz 735, 736 f). Ausnahmen im Einzelfall sind jedoch nach § 242 BGB denkbar (BGH 17. 2. 2015 – VIII ZR 236/14, NJW 2015, 1749 Rn 5 = ZMR 2015, 374).

85 Zu beachten ist, dass § 569 Abs 3 Nr 2 BGB (ebenso wie § 543 Abs 2 Nr 3 BGB) allein auf **Rückstände** gerade bei der „fälligen Miete" (und der fälligen Entschädigung nach § 546a Abs 1 BGB) abstellt. Dazu gehören zwar auch Betriebskostenvorauszahlungen, **nicht** dagegen sonstige **einmalige Leistungen**, die der Mieter außerdem schuldet, wie zB Schadensersatz, die Erstattung von Prozesskosten oder die Nachzahlung von Betriebskosten. Ansprüche des Vermieters auf derartige Leistungen bleiben hier außer Betracht (BGH 14. 7. 2010 – VIII ZR 267/09, NZM 2010, 696 = WuM 2010, 571 Tz 20 ff = NJW 2010, 3020; Wetekamp, in: FS Blank 459, 462); ihretwegen kann der Vermieter auch nicht nach den §§ 543 Abs 1 oder 573 Abs 2 Nr 1 BGB *kündigen* (BGH 14. 7. 2010 – VIII ZR 267/09, WuM 2010, 571 Tz 20 ff = NJW 2010, 3020) oder etwa die Zahlung (nur) der Miete durch den Mieter als unzulässige Teilleistung (§ 266 BGB) zurückweisen (Holtgrave Betrieb 1963, 1030, 1033; Palandt/Weidenkaff Rn 19; R Weber ZMR 1992, 41, 42 f). Außer Betracht bleiben ferner bereits **verjährte** oder **verwirkte**

Mietforderungen sowie **Kleinbeträge,** die der Vermieter nicht ausdrücklich angemahnt hatte (§ 242 BGB; Sternel, Mietrecht Rn IV 419 [S 1263]; Schmidt-Futterer/Blank Rn 38).

86 Die Befriedigung des Vermieters durch Zahlung des Mieters muss nach § 569 Abs 3 Nr 2 BGB spätestens bis zum Ablauf von **zwei Monaten nach Rechtshängigkeit** des Räumungsanspruchs erfolgen. Eine spätere Zahlung des Mieters löst nicht mehr die Rechtsfolgen des § 569 Abs 3 Nr 2 BGB aus. Für die **Rechtzeitigkeit** der Zahlung des Mieters genügt die Vornahme der **Leistungshandlung** innerhalb der Schonfrist (zB LG Aachen WuM 1993, 348; LG Heidelberg WuM 1995, 485; BeckOGK/Geib [1. 10. 2020] Rn 63; Wetekamp, in: FS Blank 459, 462). Keine Rolle spielt dagegen, wann der Leistungserfolg durch Eingang der Zahlung beim Vermieter eintritt (Sternel, Mietrecht Rn IV 419 [S 1263]). Auch **Rechtzeitigkeitsklauseln** (die an sich zulässig sind) vermögen an diesem Ergebnis angesichts der zwingenden gesetzlichen Regelung in § 569 Abs 3 Nr 2 S 1 BGB und Abs 5 nichts zu ändern (Blank WuM 2015, 3, 7; Wetekamp, in: FS Blank 459, 462). Hieran ist im Interesse des gerade im vorliegenden Zusammenhang gebotenen Mieterschutzes festzuhalten. Die abweichende Regelung in der Zahlungsverzugs-Richtlinie von 2000 hat Bedeutung allein für den kaufmännischen Verkehr.

87 Zahlt der Mieter „**unter Vorbehalt**", so wird meistens gelehrt, die Zahlung habe Erfüllungswirkung, sodass sie auch die Rechtsfolgen des § 569 Abs 3 Nr 2 S 1 BGB auslöse (Blank/Börstinghaus § 556b Rn 47; Wetekamp, in: FS Blank 459, 463). Dies trifft nur zu, wenn es sich um einen so genannten **einfachen Vorbehalt** handelt, mit dem der Mieter lediglich den Zweck verfolgt, die Anwendung des § 814 BGB auszuschließen, wenn er seine Leistung nach § 812 Abs 1 S 1 BGB als grundlos zurückfordern will. Anders dagegen bei einem **qualifizierten Vorbehalt,** der außerdem die Beweislast für den Bestand der Forderung bei dem Gläubiger belässt und gerade deshalb keine Erfüllungswirkung hat (BGH 24. 11. 2006 – LwZR 6/05, NJW 2007, 1269, 1270 Rn 19 ff; 19. 11. 2009 – X ZR 39/08, WuM 2009, 57 Rn 5 f). Bei Zahlungen innerhalb der Schonfrist wird man deshalb im Regelfall von einem bloßen **einfachen Vorbehalt** auszugehen haben, weil sich der Mieter allein auf diese Weise die Rechtswohltat des § 569 Abs 3 Nr 2 S 1 BGB sichern kann (§§ 133, 157 BGB; Blank/Börstinghaus § 569 Rn 47; str). Anders dagegen wenn der Mieter auf einen vorläufig vollstreckbaren Titel zur Abwendung der Zwangsvollstreckung leistet, sodass die Leistung dann keine Erfüllungswirkung hat (BGH 24. 11. 2006 – LwZR 6/05, NJW 2007, 1269, 1270 Rn 19 ff; AG Hamburg-Blankenese ZMR 2007, 199, 200).

88 Wenn der Mieter außer der Miete noch **Verzugszinsen und Kosten,** etwa aus dem anhängigen Räumungsrechtsstreit oder aus einem Vollstreckungsversuch, schuldet, folgt an sich aus § 367 Abs 1 BGB, dass Leistungen des Mieters, die nicht alle Rückstände, dh die offene Miete nebst Zinsen und Kosten decken, zunächst auf die Zinsen und Kosten zu verrechnen sind, sodass dann für die Anwendung des § 569 Abs 3 Nr 2 BGB grundsätzlich *kein* Raum mehr wäre (so in der Tat LG Stuttgart ZMR 1997, 301, 302; N Schneider MDR 1991, 591). Dies widerspricht indessen evident den Interessen des Mieters, sodass für den Regelfall davon auszugehen sein wird, dass der Mieter mit solcher Zahlung zugleich eine **Tilgungsbestimmung** im Sinne des § 366 Abs 1 BGB dahingehend vornimmt, dass seine Zahlung in erster Linie **auf** die offenen **Mietforderungen** zu verrechnen ist (Schmidt-Futterer/Blank Rn 38; Wetekamp, in: FS Blank 459, 462).

89 Der Vermieter braucht freilich die Tilgungsbestimmung des Mieters an sich nicht hinzunehmen, sondern kann nach § 367 Abs 2 BGB die Zahlung des Mieters grundsätzlich zurückweisen. Mit Rücksicht auf den Zweck der Regelung (o Rn 55) ändert dies hier indessen nichts an der Anwendbarkeit des § 569 Abs 3 Nr 2 S 1 BGB (§ 569 Abs 5 BGB); trotz Zurückweisung der Leistung durch den Vermieter wird folglich die **Kündigung** nach § 569 Abs 3 Nr 2 S 1 BGB **unwirksam** (§§ 162 Abs 2, 242 BGB; ebenso LG Berlin MDR 1989, 357 Nr 52; Schmidt-Futterer/Blank Rn 38; Blank WuM 2015, 3, 7; BeckOGK/Geib [1. 10. 2020] Rn 62; R Weber ZMR 1992, 40, 47 f; Wetekamp, in: FS Blank 459, 462; aM N Schneider MDR 1991, 591). Nach dem Zweck der gesetzlichen Linien kann der Vermieter dann auch nicht nochmals nach § 543 Abs 2 Nr 3 BGB kündigen, selbst wenn die Voraussetzungen dieser Vorschrift an sich erfüllt sein sollten (s unten Rn 91; Blank WuM 2015, 3, 7 f).

90 Die Befriedigung des Vermieters kann auch durch **Aufrechnung oder Hinterlegung** erfolgen (§§ 372, 378, 387, 389 BGB; Wetekamp, in: FS Blank 459, 463). Zur Aufrechnung geeignet sind alle Forderungen des Mieters, die bis zum Ablauf der Schonfrist fällig werden (§ 387; LG Aachen WuM 1989, 294; Blank/Börstinghaus Rn 53). Die weitergehende Beschränkung der Aufrechnungsmöglichkeit des Mieters durch § 543 Abs 2 S 3 BGB (s oben Staudinger/V Emmerich [2021] § 543 Rn 65 ff; BeckOGK/Geib [1. 10. 2020] Rn 62) ist für die Wohnraummiete gegenstandslos (im Einzelnen str, s Blank/Börstinghaus Rn 53). Zur Fristwahrung ist nur erforderlich, dass die Aufrechnungserklärung des Mieters dem Vermieter **binnen der Schonfrist zugeht** (§ 130 BGB). Hinsichtlich der Bedeutung der §§ 366 und 367 BGB gilt hier dasselbe wie bei sonstigen Zahlungen des Mieters (s oben Rn 88; aM N Schneider MDR 1991, 591).

4. Rechtsfolgen

91 Die rechtzeitige Befriedigung des Gläubigers während der Schonfrist hat nach § 569 Abs 3 Nr 2 S 1 BGB zur Folge, dass die zunächst wirksame Kündigung wieder unwirksam wird; das an sich bereits beendete **Mietverhältnis lebt** maW kraft Gesetzes **wieder auf**, und zwar rückwirkend. Es handelt sich dabei um eine gesetzliche Fiktion, kraft derer das Mietverhältnis unter den in § 569 Abs 3 Nr 2 S 1 BGB genannten Voraussetzungen als ununterbrochen fortbestehend angesehen wird (grundlegend BGH 19. 9. 2018 – VIII ZR 231/17 Rn 23 ff, BGHZ 220, 1, 9 ff = NJW 2018, 3517; 19. 9. 2018 – VIII ZR 261/17, BeckRS 24.135; ebenso schon BGH 30. 6. 1960 – VIII ZR 200/59, LM Nr 1 zu § 31a MSchG = NJW 1960, 2093; 21. 12. 2006 – IX ZR 66/05, NJW 2007, 1591, 1592 Tz 13 = ZMR 2007, 348 = WM 2007, 411, 413; KG WuM 1984, 93; BayVerfGH NZM 2013, 267, 268; zust zB V Emmerich JuS 2019, 62; Kappus NJW 2018, 3 1522; J Meyer ZMR 2019, 175; Singbartel/Kraus NZM 2018, 946 sowie zuvor schon zB R Weber ZMR 1992, 41, 42 f; Wetekamp, in: FS Blank 459, 462; anders zuvor zB LG Berlin WuM 2017, 650 = ZMR 2018, 38). Die Fiktion des Fortbestandes des Mietverhältnisses hat zur Folge, dass, obwohl die Kündigung zunächst wirksam war, für eine Entschädigungspflicht des Mieters nach § 546a Abs 1 BGB *kein* Raum mehr ist (BeckOGK/Geib [1. 10. 2020] Rn 69; Wetekamp, in: FS Blank 459, 462). Dem Vermieter bestellte Sicherheiten bleiben gleichfalls bestehen (BayVerfGH NZM 2013, 267, 268). Der Mieter kann an dieser Rechtslage jetzt nichts mehr einseitig ändern, selbst wenn er sich nunmehr entschließen sollte, doch auszuziehen (LG Berlin GE 2014, 589). Offen ist, wie sich die rechtzeitige Schonfristzahlung auf einen bereits eingetretenen **Zahlungsverzug** des Mieters auswirkt (§ 286 BGB). Wohl überwiegend wird angenommen, dass der bereits eingetretene Verzug durch die Zahlung nicht geheilt wird, sodass der

Mieter weiter zum Schadensersatz verpflichtet bleibt (§ 288 BGB; so zB AG Sinsheim NJW-RR 1986, 1345). Dies erscheint wenig angemessen (zu weiteren prozessualen Folgen s unten Rn 132 f).

92 Mit der vollständigen Befriedigung des Vermieters erlischt das Kündigungsrecht des Vermieters endgültig gemäß § 569 Abs 3 Nr 2 S 1 BGB. Es lebt auch nicht wieder auf, wenn der Mieter noch während der Schonfrist erneut in Zahlungsverzug geraten sollte (LG Berlin ZMR 2000, 296). Der Vermieter muss gegebenenfalls nochmals kündigen, sofern die Voraussetzungen dafür erneut vorliegen (§§ 543 Abs 1 und Abs 2 Nr 3, 573 Abs 2 Nr 1 BGB), wobei § 569 Abs 3 Nr 2 S 1 BGB zu beachten ist.

93 Da bei rechtzeitiger Befriedigung des Gläubigers innerhalb der Schonfrist der Fortbestand des Mietverhältnisses fingiert wird (o Rn 91), ist nunmehr auch wieder Raum für die Prüfung einer etwaigen vom Vermieter **hilfsweise** zusammen mit der fristlosen Kündigung ausgesprochenen **ordentlichen Kündigung** des Mietverhältnisses aufgrund des § 573 Abs 2 Nr 1 BGB. Die verbreiteten Bedenken gegen diese Praxis (insbesondere LG Berlin WuM 2017, 680, 682 ff = ZMR 2018, 38; WuM 2020, 281 ff) sind vom BGH zurückgewiesen worden, insbesondere unter strikter Begrenzung des Anwendungsbereichs der Regelung über die Schonfristzahlung des Mieters in § 569 Abs 3 Nr 2 BGB auf die außerordentliche fristlose Kündigung des Vermieters wegen Zahlungsverzugs des Mieters gerade nach § 543 Abs 2 Nr 3 BGB (s schon o Rn 90 f; BGH 19. 9. 2018 – VIII ZR 231/17 Rn 38 ff, BGHZ 220, 1, 17 ff = NJW 2018, 3517; 19. 9. 2018 – VIII ZR 261/17, BeckRS 2018, 24135; ebenso zuletzt zB LG Berlin GE 2018, 513). Stützt der Vermieter eine Kündigung wegen Zahlungsverzugs des Mieters gleichzeitig auf § 543 Abs 2 Nr 3 BGB und auf § 573 Abs 2 Nr 1 BGB, so ist aus dem Gesagten der weitere Schluss zu ziehen, dass der Vermieter damit zum Ausdruck bringen möchte, dass in erster Linie die außerordentliche fristlose Kündigung geprüft werden soll und die ordentliche Kündigung nur für den Fall erklärt wird, dass sich die (vorrangig zu prüfende) fristlose Kündigung als unwirksam erweist, eben etwa infolge einer rechtzeitigen Befriedigung des Vermieters während der Schonfrist (BGH 19. 9. 2018 – VIII ZR 231/17 Rn 41, BGHZ 220, 1, 17 f = NJW 2018, 3517; 19. 9. 2018 – VIII ZR 261/17, BeckRS 2018, 24135).

5. Öffentliche Stelle

94 Der Befriedigung des Vermieters durch den Mieter während des Laufs der Schonfrist (o Rn 79 ff) steht es nach § 569 Abs 3 Nr 2 S 1 BGB gleich, wenn sich eine öffentliche Stelle spätestens während der (mit Zugang der Kündigung begonnenen, restlichen) Schonfrist von zwei Monaten nach Rechtshängigkeit des Räumungsanspruchs zur Befriedigung des Vermieters hinsichtlich der fälligen Miete und der Entschädigung (§ 546a Abs 1 BGB) verpflichtet. Als **öffentliche Stellen** in diesem Sinne kommen in erster Linie die Träger der Sozialhilfe (nach § 3 Abs 2 SGB XII die kreisfreien Städte und die Landkreise) sowie die Wohngeldbehörden in Betracht. Öffentliche Stelle iS der Nr 2 des § 569 Abs 3 BGB ist aber auch **jede** andere **juristische Person des öffentlichen Rechts** einschließlich der christlichen Kirchen (str), insbesondere also jede Gebietskörperschaft, während sonstige (private) karitative Verbände wohl schwerlich als „öffentliche Stellen" qualifiziert werden können (aM BLANK/BÖRSTINGHAUS Rn 54; STERNEL, Mietrecht Rn IV 423 [S 1264]; WETEKAMP, in: FS Blank 459, 463). Keine Rolle spielt, ob die betreffende Stelle auch nach öffentlichem Recht zuständig ist, sofern nur die von ihr übernommene Verpflichtung wirksam ist.

95 § 569 Abs 3 Nr 2 S 1 BGB verlangt lediglich, dass sich die öffentliche Stelle (o Rn 94) zur Befriedigung des Vermieters „verpflichtet". Anders als beim Mieter (o Rn 80 ff) ist hier mithin nicht die Befriedigung des Vermieters erforderlich; vielmehr genügt die wirksame Begründung der (unbedingten; s unten Rn 48) **Zahlungsverpflichtung** einer öffentlichen Stelle gegenüber dem Vermieter. Die Verpflichtung braucht sich außerdem **nur** auf die **fällige Miete** (und die fällige Entschädigung nach § 546a Abs 1 S 1 BGB) zu erstrecken, *nicht* also auf andere Vermieterforderungen und insbesondere nicht auf die *zukünftige* Miete, wenn sie die Wirkungen des § 569 Abs 3 Nr 2 S 1 BGB auslösen soll. Nicht ausreichend ist ein Zugang der Erklärung bei dem Gericht oder dem Mieter (BeckOGK/Geib [1. 10. 2020] Rn 66). Die verspätete Übernahmeerklärung einer öffentlichen Stelle löst zwar nicht mehr die Wirkungen des § 569 Abs 3 Nr 2 S 1 BGB aus, kann jedoch immer noch als selbstständiges Schuldversprechen oder Schuldanerkenntnis iSd §§ 780 und 781 BGB gewertet werden (AG München ZMR 2019, 202, 205).

96 Die Verpflichtung muss **gegenüber** dem **Vermieter** begründet werden und ihm binnen der Schonfrist zugehen, sodass der Vermieter einen eigenen Anspruch gegen die öffentliche Stelle erwirbt (BayObLGZ 1994, 247 = NJW 1995, 338 = WuM 1994, 598; AG/LG Köln WuM 1997, 215; AG Potsdam WuM 1994, 667). Rechtzeitiger Zugang der Erklärung beim Prozessvertreter des Vermieters genügt (LG Hamburg WuM 1996, 340 = ZMR 1996, 331; AG/LG Köln WuM 1997, 215). Nicht ausreichend ist ein Zugang der Erklärung bei dem Gericht oder bei dem Mieter (BeckOGK/Geib [1. 10. 2020] Rn 66). Eine **verspätete** Übernahmeerklärung einer öffentlichen Stelle löst zwar nicht die Wirkungen des § 569 Abs 3 Nr 2 S 1 BGB aus, kann jedoch immer noch als selbstständiges Schuldversprechen oder Schuldanerkenntnis gewertet werden (§§ 780, 781 BGB; AG München ZMR 2019, 305).

97 In welcher **Rechtsform** die öffentliche Stelle die Verpflichtung gegenüber dem Vermieter übernimmt, bleibt gleich. In Betracht kommen gleichermaßen ein Vertrag zwischen der öffentlichen Stelle und dem Vermieter wie ein Vertrag zwischen der öffentlichen Stelle und dem Mieter zugunsten des Vermieters (§ 328 BGB). In der Praxis spricht man üblicherweise von **Übernahmeerklärungen**, insbesondere der Sozialämter (BayObLGZ 1994, 247 = NJW 1995, 338; OVG Berlin NJW 1984, 2593; LG Berlin GE 1993, 157; 1997, 1467). Grundlage sind in der Regel die §§ 34 und 29 Abs 1 S 6 SGB XII.

98 Die Übernahmeerklärungen der Sozialämter werden heute allgemein *zivilrechtlich* eingestuft, meistens als **Schuldmitübernahme** oder **Schuldbeitritt** des Sozialamtes nach § 329 BGB, gelegentlich auch als selbstschuldnerische **Bürgschaft** nach den §§ 765 und 773 Abs 1 Nr 1 BGB (BVerwGE 94, 229 = NJW 1994, 1169; AG München ZMR 2019, 202, 203; BeckOGK/Geib [1. 10. 2020] Rn 65; Wetekamp, in: FS Blank 459, 464). Von diesen Übernahmeerklärungen müssen die **Mietgarantien** nach § 27 SGB XII unterschieden werden, die sich auf die *laufenden* Mieten beziehen und die heute meistens *öffentlich-rechtlich* qualifiziert werden (BVerwGE 96, 71 = NJW 1994, 2968, 2969 f; OVG Münster WuM 2001, 119; anders aber KG 11. 6. 2019 – 11 W 2/19, GE 2019, 917).

99 Eine bestimmte **Form der Übernahmeerklärung** ist *nicht* vorgeschrieben, sodass auch ein Telefax genügt (LG Dortmund ZMR 1993, 16; LG Berlin GE 1997, 1467; AG Wedding GE 1994, 1129; AG München ZMR 2019, 202, 204; enger BeckOGK/Geib [1. 10. 2020] Rn 65). Im

Falle einer selbstschuldnerischen **Bürgschaft** des Sozialamtes ist § 766 BGB zu beachten. Die Übernahmeerklärung muss klar und eindeutig sein, die gesamten Rückstände an fälliger Miete (und fälliger Entschädigung des Vermieters nach § 546a Abs 1 BGB) umfassen und vorbehaltlos abgegeben werden, sodass der Vermieter einen **eigenen unbedingten Anspruch** gegen die öffentliche Stelle auf Zahlung der *gesamten* Rückstände erwirbt (BVerwGE 94, 229 = NJW 1994, 1169, 1170; BLANK/BÖRSTING-HAUS Rn 57 f). Erklärt die öffentliche Stelle ihre Bereitschaft zur Befriedigung des Vermieters wegen seiner Rückstände nur **unter Vorbehalten oder Bedingungen**, so tritt *keine* Heilung ein (BVerwGE 94, 229 = NJW 1994, 1169, 1170; LG Berlin GE 1996, 1111, 1113; WuM 2017, 152; LG Essen ZMR 1996, 663, 664 = NJW-RR 1997, 335; LG München I NZM 2004, 66; BeckOGK/GEIB [1. 10. 2020] Rn 65; G KARL NJW 1991, 2124). In den vielen Zweifelsfällen sollte durchweg auf dieses Kriterium – Erwerb eines unbedingten Anspruchs des Vermieters gegen die öffentliche Stelle auf Zahlung aller Rückstände – abgestellt werden. **Fehler und Versehen** des Sozialamtes bei der Ausstellung der Übernahmeerklärung gehen zu Lasten des Mieters, nicht des Vermieters (AG Neuss WuM 1991, 688). Eine wirksame Übernahmeerklärung kann der Vermieter **nicht zurückweisen**; sie führt vielmehr in jedem Fall gemäß § 569 Abs 3 Nr 2 S 1 BGB zur Unwirksamkeit der Kündigung (§ 162 Abs 2 BGB; BVerwGE 94, 229 = NJW 1994, 1169; LG Berlin GE 1993, 157).

6. Ausnahme

Nach S 2 der Nr 2 des § 569 Abs 3 BGB steht dem Mieter die Rechtswohltat der **100** Schonfrist nicht (mehr) zu, wenn der Kündigung vor nicht länger als zwei Jahren (vor der Kündigung) **schon einmal** eine an sich wirksame, indessen nach S 1 der Nr 2 des § 569 Abs 3 BGB (o Rn 79 ff) unwirksam gewordene **Kündigung** vorausgegangen ist. Die Rechtswohltat der Schonfrist kommt maW dem Wohnraummieter innerhalb von zwei Jahren *nur einmal* zugute (LG Stuttgart ZMR 1985, 128). Die **Frist** ist vom Zugang der zweiten Kündigung bei dem Mieter ab zurückzurechnen. Im Falle einer Mehrzahl von Mietern kommt es auf den Zugang der Kündigung bei dem letzten Mieter an (AG Hamburg WuM 1985, 263). Zu prüfen ist sodann, ob innerhalb dieser Zweijahresfrist dem Mieter schon einmal eine Kündigung des Vermieters wegen Zahlungsverzugs nach § 543 Abs 2 Nr 3 BGB zugegangen war, die gerade nach § 569 Abs 3 Nr 2 S 1 BGB nachträglich unwirksam wurde. Gleich steht der Fall, dass der Mieter den Vermieter zwar noch vor Rechtshängigkeit der Klage, aber erst nach Zugang der Kündigung befriedigt hatte (s oben Rn 82; KG WuM 1984, 93; AG/LG Hamburg ZMR 2004, 271; LG Stuttgart ZMR 1995, 470; LG Detmold WuM 2006, 527; WETEKAMP, in: FS Blank 459, 465). Bei dieser Zweijahresfrist handelt es sich um eine materiellrechtliche Frist, gegen deren Versäumung es **keine Wiedereinsetzung** in den vorigen Stand gibt (LG München I WuM 1988, 141).

S 2 des § 569 Abs 3 Nr 2 BGB ist eine eng auszulegende Ausnahmevorschrift, deren **101** **Anwendungsbereich** sich streng auf die geregelten Fälle beschränkt (LG Mannheim WuM 1986, 250). Eine **entsprechende Anwendung** der Vorschrift kommt nur in Betracht, wenn die Interessenlage in jeder Hinsicht der in § 569 Abs 3 Nr 2 BGB geregelten entspricht, etwa, wenn die erste Kündigung zwar schon (endgültig) wirksam geworden war, dann aber (nach Ablauf der Schonfrist) das Sozialamt zugunsten des Mieters doch noch eingesprungen war und der Vermieter darauf hin auf die Kündigung verzichtet hatte (AG Darmstadt WuM 1988, 159; s Rn 95).

102 **Kein Raum** für eine Anwendung des S 2 des § 569 Abs 3 Nr 2 BGB ist dagegen (so dass es bei dem Nachholrecht bleibt), wenn die Parteien seinerzeit nach Auszug des Mieters einen **neuen Mietvertrag** abgeschlossen hatten (LG Mannheim MDR 1974, 935 Nr 52), wenn der Vermieter erst nach Abschluss eines Vergleichs mit dem Mieter auf die Rechte aus der ersten Kündigung verzichtet hatte (LG Bremen WuM 1997, 265) oder wenn die **Unwirksamkeit** der ersten Kündigung auf **anderen Gründen** als gerade der nachträglichen Befriedigung des Vermieters oder der Verpflichtung einer öffentlichen Stelle beruhte, wobei insbesondere an die Fortsetzung des Vertrags nach § 545 BGB, an eine sonstige konkludente Vertragsverlängerung, an das Fehlen der Voraussetzungen des Verzugs (§ 286 BGB) oder an die Aufrechnung nach § 543 Abs 2 S 3 BGB zu denken ist (LG Frankfurt WuM 1991, 34; LG Berlin ZMR 1988, 180 Nr 14; GE 1991, 1039; LG Mannheim WuM 1986, 250; 1988, 363; LG Wiesbaden WuM 2012, 623, 624; Wetekamp, in: FS Blank 459, 465).

VII. Sperrfrist nach Mieterhöhungen (§ 569 Abs 3 Nr 3)

1. Zweck

103 Nach § 569 Abs 3 Nr 3 BGB kann der Vermieter, *wenn* der Mieter rechtskräftig zur Zahlung einer erhöhten Miete nach den §§ 558 bis 560 BGB verurteilt worden ist, das Mietverhältnis wegen Zahlungsverzugs des Mieters nicht vor Ablauf von zwei Monaten nach rechtskräftiger Verurteilung kündigen, wenn nicht die Voraussetzungen der außerordentlichen fristlosen Kündigung schon wegen der bisher geschuldeten Miete erfüllt sind. Die Vorschrift ist nahezu wörtlich aus § 9 Abs 2 MHRG aF übernommen worden (s die Begr zum RegE BT-Drucks 14/4553, 64 [r Sp]; wegen der Einzelheiten s Hinz ZMR 2012, 842). Hintergrund der Regelung ist die unvermeidliche Dauer gerichtlicher Verfahren aufgrund der §§ 558, 558b, 559 und 560 BGB, die zur Folge haben kann, dass der Mieter, sollte er den Prozess über die Berechtigung einer Mieterhöhung des Vermieters aufgrund der genannten Vorschriften ganz oder teilweise verlieren, schon im Augenblick der Rechtskraft des Urteils mit Beträgen in Verzug ist, die eine fristlose Kündigung des Vermieters nach § 543 Abs 2 Nr 3 BGB rechtfertigen könnten. Infolgedessen wäre die legitime Rechtsverteidigung des Mieters in zahlreichen Fällen mit dem **Risiko** behaftet, im Falle des Prozessverlustes sofort die **Wohnung einzubüßen**. Diesem Risiko soll § 569 Abs 3 Nr 3 BGB durch die Einführung einer **Kündigungssperrfrist** von zwei Monaten, häufig auch (ungenau) „Schonfrist" genannt, für den Mieter begegnen, binnen derer ihm nicht nach § 543 Abs 2 Nr 3 BGB (wohl aber aus anderen Gründen) gekündigt werden kann (so die Begr z RegE des 1. WKSchG BT-Drucks 7[1974]/2011 S 13 [l Sp „Zu § 7" 2. Abs]; BGH 4. 5. 2005 – VIII ZR 94/04, NJW 2005, 2310 = NZM 2005, 496 = WuM 2005, 396, 398 [l Sp 2. Abs]).

2. Mieterhöhung nach §§ 558, 558b

104 Die Sperrfrist von zwei Monaten *nach Rechtskraft* des Urteils (§ 569 Abs 3 Nr 3 BGB) setzt voraus, dass der Mieter rechtskräftig aufgrund der §§ 558 bis 560 BGB zur „Zahlung" einer erhöhten Miete verurteilt worden ist. Das Gesetz nimmt damit (ungenau) auf die §§ 558, 558b, 559, 559c und 560 BGB Bezug, während die Bezugnahme auf die §§ 558a, 558c bis 558d BGB sowie §§ 559a, 559b und 559d BGB ohne Sinn ist. Problematisch ist insbesondere die Bezugnahme auf die §§ 558 und 558b BGB, weil der Mieter im Falle des **§ 558 BGB** überhaupt nicht zur Zahlung einer erhöhten Miete, sondern gemäß den §§ 558 Abs 1 S 1 und 558b BGB lediglich zur **Zustimmung** zu einer vom Vermieter verlangten **Mieterhöhung**, nicht dagegen sofort zur Zahlung der erhöhten Miete verurteilt wird (s oben § 558b Rn 15 ff). Nach überwiegender Meinung handelt es sich bei der unglücklichen Formulierung der Vorschrift um ein **bloßes Redaktionsversehen** der Gesetzesverfasser, sodass die Kündigungssperrfrist hier bereits durch die **Verurteilung** des Mieters **zur Zustimmung** nach § 558b Abs 2 BGB ausgelöst wird (BGH 4. 5. 2005 – VIII ZR 5/04, NZM 2005, 582 = ZMR 2005, 697 = WuM 2005, 458, 459 [r Sp unter 3]; 4. 5. 2005 – VIII ZR 94/04, NJW 2005, 2310 = NZM 2005, 496 = WuM 2005, 396, 398; Blank/Börstinghaus Rn 78; Kraemer WuM 2001, 163, 170 = NZM 2001, 553, 561; P Meier WuM 1990, 531, 532 f; aM insbesondere Derleder NZM 2001, 170, 174 [l Sp Nr 25]; BeckOGK/Geib [1. 10. 2020] Rn 74; Bub/Treier/Fleindl, Hdb Rn IV 384B; Weitemeyer NZM 2001, 569, 572).

Der Vermieter kann somit den Mieter zwar unmittelbar *nach Rechtskraft* des Zustimmungsurteils (§§ 558, 558b BGB) durch Mahnung in Verzug setzen (§ 286 BGB), wegen Zahlungsverzugs des Mieters anschließend jedoch **erst nach Ablauf der Sperrfrist** von zwei Monaten **kündigen** (§§ 543 Abs 2 Nr 3, 569 Abs 3 Nr 3 BGB; s unten Rn 111; BGH 4. 5. 2005 – VIII ZR 94/04, NJW 2005, 2310 = NZM 2005, 496 = WuM 2005, 396, 398 [r Sp 2. Abs]). **§ 266 BGB** findet **keine Anwendung**, sodass der Vermieter nicht etwa die Zahlung der nichterhöhten Miete während des Rechtsstreits als Teilleistung zurückweisen kann, um so doch noch die Voraussetzungen des § 543 Abs 2 Nr 3 BGB (unabhängig von der Mieterhöhung) zu schaffen (R Weber ZMR 1992, 41, 43). **105**

3. Mieterhöhung nach §§ 559, 560

§ 569 Abs 3 Nr 3 BGB bezieht sich ferner auf (einseitige) Mieterhöhungen des Vermieters nach einer Modernisierung aufgrund des § 559 BGB sowie auf (ebenfalls einseitige) Erhöhungen der Betriebskostenpauschale nach § 560 Abs 1 BGB und der Betriebskostenvorauszahlungen nach § 560 Abs 4 BGB. In diesen Fällen ist gleichfalls umstritten, welche **Bedeutung** die Bezugnahme des § 569 Abs 3 Nr 3 BGB auf die genannten Vorschriften (§§ 559 und 560 Abs 1 und 4 BGB) hat. Richtiger Meinung nach bedeutet die Regelung *nicht* etwa, dass eine Kündigung des Vermieters aufgrund des § 543 Abs 2 Nr 3 BGB wegen Zahlungsverzugs des Mieters *in jedem Fall* eine rechtskräftige Verurteilung des Mieters zur Zahlung der erhöhten Miete aufgrund der genannten Vorschriften voraussetzt (so wohl LG München I WuM 1979, 16, 17; LG Berlin ZMR 1989, 305 = MDR 1989, 822; AG Altena WuM 1988, 25; M Schmid WuM 1982, 199). Die Vorschrift besagt vielmehr lediglich, dass, *wenn* sich der Mieter gegen die (einseitige) Mieterhöhung des Vermieters aufgrund des § 559 BGB oder des § 560 Abs 1 oder 4 BGB wehrt und der Vermieter daraufhin **Zahlungsklage** gegen den Mieter erhebt, dem Mieter (nur) nach Rechtskraft eines etwaigen Urteils die **Sperrfrist** von zwei Monaten zusteht (BGH 10. 10. 2012 – VIII ZR 107/12, BGHZ 195, 64, 72 Rn 29 = NJW 2013, 159; 18. 7. 2012 – VIII ZR 1/11, NJW 2012, 3089 Tz 17 ff = NZM 2012, 676 = WuM 2012, 497; 16. 10. 2012 – VIII ZR 360/11, WuM 2012, 681 Tz 5; LG Berlin GE 2012, 548; BeckOGK/Geib [1. 10. 2020] Rn 73; Bub/Treier/Fleindl, Hdb Rn IV 384; kritisch Kummer WuM 2020, 313, 316 f). **106**

Die rechtskräftige **Verurteilung** des Mieters zur Zahlung ist folglich nach § 569 Abs 3 Nr 3 BGB nur Voraussetzung der **Sperrfrist**, *nicht* aber generell Voraussetzung einer Kündigung nach § 543 Abs 2 Nr 3 BGB wegen Zahlungsrückständen (s Rn 108). Es **107** hat deshalb bei § 543 Abs 2 Nr 3 BGB sein Bewenden, wenn sich der Mieter nicht gegen die Mieterhöhung wehrt, aber auch nicht die erhöhte Miete zahlt. Nach dem Zweck der Regelung (s oben Rn 103) bedarf der Mieter dann auch nicht des zusätzlichen Schutzes durch eine besondere Sperrfrist; zu seinem Schutz reicht vielmehr die allgemeine Regelung des § 543 Abs 2 Nr 3 S 2 und 3 BGB aus.

4. Entsprechende Anwendung in anderen Fällen?

108 Bei § 569 Abs 3 Nr 3 BGB handelt es sich nach hM um eine ausgesprochene Ausnahmevorschrift, deren Anwendungsbereich sich streng auf die gesetzlich geregelten Fälle der §§ 558, 559 und 560 BGB beschränkt, während für eine entsprechende Anwendung der Vorschrift in anderen vergleichbaren Fallgestaltungen kein Raum sein soll (so zB BeckOGK/Geib [1. 10. 2020] Rn 73, 78; Bub/Treier/Fleindl, Hdb Rn IV 384; dagegen insbesondere Blank NZM 2013, 104; ders, in: 10 Jahre Mietrechtsreformgesetz 257; ausführlich zum Ganzen Hinz ZMR 2012, 842). Die wichtigsten Fälle, in denen deshalb für eine entsprechende Anwendung der Vorschrift des § 569 Abs 3 Nr 3 BGB keine Möglichkeit gesehen wird, sind eine Kündigung nach Mieterhöhungen im preisgebundenen Wohnraum (BGH 10. 10. 2012 – VIII ZR 107/12, BGHZ 195, 64, 72 Rn 29 = NJW 2013, 159; 9. 5. 2012 – VIII ZR 327/11, NJW 2012, 2270 Tz 16 ff = NZM 2012, 529 = WuM 2012, 440), eine ordentliche Kündigung des Vermieters wegen des Zahlungsverzugs des Mieters nach einer Mieterhöhung aufgrund des § 573 Abs 2 Nr 1 BGB (BGH 10. 10. 2012 – VIII ZR 107/12, BGHZ 195, 64, 72 Rn 29 = NJW 2013, 159; **aM** LG Berlin GE 2012, 584; Blank NZM 2013, 104; ders, in: 10 Jahre Mietrechtsreformgesetz 257) sowie alle Fälle, in denen es der Mieter erst gar nicht zum Rechtsstreit über die Berechtigung der Mieterhöhung kommen lässt, sondern der Mieterhöhung zustimmt, und sei es auch in einem **Prozessvergleich**, weil dann kein Urteil ergeht (OLG Hamm NJW-RR 1992, 340 = WuM 1992, 54, 55; Sternel, Mietrecht Rn III 867 [S 1018] – **aM** AG Altena WuM 1988, 25; M Schmid WuM 1982, 199).

109 Problematisch ist insbesondere die von der hM angenommene Unanwendbarkeit des § 569 Abs 3 Nr 3 BGB auf eine **ordentliche Kündigung** wegen Zahlungsverzugs nach § 573 Abs 2 Nr 1 BGB (s Rn 108). Denn macht man damit Ernst, so besteht angesichts des Umstandes, dass Kündigungen wegen Zahlungsverzugs nach einer Mieterhöhung in der Regel gleichzeitig auf § 543 Abs 2 Nr 3 BGB und auf § 573 Abs 2 Nr 1 BGB gestützt werden, unverkennbar die Gefahr, dass die Vorschrift des § 569 Abs 3 Nr 3 BGB **(Sperrfrist)** letztlich **leerläuft**. Der Grund ist einfach der, dass dem Vermieter dann nach einer Mieterhöhung eine Kündigung wegen Verzugs des Mieters mit der erhöhten Miete zwar nach § 543 Abs 2 Nr 3 BGB durch das Gesetz in § 569 Abs 3 Nr 3 BGB verwehrt ist, nicht jedoch eine ordentliche Kündigung wegen der Rückstände infolge der Mieterhöhung noch während des Rechtsstreits aufgrund des § 573 Abs 2 Nr 1 BGB. Dieses Ergebnis wird zwar offenbar von der hM hingenommen, dürfte indessen schwerlich mit dem Zweck der gesetzlichen Regelung (s Rn 103) im Einklang stehen.

5. Rechtsfolgen

110 In den genannten Fällen (o Rn 104-109) wird gemäß § 569 Abs 3 Nr 3 BGB durch die rechtskräftige Verurteilung des Mieters aufgrund des § 558b BGB, des § 559 BGB oder des § 560 BGB eine **Sperrfrist von zwei Monaten ab formeller Rechtskraft** des

Urteils ausgelöst, freilich nur für Kündigungen des Vermieters aufgrund des § 543 Abs 2 Nr 3 BGB und auch hier nur hinsichtlich der Mieterhöhungen nach den §§ 558, 559 und 560 BGB gerade wegen der *während* des *Rechtsstreits* aufgelaufenen Zahlungsrückstände (s Rn 111). Die formelle **Rechtskraft** tritt nach § 705 ZPO und § 19 EGZPO mit Ablauf der Fristen für die ordentlichen Rechtsmittel Berufung, Revision, Einspruch (bei einem Versäumnisurteil) und Rüge nach § 321a ZPO ein. Das gilt heute mit Rücksicht auf die §§ 542, 543 und 544 ZPO in der Fassung von 2001 auch für die landgerichtlichen Berufungsurteile. Mit ihrer Verkündung werden seitdem nur noch die Revisionsurteile des BGH (sowie des BayObLG) rechtskräftig. Bei allen anderen Urteilen beginnt die Sperrfrist dagegen erst **nach Ablauf der Rechtsmittelfrist** zu laufen. Die Fristberechnung richtet sich gemäß § 222 ZPO nach den §§ 187, 188 und 193 BGB.

111 Während der zweimonatigen Sperrfrist (o Rn 110) ist es dem Vermieter gemäß § 569 Abs 3 Nr 3 BGB lediglich verwehrt, das Mietverhältnis außerordentlich gerade nach § 543 Abs 2 Nr 3 BGB wegen der *während des Rechtsstreits* aufgelaufenen Zahlungsrückstände des Mieters **infolge der Mieterhöhung** zu kündigen. Eine unter Verstoß gegen § 569 Abs 3 Nr 3 BGB während der Sperrfrist ausgesprochene Kündigung aufgrund des § 543 Abs 2 Nr 3 BGB ist **unwirksam** und wird auch nicht durch den Ablauf der Frist geheilt, sondern muss gegebenenfalls wiederholt werden (§ 134 BGB; LG Berlin MDR 1989, 822 = ZMR 1989, 305).

112 **Unberührt** bleibt die Möglichkeit einer **Kündigung** des Vermieters wegen Mietrückständen **ohne Berücksichtigung der Mieterhöhung** aufgrund der §§ 558, 559 oder 560 BGB (§ 569 Abs 3 Nr 3 HS 2 BGB; LG Berlin ZMR 1997, 143). Dasselbe gilt für eine ordentliche Kündigung nach § 573 Abs 2 Nr 1 BGB (s Rn 109) sowie für eine außerordentliche fristlose Kündigung nach § 543 BGB aus anderen Gründen als gerade wegen der Zahlungsrückstände des Mieters infolge der rechtskräftig ausgeurteilten Mieterhöhung aufgrund der §§ 558, 559 BGB oder 560 BGB, etwa wegen ständiger unpünktlicher Zahlung des Mieters (§ 543 Abs 1 BGB; s oben Rn 106).

VIII. Begründung der Kündigung*

1. Zweck, Anwendungsbereich

113 Nach § 569 Abs 4 BGB ist grundsätzlich (nur) bei der Wohnraummiete (s §§ 549, 578 Abs 2 und 3 BGB, s Rn 114) der zur Kündigung führende wichtige Grund in dem Kündigungsschreiben (§ 568 Abs 1 BGB) anzugeben. **Vorbild** der Vorschrift war § 573 Abs 3 S 1 BGB, nach dem bei einer ordentlichen Kündigung seitens des Vermieters aufgrund des § 573 BGB die Gründe für ein berechtigtes Interesse

---

* **Schrifttum**: BÖRSTINGHAUS, Begründungserfordernis bei der Kündigung aus wichtigem Grund, in: FS Derleder (2005) 205; B FLATOW, Typische Fehler bei der Kündigungserklärung, NZM 2004, 281; GELLWITZKI, Zur Begründung und Schriftform der fristlosen Kündigung wegen Zahlungsverzuges des Wohnungsmieters, WuM 2003, 612; ders, Wie ist die fristlose Kündigung wegen Zahlungsverzuges des Wohnungsmieters zu begründen?, WuM 2004, 181; HÄUBLEIN, Die fristlose Kündigung im Mietrecht nach Miet- und Schuldrechtsreform, ZMR 2005, 1; STERNEL, Probleme des neuen Mietrechts, ZMR 2002; ders, Zur Unabdingbarkeit der Pflicht, eine fristlose Kündigung zu begründen, in: 10 Jahre Mietrechtsreformgesetz (2011) 745.

des Vermieters anzugeben sind. Die Einfügung einer entsprechenden Bestimmung für die außerordentliche Kündigung aus wichtigem Grunde geht auf einen Vorschlag des Bundesrats zurück (s BT-Drucks 14/4553, 91), dem sich der Rechtsausschuss angeschlossen hatte (BT-Drucks 14/5663, 81 f; zur Entstehungsgeschichte s ausführlich Börstinghaus, in: FS Derleder 205, 207 ff). Die Gesetzesverfasser hatten dabei in erster Linie, jedoch nicht ausschließlich die Fälle einer außerordentlichen fristlosen Kündigung des Vermieters gegenüber dem Mieter im Auge, dem durch das Erfordernis der Begründung der Kündigung die Rechtsverteidigung erleichtert werden sollte. So gesehen, handelt es sich bei § 569 Abs 4 BGB im Kern um eine ausgesprochene **Mieterschutzbestimmung** (Börstinghaus, in: FS Derleder 205, 210 f).

114 Der **Anwendungsbereich** des § 569 Abs 4 BGB umfasst ohne Ausnahme **jede** Form einer **Kündigung** aus **wichtigem Grund** und damit insbesondere auch sämtliche Kündigungen nach § 543 BGB (s schon o Staudinger/V Emmerich [2021] § 543 Rn 87, 91, 96, 98; Börstinghaus, in: FS Derleder 205, 206 f; Sternel ZMR 2002, 1, 4). Zwischen einer Kündigung des Vermieters und einer solchen des Mieters wird dabei nicht unterschieden. Auf die **Geschäftsraummiete** findet § 569 Abs 4 BGB dagegen grundsätzlich keine Anwendung (s § 578 Abs 2 BGB); eine Ausnahme gilt lediglich für die Sonderfälle des § 578 Abs 3 S 1 BGB von 2018. Darüber hinaus dürfte sich bei der Geschäftsraummiete aus den §§ 241 Abs 2 und 242 BGB ebenfalls zumindest für den Regelfall die Verpflichtung des kündigenden Teils ergeben, seinem Vertragspartner den Grund zu benennen, aus dem er sich zu einer außerordentlichen Kündigung für befugt erachtet (Sternel, in: 10 Jahre Mietrechtsreformgesetz 745, 749 f).

2. Umfang der Begründung

115 Der Umfang der nach § 569 Abs 4 BGB erforderlichen Begründung einer Kündigung aus wichtigem Grund richtet sich nach dem Zweck der Regelung, dem Kündigungsgegner die Informationen zu verschaffen, die dieser für eine erfolgversprechende Rechtsverteidigung benötigt (s Rn 113). Vorbild des § 569 Abs 4 BGB war die Vorschrift des § 573 Abs 3 S 1 BGB, die überwiegend dahin verstanden wird, dass in dem Kündigungsschreiben (s § 568 Abs 1 BGB) der Kündigungsgrund so weit zu beschreiben ist, dass der Mieter zu erkennen vermag, weshalb ihm gekündigt wird, damit er die Berechtigung der Kündigung und die Chancen einer Rechtsverteidigung gegen sie abzuschätzen in der Lage ist. Die Beschreibung muss deshalb nach Zeit, Ort und Gegenstand so konkret sein, dass der **Kündigungsgrund** eindeutig von möglichen anderen Gründen abgegrenzt **(individualisiert)** werden kann (s unten § 573 Rn 201 ff; BGH 27. 6. 2007 – VIII ZR 271/06, NJW 2007, 2845 Tz 23, 25 = NZM 2007, 679, 681 = WuM 2007, 515; BayObLGZ 1981, 232 = NJW 1981, 2197 ff; BayObLG WuM 1985, 50 = ZMR 1985, 96).

116 Ebenso ist nach dem Gesagten (Rn 115) § 569 Abs 4 BGB zu verstehen, sodass es zur Begründung der Kündigung aus wichtigem Grund nach § 569 Abs 4 BGB gleichfalls erforderlich ist, dass in dem Kündigungsschreiben (s § 568 Abs 1 BGB) der zum Anlass der fristlosen Kündigung genommene wichtige **Grund** so genau **nach Zeit, Ort und Gegenstand beschrieben** wird, dass er eindeutig von möglichen anderen Gründen abgegrenzt, dh **individualisiert** werden kann (Ausschussbericht BT-Drucks 14/5663, 82 [I Sp]; LG Stuttgart WuM 2006, 523, 524; LG Berlin GE 2009, 198 f; 2010, 548; LG Itzehoe ZMR 2010, 363; BayVerfGH NZM 2013, 257, 268; Börstinghaus, in: FS Derleder 205, 212 ff; Bub/Treier/

Fleindl, Hdb Rn IV 298 f; BeckOGK/Geib [1. 10. 2020] Rn 81; Gellwitzki WuM 2003, 612; 2004, 181; Flatow NZM 2004, 281, 285 ff; Häublein ZMR 2005, 1, 8). Wird die Kündigung auf **mehrere Gründe** gestützt, so müssen diese grundsätzlich alle im Einzelnen aufgeführt werden; eine bloße zusammenfassende Bezeichnung oder Schätzung genügt nicht, weil gegen derartige allgemeine Vorwürfe eine erfolgversprechende Rechtsverteidigung offenbar nicht möglich ist (LG Stuttgart WuM 2006, 523, 524; BeckOGK/Geib [1. 10. 2020] Rn 81 unter Hinweis auf LG Saarbrücken 1. 3. 2013 – 1 O 137/12). Wenn der Kündigung gemäß § 543 Abs 3 BGB eine **Fristsetzung oder Abmahnung** vorausgegangen ist, muss außerdem dargelegt werden, wieso diese erfolglos war (s Rn 122; LG Stuttgart WuM 2006, 523, 524; LG Berlin GE 2010, 548, 549). Unerheblich ist dagegen, ob dem Kündigungsgegner (wie in aller Regel) die Gründe, aus denen der andere Teil kündigt, **ohnehin bekannt** sind.

117 Die Anforderungen an die Begründung sind **umso höher**, je **komplexer** der Kündigungsgrund ist. Kündigt der Vermieter zB dem Mieter deshalb fristlos, weil der Mieter die Mitmieter durch **Lärm** übermäßig gestört hat (§ 569 Abs 2 BGB), so muss er selbst bei einer Vielzahl derartiger Störungen grundsätzlich deren Art und Zeitpunkt sowie die jeweilige Dauer der Störungen – nach Art eines Lärmprotokolls – hinreichend genau in der Kündigung beschreiben, dies deshalb, weil andernfalls dem Mieter eine Verteidigung von vornherein übermäßig erschwert würde (s schon Rn 115; LG Stuttgart WuM 2006, 523, 524; BeckOGK/Geib [1. 10. 2020] Rn 85). Ebenso verhält es sich bei einer Kündigung „wegen zahlreicher Verstöße gegen die **Hausordnung**", die aus diesem Grund ebenfalls im Einzelnen aufgelistet werden müssen, während ihre zusammenfassende Bezeichnung nicht ausreicht (AG Bernau ZMR 2010, 198 f).

118 Maßgebend sind letztlich die Umstände des Einzelfalls. Die Anforderungen an die Ausführlichkeit der Begründung der Kündigung dürfen auf der einen Seite gewiss nicht übertrieben werden (zB Bub/Treier/Fleindl, Hdb Rn IV 298). Denn die Folge wäre lediglich, dass eine Kündigung aus wichtigem Grund nur noch mit juristischer Hilfe möglich wäre. Auf der anderen Seite ist aber daran festzuhalten, dass die Begründung jedenfalls so ausführlich sein muss, dass dem anderen Teil die Möglichkeit erhalten bleibt, sich mit Aussicht auf Erfolg gegen die Kündigung zu wehren. Ein **Maßstab** dafür können zB bei Lärmbelästigungen die Anforderungen an die Substantiierung des Vortrags für Mängel im Rechtsstreit über eine Minderung wegen Lärmbelästigungen sein (s oben § 536 Rn 132; zutreffend BeckOGK/Geib [1. 10. 2020] Rn 85). Das ist wichtig auf der anderen Seite auch für eine Kündigung des **Mieters** nach § 543 Abs 2 Nr 1 BGB wegen Mängeln der Mietsache. Grundsätzlich gilt auch hier, dass der Mieter den zum Anlass der Kündigung genommenen Mangel so genau umschreiben muss, dass er individualisiert, dh ohne Weiteres von etwaigen anderen Mängeln (auf die die Kündigung nicht gestützt wird) abgegrenzt werden kann (s Staudinger/V Emmerich [2021] § 543 Rn 91; Börstinghaus, in: FS Derleder 205, 218).

3. Insbesondere Zahlungsverzug

119 Es ist üblich, bei der Kündigung des Vermieters wegen Zahlungsverzugs des Mieters aufgrund des § 543 Abs 2 S 1 Nr 3 BGB zwischen so genannten einfachen oder klaren Fällen einerseits und schwierigen Fällen andererseits zu unterscheiden. Bei den ersteren, den **einfachen** oder klaren Fällen genügt es, wenn der Vermieter in dem Kündigungsschreiben den Zahlungsverzug als Grund benennt und den **Gesamt-**

betrag der rückständigen Miete beziffert, während eine Angabe weiterer Einzelheiten wie Datum des Verzugseintritts oder die Aufgliederung der Mietrückstände für einzelne Monate entbehrlich ist: Die genannten Angaben genügen nach Meinung des BGH, um dem Mieter eine Nachprüfung der Berechtigung der Kündigung zu ermöglichen. Auch die Beifügung eines Kontoblattes mit abweichenden Angaben ist dann unschädlich, sofern etwaige Rechenfehler für den Mieter leicht erkennbar sind (BGH 30. 6. 2004 – VIII ZR 11/04, NZM 2004, 699 = WuM 2004, 489).

120 Von den einfachen oder klaren Fällen (Rn 119) sind die **schwierigen** oder komplexen Fälle zu unterscheiden, in denen der Rückstand erst durch umfangreiche Berechnungen aus einer Vielzahl unterschiedlicher Positionen abgeleitet werden kann. Die zutreffende Behandlung dieser Fälle war lange Zeit umstritten (offen gelassen noch in BGH 22. 12. 2003 – VIII ZR 94/03, NJW 2004, 850 = WuM 2004, 97, 98 [r Sp 2. und 3. Abs]; 30. 6. 2004 – VIII ZR 11/04, NZM 2004, 699 = WuM 2004, 489). Heute lässt es der **BGH** jedoch grundsätzlich auch in diesen Fällen genügen, wenn der Mieter aus der „Begründung" erkennen kann, von **welchen Rückständen** der Vermieter bei der Kündigung ausgegangen ist (BGH 12. 5. 2010 – VIII ZR 96/09, NJW 2010, 3015 = NZM 2010, 548 = WuM 2010, 484, 487 ff; 6. 10. 2010 – VIII ZR 271/09, NJW 2011, 296 = WuM 2010, 740 Tz 10 = NZM 2011, 34).

121 Solche Großzügigkeit erscheint indessen wenig angemessen, jedenfalls, wenn man den Zweck der Regelung in erster Linie darin erblickt, dem Mieter eine Verteidigung gegen die Kündigung des Vermieters zu ermöglichen (s Rn 113). Deshalb sollte man daran festhalten, dass sich selbst in schwierigen Fällen der Vermieter nicht darauf beschränken darf, den Zahlungsrückstand des Mieters zu beziffern und diesen als Kündigungsgrund zu benennen. Um dem Mieter eine Verteidigung gegen die Kündigung zu ermöglichen, muss der Vermieter vielmehr den **Rückstand** auf die einzelnen Monate **aufschlüsseln**; außerdem muss er angeben, wie er Teilzahlungen des Mieters oder Leistungen Dritter wie zB des Sozialamtes verrechnet hat, ob ferner in dem Rückstand noch weitere Forderungen enthalten sind (die keine Kündigung nach § 543 Abs 2 S 1 Nr 3 BGB zu rechtfertigen vermögen) und ob er etwaige **Einwände** des Mieters gegen seine Zahlungspflicht berücksichtigt hat (so LG Berlin GE 2004, 181; LG Dortmund NZM 2004, 189; AG Hamburg-Altona NZM 2009, 700 = ZMR 2009, 373; Börstinghaus, in: FS Derleder 205, 213 ff; Gellwitzki WuM 2003, 612; 2004, 181; Flatow NZM 2004, 281).

122 Die **Abgrenzung** der einfachen und klaren Fälle (s Rn 119) von den schwierigen oder komplexen Fällen (s Rn 120) bereitet naturgemäß Schwierigkeiten (s Börstinghaus, in: FS Derleder 205, 216; B Flatow NZM 2004, 281, 286 f). Auszugehen ist von dem Informationsstand und den Erkenntnismöglichkeiten eines durchschnittlichen Mieters, da § 569 Abs 4 BGB als ausgesprochene Mieterschutzvorschrift zu verstehen ist (o Rn 113). Daraus folgt, dass ein **einfacher oder klarer Fall** (mit entsprechend reduzierten Begründungserfordernissen, Rn 116 f) nur angenommen werden kann, wenn der Mieter die Miete allein zahlt (so dass keine Leistungen Dritter verrechnet werden müssen), wenn die Miete, seitdem der Mieter in Rückstand geraten ist, unverändert geblieben ist und wenn sich die Rückstände auf die letzten Monate beschränken (AG Dortmund WuM 2004, 720, 721; Börstinghaus, in: FS Derleder 205, 216).

4. Form

Für die Kündigung gilt das **Schriftformerfordernis** des § 568 Abs 1 BGB, sodass auch die Begründung den Formerfordernissen des § 126 Abs 1 BGB genügen muss (s Gellwitzki WuM 2003, 616 f; B Flatow NZM 2004, 281, 283 ff). Die bloße, ohnehin ganz unübliche Textform des § 126a BGB genügt nicht (Bub/Treier/Fleindl, Hdb Rn 297). Wird in dem Kündigungsschreiben auf ein in der **Anlage** beigefügtes anderes Schreiben, zB auf eine Abmahnung nach den §§ 541 oder 543 Abs 3 BGB, Bezug genommen, so müssen beide Schriftstücke eine Einheit bilden, wofür eine eindeutige, unmissverständliche Bezugnahme erforderlich ist (s dazu o Staudinger/V Emmerich [2021] § 550 Rn 32 ff). Ausreichend kann von Fall zu Fall auch die Bezugnahme auf eine **vorausgegangene Abmahnung** sein, vorausgesetzt, dass diese den Kündigungsgrund bereits hinreichend konkretisiert hat, dass die Bezugnahme eindeutig ist und dass in der Zwischenzeit keine Änderung eingetreten ist (BVerfG NJW 1992, 1877, 1878; 1992, 2752 Nr 4; Palandt/Weidenkaff Rn 24). **123**

5. Rechtsfolgen

§ 569 Abs 4 BGB ist eine besondere **Formvorschrift**, sodass ein Verstoß gegen § 569 Abs 4 BGB durch eine fehlende oder mangelhafte Begründung der außerordentlichen fristlosen Kündigung zur **Nichtigkeit** der Kündigung führt (§ 125 Abs 1 BGB; BGH 22. 12. 2003 – VIII ZR 94/03, NJW 2004, 850 = NZM 2004, 187 = WuM 2004, 97, 98 [l Sp unter 2a]; 22. 6. 2005 – VIII ZR 326/04, WuM 2005, 584, 585 [r Sp u]; LG Stuttgart WuM 2006, 5 123, 524; AG Hamburg-Altona NZM 2009, 700 = ZMR 2009, 373; Bub/Treier/Fleindl, Hdb IV Rn 297). § 558b Abs 3 BGB gilt nicht, auch nicht entsprechend, sodass eine Kündigung, die wegen Verstoßes gegen § 569 Abs 4 BGB nichtig ist, im Rechtsstreit *nicht* durch Nachschieben einer ordnungsgemäßen Begründung **geheilt** werden kann. Möglich bleibt lediglich eine erneute Kündigung (Bub/Treier/Fleindl, Hdb IV Rn 297; Sternel ZMR 2002, 1, 4). **124**

Davon zu trennen ist die Frage, ob im Falle einer *wirksamen,* weil ordnungsgemäß begründeten Kündigung im nachfolgenden Rechtsstreit *andere* Kündigungsgründe **nachgeschoben** werden können, die entweder schon bei Ausspruch der Kündigung vorlagen oder erst später eingetreten sind. Überwiegend wird dem kündigenden Teil, dem Mieter oder Vermieter, in diesem Fall ein **Nachschieben neuer Kündigungsgründe** gestattet, meistens deshalb, weil in § 569 Abs 4 BGB eine dem § 573 Abs 3 S 2 BGB entsprechende Vorschrift fehlt (AG Lichtenberg ZMR 2003, 506, 507 = NZM 2003, 153; Sternel ZMR 2002, 1, 4; aM aber Gellwitzki WuM 2003, 612, 616 [l Sp]). Zutreffend ist dies auf jeden Fall für **nachträglich entstandene Kündigungsgründe**, die in der Begründung der Kündigung noch gar nicht berücksichtigt werden konnten. Unproblematisch ist ferner, dass der Kündigende, wenn er die Kündigung ausreichend begründet hat, im Rechtsstreit jederzeit weitere Tatsachen zur **näheren Erläuterung**, Ergänzung oder Auffüllung des Kündigungsgrundes sowie zu dessen Beweis nachschieben kann (so BGH 27. 6. 2007 – VIII ZR 271/06, NJW 2007, 2845 Tz 25 = NZM 2007, 679, 681 = WuM 2007, 515). Ob das auch für Kündigungsgründe zu gelten hat, die bereits bei *Ausspruch* der Kündigung vorlagen und zudem dem kündigenden Teil bekannt waren, ist mit Rücksicht auf den Zweck der Regelung (s Rn 57) durchaus zweifelhaft. **125**

6. Abdingbarkeit?

126 Die Vorschrift des § 569 Abs 4 BGB ist, soweit es um die Kündigung des Vermieters geht, zwingend. Zwar wird § 569 Abs 4 BGB in § 569 Abs 5 S 1 BGB nicht erwähnt, nach dem eine Vereinbarung unwirksam ist, die zum Nachteil des Mieters von § 569 Abs 1 bis Abs 3 BGB oder von § 543 BGB abweicht (s Rn 127 f). Gleichwohl ist schwer vorstellbar, dass durch Individualvereinbarung *oder* Formularvertrag das Begründungserfordernis für den **Vermieter** abgemildert oder erlassen werden könnte, sodass der Sache nach Abs 5 des § 569 BGB in der Tat auch auf Abs 4 der Vorschrift zu erstrecken sein dürfte (Schmidt-Futterer/Blank Rn 84 f; Blank/Börstinghaus Rn 108 f; 2; Sternel ZMR 2002, 1, 4 f; ders in: 10 Jahre Mietrechtsreformgesetz 745, 747 ff). Damit ist zugleich gesagt, dass Abweichungen von § 569 Abs 4 BGB **zu Gunsten des kündigenden Mieters** unbedenklich sind (aM Sternel, in: 10 Jahre Mietrechtsreformgesetz 745, 747 f).

IX. Abweichende Vereinbarungen

127 Nach § 569 Abs 5 S 1 BGB ist nur bei Wohnraum (s § 578 Abs 2 und Abs 3 S 1 BGB; Rn 128) grundsätzlich eine Vereinbarung unwirksam, die zum Nachteil (nur) des Mieters von den Abs 1 bis 3 des § 569 BGB oder von § 543 BGB abweicht. Dasselbe gilt der Sache nach für Abweichungen von § 569 Abs 4 BGB zum Nachteil des Mieters (s Rn 126). § 569 Abs 5 S 2 BGB bestimmt ergänzend (im Anschluss an § 554b BGB aF), dass auch eine Vereinbarung unwirksam ist, nach der der Vermieter berechtigt sein soll, aus anderen als den im Gesetz (§§ 543, 569 Abs 1 und 2 BGB) zugelassenen Gründen außerordentlich fristlos zu kündigen. Die Bestimmung wiederholt § 569 Abs 5 S 1 BGB lediglich nochmals für die **Einführung neuer außerordentlicher Kündigungsgründe** zu Gunsten des Vermieters. Entsprechende Regelungen für den **Rücktritt** und die Vereinbarung einer **auflösenden Bedingung** finden sich in § 572 BGB.

128 Der **Anwendungsbereich** des § 569 Abs 5 BGB beschränkt sich auf Mietverträge über Wohnraum im Sinne des § 549 Abs 1 bis 3 BGB. Für Mietverträge über sonstige Räume gilt § 569 Abs 5 BGB grundsätzlich nicht (s § 578 Abs 2 BGB). Eine Ausnahme besteht jedoch seit 2019 für die besonderen Mietverhältnisse des § 578 Abs 3 S 1 BGB von 2018. Bei anderen gewerblichen Mietverhältnissen sind ebenfalls die Abs 1 und 2 des § 569 BGB nach ihrem Sinn und Zweck als zwingend anzusehen (ebenso schon für § 554a BGH 5. 6. 1992 – LwZR 11/91, BGHZ 118, 351, 355 = NJW 1992, 2628; s im Einzelnen Staudinger/V Emmerich [2021] § 543 Rn 99 ff).

129 § 569 Abs 5 S 1 und S 2 BGB besagt im Ergebnis, dass die Regelung der außerordentlichen fristlosen Kündigung in den **§§ 543 und 569 Abs 1 bis 3 BGB nicht zum Nachteil des Mieters verschärft oder abgeändert** werden kann. Weder dürfen vertraglich die Kündigungsgründe des Mieters über § 543 Abs 1 und Abs 2 S 1 Nr 1 BGB sowie über § 569 Abs 1 und 2 BGB hinaus beschnitten werden; noch ist es zulässig, vertraglich zum Nachteil des Mieters neue außerordentliche Kündigungsgründe des Vermieters über § 543 Abs 1 und Abs 2 S 1 Nrn 2 und 3 BGB in Verbindung mit § 569 Abs 2 und 3 BGB hinaus einzuführen. Das gilt auch für eine Einschränkung der **Heilungsmöglichkeit** nach § 569 Abs 3 Nr 2 BGB (BGH 22. 3. 1989 – VIII ZR 154/88, LM Nr 14 zu § 9 [Ci] AGBG [Bl 1 R] = NJW 1989, 1673).

Aus den §§ 569 Abs 5 und 572 BGB kann der allgemeine Rechtsgrundsatz abgeleitet **130** werden, dass **bei Wohnraummietverträgen** durch Vereinbarungen der Parteien **keine zusätzlichen, außerordentlichen Beendigungsgründe** eingeführt werden können, mag dies im Mietvertrag selbst oder in formal vom Mietvertrag getrennten besonderen Vereinbarungen geschehen (STAUDINGER/ROLFS § 572 Rn 3; BLANK/BÖRSTINGHAUS Rn 110 ff; SCHMIDT-FUTTERER/BLANK Rn 80 ff; AG Friedberg/Hessen WuM 1981, 686, 687 [beiläufig]). Gegen § 569 Abs 5 S 2 BGB verstößt daher auch die **Vereinbarung zusätzlicher Anfechtungsrechte oder Herausgabeansprüche** zu Gunsten des Vermieters über das Gesetz hinaus (LG Köln WuM 1991, 673 f; BeckOGK/GEIB [1. 10. 2020] Rn 93). Bei einem **Verstoß** gegen § 569 Abs 5 S 1 BGB ist die betreffende Klausel nichtig; im Übrigen bleibt der Vertrag jedoch – abweichend von § 139 BGB – wirksam, weil es sich bei § 569 Abs 5 BGB um eine reine Mieterschutzvorschrift handelt (PALANDT/WEIDENKAFF Rn 4).

Zulässig sind dagegen nach S 1 des § 569 Abs 5 BGB Regelungen, durch die der **131 Mieter begünstigt** wird entweder durch die Einführung neuer außerordentlicher Kündigungsgründe für den Mieter *oder* durch die Einschränkung der außerordentlichen Kündigungsgründe des Vermieters. Gleich steht die Erleichterung der Formerfordernisse der Kündigung (§§ 568 Abs 1 und 569 Abs 4 BGB) für den Mieter, insbesondere durch die Abschaffung des Begründungserfordernisses nur für den Mieter (s Rn 126). Zulässig ist schließlich auch ein gerichtlicher Vergleich, in dem der Vermieter auf die Durchsetzung eines Räumungstitels nach einer wirksamen Kündigung verzichtet, sofern der Mieter bestimmten Zahlungspflichten nachkommt, weil für den Mieter insgesamt nur vorteilhaft (MünchKomm/HÄUBLEIN Rn 60; BeckOGK/GEIB [1. 10. 2020] Rn 93; str, anders zB LG Köln WuM 1991, 673 f).

X. Prozessuales*

Das Gesetz gewährt (nur) dem Wohnraummieter in § 569 Abs 3 Nr 2 BGB nach **132** einer fristlosen Kündigung des Vermieters wegen Zahlungsverzugs (§ 543 Abs 2 S 1 Nr 3 BGB) eine besondere **Schonfrist**, die zwei Monaten nach Eintritt der Rechtshängigkeit endet, binnen derer der Mieter durch nachträgliche Zahlung die Wirkungen der Kündigung noch abwenden kann (s dazu im Einzelnen o Rn 79 ff). Aus dieser Regelung ergibt sich die Frage, ob das Gericht das **Sozialamt** von der Klageerhebung **benachrichtigen** muss, um diesem Gelegenheit zu geben, durch eine Übernahmeerklärung nach § 569 Abs 3 Nr 2 S 1 HS 2 BGB die Folgen der Kündigung, dh die etwaige Obdachlosigkeit des Mieters abzuwehren (s oben Rn 74 ff). Eine derartige Benachrichtigungspflicht wird zwar im Schrifttum gelegentlich befürwortet (SULLIVAN ZMR 2002, 250, 251); indessen fehlt dafür jede gesetzliche Grundlage (SCHUSCHKE, in: 10 Jahre Mietrechtsreformgesetz 735, 740 f).

---

* **Schrifttum:** HIENDL, Räumungsurteil bei Zahlungsverzug nach § 554 BGB und Vollstreckungsklage, NJW 1964, 1946; D O'SULLIVAN, Die verlängerte mietrechtliche Schonfrist und ihre prozessualen Folgen, ZMR 2002, 250; R SCHNEIDER, Die Zahlung des Mieters im Räumungsprozeß, NJW 1965, 140; SCHUSCHKE, Die materiellrechtlichen Folgen und die prozessrechtlichen Auswirkungen der nachträglichen Zahlung im Rahmen der Schonfrist, in: 10 Jahre Mietrechtsreformgesetz (2011) 735; R WEBER, Kündigung wegen Mietrückstands nach § 554 BGB und Probleme der nachträglichen Zahlung innerhalb der Schonfrist, ZMR 1992, 41; WETEKAMP, Die Schonfrist bei Kündigungen, in: FS Blank (2006) 466.

133 Mangels einer entsprechenden gesetzlichen Regelung muss das **Gericht** auch nicht vor Erlass eines Urteils den **Ablauf der Schonfrist abwarten**, sodass das Gericht, wenn der Mieter zum Termin nicht erscheint oder nicht verhandelt, vor Ablauf der Schonfrist ein **Versäumnisurteil** erlassen kann (LG Kiel NJW 1972, 1222; WuM 2002, 149; LG Hamburg NZM 2003, 432 = WuM 2003, 275 f; LG Köln NZM 2004, 65; 2004, 66; LG Berlin GE 2004, 1395; Schneider NJW 1965, 140; Schuschke, in: 10 Jahre Mietrechtsreformgesetz 735, 740 f: O'Sullivan ZMR 2002, 250, 251; R Weber ZMR 1992, 41, 48; Wetekamp, in: FS Blank 459, 467 f; **aM** OLG Hamburg ZMR 1988, 225, 226 = WuM 1989, 139; Sternel, Mietrecht Rn IV 424 [S 1265]). Dasselbe gilt, wenn das Gericht nach § 276 ZPO vorgeht und der Mieter nicht binnen der Notfrist von zwei Wochen anzeigt, dass er sich gegen die Räumungsklage verteidigen wolle (§ 331 Abs 3 ZPO; Wetekamp, in: FS Blank 459, 468).

134 Wieder andere Frage stellen sich, wenn der Mieter, zB im frühen ersten Termin noch während der Schonfrist (§ 275 ZPO), vor Gericht erscheint und zur Sache verhandelt. Sicher ist, dass dann jedenfalls ein **Anerkenntnisurteil** ergehen kann (§ 307 ZPO; Blank/Börstinghaus Rn 67). Verhandelt der Mieter dagegen streitig zur Sache, so besteht *keine* Pflicht des Gerichts, ihn auf die **Schonfrist** und ihre Bedeutung **hinzuweisen** (str); ebensowenig ist das Gericht idR verpflichtet, dem Mieter durch **Vertagung** nach § 227 Abs 1 S 1 ZPO noch eine rechtzeitige Zahlung während der Schonfrist zu ermöglichen (BeckOGK/Geib [1. 10. 2020] Rn 70; **aM** Blank/Börstinghaus Rn 68 mwNw); das Gericht kann vielmehr, wenn die Sache zur Endentscheidung reif ist, durch streitiges Urteil entscheiden (§ 300 ZPO). Es ist allein **Sache des Mieters**, gegebenenfalls eine öffentliche Stelle ausfindig zu machen, die noch rechtzeitig während der Schonfrist die Verpflichtung zur Befriedigung des Vermieters übernimmt. Anders mag nur zu entscheiden sein, wenn der Mieter in der mündlichen Verhandlung nachweist, dass er in der Lage ist, kurzfristig noch während der Schonfrist die Rückstände zu bezahlen; (nur) unter dieser Voraussetzung wird von Fall zu Fall eine Vertagung nach § 224 ZPO zu erwägen sein (Wetekamp, in: FS Blank 459, 468 f).

135 Wenn der Mieter erst *nach* Erhebung der Räumungsklage *während* der **Schonfrist** des § 569 Abs 3 Nr 2 BGB den Vermieter **befriedigt**, bleibt dem Vermieter gewöhnlich nichts anderes übrig, als den Rechtsstreit für erledigt zu erklären. Schließt sich der Mieter der **Erledigungserklärung** an, so ist nur noch über die Kosten zu entscheiden, die in diesem Fall im Regelfall der Mieter zu tragen haben wird (§ 91a ZPO; LG Rottweil WuM 1970, 206 = ZMR 1971, 154 Nr 26; LG Darmstadt FWW 1970, 397, 399; LG Kassel NJW-RR 1987, 788; LG Bochum WuM 1989, 411; BeckOGK/Geib [1. 10. 2020] Rn 71; Wetekamp, in: FS Blank 459, 466). Nichts anderes gilt heute im Ergebnis aufgrund des § 269 Abs 3 S 3 ZPO, wenn der Mieter den Vermieter noch **vor** Zustellung der Klage und damit noch vor **Rechtshängigkeit** befriedigt oder die Übernahmeerklärung einer öffentlichen Stelle beibringt, sodass der Vermieter gezwungen ist, die bereits anhängig gemachte Klage zurückzunehmen (Schuschke, in: 10 Jahre Mietrechtsreformgesetz 735, 740 f; Wetekamp, in: FS Blank 459, 466).

136 War bereits vor Ablauf der Schonfrist ein **Räumungsurteil** ergangen (s oben Rn 132), so ändert auch dies nichts an der fortbestehenden Möglichkeit des Mieters, der Kündigung noch nachträglich nach § 569 Abs 3 Nr 2 S 1 BGB die Wirksamkeit zu nehmen, indem er *während* der noch laufenden **Schonfrist** den Vermieter **befriedigt** oder die **Übernahmeerklärung** einer öffentlichen Stelle beibringt. In diesem Falle muss der Vermieter auf alle Rechte aus dem schon ergangenen Urteil verzichten; andernfalls kann der Mieter Berufung oder Einspruch einlegen oder Vollstreckungsabwehrklage (§ 767 ZPO) erheben mit der Folge, dass dann der Vermieter die Kosten tragen muss (§ 91 ZPO). § 767 Abs 2 ZPO kann hier nach Sinn und Zweck der Regelung *nicht* zur Präklusion des Mieters mit dem auf die nachträgliche Zahlung gestützten Einwand gegen das bereits ergangene Räumungsurteil führen (LG Hamburg NZM 2003, 432 =WuM 2003, 275; Lammel § 569 Rn 68; Hiendl NJW 1964, 1946; O'Sullivan ZMR 2002, 250, 253; **aM** R Weber ZMR 1992, 41, 48 f; Wetekamp, in: FS Blank 459, 469). **Prozesskostenhilfe** wird dem Mieter in der Regel versagt, wenn er diese lediglich beantragt, um von seinem Nachholrecht während der Schonfrist Gebrauch machen zu können (§ 114 ZPO; LG Stade WuM 1990, 160; LG Aachen NJW-RR 1993, 829; Blank/Börstinghaus Rn 72; Schmidt-Futterer/Blank Rn 63).

§ 570
Ausschluss des Zurückbehaltungsrechts

Dem Mieter steht kein Zurückbehaltungsrecht gegen den Rückgabeanspruch des Vermieters zu.

Materialien: E I § 520; II § 498; III § 549; Mot II 401 f; Prot II 188 ff; Jakobs/Schubert SchR II 498; BT-Drucks 14/4553, 64; BT-Drucks 14/5663, 25.

Schrifttum

Gather, Der Wechsel des Vermieters – Ein Überblick über die Rechtslage, DWW 1992, 37
Langenberg, Herausgabeanspruch des Eigentümers gegen den Endmieter bei Zwischenmietverhältnissen, MDR 1993, 102
Wetekamp, Sonderfragen der Abwicklung des beendeten Mietverhältnisses, GE 1996, 760.

Systematische Übersicht

I.	**Allgemeine Kennzeichnung**	
1.	Überblick	1
2.	Entstehung der Vorschrift	2
3.	Zweck der Vorschrift	3
II.	**Ausschluss des Zurückbehaltungsrechts**	
1.	Zurückbehaltungsrecht im Allgemeinen	4
2.	Ausschluss bei Miete von Grundstücken, Räumen und Wohnräumen	5

Alphabetische Übersicht

Abweichende Vereinbarungen	8
Anfechtung	6
Ansprüche	
– deliktische	7
– vertragliche	4, 7
Anspruchskonkurrenz	6
Ausnahmecharakter	6

Baukostenzuschuss	7	Pächterpfandrecht	5
Beendigung des Mietverhältnisses	4		
Bewegliche Sachen	4	Sondervorschrift	6
Ersatz von Verwendungen	4	Ungerechtfertigte Bereicherung	7
Grundstücke	5 f	Vertragsloser Besitz	6
		Vindikationslage	6
Herausgabeanspruch	4		
		Wohnraum	5
Mieterdarlehen	7		
Mietrechtsreform	2	Zweck der Vorschrift	3
Pacht	5		

I. Allgemeine Kennzeichnung

1. Überblick

1 Die Vorschrift des § 570 BGB bestimmt, dass dem Mieter von Wohnraum wegen seiner Ansprüche gegenüber dem Rückgabeanspruch des Vermieters kein Zurückbehaltungsrecht zusteht.

2. Entstehung der Vorschrift

2 Die Vorschrift ist aus § 556 Abs 2 BGB aF hervorgegangen, der seit dem Inkrafttreten des BGB unverändert geblieben war. Als Konsequenz aus der durch das MietRRG bewirkten Unterteilung der §§ 535 ff BGB in „Allgemeine Vorschriften über Mietverhältnisse" und „Mietverhältnisse über Wohnraum" wurde § 556 Abs 2 BGB in einen eigenen Paragrafen gefasst. Da damit der Bezug zum früher in Abs 1 normierten Rückgabeanspruch des Vermieters (§ 546 Abs 1 BGB) verloren ging, wurde es notwendig, den Wortlaut geringfügig zu ergänzen und damit klarzustellen, dass der Ausschluss des Zurückbehaltungsrechts nur gegenüber dem Rückgabeanspruch besteht (Herrlein/Kandelhard/Herrlein Rn 1).

3. Zweck der Vorschrift

3 Zweck des Ausschlusses des Zurückbehaltungsrechts ist es, **zu verhindern, dass der Mieter** wegen einer geringen Forderung gegen **den Vermieter** diesen **von der Nutzung des wertvollen Wohnraums ausschließt** (Prot II 189). Dabei wurde vom Gesetzgeber als maßgebend angesehen, dass das Zurückbehaltungsrecht des § 273 BGB – anders als die Einrede des nichterfüllten Vertrags (§ 320 BGB) – nicht notwendig aus der Natur des gegenseitigen Vertrags folge, sondern auf Zweckmäßigkeitsgründen beruhe. Wo daher im Einzelfall überwiegende Gründe für den Ausschluss des Zurückbehaltungsrechts bestünden, sei es erforderlich, eine Ausnahme von der allgemeinen Regel zu machen. Solche besonderen Gründe seien bei Miete und Pacht von Grundstücken anzunehmen. Die in der Zurückbehaltung liegende Sicherheit stehe idR in keinem Verhältnis zu den Ansprüchen des Mieters oder Pächters. Das Zurückbehaltungsrecht könne leicht dazu missbraucht werden, den Vermieter oder Verpächter zur Befriedigung ungerechtfertigter Ansprüche zu nötigen. Bei der Pacht bestehe zudem die Gefahr, dass die rechtzeitige Bestellung des verpachteten Grundstücks unmöglich gemacht werde (Prot II 189). Teilweise wird aber in der Vorschrift eine unbegründete Bevorzugung des Vermieters gesehen und deshalb die Streichung der Vorschrift gefordert. Einer Unvertretbarkeit der Werterelation könne dadurch verhindert werden, dass der Vermieter entsprechend § 562c BGB berechtigt werde, Sicherheit in Höhe der vom Mieter geltend gemachten Ansprüche zu leisten (HERRLEIN/KANDELHARD/HERRLEIN Rn 3).

II. Ausschluss des Zurückbehaltungsrechts

1. Zurückbehaltungsrecht im Allgemeinen

Hat der Mieter bei **Beendigung** des Mietverhältnisses noch Ansprüche gegen den Vermieter, die auf dem Mietverhältnis beruhen, so kann er gegenüber dem Herausgabeanspruch aus § 546 Abs 1 BGB grundsätzlich ein Zurückbehaltungsrecht nach § 273 BGB geltend machen. Als Grundlage kommen vor allem Schadensersatz- und Verwendungsersatzansprüche in Betracht. Bei Ansprüchen auf Ersatz von Verwendungen kann außerdem ein Zurückbehaltungsrecht nach § 1000 BGB eingreifen, sofern der dingliche Herausgabeanspruch aus § 985 BGB mit der hM (vgl STAUDINGER/ROLFS [2021] § 546 Rn 84) nicht als subsidiär gegenüber dem vertraglichen Anspruch aus § 546 Abs 1 BGB behandelt wird. Diese Zurückbehaltungsrechte gelten uneingeschränkt bei der Miete beweglicher Sachen. Ein formularmäßiger Ausschluss ist unter den Voraussetzungen des § 309 Nr 2 BGB lit b unwirksam. **4**

2. Ausschluss bei Miete von Grundstücken, Räumen und Wohnräumen

Dem Mieter von Wohnraum steht nach § 570 BGB wegen seiner Ansprüche gegen den Vermieter ein Zurückbehaltungsrecht nicht zu. Der **Anwendungsbereich** der Vorschrift erstreckt sich außer auf **Wohnräume** nach § 578 Abs 1 BGB auch auf **Grundstücke** und **Geschäftsräume** und gemäß § 581 Abs 2 BGB auf die **Pacht**, wird insoweit aber durch das Pächterpfandrecht des § 583 BGB an Inventarstücken in gewisser Weise eingeschränkt (BeckOK/WÖSTMANN [1. 8. 2020] Rn 3; BeckOGK/GEIB [1. 7. 2020] Rn 4). Der Mieter wird durch § 570 BGB mit sämtlichen Ansprüchen aus dem Mietverhältnis ausgeschlossen (OLG Düsseldorf ZMR 1996, 494). **5**

Der Ausschluss des Zurückbehaltungsrechts gegenüber einem auf den Mietvertrag gestützten Anspruch auf Herausgabe von Wohnraum ist eine **eng auszulegende Sondervorschrift**, die grundsätzlich keiner ausdehnenden Auslegung zugänglich ist (ERMAN/LÜTZENKIRCHEN Rn 3; MünchKomm/HÄUBLEIN Rn 2; SCHMIDT-FUTTERER/STREYL Rn 5; SOERGEL/HEINTZMANN Rn 2). Dies gilt unstreitig im Verhältnis zu Ansprüchen auf Herausgabe beweglicher Sachen. Nicht anders liegen die Dinge aber, wenn der Herausgabeanspruch auf Eigentum gestützt wird und kein Fall der Anspruchskonkurrenz vorliegt. Nach hM (RG JW 1907, 100; BGH LM Nr 1 zu § 556 BGB; BGHZ 41, 341, 347 = NJW 1964, 1791; BeckOK/WÖSTMANN [1. 8. 2020] Rn 4; SCHMIDT-FUTTERER/STREYL Rn 5; SPIELBAUER/SCHNEIDER/ETTL Rn 4) darf der Mieter in diesem Fall wegen des Ausnahmecharakters der mietrechtlichen Bestimmung sein Zurückbehaltungsrecht ausüben, also auch dann, wenn der Mietvertrag von Anfang an nichtig war oder infolge **6**

Anfechtung geworden ist (RG 12. 6. 1914 – III 47/14, RGZ 85, 133, 137; BGH NJW 1964, 1791; Kossmann/Meyer-Abich § 100 Rn 4). Zu Recht hat der BGH es abgelehnt, den **Vindikationsanspruch** des Eigentümers mit dem vertraglichen Herausgabeanspruch des Vermieters hinsichtlich der Einwendungen zu synchronisieren. Während dem Mieter eines Grundstücks wegen seiner Ansprüche gegen den Vermieter nach § 570 BGB kein Zurückbehaltungsrecht zusteht, kann er gegenüber dem auf § 985 BGB gestützten Herausgabeverlangen ein Zurückbehaltungsrecht wegen zu ersetzender Verwendungen aus § 1000 S 1 BGB geltend machen (BGH NZM 1998, 779). Das Gleiche ist wegen § 273 BGB für einen auf ungerechtfertigte Bereicherung gestützten Herausgabeanspruch anzunehmen (Erman/Lützenkirchen Rn 3; Schmid/Harz/Stangl Rn 3).

7 Der Ausschluss des Zurückbehaltungsrechts gilt für **alle vertraglichen Ansprüche** des Mieters wie Verwendungsersatz, etwa Kosten für die Anfertigung von Hausschlüsseln (LG Wuppertal WuM 1986, 316; BeckOK/Wöstmann [1. 8. 2020] Rn 5), Rückzahlung nicht abgewohnter Mieterdarlehen und Baukostenzuschüsse (LG Köln MDR 1955, 170), Entschädigung für vorzeitige Kündigung (RG 26. 3. 1924 – III 814/23, RGZ 108, 137, 138 f; Schmid/Harz/Stangl Rn 4), Rückzahlung einer Kaution (MünchKomm/Häublein Rn 3; Schmidt-Futterer/Streyl Rn 6; Soergel/Heintzmann Rn 4) sowie bei deliktischen Ansprüchen auf Schadensersatz. Auf die Höhe der Ansprüche des Mieters kommt es nicht an. Die Berufung des Vermieters auf einen Ausschluss des Zurückbehaltungsrechts gegenüber einem Schadensersatzanspruch des Mieters aus vorsätzlicher unerlaubter Handlung kann aber eine nach § 242 BGB **unzulässige Rechtsausübung** sein (RG 30. 3. 1939 – IV 207/38, RGZ 160, 88, 91 f; Erman/Lützenkirchen Rn 3; Klein-Blenkers ua/Hinz Rn 4; Kossmann/Meyer-Abich § 100 Rn 3; Hk-BGB/Scheuch Rn 1; Prütting ua/Elzer Rn 2; **aM** MünchKomm/Häublein Rn 3). Ob dieser Rechtsgedanke erweiternd bei grob fahrlässigem Handeln des Vermieters angewendet werden kann, ist umstritten (Schmidt-Futterer/Streyl Rn 7). Eine solche Ausweitung wäre freilich bedenklich, weil damit der Ausschluss des Zurückbehaltungsrechts praktisch weitgehend über eine unzulässige Rechtsausübung ausgehöhlt werden könnte.

8 Der Ausschluss des Zurückbehaltungsrechts nach § 570 BGB ist nicht zwingend (RG 26. 3. 1924 – III 814/23, RGZ 108, 137, 139; RG 24. 11. 1932 – VIII 331/32, RGZ 139, 17, 19). Die Parteien können deshalb eine **abweichende Vereinbarung** treffen (BGH NJW 2003, 1317; BeckOK/Wöstmann [1. 8. 2020] Rn 6; BeckOK MietR/Klotz-Hörlin [1. 8. 2020] Rn 9; Klein-Blenkers ua/Hinz Rn 2; Lützenkirchen/Dickersbach Rn 8; MünchKomm/Häublein Rn 4; Soergel/Heintzmann Rn 6). § 309 Nr 2 BGB steht formularvertraglichen Bestimmungen nicht entgegen, da diese Vorschrift nur *Einschränkungen,* nicht aber *Erweiterungen* des Zurückbehaltungsrechts des Vertragspartners des Verwenders verhindert (BeckOK MietR/Klotz-Hörlin [1. 8. 2020] Rn 10).

§ 571
Weiterer Schadensersatz bei verspäteter Rückgabe von Wohnraum

(1) Gibt der Mieter den gemieteten Wohnraum nach Beendigung des Mietverhältnisses nicht zurück, so kann der Vermieter einen weiteren Schaden im Sinne des § 546a Abs. 2 nur geltend machen, wenn die Rückgabe infolge von Umständen unterblieben ist, die der Mieter zu vertreten hat. Der Schaden ist nur insoweit zu

ersetzen, als die Billigkeit eine Schadloshaltung erfordert. Dies gilt nicht, wenn der Mieter gekündigt hat.

(2) Wird dem Mieter nach § 721 oder § 794a der Zivilprozessordnung eine Räumungsfrist gewährt, so ist er für die Zeit von der Beendigung des Mietverhältnisses bis zum Ablauf der Räumungsfrist zum Ersatz eines weiteren Schadens nicht verpflichtet.

(3) Eine zum Nachteil des Mieters abweichende Vereinbarung ist unwirksam.

Materialien: E I § 525; II § 499; III § 550; Mot II 415; Prot II 218; Jakobs/Schubert SchR II 506; BT-Drucks 14/4553, 64; BT-Drucks 14/5663, 25.

Schrifttum

Achenbach, Effektive Zeitmietverträge durch Änderung des Vollstreckungsrechts in der Mietrechtsreform, NZM 2001, 61
Blank, Mietrechtsreform im Rechtsausschuss, NZM 2001, 167

Gather, Die Schadensersatzansprüche des Vermieters, DWW 1990, 322
Horst, Selbsthilfemöglichkeiten bei der Abwicklung beendeter Mietverhältnisse, NZM 1998, 139.

Systematische Übersicht

I.	**Allgemeine Kennzeichnung**		2.	Billigkeitserwägungen (Abs 1 S 2 und 3)	7
1.	Überblick	1			
2.	Entstehung der Vorschrift	2	3.	Räumungsfrist durch Vollstreckungsschutz (Abs 2)	10
3.	Zweck der Vorschrift	3			
II.	**Schadensersatzpflicht des Mieters bei der Vermietung von Wohnraum**	4	III.	**Abweichende Vereinbarungen (Abs 3)**	13
1.	Verschulden des Mieters (Abs 1 S 1)	5			

Alphabetische Übersicht

Abwägung	8	Krankheit		6
Abweichende Vereinbarungen	13	Kündigung		
Aufhebungsvertrag	9	– des Mieters		9
		– des Vermieters		8
Beweislast	5, 7	Mietrechtsreform		2
Billigkeitserwägungen	7 ff	Mietsache		
		– Beschädigung		3, 12
Darlegungslast	5, 7	– Verschlechterung		12
Eigenbedarf	8	Räumung		6, 8
Entwicklung der Vorschrift	2	Räumungsfrist		
Ersatzwohnraum	6	– gerichtliche		9 ff

– vertragliche	9	Vertretenmüssen	5 f, 9
Rechtskraft des Urteils	11	Vollstreckungsschutz, s Räumungsfrist	
Schadensersatz, weitergehender	8 f, 12		
– auf entgangenen Gewinn	8	Widerspruchsgründe	6
Schwangerschaft	6		
Sozialklausel	7	Zwangsvollstreckung	10
		Zweck der Vorschrift	3
Unabdingbarkeit	13	Zwischenumzug	6
Verschulden	5 ff		

I. Allgemeine Kennzeichnung

1. Überblick

1 Durch diese Vorschrift, die ausschließlich für die Wohnraummiete gilt, werden die Schadensersatzansprüche des Vermieters wegen verspäteter Rückgabe der Mietsache nach Beendigung des Mietverhältnisses in den meisten Fällen auf die Fortentrichtung der vereinbarten oder der ortsüblichen Miete (§ 546a Abs 1 BGB) beschränkt und weitergehende Schadensersatzansprüche (§ 546a Abs 2 BGB) ausgeschlossen.

2. Entstehung der Vorschrift

2 § 571 BGB ist aus den Abs 2 bis 4 des § 557 BGB aF hervorgegangen, die selbst erst durch das MietRÄndG 2 in das BGB eingefügt worden sind. Als Konsequenz der Neuaufteilung des Mietrechts durch das MietRRG in „Allgemeine Vorschriften über Mietverhältnisse" und „Mietverhältnisse über Wohnraum" wurden die ausschließlich die Wohnraummiete betreffenden Vorschriften letzterem Abschnitt zugewiesen und von der Grundregel (§ 546a BGB) getrennt. Dadurch wurden insbesondere in Abs 1 des § 571 BGB einige sprachliche Veränderungen erforderlich. Abs 2 entspricht völlig dem § 557 Abs 3 BGB aF und Abs 3 übernimmt dem Wesen nach § 557 Abs 4 BGB aF.

3. Zweck der Vorschrift

3 Gemäß § 546a Abs 2 BGB kann der Vermieter bei Vorenthaltung der Mietsache über die Entschädigung in Form der vereinbarten oder ortsüblichen Miete hinaus Schadensersatz vom Mieter verlangen. Ein Schaden kann zum Beispiel darin bestehen, dass der Vermieter wegen der Vorenthaltung die Mietsache nicht oder erst später zu einer höheren Miete vermieten kann. Um diese Schadensersatzpflicht sicher zu vermeiden, müsste der Mieter darauf verzichten, die Fortsetzung des Mietverhältnisses oder Gewährung einer Räumungsfrist zu verlangen. Durch § 571 BGB wird dem Mieter von Wohnraum die Möglichkeit gegeben, **seine Rechte wahrzunehmen**, ohne Gefahr zu laufen, größeren Schadensersatzansprüchen ausgesetzt zu sein. Aus diesem Normzweck folgt aber auch, dass der Mieter nur zum Ersatz des aus der *Vorenthaltung* entstandenen weiteren Schaden nicht verpflichtet ist. Für die

Beschädigung des Wohnraums haftet er weiter nach allgemeinen Grundsätzen (unten Rn 12).

II. Schadensersatzpflicht des Mieters bei der Vermietung von Wohnraum

Für die Vermietung von Wohnraum enthält das Gesetz in § 571 Abs 1 und 2 BGB eine Reihe von **Einschränkungen** der Schadensersatzpflicht des Mieters. Dies gilt ohne Rücksicht darauf, ob der Bestandsschutz in den § 549 Abs 2 und 3 BGB, §§ 573a BGB und 575 Abs 1 BGB ausgeschlossen oder gemindert ist (Blank/Börstinghaus/Blank/Börstinghaus Rn 1). **4**

1. Verschulden des Mieters (Abs 1 S 1)

Der Vermieter kann einen weiteren Schaden nach § 546a Abs 2 BGB nur geltend machen, wenn die Rückgabe der Wohnräume infolge von Umständen unterblieben ist, die der Mieter nach den § 276 Abs 1 S 1, § 278 BGB zu vertreten hat. Dieser Regelung kommt **im Wesentlichen nur eine klarstellende Funktion** zu, da auch die Schadensersatzansprüche im Allgemeinen (§ 280 Abs 1 S 2 BGB) und derjenige wegen Verzögerung der Leistung im Besonderen (§ 286 Abs 4 BGB) grundsätzlich ein Verschulden voraussetzen (Ausschussbericht, *zu* BT-Drucks IV/2195, 5; BeckOK/Wöstmann [1. 8. 2020] Rn 5; BeckOK MietR/Klotz-Hörlin [1. 8. 2020] Rn 8; Klein-Blenkers ua/Hinz Rn 3). Eine materiell-rechtliche Bedeutung ergibt sich wegen der in § 571 Abs 3 BGB bestimmten Unabdingbarkeit nur insoweit, als die Parteien die Voraussetzungen eines Schadensersatzanspruchs bei verspäteter Rückgabe abweichend von den allgemeinen Vorschriften vereinbart haben (Erman/Lützenkirchen Rn 2). Die Vorschrift ist auch verfahrensrechtlich ohne Belang, da dem Mieter von Wohnraum in gleicher Weise wie bei anderen Mietverhältnissen die **Beweislast** dafür obliegt, dass ihn kein Verschulden an der verspäteten Rückgabe trifft (Palandt/Weidenkaff Rn 4). Möglich ist es, dass ein Verschulden nur während eines Teils der Zeit vorliegt, für die die Mietsache vorenthalten wird (Palandt/Weidenkaff Rn 3). **5**

Die Umstände sind **nicht zu vertreten**, wenn eine Härte iS des § 574 Abs 1 S 1 BGB vorliegt (BeckOK MietR/Klotz-Hörlin [1. 8. 2020] Rn 11; Lützenkirchen/Dickersbach Rn 13; MünchKomm/Häublein Rn 7; Prütting/Elzer Rn 3; Schmidt-Futterer/Streyl Rn 9; dazu § 574 Rn 22 ff), wenn zB die Rückgabe der Mietsache unterbleibt, weil der Mieter angemessenen Ersatzwohnraum nicht zu zumutbaren Bedingungen erlangen kann oder ein Zwischenumzug unzumutbar ist (LG Münster ZMR 1972, 279; Schmid/Harz/Stangl Rn 5). Das ist etwa dann der Fall, wenn in absehbarer Zeit ein Termin feststeht, zu dem der Mieter in eine andere Mietwohnung oder in sein noch fertigzustellendes Haus einziehen kann (LG Hamburg WuM 1996, 341; Bub/Treier/Emmerich Rn V 175). Ein Zwischenumzug ist aber dann zu verlangen, wenn die Dauer länger als ein Jahr beträgt und der Mieter dies bei Beendigung des Mietverhältnisses bereits weiß (Bub/Treier/Emmerich Rn V 175). Das Gleiche gilt, wenn die Rückgabe wegen **Krankheit des Mieters** oder fortgeschrittener Schwangerschaft der Mieterin oder eines Familienmitglieds unterbleibt (BeckOK/Wöstmann [1. 8. 2020] Rn 5; Blank/Börstinghaus/Blank/Börstinghaus Rn 3; Kossmann/Meyer-Abich § 96 Rn 34; Schmidt-Futterer/Streyl Rn 9). Um ein Verschulden auszuschließen, ist es nicht erforderlich, dass der Mieter zunächst eine Fortsetzung des Mietverhältnisses nach den §§ 574 bis 574c BGB betreibt (**aM** Schmidt-Futterer/Streyl Rn 9). Die nicht fristgerechte Räu- **6** mung ist auch dann nicht verschuldet, wenn der Mieter erst den **Ausgang eines Räumungsrechtsstreits** abwarten durfte, es sei denn, dass die Einwendungen des Mieters gegen die Kündigung offensichtlich nicht begründet sind und auch keinerlei Widerspruchsgründe vorliegen (Bub/Treier/Emmerich Rn V 172).

2. Billigkeitserwägungen (Abs 1 S 2 und 3)

7 Nach § 571 Abs 1 S 2 BGB ist der Mieter von Wohnraum nur insoweit zum Schadensersatz verpflichtet, als die Billigkeit eine Schadloshaltung des Vermieters erfordert. Die Vorschrift wird von dem **Ziel** beherrscht, **aus sozialen Gründen das Risiko des Mieters einzuschränken**, das sich aus etwaigen Schadensersatzansprüchen des Vermieters bei Vorenthaltung der Mietsache ergibt. Insbesondere soll der Mieter nicht davon abgehalten werden, sich auf die Sozialklausel des § 574 BGB zu berufen. Die Umstände, die den Schadensersatzanspruch des Vermieters aus Billigkeitsgründen einschränken oder ausschließen können, sind von demjenigen zu beweisen, der sich darauf beruft (Blank/Börstinghaus/Blank/Börstinghaus Rn 9). Dies wird in der Regel der Mieter sein.

8 Solche **Umstände** können darin liegen, dass der Mieter in Kenntnis eines zukünftigen Eigenbedarfs des Vermieters ein befristetes Mietverhältnis eingeht und dann nicht fristgemäß räumt (LG Siegen WuM 1990, 208). Andererseits steht einer Schadloshaltung des Vermieters entgegen, dass sich ein nach Lage der Dinge Erfolg versprechendes Verlangen auf Fortsetzung des Mietverhältnisses erst im Prozess als unbegründet erweist (Blank/Börstinghaus/Blank/Börstinghaus Rn 4). Unbillig kann es sein, wenn der Vermieter einen entgangenen Gewinn (§ 252 BGB) verlangt, den er nur aufgrund solcher Maßnahmen erzielt hätte, die er – ohne die Stellungnahme des Mieters zu der ausgesprochenen Kündigung abzuwarten – bereits in die Wege geleitet hatte (vgl auch Bub/Treier/Emmerich Rn V 181). Doch kommt es immer auf die Umstände des Einzelfalls wie die Höhe des Schadens, die Zumutbarkeit der Belastung beider Parteien, ihre Vermögensverhältnisse und den Grad des Verschuldens des Mieters an (BeckOK/Wöstmann [1. 8. 2020] Rn 6; Erman/Lützenkirchen Rn 3). Aufgrund einer **Abwägung aller dieser Umstände** ist der Umfang des zu ersetzenden Schadens zu bestimmen. Das Ergebnis der Abwägung kann sowohl darin bestehen, dass der Vermieter den weiteren Schaden (§ 546a Abs 2 BGB) in vollem Umfang beanspruchen kann, als auch darin, dass sein Schadensersatzanspruch vollständig ausgeschlossen ist (LG München II ZMR 1987, 96).

9 Ist das Mietverhältnis durch eine **Kündigung des Mieters** beendet worden, so können nach § 571 Abs 1 S 3 BGB Schadensersatzansprüche des Vermieters nicht aufgrund von Billigkeitserwägungen eingeschränkt oder ausgeschlossen werden. Durch die eigene Kündigung übernimmt der Mieter grundsätzlich das Risiko, die Mietsache rechtzeitig zurückgeben zu können. Für Billigkeitserwägungen ist deshalb kein Raum mehr. Das bedeutet allerdings nicht, dass der Mieter nunmehr jeden Umstand zu vertreten hätte, aufgrund dessen die Rückgabe der Mietsache unterbleibt (**aM** Burkhardt BB 1964, 771, 774). Die Regelung des Abs 1 S 3 bezieht sich nur auf die Billigkeitsklausel, lässt also die Voraussetzung des Verschuldens und deren Prüfung für einen Schadensersatzanspruch des Vermieters sowie einen Haftungsausschluss während einer gerichtlichen Räumungsfrist unberührt (AG Kassel WuM 1971, 13). Eine entsprechende Anwendung des Abs 1 S 3 auf **andere Beendigungstatbestände** wie

Aufhebungsvertrag oder Rücktritt kommt nicht in Betracht (BeckOK MietR/Klotz-Hörlin [1. 8. 2020] Rn 13; Blank/Börstinghaus/Blank/Börstinghaus Rn 5; Bub/Treier/Emmerich Rn V 182; Schmid/Harz/Stangl Rn 7; Schmidt-Futterer/Streyl Rn 12).

3. Räumungsfrist durch Vollstreckungsschutz (Abs 2)

Über die Nutzungsentschädigung hinausgehende Schadensersatzansprüche des Vermieters sind nach § 571 Abs 2 BGB ausgeschlossen, wenn dem Mieter nach § 721 oder § 794a ZPO eine gerichtliche Räumungsfrist gewährt worden ist. Die **Anwendbarkeit** der Vorschrift hängt davon ab, dass es sich um eine **gerichtliche Räumungsfrist** handelt. Sie gilt dagegen nicht beim bloßen Vollstreckungsschutz aus § 765a ZPO (BeckOK/Wöstmann [1. 8. 2020] Rn 9; Klein-Blenkers ua/Hinz Rn 7; Lützenkirchen/Dickersbach Rn 31; Schmid/Harz/Stangl Rn 8; Schmidt-Futterer/Streyl Rn 14), bei einstweiliger Einstellung der Zwangsvollstreckung entspr § 732 ZPO oder bei vertraglicher, insbesondere vergleichsweise vereinbarter oder auch einseitig vom Vermieter bewilligter Räumungsfrist (LG Ellwangen WuM 1992, 247). Einer analogen Anwendung des § 571 Abs 2 BGB bedarf es in diesen Fällen nicht, weil der Mieter im ersteren Fall dadurch geschützt werden kann, dass die zum Vollstreckungsschutz führenden Umstände auch ein Verschulden ausschließen (vgl Rn 5 f, 9), während bei Gewährung einer vertraglichen Räumungsfrist der Verzug generell ausgeschlossen wird. Die gerichtliche Räumungsfrist lässt die materielle Rechtslage hingegen unverändert (RG 1. 4. 1927 – III 399/26, RGZ 116, 382, 384; RG JW 1927, 580; BGH NJW 1953, 1586; BGH NJW-RR 1987, 907). Eine analoge Anwendung des § 571 Abs 2 BGB auf Schadensersatzansprüche des Hauptvermieters gegen den Untermieter ist mangels Gesetzeslücke abzulehnen, auch wenn die Interessenlage vergleichbar ist (Klein-Blenkers ua/Hinz Rn 7; **aM** LG Stuttgart NJW-RR 1990, 654).

Der **Zeitraum**, für den die Geltendmachung eines weiteren Schadens durch den Vermieter ausgeschlossen wird, ist nicht mit der Dauer der gerichtlichen Räumungsfrist gleichzusetzen. Der gesetzliche Ausschluss gilt für die Zeit ab Beendigung des Mietverhältnisses (LG München II ZMR 1987, 96; MünchKomm/Häublein Rn 10; Soergel/Heintzmann Rn 6) über den Beginn bis zum Ablauf der Räumungsfrist. Wird die Frist nach § 721 Abs 3 ZPO durch das Gericht verlängert, so wird auch die Zeit für den Ausschluss des Schadensersatzanspruchs ausgeweitet. Die Räumungsfrist darf nach § 721 Abs 5 ZPO insgesamt nicht mehr als ein Jahr betragen. Da die **Jahresfrist vom Tage der Rechtskraft des Urteils** oder bei künftiger Räumung von dem im Urteil bestimmten Tage an rechnet und die Zeit seit Beendigung des Mietverhältnisses vorhergeht, kann die Dauer des Ausschlusses eines Schadensersatzanspruchs ein Jahr deutlich übersteigen. Der Ausschluss des Anspruchs wird nicht dadurch berührt, dass dem Mieter zunächst eine Räumungsfrist gewährt wurde, diese Entscheidung jedoch später durch das Rechtsmittelgericht wieder aufgehoben wird. Der Mieter von Wohnraum soll sich nicht durch die Sorge vor Schadensersatzansprüchen des Vermieters davon abhalten lassen, eine Räumungsfrist zu beantragen (vgl Rn 6). Diese Sicherheit muss der Mieter auch haben, wenn eine bereits bewilligte Räumungsfrist vom Rechtsmittelgericht wieder aufgehoben wird (LG Siegen WuM 1990, 208; **aM** Blank/Börstinghaus/Blank/Börstinghaus Rn 6). Nach Ablauf oder Aufhebung der Räumungsfrist entfällt der Ausschluss nur für die Zukunft.

Wie sich aus der Stellung des § 571 Abs 2 BGB ergibt, greift der Ausschluss weitergehender Schadensersatzansprüche des Vermieters bei gerichtlich gewährten Räumungsfristen auch im Falle einer **Kündigung des Mieters** ein (vgl Rn 9). Der Gesetzgeber hielt es für ungerechtfertigt, den Mieter für solche Verzugsschäden haften zu lassen, die während einer gerichtlich gewährten Räumungsfrist eintreten. Daraus wird deutlich, dass nur der Ersatz solcher Schäden ausgeschlossen wird, die durch die Vorenthaltung der Mietsache entstanden sind. Weitergehende Schadensersatzansprüche wegen Beschädigung oder Verschlechterung der Mietsache während der Dauer der Vorenthaltung bleiben dagegen unberührt (BeckOK/Wöstmann [1. 8. 2020] Rn 9; Prütting/Elzer Rn 6; Schmid/Harz/Stangl Rn 2; Schmidt-Futterer/Streyl Rn 13).

III. Abweichende Vereinbarungen (Abs 3)

13 Nach § 571 Abs 3 BGB können keine Vereinbarungen getroffen werden, die bei der Vermietung von Wohnraum zum Nachteil des Mieters von den Einschränkungen oder dem Ausschluss weitergehenden Schadensersatzes nach den Abs 1 oder 2 abweichen. Diese Regelungen sind zwingender Natur. So ist eine Vereinbarung **unzulässig**, durch die eine vom Verschulden des Mieters unabhängige Schadensersatzpflicht wegen Vorenthaltung der Mietsache begründet werden soll (LG Mannheim ZMR 1967, 310; vgl auch Spielbauer/Schneider/Ettl Rn 11). Das Gleiche gilt für einen Verzicht des Mieters auf die Berücksichtigung von Billigkeitserwägungen oder auf den Ausschluss der Schadensersatzpflicht bei Gewährung gerichtlicher Räumungsfristen.

§ 572
Vereinbartes Rücktrittsrecht; Mietverhältnis unter auflösender Bedingung

(1) Auf eine Vereinbarung, nach der der Vermieter berechtigt sein soll, nach Überlassung des Wohnraums an den Mieter vom Vertrag zurückzutreten, kann der Vermieter sich nicht berufen.

(2) Ferner kann der Vermieter sich nicht auf eine Vereinbarung berufen, nach der das Mietverhältnis zum Nachteil des Mieters auflösend bedingt ist.

Materialien: BT-Drucks 14/4553, 64 f; BT-Drucks 14/5663, 25.

Schrifttum

Derleder, Die Struktur halbzwingender Normen, in: Gedschr Sonnenschein (2002) 97.

Vgl auch Staudinger/Rolfs (2021) Schrifttum zu § 542.

Systematische Übersicht

I. Allgemeine Kennzeichnung
1. Überblick 1
2. Entwicklung der Vorschrift 2
3. Zweck der Vorschrift 3

II. Rücktrittsrecht (Abs 1)
1. Vor Überlassung des Wohnraums ... 4
2. Nach Überlassung des Wohnraums . 5
3. Gesetzliches Rücktrittsrecht 6

III. Mietverhältnis unter auflösender Bedingung (Abs 2)
1. Voraussetzungen 7
2. Rechtsfolgen 9

Alphabetische Übersicht

Auflösende Bedingung .... 1, 7 f, 13	Kündigungsschutz 1
	Kündigungsvorschriften 2
Baukostenzuschuss 4	
Bedingungseintritt .... 8 ff	Mietvorauszahlung 4
Beendigung	Mitmieter 7
– des Hauptmietverhältnisses 7	
– des Mietverhältnisses .... 9 f	Rücktrittsrecht
Befristung 8	– gesetzliches 6
Besitzüberlassung 4	– vertragliches 1, 2, 4
Dienstvertrag 7	Überlassung des Wohnraums .... 3 f, 6
Genossenschaftswohnung 7	Werkwohnung 7
Kündigungsrecht .... 5 f, 11 f	

I. Allgemeine Kennzeichnung

1. Überblick

Gemäß § 572 Abs 1 BGB kann sich der Vermieter nach Überlassung des Wohn- **1** raums an den Mieter nicht mehr auf ein vereinbartes Rücktrittsrecht berufen. Nach Abs 2 kann sich der Vermieter auch nicht auf eine Vereinbarung stützen, die zum Inhalt hat, dass das Mietverhältnis zum Nachteil des Mieters auflösend bedingt ist. Da § 572 BGB in § 549 Abs 2 und 3 BGB nicht genannt wird, gelten diese Beschränkungen auch für die dort genannten Mietverhältnisse (Blank/Börstinghaus/Blank/Börstinghaus Rn 1; Lützenkirchen/Dickersbach Rn 3). Dies ist insofern unverständlich, als Zweck der Einschränkungen der Schutz vor Umgehung der Kündigungsvorschriften ist (vgl Rn 3), der Kündigungsschutz aber dort schon kraft Gesetzes ganz oder annähernd aufgehoben ist.

2. Entwicklung der Vorschrift

Die Vorschrift ist durch das MietRRG aus § 570a BGB aF und § 565a Abs 2 BGB aF **2** hervorgegangen. Beide Vorschriften waren erst durch MietRÄndG 1 vom 29. 7.

1963 (BGBl I 505) in das BGB aufgenommen worden. § 570a BGB aF wurde zu § 572 Abs 1 BGB und § 565a Abs 2 BGB aF zu § 572 Abs 2 BGB. Allerdings weicht § 572 BGB insofern von der bis zum 31. 8. 2001 geltenden Rechtslage ab, als in Abs 1 hinsichtlich des Rücktrittsrechts nunmehr der Verweis auf die entsprechend anzuwendenden Kündigungsvorschriften fehlt, ohne dass dies jedoch im Ergebnis zu einer Änderung der Rechtslage führen würde. Zusätzlich wurde aber bestimmt, dass nur der Vermieter nicht befugt ist, sich auf ein ihm zustehendes Rücktrittsrecht zu berufen. Entsprechendes gilt für die auflösende Bedingung (Abs 2). Auch hier ist jetzt eine Vereinbarung zugunsten des Mieters zulässig (ERMAN/LÜTZENKIRCHEN Rn 3; HERRLEIN/KANDELHARD/KANDELHARD Rn 1; Hk-BGB/SCHEUCH Rn 3). Die Beschränkung des § 565a Abs 2 S 2 BGB aF, dass nur solche Umstände zugunsten des Mieters zu berücksichtigen sind, die nach Abschluss des Mietvertrages eingetreten sind, ist ersatzlos entfallen.

3. Zweck der Vorschrift

3 § 570a BGB aF wurde 1963 in das Gesetz eingefügt, um zu verhindern, dass der damals neue Kündigungsschutz für Wohnraummieter durch die Vereinbarung vertraglicher Rücktrittsrechte umgangen wird. Der Wortlaut des Gesetzes ging jedoch insofern über seinen Zweck hinaus, als § 570a BGB aF auch zugunsten des **Mieters** vereinbarte Rücktrittsrechte den Kündigungsvorschriften unterwarf. Das hatte die eigenartige Folge, dass zwar zusätzliche Kündigungsrechte des Mieters vereinbart werden konnten (vgl STAUDINGER/V EMMERICH § 569 Rn 69), nicht jedoch ein ebenso wirkendes Rücktrittsrecht (BUB/TREIER/FLEINDL Rn IV 479). Durch das MietRRG ist jetzt klargestellt, dass nur zuungunsten des Mieters die Vereinbarung eines Rücktrittsrechts für die Zeit nach Überlassung der Wohnung unzulässig ist. In gleicher Weise bezweckt Abs 2, den **Mieter vor der Umgehung der Kündigungsschutzvorschriften zu schützen**. Dadurch werden auflösend bedingte Mietverhältnisse hinsichtlich der Schutzrechte des Mieters rechtlich wie Mietverhältnisse auf unbestimmte Zeit behandelt. Dies hat zur Folge, dass neben den Kündigungsfristen des § 573c Abs 1 BGB auch die Voraussetzungen der §§ 568, 573, 573a bzw 577a BGB erfüllt sein müssen und dass der Mieter nach § 574 BGB der Kündigung widersprechen und vom Vermieter die Fortsetzung des Mietverhältnisses verlangen kann.

II. Rücktrittsrecht (Abs 1)

1. Vor Überlassung des Wohnraums

4 Man muss in der Entwicklung des Mietverhältnisses zwei Phasen unterscheiden. § 572 Abs 1 BGB betrifft nur die Zeit nach Vollzug des Vertrages durch **Besitzüberlassung** (BeckOK/WÖSTMANN [1. 8. 2020] Rn 2; BeckOK MietR/KLOTZ-HÖRLIN [1. 8. 2020] Rn 4; BLANK/BÖRSTINGHAUS/BLANK/BÖRSTINGHAUS Rn 4; LÜTZENKIRCHEN/DICKERSBACH Rn 9). Überlassung bedeutet Übertragung des unmittelbaren Besitzes (PALANDT/WEIDENKAFF Rn 3; PRÜTTING ua/ELZER Rn 2). Vorher kann daher von beiden Parteien ein vertraglich vorbehaltenes Rücktrittsrecht weiterhin ausgeübt werden (LÜTZENKIRCHEN/DICKERSBACH Rn 10). Eine solche Vereinbarung kommt zB in Betracht, wenn der Mieter die Leistung eines Baukostenzuschusses oder einer Mietvorauszahlung binnen einer bestimmten Frist versprochen hat. Nach Ablauf der Frist kann der Vermieter dann nach wie vor zurücktreten.

2. Nach Überlassung des Wohnraums

Nach Überlassung des Wohnraums an den Mieter gilt, dass sich der Vermieter nicht **5**
durch Ausübung eines vereinbarten Rücktrittsrechts (§ 346 BGB) vom Vertrag
lösen kann (BeckOK MietR/Klotz-Hörlin [1. 8. 2020] Rn 4; Klein-Blenkers ua/Hinz Rn 5).
Der Vermieter bleibt auf sein Kündigungsrecht verwiesen (vgl §§ 573 ff BGB).
Anders als nach dem bis zum 31. 8. 2001 geltenden Recht ist es aber nunmehr
möglich, zu vereinbaren, dass dem Mieter neben dem Kündigungsrecht noch ein
Rücktrittsrecht zusteht.

3. Gesetzliches Rücktrittsrecht

§ 572 Abs 1 BGB bezieht sich nur auf ein vertragliches Rücktrittsrecht. Für **gesetz-** **6**
liche Rücktrittsrechte enthält er keine Regelung (BeckOK/Wöstmann [1. 8. 2020] Rn 4;
BeckOK MietR/Klotz-Hörlin [1. 8. 2020] Rn 3; Erman/Lützenkirchen Rn 2; Palandt/
Weidenkaff Rn 3). Nach Überlassung des Wohnraums wird das gesetzliche Rücktrittsrecht insbesondere aus § 323 Abs 1 BGB, §§ 324 und 326 Abs 5 BGB weitgehend, wenn nicht völlig, von dem Kündigungsrecht aus wichtigem Grunde verdrängt (BGHZ 50, 312, 315 = NJW 1969, 37; Bub/Treier/Fleindl Rn IV 476).

III. Mietverhältnis unter auflösender Bedingung (Abs 2)

1. Voraussetzungen

Das Mietverhältnis über Wohnraum muss unter einer **auflösenden Bedingung** ge- **7**
schlossen sein. Bedingung iS dieser Vorschrift ist eine rechtsgeschäftliche Bestimmung, durch die das Ende des Mietverhältnisses nach § 158 Abs 2 BGB vom Eintritt
eines zukünftigen, ungewissen Ereignisses abhängig gemacht wird. Die Parteien
können **Ereignisse beliebiger Art** zum Gegenstand der Bedingung machen, auch
wenn es von ihrem Willen abhängt, ob und wann die Bedingung eintritt. Dies gilt
etwa, wenn der Mietvertrag über eine Werkwohnung vom Fortbestand des Dienstvertrags abhängt (BGH 11. 11. 2020 – VIII ZR 191/18, BeckRS 2020, 33910; LG Aachen WuM
1985, 149; LG Berlin GE 2004, 890; LG Düsseldorf WuM 1985, 151; Schmidt-Futterer/Blank
Rn 12), wenn der Nutzungsvertrag über eine Genossenschaftswohnung an die Mitgliedschaft in der Genossenschaft gebunden ist (LG Lübeck WuM 1970, 201; BeckOGK/
Geib [1. 7. 2020] Rn 11; Schmid/Harz/Stangl Rn 12) oder wenn das Mietverhältnis beim
Auszug eines Mitmieters enden soll (LG Göttingen WuM 1989, 184; Schmid/Harz/Stangl
Rn 12; weitere Beispiele bei Derleder, in: Gedschr Sonnenschein [2002] 97, 108 f). Haben die
Parteien eines Untermietvertrags vereinbart, dass ihr Vertragsverhältnis bei Beendigung des Hauptmietverhältnisses enden soll, greift § 572 Abs 2 BGB ebenfalls ein
(LG Osnabrück WuM 1994, 24). Der Abbruch oder die Sanierung des Gebäudes können
als auflösende Bedingung vereinbart werden (Lechner ZMR 1982, 166, 169).

Von der Befristung unterscheidet sich die auflösende Bedingung dadurch, dass im **8**
Falle der Befristung das Ereignis nach den Vorstellungen der Parteien bei Vertragsabschluss sicher eintreten wird und lediglich der Zeitpunkt ungewiss ist (dies certus
an, incertus quando), während bei der auflösenden Bedingung schon Zweifel darüber bestehen, ob sie überhaupt jemals eintreten wird (Bork, Allgemeiner Teil des
Bürgerlichen Gesetzbuchs [4. Aufl 2016] Rn 1255). Wollten die Parteien das Mietverhältnis

eindeutig befristen, besteht keine Grundlage, § 572 Abs 2 BGB anzuwenden. Auch eine extensive Auslegung der Vorschrift ist dann nicht statthaft, da dies dem Parteiwillen widerspricht und die Parteien zwischen bedingtem oder befristetem Mietverhältnis frei entscheiden können. Nach neuem Recht ist die Abgrenzung zum befristeten Vertrag aber von untergeordneter Bedeutung, weil nur noch unter den engen Voraussetzungen des § 575 Abs 1 S 1 BGB befristete Verträge abgeschlossen werden können (vgl Blank/Börstinghaus/Blank/Börstinghaus Rn 11).

2. Rechtsfolgen

9 a) Nach dem Wortlaut des § 572 Abs 2 BGB kann sich der Vermieter „nicht auf eine Vereinbarung berufen", die eine auflösende Bedingung enthält. Zur Begründung heißt es in den Materialien des MietRRG, es solle klargestellt werden, dass nur die Vereinbarung einer auflösenden Bedingung zum Nachteil des Mieters unwirksam ist, der Vertrag im Übrigen aber wirksam bleibt (BT-Drucks 14/4553, 65). Dies wird teilweise dahingehend interpretiert, dass **entsprechende Vertragsklauseln vollständig unwirksam** sein sollen, also weder der Vermieter noch der Mieter Rechtsfolgen aus dem Eintritt der auflösenden Bedingung herleiten können (Blank/Börstinghaus/Blank/Börstinghaus Rn 9; Herrlein/Kandelhard/Kandelhard Rn 4; Schmid/Harz/Stangl Rn 15; Schmidt-Futterer/Blank Rn 4 f). Eine solche Interpretation ist jedoch weder mit dem Wortlaut der Vorschrift noch mit ihrem allein auf den **Schutz des Mieters** zielenden **Normzweck** (oben Rn 3) zu vereinbaren. § 572 Abs 2 BGB will lediglich verhindern, dass die das vermieterseitige Kündigungsrecht beschränkenden Normen durch die Vereinbarung einer auflösenden Bedingung umgangen werden. Da die Kündigung des Mieters jedoch von sachlichen Gründen nicht abhängig ist, besteht keine Veranlassung, dem Mieter die Berufung auf den Eintritt der vereinbarten auflösenden Bedingung zu versagen. § 572 Abs 2 BGB führt damit nur zur **personalen Teilunwirksamkeit** einer entsprechenden Vertragsklausel (vgl BGHZ 99, 160, 161 f = NJW 1987, 837; BAG AP Nr 5 zu § 310 BGB = NZA 2006, 257; Ulmer/Brandner/Hensen/Schmidt, AGB-Recht [12. Aufl 2016] § 306 BGB Rn 16) zu Lasten des Vermieters (Lützenkirchen/Dickersbach Rn 26; MünchKomm/Häublein Rn 5; Soergel/Heintzmann Rn 4).

10 Bei Eintritt der auflösenden Bedingung kann sich also nur der Mieter auf die **Beendigung** des Mietverhältnisses berufen. Macht er aber deutlich, nicht ausziehen zu wollen und somit die Bedingung nicht gegen sich gelten zu lassen, wird das Mietverhältnis zwischen den Parteien unverändert fortgesetzt (BGH 11. 11. 2020 – VIII ZR 191/18, BeckRS 2020, 33910). Der Vermieter kann dann ebenso wie bei Abs 1 die Beendigung des Mietverhältnisses gegen den Willen des Mieters nur durch Kündigung unter den Voraussetzungen der §§ 573 ff BGB erreichen. Die Parteien müssen für die ordentliche Kündigung die Kündigungsfristen des § 573c BGB einhalten. Dies gilt auch für die verlängerten Fristen des § 573c Abs 1 S 2 BGB für den Vermieter. Durch den Bedingungseintritt wird die Dauer der Überlassung des Wohnraums nicht unterbrochen.

11 b) Strittig ist, ob das Mietverhältnis **vor Bedingungseintritt kündbar** ist. Dies wird zT abgelehnt (Lammel Rn 13), weil das Mietverhältnis als Umkehrschluss aus § 565a Abs 2 S 1 BGB aF vor Bedingungseintritt als auf bestimmte Zeit abgeschlossenes Mietverhältnis anzusehen sei. Teilweise wird die Frage der Kündbarkeit vor Bedingungseintritt davon abhängig gemacht, was die Parteien bei Vertragsschluss vereinbart hatten, ob etwa in der Vereinbarung der auflösenden Bedingung ein Verzicht auf das Kündigungsrecht zu sehen ist (BLANK/BÖRSTINGHAUS/BLANK/BÖRSTINGHAUS Rn 13; KINNE ua/KINNE Rn 6; KLEIN-BLENKERS ua/HINZ Rn 12). Nach einer dritten Ansicht sind Mietverträge unter auflösender Bedingung wie Verträge auf unbestimmte Zeit zu behandeln und damit stets ordentlich kündbar (PALANDT/WEIDENKAFF Rn 5; im Ergebnis auch PRÜTTING ua/ELZER Rn 6).

Vorzugswürdig erscheint es, auf den beim Vertragsabschluss zum Ausdruck gelangten **Willen der Vertragsparteien** abzustellen. Sollte **die auflösende Bedingung nach ihren Vorstellungen der alleinige Grund für die Vertragsbeendigung** sein, ist das Mietverhältnis vor Eintritt der Bedingung ordentlich grundsätzlich unkündbar. So können die Dinge zB bei Werkwohnungen, die unter der auflösenden Bedingung der Beendigung des Arbeitsverhältnisses vermietet worden sind, liegen. Je nach der sich daraus ergebenden Vertragsdauer steht den Vertragsparteien jedoch jedenfalls das Kündigungsrecht des § 544 BGB zu; darüber hinaus kann in einer solchen Vereinbarung ein unzulässig langer Ausschluss des Kündigungsrechts des Mieters (dazu § 573c Rn 39 ff) zu erblicken und daher dessen Kündigung auch schon früher zulässig sein. Ist dagegen die auflösende Bedingung nur als **spätestmöglicher Beendigungszeitpunkt** bestimmt, wie dies zB regelmäßig bei einem unter der auflösenden Bedingung der Beendigung des Hauptmietverhältnisses abgeschlossenen Untermietvertrag anzunehmen sein dürfte, ist das Vertragsverhältnis nach den dafür jeweils geltenden Bestimmungen auch schon vor Eintritt der Bedingung kündbar (BGH NZM 2009, 433; BLANK/BÖRSTINGHAUS/BLANK/BÖRSTINGHAUS Rn 13; LÜTZENKIRCHEN/DICKERSBACH Rn 29 ff; SCHMID/HARZ/STANGL Rn 16). **12**

c)   Anders als in Abs 1 wird in Abs 2 nicht eindeutig gesagt, dass die Berufung auf den Eintritt der auflösenden Bedingung zugunsten des Vermieters erst **nach Überlassung des Wohnraums** unzulässig ist. Daraus könnte geschlossen werden, dass der Vermieter sich nie auf den Eintritt einer auflösenden Bedingung berufen kann. Aus der Verknüpfung des Abs 2 mit dem Abs 1 durch das Wort „ferner" kann jedoch gefolgert werden, dass auch Abs 2 erst nach der Überlassung des Wohnraums an den Mieter zur Anwendung kommt (HERRLEIN/KANDELHARD/KANDELHARD Rn 4; KLEIN-BLENKERS ua/HINZ Rn 11). **13**

Unterkapitel 2
Mietverhältnisse auf unbestimmte Zeit

§ 573
Ordentliche Kündigung des Vermieters

(1) Der Vermieter kann nur kündigen, wenn er ein berechtigtes Interesse an der Beendigung des Mietverhältnisses hat. Die Kündigung zum Zwecke der Mieterhöhung ist ausgeschlossen.

(2) Ein berechtigtes Interesse des Vermieters an der Beendigung des Mietverhältnisses liegt insbesondere vor, wenn

1. der Mieter seine vertraglichen Pflichten schuldhaft nicht unerheblich verletzt hat,

2. der Vermieter die Räume als Wohnung für sich, seine Familienangehörigen oder Angehörige seines Haushalts benötigt oder

3. der Vermieter durch die Fortsetzung des Mietverhältnisses an einer angemessenen wirtschaftlichen Verwertung des Grundstücks gehindert und dadurch erhebliche Nachteile erleiden würde; die Möglichkeit, durch eine anderweitige Vermietung als Wohnraum eine höhere Miete zu erzielen, bleibt außer Betracht; der Vermieter kann sich auch nicht darauf berufen, dass er die Mieträume im Zusammenhang mit einer beabsichtigten oder nach Überlassung an den Mieter erfolgten Begründung von Wohnungseigentum veräußern will.

(3) Die Gründe für ein berechtigtes Interesse des Vermieters sind in dem Kündigungsschreiben anzugeben. Andere Gründe werden nur berücksichtigt, soweit sie nachträglich entstanden sind.

(4) Eine zum Nachteil des Mieters abweichende Vereinbarung ist unwirksam.

Materialien: BT-Drucks VI/1549, 8; BT-Drucks VI/2421, 3; BT-Drucks 7/2011, 8; BT-Drucks 7/2011, 15; BT-Drucks 7/2629; BT-Drucks 7/2638, 2 f; BT-Drucks 14/4553, 65 f; BT-Drucks 14/5663, 25 f, 73.

Schrifttum

ABRAMENKO, Die notwendigen Angaben in der Eigenbedarfskündigung, ZMR 2014, 930
AHRENS, Der Untermieter im sozialen Mietrecht (Diss Kiel 1994)

ASPER, Ordentliche und fristlose Kündigung von Wohnraummietverhältnissen aufgrund Zahlungsverzugs, WuM 1996, 315
BENEDICTER, Handhabung der Eigenbedarfs-

kündigung in der jüngeren Rechtsprechung, GE 2014, 976
BEUERMANN, Fristlose und vorsorglich erklärte fristgerechte Kündigung wegen Zahlungsverzug, WuM 1997, 151
BEUTHIEN, Kann eine juristische Person wirklich keinen mietrechtlichen Eigenbedarf haben?, ZMR 2017, 624
BEYER, Kippt die hilfsweise erklärte ordentliche Kündigung?, GE 2018, 174
BIERBAUM/STÖCKEL, Was man sich als Vermieter so alles bieten lassen muss, GE 1999, 1162
BLANK, Das Gebot der Rücksichtnahme nach § 241 Abs 2 BGB im Mietrecht, ZGS 2004, 104
ders, Der Wegfall des Eigenbedarfs nach Ablauf der Kündigungsfrist, NJW 2006, 739
ders, Die Kündigung wegen Zahlungsverzugs – Regelungsdefizite im geltenden Recht, in: 10 Jahre Mietrechtsreformgesetz (2011) 257
ders, Die ordentliche Kündigung bei Zahlungsverzug des Mieters, NZM 2013, 104
ders, Die Kündigung wegen Zahlungsverzugs, WuM 2015, 3
ders, Das Interesse des Mieters am Erhalt der Wohnung im Räumungsprozess wegen Eigenbedarfs, NZM 2017, 352
ders, Die Kündigung des Mietverhältnisses wegen einer Pflichtverletzung des Mieters, ZMR 2020, 83
BRINKMANN, Zahlungsrückstände des Wohnraummieters als Kündigungsgrund (1995)
BUB, Zwei Probleme des gerichtlichen Vergleichs im Mietrecht, in: Gedschr Sonnenschein (2002) 419
BUCHMANN, Zur Wirksamkeit der hilfsweisen ordentlichen Kündigung bei fristloser Kündigung gem § 554 BGB nach Befriedigung des Vermieters oder Übernahmeerklärung innerhalb der Monatsfrist nach Klagezustellung, WuM 1996, 78
BULTMANN, Gleichbehandlung der „Mieter" in genossenschaftlichen Wohnungsunternehmen, GE 2000, 314
DEPENHEUER, Der Mieter als Eigentümer? Anmerkungen zum Beschluß des BVerfG vom 26. 5. 1993, NJW 1993, 2035, NJW 1993, 2561
DERLEDER, Der Mieter als Eigentümer – Zum Beschluß des BVerfG vom 26. 5. 1993, WuM 1993, 377, WuM 1993, 514

DERCKX, Disharmonien bei zahlungsrückstandsbedingten Kündigungen in der Wohnraummiete, NZM 2011, 652
DISPUT/HÜBNER, Lockerung der Voraussetzungen einer Verwertungskündigung durch die Urteile des BGH vom 28. 1. 2009?, ZMR 2009, 665
DRASDO, Die Zukunft der Abrisskündigung, NZM 2007, 305
DUBOVITSKAYA/WEITEMEYER, Kündigung wegen Eigenbedarfs durch eine GbR und Versäumnisse beim Alternativwohnungserbieten, NZM 2017, 201
ECKERT, Kündigung des Mietverhältnisses mit mehreren Mietern, in: Gedschr Sonnenschein (2002) 313
EISENHARDT, Schadenersatz wegen unberechtigter Kündigung – Mietdifferenz für welchen Zeitraum?, MDR 1999, 1481
EISENSCHMID, Die Eigenbedarfskündigung im Spiegel der Rechtsprechung des Bundesverfassungsgerichts und des Bundesgerichtshofes, WuM 1990, 129
J EMMERICH, Die Verwertungskündigung nach § 573 Abs. 2 Nr. 3 BGB, WuM 2015, 259
V EMMERICH, Neueste Entwicklungen im Mietrecht. Gesetzgebung und Rechtsprechung, DWW 1993, 313
ders, Der Mieter als Eigentümer von Gerichts wegen – Das Bundesverfassungsgericht, das Mietrecht und das Eigentum, in: FS Gitter (1995) 241
ders, Auf dem Weg in den Sozialismus, in: FS Mestmäcker (1996) 989
FINGER, Umwandlung von Eigentumswohnungen und Kündigung wegen Eigenbedarfs – zugleich Anmerkung zu BVerfG WuM 1992, 416 und 417 sowie OLG Frankfurt WuM 1992, 421, WuM 1992, 508
FISCHER, Die Abmahnung vor Kündigung bei Vertragsverletzung des Mieters, WuM 2008, 251
FLATOW, Typische Fehler bei der Kündigungserklärung, NZM 2004, 281
dies, Die Anbietpflicht, NZM 2017, 825
dies/KNICKREHM, Mietrecht im Spannungsfeld der Interessen, WuM 2018, 465
FLEINDL, Die Begründung der Eigenbedarfskündigung in der mietrechtlichen Praxis, NZM 2013, 7

ders, Mietprozesstaktik im Eigenbedarfsstreit, NZM 2014, 781
ders, Die Eigenbedarfskündigung: Tatbestand und Rechtsmissbrauch, NZM 2016, 289
ders, Vorgetäuschte Eigenbedarfskündigung, NZM 2016, 777
FRANKE, Besitzrecht des Mieters an der Wohnung als Eigentum iS von Art 14 I GG?, DWW 1993, 281
ders, Zahlungsverzug und ordentliche Kündigung – zugleich ein Beitrag zu den Rechtsentscheiden des OLG Oldenburg vom 18. 7. 1991, ZMR 1991, 427 und des OLG Stuttgart vom 28. 8. 1991, ZMR 1991, 429, ZMR 1992, 81
FRITZ, Keine Wohnungskündigung nach Verlust der Mitgliedschaft in einer Wohnungsbaugenossenschaft, WuM 2012, 183
FROHN, Wohnen als Grundrecht. Verfassungsrechtliche Anmerkungen zur neueren Mietrechtsjudikatur von Bundesgerichtshof und Bundesverfassungsgericht, WuM 1991, 635
GATHER, Die Beendigung des Wohnraummietvertrages in der höchst- und obergerichtlichen Rechtsprechung, DWW 1991, 162
ders, Vertragswidriger Gebrauch der Mietsache, DWW 1995, 234
ders, Vergleichende Untersuchung über den verfassungsrechtlichen Schutz des Privateigentums in Deutschland, Österreich und der Schweiz, DWW 1996, 206
ders, Der Wechsel des Vermieters. Ein Überblick über die Rechtslage, DWW 1992, 37
GERICKE, Strafrechtliche Sanktionen für Fehlverhalten von Mietvertragsparteien, NJW 2013, 1633
GIES, Die Haftung des Mieters für Drittpersonen, in: FS Blank (2006) 177
GRAMLICH, Gesetzesänderungen im Mietrecht, NJW 1990, 2611
GRUNEWALD, Vermietung durch Personengesellschaften und Eigenbedarf, NJW 2009, 3486
GÜTTER/KILLISCH, Die Folgen der Umwandlungen von Miet- in Eigentumswohnungen, WuM 1992, 455
HAHN, Das Verhältnis von § 569 Abs. 3 Nr. 2 S. 1 BGB zur ordentlichen Vermieterkündigung und dessen Auswirkungen auf die Schuldenübernahme nach § 22 Abs. 8 SGB II, NZS 2017, 98

HÄUBLEIN, Alternativwohnungen im Eigenbedarfsrecht – Zeitlicher Umfang nachwirkender Vermieterpflichten, NZM 2003, 970
ders, Voraussetzungen und Grenzen der Analogie zu mietrechtlichen Vorschriften, WuM 2010, 391
ders, Auswirkungen einer fehlenden Zweckentfremdungsgenehmigung auf die Eigenbedarfs- und Verwertungskündigung, NZM 2011, 668
ders, Eigenbedarf und eigenbedarfsähnliche Kündigungsgründe, WuM 2014, 635
HARKE, Die Vermieterkündigung wegen Eigenbedarfs, ZMR 1991, 81
ders, Eigenbedarf bei Personengesellschaften, ZMR 2002, 405
ders, Zahlungsverzugskündigung: Tatsachenirrtum, Rechtsirrtum und Vertretenmüssen, NZM 2016, 449
HERMANNS/WEERS-HERMANNS, Eigenbedarf an einer Zweitwohnung?, NZM 2011, 8
HERRLEIN, Eigenbedarfskündigung der Gesellschaft bürgerlichen Rechts, in: 10 Jahre Mietrechtsreformgesetz (2011) 752
HINZ, Abrisskündigung – Bedarf für eine gesetzliche Regelung?, NZM 2005, 321
ders, Schadensersatz bei unberechtigter Kündigung, WuM 2009, 331
ders, Kündigung des Mietverhältnisses bei Verletzung von Pflichten aus der Betriebskostenabrede, NZM 2010, 57
ders, Unberechtigte Eigenbedarfskündigung: Wiederherstellung von Besitz- und Mietrechten, WuM 2010, 207
ders, Die ordentliche Kündigung wegen Zahlungsverzugs – Höhe des Rückstands, nachträgliche Zahlung und andere offene Fragen, in: 10 Jahre Mietrechtsreformgesetz (2011) 758
ders, Mietminderung auf ungeklärter Tatsachengrundlage?, NJW 2013, 337
ders, Rückstandshöhe und Verzugsdauer bei der ordentlichen Kündigung wegen Zahlungsverzugs, ZMR 2013, 96
ders, Ein Leben mit der Miete, NJW 2017, 711
ders, Neue Akzente beim Eigenbedarf, NJW 2017, 3473
ders, Kündigung des Mietverhältnisses wegen nicht beglichener Betriebskostennachforderungen, WuM 2019, 673

Hitpass, Kündigungsmöglichkeiten eines Wohnungsunternehmens bei Störungen des Mietvertrages durch den Mieter – aktuelle Rechtsprechung, ZMR 2017, 12 u ZMR 2019, 751
Jablonski, Kündigung wegen Zahlungsverzuges und Räumung eines insolventen Wohnraummieters, GE 2008, 716
Kappus, Alternativwohnungen im Eigenbedarfsrecht – Fass zu, Fass auf?, NZM 2003, 657
Kinne, Schadensersatz wegen unberechtigter Eigenbedarfskündigung, GE 1995, 523
ders, Wohnraumkündigung wegen Vertragsverletzung des Mieters und wegen Eigenbedarfs des Vermieters – Voraussetzungen und Folgen, (Teil I) ZMR 2001, 251 und (Teil II) ZMR 2001, 317
ders, Kündigung nur wegen unwirtschaftlicher Verwertung möglich, GE 2006, 1147
ders, Die ordentliche Kündigung von Wohnraum wegen Vertragsverletzungen des Mieters im Überblick, GE 2014, 844
Kniep/Gerlach, Pflegebedürftigkeit des Mieters – Kündigung aus wichtigem Grund?, DWW 1996, 299
Koch, Grundgesetz und Eigenbedarfskündigung, MDR 1992, 201
Kohlstrunk, Touristen in Miet- und Eigentumswohnungen, NZM 2014, 231
Lammel, Die Rechtsprechung des BVerfG zur Eigenbedarfskündigung, NJW 1994, 3320
Lange, Mietbesitz als Verfassungseigentum – Konsequenzen aus der Rechtsprechung des BVerfG für die Anwendung einfachen Rechts, ZMR 2004, 881
Langenberg, Zur fristlosen Kündigung wegen unpünktlicher Mietzahlung, WuM 1990, 3
Lehmann-Richter, Der kündigungsrelevante Zahlungsrückstand, ZMR 2017, 372
Looff, Abmahnerfordernis bei der Kündigung nach § 573 Abs 2 Nr 1 BGB, ZMR 2008, 680
Lorenz, Zahlungsverzug und Verschulden, WuM 2013, 202
Lützenkirchen, Das Kündigungsrecht der Wohnungsgenossenschaft nach § 564b Abs 1 BGB, WuM 1994, 5
Meier, Wirksamkeit einer hilfsweise ausgesprochenen ordentlichen Kündigung wegen Zahlungsverzugs (§ 573 Abs 2 Nr 1 BGB) bei einer nach § 569 Abs 3 Nr 2 BGB rückwirkend unwirksam gewordenen außerordentlichen Kündigung (§ 543 Abs 2 Satz 1 Nr 3a BGB) – BGH, Urt. vom 19. 09. 2018 – VIII ZR 231/17 und VIII ZR 261/17 (ZMR 2019, 13), ZMR 2019, 175
Meincke, Mietrecht und Verfassungsrecht, WuM 1994, 581
Meyer, Änderungen des § 564b BGB durch das „Gesetz zur Übernahme befristeter Kündigungsmöglichkeiten als Dauerrecht", NJW 1996, 1726
Meyer-Abich, Kündigungsrecht im Wandel, NZM 2017, 97
Milger, Wertungswidersprüche zwischen fristloser und ordentlicher Kündigung wegen Zahlungsverzugs?, NZM 2013, 553
dies, Die Kündigung des Vermieters wegen Eigenbedarfs, NZM 2014, 769
vMutius, Grundrechtskollisionen im Mietrecht, in: Gedschr Sonnenschein (2002) 69
Ostermann, Vorgetäuschter Eigenbedarf – Zum Mißbrauch des Kündigungsrechts nach § 564b Abs 2 Nr 2 BGB, WuM 1992, 342
Otte, Vermietung als Verfügung, in: Gedschr Sonnenschein (2002) 181
Otto, Die Gemeinden als Zwischenmieter nach dem Wohnungsbauerleichterungsgesetz, DWW 1990, 162
Pfeifer, Soll das Wohnraummietrecht strukturell vereinfacht werden?, DWW 1996, 77
ders, Risiko: Kündigung trotz fehlenden Eigenbedarfs, GE 1998, 342
Raabe, Der Abbau des Kündigungsschutzes im Wohnraummietrecht, WuM 2017, 65
Ramm, Hilfsweise ordentliche Kündigung bei Zahlungsverzug, ZMR 2018, 401
Regelsberger, Die Eigenbedarfskündigung durch juristische Personen und Personengesellschaften, 2018
Reuter, Die sog Verwertungskündigung des Vermieters (§ 573 II Nr 2 BGB), in: Gedschr Sonnenschein (2002) 329
Riecke, Rauchen in der Mietwohnung (Teil 1), ZMR 2017, 292 und (Teil 2) ZMR 2017, 361
Rödl/von Restorff, Das geltende Mietrecht: Vermieterbegünstigungsrecht, WuM 2020, 57
Roellecke, Das Mietrecht des BVerfG. Kritik einer Argumentationsfigur, NJW 1992, 1649

ders, Mietwohnungsbesitz als Eigentum. Eine Folgenabschätzung, JZ 1995, 74
ROLFS/SCHLÜTER, Kündigung wegen verspäteter Mietzahlungen durch Sozialleistungsträger, in: 10 Jahre Mietrechtsreformgesetz (2011) 11
ROTH, Beendigung des genossenschaftlichen Nutzungsverhältnisses wegen Aufgabe der Mitgliedschaft – ein Tabubruch? Eine Anregung zur Debatte über die Reform des Mietrechts, NZM 2000, 743
ders, Genossenschaftsausschluss als berechtigtes Kündigungsinteresse – wohnbedarfsabhängig?, NZM 2004, 129
ders, Das „berechtigte Interesse" bei der Kündigung des Mietvertrages durch eine Wohnungsgenossenschaft – keine Berücksichtigung des Genossenschaftsrecht?, in: 10 Jahre Mietrechtsreformgesetz (2011) 782
RÜTHERS, Ein Grundrecht auf Wohnung durch die Hintertür?, NJW 1993, 2587
SCHILLING, Neue Wohnungen durch neues Mietrecht. Zu Art 3 und 4 des Wohnungsbau-Erleichterungsgesetzes vom 17. 5. 1990 – WoBauErlG – (BGBl I 926), ZMR 1990, 281
SCHLÄGER, Die Abmahnung im Wohnraummietrecht, ZMR 1991, 41
ders, Rechtsentscheide und Ablehnungsbeschlüsse in Wohnraummietsachen seit Mitte 2000, ZMR 2001, 673
SCHLEUSENER, Die unpünktliche Mietzahlung des Sozialamts als Mitverschulden nach § 554a BGB, NZM 1998, 992
SCHMIDT, Die Eigenbedarfskündigung, NZM 2014, 609
SCHÖNLEBER, Kündigung wegen Hinderung angemessener wirtschaftlicher Verwertung, NZM 1998, 601
SCHOLL, Nochmals: Zahlungsverzug und ordentliche Kündigung – Anmerkung zu den Rechtsentscheiden des OLG Stuttgart vom 28. 8. 1991 (WuM 1991, 526) und des OLG Karlsruhe vom 19. 8. 1992 (WuM 1992, 517) zu der Frage der Anwendbarkeit des § 554 Abs 2 Nr 2 BGB auf die wegen Zahlungsverzugs erklärte ordentliche Kündigung nach § 564b Abs 2 Nr 1 BGB, WuM 1993, 99
SCHÜRNBRAND, Eigenbedarfskündigung von Personengesellschaften, in: 10 Jahre Mietrechtsreformgesetz (2011) 792
SCHUMACHER, Verteidigungsmöglichkeiten des Mieters nach Eigenbedarfskündigungen, WuM 2007, 664
SCHWAB, Aktuelle Probleme der Zahlungsverzugskündigung im Überblick, NZM 2019, 36
SELK, Eigenbedarf der GbR und Ende einer Ära: Pflichtverletzung des Vermieters beim Anbieten einer Alternativwohnung, NJW 2017, 521
ders, Beweisaufnahme im Eigenbedarfsprozess: Fehler der Tatgerichte, NZM 2018, 978
SIEGMUND, Der Kündigungsfolgeschaden des Mieters, WuM 2017, 613
SONNENSCHEIN, Kündigung und Rechtsnachfolge, ZMR 1992, 417
ders, Kündigungsprobleme bei Rechtsnachfolge, in: PiG Bd 37 (1992) 95
ders, Der gespaltene Wohnungsmarkt und die Fehlbeleger als Nutznießer des Sozialstaats, in: FS Mestmäcker (1996) 1063
ders, Die Rechtsprechung des Bundesverfassungsgerichts zum Mietrecht, NJW 1993, 161
ders, Die erleichterte Kündigung von Einliegerwohnraum, NZM 2000, 1
SPERLING, Dienstwohnungsrecht in Kirche und Diakonie, WuM 1990, 265
STEINIG, Eigenbedarfskündigung: Für welche Personen kann sie ausgesprochen werden?, GE 1996, 1206
STELLWAAG, Kündigung eines Wohnraummietverhältnisses nach Rückruf von drei Monatsmieten durch den vorläufigen Insolvenzverwalter, ZMR 2011, 447
STERNEL, Zahlungsverzug im Mietrecht, WuM 2009, 699
ders, Schadensersatz bei unwirksamer Kündigung?, NZM 2011, 688
ders, Ist der duale Kündigungsschutz nach §§ 573, 574 BGB noch zeitgemäß?, NZM 2018, 473
STRAKE, Ordentliche Kündigung und Heilung einer ordentlichen Kündigung wegen Zahlungsverzugs, ZMR 2019, 914
STREYL, Zu gering?, WuM 2013, 454
STREYL/WIETZ, Die Mieteraustauschkündigung – „Eigenbedarf" zum Zwecke der Unterbringung von Flüchtlingen?, WuM 2015, 651
TAUBENEK, Verwertungskündigung bei Abriss

von Wohngebäuden und anderen Stadtumbaumaßnahmen, ZMR 2003, 633
Tietzsch, Kündigung des vertragstreuen Mieters, WuM 2017, 113
Timme, Vermieters Reaktionspflichten nach Wegfall des Eigenbedarfs, NZM 2006, 249
Treier, Aktuelle Rechtsprechung des BGH zum Gewerbe- und Wohnraummietrecht, DWW 1993, 245 u DWW 1994, 265
ders, Die Rechtsprechung des Bundesgerichtshofs zu Miete, Pacht und Leasing, WuM 1995, Beil 4, 19
Tücks, Die Kündigung wegen wirtschaftlicher Interessen nach § 564b Abs 2 Nr 3 Satz 1 BGB, ZMR 1992, 517
Wedel, Rechtsmissbrauch im Mietrecht, ZMR 2020, 281
Weitemeyer, Die Gesellschaft bürgerlichen Rechts als Vermieterin, in: Gedschr Sonnenschein (2002) 431
Weller, Der Mietvertrag als enfant terrible der Privatrechtsdogmatik?, JZ 2012, 881
Wessel, Eigenbedarfskündigung zur Nutzung als Zweitwohnung, WuM 2004, 581.
Wetekamp, Kündigung des Mietvertrags, NZM 1999, 485
ders, Die Schonfrist bei Kündigungen des Wohnraummietverhältnisses wegen Zahlungsverzugs, in: FS Blank (2006) 459
Wiek, Anbietpflicht des Vermieters gegenüber einem wegen Eigenbedarfs gekündigten Mieter, DWW 2003, 297
ders, Eigenbedarf von Gesellschaften, WuM 2009, 491
ders, Von Nichten und anderen Angehörigen, WuM 2010, 119
ders, Verspätete Mietzahlungen vom Jobcenter, WuM 2010, 204
ders, Zufälle im Gesellschaftsrecht zum Vorteil einer Eigenbedarfskündigung?, WuM 2011, 146
ders, Berufsbedarf, WuM 2013, 271
ders, Der namenlose Lebensgefährte in der Eigenbedarfskündigung, WuM 2015, 55
ders, Neues zur Anbietpflicht, WuM 2017, 246
Wiese, Pflicht des Mieters zur Duldung des Ausbaues von Nebenräumen, WuM 1991, 371
Willems, Kommunale „Eigenbedarfskündigung" zwecks Flüchtlingsunterbringung?, NZM 2016, 153
Winkler, Zum Erfordernis des kündigungsrelevanten Zahlungsverzuges im Zeitpunkt des Zugangs der Kündigungserklärung, ZMR 2006, 420
Winning, Pflegeperson für Angehörige – berechtigtes Interesse nach § 573 Abs 1 BGB?, WuM 2007, 608
Wlecke, Bestandsschutz an der gemieteten Ehewohnung (1995)
E Wolf, Das Recht des Vermieters von Wohnraum zur Kündigung wegen Eigenbedarfs in der Rechtsprechung des Bundesgerichtshofs und des Bundesverfassungsgerichts, WuM 1990, 1565
Wüsthoff, (Unter-)Vermietung an Touristen, ZMR 2014, 421.

Systematische Übersicht

I.	**Allgemeine Kennzeichnung**	
1.	Überblick	1
2.	Entwicklung der Vorschrift	3
3.	Zweck der Vorschrift	4
4.	Verfassungsrechtliche Einordnung	8
II.	**Allgemeine Voraussetzungen**	
1.	Mietverhältnis über Wohnraum	10
a)	Wohnraummiete	10
b)	Gestuftes Mietverhältnis	11
c)	Pacht und ähnliche Nutzungsverhältnisse	12
2.	Kündigung des Vermieters	13
a)	Ordentliche Kündigung	15
b)	Außerordentliche Kündigung mit gesetzlicher Frist	16
c)	Außerordentliche fristlose Kündigung	17
d)	Mietvertrag mit auflösender Bedingung	18
e)	Rücktritt	19
f)	Beendigung aufgrund sonstiger Umstände	21

3.	Berechtigtes Interesse des Vermieters an der Beendigung des Mietverhältnisses	22	cc)	Weit überhöhter Wohnbedarf	118
			dd)	Wegfall des Eigenbedarfs	121
			ee)	Alternativobjekt für den Vermieter	125
4.	Keine Kündigung zum Zweck der Mieterhöhung (Abs 1 S 2)	26	ff)	Alternativobjekt für den Mieter (Anbietpflicht)	131
			gg)	Herbeigeführter Eigenbedarf	136
III.	**Nicht unerhebliche, schuldhafte Verletzung vertraglicher Verpflichtungen durch den Mieter (Abs 2 Nr 1)**		h)	Auswahl zwischen mehreren Mietern	140
1.	Allgemeines	30	**V.**	**Hinderung angemessener wirtschaftlicher Verwertung des Grundstücks (Abs 2 Nr 3)**	
2.	Tatbestandsmerkmale im Einzelnen	33			
a)	Pflichtverletzung	33	1.	Allgemeines	142
b)	Erheblichkeit	39	2.	Tatbestandsmerkmale im Einzelnen	147
c)	Verschulden	41	a)	Wirtschaftliche Verwertung	147
d)	Darlegungs- und Beweislast	45	b)	Verwertung des „Grundstücks"	149
3.	Einzelfälle	46	c)	Angemessenheit der Verwertung	150
a)	Zahlungsverzug	46	d)	Behinderung der Verwertung	157
aa)	Allgemeines	46	e)	Erhebliche Nachteile	160
bb)	Heilung des Verzugs (Schonfristzahlung)	51	aa)	Nachteile	161
			bb)	Erheblichkeit	166
b)	Vertragswidriger Gebrauch	54	f)	Einwände des Mieters	171
aa)	Allgemeines	54	3.	Ausgeschlossene Gründe (Abs 2 Nr 3 HS 2 und 3)	174
bb)	Insbesondere: Unerlaubte Überlassung an Dritte	57			
c)	Tätliche Angriffe, Beleidigungen, Belästigungen	61	**VI.**	**Sonstige Gründe (Abs 1 S 1)**	176
			1.	Betriebsbedarf im weiteren Sinne	177
IV.	**Eigenbedarf des Vermieters (Abs 2 Nr 2)**		a)	Gewerbliche oder freiberufliche Nutzung	177
1.	Allgemeines	63	b)	Werkwohnungen	178
2.	Tatbestandsmerkmale im Einzelnen	72	c)	Aufnahme einer Hilfsperson in den Haushalt	185
a)	Vermieter	72			
b)	Familienangehörige	78	d)	Genossenschaftswohnungen	187
c)	Angehörige des Haushalts des Vermieters	87	2.	Öffentliches Interesse	189
			3.	Unzumutbarkeit	197
d)	Konkurrenzen	93	4.	Andere Gründe	198
e)	Benötigen der Räume als Wohnung	94			
f)	„Benötigen" der Räume	97	**VII.**	**Angabe des Kündigungsgrundes im Kündigungsschreiben (Abs 3)**	
aa)	Allgemeines	97			
bb)	Wohnbezogener Bedarf	100	1.	Allgemeines	201
cc)	Kleinere Wohnung	103	2.	Anforderungen an die Angabe der Kündigungsgründe im Einzelnen	205
dd)	Persönliche Gründe	104			
ee)	Wirtschaftliche Gründe	107	a)	Verletzung vertraglicher Verpflichtungen durch den Mieter	205
ff)	Tatsächliche und rechtliche Eignung der Wohnung	108			
			b)	Eigenbedarf des Vermieters	208
gg)	Vorübergehende Nutzung	110	c)	Hinderung angemessener wirtschaftlicher Verwertung	212
g)	Einwände des Mieters	112			
aa)	Allgemeines zum Rechtsmissbrauch	112	d)	Sonstige Gründe	217
bb)	Unzureichende Bedarfsvorschau	113	e)	Grenzen der Begründungspflicht	220

3. Nachschieben von Kündigungsgründen	222
a) Anfänglich bestehende Gründe	222
b) Nachträglich entstandene Gründe	223

VIII. Schadensersatz wegen unberechtigter Kündigung
1. Allgemeines ... 227
2. Anspruchsgrundlagen ... 229
3. Umfang des zu ersetzenden Schadens ... 234
4. Darlegungs- und Beweislast ... 239

IX. Abweichende Vereinbarungen (Abs 4)
1. Unwirksame Vereinbarungen ... 240
2. Wirksame Vereinbarungen ... 241

Alphabetische Übersicht

Abbruchgenehmigung ... 156
Abmahnung zu vertragsgemäßem Verhalten ... 30 ff, 46, 54 ff, 207
Abrisskündigung ... 198
Abweichende Vereinbarungen
– Ausschluss des Kündigungsrechts ... 71, 242
– Unzulässigkeit ... 240
– vereinbarter Kündigungsschutz ... 242
– Zulässigkeit ... 240 ff
Alternativobjekt ... 125 ff, 131 ff, 184
Anbietpflicht ... 131 ff
Anfechtung des Mietvertrags ... 21
Angabe der Kündigungsgründe ... 201 ff
Ausnahmetatbestände
– Ferienhäuser u Ferienwohnungen ... 3
Ausschluss des Kündigungsrechts ... 71, 242
Auswahl zwischen mehreren Mietern ... 140 f

Baugenehmigung ... 109, 144, 156
Begründung der Kündigung ... 201 ff
Belästigungen ... 61 f
Benötigen der Räume als Wohnung ... 94 ff
Berechtigte Interessen des Vermieters ... 22 ff
– Eigenbedarf ... 63 ff
– Hinderung angemessener wirtschaftlicher Verwertung ... 142 ff
– sonstige Gründe ... 176 ff
– Verfassungsrecht ... 8
– Verletzung vertraglicher Verpflichtungen ... 30 ff
Betriebsbedarf ... 177 ff
– Angabe der Gründe ... 218
– Genossenschaftswohnung ... 187 f
– Hilfsperson im Haushalt ... 91, 185 f
– Rechtsmissbrauch ... 184
– Werkwohnung ... 178 ff
– Zustimmung des Betriebsrats ... 183

Betriebsrat ... 183
Beweisaufnahme ... 99
Beweislast s Darlegungs- u Beweislast

Covid-19 ... 49b

Darlegungs- u Beweislast
– Eigenbedarf ... 70, 112
– Hinderung angemessener wirtschaftlicher Verwertung ... 146
– Schadensersatz wegen unberechtigter Kündigung ... 239
– Verletzung vertraglicher Verpflichtungen ... 45
Dauerwohnrecht ... 147

Eigenbedarf des Vermieters ... 63 ff
– Alternativobjekt ... 125 ff, 131 ff, 184
– Angabe der Gründe ... 201 ff
– Auswahl zwischen mehreren Mietern ... 140 f
– Benötigen der Wohnung ... 94 ff
– berufliche Gründe ... 106 ff
– Beschränkungen des Kündigungsrechts ... 71
– Darlegungs- u Beweislast ... 70, 112
– Eignung der Wohnung ... 108 f
– Familienangehörige ... 63, 69 ff
– Gegeninteressen des Mieters ... 25a, 67
– Grundstückserwerber ... 68
– Haushaltsangehörige ... 78 ff
– Hilfsperson im Haushalt ... 91, 185 f
– juristische Person ... 76
– konkrete Interessen des Vermieters ... 66
– Mehrheit von Vermietern ... 75
– persönliche Gründe ... 73
– Rechtsmissbrauch ... 113 ff
– selbst herbeigeführter Bedarf ... 136 ff
– Tatbestandsmerkmale ... 72 ff

– verfassungsrechtliche Grundlagen 8
– Vermieterstellung u Kündigungsrecht 68
– vernünftige u nachvollziehbare Gründe 24, 98 ff
– Verwalter 74, 199
– vorgetäuschter Eigenbedarf 112, 227 ff
– vorübergehende Nutzung 110 f
– wirtschaftliche Gründe 103
– Wohnberechtigung 190
– wohnbezogener Bedarf 100
Entwicklung der Vorschrift 3 ff
Erbbaurecht 147

Familienangehörige 78 ff

Genossenschaftswohnung 187 f
Geschäftsgrundlage 21
Gestuftes Mietverhältnis 11
Grenzen der Begründungspflicht 220 f

Haushaltsangehörige 87 ff
Hausmeisterwohnung 182
Heilung des Verzugs 51 f
Hilfsperson im Haushalt 185 f
Hinderung angemessener wirtschaftlicher Verwertung 142 ff
– Abbruchgenehmigung 156
– Angabe der Gründe 212 ff
– Angemessenheit 150
– ausgeschlossene Gründe 174 f
– Darlegungs- u Beweislast 146
– Erheblichkeit der Nachteile 160 ff
– Grundstück 149
– Hindernis 157
– konkretes Interesse des Vermieters 144
– Nachteile 160 ff
– Rechtsmissbrauch 171
– Sanierung 156
– Tatbestandsmerkmale 147 ff
– verfassungsrechtliche Grundlagen 142
– Verwertung 147
– Zweckentfremdung 155

Interessen
s Berechtigte Interessen des Vermieters

Juristische Person 77

Kirche 182, 197

Kündigung 13 ff
– außerordentliche fristlose 17
– außerordentliche mit gesetzlicher Frist 18
– Begründung 201 ff
– ordentliche 15
– Vermieter 13 f
Kündigungsgrund
– anfänglich bestehender Grund 222
– Angabe im Kündigungsschreiben 201 ff
– berechtigte Interessen s dort
– Nachschieben 222 ff
– nachträglich entstandener Grund 223 ff
– Vorliegen bei Vertragsabschluss 113 ff
Kündigungsschreiben 201 ff
Kündigungssperrfrist 14a

Mehrheit von Vermietern 75
Mietaufhebungsvertrag 54, 227
Mietminderung 49a
Mietverhältnis
– auflösende Bedingung 18
– bestimmte Zeit 16
– gestuftes 11
– Lebenszeit 15
– unbestimmte Zeit 15
Minderung, unberechtigte 49a

Nachschieben von Kündigungsgründen 222 ff
– anfänglich bestehende 222
– nachträglich entstandene 223 ff
Nießbrauch 147

Öffentlich geförderte Wohnung 190 ff
Öffentliches Interesse 189 ff
– Angabe der Gründe 219
– Erfüllung öffentlich-rechtlicher Pflichten 195
– Sanierungsmaßnahmen 194
– Sozialwohnung 190 ff

Pacht 12

Räumungsvergleich 228
Rechtsmissbrauch
– Betriebsbedarf 184
– Eigenbedarf 112 ff
– Hinderung angemessener wirtschaftlicher Verwertung 171 ff
Rücktritt 19 f

Sanierungsmaßnahmen	156, 194, 215	– Belästigungen	61 f
Schadensersatz wegen unberechtigter Kündigung	227 ff	– Darlegungs- u Beweislast	45
		– Erheblichkeit	39
– Darlegungs- u Beweislast	239	– Tatbestandsmerkmale	33 ff
– Mietaufhebungsvertrag	227	– Überbelegung	59 f
– Mitverschulden des Mieters	239	– Überlassung an Dritte	57
– Pflichtverletzung	229	– Verletzungshandlung	33 ff
– Räumungsvergleich	228	– Verschulden	41 ff
– Schaden	234 ff	– vertragswidriger Gebrauch	54
– unerlaubte Handlung	232 f	Verwalter	74, 199
Sonstige Kündigungsgründe	176 ff	Verwertung	
– Abrisskündigung	198	s Hinderung angemessener wirtschaftlicher Verwertung	
– Betriebsbedarf	177 ff		
– öffentliches Interesse	189 ff	Vertrag zugunsten Dritter	241b
– Unzumutbarkeit	197	Vorratskündigung	66, 91, 140 f
– verschiedene Gründe	198 ff		
Sozialleistungsträger	50	Wahlrecht bei Kündigungsart	30 ff
Sozialwohnung	190 ff	Wegfall des Eigenbedarfs	122 ff
		Werkwohnung	178 ff
Überbelegung	59 f		
Überhöhter Wohnbedarf	119 f	Zahlungsverzug	46 ff
Überlassung an Dritte	57	– durch den Sozialleistungsträger	50
Unabdingbarkeit	240	– Heilung des Verzugs	51 f
Unzumutbarkeit	197	Zweck der Vorschrift	4 ff
		Zweckentfremdung	155
Verletzung vertraglicher Verpflichtungen	30 ff	Zweitwohnung	106
– Angabe der Gründe	205 ff		

I. Allgemeine Kennzeichnung

1. Überblick

Die Vorschrift des § 573 BGB regelt als **zentrale Norm des sozialen Mietrechts** 1 (Jauernig/Teichmann Rn 1; Klein-Blenkers ua/Hinz Rn 3; MünchKomm/Häublein Rn 1; Soergel/Heintzmann Rn 2; Sonnenschein WuM 2000, 387, 392) den Kündigungsschutz von Mietverhältnissen über Wohnraum. Dieser Schutz besteht darin, dass der Vermieter ein solches Mietverhältnis durch ordentliche oder außerordentliche Kündigung mit gesetzlicher Frist (§§ 573d und 575a BGB verweisen auf § 573 BGB) nach Abs 1 nur kündigen kann, wenn er ein berechtigtes Interesse an der Beendigung hat. Damit sind Kündigungsgründe gemeint, die in Abs 2 beispielhaft aufgezählt sind. Hierzu gehören nicht unerhebliche, schuldhafte Vertragsverletzungen durch den Mieter, Eigenbedarf des Vermieters sowie Hinderung angemessener wirtschaftlicher Verwertung des Grundstücks. Die geplante Verwendung nicht zum Wohnen bestimmter Nebenräume oder Teile eines Grundstücks, um neuen Wohnraum zum Zwecke der Vermietung zu schaffen, stellt ebenfalls einen Kündigungsgrund dar, der aber nach dem MietRRG gesondert in § 573b BGB genannt wird. Darüber hinaus kommen sonstige, im Gesetz nicht ausdrücklich genannte Gründe in Betracht, da die Aufzählung in Abs 2 nicht abschließend ist. Einschränkungen des Kündigungsrechts wegen Eigenbedarfs und Hinderung angemessener wirtschaftlicher Verwertung bestehen unter bestimmten Voraussetzungen bei den in Eigentumswohnungen umgewandelten Mietwohnungen (§ 577a BGB).

2 Als berechtigte Interessen werden nach Abs 3 grundsätzlich nur die Gründe berücksichtigt, die in dem Kündigungsschreiben angegeben sind. Ausnahmen vom Kündigungsschutz gelten nach § 573a BGB für die Vermietung von Einliegerwohnraum in dem vom Vermieter selbst bewohnten Wohngebäude oder innerhalb seiner Wohnung sowie nach § 549 Abs 2 und 3 BGB bei den dort genannten Mietverhältnissen. Die Regelung des § 573 BGB kann nach Abs 4 nicht zum Nachteil des Mieters abbedungen werden.

2. Entwicklung der Vorschrift

3 Die Regelung des Kündigungsschutzes ist im Jahre 1971 mit einigen Abweichungen zunächst als Art 1 § 1 WKSchG I (BGBl I 1839) erlassen worden. Dieses Gesetz ist nach seinem Art 3 § 2 Abs 3 mit Ablauf des 31. 12. 1974 außer Kraft getreten. Bei der Neuregelung hat der Gesetzgeber davon abgesehen, die Vorschrift im WKSchG II (BGBl 1974 I 3603) zu belassen. Der Kündigungsschutz ist vielmehr mit Wirkung vom 1. 1. 1975 auf Dauer als § 564b aF in das BGB übernommen worden (ausführlich zur Entwicklungsgeschichte J Emmerich WuM 2015, 259, 259 ff). Durch das **MietRRG** wurde § 564b BGB aF in vier Vorschriften aufgeteilt. § 564b Abs 1, Abs 2 Nr 1, Nr 2 (S 1), Nr 3 und Abs 3 wurden zu § 573 BGB. Abs 4 wurde zu § 573a BGB, Abs 2 Nr 4 zu § 573b BGB und Abs 2 Nr 2 S 2 zu § 577a BGB. Inhaltliche Veränderungen gingen mit dieser Neuaufteilung nicht einher. Geringfügige sprachliche Veränderungen sind sachlich unbedeutend. Anders als im früheren Recht sind aber heute für die ordentliche Beendigung von Mietverhältnissen über Wohnraum in Ferienhäusern und Ferienwohnungen in Ferienhausgebieten Kündigungsgründe nach § 573 BGB erforderlich (BeckOK/Hannappel [1. 8. 2020] Rn 9; Schmidt-Futterer/Blank Rn 5; zur Übergangsregelung des Art 229 § 3 Abs 2 EGBGB näher Staudinger/Rolfs [2006] § 573 Rn 232). Veränderungen gab es auch betreffend der Kündigungssperrfristen nach Umwandlung in Eigentumswohnungen (vgl § 577a Rn 35 ff).

3. Zweck der Vorschrift

4 **a)** Die Aufnahme besonderer Vorschriften zum Schutz gegen die Kündigung eines Wohnraummietverhältnisses geht auf die im Jahre 1971 vorherrschende Auffassung zurück, dass angesichts der seinerzeit bestehenden Lage auf dem Wohnungsmarkt Maßnahmen zugunsten der Mieter erforderlich seien, durch die ein **Ausgleich für die unterschiedliche Marktstellung zwischen Vermieter und Mieter** geschaffen werden solle (BT-Drucks VI/2421, 1). Die Sozialklausel des § 556a BGB aF wurde vor allem für Gebiete mit erheblichem Fehlbestand an Mietwohnraum als unzureichend angesehen, weil die bei ausgeglichenen Marktverhältnissen vorhandene Angebotskonkurrenz als Regulativ ausscheide (BT-Drucks VI/1549, 7). Der Mieter, der sich zwar nicht auf eine individuelle Härte iS des § 556a BGB aF berufen könne, den aber regelmäßig ein Wohnungswechsel wegen der damit verbundenen Umstände und Aufwendungen nachhaltig treffe, könne seine Interessen gegenüber den Anforderungen des Vermieters nicht wirksam wahrnehmen. Denn bei einem größeren Nachfrageüberhang gehe der Vermieter mit der Kündigung regelmäßig kein Risiko ein. Deshalb sei ein verstärkter Kündigungsschutz für den Mieter geboten (BT-Drucks VI/1549, 7).

Der Vermieter soll ein Mietverhältnis über Wohnraum deshalb grundsätzlich nur 5 kündigen dürfen, wenn er ein berechtigtes Interesse an der Beendigung hat. Anders als nach der früher auf die Sozialklausel des § 556a BGB aF beschränkten Regelung wird damit schon die Kündigungsberechtigung des Vermieters von einer besonderen Voraussetzung abhängig gemacht. Grundsätzlich sollen als berechtigte Interessen des Vermieters nur die Gründe berücksichtigt werden, die im Kündigungsschreiben angegeben sind.

b) Die **Rechtfertigung** eines derartigen Kündigungsschutzes wurde weitgehend 6 **aus den Marktverhältnissen für Gebiete mit besonderem Wohnungsbedarf** hergeleitet. Die Regelung sollte ursprünglich (vgl BT-Drucks VI/1549, 2) auf solche, durch Rechtsverordnung zu bezeichnende Gebiete beschränkt bleiben. Schon im Gesetzgebungsverfahren wurde jedoch von dieser Einschränkung des örtlichen Anwendungsbereichs abgesehen. Vielmehr sollte das freie und unbeschränkte Kündigungsrecht des Vermieters, zunächst allerdings zeitlich befristet, für das gesamte Bundesgebiet ausgeschlossen werden (BT-Drucks VI/2421, 3). Auch bei der späteren Übernahme der Regelung in das BGB wurde betont, dass der Kündigungsschutz unabhängig davon erforderlich sei, ob die Lage auf dem Wohnungsmarkt ausgeglichen sei. Eine Belastung des vertragstreuen Mieters mit den Kosten und Unzuträglichkeiten, die ein Umzug regelmäßig mit sich bringe, sei bei der überragenden Bedeutung der Wohnung als Lebensmittelpunkt des menschlichen Daseins in einem sozialen Rechtsstaat nur gerechtfertigt, wenn der Vermieter ein berechtigtes Interesse an der Kündigung habe (BT-Drucks 7/2011, 7). Auch die Notwendigkeit, die Regelung gesetzlich zwingend vorzusehen, wurde nicht mehr mit den Marktverhältnissen begründet. Vielmehr wurde darauf abgestellt, dass der Kündigungsschutz nur durch eine unabdingbare Regelung verwirklicht werden könne (BT-Drucks 7/2011, 8).

c) Die Entwicklung der Vorschrift zeigt, wie sich eine zunächst auf besondere 7 Marktverhältnisse zugeschnittene und daraus gerechtfertigte Regelung vollständig von ihrem ursprünglichen Ansatz löst und unter sozialen Aspekten zu einem Dauerrecht erstarkt, das die Rechtsstellung des Mieters gegenüber dem Vermieter grundlegend verändert. Dieser **Bedeutungswandel** ist für die Auslegung der gesamten Norm entscheidend, da die Verhältnisse auf dem Wohnungsmarkt grundsätzlich keine Rolle spielen, sondern zugunsten des sozialen Anliegens eines besonderen Mieterschutzes zurückgedrängt sind. Ausgangspunkt der gesamten Regelung ist, dass **der vertragstreue Mieter** vor willkürlichen Kündigungen und damit **vor dem Verlust seiner Wohnung geschützt werden soll** (BT-Drucks 7/2011, 7; BVerfGE 89, 237, 241 = NJW 1994, 308; Weller JZ 2012, 881, 883). Der Begriff der willkürlichen Kündigung, der aus einer früheren Entscheidung des BVerfG stammt (BVerfGE 18, 121, 126 = NJW 1964, 1848), hat allerdings nicht die im Allgemeinen Sprachgebrauch übliche negative Bedeutung der Selbstherrlichkeit, Eigenmächtigkeit oder Wahllosigkeit. Willkürlich ist schon die ohne beachtliche Gründe ausgesprochene Kündigung (BVerfGE 68, 361, 371 = NJW 1985, 2633).

4. Verfassungsrechtliche Einordnung

8 a) Ziel des Kündigungsschutzes ist es, den vertragstreuen Mieter vor einer ohne beachtliche Gründe ausgesprochenen Kündigung des Vermieters und dem damit verbundenen Verlust seiner Wohnung zu schützen. Die Wohnung als Mittelpunkt der Lebensführung soll dem Mieter grundsätzlich erhalten bleiben. Die damit verbundene Einschränkung der Vermieterrechte ist nur durch die **Sozialpflichtigkeit des Eigentums** aus Art 14 Abs 2 GG zu rechtfertigen. Sie findet darin aber zugleich ihre Grenze. Eine durch die soziale Funktion nicht gebotene Begrenzung privatrechtlicher Befugnisse kann nicht auf Art 14 Abs 2 GG gestützt werden. Dies hat nicht nur der Gesetzgeber zu beachten. Es gilt in gleicher Weise für die praktische Anwendung der §§ 573 ff BGB (vMutius ZMR 1989, 121 ff). Hiernach ist es mit der Eigentumsgarantie des Art 14 Abs 1 S 1 GG zu vereinbaren, dass der Gesetzgeber das Kündigungsrecht des Vermieters in § 573 Abs 2 Nr 2 BGB von Eigenbedarf als einem berechtigten Interesse an der Beendigung des Mietverhältnisses abhängig gemacht hat (BVerfGE 68, 361, 367 ff = NJW 1985, 2633; BVerfGE 79, 292, 302 = NJW 1989, 970; BVerfG NJW 1988, 1075). In gleicher Weise ist es mit der Eigentumsgarantie vereinbar, wenn das Kündigungsrecht des Vermieters nach § 573 Abs 2 Nr 3 BGB voraussetzt, dass ihn die Fortsetzung des Mietverhältnisses an einer angemessenen wirtschaftlichen Verwertung des Grundstücks hindert (BVerfGE 79, 283, 289 = NJW 1989, 972). Auch bei der verfahrensmäßigen Geltendmachung von Kündigungsgründen ist der Eigentumsschutz zu beachten (BVerfG NJW 1988, 2725; BVerfG NJW 1992, 105; BVerfG NJW 1992, 1877; BVerfG NJW 1992, 2411, hierzu Finger WuM 1992, 508, 509; BVerfG NJW 1992, 2752; vgl Eisenschmid WuM 1990, 129, 132; Lammel NJW 1994, 3320, 3324; Meincke WuM 1994, 581, 583; Sonnenschein NJW 1993, 161, 166 ff). Damit sind dem von den Instanzgerichten zT überzogenen Mieterschutz Grenzen gezogen worden.

9 b) Auf der anderen Seite hat das BVerfG mit seiner Entscheidung, das **Besitzrecht des Mieters** an der gemieteten Wohnung sei **Eigentum iS des Art 14 Abs 1 GG**, dem Spannungsfeld von Eigentum, Vertragsfreiheit und Sozialpflichtigkeit eine neue Dimension hinzugefügt (BVerfG 26. 5. 1993 – 1 BvR 208/93, BVerfGE 89, 1, 5 ff = NJW 1993, 2035; BVerfG NZM 2004, 186; Klein-Blenkers ua/Hinz Rn 6). Das BVerfG betont zwar, aus dem Eigentumsschutz des Besitzrechts folge nicht, dass im Konflikt beider durch die Verfassung geschützten Eigentumspositionen in jedem Falle das Bestandsinteresse des Mieters vorgehe. Dennoch sind damit die Gewichte erheblich verschoben worden. Wegen ihrer besonderen Bedeutung für den Kündigungsschutz hat die Entscheidung eine lebhafte Diskussion ausgelöst (Depenheuer NJW 1993, 2561; Derleder WuM 1993, 514, 516 ff; Emmerich, in: FS Gitter [1995] 241; ders, in: FS Mestmäcker [1996] 989; Franke DWW 1993, 281; Roellecke JZ 1995, 74; Rüthers NJW 1993, 2587; Sternel MDR 1993, 729). Sie beeinflusst auch die Praxis. Das Besitzrecht an einer gemieteten Wohnung als Eigentum hat die Freiheitsgewährung des Art 14 Abs 1 S 1 GG zum verfassungsrechtlichen Prüfungsmaßstab im Konflikt zwischen dem Erlangungsinteresse des Vermieters und dem Beharrungsinteresse des Mieters gemacht (BVerfG NJW 1994, 41; BVerfG NZM 2004, 186 mit Bespr Lange ZMR 2004, 881; VerfG Brandenburg WuM 1994, 366; VerfGH Berlin GE 2003, 736; LG Lüneburg WuM 1995, 708; vMutius, in: Gedschr Sonnenschein [2002] 69, 81 ff).

II. Allgemeine Voraussetzungen

1. Mietverhältnis über Wohnraum

a) Wohnraummiete

Aus dem Standort des § 573 BGB ergibt sich, dass dieser grundsätzlich nur bei Mietverhältnissen über Wohnraum gilt (STAUDINGER/V EMMERICH [2021] Vorbem 24 zu § 535). Ob es sich um ein solches Mietverhältnis handelt, hängt davon ab, dass Vertragsgegenstand Räume sind, die **nach dem von den Parteien vereinbarten Zweck zum Wohnen bestimmt** sind (OLG Düsseldorf NZM 2002, 739; OLG Frankfurt ZMR 2009, 198), wobei die Parteien die Zweckbestimmung der vermieteten Räume auch während des laufenden Mietverhältnisses – ggf sogar konkludent – verändern können (vgl LG Hamburg NZM 1999, 464). Bei Mischmietverhältnissen ist durch Auslegung der getroffenen Vereinbarungen (§§ 133, 157 BGB) zu ermitteln, welcher Vertragszweck im Vordergrund steht. Entscheidend ist der wahre, das Rechtsverhältnis prägende Vertragszweck, also die gemeinsamen übereinstimmenden Vorstellungen der Vertragsparteien darüber, wie das Mietobjekt genutzt werden soll und welche Art der Nutzung im Vordergrund steht (BGH 9. 7. 2014 – VIII ZR 376/13, BGHZ 202, 39, 45 = NJW 2014, 2864; aM OLG Oldenburg 22. 7. 2014 – 12 U 46/14, NZM 2015, 215). Ist das Mischmietverhältnis wegen überwiegender Wohnnutzung als Wohnraummietverhältnis anzusehen, braucht sich das berechtigte Interesse des Vermieters iS von § 573 Abs 1 und 2 BGB (zB der Eigenbedarf) nur auf die Wohnräume zu beziehen (BGH 1. 7. 2015 – VIII ZR 14/15, NJW 2015, 2727). Auf Wohnräume iS von § 549 Abs 2 und 3 BGB (STAUDINGER/ARTZ [2021] § 549 Rn 22 ff) ist § 573 BGB nicht anzuwenden.

b) Gestuftes Mietverhältnis

Das Problem des gestuften Mietverhältnisses besteht in der Frage, ob dem **Untermieter von Wohnraum** ein umfassender Bestandsschutz zugutekommt. Im Ausgangspunkt hat der Gesetzgeber diesen Schutz an eine unmittelbare mietvertragliche Beziehung zwischen den Parteien gebunden. Der Untermieter von Wohnraum genießt deshalb gegenüber seinem Untervermieter vollen Bestandsschutz (BeckOK/HANNAPPEL [1. 8. 2020] Rn 9; MünchKomm/HÄUBLEIN Rn 16, 43 ff; SCHMID/HARZ/GAHN Rn 3; SCHMIDT-FUTTERER/BLANK Rn 9; SOERGEL/HEINTZMANN Rn 3; SPIELBAUER/SCHNEIDER/KRENEK Rn 9), soweit das Untermietverhältnis nicht nach § 549 Abs 2 BGB, Abs 3 BGB vollständig oder wie bei Einliegerwohnraum nach § 573a BGB teilweise den Schutzbestimmungen entzogen ist. Im Hauptmietverhältnis handelt es sich dagegen um geschäftliche Miete, wenn der Zweck dieses Vertrags nicht darin besteht, dem Hauptmieter die eigene Benutzung der Wohnung zu ermöglichen (OLG Hamburg NZM 1998, 758; STAUDINGER/ROLFS [2021] § 546 Rn 101 ff). Deshalb ist beispielsweise der Mietvertrag mit einer Gemeinde, die in den angemieteten Wohnungen Flüchtlinge unterzubringen beabsichtigt, kein Wohnraummietvertrag (BGH 23. 10. 2019 – XII ZR 125/18, BGHZ 223, 290, 296 ff = NJW 2020, 331). Allerdings können die Parteien des Hauptmietverhältnisses vereinbaren, dass auch in ihrem Rechtsverhältnis die Vorschriften der §§ 573 ff BGB zur Anwendung gelangen (BGH 13. 2. 1985 – VIII ZR 36/84, BGHZ 94, 11, 17 = NJW 1985, 1772). Ob sie eine solche vertragliche Abrede getroffen haben, ist ggf im Wege der Auslegung ihrer Vereinbarungen zu ermitteln. Ist der Mietvertrag mit „Mietvertrag für Wohnräume" überschrieben, kann der Vermieter vertraglich nur schriftlich unter Angabe von Kündigungsgründen und unter Hinweis auf Widerspruchsrecht unter Einhaltung einer Frist kündigen, die den Wohnraumkündigungsfristen des § 573c BGB nachgebildet sind, so haben die Parteien die Geltung des Wohnraumkündigungsschutzes vereinbart (KG 27. 8. 2015 – 8 U 192/14, WuM 2015, 666; ähnlich LG Berlin 15. 10. 2015 – 67 S 187/15, GE 2015, 1399).

11a Darüber hinaus ordnet § **578 Abs 3 S 1** für seit dem 1. 1. 2019 neu begründete Mietverhältnisse (Art 229 § 49 Abs 3 EGBGB) die entsprechende Anwendung des § 573 BGB auf Verträge über die Anmietung von Räumen durch eine juristische Person des öffentlichen Rechts oder einen anerkannten privaten Träger der Wohlfahrtspflege an, die geschlossen werden, um die Räume Personen mit dringendem Wohnungsbedarf zum Wohnen zu überlassen. Unter diesen Voraussetzungen besteht daher auch für das Hauptmietverhältnis, das selbst keinen Wohnzwecken dient, der Kündigungsschutz des sozialen Mietrechts.

c) Pacht und ähnliche Nutzungsverhältnisse

12 Auf die Pacht, Leihe und ähnliche Nutzungsverhältnisse sind die §§ 573 ff BGB grundsätzlich nicht anwendbar (BeckOGK/Geib [1. 7. 2020] Rn 10; Erman/Lützenkirchen Rn 4). Da die mietrechtlichen Vorschriften für die Pacht nach § 581 Abs 2 BGB entsprechend anzuwenden sind, ist der Kündigungsschutz nach den für ein Mischmietverhältnis maßgebenden Grundsätzen aber nur ausgeschlossen, wenn die Pächterwohnung gegenüber dem sonstigen Anteil des Pachtgegenstandes zurücktritt oder nicht wenigstens gleichwertig ist. Ebensowenig liegt ein Mietverhältnis über Wohnraum vor, wenn ein unbebautes Grundstück vermietet wird und der Mieter hierauf ein Wohngebäude errichtet, das als Scheinbestandteil iS des § 95 BGB in seinem Eigentum steht und nicht in den Mietvertrag einbezogen worden ist (BGHZ 92, 70, 75 f = NJW 1984, 2878 mAnm Sonnenschein JZ 1985, 45).

2. Kündigung des Vermieters

13 Die Regelungen der §§ 573, 573a, 573b und 577a BGB betreffen grundsätzlich nur die Kündigung eines Mietverhältnisses durch den Vermieter. Für die Wirksamkeit einer Kündigung ist nach allgemeinen Grundsätzen erforderlich, dass sie von einer hierzu befugten Person erklärt wird. Grundsätzlich sind nur die Parteien des Mietverhältnisses zu kündigen berechtigt (Staudinger/Rolfs [2021] § 542 Rn 6 ff). Im Rahmen der §§ 573, 573a und 573b BGB kommt es also darauf an, dass der Kündigende im Zeitpunkt der Abgabe und des Zugangs der Erklärung die Stellung des Vermieters einnimmt. Dabei ist aber die Stellung als Untervermieter ausreichend (LG Lüneburg DWW 1999, 296). Allein aus seiner Person ist es zu beurteilen, ob ein berechtigtes Interesse an der Beendigung des Mietverhältnisses besteht.

14 Hieraus ergeben sich erhebliche Probleme bei einem **Parteiwechsel**, insbesondere in den Fällen der Veräußerung des Grundstücks nach § 566 BGB und einer Rechtsnachfolge kraft Gesetzes wie § 1922 BGB oder aufgrund einer Vertragsübernahme (Staudinger/Rolfs [2021] § 542 Rn 23 ff). Auszugehen ist von der Grundregel, dass derjenige, der noch nicht die Rechtsstellung des Vermieters einnimmt, nicht kündigen kann. Da das Kündigungsrecht jedoch nicht nur eine Frage der Erklärung ist, sondern nach § 573 Abs 1 und 2 BGB auch davon abhängt, dass ein Kündigungsgrund besteht, treten weitere Probleme hinzu. Deshalb ist im Einzelnen danach zu unterscheiden, ob die Kündigung vor oder nach dem Parteiwechsel erklärt worden ist und ob sie auf Gründe gestützt wird, die in der Person des Vorgängers oder des

Nachfolgers auf der Vermieterseite erfüllt sind (Sonnenschein ZMR 1992, 417 ff; siehe unten Rn 69).

Zu beachten ist, dass die in § 577a Abs 1 BGB normierte **Kündigungssperrfrist**, **14a** innerhalb derer eine Kündigung unwirksam ist (vgl § 577a Rn 18), zum 1. 5. 2013 auf weitere Fälle erstreckt wurde, ohne dass es auf die Begründung von Wohneigentum ankommt. Nach dem neu eingefügten § 577a Abs 1a S 1 BGB besteht die Kündigungsbeschränkung bereits dann, wenn vermieteter Wohnraum nach Überlassung an den Mieter an eine Personengesellschaft oder Erwerbermehrheit veräußert bzw zu deren Gunsten mit einem Recht belastet wird, durch dessen Ausübung dem Mieter der vertragsgemäße Gebrauch entzogen wird, soweit nicht eine Ausnahme nach § 577a Abs 1a S 2 BGB greift (vgl § 577a Rn 17 ff).

a) Ordentliche Kündigung
In erster Linie fällt ein Mietverhältnis, das auf unbestimmte Zeit eingegangen ist und **15** durch ordentliche Kündigung beendet werden soll, in den Anwendungsbereich des § 573 BGB. Die **Beweislast** für die Kündbarkeit und somit auch dafür, dass keine feste Mietzeit bestimmt ist, trägt der kündigende Vermieter (LG Aachen NJW-RR 1990, 1163). Der auf Lebenszeit des Mieters abgeschlossene Mietvertrag ist nicht wegen eines berechtigten Interesses des Vermieters kündbar (AG Geesthacht WuM 1990, 80).

b) Außerordentliche Kündigung mit gesetzlicher Frist
In gleicher Weise ist die Vorschrift auf die außerordentliche Kündigung mit gesetz- **16** licher Frist eines Mietverhältnisses anwendbar, das gemäß § 575 BGB auf bestimmte Zeit abgeschlossen und dessen vertragliche Dauer noch nicht abgelaufen ist (§ 575a BGB). Die außerordentliche Kündigung mit gesetzlicher Frist kommt ferner für ein Mietverhältnis in Betracht, bei dem die ordentliche Kündigung vertraglich oder gesetzlich für eine gewisse Zeit ausgeschlossen ist (vgl § 573d Rn 5 ff) oder für das nach § 573c Abs 1 S 2 BGB oder nach dem Vertrag eine längere als die normale gesetzliche Frist maßgebend ist (§ 573d BGB). Das Gesetz unterscheidet nicht zwischen den einzelnen Kündigungsarten (BGHZ 84, 90, 100 f = NJW 1982, 1696; OLG Hamm WuM 1994, 520; OLG Karlsruhe WuM 1990, 60; LG Duisburg WuM 1994, 369; LG Münster WuM 1996, 37; AG Tempelhof-Kreuzberg GE 1995, 499; Erman/Lützenkirchen Rn 6; MünchKomm/ Häublein Rn 27; **aM** OLG Hamm WuM 1996, 752; LG Nürnberg-Fürth WuM 1985, 228). Würde die außerordentliche Kündigung mit gesetzlicher Frist ohne berechtigtes Interesse zugelassen, käme dem vertragstreuen Mieter nur ein lückenhafter Kündigungsschutz zugute (BT-Drucks 7/2011, 8; BT-Drucks 7/2638, 2). In dieser Beschränkung des außerordentlichen Kündigungsrechts liegt kein Verfassungsverstoß (BVerfG ZMR 1989, 410).

c) Außerordentliche fristlose Kündigung
Die außerordentliche fristlose Kündigung fällt nicht unter § 573 BGB (BT-Drucks 7/ **17** 2011, 8; BT-Drucks 7/2638, 2; Herrlein/Kandelhard/Herrlein Rn 2; Prütting ua/Riecke Rn 5). Der Bestandsschutz soll nicht solchen Mietern zugutekommen, die in schwerwiegender Weise gegen ihre vertraglichen Pflichten verstoßen. Geschützt wird nur der vertragstreue Mieter. Dies ergibt sich mittelbar auch aus § 573 Abs 2 Nr 1 BGB.

d) Mietvertrag mit auflösender Bedingung
Bei einem Mietverhältnis über Wohnraum kann sich der Vermieter gemäß § 572 **18** Abs 2 BGB nicht auf eine Vereinbarung berufen, nach der das Mietverhältnis zum

Nachteil des Mieters auflösend bedingt ist. Er ist daher auf die ordentliche Kündigung nach zu § 573 BGB verweisen (vgl § 572 Rn 9 ff).

e) Rücktritt

19 Auch auf ein **vereinbartes Rücktrittsrecht** kann sich der Vermieter von Wohnraum nach dessen Überlassung an den Mieter nicht mehr berufen. Ein gleichwohl erklärter Rücktritt muss daher nach § 140 BGB in eine Kündigung umgedeutet werden, wenn diese nach den §§ 573 ff BGB wirksam wäre. Wird das Rücktrittsrecht dagegen noch vor der Überlassung des Wohnraums ausgeübt, besteht kein Bedürfnis für einen Bestandsschutz.

20 Das **gesetzliche Rücktrittsrecht** (vgl § 572 Rn 6) wird nur vor Überlassung des Wohnraums relevant. Eine Anwendung der § 573 ff BGB kommt nicht in Betracht, da ein Bestandsschutz nicht erforderlich ist. Nach der Überlassung wird das gesetzliche Rücktrittsrecht durch das Recht zur außerordentlichen fristlosen Kündigung gemäß § 569 BGB verdrängt, sodass insoweit auch die Anwendung der §§ 573 ff BGB ausscheidet.

f) Beendigung aufgrund sonstiger Umstände

21 Der **Mietaufhebungsvertrag** (STAUDINGER/ROLFS [2021] § 542 Rn 174 ff) wird von § 573 BGB grundsätzlich nicht erfasst, da das Mietverhältnis nicht durch Kündigung beendet wird. Dies steht jedoch unter dem Vorbehalt des Abs 4, der einer Umgehung des Bestandsschutzes, etwa durch ein bindendes Mietaufhebungsangebot, Grenzen setzt (STAUDINGER/ROLFS [2021] § 542 Rn 174). Ebensowenig ist § 573 BGB auf die Anfechtung eines Mietvertrags (STAUDINGER/ROLFS [2021] § 542 Rn 201 ff), auf die Störung der Geschäftsgrundlage (STAUDINGER/ROLFS [2021] § 542 Rn 212 ff) und auf das Erlöschen eines Dauerwohnrechts oder Dauernutzungsrechts (STAUDINGER/ROLFS [2021] § 542 Rn 216) anwendbar.

3. Berechtigtes Interesse des Vermieters an der Beendigung des Mietverhältnisses

22 a) Die ordentliche Kündigung bietet den Parteien im Normalfall die Möglichkeit, sich von einem Mietvertrag als Dauerschuldverhältnis zu lösen, ohne dass hierfür ein bestimmter Grund maßgebend sein muss. § 573 Abs 1 S 1 BGB macht demgegenüber die Kündigung des Vermieters davon abhängig, dass er ein berechtigtes Interesse an der Beendigung des Mietverhältnisses hat. Der **Begriff des berechtigten Interesses** wird im Gesetz nicht näher erläutert. Die Entstehungsgeschichte und der sachliche Zusammenhang mit den Vorschriften der §§ 574 ff BGB zeigen, dass mit den Interessen die Gründe gemeint sind, die aufseiten des Vermieters für eine Beendigung des Mietverhältnisses vorliegen. Der Mieter hingegen kann ohne Grund ordentlich kündigen.

23 b) Der weite Kreis möglicher Kündigungsgründe wird dadurch eingeschränkt, dass es sich um berechtigte Interessen des Vermieters handeln muss. Die Prüfung verlagert sich entscheidend auf die **Berechtigung** der Gründe, die den Vermieter zu einer Kündigung bewogen haben. Dieser Begriff wird vom Gesetz nicht allgemein bestimmt, sodass bei seiner Auslegung auf die **geltende Rechts- und Sozialordnung** abzustellen ist. Dabei ist in besonderem Maße die **Wertordnung der Grundrechte** zu

berücksichtigen (BGHZ 92, 213, 219 = NJW 1985, 130; BGHZ 179, 289, 293 = NJW 2009, 1200). Durch Art 14 Abs 2 GG wird der rechtliche Bezugspunkt festgelegt, nach dem zu entscheiden ist, ob sich die Kündigungsgründe gegenüber der **Sozialpflichtigkeit des Eigentums** durchsetzen und damit berechtigt sind. Da eine vermietete Wohnung in einem sozialen Bezug und einer sozialen Funktion steht, unterliegt sie dem Postulat einer am Gemeinwohl orientierten Nutzung. Dieses Postulat umfasst das Gebot, Rücksicht auf die Belange des Mieters zu nehmen, der auf die Nutzung der Wohnung angewiesen ist. An die Voraussetzungen für eine Kündigung sind deshalb strenge Anforderungen zu stellen (BayObLG WuM 1983, 129).

Auf der anderen Seite steht die **verfassungsrechtlich garantierte Eigentumsfreiheit**, 24 der in gleicher Weise wie dem Gebot einer sozialgerechten Eigentumsordnung Rechnung zu tragen ist. Der Ausschluss einer willkürlichen, ohne beachtliche Gründe veranlassten Kündigung ist verfassungsrechtlich aber nicht zu beanstanden, weil eine derartige Ausübung von Eigentümerbefugnissen im Hinblick auf die soziale Bedeutung der Wohnung für den Mieter keinen Schutz durch die Verfassung genießt (BVerfGE 68, 361, 371 = NJW 1985, 2633). Damit kann die Eigentumsgarantie eine Nutzung nicht schützen, bei der die soziale Funktion der Wohnung missachtet wird. Ebensowenig rechtfertigt die Sozialpflichtigkeit des Eigentums aber eine Begrenzung privatrechtlicher Befugnisse, die durch die soziale Funktion der Wohnung nicht geboten ist (BVerfGE 37, 132, 140 f = NJW 1974, 1499 mAnm FEHL NJW 1974, 1939). Der Eigentümer kann deshalb grundsätzlich allein darüber bestimmen, welchen Wohnbedarf er für sich und den begünstigten Personenkreis geltend machen will (BVerfGE 68, 361, 372 f = NJW 1985, 2633; BVerfG NJW 1988, 1075 mAnm SCHULTE JZ 1988, 611). Hierfür reichen vernünftige und nachvollziehbare Gründe aus (BVerfG 14. 2. 1989 – 1 BvR 308/88 ua, BVerfGE 79, 292, 305 = NJW 1989, 970; BVerfG 23. 4. 2014 – 1 BvR 2851/13, NJW 2014, 2417; BGHZ 103, 91, 96 ff = NJW 1988, 904 mAnm SCHULTE JZ 1988, 611). Vorschriften über den Kündigungsschutz dürfen nicht in die Substanz des Eigentums eingreifen, indem sie Privatnützigkeit und Verfügungsbefugnis wirtschaftlich ihres Sinnes entleeren (BVerfGE 79, 283, 290 = NJW 1989, 972).

c)   Als berechtigte Interessen des Vermieters an der Beendigung des Mietver- 25 hältnisses sind nach Abs 2 „insbesondere" die schuldhafte Verletzung vertraglicher Verpflichtungen durch den Mieter in Nr 1, Eigenbedarf des Vermieters nach Nr 2 und die Hinderung angemessener wirtschaftlicher Verwertung des Grundstücks nach Nr 3 anzusehen. Damit enthält das Gesetz eine nur **beispielhafte Aufzählung** gesetzlicher Kündigungsgründe (BT-Drucks 7/2011, 8; BT-Drucks 7/2638, 2; OLG Stuttgart WuM 1991, 330; OLG Stuttgart WuM 1991, 379).

d)   Die **Gegeninteressen des Mieters** sind im Rahmen des § 573 BGB nur insoweit 25a zu berücksichtigen, als sie unabhängig vom Einzelfall sind. Zu berücksichtigen ist daher, dass der Wohnraum den Mittelpunkt der persönlichen Lebensführung des Mieters bildet (vgl BVerfG 8. 1. 1985 – 1 BvR 792/83 ua, BVerfGE 68, 361, 370 = NJW 1085, 2633; BVerfG 3. 10. 1989 – 1 BvR 558/89, BVerfGE 81, 29, 32 = NJW 1990, 309) und jeder Umzug unabhängig von der Lage auf dem konkreten örtlichen Wohnungsmarkt mit Belastungen verbunden ist, die den engeren persönlichen Lebenskreis betreffen (BVerfG 8. 1. 1985 – 1 BvR 792/83 ua, BVerfGE 68, 361, 370 = NJW 1085, 2633; BVerfG 3. 10. 1989 – 1 BvR 558/89, BVerfGE 81, 29, 31 = NJW 1990, 309; BGH 10. 5. 2017 – VIII ZR 292/15, NZM 2017, 559). Besondere Belange des Mieters, aus denen sich eine individuelle Härte im Einzelfall ergibt, sind dagegen erst auf dessen Widerspruch im Rahmen des § 574 BGB hin relevant (BGH 29. 3. 2017 – VIII ZR 45/16, BGHZ 214, 269, 291 = NJW 2017, 2018).

4. Keine Kündigung zum Zweck der Mieterhöhung (Abs 1 S 2)

26 Abs 1 S 2 verbietet die Kündigung eines Mietverhältnisses über Wohnraum zum Zwecke der Mieterhöhung (Verbot der Änderungskündigung). Diese Regelung war bis zum Inkrafttreten des MietRRG in § 1 MHG verortet. Aus rechtssystematischen Gründen ist sie zu den Kündigungsschutzvorschriften des § 573 BGB hinzugezogen worden. Das Verbot der Änderungskündigung betrifft nämlich nicht die Frage der Mieterhöhung, sondern statuiert die Unzulässigkeit einer Kündigung (Herrlein/Kandelhard/Herrlein Rn 1). Gemeint sind damit allein **Änderungskündigungen** mit dem Ziel der Mieterhöhung (MünchKomm/Häublein Rn 39), nicht hingegen sonstige normale ordentliche Kündigungen. Unberührt bleibt außerdem die Möglichkeit des Vermieters zur außerordentlichen Kündigung.

27 Ordentliche Kündigungen sind durch Abs 1 S 2 nur verboten, wenn sie gerade zum **Zwecke der Mieterhöhung** erfolgen. Das Verbot des Abs 1 S 2 greift nur ein, wenn das überwiegende Motiv der Vermieterkündigung die Erhöhung der Miete ist. Jede ordentliche Kündigung mit einem anderen Zweck ist hingegen erlaubt. Das Gesetz verlangt hier folglich eine Erforschung der Motive des Vermieters bei Ausspruch der Kündigung. Obwohl man meinen sollte, dass solche Motivforschung erhebliche Probleme aufwirft, haben sich hierbei bisher in der Praxis keine besonderen Schwierigkeiten ergeben. Offenkundig liegen im Regelfall die Dinge klar zutage. So ist zB eine auf Vertragsverletzungen gestützte Kündigung für unwirksam gehalten worden, wenn der Vermieter sie ersichtlich deswegen erklärt hatte, weil der Mieter sich nicht mit einer Umstellung auf Nettomiete einverstanden erklärt hatte (AG Tiergarten GE 2000, 208).

28 Die **Beweislast** dafür, dass der Vermieter mit der Kündigung in erster Linie eine Mieterhöhung erreichen will, trägt der Mieter (Blank/Börstinghaus/Blank/Börstinghaus Rn 255; MünchKomm/Häublein Rn 40; Schmidt-Futterer/Blank Rn 280). Es spricht zunächst keine tatsächliche **Vermutung** dafür, dass eine vermieterseitige Kündigung zum Zwecke der Mieterhöhung erfolgt und daher unzulässig ist (Schmidt-Futterer/Blank Rn 279). Dies gilt selbst dann, wenn der Vermieter zunächst vergeblich eine Mieterhöhung durchzusetzen versucht hatte und im Anschluss hieran nach § 573 BGB kündigt. In der Regel wird eine Kündigung in einem solchen Fall eher aus Verärgerung über die Ablehnung der Mieterhöhung verbunden mit dem Wunsch, sich von dem unliebsamen Mieter zu trennen, erfolgen. Die Absicht, nach Beendigung des Mietverhältnisses mit demselben Mieter einen neuen Mietvertrag mit einer höheren Miete abzuschließen, wird dagegen meistens nicht bestehen. Letzteres wäre aber für die Annahme eines Kündigungsverbotes erforderlich (ebenso Schmidt-Futterer/Blank Rn 279). Ebenso steht es idR, wenn der Vermieter im unmittelbaren Anschluss an eine gegen Abs 1 S 2 verstoßende Änderungskündigung erneut unter Berufung auf § 573 BGB kündigt (**aM** LG Köln WuM 1974, 9; LG Mannheim MDR 1989, 381; LG Osnabrück WuM 1973, 63).

29 Abs 1 S 2 stellt ein **gesetzliches Verbot iS des § 134 BGB** dar, sodass eine dagegen verstoßende Kündigung nichtig ist (BeckOK/Hannappel [1. 8. 2020] Rn 16). Das gilt selbst dann, wenn der Vermieter an sich nach § 573 BGB kündigen könnte, weil er ein berechtigtes Interesse an der Beendigung des Mietverhältnisses hat, sofern er nur mit seiner Kündigung in erster Linie eine Erhöhung der Miete erreichen will. Die Nichtigkeit einer Kündigung nach § 134 BGB wegen des Verstoßes gegen Abs 1 S 2 erfasst auch ein etwaiges mit der unzulässigen Änderungskündigung verbundenes Mieterhöhungsverlangen (AG Köln WuM 1989, 81) sowie sämtliche **Umgehungsgeschäfte** wie zB die zeitliche Befristung der Geltungsdauer der Vereinbarung über die Miethöhe (AG Frankfurt aM WuM 1996, 556). Die bloße Drohung mit einer Änderungskündigung ist gleichfalls unzulässig (AG Köln WuM 1988, 167).

III. Nicht unerhebliche, schuldhafte Verletzung vertraglicher Verpflichtungen durch den Mieter (Abs 2 Nr 1)

1. Allgemeines

Der Vermieter hat nach § 573 Abs 2 Nr 1 BGB ein berechtigtes Interesse an der Beendigung des Mietverhältnisses, wenn der Mieter seine vertraglichen Verpflichtungen schuldhaft nicht unerheblich verletzt hat. Dies ist zunächst der Fall, wenn Gründe vorliegen, die den Vermieter an sich zur fristlosen Kündigung nach § 543 Abs 2 S 1 Nr 2 BGB berechtigen würden. Wählt der Vermieter stattdessen den Weg der ordentlichen Kündigung, hat er ein berechtigtes Interesse iS des Abs 2 Nr 1 (BGH NJW 2006, 1585). Das Gleiche gilt bei schuldhaften Vertragsverletzungen von geringerer Bedeutung, die kein Recht zur außerordentlichen fristlosen Kündigung ergeben, aber dennoch nicht unerheblich sind (BT-Drucks VI/1549, 8). Die **Wahlmöglichkeit zwischen fristloser und fristgerechter Kündigung** führt allerdings zu einer Reihe von Problemen, weil sich die Tatbestandsmerkmale nicht decken und damit die Frage auftritt, inwieweit Merkmale der einen Kündigungsnorm auf die andere übertragbar sind (BLANK, in: 10 Jahre Mietrechtsreformgesetz [2011] 257, 259 ff; HONSELL AcP 186 [1986] 115, 141; LAMMEL BlGBW 1982, 165, 166). 30

So ist vor der ordentlichen Kündigung nach § 573 Abs 2 Nr 1 BGB **grundsätzlich keine Abmahnung erforderlich** (BGH NJW 2008, 508 mit zust Bespr FISCHER WuM 2008, 251, 252 f; Anm RAVE ZMR 2008, 199 u kritischer Anm BLANK WuM 2008, 91; OLG Oldenburg NJW-RR 1992, 79; LG Berlin 21. 1. 2019 – 65 S 220/18, ZMR 2019, 587; BeckOK/HANNAPPEL [1. 8. 2020] Rn 22; BUB/TREIER/FLEINDL Rn IV 111; PALANDT/WEIDENKAFF Rn 13; PRÜTTING ua/RIECKE Rn 12; SCHLÄGER ZMR 1991, 41, 47; **aM** LG Düsseldorf DWW 1989, 393; LG Itzehoe WuM 1992, 608; LG Lüneburg WuM 1995, 708; LG Münster WuM 1985, 266 [LS]; AG Köln WuM 1991, 577; AG München ZMR 2013, 450; AG Recklinghausen 9. 8. 2017 – 56 C 16/17, WuM 2017, 719; AG Unna DWW 1990, 53; BLANK/BÖRSTINGHAUS/BLANK/BÖRSTINGHAUS Rn 13). Dieses anzunehmen widerspräche sowohl dem Willen des Gesetzgebers (vgl BT-Drucks 14/4553, 44) als auch dem Gesetzeszweck. Für den Zahlungsverzug gilt nichts anderes (BGH NJW 2008, 508; vgl auch BGH NZM 2009, 314; FLATOW/KNICKREHM WuM 2018, 465, 486; **aM** LG Berlin ZMR 2009, 285 und jedenfalls bei langjährigem Mietverhältnis auch LG Berlin 3. 2. 2017 – 67 S 395/16, NZM 2018, 35; KOSSMANN/MEYER-ABICH § 117 Rn 27). Allerdings ist die Abmahnung bzw das wiederholte Fehlverhalten des Mieters ihrer zum Trotz ein Gesichtspunkt bei der Prüfung, ob ihm eine schuldhafte und nicht unerhebliche Pflichtverletzung zur Last fällt (BGH 28. 11. 2007 – VIII ZR 145/07, NJW 2008, 508; BGH 25. 8. 2020 – VIII ZR 59/20, NZM 2020, 885; LG Berlin GE 2010, 65; LG Berlin GE 2010, 65; LG Berlin GE 2010, 205; LG Berlin 23. 1. 2018 – 66 S 243/17, WuM 2018, 371; BeckOGK/GEIB [1. 7. 2020] Rn 25). Eine Abmahnung kann 31 daher zB ausnahmsweise erforderlich sein, wenn der Vermieter das von ihm bislang jahrelang geduldete vertragswidrige Verhalten des Mieters nicht mehr hinzunehmen bereit ist (LG Berlin GE 2012, 343; LG Berlin 23. 10. 2015 – 65 S 239/15, WuM 2016, 490; AG Pinneberg NZM 2009, 432; nicht nur auf Ausnahmefälle begrenzt Jauernig/Teichmann Rn 2; Kossmann/Meyer-Abich § 116 Rn 25 f; Spielbauer/Schneider/Krenek Rn 23). Mit der Abmahnung verzichtet der Vermieter konkludent darauf, den gerügten Vertragsverstoß zum Anlass für eine Kündigung zu nehmen (LG Berlin 26. 9. 2017 – 67 S 166/17, ZMR 2018, 44; AG Recklinghausen 9. 8. 2017 – 56 C 16/17, WuM 2017, 719); das schließt natürlich nicht aus, dass er bei späteren erneuten einschlägigen Pflichtverletzungen zur Beurteilung der Erheblichkeit derselben sowie des Verschuldens des Mieters zu dessen Nachteil berücksichtigt wird. Bei der außerordentlichen fristlosen Kündigung ist jedoch gemäß § 543 Abs 2 S 1 Nr 1 BGB und Abs 3 BGB stets eine Abmahnung der Pflichtverletzung erforderlich. Die Rechtmäßigkeit der Abmahnung wird inzident im Rahmen des Rechtsstreits um die Wirksamkeit der Kündigung bzw die Räumung der Wohnung gerichtlich überprüft. Der Mieter kann – anders als der Arbeitnehmer (vgl BAG AP Nr 2 zu § 611 BGB Nebentätigkeit = NZA 1997, 145; BAG AP Nr 8 zu § 611 BGB Nebentätigkeit = NZA 2002, 965) – nicht analog § 1004 BGB isoliert die Beseitigung einer unrechtmäßigen Abmahnung verlangen, da eine Beeinträchtigung seines allgemeinen Persönlichkeitsrechts hiermit nicht verbunden ist (BGH NJW 2008, 1303).

32 Eine hilfsweise zur fristlosen Kündigung ausgesprochene ordentliche Kündigung ist nicht deshalb unwirksam, weil die außerordentliche Kündigung durch Zahlung in der **Schonfrist** unwirksam wird (BGH 16. 2. 2005 – VIII ZR 6/04, NZM 2005, 334; BGH NJW 2006, 1585; LG Berlin 16. 9. 2014 – 67 S 290/14, NZM 2014, 862; näher unten Rn 51 ff). Besteht der Kündigungsgrund in einem Streit zwischen mehreren Mietern, wird dieser Streit aber später durch einen Schiedsvergleich beigelegt, so entfällt das Recht, zu kündigen (AG Köln WuM 1988, 57). Das Kündigungsrecht kann auch **verwirkt** werden (LG Düsseldorf WuM 1990, 74; vgl auch BGH NJW 2005, 2775 betreffend fristlose Kündigung). Länger zurückliegende Pflichtverletzungen allgemein unter dem Gesichtspunkt der Verwirkung unberücksichtigt zu lassen, ist aber abzulehnen (Bub/Treier/Fleindl Rn IV 111).

2. Tatbestandsmerkmale im Einzelnen

a) Pflichtverletzung

33 Der Mieter muss eine **Verletzungshandlung** begangen haben, die einen Verstoß gegen seine vertraglichen Pflichten bedeutet. Sie kann in einem Tun oder Unterlassen bestehen (Kinne ua/Schach Rn 7; Schmid/Harz/Gahn Rn 15a). Gleichzustellen ist eine Verletzungshandlung durch Personen, für deren Verhalten der Mieter nach § 278 BGB oder § 540 Abs 2 BGB einzustehen hat (OLG Köln WuM 1998, 23; LG Berlin NZM 1998, 573; LG Berlin WuM 2011, 220; s aber zum Verschulden unten Rn 41 ff). Es kann sich um Haupt- oder Nebenpflichten handeln. Unerheblich ist, ob sich die Pflicht unmittelbar aus dem Gesetz oder als besondere Vereinbarung aus dem Mietvertrag ergibt. Der verfassungsrechtliche Schutz des Mieters aus Art 13 GG und Art 14 Abs 1 GG ist dabei jedoch zu berücksichtigen (BVerfG NZM 2004, 186). Eine bloße **Verdachtskündigung** kommt nicht in Betracht (BeckOGK/Geib [1. 7. 2020] Rn 19; Blank/Börstinghaus/Blank/Börstinghaus Rn 10; **aM** LG Itzehoe 20. 7. 2018 – 9 S 70/17, ZMR 2018, 829; AG Lichtenberg NJW-RR 2003, 442). So verletzt der Mieter den Vertrag, wenn er die vereinbarte Mietkaution nicht entrichtet (AG Hamburg-Blankenese ZMR 2011, 884; AG Neukölln GE 2008, 1431; AG Neukölln GE 2013, 271; näher Klein-Blenkers ua/Hinz Rn 27) oder der Verfügungsmöglichkeit des Vermieters entzieht (LG Itzehoe WuM 1992, 608). Die beharrliche Weigerung des Mieters, erforderliche **Schönheitsreparaturen** auszuführen, kann einen Kündigungsgrund bilden (LG Hamburg WuM 1984, 85). Werden die wirksam vereinbarten Schönheitsreparaturen nicht ausgeführt, ist die Kündigung aber nur berechtigt, sofern sich die Wohnung deshalb in einem nicht mehr ordentlichen Zustand befindet und die Gefahr von Substanzschäden besteht (LG Münster WuM 1991, 33; AG Düsseldorf WuM 1990, 149; AG Ellwangen WuM 1991, 104; vgl auch LG Düsseldorf WuM 1999, 333; KLEIN-BLENKERS ua/HINZ Rn 29; aM LG Berlin GE 1999, 1052; Münch Komm/HÄUBLEIN Rn 64 bei beharrlicher Weigerung des Mieters). Das Gleiche gilt für die Verletzung der Pflicht aus § 536c BGB, Mängel der Mietsache anzuzeigen (LG Düsseldorf DWW 1988, 117), die Wohnung im Winter auch dann zu beheizen, wenn sie nicht ständig bewohnt wird (LG Hagen ZMR 2008, 972; zumindest im Grundsatz auch LG Saarbrücken ZMR 2008, 974), der vertraglich übernommenen Pflicht, das Treppenhaus zu reinigen (AG Frankfurt aM-Hoechst WuM 1988, 153; AG Wiesbaden WuM 2000, 190; **aM** AG Friedberg/Hessen WuM 1986, 231 [LS]; AG Hamburg-Blankenese WuM 1998, 286) oder eine Hausmeistertätigkeit auszuüben (AG Regensburg WuM 1989, 381). Ein Eingriff in die Bausubstanz mittels eines Mauerdurchbruchs durch eine tragende Wand stellt ebenso eine Vertragsverletzung dar (LG Berlin MDR 1988, 146) wie die vollständige Entfernung einer Wand (LG Berlin WuM 2012, 624). Auch die hartnäckige Weigerung des Mieters zur notwendigen Kooperation bei der Bewirtschaftung des Mietobjekts rechtfertigt eine ordentliche Kündigung (AG Hamburg ZMR 2001, 625).

Unterlassungspflichten werden verletzt, wenn der Mieter in gesetz- oder vertragswidriger Weise tätig wird, zB die Wohnung ganz oder teilweise ohne die nach § 540 Abs 1 BGB erforderliche Erlaubnis des Vermieters untervermietet (BayObLG WuM 1995, 378; s aber auch LG Berlin GE 2011, 1159) oder sonst zur Nutzung überlässt (LG Berlin 18. 4. 2018 – 65 S 16/18, ZMR 2018, 668) oder entgegen einer wirksamen vertraglichen Vereinbarung Haustiere hält (AG Friedberg/Hessen WuM 1993, 398; AG Neukölln GE 2012, 1045; AG Neustadt a Rbge NZM 1999, 308; differenzierend LG Offenburg WuM 1998, 285), die zudem noch Schäden an der Bausubstanz verursachen (LG Oldenburg NJWE-MietR 1996, 31). Ebenso liegt eine Vertragsverletzung darin, dass der Mieter die vertraglich übernommene Pflicht zur Gartenpflege nicht erfüllt (LG Oldenburg NJWE-MietR 1996, 31). Durch eine nur gelegentliche Nutzung der Wohnung verletzt der Mieter den Vertrag nicht, da er nur ein Besitzrecht hat, ohne besondere Vereinbarung aber keine Benutzungspflicht (LG München I NJW-RR 1989, 915; AG Hamburg NZM 1998, 477). Kündigungsrelevant ist auch die Ausübung einer gewerblichen Tätigkeit in einer lediglich zu Wohnzwecken vermieteten Wohnung (LG München II ZMR 2007, 279; BeckOGK/GEIB [1. 7. 2020] Rn 36; **aM** AG Dachau ZMR 2007, 278), und zwar auch dann, wenn sie nicht vom Mieter selbst, sondern mit dessen Kenntnis von einem Familienangehörigen oder sonstigen Dritten betrieben wird (LG Berlin 30. 11. 2017 – 67 S 270/17, ZMR 2019, 590). Hält sich eine untergeordnete gewerbliche Tätigkeit jedoch im Rahmen des vertragsmäßigen Gebrauchs einer Wohnung, etwa durch Arbeiten an einem handelsüblichen Personal-Computer und Einrichtung eines Telefaxanschlusses, so verletzt der Mieter den Vertrag nicht (BGH NJW 2009, 3157; LG Berlin 4. 3. 2016 – 63 S 199/15, GE 2016, 526: Wohnzimmerkanzlei eines auch in einer Kanzlei tätigen Rechtsanwalts, der unter seiner Wohnadresse lediglich einen Rechtsstreit im eigenen Namen und einen weiteren für seine Lebensgefährtin geführt hatte; AG Köln WuM 1991, 577; s auch Rn 55a). Das Gleiche gilt, wenn der Mieter Verbesserungsmaßnahmen vornimmt, etwa ein neues Toilettenbecken installiert oder den Bodenbelag erneuert, und hierbei die Grenzen des vertragsmäßigen Gebrauchs nicht überschreitet (LG Köln WuM 1996, 93).

35 Eine Verletzung der **Duldungspflichten** aus § 555a Abs 1, § 555d Abs 1 BGB seitens des Mieters kann den Vermieter je nach Intensität der Pflichtverletzung zur ordentlichen oder außerordentlichen Kündigung berechtigen (BGH 15. 4. 2015 – VIII ZR 281/13, NJW 2015, 2417 mAnm Blank WuM 2015, 416). Entgegen einer in der instanzgerichtlichen Judikatur vertretenen Auffassung (LG Saarbrücken 8. 2. 2008 – 10 S 33/08, ZMR 2008, 974) kommt eine Kündigung nicht erst dann in Betracht, wenn der Mieter einen rechtskräftigen Duldungstitel missachtet (dazu LG Berlin 28. 5. 2020 – 67 S 21/20, ZMR 2020, 748) oder sein Verhalten „querulatorische Neigungen" zeigt. Dem Vermieter kann die Fortsetzung des Mietverhältnisses vielmehr auch schon vor Erhebung einer Duldungsklage und Erwirkung eines Titels unzumutbar sein, wenn der Mieter seine Pflicht aus §§ 555a bis 555d BGB verletzt, die Instandsetzung oder Modernisierung der Mietsache zu dulden. Insoweit gilt insoweit nichts anderes als in Bezug auf Zahlungs- oder Unterlassungsansprüche des Vermieters, bei denen auch die bloße Existenz genügen kann, um die Kündigung nach § 573 BGB zu rechtfertigen, ohne dass sie tituliert sein müssten (vgl BGH NJW 2012, 3089). Abwägungskriterien sind zB die Art der auszuführenden Arbeiten, ihre Dringlichkeit, das Maß der den Mieter treffenden Beeinträchtigungen, die wirtschaftliche Bedeutung der sofortigen Durchführung der Maßnahme für den Vermieter und die ihm durch eine Verzögerung drohenden Nachteile (BGH 15. 4. 2015 – VIII ZR 281/13, NJW 2015, 2417; Meyer-Abich NZM 2017, 97, 102). Die Vertragsverletzung kann auch darin liegen, dass der Mieter den mit der Modernisierungsmaßnahme beauftragten Handwerkern nicht den notwendigen Platz eingeräumt hat, um ihre „Baufreiheit" zu gewährleisten (aM LG Berlin 24. 6. 2014 – 63 S 373/13, GE 2014, 938). Demgegenüber ist eine Kündigung unwirksam, wenn die Voraussetzungen der §§ 555a ff BGB vermieterseits nicht erfüllt sind, beispielsweise die Modernisierungsmaßnahme nicht rechtzeitig (§ 555c Abs 1 BGB) angekündigt worden ist (LG Berlin 17. 3. 2016 – 65 S 289/15, WuM 2016, 285) oder wenn den Mieter bei einem langjährig bestehenden Mietverhältnis nur ein geringes Verschulden trifft (LG Berlin 14. 3. 2019 – 67 S 271/18, GE 2020, 990).

36 **Zahlungsverzug**, der eine fristlose Kündigung nach § 543 Abs 2 S 1 Nr 3, S 2 und 3, § 569 Abs 3 Nr 1 und 2 BGB rechtfertigt, ist zugleich eine Vertragsverletzung iS des § 573 Abs 2 Nr 1 BGB (BGH NJW 2006, 1585; BGH NJW 2008, 508; BGH NJW 2010, 2879; LG Düsseldorf DWW 1993, 104; unten Rn 46 ff). Ein berechtigtes Interesse für eine ordentliche Kündigung ist aber bei Zahlungsverzug auch unabhängig davon gegeben, ob die Voraussetzungen der § 543 Abs 2 S 1 Nr 3, S 2 und 3, § 569 Abs 3 Nr 1 und 2 BGB erfüllt sind (BGHZ 195, 64, 68 = NJW 2013, 159; LG Kleve WuM 1996, 37; AG Geldern WuM 1996, 37).

37 Dagegen **scheidet ein Vertragsverstoß aus**, wenn der Mieter den Vermieter vor dem Einzug nicht über die geplante Vergrößerung der Familie aufklärt (AG Gütersloh WuM 1989, 621), wenn er nicht offenbart, dass er unter Betreuung steht (vgl BVerfG WuM 1991, 463), wenn er durch Beschwerden berechtigte Mieterbelange wahrnimmt (AG Emmerich WuM 1990, 433), Kaufinteressenten auf die mietvertragliche Rechtslage hinweist (LG Schweinfurt WuM 1988, 58), ohne aber das Kaufobjekt in unsachlicher Weise schlecht zu machen (LG Hannover WuM 1995, 538), oder wenn er sich bei Behörden über Lärm im Haus beschwert (AG Köln WuM 1989, 245). Wenn ein neu hinzugezogener Mitbewohner die üblichen Lebensgewohnheiten seiner vorwiegend ausländischen Mitbewohner als Störung empfindet, kann der Vermieter diese Gewohnheiten nicht als Vertragsverletzung durch Störung des Hausfriedens geltend machen (AG Jülich WuM 1992, 370). Schließt der Untermieter mit dem Hauptvermieter einen Mietvertrag ab, um die Pflicht zur Herausgabe der Wohnung nach der Beendigung des Hauptmietverhältnisses zu vermeiden, so liegt darin keine Vertragsverletzung gegenüber dem Untervermieter, weil an einer solchen Sicherung ein dringendes Interesse besteht (AG Köln WuM 1992, 542).

Hat der Mieter infolge einer gerichtlichen Auseinandersetzung über das Mietverhältnis **Prozesskosten** an den Vermieter zu zahlen, so stellt die Nichterfüllung dieser Pflicht grundsätzlich eine Pflichtverletzung dar, die den Vermieter nach § 573 BGB zur Kündigung berechtigen kann (aM LG Duisburg WuM 1992, 189). Die vom Mieter zu tragende „ganze Schuld" umfasst nämlich auch die Zinsen und Kosten (§ 367 Abs 1 BGB). Allerdings sind, je nach dem Gegenstand des Rechtsstreits, auch die diesen beherrschenden Wertungen zu berücksichtigen. Da beispielsweise § 569 Abs 3 Nr 2 BGB eine außerordentliche Kündigung unwirksam werden lässt, wenn der Mieter während der Schonfrist die rückständige Miete begleicht, kann der Vermieter nicht auf § 573 BGB gestützt anschließend ordentlich wegen der Nichtzahlung der Prozesskosten kündigen (BGH NJW 2010, 3020). Demgegenüber stellt die Beeinträchtigung des Eigentums des Vermieters außerhalb der Mietsache, etwa durch Parken eines Autos auf dem nicht mitvermieteten Grundstück, keine Vertragsverletzung dar (AG Landstuhl NJW-RR 1994, 205). Die einmalige Verweigerung des Zutritts zur Wohnung reicht jedoch allein nicht aus (LG Berlin NZM 2001, 40; vgl dazu auch BVerfG NZM 2004, 186; LG Berlin 18. 2. 2015 – 65 S 527/14, GE 2015, 733), ebensowenig die bloße Verweigerung der Benennung eines Besichtigungstermins, anders uU bei Hartnäckigkeit des Mieters (LG Berlin GE 2011, 691; LG Oldenburg ZMR 2012, 956). Anders als bei der außerordentlichen Kündigung kann die ordentliche Kündigung auch auf einige Zeit zurückliegende Vorgänge gestützt werden, solange noch ein zeitgerechter Zusammenhang mit dem letzten Vorfall besteht (LG Berlin ZMR 2000, 529). **38**

b) Erheblichkeit
Der Mieter muss seine vertraglichen Pflichten objektiv nicht unerheblich verletzt haben. Damit wird weniger als eine erhebliche Vertragsverletzung iS des § 543 Abs 2 S 1 Nr 2 BGB, aber mehr als eine unerhebliche Verletzung vertraglicher Pflichten vorausgesetzt (KLEIN-BLENKERS ua/HINZ Rn 15; SCHMID/HARZ/GAHN Rn 17). Ob das Gesetz mit derart feinen Unterscheidungen noch praktikabel ist, steht auf einem anderen Blatt (HONSELL AcP 186 [1986] 115, 141). Nach den Vorstellungen der Gesetzesverfasser sollten Vertragsverletzungen geringeren Gewichts genügen, mit Ausnahme solcher, die unerheblich seien, weil sie etwa nur vereinzelt vorgefallen seien (BT-Drucks VI/1549, 8). Aber diese Aussage ist ungenau, weil auch eine einzige Vertragsverletzung mehr als unerheblich und sogar erheblich sein kann. Es kommt deshalb nicht entscheidend auf die Zahl der Verstöße an. Entscheidend ist, dass ihnen in der **Gesamtwürdigung** einiges Gewicht zukommt (LG Berlin GE 2001, 57; BUB/TREIER/FLEINDL Rn IV 111). Die Frage der Erheblichkeit bezieht sich nicht auf das Verschulden, wie sich aus der Formulierung in § 573 Abs 2 Nr 1 BGB ergibt (KINNE ua/SCHACH Rn 9; PALANDT/WEIDENKAFF Rn 15; aM LG Berlin 16. 6. 2016 – 67 S 125/16, NZM 2017, 361; BeckOGK/GEIB [1. 7. 2020] Rn 23; SCHMIDT-FUTTERER/BLANK Rn 19). Deshalb kann die Erheblichkeit nicht aus dem Grad des Verschuldens abgeleitet werden (aM LG Aachen DWW 1991, 116; LÜTZEN- **39**

KIRCHEN/LÜTZENKIRCHEN Rn 140). Die Pflichtverletzung muss von einigem Gewicht sein, braucht aber nicht wie im Fall des § 569 Abs 2 BGB so weit zu gehen, dass dem Vermieter eine Fortsetzung des Mietverhältnisses nicht zugemutet werden kann (OLG Oldenburg WuM 1991, 467; KLEIN-BLENKERS ua/HINZ Rn 15). Sie kann – trotz objektiver Erheblichkeit und vorsätzlicher Begehung – in einem milderen Licht erscheinen, wenn der Vermieter zuvor seinerseits seine Pflichten aus dem Mietverhältnis verletzt hat (BGH 4. 6. 2014 – VIII ZR 289/13, NJW 2014, 2566). Die Beendigung darf nicht außer Verhältnis zu der Pflichtverletzung stehen (AG Friedberg/Hessen WuM 1993, 398; AG Unna DWW 1990, 53).

40 Einmalige Verstöße ohne Wiederholungsgefahr kommen nur in Betracht, wenn dadurch das **Vertrauensverhältnis der Parteien nachhaltig gestört** worden ist (AG Köln WuM 1988, 126; BUB/TREIER/FLEINDL Rn IV 111; vgl auch LG München I NZM 2013, 25 zur außerordentlichen Kündigung). Ein solches Gewicht wird der einmaligen Vertragsverletzung nicht beigemessen, wenn sich der Mieter im Mieterhöhungsprozess grundlos auf § 5 WiStG beruft (AG Reutlingen WuM 1991, 98), wenn er den Vermieter in einem sich verschärfenden Wortwechsel beleidigt (LG Münster WuM 1991, 688; vgl auch SPIELBAUER/SCHNEIDER/KRENEK Rn 37), ja selbst, wenn er einen Wohnungsbrand durch einen Föhn (LG Wuppertal WuM 1992, 370) oder einen beachtlichen Wasserschaden (LG Berlin 2. 2. 2017 – 67 S 410/16, ZMR 2017, 310) verursacht hat. Unerheblich sind die gelegentliche Verweigerung des Zutritts zur Wohnung gegenüber Handwerkern (LG Mannheim WuM 1987, 320) oder Kaufinteressenten (AG Erkelenz WuM 1986, 251) sowie einzelne Vertragsverletzungen, die nicht sonderlich ins Gewicht fallen, etwa das Abstellen von Getränkekisten im Treppenhaus (LG Hamburg WuM 1989, 22; LG Lüneburg WuM 1995, 706), das Unterlassen der Treppenhausreinigung (AG Wiesbaden NZM 2001, 334), die gelegentliche Entnahme von Strom im Treppenhaus (AG Köln 27. 1. 2016 – 222 C 359/15, WuM 2017, 605) oder die gewerbliche Nutzung eines Zimmers der Wohnung als Büro ohne die nach dem Mietvertrag erforderliche schriftliche Erlaubnis des Vermieters (AG Regensburg WuM 1991, 678). Fragwürdig ist es allerdings, den Anbau von Cannabis im Garten und späteren Konsum in der Wohnung dahin zu beurteilen, die erforderliche Erheblichkeitsschwelle sei noch nicht überschritten (LG Lüneburg 15. 12. 1994 – 6 S 104/94, WuM 1995, 708; **aM** zu Recht BGH 14. 12. 2016 – VIII ZR 49/16, NZM 2017, 144; AG 25. 3. 2008 – 219 C 554/07, Köln WuM 2008, 595 für Cannabisanbau in der Wohnung; ebenso BeckOGK/GEIB [1. 7. 2020] Rn 38). Geringfügige Verstöße können durch ständige Wiederholung einen erheblichen Umfang gewinnen (AG Itzehoe WuM 1979, 266; KLEIN-BLENKERS ua/HINZ Rn 16) und dann zur Kündigung berechtigen, so beispielsweise das jahrelange Abstellen verschiedener Gegenstände im Treppenhaus trotz wiederholter Abmahnungen (LG Köln 2. 12. 2016 – 10 S 99/16, ZMR 2017, 250). Die unerlaubte Gebrauchsüberlassung an Dritte ist nicht allein deshalb eine nur unerhebliche Pflichtverletzung des Mieters, weil nach § 540 Abs 1 BGB, § 553 BGB ein Anspruch auf die Erlaubnis besteht (BayObLG WuM 1995, 378), auch wenn dies im Ergebnis nach Lage des Falles anzunehmen sein kann (LG Kassel NJW-RR 1987, 1495).

c) Verschulden

41 Die Pflichtverletzung muss schuldhaft iS des § 276 BGB begangen worden sein. Ein bestimmter Grad des Verschuldens, etwa grobe Fahrlässigkeit, ist nicht erforderlich (**aM** LG Aachen DWW 1991, 116; sehr großzügig auch LG Hamburg WuM 2007, 709), da das Gesetz hierfür keine Grundlage abgibt. Mangelndes Verschulden kann beispielsweise bei einer schweren und langandauernden psychischen Erkrankung anzunehmen sein, die es dem Mieter subjektiv unmöglich gemacht hat, sich um seine Belange, insbesondere die rechtzeitige Zahlung der Miete, zu kümmern (LG Kassel 26. 1. 2017 – 1 S 170/15, WuM 2018, 435). Allerdings muss hier auch geprüft werden, ob der Mieter es nicht schuldhaft unterlassen hat, rechtzeitig einen Dritten mit der Besorgung seiner rechtlichen Angelegenheiten zu betrauen. Der Mieter handelt bei einer unerlaubten Gebrauchsüberlassung an Dritte nicht allein deshalb schuldlos, weil er nach § 553 Abs 1 BGB einen Anspruch gegen den Vermieter auf die Erlaubnis hat (BayObLG WuM 1995, 378). Ist einem von mehreren Mitmietern die Erfüllung einer Vertragspflicht schuldlos unmöglich geworden, reicht das Verschulden des anderen hinsichtlich der Nichterfüllung aus (AG Regensburg WuM 1989, 381). Bei **zweifelhafter Rechtslage** kann ein Verschulden des Mieters ausscheiden (LG Hagen WuM 1988, 58), so zB, wenn er sich aufgrund der Auskunft einer zuverlässigen Person über seine Pflichten in einem unverschuldeten Rechtsirrtum befand (BGH NJW 2007, 428; BGH NJW 2008, 508: vgl auch LG Berlin GE 2007, 1486 zur fristlosen Kündigung; HARKE NZM 2016, 449, 450 ff). Dann aber stellt sich die Frage nach der Zurechnung des fremden Verschuldens (§ 278 BGB; Rn 42).

Ob der Mieter auch für das Verschulden seiner gesetzlichen Vertreter oder **Erfüllungsgehilfen** nach § 278 BGB einzustehen hat, ist umstritten. Nach Ansicht des BGH hat der Mieter auch das Verschulden dieser Personen kündigungsrechtlich zu vertreten, zB ein schuldhaftes erhebliches Fehlverhalten eines in der Wohnung lebenden – und im Hinblick auf den vertragsgemäßen Gebrauch der Sache als Erfüllungsgehilfe anzusehenden – Familienangehörigen des Mieters, selbst wenn den Mieter persönlich daran kein Verschulden trifft. Das besondere Interesse an der Beendigung des Mietverhältnisses werde in diesen Fällen dadurch begründet, dass die Beeinträchtigung aus dem allgemeinen Einflussbereich des Mieters herrührt (BGH 25. 10. 2006 – VIII ZR 102/06, NJW 2007, 428; BGH 9. 11. 2016 – VIII ZR 73/16, NZM 2017, 26; ebenso LG Berlin GE 2000, 126; BeckOK/HANNAPPEL [1. 8. 2020] Rn 23; ERMAN/LÜTZENKIRCHEN Rn 21; MünchKomm/HÄUBLEIN Rn 77; SCHMID/HARZ/GAHN Rn 18a; SPIELBAUER/SCHNEIDER/KRENEK Rn 30; für eine Anwendung des § 278 BGB ohne nähere Begründung auch BeckOGK/GEIB [1. 7. 2020] Rn 27; JAUERNIG/TEICHMANN Rn 2; KINNE ua/SCHACH Rn 7; KOSSMANN/MEYER-ABICH § 116 Rn 22; PRÜTTING ua/RIECKE Rn 11). Selbst Besucher, die sich im Einverständnis mit dem Mieter in der Wohnung aufhalten, sind im Hinblick auf die Einhaltung des Hausfriedens als Erfüllungsgehilfen des Mieters anzusehen, sodass sich dieser deren Verhalten nach § 278 BGB zurechnen lassen muss (BGH 9. 11. 2016 – VIII ZR 73/16, NZM 2017, 26; **aM** SPIELBAUER/SCHNEIDER/KRENEK Rn 30). Demgegenüber vertreten andere die Auffassung, dass nur eine vom Mieter selbst verschuldete, nicht aber bloßes Vertretenmüssen der Pflichtverletzung zur Kündigung berechtigt (KG NZM 1998, 110; KG NZM 2000, 905; AG Hamburg ZMR 2003, 581; HERRLEIN/KANDELHARD/HERRLEIN Rn 15; SCHMIDT-FUTTERER/BLANK Rn 14). Bei bloßem Verschulden des Erfüllungsgehilfen müsste die Kündigung dann ggf auf die Generalklausel des Abs 1 S 1 gestützt werden (unten Rn 197). Folgt man dem BGH, muss sich der Mieter auch die **falsche rechtliche Beratung** durch eine an sich zuverlässige Mietervereinigung oder eine Beratungsstelle zurechnen lassen (BGH 25. 10. 2006 – VIII ZR 102/06, NJW 2007, 428; **aM** LG Berlin ZMR 1998, 231). Da der BGH in Bezug auf diese Stellen ähnlich strenge Maßstäbe anlegt wie hinsichtlich der Beratung durch Rechtsanwälte, ihnen also auferlegt, dem Mieter den „sichersten Weg" zu empfehlen (BGH 25. 10. 2006 – VIII ZR 102/06, NJW 2007, 428), kann die Kündigung selbst dann gerechtfertigt sein, wenn den Mieter persönlich angesichts der Auskunft ein eigenes Verschulden nicht trifft.

43 Über das hinzunehmende Maß hinausgehende Lärmbelästigungen durch **Kinder** sind aber jedenfalls dann keine schuldhafte Vertragsverletzung, wenn die Eltern Erfolg versprechende Maßnahmen zur Abhilfe getroffen hatten (LG Regensburg NZM 1999, 220).

44 Bei **Schuldunfähigkeit des Mieters** oder seines Erfüllungsgehilfen ist das berechtigte Interesse des Vermieters nicht aus § 573 Abs 2 Nr 1 BGB herzuleiten, sondern kann ggf auf Unzumutbarkeit als sonstigen Grund gestützt werden (LG Mannheim NJW 1976, 1407; AG Freiburg WuM 1993, 125; vgl auch AG Wedding 25. 6. 2013 – 7 C 148/12, ZMR 2014, 378 zur außerordentlichen Kündigung). Im letzteren Fall kann ein eigenes Verschulden des Mieters darin liegen, dass er einen schuldunfähigen Erfüllungsgehilfen ausgewählt oder nicht genügend beaufsichtigt hat. Bei erheblichen Vertragsverletzungen durch einen schuldlosen Mieter kommt auch eine fristlose Kündigung in Betracht (LG Hamburg WuM 1996, 271; AG Tempelhof-Kreuzberg 12. 9. 2014 – 25 C 219/13, WuM 2016, 27).

d) Darlegungs- und Beweislast

45 Die Darlegungs- und Beweislast hinsichtlich der Verletzungshandlung und ihrer Erheblichkeit trifft den Vermieter (LG Aachen DWW 1991, 116; AG Nidda WuM 1980, 64 [LS]). Für das Verschulden richtet sie sich nach § 280 Abs 1 S 2 BGB und trifft damit grundsätzlich den Mieter (BGH 13. 4. 2016 – VIII ZR 39/15, NZM 2016, 550; BeckOK MietR/ Siegmund [1. 8. 2020] Rn 17; Palandt/Weidenkaff Rn 22; Schmid/Harz/Gahn Rn 18a).

3. Einzelfälle

a) Zahlungsverzug
aa) Allgemeines

46 Bei Zahlungsverzug des Mieters mit der Entrichtung der Miete hat der Vermieter ein berechtigtes Interesse an der Beendigung des Mietverhältnisses durch ordentliche Kündigung, wenn zugleich die Voraussetzungen des § 543 Abs 2 S 1 Nr 3, Abs 2 S 2 und 3, § 569 Abs 3 Nr 1 und 2 BGB für eine **fristlose Kündigung** vorliegen (BGH NJW 2006, 1585; BGH NJW 2007, 428; BGH NJW 2008, 3210; Blank/Börstinghaus/Blank/ Börstinghaus Rn 22), beispielsweise der Mieter mit seinen Zahlungen auf die Miete und den Betriebskostenvorschuss in Höhe eines Betrages, der die Bruttomiete von zwei Monaten überschreitet, über einen Zeitraum von mehr als zwei Zahlungsterminen hinweg in Verzug ist (§ 543 Abs 2 Nr 3 lit b BGB; vgl BGH NJW 2008, 508; zu weiteren Unterschieden zwischen fristloser und fristgerechter Kündigung beim Zahlungsrückstand Blank, in: 10 Jahre Mietrechtsreformgesetz [2011] 257, 259 ff; Derckx NZM 2011, 652 ff; Hinz, in: 10 Jahre Mietrechtsreformgesetz [2011] 758, 758 ff). Eine Pflichtverletzung kann aber auch bejaht werden, wenn diese Voraussetzungen im Einzelnen nicht erfüllt sind, der Mieter aber beispielsweise die Miete ständig unpünktlich oder unvollständig zahlt (LG Aachen ZMR 2013, 797; LG Berlin 6. 10. 2015 – 63 S 51/15, GE 2015, 1532; LG Berlin 21. 1. 2019 – 65 S 220/18, ZMR 2019, 587; BeckOK/Hannappel [1. 8. 2020] Rn 30; vgl BGH NJW 2011, 2570 zur außerordentlichen Kündigung). Entscheidend ist, ob die Pflichtverletzung nicht unerheblich iS des § 573 Abs 2 Nr 1 BGB ist (LG Aachen ZMR 2013, 797; LG Berlin 21. 11. 2014 – 63 S 80/14, GE 2016, 126; LG Wiesbaden NZM 2003, 713; Asper WuM 1996, 315, 316; Buchmann WuM 1996, 78, 79; Franke ZMR 1992, 81 f; Langenberg WuM 1990, 3, 4; Münch Komm/Häublein Rn 65; Scholl WuM 1993, 99; Soergel/Heintzmann Rn 19). Dabei kann die Erheblichkeit sowohl aus der **Höhe** als auch aus der **Dauer** des Zahlungsrückstandes oder aus einer Kombination aus beidem resultieren. Sie kann umgekehrt aber auch entfallen, wenn der Vermieter seinerseits mit Zahlungsverpflichtungen dem Mieter gegenüber in Rückstand ist (LG Berlin 20. 3. 2018 – 67 S 12/18, GE 2018, 717).

Die **Fälligkeit der Miete** ergibt sich aus den vertraglichen Vereinbarungen bzw § 556b BGB. Nach dieser Vorschrift kommt es für die Rechtzeitigkeit der Mietzahlung im Überweisungsverkehr nicht darauf an, dass die Miete bis zum dritten Werktag des vereinbarten Zeitabschnitts auf dem Konto des Vermieters eingegangen ist. Vielmehr genügt es, dass der Mieter – bei ausreichend gedecktem Konto – seinem Zahlungsdienstleister den Zahlungsauftrag bis zum dritten Werktag des vereinbarten Zeitabschnitts erteilt (BGH 5. 10. 2016 – VIII ZR 222/15, BGHZ 212, 140, 146 ff = NJW 2017, 1596; **aM** Gsell GPR 2008, 165, 170; Staudinger DNotZ 2009, 198, 205 f). Eine Zahlung ist also nicht schon dann rückständig, wenn sie nicht am dritten Werktag auf dem Konto des Vermieters eingegangen ist. Ist der Mieter aber mit der Zahlung in Verzug, ist für die Feststellung, ob eine rückständige Zahlung **hinsichtlich ihrer Höhe erheblich ist** oder nicht, sowohl der absolute Betrag als auch seine Relation zur geschuldeten (Monats-)Miete zu berücksichtigen (Lehmann-Richter ZMR 2017, 372, 377). Jedenfalls ein Rückstand in Höhe einer vollen Monatsmiete oder mehr ist nicht mehr unerheblich (BGH NJW-RR 1987, 903; OLG Düsseldorf ZMR 2006, 927; LG Berlin GE 2011, 691), es sei denn, der Mieter wäre nur zur Zahlung einer symbolischen Mietet (1 Euro) verpflichtet (BGH 15. 5. 2018 – VIII ZR 150/17, WuM 2018, 514). Da aus § 569 Abs 3 Nr 1 BGB zu entnehmen ist, dass ein Rückstand dann nicht unerheblich ist, wenn er die Miete für einen Monat übersteigt, sollte bei der üblichen monatlichen Zahlungsweise davon ausgegangen werden, dass auch die **Dauer des Zahlungsverzugs einen Monat überschreiten muss** (Klein-Blenkers ua/Hinz Rn 19; Schmid/Harz/Gahn Rn 22a). Übersteigt der Mietrückstand eine Monatsmiete nicht und beträgt die Verzugsdauer weniger als einen Monat, kommt der Pflichtverletzung nicht das für eine Kündigung notwendige Gewicht zu (BGHZ 195, 64, 69 = NJW 2013, 159; dazu Hinz ZMR 2013, 96; Milger NZM 2013, 553, 554 f; Klein-Blenkers ua/Hinz Rn 19). Demzufolge sind auch geringfügige Überschreitungen des Zahlungstermins bis zu einer Woche unerheblich (KG 20. 6. 2019 – 8 U 132/18, WuM 2019, 580; LG Berlin 9. 10. 2013 – 65 S 140/13, WuM 2014, 93; LG Berlin 29. 11. 2016 – 67 S 329/16, NZM 2018, 36; LG München I WuM 1990, 550; LG München I WuM 1991, 346; AG Köln WuM 1990, 78). Anders kann es etwa bei vierteljährlicher Zahlungsweise sein. 47

Unabhängig von den Voraussetzungen der §§ 543, 569 BGB ist eine fristlose Kündigung bei ständig unpünktlicher Zahlung nach § 569 Abs 2 BGB gerechtfertigt (LG Berlin WuM 1989, 19; LG Duisburg ZMR 1988, 99; LG Stuttgart WuM 1988, 18). In gleicher Weise wird hierdurch ein Recht zur ordentlichen Kündigung begründet (OLG Oldenburg WuM 1991, 467; LG Aachen ZMR 2013, 797; LG Berlin GE 2013, 1522; LG Köln WuM 1990, 154; LG München I WuM 1991, 346; Langenberg WuM 1990, 3, 4), ohne dass es einer vorherigen Abmahnung bedarf (BGH NJW 2008, 508; OLG Oldenburg WuM 1991, 467; LG Berlin 21. 1. 2019 – 65 S 220/18, ZMR 2019, 587; Franke ZMR 1992, 81, 84; Klein-Blenkers ua/Hinz Rn 17; **aM** LG Berlin GE 2010, 1341; LG München I WuM 1990, 550). Gerät der Mieter nur wenige Monate nach einer gemäß § 569 Abs 3 Nr 2 BGB unwirksamen Kündigung erneut mit erheblichen Teilen der Mietzahlungen in Verzug, so ist eine ordentliche Kündigung gerechtfertigt (LG Düsseldorf DWW 1999, 377). Eine erhebliche Pflichtverletzung kann auch in der Nichtzahlung auf eine titulierte Monatsmiete zu sehen sein, da in einem solchen Fall die gesteigerte Sorge besteht, dass der Mieter auch zukünftig seiner Zahlungsverpflichtung nicht nachkommen wird (LG Wiesbaden 47a

NZM 2003, 713). Die Vorschrift des § 569 Abs 3 Nr 3 BGB, gemäß derer der Vermieter im Falle der rechtskräftigen Verurteilung des Mieters zur Zahlung einer erhöhten Miete nach den §§ 558 bis 560 BGB das Mietverhältnis wegen Zahlungsverzugs nicht vor Ablauf von zwei Monaten nach Rechtskraft der Verurteilung außerordentlich kündigen kann, findet auf die ordentliche Kündigung keine entsprechende Anwendung (BGHZ 195, 64, 70 ff = NJW 2013, 159; BLANK WuM 2015, 3, 9; SPIELBAUER/SCHNEIDER/KRENEK Rn 34; aM LG Berlin GE 2012, 548; ZEHELEIN WuM 2013, 46 f).

48 Als **Gegenstand** des Zahlungsverzugs kommen nicht nur die **Miete** und die **Betriebskosten** (BGHZ 195, 64, 72 = NJW 2013, 159; OLG Koblenz NJW 1984, 2369; LG Berlin 24. 11. 2015 – 63 S 158/15, GE 2016, 126; LG Kleve WuM 1996, 37; AG Geldern WuM 1996, 37) in Betracht, die als Entgelt für die Raumüberlassung oder zusätzliche Vermieterleistungen zu entrichten sind (SCHMID/HARZ/GAHN Rn 22b; SCHMIDT-FUTTERER/BLANK Rn 28 f). Auch die Nichtbegleichung von Betriebskostennachforderungen kann die – ggf sogar außerordentliche – Kündigung rechtfertigen (HINZ WuM 2019, 673, 680 ff; KLEIN-BLENKERS ua/HINZ Rn 24). Hat der Vermieter die Betriebskostenvorauszahlung nach § 560 Abs 4 BGB einseitig erhöht und zahlt der Mieter diese nicht, ist eine Kündigung nicht davon abhängig, dass der Vermieter den Mieter zuvor erfolgreich auf Zahlung verklagt hat (vgl BGH NJW 2012, 3089; vgl auch LG Stuttgart 7. 2. 2017 – 5 S 291/16, WuM 2017, 153). Im Unterschied zu §§ 543, 569 BGB ist in § 573 Abs 2 Nr 1 BGB allgemein von der Verletzung vertraglicher Verpflichtungen die Rede. Auch der Verzug mit einer **Kaution** (vgl OLG Celle NZM 1998, 265; OLG München NZM 2000, 908; zur fristlosen Kündigung s § 569 Abs 2a), **Mietvorauszahlung**, einem Mieterdarlehen, Baukostenzuschuss oder mit Schadensersatz wird deshalb erfasst, sofern diese Verpflichtungen ihre Grundlage im Mietvertrag haben (SCHMID DWW 1982, 77, 84; SCHMIDT-FUTTERER/BLANK Rn 28 f; SPIELBAUER/SCHNEIDER/KRENEK Rn 31; näher zum Verzug mit aperiodischen Zahlungen HINZ, in: 10 Jahre Mietrechtsreformgesetz [2011] 758, 768 ff). Ist der Mieter beispielsweise wegen einer erheblichen und schuldhaften Verletzung seiner vertraglichen (Neben-)Pflicht zur Obhut der Mietsache rechtskräftig zur Leistung von **Schadensersatz** verurteilt worden, kann in dem beharrlichen Leugnen der Pflichtverletzung jedenfalls dann ein berechtigter Grund zur ordentlichen Kündigung liegen, wenn Umstände festgestellt werden können, die die Besorgnis des Vermieters begründen, der Mieter setze seine Obhutspflichtverletzung auch nach der rechtskräftigen Verurteilung fort (BGH 13. 4. 2016 – VIII ZR 39/15, NZM 2016, 550; LG Berlin 29. 1. 2020 – 65 S 231/19, ZMR 2020, 503). Einen Kündigungsgrund kann (unbeschadet einer ggf ebenfalls möglichen Anfechtung, § 123 BGB) auch eine **fehlerhafte Selbstauskunft** des Mieters, mit der er über seine finanzielle Leistungsfähigkeit getäuscht hat, darstellen (LG Lüneburg 13. 6. 2019 – 6 S 1/19, ZMR 2019, 868). Dagegen stellt die Nichterfüllung der in einem Prozessvergleich übernommenen Pflicht, dem Vermieter die Prozesskosten zu zahlen, im Regelfall keine Vertragsverletzung dar, weil diese Pflicht nicht im Mietvertrag begründet ist (LG Duisburg WuM 1992, 189).

49 Da § 573 Abs 2 Nr 1 BGB **Verschulden** voraussetzt (vgl Rn 41 ff), muss der Zahlungsverzug durch Vorsatz oder Fahrlässigkeit (einfache genügt: § 286 Abs 4 BGB, § 276 Abs 1 BGB; BGH NJW 2012, 3089) eingetreten sein (zum Verschulden bei einer Mehrheit von Mietern LG Berlin 14. 3. 2017 – 67 S 14/17, ZMR 2017, 479). Daran kann es fehlen, wenn die Zahlungsverzögerung aufgrund eines entschuldbaren Rechts- oder Tatsachenirrtums eingetreten ist (vgl BGH NJW 2008, 508; KLEIN-BLENKERS ua/HINZ Rn 34). Ein solcher Fall kann beispielsweise anzunehmen sein, wenn der Mieter nach dem Tod seines Vermieters über die Erbfolge und damit die Person seines Vertragspartners im Unklaren ist (BGH NJW 2006, 51) oder wenn der Mieter nach sorgfältiger Prüfung und sachgemäßer Beratung davon ausgehen durfte, zur Zahlung nicht verpflichtet zu sein (LG Berlin NZM 2000, 329), und auch den Berater (§ 278 BGB) kein Verschulden trifft. Unverschuldete Zahlungsunfähigkeit kann den Mieter entlasten, insbesondere, soweit die von ihm geschuldete Leistung nicht durch einen Sozialleistungsträger übernommen wird (BGH 13. 4. 2016 – VIII ZR 39/15, NZM 2016, 550; vgl auch BGH 16. 2. 2005 – VIII ZR 6/04, NZM 2005, 334; BGH 28. 11. 2007 – VIII ZR 145/07, NJW 2008, 508) oder der Mieter in seiner Schuldfähigkeit krankheitsbedingt gemindert ist (LG Berlin 16. 6. 2016 – 67 S 125/16, NZM 2017, 361). Zu weit geht allerdings die Annahme, Verschulden sei ausgeschlossen, wenn „der Mieter das Geld nicht hat", weil er die Pflichtverletzung dann nicht vermeiden könne (Flatow/Knickrehm WuM 2018, 465, 486 f). Jeder, der ein (Dauer-)Schuldverhältnis eingeht, ist dafür verantwortlich, dass er die geschuldete Leistung auch (auf Dauer) erbringen kann. Mangelndes Einkommen oder Vermögen allein entlastet den Schuldner nicht.

Besondere Schwierigkeiten können sich ergeben, wenn der Mieter die Miete **wegen** **49a** **eines tatsächlichen oder vermeintlichen Mangels gemindert** hat. Nach § 536 BGB tritt die Minderung automatisch, dh ohne Weiteres kraft Gesetzes ein, sobald und solange die Gebrauchstauglichkeit der Mietsache herabgesetzt oder aufgehoben ist (Staudinger/V Emmerich [2021] § 536 Rn 91). Darüber, ob ein Mangel tatsächlich vorlag, welches Gewicht er hatte, für welche Dauer er aufgetreten war oder ob er durch den Mieter selbst herbeigeführt worden ist, kann aber leicht Streit entstehen, der möglicherweise erst mit Hilfe eines Sachverständigen beigelegt werden kann. Stellt sich dann heraus, dass der Mieter die Miete unberechtigt, in zu hohem Maße oder für einen zu langen Zeitraum gemindert hat, erweist sich die **unberechtigte Minderung als Vertragspflichtverletzung** (LG Berlin 24. 7. 2019 – 65 S 73/19, GE 2020, 400; zur Rechtskrafterstreckung einer Entscheidung über die Mietrückstände auf den späteren Räumungsprozess siehe BGH 10. 4. 2019 – VIII ZR 39/18, NJW 2019, 1745). Ob der Mieter sie iS von § 573 Abs 2 Nr 1 BGB verschuldet hat, hängt von den Umständen des Einzelfalles ab. So können die Dinge etwa liegen, wenn er bei Anwendung verkehrsüblicher Sorgfalt hätte erkennen können, dass die Voraussetzungen der von ihm behaupteten Minderung nicht vorliegen (BGH NJW 2012, 3089; dazu Hinz NJW 2013, 337 ff; LG Berlin 24. 7. 2019 – 65 S 73/19, GE 2020, 400; **aM** Blank WuM 2012, 501 f; Schläger ZMR 2013, 178 ff) oder wenn er die Miete mindert, obwohl er selbst die Ursache für den Mangel gesetzt hat (**aM** LG Krefeld ZMR 2013, 354). Anders können die Dinge liegen, wenn sich die Minderung der Miete erst nach einer gerichtlichen Beweisaufnahme als unberechtigt erweist (LG Köln WuM 1976, 145), wenn die Minderung dem Grunde nach berechtigt war, aber rechtsirrig zu hoch vorgenommen wurde (LG Berlin GE 2009, 1126) oder wenn der Mieter eine preisrechtlich fragwürdige Miete gekürzt hat (LG Berlin WuM 1983, 343). Für die im Rahmen des § 543 Abs 2 Nr 1 lit a, § 569 Abs 3 Nr 1 Satz 1 BGB maßgebliche Beurteilung, ob der Zahlungsrückstand des Mieters die Miete für einen Monat übersteigt, ist nicht auf die (berechtigterweise) geminderte Miete, sondern auf die vertraglich vereinbarte Gesamtmiete abzustellen (BGH 27. 7. 2017 – VIII ZR 193/16, NZM 2018, 28; OLG Dresden 24. 9. 2018 – 5 U 1055/18, ZMR 2019, 580).

Zum Schutz der Mieter während der **COVID-19-Pandemie** bestimmt Art 240 § 2 **49b** EGBGB, dass der Vermieter ein Mietverhältnis über Grundstücke oder über Räume nicht allein aus dem Grund kündigen kann, dass der Mieter im Zeitraum vom

1. April 2020 bis 30. Juni 2020 trotz Fälligkeit der Miete nicht leistet, soweit die Nichtleistung auf den Auswirkungen der Pandemie beruht. Der Zusammenhang zwischen der Corona-Pandemie und Nichtleistung ist glaubhaft zu machen. Sonstige Kündigungsrechte bleiben unberührt. Diese Vorschrift ist nur bis zum 30. Juni 2022 anzuwenden. Sie schließt damit sowohl die außerordentliche als auch die ordentliche Kündigung zeitlich befristet aus, soweit der Mieter im zweiten Quartal 2020 pandemiebedingt mit der Zahlung der Miete in Rückstand geraten ist. Allerdings bleibt er grundsätzlich zur Mietzahlung uneingeschränkt verpflichtet, das sog „Moratorium" des Art 240 § 1 EGBGB gilt nach dessen Abs 4 Nr 1 für Mietverhältnisse nicht. Lediglich der scharfen Sanktion einer Kündigung sieht sich der Mieter nicht ausgesetzt (Einzelheiten bei AGATSY ZMR 2020, 468; KINNE GE 2020, 715; KLIMESCH/WALTHER ZMR 2020, 353; MAHDI/ROSNER NZM 2020, 416; MORGEN/FRITZSCHE ZIP 2020, 1001; RÜFNER JZ 2020, 443; SELK GE 2020, 585; UTH/BARTHEN NZM 2020, 385).

50 Umstritten ist, ob der Mieter, der auf Grundsicherung (Arbeitslosengeld II) oder Sozialhilfe angewiesen ist, sich **die verspätete Zahlung durch den zuständigen Sozialleistungsträger** zurechnen lassen muss. Das hängt davon ab, ob der Sozialleistungsträger (JobCenter, Wohnungsamt etc) Erfüllungsgehilfe des Mieters iS von § 278 BGB ist. Entgegen der zuvor herrschenden bejahenden Auffassung (LG Berlin NZM 2002, 289 [LS]; LG Berlin GE 2004, 1172; AG Köln NZM 2000, 380; SCHLEUSENER NZM 1998, 992, 993; WETEKAMP NZM 1999, 485, 486), hat der BGH die Frage verneint: Die Voraussetzungen des § 278 BGB seien bei einer Behörde, die im Rahmen der Daseinsvorsorge staatliche Transferleistungen an einen Bürger erbringt, nicht erfüllt. Der Anspruchsberechtigte schalte das Jobcenter insoweit nicht als Hilfsperson zur Erfüllung seiner Zahlungsverpflichtungen gegenüber seinem Vermieter ein; vielmehr wende er sich an die staatliche Stelle, um selbst die notwendigen Mittel für den eigenen Lebensunterhalt zu erhalten. Dabei mache es keinen Unterschied, ob das Jobcenter die Kosten der Unterkunft an den Hilfebedürftigen selbst zahlt oder direkt an den Vermieter überweist (vgl § 22 Abs 4 SGB II). In beiden Fällen nehme das Jobcenter hoheitliche Aufgaben wahr, um die Grundsicherung des Hilfebedürftigen zu gewährleisten. Mit dieser Stellung sei die Annahme, die Behörde werde vom Leistungsempfänger als Erfüllungsgehilfe im Rahmen des Mietvertrages über seine Unterkunft eingesetzt, nicht vereinbar (BGH NJW 2009, 3781 mit Bespr LORENZ WuM 2013, 202, 205 ff; WIEK WuM 2010, 204 ff; BGH 4. 2. 2015 – VIII ZR 175/14, BGHZ 204, 134, 141 = NJW 2015, 1296 mAnm DERLEDER JZ 2015, 517 ff; FLATOW NZM 2015, 634, 636; BGH 29. 6. 2016 – VIII ZR 173/15, NJW 2016, 2805; KLEIN-BLENKERS ua/HINZ Rn 32; kritisch ROLFS/SCHLÜTER, in: 10 Jahre Mietrechtsreformgesetz [2011] 11, 14 ff; **aM** AG Ludwigslust WuM 2011, 506; RIEBLE NJW 2010, 816 f). Anders als im Hinblick auf das Fehlverhalten von Mitbewohnern, Kindern oder Besuchern hat der Mieter auf die ordnungsgemäße Aufgabenerfüllung durch den Sozialleistungsträger keinen Einfluss. Es erscheint daher gerechtfertigt, die Kündigung in derartigen Fällen nur dann zuzulassen, wenn den Mieter selbst – etwa durch verspätete Beantragung der Sozialleistung, durch Verletzung sozialrechtlicher Mitwirkungspflichten oder durch die Angabe einer falschen Bankverbindung – ein Verschulden trifft (vgl LG Berlin 20. 10. 2016 – 67 S 214/16, WuM 2016, 742; LG Berlin 25. 4. 2017 – 67 S 70/17, ZMR 2017, 642; LG Berlin 30. 5. 2018 – 65 S 66/18, ZMR 2018, 757; KLEIN-BLENKERS ua/HINZ Rn 32; zum schuldunfähigen Mieter AG Charlottenburg 21. 9. 2016 – 231 C 155/16, GE 2017, 53), nicht aber, wenn dieses ausschließlich beim Leistungsträger zu suchen ist. Dies gilt freilich nur insoweit, als der Sozialleistungsträger die Miete zu tragen hat. Im Übrigen – also beispielsweise hinsichtlich unverhältnismäßig hoher und

daher vom Mieter selbst zu tragender Betriebskosten – entlastet den Mieter die unpünktliche Zahlung des Leistungsträgers nicht (AG Bernau WuM 2010, 31), ebenso dann nicht, wenn der Mieter selbst nicht alles ihm Obliegende getan hat, um die pünktliche Mietzahlung durch das JobCenter zu gewährleisten (LG Bonn ZMR 2011, 551; AG Hamburg-St Georg 20. 2. 2016 – 911 C 310/15, ZMR 2016, 464; AG Köln ZMR 2011, 560) oder er nach Kenntnis des Zahlungsverzugs seitens des JobCenters keine geeigneten Schritte zur Tilgung der Mietschuld unternimmt (VerfGH Saarland 28. 3. 2017 – Lv 1/17, NZM 2017, 553; LG Berlin 24. 7. 2014 – 67 S 94/14, ZMR 2015, 547; AG Reinbek 15. 9. 2015 – 13 C 490/14, ZMR 2015, 945). Bei der fristlosen Kündigung wegen Zahlungsverzugs (§ 543 Abs 2 Nr 3 BGB) liegen die Dinge noch etwas anders, weil Kündigungsvoraussetzung nur ein „wichtiger Grund" des Vermieters ist, in dessen Rahmen lediglich *auch* das Verschulden des Mieters ein Abwägungskriterium ist (§ 543 Abs 1 S 2 BGB; vgl BGH NJW 2009, 3781; BGH 4. 2. 2015 – VIII ZR 175/14, BGHZ 204, 134, 141 ff = NJW 2015, 1296; BGH 29. 6. 2016 – VIII ZR 173/15, NJW 2016, 2805 mit kritischer Anm Blank NZM 2016, 636 f; LG Berlin 24. 11. 2017 – 63 S 66/17, GE 2017, 1557; AG Wedding GE 2009, 787; ausführlich Flatow NZM 2015, 634, 636; Harke NZM 2016, 449, 453 ff).

Ein ähnliches Problem stellt sich, wenn der Mieter in die **Insolvenz** fällt und der **50a** (vorläufige) Insolvenzverwalter die per Lastschrift eingezogenen Mieten der letzten drei Monate zurückruft. Hier soll eine Kündigung daran scheitern, dass der Insolvenzverwalter weder gesetzlicher Vertreter noch Erfüllungsgehilfe des Mieters ist und dieser daher nicht für dessen Verhalten nach § 278 BGB einzustehen hat (LG Hamburg ZInsO 2010, 958). Das mag für § 543 Abs 2 Nr 3 lit b und § 573 Abs 2 Nr 1 BGB zutreffen, weil diese Vorschriften ein Verschulden des Mieters voraussetzen. Ein Rückgriff auf die Generalklausel des § 573 Abs 1 BGB bleibt aber möglich (ebenso hinsichtlich der fristlosen Kündigung nach § 543 Abs 1 BGB Stellwaag ZMR 2011, 447, 448).

bb) Heilung des Verzugs (Schonfristzahlung)
Der Zahlungsverzug kann zwar nach den allgemeinen Vorschriften mit Wirkung für **51** die Zukunft geheilt werden, wenn der Mieter später leistet oder seine Leistung dem Vermieter in einer Weise anbietet, dass dieser nach § 293 BGB in Gläubigerverzug gerät (Staudinger/Feldmann [2019] § 286 Rn 117 ff). Eine solche Heilung des Verzugs ist aber auf den Eintritt der Rechtsfolgen einer wirksam gewordenen ordentlichen Kündigungserklärung ohne Einfluss, auch wenn der rückständige Betrag vor Ablauf der Kündigungsfrist gezahlt wird (BGH 16. 2. 2005 – VIII ZR 6/04, NZM 2005, 334 mAnm Schläger ZMR 2005, 359; BGH 25. 10. 2006 – VIII ZR 102/06, NJW 2007, 428; BGH NJW 2008, 508; BGHZ 195, 64, 70 ff = NJW 2013, 159; BGH 1. 7. 2020 – VIII ZR 323/18, NZM 2020, 834; Bub/Treier/Fleindl Rn IV 115; Herrlein/Kandelhard/Herrlein Rn 19; Nies NZM 1998, 398, 400; Schmid DWW 1982, 77, 84; vgl BVerfG NJW-RR 1996, 1479). Der abweichenden Auffassung, die eine entsprechende Anwendung des § 569 Abs 3 Nr 2 BGB (Schonfristzahlung) befürwortet (LG Augsburg WuM 1987, 388; LG Berlin GE 2004, 237; LG Bonn 6. 11. 2014 – 6 S 154/14, WuM 2015, 293; LG Mannheim WuM 1992, 300; LG Wiesbaden WuM 1998, 284; AG Pinneberg ZMR 2003, 850; AG Schöneberg WuM 1978, 128; AG Tempelhof-Kreuzberg 1. 7. 2015 – 10 C 326/14, GE 2015, 1105; Blank WuM 2005, 252 f; kritisch zu den Auswirkungen der Rechtsprechung ders, in: 10 Jahre Mietrechtsreformgesetz [2011] 257, 264 f; Franke ZMR 1992, 81, 82; MünchKomm/Häublein Rn 70; Schmidt-Futterer/Blank Rn 32; Scholl WuM 1993, 99, 101), kann nicht beigetreten werden. Dies hat der BGH zutreffend unter Hinweis auf Wortlaut, Entstehungsgeschichte, systematischer Stellung und Normzweck begründet. Er hat insbesondere darauf hingewiesen, dass die Schonfristzahlung des § 569

Abs 3 Nr 2 BGB der im allgemeinen Interesse liegenden Vermeidung von Obdachlosigkeit diene. Diese Gefahr bestehe bei einer ordentlichen Kündigung, die an die Fristen des § 573c Abs 1 BGB von drei bis neun Monaten gebunden ist, nur in geringerem Maße. Der Mieter habe je nach Dauer des Mietverhältnisses einen wesentlich längeren Zeitraum zur Verfügung, um sich angemessenen Ersatzwohnraum zu beschaffen. Die in der verspäteten Mietzahlung liegende Pflichtverletzung könne nicht durch die bloße nachträgliche Zahlung wieder geheilt werden (BGH 16. 2. 2005 – VIII ZR 6/04, NZM 2005, 334; BGH NJW 2006, 1585; BGH 20. 7. 2016 – VIII ZR 238/15, WuM 2016, 682; LG Berlin GE 2007, 847; LG Berlin GE 2010, 913; LG Berlin GE 2013, 1516; LG Berlin 16. 9. 2014 – 67 S 290/14, NZM 2014, 862; LG Berlin 26. 8. 2015 – 65 S 234/15, GE 2015, 1222; LG Hamburg ZMR 2010, 117; BeckOK/Hannappel [1. 8. 2020] Rn 29; Soergel/Heintzmann Rn 19; Wetekamp, in: FS Blank [2006] 459, 472 f; **aM** LG Berlin 30. 3. 2020 – 66 S 293/19, ZMR 2020, 504; AG Kerpen WuM 2006, 452).

52 Im Anschluss an entsprechende Hinweise des BGH (BGH NZM 2005, 335; BGH NJW 2008, 508; BGH WuM 2012, 571; BGH 6. 10. 2015 – VIII ZR 321/14, WuM 2016, 225; BGH 23. 2. 2016 – VIII ZR 321/14, GE 2016, 455) wird allerdings angenommen, dass nachträgliche Zahlungen des Mieters sein Verschulden so erheblich mindern können, dass eine Kündigung nicht mehr als gerechtfertigt erscheint (KG ZMR 2009, 30; LG Berlin 4. 10. 2018 – 65 S 79/18, NZM 2019, 63; LG Bonn 6. 11. 2014 – 6 S 154/14, WuM 2015, 293; LG Hamburg WuM 2007, 74 mAnm Wüstenfeld WuM 2007, 313; vgl auch KG WuM 2008, 411; LG Berlin GE 2011, 691; LG Berlin GE 2014, 60; LG Krefeld WuM 2013, 114; AG Mannheim 3. 4. 2019 – 4 C 4743/18, WuM 2019, 528; AG Rheine 16. 5. 2019 – 10 C 234/18, WuM 2019, 531; im Grundsatz auch LG Berlin 7. 11. 2013 – 67 S 365/13, GE 2014, 742; in diese Richtung auch Kinne ua/Schach Rn 11). Das soll jedenfalls dann gelten, wenn die Nachzahlung noch innerhalb der sog Schonfrist des § 569 Abs 3 Nr 2 BGB erfolgt (vgl BGHZ 195, 64, 72 = NJW 2013, 159). Manche Gerichte wollen sogar die Regel aufstellen, dass eine ordentliche Kündigung nach Begleichung der Mietrückstände innerhalb der Schonfrist unter dem Gesichtspunkt des Rechtsmissbrauchs regelmäßig unwirksam wird, sofern keine sonstigen Vertragsverletzungen des Mieters vorliegen und auch nicht zu erwarten ist, dass es in der Zukunft nochmals zu Zahlungsrückständen kommt (LG Bonn 6. 11. 2014 – 6 S 154/14, WuM 2015, 293). Der BGH hält dem immerhin entgegen, dass **§ 242 BGB** eine **Einzelfallbetrachtung** erfordere und der Aufstellung einer derartigen allgemeinen Regel entgegenstehe (BGH 6. 10. 2015 – VIII ZR 321/14, WuM 2016, 225; LG Berlin 3. 3. 2020 – 67 S 212/19, GE 2020, 541; LG Hamburg 25. 10. 2018 – 316 S 58/18, ZMR 2019, 129; LG Itzehoe 21. 12. 2018 – 9 S 15/18, ZMR 2019, 132; vgl auch BGH 20. 7. 2016 – VIII ZR 238/15, WuM 2016, 682). Dieser Judikatur kann jedoch schon in ihrem Ausgangspunkt nicht beigetreten werden. Beurteilungszeitpunkt für die Wirksamkeit der Kündigung ist der Zeitpunkt ihres Zugangs (LG Freiburg 28. 4. 2015 – 9 S 109/14, GE 2015, 793; insoweit zutreffend auch LG Berlin GE 2014, 60; LG Berlin 25. 10. 2016 – 63 S 86/16, GE 2017, 476). Hat der Mieter sich zuvor schuldhaft vertragswidrig verhalten, beseitigt ein nachträgliches Wohlverhalten den Verschuldensvorwurf nicht (richtig LG Berlin 16. 6. 2016 – 67 S 125/16, NZM 2017, 361; den Ausnahmecharakter betont auch Milger NZM 2013, 553, 555; differenzierend Lützenkirchen/Lützenkirchen Rn 151). Erst recht kann eine „Schonfristzahlung", mit der die Zahlungsrückstände nicht vollständig ausgeglichen werden, die Kündigung nicht nachträglich als treuwidrig erscheinen lassen (vgl BGH 11. 1. 2006 – VIII ZR 364/04, NJW 2006, 1585; BGH 24. 8. 2016 – VIII ZR 261/15, NJW 2906, 3437; BGH 27. 9. 2017 – VIII ZR 193/16, NJW 2018, 939, jeweils zur fristlosen Kündigung **aA** LG Berlin 20. 6. 2017 – 63 S 309/16, GE 2017, 890). Umstritten ist, ob dies auch dann gilt, wenn der zahlungsunfähige

Mieter nur die Mietrückstände, nicht aber die Prozesskosten des Vorprozesses vollständig ausgeglichen hat (vgl BGH 14. 7. 2010 – VIII ZR 267/09, NJW 2010, 3020; LG Hamburg 25. 10. 2018 – 316 S 58/18, ZMR 2019, 129).

Für eine im Interesse des Mieters gebotene Einschränkung des Rechts zur ordentlichen Kündigung ist der geeignete Ansatz in den Tatbestandsmerkmalen der nicht unerheblichen Verletzung vertraglicher Verpflichtungen und des **Verschuldens** zu finden. Während der Mieter beim Zahlungsverzug für seine finanzielle Leistungsfähigkeit einzustehen hat und sich deswegen nicht auf § 286 Abs 4 BGB berufen kann, entlastet ihn im Rahmen des § 573 Abs 2 Nr 1 BGB nach Auffassung des BGH eine **wirtschaftliche Notlage** (unverschuldete Zahlungsunfähigkeit; BGH NZM 2005, 335; BGH NJW 2008, 508; KG GE 2008, 1327). Damit begünstigt § 573 Abs 2 Nr 1 BGB den Mieter bei einer ordentlichen Kündigung und eröffnet ihm im Gegensatz zur fristlosen Kündigung wegen Zahlungsverzugs die Möglichkeit, sich auf unvorhersehbare wirtschaftliche Engpässe zu berufen, so beispielsweise, wenn das JobCenter zunächst – unberechtigt – die Leistung des Arbeitslosengeldes II einstellt und erst nach Widerspruch oder Klage die Zahlungen rückwirkend vornimmt und damit den Mieter (wieder) in die Lage versetzt, die geschuldete Miete zu entrichten (daher im Ergebnis zutreffend BGH 23. 2. 2016 – VIII ZR 321/14, GE 2016, 455; zu weiteren sozialrechtlichen Konsequenzen der BGH-Rechtsprechung Hahn NZS 2017, 98, 100 ff). Der Wertungswiderspruch sowohl zu § 286 Abs 4 BGB als auch zu § 543 Abs 2 Nr 1 BGB ist allerdings unverkennbar. Im Rahmen des Verschuldens kann zudem eine nachträgliche Zahlung des Mieters zu seinen Gunsten berücksichtigt werden, weil sie ein etwaiges Fehlverhalten in einem milderen Licht erscheinen lässt (KG GE 2008, 1327; OLG Stuttgart WuM 1991, 526; OLG Karlsruhe WuM 1992, 517). Auch wenn der Mieter nicht die Möglichkeit hat, eine Fortsetzung des Mietverhältnisses nach § 574 Abs 1, § 574a BGB zu verlangen, so sind seine Interessen hinreichend geschützt, ohne dass es eines Rückgriffs auf die Schonfristklausel des § 569 Abs 3 Nr 2 BGB oder des Gesichtspunktes von Treu und Glauben bedarf (BGH 16. 2. 2005 – VIII ZR 6/04, NZM 2005, 334).

Noch komplizierter liegen die Dinge, wenn der Vermieter – wie häufig – **außerordentlich, hilfsweise ordentlich** wegen Zahlungsrückstands gekündigt hat. Begleicht der Mieter dann innerhalb der Schonfrist des § 569 Abs 3 Nr 2 BGB die Mietschulden, wird die fristlose Kündigung (rückwirkend) unwirksam. Daraus folgt aber nicht zugleich auch die Unwirksamkeit der ordentlichen Kündigung: Die Willenserklärung des Vermieters ist in aller Regel dahingehend auszulegen, dass er das Mietverhältnis auch (und gerade) dann fristgerecht beenden will, wenn die außerordentliche Kündigung infolge der Schonfristzahlung nicht durchgreift. Der Gesetzgeber hat den Schutz des Mieters in diesen Fällen darauf beschränkt, ihm die Räumung der Wohnung innerhalb der Kündigungsfrist zu ermöglichen, ihn aber nicht darauf erstreckt, auch die ordentliche Kündigung unwirksam werden zu lassen (BGH 19. 9. 2018 – VIII ZR 231/17, BGHZ 220, 1, 5 ff = NJW 2018, 3517; BGH 19. 9. 2018 – VIII ZR 261/17, NZM 2018, 1017; LG Berlin 6. 3. 2018 – 67 S 22/18, WuM 2018, 369; LG Berlin 1. 3. 2018 – 64 S 191/17, GE 2018, 763; LG Berlin 25. 10. 2019 – 65 S 77/19, ZMR 2020, 111; AG München 3. 1. 2019 – 472 C 20873/18, ZMR 2019, 202; Meier ZMR 2019, 175, 176 ff; Schwab NZM 2019, 36, 45; vgl schon BGH 16. 2. 2005 – VIII ZR 6/04, NZM 2005, 33). Die gegenteilige Auffassung (LG Berlin 13. 10. 2017 – 66 S 90/17, ZMR 2018, 38; dazu Beyer GE 2018, 174 ff; vgl auch OLG Stuttgart 28. 8. 1991 – REMiet 2/91, WuM 1991, 526) beruht auf einem fehlerhaften Verständnis der Rechtsnatur von Gestaltungsrechten und einer grundlegenden Verkennung der rechtlichen Wirkungen der Schonfristzahlung (BGH 19. 9. 2018 – VIII ZR 231/17, BGHZ 220, 1, 6 = NJW 2018, 3517; BGH 19. 9. 2018 – VIII ZR 261/17, NZM 2018, 1017).

b) Vertragswidriger Gebrauch
aa) Allgemeines

54 Ein vertragswidriger Gebrauch begründet für den Vermieter ein berechtigtes Interesse an der Beendigung des Mietverhältnisses durch ordentliche Kündigung, wenn die Voraussetzungen für eine **fristlose Kündigung** nach § 543 Abs 2 S 1 Nr 2, Abs 3 BGB erfüllt sind. Für § 573 Abs 2 Nr 1 BGB reichen geringere Verstöße aus. Es ist aber dann von dem Vermieter eine Abmahnung des vertragswidrigen Gebrauchs zu verlangen, bevor er von dem bei der Wohnraummiete besonders einschneidenden Recht zur Kündigung Gebrauch macht (Kossmann/Meyer-Abich § 116 Rn 25; Schmidt-Futterer/Blank Rn 13a). Dies steht im Einklang mit der in § 543 Abs 3 BGB ausdrücklich bestimmten Voraussetzung (Staudinger/V Emmerich [2021] § 543 Rn 71, 79). Bei schweren Verstößen kann auf eine Abmahnung verzichtet werden (AG Bad Homburg WuM 1994, 327).

55 Der Mieter verletzt den Vertrag, wenn er seine **allgemeinen Rechte und Pflichten hinsichtlich des vertragsmäßigen Gebrauchs** nicht einhält (Gather DWW 1995, 234 ff). Dies ist der Fall, wenn er die Nutzungsart entgegen dem vereinbarten Vertragszweck einseitig ändert und Wohnräume vollständig zu geschäftlichen Zwecken nutzt (sehr streng BGH NZM 2013, 786 mAnm Herlitz WuM 2014, 97) oder Geschäftsräume zu seiner Wohnung macht. Häufiger sind in der Praxis die Fälle, in denen Teile der Mietsache abredewidrig genutzt werden oder bei denen sich die Frage stellt, ob die teilweise gewerbliche Nutzung noch vom vertragsmäßigen Gebrauch der Wohnräume umfasst wird oder ob eine Überschreitung nur als unerheblich zu beurteilen ist. Dies hängt ganz von den Umständen des Einzelfalls ab, sodass das Kündigungsrecht, auch auf der Grundlage des § 543 Abs 2 S 1 Nr 2, Abs 3 BGB, teils bejaht (LG Berlin GE 1995, 703; AG München 14. 12. 2017 – 423 C 8953/17, ZMR 2019, 349: Nutzung der zur Wohnung gehörenden Garage als Skiverleih; AG Steinfurt WuM 1996, 405), teils verneint wird (OLG Köln WuM 1996, 270; LG Frankfurt aM WuM 1996, 532; LG Stuttgart WuM 1992, 250; AG Köln WuM 1991, 577; AG Schöneberg GE 2004, 756). Bei wiederholten Verstößen trotz einschlägiger Abmahnung können sogar vergleichsweise geringfügige Vertragsverletzungen kündigungsrelevant sein (BGH 2. 1. 2020 – VIII ZR 328/19, NZM 2020, 105: Freilaufenlassen des Hundes auf Gemeinschaftsflächen; LG Köln 2. 12. 2016 – 10 S 99/16, NZM 2017, 360: Schuhregal im Hausflur; LG München I 22. 10. 2014 – 14 S 3661/14, NZM 2015, 893: wiederholtes, aber nur kurzzeitiges Parken in der Garageneinfahrt ohne Behinderung anderer Anwohner).

55a Zutreffender Auffassung nach ist der Mieter von Wohnraum berechtigt, **berufliche Tätigkeiten** in den gemieteten Räumen **auszuüben**, solange diese nicht oder nur unwesentlich nach außen in Erscheinung treten. Hierzu gehört die Unterrichtsvorbereitung eines Lehrers ebenso wie die Telearbeit eines Angestellten, die schriftstellerische Tätigkeit eines Autors oder der Empfang und die Bewirtung von Geschäftsfreunden des Mieters in der Wohnung (BGH NJW 2009, 3157; Spielbauer/Schneider/Krenek Rn 41), auch wenn sie atypisch sind (AG Lüdinghausen 11. 10. 2018 – 4 C 76/18, WuM 2019, 31: Anfertigung pornographischer Videoclips). Demgegenüber braucht der Vermieter von Wohnraum geschäftliche Aktivitäten gewerblicher oder freiberuflicher Art, die nach außen in Erscheinung treten, grundsätzlich nicht zu dulden (BGH NZM

2013, 786; Kinne ua/Schach Rn 13; Klein-Blenkers ua/Hinz Rn 28). Ein kündigungserhebliches Fehlverhalten des Mieters soll nach Überzeugung des BGH sogar darin liegen können, dass der Mieter sein zu Wohnzwecken gemietetes Haus beim Gewerbeamt als Betriebsstätte angegeben hat und er unter dieser „Geschäftsadresse" gegenüber Kunden auftritt, selbst wenn damit eine erhöhte Nutzung des Wohnraums gar nicht verbunden ist (hier: Hausmeisterservice; BGH NZM 2013, 786). Sicher zutreffend ist dagegen die Auffassung, der Mieter verletze seine mietvertraglichen Obhutspflichten (§§ 535, 538, 241 Abs 2 BGB), wenn er in der angemieteten Wohnung illegale Betäubungsmittel (BGH 14. 12. 2016 – VIII ZR 49/16, NZM 2017, 144; aM LG Lüneburg 15. 12. 1994 – 6 S 104/94, WuM 1995, 708), Sprengmittel („Polenböller", AG Hannover 4. 5. 2020 – 474 C 13200/19, ZMR 2020, 845) oder gar Waffen und Munition (LG Berlin 26. 2. 2018 – 65 S 6/18, GE 2018, 934 beide zur außerordentlichen Kündigung) aufbewahrt.

Der Mieter verletzt den Vertrag ferner dann, wenn er die Wohnung oder die sonstigen **56** Grundstücks- und Gebäudeteile entgegen seiner Obhuts- und Erhaltungspflicht vernachlässigt oder **in die Bausubstanz eingreift** (LG Berlin MDR 1988, 146; LG Berlin GE 2004, 1394; LG Berlin WuM 2012, 624; LG Lüneburg ZMR 2013, 804; Klein-Blenkers ua/Hinz Rn 28). Eine Vernachlässigung kann etwa darin liegen, dass der Mieter die Wohnung längere Zeit nicht bewohnt, in den Wintermonaten nicht beheizt, aber die Fenster absichtlich geöffnet lässt und damit die Gefahr des Einfrierens von Wasserleitungen herbeiführt (LG Berlin 22. 1. 2014 – 65 S 268/13, ZMR 2014, 791). Bei der Miete möblierten Wohnraums kann auch die Beschädigung der Einrichtungsgegenstände kündigungsrelevant sein (AG Münster WuM 1978, 70). Ein derartiger Eingriff rechtfertigt die Kündigung allerdings nicht, wenn der Eingriff nicht schwerwiegend und es dem Vermieter zumutbar war, vom Mieter die Beseitigung zu verlangen (LG Berlin GE 2009, 1316). Ein kündigungsrelevanter Vorwurf liegt auch nicht darin, dass der Mieter bei einem langjährig beanstandungsfrei geführten Mietverhältnis einmal fahrlässig einen erheblichen Wasserschaden verursacht (LG Berlin 2. 2. 2017 – 67 S 410/16, WuM 2017, 154) oder er den mitgemieteten Garten nur nachlässig pflegt oder einen Ziergarten als Naturgarten hält (LG Darmstadt WuM 1983, 151 [LS]; AG Darmstadt WuM 1982, 246). Lässt der Mieter die gemieteten Räume oder einzelne von ihnen so **verwahrlosen**, dass sie nicht mehr betreten werden können (zB indem er elementare Pflege- und Reinigungsmaßnahmen unterlässt oder sie nicht heizt), kann dies die Kündigung legitimieren (LG Berlin 2. 3. 2017 – 67 S 8/17, GE 2017, 591 zur fristlosen Kündigung bei Rattenbefall; LG Karlsruhe 22. 5. 2019 – 9 S 2/19, WuM 2019, 436; AG Neustadt a d Aisch 25. 8. 2016 – 1 C 321/15, WuM 2017, 196: „Messie-Wohnung"; ähnlich LG Hannover 19. 10. 2018 – 17 S 20/18, ZMR 2019, 950: massiver Fäkaliengeruch). Dies ist aber eine Frage der Beurteilung des Einzelfalls (vgl AG Schöneberg 5. 12. 2019 – 107 C 224/19, GE 2020, 934); ebenso, ob die Meinungsäußerung eines Mieters durch das Anbringen von Plakaten in den Fenstern der Mietsache einen vertragswidrigen Gebrauch darstellt (BayObLG NJW 1984, 496; AG Stuttgart-Bad Cannstatt WuM 1991, 28).

Eine im Mietvertrag nicht vorgesehene **Tierhaltung** begründet nicht ohne Weiteres **56a** ein Kündigungsrecht, wenn der Vermieter dies stillschweigend geduldet hat (LG Leipzig 12. 5. 2020 – 02 S 401/19, WuM 2020, 419; LG Mannheim WuM 1974, 74), auch etwa bei anderen Mietern (LG Freiburg WuM 1986, 247), wenn statt des erlaubten Hundes eine Katze gehalten wird (AG Düren WuM 1983, 59 [LS]) oder es sich in anderer Weise um eine nur unerhebliche Vertragsverletzung handelt (LG Gießen ZMR 1976, 147). Setzt der Mieter trotz Abmahnung eine unerlaubte Tierhaltung fort, so kann der Vermieter kündigen (LG Berlin GE 1999, 46; LG Berlin GE 2012, 899; LG Hildesheim WuM

2006, 525; BeckOK/Hannappel [1. 8. 2020] Rn 31; Klein-Blenkers ua/Hinz Rn 28; Münch Komm/Häublein Rn 64; Soergel/Heintzmann Rn 21). In seiner Wohnung darf der Mieter **rauchen** (ausführlich Riecke ZMR 2017, 292 u ZMR 2017, 361). Dies ist vom vertragsgemäßen Gebrauch umfasst, es sei denn, dass dadurch Verschlechterungen der Wohnung verursacht werden, die sich nicht mehr durch Tapezieren, Anstreichen oder Kalken der Wände und Decken, das Streichen der Fußböden, Heizkörper einschließlich Heizrohre, der Innentüren sowie der Fenster und Außentüren (§ 28 Abs 4 S 3 II. BV) beseitigen lassen, sondern darüber hinausgehende Instandsetzungsarbeiten erfordern (BGH 5. 3. 2008 – VIII ZR 37/07, NJW 2008, 1439). Dass der Rauch im Hausflur wahrnehmbar ist, kann die Kündigung ebenfalls nur in Extremfällen rechtfertigen (BGH 18. 2. 2015 – VIII ZR 186/14, NJW 2015, 1239); zudem muss sicher feststehen, dass der Qualmgeruch nicht auf andere Ursachen zurückzuführen ist (LG Düsseldorf 28. 9. 2016 – 23 S 18/15, NZM 2016, 793). Versprüht aber ein Mieter trotz einschlägiger Abmahnung wiederholt geruchsintensive Stoffe im Treppenhaus, die bei anderen Mietern zu Kopfschmerzen und Reizungen führen, rechtfertigt dies die Kündigung (AG Hamburg-Altona 3. 9. 2019 – 314b C 301/19, ZMR 2020, 38).

bb) Insbesondere: Unerlaubte Überlassung an Dritte

57 Eine besondere Form des vertragswidrigen Gebrauchs ist die unerlaubte Überlassung der Wohnung an Dritte, insbesondere durch Untervermietung. Sie ist in aller Regel eine erhebliche Vertragsverletzung, ohne dass es noch einer besonderen Feststellung der Rechtsbeeinträchtigung bedarf (BGH NJW 1985, 2527; OLG Frankfurt WuM 1988, 395; LG Berlin NZM 1999, 71). Hieraus kann sich ein Recht zur fristlosen und zur ordentlichen Kündigung ergeben. Die Abgrenzung zwischen vertragsmäßigem und vertragswidrigem Gebrauch kann im Einzelfall problematisch sein. Da § 540 BGB nur die Gebrauchsüberlassung an Dritte von einer Erlaubnis des Vermieters abhängig macht, scheidet die **Überlassung an Personen, die nicht Dritte sind**, als Vertragsverletzung aus. Der Mieter ist deshalb berechtigt, den Ehegatten, Kinder und nächste Angehörige (BGH NJW 2004, 56; BGH NJW 2013, 2507; LG Potsdam GE 2012, 1565) oder Hausbedienstete aufzunehmen, ohne gegen § 540 Abs 1 BGB zu verstoßen (BGH NZM 2013, 786; Staudinger/V Emmerich [2021] § 540 Rn 4), während er für die Aufnahme eines nichtehelichen Lebensgefährten der Zustimmung des Vermieters bedarf, die aber in der Regel beansprucht werden kann (BGHZ 157, 1, 5 = NZM 2004, 22). Dies setzt aber voraus, dass der Mieter selbst die Wohnung weiterhin bewohnt (LG Berlin GE 1995, 569; LG Berlin WuM 1995, 38; LG Cottbus WuM 1995, 38; AG Zwickau WuM 1996, 409). Allerdings werden hier in der Rechtsprechung unterschiedliche Maßstäbe angelegt. Einerseits wurde es für ausreichend gehalten, dass der Mieter überwiegend auf Mallorca wohnt und sich nur gelegentlich in der Wohnung aufhielt, die im Übrigen von Tochter und Enkeltochter bewohnt wurde (LG Hamburg NZM 2000, 379), andererseits aber eine Vertragsverletzung bejaht, wenn sich der Mieter lediglich zweimal wöchentlich zu einem begrenzten Aufenthalt in der ansonsten von seiner volljährigen Tochter bewohnten Wohnung aufhielt (AG Neuss NZM 1999, 309). Jedenfalls dann, wenn der Mieter den Besitz an der Wohnung dauerhaft aufgibt und auszieht, bedarf der weitere Verbleib der (volljährigen) Kinder der Erlaubnis des Vermieters; wird diese nicht eingeholt, kann dies den Vermieter zur Kündigung berechtigen (LG Berlin 18. 4. 2018 – 65 S 16/18, ZMR 2018, 668). Die tageweise Betreuung eines fremden Kindes wird vom Wohnzweck gedeckt, selbst wenn der Mieter hierfür ein Entgelt erhält (AG Stuttgart WuM 1988, 52).

Ist ein **Ehegatte** anlässlich der Trennung aus der Wohnung ausgezogen und hat sie **57a**
dem anderen, der nicht Mietvertragspartei ist, überlassen, so ist der verbliebene
Ehegatte kein Dritter, solange die Mietwohnung als Ehewohnung zu qualifizieren
ist. Die Zuordnung der Wohnung als Ehewohnung entfällt nicht bereits dadurch, dass
der (mietende) Ehegatte dem anderen die Wohnung – ggf für einen längeren Zeitraum – überlassen hat bzw diese nur noch gelegentlich nutzt (BGH 12. 6. 2013 – XII ZR 143/11, NJW 2013, 2507). Sie verliert ihre Eigenschaft als Ehewohnung erst, wenn die Ehe rechtskräftig geschieden ist (BGH 28. 9. 2016 – XII ZB 487/15, BGHZ 212, 133, 136 = NJW 2017, 260; Johannsen/Henrich/Althammer/Dürbeck, Familienrecht [7. Aufl 2020] § 1361b Rn 11; aM zuvor BGH 12. 6. 2013 – XII ZR 143/11, NJW 2013, 2507: bereits durch endgültige Aufgabe des ausgezogenen Ehegatten). Eine gegenteilige Ansicht würde zu einem Leerlaufen der nach § 1361b BGB – bzw bei rechtskräftiger Scheidung nach § 1568a BGB – möglichen Wohnungszuweisung führen. Denn verlässt der alleinig mietende Ehegatte die Wohnung – was in der Regel bereits vor der gerichtlichen Zuweisung geschehen dürfte –, so könnte der Vermieter den Mietvertrag aufgrund vertragswidriger Überlassung an einen Dritten nach §§ 569, 573 Abs 2 Nr 1 BGB kündigen, mit der Folge, dass eine Wohnungszuweisung nicht mehr möglich wäre (BGH NJW 2013, 2507).

Nimmt der Mieter einen Dritten auf, ohne die Erlaubnis des Vermieters einzuholen, **58**
stellt sich die Frage, ob ein Kündigungsgrund selbst dann besteht, wenn der Mieter nach § 553 Abs 1 BGB einen **Anspruch auf die Erlaubnis** hat. Auszugehen ist davon, dass das Bestehen eines solchen Anspruchs allein nicht die Vertragsverletzung beseitigt, weil der Anspruch nicht schon die Erlaubnis ersetzt (BGH NJW 2011, 1065; BayObLG WuM 1991, 18; BayObLG WuM 1995, 378; OLG Dresden 30. 6. 2015 – 5 U 375/15, ZMR 2016, 24). Die Vertragsverletzung wird allerdings wegen des Anspruchs auf die Erlaubnis häufig als unerheblich beurteilt (LG Hamburg 20. 2. 2020 – 333 S 46/19, ZMR 2020, 513; LG Kassel NJW-RR 1987, 1495; LG Köln WuM 1991, 548; LG München WuM 1991, 548; AG Wedding 10. 2. 2015 – 11 C 271/14, GE 2015, 456). Dies ist jedoch eine Frage des Einzelfalls, sodass der Anspruch auf Erteilung der Erlaubnis allein nicht ausreicht, um die in der unbefugten Gebrauchsüberlassung liegende Vertragsverletzung als unerheblich zu bewerten (BayObLG WuM 1995, 378; LG Berlin 22. 1. 2018 – 65 S 219/17, GE 2018, 511; BeckOGK/Geib [1. 7. 2020] Rn 35; Klein-Blenkers ua/Hinz Rn 28). Im Rahmen des § 543 Abs 2 S 1 Nr 2, Abs 3 BGB wird das Problem häufig über § 242 BGB gelöst: Der Vermieter handelt rechtsmissbräuchlich, wenn er eine Untervermietung als Anlass für eine Kündigung nimmt, obwohl der Mieter die Untervermietungserlaubnis rechtzeitig beantragt und er sie pflichtwidrig nicht erteilt hatte (BGH NJW 2011, 1065; BayObLG WuM 1991, 18; Klein-Blenkers ua/Hinz Rn 28). Konnte der Mieter für die konkrete Art der Untervermietung allerdings ohnehin keine Genehmigung des Vermieters beanspruchen, ist die Kündigung des Vermieters wirksam (LG Berlin 18. 11. 2014 – 67 S 360/14, NZM 2015, 248; LG Berlin 3. 2. 2015 – 67 T 29/15, ZMR 2015, 303: tageweise Vermietung an Touristen; LG München I 9. 4. 2018 – 14 S 17192/17, ZMR 2018, 770: Vermietung an sog Medizintouristen; einschränkend LG Amberg 9. 8. 2017 – 24 S 299/17, NZM 2018, 34; LG Berlin 27. 7. 2016 – 67 S 154/16, WuM 2016, 559; LG Berlin 9. 8. 2017 – 24 S 299/17, GE 2017, 1409: vorherige Abmahnung erforderlich; **aM** LG Berlin 6. 10. 2016 – 67 S 203/16, ZMR 2017, 237, wenn in der Wohnanlage viele Wohnungen an Touristen vermietet werden und der Mieter daher vertragswidrig hohen Lärmbelastungen ausgesetzt ist; LG Berlin 3. 7. 2018 – 67 S 20/18, WuM 2018, 562, wenn der Vermieter bei seinen Nachforschungen die Wohnung selbst bzw durch Strohleute zum Schein angemietet hat; AG Frankfurt aM 23. 12. 2015 – 33 C 2762/15, WuM 2016, 209 für die bloß einmalige tageweise Untervermietung über ein Internetportal). Allerdings muss der Vermieter den **Nachweis** der

unerlaubten Gebrauchsüberlassung mit prozessual zulässigen Mitteln führen können (vgl LG Berlin 13. 2. 2020 – 67 S 369/18, ZMR 2020, 309: Sachvortragsverwertungsverbot für durch versteckte Videokamera erlangte Informationen). Ist eine befristete Erlaubnis zur Untervermietung abgelaufen, wird die fortbestehende Gebrauchsüberlassung an den Untermieter nicht ohne Weiteres vertragswidrig (LG Stuttgart WuM 1992, 122), während die Fortsetzung der Untervermietung nach Widerruf ihrer Erlaubnis als kündigungsrelevant angesehen wurde (LG Berlin 22. 3. 2017 – 65 S 285/16, WuM 2017, 260). Hat der Vermieter dem Mieter die Untervermietung grundsätzlich gestattet, liegt darin noch keine Erlaubnis, die Wohnung tageweise an Touristen zu vermieten (AG München 19. 11. 2015 – 432 C 8687/15, ZMR 2016, 467). Jedenfalls ist eine **Abmahnung** unwirksam, die bereits vor Ablauf der Befristung (AG Frankfurt aM NZM 1999, 707) bzw zu einem Zeitpunkt erfolgt, in dem die Untervermietung bereits beendet war (LG Berlin GE 1998, 1089). Ist der Mieter im Falle einer unerlaubten Untermietung zu Recht abgemahnt worden, so hat er alles Zumutbare zu tun, um den alsbaldigen Auszug des Untermieters herbeizuführen. Dazu gehört auch eine Räumungsklage oder das Angebot einer finanziellen Zuwendung an den Untermieter, um diesen zum Auszug zu bewegen (LG Berlin NZM 1999, 407). Wird das Mietverhältnis mit einem Mitmieter wirksam gekündigt und nimmt der verbliebene Mieter diesen wieder in die Wohnung auf, so liegt auch darin eine Vertragsverletzung (LG Baden-Baden DWW 1989, 332).

58a Hat der Vermieter dem Mieter eine **Erlaubnis zur Untervermietung erteilt**, darf der Mieter (nur) im Rahmen dieser Erlaubnis seine Wohnung Dritten überlassen. Ob sie es ihm auch gestattet, seine Wohnung tageweise an Touristen zu vermieten, ist eine Frage der Auslegung. Hat der Vermieter unspezifisch „die Untervermietung" gestattet, erlaubt dies dem Mieter nicht ohne Weiteres die Überlassung der Wohnung an beliebige Touristen, weil diese sich von einer gewöhnlich auf gewisse Dauer angelegten Untervermietung wesentlich unterscheidet (BGH NJW 2014, 622; LG Berlin 4. 11. 2015 – 65 S 318/15, GE 2016, 67; Wüsthoff ZMR 2014, 421, 422 f; **aM** LG Berlin GE 2013, 1277; Kohlstrunk NZM 2014, 231, 232 ff). Der Vermieter kann die Erlaubnis widerrufen, wenn nach jahrelanger Nutzung durch wechselnde Untermieter nicht erkennbar ist, dass der Hauptmieter von der Wohnung wieder Gebrauch machen wird; die trotz dieses Widerrufs fortdauernde Untervermietung rechtfertigt dann die Kündigung durch den Vermieter (LG Berlin 22. 3. 2017 – 65 S 285/16, GE 2017, 893).

59 In einer **Überbelegung der Wohnung**, die durch die wachsende Kinderzahl oder den Zuzug von Kindern eingetreten ist, kann idR kein vertragswidriger Gebrauch gesehen werden, wenn keine oder den Vermieter nur unerheblich beeinträchtigende Auswirkungen festzustellen sind (BVerfG NJW 1994, 41; BGHZ 123, 233, 238 ff = NJW 1993, 2528; OLG Hamm WuM 1993, 30; LG Köln WuM 1992, 299; vgl auch BayObLG NZM 1998, 29; Kossmann/Meyer-Abich § 116 Rn 8). Dasselbe gilt für die Aufnahme einzelner neuer Personen in den Haushalt, insbesondere Freundin/Freund bzw Lebensgefährtin/Lebensgefährte (LG Berlin 16. 5. 2017 – 67 S 119/17, WuM 2017, 409). Diese zur fristlosen Kündigung entwickelten Grundsätze lassen sich unter Berücksichtigung des abweichenden Tatbestandes auf die ordentliche Kündigung übertragen. Im Einzelfall kommt aber eine Kündigung aus sonstigen Gründen (Abs 1 S 1) in Betracht (OLG Hamm NJW 1983, 48; Klein-Blenkers ua/Hinz Rn 28). Wenn der Vermieter bereits bei Vertragsabschluss eine Überbelegung hinnimmt, kann er nach Vergrößerung der Familie um ein weiteres Kind nicht mit dieser Begründung kündigen (LG Bonn WuM 1990, 345). Eine Überbelegung berechtigt aber zur Kündigung, wenn Substanzschäden an der Wohnung (LG Mönchengladbach ZMR 1991, 110; LG München I WuM 1983, 22; AG Stuttgart WuM 2012, 150), andere Vermögenseinbußen durch übermäßige Inanspruchnahme sonstiger Vermieterleistungen oder die Belästigung von Mitbewohnern eingetreten sind (vgl BayObLG NJW 1984, 60; OLG Karlsruhe WuM 1987, 180; LG Darmstadt WuM 1987, 393).

Fragwürdig ist es deshalb, wenn allein aus der Überbelegung ein Kündigungsrecht abgeleitet wird, indem die Wohnfläche zur Zahl der sie nutzenden Personen in Beziehung gesetzt wird (AG München 20. 5. 2015 – 415 C 3152/15, ZMR 2016, 636; AG Zwickau WuM 1996, 409; richtig LG Kempten NJW-RR 1996, 264). Überbelegung kann ein Kündigungsgrund sein, wenn die Anzahl der in der Wohnung lebenden Personen durch den Mietvertrag begrenzt ist (LG Köln WuM 1981, 161). Allerdings ist nicht jede geringfügige Überschreitung der Personenzahl als nicht unerhebliche Vertragsverletzung zu beurteilen. Entscheidend sind die Verhältnisse des Einzelfalls (LG Kempten NJW-RR 1996, 264; AG Nürnberg WuM 1991, 690). Dabei ist die jeweilige Lage auf dem Wohnungsmarkt zu berücksichtigen (AG Köln WuM 1990, 508; AG Limburg WuM 1990, 509). **60**

c) **Tätliche Angriffe, Beleidigungen, Belästigungen**
Belästigungen des Vermieters und seiner Haushaltsangehörigen oder anderer Mieter können eine ordentliche Kündigung rechtfertigen, auch wenn die strengeren Voraussetzungen für eine fristlose Kündigung nach § 569 Abs 2 BGB nicht erfüllt sind. Mit einem **tätlichen Angriff** auf den Vermieter, den Hauswart oder einen anderen Beauftragten des Vermieters verletzt der Mieter seine Pflichten in erheblicher Weise (LG Berlin GE 2008, 1052; LG Berlin GE 2013, 1521; LG Berlin 17. 7. 2017 – 65 S 149/17, GE 2017, 952; LG Karlsruhe ZMR 2014, 43; AG Brühl WuM 2008, 596; AG Karlsruhe ZMR 2013, 968; BeckOGK/Geib [1. 7. 2020] Rn 39; **aM** LG Hamburg ZMR 2009, 451), ebenso durch Freiheitsberaubung (AG Charlottenburg 3. 3. 2015 – 234 C 106/14, GE 2015, 519) und – zumindest in der Regel – bereits durch die Androhung körperlicher Gewalt (AG Wedding 24. 9. 2014 – 13 C 109/13, GE 2014, 1463). **61**

Bei **Beleidigungen** kommt es auf die Umstände des Einzelfalles, namentlich auf das vorangegangene Verhalten des Vermieters, an. Sie können eine Kündigung rechtfertigen (BGH 9. 11. 2016 – VIII ZR 73/16, NZM 2017, 26 und LG München I 20. 1. 2016 – 14 S 16950/15: Vermieter und Hausverwalter seien „Terroristen" und „nazi-ähnliche braune Misthaufen"; BGH 25. 8. 2020 – VIII ZR 59/20, NZM 2020, 885; LG Ansbach 19. 12. 2013 – 1 S 1252/12, ZMR 2014, 446: Der Vermieter habe ein „Hauswartsystem nach Stasi- oder Gestapo-art eingeführt"; LG Berlin 27. 4. 2016 – 65 S 83/16, GE 2016, 1215; LG Hamburg 8. 1. 1998 – 307 S 192/97, NZM 1999, 304; LG Leipzig 11. 1. 2002 – 14 S 6332/01, NZM 2002, 247; LG München I 13. 1. 2015 – 14 S 24161/14, ZMR 2015, 856: „fette Kaugummidrecksau" und „dreckige Schweinedrecksau"; AG Coburg 25. 9. 2008 – 11 C 1036/08, ZMR 2009, 373; AG Gießen 30. 9. 1981 – 45 C 1593/81, ZMR 1982, 240; AG Gronau 19. 11. 2018 – 2 C 121/18, WuM 2019, 435; AG Idstein 14. 10. 2019 – 3 C 72/19, ZMR 2019, 968 „Scheiß Deutscher"; AG Hamburg-Blankenese 27. 5. 2015 – 531 C 323/14, ZMR 2016, 783: „Ich fick dich in den Arsch, du Wichser und Arschloch"; AG Lichtenberg 21. 10. 2016 – 10 C 103/15, GE 2017, 55: Hauswart und Mitmieter sind „Pisser", „Spast", „behinderte Wichser" ua; AG München 19. 11. 2014 – 452 C 16687/14, ZMR 2016, 466: Der Vermieter leiste durch Überhitzung der vermieteten Räume „brutale Sterbehilfe"; AG München 28. 11. 2014 – 474 C 18543/14, ZMR 2015, 725: „Sie promovierter Arsch"; AG Neukölln 28. 5. 2019 – 2 C 42/19, ZMR 2019, 970: Anbringen von Plakaten im Hausflur, die zur „Enteignung" und „Verdrängung" des Vermieters aufforderten; AG Neuruppin 16. 4. 2019 – 43 C 61/18, NZM 2019, 691; AG Pankow/Weißensee 20. 2. **61a**

2020 – 3 C 340/19, GE 2020, 878; großzügiger LG Berlin 20. 3. 2013 – 65 S 403/12, WuM 2013, 354), sofern es sich nicht um eine einmalige Entgleisung handelt (LG Offenburg WuM 1986, 250; AG Charlottenburg 30. 1. 2015 – 216 C 461/14, GE 2015, 389; AG Gelsenkirchen WuM 1997, 556; s aber AG Gelsenkirchen-Buer ZMR 1998, 353), die Beleidigung nicht schwer wiegt (AG Charlottenburg 30. 1. 2015 – 216 C 461/14, ZMR 2015, 773: Mitarbeiter der gewerblichen Vermieterin seien „faul" oder eine „talentfreie Abrissbirne"), die Vertragsparteien eine enge persönliche oder familiäre Beziehung unterhalten (LG Berlin 22. 8. 2019 – 67 S 109/19, ZMR 2019, 944) oder der Mieter nur vermindert schuldfähig ist (LG Berlin 16. 1. 2018 – 67 S 280/17, GE 2018, 394; AG Darmstadt 21. 1. 2014 – 313 C 13/14, ZMR 2015, 39). Beleidigungen **im Internet** stehen solchen in der analogen Welt gleich und können, je nach ihrem Gewicht, sogar die außerordentliche Kündigung legitimieren (AG Düsseldorf 11. 7. 2019 – 27 C 346/18, ZMR 2019, 870: Beleidigung des Vermieters auf Facebook als „Hurensohn"). Die Beleidigung Dritter, zB der Bewohner benachbarter Häuser, rechtfertigt die Kündigung nicht (AG Brandenburg an der Havel 6. 6. 2014 – 35 C 92/13, WuM 2015, 741). Ähnliches gilt für andere Straftaten.

61b Die Kündigung kann berechtigt sein, wenn der Mieter den Vermieter zu Unrecht einer Straftat bezichtigt oder **unberechtigt Strafanzeige** gegen ihn erstattet (BVerfG NZM 2002, 61; LG Mannheim NZM 2000, 543; LG München I 4. 4. 2017 – 14 S 284/17, ZMR 2017, 484; AG Gummersbach ZMR 2010, 864; AG Pankow/Weißensee GE 2009, 1256; s aber auch LG Frankfurt/O WuM 2013, 355; AG Hamburg 14. 4. 2016 – 42 C 61/15, ZMR 2016, 630; AG München 23. 3. 2016 – 424 C 21138/15, ZMR 2017, 169), er im Rahmen einer verbalen Auseinandersetzung die Situation in völlig unangemessener Weise überschreitet (OLG Düsseldorf NZM 2006, 295; LG Berlin GE 2000, 539), er in einem Rechtsstreit gegen den Vermieter bewusst wahrheitswidrig vorträgt (BGH 4. 12. 1985 – VIII ZR 33/85, WuM 1986, 60; LG Berlin 15. 4. 2014 – 67 S 81/14, NZM 2014, 668) oder durch Flugblätter zum Kampf gegen den Vermieter aufruft (AG Schöneberg GE 2005, 437; **aM** aber VerfGH Berlin NZM 2008, 517), nicht aber, wenn er die Vernachlässigung des Gebäudes wahrheitsgemäß der Presse schildert (AG Hamburg-Wandsbek WuM 2006, 526) oder seine Meinung in verfassungsrechtlich geschützter Weise gegenüber der Presse äußert (AG Augsburg 2. 7. 2018 – 17 C 1190/18, WuM 2019, 715). Die Pflichtverletzung kann in einem milderen Licht erscheinen, wenn der Vermieter zuvor Anlass zu ihr gegeben hat (BGH 4. 6. 2014 – VIII ZR 289/13, NJW 2014, 2566: Hinaustragen des Vermieters aus der Wohnung, der sich eines objektiv nicht bestehenden Besichtigungsrechts berühmt). **Störungen des Hausfriedens** (LG Hamburg NZM 2006, 377 zu § 543 BGB; AG Hamburg-Wandsbek 14. 3. 2019 – 713 C 270/18, ZMR 2019, 510: Werfen von Wäscheständer und Stühlen vom Balkon; AG München 31. 7. 2019 – 417 C 4799/19, ZMR 2020, 319: alkoholisiertes Herumgrölen, Beleidigung von Mitmietern, Provozieren von Polizeieinsätzen uam; Soergel/Heintzmann Rn 22; Spielbauer/Schneider/Krenek Rn 37) und **Verstöße gegen die Hausordnung** (oben Rn 55) sowie Beeinträchtigungen durch übermäßiges Klavierspielen (LG Düsseldorf DWW 1989, 393), Lärm (AG Brandenburg an der Havel 24. 5. 2017 – 31 C 125/16, GE 2017, 721; AG München 18. 1. 2019 – 417 C 12146/18, ZMR 2019, 878; BeckOGK/Geib [1. 7. 2020] Rn 39; MünchKomm/Häublein Rn 64), Geruch (LG Köln WuM 1984, 55; AG Brandenburg an der Havel GE 2001, 1134; Klein-Blenkers ua/Hinz Rn 30) oder Schmutz (LG Bamberg WuM 1974, 197; Schmid/Harz/Gahn Rn 23) rechtfertigen bei entsprechendem Gewicht eine ordentliche Kündigung.

61c **Handlungen Dritter**, zB seiner Besucher, können dem Mieter nicht ohne Weiteres zum Nachteil gereichen (LG Berlin 18. 3. 2013 – 65 S 494/12, ZMR 2014, 205; AG Neukölln GE 2013, 750). Hier bedarf der Feststellung, ob den Mieter oder einen seiner Erfüllungsgehilfen (§ 278 BGB) selbst ein Verschulden trifft, das auch darin liegen kann, dass er einer bekanntermaßen zu Tätlichkeiten oder dergleichen neigenden Personen Zutritt zu seiner Wohnung gewährt. Teilweise wird angenommen, das „Festhalten" des Vermieters an einer Kündigung sei rechtsmissbräuchlich, wenn der Mieter sich nach Zugang der Kündigung (während des Räumungsrechtsstreits) über einen längeren Zeitraum beanstandungsfrei verhalten habe (LG Karlsruhe 29. 1. 2014 – 9 S 258/13, NJW 2014, 1974). Dem ist jedoch nicht zu folgen: Da die Wirksamkeit der Kündigung bezogen auf den Zeitpunkt ihres Zugangs zu beurteilen ist (§ 130 Abs 1 BGB), sind spätere Verhaltensänderungen irrelevant (vgl BAG 29. 4. 1999 – 2 AZR 431/98, AP Nr 36 zu § 1 KSchG 1969 Krankheit = NZA 1999, 978). Anderenfalls könnte der Mieter über die Dauer der gerichtlichen Auseinandersetzung die Begründetheit der Räumungsklage beeinflussen.

Normaler **Kinderlärm** ist hinzunehmen (LG Wuppertal WuM 2008, 563; AG Aachen WuM 1975, 38; HORST Rn 1438; KLEIN-BLENKERS ua/HINZ Rn 30; SPIELBAUER/SCHNEIDER/KRENEK Rn 40). Auch im Übrigen hängt die **Toleranzgrenze bei Lärmbelästigung** von der Zusammensetzung des Mieterkreises und den Wohnverhältnissen im Einzelfall ab (LG Oldenburg WuM 1983, 317). Gelegentliches Duschen am späten Abend begründet kein berechtigtes Interesse (AG Osnabrück WuM 1972, 107). Bei Streitigkeiten unter den Mietern kann der Vermieter der Mietpartei kündigen, von deren Auszug er sich am ehesten die Wiederherstellung des Hausfriedens verspricht, sofern diesen Mieter ein Verschulden trifft (LG Duisburg WuM 1975, 209). Beschimpft der Mieter den Bewohner eines Nachbarhauses, wird nicht der Hausfrieden des Mietshauses gestört (LG Lüneburg WuM 1995, 706). Eine bloße „Zerrüttung" des Mietverhältnisses rechtfertigt die Kündigung nicht (AG München 25. 3. 2015 – 424 C 27079/14, ZMR 2015, 941), ebensowenig der Umstand, dass es zwischen den Parteien zu einer Reihe von Rechtsstreitigkeiten gekommen ist (OLG Hamm NJW-RR 1993, 16). Ist der Mieter wegen des vertragswidrigen Verhaltens abgemahnt worden, so ist eine Kündigung, die sich allein auf den abgemahnten Einzelfall stützt, unwirksam (LG Berlin GE 2000, 541).

IV. Eigenbedarf des Vermieters (Abs 2 Nr 2)

1. Allgemeines

a) Als ein berechtigtes Interesse an der Beendigung des Mietverhältnisses ist es nach § 573 Abs 2 Nr 2 BGB anzusehen, wenn der Vermieter die Räume als Wohnung für sich, seine Familienangehörigen oder Angehörige seines Haushalts benötigt. Der Kündigungsgrund des Eigenbedarfs ist aus § 4 Abs 1a MietSchG zunächst in Art 1 § 1 WKSchG I und von dort in § 564b BGB aF übernommen worden. Der Verwendungszweck wird dadurch beschränkt, dass der Vermieter die vermieteten Räume als Wohnung für sich oder für den gesetzlich bestimmten Personenkreis benötigt. Bei der Eigenbedarfskündigung sind die **verfassungsrechtlichen Wertentscheidungen** des Art 14 GG in besonderer Weise zu beachten (oben Rn 8 f).

b) Bei der Prüfung des Eigenbedarfs hat das Gericht nicht nur die vom Vermieter geltend gemachten Tatsachen zu berücksichtigen, sondern aufgrund einer **umfassenden Würdigung aller Umstände des Einzelfalls** zu entscheiden, ob er ein vernünftiges, billigenswertes Interesse daran hat, die Wohnung zurückzubekommen (OLG Karlsruhe NJW 1983, 579; AG Schöneberg WuM 1992, 19). Hierbei kann es sich um objektive

Tatsachen handeln, wenn ein Wohnungsbedarf auf äußeren Ereignissen wie der Kündigung einer anderen Wohnung durch deren Vermieter, Vergrößerung der Familie oder Krankheit beruht. Der Eigenbedarf kann seine Ursache auch in rein subjektiven Tatsachen wie einem Willensentschluss finden, die beanspruchte Wohnung selbst zu nutzen. Das Gericht muss auch solchen inneren Tatsachen nachgehen, will es nicht gegen den Anspruch des Vermieters auf rechtliches Gehör aus Art 103 Abs 1 GG verstoßen (BVerfG NJW 1990, 3259; BVerfG NJW 1993, 2165). Werden die Tatsachen, auf die der Eigenbedarf gestützt wird, vom Mieter bestritten, sind die Gründe vom Gericht unter Einschluss der inneren Tatsachen umfassend zu würdigen (BVerfG WuM 1995, 140; VerfGH Berlin ZMR 2001, 87). Die tatsächlichen und rechtlichen Gründe, die das Gericht an dem geltend gemachten Eigenbedarf zweifeln lassen, müssen nachvollziehbar und vertretbar sein (BVerfG WuM 2002, 19). Fehlt es an konkretisierenden Einwänden des Mieters gegen den Eigennutzungswunsch des Vermieters, so muss sich das Gericht nicht mit dem Eigenbedarf in tatsächlicher Hinsicht auseinandersetzen (BVerfG NZM 2001, 706).

65 **Das Interesse des Vermieters** an der Beendigung des Mietverhältnisses **muss nicht sofort zu befriedigen sein.** Es reicht aus, wenn der geltend gemachte Eigenbedarf erst längere Zeit nach dem Ausspruch der Kündigung eintritt und der Mietvertrag zu diesem späteren Zeitpunkt gekündigt wird (BayObLG NJW 1982, 1159; LG Stuttgart WuM 1976, 56), etwa im Hinblick auf die zu erwartende Vergrößerung der Familie (aM LG Braunschweig WuM 1985, 266 [LS]) oder die zukünftige Aufnahme einer Pflegeperson für den Vermieter (BVerfG NZM 2000, 456; LG Saarbrücken WuM 1992, 690), ohne dass diese Person aber im Zeitpunkt der Kündigung schon unbedingt feststehen müsste (OLG Hamm WuM 1986, 269). Wenigstens der Zeitpunkt muss angegeben werden, ab wann die Pflegeperson benötigt wird (LG Kiel DWW 1992, 85). Es ist Sache des Vermieters, dies zu bestimmen (AG Münster WuM 1992, 250; zu streng AG Recklinghausen 3. 2. 2016 – 12 C 299/15, WuM 2016, 368).

66 In jedem Fall muss ein schon im Zeitpunkt der Kündigung konkretes Interesse des Vermieters an der künftigen Rückgabe der Räume bestehen (OLG Karlsruhe WuM 1976, 99; LG Berlin GE 1990, 537; LG Gießen WuM 1989, 384). Der Vermieter oder der Familienangehörige muss die Wohnung tatsächlich nutzen und in sie umziehen wollen (AG München 13. 4. 2018 – 433 C 16581/17, ZMR 2019, 605). Eine **Kündigung auf Vorrat ist unwirksam** (BVerfG NJW 1990, 3259; BGH 18. 5. 2005 – VIII ZR 368/03, NJW 2005, 2395; BGH 23. 9. 2015 – VIII ZR 297/14, NJW 2015, 3368; BGH 11. 10. 2016 – VIII ZR 300/15, NZM 2017, 23; BGH 29. 3. 2017 – VIII ZR 44/16, NJW 2017, 2819; LG Berlin 22. 6. 2016 – 65 S 386/15, WuM 2016, 567; BeckOGK/Geib [1. 7. 2020] Rn 80; BeckOK MietR/Siegmund [1. 8. 2020] Rn 35; Fleindl NZM 2016, 289, 292 f; MünchKomm/Häublein Rn 42, 89; Rolfs JZ 2016, 213, 214 f; Soergel/Heintzmann Rn 38). Dies gilt beispielsweise dann, wenn der Vermieter Eigenbedarf vorsorglich an mehreren Wohnungen geltend macht (LG Köln WuM 1991, 590) oder wenn die Kündigung das Mietverhältnis zu einem Zeitpunkt beenden soll, zu dem der Eigenbedarf vorhersehbar nicht bestehen wird (LG München I WuM 1992, 612). Auch im Übrigen bildet der **Missbrauch** der Eigentümerbefugnisse eine Grenze (vgl Rn 112 ff). Missbräuchlich ist etwa die Geltendmachung eines weit überhöhten Wohnbedarfs (Erman/Lützenkirchen Rn 30), die Inanspruchnahme einer Wohnung, die die Nutzungswünsche des Eigentümers überhaupt nicht erfüllen kann, oder eine Kündigung wegen Eigenbedarfs, der schon im Zeitpunkt des Abschlusses des Mietvertrags bestanden hat (BVerfG 14. 2. 1989 – 1 BvR 308/88 ua, BVerfGE 79, 292, 305 = NJW

1989, 970). Im Übrigen ist die Kündigung aber nicht schon deshalb rechtsmissbräuchlich, weil sie nach kurzer Dauer des Mietverhältnisses ausgesprochen wird (AG Detmold DWW 1988, 216). Zwischen der Kündigung wegen Eigenbedarfs und der Kündigung wegen Hinderung angemessener wirtschaftlicher Verwertung nach Abs 2 Nr 3 (vgl Rn 142 ff) besteht kein Rangverhältnis, sodass der Vermieter den Kündigungsgrund auswählen kann, auf den er sich stützen will, wenn sein Bedarf auf beiden Wegen zu befriedigen ist (LG Mannheim DWW 1995, 113).

c) Die **konkreten Gegeninteressen des Mieters** entfalten nicht schon im Rahmen des § 573 BGB, sondern erst bei der Prüfung der Sozialklausel des § 574 BGB Rechtswirkungen (näher oben Rn 25a; BVerfG 14. 2. 1989 – 1 BvR 308/88 ua, BVerfGE 79, 292, 303 = NJW 1989, 970; BGH 20. 1. 1988 – VIII ARZ 4/87, BGHZ 103, 91, 100 f = NJW 1988, 904; BGH 29. 3. 2017 – VIII ZR 45/16, BGHZ 214, 269, 291 f = NJW 2017, 2018; BGH 10. 5. 2017 – VIII ZR 292/15, NZM 2017, 559; BeckOK/Hannappel [1. 8. 2020] Rn 35; Finger ZMR 1988, 401, 405; Fleindl NZM 2016, 289, 292; Schmid/Harz/Gahn Rn 5, 25; **aM** früher BVerfG NJW 1988, 1075; offen gelassen von BVerfG NJW 1988, 2233). Die Interessen des Mieters werden, auch soweit sie grundrechtlich geschützt sind, in § 574 BGB angemessen und ausreichend berücksichtigt (BVerfG NJW 1995, 1480). Dies schließt es jedoch nicht aus, die Berechtigung der Interessen des Vermieters an einem generellen Interesse des Mieters auf Beibehaltung der Wohnung zu messen, das im Gesetz schon in dem unterschiedlichen personalen Bezug der Kündigung wegen Eigenbedarfs oder wegen Hinderung angemessener wirtschaftlicher Verwertung angelegt ist und damit die Sozialpflichtigkeit des Eigentums in verschiedenem Maße bestimmt (BVerfG 14. 2. 1989 – 1 BvR 308/88, BVerfGE 79, 283, 289 = NJW 1989, 972). **67**

d) Das **Recht zur Kündigung wegen Eigenbedarfs und die Vermieterstellung** hängen unmittelbar zusammen. Grundsätzlich kann nur der Vermieter mit diesen Gründen kündigen. Er kann sich allerdings nach § 164 BGB vertreten lassen. Dabei müssen die Vertretungsverhältnisse eindeutig sein. So wurde eine Kündigung für unwirksam gehalten, die von einem Rechtsanwalt namens und in Vollmacht der Hausverwaltung und nicht für den Vermieter erklärt wurde (LG Berlin GE 2001, 1403). Auch aufseiten des Mieters als Empfänger einer Kündigung kann ein Bevollmächtigter tätig sein (OLG Düsseldorf ZMR 2002, 189). Der Nießbraucher ist als Vermieter zur Kündigung wegen Eigenbedarfs berechtigt (AG Kaiserslautern WuM 1980, 255 [LS]), nicht aber ein Dritter, dem der Nießbraucher die Ausübung des Nießbrauchs auf schuldrechtlicher Grundlage überlässt (AG Waiblingen WuM 1991, 20). Der Erwerber eines Grundstücks kann sich wegen § 566 BGB erst mit der Eintragung in das Grundbuch auf Eigenbedarf berufen (LG Ellwangen WuM 1991, 489; LG Hamburg WuM 1993, 48; LG Münster WuM 1991, 105; KreisG Potsdam WuM 1994, 523; AG Bühl WuM 1988, 112). Vorher kann die Vermieterstellung nur durch eine Vertragsübernahme wechseln, die einer Vereinbarung zwischen Grundstücksveräußerer als bisherigem Vermieter, Grundstückserwerber als neuem Vermieter und dem Mieter bedarf (LG Hamburg WuM 1993, 48). Allerdings darf er, wenn der Veräußerer seinerseits bereits wegen Eigenbedarfs gekündigt hatte, diese Kündigung weiterverfolgen, wenn er selbst Eigenbedarf hat (LG Itzehoe 20. 12. 2013 – 9 S 31/13, ZMR 2014, 287). **68**

Ob dem Erwerber im Wege der **Ermächtigung** ein vorzeitiges Kündigungsrecht verschafft werden kann, ist umstritten (Staudinger/Rolfs [2021] § 542 Rn 20). Bejaht man diese Frage (BGH NJW 1998, 896; OLG Celle NZM 2000, 93), müssen die Kündigungs- **69** gründe und ihr Fortbestand allein aus der Person der Vertragspartei beurteilt werden, nicht aus der Person des Ermächtigten (LG Stuttgart 21. 12. 2017 – 19 T 454/17, WuM 2018, 99). War Eigenbedarf des früheren Vermieters zu bejahen, verliert dessen Kündigung nach § 242 BGB ihre Wirkung, wenn das Grundstück vor der Beendigung des Mietverhältnisses veräußert wird und damit das Erlangungsinteresse des Veräußerers fortfällt (LG Duisburg WuM 1991, 497; LG Essen WuM 1990, 27; LG Freiburg WuM 1991, 172; LG Osnabrück WuM 1990, 81). Dies gilt nicht, wenn Eigenbedarf für einen Familienangehörigen geltend gemacht worden ist, an den die Wohnung nach Ausspruch der Kündigung veräußert wird (OLG Hamm WuM 1992, 460; LG Karlsruhe WuM 1990, 353; Sonnenschein ZMR 1992, 417, 424).

70 e) Die **Darlegungs- und Beweislast** für den geltend gemachten Eigenbedarf trägt der Vermieter (LG Hagen ZMR 1998, 637; LG Hamburg ZMR 2004, 39; LG Mannheim WuM 1991, 692; LG Osnabrück WuM 1990, 21; AG Wiesbaden WuM 1991, 490). Kündigt der Vermieter wegen Eigenbedarfs kurze Zeit nach seinem erfolglosen Mieterhöhungsverlangen, sind an den Beweis des Kündigungsgrundes besonders strenge Anforderungen zu stellen (LG Köln WuM 1995, 109). Soweit es sich um beachtliche subjektive Gründe handelt, sind sie als innerer Vorgang einem Beweis nicht ohne Weiteres zugänglich (LG Berlin 21. 11. 2018 – 65 S 142/18, NZM 2019, 371; AG Detmold DWW 1988, 216). Sie müssen deshalb hinreichend konkret dargelegt werden, um nachvollzogen und als billigenswert beurteilt werden zu können. Eine Substantiierung durch Hilfstatsachen kann nicht verlangt werden (BVerfG NJW 1995, 1480). Werden die für den Eigenbedarf geltend gemachten Gründe vom Mieter bestritten, sind sie vom Gericht einschließlich der inneren Tatsachen umfassend zu würdigen (BVerfG WuM 1995, 140; näher Selk NZM 2018, 978 ff). Ein Bestreiten des Mieters mit Nichtwissen reicht aber nicht aus (AG Potsdam GE 2001, 929; **aM** LG Berlin 21. 11. 2018 – 65 S 142/18, NZM 2019, 371). Wendet der Mieter ein, der Vermieter beabsichtige in Wahrheit, die Wohnung – unvermietet – zu veräußern, so ist hierüber Beweis zu erheben (LG Berlin 22. 6. 2016 – 65 S 386/15, WuM 2016, 567). Auch die Ernsthaftigkeit der Absicht, in die gekündigte Wohnung einzuziehen, ist einer Beweisaufnahme zugänglich (BVerfG NJW 1990, 3259). Wird der Eigennutzungswille nicht innerhalb der nach den Umständen des Einzelfalls erforderlichen Zeit realisiert, so liegt der Verdacht nahe, dass der Eigenbedarf nur vorgeschoben gewesen ist (BVerfG 26. 9. 2001 – 1 BvR 1185/01, ZMR 2002, 181; BGH 18. 5. 2005 – VIII ZR 368/03, NJW 2005, 2395; BGH 11. 10. 2016 – VIII ZR 300/15, NZM 2017, 23).

71 f) Das Kündigungsrecht wegen Eigenbedarfs kann **gesetzlichen oder vertraglichen Beschränkungen** unterliegen. So wird die Kündigung des Erwerbers der in eine Eigentumswohnung umgewandelten Mietwohnung nach § 577a BGB unter bestimmten Voraussetzungen einer Wartefrist von drei oder bis zu zehn Jahren unterworfen (vgl § 577a Rn 35 ff). Ist die Kündigung vertraglich ausgeschlossen, so kommt auch eine Eigenbedarfskündigung nicht in Betracht. Der vertragliche Ausschluss des Kündigungsrechts kann sich aber auch auf Eigenbedarf oder andere Kündigungsgründe beschränken (Rn 241).

2. Tatbestandsmerkmale im Einzelnen

a) Vermieter

72 Das Gesetz lässt die Geltendmachung von Eigenbedarf nur für einen bestimmten Kreis von Personen zu (Steinig GE 1996, 1206 f). Zu dem Personenkreis, für den ein

Wohnungsbedarf bestehen muss, gehört in erster Linie der Vermieter. Nach § 573 Abs 2 Nr 2 BGB muss er die Räume als Wohnung für sich benötigen. Vermieter ist derjenige, der diese Parteistellung bei Abschluss des Mietvertrags oder später durch vertragliche Vereinbarung oder kraft Gesetzes übernommen hat. Ob er zugleich Eigentümer ist, ist unerheblich (LG Hamburg ZMR 2011, 798).

aa) Ist der **Vermieter eine Einzelperson**, sind seine persönlichen Bedürfnisse hinsichtlich des gekündigten Wohnraums maßgebend. Er muss die Absicht haben, die Räume selbst zu beziehen, sei es allein, sei es zusammen mit den schon bisher zu seinem Haushalt gehörenden oder auch neu aufzunehmenden Personen. Hierbei kann es sich um Angehörige oder beliebige Dritte handeln. Der Kreis der Personen, der die Räume nutzen soll, wird allein vom Vermieter bestimmt. Der geltend gemachte Eigenbedarf ist auf seine Person und seinen Nutzungswillen bezogen. Der Vermieter benötigt die Wohnung nicht für sich, wenn er auf dem Umweg über eine Vermietung an Dritte seine Pflicht als Hauseigentümer, Schnee zu räumen, erfüllen lassen will (AG Lübeck WuM 1972, 193; AG Offenbach WuM 1986, 326 [LS]) oder wenn er wegen seines eigenen Alters die Wohnung einem Mieter überlassen will, der Haus und Garten instandsetzen soll (AG Osnabrück WuM 1975, 55). Wenn der Vermieter berechtigt wegen Eigenbedarfs für sich selbst gekündigt hat, dann aber den Selbstnutzungswunsch aufgibt und die Wohnung einem Familienangehörigen überlässt, stellt sich die Frage, ob die Kündigung wirksam bleibt oder ob der Vermieter dem inzwischen ausgezogenen Mieter zum Schadensersatz verpflichtet ist (LG Braunschweig WuM 1995, 185; LG Münster WuM 1995, 171). Dies ist auf der Grundlage des § 573 Abs 3 S 2 BGB zu entscheiden, sodass die Auswechslung des Kündigungsgrundes durch Nachschieben eines nachträglich entstandenen Grundes zulässig ist (vgl Rn 223 ff). 73

bb) Hat der Grundstückseigentümer den Mietvertrag nicht selbst abgeschlossen, sondern ein **Verwalter** im eigenen Namen, so ist nur der Letztere Vermieter. Ein Eigenbedarf des Grundstückseigentümers kann deshalb nach Abs 2 Nr 2 im Rahmen einer Kündigung durch den Verwalter nicht berücksichtigt werden. Der Wohnungsbedarf des Grundstückseigentümers kommt nur als berechtigtes Interesse des kündigenden Verwalters aus sonstigen Gründen in Betracht (vgl Rn 199). Nach den gleichen Grundsätzen ist das Problem zu lösen, dass ein Miteigentümer Eigenbedarf hat, der bei dem Vertragsabschluss durch den anderen Miteigentümer nicht Partei des Mietvertrags geworden ist (**aM** LG Karlsruhe WuM 1989, 241). 74

cc) Handelt es sich um eine **Mehrheit von Vermietern** in Bruchteils- oder Gesamthandsgemeinschaft, reicht es ohne Rücksicht auf die Höhe der einzelnen Beteiligung aus, wenn der Eigenbedarf nur für einen der Vermieter besteht (OLG Karlsruhe NJW 1990, 3278; LG Berlin NZM 2001, 583 [LS]; LG Hamburg DWW 1991, 189; LG Karlsruhe WuM 1982, 209; BeckOK/Hannappel [1. 8. 2020] Rn 39; BeckOK MietR/Siegmund [1. 8. 2020] Rn 41; Klein-Blenkers ua/Hinz Rn 36; MünchKomm/Häublein Rn 84; Schmidt-Futterer/Blank Rn 45). Dies ist auch anzunehmen, wenn sich die Vermieter als Eheleute trennen wollen und ein Ehegatte die gekündigte Wohnung beziehen soll (LG Hannover WuM 1986, 255). Ein berechtigtes Interesse wurde anerkannt, wenn einer von mehreren Vermietern, die zwei miteinander verbundene Eigentumswohnungen durch einen einheitlichen Vertrag vermietet haben, Eigenbedarf nur an einer dieser Wohnungen 75 hatte (LG München I WuM 1990, 211). Dies ist bedenklich, weil nur ein Teilbedarf hinsichtlich des gesamten Mietobjekts geltend gemacht wurde.

76 dd) Personenhandelsgesellschaften schließen den Mietvertrag nach § 124 Abs 1 HGB unter ihrer Firma ab. Ob daraus generell geschlossen werden kann, dass sie keinen Wohnbedarf „für sich" beanspruchen können, ist zweifelhaft. Der BGH hat diese Frage mit knapper Begründung im Ergebnis bejaht: Die Gründung einer KG oder OHG setze regelmäßig eine umfangreiche organisatorische und rechtsgeschäftliche Tätigkeit bis hin zur Eintragung in das Handelsregister voraus; die Vermietung einer Wohnung durch eine OHG oder KG (auch GmbH & Co KG) beruhe auf einer bewussten Entscheidung aufgrund wirtschaftlicher, steuerrechtlicher und/oder haftungsrechtlicher Überlegungen (BGH NJW 2011, 993; noch offenlassend zuvor BGH NZM 2007, 639). Wer bewusst sein Privatvermögen vom Gesellschaftervermögen durch Gründung einer Personenhandelsgesellschaft trennt, muss im Gegenzug die Nachteile hinnehmen, die sich daraus ergeben, dass die Gesellschaft für sich keinen Wohnbedarf haben kann (LG Hamburg NJW 2009, 3793; LG Hamburg ZMR 2011, 41; LG Karlsruhe WuM 1985, 148; AG Hamburg ZMR 2010, 612; AG Rendsburg WuM 1996, 544; HARKE ZMR 2002, 405, 406 f; aM SCHÜRNBRAND, in: 10 Jahre Mietrechtsreformgesetz [2011] 792, 795 ff). Aber so klar ist die Trennung zwischen Gesellschaft und Gesellschaftern wegen der unmittelbaren persönlichen Haftung, die unter bestimmten Voraussetzungen selbst den Kommanditisten treffen kann, nicht. Außerdem verlagert sich das Problem damit nur auf die unbenannten Kündigungsgründe (Abs 1 S 1; dazu Rn 176 ff), insbesondere den sog Betriebsbedarf (vgl Rn 177 ff), der auch für die Gesellschafter geltend gemacht werden kann (GRUNEWALD NJW 2009, 3486, 3487; PRÜTTING ua/RIECKE Rn 18; SPIELBAUER/SCHNEIDER/KRENEK Rn 52; aM WIEK WuM 2011, 146).

76a Anders entscheidet der BGH für die **Gesellschaft bürgerlichen Rechts**. Es gebe keinen sachlichen Grund, die in einer solchen Gesellschaft zusammengeschlossenen Personen im Falle des Eigenbedarfs schlechter zu stellen als eine schlichte Vermietermehrheit. Deshalb sei grundsätzlich auch zuzulassen, dass Eigenbedarf für einen Gesellschafter geltend gemacht werde (BGH NJW 2007, 2845 mit kritischer Anm HÄUBLEIN NJW 2007, 2847 f [modifizierend ders JZ 2017, 1058, 1060]; BGH NJW 2009, 2738 m Bespr WIEK WuM 2009, 491; BGH NZM 2012, 150; sehr ausführlich BGH 14. 12. 2016 – VIII ZR 232/15, BGHZ 123, 136, 141 ff = NJW 2017, 547; ferner BGH 15. 3. 2017 – VIII ZR 92/16, NZM 2017, 285 mAnm HÄUBLEIN JZ 2017, 1058 ff; BGH 21. 3. 2018 – VIII ZR 104/17, BGHZ 218, 162, 167 = NJW 2018, 2187 mit Bespr ROLFS NZM 2018, 780 ff; OLG Karlsruhe NJW 1990, 3278; BeckOK/HANNAPPEL [1. 8. 2020] Rn 39; SCHMID/HARZ/GAHN Rn 27; jedenfalls im Ergebnis zustimmend DUBOVITSKAYA/WEITEMEYER NZM 2017, 201, 202 ff; MEIER ZMR 2017, 150 ff; SCHÜRNBRAND, in: 10 Jahre Mietrechtsreformgesetz [2011] 792, 794 f; WEITEMEYER, in: Gedschr Sonnenschein [2002] 431, 460; **aM** LG München I 7. 10. 2015 – 14 S 2969/15, ZMR 2016, 39 [aufgehoben durch BGH 14. 12. 2016 – VIII ZR 232/15, BGHZ 123, 136 ff = NJW 2017, 547]; FLEINDL NZM 2016, 289, 297; GRUNEWALD NJW 2009, 3486, 3486; HÄUBLEIN WuM 2010, 391, 399 f; HERRLEIN, in: 10 Jahre Mietrechtsreformgesetz [2011] 752, 754 ff; ders NJW 2017, 711, 715; LÜTZENKIRCHEN/LÜTZENKIRCHEN Rn 200 f; MILGER NZM 2014, 769, 771 f; REGELSBERGER 107 ff, 138 ff; SCHMIDT NZM 2014, 609, 614 f; rechtspolitisch RÖDL/vRESTORFF WuM 2020, 57, 60 f). Mit der Anerkennung der Rechtsfähigkeit der (Außen-)GbR 2001 (BGH 29. 1. 2001 – II ZR 331/00 BGHZ 146, 341 ff = NJW 2001, 1056) sei diese nicht zugleich zur juristischen Person erhoben worden. Es sollte lediglich die Zuordnung des Gesellschaftsvermögens, nicht aber die mietrechtliche Situation verändert werden (BGH 14. 12. 2016 – VIII

ZR 232/15, BGHZ 123, 136, 144 f = NJW 2017, 547). Hierbei sollte nicht danach unterschieden werden, ob es sich um einen persönlich oder beschränkt haftenden Gesellschafter handelt (offen lassend BGH NZM 2007, 639).

In Abkehr von seiner früheren Rechtsprechung (BGH NJW 2007, 2845; ausdrücklich offen lassend schon wieder BGH NJW 2009, 2738) verlangt der BGH heute nicht mehr, dass der Gesellschafter schon bei Abschluss des Mietvertrages oder bei Eintritt der Gesellschaft in einen bestehenden Mietvertrag an der Gesellschaft bürgerlichen Rechts beteiligt war. Auch wenn damit für den Mieter das Risiko der Eigenbedarfskündigung schwerer kalkulierbar wird und die Gesellschaft durch den späteren Gesellschafterwechsel Eigenbedarf willkürlich herbeiführen kann, sei eine unterschiedliche Behandlung von Gesellschaftern einer Gesellschaft bürgerlichen Rechts mit anderen Vermietermehrheiten nicht gerechtfertigt (BGH NZM 2012, 150). Kündigen muss auf jeden Fall die Gesamtheit der Gesellschafter, vertreten durch die Geschäftsführer. Ferner ist zu beachten, dass gemäß dem zum 1. 5. 2013 neu eingefügten § 577a Abs 1a S 1 BGB eine Kündigungssperrfrist bereits dann ausgelöst wird, wenn vermieteter Wohnraum nach Überlassung an den Mieter an eine Personengesellschaft oder Erwerbermehrheit veräußert bzw zu deren Gunsten mit einem Recht belastet wird, durch dessen Ausübung dem Mieter der vertragsgemäße Gebrauch entzogen wird, soweit nicht eine Ausnahme nach § 577a Abs 1a S 2 BGB greift (vgl § 577a Rn 23 ff). **76b**

ee) Eine **juristische Person**, die als Vermieterin Bedarf an Wohnungen für ihre Gesellschafter oder Arbeitnehmer hat, kann sich unabhängig von ihrer Rechtsform nicht auf Eigenbedarf berufen, da sie die Räume nicht „als Wohnung für sich" benötigt (BayObLG WuM 1981, 32; AG Bergheim WuM 1985, 147; AG Köln WuM 1988, 161; BeckOK MietR/Siegmund [1. 8. 2020] Rn 42; Blank/Börstinghaus/Blank/Börstinghaus Rn 42; Grunewald NJW 2009, 3486, 3486; Klein-Blenkers ua/Hinz Rn 36; Palandt/Weidenkaff Rn 26; Prütting ua/Riecke Rn 18). Ein Eigenbedarf kann deshalb auch nicht hinsichtlich eines relativ engen Kreises von Personen mit Organstellung (LG Wuppertal WuM 1994, 686) oder von Gesellschaftern (LG Duisburg NZM 2010, 898) bestehen. **Rechtsmissbräuchlich** kann es sein, die Eigentumsverhältnisse an der vermieteten Wohnung so zu verändern, dass diesen Personen von der Gesellschaft ein minimaler Eigentumsanteil eingeräumt wird, um ihnen die Eigenbedarfskündigung zu ermöglichen (LG München I 10. 7. 2019 – 14 S 15871/18, WuM 2019, 657). Ein berechtigtes Interesse an der Kündigung wegen betriebsbedingten Wohnungsbedarfs kommt aber aus sonstigen Gründen, insbesondere wegen eines Betriebsbedarfs (unten Rn 177 ff) in Betracht (LG Berlin GE 1999, 506; Schmid/Harz/Gahn Rn 9). **77**

b) Familienangehörige

Der Vermieter hat nach § 573 Abs 2 Nr 2 BGB ein berechtigtes Interesse an der Beendigung des Mietverhältnisses, wenn er die Räume als Wohnung für seine Familienangehörigen benötigt. Auf die **Haushaltszugehörigkeit kommt es nicht an**. Deshalb sind für die Geltendmachung von Eigenbedarf im Hinblick auf Familienangehörige verschiedene Fälle zu unterscheiden. Wenn der Vermieter selbst eine größere Wohnung benötigt, weil er Familienangehörige bei sich aufnehmen will, handelt es sich um einen eigenen Bedarf des Vermieters, weil der Kreis der mit ihm zusammenlebenden Personen allein von ihm bestimmt wird, sodass es im Grunde nicht darauf ankommt, ob die aufzunehmende Person den Begriff des Familienangehöri- **78** gen erfüllt (vgl Rn 73 ff). Soll die Person, für die Eigenbedarf geltend gemacht wird, ohne den Vermieter die zu kündigende Wohnung beziehen und hat sie bisher zum Haushalt des Vermieters gehört, so spielt es ebenfalls keine Rolle, ob sie ein Familienangehöriger ist, weil sie unabhängig von dieser Eigenschaft bereits das Merkmal des Haushaltsangehörigen erfüllt (vgl Rn 87 f).

79 **Eigenständige Bedeutung** hat der Eigenbedarf für Familienangehörige deshalb nur, wenn diese Person nicht zum Haushalt des Vermieters gehört, sondern **in einer anderen Wohnung lebt** und die zu kündigende Wohnung allein oder zusammen mit ihren eigenen Haushaltsangehörigen beziehen soll (LG Potsdam GE 2005, 187; AG Springe WuM 1991, 554). Durch den Entschluss, die Wohnung für den Familienangehörigen zu kündigen, macht der Vermieter deren Wohnungsbedarf zu einem eigenen Interesse an der Rückgabe der vermieteten Räume (vgl Rn 87). Handelt es sich um eine Mehrheit von Vermietern, genügt es, wenn die Eigenschaft als Familienangehöriger zu einem von ihnen besteht (LG Karlsruhe WuM 1980, 209), weil die Mitvermieter bei derartigen Mietverhältnissen sonst in ungerechtfertigter Weise gegenüber einem Einzelvermieter benachteiligt würden. Dies ist ungeachtet der umstrittenen Rechtsnatur von Personengesellschaften auch bei Familienangehörigen eines Gesellschafters anzunehmen, weil die Gesellschaft als Vermieterin die Gesamtheit der Gesellschafter verkörpert (oben Rn 76; aM AG Rendsburg WuM 1996, 544).

80 **aa)** Der **Begriff der Familienangehörigen** ergibt sich nicht unmittelbar aus § 573 BGB. Das BGB bestimmt den Begriff auch nicht an anderer Stelle, obwohl von der Familie oder den Familienangehörigen vielfach die Rede ist (V Schmid 68 ff). Der Personenkreis bildet keine feststehende Größe, sondern ist von Norm zu Norm zweckbezogen zu bestimmen (Gernhuber FamRZ 1981, 721, 725). Der Verzicht des Gesetzgebers auf eine Begriffsbestimmung hat eine vielfältige und teilweise widersprüchliche Kasuistik in der Entscheidungspraxis zur Folge (Lammel BlGBW 1982, 165, 166; Steinig GE 1996, 1206). Mehr Rechtssicherheit wäre zu gewinnen, wenn der Gesetzgeber den Kreis der begünstigten Personen klar und eindeutig bestimmen würde.

81 In Ermangelung einer näheren gesetzlichen Bestimmung erscheint es sachgerecht, jedenfalls im Grundsatz die Vorschriften der § 383 Abs 1 Nr 1 bis 3 ZPO und § 52 Abs 1 Nr 1 bis 3 StPO über das Zeugnisverweigerungsrecht naher Angehöriger zur Bestimmung der „Familienangehörigen" zugrunde zu legen, weil diesen prozessrechtlichen Vorschriften eine vergleichbare Wertung zugrunde liegt (BGHZ 184, 138, 145 f = NJW 2010, 1290; OLG Braunschweig WuM 1993, 731; aM BeckOK/Hannappel [1. 8. 2020] Rn 41: analog § 8 WoBauG aF). Danach genügt neben der **Verwandtschaft in gerader Linie** die Verschwägerung, die (bestehende oder frühere) **Verwandtschaft in der Seitenlinie bis zum dritten Grade** und die **Verschwägerung bis zum zweiten Grade**.

82 **bb)** Im Einzelnen gehören damit zum Kreis der Familienangehörigen: Die/der **Verlobte** des Vermieters und der **Ehegatte**. Insoweit stellt sich das Problem eines vom Vermieter gesonderten Eigenbedarfs nur, wenn sich die Eheleute trennen wollen (LG Berlin WuM 1989, 301; LG Dortmund WuM 1989, 632; LG Frankfurt aM NJW-RR 1996, 396; LG Köln WuM 1997, 48; BeckOK/Hannappel [1. 8. 2020] Rn 41). In diesem Fall ist aber zugleich das Merkmal des Haushaltsangehörigen erfüllt, für den der Vermieter wegen der Trennung und der möglicherweise bereits vollzogenen Scheidung eine neue Wohnung benötigt. Dasselbe gilt für den **eingetragenen Lebenspartner** (MILGER NZM 2014, 769, 770). Wendet man mit dem BGH § 383 Abs 1 Nr 2 ZPO und § 52 Abs 1 Nr 2 StPO konsequent an, lässt selbst die Scheidung den Status als „Familie" unberührt, sodass auch zugunsten **getrennt lebender und geschiedener Ehegatten Eigenbedarf** geltend gemacht werden kann (vgl. BGH 2. 9. 2020 – VIII ZR 35/19, NZM 2020, 984; ebenso BeckOGK/GEIB [1. 7. 2020] Rn 63; **aM** AG Hamburg WuM 1996, 39; AG Köln NJW-RR 1988, 1485; KLEIN-BLENKERS ua/HINZ Rn 39). Für die Schwiegereltern nach der Scheidung des Vermieters muss dann konsequent dasselbe gelten (KOSSMANN/MEYER-ABICH § 117 Rn 11; **aM** LG Frankfurt aM DWW 1987, 232). Es verbleiben allerdings Zweifel, ob der Rückgriff auf die genannten prozessualen Bestimmungen selbst nach der Scheidung noch zutreffend ist. Ihr Zweck ist es nämlich, diejenigen vor der Gefahr einer falschen eidlichen oder uneidlichen Aussage zu bewahren, deren Unvoreingenommenheit wegen ihrer nahen persönlichen Beziehungen zu der Partei bzw. dem Angeklagten nicht gegeben erscheint und die eine Aussage in einen Widerstreit zwischen der Wahrheitspflicht und ihrer Bindung gegenüber einem Verwandten oder Verschwägerten bringt (BGH 8. 5. 1952 – 3 StR 1199/51, BGHSt 2, 351, 353 = NJW 1952, 755, BGH 15. 8. 1952 – 3 StR 267/52, BGHSt 3, 149, 152 = NJW 1952, 1265; BGH 27. 1. 1956 – 2 StR 446/55, BGHSt 9, 37, 38 f = NJW 1956, 679). Dass die aus der beendeten Ehe oder Lebenspartnerschaft nachwirkende frühere emotionale Bindung soweit reichen soll, dass sie ein gegenwärtiges berechtigtes Interesse des Vermieters an der Erlangung der Wohnung zu begründen vermag, überzeugt entgegen der Rechtsprechung des BGH wenig (wie hier WIEK WuM 2020, 732 f). Von § 383 Abs 1 Nr 3 ZPO unproblematisch erfasst werden hingegen alle Personen, die mit der Partei in gerader Linie verwandt sind. Dementsprechend zählen zu den Familienangehörigen sicher die **Kinder** des Vermieters (OLG Karlsruhe NJW 1982, 889; LG Berlin GE 2000, 59; LG München I WuM 1994, 538; LG Oldenburg WuM 1996, 220; AG Dortmund DWW 1993, 238). Diese können bereits vor der Geburt eine Eigenbedarfskündigung begründen (AG Magdeburg DWW 1999, 125). Unerheblich ist, ob Sohn oder Tochter mit ihrem Ehegatten, Verlobten (LG Mosbach WuM 1992, 18; LG Oldenburg WuM 1996, 220; AG Dortmund DWW 1993, 238) oder Lebensgefährten (OLG Karlsruhe NJW 1982, 889; LG München I WuM 1994, 538) die Wohnung beziehen sollen. Unproblematisch ist ferner die Anerkennung der **Eltern** des Vermieters als Familienangehörige (KG NZM 1998, 712; LG Aachen WuM 1989, 250; LG Kaiserslautern MDR 1982, 56; AG Tiergarten GE 2011, 617). Auch die **Enkel** gehören noch zu den engsten Verwandten in gerader Linie und damit zu den Familienangehörigen (LG Mannheim DWW 1994, 51; LG Mannheim NJW-RR 1994, 656), wenngleich teilweise – aber zu Unrecht – verlangt wird, für den Vermieter müsse eine besondere Verpflichtung zur Unterhaltsgewährung oder sonstigen Fürsorge gegenüber dem Enkel bestehen (AG Osnabrück WuM 1980, 255 [LS]). Auf eine solche Verpflichtung kommt es auch gegenüber den **Großeltern** nicht an, da sie ebenso wie Enkel zu den Verwandten in gerader Linie gehören und damit Familienangehörige des engeren Kreises sind (STEINIG GE 1996, 1206).

Eigenbedarf für **Onkel und Tante** wurde früher teils generell verneint (AG Dortmund **83** WuM 1993, 615), teils aber bejaht, wenn ein enger persönlicher Kontakt besteht (AG Frankfurt aM WuM 1991, 108). Daran kann, wenn man mit dem BGH (BGHZ 184, 138, 145 f = NJW 2010, 1290) den Verwandtschaftsbegriff der § 383 Abs 1 Nr 3 ZPO, § 52 Abs 1 Nr 3 StPO zugrunde legt, nicht mehr festhalten können: Zu Onkeln und Tanten besteht eine Verwandtschaft dritten Grades, sodass eine Kündigung wegen Eigenbedarfs zu ihren Gunsten anzuerkennen ist. Für die **Schwiegereltern** Eigenbedarf geltend zu machen, wird einhellig ohne weitere Voraussetzungen zugelassen (LG Köln WuM 1994, 541; LG Mainz WuM 1991, 554; LG München I 13. 7. 2016 – 14 S 1848/16, ZMR 2017, 978; AG Friedberg/Hessen WuM 1985, 116 [LS]; AG Ludwigsburg WuM 1989, 417; AG Springe WuM 1991, 554). Umstritten ist dagegen die Beurteilung von **Schwager und Schwägerin**, die teilweise ohne Weiteres dem begünstigten Personenkreis zugerechnet werden (LG Hamburg WuM 1994, 210), was den Vorschriften zum Zeugnisverweigerungsrecht aus persönlichen Gründen entspricht (offen lassend BGH NZM 2009, 353). Wenn demgegenüber früher teilweise ein sozialer Kontakt und der wenigstens moralischen Pflicht des Vermieters, für eine Wohnung zu sorgen, verlangt wurde (LG Freiburg WuM 1993, 126; LG Mainz WuM 1991, 554; AG Gelsenkirchen 5. 7. 2016 – 210 C 88/16, WuM 2018, 163; AG Solingen WuM 1994, 685; offen gelassen von OLG Oldenburg WuM 1993, 386), kann dem heute ebensowenig gefolgt werden wie derjenigen Auffassung, die die Zulässigkeit einer Eigenbedarfskündigung für Schwager und Schwägerin generell verneint (AG Springe WuM 1991, 554). **Geschwister** sind ohne sonstige besondere Voraussetzungen als Familienangehörige anzuerkennen, für die Eigenbedarf geltend gemacht werden kann (BGH NJW 2003, 2604; BayObLG WuM 1984, 14; OLG Oldenburg WuM 1993, 386; LG Hamburg WuM 1991, 38; LG Heidelberg DWW 1991, 244). Dasselbe gilt für **Nichten und Neffen** (BGHZ 184, 138, 145 = NJW 2010, 1290; AG Ludwigsburg WuM 1990, 391; **aM** früher LG Münster WuM 1991, 107; AG Dortmund WuM 1993, 615; AG Nürtingen WuM 2007, 578). **Stiefkinder** werden ebenfalls zu den Familienangehörigen gezählt (vgl § 563 Rn 18; LG Aschaffenburg DWW 1989, 363; LG Hamburg NJW-RR 1997, 1440; LG München I WuM 1990, 23 [LS]; **aM** AG Siegburg 17. 10. 2018 – 105 C 97/18, WuM 2019, 33). Teilweise wird dies von engen persönlichen Beziehungen abhängig gemacht (AG Oldenburg WuM 1990, 512; Eichelbaum GE 1989, 919, 920; Lützenkirchen/Lützenkirchen Rn 207; Prütting ua/Riecke Rn 20).

84 cc) Ob entferntere Verwandte, also etwa die nur im vierten Grade verwandten **Großnichten und Großneffen**, überhaupt zum Kreis der Familienangehörigen gerechnet werden können, ist umstritten. Teilweise wird angenommen, durch die entsprechende Anwendung des § 383 Abs 1 Nr 1 bis 3 ZPO (vgl Rn 81) sei dies grundsätzlich ausgeschlossen (Milger NZM 2014, 769, 771). Andere nehmen demgegenüber an, dass auch solche Verwandte zu den „Familienangehörigen" zählen können, vorausgesetzt, der Vermieter habe zu ihnen einen **engen sozialen Kontakt** oder ein „herausgehobenes persönliches Näheverhältnis", das ihn wenigstens moralisch verpflichte, für eine Wohnung zu sorgen (LG Wiesbaden NJW-RR 1995, 782; AG Fürstenfeldbruck 9. 8. 2019 – 5 C 364/19, WuM 2020, 35; AG Warstein WuM 1996, 547; BeckOGK/Geib [1. 7. 2020] Rn 61; Klein-Blenkers ua/Hinz Rn 40). Das Gleiche gilt für **Vettern und Cousinen**, mit denen eine Verwandtschaft ebenfalls nur im vierten Grade besteht, sodass besondere Umstände eine enge Bindung ergeben müssen, um die Kündigung wegen Eigenbedarfs zuzulassen (OLG Braunschweig WuM 1993, 731; LG Braunschweig WuM 1994, 210; LG Frankfurt aM WuM 2004, 209; LG Stuttgart WuM 1998, 598; AG Schöneberg NJW-RR 1997, 1503; BeckOGK/Geib [1. 7. 2020] Rn 61; Herrlein/Kandelhard/Herrlein Rn 23; Prütting ua/ Riecke Rn 20). Dies wird man auch bei Stiefenkeln fordern können, um sie als Familienangehörige anzuerkennen (LG Stuttgart WuM 1993, 352).

85 Die Kriterien des **sozialen Kontaktes** und der wenigstens **moralischen Verpflichtung** des Vermieters, der in Frage stehenden Person **Unterhalt oder sonstige Fürsorge zu gewähren**, stellen gewisse **Hilfsmittel für die Beurteilung** dar (LG Braunschweig WuM 1972, 127; LG Osnabrück WuM 1976, 55; BeckOGK/Geib [1. 7. 2020] Rn 61; Sternel WuM 1987, 339, 342). Hierbei kann mit der Faustregel gearbeitet werden, dass der über die bloße

Verwandtschaft oder Schwägerschaft hinausgehende soziale Kontakt desto enger sein muss, damit eine Kündigung wegen Eigenbedarfs gerechtfertigt ist, je entfernter der Grad der Verwandtschaft oder Schwägerschaft ist (Klein-Blenkers ua/Hinz Rn 40; Steinig GE 1996, 1206). Ein Einfallstor für weltanschaulich getönte Wertungen, wie vereinzelt befürchtet wird (Pfeifer DWW 1996, 77, 86), wird dadurch nicht geöffnet. Letztlich könnte eine klare Grenze nur dadurch gezogen werden, dass alle Personen, die mit dem Vermieter weder verlobt noch verheiratet (oder gleichgeschlechtlich „verpartnert") noch mit ihm in gerader Linie verwandt oder in der Seitenlinie mindestens im dritten Grade verwandt oder bis zum zweiten Grade verschwägert sind, ohne Rücksicht auf etwaige moralische Verpflichtungen vom Anwendungsbereich der Vorschrift ausgenommen werden. Dann aber wäre keinerlei Raum mehr für die Berücksichtigung besonderer Umstände des Einzelfalles.

dd) Nicht zu den Familienangehörigen gehört der Verlobte der Tochter (AG Pinneberg WuM 1987, 70 [LS]). Für ihn kann erst nach Eingehung der Ehe Eigenbedarf geltend gemacht werden. Ebenso wurden bei der Tochter einer Cousine und der Tochter einer Schwiegertochter die moralische Unterhaltsverpflichtung trotz sozialen Kontakts und damit ein Eigenbedarf des Vermieters abgelehnt (LG Weiden WuM 2003, 210; AG Waiblingen WuM 1994, 542). Auszuscheiden sind ferner nichteheliche Lebensgefährten (LG Berlin 30. 10. 2019 – 66 S 80/19, GE 2020, 119), deren Kinder (AG Winsen/Luhe WuM 1994, 432; **aM** aber zum Eigenbedarf zugunsten der Eltern des Lebensgefährten in besonderen Ausnahmefällen LG Lübeck WuM 1999, 336), Patenkinder des Vermieters (AG Michelstadt WuM 1974, 104; AG Waiblingen WuM 1994, 542) und seine Pflegekinder. Solche Personen können nur als Haushaltsangehörige eine Kündigung wegen Eigenbedarfs rechtfertigen (vgl Rn 87). **86**

c) Angehörige des Haushalts des Vermieters
Nach § 573 Abs 2 Nr 2 BGB hat der Vermieter ferner ein berechtigtes Interesse an der Beendigung des Mietverhältnisses, wenn er die Räume als Wohnung für Angehörige seines Haushalts benötigt. Durch die Formulierung des Gesetzes, dass der Vermieter die Räume als Wohnung „für" diese Personen benötigt, wird eine Beziehung zu seiner eigenen Person hergestellt, die den Wohnungsbedarf der Haushaltsangehörigen zum **Bedarf des Vermieters** werden lässt und damit dessen **eigenes Interesse an der Rückgabe der vermieteten Räume** voraussetzt. Der Vermieter muss die Kündigung deshalb mit dem Eigenbedarf für eine bestimmte Person begründen und darf sich anders als beim befristeten Mietvertrag nach § 575 BGB (vgl § 575 Rn 38 f) nicht auf die Angabe des Personenkreises beschränken oder die Wahl zwischen zwei bestimmten Personen offenhalten (AG Frankfurt aM WuM 1991, 39). Hiervon zu unterscheiden ist die Frage, ob die benannte Person gegen eine andere aus dem begünstigten Kreis ausgewechselt werden darf, wenn die Kündigungsfrist läuft oder das Mietverhältnis schon beendet ist (vgl Rn 209). **87**

aa) Das Gesetz bestimmt den **Begriff** der Haushaltsangehörigen nicht. Hierunter sind alle Personen zu verstehen, die schon seit längerer Zeit und auf Dauer in den Haushalt des Vermieters aufgenommen sind und in enger Hausgemeinschaft mit ihm leben (Klein-Blenkers ua/Hinz Rn 42; Schmidt-Futterer/Blank Rn 51; Soergel/Heintzmann Rn 32; Steinig GE 1996, 1206, 1208). Dazu gehören die Ehefrau, Kinder, sonstige Familienangehörige, der Lebenspartner und der Partner einer nichtehelichen Lebensgemeinschaft (BeckOGK/Geib [1. 7. 2020] Rn 64; Bub/Treier/Fleindl Rn IV 120), Haus- **88**

haltshilfen und Pflegepersonen (vgl auch § 563 Rn 25 ff). Das Gleiche gilt für Freunde, Auszubildende, Gesellen in Handwerksbetrieben und Gehilfen in der Landwirtschaft. Arbeitnehmer, die nicht in den Haushalt aufgenommen sind, zählen nicht zu diesem Personenkreis (LG Landau/Pfalz WuM 1985, 146).

89 Der Wohnungsbedarf kann darin zum Ausdruck kommen, dass der Vermieter für sich und die zu seinem Haushalt gehörenden Personen zusammen eine größere Wohnung benötigt. Dann handelt es sich schon um einen **eigenen Bedarf des Vermieters** (vgl Rn 73 ff). Ein nur durch Haushaltsangehörige begründeter Wohnungsbedarf besteht dann, wenn der Vermieter die bisherige, zu klein gewordene Wohnung beibehalten will und einzelne Haushaltsangehörige in die zu kündigende Wohnung umziehen sollen. Dabei macht es keinen Unterschied, ob die Hausgemeinschaft nach dem Umzug bestehen bleibt oder aufgehoben wird (**aM** LG Berlin 30. 10. 2019 – 66 S 80/19, GE 2020, 119). Der Vermieter benötigt den zusätzlichen Wohnraum zwar nicht für sich selbst, hat aber auch bei Aufhebung der Hausgemeinschaft ein eigenes Interesse an dem Auszug des Haushaltsangehörigen, um seinen persönlichen Wohnbedarf in der bisherigen, nunmehr weniger belegten Wohnung angemessen befriedigen zu können. Für Familienangehörige (vgl Rn 78 ff) taucht das Problem nicht auf, da sie unabhängig von der Zugehörigkeit zum Haushalt des Vermieters unter den begünstigten Personenkreis fallen.

90 bb) Eigenbedarf kann wegen der Nutzung von Wohnraum durch eine Person entstehen, die **erst künftig in den Haushalt des Vermieters aufgenommen werden soll**, wenn der Vermieter diese Person in Zukunft zu seiner Pflege oder ähnlichen dringenden Zwecken benötigt. Entscheidend kommt es zwar auf einen Wohnungsbedarf für die zum Haushalt des Vermieters gehörenden Personen an. Da als Grundlage für den Eigenbedarf aber nicht nur gegenwärtige, sondern auch mit einiger Sicherheit eintretende zukünftige Umstände in Betracht kommen, kann ein gegenwärtiger oder zukünftiger Wohnungsbedarf berücksichtigt werden, der erst durch die Aufnahme eines neuen Haushaltsangehörigen entsteht (BayObLG NJW 1982, 1159; Horst Rn 1464; kritisch BeckOGK/Geib [1. 7. 2020] Rn 65). Hierbei ist zu beachten, dass auch der zukünftige Wohnungsbedarf, der durch die Aufnahme eines neuen Haushaltsangehörigen entstehen wird und den Umzug des gesamten Haushalts in die zu kündigende Wohnung bedingt, ein eigener Bedarf des Vermieters ist (vgl Rn 73 ff). In der Praxis werden allerdings Fälle als Kündigung wegen Eigenbedarfs für einen Haushaltsangehörigen behandelt, in denen die für den Vermieter vorgesehene Pflegeperson oder Haushaltshilfe die zu kündigende Wohnung allein beziehen und nur in unmittelbarer Nähe zum Vermieter, meist in demselben Haus, wohnen soll (BVerfG NZM 2000, 456; BayObLG NJW 1982, 1159; LG Ellwangen NJWE-MietR 1996, 124; LG Kiel DWW 1992, 85; LG Potsdam WuM 2006, 44; AG Münster WuM 2000, 190).

91 Solche Personen gehören jedoch nicht zum Haushalt des Vermieters, wenn sie **in der abgesonderten Wohnung einen eigenen Haushalt führen**, wie es in aller Regel der Fall ist. Dies zeigt § 563 Abs 1 BGB, wonach das Eintrittsrecht des Ehegatten oder der Familienangehörigen in das Mietverhältnis beim Tode des Mieters davon abhängt, dass der Mieter mit ihnen einen gemeinsamen Haushalt geführt hat. Der Wohnraum muss den Mittelpunkt der gemeinsamen Lebens- und Wirtschaftsführung gebildet haben (vgl § 563 Rn 15). Die Haushaltsangehörigen müssen in derselben Wohnung wie der Vermieter leben. Dies gilt auch für § 573 Abs 2 Nr 2 BGB, weil das Gesetz hier denselben Begriff verwendet. Gleichwohl kann bei getrennter Haushaltsführung der Pflege- oder Hilfsperson ein berechtigtes Interesse des Vermieters an der Beendigung des Mietverhältnisses über die bereitzustellende Wohnung anerkannt werden, wenn der Vermieter die Unterstützung durch eine solche Person benötigt. Dann aber handelt es sich nicht um Eigenbedarf, sondern um ein berechtigtes Interesse aus sonstigen Gründen (Schmidt-Futterer/Blank Rn 53), vergleichbar einem Betriebsbedarf (vgl Rn 177 ff). Vorauszusetzen ist grundsätzlich die konkrete Aussicht, dass eine bestimmte Person in die zu räumende Wohnung aufgenommen werden soll (LG Bielefeld WuM 1972, 178; LG Wuppertal WuM 1982, 282 [LS]) und dass die Hilfe für den Vermieter nicht ohne Bereitstellung einer Wohnung beschafft werden kann (LG Osnabrück WuM 1976, 124). Darüber hinausgehend wird gelegentlich ein Kündigungsrecht sogar dann anerkannt, wenn der Vermieter die Pflegeperson nicht für sich, sondern für seine Familienangehörigen benötigt (LG Potsdam WuM 2006, 44; LG Koblenz WuM 2007, 637; dazu Winning WuM 2007, 608 ff).

cc) Vereinzelt wird verlangt, mit der Kündigung zu warten, bis eine **konkrete** 92 **Hilfsbedürftigkeit** eingetreten ist (AG Stuttgart WuM 1990, 350); dann soll aber auch eine außerordentliche befristete Kündigung zugelassen werden (Kniep/Gerlach DWW 1996, 299, 300). Die ordentliche Kündigung ist begründet, wenn der Vermieter die beanspruchte Wohnung selbst beziehen will, um seine bisherige Wohnung der Pflegeperson zu überlassen (LG Karlsruhe DWW 1990, 238). Bei einer langen Kündigungsfrist braucht die Hilfsperson im Zeitpunkt der Kündigung noch nicht namentlich bekannt zu sein (OLG Hamm WuM 1986, 269; LG Frankenthal/Pfalz WuM 1990, 79; LG Hamburg WuM 1990, 302; LG Karlsruhe DWW 1990, 238; LG Potsdam WuM 2006, 44; AG Münster WuM 1992, 250). Die Aufnahme muss aber ernsthaft beabsichtigt werden (LG Kiel WuM 1990, 22). Steht der Bedarfsgrund wegen der Pflegebedürftigkeit oder des Alters des Vermieters fest, handelt es sich nicht um eine unzulässige Vorratskündigung (vgl Rn 66).

d) Konkurrenzen
Kommt es zu einer Konkurrenz innerhalb des begünstigten Personenkreises, weil 93 der Vermieter das Mietverhältnis mit einem Familienangehörigen kündigt, damit ein anderer Angehöriger die Wohnung beziehen kann, so ist **primär auf den Verwandtschaftsgrad abzustellen**, weil typischerweise mit der Nähe der Verwandtschaft das eigene Interesse des Vermieters daran wächst, den wohnungssuchenden Angehörigen unterzubringen. Doch können engere persönliche Beziehungen auch zu einem entfernten Angehörigen bestehen. Selbst bei Verwandten gleichen Grades ist nicht ohne Weiteres dem bisherigen Mieter das bessere Recht einzuräumen, wie es früher angenommen wurde (LG Bochum WuM 1972, 107). Maßgebend ist allein die von der Eigentumsgarantie gedeckte Entscheidung des Vermieters, welcher Person aus dem begünstigten Kreis er die Wohnung überlassen will. Deshalb ist Familienangehörigen, denen die Wohnung vermietet ist, bei einer Konkurrenz mit Haushaltsangehörigen ohne familiäre Beziehungen, denen sie in Zukunft überlassen werden soll, nicht wegen der größeren verwandtschaftlichen Nähe der Vorrang zu geben. Unerheblich ist, ob der Vermieter die Wohnung der begünstigten Person entgeltlich oder unentgeltlich überlassen will, weil es allein seine Entscheidung ist, wie er über sein Eigentum verfügt.

e) Benötigen der Räume als Wohnung

94 Der Vermieter muss die Räume als Wohnung für sich oder den begünstigten Personenkreis benötigen. Die Räume müssen überwiegend **zu privaten Wohnzwecken** in Anspruch genommen werden. Der Vermieter muss die ganze Wohnung benötigen. Das Gesetz eröffnet außer der Teilkündigung von Nebenräumen und Grundstücksteilen nach § 573b BGB keine Möglichkeit, nur einen Teilbedarf an einer Wohnung geltend zu machen (LG Mannheim WuM 1997, 104; LG Mainz WuM 2001, 489; BeckOGK/Geib [1. 7. 2020] Rn 79; **aM** OLG Karlsruhe GE 1997, 367; LG Baden-Baden DWW 1992, 214; LG München I WuM 1990, 211 mAnm Scholz). In dieser Beschränkung liegt kein Verstoß gegen die Eigentumsgarantie aus Art 14 Abs 1 S 1 GG (BVerfGE 89, 237, 242 = NJW 1994, 308). Eine Kündigung wegen Eigenbedarfs, die sich bei einem einheitlichen Mietvertrag allein auf die mitvermietete Garage bezieht, ist deshalb nicht gerechtfertigt (LG Köln WuM 1992, 264), sie kann auch nicht in eine Teilkündigung nach § 573b BGB umgedeutet werden (LG Bochum NZM 1999, 902). Ebensowenig fällt die Teilkündigung einer unbebauten Fläche des im Übrigen mit einem vermieteten Einfamilienhaus bebauten Grundstücks unter § 573 Abs 2 Nr 2 BGB, da es sich nicht um die Kündigung von Wohnräumen handelt (**aM** LG Duisburg NJW-RR 1996, 718). Unschädlich ist, wenn der gekündigte Wohnraum allein den Bedarf nicht befriedigt, sondern mit angrenzenden Dachzimmern (LG Kiel WuM 1992, 691) oder weiteren Wohnräumen (BVerfG NJW 1992, 1675; BVerfG WuM 1994, 129; LG Frankfurt aM DWW 1992, 116) zu einer einheitlichen Wohnung zusammengefasst werden soll.

95 Ein berechtigter **Eigenbedarf liegt dagegen nicht vor**, wenn die zu kündigende Wohnung nur als Hobbyraum für Schreinerarbeiten (LG Stuttgart WuM 1993, 740) oder ausschließlich **zu geschäftlichen Zwecken** genutzt werden soll (BGH 26. 9. 2012 – VIII ZR 330/11, NJW 2013, 225; BGH 29. 3. 2017 – VIII ZR 45/16, BGHZ 214, 269, 290 = NJW 2017, 2018 mAnm Fleindl ZMR 2017, 799 ff; LG Karlsruhe WuM 1980, 249; LG Wiesbaden WuM 1990, 510; AG Hamburg WuM 2007, 710; Schmid/Harz/Gahn Rn 26). Insoweit kommt eine Kündigung nur auf der Basis der Generalklausel des Abs 1 in Betracht (näher Rn 177 ff). Anders kann dies nach den Umständen des Falles bei Zweit- oder Ferienwohnungen zu beurteilen sein (BGH 21. 8. 2018 – VIII ZR 186/17, NZM 2018, 983; BeckOK/Hannappel [1. 8. 2020] Rn 36; BeckOK MietR/Siegmund [1. 8. 2020] Rn 38). Eine Nutzung nur eines kleineren Teils der überwiegend geschäftlichen Zwecken dienenden Räume zum Wohnen rechtfertigt aber keine Kündigung nach Abs 2 Nr 2, möglicherweise aber nach der Generalklausel des Abs 1 (näher Rn 177 ff).

96 Eine Verwendung zu Wohnzwecken liegt vor, wenn **nur untergeordnete Teile geschäftlichen Zwecken dienen** sollen (LG Hamburg WuM 1986, 87; Fleindl NZM 2016, 289, 292; Schmid/Harz/Gahn Rn 26) oder wenn die größere Wohnung benötigt wird, um die aus geschiedener Ehe stammenden Kinder bei ihren regelmäßigen Besuchen am Wochenende unterbringen zu können, und nur im Übrigen ein Raum als Arbeitszimmer genutzt werden soll (AG Dortmund DWW 1990, 278). Wohnungsbedarf liegt ebenfalls vor, wenn der Vermieter seine bisherige Wohnung zu gewerblich genutzten Räumen umgestalten will und deshalb für sich eine neue Wohnung benötigt. Eigenbedarf an Räumen, deren Nutzung als Wohnraum behördlich untersagt ist, kann nicht geltend gemacht werden (LG Hamburg WuM 1994, 432; AG Dachau WuM 1989, 383). Für die Zusammenlegung zweier Wohnungen ist allerdings keine Zweckentfremdungsgenehmigung erforderlich, sodass die Kündigung nicht von einer solchen Genehmigung abhängig gemacht werden darf (BVerfG WuM 1994, 129; **aM** zuvor LG Frankfurt aM DWW 1992, 116). Scheidet Eigenbedarf aus, weil die Räume in Zukunft nicht mehr als Wohnräume verwendet werden sollen, kommt eine Kündigung wegen Hinderung angemessener wirtschaftlicher Verwertung nach § 573 Abs 3 Nr 3 BGB in Betracht (vgl Rn 142 ff).

f) „Benötigen" der Räume
aa) Allgemeines

Der Vermieter muss die Räume als Wohnung für sich oder den begünstigten Personenkreis benötigen. Die Interpretation des Begriffs „benötigen" hat eine längere **Entwicklung** hinter sich. Dieses Tatbestandsmerkmal ist von den Gerichten und ebenso im Schrifttum zunächst in der Weise ausgelegt worden, dass durch den beanspruchten Wohnraum einem bestehenden Mangel des Vermieters an eigengenutzten oder eigennutzbaren Wohnräumen für sich oder den begünstigten Personenkreis abzuhelfen sei. Der Vermieter müsse sich in einer wohnbedarfstypischen Lage befinden. Er müsse unzureichend oder teurer als in dem beanspruchten Wohnraum untergebracht sein (KG NJW 1981, 1048; LG Hamburg WuM 1977, 30; LG Köln WuM 1974, 103; AG Friedberg/Hessen WuM 1979, 257; AG Münster WuM 1979, 258). Der Unterschied zwischen Eigenbedarf und Nutzungswunsch komme außer in der Genese der Vorschrift auch in der abweichenden Terminologie des § 575 Abs 1 Nr 1 BGB zum Ausdruck, die allein auf den Willen zur Eigennutzung abstelle.

97

Für die Auslegung des Tatbestandsmerkmals, dass der Vermieter die Räume benötigt, hat sich inzwischen aber die Auffassung durchgesetzt, die Absicht des Vermieters, in den vermieteten Räumen selbst zu wohnen oder eine der begünstigten Personen wohnen zu lassen, reiche aus, wenn er hierfür **vernünftige und nachvollziehbare Gründe** habe (BGH 20. 1. 1988 – VIII ARZ 4/87, BGHZ 103, 91, 96 ff = NJW 1988, 904 mAnm Schulte JZ 1988, 611; BGH NJW 2005, 3782; BGH 22. 5. 2019 – VIII ZR 180/18, BGHZ 222, 133, 141 ff = NJW 2019, 2765; OLG Zweibrücken DWW 1987, 230; BeckOK/Hannappel [1. 8. 2020] Rn 43; BeckOK MietR/Siegmund [1. 8. 2020] Rn 29; Kinne ua/Schach Rn 19; Prütting ua/ Riecke Rn 21). Diese Formel hat Eingang in die Entscheidungen der Instanzgerichte gefunden und ist vom BVerfG bestätigt worden (BVerfG 14. 2. 1989 – 1 BvR 308/88 ua, BVerfGE 79, 292, 302 = NJW 1989, 970). Der Vermieter hat grundsätzlich allein darüber zu bestimmen, welchen Wohnbedarf er für sich und den begünstigten Personenkreis geltend machen will (BVerfGE 68, 361, 372 f = NJW 1985, 2633; BVerfG NJW 1988, 1075 mAnm Schulte JZ 1988, 611; LG Gießen WuM 1988, 289; hierzu BVerfG WuM 1989, 409). Die Gerichte haben den Entschluss des Vermieters, die vermietete Wohnung nunmehr selbst zu nutzen oder durch den – eng gezogenen – Kreis privilegierter Dritter nutzen zu lassen, grundsätzlich zu achten und ihrer Rechtsfindung zugrunde zu legen. Ebenso haben sie grundsätzlich zu respektieren, welchen Wohnbedarf der Vermieter für sich oder seine Angehörigen als angemessen ansieht. Sie sind daher nicht berechtigt, ihre Vorstellungen von angemessenem Wohnen verbindlich an die Stelle der Lebensplanung des Vermieters (oder seiner Angehörigen) zu setzen (BGH 4. 3. 2015 – VIII ZR 166/14, BGHZ 204, 216, 222 = NJW 2015, 1590; BGH 15. 3. 2017 – VIII ZR 270/15, NJW 2017, 1474; Selk NZM 2018, 978, 980). Deshalb kann dem Vermieter der Eigenbedarf auch nicht mit der Begründung abgesprochen werden, er habe nicht den Versuch unternommen, einen alternativen Wohnsitz am Ort der Mietsache zu nehmen (aM LG Berlin 10. 9. 2019 – 67 S 149/19, ZMR 2019, 946; dazu Selk NZM 2019, 914 ff). Eine bisher unzureichende Unterbringung des Vermieters oder seiner Familienangehörigen ist nicht erforderlich (BGH 20. 1. 1988 – VIII ARZ 4/87, BGHZ 103, 91, 96 f = NJW 1988, 904 f);

98

ebensowenig, dass der Vermieter gerade auf diese Wohnung „angewiesen" ist (BGH 22. 5. 2019 – VIII ZR 180/18, BGHZ 222, 133, 141 f = NJW 2019, 2765). Der Vermieter muss die Tatsachen darlegen, die seine Gründe vernünftig und nachvollziehbar erscheinen lassen (LG Hamburg WuM 1991, 268; LG Hamburg ZMR 2006, 285). Dies ist eine Frage der ausreichenden Begründung (vgl Rn 208 ff).

99 Da der Kündigungsschutz des § 573 BGB den Mieter nur vor einer willkürlichen Kündigung schützen soll, ist es aus verfassungsrechtlichen Gründen nicht unbeschränkt zulässig, den Entschluss des Vermieters, die Wohnung selbst zu nutzen, in sachlicher Hinsicht nachzuprüfen. Ist der geltend gemachte Eigenbedarf nicht rechtsmissbräuchlich, ist es grundsätzlich Sache des Vermieters, darüber zu entscheiden, ob der Wohnbedarf angemessen ist oder nicht (AG Fürstenfeldbruck WuM 2008, 600; AG Mannheim DWW 1997, 76). Aufgrund der bei einer Eigenbedarfskündigung bestehenden Interessen mit starkem personalem Bezug hängt der Wunsch nach eigener Nutzung eng mit den persönlichen Vorstellungen, Bedürfnissen und Zukunftsplänen eines Menschen zusammen (BVerfG 14. 2. 1989 – 1 BvR 308/88 ua, BVerfGE 79, 292, 305 = NJW 1989, 970). Dies bedeutet nicht, dass der geltend gemachte Eigenbedarf nur noch unter dem Gesichtspunkt des Missbrauchs, etwa auf seine **Ernsthaftigkeit** hin, gerichtlich zu überprüfen ist. Neben dieser ohnehin gebotenen Prüfung (BVerfG WuM 1991, 145; BVerfG WuM 1991, 146; BGH 22. 5. 2019 – VIII ZR 167/17, NZM 2019, 527; BGH 22. 5. 2019 – VIII ZR 180/18, BGHZ 222, 133, 140 ff = NJW 2019, 2765; LG München I WuM 1990, 346) hat das Gericht auch die Vernünftigkeit und Nachvollziehbarkeit der Gründe zu untersuchen (BVerfG NJW 1989, 3007; AG Lobenstein WuM 1999, 337). Die Ernsthaftigkeit der Absicht, die Wohnung zu beziehen, ist einer Beweisaufnahme zugänglich (BVerfG NJW 1990, 3259; LG Hamburg ZMR 2006, 285). Gelingt es dem Vermieter in dieser nicht, den bereits hinreichend bestimmten und konkretisierten Nutzungswunsch überzeugend darzutun, sondern bleibt dieser vage oder erscheint er erst für einen späteren Zeitpunkt verfolgt zu werden, so rechtfertigt dies die Kündigung nicht (BGH 23. 9. 2015 – VIII ZR 297/14, NJW 2015, 3368 mAnm Kappus; Rolfs JZ 2016, 213, 214 f; Klein-Blenkers ua/Hinz Rn 43). Ebenso kann die Kündigung unwirksam sein, wenn der Wohnbedarf des Angehörigen zwar besteht, er aber nur vorübergehend „dazwischengeschoben" werden soll, um eine vom Vermieter bereits seit längerem geplante Sanierung zu ermöglichen (LG München I 27. 11. 2019 – 14 S 11886/19, ZMR 2020, 652).

bb) Wohnbezogener Bedarf

100 Im Einzelnen hat der Vermieter vernünftige und nachvollziehbare Gründe, die Wohnung zu erlangen, vor allem dann, wenn tatsächlich eine Bedarfssituation im Sinne einer Mangellage für ihn oder den begünstigten Personenkreis besteht, auch wenn hierfür ein subjektiver Entschluss entscheidend war (Sternel WuM 1987, 339, 343). Ein solcher wohnbezogener Bedarf ist anzunehmen, wenn die vom Vermieter selbst gemietete Wohnung gekündigt worden ist (AG Coesfeld DWW 1989, 230; Blank/Börstinghaus/Blank/Börstinghaus Rn 99), wenn der Vermieter oder eine der begünstigten Personen in einer anderen Wohnung unzureichend (BVerfG WuM 1994, 126; LG Gießen WuM 1994, 684; LG Mannheim DWW 1995, 113; AG Düsseldorf WuM 1989, 301) oder zu teuer untergebracht ist oder wenn sie als ausreisewillige Spätaussiedler noch im Ausland leben (AG Warendorf WuM 1996, 546). Ein berechtigtes Interesse liegt deshalb etwa vor, wenn der Vermieter wegen seiner Heirat, Vergrößerung der Familie (LG Berlin GE 1990, 543; LG Mainz NJWE-MietR 1996, 152; Schmid/Harz/Gahn Rn 31; Lützenkir-

CHEN/LÜTZENKIRCHEN Rn 220), wegen des Wunsches nach getrennten Schlafzimmern (BVerfG NJW 1992, 2878; AG Sinzig NZM 1999, 760), der Einrichtung eigener Schlaf- oder Aufenthaltsräume (LG Hamburg WuM 1991, 38; LG Heilbronn NJW-RR 1993, 1232) für die Kinder, der Aufnahme eines Haushaltsangehörigen (BVerfG NJW 1994, 994), wegen des längerfristigen Besuchs von Kindern und Enkelkindern (LG Hamburg WuM 1994, 683), um umgekehrt seine aus einer früheren Beziehung stammenden, jetzt an einem anderen Ort wohnenden Kinder besuchen zu können (BVerfG 23. 4. 2014 – 1 BvR 2851/13, NJW 2014, 2417; LG Berlin 22. 8. 2013 – 67 S 121/12, WuM 2013, 741; zu diesem Fall ausführlich MILGER NZM 2014, 769, 773 ff; ähnlich BGH 23. 10. 2018 – VIII ZR 61/18, NZM 2018, 988; aM ARTZ WuM 2013, 743 ff; HÄUBLEIN WuM 2014, 635, 640 f; SCHMIDT NZM 2014, 609, 619; WIEK WuM 2014, 402, 403 ff), oder er als eine im Berufsleben stehende Person eine größere Wohnung benötigt (LG München I WuM 1989, 296). Ebenso besteht ein Bedarf, wenn der Vermieter einen Teil seiner Wohnräume nur über das allgemeine Treppenhaus erreichen kann und deshalb seine Wohnung mit der nebenan liegenden vermieteten Wohnung zusammenlegen will (BVerfG WuM 1994, 129), wenn der beanspruchte Wohnraum zwar nur unwesentlich größer, aber besser zugeschnitten ist und mehr Zimmer aufweist (LG Landau/Pfalz WuM 1993, 678) oder wenn ein Altbauer seine Altenteilswohnung beziehen will (LG Kiel WuM 1991, 490 [LS]). Der Bedarf entfällt nicht dadurch, dass die betreffende Person vorübergehend – etwa für die Dauer des Räumungsprozesses – in eine „Interims-Wohnung" umgezogen ist (LG München I 10. 7. 2019 – 14 S 15871/18, WuM 2019, 657).

Ein berechtigtes Interesse ist ferner zu bejahen, wenn der erwachsene Sohn der Vermieter in der Wohnung der Eltern lebt und ihm dort lediglich ein Schlafzimmer zu seiner ausschließlichen Benutzung zur Verfügung steht (LG Frankfurt aM DWW 1988, 324) oder wenn er aus einer Wohngemeinschaft ausziehen will, in der es zu Zerwürfnissen gekommen ist (LG Karlsruhe DWW 1992, 22). Dasselbe gilt allgemein bei dem Wunsch erwachsener Kinder des Vermieters, einen eigenen Haushalt zu gründen (BGH 20. 1. 1988 – VIII ARZ 4/87, BGHZ 103, 91, 100 = NJW 1988, 904; BGH NJW 2010, 3775; LG Berlin GE 1990, 493; AG Darmstadt WuM 1993, 350; AG Hamburg-Barmbek ZMR 2005, 202; AG Mannheim DWW 1991, 221; AG München WuM 1989, 378). Ein Wohnbedarf des unverheirateten Kindes des Vermieters ist auch zu berücksichtigen, wenn er durch das Zusammenleben mit einem anderen Menschen in nichtehelicher Lebensgemeinschaft hervorgerufen wird (BVerfG NJW 1995, 1480; OLG Karlsruhe NJW 1982, 889; LG München I WuM 1994, 538; AG Dortmund DWW 1993, 238). Der Wunsch der Vermieterin, in der gekündigten Wohnung ihre vierzehnjährige Tochter und deren sechzehnjährigen Freund unterzubringen, wurde nicht als ein vernünftiger, nachvollziehbarer Grund anerkannt (LG Hannover WuM 1991, 491). Ebenso wurde es als unvernünftig beurteilt, dass zwei vierzehn- und sechzehnjährige Brüder in der vermieteten Wohnung einen eigenen Haushalt begründen sollten (AG Köln WuM 1994, 209). **101**

Abgesehen von Extremfällen darf das Gericht aber grundsätzlich nicht den Erziehungsplan der Eltern in Frage stellen (LG Hamburg WuM 1991, 38) oder seine Vorstellungen verbindlich an die Stelle der Lebensplanung des Vermieters setzen (BVerfG 14. 2. 1989 – 1 BvR 308/88 ua, BVerfGE 79, 292, 306 = NJW 1989, 970). Im Hinblick auf den höheren Bedarf müssen Tatsachen für eine substantielle, beständige menschliche Beziehung in einer nichtehelichen Lebensgemeinschaft vorgetragen werden (LG Aachen WuM 1990, 301; LG Frankfurt aM NJW 1990, 3277, hierzu BVerfG NJW 1990, 3259). Entscheidend ist aber nicht der Wille des Familienangehörigen, sondern der Wille **102** des Vermieters, der den Bedarf des Angehörigen zu seinem eigenen macht (BayObLG WuM 1986, 271). Ebenso ist die Kündigung wegen Eigenbedarfs begründet, wenn die zu kündigende Wohnung genutzt werden soll, damit die Vermieter getrennt leben können (LG Berlin WuM 1989, 301; LG Heidelberg WuM 1994, 682; LG Köln WuM 1997, 48; AG Lüdenscheid DWW 1996, 374) oder wenn der Vermieter getrennt von einem anderen Familienangehörigen, etwa der Schwiegermutter, leben will (AG Ludwigsburg WuM 1989, 417). Nicht anerkannt wurde der Eigenbedarf an der vermieteten Wohnung für die Tochter, die dort als Pflegeperson für die Mutter leben sollte, aber selbst voll berufstätig war und in demselben Wohnort lebte (AG Naumburg WuM 1993, 600).

cc) Kleinere Wohnung

103 Anders als in den Fällen, in denen der Vermieter eine größere oder eine zusätzliche Wohnung für sich oder seine Familienangehörigen beansprucht, kann der wohnbezogene Bedarf auch darin bestehen, dass eine kleinere Wohnung bezogen werden soll. Es gehört zum Recht auf freie Entfaltung der Persönlichkeit, den Wohnbedarf nach seinen eigenen Vorstellungen zu bestimmen, also auch einzuschränken (BVerfG NJW 1992, 1220; BeckOK/Hannappel [1. 8. 2020] Rn 47.1; BeckOGK/Geib [1. 7. 2020] Rn 69; Blank/Börstinghaus/Blank/Börstinghaus Rn 104; Klein-Blenkers ua/Hinz Rn 44; Schmid/Harz/Gahn Rn 32). Der Vermieter kann deshalb etwa nach dem Tod des Ehegatten (BVerfG NJW 1992, 105) oder dem Wegzug von Familienangehörigen (LG Braunschweig NJW-RR 1993, 400) ein berechtigtes Interesse haben, die kleinere Wohnung zu beziehen, um die zu groß gewordene aufgeben zu können. Hinzu kommen dürfen wirtschaftliche Gründe, um die größere Wohnung mit Gewinn zu vermieten (BVerfG NJW 1992, 105; AG Freiburg WuM 1991, 686).

dd) Persönliche Gründe

104 Ein berechtigtes Interesse an der Beendigung des Mietverhältnisses kann sich als Eigenbedarf aus persönlichen Gründen ergeben. Dies gilt zum einen hinsichtlich der Wohnung als solcher und steht auf der Grenze zum reinen Wohnbedarf. Wer eine Eigentumswohnung erwirbt, um darin selbst zu wohnen, weil er schlichtweg „Herr seiner eigenen vier Wände" sein will, gestaltet sein Leben vernünftig und nachvollziehbar. Er darf von den Gerichten mit seinem Wunsch nach Eigennutzung nicht mit der Begründung zurückgewiesen werden, er sei bisher schon ausreichend untergebracht (BVerfG NJW 1994, 309; BGH 22. 5. 2019 – VIII ZR 180/18, BGHZ 222, 133, 141 f = NJW 2019, 2765; BGH 11. 12. 2019 – VIII ZR 144/19, NJW 2020, 1215; OLG Köln ZMR 2004, 33; LG Hamburg ZMR 2006, 285; LG Mainz NJWE-MietR 1996, 152). Auch eine auf der Familientradition beruhende Wohnsitznahme kann den Eigenbedarf begründen (LG Gießen WuM 1994, 470). Ebenso wurde der Wunsch, eine Wohnung nur als Stadtwohnung zu nutzen, als berechtigtes Interesse iS von § 573 BGB anerkannt (LG Hamburg ZMR 2001, 621). Die unbegründete Sorge vor Brandgefahr in der bisherigen Wohnung, um die vermietete Wohnung im 16. Stockwerk eines Hochhauses beziehen zu können, wurde als nicht nachvollziehbar beurteilt (LG Köln WuM 1995, 110). Dagegen muss der rein subjektiv gegebene Wunsch des Vermieters, seine Wohnverhältnisse mit dem Bezug einer gleich großen Parterrewohnung dadurch zu verbessern, dass er Terrasse, Garten und Wintergarten ausschließlich nutzen kann, als Kündigungsgrund ausreichen (aM AG Gelsenkirchen WuM 1995, 142; offen gelassen von LG Essen WuM 1995, 142). Der Vermieter braucht sich von den Gerichten nicht vorschreiben zu lassen, er könne den beanspruchten Wohnbedarf dadurch beschränken, dass er eine Puppensammlung außerhalb der Wohnung in Kästen verpackt lagere (BVerfG NJW 1994, 994).

Zwingender noch als solche Ziele der persönlichen Lebensgestaltung sind **gesundheitliche Gründe**. So ist Eigenbedarf begründet, wenn die im oberen Stockwerk gelegene Wohnung für den Vermieter, einen seiner Familienangehörigen oder einen Angehörigen seines Haushalts nach einem Schlaganfall (AG Stuttgart WuM 1989, 297) oder wegen einer sonstigen erheblichen Verschlechterung seines Gesundheitszustandes zu beschwerlich ist (LG Karlsruhe DWW 1995, 145; AG Hamburg-Wandsbek 6. 1. 2016 – 711a C 262/14, ZMR 2016, 632; AG Pforzheim DWW 1995, 144). Das Gleiche gilt, wenn der Vermieter wegen gesundheitlicher Behinderungen (LG Wuppertal WuM 1989, 386) oder zwecks Arbeitsentlastung in die vermietete kleinere Wohnung ziehen will (LG Hamburg WuM 1989, 387). Der in hohem Lebensalter stehende Vermieter, der an einer lauten Straße wohnt, kann aus gesundheitlichen Gründen die ruhig gelegene Wohnung beanspruchen (LG Karlsruhe WuM 1974, 261). Das Recht, die ruhigere Wohnung zu beziehen, muss dem Vermieter allerdings unabhängig von seinem Alter zugestanden werden. Die Kündigung ist ferner berechtigt, wenn der in einem Altersheim lebende Vermieter in das eigene Haus ziehen möchte, um sich von der dort wohnenden Tochter und einer in den Haushalt aufzunehmenden Pflegerin betreuen zu lassen (BVerfGE 68, 361, 374 = NJW 1985, 2633) oder wenn der im gleichen Haus lebende Vermieter die Wohnung für einen pflegebedürftigen Angehörigen benötigt (LG München I 13. 7. 2016 – 14 S 1848/16, ZMR 2017, 978). Auch sonst können gesundheitliche Gründe für das Kündigungsrecht eine Rolle spielen (LG Berlin WuM 1990, 504; AG Düsseldorf DWW 1987, 103; AG Düsseldorf WuM 1989, 301).

Berufliche Gründe können eine Kündigung wegen Eigenbedarfs rechtfertigen. Dies ist anzunehmen, wenn der Vermieter die Wohnung benötigt, weil er an diesem Ort einen neuen Arbeitsplatz gefunden hat (LG Berlin NJW-RR 1995, 783; LG Hamburg WuM 1990, 118) oder weil hierfür eine konkrete Aussicht besteht (BVerfG NJW 1993, 2166; LG Bonn WuM 1994, 209). Hierbei kann es sich grundsätzlich auch um einen (berufsbedingten) **Zweitwohnsitz** handeln (BGH 22. 8. 2017 – VIII ZR 19/17, NZM 2017, 846; LG Hamburg WuM 1994, 431; AG Köln WuM 1994, 25; BeckOGK/Geib [1. 7. 2020] Rn 74; MünchKomm/Häublein Rn 92; Hermanns/Weers-Hermanns NZM 2011, 8, 9 f; ebenso zu Zweitwohnsitzen aus privaten Gründen BGH 21. 8. 2018 – VIII ZR 186/17, NZM 2018, 983; BGH 23. 10. 2018 – VIII ZR 61/18, NZM 2018, 988; jedenfalls im Grundsatz auch LG Berlin 15. 8. 2019 – 65 S 159/19, ZMR 2020, 121; **aM** LG Hamburg DWW 1992, 342; LG Regensburg WuM 1992, 192; AG Schöneberg WuM 1992, 19), jedoch kann den Vermieter insoweit eine gesteigerte Darlegungslast treffen (AG Köln WuM 2012, 328; ähnlich LG München I 24. 1. 2018 – 14 S 9552/17, ZMR 2018, 334). Eigenbedarf ist gegeben, wenn der Vermieter seine Familie am Ort der Beschäftigung zusammenführen will (AG Ludwigshafen WuM 1989, 415; AG Münster WuM 1989, 379). Ebenso begründet die Aufnahme eines Studiums Eigenbedarf (LG Hamburg WuM 1989, 572; AG München NJW-RR 1989, 572). Ferner ist ein Kündigungsgrund gegeben, wenn der Weg zur Arbeit durch die beanspruchte Wohnung verkürzt wird (LG Hamburg NJW-RR 1994, 204; LG München I WuM 1988, 365; LG Stuttgart WuM 1991, 106). Eigenbedarf wurde anerkannt, wenn der Vermieter die Wohnung in Anspruch nehmen wollte, um zwei Arbeitszimmer und Gästezimmer einzurichten (LG Hagen WuM 1991, 103), oder wenn er Wohn- und Arbeitsstätte im selben Haus und gleichzeitig aus beruflichen Gründen eine repräsentative Wohnung haben wollte (BVerfG

NJW 1994, 2605). Wird dies aber nicht in nachvollziehbarer Weise begründet, scheitert die Kündigung (LG Frankfurt aM NJW-RR 1992, 335).

ee) Wirtschaftliche Gründe

107 Eigenbedarf kann aus wirtschaftlichen Gründen anzuerkennen sein. Dies ist anzunehmen, wenn die Miete, die der Vermieter für die zu eigenen Wohnzwecken gemietete Wohnung zu zahlen hat, höher ist als der aus seiner vermieteten Wohnung erzielte Ertrag (BVerfG NJW 1994, 310; LG Düsseldorf WuM 1989, 387). Das Gleiche ist anzunehmen, wenn der Vermieter seine eigene bisherige Wohnung Gewinn bringend vermieten will und deshalb die zu kündigende Wohnung beansprucht (BVerfG NJW 1992, 105; LG Wuppertal WuM 1989, 386; AG Freiburg WuM 1991, 686) oder wenn er einfach aus Kostengründen eine kleinere Wohnung bevorzugt (LG Frankfurt aM WuM 1990, 347; LG Münster WuM 1990, 304). Steuerliche Vorteile können einen wirtschaftlichen Grund darstellen (LG Hamburg WuM 1987, 27). Wirtschaftlich ist es, wenn der Vermieter das Haus von der gekündigten Wohnung aus verwalten will (LG Berlin WuM 1989, 300).

ff) Tatsächliche und rechtliche Eignung der Wohnung

108 Berechtigter Eigenbedarf ist nur gegeben, wenn die in Anspruch genommene Wohnung die tatsächliche und rechtliche Eignung aufweist, die Nutzungswünsche des Vermieters zu erfüllen. Dies ist vom Gericht zu prüfen. Die Prüfung darf allerdings nicht dazu führen, dass dem Vermieter der Eigennutzungswunsch „ausgeredet" wird, indem die Vorstellung des Gerichts verbindlich an die Stelle der Lebensplanung des Eigentümers tritt (BVerfG 14. 2. 1989 – 1 BvR 308/88 ua, BVerfGE 79, 292, 306 = NJW 1989, 970). Geht es um Eigenbedarf für Kinder, darf der Grund für die Inanspruchnahme der Wohnung vom Gericht nicht durch Bewertung des Erziehungsplanes der Eltern in Frage gestellt werden (LG Hamburg WuM 1991, 38). Erweist sich die Wohnung schon nach objektiven Merkmalen als ungeeignet, den Wohnbedarf zu decken, ist die Geltendmachung von Eigenbedarf unberechtigt. Dies kann anzunehmen sein, wenn der Vermieter als Nicht-EU-Ausländer kein dauerhaftes Aufenthaltsrecht in Deutschland hat (LG Berlin 3. 7. 2019 – 65 S 227/18, GE 2019, 1244), der vorgesehene Bewohner die im 4. Stockwerk gelegene Wohnung wegen seines angegriffenen Gesundheitszustandes ohne fremde Hilfe nicht oder nur mit größter Anstrengung erreichen könnte (OLG Karlsruhe WuM 1983, 9) oder wenn die Wohnung nach ihrer Größe für die Zahl der zukünftigen Bewohner völlig unzureichend wäre (LG Frankfurt aM WuM 1989, 246).

109 Soll die objektive Eignung erst durch **Umbaumaßnahmen** hergestellt werden, für die eine Baugenehmigung erforderlich ist, so hat das Gericht den Wunsch des Vermieters nach eigener Nutzung auf seine baurechtliche Realisierbarkeit hin zu überprüfen (BeckOK/Hannappel [1. 8. 2020] Rn 44). Die **Baugenehmigung** braucht im Zeitpunkt der Kündigung aber noch nicht vorzuliegen (OLG Frankfurt NJW 1992, 2300; LG Hamburg ZMR 2010, 528; AG Hamburg-Altona 27. 11. 2013 – 319a C 209/12, ZMR 2014, 456; AG Hamburg-St Georg 23. 12. 2014 – 920 C 171/14, ZMR 2015, 385; BeckOGK/Geib [1. 7. 2020] Rn 66; Schmidt-Futterer/Blank Rn 63). Der Vermieter muss neben der objektiven Eignung rechtlich in der Lage sein, den geltend gemachten Eigenbedarf zu verwirklichen. Möchte der Vermieter zwei übereinanderliegende Wohnungen zusammenlegen und diese selber nutzen, so ist es für den Eigenbedarf an der einen Wohnung ohne Bedeutung, dass hinsichtlich der anderen Wohnung der Nutzungswunsch wegen eines anhängigen

Räumungsverfahrens noch nicht realisierbar ist (BVerfG WuM 1999, 381). Ist die dortige Räumungsklage dagegen bereits rechtskräftig abgewiesen, kann dies der Kündigung des Mietverhältnisses über die erste Wohnung entgegenstehen (AG Hamburg-Altona 17. 4. 2020 – 318c C 5/19, ZMR 2020, 661).

gg) Vorübergehende Nutzung
Eigenbedarf ist grundsätzlich nur berechtigt, wenn er von einiger Dauer sein wird. **110** Allerdings dürfen die Anforderungen hier nicht überspannt werden. Namentlich in einer Lebensphase, die von häufigen Umbrüchen (etwa: Auszug aus dem Elternhaus, Bundeswehr, Studium, Berufsausbildung, erster Arbeitsplatz) geprägt ist, kann eine langfristige Prognose über die beabsichtigte Nutzungsdauer nicht verlangt werden. Der BGH betont zutreffend, dass „im Hinblick auf die **Mobilität in der heutigen Gesellschaft**" an die Dauer des geltend gemachten Eigenbedarfs keine allzu strengen Anforderungen gestellt werden dürfen (BGH 4. 3. 2015 – VIII ZR 166/14, BGHZ 204, 216, 229 = NJW 2015, 1590; ebenso LG Landau/Pfalz 17. 3. 1992 – 1 S 243/91, WuM 1993, 678; AG Bonn 30. 1. 1979 – 6 C 597/78, WuM 1980, 53; kritisch FLEINDL NZM 2016, 289, 293). Eine beabsichtigte Nutzungsdauer von (nur) einem Jahr könne durchaus auf vernünftigen und nachvollziehbaren Erwägungen beruhen und daher den Eigenbedarf begründen. Je nach den Umständen des Einzelfalls könne aber ausnahmsweise auch ein kürzerer Zeitraum eine Eigenbedarfskündigung rechtfertigen oder umgekehrt eine Eigenbedarfskündigung trotz einer in Aussicht genommenen Nutzung von einem Jahr ausgeschlossen sein. Andere Instanzgerichte hatten zuvor strenger geurteilt und es nicht ausreichen lassen, dass ein Familienangehöriger für die Dauer einer zweijährigen Ausbildung untergebracht werden sollte (AG Köln 19. 9. 1991 – 215 C 229/91, WuM 1992, 250) oder die beabsichtigte Nutzungsdauer drei Jahre nicht überschritt (LG Hamburg 14. 9. 2010 – 333 S 34/10, NZM 2011, 33; LG München I 21. 7. 1993 – 14 S 11776/92, WuM 1993, 677).

Generelle Regeln lassen sich insoweit jedoch nicht aufstellen, da es ganz auf eine **111 umfassende Würdigung der Umstände des Einzelfalls** ankommt (BGH 22. 8. 2017 – VIII ZR 19/17, NZM 2017, 846; BayObLG 23. 3. 1993 – REMiet 6/92, WuM 1993, 252). So kann es etwa entscheidend sein, ob der Zeitpunkt für das Ende der vorübergehenden Nutzung von vornherein feststeht, ob der Bedarf des Vermieters besonders dringend ist, weil seine bisherige Wohnung nicht mehr zur Verfügung steht, oder ob ein besonderes Interesse gerade an der Nutzung der vermieteten Wohnung besteht, etwa weil der Arbeitsplatz in unmittelbarer Nähe liegt, den der Vermieter rasch erreichen muss (BayObLG 23. 3. 1993 – REMiet 6/92, WuM 1993, 252). Ein vorübergehender Wohnbedarf kann als berechtigt anerkannt werden, wenn sich der Vermieter wegen des Abrisses und Neubaus seiner bisherigen Wohnung nicht anderweitig behelfen kann (AG Neumarkt/Opf WuM 1990, 510) und er den Neubau nicht verzögerlich betreibt (LG Nürnberg-Fürth WuM 1991, 40), insbesondere wenn ihm wegen der Kündigung durch seinen eigenen Vermieter ein Wohnungsverlust droht (AG Bonn WuM 1980, 53). Nicht erforderlich ist, dass der Vermieter die Wohnung für sich oder seine Familienangehörigen als Hauptwohnsitz benötigt. Eine Nutzung als **Zweit- oder sogar Ferienwohnung** (BGH 21. 8. 2018 – VIII ZR 186/17, NZM 2018, 983: zweimalige Nutzung der Wohnung für Ferienaufenthalte für jeweils ein bis zwei Wochen im Jahr; BGH 23. 10. 2018 – VIII ZR 61/18, NZM 2018, 988: „Stadtwohnung" des im Wesentlichen zwei Autostunden entfernt auf dem Land lebenden Mieters, um besser am städtischen Leben teilhaben zu können; **aM** AG Neustadt a d Aisch 25. 8.

2016 – 1 C 321/15, WuM 2017, 196) kann die Eigenbedarfskündigung rechtfertigen (oben Rn 106).

111a Am Eigenbedarf kann es fehlen, wenn der Vermieter bereits seit längerer Zeit Verkaufsabsichten hegt und er den Wohnraum dem von ihm benannten Familienangehörigen in der Erwartung zur Miete überlässt, diesen im Falle eines doch noch gelingenden Verkaufs ohne Schwierigkeiten zum Auszug bewegen zu können (BGH 10. 5. 2016 – VIII ZR 214/15, NZM 2016, 718). Darauf, ob der Familienangehörige von dieser Erwartung und der Verkaufsabsicht weiß, kommt es nicht an (BGH 10. 5. 2016 – VIII ZR 214/15, NZM 2016, 718; dazu Fleindl NZM 2016, 777 ff).

g) Einwände des Mieters
aa) Allgemeines zum Rechtsmissbrauch

112 Wenn die Interessen des Vermieters unter dem Gesichtspunkt vernünftiger und nachvollziehbarer Gründe weitgehend berücksichtigt werden, bedeutet dies keineswegs, dass der Mieter demgegenüber schutzlos ist, wie das BVerfG zu Recht feststellt (BVerfG 14. 2. 1989 – 1 BvR 308/88 ua, BVerfGE 79, 292, 305 = NJW 1989, 970). Liegt Rechtsmissbrauch vor, wird die Geltendmachung von Eigenbedarf ausgeschlossen. Hiervon werden die Fälle erfasst, in denen der Tatbestand des Eigenbedarfs an sich erfüllt ist, seine Geltendmachung aber aus besonderen Gründen nach § 242 BGB **gegen Treu und Glauben verstößt**. Die Darlegungs- und Beweislast für diesen Einwand trägt der Mieter; ordnungsgemäßen Beweisantritten muss das Gericht nachgehen (BGH WuM 2011, 300; Blank/Börstinghaus/Blank/Börstinghaus Rn 143; Münch Komm/Häublein Rn 102; aM LG Göttingen WuM 1990, 351). Davon zu unterscheiden ist der nur vorgeschobene Eigenbedarf, weil bereits der Tatbestand des § 573 Abs 2 Nr 2 BGB nicht erfüllt ist (LG Aachen WuM 1995, 164; LG Braunschweig WuM 1995, 185; LG Mosbach WuM 1992, 18; AG Betzdorf WuM 1995, 172). Das Gericht muss sämtlichen Gesichtspunkten nachgehen, die Zweifel an der Ernsthaftigkeit des Selbstnutzungswunsches begründen (BVerfG 14. 2. 1989 – 1 BvR 308/88 ua, BVerfGE 79, 292, 305 = NJW 1989, 970; BVerfG NJW 1993, 2165; BVerfG WuM 1995, 140; BGH 11. 10. 2016 – VIII ZR 300/15, NZM 2017, 23). Zeitweise Verkaufsabsichten sprechen nicht ohne Weiteres gegen die Ernsthaftigkeit des Eigenbedarfs (LG Koblenz WuM 1991, 267; LG Lüneburg WuM 1991, 490; aM LG Kleve WuM 1991, 271), weil es dem Vermieter aufgrund der Eigentumsgarantie möglich sein muss, mehrere Alternativen, über sein Eigentum zu verfügen, ernsthaft zu verfolgen.

bb) Unzureichende Bedarfsvorschau

113 Erfüllt die Kündigung den Tatbestand des Eigenbedarfs, kann sie dennoch wegen Rechtsmissbrauchs als unwirksam zu beurteilen sein, wenn die **Gründe schon bei Abschluss des Mietvertrags** vorgelegen haben, der Vermieter sich also den Vorwurf unzureichender Bedarfsvorschau entgegenhalten lassen muss (BGH WuM 2010, 512; BGH NJW 2013, 1596 mit zust Anm Zehelein WuM 2013, 365; BGH 4. 2. 2015 – VIII ZR 154/14, BGHZ 204, 145, 149 ff = NJW 2015, 1087; LG Lüneburg ZMR 2012, 357; AG Grünstadt ZMR 2013, 722; AG Köpenick GE 2011, 757; BeckOK/Hannappel [1. 8. 2020] Rn 66; MünchKomm/Häublein Rn 107; Schmid/Harz/Gahn Rn 38; Soergel/Heintzmann Rn 37; aM Blank ZGS 2004, 104, 105). Es entspricht nämlich einem allgemeinen Grundsatz des Kündigungsrechts, dass Gründe, von denen der Kündigende bereits bei Vertragsabschluss gewusst hat, später nicht zur Begründung einer Kündigung herangezogen werden können (OLG München WuM 2009, 358; LG Bielefeld NZM 1999, 764; LG Frankfurt aM ZMR 2008, 626; AG

Hamburg NZM 1999, 1046). Der Vermieter setzt sich zu seinem eigenen Verhalten in Widerspruch, wenn er eine Wohnung auf unbestimmte Zeit vermietet, obwohl er entweder entschlossen ist oder zumindest ernsthaft erwägt, sie alsbald selbst in Gebrauch zu nehmen. Er darf dem Mieter, der mit einer längeren Mietdauer rechnet, die mit jedem Umzug verbundenen Belastungen dann nicht zumuten, wenn er ihn über die Absicht oder zumindest die Aussicht begrenzter Mietdauer nicht aufklärt (BVerfG 14. 2. 1989 – 1 BvR 308/88 ua, BVerfGE 79, 292, 308 f = NJW 1989, 970; BGH NJW 2009, 1139; BGH 4. 2. 2015 – VIII ZR 154/14, BGHZ 204, 145, 156 = NJW 2015, 1087; AG Grünstadt WuM 2013, 497). Bei beabsichtigter Eigennutzung eröffnet die Regelung des § 575 BGB dem Vermieter die Möglichkeit, ein Mietverhältnis auf bestimmte Zeit abzuschließen (vgl LG Berlin NZM 1998, 433). Da diese Option aber nur bei Abschluss des Mietvertrages, nicht jedoch beim Erwerb des vermieteten Objekts durch den neuen Vermieter besteht, ist eine Eigenbedarfskündigung zB desjenigen, der das Hausgrundstück in der Zwangsversteigerung erworben hat, nicht als solches rechtsmissbräuchlich (LG Essen ZMR 2008, 294).

Wie konkret der künftige Wohnbedarf bei Vertragsabschluss vorhersehbar gewesen **113a** sein muss, um die spätere Kündigung als rechtsmissbräuchlich ansehen zu können, wird unterschiedlich beurteilt. Teilweise verlangen die **Instanzgerichte** vom Vermieter, der einen unbefristeten Mietvertrag abschließen will, eine vorausschauende Prüfung über das künftige Entstehen eines Eigenbedarfs anzustellen. Rechtsmissbräuchlich soll danach schon derjenige Vermieter handeln, der die bloße Möglichkeit des Eigenbedarfs angesichts seiner familiären Umstände nicht in Erwägung gezogen hatte (LG Berlin 28. 11. 1997 – 63 S 237/97, NZM 1998, 433; LG Hamburg 25. 9. 1992 – 311 S 156/92, NJW-RR 1993, 80; LG Hamburg 9. 7. 1993 – 311 S 34/93, NJW-RR 1994, 465; LG Wuppertal 28. 5. 1991 – 16 S 19/91, WuM 1991, 691). Nur etwas strenger ist die Auffassung, es genüge für den Rechtsmissbrauch, dass bei Abschluss des Mietvertrags konkrete (greifbare) Anhaltspunkte für einen künftigen Eintritt eines Eigenbedarfs vorlagen, aufgrund derer der Vermieter einen solchen bei vorausschauender Planung hätte in Erwägung ziehen müssen (LG Ravensburg 25. 10. 2001 – 6 S 130/01, WuM 2003, 332; MünchKomm/Häublein Rn 97 f). Beide Auffassungen lassen bereits eine fahrlässige Fehleinschätzung des künftigen Eigenbedarfs für den Vorwurf des Rechtsmissbrauchs genügen. Der **BGH** betont demgegenüber zutreffend, dass dies allein nicht ausreiche. Rechtsmissbrauch liege vielmehr erst dann vor, wenn in der Person des Vermieter sein über die Fahrlässigkeit hinausgehendes subjektives Element, nämlich die „Absicht" (das „Entschlossensein") vorliege, den Wohnraum einer baldigen Eigennutzung zuzuführen, oder er zumindest eine solchen Nutzung ernsthaft erwog (BGH 4. 2. 2015 – VIII ZR 154/14, BGHZ 204, 145, 152 ff = NJW 2015, 1087; ebenso LG Köln 29. 6. 1992 – 1 S 381/91, WuM 1992, 542; LG München I 7. 1. 2015 – 14 S 2367/14, NZM 2015, 932; LG Münster 31. 1. 1990 – 1 S 397/89, NJW-RR 1990, 1355; Fleindl NZM 2016, 289, 302; Sonnenschein NJW 1993, 161, 168). Rechtsmissbräuchlich handele nur derjenige, der dem Mieter einen unbefristeten Mietvertrag anträgt, obwohl er bei Vertragsabschluss bereits konkret erwog, die Wohnung für eigene Zwecke oder diejenigen seiner Familien- oder Haushaltsangehörigen zu nutzen. Unspezifische Erwägungen wie beispielsweise diejenige, dass der jung verheiratete Sohn oder Enkel in absehbarer Zeit Vater werden, sich dadurch seine berufliche Lebensplanung und mithin sein Wohnbedarf ändern könnte, reichen nicht (BGH NJW 2013, 1596; BGH 4. 2. 2015 – VIII ZR 154/14, BGHZ 204, 145, 165 = NJW 2015, 1087). Ebensowenig kann von dem Vermieter erwartet werden, er müsse vorausschauend den Eigenbedarf bedenken, der innerhalb von drei Jahren seit Abschluss des Mietvertrags wegen der Geburt von Kindern entstehen könnte (BVerfG WuM 1994, 132), oder denjenigen, der aus einer Trennung des Vermieters von seiner Ehefrau entstehen könnte, wenn sich die bei Abschluss des Mietvertrages bestehenden erheblichen Ehedifferenzen weiter verfestigen (LG Dessau-Roßlau 7. 12. 2016 – 5 T 275/16, NZM 2017, 326). Vielmehr betont der BGH zutreffend, dass ein auf Schutz vor einer Eigenbedarfskündigung bedachter Mieter dieses Interesse vertraglich durch einen befristeten Ausschluss des Kündigungsrechts fixieren muss. Sehe er hiervon ab, um seine eigene Mobilität erhalten zu können, müsse er umgekehrt auch mit einer Kündigung aufgrund neu entstandenen Eigenbedarfs rechnen (BGH NJW 2013, 1596; ähnlich MILGER NZM 2014, 769, 776).

114 Darüber hinaus hat der BGH zutreffend darauf hingewiesen, dass der Vermieter nicht verpflichtet ist, von sich aus den Mieter vor Abschluss eines unbefristeten Mietvertrags ungefragt über mögliche oder konkret vorhersehbare Eigenbedarfssituationen zu unterrichten. Daher liege auch kein Rechtsmissbrauch (§ 242 BGB) vor, wenn der Vermieter einen unbefristeten Mietvertrag wegen eines nach Vertragsabschluss entstandenen Eigenbedarfs kündige und das Entstehen dieses Eigenbedarfs für ihn zwar im Rahmen einer „Bedarfsvorschau" erkennbar gewesen wäre, er jedoch bei Vertragsabschluss eine solche Kündigung nicht zumindest erwogen hat (BGH 4. 2. 2015 – VIII ZR 154/14, BGHZ 204, 145, 154 = NJW 2015, 1087). Anders lägen die Dinge erst dann, wenn der Vermieter anlässlich des Vertragsabschlusses von sich aus oder auf Fragen des Mieters vorsätzlich unrichtige Angaben über den derzeitigen Stand ihm bekannter, für die Beurteilung einer Eigenbedarfssituation maßgebender Tatsachen gemacht habe (BGH 4. 2. 2015 – VIII ZR 154/14, BGHZ 204, 145, 158 = NJW 2015, 1087; LG Düsseldorf 3. 2. 2016 – 23 S 252/14, ZMR 2016, 624).

115 Anhand dieser Grundsätze wird eine Kündigung für unwirksam erklärt, wenn der Eigenbedarf im Zeitpunkt des Vertragsabschlusses vorhersehbar war, weil zB die Eheschließung des Vermieters oder sein Zusammenziehen mit der Lebensgefährtin unmittelbar bevorstand (BGH WuM 2010, 512; LG Trier NJW-RR 1992, 718). Als unwirksam wurde eine Kündigung auch dann beurteilt, wenn der Vermieter durch seinen Auszug aus der nunmehr vermieteten Wohnung einen längeren Weg zur Arbeit in Kauf genommen hat und ihn dies jetzt reut, ohne dass sich sonstige Umstände, etwa hinsichtlich seiner Mobilität, geändert hätten (LG Frankfurt aM WuM 2007, 635). Ebenso wurde geurteilt, wenn der Vermieter bereits bei Abschluss des Mietvertrages ernsthaft erwog, auf die Wohnung des Mieters zurückzugreifen, falls sich ein von ihm konzipierter, aber noch nicht im Detail geplanter und daher sowohl (bau-)rechtlich als auch hinsichtlich der finanziellen Tragfähigkeit unsicherer Umbau eines anderen Gebäudes nicht realisieren ließ (LG Düsseldorf 3. 2. 2016 – 23 S 252/14, ZMR 2016, 624). **Nicht rechtsmissbräuchlich** war die Kündigung eines seit etwa zwei Jahren bestehenden Mietverhältnisses durch den Vermieter, weil seine 20-jährige Tochter nach einem im Anschluss an das Abitur absolvierten Auslandsaufenthalt nunmehr nach Deutschland zurückkehrte und die Wohnung wegen der Nähe zu ihrem Studienort benötigte (BGH 4. 2. 2015 – VIII ZR 154/14, BGHZ 204, 145, 165 = NJW 2015, 1087). Ebensowenig ist es zu beanstanden, wenn ein Vermieter nach dem Tod seiner Ehefrau seine Eigentumswohnung zunächst vermietet, dreieinhalb Jahre später aber, nachdem er eine neue Partnerin gefunden hat, diese wieder beziehen möchte und daher dem Mieter kündigt (LG München I 7. 1. 2015 – 14 S 2367/14, NZM 2015, 932), oder sich seine Lebens- und Familienplanung in ähnlicher Weise geändert hat (AG Westerstede 26. 7. 2016 – 27 C 396/16, ZMR 2016, 971).

Allein aus dem Abschluss eines unbefristeten Mietverhältnisses kann jedoch **kein** **Vertrauenstatbestand hinsichtlich einer längeren Dauer** abgeleitet werden. Dies zeigt schon die gesetzliche Kündigungsfrist des § 573c Abs 1 S 1 BGB von drei Monaten. Die darin liegende Unsicherheit hinsichtlich der Vertragsdauer wird nicht dadurch beseitigt, dass die Parteien eine Staffelmiete (§ 557a BGB) vereinbaren, weil es sich um eine von der Vertragsdauer völlig unabhängige Vereinbarung handelt und der Mieter insoweit Sicherheit nur bei einem befristeten Mietverhältnis erwarten darf. Um einen Missbrauch des Kündigungsrechts bejahen zu können, kommt es deshalb allein darauf an, ob der Grund für den Eigenbedarf bei Abschluss des nunmehr zu kündigenden Vertrags nach Zeit und Umständen konkret vorgelegen hat. Hierfür reicht nicht die bloße Wahrscheinlichkeit aus, dass ein alternder Vermieter später eine kleinere Wohnung beanspruchen wird (LG Düsseldorf WuM 1989, 414) oder dass Kinder zur Familie gehören, die nach dem Heranwachsen eigenen Wohnungsbedarf haben werden (LG Hamburg WuM 1989, 249; LG Mannheim DWW 1990, 309; LG Mannheim DWW 1994, 51; LG Stuttgart WuM 1989, 249; ebenso für das eigene Haus des erwachsenen Kindes LG Oldenburg WuM 1998, 316). **116**

Da der Vertrauensgrundsatz **nur bei mangelnder Aufklärung des Mieters** über die beabsichtigte spätere Eigennutzung eingreifen kann, muss es genügen, dass der Vermieter diese Absicht dem Mieter spätestens bei Vertragsabschluss offenbart, um den Einwand des Rechtsmissbrauchs auszuschließen (LG Heidelberg WuM 1991, 270; LG Lübeck WuM 1993, 613; LG Paderborn WuM 1994, 331). Auf diese Weise kann verhindert werden, dass ein Vertrauenstatbestand entsteht, ohne dass der Vermieter auf den Abschluss eines befristeten Mietvertrags angewiesen ist. **117**

cc) Weit überhöhter Wohnbedarf
Eine Kündigung ist ferner rechtsmissbräuchlich und damit unwirksam, wenn der Vermieter einen weit überhöhten Wohnbedarf geltend macht (BVerfG 14. 2. 1989 – 1 BvR 308/88 ua, BVerfGE 79, 292, 305 = NJW 1989, 970; BGH 4. 3. 2015 – VIII ZR 166/14, BGHZ 204, 216, 223 = NJW 2015, 1590; Klein-Blenkers ua/Hinz Rn 47; Lützenkirchen/Lützenkirchen Rn 252; MünchKomm/Häublein Rn 109; Prütting ua/Riecke Rn 29; Schmid/Harz/Gahn Rn 37; Soergel/Heintzmann Rn 29; zurückhaltend Milger NZM 2014, 769, 775). Teilweise wird zwar angenommen, wegen der **Eigentumsgarantie** könne der Vermieter bei der Geltendmachung von Eigenbedarf nicht auf eine bestimmte Wohnungsgröße beschränkt werden (Müller-Gatermann NJW 1985, 2628, 2629). Diese Beschränkung ergibt sich jedoch bei einem bestehenden Mietverhältnis aus der Sozialpflichtigkeit des Eigentums. Auch wenn es der alleinigen Befugnis des Eigentümers unterliegt, darüber zu bestimmen, welchen Wohnbedarf er für sich und seine Angehörigen als angemessen ansieht (BVerfG NJW 1988, 1075), schließt dies in gewissen Grenzen eine Prüfung nicht aus (BVerfG NJW 1988, 1075; BGH 4. 3. 2015 – VIII ZR 166/14, BGHZ 204, 216, 223 ff = NJW 2015, 1590; Blank WuM 1989, 157, 159; Lützenkirchen/Lützenkirchen Rn 254; Schmidt-Futterer/Blank Rn 146 ff). Die Gerichte müssen ihre Wertung anhand objektiver Kriterien aufgrund tatsächlicher Feststellungen und einer Würdigung des Sachverhalts im Einzelfall treffen (BVerfG NJW 1993, 1637). **118**

119 Ausgangspunkt aller Abwägungen ist, dass erst ein **rechtsmissbräuchlich** *weit* überhöhter Wohnbedarf zur Unwirksamkeit der Kündigung führt. Keinesfalls verstößt die Kündigung schon deshalb gegen § 242 BGB, weil der Vermieter sie für sich oder seine Familienangehörigen mit weniger Personen belegen möchte als der Mieter. Die Wertung, ob der geltend gemachte Wohnbedarf weit überhöht ist, haben die Gerichte unter Abwägung der beiderseitigen Interessen unter konkreter Würdigung der Einzelfallumstände zu treffen (BGH 4. 3. 2015 – VIII ZR 166/14, BGHZ 204, 216, 223 = NJW 2015, 1590; BGH 21. 8. 2018 – VIII ZR 186/17, NZM 2018, 983). Eine Wertung, die allein die Anzahl der Personen in eine Beziehung zur Wohnfläche setzt und sodann „absolute" Obergrenzen (von beispielsweise 80 qm oder 100 qm für eine Person) setzt, ist unzulässig. Der BGH betont vielmehr, dass sich nicht einmal Richtwerte aufstellen ließen, ab welcher Grenze bei einem Alleinstehenden von einem weit überhöhten Wohnbedarf auszugehen sei. Denn diese Beurteilung hängt nicht allein von der in Anspruch genommenen Wohnfläche oder der Anzahl der Räume ab, sondern von einer umfassenden Würdigung der gesamten Umstände des Einzelfalls (BGH 4. 3. 2015 – VIII ZR 166/14, BGHZ 204, 216, 224 f = NJW 2015, 1590).

119a Von der – teilweise strengeren – **instanzgerichtlichen Judikatur** wurde überhöhter Wohnbedarf etwa angenommen, wenn der Vermieter eine Wohnung mit vier Zimmern einmal wöchentlich für eine Übernachtung nutzen will (LG Berlin NJW-RR 1997, 74; ähnlich AG Köpenick WuM 2013, 678), wenn er als Nicht-EU-Ausländer aus öffentlich-rechtlichen Gründen an einem dauerhaften Aufenthalt in Deutschland gehindert ist (AG Wolfratshausen NZM 2013, 758) oder wenn er drei Räume beansprucht, während das Gericht wegen der jeweils nur kurzfristigen Aufenthalte eine Einraumwohnung für ausreichend hielt (LG Berlin WuM 1990, 23). Ebenso wurde überhöhter Wohnbedarf bejaht, wenn dem allein stehenden (LG Kiel WuM 1991, 492), noch in der Berufsausbildung befindlichen Familienangehörigen eine große Wohnung mit vier Zimmern (LG Frankfurt aM NJW 1990, 3277, hierzu BVerfG NJW 1990, 3259; LG München I WuM 1990, 352), mit 100 qm Wohnfläche (AG Köpenick WuM 2013, 678) oder ein Einfamilienhaus überlassen werden sollte (AG Bonn WuM 1990, 214). Letzteres dürfte allerdings angesichts der neueren **BGH-Rechtsprechung** kaum noch aufrechtzuerhalten sein. Diese hat bei der Geltendmachung eines Eigennutzungswunsches des vermietenden Vaters für seinen Sohn und dessen Freund (nicht Lebensgefährten) in Bezug auf eine rund 140 qm große Wohnung betont, dass dessen Entscheidung, dem Sohn die Gründung eines eigenen Hausstandes zu ermöglichen und mit dem Freund eine Wohngemeinschaft zu bilden, von den Gerichten grundsätzlich anzuerkennen ist (BGH 4. 3. 2015 – VIII ZR 166/14, BGHZ 204, 216, 229 f = NJW 2015, 1590). Ebenso hat der BGH die Kündigung einer (dritten) Wohnung in einem Vier-Familien-Haus durch einen Vermieter gebilligt, der diese Wohnung lediglich zu Ferienaufenthalten mit seiner großen Familie für zweimal ein bis zwei Wochen im Jahr nutzen wollte (BGH 21. 8. 2018 – VIII ZR 186/17, NZM 2018, 983). Verneint wurde ein überhöhter Wohnbedarf auch bei einer vierköpfigen Familie, die mit den Großeltern in ein Wohnhaus mit einer Wohnfläche von 432 qm einziehen wollte (LG Hamburg ZMR 2004, 39), ebenso bei einem Ehepaar mit konkretem Kinderwunsch, das eine 280 qm große Wohnung beziehen wollte (AG Hamburg ZMR 2010, 453) oder einer dreiköpfigen Familie, die insgesamt 200 qm belegen wollte (LG Berlin 7. 5. 2014 – 18 S 34/13, GE 2015, 58).

120 Teilweise wird anstelle des Missbrauchs ein **tatbestandlicher Ansatz** gewählt, indem die Geltendmachung überhöhten Wohnbedarfs für junge Angehörige als unvernünftig beurteilt wird, sodass es bereits an einem Kündigungsgrund fehlt (LG Bremen WuM 1992, 20; LG Bremen WuM 1994, 541; LG Köln WuM 1990, 119). Demgegenüber ist zu berücksichtigen, dass selbst die unentgeltliche Überlassung der Wohnung an einen Angehörigen zu den aus dem Eigentum fließenden Rechten gehört (LG Köln WuM 1995, 110). Fragwürdig ist es auch, den Eigentümer einer Wohnung statt der Kündigung auf die Miete einer kleineren Wohnung zu verweisen. So findet sich in anderen Entscheidungen zu Recht eine großzügigere Beurteilung (BVerfG NJW 1994, 995; BVerfG NJW 1994, 2605; BVerfG NJW 1995, 1480; LG Aachen WuM 1992, 613; LG Berlin MM 1999, 397). Dabei ist auch zu bedenken, dass die Kündigung nicht auf einen Teil der Wohnung beschränkt werden kann (BVerfGE 89, 237, 242 = NJW 1994, 308; oben Rn 96). Selbst wenn die beanspruchte Wohnung in Anbetracht der Personenzahl zunächst zu groß sein sollte, ist die Kündigung nicht rechtsmissbräuchlich, wenn sich die Zahl der Bewohner in absehbarer Zeit vergrößern wird (BVerfG NJW 1993, 1637; LG Berlin ZMR 1989, 425; LG Kassel WuM 1989, 416). Hierfür sind die gegenwärtigen Lebensumstände maßgebend, nicht aber vage Zukunftspläne (LG Kiel WuM 1991, 492). Bewohnt der Mieter die Wohnung allein, kann er nicht geltend machen, der allein stehende Vermieter beanspruche eine für ihn zu große Wohnung (LG Hamburg WuM 1990, 23).

dd) Wegfall des Eigenbedarfs

121 Ist der Tatbestand des Eigenbedarfs im Zeitpunkt des Zugangs der Kündigung erfüllt, so ist die Erklärung wirksam. Ein Wegfall des Eigenbedarfs aufgrund objektiver Umstände oder eines subjektiven Entschlusses **vor Ablauf der Kündigungsfrist** führt aber zu einer nach § 242 BGB unzulässigen Rechtsausübung, wenn der Vermieter an der Kündigung festhält (BGHZ 165, 75, 81 f = NJW 2006, 220; LG Berlin 29. 1. 2019 – 67 S 9/18, WuM 2019, 208; LG Hannover WuM 1990, 305; LG Kiel WuM 1991, 108; LG Siegen WuM 1992, 147; AG Bonn WuM 1991, 495). Da sein Erlangungsinteresse nicht fortbesteht, kann er durch die Kündigung das Mietverhältnis nicht mehr zum Kündigungstermin beenden. Diese Konstruktion muss sich allerdings darüber hinwegsetzen, dass es für die Wirksamkeit einer Willenserklärung auf die Verhältnisse im Zeitpunkt ihres Zugangs ankommt und nachträgliche Veränderungen grundsätzlich keinen Einfluss mehr auf sie haben können (STAUDINGER/ROLFS [2021] § 542 Rn 118). Es erscheint daher erwägenswert, stattdessen dem Mieter aus § 241 Abs 2 BGB einen Anspruch auf Fortsetzung des Mietverhältnisses durch Abschluss eines neuen Vertrages zu unveränderten Bedingungen einzuräumen, was der Rechtsprechung des BAG zum Arbeitsrecht entspräche (vgl BAG AP Nr 1 zu § 1 KSchG 1969 Wiedereinstellung = NJW 1997, 2257; BAG AP Nr 4 zu § 1 KSchG 1969 Wiedereinstellung = NJW 1998, 2379; BAG AP Nr 6 zu § 1 KSchG 1969 Wiedereinstellung = NJW 2001, 1297).

122 Der geltend gemachte Eigenbedarf kann entfallen, wenn der Vermieter die Wohnung verkauft und dem Käufer die wirtschaftliche Nutzung einräumt (AG Frankfurt aM WuM 1991, 591) oder wenn eine Eigentumsübertragung stattfindet (LG Osnabrück WuM 1990, 81; SONNENSCHEIN ZMR 1992, 417, 424). Solange der Mieter noch nicht ausgezogen ist, muss der Vermieter ihn darüber **aufklären**, dass sein Eigenbedarf weggefallen ist (LG Hamburg WuM 1995, 168; LG Köln DWW 1990, 210). Ein Verstoß kann den Vermieter zum Schadensersatz verpflichten, wenn der Mieter in Unkenntnis räumt (LG Düsseldorf WuM 1976, 70; unten Rn 227). Die Pflicht zur Aufklärung entfällt, wenn der Mieter ebenfalls gekündigt hat (AG Sinzig DWW 1991, 25). Vereinzelt wird dies auch angenommen, wenn der Vermieter bereits einen rechtskräftigen Räumungstitel erstritten hat (LG Köln WuM 1994, 212; **aM** für einen Räumungsvergleich AG Gießen 16. 6.

2014 – 48 C 231/13, NZM 2014, 789), was aber jedenfalls dann, wenn die Voraussetzungen des § 826 BGB vorliegen, unzutreffend ist. Der Eigenbedarf entfällt nicht ohne Weiteres dadurch, dass dem Vermieter, der von einem jahrelangen Auslandsaufenthalt zurückgekehrt ist, noch vor dem Auszug des Mieters eine neue Tätigkeit im Ausland ohne dauerhafte Aussicht angeboten wird (AG Kulmbach WuM 1985, 118). Ebensowenig entfällt Eigenbedarf durch die Einberufung zum Wehrdienst, da auch dem Wehrdienstleistenden eine Wohnung zusteht (AG Nürtingen WuM 1993, 676), oder durch die Pläne einer beruflichen Veränderung, deren Verwirklichung ungewiss ist (LG Bonn WuM 1991, 106).

123 Teilweise wird vertreten, dass ein Wegfall des Eigenbedarfs **über die Beendigung des Mietverhältnisses durch Ablauf der Kündigungsfrist hinaus** selbst dann noch zu berücksichtigen sei, wenn er vor Eintritt der Rechtskraft eines Räumungsurteils oder dem Ablauf einer rechtskräftig ausgesprochenen Räumungsfrist eintrete (OLG Karlsruhe NJW-RR 1994, 80; LG Köln WuM 1994, 212; Timme NZM 2006, 249, 250 f). Andere wollen auf den Zeitpunkt des Auszugs des Mieters aus der Wohnung abstellen und verweisen dabei auf die Möglichkeit der Vollstreckungsgegenklage des § 767 ZPO (BayObLG NJW 1987, 1654; LG Heidelberg WuM 1992, 30).

124 Dies geht jedoch zu weit. Die vertraglichen Pflichten des Vermieters enden **mit dem Ablauf der Kündigungsfrist**, gleichzeitig endet das Besitzrecht des Mieters. Die nachvertraglichen Treuepflichten reichen demgegenüber nicht so weit, dass sie zu einer Neubegründung des rechtlich bereits beendeten Mietverhältnisses verpflichteten, wenn der Kündigungsgrund wegfällt. Anderenfalls könnte sich der Mieter geradezu veranlasst sehen, seine vertragsgemäße Verpflichtung zum Auszug so weit als möglich in der Hoffnung hinauszuzögern, dass sich die Sachlage zu seinen Gunsten änderte (BGHZ 165, 75, 82 ff = NJW 2006, 220; dazu Blank NJW 2006, 739 ff; bestätigt durch BVerfG NJW 2006, 2033). Aus diesem Grunde ist weder die Kündigung unwirksam noch kann der Mieter den Neuabschluss des gekündigten Vertrages verlangen, wenn beispielsweise die Person, zu deren Gunsten der Vermieter Eigenbedarf geltend gemacht hatte, nach Ablauf der Kündigungsfrist verstirbt (BGH NJW 2007, 2845 mAnm Müller WuM 2007, 579 f; BGH 22. 5. 2019 – VIII ZR 167/17, NZM 2019, 527). Dies entspricht im Übrigen der Rechtsprechung des BAG zum Wiedereinstellungsanspruch, der ebenfalls nur dann gewährt wird, wenn der Kündigungsgrund noch vor Ablauf der Kündigungsfrist wegfällt (BAG AP Nr 2 zu § 1 KSchG 1969 Wiedereinstellung = NZA 1998, 254; BAG AP Nr 6 zu § 1 KSchG 1969 Wiedereinstellung = NJW 2001, 1297; BAG AP Nr 10 zu § 1 KSchG 1969 Wiedereinstellung = NJW 2001, 3429).

ee) Alternativobjekt für den Vermieter

125 Eine weitere Fallgruppe wird dadurch gekennzeichnet, dass eine oder mehrere freie Wohnungen zur Verfügung stehen, die als Alternativobjekt für den Vermieter in Frage kommen, sodass die Inanspruchnahme der vermieteten Wohnung als rechtsmissbräuchlich erscheint. Im Einzelnen ist genauer zu unterscheiden. Wenn das Alternativobjekt bereits im Zeitpunkt der Kündigung frei ist und den Wohnungsbedarf in gleicher Weise befriedigen könnte wie die in Anspruch genommene vermietete Wohnung (vgl BVerfG NZM 2001, 706), ist bereits der Tatbestand des Eigenbedarfs nicht erfüllt (AG Kiel NZM 2002, 289). Der Missbrauchsfall tritt erst ein, wenn nach Ausspruch der Kündigung eine andere Wohnung frei wird, der Vermieter aber an der zunächst wirksamen Kündigung festhält und darüber hinaus die andere

Wohnung weitervermietet. Die Kündigung ist dann nach § 242 BGB als unwirksam zu beurteilen (BVerfG NJW 1991, 157; LG Berlin WuM 1990, 25; LG Duisburg WuM 1992, 20; LG Lübeck WuM 1989, 516; LG Mönchengladbach ZMR 1990, 459; LG Nürnberg-Fürth WuM 1991, 40; AG Charlottenburg GE 2013, 1463).

126 Der Vermieter darf nur auf die Alternativwohnung verwiesen werden, wenn der von ihm selbst bestimmte **Wohnbedarf darin ohne wesentliche Abstriche zu verwirklichen ist** (BVerfG NJW 1991, 158; BGH 11. 12. 2019 – VIII ZR 144/19, NJW 2020, 1215; LG Hamburg WuM 2001, 554; BeckOGK/Geib [1. 7. 2020] Rn 89; Fleindl NZM 2016, 289, 299; Klein-Blenkers ua/Hinz Rn 52; Kossmann/Meyer-Abich § 117 Rn 23). Wenn sein vernünftiger Bedarf in der Alternativwohnung nicht gleichwertig gedeckt werden kann, muss er sie nicht nehmen (VerfGH Berlin GE 2003, 384; BGH 15. 3. 2017 – VIII ZR 270/15, NJW 2017, 1474; LG Berlin GE 2001, 57; LG Hamburg ZMR 2003, 265). Allerdings muss diese Wohnung nicht in allen Einzelheiten mit der gekündigten Wohnung übereinstimmen (AG Erkelenz WuM 1990, 80) und kann bis zu einer gewissen Grenze in einem schlechteren Erhaltungszustand sein (LG Wiesbaden WuM 1990, 213).

126a Als treuwidrig wird die Kündigung auch dann beurteilt, wenn Eigenbedarf für einen Angehörigen geltend gemacht wird, der Vermieter (AG Hamburg-Altona WuM 1994, 383) oder der Angehörige aber zuvor in Kenntnis des **zukünftigen Eigenbedarfs** eine ihm gehörende freie Wohnung vermietet hat, die als Alternativobjekt in Betracht gekommen wäre (LG Hannover WuM 1992, 488). Hier lässt sich auch der Rechtsgedanke des § 162 BGB fruchtbar machen (vgl BAG AP Nr 1 zu § 62 MTL II = NZA 2000, 894). Zwar obliegt grundsätzlich dem Vermieter die Entscheidung darüber, von welchem Zeitpunkt an ein Wohnbedarf Anlass für eine Eigenbedarfskündigung geben soll, zumal der Wunsch, eine bestimmte Wohnung zu nutzen, sich nicht allein an objektiven Kriterien messen lässt. Wurde aber nur wenige Monate vor dem geltend gemachten Eigenbedarf eine geeignete Alternativwohnung frei, kann dies Zweifel an der Ernsthaftigkeit des Nutzungswunsches aufkommen lassen (BGH 23. 8. 2016 – VIII ZR 178/15, NZM 2016, 715). Anders liegen die Dinge dagegen, wenn es plausible Gründe für das Hinausschieben der Umsetzung eines feststehenden Nutzungsentschlusses gibt oder die Nutzungsabsicht aus nachvollziehbaren Gründen erst zu einem Zeitpunkt endgültig gefasst worden ist, als eine geeignete Alternativwohnung nicht mehr zur Verfügung stand (BGH 23. 8. 2016 – VIII ZR 178/15, NZM 2016, 715).

126b Ebenso wird eine in absehbarer Zeit frei werdende Wohnung des Vermieters berücksichtigt (BVerfG NJW 1991, 157; LG Berlin NJW-RR 1992, 336; AG Ahaus DWW 1990, 367). Dies gilt nach einer Auffassung auch bei Weitervermietung einer erst während des Räumungsrechtsstreits frei gewordenen Wohnung (BVerfG WuM 1991, 247; LG Münster NJW-RR 1991, 846; **aM** noch LG Münster NJW-RR 1990, 398; AG Frankfurt aM WuM 1990, 349), weicht allerdings in bedenklicher Weise von der Dogmatik der Rechtsgeschäftslehre ab, führt zu einer reinen Billigkeitsrechtsprechung und ist daher abzulehnen (vgl Rn 124). Jedenfalls eine erst nach Schluss der letzten mündlichen Verhandlung frei werdende Wohnung kann ohne Verfassungsverstoß unberücksichtigt bleiben (BVerfG WuM 1991, 465).

127 Die Kündigung ist trotz der Möglichkeit, über ein Alternativobjekt zu verfügen, nicht rechtsmissbräuchlich, wenn der Vermieter **vernünftige und nachvollziehbare Gründe hat, gerade die vermietete Wohnung in Anspruch zu nehmen** (BVerfG 14. 2.

1989 – 1 BvR 308/88 ua, BVerfGE 79, 292, 305 = NJW 1989, 970). Er hat sich bei seiner Entscheidung von sachgerechten, willkürfreien Erwägungen leiten zu lassen (LG Duisburg WuM 1990, 512). Als vernünftiger Grund wird es etwa angesehen, wenn die vermietete Wohnung dem tatsächlichen Bedarf besser gerecht wird, weil die Alternativwohnung zu groß (AG Mannheim DWW 1991, 221) oder zu klein ist (BVerfG NJW 1994, 995; OLG Düsseldorf WuM 1993, 49; LG Bochum WuM 1994, 473). Vernünftig ist es auch, die ruhiger gelegene Wohnung beziehen zu wollen (LG Darmstadt WuM 1989, 571). Dasselbe gilt für den Fall, dass die Alternativwohnung für die Aufnahme des Mobiliars des Vermieters nicht groß genug ist und er zudem aufgrund seiner finanziellen Lage deren Veräußerung beabsichtigt (LG Koblenz ZMR 2010, 762). Verneint wurde dies für den eher nostalgischen Wunsch, trotz mehrerer freier Wohnungen genau in diejenige noch vermietete Wohnung zurückzukehren, die der Vermieter in der ehemaligen DDR wegen eines wohl erzwungenen Wohnsitzwechsels verlassen musste (AG Görlitz WuM 1993, 600). Die Frage, ob es vernünftig ist, durch Vermietung der Alternativwohnung eine höhere Miete erzielen zu können, wird zT bejaht (LG Düsseldorf WuM 1989, 248; LG Hannover WuM 1989, 302; LG Mannheim DWW 1993, 140), zT dagegen für unerheblich erklärt (LG Heidelberg WuM 1992, 612; LG Stuttgart WuM 1991, 493; AG Hamburg WuM 1990, 25), zumal wenn der Familienangehörige in der Lage ist, die höhere Miete für die Alternativwohnung zu zahlen (LG Stuttgart WuM 1991, 164). Für die Entscheidung kommt es auf die Umstände des Einzelfalls an, insbesondere darauf, ob und in welchem Umfang dem Vermieter eine Einbuße an Mieteinnahmen zuzumuten ist.

128 Ebensowenig wurde es als ein die Kündigung rechtfertigender Grund anerkannt, dass der Vermieter die frei gewordene Alternativwohnung verkaufen wollte (LG Kiel WuM 1991, 108). In dieser Entscheidung könnte allerdings schon ein unzulässiger Eingriff in die verfassungsrechtlich geschützte Dispositionsfreiheit des Eigentümers gesehen werden. Als vernünftiger Grund wurde die anderweitige Vermietung einer Alternativwohnung aufgrund jahrelanger Geschäftsbeziehungen zu demselben Mieter anerkannt (LG Karlsruhe DWW 1990, 274). Ein Alternativobjekt, bei dem der Vermieter schon vertraglich durch das Optionsrecht eines Dritten gebunden ist, kann nicht in die Beurteilung einbezogen werden (BVerfG WuM 1992, 299; LG Köln WuM 1992, 298). Ebensowenig kommt eine anderweitig vermietete Wohnung in Betracht, selbst wenn der Mieter ein Angehöriger ist, zu dem ein anderer Angehöriger zuziehen könnte (AG Dortmund DWW 1990, 366), oder wenn die Wohnung unter Verstoß gegen das Zweckentfremdungsverbot vermietet ist (**aM** AG Bonn WuM 1993, 125). Ist der Familienangehörige, für den der Vermieter Eigenbedarf geltend macht, selbst Eigentümer einer vermieteten Wohnung, kann nicht von ihm erwartet werden, seinen Bedarf in der eigenen Wohnung zu decken, weil die Wohnung nicht verfügbar ist und das Verlangen, dieses Mietverhältnis zu kündigen, einen unzulässigen Eingriff in die Dispositionsfreiheit des Eigentümers darstellt (**aM** LG Frankfurt aM WuM 1991, 491).

129 Auf eine gewerblich genutzte **Ferienwohnung** braucht sich der Vermieter nicht verweisen zu lassen, wenn er sich als Eigentümer entschlossen hat, weitere Immobilien nicht dem allgemeinen Wohnungsmarkt zur Verfügung zu stellen, sondern gewerblich zu nutzen und so die finanzielle Grundlage für seine eigenverantwortliche Lebensgrundlage zu schaffen (BVerfGE 81, 29, 34 = NJW 1990, 309; BVerfG NJW 1994, 435). Unerheblich ist deshalb, ob der Vermieter im Rahmen seiner gewerblichen

Tätigkeit wiederholt Mietwohnungen in Eigentumswohnungen umgewandelt und verkauft hat (LG Dortmund NJW-RR 1989, 1499).

Auf der Suche nach einer Alternativwohnung für den kündigenden Vermieter **130** kommt die Rechtsprechung dem Mieter weit entgegen. Sie hält den Vermieter für verpflichtet, im Rahmen der Begründung der Kündigung etwaige **Alternativobjekte offenzulegen** (AG Gelsenkirchen 18. 2. 2014 – 210 C 238/13, NJW 2014, 3587; AG Hamburg WuM 1995, 109). Auf der Grundlage des § 242 BGB soll der Mieter vom Vermieter Auskunft über dessen Grundbesitz und darüber verlangen können, welche Wohnungen frei sind, frei geworden oder gekündigt worden sind (LG Berlin WuM 1994, 75). Im Räumungsprozess nach der Eigenbedarfskündigung dürfe der Vermieter sein Eigentum an weiteren Mietwohnungen nicht verschweigen, weil sein Eigenbedarf sonst in ein falsches Licht gerückt werde (LG Mönchengladbach WuM 1995, 186). Schließlich wird dem Mieter ein berechtigtes Interesse iS des § 12 Abs 1 GBO zugestanden, in die erste Abteilung des Grundbuchs Einsicht zu nehmen, damit er prüfen kann, ob der Vermieter noch anderen Grundbesitz hat (LG Mannheim NJW 1992, 2492). Im Grunde zeigen die meisten Entscheidungen, die sich mit der Frage der missbräuchlichen Kündigung wegen einer Alternativwohnung beschäftigen, eine bedenkliche Entwicklung auf (siehe auch BUB/TREIER/FLEINDL Rn IV 151). Der durch die Rechtsprechung des BVerfG verstärkte Schutz des Eigentümers und Vermieters wird mit der Figur des Rechtsmissbrauchs wieder eingeschränkt.

ff) Alternativobjekt für den Mieter (Anbietpflicht)

Die Kündigung wegen Eigenbedarfs wird zur Überzeugung des BGH nicht dadurch **131** rechtsmissbräuchlich (§ 242 BGB), dass der Vermieter seine Anbietpflicht verletzt. Zwar obliege dem Vermieter als Nebenpflicht aus dem Mietverhältnis (§ 241 Abs 2 BGB) die Aufgabe, dem Mieter ein **geeignetes Alternativobjekt** anzubieten, wenn er über ein solches verfüge. Da diese Nebenpflicht aber auf den Antrag zum Abschluss eines neuen Mietvertrages gerichtet sei, führe ihre Verletzung nicht zur Unwirksamkeit der Kündigung, sondern nur zu Schadensersatzansprüchen des Mieters. Der Vermieter, der seine Anbietpflicht verletze, verstoße nicht mit der Erklärung seiner Eigenbedarfskündigung gegen die Rechtsordnung, sondern dadurch, dass er dem Mieter eine ihm während der Kündigungsfrist zur Verfügung stehende geeignete Alternativwohnung nicht anbiete (BGH 14. 12. 2016 – VIII ZR 232/15, BGHZ 123, 136, 166 = NJW 2017, 547 mit Bespr FLATOW NZM 2017, 825 ff und kritischer Anm SELK NJW 2017, 522 ff unter Aufgabe von BGH 9. 7. 2003 – VIII ZR 276/02, NJW 2003, 2604; BGH 13. 10. 2010 – VIII ZR 78/10, NJW 2010, 3775; zust WIEK WuM 2017, 246, 248 f).

Dem kann nur für den Fall zugestimmt werden, dass die Alternativwohnung erst **131a** **nach Zugang der Kündigungserklärung** frei geworden ist (so in BGH 14. 12. 2016 – VIII ZR 232/15, BGHZ 123, 136 ff = NJW 2017, 547). Beurteilungszeitpunkt für die Wirksamkeit einer Willenserklärung ist ihr Zugang (§ 130 BGB). Spätere Ereignisse haben auf sie grundsätzlich keinen Einfluss mehr. Zwar besteht die Nebenpflicht des Vermieters, das Alternativobjekt anzubieten, bis zur Beendigung des Mietverhältnisses. Eine erst während des Laufs der Kündigungsfrist begangene Pflichtverletzung kann aber die Rechtmäßigkeit der Kündigung nicht mehr beeinflussen.

Der BGH nimmt aber (in BGH 15. 3. 2017 – VIII ZR 270/15, NJW 2017, 1474) darüber **131b** hinaus an, dass der Mieter auch dann auf Schadensersatzansprüche beschränkt ist, wenn die Alternativwohnung bereits **bei Zugang der Kündigungserklärung** frei war (oder feststand, dass sie bis zum Ablauf der Kündigungsfrist frei werden wird). Dem kann nicht gefolgt werden. Eine Eigenbedarfskündigung ist rechtsmissbräuchlich (§ 242 BGB), wenn der Vermieter durch einseitige Willenserklärung das Vertragsverhältnis zu beenden sucht, obwohl er aus § 241 Abs 2 BGB verpflichtet wäre, dem Mieter dessen Fortsetzung – wenn auch mit einem anderen Inhalt – anzutragen (Häublein JZ 2017, 1058, 1061; Selk NJW 2017, 521, 522 f). Darauf, ob der Mieter dieses Angebot angenommen hätte, kommt es nicht an. Denn die (hypothetische) Reaktion des anderen Vertragsteils auf eine einseitige Willenserklärung ist für deren Wirksamkeit ohne Belang (aM LG Berlin 1. 12. 2016 – 67 S 323/16, NZM 2017, 290 mAnm Blank NZM 2017, 352).

132 Zum **Inhalt der Anbietpflicht** (BGH 9. 7. 2003 – VIII ZR 276/02, NJW 2003, 2604; BGH 13. 10. 2010 – VIII ZR 78/10, NJW 2010, 3775; BGH 14. 12. 2016 – VIII ZR 232/15, BGHZ 123, 136, 163 ff = NJW 2017, 547; OLG Karlsruhe WuM 1993, 105; LG Berlin GE 2002, 400; LG Berlin 16. 4. 2015 – 67 S 14/15, ZMR 2015 616; LG Frankfurt aM NZM 2002, 938; LG Hamburg ZMR 2003, 265; LG Köln ZMR 2013, 721; AG Charlottenburg 23. 9. 2013 – 213 C 121/13, WuM 2014, 488; AG Gießen ZMR 2011, 801; vgl auch VerfGH Berlin NZM 2001, 847; Flatow NZM 2017, 825, 827 ff; Prütting ua/Riecke Rn 30; Schmid/Harz/Gahn Rn 41) gehört, dass der Vermieter den Mieter über alle wesentlichen Bedingungen einer möglichen Anmietung der Alternativwohnung informiert. Dazu gehören neben der Größe der Wohnung jedenfalls die Mietkonditionen (Miete und Betriebskosten). Vor Erhalt dieser Informationen ist es dem Mieter regelmäßig unzumutbar, eine rechtsverbindliche Erklärung über die Anmietung abzugeben (BGH NJW 2010, 3775). Das Angebot ist dem Mieter unabhängig davon zu machen, ob die geforderte Miete über der ortsüblichen Vergleichsmiete liegt (LG Berlin 7. 8. 2014 – 67 S 280/14, WuM 2015, 40).

133 Die Anbietpflicht beschränkt sich auf solche Wohnungen, die (spätestens bei Ablauf der Kündigungsfrist) frei sind. Dem Mieter muss ein nahtloser Wechsel in die Wohnung möglich sein. Wird die Wohnung erst zu einem späteren Zeitpunkt frei, braucht sie nicht angeboten zu werden. Das gilt auch für die vom Vermieter bislang selbst bewohnte Wohnung, da diese erst frei wird, wenn der Vermieter aus- und in die Wohnung des Mieters eingezogen ist (BGH 19. 7. 2017 – VIII ZR 284/16, NZM 2017, 763). Sie beschränkt sich ferner auf Wohnungen, die **im selben Haus** oder **derselben Wohnanlage** gelegen sind. Eine Erstreckung auf jede andere, dem Vermieter zur Verfügung stehende Wohnung ist ausdrücklich ausgeschlossen. Die Anbietpflicht dient nur dem Ziel, es dem Mieter zu ermöglichen, eine Wohnung in seiner vertrauten häuslichen Umgebung zu beziehen. Dagegen besteht ihr Zweck nicht darin, dem Mieter nach einer berechtigten Kündigung die ihn belastende Wohnungssuche abzunehmen (BGH 9. 7. 2003 – VIII ZR 276/02, NJW 2003, 2604 m Bespr Häublein NZM 2003, 970 ff; Kappus NZM 2003, 657 ff; Weller JZ 2012, 881, 883; Wiek DWW 2003, 297; dem BGH zustimmend Fleindl NZM 2016, 289, 301; kritisch Meyer-Abich NZM 2017, 97, 103; LG Berlin 11. 3. 2020 – 64 S 197/18, GE 2020, 670). Für Wohnungsbaugenossenschaften können aufgrund der genossenschaftlichen Treuepflicht weiterreichende Anbietpflichten bestehen (AG Köln ZMR 2013, 971: Wohnung in der nächsten Querstraße). Die Anbietpflicht besteht nicht in Bezug auf Räume, die der Vermieter entweder gar nicht mehr vermieten will oder die nicht zu Wohnzwecken, sondern zur gewerblichen Nutzung bestimmt sind und als solche wiedervermietet werden sollen (BGH NZM 2012, 231; LG Itzehoe 7. 11. 2014 – 9 S 77/13, ZMR 2015, 715; Flatow NZM 2017, 825, 827). Auch ein be-

absichtigter grundlegender Umbau des Gebäudes, nach dessen Abschluss die freie Wohnung in ihrer bisherigen Form nicht mehr existieren wird, steht der Anbietpflicht entgegen (LG Köln 29. 7. 2016 – 10 S 15/16, ZMR 2016, 876). Dass die Wohnung nur befristet (§ 575 BGB) vermietet werden soll, ist demgegenüber unerheblich. Es ist Sache des Mieters, zu entscheiden, ob er eine solche Wohnung in demselben Haus oder derselben Wohnanlage – vorübergehend – anmieten möchte (AG Köln 16. 12. 2015 – 221 C 282/15, WuM 2016, 42; **aM** LG Berlin 10. 3. 2014 – 18 S 349/13, GE 2014, 1006). Soweit die Anbietpflicht danach reicht, ist sie davon unabhängig, ob der Vermieter die freie Wohnung als der gekündigten vergleichbar oder für den Mieter geeignet ansieht (BGH NJW 2010, 3775; LG Berlin NZM 2010, 277; AG Mainz WuM 2007, 74). Nur wenn der Unterschied zwischen beiden Wohnungen (zB hinsichtlich der Wohnfläche) so erheblich ist, dass eine Annahme des Angebots durch den Mieter offensichtlich nicht in Betracht kommt, ist die Anbietung entbehrlich (OLG Düsseldorf NZM 2010, 276; vgl auch BAG AP Nr 79 zu § 2 KSchG 1969 = NZA 2005, 1289).

Treuwidrig handelt der Vermieter, wenn er die Alternativwohnung dem Mieter nur **134** zu **unzumutbaren Bedingungen** anbietet (AG Hamburg-Wandsbek WuM 1996, 622; Kossmann/Meyer-Abich § 117 Rn 24; zur Zumutbarkeit der Bedingungen vgl Eisenhardt WuM 1997, 476, 479). Dasselbe gilt für den Fall, dass er von dem Mieter ohne konkrete Anhaltspunkte für Zahlungsschwierigkeiten einen Einkommensnachweis verlangt (LG Berlin 10. 3. 2014 – 18 S 349/13, GE 2014, 1006). Von der Anbietung kann abgesehen werden, wenn Umstände wie etwa ein Fehlverhalten des Mieters hinzutreten, die eine Neubegründung eines Mietverhältnisses als unzumutbar erscheinen lassen (OLG Karlsruhe WuM 1993, 105; LG Karlsruhe WuM 1991, 41; LG Mannheim NJW-RR 1997, 332), oder wenn die frei werdende Wohnung bereits seit Jahren einem Dritten versprochen ist (LG Regensburg WuM 1991, 109).

Das **BVerfG** hat bisher die Frage offen gelassen, ob der Vermieter aus dem Gebot **135** des vertragstreuen Verhaltens heraus verpflichtet ist, dem gekündigten Mieter eine unvermietete Alternativwohnung anzubieten, die er selbst nicht in Gebrauch nehmen will (BVerfG 14. 2. 1989 – 1 BvR 308/88 ua, BVerfGE 79, 292, 308 = NJW 1989, 970; BVerfGE 85, 214, 217 f = NJW 1992, 1220; BVerfG NJW 1994, 435). Das BVerfG betont, dass die Gerichte nicht nur den Entschluss des Vermieters zu respektieren haben, eine bisher vermietete Wohnung selbst zu nutzen. Sie haben auch seine Entscheidung hinzunehmen, wie er über die Nutzung seiner sonstigen Eigentumsgegenstände verfügt hat. Der Vermieter ist deshalb nicht verpflichtet, ihm gehörende unvermietete Wohnungen dem allgemeinen Mietwohnungsmarkt zur Verfügung zu stellen, sofern er für diese keinen Eigenbedarf geltend machen kann. Eine Anbietungspflicht kann nach Ansicht des BVerfG deshalb allenfalls für Wohnungen erwogen werden, die freistehen und die der Vermieter ohnehin zu vermieten beabsichtigt.

gg) Herbeigeführter Eigenbedarf
Eine Kündigung kann rechtsmissbräuchlich sein, wenn sie auf einem selbst herbei- **136** geführten Eigenbedarf beruht und es nach § 242 BGB gegen Treu und Glauben verstößt, dass sich der Vermieter auf diesen Grund beruft. Unter diesem Aspekt des Rechtsmissbrauchs können die Fälle zusammengefasst werden, in denen der Vermieter in treuwidriger Weise selbst den Bedarfsgrund verursacht hat. So wurde Eigenbedarf, den der Vermieter durch Verkauf seiner eigenen Wohnung (LG Augsburg WuM 1984, 227; LG Hamburg ZMR 1985, 54 [LS]; LG Köln WuM 1997, 560) oder durch

Kauf eines vermieteten Hauses (AG Friedberg/Hessen WuM 1980, 228) herbeigeführt hatte, als unzureichend für eine Kündigung beurteilt. Es kommt jedoch nicht entscheidend auf Verursachung oder Verschulden des Eigenbedarfs an, sondern auf das Merkmal der Treuwidrigkeit im Verhältnis zu dem betroffenen Mieter, das in der Geltendmachung eines selbst herbeigeführten Eigenbedarfs liegen kann. Das Kündigungsrecht darf dem Vermieter nicht allein deshalb versagt werden, weil er den Bedarfsgrund willentlich herbeigeführt hat (BGH 22. 5. 2019 – VIII ZR 180/18, BGHZ 222, 133, 141 = NJW 2019, 2765; BGH 11. 12. 2019 – VIII ZR 144/19, NJW 2020, 1215; Oetker ZMR 1984, 77, 78). Hierdurch würde die Befugnis des Vermieters missachtet, sein Leben unter Gebrauch seines Eigentums so einzurichten, wie er dies für richtig hält (BVerfG 14. 2. 1989 – 1 BvR 308/88 ua, BVerfGE 79, 292, 305 = NJW 1989, 970).

137 Deshalb ist es nicht treuwidrig, wenn der Vermieter den Eigenbedarf durch Heirat, Kinder oder die Aufnahme von Familienangehörigen verursacht. Das Gleiche gilt, wenn die Tochter des Vermieters eine Wohngemeinschaft aufgibt, um eine eigene Wohnung zu beziehen (AG Dortmund DWW 1990, 366). Hat jemand Wohnbedarf und kauft er deshalb ein Haus, so kann er sich nunmehr ohne Treuwidrigkeit auf Eigenbedarf berufen, selbst wenn er das Haus in Kenntnis der vollständigen Vermietung erworben hat (BGH 22. 5. 2019 – VIII ZR 180/18, BGHZ 222, 133, 141 = NJW 2019, 2765; LG Frankfurt aM WuM 1978, 174; LG Freiburg ZMR 1979, 50; **aM** AG Friedberg/Hessen WuM 1980, 228). Ebensowenig steht es einer Kündigung entgegen, dass der Vermieter das Haus gekauft hat, obwohl er in einer anderen Wohnung ausreichend untergebracht ist, sofern er für die Inanspruchnahme vernünftige und nachvollziehbare Gründe hat. Die Kündigung ist begründet, wenn die gekündigte Wohnung genutzt werden soll, damit die Vermieter getrennt leben können (BVerfG NJW 1992, 3032; LG Hannover WuM 1986, 255). Auf den Grund der Trennung kann es nicht ankommen (LG Dortmund WuM 1989, 632). Ausreichend ist die ernsthafte Absicht des Vermieters, eine räumliche Trennung von seinem Ehegatten herbeizuführen und in Zukunft ohne diesen in der bislang vermieteten Wohnung wohnen zu wollen (LG Heidelberg NJW 2013, 547). Ebensowenig spielt es eine Rolle, ob die bisherige Wohnung durch einen Umbau vergrößert worden ist, für den zurückbleibenden Ehegatten nunmehr aber zu groß ist, sodass sich der Umbau als Fehlplanung erweist (BVerfG NJW 1992, 3032). Auch der freiwillige Wechsel des Arbeitsplatzes und ein dadurch verursachter Eigenbedarf an der günstiger gelegenen Wohnung können nicht dazu führen, eine Kündigung im Verhältnis zum Mieter als treuwidrig zu beurteilen.

138 Selbst wenn der Vermieter durch sein Verhalten die Kündigung seines bisherigen Mietverhältnisses durch den eigenen Vermieter veranlasst hat, kann er sich auf Eigenbedarf berufen, weil das Verhalten gegenüber seinem Vermieter in keiner Beziehung zu dem eigenen Mieter steht (Bub/Treier/Fleindl Rn IV 143). Er braucht es grundsätzlich **nicht auf einen Kündigungswiderspruch** gegenüber seinem Vermieter **ankommen zu lassen**, da ihm das Risiko von Prozesskosten nicht zugemutet werden kann (BayObLG NJW 1981, 2197; LG Mannheim ZMR 1978, 121; Sternel WuM 1987, 339, 341; **aM** Oetker ZMR 1984, 77, 79). Ebenso ist der durch eine eigene Kündigung verursachte Eigenbedarf berechtigt, wenn der Vermieter die bisher gemietete Wohnung wegen Feuchtigkeitsschäden aufgibt (AG Dortmund DWW 1991, 28), wenn er eine Wohnung im eigenen Haus beziehen will, weil er sich dort von einer Pflegeperson betreuen lassen kann (BVerfGE 68, 361, 374 = NJW 1985, 2633) oder wenn er einfach nur in seinem Eigentum wohnen will und hierfür vernünftige und nachvollziehbare Gründe bestehen (vgl Rn 98 ff mwNw). Das Gleiche gilt, wenn der Vermieter das Haus, in dem er wohnt, veräußert und wegen seiner Räumungspflicht Eigenbedarf herbeiführt (LG Münster WuM 1990, 304; **aM** LG Augsburg WuM 1984, 227; LG Hamburg ZMR 1985, 54 [LS]). Der Grund der Veräußerung ist angesichts der verfassungsrechtlich geschützten Freiheit, über das Eigentum zu verfügen, unerheblich.

Die Fälle, in denen der Vermieter die Befriedigung seines Eigenbedarfs dadurch **139** verhindert, dass er eine frei gewordene Wohnung anderweitig vermietet, werden vom Missbrauchstatbestand bereits unter dem Gesichtspunkt des Alternativobjekts erfasst (vgl Rn 125 ff). Damit verbleibt für die in der Ursachenkette vorgelagerte Fallgruppe des **treuwidrig selbst herbeigeführten Eigenbedarfs** nur ein kleiner Anwendungsbereich. So kann es etwa treuwidrig sein, wenn der Vermieter den Grund für den Eigenbedarf deshalb gesetzt hat, um einen unbequemen Mieter loszuwerden (AG Stuttgart WuM 1989, 248). Ein Verstoß gegen Treu und Glauben kommt ferner in Betracht, wenn der Vermieter den Grund, demnächst Eigenbedarf an der vermieteten Wohnung geltend zu machen, dadurch verursacht, dass er in Kenntnis oder Erwartung der Trennung von dem Ehegatten seine bisherige Wohnung umbaut und damit für die Befriedigung seines eigenen Wohnbedarfs ungeeignet macht (BVerfG NJW 1992, 3032). Das Gleiche ist anzunehmen, wenn der **Bedarf vorhersehbar** war, der Vermieter aber eine freie Wohnung verkauft und dadurch erst den Eigenbedarf hinsichtlich der gekündigten Wohnung herbeiführt (LG Berlin NJWE-MietR 1997, 7; HERRLEIN/KANDELHARD/HERRLEIN Rn 43).

h) Auswahl zwischen mehreren Mietern

Hat der Vermieter, der wegen Eigenbedarfs kündigen will, mehrere Wohnungen **140** vermietet, stellt sich für ihn die Frage nach der Auswahl zwischen den Mietern. Nach verbreiteter Auffassung steht es dem **Vermieter frei, welchem von mehreren Mietern er wegen Eigenbedarfs kündigt** (BGHZ 126, 357, 366 = NJW 1994, 2542; OLG Düsseldorf WuM 1993, 49; LG Siegen WuM 1990, 23; AG Köln WuM 1985, 117; BLANK/BÖRSTINGHAUS/ BLANK/BÖRSTINGHAUS Rn 116; FLEINDL NZM 2016, 289, 293; KLEIN-BLENKERS ua/HINZ Rn 51; KOSSMANN/MEYER-ABICH § 117 Rn 26; MünchKomm/HÄUBLEIN Rn 93; SOERGEL/HEINTZMANN Rn 51; **aM** AG Gelsenkirchen 18. 2. 2014 – 210 C 238/13, ZMR 2015, 130). Der Vermieter muss weder eine „Sozialauswahl" vornehmen noch handelt er treuwidrig, wenn seine Wahl unter mehreren vergleichbaren Wohnungen auf diejenige mit dem ältesten Mietverhältnis und der niedrigsten Quadratmetermiete fällt (LG Berlin 18. 12. 2019 – 64 S 91/18, ZMR 2020, 582). Teilweise wird von diesem Grundsatz eine Ausnahme gemacht, wenn die Kündigung für den Mieter eine erhebliche Härte bedeuten würde, während andererseits im Hause ein Mieter wohnt, für den eine Kündigung offenkundig nicht zu einer besonderen Härte führen wird (LG Berlin 7. 5. 2015 – 67 S 117/14, NZM 2015, 929; LG Hannover WuM 1990, 305; LG Hannover WuM 1991, 346; LG Köln WuM 1991, 590; AG Gelsenkirchen 5. 7. 2016 – 210 C 88/16, WuM 2018, 163; AG Heilbronn WuM 1991, 102; STERNEL WuM 1987, 329, 342). Ähnlich ist der Vorschlag, bei einer Austauschbarkeit verschiedener möglicher Wohnungen keine soziale Auswahl zwischen den Mietern vorzunehmen, sondern allein auf die sozialen Verhältnisse des zu kündigenden Mieters abzustellen (OETKER BlGBW 1983, 202, 203).

Dieser Lösungsansatz, der das Auswahlermessen des Vermieters einschränkt, ist **141** allerdings zu modifizieren, um Belange unbeteiligter Mieter nicht in Rechtsstreitigkeiten anderer Parteien einzubeziehen. Dies folgt schon daraus, dass der Grundsatz der Gleichbehandlung nicht anwendbar ist (Schmid BlGBW 1981, 48, 50; anders bei Genossenschaftswohnungen LG Berlin GE 1999, 575 und bei Wohnungen des Studentenwerks als Körperschaft des öffentlichen Rechts LG Gießen ZMR 2009, 615; vgl Bultmann GE 2000, 314). Deshalb kann der Vermieter von dem gekündigten Mieter nicht darauf verwiesen werden, er solle den Mietvertrag mit einem anderen Mieter kündigen. Der Vermieter muss aber vernünftige und nachvollziehbare Gründe für die Inanspruchnahme der gekündigten Wohnung haben, er darf bei seiner Auswahl zudem nicht gegen § 19 AGG verstoßen (dazu Anh MietR § 19 AGG Rn 48; Klein-Blenkers ua/Hinz Rn 51). Er kann zwischen mehreren Mietern für die Kündigung nur dann frei auswählen, wenn er jede dieser Wohnungen in gleicher Weise benötigt (LG Augsburg WuM 1986, 318). Eine solche Gleichwertigkeit wird höchst selten anzunehmen sein. Andererseits darf der Vermieter nicht vorsorglich gleich mehrere Mietverhältnisse kündigen, weil darin eine unzulässige **Vorratskündigung** liegt (LG Köln WuM 1991, 590; Schmidt-Futterer/Blank Rn 65). Die unterschiedliche Miethöhe mehrerer Wohnungen darf bei der Auswahl keine Rolle spielen, weil es um die Eignung der Wohnung für den Wohnbedarf des Vermieters, nicht aber um die Optimierung seiner Einnahmen geht (LG Heidelberg WuM 1992, 612).

V. Hinderung angemessener wirtschaftlicher Verwertung des Grundstücks (Abs 2 Nr 3)

1. Allgemeines

142 Ein berechtigtes Interesse an der Beendigung des Mietverhältnisses ist nach Abs 2 Nr 3 HS 1 gegeben, wenn der Vermieter durch die Fortsetzung des Mietverhältnisses an einer angemessenen wirtschaftlichen Verwertung des Grundstücks gehindert und dadurch erhebliche Nachteile erleiden würde (Reuter, in: Gedschr Sonnenschein [2002] 313 ff; Schönleber NZM 1998, 601 ff). Dadurch soll die Wirtschaftlichkeit des Haus- und Grundbesitzes gesichert werden. Die Regelung ist hinsichtlich der **verfassungsrechtlichen Grundlagen** mit der Eigentumsgarantie des Art 14 Abs 1 S 1 GG vereinbar (BVerfGE 79, 283, 289 = NJW 1989, 972; BGHZ 179, 289, 293 = NJW 2009, 1200). Der Gesetzgeber hat gegenüber der Schutzbedürftigkeit des Mieters beachtet, dass das grundgesetzlich geschützte Eigentum durch Privatnützigkeit gekennzeichnet ist und damit die Grundlage privater und unternehmerischer Initiative bildet. Allerdings hat das Interesse an freier wirtschaftlicher Verfügbarkeit einen geringeren personalen Bezug als bei der Kündigung wegen Eigenbedarfs, sodass der gesetzgeberische Gestaltungsraum hier weiter ist (BVerfGE 79, 283, 289 = NJW 1989, 972). Bei der Auslegung sind Privatnützigkeit und Verfügungsbefugnis als Kern des Eigentumsrechts zu beachten. Der sozialstaatlich gebotene Kündigungsschutz darf deshalb nicht in einer Weise in die Substanz des Eigentums eingreifen, die eine wirtschaftliche Verwertung als sinnlos erscheinen lässt (BVerfGE 79, 283, 290 = NJW 1989, 972). Ebensowenig darf vorausgesetzt werden, der Verkauf müsse wirtschaftlich zwingend sein, wie teilweise angenommen wird (vgl Rn 151), weil dadurch die Verfügungsfreiheit des Eigentümers über Gebühr eingeschränkt würde.

143 Andererseits ist die dem Eigentümer garantierte **Freiheit, sein Eigentum zu veräußern**, nicht in dem Sinne zu verstehen, mit seinem Eigentum nach Belieben verfahren und aus ihm den höchstmöglichen Nutzen ziehen zu können. Deshalb begründet nicht jeder wirtschaftliche Nachteil ein Kündigungsrecht. In die Substanz des Eigentums greift die praktische Handhabung der Kündigungsvorschrift aber in unzulässiger Weise ein, wenn sie die Verwertung der Wohnung wegen des in vermietetem Zustand nur zu erzielenden geringeren Erlöses als wirtschaftlich sinnlos erscheinen lässt (BVerfGE 79, 283, 289 f = NJW 1989, 972; BVerfG NJW 1992, 361; BGHZ 179, 289, 294 = NJW 2009, 1200).

144 Ähnlich wie beim Eigenbedarf (vgl Rn 66) muss für die Verwertungskündigung ein **konkretes Interesse des Vermieters** bestehen (BeckOGK/Geib [1. 7. 2020] Rn 108; Münch Komm/Häublein Rn 118; Spielbauer/Schneider/Krenek Rn 69). Dies bedeutet nicht, dass der Vermieter bereits eine bestimmte Maßnahme der Verwertung in die Wege geleitet haben muss, da er sich sonst Schadensersatzansprüchen Dritter aussetzen würde, wenn er etwaige vertragliche Pflichten wegen des andauernden Mietverhältnisses nicht erfüllen könnte. Es genügt, wenn nach den Umständen im Zeitpunkt des Zugangs der Kündigung mit einiger Sicherheit festgestellt werden kann, dass der Vermieter die beabsichtigte Verwertung nach dem Ende des Mietverhältnisses alsbald verwirklichen will und kann (BayObLG WuM 1993, 660). Dieses Interesse kann durch Baupläne, Bauvoranfragen oder einen Antrag auf Baugenehmigung hinreichend bestimmt werden (AG Bonn WuM 1979, 150), ohne dass die Baugenehmigung selbst schon vorliegen müsste (BayObLG WuM 1993, 660; LG Berlin ZMR 2012, 15). Das Verwertungsinteresse muss im Zeitpunkt der Kündigung wirklich bestehen, darf also nicht nur vorgetäuscht sein, was zu Ansprüchen des Mieters auf Schadensersatz führen kann (vgl Rn 227 ff). Die Verwertungsabsicht darf aber nicht schon im Zeitpunkt des Abschlusses eines Mietvertrags auf unbestimmte Zeit vorgelegen haben, und bei Beendigung des Mietverhältnisses muss das Erlangungsinteresse noch fortbestehen. Anderenfalls ist die Kündigung wegen Rechtsmissbrauchs unwirksam (vgl Rn 171). Insgesamt hängt die Frage, ob die Verhinderung einer angemessenen wirtschaftlichen Verwertung des Grundstücks für den Vermieter mit erheblichen Nachteilen iS des § 573 Abs 2 Nr 3 BGB verbunden ist, von den besonderen Umständen des jeweiligen Einzelfalls ab und entzieht sich einer allgemeinen Betrachtung (BGHZ 179, 289, 294 = NJW 2009, 1200; BGH NJW 2011, 1135; BGH WuM 2011, 690). Zwischen der Kündigung wegen Eigenbedarfs und der Kündigung wegen Hinderung angemessener wirtschaftlicher Verwertung besteht kein Rangverhältnis (LG Mannheim DWW 1995, 113).

145 Das **Recht zur Verwertungskündigung und die Vermieterstellung** hängen ebenso wie bei der Kündigung wegen Eigenbedarfs (vgl Rn 64 f) unmittelbar zusammen. Deshalb kann grundsätzlich nur der Vermieter wegen Hinderung angemessener wirtschaftlicher Verwertung kündigen. Er kann sich allerdings nach § 164 BGB vertreten lassen. Auf die Verwertungsinteressen anderer Personen wie des Ehegatten (LG Ellwangen WuM 1991, 273) oder eines zukünftigen Grundstückserwerbers (LG Freiburg WuM 1991, 172) kommt es nicht an; ebensowenig darauf, ob ein Dritter – etwa eine Tochter- oder Schwestergesellschaft der Vermieterin – einen erheblichen wirtschaftlichen Nachteil erleidet (BGH 27. 9. 2017 – VIII ZR 243/16, NZM 2017, 756). Der Erwerber kann erst kündigen, wenn er nach § 566 Abs 1 BGB die Stellung des Vermieters erlangt hat. Ist der Vermieter nicht zugleich Eigentümer, muss hinzukommen, dass der Vermieter zu der Verwertungsmaßnahme berechtigt ist. So ist der Zwischenvermieter nicht zur Veräußerung des Grundstücks und deshalb auch nicht zu einer darauf gestützten Verwertungskündigung befugt (LG Stuttgart WuM 1991, 199). Soll die Verwertung nicht durch den Vermieter, sondern durch den Eigentümer erfolgen, kann dem Vermieter allenfalls aus sonstigen Gründen ein Kündigungsrecht zustehen (vgl Rn 200). Der Vermieter ist jedoch zur Verwertungskündigung berechtigt, wenn er die Maßnahme selbst treffen kann, indem er etwa das zu Wohnzwecken vermietete Grundstück im Einvernehmen mit dem Eigentümer in Zukunft gewerblich vermieten will.

146 Die **Darlegungs- und Beweislast** für die Voraussetzungen einer Kündigung wegen Hinderung angemessener wirtschaftlicher Verwertung trifft den Vermieter (BayObLG NJW 1984, 372; LG Aachen MDR 1983, 670; LG Flensburg WuM 2000, 80). Realisiert er nach dem Auszug des Mieters die Verwertung des Grundstücks nicht, trifft ihn eine sekundäre Darlegungslast bezüglich der nachträglich eingetretenen, die Verwertung hindernden Umstände. An diese Darlegung sind strenge Anforderungen zu stellen (vgl BGH 29. 3. 2017 – VIII ZR 44/16, NJW 2017, 2819).

2. Tatbestandsmerkmale im Einzelnen

a) Wirtschaftliche Verwertung

147 Durch ein bestehendes Mietverhältnis muss die wirtschaftliche Verwertung des Grundstücks betroffen sein. Nach allgemeinem Sprachgebrauch wird eine Sache verwertet, **wenn ihr Wert ausgenutzt wird, um den Gegenwert zu erlangen** (LG Nürnberg-Fürth WuM 1991, 176). Es geht jedoch nicht allein um einen Leistungsaustausch mit Dritten, sondern auch darum, dass der Eigentümer selbst die Sache anderweitig nutzt. Zur wirtschaftlichen Verwertung gehört in erster Linie der **Verkauf** (BVerfGE 79, 283, 290 = NJW 1989, 972; BVerfG NJW 1992, 361; LG Hamburg WuM 1992, 22; LG Krefeld WuM 2010, 302; LG München I WuM 1992, 374; LG Trier WuM 1991, 273; AG Münster WuM 1991, 193). Eine Verwertung ist ferner die **Nutzung durch entgeltliche Gebrauchsüberlassung**, insbesondere durch Vermietung oder Verpachtung. Die weitere Vermietung als Wohnraum mit dem Ziel, höhere Mieteinnahmen zu erzielen, scheidet nach Abs 2 Nr 3 HS 2 aus (vgl Rn 174). Möglich ist eine Vermietung oder Verpachtung zu gewerblichen oder freiberuflichen Zwecken oder an eine Behörde (offen lassend BGH 29. 3. 2017 – VIII ZR 45/16, BGHZ 214, 269, 275 = NJW 2017, 2018 = NZM 2017, 405 mAnm HINZ; BGH 10. 5. 2017 – VIII ZR 292/15, NZM 2017, 559). Soll in Zukunft ein Mischmietverhältnis begründet werden, kommt es darauf an, dass der geschäftliche Anteil gegenüber dem Wohnraumanteil überwiegt. Aus dem Begriff der wirtschaftlichen Verwertung ergibt sich, dass die zukünftige Verwendung zumindest von der Planung her finanzielle Vorteile mit sich bringen soll, bei unentgeltlicher Übertragung oder Gebrauchsüberlassung also ausscheidet. Eine wirtschaftliche Verwertung kann in der Bestellung dinglicher Rechte, wie etwa Nießbrauch, Dauerwohnrecht oder Erbbaurecht, liegen. Ausgeschlossen ist nach § 573 Abs 2 Nr 3 HS 3 BGB die Begründung von Wohnungseigentum zum Zwecke der Veräußerung (vgl Rn 175).

148 **Umbau- und Sanierungsmaßnahmen** können als wirtschaftliche Verwertung zu beurteilen sein (LG Heidelberg 14. 11. 2017 – 5 S 59/16, WuM 2018, 38; LG Wiesbaden NZM 1998, 263; J EMMERICH WuM 2015, 259, 263), auch wenn das Gebäude anschließend wieder zu Wohnzwecken mit höheren Mieteinnahmen verwendet werden soll (LG Aachen WuM 1991, 167; LG Arnsberg WuM 1992, 21; BEUERMANN ZMR 1979, 97, 98; BLANK ZMR 1981, 321, 323; im Grundsatz auch LG Heidelberg 14. 11. 2017 – 5 S 59/16, WuM 2018, 38; **aM** AG München BlGBW 1985, 41; einschränkend LG Frankfurt aM NJW-RR 1996, 266). Dies ist anzunehmen, wenn eine Großwohnung in mehrere Kleinwohnungen umgebaut wird

(LG Bonn ZMR 1992, 114; LG Hamburg NJW 1989, 2699) oder wenn bei der Modernisierung eines Altbaus mit sanitären Räumen die zu kündigende Wohnung durch den Umbau wegfallen soll (BayObLG NJW 1984, 372; LG Düsseldorf DWW 1991, 338). Ebenso können der vollständige Abbruch des Gebäudes und der Neubau einer Wohnanlage eine wirtschaftliche Verwertung darstellen (BGHZ 179, 289, 292 = NJW 2009, 1200; BayObLG WuM 1993, 660; LG Kiel GE 2008, 1427; LG Mannheim NZM 2004, 256; AG Köln WuM 1991, 170; Kinne ua/Schach Rn 43). Eine wirtschaftliche Verwertung kann schließlich damit verfolgt werden, dass der Vermieter die Räume für den Betrieb seines eigenen Unternehmens verwenden (LG Berlin NJW-RR 1992, 1231; AG Bruchsal NJW-RR 1992, 844; AG Neumünster WuM 1991, 165; **aM** KreisG Cottbus WuM 1994, 68; Klein-Blenkers ua/Hinz Rn 70) oder nach Abbruch der Wohnräume dort eine Werkhalle (LG Düsseldorf WuM 1985, 151) oder ein anderes Geschäftsgebäude errichten will (LG Osnabrück WuM 1994, 214). Anders hat der BGH allerdings für den Fall entschieden, dass mit der beabsichtigten gewerblichen Nutzung der bisherigen Wohnräume für den Vermieter kein wirtschaftlicher Gewinn verbunden ist (BGH 29. 3. 2017 – VIII ZR 45/16, BGHZ 214, 269, 275 f = NJW 2017, 2018; BGH 10. 5. 2017 – VIII ZR 292/15, NZM 2017, 559). Im Übrigen muss schon im Zeitpunkt der Kündigung ein konkretes Interesse des Vermieters an der künftigen Rückgabe der Wohnräume bestehen. Dies setzt voraus, dass auch die geplante wirtschaftliche Verwertung bereits hinreichend bestimmt ist (LG Berlin 20. 9. 2018 – 67 S 16/18, WuM 2018, 784; LG Düsseldorf WuM 1985, 151; AG Bonn WuM 1979, 150), nicht aber, dass bereits die erforderliche baurechtliche oder sonstige öffentlich-rechtliche Genehmigung vorliegt (vgl Rn 156).

b) Verwertung des „Grundstücks"

Der Vermieter muss an der wirtschaftlichen Verwertung des Grundstücks gehindert sein. Anders als in § 573 Abs 2 Nr 2 BGB bei der Kündigung wegen Eigenbedarfs **stellt das Gesetz nicht auf die vermieteten Räume ab, sondern auf das Grundstück**. Aus dieser Formulierung des Gesetzes wird teilweise der Schluss gezogen, die Verwertungsmaßnahme müsse das gesamte Grundstück betreffen und dürfe sich nicht auf Teile desselben beschränken (LG Augsburg WuM 1992, 614; AG Neumünster WuM 1991, 165; Kossmann/Meyer-Abich § 118 Rn 4; offen gelassen von BVerfG NJW 1992, 105). Hiergegen spricht jedoch der Zweck des Gesetzes. Wenn das Gesetz den Begriff des Grundstücks verwendet, meint es damit im Allgemeinen nach Maßgabe des sachenrechtlichen Bestimmtheitsgrundsatzes einen juristisch-technischen Begriff, der durch die Grundbucheintragung festgelegt wird. Hier geht es jedoch um die wirtschaftliche Verwertung, die zwar bei der Veräußerung das ganze Grundstück im juristischen Sinne umfassen muss, in allen anderen Fällen jedoch auf Teile des Grundstücks zu beschränken ist, wenn nur insoweit ein wirtschaftlicher Bedarf besteht, wie etwa bei Vermietung von Grundstücksteilen oder bei einzelnen Umbaumaßnahmen. Ebenso hängt die Frage der Kündigung davon ab, ob das Mietverhältnis das ganze Grundstück oder nur Grundstücksteile umfasst. In gleicher Weise kann sich die wirtschaftliche Verwertung auf einen Teil des Grundstücks beschränken (LG Hannover 11. 3. 2014 – 4 S 98/13, GE 2014, 590; Palandt/Weidenkaff Rn 35). Auf der anderen Seite ist es ausreichend, wenn die Verwertung des Grundstücks, auf die sich die Kündigung bezieht, Teil einer Gesamtmaßnahme ist, die sich auf mehrere Grundstücke erstreckt, sodass sich die Angemessenheit und die Gefahr wirtschaftlicher Nachteile für den Vermieter erst anhand dieser Gesamtmaßnahme beurteilen lassen. Bei der einzelnen Eigentumswohnung, die der Vermieter anderweitig verwerten will, stellt sich das Problem nicht, weil sie ohnehin den juristischen Grundstücksbegriff erfüllt.

c) Angemessenheit der Verwertung

150 Die wirtschaftliche Verwertung muss angemessen sein. Der Begriff der Angemessenheit ist im Gesetz nicht erläutert. Der Begriff ergibt sich aus den Grundsätzen, die allgemein für die **Anerkennung als berechtigtes Interesse** gelten. Unter Beachtung der sozialen Funktion der Wohnung müssen die Interessen des Vermieters mit der geltenden Rechts- und Sozialordnung in Einklang stehen. Die geplante **Verwertung muss mit der Sozialpflichtigkeit des Eigentums zu vereinbaren sein** (BVerfGE 79, 283, 290 = NJW 1989, 972; BGH NZM 2011, 773; LG Kiel GE 2008, 1427; LG Stuttgart DWW 1995, 143). Da eine gesetzliche Begriffsbestimmung fehlt, ergeben sich besondere Auslegungsprobleme. Diese Probleme werden dadurch verstärkt, dass die Beurteilung der Angemessenheit durch das weitere Tatbestandsmerkmal beeinflusst wird, ob der Vermieter bei einer Verwertung trotz Fortsetzung des Mietverhältnisses erhebliche Nachteile erleiden würde (Reuter, in: Gedschr Sonnenschein [2002] 329, 332 ff).

151 Da Privatnützigkeit und Verfügungsbefugnis den Kern des Eigentumsrechts ausmachen, ist **im Einzelnen** eine Verwertung des Grundstücks im Wege des Verkaufs grundsätzlich als angemessen zu beurteilen (BVerfGE 79, 283, 290 = NJW 1989, 972; BVerfG NZM 2004, 134). Teilweise wird zusätzlich verlangt, der Verkauf müsse wirtschaftlich sinnvoll sein (LG Trier WuM 1991, 273) oder sei jedenfalls dann angemessen, wenn mit dem Verkaufserlös neuer Wohnraum beschafft werden solle (LG Frankenthal/Pfalz WuM 1991, 181; LG München II DWW 1988, 45; AG Stuttgart WuM 1991, 198). Der Verwendungszweck hinsichtlich des Erlöses ist jedoch unerheblich (LG Düsseldorf NJW-RR 1992, 522), da eine dahingehende Bestimmung nach der Eigentumsgarantie allein dem Eigentümer obliegt.

152 Der Verkauf **muss nicht zwingend erforderlich sein** (BVerfG NJW 1991, 3270; LG Stuttgart DWW 1995, 143; **aM** LG Duisburg WuM 1991, 497; LG Köln WuM 1992, 132) und keinem wirtschaftlichen Gebot folgen (**aM** LG Hannover WuM 1991, 189; LG Kleve WuM 1988, 276). Im Einklang mit den zu § 573 Abs 2 Nr 2 BGB entwickelten Grundsätzen (vgl Rn 98 f) ist für die Angemessenheit lediglich vorauszusetzen, dass die Verwertung von vernünftigen und nachvollziehbaren Gründen getragen wird (LG Hamburg WuM 1991, 185; LG Hamburg WuM 1991, 186; LG Kiel WuM 1993, 52; Jauernig/Teichmann Rn 7). Es spielt deshalb keine Rolle, ob der Eigentümer den Erlös aus einem Verkauf zur Verbesserung der eigenen Wohnverhältnisse (**aM** noch LG Frankfurt aM DWW 1988, 324), zur Investition in ein Unternehmen (LG Hamburg WuM 1991, 185; LG Mannheim WuM 1995, 711) oder eine freiberufliche Praxis (AG Bad Homburg WuM 1989, 303), zur Begleichung von Verbindlichkeiten (AG Hamburg ZMR 2005, 796; **aM** noch AG Nürnberg WuM 1988, 366) oder zu sonstigen beliebigen Zwecken einsetzen will (**aM** LG Kiel WuM 1993, 52). Er braucht sich nicht auf andere Finanzierungsmöglichkeiten verweisen zu lassen (**aM** noch LG Hamburg WuM 1989, 256; AG Rotenburg/Wümme WuM 1991, 196). Der Zugriff auf sein gesamtes Vermögen ist dem Eigentümer auch zu dem Zweck garantiert, unternehmerische Verluste durch Rückgriff auf andere Vermögensteile auszugleichen (BVerfG NJW 1991, 3270). Ausreichend ist eine günstige Verkaufsgelegenheit, selbst wenn das Grundstück nur in Geld umgesetzt werden soll (**aM** LG Berlin DWW 1988, 178). Daher darf eine Bank, die eine zu Wohnzwecken vermietete Immobilie in der Zwangsversteigerung erworben hat, das Mietverhältnis jedenfalls dann kündigen (§ 57a ZVG, § 573d Abs 1, § 573 Abs 2 Nr 3 BGB), wenn der Mieter seine Rechtsposition durch ein von der Bank wegen Gläubigerbenachteiligung anfechtbares Rechtsgeschäft erlangt hat und bei Fortsetzung des Mietverhältnisses eine Verwertung des Grundstücks zu zumutbaren Bedingungen nicht möglich ist (BGH NZM 2008, 281).

Das Kündigungsrecht entfällt nicht schon deshalb, weil der Eigentümer das Grund- **153** stück zu einem früheren Zeitpunkt **in vermietetem Zustand erworben** hat (OLG Koblenz WuM 1989, 164; LG Berlin NJW-RR 1997, 10; einschränkend LG Berlin WuM 1995, 111; LG Freiburg WuM 1991, 183). Bei Umbaumaßnahmen muss trotz der damit verbundenen Kosten auf längere Sicht eine höhere Rentabilität des Objekts gewährleistet sein (LG Arnsberg WuM 1992, 21; LG Köln WuM 1991, 170). Die Nutzung für das eigene Unternehmen oder die Vermietung für gewerbliche oder freiberufliche Zwecke oder an eine Behörde kann angemessen sein, wenn das Grundstück nach Lage und Beschaffenheit hierzu prädestiniert ist. Dies steht im Einklang mit einer im öffentlichen Interesse gebotenen bestmöglichen Nutzung der wirtschaftlichen Ressourcen, gilt jedoch wegen der sozialen Funktion der Wohnung nicht schrankenlos. Eine Grenze besteht bei Abwälzung wirtschaftlicher Risiken auf den Mieter (LG Frankenthal/Pfalz WuM 1992, 488; LG Köln WuM 1992, 132; AG Hamburg WuM 1991, 185) und in sonstigen Fällen des **Missbrauchs der Eigentümerbefugnisse** (unten Rn 171). Insbesondere eine **rein spekulative Verwertung** (LG Augsburg 28. 4. 1992 – 4 S 16/92, WuM 1992, 614; LG Wiesbaden 26. 1. 1993 – 8 S 359/92, WuM 1993, 195; AG Hamburg 4. 4. 1991 – 45 C 269/91, WuM 1991, 696; AG Wiesbaden WuM 1972, 194; Schönleber NZM 1998, 601, 603) wird häufig nicht als im Sinne des Gesetzes „angemessen" angesehen. Dies betrifft nach instanzgerichtlicher Judikatur beispielsweise den Fall, dass ein Grundstück mit einem (intakten, nicht abrissreifen) Wohngebäude mit dem Ziel erworben wird, allen Mietern zu kündigen, das Gebäude abzureißen und Eigentumswohnungen neu zu errichten (LG Berlin 25. 9. 2014 – 67 S 207/14, NZM 2015, 163; vgl auch LG Stuttgart 20. 8. 2014 – 4 S 2/14, NZM 2015, 165). Als wirksam beurteilt wurde dagegen eine Kündigung mit dem Ziel, das 90 Jahre alte Gebäude mit rund 270 qm Wohnfläche abzureißen und an seiner Stelle ein Gebäude mit 1800 qm sozial geförderten Wohnraum zu errichten (LG Köln 21. 3. 2018 – 9 S 18/18, ZMR 2018, 674).

Insgesamt ist damit festzustellen, dass die früher recht enge Beurteilung der An- **154** gemessenheit einer Verwertung des Grundstücks auf der Grundlage der vom BVerfG (NJW 1991, 3270) getragenen Auffassung weitgehend nicht mehr aufrechtzuerhalten ist. Die verfassungsrechtlich gebotene weite Auslegung des Begriffs der Angemessenheit, die sich an der Verfügungsfreiheit des Eigentümers ausrichten muss, wird indessen wieder eingeschränkt durch das Erfordernis der erheblichen Nachteile. Dieser Begriff wird unter dem Gesichtspunkt der Sozialpflichtigkeit und der danach zu bestimmenden Zumutbarkeit von Nachteilen für den Eigentümer ausgelegt (vgl Rn 160 ff).

Eine **Zweckentfremdung** von Wohnraum ist grundsätzlich nur angemessen, wenn **155** örtlich ein ausreichendes Wohnungsangebot besteht (AG Völklingen MDR 1973, 677). Sie darf nicht gegen ein öffentlich-rechtliches Verbot verstoßen. Die Kündigung steht deshalb nicht im Einklang mit der Rechtsordnung, wenn eine erforderliche Zweckentfremdungsgenehmigung im Zeitpunkt der Kündigung noch nicht erteilt ist (OLG Frankfurt NJW 1992, 2300; OLG Hamburg NJW 1981, 2308; LG Düsseldorf DWW 1993, 103; LG München II WuM 1997, 115; AG Köln 27. 2. 2018 – 201 C 202/17, ZMR 2018, 510; AG München 18. 11. 2013 – 463 C 9569/13, ZMR 2014, 805; AG Schöneberg 7. 12. 2016 – 4 C 216/16, WuM 2017, 256; Klein-Blenkers ua/Hinz Rn 71; Prütting ua/Riecke Rn 42; **aM** BeckOGK/Geib [1. 7. 2020]

Rn 114). Da die Wirksamkeitsvoraussetzungen im Zeitpunkt des Zugangs der Kündigungserklärung vorliegen müssen (Staudinger/Rolfs [2021] § 542 Rn 5, 80; Häublein NZM 2011, 668, 669 f), wird eine wegen fehlender Zweckentfremdungsgenehmigung unwirksame Kündigung nicht durch spätere Erteilung rückwirkend geheilt (OLG Hamburg NJW 1981, 2308; LG Berlin ZMR 1991, 346; AG München 18. 11. 2013 – 463 C 9569/13, ZMR 2014, 553; aM BezG Cottbus WuM 1992, 301; LG Mannheim NZM 2004, 256; Löwe NJW 1972, 1913, 1917), obwohl der Genehmigung öffentlich-rechtlich Rückwirkung beigemessen wird (OVG Münster NJW 1982, 1771). Nicht erforderlich ist, dass der Kündigung eine Durchschrift der Zweckentfremdungsgenehmigung beigefügt wird (AG Hamburg WuM 2007, 710). Aus der Zweckentfremdungsgenehmigung als solcher kann noch kein berechtigtes Interesse hergeleitet werden (BVerwGE 95, 341, 361 = NJW 1995, 542; VG München WuM 1989, 633). Will der Eigentümer zwei selbständige Wohnungen zusammenlegen, unterliegt diese Maßnahme nicht dem Zweckentfremdungsverbot, sodass die Kündigung auch ohne Ausnahmegenehmigung wirksam ist (BVerfG NJW 1992, 1675; aM LG Frankfurt aM DWW 1992, 116).

156 Die gleichen Erwägungen gelten für den Abbruch von Wohnhäusern, wenn dies der **Sanierung** nach dem BauGB dient oder wenn baufällige Häuser durch modernen Ansprüchen genügende Bauten ersetzt werden sollen (vgl Rn 148 mwNw). Die Abbruchgenehmigung allein begründet noch kein berechtigtes Interesse (LG Berlin WuM 1989, 254; AG Freiburg WuM 1992, 193). Es müssen anerkennenswerte wirtschaftliche Gründe hinzukommen. So liegen Sanierungsmaßnahmen und die Modernisierung eines veralteten Gebäudes durch Umbau im öffentlichen Interesse (AG Gelsenkirchen DWW 1974, 286). Der **Abbruch** eines Gebäudes und sein **Ersatz durch einen Neubau** können wirtschaftlich gerechtfertigt sein. Ist zB wegen des Alters und schlechten baulichen Zustands eines Gebäudes gemessen an üblichen Wohnverhältnissen eine „Vollsanierung" oder ein Abriss mit anschließender Errichtung eines Neubaus geboten, kann ein erheblicher Nachteil des Vermieters iS von § 573 Abs 2 Nr 3 BGB darin liegen, dass er anderenfalls auf notdürftige Maßnahmen („Minimalsanierung") verwiesen ist, die weder zu einer nachhaltigen Verbesserung noch zur Verlängerung einer verhältnismäßig geringen Restlebensdauer des Gebäudes führen (BGHZ 179, 289, 294 ff = NJW 2009, 1200 mAnm Rolfs/Schlüter JZ 2009, 693 und Bespr Disput/Hübner ZMR 2009, 665; AG Hamburg-St Georg 23. 12. 2014 – 920 C 171/14, ZMR 2015, 385). Ebenso kann ein geplanter Abbruch die Kündigung rechtfertigen, wenn durch den projektierten Neubau eine größere Rentabilität des Grundstücks zu erzielen ist (LG Berlin GE 2003, 49; LG München I ZMR 2013, 198), wobei je nach den Umständen des Einzelfalles auch das gegenteilige Ergebnis zutreffen kann (LG Heidelberg 14. 11. 2017 – 5 S 59/16, WuM 2018, 38). Ist die Hinderung einer angemessenen wirtschaftlichen Verwertung jedoch darauf zurückzuführen, dass der Vermieter über Jahre hinweg notwendige Reparaturmaßnahmen nicht durchgeführt und das Gebäude bewusst „heruntergewirtschaftet" hat, so ist eine Kündigung nicht nach § 573 Abs 2 Nr 3 BGB gerechtfertigt (BGHZ 179, 289, 297 = NJW 2009, 1200; LG Hamburg WuM 1999, 720). Im Gegensatz zur Zweckentfremdungsgenehmigung (vgl Rn 155) ist eine Abbruchgenehmigung jedoch ebensowenig wie eine Baugenehmigung Wirksamkeitsvoraussetzung für eine Kündigung (LG Bochum WuM 1989, 242; LG München I WuM 1992, 612; AG Hamburg-St Georg 23. 12. 2014 – 920 C 171/14, ZMR 2015, 385; vgl OLG Frankfurt NJW 1992, 2300; BeckOK/Hannappel [1. 8. 2020] Rn 84; Klein-Blenkers ua/Hinz Rn 71; aM LG Berlin ZMR 1991, 346; AG Düsseldorf WuM 1991, 168; Kossmann/Meyer-Abich § 118 Rn 11; Prütting ua/Riecke Rn 42; offen lassend BGHZ 179, 289, 293 = NJW 2009, 1200). Unterliegt der abzubrechende Wohnraum jedoch einem Zweckentfremdungsverbot, muss eine dahingehende Genehmigung vorliegen, um die Kündigung wirksam werden zu lassen (LG Düsseldorf DWW 1993, 103; LG München II WuM 1997, 115; oben Rn 155).

d) Behinderung der Verwertung

Die Fortsetzung des Mietverhältnisses muss ein **Hindernis für die angemessene wirtschaftliche Verwertung** des Grundstücks darstellen. Dies bedeutet, dass das zu kündigende Mietverhältnis der geplanten wirtschaftlichen Verwertung in entscheidender Weise entgegensteht. Es muss Kausalität iS der Adäquanztheorie vorliegen (LG Bonn ZMR 1992, 114; BeckOGK/GEIB [1. 7. 2020] Rn 112; J EMMERICH WuM 2015, 259, 264; KLEIN-BLENKERS ua/HINZ Rn 74). Das Mietverhältnis braucht die Verwertung nicht vollständig auszuschließen (LG Wiesbaden WuM 2007, 201). Es reicht, wenn der Vermieter an einer angemessenen wirtschaftlichen Verwertung „gehindert" ist, wie das Gesetz formuliert, wenn das Grundstück also nur wirtschaftlich unangemessen verwertet werden könnte, sodass ein Verkauf als wirtschaftlich sinnlos erscheint und der Kündigungsschutz des Mietverhältnisses damit zum faktischen Verkaufshindernis wird (BVerfGE 79, 283, 291 = NJW 1989, 972; BVerfG NJW 1991, 3270; BVerfG NJW 1992, 361; OLG Stuttgart WuM 2005, 658 [s dazu auch WuM 2005, 785]; LG Krefeld WuM 2010, 302). Ein Hindernis liegt deshalb nicht vor, wenn der Vermieter die Maßnahmen in der vorgesehenen Weise ohne Kündigung des Mietverhältnisses treffen kann, selbst wenn die Wohnung hierbei vorübergehend unbenutzbar sein sollte (LG Augsburg WuM 1992, 614; AG München WuM 1986, 334). Dies gilt etwa, wenn die Unrentabilität durch zulässige Modernisierungsmaßnahmen aufgrund der Duldungspflicht des Mieters aus § 555d Abs 1 BGB (LG Koblenz WuM 1990, 211; LG Köln WuM 1989, 255; LG Nürnberg-Fürth WuM 1991, 176; AG Dortmund NJW-RR 1992, 521; BLANK ZMR 1981, 321, 323; DEGEN WuM 1983, 275, 276) oder durch Mieterhöhungen nach den §§ 558 ff BGB beseitigt werden kann (LG Kiel WuM 1993, 52; LG Nürnberg-Fürth WuM 1991, 176; **aM** AG Arnsberg DWW 1990, 153). Ebenso sind wegen der Duldungspflicht aus § 555a Abs 1 BGB notwendige Reparaturarbeiten zu beurteilen (LG Köln WuM 1989; AG Essen ZMR 1997, 423). Die Kündigung ist deshalb nur berechtigt, wenn die Sanierung oder Modernisierung bei fortbestehendem Mietverhältnis unmöglich wäre (LG Frankenthal/Pfalz WuM 1991, 171; LG Stuttgart WuM 1991, 178).

Ausgeschlossen ist eine Kündigung, wenn das Haus trotz bestehender Mietverhältnisse verkauft werden kann, ohne dass der Kaufpreis dadurch beeinträchtigt wird und die Geltendmachung von Rechtsmängeln nach § 433 Abs 1 S 2, § 435 BGB zu befürchten ist (**aM** AG Kappeln WuM 1978, 70 m **abl** Anm HOLTSCHOPPEN), oder wenn der Grundstücksverkauf wegen bestehender Mietverhältnisse lediglich erschwert wird (LG Berlin WuM 1981, 105; AG Kerpen WuM 2007, 135). Dasselbe gilt, wenn sich die beabsichtigte Verwertung im Grundsatz auch bei fortbestehendem Mietverhältnis verwirklichen lässt und der Vermieter nur geringfügige Einbußen des von ihm verfolgten Konzepts hinnehmen muss (BGH 10. 5. 2017 – VIII ZR 292/15, NZM 2017, 559). Die Absicht des Käufers, in das Haus einzuziehen, begründet kein berechtigtes Interesse des Verkäufers an einer Beendigung des Mietverhältnisses (AG Ahlen WuM 1983, 27 [LS]). Ebensowenig ist der Wunsch nach einer mieterfreien Veräußerung ausreichend (LG Düsseldorf WuM 1987, 321). Macht ein bestehendes Mietverhältnis das Haus unverkäuflich (BVerfG NZM 1998, 619; LG Düsseldorf NJW-RR 1992, 522; LG Osnabrück ZMR 1988, 232; AG Hannover WuM 1991, 188; AG Stuttgart-Bad Canstatt WuM 1991, 200) oder lässt sich das Haus deshalb nicht so günstig verkaufen (LG Karlsruhe ZMR 1987, 469; LG Trier

WuM 1991, 273; AG Stuttgart WuM 1991, 198; **aM** AG Lübeck MDR 1977, 141 m **abl** Anm Hinzmann DWW 1977, 21), ohne dass dies entscheidend auf einem stagnierenden Grundstücksmarkt beruht (Riebandt/Korfmacher WuM 1986, 127, 130), ist ein Hindernis gegeben.

159 Hierbei muss der Vermieter **nachweisen**, dass das Haus unverkäuflich oder nur zu einem unangemessen niedrigen Kaufpreis abzusetzen ist (BGH NZM 2011, 773; OLG Stuttgart WuM 2005, 658; LG Darmstadt WuM 1987, 320; LG Hamburg WuM 1991, 186; LG Hamburg WuM 1992, 22; LG Mosbach WuM 1991, 191; AG Hannover WuM 1993, 403; AG Münster WuM 1991, 193). Erfolglose Verkaufsbemühungen sollten deshalb angegeben werden (LG Stuttgart WuM 1994, 686). Sie sind aber nur ein Indiz für die Unverkäuflichkeit des Grundstücks und keine zwingenden Kündigungsvoraussetzungen (BVerfG WuM 1998, 463, 465; **aM** LG Bielefeld WuM 1997, 267). Nicht ausreichend ist jedenfalls die pauschale Bestätigung eines Maklers, die Immobilie sei bei Fortbestand des Mietverhältnisses unveräußerlich (AG Coesfeld ZMR 2012, 199). Hinzukommen muss, dass der Vermieter durch das Verwertungshindernis erhebliche Nachteile erleiden würde. Ist das Grundstück wegen einer überhöhten Kaufpreisforderung unverkäuflich, beruht das Verwertungshindernis nicht auf dem Mietverhältnis (LG Stuttgart WuM 1994, 686; AG Coesfeld ZMR 2012, 199). Auch ein bei bestehendem Mietverhältnis ungünstiger Verkauf kann noch eine angemessene wirtschaftliche Verwertung darstellen (LG Duisburg WuM 1991, 497; AG Hannover WuM 1993, 403; AG Stuttgart-Bad Canstatt WuM 1991, 200; unten Rn 160 ff), wenn etwa ein Grundstück wegen bestehender Mietverhältnisse nicht zum höchstmöglichen Preis verkauft werden kann, aber doch zum Preis des Verkehrswertes in vermietetem Zustand, in dem es sich im Zeitpunkt des Eigentumserwerbs befand (AG Eschweiler WuM 2000, 191).

e) Erhebliche Nachteile

160 Der Vermieter müsste erhebliche Nachteile erleiden, wenn er durch die Fortsetzung des Mietverhältnisses an der geplanten wirtschaftlichen Verwertung des Grundstücks gehindert würde. Die Nachteile können darauf beruhen, dass das Mietverhältnis die wirtschaftliche Verwertung des Grundstücks ausschließt oder dass es sie zwar noch zulässt, aber nur mit einem unangemessenen Ergebnis. Der Abschluss eines Mietvertrags und die daraus folgende Pflicht, auf die Belange des Mieters Rücksicht zu nehmen, rechtfertigen es, dem Vermieter nicht schon bei jedwedem wirtschaftlichen Nachteil ein Kündigungsrecht einzuräumen. Ob ein Nachteil dem Vermieter zumutbar ist, dh ob er noch nicht erheblich ist, muss im Hinblick auf die Sozialpflichtigkeit des Eigentums beurteilt werden. Die Einbußen dürfen jedoch keinen Umfang annehmen, der die Nachteile weit übersteigt, die dem Mieter durch den Verlust der Wohnung entstehen (BVerfGE 79, 283, 290 = NJW 1989, 972).

aa) Nachteile

161 Die Nachteile für den Vermieter können darauf beruhen, dass das Grundstück nicht nutzungsfähig ist oder dass die objektive Nutzungsmöglichkeit wegen des eingesetzten Kapitals zu geringe Einnahmen oder zu hohe Aufwendungen mit sich bringt. Dies gilt erst recht, wenn die Aufwendungen höher sind als die Einnahmen (AG Schöneberg GE 1990, 1087). Dabei spielt es keine Rolle, ob der Vermieter wegen anderer Einkünfte nicht auf eine höhere Miete angewiesen ist (**aM** LG Düsseldorf WuM 1981, 162). Entscheidend ist nur die Rendite des vermieteten Objekts. Der Vermieter muss vor einer Kündigung aber versuchen, die Rendite durch andere

geeignete Maßnahmen zu verbessern (LG Kleve WuM 1988, 276), insbesondere durch eine Mieterhöhung, weil sonst kein Hindernis für eine angemessene wirtschaftliche Verwertung durch Vermietung anzunehmen ist (vgl Rn 157). Der Reparaturaufwand für ein sanierungsbedürftiges Gebäude muss sich in einem vertretbaren und renditemäßigen Rahmen halten (AG Duisburg ZMR 1989, 343). Auf die Verwertung anderer Vermögensobjekte darf der Vermieter nicht verwiesen werden (LG Osnabrück ZMR 1988, 232; aM LG Mosbach WuM 1991, 191). Auch der bei fortbestehendem Mietverhältnis geringere Verkaufserlös des Grundstücks führt zu einer Vermögenseinbuße (BVerfGE 79, 283, 291 = NJW 1989, 972). In diesen Fällen liegt das Schwergewicht der Beurteilung auf der Frage, ob der Nachteil erheblich ist (vgl Rn 167 ff).

162 Früher wurde (auch hier: STAUDINGER/ROLFS [2006] § 573 Rn 152) vielfach die Auffassung vertreten, dass bei der Feststellung des „Nachteils" zu berücksichtigen sei, ob der Vermieter das **Grundstück bereits in vermietetem Zustand erworben** hat, sodass nicht die Verkaufspreise in vermietetem und unvermietetem Zustand gegenübergestellt werden könnten (LG Berlin NJW-RR 1997, 10; LG Hamburg WuM 1992, 22; LG München I NJW-RR 1992, 520; AG Tempelhof-Kreuzberg WuM 1991, 200). Erwerbe der Vermieter das Grundstück in vermietetem Zustand, so hafte dem Grundstück von Anfang an der durch die Vermietung begründete Minderwert an. Durch die Fortsetzung des Mietverhältnisses erleide der Vermieter daher keine zusätzlichen erheblichen Nachteile, vielmehr würde er durch die Kündigung einen wirtschaftlichen Wert realisieren, der ihm nie zur Verfügung stand (KG WuM 2002, 263; AG Kerpen WuM 2007, 135). An dieser Auffassung kann angesichts der jüngeren Rspr des **BGH** nicht mehr festgehalten werden. Dies gilt nicht nur für den Sonderfall, dass der Mieter seine Rechtsposition durch ein wegen Gläubigerbenachteiligung anfechtbares Rechtsgeschäft erlangt hat (BGH NZM 2008, 281). Vielmehr ist nach dem Urteil vom 28. 1. 2009 (BGHZ 179, 289, 296 = NJW 2009, 1200) allgemein davon auszugehen, dass der Wechsel in der Eigentümer-/Vermieterstellung keine Auswirkungen auf die Kündigungsvoraussetzungen des § 573 Abs 2 Nr 3 BGB hat. § 566 BGB will vermeiden, dass sich die Rechtsstellung des Mieters durch den Eigentümerwechsel verschlechtert. Eine Verbesserung seiner (kündigungsrechtlichen) Stellung ist nicht das Ziel. Wäre der vorherige Eigentümer/Vermieter zur Kündigung berechtigt gewesen, ändert allein der Umstand, dass der Erwerber das Grundstück zu einem günstigen Preis (und ggf sogar mit dem Ziel der „Freikündigung" und des anschließenden Abrisses) erworben hat, nichts an der Angemessenheit der wirtschaftlichen Verwertung (BGH 27. 9. 2017 – VIII ZR 243/16, NZM 2017, 756; ROLFS/SCHLÜTER JZ 2009, 693, 695 f; aM LG Berlin GE 2010, 1420). Das gilt nicht nur für den Fall des rechtsgeschäftlichen Erwerbs des Grundstücks, sondern auch für den Erwerb von Todes wegen (vgl BGH NZM 2011, 773).

163 Hiervon zu unterscheiden ist die Frage, ob Kauf und Verkauf eines vermieteten Objekts eine angemessene wirtschaftliche Verwertung darstellen (vgl Rn 151 f). Ferner ist es für den Vermieter nachteilig, dass er daran gehindert wird, durch einen Umbau die Mieteinnahmen zu verbessern, selbst wenn er dann immer noch einen Verlust erwirtschaften würde, dieser aber wesentlich geringer wäre als ohne die geplante Baumaßnahme (LG München I WuM 1981, 234). Zu berücksichtigen sind ferner wirtschaftliche Einbußen, die nicht das Grundstück, sondern andere Tätigkeitsbereiche des Vermieters betreffen. So kann es nachteilig sein, wenn durch das bestehende Mietverhältnis verhindert wird, dass der Vermieter diese Wohnung bezieht und er mit seiner bisherigen Wohnung höhere Mieteinnahmen erzielt (BVerfG NJW 1992, 105) oder dass er sein Unternehmen ausweitet und ihm deshalb Gewinnmöglichkeiten entgehen (LG Osnabrück WuM 1994, 214; aM AG Rotenburg/Wümme WuM 1991, 196). Das Gleiche gilt, wenn wegen eines gescheiterten Grundstücksverkaufs Investitionen im Unternehmen oder andere Gewinn bringende Geschäfte unterbleiben müssen oder nur durch teurere Kredite finanziert werden können. Ebenso kann für den Vermieter ein Nachteil daraus erwachsen, dass er bestehende Kredite nicht ablösen kann (BVerfG NJW 1992, 105), den Neubau eines Hauses durch Aufnahme von Krediten finanzieren muss (LG Düsseldorf NJW-RR 1992, 522; LG Stuttgart WuM 1991, 198; LG Trier WuM 1991, 273) oder öffentliche Fördermittel verliert (LG Freiburg WuM 1991, 172).

164 **Nicht berücksichtigt** werden Verluste aus der Finanzierung der zu kündigenden Wohnung (AG Bonn WuM 1991, 696; AG Hannover WuM 1991, 187) oder rein rechnerische Verluste im Vergleich der Mieteinnahmen zu Erträgen aus anderen Kapitalanlagen (LG Dortmund WuM 1992, 23; LG Hannover WuM 1994, 432), ebensowenig Entschädigungen, die der Vermieter an den Käufer der vermieteten Wohnung entrichten muss, weil ihm die Räumung nicht gelingt (LG Aachen WuM 1991, 495; LG Münster WuM 1991, 194; **aM** LG Frankenthal/Pfalz WuM 1991, 181).

165 Je nach Art des Nachteils, den der Vermieter geltend macht, muss er eine **vergleichende Berechnung** aufstellen, etwa zwischen den Sanierungskosten (LG Karlsruhe WuM 1991, 168; LG Nürnberg-Fürth WuM 1991, 176) oder Verkaufserlösen unter Berücksichtigung des Preises für den Erwerb (LG Freiburg WuM 1991, 592; LG Kiel WuM 1994, 283; LG München I WuM 1991, 193; AG Hannover WuM 1991, 188) in vermietetem und unvermietetem Zustand oder auch als reine Wirtschaftlichkeitsberechnung (LG Arnsberg WuM 1992, 21; LG Berlin GE 2003, 49; LG Berlin ZMR 2003, 837; LG Freiburg WuM 1991, 172; LG Wiesbaden NZM 1998, 163; Kinne ua/Schach Rn 46; **aM** LG Kempten WuM 1994, 687). Pauschale Angaben sind unzureichend (LG Berlin GE 1995, 497; LG Hannover WuM 1991, 189). Bei diesen Entscheidungen fließen die Fragen, ob der Kündigungsgrund besteht und ob er nach § 573 Abs 3 BGB formell richtig im Kündigungsschreiben angegeben ist (vgl Rn 212 ff), häufig zusammen. Anstelle wirtschaftlicher Nachteile kommen auch solche persönlicher Natur in Betracht, da der Wortlaut der Vorschrift insoweit offen ist.

bb) Erheblichkeit

166 Die Nachteile müssen für den Vermieter erheblich sein. Sie müssen von einem solchen Gewicht sein, dass die mit dem Bestandsschutz verbundene Einschränkung der Eigentümerbefugnisse auch im Hinblick auf die Sozialpflichtigkeit des Eigentums als unerträglich erscheint (LG Berlin DWW 1988, 178). Dies lässt sich nur im Einzelfall unter Berücksichtigung der persönlichen und wirtschaftlichen Verhältnisse des Vermieters beurteilen (BGHZ 179, 289, 294 = NJW 2009, 1200; LG Wiesbaden WuM 2007, 201; AG Tempelhof-Kreuzberg WuM 1991, 200; MünchKomm/Häublein Rn 124 ff; Schmidt-Futterer/Blank Rn 170). Die Erheblichkeit des Nachteils und damit die Zumutbarkeit sind also **nicht nach rein objektiven Maßstäben** zu beurteilen. Erzielt der Vermieter eine angemessene Rendite, erleidet er durch die Fortsetzung des Mietverhältnisses keinen erheblichen Nachteil, wenngleich er nach einer Kündigung eine noch höhere Miete erzielen könnte (AG Hamburg WuM 1979, 54). Andererseits darf der Anwendungsbereich der Kündigungsvorschrift nicht auf die Fälle ansonsten drohenden Existenzverlustes beschränkt werden. Auch Vermögenseinbußen, die die wirtschaftliche Existenz des Vermieters noch nicht ernsthaft in Frage stellen, sind von Verfassungs wegen zu beachten (BVerfGE 79, 283, 291 = NJW 1989, 972). Das BVerfG (BVerfGE 79, 283, 291 = NJW 1989, 972) hat davon abgesehen, die Grenzen für die Erträglichkeit einer Vermögenseinbuße abstrakt zu bestimmen.

Da der Kaufpreis regelmäßig niedriger ausfällt, wenn ein Grundstück nur in vermietetem Zustand verkauft werden kann, als wenn es frei ist, kann der **Mindererlös beim Verkauf als erheblicher Nachteil** anzuerkennen sein. Das BVerfG hat anerkannt, dass der Vermieter in seinem durch Art 14 Abs 1 GG geschützten Eigentumsrecht verletzt sein kann, wenn ein beabsichtigter Verkauf als wirtschaftlich sinnlos erscheinen müsse und sich der mietrechtliche Kündigungsschutz als faktisches Verkaufshindernis darstelle. Ein solcher Fall kann anzunehmen sein, wenn nicht nur die Differenz der beiden Kaufpreise (vermieteter/unvermieteter Zustand) „ganz erheblich" ist, sondern wesentlich unter den für die Wohnung erbrachten Aufwendungen liegt (BVerfG NZM 2004, 134). **167**

Insgesamt ist stets auf den Einzelfall abzustellen. Der bloße Verweis auf irgendwelche „Erfahrungssätze" genügt nicht, der Vermieter muss die Nachteile stets konkretisieren (Schönleber NZM 1998, 601, 605). Dementsprechend **uneinheitlich sind die Entscheidungen** der Gerichte. Als erheblicher Nachteil wird es beurteilt, wenn sich der Verkaufserlös um 46 vH (AG Schöneberg GE 1990, 1087), 40 vH (LG München I ZMR 2013, 120), 30 vH (AG Hamburg ZMR 2005, 796), 20 vH (LG Stuttgart WuM 1991, 201; AG Hannover WuM 1993, 403), 15 bis 20 vH (LG Hamburg WuM 1991, 185; LG Hamburg WuM 1991, 186), 10 bis 15 vH (LG Traunstein WuM 1989, 420) oder um 6 vH (LG Mainz ZMR 1986, 14) mindert. Teilweise wird mit absoluten Zahlen argumentiert, indem der Nachteil als erheblich angesehen wird, wenn eine für 76 500 € gekaufte Wohnung beim Verkauf 79 500 €, in unvermietetem Zustand aber 46 000 € mehr erbringen würde (BVerfG NJW 1992, 2752), wenn eine für 73 000 € gekaufte Wohnung vermietet 47 000 €, unvermietet aber mit 69 000 € auch nur zu einem unter dem Einstandspreis liegenden Erlös führen würde (BVerfG NJW 1991, 3270), wenn statt 66 500 € nur 51 000 € (LG Düsseldorf WuM 1991, 593) oder statt 220 000 € nur 194 000 € zu erzielen wären (LG Detmold NZM 2002, 339). **168**

Auf der anderen Seite finden sich Entscheidungen, die einen bei fortbestehendem Mietverhältnis ungünstigeren Verkauf allgemein als eine angemessene wirtschaftliche Verwertung einstufen, vor allem wenn der Verkaufspreis immer noch höher ist als der Einkaufspreis (LG Gießen WuM 1994, 688; LG Lübeck WuM 1993, 616) oder als der Wert im Zeitpunkt einer früheren Schenkung (BVerfG NJW 1992, 361; LG Köln WuM 1996, 39), selbst wenn der Mehrerlös 31 000 € gegenüber dem Preis von 74 000 € betragen würde (BVerfG NJW 1992, 361). Eine angemessene wirtschaftliche Verwertung soll gegeben sein, wenn der Verkaufspreis hinter der allgemeinen Teuerungsrate seit dem Kauf zurückbleiben würde (LG Hamburg WuM 2002, 196). Ein Mindererlös von 30 bis 40 vH (AG Kerpen WuM 2007, 135), 20 vH (LG München I WuM 1992, 374), von weniger als 15 vH (LG Berlin GE 1990, 199) und von 4 vH (LG Bad Kreuznach WuM 1991, 179) wurde als unerheblich bewertet, bei einer Bank sogar 25 vH (LG Hannover WuM 1991, 189; AG Hannover WuM 1991, 188), ein Erlös von 165 500 € statt 224 000 € (LG Wiesbaden WuM 1993, 54), ein solcher von 115 000 € bei Verkauf an den Mieter statt von 150 000 € an einen Dritten (LG Berlin 13. 2. 2014 – 67 S 475/13, WuM 2014, 288) oder nur der Verlust günstiger Gewinnmöglichkeiten (AG Münster WuM 1991, 194). **169**

170 Aus diesen Entscheidungen lässt sich nur insoweit eine **einheitliche Linie** entnehmen, als ein Verkauf des Grundstücks in vermietetem Zustand zu einem Preis, der unter dem Einkaufspreis oder dem Wert im Zeitpunkt einer früheren Schenkung liegt, zu einem erheblichen Nachteil führen kann, während dies bei einem höheren Erlös im Allgemeinen ausscheidet. Hierbei sind weitere Investitionen des Vermieters zu berücksichtigen. Aber diese Grundsätze sind zu relativieren, wenn das **Zeitmoment** berücksichtigt wird. Ein geringer Unterschiedsbetrag, der sich nach kurzer Zeitspanne zwischen Kauf oder Schenkung und Verkauf ergibt, kann unerheblich sein, während die gleiche Differenz, die erst nach längerer Zeit eingetreten ist, als erheblicher Nachteil einzustufen sein kann, wenn durch den geringeren Verkaufserlös die Wertsteigerung eines längeren Zeitraums fast vollständig aufgezehrt wird oder die Differenz sogar unter den vom Vermieter für die Wohnung erbrachten Aufwendungen liegt (BVerfG NZM 2004, 134). Die Frage der Erheblichkeit eines Nachteils kann zudem nicht nur nach dem Verhältnis zwischen möglichem und tatsächlich erzielbarem Erlös entschieden werden. Auch ein hoher absoluter Unterschiedsbetrag kann ins Gewicht fallen (LG Mainz ZMR 1986, 14; **aM** LG Hamburg WuM 1991, 185), aber wiederum abhängig von den Bedürfnissen des Vermieters und der hiernach zu bestimmenden Zumutbarkeit. Persönliche Nachteile des Vermieters lassen sich überhaupt nicht in Zahlen messen. Andererseits müssen Marktschwankungen zu Lasten des Vermieters gehen (OLG Stuttgart WuM 2005, 658). Insgesamt handelt es sich wegen der vielen Unwägbarkeiten und notwendigen Wertungen um eine Vorschrift, die in der Praxis häufig nur mit unbefriedigenden Ergebnissen zu handhaben ist.

f) Einwände des Mieters

171 Die Kündigung wegen Hinderung angemessener wirtschaftlicher Verwertung kann ähnlich wie die Eigenbedarfskündigung (vgl Rn 113 ff) nach § 242 BGB aufgrund eines **Rechtsmissbrauchs** unwirksam sein. Hierfür kommen im Wesentlichen die gleichen Gründe in Betracht. Die Kündigung ist rechtsmissbräuchlich, wenn der Vermieter bereits bei Abschluss des Mietvertrags auf unbestimmte Zeit den Verkauf des sanierungsbedürftigen Hauses plant und dies dem Mieter verschweigt (AG Münster WuM 1993, 616), wenn andere vernünftige Gründe für den Verkauf bereits bei Abschluss des Mietvertrags bestehen (LG Hamburg WuM 1991, 187; LG Mannheim ZMR 1995, 315), wenn der Nachteil, mit dem der Vermieter später die Kündigung begründet, schon im Zeitpunkt des Vertragsabschlusses vorliegt (AG Lübeck WuM 1994, 542; AG Miesbach WuM 1992, 251) oder abzusehen ist (LG Hamburg WuM 1992, 615). Das Gleiche ist anzunehmen, wenn der Vermieter im Zeitpunkt des Vertragsabschlusses Umbau- und Sanierungspläne hat, ohne das Haus verkaufen zu wollen, den Mieter aber nicht aufklärt und auch nicht den hierfür von § 575 Abs 1 Nr 2 BGB vorgesehenen Weg eines befristeten Mietverhältnisses wählt. Als rechtsmissbräuchlich wurde eine Kündigung beurteilt, weil der Vermieter die Notwendigkeit umfangreicher Sanierungsmaßnahmen durch sein eigenes vertragswidriges Verhalten herbeigeführt hatte, indem er in der Vergangenheit seinen Erhaltungspflichten nicht nachgekommen war (LG Frankfurt aM NJW-RR 1996, 266; LG Hamburg WuM 1999, 720; vgl auch BGHZ 179, 289, 297 = NJW 2009, 1200).

172 Rechtsmissbrauch liegt auch vor, wenn das **Verwertungsinteresse** zwar zunächst besteht, sodass die Kündigung wirksam ist, aber **später wegfällt** und der Vermieter trotzdem an der Kündigung festhält. Dies kann Schadensersatzansprüche des Mieters zur Folge haben (vgl Rn 227 ff). So fällt das Verwertungsinteresse etwa weg, wenn der Vermieter seine Umbau- oder Sanierungspläne oder seine Verkaufsabsichten aufgibt, nachdem die Kündigung durch Zugang wirksam geworden ist. Im Gegensatz zur früher wohl hM ist dies jedoch nicht bis zum Termin der letzten mündlichen Verhandlung oder gar noch im Vollstreckungsverfahren, sondern – wie bei der Eigenbedarfskündigung (BGHZ 165, 75, 81 ff = NJW 2006, 220; oben Rn 124) – nur dann zu berücksichtigen, wenn das Verwertungsinteresse **bis zum Ablauf der Kündigungsfrist** wegfällt (**aM** LG Frankenthal/Pfalz WuM 1991, 350). Anderenfalls wäre der vertragsuntreue Mieter, der seiner Räumungspflicht (§ 546 BGB) bei Beendigung des Mietverhältnisses nicht nachkommt, im Vorteil.

173 Nach verbreiteter Auffassung wirkt eine Verwertungskündigung des bisherigen Vermieters wegen Wegfalls des Erlangungsinteresses nicht über den Zeitpunkt hinaus, in dem ein **Grundstückserwerber** als neuer Eigentümer in das Grundbuch eingetragen wird (LG Aachen WuM 1990, 27; LG Duisburg WuM 1991, 497; LG Münster WuM 1991, 194). Unabhängig von der Art der geplanten Verwertung wird diese Absicht jedoch in objektiv erkennbarer Weise durch Abschluss des Kaufvertrags aufgegeben, sodass schon auf diesen früheren Zeitpunkt abzustellen ist. War die Verwertungsabsicht allerdings auf die später vollzogene Veräußerung gerichtet, so ist danach zu unterscheiden, ob der Fortbestand des Mietverhältnisses ein zu berücksichtigender Hinderungsgrund war oder nicht (vgl Rn 157 ff). Ist dies nicht der Fall, so ist die Kündigung ohnehin unwirksam. Wenn die Fortsetzung des Mietverhältnisses den Vermieter aber zunächst an einer Verwertung des Grundstücks durch Veräußerung gehindert hat, so ist weiter zu unterscheiden, ob ihm die Veräußerung später trotzdem gelungen ist, etwa an einen Kapitalanleger, sodass ein Wegfall des Kündigungsgrundes anzunehmen ist, oder ob der Erwerber nur deshalb gekauft hat, weil er auf die Beendigung des Mietverhältnisses gebaut hat (offenlassend OLG Stuttgart WuM 2005, 658; LG Kiel GE 2008, 1427). In diesem Fall verwirklicht sich der Kündigungsgrund in dem Erwerb und kann deshalb nicht als weggefallen beurteilt werden, da dies den Fortbestand des Mietverhältnisses zur Folge hätte, was das Gesetz gerade verhindern will.

3. Ausgeschlossene Gründe (Abs 2 Nr 3 HS 2 und 3)

174 Nach § 573 Abs 2 Nr 3 HS 2 BGB bleibt für die Frage, ob der Vermieter durch die Fortsetzung des Mietverhältnisses an einer angemessenen wirtschaftlichen Verwertung des Grundstücks gehindert und dadurch erhebliche Nachteile erleiden würde, die Möglichkeit außer Betracht, im Falle einer **anderweitigen Vermietung als Wohnraum eine höhere Miete** zu erzielen. Der Vermieter soll das für eine Mieterhöhung in den §§ 558 ff BGB vorgeschriebene Verfahren nicht durch Kündigung und Neuabschluss mit einem anderen Mieter umgehen können. Er bleibt deshalb auch an eine Gefälligkeitsmiete gebunden (AG Osnabrück WuM 1989, 256) und kann insoweit nur versuchen, eine Mieterhöhung gemäß §§ 558 ff BGB durchzusetzen (LG Bonn WuM 2000, 35). Betroffen wird die Wiedervermietung der zu kündigenden Wohnung an Dritte als Wohnraum (LG Osnabrück WuM 1973, 63; AG Hamburg WuM 1973, 213). Nicht erfasst wird eine Umwidmung zu Wohnheimplätzen für betreutes Wohnen (BGH 10. 5. 2017 – VIII ZR 292/15, NZM 2017, 559) oder eine Neuvermietung, nachdem der Vermieter eine große Wohnung in mehrere kleine Wohnungen oder Apartments umgebaut hat (PALANDT/WEIDENKAFF Rn 35; **aM** LG Düsseldorf WuM 1981, 162; AG Dortmund WuM 1984, 55), weil dann nicht die bisherige Wohnung weitervermietet wird. Ebensowenig ist die Kündigung ausgeschlossen, wenn umgekehrt durch Sanierung und Zusammenlegung von Kleinwohnungen zu Großwohnungen eine Ertragssteigerung zu erwarten ist (LG Berlin GE 1989, 311; AG Oldenburg WuM 1980, 226). Der Ausschlussgrund greift aber ein, wenn bisher einzeln vermietete Wohnräume ohne weitere Umbaumaßnahmen zusammen als einheitliche Wohnung zu einer höheren Miete vermietet werden sollen (LG Braunschweig WuM 1991, 202; Klein-Blenkers ua/Hinz Rn 80; zweifelnd Spielbauer/Schneider/Krenek Rn 85).

175 Nach § 573 Abs 2 Nr 3 HS 3 BGB kann sich der Vermieter nicht darauf berufen, dass er die Mieträume im Zusammenhang mit einer beabsichtigten oder nach Überlassung an den Mieter erfolgten **Begründung von Wohnungseigentum** veräußern will. Damit soll verhindert werden, dass die Kündigungsbeschränkung des § 577a BGB schon vom Veräußerer zugunsten des Erwerbers umgangen wird. Ist der Vermieter nicht mit dem Eigentümer identisch und wird im Hinblick auf eine geplante Veräußerung ein Kündigungsrecht aus sonstigen Gründen zugelassen (vgl Rn 200), greift bei einer Veräußerung als Eigentumswohnung die Beschränkung nach § 573 Abs 2 Nr 3 HS 3 BGB entsprechend ein. Problematisch ist, dass das Gesetz auf die *Absicht* des Vermieters abstellt, Wohnungseigentum zu begründen. Das gleiche Problem tritt beim Vorkaufsrecht des Mieters nach § 577 BGB auf (vgl § 577 Rn 24 ff). Dieses rein subjektive Moment wird praktisch kaum noch nachweisbar sein, wenn sich der Vermieter bei der Kündigung darauf beruft, das ganze Grundstück veräußern zu wollen (vgl Rn 147 f), und angeblich erst später seine Pläne ändert. Eine solche Umgehung ist nur dadurch zu vermeiden, dass an die Kündigungsberechtigung nach Abs 2 Nr 3 HS 1 hinsichtlich der Darlegung der Gründe strenge Maßstäbe angelegt werden. Das Kündigungsverbot gilt zeitlich unbefristet (LG Berlin 29. 3. 2010 – 67 S 338/09, MM 2010, 226; **aM** LG Stuttgart 21. 2. 1990 – 13 S 426/89, WuM 1991, 201; offen lassend LG Berlin 20. 6. 2014 – 63 S 366/13, GE 2014, 1453), eine analoge Anwendung der Sperrfrist des § 577a BGB kommt nicht in Betracht. Die Regelung ist auch anwendbar, wenn das Verfahren zur Begründung des Wohnungseigentums bereits vor der Überlassung an den Mieter eingeleitet worden war (LG Duisburg NJW-RR 1989, 1166). Eine analoge Anwendung der Vorschrift auf Fälle, in denen der Vermieter ein Wohngebäude zum Zwecke seines Abrisses freikündigt und das sodann **neu zu errichtende Gebäude** in **Eigentumswohnungen** aufzuteilen beabsichtigt, kommt nicht in Betracht (BGHZ 179, 289, 297 f = NJW 2009, 1200).

VI. Sonstige Gründe (Abs 1 S 1)

176 In § 573 Abs 2 BGB werden die als berechtigte Interessen anzuerkennenden Kündigungsgründe nicht abschließend aufgezählt (BT-Drucks VI/1549, 8; BT-Drucks VI/2421, 3; BT-Drucks 7/2638, 2). Dies ergibt sich schon aus der Formulierung des Gesetzes, nach der „insbesondere" die in Abs 2 Nr 1 bis 3 genannten Gründe als ein berechtigtes Interesse anzusehen sind. Andere Gründe müssen ein ähnliches Gewicht haben wie die gesetzlich aufgeführten Fälle (BT-Drucks 7/2638, 2; BGH NZM 2007, 639; BGH NZM 2007, 681; BGH 9. 5. 2012 – VIII ZR 238/11, NJW 2012, 2342; BGH NJW 2013, 225; BGH 10. 5. 2017 – VIII ZR 292/15, NZM 2017, 559; KG NJW 1981, 1048; OLG Stuttgart WuM 1991, 330; Münch Komm/Häublein Rn 37; Schmid/Harz/Gahn Rn 8; Spielbauer/Schneider/Krenek Rn 87), da sonst der Schutzzweck des Gesetzes vereitelt würde. Dabei hängen die Anforderungen an das Vorliegen eines berechtigten Erlangungsinteresses des Vermieters davon ab, ob der geltend gemachte Kündigungsgrund eher eine größere Nähe zum Eigenbedarfstatbestand oder eher eine solche zum Tatbestand der Verwertungskündigung aufweist (BGH 10. 5. 2017 – VIII ZR 292/15, NZM 2017, 559).

1. Betriebsbedarf im weiteren Sinne

a) Gewerbliche oder freiberufliche Nutzung

Ein berechtigtes Interesse des Vermieters an der Beendigung des Mietverhältnisses **177** kann sich nach Auffassung des BGH daraus ergeben, dass der im gleichen Haus wohnende Vermieter die vermietete Wohnung **für berufliche Zwecke nutzen** will, und zwar unabhängig davon, ob es sich um seine eigene berufliche Tätigkeit oder diejenige eines Familienangehörigen handelt (BGH 26. 9. 2012 – VIII ZR 330/11, NJW 2013, 225 m Bespr HÄUBLEIN WuM 2014, 635, 638 f; WIEK WuM 2013, 271 ff; BGH 29. 3. 2017 – VIII ZR 45/16, BGHZ 214, 269, 278 ff = NJW 2017, 2018 = NZM 2017, 405 mAnm HINZ). Der Wunsch des Vermieters, die Wohnung ganz oder überwiegend (zu einem solchen Fall BGH NJW 2005, 3782) für berufliche Zwecke nutzen zu wollen, sei schon im Hinblick auf die durch Art 12 Abs 1 GG garantierte Berufsfreiheit nicht geringer zu bewerten als der in § 573 Abs 2 Nr 2 BGB ausdrücklich anerkannte Eigenbedarf zu Wohnzwecken (ebenso LG Stralsund WuM 2005, 779; LG Berlin 12. 8. 2015 – 65 S 531/14, GE 2015, 1163). Der BGH betont allerdings, dass in jedem Einzelfall eine umfassende Würdigung des Sachverhalts erforderlich sei (BGH 9. 5. 2012 – VIII ZR 238/11, NJW 2012, 2342; BGH 26. 9. 2012 – VIII ZR 330/11, NJW 2013, 225; BGH 29. 3. 2017 – VIII ZR 45/16, BGHZ 214, 269, 281 ff = NJW 2017, 2018), die einer generellen Gleichsetzung gewerblicher oder (frei-)beruflicher Nutzungszwecke mit den in Abs 2 Nr 2 anerkannten Wohnzwecken entgegenstehe. Zugunsten des Vermieters sei namentlich dessen verfassungsrechtlich geschütztes Eigentum (Art 14 Abs 1 GG) – nicht aber die Berufsfreiheit (Art 12 Abs 1) und die allgemeine Handlungsfreiheit (Art 2 Abs 1 GG) – zu berücksichtigen; zugunsten des Mieters, dass auch dessen Position nach der Rspr des BVerfG (BVerfG 26. 5. 1993 – 1 BvR 208/93, BVerfGE 89, 1, 6 = NJW 1993, 2035) den verfassungsrechtlichen Schutz des Eigentums genieße. Im Ergebnis sei dem Erlangungsinteresse des Vermieters regelmäßig der Vorzug vor dem Bestandsinteresse des Mieters zu geben, wenn der ernsthaft verfolgte Nutzungswunsch von vernünftigen und nachvollziehbaren Gründen getragen ist und dem Vermieter bei einem ihm verwehrten Bezug der Mieträume ein nach den Umständen des Falles anerkennenswerter Nachteil entstünde, was bei einer auf nachvollziehbaren und vernünftigen Erwägungen beruhenden Lebens- und Berufsplanung des Vermieters aufgrund lebensnaher Betrachtung häufig der Fall sein dürfte (BGH 29. 3. 2017 – VIII ZR 45/16, BGHZ 214, 269, 289 = NJW 2017, 2018). Teile der Literatur wollen die Generalklausel des Abs 1 auch zur Beurteilung von Eigenbedarfskündigungen durch eine GbR zugunsten ihrer Gesellschafter oder deren Familienangehörigen heranziehen (REGELSBERGER 148 ff).

Demgegenüber vertreten Teile der Literatur die Auffassung, dass unter engen Vor- **177a** aussetzungen ein Berufs- oder Gewerbebedarf eine Kündigung rechtfertigen könne, so zB, wenn dem Vermieter bei Fortbestand des Mietverhältnisses erhebliche Nachteile drohten (SCHMIDT-FUTTERER/BLANK Rn 44, 173; ders WuM 2013, 47 ff). Beiden Auffassungen kann nicht beigetreten werden. Der Umkehrschluss aus § 573 Abs 2 Nr 2 BGB belegt, dass der Gesetzgeber einen derartigen Bedarf des Vermieters gerade nicht anerkennen wollte, was den Rückgriff auf die Generalklausel des Abs 1 grundsätzlich ausschließt (aM HÄUBLEIN WuM 2014, 635, 638). Ihre Anwendung ist auch nicht deshalb geboten, weil dies zur Vermeidung eines verfassungswidrigen Ergebnisses erforderlich wäre. Die in § 573 Abs 2 Nr 2 BGB zum Ausdruck gelangte Wertentscheidung des Gesetzgebers, nur dem Wohn-, nicht aber dem beruflichen Bedarf des Vermieters höheren Rang als den Interessen des Mieters einzuräumen, ist im Hinblick auf den gleichfalls verfassungsrechtlich gewährleisteten Schutz des Mieters (BVerfG 26. 5. 1993 – 1 BvR 208/93, BVerfGE 89, 1, 5 ff = NJW 1993, 2035) nicht zu beanstanden. Wer das Wohnraummietverhältnis zum Zwecke der gewerblichen Nutzung der Räume kündigen will, kann dies nur unter den Voraussetzungen des § 573 Abs 2 Nr 3 BGB (Schmidt NZM 2014, 609, 617; Wiek WuM 2013, 271, 273 f; **aM** BGH 29. 3. 2017 – VIII ZR 45/16, BGHZ 214, 269, 278 f = NJW 2017, 2018).

b) Werkwohnungen

178 Demgegenüber ist die Kündigung berechtigt, wenn der Vermieter einem Mitarbeiter seines Unternehmens **aus betrieblichen Gründen eine Wohnung** zur Verfügung stellen will und daher dem betriebsfremden Mieter kündigt, sofern der Vermieter vernünftige Gründe für die Inanspruchnahme der Wohnung hat, die den Nutzungswunsch nachvollziehbar erscheinen lassen (BGH NJW 2006, 1585; BGH NZM 2007, 639; BGH NZM 2007, 681; BGH 29. 3. 2017 – VIII ZR 44/16, NJW 2017, 2819; Blank/Börstinghaus/Blank/Börstinghaus Rn 176; Herrlein/Kandelhard/Herrlein Rn 12). Betriebsbedarf kann jede Organisation haben, die eine anderweitig vermietete Wohnung einem ihrer Angehörigen zur Verfügung stellen will (vgl LG Berlin NZM 1999, 800 mwNw). Dies gilt für natürliche und juristische Personen in gleicher Weise. Auf den gewerblichen Charakter kommt es nicht an. Auch der Privathaushalt ist in diesem Sinne eine Organisation. Wegen der Gleichgewichtigkeit mit den in § 573 Abs 2 BGB ausdrücklich anerkannten Gründen erforderlich ist aber, dass die Wohnung **zu Wohnzwecken** benötigt wird. Ihre Verwendung zu gewerblichen Zwecken ist demgegenüber nicht ausreichend (oben Rn 177).

178a Hauptanwendungsfall ist die Inanspruchnahme einer Werkwohnung (BeckOGK/Geib [1. 7. 2020] Rn 133; BeckOK/Hannappel [1. 8. 2020] Rn 106; Röder 218 ff). Für **Wohnraum, der mit Rücksicht auf das Bestehen eines Dienstverhältnisses vermietet** ist, gelten die besonderen Vorschriften der § 576 Abs 1 BGB und § 576a BGB hinsichtlich der Kündigungsfrist und der Anwendung der Sozialklausel des § 574 BGB. Diese Werkmietwohnungen, über die ein neben dem Dienstvertrag selbständiger Mietvertrag abgeschlossen wird, unterliegen hinsichtlich des Kündigungsrechts den Bestimmungen der §§ 573 ff BGB. Das Gleiche gilt unter den engen Voraussetzungen des § 576b Abs 1 BGB für Werkdienstwohnungen, bei denen die Raumüberlassung Bestandteil des Dienstvertrags ist.

179 **aa)** In diesen Fällen besteht ein **berechtigtes Interesse** an der Beendigung des Mietverhältnisses, wenn das Dienstverhältnis beendet wird und der Vermieter den Wohnraum für andere Bedienstete benötigt. Dabei macht es keinen Unterschied, ob der Dienstberechtigte selbst Vermieter ist oder ob ihm ein Belegungsrecht an werksfremden Werkwohnungen zusteht (LG Darmstadt WuM 1991, 268; LG München I WuM 1990, 153; AG München 8. 2. 2019 – 472 C 22568/18, ZMR 2019, 881; AG Oberhausen WuM 1973, 164; MünchKomm/Häublein Rn 43). Im letzteren Fall wird der Betriebsbedarf des Dienstberechtigten zum Kündigungsgrund für den Vermieter. Dienstberechtigte sind auch die Gesellschafter einer Personengesellschaft einschließlich des Kommanditisten, die den Mietvertrag persönlich abgeschlossen haben (**aM** AG Freiburg WuM 1990, 210). Dienstverpflichteter kann der Angehörige eines Gesellschafters sein (AG Rends-

burg WuM 1996, 544). Auf die Unterscheidung zwischen gewöhnlicher und funktionsgebundener Werkmietwohnung iS des § 576 Abs 1 Nr 1 und 2 kommt es nicht an (LG Frankfurt aM DWW 1992, 85). Das Dienstverhältnis mit dem Wohnungsinhaber braucht im Zeitpunkt der Kündigung noch nicht beendet zu sein. Es reicht aus, wenn dies mit Sicherheit bevorsteht.

Andererseits genügt es für die Kündigung des Mietverhältnisses nicht, dass das **180** Dienstverhältnis beendet ist. Hinzukommen müssen weitere **konkrete, vernünftige und nachvollziehbare Gründe** für die Inanspruchnahme der Wohnung (BGH NZM 2007, 639; BGH NZM 2007, 681; LG Berlin WuM 1991, 697; AG Görlitz WuM 1994, 268). Das Interesse des Vermieters an der Beendigung des Mietverhältnisses ist danach zu gewichten, ob und ggf welche Bedeutung es für das Unternehmen hat, dass der Mieter seinen Wohnsitz in der vermieteten Wohnung nimmt. Dabei kommt es insbesondere auf die Funktion und die Aufgaben des Mieters an (BGH NZM 2007, 639). Zu bejahen ist der Betriebsbedarf danach zB, wenn ein anderer Arbeitnehmer die zu kündigende Wohnung beziehen soll, sich Arbeitnehmer um eine frei werdende Wohnung beworben haben und zumindest einer bereit ist, in die zu kündigende Wohnung einzuziehen (KreisG Cottbus WuM 1994, 68; LG Köln WuM 2000, 358; LG München I WuM 1990, 153; LG Stuttgart WuM 1992, 25). Vernünftig und nachvollziehbar ist der Grund, dass wegen der Sicherung und Überwachung des Betriebsgeländes ständig eine Überwachungsperson anwesend sein muss (BVerfG WuM 1991, 464; LG Stade WuM 1991, 464). Ein zur Kündigung berechtigender Wohnungsbedarf für einen Landarbeiter besteht, wenn der Hof sonst nicht, auch nicht durch Aushilfskräfte, bewirtschaftet werden kann (LG Lübeck WuM 1985, 148; **aM** AG Steinfurt WuM 1991, 166). Ein lediglich abstrakter Bedarf wegen der etwaigen späteren Einstellung eines Arbeitnehmers ist unzureichend (OLG Stuttgart WuM 1991, 330; LG Itzehoe WuM 1985, 152).

Einem betriebsfremden Mieter kann der Vermieter nur kündigen, wenn er ein **181** nachweisbares und billigenswertes Interesse hat, dass **gerade diese Werkwohnung einem bestimmten Arbeitnehmer zur Verfügung gestellt wird**. Hier wird teilweise ein besonderer oder gesteigerter Betriebsbedarf verlangt (OLG Stuttgart WuM 1993, 338; LG Hamburg WuM 1994, 208; BeckOGK/Geib [1. 7. 2020] Rn 134). Teilweise wird darauf abgestellt, dass es sich um eine Schlüsselkraft des Betriebs handelt (LG Berlin WuM 1996, 145; AG Bad Hersfeld WuM 1992, 17); teilweise wird dieser Gesichtspunkt allein für unzureichend gehalten (LG Wuppertal WuM 1994, 686; BeckOGK/Geib [1. 7. 2020] Rn 134). Es genügt nicht, dass der Bezug der Wohnung durch den Arbeitnehmer lediglich den Betriebsablauf erleichtert (LG Berlin ZMR 1997, 472; LG Stuttgart WuM 1994, 470; LG Stuttgart 21. 9. 2017 – 5 S 44/17, WuM 2018, 97: Kündigung zugunsten eines Priesters der den Wohnraum vermietenden Religionsgemeinschaft, damit dieser einen kurzen Arbeitsweg hat; zu streng aber LG Frankfurt/O ZMR 2011, 877). Unerheblich soll es sein, ob der bisherige Mieter bei Abschluss des Vertrags auf die mögliche zukünftige Inanspruchnahme der Wohnung für Betriebsangehörige hingewiesen worden ist (OLG Stuttgart WuM 1993, 338). Dies steht allerdings nicht in Einklang mit dem auch bei der Kündigung wegen Eigenbedarfs maßgebenden Prinzip des Vertrauensschutzes, das nach einem entsprechenden Hinweis keinen weitergehenden Schutz des Mieters gebietet (vgl Rn 116 f).

Im Übrigen kommt es nicht darauf an, ob die Eigenschaft als Werkwohnung erst **182** nach der Kündigung begründet werden soll (LG Aachen DWW 1990, 305; AG Bonn DWW

1975, 166). So kann die Wohnung für den Leiter eines benachbarten Altenpflegeheims in Anspruch genommen werden, wenn dessen bisherige Wohnung in dem Heim mit weiteren Pflegebetten eingerichtet werden soll (AG Remscheid WuM 1985, 149). Die Kündigung ist gerechtfertigt, wenn das Haus einer Kirchengemeinde in Zukunft für Wohn- und Diensträume des Pfarrers genutzt werden soll (LG Mannheim ZMR 1978, 121; Sperling WuM 1990, 265, 267). Ebenso besteht ein Kündigungsgrund, wenn es objektiv notwendig ist, einen Hausmeister unterzubringen (LG Berlin GE 1996, 129; LG Heidelberg WuM 1993, 678; LG Regensburg 1998, 160); daran kann es beispielsweise fehlen, wenn der Hausmeister für mehrere Objekte zuständig sein sollte und in einem anderen dieser Häuser eine geeignete Wohnung frei war (BGH 29. 3. 2017 – VIII ZR 44/16, NJW 2017, 2819). Es muss hinzukommen, dass die in Anspruch genommenen Räume als Hausmeisterwohnung geeignet sind (BGH 29. 3. 2017 – VIII ZR 44/16, NJW 2017, 2819; LG Berlin MDR 1983, 133; LG Wiesbaden WuM 1996, 543). Allein darin, dass der Mieter nicht Arbeitnehmer des Vermieters ist, liegt kein Kündigungsgrund (AG Köln WuM 1985, 154). Wird der Betrieb eingestellt und ist das Arbeitsverhältnis mit dem Mieter beendet, kann kein Betriebsbedarf mehr geltend gemacht werden.

183 **bb)** Die Kündigung einer Werkmietwohnung ist nach § 87 Abs 1 Nr 9 BetrVG, § 75 Abs 2 Nr 2 BPersVG und den entsprechenden Vorschriften der Personalvertretungsgesetze der Länder an die **Zustimmung des Betriebsrats oder Personalrats** gebunden, und zwar uU selbst dann, wenn der Mieter gar kein vom zuständigen Betriebs- oder Personalrat repräsentierter Arbeitnehmer ist oder war (BAG AP Nr 7 zu § 87 BetrVG 1972 Werkmietwohnungen = NZA 1993, 272; Fitting [30. Aufl 2020] § 87 BetrVG Rn 394; s auch § 576 Rn 24). Es handelt sich um eine zusätzliche Voraussetzung für die Wirksamkeit, die im Zeitpunkt der Kündigung vorliegen muss. Der Mangel wird nicht durch spätere Genehmigung geheilt (LG Aachen ZMR 1984, 280).

184 **cc)** Ähnlich wie bei der Kündigung wegen Eigenbedarfs (vgl Rn 112 ff) kann die Geltendmachung von Betriebsbedarf wegen **Rechtsmissbrauchs** gegen § 242 BGB verstoßen und deshalb zur Unwirksamkeit der Kündigung führen. Dies gilt etwa, wenn die Gründe für die betriebliche Inanspruchnahme der Wohnräume schon bei Abschluss des Mietvertrags bestanden haben oder vorhersehbar waren. Für diese Fälle stellt das Gesetz in § 575 Abs 1 BGB das befristete Mietverhältnis zur Verfügung. Ist der Betriebsbedarf nach der Kündigung, aber vor Auszug des Mieters weggefallen, greift ebenfalls § 242 BGB ein. Verfügt der Dienstberechtigte über eine in gleicher Weise geeignete frei gewordene Alternativwohnung, so muss er diese dem Dienstverpflichteten vermieten. Anderenfalls ist es rechtsmissbräuchlich, an der Kündigung festzuhalten (LG Aachen DWW 1990, 305; LG Berlin WuM 1995, 41; LG Berlin GE 1997, 243). Hierbei kommt es jedoch darauf an, ob der Grund, aus dem das Dienstverhältnis beendet worden ist, in gleicher Weise einer Neuvermietung entgegensteht.

c) Aufnahme einer Hilfsperson in den Haushalt

185 Die Aufnahme einer Hilfsperson in den Haushalt des Vermieters wird im Allgemeinen nur unter dem Gesichtspunkt des **Eigenbedarfs** nach § 573 Abs 2 Nr 2 BGB beurteilt. Dabei wird in der Rechtsprechung nicht weiter unterschieden, ob der Vermieter deshalb zusammen mit seinen Haushaltsangehörigen eine größere Wohnung benötigt, was kaum vorkommt, oder ob in die zu kündigende Wohnung nur die Hilfsperson mit ihrer Familie einziehen soll, wie es regelmäßig der Fall ist (BayObLG

NJW 1982, 1159; LG Ellwangen NJWE-MietR 1996, 124; LG Kiel DWW 1992, 85; LG Saarbrücken WuM 1992, 690; AG Frankfurt aM NJW-RR 1992, 661). Nur wenn der Vermieter selbst oder die schon bisher zu seinem Haushalt gehörende Person in die zu kündigende Wohnung ziehen will, handelt es sich um Eigenbedarf (vgl Rn 90).

186 In den praktisch im Vordergrund stehenden Fällen, dass die Wohnung nur von der nicht im Haushalt des Vermieters lebenden Person bezogen werden soll, kann sich das berechtigte Interesse an der Beendigung des Mietverhältnisses nur aus **einem dem Betriebsbedarf vergleichbaren Grund** ergeben. Die Hilfsperson soll den Vermieter in seinem Haushalt oder bei seiner notwendigen Pflege unterstützen und muss deshalb in seiner räumlichen Nähe leben. Dafür genügt aber eine selbständige Wohnung. Wird die Hilfe aufgrund eines entgeltlichen Dienstvertrags erbracht, handelt es sich um Betriebsbedarf an einer zu begründenden Werkwohnung (vgl Rn 179 ff). Erfolgt die Hilfe unentgeltlich aufgrund eines Auftrags, liegt ein Betriebsbedarf im weiteren Sinne vor, da die Hilfsperson in den Haushalt als Organisation eingegliedert werden soll, auch wenn sie nicht in den Haushalt aufgenommen und in derselben Wohnung leben soll wie der Vermieter. Daran ändert sich nichts, wenn das Entgelt für die Hilfsdienste in einer Verbilligung der Miete oder einer mietrechtlichen Gebrauchsüberlassung ohne Zahlung einer weiteren Miete liegt. Auch in diesen Fällen kann die Kündigung nach § 242 BGB rechtsmissbräuchlich sein, wenn die Gründe für die Inanspruchnahme einer Hilfsperson, insbesondere die Pflegebedürftigkeit des Vermieters, schon bei Abschluss des Vertrags mit dem zu kündigenden Mieter vorlagen (LG Kiel DWW 1992, 85) oder wenn der Vermieter über ein Alternativobjekt für die Hilfsperson verfügt (AG Münster WuM 1992, 250). Die Einordnung als sonstiger Grund statt als Eigenbedarf hat zur Folge, dass die Wartefrist des § 577a Abs 1 BGB nach der Umwandlung von Miet- in Eigentumswohnungen nicht eingreift.

d) Genossenschaftswohnungen

187 Betriebsbedarf ist für eine Genossenschaftswohnung anzuerkennen, wenn der **Wohnungsinhaber aus der Genossenschaft ausscheidet** und die Wohnung für einen anderen Genossen benötigt wird (LG Berlin GE 2003, 395; LG Hamburg WuM 1988, 430; zu weiteren Fällen eines berechtigten Interesses der Wohnungsgenossenschaft ROTH, in: 10 Jahre Mietrechtsreformgesetz [2011] 782, 783 ff), und zwar unabhängig davon, ob der Austritt freiwillig oder durch Ausschluss aus der Genossenschaft erfolgt ist (BGH NZM 2004, 25; aM FRITZ WuM 2012, 183 ff; ROTH NZM 2004, 129, 130 ff). Nur wenn die Genossenschaft lediglich nach § 566 BGB Vermieterin geworden ist und der Mieter sich weigert, Mitglied der Genossenschaft zu werden, kann die Lage anders zu beurteilen sein (AG Weißwasser WuM 2003, 331). Auch im Übrigen rechtfertigt die fehlende Mitgliedschaft – wie bei einer Werkwohnung (vgl Rn 179 ff) – allein die Kündigung nicht, wenn kein konkreter Bedarf für andere Genossen besteht (MünchKomm/HÄUBLEIN Rn 46; vgl auch BGH NZM 2004, 25).

188 Die Entscheidung darüber, ob ein **konkreter Bedarf** besteht, wird nach den **Umständen des Einzelfalls** beurteilt. Es ist daher für die Genossenschaft stets mit einem erheblichen Risiko verbunden, eine Wohnung zu kündigen, wenn ein Wohnungsinhaber aus der Genossenschaft ausscheidet bzw gar nicht erst in sie eintritt. Da den Vorteilen, die genossenschaftliches Wohnen mit sich bringt, auch Pflichten gegenüberstehen, wird daher teilweise gefordert, dass für den Fall des Erlöschens bzw Nichterwerbs der Mitgliedschaft einer Genossenschaft ein ausdrücklicher Kündigungsgrund in § 573 Abs 2 BGB aufgenommen werden sollte (Roth NZM 2000, 743, 746). Im Rahmen des MietRRG ist dies jedoch nicht geschehen. Eine Kündigung ist nicht berechtigt, wenn der Mieter schon den Beitritt zu der Genossenschaft erklärt hat (LG Bremen WuM 1975, 149) oder zum Beitritt bereit ist (LG Köln WuM 1994, 23). Ebensowenig ist die nur gelegentliche Nutzung der Wohnung ein Kündigungsgrund, da der Mieter nicht verpflichtet ist, die Wohnung tatsächlich zu nutzen (LG Köln WuM 1991, 589; LG München I NJW-RR 1989, 915), selbst wenn der Mieter in einem Pflegeheim lebt, die Wohnung aber nach einer noch nicht absehbaren Zeit wieder regelmäßig nutzen will (AG Bielefeld WuM 1994, 22). Die Unterbelegung einer Genossenschaftswohnung mit einem Genossen, der auf der Grundlage des § 563 Abs 2 BGB nach dem Tode des Mieters in das Mietverhältnis eingetreten ist, rechtfertigt selbst bei Bedarf für andere Genossen keine Kündigung, weil hier das allgemeine Freimachungsinteresse gegenüber dem Gesichtspunkt der Vertragstreue zu dem bisherigen Mieter und dessen Interesse am Bestandsschutz zurücktreten muss (OLG Karlsruhe NJW 1984, 2584). Das gilt insbesondere dann, wenn in der Genossenschaft gar keine klaren Kriterien dafür bestehen, welche Mitglieder welche Art von Wohnraum beanspruchen können (LG Heidelberg 25. 11. 2013 – 5 S 33/13, NZM 2014, 468).

2. Öffentliches Interesse

189 Eine weitere Fallgruppe wird durch ein öffentliches Interesse an der Beendigung des Mietverhältnisses gekennzeichnet. Das öffentliche Interesse kann neben dem privaten Interesse des Vermieters bestehen oder dieses erst maßgeblich bestimmen (Horst Rn 1394).

190 a) Als problematisch erweist sich insoweit die **fehlbelegte Sozialwohnung** (Sonnenschein, in: FS Mestmäcker [1996] 1063). Nach § 4 Abs 2 S 1 WoBindG darf der Verfügungsberechtigte die Wohnung einem Wohnungssuchenden nur zum Gebrauch überlassen, wenn dieser ihm vor der Überlassung eine Bescheinigung über die Wohnberechtigung im öffentlich geförderten sozialen Wohnungsbau übergibt und wenn die in der Bescheinigung angegebene Wohnungsgröße nicht überschritten wird. Die Bescheinigung über die Wohnberechtigung ist nach § 5 Abs 1 WoBindG iVm § 27 Abs 2 bis 5 WoFG einem Wohnungssuchenden auf Antrag von der zuständigen Stelle zu erteilen, wenn das Gesamteinkommen die in § 9 WoFG genannte Einkommensgrenze nicht übersteigt.

191 Wird die Wohnung einem Mieter überlassen, der keine Bescheinigung über die Wohnberechtigung übergibt und der auch nach Bezug der Wohnung keine Bescheinigung nachreichen kann, weil sein Einkommen die maßgeblichen Grenzen überschreitet, oder der nur eine Bescheinigung übergeben kann, deren Geltungsdauer nach § 27 Abs 2 S 1 WoFG abgelaufen ist, so handelt es sich um eine **anfänglich fehlbelegte Sozialwohnung**. Das Gleiche gilt bei einem zu Unrecht erteilten Wohnberechtigungsschein (LG Berlin WuM 1990, 554; AG Lüdenscheid WuM 1990, 553). Die überwiegende Auffassung billigt dem Vermieter ein Kündigungsrecht zu (OLG Hamm NJW 1982, 2563 mwNw; AG Köln WuM 1983, 192; Kinne ua/Schach Rn 58; Münch Komm/Häublein Rn 52; **aM** LG Köln MDR 1976, 143; Soergel/Heintzmann Rn 12).

Die **fehlende Wohnberechtigung allein** kann die Kündigung allerdings nicht rechtfer- **192** tigen (LG Arnsberg WuM 1978, 9; AG Köln WuM 1985, 202; BeckOK/Hannappel [1. 8. 2020] Rn 114; aM LG Berlin GE 1990, 541). Es müssen **besondere Umstände** hinzukommen. Dies gilt etwa für einen konkreten Bedarf hinsichtlich der zu kündigenden Sozialwohnung, der dadurch manifestiert wird, dass die zuständige Stelle nach § 4 Abs 8 WoBindG von dem Vermieter verlangt, das Mietverhältnis zu kündigen und die Wohnung einem Wohnungssuchenden zu überlassen, der wohnberechtigt ist (LG Hamburg WuM 1980, 265; AG Schöneberg GE 1990, 319; Herrlein/Kandelhard/Herrlein Rn 9; aM LG Münster WuM 1979, 246; BeckOGK/Geib [1. 7. 2020] Rn 141). Auch die Gefahr wirtschaftlicher Nachteile für den Vermieter durch Strafzinsen oder Entzug der öffentlichen Darlehensmittel nach § 25 WoBindG reicht aus (OLG Hamm NJW 1982, 2563; LG Köln WuM 1992, 487; AG Köln WuM 1992, 487; **aM** LG Münster 1979, 246; AG Leverkusen WuM 1985, 154). Das BayObLG (WuM 1985, 283) wollte hingegen die Kündigung einer öffentlich geförderten Wohnung bereits dann zulassen, wenn die Behörde die Kündigung wegen Bedarfs der Wohnung verlangt, ohne dem Vermieter wirtschaftliche Nachteile für den Fall anzudrohen, dass er die Kündigung unterlässt. Dabei fehlt jedoch der erforderliche Umschlag von einem öffentlichen in ein privates Interesse (vgl Rn 195). Dies wäre nur zu bejahen, wenn hinter jedem Kündigungsverlangen der Behörde immanent die Androhung von Strafzinsen oder des Entzugs der öffentlichen Mittel stünde. Auf die Kenntnis des Mieters hinsichtlich der Wohnungsbindung kommt es nicht an (LG Düsseldorf WuM 1978, 30). Unerheblich ist auch, ob der Vermieter bei Abschluss des Mietvertrags von der fehlenden Wohnberechtigung wusste (LG Berlin GE 1990, 541).

Fällt die Wohnberechtigung des Mieters erst nach Abschluss des Mietvertrags weg, **193** weil sich sein Einkommen erhöht oder die Zahl der zu berücksichtigenden Personen verringert hat, handelt es sich um eine **nachträglich fehlbelegte Sozialwohnung**. In diesem Fall bietet § 573 BGB keine Grundlage für eine Kündigung (AG Lüdenscheid WuM 1990, 553), auch wenn der Vermieter selbst wohnberechtigt ist (LG Tübingen WuM 1996, 545). Er hat kein Kündigungsrecht, wenn daran festgehalten wird, dass sich ein Kündigungsgrund nicht allein aus dem Fehlen der Bescheinigung über die Wohnberechtigung ergibt, die der Mieter nicht mehr bekommen würde. Da gegen den Vermieter keine rechtlichen Sanktionen verhängt werden können, liegt die Räumung der nunmehr fehlbelegten Wohnung allein in öffentlichem Interesse, ohne dass private Interessen des Vermieters berührt werden. Es ist nicht seine Aufgabe, öffentliche Interessen zu verfolgen. Wegen der rechtlichen Trennung privater und öffentlicher Belange gilt dies auch, wenn die öffentliche Hand Vermieterin ist.

b) Der Vermieter hat ein berechtigtes Interesse an der Beendigung des Miet- **194** verhältnisses, wenn ein Gebäude bei **Sanierungsmaßnahmen** nach dem BauGB ganz oder teilweise beseitigt werden muss (LG Kiel ZMR 1983, 233). Das Kündigungsrecht lässt sich darauf stützen, dass das öffentliche Interesse an der Sanierung wegen der in den §§ 137, 182 BauGB vorgesehenen Mitwirkung der Grundstückseigentümer ein privates Interesse an der Beendigung des Mietverhältnisses auslöst. Deshalb bedarf es vor der Kündigung keiner besonderen Abrissverfügung mehr, wenn Vermieter und Sanierungsträger nicht identisch sind (**aM** LG Kiel WuM 1984, 222). Wurden dem Mieter bewusst bauordnungswidrige Räume zu Wohnzwecken überlassen, so kann sich der Vermieter später nicht auf eine an ihn gerichtete Abrissverfügung berufen (AG Hamburg ZMR 1999, 770; dazu Schwemer ZMR 1999, 738).

195 **c)** Öffentliche Interessen allein begründen noch kein berechtigtes Interesse des Vermieters an der Beendigung des Mietverhältnisses. Dies gilt etwa für ein Bauvorhaben, das die Errichtung eines Mehrzweckgebäudes mit Parkplätzen, Geschäftsräumen und Wohnungen (OLG Frankfurt NJW 1981, 1277) oder eines Altenwohnheims zum Gegenstand hat (LG Freiburg WuM 1991, 172). Zu weit geht es daher, wenn der BGH ohne nähere Prüfung (weil von der Revision nicht angegriffen) die Kündigung von Wohnraum zum Zwecke der Ausweitung einer im gleichen Gebäude bereits seit längerem betriebenen diakonischen Beratungsstelle für Erziehungs-, Ehe- und Lebensfragen akzeptiert hat (BGH 9. 5. 2012 – VIII ZR 238/11, NJW 2012, 2342 mit zust Anm Häublein WuM 2012, 506 f). Erforderlich ist vielmehr, dass die Kündigung zur **Erfüllung öffentlich-rechtlicher Pflichten** des Vermieters erforderlich ist. Am deutlichsten wird dies bei einer Identität von Vermieter und öffentlicher Körperschaft. So kann eine Gemeinde zur Kündigung berechtigt sein, falls die Wohnung benötigt wird, um Räume für den theoretischen Unterricht der Feuerwehr sowie für kulturelle und soziale Zwecke bereitzustellen (BayObLG NJW 1981, 580) oder um Obdachlose sowie Asylbewerber mit Wohnraum zu versorgen und wenn für den zu kündigenden Mieter Ersatzraum zur Verfügung steht (BayObLG NJW 1972, 685; LG Gießen WuM 2004, 208; LG Kiel WuM 1992, 129; Willems NZM 2016, 153, 156 f). Das Gleiche ist anzunehmen, wenn eine Gemeinde in den Räumen Teile der Verwaltung unterbringen will (LG Bad Kreuznach WuM 1990, 298; LG Hamburg NJW-RR 1991, 649) oder sie aufgrund der gesetzlichen Verpflichtung den Kindergarten erweitern muss (AG Neustadt a Rbge NJW-RR 1996, 397). Die Absicht der Gemeinde, im Rahmen der gemeindlichen Daseinsvorsorge bezahlbaren Wohnraum in altersgerechter Ausstattung stadtnah zu schaffen, soll ebenfalls ein berechtigtes Interesse iS von § 573 Abs 1 BGB darstellen (LG Flensburg ZMR 2001, 711). Nicht erforderlich ist, dass der Vermieter mit dem Aufgabenträger identisch ist. So kann beispielsweise die Kündigung einer im Eigentum der Gemeinde stehenden Wohnung gerechtfertigt sein, um dort Einrichtungen eines kommunalen Zweckverbandes unterzubringen (vgl BGH 9. 5. 2012 – VIII ZR 238/11, NJW 2012, 2342).

196 Auch ein **privater Vermieter** kann ein berechtigtes Interesse haben, um öffentlich-rechtliche Pflichten zu erfüllen. Dies gilt etwa, wenn die Ordnungsbehörde eine Verfügung gegen den Vermieter erlässt, nach der das Wohnhaus wegen Einsturzgefahr abzureißen (LG Freiburg WuM 1991, 172; AG Regensburg WuM 1991, 177; BeckOK/Hannappel [1. 8. 2020] Rn 113; Schmid/Harz/Gahn Rn 11; **aM** LG Köln WuM 1984, 2 [LS]) oder eine behördlich nicht genehmigte Benutzung zu Wohnzwecken aufzugeben ist (LG Freiburg WuM 1991, 172; AG Schöneberg NJW-RR 1997, 76; **aM** LG Hamburg WuM 1994, 432; LG Koblenz WuM 1984, 132; AG Freiburg WuM 1987, 393). Die abweichende Auffassung wird mit dem Vertrauensschutz des Mieters, der Zuweisung des Risikos an den Vermieter und teilweise ausdrücklich mit einem treuwidrigen Verhalten des Vermieters begründet (LG Aachen WuM 1991, 167; LG Hamburg WuM 1992, 129; LG Stuttgart WuM 1992, 487). Anders ist jedoch zu entscheiden, wenn die Räume objektiv lediglich geringfügig gegen bauordnungsrechtliche Vorschriften verstoßen und die zuständige Behörde bislang nicht gegen diesen Zustand eingeschritten ist. Hier besteht kein vernünftiges, anerkennenswertes Interesse des Vermieters, das Mietverhältnis zu beenden (AG Hamburg-Blankenese ZMR 2007, 789). Dasselbe gilt, wenn die Behörde lediglich im Rahmen einer Anhörung nach § 28 VwVfG den Erlass eines bestimmten Bescheides angekündigt hat. Der Vermieter muss mit der Kündigung zuwarten, bis der Verwaltungsakt tatsächlich ergangen ist (vgl BGH NZM 2014, 165). Zu weit geht es auch, wenn das Kündigungsrecht einer privatrechtlich organisierten Wohnungsbaugesellschaft, die der öffentlichen Hand gehört, allein aus der öffentlich-rechtlichen Verpflichtung der Gesellschafterin zur Wohnungsversorgung abgeleitet wird (LG München I WuM 1992, 16), weil es an der Identität von Vermieter und öffentlich-rechtlicher Körperschaft fehlt.

d) In Betracht kommt eine Kündigung für einen privaten Vermieter nicht nur zur Erfüllung öffentlicher *Pflichten,* sondern auch im (bloß) öffentlichen *Interesse.* So können die Dinge etwa liegen, wenn das Gebäude, in dem sich der Wohnraum befindet, für gemeinnützige oder karitative Zwecke umgestaltet werden soll (BGH 9. 5. 2012 – VIII ZR 238/11, NJW 2012, 2342; BGH 10. 5. 2017 – VIII ZR 292/15, WuM 2017, 342). Da ein derartiges Interesse hinsichtlich seines Gewichts jedoch weniger dem Eigenbedarf (Abs 2 Nr 2) als vielmehr der wirtschaftlichen Verwertung (Abs 2 Nr 3) entspricht – die dortigen Voraussetzungen bei fehlender Gewinnerzielungsabsicht aber nicht erfüllt (vgl Rn 148) – bedarf es zur Rechtfertigung der Kündigung zusätzlich zu vernünftigen und nachvollziehbaren Gründen zusätzlich erheblicher Nachteile, die dem Vermieter bei Fortsetzung des Mietverhältnisses (vgl Rn 176). Diese liegen nicht schon darin, dass er seine Zwecke nicht vollständig zu erreichen vermag, wenn der Fortbestand des Mietverhältnisses es ihm immerhin ermöglicht, diese mit gewissen Einschränkungen zu erreichen (BGH 10. 5. 2017 – VIII ZR 292/15, NZM 2017, 559: Errichtung von nur 20 statt der geplanten 23 Plätze in einer psychosozialen Wohngruppe). **196a**

3. Unzumutbarkeit

Der Vermieter hat ein berechtigtes Interesse an der Beendigung des Mietverhältnisses, wenn es unzumutbar für ihn ist, den Vertrag noch weiter fortzusetzen, so etwa bei **schuldlosen Vertragsverletzungen** durch den Mieter (MünchKomm/Häublein Rn 57). Aus der Regelung des § 573 Abs 2 Nr 1 BGB als Leitbild ergibt sich, dass dem schuldlosen Vertragsverstoß ein höheres Gewicht als einem schuldhaften Verstoß zukommen muss. Dies kann bei wiederholter, krankheitsbedingter Störung der Mitmieter durch Lärm und andere Belästigungen (LG Dresden WuM 1994, 377; AG Freiburg WuM 1993, 125), bei wiederholtem, durch schuldlosen Geldmangel verursachtem Zahlungsverzug (Palandt/Weidenkaff Rn 40) oder bei einem uneinsichtigen, wenn auch schuldlosen Beharren auf einem irrigen Rechtsstandpunkt (LG Hagen WuM 1988, 58) anzunehmen sein. Die Kündigung kann aus religiösen Gründen eines kirchlichen Vermieters berechtigt sein (OLG Hamm NJW 1992, 513). Dem steht wegen § 20 Abs 1 Nr 4 AGG das Verbot der Diskriminierung wegen der Religion (§ 19 AGG) nicht entgegen (vgl unten Anh MietR § 20 AGG Rn 9). Abgelehnt wurde das Kündigungsrecht des Vermieters gegenüber dem in demselben Hause wohnenden Mieter, der als hochrangiger Mitarbeiter des Staatssicherheitsdienstes ein Repräsentant der DDR war, dem aber keine persönlichen Vorwürfe hinsichtlich der Willkürmaßnahmen zu machen waren, die dieser Staat gegen die Familie des Vermieters gerichtet hatte (AG Meißen WuM 1993, 664). **197**

4. Andere Gründe

Ein berechtigtes Kündigungsinteresse aus anderen Gründen kann vorliegen, wenn ihnen ein ähnliches Gewicht beizumessen ist wie den gesetzlichen Beispielen. Dies gilt etwa für den Abriss eines Gebäudes in Gebieten mit strukturell hohen Leer- **198** ständen, insbesondere für die **Abrisskündigung bei nicht sanierungsfähigen Plattenbausiedlungen.** Dies war zwischen 1990 und 2004 namentlich im Hinblick darauf, dass Art 232 § 2 Abs 2 EGBGB im Beitrittsgebiet Kündigungen wegen der Hinderung angemessener wirtschaftlicher Verwertung (§ 573 Abs 2 Nr 3 BGB) ausschloss, äußerst streitig (rechtspolitisch Drasdo NZM 2007, 305 ff; Hinz NZM 2005, 321 ff). Teilweise wurde argumentiert, die Abrisskündigung unterliege unmittelbar dieser Vorschrift oder sei jedenfalls aus verfassungsrechtlichen Gründen wie eine unzulässige Verwertungskündigung zu behandeln (LG Berlin ZMR 2003, 837; Taubenek NZM 2003, 337, 342; ders ZMR 2003, 633, 639; Sternel WuM 2003, 243). Demgegenüber hat der BGH sich mit der hM zu Recht auf den Standpunkt gestellt, dass der Abriss eines Gebäudes keine Realisierung eines dem Grundstück innewohnenden Wertes darstelle und daher nach der Generalklausel des § 573 Abs 1 S 1 BGB zulässig sein könne (BGH NJW 2004, 1736 mAnm Hinz WuM 2004, 279 f; BGH NJW 2011, 1135; ebenso LG Gera NZM 2003, 640; AG Halle/Saalkreis NJW 2002, 3413; AG Hoyerswerda ZMR 2003, 503; AG Jena NZM 2003, 351; AG Leipzig WuM 2003, 276; Schmid/Harz/Gahn Rn 13; vgl auch BeckOGK/Geib [1. 7. 2020] Rn 130; Klein-Blenkers ua/Hinz Rn 97). Nachdem das Gesetz zur Aufhebung des Art 232 § 2 Abs 2 des EGBGB vom 31. 3. 2004 (BGBl I 478) mit Wirkung zum 1. 5. 2004 die Verwertungskündigung auch im Beitrittsgebiet eröffnet hat, ist der frühere Streit jedenfalls für die Praxis erledigt (oben Rn 156). Die ersatzlose Beseitigung von Wohnraum zur Beseitigung von erheblichem Leerstand aufgrund veränderter Nachfrage kann damit ein berechtigtes Interesse zur Kündigung des Mietverhältnisses begründen (LG Berlin GE 2007, 447). Klarzustellen ist aber, dass allein das städtebauliche – also öffentliche – Interesse, den „Schandfleck Plattenbau" zu beseitigen, noch kein berechtigtes Interesse des Vermieters an einer Kündigung begründet (LG Görlitz WuM 2006, 160; s auch Rn 193). Erst recht kommt eine außerordentliche Kündigung nach § 543 BGB nicht in Betracht (OLG Dresden NJW 2003, 1819). Die Absicht, ohne wirtschaftliche Notwendigkeit ein ganz oder nahezu *vollständig vermietetes Haus* abzureißen, rechtfertigt die Kündigung ebenfalls nicht (LG Trier WuM 1993, 193; vgl auch LG Berlin 25. 9. 2014 – 67 S 207/14, WuM 2014, 678).

199 Ein berechtigtes Kündigungsinteresse besteht auch für die **Kündigung durch einen Verwalter**, der die Wohnung im eigenen Namen vermietet hat (aM Blank/Börstinghaus/Blank/Börstinghaus Rn 202). Kraft des Verwaltervertrags muss er die Interessen des Grundstückseigentümers verfolgen. Tritt ein berechtigtes Interesse wie Eigenbedarf oder Hinderung der angemessenen wirtschaftlichen Verwertung nur in der Person des Eigentümers ein, ist auch ein Kündigungsinteresse des Verwalters zu bejahen. Auf der Grundlage des Verwaltervertrags wird das Interesse des Eigentümers zu einem eigenen Interesse des Verwalters. Zu beachten ist allerdings, dass dadurch nicht die Einschränkungen nach § 573 Abs 2 Nr 3, § 577a BGB umgangen werden.

200 Der **Zwischenvermieter**, insbesondere der gewerbliche Zwischenvermieter, der Haupt- und Untermietverhältnis im eigenen Interesse begründet, ist dem reinen Verwalter nicht gleichzustellen. Er kann deshalb nicht das Interesse des Hauptvermieters an der Verwertung des Grundstücks als eigenes Interesse geltend machen (LG Stuttgart WuM 1991, 199). Ebensowenig wird ein berechtigtes Interesse des Zwischenvermieters an der Beendigung des Untermietverhältnisses allein dadurch begründet, dass das Hauptmietverhältnis beendet wird (BGH NJW 1996, 1886; OLG Stuttgart WuM 1993, 386; LG Berlin GE 1996, 739; LG Köln WuM 1995, 709; LG München I WuM 1992,

246; LG Osnabrück WuM 1994, 24). Bei der gewerblichen Zwischenvermietung wird der Schutz des Untermieters durch § 565 BGB gewährleistet. In den sonstigen Fällen (vgl zB BGH NZM 1999, 219 [LS]) ist dies nur über den Einwand des Rechtsmissbrauchs zu erreichen (STAUDINGER/ROLFS [2021] § 546 Rn 101 ff). Wendet man § 566 BGB auf den Fall entsprechend an, dass der Bucheigentümer einen Mietvertrag abschließt, kann eine erhebliche Belastung des tatsächlichen Eigentümers durch den Inhalt des Mietvertrages als berechtigtes Interesse anerkannt werden (OTTE, in: Gedschr Sonnenschein [2002] 181, 191).

VII. Angabe des Kündigungsgrundes im Kündigungsschreiben (Abs 3)

1. Allgemeines

Als berechtigte Interessen des Vermieters werden nach § 573 Abs 3 BGB nur die Gründe berücksichtigt, die in dem Kündigungsschreiben angegeben sind, es sei denn, sie sind nachträglich entstanden (NASSALL MDR 1985, 893, 897; STERNEL, in: FS Seuß [1987] 281 ff). Diese Vorschrift hat den Zweck, dem Mieter zum frühestmöglichen Zeitpunkt Klarheit über seine Rechtsposition zu verschaffen und ihn dadurch in die Lage zu versetzen, rechtzeitig alles Erforderliche zur Wahrung seiner Interessen zu veranlassen (BGH 10. 5. 2017 – VIII ZR 292/15, NZM 2017, 559; BGH 22. 5. 2019 – VIII ZR 167/17, NZM 2019, 527). Sie hat einen doppelten **Regelungsinhalt**. Zum einen wird die Angabe der Gründe in dem Kündigungsschreiben zur Voraussetzung für die Wirksamkeit der Kündigung bestimmt. Zum anderen lässt die Vorschrift es zu, die Kündigung ausnahmsweise mit nachträglich entstandenen berechtigten Interessen zu begründen. Dass die Wirksamkeit der Kündigung durch den Vermieter davon abhängig gemacht wird, dass das berechtigte Interesse im Kündigungsschreiben dargelegt wird, ist mit der Eigentumsgarantie des Art 14 Abs 1 S 1 GG vereinbar (BVerfG NJW 1992, 1379). Da die ordnungsgemäße Begründung der Kündigung mithin in erster Linie im eigenen Interesse des Vermieters liegt, statuiert § 573 Abs 3 BGB keine echte Rechtspflicht, sondern eine bloße **Obliegenheit** (BGH NJW 2011, 914; s auch Rn 229). **201**

Die allgemeinen Wirksamkeitsvoraussetzungen, die sich aus der Rechtsnatur der Kündigung als einer einseitigen, empfangsbedürftigen Willenserklärung (STAUDINGER/ROLFS [2021] § 542 Rn 5 ff) und aus dem in § 568 Abs 1 BGB vorgeschriebenen Erfordernis der schriftlichen Form ergeben, bleiben unberührt. Insbesondere kommt es nicht darauf an, ob sich die (alle) geltend gemachten Kündigungsgründe **materiellrechtlich** als **tragfähig** erweisen. Die Wirksamkeit der Kündigung scheitert nicht an § 573 Abs 3 BGB, wenn der Vermieter im Prozess nicht alle Gründe aufrechterhalten oder beweisen kann. Dies gilt auch für den Fall des Zahlungsrückstands: Hat der Vermieter die vom Mieter geschuldete Miete im Kündigungsschreiben zu hoch angesetzt, weil er zB dessen Mietminderung rechtsirrig für unwirksam gehalten hat, ist die Begründung gleichwohl ordnungsgemäß (BGH NZM 2010, 548). Für die Wirksamkeit der Kündigung kommt es dann nur darauf an, ob der objektiv verbleibende Zahlungsrückstand nicht unerheblich ist (dazu oben Rn 46 ff). **201a**

Der Wortlaut des Gesetzes bestimmt nicht ausdrücklich, mit welcher **inhaltlichen Ausführlichkeit** die Kündigungsgründe anzugeben sind. Dies ist problematisch, da die Wirksamkeit der Kündigung von einer inhaltlich ausreichenden Angabe der **202**

Gründe abhängt. Wie ausführlich die Gründe anzugeben sind, muss deshalb von dem maßgebenden Zweck der Vorschrift her bestimmt werden. Dieser Zweck besteht darin, dass der Mieter zum frühestmöglichen Zeitpunkt Klarheit über seine Rechtsposition erlangt und so in die Lage versetzt wird, rechtzeitig alles Erforderliche zur Wahrung seiner Interessen zu veranlassen. Darüber hinaus soll die Begründungspflicht den Vermieter zwingen, sich selbst über die Rechtslage und die Aussichten des von ihm beabsichtigten Schrittes klar zu werden (BT-Drucks VI/1549, 7 f; BT-Drucks 7/2011, 8; BGH NJW 2007, 2845; BGH NJW 2011, 1065; BGH 23. 9. 2015 – VIII ZR 297/14, NJW 2015, 3368). Dies bedeutet, dass der Vermieter sämtliche Kündigungsgründe angeben muss, auf die er sich stützen will (LG Hamburg WuM 1993, 679). Er darf sich nicht darauf beschränken, den Gesetzestext wiederzugeben (LG Berlin GE 1995, 313; LG Berlin 30. 4. 2015 – 65 S 4/15, WuM 2016, 178; LG Darmstadt WuM 1986, 339; AG Darmstadt WuM 1989, 245) oder bloße Leerformeln zu verwenden (LG Hamburg WuM 2007, 457: Die Tochter des Vermieters benötige „für ihre Persönlichkeitsentwicklung eine eigene Wohnung"; LG Hamburg 2. 1. 2019 – 316 S 87/18, ZMR 2019, 197: Es hätten sich „Umstände ergeben, die dazu führten, dass der Vermieter die Wohnung für sich selbst benötige"). Der einzelne Grund muss so genau bezeichnet werden, dass er identifiziert und von anderen Gründen unterschieden werden kann (BGH NJW 2010, 3775; BGH 30. 4. 2014 – VIII ZR 284/13, NJW 2014, 2102; BGH 10. 5. 2017 – VIII ZR 292/15, NZM 2017, 559; BayObLG WuM 1985, 50; LG München I ZMR 2013, 120). Die Begründungspflicht dient dagegen nicht dazu, den Mieter schon im Vorfeld eines etwaigen späteren Räumungsprozesses auf rechtliche Verteidigungsmöglichkeiten hinzuweisen (BGH 1. 7. 2015 – VIII ZR 278/13, NJW 2015, 2650). Der Vermieter ist auch nicht daran gehindert, mehrere alternative oder kumulative Kündigungsgründe anzugeben (aM LG Berlin GE 2009, 1437).

203 Angesichts dieses Normzwecks ist zwischen Kündigungsgründen, die in der **Sphäre des Mieters** liegen (insb § 573 Abs 2 Nr 1 BGB) und solchen, die in der **Sphäre des Vermieters** ihre Ursache finden (insb § 573 Abs 2 Nr 2 und 3 BGB) zu differenzieren. Während bei Letzteren eine detailliertere Darstellung des Sachverhalts erforderlich ist, um dem Mieter Kenntnis über das Gewicht der Kündigungsgründe und damit seine Aussichten, erfolgreich Widerspruch einzulegen (§ 574 BGB) oder einen eventuellen Rechtsstreit zu gewinnen, zu verschaffen, sind bei Ersteren geringere Anforderungen an die Begründung zu stellen (BGH NJW 2004, 850; BGH NZM 2010, 548). Hier genügt es, wenn das Kündigungsschreiben die maßgebenden Gründe in ausreichend spezifizierter Weise – auch schlagwortartig – erkennen lässt, während die damit zusammenhängenden Tatsachen noch im Prozess nachgeschoben werden können, um den Kündigungsgrund auszufüllen, zu erläutern und zu ergänzen (BayObLG NJW 1981, 2197; BayObLG WuM 1985, 50; LG Bonn WuM 1991, 270; Bub/Treier/Fleindl Rn IV 17; BeckOGK/Geib [1. 7. 2020] Rn 163; Palandt/Weidenkaff Rn 48), etwa bei Bestreiten des Mieters (BVerfG NJW 1998, 2662; BVerfG NZM 2003, 592). Dafür kann es ausreichen, dass der Vermieter auf das „erneute Fehlverhalten" des Mieters hinweist, wenn dieser – zB infolge vorangegangener Abmahnungen oder (unwirksamer) Kündigungen – die Vorwürfe des Vermieters kennt (LG Leipzig NZM 2004, 138). Ebensowenig muss der Vermieter den Mieter über die Wohnsituation in dem von diesem selbst bewohnten Haus aufklären (BGH 15. 3. 2017 – VIII ZR 270/15, NJW 2017, 1474).

204 An den Umfang der anzugebenden Tatsachen dürfen **keine zu hohen Anforderungen** gestellt werden (BVerfG NJW 1998, 2662; BGH NJW 2006, 1585; BGH NZM 2010, 400; BGH 30. 4. 2014 – VIII ZR 284/13, NJW 2014, 2102; MünchKomm/Häublein Rn 130 f; Schmid/Harz/

GAHN Rn 60; SOERGEL/HEINTZMANN Rn 52). Dies ergibt sich aus der Formulierung in Abs 3 S 1, wo nur verlangt wird, dass die Gründe für das berechtigte Interesse im Kündigungsschreiben anzugeben sind. Der BGH hat daher in der Vergangenheit bereits mehrfach instanzgerichtliche Entscheidungen korrigiert, die zu hohe Anforderungen an die Begründung gestellt hatten (übersichtlich FLEINDL NZM 2013, 7, 8). Unzumutbar strenge Anforderungen an die Begründung werden gestellt, wenn Gerichte etwa eine wiederholte Kündigung für unzureichend erklären, weil sie keine eigene Begründung enthalte, obwohl sie sich ausdrücklich auf die in einem früheren Kündigungsschreiben genannten Gründe bezieht und seitdem insoweit keine Änderungen eingetreten sind (BVerfG NJW 1992, 1379; BGH NJW 2011, 1065; BGH NZM 2011, 706). Die **Bezugnahme** muss aber eindeutig die Gründe für die erneute Kündigung erkennen lassen (LG Hamburg WuM 1993, 48). Auch wenn dem Mieter etwa die Familienverhältnisse des Vermieters bekannt sind (LG Freiburg WuM 1990, 300) oder wenn ihm der Vermieter die Gründe schon vorher mündlich (LG Detmold WuM 1990, 301; AG Saarlouis WuM 1995, 173; BeckOK/HANNAPPEL [1. 8. 2020] Rn 126; **aM** LG Mannheim MDR 1976, 757) oder anderweitig schriftlich (AG Friedberg/Hessen WuM 1983, 237 [LS]) mitgeteilt hat, ist eine spezifizierte Angabe im Kündigungsschreiben nicht entbehrlich (BayObLG NJW 1981, 2197; LG Gießen WuM 1990, 301; PRÜTTING ua/RIECKE Rn 48; großzügiger offenbar BGH NJW 2007, 2845), soweit nicht eine eindeutige Bezugnahme auf ein früheres Kündigungsschreiben vorliegt. Handelt es sich um zwei Vermieter, die mit gesonderten Erklärungen gemeinsam kündigen, so reicht es aus, wenn die Gründe im ersten Schreiben angegeben sind und im zweiten Schreiben darauf Bezug genommen wird (LG Limburg NJW-RR 1991, 138). Genügt das Kündigungsschreiben den vom Gesetz aufgestellten formalen Anforderungen, muss sich das Gericht in einem Rechtsstreit mit dem Vorbringen auseinandersetzen (BVerfG NJW 1992, 2878) und allen Behauptungen nachgehen, mit denen der Vermieter in prozessual zulässiger Weise den bereits vorprozessual in Anspruch genommenen gesetzlichen Tatbestand auszufüllen sucht (BVerfG NJW 1988, 2725).

2. Anforderungen an die Angabe der Kündigungsgründe im Einzelnen

a) Verletzung vertraglicher Verpflichtungen durch den Mieter

205 Wenn der Vermieter die Kündigung nach § 573 Abs 2 Nr 1 BGB darauf stützt, dass der Mieter seine vertraglichen Verpflichtungen schuldhaft nicht unerheblich verletzt hat, wird teilweise verlangt, dass bereits im Kündigungsschreiben **konkrete Vorgänge nach Zahl, Dauer und Zeitpunkt** dargelegt werden (LG Berlin GE 2010, 548; LG München I NZM 2003, 850; AG Dortmund NZM 2003, 596; BeckOK/HANNAPPEL [1. 8. 2020] Rn 127; BLANK/BÖRSTINGHAUS/BLANK/BÖRSTINGHAUS Rn 209; KLEIN-BLENKERS ua/HINZ Rn 107; PRÜTTING ua/RIECKE Rn 46; wohl auch SPIELBAUER/SCHNEIDER/KRENEK Rn 98; einschränkend bei gleich gelagerten Mehrfachverstößen BeckOGK/GEIB [1. 7. 2020] Rn 169).

206 Dem kann jedoch nicht beigetreten werden. Da nach Abs 3 nur die Angabe des Grundes gefordert ist, genügt hier, wenn im Kündigungsschreiben die Verstöße ihrer Art nach genannt werden, zB nächtliche Ruhestörung, Unterlassen der Treppenhausreinigung, unerlaubte Untervermietung und Ähnliches. Eine Darlegung der einzelnen Verstöße nach Zeitpunkt und Dauer **kann im Prozess nachgeschoben werden** (BGH NJW 2004, 850). Eine exakte Aufstellung der Verstöße nach Zahl, Dauer und Zeitpunkt bereits in der Kündigung zu verlangen, würde zum einen den Vermieter in der Regel dazu zwingen, bereits zum Zeitpunkt der Formulierung der

Kündigungserklärung fachkundige Hilfe in Anspruch zu nehmen. Zum anderen ist dieses Erfordernis oft nur durch die Aussage und Mitarbeit von Mitbewohnern zu erfüllen. Diese werden also bereits in dem frühen Stadium der Kündigung einbezogen, was oft zu noch weitergehenden Störungen des Hausfriedens führt (vgl auch MünchKomm/HÄUBLEIN Rn 134; SOERGEL/HEINTZMANN Rn 55). Andererseits kann der zu Unrecht einer Vertragsverletzung beschuldigte Mieter bereits anhand der nur der Art nach genannten Verstöße erkennen, dass die Vorwürfe haltlos sind. Einer Angabe der einzelnen Vorgänge bedarf es nicht (strenger wohl LG Dortmund 14. 6. 2017 – 1 S 62/16, ZMR 2018, 324, das es aber genügen lässt, wenn der Vermieter die Beschwerde-E-Mails der Nachbarn zur Lärmbelästigung und Beleidigung durch den Mieter dem Kündigungsschreiben beifügt). Die detaillierte Angabe der Vorgänge für die Wirksamkeit der Kündigung bereits im Kündigungsschreiben zu fordern, hilft vor allem dem vertragsuntreuen Mieter, da, obwohl er seine vertraglichen Verpflichtungen nicht unerheblich verletzt hat, die Kündigung keine Wirksamkeit entfaltet. Daher ist es auch unschädlich, wenn die im Kündigungsschreiben erhobenen Vorwürfe aufgrund eines Irrtums des Vermieters in einigen Details fehlerhaft sind, solange der Mieter den Kern der Vorwürfe seinem Verhalten zuordnen kann (vgl LG Berlin NJW 2003, 3063; strenger LG Hamburg NJW 2003, 3064). Anders soll dagegen zu entscheiden sein, wenn die im Kündigungsschreiben dem Mieter zur Last gelegten Verhaltensweisen gar nicht von ihm, sondern in Wahrheit von einem Familienmitglied ausgingen (AG Köln 4. 9. 2014 – 217 C 218/13, WuM 2015, 623).

207 Etwas konkreter wird der Vermieter dagegen im Falle des **Zahlungsverzugs** sein müssen; hier kann man durchaus verlangen, dass der Vermieter die Zahlungseingänge der einzelnen Monate aufführt, damit der Mieter weiß, von welchem Sachverhalt der Kündigende ausgeht (BGH NJW 2006, 1585; BGH NZM 2010, 548; LG Hamburg WuM 2007, 710; **aM** LG Berlin GE 2006, 782; ausführlich FLATOW NZM 2004, 281, 286 f; unklar BGH 1. 7. 2015 – VIII ZR 278/13, NJW 2015, 2650). Dass es zur Bestimmtheit (§ 253 Abs 2 Nr 2 ZPO) einer Zahlungsklage ausreichend ist, den Gesamtbetrag zu beziffern („Saldoklage"; BGH 9. 1. 2013 – VIII ZR 94/12, NJW 2013, 1367; BGH 21. 3. 2018 – VIII ZR 68/17, BGHZ 218, 139, 146 ff = NJW 2018, 3448; BGH 21. 3. 2018 – VIII ZR 84/17, NJW 2018, 3457; BGH 5. 12. 2018 – VIII ZR 194/17, NZM 2019, 171; BGH 6. 2. 2019 – VIII ZR 54/18, NZM 2019, 206), ändert hieran nichts. Ist der Kündigung eine Abmahnung vorausgegangen, muss im Kündigungsschreiben angegeben werden, welche Vertragsverletzungen der Mieter nach dem Zugang der Abmahnung begangen hat. Es genügt nicht, dass die Kündigung lediglich auf das Abmahnschreiben Bezug nimmt, weil Kündigungsgrund nur die erst nach der Abmahnung liegende Vertragsverletzung sein kann (LG Bonn WuM 1992, 18).

b) Eigenbedarf des Vermieters

208 Bei der Kündigung wegen Eigenbedarfs nach § 573 Abs 2 Nr 2 BGB muss der Vermieter **konkrete Angaben über die Gründe für die Inanspruchnahme der Wohnung und die berechtigten Personen** machen (BGH NZM 2010, 400; BGH NZM 2011, 706; BGH 30. 4. 2014 – VIII ZR 284/13, NJW 2014, 2102; BGH 23. 9. 2015 – VIII ZR 297/14, NJW 2015, 3368; BGH 15. 3. 2017 – VIII ZR 270/15, NJW 2017, 1474; OLG Karlsruhe WuM 1989, 124; LG Hamburg ZMR 2001, 895; FLATOW NZM 2004, 281, 287 f). Diese müssen nicht namentlich benannt, aber identifizierbar sein (LG Itzehoe 9. 5. 2014 – 9 S 43/13, ZMR 2015, 315; MILGER NZM 2014, 769, 778). Ausreichend ist es daher, wenn der Vermieter mitteilt, seine Tochter wolle in der Wohnung mit ihrem „Lebensgefährten" einen gemeinsamen Hausstand begründen, ohne dass dessen Name genannt wird (BGH 30. 4. 2014 – VIII ZR 284/13, NJW 2014, 2102; dazu kritisch ABRAMENKO ZMR 2014, 930; zustimmend WIEK WuM 2015, 55, 57 f; LG Bochum 18. 5. 1993 – 9 S 15/93, WuM 1993, 540; LG München II 31. 1. 1990 – 2 T 1858/89, WuM 1990, 213; LG Oldenburg 22. 9. 1995 – 2 S 514/95, WuM 1996, 220; SCHMID/HARZ/GAHN Rn 61; **aM** zuvor LG Berlin 23. 10. 1998 – 64 S 218/96, ZMR 1999, 32; LG Hamburg 24. 7. 1992 – 311 S 66/92, WuM 1993, 50; BeckOK/HANNAPPEL [1. 8. 2020] Rn 128; WETEKAMP NZM 1999, 485, 488). Unzureichend ist demgegenüber die Begründung, wenn sich der Vermieter auf die pauschale Angabe beschränkt, er benötige die Wohnung dringend für die eigene Nutzung (LG Berlin 8. 9. 1988 – 61 S 195/88, WuM 1988, 401; LG Berlin 15. 11. 2016 – 67 S 247/16, GE 2017, 50; LG Detmold 16. 5. 1990 – 2 S 50/90, WuM 1990, 301; **aM** OLG Köln 10. 3. 2003 – 16 U 72/02, WuM 2003, 465; dazu SCHUMACHER WuM 2003, 554), wenn er nur von Eigenbedarf spricht (LG Hamburg WuM 1989, 385; AG Münster WuM 1989, 413) oder von einer vielköpfigen Familie (LG Gießen WuM 1994, 684). Auch die generelle Bezeichnung als Familienangehöriger entspricht diesen Anforderungen nicht (LG Hamburg 9. 8. 1985 – 11 S 161/85, WuM 1988, 111).

Fraglich ist, ob der Vermieter den Eigenbedarf nur für eine im Kündigungsschreiben **209** **bestimmte Person** geltend machen kann. In Anbetracht der oft langen Kündigungsfristen für den Vermieter würde ihn dies zu weit einschränken, sodass eine alternative Angabe zweier Personen ausreichend ist (LG Neuruppin GE 2000, 894; **aM** LG München I WuM 1991, 490; AG Frankfurt aM WuM 1991, 39; AG Leonberg 16. 5. 2019 – 8 C 34/19, WuM 2019, 594). In dem durch Abs 3 S 2 gezogenen Rahmen ist es auch zulässig, die ursprünglich benannte Person später durch eine andere berechtigte Person auszuwechseln (LG Limburg NZM 1998, 911; **aM** LG Düsseldorf WuM 1992, 130; vgl Rn 225). Liegen die Voraussetzungen von Abs 3 S 2 nicht vor, darf der Vermieter dagegen nicht die im Kündigungsschreiben bezeichnete Person durch sich selbst oder einen anderen Familienangehörigen ersetzen (AG Köln 9. 8. 2013 – 212 C 86/13, WuM 2015, 554).

Inhalt, Ausmaß und Umfang der Begründungspflicht hängen entscheidend davon **210** ab, auf welchen Grund der Vermieter die Kündigung stützt (LG Oldenburg WuM 1996, 220). Dies gilt ebenso für den einzelnen **Grund des Eigenbedarfs**, aus dem der Vermieter sein berechtigtes Interesse an der Beendigung des Mietverhältnisses herleitet (BLANK/BÖRSTINGHAUS/BLANK/BÖRSTINGHAUS Rn 211). Stützt er sich auf einen wohnbezogenen Bedarf (vgl Rn 100), müssen grundsätzlich die bisherigen Wohnverhältnisse der berechtigten Personen und der Grund für die Inanspruchnahme der gekündigten Wohnung angegeben werden (BVerfG NJW 1992, 1379; LG Berlin GE 1995, 315; LG Berlin GE 1995, 313; LG Bochum WuM 1993, 540; LG Frankfurt/O 29. 11. 2018 – 15 S 112/17, WuM 2019, 35; LG Mannheim NJW-RR 1994, 656; LG Oldenburg 14. 8. 2015 – 13 S 209/15, ZMR 2015, 857; AG Tempelhof-Kreuzberg ZMR 2012, 965). Dabei ist aber nicht erforderlich, dass der Vermieter auch die konkrete Adresse benennt, unter der die Familienangehörigen, für die der Eigenbedarf geltend gemacht wird, bislang wohnen (AG Hamburg-Wandsbek 6. 1. 2016 – 711a C 262/14, ZMR 2016, 632). Ebensowenig bedarf es einer Erläuterung, wie die Belegung der gekündigten Wohnung im Einzelnen erfolgen soll (BGH 23. 9. 2015 – VIII ZR 297/14, NJW 2015, 3368). Die bloße Begründung „wegen Eigenbedarfs" oder „weil ich die Wohnung für eigene Zwecke benötige" reicht dagegen ebensowenig aus wie der Satz „Wir haben die Wohnung erworben, um dort selbst einzuziehen" (LG Mannheim ZMR 1990, 19). Will der Vermieter die Wohnung als Zweitwohnung nutzen, wird teilweise verlangt, dass er Angaben zu Grund, Dauer und beabsichtigter Intensität der Wohnungsnutzung macht (LG Berlin 7. 1. 2020 – 67 S 249/19, WuM 2020, 163). Indes ist es für das Begründungserfordernis und damit die formelle Wirksamkeit der Kündigung unschädlich, wenn der Vermieter „dramatisierende" Angaben über seine bisherige Wohnsituation macht (BGH NZM 2010, 400). Benötigt der Vermieter die Wohnung für seine volljährige Tochter, die erstmals einen eigenständigen Hausstand führen soll, ist es nicht erforderlich, dass die bisherige Wohnsituation in der elterlichen Wohnung dargelegt wird (BGH NJW 2010, 3775; LG Bonn ZMR 2010, 601). Soll die Wohnung wegen der Trennung des Vermieters von seinem Ehegatten in Anspruch genommen werden, muss die Trennungsabsicht schlüssig dargelegt werden (LG Köln WuM 1997, 48). Die Angaben brauchen allerdings nicht jede Einzelheit zu umfassen (AG Freiburg WuM 1993, 402). Soweit sie keinerlei Bedeutung für die Kündigung haben, sind die Angaben nicht erforderlich (BVerfG NJW 1994, 310).

211 Wenn **berufliche Gründe** eine Kündigung wegen Eigenbedarfs rechtfertigen sollen (vgl Rn 106), müssen sie im Kündigungsschreiben konkret dargelegt werden (LG Berlin NJW-RR 1995, 783; LG Bonn WuM 1994, 209). Der Vermieter darf sich nicht auf zeitlich ungewisse Angaben über den Wechsel des Arbeitsplatzes beschränken (LG Arnsberg MDR 1994, 578). Ähnlich ist es bei der mit einem Schulwechsel begründeten Kündigung, wobei das Erfordernis, konkrete Einzelheiten anzugeben, manchmal überzogen wird (LG Bonn WuM 1991, 270). Kann der Eigenbedarf erst nach einem Umbau befriedigt werden, ist die bauplanerische Möglichkeit darzulegen (LG Kiel WuM 1992, 691). Werden **außergewöhnliche Bedarfsgründe** geltend gemacht, steigen die Anforderungen an die Begründung (LG Frankfurt aM NJW-RR 1992, 335; AG Hamburg WuM 1996, 39; AG Köln WuM 1994, 209).

211a Teilweise wird verlangt, der Vermieter müsse im Kündigungsschreiben weiteren **Grundbesitz offenlegen** und begründen, warum der Eigenbedarf nicht dort befriedigt werden kann (LG Bielefeld WuM 1993, 539; LG Mannheim DWW 1995, 113; LG München I NZM 2003, 20; AG Hamburg WuM 1995, 109; AG Gelsenkirchen ZMR 2011, 478; AG Waiblingen WuM 1995, 589; AG Gelsenkirchen 18. 2. 2014 – 210 C 238/13, ZMR 2015, 130). Dies ist abzulehnen, da es hierauf nicht ankommt, solange kein freies Alternativobjekt zur Verfügung steht (LG Koblenz ZMR 2010, 762; LG München I WuM 1996, 38; vgl auch BeckOGK/Geib [1. 7. 2020] Rn 172). Zudem dient das Begründungserfordernis nicht dazu, eine aus Sicht des Vermieters bestehende Alternativlosigkeit der Kündigung aufzuzeigen oder sonst den Mieter schon im Vorfeld eines etwaigen späteren Kündigungsprozesses auf rechtliche Verteidigungsmöglichkeiten hinzuweisen (BGH 15. 3. 2017 – VIII ZR 270/15, NJW 2017, 1474).

c) **Hinderung angemessener wirtschaftlicher Verwertung**

212 Bei der Kündigung wegen Hinderung angemessener wirtschaftlicher Verwertung nach § 573 Abs 2 Nr 3 BGB muss der Vermieter die vorgesehene Art der Verwertung, mögliche Vertragspartner, Gründe für die drohende Hinderung und die daraus entstehenden erheblichen Nachteile im Kündigungsschreiben angeben (LG Darmstadt WuM 1986, 339; LG Frankfurt aM DWW 1988, 324; LG München I WuM 1981, 234; LG München I ZMR 1985, 386). Damit muss der Vermieter den gesamten **gesetzlichen Tatbestand** mit Angaben zum Sachverhalt ausfüllen. Er darf sich nicht auf pauschale Angaben beschränken (LG Berlin WuM 1996, 770; LG Hannover WuM 1991, 189; LG Mannheim WuM 1991, 695; LG Siegen WuM 1991, 197; AG Aachen WuM 2010, 37; AG Stuttgart-Bad Cannstatt WuM 1991, 199). Allerdings dürfen an die Begründungspflicht auch keine überspannten Anforderungen gestellt werden. So ist es zB unzulässig, vom Vermieter schon im Kündigungsschreiben die Darlegung zu verlangen, dass die von ihm genannten Gründe für den Verkauf der Wohnung erst nach Abschluss des Mietvertrages entstanden sind (BVerfG NZM 1998, 618; REUTER, in: Gedschr Sonnenschein [2002] 329, 342 ff).

Wenn der Vermieter die Kündigung darauf stützt, das Grundstück erbringe derzeit **213** keine angemessene Rendite und er wolle deshalb die Art der Nutzung ändern, um diese zu verbessern, so muss er hierzu tatsächliche Angaben machen, die einen **Renditevergleich** ermöglichen (LG Arnsberg WuM 1992, 21; LG Berlin WuM 2009, 466; LG Frankfurt aM NJW-RR 1996, 266; LG Hamburg WuM 1992, 22; LG Kiel WuM 1992, 691). Teilweise wird eine Wirtschaftlichkeitsberechnung verlangt (LG Berlin MDR 1990, 1121; LG Berlin ZMR 2003, 837; LG Freiburg WuM 1991, 172; LG Hamburg ZMR 2009, 366; LG Hannover WuM 1991, 189; LG Kempten WuM 1991, 350; AG Köln WuM 1991, 170; SPIELBAUER/SCHNEIDER/KRENEK Rn 102; in diese Richtung wohl auch KOSSMANN/MEYER-ABICH § 118 Rn 16). Dies geht jedoch zu weit. Eine bis in alle Einzelheiten gehende Kalkulation, etwa hinsichtlich der jeweiligen Miethöhe aller Parteien eines Mietshauses und sämtlicher Aufwendungen sowie der zukünftigen Erträge, braucht der Vermieter dem Mieter nicht mitzuteilen (LG Düsseldorf DWW 1991, 338; LG Kempten WuM 1994, 687; LG Köln WuM 1989, 255). Ebensowenig muss er bei einem geplanten Abriss und anschließendem Neubau eine „**Sanierungsalternative**" darstellen, zumal deren Berechnung häufig mit hohen Kosten verbunden wäre (BGH NJW 2011, 1135; **aM** LG Berlin GE 2011, 1553; LG Stuttgart 20. 8. 2014 – 4 S 2/14, WuM 2015, 37; AG Darmstadt WuM 2012, 564). Die Offenlegung einzelner geschäftlicher Daten kann insbesondere dann nicht verlangt werden, wenn das Informationsbedürfnis des Mieters mit einem vergleichenden Gesamtergebnis zu befriedigen ist.

Begründet der Vermieter die Kündigung damit, das fortbestehende Mietverhältnis **214** sei ein **Hindernis für den Verkauf des Grundstücks**, so ist es nicht erforderlich, dass er im Kündigungsschreiben seine Verkaufsbemühungen und deren Erfolglosigkeit darlegt (BVerfG NJW 1998, 2662; BeckOGK/GEIB [1. 7. 2020] Rn 174; **aM** zuvor LG Duisburg WuM 1991, 497; LG Stuttgart WuM 1994, 686; AG Hannover WuM 1991, 188; KOSSMANN/MEYER-ABICH § 118 Rn 17; SPIELBAUER/SCHNEIDER/KRENEK Rn 101). Ist das Grundstück nicht unverkäuflich, sondern nur zu einem geringeren Kaufpreis, wird die Angabe einer Vergleichsrechnung über den Preis in vermietetem und unvermietetem Zustand verlangt, damit beurteilt werden kann, ob der Vermieter bei einem Verkauf erhebliche Nachteile erleiden oder ob der Verkauf sogar wirtschaftlich sinnlos sein würde (BVerfG NJW 1992, 2411; LG Berlin GE 1995, 497; LG Kiel WuM 1993, 52; LG Kiel WuM 1994, 283; LG Kiel WuM 1995, 169; LG Mosbach WuM 1991, 191; LG Stuttgart DWW 1995, 143). Nicht ausreichend ist die bloße Angabe, dass die Wohnung in vermietetem Zustand nur mit erheblichem Abschlag veräußert werden könne (LG Berlin 30. 4. 2015 – 65 S 4/15, WuM 2016, 178). Will der Vermieter aus dem Verkaufserlös einen Neubau finanzieren, braucht er nicht im Einzelnen seine Finanzierungspläne anzugeben (LG Trier WuM 1991, 273).

Soll die wirtschaftliche Verwertung des Grundstücks durch **Sanierungsmaßnahmen** **215** stattfinden, muss der Vermieter im Kündigungsschreiben Art und Umfang der beabsichtigten Bauarbeiten angeben (BGH 10. 5. 2017 – VIII ZR 292/15, NZM 2017, 559; LG Düsseldorf DWW 1991, 338; BLANK/BÖRSTINGHAUS/BLANK/BÖRSTINGHAUS Rn 214). Er hat zu begründen, warum die Sanierung des Hauses nur in geräumtem Zustand möglich ist (LG Bonn ZMR 1992, 114; LG Freiburg WuM 1991, 175; LG Karlsruhe WuM 1991, 168; AG

Dortmund NJW-RR 1992, 521; Klein-Blenkers ua/Hinz Rn 113). Auch wenn das Gebäude abgerissen und durch einen Neubau ersetzt werden soll, muss das Kündigungsschreiben Angaben enthalten, warum diese Maßnahme erforderlich ist (BGH NJW 2011, 1065; LG Osnabrück WuM 1994, 214; AG Neustadt a Rbge WuM 1994, 476). Die baurechtlichen Genehmigungen müssen nicht im Kündigungsschreiben erwähnt werden (Kinne ua/ Schach Rn 53; MünchKomm/Häublein Rn 136).

216 Sind **betriebliche Gründe** maßgebend, darf sich der Vermieter im Kündigungsschreiben nicht auf die Angabe beschränken, die bisherigen Betriebsräume würden nicht ausreichen. Er muss darlegen, welche konkreten Veränderungen im Betrieb es erforderlich machen, die Betriebsräume auszuweiten (LG Berlin NJW-RR 1992, 1231; AG Bergheim WuM 1991, 164), und dass kein anderes Grundstück zur Verfügung steht, wenn das Wohnhaus wegen der Betriebserweiterung abgerissen werden soll (LG Osnabrück WuM 1994, 214).

d) Sonstige Gründe

217 Die zu den in § 573 Abs 2 BGB exemplarisch genannten Kündigungsgründen entwickelten Maßstäbe gelten auch für Kündigungen, die auf die Generalklausel des Abs 1 gestützt werden. Der Vermieter muss den Kündigungssachverhalt konkretisieren, ohne dass die Anforderungen an die Darlegung überspannt werden dürfen (BGH 10. 5. 2017 – VIII ZR 292/15, NZM 2017, 559). Zu weit geht es daher, im Falle einer sog Abrisskündigung (oben Rn 198) vom Vermieter zu verlangen, dass er in seinem Kündigungsschreiben die Reparaturkosten den Abriss- und Neubaukosten und die zu erwartenden Erträge nach einer Sanierung denen eines Neubaus detailliert gegenüberstellt (vgl BGH NJW 2011, 1135; **aM** LG Berlin GE 2007, 659). Anders als derjenige, der ein Haus verkaufen möchte, beabsichtigt derjenige, der einen Neubau plant, eine langfristige Investition in sein Eigentum. Ob und in welchem Umfang er damit auch Rentabilitätsinteressen verfolgt, bleibt ihm überlassen. Da eine Abrisskündigung materiell-rechtlich nicht davon abhängig ist, dass ein Neubau errichtet und mit diesem ein größerer Ertrag erzielt wird als mit dem bisherigen Gebäude, darf vom Vermieter auch nicht über Abs 3 eine Vergleichsberechnung verlangt werden.

218 Wenn der Vermieter das Mietverhältnis über eine Werkmietwohnung wegen **Betriebsbedarfs** kündigt (vgl Rn 177 ff), muss er im Kündigungsschreiben näher darlegen, dass die Wohnung für einen anderen Betriebsangehörigen benötigt wird (LG Berlin GE 1996, 129; AG Görlitz WuM 1994, 268). Der bloße Hinweis auf einen Betriebsbedarf genügt nicht (OLG Stuttgart WuM 1986, 132). Ein bestimmter Bewerber braucht nicht benannt zu werden, wenn eine Bewerberliste geführt wird (LG München I WuM 1990, 153; vgl auch LG Berlin GE 2010, 1748). Wird die Wohnung von einem betriebsfremden Mieter bewohnt, werden in der Praxis erhöhte Anforderungen an die Begründung gestellt, etwa die Bedarfsperson zu benennen und die betrieblichen Gründe näher zu erläutern (LG Hamburg WuM 1994, 208; LG Stuttgart WuM 1992, 25; näher oben Rn 180 f mwNw).

219 Die Kündigung wegen eines **öffentlichen Interesses** (vgl Rn 189 ff) muss in der Begründung dieses Interesse darlegen und erkennen lassen, warum ein Umschlag auf die privatrechtliche Ebene anzunehmen ist (LG Freiburg WuM 1991, 172). Wenn eine Gemeinde das Mietverhältnis über eine ihr gehörende Wohnung kündigt, um dort Asylbewerber unterzubringen, reicht die Begründung im Kündigungsschreiben aus, wenn der aktuelle Bedarf dargelegt wird. Bestimmte Personen brauchen ähnlich wie beim Betriebsbedarf (vgl Rn 218) nicht benannt zu werden (AG Göttingen NJW 1992, 3044). Beruft sich der Vermieter auf eine bauordnungsrechtlich unzulässige Nutzung, muss er die hierfür maßgebenden Gründe darlegen (AG Schöneberg NJW-RR 1997, 76).

e)   Grenzen der Begründungspflicht
Mit der Pflicht, die berechtigten Interessen in dem Kündigungsschreiben anzugeben, **220** wird dem Vermieter eine weitgehende Offenlegung seiner persönlichen und wirtschaftlichen Verhältnisse zugemutet und abverlangt. Hiervon können die durch Art 1 Abs 1 und Art 2 Abs 1 GG gewährleistete Menschenwürde und der **Schutz der Persönlichkeit** berührt sein. Grundsätzlich kann jeder selbst darüber bestimmen, wann und innerhalb welcher Grenzen er Sachverhalte aus seinem persönlichen Leben offenbaren will. Einschränkungen sind jedoch im überwiegenden Allgemeininteresse hinzunehmen, soweit sie sich im Rahmen der Verhältnismäßigkeit halten. So rechtfertigt der Schutz des Mieters grundsätzlich auch die Pflicht des Vermieters, seine Verhältnisse offen zu legen. Das berechtigte Informationsbedürfnis des Mieters wird aber dadurch begrenzt, dass solche Daten des Vermieters, die für ihn bedeutungslos sind, weil sie in keinem Zusammenhang mit dem Kündigungsgrund stehen, nicht in das Kündigungsschreiben aufgenommen werden müssen. Die Einschränkung des Grundrechts auf Selbstbestimmung des Vermieters darf nicht weiter gehen als das Informationsbedürfnis des Mieters (BVerfGE 85, 219, 224 = NJW 1992, 1379; BVerfG NZM 2003, 592; LG Berlin GE 1995, 313).

Wird der Eigenbedarf auf andere Gründe als die bisherigen Wohnverhältnisse ge- **221** stützt, dürfen in dieser Hinsicht keine Angaben verlangt werden, da sie für die Begründung **unerheblich** sind (BVerfG NJW 1994, 310). Wird der Bedarf an einer größeren Wohnung auf den Wunsch gestützt, eine Familie zu gründen, so reicht die Angabe dieser inneren Tatsache aus. Eine Konkretisierung des Wunsches nach einem Kind durch eine im Zeitpunkt der Kündigung bereits vorliegende Schwangerschaft darf nicht verlangt werden (BVerfG NJW 1995, 1480; LG Mainz NJWE-MietR 1996, 152). Andererseits wird der Vermieter nicht schon deshalb von der Begründungspflicht frei, weil seine Lebensgefährtin, mit der er die Wohnung beziehen will, noch verheiratet ist (LG München I NZM 2001, 807). Weitere Einschränkungen zum Schutz der Persönlichkeit können in Krankheitsfällen geboten sein. Auch bei der Offenlegung der Ertragslage des vermieteten Grundstücks (vgl Rn 213), weiteren Grundbesitzes des Vermieters (vgl Rn 211) oder seiner sonstigen Vermögensverhältnisse ist zu beachten, ob es wirklich darauf ankommt.

3.   Nachschieben von Kündigungsgründen

a)   Anfänglich bestehende Gründe
Grundsätzlich muss der Kündigungsgrund in dem Zeitpunkt vorliegen, in dem die **222** Erklärung durch Zugang wirksam wird (Staudinger/Rolfs [2021] § 542 Rn 5, 81 ff). Das Erfordernis der Angabe im Kündigungsschreiben bezieht den Zeitpunkt der Abgabe der Erklärung mit ein (AG Lübeck WuM 1973, 7). Deshalb ist es ausgeschlossen, eine von vornherein unwirksame Kündigung dadurch zu heilen, dass eine materiell unzureichende Begründung (oben Rn 201 ff) ergänzt oder dass andere Gründe nachgeschoben werden (OLG Zweibrücken WuM 1981, 177; LG Aachen WuM 1991, 495; LG Düssel-

dorf WuM 1990, 505; LG Hamburg MDR 1975, 143; LG Koblenz WuM 1990, 509; AG Bernau WuM 2009, 126). Auch wenn sich diese Auslegung nicht unmittelbar aus dem Wortlaut des § 573 Abs 3 S 2 BGB ergibt, steht sie doch mit dem Zweck der Vorschrift in Einklang, dem Mieter zum frühestmöglichen Zeitpunkt Klarheit über seine Rechtsposition zu verschaffen (BVerfG WuM 1993, 235).

b) Nachträglich entstandene Gründe

223 Ausnahmsweise sind nach § 573 Abs 3 S 2 BGB nicht im Kündigungsschreiben angegebene Gründe zu berücksichtigen, wenn sie nachträglich entstanden sind. Grundsätzlich soll der Vermieter bei neuen Kündigungsgründen zu einer erneuten Kündigung gezwungen sein. Im Einklang mit § 574 Abs 3 BGB darf sich der Vermieter jedoch auf solche Gründe berufen, deren Angabe im Kündigungsschreiben ihm objektiv unmöglich war.

224 Ob ein Kündigungsgrund nachträglich entstanden ist, hängt von dem für die Beurteilung maßgebenden Zeitpunkt ab. Da der Vermieter nur solche Gründe in das Kündigungsschreiben aufnehmen kann, die im **Zeitpunkt der Abgabe der Erklärung** vorliegen, kommt es allein hierauf an, nicht aber auf den Zugang, durch den die Kündigung als Willenserklärung nach § 130 Abs 1 S 1 BGB erst wirksam wird (SCHMID/HARZ/GAHN Rn 52; aM LÜTZENKIRCHEN/LÜTZENKIRCHEN Rn 324). Unerheblich ist, ob der neue Kündigungsgrund vor oder nach Ablauf der Kündigungsfrist oder erst während eines Räumungsrechtsstreits eingetreten ist. Ein Kündigungsgrund ist spätestens dann entstanden, wenn der Vorgang abgeschlossen ist, aus dem der Vermieter sein Kündigungsrecht herleitet. Bei Vertragsverletzungen durch den Mieter kommt es auf das Ende der Verletzungshandlung an. Der Eigenbedarf wird durch objektive und subjektive Momente geprägt. Lag die objektive Bedarfssituation schon vor dem maßgebenden Zeitpunkt vor, fasst der Vermieter aber erst später den Entschluss einer entsprechenden Nutzung, etwa bei Familienangehörigen die Bedarfssituation zu einer eigenen zu machen, so kann daraus nicht hergeleitet werden, der Kündigungsgrund sei nachträglich entstanden. Entscheidend ist die objektive Bedarfslage, da sich der Vermieter sonst regelmäßig auf die Ausnahmeregelung des Abs 3 S 2 berufen könnte. Anders kann zu entscheiden sein, wenn sich die Bedarfslage nachträglich verschärft. Für den Kündigungsgrund wegen Hinderung angemessener wirtschaftlicher Verwertung kommt es darauf an, ob eine bestimmte Maßnahme durch einen nicht notwendig endgültigen Entschluss des Vermieters geplant ist. Die Konkretisierung kann durch Aufnahme von Vorbereitungshandlungen eintreten. Auf die abstrakte Möglichkeit anderweitiger Verwertungsmaßnahmen kommt es nicht an.

225 Die Berücksichtigung eines nachträglich entstandenen Kündigungsgrundes hängt nicht von der **Gleichartigkeit** mit einem schon früher vorliegenden Grund ab (BeckOGK/GEIB [1. 7. 2020] Rn 177; ERMAN/LÜTZENKIRCHEN Rn 55; KLEIN-BLENKERS ua/HINZ Rn 117; LÜTZENKIRCHEN/LÜTZENKIRCHEN Rn 329; SCHMIDT-FUTTERER/BLANK Rn 266; offen lassend PALANDT/WEIDENKAFF Rn 51; aM LG Düsseldorf WuM 1992, 130; tendenziell PRÜTTING ua/RIECKE Rn 51). Die Gegenmeinung will die nachträgliche Geltendmachung auf Kündigungsgründe der gleichen Art beschränken (LG Heidelberg WuM 1992, 30). Diese Auffassung findet im Gesetz keine Stütze und steht mit Sinn und Zweck der Regelung nicht in Einklang. Die Ausnahmeregelung beruht darauf, dass es dem Vermieter objektiv unmöglich ist, nachträglich entstandene Gründe schon im Kündigungsschreiben anzugeben. Entscheidend ist deshalb nur, dass der später geltend gemachte Kündigungsgrund aus einem neuen, nachträglich entstandenen Sachverhalt hergeleitet wird. So ist es möglich, bei einer auf bestimmte Vertragsverletzungen gestützten Kündigung nachträglich andere Pflichtverletzungen oder Eigenbedarf zu berücksichtigen. Ebenso kann nach Wegfall des Eigenbedarfs für eine bestimmte Person eine andere Person aus dem Kreis der Berechtigten an deren Stelle gesetzt werden, ohne dass der Vermieter eine neue Kündigung aussprechen müsste (aM LG Düsseldorf WuM 1992, 130).

Die **Bedeutung der Ausnahmeregelung** des Abs 3 S 2 besteht darin, dass die Wirksamkeit einer Kündigung durch das Nachschieben eines später entstandenen Grundes erhalten bleibt, wenn der im Kündigungsschreiben angegebene, tragende Grund nachträglich fortgefallen ist (LG Aachen WuM 1991, 495; LG Gießen WuM 1984, 226 [LS]). Eigenbedarf, Hinderung angemessener wirtschaftlicher Verwertung und bestimmte sonstige Gründe setzen ein **fortbestehendes Erlangungsinteresse** des Vermieters voraus. Ist der Kündigungsgrund bei Ablauf der Kündigungsfrist entfallen, ist die Kündigung nicht mehr gerechtfertigt (vgl Rn 121 f, 172 f, 184). Dieses Ergebnis kann der Vermieter vermeiden, indem er nach Abs 3 S 2 einen nachträglich entstandenen Kündigungsgrund nachschiebt. Das Gesetz schreibt nicht vor, dass hierbei die schriftliche Form eingehalten werden muss (Bub/Treier/Fleindl Rn IV 191). Ist die Kündigung zunächst wirksam, muss sich der Mieter auf die Beendigung des Mietverhältnisses einstellen. Eine von Anfang an unwirksame Kündigung kann hingegen nicht durch nachgeschobene Gründe geheilt werden. 226

VIII. Schadensersatz wegen unberechtigter Kündigung

1. Allgemeines

Ist die Kündigung nach §§ 573 ff BGB unberechtigt und damit unwirksam, können sich für den Mieter, der aufgrund dieser Kündigung einen Schaden erlitten hat, Ersatzansprüche gegen den Vermieter ergeben (BGHZ 89, 296, 302 = NJW 1984, 1028; BGH NZM 1998, 718; BGH NJW 2005, 2395 mAnm Teichmann JZ 2006, 155; BGH NJW 2009, 2059; BGH NJW 2010, 1068 m Bespr Hinz WuM 2010, 207 ff; BGH 10. 6. 2015 – VIII ZR 99/14, NJW 2015, 2324; BGH 29. 3. 2017 – VIII ZR 44/16, NJW 2017, 2819; ferner Seier, Der Kündigungsbetrug [1989]). Hierfür kommen mit der Pflichtverletzung gemäß § 280 Abs 1 BGB und der unerlaubten Handlung mehrere Anspruchsgrundlagen in Betracht (vgl Rn 229 ff). Wenn der Vermieter nach einer Kündigung den geltend gemachten Eigenbedarf oder die geplante wirtschaftliche Verwertung nicht verwirklicht, sondern die Wohnung erneut an Dritte vermietet, steht dem Mieter auch nach der Räumung oder dem Ablauf der Kündigungsfrist nach § 242 BGB ein **Auskunftsanspruch** über die hierfür maßgebenden Gründe zu (LG München I WuM 1986, 219; AG Wuppertal WuM 1995, 185; **aM** LG München II WuM 1986, 220). Der Abschluss eines Mietaufhebungsvertrags oder eines Räumungsvergleichs aufgrund einer unwirksamen Kündigung beseitigt deren Ursächlichkeit für den Schaden nicht (BGH 10. 6. 2015 – VIII ZR 99/14, NJW 2015, 2324; BGH 10. 5. 2016 – VIII ZR 214/15, NZM 2016, 718; BGH 29. 3. 2017 – VIII ZR 44/16, NJW 2017, 2819; OLG Frankfurt WuM 1994, 600; OLG Karlsruhe NJW 1982, 54), selbst wenn der Mieter die Unwirksamkeit der nicht formgerecht begründeten Kündigung erkannt hat, aufgrund mündlich dargelegter schlüssiger Kündigungsgründe das Mietverhältnis dann aber doch einvernehmlich beendet (BGH NJW 2009, 2059; BayObLG 227

NJW 1982, 2003; HINZ WuM 2009, 331, 332), oder wenn er in Kenntnis der unwirksamen Kündigung freiwillig auszieht (LG Mosbach WuM 1992, 192; LG Saarbrücken NZM 1998, 304; AG Plön WuM 1995, 177).

228 Ersatzansprüche können ausgeschlossen sein, wenn der Mieter nach einer unwirksamen Kündigung selbst kündigt, weil die Verletzungshandlung des Vermieters dann nicht ohne Weiteres **kausal** ist (AG Sinzig DWW 1991, 25; vgl auch LG Saarbrücken DWW 1997, 388; vgl aber auch OLG Düsseldorf NZM 2002, 292 [LS]) oder wenn er sich sein Interesse in einem Mietaufhebungsvertrag finanziell ausgleichen lässt (AG Hamburg-Blankenese ZMR 2001, 978; AG Lechenich WuM 1985, 119). Schließen die Parteien einen gerichtlichen oder außergerichtlichen Räumungsvergleich (dazu ausführlich BUB, in: Gedschr Sonnenschein [2002] 419, 425 ff), wird hiervon regelmäßig die Frage umfasst, ob ein Kündigungsgrund besteht. Aber nur wenn Gegenstand des Vergleichs auch die Schadensersatzansprüche des Mieters wegen der vorangegangenen unberechtigten Kündigung sind, unterbricht der Vertragsabschluss die Kausalität zwischen der Pflichtverletzung des Vermieters und dem Schaden des Mieters (BGH 10. 6. 2015 – VIII ZR 99/14, NJW 2015, 2324; BGH 10. 5. 2016 – VIII ZR 214/15, NZM 2016, 718; **aM** OLG Celle 24. 11. 1993 – 2 U 6/93, MDR 1995, 252; LG Düsseldorf 17. 8. 2000 – 21 S 288/99, WuM 2002, 116; LG Gießen 30. 11. 1994 – 1 S 243/94, WuM 1995, 183; LG Tübingen 22. 3. 1993 – 1 S 428/92, WuM 1993, 353; HINZ WuM 2009, 331, 332). Ein **stillschweigender Verzicht** des Mieters auf Schadensersatzforderungen kann demgegenüber regelmäßig schon deshalb nicht angenommen werden, weil an die Feststellung eines derartigen Vertragswillens einer Partei strenge Anforderungen zu stellen sind (vgl BGH 21. 11. 2006 – VI ZR 76/06, NJW 2007, 368; BGH 26. 10. 2009 – II ZR 222/08, NJW 2010, 64). Regelmäßig bedarf es bedeutsamer Umstände, die auf einen solchen Verzichtswillen schließen lassen (vgl BGH 20. 9. 2006 – VIII ZR 100/05, NJW-RR 2007, 246). Derartige Umstände können bei einem Räumungsvergleich etwa darin liegen, dass sich der Vermieter zu einer substanziellen Gegenleistung verpflichtet. So kann im Einzelfall in der Zahlung einer namhaften Abstandszahlung oder einem Verzicht auf Schönheitsreparaturen der Wille der Parteien entnommen werden, dass damit auch etwaige Ansprüche des Mieters wegen vorgetäuschten Eigenbedarfs abgegolten sein sollen (vgl OLG Frankfurt 6. 9. 1994 – 20 REMiet 1/93, NJW-RR 1995, 145; AG München 29. 3. 2018 – 432 C 1222/18, ZMR 2018, 604). Dies mag insbesondere dann in Betracht kommen, wenn eine solche Einigung in einer Situation erheblicher Unsicherheit für beide Parteien erfolgt, also etwa in der ersten Instanz vor Durchführung einer sonst erforderlichen umfangreichen Beweisaufnahme (BGH 10. 6. 2015 – VIII ZR 99/14, NJW 2015, 2324).

2. Anspruchsgrundlagen

229 a) Eine unwirksame Kündigung kann einen Schadensersatzanspruch des Mieters wegen **Pflichtverletzung gemäß § 280 Abs 1 BGB** auslösen (OLG Düsseldorf ZMR 2013, 956; LG Berlin 19. 12. 2019 – 65 S 219/19, ZMR 2020, 403). Der Vermieter ist nach § 241 Abs 2 BGB zur Rücksichtnahme verpflichtet und hat alles zu unterlassen, was den Mieter schädigen kann. Er darf deshalb nicht bewusst wahrheitswidrig einen Kündigungsgrund vorschieben, um den Mieter zur Räumung der Wohnung zu veranlassen. Anderenfalls macht er sich schadensersatzpflichtig (BGH NJW 2010, 1068; LG Berlin ZMR 1988, 387; LG Ellwangen NJWE-MietR 1996, 124; LG Karlsruhe WuM 1991, 272; AG Bad Oldesloe WuM 1995, 170; AG Jülich WuM 2006, 562; AG Saarlouis WuM 1995, 173; BeckOK MietR/SIEGMUND [1. 8. 2020] Rn 72; JAUERNIG/TEICHMANN Rn 5; SCHÖNLEBER NZM 1998, 601,

603). Das Gleiche gilt, wenn der Vermieter die unberechtigte Kündigung nur fahrlässig ausgesprochen hat (LG Essen WuM 1991, 494; LG Mannheim WuM 1995, 711; Siegmund WuM 2017, 613, 614). Dabei macht es entgegen einer verbreiteten Auffassung (OLG Hamm NJW 1984, 1044; LG Heidelberg DWW 1990, 151; LG Koblenz WuM 1990, 512; LG Mannheim WuM 1995, 710; AG Sinzig DWW 1991, 27) keinen Unterschied, ob der Vermieter fahrlässig Tatsachen behauptet, die nicht der Wirklichkeit entsprechen, ob die Angaben unvollständig sind (LG Düsseldorf DWW 1996, 280; **aM** LG Kiel WuM 1995, 169) oder ob er den Sachverhalt wahrheitsgemäß angibt und daraus fahrlässig den falschen Schluss zieht, die Kündigung sei begründet (BGH NJW 2009, 2059; LG Kiel NJW 1975, 1973; LG Waldshut-Tiengen WuM 1978, 5). Die Kündigung aufgrund eines schuldhaften Rechtsirrtums ist eine Pflichtverletzung (BGHZ 89, 296, 301 ff = NJW 1984, 1028; BGH NJW 1988, 1268; BGH NZM 1998, 718; OLG Düsseldorf ZMR 2013, 956; Blank/Börstinghaus/Blank/Börstinghaus Rn 79; Klein-Blenkers ua/Hinz Rn 128). Demgegenüber handelt es sich bei der nach § 573 Abs 3 BGB erforderlichen **Mitteilung des Kündigungsgrundes** um eine bloße Obliegenheit des Vermieters, nicht um eine ihn gegenüber dem Mieter treffende Rechtspflicht. Dementsprechend kann das Fehlen einer Begründung Schadensersatzansprüche nach § 280 Abs 1 BGB nicht auslösen (BGH NJW 2011, 914; Spielbauer/Schneider/Krenek Rn 111; **aM** Sternel NZM 2011, 688, 689 ff; Siegmund WuM 2017, 613, 614). Wer nach dem Kauf des vermieteten Grundstücks noch nicht nach § 566 BGB in das Mietverhältnis eingetreten ist, aber unberechtigt bereits kündigt, kann in Ermangelung eines bestehenden Schuldverhältnisses nicht aus Pflichtverletzung, sondern nur aus unerlaubter Handlung in Anspruch genommen werden (**aM** AG München WuM 1985, 121; AG Waldbröl WuM 1993, 121).

Nimmt der Vermieter eine Kündigung wegen vorgetäuschten Eigenbedarfs zurück, **230** schließt dies die Kausalität für einen Schaden nicht aus, wenn der Mieter bereits einen neuen Mietvertrag abgeschlossen und die Wohnung bezogen hat (LG Kassel WuM 1987, 85). Widerspricht der Mieter einer unberechtigten Kündigung wegen Eigenbedarfs und kündigt der Vermieter sodann nach § 573a BGB, ist dem Mieter jedenfalls hinsichtlich der Räumung aus der früheren unberechtigten Kündigung kein Schaden entstanden (AG Dortmund WuM 1982, 254 [LS]). Fällt der Kündigungsgrund später weg, muss der Vermieter den Mieter darauf hinweisen (BayObLG NJW 1987, 1654; LG Hamburg WuM 1995, 168; LG Siegen WuM 1992, 147; LG Stuttgart WuM 1991, 41; AG Betzdorf WuM 1995, 172; AG Dortmund NZM 1999, 120; AG Plön WuM 1995, 177). Das Gleiche gilt, wenn sich der Vermieter insgeheim vorbehält, ob er von dem an sich begründeten Eigenbedarf hinsichtlich der beanspruchten Wohnung nach dem Auszug des Mieters tatsächlich Gebrauch machen wird (LG Dortmund WuM 1985, 226) oder wenn sein Entschluss in Wirklichkeit noch nicht sicher feststeht (LG Mannheim WuM 1991, 693). Über völlig unsichere Zukunftspläne, die den Eigenbedarf entfallen lassen würden, muss der Vermieter den Mieter nicht unterrichten (LG Bonn WuM 1991, 106). Die **Hinweispflicht entfällt** nach bisher hM erst mit der Rechtskraft des Räumungsurteils (LG Köln WuM 1984, 248; AG Düsseldorf DWW 1997, 156), sofern kein Missbrauchsfall vorliegt (BVerfG WuM 1991, 247), nach noch strengerer Auffassung sogar erst mit der Räumung durch den Mieter (OLG Karlsruhe NJW 1982, 54; AG Hamburg WuM 1985, 117). Angesichts des zutreffenden Hinweises des BGH in seiner Entscheidung zur Anbietpflicht (BGH NJW 2003, 2604), dass vertragliche Pflichten (hier: § 241 Abs 2 BGB) mit der **Beendigung des Mietverhältnisses** entfallen, dürfte ein Hinweis des Vermieters jedoch schon nach diesem Zeitpunkt nicht mehr geschuldet sein. Eine

Haftung kommt dann nur noch in den engen Grenzen des § 826 BGB in Betracht (LG Aachen WuM 1987, 394; unten Rn 232 f).

231 Ohne besondere Anhaltspunkte braucht sich der Vermieter nach Ausspruch einer Kündigung nicht zu vergewissern, ob die Absicht seiner Familienangehörigen, die gekündigte Wohnung zu beziehen, noch fortbesteht (LG Köln WuM 1980, 48; vgl auch LG Münster WuM 2000, 330). Der Vermieter kann vom Bezug der geräumten Wohnung absehen, ohne sich schadensersatzpflichtig zu machen, wenn sich die Kosten eines geplanten Umbaus nachträglich als zu hoch herausstellen (AG Köln WuM 1985, 117). Ebensowenig besteht ein Schadensersatzanspruch, wenn der Angehörige, für den der Vermieter Eigenbedarf geltend gemacht hat, die Wohnung bezieht, der Mietvertrag aber von dem Lebensgefährten abgeschlossen wird (AG Friedberg/Hessen WuM 1985, 116 [LS]), wenn die berechtigte Person in rechtmäßiger Weise ausgewechselt wird (LG Münster WuM 1995, 171; **aM** LG Braunschweig WuM 1995, 185) oder wenn der Mieter aufgrund einer fristlosen Kündigung wegen Zahlungsverzugs ohnehin zu räumen verpflichtet war (LG Gießen WuM 1995, 163).

232 b) Eine unwirksame Kündigung kann zu Schadensersatzansprüchen aus **unerlaubter Handlung** führen (Seier, Der Kündigungsbetrug [1989] 221 ff, 341 ff). Hierfür genügt nicht ohne Weiteres die bloße Erklärung des Vermieters, die Wohnung wegen Eigenbedarfs zu benötigen, wenn nicht fälschlich Tatsachen geltend gemacht werden, die grundsätzlich geeignet sind, einen Eigenbedarf zu begründen (LG Wiesbaden WuM 1980, 229). Wird der Kündigungsgrund bewusst wahrheitswidrig vorgespiegelt, kann darin eine **vorsätzliche sittenwidrige Schädigung iS des § 826 BGB** liegen (OLG Celle OLGZ 1979, 64; LG Aachen WuM 1987, 394; BeckOGK/Geib [1. 7. 2020] Rn 185; Klein-Blenkers ua/Hinz Rn 124; Siegmund WuM 2017, 613, 614). Das Gleiche gilt für die Zwangsvollstreckung aus einem erschlichenen Räumungstitel (LG Düsseldorf WuM 1995, 186; LG Mönchengladbach WuM 1995, 186). Außerdem kommt ein Anspruch aus **§ 823 Abs 2 BGB iVm § 263 StGB** in Betracht, wenn in der unberechtigten Kündigung und ihrer Durchsetzung ein Betrug liegt (OLG Zweibrücken ZMR 1983, 237 mAnm Reichert ZMR 1983, 307; LG Düsseldorf DWW 1996, 55; AG Stuttgart-Bad Cannstatt WuM 1992, 252; Gericke NJW 2013, 1633, 1636; MünchKomm/Häublein Rn 139; Spielbauer/Schneider/Krenek Rn 113; **aM** Schickedanz ZMR 1975, 196, 197).

233 Darüber hinaus kann auch § 573 BGB als **Schutzgesetz iS des § 823 Abs 2 BGB** anerkannt werden (OLG Karlsruhe WuM 1976, 99; LG Köln ZMR 1976, 281; **aM** OLG Hamm NJW 1984, 1044; LG Heidelberg DWW 1990, 151). Die Gegenmeinung berücksichtigt nicht hinreichend, dass der vertragstreue Mieter, der von § 573 BGB vor dem Verlust der Wohnung geschützt wird, hierdurch auch vor den Kosten und anderen meist erheblichen Unzuträglichkeiten bewahrt werden soll, die jeder Wohnungswechsel mit sich bringt. Dies kommt in der Gesetzesbegründung eindeutig zum Ausdruck (BT-Drucks 7/2011, 7 f; BT-Drucks 7/2638, 1). Die im Interesse des redlichen Vermieters gebotene Einschränkung des Anwendungsbereichs des § 573 BGB als Schutzgesetz ist über das Tatbestandsmerkmal des Verschuldens nach § 823 Abs 2 S 2 BGB möglich.

3. Umfang des zu ersetzenden Schadens

234 a) Der vom Vermieter zu ersetzende Schaden umfasst nach den §§ 249 ff BGB die **gesamte Vermögenseinbuße**, die dem Mieter infolge der unberechtigten Kündigung adäquat kausal entstanden ist (LG Hamburg NZM 1998, 263). In erster Linie ist der Schadensersatzanspruch auf **Wiedereinräumung des Besitzes** gerichtet (LG Bonn WuM 1988, 402; LG Hamburg WuM 2008, 92; Siegmund WuM 2017, 613, 616). Diesen Anspruch kann der gekündigte Mieter im Wege der einstweiligen Verfügung durch das Verbot, die Wohnung Dritten zu überlassen oder die Wohnung zu veräußern, vorläufig gesichert werden, solange eine Vermietung an einen Dritten noch nicht erfolgt ist (LG Hamburg WuM 2008, 92). Die Herstellung des früheren Zustandes ist jedoch in den meisten Fällen wegen anderweitiger Vermietung oder Veräußerung der Wohnung nicht mehr möglich (BGH NJW 2010, 1068; strenger Siegmund WuM 2017, 613, 617) oder zur Entschädigung des Mieters nicht genügend, sodass der Vermieter ihn nach § 251 Abs 1 BGB in Geld zu entschädigen hat. Im Einzelnen kann sich eine Vielzahl von Schadenspositionen ergeben (Kossmann/Meyer-Abich § 123 Rn 12 ff; Ostermann WuM 1992, 342, 344 ff; Spielbauer/Schneider/Krenek Rn 114 ff). **Schmerzensgeld** wird in der Regel nicht in Betracht kommen, da in der unberechtigten Kündigung noch keine Verletzung des allgemeinen Persönlichkeitsrechts oder eines der anderen in § 253 Abs 2 BGB genannten Rechte liegt (Klein-Blenkers ua/Hinz Rn 144; **aM** AG Reinbek ZMR 2008, 719). Anders können die Dinge liegen, wenn der Vermieter mit der Kündigung gegen das Benachteiligungsverbot des § 19 AGG verstößt. Hier kann dem Mieter ein Entschädigungsanspruch aus § 21 Abs 2 S 3 AGG zustehen (vgl Anh MietR § 21 AGG Rn 12 ff; Siegmund WuM 2017, 613, 620).

Erstattungsfähig sind zum einen **Schäden im Zusammenhang mit der bisherigen Wohnung**. In erster Linie sind die Kosten der Rechtsverteidigung gegen die unberechtigte Kündigung zu ersetzen, die dem Mieter durch die Beauftragung eines Rechtsanwalts (LG Duisburg NZM 2010, 898; AG Hamburg-Altona WuM 1985, 121; AG Hamburg-Wandsbek NJW-RR 1991, 973 AG Köpenick 25. 3. 2014 – 14 C 10/14, GE 2014, 751; AG Waldbröl WuM 1993, 121; Kossmann/Meyer-Abich § 123 Rn 17; MünchKomm/Häublein Rn 147; Soergel/Heintzmann Rn 63) und durch den Räumungsrechtsstreit entstehen (BGH 29. 3. 2017 – VIII ZR 44/16, NJW 2017, 2819; LG Karlsruhe DWW 1995, 145; AG Hildesheim WuM 1995, 179). Ferner sind der Verlust noch nicht abgewohnter Investitionen durch bauliche Maßnahmen (OLG Karlsruhe WuM 1976, 99; AG Heidelberg WuM 1973, 185) und von nicht mehr verwendbaren Einrichtungsgegenständen (AG Saarlouis WuM 1995, 173) sowie die Renovierungskosten zu ersetzen, soweit sie noch nicht fällig waren (AG Hildesheim WuM 1995, 179). In welchem Umfang Detektivkosten als Schadensersatz geltend gemacht werden können, hängt vom Einzelfall ab (LG Berlin WuM 2000, 313; AG Hamburg WuM 1997, 220; **aM** Schmidt-Futterer/Blank Rn 85: stets zu ersetzen). 235

Wesentlich umfangreicher sind idR die **Schäden hinsichtlich der neuen Wohnung**. Dies beginnt mit den Kosten der Wohnungssuche für Inserate (BGH NJW 2010, 1068; BGH 29. 3. 2017 – VIII ZR 44/16, NJW 2017, 2819; LG Düsseldorf DWW 1996, 280; LG Karlsruhe DWW 1995, 145; LG Konstanz WuM 1986, 256; LG Stuttgart WuM 1991, 41; Kossmann/Meyer-Abich § 123 Rn 13) und umfasst den für die Wohnungsbesichtigung genommenen Urlaub (LG Karlsruhe DWW 1995, 145; AG Pforzheim DWW 1995, 144). Ersatzfähig sind Zinsverluste bei der Mietkaution (AG Saarlouis WuM 1995, 173), nicht aber die Kaution als solche (LG Düsseldorf DWW 1996, 280) oder die Kosten für die Finanzierung und Herrichtung einer Eigentumswohnung (LG Karlsruhe DWW 1992, 22). Sodann sind die **Umzugskosten** zu ersetzen, die für den Transport des Umzugsgutes entstehen (BGH 29. 3. 2017 – VIII ZR 44/16, NJW 2017, 2819; OLG Düsseldorf ZMR 2013, 956; LG Hamburg WuM 1995, 175; LG Karlsruhe DWW 1995, 145; Erman/Lützenkirchen Rn 57; Jauernig/Teichmann 236

Rn 5), einschließlich der Vergütung an private Hilfspersonen (BGH 29. 3. 2017 – VIII ZR 44/16, NJW 2017, 2819; LG Stuttgart WuM 1991, 41; LG Tübingen WuM 1991, 493; AG Betzdorf WuM 1995, 172). Ersatzfähig sind ferner die Kosten der Anfangsrenovierung (LG Düsseldorf DWW 1996, 280; LG Karlsruhe WuM 1991, 272; AG Nürnberg WuM 1995, 180), Kosten für die Anschaffung bestimmter neuer Einrichtungsgegenstände (OLG Düsseldorf ZMR 2013, 956; LG Hamburg WuM 1995, 175; LG Karlsruhe DWW 1992, 22; Kossmann/Meyer-Abich § 123 Rn 15) und die Übernahme gebrauchten Mobiliars (AG Siegen WuM 1995, 167), Montage- und Umbaukosten für die Einrichtung (LG Tübingen WuM 1991, 493; AG Bad Oldesloe WuM 1995, 170) sowie die Kosten für Ummeldung und Anschluss des Telefons (BGH 29. 3. 2017 – VIII ZR 44/16, NJW 2017, 2819; LG Karlsruhe WuM 1991, 272; LG Karlsruhe DWW 1995, 145; AG Pforzheim DWW 1995, 144). Schließlich sind der **Unterschiedsbetrag zur höheren neuen Miete** bei Vergleichbarkeit mit der bisherigen Wohnung (BGH 29. 3. 2017 – VIII ZR 44/16, NJW 2017, 2819; LG Berlin ZMR 1988, 387; LG Düsseldorf DWW 1996, 280; LG Wuppertal WuM 1997, 681; Einzelheiten zur Schadensberechnung bei Siegmund WuM 2017, 613, 618 ff), der Betriebskosten (AG Saarlouis WuM 1995, 173) und die vorübergehende Zahlung von Miete für beide Wohnungen zu berücksichtigen (LG Hamburg WuM 1995, 175; LG Köln WuM 1984, 197 [LS]).

236a Noch nicht abschließend geklärt ist, ob die Mietdifferenz zeitlich unbegrenzt (**„Endlosschaden"**) oder nur für einen bestimmten Zeitraum beansprucht werden kann. In der instanzgerichtlichen Rechtsprechung werden hier Zeiträume von zwei Jahren (AG Waiblingen 15. 1. 2019 – 9 C 1106/18, WuM 2019, 334 ohne nähere Begründung), dreieinhalb Jahren (AG Coesfeld 1. 10. 2019 – 4 C 156/19, WuM 2019, 712 unter Hinweis auf § 9 ZPO) oder vier Jahren (AG Tempelhof-Kreuzberg 7. 7. 2016 – 23 C 196/15, WuM 2017, 660 unter Berufung auf eine allerdings schon seit 2002 überholte Fassung des § 197 BGB) für angemessen erachtet. Dem Gesetz ist jedoch kein Anhaltspunkt zu entnehmen, die Pflicht des Vermieters hinsichtlich des Ersatzes des Mietunterschiedes etwa auf ein Jahr (LG Düsseldorf DWW 1996, 280) oder drei Jahre (LG Köln WuM 1992, 14; AG Saarlouis WuM 1995, 173) zu befristen. Ist die neue Wohnung günstiger als die bisherige, braucht der Mieter sich diesen Vorteil nicht auf die übrigen Schadenspositionen wie Umzugskosten etc anrechnen zu lassen (versagter Vorteilsausgleich; OLG Düsseldorf NZM 1998, 916).

237 Der Ersatz der höheren Miete kann bis zu dem **Zeitpunkt** verlangt werden, zu dem der Vermieter das Mietverhältnis durch eine berechtigte Kündigung hätte beenden können (LG Köln WuM 1992, 14; vgl auch Eisenhardt MDR 1999, 1481). Hierfür ist in Anbetracht des Kündigungsschutzes nicht nur der nach den Fristen des § 573c BGB nächstzulässige Termin maßgebend, sondern es müsste dem Vermieter auch ein Kündigungsgrund iS des § 573 Abs 2 BGB zur Seite stehen, soweit die Kündigung nicht nach § 573a BGB ohne berechtigtes Interesse zulässig wäre. Die zukünftige Entwicklung der Miete ist zu berücksichtigen (LG Darmstadt WuM 1995, 165).

238 b) Der Umfang des zu ersetzenden Schadens kann nach § 254 BGB bei einem **Mitverschulden** einzuschränken sein. Bevor der Mieter die Wohnung räumt, muss er prüfen, ob die Gründe stichhaltig sind, die der Vermieter angegeben hat (AG Aschaffenburg WuM 1984, 249; AG Saarlouis WuM 1995, 173; aM LG Kassel WuM 1987, 85; Klein-Blenkers ua/Hinz Rn 145), und ob ein Widerspruch nach § 574 Erfolg verspricht (LG Hamburg MDR 1976, 844; Seier ZMR 1978, 34; LG Kassel WuM 1989, 392). Es ist dem Mieter zumutbar, sachverständigen Rechtsrat einzuholen (OLG Karlsruhe Justiz 1976, 126). Je gewichtiger die Gründe sind, die für die Wirksamkeit der Kündigung sprechen, desto weniger ist es dem Mieter zuzumuten, sich mit dem Vermieter auseinanderzusetzen. Auf einen Rechtsstreit braucht er es nicht ankommen zu lassen (BGHZ 89, 296, 307 = NJW 1984, 1028; OLG Düsseldorf ZMR 2013, 956; LG Freiburg WuM 1985, 116; LG Mannheim WuM 1995, 711; LG Mosbach WuM 1992, 192; **aM** LG Tübingen WuM 1980, 248). Ebensowenig kann ihm aus der raschen Suche nach einer Ersatzwohnung ein Vorwurf gemacht werden (LG Mannheim WuM 1995, 710). Hat der Vermieter den Kündigungsgrund arglistig vorgespiegelt, kann ein etwaiges Mitverschulden des Mieters idR unberücksichtigt bleiben. Im Übrigen hat der Mieter den Schaden nach § 254 Abs 2 S 1 BGB so gering wie möglich zu halten (AG Bad Oldesloe WuM 1995, 172). Das Erkennen einer nur formellen Unwirksamkeit der Kündigung bei tatsächlich gegebenem Kündigungsgrund kann von einem Mieter nicht verlangt werden (LG Stuttgart WuM 1998, 30; BLANK/BÖRSTINGHAUS/BLANK/BÖRSTINGHAUS Rn 85). Selbst wenn er die formelle Unwirksamkeit der Kündigung erkennt, er aber keine Veranlassung hat, die materielle Berechtigung der Kündigung in Zweifel zu ziehen, trifft ihn kein Mitverschulden. Das gilt auch dann, wenn das Mietverhältnis letztlich nicht durch die Kündigung, sondern einen Aufhebungsvertrag beendet wird (BGH NJW 2009, 2059; AG Coesfeld 1. 10. 2019 – 4 C 156/19, WuM 2019, 712; s aber a AG Hamburg-Blankenese ZMR 2013, 964).

4. Darlegungs- und Beweislast

Grundsätzlich muss der **Mieter** darlegen und beweisen, dass die Voraussetzungen für den geltend gemachten Schadensersatzanspruch erfüllt sind (BGH NJW 2005, 2395; LG Berlin GE 1996, 1487; LG Bochum NJWE-MietR 1997, 50; LG Hamburg ZMR 2007, 787; AG Rheine WuM 1995, 168; **aM** LG Frankfurt aM WuM 1995, 165; LG Hamburg WuM 1995, 175; AG Nürnberg WuM 1995, 180). Anhaltspunkte für eine schädigende Handlung des Vermieters können sich aus seinem Verhalten nach Auszug des Mieters ergeben, insbesondere aus einer Verwendung der Wohnräume, die von den in der Kündigung angegebenen Gründen abweicht. Dies führt zu einer Beweiserleichterung für den Mieter iS eines **Beweises des ersten Anscheins** (LG Aachen WuM 1995, 164; LG Berlin GE 1996, 1487; LG Mannheim WuM 1995, 710; AG Siegen WuM 1995, 167; zwar gegen die Annahme des Anscheinsbeweises, aber für eine sekundäre Behauptungslast des Vermieters BeckOGK/GEIB [1. 7. 2020] Rn 189). Dementsprechend kann, wenn der Vermieter oder seine Angehörigen nach einer Eigenbedarfskündigung die Wohnung nicht selbst beziehen, ihn eine sekundäre Behauptungslast und damit die Obliegenheit treffen, über das schlichte Bestreiten hinaus nachvollziehbar und schlüssig darzulegen, wieso der in der Kündigung geltend gemachte Eigenbedarf im Nachhinein entfallen sein soll (AG Bremen WuM 2008, 413). Je nach den Umständen, die den Anschein einer ungerechtfertigten Kündigung erwecken, sind hohe Anforderungen an den Rechtfertigungsversuch des Vermieters zu stellen (BVerfG NJW 1997, 2377; LG Gießen ZMR 1996, 327; AG Plön WuM 1995, 177). Genügt der Vermieter seiner sekundären Darlegungslast, fällt die Beweislast an den Mieter zurück (AG Garmisch-Partenkirchen WuM 2008, 674). Für das **Verschulden** des Vermieters trägt der Mieter nur insoweit die Beweislast, als er seine Ansprüche auf eine unerlaubte Handlung (§ 823 Abs 1 BGB oder Abs 2, § 826 BGB) stützt; im Rahmen des Schadensersatzanspruchs aus § 280 BGB kommt ihm dagegen die Beweislastumkehr des § 280 Abs 1 S 2 BGB zugute (MünchKomm/ HÄUBLEIN Rn 150 f; SOERGEL/HEINTZMANN Rn 65).

IX. Abweichende Vereinbarungen (Abs 4)

1. Unwirksame Vereinbarungen

240 Nach § 573 Abs 4 BGB ist eine zum Nachteil des Mieters abweichende Vereinbarung unwirksam. Es ist deshalb unzulässig, abweichend von den Abs 1 bis 3 vertraglich zu bestimmen, dass ein Mischmietverhältnis mit nicht überwiegender gewerblicher Nutzung dem Gewerberaummietrecht zugeordnet wird (LG Frankfurt aM WuM 1992, 112; LG Hamburg WuM 1988, 406; Blank/Börstinghaus/Blank/Börstinghaus Rn 257), dass der Vermieter generell ohne ein berechtigtes Interesse kündigen darf oder dass schuldlose Vertragsverletzungen durch den Mieter ohne Weiteres ausreichen. Ebensowenig kann der Kreis der Personen, für die Eigenbedarf geltend zu machen ist, erweitert oder von vornherein jede wirtschaftliche Verwertung des Grundstücks vom Mieter als Kündigungsgrund akzeptiert werden. Die Parteien können eine Wohnung nicht unter der Bedingung vermieten, dass sie zurückzugeben ist, wenn sie als Werkwohnung für einen Betriebsangehörigen benötigt wird (LG Landau/Pfalz WuM 1995, 146). Auch die Vereinbarung sonstiger Kündigungsgründe, die dem gesetzlichen Leitbild nicht entsprechen, ist unzulässig (LG Osnabrück WuM 1990, 346). Das Gleiche gilt von Vereinbarungen, in denen die Angabe von Gründen im Kündigungsschreiben für überflüssig erklärt wird.

2. Wirksame Vereinbarungen

241 Wirksam sind einzelvertragliche Vereinbarungen, die zugunsten des Mieters von § 573 BGB abweichen. So ist es möglich, in einem Pacht-, Grundstücks- oder Gewerberaummietvertrag zugunsten des Mieters die Anwendung der kraft Gesetzes nur für Wohnraummietverträge geltenden Kündigungsbeschränkungen und damit des § 573 BGB – auch konkludent – zu vereinbaren (LG Berlin 11. 6. 2020 – 63 S 216/19, GE 2020, 1565; LG Cottbus 25. 9. 2020 – 1 O 264/19, GE 2020, 1563) oder die Voraussetzungen der Kündigungsgründe in einem Wohnraummietvertrag zu erschweren, etwa nur vorsätzliche Vertragsverletzungen oder Eigenbedarf für den Vermieter persönlich als ausreichend anzuerkennen. Das ordentliche Kündigungsrecht kann vollständig (BGH 8. 5. 2018 – VIII ZR 200/17, NZM 2018, 556; BGH 15. 5. 2018 – VIII ZR 150/17, WuM 2018, 514; BGH 23. 10. 2019 – XII ZR 125/18, BGHZ 223, 290, 295 ff = NJW 2020, 331) oder für bestimmte Gründe, insbesondere den Eigenbedarf, ausgeschlossen werden (BGH 4. 4. 2007 – VIII ZR 223/06, NJW 2007, 1742; BGH 14. 11. 2018 – VIII ZR 109/18, NZM 2019, 210; LG Aschaffenburg 11. 1. 2018 – 22 S 116/17, WuM 2018, 83; LG Berlin 6. 12. 2017 – 65 S 175/17, WuM 2018, 23; LG Berlin 8. 1. 2020 – 65 S 165/19, NZM 2020, 505; LG Düsseldorf DWW 1992, 245; LG Marburg 25. 3. 2019 – 5 S 98/18, ZMR 2020, 124). Dies gilt auch für Betriebsbedarf als Kündigungsgrund, wenn der Charakter als Werkmietwohnung vertraglich nach Ablauf einer bestimmten Zeit enden soll (LG Darmstadt WuM 1988, 22). Allerdings darf die Bindung mit Blick auf § 544 BGB eine Dauer von dreißig Jahren nicht übersteigen. Dies hat der BGH zwar ausdrücklich offen gelassen (BGH 8. 5. 2018 – VIII ZR 200/17, NZM 2018, 556), in einer anderen Entscheidung aber den unbefristeten Ausschluss der ordentlichen Kündigung als sittenwidrig (§ 138 BGB) beurteilt (BGH 30. 6. 2017 – V ZR 232/16, NZM 2017, 815; vgl auch BGH 8. 2. 2019 – V ZR 176/17, NJW 2019, 2016 mAnm Grziwotz JZ 2019, 739 zur Unwirksamkeit eines unbefristeten Belegungsrechts nach § 88d II. WoBauG). In einem anderen Urteil brauchte das Gericht die zulässige Bindungsdauer nicht zu thematisieren, weil seit der Vereinbarung erst sechs Jahre verstrichen waren (BGH

14. 11. 2018 – VIII ZR 109/18, NZM 2019, 210). In **seitens des Vermieters formularmäßig gestellten Mietverträgen** sind AGB-rechtliche Bedenken gegen langjährige Kündigungsausschlüsse schon deshalb nicht zu erheben, weil eine Inhaltskontrolle von Klauseln, die den Formularverwender selbst benachteiligen, nicht stattfindet (BGH 8. 5. 2018 – VIII ZR 200/17, NZM 2018, 556). Ob und inwieweit **DDR**-Altmietverträge, in denen als Beendigungstatbestände nur der Aufhebungsvertrag, die Kündigung seitens des Mieters und die gerichtliche Aufhebung des Mietverhältnisses genannt sind, das Recht des Vermieters zur ordentlichen Kündigung ausschließen, ist nicht abschließend geklärt (vgl LG Berlin 14. 1. 2020 – 67 T 138/19, ZMR 2020, 407). Ist mietvertraglich vereinbart, dass der Vermieter das Mietverhältnis grundsätzlich nicht auflösen wird und nur in besonderen Ausnahmefällen ordentlich kündigen kann, wenn wichtige berechtigte Interessen eine Beendigung notwendig machen, reichen keine Gründe aus, die (nur) ein (einfaches) berechtigtes Interesse des Vermieters begründen würden (BGH NZM 2013, 824; LG Berlin GE 2012, 65; LG Berlin WuM 2014, 40; LG Berlin 28. 7. 2015 – 63 S 86/14, GE 2015, 1405).

Ein vertraglicher Ausschluss des Rechts zur ordentlichen Kündigung schließt zwar die außerordentliche Kündigung, auch diejenige nach § 573d BGB, grundsätzlich nicht aus. Im Einzelfall kann sich jedoch aus Treu und Glauben (§ 242 BGB) eine abweichende Wertung ergeben, so beispielsweise dann, wenn der nach §§ 2135, 1056 Abs 2, § 573d BGB sonderkündigungsberechtigte Nacherbe unabhängig von seiner Nacherbschaft an den ordentlich unkündbaren Mietvertrag gebunden ist, er dem Abschluss des Mietvertrages durch den Vorerben zugestimmt hat oder der Abschluss eines für den Vermieter ordentlich unkündbaren Mietvertrags über den Nacherbfall hinaus einer ordnungsgemäßen Verwaltung des Nachlasses entsprochen hat, sodass der Nacherbe gegenüber dem Vorerben verpflichtet gewesen wäre, dem Mietvertrag zuzustimmen (BGH 12. 10. 2011 – VIII ZR 50/11, NZM 2012, 558; BGH 1. 7. 2015 – VIII ZR 278/13, NJW 2015, 2650). **241a**

Die Kündigungsbeschränkung muss nicht im Mietvertrag, sie kann auch in einem Vertrag zwischen dem Mieter und einem Dritten als **echter Vertrag zugunsten Dritter** (§ 328 BGB) vereinbart sein. Beispielsweise kann die öffentliche Hand bei der Veräußerung ihr gehörender Wohnimmobilien mit dem Käufer vereinbaren, dass er bestehende Mietverhältnisse nicht oder nicht vor Ablauf einer bestimmten Frist ordentlichen kündigen darf (BGH 14. 11. 2018 – VIII ZR 109/18, NZM 2019, 210; LG Berlin 22. 8. 2019 – 67 S 51/19, ZMR 2019, 941). Vereinbart werden kann auch, dass der Vermieter nur mit **Zustimmung eines Dritten** kündigen darf, etwa der Gemeinde, wenn diese die Errichtung des Gebäudes öffentlich gefördert hatte (LG Berlin 9. 3. 2018 – 63 S 67/16, GE 2018, 998, dort auch zur Dauer der Bindungsfrist und deren Ablauf). **241b**

In **seitens des Mieters formularmäßig vorformulierten Mietverträgen** kann der Kündigungsausschluss dagegen unwirksam sein, wenn er den Vermieter entgegen den Geboten von Treu und Glauben unangemessen benachteiligt (§ 307 Abs 1 BGB; AG Hamburg-Altona ZMR 2010, 535). Im Abschluss eines Mietverhältnisses auf Lebenszeit liegt wegen § 544 S 2 BGB zugleich ein Kündigungsausschluss (LG Hannover WuM 1991, 349). Der Verzicht auf einzelne Kündigungsgründe bedarf, wenn er auf Dauer oder jedenfalls für die Dauer von mehr als einem Jahr vereinbart werden soll, analog § 550 S 1 BGB der Schriftform (VerfGH Berlin NZM 2012, 723; BGH NJW 2007, 1742; BeckOGK/Geib [1. 7. 2020] Rn 181; Klein-Blenkers ua/Hinz Rn 118; **aM** AG Freiburg WuM **241c**

1990, 433). Gebunden durch den Verzicht wird auch der Grundstückserwerber, der nach § 566 Abs 1 BGB in das Mietverhältnis eintritt (BGH NJW 2007, 1742; LG Berlin NJWE-MietR 1996, 221; LG Berlin 28. 3. 2019 – 67 S 22/19, GE 2019, 857; AG Charlottenburg GE 2005, 1499). Das gilt auch dann, wenn es sich bei dem Grundstücksveräußerer um eine Wohnungsbaugenossenschaft gehandelt hat und diese zwischenzeitlich aufgelöst wurde (BGH WuM 2012, 294; LG Freiburg GE 2012, 953). Das Kündigungsrecht kann, wie in den Nutzungsverträgen der Wohnungsbaugenossenschaften, auf besondere Ausnahmefälle beschränkt werden. Hierdurch wird der Erwerber ebenfalls gebunden (OLG Karlsruhe WuM 1985, 77; AG Marburg WuM 1990, 551; AG Trier WuM 1992, 612; Riebandt/Korfmacher WuM 1986, 127, 128 f). Möglich ist es, die Kündigung für eine gewisse Zeit ganz auszuschließen oder an die Zustimmung Dritter zu binden (Staudinger/Rolfs [2021] § 542 Rn 59 ff, 66).

242 Auch der Abschluss eines **Mietaufhebungsvertrags** wird durch die Unabdingbarkeit des Kündigungsschutzes grundsätzlich nicht ausgeschlossen (BeckOGK/Geib [1. 7. 2020] Rn 183; Blank/Börstinghaus/Blank/Börstinghaus Rn 263; Herrlein/Kandelhard/Herrlein Rn 5; MünchKomm/Häublein Rn 31). Insoweit steht es dem Mieter frei, von sich aus auf den gesetzlichen Kündigungsschutz zu verzichten. Das Verbot nachteiliger abweichender Vereinbarungen darf aber nicht in der Weise umgangen werden, dass bereits in den Mietvertrag ein für den Mieter auf unbestimmte Zeit bindendes Angebot zum Abschluss eines Mietaufhebungsvertrags aufgenommen wird, das der Vermieter später nach Belieben annehmen kann.

§ 573a
Erleichterte Kündigung des Vermieters

(1) Ein Mietverhältnis über eine Wohnung in einem vom Vermieter selbst bewohnten Gebäude mit nicht mehr als zwei Wohnungen kann der Vermieter auch kündigen, ohne dass es eines berechtigten Interesses im Sinne des § 573 bedarf. Die Kündigungsfrist verlängert sich in diesem Fall um drei Monate.

(2) Absatz 1 gilt entsprechend für Wohnraum innerhalb der vom Vermieter selbst bewohnten Wohnung, sofern der Wohnraum nicht nach § 549 Abs. 2 Nr. 2 vom Mieterschutz ausgenommen ist.

(3) In dem Kündigungsschreiben ist anzugeben, dass die Kündigung auf die Voraussetzungen des Absatzes 1 oder 2 gestützt wird.

(4) Eine zum Nachteil des Mieters abweichende Vereinbarung ist unwirksam.

Materialien: Art 1 Nr 1 WKSchG II vom 18. 12. 1974 (BGBl I 3603); Art 3 Nr 3 bis 5 WoBauErlG vom 17. 5. 1990 (BGBl I 926); BT-Drucks 14/4553, 66; BT-Drucks 14/5663, 26.

Schrifttum

Hinkelmann, Das Kündigungsrecht des § 564b IV BGB für Vermieter und Mieter, NZM 2000, 23
Jahn, Der Mietrechtsnovelle fehlt die Ausgewogenheit, WuM 2000, 443
Karl, Die Kündigung nach § 564b Abs 4 Nr 1 BGB, ZMR 1993, 361
Skrobek, Probleme im Anwendungsbereich des § 573a BGB (erleichterte Kündigung in einem vom Vermieter selbst bewohnten Gebäude), ZMR 2007, 511
Schultz, Das Mietrecht in den neuen Bundesländern unter Berücksichtigung der Regelungen im Einigungsvertrag, ZMR 1990, 441
Sonnenschein, Die erleichterte Kündigung von Einliegerwohnraum, NZM 2000, 1
ders, Beendigung und Fortsetzung des Mietverhältnisses über Wohnraum in der Mietrechtsreform, WuM 2000, 387
Steinig, Das Sonderkündigungsrecht im Zweifamilienhaus, § 564b Abs 4 BGB, GE 1997, 396
ders, Klein aber unfein, GE 2000, 701.

Systematische Übersicht

I.	**Allgemeine Kennzeichnung**	
1.	Überblick	1
2.	Entwicklung der Vorschrift	2
3.	Zweck der Vorschrift	3
II.	**Voraussetzungen**	
1.	Einliegerwohnung (Abs 1)	6
a)	Mietverhältnis über eine Wohnung	6
b)	Wohnung in einem Gebäude	7
c)	Vermieter bewohnt das Gebäude	8
2.	Wohnraum innerhalb der vom Vermieter bewohnten Wohnung (Abs 2)	17
III.	**Rechtsfolgen**	20
IV.	**Abweichende Vereinbarungen (Abs 4)**	27

Alphabetische Übersicht

Abweichende Vereinbarungen	27 f
Begründung der Kündigung	24 f
Berechtigte Interessen des Vermieters	24 f
Einliegerwohnraum	6 ff
– Hinweis auf erleichterte Kündigung	22 f
– Rechtsmissbrauch	16
– Schutzrechte des Mieters	24 f
– Vermieterwohnung	9 ff
– Voraussetzungen	6 ff
– Wahlrecht	24 f
– Wohngebäude	7
– Wohnraum innerhalb der Vermieterwohnung	17 ff
– Wohnung	6
– Zweifamilienhaus	12 ff
Entstehung der Vorschrift	2
Kündigung	10 f
– Begründung	22 ff
– erleichterte	10 f
Kündigungsfrist	21
Kündigungsschreiben	22 f
Rechtsmissbrauch	16
Sonderkündigungsrecht des Vermieters	6 ff
Sozialklausel	26
Wahlrecht bei Kündigungsart	24 f
Zweck der Vorschrift	3 f

I. Allgemeine Kennzeichnung

1. Überblick

1 Die Vorschrift des § 573a BGB stellt für die Vermietung von Wohnraum in dem vom Vermieter selbst bewohnten Wohngebäude oder innerhalb seiner Wohnung eine **Ausnahme zum Kündigungsschutz nach § 573 BGB** auf. Nach Abs 1 kann der Vermieter in dem von ihm selbst bewohnten Gebäude mit nicht mehr als zwei Wohnungen ohne Kündigungsgrund gemäß § 573 BGB kündigen. Abs 1 S 2 verlängert die Kündigungsfrist um drei Monate. Das Gleiche gilt gemäß Abs 2 auch für Wohnraum innerhalb der vom Vermieter bewohnten Wohnung, sofern dieser nicht bereits gemäß § 549 Abs 2 Nr 2 BGB vom Mieterschutz ausgenommen ist. Abs 3 schreibt vor, dass im Kündigungsschreiben angegeben werden muss, dass die Kündigung auf die Abs 1 oder 2 gestützt wird. Zum Nachteil des Mieters darf nicht von diesen Vorschriften abgewichen werden, Abs 4.

2. Entwicklung der Vorschrift

2 Die Bestimmung des § 573a BGB ist durch das MietRRG aus § 564b Abs 4 aF hervorgegangen. Dieser ist in den Ausschussberatungen des Entwurfs eines WKSchG II als Ausnahmetatbestand zu § 564b Abs 1 BGB aF hinzugekommen. Durch den Ausnahmetatbestand des Abs 4 wurde wesentlich von der früheren Regelung des Art 1 § 1 WKSchG I abgewichen. Durch Art 3 Nr 4 WoBauErlG vom 17. 5. 1990 (BGBl I 926) wurde in § 564b Abs 4 BGB die Kündigung ohne berechtigtes Interesse in einem vom Vermieter selbst bewohnten Wohngebäude nach Abs 4 S 1 auf Wohngebäude mit drei Wohnungen ausgedehnt, von denen mindestens eine durch Ausbau oder Erweiterung des Gebäudes nach dem 31. 5. 1990 und vor dem 1. 6. 1995 fertiggestellt worden sein musste. Diese Möglichkeit wurde durch Art 1 Nr 2 des Gesetzes zur Übernahme befristeter Kündigungsmöglichkeiten als Dauerrecht vom 21. 2. 1996 (BGBl I 222) verlängert und galt fort, wenn die dritte Wohnung vor dem 1. 6. 1999 fertiggestellt worden war. Durch das MietRRG wurde die Möglichkeit der vereinfachten Kündigung wieder auf ihren ursprünglichen Geltungsbereich zurückgeführt.

3. Zweck der Vorschrift

3 Maßgebend für die Einführung des § 564b Abs 4 BGB aF war die Überlegung, dass sich der **Vermieter derartigen Einliegerwohnraums in einer besonderen Situation** befindet. Bezweckt wurde, dem Vermieter wegen des engen Zusammenlebens der Parteien die Kündigung zu erleichtern. Hiergegen bestehen keine verfassungsrechtlichen Bedenken (BVerfG WuM 1994, 520).

4 In den **neuen Bundesländern** unterlag die erleichterte Kündigung in einem Zwei- oder Dreifamilienhaus nach Art 232 § 2 Abs 4 EGBGB idF des Einigungsvertrags vom 31. 8. 1990 (BGBl II 885, 943) zunächst für eine Übergangszeit bis zum 31. 12. 1992 gewissen Einschränkungen, wenn das Mietverhältnis vor dem 3. 10. 1990 abgeschlossen worden war. Durch Art 1 des Gesetzes zur Verlängerung der Wartefristen in dem in Artikel 3 des Einigungsvertrages genannten Gebiet vom 21. 12. 1992 (BGBl I 2117) ist die Regelung aus Art 232 § 2 Abs 4 EGBGB in den völlig neu gefassten Abs 3 über-

nommen worden. Hierbei wurde die Befristung bis zum 31. 12. 1995 verlängert und zugleich die Gründe, aus denen die Kündigung ausnahmsweise zulässig war, inhaltlich geändert (STAUDINGER/SONNENSCHEIN [1996] Art 232 § 2 EGBGB Rn 104 ff). Von diesen Einschränkungen wurde Wohnraum innerhalb der Vermieterwohnung nicht erfasst.

Steht dem Vermieter ein **berechtigtes Interesse** zur Seite, soll er die **Wahl** haben, ob er nach den Voraussetzungen des § 573 Abs 1 bis 3 BGB mit den Kündigungsfristen nach § 573c BGB oder ohne Angabe eines Kündigungsgrundes nach § 573a BGB mit der um drei Monate verlängerten Frist kündigen will. Die in § 573a Abs 3 BGB vorgeschriebene Angabe, dass die Kündigung auf die Voraussetzungen der Abs 1 oder 2 gestützt wird, soll für die Beteiligten klarstellen, wann das Mietverhältnis endet (BT-Drucks 7/2638, 2). 5

II. Voraussetzungen

1. Einliegerwohnung (Abs 1)

a) Mietverhältnis über eine Wohnung

Es muss sich um ein Mietverhältnis über eine Wohnung handeln. Der Begriff der Wohnung ist nicht mit dem vom Gesetz sonst verwendeten Begriff des Wohnraums identisch, sondern geht darüber hinaus (PRÜTTING ua/RIECKE Rn 3; SCHMID/HARZ/GAHN Rn 6; SONNENSCHEIN NZM 2000, 1, 2). Die Wohnung ist eine **selbständige, räumlich und wirtschaftlich gesonderte Wohneinheit, die eine eigenständige Haushaltsführung ermöglicht** (BGH 18. 2. 2015 – VIII ZR 127/14, NZM 2015, 452; KG JW 1925, 1127 Nr 4; LG Aachen WuM 1993, 616; LG Bonn WuM 1992, 24; ERMAN/LÜTZENKIRCHEN Rn 6). Dazu sind grundsätzlich eine eigene Küche oder Kochgelegenheit (BGH 18. 2. 2015 – VIII ZR 127/14, NZM 2015, 452; LG Kempten WuM 1994, 254), wenigstens mit den erforderlichen Anschlüssen (LG Braunschweig WuM 1985, 64; BeckOK/HANNAPPEL [1. 8. 2020] Rn 15), Wasserversorgung, Ausguss (LG Lübeck WuM 1992, 616; AG Miesbach WuM 2003, 91; PRÜTTING ua/RIECKE Rn 3) und Toilette erforderlich (LG Bochum WuM 1984, 133; LG Essen WuM 1977, 206). Ein in sich abgeschlossener Bereich ist nicht erforderlich (BezG Halle/Saale WuM 1992, 305; LG Bonn WuM 1992, 24; LG Essen WuM 1977, 206; LG Köln WuM 1980, 180; AG Rostock DWW 1993, 142). Maßgebend ist die Verkehrsanschauung (BGH 18. 2. 2015 – VIII ZR 127/14, NZM 2015, 452; LG Hamburg WuM 1994, 215). Unzureichend sind Anschlussleitungen unter Putz (AG Wolfratshausen WuM 1985, 267 [LS]). Unerheblich ist, aus wie vielen Räumen die Wohnung besteht und ob Nebenräume vorhanden sind. Ein einzelnes Zimmer erhält durch Waschbecken und Elektroanschlüsse nicht den Charakter einer Wohnung (AG Siegburg WuM 1979, 218). Wird die Wohnung von einem **Zwischenmieter** angemietet, der sie nicht selbst bewohnt, sondern untervermietet, findet § 573a BGB nur unter den Voraussetzungen des § 578 Abs 3 BGB Anwendung. 6

b) Wohnung in einem Gebäude

Die Wohnung muss in einem Gebäude liegen. In § 564b Abs 4 BGB aF war noch von einem Wohngebäude die Rede, was zu einem Meinungsstreit darüber führte, ob Abs 4 auch dann anwendbar sei, wenn das Gebäude auch gewerblich genutzt werde (ERMAN/LÜTZENKIRCHEN Rn 4). Durch die **Neufassung** ist vom Gesetzgeber der Streit dahingehend entschieden worden, dass auch gewerblich genutzte Gebäude unter den Anwendungsbereich des § 573a BGB fallen (HERRLEIN/KANDELHARD/HERRLEIN/SCHNEIDER Rn 1; KLEIN-BLENKERS ua/HINZ Rn 6; SCHMID/HARZ/GAHN Rn 1). 7

c) Vermieter bewohnt das Gebäude

8 Das Gebäude muss vom Vermieter selbst bewohnt sein. Wegen des engen Zusammenlebens der Parteien soll die Kündigung erleichtert sein, indem das Gesetz auf ein berechtigtes Interesse des Vermieters an der Beendigung des Mietverhältnisses verzichtet.

9 aa) Vermieter ist derjenige, der als Vertragspartei den Mietvertrag abgeschlossen hat. Dies braucht nicht der Eigentümer zu sein (Sonnenschein NZM 2000, 1, 3). Die Vorschrift greift auch ein, wenn mehrere Vermieter den Vertrag abgeschlossen haben, von denen nur einer in dem Gebäude wohnt. Dies gilt für eine Miteigentümergemeinschaft in gleicher Weise wie für eine Gesamthandsgemeinschaft. Als Vermieter ist aber nicht der das Haus bewohnende Miteigentümer zu beurteilen, der den Mietvertrag nicht als Partei abgeschlossen hat (LG Karlsruhe WuM 1989, 241). Die Vorschrift ist bei einer juristischen Person als Vermieterin unanwendbar, da diese das Gebäude nicht selbst bewohnen kann (Bub/Treier/Fleindl Rn IV 209; BeckOGK/Geib/D'Ugo [1. 7. 2020] Rn 9; Klein-Blenkers ua/Hinz Rn 10; MünchKomm/Häublein Rn 5; Soergel/Heintzmann Rn 5).

10 bb) Der Vermieter **bewohnt** das Gebäude, wenn er dort seinen **Lebensmittelpunkt** hat (LG Berlin NJW-RR 1991, 1227; AG Walsrode WuM 1992, 616; Kossmann/Meyer-Abich § 114 Rn 10; **aM** AG Halle/Saalkreis WuM 1995, 43; BeckOGK/Geib/D'Ugo [1. 7. 2020] Rn 20; BeckOK/Hannappel [1. 8. 2020] Rn 19; Klein-Blenkers ua/Hinz Rn 11; MünchKomm/Häublein Rn 5; Schmid/Harz/Gahn Rn 10). Er braucht sich nicht ständig in dem Gebäude aufzuhalten (LG Berlin WuM 1980, 134; LG Hamburg WuM 1983, 23; AG Hamburg-Blankenese WuM 1991, 112; Kossmann/Meyer-Abich § 114 Rn 10), muss aber einen so intensiven Wohngebrauch ausüben, dass die Gefahr gegenseitiger Beeinträchtigungen besteht (LG Wuppertal WuM 1990, 156; MünchKomm/Häublein Rn 5; **aM** Lützenkirchen/Lützenkirchen Rn 22). Dies hängt von den Räumlichkeiten im Einzelfall ab (AG Arnsberg DWW 1988, 182); nicht ausreichend ist jedenfalls eine Nutzung zu gewerblichen oder freiberuflichen Zwecken wie einer Arzt- oder Anwaltspraxis (AG Hamburg WuM 2007, 710). Wird das Wohngebäude des Vermieters nur durch einen Zwischentrakt mit dem Wohngebäude des Mieters verbunden, soll kein Mietverhältnis im vom Vermieter bewohnten Wohngebäude vorliegen (AG Haßfurt WuM 1999, 119). Es kommt nicht darauf an, ob der Vermieter erst später als der Mieter in das Haus eingezogen ist. Die Vorschrift ist nach ihrem Zweck auch dann anwendbar, wenn der Vermieter erst nach dem Mieter das Haus bezogen hat, sodass es nicht auf die Verhältnisse zur Zeit des Vertragsabschlusses ankommt (BayObLG WuM 1991, 249; OLG Karlsruhe WuM 1992, 49; OLG Koblenz WuM 1981, 204; Lammel BlGBW 1982, 165; Klein-Blenkers ua/Hinz Rn 12; Prütting ua/Riecke Rn 7).

11 Zieht der Vermieter vor Beendigung des Mietverhältnisses aus dem Wohngebäude **aus**, ist der Grund für die erleichterte Kündigung nicht mehr gegeben, sodass die Berufung auf die Wirkungen einer bereits ausgesprochenen Kündigung nach § 242 BGB treuwidrig ist (LG Braunschweig WuM 1991, 202). Das Gleiche ist anzunehmen, wenn der Vermieter nach Ausspruch der Kündigung **stirbt** und die Erben nicht in dem Haus wohnen (OLG Karlsruhe WuM 1993, 405; LG Karlsruhe WuM 1989, 257; Schmidt-Futterer/Blank Rn 20; Sonnenschein ZMR 1992, 417, 422 f). Aus dem Normzweck ergibt sich, dass § 573a BGB keine Anwendung findet, wenn der Vermieter in der Absicht kündigt, nach der Räumung durch den Mieter auch selbst auszuziehen, um das Haus sodann als freistehend veräußern zu können (LG Duisburg NZM 2005, 216; LG Stuttgart WuM 2007, 75; AG Bergheim 3. 1. 2012 – 22 C 205/10, WuM 2015, 39) oder er das Haus nach dem Auszug des Mieters abreißen lassen will (LG Mannheim WuM 2004, 99). Wird das Grundstück nach Kündigung der Einliegerwohnung veräußert, wirkt die Kündigung nach § 573a BGB nur dann für und gegen den Erwerber, wenn dieser eine Wohnung in dem Gebäude bezieht (AG Delmenhorst WuM 1983, 151 [LS]; AG Aschaffenburg WuM 2007, 460 mit kritischer Anm BLANK WuM 2007, 462 f). Sind die Voraussetzungen des § 573a BGB vor Abschluss eines Räumungsrechtsstreits entfallen, muss der Vermieter den Mieter hiervon unterrichten (OLG Karlsruhe WuM 1993, 405).

cc) Das Gebäude darf nach § 573a Abs 1 S 1 BGB **nicht mehr als zwei Wohnungen** 12 aufweisen. Unerheblich ist, ob noch Geschäftsräume vorhanden sind (BGH NZM 2008, 682; BGH 18. 2. 2015 – VIII ZR 127/14, NZM 2015, 452) oder ob früher mehr als zwei Wohnungen existierten, die jedoch zusammengelegt worden sind (vgl Rn 14) oder nunmehr als Geschäftsräume genutzt werden (BGH NZM 2008, 682; SPIELBAUER/SCHNEIDER/KRENEK Rn 7). Die Vermietung von weiteren Einzelräumen, die nicht zu einer Wohnung zusammengeschlossen sind (AG Heidelberg WuM 1983, 144), oder deren Nutzung durch den Vermieter selbst (AG Karlsruhe DWW 1990, 212) schließt die Anwendbarkeit des § 573a BGB nicht aus (aM LG Düsseldorf WuM 1978, 53; AG Hamburg-Bergedorf ZMR 2012, 451). Von einer selbständigen Wohneinheit ist jedoch dann auszugehen, wenn zwei Zimmer inklusive Kochecke vermietet werden und sich im Treppenhaus eine separate Toilette befindet (LG Köln ZMR 1999, 560). Ob diese alle baurechtlichen Anforderungen an eine Wohnung erfüllt, ist unerheblich (AG Nürtingen 20. 12. 2016 – 10 C 2353/15, WuM 2017, 538; KLEIN-BLENKERS ua/HINZ Rn 15). Ebenso genießt der Vermieter das Privileg des § 573a BGB nicht, wenn das Haus neben der Wohnung des Mieters noch über diejenige des Vermieters verfügt, die ihrerseits eine Einliegerwohnung hat, selbst wenn Letztere nicht vermietet ist, sondern vom Vermieter mit genutzt wird (BGH NZM 2011, 71). Die Regelung ist auch dann unanwendbar, wenn die dritte Wohnung leer steht (LG Essen WuM 1993, 54 mAnm BREUER; LG Köln WuM 1985, 63; BUB/TREIER/FLEINDL Rn IV 205), sie zu gewerblichen Zwecken vermietet ist, aber die objektive Qualifikation einer Wohnung (vgl Rn 6) aufweist (BGH 18. 2. 2015 – VIII ZR 127/14, NZM 2015, 452) oder sich im Keller- oder Dachgeschoss eine jederzeit beziehbare dritte Wohnung befindet.

Es kommt nicht darauf an, dass diese Räume **unter Verstoß gegen baurechtliche** 13 **Bestimmungen** zu Wohnräumen umgebaut worden sind und dass das Gebäude ursprünglich als Zweifamilienhaus konzipiert war (BGH NZM 2011, 71; BezG Halle/Saale WuM 1992, 305; LG Aachen WuM 1993, 616; LG Bochum WuM 1984, 133; AG Bad Vilbel WuM 1983, 237 [LS]; SCHMID/HARZ/GAHN Rn 6). Die steuerliche Beurteilung als Einfamilienhaus mit Einliegerwohnung oder als Zweifamilienhaus ist nicht maßgebend, wenn tatsächlich drei Wohnungen vorhanden sind (LG Bonn WuM 1992, 24; LG Hildesheim NJW-RR 1993, 585; MünchKomm/HÄUBLEIN Rn 10; SOERGEL/HEINTZMANN Rn 4).

Die Vorschrift greift hingegen ein, wenn der Mieter in einem Haus mit drei Woh- 14 nungen im Laufe des Mietverhältnisses eine weitere Wohnung zwecks einheitlicher Nutzung mit der zunächst angemieteten Wohnung hinzugemietet und die beiden Wohnungen nach außen miteinander verbunden hat, auch wenn diese Umbauarbeiten mit vertretbarem Aufwand jederzeit wieder rückgängig gemacht werden können (OLG Karlsruhe WuM 1983, 253). Das Gleiche ist anzunehmen, wenn der Vermieter zwei

Wohnungen für sich zu einem einheitlichen Wohnbereich zusammenfasst (LG Aachen WuM 1993, 616; LG Memmingen NJW-RR 1992, 523; Prütting ua/Riecke Rn 6). Bleiben die beiden vom Vermieter bewohnten Wohnungen baulich aber völlig selbständig, handelt es sich nach wie vor um ein Dreifamilienhaus (OLG Frankfurt WuM 1982, 15; AG Bochum WuM 1992, 132; aM LG Saarbrücken ZMR 2007, 540). Wird eine große Wohnung in zwei getrennte Wohnungen aufgeteilt und werden diese selbständig vermietet, so erhöht sich die Wohnungszahl, selbst wenn die Verbindung über vorhandene Türen ohne Weiteres wiederhergestellt werden könnte (Horst Rn 1511). Auch im Übrigen kommt es nicht darauf an, ob die Wohnungen einen separaten Haus- oder Wohnungseingang haben (LG Essen WuM 1977, 206; LG Hamburg WuM 1983, 23; aM LG Bochum WuM 1987, 158; LG Hamburg WuM 1981, 42, hierzu Korff GE 1983, 740) oder ob das Haus bei getrennten Hauseingängen wenigstens frei stehend ist (aM LG Hannover WuM 1979, 78).

15 Die Vorschrift des § 573a BGB ist auch dann anwendbar, wenn das **Haus** zwar **getrennte Eingänge** hat, sodass Vermieter und Mieter im Haus typischerweise nicht aufeinandertreffen, es sich aber gleichwohl nur um ein Gebäude handelt (BGH NZM 2008, 682; OLG Saarbrücken WuM 1992, 520; LG Osnabrück WuM 1991, 555; AG Hamburg WuM 1996, 547; Klein-Blenkers ua/Hinz Rn 8; aM LG Kleve WuM 1992, 437). Demgegenüber findet das Sonderkündigungsrecht bei zwei **Doppelhaushälften** (LG Köln 23. 4. 2015 – 1 S 231/14, WuM 2015, 680; AG Hamburg ZMR 2013, 812; BeckOGK/Geib/D'Ugo [1. 7. 2020] Rn 13) oder nebeneinander liegenden **Reihenhäusern** (BGH NZM 2010, 821; LG Berlin GE 2011, 823; LG Hannover WuM 1979, 78; AG Dortmund WuM 1990, 355; BeckOK/Hannappel [1. 8. 2020] Rn 12; Klein-Blenkers ua/Hinz Rn 7; Schmidt-Futterer/Blank Rn 11; Soergel/Heintzmann Rn 3; differenzierend MünchKomm/Häublein Rn 9) keine Anwendung. Dies gilt auch dann, wenn sich eine Wohnung über beide Nachbarhäuser erstreckt oder zwei Häuser über eine gemeinsame Wasser- und Stromversorgung verfügen (LG Köln WuM 2003, 278; AG Hamburg ZMR 2013, 812). Auch **Vorder- und Hinterhaus** sind unabhängig davon, ob sie grundbuchrechtlich auf demselben Grundstück liegen oder nicht, regelmäßig getrennte Häuser (AG Hamburg ZMR 2013, 812).

16 Teilweise wird für die Voraussetzung, dass sich in dem Gebäude nicht mehr als zwei Wohnungen befinden, auf den Zeitpunkt der Begründung des Mietverhältnisses abgestellt, damit der Bestandsschutz nicht durch nachträgliche bauliche Änderungen ausgehöhlt werden kann (OLG Hamburg NJW 1983, 182; BeckOK MietR/Siegmund [1. 8. 2020] Rn 7; Erman/Lützenkirchen Rn 8; Herrlein/Kandelhard/Herrlein/Schneider Rn 5; Korff GE 1983, 740, 741; offen gelassen von OLG Karlsruhe WuM 1983, 253). Teilweise wird wenigstens ein Hinweis auf die zukünftige Änderung bei Vertragsschluss für erforderlich gehalten (LG Aachen WuM 1993, 616; LG Memmingen NJW-RR 1992, 523). Dies widerspricht dem Prinzip, dass die Voraussetzungen für eine Kündigung nach dem Zeitpunkt zu beurteilen sind, in dem die Erklärung wirksam wird (Staudinger/Rolfs [2021] § 542 Rn 5, 80). **Maßgeblicher Zeitpunkt** für die Beurteilung, ob ein Zweifamilienhaus vorliegt, ist daher **der Zeitpunkt der Kündigung** (LG Berlin GE 1999, 507; BeckOGK/Geib/D'Ugo [1. 7. 2020] Rn 22; BeckOK/Hannappel [1. 8. 2020] Rn 21; MünchKomm/Häublein Rn 3; Schmid/Harz/Gahn Rn 16; Soergel/Heintzmann Rn 6; Spielbauer/Schneider/Krenek Rn 14). Dass sich der Bestandsschutz für ein bereits bestehendes Mietverhältnis hierdurch ändert, ist in Anbetracht des Gesetzeszwecks in Kauf zu nehmen. Derartige bauliche Veränderungen während der Mietzeit wirken sich mal zu Gunsten, mal zum Nachteil des Mieters aus. Wenn der **BGH** demgegenüber offenbar auf den Abschluss des Mietvertrages abstellen will (BGH NZM 2008, 682; BGH 18. 2. 2015 –

VIII ZR 127/14, NZM 2015, 452), so kann dem nicht gefolgt werden. Der treuwidrigen Aushöhlung des Bestandsschutzes kann durch § 242 BGB begegnet werden. Der erst für die Zukunft geplante Ausbau um eine dritte Wohnung ist unerheblich (LG Mannheim WuM 1981, 234; LG Wiesbaden WuM 1981, 162), dies gilt auch dann, wenn die Kündigung gerade dem Zweck dient, die Voraussetzungen für die beabsichtigte bauliche Veränderung zu schaffen (aM LG Mannheim NZM 2004, 256).

2. Wohnraum innerhalb der vom Vermieter bewohnten Wohnung (Abs 2)

Nach § 573a Abs 2 BGB gilt die erleichterte Kündigungsmöglichkeit entsprechend für Mietverhältnisse über **Wohnraum innerhalb der vom Vermieter selbst bewohnten Wohnung**, sofern das Mietverhältnis nicht ohnehin nach § 549 Abs 2 Nr 2 BGB vom Anwendungsbereich des § 573 BGB ausgeschlossen ist (Sonnenschein NZM 2000, 1, 6 ff). Letzteres betrifft Wohnraum, der Teil der vom Vermieter selbst bewohnten Wohnung ist und den der Vermieter überwiegend mit Einrichtungsgegenständen auszustatten hat, sofern der Wohnraum dem Mieter nicht zum dauernden Gebrauch mit seiner Familie oder mit Personen überlassen ist, mit denen er einen auf Dauer angelegten gemeinsamen Haushalt führt (dazu Staudinger/Artz [2021] § 549 Rn 27 ff). 17

Der Wohnraum, der von §§ 573a Abs 2 BGB erfasst wird, ist durch das **Fehlen der Merkmale einer selbständigen Wohnung** gekennzeichnet. Hierzu gehören Leerzimmer und nicht überwiegend vom Vermieter mit Einrichtungsgegenständen auszustattende Räume, die nicht zu nur vorübergehendem Gebrauch an Einzelpersonen oder Familien vermietet sind. Ferner zählen hierzu möblierte Wohnräume, die zum dauernden Gebrauch für eine Familie überlassen sind. 18

Der Wohnraum liegt **innerhalb der vom Vermieter selbst bewohnten Wohnung**, wenn ein so enger Zusammenhang zwischen den beiden Wohnbereichen besteht, dass der vermietete Wohnraum objektiv als Teil der Vermieterwohnung erscheint und ein besonders enges räumliches Zusammenleben der Parteien die Folge ist. Unzureichend ist es, wenn der Mieter einen Einzelraum im Dachgeschoss oder Souterrain bewohnt oder wenn das Zimmer vom Treppenhaus aus separat zugänglich ist, selbst wenn im Übrigen eine nicht benutzte Verbindungstür zur Vermieterwohnung besteht (LG Detmold NJW-RR 1991, 77). Handelt es sich baulich um ein Einfamilienhaus, sind solche Einzelräume immer Teil der Vermieterwohnung (aM AG Königswinter WuM 1994, 689). Anderenfalls stünde sich der Vermieter schlechter, als wenn es sich um eine selbständige Wohnung iS des Abs 1 S 1 handeln würde. Die Regelung des Abs 2 beschränkt sich aber nicht auf Ein- oder Zweifamilienhäuser, sondern gilt ihrem Zweck entsprechend auch für Wohnraum innerhalb der Vermieterwohnung, die in einem Mehrfamilienhaus liegt (KG NJW 1981, 2470; LG Berlin ZMR 1980, 339; Kossmann/Meyer-Abich § 114 Rn 13). Angesichts des Gesetzeszwecks ist die in Abs 2 vorgeschriebene entsprechende Anwendung des Abs 1 nicht als Tatbestandsverweisung mit einer daraus folgenden Beschränkung auf Ein- oder Zweifamilienhäuser auszulegen, sondern als Rechtsfolgeverweisung. Da es auf die Eigentumsverhältnisse nicht ankommt, wird auch ein Untermietverhältnis innerhalb der vom Vermieter selbst gemieteten und bewohnten Wohnung erfasst (LG Berlin ZMR 1980, 339). 19

III. Rechtsfolgen

20 1. Die Kündigung ist nach § 573a Abs 1 S 1 oder Abs 2 BGB wirksam, auch wenn der Vermieter **kein berechtigtes Interesse** an der Beendigung des Mietverhältnisses iS von § 573 BGB hat. Der Ausschluss der Kündigung zum Zwecke der Mieterhöhung nach § 573 Abs 1 S 2 BGB gilt jedoch auch hier (LG Stuttgart ZMR 1979, 274 mAnm Buchholz-Duffner; BeckOGK/Geib/D'Ugo [1. 7. 2020] Rn 10; Schmid/Harz/Gahn Rn 4).

21 2. Nach § 573a Abs 1 S 2 BGB verlängert sich die **Kündigungsfrist** für den Vermieter um drei Monate. Maßgebend ist die Frist, die sich aus § 573c Abs 1 und 2 BGB (vgl § 573c Rn 17 ff) oder bei abweichenden Vereinbarungen – soweit zulässig – aus dem Vertrag ergibt (vgl § 573c Rn 38 ff).

22 3. In dem **Kündigungsschreiben** ist anzugeben, dass die Kündigung auf die Voraussetzungen des Abs 1 oder Abs 2 gestützt wird **(Abs 3)**. Insoweit weicht § 573a Abs 3 BGB von § 564b Abs 4 S 4 aF ab, in dem vorgeschrieben wurde, dass im Kündigungsschreiben anzugeben sei, dass die Kündigung nicht auf § 564b Abs 1 aF gestützt werde. Die Angabe ist **Voraussetzung für die Wirksamkeit** der erleichterten Kündigung (LG Braunschweig WuM 1991, 202; Jauernig/Teichmann Rn 3; Sonnenschein WuM 2000, 387, 391). Die damit bezweckte Klarstellung ist auf jeden Fall gegeben, wenn der Vermieter ausdrücklich auf sein Sonderkündigungsrecht aus § 573a BGB hinweist und die verlängerte Frist angibt (AG Karlsruhe DWW 1990, 212). Der Vermieter muss hinreichend zum Ausdruck bringen, dass er von seinem Sonderkündigungsrecht Gebrauch macht. Dafür genügt es, wenn in dem Kündigungsschreiben auf ein vorangegangenes Schreiben Bezug genommen wird, in dem auf das Sonderkündigungsrecht des § 573a BGB hingewiesen worden ist (LG Berlin ZMR 1980, 319; **aM** Schmidt-Futterer/Blank Rn 34) oder wenn bereits eine hierauf gestützte Kündigung vorhergegangen war, die nicht weiterverfolgt wurde (LG Kiel WuM 1994, 542). Im Hinblick auf den geänderten Wortlaut der Vorschrift ist aber zweifelhaft, ob es ausreicht, die richtig berechnete verlängerte Kündigungsfrist anzugeben (Palandt/Weidenkaff Rn 9; **aM** BeckOK/Hannappel [1. 8. 2020] Rn 25 und zu Art 1 § 1 WKSchG I auch LG Osnabrück WuM 1990, 307).

23 Der Angabe von **Kündigungsgründen** bedarf es nicht, weil der Vermieter im Rahmen des § 573a BGB solche ja gerade nicht benötigt (Erman/Lützenkirchen Rn 13; Schmid/Harz/Gahn Rn 19). Er braucht auch nicht sein **Interesse** an der Beendigung des Mietverhältnisses zu begründen, also auch nicht dasjenige darzutun, was im Rahmen eines etwaigen Widerspruchs des Mieters gegen die Kündigung (§ 574 BGB) zu seinen Gunsten zu berücksichtigen wäre (MünchKomm/Häublein Rn 16; Klein-Blenkers ua/Hinz Rn 22; Palandt/Weidenkaff Rn 9; **aM** Kinne ZMR 2001, 599, 601). Eine entsprechende Obliegenheit ergibt sich auch nicht aus § 574 BGB, da der Vermieter bei einer Kündigung, die keines berechtigten Interesses bedarf, sich auf seine Interessen auch dann berufen kann, wenn er sie im Kündigungsschreiben nicht angegeben hat (BT-Drucks 14/4553, 69; Erman/Lützenkirchen Rn 11; Schmidt-Futterer/Blank Rn 37). Aus dem Umstand, dass keine Kündigungsgründe angegeben sind, kann aber nicht ohne Weiteres der Schluss gezogen werden, dass es sich um eine Kündigung nach § 573a BGB handelt, da es sich ebenso gut um eine nach § 573 Abs 3 S 2 BGB unwirksame normale Kündigung handeln kann.

24 4. Hat der Vermieter tatsächlich ein berechtigtes Interesse an der Beendigung des Mietverhältnisses, steht ihm ein **Wahlrecht** zu, ob er unter den Voraussetzungen des § 573 BGB mit normaler Kündigungsfrist oder unter den erleichterten Voraussetzungen des § 573a BGB mit verlängerter Frist kündigt (AG Dortmund DWW 1993, 238; AG Waiblingen WuM 1979, 123; Klein-Blenkers ua/Hinz Rn 26; MünchKomm/Häublein Rn 14; Soergel/Heintzmann Rn 10; Sonnenschein NZM 2000, 1, 7 f). Aus der Erklärung muss hervorgehen, ob und wie der Vermieter sein Wahlrecht ausübt (LG Landau/Pfalz WuM 1986, 144; Schmidt-Futterer/Blank Rn 38; Spielbauer/Schneider/Krenek Rn 21). Nebeneinander können die Kündigungen nicht ausgeübt werden (LG Köln WuM 1997, 221). Auch wenn der Vermieter die Kündigung begründet, ist die Anwendung des § 573a BGB nicht ausgeschlossen, da die Begründung zwar nicht erforderlich (oben Rn 23), aber schon in der Kündigungserklärung zulässig und nach § 574 Abs 3 BGB für die Interessenabwägung im Rahmen der Sozialklausel bedeutsam ist (AG Arnsberg DWW 1987, 18; AG Karlsruhe DWW 1990, 212).

Nach zT vertretener Auffassung ist die einmal getroffene Wahl grundsätzlich unwiderruflich (Schmidt-Futterer/Blank Rn 38; Spielbauer/Schneider/Krenek Rn 21). Für eine **Unwiderruflichkeit** bietet das Gesetz jedoch **keine Anhaltspunkte** (OLG Karlsruhe NJW 1982, 391; Kossmann/Meyer-Abich § 114 Rn 20). Sie ist nicht zum Schutz des Mieters geboten. Durch einen solchen Wechsel von einer Kündigung nach § 573a BGB zu einer Kündigung nach § 573 BGB können allenfalls Schadensersatzansprüche ausgelöst werden, wenn der Vermieter ein besonderes Vertrauen erweckt hat, dass es bei dem späteren Termin bleiben werde. Ein Wechsel der Kündigung von § 573 BGB zu § 573a BGB ist dagegen nur von Bedeutung, wenn die Wirkungen der ersten Kündigung von den Parteien einvernehmlich beseitigt werden, weil sonst das Mietverhältnis zu dem früheren Zeitpunkt endet (OLG Karlsruhe NJW 1982, 391). Zulässig ist auch eine Kündigung in der Weise, dass sich der Vermieter entweder primär auf die normale Kündigung nach § 573 BGB und hilfsweise auf sein Sonderkündigungsrecht aus § 573a BGB stützt oder dass er die umgekehrte Reihenfolge der Kündigungsarten wählt (OLG Hamburg NJW 1983, 182; LG Kiel DWW 1992, 85; LG Oldenburg WuM 1986, 118; LG Wiesbaden WuM 1981, 162; AG Dortmund 2. 6. 2020 – 425 C 3346/19, ZMR 2020, 759; Erman/Lützenkirchen Rn 14; Klein-Blenkers ua/Hinz Rn 26; Prütting ua/Riecke Rn 13). Hat sich der Vermieter aber ausdrücklich nur auf § 573a BGB berufen, ist ein Wechsel zur Kündigung nach § 573 BGB mit derselben Erklärung nicht mehr möglich, auch wenn die berechtigten Interessen wegen § 574 Abs 3 BGB in dem Kündigungsschreiben angegeben sind (AG Rostock DWW 1993, 142).

5. Die **Anwendbarkeit des § 574 BGB** auf die Kündigung nach § 573a BGB ergibt sich aus der systematischen Stellung beider Paragrafen im gemeinsamen Abschnitt „Mietverhältnisse auf unbestimmte Zeit" (Blank/Börstinghaus/Blank/Börstinghaus Rn 3; Schmidt-Futterer/Blank Rn 4). Im Gegensatz zur Rechtslage bis zur Mietrechtsreform (dazu OLG Hamm NJW 1992, 1969; AG Arnsberg DWW 1987, 18; AG Bergisch Gladbach WuM 1994, 22; AG Forchheim DWW 1991, 115; Sonnenschein NJW 1998, 2172, 2188) ist der Vermieter heute aber nicht mehr gehalten, seine Interessen bereits im Kündigungsschreiben geltend zu machen. § 574 Abs 3 BGB findet auf eine nach § 573a BGB begründungslos mögliche Kündigung keine Anwendung (s Rn 23). Kommt es zu einer Interessenabwägung, fällt etwa zugunsten des Vermieters ins Gewicht, dass das Mietverhältnis objektiv zerrüttet ist (AG Alsfeld NJW-RR 1992, 339). Eine Räumungsfrist nach § 721 ZPO kann nicht aus dem Grunde versagt werden, die Kündigungsfrist habe sich bereits nach § 573a BGB verlängert (LG Hamburg WuM 1990, 28).

IV. Abweichende Vereinbarungen (Abs 4)

27 Nach § 573a Abs 4 BGB ist eine zum Nachteil des Mieters abweichende Vereinbarung **unwirksam**. Es ist deshalb unzulässig, abweichend von den vorhergehenden Vorschriften vertraglich zu bestimmen, dass das Sonderkündigungsrecht auf gesetzlich nicht vorgesehene Fälle ausgedehnt wird. Die Kündigungsfrist des § 573a Abs 1 S 1 BGB kann nicht verkürzt werden. Unverzichtbar ist auch die Kennzeichnung als Sonderkündigung nach § 573a Abs 3 BGB. Die Unwirksamkeit beschränkt sich allerdings auf die jeweilige Klausel, soweit die Parteien im Mietvertrag nicht ausdrücklich die uneingeschränkte Geltung des § 139 BGB vereinbaren.

28 Wirksam sind Vereinbarungen, die zugunsten des Mieters von § 573a BGB abweichen. Der Vermieter kann vertraglich auf sein Sonderkündigungsrecht aus § 573a BGB verzichten (OLG Karlsruhe WuM 1985, 77; LG Aschaffenburg 11. 1. 2018 – 22 S 116/17, WuM 2018, 83; LG Berlin WuM 1991, 498; Schmidt-Futterer/Blank Rn 6), auch durch Vertrag mit einem Dritten (§ 328 BGB) zugunsten des Mieters (BGH 14. 11. 2018 – VIII ZR 109/18, NZM 2019, 209). Sind vertraglich Eigenbedarfs- und Verwertungskündigung ausgeschlossen, so kann dies dahin zu verstehen sein, dass der Vermieter nur bei Verletzung vertraglicher Verpflichtungen durch den Mieter und damit nicht nach § 573a BGB zur Kündigung berechtigt sein soll (LG Heidelberg 20. 10. 2014 – 5 S 12/14, WuM 2015, 173). Der Vermieter kann dem Mieter eine über Abs 1 S 2 hinausgehende Kündigungsfrist zugestehen. Auch der Abschluss eines Mietaufhebungsvertrags wird durch die Unabdingbarkeit des Kündigungsschutzes grundsätzlich nicht ausgeschlossen (vgl § 573 Rn 242).

§ 573b
Teilkündigung des Vermieters

(1) Der Vermieter kann nicht zum Wohnen bestimmte Nebenräume oder Teile eines Grundstücks ohne ein berechtigtes Interesse im Sinne des § 573 kündigen, wenn er die Kündigung auf diese Räume oder Grundstücksteile beschränkt und sie dazu verwenden will,

1. Wohnraum zum Zwecke der Vermietung zu schaffen oder

2. den neu zu schaffenden und den vorhandenen Wohnraum mit Nebenräumen oder Grundstücksteilen auszustatten.

(2) Die Kündigung ist spätestens am dritten Werktag eines Kalendermonats zum Ablauf des übernächsten Monats zulässig.

(3) Verzögert sich der Beginn der Bauarbeiten, so kann der Mieter eine Verlängerung des Mietverhältnisses um einen entsprechenden Zeitraum verlangen.

(4) Der Mieter kann eine angemessene Senkung der Miete verlangen.

(5) Eine zum Nachteil des Mieters abweichende Vereinbarung ist unwirksam.

Materialien: Art 3 Nr 3 bis 5 WoBauErlG vom 17. 5. 1990 (BGBl I 926); BT-Drucks 14/4553, 66; BT-Drucks 14/5663, 26.

Schrifttum

DERLEDER, Mietrechtsreform im Rechtsausschuss, NZM 2001, 170
GATHER, Die Neuregelung des Wohnungsbau-Erleichterungsgesetzes, DWW 1990, 190
GRAMLICH, Gesetzesänderungen im Mietrecht, NJW 1990, 2611
ISENMANN, Ausbau von Nebenräumen eines Gebäudes zu Wohnraum, ZMR 1991, 365
JOHANN, Zur angemessenen Herabsetzung der Miete bei der Teilkündigung gem § 564b II Nr 4 BGB, NJW 1991, 1100

OTTO, Das WohnungsbauerleichterungsG: Die Änderungen zum 1. Juni 1990, GE 1990, 514
SCHILLING, Neue Wohnungen durch neues Mietrecht. Zu Art 3 und 4 des Wohnungsbau-Erleichterungsgesetzes vom 17. 5. 1990 – WoBauErlG – (BGBl I 926), ZMR 1990, 281
SONNENSCHEIN, Beendigung und Fortsetzung des Mietverhältnisses über Wohnraum in der Mietrechtsreform, WuM 2000, 387
SONNENTAG, Zur Begründungsbedürftigkeit einer Teilkündigung, ZMR 2006, 19.

Systematische Übersicht

I.	**Allgemeine Kennzeichnung**	
1.	Überblick	1
2.	Entwicklung der Vorschrift	2
3.	Zweck der Vorschrift	5
II.	**Voraussetzungen der Teilkündigung (Abs 1)**	
1.	Allgemeines	7
2.	Voraussetzungen im Einzelnen	8
III.	**Rechtsfolgen**	
1.	Recht zur Teilkündigung	17
2.	Kündigungsfrist (Abs 2)	18
3.	Verzögerung der Bauarbeiten (Abs 3)	20
4.	Senkung der Miete (Abs 4)	21
IV.	**Angabe der Kündigungsgründe im Kündigungsschreiben**	
1.	Erforderlichkeit	22
2.	Anforderungen an die Angabe der Kündigungsgründe	24
V.	**Abweichende Vereinbarungen (Abs 5)**	25

Alphabetische Übersicht

Abweichende Vereinbarungen	25
Ausnahmetatbestand	1
Baugenehmigung	12
Begründung der Kündigung	22 f
Benötigen der Räume als Wohnung	12 f
Entwicklung der Vorschrift	2
Grundstücksteile	10
Kündigung	7 ff
Kündigungsfrist	18
Kündigungsgrund	22 ff
Kündigungsschreiben	22 ff
Nebenräume	9
Senkung der Miete	21
Sozialklausel	17, 23
Teile eines Grundstücks	10
Teilkündigung	7 ff
Unabdingbarkeit	25

Verlängerung des Mietverhältnisses ___ 20	Zweck der Vorschrift ___ 5
Verwendungszwecke ___ 11 ff	
Wohnraum ___ 5, 12 f	

I. Allgemeine Kennzeichnung

1. Überblick

1 Ebenso wie § 573a BGB stellt auch § 573b BGB einen Ausnahmetatbestand zu § 573 BGB dar. Dem Vermieter wird ein **Kündigungsrecht für Nebenräume oder Teile eines Grundstücks** eingeräumt, wenn er diese entweder gemäß Abs 1 Nr 1 zur Schaffung von Wohnraum zum Zwecke der Vermietung oder gemäß Abs 1 Nr 2 zur Ausstattung bereits vorhandenen oder neu zu schaffenden Wohnraums mit Nebenräumen oder Grundstücksteilen verwenden will. Sprachlich ist Abs 1 nicht ganz korrekt, da nur Mietverträge oder Mietverhältnisse, nicht aber Räume gekündigt werden können (Derleder NZM 2001, 170, 174; Herrlein/Kandelhard/Herrlein/Schneider Rn 2). Die Kündigung kann gemäß Abs 2 am dritten Werktag zum Ablauf des übernächsten Kalendermonats erfolgen. Nach Abs 3 ist der Mieter berechtigt, eine Verlängerung des Mietverhältnisses zu verlangen, wenn sich der Beginn der Bauarbeiten verzögert. Als Ausgleich für den Verlust der Nebenräume oder Grundstücksteile kann der Mieter gemäß Abs 4 eine angemessene Senkung der Miete beanspruchen.

2. Entwicklung der Vorschrift

2 Die Bestimmung des § 573b BGB ist aus § 564b Abs 2 Nr 4 BGB aF hervorgegangen. Im Gegensatz zu § 564b Abs 2 Nr 4 BGB aF, der das Kündigungsrecht noch als ordentliche Kündigung mit berechtigtem Interesse ausgestaltete, steht dem Vermieter jetzt ein Sonderkündigungsrecht zu.

3 Die Vorschrift wurde ursprünglich durch Art 3 Nr 3 bis 5 WoBauErlG vom 17. 5. 1990 (BGBl I 926) eingeführt. Dadurch wurde die zunächst bis zum 31. 5. 1995 befristete Möglichkeit der Teilkündigung von Nebenräumen zugelassen, die der Vermieter als Wohnraum zum Zwecke der Vermietung ausbauen wollte. Durch Art 4 Nr 4 MietRÄndG 4 vom 21. 7. 1993 (BGBl I 1257) ist § 564b Abs 2 Nr 4 BGB aF neugefasst worden. Hierbei ist die Möglichkeit der Kündigung von Nebenräumen auf Teile eines Grundstücks erstreckt worden. Gleichzeitig wurde die Kündigungsfrist abweichend von § 565 Abs 2 S 2 BGB aF und damit unabhängig von der Dauer der Überlassung auf drei Monate beschränkt.

4 Mit Art 1 Nr 1 des Gesetzes zur Übernahme befristeter Kündigungsmöglichkeiten als Dauerrecht vom 21. 2. 1996 (BGBl I 222) ist die Befristung des § 564b Abs 2 Nr 4 S 1 BGB aF, die bis zum 31. 5. 1995 bestand (vgl Rn 3), gestrichen worden. Die Teilkündigung von Nebenräumen und Grundstücksteilen ist hiernach seit dem Inkrafttreten des Gesetzes am 1. 3. 1996 auf Dauer zulässig. Aufgrund des langwierigen Gesetzgebungsverfahrens wurde die Zulässigkeit der Teilkündigung allerdings unterbrochen. Teilkündigungen konnten daher in der Zeit vom 1. 6. 1995 bis 29. 2.

1996 nicht auf § 564b Abs 2 Nr 4 BGB aF gestützt werden und sind folglich unwirksam (unten Rn 5).

3. Zweck der Vorschrift

Die Einführung der Vorschrift durch das WoBauErlG von 1990 (vgl Rn 3) wurde wie die anderen Regelungen dieses Artikelgesetzes von dem Ziel beherrscht, die **Engpasssituation auf dem Wohnungsmarkt**, die durch eine erhöhte Inanspruchnahme von Wohnraum infolge einer ausgezeichneten Wirtschaftsentwicklung, steigende Haushaltszahlen aufgrund gesellschaftlicher Veränderungen und eine wachsende Zahl an Einpersonenhaushalten entstanden war, durch gesetzliche Maßnahmen zwecks Erleichterung der Wohnraumversorgung **zu überwinden**. Es sollte sichergestellt werden, dass die Kündigung auf einzelne Räume erstreckt werden kann, weil dem Ausbau von Dachgeschossen zu Wohnraum oft im Wege stand, dass diese Räume den Mietern als Nebenräume überlassen worden waren und eine Teilkündigung nach der außerhalb des § 573b BGB geltenden Rechtslage (Staudinger/Rolfs [2021] § 542 Rn 92 ff) grundsätzlich nicht in Betracht kam (BT-Drucks 11/6508, 13). 5

Die Neufassung des § 564b Abs 2 Nr 4 BGB aF durch das MietRÄndG 4 von 1993 (vgl Rn 4) beruhte auf der Erkenntnis, dass sich die durch das WoBauErlG von 1990 (vgl Rn 3) geschaffene Bestimmung über die Teilkündigung als zu eng erwiesen hatte, weil sie auf den Ausbau von Nebenräumen zu Wohnraum zum Zwecke der Vermietung beschränkt war und außerdem die Verlängerung der Kündigungsfrist nach § 573c Abs 1 S 2 BGB nF unberührt ließ. Der Tatbestand sollte erweitert werden, um die Teilkündigung auch in den Fällen der Aufstockung und des Anbaus an ein bestehendes Gebäude, nicht nur des bloßen Ausbaus, zuzulassen. Die Kündigung nicht zum Wohnen bestimmter Teile des Grundstücks soll es auch ermöglichen, **Baulücken** durch selbständige Gebäude, nicht nur durch angebaute Gebäudeteile, **zu schließen**. Außerdem sollte der Anwendungsbereich der Teilkündigung ausgeweitet werden, um den neu zu schaffenden und den vorhandenen Wohnraum mit Nebenräumen und sonstigen Grundstücksflächen ausstatten zu können. Schließlich sollte die nach der Dauer der Überlassung gestaffelte Kündigungsfrist des § 573c Abs 1 S 2 BGB generell durch eine dreimonatige Frist ersetzt werden, weil die Staffelung dazu geführt hatte, dass einzelne Hausbewohner den Ausbau von Nebenräumen, über den mit der Mehrzahl der Bewohner Einvernehmen erzielt worden war, über viele Monate verzögern konnten. Die dreimonatige Kündigungsfrist wurde als allgemeine Regel für angemessen gehalten, weil es sich bei den Nebenräumen und anderen Grundstücksteilen nicht um Wohnraum oder Wohnflächen handelt und weil sich der Mieter bei einer Härte im Einzelfall auf die Sozialklausel des § 574 BGB berufen und insoweit eine entsprechende Verlängerung des Mietverhältnisses verlangen kann (BT-Drucks 12/3254, 9, 17 f; BT-Drucks 12/5110, 18 f). 6

II. Voraussetzungen der Teilkündigung (Abs 1)

1. Allgemeines

Die Kündigung einzelner Teile der durch einen einheitlichen Vertrag vermieteten Sache ist grundsätzlich unzulässig, soweit die Parteien eine solche Teilkündigung nicht vertraglich vereinbart haben (Staudinger/Rolfs [2021] § 542 Rn 93 ff). Mit der 7

Möglichkeit der Teilkündigung von Nebenräumen im Dachgeschoss oder Keller ist für den Vermieter ein **einseitiges Lösungsrecht** geschaffen worden. Zugleich ist damit ein berechtigtes Interesse an der teilweisen Beendigung des Mietverhältnisses anerkannt (Gather DWW 1990, 190, 195 f; Gramlich NJW 1990, 2611 f; Isenmann ZMR 1991, 365 f; Otto GE 1990, 514, 516; Schilling ZMR 1990, 281, 283). Nachdem sich die Frage als problematisch erwiesen hatte, ob die Mieter eines Hauses auf der Grundlage des § 541b BGB aF überhaupt verpflichtet waren, den Ausbau von Nebenräumen zu dulden (Wiese WuM 1991, 371 ff), ist die Duldungspflicht zur Schaffung neuen Wohnraums durch Art 4 Nr 1 MietRÄndG 4 ausdrücklich klargestellt worden.

2. Voraussetzungen im Einzelnen

8 a) Nach seiner systematischen Stellung findet § 573b BGB nur auf Mietverhältnisse über **Wohnraum** Anwendung. § 578 BGB verweist zwar nur in seinem Abs 3 auf diese Vorschrift. Gleichwohl wird man § 573b BGB über die Zwischenvermietung durch juristische Personen des öffentlichen Rechts bzw anerkannte Träger der privaten Wohlfahrtspflege hinaus im Wege der teleologischen Extension auch auf Mietverhältnisse über **Grundstücke, Geschäftsräume und sonstige Räume** anwenden müssen. Anderenfalls wäre beispielsweise der Ausbau von gemischt genutzten Gebäuden zu Wohnzwecken, deren Nebenräume teils gewerblich und teils zu Wohnzwecken genutzt werden, nicht möglich. Dies erscheint angesichts des Zwecks der Vorschrift (vgl Rn 5 f) und des Umstandes, dass der gewerbliche Mieter im Verhältnis zum Wohnraummieter eher weniger als mehr Schutz verdient, erforderlich (aM Lützenkirchen/Lützenkirchen Rn 5; Schmid/Harz/Gahn Rn 2; Schmidt-Futterer/Blank Rn 1). Die Vorschrift betrifft nur die Teilkündigung durch den **Vermieter**. Der Mieter kann sich nicht auf diesem Wege von überflüssig gewordenen Räumen oder anderen Grundstücksteilen trennen.

9 b) Die Teilkündigung kann zum einen nicht zum Wohnen bestimmte **Nebenräume** betreffen. Damit sind vor allem **Räume im Dach- und Kellergeschoss** gemeint (Erman/Lützenkirchen Rn 6; Prütting ua/Riecke Rn 2). Andere Gebäudeteile kommen ebenfalls in Betracht. Die Räume brauchen sich nicht in demselben Gebäude wie die Wohnung des Mieters zu befinden. Deshalb kann die Vorschrift auf ausbaufähige Nebengebäude angewendet werden. Nachdem die Regelung um die Kündigung von Teilen eines Grundstücks erweitert worden ist (vgl Rn 10), werden davon auch nur mit Nebengebäuden bebaute Grundstücksteile erfasst (BT-Drucks 12/3254, 17). Auf die Art der Nutzung der Nebenräume kommt es nicht an. Die Räume dürfen aber nicht zu dem Zweck überlassen sein, bewohnt zu werden. Eine vertragswidrige Nutzung des Nebenraums durch den Mieter als Wohnraum steht der Kündigung nicht entgegen. Erfasst werden zB Waschkeller, Abstellräume und Trockenböden (BT-Drucks 11/6508, 18). Nutzt ein Mieter einen zu Wohnzwecken überlassenen Raum in dieser Weise vertragswidrig als Nebenraum, scheidet eine Teilkündigung aus. Unerheblich ist für das Kündigungsrecht, ob der Nebenraum an einen einzelnen Mieter oder gemeinsam an mehrere Mieter des Gebäudes überlassen ist. Dies ist nur hinsichtlich der Adressaten einer Kündigungserklärung bedeutsam.

10 Zum anderen kann die Kündigung **Teile eines Grundstücks** betreffen. Nebenräume und andere vermietete Grundstücksteile können gemeinsam Gegenstand der Teilkündigung sein. Es kommt nicht darauf an, ob die für den Anbau in Anspruch genommenen Teile des Grundstücks bebaut oder unbebaut sind. Es kann sich also um nicht zum Wohnen bestimmte Nebengebäude wie **Schuppen oder Garagen** sowie um Stellplätze für Kraftwagen, Gartenflächen (LG Berlin GE 1997, 859; LG Berlin NZM 1998, 328; LG Berlin ZMR 2002, 118; ERMAN/LÜTZENKIRCHEN Rn 7), Trockenplätze oder Spielplätze handeln. Auszuscheiden sind aber Wintergärten oder unmittelbar an die Wohnung anschließende Terrassen, da sie üblicherweise zum Wohnen genutzt werden (SCHILLING 71; SCHMID/HARZ/GAHN Rn 5). Ob grundbuchrechtlich ein einheitliches Grundstück vorliegt, ist unerheblich. Entscheidend ist nur der einheitliche Mietvertrag über Wohnraum und andere Grundstücksteile.

c) Das Gesetz lässt zwei verschiedene **Arten von Verwendungszwecken** hinsichtlich der zu kündigenden Nebenräume oder Grundstücksteile zu. **11**

aa) In § 573b Abs 1 Nr 1 BGB wird vorausgesetzt, dass der Vermieter die Nebenräume oder Teile des Grundstücks dazu verwenden will, **Wohnraum zum Zwecke der Vermietung** zu schaffen. Diese Absicht muss ähnlich wie bei der Kündigung wegen Hinderung angemessener wirtschaftlicher Verwertung (vgl § 573 Rn 144) konkret sein (LG Berlin NZM 1998, 328; AG Hamburg WuM 1994, 433), ohne dass bereits genaue Baupläne oder eine Baugenehmigung vorliegen müssen. Die Absicht, die Wohnung in eine Eigentumswohnung umzuwandeln, genügt nicht (LÜTZENKIRCHEN/LÜTZENKIRCHEN Rn 27; SCHMID/HARZ/GAHN Rn 7; SCHMIDT-FUTTERER/BLANK Rn 13). Ebenso wie bei der Kündigung wegen Eigenbedarfs (vgl § 573 Rn 121 f) und bei der Verwertungskündigung (vgl § 573 Rn 144) ist ein fortbestehendes Erlangungsinteresse des Vermieters vorauszusetzen. Es handelt sich deshalb um eine unzulässige Rechtsausübung, wenn der Vermieter an der Kündigung festhält, obwohl er nach deren Zugang die Bauabsichten aufgegeben hat. Anders als bei den genannten Kündigungsgründen kann das Erlangungsinteresse nicht als an die Person des kündigenden Vermieters gebunden angesehen werden. Bei einer Veräußerung des Grundstücks und entsprechender Absicht des Erwerbers kann die Kündigung fortwirken. Der Ausbau zu Wohnraum muss in einer nach **baurechtlichen Vorschriften** zulässigen Weise beabsichtigt sein (LG Berlin NZM 1998, 328; BeckOK MietR/SIEGMUND [1. 8. 2020] Rn 8; GATHER DWW 1990, 190, 196; HERRLEIN/KANDELHARD/HERRLEIN/SCHNEIDER Rn 5; KLEIN-BLENKERS ua/HINZ Rn 8; MünchKomm/HÄUBLEIN Rn 8; SOERGEL/HEINTZMANN Rn 5). Hieran ist festzuhalten, auch wenn ein ausdrücklicher Hinweis in der jetzigen Fassung fehlt, da das Gesetz keine Schwarzbauten ermöglichen will (SCHILLING 71). Dies wird nicht immer eindeutig zu beurteilen sein, solange noch keine Baugenehmigung vorliegt. Damit wird auch die Beurteilung der Wirksamkeit der Kündigung problematisch. Die Baugenehmigung muss deshalb spätestens in dem Zeitpunkt vorliegen, in dem das Mietverhältnis durch Ablauf der Kündigungsfrist enden soll (SCHILLING 71 f; ders ZMR 1990, 281, 283; vgl auch AG Hamburg WuM 1998, 348; **aM** KLEIN-BLENKERS ua/HINZ Rn 8; SPIELBAUER/SCHNEIDER/KRENEK Rn 5). Ist die Genehmigung noch nicht erteilt, so verzögert sich der Beginn der Bauarbeiten, sodass der Mieter nach § 573b Abs 3 BGB eine Verlängerung des Mietverhältnisses um den entsprechenden Zeitraum verlangen kann. **12**

Die Teilkündigung eines Nebenraums, der im Zusammenhang mit dem Ausbau einer Dachwohnung einem **Aufzugsschacht** weichen sollte, wurde für unzulässig erklärt, da er nicht zu neuem Wohnraum ausgebaut werden sondern nur indirekt der Herstellung neuen Wohnraums dienen sollte (AG München WuM 1995, 112). Hier **13** wurde die zweite Alternative in § 573b Abs 1 Nr 2 BGB nicht beachtet, den neu zu schaffenden und den vorhandenen Wohnraum mit Nebenräumen und Grundstücksteilen auszustatten (vgl Rn 14 f). Fahrstuhl und Fahrstuhlschacht hätten sich hierunter subsumieren lassen. Teilweise wird verlangt, es müsse eine vollständig neue Wohnung geschaffen werden, während andere es genügen lassen, dass eine vermietete Wohnung vergrößert wird (Bub/Treier/Fleindl Rn IV 216; Klein-Blenkers ua/Hinz Rn 7; MünchKomm/Häublein Rn 6; Prütting ua/Riecke Rn 5; Schilling ZMR 1990, 281, 283; Soergel/Heintzmann Rn 5). Da der Gesetzeswortlaut insoweit offen ist, kann die Vergrößerung einer bestehenden Wohnung ausreichen, weil der Wohnungsmarkt auch hierdurch entlastet wird, indem es dem derzeitigen Mieter erspart bleibt, eine größere Wohnung zu suchen. Der Gesetzgeber hat davon abgesehen, dass zusätzlicher Wohnraum geschaffen werden muss (BT-Drucks 12/5110, 19). Der Gesetzeswortlaut deckt deshalb auch die Überlassung des neuen Wohnraums an einen Mieter, dessen bisheriger **Wohnraum zu geschäftlichen Zwecken** vermietet werden soll (Blank WuM 1993, 573, 576; **aM** BT-Drucks 12/5110, 19). Allerdings darf nicht gegen ein Zweckentfremdungsverbot verstoßen werden. Der Umbau der Nebenräume in reine Geschäftsräume oder in Räume zu überwiegend geschäftlicher Verwendung scheidet als Kündigungsgrund aus. Ebenso abgelehnt worden ist eine Teilkündigung, wenn sie nur dazu dient, in einem anderen als dem gekündigten Nebenraum Wohnraum schaffen zu können (AG Köpenick GE 2011, 1025).

14 Umstritten ist, ob die Vorschrift anwendbar ist, wenn der **Vermieter die neuen Wohnräume selbst beziehen**, aber dafür seine bisherige Wohnung vermieten will. Dies wird teilweise in ausdehnender Auslegung für möglich gehalten (LG Duisburg NJW-RR 1996, 718), aber überwiegend auf der Grundlage einer Analogie bejaht (LG Marburg DWW 1992, 116; AG Marburg DWW 1991, 220; Bub/Treier/Fleindl Rn IV 218; Schmid/Harz/Gahn Rn 7; Soergel/Heintzmann Rn 6; Spielbauer/Schneider/Krenek Rn 6; **aM** BeckOGK/Geib/D'Ugo [1. 7. 2020] Rn 17; Erman/Lützenkirchen Rn 9; Klein-Blenkers ua/Hinz Rn 9; Kossmann/Meyer-Abich § 119 Rn 4; Lützenkirchen/Lützenkirchen Rn 28; Prütting ua/Riecke Rn 6), wobei teilweise auf die bisherige Wohnung des Vermieters in demselben Haus abgestellt wird (LG Marburg DWW 1992, 116; AG Marburg DWW 1991, 220). Die analoge Anwendung verstößt nach Meinung des BVerfG (NJW 1992, 1498) nicht gegen das GG. Dem steht die wortgetreue Auslegung gegenüber, die das Recht zur Teilkündigung auf den Zweck der Vermietung beschränkt und die Eigennutzung ausscheidet (LG Stuttgart WuM 1992, 24; MünchKomm/Häublein Rn 10; Schilling ZMR 1990, 281, 283). Auch diese Meinung steht mit dem GG in Einklang (BVerfG NJW 1992, 494).

15 Die engere Auslegung ist vorzugswürdig, da es an einer Gesetzeslücke als Voraussetzung für eine Analogie fehlt, nachdem der Gesetzgeber in Kenntnis der Streitfrage das Merkmal zum Zwecke der Vermietung bei der Neufassung durch das MietRÄndG 4 von 1993 (vgl Rn 4) nicht gestrichen hat (BT-Drucks 12/5110, 19). Die Entscheidung des BVerfG (NJW 1992, 1498) zur Zulässigkeit einer Analogie ist vor der Neufassung ergangen. Eine wortgetreue Auslegung vermeidet weitere Rechtsunsicherheit, die sich bei einer Analogie daraus ergibt, ob es wirklich darauf ankommen kann, dass der Vermieter seine bisherige Wohnung in demselben Haus vermieten will, oder ob eine anderweitig gelegene Wohnung ausreicht und ob insoweit bestimmte Entfernungen einzuhalten sind. Weiter könnte es auf Größenunterschiede ankommen, wenn der Vermieter seine kleinere Wohnung räumt, um sich auf Kosten der Nebenräume seiner Mieter eine größere Wohnung zu verschaffen. Dieses Recht könnte wiederum davon abhängen, ob vernünftige und nachvollziehbare Gründe iS des Tatbestandes eines Eigenbedarfs vorliegen (vgl § 573 Rn 97 ff). Es wäre Aufgabe des Gesetzgebers, diese Fragen zu regeln. Will der Vermieter seine bisherige Wohnung nicht vermieten, sondern verkaufen, wird die Teilkündigung ebenfalls ausgeschlossen (LG Duisburg NJW-RR 1996, 718).

bb) In § 573b Abs 1 Nr 2 BGB wird die Teilkündigung zu dem Zweck zugelassen, **16** den **neu zu schaffenden und den vorhandenen Wohnraum mit Nebenräumen und Grundstücksteilen auszustatten**. Wie die Entstehungsgeschichte zeigt, handelt es sich hierbei nicht um eine reine Alternative in dem Sinne, dass es dem Vermieter erlaubt wäre, Nebenräume und Grundstücksteile ohne Herstellung neuen Wohnraums aufgrund einer Teilkündigung völlig anders unter die bisherigen Mieter zu verteilen (VerfGH Berlin NZM 2010, 356: Teilkündigung mit dem Ziel, die Gartenflächen künftig allein den Mietern der im Erdgeschoss gelegenen Wohnungen zu überlassen). Wird neuer Wohnraum geschaffen, soll sich der Vermieter bei der Vergabe etwaiger Nebenräume auch nicht auf die neuen Mieter beschränken dürfen. Die im ursprünglichen Gesetzentwurf vorgesehene Unterscheidung zwischen den Mietern neu geschaffenen Wohnraums und den bisherigen Mietern bei der Ausstattung mit Nebenräumen in getrennten Bestimmungen (BT-Drucks 12/3254, 5) ist im Gesetzgebungsverfahren aufgegeben worden. Die Zusammenfassung in einer Bestimmung soll sicherstellen, dass die gekündigten Räume oder Grundstücksflächen, die nicht für die Herstellung des neuen Wohnraums benötigt werden, nicht nur den Mietern der neu geschaffenen Wohnräume angeboten werden. Bei der Neuverteilung sollen die alten und die neuen Wohnungen berücksichtigt werden (BT-Drucks 12/3254, 39; BT-Drucks 12/5110, 19). Der Vermieter kann die Nebenräume oder Grundstücksteile seinen Mietern auch zur gemeinschaftlichen Nutzung zuteilen. Auf dieser Grundlage können ebenfalls Gemeinschaftseinrichtungen, wie etwa ein Fahrstuhl, in das Haus eingebaut werden (aM AG München WuM 1995, 112). Die Entscheidungen des Vermieters über die Neuverteilung der Nebenräume und Grundstücksflächen müssen noch nicht mit der Teilkündigung verbunden werden (Schilling 72). Von § 573 Abs 1 Nr 2 BGB nicht erfasst wird dagegen die Teilkündigung eines Nebenraums (zB eines Kellers) in der Absicht, ihn zusammen mit einer anderen Wohnung als derjenigen, zu der er vermietet worden war, zu veräußern (LG Berlin GE 2007, 723).

III. Rechtsfolgen

1. Recht zur Teilkündigung

Die Vorschrift räumt dem Vermieter das **Recht zur Teilkündigung** und somit zur **17** teilweisen Beendigung des Mietverhältnisses ein. Damit wird nicht nur die Zulässigkeit der Teilkündigung abweichend von den allgemeinen Regeln begründet (Staudinger/Rolfs [2021] § 542 Rn 92 ff), sondern gleichzeitig ein Sonderkündigungsrecht festgelegt. Darüber hinaus wird dem Vermieter die Möglichkeit eröffnet, Teile der Mietsache anderweitig unter die bisherigen und die neuen Mieter zu verteilen (vgl Rn 16). Stehen auf der Vermieterseite mehrere Personen, müssen sie das Kündigungsrecht gemeinsam ausüben. Dies ist vor allem zu beachten, wenn ein Mietwohnhaus in eine Wohnungseigentumsanlage umgewandelt worden ist und hierbei Wohnung und Nebenräume des Mieters verschiedenen Eigentümern zugewiesen worden sind (OLG Celle WuM 1996, 222). Erforderlich ist jedoch stets, dass das **Mietverhältnis kündbar** ist, sodass bei Zeitmietverträgen oder Verträgen mit Kündigungsausschluss das Kündigungsrecht nicht besteht, es sei denn, dass die Vertragsauslegung ergäbe, dass sich der Kündigungsausschluss nicht auf die Nebenräume erstreckt (LG Hamburg ZMR 2006, 696). Dies ergibt sich ebenso wie die Anwendbarkeit der §§ 574 ff BGB aus der systematischen Stellung der Vorschrift (Blank/Börstinghaus/Blank/Börstinghaus Rn 3; Schmid/Harz/Gahn Rn 4). Die Sozialklausel kommt zur Anwendung, obwohl es sich bei dem Gegenstand der Teilkündigung nicht um Wohnräume handelt. Zu beachten sind auch das Erfordernis der schriftlichen Kündigung nach § 568 Abs 1 BGB und der in § 568 Abs 2 BGB vorgesehene Hinweis auf den Widerspruch nach § 574 BGB (vgl § 568 Rn 26 ff). Nach § 573b Abs 1 BGB muss der Vermieter die Kündigung auf die Nebenräume oder Grundstücksteile beschränken. Dies hat ausdrücklich im Kündigungsschreiben zu erfolgen.

2. Kündigungsfrist (Abs 2)

18 Nach § 573b Abs 2 BGB ist die Kündigung spätestens am dritten Werktag eines Kalendermonats für den Ablauf des übernächsten Monats zulässig. Damit entspricht die **Kündigungsfrist** der für den Regelfall in § 573c Abs 1 S 1 BGB bestimmten Frist bei einem Mietverhältnis über Wohnraum. Hieraus ergibt sich eine einheitliche Kündigungsfrist für alle betroffenen Mietverhältnisse, sodass grundsätzlich ein möglichst frühzeitiger Baubeginn für die gesamte Maßnahme erreicht wird.

19 Einem einheitlichen Baubeginn kann allerdings die **Sozialklausel** entgegenstehen. Der einzelne Mieter kann sich gegenüber der Teilkündigung auf § 574 BGB berufen, wenn der Verlust der Nebenräume oder der Grundstücksteile für ihn eine gegenüber den Bauabsichten des Vermieters nicht zu rechtfertigende Härte bedeuten würde. Überwiegt das Interesse des Vermieters oder ist es wenigstens gleichgewichtig (vgl § 574 Rn 76), so wird das Mietverhältnis teilweise beendet. Überwiegt das Interesse des Mieters, kann er verlangen, dass das Mietverhältnis auch über die Nebenräume oder Grundstücksteile nach Maßgabe des § 574a BGB fortgesetzt wird. Dies kann zu einer befristeten oder unbefristeten Fortsetzung führen (vgl § 574a Rn 13 ff).

3. Verzögerung der Bauarbeiten (Abs 3)

20 Wenn sich der Beginn der Bauarbeiten verzögert, kann der Mieter nach § 573b Abs 3 BGB eine **Verlängerung des Mietverhältnisses** um einen entsprechenden Zeitraum verlangen. Dies entspricht der Regelung in § 575 Abs 3 S 1 BGB (vgl § 575 Rn 69 ff). Daraus ergibt sich zugleich, dass mit der Verlängerung eine bestimmte Zeit gemeint ist. Diese Befristung richtet sich danach, in welchem Zeitpunkt die Bauabsichten des Vermieters voraussichtlich zu verwirklichen sind. Da nunmehr hinsichtlich der gekündigten Nebenräume oder Grundstücksteile ein befristetes Mietverhältnis vorliegt, ist eine erneute Kündigung nicht erforderlich (BeckOGK/Geib/D'Ugo [1. 7. 2020] Rn 26; Erman/Lützenkirchen Rn 16; Gramlich NJW 1990, 2611, 2612). Gibt der Vermieter die Bauabsichten in diesem Zeitraum jedoch auf, kann der Mieter die unbefristete Fortsetzung des Mietverhältnisses hinsichtlich der Nebenräume oder Grundstücksteile nach Maßgabe des im Übrigen bestehen gebliebenen Mietverhältnisses verlangen. Als Rechtsgrundlage für dieses Verlangen bietet sich eine Analogie zu § 575 Abs 3 S 2 BGB an. Der Anspruch ist durch eine entsprechende Willens-

erklärung des Vermieters zu erfüllen, die zu einem Vertragsschluss der Parteien führt.

4. Senkung der Miete (Abs 4)

Soweit die Teilkündigung mit oder ohne Geltendmachung der Sozialklausel durchgreift, kann der Mieter nach § 573b Abs 4 BGB eine angemessene Senkung der Miete verlangen. Die **Angemessenheit** ist in erster Linie nach dem Miet- oder Nutzwert der gekündigten Räume oder Grundstücksteile zu bemessen (AG Hamburg WuM 1993, 616; AG Walsrode WuM 1992, 616). Im Übrigen kann auf die für eine **Minderung der Miete** nach § 536 BGB maßgebenden Grundsätze zurückgegriffen werden (BT-Drucks 11/6508, 18; BeckOK/Hannappel [1. 8. 2020] Rn 26; BeckOK MietR/Siegmund [1. 8. 2020] Rn 13). Von der Senkung werden auch Betriebskosten erfasst, soweit sie auf die Nebenräume entfallen (Erman/Lützenkirchen Rn 18; Johann NJW 1991, 1100 f; Schilling ZMR 1990, 281, 283). Die Miete wird nicht kraft Gesetzes gesenkt (BeckOK MietR/Siegmund [1. 8. 2020] Rn 13; Klein-Blenkers ua/Hinz Rn 16; MünchKomm/Häublein Rn 17 f; Schmid/Harz/Gahn Rn 12; Schmidt-Futterer/Blank Rn 20; Spielbauer/Schneider/Krenek Rn 13). Der Mieter hat einen **Anspruch auf Abschluss eines Änderungsvertrags**. Die Wirksamkeit der Kündigung hängt nicht davon ab, ob der Vermieter mit ihr ein entsprechendes Angebot verbindet oder ob die vereinbarte Senkung der Miete angemessen ist (BT-Drucks 11/6508, 18). Die Senkung wirkt von dem Zeitpunkt an, in dem der Änderungsvertrag zustande kommt (**aM** Lützenkirchen/Lützenkirchen Rn 53), sodass sich auch erst für die Zukunft die Frage zu viel entrichteter Beträge stellt. Der Mieter kann allerdings beanspruchen, dass die Miete vom Zeitpunkt der Teilbeendigung des Mietverhältnisses an gesenkt wird. Wird der Änderungsvertrag nachträglich abgeschlossen, muss die Vereinbarung rückwirkend getroffen werden. Nur auf dieser Grundlage kann eine Überzahlung nach § 812 Abs 1 S 2 Alt 1 BGB zurückgefordert werden. 21

IV. Angabe der Kündigungsgründe im Kündigungsschreiben

1. Erforderlichkeit

Fraglich ist, ob für die Teilkündigung das Erfordernis der Begründung besteht. Bis zur Mietrechtsreform 2001 ergab sich der Begründungszwang daraus, dass die Gründe für eine Teilkündigung ein berechtigtes Interesse iS von § 564b Abs 2 BGB aF darstellten und gemäß § 564b Abs 3 BGB aF nur solche Gründe als berechtigtes Interesse anerkannt wurden, die im Kündigungsschreiben genannt wurden. Dadurch, dass die Teilkündigung heute in einer selbständigen Vorschrift geregelt wird, ist sie gerade nicht mehr als ein Fall eines berechtigten Interesses anzusehen, sondern stellt eine Ausnahme zu § 573 BGB dar (vgl Rn 1). Daraus kann man schließen, dass für die Wirksamkeit einer Teilkündigung eine Begründung nicht mehr erforderlich ist. Gleichwohl wird teilweise davon ausgegangen, dass der fehlende Hinweis auf das Erfordernis der Begründung eine **unbeabsichtigte Regelungslücke** sei. Offensichtlich seien die Auswirkungen der Änderung der systematischen Einordnung der Teilkündigung nicht bis ins letzte Detail bedacht worden. Der Begründungszwang des § 573 Abs 3 S 1 BGB sei deshalb auf die Teilkündigung entsprechend anzuwenden (AG Frankfurt aM ZMR 2005, 794; BeckOGK/Geib/D'Ugo [1. 7. 2020] Rn 19; Schmidt-Futterer/Blank Rn 18; Sonnentag ZMR 2006, 19 ff; ähnlich Sonnenschein WuM 2000, 387, 22

391, der einen Begründungszwang mittelbar aus § 573b Abs 1 BGB entnimmt; in diese Richtung auch Kossmann/Meyer-Abich § 119 Rn 10; aM Klein-Blenkers ua/Hinz Rn 12; Spielbauer/Schneider/Krenek Rn 9; wohl auch Prütting ua/Riecke Rn 7).

23 Dagegen spricht aber, dass § 573a BGB, der ebenfalls eine Ausnahme zu § 573 BGB beinhaltet, in seinem Abs 3 einen Hinweiszwang enthält, sodass das Fehlen einer Begründungspflicht in § 573b BGB nicht als unbeabsichtigte Regelungslücke anzusehen und damit kein Raum für eine Analogie ist. Zudem ergibt sich aus den Materialien zu § 574 BGB, dass der Gesetzgeber die Kündigung ohne Begründung ermöglichen wollte (BT-Drucks 14/4553, 69). Auch aus dem Umstand, dass dem Mieter das **Widerspruchsrecht gemäß §§ 574 ff BGB** zusteht (Schmidt-Futterer/Blank Rn 3), ergibt sich für den Vermieter keine Obliegenheit, seine Interessen schon im Kündigungsschreiben anzugeben. Im Gegensatz zu dem bis zur Mietrechtsreform geltenden Recht findet nämlich § 574 Abs 3 BGB auf Kündigungen nach § 573b BGB keine Anwendung (BT-Drucks 14/4553, 69; § 574 Rn 73). Der Vermieter kann daher die unveränderte Fortsetzung des Mietverhältnisses auch dann noch durch die Geltendmachung seiner Interessen an der Teilkündigung verhindern, wenn er die hierfür maßgeblichen Gründe erst zu einem späteren Zeitpunkt offen legt.

2. Anforderungen an die Angabe der Kündigungsgründe

24 Da es einer Begründung der Kündigung nicht bedarf (oben Rn 23), genügt der Vermieter den formellen Anforderungen an die Kündigung (§ 568 BGB) nicht zum Wohnen bestimmter Nebenräume oder Teile des Grundstücks, wenn er die betroffenen Teile der Mietsache so genau bezeichnet, dass sie identifiziert werden können. Nicht erforderlich ist demgegenüber, dass der **Verwendungszweck** durch Angabe konkreter Bauabsichten und der zukünftigen Vermietung dargelegt wird (aM AG Hamburg WuM 1994, 433; Schilling 72; Klein-Blenkers ua/Hinz Rn 20). Wirtschaftliche Gründe für die Bauabsichten brauchen nicht genannt zu werden. Ebensowenig ist ein bestimmter Mieter für den neuen Wohnraum zu benennen. Teilweise wird verlangt, der Vermieter müsse die Zulässigkeit der geplanten Maßnahme darlegen (AG Hamburg WuM 1994, 433; Klein-Blenkers ua/Hinz Rn 20). Hierbei handelt es sich jedoch nur um ein materielles Tatbestandsmerkmal. Ist es nicht erfüllt, ist die Kündigung unwirksam (vgl Rn 12 f). Wenn es aber erfüllt ist, kann die Wirksamkeit der Kündigung nicht von der Angabe im Kündigungsschreiben abhängen, zumal der Vermieter nicht erst dann kündigen kann, wenn die Baugenehmigung vorliegt (vgl Rn 12), sodass er die Zulässigkeit im Zeitpunkt der Kündigung selbst noch nicht mit Sicherheit beurteilen kann. Er braucht im Kündigungsschreiben auch nicht anzugeben, wie die Nebenräume neu verteilt werden (Schilling 72).

V. Abweichende Vereinbarungen (Abs 5)

25 Nach § 573b Abs 5 BGB ist nur eine **zum Nachteil des Mieters** abweichende Vereinbarung unwirksam. Es ist daher möglich, das Recht des Vermieters zur Teilkündigung vertraglich zu beschränken oder ganz auszuschließen.

§ 573c
Fristen der ordentlichen Kündigung

(1) Die Kündigung ist spätestens am dritten Werktag eines Kalendermonats zum Ablauf des übernächsten Monats zulässig. Die Kündigungsfrist für den Vermieter verlängert sich nach fünf und acht Jahren seit der Überlassung des Wohnraums um jeweils drei Monate.

(2) Bei Wohnraum, der nur zum vorübergehenden Gebrauch vermietet worden ist, kann eine kürzere Kündigungsfrist vereinbart werden.

(3) Bei Wohnraum nach § 549 Abs. 2 Nr. 2 ist die Kündigung spätestens am 15. eines Monats zum Ablauf dieses Monats zulässig.

(4) Eine zum Nachteil des Mieters von Absatz 1 oder 3 abweichende Vereinbarung ist unwirksam.

Materialien: E I § 522; II § 506; III § 558; Mot II 410 ff; Prot II 214 ff; Jakobs/Schubert SchR II 539. BT-Drucks 7/2011, 9; BT-Drucks 7/2629; BT-Drucks 7/2638, 3; BT-Drucks 12/3339, 4; BT-Drucks 12/5715, 5; BT-Drucks 14/4553, 66 f; BT-Drucks 14/5663, 82 f.

Schrifttum

Barthelmess, Das Gesetz zur Änderung des EGBGB – Kündigungsfristen bei Altmietverträgen, ZMR 2005, 913
Beuermann, Nochmals: Weitergeltung der Kündigungsfristen des § 120 Abs 2 ZGB, GE 1993, 1298
ders, Kurze Kündigungsfristen für alle Mietverträge?, GE 2004, 146
ders, Kündigungsbeschränkungen für Wohnraummieter durch AGB und Individualvereinbarungen, GE 2013, 1564
Beyer, Eigenverantwortung und Schutz des Mieters – Leitlinien der jüngeren Rechtsprechung des Bundesgerichtshofs zum Wohnungsmietrecht, in: FS Blank (2006) 57
Blank, Beendigung von Altmietverträgen nach dem 1. 1. 2003 – Fristen- oder Terminklausel?, NZM 2005, 401
ders, Kündigungsausschluss und Mobilitätsinteresse: Ersatzmietergestellung, NZM 2015, 887
Blümmel, Ausschluss des Kündigungsrechts: Mehr Sicherheit durch Staffelmiete, GE 2003, 794
Börstinghaus, Die Kündigungsfristen der Mietrechtsreform, NZM 2002, 49
ders, Kündigungsausschlussvereinbarungen nach neuem Recht, WuM 2003, 487
ders, Neues zu den Altkündigungsfristen in der Wohnraummiete, NJW 2005, 1900
ders, Vereinbarungen zum Kündigungsausschluss, GE 2006, 898
ders, Kündigungsrechtsausschlussvereinbarungen in der Wohnraummiete, NJW 2009, 1391
Bösche, Die Übergangsregelungen des Mietrechtsreformgesetzes, WuM 2001, 367
Both, Die Wirksamkeit der Vereinbarung von Kündigungsfristen in Altverträgen – ein aufgewärmter Kaffee?, DWW 2000, 256
Bruns, Vertragliche Kündigungsrechtsausschlüsse im Mietrecht, ZMR 2020, 358
Derleder, Die Struktur halbzwingender Normen im Mietrecht, in: Gedschr Sonnenschein (2002) 97
ders, Der Kündigungsverzicht des Wohnraummieters, NZM 2004, 247
ders, Befristeter Kündigungsverzicht und benigna interpretatio, NZM 2012, 147
Eisenhardt, Die Kontroverse um Zeitmietvertrag und Kündigungsfristen, WuM 2002, 412

EISENSCHMID, Das Mietrechtsreformgesetz, WuM 2001, 215
V EMMERICH, Mietrechtsreform 2000, DWW 2000, 143
FELLNER, Wohnraumkündigungsfristen bei Altmietverhältnissen, MDR 2004, 1389
FISCHER, Zulässigkeit eines befristeten Kündigungsausschlusses bei Wohnraummietverträgen?, WuM 2004, 123
GELLWITZKI, Verkürzung von Altvertragskündigungsfristen und formularmäßige Altzeitmietverträge mit Verlängerungsklauseln, WuM 2005, 436
ders, Kündigungsfristen in alten Zeitmietverträgen mit Verlängerungsklauseln, in: 10 Jahre Mietrechtsreformgesetz (2011) 803
GRUNDMANN, Die Mietrechtsreform, NJW 2001, 2497
HINZ, Kündigungsverzicht und „Mindestmietzeit" bei der Wohnraummiete, WuM 2004, 126
ders, Kündigungsverzicht bei Studentenwohnraum, ZMR 2010, 245
HORST, Fortbestand vorformulierter Altvertragskündigungsfristen, NZM 2002, 897
ders, Der formularvertraglich befristete Kündigungsverzicht bei der Wohnraummiete, DWW 2004, 140
JANSEN, Das Übergangsrecht der Mietrechtsreform, NJW 2001, 3151
KANDELHARD, Zur Wirksamkeit von Kündigungsausschlüssen, WuM 2004, 129
KINNE, Der Einigungsvertrag. Das neue Mietrecht für den beigetretenen Teil, GE 1990, 951
ders, Die ordentliche Kündigung nach der Mietrechtsreform, (Teil I) ZMR 2001, 511 und (Teil II) ZMR 2001, 599
KLUMPP, Der Kündigungsausschluss im unbefristeten und befristeten Wohnraummietverhältnis (Diss Tübingen 2009)
KOCH, Juristische Methodik und Gestaltungswille des (Miet-)Gesetzgebers, NZM 2004, 1
KOTZIAN-RUMPF, Plädoyer gegen die Automatik der Kündigungsfristverlängerung mit zunehmender Mietzeit, NZM 2001, 209
LAMMEL, Ersatz des Zeitmietvertrages durch einen Kündigungsausschluss?, WuM 2003, 123
LOOSCHELDERS/ROTH, Grundrechte und Vertragsrecht: Die verfassungskonforme Reduktion des § 565 Abs 2 S 2 BGB, JZ 1995, 1034

LÜTZENKIRCHEN, Neues Mietrecht – neue Probleme, MDR 2001, 1385
ders, Wohnraummietvertrag: Mindestlaufzeit durch wechselseitigen Kündigungsverzicht?, MDR 2004, 926
MARTINEK, Kündigungsrechtsausschluss im „Studentenbuden"-Mietvertrag, NJW 2009, 3613
MÜLLER/WOLLMANN, Gewerbebetriebe und Mietrecht. Standortsicherung oder Verdrängung? Eine rechtstatsächliche Untersuchung zur Kündigungsfrist bei Geschäftsraummieten (1990)
MUHLE, Neue Kündigungsfristen und ihre Anwendung auf alte Mietverträge, GE 2002, 310
PASCHKE, Kündigungsfristen bei Altverträgen – der zweite Versuch, GE 2004, 600
RIPS, Verkürzte Fristen für die Mieterkündigung: Appell an den Gesetzgeber zur klarstellenden Nachbesserung des Mietrechtsreformgesetzes, WuM 2002, 135
ROLFS/BARG, Fristen zur Kündigung von Altmietverträgen, NZM 2006, 83
RÜFNER, Lösung vom Mietvertrag bei gesteigertem Mobilitätsbedürfnis, in: 10 Jahre Mietrechtsreformgesetz (2011) 828
SCHACH, Wann greift die Dreimonatsfrist, wann nicht?, GE 2003, 1250
ders, Altkündigungsfristen und Reparaturgesetz, GE 2005, 1173
ders, Befristeter Kündigungsausschluss – Wann liegt eine Individual-, wann eine Formularvereinbarung vor?, GE 2006, 1024
SCHIMMEL/MEYER, Fortbestand der Altmietvertragskündigungsfristen auch nach der Schuldrechtsreform, NJW 2004, 1633
SCHMIDT-KESSEL, Mieters Altvertragskündigungsfristen – schuldrechtsmodernisiert ade!, NJW 2003, 3748
SCHOPP, Verkürzung der gesetzlichen Kündigungsfrist in der Wohnraummiete bei Kündigung durch den Vermieter, DWW 1992, 74
SCHULTZ, Das Mietrecht in den neuen Bundesländern unter Berücksichtigung der Regelungen im Einigungsvertrag, ZMR 1990, 441
SONNENSCHEIN, Die Stellung des Vermieters im System des Kündigungsschutzes, ZfgWBay 1990, 513

ders, Kündigung und Rechtsnachfolge, ZMR 1992, 417

ders, Kündigungsprobleme bei Rechtsnachfolge, in: PiG Bd 37 (1993) 95

ders, Kündigungsschutz als Vermietungshemmnis, in: PiG Bd 33 (1991) 95

STANGL, Fortgeltung mietvertraglicher Kündigungsklauseln in Altverträgen vor dem 1. September 2001, GE 2002, 1114

STEINS, Die neue kurze Kündigungsfrist des § 573c BGB – auch für alte Mietverträge?, WuM 2001, 583

STREYL, Das Recht auf vorzeitige Vertragsbeendigung bei der Miete von Wohn- und Geschäftsräumen – Mögliche Auswege aus einem Kündigungsausschluss, WuM 2005, 183

TIMME, Verzicht des Mieters auf gesetzliches Kündigungsrecht, NJW 2004, 1639

WICHERT, Kündigungsfristen des Wohnraummieters seit dem 1. 6. 2005, ZMR 2006, 419

WIEK, Der Kündigungsverzicht des Mieters nach der Mietrechtsreform, WuM 2004, 509

ders, Zeitliche Schranken für einen Kündigungsverzicht des Mieters einer Wohnung, WuM 2005, 369

ders, Die verlängerte Kündigungsfrist des Vermieters für Altmietverträge nach einer Überlassungsdauer von 10 Jahren, WuM 2007, 51

ders, Rätselhaftes Übergangsrecht, WuM 2007, 227

ders, Die Berechnung der Vierjahresfrist für einen formularmäßigen Kündigungsausschluss, WuM 2010, 405

Systematische Übersicht

I. Allgemeine Kennzeichnung	
1. Überblick	1
2. Entwicklung der Vorschrift	2
3. Zweck der Vorschrift	4
II. Fristberechnung	
1. Kündigungstag	8
2. Kündigungstermin	14
3. Kündigungsfrist	16
III. Kündigungsfristen im Regelfall (Abs 1)	
1. Gegenstand	17
2. Kündigungsfrist	18
3. Verlängerung der Kündigungsfrist für den Vermieter	19
a) Überlassung des Wohnraums	20
b) Änderung der rechtlichen oder tatsächlichen Verhältnisse	22
IV. Mietverhältnis zum vorübergehenden Gebrauch (Abs 2)	33
V. Mietverhältnis über möblierten Wohnraum in der Wohnung des Vermieters (Abs 3)	
1. Gegenstand	34
2. Voraussetzungen des § 549 Abs 2 Nr 2	35
VI. Abweichende Vereinbarungen (Abs 4)	38
1. Ausschluss des Kündigungsrechts	39
2. Kündigung des Vermieters	46
3. Kündigung des Mieters	47
4. Abweichung für beide Teile	49
VII. Übergangsregelung zur Mietrechtsreform	
1. Altfälle	52
2. Aktuelle Rechtslage	53

Alphabetische Übersicht

Abweichende Vereinbarungen	38 ff
Ausschluss des Kündigungsrechts	39 ff
– formularmäßig	42 f
– individualvertraglich	40 f
Berechnung des Überlassungszeitraums	32
Dauer der Überlassung	19 ff
DDR-Altmietverträge	47, 59 f

EGBGB	53 ff	– Umfang der Möblierung	35
Entwicklung der Vorschrift	2 f		
		Obdachloseneinweisung	21
Familie	37		
Fristberechnung	8 ff	Rechtsnachfolge	16
Gebrauch, vorübergehender	33	Sonnabend	11 f, 18
Kündigung		Übergangsregelung	52 ff
– außerordentliche befristete	2	Überlassung von Wohnraum	20 ff
– ordentliche	1	– Mieterwechsel	24
– vor Überlassung der Mietsache	8	– Parteiwechsel	23 ff
Kündigungserklärung	8, 15	– Unterbrechung der Besitzzeit	26
Kündigungsfristen	18 f, 33 f	– Untermietverhältnis	27 ff
Kündigungstag	8 ff	– Vermieterwechsel	25
Kündigungstermin	14	– Vertragsänderungen	22
		– Wohnungswechsel innerhalb des Hauses	30
Mietverhältnis		Untermietverhältnis	27 ff
– auf bestimmte Zeit	1		
– auf unbestimmte Zeit	1	Vereinbarte Kündigungsfristen	53 ff
– für Familie zum dauernden Gebrauch	37		
– zu nur vorübergehendem Gebrauch	33	Werkmietwohnung	17
Möblierter Wohnraum	34 ff	Werktag	9 ff
– Teil der vom Vermieter selbst bewohnten Wohnung	36	Wohnungswechsel	30
– Überlassung für eine Familie zu nicht dauerndem Gebrauch	37	Zweck der Vorschrift	4

I. Allgemeine Kennzeichnung

1. Überblick

1 Die Vorschrift regelt die Kündigungsfristen für die ordentliche Kündigung von Mietverhältnissen über Wohnraum. Gemäß Abs 1 S 1 ist die Kündigung spätestens am dritten Werktag eines Kalendermonats zum Ablauf des übernächsten Monats gegenüber dem Vertragspartner zu erklären. Abs 2 verlängert diese Frist für den Vermieter in Abhängigkeit zur Mietzeit. Nach fünf und acht Jahren nach Überlassung des Wohnraums verlängert sich die Kündigungsfrist um jeweils drei Monate. Bei Wohnraum, der nur zum vorübergehenden Gebrauch vermietet worden ist (§ 549 Abs 2 Nr 1 BGB) kann eine andere Frist vereinbart werden. Nach Abs 3 kann ein Mietverhältnis über möblierten Wohnraum innerhalb der vom Vermieter bewohnten Wohnung, der nicht für eine Familie zum dauernden Gebrauch überlassen wurde (§ 549 Abs 2 Nr 2 BGB), zum Fünfzehnten eines Monats zum Ablauf dieses Monats gekündigt werden. Gemäß Abs 4 kann von der gesetzlichen Kündigungsfrist der Abs 1 und 3 nicht zum Nachteil des Mieters abgewichen werden.

2. Entwicklung der Vorschrift

Die Vorschrift ist im Rahmen des MietRRG aus § 565 Abs 2 und 3 BGB aF hervorgegangen. Eine Neufassung des § 565 BGB aF wurde durch die Neuaufteilung des Mietrechts in „Allgemeine Vorschriften über Mietverhältnisse" und „Mietverhältnisse über Wohnraum" durch das MietRRG nötig. § 565 BGB aF regelte nämlich die Kündigungsfristen für alle Mietverhältnisse. § 573c BGB enthält nur noch eine Regelung über die Kündigungsfristen der ordentlichen Kündigung. Die außerordentliche Kündigung mit gesetzlicher Frist – ehemals in § 565 Abs 5 BGB aF geregelt – ist jetzt in §§ 573d und 575a BGB, die Kündigungsfristen für Mietverhältnisse über andere Sachen sind in § 580a BGB zu finden.

Zusätzlich zu der Aufteilung der Kündigungsvorschriften enthält § 573c BGB auch inhaltlich eine der bemerkenswertesten und **umstrittensten Neuregelungen** der Mietrechtsreform. Waren in § 565 Abs 2 BGB aF die Kündigungsfristen für Vermieter und Mieter noch symmetrisch ausgerichtet, so sind sie es in § 573c BGB nicht mehr. Der Mieter kann sich nunmehr stets mit einer Dreimonatsfrist von einem Mietverhältnis lösen, während der Vermieter wie früher eine in Abhängigkeit von der Überlassungszeit gestaffelte Kündigungsfrist zu beachten hat. Die Staffelung ist weitgehend unverändert geblieben, lediglich die nochmalige Verlängerung der Kündigungsfrist um weitere drei Monate bei einer Überlassungszeit von mehr als zehn Jahren ist ersatzlos weggefallen (ausführlich BeckOGK/Geib/d'Ugo [1. 7. 2020] Rn 3 ff; Spielbauer/Schneider/Krenek Rn 1 ff). Nicht inhaltlich verändert wurde § 565 Abs 2 S 3 BGB aF. Die Regelung entspricht im Ergebnis § 573c Abs 2 BGB (Blank/Börstinghaus/Blank/Börstinghaus Rn 14). Der möblierte Wohnraum, der innerhalb der vom Vermieter selbst bewohnten Wohnung liegt, kann nicht wie bei § 565 BGB aF in Abhängigkeit zur Mietzahlung gekündigt werden. Solche Mietverhältnisse sind immer bis zum Fünfzehnten eines Kalendermonats zum Ablauf desselben Monats kündbar. Abs 2 der Vorschrift ist aus Abs 2 S 3 des § 565 BGB aF hervorgegangen und wurde nur sprachlich modifiziert. § 573c Abs 4 BGB verbietet jede Abweichung von den gesetzlich vorgeschriebenen Kündigungsfristen der Abs 1 und 3 zum Nachteil des Mieters. Darunter fällt auch das früher in § 565 Abs 3 S 4 BGB aF geregelte Verbot, vertraglich die Kündigung zum Quartalsende vorzuschreiben.

3. Zweck der Vorschrift

a) Der Zweck gesetzlicher Kündigungsfristen lässt sich allgemein dahin gehend bestimmen, dass den Parteien zwischen dem Zugang der Kündigungserklärung und dem Ende des Mietverhältnisses eine **angemessene Vorbereitungszeit** einzuräumen ist. Der Mieter muss die Mietsache nach § 546 BGB zurückgeben, wenn das Mietverhältnis beendet ist, und sich rechtzeitig Ersatz beschaffen. Dem Vermieter muss genügend Zeit bleiben, einen neuen Mieter zu suchen.

b) Die **asymmetrische Kündigungsfrist** trägt dem veränderten Wohnverhalten der Mieter Rechnung. Die ursprünglich zum Schutz des Mieters eingeführten verlängerten Kündigungsfristen stellten sich in der Praxis als Behinderung des Mieters dar (BT-Drucks 14/4553, 67; BT-Drucks 14/5663, 82). In Zeiten einer **flexiblen und mobilen Gesellschaft** stellten Kündigungsfristen von neun oder sogar zwölf Monaten ein großes finanzielles Problem für einen Mieter dar, der – etwa bedingt durch einen Arbeitsplatzwechsel – den Wohnort wechseln muss. Aber auch krankheits- oder altersbedingte Umzüge in Pflegeheime, bei denen oft eine schnelle Entscheidung des kranken oder alten Menschen verlangt wurde, wurden durch die langen Kündigungsfristen sehr erschwert (Looschelders/Roth JZ 1995, 1034). In der Rechtsprechung wurden deshalb bereits Fallgruppen herausgebildet, wonach in bestimmten Situationen ein Einhalten der gesetzlichen Kündigungsfrist durch das Recht, einen Nachmieter stellen zu können, vermieden werden konnte (vgl LG Hamburg WuM 1988, 125; AG Calw NZM 2001, 96; AG Recklinghausen WuM 1996 409). Die Nachmieterstellung war aber immer mit einem Restrisiko behaftet, sodass eine Lösung über kürzere Kündigungsfristen des Mieters gefordert wurde. Auf der anderen Seite bleibt der von einer Kündigung durch den Vermieter betroffene Mieter, der bereits längere Zeit in der Wohnung wohnt, weiter schutzwürdig. Will er die gewohnte Umgebung nicht verlassen, so benötigt er mehr Zeit für die Wohnungssuche (BT-Drucks 14/4553, 67). Diesen unterschiedlichen Interessen konnte nur durch eine asymmetrische Kündigungsfrist Rechnung getragen werden.

6 Teilweise wird gegen die asymmetrische Kündigungsfrist eingewandt, sie **verletze den Gleichheitssatz des Art 3 Abs 1 GG** (Emmerich DWW 2000, 143, 145). Dies vermag jedoch nicht zu überzeugen. Die Situation der beiden Vertragsparteien bei Beendigung eines langfristigen Dauerschuldverhältnisses ist nicht miteinander vergleichbar. Dies gilt nicht nur für das Arbeitsvertragsrecht, wo § 622 BGB schon seit jeher unterschiedliche Kündigungsfristen für den Arbeitgeber und den Arbeitnehmer vorsieht (dazu Staudinger/Preis [2019] § 622 Rn 7 f), sondern auch für die Miete. Das wirtschaftliche Interesse des Vermieters besteht vor allem darin, eine möglichst nahtlose Anschlussvermietung realisieren zu können. Dafür sind jedoch der Zustand der Wohnung und sein Verhältnis zur Miethöhe ein viel entscheidenderer Umstand als die Tatsache, dass das vorherige Mietverhältnis über viele Jahre lief. Der Zustand der Wohnung steht jedoch zu der Dauer des Mietverhältnisses in keiner Beziehung, zumal hier unabhängig von der Mietdauer ggf Ansprüche auf Durchführung von Schönheitsreparaturen oder auf Schadensersatz wegen Veränderung oder Verschlechterung der Mietsache bestehen. Für die Neuvermietung der Wohnung spielt die Länge des zu Ende gehenden Mietverhältnisses daher nur eine untergeordnete Rolle. Demgegenüber ist die **soziale Verwurzelung des Mieters** in der Umgebung der gekündigten Wohnung, die für ihn die Suche nach einer Ersatzwohnung räumlich begrenzt und damit erschwert, nur bei einem längeren Mietverhältnis gegeben (vgl Börstinghaus NZM 2002, 49, 50 f; MünchKomm/Häublein Rn 2; Kotzian-Rumpf NZM 2001, 209, 210). Daher hat auch der BGH bei formularvertraglich vereinbarten asymmetrischen Kündigungsfristen in Gewerberaummietverträgen einen Verstoß gegen § 307 BGB verneint (BGH NJW 2001, 3480).

7 Die Vereinheitlichung der Kündigungsfristen für Wohnraum nach § 549 Abs 2 Nr 2 BGB erfolgte deshalb, weil in der Praxis die Vereinbarung einer Tages- oder Wochenmiete keine Rolle spielte.

II. Fristberechnung

1. Kündigungstag

8 a) Die einzelnen Kündigungsfristen sind aufgrund des § 186 BGB nach den Auslegungsvorschriften der §§ 187 ff BGB zu berechnen. In § 573c BGB wird jeweils festgelegt, an welchem Tag gekündigt werden muss. Dies ist der Kündigungstag, an dem die Kündigungserklärung durch **Zugang** beim Empfänger wirksam werden muss. Das Gesetz formuliert dies so, dass die Kündigung an einem bestimmten Tag „zulässig" ist. Wenn der Mietvertrag abgeschlossen ist, kann die Kündigung schon **vor dem tatsächlichen Vollzug des Vertrags** erklärt werden (BGHZ 73, 350, 352 = NJW 1979, 1288; BGHZ 99, 54, 60 = NJW 1987, 948; Bub/Treier/Fleindl Rn IV 66; Erman/ Lützenkirchen Rn 5; MünchKomm/Bieber § 542 Rn 11; Palandt/Weidenkaff Rn 6; Soergel/ Heintzmann Rn 2). Wann in diesem Fall die Kündigungsfrist beginnt, hängt in erster Linie von den Vereinbarungen der Parteien ab. Haben sie insoweit nichts vereinbart, beginnt die Frist mit dem Zugang der Kündigungserklärung, nicht erst in dem Zeitpunkt, in dem das Mietverhältnis in Vollzug gesetzt worden ist (BGH 21. 2. 1979 – VIII ZR 88/78, BGHZ 73, 350, 355 = NJW 1979, 1288; Schmid/Harz/Gahn Rn 5; Prütting ua/ Riecke Rn 4; ebenso BAG 25. 3. 2004 – 2 AZR 324/03, AP Nr 1 zu § 620 BGB Kündigung vor Dienstantritt = NJW 2004, 3444; BAG 23. 2. 2017 – 6 AZR 665/15, AP Nr 27 zu § 113 InsO § 113 = NJW 2017, 2698; **aM** Haase JR 1979, 415; Lenhard DWW 1980, 166 f). Dies kann je nach Dauer der Kündigungsfrist und dem vorgesehenen Zeitpunkt der Überlassung der Mietsache zur Folge haben, dass eine Invollzugsetzung nicht mehr stattfindet. Sie wäre selbst bei späterem Fristbeginn auch wirtschaftlich unsinnig. Der Beginn der Kündigungsfrist mit Zugang der Erklärung wird auch dem Zweck gerecht, dem Kündigungsgegner genügend Zeit zu lassen, damit er sich einen anderen Vertragspartner suchen kann.

b) Im Einzelnen finden sich im Gesetz **unterschiedliche Bestimmungen** für den Kündigungstag. In § 573c Abs 1 S 1 BGB wird auf einen „Werktag" abgestellt. In Abs 3 wird der „Fünfzehnte eines Monats" als spätester Kündigungstag bezeichnet. 9

c) Problematisch ist der **Einfluss des § 193 BGB auf die Bestimmung des Kündigungstags**. Diese Vorschrift schließt es grundsätzlich nicht aus, dass der Kündigende seine Erklärung an einem Sonn- oder Feiertag abgibt, da er nur begünstigt werden soll. § 193 BGB hat auch nicht zur Folge, dass eine Kündigungserklärung, die dem Empfänger an einem solchen Tag tatsächlich zugeht, rechtlich noch nicht zugegangen ist und dass an die Stelle dieses Tags der nächste Werktag tritt. Die Kündigungserklärung kann deshalb **an jedem beliebigen Wochentag wirksam** werden (vgl BGHZ 162, 175, 179 f = NJW 2005, 1354). Nur soweit es nach dem Gesetz darauf ankommt, dass die Kündigung spätestens an einem bestimmten „Werktag" wirksam geworden ist, muss der Zugang, der an einem Sonnabend, einem Sonn- oder Feiertag erfolgt, vor diesem Werktag liegen. 10

Ist die Kündigung wie in Abs 1 S 1 spätestens an einem bestimmten **Werktag** vorgeschrieben, so verkürzt das Gesetz selbst die jeweils maßgebende Frist (Karenzzeit). Fällt etwa der Monatsanfang auf einen Sonntag, so ist im Hinblick auf Abs 1 S 1 der dritte Werktag erst der 4. Tag des Monats. Zu den Werktagen gehört weder der Sonntag noch ein am Erklärungsort staatlich anerkannter allgemeiner Feiertag (Palandt/Ellenberger § 193 Rn 6). Ob auch der **Sonnabend** zu den Werktagen zählt, ist umstritten. Die Rechtsprechung und ein Teil der Literatur zählen ihn dazu, erkennen eine Ausnahme jedoch für den Fall an, dass der letzte Tag der Karenzzeit auf einen Sonnabend fällt (BGH NJW 2005, 2154; LG Wuppertal WuM 1993, 450; LG Aachen WuM 2004, 32; BeckOGK/Geib/d'Ugo [1. 7. 2020] Rn 22 f; BeckOK MietR/Siegmund [1. 8. 2020] 11

Rn 10 ff; Klein-Blenkers ua/Hinz Rn 5; Lützenkirchen/Lützenkirchen Rn 28; Kossmann/Meyer-Abich § 89 Rn 5; Palandt/Weidenkaff Rn 10; Prütting ua/Riecke Rn 2). Demgegenüber stehen andere Teile der Literatur auf dem Standpunkt, dass aufgrund der heutigen Lebensgewohnheiten der Sonnabend nicht zu den Werktagen gerechnet werden sollte. Die Karenzzeit sei als Überlegungs- und Vorbereitungszeit gedacht. Dafür solle der Kündigende nicht seine freien Tage opfern müssen (Blank/Börstinghaus/Blank/Börstinghaus Rn 6; MünchKomm/Häublein Rn 12; Schmidt-Futterer/Blank Rn 8; Spielbauer/Schneider/Krenek Rn 10; aM Soergel/Heintzmann Rn 3). Der Sonnabend sei kein Werktag, an dem die Kündigung spätestens wirksam werden müsste (LG Kiel WuM 1994, 542; Herrlein/Kandelhard/Kandelhard Rn 4).

12 Die gesetzliche Regelung des § 193 BGB verlangt eine **Differenzierung**: Grundsätzlich zählt der Sonnabend zu den Werktagen (vgl Art 72 Abs 1 S 2 WechselG, Art 55 Abs 1 ScheckG). Er ist daher zu berücksichtigen, wenn er in den Lauf der Frist fällt, also der erste oder zweite Werktag des Monats ist. Fällt aber der dritte Werktag des Monats auf einen Sonnabend, ordnet § 193 BGB – unbeschadet des Charakters des Samstags als Werktag – an, dass eine Frist an diesem Tag nicht endet. Die Kündigung braucht dann erst am nächsten Werktag, unbeschadet möglicher Feiertage also erst am darauf folgenden Montag, dem Vertragspartner zuzugehen (BGH 27. 4. 2005 – VIII ZR 206/04, NJW 2005, 2154; LG Berlin 22. 2. 2017 – 65 S 395/16, WuM 2017, 215).

13 Bei der Kündigung am **Fünfzehnten eines Monats** nach § 573c Abs 3 BGB ist kein bestimmter Wochentag vorgeschrieben. Der Kündigungstag wird in diesem Fall nicht nach § 193 BGB auf einen späteren Tag verlegt, weil dies zu einer im Gesetz nicht vorgesehenen Verkürzung der Kündigungsfrist führen würde.

2. Kündigungstermin

14 Der Kündigungstermin ist der Tag, zu dem die Kündigung das **Mietverhältnis beendet**. Das Mietverhältnis endet mit Ablauf des Kündigungstermins. Unerheblich ist, ob dieser Tag auf einen Sonnabend, einen Sonn- oder Feiertag fällt. Das Mietverhältnis verlängert sich nicht nach § 193 BGB, da diese Vorschrift auf den Ablauf einer Frist nicht anwendbar ist (vgl BGHZ 162, 175, 179 f = NJW 2005, 1354; BeckOGK/Geib/D'Ugo [1. 7. 2020] Rn 24; Blank/Börstinghaus/Blank/Börstinghaus Rn 7; Klein-Blenkers ua/Hinz Rn 6). Sie ist nur für etwaige Leistungspflichten der Parteien von Bedeutung, die sich aus der Beendigung des Mietverhältnisses ergeben, so zB für die Rückgabepflicht des Mieters (Staudinger/Rolfs [2021] § 546 Rn 35).

15 Die Kündigungserklärung braucht **keine Angabe eines bestimmten Kündigungstermins** zu enthalten. Sie wird in diesem Fall zum nächsten zulässigen Termin wirksam. Das Gleiche gilt, wenn die für den angegebenen Termin einzuhaltende Kündigungsfrist versäumt (OLG Frankfurt NJW-RR 1990, 337; OLG Hamburg OLGE 36, 64; LG Bonn WuM 1993, 464; LG Karlsruhe DWW 1990, 238; LG Köln WuM 1993, 541; Schmid/Harz/Riecke § 542 Rn 22; ebenso BAG AP Nr 55 zu § 4 KSchG 1969 = NZA 2006, 791) oder zu dem angegebenen Termin eine Kündigung überhaupt nicht zulässig ist (OLG Karlsruhe WuM 2012, 666), der Kündigende das Mietverhältnis aber auf jeden Fall beenden will und dieser Wille dem anderen Vertragsteil genügend erkennbar ist. Die Kündigung mit Angabe eines falschen Termins ist deshalb nicht ohne Weiteres unwirksam (aM LG Göttingen WuM 1991, 266). Gibt der Mieter die Mietsache schon vor dem maß-

gebenden Kündigungstermin zurück, bleibt er grundsätzlich verpflichtet, die Miete bis zum Ende der Mietzeit zu entrichten (AG Wuppertal DWW 1988, 84; **aM** AG Dortmund WuM 1988, 300). Kündigt der Mieter jedoch irrtümlich zum falschen Termin, kann der Vermieter nach § 242 BGB verpflichtet sein, ihn auf diesen Irrtum hinzuweisen (vgl LG Rottweil WuM 1989, 182).

3. Kündigungsfrist

Zwischen dem Kündigungstag und dem Kündigungstermin liegt die Kündigungsfrist. Sie ist in § 573c BGB abweichend von den sonstigen Vorschriften des BGB über Fristen nicht nach bestimmten Zeitabschnitten bemessen, sondern ergibt sich nur **mittelbar aus dem zeitlichen Abstand zwischen Kündigungstag und Kündigungstermin**. Der Lauf der Kündigungsfrist wird nicht dadurch beeinträchtigt, dass aufseiten des Mieters oder des Vermieters eine Rechtsnachfolge eintritt, nachdem die Kündigungserklärung abgegeben worden ist. Probleme können sich allerdings ergeben, wenn es auf einen bestimmten Kündigungsgrund in der Person des einen oder des anderen Vertragsteils ankommt (Sonnenschein ZMR 1992, 417 ff). 16

III. Kündigungsfristen im Regelfall (Abs 1)

1. Gegenstand

Bei einem Mietverhältnis über Wohnraum ist die Kündigung nach Abs 1 grundsätzlich spätestens am **dritten Werktag eines Kalendermonats für den Ablauf des übernächsten Monats** zulässig. Dieser Bestimmung unterliegen auch Mischmietverhältnisse, sofern der Wohnraumanteil überwiegt oder dem Anteil der Geschäftsräume zumindest gleichwertig ist. Dasselbe gilt für Verträge über die Anmietung von Räumen durch eine juristische Person des öffentlichen Rechts oder einen anerkannten privaten Träger der Wohlfahrtspflege, die geschlossen werden, um die Räume Personen mit dringendem Wohnungsbedarf zum Wohnen zu überlassen (§ 578 Abs 3 S 1 BGB). Ein Wohnraummietverhältnis wird nicht dadurch dem Anwendungsbereich des § 573c BGB entzogen, dass der Mieter die Räume abredewidrig zu anderen Zwecken nutzt. Auch Mietverhältnisse über möblierten Wohnraum fallen unter Abs 1, soweit nicht die Sonderregelung des Abs 3 eingreift (unten Rn 34; kritisch Schickedanz BlGBW 1980, 166, 167). Das Gleiche gilt für den Mietvertrag über ein Hotelzimmer, wenn die Überlassung des Raumes primär dazu dient, das Wohnbedürfnis des Mieters zu befriedigen, und nicht nur ein vorübergehender Zweck vorliegt (vgl Rn 33). Unerheblich ist, ob in einem solchen Fall das Sozialamt die Kosten trägt (LG Bonn WuM 1990, 505). Bei Werkmietwohnungen kann die ordentliche Kündigung anstelle des § 573c BGB auf § 576 Abs 1 BGB gestützt werden (vgl § 576 Rn 21 ff). 17

2. Kündigungsfrist

Die Kündigungsfrist beträgt nach Abs 1 S 1 drei Monate, abzüglich der Karenzzeit von drei Werktagen. Bei der Berechnung der Karenzzeit ist der **Sonnabend** mitzuzählen, es sei denn, dass der letzte Tag der Karenzfrist auf diesen Tag fällt (BGH NJW 2005, 2154; AG Düsseldorf ZMR 2008, 538). Fällt der Monatserste also auf einen Freitag oder Samstag, muss die Kündigung – wenn in die Frist keine Feiertage 18 fallen – spätestens am Montag bzw Dienstag der Folgewoche zugehen, wenn sie das Mietverhältnis zum Ende des übernächsten Monats beenden soll. Ist dagegen der Donnerstag der Monatserste, genügt ebenfalls der Kündigungszugang am Montag. Der Sonntag und ein am Erklärungsort staatlich anerkannter allgemeiner Feiertag werden für die Karenzzeit nicht mitgezählt. Dadurch kann sich die gesetzlich vorgesehene Kündigungsfrist weiter verkürzen. Unerheblich ist dagegen, wenn der letzte Tag der Kündigungsfrist auf einen der genannten Tage fällt. Dies spielt nur für die aus der Beendigung des Mietverhältnisses folgenden Leistungspflichten der Parteien eine Rolle (vgl Staudinger/Rolfs [2021] § 546 Rn 35).

3. Verlängerung der Kündigungsfrist für den Vermieter

19 Die Kündigungsfrist verlängert sich für den Vermieter nach Abs 1 S 2 **um jeweils drei Monate**, wenn bestimmte Zeiten seit der Überlassung des Wohnraums verstrichen sind. Nach fünfjähriger Dauer wird die Kündigungsfrist von drei auf sechs Monate ausgedehnt und nach achtjähriger Dauer auf neun Monate. Hiervon ist jeweils die Karenzzeit von drei Werktagen abzuziehen. Dem durch ein langes Mietverhältnis mit seiner Wohnung besonders verwachsenen Mieter sollen ein kurzfristiger Wechsel und eine übereilte Wohnungssuche erspart werden (vgl Rn 5). Soweit nicht die Sonderregelung des Abs 3 eingreift, macht das Gesetz keinen Unterschied zwischen einzelnen Arten von Mietverhältnissen. Die längere Kündigungsfrist gilt deshalb auch für die Miete möblierten Wohnraums oder separater Zimmer in Wohnhäusern oder Studentenheimen (AG Konstanz WuM 1989, 573) sowie für ein **Untermietverhältnis**. Unter den Voraussetzungen des § 573a BGB kann der Vermieter ein Mietverhältnis über eine Wohnung in einem von ihm selbst bewohnten Wohngebäude oder über Wohnraum innerhalb der von ihm selbst bewohnten Wohnung ohne berechtigtes Interesse kündigen. In diesen Fällen verlängert sich die Kündigungsfrist, die sich aus § 573c BGB ergibt, um weitere drei Monate (vgl § 573a Rn 21).

a) Überlassung des Wohnraums

20 aa) Die Kündigungsfrist verlängert sich aufgrund des Abs 1 S 2 nach Maßgabe des Zeitraums, der seit der Überlassung des Wohnraums verstrichen ist. Der **Begriff der Überlassung** der Mietsache wird im Bereich des Mietrechts vom Gesetz einheitlich verwendet. Die Mietsache ist überlassen, wenn der Vermieter seine Überlassungspflicht aus § 535 Abs 1 S 2 BGB erfüllt hat. Hierfür ist im Regelfall **Besitzverschaffung** erforderlich (BGHZ 65, 137, 139 f = NJW 1976, 105; BGH WuM 1989, 229). Der Wohnraum ist dem Mieter überlassen, wenn er in die Lage versetzt ist, ihn vertragsmäßig in Gebrauch zu nehmen. Wird zunächst der Mietvertrag abgeschlossen und erlangt der Mieter dabei die tatsächliche Gewalt und somit nach § 854 Abs 1 BGB den Besitz über den Wohnraum, so ist er ihm überlassen, ohne dass es darauf ankommt, wann der Mieter einzieht. Da die Überlassung idR eine tatsächliche Handlung darstellt, kommt es nicht entscheidend auf den Abschluss des Mietvertrags an. Wird der Wohnraum schon vor Abschluss des Vertrags überlassen, ist dieser frühere Zeitpunkt für die Bemessung der Kündigungsfrist maßgebend (LG Zwickau WuM 1998, 158). Unerheblich ist, auf welchem Rechtsgrund die Besitzübertragung zunächst beruhte (OLG Stuttgart NJW 1984, 875; Bub/Treier/Fleindl Rn IV 98; Kossmann/Meyer-Abich § 89 Rn 7; Lützenkirchen/Lützenkirchen Rn 29; Schmidt-Futterer/Blank Rn 12). Zu beachten ist, dass von einer Überlassung nur die Rede sein kann, wenn es sich um eine Besitzübertragung handelt. War der spätere Mieter schon vor Abschluss des

Mietvertrags ohne Zutun des Vermieters in der Lage, die tatsächliche Gewalt über die Wohnung auszuüben, so ist für den Besitzerwerb nach § 854 Abs 2 BGB eine Einigung der Parteien ausreichend. In diesen Fällen werden die Überlassung und der Abschluss des Mietvertrags idR zusammenfallen (ebenso BGH 25. 6. 2014 – VIII ZR 59/14, NJW 2014, 2568 für den Fall, dass der Mieter vor Beginn des Mietverhältnisses als Familienangehöriger des seinerzeitigen Mieters in der Wohnung gelebt hat).

bb) Der Vermieter muss den Besitz **freiwillig** übertragen, sodass eine eigenmächtige Besitzergreifung durch den späteren Mieter unzureichend ist (LÜTZENKIRCHEN/ LÜTZENKIRCHEN Rn 29; SCHMID/HARZ/GAHN Rn 6). Nicht anzurechnen ist ferner eine Besitzzeit, die – wie bei der Einweisung Obdachloser durch eine Behörde (dazu OVG Greifswald NJW 2010, 1096; OVG Lüneburg NJW 2010, 1094; RUDER, Polizei- und ordnungsrechtliche Unterbringung von Obdachlosen [1999]) – auf öffentlich-rechtlichen Vorschriften beruht (BUB/TREIER/FLEINDL Rn IV 98; SCHMIDT-FUTTERER/BLANK Rn 12; **aM** BeckOGK/GEIB/ D'UGO [1. 7. 2020] Rn 28). Nur bei freiwilliger Besitzübertragung ist es gerechtfertigt, den Vermieter mit den längeren Kündigungsfristen zu belasten, weil er dann von vornherein mit dieser Rechtsfolge rechnen kann. Selbst wenn der Vermieter in den Fällen behördlicher Einweisung oder eigenmächtiger Besitzergreifung (Hausbesetzung) mit dem Bewohner später einen Mietvertrag abschließt, rechnet die Dauer der Überlassung erst seit dem Zeitpunkt des Vertragsbeginns, weil der Wille zur Überlassung mit der Folge einer längeren Kündigungsfrist nicht ohne Weiteres in die Vergangenheit zurückbezogen werden kann. Die Parteien können insoweit allerdings abweichende Vereinbarungen treffen, weil diese zugunsten des Mieters wirken. 21

b) Änderung der rechtlichen oder tatsächlichen Verhältnisse
aa) Die Frage nach den Auswirkungen einer Änderung der rechtlichen oder tatsächlichen Verhältnisse stellt sich zunächst bei **Vertragsänderungen** im weitesten Sinne. Da es für den Zeitpunkt der Überlassung des Wohnraums regelmäßig nicht auf den Abschluss des Mietvertrags ankommt (vgl Rn 20), ist es für die Berechnung des Überlassungszeitraums bedeutungslos, wenn die Parteien nach Ablauf bestimmter Zeitabschnitte unter Aufhebung des bisherigen Vertrags einen neuen Mietvertrag abschließen (LG Düsseldorf WuM 1973, 186; LG Göttingen WuM 1991, 266; WEIMAR WuM 1969, 36, 37). Dabei spielt es keine Rolle, ob der Mietvertrag auf weitere Räume erstreckt wird (BeckOGK/GEIB/D'UGO [1. 7. 2020] Rn 28; MünchKomm/HÄUBLEIN Rn 8; SCHMIDT-FUTTERER/BLANK Rn 12), ob einzelne Räume herausgenommen werden (BeckOGK/GEIB/D'UGO [1. 7. 2020] Rn 28; SCHMID/HARZ/GAHN Rn 7; SCHMIDT-FUTTERER/BLANK Rn 12), ob sonstige Vereinbarungen geändert werden oder ob ein zunächst auf bestimmte Zeit abgeschlossenes Mietverhältnis nunmehr für unbestimmte Zeit gelten soll (WEIMAR WuM 1969, 36, 37). Der umgekehrte Fall ist insoweit unerheblich, da § 573c Abs 1 S 2 BGB auf die dann nach § 573d BGB in Betracht kommende außerordentliche Kündigung mit gesetzlicher Frist nicht anwendbar ist. Unmaßgeblich ist für die Bemessung des Überlassungszeitraums auch, wenn der ursprüngliche Mietvertrag nicht aufgehoben, sondern nur inhaltlich geändert wird. Das Gleiche gilt, wenn sich das Mietverhältnis nach § 545 BGB durch Fortsetzung des Gebrauchs, aufgrund einer vertraglichen Verlängerungsklausel oder einer Vereinbarung der Parteien nach Beendigung durch Zeitablauf oder Kündigung auf unbestimmte Zeit verlängert. 22

23 **bb)** Ein **Parteiwechsel** kann aufgrund einer rechtsgeschäftlichen Vereinbarung oder kraft Gesetzes eintreten. Er berührt den Bestand des Mietverhältnisses grundsätzlich nicht und verändert damit auch nicht die Dauer der Überlassung.

24 α) Auf dieser Grundlage kann bei einem **Mieterwechsel** dem neuen Mieter nach Eintritt in ein bestehendes Mietverhältnis die Besitzzeit seines Vorgängers angerechnet werden, wenn die Identität des Mietverhältnisses gewahrt bleibt, also Rechtsnachfolge aufseiten des Mieters vorliegt (BeckOGK/Geib/D'Ugo [1. 7. 2020] Rn 28; Bub/Treier/Fleindl Rn IV 100; Herrlein/Kandelhard/Kandelhard Rn 7; Soergel/Heintzmann Rn 4; aM MünchKomm/Häublein Rn 8). Dieser Fall kann sich bei rechtsgeschäftlicher Vertragsübernahme durch den Mieter oder bei gesetzlichem Eintritt des Ehegatten, Lebenspartners oder von Familienangehörigen in das Mietverhältnis nach § 563 BGB ergeben (BeckOK/Hannappel [1. 8. 2020] Rn 14). Ist der Ehegatte oder Lebenspartner, der Partei des Mietvertrags war, gestorben, wird seine Besitzzeit aufgrund der Sonderrechtsnachfolge aus § 563 Abs 1 BGB angerechnet. Das Gleiche gilt für eingetretene Familienangehörige (BGH NJW 2003, 3265) und sonstige nahe stehende Personen. Unabhängig von einer Rechtsnachfolge ist diejenige Zeit mit zu berücksichtigen, die der Mieter aufgrund des Mietvertrags seines früheren Ehegatten in der Wohnung verbracht hat (OLG Stuttgart NJW 1984, 875), wenn er etwa nach der Trennung in der Wohnung geblieben ist und einen neuen Mietvertrag abgeschlossen hat. Im Rahmen des § 563a BGB kommt dem überlebenden Mitmieter iS des § 563 BGB schon als Vertragspartei seine eigene Besitzzeit zugute. War die Besitzzeit des verstorbenen Mieters aber länger, so muss sie dem Überlebenden angerechnet werden, da er im Rahmen des § 563a BGB nicht schlechter stehen darf als bei der Sonderrechtsnachfolge nach § 563 BGB. Auch der Erbe des Mieters tritt nach § 1922 BGB voll und ganz in dessen Rechtsstellung ein, selbst wenn das Mietverhältnis erst aufgrund des § 564 S 1 BGB mit ihm fortgesetzt wird, nachdem der Ehegatte oder andere Familienangehörige den Eintritt abgelehnt haben. Beschränkt sich der Parteiwechsel auf Mitmieter, die vom Beginn des Mietverhältnisses an vorhanden waren (AG Melsungen WuM 1987, 273 [LS]) oder die erst später hinzugekommen sind (LG Göttingen WuM 1991, 266), so ist die Besitzzeit des ständigen Mieters ohnehin nicht betroffen.

25 β) In gleicher Weise wird die Dauer der Überlassung des Wohnraums nicht durch einen **Vermieterwechsel** beeinträchtigt. Dies gilt nicht nur bei Erbfolge nach § 1922 BGB oder bei Vertragsübernahme, sondern auch unabhängig von einer Rechtsnachfolge, da der Erwerber des Grundstücks nach § 566 BGB kraft Gesetzes in die sich aus dem Mietverhältnis ergebenden Rechte und Pflichten eintritt (AG Oberhausen WuM 1965, 186; BeckOK/Hannappel [1. 8. 2020] Rn 13; Schmid/Harz/Gahn Rn 8; Soergel/Heintzmann Rn 4). Dabei spielt es auch keine Rolle, ob der Erwerber mit dem Mieter einen neuen Mietvertrag abschließt (LG Stade DWW 1987, 233; Kossmann/Meyer-Abich § 89 Rn 7). In gleicher Weise ändert sich die Dauer der Überlassung an den Mieter nicht, wenn der Vermieter bei der gewerblichen Zwischenvermietung nach § 565 Abs 1 BGB von Gesetzes wegen ausgewechselt wird oder wenn in den Fällen der schlichten Zwischenvermietung der Kündigungsschutz des sozialen Mietrechts unmittelbar zwischen Hauptvermieter und Untermieter eingreift (LG Freiburg WuM 1993, 126; Staudinger/Rolfs [2021] § 546 Rn 107 f; s auch Rn 27 ff). Ebenso ist es ohne Einfluss auf den Überlassungszeitraum, wenn ein Eigentümerwechsel vor Begründung des Mietverhältnisses stattfindet und der Wohnraum dem Mieter zuvor aufgrund eines anderen

Rechts vom Voreigentümer überlassen worden ist. Der Vermieter kann bei Abschluss des Mietvertrags von Anfang an mit längeren Kündigungsfristen rechnen.

cc) Eine **Unterbrechung der Besitzzeit** ist unschädlich, wenn es sich nur um eine vorübergehende Besitzaufgabe handelt, das Mietverhältnis aber im Übrigen fortbesteht. Dies gilt etwa, wenn ein Student den Wohnraum während der Semesterferien vollständig räumt und ihn dem Vermieter für diese Zeit zu anderweitiger Nutzung überlässt. Ist der Mieter nur vorübergehend in der Ausübung der tatsächlichen Gewalt verhindert, wird der Besitz nach § 856 Abs 2 BGB nicht beendet. Wird der Besitz aber endgültig aufgegeben und später erneut begründet, so beginnt ein neuer Überlassungszeitraum. 26

dd) Nach verbreiteter Meinung wird einem Mieter nicht die Besitzzeit angerechnet, die er vor Begründung eines Hauptmietverhältnisses zunächst als **Untermieter** in der Wohnung verbracht hat (LG Bielefeld ZMR 1965, 274; LG Düsseldorf MDR 1969, 763; AG Hannover ZMR 1967, 18; AG Köln ZMR 2013, 204; BeckOGK/Geib/D'Ugo [1. 7. 2020] Rn 28; Lützenkirchen/Lützenkirchen Rn 32b; Palandt/Weidenkaff Rn 11; Schmidt-Futterer/Blank Rn 13; Soergel/Heintzmann Rn 4; Prütting ua/Riecke Rn 5; **aM** MünchKomm/Häublein Rn 8). Zur Begründung wird darauf verwiesen, dass nicht der Hauptvermieter, sondern der Hauptmieter dem Untermieter den Wohnraum überlassen habe. Das sei unzureichend. Auch in der Erlaubnis zur Untervermietung sei keine Überlassung iS des § 573c Abs 1 S 2 BGB zu sehen, zumal der Hauptmieter bei berechtigtem Interesse nach § 553 Abs 1 S 1 BGB einen Anspruch auf die Erlaubnis habe, sodass ein bei der Berechnung der Kündigungsfrist zu berücksichtigendes Mietverhältnis gegen den Willen des Vermieters begründet werden könne (Schmidt-Futterer/Blank Rn 13). Auszuklammern sind die Fälle der **gewerblichen Zwischenvermietung**, in denen der Hauptvermieter nach § 565 Abs 1 S 1 BGB bei Beendigung seines Mietverhältnisses mit dem Zwischenvermieter in die Rechte und Pflichten aus dem Untermietverhältnis eintritt (vgl Staudinger/Rolfs [2021] § 546 Rn 103). Das Gleiche gilt für die schlichte Zwischenvermietung, wenn der Kündigungsschutz unmittelbar zwischen Hauptvermieter und Untermieter eingreift (Staudinger/Rolfs [2021] § 546 Rn 107 f). Die Gesamtdauer der Überlassung wird hierdurch nicht betroffen. Unproblematisch für eine Anrechnung der Besitzzeit des Untermieters ist auch eine Vertragsgestaltung, in der das Untermietverhältnis nur für die Dauer des Hauptmietverhältnisses eingegangen wird und gleichzeitig mit dem Hauptvermieter vereinbart ist, dass im Anschluss an das Untermietverhältnis mit ihm ein normales Mietverhältnis fortgesetzt werden soll (vgl BGH WuM 1989, 140). 27

Hinter der Argumentation, mit der die Anrechnung der Besitzzeit bei der Umwandlung eines Untermietverhältnisses in ein Hauptmietverhältnis im Allgemeinen abgelehnt wird, verbirgt sich das Ziel, den Anwendungsbereich des Abs 1 S 2 einzuschränken (LG Bielefeld ZMR 1965, 19). Die angeführten Gründe stehen jedoch nicht im Einklang mit dem auch von Vertretern dieser Meinung gebilligten Ansatz, dass es nicht auf den Abschluss des Mietvertrags ankomme, sondern auf die tatsächliche Überlassung des Wohnraums (vgl Rn 20). Hinzu kommt, dass ein Wechsel aufseiten des Eigentümers oder Vermieters nach allgemeiner Auffassung unschädlich ist (vgl Rn 25). Es ist also nicht entscheidend, dass gerade der kündigende Vermieter dem Mieter den Besitz übertragen hat oder dass zwischen den Parteien von Anfang an mietvertragliche Beziehungen bestanden haben. Um dem Zweck der Vorschrift 28 gerecht zu werden, dem durch langen Aufenthalt mit seiner Wohnung besonders verwachsenen Mieter einen kurzfristigen Wechsel zu ersparen (vgl Rn 6), macht es keinen Unterschied, ob der Besitz von einem früheren Eigentümer oder Vermieter als Rechtsvorgänger des jetzigen Vermieters oder im Rahmen eines Untermietverhältnisses vom Hauptmieter übertragen worden ist. Nur eine Gleichbehandlung dieser Fälle steht im Einklang mit der Ausweitung des Kündigungsschutzes auf Mietverhältnisse über möblierten Wohnraum (BT-Drucks 7/2011, 9), bei denen es sich vielfach um Untermietverhältnisse handelt.

29 Der Wortlaut des Abs 1 S 2 bietet keinen Anhaltspunkt für die von der Gegenauffassung vertretene Einschränkung. Schließlich wird bei der Berücksichtigung eines Untermietverhältnisses die Kündigungsfrist nicht durch Umstände verlängert, die gegen den Willen des Vermieters begründet worden sind (aM SCHMIDT-FUTTERER/ BLANK Rn 13). Denn der entscheidende Umstand liegt darin, dass der Vermieter mit dem früheren Untermieter den nunmehr zu kündigenden Mietvertrag abgeschlossen hat und deshalb schon in diesem Zeitpunkt mit einer Verlängerung der Kündigungsfrist rechnen kann. Deshalb ist die Besitzzeit als Untermieter auf den Überlassungszeitraum anzurechnen, soweit eine Identität des Wohnraums gewahrt ist (AG Hagen WuM 1969, 167; BODIÉ; WuM 1965, 37, 38; BUB/TREIER/FLEINDL Rn IV 99). Die Identität ist nur gewahrt, wenn die zunächst im Wege der Untermiete überlassenen Räume in ihrer Bedeutung nicht völlig gegenüber dem später überlassenen Wohnraum zurücktreten, hinsichtlich der Größe also im Wesentlichen identisch sind. Eine Identität der Personen auf der Mieter- und Vermieterseite kann dagegen nicht entscheidend sein, wie die Fälle der Veräußerung des Grundstücks nach § 566 BGB und der gewerblichen oder schlichten Zwischenvermietung zeigen. Ebenso kann bei einem Wechsel auf der Untermieterseite eine Anrechnung der Besitzzeit nach Umwandlung in ein Hauptmietverhältnis gerechtfertigt sein, wenn der frühere Parteiwechsel auf einer Rechtsnachfolge beruht.

30 ee) Bei einem **Wohnungswechsel innerhalb des Hauses** desselben Vermieters können die Parteien die Anrechnung der bisherigen Mietzeit vereinbaren (BGH WuM 2005, 584). Bei fehlender Vereinbarung ist streitig, wie die Dauer der Überlassung an den Mieter zu berechnen ist. Teilweise wird vertreten, die Dauer richte sich nur nach der Besitzzeit der letzten, nunmehr zu kündigenden Wohnung (LG Aachen WuM 1971, 60; AG Hamburg-Harburg MDR 1970, 240; BUB/TREIER/FLEINDL Rn IV 101). Nach anderer Auffassung soll die gesamte Mietzeit in dem Haus unabhängig von der jeweiligen Wohnung maßgebend sein (LG Bonn WuM 1987, 322; LG Nürnberg-Fürth WuM 1991, 40; BeckOGK/GEIB/D'UGO [1. 7. 2020] Rn 28; PALANDT/WEIDENKAFF Rn 11; SCHMIDT-FUTTERER/ BLANK Rn 14; PRÜTTING ua/RIECKE Rn 6; SPIELBAUER/SCHNEIDER/KRENEK Rn 21; wohl auch MünchKomm/HÄUBLEIN Rn 8). Teilweise wird zugelassen, die gesamte Wohnzeit in einem Hause dann zu berücksichtigen, wenn der Mieter seine Wohnung auf Wunsch und im Interesse des Vermieters gewechselt habe (LG Aachen WuM 1971, 60; AG Kassel WuM 1965, 152; AG Kerpen WuM 1994, 77; HERRLEIN/KANDELHARD/KANDELHARD Rn 7; KOSSMANN/MEYER-ABICH § 89 Rn 10; WEIMAR WuM 1969, 36, 37). Zur Begründung wird auf ein treuwidriges Verhalten des Vermieters abgestellt, der das Entgegenkommen seines Mieters dazu benutze, sich auf die kürzere Kündigungsfrist zu berufen.

31 § 573c BGB enthält für einen solchen Wohnungswechsel innerhalb des Hauses keine ausdrückliche Regelung. Unter Berücksichtigung des Zweckes der gestaffelten Kündigungsfristen zugunsten des Mieters (vgl Rn 5), der durch die Einführung der asymmetrischen Fristen im Zuge des MietRRG noch betont wurde, ist aber davon auszugehen, dass die Dauer der Besitzzeit einer anderen Wohnung **innerhalb desselben Hauses anzurechnen** ist. Der Umzug innerhalb desselben Hauses lässt die bisherigen Beziehungen zur Hausgemeinschaft und zur Nachbarschaft kontinuierlich weiter bestehen (ERMAN/LÜTZENKIRCHEN Rn 6; SCHMIDT-FUTTERER/BLANK Rn 14). Darüber hinaus dürfte sogar der Umzug **innerhalb derselben Wohnanlage** genügen, da insoweit die gleichen Überlegungen tragfähig gemacht werden können und der BGH aus eben diesem Grunde die Anbietpflicht des Vermieters (vgl § 573 Rn 131 ff) auf diesen räumlichen Bereich beschränkt hat (BGH NJW 2003, 2604). Auch stehen Interessen des Vermieters einer Einbeziehung der Besitzzeit nicht entgegen, da jener an einem Wohnungswechsel immer beteiligt ist und damit einverstanden sein muss. Gegen die vermittelnde Lösung spricht, dass sie dadurch, dass sie auf die Veranlassung des Vermieters abstellt, zusätzliche Rechtsunsicherheit schafft, die gerade bei der wichtigen Frage der Kündigungsfristen äußerst problematisch ist. Die Mietzeit vor einem Wohnungswechsel innerhalb eines Wohnhauses oder einer Wohnanlage sollte daher stets angerechnet werden.

ff) Für die **Berechnung des Überlassungszeitraums** ist die Zeit zwischen dem Beginn der Überlassung des Wohnraums (vgl Rn 20) und dem Zugang der Kündigungserklärung maßgebend, nicht aber der Kündigungstermin, zu dem das Mietverhältnis beendet werden soll (AG Hamburg-Harburg MDR 1970, 240; BLANK/BÖRSTINGHAUS/BLANK/BÖRSTINGHAUS Rn 10; KLEIN-BLENKERS ua/HINZ Rn 11; KOSSMANN/MEYER-ABICH § 89 Rn 7; SOERGEL/HEINTZMANN Rn 4; **aM** AG Lüdinghausen WuM 1985, 267). Dies ergibt sich aus der Formulierung des Gesetzes, dass sich die Kündigungsfrist erst dann verlängert, wenn „seit" der Überlassung ein bestimmter Zeitraum verstrichen ist. Es ist deshalb unerheblich, wenn der Zeitpunkt, in dem der Zeitraum von fünf oder acht Jahren vollendet wird, noch vor dem Kündigungstermin liegt. Eine bereits laufende Kündigungsfrist wird dadurch nicht verlängert, weil sich die Rechtsfolgen einer Kündigungserklärung grundsätzlich danach richten, welche Vorschriften im Zeitpunkt ihres Wirksamwerdens maßgebend sind. Damit beginnt eine einheitliche, von vornherein zeitlich bestimmte Kündigungsfrist. 32

IV. Mietverhältnis zum vorübergehenden Gebrauch (Abs 2)

Bei einem Mietverhältnis über Wohnraum ist die Vertragsfreiheit der Parteien im Interesse des Mieterschutzes stark eingeschränkt. Die **allgemeine Zulässigkeit** abweichender Vereinbarungen besteht deshalb nur für solche Mietverhältnisse, bei denen der Gesetzgeber die besondere Schutzbedürftigkeit des Mieters verneint. Nach § 573c Abs 2 BGB ist daher eine Vereinbarung, die auch den Vermieter zur Kündigung unter Einhaltung einer kürzeren Frist berechtigen soll, dann wirksam, wenn der Wohnraum zu nur vorübergehendem Gebrauch vermietet ist. Ob dies der Fall ist, richtet sich in erster Linie nach dem vereinbarten Vertragszweck (STAUDINGER/ARTZ [2021] § 549 Rn 22) und kann durch entsprechende Vertragsklauseln klargestellt werden. Wird durch das Mietverhältnis aber der auf Dauer angelegte allgemeine Wohnbedarf des Mieters befriedigt, so können solche Klauseln nicht entgegen dem objektiv gegebenen Vertragszweck eine abweichende Beurteilung rechtfertigen (LG Hannover MDR 1971, 762; **aM** LG Dortmund WuM 1966, 189). Eine Vermietung zu nur vorübergehendem Gebrauch setzt nicht voraus, dass der Vertrag von vornherein 33 kalendermäßig befristet ist. Es genügt, dass er vereinbarungsgemäß nur für eine kürzere, aus den gesamten Umständen annähernd bestimmbare Zeitspanne gelten soll (LG Dortmund WuM 1966, 189). Unberührt bleibt das Recht der Parteien, das Mietverhältnis durch einen Aufhebungsvertrag zu beenden.

V. Mietverhältnis über möblierten Wohnraum in der Wohnung des Vermieters (Abs 3)

1. Gegenstand

34 § 573c Abs 3 BGB verweist auf § 549 Abs 2 Nr 2 BGB. Bei einem Mietverhältnis über Wohnraum, der Teil der vom Vermieter selbst bewohnten Wohnung ist und den der Vermieter überwiegend mit Einrichtungsgegenständen auszustatten hat, gelten daher nach § 573c Abs 3 BGB abweichend von der Grundregel des Abs 1 kürzere Kündigungsfristen, wenn der Wohnraum dem Mieter nicht zum dauernden Gebrauch mit seiner Familie oder mit Personen überlassen ist, mit denen er einen auf Dauer angelegten gemeinsamen Haushalt führt. Die Kündigung ist jeweils bis spätestens zum Fünfzehnten eines Monats zum Ablauf dieses Monats möglich (vgl Rn 12). Derartige Mietverhältnisse bedürfen nach der Vorstellung des Gesetzgebers **nicht des besonderen sozialen Schutzes**. Ob die Voraussetzungen der Vorschrift erfüllt sind, hat derjenige Vertragsteil darzulegen und im Streitfall zu beweisen, der sich auf die kürzere Kündigungsfrist beruft. Das kann im Einzelfall nicht nur der Kündigende, sondern auch der andere Vertragsteil sein (zu den Einzelheiten des § 549 Abs 2 Nr 2 BGB s Staudinger/Artz [2021] § 549 Rn 27 ff).

2. Voraussetzungen des § 549 Abs 2 Nr 2

35 Zwischen den Parteien muss ein **Mietverhältnis über Wohnraum** bestehen (Staudinger/V Emmerich [2021] Vorbem 24 zu § 535), das den Vermieter über die normale Gebrauchsüberlassung hinaus verpflichtet, den Wohnraum ganz oder überwiegend mit Einrichtungsgegenständen auszustatten. Die **Verpflichtung** muss sich aus dem Mietvertrag ergeben. Die bloße Vereinbarung, dass der Vermieter einstweilen bestimmte Gegenstände in den Räumen zurücklassen darf, verpflichtet ihn nicht zur Möblierung (Blank/Börstinghaus/Blank/Börstinghaus § 549 Rn 16; Klein-Blenkers ua/Hinz § 549 Rn 20). Die Verpflichtung des Vermieters kann von Anfang an bestehen. Sie kann durch Vertragsänderung auch erst später begründet oder aufgehoben werden. Vereinbart der Mieter mit dem Vermieter im Nachhinein eine Möblierung des Wohnraums, so richtet sich die Kündigung mit der Änderung des Vertrags nicht mehr nach § 573c Abs 1 BGB, sondern nach Abs 3. Zu den Einrichtungsgegenständen gehören die für eine normale Ausstattung erforderlichen Möbel sowie Herd, Spüle, Beleuchtungskörper, Teppiche, Bettzeug und Bilder. Auch fest eingebaute Gegenstände wie sanitäre Einrichtungen und Einbaumöbel sind zu berücksichtigen. Die ordnungsgemäße Erfüllung ist nicht für die Kündigungsvorschriften, sondern für Erfüllungsansprüche und Gewährleistungsrechte des Mieters bedeutsam. Entscheidend ist für Erstere lediglich, ob die Parteien einen Vertrag über möblierten Wohnraum abschließen wollten.

36 Der Wohnraum muss **Teil der vom Vermieter selbst bewohnten Wohnung** sein, dh der möblierte Wohnraum muss in einem engen räumlichen und wirtschaftlich-funktionalen Zusammenhang mit der Wohnung des Vermieters stehen (AG Halle/Westf WuM 1983, 144; AG Königswinter WuM 1994, 689; KLEIN-BLENKERS ua/HINZ § 549 Rn 19). Dies ist der Fall, wenn dem Mieter ein oder mehrere einzelne, in sich nicht iS von § 3 Abs 3 WEG abgeschlossene Räume innerhalb der Wohnung des Vermieters überlassen werden. Dabei macht es keinen Unterschied, ob es sich um eine Etagenwohnung oder um ein Einfamilienhaus handelt.

Der Wohnraum darf dem Mieter **nicht zum dauernden Gebrauch mit seiner Familie oder mit Personen** überlassen sein, mit denen er einen auf Dauer angelegten gemeinsamen Haushalt führt. Die kürzere Kündigungsfrist des Abs 3 gilt daher dann nicht, wenn der Mieter den Wohnraum mit seinen Kindern, dem Ehegatten, den Eltern oder dem Lebenspartner bewohnt (vgl HERRLEIN/KANDELHARD/D BOTH § 549 Rn 15; KLEIN-BLENKERS ua/HINZ § 549 Rn 21). 37

VI. Abweichende Vereinbarungen (Abs 4)

§ 573c Abs 4 BGB schließt zum Nachteil des Mieters von den Abs 1 und 3 abweichende Vereinbarungen unabhängig davon aus, ob sie formularmäßig vorformuliert oder individuell ausgehandelt worden sind (AG Pankow/Weißensee GE 2003, 593; BeckOK MietR/SIEGMUND [1. 8. 2020] Rn 13; DERLEDER, in: Gedschr Sonnenschein [2002] 97, 111 f; KLEIN-BLENKERS ua/HINZ Rn 14). Bei einem Vergleich der vertraglichen Vereinbarung mit der gesetzlichen Regelung ist jeweils danach zu unterscheiden, für wen die Kündigungsfrist verlängert oder verkürzt werden soll. 38

1. Ausschluss des Kündigungsrechts

a) Ein **temporärer vertraglicher Ausschluss des Kündigungsrechts** ist **grundsätzlich zulässig**. Nach der Reform des Mietrechts 2001 war teilweise vertreten worden, das Kündigungsrecht des Mieters könne durch Vertrag nicht einmal zeitweise ausgeschlossen werden (LG Braunschweig WuM 2004, 158; LG Krefeld NJW 2003, 1464; BÖRSTINGHAUS, in: Gedschr Sonnenschein [2002] 349, 351 ff; ders WuM 2003, 487 ff; HERRLEIN/KANDELHARD/KANDELHARD Rn 10; LAMMEL WuM 2003, 123, 124 f; vgl auch BLÜMMEL GE 2003, 794 ff; DERLEDER NZM 2001, 649, 652 ff; ders, in: Gedschr Sonnenschein [2002] 97, 111 ff; RIPS/EISENSCHMID, Neues Mietrecht 138 f). Dem hat sich der **BGH** indessen zu Recht nicht angeschlossen. Die Zulässigkeit einer Kündigung ist von der einzuhaltenden Kündigungsfrist streng zu trennen und wird auch vom Gesetz (§ 577a BGB einerseits, § 573c BGB ua andererseits) unterschiedlich behandelt. Neben Wortlaut und Systematik spricht auch die Entstehungsgeschichte der §§ 573c, 575 BGB dagegen, in ihnen ein Verbot der Kündigungsausschlussvereinbarungen zu erblicken. Der Gesetzgeber des MietRRG ist ausweislich der Materialien (vgl BT-Drucks 14/4553, 69) ausdrücklich davon ausgegangen, dass derartige Klauseln weiterhin zulässig sind. Der Zweck des § 573c BGB beschränkt sich auf die Regelung der Fristen bei ordentlich kündbaren Mietverhältnissen; über die vorgelagerte Frage der Kündbarkeit trifft er keine Aussage (BGH NJW 2004, 1448 mAnm DERLEDER NZM 2004, 247; FISCHER WuM 2004, 123, HÄUBLEIN ZMR 2004, 252, HINZ WuM 2004, 126, KANDELHARD WuM 2004, 129 u TIMME NJW 2004, 1639; OLG Brandenburg ZMR 2004, 745; AG Frankfurt aM NZM 2005, 339; zuvor bereits AG Bocholt DWW 2003, 50 mAnm PFEIFER; ferner BeckOGK/GEIB/D'UGO [1. 7. 2020] Rn 53; BLANK/BÖRSTINGHAUS/BLANK/BÖRSTINGHAUS § 575 Rn 80; DERCKX NZM 2001, 826, 828; LÜTZENKIRCHEN ZMR 2001, 769, 770; ROLFS ZGS 2003, 289, 292 f; s auch § 575 Rn 14 f). 39

40 b) Für welche Dauer in **individualvertraglichen Vereinbarungen** die Kündigung maximal ausgeschlossen werden kann, ist bislang nicht abschließend geklärt (Häublein ZMR 2020, 913, 917; ausführlich Spielbauer/Schneider/Krenek Rn 28 ff). Ist der Kündigungsausschluss mit einer Staffelmietvereinbarung verbunden, setzt § 557a Abs 3 BGB auch gegenüber Individualvereinbarungen die Höchstgrenze auf vier Jahre fest. Im Übrigen, also ohne eine solche Verbindung, hat der BGH längere Zeiträume anerkannt. Gebilligt hat er nicht nur 51 Monate (vier Jahre plus drei Monate Kündigungsfrist: BGH 7. 10. 2015 – VIII ZR 247/14, NJW 2015, 3780) und 60 Monate (fünf Jahre; BGH NJW 2004, 1448; ebenso für die gewerbliche Zwischenvermietung BGH 23. 10. 2019 – XII ZR 125/18, BGHZ 223, 290, 298 ff = NJW 2020, 331), sondern jedenfalls zulasten des *Vermieters* auch zehn Jahre (BGH NJW 2011, 59) und sogar 13 Jahre (BGH NJW 2013, 2820). Die maximale Grenze liegt, wie sich mittelbar aus § 544 BGB ergibt, jedenfalls bei 30 Jahren (LG Düsseldorf 23. 8. 2017 – 23 S 92/16, NZM 2017, 808; Bruns ZMR 2020, 358, 360).

41 Der unbefristete Ausschluss der ordentlichen Kündigung – auch derjenigen des Vermieters – ist als **sittenwidrig** (§ 138 BGB) mit dem Gesetz unvereinbar (BGH 30. 6. 2017 – V ZR 232/16, NZM 2017, 815: Ausschluss des Kündigungsrechts für die Dauer von 26 Jahren bei gleichzeitiger Fixierung einer geringen Miete für die gesamte Vertragslaufzeit zur Vereitelung des Vorkaufsrechts über eine Garage; offen lassend dann aber wieder BGH 8. 5. 2018 – VIII ZR 200/17, NZM 2018, 556), zumal er wegen § 566 Abs 1 BGB auch jeden späteren Erwerber der vermieteten Wohnung träfe (LG Berlin 8. 1. 2020 – 65 S 165/19, ZMR 2020, 399; LG Düsseldorf 23. 8. 2017 – 23 S 92/16, NZM 2017, 808). Die Grenze zur Sittenwidrigkeit (§ 138 BGB) dürfte bezüglich der Bindung des *Mieters* angesichts der Rechtsprechung des BVerfG, nach der der Selbstbestimmung des Einzelnen im Rechtsleben ein angemessener Betätigungsraum eröffnet sein und bleiben muss (BVerfGE 89, 214, 231 ff = NJW 1994, 36) bei acht bis zehn Jahren anzusiedeln sein (ähnlich, allerdings ohne Festlegung auf einen konkreten Zeitraum, MünchKomm/Häublein Rn 23 f). Wegen § 550 BGB bedarf eine entsprechende Abrede der Schriftform (BGH NZM 2012, 502; LG Berlin GE 2011, 1085; näher Staudinger/Rolfs [2021] § 542 Rn 136).

42 c) **Formularmäßige Kündigungsausschlüsse** (zu ihnen Bruns ZMR 2020, 358, 360 ff; Horst DWW 2004, 140 ff; zur Abgrenzung von individualvertraglichen Vereinbarungen AG Ahaus WuM 2013, 417) müssen in einem ersten Schritt der Einbeziehungskontrolle standhalten und können beispielsweise an § 305c Abs 1 BGB scheitern, wenn sie an versteckter oder überraschender Stelle in das Vertragsformular aufgenommen worden sind (AG Bremen 29. 11. 2019 – 25 C 405/19, WuM 2020, 209). Im Rahmen der Inhaltskontrolle nach § 307 Abs 1 BGB ist zu berücksichtigen, dass es, wie bereits die Existenz des § 575 BGB über den Zeitmietvertrag zeigt, *nicht* zu den wesentlichen Grundgedanken des Mietrechts gehört, dass sich der Mieter stets durch ordentliche Kündigung von dem Vertragsverhältnis lösen können muss (näher Staudinger/Rolfs [2021] § 542 Rn 62 ff). Ein formularmäßig erklärter, einseitiger Verzicht des Mieters von Wohnraum auf sein ordentliches Kündigungsrecht ist daher nicht schlechthin unwirksam. Er benachteiligt den Mieter in der Regel nicht unangemessen, wenn er *zusammen mit einer Staffelmiete* vereinbart wird und einen Zeitraum von vier Jahren nicht überschreitet (§ 557a Abs 3 BGB). Dies gilt auch dann, wenn der Mietvertrag auf unbestimmte Zeit abgeschlossen ist (BGH NJW 2006, 1056; BGH NJW 2009, 353; BGH NJW 2012, 521; LG Berlin GE 2012, 1497; **aM** LG Duisburg NZM 2003, 354; AG Dortmund NZM 2010, 862; Schmid/Harz/Riecke § 542 Rn 69; Spielbauer/Schneider/Krenek Rn 32 f). Von wesentlichen Grundgedanken der gesetzlichen Regelung iS von § 307 Abs 2 Nr 1

BGB wird durch eine solche Vereinbarung nicht abgewichen. Denn § 557a Abs 3 BGB sieht ausdrücklich vor, dass das Kündigungsrecht des Mieters für höchstens vier Jahre seit Abschluss der Staffelmietvereinbarung ausgeschlossen werden kann.

Mit § 307 BGB demgegenüber unvereinbar sind **einseitige, befristete Kündigungs-** **ausschlüsse** in Formularmietverträgen, wenn *kein Staffelmietvertrag* oder wirksamer Zeitmietvertrag vereinbart ist oder für den Mieter kein ausreichender Vorteil gewährt wird (BGH NJW 2009, 912; LG Dortmund NZM 2012, 136; Spielbauer/Schneider/ Krenek Rn 34). Dasselbe gilt für **unverhältnismäßig lange Bindungen** von **mehr als vier Jahren** (BGH NJW 2005, 1574 mit Bespr Wiek WuM 2005, 369; BGH NJW 2006, 1059 mit Bespr Wiek WuM 2006, 154 ff: jeweils fünf Jahre; AG Gießen WuM 2006, 196; Beuermann GE 2013, 1564 f; **aM** Börstinghaus GE 2006, 898, 899 f; Schmid/Harz/Riecke § 575 Rn 38). 43

Grundsätzlich nicht unangemessen benachteiligend sind dagegen Kündigungsausschlüsse von **bis zu vier Jahren** einschließlich **für beide Vertragspartner** (BGH NJW 2006, 1056; BGH NZM 2006, 579; Wiek WuM 2010, 405, 406 f; vgl zum Ausschluss des Kündigungsrechts für die Dauer von zwei bzw drei Jahren BGH NJW 2004, 3117; BGH NZM 2004, 734 mit Bespr Brock/Lattka NZM 2004, 729 u Wiek WuM 2004, 509; BGH WuM 2004, 672; LG Berlin GE 1996, 57; LG Berlin GE 2005, 1251; AG Frankfurt aM NZM 2005, 339), wenn nicht **Besonderheiten des Einzelfalles**, wie zB bei der Vermietung eines möblierten Zimmers in einem privaten Studentenwohnheim (BGH NJW 2009, 3506; AG Saarbrücken 13. 4. 2016 – 3 C 313/15, WuM 2016, 415; Martinek NJW 2009, 3613 f; dazu auch Derleder NZM 2012, 147, 149; Hinz ZMR 2010, 245 ff; Rüfner, in: 10 Jahre Mietrechtsreformgesetz [2011] 828, 828 ff; Weller JZ 2012, 881, 884 f; weitergehend LG Kiel WuM 2011, 427) oder in der vom Vermieter selbst genutzten Wohnung (AG Hamburg WuM 2006, 668) eine andere Betrachtung gebieten (übersichtlich Börstinghaus NJW 2009, 1391, 1392). Ersetzen die Parteien einen bisherigen Mietvertrag durch einen neuen, kann ein (zuvor nicht vereinbarter) formularmäßiger Kündigungsausschluss dem Mieter überraschen und daher nach § 305c Abs 1 BGB unwirksam sein (LG Kiel 15. 3. 2013 – 1 S 129/12, ZMR 2015, 30). 44

d) Da diese höchstzulässige Bindungsdauer der Vorschrift des § 557a Abs 3 BGB entlehnt ist, **beginnt** die Frist hier wie dort (BGH NZM 2005, 782; BGH NZM 2006, 579) schon mit dem **Vertragsabschluss** und nicht erst mit der vereinbarten Überlassung der Wohnung (BGH NJW 2011, 597; BGH WuM 2011, 295; AG Ahaus WuM 2013, 417; Börstinghaus NJW 2009, 1391, 1392; Häublein ZMR 2020, 913, 915; wohl auch BGH NJW 2009, 353). Zudem muss ihr **Ende** so festgelegt sein, dass der Mieter erstmals *zum* Ablauf der Vier-Jahres-Frist kündigen kann, nicht erst *bei* Ablauf unter zusätzlicher Einhaltung der Kündigungsfrist (BGH WuM 2011, 295; BGH 7. 10. 2015 – VIII ZR 247/14, NJW 2015, 3780; BGH 23. 8. 2016 – VIII ZR 23/16, NZM 2017, 71; **aM** LG Krefeld WuM 2010, 305). Haben die Parteien eine hiernach unzulässige Dauer des Kündigungsausschlusses vereinbart, ist das Vertragsverhältnis unter Einhaltung der gesetzlichen Bestimmungen sofort ordentlich kündbar. Eine geltungserhaltende Reduktion der zu langen Bindungsdauer auf vier Jahre kommt – anders als nach dem durch die Mietrechtsreform aufgehobenen § 10 Abs 2 S 6 MHG (BGH NZM 2005, 782) – heute nur noch bei individuell ausgehandelten Vereinbarungen (BGH NJW 2006, 2696), nicht mehr aber dann in Betracht, wenn der Kündigungsausschluss vom Vermieter formularmäßig vorformuliert war (BGH NJW 2006, 1059; BGH NZM 2006, 579; BGH 7. 10. 2015 – VIII ZR 247/ 14, NJW 2015, 3780; Beyer, in: FS Blank [2006] 57, 65; Blank NZM 2015, 887, 889). Die Möglichkeit der außerordentlichen Kündigung aus wichtigem Grund (§§ 543, 569 45

Abs 1 BGB) und der außerordentlichen befristeten Kündigung (§ 540 Abs 1, § 544 S 1, § 555e Abs 1 S 1, §§ 561, 563a Abs 2, §§ 564, 580 BGB) wird durch den Ausschluss des Kündigungsrechts ohnehin nicht tangiert.

2. Kündigung des Vermieters

46 Eine Kündigung des Vermieters berührt die Bestandsschutzinteressen des Mieters, die im Rahmen der gesetzlichen Kündigungsfristen geschützt werden. Vertragliche Vereinbarungen weichen folglich dann vom Gesetz zum Nachteil des Mieters ab, wenn sie die Kündigungsfristen gegenüber § 573c BGB verkürzen. Dies gilt im Rahmen von Abs 1 sowohl hinsichtlich der Grundkündigungsfrist von drei Monaten als auch den verlängerten Kündigungsfristen von sechs oder neun Monaten. Unwirksam sind daher Vereinbarungen, die diese Fristen verkürzen (vgl auch BGH NJW-RR 2003, 130) oder den Überlassungszeitraum, der zur Erreichung der verlängerten Kündigungsfristen des Abs 1 S 2 erforderlich ist, verlängern. Fraglich ist dagegen das Schicksal ambivalenter Vertragsklauseln (zB Grundkündigungsfrist von sechs Wochen zum Quartalsschluss), die die Kündigungsfrist im Einzelfall verkürzen, aber auch verlängern können. Da ihre Bewertung konkret-generell, also unabhängig von der bei Ausübung des Kündigungsrechts konkret in Lauf gesetzten Frist erfolgen muss, sind auch sie unwirksam, weil sie sich jedenfalls zum Nachteil des Mieters auswirken *können* (vgl BAG 29. 1. 2015 – 2 AZR 680/14, AP BGB § 622 Nr 71 = NJW 2015, 2205). Entsprechendes gilt für Abs 3.

3. Kündigung des Mieters

47 Demgegenüber ist bei einer Kündigung des Mieters durch Abs 4 dessen Mobilitätsinteresse mit der Folge geschützt, dass eine vertragliche **Verlängerung** der in § 573c Abs 1 und 3 BGB genannten Fristen unzulässig ist (KG NJW 2014, 397). Dasselbe gilt für eine Beschränkung auf bestimmte Kündigungstermine (zB nur zum Quartalsende), was auch bei vertraglichen Verlängerungsklauseln zu bedenken ist. Unwirksam sind zudem ambivalente Vereinbarungen, die sich je nach dem konkreten Kündigungstag mal zu Gunsten, mal zu Ungunsten des Mieters auswirken können (zB sechs Wochen zum Quartalsschluss; vgl BAG 29. 1. 2015 – 2 AZR 680/14, AP BGB § 622 Nr 71 = NJW 2015, 2205).

48 Eine **Verkürzung** der Kündigungsfrist ist demgegenüber zulässig (LG München I NZM 1998, 153). Sie gilt fort, wenn sie in DDR-Altmietverträgen vereinbart worden war; dem steht weder das Übergangsrecht aus Anlass der Einführung des BGB im Beitrittsgebiet (Art 230 ff EGBGB) noch die Übergangsvorschrift zur Mietrechtsreform (Art 229 § 3 Abs 10 EGBGB) entgegen (unten Rn 59 f). Ebensowenig wie einem bis zu vierjährigen Kündigungsausschluss für beide Parteien (oben Rn 44) steht § 573c BGB zudem Vereinbarungen entgegen, die vorsehen, dass sich das Mietverhältnis um einen bestimmten Zeitraum verlängert, wenn es nicht zuvor fristgerecht gekündigt wird (BGH NJW 2006, 2696; BGH NJW 2010, 3431; **aM** AG Schöneberg GE 2012, 756; Blank NZM 2006, 689).

4. Abweichung für beide Teile

49 Zweifelhaft ist schließlich, ob eine **einheitliche Vertragsbestimmung**, die die Kündigungsfristen für einen oder für beide Teile abweichend vom Gesetz regelt und nur teilweise dem Mieter zum Nachteil gereicht, insgesamt unwirksam ist. Wird zB vereinbart, dass die Kündigungsfrist für den Vermieter wie für den Mieter stets 12 Monate betragen soll, so weicht eine derartige Klausel nur hinsichtlich der Kündigungsfrist des Mieters, nicht aber der des Vermieters in unzulässiger Weise vom Gesetz ab.

a) Bei **individualvertraglicher Vereinbarung** einer derart unwirksamen Kündigungsfrist kann in entsprechender Anwendung der Auslegungsregel des § 139 BGB davon ausgegangen werden, dass eine derartige Vertragsbestimmung insgesamt unwirksam ist, sodass insoweit auch für die Kündigung des Vermieters wieder die gesetzlichen Kündigungsfristen gelten (wohl **aM** BGH NJW 2008, 1661; LÜTZENKIRCHEN/LÜTZENKIRCHEN Rn 10; MünchKomm/HÄUBLEIN Rn 16). 50

b) Demgegenüber ist eine vermieterseitig **formularmäßig vorformulierte** Vereinbarung der genannten Art personal teilunwirksam mit der Folge, dass in einem solchen Fall der Mieter mit der gesetzlichen Frist kündigen kann, während der Vermieter an die vereinbarten längeren Kündigungsfristen gebunden bleibt (BLANK/BÖRSTINGHAUS/BLANK/BÖRSTINGHAUS Rn 20; SCHMID/HARZ/GAHN Rn 12). Die §§ 307 ff BGB schützen nur den Vertragspartner des Verwenders, nicht aber den Klauselverwender selbst vor ihn unzumutbar belastenden Klauseln (BGHZ 99, 160, 161 f = NJW 1987, 837; BAG AP Nr 5 zu § 310 BGB = NZA 2006, 257). Für die Vereinbarung unzulässig kurzer Kündigungsfristen gilt das Umgekehrte; hier ist der Vermieter an die gesetzliche Frist gebunden, während der Mieter mit der vereinbarten kurzen Frist zu kündigen berechtigt ist (OLG Zweibrücken NJW-RR 1990, 148; LG Hannover WuM 1980, 138; LG München I NZM 1998, 153). 51

VII. Übergangsregelung zur Mietrechtsreform

1. Altfälle

Art 229 § 3 Abs 1 Nr 1 EGBGB enthält eine Übergangsregelung für Kündigungen, die dem Mieter vor dem 1. 9. 2001 zugegangen bzw von ihm erklärt worden sind. Siehe dazu STAUDINGER/ROLFS (2018) § 573c Rn 58. Hinsichtlich vertraglicher Vereinbarungen, die in Altverträgen von § 573c BGB nF abwichen, enthielt Art 229 § 3 Abs 10 EGBGB eine Übergangsregelung, die am 31. 5. 2005 ausgelaufen ist. Zu ihr STAUDINGER/ROLFS (2018) § 573c Rn 60 ff. 52

2. Aktuelle Rechtslage

a) Nach Art 229 § 3 Abs 10 EGBGB aF behielten von den neuen Kündigungsfristen abweichende Vereinbarungen in vor der Mietrechtsreform am 1. 9. 2001 abgeschlossenen Mietverträgen ihre Wirksamkeit. Zur Überzeugung des BGH zählten dazu nicht nur individuell ausgehandelte, sondern auch vom Vermieter **formularmäßig vorformulierte** Kündigungsfristen (BGHZ 155, 178, 182 ff = NJW 2003, 2739). Diese hätten damit auf Dauer Vorrang vor § 573c BGB nF gehabt. Diese Entscheidung ist – wenngleich zu Unrecht – nicht nur rechtswissenschaftlich, sondern auch rechtspolitisch kritisiert worden. Die Rechtsprechung laufe dem mit dem MietRRG verfolgten Ziel des Gesetzgebers, die Kündigungsfrist des Mieters in aller Regel auf drei Monate zu begrenzen und nur ausnahmsweise den privatautonomen Gestaltungs- 53 willen der Parteien zu schützen, zuwider. Dieser Gestaltungswille sei nur schutzwürdig, wenn er in einer Individualvereinbarung seinen Ausdruck gefunden habe, nicht aber, wenn er durch Allgemeine Geschäftsbedingungen vorformuliert worden sei (vgl BT-Drucks 15/4134, 4).

54 Dementsprechend hat das **Gesetz zur Änderung des Einführungsgesetzes zum Bürgerlichen Gesetzbuche** vom 26. 5. 2005 (BGBl I 1425) mit Wirkung zum 1. 6. 2005 Art 229 § 3 Abs 10 EGBGB um einen zweiten Satz ergänzt (dazu Barthelmess ZMR 2005, 913; Börstinghaus NJW 2005, 1900; Rolfs/Barg NZM 2006, 83; Schach GE 2005, 1173; Wichert ZMR 2006, 419). Dieser lautet: „Für Kündigungen, die ab dem 1. 6. 2005 zugehen, gilt dies nicht, wenn die Kündigungsfristen des § 565 Abs 2 S 1 und 2 BGB in der bis zum 1. 9. 2001 geltenden Fassung durch Allgemeine Geschäftsbedingungen vereinbart worden sind." Damit ist für Kündigungen, die nach dem 31. 5. 2005 zugehen, wie folgt zu differenzieren:

55 b) Ist der Mietvertrag vor dem 1. 9. 2001 abgeschlossen worden und sind in ihm die seinerzeit geltenden Kündigungsfristen des § 565 BGB aF durch **Individualvereinbarung** iS des damaligen § 1 Abs 2 AGBG (heute § 305 Abs 1 S 3 BGB) **ausgehandelt** worden, gelten sie fort. „Aushandeln" in diesem Sinne bedeutet mehr als „verhandeln"; nach einer in der Rechtsprechung regelmäßig verwendeten Formel ist eine Vertragsbedingung nur dann ausgehandelt, wenn der Verwender den gesetzesfremden Kerngehalt der Klausel ernsthaft zur Disposition gestellt und dem anderen Teil die Möglichkeit eingeräumt hat, den Inhalt der Klausel zu beeinflussen (BGH 18. 11. 1982 – VII ZR 305/81, BGHZ 85, 305, 308 = NJW 1983, 385; BGH 3. 11. 1999 – VIII ZR 269/98, BGHZ 143, 103, 111 f = NJW 2000, 1110; BGH 22. 11. 2012 – VII ZR 222/12, NJW 2013, 856; BGH 15. 2. 2017 – IV ZR 91/16, NJW 2017, 2346; BGH 5. 6. 2018 – XI ZR 790/16, BGHZ 219, 35, 45 f = NJW 2018, 2950). Daraus ergibt sich freilich, dass eine Vertragsklausel nicht nur bei handschriftlichen Zusätzen zum Vertragsformular individuell vereinbart sein kann, sondern – wenn auch nur ausnahmsweise – selbst dann, wenn sie sich im vorgedruckten Text des Mietvertragsformulars befindet. Bleibt es nämlich nach gründlicher Erörterung bei dem vorformulierten Text, weil der Betroffene nunmehr von der sachlichen Notwendigkeit überzeugt ist, so kann der Vertrag als das Ergebnis eines Aushandelns gewertet werden. Voraussetzung dafür ist aber, dass der Verwender grundsätzlich zu einer Abänderung der Klausel bereit und dass dies dem Geschäftspartner bei Abschluss des Vertrags bewusst war (BGH 17. 5. 1982 – VII ZR 216/81, BGHZ 84, 109, 111 = NJW 1982, 2309; BGH 3. 11. 1999 – VIII ZR 269/98, BGHZ 143, 103 [104, 112] = NJW 2000, 1110; BGH 23. 1. 2003 – VII ZR 210/01, BGHZ 153, 311, 321 = NJW 2003, 1805; BGH 26. 3. 2015 – VII ZR 92/14, BGHZ 204, 346, 355 = NJW 2015, 1952; BGH 28. 7. 2015 – XI ZR 434/14, BGHZ 206, 305, 311 = NJW 2015, 3025). Hierfür trägt der Formularverwender die Darlegungs- und Beweislast (BGH 29. 1. 1982 – V ZR 82/81, BGHZ 83, 56, 58 = NJW 1982, 1035; BGH 3. 4. 1998 – V ZR 6/97, NJW 1998, 2600; BGH 26. 3. 2015 – VII ZR 92/14, BGHZ 204, 346, 355 = NJW 2015, 1952). Eine Kündigungsfristenvereinbarung kann auch teilweise ausgehandelt und teilweise formularmäßig vorformuliert sein, sodass sie das Privileg des Art 229 § 3 Abs 10 EGBGB nur partiell genießt (AG Borken WuM 2008, 90).

56 c) Sind in einem vor dem 1. 9. 2001 abgeschlossenen Mietvertrag die Kündigungsfristen dagegen durch **Allgemeine Geschäftsbedingungen** (seinerzeit §§ 1 ff AGBG, heute §§ 305 ff BGB) vereinbart worden, behalten diese nur dann ihre

Wirksamkeit, wenn sie mit § 573c BGB nF vereinbar sind, insbesondere also dem Mieter auch bei langjährigem Bestand des Mietverhältnisses eine Kündigung mit einer nur dreimonatigen Frist ermöglichen (Rolfs/Barg NZM 2006, 83, 85 f). Anderenfalls ist die Vertragsklausel wegen Verstoßes gegen § 573c Abs 4 BGB unwirksam, sodass an ihre Stelle die gesetzliche Regelung tritt (§ 306 Abs 2 BGB). Das gilt jedoch nur für die Kündigung des Mieters, nicht auch für diejenige des Vermieters, da 573c Abs 4 BGB nF nur Vereinbarungen „zum Nachteil des Mieters" untersagt. Die Kündigungsfrist des Vermieters kann sich daher, wenn die von den Parteien vereinbarten Fristen § 565 Abs 2 S 2 BGB aF entsprachen, nach einer Überlassungsdauer von zehn Jahren auf zwölf Monate (abzüglich der Karenzzeit von drei Werktagen) verlängern, obwohl § 573c Abs 1 S 2 BGB nF eine zwölfmonatige Frist nicht mehr vorsieht (BGH NJW 2008, 1661; AG Aschaffenburg WuM 2007, 460; näher Wiek WuM 2007, 51 ff). Teilweise wird allerdings die Auffassung vertreten, Art 229 § 3 Abs 10 S 2 EGBGB betreffe ausschließlich solche formularmäßig vereinbarten Fristen, die mit § 565 Abs 2 BGB aF übereinstimmten, nicht dagegen solche, die hiervon abwichen, dem Mieter aber gleichwohl nachteiliger sind als § 573c BGB nF (LG Berlin GE 2006, 1039; Börstinghaus NJW 2005, 1900, 1901; Wichert ZMR 2006, 419). Eine solche einschränkende Interpretation des Art 220 § 3 Abs 10 S 2 EGBGB ist jedoch mit Wortlaut, Entstehungsgeschichte und Zweck der Norm nicht vereinbar (Rolfs/Barg NZM 2006, 83, 85 f).

Der hiermit verbundene Eingriff in die bei Vertragsabschluss rechtmäßig ausgeübte **57** privatautonome Gestaltungsfreiheit der Vertragsparteien, insbesondere des Formularverwenders, ist mit der Verfassung, namentlich dem **Rechtsstaatsprinzip** des Art 20 Abs 3 GG, vereinbar. Da Art 229 § 3 Abs 10 Satz 2 EGBGB nur auf Kündigungen Anwendung findet, die ab dem 1. 6. 2005 und damit nach der Verkündung der Gesetzesänderung zugehen, wirkt die Vorschrift lediglich *für die Zukunft* auf gegenwärtige, noch nicht abgeschlossene Sachverhalte und Rechtsbeziehungen ein und **wirkt** damit **nur unecht zurück** (vgl BVerfG 16. 7. 1985 – 1 BvL 5/80, BVerfGE 69, 272, 309 = NJW 1986, 39; BVerfG 23. 11. 1999 – 1 BvF 1/94, BVerfGE 101, 239, 263 = NJW 2000, 413; BVerfG 10. 6. 2009 – 1 BvR 706/08 ua, BVerfGE 123, 186, 257 = NJW 2009, 2033). Dies ist zulässig (vgl BVerfG 13. 5. 1986 – 1 BvL 55/83, BVerfGE 72, 141, 154 = NJW 1986, 2697; BVerfG 18. 2. 1998 – 1 BvR 1484/86, BVerfGE 97, 271, 289 = NJW 1998, 3109; BVerfG 7. 2. 2010 – 2 BvL 14/02, BVerfGE 127, 1, 17 = NJW 2010, 3629; BVerfG 10. 10. 2012 – 1 BvL 6/07, BVerfGE 132, 302, 318 = NJW 2013, 145).

d) Durch die Mietrechtsreform nicht in ihrer Wirksamkeit berührt worden sind **58** **formularmäßige Verlängerungsklauseln**, die die automatische Verlängerung des Mietverhältnisses um einen bestimmten Zeitraum vorsehen, wenn der Vertrag nicht rechtzeitig vor seinem Ablauf gekündigt wird (dazu auch § 573 Rn 11). So war es nach § 565a Abs 1 BGB aF beispielsweise zulässig, einen Mietvertrag für die Dauer von fünf Jahren mit der Bestimmung abzuschließen, dass er sich bei nicht fristgemäßer Kündigung jeweils um fünf Jahre verlängert. Eine solche Vertragsklausel benachteiligte den Vertragspartner des Verwenders auch nicht unangemessen iS von § 9 AGBG bzw § 307 Abs 1 BGB. Dem Mieter wurde hierdurch die Möglichkeit eröffnet, jeweils für eine Zeitspanne von fünf Jahren eine ordentliche Kündigung des Vermieters zu vermeiden und hierdurch sicherzustellen, dass er nicht ungewollt aus seiner gewohnten Umgebung herausgerissen wird (BGH NJW 2010, 3431).

59 e) Kündigungsfristen in **DDR-Altmietverträgen**, in denen die frühere zweiwöchige Kündigungsfrist des § 120 Abs 2 ZGB-DDR wörtlich oder sinngemäß formularmäßig wiederholt wurde, behalten gleichfalls ihre Wirksamkeit. Sie weichen nicht in einer dem Mieter nachteiligen Weise von den Abs 1 und 3 des § 573c BGB ab und verstoßen daher nicht gegen § 573c Abs 4 BGB. Im Beitrittsgebiet wurde die zweiwöchige Frist für Mieterkündigungen des § 120 Abs 2 ZGB-DDR ab dem 3. 10. 1990 von § 565 BGB aF abgelöst. Seit dem 1. 9. 2001 gelten für die Mietvertragsparteien grundsätzlich die Fristen des § 573c BGB nF. Da vertragliche (individuelle) Vereinbarungen der Parteien aus einem vor der Wiedervereinigung im Beitrittsgebiet abgeschlossenen Mietvertrag (oder einer wirksamen Wohnungszuweisung; KreisG Potsdam WuM 1992, 533) aber wirksam bleiben, soweit zwingendes Recht nicht entgegensteht oder Art 229 § 3 EGBGB die Fortgeltung ausdrücklich anordnet, gilt die kurze Kündigungsfrist des § 120 Abs 2 ZGB-DDR in den ostdeutschen Bundesländern als Vertragsrecht fort (KG NZM 1998, 299; LG Berlin NJWE-MietR 1997, 3; LG Mühlhausen WuM 1994, 146; LG Potsdam WuM 1995, 268; Rolfs ZGS 2003, 289, 290; Schmidt-Futterer/Blank Rn 26; aM AG Köpenick GE 1995, 1087; Kinne WuM 1992, 403, 406).

60 Ist die zweiwöchige Frist durch AGB Bestandteil des Mietvertrages geworden, ist der Anwendungsbereich des neuen Art 229 § 3 Abs 10 S 2 EGBGB nicht eröffnet. Würde man die geänderte Übergangsregel auf diese Sachverhalte anwenden, wäre das legislative Motiv, welches das Mobilitätsinteresse des Mieters in den Vordergrund gerückt hat, in sein Gegenteil verkehrt. Demnach bleibt eine vor dem 3. 10. 1990 durch AGB vereinbarte Frist nach § 120 Abs 2 ZGB bzw dessen sinngemäßer Wiedergabe weiterhin wirksam (Rolfs/Barg NZM 2006, 83, 86).

61 f) Mit der Ergänzung des Art 229 § 3 Abs 10 um einen neuen S 2 ist zugleich der Auffassung, die allgemeine **Übergangsvorschrift zum Schuldrechtsmodernisierungsgesetz** (Art 229 § 5 S 2 EGBGB) genieße als späteres Gesetz Vorrang vor der speziellen Übergangsvorschrift zum MietRRG, der Boden entzogen. Durch die Änderung des EGBGB im Gesetz vom 26. 5. 2005 (BGBl I 1425) ist die speziellere Regelung nunmehr zugleich auch lex posterior, sodass unzweifelhaft allein Art 229 § 3 Abs 10 EGBGB und nicht Art 229 § 5 S 2 EGBGB Anwendung findet (so zu Recht bereits BGH NJW 2005, 1572).

§ 573d
Außerordentliche Kündigung mit gesetzlicher Frist

(1) Kann ein Mietverhältnis außerordentlich mit der gesetzlichen Frist gekündigt werden, so gelten mit Ausnahme der Kündigung gegenüber Erben des Mieters nach § 564 die §§ 573 und § 573a entsprechend.

(2) Die Kündigung ist spätestens am dritten Werktag eines Kalendermonats zum Ablauf des übernächsten Monats zulässig, bei Wohnraum nach § 549 Abs. 2 Nr. 2 spätestens am 15. eines Monats zum Ablauf dieses Monats (gesetzliche Frist). § 573a Abs. 1 Satz 2 findet keine Anwendung.

(3) Eine zum Nachteil des Mieters abweichende Vereinbarung ist unwirksam.

Materialien: E I § 522; II § 506; III § 558; Mot II 410 ff; Prot II 214 ff; JAKOBS/SCHUBERT SchR II 539. BT-Drucks III/1234, 73; BT-Drucks III/1850, *zu* BT-Drucks 1850, 10; BT-Drucks IV/2195, *zu* BT-Drucks IV/2195, 2, 5; BT-Drucks 7/2011, 9; BT-Drucks 7/2011, 15; BT-Drucks 7/2629; BT-Drucks 7/2638, 3; BT-Drucks 12/3339, 4; BT-Drucks 12/5715, 5; BT-Drucks 14/4553, 67 f; BT-Drucks 14/5663, 27.

Schrifttum

DERCKX, Vereinbarungen über den Kündigungsausschluss im neuen Mietrecht, NZM 2001, 826

DERLEDER, Zeitmiete und zeitlicher Kündigungsausschluss im neuen Mietrecht, NZM 2001, 649

ECKERT, Neues im Insolvenzrecht der Wohnraummiete, NZM 2001, 260

GATHER, Die Beendigung des Wohnraummietvertrages in der höchst- und obergerichtlichen Rechtsprechung, DWW 1991, 162

ders, Ausgewählte Fragen der Mietvertragsgestaltung, DWW 1992, 353

HINKELMANN, Problemfälle zum Sonderkündigungsrecht gegenüber Erben (§ 573d BGB), NZM 2002, 378

KINNE, Der Einigungsvertrag. Das neue Mietrecht für den beigetretenen Teil, GE 1990, 951

ders, Verkürzung der gesetzlichen Kündigungsfrist in der Wohnraummiete bei Kündigung durch den Vermieter, DWW 1992, 74

SCHULTZ, Das Mietrecht in den neuen Bundesländern unter Berücksichtigung der Regelungen im Einigungsvertrag, ZMR 1990, 441

ders, Kündigungsfrist bei Sonderkündigungsrechten, NZM 1999, 651.

Systematische Übersicht

I. Allgemeine Kennzeichnung	
1. Überblick 1	
2. Entstehung der Vorschrift 2	
3. Zweck der Vorschrift 3	
II. Voraussetzungen der außerordentlichen Kündigung mit gesetzlicher Frist (Abs 1) 4	
1. Außerordentliches Kündigungsrecht des Mieters 5	
2. Außerordentliches Kündigungsrecht des Vermieters 7	
III. Kündigungsfristen (Abs 2) 12	
IV. Abweichende Vereinbarungen (Abs 3) 13	

Alphabetische Übersicht

Abweichende Vereinbarungen 13	
Entstehung der Vorschrift 2	
Erbe 10	
Kündigungsfrist 7, 9, 12	
Kündigungsgründe 8	
Kündigungsrecht	
– außerordentliche Kündigung 4	
– des Mieters 5	
– des Vermieters 7	
– gegenüber dem Erben 10	
– ordentliche Kündigung 5	
Mieterhöhung 6	
Mietverhältnis zum vorübergehenden Gebrauch 11	
Sozialklausel 9	
Zweck der Vorschrift 3	

I. Allgemeine Kennzeichnung

1. Überblick

1 Die Vorschrift betrifft die außerordentliche Kündigung mit gesetzlicher Frist von Mietverhältnissen über Wohnraum auf unbestimmte Zeit. In Abs 1 wird durch den Verweis auf die §§ 573 und 573a BGB für die außerordentliche Vermieterkündigung bestimmt, dass ein Kündigungsgrund vorliegen muss. Eine Ausnahme davon gilt für die Kündigung gegenüber den Erben des Mieters. Durch die Nennung der gesetzlichen Fristen in Abs 2 wird im Gegensatz zu der früheren Formulierung in § 565 Abs 5 BGB aF „unter Einhaltung der gesetzlichen Fristen" dem Missverständnis vorgebeugt, dass damit die Fristen der ordentlichen Kündigung gemeint sind. Die Fristen für die außerordentliche Kündigung sind aber zunächst dieselben wie die für die ordentliche Kündigung nach § 573c BGB. Eine Verlängerung der Kündigungsfristen zu Lasten des Vermieters in Abhängigkeit zur Überlassungsdauer der Wohnung gibt es aber mangels ausdrücklicher Erwähnung und Verweises auf § 573c Abs 1 S 2 BGB nicht. Von den Bestimmungen der Abs 1 und 2 kann gemäß Abs 3 nicht zu Lasten des Mieters abgewichen werden.

2. Entstehung der Vorschrift

2 Die Vorschrift ist ebenso wie § 573c BGB im Rahmen des MietRRG aus § 565 BGB aF hervorgegangen. Abs 1 gibt wieder, was schon zuvor hM war, in § 565 BGB aber nicht geregelt wurde. Eine Kündigung durch den Vermieter kann demnach auch bei der außerordentlichen Kündigung mit gesetzlicher Kündigungsfrist nur bei Vorliegen eines Kündigungsgrundes wirksam ausgesprochen werden. Abs 2 S 1 entspricht § 565 Abs 5 BGB aF und wurde nur sprachlich verändert. § 573d BGB findet auch auf Verträge über die Anmietung von Räumen durch eine juristische Person des öffentlichen Rechts oder einen anerkannten privaten Träger der Wohlfahrtspflege Anwendung, die geschlossen werden, um die Räume Personen mit dringendem Wohnungsbedarf zum Wohnen zu überlassen (§ 578 Abs 3 S 1 BGB). Die Regelungen der außerordentlichen Kündigung mit gesetzlicher Frist für Mietverhältnisse über Wohnraum auf bestimmte Zeit sind in § 575a BGB, die über andere Räume als Wohnräume, Schiffe, Grundstücke und bewegliche Sachen in § 580a Abs 4 BGB zu finden.

3. Zweck der Vorschrift

3 Der Zweck gesetzlicher Kündigungsfristen liegt bei der außerordentlichen Kündigung darin, den Parteien zwischen dem Zugang der Kündigungserklärung und dem Ende des Mietverhältnisses eine angemessene Vorbereitungszeit einzuräumen. Der Mieter muss die Mietsache nach § 546 BGB zurückgeben, wenn das Mietverhältnis beendet ist, und sich rechtzeitig Ersatz beschaffen. Dem Vermieter muss genügend Zeit bleiben, einen neuen Mieter zu suchen (vgl § 573c Rn 4). Da die außerordentliche Kündigung mit gesetzlicher Frist diejenigen Fälle betrifft, in denen das Mietverhältnis zwar vorzeitig, aber ohne Verschulden des Mieters gelöst wird, ist es gerechtfertigt, ihm eine gewisse Frist zur Wohnungssuche, Renovierung etc zuzugestehen.

II. Voraussetzungen der außerordentlichen Kündigung mit gesetzlicher Frist (Abs 1)

Sowohl der Vermieter als auch der Mieter können ein Mietverhältnis, das mangels **4** Zeitablaufs oder wegen eines entsprechenden vertraglichen Ausschlusses des Kündigungsrechts ordentlich nicht gekündigt werden kann, dann mit der gesetzlichen Frist kündigen, wenn das Gesetz es bestimmt.

1. Außerordentliches Kündigungsrecht des Mieters

Durch die Verkürzung der gesetzlichen Kündigungsfristen des Mieters bei der or- **5** dentlichen Kündigung länger andauernder Mietverhältnisse (§ 573c Abs 1 S 1 BGB) ist das außerordentliche Kündigungsrecht mit gesetzlicher Frist bei Mietverhältnissen über Wohnraum auf unbestimmte Zeit aus § 573d BGB eher **von untergeordneter Bedeutung** (BeckOK MietR/Siegmund [1. 8. 2020] Rn 6). Eine Rolle spielt es noch in den Fällen, in denen der Mieter für eine bestimmte Zeit auf sein ordentliches Kündigungsrecht verzichtet hat (dazu § 573c Rn 39 ff) oder aufgrund eines vor dem 1. 9. 2001 abgeschlossenen Individualvertrages eine längere Kündigungsfrist einhalten muss (dazu § 573c Rn 55). Darüber hinaus findet das außerordentliche Kündigungsrecht auch bei befristeten Mietverhältnissen Anwendung, wo es dem Mieter, der – wenn nichts anderes vereinbart ist – zur ordentlichen Kündigung nicht berechtigt ist (Staudinger/Rolfs [2021] § 542 Rn 146), anderweitig nicht möglich ist, sich einseitig vorzeitig von dem Vertrag zu lösen.

Vorschriften, die **zugunsten des Mieters** ein außerordentliches Kündigungsrecht ein- **6** räumen, sind § 540 Abs 1 BGB (Verweigerung der Erlaubnis zur Untervermietung); § 544 S 1 BGB (Mietvertrag über mehr als dreißig Jahre); § 555e Abs 1 S 1 BGB (Modernisierungsmaßnahmen); § 563a Abs 2 BGB (Tod eines Mitmieters); § 564 BGB (Kündigungsrecht der Erben bei Tod des Mieters). Auf das außerordentliche Kündigungsrecht des Mieters anlässlich einer Mieterhöhung gemäß § 558 BGB oder § 559 BGB findet § 573d BGB keine Anwendung. Die hierfür geltende gesetzliche Kündigungsfrist ist in § 561 BGB geregelt. In der Insolvenz des Wohnraummieters besteht kein Kündigungsrecht des Insolvenzverwalters (§ 109 Abs 1 S 2 InsO; dazu Eckert NZM 2001, 260, 261 ff; Staudinger/Rolfs [2021] § 542 Rn 134).

2. Außerordentliches Kündigungsrecht des Vermieters

Für den Vermieter ist das außerordentliche Kündigungsrecht bei Mietverhältnissen **7** auf unbestimmte Zeit wegen der gestaffelten Kündigungsfristen nach § 573c Abs 1 S 2 BGB von größerer Bedeutung. Vorschriften, die dem Vermieter bzw dem Eigentümer oder Erwerber ein außerordentliches Kündigungsrecht einräumen, sind § 544 S 1 BGB (Mietvertrag über mehr als dreißig Jahre); § 563 Abs 4 BGB (Eintritt von Familienangehörigen in das Mietverhältnis bei Tod des Mieters); § 564 BGB (Tod des Mieters; s aber Rn 10); § 1056 Abs 2 BGB (Kündigungsrecht des Eigentümers bei Vermietung durch den Nießbraucher über die Dauer des Nießbrauchs hinaus); § 2135 BGB (Kündigungsrecht des Nacherben bei Vermietung durch Vorerben über die Dauer der Vorerbschaft hinaus; dazu BGH 1. 7. 2015 – VIII ZR 278/13, NJW 2015, 2650); § 30 Abs 2 ErbbVO (Kündigungsrecht des Grundstückseigentümers bei Erlöschen des Erbbaurechts); § 57a ZVG (Kündigungsrecht des Erstehers in der

Zwangsversteigerung); § 111 InsO (Kündigungsrecht des Erstehers im Insolvenzverfahren); § 31 Abs 3, § 37 Abs 3 S 2 WEG (Kündigungsrecht des Erwerbers eines Dauernutzungsrechts oder Dauerwohnrechts in der Zwangsvollstreckung).

8 Für die außerordentliche Kündigung des Vermieters bestimmt Abs 1, dass neben den Voraussetzungen der das Kündigungsrecht gewährenden Norm auch die Voraussetzungen des § 573 BGB bzw die erleichterten Kündigungsvoraussetzungen des § 573a BGB gegeben sein müssen. Dabei gelten keine Besonderheiten gegenüber diesen Vorschriften. Zu den Voraussetzungen zählen insbesondere das Vorliegen von **Kündigungsgründen** gemäß § 573 Abs 1 und 2 BGB (BGH 1. 7. 2015 – VIII ZR 278/13, NJW 2015, 2650) und die Einhaltung der Formalien betreffend die Kündigungserklärung aus § 573 Abs 3 BGB.

9 Auch bei der außerordentlichen Kündigung mit gesetzlicher Kündigungsfrist durch den Vermieter ist die **Sozialklausel** der §§ 574 bis § 574c BGB zu beachten (BeckOK/Hannappel [1. 8. 2020] Rn 13; Blank/Börstinghaus/Blank/Börstinghaus Rn 8; Klein-Blenkers ua/Hinz Rn 7; MünchKomm/Häublein Rn 7; Schmidt-Futterer/Blank Rn 8). Zwar wird in § 573d BGB nicht auf diese Vorschriften Bezug genommen, die Anwendbarkeit folgt aber aus der systematischen Stellung der §§ 574 ff BGB hinter dem § 573d BGB sowie daraus, dass in § 575a BGB, der die außerordentliche Kündigung mit gesetzlicher Frist für Mietverhältnisse auf bestimmte Zeit regelt, auf die §§ 574 bis 574c BGB verwiesen wird. Dass ein Mieter bei einem Mietverhältnis auf bestimmte Zeit schutzwürdiger ist als bei einem auf unbestimmte Zeit, ist aber nicht ersichtlich. Die Kündigungserklärung des Vermieters sollte daher wegen § 574b Abs 2 S 2 BGB auch bei der außerordentlichen Kündigung mit gesetzlicher Frist den Hinweis auf das Widerspruchsrecht des Mieters nach § 574 BGB enthalten.

10 Gemäß § 573d Abs 1 HS 2 BGB finden die Kündigungsschutzregelungen der §§ 573, 573a BGB auf die Kündigung gegenüber dem **Erben** des Mieters nach § 564 BGB keine Anwendung (Blank/Börstinghaus/Blank/Börstinghaus Rn 9). Problematisch ist aber, ob die Sozialklausel der §§ 574 bis 574c BGB anwendbar ist. Im Umkehrschluss zu § 575a Abs 1 BGB, der die Anwendung des § 564 BGB explizit ausschließt, muss man davon ausgehen, dass auch der nach § 564 BGB gekündigte Erbe die Rechte aus der Sozialklausel nach §§ 574 bis 574c BGB geltend machen kann (Blank/Börstinghaus/Blank/Börstinghaus Rn 9; Palandt/Weidenkaff § 564 Rn 9). Zwar ist dies etwas paradox, da der Erbe über § 574 Abs 1 S 1 BGB doch wieder eine Abwägung berechtigter Interessen des Vermieters erreichen könnte, die nach § 573d Abs 1 BGB gar nicht erforderlich ist. Da der Erbe jedoch idR keine Härtegründe iS des § 574 BGB geltend machen kann, ist dieses Problem eher theoretischer Natur.

11 Auf die in **§ 549 Abs 2 BGB und Abs 3** genannten Mietverhältnisse ist § 573d Abs 1 BGB nicht anwendbar, sodass diese ohne Angabe von Kündigungsgründen gekündigt werden können (BeckOK/Hannappel [1. 8. 2020] Rn 8; Palandt/Weidenkaff Rn 4, 7). Dies entspricht dem Rechtszustand vor der Mietrechtsreform 2001. Anders als bis dahin ist Wohnraum in Ferienhäusern und Ferienwohnungen in Ferienhausgebieten vom Mieterschutz heute aber nicht mehr ausgenommen (Staudinger/Artz [2021] § 549 Rn 25).

III. Kündigungsfristen (Abs 2)

Die gesetzliche **Kündigungsfrist** für die außerordentliche Kündigung von Wohnraummietverhältnissen mit Ausnahme von Wohnraum nach § 549 Abs 2 Nr 2 BGB ist einheitlich geregelt. Die Kündigung ist spätestens am dritten Werktag eines Kalendermonats zum Ablauf des übernächsten Monats zulässig (dazu näher § 573c Rn 8 ff, 18). Mietverhältnisse über Wohnraum nach § 549 Abs 2 Nr 2 BGB können spätestens am Fünfzehnten eines Monats zum Ende dieses Monats gekündigt werden. Die Kündigungsfristen sind auch für den Vermieter nicht gestaffelt (Blank/Börstinghaus/Blank/Börstinghaus Rn 10). Die Frist, innerhalb derer das außerordentliche Kündigungsrecht ausgeübt werden kann, ist in den entsprechenden Vorschriften unterschiedlich geregelt (zB § 563 Abs 4 BGB: innerhalb eines Monats; § 57a ZVG: erster Termin, für den Kündigung zulässig ist).

12

IV. Abweichende Vereinbarungen (Abs 3)

Abweichungen von den in Abs 2 genannten Fristen sind nur zu Gunsten des Mieters möglich. Es dürfen also die Kündigungsfristen zwar für den Mieter, aber nicht für den Vermieter verkürzt werden. Das Erfordernis des berechtigten Interesses (Abs 1) und die Anwendbarkeit der Sozialklausel (Abs 2) dürfen nicht eingeschränkt werden. Für Vertragsklauseln, die das Kündigungsrecht entgegen § 573d Abs 3 BGB für beide Vertragspartner in gleicher Weise zu verkürzen oder zu verlängern suchen, gilt das zu § 573c BGB (vgl § 573c Rn 49) Gesagte entsprechend (Schmid/Harz/Gahn Rn 6).

13

§ 574
Widerspruch des Mieters gegen die Kündigung

(1) Der Mieter kann der Kündigung des Vermieters widersprechen und von ihm die Fortsetzung des Mietverhältnisses verlangen, wenn die Beendigung des Mietverhältnisses für den Mieter, seine Familie oder einen anderen Angehörigen seines Haushalts eine Härte bedeuten würde, die auch unter Würdigung der berechtigten Interessen des Vermieters nicht zu rechtfertigen ist. Dies gilt nicht, wenn ein Grund vorliegt, der den Vermieter zur außerordentlichen fristlosen Kündigung berechtigt.

(2) Eine Härte liegt auch vor, wenn angemessener Ersatzwohnraum zu zumutbaren Bedingungen nicht beschafft werden kann.

(3) Bei der Würdigung der berechtigten Interessen des Vermieters werden nur die in dem Kündigungsschreiben nach § 573 Abs. 3 angegebenen Gründe berücksichtigt, außer wenn die Gründe nachträglich entstanden sind.

(4) Eine zum Nachteil des Mieters abweichende Vereinbarung ist unwirksam.

Materialien: BT-Drucks III/1850, zu BT-Drucks III/1850, 9; BT-Drucks IV/806, 10; BT-Drucks IV/1323, zu BT-Drucks IV/1323, 3; BT-Drucks IV/806, 15; BT-Drucks IV/2195, zu BT-Drucks IV/2195, 4; BT-Drucks V/1743, 3 f; BT-Drucks V/2317, zu BT-Drucks V/2317, 2; BT-Drucks

VI/1549, 6; BT-Drucks VI/2421, 2; BT-Drucks 11/5972, 16; BT-Drucks 11/6508, 17; BT-Drucks 11/6540, 3; BT-Drucks 11/6636, 33; BT-Drucks 14/4553, 68 f; BT-Drucks 14/5663, 27.

Schrifttum

BEUERMANN, Interessenabwägung bei der Eigenbedarfskündigung: Angespannter Wohnungsmarkt und betagter Mieter, GE 2019, 586
DERLEDER, Der Kündigungsschutz des Wohnraummieters bei Einschaltung eines Zwischenvermieters, WuM 1991, 641
ECKERT, Neues im Insolvenzrecht der Wohnraummiete, NZM 2001, 260
FLEINDL, Die Sozialklausel in Zeiten der Wohnungsnot, WuM 2019, 165
FRANKE, Die Sozialklausel (§ 556a BGB) im Spannungsfeld zwischen Kündigung und Bestandsinteresse, ZMR 1993, 93
GATHER, Die Beendigung des Wohnraummietvertrages in der höchst- und obergerichtlichen Rechtsprechung, DWW 1991, 162
ders, Die Neuregelungen des Wohnungsbau-Erleichterungsgesetzes, DWW 1990, 190
ders, Sozialklausel (§§ 556a bis 556c), Räumungsschutz (§§ 721, 794a ZPO) und Vollstreckungsschutz (§ 765a ZPO), DWW 1995, 5

OTTO, Das WohnungsbauerleichterungsG: Die Änderungen zum 1. Juni 1990, GE 1990, 514
RAMBACH, Zweifelsfragen zur Belehrungspflicht des Vermieters bei Beendigung von Zeitmietverhältnissen, WuM 1991, 323
SCHILLING, Neue Wohnungen durch neues Mietrecht, ZMR 1990, 281
SONNENSCHEIN, Die Stellung des Vermieters im System des Kündigungsschutzes, ZfgWBay 1990, 513
ders, Kündigungsschutz als Vermietungshemmnis, in: PiG, Bd 33 (1991) 95
ders, Die erleichterte Kündigung von Einliegerwohnraum, NZM 2000, 1
STERNEL, Ist der duale Kündigungsschutz nach §§ 573, 574 BGB noch zeitgemäß?, NZM 2018, 473
WETEKAMP, Neue Bedeutung für die Sozialklausel der §§ 556a–c BGB, DWW 1990, 102.

Systematische Übersicht

I.	**Allgemeine Kennzeichnung**	
1.	Überblick	1
2.	Entstehung der Vorschrift	2
3.	Zweck der Vorschrift	4
II.	**Voraussetzungen**	
1.	Mietverhältnis	6
2.	Wohnraum	8
3.	Kein Wohnraum iS von § 549 Abs 2	10
4.	Kündigung des Vermieters	12
a)	Wirksame Kündigung	13
b)	Kein außerordentliches Recht zur fristlosen Kündigung (Abs 1 S 2)	19
5.	Ungerechtfertigte Härte für den Mieter, seine Familie oder einen Haushaltsangehörigen (Abs 1 S 1)	22
a)	Allgemeines	22
b)	Einzelfälle	29
aa)	Umstände im Zusammenhang mit der bisherigen Wohnung	30
bb)	Persönliche Umstände	37
cc)	Umstände im Zusammenhang mit der Beschaffung einer neuen Wohnung (Abs 2)	48
6.	Keine berechtigten Interessen des Vermieters	58
a)	Allgemeines	58
b)	Einzelfälle	62
c)	Ausgeschlossene Interessen (Abs 3)	72
7.	Interessenabwägung	75
III.	**Rechtsfolgen**	78
IV.	**Unabdingbarkeit (Abs 4)**	81

Untertitel 2 · Wohnraum
Kapitel 5 · Beendigung · Unterkapitel 2 · Mietverhältnisse auf unbestimmte Zeit § 574

Alphabetische Übersicht

Abweichende Vereinbarungen	81 f
Alter	37
Altersheim	51
Anfechtung des Mietvertrags	16
Aufhebungsvertrag	18
Ausbildung	45 f
Ausschluss des Widerspruchsrechts	17
– Kündigung durch Mieter	17
– Recht zur fristlosen Kündigung durch Vermieter	19 ff
Bedingung, auflösende	6
Beendigung des Mietverhältnisses	12
Berechtigte Interessen des Vermieters	60, 72 ff
Beweislast	40, 55
Darlegungslast	40, 55
Eigenbedarf des Vermieters	64 ff
Einkommen	44, 49
Einliegerwohnraum	60, 73
Entstehung der Vorschrift	2 f
Ersatzwohnraum	48
– Bemühen um Beschaffung	52 ff
– Darlegungs- u Beweislast	55
Familie des Mieters	25
Geschäftsraum	8
Härte, ungerechtfertigte	22 f
– Einzelfälle	29 ff
– für Mieter oder seine Familie	25 f
– für Mitmieter	27
– für Untermieter	28
– persönliche Umstände	37
– sonstige Umstände	47
– Umstände im Zusammenhang mit der Beschaffung einer neuen Wohnung	48
– Umstände im Zusammenhang mit der bisherigen Wohnung	30 f
– Umzugskosten	56
– Zeitpunkt	24
– Zwischenumzug	57
Interessenabwägung	75
Jugendwohnheim	11, 70
Kinderreichtum	43
Krankheit	38 ff
Kündigung	12, 58
– außerordentliche befristete	14
– durch den Mieter	17
– fristlose	19 ff
Kündigungsschreiben	58
Mietrechtsreform	3
Mietverhältnis	6
– auf bestimmte Zeit	6
– auf unbestimmte Zeit	6
– Beendigung	12
– gestuftes	7
– über Grundstücke	8
– über Wohnraum	8
– zu nur vorübergehendem Gebrauch	16
Mischmietverhältnis	9
Notunterkunft	51
Pflegeheim	51
Pflichtverletzungen des Mieters	20 f, 63
Räumungsfrist, gerichtliche	34
Rücktritt durch Vermieter	15
Sanierung	70
Schülerheim	11, 70
Schulwechsel	46
Schwangerschaft	42
Sozialwohnung	70
Studentenwohnheim	11, 70
Suizidgefahr	39
Teilkündigung von Nebenräumen u Grundstücksteilen	60, 73
Umstände, persönliche härtebegründende	37
– Alter	37
– Ausbildung	45 f
– Berufsausübung	45
– Einkommen	44
– Kinderreichtum	43
– Krankheit u Gebrechen	38 ff

– Not, finanzielle	44	Vermieterinteresse, berechtigtes	58
– Pflegebedürftigkeit	40 f	– Eigenbedarf	64 ff
– Schulwechsel	46	– Pflichtverletzungen des Mieters	63
– Schwangerschaft	42	– sonstige Gründe	70 f
– sonstige Umstände	47	– Spannungen zwischen den Mietparteien	71
– Suizidgefahr	39	– Teilkündigung von Nebenräumen u Grundstücksteilen	60, 73
– Verwurzelung in der Umgebung	37	– Verwertung, angemessene wirtschaftliche	68 f
Umstände im Zusammenhang mit der Beschaffung einer neuen Wohnung	48		
– Bemühen um Ersatzwohnung	52 ff	Wartefrist des Erwerbers eines Mietshauses	67
– Umzugskosten	56	Werkmietwohnung	70
– Zwischenumzug	57	Widerspruchsrecht des Mieters	74
Umstände im Zusammenhang mit der bisherigen Wohnung	30 ff	– Ausschluss	17 f
– Verlust finanzieller Aufwendungen	30 f	– Erklärung	78
– Verlust finanzieller Vorteile	35 f	Wohndauer	32 f
– Wohndauer	32 f	Wohnraum	8
Umwandlung von Miet- in Eigentumswohnungen	67	– Nutzung für den Beruf	35 f
Umzugskosten	56	Zweck der Vorschrift	4
Unabdingbarkeit	81 f	Zweifamilienhaus	71, 73
Untermiete	28, 35	Zweitwohnung	8
Verlängerungsklausel	6		

I. Allgemeine Kennzeichnung

1. Überblick

1 Die Regelungen der §§ 574 bis 574c BGB gehören als sog Sozialklausel zum **Kern des sozialen Mietrechts im BGB** (BT-Drucks 14/4553, 68). Hiernach hat der Mieter von Wohnraum in Härtefällen das Recht, einer Kündigung des Vermieters innerhalb einer bestimmten Frist zu widersprechen und zu verlangen, dass das Mietverhältnis fortgesetzt wird. Der Widerspruch ist nur erforderlich, wenn die Kündigung wirksam ist (PALANDT/WEIDENKAFF Rn 1). Können sich die Parteien nicht einigen, so kann der Mieter eine gerichtliche Entscheidung herbeiführen. Bei der Fortsetzung des Mietverhältnisses ist eine angemessene Änderung der Vertragsbedingungen möglich. Hat der Mieter gekündigt oder liegt ein Grund zur außerordentlichen fristlosen Kündigung durch den Vermieter vor, ist das Widerspruchsrecht ausgeschlossen. Es besteht nicht bei Mietverhältnissen der in § 549 Abs 2 BGB genannten Art. Die Regelungen der §§ 574 ff BGB werden durch die Kündigungsbeschränkung bei Wohnungsumwandlung (§ 577a BGB) ergänzt.

2. Entstehung der Vorschrift

2 In ihrer ursprünglichen Fassung war die sog „Sozialklausel" durch Art VI Nr 1 des AbbauG vom 23. 6. 1960 in das BGB eingefügt worden. Der Ausnahmetatbestand des § 556a Abs 8 BGB aF wurde sodann durch Art I Nr 3 MietRÄndG 1 vom 29. 7.

1963 erweitert. Durch Art I Nr 14 MietRÄndG 2 vom 14. 7. 1964 sind in § 556a Abs 4 BGB aF die Nr 3, die den wiederholten Widerspruch ausschloss, gestrichen und durch § 556c BGB aF ersetzt sowie § 556a Abs 7 BGB aF über die Unwirksamkeit entgegenstehender Vereinbarungen neu gefasst worden. Art I Nr 1 bis 3 MietRÄndG 3 vom 21. 12. 1967 hat § 556a Abs 1 BGB aF geändert, in Abs 5 den S 2 über die Auskunftserteilung durch den Mieter angefügt und § 556a Abs 6 BGB aF hinsichtlich der Befristung des Widerspruchsrechts und der Hinweispflicht des Vermieters neu gefasst. Durch das MRVerbG vom 4. 11. 1971 sind Abs 1 um die S 2 und 3 durch die Konkretisierung der Härtegründe und die auf das Kündigungsschreiben beschränkte Berücksichtigung der Interessen des Vermieters erweitert und ein Teil des § 556a Abs 6 S 2 BGB aF gestrichen worden, der sich dadurch erledigt hatte. Das WoBauErlG vom 17. 5. 1990 hat nochmals die Ausnahmetatbestände des § 556a Abs 8 BGB aF in Zusammenhang mit der Erweiterung der Ausnahmen in § 564b Abs 7 BGB aF geändert (näher FLEINDL WuM 2019, 165, 167).

Mit Wirkung zum 1. 9. 2001 schließlich hat das **MietRRG** den überlangen § 556a **3** BGB in drei Vorschriften (§§ 574 bis 574b BGB) aufgeteilt und zugleich den Anwendungsbereich leicht (insb hinsichtlich Wohnraum in Ferienwohnungen in Ferienhausgebieten) modifiziert. Außerdem sind nunmehr neben Interessen des Mieters und seiner Familie auch diejenigen der „anderen Angehörigen" des Mieters zu berücksichtigen, was namentlich auf eingetragene Lebenspartnerschaften zielt.

3. Zweck der Vorschrift

Mit dem schrittweisen Abbau der Wohnungszwangswirtschaft und der Umwandlung **4** des im BGB geregelten Mietrechts in ein soziales Miet- und Wohnrecht (STAUDINGER/V EMMERICH [2021] Vorbem 10 zu § 535) wurde es notwendig, bei einem im Prinzip freien Kündigungsrecht des Vermieters **auf besondere soziale Härten Rücksicht zu nehmen**, die bei Mietverhältnissen über Wohnraum aufseiten des Mieters eintreten können. Nach Wiederherstellung eines normalen Wohnungsmarktes sollte dem Vermieter zwar im Grundsatz nicht das Recht abgesprochen werden, das Mietverhältnis entsprechend den vertraglichen Vereinbarungen und den gesetzlichen Vorschriften, insbesondere über die Kündigungsfristen, zu beenden. Es wurde von ihm jedoch eine verstärkte Rücksichtnahme erwartet, wenn die Kündigung aufgrund besonderer Umstände eine soziale Härte für den Mieter war, sodass sie sich auch bei voller Würdigung der Belange des Vermieters nicht rechtfertigen ließ. Zu diesem Zweck konnte der Vermieter durch den Widerspruch des Mieters verpflichtet werden, das Mietverhältnis – ggf auch unter Änderung der Vertragsbedingungen – fortzusetzen, solange es den Umständen nach angemessen war. Dem Mieter wurde eine gesetzliche Frist für die schriftliche Erklärung des Widerspruchs gesetzt, damit dem Vermieter in angemessener Zeit vor Ablauf des Mietverhältnisses Klarheit darüber verschafft wurde, ob der Mieter räumen wird oder nicht (Ausschussbericht, *zu* BT-Drucks III/1850, 9). Die späteren Änderungen schlossen unbeabsichtigte Schutzlücken, bewirkten Klarstellungen und trugen dem sich stetig verändernden Wohnungsmarkt Rechnung.

Die Sozialklausel ist **kein Instrument des Vollstreckungsschutzes**, da sie mit einer **5** Verlängerung des Mietverhältnisses auf unbestimmte Zeit nach § 574a Abs 2 S 2 BGB auch eine dauerhafte Lösung ermöglicht. Zur praktischen Bedeutung der

Vorschrift und zum Problem ihres Zusammenwirkens mit § 573 BGB hat die Bundesregierung in ihrem Bericht über die Auswirkungen des WKSchG II vom 2. 3. 1979 (BT-Drucks 8/2610, 9) kurz Stellung genommen. Die Auswertung von Gerichtsakten habe keine Anzeichen dafür ergeben, dass berechtigte Kündigungsinteressen der Vermieter durch eine Inanspruchnahme der Sozialklausel in ungerechtfertigter Weise ausgeschaltet würden. Nachdem die Rechtsprechung bei der Kündigung wegen Eigenbedarfs nach § 573 Abs 2 Nr 2 BGB das früher im Wege der Gesetzesauslegung entwickelte Erfordernis, durch den beanspruchten Wohnraum müsse einer Mangellage aufseiten des Vermieters abzuhelfen sein (KG WuM 1981, 1048), zugunsten vernünftiger und nachvollziehbarer Gründe aufgegeben hat (BVerfGE 79, 292, 301 ff = NJW 1989, 970; BGHZ 103, 91, 96 ff = NJW 1988, 904; BGH NJW 2005, 3782), haben sich die Chancen für die Wirksamkeit einer Kündigung erheblich vergrößert. Damit entfällt eine umso größere Bedeutung auf die Sozialklausel (LG Düsseldorf WuM 1991, 36; Sonnenschein NJW 1990, 17, 27; Wetekamp DWW 1990, 102). Es ist nicht erkennbar, dass sich durch die Entscheidung des BVerfG, das Besitzrecht des Mieters an der Wohnung als Eigentum anzuerkennen (BVerfGE 89, 1, 5 ff = NJW 1993, 2055; dazu Emmerich DWW 1993, 313 ff) die Gewichte bei der Interessenabwägung entscheidend verschoben haben.

II. Voraussetzungen

1. Mietverhältnis

6 **a)** Der Kündigungswiderspruch des Mieters setzt voraus, dass es sich um ein Mietverhältnis über Wohnraum (Staudinger/Artz [2021] § 549 Rn 15 ff) handelt, das vertragsmäßig durch eine Kündigung des Vermieters beendet werden kann. Hierfür kommt grundsätzlich nur ein **Mietverhältnis auf unbestimmte Zeit** in Betracht (Beck-OK/Hannappel [1. 8. 2020] Rn 6). Ist das Mietverhältnis auf bestimmte Zeit eingegangen, richtet sich ein Anspruch des Mieters auf Fortsetzung nach § 575 Abs 3 BGB, wenn der Befristungsgrund erst später als bei Vertragsabschluss vorausgesehen oder überhaupt nicht eintritt. Ein **Mietverhältnis mit Verlängerungsklausel** fällt unter § 574 BGB und nicht unter § 575 BGB (vgl § 575 Rn 11). Auf unbestimmte Zeit ist ein Mietverhältnis auch dann abgeschlossen, wenn die Kündigung für eine bestimmte Zeit ausgeschlossen ist, die Parteien im Übrigen aber keinen Endtermin festgelegt haben. Dieses Mietverhältnis kann nur durch Kündigung beendet werden, sodass § 574 BGB anwendbar ist. Für Werkmietwohnungen gelten nach § 576a BGB gewisse Einschränkungen bei Anwendung der Sozialklausel, die den besonderen Belangen des Dienstberechtigten Rechnung tragen.

7 **b)** Der Widerspruch des Mieters richtet sich gegen die Kündigung durch den Vermieter, setzt mit dem Mietverhältnis also eine unmittelbare Vertragsbeziehung zwischen den Parteien voraus. Dies wirft bei **gestuften Mietverhältnissen** Probleme hinsichtlich der Anwendbarkeit der Sozialklausel auf. Zwischen dem **Untermieter** von Wohnraum und seinem Untervermieter besteht die erforderliche unmittelbare Vertragsbeziehung, sodass § 574 BGB ohne Weiteres anzuwenden ist, soweit nicht einer der Ausnahmetatbestände des § 549 Abs 2 BGB eingreift. Der Hauptmieter kann sich gegenüber seinem Vermieter dagegen nicht auf die §§ 574 bis 574c BGB berufen, da er den Mietvertrag nicht zu Wohnzwecken abgeschlossen hat. Das gilt auch in den Fällen des § 578 Abs 3 BGB, da diese Vorschrift die Sozialklausel nicht zur Anwendung bringt. Gegenüber dem Hauptvermieter genießt der Untermieter keinen Bestandsschutz, da es an einer unmittelbaren mietvertraglichen Beziehung fehlt (MünchKomm/HÄUBLEIN Rn 7; SOERGEL/HEINTZMANN Rn 2). Hierfür hat der Gesetzgeber 1993 mit § 565 BGB (damals § 549a BGB) eine Lösung getroffen, die sich mit dem gesetzlichen Eintritt des Hauptvermieters oder eines neuen Zwischenvermieters in die Rechte und Pflichten aus dem Untermietverhältnis eng an die §§ 566 bis 566e BGB anlehnt. In den Fällen der schlichten Zwischenvermietung oder typischen Untermiete bleibt der Bestandsschutz des Untermieters jedoch nach wie vor gesetzlich ungeregelt, sodass insbesondere auf die von der Rechtsprechung entwickelte Rechtsmissbrauchslösung zurückzugreifen ist (STAUDINGER/ROLFS [2021] § 546 Rn 101 ff), soweit nicht schon dadurch zu helfen ist, dass das Hauptmietverhältnis als ein Mietverhältnis über Wohnraum qualifiziert wird und der Kündigungsschutz des Hauptmieters mittelbar dem Untermieter zugutekommt.

2. Wohnraum

a) Die Sozialklausel gilt nur bei einem **Mietverhältnis über Wohnraum**, nicht 8
dagegen bei der Gewerberaummiete (OLG Stuttgart NZM 2000, 95). Ob es sich um Wohnraummiete handelt, richtet sich nach der vertraglichen Zweckbestimmung durch die Parteien (Einzelheiten bei STAUDINGER/V EMMERICH [2021] Vorbem 24 ff zu § 535). Da der Gesetzgeber den Kündigungsschutz nicht davon abhängig gemacht hat, wie intensiv der Mieter den Wohnraum nutzt, kann auch das Mietverhältnis über eine **Zweitwohnung**, die nur zeitweise, aber immer wieder den Mittelpunkt der Lebensführung bildet, von § 574 BGB erfasst werden, soweit kein Fall des § 549 Abs 2 BGB eingreift (OLG Hamburg WuM 1992, 634; LG Hanau MDR 1980, 849; LG Lübeck WuM 1989, 632; AG Miesbach WuM 1989, 241; BeckOGK/EMANUEL [1. 7. 2020] Rn 9; HAAKE NJW 1985, 2935; WOLTER 244; **aM** LG Braunschweig ZMR 1980, 184; LG Braunschweig ZMR 1980, 340; AG Gelnhausen MDR 1980, 849). Auf formale Voraussetzungen wie die Einhaltung melderechtlicher Bestimmungen kann es nicht ankommen, da dies ein Fremdkörper im System des mietrechtlichen Kündigungsschutzes wäre (**aM** HAAKE NJW 1985, 2935). Die Eigenschaft als Zweitwohnung kann aber bei der Frage eine Rolle spielen, ob die Beendigung des Mietverhältnisses für den Mieter eine ungerechtfertigte Härte bedeuten würde.

b) Die Beurteilung als Mietverhältnis über Wohnraum wird nicht ohne Weiteres 9
dadurch beeinträchtigt, dass der Mieter **in der Wohnung seinen Beruf ausübt** oder gewerblicher Heimarbeit nachgeht. Auch ohne ausdrückliche Vereinbarung im Mietvertrag darf der Mieter die Wohnung im Rahmen des vertragsmäßigen Gebrauchs zu derartigen Zwecken nutzen (BLANK/BÖRSTINGHAUS/BLANK/BÖRSTINGHAUS § 535 Rn 13). Werden die Grenzen der beruflichen Mitbenutzung jedoch überschritten, indem der beruflichen oder gewerblichen Nutzung ein eigenständiges Gewicht neben dem Wohnzweck zukommt, bedarf es einer entsprechenden Vereinbarung der Parteien. Der Vertragszweck ist auf ein **Mischmietverhältnis** gerichtet, wenn durch einen einheitlichen Vertrag Wohnräume und sonstige Räume vermietet werden (STAUDINGER/V EMMERICH [2021] Vorbem 27 zu § 535).

3. Kein Wohnraum iS von § 549 Abs 2

10 Bei den in § 549 Abs 2 BGB genannten Arten von Mietverhältnissen (zu ihren Voraussetzungen im Einzelnen Staudinger/Artz [2021] § 549 Rn 22 ff) ist die Anwendung der Sozialklausel der §§ 574 bis 547c BGB ausdrücklich ausgeschlossen. Dabei handelt es sich um dieselben Mietverhältnisse, bei denen die ordentliche Kündigung des Vermieters ohne die Beschränkungen des § 573 BGB, also ohne dass er eines berechtigten Interesses bedürfte, jederzeit unter Einhaltung der gesetzlichen oder vertraglich vereinbarten Kündigungsfristen zulässig ist. Die Gründe für diese vollständigen Ausnahmen vom Kündigungsschutz sind recht unterschiedlich. Sie reichen von **mangelndem Schutzbedürfnis** des Mieters bei Wohnraum, der zu nur vorübergehendem Gebrauch vermietet ist, über ein **als vorrangig bewertetes Interesse des Vermieters** bei Wohnraum, der einen Teil der von ihm selbst bewohnten Wohnung darstellt, bis hin zu dem **wohnungspolitischen Anliegen**, bei der Zwischenvermietung durch juristische Personen des öffentlichen Rechts oder anerkannte Träger der Wohlfahrtspflege zusätzlichen Wohnraum zu mobilisieren, der dem Markt sonst nicht zugeführt würde.

11 Ein eingeschränkter Beendigungsschutz besteht demgegenüber bei einem Mietverhältnis über eine Wohnung in einem **vom Vermieter selbst bewohnten Wohngebäude mit nicht mehr als zwei Wohnungen**, weil die Kündigung nach § 573a Abs 1 BGB zwar ohne berechtigtes Interesse des Vermieters, aber nur mit verlängerter Kündigungsfrist zulässig ist, dem Mieter aber das Recht zum Widerspruch aus § 574 Abs 1 BGB zusteht (vgl Rn 59). Umgekehrt ist bei einem Mietverhältnis über Wohnraum, der Teil eines **Studenten- oder Jugendwohnheims** ist, die Kündigung nach § 549 Abs 3 BGB ohne ein berechtigtes Interesse des Vermieters zulässig, wogegen dem Mieter aber das Recht zum Widerspruch zusteht, weil § 549 Abs 3 BGB die §§ 574 bis 574c BGB nicht erwähnt. Ein eingeschränkter Schutz besteht unter den Voraussetzungen des § 576a BGB auch bei der Kündigung einer **Werkmietwohnung**. Alle anderen Mietverhältnisse über Wohnraum genießen vollen Kündigungsschutz, weil für die Wirksamkeit der Kündigung nach § 573 Abs 1 BGB ein berechtigtes Interesse des Vermieters erforderlich ist und außerdem der Mieter der Kündigung nach den §§ 574 bis 574b BGB widersprechen kann.

4. Kündigung des Vermieters

12 Das Widerspruchsrecht des Mieters aus § 574 BGB setzt die Beendigung des Mietverhältnisses durch Kündigung seitens des Vermieters voraus. Unerheblich ist, ob der Mieter früher bereits einmal gekündigt hatte und das Mietverhältnis danach kraft Gesetzes oder einvernehmlich fortgesetzt worden ist (LG Mannheim ZMR 1974, 337).

a) Wirksame Kündigung

13 Es muss eine wirksame vermieterseitige Kündigung vorliegen (Blank/Börstinghaus/Blank/Börstinghaus Rn 16; Klein-Blenkers ua/Hinz Rn 5; Lützenkirchen/Lützenkirchen Rn 15; MünchKomm/Häublein Rn 8; Soergel/Heintzmann Rn 3), insbesondere muss die Form des § 568 BGB eingehalten und ein Kündigungsgrund aus §§ 573, 573b BGB gegeben sein. Die Kündigung darf nicht aus anderen Gründen unwirksam sein, insbesondere nicht wegen unzureichender Begründung nach § 573 Abs 3 BGB, da es sonst keines Widerspruchs und keiner Verlängerung des Mietverhältnisses bedarf. Das Widerspruchsrecht besteht in erster Linie gegenüber der **ordentlichen Kündigung**, und zwar sowohl gegenüber der auf die Beendigung des gesamten Mietverhältnisses gerichteten Kündigung als auch der in § 573b Abs 1 BGB zugelassenen Teilkündigung von nicht zum Wohnen bestimmten Nebenräumen oder Teilen des Grundstücks (GATHER DWW 1990, 190, 196).

Lange Zeit umstritten war die Frage, ob das Widerspruchsrecht auch dann besteht, wenn der Vermieter eine **außerordentliche befristete Kündigung** (§ 573d BGB) erklärt hat. In Rechtsprechung (OLG Oldenburg NJW 1973, 1841) und Schrifttum (HABLITZEL ZMR 1980, 289, 291; HOLTGRAVE DB 1964, 1097, 1103) wurde die Anwendbarkeit der Sozialklausel bei einer außerordentlichen befristeten Kündigung wegen des in § 556a BGB aF statuierten Erfordernisses einer „vertragsmäßigen Beendigung" ausgeschlossen, weil eine vorzeitige Kündigung gerade entgegen den vertraglichen Vereinbarungen ausgesprochen werde. Demgegenüber hielt die hM die Sozialklausel schon vor der Reform des Mietrechts zu Recht für anwendbar (BGHZ 84, 90, 100 f = NJW 1982, 1696; SCHOPP ZMR 1963, 225, 226; ders ZMR 1980, 97, 98). Durch die Streichung des Erfordernisses der „vertragsmäßigen" Beendigung und der ausdrücklichen Beschränkung des Abs 1 S 2 auf die außerordentliche fristlose Kündigung ist nunmehr – nach dem erklärten Willen des Gesetzgebers (BT-Drucks 14/4553, 68) – ausdrücklich klargestellt, dass die Sozialklausel auch bei der außerordentlichen Kündigung mit gesetzlicher Frist gilt (BeckOK/HANNAPPEL [1. 8. 2020] Rn 7; HERRLEIN/KANDELHARD/HERRLEIN Rn 2; KINNE ua/SCHACH Rn 2; MünchKomm/HÄUBLEIN Rn 8; **aM** SCHMID/HARZ/HARZ Rn 1). Sie ist auch dann anwendbar, wenn der Insolvenzverwalter in der Insolvenz des Vermieters die Wohnräume veräußert und der Erwerber von seinem Sonderkündigungsrecht aus § 111 InsO Gebrauch macht (BT-Drucks 12/2443, 148; BÖRSTINGHAUS NZM 2000, 326, 328; NERLICH/RÖMERMANN/BALTHASAR § 111 InsO Rn 8).

Nicht ganz unzweifelhaft ist dagegen die Anwendung der Sozialklausel auf den **Rücktritt**, der wegen § 572 Abs 1 BGB allerdings nur noch insoweit zulässig ist, als er vor der Überlassung des Wohnraums an den Mieter erklärt wird. Sowohl der Wortlaut von § 574 BGB, der sich ausdrücklich nur auf die vermieterseitige Kündigung bezieht, als auch der Zweck des Widerspruchsrechts sprechen eher gegen die Erstreckung der Norm auf den Rücktritt des Vermieters, weil dieser vor der Überlassung des Wohnraums an den Mieter regelmäßig schon deshalb keine Härte bedeuten kann, weil die Wohnung dann noch nicht den Mittelpunkt der Lebensführung bildet. Allerdings darf nicht übersehen werden, dass zB ein unmittelbar vor dem geplanten Einzug in die neue Wohnung ausgeübtes Rücktrittsrecht den Mieter vor erhebliche Schwierigkeiten stellen kann, zumal ein Widerspruch gegen die Beendigung des alten Mietverhältnisses dann in aller Regel nicht mehr fristgemäß (§ 574b Abs 2 S 1 BGB) sein wird.

Eine **Anfechtung** des Mietvertrages durch den Vermieter nach den §§ 119, 123, 142 BGB wegen Irrtums, arglistiger Täuschung oder widerrechtlicher Drohung ist gleichfalls keine Kündigung und löst demzufolge das Widerspruchsrecht des § 574 BGB nicht aus. Einer Analogie stehen rechtssystematische Bedenken entgegen, weil die Sozialklausel die Beendigung eines Mietverhältnisses verhindern soll, nach ihrer ganzen Konzeption aber nicht dazu geeignet ist, unwirksame Mietverhältnisse wiederherzustellen (BeckOK/HANNAPPEL [1. 8. 2020] Rn 8; KLEIN-BLENKERS ua/HINZ Rn 6; KOSS-

Mann/Meyer-Abich § 130 Rn 6; Schmidt-Futterer/Blank Rn 19). Hinzu kommt, dass bei einer Anfechtung nach § 123 BGB auch die Parallele zu § 574 Abs 1 S 2 BGB gezogen werden müsste, da arglistige Täuschung und widerrechtliche Drohung von ihrem Gewicht her den Gründen, die den Vermieter zur außerordentlichen fristlosen Kündigung berechtigen, mindestens gleichwertig sind. Eine Anfechtung durch den Mieter scheidet zur Begründung des Widerspruchsrechts ohnehin aus, da er das Mietverhältnis wie bei einer eigenen Kündigung kraft seines Willensentschlusses beendet, ohne dass es auf den Anfechtungsgrund ankommt.

17 Eine **Eigenkündigung des Mieters** berechtigt den Mieter ebensowenig wie ein von ihm nach §§ 312b, 312c, 355 BGB erklärter **Widerruf** seiner Vertragserklärung, die Fortsetzung des Mietverhältnisses nach § 574 BGB zu verlangen. Der Grund für seine Kündigung ist unerheblich. Die Sozialklausel begründet kein Reuerecht gegenüber einer voreiligen eigenen Kündigung. Die Sozialklausel ist auch dann unanwendbar, wenn der Mieter selbst gekündigt hat, aber das von ihm erworbene Haus nicht rechtzeitig beziehen kann (LG Bielefeld DWW 1989, 204). Allerdings ist nur eine solche Kündigung des Mieters unbeachtlich, die das Mietverhältnis rechtlich beendet hat. Die Sozialklausel ist deshalb anwendbar, wenn der Mieter früher bereits einmal gekündigt hatte, das Mietverhältnis dann kraft Gesetzes nach § 545 BGB oder einvernehmlich fortgesetzt worden ist und nunmehr der Vermieter kündigt (LG Mannheim ZMR 1974, 337).

18 **Treffen Kündigungen des Mieters und des Vermieters zusammen**, ist entscheidend, auf welcher Kündigung das Ende des Mietverhältnisses beruht. Hat der Vermieter eine ordentliche Kündigung ausgesprochen, kündigt aber der Mieter fristlos während des Laufs der Kündigungsfrist, wird die Sozialklausel unanwendbar. Ein bereits vorher eingelegter Widerspruch gegen die Kündigung des Vermieters wird wirkungs- und bedeutungslos (LG Stuttgart ZMR 1979, 274 m **abl** Anm Buchholz-Duffner). Haben beide Parteien ordentlich gekündigt, greift § 574 BGB ein, wenn die Kündigung des Vermieters das Mietverhältnis zu einem früheren Zeitpunkt beendet. Fällt der Kündigungstermin für beide Kündigungen zusammen, ist davon auszugehen, dass diejenige Kündigung das Mietverhältnis beendet, die zeitlich früher durch Zugang wirksam geworden ist und damit die Beendigung des Mietverhältnisses verursacht hat. Ist dies die Kündigung des Vermieters, steht dem Mieter das Widerspruchsrecht zu. In dessen eigener Kündigung kann jedoch uU ein Verzicht auf die Erhebung eines späteren Widerspruchs gesehen werden, der einen gleichwohl erhobenen Widerspruch als unzulässige Rechtsausübung nach § 242 BGB erscheinen lässt. Ein widersprüchliches Verhalten des Mieters kann auch darin liegen, dass er sich trotz seiner Kündigung noch auf einen zuvor gegen die zeitlich frühere Kündigung des Vermieters erhobenen Widerspruch beruft. Auch ein **Aufhebungsvertrag** fällt nicht unter die Sozialklausel (Blank/Börstinghaus/Blank/Börstinghaus Rn 15; Kossmann/Meyer-Abich § 130 Rn 5; Palandt/Weidenkaff Rn 3).

b) Kein außerordentliches Recht zur fristlosen Kündigung (Abs 1 S 2)

19 Das Widerspruchsrecht ist gemäß § 574 Abs 1 S 2 BGB ausgeschlossen, wenn ein Grund vorliegt, der den Vermieter zur **außerordentlichen fristlosen Kündigung** berechtigt (vgl auch BGH 9. 11. 2016 – VIII ZR 73/16, NZM 2017, 26). Ein solches Kündigungsrecht besteht, wenn dem Vermieter unter Berücksichtigung aller Umstände des Einzelfalles, insbesondere eines Verschuldens der Vertragsparteien, und unter Abwägung der beiderseitigen Interessen die Fortsetzung des Mietverhältnisses bis zum Ablauf der Kündigungsfrist oder bis zur sonstigen Beendigung des Mietverhältnisses nicht zugemutet werden kann (§ 543 Abs 1 BGB). Ein **wichtiger Grund** liegt dabei insbesondere vor, wenn der Mieter die Rechte des Vermieters dadurch in erheblichem Maße verletzt, dass er die Mietsache durch Vernachlässigung der ihm obliegenden Sorgfalt erheblich gefährdet oder sie unbefugt einem Dritten überlässt (§ 543 Abs 2 Nr 2 BGB), er den Hausfrieden nachhaltig stört (§ 569 Abs 2 BGB), er mit einem erheblichen Teil der Miete (§ 543 Abs 2 Nr 3 BGB iVm § 569 Abs 3 BGB) oder mit Zahlung der Mietkaution (§ 569 Abs 2 BGB) in Verzug ist.

Dabei stellt § 574 Abs 1 S 2 BGB nicht darauf ab, ob der Vermieter aus einem der in den §§ 543, 569 BGB genannten Gründen tatsächlich außerordentlich gekündigt hat. Vielmehr genügt es, dass der Vermieter im Zeitpunkt des Zugangs der Kündigungserklärung (**aM** BLANK WuM 2012, 565, 566: zum Zeitpunkt der gerichtlichen Entscheidung) **objektiv berechtigt** war, die fristlose Kündigung zu erklären. Hat er aus sozialer Rücksichtnahme oder aus anderen Gründen gleichwohl lediglich fristgerecht gekündigt, ändert dies an seiner objektiven Berechtigung zur außerordentlichen Beendigung des Mietverhältnisses nichts, sodass dem Mieter das Widerspruchsrecht dann nicht zusteht. Der rücksichtsvolle Vermieter soll dadurch keinen Nachteil erleiden (AG Burgsteinfurt WuM 1975, 37; BLANK/BÖRSTINGHAUS/BLANK/BÖRSTINGHAUS Rn 12; **aM** WEIMAR NJW 1963, 2111, 2112). Es kommt nicht darauf an, dass zwischen der ordentlichen Kündigung und dem Grund zur fristlosen Kündigung ein **ursächlicher Zusammenhang** besteht. Aus dem Gesetz ist eine solche Einschränkung nicht zu entnehmen. Nach § 574 Abs 1 S 2 BGB ist allein entscheidend, ob ein Grund zur fristlosen Kündigung in dem Zeitpunkt vorliegt, in dem sich für den Mieter die Frage stellt, ob er die Fortsetzung des Mietverhältnisses verlangen kann (BLANK/BÖRSTINGHAUS/BLANK/BÖRSTINGHAUS Rn 12; BUB/TREIER/FLEINDL Rn IV 238). Der Vermieter braucht sich nicht auf eine erneute, nunmehr fristlose Kündigung verweisen zu lassen. Das Recht auf Fortsetzung soll nur dem vertragstreuen Mieter zustehen (MünchKomm/HÄUBLEIN Rn 28). Das Mietverhältnis wird zwar durch die ordentliche Kündigung beendet, sein Widerspruchsrecht bleibt aber wegen § 574 Abs 1 S 2 BGB ausgeschlossen.

Ein Widerspruchsrecht besteht nicht, wenn der Vermieter wegen Zahlungsverzugs **außerordentlich, hilfsweise ordentlich kündigt** und der Mieter innerhalb der **Schonfrist** des § 569 Abs 3 Nr 2 BGB den Mietrückstand ausgleicht. Hier kann zwar im Ergebnis nur die ordentliche Kündigung durchgreifen (vgl § 573 Rn 53a). Bestand aber im Zeitpunkt des Kündigungszugangs (auch) ein Recht zur außerordentlichen fristlosen Kündigung, liegt eine schwerwiegende Vertragsstörung vor, die gemäß Abs 1 Satz 2 das Widerspruchsrecht ausschließt. Es entsteht auch nicht neu oder lebt wieder auf, wenn die außerordentliche Kündigung wegen der Schonfristzahlung unwirksam wird (BGH 1. 7. 2020 – VIII ZR 323/18, NZM 2020, 834; AG Lörrach 24. 5. 2012 – 4 C 50/12, WuM 2012, 565 mit krit Anm BLANK; ebenso – eher beiläufig – bereits BGH 16. 2. 2005 – VIII ZR 6/94, NZM 2005, 334). Die gegenteilige Auffassung nimmt an, mit der Schonfristzahlung könne das vorangegangene Fehlverhalten des Mieters die Kündigung rückwirkend nicht mehr tragen, weshalb gegen die verbleibende ordentliche Kündigung Härtegründe eingewandt werden könnten (LG Berlin 1. 3. 2018 – 64 S 191/17, GE 2018, 763; LG Berlin 12. 9. 2018 – 64 S 4/18, GE 2019, 966). Sie übersieht aber, dass maßgeblicher Beurteilungszeitpunkt insoweit – anders als für die Härtegründe selbst (Rn 24) – derjenige des Zugangs der Kündigungserklärung (§ 130 Abs 1 BGB) und die Ausnahmevorschrift des § 569 Abs 3 Nr 2 BGB einer extensiven Anwendung ebensowenig zugänglich ist wie § 574 Abs 1 Satz 2 BGB einer teleologischen Reduktion (BGH 1. 7. 2020 – VIII ZR 323/18, NZM 2020, 834).

21 Demgegenüber schließen Vertragsverletzungen, die keinen Grund zur fristlosen Kündigung darstellen, wie etwa ein ungehöriges Verhalten des Mieters (LG Siegen WuM 1982, 27 [LS]), das Widerspruchsrecht nicht aus. Die Sozialklausel ist in solchen Fällen deshalb anwendbar. Unabhängig von der Frage, ob der Vermieter eine ordentliche oder eine außerordentliche fristlose Kündigung ausspricht, ist zu beachten, dass der Ausschluss des Kündigungswiderspruchs nicht durch den Vollstreckungsschutz nach § 765a ZPO unterlaufen wird (BVerfGE 52, 214, 219 ff = NJW 1979, 2607).

5. Ungerechtfertigte Härte für den Mieter, seine Familie oder einen Haushaltsangehörigen (Abs 1 S 1)

a) Allgemeines

22 **aa)** Die Beendigung des Mietverhältnisses muss für den Mieter, seine Familie oder einen anderen Angehörigen seines Haushalts eine ungerechtfertigte Härte bedeuten. Mit diesem sozialen Schutz des Mieters und seiner Familie vor einem Verlust der gemieteten Wohnung trägt das Gesetz auch dem **Schutzauftrag aus Art 6 Abs 1 GG** Rechnung (BVerfG NJW 1995, 1480), geht aber schon hinsichtlich des Personenkreises über das verfassungsrechtlich Erforderliche hinaus. Bei Mietverhältnissen über Wohnraum können anders als bei sonstigen Schuldverhältnissen Härten besonderer Art auftreten. **Ziel** der Sozialklausel ist es, etwaige durch eine Beendigung des Mietverhältnisses auftretende soziale Notstände von dem Mieter und seiner Familie möglichst abzuwenden (Ausschussbericht, zu BT-Drucks III/1850, 9). Die Härte braucht nach der Neufassung der Vorschrift durch das MietRÄndG 3 nicht mehr „wegen besonderer Umstände des Einzelfalls einen Eingriff in die Lebensverhältnisse" zu bewirken, wie es ursprünglich vorausgesetzt war. Diese Einschränkung wurde aufgegeben, sodass nunmehr grundsätzlich jede Härte genügt (LG Coburg WuM 1969, 26).

23 Aus dem **Ziel, soziale Notstände abzuwenden**, ist aber weiterhin zu schließen, dass mit ungerechtfertigter Härte nicht die üblichen mit einem Umzug verbundenen Beschwernisse wie Wohnungssuche, Umzugskosten, Arbeitsaufwand und dgl gemeint sind (BGH 20. 3. 2013 – VIII ZR 233/12, NJW 2013, 1596; BGH 15. 3. 2017 – VIII ZR 270/15, NJW 2017, 1474; BGH 22. 5. 2019 – VIII ZR 167/17, NZM 2019, 527; BGH 22. 5. 2019 – VIII ZR 180/18, BGHZ 222, 133, 144 = NJW 2019, 2765; Erman/Lützenkirchen Rn 5; Franke ZMR 1993, 93, 95; Jauernig/Teichmann Rn 2; Klein-Blenkers ua/Hinz Rn 7). Diese Belange sind bereits im Rahmen des § 573 BGB zu berücksichtigen und beeinflussen daher bereits die Wirksamkeit der Kündigung (vgl § 573 Rn 25a, 67; BGH 29. 3. 2017 – VIII ZR 45/16, BGHZ 214, 269, 291 f = NJW 2017, 2018; BGH 10. 5. 2017 – VIII ZR 292/15, NZM 2017, 559). Für die Anwendung des § 574 BGB muss die Beendigung des Mietverhältnisses Nachteile für den Mieter oder seine Familie mit sich bringen, die diese üblichen Beeinträchtigungen übersteigen und unter Berücksichtigung der gesamten Umstände im Hinblick auf den sozialen Schutzzweck nicht zumutbar sind (BGH 22. 5. 2019 – VIII ZR 180/18, BGHZ 222, 133, 145 = NJW 2019, 2765; LG Berlin ZMR 1989, 425; LG Bonn WuM 1992, 610). Sie können wirtschaftlicher, finanzieller, gesundheitlicher, familiärer oder persönlicher Art sein; hierzu können Eingriffe in die beruflichen Verhältnisse ebenso zählen wie die Verwurzelung eines Mieters in höherem Lebensalter in einem be-

stimmten Wohnviertel, das Fehlen von angemessenem Ersatzwohnraum zu zumutbaren Bedingungen, eine schwere Krankheit oder körperliche bzw geistige Behinderung (LG Berlin 8. 7. 2015 – 65 S 281/14, WuM 2016, 180). Das Gesetz verlangt nicht, dass ein einzelner bestimmter Härtegrund dieses Gewicht erreicht. Liegen mehrere Gründe nebeneinander vor, die jeder allein unzureichend wären, so können sie insgesamt doch zu einer ungerechtfertigten Härte führen (LG Lübeck WuM 1993, 613).

bb) Die eine Härte begründenden Umstände können **vorübergehender oder** 24 **dauernder Natur** sein (KLEIN-BLENKERS ua/HINZ Rn 7; MünchKomm/HÄUBLEIN Rn 10). Im letzteren Fall ist der Mieter besonders schutzbedürftig, sodass eine dahin gehende Einschränkung dem Zweck der Sozialklausel zuwiderlaufen würde (OLG Stuttgart NJW 1969, 1070; SCHMIDT-FUTTERER/BLANK Rn 20; **aM** HANS § 556a Anm 2 f bb). Maßgebend für das Bestehen einer Härte ist grundsätzlich der **Zeitpunkt**, in dem der Widerspruch durch Zugang beim Vermieter wirksam wird. Der Härtegrund muss bis zum Kündigungstermin fortbestehen, zu dem die Kündigung das Mietverhältnis beenden würde. Kommt es darüber hinaus zu einem Rechtsstreit, ist der Zeitpunkt der **letzten mündlichen Verhandlung** in der Tatsacheninstanz entscheidend (BGH 22. 5. 2019 – VIII ZR 167/17, NZM 2019, 527; BGH 11. 12. 2019 – VIII ZR 144/19, NJW 2020, 1215; BGH 26. 5. 2020 – VIII ZR 64/19, NZM 2020, 607; LG Itzehoe 21. 12. 2018 – 9 S 15/18, GE 2019, 858; LG München I 13. 3. 2019 – 14 S 2969/15, WuM 2019, 459; SOERGEL/HEINTZMANN Rn 6). Fällt in der Zwischenzeit ein Härtegrund weg, kann er nicht mehr zugunsten des Mieters berücksichtigt werden (LG Oldenburg DWW 1991, 240).

cc) Die Beendigung des Mietverhältnisses muss für den Mieter, seine Familie oder 25 einen anderen Angehörigen seines Haushalts eine Härte bedeuten. **Mieter** ist derjenige, der den Vertrag als Partei abgeschlossen hat. Das Gesetz begrenzt den Kreis der **Familie** nicht weiter, sodass hierzu alle Familienangehörigen gezählt werden können, die in derselben Wohnung wie der Mieter wohnen (LG Koblenz WuM 1991, 267; KLEIN-BLENKERS ua/HINZ Rn 21; PRÜTTING ua/RIECKE Rn 5). Ein bestimmter Grad der Verwandtschaft oder Schwägerschaft ist nicht erforderlich (LG Stuttgart WuM 1998, 598 [Großcousine]; BLANK/BÖRSTINGHAUS/BLANK/BÖRSTINGHAUS Rn 21; PALANDT/WEIDENKAFF Rn 8; noch weitergehend LÜTZENKIRCHEN/LÜTZENKIRCHEN Rn 18: auch Stief- und Pflegekinder). Eine Begrenzung auf den engsten Familienkreis wie die Ehefrau und Kinder lässt sich dem Gesetz nicht entnehmen. Auch solche Familienangehörige können betroffen sein, die in der Wohnung des Mieters einen eigenen Haushalt führen. Anders als in den §§ 563, 563a BGB wird die Führung eines gemeinsamen Haushalts vom Gesetz hier nicht vorausgesetzt.

Andere Angehörige des Haushalts sind Personen, die – ohne zur Familie des Mieters 26 zu gehören – mit ihm eine Lebensgemeinschaft führen, die über eine bloße Haushalts- und Wirtschaftsgemeinschaft hinausgeht. Damit sind neben Partner einer nichtehelichen Lebensgemeinschaft oder eingetragenen Lebenspartnerschaft auch andere Personen gemeint, die mit dem Mieter einen auf Dauer angelegten gemeinsamen Haushalt führen (EISENSCHMID WuM 2001, 215, 216; KINNE GE 2001, 1181, 1882; **aM** STERNEL NZM 2001, 1058, 1061).

Haben **Mitmieter** den Mietvertrag abgeschlossen, so genügt eine Härte in der Person 27 eines einzelnen Mieters, um den Anspruch auf Fortsetzung des Mietverhältnisses zu begründen (LG Bochum ZMR 2007, 452; KINNE ua/SCHACH Rn 3). Hierzu reicht der Widerspruch des betroffenen Mieters aus (Blank/Börstinghaus/Blank/Börstinghaus Rn 21; MünchKomm/Häublein Rn 10; Soergel/Heintzmann Rn 7). Dieser Mieter kann aber nicht verlangen, dass das Mietverhältnis allein mit ihm fortgesetzt wird. Dies ergibt sich auf der Grundlage der §§ 425, 432 BGB aus der Natur des Mietverhältnisses über eine unteilbare Leistung, bei dem der betroffene Mieter nur einen Anspruch auf Fortsetzung mit allen Mietern geltend machen kann; folglich kann das Gericht auch kein Teilurteil gegenüber nur einem Mitmieter erlassen (BGH 1. 7. 2020 – VIII ZR 323/18, NZM 2020, 834). Handelt es sich bei den Mitmietern um Eheleute, Familienmitglieder oder andere Haushaltsangehörige, so können entweder beide (AG München WuM 1989, 378) oder nur der nicht betroffene Mitmieter widersprechen, weil der Härtegrund in der Person eines Angehörigen genügt.

28 Im Allgemeinen kann sich der Hauptmieter gegenüber einer Kündigung des Hauptvermieters nicht auf eine Härte in der Person des **Untermieters** berufen. Davon ist auch auszugehen, wenn es sich um eine Wohngemeinschaft mit wechselnden Mitgliedern handelt, wenn und soweit zwischen dem Hauptmieter und seinem Untermieter kein einem „Haushaltsangehörigen" vergleichbares persönliches Verhältnis besteht (LG Freiburg WuM 1990, 152). Dies kann aber zB anders zu beurteilen sein, wenn der Untermieter zur Familie des Hauptmieters gehört, weil dessen Rechte durch den Abschluss eines Untermietvertrags nicht verkürzt werden können. Dem Untermieter selbst stehen im Verhältnis zum Hauptvermieter Rechte aus § 574 BGB nur zu, falls die Besonderheiten des Bestandsschutzes insoweit erfüllt sind (Staudinger/Rolfs [2021] § 546 Rn 101 ff). Ohne Weiteres anwendbar ist die Vorschrift dagegen im Rahmen des Untermietverhältnisses (AG Darmstadt WuM 1971, 12).

b) Einzelfälle

29 Zum Tatbestand der ungerechtfertigten Härte hat sich eine **umfangreiche Kasuistik** entwickelt. Bei dem Versuch einer Einordnung in bestimmte Fallgruppen ist zu beachten, dass die eine Härte kennzeichnenden Merkmale in einer Abwägung den Interessen des Vermieters gegenüberzustellen sind. Dies kann von Fall zu Fall ein anderes Ergebnis zur Folge haben. Die meist generell gehaltenen Aufzählungen der Härtegründe stehen deshalb unter dem Vorbehalt einer erst in der Interessenabwägung zu findenden abschließenden Entscheidung (Erman/Lützenkirchen Rn 13; Franke ZMR 1993, 93, 95 ff; Wetekamp DWW 1990, 102, 104). Die in Betracht kommenden Umstände lassen sich im Wesentlichen in drei Gruppen einteilen, nämlich Umstände, die mit der Beschaffung einer neuen Wohnung in Zusammenhang stehen, sodann Umstände, welche die bisherige Wohnung betreffen und schließlich gewisse persönliche Umstände, durch die ein Härtefall begründet sein kann. Die Härte kann sich auch erst aus einem Zusammenwirken mehrerer Umstände ergeben.

aa) Umstände im Zusammenhang mit der bisherigen Wohnung

30 Der Verlust besonderer **finanzieller Aufwendungen**, die der Mieter in Erwartung einer längeren Mietdauer auf die Wohnung gemacht hat, kann eine Härte begründen, wenn die bisherige Mietzeit in keinem angemessenen Verhältnis zur Höhe der Aufwendungen steht (OLG Frankfurt WuM 1971, 168; OLG Karlsruhe NJW 1971, 1182; LG Aachen BlGBW 1973, 58; LG Berlin ZMR 1989, 425; LG Essen ZMR 1966, 214; LG Hamburg WuM 1989, 571; LG Köln WuM 1972, 144; LG Mainz WuM 1970, 101; LG Münster NJW 1964, 2306; AG Dinslaken WuM 1981, 233; AG Münster ZMR 1973, 331; AG Wuppertal MDR 1971, 397). Hierbei kann es sich um Instandsetzungsarbeiten, bauliche Veränderungen, Baukostenzu-

schüsse und Einrichtungen iS des § 539 Abs 2 BGB handeln, mit denen der Mieter die Mietsache versehen hat. Unerheblich ist, ob die Aufwendungen notwendig, nützlich oder überflüssig waren (OLG Frankfurt WuM 1971, 168). Vorauszusetzen ist aber, dass sie mit dem ausdrücklichen oder stillschweigenden Einverständnis des Vermieters erbracht worden sind (OLG Karlsruhe NJW 1971, 1182; AG Velbert WuM 1988, 430), da der Mieter sonst die Wohnung durch hohe Investitionen für eine längere Zeit unkündbar machen könnte (LG Mainz ZMR 1986, 14). Zu berücksichtigen sein können zudem die **Umstände des Vertragsabschlusses**: Hat der Mieter das Angebot des Vermieters, einen befristeten Ausschluss des Kündigungsrechts zu vereinbaren, ausgeschlagen, um seine eigene Mobilität nicht zu beeinträchtigen, kann er, wenn der Vermieter später wegen unerwarteten Eigenbedarfs kündigt, spezifische Investitionen in die Mietwohnung wie eine Einbauküche nicht als „Härte" iS von § 574 BGB geltend machen (BGH NJW 2013, 1596).

Schönheitsreparaturen sind nur zu berücksichtigen, wenn das Mietverhältnis lediglich **31** kurze Zeit gedauert hat (LG Mannheim DWW 1985, 182; BeckOGK/EMANUEL [1. 7. 2020] Rn 46), insbesondere wenn der Mieter eine unrenovierte Wohnung übernommen hat und nach fünf Monaten schon die Kündigung erhält (LG Kiel WuM 1992, 690; SCHMID/ HARZ/HARZ Rn 20). Eine Härte ist ausgeschlossen, wenn der Vermieter die Aufwendungen angemessen erstattet, wenn sie als abgewohnt zu gelten haben (LG Berlin WuM 1990, 510; LG Berlin WuM 1991, 498; LG Karlsruhe ZMR 1987, 469; AG Düsseldorf WuM 1989, 301; AG Karlsruhe DWW 1988, 49; AG Velbert WuM 1988, 430) oder wenn sie im Rahmen des Üblichen liegen (LG Düsseldorf WuM 1989, 414). Vereinbaren die Parteien kein längerfristiges Mietverhältnis, fallen Investitionen des Mieters ohnehin in seinen Risikobereich, sodass eine Härte bei frühzeitiger Beendigung nicht gegeben sein kann (AG Schorndorf WuM 1989, 20). Ebenso gehen Investitionen in das Mobiliar, mit dem die Wohnung eingerichtet wird, allein zu Lasten des Mieters, auch wenn die Möbel wie eine Kücheneinrichtung maßgerecht eingepasst worden sind (LG Hannover WuM 1989, 302; AG Dortmund DWW 1991, 28).

Die bisherige **Wohndauer** genügt für sich allein nicht, um eine Härte zu begründen **32** (LG Bochum ZMR 2007, 452; BeckOK/HANNAPPEL [1. 8. 2020] Rn 15; LÜTZENKIRCHEN/LÜTZENKIRCHEN Rn 31). Dies gilt auch bei einer Kündigung nach langer Mietzeit (OLG Karlsruhe NJW 1970, 1746; LG Bremen WuM 2003, 333; AG Hamburg-Altona ZMR 1971, 31; AG München DWW 1966, 296). Diesem Merkmal hat der Gesetzgeber schon durch die unterschiedliche Länge der Kündigungsfristen in § 573c Abs 1 S 2 BGB Rechnung getragen. Es müssen deshalb andere Umstände hinzutreten, so etwa besondere finanzielle Aufwendungen mit Rücksicht auf die ursprünglich vorgesehene Mietdauer oder die Verwurzelung alter Leute in der bisherigen Umgebung (LG Bonn WuM 1990, 151; LG Gera WuM 2000, 35). Dabei ist freilich zu bedenken, dass eine solche „Verwurzelung" im bisherigen Umfeld je nach Persönlichkeit und körperlicher sowie psychischer Verfassung des Mieters unterschiedlich stark ausgeprägt sein können (BGH 22. 5. 2019 – VIII ZR 180/18, BGHZ 222, 133, 145 = NJW 2019, 2765). Von einer Verwurzelung kann beispielsweise nicht ausgegangen werden, wenn sich der Mieter mehrere Monate im Jahr auf Urlaubsreise begibt und sein Freundeskreis auf das ganze Stadtgebiet verteilt ist (LG Hamburg NJW-RR 1994, 204). Jüngeren Mietern kann es eher zugemutet werden, die Wohngegend zu wechseln (AG Castrop-Rauxel DWW 1988, 215). Hat sich der Mieter nach der Kündigung um eine Ersatzwohnung bemüht, kann allein aus diesem Verhalten nicht auf seine Bereitschaft geschlossen werden, in eine ihm bisher nicht vertraute Umgebung umzuziehen (aM AG Oldenburg WuM 1980, 226 mit kritischer Anm Körtge).

33 **Nicht ausreichend** ist der Umstand, dass der Vermieter eines als auf unbestimmte Zeit geschlossenen Mietverhältnisses dem Mieter bei der Überlassung des Wohnraums eine lange, sichere Mietdauer versprochen hat, dann aber seine Willensrichtung ohne erhebliche Anlässe seitens des Mieters ändert und kündigt (OLG Karlsruhe NJW 1971, 1182). Auch ohne besondere aufwändige Investitionen des Mieters in die Wohnung kann in der Beendigung des Mietverhältnisses nach nur vierwöchiger Dauer eine Härte gesehen werden (AG Arnsberg DWW 1988, 182). Der bloße Wunsch des Mieters, noch länger in der Wohnung zu verbleiben, reicht nicht aus (AG Detmold DWW 1988, 216). Der Erhalt der Familienwohnung bei zurzeit getrennt lebenden Eheleuten ist hingegen anerkannt worden (AG Winsen/Luhe WuM 1994, 430).

34 Die Möglichkeit, dem Mieter eine **gerichtliche Räumungsfrist** nach § 721 BGB oder § 794a ZPO zu gewähren, ist für die Frage, ob durch die Kündigung eine Härte eintritt, unerheblich (OLG Oldenburg ZMR 1970, 329; OLG Stuttgart NJW 1969, 240; LG Darmstadt WuM 1972, 31; LG Essen WuM 1968, 199; LG Freiburg MDR 1966, 419; LG Hamburg WuM 1990, 118; LG Stuttgart WuM 1991, 347; aM LG Mannheim WuM 1967, 63). Ziel der Sozialklausel ist die Verlängerung des Mietverhältnisses, der ein Räumungsaufschub nicht gleichzustellen ist. Die Möglichkeit, eine Räumungsfrist zu gewähren, schließt es deshalb nicht aus, eine Härte anzunehmen. Eine Ausnahme ist auch dann nicht angebracht, wenn ein Umzug in eine Ersatzwohnung in absehbarer Zeit bevorsteht (zweifelnd Blank/Börstinghaus/Blank/Börstinghaus Rn 29; aM AG Langen WuM 1981, U 20 [LS]). Dadurch würden die Parteien auf den Prozessweg gedrängt, während die Sozialklausel in § 574a Abs 2 S 1 BGB grundsätzlich von einer gütlichen Einigung ausgeht.

35 Wenn der Mieter mit der bisherigen Wohnung **besondere finanzielle Vorteile** verliert, weil er dort Gelegenheit zur Untervermietung oder zu sonstigem Nebenerwerb hatte, so liegt darin idR keine Härte (BayObLG NJW 1970, 1748; LG Wiesbaden ZMR 1966, 302; AG Köln MDR 1973, 139). Es entspricht nicht dem Sinn der Sozialklausel, etwa Einzelpersonen schlechthin Wohnungen zu erhalten, die zu ihrem angemessenen Wohnbedarf in keinem tragbaren Verhältnis stehen. Es kommt vielmehr darauf an, dem Mieter den seinen Wohnbedürfnissen entsprechenden Raum zu erhalten. Ein gewerbliches Interesse des Mieters ist auf keinen Fall zu berücksichtigen, wenn die Wohnung nicht für Gewerbezwecke vermietet ist (LG Frankenthal/Pfalz WuM 1990, 79). Führt die Kündigung jedoch zu einem Eingriff in die beruflichen Verhältnisse des Mieters, weil er zulässigerweise in der Wohnung ein Gewerbe ausübt und seinen Kundenstamm zu verlieren droht, so kann darin eine Härte liegen (OLG Köln NJW 1968, 1834; Schmidt-Futterer MDR 1969, 96, 97). Eine Härte kann vom Mieter aber nicht damit begründet werden, er müsse die große Wohnung behalten, um darin Erbschaftsgegenstände unterzubringen, für die sonst kein Platz ist (LG Koblenz WuM 1987, 201).

36 Eine **günstige Miethöhe** vermag in aller Regel gleichfalls kein berechtigtes Interesse des Mieters zu begründen. Nur wenn die Vermögenseinbuße im Falle des Wohnungsverlustes eine außergewöhnliche Höhe erreicht, kann die Beendigung des Mietverhältnisses für den Mieter eine Härte darstellen, die auch unter Berücksich-

tigung der berechtigten Interessen des Vermieters nicht zu rechtfertigen ist (VerfGH Berlin NZM 2003, 593).

bb) Persönliche Umstände
Hohes Alter des Mieters führt für sich allein nicht zu einer Härte (BGH 22. 5. 2019 – **37** VIII ZR 180/18, BGHZ 222, 133, 145 = NJW 2019, 2765; LG Berlin ZMR 2012, 15; LG Bochum ZMR 2007, 452; LG Koblenz WuM 1991, 267; AG Amberg WuM 1964, 156; AG Bayreuth WuM 1991, 180; AG Remscheid WuM 1989, 388; JAUERNIG/TEICHMANN Rn 2; KLEIN-BLENKERS ua/HINZ Rn 12; KOSSMANN/MEYER-ABICH § 131 Rn 19; SCHMID/HARZ/HARZ Rn 16; **aM** LG Berlin 12. 3. 2019 – 67 S 345/18, WuM 2019, 209; AG Hanau WuM 1989, 239). In aller Regel stellt sich das Problem nicht in dieser isolierten Form. Es kommen vielmehr noch andere Umstände wie Krankheit (KG GE 2004, 752), Gebrechen, Pflegebedürftigkeit (LG Frankfurt aM NZM 2011, 774; LG München I ZMR 2013, 198; LG Wuppertal WuM 1995, 654), finanzielle Not, Verwurzelung in der Umgebung aufgrund langer Mietdauer (AG Nürnberg 21. 11. 2019 – 244 C 7495/18, WuM 2020, 288: über 50 Jahre) oder wegen des Alters erschwerte Ersatzraumbeschaffung hinzu, die bei einem Mieter hohen Alters dann eher zu einer ungerechtfertigten Härte führen können als bei jüngeren Mietern (OLG Karlsruhe NJW 1970, 1746 mit kritischer Anm RITTER MDR 1971, 50; LG Bochum NZM 1999, 902; LG Bonn WuM 1990, 151; LG Düsseldorf WuM 1991, 36; LG Hamburg DWW 1991, 189; LG Hannover WuM 1988, 88; LG Koblenz WuM 1990, 20; LG Köln WuM 1993, 675; LG München I WuM 1988, 365; LG Stuttgart WuM 1993, 46; AG Berlin-Mitte WuM 2013, 746; AG Witten ZMR 2007, 43). Der Mieter braucht sich nicht auf eine Unterbringung in einem Alters- oder Pflegeheim verweisen zu lassen (OLG Karlsruhe NJW 1970, 1746; BeckOK MietR/SIEGMUND [1. 8. 2020] Rn 23; KOSSMANN/MEYER-ABICH § 131 Rn 19; MünchKomm/HÄUBLEIN Rn 17; SOERGEL/HEINTZMANN Rn 13).

Krankheit und Gebrechen können unabhängig vom Alter des Mieters einen Härte- **38** grund darstellen (BGH 20. 10. 2004 – VIII ZR 246/03, NZM 2005, 143; BGH 15. 3. 2017 – VIII ZR 270/15, NJW 2017, 1474; LG Kassel MDR 1965, 831; LG München I 23. 7. 2014 – 14 S 20700/13, NZM 2014, 638; BeckOK/HANNAPPEL [1. 8. 2020] Rn 17). Eine Härte ist anzuerkennen, wenn sich die Krankheit erschwerend auf die Beschaffung von Ersatzwohnraum auswirkt. Dies ist in der Weise möglich, dass die Krankheit den Mieter an der Wohnungssuche hindert (LG Mannheim WuM 1970, 61; LG Saarbrücken WuM 1992, 690; AG Regensburg WuM 1989, 381; KLEIN-BLENKERS ua/HINZ Rn 12) oder dass sie potenzielle Vermieter vom Abschluss eines Vertrags abhält (LG Kassel WuM 1989, 416; LG Hamburg NJW 1997, 2761 [AIDS-Erkrankung]; AG Köln WuM 1990, 348; AG Stuttgart WuM 1989, 297; PERGANDE NJW 1966, 1481, 1482). Eine Härte kann auch dann gegeben sein, wenn dem Mieter ein Umzug objektiv unzumutbar ist, weil dies nachteilige Auswirkungen auf Krankheitsverlauf und Genesung haben würde (BGH 22. 5. 2019 – VIII ZR 180/18, BGHZ 222, 133, 146 = NJW 2019, 2765; LG Aurich WuM 1992, 609; LG Berlin 7. 5. 2015 – 67 S 117/14, WuM 2015, 440; LG Braunschweig WuM 1990, 152; LG Düsseldorf WuM 1991, 36; LG Hamburg WuM 1989, 238; LG Wuppertal WuM 1989, 386; AG Berlin-Mitte WuM 2013, 746; AG Friedberg [Hessen] WuM 1993, 675; AG München NJW-RR 1990, 911; KLEIN-BLENKERS ua/HINZ Rn 13), beispielsweise der mit dem Umzug verbundene Umgebungswechsel bei einem Autisten zu Verhaltensregression und erheblichem subjektivem Leid führen würde (LG Aachen WuM 2006, 692). Die Auswirkungen müssen jedoch nicht so erheblich sein, dass schwere seelische Schäden oder gar der Tod drohen (AG Köln WuM 1977, 29; AG Miesbach WuM 1979, 190), auch wenn in der Rechtsprechung solche Fälle vorkommen (LG Braunschweig WuM 1990, 152; LG Oldenburg WuM 1991, 346; AG München WuM 1989, 378). Einwänden des Vermieters gegen das vom Mieter behauptete Krankheitsbild und dessen Auswirkungen auf die Zumutbarkeit eines Umzugs muss das Gericht nachgehen, anderenfalls verletzt es das rechtliche Gehör und ggf das aus dem Eigentum (Art 14 Abs 1 GG) resultierende Erlangungsinteresse des Vermieters (VerfGH Berlin 18. 6. 2014 – 153/13, NZM 2014, 784).

39 Andererseits kann selbst eine **Suizidgefahr** den Vermieter bei konkret bestehendem und nachgewiesenem Eigenbedarf jedenfalls dann nicht auf Dauer von der Nutzung seines Eigentums ausschließen, wenn die Gefahr mit ärztlicher Hilfe beherrschbar erscheint (LG Bonn NZM 2000, 331; vgl aber BVerfG NZM 1998, 21; BVerfG NZM 1998, 431, BVerfG NZM 2001, 951 m Bespr Linke NZM 2002, 205; BVerfG NZM 2005, 657; BGH NJW 2005, 1859; BGH NJW 2006, 505, BGH NJW 2006, 508; OLG Jena NZM 2000, 839 u LG Mainz NZM 1998, 403 zum Vollstreckungsschutz nach § 765a ZPO; für eine Berücksichtigung der Beherrschbarkeit erst im Rahmen der Interessenabwägung Spielbauer/Schneider/Krenek Rn 25). Wäre aber eine Unterbringung des Mieters gegen seinen Willen in einer psychiatrischen Anstalt unter Einbeziehung von Fixierungsmaßnahmen erforderlich, um seinen Suizid zu verhindern, ist das Mietverhältnis fortzusetzen (LG München I 21. 10. 2019 – 14 S 7018/19, ZMR 2020, 312).

40 Behindert eine **Erkrankung** nur den Umzug als solchen (LG Hamburg NJW-RR 1994, 204) und ist der Transport mit einem Krankenwagen möglich, kann der Wohnungswechsel zugemutet werden (AG Bad Vilbel WuM 1983, 236 [LS]). Die Verlängerung des Mietverhältnisses ist ansonsten im Krankheitsfalle angemessener, als vom Mieter zu erwarten, dass er mit dem Umzug andere Personen beauftragt (**aM** LG Mainz ZMR 1986, 14). Spielt die Krankheit eines Familien- oder sonstigen im Haushalt des Mieters lebenden Angehörigen, etwa eines Kleinkindes, für den Umzug praktisch keine Rolle, so besteht kein Härtegrund (AG Hochheim MDR 1965, 489). Im Übrigen ist die Krankheit eines Angehörigen genauso beachtlich wie diejenige des Mieters (LG Koblenz WuM 1991, 267; LG München I WuM 1989, 296). Eine schwere Erkrankung des Mieters kann sich auch in der Weise als Härtegrund auswirken, als die erforderliche Betreuung und Pflege in der bisherigen Wohnung sichergestellt sind, nicht aber bei einem Wohnungswechsel (LG Bonn WuM 1990, 151; LG Stuttgart WuM 1993, 46; einschränkend AG Münster WuM 1988, 364). Der Mieter kann auch wegen einer erheblichen **Behinderung** auf den Verbleib in der bisherigen Wohnung angewiesen sein (LG Bochum ZMR 2007, 452; LG Hannover WuM 1991, 346; LG Lübeck 21. 11. 2014 – 1 S 43/14, WuM 2015, 97; AG Regensburg WuM 1989, 381; einschränkend AG Dortmund DWW 1993, 238). Entscheidend für das Gewicht und die Bedeutung einer Krankheit ist nicht der äußere Eindruck, sondern der durch ein ärztliches Attest nachgewiesene tatsächliche Zustand (LG Berlin GE 1990, 493). Der Mieter darf sich im Streitfall diesem Nachweis nicht entziehen, sonst wird er beweisfällig (LG Hamburg NJW-RR 1994, 204). Es ist vom Mieter zu erwarten, dass er sich in zumutbarer Weise bemüht, das Krankheitsrisiko zu vermindern und damit zu einem Wegfall des Härtegrundes beizutragen (BVerfG WuM 1993, 172; LG Aurich WuM 1992, 609). Dies kann bei der Interessenabwägung (vgl Rn 75 ff) und bei der Bemessung der Dauer einer Fortsetzung des Mietverhältnisses (vgl § 574a Rn 14 ff) berücksichtigt werden.

41 Problematisch ist es, den Wunsch des Mieters, in der Wohnung zu verbleiben, als objektiv unvernünftig und damit unbeachtlich zu beurteilen, weil aus ärztlicher Sicht ein **Umzug in ein Alten- oder Pflegeheim** geboten sei (so aber LG Kempten WuM 1994,

254). Das BVerfG hat in diesem konkreten Fall einen Verfassungsverstoß verneint (BVerfG WuM 1994, 257). Ist jedoch weder der Mieter selbst noch ein Familienangehöriger pflegebedürftig, sondern resultiert der Widerspruchsgrund nur aus dem Wunsch, in der Nähe der Wohnung eines gebrechlichen Angehörigen verbleiben zu wollen, ist ein Härtegrund ausgeschlossen (aM AG Lübeck WuM 2003, 214).

Schwangerschaft der Mieterin oder einer Familienangehörigen ist im Hinblick auf die 42 erschwerte Beschaffung von Ersatzraum und wegen der mit einem Umzug verbundenen körperlichen und psychischen Strapazen ein Härtegrund, dem durch eine angemessene Verlängerung des Mietverhältnisses über den Zeitpunkt der Entbindung hinaus Rechnung zu tragen ist (LG Dortmund NJW 1965, 2204; LG Stuttgart WuM 1991, 347; AG Aachen MDR 1966, 55; AG Herford MDR 1964, 1007; AG Oberhausen ZMR 1965, 113; AG Velbert WuM 1970, 79; BeckOK MietR/Siegmund [1. 8. 2020] Rn 24; Erman/Lützenkirchen Rn 10; für eine Beschränkung auf fortgeschrittene Schwangerschaften Jauernig/Teichmann Rn 2; Klein-Blenkers ua/Hinz Rn 14).

Kinderreichtum kann ein Härtegrund sein (LG Dortmund NJW 1965, 2204; LG Essen WuM 43 1968, 198; LG Heidelberg DWW 1991, 244; LG Trier WuM 1991, 273; LG Wuppertal WuM 1968, 109; AG Stuttgart WuM 1991, 103; Jauernig/Teichmann Rn 2; **aM** LG Braunschweig NJW 1964, 1028; LG Hagen ZMR 1965, 140; AG Ludwigsburg WuM 1985, 265 [LS]). Aus den Begründungen ergibt sich allerdings, dass die Härte weniger dem Kinderreichtum als solchem entnommen wird als vielmehr den Schwierigkeiten bei der Beschaffung von Ersatzraum (AG Köln WuM 1997, 495; BeckOGK/Emanuel [1. 7. 2020] Rn 40; Klein-Blenkers ua/Hinz Rn 15; Schmidt-Futterer/Blank Rn 60). Damit lässt sich der Härtegrund idR unmittelbar auf § 574 Abs 2 BGB stützen und setzt folglich voraus, dass der Mieter seiner Pflicht zur Ersatzraumbeschaffung nachgekommen ist (vgl Rn 52 ff). Im Übrigen ist der Begriff des Kinderreichtums wenig aussagefähig, um eine genaue Grenze ziehen zu können. Dies zeigt auch die Rechtsprechung, die zT bei zwei Kindern einen Härtegrund annimmt (LG Wuppertal WuM 1968, 109), aber bei vier Kindern ablehnt (LG Hagen ZMR 1965, 140). Es kommt deshalb weniger auf die Kinderzahl als auf die Umstände des Einzelfalls an (vgl LG Hannover WuM 1994, 430; AG Freiburg WuM 1993, 402).

Geringes Einkommen und schlechte wirtschaftliche Verhältnisse können zu einem 44 Härtegrund führen (LG Aachen BlGBW 1973, 58; LG Berlin GE 1990, 493; LG Düsseldorf WuM 1971, 98; LG Mannheim ZMR 1974, 337; LG München I ZMR 2013, 198; LG Wuppertal WuM 1970, 186; **aM** LG Braunschweig NJW 1964, 1028; LG Karlsruhe DWW 1972, 201). Auch hier ergibt sich die Härte nicht aus dem Einkommen und den wirtschaftlichen Verhältnissen als solchen (aM Hans § 556a Anm 3b). Daher kann der Fortsetzungsanspruch zB nicht allein darauf gestützt werden, dass der Mieter seinen Lebensunterhalt mit Arbeitslosengeld II („Hartz IV") bestreitet (AG Aschaffenburg WuM 2007, 460; BeckOGK/Emanuel [1. 7. 2020] Rn 41) oder derzeit von seinem Vermögen lebt und über kein regelmäßiges Einkommen verfügt (BGH 22. 8. 2017 – VIII ZR 19/17, NZM 2017, 846). Entscheidend ist vielmehr ein Zusammenwirken mit anderen Umständen wie Alter, Krankheit und vor allem Schwierigkeiten bei der Ersatzraumbeschaffung (AG Berlin-Mitte WuM 2013, 746; Blank/Börstinghaus/Blank/Börstinghaus Rn 27). Im letzteren Fall kommt es also darauf an, dass der Mieter seiner Pflicht nachgekommen ist, sich um die Beschaffung von Ersatzraum zu bemühen (vgl Rn 52 ff). Fraglich ist, ob bei der Feststellung der finanziellen Belastbarkeit des Mieters **Einkommen und Vermögen**

aller im Haushalt lebenden Angehörigen zu berücksichtigen sind. Dies kann nur insoweit angenommen werden, als die bisherige Wohnung und die als angemessen vorausgesetzte Ersatzwohnung auf die Wohnbedürfnisse der gesamten Familie bzw Lebensgemeinschaft zugeschnitten sind (vgl Rn 49 f). Reichen das eigene Einkommen und Vermögen des Mieters aber nicht einmal aus, um die Miete für eine nur den persönlichen Bedarf deckende Ersatzwohnung zu bezahlen, so ist eine Berücksichtigung fremden Einkommens und Vermögens ungerechtfertigt, weil dies unter Umständen zur Anrechnung einer gesetzlich nicht bestehenden Unterhaltspflicht führen würde. Da § 574 BGB nicht nur die Belange wirtschaftlich schwacher Mieter schützt, schließt ein höheres Einkommen seine Anwendung grundsätzlich nicht aus (LG Essen ZMR 1966, 330; LG Kassel WuM 1966, 76; aM AG Augsburg DWW 1966, 297). Es wäre Aufgabe des Gesetzgebers, insoweit Einschränkungen vorzunehmen.

45 Wird die **Berufsausübung oder Ausbildung** des Mieters oder seiner Familienangehörigen durch die Beendigung des Mietverhältnisses erschwert, kann dies eine Härte bedeuten, so etwa beim Verlust der Wohnung eines Arztes in der Nähe eines Krankenhauses oder eines Musikers in einem Einfamilienhaus (Hoffmann DWW 1968, 44, 45). Entscheidend ist die Frage der Ersatzraumbeschaffung (vgl Rn 48 ff). Zu beachten ist, dass die Sozialklausel nur dazu dient, dem Mieter die Wohnung zu erhalten, nicht aber die Verfolgung wirtschaftlicher Interessen zu begünstigen (LG Köln WuM 1992, 542 mAnm Sommerfeld; AG Köln MDR 1973, 139). Die Ausbildung wird erschwert, wenn durch Wohnungssuche oder Wohnungswechsel ein bevorstehendes Examen gefährdet (LG Aachen WuM 1986, 252; LG Mainz WuM 1970, 101; AG Lübeck WuM 1989, 413; einschränkend AG Bonn WuM 1991, 100; AG Dortmund DWW 1990, 366; AG Gießen NJW-RR 1990, 653), die Anfertigung einer Dissertation verzögert (LG Mainz WuM 1970, 101; AG Tübingen ZMR 1986, 60 [LS]; AG Tübingen WuM 1989, 240 [LS]) oder eine bis zum Schulabschluss nur noch kurzfristige Umschulung erforderlich wird (AG Dortmund NZM 2004, 499; Göckmann NJW 1963, 2109, 2110; Weimar NJW 1963, 2111).

46 Teilweise wird ein **Schulwechsel** auch ohne diese Einschränkung als Härtegrund anerkannt (LG München II WuM 1993, 331; LG Wuppertal MDR 1970, 332; AG Wuppertal WuM 1971, 25). Überwiegend wird dagegen die Ansicht vertreten, dass ein Schulwechsel und damit verbundene längere Schulwege in Kauf genommen werden müssen (LG Hamburg WuM 1991, 38; LG Saarbrücken WuM 1992, 690; LG Siegen WuM 1989, 389; AG Bensberg MDR 1966, 508; BeckOGK/Emanuel [1. 7. 2020] Rn 43; BeckOK/Hannappel [1. 8. 2020] Rn 20; MünchKomm/Häublein Rn 19; Pergande FWW 1970, 503, 506; Schmid/Harz/Harz Rn 11; Spielbauer/Schneider/Krenek Rn 29). Dem ist grundsätzlich zu folgen, weil ein Schulwechsel ohne die Beeinträchtigung eines bevorstehenden Abschlusses oder ohne besondere Umstände des Einzelfalls auch aus anderen Gründen so viele Kinder trifft, dass er nicht als soziale Härte eingestuft werden kann. Ausnahmen können bei körperlicher oder geistiger Behinderung des Kindes sowie bei erheblichen psychischen Störungen gemacht werden oder wenn das Kind aus sonstigen Gründen auf eine besondere Schule angewiesen ist, deren Besuch durch den Umzug unzumutbar würde (MünchKomm/Häublein Rn 19). Ebensowenig stellt der Verlust eines Kindergartenplatzes trotz der Schwierigkeiten, einen solchen Platz zu bekommen, eine Härte iS des § 574 Abs 1 S 1 BGB dar (AG Neumünster WuM 1989, 298 [LS]). Ist das Kind noch so klein, dass es weder Kindergarten noch Schule besucht, können in dessen Person keine Härtegründe liegen (LG Dessau-Roßlau 7. 12. 2016 – 5 T 275/16, NZM 2017, 326).

In der Praxis werden häufig noch **sonstige Gründe** vorgebracht, um eine Fortsetzung 47
des Mietverhältnisses zu erreichen. So ist die vertragsmäßige Beendigung des Mietverhältnisses keine ungerechtfertigte Härte, wenn der Mieter in der Wohnung mit Einverständnis des Vermieters ein Hobby ungestört ausüben kann, das er in den meisten anderen Wohnungen nicht betreiben könnte (OLG Karlsruhe NJW 1971, 1183). Sportliche Ambitionen des Mieters, die durch eine mit der Beendigung des Mietverhältnisses verbundene Beschaffung von Ersatzwohnraum gestört werden, unterfallen selbst dann nicht dem Schutzzweck der Sozialklausel, wenn der Mieter seine Teilnahme als Sportler an den Olympischen Spielen vorbereitet (LG Bonn WuM 1992, 610). Anders kann die Rechtslage bei einem Berufssportler nach den Grundsätzen zu beurteilen sein, die für die Erschwerung der Berufsausübung oder Ausbildung entwickelt worden sind (vgl Rn 45 f). Deshalb kann im Allgemeinen auch nicht aus der Mitgliedschaft in einem Sportverein (Schmid/Harz/Harz Rn 21), aus dem Verlust des Bekanntenkreises in der bisherigen Wohngegend oder aus der Tatsache, dass sich dort das Grab der Eltern des Mieters befindet, ein Härtegrund hergeleitet werden (LG Mannheim DWW 1993, 140). Ebenso sind der mit einem Wohnungswechsel verbundene Verlust eines politischen Mandats und die Änderung der Telefonnummer hinzunehmen (LG Hamburg WuM 1990, 118).

cc) Umstände im Zusammenhang mit der Beschaffung einer neuen Wohnung (Abs 2)

Die Schwierigkeiten bei der **Beschaffung von Ersatzwohnraum** wurden nach früher 48
hM nicht als Härte anerkannt (Hans § 556a Anm 3e). Im Entwurf des MietRÄndG 3 war deshalb vorgesehen, die Berücksichtigung dieser Schwierigkeiten ausdrücklich vorzuschreiben (BT-Drucks V/1743, 2). Der Rechtsausschuss war dagegen der Ansicht, dass eine solche Berücksichtigung auch ohne ausdrückliche Vorschrift möglich sei (Ausschussbericht, zu BT-Drucks V/2317, 2). Dennoch blieb die Rechtsprechung weiterhin kontrovers. Erst durch das MRVerbG von 1971 hat der Gesetzgeber ausdrücklich klargestellt, dass eine Härte vorliegt, wenn angemessener Ersatzwohnraum zu zumutbaren Bedingungen nicht beschafft werden kann (heute § 574 Abs 2 BGB). Damit sollte diesen Schwierigkeiten die im Einzelfall gebotene Beachtung geschenkt und zugleich dieser häufig vorkommende Härtefall stärker in das allgemeine Bewusstsein gerückt werden (BT-Drucks VI/1549, 6).

Das Fehlen angemessenen Ersatzwohnraums bildet damit immer eine Härte, macht 49
also in jedem Fall eine Abwägung mit den Interessen des Vermieters erforderlich (BT-Drucks VI/1549, 6). Eine Ersatzwohnung ist **angemessen**, wenn sie im Vergleich zu der bisherigen Wohnung den Bedürfnissen des Mieters entspricht und sie finanziell für ihn tragbar ist. Dabei sind die Lebensführung des Mieters und seine persönlichen und finanziellen Lebensverhältnisse maßgebend (BGH 22. 5. 2019 – VIII ZR 180/18, BGHZ 222, 133, 155 = NJW 2019, 2765; BGH 11. 12. 2019 – VIII ZR 144/19, NJW 2020, 1215; Fleindl WuM 2019, 165, 171). Eine bestimmte Belastungsgrenze, etwa in Höhe eines festen Prozentsatzes des Einkommens, kann nicht angenommen werden, da es hierfür keine gesetzliche Grundlage gibt (Bub/Treier/Fleindl Rn IV 240). Der Mieter muss daher in diesem Rahmen auch eine höhere Miete als die bisher gezahlte hinnehmen (LG Dessau-Roßlau 7. 12. 2016 – 5 T 275/16, NZM 2017, 326; Klein-Blenkers ua/Hinz Rn 10; MünchKomm/Häublein Rn 13). Zudem sind dem Mieter gewisse Einschnitte zuzumuten. Leben im Haushalt des Mieters Angehörige mit eigenem Einkommen, ist die Suche nach angemessenen Ersatzwohnraum grundsätzlich auf solche Wohnungen zu

erstrecken, die mit dem Haushaltseinkommen finanziert werden können (LG Stuttgart 11. 10. 1989 – 13 S 269/89, WuM 1990, 20). Dabei entsteht allerdings das Problem, dass das Haushaltseinkommen im Hinblick auf einen späteren Auszug mitverdienender Kinder keine dauerhafte Grundlage ist. In absehbarer Zeit bevorstehende Kürzungen sind deshalb zu berücksichtigen. Auf der anderen Seite ist die Möglichkeit des Bezugs von Sozialleistungen wie dem Wohngeld in die Beurteilung der Belastbarkeit des Mieters einzubeziehen (BGH 22. 5. 2019 – VIII ZR 180/18, BGHZ 222, 133, 155 = NJW 2019, 2765; BGH 11. 12. 2019 – VIII ZR 144/19, NJW 2020, 1215), auch wenn das Bedenken besteht, dass dadurch private Lasten auf den Staat abgewälzt werden. Hat der Mieter ein überdurchschnittliches Einkommen, ist es ihm zuzumuten, angemessenen Ersatzwohnraum zu einer überdurchschnittlich hohen Miete anzumieten (AG Ebersberg WuM 1981, U 20 [LS]).

50 Die **Angemessenheit einer Ersatzwohnung** setzt nicht voraus, dass sie der bisherigen Wohnung vollkommen entspricht. Gewisse Verbesserungen oder Verschlechterungen (LG Hamburg WuM 1990, 118), verbunden mit einer Änderung der Miethöhe (LG Bremen WuM 2003, 333; AG Coesfeld DWW 1989, 230; bis zur Grenze der ortsüblichen Miete PRÜTTING ua/RIECKE Rn 7), sind hinzunehmen (BGH 22. 5. 2019 – VIII ZR 180/18, BGHZ 222, 133, 155 = NJW 2019, 2765; BGH 11. 12. 2019 – VIII ZR 144/19, NJW 2020, 1215; BLANK/BÖRSTINGHAUS/BLANK/BÖRSTINGHAUS Rn 32; FLEINDL WuM 2019, 165, 172; KLEIN-BLENKERS ua/HINZ Rn 9; LÜTZENKIRCHEN/LÜTZENKIRCHEN Rn 27). Bietet der Vermieter dem Mieter eine Alternativwohnung im selben Haus zu im Wesentlichen den bisherigen entsprechenden Mietkonditionen an und weist der Mieter dieses Angebot ohne triftige Begründung zurück, kann er sich im Rahmen der Härtefallprüfung nicht mehr darauf berufen, dass er keinen ihm nach Lage, Ausstattung und Preis zumutbaren Ersatzwohnraum anmieten könne (LG Berlin 18. 12. 2019 – 64 S 91/18, ZMR 2020, 582). Ferner kann es zum Ausschluss einer Härte ausreichen, wenn der Vermieter dem Mieter von der bisherigen Wohnung einen zu Dauerwohnzwecken geeigneten, ausreichenden und abgeschlossenen Teil belässt (LG Mannheim NJW 1965, 2203), wenn er von zwei an denselben Mieter vermieteten Wohnungen nur eine kündigt, die andere aber trotz der verringerten Wohnfläche immer noch ausreicht (LG Stuttgart WuM 1989, 249; AG Hamburg WuM 1992, 373) oder wenn er dem Mieter im Tauschwege eine geeignete Ersatzwohnung anbietet (OLG Karlsruhe NJW 1971, 1746; LG Waldshut-Tiengen WuM 1993, 349; AG Köln WuM 1989, 250). Eine vom Vermieter zum Tausch angebotene kleinere Wohnung darf in einem Rechtsstreit durch das Gericht nicht von vornherein als unangemessen beurteilt werden, weil es in erster Linie Sache des Mieters ist, eigenverantwortlich darüber zu entscheiden, seine Wohnverhältnisse nach seinem subjektiven Raumbedarf und nach dem objektiv Wünschenswerten einzurichten.

51 Eine Grenze findet die Entscheidungsfreiheit erst bei einer dem Vermieter nicht mehr zumutbaren Überbelegung oder an bau- oder polizeirechtlichen Vorschriften (BVerfG NJW 1992, 1220). Anderweitiger Ersatzwohnraum ist deshalb angemessen, wenn er eine geringere, aber immer noch ausreichende Wohnfläche aufweist (LG Freiburg WuM 1990, 152). Der Mieter braucht sich allerdings nicht auf eine Obdachlosenunterkunft (AG Burgsteinfurt WuM 1965, 28), eine Behelfsunterkunft (AG Hannover WuM 1991, 553) oder auf die Unterbringung in einem Alters- oder Pflegeheim verweisen zu lassen (OLG Karlsruhe NJW 1970, 1746; LG Mannheim WuM 1971, 58; LG Wuppertal WuM 1964, 155; AG Köln WuM 1973, 252).

Eine Härte liegt nur vor, wenn der Ersatzwohnraum „nicht beschafft werden kann". 52
Aus diesem Gesetzeswortlaut ist zu schließen, dass sich der Mieter um eine Ersatzwohnung zu bemühen hat. Es handelt sich um eine **Obliegenheit** (BGH 22. 5. 2019 – VIII ZR 180/18, BGHZ 222, 133, 157 = NJW 2019, 2765; MünchKomm/Häublein Rn 14), die den Mieter sofort nach einer wirksamen Kündigung trifft (LG Karlsruhe DWW 1990, 238; LG München I WuM 1990, 153; AG Münster WuM 1998, 731; Schmid/Harz/Harz Rn 12) und nicht erst nach Erlass eines Räumungsurteils (LG Landau/Pfalz ZMR 1992, 396), es sei denn, dass er aus anderen Gründen auf den Erfolg seines Widerspruchs vertrauen darf (LG Regensburg WuM 1983, 141). Er genügt dieser Obliegenheit nur, wenn er alle ihm persönlich und wirtschaftlich zumutbaren, also auch mit finanziellen Opfern verbundenen Schritte unternimmt oder sich der Hilfe von Verwandten und Bekannten bedient (BGH 22. 5. 2019 – VIII ZR 180/18, BGHZ 222, 133, 157 = NJW 2019, 2765; BGH 11. 12. 2019 – VIII ZR 144/19, NJW 2020, 1215; AG Remscheid WuM 1989, 388; Soergel/Heintzmann Rn 9), eine Ersatzwohnung zu beschaffen (AG Bochum WuM 1980, 226; AG Coesfeld DWW 1989, 230; Palandt/Weidenkaff Rn 9). Hierzu ist es notfalls erforderlich, mehrere Zeitungsinserate aufzugeben oder einen Makler einzuschalten (LG Aachen WuM 1985, 265 [LS]; LG Karlsruhe DWW 1990, 238; LG Stuttgart WuM 1991, 198; AG Dortmund DWW 1991, 28; Klein-Blenkers ua/Hinz Rn 11). Selbst dann noch kann es aber für bestimmte Personengruppen unmöglich sein, Ersatzwohnraum zu finden (AG Darmstadt WuM 1983, 151 [LS]; vgl aber AG Bonn WuM 1997, 559).

Bisher erfolglose Bemühungen rechtfertigen aber nicht die Annahme, dass überhaupt kein Ersatz beschafft werden kann (BGH 11. 12. 2019 – VIII ZR 144/19, NJW 2020, 53
1215; AG Stuttgart WuM 1989, 414). **Bloße Schwierigkeiten** bei der Beschaffung genügen nach dem Gesetz nicht, um eine Härte zu begründen. So entbinden amtliche Auskünfte (LG Berlin GE 1990, 543) oder die allgemeine Lage auf dem Wohnungsmarkt den Mieter nicht davon, sich trotzdem zu bemühen, sodass diese Situation allein noch keinen Härtegrund darstellt (LG Berlin GE 1990, 491; LG Berlin GE 1990, 1039; LG Düsseldorf ZMR 1991, 178 [LS]; LG Karlsruhe DWW 1992, 22; LG Mannheim DWW 1993, 140; aM AG Bergheim WuM 1990, 432; AG Freiburg WuM 1991, 686; AG Freiburg WuM 1993, 402; AG Hannover WuM 1991, 553; AG Lübeck WuM 1993, 674; AG Schöneberg GE 1990, 499; AG Stuttgart WuM 1989, 297; AG Stuttgart WuM 1991, 103). Die Obliegenheit des Mieters kann nicht durch die Feststellung des Gerichts ersetzt werden, es herrsche eine Mangellage auf dem Wohnungsmarkt. Anders ist auch dann nicht zu entscheiden, wenn sich die gekündigte Wohnung in einer Gemeinde befindet, in der die ausreichende Versorgung der Bevölkerung mit Mietwohnungen zu angemessenen Bedingungen ausweislich einer **Rechtsverordnung nach § 556d Abs 2 BGB** besonders gefährdet ist. Der Normzweck der „Mietpreisbremse" ist anders geartet als derjenige der §§ 574 ff BGB, er lässt eine Beweiserleichterung oder gar Beweislastumkehr zugunsten des Mieters im Räumungsprozess nicht zu (BGH 22. 5. 2019 – VIII ZR 180/18, BGHZ 222, 133, 156 f = NJW 2019, 2765; LG Berlin 9. 3. 2018 – 63 S 67/16, GE 2018, 998; Fleindl WuM 2019, 165, 173 f; zweifelnd LG Berlin 25. 1. 2018 – 67 S 272/17, NZM 2018, 514; LG Berlin 9. 5. 2018 – 64 S 176/17, WuM 2018, 584). Nichts anderes gilt für eine **Kappungsgrenzenverordnung** nach § 558 Abs 3 S 2 BGB und einer Kündigungs-Sperrfristenverordnung nach § 577a Abs 2 S 2 BGB (BGH 22. 5. 2019 – VIII ZR 180/18, BGHZ 222, 133, 156 = NJW 2019, 2765).

Das Gesetz lässt offen, wie intensiv und wie lange sich der Mieter um Ersatzwohn- 54
raum bemühen muss. Dies ist nur im Einzelfall unter dem Gesichtspunkt der **Zumutbarkeit** zu entscheiden. Unzureichend ist es jedenfalls, wenn innerhalb von sechs

Monaten nur auf drei Chiffreanzeigen geantwortet wird (LG Mannheim DWW 1992, 87). Ist der Mieter wegen seines Berufs oder wegen sportlicher Ambitionen zeitlich in Anspruch genommen, hat dies keine Einschränkung seiner Obliegenheit zur Folge (LG Bonn WuM 1992, 610). Es kann allerdings gerechtfertigt sein, die Bemühungen auf den bisherigen Wohnbezirk zu begrenzen, wenn das pflegebedürftige Kind des Mieters auf die Hilfe der dort lebenden Verwandten angewiesen ist (LG München I WuM 1989, 296).

55 Ebenso ist zu berücksichtigen, wenn der Mieter an einen Rollstuhl gebunden (LG Hannover WuM 1991, 346) oder in sonstiger Weise schwerbehindert (AG Regensburg WuM 1989, 381) und deshalb auf eine Erdgeschosswohnung angewiesen ist, weil dann die Zahl der in Frage kommenden Mietobjekte wegen ihrer sachlichen Eignung begrenzt ist. Ein gehbehinderter Mieter, der die Fortsetzung des Mietverhältnisses über eine Wohnung im Obergeschoss verlangt, kann aber nicht geltend machen, für ihn sei nur Ersatzwohnraum im Erdgeschoss angemessen (AG Dortmund DWW 1993, 238). Im Übrigen können erhebliche **gesundheitliche Beschwerden** des Mieters seine Obliegenheit zur Ersatzraumbeschaffung begrenzen (AG Landau NJW 1993, 2249). Allein aus einem niedrigen Einkommen kann nicht geschlossen werden, dass eine angemessene Ersatzwohnung zu zumutbaren Bedingungen nicht zur Verfügung steht (LG Karlsruhe DWW 1990, 238; **aM** LG Berlin GE 1990, 493; LG Düsseldorf WuM 1992, 371; AG Köln WuM 1972, 144; AG Tettnang WuM 1980, 222). Der Mieter muss darlegen und im Streitfall beweisen, dass er sich in ausreichender Weise bemüht hat, Ersatzwohnraum zu beschaffen (LG Bonn WuM 1992, 16; LG Heidelberg DWW 1991, 244; LG Mannheim DWW 1993, 140; LG Stuttgart WuM 1991, 198; LG Stuttgart WuM 1991, 347; AG Köln WuM 1990, 77), so etwa durch substantiierte Ausführungen in seinem Widerspruch oder durch die Vorlage von Rechnungen über seine Wohnungssuche (LG Freiburg WuM 1993, 402; AG Freiburg WuM 1993, 402).

56 Die normalen **Umzugskosten** sind vom Mieter hinzunehmen (LG Düsseldorf WuM 1989, 414; AG Gelsenkirchen-Buer DWW 1988, 326; AG Schorndorf WuM 1989, 20). Auch sonstige finanzielle Opfer wie Renovierungskosten und dgl können grundsätzlich nicht zugunsten des Mieters berücksichtigt werden (HANS DWW 1968, 10, 12; VOELSKOW DB 1968, 115, 117; vgl auch SPIELBAUER/SCHNEIDER/KRENEK Rn 31; **aM** GLASER MDR 1968, 280, 282). Wird der Mieter von diesen Umständen aber erheblich betroffen, weil er in ungünstigen wirtschaftlichen Verhältnissen lebt, so kann sich aus dem Zusammenwirken dieser Momente eine Härte ergeben.

57 Ein **Zwischenumzug** kann für den Mieter eine Härte bedeuten, wenn er wegen einer bevorstehenden Wohnsitzveränderung (LG Freiburg MDR 1966, 419; LG Kassel WuM 1966, 76; LG Mannheim WuM 1976, 269; LG Mannheim WuM 1981, 234; LG Würzburg WuM 1965, 63; AG Hannover WuM 1970, 41; AG Köln WuM 1972, 130; AG Tübingen ZMR 1986, 60 [LS]; AG Tübingen WuM 1989, 240 [LS]), der Fertigstellung eines Wohnungsneubaus (OLG Karlsruhe NJW 1970, 1746; LG Mannheim NJW 1964, 2307; LG Stuttgart WuM 1991, 589; AG Bochum WuM 1965, 64; AG Bochum WuM 1979, 256; AG Dortmund WuM 2004, 210; AG Münster WuM 1978, 51; AG Neubrandenburg WuM 1994, 374), einer durch den Auszug der Kinder zu erwartenden Verkleinerung der Familie (LG Lübeck WuM 1988, 269), eines beabsichtigten Umzugs in ein Seniorenwohnheim (LG Köln NJW-RR 1997, 1098) oder einer Renovierung der vorgesehenen Wohnung ohnehin in absehbarer Zeit ausgezogen wäre. Dabei kann von etwa ein bis zwei Jahren ausgegangen werden (AG Dortmund-

Hörde DWW 1966, 279; AG Tübingen ZMR 1986, 60 [LS]). Dies kann aber nicht gelten, wenn der Mieter erst ein Jahr nach Ausspruch der Kündigung und ein halbes Jahr nach Beendigung des Mietverhältnisses ein noch zu errichtendes Einfamilienhaus kauft (LG Köln DWW 1988, 252). Ein vorläufiger Umzug ist weiter unzumutbar, wenn der Mieter Ersatzwohnraum gefunden hat, der aber erst in zwei Monaten zur Verfügung steht (LG Wiesbaden WuM 1988, 269). Dem Mieter kann ein Zwischenumzug aber zugemutet werden, wenn der Zeitpunkt der Fertigstellung eines Hauses noch nicht absehbar ist (LG Köln ZMR 1976, 148; aM AG Celle NdsRpfl 1968, 230) oder wenn er sich über den zunächst angenommenen Termin hinaus deutlich verzögert (LG Kaiserslautern WuM 1970, 202; AG Flensburg WuM 1971, 154).

6. Keine berechtigten Interessen des Vermieters

a) Allgemeines

aa) Gegenüber den Härtegründen für den Mieter sind aufseiten des Vermieters 58 dessen berechtigte Interessen an einer Beendigung des Mietverhältnisses durch Kündigung zu berücksichtigen. Dies sind bei der Kündigung eines Mietverhältnisses über Wohnraum grundsätzlich die gleichen Interessen, die nach § 573 Abs 1, 2 BGB für die Wirksamkeit der Kündigung erforderlich sind. Mangelt es bereits daran, kommt es auf die Sozialklausel nicht mehr an. Im Übrigen dürfen nach § 574 Abs 3 BGB bei der Würdigung der berechtigten Interessen des Vermieters nur solche Gründe berücksichtigt werden, die in dem **Kündigungsschreiben** nach § 573 Abs 3 BGB angegeben sind (BeckOK/Hannappel [1. 8. 2020] Rn 24; BeckOK MietR/Siegmund [1. 8. 2020] Rn 31; Klein-Blenkers ua/Hinz Rn 23; Lützenkirchen/Lützenkirchen Rn 64). Darüber hinaus kommen nur solche Gründe in Betracht, die nachträglich, dh nach Abgabe der Kündigungserklärung entstanden sind.

bb) Handelt es sich um ein Mietverhältnis über eine Wohnung in einem vom 59 Vermieter selbst bewohnten **Wohngebäude mit nicht mehr als zwei Wohnungen**, ist die Kündigung des Vermieters nach **§ 573a Abs 1 BGB** wirksam, wenn ihm bei der Kündigung keine berechtigten Interessen zur Seite stehen oder wenn er sich nicht darauf beruft. Es kommt deshalb für die Wirksamkeit der Kündigung nicht darauf an, dass der Vermieter die zugrunde liegenden Umstände in dem Kündigungsschreiben angibt. Durch diese Sonderregelung einer erleichterten Kündigung, die in der besonderen Wohnsituation begründet ist, werden indessen die weitergehenden Schutzrechte des Mieters nicht berührt (vgl § 573a Rn 26; OLG Hamm NJW 1992, 1969; AG Bergisch Gladbach WuM 1994, 22; Sonnenschein NZM 2000, 1, 7). Um im Rahmen des § 574 BGB die Interessen des Vermieters berücksichtigen zu können und damit ein Widerspruchsrecht des Mieters auszuschließen, kommt es darauf an, dass sich der Vermieter überhaupt auf berechtigte Interessen berufen kann. Dabei sind auch solche Interessen zu berücksichtigen, die im Rahmen des § 573 Abs 1, 2 BGB keinen Kündigungsgrund darstellen würden (Schmidt-Futterer/Blank Rn 62). Das berechtigte Interesse iS des § 574 BGB ist deshalb im Hinblick auf Sinn und Zweck der erleichterten Kündigung und die in § 573a Abs 1 BGB getroffenen Wertungen auszulegen (AG Arnsberg DWW 1987, 18).

cc) Nach **§ 573b Abs 1 BGB** kann der Vermieter ohne ein berechtigtes Interesse 60 eine **Teilkündigung hinsichtlich nicht zum Wohnen bestimmter Nebenräume oder von Teilen eines Grundstücks**, die er dazu verwenden will, Wohnraum zum Zwecke der

Vermietung zu schaffen oder den neu zu schaffenden und den vorhandenen Wohnraum mit Nebenräumen und Grundstücksteilen auszustatten, erklären. Auch insoweit ist die Sozialklausel anwendbar, da weitergehende Schutzrechte des Mieters unberührt bleiben. Die Zulassung der Teilkündigung bezweckt, dass zusätzlicher Wohnraum aus dem Bestand zur Verfügung gestellt werden kann. Da bei der Teilkündigung von Nebenräumen oder Grundstücksteilen kein primäres Wohninteresse des Mieters betroffen ist, auf der anderen Seite hinter dem Kündigungsinteresse des Vermieters das öffentliche Interesse an der Schaffung von neuem Wohnraum steht, fällt in diesen Sonderfällen die Interessenabwägung in aller Regel zugunsten des Vermieters aus.

61 **dd)** Die Interessen des Vermieters an einer Beendigung des Mietverhältnisses müssen sich aus **konkreten Umständen** ergeben (AG Remscheid-Lennep MDR 1968, 500). Unzureichend ist es, wenn der Vermieter sich nur auf sein Eigentum beruft. Dieses Recht wird nach Art 14 Abs 2 GG durch die Sozialpflichtigkeit eingeschränkt, was in der Sozialklausel des § 574 BGB seinen Ausdruck gefunden hat. Berechtigt sind die Interessen des Vermieters, wenn sie mit der Rechts- und Sozialordnung in Einklang stehen, also vom Gerechtigkeitsgedanken her vertretbar sind. Hierbei ist die Rechtsprechung zu § 573 Abs 2 BGB zu berücksichtigen, die den Schutz des Eigentums wesentlich stärker betont als früher (BVerfGE 79, 283, 289 ff = NJW 1989, 972; BVerfGE 79, 292, 301 ff = NJW 1989, 970; BGHZ 103, 91, 96 ff = NJW 1988, 904). Da es für den Vermieter hierdurch leichter geworden ist, die Voraussetzungen eines Kündigungsgrundes zu erfüllen, ist der Sozialklausel im Gefüge des Kündigungsschutzes desto größere Bedeutung beizumessen. Eine anderweitige Wertigkeit der Interessen im Rahmen des § 574 BGB ist mit dieser Rechtsprechung nicht verbunden (LG Koblenz WuM 1990, 20; LG München I WuM 1989, 296). Vielmehr sind die beiderseitigen Interessen als grundsätzlich gleichwertig in die Abwägung einzubringen, ohne dass einer Partei von vornherein ein Vorrang zukommt (LG Koblenz WuM 1991, 267; Schmidt-Futterer/Blank Rn 64). Ebensowenig folgt aus der Anerkennung des Besitzrechts des Mieters als Eigentum iS des Art 14 GG durch das BVerfG, dass das Bestandsinteresse des Mieters in jedem Fall vorgeht (BVerfGE 89, 1, 8 f = NJW 1993, 2035).

b) Einzelfälle

62 Als berechtigtes Interesse des Vermieters kommen in erster Linie die in § 573 Abs 2 BGB ausdrücklich aufgezählten Gründe in Betracht, darüber hinaus auch sonstige Gründe, da die gesetzliche Aufzählung nicht abschließend ist.

63 **aa)** Hierzu gehören nach § 573 Abs 2 Nr 1 BGB **erhebliche, schuldhafte Pflichtverletzungen** des Mieters. In Betracht kommen etwa Zahlungsverzug nach § 543 Abs 2 S 1 Nr 3 BGB, Zahlungsverzug mit der Mietkaution nach § 569 Abs 2a BGB, vertragswidriger Gebrauch nach § 543 Abs 2 BGB, insbesondere unbefugte Untervermietung, eine Störung des Hausfriedens sowie Belästigungen des Vermieters. Zu beachten ist allerdings, dass diese Gründe nicht ein Gewicht erreichen dürfen, das eine fristlose Kündigung durch den Vermieter rechtfertigen würde, weil dann eine Fortsetzung des Mietverhältnisses nach § 574 Abs 1 S 2 BGB ausscheidet und es einer Interessenabwägung nicht bedarf.

64 **bb) Eigenbedarf** des Vermieters kann nach § 573 Abs 2 Nr 2 BGB ein berechtigtes Interesse an einer Beendigung des Mietverhältnisses begründen (BVerfG NZM 1999,

659; BGH NZM 2005, 143; AG Aachen ZMR 1964, 308; AG Hagen ZMR 1964, 308; Klein-Blenkers ua/Hinz Rn 25; Prütting ua/Riecke Rn 13). Dabei sind nicht nur die eigenen Interessen des Vermieters zu berücksichtigen, der etwa wegen seiner Hilfsbedürftigkeit darauf angewiesen ist, eine Pflegeperson in seine Wohnung aufzunehmen. Es kommt auch auf den Wohnbedarf für die zum Haushalt des Vermieters gehörenden Personen oder für seine Angehörigen an (LG Frankfurt aM NZM 2011, 774; LG Freiburg WuM 1990, 152; AG Münster WuM 1988, 364; BeckOGK/Emanuel [1. 7. 2020] Rn 50; Weimar WuM 1968, 426, 427). So kann sich etwa der Eigenbedarf einer in prekären Wohnverhältnissen lebenden vierköpfigen Familie (BGH 22. 5. 2019 – VIII ZR 180/18, BGHZ 222, 133, 159 = NJW 2019, 2765) oder derjenige einer sechsköpfigen Familie gegenüber dem Interesse zweier alleinstehender Mieter durchsetzen (LG Köln WuM 1992, 542 mAnm Sommerfeld). Das Gleiche ist für den Eigenbedarf anzunehmen, der in Pflegebedürftigkeit der Eltern des Vermieters begründet ist (LG Arnsberg WuM 1990, 19). Umgekehrt tritt das Eigentumsrecht gegenüber dem Recht auf körperliche Unversehrtheit zurück, wenn der Wohnungswechsel für den Mieter mit Gesundheits- oder gar Lebensgefahr verbunden ist (LG Oldenburg WuM 1991, 346). Zu berücksichtigen ist auch die **Dringlichkeit** des Eigenbedarfs (BVerfG NZM 1999, 659; BayVerfGH NJW 1993, 518; BGH 15. 3. 2017 – VIII ZR 270/15, NJW 2017, 1474; AG Hannover WuM 1991, 553).

Das Eigenbedarfsinteresse des Vermieters ist nicht deshalb weniger gewichtig, weil er die Wohnung bereits **im vermieteten Zustand erworben** hat (BGH 22. 5. 2019 – VIII ZR 180/18, BGHZ 222, 133, 159 f = NJW 2019, 2765). Es kann aber hinter die Bestandsinteressen des Mieters zurücktreten müssen, wenn er eine während des Laufs der Kündigungsfrist frei werdende Wohnung im Hause an einen anderen Interessenten vermietet hat (LG Hannover WuM 1991, 346; LG Wuppertal WuM 1970, 133; AG München WuM 1970, 23), soweit diese Fälle nicht bereits durch eine Beurteilung der Kündigung als rechtsmissbräuchlich und unwirksam gelöst werden (BVerfGE 79, 292, 305 = NJW 1989, 970; BVerfG NJW 1991, 2273), ferner, wenn es zumutbar ist, dass ein lediger Familienangehöriger, für den Eigenbedarf geltend gemacht wird, noch eine gewisse Zeit in der elterlichen Wohnung bleibt (AG Bochum WuM 1980, 226). Dasselbe kann gelten, wenn der geltend gemachte erhöhte Wohnbedarf eher der Erhöhung des „Wohnkomforts" als der Beseitigung völlig unzureichender beengter Wohnverhältnisse dient (BGH 15. 3. 2017 – VIII ZR 270/15, NJW 2017, 1474; Singbartl/Henke NZM 2017, 289), oder wenn angenommen werden kann, dass es jüngeren Familienangehörigen, für die Eigenbedarf geltend gemacht wird, leichter fallen wird als den alten Mietern, eine andere Wohnung zu finden (AG Landau NJW 1993, 2249). **65**

Steht der Vermieter vor der **Wahl, welchem von mehreren Mietern er wegen Eigenbedarfs kündigen** soll, richtet sich die Wirksamkeit der Kündigung nach § 573 Abs 2 Nr 2 BGB. Ist hinsichtlich der vorgenommenen Kündigung ein berechtigtes Interesse zu verneinen, so ist die Kündigung unwirksam. Auf § 574 BGB kommt es dann nicht an. Ist die Kündigung aber wirksam, kann bei der Sozialklausel im Rahmen der Interessenabwägung noch zu berücksichtigen sein, ob der Eigenbedarf durch Inanspruchnahme einer anderen Wohnung hätte gedeckt werden können (LG Hannover WuM 1990, 305; LG Siegen WuM 1990, 23; AG Heilbronn WuM 1991, 102; AG Krefeld NJW 1978, 1265). **66**

Zweifelhaft ist, welche Bedeutung dem Verhältnis zwischen dem Zeitpunkt des Eigentumserwerbs des Vermieters und der **Dauer des Mietverhältnisses** zukommt. **67**

Im Rahmen des § 573 BGB ist eine generelle Wartezeit des Erwerbers eines Mietshauses entgegen der von der Rechtsprechung früher zu § 4 MietSchG aus Billigkeitsgründen vertretenen Ansicht nicht mehr anzuerkennen, da der Gesetzgeber dem Zeitmoment in § 573c Abs 2 BGB durch eine Staffelung der Kündigungsfristen Rechnung getragen hat. Die Sonderregelung des § 577a BGB, die bei der Umwandlung von Miet- in Eigentumswohnungen eingreift, ist wegen ihrer Zielsetzung, eine solche Umwandlung zu verhindern, keiner ausdehnenden Auslegung zugänglich (Schmidt-Futterer ZMR 1974, 37, 38; aM Vogel JZ 1975, 73, 75). Dies steht aber einer Berücksichtigung des Zeitmoments im Rahmen des § 574 BGB nicht entgegen. Zu weit geht es allerdings, dem Grundstückserwerber eine Berufung auf Eigenbedarf idR erst dann zu gestatten, wenn eine gewisse Zeit verstrichen ist, zB drei Jahre nach dem Eigentumserwerb. Eigenbedarf bildet grundsätzlich ohne diese Einschränkung ein berechtigtes Interesse, das nur in einer am Einzelfall orientierten Interessenabwägung hinter dem Schutzbedürfnis des Mieters zurückzutreten hat (BGH 22. 5. 2019 – VIII ZR 180/18, BGHZ 222, 133, 159 f = NJW 2019, 2765). Dabei kommt es vor allem auf die Dringlichkeit des Eigenbedarfs an. Eine generelle Wartezeit für den Erwerber einer vermieteten Wohnung kann deshalb im Rahmen des § 574 BGB nicht anerkannt werden. Jedenfalls darf dem Erwerber nicht zum Nachteil gereichen, dass er nicht unmittelbar nach dem Erwerb eine Kündigung ausspricht und die Räumung durchzusetzen versucht, sondern über längere Zeit erst noch längere Fahrzeiten zur Arbeitsstätte hinnimmt (BVerfG NZM 1999, 659).

68 **cc)** Ein berechtigtes Interesse des Vermieters liegt nach § 573 Abs 2 Nr 3 BGB vor, wenn er durch die Fortsetzung des Mietverhältnisses an einer **angemessenen wirtschaftlichen Verwertung** des Grundstücks gehindert und dadurch erhebliche Nachteile erleiden würde. Eine anderweitige wirtschaftliche Verwertung ist gegeben, wenn der Vermieter das Grundstück verkaufen, zu Geschäftszwecken vermieten oder verpachten, ein großes soziales Bauvorhaben durchführen (LG Köln WuM 1976, 163 m zust Anm Weimar) oder auch das Gebäude abreißen will (AG Düsseldorf WuM 1991, 168). So kann das Interesse des Vermieters an einer Beendigung des Mietverhältnisses berechtigt sein, wenn er aus existenziellen Gründen auf den Verkaufserlös angewiesen ist, die Verkaufsverhandlungen aber daran scheitern oder dadurch beeinträchtigt werden, dass die Wohnung noch vermietet ist (OLG Karlsruhe NJW 1971, 1182; LG Traunstein WuM 1989, 420; LG Trier WuM 1991, 273; AG Bayreuth WuM 1991, 180).

69 Auch insoweit bedarf es jedoch einer **Abwägung der Interessen**. Es wäre bedenklich, den Verkaufsabsichten des Vermieters ohne Weiteres den Vorrang vor Härtegründen in der Person des Mieters einzuräumen, wie es in der Rechtsprechung (LG Saarbrücken NJW 1970, 1554) beim Verkauf eines Einfamilienhauses mit der Begründung angenommen worden ist, es handele sich nicht um ein Renditeobjekt und als Käufer kämen fast ausschließlich Personen in Frage, die das Haus zu eigenen Wohnzwecken erwerben wollten. Den Verkaufsabsichten ist kein größeres Gewicht beizumessen als einem Eigenbedarf des Vermieters, bei dessen Geltendmachung die Interessenabwägung gleichfalls erfolgen muss (vgl Rn 64 ff). Die Möglichkeit, eine höhere Miete durch anderweitige Vermietung als Wohnraum zu erzielen, bildet nach § 573 Abs 2 Nr 3 BGB ebensowenig ein berechtigtes Interesse des Vermieters wie ein rechtlich nicht bindendes Versprechen des Vermieters gegenüber einem anderen Mieter, diesem demnächst die Wohnung des gekündigten Mieters zur Verfügung zu stellen (OLG Karlsruhe NJW 1970, 1746; LG Mannheim WuM 1971, 58).

dd) Neben den in § 573 Abs 2 BGB nicht abschließend aufgezählten Fällen eines 70 berechtigten Interesses des Vermieters kommen **sonstige Gründe** in Betracht, die im Rahmen des § 574 BGB zu berücksichtigen sind. Dies gilt für Betriebsbedarf im weiteren Sinne wie etwa der Inanspruchnahme der Wohnung durch einen Bauverein für seine Mitglieder, während § 576a BGB für Werkmietwohnungen eine Sonderregelung enthält, ferner für öffentliche Interessen, die bei den von Anfang an fehlbelegten Sozialwohnungen, bei Sanierungsmaßnahmen oder bei einer Inanspruchnahme des Wohnraums unmittelbar zur Erfüllung öffentlich-rechtlicher Pflichten zugunsten des Vermieters ins Gewicht fallen. Ein Mietverhältnis über Wohnraum in **Studenten- oder Jugendwohnheimen** kann nach § 549 Abs 3 BGB ohne ein berechtigtes Interesse iS des § 573 BGB gekündigt werden. Gleichwohl bleibt die Sozialklausel anwendbar, da § 574 BGB nicht zu den in § 549 Abs 3 BGB ausgenommenen Vorschriften zählt. Bei der Interessenabwägung ist aufseiten des Vermieters das in solchen Heimen weitgehend übliche Rotationsprinzip zu berücksichtigen, weil ein öffentliches Interesse daran besteht, dass derartiger Wohnraum auf die Bewerber angemessen verteilt wird (LG Aachen WuM 1986, 252; LG Dortmund WuM 1982, 276). Andererseits können gerade hier ein kurz bevorstehendes Examen oder die erhebliche Verzögerung der Anfertigung einer Dissertation zugunsten des Mieters ins Gewicht fallen (oben Rn 45).

Ein berechtigtes Interesse des Vermieters kann auch bei **Unzumutbarkeit einer wei-** 71 **teren Fortsetzung des Mietverhältnisses** berücksichtigt werden. Die Unzumutbarkeit kann auf starken Spannungen zwischen den Mietparteien beruhen. Spannungen können auch dann zugunsten des Vermieters berücksichtigt werden, wenn nicht mehr festzustellen ist, auf wessen Veranlassung die Störung des Mietverhältnisses zurückzuführen ist. Entscheidend kommt es darauf an, ob es mit Rücksicht auf den Hausfrieden für den Vermieter unzumutbar ist, das Mietverhältnis fortzusetzen. Dies kann vor allem bei einem vom Vermieter selbst bewohnten Zweifamilienhaus, also in den Fällen des § 573a Abs 1 BGB, bedeutsam sein, wenn die Kündigung auch ohne berechtigtes Interesse des Vermieters möglich ist (vgl Rn 62). Hat der Vermieter die Spannungen ganz oder überwiegend selbst verursacht, scheidet eine Berücksichtigung zu seinen Gunsten wegen widersprüchlichen Verhaltens aus (Voelskow DB 1968, 115, 118; **aM** AG Alsfeld NJW-RR 1992, 339). Unzureichend ist es, wenn der Mieter lediglich gewisse Eigenschaften aufweist, die den Vermieter stören (AG Arnsberg DWW 1988, 182).

c) Ausgeschlossene Interessen (Abs 3)
aa) Die vorgenannten Interessen des Vermieters an der Beendigung des Mietver- 72 hältnisses werden jedoch nur insoweit berücksichtigt, als sie im Kündigungsschreiben nach § 573 Abs 3 BGB angegeben worden sind, es sei denn, dass die Gründe nachträglich entstanden sind. Der **Zweck** dieser Bestimmung besteht – wie derjenige des § 573 Abs 3 BGB – darin, dass der Mieter so früh wie möglich Klarheit über seine Rechtsposition erlangen und so in die Lage versetzt werden soll, rechtzeitig alles Erforderliche zur Wahrung seiner Interessen zu veranlassen. Zudem soll der Vermieter sich selbst über die Rechtslage und die Aussichten des von ihm beabsichtigten Schrittes klar werden (BT-Drucks VI/1549, 7 f; BT-Drucks 7/2011, 8). Er muss also alle Kündigungsgründe angeben, auf die er die Kündigung und die im Rahmen des § 574 BGB vorzunehmende Interessenabwägung stützen will (vgl LG Hamburg WuM 1993, 679).

73 bb) § 574 Abs 3 BGB findet **keine Anwendung auf Kündigungen nach § 573a und § 573b BGB**, die der Begründung gar nicht bedürfen (BT-Drucks 14/4553, 69; Erman/Lützenkirchen Rn 14; MünchKomm/Häublein Rn 26; Schmidt-Futterer/Blank § 573a Rn 37). Damit weicht das Gesetz von der bis zur Mietrechtsreform geltenden Rechtslage ab (OLG Hamm NJW 1992, 1969; Kossmann/Meyer-Abich § 131 Rn 25; Sonnenschein NJW 1998, 2172, 2188). Diese war insoweit in sich widersprüchlich, als sie für die Wirksamkeit der Kündigung von Mietverhältnissen über Wohnungen in vom Vermieter selbst bewohnten Zweifamilienhäusern, Einliegerwohnungen und von nicht zu Wohnzwecken bestimmten Nebenräumen zwar keine Begründung verlangte, es dem Mieter aber, wenn der Vermieter ohne Begründung gekündigt hatte, ermöglichte, mit der Geltendmachung jedweder Härte die Vertragsfortsetzung zu erzwingen, ohne dass eine Abwägung mit dem Erlangungsinteresse des Vermieters möglich gewesen wäre. Indem der Gesetzgeber nunmehr ausdrücklich auf die „in dem Kündigungsschreiben nach § 573 Abs 3 BGB angegebenen Gründe" Bezug nimmt, ist dieser Widerspruch beseitigt.

74 cc) Für den **Umfang der Begründungspflicht** und die **Geltendmachung nachträglich entstandener Gründe** gelten die Bemerkungen zu § 573 Abs 3 BGB entsprechend (vgl § 573 Rn 201 ff, 223 ff).

7. Interessenabwägung

75 a) Die Härte, die für den Mieter oder seine Familie in der vertragsmäßigen Beendigung des Mietverhältnisses liegt, darf nach § 574 Abs 1 BGB auch unter Würdigung der berechtigten Interessen des Vermieters nicht zu rechtfertigen sein. Damit sind die im konkreten Einzelfall bestehenden Härtegründe gegen die berechtigten Interessen des Vermieters an einer Beendigung des Mietverhältnisses abzuwägen. Dies ist dem Tatrichter vorbehalten und hängt von einer nach **gründlicher und sorgfältiger Sachverhaltsfeststellung** und ggf von Amts wegen erhobener Beweise (BGH 22. 5. 2019 – VIII ZR 180/18, BGHZ 222, 133, 148 f = NJW 2019, 2765; BGH 26. 5. 2020 – VIII ZR 64/19, NZM 2020, 607; AG Berlin-Mitte 12. 12. 2019 – 10 C 3/19, WuM 2020, 93; zu den Grenzen LG Berlin 18. 12. 2019 – 64 S 91/18, ZMR 2020, 582) vorzunehmenden **Gewichtung** der beiderseitigen Interessen und **Würdigung des gesamten Sachverhalts** ab (BGH 15. 3. 2017 – VIII ZR 270/15, NJW 2017, 1474; BGH 22. 5. 2019 – VIII ZR 180/18, BGHZ 222, 133, 149 = NJW 2019, 2765; BGH 11. 12. 2019 – VIII ZR 144/19, NJW 2020, 1215; BayObLG 29. 11. 1983 – REMiet 3/82, WuM 1984, 9), soweit die Einbeziehung der maßgebenden Umstände nicht aus prozessualen oder materiell-rechtlichen Gründen ausgeschlossen ist (BayVerfGH NJW 1993, 518). Dazu gehört es, dass das Gericht sich von den Einkommensverhältnissen der Mieter überzeugt, wenn es deren berechtigte Interessen darin begründet sieht, dass sie zu zumutbaren Bedingungen keinen angemessenen ersatzwohnraum beschaffen können (BGH 11. 12. 2019 – VIII ZR 144/19, NJW 2020, 1215). Soweit der Mieter sich auf medizinische Gründe (Krankheit, Gebrechlichkeit etc) stützt, wird regelmäßig eine sachverständige Begutachtung erforderlich sein (BGH 22. 5. 2019 – VIII ZR 167/17, NZM 2019, 527; BGH 22. 5. 2019 – VIII ZR 180/18, BGHZ 222, 133, 152 u 154 = NJW 2019, 2765; BGH 26. 5. 2020 – VIII ZR 64/19, NZM 2020, 607). Bei der Wertung der jeweiligen Interessen ist einerseits das Grundrecht aus Art 14 GG des Eigentümers, über sein Eigentum nach eigenem Belieben zu verfügen, zu berücksichtigen, andererseits die in Art 14 GG selbst angelegten Schranken des Eigentums, namentlich die Sozialbindung desselben sowie die von den Gerichten als Trägern staatlicher

Gewalt stets zu schützende Menschenwürde des Mieters, dessen Recht auf Leben und körperliche Unversehrtheit sowie ggf weitere – auch verfassungsrechtlich – geschützte Interessen (AG Berlin-Mitte 7. 6. 2016 – 116 C 190/15, WuM 2016, 569). Der Gesetzgeber hat mit der Neufassung der Vorschrift durch das MietRÄndG 3 gegenüber dem früheren Gesetzeswortlaut, in dem von „voller Würdigung der Belange des Vermieters" die Rede war, klargestellt, dass den Interessen des Vermieters nicht von vornherein ein größeres Gewicht zugemessen werden darf als denjenigen des Mieters (BT-Drucks V/1743, 3). Berechtigte Interessen des Vermieters an einer Beendigung des Mietverhältnisses sind deshalb nicht ohne Weiteres ausschlaggebend für den Eintritt dieser Rechtsfolge (BGH NZM 2005, 143).

Eine unterschiedliche **Gewichtung** kann sich nicht nur aus der Bedeutung der jeweils **75a** vorgebrachten Tatsachen ergeben, sondern auch aus verfassungsrechtlichen Vorgaben, etwa dem Verhältnis von Eigentumsgarantie und dem Recht auf körperliche Unversehrtheit (LG Oldenburg WuM 1991, 346). Bei der hierzu von den Tatsacheninstanzen nach gründlicher und sorgfältiger Feststellung des Sachverhalts vorzunehmenden Würdigung der beiderseitigen Interessen und ihrer Subsumtion unter die unbestimmten Rechtsbegriffe der genannten Bestimmung hat das **Revisionsgericht** den tatrichterlichen Beurteilungsspielraum zu respektieren. Es kann regelmäßig nur überprüfen, ob Rechtsbegriffe verkannt oder sonst unzutreffende rechtliche Maßstäbe angelegt worden sind, ob Denkgesetze und allgemeine Erfahrungssätze missachtet wurden oder ob dem Berufungsgericht von der Revision gerügte Verfahrensverstöße unterlaufen sind, indem es etwa wesentliche Tatumstände übersehen oder nicht vollständig gewürdigt hat (BGH 15. 3. 2017 – VIII ZR 270/15, NJW 2017, 1474; BGH 22. 5. 2019 – VIII ZR 167/17, NZM 2019, 527; BGH 22. 5. 2019 – VIII ZR 180/18, BGHZ 222, 133, 144 = NJW 2019, 2765; BGH 11. 12. 2019 – VIII ZR 144/19, NJW 2020, 1215). Soweit die Tatsacheninstanzen diesen Anforderungen nicht entsprochen haben, hat der BGH ihnen aufgegeben, sich ein „in die Tiefe gehendes eigenständiges Bild von den auf ein Erfordernis zur Beibehaltung der bisherigen Wohnung hinweisenden Interessen des betroffenen Mieters" zu verschaffen (BGH 15. 3. 2017 – VIII ZR 270/15, NJW 2017, 1474) und ggf den Inhalt eines „Sachverständigengutachtens nebst mündlicher Erläuterung zu den gravierenden Auswirkungen der Krankheit ... umfassend und eingehend zu würdigen" (BGH 16. 10. 2013 – VIII ZR 57/13, NZM 2013, 824). Wegen des Grundrechtsbezugs kann die Interessenabwägung auch **verfassungsgerichtlich** überprüft werden (BVerfG WuM 1993, 172; BVerfG NJW-RR 1993, 1358; BVerfG WuM 1994, 257).

b) Voraussetzung für einen erfolgreichen Widerspruch des Mieters ist es, dass bei **76** der erforderlichen Abwägung die Härtegründe auf seiner Seite die Interessen des Vermieters überwiegen. Bei der **Abwägung** ist zu berücksichtigen, ob der Mieter bereits beim Abschluss des Vertrags die späteren Härtegründe kannte (AG Bad Homburg WuM 1989, 303). Das Widerspruchsrecht besteht nicht, wenn den Interessen des Vermieters das Übergewicht zukommt. Stehen sich dessen Interessen und die Härtegründe aufseiten des Mieters gleichgewichtig gegenüber, so ist das Widerspruchsrecht ausgeschlossen (LG Berlin WuM 1990, 504; LG Berlin GE 1995, 429; LG Hamburg NJW 1997, 2761; LG Hannover WuM 1990, 609; LG München I ZMR 2013, 198; AG Coesfeld DWW 1989, 230; Erman/Lützenkirchen Rn 13; Jauernig/Teichmann Rn 2; Münch Komm/Häublein Rn 24; Prütting ua/Riecke Rn 14; Soergel/Heintzmann Rn 19). Die Sozialklausel soll das Kündigungsrecht des Vermieters nur einschränken, wenn die Härte für den Mieter nicht zu rechtfertigen ist. Der darin für den Vermieter liegende

Eingriff ist aber nur gerechtfertigt, wenn den Interessen der Gegenseite ein Übergewicht gegenüber dem primären Recht des Vermieters auf freie Verfügungsbefugnis über sein Eigentum zukommt. Nicht erforderlich ist, dass die Interessen des Mieters diejenigen des Vermieters „deutlich" oder „erheblich" überwiegen; ein „einfaches" Überwiegen genügt (BGH 22. 5. 2019 – VIII ZR 180/18, BGHZ 222, 133, 149 f = NJW 2019, 2765; LG München I 21. 10. 2019 – 14 S 7018/19, ZMR 2020, 312).

77 c)   Eine genauere Analyse der Gerichtsentscheidungen zeigt, dass sich die **Interessenabwägung in der Praxis** häufig darauf beschränkt, die Interessen des Vermieters den vom Mieter geltend gemachten Härtegründen gegenüberzustellen. Das Ergebnis mündet in die Feststellung, dass die Gründe der einen oder anderen Partei höher zu bewerten seien, ohne dass erkennbar wird, nach welchen inhaltlichen Kriterien die Abwägung vorgenommen worden ist, sofern sie denn überhaupt stattgefunden hat und das Ergebnis nicht ein reiner richterlicher Gestaltungsakt ist. So stellt sich der Entscheidungsprozess eher als eine Beweiswürdigung und weniger als eine Interessenabwägung dar. In Anbetracht der Vielgestaltigkeit des Lebens besteht zwar außer gewissen verfassungsrechtlichen Vorgaben (vgl Rn 75) kein festes Abwägungsschema, aus dem sich Leitlinien für die Würdigung des Einzelfalls entwickeln lassen. Das entbindet das Gericht aber nicht von einer **sorgfältigen Gewichtung der Interessen**, die sich nicht in bloßen Formeln erschöpfen darf (BGH NZM 2013, 824; BGH 22. 5. 2019 – VIII ZR 180/18, BGHZ 222, 133, 149 = NJW 2019, 2765; BGH 11. 12. 2019 – VIII ZR 144/19, NJW 2020, 1215). Dies hat zur Folge, dass die Regelung der Sozialklausel zu reinen Einzelfallentscheidungen führt, wie es auch ihrem Ziel entspricht, individuelle soziale Härten aufzufangen. Deshalb lassen sich über eine oberflächliche Bildung von Fallgruppen hinaus (vgl Rn 29 ff) kaum feste Maßstäbe für eine Beurteilung gewinnen. Dies bewirkt eine für beide Parteien höchst unbefriedigende Rechtsunsicherheit bei der Einschätzung ihrer Rechtsstellung aufgrund der Sozialklausel.

III.   Rechtsfolgen

78   Als Rechtsfolge ist in § 574 Abs 1 S 1 BGB bestimmt, dass der Mieter der Kündigung widersprechen und die Fortsetzung des Mietverhältnisses verlangen kann. Nach verbreiteter Auffassung soll es sich bei dem Widerspruch und Fortsetzungsverlangen um eine **einheitliche Willenserklärung** handeln, deren Bestandteile nicht getrennt voneinander bestehen könnten (BLANK/BÖRSTINGHAUS/BLANK/BÖRSTINGHAUS § 574a Rn 2; HOFFMANN NJW 1966, 486, 487; PALANDT/WEIDENKAFF § 574b Rn 2). Die Geltendmachung des Widerspruchs und des Verlängerungsanspruchs sei ein wesentlicher Bestandteil der Erklärung. Nur der Kündigung zu widersprechen, ohne die Fortsetzung des Mietverhältnisses zu verlangen, sei ebenso sinnlos, wie umgekehrt nur die Fortsetzung zu verlangen, aber nicht die Kündigung anzugreifen.

79   Der Gesetzeswortlaut lässt insoweit keine eindeutigen Schlüsse zu (aM HOFFMANN NJW 1966, 486, 487). Wenn in § 574 Abs 1 S 1 BGB nebeneinander von Widerspruch und Verlangen auf Fortsetzung die Rede ist, in § 574a Abs 1 BGB nur von einem Fortsetzungsverlangen oder in § 574b Abs 1 BGB auch nur von dem Widerspruch, so lässt dies nicht nur den von der obigen Meinung gezogenen Schluss zu, dass es sich um eine einheitliche Erklärung handele, sondern auch, dass der Mieter seine Rechte **in zwei getrennten Erklärungen** geltend machen kann, wobei der Widerspruch wiederum Voraussetzung für das Verlangen auf Fortsetzung des Mietverhältnisses ist.

Deutlicher ist § 574b Abs 1 BGB, wo es heißt, dass der Widerspruch des Mieters gegen die Kündigung schriftlich zu erklären ist. Diese Formulierung legt es nahe, von einer einheitlichen Willenserklärung auszugehen. Damit ist aber noch nicht der Schluss gerechtfertigt, die Erklärung sei unwirksam, wenn aus ihr nicht der Widerspruch und das Fortsetzungsbegehren nebeneinander hervorgehen.

Die Schwierigkeiten bei der **dogmatischen Einordnung** dieser beiden Bestandteile resultieren aus der Entstehungsgeschichte der Vorschrift. Nach Art III § 4 des RegE eines AbbauG (BT-Drucks III/1234, 9) war ein Recht des Mieters zum Widerspruch gegen die Kündigung vorgesehen. Der Widerspruch sollte die Kündigung unwirksam machen. In den Ausschussberatungen wurde ein solches Recht des Mieters, die Kündigung des Vermieters für unwirksam zu erklären, nicht für notwendig gehalten. Es genüge vielmehr, „wenn der Vermieter durch den Widerspruch des Mieters verpflichtet wird, das Mietverhältnis fortzusetzen, solange es den Umständen nach angemessen ist" (Ausschussbericht, zu BT-Drucks III/1850, 9). Daraus ergibt sich, dass Widerspruch und Verlangen auf Fortsetzung des Mietverhältnisses nicht nur zwei Bestandteile einer Willenserklärung, sondern dass sie **rechtlich ein und dasselbe** sind. Beiden kommt dieselbe Funktion zu. In jedem Widerspruch kann deshalb ohne weitere Auslegung das Verlangen auf Fortsetzung des Mietverhältnisses gesehen werden. Das Gleiche gilt für den umgekehrten Fall, auch wenn der Mieter die gesetzlichen Begriffe nicht ausdrücklich verwendet. 80

IV. Unabdingbarkeit (Abs 4)

1. Die Sozialklausel ist kraft ausdrücklicher gesetzlicher Anordnung in § 574 Abs 4 BGB einseitig **zwingendes Recht**. Hiernach ist eine zum Nachteil des Mieters abweichende Vereinbarung unwirksam. Der Mieter kann deshalb nicht schon bei Vertragsschluss auf sein Widerspruchsrecht verzichten (AG Bochum WuM 1979, 256). Das Gleiche gilt für spätere Vertragsänderungen vor Entstehung eines Widerspruchsrechts. Die Parteien können ein Mischmietverhältnis mit überwiegender Nutzung zu Wohnzwecken nicht durch Parteivereinbarung dem Gewerberaummietrecht unterstellen (LG Hamburg WuM 1988, 406; MünchKomm/Häublein Rn 32) oder ein Wohnraummietverhältnis, das nach dem Vertragszweck den allgemeinen Wohnbedarf des Mieters decken soll, als Mietverhältnis zu nur vorübergehendem Gebrauch iS des § 549 Abs 2 Nr 1 BGB einordnen. Ist das Widerspruchsrecht aber nach einer Kündigung des Vermieters entstanden, kann der Mieter tatsächlich und deshalb auch rechtlich auf die Geltendmachung verzichten oder die Wirkungen eines bereits ausgeübten Widerspruchs durch Erlassvertrag aufheben (Schmidt-Futterer/Blank Rn 66). 81

2. Sowohl aus dem Wortlaut als auch aus dem mieterschützenden Zweck der Vorschrift ist jedoch der Schluss gerechtfertigt, dass abweichende Vereinbarungen der Parteien zulässig sind, soweit sie sich **zugunsten des Mieters** auswirken. Dies ist etwa hinsichtlich einer Änderung der Vertragsbedingungen möglich. Das Gleiche gilt für eine Einschränkung der Ausschlussgründe nach § 549 Abs 2 BGB oder für einen Verzicht des Vermieters auf die Widerspruchsfrist des § 574b Abs 2 BGB (LG Stade WuM 1968, 168). An die Annahme eines Verzichts sind jedoch strenge Anforderungen zu stellen. Nur die unzweideutige Erklärung, sich des Rechts endgültig begeben zu wollen, kann insofern genügen (OLG Köln WuM 1996, 266). 82

§ 574a
Fortsetzung des Mietverhältnisses nach Widerspruch

(1) Im Falle des § 574 kann der Mieter verlangen, dass das Mietverhältnis so lange fortgesetzt wird, wie dies unter Berücksichtigung aller Umstände angemessen ist. Ist dem Vermieter nicht zuzumuten, das Mietverhältnis zu den bisherigen Vertragsbedingungen fortzusetzen, so kann der Mieter nur verlangen, dass es unter einer angemessenen Änderung der Bedingungen fortgesetzt wird.

(2) Kommt keine Einigung zustande, so werden die Fortsetzung des Mietverhältnisses, deren Dauer sowie die Bedingungen, zu denen es fortgesetzt wird, durch Urteil bestimmt. Ist ungewiss, wann voraussichtlich die Umstände wegfallen, auf Grund derer die Beendigung des Mietverhältnisses eine Härte bedeutet, so kann bestimmt werden, dass das Mietverhältnis auf unbestimmte Zeit fortgesetzt wird.

(3) Eine zum Nachteil des Mieters abweichende Vereinbarung ist unwirksam.

Materialien: BT-Drucks 14/4553, 69; BT-Drucks 14/5663, 28.

Schrifttum

Vgl zu § 574.

Systematische Übersicht

I. Allgemeine Kennzeichnung	2. Fortsetzungsurteil (Abs 2 S 1)	10
1. Überblick _____ 1	3. Dauer und sonstiger Inhalt des fort-	
2. Entstehung der Vorschrift _____ 2	gesetzten Mietverhältnisses	13
3. Zweck der Vorschrift _____ 3	a) Einigung der Parteien	13
	b) Bestimmung durch Urteil	14
II. Wirkung des Widerspruchs _____ 4	aa) Dauer der Fortsetzung (Abs 2 S 2)	15
	bb) Fortsetzung der Vertragsbedingungen (Abs 1 S 2)	23
III. Anspruch auf Fortsetzung des Mietverhältnisses _____ 7		
1. Einigung der Parteien (Abs 1 S 1) _____ 8	**IV. Unabdingbarkeit (Abs 3)**	30

Alphabetische Übersicht

Änderung der Vertragsbedingungen	13, 23	Einigung der Parteien über Fortsetzung	8, 13
Altersheim	16	– Darlegungs- u Beweislast	12
		Entstehung der Vorschrift	2
Beweislast	12		
		Fortsetzung des Mietverhältnisses	13
Darlegungslast	12	– Änderung der Vertragsbedingungen	23
Dauer des fortgesetzten Mietverhältnisses	13, 19 ff	– Angemessenheit der Änderung	26
		– auf bestimmte Zeit	15
		– auf Lebenszeit	22

– auf unbestimmte Zeit	19	Pflegeheim	16
– durch Einigung	8		
– durch Urteil	10	Räumungsrechtsstreit	10
– Mietanpassung	27		
Fortsetzungsanspruch	7	Unabdingbarkeit	30
– Beweislast	12		
– Einigung der Parteien	8	Verlangen auf Fortsetzung des Mietverhältnisses	7
– Formbedürftigkeit der Einigung	9		
– Fortsetzungsurteil	10	Vertragsbedingungen	23
Inhalt des fortgesetzten Mietverhältnisses	13	Widerklage	10
Mietrechtsreform	2	Zweck der Vorschrift	3

I. Allgemeine Kennzeichnung

1. Überblick

Hat der Mieter der Kündigung nach § 574 BGB widersprochen und die Fortsetzung des Mietverhältnisses verlangt, stellt sich die Frage, für welchen Zeitraum und unter welchen Bedingungen er die Fortsetzung zu beanspruchen hat. Dies beantwortet § 574a Abs 1 BGB dahin gehend, dass die Fortsetzung für einen „angemessenen" Zeitraum und grundsätzlich zu den bisherigen Vertragsbedingungen gefordert werden kann, wenn dem Vermieter die Beibehaltung der Vertragsbedingungen nicht unzumutbar ist. Können die Parteien keine außergerichtliche Einigung treffen, so werden Fortsetzungsdauer und Mietbedingungen durch Urteil bestimmt, wobei das Gericht unter den Voraussetzungen des Abs 2 S 2 auch eine unbefristete Fortsetzung des Mietverhältnisses anordnen kann. **1**

2. Entstehung der Vorschrift

§ 574a BGB geht auf § 556a BGB aF zurück, siehe daher zunächst § 574 Rn 2. Im Zuge des MietRRG ist die mit acht Absätzen überlange Vorschrift des § 556a BGB aF in drei Paragrafen (§§ 574 bis 574 b BGB) aufgespalten worden. § 574a BGB entspricht dabei vollinhaltlich § 556a Abs 2 und 3 BGB aF, die marginalen Textänderungen sind ausschließlich sprachlicher Natur. Allerdings schlagen der veränderte sachliche Anwendungsbereich des § 574 BGB (Ferienhäuser und Ferienwohnungen, vgl § 574 Rn 3) und die Berücksichtigung auch derjenigen Haushaltsangehörigen des Mieters, die keine Familienangehörigen sind (vgl § 574 Rn 26) auch auf § 574a BGB durch. Eine Wiederholung des relevanten Personenkreises in Abs 2 S 2 schien dem Gesetzgeber wegen des eindeutigen systematischen Zusammenhangs zu § 574 Abs 1 S 1 BGB zu Recht entbehrlich (BT-Drucks 14/4553, 69). **2**

3. Zweck der Vorschrift

Die Gründe, die den Mieter zum Widerspruch nach § 574 BGB berechtigen, sind häufig nur vorübergehender Natur (vgl § 574 Rn 24) und rechtfertigen daher oft lediglich eine zeitlich begrenzte Fortsetzung des Mietverhältnisses. Auch kann – je **3** nach den Umständen – eine Fortsetzung des Mietverhältnisses zu den bisherigen Vertragsbedingungen für den Vermieter unzumutbar sein. § 574a BGB ordnet daher an, welche Verlängerungsdauer zugrunde zu legen ist und unter welchen Voraussetzungen eine Änderung der Vertragsbedingungen für den Fortsetzungszeitraum beansprucht werden kann. Die Vorschrift ist sowohl Leitlinie für die Verhandlungen der Mietvertragsparteien als auch für die im Streitfall durch Urteil zu treffende Entscheidung. Entsprechend ihrem mieterschützenden Charakter ist sie zum Nachteil des Mieters unabdingbar (Abs 3).

II. Wirkung des Widerspruchs

4 Der Widerspruch des Mieters hat **keine rechtsgestaltende Wirkung**, die automatisch zur Unwirksamkeit der Kündigung führen würde (ERMAN/LÜTZENKIRCHEN § 574 Rn 15; FISCHER ZMR 1960, 225; HÄUSLER DWW 1968, 4, 6; HOFFMANN NJW 1966, 486, 487; PRÜTTING ua/ RIECKE Rn 2). Die dahin zielende ursprüngliche Fassung des Gesetzentwurfs ist in den Ausschussberatungen ausdrücklich aufgegeben worden (Ausschussbericht, zu BT-Drucks III/1850, 9). Es ist deshalb nicht angebracht, in dem Widerspruch ein Gestaltungsrecht zu sehen, das zur schwebenden Unwirksamkeit der Kündigung führt (OLG Karlsruhe NJW 1973, 1001; **aM** LG Braunschweig WuM 1972, 127; LG Wiesbaden WuM 1972, 162; AG Kassel WuM 1972, 96; HIENDL NJW 1965, 2190). Ein wirksamer Widerspruch begründet nach § 574 Abs 1 S 1 BGB nur einen **Anspruch auf Fortsetzung des Mietverhältnisses**. Dieser Anspruch wird nach § 574a Abs 2 S 1 BGB im Wege der Einigung der Parteien oder durch Gerichtsurteil erfüllt. Durch den Widerspruch wird zwar ein Schwebezustand ausgelöst. Dabei handelt es sich jedoch nicht um eine schwebende Unwirksamkeit, sondern um den zwischen jeder Begründung und Erfüllung eines Anspruchs bestehenden Zustand. Die Ungewissheit resultiert allein aus dem nicht mit Sicherheit vorauszusehenden Prozessausgang (BLANK/BÖRSTINGHAUS/BLANK/ BÖRSTINGHAUS Rn 10). Die dogmatischen Schwierigkeiten sind darin begründet, dass der nach dem ursprünglichen Gesetzentwurf zur Unwirksamkeit führende Widerspruch in der endgültigen Gesetzesfassung bestehen geblieben ist, aber die Funktion der Geltendmachung eines Anspruchs auf Fortsetzung des Mietverhältnisses gewonnen hat.

5 Diese Beurteilung des Widerspruchs hat zur Folge, dass die Kündigung das Mietverhältnis zum maßgebenden Termin beendet, wenn die Parteien sich nicht vorher über eine Fortsetzung einigen oder kein dahin gehendes Urteil ergeht. Erst durch diese **rechtsgestaltenden Akte**, nicht schon durch den Widerspruch, wird der Kündigung die Wirksamkeit entzogen.

6 Einigen sich die Parteien erst nach Ablauf der Kündigungsfrist oder ergeht erst dann ein Urteil auf Fortsetzung, wird das Mietverhältnis zwischenzeitlich beendet, sodass sich die Rechte und Pflichten der Parteien zunächst nach den §§ 546, 546a, 570, 571 BGB richten. Die Beendigung des Mietverhältnisses und damit die Anwendung der vorgenannten Vorschriften werden jedoch durch die Fortsetzung des Mietverhältnisses **rückwirkend** beseitigt. Es handelt sich auch in diesem Fall nicht um einen Neuabschluss (MünchKomm/HÄUBLEIN Rn 4; SCHMIDT-FUTTERER/BLANK Rn 3; **aM** MOHNEN, in: FS Nipperdey [1965] I 605, 616).

III. Anspruch auf Fortsetzung des Mietverhältnisses

Der Anspruch des Mieters auf Fortsetzung des Mietverhältnisses kann durch außergerichtliche oder gerichtliche Einigung der Parteien, also durch Vertrag oder Prozessvergleich, erfüllt werden. Kommt keine Einigung zustande, so wird nach § 574a Abs 2 S 1 BGB durch Gerichtsurteil entschieden.

1. Einigung der Parteien (Abs 1 S 1)

a) Das Gesetz geht davon aus, dass sich die Parteien über die Fortsetzung des Mietverhältnisses meist gütlich einigen werden (Ausschussbericht, *zu* BT-Drucks III/1850, 9). Der Anspruch des Mieters ist auf Abgabe einer Willenserklärung durch den Vermieter gerichtet. Das Fortsetzungsverlangen bildet somit ein Vertragsangebot, zu dessen Annahme der Vermieter verpflichtet ist. Die Einigung ist ein **Vertrag**, der den bisherigen Mietvertrag nach § 311 BGB ändert.

b) Fraglich ist, ob eine solche Änderung nach § 550 BGB **formbedürftig** ist, wenn der Vertrag für bestimmte und längere Zeit als ein Jahr fortbestehen soll. Die Formbedürftigkeit wird verbreitet mit der Begründung abgelehnt, die Sozialklausel sei als Spezialvorschrift gegenüber § 550 BGB vorrangig (Hoffmann WuM 1964, 49, 50). Zudem werde durch das Erfordernis der Schriftform die tendenziell vom Gesetz begünstigte Einigung erschwert, die ohnehin als besonderer Tatbestand nicht ohne Weiteres in das übliche Schema des gewöhnlichen Änderungsvertrags passe. Diese Argumente können nicht überzeugen, da ein Vorrang der Sozialklausel gegenüber § 550 BGB nicht erkennbar ist (BeckOGK/Emanuel [1. 7. 2020] Rn 10; BeckOK/Hannappel [1. 8. 2020] Rn 8; MünchKomm/Häublein Rn 6; Spielbauer/Schneider/Krenek Rn 5) und von einer Erschwerung der Einigung durch Einhaltung der Schriftform kaum die Rede sein kann. Der Mieter wird durch das Formerfordernis auch nicht sonderlich benachteiligt, weil bei einem Formmangel § 550 BGB eingreift, sodass das Mietverhältnis als für unbestimmte Zeit verlängert gilt und bei einer späteren Kündigung die Sozialklausel nach § 574c BGB erneut ihre Schutzwirkungen entfalten kann. Bei einer Einigung im Wege des Prozessvergleichs ist die Form aufgrund § 126 Abs 4 BGB, § 127a BGB gewahrt.

2. Fortsetzungsurteil (Abs 2 S 1)

a) Wenn sich die Parteien nicht einigen, ergeht nach § 574a Abs 2 S 1 BGB iVm § 308a ZPO im Rahmen eines vom Vermieter angestrengten **Räumungsprozesses oder aufgrund einer Fortsetzungsklage**, die der Mieter erhoben hat, ein gerichtliches Urteil über die Fortsetzung des Mietverhältnisses. Eines gesonderten Antrages des Mieters, das Mietverhältnis fortzusetzen, bedarf es wegen § 308a ZPO nicht (BGH 15. 3. 2017 – VIII ZR 270/15, NJW 2017, 1474; BeckOK/Hannappel [1. 8. 2020] Rn 17). Vielmehr hat das Gericht, wenn es den Widerspruch für begründet hält, von Amts wegen auszusprechen, für welche Dauer und unter welchen Änderungen der Vertragsbedingungen das Mietverhältnis fortgesetzt wird. Gleichwohl besteht gegenüber der Räumungsklage für eine auf § 574 BGB gestützte Widerklage des Mieters ein Rechtsschutzbedürfnis, wie sich aus dem Wortlaut von § 308a ZPO („auch ohne Antrag") unmittelbar ergibt (Thomas/Putzo/Seiler § 308a ZPO Rn 4; Zöller/Feskorn § 308a ZPO Rn 2 f; **aM** Schmidt-Futterer/Blank Rn 19; Spielbauer/Schneider/Krenek

Rn 19). Umgekehrt kann der Vermieter jedoch gegenüber der selbständig zulässigen Fortsetzungsklage des Mieters (Palandt/Weidenkaff Rn 6; Pergande NJW 1964, 1925, 1934) nach § 33 ZPO Widerklage auf Räumung erheben (Blank/Börstinghaus/ Blank/Börstinghaus Rn 20; Palandt/Weidenkaff Rn 6). Hierdurch entfällt aber nicht nachträglich das Rechtsschutzbedürfnis für die Fortsetzungsklage des Mieters.

11 b) Da die Sozialklausel dem Mieter einen Anspruch auf Fortsetzung des Mietverhältnisses einräumt und in der Geltendmachung des Anspruchs ein Antrag auf Vertragsfortsetzung zu sehen ist, liegt es nahe, die gerichtliche Entscheidung über die Fortsetzungsklage des Mieters als Leistungsurteil auf **Abgabe einer Willenserklärung** zu qualifizieren, das nach § 894 ZPO vollstreckt wird. Dann wäre die ausdrückliche Erwähnung der Möglichkeit einer Entscheidung durch Urteil in § 574a Abs 2 S 1 BGB aber als Selbstverständlichkeit überflüssig. Ein Feststellungsurteil ist für das Klageziel des Mieters unzureichend, weil damit sein Anspruch auf Fortsetzung des Mietverhältnisses noch nicht erfüllt ist (**aM** Schopp ZMR 1964, 225, 226). Von der überwiegenden Meinung wird deshalb zu Recht ein **Gestaltungsurteil** angenommen (BVerfG 9. 10. 2014 – 1 BvR 2335/14, NZM 2015, 161; LG Braunschweig WuM 1998, 220; LG Lübeck WuM 1996, 705; BeckOGK/Emanuel [1. 7. 2020] Rn 11; Blank/Börstinghaus/Blank/ Börstinghaus Rn 25; Klein-Blenkers ua/Hinz Rn 8; Mohnen RdA 1960, 324, 325; Pergande NJW 1964, 1925, 1934; Thomas NJW 1964, 1945, 1946). Ebenso handelt es sich um ein Gestaltungsurteil, wenn die Räumungsklage des Vermieters wegen des Fortsetzungsanspruchs abgewiesen und die Verlängerung des Mietverhältnisses vom Gericht angeordnet wird (Hoffmann ZMR 1964, 97, 98).

12 c) Den Mieter trifft die **Beweislast** für die Härtegründe, den Vermieter für seine berechtigten Interessen und für Gründe, die eine fristlose Kündigung rechtfertigen und damit den Anspruch des Mieters auf Fortsetzung des Mietverhältnisses ausschließen (AG Düren WuM 1989, 240 [LS]).

3. Dauer und sonstiger Inhalt des fortgesetzten Mietverhältnisses

a) Einigung der Parteien

13 Soweit die Parteien eine Einigung erzielen, können sie im Rahmen der **Vertragsfreiheit** die Dauer und die sonstige inhaltliche Ausgestaltung des fortgesetzten Mietverhältnisses regeln. Sie können das Mietverhältnis auf bestimmte oder auf unbestimmte Zeit fortsetzen, die Miete, Nebenleistungspflichten und sonstige Vertragsbedingungen ändern.

b) Bestimmung durch Urteil

14 Können sich die Parteien nicht einigen, wird durch **Gerichtsurteil** über die Dauer sowie über die Bedingungen entschieden, nach denen das Mietverhältnis fortgesetzt wird.

aa) Dauer der Fortsetzung (Abs 2 S 2)

15 α) Nach § 574a Abs 1 S 1 BGB kann der Mieter verlangen, dass das Mietverhältnis so lange fortgesetzt wird, wie dies unter Berücksichtigung aller Umstände angemessen ist. Mit diesem Inhalt besteht der Anspruch des Mieters. Hinsichtlich der Dauer kommt deshalb grundsätzlich nur eine **Fortsetzung auf bestimmte Zeit** in Betracht, wenn abzusehen ist, bis zu welchem Zeitpunkt die Härtegründe in der

Person des Mieters oder seiner Familie weggefallen sein werden oder wann den Interessen des Mieters ein Übergewicht zukommen wird (BGH 22. 5. 2019 – VIII ZR 180/18, BGHZ 222, 133, 164 = NJW 2019, 2765; LG München I 30. 11. 2016 – 14 S 22534/14, NZM 2017, 802; BeckOK MietR/Siegmund [1. 8. 2020] Rn 7). Es geht also um Umstände vorübergehender Natur (OLG Stuttgart NJW 1969, 1070). Hierzu ist eine sorgfältige Prognose anzustellen (BGH 22. 5. 2019 – VIII ZR 180/18, BGHZ 222, 133, 164 = NJW 2019, 2765).

Im Einzelnen handhabt die Rechtsprechung den ihr insoweit eingeräumten Gestaltungsspielraum recht unterschiedlich. So wird etwa eine Befristung auf zwei Jahre trotz der Schwierigkeiten, Ersatzwohnraum zu beschaffen, damit begründet, dass bei genügender Anstrengung in diesem Zeitraum eine Wohnung gefunden werden könne, zumal vermehrt Wohnraum geschaffen werde (AG Stuttgart WuM 1991, 103). Die gleiche Frist einer Fortsetzung wurde bei hohem Alter der Mieter und langer Mietdauer angenommen, weil dem Gericht dieser Zeitraum für die Mieter als ausreichend erschien, sich in Ruhe auf die neue Situation einzustellen und eine Wohnung zu suchen (LG München I WuM 1988, 365), weil in knapp zwei Jahren ein Platz im Altersheim bereitstehe (AG Nürnberg WuM 1991, 39) oder weil ein gesetzlich nicht vorgegebener Grundsatz angenommen wurde, das Mietverhältnis um nicht mehr als drei Jahre zu verlängern, da nur eine Übergangsregelung getroffen werden solle (AG Hannover WuM 1989, 240; Palandt/Weidenkaff Rn 2). In einem anderen Fall wurde das Mietverhältnis wegen des hohen Alters des Mieters um ein Jahr verlängert, ihm aber trotz der Befristung durch eine Änderung der Vertragsbedingungen die Möglichkeit eingeräumt, vorzeitig zu kündigen, sobald er eine andere Wohnung gefunden habe (AG Remscheid WuM 1989, 388). 16

Lässt sich eine Erkrankung durch therapeutische Behandlung mildern oder beheben, kommt ebenfalls nur eine **befristete Verlängerung** des Mietverhältnisses in Betracht (LG Aurich WuM 1992, 609). Hat der Mieter schulpflichtige Kinder, wird bei der Befristung um zwei Jahre auf den Wechsel des Schuljahres abgestellt (LG München II WuM 1993, 331). In einem Extremfall, in dem die Härte aus der bereits vier Wochen nach Abschluss des Mietvertrags ausgesprochenen Kündigung hergeleitet worden war, wurde das Mietverhältnis wegen der schulpflichtigen Kinder sogar um fünf Jahre verlängert, wobei wegen der erleichterten Kündigungsmöglichkeit des Vermieters von Einliegerwohnraum nach § 573a Abs 1 BGB ausdrücklich von einer unbefristeten Verlängerung abgesehen wurde (AG Arnsberg DWW 1988, 182). 17

Auch wenn das Gesetz von einer **Prognoseentscheidung** über den Wegfall der Härtegründe ausgeht und damit dem Gericht einen Gestaltungsspielraum lässt, können solche Begründungen nicht mehr aus dem Gesetz hergeleitet werden. Sachgerecht und naturgemäß einfacher zu bemessen ist die Befristung hingegen, wenn die Härte in der Beendigung des Mietverhältnisses während des Examens liegt und auf eine an der voraussichtlichen Examensdauer orientierte Verlängerung erkannt wird (LG Aachen WuM 1986, 252). Gegenüber einer von vornherein allzu langen Befristung ist zu bedenken, dass § 574c BGB unter bestimmten Voraussetzungen eine weitere Fortsetzung zulässt, was einer etwaigen Änderung der Interessenlage in der Zwischenzeit besser gerecht werden kann. 18

β) Aufgrund der ursprünglichen Fassung der Sozialklausel wurde in Rechtsprechung und Schrifttum (Brühl FamRZ 1964, 67, 70 mwNw) überwiegend die Auffassung 19 vertreten, dass durch Urteil nur eine Fortsetzung des Mietverhältnisses auf bestimmte Zeit zulässig sei. Mit der Einführung des damaligen § 556a Abs 3 S 2 BGB aF (heute § 574a Abs 2 S 2 BGB) durch das MietRÄndG 3 ist die Möglichkeit geschaffen worden, **das Mietverhältnis durch Urteil auch auf unbestimmte Zeit fortzusetzen**, wenn ungewiss ist, wann die Härtegründe für den Mieter oder seine Familie voraussichtlich wegfallen werden. Im Regelfall soll es aber dabei bleiben, dass das Gericht die Fortsetzung nur auf bestimmte Zeit anordnet (Ausschussbericht, *zu* BT-Drucks V/2317, 2; BGH 22. 5. 2019 – VIII ZR 180/18, BGHZ 222, 133, 164 = NJW 2019, 2765; OLG Hamm NJW 1992, 1969; LG Hannover WuM 1994, 430; AG Witten ZMR 2007, 43; Klein-Blenkers ua/Hinz Rn 9; MünchKomm/Häublein Rn 12; Soergel/Heintzmann Rn 5).

20 Umstände, die eine **Fortsetzung auf unbestimmte Zeit** rechtfertigen, sind vor allem hohes Alter, Gebrechlichkeit, Schwerbehinderung und unabsehbare Dauer einer Erkrankung (LG Berlin ZMR 2010, 962 m **abl** Anm Häublein ZMR 2010, 964 f; LG Berlin 7. 5. 2015 – 67 S 117/14, NZM 2015, 929; LG Essen NZM 1999, 954; LG Essen 20. 9. 2018 – 10 S 84/17, WuM 2019, 532; LG Frankfurt aM 13. 9. 2018 – 2-11 S 46/17, WuM 2018, 782; LG Koblenz WuM 1991, 267; LG München I 23. 7. 2014 – 14 S 20700/13, NZM 2014, 638; LG Stuttgart WuM 1993, 46; AG München 18. 10. 2017 – 433 C 10588/17, ZMR 2019, 413; AG Schöneberg 9. 4. 2014 – 12 C 340/12, GE 2014, 1278; BeckOGK/Emanuel [1. 7. 2020] Rn 18; BeckOK MietR/Siegmund [1. 8. 2020] Rn 8; Neuner NJW 2000, 1822, 1832), Umstände also, die nicht nur vorübergehender Natur sind (OLG Stuttgart NJW 1969, 1070) und zur **Räumungsunfähigkeit** des Mieters führen. Ein derart schwerwiegender Eingriff in das Eigentumsrecht des Vermieters ist jedoch nur nach sorgfältiger **Prognose** zulässig, die auch bei den genannten Umständen nicht entbehrlich ist (BGH 22. 5. 2019 – VIII ZR 180/18, BGHZ 222, 133, 164 = NJW 2019, 2765). Die instanzgerichtliche Rechtsprechung war hier teilweise (deutlich) großzügiger und hat für die Fortsetzung auf unbestimmte Zeit neben Alter und Krankheit auf die Verwurzelung in der Wohngegend aufgrund langer Mietdauer (LG Bonn WuM 1990, 151; LG Essen NZM 1999, 954; LG Hamburg DWW 1991, 189; AG Heidenheim WuM 1992, 436; AG Landau NJW 1993, 2249; AG Witten ZMR 2007, 43) oder auf die alters- und krankheitsbedingten Schwierigkeiten der Ersatzwohnraumbeschaffung abgestellt (AG Stuttgart WuM 1989, 297). Krankheit allein diente zur Rechtfertigung einer unbefristeten Fortsetzung (LG Düsseldorf WuM 1969, 91; LG Düsseldorf MDR 1970, 55; LG Freiburg WuM 1992, 436; LG Hagen WuM 1991, 103; AG Bayreuth WuM 1991, 180; AG Friedberg/Hessen WuM 1993, 675). Selbst heranwachsende Kinder wurden als Grund herangezogen, das Mietverhältnis unbefristet zu verlängern (LG Lübeck WuM 1988, 269). Die Schwierigkeiten der Ersatzraumbeschaffung rechtfertigen eine Fortsetzung auf unbestimmte Zeit nicht (AG Stuttgart WuM 1991, 103).

21 Wenn der Mieter selbst den Umzug in eine noch nicht vorhandene andere Wohnung anstrebt, ist das Mietverhältnis nur auf bestimmte Zeit fortzusetzen (OLG Karlsruhe NJW 1970, 1746; vgl BVerfG WuM 1987, 16). Sind die Voraussetzungen für eine Fortsetzung auf unbestimmte Zeit an sich gegeben, so ist das Gericht doch an einen Antrag des Mieters gebunden, das Mietverhältnis auf bestimmte Zeit fortzusetzen. Der Mieter kann es aber nach § 308a Abs 1 ZPO ohne eigenen Antrag dem Gericht überlassen, ob es die Fortsetzung auf bestimmte oder auf unbestimmte Zeit anordnet.

22 γ) Eine **Fortsetzung des Mietverhältnisses auf Lebenszeit** ist vereinzelt von der Rechtsprechung für zulässig gehalten worden (LG Essen WuM 1971, 24; LG Wiesbaden

WuM 1968, 200; AG Wiesbaden WuM 1967, 8; AG Wiesbaden WuM 1967, 9). Nach dem MietRÄndG 3 ist in den §§ 574, 574c BGB ausdrücklich nur eine Fortsetzung auf bestimmte oder auf unbestimmte Zeit vorgesehen. Eine Fortsetzung auf Lebenszeit kann nicht mit derjenigen auf unbestimmte Zeit gleichgesetzt werden und ist deshalb jedenfalls durch Urteil außerhalb einer Einigung der Parteien unzulässig (OLG Stuttgart NJW 1969, 1070; LG Kassel WuM 1989, 416; LG Lübeck WuM 1994, 22; AG Bayreuth WuM 1991, 180; Bub/Treier/Fleindl Rn IV 253; Schmid/Harz/Harz Rn 5). Um einen derart schwerwiegenden, dauerhaften Eingriff in die Rechte des Vermieters zu rechtfertigen, hätte es einer ausdrücklichen Zulassung durch den Gesetzgeber bedurft. Dem Interesse des Mieters kann im Rahmen eines wiederholten Widerspruchs nach § 574c Abs 2 BGB ausreichend Rechnung getragen werden.

bb) Fortsetzung der Vertragsbedingungen (Abs 1 S 2)

α) Eine **Änderung der Vertragsbedingungen** durch das Gericht ist möglich, wenn die Parteien sich insoweit nicht einigen können und **dem Vermieter nicht zuzumuten ist**, das Mietverhältnis unter den bisher geltenden Bedingungen fortzusetzen. In diesem Fall kann der Mieter nach § 574a Abs 1 S 2 BGB nur verlangen, dass das Mietverhältnis unter einer angemessenen Änderung der Bedingungen fortgesetzt wird. Ein dahin gehender Sachantrag des Vermieters im Prozess ist nicht erforderlich. Das Gericht kann nach § 308a Abs 1 ZPO von Amts wegen entscheiden (BGH 15. 3. 2017 – VIII ZR 270/15, NJW 2017, 1474; BeckOGK/Emanuel [1. 7. 2020] Rn 11; BeckOK MietR/Siegmund [1. 8. 2020] Rn 9; MünchKomm/Häublein Rn 7, 9; Soergel/Heintzmann Rn 5) oder nach § 139 ZPO dahin wirken, dass sachdienliche Anträge gestellt werden. Allerdings muss das Gericht den Inhalt der Vertragsänderung selbst ausurteilen und darf ihn nicht der näheren Bestimmung der Parteien überlassen (**aM** LG Heidelberg WuM 1995, 682). 23

β) Unter den Vertragsbedingungen ist der **gesamte Inhalt des Mietvertrags** zu verstehen (BeckOK/Hannappel [1. 8. 2020] Rn 14; Blank/Börstinghaus/Blank/Börstinghaus Rn 14; Klein-Blenkers ua/Hinz Rn 7), nicht nur die Miete. Neben Gebrauchsrechten des Mieters können die Nebenpflichten des Vermieters zu einer Belastung geworden sein, deren Korrektur der Vermieter an sich durch Kündigung und Neuabschluss des Vertrags anzustreben berechtigt ist. Der BGH hat sogar erwogen, den Mieter in angemessenem Umfang an den **Kosten des Umbaus einer Alternativwohnung** für den Vermieter zu beteiligen, damit dieser dort statt in der gekündigten Mietwohnung seinen Wohnbedarf decken kann (BGH 15. 3. 2017 – VIII ZR 270/15, NJW 2017, 1474). 24

γ) Ob eine Fortsetzung unter den bisher geltenden Vertragsbedingungen für den Vermieter unzumutbar ist, richtet sich im Einzelfall nach einer **Abwägung der beiderseitigen Interessen**. Als unzumutbar ist die Fortsetzung zu beurteilen, wenn unter Berücksichtigung aller Umstände wie vor allem der Entwicklung der örtlichen Vergleichsmieten, der vertraglichen Pflichten der Parteien und ihres bisherigen Verhaltens das vertragliche Gleichgewicht erheblich gestört und der Vermieter dadurch übermäßig belastet wird, sodass auch bei objektiver Betrachtung ein Neuabschluss zu den bisherigen Vertragsbedingungen nicht in Betracht kommt. So ist es für den Vermieter etwa unzumutbar, das Mietverhältnis zu den von persönlichen Beziehungen seines Rechtsvorgängers zu dem Mieter geprägten Vertragsbedingungen fortzusetzen, insbesondere nicht mit einer Miete, die seit fünfzehn Jahren unverändert 25 geblieben ist (LG Hagen WuM 1991, 103). Eine einseitige Änderung der Vertragsbedingungen zugunsten des Mieters, die nicht in der Unzumutbarkeit der bisher geltenden Bedingungen für den Mieter ihre Grundlage findet, sieht das Gesetz nicht vor. Ordnet das Gericht die auf ein Jahr befristete Fortsetzung des Mietverhältnisses an, kann es die Änderung der Vertragsbedingungen nicht darauf beschränken, allein dem Mieter ein vorzeitiges Kündigungsrecht einzuräumen (aM AG Remscheid WuM 1989, 388).

26 Daraus ergibt sich zugleich der Maßstab für die Angemessenheit einer Änderung der vertraglichen Bedingungen. Ziel muss es sein, das **Gleichgewicht der vertraglichen Rechte und Pflichten wiederherzustellen**, wobei die besonderen Interessen beider Parteien an einer Beendigung bzw Aufrechterhaltung des Mietverhältnisses zu berücksichtigen sind.

27 δ) Dies gilt im Einzelnen in erster Linie für eine **Anpassung der Miete an die ortsübliche Vergleichsmiete** (BGH 15. 3. 2017 – VIII ZR 270/15, NJW 2017, 1474; LG Mannheim ZMR 1977, 30; BeckOGK/Emanuel [1. 7. 2020] Rn 22; Erman/Lützenkirchen Rn 6; Münch Komm/Häublein Rn 7). Die Anpassung der Miete ist nicht davon abhängig, dass die formellen und materiellen Voraussetzungen der §§ 558 ff BGB eingehalten werden. Die Regelung der Sozialklausel ist demgegenüber vorrangig (LG Mannheim ZMR 1977, 30; Erman/Lützenkirchen Rn 6; MünchKomm/Häublein Rn 7; Weimar ZMR 1978, 325, 327; aM AG Hamburg-Altona WuM 1973, 242; AG Heidenheim WuM 1992, 436). Dies bedeutet, dass weder die Wartefrist oder die Kappungsgrenzen des § 558 Abs 3 und 4 BGB einzuhalten noch die Begründungsmittel des § 558a BGB zu wählen sind. Die Maßgeblichkeit der ortsüblichen Vergleichsmiete, die auch von der hM angenommen wird, ergibt sich nicht aus einem Vorrang der §§ 558a BGB bis 558c BGB, sondern aus dem Merkmal der angemessenen Änderung in § 574a Abs 1 S 2 BGB.

28 ε) Sonstige Vertragspflichten des Mieters wie die Übernahme von Schönheits- und anderen Reparaturen, Gehwegreinigung und Gartenpflege können in angemessenem Umfang angepasst werden. Dabei ist aber die Einschränkung zu machen, dass neue Pflichten dem Mieter nur dann auferlegt werden dürfen, wenn sie sich im Rahmen allgemein üblicher vertraglicher Pflichten halten. Unzulässig ist eine einseitige Änderung der Vertragsbedingungen, wenn den Mieter außergewöhnliche Pflichten wie die Pflege des kranken Vermieters, Reinigung der Vermieterwohnung oder die Übernahme einer Hauswarttätigkeit treffen würden (Blank/Börstinghaus/ Blank/Börstinghaus Rn 14).

29 Die Änderung des Vertragsinhalts kann sich auf **einzelne Räume** erstrecken, so vor allem bei Eigenbedarf des Vermieters. Dem Mieter muss jedoch stets eine **abgeschlossene Wohnung verbleiben**, wenn er eine solche gemietet hat (Schmidt-Futterer/ Blank Rn 16). Dementsprechend kann das Gericht nur den Verzicht des Mieters auf die **Mitbenutzung einzelner Gemeinschaftsräume** (AG Bad Schwartau WuM 1986, 216) oder die Herausgabe von Bodenräumen etc anordnen (LG Hamburg WuM 1987, 223), wenn der Vermieter seinen Bedarf hilfsweise durch den Ausbau dieser Räume decken kann. Eine Teilkündigung nach § 573b Abs 1 BGB ist deshalb nicht notwendig, wenn die Kündigung des gesamten Mietverhältnisses aufgrund des Widerspruchs des Mieters nicht durchgreift. Ebenso kann das Gericht bestimmen, dass einzelne Wohnräume herausgegeben werden, wenn sie vom Mieter nicht benötigt

werden und sich ohne Weiteres abtrennen lassen (vgl LG Mannheim NJW 1965, 2203), solange nicht in den Kernbestand des Mietverhältnisses eingegriffen wird. Da in diesen Fällen der Umfang des Mietgebrauchs beschränkt wird, hat das Gericht die Miete in angemessener Weise anzupassen, ohne dass der Mieter dies wie nach § 573b Abs 4 BGB verlangen müsste.

IV. Unabdingbarkeit (Abs 3)

Die Regelungen über die Fortsetzung des Mietverhältnisses nach einem Widerspruch des Mieters sind nicht zum Nachteil des Mieters abdingbar, Abs 3. So ist es zB unzulässig, mietvertraglich eine Höchstdauer der Fortsetzung zu vereinbaren, weil § 574a Abs 2 S 2 BGB unter den dort genannten Voraussetzungen dem Mieter einen Anspruch auf unbefristete Fortsetzung gewährt. Ebenso unzulässig ist es, von vornherein zu bestimmen, dass sich bei Ausübung des Widerspruchsrechts die Vertragsbedingungen automatisch zum Nachteil des Mieters ändern, weil § 574a Abs 1 S 2 BGB dies nur im Falle der Unzumutbarkeit für den Vermieter vorsieht.

§ 574b
Form und Frist des Widerspruchs

(1) Der Widerspruch des Mieters gegen die Kündigung ist schriftlich zu erklären. Auf Verlangen des Vermieters soll der Mieter über die Gründe des Widerspruchs unverzüglich Auskunft erteilen.

(2) Der Vermieter kann die Fortsetzung des Mietverhältnisses ablehnen, wenn der Mieter ihm den Widerspruch nicht spätestens zwei Monate vor der Beendigung des Mietverhältnisses erklärt hat. Hat der Vermieter nicht rechtzeitig vor Ablauf der Widerspruchsfrist auf die Möglichkeit des Widerspruchs sowie auf dessen Form und Frist hingewiesen, so kann der Mieter den Widerspruch noch im ersten Termin des Räumungsrechtsstreits erklären.

(3) Eine zum Nachteil des Mieters abweichende Vereinbarung ist unwirksam.

Materialien: BT-Drucks 14/4553, 69; BT-Drucks 14/5663, 28.

Schrifttum

Nies, Fallstricke im Mietprozess: Kündigungswiderspruch, stillschweigende Vertragsfortsetzung; Fortsetzungsverlangen, NZM 1998, 18.

Vgl auch zu § 574.

§ 574b

Systematische Übersicht

I. Allgemeine Kennzeichnung
1. Überblick 1
2. Entstehung der Vorschrift 2
3. Zweck der Vorschrift 3

II. Widerspruchserklärung
1. Rechtsgeschäftliche Grundlagen 4
2. Form (Abs 1) 8

3. Frist; Ablehnungsrecht des Vermieters (Abs 2) 10
4. Widerruf des Kündigungswiderspruchs 17

III. Unabdingbarkeit (Abs 3) 18

Alphabetische Übersicht

Form der Widerspruchserklärung .... 8 f	
Frist für die Widerspruchserklärung 10	
Gütetermin 13	
Hinweis des Vermieters	
– auf Widerspruchsrecht 12	
Inhalt des Widerspruchs .... 6 f	
Mietrechtsreform 2	
Räumungsfrist, gerichtliche 15	
Räumungsrechtsstreit 6, 12, 14	
Unabdingbarkeit 18	
Widerspruchsrecht des Mieters .... 4 ff	
– Form 8	
– Frist 10	
– Härtegründe nach Fristablauf 15	
– im Räumungsrechtsstreit .... 12 ff	
– Inhalt des Widerspruchs 7	
– Vertretung 5	
– Voraussetzungen für Widerspruchserklärung .... 8 ff	
– Widerruf des Widerspruchs 17	
Zweck der Vorschrift 3	

I. Allgemeine Kennzeichnung

1. Überblick

1 Die Vorschrift ergänzt § 574 BGB. Sie statuiert für den Widerspruch und das Fortsetzungsverlangen des Mieters die Schriftform und ordnet an, dass der Mieter auf Verlangen des Vermieters die Widerspruchsgründe mitzuteilen hat. Im Interesse des Vermieters verlangt § 574b Abs 2 BGB, dass der Mieter dann, wenn der Vermieter ihn rechtzeitig auf sein Widerspruchsrecht sowie Form und Frist hingewiesen hat, das Widerspruchsrecht spätestens zwei Monate vor der Beendigung des Mietverhältnisses erklärt. Versäumt der Mieter diese Frist, kann der Vermieter die Fortsetzung des Mietverhältnisses ablehnen. Hat der Vermieter seinerseits die Belehrung nicht oder nicht ordnungsgemäß erteilt, kann der Widerspruch noch im ersten Termin des Räumungsrechtsstreits erklärt werden.

2. Entstehung der Vorschrift

2 § 574b BGB ist im Zuge des MietRRG aus § 556a BGB aF hervorgegangen, vgl daher zunächst § 574 Rn 2. Er entspricht inhaltlich den Abs 5 und 6 des § 556a BGB aF, formuliert sie aber kürzer und verständlicher (BT-Drucks 14/4553, 69). Die Verweisung im früheren § 556a Abs 2 BGB auf § 564a Abs 2 BGB wurde durch Klartext ersetzt. Wie vor der Mietrechtsreform (§ 556a Abs 7 BGB aF) ist die Vorschrift unabdingbar.

3. Zweck der Vorschrift

§ 574b BGB will durch **formale Regelungen über Form und Frist des Widerspruchs** einen gewissen Ausgleich zwischen den Interessen des Mieters auf Fortsetzung des Mietverhältnisses und den Interessen des Vermieters auf dessen Beendigung erreichen. Der Mieter muss im Interesse der Rechtsklarheit seinen Widerspruch schriftlich und zum Schutz der Dispositionsfreiheit des Vermieters (Ausschussbericht, *zu* BT-Drucks III/1850, 9) rechtzeitig vor Beendigung des Mietverhältnisses erklären. Zugleich soll er zur Vermeidung überflüssiger Rechtsstreitigkeiten und im Interesse der auch von § 574a BGB als vorrangig erkannten gütlichen Einigung dem Vermieter seine Widerspruchsgründe mitteilen. Schließlich sanktioniert § 574b Abs 2 S 2 BGB eine Verletzung der in § 568 Abs 2 BGB im Wege einer Soll-Vorschrift statuierten Obliegenheit des Vermieters, den Mieter rechtzeitig auf sein Widerspruchsrecht hinzuweisen, indem das Ablehnungsrecht des Vermieters zeitlich hinausgeschoben wird. 3

II. Widerspruchserklärung

1. Rechtsgeschäftliche Grundlagen

Der Widerspruch ist eine **einseitige, empfangsbedürftige Willenserklärung**, die durch Zugang beim Vermieter oder seinem Vertreter nach den §§ 130 bis 132 BGB wirksam wird. Zugang ist im Allgemeinen anzunehmen, wenn die Erklärung so in den Machtbereich des Empfängers gelangt, dass unter normalen Verhältnissen damit zu rechnen ist, dass er davon Kenntnis nehmen kann. 4

Vertretung ist bei der Abgabe der Widerspruchserklärung zulässig (Palandt/Weidenkaff Rn 3; Prütting ua/Riecke Rn 2). Dabei ist zu beachten, dass der Vermieter den Widerspruch nach § 174 BGB zurückweisen kann, wenn keine Vollmachtsurkunde vorgelegt wird. 5

Für den **Inhalt** des Widerspruchs genügt der erkennbare Wille des Mieters, die Beendigung des Mietverhältnisses nicht gegen sich gelten zu lassen. Die Begriffe „Widerspruch" oder „Fortsetzung des Mietverhältnisses" brauchen nicht ausdrücklich verwendet zu werden (LG Berlin WuM 1991, 498; LG Flensburg SchlHAnz 1966, 42; BeckOK MietR/Siegmund [1. 8. 2020] Rn 2; Klein-Blenkers ua/Hinz Rn 3; Prütting ua/Riecke Rn 3). Eine Begründung ist nicht erforderlich (BeckOGK/Emanuel [1. 7. 2020] Rn 9; BeckOK MietR/Siegmund [1. 8. 2020] Rn 6; Klein-Blenkers ua/Hinz Rn 6; Kossmann/Meyer-Abich § 132 Rn 7; Prütting ua/Riecke Rn 4). Auf Verlangen des Vermieters soll der Mieter nach § 574b Abs 1 S 2 BGB allerdings unverzüglich Auskunft über die Gründe des Widerspruchs erteilen. Außer Kostennachteilen im Räumungsprozess, die sich aus § 93b Abs 2 ZPO ergeben, sind an die Verletzung dieser Sollvorschrift durch den Mieter jedoch keine Sanktionen geknüpft (Kinne ua/Schach Rn 1). Der Mieter kann früher oder auch später entstandene Härtegründe nachschieben, auch wenn bereits ein Räumungsrechtsstreit anhängig ist (LG Wiesbaden WuM 1988, 269). 6

Hinsichtlich der **Begründung des Widerspruchs** besteht **kein Formzwang** (MünchKomm/ Häublein Rn 6; Schmid/Harz/Harz Rn 6; Soergel/Heintzmann Rn 6). Der Mieter braucht in der Erklärung, mit der er der Kündigung widerspricht und Fortsetzung des Mietverhältnisses verlangt, nicht anzugeben, für welche Zeit das Mietverhältnis fortgesetzt werden soll (AG Fürth WuM 1966, 41; BeckOGK/Emanuel [1. 7. 2020] Rn 10; BeckOK/ Hannappel [1. 8. 2020] Rn 4; Hoffmann WuM 1963, 161, 163; **aM** Burkhardt BB 1963, 907, 910; Kunkel NJW 1965, 799, 801). Dies ist aus § 308a Abs 1 S 1 ZPO zu schließen, wonach das Gericht im Räumungsprozess auch ohne Antrag im Urteil auszusprechen hat, für welche Dauer und unter welchen Änderungen der Vertragsbedingungen das Mietverhältnis fortgesetzt wird.

7 Von einer **Bedingung** iS des § 158 BGB darf der Mieter den Widerspruch grundsätzlich nicht abhängig machen, wenn es damit für die Frage der Fortsetzung des Mietverhältnisses auf ein ungewisses, zukünftiges Ereignis ankommt, dessen Eintritt der Vermieter nicht beeinflussen kann (Blank/Börstinghaus/Blank/Börstinghaus § 574a Rn 2; Soergel/Heintzmann Rn 1). Unabhängig von der Frage der Gestaltungswirkung des Widerspruchs (vgl Rn 4) würde eine solche Bedingung die Rechtsstellung des Vermieters verunsichern, da er nicht absehen kann, ob der Mieter den Anspruch auf Fortsetzung des Mietverhältnisses endgültig geltend machen wird. Eine Potestativbedingung, deren Eintritt der Vermieter in der Hand hat, ist hingegen ebenso zulässig wie eine Rechtsbedingung.

2. Form (Abs 1)

8 Nach § 574b Abs 1 BGB bedarf die Erklärung des Mieters, mit der er der Kündigung widerspricht, der **schriftlichen Form**. Das Formerfordernis dient der Rechtsklarheit und soll spätere Streitigkeiten über die Frage ausschließen, ob tatsächlich ein Widerspruch erhoben worden ist. Wenn § 574b BGB nur den Widerspruch, nicht aber das Fortsetzungsverlangen erwähnt, so ist dies unbeachtlich, weil beides ein und dieselbe Willenserklärung (vgl § 574 Rn 78 ff), im Widerspruch also ipso iure das Fortsetzungsverlangen enthalten ist und umgekehrt.

9 Die Form ist nach § 126 BGB bei **eigenhändiger Unterzeichnung**, notariell beglaubigtem Handzeichen, qualifizierter **elektronischer Signatur** (§ 126 Abs 3 BGB iVm § 126a BGB; dazu § 568 Rn 16) oder **notarieller Beurkundung** (§ 126 Abs 4 BGB iVm § 128 BGB) gewahrt. Dies gilt auch, wenn der Mieter eine auf Fortsetzung des Mietverhältnisses gerichtete Klage oder Widerklage erhebt. Ein **gerichtliches Protokoll** ersetzt die Form nach § 127a BGB nur im Rahmen eines Vergleichs. Ein telegrafisch übermittelter Widerspruch ist unwirksam, selbst wenn das Telegrammformular eigenhändig unterschrieben ist (OLG Karlsruhe NJW 1973, 1001; **aM** Clasen BlGBW 1975, 126, 127). Das Gleiche ist für einen durch Telefax oder Telekopie zugegangenen Widerspruch anzunehmen (BeckOK/Hannappel [1. 8. 2020] Rn 3), da die zu prozessrechtlichen Erklärungen entwickelten Grundsätze (RG 15. 5. 1936 – 2/36/V 62/35, RGZ 151, 82, 86; GmSOGB BGHZ 75, 340, 349 = NJW 1980, 172; BGHZ 87, 63, 64 f = NJW 1983, 1498; GmSOGB BGHZ 144, 160, 162 ff = NJW 2000, 2340) auf den Widerspruch als materiellrechtliche Erklärung nicht übertragen werden können (Bub/Treier/Fleindl Rn IV 248; Schmid/Harz/Harz Rn 3; Schmidt-Futterer/Blank Rn 2; **aM** AG Schöneberg WuM 1985, 286). Wird die Schriftform nicht gewahrt, ist der Widerspruch nach § 125 S 1 BGB nichtig.

3. Frist; Ablehnungsrecht des Vermieters (Abs 2)

a) Eine Frist für die Erklärung ist in § 574b Abs 2 BGB bestimmt. Hierbei **10** handelt es sich nicht um eine Ausschlussfrist, sondern um **eine der Verjährungsregelung vergleichbare Frist**, deren Versäumung nur beachtet wird, wenn sie vom Vermieter als Einrede geltend gemacht wird (AG Recklinghausen WuM 1964, 53; BeckOK MietR/SIEGMUND [1. 8. 2020] Rn 9; BURKHARDT BB 1963, 907, 911; HOFFMANN NJW 1966, 486, 487; KLEIN-BLENKERS ua/HINZ Rn 8; KUNKEL NJW 1965, 799, 801; PRÜTTING ua/RIECKE Rn 5; SCHMIDT-FUTTERER/BLANK Rn 9; aM HIENDL NJW 1965, 2190, 2191). Zweck der Frist ist es, dem Vermieter angemessene Zeit vor Ablauf des Mietverhältnisses Klarheit darüber zu verschaffen, ob der Mieter räumen wird oder nicht (Ausschussbericht, zu BT-Drucks III/1850, 9). Vor Ablauf der Frist ist der Mieter aber nicht dazu verpflichtet, dem Vermieter zu erklären, ob er der Kündigung widersprechen wird (AG Neuss DWW 1990, 279), selbst wenn der Vermieter hiernach fragt (OLG Karlsruhe NJW 1984, 2953).

b) Nach § 574b Abs 2 BGB kann der Vermieter die Fortsetzung des Mietverhält- **11** nisses ablehnen, wenn der Mieter den Widerspruch nicht **spätestens zwei Monate vor der Beendigung des Mietverhältnisses** dem Vermieter gegenüber erklärt hat. Diese Frist gilt einheitlich bei allen Kündigungsfristen des § 573c BGB. Die ursprünglich unterschiedliche Fristbestimmung entsprechend der Staffelung der Kündigungsfristen ist durch das MietRÄndG 3 beseitigt worden. Karenzzeiten sind nicht vorgesehen. Für die Fristberechnung gelten die §§ 186 ff BGB. Maßgebend für die Einhaltung der Frist ist der Zugang des Widerspruchs (JAUERNIG/TEICHMANN Rn 2; KLEIN-BLENKERS ua/HINZ Rn 8; MünchKomm/HÄUBLEIN Rn 7; SOERGEL/HEINTZMANN Rn 3). Muss der Vermieter aufgrund der Umstände, insbesondere wegen eines anhängigen Rechtsstreits, mit einem Widerspruch des Mieters rechnen, so geht das Widerspruchsschreiben auch dann noch zu, wenn es am letzten Tag der Widerspruchsfrist nach 18 Uhr durch einen Boten in den Hausbriefkasten des Vermieters eingeworfen wird (BayVerfGH NJW 1993, 518; LG München II WuM 1993, 331).

c) Der Mieter kann den Widerspruch nach § 574b Abs 2 S 2 BGB noch **im ersten** **12** **Termin des Räumungsrechtsstreits** erklären, wenn der Vermieter ihn nicht rechtzeitig vor Ablauf der Widerspruchsfrist nach § 568 Abs 2 BGB auf die Möglichkeit des Widerspruchs und dessen Form und Frist hingewiesen hat. Diese Regelung ist in das Gesetz aufgenommen worden, weil sich in der Praxis gezeigt hatte, dass vor allem Mieter aus den Bevölkerungskreisen, denen die Sozialklausel helfen soll, von ihrem Widerspruchsrecht aus Rechtsunkenntnis nur selten fristgerecht Gebrauch machten (BT-Drucks V/1743, 3; OLG Hamm WuM 1991, 423). Rechtzeitig ist der Hinweis nur, wenn er dem Mieter angemessene Zeit vor Ablauf der Widerspruchsfrist zugeht, sodass ihm noch genügend Zeit zur Einholung von Rechtsrat, Überlegung, Abfassung des Widerspruchs und dessen Übermittlung an den Vermieter verbleibt (näher § 568 Rn 30). Die Hinweispflicht des Vermieters ist unverzichtbar und kann nicht im Voraus erfüllt werden (BLANK/BÖRSTINGHAUS/BLANK/BÖRSTINGHAUS § 568 Rn 23).

Fraglich ist, ob mit dem **ersten Termin** des Räumungsrechtsstreits der Gütetermin **13** (§ 278 Abs 2 ZPO) oder die erste mündliche Verhandlung (Haupttermin bzw früher erster Termin, vgl § 272 Abs 2, §§ 275, 279 Abs 2 ZPO) gemeint ist. Der Gesetzgeber hat eine ausdrückliche Klarstellung bei der Reform der ZPO zum 1. 1. 2002 (BGBl

2001 I 1887, geänd 3138) insoweit unterlassen. Zu berücksichtigen ist einerseits, dass § 574b Abs 2 S 2 BGB die Widerspruchsfrist bei unterlassener Belehrung des Vermieters deshalb bis zum ersten Termin des Räumungsrechtsstreits verlängert, weil der Mieter dann möglicherweise zu diesem Zeitpunkt erstmals durch gerichtlichen Hinweis nach § 139 ZPO von seinem Widerspruchsrecht erfährt (vgl Schmidt-Futterer WuM 1968, 37, 40; Voelskow DB 1968, 115, 121). Andererseits ist dieser Hinweis zwar gemäß § 139 Abs 4 S 1 ZPO so früh wie möglich zu erteilen, gleichwohl kann es im Interesse einer sachgerechten Prozessleitung geboten sein, ihn im Gütetermin noch zu unterlassen, um die dort vorrangige gütliche Einigung der Parteien nicht zu gefährden (vgl Zöller/Greger § 139 ZPO Rn 11). Da es folglich nicht verfahrensfehlerhaft sein kann, den gerichtlichen Hinweis auf Existenz und Inhalt des Widerspruchsrechts erst im Haupttermin bzw frühen ersten Termin zu erteilen, muss das Widerspruchsrecht des Mieters auch bis zu diesem Zeitpunkt bestehen. „Erster Termin" iS von § 574b Abs 2 S 2 BGB ist folglich nicht die Güteverhandlung, sondern der **erste Haupttermin** bzw **frühe erste Termin** (BeckOGK/Emanuel [1. 7. 2020] Rn 15; Lützenkirchen/Lützenkirchen Rn 35; Soergel/Heintzmann Rn 3; **aM** Klein-Blenkers ua/Hinz Rn 10; MünchKomm/Häublein Rn 8).

14 Dabei geht das Gesetz davon aus, dass der erste Termin nach Ablauf der Kündigungsfrist oder jedenfalls nach Ablauf der Ausschlussfrist des § 574b Abs 2 S 1 BGB liegt. Aus einer vor diesen Terminen erhobenen Klage auf künftige Räumung darf dem Mieter deshalb kein Rechtsnachteil erwachsen, weil das Gesetz beim Fehlen des Hinweises eine **Verlängerung der Überlegungsfrist** will, aber keine Fristverkürzung. Eine solche Klage ist mangels Rechtsschutzbedürfnisses unzulässig (LG Kempten WuM 1993, 45). Ist einem Versäumnisurteil ein schriftliches Vorverfahren, aber keine mündliche Verhandlung vorausgegangen, so kann der Widerspruch noch im ersten Termin zur mündlichen Verhandlung über den Einspruch gegen das Versäumnisurteil erklärt werden (LG Düsseldorf WuM 1992, 371; **aM** Bub/Treier/Fleindl Rn IV 249). Das Erfordernis der Schriftform nach § 574b Abs 1 S 1 BGB (vgl Rn 8 f) gilt auch für den im ersten Termin des Räumungsrechtsstreits erklärten Widerspruch, da das Gesetz insoweit keine Ausnahme vorsieht (**aM** Bub/Treier/Fleindl Rn IV 249). Die Form kann ab 2022 durch **schriftsätzliche Erklärungen** weithin nur noch dann gewahrt werden, wenn der Kündigende eine natürliche oder juristische Person des Privatrechts ist und er nicht anwaltlich vertreten ist. Denn die von Rechtsanwälten etc für vorbereitende Schriftsätze und deren Anlagen sowie schriftlich einzureichende Anträge und Erklärungen dem Gericht gegenüber zwingend (§ 130d ZPO) zu wahrende elektronische Form (§ 130a ZPO) wahrt die Schriftform des § 126 BGB im Verhältnis zur anderen Prozesspartei nicht (näher § 568 Rn 22). Ein gerichtliches Protokoll ersetzt die Form nach § 126 Abs 3 BGB, § 127a BGB nur bei einem Prozessvergleich.

15 d) Vom Gesetz nicht geregelt ist der Fall, dass sich die Härtegründe erst **nach Ablauf der Widerspruchsfrist** ergeben haben. Teilweise wird versucht, diese Lücke dadurch zu schließen, dass dem Mieter extra legem das Recht eingeräumt wird, auch in diesen Fällen noch bis zum ersten Termin zu widersprechen, ohne dem Vermieter zugleich das Ablehnungsrecht nach Abs 2 S 1 zu gewähren (Blank/Börstinghaus/Blank/Börstinghaus Rn 12). Dem kann jedoch nicht beigetreten werden. Im Interesse der Dispositionsfreiheit des Vermieters über die vermietete Wohnung beschränkt das Gesetz das Widerspruchsrecht des Mieters auf den in § 574b Abs 2 S 1 BGB genannten Zeitraum, wenn der Vermieter seinerseits die Obliegenheit aus § 568 Abs 2 BGB rechtzeitig erfüllt hat. Dem Mieter kann dann – wenn er nicht vorsorglich widersprochen hatte – nur noch durch Gewährung einer gerichtlichen Räumungsfrist nach § 721 oder § 794a ZPO geholfen werden.

e)   Ein **vorsorglicher oder zu früh erklärter Widerspruch** birgt allerdings das Risiko, 16 dass der Vermieter Klage auf zukünftige Räumung erhebt, weil er iS der §§ 257, 259 ZPO die Besorgnis begründen kann, dass der Mieter die Wohnung nicht bei Ablauf der Kündigungsfrist räumen wird (Nies NZM 1998, 18, 18). Eine derartige Besorgnis ist freilich nicht schon dann gerechtfertigt, wenn der Mieter lediglich auf Schwierigkeiten bei der Ersatzwohnraumbeschaffung hinweist (LG Köln NJW-RR 1996, 778; AG Fritzlar WuM 1998, 606) oder die Kündigungserklärung nur aus formalen Gründen zurückweist (LG Berlin GE 1997, 429). Erklärt er allerdings definitiv, dass er die Kündigung für unberechtigt hält und nicht ausziehen werde, kann der Vermieter nach §§ 257, 259 ZPO vorgehen (LG Berlin NZM 1999, 71; Achenbach NZM 2001, 61, 62).

4.   Widerruf des Kündigungswiderspruchs

Da der Widerspruch gegen die Kündigung einen Anspruch des Mieters auf Fort- 17 setzung des Mietverhältnisses begründet, kann er **nicht einseitig widerrufen** werden. Die durch den Widerspruch entstandene Verpflichtung des Vermieters kann nur durch einen Erlassvertrag der Parteien nach § 397 Abs 1 BGB aufgehoben werden. Macht der Mieter seinen Anspruch später nicht mehr geltend, kann darin ein konkludentes Angebot zum Abschluss eines Erlassvertrags liegen. Eine solche Erklärung ist in der vollständigen Räumung der Wohnung zu sehen, nicht aber ohne Weiteres in einem sukzessiven Abtransport einzelner Einrichtungsgegenstände (AG Mannheim DWW 1979, 19). Sie bedarf anders als die Widerspruchserklärung nicht der Schriftform.

III.   Unabdingbarkeit (Abs 3)

§ 574b BGB kann nicht zu Lasten des Mieters vertraglich abbedungen werden, 18 Abs 3. Unzulässig ist es daher zB, zu vereinbaren, dass der Widerspruch zu seiner Wirksamkeit eine Begründung enthalten muss oder dass die Begründung der Schriftform bedarf. Auch die Verkürzung der Widerspruchsfrist ist weder formularmäßig noch einzelvertraglich zulässig. Möglich ist dagegen eine Erweiterung der Mieterrechte zB durch Verlängerung der Widerspruchsfrist des Abs 2 (vgl LG Stade WuM 1968, 168).

§ 574c
Weitere Fortsetzung des Mietverhältnisses bei unvorhergesehenen Umständen

(1) Ist auf Grund der §§ 574 bis 574b durch Einigung oder Urteil bestimmt worden, dass das Mietverhältnis auf bestimmte Zeit fortgesetzt wird, so kann der Mieter dessen weitere Fortsetzung nur verlangen, wenn dies durch eine wesentliche Änderung der Umstände gerechtfertigt ist oder wenn Umstände nicht eingetreten sind, deren vorgesehener Eintritt für die Zeitdauer der Fortsetzung bestimmend gewesen war.

§ 574c

(2) Kündigt der Vermieter ein Mietverhältnis, dessen Fortsetzung auf unbestimmte Zeit durch Urteil bestimmt worden ist, so kann der Mieter der Kündigung widersprechen und vom Vermieter verlangen, das Mietverhältnis auf unbestimmte Zeit fortzusetzen. Haben sich die Umstände verändert, die für die Fortsetzung bestimmend gewesen waren, so kann der Mieter eine Fortsetzung des Mietverhältnisses nur nach § 574 verlangen; unerhebliche Veränderungen bleiben außer Betracht.

(3) Eine zum Nachteil des Mieters abweichende Vereinbarung ist unwirksam.

Materialien: BT-Drucks V/1743, 5; BT-Drucks V/2317, *zu* BT-Drucks V/2317, 3; BT-Drucks 14/4553, 69; BT-Drucks 14/5663, 28.

Schrifttum

Vgl zu §§ 574 bis 574b.

Systematische Übersicht

I.	**Allgemeine Kennzeichnung**		
1.	Überblick		1
2.	Entstehung der Vorschrift		3
3.	Zweck der Vorschrift		5
II.	**Wiederholte Verlängerung des auf bestimmte Zeit fortgesetzten Mietverhältnisses (Abs 1)**		
1.	Voraussetzungen		6
a)	Allgemeines		6
b)	Wesentliche Änderung der Umstände		7
c)	Nichteintritt erwarteter Umstände		12
d)	Ausschluss der Berufung auf die Änderung oder den Nichteintritt von Umständen		15
2.	Rechtsfolgen		16
a)	Allgemeines		16
b)	Anspruch auf Fortsetzung des Mietverhältnisses		17
III.	**Wiederholte Verlängerung des auf unbestimmte Zeit fortgesetzten Mietverhältnisses**		
1.	Fortgesetztes Mietverhältnis aufgrund einer Einigung		21
2.	Fortgesetztes Mietverhältnis aufgrund eines Urteils (Abs 2)		26
a)	Allgemeines		26
b)	Voraussetzungen		27
aa)	Unveränderte Umstände (Abs 2 S 1)		27
bb)	Veränderte Umstände (Abs 2 S 2)		29
cc)	Ausschluss der Berufung auf unveränderte oder veränderte Umstände		32
c)	Rechtsfolgen		33
IV.	**Unabdingbarkeit (Abs 3)**		35

Alphabetische Übersicht

Abweichende Vereinbarungen	35	Erkrankung des Mieters	9, 13
Beweislast	27, 30	Fortsetzungsverlangen	17, 27, 33
		– Erfüllung	19, 25
Eigenbedarf des Vermieters	10	– Frist u Form	18, 28, 34
Entstehung der Vorschrift	3	– Inhalt	19, 25

Untertitel 2 · Wohnraum
Kapitel 5 · Beendigung · Unterkapitel 2 · Mietverhältnisse auf unbestimmte Zeit § 574c

Hinweis des Vermieters auf Möglichkeit des Fortsetzungsverlangens	18, 28	Unabdingbarkeit	35
Mietrechtsreform	4, 17, 28	Verlängerung	
Mietverhältnis über Wohnraum	6	– des auf bestimmte Zeit fortgesetzten Mietverhältnisses	6
– inhaltliche Gestaltung	19, 25	– des auf unbestimmte Zeit fortgesetzten Mietverhältnisses	21
Prozessvergleich	22	– durch Fortsetzung des Gebrauchs	23
Räumungsrechtsstreit	18, 28	– mehrfache	20
Umstände		Widerspruch des Mieters	16, 27
– Nichteintritt	13	Zweck der Vorschrift	5
– unveränderte	27		
– veränderte	9, 29		

I. Allgemeine Kennzeichnung

1. Überblick

Die Vorschrift des § 574c BGB betrifft die **wiederholte Verlängerung** eines bereits **1** aufgrund der §§ 574 bis 574b BGB fortgesetzten Mietverhältnisses. Sie unterscheidet danach, ob das Mietverhältnis durch Einigung oder Urteil auf bestimmte Zeit fortgesetzt worden ist (Abs 1) oder ob die Fortsetzung auf unbestimmte Zeit durch Urteil bestimmt worden ist (Abs 2). Nicht ausdrücklich geregelt ist der Fall, dass die Parteien das Mietverhältnis einvernehmlich auf unbestimmte Zeit fortgesetzt haben (vgl Rn 21).

Bei der wiederholten Verlängerung des zunächst auf bestimmte Zeit fortgesetzten **2** Mietverhältnisses kommt es darauf an, ob dies durch eine **wesentliche Änderung der Umstände** gerechtfertigt ist oder ob erwartete Umstände, die für die Befristung maßgebend waren, nicht eingetreten sind. Ist das Mietverhältnis durch Urteil auf unbestimmte Zeit verlängert worden, kann der Mieter einer Kündigung widersprechen und die erneute Fortsetzung verlangen, ohne dass weitere Voraussetzungen erfüllt sein müssen. Haben sich die Umstände, die für die unbefristete Fortsetzung maßgebend waren, jedoch inzwischen erheblich geändert, so kommt eine wiederholte Verlängerung nur unter den Voraussetzungen des § 574 BGB in Betracht.

2. Entstehung der Vorschrift

Nach der ursprünglichen Fassung des § 556a Abs 4 Nr 3 BGB aF war ein Anspruch **3** des Mieters auf Fortsetzung ausgeschlossen, wenn das Mietverhältnis auf Widerspruch des Mieters bereits einmal durch Einigung oder Urteil fortgesetzt worden war. Einer Anregung des Bundesrats folgend wurde im Gesetzgebungsverfahren des MietRÄndG 2 beschlossen, diese einschränkende Regelung aufzuheben und in einer neuen Vorschrift die wiederholte Fortsetzung des Mietverhältnisses auf Verlangen des Mieters zuzulassen (Sten Ber, Bd 55, 6042 [C], Umdruck 452, 6058 [D]). Durch Art I Nr 15 **MietRÄndG 2** von 1964 wurde § 556c BGB aF in das BGB eingefügt. Der

Mieter konnte hiernach eine weitere Fortsetzung des Mietverhältnisses nur verlangen, wenn dies durch eine wesentliche Änderung der nach § 556a oder § 556b BGB (heute §§ 574 bis 574b BGB) für die frühere Fortsetzung maßgebenden Umstände gerechtfertigt war.

4 Durch Art I Nr 4 **MietRÄndG 3** von 1967 hat die Vorschrift im Wesentlichen ihre heutige Gestalt erhalten. Das MietRRG 2001 hat lediglich die Bezugnahme auf die §§ 556a, 556b BGB aF durch diejenige auf die neuen §§ 574 bis 574b BGB ersetzt und mit der Anfügung eines neuen Abs 3 ausdrücklich klargestellt, dass die Vorschrift nicht zum Nachteil des Mieters abbedungen werden kann. Dies war jedoch auch schon zu § 556c BGB aF anerkannt.

3. Zweck der Vorschrift

5 § 574c BGB soll die wiederholte Verlängerung eines bereits früher aufgrund der Sozialklausel fortgesetzten Mietverhältnisses ermöglichen. Die nach der ursprünglichen Fassung generellen Einschränkungen erwiesen sich als zu eng und minderten die praktische Bedeutung der Vorschrift. Deshalb soll dem Mieter ein Anspruch auf weitere Fortsetzung auch dann eingeräumt werden, wenn Umstände nicht eingetreten sind, von deren Eintritt bei Bemessung einer bestimmten Zeitdauer für die frühere Fortsetzung des Mietverhältnisses ausgegangen worden war (BT-Drucks V/1743, 4; Ausschussbericht, *zu* BT-Drucks V/2317, 3). Darüber hinaus soll zum **Schutz des Mieters** sichergestellt werden, dass ein durch Urteil auf unbestimmte Zeit fortgesetztes Mietverhältnis nicht eher endet, als bis sich die maßgebenden Umstände nicht unerheblich geändert haben. Anderenfalls soll der Mieter einer Kündigung unter erleichterten Voraussetzungen erneut widersprechen und die weitere Fortsetzung des Mietverhältnisses verlangen können (Ausschussbericht, *zu* BT-Drucks V/2317, 3). Die Vorschrift hat in der gerichtlichen Praxis keine nennenswerte Bedeutung erlangt (vgl BT-Drucks 13/159, 114).

II. Wiederholte Verlängerung des auf bestimmte Zeit fortgesetzten Mietverhältnisses (Abs 1)

1. Voraussetzungen

a) Allgemeines

6 Die Regelung des § 574c BGB ermöglicht die wiederholte Verlängerung eines Mietverhältnisses über Wohnraum auf Verlangen des Mieters. Sie ist anzuwenden, wenn das Mietverhältnis aufgrund der §§ 574 bis 574b BGB bereits früher fortgesetzt worden ist. Ist das Mietverhältnis daraufhin **auf bestimmte Zeit verlängert** worden, greift § 574c Abs 1 BGB ein. Dabei ist es zunächst generell erforderlich, dass die nunmehr fristgemäße Beendigung des Mietverhältnisses für den Mieter, seine Familie oder seine Haushaltsangehörigen wiederum eine Härte bedeutet (vgl § 574 Rn 22 ff), die auch unter Würdigung der berechtigten Interessen des Vermieters (vgl § 574 Rn 60 ff) nicht zu rechtfertigen ist. Bei der erforderlichen Interessenabwägung (vgl § 574 Rn 75 ff) kommt es grundsätzlich auf die Umstände an, die im Zeitpunkt der Einigung oder der gerichtlichen Entscheidung über eine erneute Fortsetzung vorliegen (Blank/Börstinghaus/Blank/Börstinghaus Rn 9). Der Anspruch auf Fortsetzung des Mietverhältnisses wird gegenüber den §§ 574 bis 574b BGB dadurch eingeschränkt, dass eine der beiden folgenden weiteren Voraussetzungen erfüllt sein muss.

b) Wesentliche Änderung der Umstände

Die weitere Fortsetzung des Mietverhältnisses kann nach § 574c Abs 1 Alt 1 BGB „durch eine wesentliche Änderung der Umstände gerechtfertigt" sein. Mit dieser **Einschränkung** soll sichergestellt werden, dass ein befristet verlängertes Mietverhältnis nicht aufgrund derselben Umstände, die schon für die erste Verlängerung maßgebend waren, noch weiter fortgesetzt wird.

Die Regelung wird im Allgemeinen dahin gehend ausgelegt, dass sie den Kreis der bei der Interessenabwägung zugunsten des Mieters zu berücksichtigenden Umstände beschränkt. Eine Verlängerung wird ausgeschlossen, wenn **kein Anlass für eine neue Interessenabwägung** zugunsten des Mieters besteht, weil dieser sich nur auf die schon für die erste befristete Verlängerung maßgebenden Gründe berufen kann (LG Hamburg 22. 12. 2016 – 307 S 53/16, ZMR 2017, 563; LG München I 30. 11. 2016 – 14 S 22534/14, NZM 2017, 802; MünchKomm/Häublein Rn 4; Schmidt-Futterer/Blank Rn 6).

Eine **Änderung der Umstände aufseiten des Mieters** liegt zum einen vor, wenn er sich auf neue Tatsachen berufen kann, die **nach der vorausgegangenen Verlängerung eingetreten** sind. Diese neuen Tatsachen müssen die Beendigung des auf bestimmte Zeit fortgesetzten Mietverhältnisses als ungerechtfertigte Härte für den Mieter oder seine Familie erscheinen lassen. Ist das Mietverhältnis zB beim ersten Mal aufgrund einer Erkrankung des Mieters auf bestimmte Zeit verlängert worden, so kann der Mieter eine erneute Fortsetzung verlangen, wenn im Zeitpunkt der Beendigung seine Ehefrau erkrankt ist. Die unerwartete Fortdauer seiner eigenen Erkrankung ist hingegen nach § 574c Abs 1 Alt 2 BGB zu berücksichtigen (vgl Rn 13). Einer Änderung der Umstände ist es zum anderen gleichzusetzen, wenn die Gründe, auf die der Mieter seinen Anspruch auf erneute Fortsetzung des Mietverhältnisses stützt, zwar schon zur Zeit der früheren Fortsetzung vorlagen, aber **nicht geltend gemacht** oder bei der Entscheidung nicht berücksichtigt worden waren (BeckOK/Hannappel [1. 8. 2020] Rn 6; Blank/Börstinghaus/Blank/Börstinghaus Rn 5; MünchKomm/Häublein Rn 5; Prütting ua/Riecke Rn 2; Soergel/Heintzmann Rn 2). Der Mieter kann die erneute Fortsetzung also auch dann verlangen, wenn seine Ehefrau schon zur Zeit der ersten Fortsetzung des Mietverhältnisses erkrankt war, für die Entscheidung aber allein die Krankheit des Mieters maßgebend war. Die spätere Berücksichtigung des schon früher vorliegenden Umstandes ist dadurch gerechtfertigt, dass er nicht in die Entscheidung über die Verlängerung eingegangen ist und deshalb bei der Bemessung der Frist keine Rolle gespielt hat. Der Gesetzestext kann nach Sinn und Zweck der Vorschrift in der Weise ausgelegt werden, dass eine Änderung der für die frühere Verlängerung maßgebenden Umstände entscheidend ist.

Fraglich ist allerdings, ob es bei der Änderung von Umständen nur auf solche Tatsachen ankommt, die für den Mieter, seine Familie oder seine Haushaltsangehörigen einen Härtegrund bilden. Die Frage der weiteren Fortsetzung eines auf bestimmte Zeit verlängerten Mietverhältnisses kann sich auch insoweit stellen, als die Härtegründe für den Mieter unverändert sind, aber eine **Änderung der Interessenlage aufseiten des Vermieters** vorliegt. Ist das Mietverhältnis etwa im Hinblick auf einen erst später besonders dringlichen Eigenbedarf des Vermieters um eine ganz bestimmte Zeit verlängert worden, ist der Grund für den Eigenbedarf zu diesem Zeitpunkt aber weggefallen, so ist es angebracht, dem Mieter wegen der fortbestehenden Härtegründe einen erneuten Anspruch auf Fortsetzung zuzubilligen. Eine derartige Auslegung des Gesetzes, bei der die „Änderung der Umstände" nicht nur auf die Härtegründe für den Mieter, sondern auch auf die berechtigten Interessen für den Vermieter bezogen wird, ist mit dem Wortlaut der Vorschrift vereinbar. Ein Anlass für eine neue Interessenabwägung zugunsten des Mieters kann also selbst dann bestehen, wenn er sich auf keine anderen als die für die erste Verlängerung maßgebenden Umstände zu berufen vermag. Hätte die veränderte Situation aufseiten des Vermieters schon zu dem früheren Zeitpunkt bestanden, so wäre möglicherweise die Kündigung unwirksam gewesen, oder die Entscheidung über die Dauer der früheren Fortsetzung des Mietverhältnisses wäre anders ausgefallen. Der Zweck der Sozialklausel, den Mieter vor einem ungerechtfertigten Verlust seiner Wohnung zu schützen, lässt diese Auslegung zu.

11 Die Änderung der Umstände muss im Verhältnis zu den bei der früheren Entscheidung über die Fortsetzung des Mietverhältnisses maßgebenden Gründen **wesentlich** sein. Dies ist anzunehmen, wenn den neuen oder den noch nicht berücksichtigten Tatsachen ein selbständiges Gewicht beizumessen ist, sodass sie eine neue Interessenabwägung rechtfertigen (Schmidt-Futterer/Blank Rn 6).

c) Nichteintritt erwarteter Umstände

12 Die weitere Fortsetzung des Mietverhältnisses kann nach § 574c Abs 1 Alt 2 BGB außerdem gerechtfertigt sein, „wenn Umstände nicht eingetreten sind, deren vorgesehener Eintritt für die Zeitdauer der Fortsetzung bestimmend gewesen war". Diese Klausel sollte zu einer **Erweiterung** des Anwendungsbereichs des § 574c BGB führen und eine Fortsetzung des Mietverhältnisses auch dann ermöglichen, wenn sich die Umstände nicht wesentlich geändert haben.

13 Ein **Nichteintritt erwarteter Umstände** ist zB anzunehmen, wenn das Mietverhältnis wegen einer Erkrankung des Mieters auf bestimmte Zeit verlängert worden ist, wider Erwarten nach Ablauf der entsprechend bemessenen Zeit die Gesundheit aber noch nicht wiederhergestellt ist (LG München I 30. 11. 2016 – 14 S 22534/14, NZM 2017, 802). Die Fertigstellung einer in Aussicht genommenen Ersatzwohnung kann sich verzögern. Ein ohnehin vorgesehener Wohnungswechsel oder die Bemühungen um eine Ersatzwohnung können scheitern (Ausschussbericht, zu BT-Drucks V/2317, 3; BeckOK/Hannappel [1. 8. 2020] Rn 7; Blank/Börstinghaus/Blank/Börstinghaus Rn 6; Klein-Blenkers ua/Hinz Rn 5; Kunkel BlGBW 1965, 21, 23; Spielbauer/Schneider/Krenek Rn 6). Dabei handelt es sich um Umstände, deren erwarteter Eintritt die Härtegründe aufseiten des Mieters, seiner Familie oder seiner Haushaltsangehörigen und damit ein Erfordernis der Sozialklausel entfallen lassen hätte (LG Lübeck WuM 1994, 22; LG Mannheim WuM 1975, 213). Auch hier kann aber das Gleiche wie bei § 574c Abs 1 Alt 1 BGB gelten (vgl Rn 10), dass nämlich der Nichteintritt erwarteter Umstände aufseiten des Vermieters zu berücksichtigen ist, wenn die Dauer der früheren Fortsetzung des Mietverhältnisses von dem vorgesehenen Eintritt der Umstände bestimmt worden ist.

14 Die Beispiele, die für den Fall des § 574c Abs 1 Alt 2 BGB angeführt werden, zeigen, dass damit praktisch eine **Beseitigung der Einschränkungen** der Alt 1 verbunden ist.

Wenn das Mietverhältnis früher auf bestimmte Zeit fortgesetzt worden ist, sich die dafür maßgebenden Gründe aber nicht wesentlich geändert haben, bleibt immer noch die Möglichkeit, auf den Nichteintritt erwarteter Umstände, dh den nicht eingetretenen, aber vorgesehenen Fortfall der ursprünglichen Umstände abzustellen. Denn diese Umstände waren für die Bemessung der Zeitdauer der Fortsetzung bestimmend, weil sonst nur die Alternative einer Fortsetzung auf unbestimmte Zeit in Betracht gekommen wäre.

d) Ausschluss der Berufung auf die Änderung oder den Nichteintritt von Umständen

Die Parteien des Mietverhältnisses können sich entsprechend den in § 162 BGB zum Ausdruck kommenden Grundsätzen nicht auf Umstände berufen, deren Eintritt oder Nichteintritt eine von ihnen **wider Treu und Glauben herbeigeführt oder verhindert** hat (Ausschussbericht, *zu* BT-Drucks V/2317, 4; Häusler DWW 1968, 50; Hoffmann DWW 1968, 44, 46; MünchKomm/Häublein Rn 6; Schmid/Harz/Harz Rn 5; Schmidt-Futterer/Blank Rn 7; Voelskow DB 1968, 115, 120). **15**

2. Rechtsfolgen

a) Allgemeines

Als Rechtsfolge ist in § 574c Abs 1 BGB bestimmt, dass der Mieter die **weitere Fortsetzung** des Mietverhältnisses verlangen kann. Das Schrifttum nimmt zT an, der Mieter müsse der Beendigung des Mietverhältnisses widersprechen und dessen Fortsetzung verlangen (Hans § 556c Anm 3). Im Fall des § 574c Abs 1 BGB geht es jedoch nur um die Fortsetzung eines auf bestimmte Zeit verlängerten Mietverhältnisses. Dies entspricht der Situation, die § 575a Abs 2 BGB zugrunde liegt. Unabhängig von der Frage, ob Widerspruch und Fortsetzungsverlangen nicht ohnehin identisch sind (vgl § 574 Rn 78 ff), genügt es deshalb auch hier, dass der Mieter die weitere Fortsetzung des auf bestimmte Zeit fortgesetzten und nunmehr durch Zeitablauf beendeten Mietverhältnisses **verlangt** (Palandt/Weidenkaff Rn 10). **16**

b) Anspruch auf Fortsetzung des Mietverhältnisses

aa) Der Mieter kann die Fortsetzung des Mietverhältnisses nur nach den Vorschriften der §§ 574 bis 574b BGB verlangen. Dies ist zwar in § 574c BGB im Gegensatz zu § 556c BGB aF nicht mehr ausdrücklich bestimmt, ergibt sich aber aus dem systematischen Zusammenhang der Vorschriften von selbst, sodass der Gesetzgeber im Zuge des MietRRG diesen überflüssigen Textteil zu Recht ersatzlos gestrichen hat (BT-Drucks 14/4553, 69). **17**

Aus dem Zusammenhang zu §§ 574 bis 574b BGB ergibt sich, dass die Geltendmachung des Anspruchs daran gebunden ist, dass **Frist und Form** eingehalten werden (vgl § 574b Rn 8 ff; Kinne ua/Schach Rn 5; Klein-Blenkers ua/Hinz Rn 6; Kossmann/Meyer-Abich § 134 Rn 5; MünchKomm/Häublein Rn 7; aM Palandt/Weidenkaff Rn 10; Lützenkirchen/Lützenkirchen Rn 12; Spielbauer/Schneider/Krenek Rn 9). Der Mieter muss seinen Anspruch nach § 574b Abs 2 BGB spätestens zwei Monate vor der erneuten Beendigung des fortgesetzten Mietverhältnisses unter Einhaltung der Schriftform des § 126 BGB geltend machen (Ausschussbericht, *zu* BT-Drucks V/2317, 3; aM Blank/Börstinghaus/Blank/Börstinghaus Rn 10; Hoffmann DWW 1968, 44, 46). Dies entspricht Sinn und Zweck der formellen Voraussetzungen, die einen Streit über die tatsäch- **18** liche Geltendmachung des weiteren Fortsetzungsverlangens verhindern und dem Vermieter Klarheit verschaffen sollen, ob der Mieter die Wohnung demnächst räumen wird. Auch § 574b Abs 2 S 2 BGB ist entsprechend anzuwenden. Der Mieter kann deshalb seinen Anspruch auf erneute Fortsetzung bei Wahrung der Schriftform noch im ersten Termin des Räumungsrechtsstreits geltend machen, wenn ihn der Vermieter nicht rechtzeitig vor Ablauf der Zweimonatsfrist nach sinngemäßer Maßgabe des § 568 Abs 2 BGB auf die Möglichkeit sowie Form und Frist eines erneuten Fortsetzungsverlangens hingewiesen hat (Hans § 556c Anm 3, 6a). Dieser Hinweis wird nicht dadurch überflüssig, dass es sich um eine wiederholte Fortsetzung handelt und der Vermieter den Hinweis möglicherweise schon früher einmal erteilt hat. Zum einen kann nicht in jedem Fall von einem früheren Hinweis ausgegangen werden. Zum anderen verlangt es das Schutzbedürfnis des rechtlich unbewanderten Mieters, auch auf die Möglichkeit einer wiederholten Fortsetzung hingewiesen zu werden.

19 **bb)** Für den **Inhalt des Fortsetzungsverlangens, seine Erfüllung und die inhaltliche Gestaltung** des erneut fortgesetzten Mietverhältnisses gilt das Gleiche wie im Fall des § 574 BGB. In aller Regel wird eine erneute Fortsetzung auf bestimmte Zeit in Betracht kommen. Möglich ist aber auch eine weitere Fortsetzung auf unbestimmte Zeit (OLG Stuttgart NJW 1969, 1070; LG Mannheim WuM 1975, 213). Die sonstigen Vertragsbedingungen können ebenfalls erneut geändert werden.

20 **cc)** Aufgrund des ursprünglichen Wortlauts der Vorschrift war streitig, ob das „bereits einmal" fortgesetzte Mietverhältnis **mehrfach verlängert** werden kann. Diese Worte sind mit der Neufassung durch Art I Nr 4 MietRÄndG 3 entfallen, sodass nach heute nahezu einhelliger Auffassung ein Mietverhältnis nach § 574c BGB auch mehrfach fortgesetzt werden kann (LG Mannheim WuM 1975, 213; Burkhardt WuM 1968, 21, 22; Erman/Lützenkirchen Rn 7; Häusler DWW 1968, 50; Jauernig/Teichmann Rn 1; **aM** Glaser MDR 1968, 280, 282).

III. Wiederholte Verlängerung des auf unbestimmte Zeit fortgesetzten Mietverhältnisses

1. Fortgesetztes Mietverhältnis aufgrund einer Einigung

21 **a)** Im Gesetz fehlt eine ausdrückliche Regelung der Frage, ob ein Mietverhältnis über Wohnraum erneut verlängert werden kann, das aufgrund einer **Einigung** der Parteien nach den §§ 574 bis 574b BGB auf unbestimmte Zeit fortgesetzt worden ist, durch eine spätere Kündigung des Vermieters aber wiederum beendet wird. Im Schrifttum wurde früher zT die Meinung vertreten, auch in diesem Fall richte sich die weitere Verlängerung nach § 574c Abs 1 BGB, hänge also von einer wesentlichen Änderung der Umstände oder dem Nichteintritt erwarteter Umstände ab (Hans § 556c Anm 5). Diese Vorschrift gilt jedoch nach ihrem eindeutigen Wortlaut nur für ein auf bestimmte Zeit fortgesetztes Mietverhältnis. Die damit verbundenen Einschränkungen einer erneuten Fortsetzung passen im Grunde auch lediglich für das auf bestimmte Zeit fortgesetzte Mietverhältnis, weil nur insoweit die jeweiligen Umstände für eine befristete Verlängerung bestimmend sein können. § 574c Abs 2 BGB gilt dagegen ausdrücklich nur für ein durch Urteil auf unbestimmte Zeit fortgesetztes Mietverhältnis. Es bleibt deshalb nur die Lösung, bei der wiederholten Verlängerung des zunächst durch Einigung auf unbestimmte Zeit fortgesetzten

Mietverhältnisses auf § 574 BGB abzustellen (Palandt/Weidenkaff Rn 7). Dies entspricht der Situation, von der die Regelung des § 574 BGB allgemein ausgeht, dass nämlich ein unbefristetes Mietverhältnis durch Kündigung endet. Dem Mieter bleibt auf der Grundlage dieser Auffassung allerdings die Möglichkeit verschlossen, der Kündigung unter den erleichterten Voraussetzungen des § 574c Abs 2 BGB zu widersprechen (vgl Rn 5, 27 f). Diese Erleichterung ist aber gerade durch die Besonderheit eines durch Urteil auf unbestimmte Zeit verlängerten Mietverhältnisses gerechtfertigt, in dessen Folgen der Vermieter nicht ohne Weiteres wieder durch Kündigung eingreifen soll.

Ein Mietverhältnis ist auch dann durch Einigung auf unbestimmte Zeit verlängert, wenn die Parteien dies im Wege eines **Prozessvergleichs** vereinbart haben. Für eine erneute Fortsetzung gilt deshalb § 574 BGB (Schmidt-Futterer/Blank Rn 14). Kommt im Rahmen eines Prozesses ein Urteil auf unbefristete Fortsetzung in Betracht, so hat das Gericht einen rechtsunkundigen Mieter vor Abschluss eines Prozessvergleichs nach § 139 ZPO darauf hinzuweisen, dass dadurch seine Rechtsstellung gegenüber § 574c Abs 2 BGB beeinträchtigt werden kann. 22

Wenn ein Mietverhältnis nach dem Ablauf der Mietzeit durch **Fortsetzung des Gebrauchs** gemäß § 545 BGB kraft Gesetzes als auf unbestimmte Zeit verlängert gilt und der Vermieter nunmehr kündigt, so ist auf jeden Fall § 574 BGB anzuwenden. Dabei ist es unerheblich, ob sich der Mieter gegenüber der früheren Beendigung schon einmal auf die Sozialklausel berufen hatte. Das Mietverhältnis ist im Fall des § 545 BGB nicht durch Einigung der Parteien, sondern kraft gesetzlicher Fiktion auf unbestimmte Zeit fortgesetzt worden. Bei der späteren Kündigung stellt sich deshalb nicht die Frage einer erneuten, sondern die einer erstmaligen Fortsetzung aufgrund der Sozialklausel. 23

Im Übrigen gelten für die wiederholte Verlängerung des schon früher durch Einigung der Parteien auf unbestimmte Zeit fortgesetzten Mietverhältnisses die **Voraussetzungen der § 574 bis § 574b BGB**. 24

b) Als **Rechtsfolge** ergibt sich aus der Anwendung der §§ 574 bis 574b BGB, dass der Mieter der Kündigung eines Mietverhältnisses, das schon früher aufgrund der Sozialklausel durch Einigung der Parteien auf unbestimmte Zeit fortgesetzt worden ist, widersprechen und vom Vermieter eine erneute Fortsetzung verlangen kann. Für den Inhalt des Fortsetzungsverlangens, die Erfüllung des Anspruchs und die inhaltliche Gestaltung des erneut fortgesetzten Mietverhältnisses gelten die Ausführungen zu den §§ 574 bis 574b BGB entsprechend. 25

2. Fortgesetztes Mietverhältnis aufgrund eines Urteils (Abs 2)

a) Allgemeines

Wenn der Vermieter ein Mietverhältnis über Wohnraum kündigt, dessen Fortsetzung auf unbestimmte Zeit nach § 574a Abs 2 S 2 BGB durch Urteil bestimmt worden ist, so greift § 574c Abs 2 BGB ein. Der Vermieter kann ein solches Mietverhältnis an sich jederzeit unter Einhaltung der gesetzlichen Kündigungsfrist kündigen und dadurch die Anordnung des Gerichts, mit der dem Mieter die Wohnung für eine längere, nicht von vornherein begrenzte Dauer erhalten werden soll, unter- 26 laufen. Zum Schutz des Mieters wird durch § 574c Abs 2 BGB sichergestellt, dass ein durch Urteil auf unbestimmte Zeit fortgesetztes Mietverhältnis nicht eher endet, als bis sich die bei der gerichtlichen Entscheidung zugrunde gelegten Verhältnisse nicht unerheblich geändert haben (Ausschussbericht, *zu* BT-Drucks V/2317, 3).

b) Voraussetzungen
aa) Unveränderte Umstände (Abs 2 S 1)

27 Haben sich die Umstände, die für eine unbefristete Fortsetzung des Mietverhältnisses durch Urteil bestimmend waren, nicht verändert, so kann der Mieter nach § 574c Abs 2 S 1 BGB der Kündigung ohne Weiteres **widersprechen** und vom Vermieter verlangen, das Mietverhältnis weiterhin auf unbestimmte Zeit fortzusetzen. Eine unerhebliche Veränderung bleibt nach § 574c Abs 2 S 2 HS 2 BGB außer Betracht, sodass der Widerspruch von keinen weiteren Voraussetzungen abhängig ist. Es kommt auf die Umstände an, die der gerichtlichen Entscheidung als maßgeblich zugrunde gelegen haben. Der Mieter braucht nicht darzulegen und zu beweisen, dass die erneute Beendigung des Mietverhältnisses für ihn oder seine Familie eine ungerechtfertigte Härte bedeutet (Ausschussbericht, *zu* BT-Drucks V/2317, 3; BeckOGK/Emanuel [1. 7. 2020] Rn 31; MünchKomm/Häublein Rn 11).

28 In § 574c Abs 2 S 1 BGB wird nicht ausdrücklich auf die formellen Voraussetzungen des § 574b BGB verwiesen. Daraus ist früher vielfach geschlossen worden, dass der Widerspruch des Mieters an keine **Form und Frist** gebunden sei (Hans § 556c Anm 4a). Dem Hauptargument, dass in Abs 2 im Gegensatz zu Abs 1 eine Verweisung auf die Widerspruchsregelung fehle, ist jedoch der Boden entzogen worden, seitdem im Zuge des MietRRG 2001 auch in Abs 1 der Hinweis auf die dem § 556a BGB aF entsprechenden Vorschriften der §§ 574 bis 574b BGB entfallen sind. Seit dem 1. 9. 2001 ist daher in formeller Hinsicht eine einheitliche Handhabung der aus § 574c BGB resultierenden Widerspruchsrechte geboten, die angesichts des systematischen Zusammenhangs der Vorschrift nur dahin gehen kann, dass auch der auf § 574c BGB gestützte Widerspruch die Form und Frist des § 574b BGB wahren muss (Klein-Blenkers ua/Hinz Rn 10; Kossmann/Meyer-Abich § 134 Rn 5; MünchKomm/Häublein Rn 7; Soergel/Heintzmann Rn 3; **aM** Blank/Börstinghaus/Blank/Börstinghaus Rn 10; Palandt/Weidenkaff Rn 10).

bb) Veränderte Umstände (Abs 2 S 2)

29 α) Wenn sich die **Umstände**, die für eine unbefristete Fortsetzung des Mietverhältnisses durch Urteil bestimmend waren, erheblich geändert haben, so kann der Mieter eine erneute Fortsetzung des Mietverhältnisses nur nach § 574 BGB verlangen. Dabei ist nicht nur auf die Umstände abzustellen, die der früheren Entscheidung zugrunde gelegen haben. Es kommt auch nicht nur darauf an, ob sich die Härtegründe aufseiten des Mieters oder seiner Familie geändert haben. Entscheidend ist vielmehr ein Vergleich der gesamten Sachlage zur Zeit der früheren und der nunmehr anstehenden Entscheidung. Dies bedeutet, dass der Wegfall oder die Milderung früherer Härtegründe ebenso zu berücksichtigen ist wie der Hinzutritt neuer Härtegründe für den Mieter oder seine Familie. In gleicher Weise ist es von Bedeutung, ob sich die berechtigten Interessen des Vermieters an einer Beendigung des Mietverhältnisses geändert haben (Blank/Börstinghaus/Blank/Börstinghaus Rn 19; Erman/Lützenkirchen Rn 6).

β) Zunächst muss der Vermieter darlegen und ggf beweisen, dass sich die maß- 30
gebenden Umstände erheblich zuungunsten des Mieters **geändert** haben. Dies gilt
auch für die Härtegründe aufseiten des Mieters (Ausschussbericht, *zu* BT-Drucks V/2317,
3; OLG Stuttgart NJW 1969, 1070; Hans DWW 1968, 55, 57; Häusler DWW 1968, 50). Demgegenüber hat der Mieter darzulegen und zu beweisen, dass es für ihn oder seine
Familie gleichwohl eine ungerechtfertigte Härte bedeutet, wenn das Mietverhältnis
auch unter den geänderten Umständen beendet wird (Ausschussbericht, *zu* BT-Drucks V/
2317, 3).

γ) Die Änderung der Umstände muss **erheblich** sein. Dies wird sich idR erst bei 31
der erforderlichen Interessenabwägung zeigen. Die maßgebenden Umstände müssen
sich in einer Weise geändert haben, dass die Interessenabwägung nunmehr ein
anderes Ergebnis rechtfertigt. Eine Beendigung des Mietverhältnisses kann der
Mieter dann nur noch verhindern, wenn er sich auf neue Härtegründe beruft, die
das Ergebnis wiederum zu seinen Gunsten beeinflussen.

cc) **Ausschluss der Berufung auf unveränderte oder veränderte Umstände**
Für die Beurteilung im Rahmen des § 574c Abs 2 BGB ist der in § 162 BGB zum 32
Ausdruck kommende Grundsatz zu beachten, dass die Mietparteien sich nicht auf
Umstände berufen können, deren Eintritt oder Nichteintritt eine von ihnen wider
Treu und Glauben herbeigeführt oder verhindert hat (Ausschussbericht, *zu* BT-Drucks V/
2317, 4; Prütting ua/Riecke Rn 3; Schmidt-Futterer/Blank Rn 20).

c) **Rechtsfolgen**
Haben sich die maßgebenden Umstände **nicht oder nur unerheblich geändert**, so kann 33
der Mieter einer Kündigung nach § 574c Abs 2 S 1 BGB widersprechen und die
Fortsetzung des Mietverhältnisses auf unbestimmte Zeit verlangen. Er hat dabei
Form und Frist des § 574b BGB zu wahren (vgl Rn 28). Eine Änderung der Ver-
tragsbedingungen ist auch unter den Voraussetzungen des § 574a Abs 1 S 2 BGB
nicht möglich; sie kommt nur bei einer erheblichen Änderung der Umstände (Abs 2
S 2) in Betracht (zweifelnd Palandt/Weidenkaff Rn 9 aE).

Haben sich die maßgebenden Umstände **erheblich geändert**, so kommt eine weitere 34
Fortsetzung des Mietverhältnisses nur nach § 574 BGB in Betracht. Sind die Voraussetzungen dieser Vorschrift erfüllt, kann der Mieter der Kündigung widersprechen und vom Vermieter verlangen, das Mietverhältnis auf **bestimmte oder unbestimmte Zeit** fortzusetzen (OLG Stuttgart NJW 1969, 1070). Dabei hat er Form und Frist
zu wahren. Im Übrigen gelten die Ausführungen zu den §§ 574 bis 574b BGB
entsprechend.

IV. Unabdingbarkeit (Abs 3)

§ 574c BGB ist nicht zum Nachteil des Mieters abdingbar, Abs 3. Es kann daher 35
weder formular- noch einzelvertraglich wirksam vereinbart werden, dass dem Mieter
ein erneutes Widerspruchsrecht nicht zusteht oder dieses von gewichtigeren Gründen als im Gesetz vorgesehen abhängig gemacht wird (BeckOK MietR/Siegmund [1. 8.
2020] Rn 8). Dagegen sind abweichende Vereinbarungen zugunsten des Mieters zulässig, sodass insbesondere ein Verzicht auf die Einhaltung der in § 574b Abs 2 S 1
BGB bestimmten Frist möglich ist.

Unterkapitel 3
Mietverhältnisse auf bestimmte Zeit

§ 575
Zeitmietvertrag

(1) Ein Mietverhältnis kann auf bestimmte Zeit eingegangen werden, wenn der Vermieter nach Ablauf der Mietzeit

1. die Räume als Wohnung für sich, seine Familienangehörigen oder Angehörige seines Haushalts nutzen will,

2. in zulässiger Weise die Räume beseitigen oder so wesentlich verändern oder instand setzen will, dass die Maßnahmen durch eine Fortsetzung des Mietverhältnisses erheblich erschwert würden, oder

3. die Räume an einen zur Dienstleistung Verpflichteten vermieten will

und er dem Mieter den Grund der Befristung bei Vertragsschluss schriftlich mitteilt. Anderenfalls gilt das Mietverhältnis als auf unbestimmte Zeit abgeschlossen.

(2) Der Mieter kann vom Vermieter frühestens vier Monate vor Ablauf der Befristung verlangen, dass dieser ihm binnen eines Monats mitteilt, ob der Befristungsgrund noch besteht. Erfolgt die Mitteilung später, so kann der Mieter eine Verlängerung des Mietverhältnisses um den Zeitraum der Verspätung verlangen.

(3) Tritt der Grund der Befristung erst später ein, so kann der Mieter eine Verlängerung des Mietverhältnisses um einen entsprechenden Zeitraum verlangen. Entfällt der Grund, so kann der Mieter eine Verlängerung auf unbestimmte Zeit verlangen. Die Beweislast für den Eintritt des Befristungsgrundes und die Dauer der Verzögerung trifft den Vermieter.

(4) Eine zum Nachteil des Mieters abweichende Vereinbarung ist unwirksam.

Materialien: BT-Drucks 7/2011, 9; BT-Drucks 7/2629, 4; BT-Drucks 7/2638, 3; BT-Drucks 9/2079, 7, 14; BT-Drucks 9/2284, 3; BT-Drucks 12/3254, 9, 18; BT-Drucks 12/5110, 9; BT-Drucks 14/4553, 69 ff; BT-Drucks 14/5663, 83.

Schrifttum

ABRAMENKO, Unwirksame Befristungen als Kündigungsverzicht, ZMR 2014, 434
ACHENBACH, Effektive Zeitmietverträge durch Änderung des Vollstreckungsrechts, NZM 2001, 61
BEUERMANN, Kündigungsbeschränkungen für

Wohnraummieter durch AGB und Individualvereinbarungen, GE 2013, 1564
Blank, Das Vierte Mietrechtsänderungsgesetz. Teil 2: Die Änderungen des Bürgerlichen Gesetzbuchs und des Heimgesetzes, WuM 1993, 573
Börstinghaus, Kündigungsausschlussvereinbarungen nach neuem Recht, in: Gedschr Sonnenschein (2002) 349
Derckx, Vereinbarungen über den Kündigungsausschluss im neuen Mietrecht, NZM 2001, 826
Derleder, Zeitmiete und zeitlicher Kündigungsausschluss im neuen Mietrecht, NZM 2001, 649
ders, Der sicherste Weg der Vertragspraxis bei der Vereinbarung von Mietzeitbegrenzungen und Kündigungsausschlüssen, NZM 2001, 1025
ders, Die Struktur halbzwingender Normen im Mietrecht, in: Gedschr Sonnenschein (2002) 97
ders, Der Kündigungsverzicht des Wohnraummieters, NZM 2004, 247
Eisenhardt, Die Kontroverse um Zeitmietvertrag und Kündigungsfristen, WuM 2002, 412
Feuerlein, Die Kündigung des Mietvertrags und Zeitmietverträge nach neuem Recht, GE 2001, 970
ders, Nichts Neues beim Zeitmietvertrag?, WuM 2001, 371
Fischer, Zulässigkeit eines befristeten Kündigungsausschlusses bei Wohnraummietverträgen?, WuM 2004, 123
Gather, Die Neuregelungen des Wohnungsbau-Erleichterungsgesetzes, DWW 1990, 190
ders, Der Zeitmietvertrag über Wohnraum, DWW 1991, 69
ders, Der neue Zeitmietvertrag – ein Danaergeschenk, GE 2002, 516
ders, Der Zeitmietvertrag über Wohnraum, DWW 1999, 173
ders, Zeitmietvertrag, Tod des Mieters und Eintrittsrecht Dritter in den Wohnraummietvertrag, NZM 2001, 57
Gellwitzki, Mit welchen Fristen kann ein Zeitmietvertrag mit Verlängerungsklausel und mit eventueller Staffelmiete gekündigt werden?, WuM 2004, 575
Häublein, Ordentliche Kündigung von Zeitmietverträgen – Ein Beitrag zur Auslegung der Zeitmietabrede im Wohnraummietrecht, ZMR 2004, 1
Hannemann, Im Überblick: Risiken des Zeitmietvertrags bei der Wohnraummiete, NZM 1999, 585
Hinz, Langer Zeitmietvertrag und Kündigungsausschluss bei der Wohnraummiete, NZM 2003, 659
ders, Kündigungsverzicht und „Mindestmietzeit" bei der Wohnraummiete, WuM 2004, 126
ders, Der befristete Mietvertrag vor und nach der Mietrechtsreform, WuM 2009, 79
ders, Fehlgeschlagene Zeitmietabrede – Aufrechterhaltung als Kündigungsausschluss?, ZMR 2014, 179
Kandelhard, Zur Wirksamkeit von Kündigungsausschlüssen, WuM 2004, 129
König, Vertragsgestaltung bei Ferienwohnungen nach Wegfall des „einfachen" Zeitmietvertrages, in: 10 Jahre Mietrechtsreformgesetz (2011) 819
Lammel, Ersatz des Zeitmietvertrages durch einen Kündigungsausschluss?, WuM 2003, 123
Lützenkirchen, Wohnraummietvertrag: Mindestlaufzeit durch wechselseitigen Kündigungsverzicht?, MDR 2004, 926
Otto, Neue Regelungen für Vermieter und Mieter, ZMR 1994, 52
Rambach, Zweifelsfragen zur Belehrungspflicht des Vermieters bei Beendigung von Zeitverhältnissen, WuM 1991, 323
Rüfner, Lösung vom Mietvertrag bei gesteigertem Mobilitätsbedürfnis, in: 10 Jahre Mietrechtsreformgesetz (2011) 828
Sonnenschein, Kündigung und Rechtsnachfolge, ZMR 1992, 417
ders, Kündigungsschutz als Vermietungshemmnis, in: PiG Bd 33 (1991) 95
ders, Die Stellung des Vermieters im System des Kündigungsschutzes, ZfgWBay 1990, 513
Streyl, Das Recht auf vorzeitige Vertragsbeendigung bei der Miete von Wohn- und Geschäftsräumen – Mögliche Auswege aus einem Kündigungsausschluss, WuM 2005, 183
Timme, Verzicht des Mieters auf gesetzliches Kündigungsrecht, NJW 2004, 1639
Wenger, Der qualifizierte Zeitmietvertrag, MDR 2000, 181

WIEK, Der Kündigungsverzicht des Mieters nach der Mietrechtsreform, WuM 2004, 509
ders, Zeitliche Schranken für einen Kündigungsverzicht des Mieters einer Wohnung, WuM 2005, 369.

Systematische Übersicht

I. Allgemeine Kennzeichnung
1. Überblick 1
2. Entstehung der Vorschrift 2
3. Zweck der Vorschrift 4

II. Zulässigkeit des befristeten Mietverhältnisses
1. Begriff des befristeten Mietverhältnisses 6
2. Zulässigkeit des befristeten Mietverhältnisses 16
  a) Allgemeines 16
  b) Die sachlichen Gründe nach Abs 1 S 1 Nr 1 bis 3 18
    aa) Allgemeines 18
    bb) Eigennutzung (Nr 1) 19
    cc) Baumaßnahmen (Nr 2) 23
    dd) Betriebsbedarf bei Werkmietwohnungen (Nr 3) 33
  c) Schriftliche Mitteilung des Befristungsgrundes (Abs 1 S 1 HS 2) 36
3. Rechtsfolgen 46

III. Ansprüche auf Fortsetzung des Mietverhältnisses (Abs 2 und 3)
1. Allgemeines 49
2. Fortsetzungsverlangen nach Abs 2 ... 51
  a) Anspruch auf Mitteilung des Befristungsgrundes (S 1) 51
    aa) Allgemeines 51
    bb) Der Anspruch nach S 1 54
  b) Rechtsfolgen 56
  c) Anspruch auf Fortsetzung des Mietverhältnisses (Abs 2 S 2) 63
3. Fortsetzungsverlangen nach Abs 3 ... 69
  a) Allgemeines 69
  b) Der Anspruch nach Abs 3 S 1 70
  c) Der Anspruch nach Abs 3 S 2 76
  d) Darlegungs- und Beweislast (Abs 3 S 3) 78
4. Gerichtliche Geltendmachung 79

IV. Rechtsfolgen bei unberechtigtem Abschluss eines befristeten Mietvertrags 81

V. Darlegungs- und Beweislast 82

VI. Abweichende Vereinbarungen (Abs 4) 83

VII. Übergangsregelung zur Mietrechtsreform 88

Alphabetische Übersicht

Abweichende Vereinbarungen .... 83 ff
– Vertragsänderungen 87
– Unzulässigkeit 84
– Zulässigkeit 86
Auflösende Bedingung 8, 12
Auskunftsanspruch .... 51 f
– Erfüllung des Anspruchs durch den Vermieter .... 56 f
– Frist für Mieter 55
– Frist für Vermieter 62
– Rechtsfolge bei Nichterfüllung .... 63 ff

Ausschluss der ordentlichen Kündigung ... 14 f

Baumaßnahmen .... 23 ff
Bedingung, auflösende 8, 12
Befristungsgrund
– Baumaßnahmen .... 23 ff
– Betriebsbedarf bei Werkmietwohnungen .... 33 ff
– Eigennutzung .... 19 ff
– Konsequenz bei fehlendem Grund ... 16 f
– Rechtsfolge bei unzulässiger Befristung ... 81

Beseitigung der Räume	25 f	– befristetes	7 ff
Beweislast	78, 82	– Fortsetzungsansprüche	63 ff, 69 ff, 76 ff
		– Optionsrecht	13
Darlegungslast	78, 82	– Schriftform	77
		– unbefristetes	46
Eigennutzung	19 ff	– Verlängerungsklausel	11
Einfacher Zeitmietvertrag	3	– Verlängerungsvertrag	62, 77
Einliegerwohnraum	17	– vorübergehender Gebrauch	17
Ende des befristeten Mietverhältnisses	46	Mitteilung des Befristungsgrundes	36 ff
Entstehung der Vorschrift	2 f	– bei Baumaßnahmen	40 f
Erschwerung der Fortsetzung des Mietverhältnisses	29 f	– bei Betriebsbedarf	42
		– bei Eigennutzung	38 f
		– elektronische Form	45
Familienangehörige	19	– Inhalt	37
Ferienwohnung	22	– Schriftform	44
Fortsetzung		– Zeitpunkt	43
– Anspruch auf befristete Fortsetzung bei unterlassener Mitteilung	60 ff	Mitteilungspflicht bei Verzögerung der Maßnahme	73
– Anspruch auf befristete Fortsetzung bei Verzögerung der Maßnahme	66 ff	Optionsrecht	13
– Anspruch auf unbefristete Fortsetzung	76 ff	Räumungsfrist	47 f
– des befristeten Mietverhältnisses	49 ff	Rechtsnachfolge	60 f
– des Gebrauchs	48, 64 f	Richterlicher Gestaltungsakt	9
Gerichtliche Geltendmachung	79		
Gerichtliche Zuständigkeit	79	Späterer Eintritt des Befristungsgrundes	71
Gerichtsurteil	10	Studentenwohnheim	17
		Übergangsvorschrift	88
Haushaltsangehörige	19		
		Veränderung der Räume	27 f
Instandsetzung der Räume	27 f	Verlängerungsklausel	11
		Vermieterwechsel	60 f
Jugendwohnheim	17	Vertragsänderung bei Verlängerung des Mietverhältnisses	62, 77
Juristische Personen		Vertretung	49
– des öffentlichen Rechts	17	Vollstreckungsschutz	47
– Eigenbedarf	20		
		Werkdienstwohnungen	35
Kündigung		Werkmietwohnungen	33 ff
– außerordentliche Kündigung	50	Widerklage	80
– vertraglicher Ausschluss der ordentlichen Kündigung	14 f	Wohnung	6, 21
Lebenszeit	8	Zeitmietvertrag	
Leistungsklage	79	– Begriff	6 ff
		– einfacher	3
Mietverhältnis über Wohnraum	6, 21	– Ende des Mietverhältnisses	46
– auf Lebenszeit	8	– Rechtsfolge bei unzulässigem Abschluss	81
– auflösende Bedingung	8, 12	– vorübergehender Gebrauch	17
– Beendigung durch Zeitablauf	46		

– Zulässigkeit	16 ff	Zwangsverwaltung	49
Zulässigkeit der Baumaßnahme	31 f	Zweck der Vorschrift	4 f
Zuständigkeit des Gerichts	79	Zweitwohnung	22

I. Allgemeine Kennzeichnung

1. Überblick

1 Die durch die Mietrechtsreform völlig umgestaltete Vorschrift (vgl unten Rn 3) regelt die Zulässigkeit befristeter Wohnraummietverhältnisse und deren ausnahmsweise Fortsetzung nach Ablauf der vereinbarten Mietzeit. Für die Befristung eines Mietvertrags ist auf Vermieterseite stets ein in Abs 1 S 1 bezeichneter Sachgrund erforderlich, der dem Mieter schriftlich mitgeteilt werden muss, da andernfalls ein unbefristetes Mietverhältnis zustande kommt (Abs 1 S 2). Nach Abs 2 S 1 kann der Mieter frühestens vier Monate vor Ablauf des Mietverhältnisses vom Vermieter Auskunft darüber verlangen, ob der Befristungsgrund noch besteht. Erfolgt die fristgebundene Auskunft des Vermieters verspätet, so kann der Mieter die Fortsetzung des Mietverhältnisses um den Zeitraum der Verspätung verlangen (Abs 2 S 2). Ähnliches gilt auch, wenn der Befristungsgrund erst später eintritt. Nach Abs 3 S 1 kann dann die Verlängerung um einen entsprechenden Zeitraum verlangt werden. Entfällt hingegen ein ursprünglich vorliegender Befristungsgrund, so kann der Mieter eine Verlängerung des Mietverhältnisses auf unbestimmte Zeit beanspruchen (Abs 3 S 2). Eine Beweislastregelung zu Lasten des Vermieters trifft Abs 3 S 3. Nach Abs 4 sind abweichende Vereinbarungen zum Nachteil des Mieters unwirksam. Für Mietverhältnisse nach § 549 Abs 2 und 3 BGB gilt die Vorschrift nicht.

2. Entstehung der Vorschrift

2 Die Vorschrift ist im Rahmen des MietRRG (BGBl 2001 I 1149) zusammen mit § 575a BGB an die Stelle des § 564c BGB aF getreten. Sie soll zu einer größeren Rechtssicherheit für Mieter und Vermieter führen (BT-Drucks 14/4553, 69; HERRLEIN/KANDELHARD/KANDELHARD Rn 1). Bis dahin verfolgte die gesetzliche Regelung ein anderes Konzept des Mieterschutzes im Fall von befristeten Wohnraummietverträgen, indem es dem Mieter seit der Änderung des § 564c BGB aF durch Art 1 Nr 5 des Gesetzes zur Erhöhung des Angebots an Mietwohnungen vom 20. 12. 1982 (BGBl I 1912) einen Anspruch auf Verlängerung des befristeten Mietverhältnisses gab, den dieser spätestens zwei Monate vor Beendigung des Mietverhältnisses schriftlich geltend machen musste. Gleichzeitig wurden aber Ausnahmen von diesem Anspruch geschaffen. So bestand er nicht, wenn der Vermieter ein berechtigtes Interesse an der Beendigung des Mietverhältnisses hatte. Ausgeschlossen war der Verlängerungsanspruch des Mieters ferner, wenn der Vermieter den Mieter schon bei Vertragsschluss schriftlich darüber unterrichtet hatte, dass das Mietverhältnis wegen beabsichtigter späterer Eigennutzung oder bestimmter Baumaßnahmen nicht verlängerbar sei (§ 564c Abs 2 BGB). Diese Ausnahmen wurden durch Art 4 Nr 5 MietRÄndG 4 vom 21. 7. 1993 (BGBl I 1257) so erweitert, dass seitdem auch der künftige Betriebsbedarf (jetzt § 575 Abs 1 S 1 Nr 3 BGB) einen Ablehnungsgrund darstellte (ausführlich zum alten Recht SONNENSCHEIN WuM 2000, 387, 402).

Nunmehr verfolgt der Gesetzgeber im Rahmen des **MietRRG** den Zweck, befristete 3
Mietverhältnisse über Wohnraum im Interesse einer **größeren Rechtssicherheit** stark
einzuschränken, indem eine Befristung nur noch bei Vorliegen eines sachlichen
Grundes möglich ist. Der **„einfache" Zeitmietvertrag ist grundsätzlich weggefallen**
(BT-Drucks 14/4553, 69; BLANK/BÖRSTINGHAUS/BLANK/BÖRSTINGHAUS Rn 2; GATHER NZM 2001,
57; KLEIN-BLENKERS ua/HINZ Rn 1; PRÜTTING ua/RIECKE Rn 1), er ist nur noch bei Mietverhältnissen der in § 549 Abs 2 und 3 BGB genannten Art zulässig (unten Rn 17). Die in
Abs 1 S 1 normierten Sachgründe sind dabei weitgehend identisch mit den Gründen,
bei denen früher ein Anspruch auf Verlängerung des Mietverhältnisses durch den
Mieter ausgeschlossen war. Der Gesetzentwurf der Bundesregierung hatte in § 575
Abs 1 S 1 Nr 2 BGB noch einen Verzicht auf das Erfordernis der erheblichen Erschwerung vorgesehen, um dem Vermieter die Planung und Durchführung größerer
Modernisierungsmaßnahmen zu erleichtern (BT-Drucks 14/4553, 70). Davon ist aber
nach Kritik des Rechtsausschusses (BT-Drucks 14/5663, 83) wieder abgesehen und der
frühere Wortlaut übernommen worden. Weggefallen ist lediglich die Vorschrift des
§ 564c Abs 2 S 1 Nr 1 BGB aF, wonach der Verlängerungsanspruch nur bei einer
fünf Jahre übersteigenden Mietzeit bestand (dazu GATHER DWW 2001, 192, 201; SONNENSCHEIN WuM 2000, 387, 402). Außerdem wurde § 575 Abs 1 Nr 3 BGB gegenüber der
Vorgängervorschrift erweitert (vgl Rn 34).

3. Zweck der Vorschrift

Die **Interessensgegensätze** von Mietern und Vermietern treten bei befristeten Miet- 4
verhältnissen besonders deutlich zutage. Dem **Vermieter** ist regelmäßig daran gelegen,
die Wohnung für einen gewissen Zeitraum unter Ausschluss des Rechts zur ordentlichen Kündigung des Mieters zu vermieten. Andererseits will der Vermieter sicher
wissen, wann er die Wohnung wieder anderweitig nutzen kann. Der **Mieter** hingegen
kann einerseits ein Interesse daran haben, dass der Vermieter einen gewissen Zeitraum nicht ordentlich kündigen kann. Die Gefahr eines Zeitmietvertrags für den
Mieter ist aber die damit verbundene Einschränkung seiner Mobilität. Da er durch
den Zeitmietvertrag in Ermangelung einer abweichenden Vereinbarung auch auf das
Recht zur ordentlichen Kündigung verzichtet (STAUDINGER/ROLFS [2021] § 542 Rn 136, 146),
hat er grundsätzlich keine Möglichkeit, den Mietvertrag vorzeitig zu beenden. Die
frühere Regelung wurde diesen Belangen nicht hinreichend gerecht, da der Vermieter
bei einem „einfachen" Zeitmietvertrag wegen des Verlängerungsanspruchs des Mieters keine Rechtssicherheit hatte. Andererseits konnte durch den voraussetzungslosen
Abschluss von Zeitmietverträgen die Mobilität des Mieters über Gebühr beschränkt
werden. Die Vorschrift will nun diesen Interessengegensätzen Rechnung tragen.

Abs 1 BGB verfolgt daher den Zweck, die **Zahl befristeter Mietverhältnisse einzu-** 5
dämmen. Durch den Wegfall des Verlängerungsanspruchs des Mieters soll leer
stehender Wohnraum für den Wohnungsmarkt mobilisiert werden (BT-Drucks 14/4553,
69). Letzteres ist wichtig, da sich in der Praxis gezeigt hatte, dass viele Vermieter es
vorzogen, verfügbaren Wohnraum nicht zu vermieten, wenn sie vorhatten, ihn in
absehbarer Zeit einer Eigennutzung zuzuführen, bestimmte Baumaßnahmen zu
verwirklichen oder später ein zur Dienstleistung Verpflichteter die Wohnung mieten
sollte (BT-Drucks 14/4553, 69). Viele Vermieter scheuten daher das Risiko einer Kündigung bei unbefristetem Mietvertrag aufgrund der Anwendbarkeit der Sozialklausel
(§§ 574 ff BGB). Dies wurde als Missstand beurteilt, dem mit einer Zulassung be-

fristeter Mietverhältnisse ohne Bestandsschutz zu begegnen sei. Dem Vermieter sollte die Möglichkeit eingeräumt werden, solchen Wohnraum auf eine angemessene Zeit zu vermieten, ohne befürchten zu müssen, dass er seine Absicht der Eigennutzung oder der Durchführung von Baumaßnahmen nicht verwirklichen könne. Der Wegfall des „einfachen" Zeitmietvertrags führt auch nicht zu einer Benachteiligung des Mieters, da vielen Mietern ihr Verlängerungsanspruch ohnehin nicht bekannt war (Feuerlein WuM 2001, 371, 373) und im Interesse einer Planungssicherheit weiterhin die Möglichkeit besteht, das Recht zur ordentlichen Kündigung für eine gewisse Zeit auszuschließen (BT-Drucks 14/4553, 69; ausführlich Rn 14 f).

II. Zulässigkeit des befristeten Mietverhältnisses

1. Begriff des befristeten Mietverhältnisses

6 a) Entsprechend der systematischen Stellung im Untertitel 2 muss es sich um ein **Mietverhältnis über Wohnraum** handeln (Staudinger/Artz [2021] § 549 Rn 15 ff). Auch ein Untermietverhältnis kommt in Betracht. Darüber hinaus findet § 575 BGB auch auf Verträge über die Anmietung von Räumen durch eine juristische Person des öffentlichen Rechts oder einen anerkannten privaten Träger der Wohlfahrtspflege Anwendung, die geschlossen werden, um die Räume Personen mit dringendem Wohnungsbedarf zum Wohnen zu überlassen (§ 578 Abs 3 S 1 BGB). Solche Verträge können zusätzlich zu den in § 575 Abs 1 S 1 BGB genannten Gründen auch dann auf bestimmte Zeit geschlossen werden, wenn der Vermieter die Räume nach Ablauf der Mietzeit für ihm obliegende oder ihm übertragene öffentliche Aufgaben nutzen will (§ 578 Abs 3 S 2 BGB). Eine „sachgrundlose" Befristung, wie früher häufig üblich, ist demgegenüber nicht mehr möglich (Häublein ZMR 2020, 913, 914).

7 b) Das Mietverhältnis ist zunächst dann auf bestimmte Zeit eingegangen, wenn die Beendigung des Mietverhältnisses **kalendermäßig bestimmt oder bestimmbar** ist (Hannemann NZM 1999, 585, 586; Staudinger/Rolfs [2021] § 542 Rn 136; vgl auch LG Stuttgart WuM 2007, 582: Die Vereinbarung, das Mietverhältnis ende „2012" ist zu unbestimmt und begründet daher kein befristetes, sondern ein unbefristetes Mietverhältnis). Hierzu gehören auch Mietverhältnisse, die durch Änderungsvertrag befristet worden sind (BayObLG NJW-RR 1990, 17; Palandt/Weidenkaff Rn 2). Eine bestimmte Mindest- oder Höchstdauer sieht § 575 BGB nicht vor. Gleichwohl kann eine Dauer von mehr als acht bis zehn Jahren nicht vereinbart werden, es sei denn, dass dem Mieter das Recht zur ordentlichen Kündigung eingeräumt würde (vgl § 573c Rn 40 f). Wird der Vertrag für längere Zeit als ein Jahr geschlossen, bedarf er nach § 550 S 1 BGB der schriftlichen Form. Wird die Form nicht gewahrt, gilt der Vertrag nach § 550 S 1 BGB als für unbestimmte Zeit geschlossen und unterliegt der Kündigungsregelung des § 573 BGB. Unerheblich ist, ob der Mietvertrag für dieselbe Wohnung mehrfach nacheinander auf eine bestimmte Zeit abgeschlossen wird (OLG Frankfurt WuM 1991, 17). Ist unklar, ob ein befristeter oder ein unbefristeter Vertrag geschlossen wurde, so ist im Zweifel ein unbefristeter Vertrag anzunehmen (OLG Köln NZM 1999, 1142).

8 c) Die Befristung unterscheidet sich von der **auflösenden Bedingung** dadurch, dass bei der Bedingung das Ereignis nach den Vorstellungen der Parteien bei Vertragsabschluss sicher eintreten wird und lediglich der Zeitpunkt ungewiss ist (dies certus an, incertus quando), während bei der auflösenden Bedingung schon Zweifel darüber bestehen, ob sie überhaupt jemals eintreten wird (BORK, Allgemeiner Teil des Bürgerlichen Gesetzbuchs [4. Aufl 2016] Rn 1255). Demzufolge begründet auch ein auf die **Lebenszeit** des Mieters abgeschlossener Vertrag nach hM ein auf bestimmte Zeit eingegangenes Mietverhältnis, weil es durch ein sicher eintretendes zukünftiges Ereignis und nicht durch Kündigung beendet wird (BayObLG WuM 1993, 523 mwNw; LG Freiburg 21. 3. 2013 – 3 S 368/12, ZMR 2014, 449; BeckOK/HANNAPPEL [1. 8. 2020] Rn 6; GATHER DWW 1999, 173; HANNEMANN NZM 1999, 585, 587; MünchKomm/HÄUBLEIN Rn 12; SOERGEL/HEINTZMANN Rn 3; SPIELBAUER/SCHNEIDER/ETTL Rn 6; **aM** AG Bruchsal WuM 1983, 142). Allerdings ist streitig, ob im Wohnraummietrecht Verträge auf die Lebenszeit des Mieters nach der Reform des Mietrechts 2001 noch zulässig sind. Diejenigen Autoren, die den Ausschluss des ordentlichen Kündigungsrechts für unzulässig halten (vgl Rn 14 f), stehen zwangsläufig auch dem Lebenszeitvertrag kritisch gegenüber (explizit HERRLEIN/KANDELHARD/KANDELHARD § 544 Rn 6). Dem kann jedoch nicht beigetreten werden, wie § 544 S 2 BGB, der auch für die Wohnraummiete Geltung beansprucht, belegt. Allerdings muss sich auch ein solcher Vertrag an § 575 Abs 1 BGB messen lassen, sodass es eines sachlichen Grundes iS dieser Vorschrift bedarf, um den Mietvertrag auf die Lebenszeit des Mieters oder des Vermieters zu befristen (HINZ NZM 2003, 659, 662).

d) Im Falle der **Scheidung** richtet sich die Behandlung der Ehewohnung nach **9** § 1568a BGB. Nach dessen Abs 3 tritt der Ehegatte, dem die Wohnung anlässlich der Scheidung allein zu überlassen ist, in das von dem anderen Ehegatten allein eingegangene Mietverhältnis ein bzw setzt das von beiden eingegangene Mietverhältnis allein fort (näher STAUDINGER/WEINREICH [2018] § 1568a Rn 51 ff). Dem Vermieter steht entsprechend § 563 Abs 4 BGB ein Sonderkündigungsrecht zu, § 1568a Abs 3 S 2 BGB. Insoweit bestehen für befristete Mietverhältnisse keine Besonderheiten. Eine Schwierigkeit ergibt sich nur dann, wenn die Eheleute die Wohnung **ohne ein Mietverhältnis nutzen konnten**. Hier hat derjenige Ehegatte, dem die Wohnung durch Vereinbarung der Ehegatten oder im gerichtlichen Wohnungszuweisungsverfahren überlassen wird, einen Anspruch auf Abschluss eines Mietvertrages zu den ortsüblichen Bedingungen gegen die zur Vermietung berechtigte Person, § 1568a Abs 5 S 1 BGB. Diese kann unter den Voraussetzungen des § 575 BGB oder wenn die Begründung eines unbefristeten Mietverhältnisses unter Würdigung ihrer berechtigten Interessen unbillig ist, eine angemessene Befristung des Mietverhältnisses zu verlangen. Zum einen erhält der Vermieter damit wie jeder andere auch das Recht, eine Befristung des Mietverhältnisses aus den Gründen des § 575 BGB zu verlangen. Zum anderen wird sowohl verfassungsrechtlichen Bedenken gegen die zu weitgehende Ermöglichung eines unbefristeten Mietverhältnisses Rechnung getragen als auch Situationen vermieden, in denen eine sofortige Räumung der Wohnung für den berechtigten Ehegatten unzumutbar ist (BT-Drucks 16/10798, 23).

e) Ist ein Mietverhältnis aufgrund der Sozialklausel nach § 574a Abs 2 BGB **10** durch **Gerichtsurteil** auf bestimmte Zeit verlängert worden, scheidet es aus systematischen Gründen aus dem Anwendungsbereich des § 575 Abs 1 BGB aus, weil diese Vorschrift den Bestandsschutz auf der gleichen Ebene wie § 573 BGB generell zu erreichen sucht, während es nach der Sozialklausel auf eine individuelle Härte für den Mieter oder seine Familie ankommt. Für die weitere Fortsetzung eines hiernach auf bestimmte Zeit verlängerten Mietverhältnisses ist deshalb § 574c Abs 1 BGB maßgebend (vgl § 574c Rn 6 ff; LG Siegen NJW-RR 1991, 1113; MünchKomm/Häublein Rn 15).

11 f) Mietverhältnisse werden häufig befristet und gleichzeitig mit einer **Verlängerungsklausel** versehen, in der bedungen ist, dass sich das Mietverhältnis auf unbestimmte Zeit verlängert, sofern es nicht nach Ablauf der Mietzeit (ordentlich) gekündigt wird (vgl BGH NJW 2010, 3431; LG Berlin GE 1999, 571; LG Halle/Saale WuM 2006, 572). Unterbleibt die Kündigung, so wird das Mietverhältnis mit demselben Vertragsinhalt fortgesetzt. Die Identität des damit in die Zukunft verlängerten Vertrages bleibt erhalten. Die befristete Kündigung beendet den Vertrag erst zum vertraglich oder gesetzlich bestimmten Zeitpunkt (BGHZ 139, 123, 127 = NJW 1998, 2664; BGHZ 150, 373, 375 = NJW 2002, 2170). Auch wenn an sich eine bestimmte Mietzeit vereinbart ist, sind derartige Mietverhältnisse rechtlich als unbefristet zu behandeln, da sie nicht durch Zeitablauf enden (LG Nürnberg-Fürth WuM 2005, 790; Blank/Börstinghaus/Blank/Börstinghaus Rn 83). § 575 BGB ist deshalb nicht anzuwenden (LG Düsseldorf WuM 1989, 414; LG Halle/Saale WuM 2006, 572; AG Pinneberg WuM 1979, 193; Blank NZM 2015, 887, 888; Hannemann NZM 1999, 585, 586; MünchKomm/Häublein Rn 11; Soergel/Heintzmann Rn 3).

12 g) Aus den gleichen Gründen scheidet die Anwendung des § 575 BGB wegen § 572 Abs 2 BGB für ein Mietverhältnis über Wohnraum aus, das unter einer **auflösenden Bedingung** steht (vgl § 572 Rn 7 ff).

13 h) Wird in einem Mietvertrag bedungen, dass der Mieter berechtigt ist, das Mietverhältnis durch einseitige Erklärung fortzusetzen (**Optionsrecht**), so handelt es sich gleichwohl um ein befristetes Mietverhältnis (Staudinger/Rolfs [2021] § 542 Rn 149 ff). Für solche Mietverhältnisse wird zwar die Auffassung vertreten, dass § 575 BGB nicht in Betracht komme, weil der Mieter infolge der Option ohnehin das Recht habe, das Mietverhältnis durch einseitige Erklärung fortzusetzen (Gather DWW 1999, 173). Dieser Auffassung ist jedoch nicht generell zuzustimmen. Denn grundsätzlich endet auch ein solcher Mietvertrag mit Zeitablauf. Auch ist die Ausübung des Optionsrechts häufig an zusätzliche Voraussetzungen gebunden, die es rechtfertigen, derartige Verträge den Regelungen über befristete Mietverhältnisse zu unterstellen. Da sich der Anwendungsbereich eines Optionsrechts des Mieters und eines Anspruchs aus Abs 2 und 3 auf Fortsetzung des Mietverhältnisses nicht decken, wird der gesetzliche Anspruch grundsätzlich selbst dann nicht ausgeschlossen, wenn der Mieter von seinem vertraglichen Optionsrecht keinen Gebrauch gemacht hat. Ausnahmen sind allenfalls bei einem widersprüchlichen Verhalten des Mieters nach § 242 BGB möglich. Ansonsten kann ein Optionsrecht die Anwendung der Abs 2 und 3 nicht ausschließen, da darin ein Verstoß gegen die Unabdingbarkeitsklausel des Abs 4 läge.

14 i) Die Parteien können im Mietvertrag auch die **ordentliche Kündigung für eine gewisse Zeit ausschließen**. Von einem befristeten Mietvertrag unterscheidet sich eine solche Gestaltung dadurch, dass das Mietverhältnis mit Ablauf der vereinbarten Zeit nicht endet, sondern gekündigt werden muss und – je nach Vereinbarung – nach oder zum Ablauf des vereinbarten Termins erstmals gekündigt werden kann (BGH NJW 2011, 59). Zwar war durch den Wegfall des „einfachen" Zeitmietvertrags im Rahmen der Mietrechtsreform (oben Rn 3) anfangs umstritten, ob ein befristeter

Kündigungsausschluss in einem unbefristeten Mietverhältnis zulässig ist (s dazu auch § 573c Rn 39 ff). Die Entwurfsbegründung (BT-Drucks 14/4553, 69) war ohne Weiteres von einer Zulässigkeit ausgegangen und hatte auf diese Weise eine breite Diskussion entfacht. Teilweise wurde die Auffassung vertreten, dass eine solche Vertragsgestaltung gegen den Schutzzweck des § 573c Abs 1 S 1, Abs 4 BGB verstoße (LG Krefeld NJW 2003, 1464; AG Itzehoe WuM 2003, 213; DERLEDER NZM 2001, 649, 652 ff; HINZ NZM 2003, 659, 664; LAMMEL WuM 2003, 123, 124) oder eine Umgehung des § 575 BGB darstelle (GATHER NZM 2001, 57, 58; HERRLEIN/KANDELHARD/KANDELHARD Rn 36) und daher allenfalls ein befristeter Ausschluss des ordentlichen Kündigungsrechts auf *Vermieterseite* möglich sei (DERLEDER NZM 2004, 247, 249; EMMERICH NZM 2001, 777, 783; FEUERLEIN WuM 2001, 371, 372; GATHER DWW 2001, 192, 200). Bei **Formularmietverträgen** wurde auch ein Verstoß gegen § 307 Abs 1 S 1 BGB diskutiert (vgl einerseits GATHER NZM 2001, 57, 58; andererseits DERCKX NZM 2001, 826, 827 f).

Dieser Auffassung hat sich der **BGH** jedoch zu Recht nicht angeschlossen (BGH NZM 2004, 734; BGH NJW 2004, 3117; BGH NJW 2004, 1448 mAnm DERLEDER NZM 2004, 247; BGH NJW 2011, 59; BGH NJW 2013, 2820; ebenso BT-Drucks 14/4553, 69; BLANK/BÖRSTINGHAUS/ BLANK/BÖRSTINGHAUS Rn 86; DERCKX NZM 2001, 826, 828; EISENHARDT WuM 2002, 412 f; FISCHER WuM 2004, 123; HÄUBLEIN ZMR 2004, 252; HINZ WuM 2004, 126; KANDELHARD WuM 2004, 129; KLEIN-BLENKERS ua/HINZ Rn 43; SONNENSCHEIN WuM 2000, 387, 403; TIMME NJW 2004, 1639; einschränkend DERLEDER NZM 2001, 649, 654), da es nicht um die Vereinbarung einer abweichenden Kündigungsfrist, sondern um den Ausschluss des Kündigungsrechts geht, für den § 573c BGB gar keine Regelung trifft (BLANK/BÖRSTINGHAUS/ BLANK/BÖRSTINGHAUS Rn 87; DERCKX NZM 2001, 826, 828; DERLEDER NZM 2001, 649, 652; ders, in: Gedschr Sonnenschein [2002] 97, 111 ff; **aM** BÖRSTINGHAUS, in: Gedschr Sonnenschein [2002] 349, 351 ff). § 575 BGB will den Mieter vor einem unbegründeten Verlust seiner Wohnung schützen, nicht vor einem **langfristigen Bestand des Mietvertrages**. Durch die Neuregelung des Zeitmietvertrages sollte eine automatische Beendigung des Wohnraummietverhältnisses allein durch Zeitablauf, ohne dass der Mieter Kündigungsschutz genießt, außerhalb der privilegierten Befristungsgründe vermieden werden. Die Regelung soll den Mieter vor dem Verlust der Wohnung schützen, nicht aber vor einer längeren Bindung an den Vertrag, wie sie durch die Vereinbarung eines befristeten Kündigungsausschlusses beabsichtigt ist (BGH NJW 2004, 1448; BGH 8. 5. 2018 – VIII ZR 200/17, NZM 2018, 556; s aber auch § 573c Rn 39 ff). Nur das Schriftformerfordernis des § 550 BGB ist zu beachten (BGH NZM 2008, 687). Im Grundsatz nichts anderes gilt für **Allgemeine Geschäftsbedingungen**, hier kann jedoch eine unangemessene Benachteiligung (§ 307 Abs 1 S 1 BGB) in Betracht kommen, wenn der Vertragspartner des Verwenders einseitig mit dem Kündigungsausschluss belastet wird oder die vereinbarte Bindungsdauer unangemessen lang ist (BGH NJW 2004, 3117; BGH NZM 2004, 734 m Bespr BROCK/LATTKA NZM 2004, 729 u WIEK WuM 2004, 509; BGH WuM 2004, 672; LG Berlin GE 1996, 57; LG Berlin GE 2005, 1251; LG Duisburg NZM 2003, 354; AG Frankfurt aM NZM 2005, 339; BEUERMANN GE 2013, 1564 f; zum Kündigungsausschluss bei Wohnraum in einem Studentenwohnheim [„Studentenbude"] BGH NJW 2009, 3506; dazu RÜFNER, in: 10 Jahre Mietrechtsreformgesetz [2011] 828, 828 ff).

k) Haben die Vertragsparteien in Unkenntnis dieser Rechtslage einen **„einfachen" Zeitmietvertrag abgeschlossen**, stellt sich die Frage nach der Rechtsfolge. Die vereinbarte Befristung ist unwirksam. Dadurch tritt in dem vertraglichen Regelungsgefüge eine Lücke auf, weil die bezweckte langfristige Bindung der Parteien entfallen ist. Diese Lücke ist im Wege der ergänzenden Vertragsauslegung zu schließen (BGH NJW 2013, 2820 mAnm Wiek WuM 2013, 618 ff; **aM** Niebling ZMR 2013, 953). In der Regel entspricht es der Interessenlage der Parteien, wenn der unwirksam befristete Mietvertrag in einen unbefristeten Mietvertrag mit befristetem Kündigungsausschluss umgedeutet wird (BGH NJW 2013, 2820; BGH 11. 12. 2013 – VIII ZR 235/12, NZM 2014, 235 mit Anm Zehelein WuM 2014, 214 f; Gather GE 2002, 516, 517; MünchKomm/Häublein Rn 13; Hinz ZMR 2014, 179, 180 ff; einschränkend BeckOGK/Hoffmann [1. 7. 2020] Rn 31; kritisch Abramenko ZMR 2014, 434 f; **aM** LG Hildesheim 2. 11. 2016 – 7 S 56/16, ZMR 2017, 45). Da es sich um einen unbefristeten Mietvertrag handelt, steht dieser Rechtsfolge auch § 575 Abs 1 S 2 BGB nicht entgegen.

2. Zulässigkeit des befristeten Mietverhältnisses

a) Allgemeines

16 Ein befristeter Mietvertrag darf nach der im Rahmen der Mietrechtsreform umgestalteten Vorschrift (vgl Rn 3) nur noch geschlossen werden, wenn ein in § 575 Abs 1 S 1 Nr 1 bis 3 BGB aufgeführter sachlicher Grund gegeben ist (Derleder NZM 2001, 649, 656). Diese Sachgründe sollen es dem Vermieter ermöglichen, den Wohnraum nach Beendigung des Mietverhältnisses einer anderweitigen Nutzung zuzuführen. Der Vermieter muss den Befristungsgrund dem Mieter allerdings schriftlich mitteilen, Abs 1 S 1 HS 2.

17 Von dem **Erfordernis eines sachlichen Befristungsgrundes ausgenommen** sind Mietverhältnisse nach § 549 Abs 2 und 3 BGB, die jederzeit auch „einfach" – also ohne sachlichen Grund – befristet werden dürfen (BeckOK/Hannappel [1. 8. 2020] Rn 4; Feuerlein GE 2001, 970 f; Gather NZM 2001, 57, 58; Schmid/Harz/Riecke Rn 7; Staudinger/Artz [2021] § 549 Rn 3, 6, 22). Es handelt sich dabei um Wohnraum zu nur vorübergehendem Gebrauch nach **§ 549 Abs 2 Nr 1 BGB** (LG Kleve 15. 1. 2014 – 6 S 90/14, ZMR 2015, 126; König, in: 10 Jahre Mietrechtsreformgesetz [2011] 819, 821 ff: erfasst ist je nach Vereinbarung auch ein Jahresmietvertrag über eine Ferienimmobilie; siehe aber auch LG Berlin 18. 12. 2019 – 65 S 101/19, WuM 2020, 163), um bestimmten Einliegerwohnraum nach **§ 549 Abs 2 Nr 2 BGB**, um Wohnraum nach **§ 549 Abs 2 Nr 3 BGB**, den eine juristische Person des öffentlichen Rechts oder ein anerkannter Träger der Wohlfahrtspflege angemietet hat, um ihn Personen mit dringendem Wohnungsbedarf oder in Ausbildung befindlichen Personen zu überlassen (Staudinger/Artz [2021] § 549 Rn 22 ff, 48 ff). Schließlich ist auch bei der Vermietung von Wohnraum als Teil eines Studenten- oder Jugendwohnheims nach **§ 549 Abs 3 BGB** die Anwendung der §§ 575, 575a Abs 1 BGB ausgeschlossen (LG Konstanz WuM 1995, 539; AG Gießen NJW-RR 1990, 653; Staudinger/Artz [2021] § 549 Rn 49). Haben die Parteien ein befristetes Mietverhältnis fälschlich als zu nur vorübergehendem Gebrauch bezeichnet, während in Wirklichkeit der allgemeine Wohnbedarf des Mieters gedeckt werden soll, greift § 575 BGB ein (AG Frankfurt aM WuM 1981, 237), sodass mangels schriftlicher Mitteilung eines Befristungsgrundes nach § 575 Abs 1 S 2 BGB ein unbefristetes Mietverhältnis zustande gekommen ist. Auch ein von vornherein nicht auf Dauer vorgesehenes Mietverhältnis ist nicht zu nur vorübergehendem Gebrauch abgeschlossen, wenn dadurch die Obdachlosigkeit des Mieters vermieden werden und so der allgemeine Wohnbedarf befriedigt werden soll (LG Bonn WuM 1990, 505; **aM** LG Karlsruhe DWW 1982, 276).

b) Die sachlichen Gründe nach Abs 1 S 1 Nr 1 bis 3
aa) Allgemeines

In § 575 Abs 1 S 1 BGB werden alternativ **drei Arten der Verwendung des Wohnraums** nach Ablauf der Mietzeit genannt, die eine Befristung des Mietvertrags zulassen. Es handelt sich um eine abschließende Aufzählung (BeckOK MietR/THEESFELD [1. 8. 2020] Rn 3; Hk-BGB/SCHEUCH Rn 3; KINNE ua/SCHACH Rn 2; MünchKomm/HÄUBLEIN Rn 17; SOERGEL/HEINTZMANN Rn 4). Die einzelnen Alternativen schließen sich nicht gegenseitig aus, sondern können auch nebeneinander bestehen oder hilfsweise genannt werden (LG Stuttgart WuM 1994, 690; BUB/TREIER/FLEINDL Rn IV 495; FEUERLEIN GE 2001, 970, 971; HANNEMANN NZM 1999, 585, 595; HERRLEIN/KANDELHARD/KANDELHARD Rn 7; SCHMIDT-FUTTERER/BLANK Rn 7). Es steht mit dem Gesetzeszweck nicht in Einklang, den Vermieter auf eine Art der Verwendung zu beschränken, wenn die ohnehin erforderliche ernsthafte Absicht in der einen oder anderen Richtung noch offen ist. Das Gesetz spricht davon, dass der Vermieter die Räume in bestimmter Weise verwenden „will". Damit wird auf ein nicht immer mit letzter Sicherheit nachweisbares subjektives Tatbestandsmerkmal abgestellt. Es kommt nicht darauf an, dass bereits im Zeitpunkt des Vertragsabschlusses mit Sicherheit feststeht, ob die Absicht zu verwirklichen sein wird. Es genügt, dass sich der Vermieter vorstellt, sein Ziel erreichen zu können (BGH NJW 2007, 2177; SCHMIDT-FUTTERER/BLANK Rn 9). 18

bb) Eigennutzung (Nr 1)

Ein befristeter Mietvertrag kann nach Abs 1 S 1 Nr 1 dann geschlossen werden, wenn der Vermieter nach Ablauf der Mietzeit die Räume als Wohnung **für sich, seine Familienangehörigen oder Angehörige seines Haushalts** nutzen will. In sachlicher Hinsicht besteht hier kein Unterschied zur früheren Regelung des § 564c Abs 2 Nr 2 lit a BGB (SONNENSCHEIN WuM 2000, 387, 403). Ausreichend ist, dass einer von mehreren Vermietern diese Absicht hat. Bei der beabsichtigten Eigennutzung ist es im Gegensatz zur Eigenbedarfskündigung nach § 573 Abs 2 Nr 2 BGB nicht erforderlich, dass der Vermieter die Räume *benötigt* (BeckOK MietR/THEESFELD [1. 8. 2020] Rn 9; GATHER DWW 1999, 173, 176; JAUERNIG/TEICHMANN Rn 3; KOSSMANN/MEYER-ABICH § 82 Rn 4; PRÜTTING ua/RIECKE Rn 8). Es reicht aus, dass er den Willen hat, sie selbst oder durch ihm nahe stehende Personen zu nutzen (BT-Drucks 9/2079, 15; KLEIN-BLENKERS ua/ HINZ Rn 8). Allerdings unterscheiden sich § 573 Abs 2 S 2 Nr 2 BGB und § 575 Abs 1 Nr 1 BGB in ihrem Anwendungsbereich kaum noch nennenswert, seitdem im Rahmen der Eigenbedarfskündigung vernünftige und nachvollziehbare Gründe allgemein als ausreichend anerkannt sind (vgl § 573 Rn 24), obwohl der unterschiedliche Sprachgebrauch („benötigt" in § 573 BGB und „nutzen will" in § 575 BGB) eigentlich auch auf eine sachliche Differenzierung hinweist. Den sachlichen Gründen steht bei der Kündigung nur noch der Missbrauchstatbestand des § 242 BGB entgegen. Nichts anderes gilt aber bei § 575 BGB. Die Anforderungen an die Kündigung und den wirksamen Abschluss eines Zeitmietvertrags unterscheiden sich deshalb nur noch durch die Aktualität und Konkretisierung der Gründe, die bei § 573 BGB grundsätzlich mit dem Zugang der Kündigungserklärung vorliegen müssen (STAUDINGER/ROLFS [2021] § 542 Rn 5, 81). Bei § 575 BGB muss der Grund dagegen schon bei Vertragsschluss gegeben sein, wenn auch nur in der durch die Prognoseentscheidung des Vermieters abgeschwächten Form (vgl Rn 43). 19

Der Wille des Vermieters muss darauf gerichtet sein, die Wohnung für sich, seine Familienangehörigen oder Angehörige seines Haushalts zu nutzen. Die Mietrechts- 20 reform hat unmittelbar nichts an dem **begünstigten Personenkreis** geändert, sondern ihn nur sprachlich angepasst (BT-Drucks 14/4553, 70). Er stimmt mit dem in § 573 Abs 2 Nr 2 BGB genannten Personenkreis überein (vgl daher § 573 Rn 78 ff). Die Zugehörigkeit zu ihm muss grundsätzlich bei Vertragsschluss vorliegen. Dies ergibt sich schon aus der entsprechenden Mitteilungspflicht nach Abs 1 S 1 HS 2. Allerdings reicht es aus, dass der Betreffende erst durch die beabsichtigte Überlassung der Wohnung zum Haushaltsangehörigen wird (Blank/Börstinghaus/Blank/Börstinghaus Rn 12). Dem Mieter muss dann allerdings auch mitgeteilt werden (§ 575 Abs 1 BGB), dass die Wohnung sowohl für den Vermieter als auch den Dritten – beispielsweise einen Lebensgefährten, mit dem der Vermieter bislang keinen gemeinsamen Haushalt geführt hat – benötigt wird (LG München I 14. 3. 2017 – 14 S 2245/17, ZMR 2017, 487). Bei mehreren Vermietern genügt es, dass die Zugehörigkeit zu dem Personenkreis im Verhältnis zu einem von ihnen besteht. Juristische Personen haben keinen Eigenbedarf (vgl § 573 Rn 77; LG Berlin NZM 2001, 852; Beuermann GE 1998, 398, 399). Sie können sich aber auf die weiteren Alternativen nach Nr 2 und 3 stützen (vgl Rn 23, 33).

21 Nach dem Wortlaut der Vorschrift muss der Vermieter die Räume als **Wohnung** nutzen wollen (Hannemann NZM 1999, 585, 595). Hierbei spielt die Unterscheidung, die bei § 573a BGB hinsichtlich der Begriffe „Wohnraum" und „Wohnung" getroffen wird (s dort Rn 6), jedoch keine Rolle. Zweck der Vorschrift ist es, dem Wohnungsmarkt zusätzlichen Wohnraum zuzuführen (vgl Rn 4 f). Jede Art von Wohnraum wird daher erfasst, soweit bei unbefristeten Mietverhältnissen ein berechtigtes Interesse des Vermieters an der Beendigung des Mietverhältnisses erforderlich wäre (vgl § 549 Abs 2 und 3 BGB).

22 Nach überwiegender Ansicht kommt es nicht darauf an, ob der **Nutzungszweck** darauf gerichtet ist, in der Wohnung den allgemeinen Wohnbedarf des Vermieters oder einer Person aus dem im Übrigen begünstigten Kreis auf Dauer zu befriedigen. Auch die Nutzung als Zweit- oder Ferienwohnung soll deshalb ausreichen (LG Berlin 5. 6. 2020 – 66 S 68/18, ZMR 2020, 836; BeckOGK/Hoffmann [1. 7. 2020] Rn 13; BeckOK/Hannappel [1. 8. 2020] Rn 10; BeckOK MietR/Theesfeld [1. 8. 2020] Rn 9; Gather DWW 1991, 69, 74; Klein-Blenkers ua/Hinz Rn 8; Lützenkirchen/Lützenkirchen Rn 44; MünchKomm/Häublein Rn 10; Prütting ua/Riecke Rn 9; Schmid/Harz/Riecke Rn 19; Schmidt-Futterer/Blank Rn 10; Spielbauer/Schneider/Ettl Rn 15; **aM** Jauernig/Teichmann Rn 3; Soergel/Heintzmann Rn 5; Sternel MDR 1983, 265, 271). Dies ist nicht unbedenklich, wenn berücksichtigt wird, dass der Mieter die Wohnung als Lebensmittelpunkt aufgeben soll, um es dem Vermieter zu ermöglichen, einen **Zweit- oder Ferienwohnsitz** einzurichten. Gleichwohl ist dieser Ansicht mit Rücksicht auf den Gesetzeszweck zu folgen, sonst leer stehenden Wohnraum für den Markt zu mobilisieren. Die beabsichtigte Nutzung muss auf vernünftigen und nachvollziehbaren Gründen beruhen (LG Hamburg WuM 1993, 351 mwNw). Mit diesen Kriterien kann auch einem Missbrauch begegnet werden, wenn der Vermieter mit Zeitmietverträgen nach § 575 Abs 1 S 1 Nr 1 BGB mehrere Zweit- oder Ferienwohnungen auf Vorrat halten will. Die Nutzung als Geschäftsräume oder als Mischräume mit überwiegendem Geschäftsraumanteil scheidet ohnehin aus (**aM** BGH NJW 2005, 3782 zu § 573 Abs 2 Nr 2; dazu § 573 Rn 89).

cc) Baumaßnahmen (Nr 2)

23 α) Ein Zeitmietvertrag kann nach Nr 2 geschlossen werden, wenn der Vermieter nach Ablauf der Mietzeit in zulässiger Weise die Räume beseitigen oder so wesent-

lich verändern oder instand setzen will, dass die Maßnahmen durch eine Fortsetzung des Mietverhältnisses erheblich erschwert würden. Diese Regelung dient dem **Ziel**, dem Vermieter das Risiko einer Kündigung eines unbefristeten Mietverhältnisses zu nehmen, wenn er in absehbarer Zeit konkrete Baumaßnahmen beabsichtigt. Dieser sachliche Grund soll den Vermieter davon abhalten, den Wohnraum leer stehen zu lassen, bis die Baumaßnahmen durchgeführt werden können. Sie sollte aber nicht auf förmlich festgelegte Sanierungsgebiete iS der §§ 142, 152 BauGB beschränkt werden. Deshalb knüpft das Gesetz an die konkrete bauliche Maßnahme im Einzelfall an (BT-Drucks 9/2079, 7).

24 Das Gesetz nennt mit der Beseitigung und mit der wesentlichen Veränderung oder Instandsetzung der Räume **zwei Gruppen von Baumaßnahmen**. Sie stimmen darin überein, dass sie einen Eingriff in den Vertragsgegenstand darstellen. Dieser Eingriff ist jedoch von unterschiedlicher Intensität.

25 β) Mit der **Beseitigung** ist ein **Abriss der Räume** gemeint. Der Gesetzgeber ging von einem vollständigen Abriss aus (BT-Drucks 9/2079, 15). Da hierdurch der Vertragsgegenstand untergeht, sollte es möglich sein, das Mietverhältnis vorher rechtssicher beenden zu können. Ein derart schwerwiegender Eingriff in den Vertragsgegenstand ist aber nicht nur bei vollständiger, sondern auch bei einer teilweisen Beseitigung anzunehmen, durch die der Umfang oder die Zahl der zum Gebrauch überlassenen Räume eingeschränkt wird. Aus diesem Grunde wird im Schrifttum im Anschluss an das in den Gesetzesmaterialien aufgeführte Beispiel, dass der Vermieter bei der Modernisierung eines Gebäudes jeweils zwei kleine Wohnungen zu einer größeren vereinigt (BT-Drucks 9/2079, 7), teilweise angenommen, eine Mietsache werde immer dann beseitigt, wenn sie nach der Baumaßnahme nicht mehr in ihrer ursprünglichen räumlichen Gestalt vorhanden sei (Prütting ua/Riecke Rn 10; Schmidt-Futterer/Blank Rn 14). Daraus wird der Schluss gezogen, dass dieser Fallgruppe auch die Aufteilung einer großen Wohnung in mehrere kleine zuzuordnen sei (Prütting ua/Riecke Rn 10) und dass vor allem das weitere Erfordernis, die Baumaßnahmen müssten durch eine Fortsetzung des Mietverhältnisses erheblich erschwert werden, nicht erfüllt sein müsse, da eine rechtlich zulässige Beseitigung stets die Auflösung des Mietverhältnisses voraussetze (MünchKomm/Häublein Rn 21; Schmid/Harz/Riecke Rn 23).

26 Dieser Auffassung ist nicht zu folgen, da das Gesetz der Beseitigung der Räume die wesentliche Veränderung gegenüberstellt. Nur bei einer vollständigen Beseitigung muss das Mietverhältnis naturgemäß beendet werden (AG Freiburg WuM 1992, 193). Bei einer **bloßen Veränderung** des Mietgegenstandes, zu der auch die Vergrößerung oder Verkleinerung der Wohnung zählt, kann der Vertrag hingegen im Prinzip bestehen bleiben und der neuen Lage angepasst werden. Dies soll nur dann nicht gelten, wenn dadurch die Maßnahmen erheblich erschwert würden. So lässt sich auch das Beispiel aus den Gesetzesmaterialien keineswegs der Fallgruppe der Beseitigung zuordnen, sondern wird im Anschluss an die Veränderung der Räume aufgeführt (BT-Drucks 9/2079, 7).

27 γ) Die zweite Gruppe von Baumaßnahmen umfasst eine so **wesentliche Veränderung** oder Instandsetzung der Räume, dass die Maßnahmen durch eine Fortsetzung des Mietverhältnisses erheblich erschwert würden. Das Kriterium der Wesentlichkeit bezieht sich dabei auch auf die Instandsetzung (zweifelnd BT-Drucks 14/5663, 83). Die Entwurfsbegründung zu § 564c BGB aF (BT-Drucks 9/2079, 14) nennt als Beispiele, dass der Vermieter bei der Modernisierung eines Gebäudes jeweils zwei kleine Wohnungen zu einer größeren vereinigt oder dass morsche Holzdecken eines Altbaus ersetzt werden müssen. Neben Maßnahmen, die nur bei leerer Wohnung durchführbar sind (LG Berlin GE 1999, 110), sollen auch bauliche Änderungen in Betracht kommen, bei denen die Duldung durch den Mieter nicht gewährleistet ist. Hierzu erwähnt die Gesetzesbegründung (BT-Drucks 9/2079, 14) die Einrichtung eines Bades in einem Raum, der bisher zu anderen Zwecken benutzt wurde. Die Beispiele zeigen, dass mit der Veränderung der Mieträume Ausbauten, Umbauten oder eine sonstige Modernisierung gemeint sind. Hierzu gehören Maßnahmen iS des § 555b BGB zur dauerhaften Verbesserung der allgemeinen Wohnverhältnisse, zur nachhaltigen Gebrauchswerterhöhung, zur Einsparung von Energie oder Wasser, etwa die Modernisierung eines Bades und der Einbau einer Zentralheizung (LG Hamburg WuM 1992, 375; AG Wuppertal WuM 1994, 543; differenzierend Schmidt-Futterer/Blank Rn 15), vom Vermieter nicht zu vertretende bauliche Veränderungen sowie Maßnahmen, durch die neuer Wohnraum geschaffen wird.

28 Neben der Veränderung steht die **Instandsetzung** der Räume. Hierunter ist die Beseitigung vorhandener Mängel oder Schäden iS des § 555a Abs 1 BGB zu verstehen. Der Instandsetzung wird im Schrifttum zT die Instandhaltung gegenübergestellt, um daraus herzuleiten, Schönheitsreparaturen würden nicht erfasst (Bub/Treier/Fleindl Rn IV 497; Kossmann/Meyer-Abich § 82 Rn 11; MünchKomm/Häublein Rn 23 aE). Unter Instandhaltung werden im Allgemeinen Maßnahmen verstanden, mit denen die Mietsache in vertragsmäßigem Zustand erhalten und Schäden vorgebeugt wird. Durch die Instandsetzung werden hingegen eingetretene Schäden beseitigt. Beide Begriffe lassen sich jedoch nicht genau unterscheiden. So umfasst auch die Legaldefinition der Erhaltungsmaßnahme in § 555a Abs 1 BGB beide Arten von Maßnahmen. Es liegt deshalb näher, Nr 2 trotz des Wortlauts, der von „instand setzen" spricht, nicht auf die Beseitigung von Schäden zu beschränken, sondern auf sämtliche Erhaltungsmaßnahmen iS des § 555a Abs 1 BGB zu erstrecken. Dabei ist zu berücksichtigen, dass der Begriff der Instandsetzung im Gesetz auch an anderer Stelle nicht näher bestimmt wird. Im Ergebnis werden Schönheitsreparaturen jedoch ebenso wie kleinere Modernisierungen zu Recht ausgeschieden (BeckOGK/Hoffmann [1. 7. 2020] Rn 15; Erman/Lützenkirchen Rn 10). Zu begründen ist dies allerdings damit, dass sie durch eine Fortsetzung des Mietverhältnisses nicht erheblich erschwert werden (vgl Rn 29 f).

29 δ) Die geplante Veränderung oder Instandsetzung der Räume muss so wesentlich sein, dass die Maßnahmen durch eine Fortsetzung des Mietverhältnisses erheblich erschwert würden. Wie sich aus der Satzstellung ergibt, bezieht sich die **erhebliche Erschwerung** nicht auf die Beseitigung der Räume, sondern nur auf die wesentliche Veränderung oder Instandsetzung. Das Erfordernis ist deshalb nicht ohne Weiteres gleichzusetzen mit der Unmöglichkeit, die Maßnahme bei fortbestehendem Mietverhältnis auszuführen, auch wenn dies der schwerwiegendste Fall ist. Die Tatbestandsmerkmale „wesentlich" und „erheblich" sind unbestimmte Rechtsbegriffe. Sie eröffnen einen Beurteilungsspielraum, sodass es ganz auf die **Umstände des Einzelfalls** ankommt.

So lässt sich nur allgemein umschreiben, dass eine Veränderung oder Instandsetzung **30** wesentlich ist, wenn sie von einigem Gewicht ist, insbesondere über unbedeutende oder kleinere Arbeiten hinausgeht. Die Maßnahme wird erheblich erschwert, wenn sie bei fortbestehendem Mietverhältnis aus tatsächlichen oder rechtlichen Gründen überhaupt nicht oder nur unter solchen Umständen möglich wäre, die für den Mieter oder den Vermieter eine **außergewöhnliche Belastung** darstellen würden. In erster Linie kommen Maßnahmen in Betracht, die der Mieter nach § 555d Abs 2 BGB nicht zu dulden braucht, sodass ihre Vornahme rechtlich unmöglich wäre. Auf der anderen Seite schließt eine Duldungspflicht des Mieters eine erhebliche Erschwerung nicht aus, falls die Baumaßnahmen nur deutlich umständlicher und damit teurer durchzuführen wären, wenn der Mieter in der Wohnung verbleiben würde (Gather DWW 2001, 192, 201; Schmid/Harz/Riecke Rn 21; Schmidt-Futterer/Blank Rn 15). Die finanzielle Belastung ist vor allem dann eine aus tatsächlichen Gründen erhebliche Erschwerung, wenn die Wohnung geräumt und der Mieter wochen- oder monatelang auf Kosten des Vermieters in einem Hotel untergebracht werden müsste. Auch wenn der Mieter mit der Baumaßnahme einverstanden ist, wird wegen der zusätzlichen finanziellen Belastung eine erhebliche Erschwerung nicht grundsätzlich ausgeschlossen (aM Schmid BlGBW 1983, 61, 64). Ebenso ist zu entscheiden, wenn wegen der Art der Baumaßnahmen nicht gewährleistet ist, dass eine Duldungspflicht besteht (BT-Drucks 9/2079, 15). Auch wenn nur eine Verzögerung zu befürchten, weil der Duldungsanspruch möglicherweise prozessual durchgesetzt werden muss, kann darin eine Erschwerung gesehen werden. Dem Vermieter kann nicht zugemutet werden, einen unbefristeten Mietvertrag abschließen zu müssen und die Frage der Duldungspflicht auf dem Rechtsweg zu klären, nur weil er die Maßnahme hinausschiebt und deshalb für eine solche Klärung ausreichend Zeit hätte (Schmid BlGBW 1983, 61, 64).

ε) Der Vermieter muss die Absicht haben, die Baumaßnahmen **in zulässiger** **31** **Weise** durchzuführen. Dieses Erfordernis umfasst anders als die erhebliche Erschwerung bei fortbestehendem Mietverhältnis (vgl Rn 29 f) sowohl die Beseitigung als auch die wesentliche Veränderung oder Instandsetzung der Räume. In beiden Fallgruppen kann es deshalb auf eine öffentlich-rechtliche Genehmigung zum Abbruch, zur Errichtung, Änderung oder zur Zweckentfremdung eines Gebäudes ankommen (BT-Drucks 9/2079, 15). Das Vorhaben muss im Prinzip genehmigungsfähig sein. Ihm dürfen also keine unüberwindbaren rechtlichen Hindernisse entgegenstehen. Die Genehmigung muss aber noch nicht in dem Zeitpunkt vorliegen, in dem das Mietverhältnis begründet wird (BeckOGK/Hoffmann [1. 7. 2020] Rn 12; Bub/Treier/Fleindl Rn IV 497; Klein-Blenkers ua/Hinz Rn 16; MünchKomm/Häublein Rn 21; Schmidt-Futterer/Blank Rn 13; Soergel/Heintzmann Rn 6).

Ebensowenig kommt es im Zeitpunkt des Vertragsabschlusses darauf an, ob die **32** Genehmigung mit Sicherheit erteilt werden wird oder ob erst ein Rechtsstreit geführt werden muss. Die Zulässigkeit hängt nicht davon ab, ob die beabsichtigte Baumaßnahme wirtschaftlich sinnvoll ist oder ob der Vermieter erhebliche Nachteile iS des § 573 Abs 2 Nr 3 BGB erleiden würde, wenn die Maßnahme unterbleibt (BT-Drucks 9/2079, 15). Wirtschaftliche Entscheidungen hat allein der Vermieter zu treffen. Auch eine **Luxusmodernisierung** ist nicht ausgeschlossen (Blank/Börstinghaus/Blank/Börstinghaus Rn 13; MünchKomm/Häublein Rn 20, 23). Sie kann eine Befristung des Mietverhältnisses bis zu ihrer beabsichtigten Vornahme rechtfertigen. Im Übrigen muss die Baumaßnahme auch nach zivilrechtlichen Vorschriften zulässig sein (Er-

MAN/LÜTZENKIRCHEN Rn 10; SPIELBAUER/SCHNEIDER/ETTL Rn 23). Wenn der Maßnahme eine Dienstbarkeit oder andere private Rechte Dritter entgegenstehen, ist es nicht gerechtfertigt, aufgrund dieser Maßnahme einen nur befristeten Mietvertrag abzuschließen. Dann muss der Vermieter diese Rechte zunächst beseitigen und kann anschließend aufgrund von § 573 Abs 2 Nr 3 BGB kündigen.

dd) Betriebsbedarf bei Werkmietwohnungen (Nr 3)

33 Einen weiteren Befristungsgrund stellt der Betriebsbedarf nach Nr 3 dar. Danach darf ein befristeter Mietvertrag geschlossen werden, wenn der Vermieter die Räume an einen zur Dienstleistung Verpflichteten vermieten will. Dieser Grund wurde als früherer Ausschlussgrund für das Fortsetzungsverlangen aufgrund § 564c Abs 2 Nr 2 lit c BGB aF durch das MietRÄndG 4 in das Gesetz aufgenommen. Die Vorschrift dient dem **Zweck**, den Bau von Werkwohnungen dadurch zu fördern, dass solche Wohnungen aufgrund von Zeitmietverträgen für andere Mitarbeiter verfügbar gehalten werden können (vgl Rn 4 f).

34 Das Mietrechtsreformgesetz hat hinsichtlich dieses Befristungsgrundes eine Änderung der früheren Rechtslage herbeigeführt. Betraf die Vorschrift früher nur Wohnungen, die schon mit Rücksicht auf das Bestehen eines Dienstverhältnisses vermietet worden waren (§ 564c Abs 2 S 1 Nr 2 lit c BGB aF), spielt dies nach der Neufassung keine Rolle mehr (BLANK/BÖRSTINGHAUS/BLANK/BÖRSTINGHAUS Rn 19; JAUERNIG/TEICHMANN Rn 3; KLEIN-BLENKERS ua/HINZ Rn 18; HERRLEIN/KANDELHARD/KANDELHARD Rn 17). Es kann sich nun auch um Wohnungen handeln, die **bisher nicht als Werkwohnungen vermietet worden waren**. Nach der heutigen Rechtslage ist es also möglich, einen befristeten Mietvertrag mit einem Werksfremden zu schließen, wenn die Wohnung nach Ablauf des Mietvertrags an einen Werksangehörigen vermietet werden soll (BT-Drucks 14/4553, 70; SCHMID/HARZ/RIECKE Rn 22). Damit hat der Gesetzgeber explizit einen Vorschlag der Expertenkommission Wohnungspolitik (Gutachten Rn 5418; dazu STAUDINGER/SONNENSCHEIN [1997] § 564c Rn 54) aufgenommen (BT-Drucks 14/4553, 70). Die Absicht des Vermieters, die Wohnung nach Ablauf des Mietvertrags an einen zur Dienstleistung Verpflichteten zu vermieten, bedeutet, dass der Vermieter bezweckt, die Wohnung später als Werkmietwohnung iS des § 576 BGB (vgl § 576 Rn 4 ff) zu nutzen. Zwar macht eine Vermietung an einen Werkangehörigen – wie es Abs 1 S 1 Nr 3 voraussetzt – eine Wohnung noch nicht zur Werkmietwohnung nach § 576 BGB, da eine besondere Verknüpfung zwischen Miet- und Dienstvertrag hinzukommen muss (vgl § 576 Rn 13 ff). Dennoch rechtfertigt nur der besondere Zweck, der mit einer Nutzung als Werkmietwohnung verbunden ist, den Abschluss eines befristeten Mietvertrags, da ansonsten kein Grund bestünde, warum das Gesetz einen Werksangehörigen vor einem werksfremden Mieter privilegieren sollte.

35 Erforderlich ist, dass der Vermieter die Räume nach Ablauf des befristeten Mietverhältnisses an einen zur Dienstleistung Verpflichteten vermieten will. Damit muss die **Verwendungsabsicht auf künftigen Betriebsbedarf** gerichtet sein. Ausreichend ist die Absicht, sie künftig für einen Arbeitnehmer zu verwenden (BT-Drucks 12/3254, 18; BeckOK/HANNAPPEL [1. 8. 2020] Rn 15; BLANK WuM 1993, 573, 576; MünchKomm/HÄUBLEIN Rn 24; SCHILLING 77; SOERGEL/HEINTZMANN Rn 7). Unerheblich ist, ob der neue Mietvertrag wiederum befristet oder ob er unbefristet abgeschlossen werden soll. Der Vermieter muss nicht zugleich Dienstberechtigter des anderen Arbeitnehmers sein, wenn dem Dienstberechtigten ein Belegungsrecht für die Wohnung zusteht (SCHIL-

ling 77). Aus dem Erfordernis der Vermietung folgt nicht, dass **Werkdienstwohnungen** (vgl § 576b Rn 4 ff), bei denen der Dienstvertrag die alleinige Grundlage für die Überlassung der Wohnung bildet, von der Regelung nicht erfasst werden. Soll die Wohnung später als Werkdienstwohnung genutzt werden, ist der Abschluss eines befristeten Mietvertrags ebenfalls möglich. Die gegenteilige, allein auf den Wortlaut der Vorschrift gestützte Interpretation erscheint zu eng. Entscheidend ist nicht, dass der Vermieter die Wohnung später wieder vermieten, sondern dass er sie einem zur Dienstleistung Verpflichteten überlassen will. Auf den Rechtsgrund der späteren Überlassung kommt es nicht an. Eine gesetzliche Klarstellung, die auf den Willen zur „Überlassung" der Wohnung an einen Arbeitnehmer abstellt, wäre daher wünschenswert.

c) Schriftliche Mitteilung des Befristungsgrundes (Abs 1 S 1 HS 2)

aa) Nach § 575 Abs 1 S 1 HS 2 BGB setzt eine wirksame Befristung des Mietvertrags voraus, dass der Vermieter dem Mieter den Grund der Befristung bei Vertragsschluss schriftlich mitteilt. Die Bestimmung dient dem **Zweck**, Zweifel über die besondere Verwendungsabsicht des Vermieters auszuschließen (BT-Drucks 9/2079, 15). Der Mieter soll wissen, aus welchem Grund der Mietvertrag zu dem vereinbarten Zeitpunkt enden soll (BT-Drucks 14/4553, 70). **36**

bb) Aus diesem Zweck folgt für den im Gesetz nicht näher vorgeschriebenen **Inhalt der Mitteilung im Allgemeinen**, dass der Vermieter konkrete Angaben über seine Verwendungsabsicht machen muss. Es genügt nicht, wenn er nur den Wortlaut des Gesetzes wiederholt (BT-Drucks 14/4553, 70; Feuerlein GE 2001, 970, 972; Klein-Blenkers ua/Hinz Rn 20). In manchen Entscheidungen zu § 564c Abs 2 S 1 HS 2 BGB aF hieß es, an die Mitteilung seien „strenge" Anforderungen zu stellen (LG München I WuM 1994, 543; AG Freiburg WuM 1992, 193; ebenso jetzt Prütting ua/Riecke Rn 13; Schmid/Harz/Riecke Rn 24). Andere Entscheidungen verlangten mit „erheblichen" Anforderungen anscheinend etwas weniger (LG Berlin GE 1990, 1037; LG Berlin GE 1996, 127). Teilweise wurde gefordert, die Angaben des Vermieters müssten so konkret sein, dass der Mieter ihre Rechtserheblichkeit nach § 575 Abs 1 BGB und ihren Wahrheitsgehalt überprüfen könne (LG Hamburg WuM 1992, 375; Klein-Blenkers ua/Hinz Rn 20; Kossmann/Meyer-Abich § 82 Rn 20; vgl auch Jauernig/Teichmann Rn 4). Nach der Gesetzesbegründung zu § 575 BGB (BT-Drucks 14/4553, 70) muss der Vermieter „einen konkreten Lebenssachverhalt darlegen, der eine Unterscheidung von anderen Interessen und eine spätere Überprüfung ermöglicht". Dies ist sachgerecht, da es nicht mehr nur wie früher auf die Frage ankommt, ob das spätere Verlängerungsverlangen des Mieters berechtigt ist, sondern nun vielmehr die Frage im Raum steht, ob der gesamte Vertrag als befristeter oder unbefristeter zu bewerten ist. **37**

α) Dies bedeutet im Einzelnen für die Mitteilung beabsichtigter **Eigennutzung**, dass noch keine bestimmte Person namentlich benannt werden muss. Dies wäre über einen längeren Zeitraum sehr oft schwierig oder bei mehreren in Betracht kommenden Personen auch nicht mit Sicherheit möglich (BT-Drucks 9/2284, 3; Schmid/Harz/Riecke Rn 25). Der Vermieter muss zwar angeben, welche Personen einziehen sollen, sodass die schlagwortartige Begründung mit Eigenbedarf (LG Berlin GE 1996, 127) oder die einfache Berufung auf familiäre Gründe (LG Berlin ZMR 1993, 118) ebensowenig ausreichend bestimmt ist wie die Formulierung, das Mietverhältnis könne „gegebenenfalls" wegen Eigennutzung nicht über den vereinbarten Termin hinaus **38**

fortgesetzt werden (AG Düsseldorf NZM 2005, 702; vgl auch LG Düsseldorf NZM 2006, 160). Er kann aber hinsichtlich einer bestimmten Person, der er den Wohnraum letztlich überlassen will, mehrere Möglichkeiten offenlassen, sofern nur alle Personen zu dem begünstigten Kreis gehören. Die Angabe einer bestimmten Personengruppe reicht aus (Bub/Treier/Fleindl Rn IV 500; Klein-Blenkers ua/Hinz Rn 21; MünchKomm/Häublein Rn 27; Schmidt-Futterer/Blank Rn 24; aM Herrlein/Kandelhard/Kandelhard Rn 20).

39 Problematisch ist, ob es konkret genug ist, die Begriffe des Gesetzes zu verwenden. Wenn die Eigennutzung durch einen von mehreren Vermietern beabsichtigt ist, wird die Gruppe hinreichend bestimmt. Das Gleiche gilt, wenn spätere Nutzung durch Haushaltsangehörige genannt wird und damit die im Zeitpunkt der Mitteilung im Haushalt lebenden Personen gemeint sind. Dagegen wird die bloße Bezeichnung der „Haushaltsangehörigen" oder der „Familienangehörigen" nach verbreiteter Auffassung mangels Bestimmbarkeit für unzureichend gehalten (LG München I WuM 1994, 543; AG Potsdam WuM 2004, 491; Spielbauer/Schneider/Ettl Rn 28). Diese einschränkende Auslegung ist vor dem Hintergrund der Nr 3, bei der schließlich der Begriff des „zur Dienstleistung Verpflichteten" auch nicht näher spezifiziert werden muss (vgl Rn 42), nicht überzeugend. Die Person braucht bei Abschluss des Zeitmietvertrags mit dem Vormieter noch nicht festzustehen und kann deshalb in der Mitteilung naturgemäß nicht anders als durch die Zugehörigkeit zur Gruppe der zur Dienstleistung Verpflichteten bestimmt werden. Diese Gruppe wird häufig noch weiter sein als die der Haushalts- oder Familienangehörigen. Auch solche Bezeichnungen müssen daher ausreichen. Eigennutzung und Abriss können nebeneinander als beabsichtigte Verwendung mitgeteilt werden (LG Stuttgart WuM 1994, 690, oben Rn 18).

40 β) Bei der Mitteilung beabsichtigter **Baumaßnahmen** muss sich der Vermieter zunächst an die vom Gesetz getroffene Unterscheidung halten, ob er die Räume beseitigen oder ob er sie wesentlich verändern oder instand setzen will. Die Absicht, die Räume zu beseitigen, kann klar und eindeutig ohne weitere Erläuterungen mitgeteilt werden. Eine Mitteilung, die sich auf diese Angabe beschränkt, ist konkret genug (BGH NJW 2007, 2177; AG Freiburg WuM 1992, 193; Herrlein/Kandelhard/Kandelhard Rn 21; Klein-Blenkers ua/Hinz Rn 22; Schmidt-Futterer/Blank Rn 25). Warum er die Räume beseitigen will, braucht der Vermieter nicht mitzuteilen, da das Gesetz neben der Angabe der Verwendungsabsicht eine dahin gehende Begründung nicht verlangt (BGH NJW 2007, 2177). Die Begriffe der wesentlichen Veränderung oder Instandsetzung sind hingegen für sich allein nicht hinreichend bestimmt, zumal die Mitteilungspflicht das weitere Erfordernis umfasst, dass die Maßnahmen durch eine Fortsetzung des Mietverhältnisses erheblich erschwert würden (LG Hamburg WuM 1992, 375; AG Freiburg WuM 1972, 193; Bub/Treier/Fleindl Rn IV 500; Schmidt-Futterer/Blank Rn 25; Soergel/Heintzmann Rn 10; Spielbauer/Schneider/Ettl Rn 31). Diese Ausweitung der Mitteilungspflicht ergibt sich zwar nicht unmittelbar aus dem Wortlaut des Gesetzes, der nur von der Absicht spricht, folgt aber aus dem Zweck, den Mieter darüber zu unterrichten, dass das Mietverhältnis wegen der Wesentlichkeit des Eingriffs in den Mietgegenstand nur ohne Bestandsschutz abgeschlossen werden kann.

41 Die **Wiederholung des Gesetzestextes** oder schlagwortartige Angaben wie Modernisierung (LG Berlin GE 1990, 1037), Sanierung (AG Freiburg WuM 1972, 193) oder grundlegender Umbau (LG Hamburg WuM 1992, 375) genügen nicht. Der Vermieter muss nähere Angaben über die Art der Baumaßnahmen sowie darüber machen, inwieweit sie sich auf die Räume des Mieters erstrecken (LG Berlin GE 1990, 1037). Unzureichend ist die Angabe, die Wohnung würde keinen Strom und kein Wasser mehr haben (AG Köln WuM 1992, 616). Die an sich konkrete Angabe, dass ein Bad und eine Zentralheizung eingebaut werden sollen, ist als unzureichend beurteilt worden, weil nicht erkennbar war, warum diese Maßnahmen durch eine Fortsetzung des Mietverhältnisses erheblich erschwert würden (LG Hamburg WuM 1992, 375). Fertige **Baupläne** oder auch nur Entwürfe brauchen aber noch nicht vorzuliegen. Ebensowenig können wegen des unterschiedlichen Gesetzeszwecks und der jeweiligen Rechtsfolgen die gleichen Anforderungen an die Mitteilung gestellt werden, wie sie § 555c Abs 1 BGB voraussetzt. Abriss, Veränderung oder Instandsetzung können alternativ nebeneinander gestellt werden, wenn sich der Vermieter die Entscheidung bis zur Beendigung des Mietverhältnisses vorbehalten will, weil dann erst etwa der Zustand des Gebäudes oder die finanziellen Möglichkeiten abschließend beurteilt werden können (Herrlein/Kandelhard/Kandelhard Rn 21).

γ) Stützt sich der Vermieter für die Befristung auf Nr 3, so muss er dem Mieter **42** mitteilen, dass er die Räume nach Ablauf des Mietverhältnisses **an einen zur Dienstleistung Verpflichteten vermieten** will. Wie bei der beabsichtigten Eigennutzung (vgl Rn 38 f) muss der Arbeitnehmer als späterer Mieter noch nicht namentlich benannt werden. Auch seine dienstliche Stellung muss nicht in die Mitteilung aufgenommen werden (Blank/Börstinghaus/Blank/Börstinghaus Rn 28; Klein-Blenkers ua/Hinz Rn 23; Lützenkirchen/Lützenkirchen Rn 82; MünchKomm/Häublein Rn 27; Schilling 77). Dies wäre allenfalls möglich, wenn die als künftiger Mieter vorgesehene Person schon feststünde. Das Gesetz geht jedoch davon aus, dass dies im Zeitpunkt des Vertragsschlusses mit dem Vormieter noch nicht erforderlich ist, sodass ein bestimmter Name naturgemäß nicht angegeben werden kann (Schilling 77). Das Gesetz setzt nicht einmal voraus, dass der spätere Mieter bereits in diesem Zeitpunkt zum Kreis der Arbeitnehmer gehört. Die Verwendungsabsicht kann deshalb auch dahin gehen, die Räume erst später einzustellenden Personen zu vermieten, etwa um sie gerade dadurch für den Betrieb zu gewinnen. Daraus folgt, dass die Mitteilung allein durch Angabe der Verwendungsabsicht und den Hinweis auf den Kreis der zur Dienstleistung verpflichteten Personen hinreichend bestimmt ist. Im Grunde genügt es somit in diesem Fall, in der Mitteilung den Gesetzeswortlaut zu wiederholen (MünchKomm/Häublein Rn 27). Alternativ kann sich die Mitteilung auf eine andere Art der Verwendung erstrecken.

cc) Der Vermieter muss dem Mieter die Verwendungsabsicht bei Vertragsschluss **43** mitteilen. Ein genauer **Zeitpunkt** wird damit nicht bestimmt. Dies bedeutet, dass die Mitteilung nicht in den Mietvertrag aufgenommen werden muss. Ein gesondertes Schreiben neben dem Mietvertrag reicht aus (Feuerlein GE 2001, 970, 972; Hannemann NZM 1999, 585, 597; MünchKomm/Häublein Rn 26). Da die Mitteilung eine geschäftsähnliche Handlung darstellt, auf die die Vorschriften über Willenserklärungen entsprechend anzuwenden sind, muss sie dem Mieter nach den §§ 130 ff BGB zugehen. Ein Zugang nach Abschluss des Vertrags ist zu spät (Prütting ua/Riecke Rn 13; Spielbauer/Schneider/Ettl Rn 33). Deshalb ist es nicht möglich, die Mitteilung nach Vertragsschluss ähnlich dem Nachschieben von Kündigungsgründen nach § 573 Abs 3 BGB (vgl § 573 Rn 222 ff) nachzubessern, wenn sie den notwendigen Inhalt (vgl Rn 37 ff) nicht erreicht oder wenn der Vermieter später eine andere Verwendungsabsicht fasst.

Manchmal ist der genaue Zeitpunkt für das Zustandekommen eines Vertrags nicht genau zu bestimmen. Dies gilt etwa nach längeren Vertragsverhandlungen und vor allem bei formlosen Zeitmietverträgen, die nach § 550 BGB bis zu einem Jahr möglich sind. Deshalb sollten in diesen Fällen die Anforderungen an die Mitteilung „bei" Vertragsschluss nicht überspannt werden. Hat der Vermieter seine Verwendungsabsicht nicht schon vor dem Vertragsschluss mitgeteilt, reicht ein unmittelbarer zeitlicher Zusammenhang aus.

44 dd) Der Vermieter muss die Verwendungsabsicht schriftlich mitteilen (BGH 26. 9. 2018 – VIII ZR 290/18, NZM 2019, 90). Damit ist für die Mitteilung die **schriftliche Form** des § 126 BGB vorgeschrieben. Die Mitteilung muss deshalb vom Vermieter eigenhändig durch Namensunterschrift oder mittels notariell beglaubigten Handzeichens unterzeichnet werden. Diese Form wird gemäß § 126 Abs 4 BGB durch die notarielle Beurkundung des § 128 BGB ersetzt. Wenn die Mitteilung im schriftlichen Mietvertrag enthalten ist, wird der Formzwang erfüllt. Eine selbstständige Mitteilung, die neben einem schriftlichen Mietvertrag erfolgt oder die bei einem nach § 550 BGB formlos möglichen Zeitmietvertrag von höchstens einem Jahr ohnehin notwendig ist, muss eigenhändig unterschrieben sein. In allen Fällen ist erforderlich, dass die Unterschrift den gesamten notwendigen Inhalt der Mitteilung (vgl Rn 37 ff) deckt. Der inhaltlich notwendige Umfang kann deshalb nicht zum einen Teil durch eine schriftliche Mitteilung, zum anderen Teil durch eine mündliche Erklärung erreicht werden. Vertretung ist zulässig, ohne dass es darauf ankommt, ob die Mitteilung der Verwendungsabsicht und die Vertragserklärung von derselben Person stammen.

45 Nach § 126 Abs 3 BGB kann die Schriftform auch durch die **elektronische Form** nach § 126a BGB ersetzt werden, wenn sich aus dem Gesetz nicht ein anderes ergibt. Dies ist hier nicht der Fall, sodass auch die elektronische Form nach § 126a BGB zulässig ist. Problematisch kann dies allerdings wiederum hinsichtlich der Frage des Zeitpunktes sein, zu dem die Erklärung zugegangen sein muss. Denn die Frage des Zugangs einer elektronischen Mitteilung hängt von verschiedenen technischen Gestaltungen ab (Palandt/Ellenberger § 130 Rn 7a), sodass von der elektronischen Form aus Sicherheitsgründen kein Gebrauch gemacht werden sollte. Denn sobald der Mietvertrag vor Zugang der elektronischen Mitteilung über die Befristung geschlossen wird, ist nach Abs 1 S 2 ein unbefristeter Vertrag zustande gekommen.

3. Rechtsfolgen

46 a) Wird ein Mietvertrag unter den Voraussetzungen des § 575 Abs 1 S 1 BGB geschlossen, so endet das Mietverhältnis nach § 542 Abs 2 HS 1 BGB mit dem Ablauf der Zeit, für die es eingegangen ist. Eine **ordentliche Kündigung** ist während der Laufzeit des Vertrags regelmäßig ausgeschlossen (Staudinger/Rolfs [2021] § 542 Rn 136, 146; Klein-Blenkers ua/Hinz Rn 25), wenn die Parteien nichts Abweichendes vereinbart haben (BGH NJW 2007, 2177; LG Koblenz NZM 1998, 859; aM Häublein ZMR 2004, 1, 3). Der Mieter kann während dieser Zeit nur durch die Stellung eines geeigneten Ersatzmieters den Vermieter verpflichten, das Mietverhältnis durch einen Aufhebungsvertrag zu beenden (Staudinger/Rolfs [2021] § 542 Rn 175 ff). Eine Fortsetzung des Mietverhältnisses kann nur noch unter den Voraussetzungen der Abs 2 und 3 verlangt werden (unten Rn 51 ff, 69 ff). Die Anwendung der **Regelungen**

des **sozialen Mietrechts** bei der Beendigung des Mietverhältnisses ist damit ausgeschlossen. Grund hierfür ist, dass sonst Unsicherheit über den Zeitpunkt der Beendigung des Mietverhältnisses entstünde und vermieden werden soll, dass der Eigentümer es deshalb vorzieht, den Wohnraum leer stehen zu lassen (BT-Drucks 9/2079, 15; BT-Drucks 14/4553, 69). Sind die Voraussetzungen des Abs 1 S 1 nicht erfüllt, so ist ein unbefristetes Mietverhältnis zustande gekommen, § 575 Abs 1 S 2 BGB. Diese Konsequenz kann sowohl vorteilhaft als auch nachteilig für den Mieter sein (so zB im Falle von BGH 26. 9. 2018 – VIII ZR 290/18, NZM 2019, 90). Denn einerseits erhält er dann die Möglichkeit einer ordentlichen Kündigung (BGH NJW 2004, 1103; Feuerlein WuM 2001, 371, 372). Andererseits besteht auch die Gefahr, dass der Vermieter ordentlich kündigt (aM AG Frankfurt aM ZMR 2007, 622), was insbesondere in dem Fall möglich ist, in dem grundsätzlich ein sachlicher Grund für die Befristung bestand, die wirksame Befristung aber an der rechtzeitigen schriftlichen Mitteilung scheiterte, da sich zumindest § 573 Abs 2 S 1 Nr 2 BGB und § 575 Abs 1 S 1 Nr 1 BGB entsprechen.

b) Obwohl nach der gesetzlichen Regelung der Mietvertrag vorbehaltlich der **47** Ausnahmen von Abs 2 und 3 mit Zeitablauf in jedem Fall endet, bliebe für den Vermieter die Unsicherheit bestehen, ob er die Wohnräume am Ende des Mietverhältnisses tatsächlich zurückerhält, wenn sich der Mieter uneingeschränkt auf die prozessrechtlichen Instrumente des Räumungsschutzes berufen könnte. In § 721 Abs 7 und § 794a Abs 5 ZPO, die durch Art 3 Nr 4 des Gesetzes zur Erhöhung des Angebots an Mietwohnungen von 1982 (vgl Rn 2) angefügt wurden und durch Art 3 MietRRG vom 19. 6. 2001 (BGBl I 1149) geändert worden sind, wird deshalb ein **Ausschluss der Gewährung einer Räumungsfrist** bestimmt. Das Gericht kann dem Mieter weder in einem Räumungsurteil noch in einem gerichtlichen Räumungsvergleich eine Räumungsfrist gewähren, wenn es sich um ein Mietverhältnis iS des § 575 BGB handelt. Nicht ausgeschlossen ist, dass der Vermieter selbst dem Mieter eine außergerichtliche Räumungsfrist bewilligt. Ebensowenig schließt das Gesetz einen Vollstreckungsschutz nach § 765a ZPO aus (Gather NZM 2001, 57, 58; ders DWW 2001, 192, 200). Hiernach kann das Vollstreckungsgericht die Räumung als Maßnahme der Zwangsvollstreckung einstweilen einstellen, wenn die Räumung unter voller Würdigung des Schutzbedürfnisses des Vermieters wegen ganz besonderer Umstände für den Mieter eine Härte bedeutet, die mit den guten Sitten nicht vereinbar ist. Dies führt im Allgemeinen zu einem Räumungsaufschub. In Extremfällen ist es zulässig, die Zwangsvollstreckung auf Dauer zu untersagen (BVerfG WuM 1980, 27). Angesichts der Dauer gerichtlicher Verfahren wird auch nach den Änderungen durch das MietRRG noch kritisiert, dass der Vermieter sich weiterhin nicht auf den Auszug des Mieters zum Zeitpunkt des Vertragsendes verlassen könne, weil das Vollstreckungsrecht keine entsprechende Grundlage für eine sofortige Vollstreckung biete (Achenbach NZM 2001, 61 ff).

c) Auch im Übrigen bleiben **weitere Unsicherheiten** für den Vermieter im Rah- **48** men des § 575 BGB bestehen. Wird der Gebrauch der Räume nach dem Ablauf der Mietzeit von dem Mieter fortgesetzt, so gilt das Mietverhältnis nach § 545 S 1 BGB als auf unbestimmte Zeit verlängert, sofern nicht der Vermieter oder der Mieter seinen entgegenstehenden Willen innerhalb von zwei Wochen dem anderen Teil gegenüber erklärt. Die Verlängerung des Mietverhältnisses durch Fortsetzung des Gebrauchs wird in § 575 BGB nicht ausgeschlossen. Als Mietverhältnis auf unbestimmte Zeit unterliegt es nunmehr dem Kündigungsschutz nach den §§ 573 ff, 574 bis 574c BGB. Ein weiterer Unsicherheitsfaktor hinsichtlich einer Beendigung des befristeten Mietverhältnisses iS des § 575 BGB ergibt sich bei einer außerordentlichen Kündigung nach § 543 BGB. Wenn eine der Parteien aus wichtigem Grund fristlos kündigt, wird das Mietverhältnis mit sofortiger Wirkung beendet. Hierfür wird ein gerichtlicher Räumungsschutz nach §§ 721, 794a ZPO jedoch nicht ausgeschlossen. Zwar ist es scheinbar widersprüchlich, dass dem vertragstreuen Mieter bei Zeitablauf keine Räumungsfrist zugestanden wird, wohl aber dem nicht vertragstreuen im Fall der fristlosen Kündigung. Andererseits ist es selbst einem Mieter, dem fristlos gekündigt wurde, kaum zuzumuten, sich von einem Tag auf den anderen eine neue Wohnung zu suchen. Inzwischen hat der Gesetzgeber auch die Anregung (STAUDINGER/SONNENSCHEIN [1997] § 564c Rn 65) aufgegriffen, die Räumungsfrist in § 721 Abs 7 S 2, § 794a Abs 5 S 2 ZPO nicht über den vertraglich vereinbarten Endtermin hinaus zu gewähren.

III. Ansprüche auf Fortsetzung des Mietverhältnisses (Abs 2 und 3)

1. Allgemeines

49 Die Abs 2 und 3 des § 575 BGB sind aus dem früheren § 564c Abs 2 S 2 BGB aF hervorgegangen. Diese Vorschrift betraf den Fall, dass sich die vom Vermieter beabsichtigte Verwendung ohne dessen Verschulden verzögert oder er nicht spätestens drei Monate vor Ablauf der Mietzeit mitteilte, dass die Verwendungsabsicht noch bestehe. In diesem Fall konnte der Mieter die Verlängerung des Mietverhältnisses um einen entsprechenden Zeitraum verlangen. Abs 2 und 3 führen ebenfalls beide zu einem **Anspruch des Mieters auf Fortsetzung des Mietverhältnisses**, im Fall des Abs 2 S 2 und Abs 3 S 1 auf bestimmte, im Fall des Abs 3 S 2 auf unbestimmte Zeit. Der Verlängerungsanspruch nach Abs 2 S 2 entsteht, wenn der Mieter nach Abs 2 S 1 von seinem Auskunftsanspruch hinsichtlich des Fortbestehens des Befristungsgrundes Gebrauch gemacht und der Vermieter diesen Anspruch nicht fristgemäß durch entsprechende Mitteilung erfüllt hat. Anknüpfungspunkt für den Verlängerungsanspruch in Abs 3 S 1 ist der gegenüber der bei der Befristung des Mietvertrags angestellten Prognose spätere Zeitpunkt für den Eintritt des Befristungsgrundes, beispielsweise weil ein Kind des Vermieters nun doch später als erwartet ein Studium aufnimmt und es die Wohnung daher erst ein Jahr später benötigt. Abs 3 S 2 regelt einen Anspruch auf eine unbefristete Verlängerung in dem Fall, dass die beabsichtigte Verwendung gar nicht mehr realisiert wird. Abs 3 S 3 trifft im Rahmen dieser Ansprüche eine Beweislastverteilung zum Nachteil des Vermieters. Bei sämtlichen Erklärungen nach den Abs 2 und 3 ist sowohl auf der Vermieter- als auch auf der Mieterseite **Vertretung zulässig**, da es sich nicht um höchstpersönliche Rechtsgeschäfte handelt. Der Mieter kann seine Rechte aus den Abs 2 und 3 ohne Einschränkungen auch gegenüber dem **Zwangsverwalter** des Vermieters geltend machen (LG Berlin GE 2000, 344).

50 Die Vorschriften der Abs 2 und 3 sind nur anwendbar, wenn das Mietverhältnis durch Zeitablauf endet. Dies bedeutet nicht, dass die Beendigung unmittelbar bevorstehen muss. Die Voraussetzung ist nicht erfüllt, wenn das Mietverhältnis durch außerordentliche Kündigung des Vermieters nach § 543 BGB oder § 575a BGB endet.

2. Fortsetzungsverlangen nach Abs 2

a) Anspruch auf Mitteilung des Befristungsgrundes (S 1)
aa) Allgemeines

Abs 2 S 1 gibt dem Mieter einen Auskunftsanspruch über den Fortbestand des Befristungsgrundes. Voraussetzung dieses Anspruchs ist also zunächst, dass ursprünglich ein befristeter Mietvertrag wirksam vereinbart wurde, da sonst bereits nach § 575 Abs 1 S 2 BGB ein unbefristetes Mietverhältnis zustande gekommen ist. Des Weiteren kann der Anspruch frühestens vier Monate vor dem vereinbarten Ende des Mietvertrags geltend gemacht werden. Ursprünglich sah der Gesetzentwurf vor, dass der Anspruch frühestens drei Monate vor Ende der Mietzeit geltend gemacht werden durfte (BT-Drucks 14/4553, 70). Aufgrund der Empfehlung des Rechtsausschusses wurde diese Frist auf vier Monate verlängert, damit der Mieter letztlich mehr Zeit hat, sich auf einen Auszug aus der Wohnung einzustellen (BT-Drucks 14/5663, 83). Macht der Mieter seinen Anspruch nämlich zum frühestmöglichen Zeitpunkt geltend, hat er nach fristgemäßer Auskunft des Vermieters noch drei Monate Zeit, seinen Umzug zu organisieren. Dieser Zeitraum entspricht dem Zeitraum, den er auch nach einer ordentlichen Kündigung mindestens zur Verfügung hat (§ 573c Abs 1 S 1 BGB). **51**

In der Literatur wird diskutiert, ob dem Mieter nicht ein **Auskunftsanspruch schon** **52** **früher** zugestanden werden muss (Herrlein/Kandelhard/Kandelhard Rn 28). Hierbei geht es um den Fall, dass der Befristungsgrund lange vor Ablauf des befristeten Mietverhältnisses wegfällt. Zwar trifft das Gesetz für diesen Fall in Abs 3 S 2 eine Rechtsfolge, indem der Mieter nach dieser Vorschrift einen Anspruch erhält, das Mietverhältnis auf unbestimmte Zeit zu verlängern (unten Rn 76 ff). Gleichwohl wird dieses Ergebnis in der Literatur teilweise für unbillig gehalten (Herrlein/Kandelhard/Kandelhard Rn 30). Es werde hierbei nämlich nicht berücksichtigt, dass die Aufrechterhaltung der Befristung trotz Wegfalls des Befristungsgrundes auch Nachteile für den Mieter berge, wie etwa der mit der Bindung an den Vertrag zusammenhängende Verlust an Flexibilität. Daher müsse ein solches Mietverhältnis sich bei Wegfall des Befristungsgrundes in ein unbefristetes wandeln. Um dem Mieter in einem solchen Fall aber die Chance zu geben, das Mietverhältnis auch durch ordentliche Kündigung nach § 573c Abs 1 S 1 BGB beenden zu können, müsse er die Möglichkeit haben, schon während der Mietzeit einen entsprechenden Auskunftsanspruch geltend machen zu können (Herrlein/Kandelhard/Kandelhard Rn 28).

Dieser Ansicht ist so nicht zuzustimmen. Sie vermengt die Auskunftspflicht des **53** Vermieters in unzulässiger Weise mit der Fortsetzung des Mietverhältnisses auf unbestimmte Zeit. Fällt der Befristungsgrund weg oder tritt er später als ursprünglich vorhergesehen ein, hat der Vermieter den Mieter auch ohne dessen Auskunftsverlangen gemäß § 241 Abs 2 BGB ungefragt hierüber zu unterrichten (vgl Rn 73). Der Mieter muss dann aber keineswegs sogleich entscheiden, ob er an der vereinbarten Befristung festhalten oder den Anspruch nach § 575 Abs 3 S 1 oder S 2 BGB geltend machen will. Erst recht wird damit das Mietverhältnis nicht automatisch entfristet (BGH NJW 2007, 2177). Die Umwandlung des Mietverhältnisses in ein unbefristetes hätte für den Mieter nämlich auch Nachteile, da der Vermieter dann auch eine ordentliche Kündigung aussprechen könnte (BGH NJW 2004, 1103). Schließlich hat sich auch der Mieter bewusst für die vereinbarte Mietzeit gebunden. Entscheidend ist aber, dass Abs 3 S 2 den Fall des Wegfalls des Befristungsgrundes regelt und hierfür eine Rechtsfolge anordnet, die gerade nicht in der automatischen unbefristeten Verlängerung besteht (Feuerlein GE 2001, 970, 972). Von dieser Vorschrift kann nicht einfach abgewichen werden, zumal sie keine zeitliche Beschränkung anordnet. Daher muss davon ausgegangen werden, dass der zwischenzeitliche Wegfall des Befristungsgrundes nicht in ein unbefristetes Mietverhältnis führt, sondern allein nach Abs 3 S 2 zu bestimmen ist.

bb) Der Anspruch nach S 1

54 Der Mieter hat nach S 1 einen Auskunftsanspruch gegen den Vermieter auf Mitteilung, ob der Befristungsgrund noch besteht. Die Geltendmachung des Anspruchs bedarf **keiner Form**. Dies stellt eine Schwäche der gesetzlichen Neuregelung dar, da sie eine Frist für den Vermieter von einem Monat in Gang setzt und so Rechtssicherheit verloren geht. Auf diese Weise wird der Vermieter nämlich gezwungen, genau darauf zu achten, ob der Mieter den Auskunftsanspruch erhoben hat. Problematisch ist dies vor allem deshalb, weil dies schon dann der Fall sein kann, wenn der Mieter lediglich danach fragt, ob zB der Sohn noch studieren möchte, oder ob denn ein Umbau noch geplant sei. Dieses Problem wird allerdings nicht allzu häufig relevant werden, da die Mitteilung des Vermieters über das Fortbestehen des Befristungsgrundes entgegen § 564c Abs 2 S 2 BGB aF ebenfalls keiner Form mehr bedarf (Nies NZM 2001, 176, 179). Insofern hat auch der Mieter genau darauf zu achten, ob der Vermieter seiner Auskunftspflicht bereits nachgekommen ist. In der Praxis werden aus diesen Gründen sowohl bei der Frage der Geltendmachung des Auskunftsanspruchs als auch bei der Mitteilung des Vermieters erhebliche Beweisschwierigkeiten entstehen, sodass es nahe gelegen hätte, sowohl für die Geltendmachung des Auskunftsanspruchs als auch für die Mitteilung des Vermieters zumindest die Textform nach § 126b BGB vorzuschreiben. Es ist daher sowohl dem Mieter als auch dem Vermieter zu empfehlen, die jeweilige Erklärung schriftlich abzufassen und auch den Nachweis über den Zugang führen zu können (Palandt/Weidenkaff Rn 10).

55 Der Auskunftsanspruch nach Abs 2 S 1 kann **frühestens vier Monate** vor dem vereinbarten Ende der Befristung geltend gemacht werden. Für die Fristberechnung gelten die §§ 187 ff BGB. Das Gesetz trifft keine Aussage darüber, welche Rechtsfolge bei einem verfrühten Auskunftsverlangen eintritt. Angesichts der strikten gesetzlichen Formulierung („frühestens") müsste von einer Unwirksamkeit ausgegangen werden. Allerdings wird ein Auskunftsanspruch, der zu früh erhoben wurde, in einen solchen zum zulässigen Termin umgedeutet werden (BeckOGK/Hoffmann [1. 7. 2020] Rn 35; Blank/Börstinghaus/Blank/Börstinghaus Rn 34; Klein-Blenkers ua/Hinz Rn 28). Der späteste Zeitpunkt für die Geltendmachung des Auskunftsanspruchs wird durch die dem Vermieter zustehende Monatsfrist vor Ende des Mietvertrags bestimmt (Blank/Börstinghaus/Blank/Börstinghaus Rn 35). Da der Vermieter in jedem Fall einen Monat Zeit für die Auskunftserteilung hat, kann der Mieter keine Mitteilung des Vermieters mehr verlangen, wenn er den Auskunftsanspruch erst weniger als einen Monat vor Ende des Mietverhältnisses erhebt. Denn dann ist das Mietverhältnis bei Ablauf der Frist nach Abs 2 S 1 bereits gemäß § 542 Abs 2 BGB beendet und es kann keine Auskunft mehr verlangt werden (BeckOGK/Hoffmann [1. 7. 2020] Rn 35; Blank/Börstinghaus/Blank/Börstinghaus Rn 35; Schmid/Harz/Riecke Rn 29), zumal ein Anspruch auf „Verlängerung" nach Abs 2 S 2 ein bestehendes Mietverhältnis voraussetzt.

b) Rechtsfolgen

Rechtsfolge des Auskunftsanspruchs nach Abs 2 S 1 ist der **Anspruch auf Verlänge-** 56 **rung des Mietverhältnisses** nach Abs 2 S 2, sofern der Vermieter dem Auskunftsverlangen nicht rechtzeitig nachkommt. Der Vermieter erfüllt seine Verpflichtung hinsichtlich des Auskunftsanspruchs, wenn er dem Mieter innerhalb eines Monats nach Geltendmachung des Auskunftsanspruchs mitteilt, ob der Befristungsgrund noch besteht. Besteht der Befristungsgrund nach Auskunft des Vermieters nicht mehr, so kommt der Anspruch nach Abs 3 S 2 in Betracht (vgl Rn 76). Besteht der Befristungsgrund nach wie vor, so endet das Mietverhältnis zu dem vereinbarten Zeitpunkt.

Das Gesetz schreibt nicht vor, welchen **Inhalt die Mitteilung**, dass der Befristungs- 57 grund noch bestehe, haben muss. Dies bedeutet aber nicht, dass als Antwort auf die Frage des Mieters ein bloßes „ja" genügt. Der Zweck der Mitteilung bestimmt ihren erforderlichen Inhalt. Der Vermieter muss dem Mieter mitteilen, dass seine Verwendungsabsicht noch besteht. Damit nimmt das Gesetz Bezug auf die Absicht der Verwendung, die der Vermieter nach Abs 1 S 1 Nr 1 bis 3 (vgl Rn 18 ff) und die er dem Mieter nach Abs 1 S 1 HS 2 bei Vertragsschluss mitgeteilt hat (vgl Rn 36 ff). Die Verwendungsabsicht besteht noch, wenn der Vermieter nach wie vor entschlossen ist, sie zu verwirklichen. Dies bedeutet in zeitlicher Hinsicht, dass die Räume unmittelbar nach Ablauf der Mietzeit zu dem angegebenen Zweck verwendet werden sollen, das Vorhaben sich also nicht aus gleich welchen Gründen verzögert (vgl Rn 70 ff). Hinsichtlich des Inhalts der Mitteilung vor Ende des Vertrags ergibt sich aus der Bezugnahme des Gesetzes auf den früher mitgeteilten Befristungsgrund, dass es sich um denselben Verwendungszweck handeln muss. Der Vermieter kann also nicht von einer früher mitgeteilten Absicht zu einer anderen Verwendung wechseln, auch wenn sie an sich unter Abs 1 S 1 Nr 1 bis 3 fallen würde (allg Meinung; BT-Drucks 14/4553, 71; BLANK/BÖRSTINGHAUS/BLANK/BÖRSTINGHAUS Rn 46; HERRLEIN/KANDELHARD/KANDELHARD Rn 28; SCHMIDT-FUTTERER/BLANK Rn 42; SPIELBAUER/SCHNEIDER/ETTL Rn 45). Die Möglichkeit, das Mietverhältnis aus dem neuen Grund zu kündigen, bleibt aber unberührt. Dieses Recht steht dem Vermieter zB zu, wenn er als Befristungsgrund künftigen Eigenbedarf (§ 575 Abs 1 Nr 1 BGB) geltend gemacht hatte, die Wohnung aber nunmehr nicht einem Familienangehörigen, sondern einem zur Dienstleistung Verpflichteten überlassen will, weil dies einen die Kündigung nach § 573 Abs 1 BGB rechtfertigenden Betriebsbedarf darstellt (vgl § 573 Rn 177 ff).

Unerheblich ist, warum die frühere Absicht nicht zu verwirklichen ist. Bei einem 58 unzulässigen **Wechsel der Verwendungsabsicht** liegt ein Wegfall des Befristungsgrundes vor, der zu einem Anspruch nach Abs 3 S 2 (vgl Rn 76) führt. Kein unzulässiger Wechsel der Verwendungsabsicht liegt hingegen vor, wenn sich der Vermieter in der Mitteilung bei Vertragsschluss zulässigerweise Alternativen offengehalten hat (vgl Rn 18). Hat er Eigennutzung oder Abriss und Neubau zwecks Eigennutzung als Alternativen angegeben, stellen der Abriss und Neubau zum Zwecke der Fremdvermietung keinen zulässigen Wechsel der Verwendungsabsicht dar (LG Stuttgart WuM 1994, 690). Möglich ist es allerdings, eine neue Verwendungsabsicht iS des Abs 1 S 1 Nr 1 bis 3 im Wege der einvernehmlichen Vertragsänderung für maßgeblich zu erklären. Dies verstößt in der Regel nicht gegen Abs 4 (vgl Rn 87), da der Mieter ja den sonst gegebenen Verlängerungsanspruch aus Abs 3 S 2 (vgl Rn 76) auch nicht geltend machen muss.

59 Da sich am Ende des befristeten Mietverhältnisses nunmehr die Frage stellt, ob es endet oder fortgeführt werden kann, sind im Unterschied zu der Mitteilung nach § 564c Abs 2 S 2 BGB aF nunmehr weitergehende **inhaltliche Anforderungen** zu stellen. Die Mitteilung muss inhaltlich so bestimmt sein, dass der Mieter im Hinblick auf sein etwaiges Fortsetzungsrecht überprüfen kann, ob der Befristungsgrund eintreten wird. Bei beabsichtigter Eigennutzung ist nun eine bestimmte Person zu benennen, die zu dem begünstigten Personenkreis gehört, wenn der Name und die genaue familiäre Beziehung zu dem Vermieter früher offengeblieben war. Das Gleiche gilt für eine bestimmte Person aus dem Kreis der zur Dienstleistung Verpflichteten, der die Werkmietwohnung überlassen werden soll. Bei Baumaßnahmen ist mitzuteilen, ob inzwischen die erforderliche Genehmigung vorliegt oder ob wenigstens vor Ablauf der Mietzeit damit zu rechnen ist (LG Köln WuM 2000, 330). Erst dieser Zeitpunkt ist letztlich entscheidend. Genügte die frühere Mitteilung schon diesen Anforderungen, reicht eine einfache Bezugnahme aus (Schmidt-Futterer/Blank Rn 41).

60 Besondere Probleme hinsichtlich der Identität der Verwendungsabsicht treten bei einem **Vermieterwechsel** auf. Handelt es sich um eine Gesamtrechtsnachfolge oder Einzelrechtsnachfolge, geht die gesamte Rechtsstellung aus dem Mietverhältnis auf den neuen Vermieter über. Übernimmt dieser die früher mitgeteilte Verwendungsabsicht des bisherigen Vermieters, besteht der vom vorigen Vermieter angegebene sachliche Grund weiterhin (LG Berlin GE 1999, 110). Bei einer Eigennutzung ist jedoch die Identität des begünstigten Personenkreises und dessen Stellung zum Vermieter nicht begrifflich abstrakt, sondern auf bestimmte Personen bezogen zu beurteilen. Bei einer Rechtsnachfolge zwischen Familienangehörigen kann das Erfordernis der Identität in aller Regel erfüllt werden, nicht aber zwischen fremden Personen, indem die Angehörigen des bisherigen Vermieters durch die Angehörigen des neuen Vermieters ersetzt werden (Schmidt-Futterer/Blank Rn 64a). Ebensowenig ist es möglich, auf das Merkmal der Familienangehörigkeit oder Haushaltszugehörigkeit zu dem neuen Vermieter zu verzichten.

61 Ähnliche Probleme ergeben sich, wenn das **vermietete Grundstück veräußert** wird. Der Erwerber tritt unter den Voraussetzungen des § 566 BGB in die Rechte und Pflichten aus dem Zeitmietverhältnis ein. Hiervon wird auch das Bestehen des sachlichen Grundes erfasst, ohne dass es darauf ankommt, ob die Mitteilung bei Vertragsschluss zu den Vertragsbestandteilen gehört (Bub/Treier/Fleindl Rn IV 504). Da hier keine Rechtsnachfolge vorliegt, ist die Identität auf der Vermieterseite nicht gewahrt. Der Erwerber selbst kann deshalb die vom früheren Vermieter erklärte Absicht der Eigennutzung als personenbezogenes Merkmal nicht übernehmen. Das Gleiche ist bei einer vor der Veräußerung erklärten Kündigung wegen Eigenbedarfs anzunehmen (s § 573 Rn 14; Sonnenschein ZMR 1992, 417, 424). War eine Nutzung durch die zum Haushalt des früheren Vermieters gehörenden Personen oder seine Familienangehörigen beabsichtigt, kommt es darauf an, ob das gleiche Verhältnis zu dem Grundstückserwerber besteht. Ansonsten ist diese Nutzungsabsicht entfallen, da sie nicht mehr zu verwirklichen ist. Die Absicht, bestimmte Baumaßnahmen auszuführen, kann vom Grundstückserwerber übernommen werden (Bub/Treier/Fleindl Rn IV 504). Das Gleiche gilt für zukünftigen Betriebsbedarf bei einer Werkmietwohnung, wenn der Grundstückserwerber zugleich der Betriebsinhaber ist. Bei einer werksfremden Werkmietwohnung hängt die Identität der Verwendungsabsicht davon ab, ob der Grundstückserwerber die Verpflichtungen aus dem Werkförderungsvertrag übernommen hat.

Der Vermieter muss eine **Frist** von einem Monat nach Geltendmachung des Auskunftsanspruchs des Mieters einhalten, um dem Mieter mitzuteilen, dass seine Verwendungsabsicht noch besteht. Für die Wahrung der Frist ist der Zugang beim Mieter nach § 130 BGB maßgebend (Nies NZM 1998, 18, 19). Die Frist ist nach § 187 Abs 2, § 188 Abs 2 und 3 BGB zu berechnen. § 193 BGB ist anwendbar, da es nicht um die ungeschmälerte Erhaltung einer Kündigungsfrist geht, sondern der Mieter ohnehin grundsätzlich mit einem Auszug zum vertraglich vorgesehenen Zeitpunkt rechnen muss. 62

c) Anspruch auf Fortsetzung des Mietverhältnisses (Abs 2 S 2)
Wenn der Vermieter dem Mieter nicht innerhalb eines Monats nach Zugang des Auskunftsanspruchs des Mieters diesem mitteilt, dass seine Verwendungsabsicht noch besteht, kann der Mieter nach § 575 Abs 2 S 2 BGB eine Verlängerung des Mietverhältnisses um einen entsprechenden Zeitraum verlangen. Er kann natürlich auch ohne weitere Erklärung aufgrund des Vertragsendes aus der Wohnung ausziehen. Der **Zweck** dieser Regelung besteht darin, dem Mieter allein aufgrund eines solchen Versäumnisses des Vermieters keinen Anspruch auf unbefristete Fortsetzung einzuräumen, weil dies der klaren mietvertraglichen Vereinbarung widersprechen würde. Durch diese im Zuge der Mietrechtsreform im Wesentlichen unveränderte Regelung sollen die Mieterinteressen dadurch ausreichend gewahrt werden, dass der Mieter eine Verlängerung um einen der Verspätung der Mitteilung entsprechenden Zeitraum verlangen kann (BT-Drucks 12/3254, 18). Unverändert geblieben ist auch das allgemeine Ziel, aufseiten des Mieters Zweifel über den Fortbestand der Verwendungsabsicht des Vermieters auszuschließen (BT-Drucks 9/2079, 15). 63

Der **Inhalt** der Willenserklärung des Mieters ist gesetzlich nicht näher vorgeschrieben. Es genügt sein erkennbarer Wille, das Mietverhältnis über den Endtermin hinaus fortzusetzen. Das Wort „Fortsetzung" braucht nicht verwendet zu werden. Die Angabe von Gründen ist nicht erforderlich. Dogmatisch ist diese Willenserklärung als ein Antrag iS des § 145 BGB zu werten, der auf Abschluss eines Vertrags zur Fortsetzung des Mietverhältnisses gerichtet ist (LG Köln WuM 1999, 218; Blank/Börstinghaus/Blank/Börstinghaus Rn 55; Hannemann NZM 1999, 585, 592; Spielbauer/Schneider/Ettl Rn 48). Hierbei besteht die Besonderheit, dass der Mieter unter den Voraussetzungen des Abs 2 S 2 einen *Anspruch* auf den Vertragsabschluss hat. Gleichwohl ist seine Erklärung als Vertragsantrag ein konstitutives Element, auf das auch dann nicht verzichtet werden kann, wenn der Vermieter es schon vorher abgelehnt hat, den Vertrag fortzusetzen (LG Karlsruhe DWW 1990, 178). Kommt die Einigung der Parteien zu Stande, handelt es sich um eine Änderung des bisherigen Vertrags, nicht um einen neuen Mietvertrag (Blank/Börstinghaus/Blank/Börstinghaus Rn 61). 64

Der Anspruch wird durch eine Vertragsänderung erfüllt. Hierzu sind **übereinstimmende Willenserklärungen** beider Parteien erforderlich. Der Anspruch des Mieters ist auf Abgabe einer entsprechenden Willenserklärung des Vermieters gerichtet und muss im Streitfall durch Leistungsklage verfolgt werden. Das Gesetz geht davon aus, dass die bei Vertragsschluss mitgeteilte Verwendungsabsicht überhaupt noch be- 65 steht, weil sonst der Anspruch des Mieters auf unbefristete Verlängerung des Mietverhältnisses aus Abs 3 S 2 eingreifen würde. Eine befristete Verlängerung nach Abs 2 S 2 kommt deshalb nur in Betracht, wenn die Mitteilung vor Vertragsende den gesetzlichen Voraussetzungen nicht entspricht (vgl Rn 57 ff). Dies ist zum einen der Fall, wenn die ansonsten ordnungsgemäße Mitteilung dem Mieter nicht innerhalb eines Monats nach dem Auskunftsverlangen zugegangen ist. Die Mietzeit ist dann entsprechend der Verspätung zu verlängern, sodass dem Mieter immer der Zeitraum zwischen Mitteilung und Beendigung des Mietverhältnisses verbleibt, den er bei fristgemäßer Mitteilung zur Verfügung gehabt hätte. Die Verlängerung ist vom Tag des Zugangs an nach § 187 Abs 1, § 188 Abs 2 BGB zu berechnen. Zum anderen hat der Mieter auch dann einen Anspruch auf befristete Verlängerung, wenn ihm die Mitteilung zwar fristgemäß zugeht, diese aber hinsichtlich des erforderlichen Inhalts (vgl Rn 57 ff) fehlerhaft ist. Der Zeitraum der Verlängerung ist danach zu bemessen, wann der Vermieter eine nunmehr zwar verspätete, aber inhaltlich und formell ordnungsgemäße Mitteilung nachholt.

66 Stimmt der Vermieter dem Fortsetzungsverlangen **ausdrücklich oder durch schlüssiges Verhalten** (LG Köln WuM 1999, 218) **zu**, so wird das Mietverhältnis für den Zeitraum der Verspätung verlängert, im Übrigen aber zu den bisherigen Vertragsbedingungen fortgesetzt. Die Zustimmung ist rechtlich als Annahme des im Fortsetzungsverlangen liegenden Vertragsangebots des Mieters zu werten (AG Wuppertal WuM 1994, 543). Unerheblich ist, ob der Vermieter das Angebot vor oder nach Ablauf der vertraglich vorgesehenen Mietzeit annimmt (Palandt/Weidenkaff Rn 18). Der Vertrag wird in jedem Fall von dem an sich vorgesehenen Endtermin an fortgesetzt. Ein Schweigen des Vermieters kann jedoch entgegen einer verbreiteten Auffassung nicht ohne Weiteres als Vertragsannahme beurteilt werden (AG Königstein NJW-RR 1997, 1504; Bub/Treier/Fleindl Rn IV 516; Lützenkirchen/Lützenkirchen Rn 138; **aM** Schmidt-Futterer/Blank Rn 59). Verlangt der Mieter die Fortsetzung, zieht er dann aber aufgrund eines Räumungsrechtsstreits freiwillig aus der Wohnung aus, verstößt es gegen § 242 BGB, wenn der Vermieter später die Miete für den Zeitraum der Vertragsverlängerung verlangt (LG Köln WuM 1999, 218).

67 Von der Vertragsfortsetzung aufgrund schlüssigen Verhaltens ist die Vertragsverlängerung durch **Fortsetzung des Gebrauchs** nach § 545 BGB zu unterscheiden. Nach dieser Vorschrift gilt das Mietverhältnis als auf unbestimmte Zeit verlängert, wenn der Mieter den Gebrauch der Mietsache nach dem Ablauf der Mietzeit fortsetzt und keine der Parteien ihren entgegenstehenden Willen innerhalb einer Frist von zwei Wochen dem anderen Vertragsteil gegenüber erklärt. Hierbei handelt es sich um eine Fiktion der Vertragsverlängerung, für die es auf einen entsprechenden Parteiwillen nicht ankommt. Diese Regelung gilt auch im Rahmen des § 575 BGB. Verlangt der Mieter also unberechtigt die Fortsetzung des Mietverhältnisses, so darf der Vermieter hierauf nicht untätig bleiben, da andernfalls nach Vertragsende die Gefahr einer Vertragsverlängerung nach § 545 BGB besteht. Lehnt der Vermieter das unberechtigte Fortsetzungsverlangen des Mieters ab, so ist darin zugleich ein Widerspruch iSd § 545 BGB zu sehen (vgl BayObLG NJW 1981, 2759).

68 Problematisch ist die Beurteilung, wenn die ordnungsgemäße Mitteilung **nicht vor dem vertraglich vereinbarten Ende der Mietzeit nachgeholt wird** oder wenn jegliche Mitteilung unterbleibt. Die Gesetzesbegründung geht davon aus, dass der Vermieter

die Mitteilung nicht beliebig weit hinausschieben könne. Lasse er den Termin der vertragsmäßigen Beendigung ohne Mitteilung verstreichen, gelte das Mietverhältnis nach § 545 BGB als auf unbestimmte Zeit verlängert, sofern er nicht seinen entgegenstehenden Willen binnen einer Frist von zwei Wochen dem Mieter gegenüber erkläre (BT-Drucks 12/3254, 19). Dabei bleibt offen, welche Rechtslage bei einem fristgemäßen Widerspruch des Vermieters gelten soll, der nicht zugleich die Voraussetzungen einer Mitteilung über den Fortbestand seiner Verwendungsabsicht erfüllt. Denn einerseits müsste das Mietverhältnis durch die Mitteilung nach § 545 BGB beendet sein und nach den §§ 546 ff BGB rückabgewickelt werden. Andererseits entsteht der Verlängerungsanspruch des Mieters nach Abs 2 S 2 erst, wenn eine (verspätete) Mitteilung nach Abs 2 S 1 erfolgt ist. Am nächsten liegt es, in der Unterlassung der Mitteilung eine Pflichtverletzung nach § 280 Abs 1 BGB zu sehen. Bei einem schuldhaften Versäumnis der Mitteilung ist dem Mieter also ein Schadensersatzanspruch zuzugestehen. Dieser Anspruch ist auf Wiederherstellung des Zustands gerichtet, der bei fristgemäßer Mitteilung des Vermieters bestanden hätte. Der Mieter kann also seinen Anspruch aus Abs 3 S 2 (vgl Rn 76) geltend machen, wenn die Verwendungsabsicht des Vermieters nicht mehr besteht, wofür das Unterlassen der Mitteilung ein Indiz ist. Besteht hingegen die Verwendungsabsicht trotz der unterlassenen Mitteilung noch, so kann der Mieter eine Fortsetzung des Mietverhältnisses um einen der Verzögerung entsprechenden Zeitraum verlangen, Abs 2 S 2. Zu beachten ist, dass das Unterlassen der Mitteilung auch damit zusammenhängen kann, dass sich die vom Vermieter beabsichtigte Verwendung verzögert (vgl Rn 70 ff).

3. Fortsetzungsverlangen nach Abs 3

a) Allgemeines

Abs 3 erfasst die Fälle, in denen bei einem ursprünglich wirksam befristeten Mietvertrag der Grund für die Befristung erst später oder gar nicht eintritt. Das Gesetz formuliert dies hier etwas unglücklich, ist damit doch nicht gemeint, dass der Befristungsgrund erst später eintritt (denn dieser lag ja bei Vertragsschluss vor, sonst griffe ohnehin § 575 Abs 1 S 2 BGB ein), sondern dass die geplante Maßnahme nach Abs 1 S 1 Nr 1 bis 3 sich verzögert oder gar nicht stattfinden wird. Dem Mieter wird in diesen Fällen jeweils ein Anspruch auf Verlängerung des Mietverhältnisses um den entsprechenden Zeitraum der Verzögerung gegeben (Abs 3 S 1), was im Fall der völligen Aufgabe der geplanten Maßnahme in einen unbefristeten Mietvertrag führt (Abs 3 S 2). Das Gesetz weicht damit gegenüber § 564c BGB aF insofern ab, als ein solcher Verlängerungsanspruch nach § 564c Abs 2 S 2 BGB nur im Fall der *unverschuldeten* Verzögerung gegeben war (GATHER DWW 2001, 192, 201). Abs 3 S 3 regelt für diese Ansprüche die Beweislastverteilung hinsichtlich des Eintritts des Befristungsgrundes und der Dauer der Verzögerung zulasten des Vermieters.

69

b) Der Anspruch nach Abs 3 S 1

Ein Anspruch nach Abs 3 S 1 ist gegeben, wenn der Grund für die Befristung erst später eintritt. In diesem Fall kann der Mieter die Verlängerung des Mietverhältnisses um den entsprechenden Zeitraum verlangen. Selbstverständlich bleibt es dem Mieter auch unbenommen, sich auf das Vertragsende zu berufen und auszuziehen (BLANK/BÖRSTINGHAUS/BLANK/BÖRSTINGHAUS Rn 50).

70

71 Der Grund für die Befristung tritt erst später ein, wenn der Vermieter seine Absicht nicht unmittelbar nach Ablauf der Mietzeit verwirklicht. Wenige Tage sind unerheblich, da sie im Allgemeinen ohnehin erforderlich sind, um die neue Verwendung vorzubereiten. Darin liegt keine Verzögerung. Wie die zeitliche Grenze zwischen Vorbereitung und Verzögerung zu ziehen ist, lässt sich nur im Einzelfall entscheiden.

72 Entgegen § 564c Abs 2 S 2 BGB aF kommt es nicht mehr darauf an, dass die Verzögerung ohne **Verschulden** eingetreten sein muss. Daher spielt auch die Frage keine Rolle mehr, welche Konsequenz es hat, wenn ein Verschulden bei der Verzögerung vorliegt. Es kommt demnach nur noch rein objektiv darauf an, dass das Vorhaben, das den Grund für die Befristung darstellte, erst später durchgeführt wird (BeckOGK/ Hoffmann [1. 7. 2020] Rn 50; MünchKomm/Häublein Rn 32; Schmid/Harz/Riecke Rn 32; Schmidt-Futterer/Blank Rn 47). Es macht also für den Verlängerungsanspruch keinen Unterschied, ob die Verzögerung dem Willen des Vermieters entspricht, auf einem Naturereignis beruht oder durch eine fehlende behördliche Genehmigung für den Umbau eintritt.

73 Im Fall des Abs 3 ist keine Verpflichtung des Vermieters kodifiziert, die **spätere Verwirklichung der Maßnahme mitzuteilen**. In aller Regel wird diese Mitteilung allerdings schon in der Antwort auf das Auskunftsverlangen nach Abs 2 S 1 stehen. Zwingend ist dies jedoch nicht, da der Grund für die Verzögerung ja auch erst nach der Mitteilung nach Abs 2 S 1 eintreten kann. Außerdem ist eine besondere Mitteilung des Vermieters hinsichtlich der Verzögerung der beabsichtigten Verwendung der Wohnung gerade nicht als Voraussetzung für den Anspruch des Mieters auf befristete Verlängerung des Mietverhältnisses vorgesehen. In den Fällen, in denen der Mieter von seinem Anspruch nach Abs 2 S 1 keinen Gebrauch gemacht hat oder die Mitteilung des Vermieters die Information über die spätere Realisierung der Maßnahme nicht enthielt, ergibt sich die Abgabe einer Mitteilung über die Verzögerung als vertragliche **Nebenpflicht aus § 241 Abs 2 BGB**, weil der Mieter seine Rechte aus Abs 3 S 1 sonst nicht wahrnehmen könnte (MünchKomm/Häublein Rn 34; aM Schmidt-Futterer/Blank Rn 49; Soergel/Heintzmann Rn 19; Spielbauer/Schneider/ Ettl Rn 54). Deshalb ist allein fraglich, welche Rechtsfolgen sich daraus ergeben, dass der Vermieter die Verzögerung nicht mitteilt und dadurch gegen seine vertragliche Nebenpflicht verstößt (vgl Rn 75). Kommt der Vermieter hingegen dieser Pflicht nach, ist dies mangels einer ausdrücklichen Gesetzesbestimmung formlos möglich.

74 In § 575 Abs 3 S 1 BGB wird als **Rechtsfolge** bestimmt, dass der Mieter eine Verlängerung des Mietverhältnisses um einen entsprechenden Zeitraum verlangen kann, wenn sich die vom Vermieter beabsichtigte Verwendung der Räume verzögert. Unternimmt der Mieter nichts, endet das Mietverhältnis nach § 542 Abs 2 BGB durch Zeitablauf. Der Anspruch ist darauf gerichtet, dass das Mietverhältnis um eine bestimmte Zeit verlängert wird. Für die Geltendmachung des Anspruchs und seine Erfüllung durch Abschluss eines Änderungsvertrags gilt das Gleiche wie bei einer nicht fristgemäßen oder sonst nicht ordnungsgemäßen Mitteilung über den Fortbestand der Verwendungsabsicht (vgl Rn 56 ff). Wie lange die Verzögerung dauert und um welche Zeit das Mietverhältnis deshalb zu verlängern ist, kann häufig im Voraus kaum genau bestimmt werden. Gibt der Vermieter in seiner Mitteilung einen bestimmten Zeitraum an, ist hiervon für die Vertragsverlängerung auszugehen. Macht er keine genaueren Angaben, ist der Zeitraum von den Parteien oder im Streitfall vom Gericht zu schätzen. Erweist sich der vom Vermieter mitgeteilte oder der geschätzte Zeitraum der Verzögerung später als zu kurz, ist dem Mieter ein Anspruch auf weitere Verlängerung des Mietverhältnisses um eine entsprechende Zeit einzuräumen. Ein solcher erneuter Anspruch wird vom Wortlaut des Abs 3 S 1 gedeckt.

Da für die Geltendmachung des Anspruchs auf befristete Fortsetzung des Mietverhältnisses keine Frist vorgeschrieben ist, kommt es nicht darauf an, in welchem **Zeitpunkt** vor Ablauf der Mietzeit der Mieter seinen Anspruch erhebt. Dies kann noch am letzten Tag der Vertragszeit geschehen, wenn sich die Verzögerung erst dann herausstellt oder der Mieter davon erfährt. Er braucht keine bestimmte **Form** einzuhalten. Problematischer ist die Rechtslage, wenn der Mieter erst nach Ablauf der Mietzeit von der bereits vorher feststehenden Verzögerung erfährt. Das Mietverhältnis ist durch Zeitablauf beendet, da der Mieter seinen Anspruch auf Verlängerung nicht vorher geltend gemacht hat (vgl Rn 56). Der Vermieter hat jedoch gegen seine vertragliche Nebenpflicht verstoßen, dem Mieter die Verzögerung rechtzeitig mitzuteilen (vgl Rn 73). Der Mieter kann deshalb auf der Grundlage eines **Schadensersatzanspruchs** aus § 280 Abs 1 BGB verlangen, dass das Mietverhältnis rückwirkend wieder begründet und auf bestimmte Zeit verlängert wird (§ 249 Abs 1 BGB). Zieht der Mieter nach dem vertraglichen Ende der Mietzeit nicht aus, so ist zu prüfen, ob sich das Mietverhältnis nach § 545 BGB durch Fortsetzung des Gebrauchs auf unbestimmte Zeit verlängert hat (vgl Rn 48). 75

c) Der Anspruch nach Abs 3 S 2

Nach Abs 3 S 2 kann der Mieter die unbefristete Verlängerung des Mietvertrags verlangen, wenn der Grund für die Befristung vollständig entfällt. Dieses Ergebnis hätte man auch schon aus Abs 3 S 1 ziehen können, da die vollständige Aufgabe der Maßnahme einem Aufschub „in alle Ewigkeit" gleichkommt. Daher gelten auch die Ausführungen zu Abs 3 S 1 (vgl Rn 70 ff) hier entsprechend. Wenn der Mieter verlangt, das Mietverhältnis auf bestimmte Zeit fortzusetzen, obwohl die Voraussetzungen des Abs 3 S 2 gegeben sind, kann seine Erklärung **umgedeutet** werden, soweit ein entsprechender hypothetischer Wille anzunehmen ist (AG Bad Säckingen DWW 1990, 57; GATHER DWW 1999, 173, 174). Da das auf bestimmte Zeit gerichtete Fortsetzungsverlangen auf Rechtsunkenntnis beruhen kann, ist es nicht angemessen, eine solche Erklärung ohne Weiteres nur auf Abs 2 S 2 oder Abs 3 S 1 zu beziehen. Insbesondere trifft den Vermieter auch hier die Pflicht, den Entfall des Befristungsgrundes mitzuteilen (vgl Rn 73) und bei Nichterfüllung dieser Verpflichtung im Falle des Vertragsendes Schadensersatz nach § 280 Abs 1 BGB zu leisten (vgl Rn 75). Eine bestimmte Form oder Frist für die Geltendmachung ist auch hier nicht einzuhalten (vgl Rn 73). Die Vorschrift ist auch dann anwendbar, wenn der Grund für die Befristung lange **vor dem vereinbarten Vertragsende** entfällt (HERRLEIN/KANDELHARD/KANDELHARD Rn 30). 76

Rechtsfolge ist ein Anspruch auf die Vereinbarung eines unbefristeten Mietverhältnisses. Insoweit gilt das Gleiche wie zu Abs 3 S 1 (vgl Rn 70) und zu Abs 2 S 2 (vgl Rn 63). Da es sich um einen einvernehmlich abzuschließenden Änderungsvertrag handelt, können die Parteien von Abs 2 S 2 abweichen und das Mietverhältnis auf bestimmte Zeit verlängern. Nur in diesem Fall ist die **Formvorschrift des § 550 BGB** 77 zu beachten (Klein-Blenkers ua/Hinz Rn 34). Ein Verstoß gegen die Unzulässigkeit abweichender Vereinbarungen, die sich aus Abs 4 ergibt, ist darin nicht zu sehen, wenn die Vereinbarung nach der Geltendmachung des Anspruchs getroffen wird, weil der Mieter ebenso gut auf seinen Anspruch ganz verzichten könnte (vgl Rn 87). Der Mieter muss seinen Anspruch ggf mit einer Leistungsklage verfolgen. Der Anspruch wird bei Rechtskraft nach § 894 ZPO vollstreckt (vgl Rn 79). Ab diesem Zeitpunkt gelten dann ausschließlich die Regelungen über unbefristete Mietverhältnisse, einschließlich der Vorschriften des sozialen Mietrechts hinsichtlich der Kündigung des Vermieters.

d) Darlegungs- und Beweislast (Abs 3 S 3)

78 Abweichend von dem allgemeinen Grundsatz, dass jede Partei das Vorliegen der ihr günstigen Normen darzulegen und zu beweisen hat, bestimmt § 575 Abs 3 S 3 BGB, dass der Vermieter die Beweislast für den Eintritt des Befristungsgrundes und die Dauer der Verzögerung trägt. Diese Regelung ist zu begrüßen, da die Beweislastverteilung unter der Geltung von § 564c BGB aF nicht einheitlich beurteilt wurde (Staudinger/Sonnenschein [1997] § 564c Rn 84 ff). Auch inhaltlich ist sie sachgerecht, da es unverhältnismäßig wäre, dem Mieter zur Begründung seines Verlängerungsanspruchs nach Abs 3 die Darlegungs- und Beweislast für Vorgänge aufzuerlegen, die vom alleinigen Willen des Vermieters abhängen können, wie zB die Entscheidung, die geplante Maßnahme erst später durchzuführen (Herrlein/Kandelhard/Kandelhard Rn 33).

4. Gerichtliche Geltendmachung

79 **a)** Der Mieter hat unter den Voraussetzungen der Abs 2 und 3 einen materiellrechtlichen Anspruch auf Fortsetzung des Mietverhältnisses. Der Anspruch ist durch Abgabe einer entsprechenden Willenserklärung des Vermieters zu erfüllen. Dies kann der Mieter im Wege der **Leistungsklage** erzwingen (Prütting ua/Riecke Rn 19; Schmidt-Futterer/Blank Rn 60). Die gerichtliche Zuständigkeit richtet sich nach § 23 Nr 2 lit a GVG, § 29a ZPO. Mit der Rechtskraft eines der Klage stattgebenden Urteils gilt die Willenserklärung nach § 894 ZPO als abgegeben (Hannemann NZM 1999, 585, 593). Sie wirkt auf den vertraglich an sich vorgesehenen Endtermin zurück (Gather DWW 1999, 173, 175; Palandt/Weidenkaff Rn 22). Für eine Gestaltungsklage bildet die Vorschrift keine Rechtsgrundlage, da dem Gericht anders als nach § 574a Abs 2 BGB (vgl § 574a Rn 11) keine das Mietverhältnis betreffende Rechtsgestaltung obliegt (**aM** LG München I ZMR 1974, 49; BeckOGK/Hoffmann [1. 7. 2020] Rn 48). Eine Feststellungsklage ist für das Klageziel des Mieters unzureichend und kommt allenfalls in Betracht, wenn er sich auf eine schon beiderseits erklärte Vertragsfortsetzung oder auf eine Vertragsverlängerung nach § 545 BGB beruft.

80 **b)** Nach hM muss der Mieter seinen Anspruch auf Fortsetzung des Mietverhältnisses gegenüber einer Räumungsklage des Vermieters durch **Widerklage** geltend machen, die unter den Voraussetzungen des § 533 ZPO noch im Berufungsverfahren erhoben werden kann (LG Berlin GE 1999, 649; LG Berlin NZM 2000, 333; LG Bonn MDR 1976, 495; LG Kaiserslautern ZMR 1975, 306; LG München I ZMR 1974, 49; LG Regensburg WuM 1992, 194; Bub/Treier/Fleindl Rn IV 516; Klein-Blenkers ua/Hinz Rn 68; Prütting ua/ Riecke Rn 19; Schmid/Harz/Riecke Rn 34; Schmidt-Futterer/Blank Rn 60). Die Gegenmeinung will es unter Hinweis auf § 574 BGB genügen lassen, dass der Mieter seinen

Anspruch auf Vertragsfortsetzung im Wege der **Einwendung gegenüber dem Räumungsanspruch** des Vermieters geltend macht (LG Berlin GE 1996, 127; AG Ebersberg WuM 1988, 23; AG Frankfurt aM WuM 1981, 237; AG Uelzen WuM 1989, 23; Derleder NZM 2001, 649, 657). Dieser Auffassung ist nicht zuzustimmen, da § 308a ZPO eine richterliche Gestaltung des Mietverhältnisses ohne dahin gehenden Klageantrag des Mieters in einem Räumungsrechtsstreit ausdrücklich nur auf der Grundlage der Sozialklausel der §§ 574 ff BGB zulässt. Zu bedenken ist auch, dass die Gegenmeinung eine besondere Klage auf Abgabe einer Willenserklärung überflüssig machen würde, wenn sich daran eine weitere Leistungspflicht knüpft. Dies steht nicht im Einklang mit unserer Rechtsordnung. Der Mieter wird durch die Verweisung auf eine Widerklage nicht benachteiligt, wenn das Gericht seiner **Aufklärungspflicht aus § 139 ZPO** nachkommt (Schmidt-Futterer/Blank Rn 60). Eine bloße Einwendung des Mieters im Räumungsrechtsstreit genügt nur, wenn er sich darauf beruft, er habe sich mit dem Vermieter bereits über die Fortsetzung des Mietverhältnisses geeinigt.

IV. Rechtsfolgen bei unberechtigtem Abschluss eines befristeten Mietvertrags

Beim unberechtigten Abschluss eines befristeten Mietvertrags können die gleichen Probleme auftreten wie bei einer nach § 573 BGB unberechtigten Kündigung des Vermieters (vgl § 573 Rn 227 ff). Wenn der Vermieter dem Mieter bei Abschluss des Vertrags eine nicht bestehende Verwendungsabsicht vorgespiegelt oder wenn er es unterlassen hat, den Mieter über den Wegfall der Absicht oder die Verzögerung der Verwendung vor Räumung der Wohnung zu unterrichten, können sich **Schadensersatzansprüche aus Pflichtverletzung** (§ 280 Abs 1 und 3 BGB, § 282, § 311 Abs 2 Nr 1 BGB) **und unerlaubter Handlung** nach § 823 Abs 1 und 2 BGB sowie § 826 BGB ergeben. Für den Umfang des zu ersetzenden Schadens gilt im Wesentlichen das Gleiche wie bei unberechtigter Kündigung (vgl § 573 Rn 234 ff). Wenn der Mieter noch nicht geräumt hat, kann der Schadensersatzanspruch auf befristete oder unbefristete Verlängerung des Mietverhältnisses (vgl Rn 63 ff, 69 ff, 76 ff) sowie auf Ersatz der nunmehr überflüssigen Kosten für die Suche einer Ersatzwohnung gerichtet sein. Weil zwischen den Parteien nach § 575 Abs 1 S 2 BGB im Fall der unberechtigten Annahme eines Befristungsgrundes ein unbefristetes Mietverhältnis zu Stande gekommen ist, kann der Mieter das Mietverhältnis auch jederzeit unter Einhaltung der Frist des § 573c Abs 1 S 1 BGB kündigen (Feuerlein GE 2001, 970, 972). **81**

V. Darlegungs- und Beweislast

Jede Partei trägt die Darlegungs- und Beweislast dafür, dass alle Tatbestandsmerkmale der ihr günstigen Rechtsnorm vorliegen. Der **Vermieter** hat deshalb sämtliche Voraussetzungen darzulegen und im Streitfall zu beweisen, die den wirksamen Abschluss eines befristeten Mietvertrags zu begründen geeignet sind. Dies gilt auch im Fall von § 575 Abs 1 S 2 BGB, wenn der Mieter unter Berufung auf einen fehlenden Sachgrund ordentlich kündigt (Feuerlein GE 2001, 970, 972; Schmid/Harz/Riecke Rn 27). Der **Mieter** hat hingegen grundsätzlich darzulegen und zu beweisen, dass die Voraussetzungen der Abs 2 und 3 für eine befristete oder unbefristete Verlängerung des Mietverhältnisses erfüllt sind. Das Gleiche gilt, wenn der Mieter im Wege eines Schadensersatzanspruchs eine befristete oder unbefristete Verlängerung geltend macht. Eine bedeutsame Ausnahme hierzu statuiert Abs 3 S 3, der abweichend **82** von den allgemeinen Regeln dem **Vermieter** die Beweislast für den Eintritt des Befristungsgrundes und die Dauer der Verzögerung auferlegt (vgl Rn 78). Im Übrigen – also zB hinsichtlich der ordnungsgemäßen Geltendmachung des Verlängerungsanspruchs – verbleibt es aber bei der Darlegungs- und Beweislast des **Mieters**.

VI. Abweichende Vereinbarungen (Abs 4)

83 Die Unzulässigkeit abweichender Vereinbarungen zum Nachteil des Mieters ist wie in den meisten anderen Vorschriften durch das MietRRG auch in § 575 BGB aufgenommen worden. Eine sachliche Änderung ist damit nicht verbunden (BT-Drucks 14/4553, 71; Gather DWW 2001, 192, 200), da sich dies früher aus der Verweisung von § 564c Abs 1 S 2 BGB aF auf § 564b Abs 6 BGB aF ergab.

84 1. **Im Einzelnen** folgt daraus, dass alle bei Vertragsschluss getroffenen Vereinbarungen der Parteien unwirksam sind, durch die die Möglichkeit befristeter Mietverträge gegenüber Abs 1 ausgeweitet werden soll. Eine Befristungsvereinbarung, die nicht auf einen der Befristungsgründe gestützt werden kann, stellt ebenfalls eine unzulässige Abweichung dar, für die § 575 Abs 1 S 2 BGB freilich eine spezielle Rechtsfolge vorsieht. Ausgeschlossen ist der Verzicht auf die schriftliche Mitteilung des Befristungsgrundes ebenso wie die Beschränkung der Rechte des Mieters auf Auskunft und eine befristete oder unbefristete Verlängerung des Mietverhältnisses nach Abs 2 oder 3. Das Gleiche gilt grundsätzlich für Vertragsänderungen, die während der Dauer des Mietverhältnisses vereinbart werden. Unwirksam ist aber nur die einzelne Klausel, nicht der gesamte Vertrag. So können die Parteien nicht vertraglich bestimmen, es solle sich um ein Mietverhältnis zu nur vorübergehendem Gebrauch handeln (**aM** LG Karlsruhe DWW 1982, 276), damit der Ausnahmetatbestand des § 549 Abs 2 Nr 1 BGB eingreift, wenn in Wirklichkeit der allgemeine Wohnbedarf des Mieters befriedigt wird. Die Geltung des § 575 BGB kann nicht durch ein entgeltliches und befristetes dingliches Wohnrecht umgangen werden, wenn der Nutzer dadurch schlechter als ein Mieter gestellt wird. Das Rechtsverhältnis ist materiell als Mietverhältnis zu behandeln (LG Osnabrück WuM 1994, 611). Unzulässig ist auch die Vereinbarung einer längeren Frist für die Mitteilung des Vermieters nach Abs 2 S 1. Ebensowenig können für die Ansprüche des Mieters nach Abs 2 und 3 zusätzliche Voraussetzungen bedungen werden, wie etwa, dass sich der Vermieter nur bei einer Mieterhöhung mit der befristeten oder unbefristeten Verlängerung einverstanden erklären müsste.

85 Hinsichtlich des befristeten Mietverhältnisses ist zu beachten, dass dadurch nicht andere zwingende Kündigungsregeln umgangen werden. Die Mietvertragsparteien können den Kündigungsschutz nicht dadurch ausschließen, dass sie in Umgehungsabsicht mehrere **Kettenmietverträge** mit kürzerer Laufzeit abschließen. Dies hängt jedoch von den Umständen des Einzelfalls ab, ob dann überhaupt jeweils ein sachlicher Grund besteht. Die Vereinbarung einer anderen als der nach Abs 1 S 1 Nr 1 bis 3 vereinbarten Verwendungsabsicht ist unwirksam, auch wenn eine solche Verwendung einen Kündigungsgrund nach § 573 BGB darstellen würde (LG Lübeck WuM 1988, 277).

86 2. Zulässig sind alle Vereinbarungen der Parteien, die nicht zum Nachteil des Mieters von der gesetzlichen Regelung abweichen. Dies ist bei einer **Verbesserung**

der Rechtsstellung des Mieters anzunehmen. So können die Parteien die Anwendung des § 575 BGB auch bei Mietverhältnissen vereinbaren, bei denen die Vorschrift kraft Gesetzes (§ 549 Abs 2 und 3 BGB) nicht gilt (OLG Hamburg NZM 1998, 507) oder eine kürzere Frist als die Monatsfrist für die Mitteilung des Vermieters nach Abs 2 S 1 bedingen. Sie können auch vereinbaren, dass der Vermieter von sich aus eine bestimmte Zeit vor Vertragsende mitteilen muss, ob der Befristungsgrund noch besteht, sofern dieser Zeitpunkt zumindest drei Monate vor dem Vertragsende liegt, da eine kürzere Frist den Mieter gegenüber der in Abs 2 S 1 getroffenen Regelung wieder benachteiligen würde. Es kann auch vertraglich vereinbart werden, dass als sachlicher Grund für die Befristung allein die später beabsichtigte Nutzung durch eine namentlich genannte Person gelten soll. Selbstverständlich ist auch eine an keine Voraussetzungen geknüpfte Verlängerungsoption für den Mieter denkbar.

3. Das Verbot abweichender Vereinbarungen zum Nachteil des Mieters schließt **87 Vertragsänderungen** nicht grundsätzlich aus. Dies gilt zum einen für eine Änderung des Vertrags während des laufenden Mietverhältnisses, wenn es sich um Vereinbarungen handelt, die auch bei einem Neuabschluss zulässig wären, so etwa die Auswechselung der Verwendungsabsicht (vgl Rn 18). Unwirksam ist es aber, wenn sich der Mieter schon beim Abschluss des ursprünglichen Vertrags verpflichtet, einer solchen Änderung hinsichtlich einer nicht hinreichend bestimmten Verwendungsabsicht zuzustimmen. Zum anderen sind Vertragsänderungen zulässig, durch die der Mieter freiwillig und ohne Druck seitens des Vermieters in seine aufgrund des § 575 BGB entstandenen Rechte eingreift. Dies gilt etwa, wenn die Parteien im Falle des Abs 3 S 2 statt einer unbefristeten nur eine befristete Verlängerung des Mietverhältnisses vereinbaren. Ebenso gut könnte der Mieter ganz darauf verzichten, seinen Anspruch geltend zu machen. Unter den gleichen Voraussetzungen können die Parteien die Vertragsbedingungen ändern, insbesondere die Höhe der Miete. Ein Mietaufhebungsvertrag fällt nicht unter das Verbot abweichender Vereinbarungen (AG Frankfurt aM WuM 1985, 257). Denn schließlich muss es den Parteien aufgrund ihrer Vertragsfreiheit unbenommen bleiben, jederzeit einverständlich den ganzen Mietvertrag zur Disposition zu stellen.

VII. Übergangsregelung zur Mietrechtsreform

Die Übergangsvorschrift in **Art 229 § 3 Abs 3 EGBGB** erklärt für befristete Miet- **88** verhältnisse, die am 1. 9. 2001 bestanden haben, die Regeln der § 564c BGB iVm § 564b BGB sowie die §§ 556a bis 556c, § 565a Abs 1 und § 570 BGB in der zu diesem Zeitpunkt geltenden Fassung weiterhin für anwendbar. Das MietRRG hat mithin nicht in bestehende Zeitmietverträge eingegriffen. Dies wäre auch kaum zulässig gewesen, da dies im Fall von bis dahin zulässigen „einfachen" Zeitmietverträgen nach § 564c Abs 1 BGB aF regelmäßig dazu geführt hätte, diese Mietverhältnisse nun als unbefristete Mietverhältnisse nach § 575 Abs 1 S 2 BGB zu beurteilen (GATHER NZM 2001, 57, 59). Demzufolge kann es für vor dem 1. 9. 2001 geschlossene Zeitmietverträge beispielsweise weiterhin auch einen Anspruch auf Verlängerung des Mietvertrags nach § 564c Abs 1 S 1 BGB aF geben (vgl zur alten Rechtslage STAUDINGER/SONNENSCHEIN [1997] § 564c Rn 7 ff). War vertraglich vereinbart, dass sich das Mietverhältnis mangels Kündigung jeweils um einen bestimmten Zeitraum verlängert, kann die Kündigung auch nach dem 31. 8. 2001 gemäß § 565a Abs 1 BGB aF nur zu den im Vertrag vereinbarten Ablaufterminen gekündigt werden (BGH NJW

2007, 2760 m zust Anm BLANK WuM 2007, 514 f; BGH NZM 2007, 728; **aM** GELLWITZKI WuM 2004, 575, 579; ders WuM 2005, 436, 437).

89 An Klarheit zu wünschen übrig lässt die Übergangsvorschrift hinsichtlich der Frage, wann **ein Mietverhältnis** iS des Art 229 § 3 Abs 3 EGBGB **„besteht"**. Während schon beim Inkrafttreten der Mietrechtsreform überwiegend die Auffassung vertreten worden war, es genüge, dass der Vertrag zu diesem Zeitpunkt bereits geschlossen war (BT-Drucks 14/4553, 75; BÖSCHE WuM 2001, 367, 369; GATHER DWW 2001, 192, 201; JANSEN NJW 2001, 3151, 3153; SCHMID/HARZ/RIECKE Rn 40), wurde teilweise angenommen, es sei erforderlich, dass seine Laufzeit bereits begonnen hatte (AG Nordhorn NZM 2002, 654; STÜRZER NZM 2001, 825). Die letztgenannte Auffassung berief sich dabei darauf, dass nach der herkömmlichen Differenzierung ein geschlossener Mietvertrag durch den Beginn des Mietverhältnisses erst vollzogen wird (BGHZ 73, 350, 353 = NJW 1979, 1288), sodass mit „Mietverhältnis" in Art 229 § 3 Abs 3 EGBGB der Beginn der Laufzeit gemeint sein müsse (STÜRZER NZM 2001, 825). Dem hat sich der **BGH** aber zu Recht nicht angeschlossen (BGH NZM 2006, 927), weil neben der Entstehungsgeschichte (BT-Drucks 14/4553, 76) auch der Sinn und Zweck der Übergangsvorschriften, nämlich Rechtssicherheit (GATHER DWW 2001, 192, 201) und Vertrauensschutz (AG Nordhorn NZM 2002, 654; PRÜTTING ua/RIECKE Rn 24), gegen diese Interpretation sprechen. Denn sie würde dazu führen, dass sog „einfache" Zeitmietverträge, die vor dem 1. 9. 2001 geschlossen wurden, deren Laufzeit aber erst später begann, zwangsläufig als unbefristete Mietverhältnisse nach § 575 Abs 1 S 2 BGB anzusehen wären. Daher ist Art 229 § 3 Abs 3 EGBGB im Interesse von Rechtssicherheit und Vertrauensschutz so auszulegen, dass das alte Recht für alle Zeitmietverträge gilt, die vor dem 1. 9. 2001 abgeschlossen wurden.

§ 575a
Außerordentliche Kündigung mit gesetzlicher Frist

(1) Kann ein Mietverhältnis, das auf bestimmte Zeit eingegangen ist, außerordentlich mit der gesetzlichen Frist gekündigt werden, so gelten mit Ausnahme der Kündigung gegenüber Erben des Mieters nach § 564 die §§ 573 und 573a entsprechend.

(2) Die §§ 574 bis 574c gelten entsprechend mit der Maßgabe, dass die Fortsetzung des Mietverhältnisses höchstens bis zum vertraglich bestimmten Zeitpunkt der Beendigung verlangt werden kann.

(3) Die Kündigung ist spätestens am dritten Werktag eines Kalendermonats zum Ablauf des übernächsten Monats zulässig, bei Wohnraum nach § 549 Abs. 2 Nr. 2 spätestens am 15. eines Monats zum Ablauf dieses Monats (gesetzliche Frist). § 573a Abs. 1 Satz 2 findet keine Anwendung.

(4) Eine zum Nachteil des Mieters abweichende Vereinbarung ist unwirksam.

Materialien: BT-Drucks 14/4553, 71.

Schrifttum

Vgl zu § 575 und § 573d.

Systematische Übersicht

I. **Allgemeine Kennzeichnung**
1. Überblick _____ 1
2. Entstehung der Vorschrift _____ 2
3. Zweck der Vorschrift _____ 3

II. **Anwendbarkeit der §§ 573, 573a auf das außerordentliche Kündigungsrecht (Abs 1)**
1. Allgemeines _____ 4
2. Kündigungsrecht des Mieters _____ 5
3. Kündigungsrecht des Vermieters _____ 7

III. **Anwendung der Sozialklausel (Abs 2)** _____ 9

IV. **Kündigungsfristen (Abs 3)** _____ 11

V. **Abweichende Vereinbarungen (Abs 4)** _____ 12

Alphabetische Übersicht

Abweichende Vereinbarungen	12	Mieterhöhungsverlangen	6
		Mietverhältnis	
Entstehung der Vorschrift	2	– befristetes Mietverhältnis	4
Erbe	8	– über Wohnraum	4
Kündigungsfrist	11	Sozialklausel	9
Kündigungsrecht		– abweichende Vereinbarungen	12
– bei Tod des Mieters	8	– bei Kündigung gegenüber dem Erben	10
– des Mieters	5	Zweck der Vorschrift	3
– des Vermieters	7		

I. Allgemeine Kennzeichnung

1. Überblick

Die Vorschrift regelt in enger Anlehnung an § 573d BGB die außerordentliche **1** Kündigung mit der gesetzlichen Frist für den Bereich der befristeten Wohnraummietverhältnisse. Sie erklärt in Abs 1 mit Ausnahme der Kündigung des Vermieters gegenüber dem Erben nach § 564 BGB die Vorschriften der §§ 573, 573a BGB für anwendbar. Nach Abs 2 hat auch die Sozialklausel der §§ 574 bis 574c BGB für diese Kündigung Bedeutung. Allerdings ist die Fortsetzung des Mietverhältnisses auf den vereinbarten Zeitraum des Mietvertrags begrenzt (§ 575a Abs 2 BGB). Abs 3 normiert wie § 573d BGB die im Fall der außerordentlichen Kündigung mit der gesetzlichen Frist maßgebliche Frist von grundsätzlich drei Monaten, die bei Wohnraum nach § 549 Abs 2 Nr 2 BGB auf zwei Wochen verkürzt ist. Nach Abs 4 ist eine Vereinbarung zum Nachteil des Mieters unwirksam.

2. Entstehung der Vorschrift

2 Die Vorschrift ist durch Art 1 MietRRG vom 19. 6. 2001 (BGBl I 1149) zum 1. 9. 2001 neu eingefügt worden. Im Wesentlichen wird hierbei die frühere Rechtslage beibehalten (BT-Drucks 14/4553, 71), wobei auch bisheriges Richterrecht kodifiziert wurde (Herrlein/Kandelhard/Herrlein Rn 1). Lediglich § 575 Abs 3 BGB hatte eine Vorgängervorschrift in § 565 Abs 5 BGB. Angesichts der Tatsache, dass die Regelung größtenteils wortgleich zu § 573d BGB ist, hätte es eigentlich näher gelegen, beide Paragrafen bei den allgemeinen Vorschriften der Mietverhältnisse über Wohnraum zusammenzufassen und den jetzigen § 575a Abs 2 BGB als Sonderregelung für befristete Mietverhältnisse in diese Vorschrift aufzunehmen (Sonnenschein WuM 2000, 387, 397).

3. Zweck der Vorschrift

3 Abs 1 stellt klar, dass auch **befristete Mietverhältnisse außerordentlich mit der gesetzlichen Frist gekündigt werden können** (BT-Drucks 14/4553, 71) und regelt hierfür die Voraussetzungen und Fristen. Die Abs 1 und 2 haben aufgrund der Normen, auf die sie verweisen, nur Bedeutung für die Kündigung seitens des Vermieters. Die Vorschrift statuiert dabei nicht selbst das Kündigungsrecht, sondern ist entsprechend ihrer Formulierung nur anwendbar, wenn eine andere Norm die außerordentliche Kündigung mit der gesetzlichen Frist zulässt. Mit der Verweisung des Abs 1 auf §§ 573, 573a BGB wird die schon früher hM kodifiziert, dass der Vermieter bei der außerordentlichen Kündigung mit der gesetzlichen Frist eines berechtigten Interesses bedarf. Des Weiteren wird in Kodifizierung der Rechtsprechung (BGHZ 84, 90, 100 f = NJW 1982, 1696) klargestellt, dass der Mieter grundsätzlich auch die Rechte aus der Sozialklausel (§§ 574 bis 574c BGB) geltend machen kann (Abs 2).

II. Anwendbarkeit der §§ 573, 573a auf das außerordentliche Kündigungsrecht (Abs 1)

1. Allgemeines

4 Entsprechend seiner Stellung im Untertitel 2 muss es sich um ein **Mietverhältnis über Wohnraum** oder ein solches der in § 578 Abs 3 S 1 BGB bezeichneten Art handeln. Dieses Mietverhältnis muss **befristet** sein (vgl § 575 Rn 5 ff; Staudinger/Rolfs [2021] § 542 Rn 136 ff; Klein-Blenkers ua/Hinz Rn 4). Des Weiteren muss eine Norm die außerordentliche Kündigung mit der gesetzlichen Frist zulassen. Eine **außerordentliche Kündigung mit der gesetzlichen Frist** wird danach durch § 540 Abs 1, §§ 544, 555e Abs 1, § 563 Abs 4, § 563a Abs 2, §§ 564, 580, 1056 Abs 2, § 2135 BGB sowie durch § 30 Abs 2 S 2 ErbbauRVO, § 109 Abs 1 S 1 InsO (mit der Einschränkung des § 109 Abs 1 S 2 InsO), § 111 InsO und § 57a ZVG zugelassen.

2. Kündigungsrecht des Mieters

5 Das außerordentliche Kündigungsrecht des Mieters ist gerade beim Zeitmietvertrag von besonderer Bedeutung, während es beim unbefristeten Mietverhältnis wegen der mit § 573c Abs 1 S 1 BGB übereinstimmenden Kündigungsfrist des § 575a Abs 3 S 1 HS 1 BGB nur in gewissen Ausnahmefällen Bedeutung entfaltet (vgl § 573d Rn 5).

Bei befristeten Mietverträgen ist jedoch regelmäßig die ordentliche Kündigung ausgeschlossen (STAUDINGER/ROLFS [2021] § 542 Rn 136, 146), sodass der Mieter sich hier häufig nur unter den Voraussetzungen des § 575a BGB vom Mietvertrag lösen kann.

Wegen der Spezialregelung in § 561 BGB findet § 575a BGB beim **Mieterhöhungs-** **verlangen** des Vermieters keine Anwendung (vgl § 573d Rn 6; STAUDINGER/J EMMERICH § 561 Rn 22). **6**

3. Kündigungsrecht des Vermieters

Für den Fall der Kündigung wird in Abs 1 die Anwendung der §§ 573, 573a BGB angeordnet. Damit wird klargestellt, dass der Vermieter stets (zur Ausnahme bei § 564 unten Rn 8) eines berechtigten Interesses nach § 573 BGB bedarf (SONNENSCHEIN WuM 2000, 387, 399). Auch die in § 573a BGB geregelte Einschränkung des § 573 BGB findet damit uneingeschränkt Anwendung für Mietwohnungen, die in einem vom Vermieter selbst bewohnten Gebäude mit nicht mehr als zwei Wohnungen liegen (vgl § 573a Rn 8 ff). **7**

Eine **Ausnahme** besteht ausweislich der gesetzlichen Regelung für die außerordentliche Kündigung mit der gesetzlichen Frist gegenüber dem Erben nach § 564 BGB. Dies steht im Widerspruch zur früheren Rechtsprechung (BGHZ 135, 86, 89 = NJW 1997, 1695; OLG Hamburg DWW 1983, 307). Gleichwohl ist die Neuregelung sinnvoll. So war auch die Ansicht des BGH zum Erfordernis eines berechtigen Interesses von Teilen der Literatur massiv kritisiert worden (CANARIS ZIP 1997, 1507 f; ders, in: FS Fikentscher [1998] 11, 12 ff; FOERSTE JZ 1997, 732 f). Denn die Kündigung nach § 564 BGB betrifft in aller Regel (zu Ausnahmen vgl SONNENSCHEIN WuM 2000, 387, 399) nur den Erben, der bisher nicht in der Wohnung gewohnt hat (vgl § 564 Rn 16), da sonst § 563 BGB eingriffe (vgl § 563 Rn 13 ff). Da der Erbe selbst in dieser Situation normalerweise keinen Bedarf an der Wohnung hat, ist es sachgerecht, dass der Vermieter für die Kündigung des Erben kein berechtigtes Interesse nach § 573 BGB benötigt, zumal er ja auch zuvor keinerlei Bindung zu dem Erben hatte und die Vertragsfreiheit des Vermieters für die voraussetzungslose Kündigung spricht (vgl § 573d Rn 10; CANARIS, in: FS Fikentscher [1998] 11, 18 ff). **8**

III. Anwendung der Sozialklausel (Abs 2)

Durch Abs 2 wurde die Rechtsprechung des BGH (BGHZ 84, 90, 100 = NJW 1982, 1696) und die überwiegende Ansicht in der Literatur (SOERGEL/HEINTZMANN [1998] § 556a Rn 5; STAUDINGER/SONNENSCHEIN [1995] § 556a Rn 21) zur Anwendbarkeit der Sozialklausel für die außerordentliche Kündigung mit der gesetzlichen Frist seitens des Vermieters kodifiziert. Die Anwendung der §§ 574 ff BGB wird aber für die befristeten Mietverhältnisse insofern eingeschränkt, als die Fortsetzung des Mietverhältnisses **nur bis zum vertraglich vereinbarten Beendigungszeitpunkt** verlangt werden kann (BeckOK MietR/THEESFELD [1. 8. 2020] Rn 5). Damit wird der früher bestehende Wertungswiderspruch beseitigt, wonach über die Anwendung der Sozialklausel bei der Kündigung eine Fortsetzung über den vereinbarten Zeitpunkt hinaus erreicht werden konnte, was bei einer Beendigung des Mietverhältnisses durch Zeitablauf nicht möglich war (BT-Drucks 14/4553, 71; MünchKomm/HÄUBLEIN Rn 6; SCHMID/HARZ/RIECKE Rn 3). **9**

10 Problematisch ist, ob die Sozialklausel auch im Falle der **Kündigung des Erben** nach § 564 BGB anwendbar ist. Im Umkehrschluss zu § 575a Abs 1 BGB, der ja § 564 BGB explizit ausschließt, muss man davon ausgehen, dass auch der nach § 564 BGB gekündigte Erbe die Rechte aus der Sozialklausel nach §§ 574 bis 574c BGB geltend machen kann. Zwar ist dies etwas paradox, da der Erbe über § 574 Abs 1 S 1 BGB doch wieder eine Abwägung berechtigter Interessen des Vermieters erreichen könnte, die nach § 575 Abs 1 BGB schließlich gar nicht erforderlich sind. Dieses Problem ist für § 573d BGB ebenfalls umstritten (vgl dort Rn 10). Es hat aber keine große praktische Bedeutung, da der Erbe, dem nach § 564 BGB gekündigt wird, sich ohnehin kaum auf die Sozialklausel berufen kann, da er ja in den allermeisten Fällen vor dem Tod des Mieters nicht in der Wohnung gewohnt hat (vgl § 564 Rn 5).

IV. Kündigungsfristen (Abs 3)

11 Die Kündigungsfristen entsprechen denen des § 573d BGB in vollem Umfang. Daher kann auf die dortigen Ausführungen verwiesen werden (vgl § 573d Rn 12). Zu beachten ist hierbei, dass die auf § 575a BGB verweisenden Normen die Kündigungsfristen teilweise speziell und von § 575a BGB abweichend regeln, wie zB § 555e Abs 1 BGB (BeckOK/Schlosser [1. 8. 2020] § 555e Rn 4).

V. Abweichende Vereinbarungen (Abs 4)

12 Ebenso wie § 573d Abs 3 BGB erklärt Abs 4 abweichende Vereinbarungen zum Nachteil des Mieters für unwirksam. Es dürfen also die Kündigungsfristen zwar für den Mieter, aber nicht für den Vermieter verkürzt werden. Das Erfordernis des berechtigten Interesses (Abs 1) und die Anwendbarkeit der Sozialklausel (Abs 2) dürfen nicht eingeschränkt werden.

Unterkapitel 4
Werkwohnungen

§ 576
Fristen der ordentlichen Kündigung bei Werkmietwohnungen

(1) Ist Wohnraum mit Rücksicht auf das Bestehen eines Dienstverhältnisses vermietet, so kann der Vermieter nach Beendigung des Dienstverhältnisses abweichend von § 573c Abs. 1 Satz 2 mit folgenden Fristen kündigen:

1. bei Wohnraum, der dem Mieter weniger als zehn Jahre überlassen war, spätestens am dritten Werktag eines Kalendermonats zum Ablauf des übernächsten Monats, wenn der Wohnraum für einen anderen zur Dienstleistung Verpflichteten benötigt wird;

2. spätestens am dritten Werktag eines Kalendermonats zum Ablauf dieses Monats, wenn das Dienstverhältnis seiner Art nach die Überlassung von Wohnraum erfordert hat, der in unmittelbarer Beziehung oder Nähe zur Arbeitsstätte steht, und der Wohnraum aus dem gleichen Grund für einen anderen zur Dienstleistung Verpflichteten benötigt wird.

(2) Eine zum Nachteil des Mieters abweichende Vereinbarung ist unwirksam.

Materialien: BT-Drucks IV/806, 11 f; BT-Drucks IV/2195, *zu* BT-Drucks IV/2195, 5 f; BT-Drucks 14/4553, 71 f.

Schrifttum

BLANK, Die Zuweisung der Ehewohnung anlässlich der Scheidung, WuM 2009, 555
BRUNS, Die Werkmietwohnung, NZM 2014, 535
ders, Mietrechtliche Bestimmungen für Werkdienstwohnungen, NZM 2019, 761
BUCH, Die Kündigung von Werkwohnungen, NZM 2000, 167
DRASDO, Die Mietwohnung im Zusammenhang mit Arbeitsverhältnissen, WuM 2019, 609
GÖTZ/BRUDERMÜLLER, Schnittstellen zwischen Familien- und Mietrecht in § 1568a BGB, NJW 2010, 5
HEBIG, Die Werkwohnung, AiB 1995, 351
JULIUS, Rechtsweg für Streitigkeiten aus der Überlassung von Werkdienstwohnungen, WuM 2000, 340
OTTO, Neue Regelungen für Vermieter und Mieter, ZMR 1994, 52
RECH, Werkwohnungen (2016)
RIECKE, Problemfall Hausmeisterwohnung, WuM 2003, 663
SCHILLING, Neues Mietrecht 1993 (1993)
SCHMITZ-JUSTEN, Die Werkwohnung – Überblick und Ausblick, WuM 2000, 582
SPERLING, Dienstwohnungsrecht in Kirche und Diakonie, WuM 1990, 265.

Systematische Übersicht

I. Allgemeine Kennzeichnung
1. Überblick 1
2. Entstehung der Vorschrift 2
3. Zweck der Vorschrift 3

II. Geltungsbereich (§ 576 Abs 1 HS 1)
1. Allgemeines 4
2. Werkmietwohnungen 5
   a) Dienstverhältnis 6
   b) Mietverhältnis über Wohnraum 10
   c) Verknüpfung zwischen Dienst- und Mietverhältnis 13

III. Kündigung von Werkmietwohnungen
1. Allgemeines 17
   a) Kündigung vor Beendigung des Dienstverhältnisses 18
   b) Kündigung nach Beendigung des Dienstverhältnisses 21

2. Voraussetzungen im Allgemeinen 26
   a) Mietverhältnis über eine Werkmietwohnung 26
   b) Mietverhältnis auf unbestimmte Zeit ... 27
   c) Beendigung des Dienstverhältnisses ... 29
3. Besondere Voraussetzungen und Rechtsfolgen 33
   a) Allgemeines 33
   b) Gewöhnliche Werkmietwohnungen (Abs 1 Nr 1) 34
   c) Funktionsgebundene Werkmietwohnungen (Abs 1 Nr 2) 41

IV. Abweichende Vereinbarungen (Abs 2) 46

V. Rechtsweg und Zuständigkeit 47

Alphabetische Übersicht

Abweichende Vereinbarungen 46

Bedingung 13, 28
Belegungsrecht 12
Betriebsbedarf .... 2 f, 18 ff, 36, 40
Dauer der Wohnraumüberlassung .... 3, 27 f, 37, 45
Dienstverhältnis
– Art der zu leistenden Dienste 8
– Beendigung .... 17 ff, 29 ff, 36, 38 ff
– befristetes 28
– Begriff .... 6 f
– mehrere Dienstverpflichtete 29
– öffentlich-rechtliches 7
– privatrechtliches 7
– Umfang der zu leistenden Dienste 9
– unbefristetes 27
– Verknüpfung mit Mietverhältnis .... 3 ff, 10, 13 ff

Entstehung der Vorschrift 2

Geltungsbereich 4
Gerichtliche Zuständigkeit 47

Geschäftsgrundlage .... 13 ff
Kündigung von Werkmietwohnungen ... 17 ff
– Ausschluss des Kündigungsrechts ..... 18 f, 28
– Beendigung des Dienstverhältnisses .. 18 f
– besondere Voraussetzungen und Rechtsfolgen .... 33 ff
– Betriebsbedarf 26
– durch den Vermieter 33
– Hinweis auf Sozialklausel 22
– Kündigungserklärung .... 31 f
– Kündigungsfrist .... 3, 14 f, 18, 27
– Kündigungsgrund .... 21 f
– Mitbestimmung .... 20, 23 ff
– Schriftform 18
– Sonderkündigungsrecht des Vermieters .... 21 f, 26, 41
– Voraussetzungen im Allgemeinen ...... 26 ff
– Zustimmung des Betriebsrats .... 20, 23 ff
Kündigungserklärung 33
Kündigungsfrist
– allgemeine .... 31 f
– funktionsgebundene Werkmietwohnung 41, 44
– gewöhnliche Werkmietwohnung .... 31 ff

Kündigungsgrund	36	Untermietverhältnis	11
Kündigungstag	31 f	Verwirkung des Sonderkündigungsrechts	39
Kündigungstermin	31 f, 38 ff	Werkdienstwohnungen	42
Mietverhältnis		Werkmietwohnungen	
– auf bestimmte Zeit	28	– Begriff	5 ff
– auf unbestimmte Zeit	27	– funktionsgebundene	41 ff
– auflösende Bedingung	13	– gewöhnliche	34 ff
– über Werkmietwohnung	26	– Kündigung, s dort	
– über Wohnraum	10	– Mietverhältnis	10
– Verknüpfung mit Dienstverhältnis	3 ff, 10, 13 ff	– werkseigene, -fremde	10 ff
Mitbestimmung	20, 23 ff	Werkwohnung	4
Mitmieter	29	Zustimmung des Betriebsrats	20, 23 ff
Rechtsmissbrauch	22	Zweck der Vorschrift	3
Sozialklausel			
– Anwendung	3, 46		
– Ausschluss	22, 32		

I. Allgemeine Kennzeichnung

1. Überblick

1 In den §§ 576 bis 576b BGB werden Sondervorschriften für die Kündigung von Werkwohnungen aufgestellt. Es handelt sich um Wohnungen, deren Überlassung rechtlich mit einem Dienst- oder Arbeitsverhältnis verknüpft ist. Werkwohnungen existieren als Werkmietwohnungen (§§ 576, 576a BGB) und als Werkdienstwohnungen (§ 576b BGB). § 576 BGB enthält eine Begriffsbestimmung der Werkmietwohnung. Die Vorschrift verkürzt bei einem solchen Mietverhältnis, das auf unbestimmte Zeit eingegangen ist, die vom Vermieter einzuhaltende Kündigungsfrist, die sich aufgrund des § 573c BGB ergeben würde.

2. Entstehung der Vorschrift

2 Das BGB enthielt ursprünglich keine Regelung für Werkwohnungen. Die rechtliche Behandlung war vor allem im Hinblick auf Fragen des Mieterschutzes zweifelhaft. Durch die §§ 20 bis 23 MietSchG vom 1. 6. 1923 (RGBl I 353) wurden die Werkwohnungen erstmals gesetzlich erfasst und in gewissen Grenzen dem Mieterschutz unterstellt. Dabei war der Bestandsschutz gegenüber einem normalen Mietverhältnis über Wohnraum deutlich gelockert, weil das Schwergewicht der Vertragsbeziehungen auf das Dienst- oder Arbeitsverhältnis gelegt war. Mit einigen Änderungen wurde die Regelung in das MietSchG vom 15. 12. 1942 (RGBl I 712) übernommen. Aus diesen in der Praxis bewährten Vorschriften sind die §§ 565b bis 565e BGB aF entwickelt worden. Sie wurden durch Art I Nr 20 MietRÄndG 2 vom 14. 7. 1964 (BGBl I 457) in das BGB aufgenommen. Durch Art 4 Nr 6 MietRÄndG 4 vom 21. 7. 1993 (BGBl I 1257) wurde die Unterscheidung zwischen einfachem und dringendem

Betriebsbedarf in § 565c S 1 Nr 1 lit a und b BGB eingeführt. Diese Unterscheidung ist durch das MietRRG zum 1. 9. 2001 (BGBl I 1149) in § 576 BGB wieder entfallen, da der Unterschied der Kündigungsfrist von einem Monat gering war (BT-Drucks 14/4553, 71). Angefügt wurde auch noch Abs 2, der die Zulässigkeit abweichender Vereinbarungen beschränkt.

3. Zweck der Vorschrift

3 Da das Mietverhältnis bei Werkwohnungen naturgemäß **stark mit dem Dienstverhältnis verbunden** ist, besteht ein Bedürfnis für den Vermieter, das Mietverhältnis alsbald nach Beendigung des Dienstverhältnisses ebenfalls beenden zu können (Klein-Blenkers ua/Hinz Rn 2). Vor Einführung des sozialen Mietrechts stellte sich hier kein besonderes Problem, da ein Mietverhältnis über Wohnraum bis zum Fünfzehnten zum jeweiligen Monatsende gekündigt werden konnte. Durch das AbbauG vom 23. 6. 1960 (BGBl I 389) wurde der damalige § 565 BGB geändert. Fortan war die Länge der Kündigungsfrist von der Dauer der Überlassung des Wohnraums abhängig. Gleichzeitig wurden die Rechte des Mieters durch die Sozialklausel der §§ 574 bis 574c BGB (§ 556a BGB aF) gestärkt. Durch § 576 BGB wird nun dem Bedürfnis, das Mietverhältnis bei Werkwohnungen schneller zu beenden, Rechnung getragen. Die Vorschriften über Werkwohnungen dienen damit als Ausnahme von den sonstigen Regelungen des sozialen Mietrechts in erster Linie dazu, eine erhebliche Beeinträchtigung der Interessen des Dienstberechtigten, idR des Vermieters, zu vermeiden. Damit wirkt sich die Regelung zugleich zugunsten der nachfolgenden Arbeitnehmer aus und **fördert so die Mobilität**. Die in § 576 Abs 1 Nr 1 BGB maßgebliche Kündigungsfrist ist durch das MietRÄndG 4 (vgl Rn 2) den Kündigungsfristen für normale Mietverhältnisse von einer bisherigen Dauer von bis zu fünf Jahren (§ 573c Abs 1 S 1 und 2 BGB) gleichgestellt worden. Hingegen wurde die Kündigungsfrist, die bei einer fünf- bis zehnjährigen Mietdauer galt, von sechs oder neun Monaten generell bei Betriebsbedarf auf drei Monate verkürzt. Erst bei einer Überlassung von zehn Jahren und mehr gelten die allgemeinen Kündigungsfristen. Daran hat auch das MietRRG nichts geändert.

II. Geltungsbereich (§ 576 Abs 1 HS 1 BGB)

1. Allgemeines

4 Die Regelung des § 576 BGB gilt für **Werkmietwohnungen**. Der als Überschrift für die §§ 576 ff BGB gewählte Begriff der **Werkwohnungen** stellt den Oberbegriff für Werkmietwohnungen und Werkdienstwohnungen dar (Bruns NZM 2019, 761, 762; Jauernig/Teichmann Rn 1). Unter den Begriff der Werkwohnung im weiteren Sinne fällt jeder Wohnraum, der mit Rücksicht auf ein Dienst- oder Arbeitsverhältnis zur Nutzung überlassen ist. Es kann sich auch um einen Wohnheimplatz (BAG AP Nr 16 zu § 2 ArbGG 1979 = WuM 1990, 391) oder sonstige einzelne Räume handeln, die Wohnzwecken dienen. Unerheblich ist, ob der Wohnraum vom Dienstberechtigten oder von Dritten überlassen wird, sofern nur eine besondere Verknüpfung mit dem Dienstverhältnis besteht (Herrlein/Kandelhard/Knops Rn 11). Es spielt ferner keine Rolle, ob der Wohnraum neben dem Dienstverpflichteten weiteren Personen, wie etwa Familienangehörigen, zur Nutzung überlassen wird und ob auch insoweit vertragliche Beziehungen begründet werden (LG Köln ZMR 1996, 666; Palandt/Weidenkaff

Vorbem v § 576 Rn 8). Im Fall der **Scheidung** kann ein Ehegatte die Begründung eines Mietverhältnisses über eine Wohnung, die die Ehegatten aufgrund eines Dienst- oder Arbeitsverhältnisses innehaben, gemäß § 1568a Abs 4 BGB nur verlangen, wenn das Einverständnis des Dritten vorliegt oder dies zur Vermeidung einer schweren Härte notwendig ist (einschränkend Blank WuM 2009, 555, 557; Götz/Brudermüller NJW 2010, 5, 6: § 1568a Abs 4 BGB sei auf Werkdienstwohnungen unanwendbar). Letzteres kann zB bei einer schweren Erkrankung (vgl AG Kerpen FamRZ 1997, 1344, 1345) oder nach einem behindertengerechten Wohnungsumbau für den die Überlassung fordernden Ehegatten (BT-Drucks 16/10798, 22) zu bejahen sein.

2. Werkmietwohnungen

Der Anwendungsbereich des § 576 BGB beschränkt sich auf Werkmietwohnungen. 5
Nach der Begriffsbestimmung des § 576 Abs 1 HS 1 BGB ist damit Wohnraum gemeint, der **mit Rücksicht auf das Bestehen eines Dienstverhältnisses vermietet** ist. Die Eigenschaft als „Werkmietwohnung" haftet einer Wohnung nicht quasi dinglich an, vielmehr kann eine (jede) Wohnung durch vertragliche Abrede der Parteien diese Eigenschaft erwerben und auch wieder verlieren (LG Berlin 7. 2. 2018 – 66 S 237/17, GE 2018, 764). Kennzeichnend für die Werkmietwohnung ist, dass neben einem Dienstvertrag ein selbständiger Mietvertrag besteht, beide Rechtsverhältnisse aber in besonderer Weise miteinander verknüpft sind (Bruns NZM 2014, 535; Rech 29 ff).

a) Dienstverhältnis

Im Vordergrund steht das Dienstverhältnis. Ein **Dienstvertrag** ist ein schuldrechtli- 6
cher gegenseitiger Vertrag, durch den sich der eine Teil zur Leistung der versprochenen Dienste, der andere Teil zur Leistung der versprochenen Vergütung verpflichtet (Staudinger/Latzel [2020] Vorbem 1 zu §§ 611 ff). Der Vertrag begründet das Dienstverhältnis als Dauerschuldverhältnis zwischen den Parteien. Damit ist nicht jeder Vertrag gemeint, der sich nach §§ 611 ff BGB richtet. Für die §§ 611 ff BGB ist nämlich unerheblich, ob es sich um einen so genannten freien Dienstvertrag oder einen Vertrag in abhängiger Stellung (§ 611a BGB) handelt. Für den Begriff des Dienstverhältnisses iS des § 576 Abs 1 BGB ist jedoch entscheidend, dass es sich um unselbständige, weisungsgebundene Dienstleistungen handelt, wie sie im Rahmen eines Arbeitsverhältnisses iS von § 611a BGB erbracht werden (Jauernig/Teichmann Rn 1; Kinne ua/Kinne Rn 7; Schmidt-Futterer/Blank Vor § 576 Rn 3; **aM** BeckOK MietR/ Bruns [1. 8. 2020] Rn 8; Bruns NZM 2014, 535, 537). Dies ergibt sich zwar nicht unmittelbar aus dem Wortlaut des Gesetzes. Nur bei einem durch Abhängigkeit gekennzeichneten Dienstverhältnis besteht aber typischerweise die Verknüpfung mit dem überlassenen Wohnraum. Dies geht auch aus § 576 Abs 1 Nr 2 BGB („Arbeitsstätte") hervor.

aa) Wird der Begriff des Dienstverhältnisses aus dem Arbeitsvertrag des § 611a 7
BGB abgeleitet, folgt daraus, dass es sich um ein Rechtsverhältnis **privatrechtlicher Natur** handeln muss. Es kann sich auch um ein Arbeitsverhältnis im öffentlichen Dienst handeln, das mit Arbeitern oder Angestellten auf privatrechtlicher Grundlage abgeschlossen wird. Ob auch öffentlich-rechtliche Dienstverhältnisse von Beamten, Richtern und Soldaten Grundlage für die Überlassung einer Werkmietwohnung sein können, ist zweifelhaft. Der Wortlaut des § 576 Abs 1 BGB unterscheidet nicht zwischen privatem und öffentlich-rechtlichem Dienstverhältnis. Gleichwohl ist

es geboten, den Anwendungsbereich der Vorschriften auf privatrechtliche Dienstverhältnisse zu beschränken (BGH ZMR 1957, 201; AG Grevenbroich NJW 1990, 1305; AG Schöneberg WuM 1990, 282; Jauernig/Teichmann Rn 1; Palandt/Weidenkaff Vorbem v § 576 Rn 1; aM BeckOGK/Bieder [1. 7. 2020] Rn 9; Klein-Blenkers ua/Hinz Rn 6; Lützenkirchen/Lützenkirchen § 575 Rn 62; MünchKomm/Artz Rn 5). Dies ergibt sich aus § 576b BGB, der ebenfalls den Begriff des Dienstverhältnisses verwendet und unter bestimmten Voraussetzungen das Mietrecht auf Werkdienstwohnungen für anwendbar erklärt. Eine solche Anwendbarkeit setzt wegen der Einheitlichkeit des Rechtsverhältnisses voraus, dass auch das Dienstverhältnis auf privatrechtlicher Grundlage beruht. Diese Konsequenz ist auch im Rahmen **kirchlicher Dienstverhältnisse** zu beachten. Basieren sie auf einem (auch) weltlichen Arbeitsverhältnis, sind sie privatrechtlicher Natur, sodass hinsichtlich der Werkmietwohnung § 576 BGB zur Anwendung gelangt. Finden sie ihre Grundlage aber allein im kirchlichen Recht, greifen auch die §§ 576 ff BGB nicht ein.

8 bb)   Auf die **Art der zu leistenden Dienste** kommt es nicht an. Es braucht sich nicht um Dienstleistungen im Rahmen eines gewerblichen Unternehmens zu handeln. Jede abhängige Tätigkeit in einem beliebigen Berufszweig, auch in der Land- oder Forstwirtschaft (LG Kiel WuM 1986, 218), einem freiberuflichen Unternehmen oder in einem Privathaushalt, wird erfasst.

9 cc)   Über den **Umfang** der Dienste, die zu leisten sind, besteht keine Klarheit. Das Gesetz verlangt nur ein Dienstverhältnis, ohne insoweit besondere Anforderungen zu stellen. Auf den ständigen oder erheblichen Einsatz der Arbeitskraft des Dienstverpflichteten oder die Höhe der Vergütung kann es deshalb nicht ankommen (LG Berlin WuM 1991, 697; LG Köln ZMR 1996, 666; MünchKomm/Artz Rn 4; Schmidt-Futterer/Blank Vor § 576 Rn 3; Schmitz-Justen WuM 2000, 582; aM LG Aachen MDR 1991, 542; AG Regensburg WuM 1989, 381). Es ist auch nicht entscheidend, ob das Dienstverhältnis den Haupt- oder Nebenberuf des Mieters darstellt, solange überhaupt ein Dienstverhältnis vorliegt. Unter dieser Voraussetzung kann auch die geringfügige Tätigkeit als Hausmeister oder die Mithilfe im Haushalt des Vermieters zur Annahme einer Werkmietwohnung führen. Zu beachten ist aber, dass vor allem eine gelegentliche Mithilfe allein auf dem Mietvertrag beruhen kann und als Teil des Entgelts für die Raumüberlassung zu beurteilen ist (LG Aachen WuM 1989, 382; Schmid/Harz/Riecke Rn 6; kritisch Jung ZMR 1989, 363 ff). Es fehlt dann an einem selbständigen Dienstverhältnis. Im Übrigen ist Versuchen, die Einschränkungen des Kündigungsschutzes der §§ 576, 576a BGB über ein vorgetäuschtes Dienstverhältnis zu erreichen, mit den §§ 117, 242 BGB zu begegnen, nicht aber mit quantitativen Anforderungen an die Dienstleistungen, für die das Gesetz weder eine Grundlage noch einen Maßstab bietet.

b)   Mietverhältnis über Wohnraum

10 Neben dem Dienstverhältnis muss ein Mietverhältnis über Wohnraum bestehen (Herrlein/Kandelhard/Both § 549 Rn 3; Staudinger/Artz [2021] § 549 Rn 13 ff). Dienstverpflichteter und Mieter müssen identisch sein (Klein-Blenkers ua/Hinz Rn 5). Weitere Personen können als akzessorische Mitmieter den Mietvertrag abschließen (vgl Rn 4). Sie können auch selbst in einem Dienstverhältnis zu demselben Dienstberechtigten stehen, etwa ein Arbeitnehmerehepaar (LG Ulm WuM 1979, 244). Andererseits brauchen Dienstberechtigter und Vermieter nicht dieselbe Person zu sein, wie sich

aus der insoweit neutralen Fassung des § 576 BGB ergibt (vgl Rn 4). Auf dieser Grundlage lassen sich werkseigene und werksfremde Werkmietwohnungen unterscheiden.

Bei **werkseigenen Werkmietwohnungen** ist der Dienstberechtigte zugleich der Vermieter, dem kraft seines Eigentums oder besonderer Nutzungsrechte, wie etwa eines Hauptmietvertrags, die Überlassung des Wohnraums an seine Arbeitnehmer durch Mietvertrag offensteht (Rech 60 ff). Handelt es sich insoweit um ein **Untermietverhältnis**, stellt sich das Problem des Bestandsschutzes gegenüber einem Herausgabeanspruch des Hauptvermieters aus § 546 Abs 2 BGB (BayObLG WuM 1995, 645; Staudinger/Rolfs [2021] § 546 Rn 101 ff). Dieses Problem hat der Gesetzgeber in § 565 BGB nur für den Teilbereich der gewerblichen Zwischenvermietung gelöst, die im Fall der Weitervermietung als Werkwohnung nicht anzunehmen ist. Der im Rahmen eines Werkförderungsvertrags geschlossene Mietvertrag zwischen dem Darlehensgeber als Zwischenmieter und dem Bauherren als Vermieter über von diesem zu errichtende Wohnungen, die bestimmungsgemäß an die Bediensteten des Darlehensgebers untervermietet werden sollen, begründet kein Mietverhältnis über Wohnraum (BGH NJW 1981, 1377; vgl BGHZ 94, 11, 13 ff = NJW 1985, 1772; Staudinger/Rolfs [2021] § 546 Rn 104 ff).

11

Bei **werksfremden Werkmietwohnungen** hat der Dienstberechtigte gegenüber dem personenverschiedenen Vermieter ein Wohnungsbelegungsrecht, das auf einem Werkförderungsvertrag beruht. Die §§ 576, 576a BGB sind dann nur auf das Verhältnis zwischen dem Mieter, der zugleich Dienstverpflichteter ist, und dem Vermieter anwendbar.

12

c) Verknüpfung zwischen Dienst- und Mietverhältnis
Kennzeichnend ist die besondere Verknüpfung zwischen Dienst- und Mietverhältnis. § 576 Abs 1 BGB bringt dies dadurch zum Ausdruck, dass der Wohnraum „mit Rücksicht auf das Bestehen eines Dienstverhältnisses vermietet" sein muss. Dies bedeutet nicht, dass Dienstleistung und Vermietung Teile eines einheitlichen Rechtsgeschäfts sein müssen. Die Parteien brauchen auch **keine ausdrücklichen Vereinbarungen** darüber zu treffen, dass beide Verträge verknüpft sein sollen (Herrlein/Kandelhard/Knops Rn 6; Kinne ua/Kinne Rn 9). Es genügt, ist aber auch erforderlich, dass das Dienstverhältnis Geschäftsgrundlage (§ 313 Abs 1 BGB) für den Abschluss des Mietvertrags ist (LG Berlin WuM 1991, 697; Schmid/Harz/Riecke Rn 1). Dies setzt voraus, dass der Vermieter bei Abschluss des Vertrags eine entsprechende Mitteilung macht oder dass dieser Wille für den Mieter aus den gesamten Umständen erkennbar ist (LG Aachen WuM 1985, 149; AG Darmstadt WuM 1985, 153; AG Oberhausen WuM 1973, 98; Schmidt-Futterer/Blank Vor § 576 Rn 5). Eine solche Verknüpfung kann darin liegen, dass die Parteien den Mietvertrag unter der auflösenden Bedingung der Beendigung des Dienstverhältnisses abschließen, auch wenn das Mietverhältnis aufgrund des § 572 Abs 2 BGB dadurch nicht ohne Weiteres beendet wird. Für die Abgrenzung von Werkdienstwohnungen (§ 576b BGB) und Werkmietwohnungen (§ 576 BGB) kommt es nicht auf die von den Parteien gewählte Bezeichnung oder deren rechtliche Beurteilung, sondern auf den materiellen Gehalt des Vereinbarten an. Dieser ist durch Auslegung des Vertrags (§§ 133, 157 BGB) zu ermitteln (BAG AP Nr 11 zu § 2 ArbGG 1979 Zuständigkeitsprüfung = NZA 2008, 843; LAG Köln ZMR 2008, 963).

13

14 aa) Über den **Zeitpunkt**, in dem Dienstverhältnis und Mietverhältnis verknüpft werden, trifft das Gesetz keine eindeutige Aussage. Der auf § 20 MietSchG zurückgehende Wortlaut des § 576 Abs 1 HS 1 BGB ist insoweit missverständlich, als das Dienstverhältnis nicht schon bei Abschluss des Mietvertrags bestehen muss (Kinne ua/Kinne Rn 9; aM Herrlein/Kandelhard/Knops Rn 9). Es genügt, wenn beide Verträge gleichzeitig abgeschlossen werden oder wenn der bevorstehende Abschluss eines Dienstvertrags als Geschäftsgrundlage in den Mietvertrag eingeht (Schmidt-Futterer/Blank Vor § 576 Rn 4). Wird dagegen zunächst ein normaler Mietvertrag abgeschlossen und geht der Mieter erst später und unvorhergesehen ein Dienstverhältnis zu dem Vermieter ein, so wird die Wohnung allein dadurch nicht zur Werkwohnung (AG Hamburg WuM 1985, 152). Die Parteien können das Dienstverhältnis später nicht mehr durch eine ausdrückliche Vereinbarung zur Geschäftsgrundlage (§ 313 Abs 1 BGB) des Mietvertrags machen, weil der Mieter dadurch seine Rechte entgegen den zwingenden Vorschriften der § 573c Abs 4, § 574 Abs 4, § 574a Abs 3 BGB nachträglich verkürzen würde.

15 Das Gleiche gilt, wenn das **Dienstverhältnis schon vor Abschluss des Mietvertrags** über normalen Wohnraum begründet worden ist und dem Wohnraum erst später durch einen einseitigen Hinweis des Vermieters (AG Darmstadt WuM 1985, 153) oder durch besondere Vereinbarungen der Charakter einer Werkmietwohnung gegeben werden soll. Es bleibt den Parteien nur die Möglichkeit, den ursprünglichen Mietvertrag aufzuheben und durch einen neuen Vertrag über eine Werkmietwohnung zu ersetzen. Die Eigenschaft als Werkmietwohnung endet, wenn beim **Tod des Mieters** ein Eintritt nach § 563 Abs 1, 2 BGB nicht erfolgt, sondern stillschweigend ein neuer Mietvertrag abgeschlossen wird (AG Köln WuM 1985, 154), sowie, wenn die Parteien das Mietverhältnis nur für eine gewisse Zeit den Regeln über die Werkmietwohnung unterwerfen, was als für den Mieter günstigere Vereinbarung (Abs 2; Rn 46) zulässig ist. Denn ab diesem Zeitpunkt gelten ja dann die längeren Kündigungsfristen des § 573c BGB (LG Darmstadt WuM 1988, 22).

16 bb) Der **Grund** für die Vermietung des Wohnraums braucht nicht ausschließlich darin zu liegen, dass ein Dienstverhältnis mit dem Mieter besteht. Auch andere Gründe können für den Abschluss des Mietvertrags maßgebend sein, sofern das Dienstverhältnis den letztlich entscheidenden Anlass bildet (Erman/Lützenkirchen Rn 4; Schmidt-Futterer/Blank Vor § 576 Rn 5). Es kommt darauf an, dass der Vermieter den Mietvertrag nicht ohne das Dienstverhältnis abgeschlossen hätte. Wird das **Dienstverhältnis später beendet**, bleibt der Charakter als Werkmietwohnung davon unberührt (Schmidt-Futterer/Blank Vor § 576 Rn 9). Dagegen muss diese Eigenschaft nach der Beendigung des Mietverhältnisses mit jedem weiteren Mieter aufs Neue begründet werden, indem das Dienstverhältnis als Geschäftsgrundlage (§ 313 Abs 1 BGB) in den Abschluss des Mietvertrags eingeht. Es handelt sich um eine vertragsbezogene Qualifikation und nicht um eine sachbezogene Eigenschaft der Wohnung.

III. Kündigung von Werkmietwohnungen

1. Allgemeines

17 Bei der Kündigung einer Werkmietwohnung ist danach zu unterscheiden, ob das Dienstverhältnis noch besteht oder ob es schon beendet ist. Die Vorschrift des § 576

BGB enthält Sonderregelungen für das auf unbestimmte Zeit (vgl Rn 27) eingegangene Mietverhältnis über eine Werkmietwohnung, das nach der Beendigung des Dienstverhältnisses durch den Vermieter gekündigt werden soll.

a) Kündigung vor Beendigung des Dienstverhältnisses
Für die Kündigung des Mietverhältnisses vor Beendigung des Dienstverhältnisses gelten die **allgemeinen Vorschriften** der §§ 568, 573 ff, 577a BGB. Beide Parteien müssen nach § 568 Abs 1 S 1 BGB die Schriftform und die Kündigungsfristen der §§ 573c, 573d Abs 1 Abs 2 BGB einhalten (LG Köln ZMR 1996, 666). Im Schrifttum wird im Anschluss an die Gesetzesmaterialien (Begr zum RegE BT-Drucks IV/806, 11) angenommen, dass das ordentliche Kündigungsrecht des Vermieters bei Werkmietwohnungen bis zur Beendigung des Dienstverhältnisses stillschweigend ausgeschlossen sei, falls nicht Anhaltspunkte für einen abweichenden Parteiwillen gegeben seien (Burkhardt BB 1964, 771, 775; Ehrenforth BB 1964, 1441, 1445; Schmidt-Futterer BB 1972, 1058 f). Bei dieser Streitfrage ist davon auszugehen, dass es den Parteien freisteht, die ordentliche Kündigung für eine begrenzte Zeit vertraglich auszuschließen (vgl § 575 Rn 14 f). Ein derartiger Ausschluss ist aber die Ausnahme und bedarf eindeutiger Anhaltspunkte, die nicht allein in dem Abschluss des Vertrags über eine Werkmietwohnung gesehen werden können. Es kann deshalb nicht umgekehrt aus dem Fehlen solcher Anhaltspunkte auf einen stillschweigenden Ausschluss des Kündigungsrechts geschlossen werden (Buch NZM 2000, 167, 168; Bruns NZM 2014, 535, 536; Rech 70 ff). 18

Sind die **arbeitsrechtlichen Kündigungsmöglichkeiten** für den Arbeitgeber **nach § 1 KSchG eingeschränkt**, besteht umso weniger Anlass, von einem mutmaßlichen Willen des Vermieters auf Ausschluss der ordentlichen Kündigung des Mietverhältnisses auszugehen. Deshalb ist in jedem Einzelfall aufgrund der gesamten Umstände zu prüfen, ob die Parteien das Recht des Vermieters, das Mietverhältnis unabhängig vom Dienstverhältnis zu kündigen, vertraglich ausgeschlossen haben (LG Kassel NJW 1971, 2031; Bub/Treier/Fleindl Rn IV 267; Holtgrave DB 1964, 1097, 1101; Koenig WuM 1967, 160, 161; Papenheim BB 1965, 246 f). Soweit die ordentliche Kündigung durch den Vermieter für zulässig gehalten wird, bevor das Dienstverhältnis beendet ist, müssen die weiteren allgemeinen Vorschriften eingehalten werden. Der Vermieter muss ein **berechtigtes Interesse an der Beendigung des Mietverhältnisses** iS des § 573 Abs 1 und 2 BGB haben, was idR in einem Betriebsbedarf bestehen wird (vgl § 573 Rn 177 ff; Klein-Blenkers ua/Hinz Rn 7). Durch eine befristete Zweckbestimmung als Werkwohnung kann dieser Kündigungsgrund vertraglich ausgeschlossen sein (LG Darmstadt WuM 1988, 22). Der Vermieter muss ferner den Kündigungsgrund nach § 573 Abs 3 BGB und § 568 Abs 1 BGB in dem Kündigungsschreiben angeben (vgl § 573 Rn 218). Er soll den Mieter nach § 568 Abs 2 BGB auf seine Rechte aus der Sozialklausel hinweisen (vgl § 568 Rn 26 ff). Für die außerordentliche fristlose Kündigung beider Parteien und für die ordentliche Kündigung durch den Mieter gelten keine mietrechtlichen Besonderheiten. 19

Zu beachten ist, dass für die Kündigung einer Werkmietwohnung durch den Vermieter in § 87 Abs 1 Nr 9 BetrVG und § 75 Abs 2 Nr 2 BPersVG sowie den entsprechenden Vorschriften der Personalvertretungsgesetze der Länder die **Zustimmung des Betriebsrats bzw Personalrats** vorgeschrieben ist (OVG Münster WuM 2000, 136; Staudinger/Rolfs [2021] § 542 Rn 68; BeckOK MietR/Bruns [1. 8. 2020] Rn 19; Klein-Blenkers ua/Hinz Rn 10; Riecke WuM 2003, 663, 666 f). Es handelt sich um eine zusätz- 20 liche Voraussetzung für die Wirksamkeit einer Kündigung jeder Art. Fehlt die Zustimmung, kann der Mangel nicht durch eine spätere Genehmigung des Betriebsrats oder Personalrats geheilt werden (Klein-Blenkers ua/Hinz Rn 10). Der Arbeitgeber/Vermieter muss vielmehr nach Erteilung der Zustimmung bzw ihrer Ersetzung durch den Spruch der Einigungsstelle erneut kündigen (LG Aachen ZMR 1984, 280; Fitting BetrVG [30. Aufl 2020] § 87 Rn 398; Richardi [16. Aufl 2018] § 87 BetrVG Rn 747; Schmidt-Futterer/Blank DB 1976, 1233, 1234). Dies gilt jedenfalls so lange, wie das Dienstverhältnis noch besteht oder beide Rechtsverhältnisse gleichzeitig gekündigt werden (vgl Rn 31 f).

b) Kündigung nach Beendigung des Dienstverhältnisses

21 Die Regelung des § 576 BGB räumt dem Vermieter **nach Beendigung des Dienstverhältnisses** ein Sonderkündigungsrecht ein, bei dem die Kündigungsfristen gegenüber § 573c BGB abgekürzt sind. Im Übrigen müssen die allgemeinen Voraussetzungen für die Kündigung eines Mietverhältnisses über Wohnraum erfüllt sein (vgl Rn 18 f). Dies bedeutet vor allem, dass der Vermieter auch bei einer auf § 576 BGB gestützten Kündigung ein berechtigtes Interesse iS des § 573 Abs 1 BGB an der Beendigung des Mietverhältnisses haben muss, in aller Regel also Betriebsbedarf (BT-Drucks 14/4553, 71; LG Berlin GE 2010, 1748; Schmid/Harz/Riecke Rn 5).

22 Der Vermieter muss auch hier die **Schriftform** des § 568 Abs 1 S 1 BGB wahren und nach § 573 Abs 3 BGB und § 568 Abs 1 BGB im Kündigungsschreiben den Kündigungsgrund angeben (vgl § 573 Rn 177 ff). Im Gegensatz zur früheren Regelung ist keine Unterscheidung zwischen einfachem und dringendem Betriebsbedarf mehr erforderlich, sodass heute einheitlich der früher so genannte einfache Betriebsbedarf ausreichend ist. Um diesem zu genügen, sind die maßgeblichen Gründe für die Kündigung klarzustellen, ein bloßer Hinweis auf § 576 BGB reicht nicht. Vielmehr ist ein konkreter Sachverhalt darzulegen (OLG Celle WuM 1985, 142; LG Bochum WuM 1992, 438; AG Köln WuM 2000, 358; Schmid/Harz/Riecke Rn 14), der Name eines bestimmten Bewerbers für die Wohnung muss aber nicht angegeben werden (LG Köln ZMR 1996, 666). Die Ausnahme des § 573 Abs 3 S 2 BGB für nachträglich entstandene Kündigungsgründe ist wegen der engeren tatbestandlichen Voraussetzungen des § 576 Abs 1 BGB, die hinsichtlich des Betriebsbedarfs auf den Zeitpunkt der Kündigung abstellen, insoweit bedeutungslos. Die Kündigung steht unter dem Vorbehalt des Rechtsmissbrauchs (vgl § 573 Rn 184). Der Vermieter soll den Mieter nach § 568 Abs 2 BGB auf seine Rechte aus der **Sozialklausel** hinweisen (vgl § 568 Rn 26 ff). Bei einer funktionsgebundenen Werkmietwohnung entfällt das Widerspruchsrecht des Mieters aus § 574 BGB nach § 576a Abs 2 Nr 1 BGB, sodass ein Verstoß des Vermieters gegen seine Obliegenheit, die hier nur in einem Hinweis auf den Ausschluss der Sozialklausel bestehen kann, im Hinblick auf § 574b Abs 2 S 2 BGB sanktionslos bleibt. Da § 576 BGB ausweislich seines Wortlauts auf die Mieterkündigung unanwendbar ist, müssen in jedem Fall die Kündigungsfristen der §§ 573c, 573d BGB eingehalten werden.

23 Umstritten ist seit jeher, ob die Kündigung einer Werkmietwohnung durch den Vermieter **nach Beendigung des Dienstverhältnisses** aufgrund des § 87 Abs 1 Nr 9 BetrVG, des § 75 Abs 2 Nr 2 BPersVG oder der Personalvertretungsgesetze der Länder der **Mitbestimmung** unterliegt (Rech 96 ff). Hierzu wird die Meinung vertreten, dass der Betriebs- bzw Personalrat nach Beendigung des Dienstverhältnisses die Interessen des ausgeschiedenen Mitarbeiters nicht mehr vertreten könne. Die Auffassungen gehen sowohl in der mietrechtlichen Rechtsprechung und Literatur (vgl einerseits OLG Frankfurt WuM 1992, 525; LG Ulm WuM 1979, 244; Bub/Treier/Fleindl Rn IV 185; Palandt/Weidenkaff § 576 Rn 3; Schmidt-Futterer/Blank Vor § 576 Rn 16; Spielbauer/Schneider/Krenek Rn 17; andererseits Klein-Blenkers ua/Hinz Rn 10; Sternel Rn IV 68), als auch im Arbeitsrecht auseinander.

Das **BAG** (AP Nr 7 zu § 87 BetrVG 1972 Werkmietwohnungen = NZA 1993, 272) hat hierzu entschieden, dass die Kündigung nach Beendigung des Mietverhältnisses jedenfalls dann mitbestimmungspflichtig sei, wenn die Wohnungen aus einem einheitlichen Bestand ohne feste Zuordnung sowohl an Arbeitnehmer als auch an Personen vergeben werden, die nicht vom Betriebsrat repräsentiert werden. Dies könne zB bei leitenden Angestellten (§ 5 Abs 3 BetrVG) oder betriebsfremden Personen der Fall sein. Begründet wird diese Auffassung damit, dass der Betriebsrat nach dem Ausscheiden eines Mitarbeiters ein Interesse daran haben kann, dass die Wohnung wieder mit einem Arbeitnehmer des Betriebs belegt wird. Dafür ist aber erforderlich, dass der Betriebs- bzw Personalrat das ihm bei § 87 Abs 1 BetrVG zustehende Initiativrecht auch in diesem Fall nutzen kann (BAG AP Nr 7 zu § 87 BetrVG 1972 Werkmietwohnungen = NZA 1993, 272). Diese Rechtsprechung ist überzeugend und auch im arbeitsrechtlichen Schrifttum überwiegend auf Zustimmung gestoßen (Fitting [30. Aufl 2020] § 87 BetrVG Rn 391; Richardi [16. Aufl 2018] § 87 BetrVG Rn 717; vgl auch OVG Münster WuM 2000, 136). Für sie spricht auch, dass im Falle von § 87 Abs 1 Nr 9 BetrVG das Mitbestimmungsrecht nicht personen-, sondern objektbezogen ist (BAG AP Nr 7 zu § 87 BetrVG 1972 Werkmietwohnungen = NZA 1993, 272; Prütting ua/ Riecke Rn 5; Schmid/Harz/Riecke Rn 10; Schmidt-Futterer/Blank Vor § 576 Rn 16). Dies kommt vor allem darin zum Ausdruck, dass es bei dem Mitbestimmungsrecht auch unabhängig von einzelnen Arbeitnehmern um die „allgemeine Festlegung der Nutzungsbedingungen" geht.

Zu beachten ist aber, dass der Arbeitgeber den **Bestand an Werkmietwohnungen verändern** und damit eine getrennte Beurteilung ermöglichen kann (BAG AP Nr 8 zu § 87 BetrVG 1972 Werkmietwohnungen = NZA 1993, 766; Schmid/Harz/Riecke Rn 11). Die von vornherein an einen Nicht-Arbeitnehmer vermietete frühere Werkwohnung unterliegt deshalb hinsichtlich der Kündigung nicht mehr der Mitbestimmung. Bei einer objektbezogenen Beurteilung stellt sich allerdings die Frage, ob auch die Kündigung einer Werk*dienst*wohnung mitbestimmungspflichtig ist, wenn sich das Rechtsverhältnis über den Wohnraum nach § 576b BGB hinsichtlich der Beendigung rechtlich verselbständigt und den Vorschriften über die Miete unterstellt wird (vgl § 576b Rn 24).

2. Voraussetzungen im Allgemeinen

a) Mietverhältnis über eine Werkmietwohnung

Das Sonderkündigungsrecht des § 576 BGB setzt ein Mietverhältnis über eine Werkmietwohnung voraus. Es muss demnach ein Mietverhältnis über Wohnraum bestehen (vgl Rn 10). Auf die Art des Wohnraums und die in § 573c BGB getroffenen Unterscheidungen kommt es nicht an. Neben dem Mietvertrag muss ein Dienstverhältnis vorliegen (vgl Rn 6 ff). Dienstvertrag und Mietvertrag müssen nach § 576 BGB in der Weise miteinander verknüpft sein, dass der Wohnraum mit Rücksicht auf das

Bestehen des Dienstverhältnisses vermietet ist (vgl Rn 13 ff). Ist der Wohnraum an einen betriebsfremden Mieter überlassen worden, handelt es sich nicht um eine Werkmietwohnung (OLG Stuttgart WuM 1991, 330), sodass die Kündigungsregelung des § 576 BGB nicht eingreift, auch wenn Betriebsbedarf vorliegt.

b) Mietverhältnis auf unbestimmte Zeit

27 Das Mietverhältnis muss auf **unbestimmte Zeit** eingegangen sein. Dies geht aus § 576 BGB nach der Mietrechtsreform im Gegensatz zu § 565b BGB aF nicht mehr explizit hervor. Die Vorschriften können sich aber nur auf Mietverhältnisse auf unbestimmte Zeit beziehen. § 576 BGB modifiziert nämlich die ordentlichen Kündigungsfristen, die nur bei solchen Mietverhältnissen gelten. Auch die Sozialklausel, auf die § 576a BGB Bezug nimmt, gilt mit der Ausnahme der außerordentlichen Kündigung mit der gesetzlichen Frist nach § 575a BGB nur für unbefristete Mietverhältnisse (BT-Drucks 14/4553, 71; BLANK/BÖRSTINGHAUS/BLANK/BÖRSTINGHAUS Rn 3). § 575 Abs 1 Nr 3 BGB spricht nicht dagegen, da es in dieser Vorschrift nur darum geht, dass die Wohnung nach dem zu befristenden Mietverhältnis als Werkmietwohnung genutzt werden soll. Daher ist § 576 BGB nur auf unbefristete Mietverhältnisse anwendbar.

28 § 576 BGB hat bei einem **befristeten Mietverhältnis** auch dann keine Bedeutung, wenn das Dienstverhältnis vorzeitig beendet wird, da die Parteien durch die Vereinbarung einer bestimmten Mietzeit zum Ausdruck bringen, dass der Mietvertrag unabhängig vom Dienst- oder Arbeitsvertrag enden soll. Die Interessenlage ist damit anders, als sie in § 576 BGB vorausgesetzt wird. Ein unbefristetes Mietverhältnis iS des § 576 BGB liegt vor, wenn die Dauer der Mietzeit im Vertrag nicht genau bestimmt und aufgrund des Vertragsinhalts nicht hinreichend fest bestimmbar ist, sodass es einer Kündigung bedarf, um das Mietverhältnis zu beenden. Ein solcher Fall liegt auch dann vor, wenn die Parteien einen unbefristeten Mietvertrag schließen und dabei das Kündigungsrecht des Vermieters (EMMERICH NZM 2001, 777, 782) oder beider Parteien (vgl § 573c Rn 38 ff; § 575 Rn 14 f) ausschließen. Dann findet § 576 BGB ohne Weiteres Anwendung (BRUNS NZM 2014, 535, 536). Auf unbestimmte Zeit eingegangen ist wegen § 572 Abs 2 BGB auch ein Mietverhältnis, das unter einer auflösenden Bedingung steht (KLEIN-BLENKERS ua/HINZ Rn 7; PALANDT/WEIDENKAFF Rn 2). Dies ist anzunehmen, wenn die Parteien vereinbart haben, dass das Mietverhältnis mit dem Dienstverhältnis enden soll (LG Aachen WuM 1985, 149; HOLTGRAVE DB 1964, 1097, 1101); eine solche Bedingung ist freilich schon wegen Verstoßes gegen § 572 Abs 2 BGB unwirksam (SCHMIDT-FUTTERER/BLANK Rn 3).

c) Beendigung des Dienstverhältnisses

29 Das Dienstverhältnis mit der **Person des Mieters** muss beendet sein. Stehen mehrere Personen als Mitmieter, wie etwa ein Arbeitnehmerehepaar, in einem Dienstverhältnis zu demselben Dienstberechtigten und sind beide Dienstverhältnisse mit dem Mietverhältnis in der für eine Werkmietwohnung vorausgesetzten Weise verbunden (vgl Rn 13), reicht es nicht aus, wenn das Dienstverhältnis nur mit einem der Ehegatten beendet ist (LG Ulm WuM 1979, 244). Es kommt allein darauf an, ob auch das Dienstverhältnis des nicht ausgeschiedenen Ehegatten mit dem Mietverhältnis verknüpft ist (BUB/TREIER/FLEINDL Rn IV 185). Die Parteien können von einer solchen Verknüpfung absehen. Sie können sie auch nachträglich für den anderen Ehegatten herstellen, wenn dessen Dienstverhältnis und Eintritt in das Mietverhältnis erst später begründet werden. Stand nur einer der Mitmieter in einem Dienstverhältnis, das beendet worden ist, kann das Mietverhältnis gegenüber allen Mitmietern nach § 576 BGB gekündigt werden (Bruns NZM 2014, 535, 537).

Entscheidend ist grundsätzlich die **rechtlich wirksame Beendigung** des Dienstverhältnisses, nicht die tatsächliche Aufgabe der Arbeit durch den Arbeitnehmer (BeckOGK/ Bieder [1. 7. 2020] Rn 17; MünchKomm/Artz Rn 8; Schmidt-Futterer/Blank Rn 4; **aM** LG Essen ZMR 1966, 148). Die Gegenansicht kann nicht auf § 576a Abs 2 Nr 2 BGB gestützt werden, da es in dieser Vorschrift nicht darum geht, ob das Dienstverhältnis zu Recht oder zu Unrecht gekündigt worden ist. Ist die Beendigung des Dienstverhältnisses Gegenstand eines arbeitsgerichtlichen Verfahrens, so kann der Räumungsrechtsstreit nach § 148 ZPO ausgesetzt werden (LG Mannheim ZMR 1978, 85; Blank/Börstinghaus/Blank/Börstinghaus Rn 4; **aM** LG Essen ZMR 1966, 148). Eine Aussetzung kommt allerdings nicht in Betracht, wenn in dem arbeitsgerichtlichen Verfahren nur eine Weiterbeschäftigung an einem anderen Beschäftigungsort verlangt wird und die funktionsgebundene Werkwohnung auf keinen Fall mehr beansprucht werden kann (LG Mannheim ZMR 1978, 85). Eine **rechtsunwirksame Kündigung** oder sonstige rechtsunwirksame Beendigung des Arbeitsverhältnisses genügt für das Kündigungsrecht des § 576 BGB allerdings dann, wenn beide Parteien das Dienstverhältnis tatsächlich beenden und die Wirksamkeit des Beendigungstatbestandes nicht in Zweifel ziehen. Erhebt der Arbeitnehmer gegen eine Kündigung nicht innerhalb von drei Wochen nach ihrem Zugang bzw gegen eine Befristung nicht innerhalb von drei Wochen nach dem vereinbarten Ende des befristeten Arbeitsvertrages Klage, gilt die Kündigung bzw die Befristung als wirksam, § 7 KSchG, § 17 S 1 TzBfG.

Die auf § 576 BGB gestützte Kündigung des Vermieters ist nach Beendigung des Dienstverhältnisses zulässig. Entscheidend ist, dass die Kündigungserklärung nach der Beendigung des Dienstverhältnisses durch **Zugang** wirksam wird (LG Kiel WuM 1978, 32; Klein-Blenkers ua/Hinz Rn 9). Es kommt nicht darauf an, wann die Erklärung abgegeben wurde. Dies ergibt sich aus der Formulierung des § 576 Abs 1 HS 1 BGB, die Kündigung sei „nach Beendigung des Dienstverhältnisses" zulässig. Damit ist der Tag der rechtlichen Beendigung des Dienstverhältnisses gemeint. Geht die Kündigung jedoch schon vor dem Ende des Dienstverhältnisses zu, so sind die Kündigungsfristen des § 573c BGB maßgebend. Im Schrifttum wurde die vorzeitige Kündigung hingegen früher teilweise mit der Maßgabe für zulässig gehalten, dass sie zeitgleich mit der Kündigung des Dienstverhältnisses oder wenigstens während der hierfür laufenden Kündigungsfrist erklärt werden könne, dann aber die Fristen des § 576 BGB erst nach Beendigung des Dienstverhältnisses in Lauf setze (vgl die Nw bei Schmidt-Futterer/Blank Rn 4). Diese Auffassung erleichtert das Kündigungsverfahren für den Vermieter, da er nicht daran gebunden ist, die knappe Zeitspanne zwischen der Beendigung des Dienstverhältnisses und dem ersten zulässigen Kündigungstag einzuhalten, wenn er das Mietverhältnis so schnell wie möglich beenden will.

Gegen diese Auffassung spricht aber der eindeutige **Wortlaut des § 576 Abs 1 S 1 BGB**. Ferner ist zu berücksichtigen, dass die Rechte des Mieters aus der Sozialklausel der §§ 574 bis 574c BGB bei einer auf § 576 BGB gestützten Kündigung nach § 576a BGB verkürzt oder ganz ausgeschlossen werden (vgl § 576a Rn 4 ff, 7 ff). Auch dies ist ein Grund, die Kündigung strikt nach dem Gesetzeswortlaut einzuordnen und damit klare Rechtsverhältnisse zu gewährleisten (Erman/Lützenkirchen Rn 8). Kündigt der Vermieter in diesen Fällen unberechtigt zu einem Kündigungstermin, der sich auf der Grundlage des § 576 BGB ergeben würde, ist die Kündigung nicht unwirksam, sondern beendet sie das Mietverhältnis zum nächstmöglichen ordentlichen Kündigungstermin, wenn der Vermieter das Mietverhältnis auf jeden Fall beenden will und dieser Wille dem Mieter genügend erkennbar ist (Staudinger/Rolfs [2021] § 542 Rn 76; Palandt/Weidenkaff Rn 3; Spielbauer/Schneider/Krenek Rn 22; aM LG Kiel WuM 1978, 32; Herrlein/Kandelhard/Knops Rn 15).

3. Besondere Voraussetzungen und Rechtsfolgen

a) Allgemeines

33 § 576 Abs 1 BGB räumt dem Vermieter einer Werkmietwohnung nach Beendigung des Dienstverhältnisses ein **Sonderkündigungsrecht** ein. Es handelt sich um eine ordentliche, nicht um eine außerordentliche befristete Kündigung, für die aber grundsätzlich kürzere Kündigungsfristen gelten, als sie sich aus § 573c BGB ergeben würden (MünchKomm/Artz Rn 8; Palandt/Weidenkaff Rn 3). Dabei unterscheidet die Vorschrift in den tatbestandlichen Voraussetzungen zwischen gewöhnlichen Werkmietwohnungen der Nr 1 und funktionsgebundenen Werkmietwohnungen der Nr 2. Letztere stehen in unmittelbarer Beziehung oder Nähe zur Stätte der Dienstleistung. Bei ihnen ist die Kündigungsfrist wegen der besonders engen Verknüpfung von Dienst- und Mietverhältnis noch weiter verkürzt. Das unbefristete Mietverhältnis endet nicht von selbst mit der Beendigung des Dienstverhältnisses, sodass es bis zum Kündigungstermin mit den bisherigen Vertragsbedingungen fortbesteht (AG Passau WuM 1989, 578).

b) Gewöhnliche Werkmietwohnungen (Abs 1 Nr 1)

34 aa) Das auf § 576 Abs 1 Nr 1 BGB gestützte Sonderkündigungsrecht setzt in seinem **Tatbestand** über die allgemeinen Merkmale (vgl Rn 5 ff) hinaus voraus, dass es sich um eine gewöhnliche Werkmietwohnung handelt. Im Gegensatz zu der besonders engen Verknüpfung, die Nr 2 verlangt, erschöpft sich die Funktion dieser Wohnung darin, dass der Dienstverpflichtete ganz allgemein mit Rücksicht auf das Dienst- oder Arbeitsverhältnis darin wohnt (Palandt/Weidenkaff Rn 4; Schmidt-Futterer/Blank Rn 9). Hierzu gehören alle Werkmietwohnungen, die nicht unter Abs 1 Nr 2 fallen.

35 Der Wohnraum muss **weniger als zehn Jahre überlassen** sein. Wenn die Überlassung zehn Jahre gedauert hat, soll darauf verzichtet werden, die Kündigungsfrist zu verkürzen. Dann gelten die Fristen des § 573c Abs 1 S 2 BGB (AG Köln WuM 1985, 154; AG Wermelskirchen WuM 1980, 249) und damit eine Kündigungsfrist von neun Monaten abzüglich dreier Karenzwerktage. Dadurch wird kraft Gesetzes die Verknüpfung von Dienst- und Mietverhältnis gelöst (LG Kiel WuM 1986, 218; Schmidt-Futterer/Blank Rn 13). Entscheidend für den Zeitpunkt der Überlassung ist nicht der Abschluss des Mietvertrags, sondern der Tag der Besitzübertragung (vgl § 573c Rn 20 ff). Das Ende des Überlassungszeitraums wird nicht durch die Abgabe der Kündigungserklärung bestimmt. Maßgebend ist der Tag des Zugangs (vgl § 573c Rn 32). Im Übrigen gelten für die Überlassung die gleichen Erwägungen wie zu § 573c Abs 2 BGB (vgl § 573c Rn 20 ff).

Die Kündigung des Vermieters ist nach Nr 1 spätestens am dritten Werktag eines **36** Kalendermonats für den **Ablauf des übernächsten Monats** zulässig, wenn der Wohnraum für einen anderen zur Dienstleistung Verpflichteten benötigt wird. Der damit vorausgesetzte Betriebsbedarf stellt zugleich ein berechtigtes Interesse iS des § 573 Abs 1 S 1 BGB dar. Der Wohnraum wird für einen anderen zur Dienstleistung Verpflichteten benötigt, wenn der Dienstberechtigte, der nicht notwendigerweise zugleich der Vermieter sein muss, vernünftige und nachvollziehbare Gründe dafür hat, die Wohnung nach der Beendigung des Dienstverhältnisses des Mieters einem anderen Dienstverpflichteten oder einem Bewerber um ein Dienstverhältnis zu überlassen. Damit wird deutlich, dass an den Begriff des Benötigens keine strengeren Maßstäbe angelegt werden sollen als im Rahmen des Eigenbedarfs nach § 573 Abs 2 Nr 2 BGB (Begr zum RegE BT-Drucks 12/3254, 19). Das Bestehen eines Kündigungsgrundes ist also gleichzeitig Voraussetzung dafür, dass die Kündigungsfrist nach § 576 Abs 1 Nr 1 BGB verkürzt wird. Ob der Kündigungsgrund des Betriebsbedarfs erfüllt ist, muss deshalb im Zusammenhang mit dem berechtigten Interesse des Vermieters an der Beendigung des Mietverhältnisses nach § 573 BGB entschieden werden (vgl § 573 Rn 177 ff).

bb) Die **Kündigungsfrist** bei der gewöhnlichen Werkmietwohnung hängt von dem **37** Zeitpunkt ab, in dem das Mietverhältnis abgeschlossen worden ist. Nach Abs 1 Nr 1 ist die Kündigung spätestens am dritten Werktag eines Kalendermonats für den Ablauf des übernächsten Monats zulässig. Damit beträgt die Kündigungsfrist drei Monate, abzüglich der Karenz von drei Werktagen. Der Sonntag und ein am Erklärungsort staatlich anerkannter Feiertag werden nach § 193 BGB nicht mitgezählt, der Samstag nur dann nicht, wenn der letzte Tag der Frist auf ihn fällt (vgl § 573c Rn 10 ff). Unerheblich ist, ob der letzte Tag der Kündigungsfrist auf einen der genannten Tage fällt. Dies spielt nur eine Rolle für die Fälligkeit der Leistungspflichten, wenn das beendete Mietverhältnis abgewickelt wird (STAUDINGER/ROLFS [2021] § 546 Rn 35). Die in § 576 Abs 1 Nr 1 BGB angeordnete Kündigungsfrist entspricht damit genau der Frist, die nach § 573c Abs 1 S 1 BGB bei der Kündigung eines Mietverhältnisses von bis zu fünfjähriger Dauer maßgebend ist. Verkürzt wird die Kündigungsfrist erst bei einem Mietverhältnis mit einer fünf- bis zehnjährigen Dauer, weil in diesem Fall nach § 573c Abs 1 S 2 BGB die auf sechs oder neun Monate verlängerte Frist maßgebend wäre. Nach zehnjähriger Dauer wird § 576 Abs 1 Nr 1 BGB unanwendbar, sodass nur noch die Frist des § 573c Abs 1 S 2 BGB gilt (vgl Rn 35).

Umstritten ist, ob durch § 576 BGB ein bestimmter **Kündigungstermin** vorgeschrie- **38** ben wird. Nach teilweise vertretener Auffassung soll die Kündigung nur für den ersten möglichen Termin zulässig sein, nachdem das Dienstverhältnis beendet ist (AG Oberhausen DWW 1972, 315). Überwiegend wird angenommen, die Kündigung müsse in einem engen zeitlichen Zusammenhang mit dem Ende des Dienstverhältnisses erklärt werden, weil sonst die Erleichterung der Kündigung wenig sinnvoll sei (LG Aachen WuM 1985, 149; LG Bochum WuM 1992, 438; HERRLEIN/KANDELHARD/KNOPS Rn 15; NASSALL ZMR 1984, 183; RÖDER 239; SPIELBAUER/SCHNEIDER/KRENEK Rn 23). Teilweise wird das Erfordernis des engen zeitlichen Zusammenhangs darauf gestützt, dass der Vermieter sein Sonderkündigungsrecht sonst verwirke (§ 242 BGB; AG Oberhausen WuM 1973, 164).

39 Diese Einschränkungen finden im Gesetz keine Stütze. Hätte der Gesetzgeber das Sonderkündigungsrecht zeitlich begrenzen wollen, so hätte er eine entsprechende Regelung getroffen (Schmidt-Futterer/Blank Rn 6). Im Gegensatz etwa zu § 563 Abs 4, § 563a Abs 2, § 564 S 2 BGB ist in § 576 BGB gerade **keine Überlegungsfrist** oder sonstige zeitliche Einschränkung des Kündigungsrechts (wie etwa früher in § 569a Abs 5 S 1, § 569a Abs 6 S 2, § 569b S 3 BGB aF nur für den *ersten zulässigen Termin*) vorgesehen. Dies hat zur Folge, dass die Kündigung zeitlich unbegrenzt auf § 576 BGB gestützt werden kann. Ließe man eine Kündigung nur bis zur Grenze der „Verwirkung" oder in „engem zeitlichen Zusammenhang" zu, so ginge durch derartige unbestimmte Merkmale nur Rechtssicherheit verloren. Dies zeigt sich auch in den höchst unterschiedlichen Zeitangaben, die die Vertreter dieser Meinung vorschlagen. Die Angaben reichen von weniger als sechs Monaten (LG Bochum WuM 1992, 438) über ein bis zwei Jahre (Röder 239) bis hin zum Ausschluss des Sonderkündigungsrechts jedenfalls nach fünf Jahren (LG Aachen WuM 1985, 149). Noch ungenauer wird die Angabe, das Kündigungsrecht könne längere Zeit nach dem Ende des Dienstverhältnisses nicht mehr ausgeübt werden, bzw der Vermieter dürfe „nicht allzu lange warten" (Herrlein/Kandelhard/Knops Rn 15).

40 Es widerspricht dem Zweck des § 576 BGB, das Sonderkündigungsrecht in dieser Weise zeitlich zu beschränken. Durch die Beendigung des Dienstverhältnisses wird der sachliche Zusammenhang mit der Wohnung gelöst. Die Kündigung des Vermieters soll erleichtert werden, um über die Wohnung im betrieblichen Interesse für einen anderen Dienstverpflichteten verfügen zu können. Das Kündigungsrecht entsteht trotz der Beendigung des Dienstverhältnisses erst, wenn ein Betriebsbedarf hinsichtlich der Wohnung auftritt. Dazwischen kann eine geraume Zeitspanne liegen, in der der Mieter mit der Kündigung rechnen muss. Wird das Kündigungsrecht aber erst durch den Betriebsbedarf begründet, ist es im Interesse des Vermieters geboten, dieses Recht so lange bestehen zu lassen, wie ein Betriebsbedarf gegeben ist. Es muss schließlich dem Vermieter ebenso wie dem Arbeitgeber selbst überlassen bleiben, wann der frei gewordene Arbeitsplatz und damit die Werkmietwohnung wieder neu besetzt werden soll. Deshalb ist die Meinung vorzuziehen, die das Kündigungsrecht aus § 576 BGB **zeitlich nicht beschränkt** (LG Stuttgart DWW 1991, 112; Blank/Börstinghaus/Blank/Börstinghaus Rn 7; Bub/Treier/Fleindl Rn IV 269; Palandt/Weidenkaff Rn 3). Auch § 314 Abs 3 BGB ist nicht anwendbar, da diese Vorschrift – abgesehen von ihrer umstrittenen Geltung im Mietrecht (vgl Beuermann GE 2002, 786, 787) – nur für Kündigungen aus wichtigem Grund Bedeutung hat.

c) Funktionsgebundene Werkmietwohnungen (Abs 1 Nr 2)

41 aa) Nach § 576 Abs 1 Nr 2 BGB ist eine Kündigung des Vermieters spätestens am dritten Werktag eines Kalendermonats für den Ablauf dieses Monats zulässig. Stützt der Vermieter das Sonderkündigungsrecht auf diesen **Tatbestand**, ist über die allgemeinen Merkmale (vgl Rn 4 ff) hinaus erforderlich, dass es sich um eine funktionsgebundene Werkmietwohnung handelt. Anders als nach Nr 1 (vgl Rn 34 ff) endet das Sonderkündigungsrecht nicht nach zehnjähriger Überlassung des Wohnraums.

42 Eine funktionsgebundene Werkmietwohnung ist gegeben, wenn das Dienstverhältnis seiner Art nach die Überlassung des Wohnraums, der in unmittelbarer Beziehung oder Nähe zur Arbeitsstätte steht, erfordert hat. Damit schreibt das Gesetz einen **sachlichen und räumlichen Zusammenhang** zwischen Dienstverhältnis und

Wohnraumüberlassung vor. Da das Kündigungsrecht des Vermieters recht weitgehend erleichtert wird, ist an die Beurteilung ein strenger Maßstab anzulegen (LG Kiel WuM 1986, 218). Entscheidend ist die besonders enge Verknüpfung von Dienst- und Mietverhältnis (LG Berlin GE 1990, 313; LG Osnabrück WuM 1977, 9). Hierfür sind die Art der geleisteten Dienste und die Lage der Wohnung zur Arbeitsstätte maßgebend. Die gesetzliche Unterscheidung zwischen unmittelbarer Beziehung oder Nähe des Wohnraums zur Arbeitsstätte ist materiell bedeutungslos, verdeutlicht aber, dass die Dienste nicht in unmittelbarem Zusammenhang mit der Wohnung, also etwa innerhalb der Wohnung oder von der Wohnung aus, geleistet werden müssen. Auf jeden Fall muss die Wohnung aber in unmittelbarer Nähe zur Arbeitsstätte liegen. Eine weitere Entfernung erfüllt den Tatbestand nicht, da sich das Adjektiv „unmittelbar" auch auf die Nähe zur Arbeitsstätte bezieht. Die räumliche Nähe zwischen Wohnung und Betrieb ist allerdings nicht allein maßgebend. Vielmehr muss die besondere Art der Tätigkeit ein Wohnen in unmittelbarer Nähe des Betriebs erfordern (LG Osnabrück WuM 1977, 9). Nur so ist der besondere funktionelle Zusammenhang gewahrt. Als Beispiele sind Wohnungen für Pförtner, Hausmeister (LG Berlin GE 1989, 511; LG Berlin GE 1990, 313; AG Schöneberg GE 1990, 1095), Betriebsfeuerwehr, Klinikarzt, Pflegepersonal in Krankenhäusern oder Landarbeiter (LG Kiel WuM 1986, 218; aM Bruns NZM 2014, 535, 541) zu nennen. Zu beachten ist, dass es sich in diesen Fällen um Werkdienstwohnungen handelt, wenn die Überlassung des Wohnraums nicht auf einem Mietvertrag beruht, sondern Bestandteil des Dienstvertrags ist (vgl § 576b Rn 4 ff).

Der Wohnraum muss **aus dem gleichen Grund für einen anderen zur Dienstleistung Verpflichteten benötigt** werden. Es ist erforderlich, dass die Art der Dienstleistungen es notwendig macht, einen anderen Arbeitnehmer in der Wohnung, also in Ortsnähe, unterzubringen (LG Osnabrück WuM 1977, 9). Unschädlich ist, dass der Vermieter die Dienste in der Zwischenzeit von einem gewerblichen Unternehmen verrichten lässt (AG Schöneberg GE 1990, 1095). Ein abstrakter Bedarf genügt nicht (LG Itzehoe WuM 1985, 152). Der neue Mieter braucht aber nicht namentlich benannt zu werden (LG Berlin GE 1997, 243; LG Köln ZMR 1996, 666). Er muss auch nicht der Nachfolger des ausgeschiedenen Mieters am Arbeitsplatz sein (BeckOK MietR/Bruns [1. 8. 2020] Rn 29; Blank/Börstinghaus/Blank/Börstinghaus Rn 12; Bruns NZM 2014, 535, 541; MünchKomm/Artz Rn 10; aM Kossmann/Meyer-Abich § 125 Rn 10). Denn dies geht aus der Vorschrift nicht hervor. Die Dringlichkeit ergibt sich schon aus dem Funktionszusammenhang zwischen der Wohnung und den zu leistenden Diensten. Dieser Funktionszusammenhang ist gemeint, nicht aber die Identität der Dienstleistungen, wenn das Gesetz voraussetzt, die Wohnung müsse „aus dem gleichen Grund" benötigt werden (Palandt/Weidenkaff Rn 8).

bb) Die Kündigung der funktionsgebundenen Werkmietwohnung ist nach Abs 1 Nr 2 spätestens am dritten Werktag eines Kalendermonats für den Ablauf dieses Monats zulässig. Damit wird die **Kündigungsfrist** auf weniger als einen Monat verkürzt. Für die Berechnung der Frist und die Frage, ob ein bestimmter Kündigungstermin vorgeschrieben ist, gilt das Gleiche wie bei einer gewöhnlichen Werkmietwohnung (vgl Rn 37 ff).

cc) Im Vergleich zu **anderen Kündigungsvorschriften** ist festzustellen, dass die Dauer der Überlassung für die funktionsgebundene Werkmietwohnung anders als in § 576 Abs 1 Nr 1 BGB und in § 573c Abs 1 S 2 BGB unerheblich ist. Sind die besonderen Voraussetzungen des Abs 1 Nr 2 nicht erfüllt, kann die Kündigung auf den sich aus Abs 1 Nr 1 oder aus § 573c BGB ergebenden Kündigungstermin wirken, wenn der Vermieter auf jeden Fall kündigen will und dies dem Mieter erkennbar ist (vgl § 576a Rn 7). In diesen Fällen kommt es aber auf die Dauer der Überlassung an. Es ist zulässig, dass der Vermieter die Kündigung einer funktionsgebundenen Werkmietwohnung von vornherein ausdrücklich auf Abs 1 Nr 1 stützt, da sich beide Tatbestände nicht gegenseitig ausschließen.

IV. Abweichende Vereinbarungen (Abs 2)

46 Nach Abs 2 ist eine zum Nachteil des Mieters abweichende Vereinbarung unwirksam. Dies entsprach auch früher schon hM, da § 576 BGB ohnehin eine Ausnahme von den ordentlichen Kündigungsfristen zulasten des Mieters darstellt. Danach kann durch vertragliche Vereinbarung die Geltung des § 576 Abs 1 Nr 1 BGB nicht etwa über den vorgeschriebenen Zeitraum von zehn Jahren ausgedehnt werden. Die Unwirksamkeit abweichender Vereinbarungen kann sich auch schon aus anderen Vorschriften ergeben. So kann die Beendigung des Dienstverhältnisses schon wegen § 572 Abs 2 BGB nicht zur Bedingung für das Ende des Mietverhältnisses gemacht werden (LG Berlin GE 2004, 890; LG Düsseldorf WuM 1985, 151; KreisG Görlitz WuM 1992, 684). Die Beendigung des Dienstverhältnisses kann auch nicht als wichtiger Grund nach § 573 Abs 1 BGB vereinbart werden. Eine Vereinbarung, wonach die §§ 576 ff BGB insgesamt oder teilweise ausgeschlossen sind, zB indem die uneingeschränkte Anwendung der Sozialklausel vereinbart wird, ist als eine dem Mieter günstigere Regelung ohne Weiteres zulässig. Ebenso können die Parteien die Eigenschaft als Werkmietwohnung befristen, sodass die allgemeinen Vorschriften nach Ablauf einer bestimmten Zeit uneingeschränkt anzuwenden sind (LG Darmstadt WuM 1988, 22; LG Darmstadt WuM 1991, 268).

V. Rechtsweg und Zuständigkeit

47 Für den Rechtsstreit über eine **Werkmietwohnung** ist nach § 23 Nr 2 lit a GVG, § 29a Abs 1 ZPO der Rechtsweg zu den ordentlichen Gerichten eröffnet und hier ausschließlich das Amtsgericht sachlich und örtlich zuständig, in dessen Bezirk sich die Räume befinden (OLG Hamburg DWW 1990, 235; Drasdo WuM 2019, 609, 612; Herrlein/Kandelhard/Knops Rn 23; Schmitz-Justen WuM 2000, 582, 583; ausführlich Schmid/Harz/Riecke Rn 29 ff). Diese Regelung ist zwingend. Somit ist das Amtsgericht auch dann zuständig, wenn die Kündigung des Mietverhältnisses mitbestimmungspflichtig ist (BAG AP Nr 16 zu § 2 ArbGG 1979 = WuM 1990, 391; oben Rn 20, 26), der Mieter einen Teil des vom Arbeitgeber als Miete einbehaltenen Arbeitslohns herausverlangt (Hessisches LAG ZTR 1998, 474) oder der Mieter gegen die Mietansprüche mit seinen Lohnansprüchen aufrechnet (BAG AP Nr 55 zu § 36 ZPO = NZA 1998, 1190). Nach § 29a Abs 2 ZPO ist Abs 1 nicht anzuwenden, wenn es sich um Wohnraum der in § 549 Abs 2 Nr 1 bis 3 BGB genannten Art handelt. Wird im Rahmen eines Werkförderungsvertrags (vgl Rn 11) zwischen dem Darlehensgeber und dem Bauherrn ein Mietvertrag über Wohnungen abgeschlossen, die der Bauherr errichten soll und der Darlehensgeber an seine Bediensteten untervermieten will, so handelt es sich nicht um einen Mietvertrag über Wohnraum iS des § 29a ZPO, sondern um ein geschäftliches Mietverhältnis (BGH NJW 1981, 1377; **aM** LG Aachen NJW-RR 1988, 914).

§ 576a
Besonderheiten des Widerspruchsrechts bei Werkmietwohnungen

(1) Bei der Anwendung der §§ 574 bis 574c auf Werkmietwohnungen sind auch die Belange des Dienstberechtigten zu berücksichtigen.

(2) Die §§ 574 bis 574c gelten nicht, wenn

1. der Vermieter nach § 576 Abs. 1 Nr. 2 gekündigt hat;

2. der Mieter das Dienstverhältnis gelöst hat, ohne dass ihm von dem Dienstberechtigten gesetzlich begründeter Anlass dazu gegeben war, oder der Mieter durch sein Verhalten dem Dienstberechtigten gesetzlich begründeten Anlass zur Auflösung des Dienstverhältnisses gegeben hat.

(3) Eine zum Nachteil des Mieters abweichende Vereinbarung ist unwirksam.

Materialien: BT-Drucks IV/806, 11 f; BT-Drucks IV/2195, *zu* BT-Drucks IV/2195, 5 f; BT-Drucks 12/3254, 19; BT-Drucks 12/5110, 10; BT-Drucks 14/4553, 72.

Schrifttum

Vgl zu § 576.

Systematische Übersicht

I.	**Allgemeine Kennzeichnung**			2	Auflösung des Dienstverhältnisses auf Veranlassung des Mieters (Nr 2) ... 8
1.	Überblick ...	1			
2.	Entstehung der Vorschrift ...	2		a)	Allgemeines ... 8
3.	Zweck der Vorschrift ...	3		b)	Lösung des Dienstverhältnisses durch den Mieter (HS 1) ... 9
II.	**Berücksichtigung der Belange des Dienstberechtigten (Abs 1)** ...	4		c)	Lösung des Dienstverhältnisses durch den Dienstberechtigten (HS 2) ... 14
III.	**Ausschluss der Sozialklausel (Abs 2)**			**IV.**	**Abweichende Vereinbarungen (Abs 3)** ... 17
1.	Sonderkündigung funktionsgebundener Werkmietwohnungen (Nr 1) ...	7			

Alphabetische Übersicht

Abweichende Vereinbarungen ...	17	Dienstverhältnis	
Anfechtung des Dienstvertrags ...	9	– Auflösung auf Veranlassung des Mieters ...	8 ff
Anlass zur Kündigung ...	9, 10	– Beendigung ...	1, 6, 8 ff
Aufhebung des Dienstvertrags ...	9		
Betriebsbedarf ...	7	Entstehung der Vorschrift ...	2

Geltungsbereich	4
Interesse des Dienstberechtigten	6
Kündigung von Werkmietwohnungen	7 ff
– durch den Mieter	9
– Sonderkündigungsrecht des Vermieters	7
– Sozialklausel	7, 9
Kündigungsfrist	
– normale	7
Kündigungsgrund	6
Mietverhältnis	
– auf unbestimmte Zeit	1
Sozialklausel	
– Anwendung	9, 13
– Ausschluss	7, 12, 13, 16
– Belange des Dienstberechtigten	4
Werkmietwohnungen	
– funktionsgebundene	7
– Kündigung, s dort	
– werkseigene, -fremde	5
Zweck der Vorschrift	3

I. Allgemeine Kennzeichnung

1. Überblick

1 § 576a BGB schränkt bei der Beendigung unbefristeter Mietverhältnisse über eine Werkmietwohnung den Schutz des Mieters aus der Sozialklausel der §§ 574 bis 574c BGB ein bzw schließt ihn unter den Voraussetzungen von Abs 2 völlig aus. Abs 1 schreibt vor, dass bei der anzustellenden Interessenabwägung auch die Belange des Dienstberechtigten zu berücksichtigen sind. Der Ausschluss der Sozialklausel nach Abs 2 greift ein, wenn es sich um eine funktionsgebundene Werkmietwohnung handelt oder wenn der Mieter ohne Anlass oder der Dienstberechtigte bei gesetzlich begründetem Anlass das Dienstverhältnis gekündigt hat. Die Ausschlussgründe des Abs 2 Nr 1 und 2 sind nebeneinander anwendbar (Schmidt-Futterer/Blank Rn 8). Abs 3 erklärt abweichende Vereinbarungen zum Nachteil des Mieters für unwirksam.

2. Entstehung der Vorschrift

2 Zur Entstehung der Vorschrift vgl zunächst § 576 Rn 2. § 576a BGB ist aus dem früheren § 565d BGB hervorgegangen (Art 1 MietRRG v 19. 6. 2001, BGBl I 1149). Die Mietrechtsreform hat inhaltlich kaum etwas an der Regelung geändert. Weggefallen ist lediglich § 565d Abs 2 BGB aF, wonach der Mieter den Widerspruch abweichend von § 556a Abs 6 S 1 BGB aF erst einen Monat vor Ende des Mietverhältnisses erklären musste. Hinzugefügt wurde Abs 3, der eine Abweichung zum Nachteil des Mieters für unwirksam erklärt.

3. Zweck der Vorschrift

3 Die Vorschrift dient – ebenso wie § 576 BGB – den **berechtigten Interessen des Vermieters**. Auch die Interessen des Dienstberechtigten, der ja nicht mit dem Vermieter identisch sein muss (vgl § 576 Rn 4), werden nach Abs 1 in die Abwägung einbezogen. Durch die eingeschränkte bzw ausgeschlossene Anwendung der Sozialklausel erkennt der Gesetzgeber die überwiegenden Interessen des Vermieters bzw Dienstberechtigten an der Neubelegung der Werkdienstwohnung alsbald nach Beendigung des Dienstverhältnisses an.

II. Berücksichtigung der Belange des Dienstberechtigten (Abs 1)

Nach Abs 1 sind bei der Anwendung der §§ 574 bis 574c BGB auch die Belange des Dienstberechtigten zu berücksichtigen. § 576a Abs 1 BGB setzt damit die Anwendung der Sozialklausel voraus und ordnet sie nicht etwa an. Der Geltungsbereich des § 576a BGB orientiert sich damit an dem des § 574 BGB. Für § 576a BGB ergibt sich daraus, dass die Vorschrift bei Werkmietwohnungen immer dann gilt, wenn auch § 574 BGB anwendbar ist. Die Anwendung von § 576a BGB ist also ausgeschlossen bei Zeitmietverträgen (§ 575 BGB) und bei Wohnungen nach § 549 Abs 2 BGB (Schmid/Harz/Riecke Rn 4; Staudinger/Artz [2021] § 549 Rn 22). Weiterhin bedeutet dies, dass § 576a BGB unabhängig von der Frage Geltung beansprucht, ob der Vermieter von seinem Sonderkündigungsrecht nach § 576 Gebrauch gemacht hat oder nicht. **4**

Die Berücksichtigung der Belange des Dienstberechtigten hat eine doppelte **Bedeutung**. Zum einen folgt daraus, dass bei einer Identität von Vermieter und Dienstberechtigtem, also bei den werkseigenen Werkmietwohnungen (vgl § 576 Rn 10 f), die Interessen des Kündigenden nicht nur in seiner Eigenschaft als Vermieter, sondern über § 574 BGB hinaus auch als Arbeitgeber zu berücksichtigen sind. Zum anderen ist die Vorschrift vor allem für die werksfremden Werkmietwohnungen (vgl § 576 Rn 12) relevant, bei denen Vermieter und Dienstberechtigter nicht identisch sind. Dadurch wird es möglich, in die Interessenabwägung zwischen den Parteien des Mietvertrags aufseiten des Vermieters die **Belange Dritter** einzubeziehen (Burkhardt BB 1964, 771, 775; Röder 246; Schmid/Harz/Riecke Rn 5; Schmidt-Futterer/Blank Rn 2). Dies kann sich vorteilhaft oder nachteilig für den Vermieter auswirken. **5**

Die **Interessen des Dienstberechtigten** können darin bestehen, dass er die Werkwohnung für einen anderen Arbeitnehmer benötigt (AG Mülheim/Ruhr ZMR 1968, 12; AG Oberhausen WuM 1973, 164; Hans § 565d Anm 2). Diesen Interessen kommt angesichts der vom Mieter akzeptierten Verknüpfung von Dienst- und Mietverhältnis besonderes Gewicht zu, wenn das Dienstverhältnis beendet ist. Persönliche Belange des Mieters müssen in diesen Fällen häufig zurücktreten (AG Oberhausen WuM 1973, 164). Anders sind die Interessen zu gewichten, solange das Dienstverhältnis mit dem Mieter noch andauert. Das Interesse des Dienstberechtigten kann darin liegen, einen unverträglichen Arbeitnehmer nach dem Ausscheiden aus dem Dienst auch aus dem Wohnbereich seiner früheren Kollegen zu entfernen, um dadurch eine Störung des Betriebsfriedens von außen zu verhindern. Ein betriebliches Interesse ist auch dann anzunehmen, wenn der Wohnraum zu gewerblichen Zwecken, etwa zu einer Betriebserweiterung, verwendet werden soll. Dies rechtfertigt zwar keine auf § 576 BGB gestützte Kündigung (vgl § 576 Rn 36, 43), kann aber dann ein berechtigtes Interesse iS des § 573 BGB sein, wenn darin zugleich der Kündigungsgrund der Hinderung angemessener wirtschaftlicher Verwertung nach § 573 Abs 2 Nr 3 BGB liegt (vgl § 573 Rn 148). Dagegen handelt es sich nicht um betriebliche Belange, wenn die Wohnung an betriebsfremde Personen vermietet werden soll. Vorteilhaft für den Mieter kann sich das Interesse des Dienstberechtigten auswirken, wenn der Vermieter einer werksfremden Werkmietwohnung das Mietverhältnis kündigen will, ohne dass der Dienstberechtigte das Dienstverhältnis auflösen will und daher dessen **6**

Interesse, seinen Arbeitnehmer in der Werkmietwohnung wohnen zu lassen, weiterhin besteht.

III. Ausschluss der Sozialklausel (Abs 2)

1. Sonderkündigung funktionsgebundener Werkmietwohnungen (Nr 1)

7 Nach § 576a Abs 2 Nr 1 BGB gilt die Sozialklausel der §§ 574 bis 574c BGB nicht, wenn der Vermieter das Mietverhältnis über eine funktionsgebundene Werkmietwohnung (vgl § 576 Rn 41 ff) unter Berufung auf § 576 Abs 1 Nr 2 BGB gekündigt hat. Der **enge Funktionszusammenhang zwischen der Wohnung und den zu leistenden Diensten** sowie der darauf beruhende Betriebsbedarf machen es erforderlich, dass die Wohnung nach der Beendigung des Dienstverhältnisses alsbald frei wird. Die Sozialklausel wird nach dem eindeutigen Wortlaut der Vorschrift nur bei einer Kündigung nach § 576 Abs 1 Nr 2 BGB ausgeschlossen. Kündigt der Vermieter die funktionsgebundene Werkmietwohnung unter Einhaltung der Fristen des § 573c BGB, bleibt dem Mieter das Widerspruchsrecht erhalten (Bub/Treier/Fleindl Rn IV 274; Prütting ua/Riecke Rn 4; Schmidt-Futterer/Blank Rn 4; Spielbauer/Schneider/Krenek Rn 7; vgl LG Aachen WuM 1985, 149). Unerheblich ist in diesem Fall, ob dem Vermieter ein Sonderkündigungsrecht zustand und er nur aus Entgegenkommen die längere Kündigungsfrist des § 573c BGB eingehalten hat. Letzteres ist auch nach Entfallen der entsprechenden Vorschrift in § 565c S 2 BGB aF ohne Weiteres möglich, da die gesetzliche Formulierung („kann [...] kündigen") zum Ausdruck bringt, dass der Vermieter hinsichtlich der Kündigungsfristen ein Wahlrecht hat (BT-Drucks 14/4553, 72; Buch NZM 2000, 167, 169; Klein-Blenkers ua/Hinz Rn 10). Das Problem stellt sich in gleicher Weise, wenn der Vermieter die funktionsgebundene Werkmietwohnung ausdrücklich nach § 576 Abs 1 Nr 1 BGB anstatt nach Nr 2 kündigt, um dem Mieter wenigstens die dreimonatige Kündigungsfrist einzuräumen, andererseits aber die verlängerte Frist des § 573c Abs 1 S 2 BGB auszuschließen. Damit nimmt der Vermieter in Kauf, dass die Sozialklausel anwendbar wird. Diese greift dann aber in aller Regel trotzdem nicht ein, da der besondere betriebliche Bedarf normalerweise dazu führt, dass der Widerspruch des Mieters aus § 574 BGB wegen der überwiegenden Interessen des Vermieters unbegründet ist.

2. Auflösung des Dienstverhältnisses auf Veranlassung des Mieters (Nr 2)

a) Allgemeines

8 Nach § 576a Abs 2 Nr 2 BGB gelten die §§ 574 bis 574c BGB nicht, wenn der **Mieter** das Dienstverhältnis gelöst hat, ohne dass ihm von dem Dienstberechtigten gesetzlich begründeter Anlass gegeben war oder wenn er dem Dienstberechtigten gesetzlich begründeten Anlass für die Beendigung des Dienstverhältnisses gegeben hat. Diese Regelung betrifft jede Art von Werkmietwohnung. Sie wird damit gerechtfertigt, dass dem Vermieter eine längere Fortsetzung des Mietverhältnisses nicht zuzumuten sei (Ausschussbericht, *zu* BT-Drucks IV/2195, 6). Auf die Identität von Dienstberechtigtem und Vermieter kommt es nicht an.

b) Lösung des Dienstverhältnisses durch den Mieter (HS 1)

9 aa) Der Mieter muss das **Dienstverhältnis gelöst** haben. Dies wurde früher teilweise nur als Kündigung des Dienstverhältnisses durch den Mieter verstanden (Hans § 565d

Anm 4; Roquette § 565d Rn 5). Eine solche Auslegung findet im Gesetz keine Stütze. Für die Auflösung des Dienstverhältnisses durch den Mieter kommen neben der ordentlichen und der außerordentlichen Kündigung insbesondere auch eine Anfechtung und ein von ihm initiierter Aufhebungsvertrag in Betracht (Blank/Börstinghaus/ Blank/Börstinghaus Rn 6; Herrlein/Kandelhard/Knops Rn 7; Klein-Blenkers ua/Hinz Rn 6; MünchKomm/Artz Rn 8; Schmid/Harz/Riecke Rn 8). Diese Auffassung wurde auch zu § 20 S 2 MietSchG vertreten, der als Vorläufer der heutigen Bestimmung den Kündigungsschutz für das Mietverhältnis ausschloss, wenn der Mieter das Dienst- oder Arbeitsverhältnis aufgelöst hatte, ohne dass ihm vom Vermieter ein gesetzlich begründeter Anlass gegeben war (BAG AP Nr 4 zu § 20 MietSchG = ZMR 1958, 165). Unerheblich ist, dass der Dienstberechtigte bei Abschluss eines **Aufhebungsvertrags** mitwirken muss. Dies ändert nichts an der Auflösung des Dienstverhältnisses durch den Mieter, wenn von ihm die Initiative zur Vertragsaufhebung ausgeht (Bub/Treier/ Fleindl Rn IV 274). Die Auflösung des Dienstverhältnisses muss vollendet sein, weil erst dann Dienst- und Mietvertrag nicht mehr verknüpft sind. Dies ergibt sich aus dem Wortlaut des Abs 2 Nr 2 HS 1 („gelöst *hat*"). Endet das Mietverhältnis, solange noch die Frist für eine bereits ausgesprochene Kündigung des Dienstverhältnisses läuft, bleiben die §§ 574 bis 574c BGB anwendbar. Die Verknüpfung beider Verträge ist noch nicht gelöst. Eine Fortsetzung des Mietverhältnisses aufgrund der Sozialklausel kommt aber nur bis zum Ende des Dienstverhältnisses in Betracht, da § 576a Abs 2 Nr 2 BGB insoweit zeitlich eine absolute Grenze setzt.

Der Dienstberechtigte darf dem Mieter **keinen gesetzlich begründeten Anlass** gegeben haben, das Dienstverhältnis zu lösen. Es handelt sich um eine arbeitsrechtliche Vorfrage, die im Mietrechtsstreit mitentschieden wird. Schwebt insoweit schon ein arbeitsgerichtlicher Prozess, kommt eine Aussetzung des Mietrechtsstreits nach § 148 ZPO in Betracht. 10

Ein gesetzlich begründeter Anlass liegt vor, wenn der Dienstberechtigte einen **wichtigen Grund zur fristlosen Kündigung** des Dienstverhältnisses durch den Dienstverpflichteten, den Mieter, gesetzt hat (BeckOK MietR/Bruns [1. 8. 2020] Rn 9; Bub/Treier/ Fleindl Rn IV 274; Erman/Lützenkirchen Rn 4; Klein-Blenkers ua/Hinz Rn 7; Palandt/ Weidenkaff Rn 5). Nach § 626 Abs 1 BGB ist ein wichtiger Grund gegeben, wenn Tatsachen vorliegen, aufgrund derer dem Kündigenden unter Berücksichtigung aller Umstände des Einzelfalls und unter Abwägung der Interessen beider Vertragsteile die Fortsetzung des Dienstverhältnisses bis zum Ablauf der Kündigungsfrist oder bis zu der vereinbarten Beendigung des Dienstverhältnisses nicht zugemutet werden kann. In Betracht kommen insbesondere Vertragsverletzungen des Arbeitgebers wie Nichtentrichtung der vereinbarten Vergütung, wiederholte Zuweisung nicht vertragsgemäßer Arbeit, Verstöße gegen arbeitsschutzrechtliche Bestimmungen, Mobbing, Beleidigungen und (sexuelle) Belästigungen (Einzelheiten bei Staudinger/Preis [2019] § 626 Rn 239 ff). Unerheblich ist, ob der Dienstverpflichtete statt der fristlosen Kündigung den Weg der ordentlichen Kündigung wählt. 11

Ein gesetzlich begründeter Anlass zur Auflösung des Dienstverhältnisses kann auch ohne wichtigen Grund zur fristlosen Kündigung gegeben sein, wenn der Mieter aufgrund **widerrechtlichen, schuldhaften Verhaltens** des Dienstberechtigten einen gesetzlichen oder wichtigen Kündigungsgrund hatte und dieses Verhalten für die Auflösung des Arbeitsverhältnisses kausal war. Entscheidend kommt es auf ein 12 vorwerfbares Verhalten des Vermieters bzw Arbeitgebers an, weil der Ausschluss der Sozialklausel auf dem Prinzip der Veranlassung durch den Mieter beruht (BAG AP Nr 4 zu § 20 MietSchG = ZMR 1958, 165; LAG Hamm ZMR 1965, 87; HERRLEIN/KANDELHARD/ KNOPS Rn 5). Der Mieter bleibt geschützt, wenn die entscheidende Ursache für die Auflösung des Dienstverhältnisses durch den Arbeitgeber gesetzt wird. Hierbei kann es sich etwa um Vertragsverletzungen minder schwerer Art handeln, die zwar keinen Kündigungsgrund iS des § 626 Abs 1 BGB abgeben, weil sie eine weitere Fortsetzung des Dienstverhältnisses nicht unzumutbar machen, die den Arbeitnehmer aber gleichwohl zur ordentlichen Kündigung veranlassen. Ein gesetzlich begründeter Anlass kann daher in jedem widerrechtlichen und schuldhaften Gesetzesverstoß gesehen werden, der dem Dienstberechtigten vorzuwerfen ist. Nur so ist dem Prinzip gerecht zu werden, dass der Mieter das Dienstverhältnis nicht unbedingt durch fristlose Kündigung aufgelöst haben muss (vgl Rn 11). Wollte sich das Gesetz auf diese Fälle beschränken, hätte es nahegelegen, den wichtigen Grund von vornherein zum Tatbestandsmerkmal des § 576a Abs 2 Nr 2 BGB zu machen.

13 bb) Die **Rechtsfolge** besteht in einem **Ausschluss der Sozialklausel**. Wird das Mietverhältnis nach einer nicht durch den Dienstberechtigten veranlassten Auflösung des Dienstverhältnisses durch den Mieter durch ordentliche Kündigung seitens des Vermieters beendet, sind die §§ 574 bis 574c BGB nicht anwendbar. Es kommt nicht darauf an, ob die Kündigung auf § 573c BGB oder auf § 576 BGB gestützt wird (LG Aachen WuM 1985, 149). Darin liegt kein Widerspruch zu der Annahme, dem Mieter bleibe das Widerspruchsrecht erhalten, wenn der Vermieter die funktionsgebundene Werkmietwohnung mit der Frist des § 573c BGB kündige (vgl Rn 7). Denn im Gegensatz zu der Verweisung des § 576a Abs 2 Nr 1 BGB auf § 576 Abs 1 Nr 2 BGB gilt § 576 Abs 2 Nr 2 BGB für sämtliche Kündigungen, was sich im Umkehrschluss aus der Verweisung des § 576a Abs 2 Nr 1 BGB ergibt.

c)   Lösung des Dienstverhältnisses durch den Dienstberechtigten (HS 2)

14 Nach § 576a Abs 2 Nr 2 HS 2 BGB gelten die §§ 574 bis 574c BGB ferner nicht, wenn der Mieter durch sein Verhalten dem Dienstberechtigten gesetzlich begründeten Anlass zur Auflösung des Dienstverhältnisses gegeben hat. Es wird hier nicht zwischen der einfachen und der funktionsgebundenen Werkmietwohnung (vgl § 576 Rn 33) unterschieden. Entscheidend ist nur, dass der Dienstberechtigte das Dienstverhältnis gelöst haben muss, wobei auch hier die Art der Auflösung unerheblich ist (vgl Rn 9).

15 Der Mieter muss hierzu durch sein Verhalten einen **gesetzlich begründeten Anlass** gegeben haben. Wie bei HS 1 (vgl Rn 11) kommt in erster Linie ein wichtiger Grund zur fristlosen Kündigung iS des § 626 Abs 1 BGB in Betracht. Minder schwere Gründe genügen, wenn sie im Verhalten des Arbeitnehmers liegen und die Kündigung deshalb nach § 1 Abs 2 S 1 KSchG sozial gerechtfertigt ist (BUB/TREIER/FLEINDL Rn IV 274; SCHMIDT-FUTTERER/BLANK Rn 7; PALANDT/WEIDENKAFF Rn 5). Es muss sich regelmäßig, aber nicht zwingend um eine **verhaltensbedingte Kündigung** handeln (HERRLEIN/KANDELHARD/KNOPS § 576 Rn 6). Eine personenbedingte Kündigung kommt nur dann in Betracht, wenn sie auf einem Fehlverhalten des Mieters/Dienstverpflichteten beruht, zB im Falle einer Kündigung wegen außerdienstlicher Straftaten (BAG 8. 6. 2000 – 2 AZR 638/99, AP Nr 163 zu § 626 BGB = NZA 2000, 1282; BAG 6. 11. 2003 – 2 AZR 631/02, AP Nr 39 zu § 626 BGB Verdacht strafbarer Handlung = NZA 2004, 919; BAG 10. 4. 2014 – 2 AZR 684/13, AP Nr 72 zu § 1 KSchG 1969 Verhaltensbedingte Kündigung = NZA 2014, 1197; näher

STAUDINGER/PREIS [2019] § 626 Rn 194 f). Umgekehrt genügt eine verhaltensbedingte Kündigung dann nicht, wenn sie ausnahmsweise aufgrund einer schuldlosen Pflichtverletzung des Arbeitnehmers (vgl BAG AP Nr 151 zu § 626 BGB = NJW 1999, 3140) erklärt wurde. Eine betriebsbedingte Kündigung erfüllt den Tatbestand des § 576a Abs 2 Nr 2 Alt 2 BGB nie.

Die **Rechtsfolge** besteht in einem Ausschluss der Sozialklausel, wenn das Mietverhältnis durch ordentliche Kündigung des Vermieters oder durch Zeitablauf beendet wird. Im Übrigen gilt das Gleiche wie zu HS 1 (vgl Rn 13). **16**

IV. Abweichende Vereinbarungen (Abs 3)

Nach Abs 3 sind abweichende Vereinbarungen zum Nachteil des Mieters unwirksam. Dies entsprach auch früher schon hM, da die Vorschriften der Abs 1 und 2 die Stellung des Mieters ohnehin schon gegenüber den allgemeinen Vorschriften verschlechtern (BT-Drucks 14/4553, 72) und eine weitere vertragliche Einschränkung der sozialen Schutzvorschriften ein Verstoß gegen diese Regelungen wäre. Zulässig sind dagegen Vereinbarungen zugunsten des Mieters, beispielsweise ein Ausschluss des Abs 2 (BeckOK MietR/BRUNS [1. 8. 2020] Rn 11). **17**

§ 576b
Entsprechende Geltung des Mietrechts bei Werkdienstwohnungen

(1) Ist Wohnraum im Rahmen eines Dienstverhältnisses überlassen, so gelten für die Beendigung des Rechtsverhältnisses hinsichtlich des Wohnraums die Vorschriften über Mietverhältnisse entsprechend, wenn der zur Dienstleistung Verpflichtete den Wohnraum überwiegend mit Einrichtungsgegenständen ausgestattet hat oder in dem Wohnraum mit seiner Familie oder Personen lebt, mit denen er einen auf Dauer angelegten gemeinsamen Haushalt führt.

(2) Eine zum Nachteil des Mieters abweichende Vereinbarung ist unwirksam.

Materialien: BT-Drucks IV/806, 11 f; BT-Drucks IV/2195, *zu* BT-Drucks IV/2195, 5 f; BT-Drucks 14/4553, 72.

Schrifttum

Vgl zu § 576.

Systematische Übersicht

I.	**Allgemeine Kennzeichnung**		**II.**	**Begriff der Werkdienstwohnung**	4
1.	Überblick	1			
2.	Entstehung der Vorschrift	2	**III.**	**Anwendung des Mietrechts auf**	
3.	Zweck der Vorschrift	3		**Werkdienstwohnungen (Abs 1)**	
			1.	Überblick	9

2.	Ausstattung mit Einrichtungsgegenständen (Alt 1)	10	
3.	Gemeinsame Nutzung (Alt 2)	11	
4.	Rechtsfolgen	13	
a)	Befristetes Dienstverhältnis	14	
b)	Unbefristetes Dienstverhältnis	16	

IV. Rechtsweg und Zuständigkeit ____ 28

V. Abweichende Vereinbarungen (Abs 2) ____ 30

Alphabetische Übersicht

Abweichende Vereinbarungen	30
Anfechtung des Mietvertrags	16
Aufhebung des Mietvertrags	16
Beamte	6
Betriebsbedarf	23
Dienstverhältnis	
– Beendigung	4 f, 21 f
– befristetes	14
– Begriff	5
– Dauer	7, 21
– unbefristetes	15
Entstehung der Vorschrift	2
Geltungsbereich	22
Gerichtliche Zuständigkeit	28 f
Hausmeister	5
Kirchen	5
Kündigung	
– Begründung	23
– Kündigungserklärung	20 f
– Kündigungsfrist	21 f
– Kündigungsgrund	23
– Schriftform	20
– Sonderkündigungsrecht des Vermieters	22
– Sozialklausel	25
– Teilkündigung	4
– Zustimmung des Betriebsrats	24
Mietaufhebungsvertrag	16

Mietverhältnis	
– Aufhebung	16
– Verlängerung durch Fortsetzung des Gebrauchs	15, 26
Mitbestimmung	24
Möblierter Wohnraum	12
Räumungsrechtsstreit	28 f
Richter	5
Soldaten	5
Sozialklausel	
– Anwendung	25
– Ausschluss	25, 30
Teilkündigung	4
Verlängerung durch Gebrauchsfortsetzung	15
Werkdienstwohnungen	
– Anwendung des Mietrechts	13 ff
– Begriff	1, 4 f
– Dienstvertrag	1
– Einrichtungsgegenstände	10
– Familie	11
– Gebrauchsfortsetzung	15, 26
– Kündigung	20, 23
– Parteien	7
– Schuldverhältnis	17 f
– werkseigene, -fremde	7, 10
Zustimmung des Betriebsrats	24
Zweck der Vorschrift	3

I. Allgemeine Kennzeichnung

1. Überblick

Nach § 576b BGB gelten die Vorschriften des Mietrechts, also auch die vorangegangenen Bestimmungen über Werkmietwohnungen, unter bestimmten Voraussetzungen entsprechend für die Beendigung des Rechtsverhältnisses hinsichtlich einer Werkdienstwohnung. Die Werkdienstwohnung ist dadurch gekennzeichnet, dass die Raumüberlassung nicht auf einem Mietvertrag, sondern auf einem Dienst- oder Arbeitsvertrag beruht. Abs 2 erklärt Vereinbarungen, die zum Nachteil des Mieters abweichen, für unwirksam.

2. Entstehung der Vorschrift

Die Anwendung des Mietrechts für Werkdienstwohnungen war früher in § 565e BGB geregelt. Die Vorschrift ist durch das MietRRG (BGBl 2001 I 1149) im Wesentlichen unverändert geblieben. Sie wurde lediglich in sprachlicher Hinsicht angepasst und um einen Abs 2 erweitert, der nun die Zulässigkeit abweichender Vereinbarungen ausdrücklich beschränkt.

3. Zweck der Vorschrift

§ 576b BGB ermöglicht die **Anwendung des sozialen Mietrechts** im Falle von Werkdienstwohnungen. Da bei Werkdienstwohnungen kein Mietvertrag existiert, sondern die Benutzung der Wohnung im Dienstvertrag geregelt wird, wäre bei Beendigung des Dienstverhältnisses auch die Berechtigung zum Verbleib in der Wohnung sofort beendet (Herrlein/Kandelhard/Knops Rn 4). § 576b BGB bezweckt damit den Schutz des Dienstverpflichteten, indem Werkdienstwohnungen unter bestimmten Voraussetzungen den mietrechtlichen Vorschriften unterstellt werden (Begr zum RegE BT-Drucks IV/806, 12).

II. Begriff der Werkdienstwohnung

Die Werkdienstwohnung ist eine **Unterart der Werkwohnung**. Nach § 576b BGB gehört hierzu Wohnraum, der im Rahmen eines Dienstverhältnisses überlassen ist. Kennzeichnend für die Werkdienstwohnung ist, dass nicht ein Dienst- und ein Mietvertrag nebeneinander bestehen, sondern dass die Überlassung des Wohnraums ihre **Rechtsgrundlage** in dem Dienstvertrag findet und Teil der Vergütung für die geleisteten Dienste ist (BAG AP Nr 3 zu § 87 BetrVG 1972 Werkmietwohnungen; BAG AP Nr 16 zu § 2 ArbGG 1979 = WuM 1990, 391; BAG AP Nr 10 zu § 310 BGB; BFH 1. 9. 1998 – VIII R 3/97, NZM 1999, 137; Bub/Treier/Fleindl Rn IV 275; Buch NZM 2000, 167; Gassner AcP 186 [1986] 325, 327 ff; Lützenkirchen/Lützenkirchen Rn 12; Klein-Blenkers ua/Hinz Rn 2; Münch Komm/Artz Rn 3; Röder 55; Schmidt-Futterer/Blank Rn 8). Es kommt nicht darauf an, ob insoweit eine offene oder verdeckte Anrechnung stattfindet. Es handelt sich um einen gemischten Vertrag. Solange das Dienst- oder Arbeitsverhältnis besteht, sind die §§ 535 ff BGB auf die Rechte und Pflichten hinsichtlich der Raumnutzung entsprechend anwendbar (Palandt/Weidenkaff Vorbem v § 576 Rn 10; Schmidt-Futterer/ Blank Rn 10). Daher bestimmt sich die Haftung des Dienstverpflichteten, soweit es um Schäden im Zusammenhang mit der Wohnung geht, nach Miet- und nicht nach

Dienst- oder Arbeitsvertragsrecht (ArbG Mönchengladbach 26. 8. 2016 – 6 Ca 626/16, ZMR 2017, 253). Die Beendigung richtet sich jedoch grundsätzlich nach Dienstvertragsrecht, da dieser Vertragstyp im Vordergrund steht. Es ist deshalb nicht möglich, die Verpflichtung, die Wohnung zu benutzen, durch Teilkündigung zu beenden, da es sich um einen unselbständigen Bestandteil des Dienstvertrags handelt (BAG AP Nr 3 zu § 565e BGB = WuM 1990, 284; Bub/Treier/Fleindl Rn IV 275; Prütting ua/Riecke Rn 5; Schmidt-Futterer/Blank Rn 18).

5 Der Begriff des **Dienstverhältnisses** iS des § 576b BGB ist mit dem des § 576 Abs 1 HS 1 BGB identisch (vgl § 576 Rn 6 ff). Zwischen den Parteien muss ein privatrechtlicher Dienstvertrag über unselbständige, weisungsgebundene Arbeitsleistungen abgeschlossen werden, dessen Bestandteil die Überlassung des Wohnraums ist. Als Beispiele sind Verträge zu nennen, in deren Rahmen Wohnungen an Hausmeister einer Wohnanlage oder eines Unternehmens, an landwirtschaftliche Arbeiter und an Angestellte von Unternehmen, Krankenhäusern oder Heimen überlassen werden (Kinne ua/Kinne Rn 2; Schmidt-Futterer/Blank Rn 6). Bei Hausmeisterwohnungen sind die Gestaltungen so vielfältig, dass es ganz auf den Einzelfall ankommt, ob es sich um eine Werkdienstwohnung, eine Werkmietwohnung oder um ein normales Mietverhältnis mit teilweise atypischer Gegenleistung handelt, neben dem kein selbständiges Dienstverhältnis besteht (vgl § 576 Rn 9). Hiervon wird meist bei geringfügigen Tätigkeiten des Mieters ausgegangen (LG Aachen WuM 1989, 382, hierzu kritisch Jung ZMR 1989, 363; AG Regensburg WuM 1989, 381). Übernimmt der langjährige Mieter eine Hausmeistertätigkeit, wird die Wohnung nicht zu einer Werkdienstwohnung, selbst wenn das Arbeitsentgelt genau der zu zahlenden Miete entspricht (AG Hamburg WuM 1985, 152). Der Grund liegt darin, dass die Parteien an zwei getrennten Vertragsverhältnissen festgehalten haben. Auch Arbeitern und Angestellten im öffentlichen Dienst, die auf privatrechtlicher Grundlage beschäftigt werden, kann eine Werkdienstwohnung überlassen werden (OVG Münster ZMR 1969, 136; OVG Münster WuM 1975, 154).

6 Beamten, Richtern und Soldaten können wegen des **öffentlich-rechtlichen Dienstverhältnisses** Dienstwohnungen nur auf der Grundlage des öffentlichen Rechts zugewiesen werden (RG 17. 6. 1922 – III 115/22, RGZ 105, 46, 48; AG Grevenbroich WuM 1990, 283). Auf solche Rechtsverhältnisse ist § 576b BGB nicht anwendbar. Behält der Beamte die Wohnung nach Ausscheiden aus dem öffentlichen Dienst, so kann aufgrund schlüssigen Verhaltens beider Parteien ein Mietvertrag zu Stande kommen, für den die allgemeinen mietrechtlichen Vorschriften gelten (RG Gruchot 68, 62). Die Anwendung mietrechtlicher Vorschriften ist nach der Beendigung der Eigenschaft als Dienstwohnung jedoch ausgeschlossen, wenn abweichende öffentlich-rechtliche Bestimmungen bestehen. Dies ist etwa im kirchlichen Bereich der Fall (AG Bad Bramstedt WuM 1998, 414; Sperling WuM 1990, 265, 266 f). Zu beachten ist, dass sich aus der Eigenschaft der Werkdienstwohnung als solcher und aus ihrer Zuweisung nicht auch die Verpflichtung ergibt, dort zu wohnen. Eine solche Verpflichtung kann nur durch eine weitere vertragliche Abrede begründet werden (LAG Köln ZTR 2000, 225; Buch NZM 2000, 167, 168).

7 Da bei Werkdienstwohnungen iS des § 576b BGB die Überlassung des Wohnraums Teil des Dienstvertrags ist, kommt eine solche Vertragsgestaltung nur bei **Identität der Parteien** in Betracht. Dies bedeutet nicht, dass der Dienstberechtigte zugleich Eigentümer der Werkdienstwohnung sein muss. Es lassen sich ebenso wie bei Werkmietwohnungen werkseigene und werksfremde Werkdienstwohnungen unterscheiden (vgl § 576 Rn 10 ff). Aufseiten des Dienstberechtigten kann eine natürliche Person, eine Personenmehrheit oder eine juristische Person stehen. Der Dienstverpflichtete muss eine natürliche Person sein. Es ist möglich, dass eine Werkdienstwohnung aufgrund verschiedener Dienstverträge an mehrere Personen überlassen wird, wenn diese die Wohnung, wie zB ein Ehepaar, gemeinsam nutzen wollen. Die Nutzungsberechtigung bleibt so lange bestehen, wie mindestens noch ein Dienstverhältnis aufrechterhalten wird.

Der **Zeitpunkt**, in dem die Eigenschaft als Werkdienstwohnung begründet wird, ist im Gesetz nicht geregelt. Da der Dienstvertrag die Rechtsgrundlage für die Raumüberlassung bildet, wird er idR vor oder spätestens zusammen mit der Überlassung der Wohnräume abgeschlossen. Es reicht aus, wenn der Abschluss des Dienstvertrags unmittelbar bevorsteht, weil die vorgezogene Überlassung der Räume als Vorschuss auf die Vergütung aus dem Dienstvertrag beurteilt werden kann und in dem späteren Vertragsabschluss ihre Rechtsgrundlage findet. Kommt der Dienstvertrag nicht zustande, bleibt die Raumüberlassung rechtsgrundlos. Wird der Wohnraum überlassen, ohne dass die Parteien den Abschluss eines Dienstvertrags in Aussicht genommen haben und ist für die Raumnutzung ein besonderes Entgelt zu entrichten, so handelt es sich um einen normalen Mietvertrag. Wird später ein Dienstvertrag abgeschlossen und vereinbaren die Parteien dabei, der Wohnraum solle nunmehr im Rahmen des Dienstverhältnisses überlassen sein, so heben sie den Mietvertrag auf und begründen zugleich die Eigenschaft des Wohnraums als Werkdienstwohnung. Dies setzt einen entsprechenden Willen der Parteien voraus. 8

III. Anwendung des Mietrechts auf Werkdienstwohnungen (Abs 1)

1. Überblick

Für die Anwendung des Mietrechts ist neben der Einordnung als Werkdienstwohnung erforderlich, dass der zur Dienstleistung Verpflichtete den Wohnraum überwiegend mit Einrichtungsgegenständen ausgestattet hat oder in dem Wohnraum mit seiner Familie oder mit Personen lebt, mit denen er einen auf Dauer angelegten gemeinsamen Haushalt führt. 9

2. Ausstattung mit Einrichtungsgegenständen (Alt 1)

Der zur Dienstleistung Verpflichtete muss den Wohnraum **überwiegend mit Einrichtungsgegenständen ausgestattet** haben (dazu Bruns NZM 2019, 761, 766). Ob er den Wohnraum allein oder zusammen mit anderen Personen nutzt, ist unerheblich. Anders als im Rahmen des § 549 Abs 2 Nr 2 BGB stellt die Vorschrift nicht darauf ab, dass derjenige, der den Wohnraum überlässt, zur Möblierung verpflichtet ist (BeckOK MietR/Bruns [1. 8. 2020] Rn 15; Klein-Blenkers ua/Hinz Rn 8; MünchKomm/Artz Rn 5). Entscheidend ist vielmehr, dass der Dienstverpflichtete seine Wohnung ganz oder überwiegend ausgestattet hat. Zu den Einrichtungsgegenständen gehören die für eine normale Ausstattung erforderlichen Möbel sowie Herd, Spüle, Beleuchtungskörper, Teppiche, Bettzeug, Bilder. Für den Umfang kommt es auf die **tatsächlich vorhandene Ausstattung** an. Überwiegend ausgestattet hat der Dienstverpflichtete den Wohnraum, wenn er nach Zahl und wirtschaftlicher Bedeutung mehr als die Hälfte der bei 10 voller Möblierung benötigten Einrichtungsgegenstände gestellt hat. Das Schwergewicht liegt dabei auf der wirtschaftlichen Bedeutung (aM für eine funktionale oder quantitative Bedeutung BeckOGK/Bieder [1. 7. 2020] Rn 5. 2; BeckOK MietR/Bruns [1. 8. 2020] Rn 16). Die Eigentumsverhältnisse sind unerheblich, soweit die Einrichtungsgegenstände nicht vom Dienstberechtigten oder bei werksfremden Werkdienstwohnungen vom Vermieter stammen. Fest eingebaute Gegenstände wie sanitäre Einrichtungen und Einbaumöbel sind auf der Seite des einen oder des anderen Vertragsteils zu berücksichtigen. Wie aus dem Wortlaut des § 576b BGB zu schließen ist, sind nicht die tatsächlichen Verhältnisse bei der Überlassung des Wohnraums maßgebend, sondern diejenigen im Zeitpunkt der Beendigung des Dienstverhältnisses (aM Beck-OK MietR/Bruns [1. 8. 2020] Rn 17). Der Wohnraum muss deshalb im Zeitpunkt der Überlassung nicht leer gewesen sein (Schmidt-Futterer/Blank Rn 13 f).

3. Gemeinsame Nutzung (Alt 2)

11 Alternativ setzt § 576b Abs 1 BGB voraus, dass der zur Dienstleistung Verpflichtete in dem Wohnraum **mit seiner Familie oder anderen Personen einen Haushalt** führt (Bruns NZM 2019, 761, 766 f). In diesem Fall kommt es nicht darauf an, wer den Wohnraum mit Einrichtungsgegenständen ausgestattet hat. Der Vorschrift liegt der Zweck zu Grunde, den Wohnraum, der den Mittelpunkt der Lebensführung für eine Familie bildet, den Schutzbestimmungen des sozialen Mietrechts zu unterstellen. Der Begriff der Familie umfasst Ehepaare, auch wenn sie kinderlos sind, Kinder und Pflegekinder, Verwandte und Verschwägerte, ohne dass es auf einen bestimmten Grad der Verwandtschaft oder Schwägerschaft ankommt. Im Rahmen der Mietrechtsreform 2001 wurde die Vorschrift ebenso wie etwa § 563 BGB auf Personen erweitert, mit denen der zur Dienstleistung Verpflichtete einen gemeinsamen Haushalt führt. Daher ist die Vorschrift jetzt auch ohne Weiteres im Fall von nichtehelichen Lebensgemeinschaften und gleichgeschlechtlichen Lebenspartnerschaften, unabhängig davon, ob es sich um eine eingetragene Lebenspartnerschaft nach § 1 LPartG handelt, anwendbar (Blank/Börstinghaus/Blank/Börstinghaus Rn 14). Der Dienstverpflichtete führt in dem Wohnraum einen eigenen Haushalt, wenn dort der Mittelpunkt seiner Lebens- und Wirtschaftsführung liegt (vgl § 563 Rn 15 ff).

12 § 576b BGB ist damit vom Wortlaut her **nicht auf den an Alleinstehende vermieteten möblierten Wohnraum anwendbar**. Dieser wird grundsätzlich vom Schutz des sozialen Mietrechts erfasst, sofern er nicht Teil der vom Vermieter selbst bewohnten Wohnung ist, § 549 Abs 2 Nr 2 BGB. Damit stellt sich die Frage, ob die Vorschrift entgegen ihrem Wortlaut anzuwenden ist, wenn der Mieter in dem vom Vermieter möblierten Wohnraum den Mittelpunkt seiner Lebens- und Wirtschaftsführung hat. Gegen eine ergänzende Auslegung spricht, dass das Problem schon länger diskutiert wurde (vgl Staudinger/Sonnenschein [1997] §§ 565b–565e Rn 73) und der Gesetzgeber damit bewusst von einer entsprechenden Regelung abgesehen hat. Die Interessenlage ist bei derartigen Werkdienstwohnungen wegen des besonders engen funktionellen Zusammenhangs mit dem Dienstvertrag anders als bei Mietverhältnissen über möblierten Wohnraum. Wenn die Ausstattung des Wohnraums durch den Dienstverpflichteten ausdrücklich zur Voraussetzung für die Anwendbarkeit des § 576b BGB gemacht worden ist (vgl Rn 10), muss daraus geschlossen werden, dass die Vorschrift für den aufgrund eines Dienstvertrags an Alleinstehende überlassenen

möblierten Wohnraum nicht anwendbar ist. Aus diesen Gründen scheidet auch eine entsprechende Anwendung aus. Es gilt ausschließlich Dienstvertragsrecht (Kinne ua/ Kinne Rn 6; MünchKomm/Artz Rn 5).

4. Rechtsfolgen

Als Rechtsfolge ist in § 576b BGB bestimmt, dass für die Beendigung des Rechtsverhältnisses hinsichtlich des Wohnraums die Vorschriften über Mietverhältnisse entsprechend gelten. Dies bedeutet, dass das Nutzungsverhältnis über den Wohnraum rechtlich gegenüber dem zugrundeliegenden Dienstvertrag teilweise verselbständigt ist (Gassner AcP 186 [1986] 325, 342 ff; Röder 259 ff). Nach der Rechtsprechung des BAG betrifft dies allerdings ausschließlich die **mietrechtlichen Vorschriften über die Beendigung des Mietverhältnisses**. Im Übrigen ergeben sich die Rechte und Pflichten der Vertragsparteien dagegen grundsätzlich aus den **arbeitsrechtlichen Vereinbarungen** und nicht aus den Vorschriften des Mietrechts (BAG AP Nr 1 zu § 611 BGB Werkdienstwohnung; BAG AP Nr 68 zu § 2 ArbGG 1979 = NZA 2000, 277; BAG AP Nr 10 zu § 310 BGB). Hiervon sind beide Parteien in gleicher Weise betroffen. Solange das Arbeitsverhältnis besteht, richtet sich die Beendigung der Wohnraumüberlassung nach arbeitsrechtlichen Vorschriften. Der Arbeitgeber kann zB nach Maßgabe der §§ 307 ff BGB formularmäßig einen Widerrufsvorbehalt vereinbaren (vgl BAG AP Nr 1 zu § 308 BGB = NZA 2005, 465), dessen Ausübung der Kontrolle nach Maßgabe des § 315 BGB unterliegt (LAG Köln ZMR 2008, 963). Eine Änderungskündigung mit dem Ziel des Entzugs der Wohnung bedarf im Anwendungsbereich des KSchG der sozialen Rechtfertigung (§ 2 KSchG). § 576b BGB findet nur Anwendung, wenn das Arbeitsverhältnis bereits beendet ist und der Arbeitnehmer die Werkdienstwohnung noch bewohnt (LAG Köln ZMR 2008, 963).

a) Befristetes Dienstverhältnis
aa) Wenn der Dienstvertrag auf bestimmte Zeit abgeschlossen ist, endet das Rechtsverhältnis über den Wohnraum durch **Zeitablauf** zusammen mit dem Dienstverhältnis, ohne dass es einer Kündigung bedarf. Es ist also nach § 576b BGB für die Beendigung des Rechtsverhältnisses § 542 Abs 2 BGB anwendbar. Ein auflösend bedingtes Dienstverhältnis ist zwar im Arbeitsrecht weitgehend dem befristeten gleichgestellt (§ 21 TzBfG), für die Beendigung des Rechtsverhältnisses über den Wohnraum gilt aber nicht § 542 Abs 2 BGB, sondern § 572 Abs 2 BGB mit der Folge, dass dieses Rechtsverhältnis noch gekündigt werden muss. Es gelten dann die Ausführungen zu den unbefristeten Dienstverhältnissen (vgl Rn 16 ff).

bb) Das Rechtsverhältnis hinsichtlich des Wohnraums kann sich nach § 545 BGB aufgrund einer Fortsetzung des Gebrauchs durch den Wohnungsinhaber über das Ende des Dienstverhältnisses hinaus verlängern (Schmidt-Futterer/Blank Rn 22). Nach § 576b BGB ist die entsprechende Anwendung der mietrechtlichen Vorschriften zwar nur für die Beendigung des Rechtsverhältnisses über den Wohnraum vorgesehen, während § 545 BGB zu dessen **Verlängerung** führt. Diese Vorschrift soll jedoch klare Rechtsverhältnisse bei einer Fortsetzung des Gebrauchs schaffen (BGH NJW-RR 1988, 76) und kann damit im weiteren Sinne zu den Bestimmungen gezählt werden, die Fragen der Beendigung des Mietverhältnisses regeln. Die Anwendung des § 545 BGB ist vor allem geboten, wenn sein Zweck in einem Bestandsschutz für das Mietverhältnis gesehen wird (LG Bochum ZMR 1971, 56 mAnm Schopp; **aM**

Palandt/Weidenkaff § 545 Rn 1). Beim Tod des Dienstverpflichteten kann § 563 BGB eingreifen (vgl § 563 Rn 4).

b) Unbefristetes Dienstverhältnis

16 Bei einem Dienstvertrag auf unbestimmte Zeit endet das Rechtsverhältnis über den Wohnraum nicht automatisch mit der Beendigung des Dienstverhältnisses. Es ist erforderlich, dieses Rechtsverhältnis nach den mietrechtlichen Vorschriften gesondert zu beenden. Hierzu ist im Allgemeinen eine **Kündigung** erforderlich. Es kann sich um eine ordentliche oder außerordentliche Kündigung handeln (Staudinger/Rolfs [2021] § 542 Rn 107 ff). Auch andere Beendigungsgründe, wie vor allem ein Aufhebungsvertrag (Staudinger/Rolfs [2021] § 542 Rn 174 ff), kommen in Betracht. Auszuschließen ist eine Anfechtung, wenn sie nur auf den Eintritt der Rechtswirkungen des § 576b BGB gestützt wird, da es sich insoweit um einen unbeachtlichen Rechtsfolgeirrtum handelt.

17 aa) Solange das Rechtsverhältnis über den Wohnraum nicht nach den mietrechtlichen Vorschriften beendet ist, besteht zwischen den Parteien ein **gesetzliches Schuldverhältnis** (Herrlein/Kandelhard/Knops Rn 4; Jauernig/Teichmann Rn 3; MünchKomm/Artz Rn 6; Schmidt-Futterer/Blank Rn 22). Das Gesetz regelt nicht, wie dieses Schuldverhältnis inhaltlich im Einzelnen ausgestaltet ist, sondern spricht ganz allgemein von einem „Rechtsverhältnis". Aus dem Zweck der Vorschrift ergibt sich, dass der Wohnungsinhaber über das Ende des Dienstverhältnisses hinaus einen Anspruch auf weitere Überlassung des Wohnraums behält. Dem entspricht eine Pflicht des Wohnungsinhabers, ein Nutzungsentgelt zu entrichten. Dieses Entgelt kann sich nicht nach bereicherungsrechtlichen Vorschriften richten, da die Nutzung eine Rechtsgrundlage hat. Auch ein Eigentümer-Besitzer-Verhältnis iS der §§ 987 ff BGB scheidet aus, weil der Wohnungsinhaber zum Besitz berechtigt ist (Blank/Börstinghaus/Blank/Börstinghaus Rn 19; Herrlein/Kandelhard/Knops Rn 8).

18 Bei dem gesetzlichen Schuldverhältnis handelt es sich um ein **Abwicklungsverhältnis**, das im Anschluss an die Beendigung des Dienstverhältnisses entsteht (**aM** BeckOGK/Bieder [1. 7. 2020] Rn 12). Damit liegt es nahe, das Nutzungsentgelt nach dem Teil der früheren Tätigkeitsvergütung zu bestimmen, der für die Überlassung der Werkdienstwohnung angerechnet worden ist, dem nunmehr aber keine Leistungen des ausgeschiedenen Arbeitnehmers gegenüberstehen (LG Hamburg WuM 1991, 550; Bub/Treier/Fleindl Rn IV 276; Schmidt-Futterer/Blank Rn 22; dies BB 1976, 1033, 1034). Insoweit handelt es sich um Nachwirkungen des Dienstvertrags. Ist in diesem Vertrag kein bestimmter Betrag ausgewiesen, der wegen der Wohnraumüberlassung auf die Tätigkeitsvergütung anzurechnen war, und vermag auch nach dem dispositiven Recht die Miete nicht nach objektiven Maßstäben ermittelt zu werden (LG Berlin GE 2009, 1190), so ist entsprechend § 571 Abs 1 S 1 HS 2 BGB das ortsübliche Entgelt für vergleichbare Werkdienstwohnungen maßgebend (Schmidt-Futterer/Blank Rn 22). Bis zu dieser Grenze kann der Gläubiger das Entgelt nach den §§ 315, 316 BGB bestimmen (LG Hamburg WuM 1991, 550). Für etwaige Erhöhungen des Nutzungsentgelts sind nicht die Vorschriften der §§ 557 ff BGB über die Miethöhe maßgebend (LG Hamburg WuM 1991, 550; MünchKomm/Artz Rn 8; Röder 211 ff; Schmidt-Futterer/Blank Rn 22; Spielbauer/Schneider/Krenek Rn 20; **aM** AG Dortmund WuM 1985, 155; Gassner AcP 186 [1986] 325, 346 ff). Ob das BAG (BAG 15. 12. 1992 – 1 AZR 308/92, WuM 1993, 353) der Gegenmeinung zuneigt, lässt sich aus einer eher beiläufigen

Bemerkung nicht mit Sicherheit entnehmen. Auch für die sonstigen Rechte und Pflichten der Parteien gilt das Gleiche wie bei einem Abwicklungsverhältnis nach § 546a BGB (STAUDINGER/ROLFS [2021] § 546a Rn 34 ff).

bb) Da für die Beendigung des Rechtsverhältnisses hinsichtlich des Wohnraums idR eine Kündigung in Betracht kommt (vgl Rn 16), müssen die Voraussetzungen einer solchen vorliegen. 19

Die **Kündigungserklärung** bedarf nach § 568 Abs 1 BGB der schriftlichen Form. Zu beachten ist, dass § 568 Abs 2 BGB im Fall des § 549 Abs 2 Nr 1 bis 3 BGB keine Anwendung findet, wobei § 549 Abs 2 Nr 2 BGB bei Werkdienstwohnungen aufgrund der sich gegenseitig ausschließenden Tatbestandsmerkmale nicht vorkommen kann (unten Rn 21). 20

Der Kündigende muss grundsätzlich die **Kündigungsfrist** des § 573c Abs 1 BGB einhalten. Im Fall der Vermieterkündigung kommt es für die Verlängerung der Kündigungsfristen nach § 573c Abs 1 S 2 BGB auf die Zeit der Überlassung des Wohnraums an und nicht auf die Dauer des Dienstverhältnisses. Die kürzeren Fristen des § 573c Abs 2 und 3 BGB können nicht eingreifen, da diese Vorschrift wegen der Tatbestandsmerkmale des § 576b BGB unanwendbar ist. § 573c Abs 2 BGB setzt nämlich wegen der Erlaubnis zur Vereinbarung einer von § 573c Abs 1 BGB abweichenden Kündigungsfrist in jedem Fall ein eigenständiges Mietverhältnis voraus. Ebenso kann § 573c Abs 3 BGB nicht eingreifen, weil für die Anwendung dieser Vorschrift iVm § 549 Abs 2 Nr 2 BGB gerade die Merkmale ausgeschlossen sind, die für § 576b BGB Voraussetzung sind (Ausstattung mit Einrichtungsgegenständen, gemeinsamer Haushalt mit nahestehenden Personen). Die Kündigung kann schon erklärt werden, solange das Dienstverhältnis noch besteht. Dadurch ist es möglich, das gesamte Rechtsverhältnis zu demselben Zeitpunkt zu beenden (RÖDER 263; SCHMIDT-FUTTERER/BLANK Rn 18). Handelt es sich um eine einheitliche Kündigungserklärung, muss aus ihr eindeutig hervorgehen, dass sie sich neben dem Dienstverhältnis auch auf das Rechtsverhältnis hinsichtlich des Wohnraums erstreckt. Die Kündigungsfristen des § 573c BGB sind von beiden Parteien einzuhalten. 21

Die entsprechende Geltung mietrechtlicher Vorschriften für Werkdienstwohnungen bedeutet, dass auch die Bestimmungen über **Werkmietwohnungen** eingreifen können. Der Verfügungsberechtigte über die Werkdienstwohnung kann die Kündigung deshalb nach seiner Wahl auf § 576 BGB stützen, um die Kündigungsfristen abzukürzen. Diese Sonderkündigung ist allerdings erst nach der Beendigung des Dienstverhältnisses möglich. Bei Werkdienstwohnungen kommt wegen des besonders engen Funktionszusammenhangs idR das Sonderkündigungsrecht des § 576 Abs 1 Nr 2 BGB in Betracht. 22

Für die Kündigung des Rechtsverhältnisses über die Werkdienstwohnung durch den Verfügungsberechtigten ist ein **Kündigungsgrund** iS des § 573 BGB erforderlich, soweit nicht der Ausnahmetatbestand des § 549 Abs 2 Nr 1 BGB für Wohnraum zu nur vorübergehendem Gebrauch vorliegt. Die Ausnahme des § 549 Abs 2 Nr 2 BGB kann wegen der Tatbestandsmerkmale des § 576b BGB nicht vorkommen (vgl Rn 21). Als Kündigungsgrund kommt in erster Linie Betriebsbedarf in Betracht (vgl § 573 Rn 177 ff). Dieser muss aber konkret bestehen und im Kündigungsschreiben 23 nach § 573 Abs 3 BGB begründet werden; er kann nicht schon bei Vertragsabschluss formularvertraglich fixiert werden (AG Schöneberg NZM 2010, 123). Auch die anderen Gründe des § 573 BGB und die erleichterte Kündigungsmöglichkeit nach § 573a BGB können bei Werkdienstwohnungen gegeben sein. Die Kündigungsgründe sind nach § 573 Abs 3 BGB und § 568 Abs 2 BGB in dem Kündigungsschreiben anzugeben (AG Stuttgart WuM 1974, 126; § 573 Rn 201 ff, 218).

24   Ein **Mitbestimmungsrecht** nach § 87 Abs 1 Nr 9 BetrVG, § 75 Abs 2 Nr 2 BPersVG und den Personalvertretungsgesetzen der Länder kommt bei der Kündigung einer Werkdienstwohnung nicht in Betracht. Dies ergibt sich unmittelbar schon daraus, dass diese Vorschriften ein Mietverhältnis voraussetzen, das bei der Werkdienstwohnung nicht existiert (BAG 3. 6. 1975 – 1 ABR 118/73, AP Nr 3 zu § 87 BetrVG 1972 Werkmietwohnungen; BAG 28. 7. 1992 – 1 ABR 22/92, AP Nr 7 zu § 87 BetrVG 1972 Werkmietwohnungen = NZA 1993, 272; Richardi [16. Aufl 2018] § 87 BetrVG Rn 712; Schmidt-Futterer/Blank BB 1976, 1033 f; Schmitz-Justen WuM 2000, 581, 583; einschränkend BeckOGK/Bieder [1. 7. 2020] Rn 13). Für eine Anwendung der Vorschriften könnte zwar sprechen, dass sich das Rechtsverhältnis hinsichtlich der Werkdienstwohnung nach der Beendigung des Dienstvertrags verselbständigt hat und schließlich auch nach mietrechtlichen Vorschriften gekündigt werden muss. Wenn aber schon während des bestehenden Arbeitsverhältnisses ein Mitbestimmungsrecht verneint werden muss, spricht nichts dafür, dass es bei der Beendigung desselben aufleben könnte.

25   Zu den entsprechend anwendbaren Vorschriften gehört die **Sozialklausel** der §§ 574 bis 574c BGB. Stützt der über die Werkdienstwohnung Verfügungsberechtigte seine Kündigung auf § 573c BGB, gilt die Sozialklausel grundsätzlich ohne Einschränkungen. Da aber auch § 576a BGB für Werkdienstwohnungen entsprechend gilt, ist die Sozialklausel nur nach Maßgabe des Abs 1 dieser Bestimmung anwendbar (vgl § 576a Rn 4 ff) oder in den Fällen des § 576a Abs 2 BGB ganz ausgeschlossen (vgl § 576a Rn 7 ff).

26   **cc)** Ist das gesetzliche Schuldverhältnis hinsichtlich des Wohnraums nach den Vorschriften des Mietrechts beendet worden, so kann es sich nach § 545 BGB aufgrund einer **Fortsetzung des Gebrauchs** durch den Wohnungsinhaber verlängern (Schmidt-Futterer/Blank Rn 22; oben Rn 15).

27   **dd)** Die Parteien können während des Bestehens oder nach dem Ende des Dienstverhältnisses einen **Mietvertrag** über die Wohnung abschließen. Damit werden alle mietrechtlichen Vorschriften unmittelbar anwendbar. Der Mietvertrag kann durch konkludentes Verhalten der Parteien zu Stande kommen. Allerdings genügt es nicht, dass der Verfügungsberechtigte nach Beendigung des Dienstverhältnisses längere Zeit keinen Gebrauch von seinem Kündigungsrecht macht und das Nutzungsentgelt entgegennimmt. Dies ist nichts anderes als ein Vollzug des gesetzlichen Schuldverhältnisses (vgl Rn 17 f). Beide Parteien müssen vielmehr ein Verhalten an den Tag legen, das von dem rechtsgeschäftlichen Willen getragen wird, das Rechtsverhältnis in vollem Umfang den mietrechtlichen Bestimmungen zu unterstellen.

IV. Rechtsweg und Zuständigkeit

28   Über den zulässigen Rechtsweg bei einem Rechtsstreit über eine Werkdienstwohnung herrscht nach wie vor Unklarheit. Nach Ansicht des **BAG** (AP Nr 68 zu § 2

ArbGG 1979 = WuM 2000, 362) und einem Teil der Literatur (Drasdo WuM 2019, 609, 612; Koenig WuM 1967, 160, 161; MünchKomm/Artz Rn 10) ist nach § 2 Abs 1 Nr 3 lit a oder Nr 4 lit a ArbGG der Rechtsweg zu den Gerichten für Arbeitssachen gegeben. Begründet wird dies zutreffend damit, dass die Überlassung des Wohnraums nicht auf einem Mietverhältnis, sondern auf dem Arbeitsverhältnis beruht (BAG AP Nr 68 zu § 2 ArbGG 1979 = WuM 2000, 362; Herrlein/Kandelhard/Knops Rn 3; Schmid/Harz/ Riecke § 576 Rn 31). So ist es zwingend, dass der Arbeitnehmer die auf dem Dienstvertrag beruhende Überlassung der Wohnung als Teil seiner Vergütung vor den Gerichten für Arbeitssachen einklagen muss. Daher ist es auch sachgerecht, dass die Arbeitsgerichte für Streitigkeiten zuständig sind, die während des Dienstverhältnisses in Bezug auf die Werkdienstwohnung entstehen (Herrlein/Kandelhard/Knops Rn 10; Julius WuM 2000, 340 f; Lützenkirchen WuM 2001, 55, 70; Schmitz-Justen WuM 2000, 582, 583).

Nicht beantwortet ist damit die Frage des Rechtswegs und der Zuständigkeit in dem Fall, dass es um einen **Rechtsstreit im Zusammenhang mit der Beendigung der Nutzung des Wohnraums** geht. Diese Frage hat das BAG auch ausdrücklich offen gelassen (BAG AP Nr 68 zu § 2 ArbGG 1979 = WuM 2000, 362). Nur für diesen Fall entfaltet aber § 576b BGB überhaupt Wirkung und verweist auf die Anwendung der mietrechtlichen Vorschriften. Durch die Beendigung des Dienstverhältnisses entsteht damit hinsichtlich des Wohnraums ein gesetzliches Schuldverhältnis, auf das die Vorschriften des Mietrechts Anwendung finden (oben Rn 17 f). Daraus folgt, dass ein Rechtsstreit, der im Zusammenhang mit der Beendigung des Rechtsverhältnisses hinsichtlich des Wohnraums steht, nach § 23 Nr 2 lit a GVG, § 29a Abs 1 ZPO vor die ordentlichen Gerichte und hier in die ausschließliche Zuständigkeit des Amtsgerichts gehört (LG Detmold WuM 1969, 28; ArbG Hamburg 7. 10. 2016 – 13 Ca 447/15, ZMR 2017, 858 mAnm Riecke; AG Garmisch ZMR 1972, 117; BeckOGK/Bieder [1. 7. 2020] Rn 15; Röder 270; Schmidt-Futterer/Blank Vor § 576 Rn 11; Spielbauer/Schneider/Krenek Rn 24; **aM** LG Berlin ZMR 2013, 533; Lützenkirchen/Lützenkirchen Rn 11). Dagegen spricht auch nicht, dass § 23 Nr 2 lit a GVG und § 29a Abs 1 ZPO von einem „Mietverhältnis" sprechen. Das gesetzliche Schuldverhältnis über die Werkdienstwohnung ist solchen Mietstreitigkeiten unter den Voraussetzungen des § 576b BGB in jeder Hinsicht gleichzustellen. Die ausschließliche Zuständigkeit gilt nach § 29a Abs 2 ZPO nicht, wenn es sich um Wohnraum der in § 549 Abs 2 Nr 1 bis 3 BGB genannten Art handelt. Ist der Tatbestand des § 576b BGB nicht erfüllt, verbleibt es bei der Zuständigkeit des Arbeitsgerichts. Dies gilt auch für die Klage auf Räumung des Wohnraums, solange § 576b BGB nicht eingreift, da es sich um ein Dienstverhältnis und nicht um ein Mietverhältnis über Räume handelt und damit ausschließlich nachvertragliche Pflichten aus dem Dienstverhältnis in Rede stehen (**aM** LG Augsburg ZMR 1994, 333).

V. Abweichende Vereinbarungen (Abs 2)

Nach Abs 2 sind abweichende Vereinbarungen zum Nachteil des Mieters unzulässig. Dies entspricht der früheren Rechtslage (BT-Drucks 14/4553, 72). In dem Dienstvertrag darf also weder die Anwendbarkeit der Vorschrift oder von einzelnen Teilen des Mietrechts, zB der Sozialklausel, ausgeschlossen werden.

Kapitel 6
Besonderheiten bei der Bildung von Wohnungseigentum an vermieteten Wohnungen

§ 577
Vorkaufsrecht des Mieters

(1) Werden vermietete Wohnräume, an denen nach der Überlassung an den Mieter Wohnungseigentum begründet worden ist oder begründet werden soll, an einen Dritten verkauft, so ist der Mieter zum Vorkauf berechtigt. Dies gilt nicht, wenn der Vermieter die Wohnräume an einen Familienangehörigen oder an einen Angehörigen seines Haushalts verkauft. Soweit sich nicht aus den nachfolgenden Absätzen etwas anderes ergibt, finden auf das Vorkaufsrecht die Vorschriften über den Vorkauf Anwendung.

(2) Die Mitteilung des Verkäufers oder des Dritten über den Inhalt des Kaufvertrags ist mit einer Unterrichtung des Mieters über sein Vorkaufsrecht zu verbinden.

(3) Die Ausübung des Vorkaufsrechts erfolgt durch schriftliche Erklärung des Mieters gegenüber dem Verkäufer.

(4) Stirbt der Mieter, so geht das Vorkaufsrecht auf diejenigen über, die in das Mietverhältnis nach § 563 Abs. 1 oder 2 eintreten.

(5) Eine zum Nachteil des Mieters abweichende Vereinbarung ist unwirksam.

Materialien: BT-Drucks 12/3254, 39, 49; BT-Drucks 12/5110, 19; BT-Drucks 14/4553, 72; BT-Drucks 15/5663, 31.

Schrifttum

BEUERMANN, Vorkaufsrecht des Mieters nach Umwandlung, GE 1993, 951
BLANK, Das Vierte Mietrechtsänderungsgesetz. Teil 2: Die Änderungen des Bürgerlichen Gesetzbuchs und des Heimgesetzes, WuM 1993, 573
BRAMBRING, Das Vorkaufsrecht des Mieters nach § 570b BGB in der notariellen Praxis, ZAP 1993, 965
BRUNS, Schadensersatz wegen Vereitelung des Mietervorkaufsrechts – zugleich Besprechung von BGH VIII ZR 51/14 (ZMR 2015, 534), ZMR 2015, 529
BUB, Das 4. Mietrechtsänderungsgesetz, NJW 1993, 2897
ders, Das vertragliche Vorkaufsrecht des Mieters, NZM 2000, 1092
BUNDSCHUH, Vorkaufsrechte des Mieters – ein rechtlicher Stolperstein, ZMR 2001, 324
COMMICHAU, Das Mietervorkaufsrecht in Fällen mieterseitiger Kündigung, NJW 1995, 1010
DERLEDER, Mietervorkaufsrecht und Eigentümerverwertungsinteresse, in: PiG Bd 49 (1996) 169
ders, Mietervorkaufsrecht und Eigentümerverwertungsinteresse, NJW 1996, 2817
DRASDO, Die entsprechende Anwendung der

Aufteilungsvorschriften, in: 10 Jahre Mietrechtsreformgesetz (2011) 838
V Emmerich, Auswirkungen der Mietrechtsänderung auf Kündigungen, WuM 2013, 323
Fervers, Entgangener Gewinn als Schaden des Mieters bei Vereitelung seines Vorkaufsrechts nach § 577 BGB, ZMR 2015, 609
Franke/Geldmacher, Die Neuregelungen im Mietrecht durch das 4. Mietrechtsänderungsgesetz (4. MRÄG) – Änderungen des BGB, ZMR 1993, 548
Fuchs, Rechtsfragen des gesetzlichen Vorkaufsrechts gem § 570b BGB, GE 1998, 396
Graf Vitzthum/Kahmann, Eigentumswohnung: Vorsicht beim Vorkaufsrecht, GE 2013, 392
Hammen, Ist die Ausübung des Vorkaufsrechts aus § 570b formbedürftig?, DNotZ 1997, 543
Heintz, Vorkaufsrecht des Mieters, 1998
Herrler, 25 Jahre Mietervorkaufsrecht – Effektives Instrument des Mieterschutzes?, ZfPW 2018, 328
Hildebrandt, Das Schicksal von Mietervorkaufsrechten bei Veräußerung des gesamten Objekts, GE 2014, 292
Klühs, Mietervorkaufsrecht bei en bloc-Verkauf, NZM 2013, 809
ders, Die „Aufteilungsabsicht" als Voraussetzung des Mietervorkaufsrechts, NZM 2016, 812
Langhein, Das neue Vorkaufsrecht des Mieters bei Umwandlungen – Kautelarjuristische Konsequenzen, DNotZ 1993, 650
Lüder, Vorsicht Vorkaufsrecht – Rechtsfragen der Praxis zu § 570b BGB, GE 1998, 1076

Maciejewski, Das Vorkaufsrecht des Mieters nach Umwandlung gemäß § 570b BGB. Hinweise für Mieter, MM 1994, 137
Otto, Neue Regelungen für Vermieter und Mieter, ZMR 1994, 52
Rüssmann, Vorkaufsrecht analog § 577 BGB bei Realteilung von Grundstücken? – Eine kritische Analyse der diesbezüglichen Rechtsprechung des VIII. Zivilsenats und ihrer Auswirkungen auf die notarielle Praxis, RNotZ 2012, 97
Sarnighausen, Formfreie Ausübung des Vorkaufsrechts nach § 505 I BGB im Hinblick auf Grundstückskaufverträge, NJW 1998, 37
Schilling/Meyer, Neues Mietrecht 1993 – Eine Zwischenbilanz, ZMR 1994, 497
Schlemminger, Risiken bei Vorkaufsrechtsklauseln in Miet- und Pachtverträgen, NZM 1999, 890
Schmidt, Das neue Vorkaufsrecht bei der Umwandlung in Eigentumswohnungen, DWW 1994, 65
ders, Die Nichtausübung des Mietervorkaufsrechts nach § 570b BGB, ZNotP 1998, 218
Sternel, Übergang des Mietverhältnisses bei Begründung und Veräußerung von Wohnungseigentum, MDR 1997, 315
Walburg, Kaufvertragliche Hindernisse für das Vorkaufsrecht des Mieters, WuM 2020, 135
Wirth, Probleme des Mietervorkaufsrechts nach § 570b BGB.

Systematische Übersicht

I.	**Allgemeine Kennzeichnung**	
1.	Überblick	1
2.	Entstehung der Vorschrift	3
3.	Zweck der Vorschrift	5
II.	**Voraussetzungen (Abs 1)**	
1.	Mietverhältnis über Wohnraum	8
a)	Vermieteter Wohnraum	8
b)	Untermietverhältnis	11
2.	Überlassung an den Mieter	16
3.	Begründung von Wohnungseigentum	17
a)	Person des Umwandelnden	17
b)	Zwei Arten von Umwandlungsfällen	18
c)	Zeitpunkt der Umwandlung	24
d)	Realteilung eines Grundstücks	26
e)	Andere dingliche Nutzungsrechte	27
4.	Verkauf an einen Dritten	28
a)	Gegenstand des Vorkaufsrechts	28
b)	Kaufvertrag	33
c)	Zeitpunkt des Kaufvertrages	37
d)	Erster Verkaufsfall	43
5.	Ausschluss des Vorkaufsrechts (Abs 1 S 2)	45

III. Rechtsfolgen
1. Vorkaufsrecht des Mieters 52
   a) Berechtigung des Mieters 52
   b) Anwendbare Vorschriften 55
   c) Mitteilung über den Vorkaufsfall und Unterrichtung des Mieters über sein Vorkaufsrecht (Abs 2) 56
   d) Ausübung des Vorkaufsrechts (Abs 3) 61
      aa) Allgemeines 61
      bb) Form 63
      cc) Frist (§ 469 Abs 2 S 1 BGB) 65
      dd) Mehrere Vorkaufsberechtigte (§ 472 BGB) 67
   e) Wirkung 68
2. Verbrauch des Vorkaufsrechts 70
3. Übergang des Vorkaufsrechts auf eintrittsberechtigte Personen (Abs 4) 74
4. Sonstige Folgen 79

IV. Abweichende Vereinbarungen (Abs 5)
1. Unzulässigkeit 81
2. Zulässigkeit 85

Alphabetische Übersicht

Abgeschlossenheitsbescheinigung 21
Abweichende Vereinbarungen 81
– Unzulässigkeit 63, 81
– Zulässigkeit 85
Anfechtung
– Ausübung des Vorkaufsrechts 63
– Kaufvertrag .... 33 ff
Aufhebungsvertrag
– Kaufvertrag 36, 72
– Mietvertrag .... 87 f
Auskunftsanspruch des Verkäufers 68
Ausschluss des Vorkaufsrechts .... 45, 82 f, 86
Ausübung des Vorkaufsrechts .... 61 f

Bedingung 36, 52, 61, 79, 82
Beendigung des Mietverhältnisses .... 40 f
Begründung von Wohnungseigentum 17
Blockverkauf .... 31 f

Dauernutzungsvertrag 8
Dauerwohnrecht 27

Ehegatte 46, 74
Eigenbedarf .... 47 ff
Eigentumsgarantie 6, 43
Eintritt in das Mietverhältnis 46, 74
Einzelverkauf 29, 73
Elektronische Signatur 64
Entstehung der Vorschrift .... 3 f
Erben .... 67, 74 ff
Erstverkauf .... 43 f

Familienangehörige .... 45 f, 74 ff
Form
– Ausübung des Vorkaufsrechts 63, 82
– Kaufvertrag 35
– Mitteilung des Vorkaufsfalls 57, 85
Fortsetzung des Gebrauchs 42
Fortsetzung des Mietverhältnisses 42
Frist
– Ausübung des Vorkaufsrechts .... 60, 66, 73, 78, 82 ff
– Mitteilung des Vorkaufsfalls .... 57 f

Garage 8
Genehmigung 35, 57
Gesamtverkauf 31, 69, 73
Geschäftsfähigkeit 61
Geschäftsräume 8

Haushaltsangehörige .... 45 f

Identität von Vermieter und Verkäufer .... 12 f, 51, 62
Inkrafttreten 3, 44
Insolvenz 71
Insolvenzverwalter 34

Juristische Person 33

Kaufvertrag mit dem Dritten .... 33 ff
– Anfechtung 36
– Aufhebung 36
– Bedingung 36, 52, 61, 79, 82

Untertitel 2 · Wohnraum
Kapitel 6 · Besonderheiten bei der Bildung von Wohnungseigentum § 577

– Bestimmbarkeit des Gegenstands	22 f, 29 ff
– Einzelverkauf	29, 73
– Form	35
– Gegenstand	28
– Genehmigung	35
– Gesamtverkauf	31, 69, 73
– Insolvenzverwalter	34
– Mitteilung des Inhalts	56 f, 60, 85
– Rücktritt	36, 72, 79, 82
– Schadensersatz	79
– Scheingeschäft	35
– Teilungsversteigerung	34
– Wirksamkeit	35
– Zeitpunkt	37
– Zwangsversteigerung	34
Kaufvertrag mit dem Mieter	
– Anspruch	52
– Ausübung des Vorkaufsrechts	61 f
– Form	63
– Kaufpreis	68
– Schadensersatz	79
– Vertragsbestimmungen	68 f
– Zustandekommen	68
Kündigung	40, 47
Leihe	10
Maklerlohn	68a
Mehrheit von Mietern	56, 65 ff
Mehrheit von Verkäufern	61
Mietaufhebungsvertrag	87 f
Mietrechtsreform	4
Mietverhältnis über Wohnraum	8
– Abschluss	39
– Beendigung	40 f
– Optionsrecht	38
– Verlängerung	42
– Vorvertrag	38
Mischmietverhältnis	8
Miteigentum	19, 21 f, 31 f
Mitteilung über den Vorkaufsfall	56, 60
– Form	57, 85
– Frist	57, 85
– Inhalt	58
Nebenräume	8, 28 ff
Nichteheliche Lebensgemeinschaft	46, 75
Notar	56, 79
Nutzungsrechte	2, 27
Nutzungsverhältnis	2
Öffentlich geförderter Wohnraum	2, 8, 23, 45, 70
Optionsrecht	38
Pacht	8
Räumungsfrist	41
Realteilung	26
Rechtsfolgen	52 ff
Rücktrittsrecht	36, 72, 79, 82
Scheingeschäft	35, 62
Schenkung	33, 70
Schriftform	63 f
Sozialklausel	42
Stundung des Kaufpreises	85
Tausch	33, 70
Teileigentum	28 ff
Teilung in Wohnungseigentum	19, 29 ff, 73
Teilungsversteigerung	34
Übergang des Vorkaufsrechts	74 ff
Überlassung der Wohnräume	16, 39
Übertragbarkeit des Vorkaufsrechts	85
Umgehungsgeschäft	35
Umwandlungsfall	17
Untermietverhältnis	11
Unterrichtung des Mieters über sein Vorkaufsrecht	59 f, 85
Verbindung von Mitteilung u Unterrichtung	690
Verbrauch des Vorkaufsrechts	70, 78
Verkauf an einen Dritten	28 ff
Verlängerung des Mietverhältnisses	42
Vertrag zugunsten Dritter	85
Vertragskosten	68 f
Verwalter	51
Vollstreckungsschutz	41
Voraussetzungen	8 ff
Vorenthaltung der Miethäume	41
Vorkaufsrecht	
– anwendbare Vorschriften	55
– Ausschluss	45
– Ausübung	61 ff
– Entstehung	52, 75 ff, 85

– Form der Ausübung	63, 82 ff	Wiederholter Verkauf	43 f
– Frist	60, 65, 73, 80, 82 ff	Wohnräume	8
– Mehrheit von Mietern	56, 65 ff	Wohnungseigentum	17, 28
– Mitteilung des Verkäufers	56, 85	– beabsichtigte Umwandlung	20, 29 ff, 73
– Rechtsfolgen	52	– Person des Umwandelnden	17
– Übergang auf Ehegatten usw	74, 82	– vollzogene Umwandlung	19, 29 ff, 73
– Übertragbarkeit	85	– Zeitpunkt	24 f
– Unterrichtung des Mieters	56, 85		
– Verbrauch	70, 78	Zeitpunkt	
– Verzicht	82, 86	– Entstehung des Vorkaufsrechts	52, 75 ff, 85
– Voraussetzungen	8 ff	– Kaufvertrag	37
– Vormerkung	53 f	– Überlassung	17
Vormerkung	53 f	– Umwandlung	24 f
Vorvertrag	38	Zwangsversteigerung	34
		Zwangsvollstreckung	71
Wartefrist für Kündigung wegen		Zweck der Vorschrift	5, 74
Eigenbedarfs	16, 18, 22 ff, 70	Zwischenvermietung	12 f

I. Allgemeine Kennzeichnung

1. Überblick

1 a) Die Vorschrift räumt dem Mieter von Wohnraum in Abs 1 S 1 ein **persönliches Vorkaufsrecht** ein, wenn die Wohnräume, an denen nach der Überlassung an den Mieter Wohnungseigentum begründet worden ist oder begründet werden soll, an einen Dritten verkauft werden. Damit sind, wie Abs 1 S 3 ausdrücklich klarstellt, grundsätzlich die Vorschriften der §§ 463 ff BGB über das schuldrechtliche Vorkaufsrecht anwendbar. Nach § 577 Abs 1 S 2 BGB ist der Mieter nicht zum Vorkauf berechtigt, wenn der Vermieter die Wohnräume an einen Familienangehörigen oder einen Angehörigen seines Haushalts verkauft. Die in § 469 Abs 1 S 1 BGB vorgeschriebene Mitteilung des Verkäufers über den Inhalt des Kaufvertrages, die nach § 469 Abs 1 S 2 BGB durch die Mitteilung des Dritten ersetzt wird, ist gemäß § 577 Abs 2 BGB mit einer Unterrichtung des Mieters über sein Vorkaufsrecht zu verbinden. Im Interesse der Rechtssicherheit und Rechtsklarheit muss das Vorkaufsrecht schriftlich ausgeübt werden, Abs 3. Stirbt der Mieter, so geht das Vorkaufsrecht nach Abs 4 auf den- oder diejenigen Personen über, die in das Mietverhältnis nach § 563 Abs 1 oder 2 BGB eintreten. Diese Regelung weicht von § 473 S 1 BGB ab, nach dem das Vorkaufsrecht grundsätzlich nicht auf die Erben des Berechtigten übergeht. In § 577 Abs 5 BGB wird bestimmt, dass eine zum Nachteil des Mieters abweichende Vereinbarung unwirksam ist.

2 b) Ein weiteres gesetzliches Vorkaufsrecht enthielt früher § 2b WoBindG. Diese Vorschrift ist mit dem Inkrafttreten des Gesetzes über die soziale Wohnraumförderung (Wohnraumförderungsgesetz – WoFG vom 13. 9. 2001, BGBl I 2376) am 1. 1. 2002 ersatzlos entfallen. § 32 Abs 3 WoFG bestimmt nunmehr lediglich, dass der Vermieter der zuständigen Stelle unverzüglich schriftlich die Veräußerung von belegungs- oder mietgebundenen Wohnungen und die Begründung von Wohnungseigentum an solchen Wohnungen mitzuteilen hat. Im Übrigen bleiben die allgemeinen

Regeln des § 577 BGB über das Vorkaufsrecht auch bei der Umwandlung von öffentlich gefördertem Wohnraum in Wohnungseigentum unberührt (vgl BT-Drucks 14/5538, 63).

2. Entstehung der Vorschrift

a) Die Vorschrift ist durch Art 4 Nr 7 **MietRÄndG 4 vom 21. 7. 1993** (BGBl I 1257) als § 570b in das BGB aufgenommen worden und am 1. 9. 1993 in Kraft getreten. Sie war im ursprünglichen Gesetzentwurf der Bundesregierung (BT-Drucks 12/3254, 4) noch nicht enthalten, sondern geht auf einen Vorschlag zurück, den der Bundesrat in seiner Stellungnahme gemacht hatte (BT-Drucks 12/3254, 28, 39). Die Bundesregierung erkannte in ihrer Gegenäußerung an, dass ein Vorkaufsrecht die Stellung des Mieters festige, hielt ein solches Recht aber für entbehrlich, weil sie davon ausging, dass der Eigentümer eine umgewandelte Wohnung zunächst ohnehin dem Mieter anbieten würde und nur ein kleiner Teil der Mieter bereit und in der Lage wäre, ihre Wohnungen zu kaufen (BT-Drucks 12/3254, 42, 49). Gleichwohl hielt der Rechtsausschuss des Deutschen Bundestags übereinstimmend mit dem Ausschuss für Raumordnung, Bauwesen und Städtebau an dem Vorschlag des Bundesrats fest (BT-Drucks 12/5110, 19). 3

b) Im Zuge des **MietRRG 2001** ist die Vorschrift nur unwesentlich geändert worden. Lediglich terminologischer Natur ist die Änderung des Ausschlusstatbestandes in Abs 1 S 2, der sprachlich mit § 549 Abs 2 Nr 2, § 573 Abs 2 Nr 2 BGB nF harmonisiert wurde. Eine Änderung des zu berücksichtigenden Personenkreises ist damit nicht verbunden (BT-Drucks 14/4553, 72). Lediglich klarstellenden Charakter hat der neue S 3 des Abs 1, da auch bislang unstreitig die Regelungen über das schuldrechtliche Vorkaufsrecht (§§ 463 ff BGB) ergänzend zur Anwendung kamen (HERRLEIN/KANDELHARD/KANDELHARD Rn 1). Eine sachliche Änderung beinhaltet jedoch der neue Abs 3, der für die Ausübung des Vorkaufsrechts die Schriftform vorschreibt. Er korrigiert die gegenteilige frühere Rechtslage, die sich aus § 464 Abs 1 S 2 BGB (§ 505 Abs 1 S 2 BGB aF) ergab (OLG Düsseldorf WuM 1998, 668; OLG München NZM 1999, 797), aber kritisiert worden war (SARNIGHAUSEN NJW 1998, 37, 38). Durch Einführung der Schriftform soll der Mieter vor übereilten und unüberlegten Entscheidungen geschützt werden. Die weiterreichende Einführung einer notariellen Beurkundungspflicht (§ 311b BGB) wurde allerdings zum Schutz des Mieters nicht für erforderlich gehalten (BT-Drucks 14/4553, 72). Durch den in Abs 4 enthaltenen Verweis auf § 563 Abs 1 und 2 BGB schlagen die Änderungen dieser Vorschrift gegenüber § 569a BGB aF (Erweiterung auf Lebenspartner und andere Personen, die mit dem Mieter einen auf Dauer angelegten gemeinsamen Haushalt führen, vgl § 563 Rn 25 ff) auf das Vorkaufsrecht durch. Die einseitig zwingende Wirkung der Vorschrift (Abs 5) ist dagegen unverändert geblieben. Allerdings hat § 549 Abs 2 BGB nF jetzt zur Folge, dass das Vorkaufsrecht – systemgerecht – nicht mehr bei Wohnraum besteht, der von den sozialen Schutzvorschriften bei der Beendigung des Mietverhältnisses ausgenommen ist. Auch auf Wohnraum in Studenten- oder Jugendwohnheimen kommt § 577 BGB nicht zur Anwendung (§ 549 Abs 3 BGB). 4

c) Durch das **MietRÄndG 2013** hat die Vorschrift keine Änderung erfahren. Zwar wurde der Anwendungsbereich der Kündigungssperrfrist nach § 577a BGB durch Einfügung eines Abs 1a in jene Vorschrift erheblich ausgeweitet (näher § 577a 4a

Rn 21 ff). Die von § 577a Abs 1a BGB erfassten Fälle fallen aber nicht auch unter den Tatbestand des § 577 BGB und begründen folglich kein Vorkaufsrecht des Mieters.

3. Zweck der Vorschrift

5 a) Mit der Aufnahme der Vorschrift in das BGB sollte das seit dem Wohnungsbauänderungsgesetz 1980 im Bereich des sozialen Wohnungsbaus bestehende Vorkaufsrecht des Mieters einer in eine Eigentumswohnung umgewandelten Mietwohnung auf den frei finanzierten und den von öffentlichen Bindungen frei gewordenen Wohnungsbestand ausgedehnt werden (BT-Drucks 12/3254, 40). Die Vorschrift bezweckt, **den Mieter davor zu schützen**, dass er im Zusammenhang mit einer Umwandlung **aus seiner Wohnung verdrängt wird** (KLEIN-BLENKERS ua/HINZ Rn 2). Er soll die Möglichkeit haben, die Wohnung zu einem Kaufpreis zu erwerben, den auch ein Dritter für die Wohnung zu zahlen bereit ist (BGH 27. 4. 2016 – VIII ZR 323/14, NZM 2016, 467; NIES NZM 1998, 179, 180). Dieser Schutz wurde bei den nicht öffentlich geförderten und den bindungsfrei gewordenen Wohnungen für nicht weniger dringlich gehalten als bei Sozialwohnungen (BT-Drucks 12/3254, 40).

6 b) Die Gesetzesbegründung geht davon aus, dass umgewandelte Wohnungen vielfach vorrangig den Mietern zum Kauf angeboten werden (BT-Drucks 12/3254, 40). Gleichwohl sei ein Vorkaufsrecht erforderlich, um dem Mieter in allen Umwandlungsfällen die Gelegenheit zum Kauf der Wohnung zu geben und dafür zu sorgen, dass er sie zu einem Kaufpreis erwerben könne, den auch ein Dritter zu zahlen bereit sei. Die Regelung verstärke die Tendenz, dass der Vermieter die Wohnung in erster Linie dem Mieter anbiete. Sie verschaffe dem Mieter im Übrigen die Möglichkeit, vor der Entscheidung über den Kauf der Wohnung abzuwarten, ob der Vermieter einen anderen Käufer finde und ob dieser die Wohnung eventuell nur als Kapitalanlage erwerben wolle, sodass eine Kündigung des Mietverhältnisses nicht zu besorgen sei. Bei einem Verkauf der Wohnung an eine Person, zu deren Gunsten eine Kündigung wegen Eigenbedarfs nach § 573 Abs 2 Nr 2 BGB möglich ist, wird das Interesse des Vermieters als vorrangig beurteilt. Die Frist zur Ausübung des Vorkaufsrechts ist auf die normale Frist des § 469 Abs 2 S 1 BGB von zwei Monaten nach dem Empfang der Mitteilung begrenzt worden. Dieser Zeitraum sei für die Mieter ausreichend, um ihre Finanzierungsmöglichkeiten zu klären und sich schlüssig zu werden. Im Hinblick auf die Eigentumsgarantie des Art 14 Abs 1 GG sei es notwendig, die Frist eng zu begrenzen, damit der Vermieter in seinen Verkaufsmöglichkeiten nicht übermäßig behindert werde und keine anderen Kaufinteressenten verliere, weil sie allzu lange hinsichtlich der Erfüllung ihres Kaufvertrags im Ungewissen blieben (BT-Drucks 12/3254, 40; BT-Drucks 12/5110, 19).

7 c) Aufgrund der Entstehungsgeschichte lässt sich der Zweck der Vorschrift bis auf das **Wohnungsbauänderungsgesetz von 1980** zurückführen und kommt in der früheren Gesetzesbegründung am deutlichsten zum Ausdruck (BT-Drucks 8/3403, 35, 40). Das Vorkaufsrecht des inzwischen aufgehobenen § 2b WoBindG bezweckte, den Schutz der Mieter vor spekulativen Umwandlungen von Mietwohnungen in Eigentumswohnungen und deren Veräußerung an Dritterwerber zu verstärken. Hierdurch sollte sichergestellt werden, dass umgewandelte Mietwohnungen grundsätzlich an die von der Umwandlung betroffenen Mieter veräußert werden. Außerdem zeigen die Gesetzesmaterialien, dass seinerzeit schon die Absicht bestand, im Rahmen des

WKSchG II ein generelles gesetzliches Vorkaufsrecht der Mieter für alle Umwandlungs- und Verkaufsfälle einzuführen. Diese Absicht wurde jedoch nicht weiterverfolgt, nachdem im Rechtsausschuss des Deutschen Bundestags Bedenken geäußert worden waren. Das Vorkaufsrecht wurde deshalb ursprünglich auf den Bereich der Sozialmietwohnungen beschränkt (BT-Drucks 8/3403, 35, 40).

II. Voraussetzungen (Abs 1)

1. Mietverhältnis über Wohnraum

a) Vermieteter Wohnraum

Nach § 577 Abs 1 S 1 BGB ist der Mieter zum Vorkauf berechtigt, wenn vermietete **8** Wohnräume, an denen nach der Überlassung an den Mieter Wohnungseigentum begründet worden ist oder begründet werden soll, an einen Dritten verkauft werden. Das Gesetz spricht zwar nur von vermieteten Wohnräumen. In aller Regel werden aber außer den Wohnräumen Nebenräume wie Keller und Dachboden sowie Gemeinschaftsräume wie Treppenhaus, Waschküche und Trockenboden mitvermietet. Gemeint ist daher, dass ein Mietverhältnis über Wohnraum bestehen muss. Dies hängt davon ab, ob Vertragsgegenstand Räume sind, die nach dem von den Parteien vertraglich vereinbarten Zweck zum Wohnen bestimmt sind (STAUDINGER/V EMMERICH [2021] Vorbem 24 zu § 535). **Dauernutzungsverträge** mit Wohnungsbaugenossenschaften begründen ein Mietverhältnis über Wohnraum. Unerheblich ist, ob der Wohnraum leer oder möbliert vermietet ist. Bei einem Mischmietverhältnis kommt es darauf an, ob der von den Parteien gewollte Schwerpunkt der Nutzung auf dem Wohnen liegt (STAUDINGER/V EMMERICH [2021] Vorbem 27 zu § 535). Dies kann im Einzelfall bei einem einheitlichen Mietvertrag über Wohn- und Geschäftsräume anzunehmen sein, ist aber regelmäßig zu bejahen, wenn Wohnräume nebst Garage zusammen vermietet werden oder wenn die Garage später in den Wohnraummietvertrag einbezogen wird. Ein rechtlich selbständiger Mietvertrag über eine Garage fällt nicht unter § 577 BGB (BRAMBRING ZAP 1993, 995, 996; WIRTH NZM 1998, 390).

Bei einem **gestuften Mietverhältnis** ist zu differenzieren: Mit dem Endmieter besteht **8a** ein Mietverhältnis über Wohnraum. Das Vorkaufsrecht gegenüber seinem Vermieter nützt ihm nichts, weil dieser nicht Eigentümer, sondern seinerseits Mieter ist und daher die vermietete Wohnung nicht verkauft. Ob ihm ein Vorkaufsrecht gegenüber dem Eigentümer und Hauptvermieter zusteht, ist differenziert zu beurteilen (Rn 11 ff). Der Hauptmieter seinerseits mietet typischerweise nicht zu Wohnzwecken, sodass auf ihn § 577 BGB zumeist keine unmittelbare Anwendung findet. Das Vorkaufsrecht steht ihm aber über die Verweisung des § 578 Abs 3 S 1 BGB zu, wenn er eine juristische Person des öffentlichen Rechts oder ein anerkannter privaten Träger der Wohlfahrtspflege (§ 549 Abs 2 Nr 3 BGB) ist und den Mietvertrag nach dem 31. 12. 2018 abgeschlossen hat, um die Räume Personen mit dringendem Wohnungsbedarf zum Wohnen zu überlassen.

Bei den in **§ 549 Abs 2 BGB** genannten Wohnräumen (zum vorübergehenden Bedarf **9** vermieteter Wohnraum, möblierte Einliegerwohnung und von einer juristischen Person des öffentlichen Rechts oder einem anerkannten privaten Wohlfahrtsträger für Personen mit dringendem Wohnungsbedarf angemieteter Wohnraum) besteht das Vorkaufsrecht nicht. Dies steht in Einklang mit dem Gesetzeszweck und dem fehlenden Kündigungsschutz der Mieter in derartigen Mietverhältnissen. Es besteht ferner nicht für Wohnraum in einem Studenten- oder Jugendwohnheim, § 549 **Abs 3** **BGB**. Auch dies ist zwar mit der besonderen Zweckbindung dieses Wohnraums zu erklären, der auf verhältnismäßige hohe Fluktuation der Mieter ausgelegt ist, hat aber gleichwohl keine große praktische Bedeutung, da derartiger Wohnraum kaum jemals in Eigentumswohnungen umgewandelt wird (BeckOK/HANNAPPEL [1. 8. 2020] Rn 6).

10 Nach dem Wortlaut des Gesetzes wird im Übrigen jede Art von Wohnraum erfasst. Andersartige Gebrauchsüberlassungsverträge wie Pacht und Leihe fallen nicht unter die Vorschrift.

b) Untermietverhältnis

11 Hinsichtlich der Anwendung des § 577 BGB auf Untermietverhältnisse ist der Wortlaut der Vorschrift offen, da in Abs 1 S 1 von vermieteten Wohnräumen und vom Mieter die Rede ist, der zum Vorkauf berechtigt sein soll. Auch die Untermiete begründet ein Mietverhältnis über Wohnraum, wenn der Vertragszweck im Wohnen des Untermieters besteht. Im Hauptmietverhältnis kann es sich ebenfalls um Wohnraummiete handeln, wenn der Hauptmieter die Räume auch zu eigenen Wohnzwecken angemietet hat. Hingegen liegt Geschäftsraummiete vor, wenn er die Räume mit dem Ziel gewerblicher oder sonstiger Zwischenvermietung angemietet hat (STAUDINGER/ARTZ [2021] § 549 Rn 20 f).

12 **aa)** Aus dieser **Unterscheidung** folgt, dass bei der normalen Untermiete mit zwei gestuften Mietverhältnissen über Wohnraum nur das Hauptmietverhältnis als das primäre Rechtsverhältnis unter § 577 BGB fällt. Macht der Hauptmieter sein Vorkaufsrecht nicht geltend, wächst es mangels einer dem § 563 Abs 2 BGB vergleichbaren Regelung, die den Familienangehörigen nach Ablehnung des Ehegatten oder Lebenspartners ein Eintrittsrecht in das Mietverhältnis des verstorbenen Mieters einräumt, nicht ersatzweise dem Untermieter zu. Für den Hauptmieter bei der gewerblichen oder schlichten Zwischenvermietung scheidet das Vorkaufsrecht außer in den Fällen des § 578 Abs 3 S 1 BGB (vgl Rn 8a) aus, da es sich für ihn nicht um Wohnraummiete handelt (KLEIN-BLENKERS ua/HINZ Rn 7). Das Vorkaufsrecht wird in diesem Fall von Teilen des Schrifttums dem Untermieter zugestanden, der die Räume zu eigenen Wohnzwecken nutzt (KINNE ua/KINNE Rn 4; MünchKomm/HÄUBLEIN Rn 7), teilweise wird im Hinblick auf § 565 BGB zwischen der schlichten und der **gewerblichen Zwischenvermietung** differenziert (BLANK/BÖRSTINGHAUS/BLANK/BÖRSTINGHAUS Rn 39; BUB/TREIER/DRETTMANN Rn II 2764 ff; SOERGEL/HEINTZMANN Rn 2). Beide Auffassungen lassen sich mit dem Zweck des Gesetzes begründen, denjenigen Mieter vor den Umwandlungsfolgen zu schützen, der die Wohnung als Lebensmittelpunkt nutzt.

13 Eine solche Auslegung beruht auf der Prämisse, **Verkäufer und Vermieter müssten nicht identisch sein** (PALANDT/WEIDENKAFF Rn 3; SOERGEL/HEINTZMANN Rn 6). Aus § 577 Abs 1 S 2 BGB ist jedoch, allerdings nicht zwingend, zu entnehmen, dass der Gesetzgeber von der Identität des Vermieters und Verkäufers ausgegangen ist. Dies würde der Voraussetzung des § 566 BGB entsprechen, dass Vermieter und Veräußerer dieselbe Person sein müssen, damit der Grundstückserwerber in die Rechte und Pflichten aus dem Mietverhältnis eintritt (STAUDINGER/V EMMERICH § 566 Rn 21). Da der

Wortlaut des § 577 Abs 1 BGB keine eindeutige Auslegung zulässt, sollte entsprechend der gesetzlichen Wertung des § 565 BGB zwischen der gewerblichen und der schlichten Untervermietung differenziert werden. Bei der gewerblichen Zwischenvermietung kann das Untermietverhältnis somit, anders als bei der schlichten Untermiete, die Grundlage für ein Vorkaufsrecht des Untermieters bilden (BeckOGK/ KLÜHS [1. 7. 2020] Rn 21; ERMAN/LÜTZENKIRCHEN Rn 2; SCHMIDT-FUTTERER/BLANK Rn 33, 35; aM LÜTZENKIRCHEN/DICKERSBACH Rn 31).

bb) Wird das Vorkaufsrecht dem Untermieter zuerkannt und wird es vom Eigentümer und Hauptvermieter erfüllt, so ergibt sich als Rechtsfolge eine **bemerkenswerte Konstruktion von Vertragsverhältnissen**. Der Untermieter wird neuer Eigentümer der Wohnräume. Auf der Grundlage des § 566 BGB tritt er als Grundstückserwerber in die Rechte und Pflichten aus dem Hauptmietverhältnis ein. Sein Untermietverhältnis gegenüber dem Zwischenvermieter bleibt unberührt. Er vermietet also seine eigene Wohnung und ist gleichzeitig Mieter dieser Wohnung (KLEIN-BLENKERS ua/HINZ Rn 7). Der Untermieter wird allerdings regelmäßig eine höhere Miete an den Zwischenvermieter zu zahlen haben, als er in seiner Eigenschaft als Hauptvermieter von diesem einnimmt. **14**

Damit stellt sich das Problem, wie die beiden **Mietverhältnisse zu beenden** sind. Eine ordentliche Kündigung beider Mietverhältnisse ist davon abhängig, dass die Kündigungsfrist eingehalten wird, wenn die Mietverhältnisse auf unbestimmte Zeit abgeschlossen sind. Jedenfalls wird der Untermieter nach § 565 BGB sein eigener Vermieter, wenn er in seiner Eigenschaft als Hauptvermieter das Hauptmietverhältnis zu dem Zwischenvermieter kündigt. Damit erlischt auch das zu einem einfachen Mietverhältnis gewordene Untermietverhältnis wegen Konsolidation, weil die Parteirollen in einer Person zusammentreffen. Ist das Hauptmietverhältnis jedoch befristet, kann es nicht ordentlich gekündigt werden. Es liegt deshalb näher, den Eigentumserwerb des Untermieters aufgrund seines Vorkaufsrechts als einen wichtigen Grund zur fristlosen Kündigung (§ 543 BGB) oder als Störung der Geschäftsgrundlage (§ 313 BGB; KLEIN-BLENKERS ua/HINZ Rn 7) zu beurteilen, um so beide Mietverhältnisse unabhängig davon, ob sie befristet oder unbefristet sind, mit sofortiger Wirkung beenden zu können. **15**

2. Überlassung an den Mieter

Das Vorkaufsrecht setzt weiter voraus, dass an den vermieteten Wohnräumen nach der Überlassung an den Mieter Wohnungseigentum begründet worden ist oder begründet werden soll. Ähnlich wie bei der Wartefrist für eine Kündigung des Erwerbers nach § 577a Abs 1 BGB (vgl § 577a Rn 9 ff) geht das Gesetz von einer bestimmten zeitlichen Reihenfolge der einzelnen Vorgänge aus. Nur derjenige Mieter ist schutzbedürftig, dem die Wohnräume schon überlassen worden sind, bevor der Eigentümer die Umwandlung vornimmt oder beabsichtigt (JAUERNIG/TEICHMANN Rn 1; KLEIN-BLENKERS ua/HINZ Rn 8; MünchKomm/HÄUBLEIN Rn 9; SCHMIDT-FUTTERER/BLANK Rn 8 ff; SOERGEL/HEINTZMANN Rn 3; näher Rn 24 ff). Die Wohnräume sind dem Mieter überlassen, wenn er **in die Lage versetzt ist, sie vertragsgemäß in Gebrauch zu nehmen**. Dies fällt idR mit der Verschaffung des Besitzes zusammen, wozu der Vermieter nach § 535 Abs 1 BGB verpflichtet ist. Es kommt nicht darauf an, ob der Mieter die Räume schon bezogen hat. Bereits der Besitz begründet seine Schutzbedürftigkeit. **16**

Unerheblich ist, ob das Mietverhältnis im Zeitpunkt der Überlassung schon begründet war. Beide Merkmale müssen aber nebeneinander erfüllt sein, sobald sich die Frage der Umwandlung stellt. Da die Überlassung der Wohnräume und das Bestehen eines Mietverhältnisses genügen, die tatsächliche Nutzung durch den Mieter aber nicht entscheidend ist, steht das Vorkaufsrecht auch einem Mieter zu, der die Räume nicht mehr bewohnt, weil er etwa wegen der Scheidung von seinem Ehegatten ausgezogen, aber Partei des Mietverhältnisses geblieben ist (LG Köln NJW-RR 1995, 1354). Ausreichend ist es auch, dass der Mieter zum Zeitpunkt der Begründung des Wohnungseigentums als Angehöriger in der Wohnung lebte und mit dem Tod des Mieters nach § 563 BGB in das Mietverhältnis eingetreten ist (Abs 4; BGH NJW 2003, 3265).

3. Begründung von Wohnungseigentum

a) Person des Umwandelnden

17 Das Gesetz räumt dem Mieter ein Vorkaufsrecht ein, wenn ein Umwandlungsfall vorliegt. Der Umwandlungsfall wird in passiver Form so umschrieben, dass an den vermieteten Wohnräumen nach der Überlassung an den Mieter Wohnungseigentum begründet worden ist oder begründet werden soll. Angesichts der neutral gehaltenen Satzfassung bleibt die Person des Umwandelnden offen. Damit setzt § 577 BGB nicht voraus, dass der Vermieter das Wohnungseigentum begründet oder zu begründen beabsichtigt, auch wenn dies aus rechtlicher Sicht der Normalfall ist. Erfasst werden deshalb ferner die in praktischer Hinsicht bedeutenden Fälle, in denen der Vermieter und der Eigentümer oder der Vermieter, Eigentümer und Umwandler nicht identisch sind, insbesondere wenn der ursprüngliche Eigentümer mit der Aufteilung in Wohnungseigentum nichts zu tun haben will und nur an einem Gesamtverkauf interessiert ist, während der Umwandler nicht selbst Eigentum erwerben will, sondern aufgrund einer Sprungauflassung das Wohnungseigentum alsbald weiterveräußert (Klein-Blenkers ua/Hinz Rn 9; Langhein DNotZ 1993, 650, 658 f).

b) Zwei Arten von Umwandlungsfällen

18 In § 577 Abs 1 BGB werden zwei Arten von Umwandlungsfällen unterschieden, in denen ein Vorkaufsrecht des Mieters entstehen kann. Es muss sich um vermietete Wohnräume handeln, an denen nach der Überlassung an den Mieter Wohnungseigentum begründet worden ist oder begründet werden soll. Damit stehen die vollzogene und die nur beabsichtigte Umwandlung als gleichrangige Alternativen nebeneinander (BGH 6. 4. 2016 – VIII ZR 143/15, BGHZ 209, 358, 366 = NJW 2017, 156; BGH 7. 12. 2016 – VIII ZR 70/16, NZM 2017, 146; BeckOGK/Klühs [1. 7. 2020] Rn 26; Brambring ZAP 1993, 965, 966; Klühs NZM 2016, 812, 814 f; Schilling/Meyer ZMR 1994, 497, 503 f). Es genügt, dass eine der beiden Tatbestandsalternativen erfüllt ist. In § 577a Abs 1 BGB wird bei der Wartefrist für die Kündigung des Erwerbers nur auf die vollzogene Umwandlung abgestellt, da für eine Veräußerung und ein grundsätzliches Kündigungsrecht des Erwerbers auf der Grundlage des § 566 Abs 1 BGB der Vollzug der Umwandlung erforderlich ist, um die Eigentumswohnung als Gegenstand einer sachenrechtlichen Verfügung herzustellen. Demgegenüber kommt es für den nach § 577 Abs 1 BGB maßgebenden Kaufvertrag nur darauf an, ob die einzelne Wohnung so hinreichend bestimmt ist, dass sie der rechtlich selbständige Gegenstand eines Kaufvertrags sein kann (BayObLG WuM 1992, 351).

aa) Die **vollzogene Umwandlung** setzt voraus, dass das Wohnungseigentum begründet worden ist. Wohnungseigentum wird nach § 2 WEG durch die vertragliche Einräumung von Sondereigentum oder durch Teilung begründet. Im Falle der Einräumung von Sondereigentum wird das Wohnungseigentum nach den §§ 3 und 4 WEG durch Einigung der an dem Grundstück beteiligten Miteigentümer und Eintragung der Rechtsänderung in das Grundbuch begründet. Bei der Teilung entsteht das Wohnungseigentum nach § 8 WEG dadurch, dass der Eigentümer des Grundstücks durch Erklärung gegenüber dem Grundbuchamt das Eigentum an dem Grundstück in Miteigentumsanteile teilt. Die Teilung wird mit der Anlegung der Wohnungsgrundbücher, also mit der Eintragung, wirksam (BGH 7. 12. 2016 – VIII ZR 70/16, NZM 2017, 146). 19

bb) Die Alternative der **beabsichtigten Umwandlung** lässt es zu, den Verkauf einer Eigentumswohnung, die sachenrechtlich als Rechtsgegenstand noch nicht vorhanden ist, zum Anknüpfungspunkt für ein Vorkaufsrecht des Mieters zu bestimmen (Bub NZM 2000, 1092, 1093; Schilling/Meyer ZMR 1994, 497, 503). Damit stellt sich für § 577 Abs 1 BGB die Frage, wie bestimmt die Absicht des Vermieters oder Eigentümers sein muss, wenn Wohnungseigentum begründet werden soll. 20

Auszugehen ist davon, dass die rein innerliche **Absicht**, Wohnungseigentum zu begründen, als Grundlage für ein Vorkaufsrecht des Mieters unzureichend ist, auch wenn das Wohngebäude verkauft wird. Eine solche Absicht ist beim Verkäufer unerheblich, beim Käufer dagegen rechtlich nicht fassbar (Schmidt DWW 1994, 65, 70). Ein Teil des **Schrifttums** hält bloße Vorbereitungshandlungen wie das Bewirken der Abgeschlossenheit iS des § 3 Abs 3 WEG oder den Antrag auf Erteilung einer behördlichen Abgeschlossenheitsbescheinigung für ausreichend, weil hierdurch im Falle eines Verkaufs des gesamten Grundstücks das Teilobjekt so genau zu bestimmen sei, dass es iVm einem Miteigentumsanteil an dem Grundstück der rechtlich selbständige Gegenstand eines Kaufvertrags sein könne. Jede eindeutige Äußerung der Umwandlungsabsicht müsse deshalb genügen (Beuermann GE 1993, 951, 952; Derleder, in: PiG 49 [1996] 169, 176; Herrlein/Kandelhard/Kandelhard Rn 8; MünchKomm/Häublein Rn 12; Palandt/Weidenkaff Rn 3; wohl auch Kinne ua/Kinne Rn 7; **aM** Langhein DNotZ 1993, 650, 655; Schmidt DWW 1994, 65, 70). Teilweise wird für eine Konkretisierung der Umwandlungsabsicht aber verlangt, das Verfahren zur Begründung von Wohnungseigentum müsse bereits eingeleitet sein, indem das Wohnungsgrundbuch angelegt sei oder die Teilungserklärung zwar beurkundet, aber noch nicht im Grundbuch vollzogen sei (AG Frankfurt aM NJW 1995, 1034 mAnm Langhein Rpfleger 1995, 351; Bub NZM 2000, 1092, 1093; Langhein DNotZ 1993, 650, 655; Schmidt DWW 1994, 65, 72; Spielbauer/Schneider/Krenek Rn 21; übersichtlich zum Streitstand Klühs NZM 2013, 809, 810). 21

Zur Lösung des Problems, wie **konkret** die Umwandlungsabsicht beschaffen sein muss, um ein Vorkaufsrecht des Mieters auszulösen, ist bei dem entscheidenden Rechtsakt des Verkaufs an einen Dritten anzusetzen. Es geht nicht primär um die theoretische Grundlegung eines Vorkaufsrechts durch Konkretisierung einer Umwandlungsabsicht. Maßgebend ist allein, ob der nachfolgende Verkauf die Annahme eines Vorkaufsrechts zulässt und ob dies vom Schutzzweck des § 577 BGB her gerechtfertigt ist. In der Begründung des Gesetzentwurfs zu dieser Vorschrift ist keine Stellungnahme zu der Frage zu finden, warum es anstelle der vollzogenen 22

Umwandlung genügt, dass Wohnungseigentum erst „begründet werden soll" (vgl Stellungnahme des BR BT-Drucks 12/3254, 40; Ausschussbericht BT-Drucks 12/5110, 19).

23 Nach Auffassung des **BGH** entsteht das Vorkaufsrecht bei dem Verkauf eines ungeteilten Grundstücks vor Begründung des Wohnungseigentums im Grundsatz nur dann, wenn sich **der Veräußerer gegenüber den Erwerbern vertraglich verpflichtet, seinerseits die Aufteilung gemäß § 8 WEG durchzuführen**. Darüber hinaus muss die von dem Vorkaufsrecht erfasste zukünftige Wohnungseigentumseinheit in dem Vertrag bereits hinreichend bestimmt oder zumindest bestimmbar sein (BGH 22. 11. 2013 – V ZR 96/12, BGHZ 199, 136, 147 f = NJW 2014, 850; BGH 11. 7. 2014 – V ZR 18/13, NJW 2014, 3024; BGH 6. 4. 2016 – VIII ZR 143/15, BGHZ 209, 358, 366 = NJW 2017, 156; BGH 27. 4. 2016 – VIII ZR 61/15, NZM 2016, 543; BGH 7. 12. 2016 – VIII ZR 70/16, NZM 2017, 146). Dagegen ist es regelmäßig nicht ausreichend, wenn die Käufer die Teilung durchführen (BGH 22. 11. 2013 – V ZR 96/12, BGHZ 199, 136, 144 f = NJW 2014, 850). Das gilt selbst dann, wenn die Käufer beabsichtigen, die neu geschaffenen Einheiten jeweils selbst zu nutzen und die Aufteilung des Grundstücks in Wohnungseigentum unmittelbar nach dem Erwerb vornehmen (sogenanntes „Erwerbermodell"; dazu auch KLÜHS NZM 2013, 809, 815 ff). Zur Überzeugung des V. Zivilsenats soll das Vorkaufsrecht nämlich nicht zum Erwerb des gesamten Grundstücks berechtigen. Der Mieter soll auch keinen bloßen Miteigentumsanteil, sondern das in seiner Entstehung bereits angelegte Eigentum an der von ihm gemieteten Wohnung erwerben können (zu den daraus resultierenden Problemen KLÜHS NZM 2013, 809, 813). Nur wenn sich der Verkäufer gegenüber den Erwerbern verpflichtet hat, die Aufteilung vorzunehmen, ist sichergestellt, dass der Mieter tatsächlich Wohnungseigentum erwerben kann. Bei einer Aufteilung durch die Erwerber sei dies nicht gewährleistet (BGH 22. 11. 2013 – V ZR 96/12, BGHZ 199, 136, 144 f = NJW 2014, 850; BGH 27. 4. 2016 – VIII ZR 61/15, NZM 2016, 543). Weitere Voraussetzung für das Entstehen eines Vorkaufsrechts ist, dass die von dem Vorkaufsrecht erfasste zukünftige Wohnungseigentumseinheit in dem Kaufvertrag mit dem Dritten bereits hinreichend bestimmt oder zumindest bestimmbar ist (BGH 27. 4. 2016 – VIII ZR 61/15, NZM 2016, 543). Etwas anderes gilt nur im Falle des **Rechtsmissbrauchs** (§ 242 BGB). Ein solcher liegt vor, wenn Verkäufer und Käufer nur zur Ausschaltung des Vorkaufsrechts bewusst auf eine an sich beabsichtigte Teilung durch den Veräußerer verzichten und die Teilung den Erwerbern überlassen (vgl auch BGH 22. 6. 2007 – V ZR 269/06, NJW 2007, 2699; KLÜHS NJW 2014, 853 f).

c) Zeitpunkt der Umwandlung

24 Für den Zeitpunkt der Umwandlung ist § 577 Abs 1 S 1 **Alt 1** BGB als Voraussetzung zu entnehmen, dass das Wohnungseigentum nach der Überlassung der Wohnräume an den Mieter begründet worden ist oder begründet werden soll. Das Gesetz legt damit eine bestimmte zeitliche Reihenfolge der einzelnen Vorgänge zugrunde, an deren Ende der Verkauf der Wohnräume an einen Dritten steht (vgl Rn 28 ff). Hinsichtlich der vorhergehenden Vorgänge ist die Rechtslage insoweit eindeutig, als die Räume dem Mieter überlassen worden sein müssen, bevor das Wohnungseigentum durch Einigung von Miteigentümern und Eintragung im Grundbuch nach den §§ 3, 4 WEG oder durch Teilungserklärung des Eigentümers und deren Vollzug durch Anlegung der Wohnungsgrundbücher nach § 8 WEG begründet worden ist (vgl Rn 19). Ebenso ist erforderlich, dass der Abschluss des Kaufvertrags mit dem Dritten der Begründung von Wohnungseigentum zeitlich nachfolgt. Wird dieses erst nach dem Verkauf begründet, scheidet ein Vorkaufsrecht selbst dann aus, wenn die Umwandlung des Grundstücks in Eigentumswohnungen bereits zuvor beantragt, aber erst nach dem Kaufvertrag im Grundbuch eingetragen worden war (BGH 6. 4. 2016 – VIII ZR 143/15, BGHZ 209, 358, 367 = NJW 2017, 156; BGH 7. 12. 2016 – VIII ZR 70/16, NZM 2017, 146; vgl auch BGH 22. 11. 2013 – V ZR 96/12, BGHZ 199, 136, 138 f = NJW 2014, 850).

Im Falle von § 577 Abs 1 S 1 **Alt 2** BGB („Wohnungseigentum ... begründet werden soll") tritt an die Stelle der vollzogenen Wohnungsumwandlung die Absicht, das Hausgrundstück rechtlich in Eigentumswohnungen aufzuteilen. Diese zunächst bloß innere Tatsache der bei der Überlassung der Wohnung an den Mieter bereits bestehenden Umwandlungsabsicht ist rechtlich als solche noch nicht fassbar (HERRLEIN/KANDELHARD/KANDELHARD Rn 7; LÜTZENKIRCHEN/DICKERSBACH Rn 15; SCHMIDT-FUTTERER/BLANK Rn 8; aM SCHMID/HARZ/RIECKE Rn 39). Erforderlich ist vielmehr, dass **die Absicht** sich bereits in einer nach außen erkennbaren Handlung **manifestiert** hat, sie – mit den Worten des BGH – bereits „dokumentiert" ist (BGH 6. 4. 2016 – VIII ZR 143/15, BGHZ 209, 358, 369 = NJW 2017, 156; KLEIN-BLENKERS ua/HINZ Rn 12; MünchKomm/HÄUBLEIN Rn 12). Noch nicht abschließend geklärt ist, wie weit diese Manifestation des Umwandlungswillens bereits gediehen sein muss. Der wohl überwiegende Teil der instanzgerichtlichen Rechtsprechung und Literatur will Vorbereitungsmaßnahmen wie das Bewirken der Abgeschlossenheitsbescheinigung nicht ausreichen lassen, weil damit die Umwandlung des Grundstücks in Wohnungseigentum noch nicht eingeleitet sei (BayObLG 16. 4. 1992 – REMiet 4/91, NJW-RR 1992, 1039; DERLEDER NJW 1996, 2817, 2821; RÜSSMANN RNotZ 2012, 97, 110; übersichtlich zum Streitstand BeckOGK/KLÜHS [1. 7. 2020] Rn 39 ff). Dem steht allerdings entgegen, dass die Absicht des Vermieters auch in einem solchen Falle bereits nach außen zu Tage getreten ist und verständigerweise davon ausgegangen werden kann, dass niemand die Kosten für eine derartige Bescheinigung aufbringt, der sie nicht (zum Zwecke der Wohnungsumwandlung) benötigt (wie hier HERRLEIN/KANDELHARD/KANDELHARD Rn 8 f). Sicher ausreichend ist, dass die **Teilungserklärung** nach § 8 WEG **notariell beurkundet** worden ist, weil dies die Umwandlungsabsicht mit hinreichender Offenheit dokumentiert (BGH 6. 4. 2016 – VIII ZR 143/15, BGHZ 209, 358, 371 = NJW 2017, 156; BGH 7. 12. 2016 – VIII ZR 70/16, NZM 2017, 146; AG Frankfurt aM 22. 9. 1994 – 33 C 2338/94-26, NJW 1995, 1034; BUB NZM 2000, 1092, 1093; KLÜHS NZM 2013, 809, 810 f). Auch die vertragliche Verpflichtung des Verkäufers gegenüber einem Käufer, diese Umwandlung vornehmen zu lassen, genügt (BGH 22. 11. 2013 – V ZR 96/12, BGHZ 199, 136, 143 ff = NJW 2014, 850). Die Eintragung im Grundbuch braucht demgegenüber noch nicht erfolgt zu sein.

In beiden Alternativen macht es keinen Unterschied, ob der Mieter **Kenntnis** von der bereits vollzogenen bzw beabsichtigten und eingeleiteten Umwandlung der Räume in Wohnungseigentum hat und dennoch den Mietvertrag abschließt und die Wohnräume übernimmt (BGH 6. 4. 2016 – VIII ZR 143/15, BGHZ 209, 358, 364 = NJW 2017, 156; AG Frankfurt aM 22. 9. 1994 – 33 C 2338/94-26, NJW 1995, 1034; MünchKomm/HÄUBLEIN Rn 9; PALANDT/WEIDENKAFF Rn 3; aM COMMICHAU NJW 1995, 1010, 1011; LANGHEIN DNotZ 1993, 650, 656 f; PRÜTTING ua/RIECKE Rn 10). Die Vorschrift enthält keinen Anhaltspunkt, um eine etwaige Kenntnis des Mieters zu seinem Nachteil berücksichtigen zu können.

d) Realteilung eines Grundstücks
§ 577 BGB erfasst jedenfalls in analoger Anwendung auch die **Realteilung von vermieteten Reihenhäusern eines Gesamtgrundstücks**. Die Interessenlage bei der Real-

teilung ist mit derjenigen bei einer Umwandlung von Wohnungseigentum im Wesentlichen identisch. Aus der Sicht des Mieters macht es keinen Unterschied, ob das von ihm gemietete Reihenhaus in Wohnungseigentum umgewandelt oder durch reale Teilung Bestandteil eines selbständigen Grundstücks wird. In beiden Fällen steht dem Mieter nach einem Verkauf ein neuer Vermieter gegenüber, der sich – soweit die sonstigen Voraussetzungen gegeben sind – auf Eigenbedarf berufen kann. Auch das Interesse des Mieters, durch Ausübung eines Vorkaufsrechts selbst Eigentümer zu werden, ist im Falle einer Realteilung nicht geringer als im Falle einer Umwandlung in Wohnungseigentum (BVerfG NJW 2011, 1723; BGH NJW 2008, 2257; BGH NJW 2010, 3571; BGH 27. 4. 2016 – VIII ZR 61/15, NZM 2016, 543; BeckOK MietR/Bruns [1. 8. 2020] Rn 16; kritisch Drasdo, in: 10 Jahre Mietrechtsreformgesetz [2011] 838, 840 ff; Klühs NZM 2016, 812, 813). Diese Rechtsauffassung von BVerfG und BGH hat der Gesetzgeber sich im Zuge des MietRÄndG 2013 ausdrücklich zu Eigen gemacht (BT-Drucks 17/10485, 26; für eine Ausdehnung auf alle Fälle der Realteilung Abramenko § 6 Rn 5; kritisch Rüssmann RNotZ 2012, 97, 111). Wird das Grundstück mit mehreren Reihenhäusern allerdings ungeteilt an die Käufermehrheit veräußert und nehmen erst diese seine Realteilung vor, scheidet ein Vorkaufsrecht aus (LG Berlin 16. 6. 2017 – 63 S 281/16, GE 2017, 891).

e) Andere dingliche Nutzungsrechte

27 Fraglich ist, ob § 577 BGB auf **andere dingliche Nutzungsrechte** entsprechend anzuwenden ist. Hierfür kommen im Hinblick auf ein Vorkaufsrecht nur solche Rechte in Betracht, die veräußerlich sind. Im Schrifttum wird die entsprechende Anwendung nach dem Schutzzweck der Norm auf die Bestellung und den Verkauf eines Wohnungserbbaurechts iS des § 30 WEG befürwortet (BeckOGK/Klühs [1. 7. 2020] Rn 10; BeckOK MietR/Bruns [1. 8. 2020] Rn 17; Blank WuM 1993, 573, 577; ders, in: Blank/Börstinghaus/Börstinghaus Rn 14; Brambring ZAP 1993, 965, 966; Lützenkirchen/Dickersbach Rn 19; Maciejewski MM 1994, 137, 138; Spielbauer/Schneider/Krenek Rn 27). Ebenso müsste dann auch das Dauerwohnrecht des § 31 WEG erfasst werden (so BeckOGK/Klühs [1. 7. 2020] Rn 10; Spielbauer/Schneider/Krenek Rn 28; offen geblieben bei Schmidt DWW 1994, 65, 70; **aM** BeckOK MietR/Bruns [1. 8. 2020] Rn 17; Lützenkirchen/Dickersbach Rn 19). Das Problem stellt sich in gleicher Weise wie bei der Wartefrist des § 577a Abs 1 BGB (vgl § 577a Rn 12). Auch § 577 Abs 1 BGB betrifft seinem eindeutigen Wortlaut nach lediglich die Begründung von Wohnungseigentum. Nur insoweit besteht ein praktisches Bedürfnis für einen verstärkten Mieterschutz gegenüber spekulativen Umwandlungen. Zweifelhaft ist zudem, ob eine Lücke des Gesetzes angenommen werden kann, da dem Gesetzgeber die Frage bei Erlass der Vorschrift bekannt war. Der Charakter der Norm als Sonderregelung spricht dagegen, sie ausdehnend auszulegen oder entsprechend anzuwenden.

4. Verkauf an einen Dritten

a) Gegenstand des Vorkaufsrechts

28 Der Mieter ist zum Vorkauf berechtigt, wenn die vermieteten Wohnräume an einen Dritten verkauft werden. Gegenstand des Kaufvertrags sind hiernach die **„vermieteten Wohnräume"**. Der Wortlaut des § 577 Abs 1 BGB ist aber insoweit ungenau, als das bestehende oder das noch zu bildende Wohnungseigentum verkauft werden muss. Wohnungseigentum ist nach § 1 Abs 2 WEG das Sondereigentum an einer Wohnung in Verbindung mit dem Miteigentumsanteil an dem gemeinschaftlichen

Eigentum, zu dem es gehört, also dem Grundstück und den nicht im Sondereigentum oder im Eigentum eines Dritten stehenden Teilen, Anlagen und Einrichtungen des Gebäudes gemäß § 1 Abs 5 WEG. Darüber hinaus ist Gegenstand des Kaufvertrags das Teileigentum iS des § 1 Abs 3 WEG als Sondereigentum an den nicht zu Wohnzwecken dienenden Räumen eines Gebäudes.

aa) Der **Einzelverkauf** der bereits in eine Eigentumswohnung umgewandelten Mieträume wirft im Allgemeinen keine besonderen Probleme auf, den Vertragsgegenstand zu bestimmen. Stimmt der Zuschnitt der Wohnung nicht mit dem Aufteilungsplan überein, bedarf der Auslegung, ob Verkaufsgegenstand die Wohnung in ihrem grundbuchrechtlichen Bestand ist oder ob die Wohnung in ihrem baulichen Bestand Vertragsgegenstand ist und das Grundbuch berichtigt werden muss. Anders als bei der erstmaligen Begründung von Wohnungseigentum, bei der sich der zur Eintragung in das Grundbuch gelangte Aufteilungsplan gegenüber der tatsächlichen Bauausführung durchsetzt (BGH 20. 11. 2015 – V ZR 284/14, BGHZ 208, 29, 34 ff = NJW 2016, 132), entspricht es beim Verkauf einer existierenden Wohnung regelmäßig dem übereinstimmenden Willen der Vertragsparteien, diese so, wie sie tatsächlich gebaut worden ist, zum Gegenstand ihres Vertrages zu machen (KG 1. 2. 2010 – 8 W 6/10, ZMR 2010, 705). Das Vorkaufsrecht umfasst auch Nebenräume, an denen selbständiges Teileigentum gebildet worden ist, wenn sie in den Kaufvertrag mit dem Dritten einbezogen worden sind (Brambring ZAP 1993, 965, 968; Schmidt-Futterer/Blank Rn 11; Soergel/Heintzmann Rn 5). Sind die Mieträume noch nicht umgewandelt, kann der Gegenstand des Kaufvertrags nicht mit Hilfe des sachenrechtlichen Bestimmtheitsgrundsatzes festgelegt werden. Dies ist schuldrechtlich auch nicht erforderlich. Es genügt, wenn die zu verkaufenden Wohnräume, die nicht zu Wohnzwecken dienenden Räume und der Anteil am gemeinschaftlichen Eigentum so genau bezeichnet werden, dass hieraus ein Erfüllungsanspruch aus § 433 Abs 1 S 1 BGB abgeleitet werden kann.

Problematisch ist, ob sich das Vorkaufsrecht des Mieters nach einer **anderweitigen Aufteilung** auf solche Räume erstreckt, die er bisher nicht gemietet hatte, die nunmehr aber Gegenstand eines einheitlichen Kaufvertrags über seine Wohnung sind. Dies kann insbesondere bei abweichender Zuordnung der Nebenräume auftreten (daher nicht entscheidungserheblich in BGH 27. 4. 2016 – VIII ZR 61/15, NZM 2016, 543). Insoweit handelt es sich nicht um Räume, die ihm vor der Umwandlung überlassen waren, während die Räume, die ihm überlassen waren, durch die Teilung einer anderen Eigentumswohnung zugeordnet worden sind. An einer von der Vermietung abweichenden Aufteilung kann jedoch nicht das Vorkaufsrecht scheitern, weil sonst einer Umgehung Tür und Tor geöffnet wären. Hier hilft nur eine pragmatische Lösung. Hauptgegenstand des Kaufvertrags mit dem Dritten ist die Wohnung. Das für sie bestehende Vorkaufsrecht des Mieters erfasst auch die Nebenräume, weil sonst die Erfüllung mangels einer einheitlichen Sache unmöglich wäre. Sind diese Räume einem anderen Mieter überlassen, bestimmen sich die Rechte des Käufers nach § 437 BGB. Die ebenfalls denkbare Lösung, dem vorkaufsberechtigten Mieter einen Anspruch auf anderweitige Aufteilung des Wohnungseigentums zu geben, würde im Hinblick auf die Rechte des Eigentümers zu weit gehen. Die Wohn- und Nebenräume, die dem Mieter aufgrund des Mietvertrags überlassen sind, können deshalb auch nicht Gegenstand eines selbständigen Kaufvertrags mit einem entsprechenden Erfüllungsanspruch sein, wenn sie bei der Teilung unterschiedlichen

Wohnungseinheiten zugeordnet werden. Das Vorkaufsrecht beschränkt sich auf die Räume, die eine rechtliche Einheit bilden.

31 **bb)** Bei einem **Paketverkauf** mehrerer Eigentumswohnungen **an einen Käufer** erstreckt sich das Vorkaufsrecht des Mieters nur auf die von ihm bewohnte Wohnung (vgl BGHZ 168, 152, 156 ff = NJW-RR 2006, 1449; BGH NJW 2007, 2699; BGH 21. 1. 2015 – VIII ZR 51/14, NJW 2015, 1516; Klühs NZM 2013, 809, 811; Walburg WuM 2020, 135, 136). Der Gegenstand des Vorkaufsrechts als Teil des gesamten Kaufvertrags liegt nach Maßgabe der sachenrechtlichen Bestimmung der einzelnen Eigentumswohnung fest. Wird das mit einem Mehrfamilienhaus bebaute **gesamte Grundstück** veräußert, ohne dass es zuvor in Wohnungseigentum aufgeteilt worden ist, besteht grundsätzlich kein Vorkaufsrecht (BGH 22. 11. 2013 – V ZR 96/12, BGHZ 199, 136, 142 ff = NJW 2014, 850; BeckOGK/Klühs [1. 7. 2020] Rn 44; Blank WuM 1993, 573, 578; Schilling/Meyer ZMR 1994, 497, 503; Schmidt DWW 1994, 65, 70). Nur wenn die Umwandlungsabsicht des Käufers sich bereits soweit manifestiert hatte, dass sich der Verkäufer ihm gegenüber vertraglich verpflichtet hatte, seinerseits die Aufteilung nach § 8 WEG durchzuführen, greift § 577 BGB ein (BGH 22. 11. 2013 – V ZR 96/12, BGHZ 199, 136, 142 = NJW 2014, 850; oben Rn 20 ff). In einem solchen Fall dürfte zugleich stets die vom vorkaufsberechtigten Mieter bewohnte Wohnung als Teilobjekt des Gesamtkaufvertrags so hinreichend bestimmt sein, dass sie in Verbindung mit einem Miteigentumsanteil an dem Grundstück der rechtlich selbständige Gegenstand eines wirksamen Kaufvertrags sein kann (BayObLG WuM 1992, 351; Erman/Lützenkirchen Rn 4; Klühs NZM 2013, 809, 811; Schmidt-Futterer/Blank Rn 16).

32 Soll das Mehrfamilienhaus **an mehrere Miteigentümer** verkauft werden und wird jedem eine bestimmte Wohnung mit der Maßgabe zugewiesen, dass er allein zur Nutzung berechtigt ist und dass anschließend Wohnungseigentum nach den §§ 3, 4 WEG gebildet werden soll, so handelt es sich um einen Vorkaufsfall hinsichtlich des Miteigentumsanteils, der die entsprechende Anwendung des § 577 BGB rechtfertigt (Blank WuM 1993, 573, 578; Maciejewski MM 1994, 137, 138; Sonnenschein NJW 1980, 2055, 2058). Das Gleiche ist anzunehmen, wenn das Sondereigentum nur am Keller gebildet werden soll, um damit das Sondernutzungsrecht an einer bestimmten Wohnung zu verbinden (BeckOGK/Klühs [1. 7. 2020] Rn 58; Blank WuM 1993, 573, 578; Maciejewski MM 1994, 137, 138). War das Gesamtobjekt bereits in Wohnungseigentum aufgeteilt, werden die Wohnungsgrundbücher jedoch nach § 9 WEG wieder geschlossen, um einen einzigen Kaufgegenstand zu bilden, und soll nach der Eigentumsübertragung erneut aufgeteilt und verkauft werden, so lässt sich der Vertragsgegenstand hinsichtlich des Vorkaufsrechts des Mieters schon für den Zwischenverkauf anhand der früheren Aufteilung ermitteln. Auch ein solcher Blockverkauf mit Umwandlungsabsicht fällt unter § 577 BGB (Klühs NZM 2013, 809, 816; Langhein DNotZ 1993, 650, 661; Schilling/Meyer ZMR 1994, 497, 503; **aM** Bub/Treier/Drettmann Rn II 2763; Schmidt DWW 1994, 65, 70). Werden die den einzelnen Mietern überlassenen Wohn- und Nebenräume bei der Begründung von Wohnungseigentum unterschiedlichen Wohnungseinheiten zugeordnet, gilt das Gleiche wie beim Einzelverkauf (vgl Rn 29).

b) **Kaufvertrag**

33 Zwischen dem Verkäufer, der nicht notwendigerweise der Vermieter ist, und dem Dritten muss ein wirksamer Kaufvertrag iS des § 433 BGB zustande kommen.

Dritter ist jede natürliche oder juristische Person, die nicht zugleich Partei des Mietvertrags ist. Von einem Kaufvertrag ist die Veräußerung zu unterscheiden. Wird ein im Miteigentum mehrerer Personen stehendes Grundstück in Wohnungseigentum aufgeteilt und wird das Sondereigentum den einzelnen Miteigentümern übertragen, so liegt kein Kaufvertrag und damit kein Vorkaufsfall vor (Blank WuM 1993, 573, 578; Maciejewski MM 1994, 137, 138). **Tausch** oder **Schenkung** begründen kein Vorkaufsrecht (BGH 21. 1. 2015 – VIII ZR 51/14, NJW 2015, 1516; BeckOGK/Klühs [1. 7. 2020] Rn 59; Soergel/Heintzmann Rn 4), es sei denn, der Tausch erfolgt in Umgehungsabsicht. Ebenso kann das Vorkaufsrecht bei andersartigen Umgehungsgeschäften anzunehmen sein, etwa bei der **Einbringung in eine Gesellschaft** (BGH NJW 2012, 1354; OLG Nürnberg NJW-RR 1992, 461; AG München WuM 2013, 680 mit Anm Bühler; BeckOK/Hannappel [1. 8. 2020] Rn 14). Maßgeblich ist, ob ein interessengerechtes Verständnis der gewählten Vertragsgestaltung zu dem Ergebnis führt, dass allen formellen Vereinbarungen zum Trotz der Wille der Vertragsschließenden auf eine Eigentumsübertragung (auch) der vorkaufsbelasteten Wohnung gegen Zahlung eines bestimmten Preises gerichtet war (BGH NJW 2003, 3769). Mehrere Verträge sind dabei in ihrem Zusammenhang zu betrachten (BGH NJW 2012, 1354).

34 Das Vorkaufsrecht ist nach § 471 BGB ausgeschlossen, wenn der Verkauf im Wege der **Zwangsvollstreckung** (AG Frankfurt aM NJW 1995, 1034 mAnm Langhein Rpfleger 1995, 351; Kossmann/Meyer-Abich § 120 Rn 15; MünchKomm/Häublein Rn 18) oder aus einer **Insolvenzmasse** erfolgt, um den staatlichen Gläubigerschutz bei solchen Maßnahmen nicht zu beeinträchtigen (BeckOK/Hannappel [1. 8. 2020] Rn 13). Diese Vorschrift gilt auch für das gesetzliche Vorkaufsrecht aus § 577 BGB. Bei einer Zwangsversteigerung auf Antrag eines Erben nach § 175 ZVG und einer Zwangsversteigerung zum Zwecke der Aufhebung einer Gemeinschaft nach § 180 ZVG steht § 471 BGB dem Vorkaufsrecht des Mieters nicht entgegen (BGHZ 13, 133, 136 = NJW 1954, 996; BGHZ 48, 1, 5 = NJW 1967, 1607; Palandt/Weidenkaff Rn 4; Staudinger/Schermaier [2013] § 471 Rn 6). Ebensowenig wird das Vorkaufsrecht bei einem Verkauf ausgeschlossen, der mit Rücksicht auf ein künftiges Erbrecht an einen gesetzlichen Erben erfolgt, weil § 470 BGB nur im Zweifel gilt und nicht auf den Schutz des Mieters zugeschnitten ist (aM BeckOGK/Klühs [1. 7. 2020] Rn 60; Blank WuM 1993, 573, 579).

35 Der Kaufvertrag muss in formeller und materieller Hinsicht **wirksam** sein. Die notarielle Form nach § 311b Abs 1 S 1 BGB muss erfüllt sein. Wird ein **Scheingeschäft** mit einem niedrigeren Kaufpreis beurkundet, ist es nach § 117 Abs 1 BGB nichtig und löst kein Vorkaufsrecht aus. Der wirklich gewollte Vertrag wird nach § 311b Abs 1 S 2 BGB erst durch Erfüllung gegenüber dem Dritten gültig. Haben die Kaufvertragsparteien zur Vermeidung der Ausübung des Vorkaufsrechts einen überhöhten Kaufpreis vereinbart, ist diese Vereinbarung wegen Kollusion zwar sittenwidrig (§ 138 BGB), abweichend von § 139 BGB bleibt der Kaufvertrag zum Schutz des Vorkaufsberechtigten aber im Übrigen wirksam. An die Stelle des vereinbarten Kaufpreises tritt der Marktwert (BGH NZM 2005, 779). Wurde der Kaufvertrag noch einmal geändert, nachdem der Mieter sein Interesse an der Ausübung des Vorkaufsrechts bekundet (dieses aber noch nicht ausgeübt hatte), verbleibt es für ihn beim Inhalt des bisherigen Vertrages (LG Düsseldorf 2. 12. 2015 – 5 O 124/15, WuM 2016, 503). Für die Wirksamkeit des Kaufvertrags müssen ferner alle erforderlichen **Genehmigungen** vorliegen (BGH NJW 2010, 3774; Staudinger/Schermaier [2013] § 463 Rn 43). Hierzu gehören sowohl öffentlich-rechtliche als auch privatrechtliche Genehmigungen, so etwa bei Abschluss des Kaufvertrags durch einen Vertreter vorbehaltlich der Genehmigung des Eigentümers (vgl BayObLG WuM 1994, 289; Kinne ua/Kinne Rn 9) oder bei einer aufgrund der Gemeinschaftsordnung in Verbindung mit der Grundbucheintragung nach § 12 Abs 3 WEG erforderlichen Zustimmung durch den Verwalter (Kinne ua/Kinne Rn 9; Maciejewski MM 1994, 137, 138; Schmidt DWW 1994, 65, 68).

36 Unerheblich ist, ob die Parteien ein **Rücktrittsrecht** vereinbart haben. Sind die Voraussetzungen zur Ausübung des Vorkaufsrechts durch den Mieter erfüllt, so wird sein daraus erwachsenes **Gestaltungsrecht** nicht dadurch beeinträchtigt, dass eine Partei von dem vertraglichen Rücktrittsrecht Gebrauch macht, bevor das Vorkaufsrecht ausgeübt worden ist (BGHZ 67, 395, 397 f = NJW 1977, 762; BeckOGK/Klühs [1. 7. 2020] Rn 68; Blank WuM 1993, 573, 578; Erman/Lützenkirchen Rn 5). Dies wird in § 465 BGB ausdrücklich für den Fall bestimmt, dass sich der Verkäufer den Rücktritt bei Ausübung des Vorkaufsrechts vorbehält oder dass der Kauf von der Nichtausübung des Vorkaufsrechts abhängig gemacht wird. Ebensowenig können die Parteien das Vorkaufsrecht des Mieters dadurch beseitigen, dass sie den Kaufvertrag aufheben, bevor der Mieter eine Erklärung abgibt (RG 17. 1. 1920 – V 323/19, RGZ 98, 44, 50; BGH NJW 2010, 3774; Blank WuM 1993, 573, 578). Solange ein anfechtbarer Kaufvertrag nicht angefochten ist, bleibt das Vorkaufsrecht bestehen. Wird die Anfechtung vor Ausübung des Vorkaufsrechts erklärt, entfällt mit dem Kaufvertrag nach § 142 Abs 1 BGB auch das Recht des Mieters. Wird der Kaufvertrag von einer der ursprünglichen Vertragsparteien aber erst angefochten, nachdem der Mieter sein Vorkaufsrecht ausgeübt hat, soll das Vorkaufsrecht aufrechtzuerhalten sein, wenn die Anfechtungsgründe allein in der Person des Drittkäufers liegen und nach Ausübung des Vorkaufsrechts für das hierdurch begründete Vertragsverhältnis keine Rolle mehr spielen. Ebensowenig soll eine Anfechtung des Drittkäufers das ausgeübte Vorkaufsrecht beeinträchtigen können, wenn der Vorkaufsberechtigte an dem Vertrag festhalten will (Schmidt-Futterer/Blank Rn 23a; Staudinger/Schermaier [2013] § 463 Rn 38). Diese Grundsätze, die zum vertraglichen Vorkaufsrecht des § 463 BGB entwickelt worden sind, sind gemäß § 577 Abs 1 S 3 BGB auf das gesetzliche Vorkaufsrecht des Mieters zu übertragen (Blank WuM 1993, 573, 578).

c) **Zeitpunkt des Kaufvertrages**

37 Das Vorkaufsrecht des Mieters setzt nach § 577 Abs 1 BGB voraus, dass vermietete Wohnräume an einen Dritten verkauft werden. Daraus folgt, dass im Zeitpunkt des **Abschlusses des Kaufvertrags** ein Mietverhältnis bestehen muss. Da als weitere Voraussetzung hinzutreten muss, dass das Wohnungseigentum nach der Überlassung an den Mieter (vgl Rn 16) begründet worden ist oder begründet werden soll (vgl Rn 17 ff), können sich aus der zeitlichen Reihenfolge der einzelnen Vorgänge verschiedene Konstellationen mit unterschiedlicher Auswirkung auf das Entstehen eines Vorkaufsrechts ergeben.

38 aa) Werden die Wohnräume **vor Abschluss eines Mietvertrags** verkauft, handelt es sich nicht um vermietete Räume. Ein Vorkaufsrecht des späteren Mieters scheidet aus. Andere vertragliche Gestaltungsformen, die dem Abschluss eines Mietvertrags vorhergehen können, wie etwa ein Vorvertrag oder ein Optionsrecht, sind unzureichend, da der zukünftige Mieter noch nicht schutzbedürftig ist.

bb) Da es sich um vermietete Wohnräume handeln muss, kann das Vorkaufsrecht **39** nur bei einem Verkauf **nach Abschluss eines Mietvertrags** entstehen. Dies setzt voraus, dass der Mietvertrag durch übereinstimmende Willenserklärungen aller Beteiligten, insbesondere einer Mehrheit von Vermietern oder Mietern, zustande gekommen ist. Der Zeitpunkt des Vertragsschlusses und der Zeitpunkt, in dem das Mietverhältnis nach dem Vertrag beginnen soll, fallen jedoch regelmäßig auseinander. Wiederum zu einem anderen Zeitpunkt können die Räume überlassen worden sein. Die Überlassung spielt nur im Verhältnis zur Begründung des Wohnungseigentums eine Rolle (vgl Rn 24 f). Deshalb stellt sich im Hinblick auf den Abschluss des Kaufvertrags nur die Frage, ob in diesem Zeitpunkt bereits das Mietverhältnis begonnen haben muss oder ob es genügt, dass der Kaufvertrag zwischen dem Abschluss des Mietvertrags und dem späteren Beginn des Mietverhältnisses zustande kommt. Der Begriff der vermieteten Wohnräume, den das Gesetz verwendet, ist dem Wortlaut nach offen. Vom Schutzzweck des Vorkaufsrechts her ist es jedoch geboten, auf den Zeitpunkt des Abschlusses des Mietvertrags abzustellen, weil schon der Vertragsschluss den Mieter bindet und seine Schutzbedürftigkeit begründet, nicht erst der vertraglich bestimmte Beginn des Mietverhältnisses oder die Überlassung der Räume. Vermietet sind die Wohnräume deshalb vom Abschluss des Mietvertrags an bis zur Beendigung des Mietverhältnisses (Schilling 90 f). Im Übrigen kommt es nur noch darauf an, dass das Wohnungseigentum nach der Überlassung an den Mieter begründet worden ist (vgl Rn 24 f).

cc) Im Zusammenhang mit der **Beendigung des Mietverhältnisses** tritt das Problem **40** auf, ob und wie lange dem Mieter das Vorkaufsrecht zusteht, wenn der Kaufvertrag in diesem Zeitabschnitt abgeschlossen wird. Auszugehen ist davon, dass das Vorkaufsrecht begründet wird, solange das Mietverhältnis noch nicht beendet ist. Dies bedeutet für ein Mietverhältnis auf bestimmte Zeit, dass dem Mieter das Vorkaufsrecht zusteht, wenn der Kaufvertrag abgeschlossen wird, bevor das Mietverhältnis durch Zeitablauf endet (Schilling 91). Handelt es sich um ein Mietverhältnis auf unbestimmte Zeit, das ordentlich gekündigt worden ist, steht dem Mieter das Vorkaufsrecht zu, wenn der Kaufvertrag vor Ablauf der Kündigungsfrist zustande kommt (Schilling 91; Wirth NZM 1998, 390, 391; aM Brambring ZAP 1993, 965, 967). In beiden Fällen ist der Mieter schutzbedürftig, auch wenn das Ende des Mietverhältnisses kurz bevorsteht und er sich schon darauf eingestellt hat. Das Gesetz bietet auch keinen Anhaltspunkt, beim unbefristeten Mietverhältnis danach zu unterscheiden, ob der Mieter selbst gekündigt hat und ob er dabei Kenntnis von der beabsichtigten oder schon vollzogenen Umwandlung hatte (Bub/Treier/Drettmann Rn II 2775; Soergel/Heintzmann Rn 14; aM Commichau NJW 1995, 1010, 1011).

Ist der Mieter hiernach vor Beendigung des Mietverhältnisses zum Vorkauf berech- **41** tigt geworden, soll er das Recht nach teilweise vertretener Ansicht auch nach dessen Ende noch ausüben können, solange die **Frist des § 469 Abs 2 S 1 BGB** läuft (vgl Schilling 94; Sonnenschein NJW 1980, 2055, 2058). Diese vom Wortlaut gedeckte Auslegung wäre an sich sinnvoll, um die Rechte des Mieters nicht zu verkürzen, wenn der Verkauf unmittelbar vor dem Ende des Mietverhältnisses stattfindet. Sinn und Zweck der Vorschrift sprechen jedoch dagegen, einer Person, die nicht mehr Mieter und möglicherweise bereits ausgezogen ist, noch die Ausübung des Vorkaufsrechts und damit den Erwerb der Wohnung zu gestatten (Schilling 94; aM Erman/Lützenkirchen Rn 2; Lützenkirchen/Dickersbach Rn 17). Die gesetzliche Vorkaufsberechtigung ist an das Bestehen des Mietverhältnisses gebunden und erlischt daher mit dessen Ende. Ist das Mietverhältnis beendet, kann für den früheren Mieter kein Vorkaufsrecht mehr entstehen, auch wenn der Kaufvertrag zu einer Zeit abgeschlossen wird, in der die Räume dem Vermieter iS des § 546a Abs 1 BGB vorenthalten werden (Schilling 94). Allein der herauszugebende Besitz macht den früheren Mieter nicht schutzbedürftig, selbst wenn ihm nach den §§ 721, 794a ZPO eine Räumungsfrist oder nach § 765a ZPO Vollstreckungsschutz gewährt worden ist (Beck-OGK/Klühs [1. 7. 2020] Rn 18; Blank WuM 1993, 573, 579; **aM** Herrlein/Kandelhard/Kandelhard Rn 5).

42 Wird der Kaufvertrag nach dem Ende des Mietverhältnisses abgeschlossen, liegen aber Gründe vor, die zu einer **Verlängerung des Mietverhältnisses** führen, so ist der Mieter zum Vorkauf berechtigt. Unerheblich ist, ob der die Verlängerung begründende Rechtsakt zeitlich nach dem Abschluss des Kaufvertrags stattfindet, sofern nur das Mietverhältnis mit Rückwirkung im unmittelbaren Anschluss an das bereits eingetretene Ende fortgesetzt wird. Dies ist zunächst aufgrund des § 545 BGB der Fall, wenn der Mieter den Gebrauch der Wohnräume nach dem Ablauf der Mietzeit fortsetzt und keine Partei ihren entgegenstehenden Willen fristgemäß dem anderen Teil gegenüber erklärt (Blank WuM 1993, 573, 579; Blank/Börstinghaus/Blank/Börstinghaus Rn 67; Schilling 91). Das Gleiche gilt, wenn die Parteien aufgrund des § 575 BGB oder der Sozialklausel der §§ 574 bis 574b BGB nach dem Ende des Mietverhältnisses die Fortsetzung vereinbaren oder wenn dies durch ein gerichtliches Urteil bestimmt wird (Blank WuM 1993, 573, 579; ders, in: Schmidt-Futterer Rn 27; Schilling 91). Auch unabhängig von einem auf diese Rechtsgrundlagen gestützten Anspruch des Mieters können die Parteien nach Beendigung des Mietverhältnisses mit Rückwirkung hinsichtlich der Zwischenzeit eine Verlängerung vereinbaren. In allen diesen Fällen entsteht das Vorkaufsrecht des Mieters, ohne dass das Problem der Rückwirkung auftritt, wenn der Kaufvertrag mit dem Dritten abgeschlossen wird, nachdem das Mietverhältnis verlängert worden ist.

d) Erster Verkaufsfall

43 Das Vorkaufsrecht des Mieters besteht nur, wenn es sich um den ersten Verkauf der Wohnung seit ihrer Überlassung an den Mieter handelt (BGHZ 167, 58, 61 ff = NJW 2006, 1869; BGH NJW 2007, 2699; BeckOK/Hannappel [1. 8. 2020] Rn 18; BeckOK MietR/Bruns [1. 8. 2020] Rn 22; Erman/Lützenkirchen Rn 6; Jauernig/Teichmann Rn 2; Klein-Blenkers ua/Hinz Rn 20; Schmidt-Futterer/Blank Rn 49; Soergel/Heintzmann Rn 10). Ob die Wohnung vorher auf andere Weise – beispielsweise im Wege einer Schenkung – schon einmal den Eigentümer gewechselt hatte, ist dagegen unerheblich (BGH 21. 1. 2015 – VIII ZR 51/14, NJW 2015, 1516). Der **Verbrauch des Vorkaufsrechts** durch den ersten Vorkaufsfall nach der Umwandlung folgt aus dem Zweck des Gesetzes, den Mieter dagegen zu schützen, dass er infolge der Umwandlung aus seiner Wohnung verdrängt wird. Mit der Einführung des gesetzlichen Vorkaufsrechts wollte der Gesetzgeber die Veräußerung der Wohnungen grundsätzlich an die bisherigen Mieter sichern (vgl BT-Drucks 8/3403, 3, 35, 40 f zu § 2b WoBindG). Die Beschränkung auf den ersten Verkauf einer umgewandelten Eigentumswohnung, der erfahrungsgemäß in besonderer Weise von spekulativen Absichten begleitet ist, stellt auch unter Berücksichtigung verfassungsrechtlicher Vorgaben (Art 14 Abs 1 GG) einen ausgewogenen Kompromiss zwischen dem Verwertungsinteresse des Eigentümers und dem Interesse des Mieters am Erhalt der Wohnung dar. Übt der Mieter das Vorkaufsrecht beim ersten Verkaufsfall nicht aus, besteht keine Rechtfertigung mehr, ihn für die Zukunft stärker zu schützen als den Mieter, der eine bereits bestehende Eigentumswohnung angemietet hat (BGHZ 141, 194, 197 ff = NJW 1999, 2044; BGH NJW 2007, 2699). Ziel des Vorkaufsrechts ist es nicht, dem Mieter ein zeitlich unbegrenztes Erwerbsrecht zu verschaffen. Dies entspricht der Wertung, die für die Auslegung des § 577a Abs 1 BGB maßgebend ist, nämlich die Wartefrist für die Kündigung des Erwerbers wegen Eigenbedarfs von der ersten Veräußerung nach der Umwandlung an zu berechnen und nicht bei jeder weiteren Veräußerung neu beginnen zu lassen (BayObLG NJW 1982, 451; Lüder GE 1998, 1076, 1081; Schilling 92; näher § 577a Rn 19). Allerdings besteht das Vorkaufsrecht ab der zweiten Veräußerung – vorbehaltlich des Einwands einer rechtsmissbräuchlichen Gestaltung des zeitlichen Ablaufs durch den Eigentümer (§ 242 BGB; vgl BGHZ 115, 335, 340 = NJW 1992, 236) – selbst dann nicht mehr, wenn es beim ersten Mal nicht ausgeübt werden konnte, weil beispielsweise die erste Eigentumsübertragung im Wege der Zwangsvollstreckung erfolgte, die Wohnung an einen Familien- oder Haushaltsangehörigen verkauft wurde (Abs 1 S 2) oder die Ermittlung des anteiligen Preises, der für die dem Vorkaufsrecht unterfallende Eigentumswohnung zu zahlen ist, für den Mieter schwierig gewesen wäre (BGH NJW 2007, 2699).

Entsprechend diesem Normzweck sieht der BGH das Vorkaufsrecht auch dann als ausgeschlossen an, wenn der **erste Verkauf noch vor dem 1. 9. 1993**, dem Tag des Inkrafttretens der Vorschrift in ihrer ursprünglichen Fassung (vgl Rn 3), erfolgt war (BGHZ 167, 58, 61 ff = NJW 2006, 1869). Nach Auffassung des VIII. Zivilsenats besteht die Besorgnis einer Verdrängung des Mieters im Zusammenhang mit der Umwandlung in aller Regel nur beim ersten Verkauf einer Eigentumswohnung nach der erfolgten Umwandlung, weil hier bei dem Eigentümer, der die Umwandlung vorgenommen hat, das spekulative Interesse an der baldigen Erzielung eines Verkaufserlöses im Vordergrund stehe. Veräußere dagegen der Ersterwerber die Eigentumswohnung weiter, so unterscheide sich dieser Verkauf insoweit nicht vom Verkauf eines anderen Wirtschaftsgutes; der vom Gesetzgeber als auslösendes Moment für die drohende Verdrängung des Mieters angenommene Zusammenhang mit der Umwandlung der Wohnung in eine Eigentumswohnung bestehe hier regelmäßig nicht mehr (BGHZ 167, 58, 61 f = NJW 2006, 1869). Damit wird zwar dem Mieter entgegen der Zielrichtung des § 577 BGB die Möglichkeit, die gemietete Eigentumswohnung zu erwerben, letztlich verwehrt, weil beim ersten Verkauf der gesetzliche Anspruch noch nicht und beim zweiten Verkauf nicht mehr bestand. Angesichts der Übergangsregelung des Art 6 Abs 4 des MietRÄndG 4 (BGBl 1993 I 1257), der die Anwendung des Vorkaufsrechts auf Verkaufsfälle vor dem 1. 9. 1993 ausschließt, kann der Auffassung des BGH aber im Ergebnis beigetreten werden (ebenso Brambring ZAP 1993, 965, 967; Spielbauer/Schneider/Krenek Rn 39; aM LG Oldenburg WuM 1997, 436; AG Charlottenburg NZM 1999, 22; Palandt/Weidenkaff Rn 1). **44**

5. Ausschluss des Vorkaufsrechts (Abs 1 S 2)

a) Nach § 577 Abs 1 S 2 BGB ist der Mieter nicht zum Vorkauf berechtigt, wenn der Vermieter die Wohnräume an einen Familienangehörigen oder an einen Angehörigen seines Haushalts verkauft. Der **Grund** für den Ausschluss des Vorkaufsrechts beim Verkauf an Familienangehörige oder Angehörige des Haushalts liegt darin, dass dem Gesetzgeber das Interesse des Vermieters als vorrangig erschien, die **45**

Wohnräume an eine bestimmte, ihm nahestehende Person verkaufen zu können (BT-Drucks 12/3254, 40).

46 b) Diese Einschränkung des Mieterschutzes entspricht dem verminderten Bestandsschutz des Mietverhältnisses bei der Kündigung wegen Eigenbedarfs nach § 573 Abs 2 Nr 2 BGB. Es handelt sich um denselben **begünstigten Personenkreis**. Die Frage, wer im Einzelnen zu den „Familienangehörigen" zu zählen ist, ist im Rahmen des § 577 Abs 1 S 2 BGB nicht anders zu beantworten als bei § 573 BGB (Schmidt-Futterer/Blank Rn 25, § 573 Rn 51 ff; siehe daher § 573 Rn 78 ff). Haushaltsangehörige sind alle Personen, die schon seit längerer Zeit und auf Dauer in den Haushalt des Vermieters aufgenommen sind und in enger Hausgemeinschaft mit ihm leben (näher § 573 Rn 87 ff). Verkauft der Vermieter die Wohnung an einen Familienangehörigen, so kommt es nicht darauf an, ob dieser zugleich sein Haushaltsangehöriger ist.

47 c) Umstritten ist, ob das Vorkaufsrecht des Mieters bei einem Verkauf der Wohnräume an einen Familien- oder Haushaltsangehörigen nur dann ausgeschlossen wird, wenn zugleich der **Grund für eine Kündigung wegen Eigenbedarfs** nach § 573 Abs 2 Nr 2 BGB erfüllt ist oder ob kein Kündigungsgrund zu bestehen braucht (Bub NJW 1993, 2897, 2902; Palandt/Weidenkaff Rn 5; Spielbauer/Schneider/Krenek Rn 42; offen gelassen von BGH NJW 2007, 2699) und die begünstigte Person nicht einmal beabsichtigt, die Wohnräume selbst zu nutzen.

48 Für das **Erfordernis eines gleichzeitigen Kündigungsgrundes** wird auf den Wortlaut des ursprünglichen Gesetzentwurfs verwiesen. Hier hieß es, der Mieter sei zum Vorkauf berechtigt, „es sei denn, dass der Käufer zu den Personen gehört, zu deren Gunsten der Verkäufer ein berechtigtes Interesse im Sinne des § 564b Abs 2 Nr 2 BGB geltend machen könnte" (BT-Drucks 12/3254, 28, 39). In der Begründung ist von dem Personenkreis die Rede, „zu dessen Gunsten eine Eigenbedarfskündigung nach § 564b Abs 2 Nr 2 BGB möglich ist" (BT-Drucks 12/3254, 40). Diese Formulierung ist während der Ausschussberatungen zugunsten der Gesetz gewordenen Fassung aufgegeben worden. Gründe für die Umformulierung sind nicht erkennbar. Im Ausschussbericht heißt es lediglich, das Vorkaufsrecht solle nicht entstehen, wenn der Eigentümer die umgewandelte Wohnung an einen Angehörigen seiner Familie oder seines Hausstandes verkaufe, also in den Fällen, „in denen er auch wegen Eigenbedarfs das Mietverhältnis hätte kündigen können" (BT-Drucks 12/5110, 14, 19).

49 Demgegenüber ist zu berücksichtigen, dass die geltende Gesetzesfassung anders als der ursprüngliche Entwurf nicht mehr auf ein berechtigtes Interesse iS des § 573 Abs 2 Nr 2 BGB Bezug nimmt. Der Wortlaut des Gesetzes lässt damit nicht nur offen, ob das Vorkaufsrecht **unabhängig von einem Kündigungsgrund** ausgeschlossen sein soll, sondern spricht mit Rücksicht auf die Entstehungsgeschichte sogar dagegen, nachdem die Bezugnahme auf § 573 BGB aufgegeben worden ist. Schon die ursprüngliche Fassung, dass der Verkäufer ein berechtigtes Interesse geltend machen „könnte", war wegen der Möglichkeitsform nicht zwingend in dem Sinne auszulegen, dass der Vermieter wirklich einen Kündigungsgrund haben müsste. Schon eher gehen die Gesetzesbegründungen in diese Richtung (vgl Rn 48).

Letztlich ist deshalb der **objektive Gesetzeszweck** maßgebend. Der Mieter soll davor 50
geschützt werden, nach einer Umwandlung durch den Verkauf aus seiner Wohnung
verdrängt zu werden. Der Gesetzgeber hat jedoch das Interesse des Vermieters, die
Wohnung an eine bestimmte Person aus dem Kreis der Begünstigten verkaufen zu
können, als vorrangig eingestuft (BT-Drucks 12/3254, 40). Wenn es um eine tatsächliche
Nutzung durch diese Personen gehen würde, könnte der Vermieter zunächst das
Mietverhältnis nach § 573 Abs 2 Nr 2 BGB kündigen, um die Wohnung der begüns-
tigten Person anschließend zur Miete oder zum Kauf zu überlassen. Der Ausschluss-
grund des § 577 Abs 1 S 2 BGB für das Vorkaufsrecht des Mieters wäre überflüssig.
Es kommt deshalb nicht auf den Vorrang von Nutzungsinteressen, sondern von
Vermögensinteressen an. Tritt eine Nutzungsabsicht durch die begünstigte Person
hinzu, ist der Mieter schon aufgrund des § 573 Abs 2 Nr 2 BGB in der schwächeren
Rechtsposition. Fehlt ein solcher Kündigungsgrund, besteht für den Mieter keine
Gefahr, aus der Wohnung verdrängt zu werden. Dann kann ihm auch kein vorrangiges Vermögensinteresse zuerkannt werden, die Wohnung über ein Vorkaufs-
recht an sich zu ziehen und damit die Familien- oder Haushaltsangehörigen, die dem
Vermieter näher stehen, aus dem Vermögenserwerb, etwa einer vorweggenomme-
nen Erbfolge, zu verdrängen. Hiernach muss nicht gleichzeitig ein Kündigungsgrund
bestehen, um das Vorkaufsrecht des Mieters auszuschließen (Klein-Blenkers ua/Hinz
Rn 21; MünchKomm/Häublein Rn 22).

d)   Nach dem Wortlaut des § 577 Abs 1 S 2 BGB ist das Vorkaufsrecht des 51
Mieters ausgeschlossen, wenn der Vermieter die Wohnräume an eine der begünstigten Personen verkauft. Damit stellt sich die Frage, ob das Vorkaufsrecht und
ebenso sein Ausschluss eine **Identität des Vermieters und Verkäufers** voraussetzen
(vgl Rn 12 f). In Anbetracht der vielfältigen rechtlichen Gestaltungsmöglichkeiten ist
es sogar denkbar, dass der Eigentümer, der Vermieter und der Verkäufer verschiedene Personen sind. Das gleiche Problem tritt bei der Kündigung wegen Eigenbedarfs oder Hinderung angemessener wirtschaftlicher Verwertung nach § 573 Abs 2
Nr 2 oder 3 BGB auf, wenn die berechtigten Interessen in der Person des Eigentümers begründet, die Wohnräume jedoch durch einen Verwalter im eigenen Namen
vermietet worden sind. In den Kündigungsfällen wird dem Verwalter als Vermieter
ein berechtigtes Kündigungsinteresse aus sonstigen Gründen zugestanden, um den
Eigentümer nicht zu benachteiligen (vgl § 573 Rn 199). Aus den gleichen Gründen ist
es geboten, das Vorkaufsrecht des Mieters nach § 577 Abs 1 S 2 BGB auszuschließen, wenn Vermieter und Verkäufer nicht identisch sind, der Käufer aber im
Verhältnis zum Verkäufer oder Eigentümer ein Familien- oder Haushaltsangehöriger ist. Dies ist folgerichtig, wenn auch für die grundsätzliche Entstehung des
Vorkaufsrechts nach S 1 keine Personenidentität vorausgesetzt wird (vgl Rn 12 f).

III. Rechtsfolgen

1. Vorkaufsrecht des Mieters

a) Berechtigung des Mieters
Der Mieter ist nach § 577 Abs 1 S 1 BGB zum Vorkauf berechtigt, wenn die ver- 52
mieteten Wohnräume, an denen nach der Überlassung an den Mieter Wohnungseigentum begründet worden ist oder begründet werden soll, an einen Dritten verkauft werden. Die Berechtigung des Mieters knüpft damit erst unmittelbar an den

Abschluss eines wirksamen Kaufvertrags zwischen dem Verkäufer und dem Dritten an (vgl Rn 28 ff). Dem Mieter wird kraft Gesetzes ein **persönliches, schuldrechtliches Vorkaufsrecht** eingeräumt (Herrler ZfPW 2018, 328, 330; Klein-Blenkers ua/Hinz Rn 2; Schmid/Harz/Riecke Rn 1). Ob das Vorkaufsrecht als eine Rechtsposition des Mieters schon vorher entsteht, etwa mit der vollzogenen Umwandlung oder schon mit dem Entschluss des Eigentümers zur Umwandlung, und welche Rechtsnatur dem schuldrechtlichen Vorkaufsrecht zukommt (Staudinger/Schermaier [2013] Vorbem 25 ff zu § 463), ist im Hinblick auf die Vormerkungsfähigkeit nicht nur von theoretischer Bedeutung. Das gesetzliche Vorkaufsrecht des § 577 BGB kann nicht mit der vertraglichen Begründung eines Vorkaufsrechts gleichgestellt werden, die als doppelt bedingter Kaufvertrag angesehen werden könnte, nämlich bedingt durch den Vorkaufsfall und die Abgabe einer Vorkaufserklärung. Näher liegt es, für § 577 BGB allein auf den Vorkaufsfall als Entstehungsakt und auf die Vorkaufserklärung als Ausübung eines dem Mieter zustehenden Gestaltungsrechts abzustellen, die auch erst den im Wege der Vormerkung sicherungsfähigen gegenwärtigen Anspruch des Mieters auf Übertragung des Eigentums begründet.

53 Mit der Umwandlung der vermieteten Räume in eine Eigentumswohnung ist ein etwaiges Vorkaufsrecht des Mieters jedoch schon latent angelegt. Damit stellt sich die Frage, ob die Eintragung einer **Vormerkung** nach § 883 Abs 1 S 2 BGB zur Sicherung eines künftigen oder eines bedingten Anspruchs zulässig ist. Dies ist für ein vertragliches Vorkaufsrecht schon vor dem Vorkaufsfall anzunehmen (Staudinger/Kesseler [2020] § 883 Rn 128 ff) und wird vereinzelt auch für § 577 BGB vertreten, sobald die Umwandlungsabsicht „verdichtet" sei (Derleder, in: PiG 49 [1996] 169, 187). Das Anliegen, den Mieter möglichst frühzeitig zu sichern und nicht gegenüber einer Auflassungsvormerkung des Drittkäufers ins Hintertreffen geraten zu lassen, ist berechtigt. Das Gesetz lässt jedoch eine so frühzeitige Vormerkung zugunsten des Mieters nicht zu (Herrler ZfPW 2018, 328, 330 f). Der Mietvertrag ist mit dem Abschluss eines Vorkaufvertrags hinsichtlich eines zukünftigen Anspruchs nicht vergleichbar. Selbst bei einer vollzogenen Umwandlung ist noch keine Rechtsgrundlage für einen zukünftigen Anspruch des Mieters vorhanden. Dies gilt erst recht, wenn nur eine wie auch immer konkretisierte Umwandlungsabsicht besteht. Allein der Verkäufer hat es in der Hand, durch Abschluss des Kaufvertrags mit dem Dritten die Berechtigung des Mieters entstehen zu lassen. Dies ist als Grundlage einer Vormerkung unzureichend (Staudinger/Kesseler [2020] § 883 Rn 205 ff).

54 Selbst wenn der Vermieter die Vormerkung zugunsten des Mieters vor Abschluss eines Kaufvertrags mit einem Dritten bewilligt, kann sie wegen ihrer Akzessorietät mangels eines künftigen Anspruchs noch nicht entstehen (aM Langhein DNotZ 1993, 650, 665 Fn 65; ders Rpfleger 1995, 351 f). Dies ist nach überwiegender Ansicht erst möglich, wenn der Mieter sein Vorkaufsrecht ausgeübt hat (Blank/Börstinghaus/Blank/Börstinghaus Rn 73; Palandt/Weidenkaff Rn 6). Teilweise wird es aber auch für ausreichend gehalten, dass der Kaufvertrag mit dem Dritten abgeschlossen ist (LG Heilbronn 9. 4. 2014 – 5 O 134/14, ZMR 2014, 796; Beuermann GE 1993, 951, 953 f; Herrler ZfPW 2018, 328, 332). Hat der Dritte in diesem Vertrag zugesagt, dem vorkaufsberechtigten Mieter Gelegenheit zu geben, sein Vorkaufsrecht auszuüben, so ist darin ein Vertrag zugunsten Dritter zu sehen. Ist der Dritte inzwischen im Grundbuch als Eigentümer eingetragen worden, kann sich aus dem Vertrag ein direkter Anspruch des Mieters gegen den Dritten auf Übertragung des Eigentums ergeben. Auch dieser

Anspruch kann durch eine Vormerkung gesichert werden (LG Köln 12. 7. 1995 – 4 O 173/95, NJW-RR 1995, 1354).

b) Anwendbare Vorschriften
§ 577 Abs 1 S 3 BGB verweist hinsichtlich der weiteren Rechtsfolgen, die sich im Anschluss an die Entstehung des Vorkaufsrechts durch den Abschluss des Kaufvertrags mit dem Dritten ergeben, auf die **Vorschriften über den Vorkauf (§§ 463 ff BGB)**. Dies gilt aber nur, soweit sich aus den Abs 2 bis 4 des § 577 BGB keine abweichende Regelung ergibt. Die §§ 1094 bis 1104 über das dingliche Vorkaufsrecht sind hingegen nicht anwendbar (SCHMID/HARZ/RIECKE Rn 1). Dem Mieter, der das Vorkaufsrecht ausgeübt hat, steht deshalb nur ein schuldrechtlicher Anspruch auf Erfüllung nach § 433 Abs 1 BGB gegen den Verkäufer zu, wenn nicht der Sonderfall eines Vertrags zu seinen Gunsten mit dem Drittkäufer anzunehmen ist (LG Köln NJW-RR 1995, 1354). Erfüllt der Verkäufer diesen Anspruch nicht, richten sich die Rechte des vorkaufsberechtigten Mieters nach § 437 Nr 3, § 280 Abs 1 und 3, § 283 BGB (vgl AG Charlottenburg NZM 1999, 22; BUB NZM 2000, 1092, 1094; SCHMID/HARZ/RIECKE Rn 62). 55

c) Mitteilung über den Vorkaufsfall und Unterrichtung des Mieters über sein Vorkaufsrecht (Abs 2)
aa) In § 577 Abs 2 BGB ist eine **Sonderregelung** gegenüber den allgemeinen Vorschriften der §§ 463 ff BGB über das Vorkaufsrecht enthalten. Hiernach ist die Mitteilung des Verkäufers oder des Dritten über den Inhalt des Kaufvertrages mit einer Unterrichtung des Mieters über sein Vorkaufsrecht zu verbinden. Der Verpflichtete hat dem vorkaufsberechtigten Mieter den Inhalt des mit dem Dritten geschlossenen Vertrags unverzüglich mitzuteilen (vgl BGH NJW 1973, 1365; BGH NJW 1994, 315; BGH WuM 2004, 211; KLEIN-BLENKERS ua/HINZ Rn 26). Haben mehrere Mieter den Vertrag abgeschlossen, sind die Erklärungen an alle zu richten (LÜTZENKIRCHEN/DICKERSBACH Rn 35; PALANDT/WEIDENKAFF Rn 6; SCHMIDT DWW 1994, 65, 69; SCHMIDT-FUTTERER/BLANK Rn 42). Die Mitteilung des Verpflichteten wird durch die Mitteilung des Dritten ersetzt (§ 469 Abs 1 S 2 BGB). Hierzu ist der Dritte nicht gesetzlich verpflichtet. Er kann die Mitteilungspflicht jedoch in dem Kaufvertrag übernehmen (STAUDINGER/SCHERMAIER [2013] § 469 Rn 3). Die Parteien des Kaufvertrags können den beurkundenden Notar bevollmächtigen, die Mitteilung an den Mieter zu richten. 56

bb) Aus der Verweisung auf § 469 Abs 1 BGB ergeben sich im Einzelnen Folgerungen für Form, Frist und Inhalt der Mitteilung. Die Mitteilung ist keine Willenserklärung, sondern eine reine Wissenserklärung, für die das Gesetz keine bestimmte **Form** vorschreibt (BeckOGK/KLÜHS [1. 7. 2020] Rn 87; SOERGEL/HEINTZMANN Rn 12; STAUDINGER/SCHERMAIER [2013] § 469 Rn 8 f). Sie kann deshalb formlos erklärt werden. Da die **Frist** zur Ausübung des Vorkaufsrechts nach § 469 Abs 2 S 1 BGB vom Empfang der Mitteilung abhängt, empfiehlt es sich für den Erklärenden jedoch, zur Beweissicherung eine schriftliche Erklärung und förmliche Zustellung zu wählen (SCHMIDT DWW 1994, 65, 69). Für die Mitteilung selbst ergibt sich daraus eine allerdings nicht fest bestimmte Frist, dass sie unverzüglich erteilt werden muss. Sie ist also nach Maßgabe des § 121 Abs 1 S 1 BGB ohne schuldhaftes Zögern zu erklären. Da die Mitteilung die Frist zur Ausübung des Vorkaufsrechts auslöst, braucht sie erst abgegeben zu werden, wenn der Kaufvertrag mit etwaigen behördlichen Genehmigungen wirksam zustande gekommen ist oder wenn bei einem aufschiebend bedingten Kaufvertrag die 57

Bedingung eingetreten ist. Auf eine verfrühte Mitteilung muss der vorkaufsberechtigte Mieter keine Erklärung abgeben (Staudinger/Schermaier [2013] § 469 Rn 6).

58 Dem Mieter ist der **Inhalt** des Kaufvertrags richtig und vollständig mitzuteilen (RG 12. 12. 1942 – VIII 96/42, RGZ 170, 208, 213; BGHZ 168, 152, 156 = NJW-RR 2006, 1449; OLG Celle WuM 2008, 292). Da nach § 464 Abs 2 BGB mit der Ausübung des Vorkaufsrechts der Kaufvertrag mit dem Mieter unter den Bestimmungen zustande kommt, die Verkäufer und Dritter vereinbart haben, ist der gesamte Inhalt mitzuteilen. Der einfachste Weg besteht darin, dem Mieter eine Kopie des notariell beurkundeten Kaufvertrags zu schicken. Teilt der Vermieter dem Mieter den Vertragsinhalt unrichtig oder unvollständig mit, so verletzt er eine mietvertragliche Nebenpflicht, die bei Vertretenmüssen Schadensersatzansprüche aus § 280 Abs 1 BGB auslösen kann (BGH WuM 2003, 281; OLG Celle WuM 2008, 292; AG Charlottenburg NZM 1999, 22; AG München WuM 2004, 616). Dieser Anspruch umfasst jedoch nicht den Schaden, den der Mieter dadurch erleidet, dass er die Wohnung nach dem Erwerb hätte räumen und zu einem höheren Preis verkaufen können. Hinsichtlich dieses entgangenen Gewinns fehlt es an der adäquaten Kausalität. Ein solcher Gewinn ist im Prinzip zwar möglich, wird aber nicht vom Schutzzweck des § 577 BGB umfasst (AG Hamburg WuM 1996, 477). Aus vergleichbaren Gründen scheitert auch ein Schadensersatzanspruch bei bloß verzögerter Mitteilung: Die Pflicht zu unverzüglicher Mitteilung des Vorkaufsfalls soll den Mieter nur in die Lage versetzen, sein Vorkaufsrecht auszuüben und damit seinen Erfüllungsanspruch zu begründen. Es dient dagegen nicht dazu, die möglichst baldige Ausübung des Vorkaufsrechts zu ermöglichen (OLG Celle WuM 2008, 292 mit kritischer Anm Häublein MittBayNot 2008, 378 ff).

59 cc) Die Mitteilung ist nach § 577 Abs 2 BGB mit einer **Unterrichtung des Mieters über sein Vorkaufsrecht** zu verbinden. Vereinzelt wird die Auffassung vertreten, dass ein bloßer Hinweis auf die Regelung des § 577 Abs 2 BGB ausreichend sei (Langhein DNotZ 1993, 650, 667). Ein schlichter Hinweis ist aber nicht mit der vom Gesetz verlangten Unterrichtung gleichzusetzen. Der Mieter muss zunächst erkennen können, dass ihm der Inhalt des Kaufvertrags nicht nur deshalb mitgeteilt wird, um ihn über einen bevorstehenden Vermieterwechsel nach § 566 BGB zu informieren. Darüber hinaus kann von einer Unterrichtung des Mieters über sein Vorkaufsrecht nur die Rede sein, wenn er in den Grundzügen von seinem Recht und den Voraussetzungen der Ausübung Kenntnis erhält. Dies umfasst mindestens die Belehrung des Mieters darüber, dass er aufgrund des § 577 BGB als Vorkaufsberechtigter einen eigenen Vertrag zu den Bestimmungen des inhaltlich mitgeteilten oder beigefügten Kaufvertrags abschließen kann, dass er sein Vorkaufsrecht nach § 577 Abs 3 BGB durch eine schriftliche Erklärung gegenüber dem Verkäufer ausüben muss, dass das Vorkaufsrecht nach § 469 Abs 2 S 1 BGB nur bis zum Ablauf von zwei Monaten nach dem Empfang der Mitteilung ausgeübt werden kann und dass mit der Ausübung des Vorkaufsrechts nach § 464 Abs 2 BGB der Kauf zwischen dem Mieter und dem Verkäufer unter den Bestimmungen zustande kommt, die der Verkäufer mit dem Dritten vereinbart hat (MünchKomm/Häublein Rn 29; Schilling 94; Schmid/Harz/Riecke Rn 17; Schmidt DWW 1994, 65, 69; einschränkend Blank/Börstinghaus/Blank/Börstinghaus Rn 43).

60 dd) Nach § 577 Abs 2 BGB ist die Mitteilung über den Inhalt des Kaufvertrags mit der Unterrichtung des Mieters über sein Vorkaufsrecht zu verbinden. Dem Gesetz lässt sich nicht eindeutig entnehmen, wie die **Verbindung von Mitteilung und Unterrichtung** beschaffen sein soll. Die engste Verbindung liegt vor, wenn beide Erklärungen in ein Schriftstück aufgenommen werden oder wenn mehrere Schriftstücke fest miteinander verbunden werden. Ein derartiges Erfordernis kann dem Gesetz nicht entnommen werden. Im Hinblick auf die Rechtsfolgen eines Verstoßes liegt es näher, eine zeitliche Verbindung von Mitteilung und Unterrichtung vorauszusetzen, weil die Frist zur Ausübung des Vorkaufsrechts nach § 469 Abs 2 S 1 BGB nur durch eine inhaltlich ordnungsgemäße Mitteilung ausgelöst wird (STAUDINGER/SCHERMAIER [2013] § 469 Rn 11). Das Gesetz geht demnach von dem Idealfall aus, dass die Mitteilung und die Unterrichtung dem Mieter in demselben Zeitpunkt zugehen und so die Ausübungsfrist auslösen. Damit wird jedoch nicht vorausgesetzt, dass beide Erklärungen dem Mieter unbedingt in demselben Zeitpunkt zugehen müssen (BLANK/BÖRSTINGHAUS/BLANK/BÖRSTINGHAUS Rn 42; SOERGEL/HEINTZMANN Rn 12). Auch die zeitliche Reihenfolge wird nicht festgelegt. Sind die Mitteilung und die Unterrichtung jedoch nicht zeitlich miteinander verbunden, hat dies zur Folge, dass die Frist zur Ausübung des Vorkaufsrechts durch den Mieter noch nicht in Gang gesetzt wird (BLANK/BÖRSTINGHAUS/BLANK/BÖRSTINGHAUS Rn 42).

d) Ausübung des Vorkaufsrechts (Abs 3)
aa) Allgemeines

Nach § 464 Abs 1 BGB wird das Vorkaufsrecht durch Erklärung gegenüber dem Verpflichteten ausgeübt. Es handelt sich um eine **einseitige, empfangsbedürftige Willenserklärung** des Mieters (BLANK/BÖRSTINGHAUS/BLANK/BÖRSTINGHAUS Rn 51; BUB NZM 2000, 1092, 1097; KLEIN-BLENKERS ua/HINZ Rn 34; SCHMID/HARZ/RIECKE Rn 23). Sie muss dem Verkäufer als dem Vorkaufsverpflichteten zugehen. Dies gilt auch, wenn der Verkäufer und der Vermieter nicht dieselbe Person sind (vgl Rn 12 f) oder wenn der Dritte oder der Notar den Mieter über den Verkauf informiert hatte (KOSSMANN/MEYER-ABICH § 120 Rn 19; SCHMID/HARZ/RIECKE Rn 22). Schuldner des Vorkaufsanspruchs ist der Vermieter, und zwar auch dann, wenn die gemietete Wohnung unter **Zwangsverwaltung** steht (BGH NJW 2009, 1076). Die Zwangsverwaltung entzieht dem Vermieter nicht das Eigentum, sondern lediglich die Verwaltung und Benutzung des Grundstücks (BGH NZM 2005, 596). Die Verfügungsbefugnis verbleibt dagegen auch nach angeordneter Zwangsverwaltung beim Schuldner, lediglich beschränkt durch das mit der Beschlagnahme verbundene relative Veräußerungsverbot zugunsten des die Zwangsvollstreckung betreibenden Gläubigers. Der Zwangsverwalter kann daher weder die Auflassung erklären noch die Grundbucheintragung einer Verfügung über das Grundstück beantragen oder bewilligen. Bei einer **Mehrheit von Verkäufern** sind alle Personen notwendige Adressaten (LÜTZENKIRCHEN/DICKERSBACH Rn 40; SCHMIDT-FUTTERER/BLANK Rn 47; SPIELBAUER/SCHNEIDER/KRENEK Rn 52). Wegen der Rechtswirkungen, die nach § 464 Abs 2 BGB durch die Erklärung ausgelöst werden (vgl Rn 68), ist sie als Gestaltungserklärung einzuordnen und deshalb ebenso bedingungsfeindlich wie unwiderruflich (BUB NZM 2000, 1092, 1097). Ist der Mieter nicht unbeschränkt geschäftsfähig, ist zur Ausübung des Vorkaufsrechts nach § 1821 Abs 1 Nr 5 BGB die Genehmigung des Familiengerichts erforderlich (SCHMIDT-FUTTERER/BLANK Rn 47).

Da die Ausübung einen wirksamen Kaufvertrag mit dem Dritten voraussetzt, geht die Erklärung ins Leere, wenn der Vertrag als **Scheingeschäft** nach § 117 Abs 1 BGB nichtig ist (vgl Rn 35). Wird der wirklich gewollte Vertrag nach § 311b Abs 1 S 2 BGB durch Erfüllung gegenüber dem Dritten mit Wirkung ex nunc gültig, erfasst diese

Heilung nicht die zuvor ins Leere gegangene Erklärung des Vorkaufsberechtigten. Die Erklärung müsste wiederholt werden, verhilft dem Vorkaufsberechtigten aber nur zu Schadensersatzansprüchen. Erfüllt der Verkäufer jedoch gegenüber dem Vorkaufsberechtigten, wird der formnichtige Vertrag mit dem Dritten nicht geheilt, sodass das Eigentum rechtsgrundlos übertragen wird, weil diese Erfüllung nicht nach § 311b Abs 1 S 2 BGB den Mangel eines Kaufvertrags zwischen Verkäufer und Vorkaufsberechtigtem heilt.

bb) Form

63 Abweichend von § 464 Abs 1 S 2 BGB bestimmt § 577 Abs 3 BGB dass die Ausübung des Vorkaufsrechts durch **schriftliche Erklärung** des Mieters gegenüber dem Verkäufer erfolgt. Damit hat der Gesetzgeber die vor der Mietrechtsreform 2001 streitig diskutierte Frage, ob die Vorkaufsausübung formlos (BGHZ 144, 357, 360 ff = NJW 2000, 2665 mit kritischer Anm BUNDSCHUH ZMR 2001, 324, 327; BGH NZM 2005, 779; OLG Düsseldorf NZM 1998, 1001; OLG München NZM 1999, 797; DERLEDER, in: PiG 49 [1996] 169, 174; MACIEJEWSKI MM 1994, 137, 138; SCHILLING 94), im Wege der notariellen Beurkundung (BEUERMANN GE 1993, 951, 952; HAMMEN DNotZ 1997, 543; SCHMIDT MittBayNot 1994, 285, 286) oder in anderer Form auszuüben ist, entschieden. Einerseits hielt er einen Schutz des Mieters vor übereilten und unüberlegten Entscheidungen, die bei einer formlosen Ausübung des Vorkaufsrechts leicht zu besorgen ist, für erforderlich, andererseits wollte er aber nicht so weit gehen, die notarielle Beurkundungspflicht des § 311b BGB vorzuschreiben (BT-Drucks 14/4553, 72).

64 **Schriftliche Erklärung** iS von § 577 Abs 3 BGB bedeutet Wahrung der Schriftform des § 126 BGB. Damit kann das Vorkaufsrecht durch eine vom Mieter eigenhändig durch Namensunterschrift oder mittels notariell beglaubigten Handzeichens unterzeichneter Urkunde (§ 126 Abs 1 BGB), in elektronischer Form durch qualifizierte elektronische Signatur (§ 126 Abs 3 BGB, § 126a BGB), durch notarielle Beurkundung (§ 126 Abs 4 BGB iVm § 128 BGB) oder, wenn die Erklärung im Rahmen eines gerichtlichen Vergleichs abgegeben wird, durch Aufnahme der Erklärung in ein nach den Vorschriften der ZPO errichtetes Protokoll (§ 127a BGB) ausgeübt werden. Insoweit gelten keine von den allgemeinen Regeln abweichende Besonderheiten (vgl auch § 568 Rn 12 ff).

cc) Frist (§ 469 Abs 2 S 1 BGB)

65 Nach § 469 Abs 2 S 1 BGB kann das Vorkaufsrecht nur bis zum Ablauf von zwei Monaten nach dem Empfang der Mitteilung ausgeübt werden. Diese Vorschrift ist auf das Vorkaufsrecht des Mieters entsprechend anwendbar, nachdem die ausdrückliche Bestimmung einer **Frist** von zwei Monaten für die Ausübung des Vorkaufsrechts aus § 577 Abs 2 BGB im ursprünglichen Gesetzentwurf (BT-Drucks 12/3254, 40) nicht in die endgültige Fassung übernommen worden ist (BT-Drucks 12/5110, 14, 19). Die Bestimmung des § 469 Abs 2 S 1 BGB ist in der Weise zu ergänzen, dass die Frist erst beginnt, wenn der Mieter nicht nur die Mitteilung über den Inhalt des mit dem Dritten abgeschlossenen Kaufvertrags erhalten hat, sondern nach Maßgabe des § 577 Abs 2 BGB auch über sein Vorkaufsrecht unterrichtet worden ist (vgl Rn 60). Die Mitteilung und die Unterrichtung müssen inhaltlich den gesetzlichen Anforderungen entsprechen (vgl Rn 57 ff). Anderenfalls wird die Frist nicht in Gang gesetzt (FRANKE/GELDMACHER ZMR 1993, 548, 555). Sie beginnt ebenfalls nicht zu laufen, wenn Mitteilung und Unterrichtung nicht sämtlichen Mietern zugegangen sind, die das

Vorkaufsrecht nur gemeinsam ausüben können (s Rn 67; aM SCHMIDT DWW 1994, 65, 69).

Die Frist ist nach § 187 Abs 1, § 188 Abs 2 und 3 BGB zu berechnen. Sie ist eine **66 Ausschlussfrist**, sodass das Vorkaufsrecht nach Fristablauf ersatzlos untergeht (KLEIN-BLENKERS ua/HINZ Rn 35; MünchKomm/HÄUBLEIN Rn 30). Entscheidend ist der rechtzeitige Zugang der Erklärung beim Verkäufer, nicht die Abgabe durch den Mieter. Die enge Begrenzung der Frist wurde im Hinblick auf die Eigentumsgarantie für notwendig gehalten, um den Vermieter in seinen Verkaufsmöglichkeiten nicht übermäßig zu behindern, während sie für den Mieter ausreichend sei, seine Finanzierungsmöglichkeiten zu klären und sich schlüssig zu werden (BT-Drucks 12/3254, 40; BT-Drucks 12/5110, 19). Wenn der Mieter auf andere Weise als durch die Mitteilung von dem Vorkaufsfall und dem Inhalt des Kaufvertrags Kenntnis erlangt, kann er sein Vorkaufsrecht auch schon vor dem Empfang der Mitteilung ausüben (MACIEJEWSKI MM 1994, 137, 138). Im Grunde ist es sogar möglich, das Vorkaufsrecht in Unkenntnis des genauen Vertragsinhalts auszuüben, auch wenn dies nicht empfehlenswert ist (SCHMIDT DWW 1994, 65, 66). Die Frist zur Ausübung des Vorkaufsrechts wird durch die Übersendung eines abgeänderten Kaufvertrags mit verringertem Kaufpreis erneut in Gang gesetzt (OLG Karlsruhe WuM 1996, 325 mAnm BLANK).

dd) Mehrere Vorkaufsberechtigte (§ 472 BGB)
Steht das Vorkaufsrecht **mehreren Mietern** gemeinschaftlich zu, so kann es nach dem **67** entsprechend anzuwendenden § 472 S 1 BGB nur im Ganzen ausgeübt werden (vgl BGH NZM 2005, 779; ERMAN/LÜTZENKIRCHEN Rn 8; LÜTZENKIRCHEN/DICKERSBACH Rn 39; SPIELBAUER/SCHNEIDER/KRENEK Rn 52). Übt einer der Mieter sein Vorkaufsrecht nicht aus, so sind die übrigen nach § 472 S 2 BGB berechtigt, das Vorkaufsrecht im Ganzen auszuüben (KLEIN-BLENKERS ua/HINZ Rn 34). Handelt es sich bei der Mehrheit von Mietern um eine Gesamthand, weil dem gemeinsamen Mietvertrag im Innenverhältnis zB eine Erbengemeinschaft zugrunde liegt, so hat die Ausübung des Vorkaufsrechts eine gesamthänderische Bindung zur Folge. Dies muss sich nicht notwendig auf die Erfüllung erstrecken, sodass es möglich ist, mit der Auflassung und Eintragung Miteigentum nach Bruchteilen entstehen zu lassen (SCHMIDT DWW 1994, 65, 67 f). Zu beachten ist, dass die Frist zur Ausübung des Vorkaufsrechts erst zu laufen beginnt, wenn Mitteilung und Unterrichtung sämtlichen Mietern der verkauften Wohnung zugegangen sind (vgl Rn 56).

e) Wirkung
aa) Mit der Ausübung des Vorkaufsrechts kommt nach § 464 Abs 2 BGB ein **68 Kaufvertrag zwischen Mieter und Verkäufer** unter den Bestimmungen zustande, die der Verkäufer mit dem Dritten vereinbart hat. Dies gilt für die Höhe des Kaufpreises ebenso wie für alle anderen Vertragsbedingungen. Die beiden Kaufverträge unterscheiden sich deshalb grundsätzlich nur dadurch, dass an die Stelle des Erstkäufers der Vorkaufsberechtigte tritt, der vertragliche Regelungsgehalt, wie er sich aus der Kaufvertragsurkunde erschließt, im Übrigen aber unverändert bleibt (BGH 17. 1. 2003 – V ZR 137/02, WuM 2004, 211; BGH 27. 4. 2016 – VIII ZR 323/14, NZM 2016, 467; KLEIN-BLENKERS ua/HINZ Rn 37; SOERGEL/HEINTZMANN Rn 17). Wurde die Auflassung bereits im Kaufvertrag mit dem Dritten beurkundet, was heute die Regel ist, kann der Käufer bereits mit Ausübung des Vorkaufsrechts zur Kaufpreiszahlung verpflichtet sein. Der BGH hat hier eine differenzierte Lösung gefunden, die nach

dem Sicherungscharakter der Auflassung unterscheiden will (BGH 12. 5. 2017 – V ZR 210/16, NJW 2017, 3295; dazu Herrler ZfPW 2018, 328, 337 ff). Hat der Verkäufer dem Dritten keine Vollmacht zur Belastung des Grundstücks vor Eigentumsübergang eingeräumt, kann auch der Mieter eine solche nicht verlangen, selbst wenn er sie zur Finanzierung des Kaufpreises benötigt (Herrler ZfPW 2018, 328, 346 ff; offen lassend LG Berlin 11. 2. 2016 – 67 S 392/15, ZMR 2016, 545). Allerdings kann der Verpflichtete nach § 467 S 2 BGB verlangen, dass der Vorkauf auf alle Sachen erstreckt wird, die nicht **ohne Nachteil für ihn getrennt werden können** (vgl BGH 27. 4. 2016 – VIII ZR 61/15, NZM 2016, 543; dazu Klühs NZM 2016, 812, 813). Da vermietete Eigentumswohnungen bei einem Verkauf in aller Regel einen niedrigeren Kaufpreis erzielen als in unvermietetem Zustand, fällt dem Mieter im Grunde ein mit dem Mieterschutz nur schwer zu rechtfertigender Vorteil zu. Der Nachteil wird für den Verkäufer besonders schwerwiegend, wenn der Mieter die Wohnung alsbald aufgibt und zum höheren Preis einer unvermieteten und geräumten Wohnung weiterverkauft (Expertenkommission Wohnungspolitik Rn 5432). Gleichwohl ist es unzulässig, im Kaufvertrag differenzierende Kaufpreise mit dem Ziel auszuweisen, vom Vorkaufsberechtigten einen höheren Preis zu erzielen als vom Käufer (Rn 83). **Nebenabreden**, die den Drittkäufer belasten, treffen nunmehr den Mieter (Brambring ZAP 1993, 965, 971; Lüder GE 1998, 1076, 1081; Schmid/Harz/Riecke Rn 56; Staudinger/Schermaier [2013] § 464 Rn 19 ff; einschränkend Herrler ZfPW 2018, 328, 333 f). Er hat gegen den Verkäufer einen Erfüllungsanspruch aus § 433 Abs 1 BGB. Der Vertrag des Verkäufers mit dem Dritten bleibt von der Ausübung des Vorkaufsrechts durch den Mieter grundsätzlich unberührt (vgl Rn 79). Der Mieter tritt also nicht in diesen Vertrag ein, sondern begründet durch Ausübung des Vorkaufsrechts einen selbständigen Vertrag. Eine notarielle Beurkundung nach § 311b BGB ist nicht notwendig. Ob der Mieter diesen Vertrag erfüllen kann, beeinflusst wie auch bei anderen Kaufverträgen nicht die Wirksamkeit der Verpflichtung. Das Gesetz bietet auch keinen Anhaltspunkt, dem Verkäufer einen Auskunftsanspruch über die Leistungsfähigkeit des Mieters einzuräumen (wohl auch Kinne ua/Kinne Rn 23; **aM** Blank WuM 1993, 573, 579; ders, in: Schmidt-Futterer Rn 59).

68a Abreden über die Verteilung der **Maklerkosten** gehören nach der Rechtsprechung des BGH (nur dann) wesensmäßig zum Kaufvertrag, wenn diese Kosten sich im üblichen Rahmen halten (BGH 14. 12. 1995 – III ZR 34/95, BGHZ 131, 318, 321 = NJW 1996, 654). Haben die Kaufvertragsparteien dagegen in zulässiger Weise (vgl §§ 656c, 656d BGB) eine atypisch hohe Courtage, eine ungewöhnliche Verteilung der Maklerkosten oder sonstige ungewöhnliche Vereinbarungen bezüglich des Maklerlohns getroffen, ist der Vorkaufsberechtigte hieran nicht gebunden (BGH 11. 1. 2007 – III ZR 7/06, NZM 2007, 256; BGH 12. 5. 2016 – I ZR 5/15, NJW 2016, 3233). Die Maklerabrede ist ihm gegenüber vollständig unwirksam, er braucht nicht einmal die ortsübliche Courtage zu entrichten (BGH 12. 5. 2016 – I ZR 5/15, NJW 2016, 3233).

68b bb) Mit der **Erfüllung** des Kaufvertrages erwirbt der Mieter das Eigentum. Er erhält damit diejenige Rechtsposition, die bestanden hätte, wenn ihm die Wohnung unmittelbar vom Vermieter zu marktüblichen, also weder besseren noch schlechteren Bedingungen angeboten worden wäre. Sonderrechte, die ihm nur als Mieter eingeräumt waren, die er aber als Eigentümer von vornherein nicht gehabt hätten, erlöschen (BGH 27. 4. 2016 – VIII ZR 323/14, NZM 2016, 467). Das Mietverhältnis endet durch Konfusion. Dementsprechend kann sich der Wohnungserwerber, soweit keine abweichenden Nutzungs- und Gebrauchsabreden getroffen sind, gegenüber den anderen Wohnungseigentümern nicht auf fortbestehende Nutzungsbefugnisse aus dem ehemaligen Mietverhältnis berufen, die mit der Teilungserklärung und der Gemeinschaftsordnung nicht in Deckung zu bringen sind (BGH 27. 4. 2016 – VIII ZR 323/14, NZM 2016, 467; KG 26. 11. 2001 – 24 W 6774/00, NZM 2003, 561).

cc) Bei einem **Gesamtverkauf** mehrerer Eigentumswohnungen oder des ganzen Grundstücks ist der Mieter nur hinsichtlich der von ihm gemieteten Wohn- und Nebenräume zum Vorkauf berechtigt, soweit die Voraussetzungen erfüllt werden, um den auf ihn entfallenden Teil des Vertragsgegenstandes bestimmen zu können (vgl Rn 31 f; KLEIN-BLENKERS ua/HINZ Rn 38). Dies hat zur Folge, dass der Vertragsinhalt, der in dem Kaufvertrag über das Gesamtobjekt mit dem Dritten vereinbart ist, dem Teilverkauf an den Mieter anzupassen ist. Dies gilt vor allem für den Kaufpreis (vgl BGH NJW 2007, 2699). Sind bei einem Gesamtverkauf für die einzelnen Wohnungen jeweils bestimmte Preise vereinbart, deren Summe den Gesamtpreis ergibt, so ist auch für den vorkaufsberechtigten Mieter der Einzelpreis maßgebend (BGH 27. 4. 2016 – VIII ZR 61/15, NZM 2016, 543). Hat der Dritte aber mehrere Wohnungen oder das ganze Grundstück zu einem Gesamtpreis gekauft, so hat der Vorkaufsberechtigte nach § 467 S 1 BGB einen verhältnismäßigen Teil des Gesamtpreises zu entrichten. Da die einzelnen Wohnungen in aller Regel nicht nur aufgrund ihrer abweichenden Größe, sondern auch wegen ihrer Lage einen unterschiedlichen Wert haben, kommt es nicht auf einen durchschnittlichen Quadratmeterpreis und auch nicht auf einen dem Miteigentumsanteil entsprechenden Bruchteil des Gesamtpreises an, sondern auf den **wirklichen Wert der einzelnen Wohnung** (BRAMBRING ZAP 1993, 965, 967; vgl BGH LM Nr 1 zu § 508 BGB; STAUDINGER/SCHERMAIER [2013] § 467 Rn 4). Dies kann aber nicht dazu führen, dass der Vorkaufsberechtigte einen verhältnismäßig höheren Preis zu entrichten hat, wenn der Wert aller Eigentumswohnungen den Gesamtpreis übersteigt (BLANK/BÖRSTINGHAUS/BLANK/BÖRSTINGHAUS Rn 58; KLEIN-BLENKERS ua/HINZ Rn 38; SCHMID/HARZ/RIECKE Rn 47; **aM** LANGHEIN DNotZ 1993, 650, 661). Alle Einzelpreise sind im Verhältnis der Einzelwerte zum Gesamtwert wiederum dem Gesamtpreis anzupassen. Sonst würde die Ausübung der Vorkaufsrechte den Verkäufer begünstigen und die Mieter benachteiligen. **69**

2. Verbrauch des Vorkaufsrechts

a) Übt der Mieter sein Vorkaufsrecht während der zweimonatigen Frist des § 469 Abs 2 S 1 BGB nicht aus, so geht es ersatzlos unter. Da das Vorkaufsrecht dem Mieter nur für den ersten Vorkaufsfall zusteht (vgl Rn 43 f), lebt es bei einem **weiteren Verkauf** der Wohnung nicht wieder auf (BGHZ 141, 194, 197 ff = NJW 1999, 2044; BEUERMANN GE 1993, 951, 953; BUB/TREIER/DRETTMANN Rn II 2779; LANGHEIN DNotZ 1993, 650, 662; LÜDER GE 1998, 1076, 1081; SCHILLING 92; SCHMIDT DWW 1994, 65, 67). Durch Verträge wie Tausch oder Schenkung, die kein Vorkaufsrecht auslösen (vgl Rn 33), wird das Recht des Mieters nicht verbraucht, sodass es frühestens bei einem Verkauf durch den neuen Eigentümer entsteht (MACIEJEWSKI MM 1994, 137, 138; SCHMIDT-FUTTERER/BLANK Rn 51). **70**

Anders liegen die Dinge jedoch, wenn der erste Verkauf nach § 471 BGB deshalb kein Vorkaufsrecht ausgelöst hat, weil er im Wege der **Zwangsvollstreckung** oder aus der **Insolvenzmasse** erfolgt ist (BGHZ 141, 194, 200 ff = NJW 1999, 2044; SCHMID/HARZ/RIECKE Rn 42 f). In derartigen Fällen bleibt der Mieter nur durch die Kündigungssperre des **71**

§ 577a BGB auf Zeit vor einer Verdrängung aus der gemieteten Wohnung geschützt (vgl BayObLG WuM 1992, 1615). Darüber hinaus steht es ihm frei, bei der Zwangsversteigerung der Eigentumswohnung mitzubieten. Soll die Wohnung in einem Insolvenzverfahren verwertet werden, wird der Verwalter die Wohnung schon deswegen, weil eine vermietete und einer Kündigungssperre unterliegende Eigentumswohnung auf dem freien Markt nur schwer zu veräußern ist, in aller Regel dem Mieter zum Kauf anbieten. Damit eröffnet sich dem Mieter regelmäßig sogar die Möglichkeit, auf den Kaufpreis Einfluss zu nehmen, während er bei Ausübung des Vorkaufsrechts die Bedingungen des Kaufvertrages zwischen dem Vorkaufsverpflichteten und dem Dritten unverändert übernehmen müsste (BGHZ 141, 194, 202 = NJW 1999, 2044).

72 **b)** Aus der Beschränkung des Vorkaufsrechts auf den ersten Verkauf der Wohnung an einen Dritten folgt, dass dem Mieter bei einem **weiteren Verkauf** auch dann kein Vorkaufsrecht zusteht, wenn der erste Kaufvertrag durch Rücktritt oder Aufhebung seitens der Vertragsparteien erloschen ist und der Mieter von seinem trotzdem fortbestehenden Vorkaufsrecht keinen Gebrauch gemacht hat. Da § 577 BGB nach Art 6 Abs 4 MietRÄndG 4 nicht anzuwenden ist, wenn der Kaufvertrag mit dem Dritten vor dem 1. 9. 1993 abgeschlossen worden ist, wird das Vorkaufsrecht kraft Gesetzes für den ersten Verkauf nach der Umwandlung ausgeschlossen. Es kann nach dem Zweck des § 577 BGB auch dann nicht mehr entstehen, wenn ein weiterer Verkauf nach diesem Stichtag stattfindet (BGHZ 167, 58, 61 ff = NJW 2006, 1869; oben Rn 44).

73 **c)** Wird die Eigentumswohnung nach vollzogener Umwandlung verkauft, sind der erste und jeder weitere Verkauf in der zeitlichen Reihenfolge eindeutig festzulegen. Problematischer ist die **Abgrenzung zwischen erstem und weiterem Verkauf**, wenn auf die nur **beabsichtigte Umwandlung** abgestellt wird (vgl Rn 20 ff). Wird die erst noch zu bildende Eigentumswohnung einzeln an einen Dritten verkauft, sind der erste und jeder weitere Verkauf feststellbar. Findet jedoch ein Gesamtverkauf mehrerer noch nicht umgewandelter Wohnungen oder des ganzen Grundstücks nebst ungeteiltem Gebäude statt und werden die einzelnen Wohnungen nach der Aufteilung weiterverkauft, so hängt die Frage, welcher Verkauf als der erste Vorkaufsfall einzustufen ist, von der Beurteilung ab, ob die einzelne Wohnung als selbständiger Gegenstand eines wirksamen Kaufvertrags im Rahmen des Gesamtvertrags hinreichend bestimmbar ist (vgl Rn 22 f, 31 f). Der Mieter selbst kann dies in aller Regel nicht beurteilen. Sehen der Verkäufer und der Dritte den Gesamtverkauf nicht als Vorkaufsfall an, werden sie dem Mieter keine Mitteilung nach § 469 Abs 1 S 1, § 577 Abs 2 BGB machen. Damit wird auch die Frist zur Ausübung des Vorkaufsrechts nach § 469 Abs 2 S 1 BGB nicht in Gang gesetzt. Dies hilft dem Mieter jedoch nichts mehr, wenn der erste Käufer inzwischen auch das Eigentum erworben hat. Es würde dem Zweck des § 577 BGB widersprechen, den Mieter in solchen Fällen auf einen Schadensersatzanspruch gegen den ersten Verkäufer zu beschränken. Da der Dritte gesetzlich nicht zu der Mitteilung verpflichtet ist (vgl Rn 56), kann der Mieter gegen ihn außer in den Fällen des § 826 BGB (vgl OLG München NZM 1999, 797 und Rn 80) keinen Schadensersatzanspruch geltend machen. Der Schutz des Mieters aus § 577 BGB, der auch bei einem solchen Zwischenerwerb geboten ist, kann nur dadurch erreicht werden, dass der Weiterverkauf als Vorkaufsfall eingestuft wird, wenn die Bestimmbarkeit der einzelnen Wohnung als Teilobjekt des vorhergegangenen Gesamtverkaufs zweifelhaft war und die Parteien dieses Kaufvertrags dem Mieter keine Gelegenheit gegeben haben, sein etwaiges Vorkaufsrecht auszuüben.

3. Übergang des Vorkaufsrechts auf eintrittsberechtigte Personen (Abs 4)

a) Abweichend von § 473 S 1 BGB bestimmt § 577 Abs 4 BGB, dass im Falle des **Todes des Mieters** das Vorkaufsrecht auf den- oder diejenigen Personen übergeht, die in das Mietverhältnis nach § 563 Abs 1 oder 2 BGB eintreten. Die Regelung trägt Kompromisscharakter. Zum einen sollte grundsätzlich festgehalten werden, dass das Vorkaufsrecht unübertragbar ist. Um seine Schutzfunktion zu wahren, wurde jedoch für den Fall, dass der Mieter stirbt, eine Sonderrechtsnachfolge der zu seinem Haushalt gehörenden Angehörigen entsprechend § 563 BGB für notwendig gehalten (BT-Drucks 8/3403, 41; vgl BGH NJW 2003, 3265).

b) Die Vorschrift des § 577 Abs 1 S 1 BGB geht davon aus, dass demjenigen Mieter das Vorkaufsrecht zusteht, dem die vermieteten Wohnräume im Zeitpunkt der vollzogenen oder beabsichtigten Umwandlung überlassen sind, auch wenn der Vorkaufsfall erst später eintritt. Wird das Mietverhältnis beendet oder stirbt der Mieter nach der Umwandlung der Mieträume in eine Eigentumswohnung, entfällt das Vorkaufsrecht für einen neuen Mieter. Als Ausnahme bestimmt § 577 Abs 4 BGB, dass das Vorkaufsrecht auf denjenigen übergeht, der das Mietverhältnis nach § 563 Abs 1 oder 2 BGB fortsetzt. Hierfür kommen der **Ehegatte, der Lebenspartner, die Kinder, andere Familienangehörige des Mieters und Personen,** die mit ihm bis zu seinem Tod einen auf Dauer angelegten **gemeinsamen Haushalt geführt** haben, in Betracht. Die entsprechenden Personenkreise sind wegen der Verweisung auf § 563 BGB in gleicher Weise wie dort abzugrenzen (näher § 563 Rn 13 ff).

Das Vorkaufsrecht steht nur demjenigen zu, der ein Eintrittsrecht nach § 563 Abs 1 oder 2 BGB hat und auch hiervon **Gebrauch macht**. Hinterlässt der Mieter zB seinen Ehegatten und gemeinsame Kinder, so steht das Eintrittsrecht nach § 563 Abs 1, Abs 2 S 1 BGB primär allein dem Ehegatten oder Lebenspartner zu. Macht er von dem Eintrittsrecht Gebrauch, kann nur er, nicht aber die Kinder das Vorkaufsrecht des § 577 BGB ausüben. Erklärt der Ehegatte oder Lebenspartner umgekehrt fristgemäß nach § 563 Abs 3 BGB, das Mietverhältnis nicht fortsetzen zu wollen, fällt das Eintritts- und damit das Vorkaufsrecht ausschließlich an die Kinder des verstorbenen Mieters. Der Ehegatte oder Lebenspartner kann nicht isoliert das Vorkaufsrecht ohne das Eintrittsrecht ausüben. Diese Regeln gelten in gleicher Weise für alle anderen nach § 563 Abs 2 BGB eintrittsberechtigten Personen.

Tritt keine der nach § 563 BGB berechtigten Personen in das Mietverhältnis ein, fällt das Vorkaufsrecht abweichend von dem Recht auf Fortsetzung des Mietverhältnisses aus § 564 S 1 BGB **nicht ersatzweise an die Erben des Mieters**. Insoweit greift wieder die Grundregel des § 473 S 1 BGB über die Unvererblichkeit des Vorkaufsrechts ein (ERMAN/LÜTZENKIRCHEN Rn 9; SCHILLING 95). Zwar erwähnt Abs 4 § 563a BGB nicht. Dies wäre allerdings auch überflüssig, da die eintrittsberechtigten Personen, die bereits Mitmieter waren, ein eigenes Vorkaufsrecht aus § 577 Abs 4 BGB haben und nach dem Tod des Mieters berechtigt sind, das Vorkaufsrecht auszuüben. Im Übrigen kommt es nicht darauf an, ob der Vorkaufsfall im Zeitpunkt des Todes des Mieters schon vorliegt. Die Regelung des § 577 Abs 4 BGB erfasst in erster Linie die

Fälle, in denen der Mieter nach der vollzogenen oder beabsichtigten Umwandlung, aber vor dem Vorkaufsfall stirbt und die in § 563 BGB genannten Personen als neue Mieter in das Mietverhältnis eintreten. Dabei ersetzt Abs 4 die Voraussetzung des Abs 1 S 1, dass an den vermieteten Wohnräumen nach der Überlassung an den Mieter Wohnungseigentum begründet worden ist oder begründet werden soll. Denn hieran fehlt es bei einer Sondernachfolge, die nach der Umwandlung stattfindet. Wenn Abs 4 davon spricht, dass das Vorkaufsrecht übergeht, deutet dies sogar darauf hin, dass das Recht nach der Vorstellung des Gesetzgebers schon vor dem Vorkaufsfall allein durch die vollzogene oder beabsichtigte Umwandlung entsteht. Dies ist jedoch zweifelhaft (vgl Rn 52).

78 c)   Die Regelung des Abs 4 ist **unanwendbar**, wenn der Mieter stirbt, nachdem die zweimonatige Frist des § 469 Abs 2 S 1 BGB abgelaufen ist. Hat der verstorbene Mieter sein Vorkaufsrecht nicht ausgeübt, ist es ersatzlos untergegangen und kann nicht mehr auf die Personen übergehen, die nach § 563 Abs 1 oder 2 BGB in das Mietverhältnis eintreten. Da das Vorkaufsrecht verbraucht ist, steht es den Sondernachfolgern des Mieters auch bei einem weiteren Verkauf nicht mehr zu. Ist der Mieter vor der vollzogenen oder beabsichtigten Umwandlung verstorben und sind die nach § 563 BGB berechtigten Personen in das Mietverhältnis eingetreten, so braucht nicht auf § 577 Abs 4 BGB zurückgegriffen zu werden, weil diesen Sondernachfolgern das Vorkaufsrecht nach der Umwandlung und dem Verkauf an einen Dritten schon aufgrund des Abs 1 S 1 zusteht. Das Gleiche gilt für den Erben, auf den das Mietverhältnis vor der Umwandlung im Wege der Gesamtrechtsnachfolge übergeht.

4.   Sonstige Folgen

79 Übt der Mieter sein Vorkaufsrecht aus, bleibt der Kaufvertrag zwischen dem Verkäufer und dem Dritten hiervon unberührt. Der Verkäufer sieht sich also **zwei gleichwertigen Ansprüchen** aus § 433 Abs 1 BGB ausgesetzt, von denen er nur einen erfüllen kann (BGH 21. 1. 2015 – VIII ZR 51/14, NJW 2015, 1516). Erfüllt er dem einen Teil gegenüber, kann der andere Teil gegen ihn die Rechte aus § 437 BGB geltend machen, insbesondere also über § 437 Nr 3, § 280 Abs 1 und 3, § 281 BGB Schadensersatz verlangen (Langhein DNotZ 1993, 650, 665). Deshalb wird in der Praxis empfohlen, den Kaufvertrag mit dem Dritten unter einen Rücktrittsvorbehalt für den Verkäufer (Graf Vitzthum/Kahmann GE 2013, 392) oder eine auflösende Bedingung zu stellen, falls der Mieter sein Vorkaufsrecht ausüben sollte. Das Vorkaufsrecht selbst kann hierdurch nach § 465 BGB nicht verhindert werden (Brambring ZAP 1993, 965, 971; Langhein 668). Schadensersatzpflichtig kann nach § 19 BNotO auch der Notar werden, wenn er es schuldhaft unterlässt, Verkäufer und Drittkäufer nach § 20 BeurkG darauf hinzuweisen, dass ein gesetzliches Vorkaufsrecht des Mieters in Betracht kommt (Brambring ZAP 1993, 965, 971; Soergel/Heintzmann Rn 17).

80 Versuchen der Vermieter und der Dritte, die Ausübung des gesetzlichen Vorkaufsrechts durch den Mieter in pflichtwidriger oder einer gegen die guten Sitten verstoßenden Art und Weise zu verhindern, kann der Mieter **Schadensersatz** aus §§ 280, 283 BGB und, da das Vorkaufsrecht eine auch insoweit geschützte Rechtsposition darstellt, ggf § 826 BGB geltend machen (BGH NZM 2005, 779; AG Charlottenburg NZM 1999, 22). Als **Nichterfüllungsschaden** (§ 280 Abs 1 BGB, § 249 BGB) kann der Mieter, der infolge der unterbliebenen Unterrichtung über den Vorkaufsfall erst nach Erfüllung des Kaufvertrages zwischen dem Vermieter und dem Dritten Kenntnis hiervon erlangt, Ersatz der Differenz zwischen dem Verkehrswert der Wohnung und dem Kaufpreis (abzüglich im Falle des Erwerbs der Wohnung anfallender Kosten wie Grunderwerbssteuer, Notar- und Grundbuchkosten) verlangen. Dies gilt selbst dann, wenn der Mieter sein Vorkaufsrecht nach Kenntniserlangung nicht ausgeübt hat (BGH 21. 1. 2015 – VIII ZR 51/14, NJW 2015, 1516; BGH 6. 4. 2016 – VIII ZR 143/15, BGHZ 209, 358, 364 = NJW 2017, 156; Bruns ZMR 2015, 529, 530; **aM** Fervers ZMR 2015, 609, 610 ff; Sittmann-Haury JZ 2015, 468 ff). Die Miete, die vom Vorkaufsberechtigten nach dem Erwerb der Wohnung nicht mehr zu entrichten gewesen wäre, kann dagegen für die Berechnung des auszugleichenden Schadens auch nicht im Wege der Vorteilsausgleichung berücksichtigt werden. Denn die jedem Eigentum innewohnenden Möglichkeit, die Sache selbst oder durch Vermietung zu nutzen, ist bereits in ihrem Verkehrswert enthalten (BGH 4. 10. 2016 – VIII ZR 281/15, WuM 2016, 746). Vorbereitend kann der Gläubiger **Auskunft** über den Inhalt des Kaufvertrages beanspruchen (BGH 6. 4. 2016 – VIII ZR 143/15, BGHZ 209, 358, 364 f = NJW 2017, 156). Dem steht der Schutzzweck der Norm, der vornehmlich darauf gerichtet ist, eine Verdrängung des Mieters aus seiner Wohnung zu vermeiden (vgl Rn 5) nicht entgegen. Offen gelassen hat der BGH, wie der „Verkehrswert" zu berechnen ist, insbesondere, ob der Wert der Wohnung in vermietetem oder in unvermietetem Zustand anzusetzen ist (dazu näher Bühler WuM 2015, 245, 247 f). Bei einer drohenden Umgehung des Vorkaufsrechts kann er analog § 1004 BGB auch **Beseitigung und Unterlassung** verlangen (OLG München NZM 1999, 797; Kossmann/Meyer-Abich Rn 25).

IV. Abweichende Vereinbarungen (Abs 5)

1. Unzulässigkeit

Nach § 577 Abs 5 BGB ist eine zum Nachteil des Mieters abweichende Vereinbarung unwirksam. Nur so ist die Schutzfunktion des Vorkaufsrechts gewahrt. Die Bestimmung sagt nicht ausdrücklich, von welchen **Vorschriften** nicht zum Nachteil des Mieters abgewichen werden kann. Eindeutig sind damit die vorhergehenden Abs 1 bis 4 gemeint. Da die §§ 463 bis 473 über Abs 1 S 3 anzuwenden sind, soweit § 577 BGB nicht etwas anderes bestimmt, kann auch von diesen Vorschriften nicht zum Nachteil des Mieters abgewichen werden (Bub/Treier/Drettmann Rn II 2781; Schilling 95). **81**

Aus der Unabdingbarkeit des § 577 BGB und der anzuwendenden Vorschriften über das Vorkaufsrecht ergibt sich **im Einzelnen**, dass das Vorkaufsrecht nicht schon im Mietvertrag ausgeschlossen werden kann (Blank/Börstinghaus/Blank/Börstinghaus Rn 75; Klein-Blenkers ua/Hinz Rn 48; Prütting ua/Riecke Rn 19; Wirth NZM 1998, 390, 394). Das Gleiche gilt für einen späteren Vertrag mit dem Vermieter oder einem Kaufinteressenten, durch den das Vorkaufsrecht ausgeschlossen oder ein Verzicht des Mieters vereinbart werden soll, bevor das Vorkaufsrecht durch Abschluss des Kaufvertrags mit dem Dritten entstanden ist (Blank WuM 1993, 573, 580; Blank/Börstinghaus/Börstinghaus Rn 80; vgl auch BeckOGK/Klühs [1. 7. 2020] Rn 118; Klein-Blenkers ua/Hinz Rn 48; **aM** AG München WuM 1996, 38), also in der Zeit zwischen Umwandlung und Drittkauf. Da das Gesetz nicht darauf abstellt, mit wem der Mieter die für ihn nachteilige Vereinbarung trifft, wird von dem Verbot ein Vertrag **82** mit dem Drittkäufer und ebenso ein Vertrag mit dem vom Vermieter verschiedenen Verkäufer ebenfalls erfasst. Ein unwirksamer Verzicht auf das Vorkaufsrecht liegt auch darin, dass die Parteien des Mietvertrags es entgegen § 465 BGB zulassen, dass der Kaufvertrag mit dem Dritten davon abhängig gemacht wird, dass das Vorkaufsrecht nicht ausgeübt wird oder dass der Verkäufer zurücktreten und damit das ausgeübte Vorkaufsrecht vernichten kann.

83 Im Schrifttum wird vorgeschlagen, angesichts der **unterschiedlichen Marktpreise für eine vermietete und eine unvermietete Wohnung** in dem Kaufvertrag mit dem Dritten verschiedene Preise in der Weise zu vereinbaren, dass der niedrigere Preis gelten soll, wenn das Mietverhältnis fortgeführt wird und der Mieter keinen Gebrauch von seinem Vorkaufsrecht macht. Darin soll kein Verstoß gegen § 465 BGB liegen (Derleder, in: PiG 49 [1996] 169, 179 f; ders NJW 1996, 2817, 2819). Dieser Meinung ist nicht zu folgen, da es sich im Ergebnis um zwei verschiedene Kaufverträge über dieselbe Sache, aber mit unterschiedlichen Preisen handelt. Der Vertrag mit dem niedrigeren Preis ist auflösend, der mit dem höheren Preis aufschiebend bedingt durch die Ausübung des Vorkaufsrechts. Darin liegt eine Benachteiligung des Mieters, weil ihm entgegen § 464 Abs 2, § 465 BGB ein Kaufvertrag mit der primär vereinbarten Bestimmung eines niedrigeren Preises verwehrt wird (KG 2. 10. 2020 – 17 U 18/18, GE 2020, 1427; Herrler ZfPW 2018, 328, 343 ff; Sonnenschein NJW 1997, 1270, 1283). Dieses Ergebnis lässt sich auch mit einem nach § 465 BGB unzulässigen Rücktritt begründen.

84 Unzulässig ist es, den in § 577 Abs 4 BGB vorgesehenen Übergang des Vorkaufsrechts auf die nach § 563 Abs 1 oder 2 BGB eintrittsberechtigten Personen auszuschließen. Auf die Mitteilung über den Inhalt des Kaufvertrags und die Unterrichtung des Mieters über sein Vorkaufsrecht aus § 577 Abs 2 BGB kann nicht vertraglich verzichtet werden. Ebensowenig kann die Frist zur Ausübung des Vorkaufsrechts aus § 469 Abs 2 S 1 BGB zulasten des Mieters verkürzt werden (Franke/Geldmacher ZMR 1993, 548, 555; Schilling 95). Für die Erklärung, mit der das Vorkaufsrecht ausgeübt wird, können nicht abweichend von § 577 Abs 3 BGB eine strengere Form (zB notarielle Beurkundung, vgl Brambring ZAP 1993, 965, 968) oder besondere Zugangserfordernisse vereinbart werden.

2. Zulässigkeit

85 a)   Zulässig ist es, für den Mieter **vorteilhafte Regelungen** gegenüber den gesetzlichen Vorschriften zu vereinbaren. So kann etwa bestimmt werden, dass das Vorkaufsrecht generell übertragbar und vererblich sein soll, zumal § 473 S 1 HS 2 BGB selbst eine solche Bestimmung gestattet. Vereinbaren die Parteien eines rechtsgeschäftlich bestellten Vorkaufsrechts die Übertragbarkeit und Vererblichkeit, so ist ein solcher Vertrag nach § 311b BGB formbedürftig (RG 29. 5. 1935 – V 488/34, RGZ 148, 105, 108; OLG Düsseldorf NZM 2001, 622; Schlemminger NZM 1999, 890, 891). Da das gesetzliche Vorkaufsrecht des Mieters auf einem auch formlos zulässigen Mietvertrag beruht, ist auch für eine von § 473 BGB abweichende Vereinbarung keine Form vorauszusetzen, solange das Vorkaufsrecht durch Abschluss des Kaufvertrags mit dem Dritten noch nicht entstanden ist. Die Parteien des Mietvertrags können für die Mitteilung und Unterrichtung iS des § 577 Abs 2 BGB eine Form vorschreiben und dem Mieter eine längere als die zweimonatige Frist des § 469 Abs 2 S 1 BGB einräumen, um sein Vorkaufsrecht auszuüben (Blank/Börstinghaus/Blank/Börsting-

HAUS Rn 75 aE). Die Vereinbarung kann auch in dem Kaufvertrag mit dem Dritten getroffen werden und wirkt dann als Vertrag zugunsten Dritter iS des § 328 BGB, durch den sich der Verkäufer verpflichtet, die Wohnung auch dann an den Mieter zu übereignen, wenn dieser sein Vorkaufsrecht erst während der verlängerten Frist ausübt. Ferner kann dem Mieter von vornherein der Kaufpreis gestundet und die Stundung abweichend von § 468 BGB ohne Sicherheit gestattet werden. Damit darf allerdings nicht die Bestimmung verbunden werden, dass auch der Erfüllungsanspruch des Mieters entsprechend gestundet wird, weil dies eine nachteilige Vereinbarung darstellen würde.

b) **Nachträgliche Vereinbarungen zum Nachteil des Mieters** sind wirksam, weil der Schutzzweck des Gesetzes nicht so weit geht, den Mieter an einem Vorkaufsrecht festzuhalten, auf das er keinen Wert legt. Dies zeigt sich schon daran, dass der Mieter das Vorkaufsrecht allein dadurch untergehen lassen kann, dass er es nicht innerhalb der Frist des § 469 Abs 2 S 1 BGB ausübt. Reicht hierfür aber bloße Untätigkeit des Mieters, so steht nichts entgegen, auch einen Verzicht durch Erlassvertrag nach § 397 BGB zwischen Mieter und Verkäufer zuzulassen, der nach dem Abschluss des Kaufvertrags mit dem Dritten vereinbart wird (BLANK/BÖRSTINGHAUS/ BLANK/BÖRSTINGHAUS Rn 78; WIRTH NZM 1998, 390, 394; **aM** MACIEJEWSKI MM 1994, 137, 139). Vorauszusetzen ist, dass dieser Erlassvertrag erst abgeschlossen wird, nachdem der Mieter die Mitteilung über den Inhalt des Kaufvertrags erhalten hat und über sein Vorkaufsrecht unterrichtet worden ist (BLANK WuM 1993, 573, 577; DERLEDER, in: PiG 49 [1996] 169, 183 m Fn 53; ders NJW 1996, 2817, 2820; SCHILLING/MEYER ZMR 1994, 497, 504). Nur so ist gewährleistet, dass der Mieter nicht voreilig auf sein Vorkaufsrecht verzichtet. Dies schließt es nicht aus, dass alle rechtlich erheblichen Vorgänge wie Drittkauf, Mitteilung und Unterrichtung sowie Erlassvertrag anlässlich der notariellen Verhandlung in einem Zeitpunkt zusammentreffen.

86

c) Fraglich ist, wie ein **Mietaufhebungsvertrag** im Zusammenhang mit einem Vorkaufsrecht zu beurteilen ist, weil darin ein nach § 577 Abs 5 BGB unzulässiger Verzicht gesehen werden könnte. Auszugehen ist von dem allgemein anerkannten Grundsatz, dass der Abschluss eines Mietaufhebungsvertrags durch die Unabdingbarkeit des gesetzlichen Bestandsschutzes eines Mietverhältnisses über Wohnraum nicht ausgeschlossen wird (vgl § 573 Rn 242). Es steht dem Mieter frei, auf den Kündigungsschutz zu verzichten. Er kann sich diesen Verzicht in den Grenzen der §§ 138, 242 BGB sogar durch eine Abfindung abkaufen lassen. Wird der Mietaufhebungsvertrag mit einer Abfindung jedoch im Hinblick auf die Umwandlung der Mietwohnung in eine Eigentumswohnung abgeschlossen, so beinhaltet er auch einen Verzicht auf das Vorkaufsrecht, der je nach Fallgestaltung unwirksam (vgl Rn 82) oder wirksam (vgl Rn 86) sein kann. Wird das Mietverhältnis zu einem Zeitpunkt aufgehoben, in dem die Umwandlung weder vollzogen noch konkret beabsichtigt ist, greift § 577 BGB schon tatbestandsmäßig nicht ein. Vereinbaren die Parteien zwischen der Umwandlung und dem Abschluss eines Kaufvertrags mit dem Dritten, das Mietverhältnis zu einem Zeitpunkt aufzuheben, der vor Eintritt des Vorkaufsfalls liegt, so könnte dies als unwirksamer Verzicht auf das latent schon angelegte Vorkaufsrecht beurteilt werden. Wird das Mietverhältnis aber beendet, bevor der Vorkaufsfall eintritt, bleibt diese Beurteilung von theoretischer Bedeutung, da der Mieter seine Eigenschaft im Zeitpunkt des Verkaufs an den Dritten nicht mehr hat, sodass mangels eines Mietverhältnisses auch kein Vorkaufsrecht entstehen kann.

87

Selbst wenn der Aufhebungsvertrag als unwirksam zu beurteilen wäre, würde er spätestens durch den Auszug des Mieters nach § 141 BGB bestätigt, ohne dass sich in diesem Zeitpunkt noch die Frage eines Vorkaufsrechts stellt.

88 Problematisch ist deshalb nur der Fall, in dem der **Mietaufhebungsvertrag** mit Abfindungsvereinbarung und ausdrücklichem oder stillschweigendem **Verzicht auf das Vorkaufsrecht** vor dem Verkauf an den Dritten vereinbart wird, der Zeitpunkt, in dem das Mietverhältnis vereinbarungsgemäß enden soll, aber später liegt. Durch eine solche Vereinbarung können die Parteien nicht ausschließen, dass das Vorkaufsrecht in der Person des Mieters entsteht, auch wenn das Mietverhältnis alsbald beendet werden soll. Darin liegt ein unwirksamer vorzeitiger Verzicht auf das Vorkaufsrecht (vgl Rn 82; **aM** Blank/Börstinghaus/Blank/Börstinghaus Rn 80). Die Unwirksamkeit erfasst nach § 139 BGB zugleich die Vereinbarung der Abfindung, sodass der Mieter nicht etwa sein Vorkaufsrecht ausüben und gleichzeitig von dem Vermieter die Abfindung verlangen kann (aM Langhein DNotZ 1993, 650, 658; offen gelassen von Derleder, in: PiG 49 [1996] 169, 186; ders NJW 1996, 2817, 2822). Hält sich der Mieter jedoch an die unwirksame Vereinbarung und zieht er im Einvernehmen mit dem Vermieter zu dem vorgesehenen Zeitpunkt aus, so bestätigen die Parteien nach § 141 BGB spätestens hierdurch ihre frühere Vereinbarung. Nach dem Vorkaufsfall kann der Mieter durch Erlassvertrag wirksam auf sein Vorkaufsrecht verzichten oder einfach die Frist des § 469 Abs 2 S 1 BGB verstreichen lassen, sodass das Vorkaufsrecht durch Fristablauf untergeht.

§ 577a
Kündigungsbeschränkung bei Wohnungsumwandlung

(1) Ist an vermieteten Wohnräumen nach der Überlassung an den Mieter Wohnungseigentum begründet und das Wohnungseigentum veräußert worden, so kann sich ein Erwerber auf berechtigte Interessen im Sinne des § 573 Abs. 2 Nr. 2 oder 3 erst nach Ablauf von drei Jahren seit der Veräußerung berufen.

(1a) Die Kündigungsbeschränkung nach Absatz 1 gilt entsprechend, wenn vermieteter Wohnraum nach der Überlassung an den Mieter

1. an eine Personengesellschaft oder an mehrere Erwerber veräußert worden ist oder

2. zu Gunsten einer Personengesellschaft oder mehrerer Erwerber mit einem Recht belastet worden ist, durch dessen Ausübung dem Mieter der vertragsgemäße Gebrauch entzogen wird.

Satz 1 ist nicht anzuwenden, wenn die Gesellschafter oder Erwerber derselben Familie oder demselben Haushalt angehören oder vor Überlassung des Wohnraums an den Mieter Wohnungseigentum begründet worden ist.

(2) Die Frist nach Absatz 1 oder nach Absatz 1a beträgt bis zu zehn Jahre, wenn die ausreichende Versorgung der Bevölkerung mit Mietwohnungen zu angemessenen Bedingungen in einer Gemeinde oder einem Teil einer Gemeinde besonders ge-

fährdet ist und diese Gebiete nach Satz 2 bestimmt sind. Die Landesregierungen werden ermächtigt, diese Gebiete und die Frist nach Satz 1 durch Rechtsverordnung für die Dauer von jeweils höchstens zehn Jahren zu bestimmen.

(2a) Wird nach einer Veräußerung oder Belastung im Sinne des Absatzes 1a Wohnungseigentum begründet, so beginnt die Frist, innerhalb der eine Kündigung nach § 573 Absatz 2 Nummer 2 oder 3 ausgeschlossen ist, bereits mit der Veräußerung oder Belastung nach Absatz 1a.

(3) Eine zum Nachteil des Mieters abweichende Vereinbarung ist unwirksam.

Materialien: BT-Drucks 14/4553, 72 ff; BT-Drucks 14/5663, 83; BT-Drucks 17/10485, 16, 26; BR-Drucks 313/1/12, 11 f.

Schrifttum

BEUERMANN, Die Umwandlungsfalle – wer wird Vermieter einer Eigentumswohnung?, WuM 1995, 5
ders, Ablauf der Sperrfrist für eine Eigenbedarfskündigung, GE 2008, 1533
BÖRSTINGHAUS, Die Kündigung von Mietverträgen über Eigentumswohnungen. Eine Darstellung der geänderten gesetzlichen Bestimmungen, WuM 1991, 419
BRUNS, Kündigungssperre bei Umwandlung in Wohnungseigentum – § 577a BGB in neuem Gewande, ZMR 2012, 933
DURST/LATTINOVIC, Eingeschränkte Kündigungsmöglichkeiten für vermietete Eigentumswohnungen, NZM 1999, 207
FINGER, Umwandlung von Eigentumswohnungen und Kündigung wegen Eigenbedarfs - zugleich Anmerkung zu BVerfG WM 1992, 416 und 417 sowie OLG Frankfurt WM 1992, 421, WuM 1992, 508
FLATOW, Mietrechtsänderungsgesetz 2013, NJW 2013, 1185
FLEINDL, Das geplante Mietrechtsreformgesetz – Ein Überblick über die wesentlichen Änderungen, NZM 2012, 57
FRANKE, Die Übergangsvorschriften des neuen Mietrechts, ZMR 2001, 951
GATHER, Die Beendigung des Wohnraummietvertrages in der höchst- und obergerichtlichen Rechtsprechung, DWW 1991, 162
ders, Der Wechsel des Vermieters. Ein Überblick über die Rechtslage, DWW 1992, 37
GÜTTER/KILLISCH, Die Folgen der Umwandlungen von Miet- in Eigentumswohnungen, WuM 1992, 455
HÄUBLEIN, Fünf Jahre danach: Die Kündigungssperrfrist des § 577a BGB idF des MietRÄndG – ungelöste Fragen einer missglückten Anlassgesetzgebung, ZMR 2017, 953
HINZ, Mietrechtsänderung im Rechtsausschuss, NZM 2012, 777
KARL, Gilt die Sperrklausel des § 564b Abs 2 Nr 2 Satz 2 BGB, falls mehrere Miteigentümer Wohnungseigentum nach § 3 WEG begründen?, ZMR 1991, 288
KLÜHS, Erwerbermodelle vor dem Aus? – Neufassung des § 577a BGB durch das geplante Mietrechtsreformgesetz, RNotZ 2012, 555
LÜTZENKIRCHEN, Anmerkung zum Urteil des LG Köln vom 23. 2. 2012 – 1 S 125/11, ZMR 2012, 446
NEBELING/BISPINCK, Kündigungsschranken bei Umwandlung als Paradebeispiel einseitigen Interessenausgleichs im Mietrecht, NZM 2001, 610
ROLFS, Eigenbedarfskündigung für Gesellschafter einer GbR und Kündigungssperrfrist, NZM 2018, 780
VOELSKOW, Überzogener Mieterschutz bei der

§ 577a

Umwandlung von Miet- in Eigentumswohnungen, in: FS Bärmann u Weitnauer (1990) 685 ders, Berlin: Zur Verlängerung der Sperrfrist bei Umwandlung von Miet- in Eigentumswohnungen, GE 1996, 24

ZIMMERMANN, Zum Mieterschutz bei Umwandlungen – Anmerkung zum Rechtsentscheid des BGH vom 6. 7. 1994, WuM 1995, 81.

Systematische Übersicht

I. Allgemeine Kennzeichnung
1. Überblick 1
2. Entwicklung der Vorschrift 3
3. Zweck der Vorschrift 7

II. Wartefrist nach der Begründung von Wohnungseigentum (Abs 1)
1. Voraussetzungen 9
   a) Allgemeines 9
   b) Tatbestandsmerkmale im Einzelnen .. 10
2. Rechtsfolge 18

III. Veräußerung an eine Personengesellschaft oder -mehrheit (Abs 1a)
1. Voraussetzungen 21
   a) Allgemeines 21
   b) Tatbestandsmerkmale im Einzelnen .. 23
   c) Ausnahmen 29
2. Rechtsfolge 34

IV. Erweiterte Wartefrist (Abs 2) 35

V. Fristbeginn (Abs 2a) 40

VI. Anwendbarkeit der Wartefrist auf andere Kündigungsgründe 41

VII. Abweichende Vereinbarungen (Abs 3) 43

VIII. Übergangsregelung zum MietRÄndG 44

Alphabetische Übersicht

Abweichende Vereinbarungen 43

Berechtigte Interessen des Vermieters .... 18, 29 ff
Betriebsbedarf 42

Dauerwohnrecht 12, 28
Dienstbarkeit 12

Eigenbedarf des Vermieters .... 5, 13 f
Entwicklung der Vorschrift .... 3 ff

Familien- und Haushaltsangehörige .. 14, 30 ff

Grundpfandrechte 28

Hinderung angemessener wirtschaftlicher Verwertung .. 5, 23 ff, 30 ff

Interessen
  s Berechtigte Interessen des Vermieters

Kündigung 1
Kündigungserklärung 18
Kündigungsgrund .... 41 f

Münchener Modell .... 23 ff

Nießbrauch 13, 28

Rechtsverordnungen der Länder 39

Sozialklauselgesetz 4

Überlassung .... 12, 41 f
Übergangsregelung 44
Umwandlung in Eigentumswohnung .. 12
Unabdingbarkeit 43
Untermietverhältnis 16

Veräußerung .... 13 f
Verletzung vertraglicher Verpflichtungen .. 41

Untertitel 2 · Wohnraum
Kapitel 6 · Besonderheiten bei der Bildung von Wohnungseigentum § 577a

Verwertung		– juristische Person	19, 23 ff
s Hinderung angemessener		– Personengesellschaft	23 ff
wirtschaftlicher Verwertung		– Rechtsverordnungen der Länder	39
		– Reihenfolge der Vorgänge	15
Wartefrist		– Sozialklauselgesetz	1
– allgemein	9 ff, 21 ff	– Umwandlungsfall	12
– Ausnahmen	29 ff	– Veräußerung	13 f, 23 ff
– Belastung mit dinglichem Recht	28		
– erweiterte	35 ff	Zweck der Vorschrift	7
– Erwerbermehrheit	23 ff		

I. Allgemeine Kennzeichnung

1. Überblick

§ 577a BGB ist durch das MietRRG aus § 564b Abs 2 Nr 2 S 2 bis 4 und Nr 3 S 4 **1** BGB aF sowie dem Gesetz über eine Sozialklausel in Gebieten mit gefährdeter Wohnungsversorgung vom 22. 4. 1993 (BGBl I 487), dem sog Sozialklauselgesetz, gebildet worden. Die Vorschrift gehört zu den **wesentlichen Kündigungsschutzvorschriften** im BGB für Mietverhältnisse über Wohnraum. Dieser Schutz, der im Wesentlichen darin besteht, dass der Vermieter ein solches Mietverhältnis durch ordentliche oder außerordentliche Kündigung mit gesetzlicher Frist nur kündigen kann, wenn er ein berechtigtes Interesse an der Beendigung hat, und den Mieter zum Widerspruch gegen die Kündigung berechtigt, wird durch § 577a BGB noch erweitert. Hiernach werden sowohl bei den in Eigentumswohnungen umgewandelten Mietwohnungen sowie bei Veräußerung von vermietetem Wohnraum an eine Personengesellschaft bzw -mehrheit als auch bei bestimmten Belastungen des Mietobjekts zugunsten der Mieter Einschränkungen des Kündigungsrechts wegen Eigenbedarfs und Hinderung angemessener wirtschaftlicher Verwertung aufgestellt.

Abs 1 bestimmt, dass, wenn nach der Überlassung an den Mieter an der Wohnung **2** Wohnungseigentum begründet und das Wohnungseigentum veräußert wurde, eine Kündigung wegen eines berechtigten Interesses nach § 573 Abs 2 Nr 2 und 3 für den Erwerber der Wohnung erst nach dem Ablauf von drei Jahren seit der Veräußerung der Wohnung möglich ist. Abs 1a S 1 ordnet die entsprechende Anwendung des Abs 1 an, wenn vermieteter Wohnraum – unabhängig von einer vorherigen Umwandlung in Wohnungseigentum – an eine Personengesellschaft bzw an mehrere Erwerber veräußert oder aber zu deren Gunsten mit einem Recht belastet wird, welches bei Ausübung dem Mieter den vertragsgemäßen Gebrauch entziehen würde. Hiervon ausgenommen sind nach Abs 1a S 2 Gesellschafter bzw Erwerber, die derselben Familie oder demselben Haushalt angehören, sowie der Fall, dass vor Überlassung des Wohnraums an den Mieter Wohnungseigentum begründet wurde. Der Fristbeginn richtet sich nach Abs 2a. Abs 2 ermächtigt in S 2 die Landesregierungen dazu, durch Rechtsverordnung die Gebiete, die nach Abs 2 S 1 dadurch gekennzeichnet sind, dass die ausreichende Versorgung der Bevölkerung mit Mietwohnungen zu angemessenen Bedingungen in einer Gemeinde oder Teilen einer Gemeinde gefährdet ist, für die Dauer von höchstens zehn Jahren zu bestimmen und für eben diese Dauer die Wartefrist auf bis zu zehn Jahren zu verlängern. Gemäß Abs 3 darf von den vorhergehenden Vorschriften nicht zum Nachteil des Mieters abgewichen werden.

2. Entwicklung der Vorschrift

3 a) Die Regelung des **Kündigungsschutzes** ist im Jahre 1971 mit einigen Abweichungen als Art 1 § 1 WKSchG I vom 25. 11. 1971 (BGBl I 1839) erlassen worden. Die zunächst geplante Beschränkung der Geltungsdauer wurde schon 1974 aufgegeben und die Regelung als § 564b BGB aF als Dauerregelung in das BGB überführt. Für das Land Berlin galten Sonderregelungen. 1990 wurde die Wartefrist für Eigenbedarfskündigungen von drei auf fünf Jahre verlängert und für die Verwertungskündigung eine fünfjährige Wartefrist bestimmt, wenn die Landesregierungen durch Rechtsverordnung Gemeinden oder Teile einer Gemeinde bestimmen, in denen die ausreichende Versorgung der Bevölkerung mit Mietwohnungen zu angemessenen Bedingungen besonders gefährdet ist.

4 b) Weitere Regelungen des Kündigungsschutzes außerhalb des BGB befanden sich bis zum MietRRG in dem **Gesetz über eine Sozialklausel** in Gebieten mit gefährdeter Wohnungsversorgung, das als Art 14 des Gesetzes zur Erleichterung von Investitionen und der Ausweisung und Bereitstellung von Wohnbauland (Investitionserleichterungs- und Wohnbaulandgesetz) vom 22. 4. 1993 (BGBl I 487) erlassen worden war. Dieses Gesetz ermächtigte die Landesregierungen, durch Rechtsverordnungen Gebiete zu bestimmen, in denen die ausreichende Versorgung der Bevölkerung mit Mietwohnungen zu angemessenen Bedingungen in einer Gemeinde oder in einem Teil einer Gemeinde besonders gefährdet ist. Wenn an vermieteten Wohnräumen nach der Überlassung an den Mieter Wohnungseigentum begründet und das Wohnungseigentum veräußert worden war, so galt nach S 2 Nr 1 dieses Gesetzes in den so bestimmten Gebieten abweichend von den Bestimmungen des BGB, dass bis zum Ablauf von zehn Jahren nach der Veräußerung berechtigte Interessen des Vermieters iS des § 564b Abs 2 Nr 2 oder 3 BGB aF nicht berücksichtigt wurden (zum zeitlichen Geltungsbereich des Gesetzes BGHZ 146, 49, 55 ff = NJW 2001, 1421; KG NJW-RR 1996, 1226; OLG Hamburg NJW-RR 1997, 460; OLG Hamm NZM 1998, 261). Durch Art 10 Nr 2 MietRRG wurde das Gesetz über eine Sozialklausel aufgehoben. Die in seinem S 2 Nr 1 geregelte Bestimmung ist nunmehr in § 577a Abs 2 BGB enthalten.

5 c) Mit dem **MietRRG** wurde das frühere Konzept der Kombination einer bundeseinheitlichen Mindestkündigungssperrfrist mit einer weitergehenden Verordnungsermächtigung der Landesregierungen, der so genannten Gebietskulisse, beibehalten, da es der sehr differenzierten Wohnungsmarktsituation besser Rechnung trägt als eine notwendig pauschalierende rein bundeseinheitliche Lösung. § 577a BGB harmonisiert die Kündigungssperrfristen für die Eigenbedarfskündigung und die Kündigung zum Zwecke angemessener wirtschaftlicher Verwertung. An die Stelle der beiden früheren Verordnungsermächtigungen für die Landesregierungen trat eine in § 577a BGB geregelte Verordnungsermächtigung zur Festlegung verlängerter Kündigungssperrfristen bis zu zehn Jahren. Gleichzeitig wurde die zeitliche Geltungsdauer der darauf beruhenden Verordnungen beschränkt.

d) Durch das **MietRÄndG** wurde mit der Einfügung des Abs 1a zum 1. 5. 2013 der 6
Anwendungsbereich der Norm ausgedehnt, um eine Lücke im mietrechtlichen Kündigungsschutz zu schließen (s Rn 21). Gleichzeitig wurde bezüglich einer nach Abs 1a
bestehenden Kündigungsbeschränkung der Fristbeginn durch Abs 2a geregelt.

3. Zweck der Vorschrift

a) Die Aufnahme besonderer Vorschriften zum Schutz gegen die Kündigung 7
eines Wohnraummietverhältnisses in das WKSchG I wurde wegen der im Jahre
1971 bestehenden Lage auf dem Wohnungsmarkt zugunsten der Mieter für erforderlich gehalten. Der **Bestandsschutz für den Mieter sei besonders gefährdet**, weil
gerade der Erwerb einer in eine Eigentumswohnung umgewandelten Mietwohnung
regelmäßig erfolge, um eigenen Wohnbedarf zu befriedigen, sodass eine Wartefrist
bei der Eigenbedarfskündigung des Erwerbers – auch wegen der Zunahme der
Umwandlungsfälle – notwendig sei (BT-Drucks VI/2421, 3; BGH NJW 2003, 3265; BGH
NJW 2009, 1808). In den Ausschussberatungen wurde auch eine Schranke gegen die
sich häufenden spekulativen Umwandlungsfälle für angebracht gehalten. Der Vermieter soll sich deshalb nicht darauf berufen können, dass er die Mieträume im
Zusammenhang mit einer nach Überlassung an den Mieter erfolgten oder einer
beabsichtigten Begründung von Wohnungseigentum veräußern will (BT-Drucks VI/
2421, 3). Die Verlängerung der Kündigungssperrfrist von drei auf fünf Jahre durch
Gesetz von 1990 sollte den Mieter in Gebieten, in denen er wegen eines zu geringen
Angebots an Wohnraum nur schwer eine angemessene Ersatzwohnung finden kann,
besser gegen eine Verdrängung aus seiner bisherigen Wohnung schützen. Gleichzeitig sollte hierdurch die unter wohnungswirtschaftlichen Gesichtspunkten unerwünschte spekulative Umwandlung von Mietwohnungen eingedämmt werden
(BT-Drucks 11/6374, 5; BGH 21. 3. 2018 – VIII ZR 104/17, BGHZ 218, 162, 170 = NJW 2018,
2187). Vereinzelt geäußerte **verfassungsrechtliche Bedenken** gegen die Kündigungssperrfrist (Nebeling/Bispinck NZM 2001, 610, 611 f) sind unbegründet (BVerwG 24. 8.
1988 – 8 C 26/86, BVerwGE 80, 113, 115 ff = NJW 1989, 181; BGH 11. 3. 2009 – VIII ZR 127/08,
NJW 2009, 1808; BGH 16. 7. 2009 – VIII ZR 231/08, NJW 2009, 2738; BGH 23. 6. 2010 – VIII ZR
235/09, NJW 2010, 3571). Das gilt auch für Absatz 1a (BGH 21. 3. 2018 – VIII ZR 104/17,
BGHZ 218, 162, 182 f = NJW 2018, 2187).

b) Mit der Zusammenfassung der Regelungen des § 564b Abs 2 Nr 2 S 2 bis 4, 8
Nr 3 S 4 BGB aF sowie des Sozialklauselgesetzes im Zuge des **MietRRG** wurden
mehrere Ziele erreicht. Zum einen fand eine erhebliche Rechtsvereinheitlichung
und -vereinfachung statt. Zum anderen wurden die Landesregierungen durch die
Formulierung „bis zu zehn Jahre" angehalten, die Dauer der Kündigungssperrfrist
wegen des damit verbundenen erheblichen Eingriffs in die Eigentumsrechte des
Vermieters auf das nach dem unveränderten Schutzzweck der Norm – Schutz des
Mieters bei der Umwandlung von Miet- in Eigentumswohnungen in Gebieten mit
besonders gefährdeter Wohnungsversorgung – zwingend erforderliche Maß zu beschränken. Daneben wurde die ohnehin bestehende Verpflichtung der Landesregierungen, laufend zu überprüfen, ob die Voraussetzungen für die Einbeziehung bestimmter Gemeinden oder Gemeindeteile in solche gefährdeten Gebiete noch
gegeben sind, deutlich dadurch unterstrichen, dass nach jeweils höchstens zehn
Jahren ein förmlicher Neuerlass der Verordnung erforderlich ist (BT-Drucks 14/4553,
73). Zur Verhinderung der Umgehung der Kündigungssperrfrist durch andere recht-

liche Konstruktionen (s Rn 21 f) wurde der Anwendungsbereich im Rahmen des **MietRÄndG** 2013 erweitert, wodurch der Bestandsschutz des Mieters verstärkt wird (Palandt/Weidenkaff Rn 3a).

II. Wartefrist nach der Begründung von Wohnungseigentum (Abs 1)

1. Voraussetzungen

a) Allgemeines

9 Ist an den vermieteten Wohnräumen nach der Überlassung an den Mieter Wohnungseigentum begründet und das Wohnungseigentum veräußert worden, so kann sich der Erwerber nach § 577a Abs 1 BGB auf berechtigte Interessen iS des § 573 Abs 2 Nr 2 und 3 BGB nicht vor Ablauf von drei Jahren seit der Veräußerung an ihn berufen. Der Erwerber tritt nach § 566 BGB in die Rechtsstellung des Vermieters ein, sodass er das Mietverhältnis wegen Eigenbedarfs bzw Hinderung angemessener wirtschaftlicher Verwertung kündigen muss, wenn er die erworbene Wohnung selbst nutzen oder wieder veräußern will.

b) Tatbestandsmerkmale im Einzelnen

10 Die **Voraussetzungen**, unter denen eine Wartefrist für die Kündigung des Erwerbers wegen Eigenbedarfs oder Hinderung wirtschaftlicher Verwertung eingreift, beruhen auf einem komplizierten Zusammenspiel einzelner Tatbestandsmerkmale. Damit wird ein weitreichender, aber keineswegs lückenloser Mieterschutz erreicht (Blank, in: PiG 18 [1985] 87; Gather DWW 1992, 37, 43; Lechner WuM 1982, 36 ff; Voelskow, in: FS Bärmann u Weitnauer [1990] 685, 686 ff; Zimmermann WuM 1995, 81 ff). Einige der in der Praxis besonders häufig zu Tage getretenen Lücken sind 2013 durch die Einfügung von Abs 1a geschlossen worden (vgl Rn 21 ff).

11 **aa)** Zunächst muss die Wohnung an den Mieter überlassen worden sein. Das setzt die **Begründung eines Mietverhältnisses über Wohnraum** (oder ein Mietverhältnis der in § 578 Abs 3 S 1 BGB genannten Art) voraus. Auf welche Weise das Mietverhältnis zustande gekommen ist, ist ohne Belang. Auch ein Vertragseintritt nach § 563 BGB genügt (BGH NJW 2003, 3265; BeckOGK/Klühs [1. 7. 2020] Rn 13; Palandt/Weidenkaff Rn 3), nicht aber, dass die Räume im Zeitpunkt der Begründung des Wohnungseigentums aufgrund eines anderen Rechtsverhältnisses genutzt wurden (BGH NJW 2003, 3265). Erforderlich für die **Überlassung** ist ferner, dass der Mieter in die Lage versetzt worden ist, die Wohnräume vertragsgemäß in Gebrauch zu nehmen (BeckOK/Hannappel [1. 8. 2020] Rn 6; Klein-Blenkers ua/Hinz Rn 7). Dies fällt idR mit der Besitzverschaffung zusammen. Es kommt nicht darauf an, ob der Mieter die Wohnung tatsächlich bezogen hat. Schon der Besitz begründet die Schutzbedürftigkeit. Er muss aber bereits vor der Umwandlung erlangt worden sein (Schmidt-Futterer/Blank Rn 6 ff).

12 **bb)** Ein **Umwandlungsfall** setzt voraus, dass nach der Überlassung der Wohnung an den Mieter Wohnungseigentum begründet worden ist (Klein-Blenkers ua/Hinz Rn 8). Das Wohnungseigentum kann nach § 2 WEG durch die vertragliche Einräumung von Sondereigentum oder durch Teilung begründet werden. Im Falle der Einräumung von Sondereigentum wird das Wohnungseigentum nach den §§ 3 und 4 WEG durch Einigung der an dem Grundstück beteiligten Miteigentümer und Eintragung

der Rechtsänderung in das Grundbuch begründet. Bei der Teilung entsteht Wohnungseigentum nach § 8 WEG dadurch, dass der Eigentümer des Grundstücks durch Erklärung gegenüber dem Grundbuchamt das Eigentum an dem Grundstück in Miteigentumsanteile teilt. Die Teilung wird wirksam, wenn die Wohnungsgrundbücher angelegt sind, also mit der Eintragung. Die Vorschrift des § 577a Abs 1 BGB setzt angesichts ihrer neutral gehaltenen Fassung nicht voraus, dass der Vermieter das Wohnungseigentum begründet. Erfasst werden auch die Fälle, in denen der umwandelnde Eigentümer und der Vermieter nicht identisch sind. Eine Umwandlung ist entsprechend dem Schutzzweck der Regelung auch anzunehmen, wenn bereits bestehendes Wohnungseigentum in neue Einheiten weiter aufgeteilt wird (LG Mönchengladbach ZMR 1990, 460). Die **Realteilung** eines mit Reihenhäusern bebauten Grundstücks steht der Umwandlung gleich (BVerfG NJW 2011, 1723; BGH NJW 2008, 2257; BGH NJW 2010, 3571; näher § 577 Rn 26). Die Bestellung eines Dauerwohnrechts nach den §§ 31 ff WEG wird nicht erfasst (Spielbauer/Schneider/Krenek Rn 13; **aM** Vogel JZ 1975, 73, 75). Das Gleiche gilt für eine beschränkte persönliche Dienstbarkeit nach § 1093 BGB.

cc) Das Wohnungseigentum muss veräußert worden sein. Die **Veräußerung** findet nach den §§ 873, 925 BGB statt. Sie kann auf einer Ermächtigung nach § 185 Abs 1 BGB und auch auf einem gutgläubigen Erwerb nach § 892 BGB beruhen. Die Teilung des Grundstücks nach § 8 WEG als solche ist noch keine Veräußerung (AG Hamburg WuM 1991, 349), ebensowenig die Umfirmierung einer juristischen Person (AG Fürstenfeldbruck 28. 6. 2019 – 7 C 1352/18, WuM 2020, 36). Eine die Wartefrist auslösende Veräußerung liegt auch dann vor, wenn der Vermieter das Eigentum an dem Grundstück an einen Dritten überträgt und sich gleichzeitig einen Nießbrauch einräumen lässt, durch den er nach den §§ 567, 566 Abs 1 BGB wieder in die Vermieterstellung einrückt (LG Berlin NJW-RR 1992, 1165). Auch die Übertragung von Wohnungseigentum vermächtnishalber ist als Veräußerungsfall anzusehen (BayObLG NZM 2001, 747). Da es nicht auf die Person des Veräußerers ankommt, fällt auch eine Veräußerung durch Testamentsvollstrecker oder Insolvenzverwalter unter § 577a Abs 1 BGB. 13

Der Veräußerer braucht nicht mit der Person identisch zu sein, die das Wohnungseigentum begründet hat, so etwa bei Erbfolge. Die Vorschrift erfasst ferner Verfügungen über das Wohnungseigentum, die im Wege der Zwangsversteigerung getroffen werden, weil eine rechtsgeschäftliche Natur der Veräußerung nicht vorausgesetzt wird (BayObLG WuM 1992, 424; AG Langenfeld/Rhld WuM 1992, 460; AG Münster WuM 1990, 215; BeckOGK/Klühs [1. 7. 2020] Rn 35; Lützenkirchen/Dickersbach Rn 27; Spielbauer/Schneider/Krenek Rn 22; **aM** Blank, in: PiG 18 [1985] 87, 102; Bruns ZMR 2012, 933, 935). Die Wartefrist wird nicht durch das Recht des Erstehers zur außerordentlichen befristeten Kündigung aus § 57a ZVG überwunden (**aM** AG Weinheim DWW 1989, 86), weil dieses Sonderkündigungsrecht unter dem Vorbehalt eines umfassenden Schutzes für den Mieter steht (BayObLG WuM 1992, 424). Veräußert der Vermieter das Grundstück an einen Haushalts- oder Familienangehörigen, greift für die Kündigung durch einen solchen Erwerber die Wartefrist ebenfalls ein, weil es anders als in § 577 und § 577a Abs 1a S 2 BGB keinen Vorbehalt zugunsten dieses Personenkreises gibt. Hat der Vermieter aber selbst noch vor der Veräußerung wegen Eigenbedarfs für den Familien- oder Haushaltsangehörigen gekündigt, so wirkt diese Kündigung 14 fort, wenn nicht ein Fall des Rechtsmissbrauchs anzunehmen ist (OLG Hamm WuM 1992, 460; LG Karlsruhe WuM 1990, 353).

15 dd) Das Gesetz geht von einer bestimmten **zeitlichen Reihenfolge** der einzelnen Vorgänge aus. Zunächst muss die Wohnung an den Mieter oder seinen Rechtsvorgänger (BGH NJW 2003, 3265) überlassen worden sein. Danach muss Wohnungseigentum begründet und veräußert worden sein (BGH 16. 7. 2009 – VIII ZR 231/08, NJW 2009, 2738; LG München I 10. 7. 2019 – 14 S 15871/18, WuM 2019, 657; Durst/Lattinovic NZM 1999, 207, 208; Kossmann/Meyer-Abich § 121 Rn 5; Lützenkirchen/Dickersbach Rn 17; MünchKomm/Häublein Rn 4, 6). Die Begründung von Wohnungseigentum ohne anschließende Veräußerung setzt für den bisherigen Vermieter keine Wartefrist in Lauf. Die Vorschrift greift auch nicht ein, wenn jemand eine leer stehende Eigentumswohnung erwirbt, dann vermietet und anschließend weiterveräußert, wenn also die Begründung des Wohnungseigentums zeitlich vor der Überlassung an den Mieter liegt (LG Berlin GE 1990, 1039; LG Berlin GE 1995, 495). Das Gleiche gilt, wenn ein Untermieter nach Umwandlung der Mietwohnung in eine Eigentumswohnung mit dem Eigentümer einen Hauptmietvertrag abschließt und dieser später die Wohnung veräußert (LG Frankfurt aM WuM 1997, 561; BeckOK/Hannappel [1. 8. 2020] Rn 13; Lützenkirchen/Dickersbach Rn 18) oder wenn die Vermietung nach erstmaliger Eintragung des Wohnungseigentums im Grundbuch erfolgte und das Grundstück erst danach real geteilt und dies erneut im Grundbuch eingetragen wird (AG Tempelhof-Kreuzberg 26. 3. 2014 – 2 C 225/13, GE 2014, 876). Ein Schutz des Mieters ist dagegen geboten, wenn das Verfahren zur Begründung des Wohnungseigentums bereits vor Überlassung der Wohnung eingeleitet war, aber erst später durch die Grundbucheintragung abgeschlossen worden ist (LG Duisburg NJW-RR 1989, 1166; AG Hamburg WuM 1991, 349; Bub/Treier/Fleindl Rn IV 156; Schmid BlGBW 1982, 41, 43; **aM** AG Weinheim DWW 1975, 189; Klein-Blenkers ua/Hinz Rn 10; Schmid/Harz/Riecke Rn 11). Auch § 577 Abs 1 BGB lässt für das Vorkaufsrecht des Mieters schon die nur beabsichtigte Umwandlung genügen. Solange die Eigenschaft als Eigentumswohnung noch nicht begründet ist, bleibt es gerechtfertigt, die Wartefrist nach dem Zweck der Vorschrift eingreifen zu lassen. Dies gilt auch, wenn der Mieter Kenntnis von der vorgesehenen oder bereits eingeleiteten Begründung von Wohnungseigentum hat und dennoch den Mietvertrag abschließt. Die Vorschrift enthält keinen Anhaltspunkt, um diese Umstände nach § 242 BGB zulasten des Mieters zu berücksichtigen. Die Kenntnis des Mieters hinsichtlich der Begründung von Wohnungseigentum ist unerheblich, da dies nicht zum Tatbestand der Vorschrift gehört (LG Berlin GE 1990, 1039).

16 ee) Das Zusammenspiel der einzelnen Merkmale des § 577a Abs 1 BGB hat eine Reihe von **Ausnahmen aus tatbestandlichen Gründen** zur Folge (s Lützenkirchen/Dickersbach Rn 18). So greift die Kündigungsbeschränkung nicht bei Veräußerung des ganzen Grundstücks an einen einzelnen Erwerber, der anschließend eine der Wohnungen für sich in Anspruch nimmt. Das Gleiche gilt, wenn die Aufteilung in Wohnungseigentum zeitlich mit der Zuweisung von Sondereigentum in einem Rechtsakt verbunden wird (BGHZ 126, 357, 363 ff = NJW 1994, 2542; KG WuM 1987, 138; **aM** BayObLG WuM 1994, 189).

17 Eine **gesonderte Veräußerung** findet jedoch statt, wenn sämtliche Bruchteilseigentümer erst später einem Miteigentümer durch Auflassung und Eintragung das alleinige Wohnungseigentum an einer bestimmten vermieteten Wohnung übertragen (Bay-

ObLG NJW 1982, 451; LG München I WuM 1991, 591; Blank, in: PiG 18 [1985] 87, 101). Das Gleiche gilt für die Veräußerung an einen Gesamthänder (LG Stuttgart WuM 1991, 555). Die Begründung eines bloß **schuldrechtlichen Nutzungsrechts** ist einer Veräußerung nach dem klaren Wortlaut der eng auszulegenden Sondervorschrift nicht gleichzustellen (s auch Rn 28). Dasselbe gilt, wenn das Nutzungsrecht einem an der Miteigentümer- oder Gesamthandsgemeinschaft Mitberechtigten eingeräumt wird (BGH 16. 7. 2009 – VIII ZR 231/08, NJW 2009, 2738; OLG Karlsruhe NJW 1990, 3278). Die Vorschrift kann nach Auffassung des **BGH** selbst dann nicht eingreifen, wenn die gesamte Vertragsgestaltung bei Begründung solcher Gemeinschaften eindeutig auf ein **Umgehungsgeschäft** abzielt (BGH 16. 7. 2009 – VIII ZR 231/08, NJW 2009, 2738; **aM** OLG Karlsruhe NJW 1993, 405; AG München NZM 1998, 914).

2. Rechtsfolge

Die Rechtsfolge des § 577a Abs 1 BGB besteht darin, dass sich der Erwerber auf berechtigte Interessen iS des § 573 Abs 2 Nr 2 oder 3 BGB **erst nach Ablauf von drei Jahren seit der Veräußerung** an ihn berufen kann. Deshalb ist erst nach diesem Zeitpunkt eine Kündigung zulässig, die auf einen dieser Gründe gestützt wird. Es kommt nicht auf die Abgabe der Erklärung, sondern auf den Zugang an. Erst mit der hierdurch wirksam gewordenen Erklärung beruft sich der Kündigende auf Eigenbedarf bzw Hinderung wirtschaftlich angemessener Verwertung (BGH NJW 2003, 3265; Bub/Treier/Fleindl Rn IV 156). Unzulässig ist es dementsprechend, noch während der laufenden Drei-Jahres-Frist zu deren Ablauf hin zu kündigen (BGH NJW 2003, 3265; OLG Hamm NJW 1981, 584; LG Bonn WuM 1978, 51; LG München I NJW-RR 1986, 889; AG Fürstenfeldbruck 28. 6. 2019 – 7 C 1352/18, WuM 2020, 36; BeckOK/Hannappel [1. 8. 2020] Rn 16; Lützenkirchen/Dickersbach Rn 33; Palandt/Weidenkaff Rn 7; Prütting ua/Riecke Rn 13; Schmidt-Futterer/Blank Rn 17; **aM** LG München I WuM 1979, 124; Schmid WuM 1982, 34, 35). Zulässig bleiben demgegenüber Kündigungen, die sich auf § 573 Abs 1, Abs 2 Nr 1, § 573a oder § 573b BGB stützen (unten Rn 41). Eine unwirksame Kündigung kann eine Schadensersatzpflicht aus § 280 BGB nach sich ziehen (Lützenkirchen ZMR 2012, 446; **aM** LG Köln ZMR 2012, 445).

18

Die **Wartefrist von drei Jahren** nach § 577a Abs 1 BGB beginnt, wenn die Veräußerung des Wohnungseigentums durch Einigung und Eintragung nach den §§ 873, 925 BGB wirksam geworden ist (BGH 21. 3. 2018 – VIII ZR 104/17, BGHZ 218, 162, 169 = NJW 2018, 2187; LG Berlin 9. 3. 2018 – 63 S 67/16, GE 2018, 998; LG München I WuM 1979, 124; LG Wiesbaden 27. 10. 2017 – 3 S 13/17, WuM 2018, 165; AG München WuM 1993, 740; AG Münster 4. 10. 2017 – 96 C 1428/17, WuM 2018, 41; AG Stuttgart WuM 1999, 462; Spielbauer/Schneider/Krenek Rn 39). Das Ende der Frist ist nach § 188 Abs 2 BGB zu bestimmen. Bei einer mehrfachen Veräußerung nach einer Umwandlung lassen Sinn und Zweck der Vorschrift es zu, dem Erwerber, der kündigen will, die in der Person seiner Rechtsvorgänger abgelaufene Wartefrist anzurechnen (BT-Drucks 14/4553, 73; BayObLG NJW 1982, 451; LG Mainz NJWE-MietR 1996, 152; AG Bad Schwartau WuM 1989, 515; AG Fürstenfeldbruck 28. 6. 2019 – 7 C 1352/18, WuM 2020, 36; **aM** AG Spandau NJW-RR 1993, 584; AG Tiergarten GE 1997, 1535; Schmid WuM 1982, 34, 35). Der Mieter soll eine dreijährige Schonfrist haben, nachdem eine Eigentumswohnung veräußert worden ist. Darauf kann er sich bereits nach der ersten Veräußerung einstellen. Diese Auslegung nach dem Zweck des Gesetzes geht dem Wortlaut vor, der dafür sprechen könnte, die

19

Wartefrist für jeden Erwerber neu beginnen zu lassen (aM AG Spandau NJW-RR 1993, 584).

20 Wird die Gesamtheit der Eigentumswohnungen an eine **juristische Person** veräußert, soll der Lauf der Wartefrist noch nicht in Gang gesetzt werden, weil der Mieter eine Eigenbedarfskündigung der Erwerberin nicht befürchten müsse. Dies sei erst bei der späteren Einzelveräußerung der Fall (AG München WuM 1993, 740). Dieser Auffassung steht entgegen, dass das Gesetz nicht nach der Person des Erwerbers unterscheidet. Auch bei natürlichen Personen, die eine Wohnung nur als Kapitalanlage erwerben, wäre die Gefahr einer Kündigung wegen Eigenbedarfs sonst auszuschließen. Darauf kann es nicht ankommen, weil es nicht möglich ist, das Fehlen und das Bestehen einer solchen Gefahr sachgerecht abzugrenzen. Ferner besteht kein Anlass, den Mieter in diesem Fall ein Privileg einzuräumen, dh ihn auf diesem Wege gegenüber einem Mieter, dessen Wohnung an eine natürliche Person veräußert wird, besser zu stellen (Lützenkirchen/Dickersbach Rn 37). Tritt nach der Veräußerung ein **Mieterwechsel** ein, indem der Erwerber die Wohnung einem neuen Mieter überlässt, kann er sich unabhängig von dem Ablauf der Wartefrist seit seinem Erwerb auf Eigenbedarf berufen, wenn dieser Grund erst nach der Wiedervermietung eintritt. Es handelt sich nicht mehr um einen Umwandlungsfall. Die Wartefrist greift nicht ein, wenn ausnahmsweise die Kündigung des Veräußerers fortwirkt, weil er Eigenbedarf für einen zum Kreis der Haushalts- oder Familienangehörigen zählenden Erwerber geltend macht (OLG Hamm WuM 1992, 460; LG Karlsruhe WuM 1990, 353).

III. Veräußerung an eine Personengesellschaft oder -mehrheit (Abs 1a)

1. Voraussetzungen

a) Allgemeines

21 Die Kündigungsbeschränkung des § 577a Abs 1 BGB konnte nach der bis zum 30. 4. 2013 geltenden Rechtslage durch das sog „**Münchener Modell**" vermieden werden (BGH 21. 3. 2018 – VIII ZR 104/17, BGHZ 218, 162, 171 = NJW 2018, 2187). In diesem Modell erwirbt eine Personengesellschaft oder eine Miteigentümergemeinschaft ein Mietshaus in der Absicht, ihren Mitgliedern die Nutzung der Wohnungen zu ermöglichen und die Wohnungen in Eigentumswohnungen umzuwandeln. Noch vor der Umwandlung kündigt die Gesellschaft einem oder mehreren Mietern wegen Eigenbedarfs der Gesellschafter (dazu § 573 Rn 76a). Hierdurch kann das ausdifferenzierte Zusammenspiel der Tatbestandsvoraussetzungen des Abs 1 nicht greifen. Der BGH hatte sowohl die direkte als auch die analoge Anwendung des § 577a Abs 1 BGB abgelehnt, wenn der Bauträger Interessenten für eine Wohnung (nicht für einen Gesellschaftsanteil) geworben und mit ihnen eine Gesellschaft bürgerlichen Rechts gegründet hatte, in der bestimmte Wohnungen einzelnen Gesellschaftern schuldrechtlich mit dem Hinweis darauf zugewiesen wurden, dass eine Aufteilung in Wohnungseigentum erfolgen werde. Das Objekt wurde sodann durch die Gesellschaft erworben, die Kündigung wegen Eigenbedarfs des Gesellschafters in Bezug auf die ihm schuldrechtlich zugewiesene Wohnung ausgesprochen und das Gebäude saniert, um nach Erteilung der Abgeschlossenheitsbescheinigung und Aufteilung des Anwesens nach dem WEG die Gesellschaft im Wege der Veräußerung des Wohnungseigentums von der Gesellschaft an die einzelnen Interessenten auseinander-

zusetzen (BGH 16. 7. 2009 – VIII ZR 231/08, NJW 2009, 2738; BGH 14. 12. 2016 – VIII ZR 232/15, BGHZ 123, 136 ff = NJW 2017, 547).

Zur Überzeugung des Gesetzgebers wurde durch derartige Gestaltungen der in § 577a BGB verankerte Schutz vor Eigenbedarfskündigungen nach Umwandlung in Wohneigentum ausgehebelt (BT-Drucks 17/10485, 16). Infolgedessen wurde der Anwendungsbereich der Kündigungsbeschränkung durch den im Zuge des **MietRÄndG 2013** eingeführten Abs 1a deutlich erweitert. Auch nach der Gesetzesänderung ist einer Personengesellschaft weiterhin – soweit für die betreffende Rechtsform anerkannt (vgl Rn 23 ff) – die Geltendmachung berechtigter Interessen nach § 573 Abs 2 Nr 2 oder 3 BGB gestattet (BT-Drucks 17/10485, 26). Sie kann aber nach Maßgabe des Abs 1a einer Kündigungssperrfrist unterworfen sein, innerhalb derer eine auf solchen Interessen beruhende Kündigung nicht erfolgen kann (HÄUBLEIN ZMR 2017, 953). 22

b) Tatbestandsmerkmale im Einzelnen
aa) Nach § 577a Abs 1a S 1 **Nr 1 BGB** gilt die Kündigungsbeschränkung nach Abs 1 entsprechend, wenn vermieteter Wohnraum nach der Überlassung (vgl Rn 11) an den Mieter an eine Personengesellschaft oder an mehrere Erwerber veräußert (vgl Rn 13) wurde. Für diesen Fall wird die Verknüpfung der Kündigungssperrfrist mit der vorherigen Umwandlung in Wohnungseigentum aufgegeben und stattdessen tatbestandlich auf den Erwerb durch die Erwerbermehrheit abgestellt (KLÜHS RNotZ 2012, 555, 560). Einen gewissen systematischen Widerspruch nimmt der Gesetzgeber in Kauf, der daraus resultiert, dass sich die Norm in dem mit „Besonderheiten bei der Bildung von Wohnungseigentum an vermieteten Wohnungen" betitelten 6. Kapitel befindet. Es **genügt jede Veräußerung von vermietetem Wohnraum an eine Personengesellschaft oder an mehrere Erwerber** für die Auslösung der Sperrfrist. Ob eine Umwandlungsabsicht besteht oder nicht, ist ohne Belang (ausführlich BGH 21. 3. 2018 – VIII ZR 104/17, BGHZ 218, 162, 172 ff = NJW 2018, 2187 mit Bespr ROLFS NZM 2018, 780 ff; ferner SCHMIDT-FUTTERER/BLANK Rn 18b). 23

Der **Begriff der Personengesellschaft** erfasst neben der Gesellschaft bürgerlichen Rechts (BGH 21. 3. 2018 – VIII ZR 104/17, BGHZ 218, 162, 175 = NJW 2018, 2187) auch Personenhandelsgesellschaften, namentlich die offene Handelsgesellschaft und die Kommanditgesellschaft (BeckOGK/KLÜHS [1. 7. 2020] Rn 48; PALANDT/WEIDENKAFF Rn 3a; für eine Ausweitung auf Mischformen wie die KGaA BÖRSTINGHAUS/EISENSCHMID/EISENSCHMID Rn 11; KLEIN-BLENKERS ua/HINZ Rn 19). Letztere können keine Eigenbedarfskündigung nach § 573 Abs 2 Nr 2 BGB erklären (vgl § 573 Rn 76), sodass zT die Erstreckung der Norm auf Personenhandelsgesellschaften als überflüssig erachtet (EMMERICH WuM 2013, 323, 329) bzw gänzlich abgelehnt wird (BUB/TREIER/FLEINDL Rn IV 156.1). Dies verkennt jedoch, dass durch den Verweis auf Abs 1 neben der Eigenbedarfs- auch eine Verwertungskündigung nach § 573 Abs 2 Nr 3 BGB ausgeschlossen ist, welche Personenhandelsgesellschaften durchaus aussprechen können. Nach dem Willen des Gesetzgebers soll auch hier die Kündigungsbeschränkung greifen. 24

Neben der Personengesellschaft umfasst die Norm auch eine **Erwerbermehrheit**, worunter jede Mehrheit von natürlichen und juristischen Personen zu verstehen ist, die zusammen Eigentum in einfacher Eigentümergemeinschaft (§§ 741 ff BGB) oder zur gesamten Hand erwirbt (LÜTZENKIRCHEN/DICKERSBACH Rn 51). Auf das Beteili- 25 gungsverhältnis kommt es nicht an, allerdings muss die Eigentümerstellung zeitgleich vorliegen. Mangels Gleichzeitigkeit ist das Einsetzen eines Vor- und Nacherben nicht tatbestandsmäßig (Lützenkirchen/Dickersbach Rn 51). Noch offen ist, ob die Vorschrift auch bei sukzessiver Veräußerung von Bruchteilseigentum einschlägig ist. Abs 1a soll entsprechend anwendbar sein, wenn nur ein Bruchteil eines Wohnhauses an einen einzelnen oder mehrere einzelne Erwerber veräußert wird, der Veräußerer den vermieteten Wohnraum selbst nutzen möchte, die Vermieter daraufhin dem Mieter wegen Eigenbedarfs nach § 573 Abs 2 Nr 2 BGB kündigen und sodann plangemäß Wohnungseigentum begründet wird. Sofern eine Umwandlungsabsicht vorliege, greife die Kündigungssperrfrist (Schmidt-Futterer/Blank Rn 18 f; ähnlich Emmerich WuM 2013, 323, 329 f). Erwogen wird auch, die Anwendbarkeit der Norm von den Zeiträumen zwischen den einzelnen Veräußerungen abhängig zu machen, wobei eine längere Zeitspanne – mehr als ein Jahr – gegen eine Schutzbedürftigkeit des Mieters und mithin gegen eine Anwendbarkeit spreche (Emmerich WuM 2013, 323, 330).

26 Eine Verwertungskündigung kann ebenso von einer **juristischen Person** erklärt werden, die dem Anwendungsbereich des Abs 1a indes nicht unterfällt. Die Kündigungssperrfrist greift daher zB nicht bei Veräußerung an eine GmbH, die sodann ohne Beachtung einer Sperrfrist das Mietverhältnis wegen Hinderung an einer angemessenen wirtschaftlichen Verwertung nach § 573 Abs 2 Nr 3 BGB kündigen kann. Hieraus resultiert eine Privilegierung der Kapitalgesellschaft gegenüber einer Personen(handels)gesellschaft. Noch schwerwiegender ist jedoch, dass entgegen dem Bestreben des Gesetzgebers, Schutzlücken zugunsten der Mieter zu schließen, weiterhin Umgehungsmöglichkeiten bestehen (ähnlich Schmidt-Futterer/Blank Rn 18e).

27 **bb)** Darüber hinaus wird die Kündigungssperrfrist gemäß § 577a Abs 1a S 1 **Nr 2** BGB auch bei **Belastung** des vermieteten Wohnraums **mit einem dinglichen Recht zugunsten einer Personengesellschaft oder mehrerer Erwerber** ausgelöst, durch dessen Ausübung dem Mieter der **vertragsgemäße Gebrauch entzogen** würde. Hintergrund dieser Regelung ist, dass bei einer solchen Belastung § 567 S 1 BGB die entsprechende Anwendung des § 566 BGB anordnet. Somit rückt der Rechtsinhaber in die Vermieterstellung ein, sodass er grundsätzlich auch zur Kündigung gemäß § 573 Abs 2 Nr 2 oder 3 BGB berechtigt ist, ohne dass eine Kündigungsbeschränkung greifen würde. Eine durch diese rechtliche Konstruktion erfolgende Vermeidung der Kündigungsschutzvorschrift soll durch Abs 1a S 1 Nr 2 verhindert werden (BT-Drucks 17/10485, 26).

28 Als zum Gebrauchsentzug führendes Recht kommt die Bestellung eines Nießbrauchs (§§ 1030 ff BGB), eines dinglichen Wohnungsrechts (§ 1093 BGB), eines Erbbaurechts (§§ 1 ff ErbbauRG), eines Wohnungs- bzw Teilerbbaurechts (§ 30 WEG) oder eines Dauerwohn- bzw Dauernutzungsrechts (§§ 31 ff WEG) in Betracht. Nicht erfasst sind sonstige dingliche Rechte, die den Mietgebrauch unberührt lassen, wie zB Grundpfandrechte (Grundschuld, Hypothek, Rentenschuld). Bloß obligatorische Wohn- und Nutzungsrechte, wie im Fall der Doppelvermietung, führen mangels Vorrangigkeit nicht zum Gebrauchsentzug (vgl Staudinger/V Emmerich § 567 Rn 3) und bleiben folglich außer Betracht (Abramenko § 6 Rn 10; Lützenkirchen/ Dickersbach Rn 63).

c) Ausnahmen

In zwei Konstellationen tritt jedoch das Bestandsschutzinteresse des Mieters hinter **29** die Interessen der erwerbenden Personengesellschaft bzw -mehrheit zurück. Diese in Abs 1a S 2 normierten Fälle grenzen den durch Abs 1a S 1 weit ausgedehnten Anwendungsbereich der Kündigungsbeschränkung ein. Die **Darlegungs- und Beweislast** für das Vorliegen der Voraussetzungen des Abs 1a S 2 trifft den Vermieter, der hieraus eine für ihn günstige Rechtsfolge herleitet (Häublein ZMR 2017, 953, 954; Lützenkirchen/Dickersbach Rn 58).

aa) Abs 1a S 2 sieht zum einen in Alt 1 eine **Ausnahme** von den Kündigungsbe- **30** schränkungen für den Fall vor, dass Gesellschafter oder Erwerber derselben Familie oder demselben Haushalt angehören. Aufgrund der engen personalen Bindung zwischen diesen Personen besteht ein legitimes Interesse an der zeitnahen Geltendmachung des Eigenbedarfs, sodass vor diesem Hintergrund die Kündigungssperrfrist keine Anwendung findet (BT-Drucks 17/10485, 26). Indes ist fragwürdig, warum dies auch den Ausschluss einer Kündigungsbeschränkung bei einer Verwertungskündigung nach § 573 Abs 2 Nr 3 BGB rechtfertigen soll. Wird eine Selbstnutzung angesichts der besonderen Interessenlage zu Recht von der Regelung ausgenommen, so fehlt im Fall der Verwertungskündigung ein solches schutzwürdiges Interesse, tangiert doch die Verwertung des Mietobjekts die personale Bindung der involvierten Personen in keiner Weise (kritisch auch BR-Drucks 313/1/12, 11 f; Bruns ZMR 2012, 933, 937).

Das Begriffspaar der **„Familien- und Haushaltsangehörigen"** ist § 573 Abs 2 Nr 2 **31** BGB nachgebildet (BT-Drucks 17/10485, 26), sodass bei der Auslegung der Vorschrift auf die hierzu ergangene Rechtsprechung zurückzugreifen ist (dazu § 573 Rn 78 ff). Erwerben zB Ehegatten als GbR oder Miteigentümer ein vermietetes Objekt zur Eigennutzung, so unterliegen sie ebensowenig einer Kündigungssperrfrist wie Eltern, die vermieteten Wohnraum zur Nutzung durch ihr Kind erwerben. Da die Trennung und, wie sich aus der im Rahmen des § 573 BGB anerkannten entsprechenden Anwendung von § 383 Abs 1 Nr 2 ZPO und § 52 Abs 1 Nr 2 StPO ergibt (§ 573 Rn 81), selbst die Scheidung den Status als „Familie" unberührt lassen, greift auch zugunsten getrennt lebender und geschiedener Ehegatten der Ausnahmetatbestand ein (BGH 2. 9. 2020 – VIII ZR 35/19, NZM 2020, 984). Erweitert wird der Kreis der begünstigten Personen durch die Berücksichtigung der Haushaltsangehörigkeit. Haushaltsangehörige sind alle Personen, die schon seit längerer Zeit und auf Dauer in den Haushalt des Vermieters aufgenommen sind und in enger Hausgemeinschaft mit ihm leben (näher § 573 Rn 87 ff). Führen zB Lebensgefährten, die nicht als Familienangehörige angesehen werden (vgl § 573 Rn 86), einen gemeinsamen Hausstand und erwerben sie als GbR oder Miteigentümer ein Mietobjekt zur Eigennutzung, so greift die Kündigungsbeschränkung nicht. Die Besorgnis, der Begriff der Haushaltsangehörigen könnte sich als Einfallstor zur Umgehung der Sperrfrist erweisen (Fleindl NZM 2012, 57, 63), dürfte angesichts praktischer Gesichtspunkte weitgehend unbegründet sein, da die Begründung einer Haushaltsgemeinschaft durch einander nicht nahestehende Erwerber allein zum Zwecke der uneingeschränkten Eigenbedarfs- bzw Verwertungskündigung bei lebensnaher Betrachtung eine eher theoretische Möglichkeit bleibt (Hinz NZM 2012, 777, 789; Spielbauer/Schneider/Krenek Rn 37). Dem Wortlaut zufolge muss jede Person zu dem privilegierten Personenkreis gehören, sodass auch nur eine außenstehende Person zur Unanwendbarkeit des Ausnahmetatbestandes führt (Abramenko § 6 Rn 13).

32 Maßgeblicher Zeitpunkt für das Vorliegen der Voraussetzungen ist die Veräußerung des vermieteten Wohnraums, worunter nicht etwa das schuldrechtliche Verpflichtungsgeschäft, sondern ausweislich der Gesetzesmaterialien die Eintragung in das Grundbuch zu verstehen ist (BT-Drucks 17/10485, 26; Abramenko § 6 Rn 15). Im Falle der Belastung iS des Abs 1a S 1 Nr 2 ist ebenfalls auf die Vollendung des dinglichen Rechtserwerbs abzustellen, mithin auf den Tag der Eintragung des Rechts in das Grundbuch. Bei einer Veräußerung genügt es daher, wenn die Familien- oder Haushaltsangehörigkeit kurz vor dem Eigentumsübergang bzw der Eintragung des Rechts begründet wird (Lützenkirchen/Dickersbach Rn 59). Dies könnte für die Haushaltsangehörigkeit angezweifelt werden, da diese per definitionem ein Zusammenleben „seit längerer Zeit" erfordert (s § 573 Rn 88). Wenn aber bereits die erst künftige Aufnahme von Personen in den Haushalt berücksichtigungsfähig ist (vgl § 573 Rn 90), so muss die kurz zuvor erfolgte Bildung der Haushaltsgemeinschaft erst recht als ausreichend angesehen werden. Ebenso unschädlich ist eine Änderung im Gesellschafterbestand nach dem maßgeblichen Zeitpunkt (Lützenkirchen/Dickersbach Rn 59a), sodass weder eine einmal begründete Privilegierung aufgehoben, noch deren Nichtvorliegen nachträglich „geheilt" werden kann (vgl Abramenko § 6 Rn 16 f).

33 bb) Zum anderen greift die Kündigungssperrfrist gemäß Abs 1a S 2 Alt 2 nicht, wenn **vor Überlassung** des Wohnraums an den Mieter **Wohnungseigentum begründet** wurde. Diese Konstellation war bereits vor dem MietRÄndG 2013 mangels Schutzbedürftigkeit des Mieters von der Kündigungssperrfrist ausgenommen. Die Aufnahme dieser Restriktion dient allein der Klarstellung (BT-Drucks 17/10485, 26).

2. Rechtsfolge

34 Gemäß Abs 1a S 1 gilt bei Vorliegen der Voraussetzungen Abs 1 entsprechend. Die Kündigungssperrfrist beginnt im Fall des Abs 1a S 1 Nr 1 mit der Veräußerung des vermieteten Wohnraums, mithin im Zeitpunkt der Grundbucheintragung der erwerbenden Personengesellschaft bzw -mehrheit (BT-Drucks 17/10485, 26; Klein-Blenkers ua/Hinz Rn 25; oben Rn 30 ff). Im Fall der Belastung iS des Abs 1a S 1 Nr 2 ist der Tag der Eintragung des dinglichen Rechts in das Grundbuch maßgebend (Abramenko § 6 Rn 22; BeckOGK/Klühs [1. 7. 2020] Rn 49; Palandt/Weidenkaff Rn 4). Eine anschließende Begründung von Wohnungseigentum lässt die so in Gang gesetzte Kündigungssperrfrist unberührt (Abs 2a, unten Rn 40; Palandt/Weidenkaff Rn 4). Ohne Belang ist die anschließende Aufnahme weiterer Gesellschafter oder Erwerber, diese treten in die bereits laufende Frist ein (Hannemann/Horst/Hannemann § 5 Rn 13). Anders als in den Fällen des Abs 1 steht dem Mieter unter den Voraussetzungen des Abs 1a kein Vorkaufsrecht nach § 577 BGB zu, da eine entsprechende Änderung des § 577 BGB im Zuge des MietRÄndG 2013 nicht vorgenommen wurde (vgl § 577 Rn 4a).

IV. Erweiterte Wartefrist (Abs 2)

35 Nach Abs 2 kann die dreijährige Wartefrist zum Schutz des Mieters in den Umwandlungsfällen des Abs 1 sowie den von Abs 1a erfassten Konstellationen durch **Rechtsverordnung der Landesregierung** unter bestimmten Voraussetzungen auf bis zu zehn Jahre erweitert werden. Die konkrete Dauer der Kündigungssperrfrist ergibt sich nicht unmittelbar aus der Ermächtigungsgrundlage. § 577a BGB spricht lediglich von einer Dauer von bis zu zehn Jahren. Damit sind die Landesregierungen nicht an eine feste Kündigungssperrfrist gebunden, sondern können nach Abs 2 S 2 entsprechend einer von ihnen vorzunehmenden Prognose hinsichtlich der voraussichtlichen Dauer der besonderen Gefährdung eine Sperrfrist von bis zu zehn Jahren festlegen. Der Erlass der Rechtsverordnung steht im Ermessen der Länder. Dabei haben sie insbesondere auch den mit der Sperrfrist verbundenen Eingriff in das Eigentumsrecht des Käufers zu berücksichtigen. Die Geltungsdauer der Verordnung ist auf zehn Jahre beschränkt (BT-Drucks 14/4553, 73). Maßgeblich für die Anwendbarkeit der jeweiligen Verordnung ist der Zeitpunkt des Zugangs der Kündigungserklärung, nicht derjenige der Veräußerung (AG Charlottenburg 17. 8. 2016 – 227 C 18/16, GE 2017, 109). Das Vertrauen des Erwerbers, den Mieter mit der beim Erwerb einschlägigen kürzeren Frist kündigen zu können, wird nicht geschützt.

36 Die Verordnungsermächtigung ist nach § 577a Abs 2 S 1 BGB beschränkt auf Gemeinden oder Teile einer Gemeinde, in denen die **ausreichende Versorgung der Bevölkerung mit Mietwohnungen zu angemessenen Bedingungen besonders gefährdet** ist (Börstinghaus WuM 1991, 419, 420; Gramlich NJW 1990, 2611, 2613; Voelskow GE 1996, 24). Das Gesetz definiert den Begriff der Gebiete mit besonders gefährdeter Wohnungsversorgung nicht, sondern überlässt es in Abs 2 S 2 ohne nähere gesetzliche Vorgaben den Landesregierungen, diese Gebiete durch Rechtsverordnung für die Dauer von jeweils höchstens zehn Jahren zu bestimmen. Die Formulierung des Gesetzes entspricht im Wesentlichen dem umstrittenen Begriff, den Art 6 § 1 Abs 1 S 1 MRVerbG für das Verbot der Zweckentfremdung von Wohnraum verwendet (BVerwG NJW 1983, 2893; Bub/Treier/Drettmann Rn II 13 ff). Hiernach kommt es darauf an, ob eine Gemeinde in einer Mangelsituation durch sachliche Eigenarten gekennzeichnet wird, die geeignet sind, den Wohnungsmarkt für breitere Bevölkerungsschichten negativ zu beeinflussen und ihm eine spezifische Labilität zu vermitteln (BVerwG NJW 1983, 2893; OVG Frankfurt/O NZM 1998, 315).

37 Es liegt nahe, diese Bestimmung mit dem Begriff der Gebiete mit erhöhtem Wohnungsbedarf gleichzusetzen, der von **§ 5a S 1 WoBindG** verwendet wird, um die Vergabe öffentlich geförderter Wohnungen zu lenken. Ein erhöhter Wohnungsbedarf ist gegeben, wenn die Nachfrage nicht oder nicht angemessen mit Wohnraum versorgter Wohnberechtigter innerhalb angemessener Frist weder aus dem Bestand oder der Neubaurate an öffentlich geförderten Mietwohnungen noch mit erschwinglichen Mietwohnungen aus dem Altbaubestand oder dem frei finanzierten Wohnungsbau gedeckt werden kann (BVerwGE 80, 113, 117 = NJW 1989, 181).

38 Der Begriff des **erhöhten Wohnungsbedarfs** war im ursprünglichen Entwurf eines Gesetzes zur Verbesserung der Rechtsstellung des Mieters bei Begründung von Wohnungseigentum an vermieteten Wohnungen vorgesehen (BT-Drucks 11/6374, 4), ist aber während des Gesetzgebungsverfahrens gegen die zum Gesetz gewordene Fassung ausgewechselt worden (BT-Drucks 11/7258, 4, 6). Deshalb ist zu beachten, dass erhöhter Wohnungsbedarf schon sprachlich etwas anderes ist als eine besonders gefährdete Wohnungsversorgung. Die Wohnungsversorgung ist nur dann besonders gefährdet, wenn eine akute Notlage besteht, die es für den gekündigten Mieter als nahezu aussichtslos erscheinen lässt, Ersatzwohnraum zu finden. Eine einfache Gefährdung genügt nicht. Was eine ausreichende Versorgung der Bevölkerung mit Mietwohnungen darstellt und welche Bedingungen angemessen sind, entscheidet allein die jeweilige Landesregierung als Verordnungsgeberin durch Bestimmung der einzelnen Gemeinden. Eine Begründungspflicht besteht anders als bei der „Mietpreisbremse" (§ 556d Abs 2 S 5 BGB; dazu BGH 17. 7. 2019 – VIII ZR 130/18, BGHZ 223, 30, 35 ff = NJW 2019, 2844) nicht. Die Landesregierung hat sich allerdings an den von der verwaltungsgerichtlichen Rechtsprechung entwickelten Maßstäben auszurichten (vgl BVerfGE 38, 348, 368 = NJW 1975, 727; BVerwG NZM 1999, 815; OVG Frankfurt/O NZM 1998, 315). Ist in einem Räumungsprozess die Wirksamkeit der landesrechtlichen Verordnung streitig, hat das angerufene (ordentliche) Gericht inzident über sie zu entscheiden; einer verwaltungsgerichtlichen Kontrolle bedarf es nicht (AG Frankfurt aM 2. 10. 2013 – 33 C 2203/13, WuM 2014, 43; ebenso BGH 4. 11. 2015 – VIII ZR 217/14, BGHZ 207, 246, 253 ff = NJW 2016, 476 zu einer Rechtsverordnung nach § 558 Abs 3 BGB). Festzuhalten ist, dass die Rechtsverordnungen nicht allein dadurch außer Kraft treten, dass sich die zugrunde gelegten tatsächlichen Verhältnisse bei der Wohnungsversorgung geändert haben.

39 Aufgrund der Ermächtigung des § 577a Abs 2 BGB haben mehrere **Länder Rechtsverordnungen** erlassen: **Baden-Württemberg** KSpVO BW v 16. 6. 2020 (GBl 2020, 409; zu einer älteren Fassung der Verordnung AG Stuttgart-Bad Cannstatt 10. 5. 2017 – 4 C 582/17, WuM 2017, 475) – Fristablauf: 30. 6. 2025; **Bayern** MiSchuV v 16. 7. 2019 (GVBl 2019, 458, 552) – Fristablauf: 31. 12. 2021; **Berlin** Kündigungsschutzklausel-VO v 13. 8. 2013 (GVBl 2013, 488; dazu BGH 25. 4. 2017 – VIII ZR 146/16, GE 2017, 662; LG Berlin 17. 3. 2016 – 67 S 30/16, WuM 2016, 278; LG Berlin 7. 6. 2016 – 67 S 136/16, WuM 2017, 417; LG Berlin 10. 2. 2017 – 63 S 71/16, WuM 2017, 155; AG Berlin-Mitte 15. 12. 2015 – 14 C 49/15, GE 2016, 462; Beuermann GE 2013, 1240) – Fristablauf: 30. 9. 2023; **Hamburg** KündigungsschutzfristenVO v 12. 11. 2013 (GVBl 2013, 458), geänd durch VO vom 30. 12. 2014 (GVBl 2015, 11) – Fristablauf: 31. 1. 2024; **Hessen** MiSchuV v 18. 11. 2020 (GVBl 2020, 802) – Fristablauf: 25. 11. 2025; **Niedersachsen** NdsMiSchuVO v 8. 12. 2016 (GVBl 2016, 252) – Fristablauf: 30. 11. 2023; **Nordrhein-Westfalen** MietSchVO NRW v 9. 6. 2020 (GVBl 2020, 465) – Fristablauf: 30. 6. 2025.

V. Fristbeginn (Abs 2a)

40 § 577a Abs 2a BGB regelt klarstellend, dass eine nach Fristbeginn gemäß Abs 1a erfolgte Umwandlung in Wohnungseigentum **keinen erneuten Lauf der Sperrfrist** zur Folge hat. Ein zweifacher Fristlauf wäre in den Fällen der einem Erwerb oder einer Belastung nach Abs 1a nachfolgenden Begründung von Wohneigentum unangemessen, da sich das Verdrängungsrisiko für den Mieter mit dem Erwerb bzw Belastung der mit Mietwohnraum bebauten Liegenschaft bereits realisiert hat und durch eine spätere Begründung von Wohneigentum nicht erhöht wird (BT-Drucks 17/10485, 26). Dem Schutzinteresse des Mieters wird durch die einmalige Gewährung eines Übergangszeitraums Rechnung getragen. Eines darüber hinausgehenden Schutzes nach Umwandlung des vermieteten Wohnraums in Wohnungseigentum bedarf es nicht. Andernfalls würde der Mieter zum wiederholten Mal von der Kündigungsbeschränkung profitieren, ohne dass dies geboten wäre. Vielmehr greift die Sperrfrist in diesem Fall nur einmalig beginnend mit der Veräußerung bzw der Belastung iS des Abs 1a (vgl Rn 19, 32).

VI. Anwendbarkeit der Wartefrist auf andere Kündigungsgründe

41 Von der Wartefrist werden nur Kündigungen wegen Eigenbedarfs und der Hinderung wirtschaftlicher Verwertung in den gesetzlich bestimmten Umwandlungsfäl-

len erfasst. **Kündigungen aus anderen Gründen**, namentlich der Generalklausel des § 573 Abs 1 BGB, bleiben unberührt (BGH NJW 2009, 1808; BeckOK MietR/BRUNS [1. 8. 2020] Rn 24; HERRLEIN/KANDELHARD/HERRLEIN Rn 5; JAUERNIG/TEICHMANN Rn 1; kritisch HÄUBLEIN WuM 2010, 391, 403 f). Ebenso zulässig bleiben auf § 573a BGB oder § 573b BGB gestützte Kündigungen, für die Vermieter **keines Kündigungsgrundes** bedarf (BGH NJW 2010, 3571). Daraus folgt zum einen, dass trotz der Umwandlung einer Mietwohnung in eine Eigentumswohnung die Kündigung des Erwerbers auf andere Gründe wie schuldhafte Vertragsverletzung nach § 573 Abs 2 Nr 1 BGB gestützt werden kann. Es ist nicht angebracht, die Vorschrift auf sonstige Gründe für ein berechtigtes Interesse analog anzuwenden, weil ihr Zweck so weit nicht reicht, wie sich aus der systematischen Stellung ergibt (BayObLG NJW 1981, 2197; PRÜTTING ua/RIECKE Rn 23; SCHMID/HARZ/RIECKE Rn 24; **aM** LG Bonn WuM 1978, 51; BLANK, in: PiG 18 [1985] 87, 106 ff; LECHNER WuM 1982, 36, 37 f).

Deshalb scheidet eine analoge Anwendung selbst in den Fällen des **Betriebsbedarfs** 42 aus, die dem Eigenbedarf im Grunde weitgehend entsprechen, aber doch eine andere Zielrichtung aufweisen. Allein dadurch, dass § 573 Abs 2 BGB die Kündigungsgründe nur beispielhaft aufzählt, wird die Sondervorschrift über die Wartefrist nicht zu einer alle Gründe umfassenden Bestimmung (BGH NJW 2009, 1808; SCHMIDT-FUTTERER ZMR 1974, 37, 38). Zum anderen hat die auf Umwandlungsfälle und Konstellationen des Abs 1a beschränkte Regelung zur Folge, dass daneben eine allgemeine, gesetzlich nicht geregelte Wartefrist für andere Fälle der Veräußerung von Wohnraum, seien es Ein- oder Zweifamilienhäuser, Mietwohnhäuser oder schon vor Überlassung an den Mieter geschaffene Eigentumswohnungen, nicht anerkannt werden kann (LG Frankfurt aM WuM 1978, 174; **aM** LG Wiesbaden WuM 1980, 229; s zur Realteilung eines mit Reihenhäusern bebauten Grundstücks aber Rn 12 und § 577 Rn 26; BVerfG NJW 2011, 1723; BGH NJW 2008, 2257; BGH NJW 2010, 3571). Auch wichtige Gründe, die den Vermieter zur außerordentlichen fristlosen Kündigung berechtigen, fallen nicht unter den Tatbestand der Wartefrist.

VII. Abweichende Vereinbarungen (Abs 3)

Nach § 577a Abs 3 BGB ist eine zum Nachteil des Mieters abweichende Vereinba- 43 rung unwirksam. Vereinbarungen, nach denen die gesetzliche bzw die durch Rechtsverordnung festgelegte Wartefrist für einen oder beide Kündigungsgründe aufgehoben oder verkürzt wird, sind also unzulässig. Eine Verlängerung der Wartefrist ist aber ebenso möglich wie der Abschluss eines Aufhebungsvertrages zwischen Vermieter und Mieter (BeckOGK/KLÜHS [1. 7. 2020] Rn 80; HERRLEIN/KANDELHARD/HERRLEIN Rn 7).

VIII. Übergangsregelung zum MietRÄndG

Die Abs 1a und 2a sind am 1. 5. 2013 ohne Übergangsregelung in Kraft getreten 44 (Art 9 Abs 1 MietRÄndG; dazu HANNEMANN/HORST/HANNEMANN § 5 Rn 22 f; SPIELBAUER/SCHNEIDER/KRENEK Rn 67). Auf Kündigungen, die dem Mieter vor diesem Zeitpunkt zugegangen sind, sind diese beiden Absätze unanwendbar (LG Berlin 7. 8. 2014 – 67 S 280/14, WuM 2015, 40). Zu welchem Zeitpunkt die Aufteilung in Wohnungseigentum stattgefunden hat, ist unerheblich (AG Fürstenfeldbruck 28. 6. 2019 – 7 C 1352/18, WuM 2020, 36).

Untertitel 3
Mietverhältnisse über andere Sachen

§ 578
Mietverhältnisse über Grundstücke und Räume

(1) Auf Mietverhältnisse über Grundstücke sind die Vorschriften der §§ 550, 554, 562 bis 562d, 566 bis 567b sowie § 570 entsprechend anzuwenden.

(2) Auf Mietverhältnisse über Räume, die keine Wohnräume sind, sind die in Absatz 1 genannten Vorschriften sowie § 552 Abs. 1, § 555a Absatz 1 bis 3, §§ 555b, 555c Absatz 1 bis 4, § 555d Absatz 1 bis 6, § 555e Absatz 1 und 2, § 555 f und § 569 Abs. 2 entsprechend anzuwenden. § 556c Absatz 1 und 2 sowie die auf Grund des § 556c Absatz 3 erlassene Rechtsverordnung sind entsprechend anzuwenden, abweichende Vereinbarungen sind zulässig. Sind die Räume zum Aufenthalt von Menschen bestimmt, so gilt außerdem § 569 Abs. 1 entsprechend.

(3) Auf Verträge über die Anmietung von Räumen durch eine juristische Person des öffentlichen Rechts oder einen anerkannten privaten Träger der Wohlfahrtspflege, die geschlossen werden, um die Räume Personen mit dringendem Wohnungsbedarf zum Wohnen zu überlassen, sind die in den Absätzen 1 und 2 genannten Vorschriften sowie die §§ 557, 557a Absatz 1 bis 3 und 5, § 557b Absatz 1 bis 3 und 5, die §§ 558 bis 559d, 561, 568 Absatz 1, § 569 Absatz 3 bis 5, die §§ 573 bis 573d, 575, 575a Absatz 1, 3 und 4, die §§ 577 und 577a entsprechend anzuwenden. Solche Verträge können zusätzlich zu den in § 575 Absatz 1 Satz 1 genannten Gründen auch dann auf bestimmte Zeit geschlossen werden, wenn der Vermieter die Räume nach Ablauf der Mietzeit für ihm obliegende oder ihm übertragene öffentliche Aufgaben nutzen will.

Materialien: E II § 480 Abs 2; III § 573; BGB § 580; 1. Gesetz zur Änderung mietrechtlicher Vorschriften vom 29. 7. 1963 (BGBl I 505); Mietrechtsreformgesetz von 2001 (BGBl I 1149); Prot II 134; Begr z RegE BT-Drucks 14/4553, 74; Mietrechtsänderungsgesetz von 2013 (BGBl I 434); Begr z RegE BT-Drucks 17/10485, 26 f; Ausschussbericht BT-Drucks 17/11894, 33; Mietrechtsanpassungsgesetz von 2018 (BGBl I 2648); Ausschussbericht BT-Drucks 19/6153; Gesetz zur Förderung der Elektromobilität und zur Modernisierung des WEG von 2020 (BGBl I); Begr BT-Drucks 19/18791.

Schrifttum

ECKERT, Bedeutung der Mietrechtsreform für die gewerbliche Miete, NZM 2001, 409
FRITZ, Die „vergessene" Gewerberaummiete, in: 10 Jahre Mietrechtsreformgesetz (2011) 845
ST GREGOR, Die Raummiete im Gefüge des Mietrechts, WuM 2008, 435
MITTELSTEIN, Grundstück, Wohnräume und andere Räume, SeuffBl 72 (1907) 361.

Untertitel 3
Mietverhältnisse über andere Sachen § 578

Systematische Übersicht

I. Überblick		1
II. Grundstücksmiete		6
III. Raummiete		10
IV. Wohnraummiete		14
V. Verträge mit Sozialträgern (§ 578 Abs 3)		
1. Überblick		15
2. Anwendungsbereich		18
3. Voraussetzungen		21
4. Rechtsfolgen		24

Alphabetische Übersicht

Anbringung von Plakaten	8
Begründung von Ausschließlichkeitsrechten	8
Dachflächen	7, 14
Fahrnismiete	13
Gebäude	12
Geschichte	1
Grundstück	6
Grundstücksmiete	6, 11
Grundstücksteile	11
Lagerplatz	6, 11
Personen mit dringendem Wohnungsbedarf	20
Platzmiete	9
Raum	11
Räume in beweglichen Sachen	13
Raummiete	10
Verträge mit Sozialträgern	15 f
– Anwendungsbereich	18 f
– Hauptmietvertrag	21
– Personen mit dringendem Wohnungsbedarf	20
– Rechtsfolgen	24 f
– Sozialträger	18 f
– Zeitmietverträge	26 f
Sozialträger	18 f
Untermietvertrag	22
Wandflächen	7, 14
Wohnraummiete	14
Zeitmietverträge	26 f
Zweck	1

I. Überblick

§ 578 BGB zieht die gebotenen Folgerungen aus dem Umstand, dass die gesetzliche **1** Regelung der Miete seit 2001 in erster Linie auf die Wohnraummiete zugeschnitten ist, wie sich aus dem 2. Untertitel (§§ 549–577a BGB) ergibt (vgl insbesondere die Überschrift der §§ 549 bis 577a BGB: „Mietverhältnisse über Wohnraum"). Deshalb wurde eine Vorschrift erforderlich, die klarstellt, welche der für die Wohnraummiete bestimmten Vorschriften des 2. Untertitels auch für die sonstige Raummiete (Paradigma: gewerbliche oder Geschäftsraummiete) und darüber hinaus generell für die Grundstücksmiete gelten sollen. Diesem **Zweck** dient § 578 BGB.

Die geltende Fassung des § 578 Abs 2 BGB beruht auf dem Mietrechtsänderungs- **2** gesetz von 2013. Mit der Änderung des § 578 Abs 2 BGB wurde vor allem bezweckt,

§ 578 Abs 2 BGB an die Ersetzung des § 554 BGB durch die neuen §§ 555a ff BGB sowie an den neuen § 556c BGB anzupassen (Begr von 2012, BT-Drucks 17/10485, 26 f; Kritik bei Fritz, in: 10 Jahre Mietrechtsreformgesetz 844 f). Die Erweiterung der Vorschrift um einen neuen Abs 3 geht auf das Mietrechtsanpassungsgesetz von 2018 zurück, in Kraft getreten am 1. 1. 2019 (s den Ausschussbericht BT-Drucks 19/6153, 23). Zweck der neuen Vorschrift ist es, bestimmte gewerbliche Mietverhältnisse aus sozialen Gründen wegen ihrer Nähe zur Wohnraummiete im Wesentlichen den Vorschriften über Wohnraummietverträge zu unterstellen (s unten Rn 15 ff). Abs 1 des § 578 BGB wurde zuletzt durch das Gesetz zur Förderung der Elektromobilität und zur Modernisierung des WEG von 2020 mit Wirkung ab 1. 1. 2021 geändert.

3   Abs 1 des § 578 BGB bestimmt zunächst, dass auch auf die allgemeine **Grundstücksmiete** verschiedene Vorschriften über die Wohnraummiete entsprechend anzuwenden sind. Es sind dies der Reihe nach § 550 BGB über die Form des Mietvertrages, § 554 nF, die §§ 562 bis 562d BGB über das Vermieterpfandrecht, die §§ 566 bis 567d BGB über den Grundsatz „Kauf bricht nicht Miete" und über die Wirksamkeit von Vorausverfügungen sowie § 570 BGB über das Zurückbehaltungsrecht des Mieters (s im Einzelnen Rn 6 ff).

4   Von der Grundstücksmiete (Rn 3, Rn 6 ff) sind nach § 578 Abs 2 S 1 BGB Mietverhältnisse über Räume, die keine Wohnräume sind, zu unterscheiden (sog **sonstige Raummiete**). Wichtigster Fall ist die gewerbliche oder **Geschäftsraummiete**. Auf sie sind nach § 578 Abs 2 S 1 BGB dieselben Vorschriften wie auf die Grundstücksmiete anzuwenden (s deshalb Rn 3). Zusätzlich findet hier jedoch eine ganze Reihe von Vorschriften über die Wohnraummiete Anwendung. Es sind dies der Reihe nach gemäß § 578 Abs 2 S 1 BGB: § 552 Abs 1 BGB über die Abwendung des Wegnahmerechts des Mieters, § 555a Abs 1 bis 3 BGB über die Duldungspflicht des Mieters bei Erhaltungsmaßnahmen, § 555b BGB über den Begriff der Modernisierungsmaßnahmen, § 555c Abs 1 bis 4 BGB über die Ankündigung derartiger Maßnahmen seitens des Vermieters, § 555d Abs 1 bis 6 BGB über die Pflicht des Mieters zur Duldung von Modernisierungsmaßnahmen des Vermieters, § 555e Abs 1 und 2 BGB über das Sonderkündigungsrecht des Mieters in derartigen Fällen, § 555f BGB über Erhaltungs- und Modernisierungsvereinbarungen zwischen den Mietvertragsparteien sowie § 569 Abs 2 BGB über das Kündigungsrecht der Parteien bei einer nachhaltigen Störung des Hausfriedens.

5   § 578 Abs 2 S 2 BGB fügt hinzu, dass auf die Raummiete iSd § 578 Abs 2 S 1 BGB (s Rn 4) ferner § 556c BGB über **Wärmelieferungen** iVm der Wärmelieferverordnung von 2013 entsprechend anwendbar ist, wobei jedoch anders als bei der Wohnraummiete abweichende Vereinbarungen der Parteien möglich bleiben sollen. Sind die Räume zum **Aufenthalt von Menschen** bestimmt, so ist nach S 3 des § 578 Abs 2 BGB schließlich noch § 569 Abs 1 BGB über das **Kündigungsrecht** des Mieters bei einer gesundheitsgefährdenden Beschaffenheit der Räume entsprechend anzuwenden. Da bei allen genannten Vorschriften bereits auf ihre Bedeutung für die Grundstücks- und die Raummiete eingegangen wurde, ist im Folgenden nur noch, soweit nicht ebenfalls schon geschehen, zu den Begriffen der Grundstücks- und der Raummiete selbst Stellung zu nehmen (Rn 5, 10 ff).

II. Grundstücksmiete

Das Gesetz erfasst in § 578 Abs 1 BGB zunächst „Mietverhältnisse über Grundstücke". Mit dieser Formulierung werden gleichermaßen Mietverträge über Grundstücke wie über Teile eines Grundstücks oder über mehrere Grundstücke erfasst (St Gregor WuM 2008, 435). Unter einem **Grundstück** versteht man allgemein einen abgegrenzten Teil der Erdoberfläche, der im Grundbuch unter einer besonderen Nummer eingetragen ist. **Grundstücksteile** sind dagegen sämtliche rechtlich unselbständigen Teilflächen, Hauswände und Dachflächen (u Rn 7) sowie die Räume in den auf dem Grundstück errichteten Gebäuden (u Rn 10). Mietverträge über Grundstücksteile sind daher gleichfalls Grundstücksmiete, etwa im Sinne des § 566 BGB (s oben § 566 Rn 9). **Beispiele** sind die Überlassung eines Grundstücks als Spielplatz gegen Entgelt (RG JW 1929, 3287 f), die Vermietung einer Teilfläche als Campingplatz (LG Verden VersR 1976, 299; Gaisbauer VersR 1977, 144), die Vermietung eines Bootsstegs als Lageplatz für Schiffe (St Gregor WuM 2008, 435), die entgeltliche Überlassung eines Grundstücks als Lagerplatz (RG JW 1926, 574) sowie die Vermietung eines Grundstücksstreifens zur Aufstellung von Reklametafeln (OLG Hamm MDR 1976, 143).

Die Vermietung von **Wand- und Dachflächen** zur Anbringung von Automaten oder für Reklamezwecke stellt gleichfalls Grundstücksmiete dar, da Wand- und Dachflächen Grundstücksteile sind und da für Verträge über die Vermietung derartiger Teilflächen die Vorschriften über die Grundstücksmiete einschließlich insbesondere des § 566 BGB offenkundig am besten passen (s oben Rn 6, ebenso zB RGZ 140, 99, 102; BGH 19. 10. 1966 – Ib ZR 156/64, LM Nr 172 zu § 1 UWG [Bl 2 R f] = NJW 1967, 46; 8. 7. 1965 – III ZR 6/64, LM Nr 16 zu Art 14 [Cc] GG = NJW 1965, 1912; 24. 2. 1959 – VIII ZR 33/58, LM Nr 1 zu § 554 BGB = NJW 1959, 766; BB 1973, 819 = WM 1973, 694 = ZMR 1973, 378; OLG München NJW 1972, 1995; OLG Hamm MDR 1976, 143; Mittelstein, Miete 19; Schmidt-Futterer/Blank Rn 3; Blank/Börstinghaus Rn 3; St Gregor WuM 2008, 435; **aM** LG Düsseldorf NJW 1965, 160; LG Bochum ZMR 1975, 334).

Bei **gemischten Verträgen** ist Raum für die Annahme einer Grundstücksmiete im Sinne des § 578 Abs 1 BGB, wenn bei dem Vertrag die Überlassung eines Grundstücks oder Grundstücksteils zum Gebrauch an einen anderen im Vordergrund steht (s Staudinger/Emmerich [2021] Vorbem 44 zu § 535). Dagegen handelt es sich nicht mehr um Grundstücksmiete, sondern um **Rechtspacht**, wenn ein Grundstückseigentümer einem Dritten vertraglich das ausschließliche Recht zur Anbringung von **Plakaten** an einer Mehrheit von Gebäuden einräumt, weil hier die mietrechtlichen Elemente des Vertrages ganz hinter der vertraglichen Begründung eines Ausschließlichkeitsrechts zurücktreten (RG JW 1913, 1113; DJ 1934, 837; BGH 14. 12. 1951 – V ZR 5/50, LM Nr 1 zu § 36 MietSchG = NJW 1952, 620; RFHE 46, 88; 46, 281, 288 f; 47, 266, 268; 49, 175, 176; OLG Frankfurt WuW/E OLG 245, 247).

Ebenso ist bei den **atypischen Verträgen** zu unterscheiden. Entscheidend ist letztlich immer, worauf nach dem Willen der Parteien der Schwerpunkt des Vertrages liegt. Deshalb stellt auch die eigenartige **Platzmiete** keine Miete iSd § 535 BGB, sondern wohl eher eine Rechtspacht dar, *sofern* der Schwerpunkt des Vertragsverhältnisses auf der Erlaubnis zum Betrieb eines Gewerbes in bestimmten Räumlichkeiten liegt (BGHZ 47, 202, 204 = NJW 1967, 1414; BGH 20. 11. 1967 – VIII ZR 92/65, LM Nr 31 zu § 581

[Bl 3 f] = MDR 1968, 233 = Warn 1967 Nr 250 S 564; 17. 7. 2007 – XII ZR 86/01, NJW 2002, 3322, 3323 = NZM 2002, 924 = ZMR 2002, 905). Auf derartige Verträge, die Elemente unterschiedlicher Vertragstypen in sich vereinigen (§ 311 Abs 1 BGB), können lediglich von Fall zu Fall einzelne mietrechtliche Vorschriften entsprechend angewandt werden (s oben § 566 Rn 10 mwNw).

III. Raummiete

10 Eine besondere Erscheinungsform der Grundstücksmiete im Sinne des § 578 Abs 1 BGB (s Rn 6 ff) ist die Raummiete, wobei das Gesetz weiter danach unterscheidet, ob es sich bei den Räumen um Wohnräume oder sonstige Räume handelt (s auch u Rn 14). Je nachdem spricht man von Wohnraummiete und sonstiger Raummiete, deren wichtigste Erscheinungsform die gewerbliche Miete oder Geschäftsraummiete ist. Die sonstige Raummiete bedarf daher der Abgrenzung auf der einen Seite von der reinen Grundstücksmiete und auf der anderen Seite von der Wohnraummiete.

11 Die Abgrenzung zwischen der **Grundstücksmiete**, der **Raummiete** und der Fahrnismiete bereitet lediglich in einer Reihe eigenartiger Grenzfälle gewisse Schwierigkeiten. Was zunächst die Abgrenzung der reinen Grundstücksmiete von der Raummiete angeht, so wird in der Regel darauf abgestellt, worauf der Schwerpunkt des Vertrages liegt. **Raummiete** ist ein Vertrag, bei dem der Schwerpunkt in der Gebrauchsüberlassung an den Räumen liegt, während **reine Grundstücksmiete** solche Verträge sind, bei denen die Gebrauchsüberlassung an dem Grundstück im Vordergrund steht, mag auch der Mieter zusätzlich gewisse Räumlichkeiten auf dem Grundstück benutzen dürfen (s unten § 579 Rn 4). Reine Grundstücksmiete ist deshalb **zB** die Miete eines Lagerplatzes, selbst wenn auf diesem noch einzelne Gebäude stehen, die der Mieter ebenfalls als Lagerhallen nutzen darf (RG JW 1926, 574); dasselbe gilt für die Vermietung eines Grundstücks, auf dem sich der Mieter nach den Abreden der Parteien erst noch ein Haus bauen darf (OLG Königsberg JW 1927, 1950 f; zu § 578 Abs 2 S 3 s schon o § 569 Rn 8 f).

12 Im Einzelfall kann ferner zweifelhaft sein, wann ein Raum oder ein Gebäude im Sinne der §§ 535, 549 und 578 BGB anzunehmen ist. In der Regel versteht man unter einem **Raum** einen allseits umschlossenen Teil eines festen Gebäudes, der so *groß* ist, dass sich ein Mensch darin aufhalten kann (St Gregor WuM 2008, 435, 436 f; Mittelstein, Miete 18 f; Blank/Börstinghaus Rn 7; Schmidt-Futterer/Blank Rn 7), wobei man dies freilich nicht allzu wörtlich nehmen darf, da (natürlich) auch eine nach mehreren Seiten offene Halle einen Raum darstellt, der vermietet werden kann (Schmidt-Futterer/Blank Rn 6). Als **Gebäude** gilt in diesem Zusammenhang jedes tatsächlich unbewegliche, mit dem Erdboden fest verbundene Bauwerk, das zum Aufenthalt von Menschen bestimmt und geeignet ist, woraus sich zugleich gewisse Anforderungen an die **Mindestgröße** von vermietbaren Räumen ergeben (Schmidt-Futterer/Blank Rn 8). Darauf beruht es zB, dass die Vermietung von **Schrankfächern und Tresoren** keine Raum-, sondern Fahrnismiete darstellt (s Staudinger/V Emmerich [2021] Vorbem 81 zu § 535; anders St Gregor WuM 2008, 435, 437). Dagegen ist die Vermietung von Räumen in Gebäuden, die nur nach § 95 BGB als bewegliche Sachen behandelt werden, Raummiete, sofern nur das Gebäude tatsächlich fest mit dem Erdboden verbunden ist (OLG Kiel OLGE 12, 69, 70 = SeuffA 61 [1906] Nr 78 S 136; KG JW 1928, 2545 f; LG Bochum ZMR 1975, 334, 335).

Mit dem Begriff des „Raumes" verbindet sich gewöhnlich ferner die Vorstellung 13
eines menschlichen Werkes. Keine Räume sind daher Naturgebilde wie **Höhlen oder Felsenkammern**, außer wenn sie durch bauliche Maßnahmen in Räume, zB in Lagerräume oder Keller, verwandelt wurden (Schmidt-Futterer/Blank Rn 9; anders St Gregor WuM 2008, 435, 437). „Raummiete" ist ebensowenig die Vermietung von einzelnen **Räumen in beweglichen Sachen** wie Schiffen (s aber § 578a BGB), Wohnwagen und Eisenbahnwagen (Mot II 404). Deshalb stellt zB die Vermietung von Restaurationsräumen in einem Schiff Fahrnismiete und *nicht* Grundstücksmiete dar (s unten § 578a Rn 2; dagegen St Gregor WuM 2008, 435, 436). Nicht zu übersehen ist freilich, dass sich hieraus Probleme ergeben können, wenn zB Räume in einem Schiff *zu Wohnzwecken vermietet* werden, wie es in Zeiten der Wohnungsnot durchaus vorkommt; ein anderes Beispiel sind etwa Hotelschiffe in einem Hafen. Um eine entsprechende Anwendung der wichtigsten Mieterschutzvorschriften des Wohnraummietrechts wird man in derartigen Fallgestaltungen schwerlich herumkommen (St Gregor WuM 2008, 435, 436). Gleich steht (erst recht) die Vermietung von Räumen zu Wohnzwecken in Behelfsheimen und Baracken. **Fahrnismiete** ist dagegen in der Tat ein Vertrag über die Überlassung eines jederzeit demontierbaren und an anderer Stelle wieder aufbaubaren Holzhauses (OLG Kiel OLGE 12, 69, 70 = SeuffA 61 [1906] Nr 78 S 136; OLG Düsseldorf WM 1992, 111; LG Bochum ZMR 1975, 334, 335; Friemel MDR 1975, 71).

IV. Wohnraummiete

Einen Sonderfall der Raummiete (o Rn 10 f) bildet die wichtige Wohnraummiete iS 14
des § 549 BGB, die seit 2001 im Mittelpunkt der gesetzlichen Regelung steht. Da zur Abgrenzung der Wohnraummiete von der gewerblichen oder Geschäftsraummiete bereits an anderen Stellen Stellung genommen wurde (s Staudinger/V Emmerich [2021] Vorbem 24 ff zu § 535 sowie o Staudinger/Artz [2021] § 549 Rn 13 ff), ist hier nur noch auf den Begriff des **Wohnraums** näher einzugehen. Man versteht darunter Einzelräume und Wohnungen, die zum privaten Aufenthalt von Menschen bestimmt sind, womit gemeint ist, dass die fraglichen Räume nach der Zweckbestimmung der Parteien dem Mieter ganz oder teilweise, vorübergehend oder auf Dauer als Lebensmittelpunkt und insbesondere als **Schlafgelegenheit** dienen sollen. Es muss sich dabei außerdem grundsätzlich um Innenteile von Gebäuden handeln.

V. Verträge mit Sozialträgern (§ 578 Abs 3)

1. Überblick

Die Vorschrift des § 578 Abs 3 S 1 BGB erstreckt den Anwendungsbereich der 15
wesentlichen Mieterschutzbestimmungen bei der Wohnraummiete auf Verträge über die Anmietung von Räumen zwischen juristischen Personen des öffentlichen Rechts oder anerkannten privaten Trägern der Wohlfahrtspflege sog **Sozialträgern**, auf der einen Seite und beliebigen privaten oder öffentlichen Vermietern auf der anderen Seite, die abgeschlossen werden, um die Räume Personen mit dringendem Wohnungsbedarf „zum Wohnen zu überlassen", dh schlicht: unterzuvermieten. Die Vorschrift ist erst in der Schlussphase der Beratungen über das Mietrechtsanpassungsgesetz von 2018 durch den Rechtsausschuss in das Gesetz eingefügt worden und am 1. 1. 2019 in Kraft getreten (s den Ausschussbericht von 2018, BT-Drucks 19/6153, S 23). Die

Vorschrift gilt seitdem allein für Neuverträge, weil man sich vor einem rückwirkenden Eingriff in bestehende gewerbliche Mietverhältnisse, um die es hier an sich geht, gescheut hat (Art 229 § 49 Abs 3 EGBGB; Ausschussbericht von 2018, S 24).

16 Die neue Vorschrift muss vor allem im Zusammenhang mit § 549 Abs 2 Nr 3 BGB und mit § 565 Abs 1 BGB gesehen werden. Hervorzuheben ist der unmittelbare Zusammenhang mit der Vorschrift des § 565 Abs 1 BGB, durch die der Mieterschutz bei Untermietverhältnissen verstärkt wurde. Der Anwendungsbereich dieser Vorschrift beschränkt sich indessen auf **gewerblich handelnde Zwischenvermieter** (auch Hauptmieter oder Untervermieter genannt), sodass Voraussetzung ihrer Anwendung grundsätzlich eine Gewinnerzielungsabsicht bei dem Zwischenvermieter ist – mit der weiteren Folge, dass § 565 BGB keine Anwendung findet, wenn der Zwischenvermieter gemeinnützige, karitative oder fürsorgerische Zwecke verfolgt (s oben § 565 Rn 6 ff). Ein Beispiel ist die Anmietung von Wohnungen durch eine Mietergenossenschaft zwecks verbilligter Weitervermietung an ihre Mitglieder (so BGH 20. 1. 2016 – VIII ZR 311/14 Rn 32 ff, NJW 2016, 1086 = NZM 2016, 256 = WuM 2016, 221; dazu o § 565 Rn 7). Es war vor allem die Entscheidung dieses Falles, die den Rechtsausschuss zur Einfügung des § 578 Abs 3 BGB in das Gesetz veranlasste (Ausschussbericht von 2018, S 23). Die von dem Rechtsausschuss gewählte Lösung zur Schließung der von ihm angenommenen Schutzlücke besteht in der Ausdehnung des Anwendungsbereichs wesentlicher Teile des Mieterschutzrechts einschließlich insbesondere der Kündigungsschutzregeln auf Mietverhältnisse zwischen einem beliebigen Vermieter und einem Sozialträger, obwohl es sich bei derartigen Mietverhältnissen an sich nicht um Wohnraummietverhältnisse, sondern um gewerbliche Mietverhältnisse handelt (§ 578 Abs 3 S 1 BGB).

17 Die Ausdehnung des Anwendungsbereichs der meisten Mieterschutzbestimmungen auf ein an sich gewerbliches Mietverhältnis (Rn 16) hat freilich ihren Preis. Er besteht hier in der im Schrifttum durchgängig für die Zukunft befürchteten Zurückhaltung insbesondere privater Vermieter bei dem Abschluss von Wohnraummietverträgen mit Sozialträgern, weil private Vermieter nämlich fortan befürchten müssen, aufgrund der Regelung des § 578 Abs 3 S 1 BGB (mangels einer ordentlichen Kündigungsmöglichkeit, s Rn 24) auf Dauer an möglicherweise nicht mehr gewollte Mietverträge gebunden zu bleiben (§ 573; zB MünchKomm/Artz Rn 5; Artz/Börstinghaus NZM 2019, 12, 24; J Wagner/Happ DWW 2019, 124, 127; Selk NJW 2019, 329, 334; BeckOGK/Hörndler [1. 10. 2020] Rn 294).

2. Anwendungsbereich

18 Die Vorschrift des § 578 Abs 3 BGB soll eine von den Gesetzesverfassern angenommene Schutzlücke bei § 565 Abs 1 BGB schließen (s Rn 16). Die Vorschrift betrifft folglich, wie auch im Wortlaut des Gesetzes zum Ausdruck gelangt, Fälle, die durch eine besondere **Schutzbedürftigkeit von Untermietern** gekennzeichnet sind. Für diese Fälle enthält die Vorschrift in Ergänzung insbesondere zu § 549 Abs 2 Nr 3 BGB und § 565 Abs 1 BGB Sonderregelungen für das **Hauptmietverhältnis** zwischen dem Vermieter und dem Zwischenvermieter, sofern es sich bei diesem um eine juristische Person des öffentlichen Rechts oder um einen anerkannten privaten Träger der Wohlfahrtspflege, sog **Sozialträger** handelt. Mit der Bezugnahme auf juristische Personen des öffentlichen Rechts und anerkannte private Träger der Wohlfahrtspflege

als Mieter knüpft das Gesetz unmittelbar an § 549 Abs 2 Nr 3 BGB an, sodass wegen der Einzelheiten auf die Erläuterungen zu dieser Vorschrift verwiesen werden kann (s Staudinger/Artz [2021] § 549 Rn 42).

Zur weiteren Präzisierung der Definition der Sozialträger haben die Gesetzesverfasser zugleich auf die Definition der Wohlfahrtspflege in § 66 Abs 2 AO verwiesen und hinzugefügt, dass der Begriff des **privaten Trägers der Wohlfahrtspflege** grundsätzlich weit auszulegen sei; eine bloße gelegentliche soziale Tätigkeit privater Personen reiche dafür jedoch nicht aus (Ausschussbericht von 2018, S 23; BeckOGK/Hörndler [1. 10. 2020] Rn 295 f). Erfasst werden mithin in erster Linie sogenannte *Zweckbetriebe*, Unternehmen also, deren Zweck die planmäßige, zum Wohle der Allgemeinheit, nicht zum Zwecke der Gewinnerzielung ausgeübte Sorge für notleidende oder gefährdete Mitmenschen ist (Eisenschmid WuM 2019, 225, 241). 19

Vermieter kann jedermann sein, zB auch juristische Personen des öffentlichen Rechts oder kommunale Wohnungsbaugesellschaft (BeckOGK/Hörndler [1. 10. 2020] Rn 300), während als **Untermieter** allein Personen mit dringendem Wohnungsbedarf geschützt werden. Dieser Begriff ist gleichfalls aus § 549 Abs 2 Nr 3 BGB übernommen und dürfte deshalb ebenso wie dort zu verstehen sein (s deshalb im Einzelnen Staudinger/Artz [2021] § 549 Rn 40). Gemeint sind maW sämtliche Personen, die zB wegen ihres Einkommens, ihres Alters, ihrer Zugehörigkeit zu am Wohnungsmarkt diskriminierten Gruppen oder aus vergleichbaren Gründen tatsächlich einen dringenden Wohnungsbedarf haben, weil sie deutlich größere Schwierigkeiten bei der Wohnungssuche als durchschnittliche Interessenten in dem betreffenden Gebiet haben (Ausschussbericht von 2018, S 23; BeckOGK/Hörndler [1. 10. 2020] Rn 301 f). 20

3. Voraussetzungen

Die Vorschrift des § 578 Abs 3 S 1 BGB regelt die Anwendung der meisten Vorschriften des Wohnraummietrechts auf Mietverträge zwischen beliebigen Vermietern (Rn 20) und sog Sozialträgern (Rn 18 f), vorausgesetzt, dass der fragliche Vertrag abgeschlossen wird, um die Räume an Personen mit dringendem Wohnungsbedarf (Rn 20) „zum Wohnen zu überlassen", dh unterzuvermieten (vgl § 549 Abs 2 Nr 3 BGB und § 565 Abs 1 BGB). Der Hauptmietvertrag muss daher auf diesen **Zweck** ausgerichtet sein. Oder anders gewendet: Die Untervermietung der gemieteten Räume an besonders schutzbedürftigen Personen muss (u a) der Zweck des Hauptmietvertrages sein, schon weil dem Vermieter allein unter dieser Voraussetzung die mit der Regelung des § 578 Abs 3 S 1 BGB verbundenen Belastungen und Beschränkungen zugemutet werden können. Bei langfristigen Verträgen muss der besondere Zweck des Vertrages daher als wesentliche Abrede gemäß § 550 S 1 BGB beurkundet werden (BeckOGK/Hörndler [1. 10. 2020] Rn 300). 21

Besondere Anforderungen an den **Untermietvertrag** zwischen dem Sozialträger und den Personen mit dringendem Wohnungsbedarf bestehen nicht; insbesondere ist die Anwendung des § 578 Abs 3 S 1 BGB unabhängig davon, ob es sich bei dem schließlich gewählten Untermieter tatsächlich um eine Person mit dringendem Wohnungsbedarf handelt und ob dieser Bedarf auch während der gesamten Dauer des Untermietvertrages fortbesteht. Zu beachten bleibt indessen § 549 Abs 2 Nr 3 BGB, nach dem die Einschränkung des Mieterschutzes bei dem Untermietvertrag von der 22 vorherigen vollständigen Information des Untermieters über diese Rechtslage abhängt (s Staudinger/Artz [2021] § 549 Rn 41).

23 Die gesetzliche Regelung des § 578 Abs 3 S 1 BGB ist nach ihrem Zweck **zwingend** (Ausschussbericht von 2018, S 23 [letzter Abs]). Das ergibt sich mittelbar auch aus den in § 578 Abs 2 S 1 BGB in Bezug genommenen, ihrerseits durchweg zwingenden Vorschriften des Wohnraummietrechts sowie aus der Ausnahme in § 578 Abs 3 S 2 BGB im Wege des Umkehrschlusses.

4. Rechtsfolgen

24 Das Gesetz will mit § 578 Abs 3 S 1 BGB eine Schutzlücke in der Regelung von Untermietverträgen mit Wohnraummietern schließen, die sich im Rahmen des § 565 Abs 1 BGB ergeben hat, wenn der Zwischenvermieter (und Hauptmieter bzw Untervermieter) nicht gewerblich tätig wird, sondern zu gemeinnützigen, karitativen oder mildtätigen Zwecken handelt (Rn 16). Deshalb ordnet seit 2019 § 578 Abs 3 S 1 BGB an, dass insbesondere die Vorschriften des Wohnraummietrechts über Mieterhöhungen (§§ 557, 557a Abs 1 bis 3 und Abs 5 BGB, § 557b Abs 1 bis 3 und Abs 5 BGB, §§ 558 bis 559d BGB und § 561 BGB) sowie über den Kündigungsschutz für den Mieter (§§ 568 Abs 1 und 569 Abs 3 bis 5 BGB sowie §§ 573 bis 573d BGB) auf den Hauptmietvertrag zwischen dem Vermieter und dem Sozialträger entsprechend anzuwenden sind, obwohl es sich bei diesem Vertrag an sich um einen gewerblichen Mietvertrag handelt. Die Folge besteht vor allem darin, dass im Hauptmietvertrag **Mieterhöhungen** im Grunde nur noch im Rahmen der §§ 558 und 559 BGB sowie eine ordentliche **Kündigung** dieses Vertrages allein noch gemäß § 573 BGB, also nur bei Vorliegen eines berechtigten Interesses möglich sind (s schon o Rn 17; vgl den Ausschussbericht von 2018, S 24).

25 Mit der geschilderten Regelung des § 578 Abs 3 S 1 BGB (Rn 24) wird ein umfassender **Schutz** gerade **der Untermieter** mit dringendem Wohnungsbedarf bezweckt, da bei einer Mieterhöhung im Hauptmietvertrag andernfalls immer auch eine Mieterhöhung für den Untermieter drohte und weil der Untermieter zudem im Falle einer Kündigung des Hauptmietvertrages sonst stets ohne Weiteres sein Besitzrecht einbüßte (§ 546 Abs 2 BGB). Weitere Beschränkungen ergeben sich für den Vermieter bei Abschluss mit einem Sozialträger aus der durch das Gesetz mit § 578 Abs 3 S 1 BGB außerdem angeordneten Anwendbarkeit des § 575 BGB über Zeitmietverträge (s dazu aber u Rn 26), des § 577 BGB über das Vorkaufsrecht des Mieters sowie des § 577a BGB über die Kündigungsbeschränkungen bei Wohnungsumwandlungen.

26 Besonderheiten gelten gemäß § 578 Abs 3 S 2 BGB für **Zeitmietverträge**. Aufgrund des § 575 BGB (der nach § 578 Abs 3 S 1 ebenfalls grundsätzlich auf Verträge mit Sozialträgern anwendbar ist, Rn 25) ist heute eine Befristung von Wohnraummietverträgen an sich nur noch in wenigen, in Abs 1 des § 575 BGB abschließend aufgezählten Fällen möglich (Staudinger/Rolfs § 575 Rn 16 ff). Daraus könnten sich erhebliche Schwierigkeiten ergeben, wenn der *Hauptvermieter* die von dem Sozialträger an Personen mit dringendem Wohnungsbedarf untervermieteten Räume nach einer bestimmten Zeit für ihm kraft Gesetzes obliegende oder ihm durch Vertrag übertragene **öffentliche Aufgaben** nutzen will (s Begründung von 2018, S 23 f). Da in einem derartigen Fall § 575 Abs 1 BGB an sich keine Möglichkeit der Befristung des

Untertitel 3
Mietverhältnisse über andere Sachen § 578a

Hauptmietvertrages vorsieht, bestimmt das Gesetz in § 578 Abs 3 S 2 BGB ergänzend, dass der Hauptmietvertrag mit einem Sozialträger – über § 575 Abs 1 S 1 BGB hinaus – auch dann auf bestimmte Zeit abgeschlossen, dh **befristet** werden kann, wenn der Hauptvermieter die Räume nach Ablauf der Mietzeit für ihm obliegende oder ihm übertragene öffentliche Aufgaben nutzen will. Bei dem Hauptvermieter wird es sich dann in aller Regel ebenfalls um eine juristische Person des öffentlichen Rechts oder doch um ein beliehenes Unternehmen handeln (BeckOGK/Hörndler [1. 10. 2020] Rn 308).

Unter den genannten Voraussetzungen (Rn 26) kann der Hauptmietvertrag somit **27** befristet werden (§ 578 Abs 3 S 2 BGB). Mit Ablauf der vereinbarten Dauer des Hauptmietvertrages **endet** in diesem Fall grundsätzlich auch das **Besitzrecht** des Untermieters, selbst wenn es sich bei diesem um eine Person mit dringendem Wohnungsbedarf handeln sollte (§ 546 Abs 2 BGB). Unberührt bleibt jedoch die Regelung des § 575 Abs 2 und 3 BGB iVm § 578 Abs 3 S 1 BGB, sodass der Zwischenvermieter und Hauptmieter, dh der Sozialträger gegebenenfalls von dem Hauptvermieter eine **Verlängerung** des Hauptmietvertrages verlangen kann (s Staudinger/Rolfs § 575 Rn 49, 69 ff). Diese Regelung ist zugunsten des Sozialträgers zwingend (Rn 23, § 575 Abs 4 BGB iVm § 575 Abs 3 S 1 BGB).

§ 578a
Mietverhältnisse über eingetragene Schiffe

(1) Die Vorschriften der §§ 566, 566a, 566e bis 567b gelten im Falle der Veräußerung oder Belastung eines im Schiffsregister eingetragenen Schiffs entsprechend.

(2) Eine Verfügung, die der Vermieter vor dem Übergang des Eigentums über die Miete getroffen hat, die auf die Zeit der Berechtigung des Erwerbers entfällt, ist dem Erwerber gegenüber wirksam. Das Gleiche gilt für ein Rechtsgeschäft, das zwischen dem Mieter und dem Vermieter über die Mietforderung vorgenommen wird, insbesondere die Entrichtung der Miete; ein Rechtsgeschäft, das nach dem Übergang des Eigentums vorgenommen wird, ist jedoch unwirksam, wenn der Mieter bei der Vornahme des Rechtsgeschäfts von dem Übergang des Eigentums Kenntnis hat. § 566d gilt entsprechend.

Materialien: Verordnung zur Durchführung des Gesetzes über Rechte an eingetragenen Schiffen vom 21. 12. 1940 (RGBl 1 1609); BGB § 580a; Mietrechtsreformgesetz von 2001 (BGBl I 1149).

Systematische Übersicht

I. Überblick _____ 1

II. Rechtsfolgen _____ 2

I. Überblick

1 Die Vorschrift des § 578a BGB (= § 580a BGB aF) wurde nötig, nachdem durch das sog **SchiffsRG** vom 15. 11. 1940 (RGBl I 1499) im See- oder Binnenschiffsregister eingetragene Schiffe in einzelnen Beziehungen (nicht generell) Grundstücken gleichgestellt worden waren. Der Anwendungsbereich des § 578a BGB beschränkt sich dementsprechend auf im See- oder Binnenschiffsregister *eingetragene* Schiffe. *Andere* Schiffe werden auch weiterhin als bewegliche Sachen behandelt, sodass Mietverträge über sie reine Fahrnismiete sind (s oben § 578 Rn 13). Zu den eingetragenen Schiffen zählen ferner nicht Schiffsdocks, die als bewegliche Sachen anzusehen sind (BGHZ 32, 76, 90 = NJW 1960, 1105). Keine Mietverträge, sondern Frachtverträge sind außerdem *Charterverträge* einschließlich der sog Zeitcharter (BGH WM 1986, 26; Schwenk BB 1970, 282). § 578a BGB ist entsprechend anwendbar auf **Flugzeuge**, sofern sie in die Luftfahrzeugrolle eingetragen sind (§ 98 Abs 2 des Gesetzes über Rechte an Luftfahrzeugen vom 26. 2. 1959 [BGBl I 57]; Schölermann/Schmid-Burgk WM 1990, 1137, 1145 f; Schwenk BB 1970, 282).

II. Rechtsfolgen

2 Mietverträge über eingetragene Schiffe und Flugzeuge (o Rn 1) sind an sich Mietverträge über bewegliche Sachen, gehören also zur **Fahrnismiete** (s oben § 578 Rn 6, 13). Hiervon macht § 578a Abs 1 BGB nur in einzelnen Beziehungen eine **Ausnahme**, indem er anordnet, dass auf solche Fahrnismietverträge bestimmte Vorschriften über die Grundstücksmiete entsprechende Anwendung finden sollen. Im Übrigen verbleibt es bei der Maßgeblichkeit der Regeln über die Fahrnismiete. Vorausgesetzt ist, dass der Mietvertrag das **ganze Schiff** oder Flugzeug zum Gegenstand hat (Schmidt-Futterer/Blank Rn 2). Mietverträge über einzelne *Räume* oder Plätze in Schiffen oder Flugzeugen bleiben – ohne Rücksicht auf § 578a BGB – Fahrnismiete und dies selbst dann, wenn die fraglichen Räume zum Wohnen einzelner Personen bestimmt sind (s oben § 578 Rn 13).

3 Nach § 578a Abs 1 BGB ist auf Mietverträge über eingetragene Schiffe und Flugzeuge (o Rn 1) zunächst § **566 BGB** entsprechend anzuwenden. Dies bedeutet, dass der Erwerber eines Schiffs oder Flugzeugs in zuvor über diese abgeschlossene Mietverträge eintritt. Anwendbar sind nach § 578 Abs 1 BGB außerdem § **566a BGB** sowie die §§ **566e bis 567b BGB**. Hervorzuheben ist lediglich die Anwendbarkeit des § **567 S 1 BGB**, der in Parallele zu § 566 Abs 1 BGB den Fall regelt, dass an dem Schiff oder Flugzeug ein **Nießbrauch** bestellt wird. Erlischt der Nießbrauch, so fällt entsprechend § 1056 BGB der Mietvertrag an den Eigentümer zurück.

4 Besonderheiten gelten für **Vorausverfügungen**: Sie sind nach § 578a Abs 2 S 1 BGB über die §§ 566b bis 566c BGB hinaus generell **wirksam**, wenn sie **vor Übergang** des Eigentums vorgenommen wurden. Vorausverfügungen durch Rechtsgeschäfte zwischen Vermieter und Mieter, insbesondere also Vorauszahlungen der Miete, sind ferner auch noch **nach Eigentumsübergang** mit Wirkung gegen den Erwerber möglich, falls der Mieter bei Vornahme des Geschäfts keine Kenntnis von dem Eigentumsübergang hatte (§ 578a Abs 2 S 2 HS 2 BGB). Im selben Rahmen kann der Mieter dann auch weiterhin mit Forderungen gegen den Vermieter selbst nach Kenntniserlangung gegenüber dem Erwerber aufrechnen (§§ 578a Abs 2 S 3, 566d BGB).

Untertitel 3
Mietverhältnisse über andere Sachen § 579

§ 579
Fälligkeit der Miete

(1) Die Miete für ein Grundstück und für bewegliche Sachen ist am Ende der Mietzeit zu entrichten. Ist die Miete nach Zeitabschnitten bemessen, so ist sie nach Ablauf der einzelnen Zeitabschnitte zu entrichten. Die Miete für ein Grundstück ist, sofern sie nicht nach kürzeren Zeitabschnitten bemessen ist, jeweils nach Ablauf eines Kalendervierteljahrs am ersten Werktag des folgenden Monats zu entrichten.

(2) Für Mietverhältnisse über Räume gilt § 556b Abs. 1 entsprechend.

Materialien: E I § 517; II § 495; III § 544; BGB § 551; Mietrechtsreformgesetz von 2001 (Gesetz zur Reform des Seehandelsrechts von 2013 (1149); Mot II 398 ff; Prot II 185 ff; Begr z RegE BT-Drucks 14/4553, 74; Gesetz zur Reform des Seehandelsrechts von 2013 (BGBl I 831; Begr z RegE BT-Drucks 17/10309).

Schrifttum

BLANK, Die Rechtzeitigkeit der Mietzahlung, WuM 1995, 567
DERLEDER, Die Inhaltskontrolle von Mietzahlungs- und Aufrechnungsklauseln, WuM 2007, 599
EISENHARDT, Rechtzeitigkeit der Mietzahlung und Richtlinie 2000/35/EG, WuM 2011, 408
GELLWITZKI, Wirksamkeit der Mietvorauszahlungs- und Aufrechnungsankündigungsklauselkombination, WuM 1998, 198
ders, Mietrechtsreform – Neuregelungen zur Fälligkeit der Miete und Pacht, WuM 2001, 373

HERRESTHAL, Fälligkeit der Miete unter dem neuen Recht des Zahlungsverkehrs, NZM 2011, 833
KIELHOLTZ/RAU, Zum Verhältnis von Vorfälligkeitsklausel und Zurückbehaltungsrecht, ZMR 2000, 265
MEIST, Die Fälligkeit des Mietzinses unter besonderer Berücksichtigung des § 193 BGB, ZMR 1999, 801.

Systematische Übersicht

I. Überblick _____ 1	III. Fälligkeit der Miete _____ 6
II. Anwendungsbereich _____ 5	IV. Abweichende Vereinbarungen _____ 10

Alphabetische Übersicht

Abweichende Vereinbarungen _____ 10	Raummiete _____ 5
Anwendungsbereich _____ 5	
Aufrechnungsbeschränkungen _____ 10 f	Schiffsmiete _____ 3
Einmalmiete _____ 5	Vorauszahlungsklauseln _____ 10
	Vorleistungspflicht des Mieters _____ 1, 10
Geschichte _____ 1 f, 3	– des Vermieters _____ 6 f
Grundstücksmiete _____ 5, 8 f	
	Zeitabschnitte _____ 6
Periodische Miete _____ 6	

I. Überblick

1 § 579 BGB regelt die **Fälligkeit** der Miete bei der Grundstücksmiete (s § 578 Rn 6 ff) sowie bei der Miete beweglicher Sachen, der sog Fahrnismiete. Für diese Fälle hat das Mietrechtsreformgesetz von 2001 in § 579 Abs 1 S 1 BGB an der früheren Regelung festgehalten, nach der es grundsätzlich der **Vermieter** ist, den die **Vorleistungspflicht** trifft (s § 551 BGB aF; Begr z RegE BT-Drucks 14/4553, 74 [r Sp]; s dazu u Rn 5). Aufgegeben wurde die Vorleistungspflicht des Vermieters zu Gunsten der Vorleistungspflicht des **Mieters** dagegen für die Wohnraummiete (s § 556b Abs 1 BGB) sowie durch den Verweis auf § 556b Abs 1 BGB in § 579 Abs 2 BGB für die sonstige **Raummiete** einschließlich insbesondere der Miete von Gewerberaum.

2 Auch für die **Raummiete** war das BGB ursprünglich in § 551 BGB aF im Anschluss an das gemeine und das preußische Recht (s ALR I 21 § 297) von der *Vorleistungspflicht des Vermieters* ausgegangen, weil die Verfasser des BGB angenommen hatten, dass aufgrund des früheren Rechtszustandes die Vorleistungspflicht des *Vermieters* der Verkehrsanschauung entspreche (s Mot II 398 ff.). Diese Annahme hatte sich indessen alsbald als unrichtig erwiesen, da sich in der Praxis immer mehr die **Vorleistungspflicht des Mieters** als Regel durchsetzte. Der Gesetzgeber hat auf diese Entwicklung erst im Jahre 2001 und auch nur für die Raummiete mit den §§ 556b Abs 1 und 579 Abs 2 BGB reagiert, während in § 579 Abs 1 BGB für die Grundstücksmiete sowie für die Fahrnismiete an der alten Regel der Vorleistungspflicht des Vermieters festgehalten wurde. Eine spezielle **Übergangsregelung** für die Frage der Fälligkeit der Miete findet sich in Art 229 § 3 Abs 1 Nr 7 EGBGB. Danach bleibt hinsichtlich der Fälligkeit der Miete § 551 BGB aF auf die am 1. 9. 2001 bestehenden Mietverhältnisse anwendbar (Gellwitzki WuM 2001, 373, 379).

3 Die Vorschrift des § 579 Abs 1 S 1 BGB hatte ursprünglich auch noch im Schiffsregister **eingetragene Schiffe** erwähnt (s § 578a BGB). Da jedoch Schiffe ohnehin bewegliche Sachen sind, wurde ihre Erwähnung in § 579 Abs 1 S 1 BGB im Jahre 2013 durch das Gesetz zur Reform des Seehandelsrechts als überflüssig gestrichen (s die Begr z RegE BT-Drucks 17/10309). Die **Fälligkeit** der Miete richtet sich seitdem bei der Schiffsmiete in erster Linie nach § 553 Abs 2 HGB, der über die Verweisung in § 27 Binnenschifffahrtsgesetz auch auf die Miete von Binnenschiffen anzuwenden ist.

4 Im Folgenden wird auf die mit der Fälligkeit der Miete zusammenhängenden Fragen nur insoweit eingegangen, wie sie sich aus der besonderen Regelung des § 579 BGB ergeben. Wegen der Einzelheiten ist im Übrigen auf die Erläuterungen zu § 556b BGB zu verweisen. Das gilt auch für die Frage der Fälligkeit der Miete bei der sonstigen Raummiete nach § 579 Abs 2 BGB, der uneingeschränkt auf § 556b Abs 1 BGB Bezug nimmt, sowie wegen der Frage, ob die Pflicht zur Zahlung der Miete heute als qualifizierte Schick- oder Bringschuld einzustufen ist, wovon nicht zuletzt die Frage abhängt, bis wann der Mieter gezahlt haben muss, ohne Gefahr zu laufen, in Verzug zu geraten (siehe Staudinger/V Emmerich [2021] § 543 Rn 53 ff).

II. Anwendungsbereich

5 Der Anwendungsbereich der Fälligkeitsregelung des § 579 Abs 1 BGB, dh der Vorleistungspflicht des Vermieters, umfasst seit der Mietrechtsreform im Jahre 2001 nur noch die **Grundstücksmiete** im Sinne des § 578 Abs 1 BGB (zum Begriff s oben § 578 Rn 6 ff) sowie die Miete beweglicher Sachen, die so genannte **Fahrnismiete**. Davon zu trennen ist die **Raummiete** einschließlich der Wohnraummiete, bei der der Gesetzgeber mit den §§ 579 Abs 2 und 556b Abs 1 BGB zur Vorleistungspflicht des *Mieters* als gesetzlicher Regel übergegangen ist (o Rn 1). Daraus können sich, wenn die Parteien (ausnahmsweise) die Frage der Fälligkeit der Miete nicht vertraglich geregelt haben, **Abgrenzungsschwierigkeiten** etwa bei der Vermietung eines Grundstücks zusammen mit den darauf befindlichen Gebäuden ergeben. Je nachdem, auf welchem Vertragsbestandteil in solchen Fällen jeweils der Schwerpunkt der Abreden der Parteien liegt, ist dann entweder von der Regel des § 579 Abs 1 BGB oder von der des § 556b Abs 1 BGB in Verbindung mit § 579 Abs 2 BGB auszugehen (s oben § 578 Rn 10 f; GELLWITZKI WuM 2001, 373, 376 f).

III. Fälligkeit der Miete

Das Gesetz verbindet in § 579 Abs 1 BGB die Regelung mehrerer Fälle, die tatsächlich sorgfältig getrennt werden müssen. Der erste Fall ist die Vereinbarung einer **Einmal- oder Festmiete** für die gesamte Vertragsdauer bei beiden in § 579 Abs 1 BGB erfassten Fällen, dh bei der reinen Grundstücksmiete und bei der Fahrnismiete (s Rn 4). Für diese Fälle bestimmt S 1 des § 579 Abs 1 BGB, dass die Miete dann grundsätzlich am Ende der Mietzeit zu entrichten ist, sodass in diesem Fall der **Vermieter** für die gesamte Mietzeit **vorleistungspflichtig** ist, sofern die Parteien nichts anderes vereinbart haben. Die Miete ist dann am letzten Tag der Mietzeit und nicht erst am folgenden Tag zu entrichten (BLANK WuM 1995, 567; GELLWITZKI WuM 2001, 573, 575). Zur **Miete** gehören dabei auch etwaige Vorauszahlungen auf die Betriebskosten, nicht jedoch Nachzahlungen auf die Betriebskosten, die durch die Vorauszahlungen nicht gedeckt sind (BeckOGK/HOFFMANN [1. 10. 2020] Rn 6; SCHMIDT-FUTTERER/LEHMANN-RICHTER Rn 4). Eine Ausnahme von der Vorleistungspflicht des Vermieters gilt jedoch (nur) für die Grundstücksmiete, sofern die vereinbarte Vertragsdauer länger als ein Vierteljahr ist (S 3 des § 579 Abs 1 BGB und dazu u Rn 8). 6

Von dem Fall der Vereinbarung einer Fest- oder Einmalmiete für die gesamte Vertragsdauer (S 1 des § 579 Abs 1 BGB) ist der Fall zu unterscheiden, dass die Miete nach einzelnen **Zeitabschnitten** (Tage, Wochen, Monate, Vierteljahre oder Jahre) bemessen ist. In diesem Fall ist die Miete gemäß § 579 Abs 1 S 2 BGB grundsätzlich nach Ablauf der einzelnen Zeitabschnitte fällig. Im Falle einer Bemessung der Miete nach Wochen tritt folglich die Fälligkeit am ersten Werktage der folgenden **Woche** ein (§ 193 BGB; MEIST ZMR 1999, 801). Dasselbe gilt entsprechend für die **Monats- und die Jahresmiete**, wobei auf die Mietwoche, den Mietmonat oder das Mietjahr, nicht dagegen auf die Kalenderwoche, den Kalendermonat oder das Kalenderjahr abzustellen ist (BLANK WuM 1995, 567; GELLWITZKI WuM 2001, 573, 575). 7

Bei der **Grundstücksmiete** ist die Miete nach S 3 des § 579 BGB, sofern sie nicht nach kürzeren Zeitabschnitten als einem Kalendervierteljahr zu bemessen ist, jeweils nach Ablauf eines Kalendervierteljahres am ersten Werktag (§ 193 BGB) des folgenden Monats (Januar, April, Juli und Oktober) zu zahlen. Das Gesetz hat hier, genau genommen, **zwei Fälle** im Auge, nämlich einmal die Vereinbarung einer **Fest- oder Einmalmiete** bei einer längeren Laufzeit des Vertrages als ein Vierteljahr, zum anderen die Bemessung der Miete nach **Zeitabschnitten**, die ihrerseits mindestens 8 ein Vierteljahr betragen. In beiden Fällen wird folglich die Miete nach Ablauf eines Kalendervierteljahres fällig, und zwar selbst dann, wenn die Mietzeit während eines Quartals beginnt (Mot II 398 ff; Blank/Börstinghaus Rn 4).

9 Anders ist die Rechtslage, wenn die Vertragsdauer *weniger als ein Vierteljahr* beträgt oder wenn die Miete nach kürzeren Fristen als einem Vierteljahr bemessen ist, zB nach Monaten oder Wochen. In diesen Fällen bleibt es bei der Regel des § 579 Abs 1 S 2 BGB, sodass die Miete nach Ablauf der Vertragsdauer oder nach Ablauf der einzelnen Zeitabschnitte (Wochen oder Monate) fällig wird (Blank WuM 1995, 375, 376).

IV. Abweichende Vereinbarungen

10 § 579 BGB ist nicht zwingend, sodass die Parteien abweichende Vereinbarungen treffen können, und zwar auch durch Formularvertrag (s die Begr z RegE BT-Drucks 14/4553, 74 [r Sp]). In Betracht kommen vor allem **Vorleistungs- oder Vorauszahlungsklauseln**, die in Mietverträgen, schon mit Rücksicht auf die jetzige gesetzliche Regelung in den §§ 556b Abs 1 und 579 Abs 2 BGB, vielfach als unbedenklich angesehen werden, weil die monatliche oder vierteljährliche Vorauszahlungspflicht für den Mieter im Regelfall nur eine geringfügige zusätzliche Belastung darstellt (BGHZ 127, 245, 249 f = NJW 1995, 254; BayObLGZ 1993, 212 = WuM 1993, 335 = NJW-RR 1993, 1097; OLG Hamm NJW-RR 1993, 710 = WuM 1993, 176 = ZMR 1993, 217; OLG München WuM 1992, 232 = ZMR 1992, 297; ZMR 1996, 376, 378; Schmidt-Futterer/Lehmann-Richter Rn 16 f; kritisch MünchKomm/Emmerich § 320 Rn 57).

11 Anders als bei der Wohnraummiete gilt bei der gewerblichen Raum-, Grundstücks- und Fahrnismiete verbreitet auch die **Kombination** einer Vorauszahlungsklausel mit Klauseln als unbedenklich, durch die (im Rahmen des § 309 Nr 3 BGB) die **Aufrechnungsbefugnis** des Mieters ausgeschlossen oder eingeschränkt wird, zB durch die Verpflichtung zur vorherigen Anzeige, da dem Mieter dadurch nicht die Möglichkeit genommen wird, auf seine Gegenansprüche eine Klage gegen den Vermieter zu stützen und nach rechtskräftiger Feststellung seiner Ansprüche damit aufzurechnen (OLG Düsseldorf ZMR 1999, 23, 24; OLG Köln WuM 1998, 23 = ZMR 1998, 763; OLG Celle ZMR 1998, 272, 274 = NZM 1998, 265 = WuM 1998, 152; OLG Hamburg NJW-RR 1998, 586, 587 = NZM 1998, 264; Blank WuM 1995, 567, 571 f; Gellwitzki WuM 2001, 373, 379 ff). Mit unbestrittenen und mit sofort liquiden Forderungen kann der Mieter jedoch selbst bei der gewerblichen Raummiete ebenfalls grundsätzlich immer aufrechnen (§§ 138, 242, 307, 309 Nr 3, 310 Abs 1 S 2 BGB; Derleder WuM 2007, 599, 604).

12 Bei der **Wohnraummiete** sind die weitergehenden Beschränkungen der Zulässigkeit derartiger Klauseln aufgrund der §§ 536 Abs 4 und 556b Abs 2 BGB zu beachten (wegen der Einzelheiten s Staudinger/V Emmerich [2021] § 536 Rn 124 ff). Aber selbst bei der Wohnraummiete wird es heute zugelassen, eine Vorauszahlungsklausel in Formularverträgen mit der Verpflichtung des Mieters zu kombinieren, eine Aufrechnung mit Gegenforderungen, zB aufgrund einer Minderung der Miete nach § 536 Abs 1 BGB, einen Monat vorher dem Vermieter anzukündigen (BGH 4. 5. 2011 – VIII ZR 191/10, NJW 2011, 2201 Tz 14 f = NZM 2011, 579 = WuM 2011, 418; 14. 9. 2011 – VIII ZR 301/10, NZM 2012, 22 Tz 12 = WuM 2011, 674, 675; 14. 9. 2011 – VIII ZR 345/10, WuM 2011, 676 Tz 3). Dasselbe gilt für die sonstige Raum- und Grundstücksmiete. Diese Großzügigkeit vermag keinesfalls zu überzeugen und sollte unbedingt überprüft werden.

Untertitel 3
Mietverhältnisse über andere Sachen § 580

§ 580
Außerordentliche Kündigung bei Tod des Mieters

Stirbt der Mieter, so ist sowohl der Erbe als auch der Vermieter berechtigt, das Mietverhältnis innerhalb eines Monats, nachdem sie vom Tod des Mieters Kenntnis erlangt haben, außerordentlich mit der gesetzlichen Frist zu kündigen.

Materialien: BT-Drucks 14/4553, 74. Vgl auch zu § 564.

Schrifttum

SONNENSCHEIN, Kündigung und Rechtsnachfolge, ZMR 1992, 417
ders, Kündigungsprobleme bei Rechtsnachfolge, in: PiG Bd 37 (1993) 95.

Vgl auch zu § 564.

Systematische Übersicht

I. Allgemeine Kennzeichnung		
1. Überblick	1	
2. Entstehung der Vorschrift	2	
3. Zweck der Vorschrift	3	
II. Voraussetzungen	4	
1. Mietverhältnis	5	
2. Sonstige Voraussetzungen	6	
III. Rechtsfolgen		
1. Allgemeines	8	
2. Kündigungsrecht des Erben	9	
3. Kündigungsrecht des Vermieters	10	
4. Kündigungsfrist	11	
IV. Abweichende Vereinbarungen	12	

Alphabetische Übersicht

Abweichende Vereinbarungen — 12	Leasingvertrag — 5, 12
Entstehung der Vorschrift — 2	Mietverhältnis — 6
Erbe — 8	Tod des Mieters — 6
Juristische Person — 7	Umwandlung einer juristischen Person — 7
Kündigungsfrist — 11	Zweck der Vorschrift — 3
Kündigungsrecht — 8 ff	
– des Erben — 9	
– des Vermieters — 10	

I. Allgemeine Kennzeichnung

1. Überblick

1 Der Tod des Mieters beendet das Mietverhältnis nicht ohne Weiteres, da der Erbe nach §§ 1922, 1967 Abs 1 BGB in das Mietverhältnis eintritt. Gleichwohl kann wegen der veränderten Umstände sowohl beim Vermieter als auch beim Erben das Interesse bestehen, das Mietverhältnis zu beenden, sei es, weil dem Vermieter der Erbe nicht vertrauenswürdig genug ist, sei es, weil der Erbe persönlich der Sache nicht bedarf. Dem trägt § 580 BGB Rechnung, indem die Vorschrift ein außerordentliches Kündigungsrecht für beide Seiten normiert.

2. Entstehung der Vorschrift

2 Vgl zunächst § 564 Rn 2. Das außerordentliche Kündigungsrecht für Erben und Vermieter war vor der Mietrechtsreform 2001 in § 569 Abs 1 BGB normiert und galt einheitlich für alle Mietverhältnisse. Durch die neue Systematik des Mietrechts im Zuge des MietRRG (BGBl 2001 I 1149) hielt der Gesetzgeber es für erforderlich, eine Vorschrift über das Kündigungsrecht bei der Wohnraummiete (§ 564 BGB) und eine Vorschrift über das Kündigungsrecht bei Mietverträgen über andere Sachen (§ 580 BGB) zu schaffen.

3. Zweck der Vorschrift

3 § 580 BGB trägt dem **persönlichen Charakter des Mietverhältnisses** Rechnung, indem er anerkennt, dass die Person des Mieters für den Vermieter eine Rolle spielen kann und umgekehrt der Erbe die Mietsache uU nicht benötigt (BLANK/BÖRSTINGHAUS/BLANK/BÖRSTINGHAUS Rn 2; KLEIN-BLENKERS ua/HINZ Rn 2; vgl auch § 564 Rn 3).

II. Voraussetzungen

4 Die Voraussetzungen des § 580 BGB gleichen in weiten Teilen denen des § 564 BGB. Die nachfolgenden Bemerkungen beschränken sich daher auf die Abweichungen von § 580 BGB gegenüber § 564 BGB. Im Übrigen gelten die Ausführungen zu § 564 BGB entsprechend.

1. Mietverhältnis

5 Es muss sich um ein Mietverhältnis handeln, das kein Mietverhältnis über Wohnraum ist. Ob auch ein **Leasingvertrag** erfasst wird, ist umstritten (bejahend LG Gießen NJW 1986, 2116; verneinend STAUDINGER/STOFFELS [2018] Leasing Rn 349). Es spielt keine Rolle, ob das Mietverhältnis befristet oder unbefristet ist.

2. Sonstige Voraussetzungen

6 Der **Mieter** muss gestorben (vgl § 563 Rn 5 f) und beerbt worden sein. Die Todesursache ist irrelevant. Selbstmord steht dem Kündigungsrecht nicht entgegen (Beck-OK/HERRMANN [1. 8. 2020] Rn 3; BLANK/BÖRSTINGHAUS/BLANK/BÖRSTINGHAUS Rn 3; SCHMID/HARZ/GAHN Rn 3; vgl BGH NJW-RR 1991, 75; KLEIN-BLENKERS ua/HINZ Rn 5). Stirbt einer

Untertitel 3
Mietverhältnisse über andere Sachen § 580

von mehreren Mietern, so ist umstritten, ob dem Vermieter und den Erben in diesem Fall ein Kündigungsrecht zusteht (vgl § 564 Rn 6; BLANK/BÖRSTINGHAUS/BLANK/BÖRSTINGHAUS Rn 7 ff; ECKERT, in: Gedschr Sonnenschein [2002] 313, 316 ff; KLEIN-BLENKERS ua/HINZ Rn 6). Teilweise wird angenommen, dass ein Kündigungsrecht in diesem Falle stets, teilweise, dass es nur dann bestehe, wenn die Beteiligung des verstorbenen Mieters von entscheidender Bedeutung und dies dem Vermieter bekannt und von ihm gebilligt war (BeckOK/HERRMANN [1. 8. 2020] Rn 4; SCHMID/HARZ/GAHN Rn 7 f).

Die **Beendigung einer juristischen Person** im Wege der Auflösung steht dem Tod einer natürlichen Person für § 580 BGB nicht gleich. Mit dem Ende der juristischen Person wird grundsätzlich das von ihr abgeschlossene Mietverhältnis beendet (RG HRR 1942, Nr 257), soweit nicht Sonderregelungen, zB des UmwG, etwas anderes bestimmen. Im Schrifttum wird zT die Auffassung vertreten, die Vorschrift sei entsprechend anwendbar, wenn die juristische Person durch Verschmelzung oder Umwandlung nach dem UmwG untergehe, weil in diesen Fällen eine dem § 580 BGB vergleichbare Gesamtrechtsnachfolge stattfinde (SCHOPP ZMR 1961, 281, 283). Dieser Auffassung kann jedoch nicht beigetreten werden, weil bei der Miete durch eine juristische Person nicht die gleiche Interessenlage besteht, wie sie § 580 BGB voraussetzt. Hier tritt das persönliche Element in den Hintergrund, das bei der Überlassung der Mietsache an eine natürliche Person für den Vermieter unabhängig von seiner eigenen Rechtsnatur von nicht zu unterschätzender Bedeutung ist. Wird eine juristische Person durch eine andere ersetzt, werden die Interessen des Vermieters nicht in gleicher Weise betroffen wie beim Tod eines Mieters. Ebensowenig ist es auf der anderen Seite gerechtfertigt, dem Gesamtrechtsnachfolger einer juristischen Person als Mieter ein außerordentliches Kündigungsrecht zuzugestehen. Anders als der Tod eines Menschen beruhen Verschmelzung und Umwandlung auf einem Willensakt der Gesellschafter. Der Bedarf an der Mietsache fällt also nicht unfreiwillig fort. Das aber ist wie auch sonst im Mietrecht kein Grund, das Mietverhältnis vorzeitig beenden zu können. § 580 BGB ist deshalb auf juristische Personen als Mieter generell nicht anwendbar (BeckOK MietR/BRUNS [1. 8. 2020] Rn 3; BLANK/BÖRSTINGHAUS/BLANK/BÖRSTINGHAUS Rn 4; BRANDNER NJW 1960, 127, 128; LÜTZENKIRCHEN/LÜTZENKIRCHEN Rn 15; MünchKomm/ARTZ Rn 2; PRÜTTING ua/RIECKE Rn 2; SCHMID/HARZ/GAHN Rn 4; SOERGEL/HEINTZMANN Rn 3; SPIELBAUER/SCHNEIDER/KERN Rn 5). Dies gilt auch, wenn ihr gesetzlicher Vertreter oder ein anderes Organ stirbt. Selbst bei Ein-Personen-Gesellschaften mit einer natürlichen Person als Anteilseigner ist keine Ausnahme geboten.

III. Rechtsfolgen

1. Allgemeines

Da es bei der Miete über Sachen, die keinen Wohnraum darstellen, **keinen Eintritt oder Fortsetzung des Mietverhältnisses** wie bei §§ 563, 563a BGB gibt, wird das Mietverhältnis hier in jedem Fall mit dem Erben fortgesetzt. Dem Erben des Mieters und dem Vermieter wird durch diese Vorschrift ein Recht zur außerordentlichen Kündigung mit der gesetzlichen Frist eingeräumt (vgl § 564 Rn 8). Dieses Kündigungsrecht hat praktische **Bedeutung**, wenn ein befristetes Mietverhältnis noch längere Zeit über den Tod des Mieters hinaus andauert, wenn bei einem unbefristeten Mietverhältnis die ordentliche Kündigung nach dem Vertrag für eine gewisse Zeit ausgeschlossen ist oder wenn vertraglich oder nach dem Gesetz wie in § 580a Abs 4 BGB eine längere als die normale gesetzliche Kündigungsfrist für den Vermieter maßgebend ist.

2. Kündigungsrecht des Erben

9 Das Recht zur außerordentlichen befristeten Kündigung des Mietverhältnisses steht zunächst dem **Erben** des Mieters zu. Wer Erbe ist, richtet sich nach den §§ 1922 ff BGB (vgl § 564 Rn 5). Der Vorlage des Erbscheins oder einer anderen Legitimation bedarf es nicht. Mehrere Erben müssen die Kündigung gemeinsam erklären (Beck-OK/Herrmann [1. 8. 2020] Rn 6; Blank/Börstinghaus/Blank/Börstinghaus Rn 18; Lützenkirchen/Lützenkirchen Rn 9; Schmid/Harz/Gahn Rn 12). Das Kündigungsrecht des Erben aus § 580 BGB wird nicht dadurch ausgeschlossen, dass er ein geerbtes **Handelsgeschäft** unter der bisherigen Firma fortführt und nach den §§ 25, 27 HGB für die Geschäftsverbindlichkeiten unbeschränkt haftet (RG 10. 7. 1930 – VIII 332/30, RGZ 130, 52, 52 f). Ein Kündigungsrecht anderer Personen im Wege der Analogie kommt nicht in Betracht (OLG Naumburg NZM 2002, 166; MünchKomm/Artz Rn 2).

3. Kündigungsrecht des Vermieters

10 In gleicher Weise wie dem Erben steht dem Vermieter ein Recht zur außerordentlichen befristeten Kündigung zu. Handelt es sich um mehrere Vermieter, können sie von ihrem Kündigungsrecht nur einheitlich Gebrauch machen (vgl § 564 Rn 14). Die Kündigung muss gegenüber dem Erben erklärt werden (OLG Hamm WuM 1981, 263; Erman/Lützenkirchen Rn 5), soweit nicht eine andere Person empfangszuständig ist (vgl § 564 Rn 11).

4. Kündigungsfrist

11 Erbe und Vermieter sind berechtigt, das Mietverhältnis unter Einhaltung der gesetzlichen Frist zu kündigen. Diese Frist ergibt sich aus § 580a Abs 4 BGB (vgl § 580a Rn 40 ff). Sie richtet sich nach der Art der Mietsache und gilt für beide Seiten in gleicher Weise. Die Frist beginnt mit der Kenntnis von dem Tod des Mieters (vgl § 564 Rn 8, 18; OLG Köln ZMR 1994, 114; BeckOK MietR/Bruns [1. 8. 2020] Rn 6; Klein-Blenkers ua/Hinz Rn 9). Darauf, ob dem Erben seine Rechtsstellung bewusst ist oder ob er irrtümlich einen anderen für den Erben hält, kommt es jedenfalls dann, wenn er nicht alles Zumutbare zur Aufklärung der Sach- und Rechtslage unternommen hat, nicht an (Erman/Lützenkirchen Rn 6; Schmid/Harz/Gahn Rn 15).

IV. Abweichende Vereinbarungen

12 Bei § 580 BGB handelt es sich nicht um zwingendes Recht (vgl § 564 Rn 23; Blank/Börstinghaus/Blank/Börstinghaus Rn 34; Erman/Lützenkirchen Rn 2; MünchKomm/Artz Rn 3; Prütting ua/Riecke Rn 6; Soergel/Heintzmann Rn 9), sodass von dieser Vorschrift auch zum Nachteil des Mieters abgewichen werden kann. Dies entspricht für das **Leasing** der üblichen Vertragsgestaltung (Staudinger/Stoffels [2018] Leasing Rn 349), sodass sich die Frage, ob § 580 BGB auf Leasingverträge überhaupt Anwendung findet (oben Rn 5), im Regelfall nicht stellt. Haben die Parteien des Leasingvertrages ausnahmsweise keine ausdrückliche Regelung getroffen, ist zu erwägen, ob sie § 580

BGB konkludent abbedungen haben (STAUDINGER/STOFFELS [2018] Leasing Rn 349). In **Formularverträgen** darf keine den Vertragspartner des Verwenders unangemessen benachteiligende Vereinbarung getroffen werden (§ 307 Abs 1 BGB). Ein solcher Fall kann zu besorgen sein, wenn das außerordentliche Kündigungsrecht mit der gesetzlichen Frist einseitig nur zu Lasten des Vertragspartners (idR des Mieters) ausgeschlossen wird oder wenn dem Mieter und seinem Erben die Untervermietung versagt ist, obwohl das Mietverhältnis ordentlich für längere Zeit nicht kündbar ist (BLANK/BÖRSTINGHAUS/BLANK/BÖRSTINGHAUS Rn 37; SCHMID/HARZ/GAHN Rn 18).

§ 580a
Kündigungsfristen

(1) Bei einem Mietverhältnis über Grundstücke, über Räume, die keine Geschäftsräume sind, ist die ordentliche Kündigung zulässig,

1. wenn die Miete nach Tagen bemessen ist, an jedem Tag zum Ablauf des folgenden Tages;

2. wenn die Miete nach Wochen bemessen ist, spätestens am ersten Werktag einer Woche zum Ablauf des folgenden Sonnabends;

3. wenn die Miete nach Monaten oder längeren Zeitabschnitten bemessen ist, spätestens am dritten Werktag eines Kalendermonats zum Ablauf des übernächsten Monats, bei einem Mietverhältnis über gewerblich genutzte unbebaute Grundstücke jedoch nur zum Ablauf eines Kalendervierteljahrs.

(2) Bei einem Mietverhältnis über Geschäftsräume ist die ordentliche Kündigung spätestens am dritten Werktag eines Kalendervierteljahres zum Ablauf des nächsten Kalendervierteljahrs zulässig.

(3) Bei einem Mietverhältnis über bewegliche Sachen ist die ordentliche Kündigung zulässig,

1. wenn die Miete nach Tagen bemessen ist, an jedem Tag zum Ablauf des folgenden Tages;

2. wenn die Miete nach längeren Zeitabschnitten bemessen ist, spätestens am dritten Tag vor dem Tag, mit dessen Ablauf das Mietverhältnis enden soll.

(4) Absatz 1 Nr. 3, Absatz 2 und 3 Nr. 2 sind auch anzuwenden, wenn ein Mietverhältnis außerordentlich mit der gesetzlichen Frist gekündigt werden kann.

Materialien: E I § 522; II § 506; III § 558; Mot II 410 ff; Prot II 214 ff; JAKOBS/SCHUBERT SchR II 539; BT-Drucks III/1234, 73; BT-Drucks III/1850, zu BT-Drucks III/1850, 10; BT-Drucks IV/2195, zu BT-Drucks IV/2195, 2, 5; BT-Drucks 7/2011, 9, 15; BT-Drucks 7/2629; BT-Drucks 7/2638, 3; BT-Drucks 12/3339, 4; BT-Drucks 12/5715, 5; BT-Drucks 14/4553, 75; BT-Drucks 14/5663, 32 f; BT-Drucks 17/10309, 115 ff.

Schrifttum

Bub, Gewerberaummietvertrag und AGB-Gesetz, NZM 1998, 789
Gather, Ausgewählte Fragen der Mietvertragsgestaltung, DWW 1992, 353
ders, Die Beendigung des Mietverhältnisses über Gewerberaum, DWW 1998, 193
Holtfester, Die Kündigung des gewerblichen Mietverhältnisses, MDR 2000, 421
Krull, § 565 Abs 5 BGB – Ein Redaktionsversehen?, ZMR 1998, 125
Leo, Mietgestaltung im Gewerberaummietvertrag, MDR 2004, 259

Müller/Wollmann, Gewerbebetriebe und Mietrecht. Standortsicherung oder Verdrängung? Eine rechtstatsächliche Untersuchung zur Kündigungsfrist bei Geschäftsraummieten (1990)
Rademacher, Vertragsgestaltung im Gewerberaummietrecht, MDR 2000, 57
Schultz, Das Mietrecht in den neuen Bundesländern unter Berücksichtigung der Regelungen im Einigungsvertrag, ZMR 1990, 441
ders, Kündigungsfrist bei Sonderkündigungsrechten, NZM 1999, 651.

Systematische Übersicht

I. Allgemeine Kennzeichnung		
1. Überblick	1	
2. Entwicklung der Vorschrift	2	
3. Zweck der Vorschrift	3	
II. Geltungsbereich	6	
III. Fristberechnung		
1. Kündigungstag	9	
2. Kündigungstermin	10	
3. Kündigungsfrist	11	
IV. Kündigungsfristen bei Mietverhältnissen über Grundstücke und Räume (Abs 1)		
1. Gegenstand	12	
2. Kündigungsfristen	22	
3. Abweichende Vereinbarungen	27	
V. Kündigungsfrist bei Mietverhältnissen über Geschäftsräume (Abs 2)		
1. Gegenstand	28	
2. Kündigungsfrist	35	
3. Abweichende Vereinbarungen	36	
VI. Kündigungsfristen bei Mietverhältnissen über bewegliche Sachen (Abs 3)		
1. Gegenstand	37	
2. Kündigungsfristen	38	
3. Abweichende Vereinbarungen	39	
VII. Außerordentliche Kündigung mit gesetzlicher Frist (Abs 4)		
1. Anwendungsbereich	40	
2. Kündigungsfristen	41	
3. Abweichende Vereinbarungen	44	

Alphabetische Übersicht

Abweichende Vereinbarungen
– bewegliche Sachen ... 39
– Geschäftsräume ... 36
– Grundstücke, Räume ... 27

Entwicklung der Vorschrift ... 2

Fristberechnung ... 9

Garage ... 18, 30
Geltungsbereich ... 6

Geschäftsräume ... 28

Kündigung
– außerordentliche mit gesetzlicher Frist 6, 40
– ordentliche ... 6
Kündigungserklärung ... 9
Kündigungsfrist bei Geschäftsräumen ... 28 ff
– Abdingbarkeit ... 36
– Abgrenzung ... 29
– Begriff ... 28
– Geschäftszweck ... 29, 32

Untertitel 3
Mietverhältnisse über andere Sachen § 580a

– Kündigungsfrist	35	Mietverhältnis	
– Zwischenvermietung	34	– auf bestimmte Zeit	6, 40
Kündigungsfristen bei Grundstücken und Räumen	12 ff	– auf unbestimmte Zeit	6, 40
		– auflösend bedingtes	40
– Abdingbarkeit	27	– mit Verlängerungsklausel	6
– Abgrenzung	14	Mischmietverhältnis	33
– Garage	18, 30		
– Grundstück	13 ff	Pacht	7, 32
– Kündigungsfristen	22 ff		
– Raum	17	Raum	17
– Schiff	21	Rechtsnachfolge	11
Kündigungsfristen bei beweglichen Sachen	37 ff	Reklameflächen	15
– Abdingbarkeit	39	Schiff	21, 37
– Begriff	37		
– Kündigungsfristen	38	Tankstelle	32
Kündigungstag	9		
Kündigungstermin	10	Werktag	9
		Wohnraum	19, 33
Leasingvertrag	39		
		Zweck der Vorschrift	3

I. Allgemeine Kennzeichnung

1. Überblick

Die Vorschrift betrifft die Kündigungsfristen der ordentlichen Kündigung und der außerordentlichen Kündigung mit gesetzlicher Frist von Mietverhältnissen mit Ausnahme der Mietverhältnisse über Wohnraum, deren Kündigungsfristen in § 573c BGB geregelt sind. In Abs 1 wird die gesetzliche Kündigungsfrist für die Miete von Grundstücken und Räumen festgelegt. Dabei unterscheidet das Gesetz drei Kündigungsfristen, deren Auswahl sich danach richtet, für welchen Zeitraum die Miete nach den Parteivereinbarungen zu entrichten ist. Eine besondere Regelung für die Miete von Geschäftsräumen enthält Abs 2 mit einer einheitlichen Kündigungsfrist, ohne dass nach der zeitlichen Bemessung der Miete unterschieden wird. Für die Kündigung eines Mietverhältnisses über bewegliche Sachen gilt nach Abs 3 ähnlich wie nach Abs 1 eine gestaffelte Kündigungsfrist in Abhängigkeit zum Zeitraum, für den die Miete zu entrichten ist. In Abs 4 wird für die außerordentliche befristete Kündigung auf einen Teil der vorhergehenden Vorschriften verwiesen. **1**

2. Entwicklung der Vorschrift

Die Vorschrift ist im Rahmen des MietRRG aus § 565 Abs 1, 1a, 4 und 5 BGB aF hervorgegangen. Durch die Neuaufteilung des Mietrechts in „Allgemeine Vorschriften über Mietverhältnisse" und „Mietverhältnisse über Wohnraum" wurde eine Neufassung des § 565 BGB aF erforderlich, da dieser die Kündigungsfristen für alle Mietverhältnisse regelte. § 565 BGB aF ist vom Inkrafttreten des BGB bis zum AbbauG vom 23. 6. 1960 (BGBl I 389) unverändert geblieben. Die frühere Fassung **2** unterschied nur zwischen der Miete von Grundstücken und der Miete von beweglichen Sachen. Die Miete von Wohnräumen und anderen Räumen war auf der Grundlage des § 580 BGB der Grundstücksmiete gleichgestellt. Art VI Nr 2 AbbauG hat die Vorschrift vollkommen verändert und ihr die im Wesentlichen bis zum MietRRG vom 19. 6. 2001 geltende Fassung gegeben. Durch Art 1 des Gesetzes zur Änderung des BGB vom 29. 10. 1993 (BGBl I 1838) wurde mit Wirkung vom 1. 1. 1994 in den § 565 BGB aF Abs 1a eingefügt. Diese Bestimmung verlängerte die Kündigungsfrist für Mietverhältnisse über Geschäftsräume von drei auf sechs Monate. Im Zuge des Gesetzes zur **Reform des Seehandelsrechts** (vom 20. 4. 2013, BGBl I 831) sind in Abs 1 Eingangssatz und Abs 1 Nr 3 jeweils die „im Schiffsregister eingetragenen Schiffe" gestrichen worden (dazu Rn 21).

3. Zweck der Vorschrift

3 Der Zweck gesetzlicher Kündigungsfristen lässt sich allgemein dahin gehend bestimmen, den Parteien zwischen dem Zugang der Kündigungserklärung und dem Ende des Mietverhältnisses eine **angemessene Vorbereitungszeit einzuräumen** (vgl § 573c Rn 4; BGH 12. 2. 2020 – XII ZR 61/19, ZMR 2020, 490). Der Mieter muss die Mietsache nach § 546 BGB zurückgeben, wenn das Mietverhältnis beendet ist, und sich rechtzeitig Ersatz beschaffen. Dem Vermieter muss genügend Zeit verbleiben, einen neuen Mieter zu suchen.

4 Die regelmäßige Kündigungsfrist bei der Miete von **Grundstücken** unter Einschluss von Räumen betrug nach der ursprünglichen Fassung des § 565 aF knapp drei Monate zum Schluss eines Kalendervierteljahres. Dies sollte im Einklang mit der seinerzeit herrschenden Verkehrssitte stehen. Von unterschiedlichen Kündigungsfristen nach der Miethöhe oder nach der Dauer des Mietverhältnisses wurde ausdrücklich abgesehen, weil vor allem die Beurteilung der Höhe der Miete bei andersartigen Leistungen als Geld problematisch wäre (Mot II 411). Verkürzte Kündigungsfristen galten dagegen, wenn die Miete nach Monaten, Wochen oder Tagen bemessen war, weil in diesen Fällen die Grundregel nicht passte (Mot II 412). Die Kündigungsfrist bei der Miete von beweglichen Sachen betrug „mit Rücksicht auf die regelmäßig in Betracht kommenden Verhältnisse" drei Tage und verkürzte sich auf einen Tag, wenn die Miete nach Tagen bemessen war (Mot II 412).

5 Aufgrund der Änderungen durch das AbbauG von 1960 (vgl Rn 2) sind die Kündigungsfristen weiter abgestuft worden. Maßgebend ist grundsätzlich der Zeitraum, nach dem die Miete bemessen ist. Die Verlängerung der Kündigungsfrist für Mietverhältnisse über Geschäftsräume durch das Änderungsgesetz von 1993 (vgl Rn 2) geht auf einen Gesetzentwurf des Bundesrats zurück (BT-Drucks 12/3339). Dem Mieter soll hierdurch ein **ausreichender zeitlicher Handlungsspielraum** eingeräumt werden (Klein-Blenkers ua/Hinz Rn 6), um im Falle einer Kündigung, insbesondere einer Änderungskündigung mit dem Ziel der Mieterhöhung, angemessene Ersatzräume an einem geeigneten Standort zu suchen, seine Kundschaft auf die Ortsveränderung hinzuweisen und für den neuen Standort zu werben (Erman/Lützenkirchen Rn 5). Sollte der Betrieb aufgegeben werden, müsse genügend Zeit bleiben, der Belegschaft zu kündigen. Als Vorbild diente Art 232 § 2 Abs 7 EGBGB, der auf Anl I Kap III Sachg B Abschn II Nr 1 des Einigungsvertrags (BGBl 1990 II 889) beruhte. Mit dieser Bestimmung sollte der Übergang in das neue Recht zugleich mit einem der

Sozialklausel des § 574 BGB nachgebildeten Bestandsschutz sozial verträglicher gestaltet werden. Hieraus entwickelte sich die Tendenz, den Schutz für gewerbliche Mieter allgemein zu verbessern (BT-Drucks 11/8211; BT-Drucks 12/1488). Weitergehenden Anregungen nach einer Verlängerung der Kündigungsfristen bei langjähriger Geschäftsraummiete (BT-Drucks 12/3339), einer Erstreckung der Sozialklausel auf diese Mietverhältnisse (BT-Drucks 11/8211; BT-Drucks 12/1488) oder der Einführung eines Bestandsschutzes von Geschäftsraummietern in den Ländern Berlin und Brandenburg (BT-Drucks 12/6677) hat der Gesetzgeber nicht entsprochen, um **den Markt für die Vermietung von Geschäftsräumen nicht** durch die Übernahme von Elementen aus dem Wohnraummietrecht **zu schwächen**.

II. Geltungsbereich

Die Vorschrift regelt die **gesetzlichen Kündigungsfristen bei Mietverhältnissen**. Sie unterscheidet im Einzelnen nach der Art der Mietsache und gilt im Wesentlichen für die ordentliche und nach Maßgabe des Abs 4 für die außerordentliche Kündigung mit gesetzlicher Frist. Damit werden primär Mietverhältnisse erfasst, die auf unbestimmte Zeit eingegangen sind. Mietverhältnisse auf bestimmte Zeit fallen nur dann unter die Vorschrift, wenn die Zulässigkeit der ordentlichen Kündigung ausdrücklich vereinbart worden ist oder es sich um eine außerordentliche Kündigung mit gesetzlicher Frist handelt (Schmid/Harz/Gahn Rn 2). Gewerbliche Mietverhältnisse auf bestimmte Zeit, die sich aufgrund einer Verlängerungsklausel um eine bestimmte Zeit verlängern, unterliegen nicht der Regelung des § 580a BGB (OLG Düsseldorf DWW 1993, 101). Verlängert sich ein solches Mietverhältnis dagegen auf unbestimmte Zeit, muss es mit den Fristen des § 580a BGB gekündigt werden. 6

Nach § 581 Abs 2 BGB ist § 580a BGB auf die **Pacht** entsprechend anzuwenden, soweit nicht die §§ 584, 594a BGB und andere gesetzliche Vorschriften als Sonderregelung vorgehen. 7

Die Regelung des § 580a BGB gilt für **Mieter und Vermieter** in gleicher Weise (LG Hannover ZMR 1968, 204; LG Itzehoe BlGBW 1967, 116; LG Mannheim WuM 1987, 395; Korff MDR 1965, 89, 90). Dies entspricht an sich dem Zweck der Vorschrift, beiden Parteien vor einer Beendigung des Mietverhältnisses eine angemessene Vorbereitungszeit einzuräumen (vgl Rn 3). 8

III. Fristberechnung

1. Kündigungstag

Die einzelnen Kündigungsfristen sind aufgrund des § 186 BGB nach den Auslegungsvorschriften der §§ 187 ff BGB zu berechnen (vgl dazu § 573c Rn 7). Im Einzelnen finden sich im Gesetz **unterschiedliche Bestimmungen** für den Kündigungstag. In § 580a Abs 1 Nr 1 und Abs 3 Nr 1 und 2 BGB ist schlechthin von einem „Tag" die Rede. In Abs 1 Nr 2 und 3 und Abs 2 wird auf einen „Werktag" (zum Begriff vgl § 573c Rn 11 f) abgestellt. Problematisch ist der **Einfluss des § 193 BGB auf die Bestimmung des Kündigungstags**. Diese Vorschrift schließt es grundsätzlich nicht aus, dass der Kündigende seine Erklärung an einem Sonn- oder Feiertag abgibt, da er nur begünstigt werden soll. § 193 BGB hat auch nicht zur Folge, dass eine Kündigungs- 9 erklärung, die dem Empfänger an einem solchen Tag tatsächlich zugeht, rechtlich noch nicht zugegangen ist und dass an die Stelle dieses Tags der nächste Werktag tritt. Die Kündigungserklärung kann deshalb **an jedem beliebigen Wochentag wirksam** werden. Im Übrigen ist zu differenzieren: Der Sonnabend ist als Werktag zu berücksichtigen, wenn er in den Lauf der Frist fällt. Beginnt die Frist – wie in den Fällen des Abs 1 Nr 3 möglich – dagegen an einem Sonnabend, braucht dem anderen Teil die Kündigung erst am darauf folgenden Werktag, unbeschadet möglicher Feiertage also erst am Montag, zuzugehen (BGH NJW 2005, 2154).

2. Kündigungstermin

10 Der Kündigungstermin ist der Tag, zu dem die Kündigung das **Mietverhältnis beendet**. Die Kündigungstermine ergeben sich aus den einzelnen Bestimmungen des § 580a BGB. Das Mietverhältnis endet mit Ablauf des Kündigungstermins. Unerheblich ist, ob dieser Tag auf einen Sonnabend, einen Sonn- oder Feiertag fällt. Das Mietverhältnis verlängert sich nicht nach § 193 BGB, da diese Vorschrift allein auf den Ablauf einer Frist nicht anwendbar ist. Sie ist nur für etwaige Leistungspflichten der Parteien von Bedeutung, die sich aus der Beendigung des Mietverhältnisses ergeben, so zB für die Rückgabepflicht des Mieters (ERMAN/LÜTZENKIRCHEN Rn 3; STAUDINGER/ROLFS [2021] § 546 Rn 35). Die Kündigungserklärung braucht **keine Angabe eines bestimmten Kündigungstermins** zu enthalten. Sie wird in diesem Fall zum nächsten zulässigen Termin wirksam (vgl im Einzelnen § 573c Rn 15).

3. Kündigungsfrist

11 Zwischen dem Kündigungstag und dem Kündigungstermin liegt die Kündigungsfrist. Sie ist in § 580a BGB abweichend von den sonstigen Vorschriften des BGB über Fristen nicht nach bestimmten Zeitabschnitten bemessen, sondern ergibt sich nur mittelbar aus dem zeitlichen Abstand zwischen Kündigungstag und Kündigungstermin. Der Lauf der Kündigungsfrist wird nicht dadurch beeinträchtigt, dass aufseiten des Mieters oder des Vermieters eine Rechtsnachfolge eintritt, nachdem die Kündigungserklärung abgegeben worden ist. Probleme können sich allerdings ergeben, wenn es auf einen bestimmten Kündigungsgrund in der Person des einen oder des anderen Vertragsteils ankommt (SONNENSCHEIN ZMR 1992, 417 ff).

IV. Kündigungsfristen bei Mietverhältnissen über Grundstücke und Räume (Abs 1)

1. Gegenstand

12 Die Kündigungsfristen bei Mietverhältnissen über Grundstücke und Räume mit Ausnahme von Wohn- und Geschäftsräumen richten sich danach, für welche Zeitabschnitte die Miete nach dem Vertrag bemessen ist. Die Regelung des § 580a Abs 1 BGB gilt nur für Mietverträge, die eine der genannten Mietsachen zum Gegenstand haben.

13 a) Ein **Grundstück** iS des BGB ist ein abgegrenzter Teil der Erdoberfläche, der im Grundbuch unter einer bestimmten Nummer eingetragen ist (PALANDT/ELLENBERGER Überbl v § 90 Rn 3; PRÜTTING ua/RIECKE Rn 8; SCHMIDT-FUTTERER/BLANK Rn 2). Es handelt

sich um einen juristisch-technischen Begriff, der durch den Inhalt des Grundbuchs bestimmt wird (BAUR/STÜRNER, Lehrbuch des Sachenrechts [18. Aufl 2009] § 15 Rn 16).

Abgrenzungsprobleme ergeben sich bei **bebauten Grundstücken**. Nach § 573c BGB gelten für die Kündigung von Wohnraum andere Fristen als für die Kündigung von Grundstücken. Wird ein ganzes Wohnhaus vermietet, greift deshalb nicht § 580a Abs 1 BGB, sondern § 573c Abs 1 BGB oder Abs 2 ein. Die aus § 94 BGB folgende Eigenschaft eines Gebäudes als wesentlicher Bestandteil des Grundstücks ist insoweit unerheblich (BLANK/BÖRSTINGHAUS/BLANK/BÖRSTINGHAUS Rn 3; MünchKomm/ARTZ Rn 4). Für die Annahme eines Mietverhältnisses über Wohnraum macht es keinen Unterschied, ob es sich um ein Einfamilien- oder um ein Mehrfamilienwohnhaus handelt. In Abs 1 wird neben den Grundstücken die Miete von Räumen unterschieden. Daraus ergibt sich, dass unter den Grundstücksbegriff auch nicht andere bebaute Grundstücke fallen, deren Gebäude das Merkmal von Räumen (vgl Rn 17) aufweisen. Die Vermietung eines ganzen Hauses fällt damit zwar unter Abs 1, soweit nicht die Sonderregelung des Abs 2 für Geschäftsräume oder des § 573c BGB für Wohnräume eingreift, wird aber von dem Tatbestandsmerkmal des Mietverhältnisses über Räume erfasst. Für den Grundstücksbegriff verbleiben damit im Wesentlichen nur unbebaute Grundstücke und solche mit einem Bauwerk, bei dem das Merkmal des Raumes nicht erfüllt ist. **14**

Unter Abs 1 fällt auch die Vermietung von **Teilen eines Grundstücks**. Dies gilt zum einen, wenn die vermietete Grundstücksfläche hinter der grundbuch- und katastermäßig ausgewiesenen Größe des Grundstücks zurückbleibt. Hierzu rechnen etwa die Vermietung des Grund und Bodens sowie die Vermietung eines Verkaufs- oder Ausstellungsstandes auf einem Platz oder in einer Halle. Zum anderen liegt Grundstücksmiete vor, wenn Teile eines Gebäudes und damit des wesentlichen Bestandteils eines Grundstücks wie Schaufenster, Ausstellungskästen sowie Wandflächen für Reklamezwecke oder zur Anbringung von Automaten vermietet werden und diese Teile nicht unter den Begriff des Raumes fallen. **15**

Maßgebend für die Frage, ob Gegenstand des Mietvertrags ein Grundstück ist, sind die **vertraglichen Vereinbarungen**. Handelt es sich hiernach um Grundstücksmiete, so sind die Kündigungsvorschriften über Wohnraum auch dann nicht anwendbar, wenn der Mieter auf dem Grundstück ein Wohngebäude (BGHZ 92, 70, 75 f = NJW 1984, 2878 mAnm SONNENSCHEIN JZ 1985, 45; LG Mannheim MDR 1971, 223) oder ein gewerblichen Zwecken dienendes Gebäude (BGHZ 131, 368, 370 = NJW 1996, 916) errichtet hat, das nach § 95 BGB Scheinbestandteil ist. Eine Sonderregelung gilt bei der Grundstücksmiete nach Abs 1 Nr 3 HS 2 für gewerblich genutzte unbebaute Grundstücke, soweit die Miete nach Monaten oder längeren Zeitabschnitten bemessen ist (vgl Rn 26). Die Kündigungsfristen nach Abs 1 Nr 1 und 2 gelten dagegen ohne Unterschied für jeden Fall der Grundstücksmiete. **16**

b)   Ein **Raum** ist ein allseits umschlossener Teil eines festen Gebäudes, der so groß ist, dass sich ein Mensch darin aufhalten kann (HERRLEIN/KANDELHARD/KANDELHARD Rn 2). Unter den Begriff des Gebäudes fallen alle unbeweglichen, mit dem Erdboden fest verbundenen Bauwerke, die zum Aufenthalt von Menschen bestimmt und geeignet sind. Die Vermietung von Räumen in beweglichen Sachen wie Wohnwagen, Gerätewagen, Eisenbahnwagen oder Schiffen, ausgenommen die von § 556 **17**

HGB erfassten Schiffe, fällt unter Abs 3 (vgl Rn 37; BeckOK/Herrmann [1. 8. 2020] Rn 14; Prütting ua/Riecke Rn 10). Für die Vermietung von Wohnraum als Sonderfall der Raummiete gilt § 573c BGB.

18 Ein **Mietverhältnis über Räume** iS des Abs 1 liegt vor, wenn ein ganzes Gebäude oder Innenräume von Gebäuden zu anderen als Geschäfts- oder Wohnzwecken vermietet sind. Hierzu gehören wegen der Sonderregelungen für derartige Mietverhältnisse in Abs 2 nur Räume, die privaten oder sonstigen Zwecken dienen, etwa privat genutzte Garagen, die nicht durch einen einheitlichen Mietvertrag mit der Wohnung verbunden sind (LG Mannheim WuM 1974, 73; AG Wesel WuM 1991, 348; AG Wuppertal WuM 1996, 548; Klein-Blenkers ua/Hinz Rn 10; MünchKomm/Artz Rn 4), ferner Lagerräume, Schuppen, Werkstätten, in denen der Mieter ein Hobby ausübt, Sporthallen oder Vortragssäle, die von nichtwirtschaftlichen Vereinen ohne Geschäftsbetrieb gemietet werden (BeckOK/Herrmann [1. 8. 2020] Rn 13.1). Keine Räume sind dagegen Plätze oder Stände in Räumen (vgl Rn 15), sonstige Gebäudeteile ohne Raumcharakter wie eine Veranda, Dachterrasse oder ein Balkon sowie bewegliche Sachen und deren Innenräume (vgl Rn 17, 37).

19 Für die **Abgrenzung von der Wohnraummiete** sind in erster Linie die Parteivereinbarungen maßgebend, aus denen sich die Zweckbestimmung der Räume ergibt. Ein Mietverhältnis über Wohnraum liegt nur vor, wenn die vermieteten Räume nach dem Zweck des Vertrags zum Wohnen bestimmt sind (Staudinger/V Emmerich [2021] Vorbem 24 zu § 535; s auch § 573 Rn 10). Handelt es sich hingegen um ein Mietverhältnis über Räume iS des Abs 1, so ändert sich sein Charakter nicht dadurch, dass der Mieter einzelne oder alle Räume entgegen der vertraglichen Abrede zu Wohnzwecken verwendet. Haben die Parteien keine ausdrückliche Abrede über den Verwendungszweck der Räume getroffen und ergeben sich aus der Höhe der Miete oder aus sonstigen Umständen keine Anhaltspunkte, so ist grundsätzlich die objektive Zweckbestimmung der Räume maßgebend, die sich aus ihrer baulichen Anlage und Zweckrichtung ergibt.

20 Aufgrund der in Abs 2 getroffenen Sonderregelung für Mietverhältnisse über Geschäftsräume durch das Änderungsgesetz von 1993 (vgl Rn 2) ist die schon früher umstrittene These, dass der Begriff des Geschäftsraums den Gegensatz zum Wohnraum bilde, nicht mehr aufrechtzuerhalten (Schilling 83 f). Die nunmehr in § 580a Abs 1, Abs 2 BGB sowie § 573c BGB vorgenommene Dreiteilung macht es notwendig, die schlichte Raummiete iS des Abs 1 nicht nur von der Wohnraummiete abzugrenzen. Erforderlich ist auch eine **Abgrenzung von der Geschäftsraummiete** des Abs 2. Geschäftsräume dienen geschäftlichen Zwecken. Unter Geschäftszweck ist im weitesten Sinne jeder Erwerbszweck zu verstehen (vgl Rn 29). Deshalb werden von der Sonderregelung nicht nur die Räume erfasst, in denen die eigentliche Geschäftstätigkeit ausgeübt wird. Auch Räume, die nur mittelbar den geschäftlichen Zwecken dienen, gehören hierzu (BGH 24. 1. 2018 – XII ZR 120/16, NZM 2018, 333). Diese Beurteilung hat zur Folge, dass die Miete von Wohnräumen durch ein Unternehmen zwecks Untervermietung an seine Arbeitnehmer der Regelung des Abs 2 unterfällt. Im Hauptmietverhältnis handelt es sich um geschäftliche Miete (Staudinger/Rolfs [2021] § 546 Rn 105 mwNw). Das Gleiche gilt für den gewerblichen Zwischenvermieter iS des § 565 BGB, der Wohnungen mietet, um sie mit Gewinn an beliebige Dritte weiterzuvermieten (vgl Rn 34). Wenn der Mieter mit der Untervermietung keine wirtschaftlichen Interessen verfolgt, handelt es sich im Hauptmietverhältnis zwar ebenfalls nicht um Wohnraummiete (STAUDINGER/ROLFS [2021] § 546 Rn 104 ff mwNw). Diese Fälle der schlichten Zwischenvermietung können aber nicht als Geschäftsraummiete iS des Abs 2 beurteilt werden. Auch wenn es sich um Räume handelt, die für den Untermieter zum Wohnen bestimmt sind, unterliegt das Hauptmietverhältnis als schlichte Raummiete der Kündigungsvorschrift des Abs 1 (aM SCHILLING 84).

c) Von der Regelung des Abs 1 waren bis zum 25. 4. 2013 auch im Schiffsregister eingetragene Schiffe erfasst; die Kündigung von nicht eingetragenen Schiffen unterlag der für bewegliche Sachen maßgebenden Regelung des Abs 3. Seit der Reform des Seehandelsrechts (vgl Rn 2) richtet sich die Kündigung des Mietverhältnisses über ein **Seeschiff** (sog Bareboat Charter) regelmäßig nach § 556 HGB. Diese Vorschrift ist immer dann anwendbar, wenn das Schiff zum Erwerb durch Seefahrt genutzt werden soll (§ 553 Abs 3 S 1 HGB; vgl BT-Drucks 17/10309, 116 f). Entscheidend ist somit nicht die Art des Schiffes, sondern der Zweck der Vermietung, wobei maßgeblich darauf abzustellen ist, welchen dem Vermieter erkennbaren Zweck der Mieter bei Vertragsabschluss verfolgt (vgl BGHZ 162, 253, 257 = NZM 2005, 342; BGH NJW 2008, 435; BGH NJW 2009, 3780). Ob er das Schiff dann tatsächlich zu Erwerbszwecken nutzt, ist ebensowenig von Belang wie die Kaufmannseigenschaft des Mieters (BT-Drucks 17/10309, 116 f). Bei der Miete eines **Binnenschiffs** finden die Vorschriften der §§ 553 ff HGB gemäß § 27 BinSchG entsprechende Anwendung. Für **andere Schiffe** oder wenn der Anwendungsbereich des § 556 HGB mangels entsprechenden Nutzungszwecks nicht eröffnet ist, gelten die Vorschriften des Bürgerlichen Gesetzbuchs (Art 2 Abs 1 EGHGB; BT-Drucks 17/10309, 115) und damit § 580a BGB. In diesem Fall ist auch die Kündigungsregel des Abs 3 auf den Schiffsmietvertrag anwendbar (vgl Rn 37). Dies gilt – soweit dem Vertrag deutsches Recht zugrunde zu legen ist – zB im Falle der Anmietung einer im Mittelmeer gelegenen Segelyacht zu Urlaubszwecken, weil sie nicht dem Regime der §§ 553 ff HGB unterliegt (BT-Drucks 17/10309, 116).

2. Kündigungsfristen

Im Einzelnen hängen die Kündigungsfristen des § 580a Abs 1 BGB davon ab, für welche Zeitabschnitte die Miete nach den vertraglichen Vereinbarungen der Parteien bemessen ist. In der Bemessung der Miete bringen die Parteien zum Ausdruck, für welchen Zeitraum der vereinbarte Betrag das Entgelt für die Überlassung des Gebrauchs der Mietsache darstellen soll. Im Mietvertrag müssen die Parteien bestimmen, ob der angegebene Betrag als **Tages-, Wochen- oder Monatsmiete** gelten soll oder ob noch längere Zeitabschnitte wie Quartale oder Jahre zugrunde gelegt werden. Die Bemessung der Miete ist nicht mit der Zahlungsweise identisch, auch wenn § 579 Abs 1 und 2, § 556b Abs 1 BGB für die Fälligkeit grundsätzlich auf den Ablauf der einzelnen Zeitabschnitte abstellen, nach denen die Miete bemessen ist. Die Parteien können insoweit abweichende Vereinbarungen treffen. Eine nach Tagen bemessene Miete kann etwa wöchentlich oder eine nach Jahren bemessene Miete in monatlichen Teilbeträgen zu entrichten sein. Für die Kündigungsfrist ist nicht die vereinbarte Zahlungsweise, sondern nur die Bemessung der Miete entscheidend (RG 9. 11. 1906 – III 127/06, RGZ 64, 270, 272; KLEIN-BLENKERS ua/HINZ Rn 13; MünchKomm/ARTZ Rn 5; PRÜTTING ua/RIECKE Rn 11; SCHMIDT-FUTTERER/BLANK Rn 7; SOERGEL/HEINTZMANN Rn 4). Mangels abweichender Vereinbarungen entspricht die Zahlungsweise idR der Bemessung. Ist die Miete für die gesamte Dauer des Mietverhältnisses in einem einmaligen Betrag bemessen, handelt es sich um ein Mietverhältnis auf bestimmte Zeit. Insoweit stellt sich die Frage einer Kündigungsfrist – wenn die Parteien nicht vertraglich die ordentliche Kündigung zugelassen haben (vgl STAUDINGER/ROLFS [2021] § 542 Rn 146) – nur bei außerordentlicher Kündigung mit gesetzlicher Frist. Hierfür gelten unabhängig von der Dauer des Mietverhältnisses und dem damit übereinstimmenden Bemessungszeitraum nach § 580a Abs 4 BGB immer die Kündigungsfristen des Abs 1 Nr 3 (vgl Rn 41).

23 **a)** Im Einzelnen ergibt sich aus Abs 1 Nr 1, dass das Mietverhältnis an jedem Tag für den Ablauf des folgenden Tages gekündigt werden kann, wenn die Miete **nach Tagen** bemessen ist. Die Kündigungsfrist beträgt also mindestens 24 Stunden. § 193 BGB ist für die Fristberechnung unerheblich, sodass die Kündigung an jedem beliebigen Tag der Woche wirksam werden kann (BLANK/BÖRSTINGHAUS/BLANK/BÖRSTINGHAUS Rn 8).

24 **b)** Ist die Miete **nach Wochen** bemessen, so kann nach Abs 1 Nr 2 spätestens am ersten Werktag einer Woche für den Ablauf des folgenden Sonnabends gekündigt werden. Die Kündigung muss also spätestens am Montag wirksam werden. Damit beträgt die Kündigungsfrist in der Regel mindestens fünf Tage. Fällt der Montag auf einen am Erklärungsort staatlich anerkannten allgemeinen Feiertag, ist erst der Dienstag der erste Werktag der Woche. Das Gesetz selbst verkürzt die Kündigungsfrist, indem es den „ersten Werktag" für maßgeblich erklärt (vgl § 573c Rn 10 ff). Die Kündigungsfrist verlängert sich nicht dadurch, dass ihr letzter Tag ein Sonnabend ist. § 193 BGB ist insoweit unanwendbar, zumal das Gesetz selbst diesen Wochentag als Kündigungstermin bestimmt. Geht die Kündigung verspätet, zB erst am zweiten Werktag der Woche, zu, wirkt sie zum Sonnabend der darauffolgenden Woche.

25 **c)** Ist die Miete **nach Monaten oder längeren Zeitabschnitten** bemessen, muss die Kündigung nach Abs 1 Nr 3 HS 1 spätestens am dritten Werktag eines Kalendermonats für den Ablauf des übernächsten Monats wirksam werden. Die Kündigungsfrist beträgt damit mindestens drei Monate, abzüglich der Karenzzeit von drei Werktagen. Für diese Karenzzeit werden ein Sonntag und ein am Erklärungsort staatlich anerkannter allgemeiner Feiertag nicht mitgezählt, ein Sonnabend nur dann nicht, wenn er auf den letzten Tag der Frist fällt (BGH NJW 2005, 2154; s § 573c Rn 11 f, 18). Da das Gesetz ausdrücklich auf den „dritten Werktag" abstellt, verkürzt es selbst die Kündigungsfrist (vgl § 573c Rn 10 ff). Unerheblich ist für die Beendigung des Mietverhältnisses, wenn der letzte Tag der Kündigungsfrist auf einen der genannten Tage fällt (vgl § 573c Rn 14). Der Anwendungsbereich der Kündigungsregelung des Abs 1 Nr 3 HS 1 beschränkt sich wegen der in HS 2 sowie der in Abs 2 und § 573c BGB getroffenen Sonderregelungen auf unbebaute Grundstücke, die nicht gewerblich genutzt werden, und auf Räume, die nicht als Geschäftsräume oder Wohnräume vermietet sind (vgl Rn 18). Zu den unbebauten Grundstücken zählen auch solche, auf denen ein Bauwerk errichtet ist, das nicht die Merkmale eines Raumes (vgl Rn 17) aufweist.

26 **d)** Ein Mietverhältnis über **gewerblich genutzte unbebaute Grundstücke** muss spätestens am dritten Werktag eines Kalendermonats gekündigt werden, wenn die Miete nach Monaten oder längeren Zeitabschnitten bemessen ist (vgl Rn 25). Die Kündigung kann nach Abs 1 Nr 3 HS 2 nur für den Ablauf eines Kalendervierteljahres

jahres erklärt werden. Der Begriff der „gewerblichen Nutzung" ist bei unbebauten Grundstücken kein anderer als bei Geschäftsräumen (vgl Rn 28 ff). Die gewerbliche Nutzung beschränkt sich nicht auf ein Gewerbe iS der GewO, des Handelsrechts oder des Gewerbesteuerrechts. Sie umfasst auch freiberufliche, landwirtschaftliche und gärtnerische Tätigkeiten, soweit es sich nicht um Pacht handelt, für die nach § 584 oder § 594a BGB Sondervorschriften gelten. Gewerblich ist also jede Tätigkeit, die auf Erwerb gerichtet ist, ohne dass die Absicht der Gewinnerzielung entscheidend wäre. So kann ein unbebautes Grundstück etwa als Lager- oder Abstellplatz sowie für die Aufstellung eines Verkaufsstandes durch ein Unternehmen genutzt werden. Unbebaut ist ein gewerblich genutztes Grundstück auch dann, wenn auf ihm ein Bauwerk errichtet ist, das nicht die Merkmale eines Raumes (vgl Rn 17) aufweist. Der Mietvertrag über ein unbebautes Grundstück, der es dem Mieter gestattet, selbst Geschäftsräume zu errichten, die nicht Gegenstand des Vertrags werden (vgl Rn 16), fällt ebenfalls unter die Regelung. Dies ist nicht unproblematisch, weil die Nutzung der Geschäftsräume damit entgegen der sechsmonatigen Kündigungsfrist des Abs 2 mit einer nur dreimonatigen Frist beendet werden kann. Für eine analoge Anwendung besteht jedoch kein Anlass, da Vertragsgegenstand das rechtlich unbebaute Grundstück ist und die Regelung Raum für abweichende Vereinbarungen lässt (vgl Rn 27).

3. Abweichende Vereinbarungen

Die Kündigungsvorschriften des Abs 1 sind **abdingbar**. Die Parteien können längere oder kürzere Kündigungsfristen vereinbaren (Klein-Blenkers ua/Hinz Rn 25). Dabei können sie andere Kündigungstage und -termine bestimmen, das Mietverhältnis vor allem im Hinblick auf Nr 3 HS 2 abweichend vom Ablauf eines Kalendervierteljahres enden lassen. Möglich ist es auch, eine nur nach gewissen Zeitabschnitten bemessene Kündigungsfrist festzulegen, ohne dass der Kündigungstermin wie in Nr 2 und 3 von vornherein durch den Ablauf eines bestimmten Wochentags oder durch das Monatsende bzw Ende eines Kalendervierteljahres festgelegt ist. Die Parteien können selbst in einem **Formularvertrag** für beide Vertragsteile unterschiedlich lange Kündigungsfristen vereinbaren, ohne gegen § 307 BGB zu verstoßen (OLG Hamburg DWW 1991, 307; OLG Hamm ZMR 1988, 386; einschränkend BeckOK/Herrmann [1. 8. 2020] Rn 26). Sie müssen aber § 309 Nr 9 lit c BGB beachten, nach dem eine zulasten des anderen Vertragsteils längere Kündigungsfrist als drei Monate vor Ablauf der zunächst vorgesehenen oder stillschweigend vereinbarten Vertragsdauer unwirksam ist (Scheffler MDR 1982, 20; Ulmer/Brandner/Hensen/Christensen, AGB-Recht [12. Aufl 2016] § 309 Nr 9 Rn 18 ff). Teilweise wird angenommen, die dreitägige Karenzzeit der gesetzlichen Kündigungsfristen sei bei einer vertraglichen Kündigungsfrist als stillschweigend vereinbart anzusehen (LG Düsseldorf ZMR 1965, 248; Palandt/Weidenkaff Rn 6). Dies ist eine Frage der Vertragsauslegung und kann deshalb nicht generell angenommen werden.

27

V. Kündigungsfrist bei Mietverhältnissen über Geschäftsräume (Abs 2)

1. Gegenstand

a) § 580a Abs 2 BGB bestimmt, dass die Kündigung bei einem Mietverhältnis über Geschäftsräume spätestens am dritten Werktag eines Kalendervierteljahres für

28

den Ablauf des nächsten Kalendervierteljahres zulässig ist. Zur Bestimmung des Begriffs „Geschäftsraum" ist auszugehen vom Begriff des **Raumes** als dem allseits umschlossenen Teil eines festen Gebäudes, der so groß ist, dass sich ein Mensch darin aufhalten kann (vgl Rn 17). Dieser Begriff ist in gleicher Weise Grundtatbestandsmerkmal für die Wohn- und die Geschäftsraummiete, bildet aber in Abs 1 zugleich eine eigenständige Kategorie für die Regelung der Kündigungsfristen. Er ist abzugrenzen von Räumen in beweglichen Sachen, für die Abs 3 maßgebend ist (vgl Rn 37). Vertragsgegenstand kann auch der Teil eines Raumes sein, sofern ihm im Hinblick auf den Geschäftsbetrieb selbständige Bedeutung zukommt. Dies gilt etwa für Verkaufsstände in größeren Räumen, sofern es sich nicht wegen der Integration einer Einrichtung in einen größeren Geschäftsbetrieb um Rechtspacht handelt.

29 Es handelt sich um ein Mietverhältnis über Geschäftsräume, wenn der Raum **geschäftlichen Zwecken** dient. Maßgebend ist der von den Parteien vereinbarte Vertragszweck. Unter Geschäftszweck ist im weitesten Sinne jeder Erwerbszweck zu verstehen. Der Erwerbszweck kann durch eine gewerbliche, freiberufliche und jede andere Berufstätigkeit auch nicht selbständiger Art verfolgt werden. Letzteres ist etwa anzunehmen, wenn der angestellte Handelsvertreter Büroräume mietet. Die Begriffsbestimmungen und Abgrenzungen im Gewerbe- oder Steuerrecht sind nicht maßgeblich. Dies gilt auch dann, wenn der Erwerb nach den §§ 51 ff AO als steuerbegünstigt beurteilt wird, weil unmittelbar gemeinnützige, mildtätige oder kirchliche Zwecke verfolgt werden (Schilling 84). Die Weitervermietung als solche kann zwar auch Erwerbszwecken des Mieters dienen. Nicht jede Untervermietung kann jedoch als geschäftlicher Zweck iS des § 580a Abs 2 BGB angesehen werden, den der Untervermieter mit der Begründung des Hauptmietverhältnisses verfolgt (vgl Rn 34). Einen Anhaltspunkt bieten die bauliche Anlage und Ausstattung der Räume. Entscheidend ist aber allein der Parteiwille, sodass nach der baulichen Gestaltung zum Wohnen bestimmte Räume auch als Geschäftsräume vermietet werden können. Das Verbot der Zweckentfremdung von Wohnraum steht der Wirksamkeit eines solchen Vertrags nicht entgegen, da es sich nicht um ein gesetzliches Verbot iS des § 134 BGB handelt (BGH NJW 1994, 320; BeckOK MietR/Bruns [1. 8. 2020] Rn 16; Bub/Treier/Schüller Rn II 91). Umgekehrt können baulich für Geschäftszwecke gestaltete Räume als Wohnräume vermietet werden.

30 b) **Im Einzelnen** kommen hiernach für geschäftliche Zwecke Fabrikgebäude, Häuser mit Läden und Büros, Gaststätten, Reparaturwerkstätten, Lager- und Vorratsräume (BGH 24. 1. 2018 – XII ZR 120/16, NZM 2018, 333), Kanzlei- und Praxisräume (**aM** LG Hamburg MDR 2013, 766, das contra legem die nur für Wohnraummietverhältnisse geltende Vorschrift des § 573c Abs 1 S 1 BGB analog anwenden will), Säle für Versammlungen, Unterricht und Ausstellungen sowie geschäftlich genutzte Garagen und sonstige Nebenräume in Betracht (Schilling 84; Schmidt-Futterer/Blank Rn 14), nicht aber privat genutzte Garagen (AG Wuppertal WuM 1996, 548; oben Rn 18).

31 c) Ebenso wie die Raummiete iS des § 580a Abs 1 BGB von der Wohnraummiete und der Geschäftsraummiete abzugrenzen ist (vgl Rn 19 f), wird bei der Geschäftsraummiete die **Abgrenzung** von anderen Mietverhältnissen erforderlich.

32 aa) **Grundstücksmiete** nach Abs 1 ist nur anzunehmen, wenn Gegenstand des Mietvertrags ein unbebautes Grundstück ist oder wenn nur ein Bauwerk vorhanden

ist, das nicht die Merkmale eines Raumes aufweist. Gleichzustellen sind Grundstücke, auf denen der Mieter selbst erst ein geschäftlichen Zwecken dienendes Gebäude errichtet, das aber nicht Gegenstand des Mietvertrags wird (vgl Rn 16). Geschäftsraummiete liegt dagegen nicht nur vor, wenn einzelne Räume eines größeren Gebäudes vermietet werden. Auch ein Vertrag über ein ganzes Grundstück mit aufstehendem Gebäude, dessen Räume dem Mieter in vollem Umfang oder wenigstens überwiegend zu geschäftlichen Zwecken dienen, führt zu einem Mietverhältnis über Geschäftsräume. Die Frage nach dem Schwergewicht des Vertrags dient in erster Linie der Abgrenzung von der Wohnraummiete bei Mischmietverhältnissen (vgl Rn 33). Der Zweck des Abs 2, den Mieter von Geschäftsräumen durch eine Verlängerung der Kündigungsfrist stärker zu schützen (vgl Rn 5), rechtfertigt es hingegen, diesen Maßstab zurücktreten zu lassen, wenn der Grundstücksanteil zwar überwiegt, der Anteil der Geschäftsräume aber eigenständige Bedeutung hat. Mit dieser Maßgabe kann etwa die Miete eines Tankstellengrundstücks mit Verkaufsraum und Werkstatt oder Waschhalle als Geschäftsraummiete eingeordnet werden, wenn nicht wegen der vorhandenen Betriebseinrichtung Pacht anzunehmen ist.

bb) Die Abgrenzung der Geschäftsraummiete von der **Wohnraummiete** richtet sich 33 nach dem Vertragszweck, den die Parteien durch ihren rechtsgeschäftlichen Willen bestimmt haben. Das Problem stellt sich vor allem bei einem Mischmietverhältnis, durch das Geschäftsräume und Wohnräume zusammen vermietet werden. In der Praxis finden sich solche Verträge häufig bei der Vermietung von Läden, Gastwirtschaften, Handwerksbetrieben, Büros oder Praxen für Freiberufler mit der zugehörigen Wohnung. Für die Kündigung eines Mischmietverhältnisses über Wohnräume und Geschäftsräume kommt es zunächst darauf an, ob ein einheitlicher Vertrag vorliegt oder ob die Verträge nur äußerlich verbunden sind. Lassen sie sich ohne Weiteres trennen, sind für jeden Vertrag die für ihn geltenden Vorschriften maßgebend, für den Vertrag über Geschäftsräume also Abs 2. Handelt es sich aber um einen einheitlichen Vertrag, so kommt es darauf an, welcher Vertragsteil nach dem Parteiwillen im Vordergrund steht (vgl § 574 Rn 9). Hierfür sind Mietwert und Größe der Räume entscheidend. Überwiegt der geschäftliche Raumanteil, so liegt ein einheitlicher Mietvertrag über Geschäftsräume vor. Die Kündigungsfristen richten sich nach Abs 2 (LG Berlin GE 1981, 37; LG Wiesbaden WuM 1964, 169; AG Hamburg-Altona MDR 1972, 242). Liegt das Schwergewicht dagegen auf den Wohnräumen, so greifen einheitlich die Kündigungsvorschriften des § 573c BGB ein. Dies gilt wegen des stärkeren sozialen Schutzzwecks auch bei Gleichwertigkeit von Wohn- und Geschäftsraumanteil (Schilling 84). Mietet eine juristische Person ein Reihenhaus an, um es teils als Büroraum für ihren Geschäftsbetrieb zu nutzen und teils ihrem Geschäftsführer als Wohnung zur Verfügung zu stellen, handelt es sich um einen der Kündigungsfrist des Abs 2 unterliegenden Mietvertrag über Geschäftsräume (BGH NJW 2008, 3361).

cc) Problematisch ist die Frage, ob es sich um Geschäftsraummiete handelt, wenn 34 Räume zur **Weitervermietung** an einen Mieter überlassen werden. Auszugehen ist davon, dass allein der Zweck, die Räume weiterzuvermieten, das Hauptmietverhältnis nicht zur Geschäftsraummiete werden lässt (vgl Rn 29). Dies würde dem Ziel der Sonderregelung nicht gerecht, dem Mieter, der in den Räumen geschäftlich tätig ist, einen verstärkten Schutz zukommen zu lassen. Für die Suche nach einem neuen Standort für das Geschäft soll genügend Zeit bleiben (vgl Rn 5). Dieser Gesichtspunkt spielt bei der Miete zwecks Weitervermietung grundsätzlich keine Rolle. Eine Ausnahme ist dann zu machen, wenn die Miete der Räume mittelbar den geschäftlichen Zwecken des Mieters dient, weil er sie als Werkwohnungen an seine Arbeitnehmer untervermieten will. Das Gleiche ist anzunehmen, wenn es sich um einen gewerblichen Zwischenvermieter handelt, für den die zu vermietenden Räume die Grundlage seines Unternehmens bilden (vgl Rn 20).

2. Kündigungsfrist

35 Die Kündigung des Mietverhältnisses über Geschäftsräume ist spätestens am dritten Werktag eines Kalendervierteljahres für den Ablauf des nächsten Kalendervierteljahres zulässig. Die Kündigungsfrist beträgt damit **mindestens sechs Monate abzüglich der Karenzzeit von drei Werktagen** (MünchKomm/Artz Rn 8; Soergel/Heintzmann Rn 6). Ein Sonntag und ein am Erklärungsort staatlich anerkannter allgemeiner Feiertag werden für die Karenzzeit nicht mitgezählt, ein Sonnabend nur dann nicht, wenn er auf den letzten Tag der Frist fällt. Insoweit gilt das Gleiche wie für die Raummiete nach Abs 1 Nr 3 (vgl Rn 25).

3. Abweichende Vereinbarungen

36 Die Regelung des Abs 2 ist ebenso wie diejenige des Abs 1 **abdingbar** (vgl Rn 27). Die Parteien können die gesetzliche Kündigungsfrist in ihrem Vertrag verlängern oder verkürzen, grundsätzlich auch zugunsten oder zulasten des einen oder des anderen Vertragsteils (BGH NJW-RR 2000, 1108; BGH NJW 2001, 3480). Selbst in einem **Formularmietvertrag** liegt darin nicht ohne Weiteres ein Verstoß gegen § 307 BGB (BGH NJW 2001, 3480; OLG Hamburg DWW 1991, 307; OLG Hamm ZMR 1988, 386). Die Parteien können einen vom Gesetz abweichenden Kündigungstag oder Kündigungstermin bestimmen, sodass das Mietverhältnis nicht mit dem Ablauf eines Kalendervierteljahrs enden muss. Zu beachten ist aber § 309 Nr 9 lit c BGB, nach dem in einem Formularmietvertrag eine zum Nachteil des anderen Vertragsteils längere Kündigungsfrist als drei Monate vor Ablauf der zunächst vorgesehenen oder stillschweigend vereinbarten Vertragsdauer unwirksam ist (Scheffler MDR 1982, 20; Stoffels, AGB-Recht [3. Aufl 2015] Rn 733 f). Gegen § 307 BGB wird verstoßen, wenn sich der Verwender des Vertragsformulars vorbehält, das Mietverhältnis mit sechsmonatiger Frist zu kündigen, während sein Vertragspartner langfristig gebunden ist (OLG Hamburg DWW 1991, 307; OLG Hamm ZMR 1988, 386) oder wenn die Kündigungsfrist auf Null reduziert wird, sodass jederzeit eine ordentliche, aber fristlose Kündigung möglich wäre (Bub NZM 1998, 789, 795).

VI. Kündigungsfristen bei Mietverhältnissen über bewegliche Sachen (Abs 3)

1. Gegenstand

37 Bei einem Mietverhältnis über bewegliche Sachen ist nach § 580a Abs 3 BGB die Bemessung der Miete für die Kündigungsfrist maßgebend. Bewegliche Sachen sind alle körperlichen Gegenstände iS des § 90 BGB, die keine Grundstücksbestandteile sind. Scheinbestandteile nach § 95 BGB (**aM** BeckOK MietR/Bruns [1. 8. 2020] Rn 20) und Grundstückszubehör nach § 97 BGB sind bewegliche Sachen. Als Gegenstand der Vermietung kommen vor allem Kraftfahrzeuge, Wohnwagen, Anhänger, Motorrä-

der, Fahrräder, Segel- und Motorboote, Sportausrüstungen, Strandkörbe, Wäsche, Apparate für Telekommunikation, EDV-Anlagen, Fernseher, Medien, Unterhaltungselektronik, Garten- und Baugeräte sowie Handwerkszeug in Betracht (Münch Komm/Artz Rn 9). Größere Schiffe fallen ebenfalls unter die beweglichen Sachen, wenn sie nicht von der Sonderregelung des § 556 HGB erfasst werden (vgl Rn 21). Zu den beweglichen Sachen gehören auch deren Innenräume (BeckOK MietR/Bruns [1. 8. 2020] Rn 20). Für die Miete von **Tieren** gilt Abs 3 nach § 90a BGB entsprechend (Palandt/Weidenkaff Rn 17; Prütting ua/Riecke Rn 15; Spielbauer/Schneider/Kern Rn 7).

2. Kündigungsfristen

Bei einem Mietverhältnis über bewegliche Sachen ist die Kündigung nach Abs 3 Nr 1 an jedem Tag für den Ablauf des folgenden Tages zulässig, wenn die Miete nach Tagen bemessen ist. Die Kündigungsfrist beträgt in diesem Fall **mindestens 24 Stunden**. Bei der Bemessung der Miete nach längeren Zeitabschnitten muss die Kündigung nach Abs 3 Nr 2 spätestens am dritten Tag vor dem Tag durch Zugang wirksam werden, mit dessen Ablauf das Mietverhältnis endigen soll. Die Kündigungsfrist beträgt damit **mindestens drei Tage**. In beiden Fällen ist § 193 BGB für die Fristberechnung unerheblich (Palandt/Weidenkaff Rn 17; Schmidt-Futterer/Blank Rn 16). Der Kündigungstag braucht nach dem Gesetz nicht auf einen Werktag zu fallen. Die Kündigung kann mithin an jedem beliebigen Tag der Woche wirksam werden und das Mietverhältnis entsprechend der vorgeschriebenen Frist zu jedem beliebigen Tag beenden (vgl § 573c Rn 10, 14). § 193 BGB ist nur insoweit erheblich, als mit der Beendigung des Mietverhältnisses Leistungspflichten der Parteien entstehen. **38**

3. Abweichende Vereinbarungen

Die Kündigungsvorschriften für ein Mietverhältnis über bewegliche Sachen sind ohne Einschränkungen **abdingbar** (vgl Blank/Börstinghaus/Blank/Börstinghaus Rn 22). Hiervon macht die Praxis weitgehend Gebrauch. Da bei der Miete beweglicher Sachen in aller Regel Vertragsformulare verwendet werden, sind die Vorschriften der §§ 305 ff BGB zu beachten. Ein Verstoß führt nach § 306 Abs 1 und 2 BGB nur zur Unwirksamkeit der betreffenden Klausel, sodass an deren Stelle die gesetzlichen Kündigungsfristen des § 580a Abs 3 BGB treten (OLG Köln NJW 1994, 1483; LG Frankfurt aM NJW-RR 1988, 503; vgl LG Hildesheim NJW-RR 1989, 56). **39**

VII. Außerordentliche Kündigung mit gesetzlicher Frist (Abs 4)

1. Anwendungsbereich

In Abs 1 bis 3 werden die Fristen für die *ordentliche* Kündigung eines Mietverhältnisses geregelt. Demgegenüber betrifft Abs 4 die *außerordentliche* Kündigung unter Einhaltung der gesetzlichen Frist. Es handelt sich um eine Reihe **gesetzlich abschließend geregelter Fälle** (Staudinger/Rolfs [2021] § 542 Rn 111). Der Anwendungsbereich ist dadurch gekennzeichnet, dass eine oder beide Parteien das Recht erhalten, sich durch außerordentliche befristete Kündigung vom Vertrag zu lösen. Dies ist bedeutsam für ein auf bestimmte Zeit abgeschlossenes Mietverhältnis, dessen Gesamtdauer noch nicht abgelaufen ist, ferner für ein Mietverhältnis auf unbestimmte Zeit, bei **40** dem die ordentliche Kündigung aus bestimmten Gründen vertraglich oder gesetzlich für eine gewisse Zeit ausgeschlossen ist (Staudinger/Rolfs [2021] § 542 Rn 49 ff).

2. Kündigungsfristen

41 In § 580a Abs 4 BGB wird bestimmt, dass Abs 1 Nr 3, Abs 2 und Abs 3 Nr 2 auch anzuwenden sind, wenn ein Mietverhältnis außerordentlich mit der gesetzlichen Frist gekündigt werden kann. Mit der gesetzlichen Frist sind nicht sämtliche Fristen der Abs 1 bis 3 gemeint. In Abs 4 wird der Begriff der gesetzlichen Frist **unabhängig von der Bemessung der Miete** grundsätzlich auf die jeweils längste Frist der vorangehenden Kündigungsregelungen beschränkt. Hiernach ist die außerordentliche Kündigung mit gesetzlicher Frist bei einem Mietverhältnis über Grundstücke oder Räume nach Maßgabe des Abs 1 Nr 3 spätestens am dritten Werktag eines Kalendermonats für den Ablauf des übernächsten Monats zulässig, bei einem Mietverhältnis über gewerblich genutzte unbebaute Grundstücke jedoch nur für den Ablauf eines Kalendervierteljahres (vgl Rn 26).

42 Für die Kündigung von **Geschäftsräumen** ist in Abs 2 nur eine Frist vorgesehen, die gemäß Abs 4 auch für die außerordentliche Kündigung mit gesetzlicher Frist gilt. Sie beträgt **sechs Monate zum Quartalsende** abzüglich der Karenz von drei Werktagen (Rn 35). Damit ist durch den Gesetzgeber die frühere Streitfrage entschieden worden, ob bei der Geschäftsraummiete die gesetzliche Kündigungsfrist bei der außerordentlichen Kündigung drei oder sechs Monate beträgt (vgl zum früheren Streitstand BGH NJW 2002, 2562 mwNw; KG GE 2001, 551; OLG Düsseldorf NZM 2001, 749; OLG Hamm NZM 2000, 658; LG Kiel NJW-RR 1995, 585; Schultz NZM 1999, 651).

43 Die Kündigung eines Mietverhältnisses über bewegliche Sachen ist nach Abs 3 Nr 2 spätestens am dritten Tag vor dem Tag möglich, mit dessen Ablauf das Mietverhältnis endigen soll (vgl Rn 37 f). Soweit Mischverträge den Kündigungsvorschriften des § 580a BGB unterliegen, richtet sich die außerordentliche Kündigung mit gesetzlicher Frist nach der für den jeweiligen Mietgegenstand maßgebenden Bestimmung.

3. Abweichende Vereinbarungen

44 Da die Regelungen der Abs 1 bis 3 **nicht zwingend** sind (vgl Rn 27, 36, 39), können die Parteien die Fristen für die außerordentliche Kündigung durch abweichende Vereinbarungen anderweitig festlegen. Voraussetzung ist, dass sich die Einhaltung der gesetzlichen Fristen nicht aus der zwingenden Natur der Vorschrift ergibt, auf die sich das außerordentliche Kündigungsrecht gründet. Ferner kommt es darauf an, ob abweichende Vereinbarungen schlechthin oder nur bei nachteiliger Auswirkung auf eine bestimmte Partei ausgeschlossen sind.

Anhang zum Mietrecht
Allgemeines Gleichbehandlungsgesetz (AGG)

vom 14. August 2006 (BGBl I 1897) zuletzt geändert durch Gesetz vom 3. April 2013 (BGBl I 610)

– Auszug –

Abschnitt 1
Allgemeiner Teil

§ 1
Ziel des Gesetzes

Ziel des Gesetzes ist, Benachteiligungen aus Gründen der Rasse oder wegen der ethnischen Herkunft, des Geschlechts, der Religion oder Weltanschauung, einer Behinderung, des Alters oder der sexuellen Identität zu verhindern oder zu beseitigen.

Materialien: BT-Drucks 16/1780; BT-Drucks 16/2022.

Schrifttum

ARMBRÜSTER, Antidiskriminierungsgesetz – Ein neuer Anlauf, ZRP 2005, 41
BAUER/KRIEGER/GÜNTHER, Allgemeines Gleichbehandlungsgesetz und Entgelttransparenzgesetz (5. Aufl 2018)
DÄUBLER/BERTZBACH, Allgemeines Gleichbehandlungsgesetz (4. Aufl 2018)
GAIER/WENDTLAND, Allgemeines Gleichbehandlungsgesetz (2006)
KOCHER/LASKOWSKI/SCHIEK, Allgemeines Gleichbehandlungsgesetz (2007)
LEIBLE/SCHLACHTER, Diskriminierungsschutz durch Privatrecht (2006)
MEINEL/HEYN/HERMS, Allgemeines Gleichbehandlungsgesetz (2. Aufl 2010)
ROLFS, Allgemeine Gleichbehandlung im Mietrecht, NJW 2007, 1489
SCHLACHTER, Wege zur Gleichberechtigung (1993)
WENDELING-SCHRÖDER/STEIN, Allgemeines Gleichbehandlungsgesetz (2008)
WIEDEMANN/THÜSING, Fragen zum Entwurf eines zivilrechtlichen Anti-Diskriminierungsgesetzes, DB 2002, 463
ZORN, Die Auswirkungen des AGG bei der Stellung eines Nachmieters durch den Mieter, WuM 2006, 591.

Systematische Übersicht

I. Allgemeine Kennzeichnung ___ 1	III. Rechtfertigungen von Benachteiligungen ___ 6
II. Umfang des Benachteiligungsschutzes ___ 4	

Anhang zum Mietrecht
§ 1 AGG
Allgemeines Gleichbehandlungsgesetz (AGG)

Alphabetische Übersicht

Ausnahmen	5	Nähe- und Vertrauensverhältnis	5
Benachteiligungsschutz	4	Rechtfertigung	6
		Richtlinien	1
Entstehungsgeschichte	3		
		Siedlungsstruktur	5

I. Allgemeine Kennzeichnung

1 Das AGG setzt vier Richtlinien der EU in nationales Recht um: Die **RL 2000/43/EG** des Rates vom 29. 6. 2000 zur Anwendung des Gleichbehandlungsgrundsatzes ohne Unterschied der Rasse oder der ethnischen Herkunft (ABl EG Nr L 180, 22), die **RL 2000/78/EG** des Rates vom 27. 11. 2000 zur Festlegung eines allgemeinen Rahmens für die Verwirklichung der Gleichbehandlung in Beschäftigung und Beruf (ABl EG Nr L 303, 16), die **RL 2002/73/EG** des Europäischen Parlaments und des Rates vom 23. 9. 2002 zur Änderung der RL 76/207/EWG zur Verwirklichung des Grundsatzes der Gleichbehandlung von Männern und Frauen hinsichtlich des Zugangs zur Beschäftigung, zur Berufsbildung und zum beruflichen Aufstieg sowie in Bezug auf die Arbeitsbedingungen (ABl EG Nr L 269, 15) sowie die **RL 2004/113/EG** des Rates vom 13. 12. 2004 zur Verwirklichung des Grundsatzes der Gleichbehandlung von Männern und Frauen beim Zugang zu und bei der Versorgung mit Gütern und Dienstleistungen (ABl EG Nr L 373, 37). Die Richtlinien beruhen ihrerseits entweder auf Art 13 EG (jetzt: Art 19 AEUV), der den Rat ermächtigt, geeignete Vorkehrungen zu treffen, um Diskriminierungen aus Gründen des Geschlechts, der Rasse, der ethnischen Herkunft, der Religion oder der Weltanschauung, einer Behinderung, des Alters oder der sexuellen Ausrichtung zu bekämpfen, oder auf Art 141 Abs 3 EG (jetzt: Art 157 Abs 3 AEUV) zur Konkretisierung des Grundsatzes des gleichen Entgelts für Frauen und Männer (näher STAUDINGER/SERR [2020] Einl AGG Rn 1 ff).

2 Das AGG ist nach langer politischer Debatte und zwei gescheiterten Vorentwürfen (der RefE DB 2002, 470 ff [dazu WIEDEMANN/THÜSING DB 2002, 463 ff] wurde nicht in das Gesetzgebungsverfahren eingebracht; der 2. Entwurf [BT-Drucks 15/4536] fiel bei der vorzeitigen Auflösung des 15. Deutschen Bundestages der Diskontinuität zum Opfer) am 18. 8. 2006 in Kraft getreten. Es **bricht mit der liberalen**, vom Grundsatz der Privatautonomie beherrschten **Tradition des BGB** und fordert nunmehr auch im Privatrechtsverkehr ein Verhalten, das den Abschluss und den Inhalt von Verträgen sowie die Ausübung von Rechten nicht von der Existenz oder Abstinenz bestimmter persönlicher Merkmale des Vertragspartners abhängig macht.

3 Ursprünglich sollten sowohl im Bürgerlichen Recht als auch im Arbeitsrecht Benachteiligungen aus allen in § 1 AGG genannten Gründen unzulässig sein (Regierungsentwurf, BT-Drucks 16/1780). Im Rechtsausschuss des Deutschen Bundestages hat sich dann aber die Überzeugung durchgesetzt, auf das Verbot der Benachteiligung wegen der Weltanschauung im dritten Abschnitt des Gesetzes zu verzichten (BT-Drucks 16/2022, 13), sodass die „Klammerfunktion" des § 1 AGG verloren gegangen ist.

II. Umfang des Benachteiligungsschutzes

1. Bei der Umsetzung der in Rn 1 genannten Richtlinien hat der deutsche Gesetzgeber einen Teil der Spielräume, die die Richtlinien ihm lassen, genutzt, um einen **abgestuften Benachteiligungsschutz** zu verwirklichen, der nach verschiedenen in § 1 AGG genannten Merkmalen, der Art des Vermieters (und – wenn auch nicht ausdrücklich – der vermieteten Sache) und der Nähe oder des Vertrauens der Vertragspartner und ihrer Angehörigen zueinander differenziert (näher § 19 AGG Rn 20 ff).

2. Außerdem statuiert das Gesetz an verschiedenen Stellen **Ausnahmen** vom Schutz vor Benachteiligungen. Soweit für das Mietrecht von Interesse, handelt es sich um: **(1)** Mietverhältnisse, bei denen ein besonderes Nähe- oder Vertrauensverhältnis der Parteien oder ihrer Angehörigen begründet wird (§ 19 Abs 5 S 1 AGG). Dies kann insbesondere der Fall sein, wenn die Parteien oder ihre Angehörigen Wohnraum auf demselben Grundstück nutzen (§ 19 Abs 5 S 2 AGG; dazu § 19 AGG Rn 35 ff). **(2)** Bei der Vermietung von Wohnraum ist nach § 19 Abs 3 AGG eine unterschiedliche Behandlung im Hinblick auf die Schaffung und Erhaltung sozial stabiler Bewohnerstrukturen und ausgewogener Siedlungsstrukturen sowie ausgeglichener wirtschaftlicher, sozialer und kultureller Verhältnisse zulässig (dazu § 19 AGG Rn 39 f). Diese Ausnahme ist jedoch von der RL 2000/43/EG nicht gedeckt und muss daher richtlinienkonform auf die Differenzierungsgründe Geschlecht, Religion, Behinderung, Alter und sexuelle Identität beschränkt werden. **(3)** Zulässig ist schließlich eine unterschiedliche Behandlung, wenn sie durch geeignete und angemessene Maßnahmen bestehende Nachteile wegen eines in § 1 AGG genannten Grundes verhindert oder auszugleichen versucht (§ 5 AGG).

III. Rechtfertigungen von Benachteiligungen

Benachteiligungen mit Ausnahme solcher aus rassistischen Gründen oder wegen der ethnischen Herkunft können gerechtfertigt sein, wenn für die unterschiedliche Behandlung ein sachlicher Grund besteht (§ 20 AGG; dazu § 20 AGG Rn 3 ff). Mittelbare Benachteiligungen können zusätzlich auch dadurch gerechtfertigt sein, dass die betreffenden Vorschriften, Kriterien oder Verfahren durch ein rechtmäßiges Ziel sachlich gerechtfertigt und die Mittel zur Erreichung dieses Ziels angemessen und erforderlich sind (§ 3 Abs 2 HS 2 AGG; dazu § 3 AGG Rn 10 f).

§ 2
Anwendungsbereich

(1) Benachteiligungen aus einem in § 1 genannten Grund sind nach Maßgabe dieses Gesetzes unzulässig in Bezug auf:

1. die Bedingungen, einschließlich Auswahlkriterien und Einstellungsbedingungen, für den Zugang zu unselbstständiger und selbstständiger Erwerbstätigkeit, unabhängig von Tätigkeitsfeld und beruflicher Position, sowie für den beruflichen Aufstieg,

2. die Beschäftigungs- und Arbeitsbedingungen einschließlich Arbeitsentgelt und Entlassungsbedingungen, insbesondere in individual- und kollektivrechtlichen Vereinbarungen und Maßnahmen bei der Durchführung und Beendigung eines Beschäftigungsverhältnisses sowie beim beruflichen Aufstieg,

3. den Zugang zu allen Formen und allen Ebenen der Berufsberatung, der Berufsbildung einschließlich der Berufsausbildung, der beruflichen Weiterbildung und der Umschulung sowie der praktischen Berufserfahrung,

4. die Mitgliedschaft und Mitwirkung in einer Beschäftigten- oder Arbeitgebervereinigung oder einer Vereinigung, deren Mitglieder einer bestimmten Berufsgruppe angehören, einschließlich der Inanspruchnahme der Leistungen solcher Vereinigungen,

5. den Sozialschutz, einschließlich der sozialen Sicherheit und der Gesundheitsdienste,

6. die sozialen Vergünstigungen,

7. die Bildung,

8. den Zugang zu und die Versorgung mit Gütern und Dienstleistungen, die der Öffentlichkeit zur Verfügung stehen, einschließlich von Wohnraum.

(2) Für Leistungen nach dem Sozialgesetzbuch gelten § 33c des Ersten Buches Sozialgesetzbuch und § 19a des Vierten Buches Sozialgesetzbuch. Für die betriebliche Altersvorsorge gilt das Betriebsrentengesetz.

(3) Die Geltung sonstiger Benachteiligungsverbote oder Gebote der Gleichbehandlung wird durch dieses Gesetz nicht berührt. Dies gilt auch für öffentlich-rechtliche Vorschriften, die dem Schutz bestimmter Personengruppen dienen.

(4) Für Kündigungen gelten ausschließlich die Bestimmungen zum allgemeinen und besonderen Kündigungsschutz.

Materialien: BT-Drucks 16/1780; BT-Drucks 16/2022.

Schrifttum

DERLEDER, Vertragsanbahnung und Vertragsabschluss über Mietwohnungen und die Diskriminierungsverbote des AGG, NZM 2007, 625
EISENSCHMID, Europäischer Verbraucherschutz: Allgemeines Gleichbehandlungsgesetz, WuM 2006, 475
HINZ, Allgemeines Gleichbehandlungsgesetz – Überlegungen zur Umsetzung in der mietrechtlichen Praxis, ZMR 2006, 742 u 826
MAIER-REIMER, Das Allgemeine Gleichbehandlungsgesetz im Zivilrechtsverkehr, NJW 2006, 2577
ROLFS, Allgemeine Gleichbehandlung im Mietrecht, NJW 2007, 1489
SCHMIDT-RÄNTSCH, EG-Diskriminierungsver-

bote im deutschen Mietrecht, in: FS Blank (2006) 381
ders, Auswirkungen des Allgemeinen Gleichbehandlungsgesetzes auf das Mietrecht, NZM 2007, 6
THÜSING, Richtlinienkonforme Auslegung und unmittelbare Geltung von EG-Richtlinien im Anti-Diskriminierungsrecht, NJW 2003, 3441

ZORN, Die Auswirkungen des AGG bei der Stellung eines Nachmieters durch den Mieter, WuM 2006, 591.

Vgl auch zu § 1 AGG.

Systematische Übersicht

I.	Allgemeine Kennzeichnung	1
II.	Mietrechtlicher Anwendungsbereich	2
III.	Keine Ausnahme für Kündigungen	6

Alphabetische Übersicht

Geschäftsraum	2	Massengeschäft	4
Grundstück	2		
Güter	2	Öffentlichkeit	4 f
Internet	4	Pacht	2
Kündigung	6	Schiffe	2
Leasing	2	Wohnraum	2

I. Allgemeine Kennzeichnung

Die Vorschrift umschreibt den sachlichen Anwendungsbereich des Gesetzes. Für das Mietrecht ist in Abs 1 allein Nr 8, der Zugang zu und die Versorgung mit Gütern und Dienstleistungen, die der Öffentlichkeit zur Verfügung stehen, einschließlich von Wohnraum, von Bedeutung. **1**

II. Mietrechtlicher Anwendungsbereich

1. In wörtlicher Übereinstimmung mit Art 3 Abs 1 lit h RL 2000/43/EG eröffnet § 2 Abs 1 Nr 8 AGG den sachlichen Anwendungsbereich des AGG auch für das Mietrecht einschließlich des Wohnraummietrechts. „**Güter**" sind, wie der zweite Halbsatz klarstellt, nicht nur bewegliche Sachen (Waren), sondern auch Immobilien (MEINEL/HEYN/HERMS Rn 52). Damit gehen RL und Gesetz trotz ihrer Anlehnung an den Sprachgebrauch des Vertrages über die Arbeitsweise der Europäischen Union im Rahmen der Warenverkehrsfreiheit (Art 28 ff AEUV; vgl BAUER/KRIEGER/GÜNTHER Rn 41) über diese Grundfreiheit hinaus. Erfasst ist also die Ver- und Anmietung beweglicher Sachen ebenso wie diejenige von Schiffen, Wohn-, Geschäfts- und sonstigen Räumen sowie Grundstücken. Das Gleiche gilt für der Miete ähnliche **2**

Verträge wie das Leasing (BT-Drucks 16/1780, 32; PALANDT/ELLENBERGER Rn 9) sowie die Pacht.

3 2. „Zugang" und „Versorgung" erfassen nicht nur die Anbahnung (LG Köln 13. 11. 2015 – 10 S 137/14, NJW 2016, 510) sowie den Abschluss des Vertrages und seinen Bestand, sondern auch alle Rechtsgeschäfte und Realakte im Zuge seiner Durchführung. Dies stellt § 19 Abs 1 AGG nochmals klar.

4 3. Eine Einschränkung erfahren die Benachteiligungsverbote dadurch, dass sie nur dann zu beachten sind, wenn die Güter oder Dienstleistungen **„der Öffentlichkeit zur Verfügung stehen"**. Nach **hM** werden dadurch alle Leistungen erfasst, die öffentlich zum Vertragsschluss angeboten werden, zB durch Annoncen in Tageszeitungen, Veröffentlichungen im Internet, vermittels eines Maklers, aber auch durch örtlich nur begrenzt wahrnehmbare Offerten wie Aushänge (EISENSCHMID WuM 2006, 475, 477; HINZ ZMR 2006, 742, 743; PALANDT/ELLENBERGER Rn 9; SCHMIDT-FUTTERER/BLANK Vor § 535 Rn 178; SCHMIDT-RÄNTSCH, in: FS Blank [2006] 381, 390; ders NZM 2007, 6, 10; WENDELING-SCHRÖDER/STEIN Rn 26; ZORN WuM 2006, 591, 592). Unerheblich ist, ob der Anbietende bereits eine rechtlich bindende Offerte iS des § 145 BGB abgibt oder lediglich zur Abgabe eines Angebotes auffordert (invitatio ad offerendum; LG Köln 13. 11. 2015 – 10 S 137/14, NJW 2016, 510; BeckOGK/BAUMGÄRTNER [1. 6. 2020] Rn 67; DERLEDER NZM 2007, 625, 628; KRAFT/MENSE/WREDE NZM 2020, 826, 828; STAUDINGER/SERR [2020] § 2 AGG Rn 31). Ob er Unternehmer (§ 14 BGB) oder Verbraucher (§ 13 BGB) ist, ist ebenfalls unerheblich; entscheidend ist lediglich, dass das Angebot über die Privatsphäre des Anbieters hinausgelangt ist (BT-Drucks 16/1780, 32; DÄUBLER/BERTZBACH/FRANKE Rn 59; GAIER/WENDTLAND Rn 31). Davon **aM** wollen § 2 Abs 1 Nr 8 AGG in einem engeren Sinne interpretieren und entweder auf Massengeschäfte iS von § 19 Abs 1 AGG (MAIER-REIMER NJW 2006, 2577, 2580; dagegen zu Recht SCHMIDT-RÄNTSCH NZM 2007, 6, 9), auf Leistungen von Unternehmern iS von § 14 BGB (STORK, Das Antidiskriminierungsrecht der EU und seine Umsetzung in das deutsche Zivilrecht [2006] 126, 265) oder auf solche Verträge beschränken, bei denen der Anbieter die Leistung mehrfach erbringen kann (THÜSING NJW 2003, 3441, 3442). Sie geraten jedoch teilweise mit der RL 2000/43/EG, die eine Beschränkung auf Verträge eines Unternehmers nicht kennt, teilweise mit § 19 Abs 5 S 1 AGG in Konflikt, der das zivilrechtliche Benachteiligungsverbot nur bei einem besonderen Nähe- oder Vertrauensverhältnis nicht zur Anwendung gelangen lässt.

5 **Nicht der Öffentlichkeit zur Verfügung** steht die Vermietung einer Wohnung oder einer sonstigen Sache, wenn der Vermieter sie nur gezielt einem bestimmten Personenkreis persönlich anbietet, zB nur an Verwandte und Freunde vermietet (ROLFS NJW 2007, 1489, 1490). Dasselbe gilt, wenn der Mieter sich schon beim Vermieter gemeldet hat, bevor dieser eine Annonce oder dgl geschaltet hatte, weil ihm beispielsweise vom Vormieter das Freiwerden der Wohnung mitgeteilt worden war (HINZ ZMR 2006, 742, 743; ZORN WuM 2006, 591, 592).

III. Keine Ausnahme für Kündigungen

6 Für Kündigungen sollen nach § 2 Abs 4 AGG ausschließlich die Bestimmungen zum allgemeinen und besonderen Kündigungsschutz Anwendung finden. Unabhängig davon, dass diese Einschränkung mit Unionsrecht ohnehin unvereinbar ist (vgl BAG 29. 11. 2007 – 2 AZR 613/06, AP Nr 182 zu § 1 KSchG 1969 Betriebsbedingte Kündigung =

NZA 2008, 361; Staudinger/Serr [2020] § 2 AGG Rn 64), ist sie für das Mietrecht ohne Bedeutung, da sie ausweislich der amtlichen Begründung (BT-Drucks 16/2022, 12) lediglich die Kündigung von Arbeitsverhältnissen, nicht aber diejenige bürgerlich-rechtlicher Vertragsverhältnisse erfassen soll.

§ 3
Begriffsbestimmungen

(1) Eine unmittelbare Benachteiligung liegt vor, wenn eine Person wegen eines in § 1 genannten Grundes eine weniger günstige Behandlung erfährt, als eine andere Person in einer vergleichbaren Situation erfährt, erfahren hat oder erfahren würde. Eine unmittelbare Benachteiligung wegen des Geschlechts liegt in Bezug auf § 2 Abs. 1 Nr. 1 bis 4 auch im Falle einer ungünstigeren Behandlung einer Frau wegen Schwangerschaft oder Mutterschaft vor.

(2) Eine mittelbare Benachteiligung liegt vor, wenn dem Anschein nach neutrale Vorschriften, Kriterien oder Verfahren Personen wegen eines in § 1 genannten Grundes gegenüber anderen Personen in besonderer Weise benachteiligen können, es sei denn, die betreffenden Vorschriften, Kriterien oder Verfahren sind durch ein rechtmäßiges Ziel sachlich gerechtfertigt und die Mittel sind zur Erreichung dieses Ziels angemessen und erforderlich.

(3) Eine Belästigung ist eine Benachteiligung, wenn unerwünschte Verhaltensweisen, die mit einem in § 1 genannten Grund in Zusammenhang stehen, bezwecken oder bewirken, dass die Würde der betreffenden Person verletzt und ein von Einschüchterungen, Anfeindungen, Erniedrigungen, Entwürdigungen oder Beleidigungen gekennzeichnetes Umfeld geschaffen wird.

(4) Eine sexuelle Belästigung ist eine Benachteiligung in Bezug auf § 2 Abs. 1 Nr. 1 bis 4, wenn ein unerwünschtes, sexuell bestimmtes Verhalten, wozu auch unerwünschte sexuelle Handlungen und Aufforderungen zu diesen, sexuell bestimmte körperliche Berührungen, Bemerkungen sexuellen Inhalts sowie unerwünschtes Zeigen und sichtbares Anbringen von pornographischen Darstellungen gehören, bezweckt oder bewirkt, dass die Würde der betreffenden Person verletzt wird, insbesondere wenn ein von Einschüchterungen, Anfeindungen, Erniedrigungen, Entwürdigungen oder Beleidigungen gekennzeichnetes Umfeld geschaffen wird.

(5) Die Anweisung zur Benachteiligung einer Person aus einem in § 1 genannten Grund gilt als Benachteiligung. Eine solche Anweisung liegt in Bezug auf § 2 Abs. 1 Nr. 1 bis 4 insbesondere vor, wenn jemand eine Person zu einem Verhalten bestimmt, das einen Beschäftigten oder eine Beschäftigte wegen eines in § 1 genannten Grundes benachteiligt oder benachteiligen kann.

Materialien: BT-Drucks 16/1780; BT-Drucks 16/2022.

Schrifttum

Annuss, Das Allgemeine Gleichbehandlungsgesetz im Arbeitsrecht, BB 2006, 1629
Derleder/Sabetta, Die Umsetzung eines Diskriminierungsverbots im Wohnraummietrecht, WuM 2005, 3
Hinz, Allgemeines Gleichbehandlungsgesetz – Überlegungen zur Umsetzung in der mietrechtlichen Praxis, ZMR 2006, 742 u 826
Maier-Reimer, Das Allgemeine Gleichbehandlungsgesetz im Zivilrechtsverkehr, NJW 2006, 2577
Rolfs, Allgemeine Gleichbehandlung im Mietrecht, NJW 2007, 1489
Schiek, Gleichbehandlungsrichtlinien der EU – Umsetzung im deutschen Arbeitsrecht, NZA 2004, 873
Schiess Rütimann, Vertragsverweigerung gegenüber ausländischen Mietinteressenten, WuM 2006, 12
Schmidt-Räntsch, Auswirkungen des Allgemeinen Gleichbehandlungsgesetzes auf das Mietrecht, NZM 2007, 6
Thüsing, Das Arbeitsrecht der Zukunft? – Die deutsche Umsetzung der Anti-Diskriminierungsrichtlinien im internationalen Vergleich, NZA Beil 22/2004, 3.

Vgl auch zu § 1 AGG.

Systematische Übersicht

I.	**Allgemeine Kennzeichnung**	1
II.	**Benachteiligung**	
1.	Begriff	3
2.	Formen	4
a)	Unmittelbare Benachteiligung (Abs 1)	5
b)	Mittelbare Benachteiligung (Abs 2)	7
c)	Belästigung und sexuelle Belästigung (Abs 3 und 4)	12
d)	Anweisung zur Benachteiligung (Abs 5)	14

Alphabetische Übersicht

Anweisung	14		Persönlichkeitsverletzung	12
Belästigung	12		Rechtfertigung	10
– sexuelle	13			
Benachteiligung	1, 3 ff		Staatsangehörigkeit	7
– Anweisung	14		Statistik	9
– mittelbare	7 ff			
– unmittelbare	5 f		Ungleichbehandlung	3
Diskriminierung	1		Vorerfahrungen	10
			Vorurteile	10

I. Allgemeine Kennzeichnung

1 Das Gesetz differenziert zwischen **Benachteiligung** und unzulässiger Benachteiligung (nach herkömmlicher, vom Gesetz aber bewusst vermiedener Terminologie: **Diskriminierung**): Benachteiligung ist eine Ungleichbehandlung; nur wenn sie nicht gerechtfertigt (vgl § 3 Abs 2 HS 2, § 20 AGG) oder als positive Maßnahme (§ 5 AGG) gestattet ist, wird sie zur Diskriminierung.

In Übereinstimmung mit den zugrunde liegenden Richtlinien nennt § 3 AGG fünf verschiedene Formen der Benachteiligung: Die unmittelbare (Abs 1) und die mittelbare Benachteiligung (Abs 2), die Belästigung (Abs 3), die sexuelle Belästigung (Abs 4) und die Anweisung zur Benachteiligung (Abs 5).

II. Benachteiligung

1. Begriff

Benachteiligung ist sowohl die Vorenthaltung von Vorteilen (BAG 12. 6. 2002 – 10 AZR 340/01, AP Nr 8 zu § 612a BGB = NZA 2002, 1389; BAG 7. 11. 2002 – 2 AZR 742/00, AP Nr 100 zu § 615 BGB = NZA 2003, 1139; BAG 25. 2. 2010 – 6 AZR 911/08, AP Nr 3 zu § 3 AGG = NZA 2010, 561) als auch die Zufügung von Nachteilen. Ob eine Vereinbarung oder Maßnahme in diesem Sinne nachteilig ist, kann nur durch den Vergleich festgestellt werden, ob der Betreffende eine weniger günstige Behandlung erfährt, als eine andere Person in einer vergleichbaren Situation erfährt, erfahren hat oder erfahren würde (Rolfs NJW 2007, 1489, 1491). In Betracht kommen namentlich die Versagung des Vertragsabschlusses und die Kündigung, aber auch Maßnahmen im bestehenden Vertragsverhältnis, zB die Versagung der Erlaubnis zur Untervermietung an eine bestimmte Person. Ein Verschulden, gar eine Benachteiligungsabsicht, ist nicht erforderlich (Maier-Reimer NJW 2006, 2577, 2579; Schmidt-Räntsch NZM 2007, 6, 12). Es genügt die **objektive Ungleichbehandlung**, die in den Fällen des § 3 Abs 1 und 3 AGG aber „wegen" eines der in § 1 AGG genannten Merkmale und damit in dessen Kenntnis erfolgen muss (Palandt/Ellenberger § 1 AGG Rn 11).

2. Formen

§ 3 AGG enthält **Legaldefinitionen** der möglichen Benachteiligungsformen. Sie orientieren sich an der arbeitsrechtlichen Rechtsprechung oder sind wörtlich den zugrundeliegenden Richtlinien entnommen.

a) Unmittelbare Benachteiligung (Abs 1)

Eine unmittelbare Benachteiligung **liegt vor**, wenn eine Person weniger günstig behandelt wird als eine andere Person in einer vergleichbaren Situation (ausführlich Staudinger/Serr [2020] § 3 AGG Rn 4 ff). Ausreichend ist es, wenn eine hinreichend konkrete Erstbegehungs- oder Wiederholungsgefahr hinsichtlich einer Ungleichbehandlung besteht (BT-Drucks 16/1780, 32). Bei der unmittelbaren Benachteiligung erfolgt die Unterscheidung gerade *wegen* eines nach § 19 Abs 1 AGG verbotenen Differenzierungsmerkmals. **Beispiele** sind die Vermietung einer Wohnung nur an „alleinstehende Frauen über 40" (unmittelbare Diskriminierung wegen des Geschlechts und wegen des Alters) oder „nicht an Muslime" (unmittelbare Diskriminierung wegen der Religion).

Keine unmittelbare Benachteiligung ist dagegen zu besorgen, wenn die Differenzierung aus anderen als den in § 19 Abs 1 AGG genannten Kriterien erfolgt. Weiß der Vermieter zB, dass ein bestimmter Mietinteressent im Rahmen anderer Mietverhältnisse auffällig geworden ist, also etwa seine Miete oder die Betriebskosten nicht pünktlich entrichtet, häufig Lärm verursacht, Streit mit seinen Mitmietern angezettelt oder beim Auszug Unrat hinterlassen hat, darf er ihn auch dann ablehnen, wenn der Betreffende Träger eines geschützten Merkmals, also beispielsweise behindert ist (Hinz ZMR 2006, 742, 745).

b) Mittelbare Benachteiligung (Abs 2)

7 aa) Eine mittelbare Benachteiligung ist zu besorgen, wenn dem Anschein nach neutrale Vorschriften, Kriterien oder Verfahren dazu führen, dass Personen gegenüber anderen Personen in besonderer Weise benachteiligt werden. Dies gilt nicht, wenn die unterschiedliche Behandlung durch ein rechtmäßiges Ziel sachlich gerechtfertigt ist und die Mittel zur Erreichung dieses Ziels angemessen und erforderlich sind. Hier ergibt sich die Diskriminierung erst *als Folge* einer nach *wertneutralen Kriterien* getroffenen Unterscheidung. Wichtigstes **Beispiel** dürfte die Unterscheidung nach der **Staatsangehörigkeit** sein, etwa die Vermietung nur an Deutsche. Die Staatsangehörigkeit ist nämlich für sich betrachtet kein unzulässiges Differenzierungsmerkmal, da sie in § 19 Abs 1 AGG nicht erwähnt ist (Hinz ZMR 2006, 742, 744). Sie führt aber zu einer jedenfalls *mittelbaren Benachteiligung* ausländischer Personen wegen der ethnischen Herkunft und/oder aus rassistischen Gründen (Palandt/Ellenberger § 1 AGG Rn 2), je nach den Umständen kann sogar eine *unmittelbare Benachteiligung* anzunehmen sein (näher § 19 AGG Rn 8 ff).

8 **Keine mittelbare Benachteiligung** liegt dagegen zB vor, wenn der Vermieter nach der Reihenfolge des Eingangs der Bewerbungen vorgeht, vornehmlich an Mieter vermietet, die zur Vereinbarung eines befristeten Kündigungsausschlusses (zur Wirksamkeit derartiger Vereinbarungen § 573c Rn 39 ff) bereit sind, nur Mietinteressenten berücksichtigt, deren Arbeitseinkommen einen bestimmten Betrag überschreitet oder (nur) bei finanziell schwachen Personen eine Mietsicherheit verlangt. Unabhängig davon, dass es sich insoweit auch um iSv Abs 2 rechtmäßige Ziele handelt (Hinz ZMR 2006, 742, 745; Schiess Rütimann WuM 2006, 12, 14), liegt schon keine statistisch nachweisbare überdurchschnittliche Betroffenheit von Trägern eines nach § 19 Abs 1 AGG geschützten Merkmals vor (AG Kiel NZM 2012, 610).

9 bb) Die unterschiedliche Betroffenheit der beiden Gruppen muss durch einen **statistischen Vergleich** festgestellt werden. Zu vergleichen ist die Gruppe derjenigen, die durch die Verwendung des zu überprüfenden Kriteriums belastet wird, mit der Gruppe derer, die durch es begünstigt oder jedenfalls nicht belastet wird. Erforderlich ist, dass die erste Gruppe **signifikant stärker** betroffen ist (EuGH 2. 10. 1997 – C-100/95, Slg 1997, I-5289 = NZA 1997, 1221; EuGH 12. 10. 2004 – C-313/02, Slg 2004, I-9247 = NZA 2004, 1325; EuGH 10. 3. 2005 – C-196/02, Slg 2005, I-1789 = NZA 2005, 807; BAG 9. 12. 2015 – 4 AZR 684/12, AP Nr 57 zu § 1 TVG Tarifverträge: Lufthansa = NZA 2016, 897). Auf eine exakte Zahlenrelation hat sich die Rechtsprechung bislang nicht festgelegt. Ausreichend ist die konkrete Gefahr, dass eine Gruppe benachteiligt werden könnte. Ob damit zugleich gemeint ist, dass der Nachweis einer statistischen Benachteiligung im konkreten Einzelfall nicht mehr geführt werden muss, ist streitig (bejahend Schiek NZA 2004, 873, 875; verneinend Thüsing NZA Beil 22/2004, 3, 6 f).

10 cc) Eine mittelbare Benachteiligung scheidet bereits tatbestandlich aus, wenn ein **rechtfertigender Grund** vorliegt (Staudinger/Serr [2020] § 3 AGG Rn 32 ff). Erforderlich ist, dass die unterschiedliche Behandlung einem wirklichen Bedürfnis des Anbieters dient, für die Erreichung seiner Ziele geeignet und nach den Grundsätzen der Verhältnismäßigkeit erforderlich ist. Für einen solchen sachlichen Grund reichen jedoch **unspezifische Behauptungen** zB über die geringere finanzielle Leistungsfähigkeit von Ausländern oder den häufigeren Besuch von Verwandten nicht aus (vgl BAG 23. 1. 1990 – 3 AZR 58/88, AP Nr 7 zu § 1 BetrAVG Gleichberechtigung = NZA 1990, 778). Dasselbe gilt für tatsächliche oder vermeintliche **negative Vorerfahrungen**. Es widerspräche dem Ziel des AGG eklatant, wenn eine Benachteiligung dadurch gerechtfertigt werden könnte, dass andere Träger eines verbotenen Differenzierungsmerkmals in der Vergangenheit Anlass zu Auseinandersetzungen gegeben haben (Hinz ZMR 2006, 742, 745; **aM** Derleder/Sabetta WuM 2005, 3, 6 f).

Dagegen ist die Größe der Familie ein zulässiges Differenzierungskriterium jedenfalls im Verhältnis zur Größe der vermieteten Wohnung, ihrer Quadratmeterzahl und der Zahl der Zimmer, ohne dass die strengen Anforderungen an eine Kündigung wegen Überbelegung (vgl § 573 Rn 59) erfüllt sein müssten. Aber auch der Wunsch des Vermieters nach Vermeidung von Lärm ist anzuerkennen (vgl Derleder/Sabetta WuM 2005, 3, 7 f).

c) Belästigung und sexuelle Belästigung (Abs 3 und 4)

aa) Eine Belästigung gilt als Benachteiligung, wenn unerwünschte Verhaltensweisen bezwecken oder bewirken, dass die Würde der betroffenen Person verletzt wird und ein von Einschüchterungen, Anfeindungen, Erniedrigungen, Entwürdigungen oder Beleidigungen gekennzeichnetes Umfeld entsteht. Hier geht es um einen **Angriff** auf die **Persönlichkeit** des Betroffenen. Einmalige Angriffe genügen jedoch noch nicht, da ein feindliches Umfeld nur bei einem kontinuierlichen Handeln entstehen kann.

bb) Eine sexuelle Belästigung gilt als Benachteiligung, wenn unerwünschtes, **sexuell bestimmtes Verhalten** eine Verletzung der Würde bezweckt oder bewirkt, insbesondere wenn ein von Einschüchterungen, Anfeindungen, Erniedrigungen, Entwürdigungen oder Beleidigungen gekennzeichnetes Umfeld geschaffen wird. Sie ist für das Mietrecht schon deshalb ohne Belang, weil Abs 4 sie nur im Rahmen von § 2 Abs 1 Nr 1 bis 4 AGG, also nur im Arbeitsrecht, untersagt.

d) Anweisung zur Benachteiligung (Abs 5)

Auch die Anweisung zur Benachteiligung einer Person aus einer der in § 19 Abs 1 AGG genannten Gründe gilt bereits als Benachteiligung. „Anweisung" in diesem Sinne meint nicht nur die Ausübung des arbeitgeberseitigen Direktionsrechts (dazu Staudinger/Richardi/Fischinger [2020] § 611a Rn 961 ff), etwa wenn der Geschäftsführer eines Großvermieters seine Angestellten auffordert, Wohnungen nicht mehr an bestimmte Personengruppen zu vermieten (so aber Bauer/Krieger/Günther Rn 64). Vielmehr genügt jede Ausnutzung eines Weisungsverhältnisses, aufgrund dessen der „Anweisende" vom „Angewiesenen" aus rechtlichen Gründen ein bestimmtes Verhalten verlangen kann (Annuss BB 2006, 1629, 1632; Prütting ua/Lingemann Rn 43; ähnlich Hk-ArbR/Bufalica/Braun Rn 24: „kraft geregelter oder faktischer Weisungsmacht"; so auch BeckOGK/Baumgärtner [1. 6. 2020] Rn 143; noch weitergehend Palandt/Ellenberger Rn 7: „jede Aufforderung"), zB im Rahmen eines Maklervertrages. Ob die angewiesene Handlung tatsächlich ausgeführt worden ist oder ob der Anweisende sich über die Verbotswidrigkeit der Handlung bewusst war, ist unerheblich (BT-Drucks 16/1780, 33). **Eigenständige Bedeutung** hat Abs 5 freilich nur, wenn der Angewiesene sich über die Anweisung hinwegsetzt und auf die eingeforderte Benachteiligung verzichtet, weil der Anweisende anderenfalls schon über § 3 Abs 1 bis 4 AGG iV mit § 278 BGB einstandspflichtig ist.

§ 4
Unterschiedliche Behandlung wegen mehrerer Gründe

Erfolgt eine unterschiedliche Behandlung wegen mehrerer der in § 1 genannten Gründe, so kann diese unterschiedliche Behandlung nach den §§ 8 bis 10 und 20 nur gerechtfertigt werden, wenn sich die Rechtfertigung auf alle diese Gründe erstreckt, derentwegen die unterschiedliche Behandlung erfolgt.

Materialien: BT-Drucks 16/1780; BT-Drucks 16/2022.

1 Eine Benachteiligung kann gleichzeitig aus mehreren Gründen (zB wegen des Geschlechts und des Alters) erfolgen. Sie ist dann nur gerechtfertigt, wenn der Betreffende sich in Bezug auf beide bzw alle Benachteiligungen auf Rechtfertigungsgründe berufen kann. Als solche kommen aber nicht nur die in § 4 AGG genannten §§ 8 bis 10 und 20 AGG, sondern auch die Ausnahmevorschrift des § 5 AGG sowie im Falle mittelbarer Benachteiligung § 3 Abs 2 HS 2 AGG in Betracht.

§ 5
Positive Maßnahmen

Ungeachtet der in den §§ 8 bis 10 sowie in § 20 benannten Gründe ist eine unterschiedliche Behandlung auch zulässig, wenn durch geeignete und angemessene Maßnahmen bestehende Nachteile wegen eines in § 1 genannten Grundes verhindert oder ausgeglichen werden sollen.

Materialien: BT-Drucks 16/1780; BT-Drucks 16/2022.

Schrifttum

DERLEDER, Vertragsanbahnung und Vertragsabschluss über Mietwohnungen und die Diskriminierungsverbote des AGG, NZM 2007, 625.

1 In Übereinstimmung mit den Richtlinien gestattet § 5 AGG eine unterschiedliche Behandlung wegen der in § 1 AGG genannten Gründe, wenn dies dem Nachteilsausgleich dient. Unproblematisch sind daher Mietangebote, die sich zB mit behinderten- oder seniorengerechter Gestaltung der Wohnung speziell an solche Personengruppen wenden (DERLEDER NZM 2007, 625, 628).

Abschnitt 3
Schutz vor Benachteiligung im Zivilrechtsverkehr

§ 19
Zivilrechtliches Benachteiligungsverbot

(1) Eine Benachteiligung aus Gründen der Rasse oder wegen der ethnischen Herkunft, wegen des Geschlechts, der Religion, einer Behinderung, des Alters oder der sexuellen Identität bei der Begründung, Durchführung und Beendigung zivilrechtlicher Schuldverhältnisse, die

1. typischerweise ohne Ansehen der Person zu vergleichbaren Bedingungen in einer Vielzahl von Fällen zustande kommen (Massengeschäfte) oder bei denen das Ansehen der Person nach der Art des Schuldverhältnisses eine nachrangige Bedeutung hat und die zu vergleichbaren Bedingungen in einer Vielzahl von Fällen zustande kommen oder

2. eine privatrechtliche Versicherung zum Gegenstand haben,

ist unzulässig.

(2) Eine Benachteiligung aus Gründen der Rasse oder wegen der ethnischen Herkunft ist darüber hinaus auch bei der Begründung, Durchführung und Beendigung sonstiger zivilrechtlicher Schuldverhältnisse im Sinne des § 2 Abs. 1 Nr. 5 bis 8 unzulässig.

(3) Bei der Vermietung von Wohnraum ist eine unterschiedliche Behandlung im Hinblick auf die Schaffung und Erhaltung sozial stabiler Bewohnerstrukturen und ausgewogener Siedlungsstrukturen sowie ausgeglichener wirtschaftlicher, sozialer und kultureller Verhältnisse zulässig.

(4) Die Vorschriften dieses Abschnitts finden keine Anwendung auf familien- und erbrechtliche Schuldverhältnisse.

(5) Die Vorschriften dieses Abschnitts finden keine Anwendung auf zivilrechtliche Schuldverhältnisse, bei denen ein besonderes Nähe- oder Vertrauensverhältnis der Parteien oder ihrer Angehörigen begründet wird. Bei Mietverhältnissen kann dies insbesondere der Fall sein, wenn die Parteien oder ihre Angehörigen Wohnraum auf demselben Grundstück nutzen. Die Vermietung von Wohnraum zum nicht nur vorübergehenden Gebrauch ist in der Regel kein Geschäft im Sinne des Absatzes 1 Nr. 1, wenn der Vermieter insgesamt nicht mehr als 50 Wohnungen vermietet.

Materialien: BT-Drucks 16/1780; BT-Drucks 16/2022.

§ 19 AGG

Schrifttum

Annuss, Das Allgemeine Gleichbehandlungsgesetz im Arbeitsrecht, BB 2006, 1629
Armbrüster, Antidiskriminierungsgesetz – Ein neuer Anlauf, ZRP 2005, 41
Derleder, Vertragsanbahnung und Vertragsabschluss über Mietwohnungen und die Diskriminierungsverbote des AGG, NZM 2007, 625
ders, Interkulturelle Konflikte in Wohnanlagen, NZM 2008, 505
ders, AGG-Verstoß bei Anmietungsverhandlungen, NZM 2016, 254
Eisenschmid, Europäischer Verbraucherschutz: Allgemeines Gleichbehandlungsgesetz, WuM 2006, 475
Hanau, Das Allgemeine Gleichbehandlungsgesetz (arbeitsrechtlicher Teil) zwischen Bagatellisierung und Dramatisierung, ZIP 2006, 2189
Hinz, Allgemeines Gleichbehandlungsgesetz – Überlegungen zur Umsetzung in der mietrechtlichen Praxis, ZMR 2006, 742 u 826
Kraft/Mense/Wrede, Diskriminierung von „Hartz IV-Empfängern" auf dem Wohnungsmarkt, NZM 2020, 826
Krüger, Intersexualität im Recht, StAZ 2006, 260
Looschelders, Diskriminierung und Schutz vor Diskriminierung im Privatrecht, JZ 2012, 105
Lützenkirchen, Wohnraummiete: Die Geltung des Allgemeine Benachteiligungsverbots (AGG), MietRB 2006, 249
Maier-Reimer, Das Allgemeine Gleichbehandlungsgesetz im Zivilrechtsverkehr, NJW 2006, 2577
Metzger, Die Bedeutung des Allgemeinen Gleichbehandlungsgesetzes (AGG) für die Vermietungspraxis der Wohnungswirtschaft, WuM 2007, 47
Neumann/Pahlen/Greiner/Winkler/Jabben, Sozialgesetzbuch IX (14. Aufl 2020)
Rolfs, Allgemeine Gleichbehandlung im Mietrecht, NJW 2007, 1489
ders/Paschke, Die Pflichten des Arbeitgebers und Rechte schwerbehinderter Arbeitnehmer nach § 81 SGB IX, BB 2002, 1260
Schiess Rütimann, Vertragsverweigerung gegenüber ausländischen Mietinteressenten, WuM 2006, 12
Schmidt-Räntsch, EG-Diskriminierungsverbote im deutschen Mietrecht, in: FS Blank (2006) 381
ders, Auswirkungen des Allgemeinen Gleichbehandlungsgesetzes auf das Mietrecht, NZM 2007, 6
Schwab, Schranken der Vertragsfreiheit durch die Antidiskriminierungsrichtlinien und ihre Umsetzung in Deutschland, DNotZ 2006, 649
Wagner/Potsch, Haftung für Diskriminierungsschäden nach dem Allgemeinen Gleichbehandlungsgesetz, JZ 2006, 1085
Warnecke, Das Allgemeine Gleichbehandlungsgesetz (AGG), DWW 2006, 268
Welti, Das neue SGB IX – Recht der Rehabilitation und Teilhabe behinderter Menschen, NJW 2002, 2210
Wichert/Sandidge, Wohnungsbewerber sachlich und knapp ablehnen, GE 2018, 372.

Vgl auch zu § 1 AGG.

Systematische Übersicht

I.	Allgemeine Kennzeichnung	1
II.	Verbotene Differenzierungsmerkmale (Abs 1)	
1.	Allgemeines	3
2.	Rassistische Gründe	6
3.	Ethnische Herkunft	7
4.	Geschlecht	13
5.	Religion	14
6.	Behinderung	17
7.	Alter	18
8.	Sexuelle Identität	19
III.	Sachlicher Anwendungsbereich	
1.	Überblick	20
2.	Massengeschäfte (Abs 1 Nr 1 Alt 1)	23
3.	Massengeschäften ähnliche Geschäfte	27

Anhang zum Mietrecht
Allgemeines Gleichbehandlungsgesetz (AGG) § 19 AGG

a)	Begriff (Alt 1 Nr 1 Alt 2)	27
b)	Vermutung gegen ein dem Massengeschäft ähnliches Geschäft (Abs 5 S 3)	28
4.	Öffentliche Vermietung außerhalb von Massengeschäften (Abs 2)	34
IV.	**Ausnahmen vom sachlichen Anwendungsbereich**	
1.	Besonderes Nähe- oder Vertrauensverhältnis (Abs 5 S 1 und 2)	35
2.	Schaffung oder Erhaltung sozial stabiler Bewohnerstrukturen usw (Abs 3)	39
V.	**Verbotene Differenzierungen**	41
1.	Bei der Vertragsanbahnung	42
2.	Beim Vertragsabschluss	43
3.	Bei der Durchführung des Vertrages	46
4.	Bei der Vertragsbeendigung	47

Alphabetische Übersicht

Alter	18
Angehörige	37
Ansehen der Person	24
Arbeitsplatz, gesicherter	12
Aufhebungsvertrag	49
Ausländer	8 ff, 44
Bargeschäft des täglichen Lebens	24
Behinderung	17, 42
Bewegliche Sachen	21, 36
Bewohnerstruktur	39 f
Deutschkenntnisse	12
Dritte	5
Ehepartner	5
Eigenbedarf	48
Ethnische Herkunft	7, 32
Ferienwohnung	31
Geschäftsräume	36
Geschlecht	13
Grundstück	36, 38
Hausverwalter	30
Hotelzimmer	31
Kinderzahl	11
Kleinvermieter	22, 28 ff
Krankheit	17
Kündigung	47 f
Lärm	11, 15
Leistungsfähigkeit, finanzielle	12
Massengeschäfte	23 ff
Massengeschäften ähnliche Geschäfte	27 ff
Mieterhöhung	46
Näheverhältnis	35 ff
Parabolantenne	11, 46
Rassistische Gründe	6, 32
Religion	14 f
Schutz Dritter	5
Sexuelle Identität	19
Siedlungsstruktur	39 f
Sprachkenntnisse	12
Staatsangehörigkeit	8 ff, 44
Untervermietung	46
Vertragsabschluss	43 ff
Vertragsanbahnung	42
Vertrauensverhältnis	35 ff
Verwalter	30
Vorübergehender Gebrauch	31
Weltanschauung	16
Wohnraum	21, 27, 36, 38

I. Allgemeine Kennzeichnung

1 § 19 AGG ist die Zentralnorm des AGG für den bürgerlich-rechtlichen Rechtsverkehr. Sie untersagt ungerechtfertigte Ungleichbehandlungen aus **rassistischen Gründen** oder wegen der **ethnischen Herkunft** bei allen Mietverhältnissen, wegen des **Geschlechts**, der **Religion**, einer **Behinderung**, des **Alters** oder der **sexuellen Identität** dagegen grundsätzlich nur bei der Vermietung von beweglichen Sachen, Grundstücken, Schiffen, Gewerbe- und sonstigen Räumen, während die Differenzierung nach diesen Kriterien bei der Vermietung von Wohnraum in der Regel nur untersagt ist, wenn der Wohnraum nur zum vorübergehenden Gebrauch oder von einem Vermieter mit mehr als 50 Wohnungen vermietet wird.

2 Eine **Ausnahme** vom Differenzierungsverbot statuiert Abs 5 S 1 und 2 für Mietverhältnisse, bei denen ein besonderes Nähe- oder Vertrauensverhältnis zwischen den Vertragspartnern oder ihren Angehörigen begründet wird, was insbesondere bei gemeinsamer Nutzung von Wohnraum auf demselben Grundstück der Fall sein kann. Außerdem ist nach Abs 3 bei der Vermietung von Wohnraum eine unterschiedliche Behandlung im Hinblick auf die Schaffung und Erhaltung sozial stabiler Bewohnerstrukturen und ausgewogener Siedlungsstrukturen sowie ausgeglichener wirtschaftlicher, sozialer und kultureller Verhältnisse zulässig.

II. Verbotene Differenzierungsmerkmale (Abs 1)

1. Allgemeines

3 a) Obwohl unionsrechtlich durch die RL 2000/43/EG und die RL 2004/113/EG für den Privatrechtsverkehr (bislang) lediglich Differenzierungen wegen des Geschlechts, aus rassistischen Gründen und wegen der ethnischen Herkunft untersagt sind (Derleder NZM 2007, 625, 626), erweitert § 19 Abs 1 AGG das Verbot der Benachteiligung auch auf die anderen (unionsrechtlich nur für das Arbeitsrecht vorgegebenen) Merkmale des § 1 AGG mit Ausnahme desjenigen der Weltanschauung (dazu § 1 AGG Rn 3). Die Aufzählung ist **abschließend** und darf grundsätzlich nicht durch Analogien erweitert werden (EuGH 11. 7. 2006 – C-13/05, Slg 2006, I-6467 = NZA 2006, 839). Eine Benachteiligung wegen der sozialen Herkunft untersagt das deutsche Recht, anders als etwa das französische, nicht (Kraft/Mense/Wrede NZM 2020, 826, 829).

4 b) Erfolgt die Benachteiligung unmittelbar (§ 3 Abs 1 AGG) oder im Wege der Belästigung (§ 3 Abs 3 AGG) muss das nach § 19 Abs 1 AGG untersagte Differenzierungsmerkmal beim Benachteiligten **objektiv vorliegen**. Der bloße Wille zur Benachteiligung gegenüber einer hierzu objektiv ungeeigneten Person (zB vermeintliche Diskriminierung wegen der Behinderung gegenüber einer im Rollstuhl sitzenden Person, die in Wahrheit lediglich temporär infolge eines Unfalls auf den Rollstuhl angewiesen ist) führt nicht zu Ansprüchen nach § 21 AGG, wie sich im Umkehrschluss aus dem nur für das Arbeitsrecht geltenden § 7 Abs 1 HS 2 AGG ergibt (Wagner/Potsch JZ 2006, 1085, 1097).

5 c) Das Differenzierungsmerkmal muss nicht zwingend in der **Person des Vertragspartners** vorliegen. § 19 AGG entfaltet entsprechend § 328 BGB Schutzwirkung zugunsten Dritter (Palandt/Grüneberg Einf § 19 AGG Rn 4). Der Tatbestand der Benachteiligung kann daher zB auch dann erfüllt sein, wenn der Abschluss eines Mietvertrages wegen der ethnischen Herkunft oder einer Behinderung des **Ehepartners des Mieters** oder einer sonstigen Person, die vom Mietinteressenten in die Wohnung aufgenommen werden soll, verweigert wird. Nach Überzeugung des EuGH soll in derartigen Fällen sogar eine unmittelbare Diskriminierung anzunehmen sein (EuGH 17. 7. 2008 – C-303/06, Slg 2008, I-5603 = NJW 2008, 2763).

2. Rassistische Gründe

Der Gesetzgeber verwendet, ebenso wie das Recht der Europäischen Union, den Begriff der „Rasse". Er ist unklar, weil beide Normgeber ausdrücklich betonen, dass eine Anerkennung der Existenz verschiedener menschlicher Rassen mit seiner Verwendung gerade nicht beabsichtigt sei (Erwägungsgrund 6 der RL 2000/43/EG; BT-Drucks 16/1780, 30; ausführlich STAUDINGER/SERR [2020] § 1 AGG Rn 9 ff). Rechtspolitisch wird vermehrt seine Abschaffung gefordert. In dieser Kommentierung wird der Begriff daher nur dort gebraucht, wo der Normtext wörtlich oder sinngemäß wiedergegeben wird. Im Übrigen wird von **„rassistischen Gründen"** gesprochen, also solchen, die von der Annahme getragen sind, dass es verschiedene menschliche Rassen gebe. Eine exakte Definition erscheint zudem entbehrlich, weil Benachteiligungen aus derartigen Gründen wohl stets zugleich entweder solche wegen der ethnischen Herkunft oder wegen der Religion sind.

3. Ethnische Herkunft

a) Die ethnische Herkunft bezeichnet die **Zugehörigkeit zu einer Menschengruppe**, die kulturell, sozial, historisch und genetisch durch Hautfarbe, Sprache, Abstammung, nationalen Ursprung, Physiognomie und Volkstum eine Einheit bildet. Sie kann durch (vermeintlich) objektive Merkmale wie Haut- oder Haarfarbe, Form der Augen, Nasen oder Lippen (BAUER/KRIEGER/GÜNTHER § 1 AGG Rn 19), aber auch durch die Abstammung, den nationalen Ursprung, das „Volkstum" oder den (fremdländisch klingenden) Namen (AG Hamburg-Barmbek 3. 2. 2017 – 811b C 273/15, WuM 2017, 393: türkisch) gekennzeichnet sein (vgl WARNECKE DWW 2006, 268, 269). Ob schon die Herkunft aus einem bestimmten Bundesland (etwa Bayern oder Sachsen), einem Teil von ihm (Ostfriesland) oder einer Gruppe von Ländern (Beitrittsgebiet) ausreicht, ist streitig, aber wohl zu verneinen (ArbG Stuttgart NZA-RR 2010, 344: „Ossi"; DERLEDER NZM 2007, 625, 629; aM BAUER/KRIEGER/GÜNTHER § 1 AGG Rn 23; PALANDT/ELLENBERGER § 1 AGG Rn 2; in Bezug auf Sachsen, Bayern und Ostfriesland PRÜTTING ua/LINGEMANN § 1 AGG Rn 4).

b) Differenzierungen **wegen der Staatsangehörigkeit** sind unterschiedlich zu beurteilen:

aa) Stellt der Benachteiligende **tatsächlich** auf die Staatsangehörigkeit ab, liegt darin jedenfalls kein *unmittelbarer Verstoß* (§ 3 Abs 1 AGG) gegen das Benachteiligungsverbot des § 19 AGG. Jedoch liegt eine *mittelbare Benachteiligung* wegen der ethnischen Herkunft iS von § 3 Abs 2 AGG besonders nahe, weil Angehörige eines bestimmten Staates typischerweise (wenn auch nicht zwingend) durch ihre Abstammung, ihren nationalen Ursprung usw in diesem Staat geprägt sind. Allerdings kann eine solche mittelbare Benachteiligung dadurch gerechtfertigt sein, dass sie ein rechtmäßiges Ziel verfolgt und zur Erreichung dieses Ziels angemessen und erforderlich ist. So liegen die Dinge **beispielsweise**, wenn der Vermieter von Ausländern aus dem Nicht-EU-Ausland stets den Nachweis einer Aufenthaltsgenehmigung fordert, um häufige Mieterwechsel zu vermeiden.

10 bb) Häufig wird aber bei Benachteiligungen **nur scheinbar** auf die Staatsangehörigkeit Bezug genommen, tatsächlich aber die ethnische Herkunft gemeint. So wird eine Diskriminierung von „Ausländern" häufig nicht mit ihrer (tatsächlichen oder vermeintlichen) fremden Staatsangehörigkeit, sondern mit ihrer ausländischen *ethnischen Herkunft* zusammenhängen (Staudinger/Serr [2020] § 1 AGG Rn 18), was seinen Ausdruck darin findet, dass die Ungleichbehandlung auch nach einem Erwerb der deutschen Staatsangehörigkeit fortdauert oder fortdauern würde. Hier liegt eine unmittelbare Benachteiligung iS von § 3 Abs 1 AGG vor, für die es keine Rechtfertigung gibt.

11 c) Differenzierungen wegen der ethnischen Herkunft werden häufig auch auf andere Weise **mittelbar bewirkt**. So können die Dinge zB liegen, wenn ein Vermieter den Vertragsabschluss wegen der *hohen Anzahl von Kindern,* der *häufigen Besuche durch andere Familienmitglieder* oder der *Vermeidung des Anspruchs auf Installation einer Parabolantenne* ablehnt (vgl Hinz ZMR 2006, 742, 744; Schiess Rütimann WuM 2006, 12, 13; Schmidt-Räntsch NZM 2007, 6, 12 f). Zwar können Kinderreichtum, häufige Besuche durch Mitglieder einer Großfamilie oder der Wunsch nach Empfang ausländischer Fernsehsender in gleicher Weise bei Deutschen wie bei Ausländern bestehen, jedoch sind diese Merkmale bei Personen mit fremder ethnischer Herkunft statistisch weit häufiger vertreten als bei Personen ohne Migrationshintergrund. Grundsätzlich stellt eine darauf gestützte Vertragsversagung daher eine mittelbare Benachteiligung iS von § 3 Abs 2 AGG dar. Der Vermieter darf sich nicht darauf zurückziehen, dass er Ausländer nicht als Person, sondern „nur" wegen ihrer Lebensart ablehnt (Hinz ZMR 2006, 742, 744; Rolfs NJW 2007, 1489, 1491).

12 Keine ungerechtfertigte Benachteiligung stellen dagegen Kriterien wie die *finanzielle Leistungsfähigkeit,* ein *gesicherter Arbeitsplatz* und die *Möglichkeit der sprachlichen Verständigung* durch Mindestkenntnisse der deutschen Sprache dar. In Bezug auf die beiden erstgenannten Merkmale ist schon fraglich, ob sich der statistische Nachweis führen lässt, dass Deutsche sie deutlich häufiger erfüllen als Personen fremder Ethnien. Jedenfalls aber handelt es sich um iS von § 3 Abs 2 HS 2 AGG sachlich gerechtfertigte, weil angemessene und erforderliche Differenzierungskriterien zur Erreichung des rechtmäßigen Ziels der möglichst dauerhaften Leistungsfähigkeit des Mieters. Gerechtfertigt ist auch das letztgenannte Kriterium, allerdings nur insoweit, als an den Mieter keine überzogenen Anforderungen gestellt werden (vgl BAG 28. 1. 2010 – 2 AZR 764/08, AP Nr 4 zu § 3 AGG = NZA 2010, 625). Er muss nur in der Lage sein, schriftliche und mündliche Erklärungen des Vermieters in **deutscher Sprache**, zB die Hausordnung, Betriebskostenabrechnungen und eine etwaige Abmahnung oder Kündigung zu verstehen (vgl BAG 28. 1. 2010 – 2 AZR 764/08, AP Nr 4 zu § 3 AGG = NZA 2010, 625). Mehr ist (auch iS von § 3 Abs 2 HS 2 AGG) nicht erforderlich. Der Vermieter – auch ein Großvermieter (insoweit **aM** Hinz ZMR 2006, 742, 745) – braucht sich aber nicht darauf verweisen zu lassen, er könne die Kommunikation ja über Familienmitglieder oder Bekannte des Mieters führen, die der deutschen Sprache mächtig sind (Rolfs NJW 2007, 1489, 1492).

4. Geschlecht

Das Geschlecht meint das **biologische Geschlecht**, dh männlich, weiblich, Transsexualität (EuGH 30. 4. 1996 – C-13/94, Slg 1996, I-2143 = NJW 1996, 2421; SCHMIDT-FUTTERER/BLANK Vor § 535 BGB Rn 197; **aM** PALANDT/ELLENBERGER § 1 AGG Rn 3: sexuelle Identität), Zweigeschlechtlichkeit. 13

5. Religion

a) Der Religion liegt die **Gewissheit über bestimmte Aussagen zum Weltganzen** sowie zur Natur und dem Wesen des Menschen, seinem Zweck und seiner Herkunft zugrunde. Sie bestimmt die Ziele des Menschen, spricht in ihrem Kern seine Persönlichkeit an und erklärt auf eine umfassende Weise den Sinn der Welt und des menschlichen Lebens (BVerfG 26. 6. 2002 – 1 BvR 670/91, BVerfGE 105, 279, 293 = NJW 2002, 2626; BVerwG 27. 3. 1992 – 7 C 21/90, BVerwGE 90, 112, 115 = NJW 1992, 2496). Bezugspunkt der Religion ist eine überweltliche Macht, mit der der einzelne Gläubige durch Gebete, Meditationen oder religiöse Übungen verbunden sein kann (STAUDINGER/SERR [2020] § 1 AGG Rn 25). Unerheblich ist, ob es sich um den Glauben einer anerkannten Religionsgemeinschaft handelt oder nicht. 14

Die **Religionszugehörigkeit** mag für den Vermieter insbesondere insoweit von Interesse sein, als er Konflikte der Angehörigen verschiedener Religionsgemeinschaften in einem Haus vermeiden und/oder das extensive Feiern (nicht-christlicher) religiöser Feste im Haus verhindern will. Da § 20 Abs 1 Nr 1 AGG Benachteiligungen nur gestattet, wenn sie sich gegen den Störer richten (vgl § 20 AGG Rn 5), kann das Ziel der Konfliktvermeidung nur insoweit berücksichtigt werden, als gerade der abgelehnte Mietinteressent (zB wegen seiner fanatischen religiösen Haltung; HINZ ZMR 2006, 742, 746) Auseinandersetzungen herbeizuführen droht. Ob das Ziel der Vermeidung von Lärm im Haus nur mittelbare Diskriminierungen (dazu § 3 AGG Rn 6), oder – wie hier – auch unmittelbare Benachteiligungen rechtfertigt, ist wegen des engen Wortlauts von § 20 Abs 1 AGG unsicher. Man wird es im Ergebnis aber anerkennen müssen, weil die von häufigem Lärm ausgehende Beeinträchtigung der Wohnqualität vergleichbares Gewicht wie die Verhütung von Schäden und die Vermeidung von Gefahren (§ 20 Abs 1 Nr 1 AGG) hat. 15

b) Im Gegensatz zur Religion findet sich das in § 1 AGG ebenfalls genannte Merkmal der **Weltanschauung** im dritten Abschnitt des Gesetzes gar nicht und bleibt damit für den bürgerlichen Rechtsverkehr einschließlich des Mietrechts (anders als für das vom zweiten Abschnitt des Gesetzes betroffene Arbeitsrecht) ohne Belang. Zwar ist der Begriff der „Weltanschauung" ausweislich der amtlichen Begründung (BT-Drucks 16/2022, 13) eng zu verstehen als eine mit der Person des Menschen verbundene Gewissheit über bestimmte Aussagen zum Weltganzen sowie zur Herkunft und zum Ziel menschlichen Lebens, die auf gedankliche Systeme ohne Beziehungen zu Gott, das Jenseits oder andere transzendente Bezüge beschränkt ist. Gleichwohl wollte der Gesetzgeber der Gefahr begegnen, dass zB Anhänger rechtsradikalen Gedankenguts versuchen, sich Zugang zu Geschäften zu verschaffen, die ihnen aus anerkennenswerten Gründen verweigert werden (BT-Drucks 16/2022, 13). Das ist ihm auch gelungen (BGH NJW 2012, 1725 mAnm MÖRSDORF JZ 2012, 688: NPD-Vorsitzender im Wellnesshotel). Die Rechtsprechung lässt sogar eine auf § 123 BGB gestützte Anfech- 16 tung zu, wenn der Mieter den Vermieter vor Vertragsabschluss nicht darüber aufklärt, dass sein Warensortiment politische Extremisten anzieht (KG NZM 2009, 784; OLG Naumburg ZMR 2009, 914; LG Berlin ZMR 2009, 121; LG Magdeburg ZMR 2008, 461). Ein Konflikt mit dem Unionsrecht entsteht dadurch nicht, da dieses für den bürgerlichen Rechtsverkehr ohnehin nur Benachteiligungen wegen des Geschlechts (RL 2004/113/EG), aus rassistischen Gründen und wegen der ethnischen Herkunft (RL 2000/43/EG) untersagt.

6. Behinderung

17 Eine Behinderung ist eine **Einschränkung einer körperlichen Funktion**, der geistigen Fähigkeiten oder der seelischen Gesundheit des Menschen im Vergleich zu dem für sein Lebensalter typischen Zustand von wahrscheinlich längerer Dauer (länger als sechs Monate), die die Teilhabe des Betreffenden am Leben in der Gesellschaft – in Wechselwirkung mit verschiedenen sozialen Kontextfaktoren (Barrieren) – beeinträchtigt (EuGH 11. 7. 2006 – C-13/05, Slg 2006, I-6467 = NZA 2006, 839; BAG 19. 12. 2013 – 6 AZR 190/12, AP Nr 3 zu § 2 AGG = NZA 2014, 372; Gaier/Wendtland Rn 71; Neumann/Pahlen/Greiner/Winkler/Jabben § 2 SGB IX Rn 2 ff; Welti NJW 2001, 2210, 2211). Nicht erforderlich ist eine Schwerbehinderung iS von § 2 Abs 2 SGB IX (BeckOGK/Baumgärtner [1. 6. 2020] § 1 AGG Rn 138; Däubler/Bertzbach/Däubler § 1 AGG Rn 78; Rolfs/Paschke BB 2002, 1260, 1261; Staudinger/Serr [2020] § 1 AGG Rn 33; Wendeling-Schröder/Stein § 1 AGG Rn 45), schon gar nicht die förmliche Anerkennung der Behinderung durch eine Behörde etc. Eine bloße – wenn auch voraussichtlich über sechs Monate andauernde – **Krankheit** ist keine Behinderung (EuGH 11. 7. 2006 – C-13/05, Slg 2006, I-6467 = NZA 2006, 839). Da die gesellschaftliche Teilhabe von **HIV-Infizierten** typischerweise durch Stigmatisierung und soziales Vermeidungsverhalten beeinträchtigt ist, die auf die Furcht vor einer Infektion zurückzuführen sind, stellt die Infektion unabhängig vom Ausbruch der AIDS-Krankheit eine Behinderung dar (BAG 19. 12. 2013 – 6 AZR 190/12, AP Nr 3 zu § 2 AGG = NZA 2014, 372). Der Anspruch des behinderten Mieters auf Zustimmung des Vermieters zum barrierefreien Umbau der Wohnung und des Zugangs zu ihr (§ 554 BGB) rechtfertigt es nicht, den Vertragsabschluss mit behinderten Mietern abzulehnen (Hinz ZMR 2006, 742, 746), zumal die bereits zu diesem Zeitpunkt bestehende Behinderung im Rahmen der Interessenabwägung (§ 554 Abs 1 S 2 BGB) zugunsten des Vermieters zu berücksichtigen ist (Staudinger/Rolfs [2021] § 554 Rn 32).

7. Alter

18 Mit dem **Alter** ist das biologische Lebensalter gemeint, es werden also – wie sich mittelbar aus § 10 S 3 Nr 2 AGG ergibt – sowohl **junge** als auch **alte** Menschen vom Benachteiligungsverbot erfasst (BT-Drucks 16/1780, 31; EuGH 19. 1. 2010 – C-555/07, Slg 2010, I-365 = NJW 2010, 427; EuGH 28. 1. 2015 – C-417/13, ECLI:EU:C:2015:38 = NZA 2015, 217; BGH 27. 5. 2020 – VIII ZR 401/18, NZM 2020, 1044; Gaier/Wendtland Rn 74; Hanau ZIP 2006, 2189, 2190; Hinz ZMR 2006, 742, 746; Staudinger/Serr [2020] § 1 AGG Rn 38). Die Über- oder Unterschreitung einer bestimmten Altersstufe ist nicht erforderlich, sodass durch die Statuierung einer jeglichen Altersgrenze Benachteiligungen zu besorgen sind (BGH 27. 5. 2020 – VIII ZR 401/18, NZM 2020, 1044: „Adults-only"-Hotel).

8. Sexuelle Identität

Im Gegensatz zum Geschlecht meint sexuelle Identität die **sexuelle Veranlagung und Ausrichtung**, zB heterosexuell, homosexuell, bisexuell (EuGH 1. 4. 2008 – C-267/06, Slg 2008, I-1757 = NJW 2008, 1649; Krüger StAZ 2006, 260). Nicht geschützt sind dagegen sexuelle Praktiken oder ein bestimmtes sexuelles Verhalten (**aM** Annuss BB 2006, 1629, 1630 f), schon gar nicht anormale sexuelle Neigungen wie Pädophilie, Sodomie oder Nekrophilie (Palandt/Ellenberger § 1 AGG Rn 10; Prütting ua/Lingemann § 1 AGG Rn 10; **aM** BeckOGK/Baumgärtner [1. 6. 2020] § 1 AGG Rn 156). 19

III. Sachlicher Anwendungsbereich

1. Überblick

Der sachliche Anwendungsbereich des Gesetzes ergibt sich aus § 2 Abs 1 Nr 8 und § 19 AGG. Soweit Mietverhältnisse betroffen sind, ist er **abgestuft**: 20

a) Wegen des **Geschlechts**, der **Religion**, einer **Behinderung**, des **Alters** oder der **sexuellen Identität** besteht das Benachteiligungsverbot nur, wenn das Schuldverhältnis typischerweise ohne Ansehen der Person zu vergleichbaren Bedingungen in einer Vielzahl von Fällen zustande kommt (Massengeschäft) oder wenn das Ansehen der Person nach der Art des Schuldverhältnisses eine nachrangige Bedeutung hat und Verträge zu vergleichbaren Bedingungen in einer Vielzahl von Fällen zustande kommen (§ 19 Abs 1 Nr 1 AGG). Hier muss man unterscheiden: Die Miete **beweglicher Sachen** sowie von Hotelzimmern, Ferienwohnungen oder Ähnlichem ist in aller Regel ein Massengeschäft im vorgenannten Sinne, zumal sie häufig im Fernabsatz (§ 312c BGB) erfolgt. Demgegenüber werden Mietverträge über **Wohnraum** typischerweise *in Ansehung* der Person des Vertragspartners geschlossen, weil der Vermieter sich von der Person seines künftigen Mieters einen persönlichen Eindruck verschafft (Hinz ZMR 2006, 742, 743). Das Verbot der Benachteiligung aus den genannten Gründen bleibt daher auf die Vermietung von Wohnraum zum nur vorübergehenden Gebrauch (§ 19 Abs 5 S 3 AGG, § 549 Abs 2 Nr 1 BGB; dazu näher Rn 31) und in der Regel auf Vermieter, die mehr als 50 Wohnungen vermieten (§ 19 Abs 5 S 3 AGG), beschränkt. 21

b) Auch „Kleinvermietern" von Wohnraum untersagt ist dagegen die Benachteiligung aus **rassistischen Gründen** oder wegen der **ethnischen Herkunft**. Dies steht in Übereinstimmung mit der RL 2000/43/EG, die wegen dieser Differenzierungsmerkmale eine Beschränkung auf Massengeschäfte nicht kennt. 22

2. Massengeschäfte (Abs 1 Nr 1 Alt 1)

Die von Abs 1 Nr 1 Alt 1 verwendete Definition des Begriffs der Massengeschäfte lehnt sich an die Richtlinie zur Verwirklichung des Grundsatzes der Gleichbehandlung von Männern und Frauen beim Zugang zu und bei der Versorgung mit Gütern und Dienstleistungen an. Ihr Geltungsbereich erfasst „alle Personen, die Güter und Dienstleistungen bereitstellen, die der Öffentlichkeit ohne Ansehen der Person zur Verfügung stehen, und zwar in öffentlichen und privaten Bereichen, einschließlich öffentlicher Stellen, und die außerhalb des Bereichs des Privat- und Familienlebens 23 und der in diesem Kontext stattfindenden Transaktionen angeboten werden" (Art 3 Abs 1 RL 2004/113/EG).

24 a) Der Vertrag muss **typischerweise ohne Ansehen der Person** abgeschlossen werden (dazu STAUDINGER/SERR [2020] § 19 AGG Rn 28 f; kritisch LOOSCHELDERS JZ 2012, 105, 108). Dieses Merkmal ist nur dann erfüllt, wenn der Anbieter des Gutes oder der Dienstleistung grundsätzlich mit jedermann zu kontrahieren bereit ist und nur in einzelnen, atypischen Fällen den Vertragsabschluss ablehnt (etwa gegenüber Obdachlosen oder vergleichbar offenkundig nicht zur Erbringung der geschuldeten Gegenleistung Fähigen). Offeriert der Vermieter die Mietsache zwar öffentlich, nimmt er aber den Mieter vor Vertragsabschluss stets in Augenschein und macht er die Vermietung davon abhängig, dass dieser ihm „sympathisch" ist, ist der Anwendungsbereich nicht eröffnet (**aM** LG Köln 13. 11. 2015 – 10 S 137/14, NJW 2016, 510; DERLEDER NZM 2016, 254, 255). Eröffnet ist er dagegen, wenn im Rahmen der Stellvertretung (§ 164 BGB) die Ausnahme des „Geschäfts für den, den es angeht" vom Offenheitsgrundsatz einschlägig ist (vgl BGHZ 114, 74, 79 = NJW 1991, 2283; BGHZ 154, 276, 279 = NJW-RR 2003, 921). Derartige **Bargeschäfte des täglichen Lebens** beschränken sich im Mietrecht im Wesentlichen auf die Vermietung beweglicher Sachen wie Baumaschinen, Pkw, Fahrräder, Strandkörbe, Medien, Unterhaltungselektronik etc (ROLFS NJW 2007, 1489, 1489; SCHMIDT-RÄNTSCH NZM 2007, 6, 10).

25 b) Der Vertrag muss zudem **in einer Vielzahl von Fällen** zustande kommen. Entscheidend ist hier die Sicht des Anbieters der Leistung, weil er Adressat des Benachteiligungsverbots ist (BT-Drucks 16/1780, 41). Regelmäßig werden nur Unternehmer (§ 14 BGB) Verträge in einer Vielzahl von Fällen abschließen (STAUDINGER/SERR [2020] § 19 AGG Rn 32; WAGNER/POTSCH JZ 2006, 1085, 1097). Wann eine solche „Vielzahl" angenommen werden kann, ist zweifelhaft. § 19 Abs 5 S 3 AGG legt den Schluss nahe, dass ein Massengeschäft nur vorliegt, wenn der Vermieter mehr als 50 Gegenstände vermietet (dahin tendierend STAUDINGER/SERR [2020] § 19 AGG Rn 33). Darauf kann es aber letztlich nicht ankommen, denn diese Sondervorschrift gilt nur für die Wohnraummiete und deren typischerweise auf lange Dauer angelegten Vertragsverhältnisse. Demgegenüber ist im Rahmen des AGB-Rechts anerkannt, dass eine „Vielzahl von Verträgen" (§ 305 Abs 1 BGB) schon bei der dreimaligen Verwendung einer Vertragsbedingung anzunehmen ist (BGH 27. 9. 2001 – VII ZR 388/00, NJW 2002, 138; BGH 21. 3. 2002 – VII ZR 493/00, BGHZ 150, 226, 230 = NJW 2002, 2470; BGH 11. 12. 2003 – VII ZR 31/03, NJW 2004, 1454; BGH 11. 7. 2019 – VII ZR 266/17, BGHZ 223, 1, 9 = NJW 2019, 2997; BAG 1. 3. 2006 – 5 AZR 363/05, AP Nr 3 zu § 308 BGB = NZA 2006, 746; STOFFELS AGB-Recht [3. Aufl 2015] Rn 128; ULMER/BRANDNER/HENSEN/ULMER/HABERSACK § 305 Rn 25). Ausreichend dürfte es daher jedenfalls sein, wenn der Vermieter nur einen oder einige wenige Gegenstände (zB ein Spezialgerät), diese aber häufig (weil jeweils nur für kurze Dauer) vermietet (LG Köln 13. 11. 2015 – 10 S 137/14, NJW 2016, 510; DERLEDER NZM 2016, 254, 255).

26 c) Schließlich muss der Vertrag typischerweise **zu vergleichbaren Bedingungen** abgeschlossen werden. Diese Voraussetzung hat in der Regel keine eigenständige Bedeutung, weil derjenige, der Verträge ohne Ansehen der Person in einer Vielzahl von Fällen abschließt, dies zumeist auch zu vergleichbaren Bedingungen tut. Unerheblich ist es jedenfalls, wenn einzelne Vertragspartner aufgrund ihres Verhandlungsgeschicks in der Lage sind, günstigere als die üblichen Konditionen zu erstreiten (BT-Drucks 16/1780, 41 f; Palandt/Grüneberg Rn 2).

3. Massengeschäften ähnliche Geschäfte

a) Begriff (Abs 1 Nr 1 Alt 2)

Massengeschäften gleich gestellt sind Geschäfte, bei denen das Ansehen der Person nach der Art des Schuldverhältnisses eine nachrangige Bedeutung hat und die zu vergleichbaren Bedingungen in einer Vielzahl von Fällen zustande kommen. Die zweite und dritte Tatbestandsvoraussetzung ist mit der 1. Alternative deckungsgleich; der Unterschied besteht also allein darin, dass der Vertrag zwar nicht „ohne Ansehen der Person" zustande kommt, das Ansehen der Person aber von nachrangiger Bedeutung ist. Dies kann insbesondere die **Vermietung von Wohn- oder Geschäftsräumen** betreffen: Zwar werden Mietverträge über Wohnraum typischerweise in Ansehung der Person geschlossen, weil sich der Vermieter vor Abschluss des Vertrages einen persönlichen Eindruck von seinem Vertragspartner und ggf dessen Familie verschafft. Der Gesetzgeber geht aber zu Recht davon aus, dass mit einer steigenden Anzahl zu vermietender Wohnungen das Ansehen der Mietinteressenten für den Vermieter von nachlassender Bedeutung ist (BT-Drucks 16/1780, 42; Schmidt-Räntsch NZM 2007, 6, 10; **aM** Warnecke DWW 2006, 268, 271).

b) Vermutung gegen ein dem Massengeschäft ähnliches Geschäft (Abs 5 S 3)

Aus Gründen der Rechtssicherheit und Rechtsklarheit stellt **Abs 5 S 3** eine **Vermutung gegen das Vorliegen eines einem Massengeschäft ähnlichen Geschäfts** auf, wenn der Vermieter von Wohnraum zum nicht nur vorübergehenden Gebrauch insgesamt nicht mehr als 50 Wohnungen vermietet. Damit ist zugleich klargestellt, dass die Verneinung eines persönlichen Nähe- oder Vertrauensverhältnisses iS von Abs 5 S 1 und 2 nicht bereits zur Annahme eines Massengeschäfts führt (BT-Drucks 16/2022, 13). Ob diese Vermutung allerdings mit der RL 2000/43/EG vereinbar ist, erscheint zweifelhaft (Wagner/Potsch JZ 2006, 1085, 1098).

aa) **Voraussetzung** der Vermutung ist, dass der Vermieter nicht mehr als 50 Wohnungen vermietet. „Vermieter" ist diejenige natürliche oder juristische Person, die Partei des Mietvertrages ist. Ob sie zugleich Eigentümerin der Mietwohnungen ist, ist unerheblich (Rolfs NJW 2007, 1489, 1490). Ebenso kommt es nicht darauf an, ob aktuell mehr als 50 Wohnungen vermietet sind oder nicht. Ein Vermieter, der über eine entsprechend hohe Anzahl von Mietwohnungen verfügt, derzeit aber mit einer höheren Leerstandsrate kämpft, kann sich nicht auf die Vermutung berufen (Hinz ZMR 2006, 826, 827; ähnlich Lützenkirchen MietRB 2006, 249). Nicht zu berücksichtigen sind allerdings Wohnungen, die der Vermieter Angehörigen oder vergleichbaren Personen kostenlos auf Zeit überlassen hat, weil eine derartige Gebrauchsüberlassung keine Vermietung darstellt (**aM** Lützenkirchen MietRB 2006, 249, 250).

Die Zwischenschaltung eines **Verwalters**, der mehr als 50 Wohnungen verwaltet, führt für einen Vermieter, der selbst diese Schwelle nicht überschreitet, nicht zur Begründung der Vermutung eines dem Massengeschäft ähnlichen Geschäfts (Lützenkirchen MietRB 2006, 249, 250). Der Gesetzgeber stellt nur auf den Vermieter ab, nicht auf sonstige Personen. Allerdings kann ein Benachteiligter die Vermutung, das Ansehen der Person sei nur von untergeordneter Bedeutung, sehr leicht erschüttern, wenn der Vermieter seine potenziellen Vertragspartner gar nicht selbst in Augenschein nimmt, sondern dies einem gewerblich handelnden Dritten überlässt (ähnlich wohl Hinz ZMR 2006, 826, 827).

31 Erforderlich ist ferner, dass die bis zu 50 Wohnungen **nicht nur zum vorübergehenden Gebrauch** vermietet werden. Der Begriff ist derselbe wie in § 549 Abs 2 Nr 1 BGB, er erfasst Wohnraum, der zeitlich eng beschränkt und aus besonderem Anlass nur kurzfristig überlassen wird (näher Staudinger/Artz [2021] § 549 Rn 22 ff). Typische Beispiele sind die Vermietung von Hotelzimmern, Privatunterkünften oder Ferienhäusern und -wohnungen an Feriengäste (OLG Hamburg MDR 1993, 43; Prütting ua/Lingemann Rn 9). In diesen Fällen hat das Ansehen des Mieters wegen der nur kurzfristigen Überlassung typischerweise auch dann keine größere Bedeutung, wenn der Vermieter nur bis zu 50 Wohnungen vermietet, sodass eine Vermutung gegen ein dem Massengeschäft ähnliches Geschäft nicht gerechtfertigt wäre. Hat der Vermieter **sowohl Wohnungen zum vorübergehenden als auch zum längerfristigen Gebrauch**, müssen diese getrennt gezählt und betrachtet werden.

32 bb) **Rechtsfolge** ist die Begründung der Vermutung, dass das Ansehen der Person des konkreten Mieters für den Vermieter nicht ohne oder nicht nur von nachrangiger Bedeutung ist. Der kleine oder mittelgroße Vermieter ist dann berechtigt, nach dem Geschlecht, der Religion, einer Behinderung, des Alters oder der sexuellen Identität zu differenzieren, ohne dass er dafür eines sachlichen Grundes bedarf. Benachteiligungen aus **rassistischen Gründen** oder wegen der **ethnischen Herkunft** bleiben aber auch ihm untersagt (Abs 2; Hinz ZMR 2006, 826; Rolfs NJW 2007, 1489, 1490).

33 Die Vermutung ist **widerlegbar**, und zwar für beide Parteien (BT-Drucks 16/2022, 13; Hinz ZMR 2006, 826, 827). Der Mieter, der von einem Vermieter mit bis zu 50 Wohnungen benachteiligt worden ist, kann den Nachweis führen, dass die Vermietung für diesen Vermieter doch ein dem Massengeschäft ähnliches Geschäft ist. So können die Dinge zB liegen, wenn zwei Eheleute jeweils als rechtlich eigenständige Vermieter auftreten, tatsächlich aber ihren größeren Wohnungsbestand gemeinsam verwalten, oder wenn mehrere GmbH's mit jeweils nicht mehr als 50 Mietwohnungen über identische Gesellschafter verfügen. Umgekehrt kann auch ein Großvermieter mit mehr als 50 Wohnungen nachweisen, dass das Ansehen seiner Mieter für ihn nicht nur nachrangige Bedeutung hat (dies betonend Schmidt-Futterer/Blank Vor § 535 Rn 198).

4. Öffentliche Vermietung außerhalb von Massengeschäften (Abs 2)

34 Hat das **Ansehen der Person nicht nur nachrangige Bedeutung**, wird der Abschluss des Vertrages aber iS von § 2 Abs 1 Nr 8 AGG öffentlich angeboten (dazu § 2 AGG Rn 4 f), braucht der Vermieter nur das Verbot der Benachteiligung aus rassistischen Gründen oder wegen der ethnischen Herkunft zu beachten, Abs 2.

IV. Ausnahmen vom sachlichen Anwendungsbereich

1. Besonderes Nähe- oder Vertrauensverhältnis (Abs 5 S 1 und 2)

a) Die Benachteiligungsverbote – und zwar alle – sollen nach Abs 5 S 1 keine Anwendung auf zivilrechtliche Schuldverhältnisse finden, bei denen ein besonderes Nähe- oder Vertrauensverhältnis der Parteien oder ihrer Angehörigen begründet wird. Die **Vereinbarkeit** dieser Ausnahme **mit dem Unionsrecht ist zweifelhaft** (ARMBRÜSTER ZRP 2005, 41, 42; vgl auch BeckOGK/MÖRSDORF [1. 9. 2020] Rn 55 ff; rechtspolitische Kritik auch bei EISENSCHMID WuM 2006, 475, 478; keine Bedenken dagegen bei SCHMIDT-RÄNTSCH NZM 2007, 6, 11). Sie stützt sich auf den 4. Erwägungsgrund zur RL 2000/43/EG, der betont, es sei „wichtig, dass diese Grundrechte und Grundfreiheiten, einschließlich der Vereinigungsfreiheit, geachtet werden. Ferner ist es wichtig, dass im Zusammenhang mit dem Zugang zu und der Versorgung mit Gütern und Dienstleistungen der Schutz der Privatsphäre und des Familienlebens sowie der in diesem Kontext getätigten Geschäfte gewahrt bleibt" (vgl auch den 3. Erwägungsgrund der RL 2004/113/EG). Allerdings haben diese Erwägungen im Text der Richtlinie keinen Ausdruck gefunden, sodass sie wohl nur zu deren Auslegung herangezogen werden dürfen. Wo die Richtlinie aber keinen Auslegungsspielraum eröffnet, kann es auf die Erwägungsgründe nicht ankommen (vgl auch SCHMIDT-RÄNTSCH in: FS Blank [2006] 381, 390).

b) Ein besonderes Nähe- und Vertrauensverhältnis iS von Abs 5 S 1 erfordert eine Beziehung, die über das hinausgeht, was ohnehin jedem Schuldverhältnis an persönlichem Kontakt zugrunde liegt (STAUDINGER/SERR [2020] § 19 AGG Rn 112). Es bedarf einer **engen Bindung**, die entweder einen **starken Bezug zum Privatbereich der beteiligten Personen** beinhaltet oder aufgrund ihrer Eigenart auf dem besonderen familiären oder vergleichbaren Vertrauen der Parteien zueinander beruht (BAUER/KRIEGER/GÜNTHER Rn 18). Dies ist beispielsweise der Fall, wenn es sich um ein für die durch das Benachteiligungsverbot verpflichtete Person besonders bedeutendes Geschäft handelt oder wenn der Vertrag besonders engen oder lang andauernden Kontakt der Vertragspartner mit sich bringen würde (BT-Drucks 16/1780, 43). Bei der **Vermietung beweglicher Sachen** ist die Anwendung dieser Ausnahmevorschrift kaum vorstellbar. Handelt es sich nämlich um einen Gegenstand, zu dem der Vermieter eine besondere persönliche Beziehung hat (zB zu einem Tier oder einem Erbstück), wird seine Anmietung in aller Regel schon nicht „der Öffentlichkeit zur Verfügung stehen" und daher wegen § 2 Abs 1 Nr 8 AGG schon nicht dem sachlichen Anwendungsbereich des Gesetzes unterliegen. Bei der **Vermietung von Grundstücken, Geschäftsräumen oder sonstigen Räumen** kann sich die Nähebeziehung der Parteien zB daraus ergeben, dass sie unmittelbare Nachbarn sind oder die Nutzung des vermieteten Objekts auf andere Weise Auswirkungen auf die Lebensführung des Vermieters hat (vgl SCHMIDT-RÄNTSCH NZM 2007, 6, 11), beispielsweise der Vermieter das von ihm selbst bewohnte Haus an einzelnen Wochenenden für größere Feierlichkeiten vermietet und die Mieter auch seine Privaträume (Bad, Schlafzimmer) benutzen dürfen (**aM** LG Köln 13. 11. 2015 – 10 S 137/14, NJW 2016, 510; DERLEDER NZM 2016, 254, 255).

Maßgebende **Personen** sind sowohl auf Vermieter- als auch auf Mieterseite die Vertragspartner und ihre Angehörigen. Fraglich ist, ob bei der Ver- oder Anmietung durch eine juristische Person auch ihre Gesellschafter und deren Angehörige zu berücksichtigen sind. Im Hinblick auf die ohnehin zweifelhafte Unionsrechtskonformität sollte dies zu verneinen sein. **Angehörige** sind dieselben Personen, für die nach § 573 Abs 2 Nr 2 BGB als Familienangehörige Eigenbedarf geltend gemacht werden kann (BT-Drucks 16/1780, 43; Palandt/Grüneberg Rn 8; Prütting ua/Lingemann Rn 11; Schmidt-Futterer/Blank Vor § 535 BGB Rn 200). Dazu gehören neben der oder dem Verlobten, dem Ehegatten oder eingetragenen Lebenspartner stets die Verwandten in gerader Linie (Großeltern, Eltern, Kinder, Enkel), die Verschwägerten sowie in der Seitenlinie die Verwandten bis zum dritten Grade und die Verschwägerten bis zum zweiten Grade (BGHZ 184, 138, 145 f = NJW 2010, 1290). Zu näheren Einzelheiten siehe § 573 Rn 83 ff.

38 c) Ein besonderes Nähe- oder Vertrauensverhältnis kann nach Abs 5 S 2 **bei der Vermietung von Wohnraum** namentlich dadurch begründet sein, dass die Parteien oder ihre Angehörigen Wohnraum auf demselben Grundstück nutzen. Nahezu tägliche Begegnungen der Vertragsparteien erscheinen dann unvermeidbar. Die Vorschrift begründet eine **Vermutung**, die vom Benachteiligten widerlegt werden kann. „Dasselbe Grundstück" ist nicht dasjenige, das im Bestandsverzeichnis des Grundbuchs unter derselben Nummer eingetragen ist, sondern dasjenige, das durch seine Lage, Bebauung und natürliche oder künstliche Abgrenzung in der Realität als Einheit erscheint (BeckOGK/Mörsdorf [1. 9. 2020] Rn 61. 1; Gaier/Wendtland Rn 48; Hinz ZMR 2006, 826, 828). Eine Bewohnung des gleichen Gebäudes iS von § 573a BGB ist nicht erforderlich (Hinz ZMR 2006, 826, 828; **aM** Maier-Reimer NJW 2006, 2577, 2581). Für eine Widerlegung der Vermutung können zB die Größe des Grundstücks und die konkreten baulichen Verhältnisse streiten (Bauer/Krieger/Günther Rn 20). Beide Parteien oder ihre Angehörigen müssen Teile des Grundstücks für sich *als Wohnraum* nutzen. Eine Nutzung als Gewerberaum reicht zur Begründung der Vermutung nicht, kann aber nach *Abs 5 S 1* gleichwohl zu einem Näheverhältnis führen.

2. Schaffung oder Erhaltung sozial stabiler Bewohnerstrukturen usw (Abs 3)

39 Entsprechend den allgemeinen **Grundsätzen der Wohnungsbauförderung**, sozial stabile Bewohnerstrukturen, ausgewogene Siedlungsstrukturen sowie ausgeglichene wirtschaftliche, soziale und kulturelle Verhältnisse zu schaffen und zu erhalten (§ 6 Abs 1 Nr 3 und 4 WoFG), statuiert Abs 3 eine generelle Ausnahme von den Benachteiligungsverboten des Abs 1 zur Erreichung dieser Ziele. Nach Wortlaut und systematischer Stellung soll es sich nicht um einen Rechtfertigungsgrund, sondern um eine „Klarstellung" des sachlichen Anwendungsbereichs handeln (Maier-Reimer NJW 2006, 2577, 2580). Die Vereinbarkeit mit der RL 2000/43/EG und der RL 2004/113/EG ist aber mehr als zweifelhaft, da diese Richtlinien keine entsprechende Einschränkung kennen (Eisenschmid WuM 2006, 475, 477 f; Gaier/Wendtland Rn 127; Palandt/Grüneberg Rn 6; Schmidt-Räntsch in: FS Blank [2006] 381, 392; richtlinienwidrig in Bezug auf rassistische Gründe und ethnische Herkunft BeckOGK/Mörsdorf [1. 9. 2020] Rn 70). Es spricht daher einiges dafür, Abs 3 nur dann nicht auf Benachteiligungen aus rassistischen Gründen, wegen der ethnischen Herkunft und des Geschlechts anzuwenden, wenn es sich bei der gezielten Vermietung an bestimmte Personen oder Personengruppen um „positive Maßnahmen" iS von § 5 AGG (die auch Art 5 RL 2000/78/EG und Art 6 RL 2004/113/EG gestatten) handelt (AG Hamburg-Barmbek 3. 2. 2017 – 811b C 273/15, WuM 2017, 393; AG Charlottenburg 14. 1. 2020 – 203 C 31/19, ZMR 2020, 409; Hinz

ZMR 2006, 826, 828; METZGER WuM 2007, 47, 49), obgleich jedenfalls mit den ersten beiden Einschränkungen das Ziel der Vorschrift weitgehend verfehlt zu werden droht.

Die genannten **Strukturziele** können nur von Großvermietern, die mit ihren Mietshäusern ganze Straßen oder sogar Stadtviertel dominieren, erreicht werden, sodass die Ausnahme des Abs 3 allein für sie einschlägig sein kann (STAUDINGER/SERR [2020] § 19 AGG Rn 84). Sie setzen zudem voraus, dass die Unternehmen ein schlüssiges Integrationskonzept erarbeitet haben, das sie mit der benachteiligenden Auswahl ihrer Mieter verfolgen (BAUER/KRIEGER/GÜNTHER Rn 14; EISENSCHMID WuM 2006, 475, 478; WARNECKE DWW 2006, 268, 272). **40**

V. Verbotene Differenzierungen

Der Schutz vor Benachteiligungen besteht „bei der Begründung, Durchführung und Beendigung", also in allen Stadien des Schuldverhältnisses **von der Vertragsanbahnung bis zu seiner Nachwirkung.** **41**

1. Bei der Vertragsanbahnung

Die Benachteiligungsverbote des Abs 1 sind schon bei der Anbahnung des Vertrages zu beachten. Sie verbieten dem Vermieter nicht, seine Annoncen nur auf bestimmte Art und Weise bekannt zu machen und damit gezielt einen bestimmten Kundenkreis anzusprechen. Es steht ihm frei, nur in Tageszeitungen mit „gehobenem" Niveau zu inserieren oder nur Chiffreanzeigen zu schalten, weil darin keine – auch keine mittelbare – Benachteiligung wegen einer der in Abs 1 genannten Gründe liegt. Zwar verpflichtet das AGG nicht dazu, mit finanziellem Aufwand Menschen mit Behinderungen einen barrierefreien Zugang zu ermöglichen (PALANDT/ELLENBERGER § 1 AGG Rn 8), zumal § 554 BGB die entsprechenden Kosten eindeutig dem Mieter aufbürdet (STAUDINGER/ROLFS [2021] § 554 Rn 38), allerdings kann eine **gezielte Verhinderung geschäftlicher Kontakte** mit bestimmten Personengruppen einen Verstoß gegen das Benachteiligungsverbot darstellen (SCHWAB DNotZ 2006, 649, 659). **42**

2. Beim Vertragsabschluss

Die größte praktische Bedeutung kommt den Benachteiligungsverboten beim Abschluss des Mietvertrages zu. Hier ist zunächst nochmals darauf hinzuweisen, dass das Verbot der Diskriminierung aus rassistischen Gründen und wegen der ethnischen Herkunft unbeschadet der Abs 3 und 5 von *allen,* die Diskriminierungsverbote wegen der übrigen Merkmale dagegen nur bei Massen- und massenähnlichen Geschäften (Abs 1 Nr 1), in der Regel also nur von Großvermietern (Abs 5 S 3) beachtet zu werden brauchen (näher oben Rn 27 ff). **43**

Unzulässig ist es, nach den Kriterien des Abs 1 unmittelbar oder mittelbar ohne sachlich gerechtfertigten Grund (§ 20 AGG) zu differenzieren. Eine ablehnende Haltung gegenüber **Ausländern** kann eine (weil formal an die Staatsangehörigkeit anknüpfende) mittelbare, aber auch eine (weil in Wahrheit eben nicht an die Staatsangehörigkeit, sondern an die ethnische Herkunft anknüpfende) unmittelbare Benachteiligung (§ 3 Abs 2 bzw Abs 1 AGG) sein (AG Hamburg-Barmbek 3. 2. 2017 – 811b C 273/15, WuM 2017, 393; oben Rn 8 ff). Bei der Ablehnung fremdländischer, zB türkischer, **44**

Mietinteressenten liegt zudem eine mittelbare Benachteiligung wegen der Religion nahe. Eine Benachteiligung liegt bereits darin, dass dem Wohnungsinteressenten im Gegensatz zu anderen Bewerbern kein Besichtigungstermin angeboten wird (AG Hamburg-Barmbek 3. 2. 2017 – 811b C 273/15, WuM 2017, 393; AG Charlottenburg 14. 1. 2020 – 203 C 31/19, ZMR 2020, 409). Dadurch wird ihm die Chance genommen, durch seinen persönlichen Eindruck zu überzeugen. Benachteiligend ist aber auch die **gezielte Suche nach Mietern einer bestimmten Nationalität**, wenn etwa für Gewerberäume zum Betrieb eines Imbisses oder Restaurants gezielt ein italienischer, griechischer oder türkischer Mieter gesucht wird (vgl LG Bückeburg 6. 11. 2013 – 1 S 38/13, mAnm Bieber jurisPR-MietR 10/2014 Anm 5; dazu Rn 49 aE).

45 **Zulässig** sind Differenzierungen in den Fällen des Abs 3 (oben Rn 39 f), des Abs 5 S 1 und 2 (oben Rn 35 ff), als positive Maßnahmen nach § 5 AGG sowie mit sachlich gerechtfertigtem Grund (§ 20 AGG, in den Fällen mittelbarer Benachteiligung auch § 3 Abs 2 HS 2 AGG). In den meisten Fällen dürfte der Streit um die sachliche Rechtfertigung der Benachteiligung im Vordergrund stehen (näher § 20 AGG Rn 3 ff).

3. Bei der Durchführung des Vertrages

46 Demgegenüber treten bei der Durchführung des Mietvertrages wohl nur selten Probleme auf, die ihre Ursache in einem der in Abs 1 genannten Kriterien finden. Die **Erlaubnis zur Untervermietung** darf nicht aus einem der in Abs 1 genannten Gründe untersagt werden, und zwar weder in Bezug auf die Person des Hauptmieters noch diejenige des Untermieters und seiner Angehörigen (AG Berlin-Schöneberg 13. 8. 2015 – 106 C 117/15, NZM 2016, 195: Verweigerung der Erlaubnis des Vermieters, an einen 57-Jährigen unterzuvermieten, mit der Begründung, dass dies die Vollstreckung eines Räumungstitels erschwere). Unzulässig ist es auch, wenn der Vermieter bei **Mieterhöhungen** diskriminiert und diese nur gegenüber bestimmten Personengruppen oder ihnen gegenüber stärker als gegenüber anderen vornimmt, selbst wenn er sich dabei in dem nach § 558 BGB erlaubten Rahmen hält (Hinz ZMR 2006, 826, 829). Auf die umfangreiche Rechtsprechung zum Recht des Mieters, unter bestimmten Voraussetzungen eine **Parabolantenne** zum Empfang muttersprachlicher Programme zu installieren, sei hingewiesen (Staudinger/V Emmerich [2021] § 535 Rn 45 ff). Der Vermieter darf seinen Anspruch auf Beseitigung solcher Antennen nicht herausgreifend, gegenüber einzelnen Mietern (zB Ausländern) verfolgen. Zur schlüssigen Darlegung muss er vielmehr in ausreichendem Maße vortragen, auch gegen die übrigen Mieter den Beseitigungsanspruch zu haben und zu verfolgen (BVerfG 27. 10. 2006 – 1 BvR 1320/04, NZM 2007, 125).

4. Bei der Vertragsbeendigung

47 Eine **Kündigung** des Mietvertrages aus einem diskriminierenden Motiv verstößt gegen ein gesetzliches Verbot und ist daher unwirksam (§ 134 BGB), und zwar selbst dann, wenn der Vermieter nach den Bestimmungen des BGB entweder gar keinen Kündigungsgrund braucht (wie bei der ordentlichen Kündigung des Mietverhältnisses über andere Sachen als Wohnräume; vgl BAG 23. 6. 1994 – 2 AZR 617/93, AP Nr 9 zu § 242 BGB Kündigung = NZA 1994, 1080) oder ihm ein solcher zwar zusteht, das Kündigungsmotiv aber in einer nach Abs 1 geschützten persönlichen Eigenschaft des Mieters liegt. Dabei kann die *Vermutung* einer ungerechtfertigten Benachteiligung

dadurch begründet sein, dass der Vermieter bei bestimmten Mietern, zB Ausländern, Zahlungsverzug sofort zum Anlass einer ordentlichen oder außerordentlichen Kündigung nimmt, während er bei anderen erstaunlichen Langmut an den Tag legt (Hinz ZMR 2006, 826, 829; Schmidt-Räntsch NZM 2007, 6, 15). Ähnliches gilt für den Fall, dass der Vermieter von ausländischen Mietern nach einer Kündigung sofortige Räumung verlangt, während er Deutschen, die nicht fristgerecht eine neue Wohnung finden, längere Räumungsfristen gewährt (AG Tempelhof-Kreuzberg 19. 12. 2014 – 25 C 357/14, WuM 2015, 73). Zur Darlegungs- und Beweislast in diesen Fällen siehe § 22 AGG.

Kündigt der Vermieter wegen **Eigenbedarfs**, so darf er grundsätzlich frei wählen, welche der geeigneten vermieteten Wohnungen er beziehen möchte (BGHZ 126, 357, 366 = NJW 1994, 2542; OLG Düsseldorf WuM 1993, 49; Blank/Börstinghaus/Blank/Börstinghaus § 573 Rn 116; MünchKomm/Häublein § 573 Rn 93; Soergel/Heintzmann § 573 Rn 51). Der Vermieter muss aber nicht nur vernünftige und nachvollziehbare Gründe für die Inanspruchnahme der gekündigten Wohnung haben, er darf bei seiner Auswahl zudem nicht gegen § 19 AGG verstoßen (vgl § 573 Rn 141). Andernfalls verstößt die Kündigung gegen ein gesetzliches Verbot und ist damit nichtig (§ 134 BGB; Hinz ZMR 2006, 826, 829). **48**

Beim Abschluss eines **Aufhebungsvertrages** wird die Frage der Stellung eines akzeptablen Nachmieters im Vordergrund stehen. Die Frage der Zumutbarkeit des Nachmieters für den Vermieter ist nach Auffassung des BGH aufgrund einer Würdigung aller Umstände des Einzelfalles zu beantworten (BGH NJW 2003, 1246; vgl ferner OLG Düsseldorf WuM 1995, 391; OLG Hamburg DWW 1987, 71; OLG Hamm WuM 1995, 577; OLG Karlsruhe NJW 1981, 1741; OLG München NJW-RR 1995, 393; OLG München NZM 2003, 23; OLG Oldenburg WuM 1981, 125; OLG Oldenburg WuM 1982, 124; Kandelhard NZM 2004, 846, 847 f), dabei darf der Vermieter allerdings keine Ablehnungsgründe geltend machen, die zu einer ungerechtfertigten Benachteiligung des Mietinteressenten führen würden (Derleder NZM 2007, 625, 630; übersehen von Schmidt-Futterer/Blank Nach § 542 Rn 19, der es zulassen will, dass der Vermieter nur an bestimmte Bevölkerungsgruppen, zB ältere Ehepaare vermietet, und damit sowohl wegen des Alters als auch wegen der sexuellen Ausrichtung diskriminiert, was nur Kleinvermietern mit bis zu 50 Wohnungen gestattet ist). Das gilt auch für die **Gewerberaummiete** (vgl LG Bückeburg 6. 11. 2013 – 1 S 38/13, mAnm Bieber jurisPR-MietR 10/2014 Anm 5: Der Mieter betrieb einen griechischen Imbiss. Der Vermieter wollte nur einen Griechen als Nachmieter akzeptieren, damit der „stadtbekannte und anerkannte" Imbiss fortgeführt werden könne). **49**

§ 20
Zulässige unterschiedliche Behandlung

(1) Eine Verletzung des Benachteiligungsverbots ist nicht gegeben, wenn für eine unterschiedliche Behandlung wegen der Religion, einer Behinderung, des Alters, der sexuellen Identität oder des Geschlechts ein sachlicher Grund vorliegt. Das kann insbesondere der Fall sein, wenn die unterschiedliche Behandlung

1. **der Vermeidung von Gefahren, der Verhütung von Schäden oder anderen Zwecken vergleichbarer Art dient,**

2. dem Bedürfnis nach Schutz der Intimsphäre oder der persönlichen Sicherheit Rechnung trägt,

3. besondere Vorteile gewährt und ein Interesse an der Durchsetzung der Gleichbehandlung fehlt,

4. an die Religion eines Menschen anknüpft und im Hinblick auf die Ausübung der Religionsfreiheit oder auf das Selbstbestimmungsrecht der Religionsgemeinschaften, der ihnen zugeordneten Einrichtungen ohne Rücksicht auf ihre Rechtsform sowie der Vereinigungen, die sich die gemeinschaftliche Pflege einer Religion zur Aufgabe machen, unter Beachtung des jeweiligen Selbstverständnisses gerechtfertigt ist.

(2) Kosten im Zusammenhang mit Schwangerschaft und Mutterschaft dürfen auf keinen Fall zu unterschiedlichen Prämien oder Leistungen führen. Eine unterschiedliche Behandlung wegen der Religion, einer Behinderung, des Alters oder der sexuellen Identität ist im Falle des § 19 Abs. 1 Nr. 2 nur zulässig, wenn diese auf anerkannten Prinzipien risikoadäquater Kalkulation beruht, insbesondere auf einer versicherungsmathematisch ermittelten Risikobewertung unter Heranziehung statistischer Erhebungen.

Materialien: BT-Drucks 16/1780; BT-Drucks 16/2022; BT-Drucks 16/1936; BT-Drucks 16/3007; BT-Drucks 17/9342, 178; BT-Drucks 17/11395, 20.

Schrifttum

Derleder, Vertragsanbahnung und Vertragsabschluss über Mietwohnungen und die Diskriminierungsverbote des AGG, NZM 2007, 625
ders/Sabetta, Die Umsetzung eines Diskriminierungsverbots im Wohnraummietrecht, WuM 2005, 3
Hinz, Allgemeines Gleichbehandlungsgesetz – Überlegungen zur Umsetzung in der mietrechtlichen Praxis, ZMR 2006, 742 u 826
Maier-Reimer, Das Allgemeine Gleichbehandlungsgesetz im Zivilrechtsverkehr, NJW 2006, 2577
Rolfs, Allgemeine Gleichbehandlung im Mietrecht, NJW 2007, 1489
Schiess Rütimann, Vertragsverweigerung gegenüber ausländischen Mietinteressenten, WuM 2006, 12.

Vgl auch zu § 1 AGG.

Systematische Übersicht

I. Allgemeine Kennzeichnung	1	
II. Sachliche Gründe (Abs 1)	3	
1. Vermeidung von Gefahren (Nr 1)	5	
2. Besonderes Schutzbedürfnis (Nr 2)	6	
3. Gewährung besonderer Vorteile (Nr 3)	7	
4. Vermietung durch Religionsgemeinschaften (Nr 4)	9	

Anhang zum Mietrecht
Allgemeines Gleichbehandlungsgesetz (AGG) § 20 AGG

Alphabetische Übersicht

Behinderung	5	Religionsgemeinschaften	9
Ethnische Herkunft	2	Schutzbedürfnis	6
Gefahrenabwehr	5	Vorteile, besondere	7
Mitmieter	4	Wirtschaftliche Interessen	4
Rassistische Gründe	2		

I. Allgemeine Kennzeichnung

Die Vorschrift eröffnet die Möglichkeit einer **sachlichen Rechtfertigung** der Benachteiligung und nennt **exemplarisch Gründe**. Für das Mietrecht ist allein Abs 1 von Belang. Der durch das SEPA-Begleitgesetz (vom 3. 4. 2013, BGBl I 610) rückwirkend zum 21. 12. 2012 geänderte Abs 2 betrifft nur Versicherungsverträge. 1

Gerechtfertigt sein können nur Verstöße gegen das Verbot der Benachteiligung wegen der Religion, einer Behinderung, des Alters, der sexuellen Identität oder des Geschlechts. Für Benachteiligungen aus rassistischen Gründen oder wegen der ethnischen Herkunft gibt es demgegenüber (außer in den Fällen nur mittelbarer Diskriminierungen nach § 3 Abs 2 HS 2 AGG) in Übereinstimmung mit der RL 2000/78/EG keine Rechtfertigung. 2

II. Sachliche Gründe (Abs 1)

Die sachliche Rechtfertigung einer Benachteiligung kann sich aus der Art des Schuldverhältnisses, aus Umständen in den Sphären des Vermieters oder des Mieters ergeben (Palandt/Grüneberg Rn 2). Ein sachlicher Grund erfordert, dass der Handelnde ein nachvollziehbares und nicht offensichtlich willkürliches Ziel mit der Ungleichbehandlung verfolgt (Maier-Reimer NJW 2006, 2577, 2581). Die in den Nrn 1 bis 4 genannten Gründe sind nur exemplarisch, aber nicht abschließend. Sie sind aber bei der Anerkennung anderer Gründe insoweit zu berücksichtigen, als diese ein vergleichbar erhebliches Gewicht aufweisen müssen (vgl auch § 19 AGG Rn 15). 3

Fraglich ist, inwieweit auch **wirtschaftliche Interessen** berücksichtigungsfähig sind. Hier ist eine differenzierte Beurteilung angezeigt. Die durch Art 12 Abs 1 GG verfassungsrechtlich geschützte unternehmerische Freiheit und die in ihrer Ausübung verfolgten wirtschaftlichen Interessen stellen allein noch keinen Rechtfertigungsgrund dar. Sie können jedoch einen wichtigen Bestandteil bilden (BGH 27. 5. 2020 – VIII ZR 401/18, NZM 2020, 1044; vgl auch EuGH 31. 3. 1981 – 96/80, Slg 1981, 911 = NJW 1981, 2639; BAG 15. 12. 2016 – 8 AZR 454/15, AP Nr 12 zu § 3 AGG = NZA 2017, 715; weitergehend Staudinger/Serr [2020] § 20 AGG Rn 14). Die gezielte Ansprache bestimmter Kundenkreise, die der Vermieter anlocken möchte, ist ein Bestandteil der auf Wettbewerb beruhenden Wirtschaft. Sie gestattet es ihm, im Rahmen des Geeigneten, 4

Erforderlichen und Angemessenen Differenzierungen wegen der Religion, einer Behinderung, des Alters, der sexuellen Identität oder des Geschlechts vorzunehmen (BGH 27. 5. 2020 – VIII ZR 401/18, NZM 2020, 1044: „Adults-only"-Hotel). Anders ist dagegen zu entscheiden, wenn ein Vermieter beispielsweise Sorge hat, dass er bei der Vermietung an bestimmte Personen den Marktwert seiner übrigen im Haus gelegenen Wohnungen schmälert und damit bei deren Wiedervermietung geringere Mieten zu erzielen vermag, uU kann er sogar befürchten, dass einzelne Mieter ausziehen (Hinz ZMR 2006, 742, 745). Nach einer in der Literatur vertretenen Auffassung stellen solche Erwägungen zwar einen Rechtfertigungsgrund dar, wenn zB bei Einzug eines Ausländers ernsthaft zu erwarten ist, dass andere Mieter das Mietverhältnis über ansonsten schwer vermietbare Wohnungen kündigen (Derleder NZM 2007, 625, 632; Derleder/Sabetta WuM 2005, 3, 7 f). Dem kann jedoch nicht beigetreten werden. Ziel des AGG ist es, Diskriminierungen insgesamt zu unterbinden. Der Vermieter kann sich daher nicht darauf berufen, dass nicht er, sondern ein Teil seiner Mieter Rassisten etc sind (Hinz ZMR 2006, 742, 745; Rolfs NJW 2007, 1489, 1493; Schiess Rütimann WuM 2006, 12, 14), zumal gerade aus rassistischen Gründen und wegen der ethnischen Herkunft eine Rechtfertigung der Benachteiligung nach § 20 AGG ohnehin nicht in Betracht kommt (vgl Rn 2). Dementsprechend ist auch im Arbeitsrecht anerkannt, dass der Arbeitgeber Stellenbewerber nicht wegen der Erwartungshaltung seiner Kunden benachteiligen darf (EuGH 10. 7. 2008 – C-54/07, Slg 2008, I-5187 = NJW 2008, 2767; BVerfG 30. 7. 2003 – 1 BvR 792/03, NZA 2003, 959; BAG 10. 10. 2002 – 2 AZR 472/01, AP Nr 44 zu § 1 KSchG 1969 Verhaltensbedingte Kündigung = NZA 2003, 483; BAG 19. 12. 2019 – 8 AZR 2/19, AP Nr 3 zu § 8 AGG = NJW 2020, 2493).

1. Vermeidung von Gefahren (Nr 1)

5 Abs 1 Nr 1 rechtfertigt eine unterschiedliche Behandlung zur Vermeidung von Gefahren, Verhütung von Schäden oder zu anderen Zwecken vergleichbarer Art. Die getroffene Maßnahme muss zur Erreichung des Ziels geeignet und erforderlich sein, wobei dem Vermieter wegen der **notwendigen Prognose** ein gewisser Einschätzungsspielraum zuzugestehen ist (BeckOGK/Mörsdorf [1. 9. 2020] Rn 31; Palandt/Grüneberg Rn 3; Staudinger/Serr [2020] § 20 AGG Rn 22). Allerdings muss sich die Maßnahme gegen den **potenziellen Störer** (zB den Mietinteressenten, der eine fanatische religiöse Haltung erkennen lässt; Hinz ZMR 2006, 742, 746) richten, die Benachteiligung Dritter ist unzulässig (Kühner NJW 1986, 1397, 1400 f; Lohse NJW 1985, 1677, 1680). Der Abschluss eines Mietvertrages darf daher nicht mit der Begründung verweigert werden, es drohten Auseinandersetzungen mit anderen Mietern, die *von diesen* ausgehen könnten. Zudem ist zu berücksichtigen, dass *behinderte Mieter* nach § 554 BGB Anspruch auf Zustimmung zum barrierefreien Umbau der Wohnung und des Zugangs zu ihr haben. Damit stehen zu ihren Gunsten mildere Mittel als die Verweigerung des Vertragsabschlusses zur Verfügung, um ihnen einen gefahrlosen Zugang zu ihrer Wohnung zu ermöglichen.

2. Besonderes Schutzbedürfnis (Nr 2)

6 Das sachlich gerechtfertigte Interesse nach dem Schutz der Intimsphäre oder der persönlichen Sicherheit dürfte im Mietrecht keine eigenständige Bedeutung erlangen, da in den einschlägigen Fällen (etwa der Untervermietung eines Zimmers in der vom Vermieter selbst bewohnten Wohnung) schon der sachliche Anwendungsbereich des Benachteiligungsverbots wegen des besonderen Nähe- oder Vertrauensverhältnisses der Parteien oder ihrer Angehörigen zueinander (§ 19 Abs 5 S 1 AGG), insbesondere des Bewohnens desselben Grundstücks (§ 19 Abs 5 S 2 AGG) gar nicht eröffnet ist.

3. Gewährung besonderer Vorteile (Nr 3)

Nr 3 erfasst diejenigen Fälle, in denen Personen wegen einer Behinderung, der Religion, des Alters, der sexuellen Identität oder des Geschlechts ein besonderer Vorteil gewährt wird. Mit dieser Bevorzugung – meist wird es sich um Preisnachlässe oder andere Sonderkonditionen bei der Anbahnung, Durchführung oder Beendigung von Massengeschäften handeln – ist notwendigerweise eine Benachteiligung aller anderen verbunden. Hier besteht nach Auffassung des Gesetzgebers kein Anlass, den Grundsatz der Gleichbehandlung durchzusetzen (BT-Drucks 16/1780, 44). Die gewährten Vergünstigungen reagierten nämlich entweder darauf, dass bestimmte Gruppen typischerweise weniger leistungsfähig sind, oder die Vergünstigungen bezweckten die gezielte Ansprache von Kundenkreisen, die der Anbieter anlocken möchte. Diese Maßnahmen seien also nicht diskriminierend, sondern im Gegenteil sozial erwünscht bzw Bestandteil einer auf Wettbewerb beruhenden Wirtschaft. **Beispielsweise** kann ein Vermieter von Medien, Unterhaltungselektronik etc für junge Kunden, die typischerweise noch Schüler oder Studenten sind und über kein oder nur ein geringes Einkommen verfügen, günstigere Mietpreise offerieren als für andere Mieter, auch wenn darin eine Benachteiligung wegen des Alters liegt (STAUDINGER/SERR [2020] § 20 AGG Rn 30). 7

Nicht gerechtfertigt ist es allerdings, wenn die Gewährung gezielter Vorteile dazu dient, eine diskriminierende Verhaltensweise bei Massengeschäften nur zu tarnen. Das wäre etwa bei einer Preisgestaltung denkbar, bei der das regulär geforderte Entgelt weit über dem Marktpreis liegt, sodass es dem Anbietenden im Ergebnis nur darum geht, den Kundenkreis auf diejenigen Personen zu beschränken, die Adressaten der „besonderen Vorteile" (tatsächlich aber des Normalpreises) sind (BT-Drucks 16/1780, 44). 8

4. Vermietung durch Religionsgemeinschaften (Nr 4)

Der Rechtfertigungsgrund des Abs 1 Nr 4 betrifft nur Religionsgemeinschaften (Art 140 GG iV mit Art 137 Abs 3 WRV), die ihnen zugeordneten Einrichtungen ohne Rücksicht auf ihre Rechtsform (zB Caritas, Diakonie) sowie die Vereinigungen, die sich die gemeinschaftliche Pflege einer Religion zur Aufgabe machen (vgl dazu BVerfG 11. 10. 1977 – 2 BvR 209/76, BVerfGE 46, 73, 85 f = NJW 1978, 581; BVerfG 11. 10. 1977 – 2 BvR 208/76, BVerfGE 53, 366, 391 = NJW 1980, 1895; BVerfG 17. 2. 1981 – 2 BvR 384/78, BVerfGE 57, 220, 242 = NJW 1981, 1829; BVerfG 4. 6. 1985 – 2 BvR 1703/83 ua, BVerfGE 70, 138, 162 = NJW 1986, 367). Sie sind berechtigt, an die **Religion** eines Menschen anzuknüpfen, wenn dies im Hinblick auf die Ausübung der Religionsfreiheit oder ihr Selbstbestimmungsrecht unter Beachtung des jeweiligen Selbstverständnisses gerechtfertigt ist. Zu beachten ist, dass Nr 4 nur Differenzierungen wegen der Religion gestattet. Eine Benachteiligung aus anderen Gründen (zB wegen des Geschlechts oder der sexuellen Ausrichtung) ermöglicht die Vorschrift selbst dann nicht, wenn das Selbstverständnis der Gemeinschaft eine Differenzierung gebietet. 9

§ 21
Ansprüche

(1) Der Benachteiligte kann bei einem Verstoß gegen das Benachteiligungsverbot unbeschadet weiterer Ansprüche die Beseitigung der Beeinträchtigung verlangen. Sind weitere Beeinträchtigungen zu besorgen, so kann er auf Unterlassung klagen.

(2) Bei einer Verletzung des Benachteiligungsverbots ist der Benachteiligende verpflichtet, den hierdurch entstandenen Schaden zu ersetzen. Dies gilt nicht, wenn der Benachteiligende die Pflichtverletzung nicht zu vertreten hat. Wegen eines Schadens, der nicht Vermögensschaden ist, kann der Benachteiligte eine angemessene Entschädigung in Geld verlangen.

(3) Ansprüche aus unerlaubter Handlung bleiben unberührt.

(4) Auf eine Vereinbarung, die von dem Benachteiligungsverbot abweicht, kann sich der Benachteiligende nicht berufen.

(5) Ein Anspruch nach den Absätzen 1 und 2 muss innerhalb einer Frist von zwei Monaten geltend gemacht werden. Nach Ablauf der Frist kann der Anspruch nur geltend gemacht werden, wenn der Benachteiligte ohne Verschulden an der Einhaltung der Frist verhindert war.

Materialien: BT-Drucks 16/1780; BT-Drucks 16/2022.

Schrifttum

ARMBRÜSTER, Antidiskriminierungsgesetz – Ein neuer Anlauf, ZRP 2005, 41

BIRNBAUM, Hausmeister diskriminiert bei Wohnungsbesichtigung: Vermieter hätte anstelle des Verwalters gehaftet, GE 2009, 761

DERLEDER, Vertragsanbahnung und Vertragsabschluss über Mietwohnungen und die Diskriminierungsverbote des AGG, NZM 2007, 625

ders, Gleichbehandlung im Abseits des Wohnungsmarkts, NZM 2009, 310

ders/SABETTA, Die Umsetzung eines Diskriminierungsverbots im Wohnraummietrecht, WuM 2005, 3

HINZ, Allgemeines Gleichbehandlungsgesetz – Überlegungen zur Umsetzung in der mietrechtlichen Praxis, ZMR 2006, 742 u 826

LOOSCHELDERS, Diskriminierung und Schutz vor Diskriminierung im Privatrecht, JZ 2012, 105

MAIER-REIMER, Das Allgemeine Gleichbehandlungsgesetz im Zivilrechtsverkehr, NJW 2006, 2577

ROLFS, Allgemeine Gleichbehandlung im Mietrecht, NJW 2007, 1489

SCHMIDT-RÄNTSCH, Auswirkungen des Allgemeinen Gleichbehandlungsgesetzes auf das Mietrecht, NZM 2007, 6

THÜSING/vHOFF, Vertragsschluss als Folgenbeseitigung: Kontrahierungszwang im zivilrechtlichen Teil des Allgemeinen Gleichbehandlungsgesetzes, NJW 2007, 21

WAGNER/POTSCH, Haftung für Diskriminierungsschäden nach dem Allgemeinen Gleichbehandlungsgesetz, JZ 2006, 1085

WARNECKE, Das Allgemeine Gleichbehandlungsgesetz (AGG), DWW 2006, 268

ders, Anspruchsgegner eines Schadensersatzanspruches nach dem AGG, WuM 2009, 391

ZORN, Die Auswirkungen des AGG bei der Stellung eines Nachmieters durch den Mieter, WuM 2006, 591.

Vgl auch zu § 1 AGG.

Anhang zum Mietrecht
Allgemeines Gleichbehandlungsgesetz (AGG)

§ 21 AGG

Systematische Übersicht

I.	Allgemeine Kennzeichnung	1
II.	Beseitigung der Beeinträchtigung (Abs 1 S 1)	2
III.	Unterlassung (Abs 1 S 2)	4
IV.	Ersatz materieller Schäden (Abs 2 S 1 und 2, Abs 3)	5
V.	Entschädigung für immaterielle Beeinträchtigungen (Abs 2 S 3, Abs 3)	12
VI.	Ausschlussfrist (Abs 5) und Verjährung	15

Alphabetische Übersicht

Aufhebungsvertrag	11
Ausschlussfrist	15 ff
Beseitigung	2 f
Entschädigung	12 ff
Erfüllungsgehilfe	6
Ersatzmieter	6
Kontrahierungszwang	2, 9
Nachmieter	6
Naturalrestitution	9
Passivlegitimation	5, 12
Persönlichkeitsrecht	7, 14
Schadensersatz	5 ff
Unmöglichkeit	10
Unterlassung	4
Verjährung	18
Verrichtungsgehilfe	8
Vertretenmüssen	5, 12

I. Allgemeine Kennzeichnung

Das Gesetz räumt dem ungerechtfertigt Benachteiligten verschiedenartige privatrechtliche Ansprüche ein. An die erste Stelle stellt es in Abs 1 S 1 den **Anspruch auf Beseitigung der Benachteiligung**. Sind weitere Beeinträchtigungen zu besorgen, so kann der Benachteiligte auch auf **Unterlassung** klagen (Abs 1 S 2). Zudem kann der Ersatz des **materiellen** und des **immateriellen Schadens** beansprucht werden (Abs 2), Letzterer sogar dann, wenn der Schuldner die Benachteiligung nicht zu vertreten hat. Unter den allgemeinen Voraussetzungen der §§ 823 ff BGB kann der Geschädigte zudem Schadensersatz wegen unerlaubter Handlung beanspruchen (Abs 3). Abs 5 statuiert schließlich eine **Ausschlussfrist** von zwei Monaten für die Geltendmachung der Ansprüche aus Abs 1 und 2. 1

II. Beseitigung der Beeinträchtigung (Abs 1 S 1)

Der Benachteiligte kann die Beseitigung der Beeinträchtigung **für die Zukunft** verlangen. Abs 1 S 1 räumt ihm demgegenüber keinen Anspruch auf Herstellung des fiktiven Zustandes ein, der ohne die Diskriminierung bestünde, auch wenn sich dies hier – anders als im arbeitsrechtlichen Teil des Gesetzes (§ 15 Abs 6 AGG) – nicht unmittelbar aus dem Wortlaut des Gesetzes ergibt. Ein derartiger Herstellungsan- 2 spruch einschließlich eines **Kontrahierungszwangs** (Anspruch auf Abgabe der auf den Vertragsabschluss gerichteten Willenserklärung) kann daher nur nach Maßgabe der Abs 2 oder 3 verlangt werden (Gaier/Wendtland Rn 191 ff; Maier-Reimer NJW 2006, 2577, 2582; Palandt/Grüneberg Rn 3; Schmidt-Futterer/Blank Vor § 535 BGB Rn 221; **aM** Bauer/Krieger/Günther Rn 6; BeckOGK/Mörsdorf [1. 9. 2020] Rn 31 ff; Schmidt-Räntsch NZM 2007, 6, 13; Thüsing/vHoff NJW 2007, 21 ff; Wagner/Potsch JZ 2006, 1085, 1098; Warnecke DWW 2006, 268, 273 f).

3 **Voraussetzung** des Anspruchs ist lediglich ein objektiver Verstoß des Schuldners gegen das Benachteiligungsverbot des § 19 AGG, auf sein Verschulden oder Vertretenmüssen kommt es – wie bei § 1004 BGB – nicht an (Palandt/Grüneberg Rn 3) Der Anspruch besteht aber nicht, wenn die Benachteiligung außerhalb des sachlichen Anwendungsbereichs des Gesetzes erfolgte oder sie nach § 3 Abs 2 HS 2 oder § 20 AGG gerechtfertigt war.

III. Unterlassung (Abs 1 S 2)

4 Entsprechend § 1004 BGB hat der ohne sachliche Rechtfertigung Benachteiligte einen Anspruch auf Unterlassung zukünftiger Diskriminierungen, wenn solche drohen. Über den Wortlaut von Abs 1 S 2 hinaus genügt schon eine **Erstbegehungsgefahr**, eine Wiederholungsgefahr ist nicht erforderlich. Allerdings begründet ein bereits erfolgter Eingriff die Vermutung, dass die Gefahr der Wiederholung besteht.

IV. Ersatz materieller Schäden (Abs 2 S 1 und 2, Abs 3)

5 1.   Für den Ersatz materieller Schäden trifft Abs 2 S 1 eine eng an § 280 Abs 1 BGB angelehnte Regelung (Prütting ua/Lingemann Rn 3; Schmidt-Räntsch NZM 2007, 6, 13). Die dort zur Entstehung des Schadens, zum Ursachenzusammenhang zwischen Verstoß und Schaden sowie die im Rahmen der §§ 249 ff BGB geltenden Regeln zur Höhe des Schadens finden daher (entsprechende) Anwendung. Anders als bei § 280 BGB bedarf es allerdings für den Anspruch aus § 19 AGG keines (bestehenden oder beabsichtigten) Schuldverhältnisses. **Anspruchsgegner** kann daher nicht nur der Vermieter selbst sein, sondern auch derjenige, der dem Mieter oder Mietinteressenten gegenüber aufgetreten ist und ihn benachteiligt hat (zB Makler, Hausverwalter, Hausmeister; BeckOGK/Mörsdorf [1. 9. 2020] Rn 73 ff; Derleder NZM 2007, 625, 630; ders NZM 2009, 310, 311 f; Warnecke WuM 2009, 391 f; offen gelassen von OLG Köln 19. 1. 2010 – 24 U 51/09, NJW 2010, 1676; **aM** LG Aachen 17. 3. 2009 – 8 O 449/07, NZM 2009, 318). Der Anspruch besteht nur, wenn der Schuldner die Pflichtverletzung **zu vertreten hat**. Dies wird – wie nach § 280 Abs 1 S 2 BGB – allerdings vermutet, wenn die objektive Pflichtverletzung feststeht. Das Verschulden seines gesetzlichen Vertreters oder eines Erfüllungsgehilfen muss der Schuldner sich nach § 278 BGB zurechnen lassen (BT-Drucks 16/1780, 38; BAG 5. 2. 2004 – 8 AZR 112/03, AP Nr 23 zu § 611a BGB = NJW 2004, 2112; AG Hamburg-Barmbek 3. 2. 2017 – 811b C 273/15, WuM 2017, 393; Birnbaum GE 2009, 761), das Fehlverhalten eines Organmitglieds einer juristischen Person wird dieser nach § 31 BGB zugerechnet (Däubler/Bertzbach/Deinert Rn 40).

6 Fraglich ist, ob der **Mieter**, der einen Nach- oder Ersatzmieter sucht, **Erfüllungsgehilfe** des Vermieters ist. Wäre dies zu bejahen, müsste sich der Vermieter Diskriminierungen durch den Mieter zurechnen lassen, selbst Schadensersatz leisten und könnte allenfalls Regress bei dem Mieter nehmen. Im Schrifttum wird diesbezüglich die Auffassung vertreten, der Mieter werde bei der Nachmietersuche quasi wie ein Makler des Vermieters tätig (ZORN WuM 2006, 591, 592). Dem kann indessen nicht beigetreten werden. Unabhängig davon, ob die Parteien bereits im Mietvertrag eine Ersatzmieterklausel vereinbart haben oder ob dies nicht der Fall ist, wird der Mieter *in einer eigenen Angelegenheit* tätig. Er erfüllt mit der Stellung eines geeigneten Nachmieters eine *ihm obliegende* Voraussetzung zur Geltendmachung des vertraglichen oder gesetzlichen Anspruchs auf Abschluss des von ihm begehrten Mietaufhebungsvertrages. Benachteiligungen durch ihn muss sich der Vermieter daher nicht zurechnen lassen (ROLFS NJW 2007, 1489, 1493). Zum Fall der Diskriminierung durch den Vermieter selbst, der einen an sich geeigneten Nachmieter unter Verstoß gegen § 19 Abs 1 AGG ablehnt, siehe Rn 11.

2. Da die Vorschriften über unerlaubte Handlungen (§§ 823 ff BGB) unberührt bleiben, wie Abs 3 klarstellt, kann der Benachteiligte auch nach diesen Vorschriften Schadensersatz beanspruchen (vgl OLG Köln 19. 1. 2010 – 24 U 51/09, NJW 2010, 1676: Verletzung des allgemeinen Persönlichkeitsrechts). Allerdings stellt § 19 AGG kein Schutzgesetz iS von § 823 Abs 2 BGB dar (BAUER/KRIEGER/GÜNTHER Rn 14, § 7 AGG Rn 7; **aM** GAIER/WENDTLAND Rn 241; MAIER-REIMER NJW 2006, 2577, 2582), sodass Ansprüche nur dann bestehen, wenn sich die Benachteiligung zugleich als eine Verletzung des **allgemeinen Persönlichkeitsrechts** als eines nach § 823 Abs 1 BGB geschützten „sonstigen Rechts" darstellt (BAUER/KRIEGER/GÜNTHER § 15 AGG Rn 66). Voraussetzung ist zudem, dass der Schuldner die unerlaubte Handlung selbst verschuldet hat, was vom Benachteiligten darzulegen und zu beweisen ist. **7**

Gegen den **Geschäftsherrn** eines **Verrichtungsgehilfen** können deliktische Ansprüche nach Maßgabe von § 831 BGB bestehen (OLG Köln 19. 1. 2010 – 24 U 51/09, NJW 2010, 1676), allerdings kann der Geschäftsherr den Exkulpationsbeweis führen, dass er den Gehilfen ordnungsgemäß ausgewählt und überwacht hat (§ 831 Abs 1 S 2 BGB). **8**

3. Da § 249 Abs 1 BGB den **Grundsatz der Naturalrestitution** statuiert, stellt sich die Frage, ob der Benachteiligte als Schadensersatz Anspruch auf Abschluss des ihm verwehrten Vertrages haben kann. Sie ist hier – anders als im Rahmen von Abs 1 S 1 (oben Rn 2) – grundsätzlich zu bejahen (DERLEDER/SABETTA WuM 2005, 3, 6; MAIER-REIMER NJW 2006, 2577, 2582; **aM** LOOSCHELDERS JZ 2012, 105, 111). Der **Schaden** des zu Unrecht Benachteiligten kann nämlich darin bestehen, dass ein Vertrag nicht zustande gekommen ist, sodass der Benachteiligende aus § 19 Abs 2 AGG iV mit § 249 Abs 1 BGB einem **Kontrahierungszwang** unterliegt. **9**

Allerdings ergeben sich aus § 275 BGB **Grenzen** dieses Anspruchs: Besteht die Benachteiligung in der verweigerten **Eingehung eines Mietverhältnisses**, kommt eine Verurteilung des Vermieters zur Abgabe der auf den Vertragsabschluss gerichteten Willenserklärung nur in Betracht, wenn ihm die Vermietung des Objekts noch möglich ist (SCHMIDT-RÄNTSCH NZM 2007, 6, 14; THÜSING/VHOFF NJW 2007, 21, 24 f; WAGNER/POTSCH JZ 2006, 1085, 1098). So werden die Dinge regelmäßig bei der Vermietung beweglicher Sachen liegen, über die der Vermieter mehrfach verfügt. Bei der Vermietung von Räumen einschließlich Wohnräumen sowie Grundstücken scheidet ein Kontrahierungszwang dagegen aus, wenn die Immobilie bereits an einen anderen **10**

Interessenten vermietet worden ist. Der Benachteiligte ist dann auf Schadensersatz in Geld (§ 251 Abs 1 BGB) verwiesen. Unerheblich ist, ob der Vermieter über ein (freies) vergleichbares Objekt, zB über eine ähnliche Wohnung auf einer anderen Etage oder im Nachbarhaus verfügt. Der Abschluss eines solchen Mietvertrages kann im Wege des Schadensersatzes nicht beansprucht werden. Hier muss der Benachteiligte ggf zuwarten, bis der Vermieter diese Wohnung öffentlich anbietet (§ 2 Abs 1 Nr 8 AGG), um dann – uU im Verfahren der einstweiligen Verfügung – Unterlassung der Vermietung an einen Dritten (Abs 1 S 2) und Vermietung an sich selbst zu verlangen.

11 Einfacher liegen die Dinge, wenn der Vermieter dem **Abschluss eines Aufhebungsvertrages** nicht zugestimmt hat, weil er den oder die vom Mieter gestellten Nachmieter unter Verstoß gegen § 19 AGG nicht akzeptiert hat. Hier steht § 275 BGB der Verurteilung des Vermieters zur Abgabe der auf den Aufhebungsvertrag gerichteten Willenserklärung nicht entgegen.

V. Entschädigung für immaterielle Beeinträchtigungen (Abs 2 S 3, Abs 3)

12 1. Abs 2 S 3 normiert einen **verschuldensunabhängigen Entschädigungsanspruch** für Benachteiligungen aus einem der in § 19 Abs 1 AGG genannten Gründe (Bauer/Krieger/Günther Rn 12; Däubler/Bertzbach/Deinert Rn 65; Leible/Schlachter/Busche 176; Prütting ua/Lingemann Rn 4; Wagner/Potsch JZ 2006, 1085, 1098; aM Armbrüster VersR 2006, 1297, 1303; Palandt/Grüneberg Rn 5; Schmidt-Futterer/Blank Vor § 535 Rn 224). **Voraussetzung** ist lediglich der objektive Verstoß gegen das Benachteiligungsverbot (§§ 3, 19 Abs 1 AGG) ohne sachliche Rechtfertigung (§ 3 Abs 2 HS 2, § 20 AGG) im sachlichen Geltungsbereich des Gesetzes (§ 2 Abs 1 Nr 8, § 19 Abs 3 und 5 AGG), der keine positive Maßnahme iS von § 5 AGG darstellt. Die Statuierung eines Verschuldenserfordernisses als Anspruchsvoraussetzung wäre mit der RL 2000/78/EG nicht vereinbar (vgl EuGH 8. 11. 1990 – C-177/88, Slg 1990, I-3941 = NJW 1991, 628; EuGH 22. 4. 1997 – C-180/95, Slg 1997, I-2195 = NJW 1997, 1839), allerdings ist das Maß des Verschuldens bei der Höhe der Entschädigung zu berücksichtigen. Wie bei den Ansprüchen auf materiellen Schadensersatz (oben Rn 5) können auch hier sowohl der Vermieter als auch seine Hilfspersonen passivlegitimiert sein.

13 Die Entschädigung muss **angemessen** sein, dh dem Benachteiligten Genugtuung für die zugefügte Herab- oder Zurücksetzung verschaffen (BT-Drucks 16/1780, 46). Sie ist außerdem so zu bemessen, dass sie als Sanktion „wirksam, verhältnismäßig und abschreckend" (Art 15 RL 2000/78/EG, Art 14 RL 2004/113/EG) neuen Diskriminierungen vorbeugt. In Anlehnung an § 15 Abs 2 S 2 AGG wird, wenn ein Bewerber in diskriminierender Weise nicht zu einem Besichtigungstermin eingeladen worden ist, eine Entschädigung in Höhe von **drei Monatsmieten** für angemessen gehalten (AG Hamburg-Barmbek 3. 2. 2017 – 811b C 273/15, WuM 2017, 393).

14 2. In Anspruchskonkurrenz hierzu kann bei schwerwiegenden Benachteiligungen, die das allgemeine Persönlichkeitsrecht und damit ein iS von § 823 Abs 1 BGB absolut geschütztes Recht des Gläubigers verletzen, billige Entschädigung in Geld gefordert werden (§ 253 Abs 2 BGB). Allerdings setzt dieser Anspruch **Verschulden** des Benachteiligenden voraus, das vom Gläubiger darzulegen und zu beweisen ist.

VI. Ausschlussfrist (Abs 5) und Verjährung

1. Die Ausschlussfrist des Abs 5 soll dem Schuldner die alsbaldige Prüfung der Berechtigung des Anspruchs ermöglichen sowie Rechtssicherheit und Rechtsklarheit schaffen. Sie gilt nur für die Ansprüche aus Abs 1 und 2 (nicht aber für deliktische Ansprüche aus §§ 823 ff BGB) und ist von Amts wegen zu beachten (Schmidt-Futterer/Blank Vor § 535 Rn 230). Die **Frist beginnt** mit der Entstehung des Anspruchs, sie **dauert zwei Monate**. Der erste Tag zählt nicht mit (§ 187 Abs 1 BGB). 15

Die Frist darf ausnahmsweise überschritten werden, wenn der Gläubiger an ihrer Einhaltung ohne ein Verschulden verhindert war (Abs 5 S 2). So können die Dinge zB liegen, wenn er erkrankt oder der Schuldner unbekannt verzogen war und zunächst sein Aufenthalt ermittelt werden musste (Palandt/Grüneberg Rn 8). Die Geltendmachung ist dann unverzüglich (§ 121 Abs 1 BGB) nachzuholen, sobald das Hindernis beseitigt ist (Gaier/Wendtland Rn 252; aM Bauer/Krieger/Günther Rn 16; Maier-Reimer NJW 2006, 2577, 2582: innerhalb von 2 Monaten; Prütting ua/Lingemann Rn 6). 16

Die **Geltendmachung** des Anspruchs ist eine **geschäftsähnliche Handlung**, auf die die Vorschriften über Willenserklärungen entsprechende Anwendung finden. Sie bedarf **keiner Form** und muss nicht notwendig durch den Benachteiligten persönlich erfolgen. Stellvertretung ist zulässig, allerdings findet § 174 BGB Anwendung. Eine Frist für die Erhebung der Klage besteht nicht (Hinz ZMR 2006, 826, 832). 17

2. Die Ansprüche nach § 21 AGG **verjähren** gemäß §§ 195, 199 BGB in **drei Jahren** zum Jahresende. 18

Abschnitt 4
Rechtschutz

§ 22
Beweislast

Wenn im Streitfall die eine Partei Indizien beweist, die eine Benachteiligung wegen eines in § 1 genannten Grundes vermuten lassen, trägt die andere Partei die Beweislast dafür, dass kein Verstoß gegen die Bestimmungen zum Schutz vor Benachteiligung vorgelegen hat.

Materialien: BT-Drucks 16/1780; BT-Drucks 16/2022.

§ 22 AGG

Schrifttum

Bergwitz, Die neue EG-Richtlinie zur Beweislast bei geschlechtsbedingter Diskriminierung, DB 1999, 94
Birnbaum, Öffentliche Äußerungen und Diskriminierung, GE 2008, 1305
Derleder, Vertragsanbahnung und Vertragsabschluss über Mietwohnungen und die Diskriminierungsverbote des AGG, NZM 2007, 625
Hinz, Allgemeines Gleichbehandlungsgesetz – Überlegungen zur Umsetzung in der mietrechtlichen Praxis, ZMR 2006, 742 u 826
Prütting, Die Beweislast im Arbeitsrecht, RdA 1999, 107
vSteinau-Steinrück/Schneider/Wagner, Der Entwurf eines Antidiskriminierungsgesetzes: Ein Beitrag zur Kultur der Antidiskriminierung?, NZA 2005, 28.

Vgl auch zu § 1 AGG.

Systematische Übersicht

I. Allgemeine Kennzeichnung		1
II. Verteilung der Darlegungs- und Beweislast		
1. Darlegungs- und Beweislast des Gläubigers		2
2. Darlegungs- und Beweislast des Schuldners		6

Alphabetische Übersicht

Darlegungs- und Beweislast	2 ff	Rechtfertigungsgründe		6
– des Gläubigers	2 ff			
– des Schuldners	6 ff	Statistik		4
Indizienbeweis	4 f	Vermutungstatsachen		4
– Widerlegung	7	Vollbeweis		3

I. Allgemeine Kennzeichnung

1 Die Vorschrift trifft eine von den allgemeinen Regeln abweichende Bestimmung zur **Darlegungs- und Beweislast** bei behaupteter Benachteiligung: Der Gläubiger muss nur Indizien vortragen und ggf beweisen, die eine Benachteiligung vermuten lassen, um vom Schuldner den Vollbeweis des Gegenteils einfordern zu können.

II. Verteilung der Darlegungs- und Beweislast

1. Darlegungs- und Beweislast des Gläubigers

2 a) Der Benachteiligte muss Indizien darlegen und im Streitfall beweisen, die eine Benachteiligung wegen eines in § 19 Abs 1 AGG genannten Grundes vermuten lassen. Der Wortlaut der Vorschrift, der nur auf § 1 AGG Bezug nimmt, ist zu weit gefasst, nachdem im Gesetzgebungsverfahren im dritten Abschnitt des Gesetzes das

Verbot der Benachteiligung aus Gründen der Weltanschauung gestrichen wurde (vgl § 1 AGG Rn 3).

b) § 22 AGG bezieht sich zudem nur auf den Benachteiligungsgrund. Der Gläu- 3 biger muss also im Streitfall den **Vollbeweis** hinsichtlich aller übrigen Voraussetzungen des Anspruchs führen: Er muss nachweisen, dass er Träger eines durch § 19 Abs 1 AGG geschützten Merkmals, also zB behindert, ist. Er muss nachweisen, dass er mit dem Schuldner in geschäftlichen Kontakt getreten ist, dazu gehört auch der Beweis des Zugangs seiner Offerte (PALANDT/GRÜNEBERG Rn 2). Die volle Darlegungs- und Beweislast trifft ihn auch hinsichtlich der Voraussetzungen des § 2 Abs 1 Nr 8 AGG und, wenn er eine Verletzung des Verbots der Benachteiligung wegen des Geschlechts, der Religion, einer Behinderung, des Alters oder der sexuellen Identität geltend macht, derjenigen des § 19 Abs 1 Nr 1 AGG (STAUDINGER/SERR [2020] § 22 AGG Rn 8 f). In den Fällen der § 20 Abs 3 AGG, §§ 823 ff BGB muss er das Verschulden des Schuldners darlegen und im Streitfall beweisen, und, wenn er den Ersatz materieller Schäden begehrt, auch die Höhe des Schadens.

c) Nur **Indizien** zu beweisen braucht er dagegen hinsichtlich des **Benachteiligungs-** 4 **grundes**, also der Tatsache der Benachteiligung aus den in § 19 Abs 1 AGG genannten Gründen. § 22 AGG lässt die Beweisverteilung auch insoweit zunächst unberührt, er erleichtert nur die Darlegungslast und senkt das Beweismaß (vgl BAG 22. 10. 2015 – 8 AZR 384/14, AP Nr 11 zu § 22 AGG = NZA 2016, 625). Verlangt ist lediglich eine Darlegung, die eine ungerechtfertigte Benachteiligung als wahrscheinlich erscheinen lässt. Es handelt es sich nicht um eine Vermutungsregelung iS des § 292 ZPO (vgl BAG 5. 2. 2004 – 8 AZR 112/03, AP Nr 23 zu § 611a BGB = NJW 2004, 2112). Die Vorschrift ist vielmehr so zu verstehen, dass der Gläubiger eine Beweislast des Schuldners dadurch herbeiführen kann, dass er Hilfstatsachen darlegt und ordnungsgemäß unter Beweis stellt, die eine Benachteiligung aus den in § 19 Abs 1 AGG genannten Gründen vermuten lassen. Hierzu genügt die Überzeugung des Gerichts von der **überwiegenden Wahrscheinlichkeit** für die Kausalität zwischen der Existenz des Merkmals und dem Nachteil (BAG 5. 2. 2004 – 8 AZR 112/03, AP Nr 23 zu § 611a BGB = NJW 2004, 2112; BAG 15. 2. 2005 – 9 AZR 635/03, AP Nr 7 zu § 81 SGB IX = NZA 2005, 870; BAG 26. 1. 2017 – 8 AZR 736/15, NZA 2017, 854). Solche Vermutungstatsachen können in Äußerungen des Schuldners (auch solchen ohne konkreten Bezug zu einem bestimmten Mieter, vgl EuGH 10. 7. 2008 – C-54/ 07, Slg 2008, I-5187 = NJW 2008, 2767; BIRNBAUM GE 2008, 1305) bzw anderen Verfahrenshandlungen begründet sein, die die Annahme einer Benachteiligung nahe legen (BVerfG 16. 11. 1993 – 1 BvR 258/86, BVerfGE 89, 276, 287 = NJW 1994, 647). Es genügen Indizien, die aus einem regelhaft geübten Verhalten auf eine solchermaßen motivierte Entscheidung schließen lassen (SCHLACHTER, Wege zur Gleichberechtigung [1993] 406). Deshalb kann der Gläubiger beispielsweise geltend machen, dass eine von ihm unter einem fiktiven, deutsch klingenden Namen abgesandte Bewerbung eine Einladung zum Besichtigungstermin zur Folge hatte, während er auf seine mit seinem „echten", ausländischen Namen eingereichte, im Übrigen aber identische Bewerbung eine Ablehnung erhalten hat (AG Hamburg-Barmbek 3. 2. 2017 – 811b C 273/15, WuM 2017, 393; AG Charlottenburg 14. 1. 2020 – 203 C 31/19, ZMR 2020, 409; vgl auch KRAFT/MENSE/WREDE NZM 2020, 826, 829). Bloße **statistische Angaben**, beispielsweise dergestalt, dass unter den Vertragspartnern des Vermieters bestimmte Bevölkerungsgruppen deutlich unterrepräsentiert sind, genügen als Indiz für deren Diskriminierung allein nicht (vgl BAG 22. 7. 2010 – 8 AZR 1012/08, AP Nr 2 zu § 22 AGG = NZA 2011, 93; ebenso DERLEDER NZM

2007, 625, 627). Sie können aber im Zusammenhang mit anderen Umständen indizielle Wirkung entfalten (BAG 27. 1. 2011 – 8 AZR 483/09, AP Nr 6 zu § 3 AGG = NZA 2011, 689), wenn der Vermieter beispielsweise bei Mieterhöhungen oder Kündigungen Mieter aus einem der in § 1 AGG genannten Gründen unterschiedlich behandelt (AG Tempelhof-Kreuzberg 19. 12. 2014 – 25 C 357/14, WuM 2015, 73).

5 **Im Einzelnen** bezieht sich die Absenkung des Beweismaßes auf die Kenntnis des Schuldners von dem Vorliegen einer nach § 19 Abs 1 AGG geschützten besonderen persönlichen Eigenschaft des Gläubigers, auf die Benachteiligung als solche (also die Tatbestandsmerkmale des § 3 AGG) sowie auf die Kausalität zwischen der Kenntnis des Gläubigers und der Benachteiligung. Bei einer behaupteten mittelbaren Benachteiligung muss der Gläubiger auch die Nichtexistenz der (dort tatbestandsausschließenden) Rechtfertigungsgründe des § 3 Abs 2 HS 2 AGG darlegen und beweisen (PRÜTTING ua/LINGEMANN Rn 7; vSTEINAU-STEINRÜCK/SCHNEIDER/WAGNER NZA 2005, 28, 31), allerdings insoweit zusätzlich mit den für den Beweis aller negativen Tatsachen geltenden Erleichterungen (vgl BGH 13. 12. 1984 – III ZR 20/83, NJW 1985, 1774; BGH 13. 5. 1987 – VIII ZR 137/86, BGHZ 101, 49, 55 = NJW 1987, 2235; BGH 14. 11. 1986 – X ZR 34/05, BGHZ 169, 377, 380 = NJW-RR 2007, 488; BGH 27. 6. 2014 – V ZR 55/13, NJW 2014, 3296; ZÖLLER/GREGER Vor § 284 ZPO Rn 24).

2. Darlegungs- und Beweislast des Schuldners

6 Ist die Benachteiligung nach diesen Grundsätzen überwiegend wahrscheinlich, muss nunmehr der Schuldner den vollen Beweis führen, dass die Benachteiligung aus rechtlich zulässigen Gründen erfolgte (BERGWITZ DB 1999, 94, 98; PRÜTTING RdA 1999, 107, 111; STAUDINGER/SERR [2020] § 22 AGG Rn 34 ff). Er trägt die volle Darlegungs- und Beweislast für alle **Ausnahmen vom Benachteiligungsverbot**, also zB für die beabsichtigte Schaffung sozial stabiler Besiedlungsstrukturen (§ 19 Abs 3 AGG) oder die Durchführung einer „positiven Maßnahme" iS von § 5 AGG. Er trägt sie ferner für alle **Rechtfertigungsgründe** des § 20 AGG, also zB dafür, dass bei einer Vermietung an den Gläubiger von diesem Gefahren auszugehen drohten (HINZ ZMR 2006, 742, 746; STAUDINGER/SERR [2020] § 22 AGG Rn 39). Schließlich ist es an ihm, sich von der Vermutung schuldhaften Handelns (§ 21 Abs 2 S 2 AGG) zu entlasten. Nicht bei ihm, sondern bei dem anderen Teil liegt dagegen die Darlegungs- und Beweislast für die Nichtexistenz eines die mittelbare Diskriminierung nach § 3 Abs 2 HS 2 AGG rechtfertigenden Grundes (vgl Rn 5).

7 Schließlich kann der Beklagte **den Indizienbeweis widerlegen**, indem er zB nachweist, dass er von der Religionszugehörigkeit des vermeintlich Benachteiligten gar keine Kenntnis hatte, dass seine Entscheidung, an einen anderen Mietinteressenten zu vermieten, auf diskriminierungsfreien Erwägungen (zB dessen größerer finanzieller Leistungsfähigkeit) beruhte (SCHMIDT-FUTTERER/BLANK Vor § 535 BGB Rn 229), oder dass der Kläger seine Ansprüche **in missbräuchlicher Absicht** verfolgt (sog „AGG-Hopper"; vgl EuGH 28. 7. 2016 – C-423/15, ECLI:EU:C:2016:604 = NJW 2016, 2796; BAG 25. 10. 2018 – 8 AZR 562/16, AP Nr 26 zu § 15 AGG = NZA 2019, 527).

§ 23
Unterstützung durch Antidiskriminierungsverbände

(1) Antidiskriminierungsverbände sind Personenzusammenschlüsse, die nicht gewerbsmäßig und nicht nur vorübergehend entsprechend ihrer Satzung die besonderen Interessen von benachteiligten Personen oder Personengruppen nach Maßgabe von § 1 wahrnehmen. Die Befugnisse nach den Absätzen 2 bis 4 stehen ihnen zu, wenn sie mindestens 75 Mitglieder haben oder einen Zusammenschluss aus mindestens sieben Verbänden bilden.

(2) Antidiskriminierungsverbände sind befugt, im Rahmen ihres Satzungszwecks in gerichtlichen Verfahren als Beistände Benachteiligter in der Verhandlung aufzutreten. Im Übrigen bleiben die Vorschriften der Verfahrensordnungen, insbesondere diejenigen, nach denen Beiständen weiterer Vortrag untersagt werden kann, unberührt.

(3) Antidiskriminierungsverbänden ist im Rahmen ihres Satzungszwecks die Besorgung von Rechtsangelegenheiten Benachteiligter gestattet.

(4) Besondere Klagerechte und Vertretungsbefugnisse von Verbänden zu Gunsten von behinderten Menschen bleiben unberührt.

Abschnitt 7
Schlussvorschriften

§ 31
Unabdingbarkeit

Von den Vorschriften dieses Gesetzes kann nicht zu Ungunsten der geschützten Personen abgewichen werden.

§ 32
Schlussbestimmung

Soweit in diesem Gesetz nicht Abweichendes bestimmt ist, gelten die allgemeinen Bestimmungen.

§ 33
Übergangsbestimmungen

(1) Bei Benachteiligungen nach den §§ 611a, 611b und 612 Abs. 3 des Bürgerlichen Gesetzbuchs oder sexuellen Belästigungen nach dem Beschäftigtenschutzgesetz ist das vor dem 18. August 2006 maßgebliche Recht anzuwenden.

(2) Bei Benachteiligungen aus Gründen der Rasse oder wegen der ethnischen Herkunft sind die §§ 19 bis 21 nicht auf Schuldverhältnisse anzuwenden, die vor dem 18. August 2006 begründet worden sind. Satz 1 gilt nicht für spätere Änderungen von Dauerschuldverhältnissen.

(3) Bei Benachteiligungen wegen des Geschlechts, der Religion, einer Behinderung, des Alters oder der sexuellen Identität sind die §§ 19 bis 21 nicht auf Schuldverhältnisse anzuwenden, die vor dem 1. 12. 2006 begründet worden sind. Satz 1 gilt nicht für spätere Änderungen von Dauerschuldverhältnissen.

(4) Auf Schuldverhältnisse, die eine privatrechtliche Versicherung zum Gegenstand haben, ist § 19 Abs. 1 nicht anzuwenden, wenn diese vor dem 22. 12. 2007 begründet worden sind. Satz 1 gilt nicht für spätere Änderungen solcher Schuldverhältnisse.

(5) Bei Versicherungsverhältnissen, die vor dem 21. Dezember 2012 begründet werden, ist eine unterschiedliche Behandlung wegen des Geschlechts im Falle des § 19 Absatz 1 Nummer 2 bei den Prämien oder Leistungen nur zulässig, wenn dessen Berücksichtigung bei einer auf relevanten und genauen versicherungsmathematischen und statistischen Daten beruhenden Risikobewertung ein bestimmender Faktor ist. Kosten im Zusammenhang mit Schwangerschaft und Mutterschaft dürfen auf keinen Fall zu unterschiedlichen Prämien oder Leistungen führen.

Materialien: BT-Drucks 16/1780; BT-Drucks 16/2022; BT-Drucks 17/9342 S 178; BT-Drucks 17/11395 S 20.

1 Diskriminierungen aus **rassistischen Gründen** oder wegen der **ethnischen Herkunft** sind seit dem Tage des Inkrafttretens des Gesetzes, also seit dem 18. 8. 2006, untersagt (Abs 2 S 1). Ungerechtfertigte Benachteiligungen wegen des **Geschlechts**, der **Religion**, einer **Behinderung**, des **Alters** oder der **sexuellen Identität** sind dagegen erst seit dem 1. 12. 2006 unzulässig (Abs 3 S 1). Dies gilt jeweils auch für Mietverhältnisse, die an den genannten Tagen bereits bestanden (Abs 2 S 2 und Abs 3 S 2).

Sachregister

Die fetten Zahlen beziehen sich auf die Paragraphen, die mageren Zahlen auf die Randnummern.

Abbruchmaßnahmen
 Verwertungskündigung **573** 148, 153, 156, 175
Abgeschlossenheitsbescheinigung
 Umwandlungsabsicht **577** 21, 25
 Wohnungsumwandlung **577a** 21
Abhilfefrist
 Grundstücksveräußerung **566** 63
Abmahnung
 Gebrauch, vertragswidriger **573** 54
 Gesundheitsgefährdung **569** 23
 Hausfrieden **569** 59 f
 Kündigung, außerordentliche **569** 59 f, 115; **573** 31
 Kündigungsbegründung **569** 116; **573** 62
 Vertragsverletzung, Wiederholung **573** 55
Abrechnungsfrist
 Eigentumswechsel **566** 80 f
Abrechnungsperiode
 Eigentumswechsel **566** 82 f
Abrechnungspflicht
 Zwangsversteigerung **566** 84
 Zwangsverwaltung **566** 84
Abrechnungsunterlagen
 Einsichtnahme **558** 18
Abrechnungszeitraum
 Eigentumswechsel **566** 80 f
Abriss
 Zeitmietvertrag **575** 25
Abrisskündigung
 Kündigung, ordentliche **573** 217
 Kündigungsinteresse, berechtigtes **573** 198
Absenkungsverordnung
 Gemeindeteile **558** 86
 Indikatoren **558** 87
 Inzidentprüfung **558** 85
 Kappungsgrenze, Absenkung **558** 82 ff
 Verfahrensgestaltung **558** 87
 Wohnraum, Versorgung der Bevölkerung mit **558** 86 f; **574** 53
Abspaltung
 Gesamtrechtsnachfolge **566** 42
Abstandszahlung
 Ersatzansprüche, Ausschluss **573** 228
Abstellraum
 Teilkündigung **573b** 9
Abtretung
 Betriebskostenvorauszahlungen **560** 16
 Mieterhöhungsverlangen, Zustimmungsanspruch **560** 16
 Mietforderung **566b** 28

Adoptivkind
 Eintritt in den Mietvertrag **563** 18
Änderungskündigung
 Mieterhöhung **557** 6; **573** 26 ff
Änderungsvertrag
 Aufhebung **557** 45
 Beweislast **557** 46
 Form **557** 32, 45
 konkludenter Änderungsvertrag **557** 32
 Mieterhöhung **557** 14, 31 ff, 45; **558** 13; **558a** 2, 5, 16, 18
 Beginn **557** 48
 Mieterhöhungserklärung **559b** 9, 28 f
 Mieterhöhungsverlangen, Umdeutung **557** 33 f
 Mietzahlung, wiederholte **558a** 16
 Modernisierungsmaßnahmen **559b** 29 f
 Teilkündigung **573b** 21
 Vertragsschluss **557** 33 f
 Wartefrist **557** 45
 Zeitmietvertrag **575** 7
AGG-Hopper
 Rechtsmissbrauch **22 AGG** 7
Aktivprozess
 Kauf bricht nicht Miete **566** 94
Allgemeine Geschäftsbedingungen
 Kündigungsfrist **573c** 56 ff
Allgemeines Gleichbehandlungsgesetz
 AGG-Hopper **22 AGG** 7
 Alter **4 AGG** 1; **19 AGG** 1, 18, 21, 32; **20 AGG** 2; **33 AGG** 1
 Angebot, persönliches **2 AGG** 5
 Anweisung zur Benachteiligung **3 AGG** 2, 14
 Anwendungsbereich, sachlicher **2 AGG** 1 ff; **19 AGG** 20 ff, 36
 Ausschlussfrist **21 AGG** 1, 15 ff
 Behinderung **19 AGG** 1, 21, 32; **20 AGG** 2; **33 AGG** 1
 Belästigung **3 AGG** 2, 12; **19 AGG** 4
 sexuelle Belästigung **3 AGG** 2, 13
 Benachteiligung **3 AGG** 1, 3
 abgestufter Benachteiligungsschutz **1 AGG** 3; **19 AGG** 20 ff
 Benachteiligungsabsicht **3 AGG** 3
 Benachteiligungsverbot **1 AGG** 3
 Beseitigungsanspruch **21 AGG** 1
 Beweislastverteilung **22 AGG** 1 ff
 Darlegungslastverteilung **22 AGG** 1 ff
 Kausalität **22 AGG** 4
 mittelbare Benachteiligung **3 AGG** 1, 7 ff; **22 AGG** 5

Allgemeines Gleichbehandlungsgesetz

Allgemeines Gleichbehandlungsgesetz (Forts)
- Vergleich, statistischer **3 AGG** 9
- Rechtfertigung **1 AGG** 6; **3 AGG** 1, 10; **4 AGG** 1; **19 AGG** 44 f; **20 AGG** 1 ff
- Beweislast **22 AGG** 5 f
- Gefahrvermeidung **20 AGG** 5
- Gewährung besonderer Vorteile **20 AGG** 7 f
- Grund, sachlicher **20 AGG** 3 ff
- Interessen, wirtschaftliche **20 AGG** 4
- Religionsgemeinschaften, Vermietung durch **20 AGG** 9
- Schutzbedürfnis, besonderes **20 AGG** 6
Statistik **22 AGG** 4
Ungleichbehandlung, objektive **3 AGG** 3
unmittelbare Benachteiligung **3 AGG** 1, 5 f; **19 AGG** 4
Unterlassungsanspruch **21 AGG** 1, 4
- Erstbegehungsgefahr **21 AGG** 4
unzulässige Benachteiligung **3 AGG** 1
Verschulden **3 AGG** 3
Vertretenmüssen **21 AGG** 1, 5
Vollbeweis **22 AGG** 3
Wahrscheinlichkeit, überwiegende **22 AGG** 4
Wille zur Benachteiligung **19 AGG** 4
Benachteiligungsgrund **22 AGG** 2 ff
Indizienbeweis **22 AGG** 4, 7
mehrere Benachteiligungsgründe **4 AGG** 1
Benachteiligungsverbot **19 AGG** 1 ff, 41 ff
Vertragsanbahnung **19 AGG** 41 f
Vertragsbeendigung **19 AGG** 47 ff
Vertragsdurchführung **19 AGG** 46
Vertragsschluss **19 AGG** 43 ff
Besichtigungstermin **19 AGG** 44; **22 AGG** 4
Bewohnerstrukturen, sozial stabile **1 AGG** 5; **19 AGG** 39 f
Differenzierungsverbot **19 AGG** 1 ff
Diskriminierung **3 AGG** 1
Entschädigung **21 AGG** 12 ff
Angemessenheit **21 AGG** 13
Erfüllungsgehilfen **21 AGG** 6
ethnische Herkunft **19 AGG** 1, 3, 7, 22, 32, 34, 44; **20 AGG** 2, 4; **33 AGG** 1
Familiengröße **3 AGG** 11
Geschäftsraummiete **2 AGG** 2; **19 AGG** 36
Geschlecht **4 AGG** 1; **19 AGG** 1, 3, 13, 21, 32; **20 AGG** 2; **33 AGG** 1
Gleichbehandlungsgrundsatz **1 AGG** 1
Grundstücksmiete **2 AGG** 2; **19 AGG** 36
Güter **2 AGG** 2
Herstellungsanspruch **21 AGG** 2
Identität, sexuelle **19 AGG** 1, 19, 21, 32; **20 AGG** 2; **33 AGG** 1
Immobilien **2 AGG** 2
Kontrahierungszwang **21 AGG** 2, 9 f
Kündigung **3 AGG** 3
Kündigungsschutz **2 AGG** 6

Allgemeines Gleichbehandlungsgesetz (Forts)
Leasing **2 AGG** 2
Massengeschäfte **19 AGG** 21 ff
massengeschäftsähnliche Geschäfte **19 AGG** 21, 27 ff
Maßnahmen, positive **5 AGG** 1; **19 AGG** 39, 45; **22 AGG** 6
Mietrecht **2 AGG** 1 ff
Nachteilsausgleich **5 AGG** 1
Näheverhältnis, besonderes **1 AGG** 5; **19 AGG** 2, 28, 35 ff
Nationalität **19 AGG** 44
der Öffentlichkeit zur Verfügung stehende Güter/Dienstleistungen **2 AGG** 4 f; **19 AGG** 24
Annoncen **2 AGG** 4
Aushänge **2 AGG** 4
Internet **2 AGG** 4
invitatio ad offerendum **2 AGG** 4
Makler **2 AGG** 4
Offerte **2 AGG** 4
Tageszeitungen **2 AGG** 4
Unternehmereigenschaft des Anbieters **2 AGG** 4
Verbrauchereigenschaft des Anbieters **2 AGG** 4
Pacht **2 AGG** 2
Privatautonomie **1 AGG** 2
Rasse **19 AGG** 6
rassistische Gründe **19 AGG** 1, 3, 6, 22, 32, 34; **20 AGG** 2, 4; **33 AGG** 1
Raummiete **2 AGG** 2; **19 AGG** 36
Religion **19 AGG** 1, 14 f, 21, 32, 44; **20 AGG** 2; **33 AGG** 1
Schadensersatz **21 AGG** 1
immaterieller Schaden **21 AGG** 1, 12 ff
materieller Schaden **21 AGG** 1, 5 ff
Naturalrestitution **21 AGG** 9 ff
unerlaubte Handlung **21 AGG** 1, 7 f
Schiffsmiete **2 AGG** 2
Schutzwirkung zugunsten Dritter **19 AGG** 5
Siedlungsstrukturen, ausgewogene **1 AGG** 5; **19 AGG** 39 f; **22 AGG** 6
soziale Herkunft **19 AGG** 3
Staatsangehörigkeit **3 AGG** 7; **19 AGG** 8 ff, 44
Strukturziele **1 AGG** 5; **19 AGG** 39 f
Übergangsrecht **33 AGG** 1
unternehmerische Freiheit **20 AGG** 4
Verjährung **21 AGG** 18
Vermietung außerhalb von Massengeschäften, öffentliche **19 AGG** 34 ff
Versorgung mit Gütern und Dienstleistungen **2 AGG** 1, 3 f
Vertragsverweigerung **3 AGG** 3; **21 AGG** 10 f
Vertrauensverhältnis, besonderes **1 AGG** 5; **19 AGG** 2, 28, 35 ff

Allgemeines Gleichbehandlungsgesetz (Forts)
  Weltanschauung **1 AGG** 3; **19 AGG** 3, 16
  wirtschaftliche/soziale/kulturelle Verhältnisse, ausgeglichene **1 AGG** 5;
    19 AGG 39 f
  Wohnraum auf demselben Grundstück
    1 AGG 5
  Wohnraummiete **1 AGG** 5; **2 AGG** 1 f
  Zugang zu Gütern und Dienstleistungen
    2 AGG 1, 3 f
Allgemeines Persönlichkeitsrecht
  s Persönlichkeitsrechtsverletzung
Altbauwohnung
  Mieterhöhungsverlangen **558a** 74
  Zustand der Mietsache, allgemein üblicher **559** 66
Altenheim
  Umzug in ein Altenheim **574** 37, 41
Altenteilsrechte
  Gebrauchsentziehung **567** 3
Alter
  Differenzierungsverbot **4 AGG** 1;
    19 AGG 1, 18, 21; **20 AGG** 2; **33 AGG** 1
  massengeschäftsähnliche Geschäfte
    19 AGG 32
  Gewährung besonderer Vorteile
    20 AGG 7 f
Alter des Mieters
  Härtegrund **574** 23, 37, 65
Altersheimaufenthalt
  Haushaltszugehörigkeit **563** 19, 24
Anbietpflicht
  Alternativobjekte **573** 125 ff, 131 ff
    Einkommensnachweis **573** 134
    Haus, dasselbe **573** 133
    Informationspflicht **573** 132
    Kündigungserklärung, Zugang **573** 131a f
    Mietkonditionen **573** 132
    Unzumutbarkeit **573** 134
    Vermietungsabsicht **573** 135
    Wohnanlage, dieselbe **573** 133
  Fehlverhalten des Mieters **573** 134
Anfechtung
  Mieterhöhung **557** 34
  Mietvertrag **568** 11, 13; **573** 21
  Sozialklausel **574** 16
Anfechtungsrecht
  Eintritt in den Mietvertrag **566** 60 f
Anhänger
  Fahrnismiete **580a** 37
Anlagen
  Betriebskostenerhöhung **560** 22
Antenne
  Benachteiligungsverbot **19 AGG** 46
Anwaltspostfach, besonderes elektronisches
  Formerfordernis **568** 22
Anwartschaftsrecht
  Vermieterpfandrecht **562** 15b f

Anwartschaftsrecht (Forts)
  Sicherungsübereignung zugunsten Dritter **562** 16
Anweisung zur Benachteiligung
  Benachteiligungsverbot **3 AGG** 2, 14
Arbeitsgeräte
  Vermieterpfandrecht **562** 13
Arbeitslosengeld II
  Mietzahlung, verspätete **573** 50, 53
Arbeitsraum
  Temperatur, zulässige **569** 22
Arrest
  Vermieterpfandrecht **562b** 3
Asylbewerber
  Wohnraumüberlassung **565** 10
Aufhebungsvertrag
  Benachteiligungsverbot **19 AGG** 49
  Bestandsschutz, Umgehung **573** 21
  Form **568** 11
  Interessenausgleich, finanzieller **573** 228
  Kündigung, formunwirksame **568** 25
  Kündigungsschutz, Verzicht auf **573** 242
  Kündigungssperrfrist **577a** 43
  Vertragsverweigerung **21 AGG** 11
  Vorkaufsrecht **577** 87 f
Auflassung
  Sprungauflassung **577** 17
Auflassungsvormerkung
  Kauf bricht nicht Miete **566** 33
  Veräußerungskette **566** 33
Aufnahme von Personen in die Wohnung
  Erlaubnis des Vermieters **573** 58
  Touristen **573** 58 f
  Vertragsverletzung **573** 57, 58
Aufrechnung
  Aufrechnungslage **566d** 2
  Aufrechnungsvereinbarung **566d** 8
  Ausschluss **566d** 9 f
  Beweislast **566d** 14
  Forderungserwerb nach Eigentumsübergang **566d** 9 f
  Gegenforderung bei Eigentumsübergang **566d** 11 f
  Gegenseitigkeit **566d** 6
  Insolvenz des Vermieters **566d** 4
  Kauf bricht nicht Miete **566d** 6 ff
  Kenntnis des Eigentumsübergangs **566d** 2
  Mietforderung **566b** 28; **566c** 6
  Vereinbarungen, abweichende **566d** 13
  Vorausverfügung über die Miete **566d** 1 ff
  Zahlungsverzug des Mieters **569** 90, 102
  Zwangsversteigerung **566d** 3
  Zwangsverwaltung **566d** 4
Aufrechnung des Mieters
  Kauf bricht nicht Miete **566b** 1
Aufspaltung
  Gesamtrechtsnachfolge **566** 42
Aufwendungsersatzanspruch des Mieters
  Modernisierungsmaßnahmen **559** 33 f

Aufwendungsersatzansprüche
　Eigentumswechsel **566** 58, 77
Aufzug
　Modernisierungsmaßnahmen **559** 44;
　　559b 4
Ausbeutungsvertrag
　Ausbeutungsvertrag über Bodenschätze
　　566 8 f, 53
Ausbildung
　Härtegrund **574** 45, 47
Ausgangsmiete
　Beweislast **558** 18
　Mieterhöhung **557** 39; **557b** 1, 39a; **558** 16 ff,
　　22
　Modernisierungsmaßnahmen **558** 20
Ausgliederung
　Gesamtrechtsnachfolge **566** 42
Auskunftsanspruch
　Betriebskostenermäßigung **560** 44
　Eigentumswechsel **566** 57
　Fehlbelegungsabgabe **558** 91 f
　Kappungsgrenze **558** 91 f
　Vermieterpfandrecht **562** 7a, 36b; **562b** 14,
　　18, 20
　Wohnraum, preisgebundener **558** 91 f
　Zwischenvermietung, gewerbliche **565** 15
Auskunftsklage
　Fehlbelegungsabgabe **558** 92
　Kappungsgrenze **558** 92
Ausreißermiete
　Vergleichsmiete, ortsübliche **558** 24
Ausschlussvereinbarung
　s Mieterhöhung
Außenmodernisierung
　Untersagungsverfügung **559b** 36
Außenwand
　Besitzüberlassung **566** 53
　Mietvertrag **566** 9
Außergeschäftsraumvertrag
　Mieterhöhung **557** 42
　Widerruf **557** 44
　Widerrufsfrist **557** 44
　Widerrufsrecht **557** 40, 42
　Wohnraummiete **557** 40 ff
Ausstattungsmerkmale
　Mietvertrag **558** 96
Austauschpfändung
　Vermieterpfandrecht **562** 22
Automatenaufstellvertrag
　Gestattungsvertrag **566** 10
　Kauf bricht nicht Miete **566** 10
Automatikklauseln
　Mieterhöhung **557b** 9a

Baden-Württemberg
　Kündigungssperrfrist **577a** 39
Bahnanlagen
　Vermieterpfandrecht **562** 12

Bahnhofsbuchhandlung
　Gestattungsvertrag **566** 10
Bareboat Charter
　Kündigung **580a** 21
Barkaution
　s a Kaution
　zur freien Verfügung **566a** 25
　niedriger als zwei Monatsmieten **569** 69
　Verzug **569** 66, 69
Barrierefreiheit
　Vertragsabschluss, Versagung **19 AGG** 17
　Zustimmungspflicht des Vermieters
　　19 AGG 17
Baugeräte
　Fahrnismiete **580a** 37
Baugesetzbuch
　Modernisierungsmaßnahmen, Entschädigung **559a** 5
Bauherrenmodell
　Bestandsschutz **565** 2
Baukostenzuschuss
　Kündigung, ordentliche **573** 48
　Kürzungsbetrag **558** 66 f
　Mieterhöhung, Ausschluss **557** 64
　verlorener Baukostenzuschuss **559a** 11
　Vermieterpfandrecht **562** 27
　Vorausverfügung über die Miete **566b** 11 f,
　　24
　Zahlungsverzug des Mieters **573** 48
Bauliche Veränderungen
　Ordnungswidrigkeit **559d** 3
　Pflichtverletzung des Vermieters **559d** 1 ff
　s a dort
Baulückenschließung
　Teilkündigung des Mietverhältnisses
　　573b 6
Baumaschinen
　Bargeschäfte des täglichen Lebens
　　19 AGG 24
Baumaßnahmen
　Abriss **575** 23 ff
　Befristungsgrund **575** 23 ff
　Erschwerung, erhebliche **575** 29 f
　Genehmigungsfähigkeit **575** 31
　Instandsetzung **575** 27 ff
　Luxusmodernisierung **575** 32
　Mitteilungspflicht **575** 40 f
　Veränderung, wesentliche **575** 27 ff
Baunebenkosten
　Modernisierungsmaßnahmen **559** 26, 28 ff
Baustillstand
　Pflichtverletzung des Vermieters **559d** 13 f
Bausubstanz, Eingriff in die
　Gebrauch, vertragswidriger **573** 56
Bauträgergeschäft
　Grundstücksveräußerung **567a** 1; **567b** 1
Bayern
　Kündigungssperrfrist **577a** 39

Beamte
  Werkdienstwohnung **576b** 6
Bedingung, auflösende
  Eigentumswechsel **566** 87
  Mietvertrag **572** 7 ff; **573** 18
    Kündbarkeit vor Bedingungseintritt **572** 11 f
  Untermiete **565** 23
  Wohnraummiete **572** 7 ff
Befristung
  s a Zeitmietvertrag
  Fortsetzung des Mietverhältnisses **574a** 15 ff
  Kettenmietvertrag **575** 85
  Mietvertrag **572** 8
  Verlängerungsklausel **575** 11
Befristungsgrund
  Auskunftsanspruch **575** 1, 49, 51 ff
    Erfüllung **575** 56 ff
    Viermonatsfrist **575** 51, 55
  Beweislast **575** 1, 69, 78
  Mitteilung **575** 56 ff
    Bestimmtheit **575** 59
    Inhalt **575** 57, 59
  Mitteilungspflicht **575** 1, 36 ff, 51 ff
    elektronische Form **575** 45
    Frist **575** 62
    Schriftform **575** 44
  Sachgrund **575** 1, 16, 18 ff
  Verwendungsabsicht **575** 18 ff, 36 ff, 57
    Vermieterwechsel **575** 60
    Wechsel **575** 58
  Verzögerung **575** 69 ff
  Mitteilung **575** 73, 78
Befristungsvereinbarung
  Befristungsgrund **575** 84, 86
  Kündigungsschutz **575** 85
  Verwendungsabsicht **575** 85
  Zulässigkeit **575** 83 ff
Behindertengerechtes Wohnen
  Mietangebote **5 AGG** 1
Behinderung
  Differenzierungsverbot **19 AGG** 1, 17, 21; **20 AGG** 2; **33 AGG** 1
  HIV-Infektion **19 AGG** 17
  Krankheit **19 AGG** 17
  massengeschäftsähnliche Geschäfte **19 AGG** 32
  Schwerbehinderung **19 AGG** 17
  Gewährung besonderer Vorteile **20 AGG** 7 f
  Härtegrund **574** 23, 40, 51
Belästigung
  Benachteiligungsverbot **3 AGG** 2, 13; **19 AGG** 4
  sexuelle Belästigung **3 AGG** 2, 13
Belegungsrecht
  Eigentumswechsel **566** 59

Beleidigungen
  im Internet **573** 61a
  Kündigung aus wichtigem Grund **569** 47 ff, 51
  Kündigung, ordentliche **573** 61a
Benachteiligung
  s a Zeitmietvertrag
  Allgemeines Gleichbehandlungsgesetz **3 AGG** 1
  s a dort
Benachteiligungsverbot
  Allgemeines Gleichbehandlungsgesetz **1 AGG** 3 ff
  s a dort
  Entschädigungsanspruch **573** 234
  Kündigung, unberechtigte **573** 234
Berlin
  Kündigungssperrfrist **577a** 39
Berliner Modell
  Räumungsvollstreckung **562** 6b
Berufliche Tätigkeit
  Ausübung in gemieteten Wohnräumen **573** 55a
  Eigenbedarfskündigung **573** 106, 110 f, 211
  Härtegrund **574** 23, 45, 47
Berufsbedarf
  Kündigung, ordentliche **573** 177 f
Berufung
  Beschwerdewert **557** 29
Beschaffenheitsvereinbarung
  Wohnungsgröße **557** 65
Besichtigungstermin
  Benachteiligung **19 AGG** 44; **22 AGG** 4
Besitz
  Publizitätsfunktion **566** 49
Bestandsmiete
  Vergleichsmiete, ortsübliche **558** 25, 36 f; **558a** 57
Bestandsschutz
  Eigenbedarfskündigung **577a** 7 f
  Gebrauchsfortsetzung **576b** 15
  Genossenschaftswohnung **573** 188
  Geschäftsraummiete **580a** 5
  Kündigung des Mietverhältnisses **573a** 16; **573c** 46
    außerordentliche fristlose Kündigung **573** 17
    ordentliche Kündigung **573** 166
  Mietaufhebungsvertrag **573** 21
  Mietverhältnis, Fortsetzung bei Tod des Mieters **563** 2 f; **563a** 3, 15
  Rücktrittsrecht **573** 19 f
  Umgehung **573** 21
  Untermiete **565** 2 ff; **573** 11; **574** 7, 28; **576** 11
  Werkwohnung **576** 2
  Wohnraummiete **571** 4; **577** 87; **577a** 7 f
  Zeitmietvertrag **575** 5, 10, 40
Bestandswohnungen
  Mieterhöhungsverlangen **558a** 66, 70

Betrachtungszeitraum
s Vergleichsmiete, ortsübliche
Betreutes Wohnen
Vergleichsmiete 558 45
Betriebsbedarf
Befristungsgrund 575 33 ff, 42
Begründungspflicht 573 218
Genossenschaftswohnung 573 187 f
Hilfsperson, Aufnahme in den Haushalt 573 185 f
Kündigung, ordentliche 573 76, 77, 177 ff; 575 57
Rechtsmissbrauch 573 184
Kündigungsausschluss 573 241
künftiger Betriebsbedarf 575 2
Mitteilungspflicht 575 42, 59
Wartefrist 577a 42
Werkdienstwohnung 576b 23
Werkmietwohnung 573 218; 576 21, 40; 576b 23
Werkwohnung 573 178 ff
Betriebsfeuerwehr
Werkwohnung 576 42
Betriebskosten
Begriff 560 17, 36
Eintritt in den Mietvertrag 563b 5
Kauf bricht nicht Miete 566 58, 70
neue Betriebskostenarten 560 12b f, 17
Vermieterpfandrecht 562 26
Wirtschaftlichkeitsgebot 558 17
Zahlungsverzug des Sozialleistungsträgers 573 50
Betriebskostenabrechnung
Abrechnungsfrist 566 80 f
Abrechnungsperiode 566 82
Abrechnungszeitraum 566 80 f
Anpassung 560 1
Betriebskostenanpassung 560 1
Betriebskostenerhöhung 560 47 ff
Betriebskostennachforderungen 560 47b
Eigentumswechsel 566 80 ff; 566a 7
Einsichtsrecht des Mieters 558 18
Ordnungsmäßigkeit, formelle 560 47a
Richtigkeit, inhaltliche 560 47a
Zwangsverwaltung 566 22
Zwischenvermietung, gewerbliche 565 14
Betriebskostenanpassung
Wohnraum, preisgebundener 560 9
Wohnraummiete 560 9
Betriebskostenerhöhung
Altverträge 560 10a, 15
Belege 560 44
Betriebskostenabrechnung 560 47 ff
Betriebskostenbegriff 560 17
Einsichtnahme 560 24a, 44
Erhöhungserklärung 560 48 ff
Gestaltungserklärung 560 48
Textform 560 50
Erhöhungsgrund 560 19, 24

Betriebskostenerhöhung (Forts)
Erhöhungsrecht, Vereinbarung 560 1
Erhöhungszeitpunkt 560 24a
Erklärungsinhalt 560 24
Erläuterungserfordernis 560 24 ff
Fälligkeit 560 26
Gesamtbetrag 560 18
Kündigungsrecht 560 34
Leistungsprinzip 560 28
Mitteilungspflicht 560 51
Modernisierungsmaßnahmen 559 1
Personenmehrheiten 560 23
rückwirkende Erhöhung 560 28 ff
Beendigung
Mietverhältnis 560 32
Schriftform 560 22
Textform 560 1, 22
Übergangsrecht 560 10 f
Umfang 560 33
Umlage 560 1 f
Umlagemaßstab 560 20
Urkundeneinheit 560 22
Vereinbarung 560 12a f, 15
abweichende Vereinbarungen 560 1, 55
Vergleichsmiete, ortsübliche 560 33
Vergleichsmietverfahren 560 13a
zukünftige Erhöhung 560 27
Betriebskostenermäßigung
Auskunftsanspruch 560 44
Betriebskostenbegriff 560 36
Ermäßigungsbegriff 560 37
Herabsetzungserklärung 560 35, 38 ff
Unverzüglichkeit 560 38 f, 45
Zugang 560 41
Mieterabsetzung 560 1 f, 6, 35 ff
Erfüllungsanspruch 560 44
Gestaltungserklärung 560 35
Leistungsklage 560 44
Mahnung 560 45
Rückzahlungspflicht 560 43
Schadensersatzpflicht 560 45
Verzugseintritt 560 45
Mitteilungspflicht 560 38 ff
Zeitpunkt 560 42
Betriebskostennachforderungen
Betriebskostenabrechnung 560 47b
Grundstücksveräußerung 566 70
Betriebskostenpauschale
Betriebskostenerhöhung 560 13a
Betriebskostenermäßigung 560 35 ff
Erhöhung 560 1 f, 5, 11, 13, 15 f
Erhöhungsrecht 560 15
Mieterhöhungsverlangen 558a 18
Pfändung 560 16
Betriebskostenumlage
erhöhte Betriebskosten 560 1 f, 5, 11 ff, 26 ff
Fälligkeit 560 26
Betriebskostenveränderung
Mieterhöhung 557 66, 78; 558 13

1014

Betriebskostenveränderung (Forts)
  Vertragsanpassung **557** 14
Betriebskostenvorauszahlungen
  Abtretbarkeit **560** 16
  Angemessenheit **560** 3, 52
  Anpassung **560** 3, 46 ff
    Abrechnung, aktuelle **560** 47c
    Textform **560** 50
    Wirkungseintritt **560** 53
  Erhöhung **560** 1, 7
  Ermäßigung **560** 49
  Kündigungssperrfrist **569** 106
  Mieterhöhungsverlangen **558a** 18
  Sicherheitszuschlag **560** 52
  Unpfändbarkeit **560** 16
  Vereinbarungen, abweichende **560** 55
  Zahlungsverzug des Mieters **569** 85
  Zwangsverwaltung **566** 22
Beurkundung, notarielle
  Kündigung **568** 17
Beweislast
  Änderungsvertrag **557** 46
  Eintritt in den Mietvertrag **566** 93
  Erhaltungsmaßnahmen **559b** 39
  Mieterhöhung **557** 68; **558** 18; **559b** 39
    Zustimmungsklage **558b** 28
  Modernisierungsmaßnahmen **559** 38, 41; **559b** 39 f
BGB-Außengesellschaft
  Vermieterpfandrecht **562** 18
BGB-Gesellschaft
  Eigenbedarf **573** 76a f, 79; **577a** 21
  Eigenbedarfskündigung **573** 177
Bierlieferungsvertrag
  Vermieterpfandrecht **562** 27
Bimsausbeutung
  Kauf bricht nicht Miete **566** 9
Binnenschiff
  Kündigung des Mietverhältnisses **580a** 21
Bodenschätze
  Ausbeutungsvertrag **566** 8 f
  Kauf bricht nicht Miete **566** 53
Brandschutzeinrichtungen, Ausfall
  Kündigung aus wichtigem Grund **569** 20
Breitbandkabelanlage
  s Kabelanschluss
Bruchteilsgemeinschaft
  Mieterhöhungsverlangen **558a** 7
Bruttomiete
  Betriebskosten **557** 66; **560** 5, 13
  Verbot der Bruttomiete **558** 16 f
Bürgenhaftung
  Eigentumswechsel **566** 88 ff
Bürgschaft
  Mietsicherheit **562** 1
  Rückgewährpflicht des Erwerbers **566a** 30
  Sicherheitsleistung **562c** 7
  Verzug **569** 66

Bundesanstalt für Immobilienaufgaben
  Eigentumserwerb, gesetzlicher **566** 26
Bundesbedienstetenwohnung
  Mieterhöhung **557** 51b

Chartervertrag
  Frachtvertrag **578a** 1
Cousine
  Eigenbedarf **573** 84
COVID-19-Pandemie
  Kündigungssperre **573** 49b
  Mietzahlung **573** 49b

Dach
  Besitzüberlassung **566** 53
  Mietvertrag **566** 9
  Wärmedämmung **559** 44
Dachflächen
  Grundstücksmiete **578** 6 f
  Reklamezwecke **578** 7
Dachgeschossräume
  Teilkündigung **573b** 9
Darlegungslast
  Zustimmungsklage **558b** 28
Darlehensvertrag
  Eigentumswechsel **566** 59
  Mieterdarlehen **566** 58
Daseinsvorsorge
  Kündigungsinteresse, berechtigtes **573** 195
Datenschutz
  Mietspiegel **558a** 40
Datenzentrale
  Mieterhöhungsverlangen **558a** 69
Dauernutzungsrecht
  Eintritt in den Mietvertrag **567** 11
  Erlöschen **573** 21
  Gebrauchsentziehung **567** 3
  Kündigungsrecht des Erwerbers **573d** 7
  Kündigungssperrfrist **577a** 28
  Mietervorkaufsrecht **577** 8
Dauerschuldverhältnis
  Kündigung aus wichtigem Grund **569** 62
Dauerwohnrecht
  Eintritt in den Mietvertrag **567** 11
  Erlöschen **573** 21
  Gebrauchsentziehung **567** 3
  Kauf bricht nicht Miete **566** 25
  Kündigungsrecht des Erwerbers **573d** 7
  Kündigungssperrfrist **577a** 28
DDR-Altmietvertrag
  Eintrittsrecht bei Tod des Mieters **563** 4
  Kündigungsausschluss **573** 241
  Kündigungsfrist **573c** 48, 59 f
DDT
  Kündigung aus wichtigem Grund **569** 20
Dekorationsschaden
  Modernisierungsmaßnahmen **559** 34
Dienstbarkeit, beschränkte persönliche
  Erfüllungsübernahme **567a** 13

Dienstbarkeit, beschränkte persönliche (Forts)
  Mietgebrauch, Beeinträchtigung **567** 4, 27 ff
  Rechtsmangel, nachträglicher **567** 28
Dienstleistungen
  Gegenleistung des Mieters **557** 38, 65
Disclaimer
  Mietspiegel **558a** 34
Diskriminierung
  Begriff **3 AGG** 1
Diskriminierungsmiete
  Vergleichsmiete, ortsübliche **558** 30
Doppelhaushälfte
  Kündigung, erleichterte **573a** 15
  Vergleichbarkeit **558a** 74
  Vergleichsmiete **558a** 32
Doppelmiete
  Nutzungsrechte, kollidierende **567** 5
Dreifamilienhaus
  Sonderkündigungsrecht **573a** 14
Drittwiderspruchsklage
  Vermieterpfandrecht **562** 21, 36a; **562a** 7
Durchschnittsmiete
  Vergleichsmiete, ortsübliche **558** 21, 24, 24 f, 27
Duschen
  Kündigung, ordentliche **573** 62

EDV-Anlage
  Fahrnismiete **580a** 37
Eheleute
  Eigenbedarf **573** 82
    geschiedener Ehegatte **573** 82
    getrennt lebender Ehegatte **573** 82, 113a
    Tod des Ehegatten **573** 103, 115
  Eintrittsrecht bei Tod des Mieters **563** 1 ff, 10, 13, 15 ff, 34 f
  Haushaltszugehörigkeit **563** 15 ff
  Mieterhöhungsverlangen **558a** 8
Ehescheidung
  Eintritt in den Mietvertrag **563** 13; **575** 9
    Kündigungsrecht, außerordentliches **563** 47; **575** 9
  Werkwohnung **576** 4
Ehewohnung
  Anspruch auf Abschluss eines Mietvertrages **575** 9
  Befristung **575** 9
  Sonderkündigungsrecht **575** 9
  Überlassung bei Trennung **573** 57a
  Zeitmietvertrag **575** 9
Eigenbedarf
  Alternativobjekt **573** 125 ff, 131 ff
    Anbietpflicht **573** 125 ff
    Ferienwohnung **573** 129
    Offenlegungspflicht **573** 130, 211a
    Verkauf **573** 128
  Aufklärungspflicht **573** 114, 117
  Ausbildung **573** 110, 119a
  Bedarfsgründe, außergewöhnliche **573** 211

Eigenbedarf (Forts)
  Bedarfsvorschau, unzureichende **573** 113 ff
  Benötigen der Räume **573** 97 ff
  Beweislast **573** 70, 99
  Darlegungslast **573** 70, 98
  Dauer des Mietverhältnisses **574** 67
  Dauerhaftigkeit **573** 110 f
  Dringlichkeit **574** 64
  Eigennutzungswille **573** 64, 70, 99, 113a
  Eigentumsgarantie **573** 63
  Eigentumswohnung **573** 104
  Eignung der Wohnung **573** 108 f
    Baugenehmigung **573** 109
    Umbaumaßnahmen **573** 109
  Einwände des Mieters **573** 112
  Einzelperson **573** 73
  Erwerb einer vermieteten Wohnung **574** 65
  Familie, Vergrößerung **573** 64, 113a, 119a
  Familienangehörige **573** 78 ff, 111a, 113a
    Begriff **573** 80 f
    Ehegatte **573** 82
    – geschiedener Ehegatte **573** 82
    – getrennt lebender Ehegatte **573** 82, 113a
    – Tod des Ehegatten **573** 103, 115
    Eltern **573** 82
    – Pflegebedürftigkeit **574** 64
    Enkel **573** 82
    Geschwister **573** 83
    Großeltern **573** 82
    Großnichten/Großneffen **573** 84
    Haushaltszugehörigkeit **573** 78
    Kinder **573** 82, 116
    Lebenspartner **573** 82
    Nichten/Neffen **573** 83
    Onkel/Tante **573** 83
    Schwager/Schwägerin **573** 83
    Schwiegereltern **573** 83
    Stiefenkel **573** 84
    Stiefkinder **573** 83
    Verlobte **573** 82, 86
    Verschwägerung bis zum zweiten Grade **573** 81
    Verwandtschaft in der Seitenlinie bis zum dritten Grade **573** 81
    Verwandtschaft in gerader Linie **573** 81
    Verwandtschaftsgrad **573** 93
    Vetter/Cousine **573** 84
  Wegzug **573** 103
  Ferienaufenthalte **573** 111
  Frage des Mieters **573** 114
  Fürsorgegewährung **573** 85
  Gesellschaft bürgerlichen Rechts **573** 76a f, 79; **577a** 21
  Gründe, berufliche **573** 106, 211
  Gründe, gesundheitliche **573** 105
  Gründe, persönliche **573** 104
  Gründe, vernünftige und nachvollziehbare **573** 98 ff, 127

Eigenbedarf (Forts)
  Gründe, wirtschaftliche **573** 107
  Grund des Eigenbedarfs **573** 210
  Grundstückseigentümer **573** 74
  Grundstücksveräußerung **566** 66
  Haushaltsangehörige **573** 86, 87 ff, 93, 113a; **574** 64
  herbeigeführter Eigenbedarf **573** 136 ff
  Hilfsbedürftigkeit **573** 92; **574** 64
  juristische Person **573** 77
  Konkurrenz innerhalb des begünstigten Personenkreises **573** 93
  Kontakt, enger sozialer **573** 84 f
  Krankheit **573** 64, 221
  Kündigungsausschluss **573** 241
  Kündigungsrecht **573** 63 ff; **574** 64 ff
  Lebensplanung **573** 98, 102, 108, 113a, 115
  Mehrheit von Vermietern **573** 75, 79
  Mietverhältnis, unbefristetes **573** 116
  Miteigentümer **573** 74
  Nutzung, vorübergehende **573** 110 f
  Personenhandelsgesellschaften **573** 76, 79
  Rechtsmissbrauch **573** 99, 112 ff, 118 ff, 125, 131b, 136 ff
  Sozialklausel **574** 64 ff
  Steuervorteile **573** 107
  Suizidgefahr **574** 39
  Unterhaltsgewährung **573** 85
  Verkaufsabsicht **573** 111a
  Vermieter **573** 68, 72 ff, 78
  Verpflichtung, moralische **573** 85
  Vertrauensgrundsatz **573** 116 f
  Verwalter **573** 74
  Vorhersehbarkeit **573** 113 ff, 139
  Vortäuschung **573** 230
  Wegfall **573** 121 ff
  Willensentschluss **573** 64, 70, 113a
  Wohnbedarf **573** 97 ff, 113 ff
    Angemessenheit **573** 98 f
    überhöhter Wohnbedarf **573** 118 ff
    vorübergehender Wohnbedarf **573** 110 f
  wohnbezogener Bedarf **573** 100 ff
  Wohnung, kleinere **573** 103, 107, 116
  Wohnungskündigung **573** 64
  Wohnzwecke, private **573** 94 ff
  Zeitpunkt **573** 65
  Zweitwohnung **573** 111
Eigenbedarfskündigung
  Ausschluss **573** 71; **573a** 28
  Auswahl zwischen mehreren Mietern **573** 140 f; **574** 66
  Auswechslung der Person **573** 209
  Begründungspflicht **573** 98, 130, 208 ff
    Grundbesitz, Offenlegung **573** 211a, 221
    Persönlichkeitsschutz **573** 221
  Behauptungslast, sekundäre **573** 239
  Benachteiligungsverbot **19 AGG** 48
  Bestandsschutz **577a** 7 f
  Einliegerwohnung **573** 1 f

Eigenbedarfskündigung (Forts)
  innerhalb der Vermieterwohnung **573** 2; **573a** 17 ff
  vom Vermieter selbst bewohntes Wohngebäude **573** 2; **573a** 1
  Ermächtigung **573** 69
  Gegeninteressen des Mieters **573** 67
  Gesellschaft bürgerlichen Rechts **573** 177
  Grundbucheinsicht **573** 130
  Grundstückserwerber **573** 68 f
  Interesse, berechtigtes **573** 1; **577a** 22
  Kündigungssperrfrist **577a** 41
  Personengesellschaft **577a** 22
  Rechtsmissbrauch **573** 66, 99, 112 ff, 130 ff
  Rücknahme **573** 230
  Sanierung, geplante **573** 99
  Sozialklausel **573** 67
  Vermieterstellung **573** 68, 72 ff
  Vorratskündigung **573** 66, 92, 141
  Wohnungsumwandlung **577a** 1, 3, 5, 21 f, 41
  Zeitpunkt **573** 66
Eigenjagdbezirk
  Erfüllungsübernahme **567a** 3
  Kauf bricht nicht Miete **566** 8
Eigennutzung
  Befristungsgrund **575** 19 ff, 38 f, 57
  Mitteilungspflicht **575** 38 f, 59
Eigentümer
  Sonderkündigungsrecht **566** 8
Eigentum
  Privatnützigkeit **573** 142, 151
  Verfügungsbefugnis **573** 142, 151
Eigentumsfreiheit
  Kündigungsschutz **573** 24
Eigentumsgarantie
  Besitzrecht des Mieters **573** 9
  Eigenbedarfskündigung **573** 63
  Erlangungsinteresse des Vermieters **574** 38
  Sozialpflichtigkeit des Eigentums **573** 8 f, 23, 63, 67, 150
    Härteprüfung **574** 75 f
    Sozialklausel **574** 61
  Veräußerung des Eigentums **573** 143
  Verwertungskündigung **573** 142
Eigentumsvorbehalt
  Vermieterpfandrecht **562** 1, 15b ff
Eigentumswechsel
  Abwicklungsverhältnis **566a** 5
  Anzeige **566** 62
  Bedingung, auflösende **566** 87
  Beweislast **566** 93
  Verwertungskündigung **573** 162
  Zäsur im Mietverhältnis
    s dort
Eigentumswohnung
  s a Wohnungseigentum
  Eigenbedarf **573** 104
  Eigenbedarfskündigung **573** 71
  Kündigungsrecht, Einschränkung **573** 1, 71

Eigentumswohnung (Forts)
- Leerstand **577a** 15
- Mieterwechsel **577a** 20
- Paketverkauf **577** 31; **577a** 20
- Wartefrist **577a** 42
- Wohnungsumwandlung
  s dort

Eigentumswohnung, vermietete
- Eintritt des Erwerbers in den Mietvertrag **566** 17 ff
- Gebrauchsregelung **566** 18
- Gemeinschaftseigentum **566** 16
- Kauf bricht nicht Miete **566** 17 ff
- Modernisierungsmaßnahmen vor Umwandlung in Eigentumswohnung **559** 17
- Sondereigentum Dritter **566** 18

Einfamilienhaus
- Mieterhöhungsverlangen **558a** 33
- Mietspiegel **558a** 32 ff
- Vergleichbarkeit **558a** 74
- Vergleichsmiete **558** 31, 41; **558a** 32 ff

Einkommensnachweis
- Eigenbedarfskündigung, Anbietpflicht **573** 134

Einkommensverhältnisse
- Härtegrund **574** 44

Einliegerwohnung
- Befristung **575** 17
- Eigenbedarfskündigung **573** 2
- Eingänge, getrennte **573a** 15
- Gebäude, gewerblich genutzte **573a** 7
- Interesse, berechtigtes **573a** 5, 8, 20, 24
- Kündigung, erleichterte **573a** 1 ff; **574** 59, 71
  - neue Bundesländer **573a** 4
  - Vereinbarungen, abweichende **573a** 1, 27 f
  - Wahlrecht **573a** 24 f
  - Widerspruch gegen die Kündigung **573a** 26
- Kündigungsbegründung **574** 73
- Kündigungsfrist **573a** 1, 21, 26 ff
- Kündigungsgrund **573a** 23
- Kündigungsrecht, Einschränkung **573** 1
- Kündigungsschreiben **573a** 1, 22, 26
- Mietaufhebungsvertrag **573a** 28
- Mietverhältnis, befristetes **575** 17
- Sozialklausel **574** 59
- Vermieter **573a** 8 ff
  - Auszug des Vermieters **573a** 11
  - Bewohnen des Gebäudes **573a** 8, 10
- Wohngebäude **573a** 7
- Wohnungsbegriff **573a** 6 f
- zwei Wohnungen **573a** 12 ff
- Zwischenvermietung **573a** 6

Einmalmiete
  s Miete

Einrichtungen des Mieters
- Vermieterpfandrecht **562** 9

Einseitigkeitsklauseln
- Indexmiete **557b** 40

Einsturzgefahr
- Kündigung aus wichtigem Grund **569** 20

Einstweilige Verfügung
- Vermieterpfandrecht **562b** 3, 14, 16a, 20

Eintritt in den Mietvertrag
- Ablehnungsrecht **563** 1, 38 ff; **564** 5
- Ablehnungsfrist **563** 39 ff; **563b** 8; **564** 15
- Geschäftsfähigkeit, beschränkte **563** 44 f
- Geschäftsunfähigkeit **563** 44 f
- Teilbarkeit **563** 46
- Bestandsschutz **563** 2 f; **563a** 3, 15
- Betriebskosten **563b** 5
- Beweislast **566** 93
- Ehegatte **563** 1 ff, 10, 13, 15 ff, 34 f
  - Eheschließung **563** 13
  - Scheidung **563** 13, 47
  - Trennung, dauernde **563** 17
  - Trennung, vorübergehende **563** 16
- Eigentumserwerb, gesetzlicher **566** 26
- Erbauseinandersetzung **564** 14
- Erblasserschulden **563b** 4
- Erfüllungsübernahme **567a** 4
- Familienangehörige **563** 1 f, 21 ff, 37; **563a** 3; **563b** 16
- Gemeinschaften, gleichgeschlechtliche **563** 27
- Grundgeschäft **566a** 2
- Grundstückserwerber **567a** 4
- Grundstücksveräußerung
  s dort
- Haftung **563b** 1 ff
  - gesamtschuldnerische Haftung **563b** 4, 6, 9 ff
  - Innenverhältnis **563b** 9 ff
- Haushalt, gemeinsamer **563** 1 ff, 15 ff, 24, 26, 28 f; **563a** 1, 8; **573** 91
- Haushaltsangehörige **563** 1 f; **564** 1, 3, 5
- Kauf bricht nicht Miete
  s dort
- Kinder **563** 1 f, 18 ff, 35 f; **563b** 16
- Kündigungsrecht des Erben **564** 1, 8 ff, 17 ff; **573d** 6; **580** 1 ff
  - Scheinerbe **564** 10
  - Zeitmietvertrag **575a** 10
- Kündigungsrecht des überlebenden Mieters **563** 1, 12 ff; **573d** 6
- Kündigungsrecht des Vermieters **563** 1, 47 ff; **564** 1, 8, 14, 17 ff; **573d** 7, 10; **580** 1 ff
  - außerordentliche Kündigung **563** 1, 47, 56; **573d** 7
  - Frist, gesetzliche **563** 47, 54 f
  - Sozialklausel **563** 50; **564** 16
  - wichtiger Grund **563** 47 ff
  - Unterbelegung **563** 50
- Lebensgemeinschaften, nichteheliche **563** 2, 25; **563a** 3
- Lebenspartner **563** 1 f, 14 f, 35

Eintritt in den Mietvertrag (Forts)
  Mehrheit von Mietern **563** 7 ff, 51
  dem Mieter nahestehende Personen **563** 1
  Mietrückstände **563b** 5
  Mietverhältnis, Fortsetzung **563** 31 ff
    Fortsetzung mit den Erben **564** 1 ff, 7; **580** 1
    Fortsetzung mit überlebenden Mietern **563a** 1 ff, 9 ff; **563b** 1 ff
  Mietverhältnis, gemeinschaftliches **563** 1
  Mietvorauszahlungen **563b** 1, 13 ff
    Herausgabepflicht **563b** 15, 17 ff
  Mitmieter **563** 11, 34
  Monatsfrist **563** 39 ff
  Nachlassinsolvenz **564** 11
  Nachlassverwaltung **564** 11, 20
  Nutzungsentschädigung **564** 7
  Personen, sonstige **563** 25 ff, 37; **563a** 3; **563b** 16
  Pflegekinder **563** 23
  Rangfolge **564** 3
  Reparaturen **563b** 5
  Schönheitsreparaturen **563b** 5; **566** 58
  Schriftform **563a** 7
  Sicherheitsleistung **563b** 20
  Sonderrechtsnachfolge **563** 1, 31, 43; **563a** 1, 3, 9
  Sozialklausel **563** 56 f
  Stromlieferung **563b** 5
  Subsidiaritätsklausel **564** 3, 22 ff
  Testamentsvollstreckung **564** 11, 20
  Tod des Mieters **563** 5 f; **563a** 8; **564** 4
    vor Beginn der Mietzeit **564** 21
  Todeserklärung **563** 5
  Umlagen **563b** 5
  Unabdingbarkeit **563** 57
  Vereinbarungen, abweichende **563** 1, 57; **563a** 15; **563b** 21
  Verlobte **563** 25
  Verschollenheit **563** 5
  Verträge mit Dritten **563b** 5
  Vorkaufsrecht **577** 74 ff, 84
  Wärmelieferung **563b** 5
  Wohngemeinschaft **563** 27, 30
  Wohnraummiete **563** 4
  Zeitmietvertrag **575** 61
  Zwangsversteigerung **566a** 13
  Zwangsverwaltung **566** 21 ff; **566a** 8 ff
Einzelheizung
  Vergleichsmiete **558** 50
Einzimmer-Appartement
  Mieterhöhungsverlangen **558a** 74
Eisenbahnwagen
  Kündigungsfrist **580a** 17
Eltern
  Eigenbedarf **573** 82; **574** 64
Empfangsbevollmächtigung
  Mieterhöhungsverlangen **558a** 5

Endenergieeinsparung
  Modernisierungsmaßnahmen **559b** 23 ff
Endlosschaden
  Mietdifferenz **573** 236a
Energieeinsparung
  Isolierverglasung **559b** 23, 26
  Modernisierungsmaßnahmen **557** 7; **559** 53; **559b** 23 ff
  Nachhaltigkeit **559b** 23
Energieeinsparverordnung
  Nachrüstungspflichten **559** 68
Energieversorgung
  Vergleichsmiete, ortsübliche **558** 55
Enkel
  Eigenbedarf **573** 82
Enteignung
  Besitzeinweisung im Enteignungsverfahren **566** 26
  Kauf bricht nicht Miete **566** 26
Entschädigung
  Benachteiligung **21 AGG** 12 ff
EOF-Wohnungen
  Miethöhe **558** 38
Erbbaurecht
  Belastung des Grundstücks **567b** 5
  Bestellung nach Vermietung **567** 6
  Erfüllungsübernahme **567a** 3
  Erlöschen **567** 6
  Gebrauchsentziehung **567** 3
  Grundstücksveräußerung **567** 7
  Grundstücksvermietung durch Erbbauberechtigten **567** 6
  Kauf bricht nicht Miete **566** 12
  Kündigungssperrfrist **577a** 28
  Veräußerung **567** 6
Erbengemeinschaft
  Mieterhöhungsverlangen **558a** 7
Erbfolge
  Eintritt in den Mietvertrag **566** 41
Erdölbohrung
  Kauf bricht nicht Miete **566** 9, 53
Erfüllungsübernahme
  Anzeige **567a** 7
  Aufhebung **567a** 9
  Beweislast **567a** 16
  Dienstbarkeit, beschränkte persönliche **567a** 13
  Eintritt in den Mietvertrag **567a** 10 ff
    Sicherheitsleistung des Mieters **567a** 12
    Vorausverfügungen **567a** 12
  Form **567a** 8
  Grunddienstbarkeit **567a** 13
  Grundstücksmiete **567a** 4 ff
  Grundstücksveräußerung **567a** 4 ff
  Identitätserfordernis **567a** 4
  Kauf bricht Miete **567a** 14 f
  konkludente Erfüllungsübernahme **567a** 7 f
  Mieterschutz **567a** 7
  partielle Übernahme **567a** 7

Erfüllungsübernahme (Forts)
 Zustimmung des Mieters **567a** 7
Erfüllungsverweigerung
 Kündigung aus wichtigem Grund **569** 56
Erhaltungskosten
 Dekorationsschaden **559** 34
 Kostenvoranschlag **559** 39
 Schätzung **559** 1, 35
Erhaltungsmaßnahmen
 Beweislast **559b** 39
 Duldungspflicht **559** 35
 gewerbliche Miete **578** 4
 Instandhaltungsmaßnahmen **559** 35
 Instandsetzungsmaßnahmen **559** 35
 Kostentragung **559** 34
 Kostenvoranschlag **559b** 17
 Modernisierungsmaßnahmen **559b** 16 f
 Raummiete **578** 4
 Vergleichsrechnung **559b** 17
Erhaltungspflicht
 Bausubstanz, Eingriff in die **573** 56
 Kündigung, ordentliche **573** 56
Erhaltungsvereinbarung
 gewerbliche Miete **578** 4
 Raummiete **578** 4
Erhöhungsvorbehalt
 Betriebskostenerhöhung **560** 10a
Erlangungsinteresse des Vermieters
 Kündigung, ordentliche **573** 176
 Kündigungswiderspruch **574** 38
 Teilkündigung **573b** 12
Ermächtigung
 Mieterhöhungsverlangen **558a** 11
Ermessen
 Modernisierungsmaßnahmen **559** 41
Ersatzansprüche des Vermieters
 Vermieterpfandrecht **562** 26
Ersatzwohnraum
 Härtegrund **574** 23, 43, 48 ff
Erschließungskosten
 Modernisierungsmaßnahmen **559** 21
Erwerbermehrheit
 Kündigungssperrfrist **577a** 2, 6, 23, 25
  Fristbeginn **577a** 40
Erwerbermodell
 Wohnungseigentum, Begründung **577** 23
Erwerberschutz
 Vereinbarungen über die Miete **566c** 5
Ethnische Herkunft
 Benachteiligung, mittelbare **19 AGG** 44
 Differenzierungsverbot **19 AGG** 1, 3, 7, 22;
  20 AGG 2, 4; **33 AGG** 1
  massengeschäftsähnliche Geschäfte
  19 AGG 32
  Vermietung außerhalb von Massengeschäften, öffentliche **19 AGG** 34

Fabrikgebäude
 Kündigungsfrist **580a** 30

Fälligkeit
 Betriebskostenerhöhung **560** 26
 Einmalmiete **579** 6
 Fahrnismiete **579** 1, 5
 Festmiete **579** 6
 Grundstücksmiete **579** 1, 5, 8
 Instandsetzungsmaßnahmen **559** 36 f
 Mieterhöhung **557** 73; **558** 7; **558b** 9c
 Mietzahlung **573** 47
 Raummiete **579** 4 f
 Schiffsmiete **579** 1, 3
 Übergangsrecht **579** 2
 Zahlungsverzug des Mieters **573** 47
Fälligkeitsprinzip
 Kauf bricht nicht Miete **566** 78, 80 f
 Mietverhältnis **566** 69 f
 Schadensersatzanspruch des Mieters **566** 78
 Sicherheitsleistung **566** 70
 Zäsur im Mietverhältnis **566** 69 f, 73 ff
Fahrnismiete
 Abgrenzung **578** 11, 13
 Aufrechnungsbefugnis, Ausschluss **579** 10
 Fälligkeit **579** 1, 5
 Festmiete **579** 6
 Gegenstand der Vermietung **580a** 37
 Grundstückszubehör **580a** 37
 Innenräume **580a** 37
 Kündigung **568** 8
 Kündigungsfrist **580a** 37, 37 ff
 Kündigungsrecht des Erben **580** 1 ff, 9, 11
 Kündigungsrecht des Vermieters **580** 1 ff,
  10 f
 Pfandrecht **562** 2
 Räume in beweglichen Sachen **562** 2
 Sachen, bewegliche **580a** 37
 Scheinbestandteile **580a** 37
 Tod des Mieters **580** 8
 Vorauszahlungsklausel **579** 10 f
 Vorleistungsklausel **579** 10
 Vorleistungspflicht des Vermieters **579** 1 f
Fahrrad
 Bargeschäfte des täglichen Lebens
  19 AGG 24
 Fahrnismiete **580a** 37
 Vermieterpfandrecht **562** 13
Faksimile
 Kündigung, Schriftformerfordernis **568** 15
Familienangehörige
 Eintrittsrecht bei Tod des Mieters **563** 1 f,
  21 ff, 37
 Haushaltszugehörigkeit **563** 24
 Untermiete **563** 24
Familiengröße
 Differenzierungskriterium **3 AGG** 11
Fassade
 Außenmodernisierung **559b** 36
 Vergleichsmiete, ortsübliche **558** 53
Fax
 Kündigung, Schriftformerfordernis **568** 15

Fehlbelegung
  Kündigung, ordentliche **573** 190 ff
Fehlbelegungsabgabe
  Auskunftsklage **558** 92
  Kappungsgrenze **558** 71, 88 ff
  Wegfall **558** 89
Feiertag
  Kündigung, ordentliche **573c** 10, 18
Fenster
  Instandsetzungsmodernisierung **559** 36
  Modernisierungsmaßnahmen **559** 44; **559b** 23, 26
Ferienhaus
  Sozialklausel **574** 3; **574a** 2
Ferienwohnung
  Alternativobjekt **573** 129
  Eigenbedarf **573** 111
  Massengeschäfte **19 AGG** 21
  Sozialklausel **574** 3; **574a** 2
Fernabsatzvertrag
  Mieterhöhung **557** 43
  Widerruf **557** 44
  Widerrufsfrist **557** 44
  Widerrufsrecht **557** 40, 43
  Wohnraummiete **557** 40 f
Fernseher
  Fahrnismiete **580a** 37
Fernwärme
  Gewinnaufschlag **559** 40
Festmiete
  Mieterhöhung, Ausschluss **557** 65
Feststellungsklage
  Mieterhöhung **558b** 37
Feuchtigkeit
  Kündigung aus wichtigem Grund **569** 19
Finanzierungshilfen
  Mieterhöhung, Ausschluss **557** 64
Fischereirechte
  Kauf bricht nicht Miete **566** 8
Flächendifferenz
  Kappungsgrenze **558** 77
  Modernisierungskosten **559** 43
  Veränderung der Wohnfläche, nachträgliche **558** 49
  Vergleichsmiete, ortsübliche **558** 47 ff
  Wegfall der Geschäftsgrundlage **558** 48
  Wohnungsgröße, objektive **558** 48, 77
Flugzeuge, eingetragene
  Fahrnismiete **578a** 1 ff
  Kauf bricht nicht Miete **566** 8
  Plätze in Flugzeugen **578a** 2
  Räume in Flugzeugen **578a** 2
Föderalismusreform-Begleitgesetz
  Wohnraumförderung, soziale **557** 24
Förderprogramme
  Anrechnungszeitraum **558** 67
Fördertatbestände
  Durchschnittsmiete **558** 38 f
  Miethöhe **558** 25

Förderzusage
  Miethöhe **558** 25
  Staffelmiete **557a** 7
  Vertrag zugunsten Dritter **557** 25
Fogging
  Gesundheitsgefährdung **569** 19
  Kündigung aus wichtigem Grund **569** 19
Formaldehyd
  Kündigung aus wichtigem Grund **569** 20
Formwechsel
  Gesamtrechtsnachfolge **566** 42
Fortsetzung des Mietverhältnisses nach Widerspruch
  Ablehnungsrecht des Vermieters **574b** 11, 15
  Änderung der Umstände, wesentliche **574c** 2, 7 ff, 15
  Anspruch auf Fortsetzung **574a** 4, 7 f, 11; **574b** 17; **574c** 17 ff
  Befristung **574a** 15 ff; **574c** 19
  auf bestimmte Zeit **574c** 19
  Dauer **574a** 13 ff
  Einigung der Parteien **574a** 4, 7 ff, 13; **574c** 21 f
  Form **574a** 9
  Gartenpflege **574a** 28
  Gebrauchsfortsetzung **574c** 23
  Gehwegreinigung **574a** 28
  auf Lebenszeit **574a** 22
  Mietanpassung **574a** 27, 29
  Nebenpflichten **574a** 13, 24
  Nichteintritt erwarteter Umstände **574c** 12 ff
  Prozessvergleich **574a** 9; **574c** 22
  Reparaturen **574a** 28
  Schönheitsreparaturen **574a** 28
  Sozialklausel **574** 78; **574a** 1 ff
  Umbaukosten Alternativwohnung **574a** 24
  Unabdingbarkeit **574a** 30
  auf unbestimmte Zeit **574a** 1, 19 ff; **574c** 2, 6 ff, 19, 21 ff
  Unzumutbarkeit der Vertragsfortsetzung **574a** 23 ff
  Vergleichsmiete, ortsübliche **574a** 27
  Verlängerung, wiederholte **574c** 1 ff
  Vertragsbedingungen **574a** 1, 13 f, 23 ff; **574c** 19
    Interessenabwägung **574a** 25 f
  Vertragsfreiheit **574a** 13
  weitere Fortsetzung **574c** 16 ff
  wiederholte Verlängerung **574c** 20 ff, 29 ff, 35
  Zeitraum, angemessener **574a** 1
Fortsetzungsanspruch (Zeitmietvertrag)
  Auskunft, verspätete **575** 1, 49, 56, 63 ff
  Befristungsgrund, späteres Eintreten **575** 1, 49, 56, 69 ff, 76
  Befristungsgrund, Wegfall **575** 76 f
  Beweislast **575** 78

Fortsetzungsanspruch (Zeitmietvertrag) (Forts)
　Erfüllung **575** 65, 79
　Feststellungsklage **575** 79
　Leistungsklage **575** 79
　Räumungsklage des Vermieters **575** 80
　Widerklage **575** 80
Fortsetzungsklage
　Fortsetzung des Mietverhältnisses nach
　　Widerspruch **574a** 10 ff
　　Beweislast **574a** 12
　　Rechtsschutzbedürfnis **574a** 10
Fortsetzungsurteil
　Fortsetzung des Mietverhältnisses nach
　　Widerspruch **574a** 4, 7, 10 ff; **574c** 26 ff
　　Gestaltungsurteil **574a** 11
　　Leistungsurteil **574a** 11
　　Mietverhältnis **574a** 14
　　Vollstreckung **574a** 11
Fortsetzungsverlangen (Kündigungswiderspruch)
　Frist **574c** 18
　Räumungsrechtsstreit **574c** 18
　Schriftform **574b** 1; **574c** 18
　Sozialklausel **574** 78 ff; **574a** 1; **574c** 16 ff
　Vertragsangebot **574a** 8
Fortsetzungsverlangen (Zeitmietvertrag)
　Zustimmung des Vermieters **575** 66
Freundschaftsmiete
　s Ausreißermiete

Garage
　Kündigungsfrist **580a** 30
　Raummiete **580a** 18
　Teilkündigung **573b** 10
Garantiehaftung
　Kauf bricht nicht Miete **566** 79
Garten
　Mietgebrauch, Beeinträchtigung **567** 27
Gartengeräte
　Fahrnismiete **580a** 37
Gartenpflege
　Fortsetzung des Mietverhältnisses **574a** 28
Gaststätte
　Kündigungsfrist **580a** 30, 33
Gebäude
　Begriff **578** 12; **580a** 17
Gebietskulisse
　Kündigungssperrfrist **577a** 5
Gebrauch, vertragsgemäßer
　Kauf bricht nicht Miete **566** 74
Gebrauch, vertragswidriger
　Abmahnung **573** 54
　Gestattung **566** 76
　Kündigung, ordentliche **573** 54 ff
　Überbelegung **573** 59 f
　Vertragsverletzung **573** 55 f
Gebrauch, vorübergehender
　Befristung **575** 17
　Differenzierungsverbot **19 AGG** 1, 21

Gebrauch, vorübergehender (Forts)
　Kündigung, fristlose **569** 78
　Wohnraummiete **573c** 1, 33
Gebrauchsbeschränkung
　Unterlassungsanspruch **567** 3, 27 f
Gebrauchsentziehung
　Altenteilsrechte **567** 3
　Belastung des Grundstücks **567** 1
　Dauernutzungsrecht **567** 3
　Dauerwohnrecht **567** 3
　Erbbaurecht **567** 3
　Kündigungsrecht **562b** 9a
　Kündigungssperrfrist **577a** 27 f
　Nießbrauch **567** 3
　Rechte, dingliche **567** 1 ff
　Wohnungserbbaurecht **567** 3
　Wohnungsrecht **567** 3
Gebrauchsfortsetzung
　Bestandsschutz **576b** 15
　Mieterhöhung **561** 23 f
　Vertragsverlängerung **575** 67
　Zeitmietvertrag **575** 48
Gebrauchsüberlassung an Dritte
　Abmahnung **573** 58
　Anspruch auf Erlaubnis **573** 58
　Gebrauch, vertragswidriger **573** 57 ff
　Touristen **573** 58 f
　Überbelegung **573** 59 f
Gebrechen
　Härtegrund **574** 37 f
Gebührenstreitwert
　Mieterhöhung **559b** 41
Gefälligkeitsmiete
　Mieterhöhung **573** 174
　Mieterhöhung, Ausschluss **557** 65
Gefahrstoffverordnung
　Grenzwertüberschreitung **569** 20
Gehwegreinigung
　Fortsetzung des Mietverhältnisses **574a** 28
Geld
　Vermieterpfandrecht **562** 8
Genossenschaftswohnung
　Bestandsschutz **573** 188
　Betriebsbedarf **573** 187 f
　Eintritt in den Mietvertrag **563** 50
　Mieterhöhung **557** 65a
　Überbelegung **573** 188
Gerätewagen
　Kündigungsfrist **580a** 17
Gerichtsverfahren
　Kündigung aus wichtigem Grund **569** 51
Geruch
　Kündigung aus wichtigem Grund **569** 20
　Kündigung, ordentliche **573** 56, 61b
Gesamtrechtsnachfolge
　Eintritt in den Mietvertrag **566** 26, 41 f
　Tod des Mieters **563** 1; **563a** 1; **564** 1
Geschäftsraummiete
　Abgrenzung **580a** 20, 31 ff

Geschäftsraummiete (Forts)
  Allgemeines Gleichbehandlungsgesetz
    2 AGG 2; **19 AGG** 36
  Begriff **580a** 28 f
  Bestandsschutz **580a** 5
  Betriebskostenvorauszahlungen **560** 9a
  Erwerbszweck **580a** 20, 29 f
  Indexmiete **557b** 9 f
  Karenzzeit **580a** 35
  Kündigung **568** 8
  Kündigung aus wichtigem Grund **569** 114
  Kündigungsfrist **580a** 28 ff, 35
  Mehrbelastungsklausel **560** 9a
  Mieterhöhung **561** 5
  Mietrecht, Anwendungsbereich **578** 1 f, 4
  Raummiete **578** 10
  Staffelmiete **557a** 6
  Vermieterpfandrecht **562** 22; **562a** 18; **562c** 2
  Vertragsfreiheit **560** 9a
  Weitervermietung **580a** 34
  Wohnräume, Untervermietung **580a** 20
Geschäftstätigkeit
  Ausübung in gemieteten Wohnräumen **573** 55a
Geschlecht
  Differenzierungsverbot **4 AGG** 1; **19 AGG** 1, 3, 13, 21; **20 AGG** 2; **33 AGG** 1
  massengeschäftsähnliche Geschäfte **19 AGG** 32
  Gewährung besonderer Vorteile **20 AGG** 7 f
Gesellschaft
  Mieterhöhungsverlangen **558a** 7
Gesellschaft bürgerlichen Rechts
  s BGB-Gesellschaft
Gesellschaftsanteile
  Verfügungen über Anteile **566b** 4
Gestaltungsrechte
  Eintritt in den Mietvertrag **566** 60 f
  Kauf bricht nicht Miete **566** 85
  Kündigungsrecht **566** 67
  Mieterhöhung **559b** 5, 13, 28 f, 38
Gestank
  Kündigung aus wichtigem Grund **569** 55
  Kündigung, ordentliche **573** 61b
Gesundheit
  Eigenbedarfskündigung **573** 105; **574** 64
Gesundheitsgefährdung
  Abhilfe **569** 14
  Anzeigepflicht **569** 31
  Benutzbarkeit der Wohnung **569** 18
  Besorgnis der Beeinträchtigung des körperlichen Wohlbefindens **569** 11
  Brandschutzeinrichtungen, Ausfall **569** 20
  DDT **569** 20
  Einsturzgefahr **569** 20
  Erheblichkeit **569** 11 ff
  Feuchtigkeitsschäden **569** 19
  Fogging **569** 19

Gesundheitsgefährdung (Forts)
  Gase **569** 20
  Gefahrstoffverordnung **569** 20
  Gerüche, unerträgliche **569** 20
  Gesundheitsschädigung **569** 11
  gewerbliche Miete **578** 5
  Heizungsausfall **569** 20
  Kenntnis des Mieters **569** 29
  konkrete Gesundheitsgefährdung **569** 11
  Krankheitswert **569** 19
  Kündigung, außerordentliche fristlose **569** 2 ff
    Abmahnung **569** 23
    Begründung **569** 27
    Beweislast **569** 33
    Fristsetzung **569** 23 f
    konkludente Kündigung **569** 28
    Schriftform **569** 27
    Überlegungsfrist **569** 25
    Vereinbarungen, abweichende **569** 32
    Verwirkung **569** 26
    Wohnraummiete **569** 27 f
  Lärm der Mitmieter **569** 21
  Licht, fehlende Zufuhr **569** 21
  Luft, fehlende Zufuhr **569** 21
  Mäuse **569** 20
  Mangel **569** 31
  Maßstab, objektiver **569** 15 f
  Minderung **569** 6
  Pflichtverletzung **569** 23 f
  Räume, geschützte **569** 8 ff
  Raumbeschaffenheit **569** 17 f
  Raumgifte **569** 15, 20
  Raummiete, sonstige **569** 32; **578** 5
  Raumtemperatur **569** 20, 22
  Schadensersatz **569** 6
  Schadensersatzpflicht des Mieters **569** 30, 32
  Schimmel **569** 18 ff
  Störungen, vorübergehende **569** 11
  Teilkündigung **569** 18
  Überlegungsfrist **569** 25
  Umweltgifte **569** 15, 33
  Unbehagen **569** 11
  Ungeziefer **569** 20
  Unzumutbarkeit der Vertragsfortsetzung **569** 12
  Verhältnisse, individuelle **569** 16
  Verkehrssicherheit **569** 21
  Verschulden des Mieters **569** 30
  Verschulden, mitwirkendes **569** 7
  Vertretenmüssen des Vermieters **569** 16
  Volksgesundheit, allgemeine **569** 4, 15
  Wohnraummiete **569** 32
  Zeitpunkt, maßgebender **569** 13
  Zugänge **569** 21
Gewaltanwendung, Drohung mit
  Kündigung aus wichtigem Grund **569** 44

Gewerbebedarf
Kündigung, ordentliche **573** 177 f
Gewerbebetrieb
Gestattungsvertrag **566** 10
Gewerberaummiete
Benachteiligungsverbot **19 AGG** 44, 49
Staffelmiete **557a** 10
Vorleistungspflicht des Mieters **579** 1 f
Gewerbliche Miete
Aufrechnungsausschluss **579** 11
Bestandsschutz **580a** 5
Erhaltungsmaßnahmen **578** 4
Erhaltungsvereinbarung **578** 4
Form **578** 4
Gesundheitsgefährdung **578** 5
Hausfrieden, Störung **578** 4
Indexmiete **557b** 9 f
Kauf bricht nicht Miete **578** 4
Mietrecht, Anwendungsbereich **578** 1 f
Mietsicherheiten **562** 1
Modernisierungsmaßnahmen **578** 4
Modernisierungsvereinbarung **578** 4
Raummiete **578** 10
Schonfrist **569** 80
Staffelmiete, indexierte **557b** 40
Vermieterpfandrecht **562** 1, 22, 38; **562a** 18; **562c** 2; **578** 3
Vorausverfügung über die Miete **578** 4
Vorauszahlungsklauseln **579** 11
Wärmelieferung **578** 5
Wegnahmerecht, Abwendung **578** 4
Wohnraummieterecht **578** 2
Zurückbehaltungsrecht des Mieters **578** 4
Gleitklauseln
echte Gleitklauseln **557b** 15
Mieterhöhung **557b** 9a, 15, 17
GmbH
Grundstücksveräußerung **566** 29
Verwertungskündigung **577a** 26
Großeltern
Eigenbedarf **573** 82
Großvermieter
Ansehen des Mieters **19 AGG** 33
Anweisung zur Benachteiligung **3 AGG** 14
Diskriminierungsverbote **19 AGG** 43
Strukturziele **19 AGG** 40
Verständigung, sprachliche **19 AGG** 12
Grundbuchauszug
Grundstücksveräußerung **566e** 2
Grundbucheintragung
Kauf bricht nicht Miete **566** 45
Kündigungssperrfrist **577a** 32, 34
Grunddienstbarkeit
Erfüllungsübernahme **567a** 13
Mietgebrauch, Beeinträchtigung **567** 4, 27 ff
Rechtsmangel, nachträglicher **567** 28
Grundpfandrechte
Mietverhältnis, bestehendes **567** 3

Grundstück
bebautes Grundstück **580a** 14
Begriff **580a** 13
Begründung **578** 6
Rückerstattung **566** 26
unbebautes Grundstück **580a** 26
Grundstücksaneignung
Kauf bricht nicht Miete **566** 26
Grundstücksaufgabe
Kauf bricht nicht Miete **566** 26
Grundstücksbelastung
Beweislast **567** 32; **567a** 16
Erfüllungsübernahme **567a** 2
Nutzungsrechte, obligatorische **567** 4 f
Prioritätsgrundsatz **567** 10
Rechte, dingliche **567** 3
Vereinbarungen, abweichende **567** 31
Grundstückseigentum
Erwerb, gutgläubiger **566** 6
Grundstückserwerber
Mietverträge, langfristige **566** 3
Sonderkündigungsrecht **566** 8
Grundstücksmiete
Abgrenzung **578** 10 f; **580a** 32
Allgemeines Gleichbehandlungsgesetz **2 AGG** 2; **19 AGG** 36
Aufrechnungsbefugnis, Ausschluss **579** 10
Begriff **578** 6 ff
Belastung des Grundstücks **567** 1, 4; **567a** 1 f
Erfüllungsübernahme **567a** 3, 3 ff
Fälligkeit **579** 1, 5, 8
Festmiete **579** 6, 8
Form **578** 3
Kauf bricht nicht Miete **566** 8 ff, 24; **578** 3
Kündigung **568** 8; **580a** 16
außerordentliche Kündigung **580a** 1 ff
ordentliche Kündigung **580a** 1 ff
Kündigungsfrist **580a** 4 ff, 12 ff, 22 ff, 26
Kündigungsrecht des Erben **580** 1 ff, 9, 11
Kündigungsrecht des Vermieters **580** 1 ff, 10 f
Kündigungstag **580a** 9
Kündigungstermin **580a** 10
Mietrecht, Anwendungsbereich **578** 1 f
Nutzung, gewerbliche **580a** 26
reine Grundstücksmiete **578** 11
Schwerpunkt des Vertrages **579** 5
Sicherheitsleistung **566a** 6
Tod des Mieters **580** 8
unbebautes Grundstück **573** 12
Vereinbarungen, abweichende **579** 10 ff
Vermieterpfandrecht **578** 3
Vertrag, atypischer **578** 9
Vertrag, gemischter **578** 8
Vertragsdauer **579** 8 f
Vorausverfügung über die Miete **578** 3
Vorauszahlungsklausel **579** 10 f
Vorleistungsklausel **579** 10
Vorleistungspflicht des Vermieters **579** 1 f

Grundstücksmiete (Forts)
  Vormerkung **566** 6
  Weiterveräußerung des vermieteten Grundstücks **567b** 1 ff
    Haftung des Vermieters **567b** 7 f
    Vorausverfügungen des Ersterwerbers **567b** 5
  Wohnraummieterecht **578** 3
  Zeitabschnitte **579** 8 f
  Zurückbehaltungsrecht des Mieters **578** 3
Grundstückspacht
  Kauf bricht nicht Miete **566** 8
Grundstücksteile
  Dachfläche **578** 6 f
  Grundstücksmiete **578** 6
  Hauswand **578** 6 f
  Kündigungsfrist **580a** 15, 22 ff
  Mietvertrag **566** 9
  Räume in auf dem Grundstück errichteten Gebäuden **578** 6
  Teilflächen, unselbständige **578** 6
  Teilkündigung **573b** 1 ff, 10; **574** 60
    Verwendungszwecke **573b** 11 ff, 24
  Zwangsversteigerung **566** 35
Grundstücksüberlassung
  Kauf bricht nicht Miete **566** 49 ff
Grundstücksveräußerung
  Abtretung der Vermieteransprüche **566** 45 ff
  Aktivprozess **566** 94
  Belastung des Grundstücks **567b** 1
  Besitz des Mieters **566** 43, 49
  Besitzaufgabe des Mieters **566** 50
  Beweislast **567** 32; **567a** 16
  Eigentumsübergang **566c** 9 f
  Eigentumsübertragung **566** 38 ff
    Anfechtung **566** 40
  Einheitstheorie **566** 36 f
  Eintritt in Vermieterpflichten **566a** 27 ff
  Eintritt in Vermieterrechte **566a** 16 ff
  Erfüllungsübernahme **567a** 1 ff
  Erwerberschutz **566c** 2
  Grundbuch **566** 49
  Grundbuchauszug **566e** 2
  Grundbucheintragung **566** 45, 47
  Grundgeschäft **566** 39, 50
    Anfechtung **566** 40
    Rücktritt **566** 40
  Haftungsbeschränkung auf den Nachlass **565** 19
  Herausgabeanspruch des Erwerbers **566** 47
  Kauf bricht nicht Miete **566** 1 ff, 26 ff
  Kündigungsgrund gegenüber dem Erwerber **566** 68
  Kündigungslage **566** 67
  Mehrheit von Erwerbern **566** 34 ff
  Mehrheit von Grundstücken **566** 36
  Mieterkündigung **566** 62 f

Grundstücksveräußerung (Forts)
  Mieterschutz **566** 2 f; **566c** 2
  Mietforderung, rechtsgeschäftliche Vereinbarungen **566b** 1; **566c** 1 ff
  Mietprozess **566** 93 ff
    während des Mietprozesses **566** 93
  Mietverhältnis, vorzeitiger rechtsgeschäftlicher Übergang **566** 46
    Zustimmung des Mieters **566** 46
  Mietvertrag, Kündigung **566** 47
  Miteigentum **566** 30 f
  Nießbrauchsvorbehalt **566** 7, 15
  Novationslösung **566** 4
  Personengesellschaften **566** 29
  Prioritätsgrundsatz **567** 10
  Scheinerwerb **566e** 4 f, 7
  Sicherheitsleistung **566a** 1 ff
    Altfälle **566a** 2 f
  Spaltungstheorie **566** 36
  Überlassungspflicht **566** 51 f
  Veräußerungsbegriff **566** 38 ff, 49
  Veräußerungskette **566** 33; **566a** 3
  Veräußerungsmitteilung
    s dort
  Vergleichsmiete, ortsübliche **558** 62, 64
  Vermieterkündigung **566** 64 ff
  Vermieterpfandrecht **562** 35; **562b** 13
  Vorausverfügung über die Miete **566b** 1 ff
  Vorvertrag zum Mietvertrag **566** 11
  Weiterveräußerung **567b** 1 ff
Grundstücksvermietung
  Bruchteilsgemeinschaft **566** 35
  Veräußerung an Personenmehrheit **566** 36 f
Grundstückszubehör
  Fahrnismiete **580a** 37
Gutglaubenserwerb
  Mietrecht **566** 6

Härtefälle
  s Sozialklausel
Haftungsbeschränkung auf den Nachlass
  Mietverhältnis, Fortsetzung mit den Erben **564** 7
Hamburg
  Kündigungssperrfrist **577a** 39
Handwerksbetrieb
  Kündigungsfrist **580a** 33
Handwerkszeug
  Fahrnismiete **580a** 37
Hausbesetzung
  Kündigung aus wichtigem Grund **569** 57
Hausfrieden
  Begriff **569** 40
  Beleidigungen **569** 47 ff, 51
  Erfüllungsgehilfen **569** 46
    Besucher des Mieters **573** 42
  Erkrankung des Mieters, psychische **569** 45, 49

Hausfrieden (Forts)
    Gestank **569** 55
    Gewaltanwendung, Drohung mit **569** 44
    gewerbliche Miete **578** 4
    Hausordnung, Verletzung **569** 40, 47
    Kündigung, außerordentliche **569** 2, 20 ff; **574** 19 f
        Abmahnung **569** 59 f
        Aufwendungsersatzanspruch des Mieters **569** 38
        Begründung **569** 61
        Form **569** 61
        Frist **569** 62
        Fristsetzung zur Abhilfe **569** 59 f
        Miete, entgehende **569** 38
        Schadensersatzpflicht **569** 38
        Umzugskosten **569** 38
        Verzögerung, unangemessene **569** 62
    Kündigung, ordentliche **573** 61b
    Lärmentwicklung **569** 54
    Nachrede, üble **569** 50
    Nutzung, vertragswidrige **569** 55
    Parken **569** 55
    Rauchen **569** 55
    Raummiete **578** 4
    Rauschgift **569** 57
    Rücksichtnahme, gegenseitige **569** 40
    Störung mehrerer Miete **569** 42
    Störung, nachhaltige **569** 36, 44, 54, 58
        Arbeitnehmer **569** 46
        Besucher **569** 46
        Handwerker **569** 46
        Hausverwalter **569** 46
        Kinder **569** 46
    Strafanzeige **569** 51
    Stromdiebstahl **569** 57
    Tätlichkeiten **569** 47, 52 f
    Taubenfütterung **569** 55
    Tierhaltung **569** 55
    Treuepflichtverletzung **569** 47, 56 f
    Unterlassungsanspruch **569** 38
    Unzumutbarkeit der Vertragsfortsetzung **569** 34 f, 44 f
    Verleumdung **569** 50
    Verschulden **569** 45
    Waffenbesitz **569** 55
    Wasserschäden, wiederholte **569** 55
    Wohlverhalten, nachträgliches **569** 61
Haushaltsangehörige
    Eigenbedarf **573** 86, 87 ff, 93, 113a
Haushaltszugehörigkeit
    Altersheimaufenthalt **563** 19, 24
    Bindungen gleicher Art, keine weiteren **563** 27
    auf Dauer angelegter Haushalt **563** 26, 29
    Eheschließung **563** 24
    Eintrittsrecht bei Tod des Mieters **563** 1 ff, 15 ff, 24, 26 ff; **563a** 1, 8
        Ehegatten **563** 15 ff

Haushaltszugehörigkeit (Forts)
    Familienangehörige **563** 24
    Kinder **563** 19 f, 35 f
    Lebenspartner **563** 15 ff
    Krankenhausaufenthalt **563** 24
    Kündigung des Mietvertrages **563a** 8
    Pflegeheimaufenthalt **563** 24
    Untermietverhältnis **563** 19, 24
    Zusammenleben alter Menschen, dauerhaftes **563** 27
Hausmeisterservice
    berufliche Tätigkeit, Ausübung in gemieteten Wohnräumen **573** 55a
Hausmeistervertrag
    Dienstleistungspflicht, Beendigung **557** 73
Hausmeisterwohnung
    Kündigung, ordentliche **573** 182
    Mietverhältnis, atypisches **576b** 5
    Werkdienstwohnung **576b** 5
    Werkmietwohnung **576** 42; **576b** 5
Hausordnung
    Kündigung, ordentliche **573** 61b
    Kündigungsbegründung **569** 117
    Störung des Hausfriedens, nachhaltige **569** 40, 47
Hausrat
    Vermieterpfandrecht **562** 22
Haustürgeschäft
    s Außergeschäftsraumvertrag
Hausverwalter
    Mietvertragsschluss **566** 32
Hausverwaltung
    Mieterhöhungsverlangen **558a** 4 f
Hauswand
    Grundstücksmiete **578** 6 f
    Reklamezwecke **578** 7
Heim
    Werkwohnung **576b** 5
Heimvertrag
    Kauf bricht nicht Miete **566** 24
    Zwischenvermietung, gewerbliche **565** 10
Heizung
    Instandsetzungsmodernisierung **559** 36
    Modernisierungsmaßnahmen **559** 42
        Zuschüsse Dritter **559a** 12
    Vergleichsmiete **558** 50
Heizungsausfall
    Kündigung aus wichtigem Grund **569** 20
Herausgabeanspruch des Vermieters
    Eigentumswechsel **566** 72
Herausgabeklage
    Vermieterpfandrecht **562b** 12 ff, 20, 24
Herausgabevollstreckung
    Räume, gemietete **562** 6b
Herausmodernisieren
    Ordnungswidrigkeit **559d** 3
    Schadensersatz **559d** 1 ff, 3, 7

Herkunft, ethnische
s Ethnische Herkunft
Herkunft, soziale
s Soziale Herkunft
Hessen
Kündigungssperrfrist **577a** 39
Hinterhaus
Kündigung **573a** 15
Hinterlegung
Zahlungsverzug des Mieters **569** 90
HIV-Infektion
Behinderung **19 AGG** 17
Holzhaus
Fahrnismiete **578** 13
Hotelhalle
Gestattungsvertrag **566** 10
Hotelzimmer
Massengeschäfte **19 AGG** 21

Identität, sexuelle
Differenzierungsverbot **19 AGG** 1, 19, 21; **20 AGG** 2; **33 AGG** 1
massengeschäftsähnliche Geschäfte **19 AGG** 32
Gewährung besonderer Vorteile **20 AGG** 7 f
Identitätserfordernis
Erfüllungsübernahme **567a** 4
Kauf bricht nicht Miete **566** 27 ff
Indexmiete
Änderungserklärung **557b** 1, 25 ff
Textform **557b** 1, 25, 27
Zugang **557b** 25, 29 f
Ausgangsmiete **557b** 1
Basisjahr **557b** 23
Begriff **557b** 15
Betriebskosten **557b** 37
Bezugsgröße, Veränderung **557b** 21 f
Nettokaltmiete **557b** 22
Teilinklusivmiete **557b** 22
Einseitigkeitsklauseln **557b** 40
Erhöhungsbetrag **557b** 26
Fälligkeit der erhöhten Miete **557b** 30
Form **557b** 24, 25
Gebrauchsfortsetzung **557b** 34
Geltungsdauer **557b** 35
Geschäftsraummiete **557b** 9 f
gewerbliche Miete **557b** 9 f
Index, Wegfall **557b** 16
Indexpunktzahlen **557b** 26
Kündigungsausschluss **557b** 4
Lebenshaltungskostenindex **557b** 1, 4, 15 f
Legaldefinition **557b** 15
Mietänderung, Eintritt **557b** 30
Mietanpassungsklauseln **557** 76
Mieterhöhung **557** 1, 62; **557b** 1, 5, 13, 22 f, 25 ff, 32, 35, 39a; **558** 7; **561** 8
Änderungen, künftige **557** 47 ff
Ausschluss **557b** 1, 13

Indexmiete (Forts)
einseitige Erhöhung **557b** 27
einvernehmliche Mieterhöhung **557b** 38
Modernisierung **557b** 36
Schwellenwert **557b** 22
Vergleichszeitraum **557b** 22
Miethöhe **557b** 21 f, 26, 31
Mietpreisüberhöhung **557b** 13
Mietverhältnis, Beendigung **557b** 34
Mindestklauseln **557b** 40
Mindestlaufzeit **557b** 4
Modernisierungsmaßnahmen **559** 8
Modernisierungsmaßnahmen, Duldungspflicht **557b** 36
Preisindex für die Lebenshaltungskosten aller privaten Haushalte **557b** 4, 15
Prozentregelung **557b** 23
Prozentsatz **557b** 26
Punkteregelung **557b** 23
Rückzahlung **557b** 33
Schriftform **557b** 24
Sonderkündigungsrecht **557b** 32
Staffelmiete **557b** 39
Übergangsrecht **557b** 10 ff
Unwirksamkeit **557** 35
Verbraucherpreisindex **557b** 15 f
Vereinbarung **557b** 14
abweichende Vereinbarungen **557b** 1
Vereinbarungen, abweichende **557b** 40
Vergleichsmiete, ortsübliche **558** 25
Vertrag **557b** 14, 21 f
Vertragsauslegung, ergänzende **557b** 9
Vertragslaufzeit **557b** 9 f
Verwirkung **557b** 28
Wartefrist **557b** 28 f, 36, 38
Widerrufsrecht **557b** 14
Wiedervermietungsmiete, Begrenzung **557b** 1, 5, 12, 39a
Wohnraum, preisgebundener **557b** 8
Wohnraummiete **557b** 7
Zehnjahresbindung **557b** 13
Indikatoren
Absenkungsverordnung **558** 87
Kappungsgrenze **558** 83 f
Wohnungsmärkte, angespannte **558** 83 f
Indossament
Vermieterpfandrecht **562** 8
Inhaberpapiere
Vermieterpfandrecht **562** 8
Inklusivmiete
Betriebskosten **560** 2, 12b ff, 46
Betriebskostenerhöhung **560** 2, 13 f
Altfälle **560** 13
Neufälle **560** 13a
Mieterhöhung **558** 17
Innenräume
Fahrnismiete **580a** 37
Insolvenz
Enthaftungserklärung **566c** 7

Insolvenz (Forts)
  Lastschriftrückruf **573** 50a
  Vermieter **566a** 14 f
    Aufrechnung **566d** 4
    Vorausverfügung über die Miete
      566b 17 ff
Instandsetzung
  Befristungsgrund **575** 27 ff
Instandsetzungsmaßnahmen
  Fälligkeit **559** 36 f
  Kostenumlage **559** 36; **559b** 17
  Sowiesokosten **559** 36
  Zuschüsse **559a** 5
Instandsetzungsmodernisierung
  Erläuterung **559b** 22
  Gesamtkosten **559** 39
  Kostenaufteilung **559** 35, 39; **559b** 17
  Mieterhöhung, vereinfachtes Verfahren
    559c 5
Instandsetzungszuschuss
  Vergleichsmiete **558** 62
Inter partes-Wirkung
  Mietvertrag **566** 4
Inventar
  Nutzungsgestattung **562** 6a
Inzidentprüfung
  Absenkungsverordnung **558** 85
Isolierverglasung
  Energieeinsparung **559b** 23, 26

Jahresmiete
  Fälligkeit **579** 7
Jobcenter
  Mietzahlung, verspätete **573** 50
Jugendwohnheim
  Befristung ohne Sachgrund **575** 17
  Kündigung des Vertragsverhältnisses
    574 70
  Sozialklausel, Ausschluss **574** 11
  Wohnungsumwandlung **577** 4, 9
Juristische Personen
  Auflösung **580** 7
  Staffelmietvereinbarung, Vertreterzusatz
    557a 16
  Vermieter **558a** 12
Juristische Personen des öffentlichen Rechts
  Anmietung von Räumen **578** 15 ff
  Aufgaben, öffentliche **575** 6; **578** 26
  Besitzrecht des Untermieters **578** 25, 27
  Hauptmietvertrag **578** 18
    Befristung **578** 26 f
    Kündigung **578** 25
    Verlängerung **578** 26 f
  Kündigungsschutz **578** 16
  Mieterhöhung **578** 25
  Mieterschutz **578** 16 f
  Mietrecht, Anwendungsbereich **578** 2
  Staffelmiete **557a** 6
  Untermietvertrag **578** 21 ff

Juristische Personen des öffentlichen Rechts (Forts)
  Vorkaufsrecht **577** 8a; **578** 25
  Weitervermietung **575** 17
  Wohnungsbedarf, dringender **578** 20, 25
  Wohnungsumwandlung **578** 25
  Zeitmietvertrag **575** 6; **578** 26
  Zwischenvermietung, gewerbliche **578** 16

Kabelanschluss
  Anschlussvertrag **566** 10
  Kauf bricht nicht Miete **566** 10
  Modernisierungsmaßnahmen **559** 29
Kabelverzweiger
  Anschlussvertrag **566** 10
Kanzleiräume
  Kündigungsfrist **580a** 30, 33
Kappungsgrenze
  Abbaugesetz **558** 88
  Absenkung **557** 5; **558** 70
    Rechtsschutz **558** 87
  Absenkungsverordnung **558** 82 ff
  Anwendungsbereich **558** 72 ff
  Ausgangsmiete **558** 76 ff
  Ausgleichszahlungen **558** 71, 88 f
  Auskunftsanspruch **558** 91 f
  Auskunftsklage **558** 92
  Begrenzung, vorübergehende **558** 2, 77, 82 ff
  Berechnung **558** 77 ff
  Dreijahresfrist **558** 73 f, 77 ff, 95
  Fehlbelegungsabgabe **558** 71, 88 ff
  Flächendifferenz **558** 77
  Indikatoren **558** 83 f, 87
  Mehrleistungen **558** 74
  Miete, niedrige **558** 72
  Mieterhöhung **558** 61; **558a** 28; **559** 1, 10, 12, 46 ff
    Beschränkung **557** 4; **558** 70 ff
    einvernehmliche Mieterhöhung **557** 45
  Mieterhöhungsverlangen **558** 93 ff
  Mieterwechsel **558** 73
  Miethöhe **558** 39
  Mietverhältnisse, kurzfristige **558** 72
  Modernisierungsmaßnahmen **559** 4, 46
  Nettomiete **558** 81
  Nutzung, teilgewerbliche **558** 74
  Preisbindung, Wegfall **558** 76, 89
  Prozentsatz **557** 4 f; **558** 70, 77, 79, 82 ff
  Quadratmetermiete **559** 47 f
  Rechtsverordnung **558** 82 ff
  100+20/15-Regel **558** 67
  Schadensersatz **558** 92
  Sechsjahresfrist **559** 46 ff, 49
  Teilinklusivmiete **558** 81
  Überschreitung **558** 94
  Untermietzuschlag **558** 74
  Vergleichsmiete, ortsübliche **558** 39
  Vermieterwechsel **558** 73

1028

Kappungsgrenze (Forts)
  Wohnraumvergrößerung **558** 75
  Wohnungsgröße, objektive **558** 77
  Zustimmungsklage **558b** 28
  Zwischenvermietung, gewerbliche **565** 14
Kappungsgrenzenverordnung
  Absenkung der Kappungsgrenze **558** 82 ff; **574** 53
  s a Absenkungsverordnung
Karenzzeit
  Geschäftsraummiete **580a** 35
  Kündigung, ordentliche **573c** 11, 18 f, 56
    Werkmietwohnung **576** 35, 37
  Kündigungsfrist **580a** 25
  Kündigungsvereinbarung **580a** 27
Kartellverbot
  Mietspiegel **558c** 13a
Kauf bricht Miete
  Erfüllungsübernahme **567a** 1, 14 f
  Gemeines Recht **566** 1 f
Kauf bricht nicht Miete
  Anfechtungsrecht **566** 60 f
  Ankaufsrecht **566** 56
  Anwendung, entsprechende **566** 3, 8
  Anwendungsausschluss **566** 86 f
  arglistige Täuschung **566** 78
  Auflassungsvormerkung **566** 33
  Aufrechnung **566d** 6 ff
  Aufrechnung des Mieters **566b** 1
  Aufwendungsersatzansprüche **566** 77
  Auskunftsanspruch **566** 57
  Außenwand **566** 9, 53
  Bedingungseintritt **566** 73
  Besitzverschaffung **566** 51
  Betriebskosten **566** 58
  Betriebskostenabrechnung **566** 80 ff
  Beweislast **566** 93
  Bodenschätze **566** 53
  Bürgenhaftung des Vermieters **566** 88 ff
  Dachflächen **566** 9, 53
  Dauerwohnrecht **566** 25
  Dienstwohnungen **566** 24
  Drittbeteiligung **566** 59, 75
  Eigenbedarf **566** 66
  Eigenjagdbezirke **566** 8
  Eigentum des Veräußerers **566** 27 ff
  Eigentumsübergang **566** 38, 43 ff, 88
    Mitteilung des Vermieters **566** 91 f
  Eigentumswohnung **566** 17 ff
  Eintritt in Vermieterstellung **566** 54 ff
  Enteignung **566** 26
  Erbbaurecht **566** 12
  Erfüllungsübernahme **567a** 1 ff
  Fälligkeitsprinzip **566** 69 f, 73, 78, 80 f
  Fischereirechte **566** 8
  Flugzeuge, eingetragene **566** 8
  Formularvertrag **566** 86
  Garantiehaftung des Vermieters **566** 79
  Gebrauch, vertragsgemäßer **566** 74

Kauf bricht nicht Miete (Forts)
  Geschichte **566** 2
  Gestaltungsrechte **566** 60 f, 85
  Gestattungsvertrag **566** 8, 10
  gewerbliche Miete **566** 87
  Grundbucheintragung **566** 45, 47
  Grundstücksaneignung **566** 26
  Grundstücksaufgabe **566** 26
  Grundstücksbelastung **567** 1 ff
  Grundstückserwerber, Interessen **566** 3
  Grundstücksmiete **566** 8 ff, 24; **578** 3
  Grundstückspacht **566** 8
  Grundstücksrückerstattung **566** 26
  Grundstücksteile **566** 8 f
  Grundstücksüberlassung **566** 49 ff
    Überlassungsbegriff **566** 51
  Grundstücksveräußerung **566** 1 ff, 26 ff
    s a dort
  Heimvertrag **566** 24
  Herausgabeanspruch **566** 48
  Herausgabeanspruch des Erwerbers **566** 72
  Identitätserfordernis **566** 27 ff
    Erbfolge **566** 27
    GmbH **566** 29
    Grundstücksveräußerung **566** 27
    Leasing **566** 29
    Rücktritt vom Mietvertrag **566** 27
    Zeitpunkt **566** 28
  Individualvereinbarung **566** 86
  Konkurrenzverbote **566** 58
  Kündigung des Mieters **566** 62 f, 92
  Kündigung des Mietverhältnisses **566** 48
  Kündigung des Vermieters **566** 64 ff
    Kündigungslage **566** 67
  Kündigungsbeschränkungen **566** 58, 85
  Kündigungsrecht **566** 60 f
    noch nicht ausgeübtes Kündigungsrecht **566** 63
  Leihe **566** 24
  Leitbild **566** 90
  Mängelbeseitigung **566** 76, 78 f
  Mieterdarlehen **566** 58
  Mieterhöhungsverlangen **566** 48
  Mieterschutz **566** 55
  Mietforderung, rechtsgeschäftliche Vereinbarungen **566c** 1 ff
  Mietminderung **566d** 5
  Mietverhältnis, Übergang **566** 5
  Mietvertrag, Gültigkeit **566** 43
  Mietvertragsklauseln **566** 56 f
  Mietvorauszahlung **566** 76
  Nebenabreden **566** 76
  Nießbrauch **566** 13 f
  Novationslösung **565** 12 ff
  Patentlizenzvertrag **566** 25
  Raummiete **566** 8; **578** 4
  Raumpacht **566** 8
  Realteilung **566** 34 f
  Rechtsnachfolge **566** 62, 78

Kauf bricht nicht Miete (Forts)
Relativität der Schuldverhältnisse **566** 4
Reparaturen **566** 58
Schadensersatzansprüche des Mieters **566** 78
Schadensersatzpflicht des Mieters **566** 70
Scheidungsverfahren **566** 25
Schiedsklausel **566** 58
Schiffsmiete **566** 8
Schönheitsreparaturen **566** 58, 70
Sicherheitsleistung **566a** 1 ff
Streitbefangenheit **566** 93
Sukzessionsschutz **566** 5
Überlassung, unentgeltliche **566** 56
Umwandlungsfälle **566** 65
Unterhaltsleistung, Wohnungsüberlassung als **566** 24
Untermietvertrag **566** 8, 10, 76
Veräußerung durch den Vermieter **566** 27 ff
Veräußerungsketten **566** 33
Vereinbarungen, abweichende **566** 86 f
  Vertrag, dreiseitiger **566** 86
  Vertrag Veräußerer/Erwerber **566** 86 f
  – Zustimmung des Mieters **566** 86
Verlängerungsoption **566** 85
Vermieteransprüche **566** 69 ff
Vermieterpflichten **566** 73 ff
Vertrag, gemischter **566** 24
Vertragsänderung **566** 55, 57
Vertragsbeendigung **566** 85
Vertragsergänzung **566** 55, 57
Vorausverfügung über die Miete **566** 71; **566b** 1 ff
Wandflächen **566** 9, 53
Werkswohnungen **566** 75
Wohnraummiete **566** 53, 86 f
Wohnungseigentum **566** 17 ff
Wohnungsrecht **566** 16
Zahlungsverzug des Mieters **566** 70
Zimmer, möbliertes **566** 24, 86
Zurückbehaltungsrecht **566d** 5
Zwangsversteigerung **566** 20, 35, 83 f
Zwangsverwaltung **566** 21 ff, 83 f, 94

Kaution
Auskunftsanspruch **566a** 26
Eintritt in den Mietvertrag **566** 58
Fälligkeit **569** 68
Fälligkeitsprinzip **566** 70
Freigabeerklärung **566a** 30
Kündigung, ordentliche **573** 33
Mietsicherheit **562** 1
Nachzahlung **565** 20
Vermieterpfandrecht **562** 27
Wiederauffüllung **569** 70
Zinsen **566a** 31
Zwangsverwaltung **566** 22

Kautionsverzug
Altverträge **569** 64

Kautionsverzug (Forts)
Bezifferung des Rückstands **569** 71
Kündigung, außerordentliche **569** 2, 63 ff; **574** 19 f
  Abmahnung **569** 71
  Ausschluss **569** 72
  Begründung **569** 71
  Frist **569** 71
  Fristsetzung **569** 71
  Verwirkung **569** 71
Kündigung, ordentliche **569** 73; **573** 48
Monatsmiete, zweifache **569** 65 ff
Nachholrecht **569** 63, 72
Nettomiete **569** 67, 69
Teilinklusivmiete **569** 67, 69
Wohnraummiete **569** 65

Kellerraum
Raumbegriff **578** 13
Teilkündigung **573b** 9

Kettenmietvertrag
Mietverhältnisse, befristete **575** 85

KG
Vermieterpfandrecht **562** 18

Kiesausbeutung
Kauf bricht nicht Miete **566** 9, 53

Kinder
Eigenbedarf **573** 82, 116
Eintritt in den Mietvertrag **563** 1 f, 18 ff, 35 f
  Adoptivkinder **563** 18
  eheliche Kinder **563** 18
  Eheschließung des Kindes **563** 19
  Haushaltszugehörigkeit **563** 19 f
  leibliche Kinder **563** 18
  nichteheliche Kinder **563** 18
  Pflegekinder **563** 18, 23
  Stiefkinder **563** 18
  Untermiete **563** 19
Härtegrund **574** 46

Kindergartenplatz
Härtegrund **574** 46

Kinderlärm
Duldungspflicht **573** 62
Kündigungsgrund **569** 54; **573** 43

Kinderreichtum
Härtegrund **574** 43

Kinderwagen
Vermieterpfandrecht **562** 13

Klage auf vorzugsweise Befriedigung
Vermieterpfandrecht **562a** 6 ff, 21, 23; **562b** 22; **562d** 2a, 4

Klage auf zukünftige Leistung
Modernisierungsmaßnahmen, Mieterhöhung **559b** 38

Klagehäufung
Kündigungstatbestände **569** 39

Klavierspiel
Kündigung, ordentliche **573** 61b

Kleinreparaturen
Abwälzung auf den Mieter **558** 21

Kleinvermieter
  Benachteiligungsverbot 19 AGG 22, 32
Klimaschutz
  Modernisierung, energetische 559 52 f
Klinik
  s Krankenhaus
Kochgelegenheit
  Wohnungsbegriff 573a 6
Kohleausbeutung
  Kauf bricht nicht Miete 566 9, 53
Konfusion
  Vermieterpfandrecht 562a 2
Konkurrenzverbote
  Kauf bricht nicht Miete 566 58
Kontrahierungszwang
  Beseitigung der Benachteiligung 21 AGG 2, 9 f
Kostenelementeklauseln
  Unwirksamkeit 557b 19; 558 43
Kostenmiete
  Mieterhöhung 558 97
  Vergleichsmietensystem 559 3
  Wohnungsbau, sozialer 557a 8
Kostenmietklausel
  Ausschlussvereinbarung 557 51a
Kostenvoranschlag
  Erhaltungskosten 559 39
  Erhaltungsmaßnahmen 559b 17
Kraftfahrzeug
  Bargeschäfte des täglichen Lebens 19 AGG 24
  Vermieterpfandrecht 562 13; 562a 5, 19
Kraftfahrzeugmietvertrag
  Fahrnismiete 580a 37
Krankenhaus
  Werkwohnung 576 42; 576b 5
Krankheit
  Differenzierungsverbot 19 AGG 17
  Härtegrund 574 23, 37 f, 40; 574a 17
Kündigung
  Auszug aus der Wohnung 568 21
  Benachteiligung 3 AGG 3
  Benachteiligungsverbot 19 AGG 47; 22 AGG 4
  Bestandsschutz 573a 16; 573c 46
  Beurkundung, notarielle 568 17
  Eigentumswechsel 566c 7
  Einheitlichkeit des Mietverhältnisses 561 13
  elektronische Form 568 16
  elektronische Signatur 568 16
  Ermächtigung des Grundstückserwerbers 566 47
  Formmangel 568 23 ff
  Grundstücksveräußerung 566 62 ff
  Klageerhebung 568 21, 22a
  Kündigungsberechtigung 573 12
  Kündigungserklärung, Zugang 561 15
  Kündigungsfrist 561 15

Kündigung (Forts)
  Mehrheit von Mietern 561 13
  Mehrheit von Vermietern 561 13
  Mieterhöhung 557 1 ff; 561 1 ff
  Offenkundigkeitsprinzip 568 19
  Rechtsirrtum 573 229
  Schriftform 568 2, 4, 6, 9; 569 27, 123
    Beweisfunktion 568 4
    Ersetzung 568 16 f
    Faksimile 568 15
    Fernschreiben 568 15
    Klarstellungsfunktion 568 4
    Namensunterschrift 568 12, 14
    Telefax 568 15
    Telegramm 568 15
    Übereilungsschutz 568 4
    Urkunde 568 12 ff
  soziales Mietrecht 568 1, 4
  Stellvertretung 561 14; 568 18 ff
    Offenkundigkeitsprinzip 568 19
    Schriftformerfordernis 568 18 ff
    Vollmachtsurkunde, Vorlegung 568 20
  Überlegungsfrist 561 15
  Verhalten, schlüssiges 568 21
  Verzögerung, grundlose 569 7
  Widerspruchsrecht 568 1
    s a Kündigungswiderspruch
  Wohnraummiete 568 1, 6
Kündigung, außerordentliche
  befristete Kündigung 568 10, 27; 573d 1 ff
    gesetzliche Frist 573d 1 ff, 12
    Interesse, berechtigtes 573 1 f
    Mieter 573d 4 ff
    Sozialklausel 573d 9
    Vereinbarungen, abweichende 573d 13
    Vermieter 573d 4, 7 ff
    Widerspruchsrecht 568 27
  Bestandsschutz 573 17
  COVID-19-Pandemie 573 49b
  Formzwang 568 10, 27
  Frist 569 62; 580a 40 ff
    gesetzliche Frist 573 16
  fristlose Kündigung 568 10; 569 1 ff; 573 17
    Abhilfefrist 569 115
    Abmahnung 569 115; 573 31
    Begründung 569 61, 113 ff
    Beweislast 574a 12
    Kündigungsgrund 569 2
    – Vereinbarungen, abweichende 569 127 ff
    Mieterschutz 569 113, 126
    Schriftform 569 2, 61
    Sozialklausel, Ausschluss 574 19 ff
  Kauf bricht nicht Miete 566 63
  Kautionsverzug 569 2
  Kündigung in angemessener Zeit 569 25, 62, 71
  Schonfristzahlung 574 20a
  Schriftform 568 10, 27

Kündigung, außerordentliche (Forts)
Schuldunfähigkeit **569** 45
Unzumutbarkeit der Vertragsfortsetzung **569** 34 f, 44 f
Vertragsverletzung **573** 30
　besonders schwerwiegende Vertragsverletzung **569** 36
Verwirkung **569** 26, 62, 71
Verzögerung, unangemessene **569** 26, 62, 71
wichtiger Grund **569** 1 ff; **574** 19 ff
　Angabe im Kündigungsschreiben **569** 113 ff
　Gesundheitsgefährdung **569** 2 ff
　Hausfrieden, Störung **569** 2, 34 ff
　Subsidiarität **569** 39
　Zahlungsverzug des Mieters **569** 2, 74 ff
Widerspruchsrecht **568** 1
Zeitmietvertrag **575a** 1 ff
Kündigung, ordentliche
Abrisskündigung **573** 217
Ausschluss **573** 241 ff; **573c** 39 ff; **575** 14 ff
Begründungspflicht **573** 201 ff, 220 f
　Persönlichkeitsschutz **573** 220 f
Berufsbedarf **573** 177 f
Bestandsschutz **573** 166
Betriebsbedarf **573** 177 ff, 218, 241
Beweislast **573** 15
COVID-19-Pandemie **573** 49b
Dreimonatsfrist **573c** 3, 18
Eigenbedarfskündigung **573** 63 ff
Eigentumswechsel **566** 92
Fehlbelegung **573** 190 ff
Feiertag **573c** 10, 18
Formzwang **568** 10, 27
Fünfzehnter eines Monats **573c** 3, 9, 13
Gebrauch, vertragswidriger **573** 54 ff
Gewerbebedarf **573** 177 f
Gründe, sonstige **573** 176 ff
Handlungen Dritter **573** 61c
Hilfsperson, Aufnahme in den Haushalt **573** 185 f
hilfsweise ordentliche Kündigung **573** 32, 53a; **574** 20a
Interesse, berechtigtes **573** 1 f, 22 ff, 176, 201 ff
　Erlangungsinteresse des Vermieters **573** 176
　Mieterinteressen **573** 25a; **574** 23
　Vereinbarungen, abweichende **573** 240 ff
Interesse, öffentliches **573** 189 ff, 195 ff, 219
Karenzzeit **573c** 18 f
Kündigungsfrist **573c** 39, 53 ff
　Altfälle **573c** 52
　DDR-Altmietvertrag **573c** 59 f
　Verlängerung um jeweils drei Monate **573c** 19 ff
Kündigungsschutz **573** 15
Mieter **573c** 3, 47

Kündigung, ordentliche (Forts)
Mieterhöhung **573** 26 ff
Beweislast **573** 28
Verbot, gesetzliches **573** 29
Nachteile, erhebliche **573** 196a
Pflichtverletzung **569** 36; **573** 229
Quartalsende **573c** 3, 47
Rechtsmissbrauch **573** 61c
Sanierungsmaßnahmen **573** 194
Schadensersatzpflicht **573** 227 ff
　Anfangsrenovierung **573** 236
　Anscheinsbeweis **573** 239
　bauliche Maßnahmen **573** 235
　Beweislast **573** 239
　Detektivkosten **573** 235
　Einrichtungsgegenstände **573** 235 f
　Endlosschaden **573** 236a
　Kausalität **573** 228
　Kosten der Rechtsverteidigung **573** 235
　Miete, höhere **573** 236 ff
　Mitverschulden **573** 238
　Renovierungskosten **573** 235
　Schmerzensgeld **573** 234
　Schutzgesetzverletzung **573** 233
　Telefonanschluss **573** 236
　Ummeldungskosten **573** 236
　Umzugskosten **573** 236
　– Hilfspersonen, private **573** 236
　unerlaubte Handlung **573** 232 f, 239
　Unterschiedsbetrag **573** 236 ff
　Vermögenseinbuße **573** 234
　Verzicht, stillschweigender **573** 228
　Wiedereinräumung des Besitzes **573** 234
　Wohnung, bisherige **573** 235
　Wohnung, neue **573** 236
　Wohnungssuche **573** 236
Schriftform **568** 10, 27
Sonnabend **573c** 11 f, 18
Sonntag **573c** 10 ff
Sperrfrist **569** 109
ständige unpünktliche Zahlung **569** 79 ff, 112; **573** 47a
Übergangsrecht **573c** 52 ff
Überlassungszeit **573c** 1, 19 f
　Besitzzeit, Anrechnung **573c** 27 ff
　Besitzzeit, Unterbrechung **573c** 26
　Parteiwechsel **573c** 23 f
　Vertragsänderungen **573c** 22
　Wohnungswechsel innerhalb der Wohnanlage **573c** 31
　Wohnungswechsel innerhalb des Hauses **573c** 30 f
unberechtigte Kündigung **573** 227 ff
Unzumutbarkeit der Vertragsfortsetzung **573** 197
Verdachtskündigung **573** 33
Verhaltensänderungen **573** 61c
Vermieter **573c** 3, 46
des Vermieters **573** 1 ff

Kündigung, ordentliche (Forts)
  Vertragsverletzung **573** 30 ff
    Angabe im Kündigungsschreiben
      573 205 f
    Belästigungen **573** 61, 62
    Beleidigungen **573** 61a
    Besucher **573** 61c
    Beweislast **573** 45
    Darlegungslast **573** 45
    Dauer **573** 205 f
    Duldungspflichten **573** 35
    einmaliger Verstoß **573** 40
    Gebrauch, vertragswidriger **573** 54 ff
    geringfügiger Verstoß **573** 40
    Gewalttätigkeiten **573** 61
    Hausfrieden, Störung **573** 61b, 62
    Lärm **573** 61b, 62
    nicht unerhebliche Verletzung **573** 39
    schuldlose Vertragsverletzung **573** 197
    Strafanzeige, unberechtigte **573** 61b
    Überbelegung **573** 59 f
    Unterlassungspflichten **573** 34
    Verhalten Dritter **573** 206
    Verletzungshandlung **573** 33 ff
    Verschulden **573** 41 ff
    – Beratungsfehler **573** 42, 49
    – Beweislast **573** 45
    – Erfüllungsgehilfen **573** 42
    – Schuldfähigkeit **573** 44
    – Vertreter, gesetzliche **573** 42
    Vertrauensverhältnis, nachhaltige
      Störung **573** 40
    wiederholte Verstöße **573** 40
    Zahl der Verstöße **573** 205 f
    Zahlungsverzug des Mieters **573** 36, 46 ff, 207
    Zeitpunkt **573** 205 f
  Verwertungskündigung **573** 142 ff
  Werktag **573c** 9 ff
    dritter Werktag **573c** 1, 17 f
  Widerspruchsrecht **568** 1, 27; **573** 25a; **574** 23
  Wohnraummiete **569** 36; **573c** 1 ff
  Zustimmung eines Dritten **573** 241b
Kündigungs-Sperrfristenverordnung
  Anwendungsbereich, zeitlicher **577a** 35
  Ersatzwohnraum **574** 53
  Wartefrist, Erweiterung **577a** 35 ff
  Wohnungsbedarf, erhöhter **577a** 37 f
  Wohnungsversorgung, besonders gefährdete **577a** 36
Kündigungsausschluss
  Befristung **573** 113a
  Bindungsdauer **573** 241; **573c** 40, 43 ff
    Unverhältnismäßigkeit **573c** 43
  Eigenbedarfskündigung **573** 71
  Formularvertrag **557a** 20b ff; **573** 241, 241c; **573c** 42 ff
  Individualvertrag **557a** 20c

Kündigungsausschluss (Forts)
  Klausel, überraschende **573c** 44
  Klauselkontrolle **557a** 20b f
  Mieterhöhung, Ausschluss **557** 65a
  Mietvertrag auf Lebenszeit **573** 241c
  ordentliche Kündigung **573** 241 ff
  Schriftform **573c** 41
  Sittenwidrigkeit **573** 241; **573c** 41
  Staffelmiete **573c** 40
  Staffelmietvereinbarung **557a** 20a ff
  unbefristeter Ausschluss **573c** 41
  Vereinbarungen, vertragliche **573c** 39 ff
  Zeitmietvertrag **575** 14 ff
  Zeitraum **573c** 40
  zeitweiser Ausschluss **573c** 39 f
Kündigungsbegründung
  Abdingbarkeit **569** 126
  Abmahnung **569** 116
  Fehlen **573** 229
  Formularvertrag **569** 126
  Fristsetzung **569** 116
  Kündigung aus wichtigem Grund **569** 114 ff
  Kündigungsgrund, Individualisierung **569** 115 f
  Mieterschutz **569** 126
  Störungen, Dauer **569** 116
  Zahlungsverzug des Mieters **569** 119 ff
    Fälle, einfache/klare **569** 119, 122
    Fälle, schwierige/komplexe **569** 120, 122
Kündigungsbeschränkung
  Eintritt in den Mietvertrag **566** 58
  Formularvertrag **557a** 20b
  Kauf bricht nicht Miete **566** 85
  Staffelmiete **557a** 19 ff
  Vertrag zugunsten Dritter **573** 241b
  Wohnungsumwandlung **574** 1
Kündigungserklärung
  Formularvertrag **568** 33
  Individualvereinbarung **568** 33
  Kündigung, ordentliche **573c** 15
  Parteivereinbarung **568** 33
  Zugang **573c** 8, 10 ff
    ab 1.6.2005 **573c** 54 ff
Kündigungsfrist
  Allgemeine Geschäftsbedingungen **573c** 54, 56 f, 61
  Asymmetrie **573c** 3, 5 f
    Gleichheitssatz **573c** 6
  Aushandeln **573c** 55
  Bestandsschutz **573c** 46
  Formularvertrag **573c** 51
  Fristbeginn **573c** 8
  Fristberechnung **573c** 8 ff; **580a** 9
  Fristlauf **580a** 11
  gesetzliche Kündigungsfrist **573** 116
  Individualvereinbarung **573c** 55
  Karenzzeit **580a** 25, 27, 35
  Kündigung, ordentliche **573c** 1 ff, 16
  Parteivereinbarung **580a** 27, 36

Kündigungsfrist (Forts)
  Staffelmiete 557a 22
  Vereinbarungen, abweichende 573c 1, 3, 38 ff, 49 ff
  Verkürzung 573c 48; 580a 27
  Verlängerung 573c 1, 47; 580a 27
  Vollzug des Mietvertrags 573c 8
  Vorbereitungszeit, angemessene 573c 4
Kündigungsgrund
  Angabe im Kündigungsschreiben 573 201 ff, 220 f
  Grundstücksveräußerung 566 68
  Individualisierung 569 115 f
  Kinderlärm 569 54
  Kündigung 561 12; 568 3
    außerordentliche fristlose Kündigung 569 2, 127 ff
  Mitteilung 573 229
  Nachschieben von Kündigungsgründen 569 124 f; 573 222 ff
  Obliegenheit 573 201
  Präklusion 569 136
  Zeitpunkt, maßgebender 573 61c
Kündigungslage
  Grundstücksveräußerung 566 67
Kündigungsrecht
  Eintritt in den Mietvertrag 566 60 f
Kündigungsschreiben
  Kündigungsgründe 573 201 ff
    Bezugnahme 573 204
  wichtiger Grund, Angabe im Kündigungsschreiben 569 113 ff
Kündigungsschutz
  Interessen, berechtigte 573 1 ff
  Kündigung, ordentliche 573 15
  Kündigungsgründe 573 5
  Mieterhöhung 557 14
  Sozialpflichtigkeit des Eigentums 573 8 f, 23
  Verzicht 573 242
  Wohnraummiete 573 4 ff, 10
    Wohnungsumwandlung 577a 1
Kündigungssperrfrist
  Aufhebungsvertrag 577a 43
  Belastung mit dinglichem Recht 577a 27 f
  Betriebskostenvorauszahlung 569 106
  Beweislast 577a 29
  Darlegungslast 577a 29
  Dauernutzungsrecht 577a 28
  Dauerwohnrecht 577a 28
  Dreijahresfrist 577a 19
  Eigenbedarfskündigung 577a 41
  Erbbaurecht 577a 28
  Erwerbermehrheit, Veräußerung an 577a 2, 6, 23, 25
    Familienangehörige 577a 30 ff
    Fristbeginn 577a 40
    Haushaltsangehörige 577a 30 ff
  Fristbeginn 577a 2, 6
  Fristverkürzung 577a 43

Kündigungssperrfrist (Forts)
  Fristverlängerung 577a 43
  Gebietskulisse 577a 5
  Gebrauchsentzug 577a 27 f
  Grundbucheintragung 577a 32, 34
  Kündigung, ordentliche 577a 41
  Mieterhöhung 569 103 ff
  Modernisierungsmaßnahmen 569 106 f
  Nießbrauch 577a 28
  Personengesellschaft, Veräußerung an 577a 2, 6, 22 ff
    Familienangehörige 577a 30 ff
    Fristbeginn 577a 40
    Haushaltsangehörige 577a 30 ff
  Personenhandelsgesellschaft, Veräußerung an 577a 24
    Fristbeginn 577a 40
  Rechtskraft 569 103 ff
    formelle Rechtskraft 569 110
  Rechtsverordnung
    s Kündigungs-Sperrfristenverordnung
  Teilerbbaurecht 577a 28
  Teilkündigung 577a 41
  Umgehung 577a 8, 10, 17, 21, 26
  Umwandlungsabsicht 577a 25
  Vereinbarungen, abweichende 577a 43
  Verordnungsermächtigung 577a 2, 4 f, 35 ff
  Verwertungskündigung 577a 41
  Wohnraum, preisgebundener 569 108
  Wohnungseigentumsbegründung 577a 34
  Wohnungseigentumsbegründung vor Wohnraumüberlassung 577a 33
  Wohnungsrecht 577a 28
  Wohnungsumwandlung 573 14a; 577 4a; 577a 2, 18
  Zahlungsverzug des Mieters 569 108 f; 573 47
  Zehnjahresfrist 577a 2
  Zustimmung zur Mieterhöhung, Verurteilung zur 569 104 f, 108
Kündigungstag
  Feiertag 580a 9
  Kündigung, ordentliche 573c 8 ff, 16
  Parteivereinbarung 580a 27
  Sonnabend 580a 9
  Sonntag 580a 9
  Werktag 580a 9
Kündigungstermin
  falscher Kündigungstermin 573c 15
  Feiertag 580a 10
  Kündigung, ordentliche 573c 14 ff
  Parteivereinbarung 580a 27
  Sonnabend 580a 10
  Sonntag 580a 10
Kündigungsverbot
  Mieterhöhung 573 29
  Umgehungsgeschäfte 573 29
Kündigungsverzicht
  Formularvertrag 557a 20b

Kündigungsverzicht (Forts)
  Schriftform **573** 241c
Kündigungswiderspruch
  Ausschluss **568** 26
  Bedingung **574b** 7
  Begründung **574b** 1, 6
  Erlassvertrag **574** 81
  Form **568** 26, 29; **574b** 1, 3, 8 f
  Fortsetzung des Mietverhältnisses
    s dort
  Fortsetzungsurteil **574a** 10
  Frist **568** 29, 31; **574b** 1, 3, 10 ff
    Verkürzung **574b** 18
    Verlängerung **574b** 18
  Fristverlängerung **568** 26
  Härte, individuelle **573** 25a; **574** 23
  Hinweispflicht **568** 5, 26 ff; **574b** 1, 12
    Parteivereinbarung **568** 34
    Rechtzeitigkeit **568** 30 f
  Kündigung, außerordentliche befristete **568** 27
  Kündigung, ordentliche **568** 27
  Mehrheit von Mietern **568** 28
  Räumungsrechtsstreit **574b** 12 ff
  Sozialklausel **574** 1 ff
    s a dort
  Stellvertretung **574b** 5
  Teilkündigung **574a** 29
  Unabdingbarkeit **574b** 2
  vorsorglicher Widerspruch **574b** 15 f
  Widerruf **574b** 17
  Widerspruchserklärung **574b** 4 ff
  wiederholter Widerspruch **574a** 22
  Willenserklärung **574b** 4
Kürzungsbeträge
  s Mieterhöhung

Laden
  Kündigungsfrist **580a** 30, 33
Lärm
  Differenzierungskriterium **3 AGG** 11
  Kündigung aus wichtigem Grund **569** 21, 54
  Kündigung, ordentliche **573** 61b, 62
  Kündigungsbegründung **569** 117
  Vergleichsmiete **558** 54
Lage der Wohnung
  Miethöhe **558** 40
  Mietspiegel **558** 22, 56 ff, 96
  Vergleichsmiete, ortsübliche **558** 22, 56 ff, 96
Lagerplatz
  Grundstücksmiete **578** 11
  Kündigungsfrist **580a** 26
Lagerraum
  Kündigungsfrist **580a** 30
Landesrecht
  Wohnraumförderung, soziale **557** 24
Landpacht
  Erfüllungsübernahme **567a** 3

Landpacht (Forts)
  Kündigung, außerordentliche fristlose **569** 1, 3
Landwirtschaft
  Werkwohnung **576** 42; **576b** 5
Lastschriftrückruf
  Insolvenz des Mieters **573** 50a
Leasing
  Allgemeines Gleichbehandlungsgesetz **2 AGG** 2
  Grundstücksveräußerung **566** 29
  Kündigungsrecht des Erben **580** 5, 12
  Kündigungsrecht des Leasinggebers **580** 5, 12
Lebensgefahr
  Eigenbedarfskündigung **574** 64
  Kündigung aus wichtigem Grund **569** 20, 28
Lebensgemeinschaften, nichteheliche
  Eintrittsrecht bei Tod des Mieters **563** 2, 25; **563a** 3
Lebenshaltungskosten, allgemeine
  Mietniveau **558d** 11a
Lebenspartner
  Eigenbedarf **573** 82
  Eintrittsrecht bei Tod des Mieters **563** 1 f, 14 f, 35
Lebenszeit
  Mietvertrag auf Lebenszeit
    s dort
Leihe
  Kauf bricht nicht Miete **566** 24
  Kündigungsschutz **573** 12
  Miete, Verzicht **566c** 8
Leistungsprinzip
  Betriebskostenerhöhung **560** 28
Leistungstreuepflicht
  Kündigung aus wichtigem Grund **569** 56
Leistungsvorbehalt
  Begriff **557b** 17
  Mieterhöhung **557b** 9a
  Unwirksamkeit **557b** 17
Leitbild
  Miete **566** 90
Leitungsrechte
  Mietgebrauch, Beeinträchtigung **567** 27
Licht
  Kündigung aus wichtigem Grund **569** 21
Luft
  Kündigung aus wichtigem Grund **569** 21
Luxusmaßnahmen
  Modernisierungsmaßnahmen **559** 40, 51
Luxusmodernisierung
  Befristungsgrund **575** 32
  Duldungspflicht **575** 32
Luxuswohnung
  Vergleichsmiete **558a** 33

Mängelbeseitigung
  Kauf bricht nicht Miete **566** 76, 78 f, 94

Mängelbeseitigung (Forts)
  Verzug des Vermieters **566** 78
  Vorschuss **566** 78
  Zurückbehaltungsrecht **558** 54; **558b** 8
Maklerlohn
  Vorkaufsrecht, Ausübung **577** 68a
Mangelkenntnis
  Mieterhöhung **557** 45
Markthalle
  Gestattungsvertrag **566** 10
Marktmiete
  Begriff **558** 23
Massengeschäfte
  Ansehen der Person **19 AGG** 21, 24, 27, 34
  Bargeschäfte des täglichen Lebens
    19 AGG 24
  Bedingungen, vergleichbare **19 AGG** 26
  Benachteiligungsverbot **19 AGG** 21 ff
  Definition **19 AGG** 23
  Unternehmereigenschaft des Anbieters
    19 AGG 25
  Vielzahl von Verträgen **19 AGG** 25
Massengeschäftsähnliche Geschäfte
  Benachteiligungsverbot **19 AGG** 21, 27 ff
  Gebrauch, längerfristiger **19 AGG** 31
  Vermutung gegen massengeschäftsähnliche Geschäfte **19 AGG** 28 ff
  Widerlegung **19 AGG** 33
Medien
  Bargeschäfte des täglichen Lebens
    19 AGG 24
  Fahrnismiete **580a** 37
  Gewährung besonderer Vorteile **20 AGG** 7
Mehrbelastungsklausel
  Betriebskosten **560** 12a
  Geschäftsraummiete **560** 9a
Mehrfamilienhaus
  Blockverkauf mit Umwandlungsabsicht **577** 32
  Grundstücksveräußerung **577** 31
  Mietspiegel **558a** 43
  Verkauf an mehrere Miteigentümer **577** 32
  Vorkaufsrecht **577** 31 f
Mietanpassungsklauseln
  Indexmiete **557** 76
  Mieterhöhung **557** 62 f
  Staffelmiete **557** 76
  Teilklauseln **557** 63
  Verbot **557b** 1
Mietanpassungsvereinbarung
  Unwirksamkeit **557** 62 f
Mietausfallschaden
  Vermieterpfandrecht **562** 27
Mietbegrenzungsverordnungen
  Ersatzwohnraum **574** 53
Mietdatenbank
  Auskünfte **558e** 6
  Begriff **558e** 1, 4 f
  Hannover **558a** 75; **558e** 3

Mietdatenbank (Forts)
  Mieterhöhungsverlangen **558a** 21, 75; **558e** 1 ff
Miete
  Änderung, einseitige **559** 3
  Aufrechnung **566b** 28; **566c** 6
  Ausreißermiete **558** 24
  Begriff **557** 6
  Bestandsmiete **558** 25, 36 f
  Bringschuld **579** 4
  Einmalmiete **557** 38; **558** 25; **566b** 22 f
  Fälligkeit **579** 6
  Erlass **566b** 20, 28; **566c** 6
  Fälligkeit **573** 47
  gewerbliche Miete
    s dort
  Herabsetzung **557** 69; **566b** 20, 28
  Leistungsbestimmungsrecht **557** 73
  Leitbild, gesetzliches **566** 90
  Nachlassverbindlichkeit **564** 7
  Neuvertragsmieten **558** 36 f
  Periodizität **566b** 23, 25
  Pfändung **566b** 20
  Schickschuld, qualifizierte **579** 4
  Schlossmiete **558** 31
  Stundung **566b** 20, 28; **566c** 6
  Vereinbarungen über die Miete **566c** 4 ff
  Verzicht **566c** 8
  Vorausverfügung über die Miete
    s a dort
  Vorleistungspflicht **579** 2, 5
  Zeitabschnitte **579** 7; **580a** 22
Mieter
  Dienstleistungen **557** 38
  Erkrankung, psychische **569** 45, 49
  Schuldfähigkeit **573** 44, 49, 61a
  Tod des Mieters **563** 1, 5 f; **563a** 1; **564** 20; **580** 1 ff
  Verbrauchereigenschaft **557** 41
  Werkleistungen **557** 38
  Zahlungsunfähigkeit **573** 49, 50
Mieterdarlehen
  Kauf bricht nicht Miete **566** 58
  Kündigung, ordentliche **573** 48
  Modernisierungsmaßnahmen, Anrechnung bei **559a** 12
Mietergenossenschaft
  Anmietung von Räumen **578** 16
Mieterhöhung
  Ablehnung des Antrags **558b** 8
  Änderungen, künftige **557** 47 ff
  Änderungskündigung **573** 26 ff
  Änderungsvertrag **557** 14, 31 ff; **558** 13; **558a** 2, 5
  Anfechtung **557** 34
  Ankündigung **561** 10
  Anpassungsbestimmungsrecht **557** 14; **561** 4
  Ausgangsmiete **557** 39; **557b** 1, 39a; **558** 16 ff, 22, 76, 78; **558a** 14

Mieterhöhung (Forts)
- Ausschluss **557** 1, 12, 19, 33; **558** 97
- Ausschlussvereinbarung **557** 50 ff; **559** 76
  - Aufhebung **557** 54; **559** 76
  - Beweislast **557** 68
  - Form **557** 53
  - Mietverhältnis, befristetes **557** 55 ff
  - Modernisierungsmaßnahmen **559** 76
  - Reichweite **557** 52
- Außergeschäftsraumvertrag **557** 42
- Bedingung, aufschiebende **557** 37
- Begründung **558a** 21 ff
- Benachteiligungsverbot **19 AGG** 46; **22 AGG** 4
- Bereicherungsausgleich **557** 45
- Betriebskosten **557** 66, 78; **558** 13
- Deflation **558d** 11
- Dreijahresfrist **558** 95
- einseitige Mieterhöhung **557** 31, 35, 36; **558** 13 f; **559** 1 f; **569** 106
  - Änderungsvertrag, Angebot **557** 31
  - Widerrufsrecht **557** 40 ff
- Einsichtsrecht **558** 18
- einvernehmliche Mieterhöhung **557** 11, 18, 45; **557b** 38; **558** 13 f; **561** 8
- Einzelvergleichsmiete **558a** 43
- Erhöhungsbetrag **557** 38
- Erhöhungsverlangen, vorzeitiges **561** 16
- Erhöhungsvorbehalt **557** 60 f
- Erhöhungszeitpunkt **558a** 19
- Fälligkeit **557** 73; **558** 7; **558b** 9c
- Feststellungsklage **558b** 37
- Förderrichtlinien **558** 97
- Gebrauchsfortsetzung **561** 23 f
- Grundstücksveräußerung **566** 58
- Inflation **558d** 11
- Kappungsgrenze **558** 2, 4, 61, 70 ff; **558a** 28; **558b** 28; **559** 1, 10, 12, 46 ff
- Klageerhebung **558a** 1
- konkludente Mieterhöhung **558** 14
- Kündigung des Vermieters **558b** 10
- Kündigung während des Rechtsstreits **569** 108
- Kündigung, außerordentliche **573d** 6
- Kündigung, ordentliche **573** 26 ff
- Kündigungsschutz **557** 14
- Kündigungsverbot **573** 29
- Kürzungsbeträge **558** 59 ff; **558a** 28; **559** 10
- Mangelkenntnis **557** 45
- Mieterwechsel **558** 11
- Mietspannen **557** 16; **558a** 41 f; **558d** 17 f
- Mietspiegel **557** 17; **558** 17
- Mietstruktur **558** 81; **558a** 18
- Modernisierungsmaßnahmen **559** 1 ff, 9 ff; **559a** 1 ff; **559b** 1 ff
- nachträgliche Erhöhung **558a** 20
- Neuvermietung **558** 63
- Nichteintritt **561** 21 f
- Obergrenze **558** 70

Mieterhöhung (Forts)
- Preisbindung, Wegfall **558** 12, 18, 39, 70, 76
- Prozentsatz **558** 79
- Prozessvergleich **569** 108
- rückwirkende Mieterhöhung **558** 7; **558a** 19
- Rückzahlungspflicht **557** 81
- Schadensersatzpflicht des Mieters **558b** 10a
- Schonfrist **558b** 10
- Schriftform **557** 32, 45
- Sonderkündigungsrecht **557** 14; **561** 1 ff, 20
  - Ausschluss **561** 11
  - Bedingung **561** 19
  - Frist **561** 12, 15, 17 f, 20
  - Fristberechnung **561** 17
  - Fristversäumnis **561** 18
  - Kündigungserklärung **561** 12
  - – Schriftform **561** 14
  - – Stellvertretung **561** 14
  - – Zugang **561** 15
- Sozialträger, Verträge mit **578** 25
- Sperrfrist **558** 4, 7 f, 15; **558a** 28; **558b** 20, 28; **561** 16; **569** 75, 103 ff
- Staffelmiete **557** 1, 4
- Teilmärkte **557** 15; **558** 25, 31
- Übergangsrecht **557** 30; **561** 6
- Überlegungsfrist **557** 73; **558** 5; **558a** 20, 24; **558b** 2, 9, 11 ff, 17
- Überrumpelung **557** 37
- Unabdingbarkeitsklausel **557** 13
- Verbrauchervertrag **557** 41
- Vereinbarungen, abweichende **557** 1, 13, 20, 37, 45, 70 f; 80 f; **558** 96 f; **558b** 9a; **559** 74 ff; **561** 25
- Vereinbarungen, vorteilhafte **557** 79
- Verfahren, vereinfachtes **559** 49; **559c** 1 ff s a dort
- Vergleichsmiete **558** 4, 22 ff
  - ortsübliche Vergleichsmiete **559** 10
- Vergleichsmietensystem **558** 31
- Vergleichsmieteverfahren **557** 14, 34
- vertragliche Mieterhöhung **557** 31 ff
- Vertragsänderung, Zeitpunkt **558b** 9 f
- Vertragsfreiheit **557** 47, 50 f
- Verzug **558b** 9c ff
- Verzugshaftung des Mieters **558b** 10a
- Verzugszinsen **558b** 9c, 10a
- Vorenthaltung der Mietsache **561** 23
- Vorverfahren **558b** 19
- Wartefrist **557** 45, 73; **558** 4 ff; **558a** 28; **558b** 28
- Wegfall der Geschäftsgrundlage **557** 45, 49
- Wertsicherungsklauseln **557b** 2 f, 7
- Widerrufsrecht **557** 40 ff
- widersprüchliche Mietspiegel **558d** 9
- Wiedervermietung **557** 8
- Wohnraum, preisgebundener **557** 22 ff
- Wohnraummiete **557** 2 ff, 21, 49; **558** 1 f; **561** 5
- Wohnungsgröße **557** 65

Mieterhöhung (Forts)
  Wohnwertmerkmale **557** 15; **558** 24 ff, 40 ff; **558d** 17
  Wucherverbote **558** 4; **559** 9
  Zustimmung Dritter **557** 39
  Zustimmung des Mieters **557** 29, 36; **569** 108; **558a** 1; **558b** 1, 3 ff
    Anfechtung **558b** 3
    Annahme des Vermieterantrags auf Mieterhöhung **558a** 2; **558b** 3, 11
    Anspruch auf Zustimmung **557** 14; **558** 4; **558a** 14; **558b** 7
    ausdrückliche Zustimmung **558b** 3 f
    Bedingungen **558b** 8
    Form **558b** 5, 7 f
    konstitutive Zustimmung **558b** 4 f
    Mängelbeseitigung **558b** 8
    Mietzahlung, vorbehaltlose **557** 32; **558b** 5 ff
    Schriftformklausel **558b** 7a
    Täuschung des Vermieters **558b** 3
    Teilzustimmung **557** 33, 45; **558** 9 f; **558b** 4, 8
    Vollstreckung **558b** 2
    Widerrufsrecht **558b** 3
  Zustimmungsfrist **558** 5; **558a** 1, 20, 24; **558b** 2, 9, 11 ff, 19, 28
    Fristablauf **558b** 12
    Fristberechnung **558b** 9, 11
    Fristverlängerung **558b** 12, 17a
  Zustimmungsklage **558** 9, 15; **558b** 1 f
  Zwischenvermietung, gewerbliche **565** 14
Mieterhöhungserklärung
  Änderungsvertrag, Angebot **557** 31
  Berechnung der Mieterhöhung **559b** 16 ff
  Schriftformklausel **559b** 11
  Teilzustimmung **557** 33
  Verfahren, vereinfachtes **559c** 13 f
Mieterhöhungsklage
  Beschwerdewert **557** 29
  Feststellungsklage **557** 29
  Gebührenstreitwert **557** 28
  Klageänderung **558b** 23
  Klagefrist **558a** 1
  Streitwert **557** 28 f
  Zuständigkeit **557** 27
Mieterhöhungsrecht
  Beschränkung **557** 36
Mieterhöhungsverlangen
  Absenderbezeichnung **558a** 12
  Abtretung des Anspruchs auf Zustimmung **558a** 9
  Adressat **558a** 1, 5 f
  Antrag auf Vertragsänderung **557** 31; **558a** 2, 5, 14; **558b** 3 f
  Aufforderung zur Zustimmung **557** 34; **558a** 14
  Bedingungsfeindlichkeit **558a** 15
  Begründung **558** 18, 68 f; **558a** 1, 12, 21 ff, 28

Mieterhöhungsverlangen (Forts)
  Begründungsmittel, sonstige **558a** 76 ff
  – Beifügung **558a** 77
  Bestandswohnungen **558a** 66, 70
  Datenzentrale **558a** 69
  Finanzämter, Mietpreisübersichten **558a** 77
  Gutachten, gerichtliches **558a** 51, 57
  Gutachten sonstiger Stellen **558a** 55, 78
  Kappungsgrenze **558** 93 ff
  Kostentragung **558a** 64
  Mietdatenbank **558a** 21, 75; **558e** 1 ff
  Mietspiegel **558a** 12, 21, 35 ff; **558c** 12
  – qualifizierter Mietspiegel **558a** 29, 79 ff
  Mietwertgutachten **558a** 77
  Nachbargemeinde **558a** 47 ff
  Sachverständigengutachten **558a** 12, 21, 43, 45, 51 ff, 57 f, 78; **558b** 34
  – Aktualität **558a** 56, 63
  – Begründung des Gutachtens **558a** 57 f
  – Beifügung **558a** 56
  – Bezugnahme **558a** 56
  – Einsichtnahmeangebot **558a** 56
  – Mängel des Gutachtens **558a** 57
  – Mietspiegel **558a** 59
  – Nachprüfbarkeit **558a** 59
  – Parteigutachten **558a** 52
  – Schlüssigkeit **558a** 59
  – Typ-Gutachten **558a** 60, 78
  – Unrichtigkeit **558a** 59
  – Vergleichsmietenbegriff **558a** 62
  – Wohnungsbesichtigung **558a** 60
  – Wohnungsmarkt **558a** 61
  Tatsachenmitteilung **558a** 28; **559b** 24 f
  Unverständlichkeit **558a** 25
  Unvollständigkeit **558a** 25
  Vergleichsmiete **558** 93
  Vergleichswohnungen, Aufstellung **558a** 12, 21, 65 ff
  – Wohnwertmerkmale **558a** 72, 74
  Verzicht auf Begründung **558a** 25
  Widersprüchlichkeit **558a** 25
  Eheleute als Mieter **558a** 8
  Empfangsbevollmächtigung **558a** 5
  Erhöhungsbetrag **558a** 14
  Ermächtigung **558a** 11; **566** 48
  Ermächtigung eines Dritten **558a** 11
  Ermäßigung **558a** 20
  erneutes Erhöhungsverlangen **558a** 14, 20; **558b** 36
  Fördermittel **558** 69
  Form **557** 32, 73; **558a** 1, 12 f, 21
  Grundstücksveräußerung **558a** 10 f; **566** 45, 48
  Inhalt **557** 73
  Klagefrist **558a** 25
  Kostentragung **558a** 40
  Kündigungsrecht **561** 9 ff
  Kürzungsbeträge **558** 68

Mieterhöhungsverlangen (Forts)
  Mängel, formelle **558a** 25 ff, 41; **558b** 19 ff
  Mängel, Heilung **558b** 19 ff
    Hinweispflicht, gerichtliche **558b** 24a f
  Mängel, inhaltliche **558a** 27
  Mängelbehebung **558b** 19 ff
  Mietänderung, einseitige **558a** 17 f
  Miethöhe **558a** 14
  Mietspannen **558a** 27, 36
  Mietspiegel, Beifügung **558a** 35; **558c** 12
  Mietspiegel vergleichbarer Gemeinden **558** 58
  Mietstruktur **558** 19
  Mietvertrag für längere Zeit als ein Jahr **558a** 12
  Nachbesserung **558b** 2, 19 f, 24 ff
  Nachholung **558b** 2, 14, 19 ff, 36
  Nachprüfung **558a** 22 f
  Personenmehrheiten **558a** 5 ff
  Plausibilität **558a** 23, 51, 57, 65, 70, 76; **558b** 36
  Potestativbedingung **558a** 15
  Prozessstandschaft **558a** 11
  Prozessvollmacht **558a** 3 f
  Rechtsbedingung **558a** 15
  Rücknahme **558a** 20
  Schriftform **558a** 12 f, 21
  Schriftformklausel **558a** 13
  Sperrfrist **558** 4, 15; **561** 16
  Streitgenossenschaft **558a** 6
  Teilzustimmung **557** 33
  Textform **557** 32; **558a** 12, 14, 21
  Überprüfung **558a** 57 f
  Umdeutung **557** 33 ff, 34; **558a** 16
  Vereinbarungen, abweichende **557** 73; **558a** 86
  Vergleichsmiete, ortsübliche **558** 7
  Vergleichsvorschlag **558a** 15
  Vergleichswohnungen **558a** 65 ff
  Vertreterhandeln, Offenlegung **558a** 4
  Vollmachtsurkunde **558a** 3
  vorzeitiges Erhöhungsverlangen **561** 16
  Wiederholung **558** 10
  Wohnung, möblierte **558a** 43
  Zeitmietvertrag **575a** 6
  Zugang **558** 8, 29; **558a** 3, 5; **558b** 9, 11; **561** 10
    Beweislast **558b** 28
    Mietspiegel, neuer **558c** 19
  Zurückweisung **558a** 3
  Zustimmung des Mieters **557** 31
    Verurteilung zur Zustimmung **558a** 6
  Zustimmung, konkludente **557** 32
  Zustimmungsklage **558a** 15
  Zwangsverwaltung **558a** 10
Mieterschutz
  Grundstücksveräußerung **566** 2 f
  Kauf bricht nicht Miete **566** 2 f, 55
  Kündigungsschutz **573** 1 ff

Mieterschutz (Forts)
  Umgehung **566** 7
  Veräußerungsmitteilung **566e** 6
  Vergleichsmietensystem **558** 3
  Vorausverfügung über die Miete **566b** 2, 25 f
  Werkwohnung **576** 2
Mieterwechsel
  Form **567a** 8
  Mieterhöhung **558** 11
  Vermieterpfandrecht **562** 14
Mietgleitklausel
  Aufwandsersatzregelung **557b** 20
Mietherabsetzung
  Betriebskostenermäßigung **560** 1 f, 6, 35 ff
Miethöhe
  Lage der Wohnung **558** 40
Mietminderung
  s Minderung
Mietnomadentum
  Mietrechtsreform 2013 **557** 7
Mietpreisbremse
  Drittmittel, Anrechnung **559a** 2
  Landesverordnung **557a** 9
  Marktwert der Wohnung **558** 25
  Mietbegrenzungsverordnungen **557a** 13a
  Miethöhe **558** 39
  Mietspiegel **558c** 5
  Mietsteigerungen, Begrenzung **558** 2
  Modernisierungsmaßnahmen **559a** 2
  Neuabschluss **558** 63
  Räumungsprozess **574** 53
  Rechtsverordnung **558** 83 f
  100+10-Regel **558c** 5
  Staffelmiete **557a** 4a, 13a
  Vereinbarungen, abweichende **557a** 9
  Vergleichsmiete, ortsübliche **558** 39
  Verlängerung **557** 10
  Wiedervermietungsmiete, Begrenzung **557** 45; **557a** 4a, 13a; **558** 83
  Wohnungsmärkte, angespannte **557b** 5; **558** 83
Mietpreisüberhöhung
  Indexmiete **557b** 13
  Mieterhöhung, Begrenzung **557** 45
  Staffelmiete **557a** 13
Mietpreisübersichten
  Mieterhöhung, Begründungsmittel **558a** 77; **558c** 3, 9
Mietprozess
  Kauf bricht nicht Miete **566** 93 f
  Streitbefangenheit **566** 93
Mietrecht
  Allgemeines Gleichbehandlungsgesetz **2 AGG** 1 ff
  soziales Mietrecht
    s dort
Mietrechtsänderungsgesetz
  Modernisierungsankündigung **559b** 33

Mietrechtsanpassungsgesetz 2018
  bauliche Veränderungen, Pflichtverletzungen **559d** 1
  Drittmittel, Anrechnung **558** 59
  Miethöhenbegrenzung **557** 9
  Mietrecht, Anwendungsbereich **578** 2
  Modernisierungsmaßnahmen **559** 4

Mietrechtsnovellierungsgesetz 2015
  Indexmiete **557b** 5, 12a
  Neuvermietungen **557** 8
  Staffelmiete **557a** 4a

Mietrechtsreformgesetz
  Indexmiete **557** 12; **557b** 12
  Mieterhöhungen **557** 6, 11 ff, 18
  Staffelmiete **557a** 4

Mietrückstände
  s a Zahlungsverzug des Mieters
  Eintritt in den Mietvertrag **563b** 5
  Erheblichkeit **569** 74 ff
  Kündigung **569** 111 f
  Kündigungsbegründung **569** 119 ff; **573** 201a
  Vermieterpfandrecht **562** 7a; **562d** 2, 3
  Zwischenvermietung, gewerbliche **565** 14

Mietsenkung
  Vereinbarung **557** 36
  Vergleichsmiete, ortsübliche **558** 25
  Wohnraum, preisgebundener **558** 12

Mietsicherheiten
  gewerbliche Miete **562** 1
  Vermietersicherung **562** 1

Mietspannen
  Mieterhöhung **557** 16; **558d** 17 f
  Mieterhöhungsverlangen **558a** 27, 36
  Mietspiegel **558a** 41 f, 83
  Mittelwert **558** 28; **558d** 17
  Schätzung **558d** 18
  Überschreitung **558a** 41
  Vergleichsmiete, ortsübliche **557** 16; **558** 26 f; **558a** 27; **558d** 17 f

Mietspiegel
  Aktualisierung **558c** 1, 16 f; **558d** 2, 10
  Aktualität **558a** 59
  Amtsblatt der Gemeinde **558a** 35; **558c** 12
  Anerkennung **558c** 7, 11 ff, 18 f
  Anfechtung **558c** 6
  Anzahl **558c** 2a; **558d** 4
  Aufstellung **558c** 1 f, 7, 9 ff
    Aufstellungspflicht **558c** 1
    Dokumentation **558d** 8a
    Interessenvertreter Mieter/Vermieter **558c** 7, 13, 18; **558d** 5 f
    Neuaufstellung **558c** 17, 19; **558d** 2
    Pflicht zur Aufstellung **558c** 11
  Auftragserteilung **558c** 11
  Aushandeln **558c** 8, 13a
  Auskünfte, amtliche **558b** 33
  Backnang **558a** 50
  Begriff **558c** 1

Mietspiegel (Forts)
  Begründungsmittel für Mieterhöhungsverlangen **558c** 4 f, 7, 10
  Beifügung zum Mieterhöhungsverlangen **558a** 35; **558c** 12
  Berlin **558d** 8b
  Bestreiten **558b** 33
  Betrachtungszeitraum **558** 33 f
  Beweislast **558b** 33
  Beweismittel **558b** 34
  Bezugnahme **558a** 29, 35 ff
  Datenschutzrecht **558a** 40
  Definition **558c** 3
  Disclaimer **558a** 34
  Dokumentation **558d** 7 ff, 8b
  Durchschnittsmiete **558a** 43
  Eignung als Begründungsmittel **558a** 30 ff
  einfacher Mietspiegel **558** 33; **558a** 29, 46; **558c** 1, 2a, 5, 6 ff, 13a; **558d** 1, 5 f
    Indizwirkung **558b** 32 f; **558c** 5; **558d** 8b
  Einfamilienhaus **558a** 32 ff
  Eingruppierung **557** 73
  Einsichtnahme in Räumen des Vermieters **558a** 35, 39
  Entgelt **558a** 40
  Erläuterungen **558d** 18a
  Esslingen **558a** 50
  Falscheinordnung der Wohnung **558a** 41
  Feststellungsvertrag **558c** 13a, 18
  Fortschreibung **558c** 1, 16 f; **558d** 11 f
  Gemeinden **558c** 9 ff; **558d** 6
    Beschluss der Gemeindevertretung **558d** 9a
    Gemeindeteile **558c** 1, 14 f
    mehrere Gemeinden **558c** 1, 14 f
  Hannover **558e** 3
  Hinweise zur Aufstellung **558c** 2, 7; **558d** 7
  Indexfortschreibung **558d** 11 f
    s Fortschreibung
  Internet **558a** 35; **558c** 12
  Interpolation **558a** 32, 41, 46
  Kartellverbot **558c** 13a
  konkurrierende Mietspiegel **558c** 10; **558d** 9
  Kosten **558c** 11
  Lage der Wohnung **558** 22, 56 ff, 96
  Leonberg **558a** 50
  Mängel **558a** 30, 59
  Marktentwicklung **558c** 1, 16; **558d** 2, 10
  Marktwert der Wohnung **558** 25
  Mehrfamilienhaus **558a** 43
  Mieterhöhung **557** 17; **558** 17; **558a** 21, 28 ff
  Mieterhöhungsverlangen, Zugang **558c** 19
  Mietpreisbremse **558c** 5
  Mietspannen **558a** 41 f, 83; **558d** 17
  Mittelwert **558a** 46; **558d** 17
  Nachbargemeinde **558a** 47 ff
  Norderstedt **558a** 50

Mietspiegel (Forts)
  Orientierungshilfen 558 28; 558a 43; 558c 8; 558d 18a
  Ostfildern 558a 50
  Parteigutachten 558b 31; 558c 6
  Pinneberg 558a 50
  Preisindexentwicklung 558c 16; 558d 2, 10 ff
  qualifizierter Mietspiegel 558 2, 33; 558a 24, 29, 79 ff; 558b 31; 558c 1, 2a, 4; 558d 1 ff, 5, 8b
    Anerkennung 558d 2, 5 f, 9 ff, 11a, 13
    – Willenserklärung 558d 9a
    Anpassung 558d 10 ff
    Beweiserhebung 558d 15a
    Beweislast 558d 15 f
    Dokumentation 558d 8a
    Fortschreibungsmittel 558c 16
    Grundsätze, wissenschaftliche 558c 7, 11; 558d 2, 5, 7 ff, 12
    Indexierung 558d 10 ff
    Mindestanforderungen 558d 8
    Mitteilungspflicht 558a 80, 82 ff; 558d 14
    Neuerstellung 558d 2, 10, 13a
    Rechtsschutz 558d 9b
    Sachverständigengutachten 558d 9b
    Überprüfung, gerichtliche 558d 9b
    Vermutungswirkung 558a 79; 558b 33; 558c 5; 558d 3, 9b, 14 ff, 18 ff, 18a
    – Ausgangstatsachen 558d 15 f
    – Beweislast 558d 19
    – Gegenbeweis 558d 15, 19
    – gesetzliche Vermutung 558d 15
    – Vergleichsmiete, ortsübliche 558d 17
    – Zustimmung zur Mieterhöhung 558d 16
    Veröffentlichung 558d 9a
  Rasterfeld 558a 31, 37, 41, 81, 83
  Rechtsnatur 558c 6
  Regressionsmethode 558c 2a, 8; 558d 4, 7, 8a
  Sachverständigengutachten 558b 33 f
  Schlichtwohnung 558a 33
  Schönheitsreparaturen 558 43
  Schorndorf 558a 50
  Schutzgebühr 558a 35, 40
  Statistik 558d 8 f
  Stichproben 558a 24, 84; 558b 35; 558c 16; 558d 2, 7, 10 f, 12
  Stichtagsdifferenz 558 35
  Tabellenform 557 73; 558a 36 f; 558c 8; 558d 4, 7
  Tabellenmethode 558d 8a
  Übergangsregelung 558 33
  überholter Mietspiegel 558a 84; 558c 16
  Überprüfung, gerichtliche 558c 6; 558d 8b
  Urheberrecht 558a 40
  Verbände 558c 13 f
  Verbraucherpreisindex 558d 10

Mietspiegel (Forts)
  Vergleichsmiete, ortsübliche 558 35; 558c 5, 7; 558d 6
  Veröffentlichung 558a 35; 558c 1, 12
  Verordnungsermächtigung 558c 2
  Vierjahresfrist 558d 2, 10, 13a, 17
  Weil der Stadt 558a 50
  Widerruf 558c 18
  Wohnlage 558 56 ff; 558d 5
  Wohnwertmerkmale 558a 37 f; 558d 4
  Zugänglichkeit, allgemeine 558a 35 f
  Zuschläge 558a 43 ff
  Zustimmungsklage 558b 30
  Zweijahresfrist 558c 16; 558d 2, 10 f, 13
Mietstruktur
  Mieterhöhungsverlangen 558 19; 558a 18
  Umstellung, einvernehmliche 560 55
Mietverhältnis
  Einheitlichkeit des Mietverhältnisses 561 13
  Gegenleistungen 557 38, 65
  gestuftes Mietverhältnis 573 11
  Zerrüttung 573 62
Mietverhältnis, gestuftes
  juristische Person des öffentlichen Rechts 577 8a
  Vorkaufsrecht 577 8a
  Wohlfahrtspflegeträger 577 8a
Mietvertrag
  Einheitlichkeit des Mietvertrages 564 6; 566 35 f
  Relativität der Schuldverhältnisse 566 4
  Wirkung inter partes 566 4
Mietvertrag auf Lebenszeit
  Eintrittsrecht bei Tod des Mieters 563 33
  Kündbarkeit 573 15
  Kündigungsausschluss 573 241c
  Mietverhältnis auf bestimmte Zeit 575 8
  Wohnraummiete 575 8
Mietvertrag auf unbestimmte Zeit
  Kündbarkeit 573 15
Mietvertrag für längere Zeit als ein Jahr
  Änderungsvertrag 557 32
  Form 575 7
  Mieterhöhungsverlangen 558a 12
  Modernisierungserklärung 559b 11
  Schriftform 557 32; 558a 12
Mietvertrag mit Verlängerungsklausel
  s Verlängerungsklausel
Mietvertrag über mehr als dreißig Jahre
  Kündigungsrecht, außerordentliches 573d 6 f
Mietvertrag, langfristiger
  Schriftform 566 57
Mietvertragsklauseln
  Eintritt in den Mietvertrag 566 56 f
Mietverzug
  s Zahlungsverzug des Mieters

Mietvorauszahlung
Eigentumswechsel **566** 76; **566c** 8
Kündigung, ordentliche **573** 48
Vertragsänderung **566c** 8
Zahlungsverzug des Mieters **573** 48
Zwangsverwaltung **566** 83 f
Mietwertgutachten
Mieterhöhungsverlangen, Begründungsmittel **558a** 77
Mietwohnhaus
Wartefrist **577a** 42
Mietwucher
Mieterhöhung, Begrenzung **557** 45
Minderung
Gesundheitsgefährdung **569** 6
Kauf bricht nicht Miete **566d** 5
Kündigung, ordentliche **573** 49a, 201a
Modernisierungsmaßnahmen **557** 7
unberechtigte Minderung **573** 49a
Zahlungsrückstände des Mieters **573** 49a
Mindestklauseln
Indexmiete **557b** 40
Mischmietverhältnis
Kündigung **568** 7
ordentliche Kündigung **573** 10; **573c** 17
Kündigungsfrist **580a** 33
Kündigungsschutz **573** 12
Mietervorkaufsrecht **577** 8
Nutzung, überwiegende **573** 10
Sozialklausel **574** 9
Staffelmiete **557a** 6
Verwertungskündigung **573** 147
Miteigentum
Grundstücksveräußerung an Dritte **566** 30 f
Vermieterpfandrecht **562** 15a
Mitmieter
Tod eines Mitmieters **573d** 6
Mobilität des Mieters
Kündigung des Mietverhältnisses
Härte, ungerechtfertigte **574** 30
Kündigungsausschluss **574** 30
Kündigungsfrist **573c** 47
Modernisierung, energetische
Energieeinsparung **559** 53
Härteklausel **559** 52
Klimaschutz **559** 52 f
Mieterhöhung **559** 3
Pauschalwerte, allgemein anerkannte **559b** 1
Modernisierungsankündigung
Entbehrlichkeit **559b** 34
gewerbliche Miete **578** 4
Härteeinwand, Hinweispflicht **559** 72
Mangelhaftigkeit **559** 54, 71; **559b** 32 ff
Mieterhöhung **559** 6 f, 54; **559b** 34, 36
Raummiete **578** 4
Rechtsberatungskosten **559** 31
Rechtzeitigkeit **573** 35

Modernisierungsankündigung (Forts)
Unterlassung **559b** 34
Verfahren, vereinfachtes **559c** 11 f
Verspätung **559b** 34
Verzicht auf die Ankündigung **559** 72, 73
Zugang **559** 4
Modernisierungskosten
s a Modernisierungsmaßnahmen
Anzahl der Wohnungen **559** 44
Entstehung der Kosten **559b** 4
fiktive Kosten **559** 26, 36
Gesamtkosten **559b** 5, 7
Kostenvoranschlag **559** 39
Mieterhöhung **559** 26 ff
Rechnungen, Vorlage **559** 27
Schätzung **559** 39
Umlage auf den Mieter **558** 60; **559** 11
Umlagefähigkeit **559** 11
Wohnungsgröße **559** 43
Modernisierungsmaßnahmen
Abschluss der Maßnahme **559b** 4
Ankündigung
s Modernisierungsankündigung
Anordnung, behördliche **559** 8
Anschlussarbeiten **559** 21
Architektenkosten **559** 28
Aufwendungsersatzanspruch des Mieters **559** 33 f
Aufzug **559** 44
Ausschreibungsunterlagen **559b** 12
Baufortschritt **559b** 4 f
Bauherr **559** 14 ff
Baukosten **559** 26 f, 30 f; **559b** 16
Baunebenkosten **559** 26, 28 ff; **559b** 16
Baustelleneinrichtung **559** 29
Beginn vor Fristablauf **559b** 34
Bereicherungsanspruch **559b** 37
Betriebskosten **559** 58
Betriebskostenerhöhung **559** 1
Beweislast **559** 38, 41; **559b** 39 f
Dekorationsschäden **559** 34
Drittmittelförderung **566** 59
Duldungspflicht **559** 6 f, 35, 51, 61; **559b** 36; **573** 35
Duldungstheorie **559** 6
Durchführung **559b** 4, 7
Eigenleistungen des Vermieters **559** 30
Eingriffskondiktion **559b** 37
Einsichtsrecht des Mieters **559b** 12, 20
Endenergieeinsparung **559b** 23 ff
Energieeinsparung **557** 7; **559b** 23 ff
Erhaltungsmaßnahmen **559** 34
Erhöhungsbetrag **559** 23 ff; **559b** 13, 32
Berechnung, gesonderte **559a** 13
Miete, jährliche **559** 25
Überschreitung der angekündigten Mieterhöhung **559b** 32, 35
Ermessen **559** 41
Erschließungskosten **559** 21

Modernisierungsmaßnahmen (Forts)
  Fenster **559** 44
  Feststellungsklage des Mieters **559b** 38, 41
  Feststellungsklage des Vermieters **559** 29a; **559b** 38, 41
  Finanzierungskosten **559** 32
  Folgekosten **559** 31
  Freiwilligkeit **559** 8
  Gesamtkosten **559b** 17, 27
  gewerbliche Miete **578** 4
  Gewerke, getrennte **559b** 4, 7, 16
    Pauschalpreis **559b** 17
  Grundstücksveräußerung **559** 15 f; **566** 48, 59
  Härteklausel **559** 1 f, 51 ff
  Härteprüfung **559** 51 ff; **559b** 33
    Ausschlussfrist **559** 54, 72; **559b** 33
    Beweislast **559** 61, 69
    Bruttomiete, zukünftige **559** 58
    Entfallen der Härteprüfung **559** 62 ff
    Familienangehörige **559** 53, 57
    Härtegründe, finanzielle **559** 51, 54, 69, 71 f; **559b** 33
    Härtegründe, personale **559** 51, 69
    Haushaltsangehörige **559** 53
    Interessenabwägung **559** 55 f
    Lebenszuschnitt des Mieters, Aufrechterhaltung **559** 58 f
    Nettoeinkommen, verfügbares **559** 57 ff
    – Einnahmequellen, zusätzliche **559** 57, 61
    – Kreditbelastungen **559** 57
    – Pflegegeld **559** 57
    – Vermögen, zukünftiges **559** 57
    Wohngeld **559** 58
    Zustand, allgemein üblicher **559** 62 ff
  Hotelunterbringung **559** 33
  Indexmiete **559** 8; **557b** 36
  Ingenieurkosten **559** 28
  Interessenabwägung **559** 52
  Investitionszulagengesetz **559a** 5
  Kabelanschluss **559** 29
  Kapitalbeschaffungskosten **559** 32
  Kappungsgrenze **559** 4
  Kosten
    s Modernisierungskosten
  Kostenumlage **559** 35
  Kündigung, außerordentliche **573** 35
  Kündigung, ordentliche **573** 35
  Kündigungssperrfrist **569** 106 f
  Kürzungsbeträge **559a** 13; **559b** 22
  Luxusmaßnahmen **559** 40, 51
  mehrere Wohnungen **559** 1
  Mietausfall **559** 32
  Mieterhöhung **557** 77; **558** 13, 20, 59 f; **559** 1 ff, 9 ff, 36 f, 55 f; **559b** 30, 36
    Anreiz zur Modernisierung **559** 3
    Begrenzung **559** 4
    Begründung **559b** 14 ff

Modernisierungsmaßnahmen (Forts)
  Berechnung **559b** 1, 7, 10, 12, 14 ff, 42
  Bestreiten **559b** 40
  Drittmittel, Anrechnung **558** 59 ff; **559a** 1 ff; **559b** 17, 40
  – Anrechnungsdauer **558** 67, 69
  – Arbeitgeberleistungen **559a** 11
  – Aufwendungsdarlehen **558** 66; **559a** 10
  – Aufwendungszuschüsse **558** 66; **559a** 10
  – Baukostenzuschuss, verlorener **558** 66 f; **559a** 11
  – Darlehen, zinslose **558** 61; **559a** 7
  – Darlehen, zinsverbilligte **558** 61; **559a** 7 f
  – Dauer der Anrechnung **559a** 14
  – Drittleistungen **559a** 11 f
  – Erbfolge **559a** 3
  – Erlöschen der Anrechnungspflicht **559a** 3
  – Feststellung, gesonderte **559a** 13
  – Finanzierungsinstitute des Bundes und der Länder **558** 61; **559a** 5
  – Förderprogramme **558** 62 ff
  – Förderung, degressive **559a** 9
  – Grundstückserwerber **559a** 3
  – Instandsetzungszuschüsse **558** 62
  – Mieterdarlehen **558** 61; **559a** 12
  – Mietvorauszahlungen **559a** 12
  – Niedrigzinsphase **559a** 9
  – Vereinbarungen, abweichende **559a** 15
  – Wiederaufleben der Anrechnungspflicht **558** 63
  – Zinszuschüsse **558** 65, 67
  – Zuschüsse, öffentliche **558** 59 ff; **559a** 1, 4 ff
  Einfrierungsgrundsatz **559a** 8
  Einigung der Parteien **559b** 42
  einseitige Mieterhöhung **559** 1, 3, 5
  Erläuterung **559b** 1, 10, 13 ff, 21 ff, 42
  Fälligkeit der erhöhten Miete **559b** 30
  Fristverlängerung **559b** 2, 32, 35
  Gebührenstreitwert **559b** 41
  Gestaltungsrecht **559b** 5, 13, 28 f, 38
  Härte, übermäßige **559** 55 f
  Kappungsgrenze **559** 46 ff
  Klage auf zukünftige Leistung **559b** 38
  Kürzungsbeträge **558** 59 ff; **559b** 40
  Leistungsklage **559b** 38, 41
  Nachforderung, Vorbehalt der **559b** 5
  Nettoeinkommen, verfügbares **559** 56 ff
  Obergrenze **559** 60
  Plausibilität **559b** 14 f, 21a f
  Prozentsatz **559** 4, 23 ff
  Rechtsmittelstreitwert **559b** 41
  Staffelung **559b** 6, 31
  Teilmieterhöhung **559b** 4 f
  übermäßige Mieterhöhungen **559** 51
  Unwirksamkeit **559b** 20
  Unzumutbarkeit **559** 55 f

Modernisierungsmaßnahmen (Forts)
  Verdoppelung der Miete **559** 60
  Verdreifachung der Miete **559** 60
  Vereinbarungen, abweichende **559** 74 ff
  – konkludente Vereinbarung **559** 75
  Verfahren, vereinfachtes **559c** 1 ff
    s a dort
  Vergleichsmiete, ortsübliche **558** 59 f
  Vergleichsrechnung **559b** 17
  Verwirkung **559b** 8
  Verzicht auf die Mieterhöhung **559** 54; **559b** 6
  vorläufige Erhöhung **559b** 5
  Wirksamwerden **559b** 1, 4, 29 ff
  Wohnungsmärkte, angespannte **559a** 2
  Wucherverbote **559** 75
  Mieterhöhungserklärung **559b** 1 ff
    Bedingungsfeindlichkeit **559b** 5
    Bezugnahme **559b** 10
    Empfangsbevollmächtigung **559b** 3
    Gestaltungsrecht **559b** 13, 28 f
    Inhalt **559b** 13
    Kostenaufteilung **559b** 18
    Mangelhaftigkeit **559b** 9
    Mehrheit von Beteiligten **559b** 3
    Nachbesserung **559b** 9
    Nichtigkeit **559b** 27 f
    Schriftformklausel **559b** 11
    Tatsachenmitteilung **559b** 24 f
    Textform **559b** 1, 3, 9 ff
    Umdeutung **559b** 9, 28
    Urkundeneinheit **559b** 10
    Wärmebedarfsrechnung **559b** 23 f
    Wiederholung **559b** 4, 27
    Willenserklärung, einseitige empfangsbedürftige **559b** 9
    Zugang **559b** 3
  des Mieters **559** 22
    Kostenerstattung durch den Vermieter **559** 22
  Mieterschutz **559b** 30
  Mietminderung **559** 5
  Mietobergrenze **558** 38
  Mietzahlung, vorbehaltlose **559b** 28
  Parteivereinbarung **559** 8
  Pflichtverletzung **573** 35
  Rabatte **559** 26
  Raummiete **578** 4
  Rechtsberatungskosten **559** 31
  Reinigungskosten **559** 29
  Reparaturkosten, fiktive zukünftige **559** 36
  Schadensbeseitigung **559** 29
  Schadensersatzleistungen des Vermieters **559** 32
  Schallschutz **559b** 26
  Schönheitsreparaturen **559** 29
  Schwarzarbeit **559** 27
  Skonti **559** 26
  Sonderkündigungsrecht **559b** 30; **561** 22

Modernisierungsmaßnahmen (Forts)
  sonstige Modernisierungsmaßnahmen **559a** 2
  Staffelmiete **559** 8
  Standard, gängiger **559** 63
  Statikerkosten **559** 28
  Totalsanierung **559b** 19
  Übergangsrecht **559** 8
  Umbauten, große **559b** 19
  Umlageschlüssel **559** 42 ff; **559b** 16a, 22
    Geschäftsräume **559** 45
    Leerstand **559** 45
    mehrere Häuser **559b** 19
    Mieter, zahlungsunfähige **559** 45
    Quote **559b** 18
    Vermieterräume **559** 45
    Wohnfläche **559** 43
    Wohnungen, Anzahl **559** 43
    Wohnungsgröße **559** 43
  Umwandlungsfälle **559** 17
  Untersagungsverfügung **559b** 36
  Unzumutbarkeit der Vertragsfortsetzung **573** 35
  Vermieter **559** 14 ff
  Vermieterkündigung **573** 35
  Vermögensverwaltung **559** 31
  Verteilungsschlüssel **559** 42 ff; **559b** 16a, 22
  Vertragsverletzung **573** 35
  Vertretenmüssen des Vermieters **559** 62, 68
  Wärmedämmung **559** 44
  Wahlrecht des Vermieters **558** 59 ff; **559** 9 f; **559a** 2
  Wassereinsparung **559b** 23 ff
  Widerspruch des Mieters **559b** 36
  Wirtschaftlichkeitsberechnung **559b** 26
  Wirtschaftlichkeitsgebot **559** 27, 40 f
  Wohnraummiete **559** 8
  Zahlungsbelege **559b** 12
  Zustand der Mietsache, allgemein üblicher **559** 62 ff
    Baualtersklasse **559** 65
    Berlin **559** 66
    Region **559** 65 f

Modernisierungsvereinbarung
  gewerbliche Miete **578** 4
  Raummiete **578** 4

Modernisierungszuschlag
  Freistellungsanspruch **559b** 12
  Mieterhöhung **559** 12 f; **559a** 10; **559b** 29

Möblierte Wohnungen
  Kündigungsfrist **573c** 19
  Mietspiegel **558a** 43
  Vergleichsmiete, ortsübliche **558** 51; **558a** 32, 43

Möblierter Wohnraum innerhalb der vom Vermieter bewohnten Wohnung
  Kündigungsfristen **573c** 34 ff

Möbliertes Zimmer
  Kauf bricht nicht Miete **566** 24, 86

Möbliertes Zimmer (Forts)
  Kündigungsausschluss **573c** 44
Monatsmiete
  Fälligkeit **579** 7
  Kündigungsfrist **580a** 22, 24
Motorboot
  Fahrnismiete **580a** 37
Motorrad
  Fahrnismiete **580a** 37
Münchener Modell
  Wohnungsumwandlung **577a** 21

Nacheile
  Selbsthilferecht **562b** 8
Nacherbe
  Kündigungsrecht **566** 15
Nacherbfolge
  Vorausverfügung über die Miete **566b** 7
Nacherbschaft
  Zustimmung zum Mietvertrag **573** 241a
Nachholrecht
  Kautionsverzug **569** 63, 72
  Kündigungsverzicht **569** 101
  Prozesskostenhilfe **569** 136
  Schonfrist **569** 75, 82 ff
  Stelle, öffentliche **569** 94 f
  Zahlungsverzug des Mieters **569** 79 ff
Nachholungsrecht
  s Nachholrecht
Nachlassverbindlichkeiten
  Miete **564** 7
  Räumungskosten **564** 7
Nachlassverwaltung
  Eintritt in den Mietvertrag **564** 20
Nachrede, üble
  Kündigung aus wichtigem Grund **569** 50
Nachtspeicherheizung
  Vergleichsmiete **558** 50
Nationalität
  Benachteiligung **19 AGG** 44
Nebenabreden
  Kauf bricht nicht Miete **566** 76
Nebenkosten
  Vermieterpfandrecht **562** 26
Nebenkostenpauschale
  Erhöhungsvorbehalt **557** 66
Nebenräume
  Kündigungsbegründung **574** 73
  Kündigungsfrist **580a** 30
  Teilkündigung **573b** 1 ff, 13; **574** 60
    Verwendungszwecke **573b** 11 ff, 24
  Vorkaufsrecht **577** 8, 29 f
Nebenrechte
  Verfügungen über Nebenrechte **566b** 4
Neffen
  Eigenbedarf **573** 83
Nettokaltmiete
  Indexvereinbarung **557b** 22

Nettomiete
  Betriebskosten **560** 1
  Kappungsgrenze **558** 81
  Kautionsverzug **569** 67, 69
Neue Bundesländer
  Einliegerwohnung, Kündigung **573a** 4
Neuvermietungen
  Miethöhenbegrenzung **557** 8
Neuvertragsmieten
  Vergleichsmiete, ortsübliche **558** 36 f
Nichten
  Eigenbedarf **573** 83
Niedersachsen
  Kündigungssperrfrist **577a** 39
Niedrigzinsphase
  Modernisierungsmaßnahmen **559a** 9
  Wohnraummodernisierung **559** 3
Nießbrauch
  Belastung des Grundstücks **567b** 5
  Bestellung, nachträgliche **567** 2, 12 f
  Eintritt in den Mietvertrag **566** 13 f;
    566b 4 ff; **567** 12 ff
    Eigentümer, Verdrängung **567** 17 ff
    Minderjährigkeit des Nießbrauchers
      567 14
  Erhaltung der Sache **567** 16
  Erlöschen **567** 25 f; **567b** 5
  Gebrauchsentziehung **567** 3; **577a** 28
  Gebrauchsüberlassung **567** 16
  Grundstücksveräußerung nach Nieß-
    brauchsbeendigung **566b** 6
  Kündigungsfrist **566** 14
  Kündigungsrecht des Eigentümers **573d** 7
  Kündigungssperrfrist **577a** 28
  Miete **567** 16
  Mietvertragsschluss **567** 2
  Sonderkündigungsrecht **566** 7, 14 f
  Vorausverfügung über Mietforderungen
    566b 4 ff; **567** 22 ff
  Vorbehalt des Nießbrauchs **567** 20 f
  Wohnraummiete **566** 14
Nordrhein-Westfalen
  Kündigungssperrfrist **577a** 39
Novationslösung
  Grundstücksveräußerung **566** 4
  Zwischenvermietung, gewerbliche
    565 12 ff
Nutzung, teilgewerbliche
  Kappungsgrenze **558** 74
  Mietspiegel **558a** 43
Nutzung, vertragswidrige
  Kündigung aus wichtigem Grund **569** 55
Nutzungspfand
  Vermieterpfandrecht **562** 6a
Nutzungsrechte, dingliche
  Vorkaufsrecht **577** 27
Nutzungsvertrag
  Telekommunikationsgesetz **566** 10, 35

Obdachloseneinweisung
  Besitzzeit, Anrechnung **573c** 21
  Wohnungsbedarf, dringender **575** 17
Obdachlosigkeit
  Härtegrund **574** 51
  Kündigung, außerordentliche **569** 132
  Kündigung, berechtigtes Interesse **573** 195
  Schonfrist **569** 75
  Vertragsverweigerung **19 AGG** 24
Obhutspflichtverletzung
  Bausubstanz, Eingriff in die **573** 56
  Kündigung, ordentliche **573** 48, 56
    Betäubungsmittel, Aufbewahrung
    573 55a
Offenkundigkeitsprinzip
  Kündigung **568** 19
OHG
  Vermieterpfandrecht **562** 18
Onkel
  Eigenbedarf **573** 83
Option
  Erklärung, einseitige **575** 13
  Mietverhältnis, befristetes **575** 13
Optionsrecht
  Rechtsgeschäfte über die Mietforderung **566c** 7
Optionsvertrag
  Mietvertrag **566** 9

Pacht
  Allgemeines Gleichbehandlungsgesetz **2 AGG** 2
  Eintritt in den Pachtvertrag **566** 57
  Erfüllungsübernahme **567a** 3
  Kündigung, außerordentliche fristlose **569** 1, 3
  Kündigungsfrist **580a** 7
  Kündigungsschutz **573** 12
  Weiterverpachtung, gewerbliche **565** 4
Parabolantenne
  Benachteiligungsverbot **19 AGG** 46
Parken
  Kündigung aus wichtigem Grund **569** 55
Parteiwechsel
  Kündigungsrecht **573** 14
  Mietverhältnis **563** 1 ff
  Überlassungszeit **573c** 23 ff
Patentlizenzvertrag
  Kauf bricht nicht Miete **566** 25
Patronatserklärung
  Mietsicherheit **562** 1
Periodizität
  Miete **566b** 23, 25
Persönlichkeitsrechtsverletzung
  Kündigung, unberechtigte **573** 234
  Schadensersatzanspruch **21 AGG** 7, 14
Personengesellschaft
  Eigenbedarfskündigung **577a** 22

Personengesellschaft (Forts)
  Eintritt in den Mietvertrag bei Tod des Gesellschafters **563** 12
  Grundstücksveräußerung **566** 29
  Kündigungssperrfrist **577a** 22 ff
  Fristbeginn **577a** 40
Personenhandelsgesellschaften
  Eigenbedarf **573** 76, 79
  Kündigungssperrfrist **577a** 24
  Fristbeginn **577a** 40
Personenmehrheiten
  Betriebskostenerhöhung **560** 23
  Eigenbedarf **573** 75, 79
  Mieterhöhungsverlangen **558a** 5 ff
  Staffelmietvereinbarung **557a** 16
Pfändung
  Mietforderung **566b** 20; **567** 22 ff
  durch Dritte **566b** 27 f
  Pfändung der Mietsache durch Dritte **562d** 2 ff
Pfändungspfandrecht
  Vermieterpfandrecht **562** 36; **562d** 1
Pfandkehr
  Schutzgesetz **562** 3; **562b** 2
  Vermieterpfandrecht **562** 3; **562b** 2
Pfandrecht
  Vertragspfandrecht neben Vermieterpfandrecht **562** 15a, 24
Pfandverwertung
  Vermieterpfandrecht **562** 7
Pferdebox
  Vermieterpfandrecht **562** 28
Pferdeeinstellvertrag
  Vermieterpfandrecht **562** 28
Pflegebedürftigkeit
  Härtegrund **574** 37
Pflegeheim
  Umzug in ein Pflegeheim **574** 41
Pflegekind
  Eintritt in den Mietvertrag **563** 18, 23
Pflichtverletzung des Vermieters
  bauliche Veränderungen **559d** 1 ff
    Belastungen des Mieters, erhebliche **559d** 11 f
    – Notwendigkeit, objektive **559d** 12
    Verzögerung **559d** 8 f
  Baustillstand **559d** 13 f
  gewerbliche Miete **559d** 5
  Körperverletzung **559d** 6
  Leistungstreuepflicht **559d** 6, 9
  Miethöhe, Verdoppelung **559d** 10
  Rechtsanmaßung **559d** 7
  Schadensersatz **559d** 2, 15 f
  Vermutung, gesetzliche **559d** 2, 4, 6 ff, 15
  Wohnraummiete **559d** 5
Pförtner
  Werkwohnung **576** 42
Pkw
  s Kraftfahrzeug

Plakatanbringung
  Gebrauch, vertragswidriger **573** 56
  Rechtspacht **578** 8
Plattenbausiedlungen
  Abrisskündigung **573** 198
  Modernisierungsmaßnahmen **559b** 19
  Typ-Gutachten **558a** 60
Platzmiete
  Mietrecht, Anwendungsbereich **578** 9
Potestativbedingung
  Mieterhöhungsverlangen **558a** 15
Präklusion
  Kündigungsgründe **569** 136
Praxisräume
  Kündigungsfrist **580a** 30, 33
Preisbindung
  s a Wohnraum, preisgebundener
  Fehlbelegungsabgabe **558** 88 ff
  Wegfall **558** 39
Preisindex für die Lebenshaltungskosten aller privaten Haushalte
  Indexmiete **557b** 4, 15
Prozesskosten
  Zahlungsverzug des Mieters **573** 48
Prozesskostenhilfe
  Nachholrecht **569** 136
Prozessstandschaft
  Eintritt in den Mietvertrag **566** 48
  Mieterhöhungsverlangen **558a** 11
Prozessvergleich
  Fortsetzung des Mietverhältnisses **574a** 9; **574c** 22
  Kündigungswiderspruch **574b** 9
  Mieterhöhung **569** 136
Prozessvollmacht
  Mieterhöhungsverlangen **558a** 3 f
Publikumsgesellschaften
  Eintritt in den Mietvertrag bei Tod des Gesellschafters **563** 12
Publizität
  Besitz **566** 49

Quadratmetermiete
  Kappungsgrenze **559** 47 f
  Staffelmiete **557a** 11
  Veränderung der Wohnfläche, nachträgliche **558** 49

Rabatte
  Modernisierungsmaßnahmen **559** 26
Räume in beweglichen Sachen
  Fahrnismiete **562** 2; **566** 9
Räume in Gebäuden
  Vermietung **566** 9
Räumungsfrist
  gerichtliche Räumungsfrist **571** 10
Räumungsklage
  Fortsetzungsanspruch (Zeitmietvertrag) **575** 80

Räumungsklage (Forts)
  Fortsetzungsurteil **574a** 10
  Präklusion **569** 136
  Widerklage **574a** 10; **575** 80
  Zeitmietvertrag, Fortsetzungsanspruch **575** 80
Räumungskosten
  Nachlassverbindlichkeit **564** 7
Räumungsprozess
  Mietpreisbremse **574** 53
Räumungsrechtsstreit
  Aussetzung **576** 30
  Fortsetzung des Mietverhältnisses **574a** 10; **575** 80
  Fortsetzungsverlangen **574c** 18
  Kündigungswiderspruch **574b** 12 ff
  Termin, erster **574a** 12 ff; **574c** 18
  Widerspruchserklärung **574a** 12 ff
Räumungsschutz
  Zeitmietvertrag **575** 47
Räumungsvergleich
  Kündigungsgrund **573** 228
  Verzichtswille **573** 228
Räumungsvollstreckung
  Vermieterpfandrecht **562** 6b
Rassistische Gründe
  Differenzierungsverbot **19 AGG** 1, 3, 6, 22; **20 AGG** 2, 4; **33 AGG** 1
  massengeschäftsähnliche Geschäfte **19 AGG** 32
  Vermietung außerhalb von Massengeschäften, öffentliche **19 AGG** 34
Rauchen
  Kündigung aus wichtigem Grund **569** 55
  Kündigung, ordentliche **573** 56a
Raum
  Begriff **578** 12 f; **580a** 17, 28
  Felsenkammer **578** 13
  Höhle **578** 13
  Keller **578** 13
  Lagerraum **578** 13
  Mindestgröße **578** 12
  Naturgebilde **578** 13
  Räume in beweglichen Sachen **578** 13; **580a** 17
  in Schiffen **578** 13
  Werk, menschliches **578** 13
Raumgifte
  Kündigung aus wichtigem Grund **569** 15, 20
Raummiete
  Abgrenzung **578** 10 f; **580a** 19 f
  Allgemeines Gleichbehandlungsgesetz **2 AGG** 2; **19 AGG** 36
  zum Aufenthalt von Menschen bestimmte Räume **578** 4
  Aufrechnungsbefugnis, Ausschluss **579** 10
  Aufrechnungsrecht **579** 2
  Begriff **578** 11; **580a** 18

Raummiete (Forts)
Erfüllungsübernahme 567a 3
Erhaltungsmaßnahmen 578 4
Erhaltungsvereinbarung 578 4
Fälligkeit 579 4 f
Form 578 4
Geschäftsraummiete 578 10
Gesundheitsgefährdung 578 4
gewerbliche Miete 578 10
Hausfrieden, Störung 569 37; 578 4
Kauf bricht nicht Miete 578 4
Kündigung, außerordentliche 580a 1 ff
Kündigung, ordentliche 580a 1 ff
Kündigungsfrist 580a 4 ff, 11, 22 ff
Kündigungsrecht des Erben 580 1 ff, 9, 11
Kündigungsrecht des Vermieters 580 1 ff, 10 f
Kündigungstag 580a 9
Kündigungstermin 580a 10
Mietrecht, Anwendungsbereich 578 1 f
Modernisierungsmaßnahmen 578 4
Modernisierungsvereinbarung 578 4
Schwerpunkt des Vertrages 578 11
Sicherheitsleistung 566a 6
sonstige Raummiete 578 10
Tod des Mieters 580 8
Vereinbarungen, abweichende 579 10 ff
Vermieterpfandrecht 578 4
Vorausverfügung über die Miete 578 4
Vorauszahlungsklausel 579 10 f
Vorleistungsklausel 579 10
Vorleistungspflicht 579 1 ff, 5
Wärmelieferung 578 4
Wegnahmerecht, Abwendung 578 4
Wohnraummiete 578 10, 14
Zurückbehaltungsrecht 578 4; 579 2
Raumtemperatur
Kündigung aus wichtigem Grund 569 20, 22
Rauschgift
Kündigung aus wichtigem Grund 569 57
Realteilung
Grundstücksvermietung 566 34 f
Kündigungssperrfrist 577a 12, 15
Vorkaufsrecht 577 26
Rechte, dingliche
Mietverhältnis, bestehendes 567 1 ff
Rechtsbedingung
Mieterhöhungsverlangen 558a 15
Rechtsmittelstreitwert
Mieterhöhung 559b 41
Rechtsverfolgungskosten
Vermieterpfandrecht 562 26
Rechtsverordnung
Kappungsgrenze, Absenkung 558 84 ff
Mietpreisbremse 558 83
Rechtzeitigkeitsklausel
Mietschuld 569 86

Reihenhäuser
Geschäftsraummiete 580a 33
Kündigung, erleichterte 573a 15
Kündigungsfrist 580a 33
Kündigungssperrfrist 577a 12
Realteilung 577 26; 577a 12
Vorkaufsrecht 577 26
Religion
Benachteiligung, mittelbare 19 AGG 44
Differenzierungsverbot 19 AGG 1, 14 f, 21; 33 AGG 1
massengeschäftsähnliche Geschäfte 19 AGG 32
Rechtfertigung 20 AGG 2
Religionsgemeinschaften, Vermietung durch
Differenzierung, zulässige 20 AGG 9
Reparaturen
Eintritt in den Mietvertrag 563b 5; 566 58
Fortsetzung des Mietverhältnisses 574a 28
Reparaturkosten
fiktive zukünftige Reparaturkosten 559 36
Reparaturwerkstatt
Kündigungsfrist 580a 30
Restaurationsräume in Schiffen
Fahrnismiete 578 13; 578a 2
Richter
Werkdienstwohnung 576b 6
Rückgabepflicht
Schadensersatz 571 1 ff
verspätete Rückgabe 571 1 ff
Wohnraummiete 570 1; 571 1
Zurückbehaltungsrecht, Ausschluss 570 1 ff
Rücktritt
Bestandsschutz 573 19 f
gesetzliches Rücktrittsrecht 572 6; 573 20
Mietvertrag 568 11, 13
Sozialklausel 574 15
nach Überlassung des Wohnraums 572 1 ff, 5; 573 19
vor Überlassung des Wohnraums 572 4
Ruhestörung
Kündigungsgrund 573 206

Saalmiete
Kündigungsfrist 580a 30
Sachen, bewegliche
Bargeschäfte des täglichen Lebens 19 AGG 24
Mietvertrag 580a 37
Sammelheizung
Vergleichsmiete 558 50
Sanierungsmaßnahmen
Verwertungskündigung 573 148, 156, 215
Sanierungssatzung
Mietobergrenze 558 38
Schadensersatz
Zahlungsverzug des Mieters 573 48
Schätzung
Erhaltungskosten 559 1, 35

Schätzung (Forts)
  Erhaltungskosten, zukünftig fällig werdende **559** 37
  Mietspannen **558d** 18
  Modernisierungskosten **559** 39
  Vergleichsmiete **558** 31
  Vergleichsmiete, ortsübliche **558d** 18a
Schallschutz
  Modernisierungsmaßnahmen **559b** 26
Schaufenster
  Grundstücksmiete **580a** 15
Scheck
  Vermieterpfandrecht **562** 8
Scheidungsverfahren
  Kauf bricht nicht Miete **566** 25
Scheinbestandteile
  Fahrnismiete **580a** 37
Scheinerwerb
  Grundstücksveräußerung **566e** 4 f
  Vertragsänderung **566e** 5
Schiedsgutachterklausel
  Mieterhöhung **557** 74
Schiedsklausel
  Eintritt in den Mietvertrag **566** 58
Schiffsdock
  Fahrnismiete **578a** 1
  Vorausverfügungen **578a** 4
Schiffsmiete
  Allgemeines Gleichbehandlungsgesetz **2 AGG** 2
  Fälligkeit **579** 1, 3
  Fahrnismiete **562** 2; **578** 13; **578a** 1 ff; **580a** 37
  Festmiete **579** 6
  Kauf bricht nicht Miete **566** 8
  Kündigung **568** 8; **580a** 21
    außerordentliche Kündigung **580a** 1 ff
  Räume in Schiffen **578a** 2
  Restaurationsräume in Schiffen **578** 13; **578a** 2
  Schiffe, eingetragene **578a** 1 f
  Vereinbarungen, abweichende **579** 10 ff
  Vorauszahlungsklausel **579** 10 f
  Vorleistungsklausel **579** 10
  Vorleistungspflicht des Vermieters **579** 1 f
Schimmel
  Gesundheitsgefährdung **569** 18 ff
  Kündigung, fristlose **569** 18 f
Schlichtwohnung
  Mietspiegel **558a** 33
Schlosswohnung
  Vergleichsmiete **558** 31; **558a** 33
Schmerzensgeld
  Kündigung, unberechtigte **573** 234
Schmutz
  Kündigung, ordentliche **573** 61b
Schönheitsreparaturen
  Eintritt in den Mietvertrag **563b** 5; **566** 58
  Fortsetzung des Mietverhältnisses **574a** 28
  Härtegrund **574** 31

Schönheitsreparaturen (Forts)
  Kauf bricht nicht Miete **566** 70
  Kündigung, ordentliche **573** 33
  Mieterhöhung **558** 21
  Mietspiegel **558** 43
  Modernisierungsmaßnahmen **559** 29
  Verzicht **573** 228
Schonfrist
  Ablauf der Schonfrist **569** 133, 136
  Anerkenntnisurteil **569** 134
  Aufrechnungserklärung **569** 90
  Beginn **569** 82 f
  Benachrichtigungspflicht **569** 132
  Berechnung **569** 82
  Erledigungserklärung **569** 135
  Klagerücknahme **569** 135
  Nachholrecht **569** 82 f
  Räumungsurteil **569** 136
  Stelle, öffentliche **569** 94 ff, 134 f
  Übernahmeerklärung **569** 136
  Versäumnisurteil **569** 83, 133
  Vertagung **569** 134
  Zahlungsverzug des Mieters **569** 132 ff
    Heilung **573** 51
Schonfristzahlung
  Kündigung, außerordentliche **574** 20a
Schrankfachvertrag
  Fahrnismiete **562** 2; **578** 5a
Schriftform
  Änderungsvertrag bei Eigentumswechsel **566** 55
  Betriebskostenerhöhung **560** 22
  Indexmiete **557b** 24
  Kündigung **568** 4, 6 ff
    s a dort
    juristische Personen des Privatrechts **568** 22
    natürliche Personen **568** 22
  Kündigungsausschluss **573c** 41
  Mieterhöhungsverlangen **558a** 12 f, 21
  Mietvertrag, langfristiger **566** 57
  Staffelmiete **557a** 1, 16
Schriftformheilungsklausel
  Eigentumswechsel **566** 76
  Zustimmung zum Mieterhöhungsverlangen **558b** 7a
Schriftformklausel
  deklaratorische Schriftformklausel **558a** 13
  doppelte Schriftformklausel **558b** 7a
  Eigentumswechsel **566** 76
  konstitutive Schriftformklausel **558a** 13
  Mieterhöhungserklärung **559b** 11
  Mieterhöhungsverlangen **558a** 13
  Zustimmung des Mieters **558b** 7a
Schriftsatzkündigung
  Kündigung, Schriftformerfordernis **568** 22 f
Schulwechsel
  Eigenbedarfskündigung **573** 211
  Härtegrund **574** 46; **574a** 17

Schuppen
Teilkündigung **573b** 10
Schwager/Schwägerin
Eigenbedarf **573** 83
Schwamm
Kündigung aus wichtigem Grund **569** 21
Schwangerschaft
Härtegrund **574** 42
Schwerbehinderung
Differenzierungsverbot **19 AGG** 17
Härtegrund **574** 55
Schwiegereltern
Eigenbedarf **573** 83
Seeschiff
Kündigung des Mietverhältnisses **580a** 21
Segelboot
Fahrnismiete **580a** 37
Selbsthilferecht des Vermieters
allgemeine Selbsthilfebefugnis **562b** 3
Auszug des Mieters **562b** 5, 10
Besitzaufgabe des Mieters **562b** 10
Beweislast **562b** 24
Dauer **562b** 8
Entfernung von Sachen **562b** 5 ff; **562c** 4
Entstehung **562b** 8
Erforderlichkeit **562b** 4
Erlöschen **562b** 8
Erweiterung, vertragliche **562b** 1
Gegenstand **562b** 6
Gewaltanwendung **562b** 4, 9a
Nacheile **562b** 8
Präventivmaßnahmen **562b** 8
Schadensersatzpflicht **562b** 4, 9a
Sperrrecht **562b** 7
Strafbarkeit **562b** 9a
Überschreitung **562b** 4, 9a
Umfang **562b** 5
Verhältnismäßigkeitsgrundsatz **562b** 1, 4, 9
Vermieterpfandrecht **562b** 3, 24
Fortbestand **562a** 10
Pfändung durch Dritte **562d** 2
Seniorengerechtes Wohnen
Mietangebote **5 AGG** 1
Seniorenheim
Vergleichsmiete **558** 45
Sicherheitenstellung
Eigentumswechsel **566** 59
Sicherheitsleistung
Altfälle **566a** 2 f
Ausgleichsanspruch **566a** 35
Aushändigung der Sicherheit **566a** 3
Auskunftsanspruch **566a** 26
Beweislast **566a** 3, 37
Bürgschaft **562c** 7
durch Dritte **562c** 8
Eintritt des Erwerbers in den Mietvertrag
566a 1
Eintritt in den Mietvertrag **566** 58; **566a** 5
Übergangsrecht **566a** 2 f

Sicherheitsleistung (Forts)
Eintritt in Vermieterpflichten **566a** 27 ff
Eintritt in Vermieterrechte **566a** 16 ff
Erfüllungsübernahme **567a** 12
Ergänzung **562c** 8
Fälligkeitsprinzip **566** 70
Forthaftung des Veräußerers **566a** 28 f, 32 ff, 36
Ausschluss **566a** 36
Verzicht **566a** 36
Geld **562c** 7
Grundgeschäft **566a** 2
Grundstücksmiete **566a** 6
Grundstücksveräußerung **566a** 1 ff
Altfälle **566a** 2 f
Beweislast **566a** 37
Innenverhältnis **566a** 35
Vereinbarungen, abweichende **566a** 36
Herausgabeanspruch des Eigentümers
566a 23 f
Herausgabeanspruch des Mieters **566a** 25 f
Höhe **562c** 4
Hypothekenbestellung **562c** 7
Kündigung, außerordentliche **569** 63 ff
Sicherungshypothek **562c** 7
Urkunden **566a** 25
Veräußerungskette **566a** 3, 5
Verkehrswert **562c** 6
Vermieterpfandrecht **562c** 1, 4a ff
Forderung des Vermieters **562c** 1, 3 ff
Wert der Sache **562c** 1, 5, 6
Verrechnung mit Mietforderungen **566a** 38
Vertragsübernahme **566a** 7
Verzug **569** 63 ff
Monatsmiete, zweifache **569** 65 ff
Weiterveräußerung des vermieteten
Grundstücks **567b** 5
Wertpapiere **562c** 7
Wiederauffüllung **565** 20; **566a** 31; **569** 70
Wohnraummiete **566a** 6
Zwischenvermietung, gewerbliche **565** 20
Sicherungsübereignung
Eintritt in den Mietvertrag **566a** 21
Rückgewährpflicht des Erwerbers **566a** 30
Vermieterpfandrecht **562** 16 ff
Sittenwidrigkeit
Kündigungsausschluss **573** 241; **573c** 41
Zwangsversteigerung **566** 7
Skonti
Modernisierungsmaßnahmen **559** 26
Soldaten
Werkdienstwohnung **576b** 6
Sonderkündigungsrecht
Eigentümer **566** 8
Grundstückserwerber **566** 8
Indexmiete **557b** 32
Mieterhöhung **557** 14; **561** 1 ff, 10
Modernisierungsmaßnahmen **559b** 30
Wohnraum, preisgebundener **561** 4 f

Sonderrechtsnachfolge
　Tod des Mieters **563** 1, 31 ff, 43; **563a** 1, 3, 9; **564** 7
Sonnabend
　Karenzzeit **573c** 18
　Kündigung, ordentliche **573c** 11 f
Sonntag
　Kündigung, ordentliche **573c** 10 ff
Sowiesokosten
　Kostenumlage **559** 36
Sozialamt
　Benachrichtigung von der Klageerhebung **569** 132
　Mietgarantie **569** 98
　Übernahmeerklärung **569** 98 f
Soziale Herkunft
　Differenzierungsmerkmal **19 AGG** 3
Sozialer Wohnungsbau
　Dritter Förderweg **557** 25
　Kostenmiete **557a** 8
　Mieterhöhung **557** 65a
　Preisbindung **557** 22
　Staffelmiete **557a** 7 f
　Vorkaufsrecht **577** 5, 7
Soziales Mietrecht
　Ausnahmetatbestände **557** 21
　Bestandsschutz **563a** 3
　Kündigung **568** 1, 4; **573** 1 ff
　Mieterhöhung **557** 1
Sozialhilfe
　Mietzahlung, verspätete **573** 50
Sozialklausel
　Abwendung sozialer Notstände **574** 22 f
　Aufhebungsvertrag **574** 18
　Ausschluss **574** 10 f
　Beweislast **574a** 12
　Eigenbedarfskündigung **573** 67
　Eigenkündigung des Mieters **574** 17 f
　Eigentumsgarantie **574** 75 f
　Eintritt in den Mietvertrag **563** 50
　Entscheidung, gerichtliche **574** 1
　Ferienhaus **574** 3; **574a** 2
　Ferienwohnung **574** 3; **574a** 2
　Fortsetzung des Mietverhältnisses **575** 10
　　s a dort
　　auf bestimmte Zeit **575** 10
　　Fortsetzungsurteil **575** 10
　Gegeninteressen des Mieters **573** 25a, 67; **574** 23
　Härtefälle **574** 1, 4, 22 ff, 29 ff
　　nach Ablauf der Widerspruchsfrist **574b** 15
　　Altenheim, Umzug in ein **574** 37, 41
　　Alter des Mieters **574** 23, 37, 65
　　Aufwendungen, finanzielle **574** 30
　　Ausbildung **574** 45, 47
　　Behinderung **574** 23, 40, 55
　　Berufsausübung **574** 23, 45, 47
　　Ehegatten **574** 27

Sozialklausel (Forts)
　Einkommen, geringes **574** 44
　Ersatzwohnraum, fehlender **574** 23, 43, 48 ff
　– Beweislast **574** 55
　Familienangehörige **574** 22, 25, 27
　finanzielle Vorteile, Verlust **574** 35
　Gebrechen **574** 37 f
　Gründe, sonstige **574** 47
　Haushaltsangehörige **574** 22, 25 ff; **574a** 2
　Hobby **574** 47
　Kinder **574** 46
　Kinderreichtum **574** 43
　Krankheit **574** 23, 37 f, 40; **574a** 17
　Mieter **574** 22, 25
　Miethöhe, günstige **574** 36
　Mitmieter **574** 27
　Pflegebedürftigkeit **574** 37
　Pflegeheim, Umzug in ein **574** 41
　Prognoseentscheidung **574a** 15, 18
　Räumungsfrist, gerichtliche **574** 34
　Schönheitsreparaturen **574** 31
　Schulwechsel **574** 46; **574a** 17
　Schwangerschaft **574** 42
　Schwerbehinderung **574** 55
　Sport **574** 47
　Suizidgefahr **574** 39
　Umstände, dauerhafte **574** 24
　Umstände, vorübergehende **574** 24
　Umzugskosten **574** 56
　Untermietverhältnis **574** 28
　Verhältnisse, wirtschaftliche **574** 44
　Vertragsabschluss, Umstände **574** 30
　Wegfall der Härtegründe **574a** 15, 18
　Wohndauer **574** 32 f, 37
　Zwischenumzug **574** 57
　Interessenabwägung **574** 75 ff; **574a** 25; **574c** 8
　　Grundrechtsbezug **574** 75a
　　Revisibilität **574** 75a
　　Sachverhaltswürdigung **574** 75 f
　Kündigung, außerordentliche **573d** 9
　Menschenwürde **574** 75
　Mischmietverhältnis **574** 9
　Nachteile, unzumutbare **574** 23
　Recht auf Leben und körperliche Unversehrtheit **574** 75 f
　soziales Mietrecht **564** 16; **574** 1 ff
　　s a dort
　Sozialpflichtigkeit des Eigentums **574** 75
　Unabdingbarkeit **574** 81 f
　Verlängerung des Mietverhältnisses auf unbestimmte Zeit **574** 5
　vom Vermieter selbst bewohntes Wohngebäude **574** 11
　Vermieterinteressen, berechtigte **574** 58 ff, 75
　　ausgeschlossene Interessen **574** 72 f
　　Begründungspflicht **574** 74

Sozialklausel (Forts)
  Eigenbedarf **574** 64 ff
  – Wohnung, vermietete **574** 65
  Kündigungsschreiben **574** 58
  Nachschieben von Gründen **574** 74
  Pflichtverletzungen des Mieters **574** 63
  Teilkündigung **574** 60
  Unzumutbarkeit der Vertragsfortsetzung **574** 71
  Verwertungskündigung **574** 68 ff
  Wohngebäude mit mehr als zwei Wohnungen **574** 59
  Vertragsverletzungen durch den Mieter **574** 19 ff
  Werkdienstwohnung **576b** 25, 30
  Werkmietwohnung **574** 11; **576** 22; **576a** 1, 3 ff
  Widerspruchsrecht des Mieters **574** 1 ff, 78 ff; **574a** 1
    s a Kündigungswiderspruch
    Ausschluss **574** 19 ff
    gestuftes Mietverhältnis **574** 7
    Kündigung, außerordentliche fristlose **574** 19 ff
    Kündigung, hilfsweise ordentliche **574** 20a
    Mietverhältnis auf unbestimmte Zeit **574** 6
    Mietverhältnis mit Verlängerungsklausel **574** 6
    Unabdingbarkeit **574b** 18
    Vermieterkündigung **574** 12 ff
    Verzicht **574** 81
    Wirkung des Widerspruchs **574a** 4 f
  Wohnraummiete **574** 8 f
  Zeitmietvertrag **575a** 1, 3, 9 f
  Zweifamilienhaus **574** 71
  Zweitwohnung **574** 8
Sozialleistungsträger
  Erfüllungsgehilfeneigenschaft **573** 50
  Zahlungsunfähigkeit des Mieter, unverschuldete **573** 49
Sozialpflichtigkeit des Eigentums
  s Eigentumsgarantie
Sozialpolitik
  Miethöhe **558** 39
Sozialträger
  Anmietung von Räumen **578** 15 ff
  Aufgaben, öffentliche **575** 6; **578** 26
  Besitzrecht des Untermieters **578** 25, 27
  Hauptmietvertrag **578** 18
    Befristung **578** 26 f
    Kündigung **578** 25
    Verlängerung **578** 26 f
  Kündigungsschutz **578** 16
  Mieterhöhung **578** 25
  Mieterschutz **578** 16 f
  Mietrecht, Anwendungsbereich **578** 2
  Staffelmiete **557a** 6

Sozialträger (Forts)
  Untermietvertrag **578** 21 ff
  Vorkaufsrecht **577** 8a; **578** 25
  Weitervermietung **575** 17
  Wohnungsbedarf, dringender **578** 20, 25
  Wohnungsumwandlung **578** 25
  Zeitmietvertrag **575** 6; **578** 26
  Zweckbetriebe **578** 19
  Zwischenvermietung, gewerbliche **578** 16
Sozialwohnungen
  Fehlbelegung **573** 190 ff
    nachträgliche Fehlbelegung **573** 193
  Fördervorschriften, Bezugnahme auf **557** 51b
  Mieterhöhung **557** 51 ff
  Mieterhöhung, Ausschluss **557** 25
  Miethöhe **558** 38
  Preisbindung **557** 23; **558** 38
  Scheinsozialwohnungen **557** 51, 73, 81
Spaltung
  Gesamtrechtsnachfolge **566** 42
Spannungsklauseln
  Unwirksamkeit **557b** 18
Sparbuch
  Vermieterpfandrecht **562** 8
Sparguthaben
  Rückgewährpflicht des Erwerbers **566a** 30
Sperrfrist
  Fristbeginn **558** 7
  Fristberechnung **558** 8
  Fristverkürzung **558** 8
  Fristverlängerung **558** 8
  Mieterhöhung **558** 4, 7 f, 15; **558a** 28
  Mieterhöhungsverlangen **558** 4, 15
  Nutzungserweiterung **558** 7
  Teilzustimmung **558** 9 f
  Untermietzuschlag **558** 7
  Zahlungsverzug des Mieters **569** 75
  Zustimmungsklage **558** 15
Sperrrecht
  Anwartschaftsrecht **562a** 13
  Sachen des Mieters **562a** 13 f
  Selbsthilferecht **562b** 6
  Vermieterpfandrecht **562a** 1 f, 10 ff; **562b** 1, 7
Sportausrüstung
  Fahrnismiete **580a** 37
Sprungauflassung
  Wohnungsumwandlung **577** 17
Staatsangehörigkeit
  Benachteiligung, mittelbare **3 AGG** 7; **19 AGG** 11, 44
  Differenzierungsverbot **19 AGG** 8 ff
Staffelmiete
  Begrenzung **557** 8; **557a** 13 ff
  Bestandsschutz **557a** 13
  Betriebskostenerhöhung **560** 21
  Bruttokaltmiete **560** 21
  Eigenbedarf **573** 116

Staffelmiete (Forts)
    elektronische Form **557a** 16
    Erhöhungsbetrag **557a** 1, 5
    Erhöhungszeitraum **557a** 14 f
        Bestimmtheit **557a** 14a
    Formularvertrag **557a** 20b ff, 23
    Geschäftsraummiete **557a** 6
    indexierte Staffelmiete **557b** 39, 40
    Jahresfrist **557a** 14
    juristische Personen des öffentlichen
        Rechts **557a** 6
    Kündigung, ordentliche **557a** 22
    Kündigungsausschluss **557a** 6, 20a ff;
        573c 40
    Kündigungsbeschränkung **557a** 19 ff; **561** 8
    Kündigungsfrist **557a** 22
    Kündigungszeitpunkt **557a** 22
    Laufzeit **557a** 5
    Mietanpassungsklauseln **557** 76
    Miete, betragsmäßige Ausweisung **557a** 1,
        3, 11
    Mieterhöhung **557** 1, 4; **557a** 1 ff, 17; **558** 7;
        560 21
        Änderungen, künftige **557** 47 ff; **557a** 5
        Ausschluss anderweitiger Mieter-
            höhungen **557a** 18
    Miethöhe, gestaffelte **557a** 11
    Mietpreisüberhöhung **557a** 13
    Mietsenkung **557a** 12
    Mischmietverhältnis **557a** 6
    Modernisierungsmaßnahmen **559** 8
    Nachmieter **557a** 14a
    Personenmehrheiten **557a** 16
    Prozentsatz **557a** 11
    Quadratmetermiete **557a** 11
    Rückwirkung **557a** 21
    Schriftform **557a** 1, 16
    Steigerungsbetrag **557a** 12
    Stellvertretung **557a** 16
    Übergangsrecht **557a** 9
    umgekehrte Staffelmiete **557a** 12, 23
    Unwirksamkeit **557** 35
    Vereinbarung **557a** 4, 5, 10, 15
        abweichende Vereinbarungen **557a** 1, 23
    Vergleichsmiete, ortsübliche **557a** 11, 13;
        558 24
    Verlängerungsklausel **557a** 20c
    Verwirkung **557a** 17
    Vierjahresfrist **557a** 4, 19 ff, 21; **561** 8
    Wertsicherungsklauseln **557b** 40
    Wiedervermietungsmiete, Begrenzung
        557a 5, 13a f
    Wohlfahrtspflegeträger **557a** 6
    Wohnraum, preisgebundener **557a** 7 f
    Wohnraummiete **557a** 6
    Wucherverbot **557a** 13
    Zehnjahresfrist **557a** 9
Stelle, öffentliche
    Bürgschaft **569** 98 f

Stelle, öffentliche (Forts)
    Mietgarantie **569** 98
    Nachholrecht **569** 94 f
    Schonfrist **569** 94 ff, 134 f
    Schuldbeitritt **569** 98
    Schuldmitübernahme **569** 98
    Übernahmeerklärung **569** 97 ff
Stellvertretung
    Staffelmiete **557a** 16
Stichtagsdifferenz
    Mietspiegel **558** 35
    Schätzung **558a** 46
    Vergleichsmiete, ortsübliche **558** 35;
        558a 45 f
Stiefenkel
    Eigenbedarf **573** 84
Stiefkind
    Eintritt in den Mietvertrag **563** 18
Stiefkinder
    Eigenbedarf **573** 83
Störung der Geschäftsgrundlage
    Kündigungsschutz **573** 21
    Mieterhöhung **557** 49
    Staffelmiete **557a** 10
Strafanzeige
    Kündigung aus wichtigem Grund **569** 51
Strafanzeige, unberechtigte
    Kündigung, ordentliche **573** 61b
Strandkorb
    Bargeschäfte des täglichen Lebens
        19 AGG 24
    Fahrnismiete **580a** 37
Streitbefangenheit
    Kauf bricht nicht Miete **566** 93
Streitgegenstand
    Kündigungstatbestände **569** 39
Streitgenossenschaft
    Mieterhöhungsverlangen **558a** 6
Streitwert
    Mieterhöhung **558b** 30
    Modernisierungsmaßnahmen **559b** 41
Stromdiebstahl
    Kündigung, außerordentliche **569** 57
Stromlieferung
    Eintritt in den Mietvertrag **563b** 5
Studentenwohnheim
    Befristung ohne Sachgrund **575** 17
    Kündigung des Vertragsverhältnisses
        574 70
    Kündigungsausschluss **573c** 44
    Kündigungsfrist **573c** 19
    Sozialklausel, Ausschluss **574** 11
    Wohnungsumwandlung **577** 4, 9
Stufenklage
    Vermieterpfandrecht **562b** 14, 18
Stundung
    Mietforderung **566b** 20, 28; **566c** 6
Subsidiaritätsklausel
    Tod des Mieters **564** 3, 22 ff

Suizid
  Kündigungsrecht des Erben **580** 7
Suizidgefahr
  Eigenbedarf **574** 39
  Härtegrund **574** 39

Tätlichkeiten
  Kündigung aus wichtigem Grund **569** 47, 52 f
  Kündigung, ordentliche **573** 61
Tagesmiete
  Kündigungsfrist **580a** 22 f
Tante
  Eigenbedarf **573** 83
Taubenfütterung
  Kündigung aus wichtigem Grund **569** 55
Teilerbbaurecht
  Kündigungssperrfrist **577a** 28
Teilinklusivmiete
  Betriebskosten **557** 66; **560** 5, 12b ff, 46
  Betriebskostenanteil **558** 17, 19
  Betriebskostenerhöhung **558** 13
  Grundmiete **558** 17, 19
  Indexvereinbarung **557b** 22
  Kappungsgrenze **558** 81
  Kautionsverzug **569** 67, 69
  Mieterhöhung **558** 16 f
  Vergleichsmiete, ortsübliche **558** 17
Teilkündigung
  Abstellraum **573b** 9
  Änderungsvertrag **573b** 21
  Bauarbeiten, Verzögerung **573b** 20
  Baubeginn **573b** 18 f
  Begründungspflicht **573b** 22 ff
  Dachgeschossräume **573b** 9
  Erlangungsinteresse des Vermieters **573b** 12
  Garagentausch **573b** 10
  Geschäftsraummiete **573b** 8
  Grundstücksteile **573b** 1 ff, 10
  Kellerraum **573b** 9
  Kündigungsfrist **573b** 18 f
  Kündigungsgrund **573b** 22 ff
  Kündigungswiderspruch **574a** 29
  Lösungsrecht des Vermieters **573b** 7
  Mietsenkung **573b** 21
  Nebenräume **573b** 1 ff, 13; **574** 60
    nicht zum Wohnen bestimmte Nebenräume **573b** 9
  Räume, sonstige **573b** 8
  Recht zur Teilkündigung **574** 60; **573b** 17
  Schuppen **573b** 10
  Sozialklausel **573b** 17, 19
  Trockenboden **573b** 9
  Vereinbarungen, abweichende **573b** 25
  Verwendungszwecke **573b** 11 ff, 24
  Waschkeller **573b** 9
  Wohnraummiete **573b** 8
  Wohnraumschaffung **573b** 12 ff

Teilkündigung (Forts)
  Zulässigkeit, baurechtliche **573b** 12
Teilmieterhöhung
  Modernisierungsmaßnahmen **559b** 4 f
Teilungserklärung
  Eintritt in den Mietvertrag **566** 19
Telegramm
  Kündigung, Schriftformerfordernis **568** 15
Telekommunikationsapparate
  Fahrnismiete **580a** 37
Testamentsvollstreckung
  Eintritt in den Mietvertrag **564** 20
Tiere
  Mietvertrag **580a** 37
Tierhaltung
  Abmahnung **573** 56a
  Gebrauch, vertragswidriger **573** 56a
  Kündigung aus wichtigem Grund **569** 55
  Kündigung des Vermieters **573** 56a
Tod des Mieters
  vor Beginn der Mietzeit **564** 21
  Eintritt in den Mietvertrag
    s dort
  Gesamtrechtsnachfolge **563** 1
  Kündigungsrecht, außerordentliches **564** 3
  Mietverhältnis, Fortsetzung **564** 7; **580** 1 ff
  Selbstmord **580** 6
  Sonderrechtsnachfolge **563** 1, 31 ff, 43; **564** 7
  Subsidiaritätsklausel **564** 22 ff
Tod des Vermieters
  Mietverhältnis **564** 4
  Zahlungsverzug des Mieters **573** 49
Todeserklärung
  Eintrittsrecht bei Tod des Mieters **563** 5
Toilette
  Wohnungsbegriff **573a** 6
Totalsanierung
  Modernisierungsmaßnahmen **559b** 19
Touristen
  Aufnahme von Personen in die Wohnung **573** 58 f
Treppenhausreinigung
  Kündigungsgrund **573** 206
Tresorvertrag
  Fahrnismiete **562** 2; **578** 5a
Treuepflichtverletzung
  Kündigung aus wichtigem Grund **569** 47, 56 f
Treuhänder
  Mietvertragsschluss **566** 32
Treuhandkonto
  Eintritt in den Mietvertrag **566a** 21 f
Trockenboden
  Teilkündigung **573b** 9

Überbelegung
  Kündigungsgrund **573** 59 f
Überfahrrecht
  Mietgebrauch, Beeinträchtigung **567** 27

Überlassungspflicht
  Annahmeverzug des Mieters 566 52
  Besitzergreifung 566 52
  Besitzverschaffung 566 51
  Kauf bricht nicht Miete 566 49 ff
  Mitbenutzung, Gestattung 566 52
  Teilüberlassung 566 53
  Wohnraummiete 566 53
  Zugänglichmachen 566 52
Übernahmeerklärung
  Bürgschaft 569 98 f
  Form 569 99
  Mietgarantie 569 98
  Mietzahlung 569 97 ff, 136
  Schuldbeitritt 569 98
  Schuldmitübernahme 569 98
  Zurückweisungsrecht des Vermieters 569 99
Umdeutung
  Mieterhöhungsverlangen 557 34, 35
Umlegungsbeschluss
  Eintritt in den Mietvertrag 566 26
Umwandlungsfälle
  Gesamtrechtsnachfolge 566 42
  Kauf bricht nicht Miete 566 65
Umweltgifte
  Gesundheitsgefährdung 569 15, 33
  Beweislastverteilung 569 33
Umzugskosten
  Härtegrund 574 56
Ungerechtfertigte Bereicherung
  Miete 558d 16
Ungeziefer
  Kündigung aus wichtigem Grund 569 20
Unterbelegung
  Kündigungsrecht des Vermieters 563 50
Unterhaltungselektronik
  Bargeschäfte des täglichen Lebens 19 AGG 24
  Fahrnismiete 580a 37
  Gewährung besonderer Vorteile 20 AGG 7
Untermiete
  Abmahnung 573 58
  Arbeitsverhältnis 565 7
  Aufwandsersatzregelung 557b 20
  Bedingung, auflösende 565 23
  Besitzrecht 565 2
  Bestandsschutz 565 2 ff; 573 11; 574 7, 28; 576 11
    Vertrag, gemischter 565 4
    Wohnzwecke 565 4 f
  Erlaubnis des Vermieters 566 76; 573 58 f
    Befristung 573 58
    Benachteiligungsverbot 19 AGG 46
    Verweigerung 573d 6
    Widerruf 573 58 f
  Grundstücksveräußerung 566 11, 59, 76
  Hauptmieterwechsel 566 11
  Hauptmietvertrag, Beendigung 565 2

Untermiete (Forts)
  Indexklausel 557b 20
  Kündigung 568 8; 573 11, 58
  Kündigungsfrist 573c 19
  Kündigungsrecht des Mieters 573d 6
  Kündigungsrechte, zusätzliche 565 23
  mehrfach gestufte Untermiete 565 4
  Mieterschutz 578 16
  Mietspiegel 558a 43
  Modernisierungsmaßnahmen 559 19
  Räumungsklage 573 58
  Sicherheitsleistung 565 20
  Sonderkündigungsrecht 573a 19
  Sozialklausel 574 7
  Sozialträger, Verträge mit 578 21 ff
  unerlaubte Untermiete 573 58, 206
  Vergleichsmiete, ortsübliche 558a 32
  Vermieterpfandrecht 562 19
  Vorkaufsrecht 577 11 ff
  Weitervermietung, gewerbliche Wohnzwecke 565 5
  Wohnraumkündigungsschutz 573 11
  Zäsur im Mietverhältnis 565 14
  Zeitmietvertrag 575 6
  Zwischenvermietung, gewerbliche 565 4 ff
Untermietzuschlag
  Kappungsgrenze 558 74
  Sperrfrist 558 7
Unternehmerische Freiheit
  Rechtfertigung der Benachteiligung 20 AGG 4
Urheberrecht
  Mietspiegel 558a 40

Veräußerungskette
  Auflassungsvormerkung 566 33
  Kauf bricht nicht Miete 566 33
    Übergangsrecht 566a 3
  Sicherheitsleistung 566a 3, 5
Veräußerungsmitteilung
  Anfechtung 566e 3
  Beweislast 566e 10
  Eigentumserwerb, fehlender 566e 4 ff
  Eigentumsübertragung 566e 3
  Form 566e 3
  Geschäftsfähigkeit 566e 3
  Handlung, geschäftsähnliche 566e 3
  Kündigung des Mieters 566e 6
  Mieterschutz 566e 6
  Mietzahlung 566e 6
  Mitteilung eines Dritten 566e 2
  Mitteilung des Vermieters 566e 1 ff
  Rücknahme 566e 1, 7 f
    Zustimmung des Dritten 566e 7 f
  Vereinbarungen, abweichende 566e 9
  Zugang 566e 3
Verbrauchereigenschaft
  Wohnraummiete 557 41

Verbraucherpreisindex
  Indexmiete **557b** 15 f
  Mietspiegel **558d** 10
Verbraucherrechterichtlinie
  Anwendbarkeit **557** 40
Verbraucherschutz
  Wohnraummiete **557** 40
Verbrauchervertrag
  Legaldefinition **557** 41
  Leistung, entgeltliche **557** 41
  Miethöhe **557** 41
  Widerrufsrecht **557** 40; **558b** 3
  Wohnraummiete **557** 40 f
Verdachtskündigung
  Kündigung, ordentliche **573** 33
Verdinglichung
  Miete **566** 6
Verfahren, vereinfachtes
  Abschlag **559c** 3, 8, 14, 15
  Anwendungsbereich **559c** 5 ff
  Drittmittel, Anrechnung **559c** 10, 16
  Erhaltungskosten, Herausrechnung **559c** 8, 14, 15
  Härteeinwand, Wegfall **559c** 3, 9
  Instandsetzungsmodernisierung **559c** 5
  Investitionsvolumen **559c** 4 ff
  Kosten, geltend gemachte **559c** 6
  Mieterhöhung **559c** 1 ff, 15 ff
  Mieterhöhungserklärung **559c** 13 f
  Modernisierungsankündigung **559c** 11 f
  Modernisierungsmaßnahmen **559c** 5
    Beschluss der Wohnungseigentümer **559c** 25
    Verpflichtung, gesetzliche **559c** 22 ff
  Sperrfrist **559c** 4, 6, 18 ff, 22 ff
  Zinsermäßigung **559c** 3, 10, 16
  zwingendes Recht **559c** 26
Verfahrensprivileg
  Kündigung aus wichtigem Grund **569** 51
Vergleichsmiete
  Schätzung **558** 31
Vergleichsmiete, ortsübliche
  Abschläge **558** 41 f, 54, 56
  Aktualisierung des Vergleichsmietenbegriffs **558** 25, 32 ff
    Mieten, sinkende **558** 34
  Appartements **558** 44 f
  Art der Wohnung **558** 22, 44
  Art des Wohnraums **558** 44
  Ausreißermiete **558** 24
  Ausstattung der Wohnung **558** 22, 50 f, 53
    Ausstattung des Mieters **558** 51
    energetische Ausstattung **558** 2, 50, 53, 55
  Bandbreite **558** 27 f; **558b** 32; **558d** 18
  Begriff **558** 22 ff
  Berechnung **558** 26 ff, 32 ff, 51
  Beschaffenheit der Wohnung **558** 22, 53 ff; **558a** 74

Vergleichsmiete, ortsübliche (Forts)
  Baualter **558** 53
  Bodenräume **558** 53
  Böden **558** 53
  Dach **558** 53
  energetische Beschaffenheit **558** 2, 22, 50, 53, 55
  Fassade **558** 53
  Fenster **558** 53
  Garage **558** 53
  Garten **558** 53
  Keller **558** 53
  Nebenräume **558** 53
  Räume **558** 53
  Raumeinteilung **558** 53
  Treppenhaus **558** 53
  Umgebung **558** 53
  Bestandsmiete **558** 25, 36 f
  Betrachtungszeitraum **557** 10; **558** 2, 32 ff
  betreutes Wohnen **558** 45
  Betriebskostenanteil **560** 21
  Betriebskostenerhöhung **560** 33
  Definition **558** 22
  Diskriminierungsmiete **558** 30
  Durchschnittsmiete **558** 24, 24 f, 30, 38; **558a** 43; **558c** 15
  Durchschnittswert **558** 26
  Einfamilienhaus **558a** 32 ff
  Einrichtungen, sanitäre **558** 50
  Einzelöfen **558** 50
  Einzelvergleichsmiete **558** 27; **558b** 32; **558d** 18
  Energieversorgung **558** 55
  Entgelte **558** 22
    übliche Entgelte **558** 24, 30 f, 37
    unübliche Entgelte **558** 40
  Erfahrungssätze **558** 41
  Flächendifferenz **558** 47 ff
  Fluglärm **558** 54
  Fördertatbestände **558** 25, 38 f, 61
  Gaststättenlärm **558** 54
  Gemeinde **558** 57 f; **558a** 47 ff, 73; **558c** 1
  Größe der Wohnung **558** 22, 46 ff, 53; **558a** 74
    DIN 283 **558** 46
    Methodeneinheit **558** 48
    objektive Wohnungsgröße **558** 48
    Quadratmeter **558** 46
    Wohnflächenverordnung **558** 46
    Zimmerzahl **558** 46
  Heizung **558** 50
  Indexmiete **558** 25
  Kappungsgrenze **558** 39
  Kellerwohnung **558** 44
  Kostenmiete **558** 76
  Lage der Wohnung **558** 22, 56 ff, 96
  Mängel der Wohnung **558** 54
  Marktmiete **558** 23
  Marktverhältnisse, tatsächliche **558** 37

Vergleichsmiete, ortsübliche (Forts)
   Marktwert der Wohnung **558** 25
   Mehrfamilienhaus **558a** 43
   Merkmale, außergesetzliche **558** 40
   Mieterhöhung **557** 14, 34; **558** 4, 22 ff; **559** 10
   Mieterhöhungsverlangen **558** 7, 96 f
   Mietpreisbremse **558** 39
   Mietsenkung **558** 25
   Mietspannen **557** 16; **558** 26 f; **558a** 27, 41 f
      Mittelwert **558** 28
   Mietspiegel **558b** 30 ff; **558c** 3, 5
   Nachtspeicherheizung **558** 50
   Neuvertragsmieten **558** 36 f
   Nutzung, teilgewerbliche **558** 74
   Punktwert **558** 27
   Querschnitt, repräsentativer **558** 26
   Sachverständigengutachten **558** 35
   Sammelheizung **558** 50
   Schätzung **558** 31; **558d** 18a
   Schönheitsreparaturen **558** 21
   Sechsjahresfrist **558** 39
   Seniorenheim **558** 45
   Sondermärkte **558** 25, 31, 45, 51; **558a** 43 f
   Staffelmiete **558** 25
   Stichtagsdifferenz **558** 35; **558a** 45 f
   Teilmärkte **557** 15; **558** 25, 31
   Üblichkeit **558** 27
   Untervermietung **558a** 32
   Vergleichbarkeit der Wohnungen **558** 24 ff, 40 ff
   Vergleichsmietensystem
      Vereinbarungen, abweichende **557** 73
   Vierjahresfrist **558** 32 f
   Wärmecontracting **558** 50
   Wärmedämmung **558** 55
   Wiedervermietung **557** 8
   Wohnung, einmalige **558** 31; **558a** 33
   Wohnung, modernisierte **558** 44, 60; **559b** 7
   Wohnung, möblierte **558** 51; **558a** 32, 43
   Wohnung, renovierte **558** 44
   Wohnungsgröße, objektive **558** 48, 77
   Wohnwertmerkmale **557** 15; **558** 24 ff, 26, 40 ff, 53, 60; **558a** 68, 71, 72, 74; **558d** 17
   Zeitpunkt, maßgeblicher **558** 29
   Zuschläge **558** 41 f, 51, 56
   Zustimmungsklage **558b** 28
   Zweidrittelregel **558** 24
   Zweifamilienhaus **558** 45
Vergleichsmietensystem
   Kostenmiete **559** 3
   Mieterhöhung **558** 1 ff, 31
   Mieterschutz **558** 3
Vergleichsmieteverfahren
   Mieterhöhung **557** 8, 14, 34, 62, 73, 76
   Vertragsschluss **557** 34
   Zustimmung zur Vertragsänderung **557** 29
Vergleichsrechnung
   Betriebskostenerhöhung **560** 13a
   Erhaltungsmaßnahmen **559b** 17

Vergleichswohnungen
   Anzahl **558a** 69 f
   Mieterhöhungsverlangen **558a** 65 ff
   Mindestzahl **558a** 69
   Teilmärkte **558a** 72
   Überprüfung der Vergleichbarkeit **558a** 67 f
   Vergleichbarkeit **558a** 71 ff
   Wohnwertmerkmale **558a** 71
Verjährungsbeginn
   Zwischenvermietung, gewerbliche **565** 14
Verkehrssicherheit
   Kündigung aus wichtigem Grund **569** 21
Verlängerungsklausel
   AGB-Kontrolle **573c** 58
   Befristung **575** 11
   Kündigung, fristgerechte **575** 11; **573c** 48
   Mieterhöhung, Ausschlussvereinbarung **557** 57 ff
   Mietverhältnis, automatische Verlängerung **573c** 58
   Mietverhältnis, befristetes **575** 11
   Sozialklausel **574** 6
   Vermieterpfandrecht **562** 34
Verlängerungsoption
   Kauf bricht nicht Miete **566** 85
Verleumdung
   Kündigung aus wichtigem Grund **569** 50
Verlobte
   Eigenbedarf **573** 82, 86
   Eintrittsrecht bei Tod des Mieters **563** 25
Vermieter
   Insolvenz des Vermieters **566a** 14 f
   Tod des Vermieters **564** 4; **573** 49
   Unternehmereigenschaft **557** 41
Vermieterpfandrecht
   Ablieferung hergestellter Produkte **562a** 19
   Ablösung durch Dritte **562** 4
   Absonderungsrecht **562a** 6; **562b** 23; **562d** 4
   Abwendungsrecht **562c** 1 ff
      Auskunftspflicht des Vermieters **562c** 3a
      Dritte **562c** 3a
      Entstehung **562c** 4
      Geltendmachung des Pfandrechts **562c** 3 ff
   Andenken **562** 9
   Anschlusspfändung **562a** 7
   Ansichtssendungen **562** 13
   Anwartschaftsrecht **562** 15b f
   Arbeitsgeräte **562** 13
   Arrest **562b** 3
   Aufhebung durch Erklärung des Pfandgläubigers **562a** 2
   Auskunftsanspruch **562** 7a, 15, 36b, 40; **562b** 14
   Auskunftsklage **562b** 18, 20
   Ausschluss **562** 38
   Austauschpfändung **562** 22

Vermieterpfandrecht (Forts)
Auszug des Mieters **562a** 17; **562b** 1, 3, 5, 10, 12, 15 ff; **562c** 2
Bahnanlagen **562** 12
Baukostenzuschuss **562** 27
Befreiung einzelner Sachen **562c** 5, 6
Befriedigung des Vermieters **562** 7
Bereicherungsansprüche des Vermieters **562b** 2, 21; **562d** 2a
Berliner Modell **562** 6b
Besitzerlangung **562** 6 f
besitzloses Pfandrecht **562** 3, 5
Besitzüberlassung **562b** 16 f
Bestreiten **562b** 9
Betriebskosten **562** 26
Betriebsstilllegung **562a** 18
Beweislast **562** 23, 39 f; **562a** 22 f
BGB-Außengesellschaft **562** 18
Bierlieferungsvertrag **562** 27
Briefe **562** 9
Deliktsschutz **562b** 2
Drittwiderspruchsklage **562** 21, 36a; **562a** 7
eigene Sachen des Vermieters **562a** 8
Eigentum des Mieters **562** 15 ff, 39; **562a** 20
   auflösend bedingtes Eigentum **562** 15b
   aufschiebend bedingtes Eigentum **562** 15b
Eigentumsvermutung **562** 5, 40
Eigentumsvorbehalt **562** 1, 15b ff
Einbringung von Sachen **562** 1, 4, 7a, 10 ff, 17
   Begriff **562** 10
   Erwerb vom Vermieter **562** 12
   Erwerb vom Vormieter **562** 12
   Geschäftsfähigkeit des Mieters **562** 10
   Herstellung in den Mieträumen **562** 12
   Realakt **562** 10
   Willensmängel **562** 10
Einrichtungen des Mieters **562** 9
Einstellung von Sachen **562** 10 f, 13
einstweilige Verfügung **562b** 3, 14, 16a, 20
Entfernung von Sachen **562a** 1, 3 ff, 15, 22; **562b** 5 ff; **562c** 4
   Betriebsüblichkeit **562a** 18 f
   durch Dritte **562a** 14
   Duldungspflicht des Vermieters **562a** 12
   Gebäudeteile, mitvermietete **562a** 4
   Gerichtsvollzieher **562a** 2, 6 f, 15
   Grundstück **562a** 4
   – Begriff **562a** 4
   Grundstücksteile, mitvermietete **562a** 4
   Hoheitsakt, Vollzug **562a** 15
   Hoheitsrecht **562a** 2
   Insolvenzverwalter **562a** 2, 9, 15, 19; **562b** 23
   Kenntnis des Vermieters **562a** 10 ff, 17 f; **562b** 12, 24
   – Klageerhebung, rechtzeitige **562b** 24
   – Mehrheit von Vermietern **562a** 11

Vermieterpfandrecht (Forts)
   Lebensverhältnisse, gewöhnliche **562a** 15, 17; **562b** 6
   Räume, vermietete **562a** 4
   Realakt **562a** 3
   Unterlassungsanspruch **562b** 2
   vorübergehende Entfernung **562a** 5
   Wegschaffung, willentliche **562a** 3
   Zurückschaffung der Sachen **562b** 2, 12, 15, 16a
Entschädigungsforderungen, gegenwärtige **562** 30 f
Entschädigungsforderungen, künftige **562** 1, 29 ff
Entstehung **562** 4
Erlös **562** 7b; **562b** 22; **562d** 4
Erlöschen **562a** 1 f, 6, 10 ff, 15, 22; **562b** 12, 21; **562c** 4a
Ersatzabsonderungsrecht **562** 7b
Ersatzansprüche **562** 26
Erwerb, gutgläubiger **562** 3, 19
Erwerb, lastenfreier **562** 4, 21; **562a** 2
Fahrlässigkeit, grobe **562** 21
Fahrrad **562** 13
Familienfotos **562** 9
Feldfrüchte, Verkauf **562a** 19
an Forderungen **562** 8
Forderungen, gesicherte **562** 25 ff; **562c** 3
   Erlöschen **562a** 2
Forderungsübertragung **562a** 2
Geld **562** 8
Geschäftsfahrzeuge, Ausfahrt **562a** 19
Geschäftsraummiete **562** 22; **562a** 18; **562c** 2
gesetzliches Pfandrecht **562** 3; **562b** 12
Gewaltanwendung **562b** 9 f
gewerbliche Miete **562** 1, 22, 38; **562a** 18; **562c** 2
Grundstücksmiete **578** 3
Grundstücksveräußerung **562** 17, 35; **562b** 13
Hausrat **562** 22
Herausgabe an den Mieter **562b** 2
Herausgabe an den Vermieter **562b** 2, 16
Herausgabe zum Zweck des Verkaufs **562** 7
Herausgabeanspruch des Vermieters **562** 5; **562b** 10, 12 f, 15, 24
   Abtretung der Mietforderung **562b** 13
   dinglicher Anspruch **562b** 12 f
   Geltendmachung, gerichtliche **562b** 19 f
   Monatsfrist **562b** 12, 17 f
   – Ausschlussfrist **562b** 17, 21
   – Fristbeginn **562b** 17 f
   – Fristversäumung **562b** 21
Herausgabeklage **562b** 12 ff, 20, 24
   Streitgegenstand **562b** 16
Herausgabeurteil **562b** 15 f
Herausgabevollstreckung **562** 7; **562a** 7
Hinterlegungsanordnung **562d** 2a
Hypothekenbriefe **562** 8

Vermieterpfandrecht (Forts)
　Inbesitznahme der Sachen durch den
　　Vermieter **562** 6f, 40; **562b** 1, 10f; **562d** 2
　indossable Papiere **562** 8
　Inhaberpapiere **562** 8
　Insolvenz des Mieters **562** 4, 7af, 15b, 31;
　　562a 9; **562d** 1, 4
　Kaution **562** 27
　KG **562** 18
　Kinderwagen **562** 13
　Klage auf Duldung der Pfandverwertung
　　562 7
　Klage auf vorzugsweise Befriedigung
　　562a 6ff, 21, 23; **562b** 22; **562d** 2a, 4
　Konfusion **562a** 2
　Kraftfahrzeug **562** 13; **562a** 5, 19
　Lagergeld **562b** 11
　Lebensversicherungspolice **562** 8
　Legitimationspapiere **562** 8
　mehrere Gläubiger **562a** 8
　Mietausfallforderung **562** 27
　Mieterwechsel **562** 14
　Mietforderung **562** 26
　Mietgebrauch **562** 10
　Mietjahr, folgendes **562** 1, 29, 33f
　Mietjahr, laufendes **562** 1, 29, 33f
　Mietrückstände **562** 7a; **562d** 2, 3
　Mietverhältnis **562** 11, 25f
　　Beendigung **562** 11
　Mietvertrag mit Verlängerungsklausel
　　562 34
　Miteigentum **562** 15a
　Mitteilungspflicht **562** 36b
　Nacheile **562b** 8
　Nachrang **562** 4
　Nebenkosten **562** 26
　Nutzungsherausgabe **562** 6a, 37
　Nutzungspfand **562** 6a
　Nutzungsrecht **562** 6a
　OHG **562** 18
　Personengesellschaften **562** 18
　Pfändung der Mietersachen durch Dritte
　　562d 2ff
　Pfändung durch Dritte **562** 36b
　Pfändungspfandrecht **562** 36; **562d** 1
　Pfandkehr **562b** 2
　Pfandrechte Dritter **562a** 5
　Pfandreife **562b** 15
　Pfandverkauf, Kosten **562** 26
　Pferdebox **562** 28
　Pferdeeinstellvertrag **562** 28
　Prioritätsgrundsatz **562a** 8; **562d** 1
　Probesendungen **562** 13
　Räumungspflicht des Mieters **562** 6
　Räumungsverkauf **562a** 19
　Räumungsvollstreckung **562** 6b
　Rang **562** 4, 10; **562a** 5
　Raummiete **578** 4
　Rechtsverfolgungskosten **562** 26

Vermieterpfandrecht (Forts)
　Reparaturen **562a** 5, 19
　Sachen Dritter **562** 8, 15, 19f, 40; **562b** 6
　　Angehörige des Mieters **562** 15, 19
　　eigene Sachen des Vermieters **562** 20
　Sachen, pfändbare **562** 8
　　Affektionswert **562** 9
　　Beweiswert **562** 9
　　Verbindung mit dem Grundstück **562** 9
　Sachen, unpfändbare **562** 1, 7a, 22f, 36a, 39;
　　562b 6
　　Verpfändung an den Vermieter **562** 24,
　　　38
　Saisonschlussverkauf **562a** 19
　Schadensersatzansprüche des Vermieters
　　562b 21; **562d** 2a
　Schadensersatzpflicht des Vermieters
　　562 37
　Scheck **562** 8
　Selbsthilfe, allgemeine **562b** 3
　Selbsthilferecht **562a** 10; **562b** 1, 3, 4ff, 23
　Sicherheitsleistung **562c** 1
　　Bürgschaft **562c** 7
　　durch Dritte **562c** 8
　　Ergänzung **562c** 2
　　Forderung des Vermieters **562c** 1, 3ff
　　Geld **562c** 7
　　Hypothekenbestellung **562c** 7
　　Sicherungshypothek **562c** 7
　　Verkehrswert **562c** 6
　　Wert der Sache **562c** 1, 5, 6
　　Wertpapiere **562c** 7
　　Wirkung **562c** 4a
　Sicherungsübereignung **562** 16ff
　Sparbücher **562** 8
　Sperrrecht **562a** 1f, 10ff, 15ff; **562b** 1, 7
　Stufenklage **562b** 14, 18
　Tageskasse **562** 13; **562a** 19
　Übergang auf Dritte **562** 4, 35
　Übermaßverbot **562** 22
　Umzug des Mieters **562a** 19
　Unterlassungsanspruch **562** 5
　Untermiete **562** 19
　Veräußerung von Sachen **562b** 2
　Vereinbarungen, abweichende **562** 38
　Vermieteransprüche, Abtretung **562** 35
　Vermieterbefugnisse **562** 5
　Vertrag, gemischter **562** 28
　Vertragspfandrecht **562** 15a, 24
　Vertragsstrafe **562** 26
　Vertragsverbindungen **562** 28
　Verwahrungspflicht **562** 6; **562b** 11
　Verweisungseinrede **562a** 20
　Verweisungsrecht **562a** 1, 8, 15, 20f
　Verwendungsersatz **562b** 11
　Verwertung **562** 7, 7b, 21; **562c** 4
　　Insolvenzeröffnung **562** 7b
　Verzicht **562** 38, 40; **562a** 8

Vermieterpfandrecht (Forts)
  Vorenthaltung der Mietsache **562** 6, 27; **562b** 11
  Vorerbschaft **562** 15a
  Vorrang **562** 17a, 36a
  Warenlager **562** 12, 16, 17a
  Warenveräußerung **562a** 19
  Wechsel **562** 8
  Werkunternehmerpfandrecht **562a** 5
  Wertpapiere **562** 8
  Widerspruch **562a** 13 f; **562c** 4
    Entbehrlichkeit **562a** 13
    Form **562a** 14
    Unzumutbarkeit **562a** 13
  Widerspruchsrecht **562a** 1 f, 10 ff, 15 ff; **562b** 1, 6, 7, 9
    Annahmeverzug des Vermieters **562a** 15
    Pfändung durch Dritte **562d** 2
  Wiederaufleben **562c** 5
  Wohnraummiete **562** 1, 22, 38; **562a** 18
  Zinsansprüche des Vermieters **562** 26
  Zwangsvollstreckung **562b** 22 f
Vermieterwechsel
  Kappungsgrenze **558** 73
  Rechtsgeschäft **566a** 7
Vermögensübertragung
  Gesamtrechtsnachfolge **566** 42
Vermüllung
  Kündigung aus wichtigem Grund **569** 55
Verordnungsermächtigung
  Kündigungssperrfrist **577a** 2, 4 f, 35 ff
Verpächterpfandrecht
  Eigentum des Pächters **562** 9
Verpfändung
  Mietforderung **566b** 28
Verrichtungsgehilfen
  Schadensersatzpflicht **21 AGG** 8
Verschmelzung
  Gesamtrechtsnachfolge **566** 42
Verschollenheit
  Eintrittsrecht bei Tod des Mieters **563** 5
Vertrag, atypischer
  Grundstücksmiete **578** 9
Vertrag, gemischter
  Grundstücksmiete **578** 8
  Kauf bricht nicht Miete **566** 24
  Vermieterpfandrecht **562** 28
  Zwischenvermietung, gewerbliche **565** 10
Vertrag zugunsten Dritter
  Kündigungsbeschränkung **573** 241b
Vertragsanbahnung
  Benachteiligungsverbot **19 AGG** 41 f
Vertragsänderung
  Eigentumswechsel **566** 55, 57; **566c** 8
  Leihvertrag **566c** 8
  Scheinerwerb **566e** 5
  Vereinbarung über die Miete **566c** 4, 6
  Zeitmietvertrag **575** 87

Vertragsbeendigung
  Benachteiligungsverbot **19 AGG** 47 ff
Vertragsdurchführung
  Benachteiligungsverbot **19 AGG** 46
Vertragsergänzung
  Eigentumswechsel **566** 55, 57
Vertragsfreiheit
  Geschäftsraummiete **560** 9a
  Mieterhöhung **557** 47, 50 f
  Mietrecht **557** 1
Vertragspfandrecht
  s Pfandrecht
Vertragsschluss
  Benachteiligungsverbot **19 AGG** 43 ff
Vertragsstrafe
  Vermieterpfandrecht **562** 26
Vertragsübernahme
  Mietsicherheit **566a** 7
Vertragsverletzung
  berufliche Tätigkeit, Ausübung in gemieteten Wohnräumen **573** 55a
  Erfüllungsgehilfen **573** 61c
  Gebrauch, vertragswidriger **573** 55 f
  Geringfügigkeit **573** 55
  Kündigung, ordentliche **573** 1, 30 ff, 55 f, 61a f
    s a dort
  Minderung, unberechtigte **573** 49a
  Sozialklausel **574** 19 ff
  Veranlassung durch Vermieter **573** 61b
  Vernachlässigung **573** 56, 61b
  Verwahrlosung **573** 56
  Wiederholung trotz Abmahnung **573** 55
Vertragsverweigerung
  Aufhebungsvertrag **21 AGG** 11
  Benachteiligung **3 AGG** 3; **21 AGG** 10 f
Verwahrlosung
  Kündigung, ordentliche **573** 56
Verwalterkündigung
  Kündigungsinteresse, berechtigtes **573** 199
Verwandte
  Eigenbedarf **573** 81
Verweisungsrecht
  Vermieterpfandrecht **562a** 1, 8, 15, 20 f
Verwertungskündigung
  Abbruchmaßnahmen **573** 148, 153, 156, 175
  Ausschluss **573** 143; **573a** 28
  Begründungspflicht **573** 212 ff, 221
    Renditevergleich **573** 213
    Wirtschaftlichkeitsberechnung **573** 165, 213
  Behinderung der Verwertung **573** 157 ff
  Betriebsbedarf **573** 177 ff
    Rechtsmissbrauch **573** 184
  Beweislast **573** 146
  Darlegungslast **573** 146
    sekundäre Darlegungslast **573** 146
  Dauerwohnrecht, Bestellung **573** 147
  Eigentumsgarantie **573** 142

Verwertungskündigung (Forts)
  Eigentumswechsel **573** 162
    Erwerb von Todes wegen **573** 162
  Einwände des Mieters **573** 171
  Erbbaurecht, Bestellung **573** 147
  Freikündigung **573** 162, 175
  Gebrauchsüberlassung, entgeltliche **573** 147
  Gefälligkeitsmiete **573** 174
  Gründe, betriebliche **573** 216
  Gründe, vernünftige und nachvollziehbare **573** 152
  Interesse, berechtigtes **573** 1
  Interesse, konkretes **573** 144
  durch juristische Person **577a** 26
  Kauf bricht nicht Miete **566** 66
  Kündigung, ordentliche **573** 142 ff
  Kündigungssperrfrist **577a** 41
  Mieterhöhung **573** 174
  Mischmietverhältnis **573** 147
  Nachteile, erhebliche **573** 160 ff
    Erheblichkeit **573** 166
    Mehrerlös **573** 169 f
    Mindererlös **573** 167 f, 170
    Vergleichsrechnung **573** 165
  Nießbrauchsbestellung **573** 147
  Nutzung, gewerbliche **573** 148, 177a
  Realisierung der Verwertung **573** 146
  Rechtsmissbrauch **573** 153, 171 f
  Sanierungsmaßnahmen **573** 148, 156, 215
  Selbstnutzung **577a** 30
  Sozialklausel **574** 68 ff
  Sozialpflichtigkeit des Eigentums **573** 150
  Umbaumaßnahmen **573** 147, 148, 153
  Verkauf **573** 147, 151 f, 214
  Vermieterstellung **573** 145
  Vermietung **573** 147
  Verpachtung **573** 147
  Verwertung, spekulative **573** 153
  Verwertung, wirtschaftliche **573** 147 f
    Angemessenheit **573** 150 ff
    Genehmigungen **573** 148
    Grundstück **573** 149
    – vermietetes Grundstück **573** 153, 163
    Hinderung an der Verwertung **573** 149, 157 ff
  Verwertungsabsicht **573** 144
  Wegfall des Verwertungsinteresses **573** 172 f
  Wohnungseigentum, Begründung zum Zweck der Veräußerung **573** 147, 175
  Wohnungsumwandlung **577a** 1, 3, 5
  Zweckentfremdung von Wohnraum **573** 155 f
Verwirkung
  Indexmiete **557b** 28
  Kündigungsrecht **569** 26, 62, 71
  Mieterhöhung **559b** 8
  Rückzahlungspflicht **557** 35, 81

Verwirkung (Forts)
  Staffelmiete **557a** 17
Verzug
  Mängelbeseitigung **566** 78
  Mieterhöhung **558b** 9c ff
Verzugszinsen
  Mieterhöhung **558b** 9c, 10a
Vetter
  Eigenbedarf **573** 84
Vorausverfügung über die Miete
  Aufrechnung **566d** 1 ff
  Baukostenzuschuss **566b** 11 f, 24
  Begriff **566b** 20 f
  Beweislast **566b** 37; **566c** 15
  Eigentumsübergang **566b** 29 ff
  Einmalmiete **566b** 22 f
  Erwerberschutz **566b** 3, 21
  Formularvertrag **566b** 36; **566c** 16
  Genehmigung des Erwerbers **566c** 12
  Grundstücksmiete **578** 3
  Grundstücksveräußerung **566** 71; **566b** 1 ff
  Insolvenz des Vermieters **566b** 17 ff
  Interessenausgleich **566b** 3
  Jahresmiete **566b** 33
  Kalendermonat, laufender **566b** 32
  Kenntnis des Erwerbers **566b** 35; **566c** 10 ff
  Kenntnis des Mieters **566c** 14
  Mieterschutz **566b** 2, 25 f
  Quartalsmiete **566b** 33
  Raummiete **578** 4
  Umgehungsgeschäfte **566b** 34
  Veräußerung der Mietsache **566b** 2
  Vereinbarungen, abweichende **566b** 36; **566c** 16
  Verrechnungsabreden, nachträgliche **566b** 29
  Vertragsänderung **566b** 22, 29
  Weiterveräußerung des vermieteten Grundstücks **567b** 6
  Wirksamkeit **566b** 32 ff
  Zustimmung des Erwerbers **566b** 36
  Zwangsversteigerung **566b** 8 ff
  Zwangsverwaltung **566b** 13 ff
  Zwischenvermietung, gewerbliche **565** 21
Vorauszahlungsklauseln
  gewerbliche Miete **579** 11
  Miete, Fälligkeit **579** 10 f
  Wohnraummiete **579** 12
Vorderhaus
  Kündigung **573a** 15
Vorenthaltung der Mietsache
  Entschädigung **561** 23
  Mieterhöhung **561** 23
  Schadensersatz **571** 3, 5 f
    Billigkeit **571** 7 ff
  Vermieterpfandrecht **562** 6, 27; **562b** 11
  Verschulden des Mieters **571** 5 f
Vorerbschaft
  Kündigungsrecht des Nacherben **573d** 7

Vorerbschaft (Forts)
  Vermieterpfandrecht 562 15a
Vorkaufsrecht
  Ausschluss 577 45 ff, 82
    Kündigungsgrund, gleichzeitiger 577 47 ff
  Ausübung 577 61 f, 68, 79
    Auskunftsanspruch 577 68
    Erklärung, schriftliche 577 63 f
    Frist 577 6, 57, 65 f, 70, 78, 84
    Kaufvertrag Mieter/Verkäufer 577 68 ff
    – Erfüllung 577 68b
    Maklerlohn 577 68a
    Nebenabreden 577 68
    Schriftform 577 64
    Vertragskosten 577 68
  Berechtigung des Mieters 577 52 ff
  Beseitigungsanspruch 577 80
  Ehegatte 577 75
  Eintrittsrecht bei Tod des Mieters 577 74 ff, 84
  Erfüllungsanspruch 577 55, 68, 79
  Familienangehörige 577 45 ff, 75
  gesetzliches Rücktrittsrecht 577 36
  gesetzliches Vorkaufsrecht 577 1, 52, 80
  Grundstücksbelastung, Vollmacht zur 577 68
  Haushaltsangehörige 577 4, 45, 47, 75
  Identität Vermieter/Verkäufer 577 13, 47
  Kaufpreis 577 5 f, 68
  Kinder 577 75
  Lebenspartner 577 4, 75
  mehrere Vorkaufsberechtigte 577 67
  Mietaufhebungsvertrag 577 87 f
    Abfindungsvereinbarung 577 87 f
  Mieterschutz 577 5, 7, 46, 68
  Mietverhältnis 577 37 ff
    Konfusion 577 68b
  Mietverhältnis, gestuftes 577 8a
  Nutzungsrechte, dingliche 577 27
  persönliches Vorkaufsrecht 577 1, 52
  Schadensersatzpflicht 577 78 ff
    Nichterfüllungsschaden 577 80
    Verkehrswert 577 80
    Vorteilsausgleichung 577 80
  Schenkung 577 33
  Schriftform 577 1, 4
  Sonderrechtsnachfolge 577 74
  sozialer Wohnungsbau 577 5, 7
  Sozialträger, Verträge mit 578 25
  Tausch 577 33
  Tod des Mieters 563 58; 577 1, 74, 84
  Übertragbarkeit 577 85
  Umgehungsgeschäfte 577 33
  Unterlassungsanspruch 577 80
  Unterrichtspflicht 577 1, 56, 59, 65
    Verbindung Unterrichtung/Mitteilung 577 60
  Unübertragbarkeit 563 58; 577 74

Vorkaufsrecht (Forts)
  Verbrauch 577 43, 70
  Vereinbarungen, abweichende 577 1, 81 ff
    nachträgliche Vereinbarungen 577 86
  Vererblichkeit 577 85
  Verkäufermehrheit 577 61
  Verkauf aus Insolvenzmasse 577 34, 71
  Verkauf im Wege der Zwangsvollstreckung 577 34, 71
  Verkaufsfall, erster 577 43 f, 70 ff
  Verkaufsfall, weiterer 577 72 f
  Verzicht 577 84, 88
  Vorkaufsfall 577 52 f, 77
    Mitteilungspflicht 577 56 ff, 65
  Vormerkung 577 53 f
  Wohlfahrtspflegeträger 577 8a
  Wohnraum, Veräußerung an Dritte 577 8 ff, 28 ff
    Dauernutzungsverträge 577 8
    Einliegerwohnung, möblierte 577 9
    Einzelverkauf 577 29 f
    Erwerbermodell 577 23
    Gebrauch, vorübergehender 577 9
    Gemeinschaftsräume 577 8
    Gesamtverkauf 577 69, 73
    Gesellschaft, Einbringung in eine 577 33
    Jugendwohnheim 577 4, 9
    Kaufvertrag 577 33 ff, 62, 79, 83
    – Auskunftsanspruch 577 80
    – Genehmigungen 577 35
    – Rücktrittsvorbehalt 577 79
    Mehrheit von Verträgen 577 33
    Mietverhältnis 577 8 ff
    Mischmietverhältnis 577 8
    Nebenräume 577 8, 29 f
    Paketverkauf 577 31
    Rücktrittsrecht 577 36
    Scheingeschäft 577 35, 62
    Studentenwohnheim 577 4, 9
    Überlassung an den Mieter 577 16
    Umwandlung, vollzogene 577 19, 24 f
    Umwandlungsabsicht 577 20 ff
    Untermiete 577 11 ff
    Wohnungsbedarf, dringender 577 9
    Zwischenvermietung, gewerbliche 577 12
  Wohnungseigentum, Begründung 577 1, 16 ff
    Bestimmbarkeit 577 23
    Bestimmtheit 577 23
    Rechtsmissbrauch 577 23
    Teilungserklärung 577 23, 25
    Umwandlungsabsicht 577 73
    – Dokumentation 577 25
    – Kenntnis des Mieters 577 25a
  Wohnungsumwandlung, Zeitpunkt 577 24
  Zwangsverwaltung 577 61
Vorleistungsklausel
  Miete, Fälligkeit 579 10

Vorleistungspflicht
 Einmalmiete **579** 6
 Miete **579** 2, 5
Vormerkung
 Grundstücksmiete **566** 6
 Vorkaufsrecht **577** 53 f
Vorratskündigung
 Eigenbedarfskündigung **573** 66, 92, 141
Vorratsraum
 Kündigungsfrist **580a** 30
Vorvertrag
 Mietvertrag **566** 11

Wärmebedarfsrechnung
 Modernisierungsmaßnahmen **559b** 23 f
Wärmecontracting
 Kostenumlage **557** 7
 Modernisierungsmaßnahmen **559** 18
 Vergleichsmiete **558** 50
Wärmedämmung
 Modernisierungsmaßnahmen **559** 44
 Vergleichsmiete, ortsübliche **558** 55
Wärmedurchgangskoeffizient
 Modernisierungsmaßnahmen **559b** 23, 26
Wärmelieferung
 Eintritt in den Mietvertrag **563b** 5
 gewerbliche Miete **578** 5
 Raummiete **578** 5
Wäsche
 Fahrnismiete **580a** 37
Waffenbesitz
 Kündigung aus wichtigem Grund **569** 55
Wandfläche
 Besitzüberlassung **566** 9, 53
 Grundstücksmiete **578** 6 f; **580a** 15
Warenlager
 Sicherungsübereignung **562** 17a
 Vermieterpfandrecht **562** 12, 16, 17a
Warmwasserversorgung
 Modernisierungsmaßnahmen **559** 42
Wartefrist
 s a Kündigungssperrfrist
 Indexmiete **557b** 28 f, 36, 38
 Mieterhöhung **557** 45, 73; **558** 4 ff; **558a** 28
 Mindestfrist **558** 6
Waschkeller
 Teilkündigung **573b** 9
Wassereinsparung
 Modernisierungsmaßnahmen **559b** 23 ff
 Nachhaltigkeit **559b** 23
Wassergerechtigkeit
 Mietgebrauch, Beeinträchtigung **567** 27
Wasserschaden
 Hausfrieden **569** 55
 Kündigung, ordentliche **573** 56
Wechsel
 Vermieterpfandrecht **562** 8
Wegegerechtigkeit
 Mietgebrauch, Beeinträchtigung **567** 27

Wegnahmerecht, Abwendung
 gewerbliche Miete **578** 4
 Raummiete **578** 4
Weidegerechtigkeit
 Mietgebrauch, Beeinträchtigung **567** 27
Weitervermietung
 durch Arbeitgeber **565** 7
 Fürsorge **565** 6 ff
 Gemeinnützigkeit **565** 6 ff
 Geschäftsraummiete **580a** 34
 gewerbliche Weitervermietung **565** 1 ff
  Gewerbebegriff **565** 6
  Gewinnerzielungsabsicht **565** 6 f
  Nähebeziehung **565** 6
  Vereinbarungen, abweichende **565** 23
 an Künstler **565** 8
 Mildtätigkeit **565** 6 ff
 Weitervermietung durch anerkannte private Träger der Wohlfahrtspflege **575** 17
 Weitervermietung durch juristische Personen des öffentlichen Rechts **575** 17
Weltanschauung
 Differenzierungsverbot **1 AGG** 3; **19 AGG** 3, 16
Werkdienstwohnung
 s a Werkwohnung
 Arbeitsrecht **576b** 13
 Arbeitsvertrag **576b** 1
 Ausstattung mit Einrichtungsgegenständen **576b** 9 f
 Beendigung der Raumnutzung **576b** 4
 Begriff **576b** 1, 4
 Betriebsbedarf **576b** 23
 Dienstverhältnis **576** 7; **576b** 1
  befristetes Dienstverhältnis **576b** 14 f
  Begriff **576b** 5
  Rechtsgrundlage der Wohnraumüberlassung **576b** 1, 3 f, 7 f, 28
  unbefristetes Dienstverhältnis **576b** 16 ff
  Vergütung **576b** 4
 Gebrauchsfortsetzung **576b** 26
 Kauf bricht nicht Miete **566** 24
 Kündigung **576b** 16, 19 ff
  Kündigungserklärung **576b** 20
  Kündigungsfrist **576b** 21
  Kündigungsgrund **576b** 23
  Mitbestimmung **576b** 24
  Sonderkündigungsrecht **576b** 22
 Kündigungsrecht **573** 178a ff
 Mietrecht **576b** 1 f, 9 f, 13, 26, 30
  soziales Mietrecht **576b** 3
 Mietvertrag **576b** 27
 Nutzung, gemeinsame **576b** 9, 11 f
 öffentlicher Dienst **576b** 5 f
 Rechtsweg **576b** 28 f
 Schuldverhältnis, gesetzliches **576b** 17 f, 26
 Schutz des Dienstverpflichteten **576b** 3
 Sozialklausel **576b** 25, 30

Werkdienstwohnung (Forts)
Vereinbarungen, abweichende **576b** 1, 30
Verpflichtung, die Werkdienstwohnung zu bewohnen **576b** 6
Vertrag, gemischter **576b** 4
Zeitmietvertrag **575** 35
Zuständigkeit **576b** 28 f
Werkförderungsvertrag
Belegungsrecht **566** 59
Kauf bricht nicht Miete **566** 59
Mieterhöhung **557** 67
Ausschlussvereinbarung **557** 67
Zustimmung des Darlehensgebers **557** 39, 67
Mietverhältnis, geschäftliches **576** 47
Werkleistungen
Gegenleistung des Mieters **557** 38, 65
Werkmietwohnung
s a Werkwohnung
Begriff **576** 1, 5
Bestandsschutz **576** 11
Bestandsveränderung **576** 25
Betriebsbedarf **575** 33 ff; **576** 21, 40
Dienstverhältnis **576** 5 ff
Arbeitsverhältnis im öffentlichen Dienst **576** 7
Auflösung durch den Mieter **576a** 1
– Anlass, gesetzlich begründeter **576a** 8 ff, 15
Beendigung **576** 16, 21, 23 f, 29 ff
– Verfahren, arbeitsgerichtliches **576** 30
– vorzeitige Beendigung **576** 28
– wichtiger Grund **576a** 11
Lösung durch den Dienstberechtigten **576a** 14 ff
Lösung durch den Mieter **576a** 8 ff
öffentlich-rechtliches Dienstverhältnis **576** 7
Verknüpfung Dienstverhältnis/Mietverhältnis **576** 13 ff, 33 ff
funktionsgebundene Werkmietwohnung **576** 33, 41 ff; **576a** 1, 7
gewöhnliche Werkmietwohnung **576** 33 ff
Überlassungszeit **576** 35
Karenzzeit **576** 35, 37
Kündigung **576** 17 ff, 26 ff
Interesse, berechtigtes **576** 21; **576a** 3
Mitbestimmung **576** 20, 23 f, 47
ordentliche Kündigung **576** 33
Schriftform **576** 22
Sozialklausel **576** 22
Kündigung, ordentliche **573c** 17
Kündigungsfrist **576** 1, 3 ff, 21, 35, 37, 44; **576a** 7
Kündigungsmöglichkeiten, arbeitsrechtliche **576** 19
Kündigungsrecht **573** 178a ff
Zustimmung des Betriebs-/Personalrats **573** 183

Werkmietwohnung (Forts)
Kündigungstermin **576** 38 ff
Mieterschutz **576a** 1
Mietverhältnis auf unbestimmte Zeit **576** 17, 27
Neubelegung **576a** 3
Rechtsweg **576** 47
Sonderkündigungsrecht **576** 21, 26, 33 f, 40 f
Sozialklausel **574** 11; **576a** 1, 3 ff
Ausschluss **576a** 7, 13, 16
Belange des Dienstberechtigten **576a** 4 ff
Belange Dritter **576a** 5
Untermietverhältnis **576** 11
Vereinbarungen, abweichende **576** 46; **576a** 17
werkseigene Werkmietwohnung **576** 11
werksfremde Werkmietwohnung **576** 12
Wohnraummiete **576** 10 f, 26
Zeitmietvertrag **575** 33 ff; **576** 28
Zuständigkeit **576** 47
Werkswohnung
Kappungsgrenze **558** 46
Kauf bricht nicht Miete **566** 75
Werkunternehmerpfandrecht
Vermieterpfandrecht **562a** 5
Werkwohnung
Arbeitsverhältnis **576** 1 f, 4
Begriff **576** 4
Bestandsschutz **576** 2
Betriebsbedarf **573** 178 ff; **575** 33 ff
Dienstverhältnis **576** 1 ff
Ehescheidung **576** 4
Kündigung, ordentliche **573** 178 ff
Kündigungsfrist **576** 3
Mieterschutz **576** 2
Mietverhältnis, Beendigung **576** 3
Werkdienstwohnung **576** 1, 4
s a dort
Werkmietwohnung **576** 1, 4
s a dort
Zeitmietvertrag **575** 33 ff
Wertpapiere
Sicherheitsleistung **562c** 7
Rückgewährpflicht des Erwerbers **566a** 30
Wertsicherungsklauseln
Gewerberaummiete **557b** 7
Mieterhöhung **557b** 2 f, 7
Staffelmiete **557b** 40
Wiederzulassung **557** 5
Wohnraummiete **557b** 16
Widerruf
Verbrauchervertrag **557** 44
Widerrufsfrist
Verbrauchervertrag **557** 44
Widerrufsrecht
Verbrauchervertrag **557** 40 ff
Indexmiete **557b** 14

Wiedervermietungsmiete
  s a Mietpreisbremse
  Begrenzung **557a** 13a f
  Indexmiete **557b** 1, 5, 12, 39a
  Mieterhöhung **557** 8, 45
  Mietpreisbremse **557a** 4a
  Staffelmiete **557a** 13
Wirtschaftlichkeit
  Betriebskosten **560** 1
Wirtschaftlichkeitsgebot
  Modernisierungsmaßnahmen **559** 27, 40 f
Wirtschaftlichkeitsgrundsatz
  Betriebskosten **560** 1, 4, 8, 54
Wochenmiete
  Fälligkeit **579** 7
  Kündigungsfrist **580a** 22, 24
Wohlfahrtspflegeträger
  Anmietung von Räumen **578** 15 ff
  Aufgaben, öffentliche **578** 26
  Besitzrecht des Untermieters **578** 25, 27
  Hauptmietvertrag **578** 18
    Befristung **578** 26 f
    Kündigung **578** 25
    Verlängerung **578** 26 f
  Kündigungsschutz **578** 16
  Mieterhöhung **578** 25
  Mieterschutz **578** 16 f
  Untermietvertrag **578** 21 ff
  Vorkaufsrecht **578** 25
  Wohnungsbedarf, dringender **578** 20, 25
  Wohnungsumwandlung **578** 25
  Zeitmietvertrag **578** 26
  Zwischenvermietung, gewerbliche **578** 16
Wohnbedarf
  Alternativwohnung **573** 126
  Angemessenheit **573** 98 f
  Eigenbedarfskündigung **573** 97 ff
  überhöhter Wohnbedarf **573** 118 ff
  Vorhersehbarkeit **573** 113 ff
Wohnberechtigungsbescheinigung
  Tod des Inhabers **563** 58
Wohnen
  behindertengerechtes Wohnen
    s dort
  seniorengerechtes Wohnen
    s dort
Wohnflächenverordnung
  Vergleichsmiete, ortsübliche **558** 46
Wohngeld
  Modernisierungsmaßnahmen **559** 58
Wohngemeinschaft
  Eintrittsrecht bei Tod des Mieters **563** 27, 30
  Mieterhöhungsverlangen **558a** 74
Wohnraum
  Begriff **578** 14
  Versorgung der Bevölkerung **558** 86 f
Wohnraum, preisgebundener
  s a Preisbindung

Wohnraum, preisgebundener (Forts)
  Ablauf der Preisbindung **558** 39
  Auskunftsanspruch **558** 91 f
  Berliner Wohnraum **560** 10a, 13, 14
  Betriebskostenanpassung **560** 9
  Fördertatbestände **558** 25
  Indexmiete **557b** 8
  Kappungsgrenze **558** 76
  Kündigungssperrfrist **569** 108
  Mieterhöhung **557** 22 ff, 26; **558** 12; **561** 4 f
  Mietsenkung **558** 12
  Preisbindung, vertragliche **557** 25
  Preisbindung, Wegfall **557** 26, 75; **558** 12, 18 f, 70, 76
  Sonderkündigungsrecht **561** 4 f
  Staffelmiete **557a** 7 f
Wohnraumförderung
  Übergangsregelung **557** 24
  Übertragung auf die Länder **557** 24; **557a** 7
  Wohnungsveräußerung **577** 2
Wohnraummiete
  Abgrenzung **580a** 19, 33
  Allgemeines Gleichbehandlungsgesetz **1 AGG** 5; **2 AGG** 1 f
  Aufrechnungsrecht **579** 2
  Bedingung, auflösende **572** 7 ff; **575** 12
  Befristung **575** 1 ff
  Benachteiligungsverbot **19 AGG** 21
  Bestandsschutz **571** 4; **577** 87; **577a** 7 f
  Eintrittsrecht bei Tod des Mieters **563** 4
  Erfüllungsübernahme **567a** 3
  Gebrauch, vorübergehender **573c** 1, 33; **575** 17; **19 AGG** 21
  Differenzierungsverbot **19 AGG** 1
  Großvermieter **19 AGG** 40
  Hausfrieden, Störung **569** 37
  Indexmiete **557b** 7, 16
  Kauf bricht nicht Miete **566** 86 f
  Kautionsverzug **569** 65
  Kleinvermieter **19 AGG** 22, 32
  Kündigung **568** 1, 6; **569** 27 f
    konkludente Kündigung **569** 28
    ordentliche Kündigung **569** 36
  Kündigung, ordentliche **573c** 1 ff
  Kündigungsfrist **580a** 17
  Kündigungsschutz **573** 10
  Mieterhöhung **557** 2 ff, 21, 49; **558** 1 ff; **561** 5
  Mietvertrag auf Lebenszeit **575** 8
  Modernisierungsmaßnahmen **559** 8
  möblierter Wohnraum innerhalb der vom Vermieter bewohnten Wohnung **573c** 1, 3, 34 ff
  Näheverhältnis, besonderes **19 AGG** 38
  Pflichtverletzung **569** 36
  Raummiete **578** 10, 14
  Rücktrittsrecht, vereinbartes **572** 1 ff
  Schadensersatzpflicht des Mieters **571** 4
    Billigkeit **571** 7 ff
    Räumungsfrist, gerichtliche **571** 10 ff

Wohnraummiete (Forts)
  Vereinbarungen, abweichende **571** 13
  Vollstreckungsschutz **571** 10
  Sicherheitsleistung **566a** 6
  Sozialklausel **574** 8 f
  Staffelmiete **557a** 6
  Teilkündigung **573b** 8
  Überlassungspflicht **566** 53
  Verbraucherschutz **557** 40
  Vereinbarungen über die Miete **566c** 3
  Vergleichsmietensystem **558** 1 f
  Vermieterpfandrecht **562** 22, 38; **562a** 18
  Vertrauensverhältnis, besonderes
    19 AGG 38
  Vorauszahlungsklauseln **579** 12
  Vorleistungspflicht **579** 5
  Vorleistungspflicht des Mieters **579** 1 f
  Wertsicherungsklauseln **557b** 16
  Zeitmietvertrag **575** 6
  Zurückbehaltungsrecht **579** 2
  Zwischenvermietung, gewerbliche **565** 4 ff
Wohnung
  Begriff **573a** 6
  Einliegerwohnung **573a** 6 f
  möblierte Wohnungen
    s dort
  Verkehrsanschauung **573a** 6
Wohnungsbauförderung
  Bewohnerstrukturen, sozial stabile
    1 AGG 5; **19 AGG** 39 f
  Siedlungsstrukturen, ausgewogene
    1 AGG 5; **19 AGG** 39 f
  wirtschaftliche/soziale/kulturelle Verhältnisse, ausgeglichene **1 AGG** 5;
    19 AGG 39 f
Wohnungsbaugenossenschaft
  Gleichbehandlung **557** 65a
  Kündigungsverzicht **573** 241c
Wohnungsbesichtigung
  Entbehrlichkeit **558a** 60
  Sachverständigengutachten **558a** 60
Wohnungseigentümer
  Sondernutzungsrechte **567** 5
Wohnungseigentum
  s a Eigentumswohnung
  Begründung zum Zweck der Veräußerung
    573 147, 175; **577** 1
  Blockverkauf mit Umwandlungsabsicht
    577 32
  Einräumung, vertragliche **566** 19
  Eintritt in den Mietvertrag **566** 17 ff
  Erfüllungsübernahme **567a** 3
  Gebrauchsregelung **566** 18; **567** 5
  Insolvenzverwaltung **577a** 13
  Paketverkauf **577** 31
  Sondernutzungsrechte **566** 18; **567** 4 f
  Teilungserklärung **566** 19
  Testamentsvollstreckung **577a** 13
  Vermächtnis **577a** 13

Wohnungserbbaurecht
  Eintritt in den Mietvertrag **567** 11
  Gebrauchsentziehung **567** 3
Wohnungsgröße
  Beschaffenheitsvereinbarung **557** 65
  Mieterhöhung **557** 65
  Mietvertrag **558** 96
  Modernisierungskosten **559** 43
Wohnungsmarkt
  Ersatzwohnraum **574** 53
  Sozialklausel **574** 4
  Überbelegung **573** 60
Wohnungsmärkte, angespannte
  Definition **558** 83
  Indikatoren **558** 83 f
  Mietpreisbremse **557b** 5; **558** 83
  Modernisierungsmaßnahmen **559a** 2
Wohnungsrecht
  Bestellung, nachträgliche **567** 9
  Eintritt in den Mietvertrag **567** 8 ff
  Erlöschen **567** 11
  Gebrauchsentziehung **567** 3
  Kauf bricht nicht Miete **566** 16; **567** 9
  Kündigungssperrfrist **577a** 28
  Mietgebrauch, Beeinträchtigung **567** 4
  Teil der vermieteten Räume **567** 9, 27
  Vermietungsgestattung **567** 11
Wohnungsumwandlung
  Bestandsschutz **577a** 7 f
  Betriebsbedarf **577a** 26
  Eigenbedarfskündigung **577a** 1, 3, 5, 21 f, 41
  Erwerbermodell **577** 23
  Interessen, berechtigte **577a** 4, 18
  Kündigungsbeschränkung **574** 1; **577a** 1, 3; **578** 25
  Kündigungsgründe **577a** 41
  Kündigungssperrfrist **573** 14a; **577** 4a; **577a** 2, 7 f, 18
  Münchener Modell **577a** 21
  Sozialträger, Verträge mit **578** 25
  Sprungauflassung **577** 17
  Übergangsrecht **577a** 44
  Umgehungsgeschäfte **577a** 8, 10, 17
  Veräußerung des Wohnungseigentums
    577a 13 ff
    an juristische Person **577a** 20
  Vereinbarungen, abweichende **577a** 27
  Verwertungskündigung **577a** 1, 3, 5, 41
  vollzogene Umwandlung **577** 19, 24 f
  Vorkaufsrecht **577** 1 ff
  Wartefrist **577a** 9 ff
    s a Kündigungssperrfrist
    erweiterte Wartefrist **577a** 35 ff
  Wohnraum, öffentlich geförderter **577** 2
  Wohnraum, Veräußerung an Dritte
    Umwandlungsabsicht **577** 20 ff, 25 f
  Zehnjahresfrist **577a** 35 ff
Wohnungszuweisung
  Ehewohnung **573** 57a

Wohnwagen
  Fahrnismiete **580a** 37
  Kündigungsfrist **580a** 17
Wohnwertmerkmale
  Vergleichsmiete, ortsübliche **558** 40 ff;
    558a 37 f, 68, 71, 72, 74
Wuchermiete
  s Ausreißermiete
Wucherverbote
  Mieterhöhung **558** 4; **559** 9
  Staffelmiete **557a** 13
Zäsur im Mietverhältnis
  Eigentumswechsel **566** 69 f
  Fälligkeitsprinzip **566** 69 f
  Parteiwechsel **565** 12, 14
    Untermiete **565** 14
  Vermieterpflichten **566** 73 ff
Zahlung unter Vorbehalt
  einfacher Vorbehalt **569** 87
  Erfüllungswirkung **569** 87
  qualifizierter Vorbehalt **569** 87
Zahlungsauftrag
  Mietzahlung, Rechtzeitigkeit **573** 47
Zahlungsunfähigkeit
  Mieter **573** 49, 53
Zahlungsverzug des Mieters
  s a Mietrückstände
  Aufrechnung **569** 90, 102
  Auszug des Mieters **569** 79
  Baukostenzuschuss **573** 48
  Befriedigung des Vermieters **569** 84 ff
    Stelle, öffentliche **569** 94 ff
  Betriebskosten **573** 48
  Eigentumswechsel **566** 70
  Entschädigung **569** 91, 94
  Erheblichkeit der Pflichtverletzung
    573 46 f
    Dauer der Rückstände **573** 46 f
    Höhe der Rückstände **573** 46 f
  Fälligkeit **573** 47
  Fahrlässigkeit **573** 49
  Gebrauch, vorübergehender **569** 78
  Gläubigerbefriedigung **569** 91 ff
  Heilung **573** 51
  Hinterlegung **569** 90
  Kautionsverzug
    s dort
  Kenntnis des Mieters **573** 50
  Klageänderung **569** 82
  Kleinbeträge **569** 85
  Kosten **569** 88
  Kündigung aus wichtigem Grund **569** 2,
    74 ff; **573** 50; **574** 19 f
    Ausschluss **569** 79 ff
    Begründung **569** 116 ff
    – einfache Fälle **569** 116
  Kündigung, ordentliche **573** 36, 46 ff, 207

Zahlungsverzug des Mieters (Forts)
  hilfsweise ordentliche Kündigung
    573 53a; **574** 20a
  Kündigungsbegründung **569** 119 ff;
    573 201a
  Kündigungsrecht **569** 70
  Kündigungssperrfrist **569** 108 f; **573** 47
  Leistungsfähigkeit, finanzielle **573** 53
  Miete **573** 48
  Mieterschutz **569** 74, 86
  Mietvorauszahlungen **573** 48
  Nachholrecht **569** 79 ff
  Notlage, wirtschaftliche **573** 53
  Obliegenheitsverletzung des Mieters **573** 50
  Prozesskosten **573** 48, 52
  Rechtsirrtum **573** 49
  Rechtzeitigkeit der Zahlung **569** 86
  Rückstände, Berechnung **569** 76a
  Rückstände, Erheblichkeit **569** 74 ff
  Rückstände, Gesamthöhe **569** 76
  Rückstände, Höhe **573** 49a
  Schadensersatzpflicht **569** 73
    Obhutspflichtverletzung **573** 48
  Schonfrist **569** 79 ff, 90, 132 ff
    zweite Kündigung **569** 100 ff
  Schonfristzahlung **573** 51 ff
  Sperrfrist **569** 75, 103 ff
  ständige unpünktliche Zahlung **569** 112;
    573 47a
  Tatsachenirrtum **573** 49
  Teilleistungen **569** 84
  Tilgungsbestimmung **569** 88 f
  Tod des Vermieters **573** 49
  Verschulden **573** 49 ff
  Vertragsverletzung **573** 36, 46 ff
  Verzugszinsen **569** 88
  Vorsatz **573** 49
  Wiederaufleben des Mietverhältnisses
    569 91
  Wohlverhalten, nachträgliches **573** 52
  Zahlung unter Vorbehalt **569** 87
  Zahlungsunfähigkeit, unverschuldete
    573 49, 53
Zeitcharter
  Frachtvertrag **578a** 1
Zeitmietvertrag
  Abriss **575** 25
  Änderungsvertrag **575** 7
  Anspruch auf Fortsetzung **575** 56, 63 ff
  Anspruch auf Zustimmung **558b** 7
  Baumaßnahmen **575** 23 ff, 40 f
    Beseitigung **575** 23 ff
    Instandsetzung **575** 27 ff
    Luxusmodernisierung **575** 32
    Veränderung, wesentliche **575** 23 f, 26 ff
  Beendigung **575** 47, 50
    kalendermäßige Bestimmbarkeit **575** 7
    kalendermäßige Bestimmung **575** 7
    Befristung ohne Sachgrund **575** 17

Zeitmietvertrag (Forts)
Befristungsgrund 575 18 ff, 36 ff, 78
  s a dort
Bestandsschutz 575 5, 10, 40
Betriebsbedarf 575 33 ff, 42
Beweislast 575 1, 49, 78, 82
Darlegungslast 575 78, 82
Eigennutzung, beabsichtigte 575 19 ff, 38 f
einfacher Mietspiegel 575 14, 15a
einfacher Zeitmietvertrag 575 3 ff, 89
Eintritt in den Mietvertrag 575 61
Ersatzmieter 575 46
Ferienwohnung 575 22
Fortsetzungsanspruch
  s Fortsetzungsanspruch (Zeitmietvertrag)
Gebrauchsfortsetzung 575 48, 67
Grundstücksveräußerung 575 61
Kettenmietvertrag 575 85
Kündigung, außerordentliche 575 50; 575a 1 ff
  Dreimonatsfrist 575a 1
  Frist, gesetzliche 575a 1, 3 f
  Interesse, berechtigtes 575a 3, 12
  Kündigungsfristen 575a 11
    Fristverkürzung 575a 12
  Mieter 575a 5 f
  Sozialklausel 575a 1, 3, 9 f, 12
  Vereinbarungen, abweichende 575a 1, 12
  Vermieter 575a 7 f
  Zweiwochenfrist 575a 1
Kündigung, ordentliche 575 46
  Ausschluss 575 46
Kündigungsausschluss 575 14 ff, 46
Mieterhöhung, Ausschluss 557 55 ff
Mieterhöhungsverlangen 575 6
Mietverhältnis, befristetes 575 6 ff
Mietvertrag für mehr als ein Jahr 575 7
qualifizierter Zeitmietvertrag 557a 20
Räumungsfrist, Ausschluss 575 47
Räumungsschutz 575 47
Sachgrund 575 1, 3, 16, 18 ff
soziales Mietrecht 575 46
Staffelmiete 557a 20
Stellvertretung 575 49
Übergangsrecht 575 88 f
unberechtigter Vertragsschluss 575 81
Untermiete 575 6
Vereinbarungen, abweichende 575 1, 83 ff
Verlängerung auf unbestimmte Zeit 575 68, 76 f
Verlängerungsanspruch
  s Fortsetzungsanspruch (Zeitmietvertrag)
Vermieterwechsel 575 60
Vertragsänderung 558b 7a; 575 87
Vertragsfortsetzung 575 66
Verwendungsabsicht 575 37, 43 f, 49, 57, 60, 62

Zeitmietvertrag (Forts)
Grundstücksveräußerung 575 61
Vorspiegelung 575 81
Wechsel 575 58
Wegfall 575 81
Verzögerung der Verwendung 575 69 ff, 81
Werkmietwohnung 576 28
Werkwohnung 575 33 ff
Wohnraummiete 575 6; 575a 4
Zeitablauf 575 47, 50
Zulässigkeit 575 16 ff
Zwangsverwaltung 575 49
Zweitwohnung 575 22
Zimmer, möbliertes
  s Möbliertes Zimmer
Zugänge
Kündigung aus wichtigem Grund 569 21
Zugang
Mieterhöhungserklärung 559b 3
Mieterhöhungsverlangen 558 8, 29; 558a 3, 5; 558b 9, 11; 558c 19
Zurückbehaltungsrecht
Ausschluss 570 1 ff
Grundstücksmiete 578 4
Kauf bricht nicht Miete 566d 5
Raummiete 578 4
Rückgabeanspruch des Vermieters 570 1 ff
Zusatzvereinbarung
Eintritt in den Mietvertrag 566 56 f
Zustimmungsklage
Abweisung als unzulässig 558b 17a, 19
Anerkenntnis 558b 36
Augenscheinnahme 558b 34
Begründetheit 558b 16
Beschwerdewert 558b 37
Beweislast 558b 28
Beweismittel 558b 29 ff
Beweiswürdigung 558b 30
Darlegungslast 558b 28
Erledigung in der Hauptsache 558b 36
Klageantrag 558b 25 ff
  Erhöhungsbetrag 558b 25
  Mietverhältnis 558b 25
  Zeitpunkt der Mieterhöhung 558b 25
Klageerhebung 558b 18
Klagefrist 557 73; 558b 2, 12, 15 ff, 19, 26, 28
  Ausschlussfrist 558b 17a
  Fristbeginn 558b 17
  Fristende 558b 17
  Fristverlängerung 558b 17a
  Fristversäumung 558b 17a, 20
Kostenentscheidung 558b 36
Kostentragung 558b 19
Leistungsklage 558b 2, 15, 25
Mieterhöhung 558 9, 15, 18; 558b 1 f
Mieterhöhungsverlangen 558a 15; 558b 16, 19, 25, 28
Mietspiegel 558b 30
Prozessvoraussetzungen 558b 16

Zustimmungsklage (Forts)
  Rechtskraft des Urteils **558b** 9c f
  Sachverständigengutachten **558b** 30, 33 ff
  Schlüssigkeit **558b** 27
  Streitgegenstand **558b** 15, 29
  Streitgenossenschaft, notwendige **558b** 26
  Streitwert **558b** 30, 37
  Stufenklage **558b** 25a
  Substantiierung **558b** 27
  Tenor des Urteils **558b** 9b
  Vollstreckung des Urteils **558b** 2, 15, 25
  Zulässigkeit **558b** 16, 28
  Zuständigkeit **558b** 15
  Zustellung **558b** 18
  Zustimmung zur Mieterhöhung **558b** 36
  Zustimmungsfrist **558b** 13 f, 28
Zwangsversteigerung
  Abrechnungspflicht **566** 84
  Aufrechnung **566d** 3
  Baukostenzuschuss **566b** 11 f
  Eintritt in den Mietvertrag **566a** 13
  Grundstücksteil **566** 35
  Kauf bricht nicht Miete **566** 20, 35, 83 f
  Kündigungsrecht des Erstehers **566** 7, 35; **573d** 7
  Mietforderung, Pfändung **566b** 28
  Sicherheitenrückgewähr **566a** 13
  Sittenwidrigkeit **566** 7
  Vorausverfügung über die Miete **566b** 8 ff
Zwangsverwaltung
  Abrechnungspflicht **566** 84
  Aufrechnung **566d** 4
  Betriebskostenabrechnung **566** 22
  Betriebskostenvorauszahlung **566** 22
  Eintritt in den Mietvertrag **566** 21 ff; **566a** 8 ff
  Grundstücksvermietung an Dritte **566** 22
  Hausstand, unentbehrliche Räume **566** 23
  Kauf bricht nicht Miete **566** 83 f, 94
  Kaution **566** 22
  Mieterhöhungsverlangen **558a** 10
  Mietverhältnis **566** 21 ff
  Mietvorauszahlung **566** 83 f
  Vorausverfügung über die Miete **566b** 13 ff
Zwangsvollstreckung
  Vermieterpfandrecht **562b** 22 f
Zweckentfremdungsgenehmigung
  Verwertungskündigung **573** 155 f
Zweifamilienhaus
  Bestandsschutz **573a** 16
  Kündigungsbegründung **574** 73
  Sonderkündigungsrecht **573a** 12 ff; **574** 71
  Sozialklausel **574** 71

Zweifamilienhaus (Forts)
  Unzumutbarkeit der Vertragsfortsetzung **574** 71
  Vergleichsmiete **558** 45
  Wartefrist **577a** 42
Zweiterwerb
  Eintritt in den Mietvertrag **567b** 3 ff
  Haftung des Vermieters **567b** 7 f
Zweitwohnung
  Eigenbedarf **573** 111
  Kündigungsschutz **574** 8
  Zeitmietvertrag **575** 22
Zwischenerwerb
  Haftung des Vermieters **567b** 7 f
Zwischenumzug
  Härtegrund **574** 57
Zwischenvermietung
  Einliegerwohnung **573a** 6
  Kündigungsfrist **580a** 20
Zwischenvermietung, gewerbliche
  Auskunftsanspruch **565** 15
  Auswechslung des gewerblichen Zwischenvermieters **565** 1, 11 ff
  Bestandsschutz **565** 3 f
  Betriebskostenabrechnung **565** 14
  Geschäftsraummiete **580a** 34
  Grundstücksveräußerung **565** 19
  Hauptmietvertrag **565** 4 ff
  Beendigung **565** 1, 11 ff, 16
  – Anzeige **565** 22
  erneuter Vertragsschluss **565** 17
  Informationspflicht **565** 15
  Kappungsgrenze **565** 14
  Kauf bricht nicht Miete **565** 18 f
  Kündigung **568** 8
  Kündigungsfrist **580a** 20, 34
  Kündigungsinteresse, berechtigtes **573** 200
  Mieterhöhung **565** 14
  Mieterschutz **578** 16
  Mietrückstände **565** 14
  Modernisierungsmaßnahmen **559** 20
  Novationslösung **565** 12 ff
  Parteiwechsel **565** 11 ff
  Schadensersatzansprüche des Mieters **565** 14
  Sicherheitsleistung **565** 20
  Umgehung gesetzlicher Regelungen **565** 9
  Untermietvertrag **565** 10
  Vereinbarungen, abweichende **565** 23
  Verjährungsbeginn **565** 14
  Vorausverfügung über die Miete **565** 21
  Vorkaufsrecht **577** 12
  Zweckabrede **565** 5

J. von Staudingers Kommentar zum Bürgerlichen Gesetzbuch mit Einführungsgesetz und Nebengesetzen

Übersicht vom 1. 3. 2021

Die Übersicht informiert über die Erscheinungsjahre der Kommentierungen in der 13. Bearbeitung und deren Neubearbeitungen (= Gesamtwerk STAUDINGER). *Kursiv* geschrieben sind die geplanten Erscheinungsjahre.

Die Übersicht ist für die 13. Bearbeitung und für deren Neubearbeitungen zugleich ein Vorschlag für das Aufstellen des „Gesamtwerk STAUDINGER" (insbesondere für solche Bände, die nur eine Sachbezeichnung haben). Es wird empfohlen, die Austauschbände chronologisch neben den überholten Bänden einzusortieren, um bei Querverweisungen auf diese schnell Zugriff zu haben. Bei Platzmangel sollten die ausgetauschten Bände an anderem Ort in gleicher Reihenfolge verwahrt werden.

		Neubearbeitungen			
Buch 1. Allgemeiner Teil					
Einl BGB; §§ 1–14; VerschG		2004	2013	2018	
§§ 21–79		2005	2019		
§§ 80–89		2011	2017		
§§ 90–124; 130–133			2012	2016	
§§ 125–129; BeurkG			2012	2017	
§§ 134–138		2003	2011	2017	
§§ 139–163		2003	2010	2015	2020
§§ 164–240		2004	2009	2014	2019
Buch 2. Recht der Schuldverhältnisse					
§§ 241–243		2005	2009	2014	2019
§§ 244–248		2016			
§§ 249–254		2005	2016		
§§ 255–304		2004	2009	2014	2019
§§ 305–310; UKlaG		2006	2013	2019	
Anh zu §§ 305–310				2019	
§§ 311, 311a–c		2013	2018		
§§ 311b, 311c		2012			
§§ 312, 312a–k		2013	2019		
§§ 313, 314		*2022*			
§§ 315–326	2001	2004	2009	2015	2020
§§ 328–345			2009	2015	2020
§§ 346–361			2012		
§§ 358–360				2016	
§§ 362–396	2000	2006	2011	2016	
§§ 397–432	2005	2012	2017		
§§ 433–480	2004	2013			
Wiener UN-Kaufrecht (CISG)	1999	2005	2013	2017	
§§ 488–490; 607–609	2011	2015			
§§ 491–512	2004	2012			
§§ 516–534	2005	2013			
§§ 535–556g (Mietrecht 1)	2011	2014	2017	2021	
§§ 557–580a; Anh AGG (Mietrecht 2)	2011	2014	2017	2021	
Leasing	2004	2014	2018		
§§ 581–606	2005	2013	2018		
§§ 607–610 (siehe §§ 488–490; 607–609)	./.				
§§ 611–613	2005	2011	2015	2020	
§§ 613a–619a		2011	2016	2019	
§§ 616–630	2002				
§§ 620–630		2012	2016	2019	
§§ 631–651	2003	2008	2013		
§§ 631–650v				2019	
§§ 651a–651m	2003	2011	2015		
§§ 652–656	2003	2010			
§§ 652–661a			2015		
§§ 652–655; 656a–656d				2021	
§§ 655–656; 657–661a				2020	
§§ 657–704	2006				
§§ 662–675b		2017			
§§ 675c–676c		2012	2020		
§§ 677–704		2015	2020		
§§ 741–764	2002	2008	2015		
§§ 765–778	2013			2020	
§§ 779–811	2002	2009	2015		
§§ 779–782				2020	
§§ 812–822	1999	2007			
§§ 823 A–D	2016				
§§ 823 E–I, 824, 825	2009				
§§ 826–829; ProdHaftG	2003	2009	2013	2018	
§§ 830–838	2002	2008	2012	2017	
§§ 839, 839a	2007	2013	2020		
§§ 840–853	2007	2015			
AGG	2017	2020			
UmweltHR	2002	2010	2017		
Buch 3. Sachenrecht					
§§ 854–882	2000	2007	2012	2018	
§§ 883–902	2002	2008	2013	2020	
§§ 889–902				2019	

Neubearbeitungen

§§ 903–924	2002	2009	2015	2020
§§ 925–984; Anh §§ 929 ff	2004	2011	2016	2020
§§ 985–1011	1999	2006	2013	2019
ErbbauRG; §§ 1018–1112	2002	2009	2016	
§§ 1113–1203	2002	2009	2014	2019
§§ 1204–1296; §§ 1–84 SchiffsRG	2002	2009	2018	
§§ 1–19 WEG	2017			
§§ 20–64 WEG	2017			

Buch 4. Familienrecht

§§ 1297–1352	2007	2012	2015	2018
LPartG		2010		
§§ 1353–1362	2007	2012	2018	
§§ 1363–1563	2000	2007		
§§ 1363–1407			2017	
§§ 1408–1563			2018	
§§ 1564–1568; §§ 1568 a+b	2004	2010	2018	
§§ 1569–1586b	2014			
§§ 1587–1588; VAHRG	2004			
§§ 1589–1600d	2000	2004	2011	
§§ 1601–1615n	2000	2018		
§§ 1616–1625	2007	2014	2020	
§§ 1626–1633; §§ 1–11 RKEG	2007	2015	2020	
§§ 1638–1683	2004	2009	2015	2020
§§ 1684–1717	2006	2013	2018	
§§ 1741–1772	2007	2019		
§§ 1773–1895	2004	2013	2020	
§§ 1896–1921	2006	2013	2017	

Buch 5. Erbrecht

§§ 1922–1966	2000	2008	2016	
§§ 1967–2063	2002	2010	2016	2020
§§ 2064–2196	2003	2013	2019	
§§ 2197–2228	2003	2012	2016	
§§ 2229–2264		2012	2017	
§§ 2265–2302	2006	2013	2018	
§§ 2303–2345		2014		
§§ 2339–2385	2004			
§§ 2346–2385		2010	2016	

EGBGB

Einl EGBGB; Art 1, 2, 50–218	2005	2013	2018
Art 219–245	2003		
Art 219–232		2015	
Art 233–248		2015	

EGBGB/Internationales Privatrecht

Einl IPR; Art 3–6	2003			
Einl IPR		2012	2018	
Art 3–6		2013		
Art 3–4			2019	
Art 7, 9–12, 47, 48	2007	2013	2018	
IntGesR	1998			
Art 13–17b	2003	2011		
Art 18; Vorbem A + B zu Art 19	2003			
Haager Unterhaltsprotokoll		2016		
Vorbem C–H zu Art 19	2009			
EU-VO u Übk z Schutz v Kindern		2018		
IntVerfREhe	2005			
IntVerfREhe 1		2014		
IntVerfREhe 2		2016		
Art 19–24	2002	2008	2014	2018
Art 25, 26	2000	2007		
Art 1–10 Rom I VO	2011	2016		
Art 11–29 Rom I–VO; Art 46b, c; IntVertrVerfR	2011	2016		
Art 38–42	2001			
IntWirtschR	2006	2010	2015	2019
Art 43–46	2014			

Eckpfeiler des Zivilrechts	2011	2012	2014	2018	2020

Demnächst erscheinen

§§ 516–534	2021
§§ 630a–h	2021
Rom I-VO Band 1	2021
Rom I-VO Band 2	2021

Otto Schmidt Verlagskontor / Walter de Gruyter Verlag OHG
Genthiner Str. 13, 10785 Berlin, Telefon (030) 2 60 05-0, Fax (030) 2 60 05-222